史跡・遺跡レファレンス事典
外国篇

HISTORIC SITE INDEX

10,193 Foreign Historic sites,
Appearing in 154 Volumes of
47 Biographical Dictionaries and Encyclopedias

Compiled by

Nichigai Associates, Inc.

©2017 by Nichigai Associates, Inc.

Printed in Japan

本書はディジタルデータでご利用いただくことが
できます。詳細はお問い合わせください。

●編集スタッフ●松本 裕加／荒井 理恵／石田 翔子
装 丁：赤田 麻衣子

刊行にあたって

　外国の史跡や遺跡を調べるには、歴史・考古学事典、遺跡事典、図説・図集などが基本的なツールとなる。通称や別名で載っているもの、長い歴史の中で領土拡張や縮小による国名・地名変更も多く、調査は一筋縄ではいかない。自分の知りたい情報がどの事典に載っているかあらかじめわかれば、非常に効率的な検索が可能となる。「史跡・遺跡レファレンス事典 外国篇」をお使いいただく目的は、まさにこの部分にある。

　本書は、図書館・研究室・資料室でよく利用される 47 種 154 冊に掲載された史跡・遺跡の見出し延べ 2 万件の総索引である。世界遺産（文化遺産と複合遺産）をはじめ、古代から近代までの多種多様な史跡や遺跡が対象となっている。国ごとに史跡・遺跡の名称、読み、概要等と写真や各種図版の掲載有無を示し利用の便を図った。また、レファレンス・ツールとしての検索性も考慮し、巻末に史跡・遺跡名索引（五十音順）を付した。

　編集にあたっては誤りのないよう努めたが、膨大な件数を扱っていることから、確認が不十分だった点もあるかと思われる。発見された誤りは、今後の改訂の際など正していきたいと考えている。お気づきの点はご教示いただければ幸いである。

　世界各地の史跡・遺跡を調査する際の索引としてはもちろん、地域や国ごとに史跡や遺跡を一覧できる便利なツールとして、国内を対象にした「史跡・遺跡レファレンス事典」（2013 年 12 月刊）とあわせ、大いに活用されることを祈りたい。

　2017 年 5 月

　　　　　　　　　　　　　　　　　日外アソシエーツ

凡　例

1．本書の内容

　　本書は、代表的な歴史・考古学事典、遺跡事典、図説・図集などに掲載
されている史跡・遺跡の総索引である。見出しとしての史跡・遺跡名や読
みのほか、特定に必要な概要等を記し、どの事典にどのような表記で掲載
されているかを明らかにしたものである。

2．収録範囲と件数

　(1) 別表に示した47種154冊に掲載されている、外国の史跡や遺跡を収
　　　録した。
　(2) 収録件数は、史跡・遺跡名見出し10,193件、事典項目数はのべ20,014
　　　項目である。

3．記載事項

　　本書の掲載内容は次の要素から成る。
　　　(1) 史跡・遺跡名見出し
　　　(2) 史跡・遺跡の概要
　　　(3) 世界遺産名
　　　(4) 掲載事典
　(1) 史跡・遺跡名見出し
　　1) 原則として同一史跡・遺跡は各事典での表記に関わらず一項目にま
　　　とめた。まとめるに際しては、多くの事典に掲載されている一般的
　　　な表記とその読みを採用した。
　　2) 典拠に史跡・遺跡の読みが記載されていなかったものについては、
　　　調査の上、編集部で適切と思われる読みを補記し、末尾に★を付した。
　(2) 史跡・遺跡の概要
　　　史跡・遺跡の所在、時代・年代や特徴などを簡潔に記した。地名につ
　　いては原則として事典掲載の表記としている。

（3）世界遺産名

　　文化遺産と複合遺産を対象とした。登録名（日本語訳）は、日本ユネスコ協会連盟の公開リストを参考とし、名称の後に登録年と追加登録年を付した。

（4）掲載事典

　　1）その史跡・遺跡が掲載されている事典を ¶ の後に略号で示した。(略号は別表「収録事典一覧」を参照)

　　2）各事典における史跡・遺跡名や読みが本書の見出しと異なる場合、事典略号のあとに（　）に入れて示した。

　　3）各事典のデータ末尾に〔写〕〔図〕で写真や図の有無を示した。

４．排　　列

（1）全体をおおまかに大陸別とし、その中を国名読みの五十音順に排列した。

（2）所在する国名の下に、読みの五十音順に排列した。

（3）国名は一般的通称にした。エルサレム、台湾、パレスチナ、各国の海外領土など、国家以外で便宜上国名見出しとしたものもある。

（4）濁音・半濁音は清音とし、ヂ→シ、ヅ→スとした。促音・拗音は直音とみなし、長音符（音引き）は無視した。

5．史跡・遺跡名索引

（1）史跡・遺跡名を別称も含めて五十音順に排列した。

（2）排列上、濁音・半濁音は清音とし、ヂ→シ、ヅ→スとした。促音・拗音は直音とみなし、長音符（音引き）は無視した。

（3）史跡・遺跡名の後ろに国名を補記し掲載頁を示した。

6．収録事典一覧

（1）本書で索引対象にした事典の一覧を次ページに掲げた。

（2）略号は、本書において掲載事典名の表示に使用したものである。

（3）掲載は、略号の読みの五十音順とした。

収録事典一覧

略　号	書　　名	出版社	刊行年
アジア歴1	アジア歴史事典1〔新装復刊〕	平凡社	1985.4
アジア歴2	アジア歴史事典2〔新装復刊〕	平凡社	1985.4
アジア歴3	アジア歴史事典3〔新装復刊〕	平凡社	1985.4
アジア歴4	アジア歴史事典4〔新装復刊〕	平凡社	1985.4
アジア歴5	アジア歴史事典5〔新装復刊〕	平凡社	1985.4
アジア歴6	アジア歴史事典6〔新装復刊〕	平凡社	1985.4
アジア歴7	アジア歴史事典7〔新装復刊〕	平凡社	1985.4
アジア歴8	アジア歴史事典8〔新装復刊〕	平凡社	1985.4
アジア歴9	アジア歴史事典9〔新装復刊〕	平凡社	1985.4
アフリカ	［新版］アフリカを知る事典	平凡社	2010.11
アメ古代	岩波 アメリカ大陸古代文明事典	岩波書店	2005.5
アメリカ	［新版］アメリカを知る事典	平凡社	2012.4
遺建1	世界の遺跡と名建築1 城と宮殿	講談社	1983.4
遺建2	世界の遺跡と名建築2 威信の殿堂	講談社	1983.4
遺建3	世界の遺跡と名建築3 神々への讃歌	講談社	1983.4
遺建4	世界の遺跡と名建築4 個性的な創造	講談社	1983.4
遺建5	世界の遺跡と名建築5 諸民族の神殿	講談社	1983.4
遺建6	世界の遺跡と名建築6 地域建築	講談社	1983.4
遺建7	世界の遺跡と名建築7 信仰の中枢	講談社	1983.4
遺建8	世界の遺跡と名建築8 限界への挑戦	講談社	1983.4
遺建9	世界の遺跡と名建築9 民主主義の象徴	講談社	1983.4
遺建10	世界の遺跡と名建築10 技術の成果	講談社	1983.4
遺建11	世界の遺跡と名建築11 秘められた聖域	講談社	1983.4
遺建12	世界の遺跡と名建築12 楽しみの空間	講談社	1983.4
遺跡100	世界の遺跡100 古代が甦る	朝日新聞社	1995.8

略　号	書　　名	出版社	刊行年
旺文社世	旺文社 世界史事典 三訂版	旺文社	2000.10
オセアニア	［新版］オセアニアを知る事典	平凡社	2010.5
オ西洋美	オックスフォード西洋美術事典	講談社	1989.6
オリ遺跡	オリエントの遺跡	東京大学出版会	1965.10
角川世	角川世界史辞典	角川書店	2001.10
韓国朝鮮	［新版］韓国 朝鮮を知る事典	平凡社	2014.3
古遺地	図説・世界古代遺跡地図	原書房	1984.12
古代遺跡	〔写真集〕古代の遺跡〈世界篇〉	学生社	1983.8
古代エジ	図説 古代エジプト文明辞典	柊風舎	2016.5
古代オリ	古代オリエント事典	岩波書店	2004.12
古代ギリ	古代ギリシア遺跡事典	東京堂出版	2004.9
古代都城	日中古代都城図録〔改定版〕	クバプロ	2009.12
宗教建築	世界宗教建築事典	東京堂出版	2001.9
新潮美	新潮世界美術辞典	新潮社	1985.2
図解考古	図解 考古学辞典〔10版〕	東京創元社	1977.7
スペ・ポル	［新訂増補］スペイン・ポルトガルを知る事典	平凡社	2001.10
世遺事	世界遺産事典―1052 全物件プロフィール―2017 改訂版	シンクタンクせとうち総合研究機構	2016.9
成世遺上	ぜんぶわかる世界遺産 ヨーロッパ／アフリカ 上	成美堂出版	2014.5
成世遺下	ぜんぶわかる世界遺産 アジア／南北アメリカ／オセアニア 下	成美堂出版	2013.10
世遺地	世界遺跡地図	三省堂	1998.4
世遺百	世界遺産百科 全 981 のユネスコ世界遺産	柊風舎	2014.7
世界遺跡	世界の遺跡―廃墟の美をめぐる感動とよろこび	美術出版社	1966.7
世界考古	世界考古学事典 上	平凡社	1979.2
世界美1	世界美術大事典 1	小学館	1988.12
世界美2	世界美術大事典 2	小学館	1989.3
世界美3	世界美術大事典 3	小学館	1989.6
世界美4	世界美術大事典 4	小学館	1989.9
世界美5	世界美術大事典 5	小学館	1989.12

略　号	書　名	出版社	刊行年
世界美6	世界美術大事典6	小学館	1990.3
世歴事1	世界歴史事典1〔新装復刊〕	平凡社	1990.8
世歴事2	世界歴史事典2〔新装復刊〕	平凡社	1990.8
世歴事3	世界歴史事典3〔新装復刊〕	平凡社	1990.8
世歴事4	世界歴史事典4〔新装復刊〕	平凡社	1990.8
世歴事5	世界歴史事典5〔新装復刊〕	平凡社	1990.8
世歴事6	世界歴史事典6〔新装復刊〕	平凡社	1990.8
世歴事7	世界歴史事典7〔新装復刊〕	平凡社	1990.8
世歴事8	世界歴史事典8〔新装復刊〕	平凡社	1990.8
世歴事9	世界歴史事典9〔新装復刊〕	平凡社	1990.8
世歴大1	世界歴史大事典 スタンダード版1	教育出版センター	1995.9
世歴大2	世界歴史大事典 スタンダード版2	教育出版センター	1995.9
世歴大3	世界歴史大事典 スタンダード版3	教育出版センター	1995.9
世歴大4	世界歴史大事典 スタンダード版4	教育出版センター	1995.9
世歴大5	世界歴史大事典 スタンダード版5	教育出版センター	1995.9
世歴大6	世界歴史大事典 スタンダード版6	教育出版センター	1995.9
世歴大7	世界歴史大事典 スタンダード版7	教育出版センター	1995.9
世歴大8	世界歴史大事典 スタンダード版8	教育出版センター	1995.9
世歴大9	世界歴史大事典 スタンダード版9	教育出版センター	1995.9
世歴大10	世界歴史大事典 スタンダード版10	教育出版センター	1995.9
世歴大11	世界歴史大事典 スタンダード版11	教育出版センター	1995.9
世歴大12	世界歴史大事典 スタンダード版12	教育出版センター	1995.9
世歴大13	世界歴史大事典 スタンダード版13	教育出版センター	1995.9
世歴大14	世界歴史大事典 スタンダード版14	教育出版センター	1995.9
世歴大15	世界歴史大事典 スタンダード版15	教育出版センター	1995.9
世歴大16	世界歴史大事典 スタンダード版16	教育出版センター	1995.9
世歴大17	世界歴史大事典 スタンダード版17	教育出版センター	1995.9
世歴大18	世界歴史大事典 スタンダード版18	教育出版センター	1995.9

略　号	書　名	出版社	刊行年
世歴大 19	世界歴史大事典 スタンダード版 19	教育出版センター	1995.9
世歴大 20	世界歴史大事典 スタンダード版 20	教育出版センター	1995.9
空古代遺跡	空から見る驚異の歴史シリーズ 世界の古代遺跡	創元社	2006.12
空城と要塞	空から見る驚異の歴史シリーズ 世界の城と要塞	創元社	2009.3
空大宮殿	空から見る驚異の歴史シリーズ 世界の大宮殿	創元社	2007.12
空大聖堂	空から見る驚異の歴史シリーズ 世界の大聖堂・寺院・モスク	創元社	2006.12
大遺跡 1	世界の大遺跡 1 先史の世界	講談社	1987.9
大遺跡 2	世界の大遺跡 2 ナイルの王墓と神殿	講談社	1986.11
大遺跡 3	世界の大遺跡 3 地中海アジアの古都	講談社	1987.7
大遺跡 4	世界の大遺跡 4 メソポタミアとペルシア	講談社	1988.7
大遺跡 5	世界の大遺跡 5 エーゲとギリシアの文明	講談社	1987.5
大遺跡 6	世界の大遺跡 6 ローマ帝国の栄光	講談社	1987.1
大遺跡 7	世界の大遺跡 7 シルクロードの残映	講談社	1988.11
大遺跡 8	世界の大遺跡 8 インドの聖域	講談社	1988.3
大遺跡 9	世界の大遺跡 9 古代中国の遺産	講談社	1988.6
大遺跡 10	世界の大遺跡 10 古代朝鮮のあけぼの	講談社	1988.12
大遺跡 12	世界の大遺跡 12 アンコールとボロブドゥール	講談社	1987.3
大遺跡 13	世界の大遺跡 13 マヤとインカ	講談社	1987.11
大英エジ	大英博物館 古代エジプト百科事典	原書房	1997.5
大英オリ	大英博物館版 図説 古代オリエント事典	東洋書林	2004.7
中央ユ	中央ユーラシアを知る事典	平凡社	2005.4
中国仏教	中国仏教史辞典	東京堂出版	1981.9
中国名旧 1	中国名勝旧跡事典 1	ぺりかん社	1986.10
中国名旧 2	中国名勝旧跡事典 2	ぺりかん社	1987.3
中国名旧 3	中国名勝旧跡事典 3	ぺりかん社	1988.3
中国名旧 4	中国名勝旧跡事典 4	ぺりかん社	1988.10
中国名旧 5	中国名勝旧跡事典 5	ぺりかん社	1989.6
中国名勝古蹟	中国名勝古蹟	日本リーダーズダイジェスト社	1985.1

略　号	書　名	出版社	刊行年
中国歴史	中国歴史文化事典	新潮社	1998.2
東欧	［新版］東欧を知る事典	平凡社	2015.7
東西文化	図録東西文化交流史跡	吉川弘文館	1978.7
東南アジア	［新版］東南アジアを知る事典	平凡社	2008.6
東洋仏教	図録東洋仏教遺跡	吉川弘文館	1975.7
東ア考古	東アジア考古学辞典	東京堂出版	2007.5
ビジ世遺	ビジュアル・ワイド 世界遺産	小学館	2003.12
評論社世	新版 世界史事典	評論社	2001.2
復原遺跡	復原透し図 世界の遺跡	三省堂	1994.10
仏教考古	仏教考古学事典〔新装版〕	雄山閣	2015.5
文化史蹟1	世界の文化史蹟〔新装版〕1 ナイルの王墓	講談社	1978.4
文化史蹟2	世界の文化史蹟〔新装版〕2 オリエントの廃墟	講談社	1978.4
文化史蹟3	世界の文化史蹟〔新装版〕3 ギリシアの神殿	講談社	1978.4
文化史蹟4	世界の文化史蹟〔新装版〕4 ローマとポンペイ	講談社	1978.4
文化史蹟5	世界の文化史蹟〔新装版〕5 インドの仏蹟とヒンドゥー寺院	講談社	1978.4
文化史蹟6	世界の文化史蹟〔新装版〕6 アンコール・ワット	講談社	1978.4
文化史蹟8	世界の文化史蹟〔新装版〕8 マヤの神殿	講談社	1978.4
文化史蹟9	世界の文化史蹟〔新装版〕9 インカの遺蹟	講談社	1978.4
文化史蹟10	世界の文化史蹟〔新装版〕10 イスラムの世界	講談社	1978.4
文化史蹟11	世界の文化史蹟〔新装版〕11 ビザンティンの世界	講談社	1978.4
文化史蹟12	世界の文化史蹟〔新装版〕12 ロマネスク・ゴシックの聖堂	講談社	1978.4
文化史蹟13	世界の文化史蹟〔新装版〕13 ヨーロッパの城と町	講談社	1978.4
文化史蹟14	世界の文化史蹟〔新装版〕14 ルネッサンスの都	講談社	1978.4
文化史蹟15	世界の文化史蹟〔新装版〕15 ヨーロッパの宮殿	講談社	1978.4
文化史蹟16	世界の文化史蹟〔新装版〕16 中国の石窟寺	講談社	1980.10
文化史蹟17	世界の文化史蹟〔新装版〕17 中国の古建築	講談社	1980.10
平凡社世	世界史事典	平凡社	1983.5
南アジア	［新版］南アジアを知る事典	平凡社	2012.5

略　号	書　　名	出版社	刊行年
山川世	山川 世界史小辞典〔改訂新版〕	山川出版社	2004.1
ユネ世遺1	ユネスコ世界遺産1 北アメリカ	講談社	1996.11
ユネ世遺2	ユネスコ世界遺産2 中央・南アメリカ	講談社	1997.5
ユネ世遺3	ユネスコ世界遺産3 西アジア	講談社	1998.3
ユネ世遺4	ユネスコ世界遺産4 東アジア・ロシア	講談社	1998.5
ユネ世遺5	ユネスコ世界遺産5 インド亜大陸	講談社	1997.11
ユネ世遺6	ユネスコ世界遺産6 東南アジア・オセアニア	講談社	1997.1
ユネ世遺7	ユネスコ世界遺産7 北・中央ヨーロッパ	講談社	1997.7
ユネ世遺8	ユネスコ世界遺産8 西ヨーロッパ	講談社	1996.9
ユネ世遺9	ユネスコ世界遺産9 東南ヨーロッパ	講談社	1997.9
ユネ世遺10	ユネスコ世界遺産10 南ヨーロッパ	講談社	1996.7
ユネ世遺11	ユネスコ世界遺産11 北・西アフリカ	講談社	1998.1
ユネ世遺12	ユネスコ世界遺産12 中央・南アフリカ	講談社	1997.3
ユネ世遺13	ユネスコ世界遺産13 新指定	講談社	1998.7
ラテンア	［新版］ラテンアメリカを知る事典	平凡社	2013.3
歴史建築	世界歴史建築大図鑑	原書房	2013.5
ロシア	［新版］ロシアを知る事典	平凡社	2004.1

目　次

アジア

アゼルバイジャン・・・・・・・・・・・・・ 1
アフガニスタン・・・・・・・・・・・・・・ 1
アラブ首長国連邦・・・・・・・・・・ 5
イエメン・・・・・・・・・・・・・・・・・・・ 5
イスラエル・・・・・・・・・・・・・・・・ 5
イラク・・・・・・・・・・・・・・・・・・・・ 11
イラン・・・・・・・・・・・・・・・・・・・・ 19
インド・・・・・・・・・・・・・・・・・・・・ 28
インドネシア・・・・・・・・・・・・・・ 46
ウズベキスタン・・・・・・・・・・・・ 50
エルサレム・・・・・・・・・・・・・・・・ 54
オマーン・・・・・・・・・・・・・・・・・・ 55
カザフスタン・・・・・・・・・・・・・・ 56
カタール・・・・・・・・・・・・・・・・・・ 57
韓国・・・・・・・・・・・・・・・・・・・・・・ 57
カンボジア・・・・・・・・・・・・・・・・ 101
北朝鮮・・・・・・・・・・・・・・・・・・・・ 103
キルギス・・・・・・・・・・・・・・・・・・ 115
サウジアラビア・・・・・・・・・・・・ 116
シリア・・・・・・・・・・・・・・・・・・・・ 117
シンガポール・・・・・・・・・・・・・・ 123
スリランカ・・・・・・・・・・・・・・・・ 123
タイ・・・・・・・・・・・・・・・・・・・・・・ 126
台湾・・・・・・・・・・・・・・・・・・・・・・ 129
タジキスタン・・・・・・・・・・・・・・ 132
中国・・・・・・・・・・・・・・・・・・・・・・ 133
トルクメニスタン・・・・・・・・・・ 376
ネパール・・・・・・・・・・・・・・・・・・ 378
パキスタン・・・・・・・・・・・・・・・・ 379
パレスチナ国・・・・・・・・・・・・・・ 385
バーレーン・・・・・・・・・・・・・・・・ 386

バングラデシュ・・・・・・・・・・・・ 387
フィリピン・・・・・・・・・・・・・・・・ 387
ブルネイ・・・・・・・・・・・・・・・・・・ 389
ベトナム・・・・・・・・・・・・・・・・・・ 389
マレーシア・・・・・・・・・・・・・・・・ 392
ミャンマー・・・・・・・・・・・・・・・・ 393
モンゴル・・・・・・・・・・・・・・・・・・ 396
ヨルダン・・・・・・・・・・・・・・・・・・ 399
ラオス・・・・・・・・・・・・・・・・・・・・ 401
レバノン・・・・・・・・・・・・・・・・・・ 401

オセアニア

アメリカ合衆国領北マリアナ諸島 404
イギリス領ポリネシア　・・・・・・・ 404
オーストラリア・・・・・・・・・・・・ 404
サモア・・・・・・・・・・・・・・・・・・・・ 406
ソロモン諸島・・・・・・・・・・・・・・ 406
トンガ・・・・・・・・・・・・・・・・・・・・ 406
ニュージーランド・・・・・・・・・・ 406
バヌアツ・・・・・・・・・・・・・・・・・・ 407
パプアニューギニア・・・・・・・・ 407
パラオ・・・・・・・・・・・・・・・・・・・・ 408
フィジー・・・・・・・・・・・・・・・・・・ 408
フランス領ポリネシア　・・・・・・・ 408
マーシャル諸島・・・・・・・・・・・・ 409
ミクロネシア連邦・・・・・・・・・・ 409

ヨーロッパ

アイスランド・・・・・・・・・・・・・・ 411
アイルランド・・・・・・・・・・・・・・ 411
アルバニア・・・・・・・・・・・・・・・・ 412
アルメニア・・・・・・・・・・・・・・・・ 412
アンドラ・・・・・・・・・・・・・・・・・・ 413

イギリス	413	モンテネグロ	565
イタリア	423	ラトビア	565
ウクライナ	458	リトアニア	565
エストニア	461	ルクセンブルク	566
オーストリア	461	ルーマニア	566
オランダ	464	ロシア	568

アフリカ

キプロス	465	アルジェリア	580
ギリシャ	466	アンゴラ	582
クロアチア	485	ウガンダ	582
コソボ	486	エジプト	582
サンマリノ	486	エチオピア	601
ジョージア	486	ガーナ	602
スイス	487	カーボヴェルデ	603
スウェーデン	489	ガボン	603
スペイン	491	ガンビア	603
スロバキア	502	ケニア	603
スロベニア	503	コートジボワール	604
セルビア	503	ザンビア	604
チェコ	504	ジンバブエ	605
デンマーク	506	スーダン	605
ドイツ	508	セネガル	607
トルコ	517	ソマリア	608
ノルウェー	529	タンザニア	608
バチカン市国	531	チャド	609
ハンガリー	532	チュニジア	609
フィンランド	533	トーゴ	611
フランス	534	ナイジェリア	611
ブルガリア	554	ナミビア	612
ベラルーシ	555	ニジェール	612
ベルギー	556	ブルキナファソ	612
ボスニア・ヘルツェゴビナ	558	ブルンジ	612
ポーランド	558	ベナン	612
ポルトガル	561	ボツワナ	613
マケドニア	563	マダガスカル	613
マルタ	564		
モルドバ	565		

マラウイ	613	オランダ領キュラソー	652
マリ	613	コロンビア	653
南アフリカ	614	スリナム	654
モザンビーク	616	チリ	654
モーリシャス	616	パラグアイ	656
モーリタニア	616	ブラジル	656
モロッコ	616	ベネズエラ	658
リビア	618	ペルー	658
ルワンダ	619	ボリビア	670
レソト	620		

史跡・遺跡名索引 673

北米・中米

アメリカ合衆国	621
アメリカ合衆国領プエルト・リコ	627
アンティグア・バーブーダ	627
イギリス領バミューダ諸島	627
エルサルバドル	627
カナダ	628
キューバ	629
グアテマラ	630
コスタリカ	632
ジャマイカ	633
セントクリストファー・ネーヴィス	633
ドミニカ共和国	633
ニカラグア	633
ハイチ	634
パナマ	634
バルバドス	635
ベリーズ	635
ホンジュラス	636
メキシコ	636

南米

アルゼンチン	650
ウルグアイ	651
エクアドル	651

アジア

アゼルバイジャン

乙女の塔　おとめのとう
バクーにある。12世紀のイスラームの城塞建築。円筒形の見張り塔。

[世界遺産]（城壁都市バクー、シルヴァンシャー宮殿、及び乙女の塔　2000）
¶新潮美

ゴブスタンのロック・アートと文化的景観
Gobustan Rock Art Cultural Landscape
中部の半砂漠地帯に位置する。古代岩石画（ロック・アート）遺跡。一帯には、旧石器時代後期から中世までの洞窟居住や埋葬地などの遺跡がある。

[世界遺産]（ゴブスタンのロック・アートと文化的景観　2007）
¶世遺事（ゴブスタンの岩石画の文化的景観），成世遺上（ゴブスタンの岩絵）〔写〕，世遺百（ゴブスタンの岩絵の文化的景観）〔写〕

シルヴァンシャー宮殿
Palace of Shirvanshakh
バクーにある。イスラーム王朝であるシルヴァ

ンシャー王朝の宮殿。シルヴァ朝最盛期の名残を留める。ペルシア、アラビア、オスマン帝国、ロシアなどの影響を受けている。

[世界遺産]（城壁都市バクー、シルヴァンシャー宮殿、及び乙女の塔　2000）
¶新潮美

バクー　Baku
アブセロン半島のバクー湾に面した港町。海岸に城壁が築かれて街を形成。旧市街は11～13世紀造の巨大な城壁に囲まれている。シルヴァンシャーの大宮殿や乙女の塔が残る。

[世界遺産]（城壁都市バクー、シルヴァンシャー宮殿、及び乙女の塔　2000）
¶新潮美，世遺事（シルヴァンシャーの宮殿と乙女の塔がある城塞都市バクー），成世遺上（城壁都市バクー）〔写〕，世遺百（城壁都市バクー、シャイヴァンシャー宮殿、乙女の塔）〔写〕，中央ユ，ビジ世遺（城塞都市バクー）〔写〕

アフガニスタン

アイ・ハヌム　Ai Khanoum
北東のアム＝ダリヤ（ギリシャ名はオークソス川）とコクチャ両河の合流点。バクトリア時代の都市遺跡。

¶古代オリ，新潮美，世界考古，大遺跡7〔写/図〕，中央ユ（アイ・ハヌム遺跡）〔図〕

アク・クプルク　Aq-Kupruk
マザリ・シャリフの南。後期旧石器時代の岩陰遺跡。総計2万余点のフリント製の石器を採集。

¶世界考古

ウルグ・ベグ・ミランシャーとアブドゥル・ラザクの廟
Mausoleum of Ulugh Beg Miranshah and Abdul Razzaq
ガズナ。ティムール朝の終末期にアフガニスタ

ン東部を統治したウルグ・ベグ・ミランシャーが自分と一族のために建てた廟。子のアブドゥル・ラザクも合葬された。

¶文化史蹟10 p139〔写〕

エムチ・テペ　Emchi Tepe
シバルガン北東4km。都市遺跡。直径1.5kmの円形の城壁をもつ。バクトリア期からクシャン期に及ぶ構築を確認。

¶世界考古

ガウハル・シャード廟
Gawhar Shad Mausoleum
ヘラート。シャー・ルフ帝の妃ガウハル・シャードの廟。自身の発意により1432年頃に建設されたマドラサに付属するもの。

¶文化史蹟10〔写〕

アフガニスタン　2

アジア

カクラク　Kakrak
バーミヤーンの渓谷中。仏教石窟寺院。

　¶新潮美

ガズニー　Ghazni
カブールの南西南約130km。『大唐西域記』の中で漕矩吒国の鶴悉那に該当すると思われる。仏塔を中心とする遺跡。

　¶新潮美，世界考古，東西文化 p62〜65〔写〕

カラ・カマール　Kara-Kamar
マザリ・シャリフの南東の石灰岩地帯。洞穴遺跡。アフガニスタンにおいて、初めて発見された後期旧石器時代の遺跡。

　¶世界考古

ガル・イ・モルデ・グスファン
Ghar-i-Mordeh Gusfand
マイマナの南東50km。中期旧石器時代の岩陰遺跡。

　¶世界考古

グルダラの塔
グルダラ。山間の寺院の塔。南西に延びた丘陵の突端を利用して第1塔があり、その南東の一支脈の上にも他の塔が見られる。

　¶古代遺跡 p206，口絵〔写〕，東西文化 p126〜129（グルダラの仏塔）〔写〕

サルダール，タパ　Sardar, Tapa
ガズニー北東、ダシュティ・マナーラの平地に突き出るようにある長方形をした丘の上。大塔を中心とする仏教寺院跡。クシャン時代から9世紀頃まで長期に渡って存続。

　¶新潮美，世界考古，仏教考古（タパ・サルダール）

シェヴァキ　Shevaki
カーブル南方約6kmの山岳北麓。4〜5世紀の仏教遺跡。4基のストゥーパと2基の石幢がある。

　¶古代遺跡 p201（シヴァキの塔）〔写〕，世界考古，東西文化 p125,130〜131（シヴァキ）〔写〕

ジャムのミナレットと考古遺跡群
Minaret and Archaeological Remains of Jam
グール州のシャーラク地方。世界で2番目に高い65mのミナレット（尖塔）は、12世紀にゴール朝の君主の命で建立された。遺跡の損傷が激しく、世界遺産登録と同時に危機遺産リストにも登録された。

　世界遺産（ジャムのミナレットと考古遺跡群 2002）

　¶新潮美（ジャームの塔），世遺事（ジャムのミナレットと考古学遺跡），成世遺下（ジャムのミナレットと遺跡）〔写〕，世遺百（ジャムのミナレットと考古遺跡）〔写〕，ビジ世遺（ジャムのミナレットと遺跡）〔写〕

ジャラーラバード砂丘のストゥーパ群
ハッダ遺跡。煉瓦積みの小ストゥーパが並ぶ。玄奘法師が那掲羅曷（ナーガニハーラ）といった地。

　¶大遺跡7 p158〔写〕

シャーリーゴルゴラ　Shahr-i-Gholghola
バーミヤン。大石仏のある崖の南東の山稜の上にある。山城の形態をとる。

　¶大遺跡7 p153（シャリ・ゴルゴラの丘）〔写〕，東西文化 p60〜61〔写〕

ショトラク　Shotorak
ベグラムから4kmの地点、コー・エ・パルヴァンという名の小山北麓。玄奘のいう迦畢試国の質子伽藍跡。奉献塔が多く発見され、焔肩仏など特徴のあるガンダーラの石像彫刻が数多く発見された。

　¶新潮美，図解考古（ショトラック遺跡）〔写/図〕，世界考古，仏教考古

ショトル，タパ　Shotor, Tapa
ハッダ遺跡。南西に塔院、北東に僧房を置く。2〜7世紀の6つの建設時期が認められる。方形の主塔の周りに小塔が33基ある。

　¶新潮美，世界考古，大遺跡7 p158（テペ・シュトゥール）〔写/図〕

スカンダル，タパ　Skandar, Tapa
カーブル北方約30km。7〜8世紀のヒンドゥー教遺跡。自然丘陵に城と神殿とがあり、全体が城壁で囲まれている。

　¶世界考古

スルフ・コタル　Surkh Kotal
バグラーン西方の丘陵。クシャーン王朝の複合大神殿址。拝火神殿。銘文板に、カニシュカ征服王の神殿と記されている。

　¶古代オリ，新潮美，世界考古（スルフ・コタール），大遺跡7（スルフ・コタール）〔写/図〕

ダハーネ・ゴラーマーン　Dahane Gholaman
ザーボル東南東。シースターンの最重要遺跡。アケメネス朝初期のドランギアナの中心地であったと推定される。

　¶古代オリ

ダルベルジン・カザン　Dalberjin Kazan
アクチャ北東20km。クシャンからギダーラ＝クシャン時代に及ぶ都市遺跡。囲壁の側廊で人物壁画が発見。市内には、拝火神殿が仏殿に改装された遺構がある。

　¶世界考古，大遺跡7〔写〕

チャカラク・テペ　Chaqalaq Tepe
クンドゥズ南西約15km。4〜7世紀の城塞址。遺跡全体から、遺棄した状態で石灰岩製の仏教彫刻が数点出土。

¶世界考古

ディリベルジン＝テペ　Diliverjin-tepe
北部、バルフの北西約50km。大都城址。
　¶新潮美

デー・モラシ・グンダイ
Deh-Morasi Ghundai
カンダハール近郊。先史遺跡。土器は無文灰色土器および淡黄色地に黒色で施文した彩文土器、住居群からゾブ文化様式の女性土偶が出土した。
　¶世界考古

ドゥルマン・テペ　Durman Tepe
クンドゥズ南西約10km。クシャン朝の遺跡。2～5世紀の4期の相重なる床が認められた建物群。
　¶世界考古

トープ・イ・ルスタムの塔の跡
バルク。城外の南にある。1辺約50mぐらいの高い基壇の上に、径約26mぐらいの伏鉢部がおかれている形状。
　¶東西文化 p142～143〔写〕

トープ・ダラーのストゥーパ
ジャララバードとカーブルの間。煉瓦を円筒形に築き、その上に覆鉢をのせた型式のストゥーパ。
　¶大遺跡7 p157〔写〕

ナーディ・アリー　Nadi Ali
シースターンのカラ・イ・カング南方58km。R.ギルシュマンが発掘したテペ・スルフ・ダーグをさす。比高31mのテペ。
　¶世界考古

パーイターヴァー　Paitava
カーブル北方約50km。6～7世紀の仏教寺院址。石彫像ではシュラーヴァスティーの神変を表わしたものが有名。
　¶世界考古

ハイバク　Haibak
タシュクルガン南方。石窟遺跡。タフティ・ルスタムと呼ばれる地にある。6窟から成る石灰岩の窟院。
　¶新潮美, 世界考古, 世界美4, 大遺跡7(タフティ・ルスタム)〔写/図〕, 仏教考古

ハイバクの塔
ハイバク。塔は報告書に「山頂のストゥパ洞」として説明のある仏塔。自然の岩山を掘りうがってつくりあげた伏鉢部は直径約28m、高さ約8m。
　¶東西文化 p140～141〔写〕

ハイル・ハネ　Khair Khaneh
カーブル北西10km。ヒンドゥー教寺院址。「隋書」にみえる葱嶺山・順天神を祀り、7世紀初頭が下限。

¶新潮美(ハイル・ハネー), 世界考古

ハウザラガーの塔
カブールの北のゴルバハールの町の近く。砂礫の山の麓にあたる高所にある2段構成。基底の径は60m、高さも40mぐらい。
　¶東西文化 p132～133〔写〕

ハザール・スム　Hazar-Sum
ハイバクの近く。旧石器時代の遺跡。アク・クプルク出土の石器に類似するものが多い。
　¶世界考古

バサーワル石窟　Basawal
ジャララバード東方、カーブル川沿い。仏教石窟寺院。石窟総数150。部分的に千仏構成の壁画が残る。
　¶世界考古

ハッダ　Hadda
現在のジェララバードの南8kmの地。古代の仏教修行の中心地。僧院の建築や発掘の際に出土した彫刻においても、ヘレニズムとアケメネス朝の影響が顕著にみられる。
　¶アジア歴7, 角川世, 新潮美, 図解考古(ハッダ遺跡)〔写〕, 世界考古〔図〕, 世界美4, 世遺事7〔写(出土品)〕, 大遺跡7〔写/図〕, 東西文化 p66～67〔写〕, 仏教考古, 平凡社世, 山川世

ハッダ付近の塔
ハッダの仏教寺院の方1kmぐらいの山丘上。塔が9基ほど残されている。石材を積みかさねた円筒状の塔。
　¶東西文化 p134～139〔写〕

バハラームシャーの塔
Tower of Bahramshah
ガズナ。砂漠と化したガズニ朝都城跡に立つ塔。1117～49年、バハラームシャーによって建てられたとされる。
　¶文化史蹟10〔写〕

バーミヤン　Bāmiyān
バーミヤン川上流のバーミヤンにある。1～13世紀に仏教寺院が開削され、1千以上の仏教美術の優れた石窟がある。4～5世紀頃に崖面を穿って造られた、高さ55m(西大仏)と38m(東大仏)の2体の巨大仏像は、2001年にタリバン政権に爆破されたことでも知られる。

世界遺産(バーミヤン渓谷の文化的景観と古代遺跡群 2003)

　¶アジア歴7(バーミヤーン), 旺文社世〔写〕, 角川世(バーミヤーン), 古代遺跡 p202～205(バーミヤンの石窟群)〔写〕, 新潮美(バーミヤーン), 図解考古(バーミヤーン石窟)〔写/図〕, 世遺事(バーミヤン盆地の文化的景観と

アフガニスタン

考古学遺跡）、成世遺下（バーミヤン渓谷の景観
と遺跡）〔写〕、世遺百（バーミヤン渓谷の文化
的景観および考古遺構）〔写〕、世界考古〔図
（天井図）〕、世歴事7（バーミヤーン）〔写〕、
大遺跡7（バーミヤーン）〔写/図〕、中央ユ
〔写〕、東西文化 p56～61〔写〕、東洋仏教Ⅰ
-p16～19,69～70（バーミヤン石窟）〔写〕、ビ
ジ世遺（バーミヤン渓谷の文化的景観と遺跡）
〔写〕、評論社世、仏教考古（バーミヤン石窟寺
院）、文化史蹟5〔写〕、南アジア（バーミヤー
ン）、山川世（バーミヤーン）

ハム・ザルガル　Kham Zargar
カーブル北方70km。5～7世紀の仏教寺院址。自
然の孤立丘上にストゥーパ、下の平地に僧房が
ある。

¶世界考古、大遺跡7 p157（ハム・ザルガルの寺
院址）〔写〕

バルフ　Balkh
バルフ州。バクトリアの中心地。バラ・ヒッサー
ル、城壁、トーピ・ルスタームのストゥーパ、多
くのテペが残る。

¶新潮美、世界考古、世歴事7、大遺跡7〔写/
図〕、東西文化 p68～69（バルク）〔写〕

バルフの城砦
バルフ遺跡。古代東西交通路の要衝にあたるバ
ルフ南の郊外に、往時の栄華を偲ばせる壮大な
城壁と堡塁望楼の遺構がある。

¶大遺跡7 p141〔写〕

ビーマラーン　Bimaran
ジャララバードの西郊に残る。5基のストゥーパ
の総称。第2塔の円筒部分の基底中央に舎利奉安
室があり、金製舎利容器が出土。

¶新潮美、世界考古

フィール・ハーナ　Fil-khāna
ジェララバードの西の郊外、カブール川沿い。山
腹に掘られた石窟寺院群。クシャン時代に創始
され建立された最初期のアフガニスタンの石窟
寺院の姿を示すものとされる。

¶世界考古（フィル・ハナ）、仏教考古

フォンドゥキスタン　Fondukistan
ヒンドゥー・クシュ山中のゴルバンド渓谷。7、
8世紀の仏教寺院址。小規模ながら、特異な泥像
が出土。

¶新潮美、世界考古

フサイン・バイカラのマドラサ
Madrasah of Husain Baiqara
ヘラート。15世紀後半、フサイン・バイカラ
(1470-1506)が建てたマドラサ（学院）。四隅の
ミナレットだけを残す。

¶文化史蹟10 p140〔写〕

ブルジカフィールのストゥーパ
ベグラムの近く。仏教寺院址。ガンダーラ風の
石彫が出土。

¶大遺跡7 p157〔写〕

ベグラーム　Begram
カピーサ地方。玄奘のいう迦畢試（カピシャ）国
の王都カービシーに比定されている。発掘が行
われ、3つの層位が明らかになった。

¶アジア歴2（カービシー）、アジア歴8、新潮美
、図解考古（ベグラム遺跡）〔写〕、世界考古、
世界美5、世歴事8〔写〕、大遺跡7（ベグラム）
〔写〕、東西文化 p71（ベグラム遺跡）〔写〕

マスウード3世の塔　Tower of Masud Ⅲ
ガズナ。砂漠と化したガズニ朝都城跡に立つ塔。
1098～1115年、マスウード3世によって建てられ
たとされる。

¶文化史蹟10〔写〕

マランジャーン, テペ　Maranjan, Tepe
カーブル東郊の丘陵上。仏教寺院址。前期（4
世紀）と後期（5世紀末－6世紀）の2時期に分か
れる。

¶新潮美、世界考古

ムンディガク　Mundigak
カンダハル北方の谷にある遺跡。前4千年紀以
降、主要な7つの時期に分けられる都市の層位が
明らかになっている。最盛期（前2500-2250）に
属するものでは、1つの宮殿の遺跡と動物文様の
ある彩文土器の断片がある。

¶世界考古〔図（土器）〕、世界美5

ラシュカリ・バザール　Lashkari Bazar
ラシュカル・ガー市南郊の遺跡。ガズナ朝の3つ
の城跡とともに、王宮部分は11～16世紀のイス
ラム世俗建築の重要な証跡。

¶新潮美、世界考古、世界美6

ラルマ　Lalma
ジャララバード南方約20km。仏教寺院址。台地
上の塔院や建物跡と台地に開掘した石窟（僧房）
からなる。塔院は上下2時期あり、下層期は4～
5世紀、上層期は6～8世紀。

¶世界考古

アラブ首長国連邦

アル・アインの遺跡群
Cultural Sites of Al Ain

東部、オマーンとの国境に近く。先史時代文化のアル・アインの近接地域の遺跡群で構成される。定住生活を示す顕著な遺構として、前2500年頃の石造円形墓や日干し煉瓦の住居・塔・宮殿や庁舎などが残る。

世界遺産（アル・アインの遺跡群　2011）

¶世遺事（アル・アインの文化遺跡群（ハフィート、ヒリ、ビダー・ビント・サウド、オアシス地域））、成世遺下（アル・アインの文化的地域）〔写〕、世遺百（アル・アインの文化史跡（ハフィート、ヒリ、ビダー・ビント・サッド、アル・アイン・オアシス地域））

ウンム・アン・ナール島
Umm an-Nār Island

アブー・ダビーにある小島。マガン国の首都兼国際貿易港と考えられる。今までに墓域と都市集落の一部が発掘された。

¶古代オリ

ヒーリー遺跡群　Hīlī Ancient Sites

アル・アイン市郊外のヒーリー地区にある遺跡群。鉄器時代まで遡るアフラージの灌漑システムがある。一部が「遺跡公園」として整備・活用されている。

世界遺産（アル・アインの遺跡群　2011）

¶古代オリ

イエメン

サナアの旧市街　Old City of Sana'a

高原地帯にある首都サナア。前10世紀頃にシバ王国の支配下で商業都市として繁栄した。旧市街には、100以上のモスクをはじめ、尖塔、古い家屋、隊商宿、浴場が多数残る。中でもひときわ大きなモスクは金曜モスクと称される。

世界遺産（サナア旧市街　1986）

¶世遺事、成世遺下（サナア旧市街）〔写〕、世遺百（サナーア旧市街）〔写〕、ビジ世遺〔写〕、ユネ世遺3〔写〕

ザビードの歴史地区
Historic Town of Zabid

首都サナアの南西約160km、涸川（ワディ）の川岸。ジャード朝時代（9-10世紀）とラスール朝時代（13-15世紀）に、学問・宗教教育の都として繁栄。アラビア半島初の大学が創立された。旧市街は城壁で囲まれ、アル・アシャエル・モスクなど多数の建造物が残る。

世界遺産（古都ザビード　1993）

¶世遺事（ザビードの歴史都市）、成世遺下（ザビード歴史地区）、世遺百（歴史都市ザビード）〔写〕、ビジ世遺〔写〕、ユネ世遺3（ザビドの歴史地区）〔写〕

サユーンにある白亜の王宮

サユーン。19世紀の建造。元はいくつもの小尖塔をもつ城塞。南イエメンの伝統的建築形式を採用している。

¶空大宮殿〔写〕

シバーム城塞都市
Old Walled City of Shibam

中部のハドラマウト地方の砂漠の中。スルタンの城郭都市。都市の高層建築物全てが5〜8階建てで地上30mに及ぶ。「砂漠の摩天楼」あるいは「砂漠のマンハッタン」と呼ばれる。高層住宅は8世紀頃から造られ始め、現在500棟が密集。

世界遺産（シバームの旧城壁都市　1982）

¶世遺事，成世遺下（城壁都市シバーム）〔写〕、世遺百（旧城壁都市シバーム）〔写〕、ビジ世遺（シバームの旧城壁都市）〔写〕、ユネ世遺3（城壁都市シバーム）〔写〕

マアリブ　Ma'rib

サヌアの東約100km。水利施設の址もあるが、南西郊外にあるアッワーム神殿で碑・土器・青銅製神像など当時の文化を伝える重要な遺物を発見。この神殿は前5世紀頃に建てられた。

¶新潮美（マーリブ）、世界考古，世歴事8

イスラエル

アイン・サフリ　Aïn-Sakhri
死海の西のユダヤ砂漠を走る涸谷の1つハレイ

トゥーンに位置する洞穴。残土中から採集した遺

物からみて、少なくとも前期ナトゥーフ文化の包含層が存在したと考えられる。

¶世界考古

アイン・マラハ　Ain Mallaha

フーレ湖西岸から2kmにあるマラッハの泉のほとり。ナトゥーフ文化前期の集落遺跡。82体もの埋葬骨は人口増と長期居住を物語る。

¶古代オリ，世界考古（アイン・マッラー）〔写〕

アヴェダット　Avedat

ネゲヴ地方中央部。古代都市遺跡。古記録には、オボダ（Oboda）、エボダ（Eboda）などの名で登場する。発掘で前3世紀初頭頃から7世紀にいたる間、断続的に営まれた都市の歴史を明らかにした。

¶世界考古，大遺跡3（アヴダット）〔写/図〕

アシュケロン　Ashkelon

テル・アヴィヴ南南西約50km。古代都市遺跡。新石器時代より居住を開始。1920・21年、主としてヘレニズムおよびローマ時代の遺構を発掘。

¶古代オリ，世界考古（アスケロン），大英オリ〔写（土器）〕

アシュドド　Ashdod

テル・アヴィヴ南南西約30km。古代都市遺跡。鉄器時代のペリシテ5都市の一つ。テルは約35haを占め、アクロポリスと、それを取り囲む下町が広がる。

¶古代オリ，世界考古（アシュドッド），大英オリ〔写（土器）〕

アジュール　Ajjul

ガセ川の河口に位置。古代都市遺跡。前期青銅器時代第III期頃から、後期青銅器時代を通じて営まれた、多くの墓を調査。

¶世界考古

アスカロン　Askalon

アシュケロンの東郊。古都市。ヘロデ王の生地とされる。発掘で各時代の遺物、ことにエーゲ文明の影響を受けた、いわゆるフィリスティン土器が多数発見された。

¶世歴事1

アッコ旧市街　Old City of Acre

地中海に面したハイファ湾の北端の小さな半島の突端。アッカ、アッコン、アクレ、アクルなどとも表記される。イスラム要塞港湾都市で、前1700年頃のフェニキア時代に貿易で繁栄した。オスマン・トルコ時代（18-19世紀）の城壁に囲まれた都市内には、モスク、公共浴場などが造られた。また十字軍の遺構が地下に良好な状態で埋没している。

世界遺産（アッコ旧市街　2001）

¶古代オリ（アッコ），世遺事（アクルの旧市街），成世遺下〔写〕，世遺百〔写〕，ビジ世遺（アッコの旧市街）〔写〕

アナファ，テル　Tel Anafa

ガリラヤ湖北方。遺丘（テル）。遺構は中期青銅器時代とヘレニズム時代に属す。

¶新潮美

アフェク　Aphek

テル・アヴィヴの北を流れるヤルコン川の水源に位置する遺跡。古代の国際通商路「海の道」の要衝。銅石器時代からオスマントルコ時代までの居住層が確認された。

¶古代オリ，世界考古

アブ・ゴシュ　Abu Gosh

イェルサレムの西15km。新石器時代の住居址。石壁と石灰岩の床をもつ長方形の家屋のほかに、フリント製石器や黒曜石製石器、イェリコA型の土器片や粘土製の動物像などの遺物が出土。

¶世界考古

アブ・シフ洞穴　Abu-Sif

死海の西の涸谷アブ・シフ右岸の海抜610mの地点。最下層（E）からは8点の小ハンド・アックスが採集されたにすぎないが、アシュール文化の最終末と考えられる。

¶世界考古

アムッド洞窟　Amud Cave

ガリラヤ湖畔。中期旧石器時代の洞窟遺跡。ルヴァロワ方式によりつくられた尖頭器や総計20体以上の化石人骨を発見。

¶古代オリ，世界考古（アムッド洞穴）

アラド　Arad

ネゲブ砂漠とユダ山地の境に位置。古代都市。聖書のアラドとの同定には諸説ある。金石併用時代の定住後（V層）、初期青銅器時代に城壁都市（IV〜I層）となる。

¶古代オリ，大遺跡3（テル・アラッド）〔写/図〕，大英オリ〔図〕

ウベイディエ　Ubeidiyeh

ティベリアス（ガリリー）湖の南3km、ヨルダン川西岸。西アジア最古の旧石器時代遺跡の一つ。110〜140万年前。12.9mの厚さの旧湖底堆積層出土の最古の石器は東アフリカのオルドゥヴァイ文化IIに比定。

¶古代オリ（ウベイディヤ遺跡），世界考古

ウンム・エッ・ズエイティナ
Oummez-Zoueitina

死海の西にある涸谷ジハル左岸の海抜640mの地点。西と北に開口する洞穴。西の洞口部でナトゥーフ文化層のみが確認された。

¶世界考古

ウンム・カタファ　Oumm-Qatafa

ユダヤ砂漠にある涸谷ハレイトゥンの左岸。海抜515mの地点に開口する洞穴。13を数える堆積層は約12mの厚さに達する。層序は基本的に地中海岸側のタブーン洞穴のものと一致。

　¶世界考古

エクロン　Ekron

テル・アヴィヴの南東約30km、テル・ミクネとの同定が定説。ペリシテ五都市の一つ。銅石器時代から鉄器時代までの居住層を確認。

　¶古代オリ, 大英オリ〔写(碑文)〕

エミレー　Emireh

アムッド涸谷が平野に流出する地点。ネアンデルタール人骨出土で有名なズッティエ洞穴とエミレー洞穴がある。

　¶世界考古

エルク・エル・アフマル　Erq el Ahmar

死海の西にある涸谷ハレイトゥンの左岸。30m×6mのテラスをもつ岩陰。H層からは、粗製のルヴァロア型尖頭器を主体とする、この地域には珍しい石器群を採集。

　¶世界考古

エル・ヒアム　El Khiam

死海の西の涸谷ハレイトゥンの右岸。海抜435mの地点にある4つの小岩陰。前方部にひろがるテラスを12の層位に区分している。F層は後期旧石器第Ⅳ期のインダストリーをだす。

　¶世界考古

エン・ゲヴ　En-Gev

キンネレット(ガリラヤ)湖東岸に位置する遺跡。歴史時代の遺跡は鉄器時代からローマ時代にいたる少なくとも5層を確認。旧石器時代の遺跡から女性の人骨を1体発見。

　¶古代オリ〔写〕

エン・ゲディ　En Gedi

死海西岸。オアシス上方の台地の宗教遺跡は金石併用期のもの。テル・ゴレンからは、鉄器時代末期(前630年頃)からビザンティン時代(6世紀)までの5層を確認。

　¶世界考古(エンゲディ), 大遺跡3〔写〕

カエサレア　Caesarea

テル・アヴィヴの北約50km。古代都市遺跡。カエサレア・マリティマまたはカエサレア・パレスティナと呼ばれることもある。

　¶アジア歴2(カイサーリヤ), 世界考古(カエサレア(2)), 大遺跡3〔写〕

カシレ, テル　Qasile, Tell

テル・アヴィヴ郊外、ヤルコン川沿い。遺丘(テル)。海の民の生活跡などを発掘。

　¶新潮美

カフゼー洞穴　Qafzeh

ナザレの南2.5km。ネアンデルタール型の人骨(カフゼー人)が出土している。

　¶世界考古

カペルナウム　Capernaum

ガリリー湖西岸北寄り。シナゴーグの遺構。彫刻の様式や出土した銘文から、2世紀末か3世紀初頭に年代付けられる。

　¶世界考古

カルメル山の遺跡　Carmel

北部。カルメル山の4つの洞窟(タブン、ジャマル、エルワド、スクール)と、山の西側斜面を含む地域の遺跡群。50万年前の旧石器時代前期のアシュール文化から、終末期のナトゥーフ文化までの様相を示し、人類進化や文化の変遷を長期にわたって示す。

　[世界遺産](人類の進化を示すカルメル山の遺跡：ナハル・メアロット／ワディ・エルムガーラ渓谷の洞窟群　2012)

　¶アジア歴2(カルメル山遺跡), 古遺地(カルメル山)〔図〕, 古代オリ(カルメル山遺跡), 世遺事(カルメル山の人類進化の遺跡群：ナハル・メアロット洞窟とワディ・エル・ムガラ洞窟), 成世遺下(カルメル山の人類進化遺跡)〔写〕, 世遺百(人類の進化を示すカルメル山の史跡：ナハル・メアロット／ワディ・エル・ムガーラ渓谷の洞窟群), 世界考古(カルメル山遺跡群)〔写〕, 大英オリ(カルメルの洞窟)

クルヌブ　Kurnub

イスラエルの東南40km。古名はマンプシス。ナバテア王国時代からローマ帝国時代にかけての多くの建造物や墳墓を確認した。

　¶大遺跡3〔写/図〕

ゲゼル　Gezer

テル・アヴィヴの南東約25km。都市遺跡。銅石器時代からローマ時代までの居住層を確認。前10世紀の層から「ゲゼル農事暦」が出土。

　¶古代オリ, 世界考古, 大英オリ

ケバラー　Kebarah

カルメル山西麓、海岸から2.5km。石灰岩の崖の海抜60mに開く洞穴遺跡。1931年にF.ターヴィル・ピーターが発掘調査を行ない、5つの文化層を明らかにした。

　¶世界考古

ケファル・ビルアム　Kefar Biram

サファッドの北西約11kmに位置。ガリラヤ地方奥地のローマ帝政期のユダヤ人町。大小2つのシナゴーグ(ユダヤ人教会堂)があった。パレスチナの初期シナゴーグ群に属する(3-4世紀)。

¶大遺跡3〔写/図〕

香料の道―ネゲヴの砂漠都市群
Incense Route―Desert Cities in the Negev
ネゲヴ砂漠のハルザ、マムシット、アヴダット、シヴタ。かつてのナバタイ王国の都市で、古代ナバタイ人が香料や香辛料を運んだ交易路の「香料の道」の経由地であった。前3～後2世紀にかけ栄えた。都市、要塞、隊商宿の遺跡も残る。

世界遺産（香料の道―ネゲヴ砂漠都市 2005）
　¶世遺事, 成世遺下〔写〕, 世遺百（香料の道、ネゲヴの砂漠都市）〔写〕

コロザイン　Chorozain
カペルナウムの北4kmの黒色玄武岩の台地上。ガリラヤの奥地のローマ帝政期（1-4世紀）のユダヤ人の町。中央の最高部に、玄武岩によるシナゴーグ（ユダヤ教会堂）があった。このシナゴーグはパレスチナの初期シナゴーグ群（3-4世紀）に属す。
　¶大遺跡3〔写/図〕

シェイフ・エル・アレイニ　Sheikhel-Areini
テル・アヴィヴの南約50km。古代都市遺跡。中央のアクロポリスとその周囲の町の遺跡よりなる。
　¶世界考古

ジェメー　Jemmeh
ガザの南約12km。古代都市遺跡。赤絵式を含む前6・5世紀のギリシャの土器が出土。
　¶世界考古

シクミム　Shiqmim
ネゲブ北部、ワディ・ベエル・シェバに位置する遺跡。前4500～3800年頃の銅石器時代に年代付けられる。同時代の遺跡では最大であり、地域の中心であったと思われる。
　¶大英オリ

ジスル・バナト・ヤクブ　Jisr Banat Yaqub
ティベリアス（ガリリー）湖の北のヨルダン川段丘上。最下層（V）は前期アシュール文化の玄武岩製のハンド・アックスとクリーヴァー、最上層（I）の礫層からはルヴァロワ型の剝片と石核を発見。
　¶世界考古

シャール・ハゴラン　Shaar Hagolan
ガリラヤ湖の南。新石器時代の遺跡。土器・石器のほか地母神像、顔と性器を刻線で表わした礫なども発見されている。
　¶世界考古

シャルーヘン　Sharuhen
現在のガザの南西10km。ヒクソスの南パレスティナ地域の重要拠点であった城砦が存在した。

テル・アジュール遺跡（テル・ファラ南遺跡）が有力。
　¶古代オリ

シュクバ　Shukbah
イェルサレムの北西約27kmのワディ・エン・ナトゥーフ。洞穴遺跡。遺物は半月形細石器（リュナート）、石鎌の刃、骨製尖頭器など。
　¶世界考古

ズッティエ洞穴　Zuttiye
ティベリアス（ガリリー）湖の近く、アムッド涸谷。ネアンデルタール類似の完全頭骨が発見。ミコク型握斧や特徴的な石刃が伴出。
　¶世界考古

スフール洞穴　Skhul
カルメル山。洞穴遺跡の一つ。3層からなる。
　¶世界考古

スベイタ　Subeita
ベールシェバの南西約40km。ネゲヴ砂漠の中にある。古代名はソバタ。都市遺跡。創建は前1世紀のナバテア時代。4世紀後半には教会や修道院も建立された。
　¶大遺跡3〔写/図〕

聖書時代の遺丘群―メギッド、ハツォール、ベエル・シェバ
Biblical Tels―Megiddo, Hazor, Beer Sheba
聖書ゆかりのテル（遺丘）。特に重要な遺跡を含んでいる、メギッド、ハツォール、ベエル・シェバが世界遺産に登録された。イスラエルには200以上のテルがあるが、メギッドは最大級のもの。

世界遺産（聖書時代の遺丘群―メギッド、ハツォール、ベエル・シェバ 2005）
　¶世遺事（聖書ゆかりの遺跡の丘―メギド、ハツォール、ベール・シェバ）, 成世遺下（メギド、ハツォール、ベール・シェバ）〔写〕, 世遺百（聖書時代のテル：メギッド、ハツォール、ベエル・シェバ）〔写〕

ゼロール, テル　Zeror, Tell
シャロン平野北部。古代都市遺跡。テルは瓢形を呈し、比高約10m、面積約4ha。中期青銅器時代から中世に及ぶ22層を識別。
　¶古代オリ, 新潮美, 世界考古

タアナク　Taanach
エズレル平野と山地の境に位置。大都市遺跡。初期青銅器時代からアラブ時代までの居住痕跡を発見。
　¶古代オリ〔写（土器）〕

タブーン洞穴　Tabun
カルメル山の涸谷ワディ・エル・ムガラにある洞穴遺跡。G層は西アジアの洞穴では最古の剝片

石器でタヤク文化に類似。C層から人骨が出土。
¶世界考古

ダン　Dan
現在のテル・ダン。都市遺跡。6地区で初期青銅器時代からローマ時代までの居住層が確認されている。新石器、銅石器時代の痕跡もある。
¶古代オリ

ティムナ　Timna
ワディ・アラバ西側の谷の名称。古代彩銅精錬所跡。鉱山、採掘基地、熔錬所の跡が多数あり、銅石器時代以降後期イスラム時代まで断続的に使用された。前14〜12世紀のハトホル女神の神殿遺構を発見した。
¶新潮美、世界考古（ワディ・エル・ティムナ）、大遺跡3〔写〕、大英オリ

手紙の洞窟　Cave of Letters
ナハル・ヘヴェルにある。この洞窟から金属・ガラス容器・布、貨幣とともに十数通の手紙が発見されたことで呼ばれる。
¶古代オリ

テル−アビーブのホワイト・シティ―近代化運動
White City of Tel-Aviv—the Modern Movement
西側地中海に面するテル・アビーブにある。1909年、英国統治下にあったパレスチナに、ユダヤ人居住地として建設。1948年に当地でイスラエルの独立が宣言された。1930年代になるとバウハウスの手法を採用した現代的な白いビルが続々と建設され、後にホワイト・シティと呼ばれるようになった。
世界遺産（テル−アビーブのホワイト・シティ―近代化運動　2003）
¶世遺事（テル・アヴィヴのホワイト・シティ―近代化運動）、成世遺下（テル・アヴィヴの「白亜の町」）〔写〕、世遺百（テルアビブ：モダニズムの白い都市）〔写〕、ビジ世遺（テル・アヴィヴの「白亜の町」―近代建築運動）〔写〕

ドル　Dor
エル・ブルジの遺跡丘。中期青銅器時代からローマ時代までの各層を確認。ビザンティン時代の教会、十字軍時代の要塞も知られる。
¶古代オリ

ナザレ　Nazareth
ガリラヤ丘陵の斜面。イスラエルの町。イエス・キリストが幼年以来30年間を過ごした地とされる。
¶角川世、世歴事6、平凡社世、山川世

ナハル・オレン　Nahal Oren
カルメル山。ワディ・ファラーの南岸にある洞

穴と洞外の集落遺跡。後期旧石器第5期から先土器新石器時代まで5層が確認されている。
¶世界考古

ハイファと西ガリラヤのバハイ教の聖地
Bahá'i Holy Places in Haifa and the Western Galilee
北部、ハイファと西ガリラヤにある。バハイ教は、バハーウッラー（バハオラ）（1817-1892）が創始したイスラム教系の新宗教。バハイ教の2大聖地であるハイファと西ガリラヤの建造物が世界遺産に登録されており、アッコーにあるバハオラの廟やハイファにあるハーブ教の祖ハーブ（サイイド・アリー・ムハンマド）の廟などを含む。
世界遺産（ハイファ及び西ガリラヤ地方のバハイ聖地群　2008）
¶世遺事、成世遺下（ハイファと西ガリラヤのバハーイ教聖地）〔写〕、世遺百（ハイファと西ガリラヤ地方のバハーイ教聖地）〔写〕

ハザン洞窟　Hazan Caverns
ベト・コヴリン地方石灰岩地帯。第2神殿時代からバル・コホバ時代まで使われた洞窟群。全長220mの地下街で35の穴が人工の洞窟と通路で連絡されている。
¶大遺跡3〔写〕

ハツォール　Hazor
ガリラヤ湖北端から約14kmに位置。古代都市遺跡。2つのテルよりなる。高いテルでは、前期青銅器時代第II期末〜ヘレニズム時代までの21層が識別される。低いテルで発見された神殿・墓などの遺構は重要視されている。
世界遺産（聖書時代の遺丘群―メギッド、ハツォール、ベエル・シェバ　2005）
¶古代地（図）、古代オリ（ハツォル）、新潮美（ハツォル）、世界考古、大遺跡3〔写/図〕、大英オリ（ハツォル）〔写〕

ヒルベト・ケラク　Khirbet Kerak
南端、ヨルダン川が湖から流出する地点。初期青銅器時代の居住で知られる遺跡。ヒルベト・ケラク土器は非常に艶のある赤と黒の表面をもつ初期青銅器時代III期の特徴的な土器。
¶大英オリ

ファルア, テル・エル（南）　Far'ah, Tell el
ガザの南東。古代名は不明。居住が始まった中期青銅器時代II〜III期に城壁、斜堤、空堀、城門複合体によって要塞化された。
¶世界考古（ファラー, テル（2））、大英オリ

ベイト・ミルシム　Beit Mirsim
ユダ高地西縁部、ヘブロンの南西、シェフェラの丘陵地帯。古代都市遺跡。「旧約聖書」（ヨシュア記）の伝えるデビルの遺跡に比定、前期青銅器

イスラエル　10

アジア

時代第Ⅲ期（前22世紀頃）から前6世紀に及ぶ10層を識別。

¶古代オリ（ベイト・ミルシム，テル・），新潮美（ベイト・ミルシム，テル），世界考古，大英オリ（ベイト・ミルスィム，（テル））

ベエル・シェバ　Beer Sheba
南部地区の都市。旧約聖書では族長たちが神に出会った場所として登場。現在の町の下にあるビール・エッ・サバとその東4kmにあるテル・エッ・サバの2つの遺跡が知られる。

世界遺産（聖書時代の遺丘群―メギッド，ハツォール，ベエル・シェバ　2005）

¶古代オリ，世界考古（ベールシェバ，テル），大遺跡3（テル・ベールシェバ）〔写/図〕，大英オリ〔図〕

ヘシ，テル・エル　Hesi, Tell el
ヘシ川南岸，ガザの北東26km。古代都市遺跡。かつてラキシュに同定されたが否定された。銅石器時代からヘレニズム時代までの居住が認められる。

¶古代オリ，世界考古（ヘシ），大英オリ（ヘスィ，（テル・エル））〔写〕

ベト・シェアリム　Beth Shearim
ハイファの南東約20km。古代都市と墓地の遺跡。初期ユダヤ人の大規模な共同墓地。ベサラ、シェイフ・アブレイクと呼ばれる前1世紀から後13世紀にいたる町の変遷と、岩壁を穿った大規模なカタコンベの実態を解明。シナゴーク（礼拝堂）、ミクベ（身清めの水槽）などの遺跡も残る。

世界遺産（ベート・シェアリムの墓地遺跡：ユダヤ再興を示すランドマーク　2015）

¶新潮美（ベト・シェアリーム），世遺事（ベイト・シェアリムのネクロポリス，ユダヤ人の再興を示す象徴），世界考古，大遺跡3（ベト・シェアリーム）〔写/図〕

ベト・シャン　Beth Shan
イズレル盆地南東辺に位置。古代都市遺跡。遺跡はテルとその南西にひろがるヘレニズム～ビザンティン時代の町の廃墟よりなる。

¶古代オリ（ベト・シェアン），新潮美，世界考古，大遺跡3〔図〕，大英オリ

マサダ　Masada
エン・ゲディの南約25km、死海西岸の絶壁上にある台地。要塞。シナゴーグやミクベ（洗礼用水槽）など宗教施設、貯水槽や倉庫など生活施設が残っている。要塞化はヘロデ大王による。

世界遺産（マサダ　2001）

¶古代オリ，新潮美，世遺事，成世遺下〔写〕，世遺百〔写〕，世界考古，空城と要塞〔写〕

大遺跡3（マッサダ）〔写/図〕，ビジ世遺〔写〕，復原遺跡〔写/図〕，歴史建築〔写/図〕

ムンハッタ　Munhatta
ヨルダン河谷右岸。新石器時代の住居址。第6～3層は先土器新石器時代。第4層出土の長方形住居址をはじめイェリコに近似。断絶期に続く第2層からは土器が豊富に出土。

¶世界考古

メギッド　Megiddo
現在のハイファ付近、テル・エル・ムテセリム。古代都市。古代パレスチナの古戦場。戦略的要地としてしばしば戦場となり、この歴史的事実から聖書のアルマゲドンの観念が生まれたという。

世界遺産（聖書時代の遺丘群―メギッド，ハツォール，ベエル・シェバ　2005）

¶古遺地〔図〕，古代オリ（メギド）〔図p489〕，新潮美，世界考古，世界美6，大遺跡3〔写/図〕，大英オリ（メギド）〔写〕，平凡社世

ユダの荒野の洞窟遺跡
Caves of Judean Desert
死海西岸の絶壁自然洞。ナハル・ヘヴェルやナハル・セリームなどの洞窟から人骨、生活用品、祭祀道具、『旧約聖書』断片などが出土。

¶新潮美

ユダヤ低地にあるマレシャとベトグヴリンの洞窟群：洞窟の大地の小宇宙
Caves of Maresha and Bet-Guvrin in the Judean Lowlands as a Microcosm of the Land of the Caves
南部地区。地下都市の考古学遺跡群。ユダヤの重要な都市である古都マレシャとベイト・グヴリンの地下には洞窟群があり、3500の地下室が分散する。居住地や礼拝堂、円形演技場、公共浴場などとして使われ、郊外では埋葬地としても利用した。

世界遺産（洞窟の地の小宇宙としてのユダヤ低地のマレシャとベイト・グブリンの洞窟群　2014）

¶世遺事

ラキシュ　Lachish
ガザの北北東37km。都市遺跡。銅石器時代からヘレニズム時代までの居住層を確認。前7世紀の城門からはヘブル語の書簡が複数出土。

¶古遺地〔図〕，古代オリ，新潮美（ラキッシュ），世界考古，大英オリ〔写p58,115/図p294,525〕

ワド洞穴　Wad
カルメル山。カルメル山洞穴遺跡の一つ。洞内の10体はすべて伸展葬。

¶世界考古

イラク

アカル・クフのジッグラト
Ziggurat, Aqar Quf

アカル・クフ。前15世紀。カッシューの王クリガルズ1世によって、新都ドゥル・クリガルズに建てられたジッグラト。底面69m×67m。

¶文化史蹟2（ジッグラト（アカル・クーフ））〔写〕

アグラブ, テル　Agrab, Tell
ディヤラ川流域。都市遺跡。遺構は初期王朝時代のプラノ・コンベックス型の煉瓦で構築された神殿で、神殿を囲む密集した住居からなっていた。

¶世界考古

アダブ　Adab
ニップルの南東30kmに位置。都市遺跡。現遺跡名、ビスマヤ。初期王朝時代のシュメール人の都市。古バビロニア時代以降衰退した。

¶古代オリ, 世界考古

アッシュール　Assur
ティグリス川右岸。アッシリア最古の首府の廃墟。シュメール人が建設し、西アジアの通商路として発展。シャムシ・アダド1世時代に旧市の輪郭が形成された。前612年に破壊されるまでアッシリアの宗教上の中心地。

世界遺産 （アッシュール（カラット・シェルカット）2003）

¶アジア歴1, 旺文社世, オリ遺跡〔写/図〕, 角川世（アッシュール）, 古遺地〔図〕, 古代オリ（アッシュール（地名））〔図〕, 新潮美, 世界事（アッシュール（カルア・シルカ））, 成世遺下〔写〕, 世遺百（アッシュール（カラト・シェルカト））〔写〕, 世界考古, 世歴事1〔図〕, 大遺跡4〔写/図〕, 大英オリ（アッシュル（市））〔写p278/図p17〕, ビジ世遺〔写〕, 文化史蹟2〔写〕, 平凡社世, 山川世（アッシュール）

アバダ, テル　Abada, Tell
ハムリン盆地に位置する遺跡。3層からなり、上からウバイド3期の集落、墓など、ウバイド2期およびサマッラ・ウバイド移行期の大型住居などが発掘された。

¶古代オリ〔図p306,360〕

アブ・ツァラビーフ　Abu-salabikh
ニップルの北西16kmに位置。都市遺跡。古代名は不明。ウバイド4期、ウルク期、初期王朝時代第1期および3期、ウル第3王朝時代の文化層を確認。

¶古代オリ

アブ・ドゥラフのモスク
Mosque of Abu Dulaf

サーマッラーの北約6km。モスクの遺構。アッバース朝のカリフ、ムタワッキルが859年から861年にかけて建設。

¶新潮美

アリ・アガ　Ali Agha
ギルデマミク村の北1.6mの大ザブ川に面する海抜300m余の左岸段丘上。テル。ギルド・アリ・アガとも呼ばれる。全体としてハッスーナの下層に類似する。

¶世界考古

アルパチヤ　Arpachiya
ニネヴェの廃墟の北東方にある村。現地でラシュワ・テペと呼ばれる比高5.5mの小さいテルを発掘。ハラフ期の遺構からトロスや井戸を発見。

¶アジア歴1, 古代オリ（アルパチヤ, テル・）, 新潮美（アルパチヤー）, 世界考古, 大英オリ（アルパチア）〔写（土器）〕

イサ・イブン・ムサの宮殿
ウカイドール。バグダッドの南西イラクの砂漠に立っている。高い城砦のための壁に囲まれた長方形の土地の約半分を宮殿そのものが占めている。

¶世界遺跡 p282〔写〕

イシュタル門　Ishtar Gate
ヒッラ市近郊。前6世紀、新バビロニア時代の王ネブカドネザル2世が建設。遺存する路面より下6m余には無釉の煉瓦を、上には彩り豊かな彩釉煉瓦を用いて動物たちを浮彫りにした。ベルリンのベルガモン博物館に復元されている。

¶古代遺跡 p197,198〔写〕, 宗教建築（バビロンの都市とイシュタル門）〔写/図〕, 新潮美, 世界遺跡 p264〔写〕, 東西文化 p13〜14（イシュタール門）〔写〕, 文化史蹟2〔写〕

イシン　Isin
バグダードの南南東約200kmに位置。古代都市。現代名イシャン・バハリヤート。カッシート王朝時代のグラ（＝ニンイシナ）神殿遺構などが発見されている。

¶古代オリ, 大英オリ

イラク南部の湿原：生物多様性の安全地帯とメソポタミア都市群の残存景観

The Ahwar of Southern Iraq: Refuge of Biodiversity and the Relict Landscape of the Mesopotamian Cities

南部のムサンナー県、ディヤーラー県、マイサーン県、バスラ県。世界四大文明の一つ、メソポタミア文明発祥の地であるアフワールは、イラク南部の3つの考古学遺跡と4つの湿地帯からなる地域。都市遺跡ウルクとウル、およびエリドゥの遺丘は、チグリス川、ユーフラテス川の沼沢デルタ地帯において前4千年紀から前3千年紀にかけ、南メソポタミアに展開したシュメール人の都市と定住地の痕跡の一部を構成。

世界遺産 (南イラクのアフワール：生物の避難所と古代メソポタミア都市景観の残影 2016)

　¶世遺事

ウカイル, テル　Uqair, Tell

バグダードの南東約60km。テル・イブラヒムの北方に位置。ウルク期の「彩色神殿」を掘りあてた頂上部の発掘区とウバイド期の住居址を明らかにした発掘区を調査。

　¶新潮美, 世界考古, 大英オリ〔図〕

ウハイディル　Ukhaidir

バグダードの南西120kmの砂漠の中。アッバース朝初期（8世紀末）の宮殿遺跡。カリフ、アル・マンスールの甥イーサ・ビン・ムーサーが建立。

　¶新潮美, 世界考古

ウバイド　Ubaid

ユーフラテス川下流に位置。金石併用時代およびシュメール初期王朝時代の遺跡。ウバイド期の標準遺跡。

　¶アジア歴1, 古代オリ, 新潮美（ウバイド, テル・アル）, 世界考古〔図〕, 大英オリ〔写（出土品）〕

ウル　Ur

南部。シュメールの都市遺跡。現在名テル・アルムカイヤル。発掘により、先史時代ウバイド期に関する重要な材料を提供した。現存する最大規模のジッグラトは高さが約21mの3層。

世界遺産 (南イラクのアフワール：生物の避難所と古代メソポタミア都市景観の残影 2016)

　¶アジア歴1〔写（出土品）〕, 遺跡100〔写/図〕, 旺文社世, オリ遺跡〔写/図〕, 角川世, 古遺地〔図〕, 古代オリ〔写p364, 口絵/図p438,630〕, 新潮美, 世遺地, 世界考古〔図〕, 世界美1〔写〕, 世歴大2〔写（牛頭）〕, 空古代遺跡〔写〕, 大遺跡4〔写/図〕, 大英オリ〔写/図p81,246,294,364〕, 評論社世, 平凡社世, 山川世

ウルク　Uruk

南東部、ユーフラテス川の付近。現代名ワルカ。聖書名エレク。シュメールの都市遺跡。巨大な神殿を中心とする都市国家。ジッグラトのほか、最初期の楔形（くさびがた）文字が発見された。

世界遺産 (南イラクのアフワール：生物の避難所と古代メソポタミア都市景観の残影 2016)

　¶アジア歴1（ウルク遺跡）, 旺文社世, オリ遺跡〔写〕, 角川世, 古遺地〔図〕, 古代オリ〔写p629/図p366〕, 新潮美, 図解考古（ワルカ遺跡）〔写（壺）〕, 世界考古〔図〕, 世界美1, 大遺跡4〔写/図〕, 大英オリ〔写〕, 平凡社世（ウルク文化〔ウルク〕）, 山川世

ウルクの宮殿址　Ruins of Palace, Uruk

ウルク遺跡にある。前22〜21世紀の宮殿遺構。ジッグラトへ登る入り口の礎柱や城壁がある。

世界遺産 (南イラクのアフワール：生物の避難所と古代メソポタミア都市景観の残影 2016)

　¶文化史蹟2 p30（宮殿址）〔写〕

ウルクの古拙層期の神域

ウルク遺跡にある。天空神アヌと豊饒の女神イナンナ（イニン）それぞれに捧げられた神域。前3500〜3200年頃。

世界遺産 (南イラクのアフワール：生物の避難所と古代メソポタミア都市景観の残影 2016)

　¶宗教建築〔写/図〕

ウルの王墓　Royal tombs of Ur

ウルの聖域東南部。1927〜32年に発掘された初期王朝時代第3期からアッカド時代に至る大墓地に含まれる王墓。

世界遺産 (南イラクのアフワール：生物の避難所と古代メソポタミア都市景観の残影 2016)

　¶古代オリ〔写p468/図p368〕, 図解考古〔写/図〕

ウルのジッグラト　Ziggurat, Ur

ウル。前22〜21世紀。ウル・ナンムが建造したとされる。最上部に月神ナンナを祀る神殿を載せていた。下2層は1923年来のイギリスのウーリー卿の調査に基づく復原。

世界遺産 (南イラクのアフワール：生物の避難所と古代メソポタミア都市景観の残影 2016)

　¶世遺地 p31（ナンナの聖塔（ジッグラト）），文化史蹟2 p32〜34（ジッグラト）〔写〕

ウルの第三王朝期の神域と墓廟

ナシリヤ市郊外。神域に、ジッグラト（聖塔）、女司祭の居所ギパル、宝物庫エヌンマフ、王の居所エルフサグといったプランを正方形にまとめた建物が建ち並ぶ。前22世紀末頃。

世界遺産 (南イラクのアフワール：生物の避難所と古代メソポタミア都市景観の残影 2016)

　¶宗教建築〔写/図〕

ウンマ　Umma
南部にあったシュメール都市。現遺跡名はジョハ（Tell al-Jokha）。アッカド王朝時代とウル第3王朝時代の行政経済文書が大量に出土。
　　¶古代オリ

ウンム・ダバギヤ　Umm Dabaghiyah
ワディ・タルタル西方に位置。現在の天水農耕地帯からはずれる小集落遺跡（約100×85m）。土器新石器時代の最古期に相当するプロト・ハッスーナ期の文化堆積（Ⅳ－Ⅰ層）を発掘した。
　　¶古代オリ〔図〕，世界考古（ウンム・ダバギヤ）

エアンナ神殿　E-anna Temple
ウルク。豊饒の女神イニンを祀ったもの。前22〜21世紀。
　　¶文化史蹟2　p28（ジッグラトとエアンナ神殿）〔写〕

エサギラ神殿　E-sagila
バビロンにある。バビロンの守護神マルドゥックを祀る神殿。ネブカドネザル時代の煉瓦積みの建物。
　　¶アジア歴1

エシュヌンナ　Eshununna
ディヤラ川下流域の東に位置。古代都市。現在名テル・アスマル（Tell Asmar）。前4千年紀末からイシン・ラルサ時代までの遺構や遺物を発掘。
　　¶古代オリ，新潮美（アスマル，テル），世界考古（アスマル，テル），大英オリ〔写（彫像群）〕

エリドゥ　Eridu
ウル南方。現代名アブ・シャーレイン（シャハライン）。古代バビロニア都市遺跡。水神エンキの聖市として、シュメールの中心都市と推定。
　　世界遺産（南イラクのアフワール：生物の避難所と古代メソポタミア都市景観の残影　2016）
　　¶アジア歴1（エリドゥ遺跡），角川世，古遺地〔図〕，古代オリ〔図p541〕，新潮美，世界考古〔図〕，大遺跡4〔写/図〕，大英オリ〔写p104/図p165〕，平凡社世

エリドゥの神殿
エリドゥ遺跡にある。前6千年紀後半、日干し煉瓦造りの神殿建築。
　　世界遺産（南イラクのアフワール：生物の避難所と古代メソポタミア都市景観の残影　2016）
　　¶宗教建築〔図〕

エルビルの城塞　Erbil Citadel
クルディスタン地域の主都。6千年以上にわたって層を重ねたテル（遺丘）の上に発達した都市集落。城塞は、エルビルの後期オスマン朝の時代まで遡る。シュメール、アッシリアの遺物やイシュタル神殿の遺構などが埋蔵。

世界遺産（エルビル城塞　2014）
　　¶世遺事

オウェイリ, テル　Oueili, Tell el
ラルサの南東約3kmに位置。先史時代の遺跡。ウバイド0〜4期とウルク期の先史時代の6つの文化層を確認。
　　¶古代オリ（オウェイリ, テル・/ウェイリ, テル・）〔図〕

ガウラ, テペ　Gawra, Tepe
ティグリス川支流ホスル川流域に位置。直径約120mの遺跡。最下層のハラフ後期からウバイド期を経てウルク期前期〜中期併行のガウラ期にかけて集落の変遷が層位ごとに確認された。
　　¶オリ遺跡（テペ・ガウラ）〔写〕，古代オリ，新潮美（ガウラ, テペ），世界考古，大英オリ（ガウラ、（テペ））〔写〕

カージマインの霊廟　Kadhimain Mausoleum
バグダード近郊。カージマインにそびえる霊廟。ムーサー・アル・カージムと、その孫のムハンマド・アル・ジャワードが祀られている。現在の建築の形が整ったのは17世紀以後。19世紀には大改修。
　　¶文化史蹟10〔写〕

カーディシーヤ〔クーファ南〕
al-Qādisīya
クーファの南。都市跡。サーサーン朝時代帝国の辺境都市。
　　¶アジア歴2（カーディシーヤ（2））

カーディシーヤ〔サーマッラー南〕
al-Qādisīya
ティグリス川東岸、サーマッラーの南。都市跡。サーマッラーがアッバース朝の都であったときに繁栄したという。
　　¶アジア歴2（カーディシーヤ（1））

カリフ・アル・ムタワッキルのモスク
Mosque of Caliph Al-mutawakkil
サーマッラー。846〜52年、カリフ・アル・ムタワッキルによって建てられた大モスクの廃墟。アッバース朝時代の建築。ミナレットは、特異な螺旋状を呈し、約53mの高さをもつ。
　　世界遺産（都市遺跡サーマッラー　2007）
　　¶空大聖堂（サマラの大モスク）〔写〕，文化史蹟10〔写〕

カリフの宮殿　Caliph's Palace
バグダード。旧城内にあるため「宮殿」と称されているが、実際の機能はイスラム神学・法学を研究・教授する学院であったと推定されている。13世紀初頭。
　　¶文化史蹟10〔写〕

イラク　14

アジア

カリム・シャヒル　Karim Shahir
ザグロス山脈のチャムガウラ川岸に位置。開地遺跡。河原石の散布と炉跡をもつ生活面が出土したが住居址は未発見。ムレファート文化期に属する。
　¶古代オリ, 世界考古

カルバラー　Karbalā'
バグダードの南西約80km。シーア派聖地。680年に同地で戦死した第3代イマームのフサインの廟がある。
　¶角川世, 世界考古 (カルバラ), 世歴大4

キシュ　Kish
バビロンの東約15kmに位置。古代都市。現在名ウハイミル (Uhaimir)。発掘で都市遺跡がウバイド期からイスラーム時代までの文化層を含むことが明らかにされた。
　¶アジア歴2, 角川世, 古遺地 〔図〕, 古代オリ 〔図〕, 新潮美, 世界考古, 世界美2, 大英オリ

ギルド・チャイ　Gird Chai
ギルデマミク付近。カリム・シャヒルやムレファート出土の石器に類似した石器が出土。
　¶世界考古

グッバ, テル　Gubba, Tell
ディヤラ川中流域の遺跡。径約80m、比高約8mの円形のテルからは、大きく4時期の遺構が確認された。第Ⅱ層放棄後は、テル全体が墓地として利用された。
　¶古代オリ 〔写〕

クディシュ・サギール　Kudish Saghir
キルクークの南西約15km、ヌジの南東2.5km。1928年E.キエラが調査した遺跡。堆積はすべてが先史時代に属する。
　¶世界考古

クテシフォン　Ctesiphon
バグダードの南東方、ティグリス川の左岸。パルティアおよびササン朝の首都の遺跡。ホスロー1世によって建設された大宮殿は、今も一部を残す。7世紀に廃墟となった。
　¶アジア歴3 〔写〕, 旺文社世, オリ遺跡 (テシフォン) 〔写〕, 角川世, 角川世, 古代オリ, 新潮美 (クテーシフォーン), 世界考古, 世遺事3 〔写〕, 大遺跡4 〔写/図〕, 評論社世, 評論社世, 平凡社世, 山川世, 山川世

クーファ　Kufa
バグダード南方約150km。最古のイスラム都市。大モスクと宮殿の複合体についてはプランがほぼ判明し、ササン朝ペルシャの建築伝統が強い影響を与えている。
　¶アジア歴3, 世界考古, 世歴大6

ケルメズ・デレ　Qermez Dere
シンジャル山麓南端に位置。約100×60mの遺跡。先土器新石器時代A期の単一文化層を確認。出土石器はネムリク型尖頭器を特徴とする。
　¶古代オリ 〔図〕

ザウィ・チェミ　Zawi Chemi
シャニダール洞窟近郊。開地遺跡。B層はザウィ・チェミ文化に属する。幾何学細石器のほか、磨石類が豊富に出土。
　¶古代オリ, 世界考古

サーマッラー　Samarra
バグダードの北西。アッバース朝時代に約50年間 (836-892) 首都として繁栄。都市址の下には、先史時代の文化層がある。特に9世紀建造の大モスクに付随する螺旋状のマルウィヤ・ミナレットは、この地を代表する建造物。現在もイスラム教シーア派の聖地。

　世界遺産 (都市遺跡サーマッラー　2007)
　¶アジア歴4 〔写〕, 新潮美, 世遺事 (サーマッラの考古学都市), 世遺百 (考古都市サーマッラー), 世界考古 (サマッラ), 世界美2, 世歴大8, 文化史蹟10 (サーマッラーの都市遺跡) 〔写〕

サラサート, テル　Thalathāt, Teluleth
北部のモースルの西南西40km。5つのテルからなる遺跡。Ⅱ号丘の最下層でプロト・ハッスーナ期の住居や土器焼成窯を検出。Ⅰ号丘ではミタンニ期の墓を発見。
　¶アジア歴6 (テル・サラサート) 〔写〕, オリ遺跡 (テル・サラサート) 〔写/図〕, 角川世 (テル・サラサート), 古代オリ, 新潮美, 世界考古 〔図〕, 評論社世 (テルーサラサート)

ザルジ　Zarzi
スライマーニーヤの北西50km、小ザブ川の一支流。洞穴遺跡。遺物の石器は全般に小型、ほかに骨製尖頭器、研磨器と垂飾。
　¶世界考古

サワン, テル　Sawwan, Tell es
ティグリス川中流域に位置。サマッラ文化主体の集落遺跡。Ⅲ-Ⅴ層でサマッラ土器が出土。
　¶古代オリ (サワン, テル・エス=) 〔図〕, 新潮美 (ソワン, テル=エス), 世界考古, 大英オリ (サワン、(テル・エッ)) 〔図〕

シェムシャラ, テル　Shemshara, Tell
小ザブ川上流のドカン・ダムの建設によって水没した遺跡。遺丘の最高部と南の低部を発掘。最高部では16の層を確認。第Ⅴ層の建物からは前1788～84年頃の95通り余りの古バビロニア方言で書かれた書簡が出土。
　¶古代オリ, 新潮美

ジェムデト・ナスル　Jemdet Nasr

バグダードの南に位置。2つある遺丘の小さいほうはウバイド期、初期王朝時代、および頂上の焼成レンガの建物を含むパルティア時代の遺構。居住期間は、前3400～2800年頃にあたる。

　¶アジア歴4, 角川世（ジャムダト・ナスル）, 古代オリ（ジェムデト・ナスル期）, 新潮美, 世界考古〔図（彩文土器）〕, 世界美3, 大英オリ〔写（出土文書）〕

ジッグラト（エゲパルイミン（ピ））
Ziggurat

ウルク。前22～21世紀。エゲパルイミン（ピ）という名をもつジッグラト。大部分がウル第3王朝の祖ウル・ナンム王による建設。

　¶文化史蹟2 p28（ジッグラトとエアンナ神殿）〔写〕

シッパル　Sippar

現アブー・ハッバ。バグダード南西方の古代都市。互いに隣接するアブー・ハッバハとテル・エッ・デールの両遺跡からなる複合都市。ウルク期からパルティア期に至る層が確認され、住居区、城壁、神殿が発掘された。

　¶角川世, 古代オリ〔写p518,546〕, 新潮美, 世界考古（シッパール）, 大英オリ

シムシャラ　Shimshara

ティグリス川の支流小ザブ川の上流域ラーニヤ平原。水没したテル。堆積は16層に分けられた。

　¶世界考古

シャニダール洞窟　Shanidar Cave

ザグロス山脈。洞窟遺跡。A層は攪乱堆積、B層は続旧石器時代ザルジ文化のもの。C層は後期旧石器時代バラドスト文化、D層が中期旧石器時代ムスティエ文化。

　¶アジア歴4（シャニダール洞穴）, 古代オリ, 世界考古（シャニダール）, 大英オリ（シャニダ）

シャープール　Shapur

ファールス地方の南部に位置するカーゼルーンから東北に97kmの地点。ササン王朝のシャープール1世の建設した首都ビーシャープールの遺跡とほぼ同時代の記念碑浮彫が多数残存。宮殿址、神殿址住居址もある都市国家の体制をなした広大な遺跡。

　¶オリ遺跡〔写〕

シャープールⅠ世の宮殿

クテシフォン。3世紀。シャープール1世が建てた大宮殿。円天井大広間を中心とする約100mの東側正面のうち、南端から約4分の3が遺存。

　¶世界遺跡 p282〔写〕, 文化史蹟2（宮殿址（クテシフォン））〔写〕

ジャーミ・アル・カビール　Jami Al-kabir

モースル。1146年、セルジューク朝時代にヌールッ・ディーンが建てたモスク。現存するのはミナレットのみ。

　¶文化史蹟10 p37〔写〕

ジャルモ　Jarmo

ザグロス山脈南西麓。新石器時代の小集落遺跡。先土器新石器時代終末から土器新石器時代初頭にかけて営まれた。

　¶アジア歴4〔写〕, 旺文社世（ジャルモ遺跡）, 角川世, 古代オリ, 新潮美, 世界考古〔図（遺構と遺物）〕, 世歴大9, 大英オリ, 平凡社世（ジャルモ遺跡）, 山川世

シュルッパク　Shuruppak

ニップールの南東45km。古代都市。遺跡名はファラ（Fāra）。ジェムデト・ナスル期からイシン・ラルサ時代までの層を確認。

　¶アジア歴4（シュルッパーク）, 古代オリ, 世界考古（ファラ）, 大英オリ〔図〕

セレウキア　Seleucia

バグダードの南30km余にあるテル・ウマル周辺が遺跡。セレウコス1世が、バビロンに代わる都として前4世紀末にティグリス川右岸に建設したヘレニズム的計画都市。

　¶アジア歴5, 古代オリ（セレウキア（ティグリス河畔の））

ソンゴル, テル　Songor, Tell

ハムリン盆地の遺跡。3つの低いテルからなる。A丘ではサマッラ期後期の住居跡と墓、ハラフ期の墓やピット、ウバイド3期の墓を確認。

　¶古代オリ

タヤ, テル　Taya, Tell

テル・アファル近くの丘陵斜面上の遺跡。前2500年頃に出現した町の城塞の遺丘では前3千年紀後半の連続建築層（Ⅸ－Ⅵ層）を確認。

　¶古代オリ

チョガ・マミ　Choga Mami

マンダリーの郊外。テルで、サマッラ期の小さな町の遺跡。灌漑用の掘割と考えられる溝が3条見つかっている。

　¶古代オリ（チョガー・マミー）〔図（土器）〕, 世界考古

テロー　Telloh

ナシリアの北60km。都市遺跡。古代名はギルス（Girsu）。古くはウバイド期の文化層も確認されているが、初期王朝時代第Ⅱ期までの様子は不詳。

　¶アジア歴6（テル・ロー）, 古代オリ〔写p487, 603/図p616〕

イラク　16

アジア

ドゥル・クリガルズ　Dur-Kurigalzu

バグダードの西30kmに位置。バビロニアのカッシート王朝の首都。現在名はアカル・クフ（Aqar Quf）。城塞都市。遺跡の中心には3段式のジッグラトと、エンリル神殿、ニンリル神殿、ニヌルタ神殿の遺構が現存。

¶オリ遺跡（アカル・クフ）〔写〕，古遺地（アカル・クフ）〔図〕，古代オリ，新潮美（アカル・クフ），世界考古，大遺跡4（ドゥール・クリガルズ（アカル・クーフ））〔写/図〕，大英オリ（アカル・クフ）〔写〕

ナジャフ　Najaf

クーファの西方約10km。シーア派聖地。初代イマームのアリーの廟がある。

¶アジア歴7，角川世，世界考古，世歴事6

ニップール　Nippur

ディワニヤの北東約30km。ウルク期からカッシート時代の遺跡。シュメール・アッカド時代の最高神エンリルを祀る宗教都市。

¶アジア歴7，角川世（ニップル），古遺地〔図〕，古代オリ（ニップル）〔写（女性面）〕，世界考古，大遺跡4〔写/図〕，大英オリ（ニップル），平凡社世

ニネヴェ　Nineveh

モスル。古代アッシリアの首都。古名ニヌア。前612年の帝国滅亡とともに廃墟となった。遺跡は、イラク北部のクユンジクにある。

¶アジア歴7，オリ遺跡〔写〕，角川世，古遺地〔図〕，古代オリ〔図〕，新潮美〔写p421（粘土版）〕，世遺地，世界遺跡 p264〔写〕，世界考古〔図〕，世界美4〔写〕，世歴事7〔図〕，大遺跡4〔写/図〕，大英オリ〔図〕，東西文化 p10〜11（ニネベ）〔写〕，評論社世（ニネベ），平凡社世，山川世

ニネヴェの城門

コルサバードの南。アッシリアの末期の王アッシュール・バン・アプリ（前668-626）によって営まれた都城の門。復原されている。

¶古代遺跡 p193（復原されたニネベの城門）〔写〕

ニムルド　Nimrud

モースルの南約30kmに位置する。新アッシリア帝国の首都のカルフであった。周壁で囲まれた部分は約360ha。正門の右側にジッグラト、南方にニヌルタ神殿とイシュタル神殿などを発掘。

¶アジア歴7（ニムルード）〔写〕，遺跡100〔写/図〕，オリ遺跡〔写〕，古遺地〔図〕，古代オリ（カルフ）〔図p584（浮彫）〕，古代遺跡 p192〜193〔写〕，新潮美〔写p28（オルトスタット）〕，世界考古，世界美4，大遺跡4〔写p16,142,143,163,343/図p386〕，東西文化 p4〜7〔写〕，復原遺跡（ニムルード）〔写/図〕

ヌジ　Nuzi

キルクーク近郊に立地。現在のヨルガン・テペの遺丘にあたる。高さ6m、およそ200m四方の遺跡丘とその周辺の小遺跡丘で構成。新石器時代から前14世紀頃までの計15層を発見。粘土板文書群が出土。本遺跡が古代都市ヌジの遺跡と確定した。

¶角川世，古代オリ（ヨルガン・テペ），新潮美，世界考古，世界美4，大英オリ

ネムリク9　Nemrik 9

ティグリス川上流域の河岸段丘に位置する約1.8haの遺跡。先土器新石器時代A期の文化層を確認。

¶古代オリ

ネルガル門

ニネヴェ。町を囲んでいた巨大な石造りの城壁の門。門の両側の有翼の雄牛像は当時のもの。

¶世遺地 p30

パイクリ　Paikuli

スレイマニア南南東の峠。ササン朝時代の切石積みの廃墟ブトハーナが残る。

¶新潮美

バグダード　Baghdad

バグダード。アッバース朝時代の都市遺跡。現存する遺構はバーブ・アル・ワスタニ門とアッバース宮殿、ムスタンシリヤと呼ばれる学院、ハールーン・アッラシード王の王妃ズベイダの墓など。

¶新潮美，世界考古

ハゼル・メルド洞穴　Hazer Merd

スライマーニヤ南西8km。6個の洞穴遺跡。ビュランとハンド・アックスが発見されている。

¶世界考古

ハッジ・ムハンマド　Hajji Muhammad

ユーフラテス川下流域に位置する集落遺跡。試掘坑の堆積層から出土した土器はハッジ・ムハンマド式土器とよばれ、ウバイド2期土器に相当する。

¶古代オリ，世界考古

ハッスーナ　Hassuna

ティグリス川上流域に位置。土器新石器時代の集落遺跡（約2.5ha）。15層の堆積を確認。ハッスーナ文化はこの遺跡を標準とする。

¶アジア歴7（ハッスナ遺跡）〔写〕，角川世，古代オリ（ハッスーナ、テル・）〔図（土器）〕，新潮美（ハッスーナ、テル），図解考古（ハッスナ遺跡）〔写（土器）〕，世界考古，大英オリ（ハッスナ）

ハトラ　Hatra

モスール州の南西約100kmの砂漠地帯に残る。古代都市遺跡。現代名はアル・ハドル。前1世紀から後240年頃まで、パルティア帝国の臣属国として栄えた、メソポタミア小都市国家。聖域、内城壁、外城壁を発掘。

世界遺産 (ハトラ　1985)

¶アジア歴7, オリ遺跡〔写/図〕, 角川世, 古遺地〔図〕, 古代オリ〔写p353,679〕, 新潮美, 世遺事, 成世遺下〔写〕, 世遺百, 世界考古, 世界美4〔写〕, 大遺跡4〔写〕, ビジ世遺〔写〕, 文化史蹟2 p102〔写〕, ユネ世遺3(円形都市ハトラ)〔写〕

ハトラの宮殿址　Palace, Hatra

ハトラ遺跡にある。2世紀。2つの円天井付き大広間と側室から成る宮殿。壁面は砂岩の切り石を使い、芯は割り石を漆喰で固めてある。

¶文化史蹟2(宮殿址(ハトラ))〔写〕

バナヒルク　Banahilk

クルディスタンの山間盆地ルワンドゥズのディヤナ村南西700m。高さ約5mの低いテル。轆轤づくりの土器片、鉄片、ハラフ式土器の破片などが混在。

¶世界考古

バビロン　Babylon

首都バグダードの南約90km。メソポタミアの古代都市。前3世紀に廃墟となった。現在の遺跡は4つの遺跡丘からなり、その大部分はネブカドネザル2世の経営にかかる。

¶アジア歴7, 旺文社世, オリ遺跡〔写/図〕, 角川世, 古遺地〔図p177,178〕, 古代オリ〔写p684,781〕, 古代遺跡p194〔写〕, 宗教建築(バビロンの都市とイシュタル門)〔写/図〕, 新潮美, 世遺地, 世界遺跡 p264〔写〕, 世界考古, 世界美4〔写/図〕, 世歴事7〔写/図〕, 世歴大15, 大遺跡4〔写/図〕, 大英オリ〔写p413,452/図p412〕, 東西文化 p14～17〔写〕, 評論社世, 平凡社世, 山川世

ハファジャ　Khafaja

バグダード東方の遺跡。数多くの神殿が建ち並んでおり、年代は、ジェムデト・ナスル期(前3千年頃－前2900年頃)から初期王朝時代(前2900年頃－前2350年頃)にわたる。

¶古代オリ(ハファージェ), 新潮美(カファジェ), 世界考古, 世界美4, 大英オリ(ハファージェ)〔写〕

バベルの塔

バビロンの王宮跡近くにある聖塔の跡。有名な「バベルの塔」の跡といわれている。

¶古代遺跡 p197(聖塔跡)〔写〕, 新潮美〔図(ブリューゲル「バベルの塔」)〕, 評論社世, 平凡社世

ハラドゥム　Haradum

ユーフラテス川中流域の遺跡。現代名はヒルベト・エ・ディニヤ(Khirbet ed-Diniyah)。町は前18世紀前半から前1688～28年頃まで営まれ、バビロンの西の国境でもあった。

¶古代オリ

バラワト　Balawat

モスルの南東28kmに位置する遺跡。古代名イムグル・エンリル(Imgur-Enlil)。前9～7世紀の文化層のほか、ウバイド期、ウルク期、中アッシリア時代の層を含む。

¶古代オリ〔写(門の装飾帯)〕, 世界考古

バラワト門　Balawat gates

バラワト遺跡にある。現存するもののうち最も美しい例。シャルマネセル3世(前858-824)が前9世紀に建てた。木の部分は残っていないが、基台碑文や青銅帯飾りが残存。

¶大英オリ〔写p159,420〕

バルダ・バルカ　Barda Balka

チェムチェマル北東方3km。洪積世の礫層中にアシュール型握斧、礫器(チョッパー)、ムスティエ的剥片石器などの石器群を発見。インドゾウやサイの化石も出土。

¶世界考古

ハルマル, テル　Harmal, Tell

バグダード郊外、ディヤラ川下流域の遺跡。古代名はシャドゥップム(Shaduppum)。出土した数千枚におよぶ楔形文字資料には、『エシュヌンナ法典』も含まれる。

¶古遺地(テル・ハルマル)〔図〕, 古代オリ〔図〕, 新潮美

パレ・ガウラ　Pale Gawra

キルクークの東80km、海抜1000mの地点。約2mの堆積層から4千点以上の遺物が採集された岩陰。石器・骨製尖頭器・貝・石製の玉などが発見された。

¶世界考古

ビッラ, テル　Billa, Tell

ホルサバード遺跡の南東12kmにある遺跡。古代名シバニバ。Ⅶ・Ⅵ層は初期王朝時代、Ⅴ・Ⅳ層はアッカド王朝からウル第3王朝時代。

¶世界考古

ブズリシュ・ダガン　Puzrish-Dagan

現在のドレヘム。ウル第3王朝時代、シュルギはこの地に神殿を建て、貢納家畜を集積するための王室直属の施設をつくった。そこから数万枚の行政経済文書が出土。

¶古代オリ

イラク

アジア

ホルサバード　Khorsabad

モスルの北東12kmに位置。サルゴン2世が造成したアッシリアの都市。古代名ドゥル・シャルキン。遺跡の広さは275haにおよび、北西部に王宮など主要な建物が集中するほか、南西部にも比較的規模の小さい遺構が発見されている。

¶アジア歴8（ホルサーバード），オリ遺跡〔図〕，古遺地〔図〕，古代オリ（ドゥル・シャルキン）〔図〕，新潮美（コルサバード）〔写p407（浮彫）〕，世界考古，世界美5，大遺跡4（コルサバード）〔写／図〕，大英オリ（コルサバド）〔写p333（像）／図p220〕，東西文化 p8～9（コルサバード）〔写〕

ホルサバードのサルゴンの王宮とナブ神殿

モースル市東郊外。主たる城郭は市壁北西辺をまたぐ形で2段構えに築かれた。城郭下段にナブ神を祀る巨大神殿が建つ。

¶宗教建築〔図〕

ボルシッパ　Borsippa

バビロンの南20kmの地点。古代都市。遺跡の現代名ビルス・ニムルド（Birs Nimrud）。中央にエジダ神殿域があり、ネブカドネツァル2世が再建したジックラトが現存。発掘で前3千年紀後半からイスラーム時代までの居住史を確認。

¶古代オリ，新潮美，世界考古，大英オリ〔写p64（印章）〕

マシュカン・シャピル　Mashkan-shapir

ニップルの北約25km。古代都市。遺跡名はテル・アブ・ドゥワリ（Tell Abu Duwari）。ラルサの王シン・イディナムが市壁を築いたことを記す土製樽形筒碑を発見。

¶古代オリ

マタッラ　Matarrah

クルディスタン地方、キルクークの南約32km。テル。径約200m、高さ約8m。発掘者はハッスーナ期にほぼ並行するものとみなしている。

¶世界考古

ムレファート　M'lefaat

モスルとアルビル間の道の北側。海抜約300mの丘陵上にあるテル。面積90m×120m。軽く火をかけた粘土製遺物の採取が注目される。

¶世界考古

モハンメド・アラブ, テル　Mohammed Arab, Tell

モースル市の北約50km。都市遺跡。エスキ・モースル・ダムによる水没遺跡の一つ。ウルク後期、ニネヴェ5期、中アッシリア時代、ヘレニズム期、サーサーン朝ペルシア時代の文化層を確認。

¶古代オリ

ヤリム・テペ　Yarim Tepe

シンジャル山麓南端に位置。6つのテルからなる集落遺跡。直系約100mのⅠ号丘では最下層にプロト・ハッスーナ期の土器、各層にタウフ製の矩形複室住居を確認。

¶古代オリ，世界考古（ヤリム・テペ（1）），大英オリ〔図（土器）〕

ラガシュ　Lagash

ウルの北方、ティグリス川とユーフラテス川の中間。古代シュメールの都市。多数のテルがあり、初期王朝時代の豊富な資料やグデア時代の地下墳墓を発見。

¶アジア歴9，旺文社世，角川世，古代オリ〔写p744（奉納板）〕，新潮美，図解考古（ラガシュ遺跡）〔写（遺物）〕，世界考古〔写（グデアの座像）〕，世歴事9，大英オリ〔写〕，評論社世，平凡社世，山川世

ラス・アル・アミヤ　Ras al-Amiya

キシュの北8km。全部で5層の堆積があり、上層にウバイド式土器の文化層が、その下層にハッジ・ムハンマド式土器の文化層を確認。

¶世界考古

ラルサ　Larsa

ウルクの東約20kmに位置。古代都市。ヌール・アダド（在位前1865-50）の王宮と主神シャマシュの神殿エバッバルおよびジックラト等付属建造物を中心に調査された。現代名はセンケレ（Senkereh/Sinkara）。

¶古代オリ，新潮美，世界考古

リマー, テル　Rimah, Tell

モスルの西60km、テル・アファルの南13kmに位置。ジックラトつき神殿のある遺跡。神殿は、前18～17世紀に年代付けられるシャムシ・アダド1世の創建だと考えられる。古代名カラナ（Karanā）もしくはカタラ（Qatarā）。

¶古代オリ（リマ、テル・エル＝），新潮美，世界考古，大英オリ（リマ、（テル・アッ））〔図〕

イラン

アシャブ, テペ　Asyab, Tepe
ケルマンシャーの東6kmのカラ・スー川を見下ろす海抜約1400mの地点にあるテル。イラン高原における最古の無土器の遺跡。

¶世界考古

アパダーナ　Apadana
ペルセポリスにある。大基壇上の最も重要な建築物。謁見の間、謁見殿。現在は、13本の高い円柱が立つのみ。基壇の壁面に各国の使節の朝貢の光景が彫刻されている。

世界遺産（ペルセポリス　1979）

¶古代オリ, 古代遺跡 p183～189（アパダーナ宮殿）〔写〕, 新潮美, 世界遺跡 p264（アパダーナ）〔写〕, 東西文化 p26～37（アパダーナ宮殿）〔写〕, 文化史蹟2〔写〕

アフール・イ・ルスタム　Akhur-i-Rustam
ファールス地方、クーイ・ラフマット山中。アケメネス朝時代の摩崖墓が5基残る。地方豪族のものと推定。

¶世界考古

アリー・カープー　Ali Qapu
イスファハーン、王の広場の西辺。17世紀初頭。西方一帯にひろがる宮殿地域への門であり、広場で催される儀式や競技に臨む王の観閲台であった。

世界遺産（イスファハンのイマーム広場　1979）

¶新潮美（アリ・カプー）, 文化史蹟10〔写〕

アリコシュ　Alikosh
デフ・ローラン平原のメイメ川下流に位置。直径約135mの遺跡。テル中央部隣の試掘坑最下層からC2-C1層（ブス・モリダ期：無土器新石器時代）ほかの文化層を確認。

¶古代オリ, 世界考古（アリ・コシュ）〔図p63（石皿）〕, 大英オリ

アルタクセルクセス2世の墓
Tomb of Artaxerxes Ⅱ
ペルセポリス。前4世紀。クーヒ・ラハマト（慈悲の丘）の斜面にアケメネス朝中期の王アルタクセルクセス2世の墓がある。ナクシェ・ルスタムのダレイオス1世の墓を模したもの。

¶文化史蹟2〔写〕

アルダシール王の宮殿
フィルザバード。ササン朝の最初の王、アルダシールは3世紀中頃ペルシャ帝国の首都をフィルザバードにつくり、境界線の外に自分の宮殿を建てた。

世界遺跡 p282〔写/図〕

アルダビール　Ardabil
アゼルバイジャン地方。サファヴィー朝の始祖サフィー・アッディーン（1252-1334）の出身地でその墓廟がある。

¶新潮美

アルダビールのシェイフ・サフィール・ディーン聖殿の建築物群
Sheikh Safi al-din Khānegāh and Shrine Ensemble in Ardabil
カスピ海とアゼルバイジャン共和国に近接。16世紀初めから18世紀末にイスラム神秘主義スフィーの隠遁所として建造。モスク、霊廟、学校、図書館、貯水槽、病院などがつくられた。装飾も豊かで、中世イスラーム建築の要素を結集している。

世界遺産（アルダビールのシェイフ・サフィー・ユッディーンの修道院と聖者廟複合体　2010）

¶世遺事, 成世遺下（アルダビールのシェイフ・サフィー・アッディーン廟）〔写〕, 世遺百（アルダビールのシャイフ・サフィー・アッディーン廟複合体）〔写〕

アンシャン　Anshan
現シーラーズの北西46kmに位置するタレ・マリヤーンと同定。アンザン（Anzan）とも。1970年代に発掘調査された。

¶古代オリ

イスタフル　Istakhr
ペルセポリスの北北東約7km。都市遺跡。パフラヴィー語スタフル、現地名タフテ・ターヴス。サーサーン朝期にはファールス地方の宗教的中心地。サーサーン朝からアラブ時代初期にかけて造幣の中心地。

¶古代オリ, 新潮美（イスターフル）

イスファハンのイマーム広場
Meidan Emam, Esfahan
イスファハン州。サファヴィー朝のシャー・アッバース1世が1598年、イスファハーンを首都と定め、既存市街の西南方に新市街を建設した際、中核として位置づけられた広場。プランは東西150m余、南北500m余に及ぶ。周囲には、マスジッド・シャー・モスクや、アリ・カプ宮殿、シェイク・ロトフォッラー・モスクなどが並ぶ。

世界遺産（イスファハンのイマーム広場　1979）

¶新潮美（イスファハン）, 世遺事, 成世遺下（イスファハーンのイマーム広場）〔写〕, 世遺百（イスファハーンのイマーム広場）, ビジ世遺〔写〕, 文化史蹟10（メイダーン・イ・

イラン　20

シャー）〔写〕，ユネ世遺3（イスファハーンの
イマームの広場）〔写〕

イスファハンのジャーメ・モスク
イスファハーン。イラン最古の金曜モスク。オ
アシス都市イスファハーンの旧市街の中枢を占
める大モスク。度重なる増改築の結果、12世紀
から14世紀にかけて再建。4つのイーワーン形式
は、イスラム建築の典型となった。
　[世界遺産]（イスファハンのジャーメ・モスク　2012）
　　¶遺建5（イスファハーンのモスク）〔写/図〕，宗
　　教建築（マスジディ・ジャーミ）〔写/図〕，新潮
　　美（マスジッド＝イ＝ジョメー（イスファハン
　　の））、世遺事（イスファハンの金曜モスク），
　　成世遺下（イスファハーンのジャーメモスク）
　　〔写〕，世遺百（イスファハーンのジャーメ・モ
　　スク）〔写〕，世歴事1（イスファハーン），文化
　　史蹟10 p112,113（マスジド・イー・ジョメー）
　　〔写〕

イスマイラバード　Ismailabad
首都テヘランの西方、カラジの西北28km。村
の南端の遺丘から赤地に黒の彩文土器が発見さ
れた。
　　¶新潮美

イランのアルメニア正教の修道院建築物群
Armenian Monastic Ensembles of Iran
西アーザルバーイジャーン州マークーの南約
18km。アルメニア正教会の3つの歴史的修道院。
聖タディウス修道院、聖ステファノス修道院、ゾ
ルゾル修道院の聖マリア礼拝堂の各複合体から
なる。当地に現存するアルメニア正教の一つで、
現在も使用されており、アルメニアの信仰に関
する伝統を伝え続けている。
　　[世界遺産]（イランのアルメニア修道院群　2008）
　　¶世遺事，成世遺下（イランのアルメニア修道院
　　群）〔写〕，世遺百（イランのアルメニア修道院
　　群）

エクバタナ　Ecbatana
ハマダンの古代ギリシャ語名。メディアの首都
で、アケメネス朝ペルシアの夏の王都。発掘さ
れた公共建築物はアケメネス朝より後の時代の
ものと思われる。
　　¶新潮美（ハマダン），世界考古，大英オリ〔写〕

オルムズの城砦
オルムズにある。ポルトガル人の城砦。1515年
頃、征服者アルブケルケが置いた守備隊によって
建造された。
　　¶世界遺跡　p270（城砦）〔写〕

カアベ・イェ・ザルドシュト
Kaabe-ye Zardosht
アケメネス朝王墓群のあるナクシェ・ロスタム
に建つ。「ゾロアスターのカアバ」の意。アケメ
ネス王朝初期の石造建造物。

　　¶古代オリ〔写〕

ガスレ・シーリーン　Qasr-e Shirin
バグダードからケルマンシャーに至る主要交通
路のイラン側国境近く。ホスロー2世が建設した
小都市。愛妃にちなみ「シーリーンの王宮」の
意。エマーラテ・ホスロー（大王宮）遺構などが
残る。
　　¶アジア歴2（カスリ・シーリーン），オリ遺跡
　　（カスル・イ・シリン）〔写〕，古代オリ，新潮
　　美（カスル＝イ・シーリーン）〔写〕

カラ・テペ　Kara-Tepe
テヘラン。「ブラック・オン・レッド土器」が出土。
　　¶世界考古（カラ・テペ(1)）

カラールダシュト　Kalardasht
マーザンダラーン州。アルボルズ山中に位置す
る遺跡。前1千年紀初めの古墳を発見。
　　¶古代オリ，新潮美（カラル・ダシュト）

ガレクティ　Ghalekuti
東ギラーン州、プール・イ・ルードの支渓谷。初
期鉄器時代の墳墓と、パルティア＝ササン期の墳
墓がある。前者にはストーン・サークルをもっ
て地上標識とするものがある。
　　¶世界考古〔写（注口土器）〕

カンガーヴァル　Kangavar
ハマダーンとケルマンシャーの真ん中。パルティ
ア時代、後1世紀頃の女神アナーヒターを祀った
神殿の遺跡。
　　¶アジア歴2

ガンジュ・ダッレ　Ganj Dareh
クルディスターン山中。「発生期の土器」をと
もなう新石器時代遺跡。C14年代測定値では前
7200年頃とされている。
　　¶古代オリ，世界考古（ガンジ・ダレ），大英オ
　　リ（ガンジ・ダレ）

ギャプ，タル・イ　Gap, Tall-i
シーラーズ北東約40km、マルヴ・ダシュト盆地。
先史遺跡。全部で20層の重なりがある。建築は
チネでつくられている。
　　¶オリ遺跡（タル・イ・ギャブ）〔写〕，新潮美，
　　世界考古

ギヤン，テペ　Giyan, Tepe
ニハヴァンド西方。先史時代の遺丘（テル）。ハ
ラフ期（前5千年－前4300年頃）など5つの異なる
文化の層を確認。
　　¶古代オリ（ギャーン，テペ・）〔図（土器）〕，新
　　潮美，世界考古，世界美2，大英オリ

キュロス2世の宮殿　Palace of Cyrus Ⅱ
パサルガダイにある。前6世紀。ペルシア帝国最
初の都パサルガダイにキュロス2世が建てた宮殿

イラン

の一つ。王宮区域の入り口に位置するものと考えられる。
　　¶文化史蹟2〔写〕

クーヘ・フワージャ　Kuh-e Khwaja
ザーボルの南約30km、ハームーン湖の東端。「聖者の丘」の意。丘の東南端にあるガルエ・サーム砦址が一般にクーヘ・フワージャ遺跡として知られている。
　　¶古代オリ〔写〕，新潮美（クー＝イ・フワージャ）

グラーン, テペ　Guran, Tepe
ルリスターン地方フレイラン平野にある遺跡。約8mの堆積に18層の連続した建物が存在した。最下層のV-T3層は無土器文化で、土器はS層から出現する。
　　¶古代オリ，世界考古（グーラーン，テペ），大英オリ（グラン，（テペ））

グンバド＝イ＝カーブース
Gunbad-i-Qabus
首都テヘランの東北東約110km。「カーブースの塔」の意。イスラームの塔状の廟。
　　¶新潮美

ゲオイ・テペ　Geoy Tepe
リザイエ（ウルミア）湖西岸。テペ。ウルク並行期から青銅器時代・鉄器時代にかけての層がある。
　　¶世界考古

ゴディン・テペ　Godin Tepe
ケルマンシャー地方のカンガヴァール渓谷。「メディア・トライアングル」地域に位置する遺丘。第Ⅰ期（イスラーム期、現代）から前4千年紀に遡る第Ⅶ期までの文化層が判明。
　　¶古代オリ（ゴディーン・テペ）〔図〕，世界考古，大英オリ

コナール・シヤーフ　Konar Siyah
フィールーザーバードの南約35km。サーサーン朝期の拝火神殿コンプレックス（45×70m）。タンゲ・チャクチャクとならんで、聖火護持殿と礼拝用の拝火神殿の両方をもつ稀な遺構。
　　¶古代オリ〔写〕

コム　Qom
テヘランの南方約100km、ゴム州の州都。現在はゴム（Ghom）と称す。ゴムマシュハドと並ぶ国内2大聖地の一つ。8代目イマーム、アリー＝レザーの妹のファーティマの墓所を中心に発展した。
　　¶アジア歴3，角川世（ゴム），世歴大7

ゴレスタン宮殿　Golestan Palace
テヘラン市中心部のイマーム・ホメイニー広場の近く。18世紀末から20世紀初頭にかけてのカ

ジャール朝の宮殿。テヘランで最古期の建築群。カジャール朝の政庁としても利用された。
　　世界遺産（ゴレスターン宮殿　2013）
　　　　¶世遺事，成世遺下〔写〕，世遺百（ゴレスターン宮殿）〔写〕

ゴンバデ・カーブース　Gonbad-i Qabus
ゴルガン近郊。ジャール朝の君主カーブースが存命中（1006-07）、自分のために建てた墓塔。無釉煉瓦造り。
　　世界遺産（ゴンバデ・カーブース　2012）
　　　　¶宗教建築（ゴンバディ・ガーブース）〔写/図〕，世遺事（カーブース墓廟），成世遺下〔写〕，世遺百〔写〕，文化史蹟10 p109（ゴンバド・イ・カーブース）〔写〕

サカヴァンド　Sakavand
ケルマンシャー地方。メディア時代の摩崖墓が残る。前7〜6世紀頃。
　　¶オリ遺跡〔写〕

サッデ・エスキャンダル　Sadd-e Eskandar
アーグガレの北方約20km地点から110km北東のゴンバデ・カーヴース。ホスロー2世が建造した防塁。「アレクサンドロスの防塁」の意味。
　　¶古代オリ

サラーブ, テペ　Sarab, Tepe
クルディスタンのケルマンシャー平野。テントか葦小屋の跡とされる竪穴が発見されている。地母神を表わした粘土製の女性座像と写実的な野生の動物像も出土。
　　¶新潮美（サラブ，テペ），世界考古

サルヴィスタン　Sarvistan
ファルス地方。ササン王朝の宮殿がある。バフラーム5世（420-438）によって建てられた。
　　¶アジア歴4（サルヴィスターン）〔写〕，オリ遺跡〔写/図〕，古代オリ（サルヴェスターン），世界考古

サルヴィスタンのモスク
Mosque at Sarvistan
ファルス地方。5世紀。ササン朝ペルシア、バフラーム5世（在位420-438）によって建立されたとされる。縦36m×横42mの方形プラン。
　　¶文化史蹟2（モスク址（サルヴィスタン））〔写〕

サルポレ・ザハーブ　Sarpol-e Zahab
ケルマーンシャーから東に直線距離110kmに位置する都市で遺跡。イシン・ラルサ時代に属するルルブム／ルルビの王アヌ・バニニの磨崖浮彫が重要。古バビロニア時代、パルティア時代の磨崖浮彫も現存。
　　¶古代オリ

サンゲ・チャハマック, タペ
Sang-e Chaxmaq, Tape

シャールード県バスタム村。新石器時代遺跡。西アジアで始まった農耕文化がどのように東方に拡散していったかを探るために重要な遺跡。

¶古代オリ〔図（出土品）〕

シアルク, テペ　Sialk, Tepe

カシャーンの南西3km。イラン先史土器の基準遺跡。南北2つの丘からなる。北丘はⅠ－Ⅱ期、南丘はⅢ－Ⅵ期に分けられる。

¶アジア歴4（シアルク遺跡）〔写（土器）〕，角川世（テペ・シアルク），古代オリ〔写〕，新潮美，図解考古（シアルク遺跡）〔写（土器）〕，世界考古〔図〕，大英オリ

ジヴィエ　Ziviye

ウルミア湖南方サキズの東40km。彩釉壺、青銅製・鉄製武器、動物形リュトンなどを発掘。遺跡は前8～7世紀に属し、メディア王国と関連をもつものとされる。

¶古代オリ（ジーヴィイエ），世界考古，大英オリ（ジウィエ）〔写（装飾板）〕

シャー・テペ　Shah Tepe

ゴルガン平原。Ⅰ期は初期イスラム時代に属し、貨幣・鉄器・ガラス器などが出土Ⅱa・Ⅱb・Ⅲ期は青銅器時代に属す。

¶アジア歴4，世界考古

シャフレ・ソフタ　Shahr-I Sokhta

シースターン地方のヘルマンド河畔。青銅器時代の大規模な都市遺跡。前3千年紀のラピス・ラズリの加工作業場およびエラム文字で書かれた決算文書などが発掘された。

[世界遺産]（シャフレ・ソフテ　2014）

¶角川世（シャフリ・ソフタ），古代オリ，世遺事（シャフリ・ソフタ），大英オリ（シャフレ・ソクタ）

シャミー　Shāmī

フーゼスターン州マラミール。パルティア時代の遺跡。後1世紀と推定される青銅製立像などが出土。

¶角川世，新潮美

ジャリ, タレ　Jari, Tal-e

マルヴダシュトにあるA・B2つの遺丘。B丘の彩文土器の年代はタレ・ムシュキ遺跡に次ぐと考えられている。

¶古代オリ〔図（土器）〕，新潮美（ジャリ, タル＝イ），世界考古（ジャリ, タル・イ）

シューシュタルの歴史的水利施設
Shushtar Historical Hydraulic System

フーゼスターン州北部。前5世紀のダリウス1世の時代に創建。塔、ダム、橋などで構成され、カールーン川のギャルギャル運河とシャティート運河の2つの主要な運河を含む。

[世界遺産]（シューシュタルの歴史的水利施設　2009）

¶世遺事，成世遺下〔写〕，世遺百

ジュンディ・シャープール　Jundi Shāpūr

フージスタン地方ディズフル。ジョンディ・シャープール、グンデシャープールともいう。ササン朝の都市遺跡。シャープール1世の創建。

¶アジア歴4，新潮美（ジョンディ・シャープール）

ジョウィ, テペ　Jowi, Tepe

ホジスターン地方、スーサの北約10km。南北2つのテペからなる。土器は、ブラック・オン・バフ土器が中心。

¶世界考古

スーサ　Susa

フージスターン州のシューシュにある。先史からイスラーム時代にわたる遺跡。交易上の要地を占め、前5千年紀後半以降、エラム民族やアケメネス朝ペルシャ帝国の都で多様な文化が開花。遺丘はアクロポリス、アパダーナ、王都、技術者の町の4丘からなる。

[世界遺産]（スーサ　2015）

¶アジア歴5（スサ）〔写〕，旺文社世（スサ），角川世，古遺地〔図〕，古代オリ〔写p701/図p548〕，新潮美，世遺事，世界考古〔図〕，世界美3，世歴事5（スサ），大遺跡4〔写/図〕，大英オリ（スサ）〔写〕，評論社世（スサ），文化史蹟2（宮殿と住居址（スーサ））〔写〕，平凡社世（スサ），山川世

スルヴァン, タペ　Suruvan, Tape

ファールス地方ファハリアンの北西約5km。アケメネス朝の遺跡。パルメット・モティーフを16単位繰返した装飾を有する。礎石を検出。

¶世界考古

スルターナーバード　Sultānābād

テヘランの近く。イスラム陶器の出土地で窯跡。

¶アジア歴5

セキサバード　Sekzabad

カズヴィーン、ハマダン両市の中間。先史時代の遺跡。彩文土器と黒色磨研土器を出土。

¶新潮美

セパー・サーラール・モスク
Sepah Salar Mosque

テヘラン。旧市街にある大寺院。1830年、カージャール朝建築の代表作。ミナレットは計6基を数える。

¶文化史蹟10〔写〕

ソルタニーイエ　Soltaniyeh

ソルタニーイエ村。13世紀にモンゴル人が創ったイル・ハーン国の首都。イランのイル・ハーン朝第8代スルタン、ウルジャーイートゥー（ムハンマド・ホダーバンデ）の霊廟として、1302～1312年頃に建設されたドームがある。高さは約50m、二重外殻ドームとしてはイラン最古。

[世界遺産]（ソルターニーエ　2005）

　¶世遺事, 成世遺下〔写〕, 世遺百（ソルターニーイェ）〔写〕

ダー＝ウ・ドゥフタル　Da-u Dukhtar

南部ファールス地方。カンビューセース1世（在位前600－前559）のものと推定される摩崖墓がある。

　¶新潮美

ターク・イ・ブスタン　Taq-i-Bustan

ケルマンシャーの北方11km、ザルデ・クー山麓。ササン朝の遺跡。大小2個の洞穴が穿たれ大洞は、ホスロー2世（在位590-623）の造営。小洞はシャープール3世（在位383-388）による。

　¶アジア歴6（ターク・イ・ブスタン）〔写〕, オリ遺跡〔写〕, 新潮美（ターク＝イ・ブスターン）〔写p963〕, 世界考古〔写〕, 大遺跡4〔写〕, 平凡社世（ターク・イ・ブスターン）

ターク・イ・ブスタンの岩窟記念堂

ターク・イ・ブスタンにある。ササン朝後期の岩壁彫刻を代表する樽形円天井の岩窟。

　¶文化史蹟2（岩窟記念堂）〔写〕

ターゲ・ボスターン　Taq-e Bostan

ケルマンシャー市の北13kmの山麓。サーサーン朝時代の石窟遺構と摩崖浮彫遺跡。

　¶角川世（ターケ・ブスターン）, 古代オリ

ダニエル廟　Daniel Mausoleum

シューシュにある。イランのシーア派イスラム教徒たちが聖者として崇敬するダニエルの霊廟。たびたび改築されているが、現在建築の最も古い部分は14世紀まで遡るという。

　¶文化史蹟10〔写〕

タフテ・ソレイマーン　Takhte Soleimān

タカーブの北北東約40kmに位置。遅くともパルティア時代から14世紀のイル・ハーン朝時代にかけての大遺跡。アラブ史家の伝えるシーズ（Shīz）と同定される。

[世界遺産]（タハテ・スレマーン　2003）

　¶古代オリ, 宗教建築（タフティ・スレイマン）〔図〕, 世遺事（タクテ・ソレイマン）, 成世遺下（タフティ・ソレイマン）〔写〕, 世遺百〔写〕, ビジ世遺（タフティ・ソレイマン）〔写〕

タフト＝イ＝マーダル＝イ＝スレイマン　Takht-i-Madar-i-Su-laiman

南部ファールス地方、パサルガダイ北方の小丘上に残る。アカイメネース朝の建物の基壇（高さ12m）。

　¶新潮美

タブリーズの歴史的バザール複合体
Tabriz Historic Bazaar Complex

東アゼルバイジャン州の州都タブリーズ。アーケードのような屋根で連結されたレンガ造りの建築物で、様々な用途の空間を内包している。タブリーズは古来文化交流の地で、歴史的市場複合体はシルクロードにおける重要な商業の中心地の一つ。

[世界遺産]（タブリーズの歴史的バザール複合体2010）

　¶世遺事（タブリーズの歴史的なバザールの建造物群）, 成世遺下〔写〕, 世遺百（タブリーズの歴史的バザール）〔写〕

タベ・ミル　Tape Mil

レイの南方15kmチャハ・タルカーンの近く。小高い丘陵。ササン王朝時代の城塞だった。大きなアーチ式の二重の入口を有する方形の建造物がある。

　¶オリ遺跡〔写〕

タムタマ洞穴　Tamtama

リザイエ湖西岸。表土下の黄色砂質土は上部と下部に分けられ、ビストゥン洞穴に似た層位を示す。

　¶世界考古

ダーラーブゲルド　Darabgerd

ファールス州ダーラーブの南東8km。サーサーン朝初期の円形都市遺構（直径約1.9km）。現地での通称は「ガルエ・ダヒヤー」（ダヒヤーの砦）。

　¶古代オリ, 世界考古（ダラブゲルド）

ターリク・ハーネ　Tarik Khaneh

ダムガンにある。750～89年頃、イラン最古の現存イスラム建築として著名なモスク。プランは西方伝来の形式を採りながら、構造は土着の伝統に従っている点が特徴。

　¶新潮美（ダムガン）, 文化史蹟10〔写〕

ダルマ, テペ　Dalma, Tepe

リザイエ（ウルミヤ）湖南岸近く。第1層には青銅器時代（前2千年紀）の墓がある。2・3層には特徴的なダルマ式土器が発見。

　¶世界考古〔図（土器文様）〕

ダレイオス1世宮殿　Palace of Darius I

ペルセポリス。前5世紀。ダレイオス1世の死後まもなく、息子のクセルクセス1世によって完成されたもの。

イラン　24

¶文化史蹟2〔写〕

ダレイオス1世の墓　Tomb of Darius Ⅰ
ナクシェ・ルスタム。前5世紀。断崖に掘り込まれた十字形の独特な王墓。高さ22.5m。

¶文化史蹟2〔写〕

タング＝イ・サルワク　Tang-i Sarwak
西南部フージスターン地方、ベベハーンの町の北方50km。パルティア時代末期（紀元200年頃）のエリマイド人王侯の生涯を浮浅彫で表した岩塊がある谷。

¶新潮美

チェヘル・ソトゥーン　Chehel Sotun
イスファハーン。かつて、王の広場の西方にあったサファヴィー朝の広大な宮殿の迎賓用パヴィリオンともいうべき建物。名称は「40本の柱」という意。

世界遺産（イスファハンのイマーム広場　1979）

¶新潮美, 文化史蹟10〔写〕

チャシマ・アリ　Chashmah Ali
テヘランの近郊レイ。先史遺跡。シアルクⅡタイプのブラック・オン・レッド土器が顕著。

¶新潮美（チャシュメ＝アリ）, 世界考古

チョーガ・ザンビル　Tchogha Zanbil
フゼスダーン州。前13から前11世紀に繁栄した都市遺跡。エラム王国のウンタシュ・ガル国王が、首都スーサの南に建設。聖都として崇められるようになり、首都を守護する役割を果たした。焼成煉瓦と日干し煉瓦で造られた聖塔（ジッグラト）などが残存。

世界遺産（チョガ・ザンビール　1979）

¶古遺地（チョガ・ザンビル）〔図〕, 古代オリ（チョーガー・ザンビール）〔写p399,814〕, 新潮美（チョガ・ザンビル）, 世遺事, 成世遺下〔写〕, 世遺百（チョーガ・ザンビール）〔写〕, 世界考古（チョガ・ザンビル）, 大遺跡4（チョーガー・ザンビール）〔写/図〕, 大英オリ（チョーガ・ザンビル）, ビジ世遺〔写〕, ユネ世遺3（古代都市チョーガ・ザンビル）〔写〕

チョーガ・ザンビルのジッグラト
Ziggurat, Choga Zambil
チョーガ・ザンビル遺跡にある。前13世紀。エラム王ウンタシュ・ガルが新都ドゥル・ウンタシュ（現名チョーガ・ザンビル）に造営。フンバン神とインシュシナク神に捧げられた。

¶文化史蹟2（ジッグラト（チョーガ・ザンビル））〔写〕

チョーガ・ザンビルの神域と王墓
チョーガ・ザンビル遺跡にある。インシュシナク神を奉じて造営した都市ドゥール・ウンタシュの遺跡。聖塔（ジッグラト）が残り、「地下墓宮殿」と名付けられた遺構は王の一族を葬る。

世界遺産（チョガ・ザンビール　1979）

¶宗教建築〔写/図〕

チョーガ・ミシュ　Choga Mish
デズフールの南東6km。テペ。主要部分はウルク後期～ジェムデット・ナスル期の都市。

¶世界考古

デイラマーン　Deilaman
ギーラーン州のアルボルズ山脈カスピ海側の支脈の中にある盆地名。盗掘品が「アムラシュ遺宝」として流出した。先史時代からパルティア・サーサーン期の墓群が発掘されている。

¶オリ遺跡（デーラマン）〔写〕, 古代オリ

トゥーラング・テペ　Turang Tepe
ゴルガーン平原に位置。径100m、高さ35mの遺丘。8つの時期にわたる遺物、遺構を確認。この地域における標準遺跡。

¶古代オリ, 新潮美（トゥラン・テペ）, 世界考古（トゥラング・テペ）

ナクシェ・ラジャブ　Naqshe Rajab
ペルセポリスの北約4km。3面のサーサーン朝浮彫がある。アルダシールならびに騎乗のシャープールの叙任式図ほかが描かれている。

¶オリ遺跡（ナクシュ・イ・ラジャブ）〔写〕, 角川世, 古代オリ, 新潮美（ナクシュ＝イ・ラジャブ）

ナクシュ・イ・バフラーム　Naqsh-i Bahrām
南部ファールス地方、ビーシャープール北西約30km。サラーブ・バフラーム村に残るバフラーム2世（在位276-293）の摩崖浮彫。

¶新潮美

ナクシュ・イ・ルスタム　Naqsh-i Rustam
南部ファールス地方、ペルセポリスの北方約9kmのマルヴダシュト平原。アケメネス王朝の遺構と、ササン王朝浮彫遺品がある。ダレイオス大王墓を始め、クセルクセス1世、ダレイオス2世、アルタクセルクセス1世の十字形摩崖陵墓が4つ並ぶ。

¶アジア歴7（ナクシュ・イ・ロスタム）〔写〕, オリ遺跡〔写〕, 角川世（ナクシュ・ロスタム）〔写p837〕, 古代オリ（ナクシェ・ロスタム）, 新潮美, 世界考古, 大遺跡4（ナクシュ・ルスタム）〔写〕, 文化史蹟2（ナクシェ・ルスタム）〔写〕

ナクシュ・イ・ルスタム〔ダーラーブ〕
Naqsh-i Rustam, Dārāb
南部ファールス地方、ダーラーブ（古代名ダーラーブギルド）の近郊。岩壁にシャープール1世の戦勝記念磨崖浮彫がある。

¶新潮美

25　　　イラン

ナクシュ・イ・ルスタムの拝火壇
Fire-altars, Naqsh-i-Rustam

ナクシュ・イ・ルスタムの断崖をつくっているフセイン・クーの岩山の突端に立つ。2基の拝火壇。ササン朝時代のゾロアスター教徒が礼拝に使用したもの。

¶文化史蹟2（拝火壇）〔写〕

ヌーシェジャーン, テペ　Nushejan, Tepe

ハマダーン近郊。メディア時代の遺跡。前8〜6世紀に属する拝火神殿、城塞建築、大広間をもつ建物を発見。拝火神殿は年代がわかっているものとしては最も古い。

¶古代オリ〔図〕, 大英オリ（ヌシェ・ジャン）〔写〕

ヌール・エッディーン・ニーマト・アッラーの廟
Mausoleum of Nur Ad-din Nimat Allah

マハーンにある。1431年にここで没した神秘主義詩人ヌール・エッディーン・ニーマト・アッラーの廟。1601年、シャー・アッバース1世によって造営された。

¶文化史蹟10 p136〔写〕

ノルズ・マハレ　Norz Mahale

北部、デーラマン地方。パルティア期の遺跡。竪穴土壙墓、地下式横穴墓があり男女の副葬品に区別がある。

¶世界考古

バクーン, タレ　Bakun, Tal-e

ファールス州マルヴダシュト。A・B2遺丘からなる先史遺跡。遺丘の土器はスーサA期に、B遺丘のものはウバイドIV期に比定。

¶アジア歴6（タル・イ・バクーン）〔写（鉢）〕, 古代オリ〔図（出土品）〕, 新潮美（バクン, タル＝イ）, 世界考古（バクーン, タル・イ）

パサルガダエ　Pasargadae

ペルセポリスの北東43km。アケメネス朝ペルシア帝国の創始者キュロス2世がペルシア人の地ファールスに建設した王宮。「王室庭園」内に謁見の間や迎賓用の王宮が、その外縁部に聖火壇、城砦、王墓等が配置されている。

世界遺産（パサルガダエ　2004）

¶アジア歴7, オリ遺跡〔写〕, 角川世, 古遺地〔図〕, 古代オリ〔写〕, 新潮美（パサルガダイ）, 世遺事（パサルガディ）, 成世遺下〔写〕, 世遺百〔写〕, 世界考古, 世界美4, 大遺跡4〔写〕, 大英オリ（パサルガデ）

パサルガダエの王墓

パサルガダエにある。アケメネス朝ペルシア帝国の祖であるキュロス王の墓。6段に積まれたピラミッド状の台座の上に家形墓を載せる形式。前530年頃。

¶宗教建築〔写/図〕

ハージュ橋　Khaju Bridge

イスファハーン。市街の南側を流れるザーヤンデ・ルード川に架けられた橋。17世紀中頃、シャー・アッバース2世の時代に建設。

¶文化史蹟10〔写〕

ハッサニ・マハレ　Hassani Mahale

デーラマン地方。パルティア期の遺跡。地下式横穴墓に黒褐色磨研土器、鉄製刀剣、矛、ガラス玉、銅製鏡、指輪などが副葬されている。

¶世界考古

ハッサンル　Hassanlu

アゼルバイジャン地方、レザイエ湖南岸。マンナイ人の国に属していた。墓から出土した土器類によって、3つの文化が考えられる。前2千年〜前1千年以降におよぶ。

¶古遺地（ハサンル）〔図〕, 古代オリ（ハサンルー）, 新潮美, 世界考古, 世界美4, 大英オリ（ハサンル）〔写（碗）〕

ハッジ・フィルツ　Hajji Firuz

リザイエー（ウルミア）湖の南ソルダス渓谷。最古の農耕文化遺跡。土器は「すさ」混じりの粗質土器で、赤色の幾何学文様のついた彩文土器もある。

¶世界考古

バム　Bam

イラン高原南端の乾燥地帯にあるオアシス都市、バム。カナートと呼ばれる地下井戸網が整備され、東西貿易を支えた。アケメネス朝時代（前6〜前4世紀）に始まり、全盛期は7〜11世紀。16〜18世紀のバム要塞（アルゲ・バム）、7〜17世紀のセイド廟、アシリ廟などがある。

世界遺産（バムとその文化的景観　2004）

¶世遺事（バムとその文化的景観）, 成世遺下〔写〕, 世遺百（バムとその文化的景観）〔写〕, 空城と要塞〔写〕

バムの廃墟　Ruins of Old Bam

ケルマンの東方約200kmのオアシス、バームの町のかたわらにある。完全に無人と化した旧市の廃墟。都市の起源は少なくとも10世紀まで遡る。

¶文化史蹟10（旧バームの廃墟）〔写〕

ハリメジャーン　Halimejan

ギーラーン州の村。この村域にあるパルティア時代の墓群シャーピールとラーメザミーンを発掘。前者からは4基の地下式横穴墓、後者からは5基の地下式横穴墓と7基の竪穴土坑墓を確認。

¶古代オリ

バンプール　Bampur

バンプール盆地にある都市。遺跡の主要部は近世の城砦が占める。土器はほとんどが轆轤製で

イラン　　　　　　　　26

アジア

前3千年紀の中頃から2千年紀初めまでの間に入ると思われる。

　¶世界考古

ビーシャープール　Bishapur
シーラーズの西140km弱に位置。シャープール1世が建設した王宮都市遺跡。ほぼ2方を川で、他の2方を濠と城壁で囲んだ四角形状都市。巨石を組んだアナーヒター神殿が最もよく残っている。

　¶角川世（ビシャープール），古代オリ，新潮美，世界考古（ビシャープール），大遺跡4（ビシャープール）〔写/図〕

ビソトゥーン　Bisotun
西部、ケルマーンシャー州、イラン高原とメソポタミアとを結ぶ古代の交易ルート沿い。先史時代からメディア王国、アケメネス朝やササン朝ペルシア、イル・ハン朝の遺跡が残る。アケメネス朝ペルシアの王ダレイオス1世のレリーフ（浅浮彫）と、楔形文字で記された碑銘が重要。レリーフの下や周囲に残された碑文は3つの言語で書かれ、アケメネス朝時代唯一の歴史的文書。

　世界遺産　（ビソトゥーン　2006）

　¶アジア歴8（ベヒストゥーン）〔写〕，旺文社世（ベヒストゥーン碑文），オリ遺跡（ビストゥン）〔写〕，角川世（ビーストゥーン碑文），古代オリ（ベヒストゥーン）〔写p595〕，新潮美（ビストゥーン），世遺事，成世遺下（ビソトゥン）〔写〕，世遺百（ベヒストゥン碑文），世界考古（ビストゥン），世歴事8（ビストゥン）〔写〕，大遺跡4（ビストゥン）〔写〕，評論社世（ベヒストゥーンの碑），文化史蹟2（ビストゥーン）〔写〕，平凡社世（ベヒスタン），山川世（ベヒストゥーン碑文）

ヒッサール, テペ　Hissar, Tepe
テヘランの東北東約280km。テペ。I期の建築はチネと日干し煉瓦でつくられている。II期の建築は日干し煉瓦の使用が多くなる。

　¶古代オリ（ヘサール, テペ・），新潮美（ヒッサル, テペ），世界考古，大英オリ（ヒッサル，（テペ））

ファーティマ廟　Mausoleum of Fatima
コムにある。シーア派第8代イマーム・レザー（765-818）の妹ファーティマの廟。大部分は19世紀以降の建築。

　¶宗教建築〔写/図〕，文化史蹟10 p135〔写〕

フィルザバード　Firuzabad
ファールス地方の町。ササン朝の古代都市グル（Gur）のあった町。古代の都市に関しては、直径約2kmの二重の円形の土塁と濠の中にわずかに廃墟が残る。

　¶アジア歴8（フィルーザバード），オリ遺跡〔写〕，新潮美（フィールーザーバード），世界考古，世界美4，大遺跡4〔写/図〕

フニック岩陰　Khunik
南ホラーサーン地方。岩陰遺跡。石刃状剝片とこれを利用したスクレーパーが多い。

　¶世界考古

ヘカトンピュロス　Hecatompylos
ダームガーンの西南西32kmに位置するシャフレ・グーメス遺跡に比定するのが定説。パルティア語陶片文書数点などを発見。

　¶古代オリ

ペルシャ庭園　The Persian Garden
6州7市に点在。各地に点在する9つの庭園からなる。ペルシャ庭園では、水が重要な役割を担っており、9つの庭園は、いずれも灌漑と鑑賞の両方の役割をもつ水路によってエデンの園、ゾロアスター教の天・地・水・植物の4元素を象徴するよう構想された4区画に分割されている。

　世界遺産　（ペルシャ庭園　2011）

　¶世遺事（ペルシの庭園），成世遺下（ペルシア庭園）〔写〕，世遺百（ペルシャ様式の庭園）

ペルシャのカナート　The Persian Qanat
イラン各地に残る。乾燥した砂漠の文明が生んだ灌漑システム。イランの乾燥地域では、農業を営む集落は、古代のカナートによって支えられている。

　世界遺産　（イランの地下水路カナート　2016）

　¶世遺事

ペルセポリス　Persepolis
シーラーズの北東57km。ペルシア最大の都の跡であり、中東三大遺跡の一つ。謁見の間（アパダーナ）、万国の門（クセルクセス門）、ダレイオス1世宮殿などの建築群や、「百柱の間」の柱の礎石などの遺構が残存。

　世界遺産　（ペルセポリス　1979）

　¶アジア歴8〔写（口絵）〕，遺跡1〔写/図〕，旺文社世〔写〕，オリ遺跡〔写/図〕，角川世〔写（口絵）〕，古遺地〔図〕，古代オリ〔写（口絵）〕，古代遺跡 p179（ペルセポリスの遺跡）〔写〕，新潮美〔写p41（アフラ・マズダ）〕，世遺事，成世遺下〔写〕，世遺百〔写〕，世界遺跡 p264〔写/図〕，世界考古〔図〕，世界美5〔写/図〕，世歴事8，世歴大17〔写/図〕，空古代遺跡〔写〕，大遺跡4〔写〕，大英オリ〔写〕，東西文化 p18〜37〔写〕，ビジ世遺〔写〕，評論社世，文化史蹟2〔写p92,93/図p66〕，平凡社世，山川世，ユネ世遺3〔写〕

ペルセポリスの岩窟墓
ペルセポリスから北々西約6kmのところ。アケメネス朝の王墓。ダレイオス2世、クセルクセス1世、ダレイオス1世、クセルクセス1世の墓がある。

　¶古代遺跡 p177〔写〕，東西文化 p221〜225（ペルセポリス付近の岩窟墓群）〔写〕

ペルセポリス 万国の門

ペルセポリスの入口に近いところ。前5世紀。ペルセポリスの宮殿の入り口である門。これを完成させたクセルクセス1世によって「万国の門」と呼ばれた。

世界遺産（ペルセポリス　1979）

¶古代遺跡 p176〔写〕，東西文化 p20〜21〔写〕，文化史蹟2（クセルクセスの門）〔写〕

ペルセポリス 百柱の間

ペルセポリス。ダレイオス王の正式な宮殿の跡といわれる。約70m四方の広間には、10行10列に、文字通り100本の柱が列立していた。

世界遺産（ペルセポリス　1979）

¶古代遺跡 p181（百柱の間）〔写〕，東西文化 p22〜25〔写〕

ベルト洞穴　Belt

ベシャールの西8km。厚さ20cmの人為層を28層設定し、3つの文化層に分けられた。第27〜18層は前期中石器時代、第17〜11層は後期中石器時代、第10〜8層は無土器の新石器時代、第7層以降穀物栽培・土器・織物・磨製石斧が出現。

¶世界考古

ホトウ洞穴　Hotu

カスピ海南東岸。ベルト洞穴と並んである洞穴遺跡。上層は鉄器時代層、中層は新石器時代層、下層は後期旧石器時代層。

¶世界考古

ホルヴィン　Khurvin

首都テヘランの西方80km。先史時代の遺跡。墓地から多くの土器が出土。

¶新潮美

マスジッド＝イ＝スレイマン

Masjid-i-Sulaimān

西南部フージスターン地方、シュシュタルの東約50km。前8〜前7世紀からササン朝時代までの遺跡。

¶新潮美

マスジド・イ・シャー　Masjid-i Shah

イスファハーンにある。「王のモスク」。17世紀建築の最高峰ともいえる建築で、青を主体とした施釉タイルで覆われている。

世界遺産（イスファハンのイマーム広場　1979）

¶宗教建築（マスジディ・シャー）〔写/図〕，新潮美（マスジッド＝イ＝シャー），文化史蹟10〔写〕

マスジド・イ・ジョメー〔ヴェラーミーン〕

Masjid-i Jomeh, Veramin

ヴェラーミーン、テヘランの南方50kmほどの地点。イール・ハーン朝時代のイランのモスクを代表する貴重な遺構。「マスジド・イ・ジョメー」は、一都市の中枢的な大寺院のこと。

¶文化史蹟10 p116〔写〕

マスジド・イ・ジョメー〔ザワレ〕

Masjid-i Jomeh, Zawareh

ザワレにある。11世紀後半、セルジューク朝治下のイランに登場したチャハル・イーワーン（四イーワーン）形式の典型とみなし得る実例。1135年に竣工したと伝えられる。

¶文化史蹟10 p108〔写〕

マスジド・イ・ジョメー〔ナーイン〕

Masjid-i Jomeh, Nain

ナーインにある。960年頃建造の大モスク。円形ピアや尖頭アーチにはスタッコ浮彫りによる装飾文様が当初のまま残っている。

¶新潮美（ナーイン），文化史蹟10 p106〜108〔写〕

マドラサ・マーダル・イ・シャー

Madrasah Madar-i Shah

イスファハーンにある。1706〜14年、シャー・スルターン・フサインの母によって創設されたマドラサ（学院）。伝統的なチャハル・イーワーン形式。

¶文化史蹟10〔写〕

マルヤーン、タレ　Malyan, Tal-e

マルヴダシュト盆地北西部。青銅器時代の遺跡。古代のアンシャンに比定。一辺1400m程の隅丸方形の城壁に囲まれた巨大な都市遺跡。

¶古代オリ

マルリク　Marlik

北部のギラーン地方の山中。前9〜前8世紀のアムラシュ文化の遺跡。

¶古代オリ（マールリーク），新潮美，世界考古（マルリク・テペ），大英オリ〔写（土器）〕

ムシアン、テペ　Moussian, Tepe

アリ・コシュの南東約3kmに位置。約450m×300m、高さ約17mの大きなテペ。アッカド期、ササン朝期の遺構の下に、スシアナ（ウバイドⅢ）並行とされる先史時代層がある。

¶世界考古

ムシュキ，タレ　Mushki, Tal-e

マルヴダシュト盆地。先史時代の遺跡。原始農耕遺跡。この地域で調査された最も古い農耕文化（前5500−前5000年頃）を示す。タル・イ・ムシュキともいう。

¶古代オリ〔図（出土品）〕，新潮美（ムシュキ，タル＝イ），世界考古（ムシュキ，テペ）〔図（彩文土器）〕

インド　　　　28

アジア

メイマンドの文化的景観
Cultural Landscape of Maymand

ケルマーン州シャフレバーバク郡。少なくとも3千年の歴史を保有する文化的、歴史的な遺跡。村民は伝統的な季節異動を伴う半遊牧民の農・牧畜業者で、昔ながらの生活空間を維持し、自給自足の集落を営む。

　¶世界遺産（メイマンドの文化的景観　2015）
　　¶世遺事

ヤヒヤ, テペ　Yahya, Tepe

ケルマーン市の南約220km。遺丘。Ⅶ～Ⅵ期は新石器時代後期、ⅤＣ～Ａ期は金石併用期の集落。

　¶角川世（テペ・ヤフヤ），古代オリ，世界考古（ヤーヤ，テペ），大英オリ（ヤヒヤ，（テペ））〔図（壺）〕

ヤリム・テペ　Yarim Tepe

カラ・スーの南岸にあるテペ。鉄器時代層が15層、青銅器時代層が12層、いわゆる金石併用期前・後期がそれぞれ3層確認。

　¶世界考古（ヤリム・テペ（2））

ラスルカン　Lasulkan

ギラーン州、デーラマン地方。初期鉄器時代の古墳群。古墳群はストーン・サークルおよび土壙墓。

　¶世界考古

レイ　Rey

テヘラン。イラン高原北部の古都。サーサーン朝時代のダフメ、拝火神殿址などが残る。部分的発掘で新石器時代からの居住を確認。

　¶古代オリ，新潮美，世歴事9

インド

アイホーレ　Aihole

西南部、カルナータカ州バーダーミの北東約45km。チャールキヤ朝の代表的遺跡。

　¶新潮美〔写p1024（ドゥルガー）〕，世界考古，大遺跡8〔写〕，南アジア（アイホレ）〔写〕

アウランガバードの石窟

アウランガバートの町の北方約2kmにある岩山。9つの石窟がうがたれている。第4窟は祠堂窟で他は僧院窟。7世紀頃のものと考えられる。

　¶古代遺跡　p161〔写〕，新潮美（アウランガバード），世界考古（アウランガーバード），大遺跡8（アウランガーバード）〔写〕，東洋仏教Ⅰ-p14～15,48,50（アウランガバード石窟）〔写〕，仏教考古（アウランガバード石窟寺院），南アジア（アウランガーバード）

アクバルの宮殿　Palace of Akbar

ファテプル・スィークリにある。1570年、聖者サーリム・チシュティのゆかりの地スィークリにアクバル帝が建設した新首都の宮殿。

　¶文化史蹟10〔写〕

アクバルの廟　Mausoleum of Akbar

シカンドラにある。1613年頃の建造。ムガル朝第3代皇帝アクバルの廟。正方形プラン下層の各面中央部にイーワーンが、また各隅部に八角形断面の塔が付く。

　¶文化史蹟10〔写〕

アーグラ　Agra

ウッタルプラデーシュ州。16世紀から17世紀にかけ、ムガル帝国の都が置かれた。アーグラ城塞、タージ・マハルなどのイスラム建築が点在。

　¶世界遺産（アーグラ城塞　1983）
　　¶アジア歴1，旺文社世（アグラ），角川世（アーグラー），新潮美，世界美1，評論社世（アグラ），平凡社世（アグラ），南アジア（アーグラー），山川世（アーグラー）

アーグラ城塞　Agra Fort

ウッタルプラデーシュ州アーグラにある。1565年に建設が始まったムガル朝の旧都城。赤砂岩の城壁でできたジャハーンギール宮殿で知られる。ヒンドゥーとイスラムの建築が融合した建物。

　¶世界遺産（アーグラ城塞　1983）
　　¶世遺事（アーグラ城塞），成世遺下（アーグラ城）〔写〕，世遺百〔写〕，ビジ世遺〔写〕，ユネ世遺5（アーグラ城）〔写〕

アジメール　Ajmer

ラージャスターン州のイスラーム聖地。都市形成は13世紀初めのイスラーム聖者ムイーヌッディーン・シジュジーの墓廟建設にはじまり、ムガル帝国諸皇帝の尊崇をうけて、南アジア有数の聖地となった。

　¶南アジア

アジャンター石窟群　Ajanta Caves

ワゴーラ渓谷にある。前2～3世紀と後5世紀半ば～7世紀の2つの時期に造られた石窟寺院。ワゴーラ川岸の断崖に掘られ、大小30の寺院が立ち並ぶ。「蓮華手菩薩像」の壁画が有名。

　¶世界遺産（アジャンター石窟群　1983）
　　¶アジア歴1（アジャンター）〔写/図〕，旺文社世（アジャンター）〔写〕，角川世（アジャンター），古代遺跡　p156～160（アジャンターの

石窟群）〔写〕，宗教建築（アジャンター仏教石窟群）〔写/図〕，新潮美（アジャンター），図解考古（アジャンター石窟）〔写〕，世遺事，成世遺下（アジャンタ石窟）〔写〕，世遺地（アジャンター），世遺百（アジャンタ石窟）〔写〕，世界遺跡 p280（第26号洞窟〔アジャンタ〕）〔写〕，世界美1（アジャンター）〔写〕，世歴事1（アジャンター石窟）〔写（壁画）〕，世歴大1（アジャンター石窟）〔写〕，大遺跡8（アジャンター）〔写/図〕，東西文化 p120（アジャンター第10窟と第26窟）〔写〕，東洋仏教 Ⅰ-p1〜7,47〜51,55〜58（アジャンター石窟）〔写/図〕，ビジ世遺（アジャンタ石窟）〔写〕，評論社世（アジャンタ），仏教考古（石窟寺院（アジャンター））〔写（口絵）〕，文化史蹟5（石窟寺院（アジャンター））〔写p21〜49/図p57,176〕，平凡社世（アジャンター），南アジア（アジャンター）〔写/図〕，山川世（アジャンター），ユネ世遺5（アジャンターの石窟寺院群）〔写〕

アーディチャナッルール　Adichanallur
タミルナードゥ州ティルネルヴェリ地区シュリーヴァイクンタムの西約3km。初期鉄器文化に属する遺跡。遺跡は約460haに及ぶ広大なもので、多くの甕棺葬が発見された。
　　¶世界考古

アディナのモスク
パンドゥアにある。長い周壁は煉瓦で築かれた。ペルシャおよびアラビアの王、アブドゥル・ムジャヒド・シカンダル・シャーの建造。1369年奉納。
　　¶世界遺跡 p270〔写/図〕

アトランジケラ　Atranjikhera
ウッタルプラデーシュ州エターの北16km。ガンジス＝ジャムナ両河地帯の銅器〜初期歴史時代の遺跡。最下層Ⅰ期は赭色土器文化層。
　　¶世界考古

アハール　Ahar
ラージャスターン州ウダイプルの東3kmに位置。バナース文化に属する遺跡。時期は2期に大別され、Ⅰがバナース文化、Ⅱが初期歴史時代で、それぞれさらに3期に分けられる。
　　¶世界考古

アヒッチャトラー　Ahichchhatra
ウッタルプラデシュのバレイリー区、ラムナガル。「マハーバーラタ」にみえるパンチャラ国の王都に同定される。北インド歴史時代の土器による編年が試みられ、9期に分けられた。12世紀までの若干の遺構がある。
　　¶新潮美〔写p338（ガンガー），p431（クベーラ）〕，世界考古

アプサラの岩陰
マハーデオのパチマリ高原のアプサラ滝近く。岩陰壁画。白色の平塗りで表されている。
　　¶大遺跡1 p25（「剣をふりあげる人など」（アプサラ））〔写〕

アーブー山　Abu
ラージャスターン州南西部。ジャイナ教およびヒンドゥー教の聖地、山奥のディルワーラーにあるジャイナ教寺院群のうち、ヴィマラ・ヴァサヒー寺は1031年ダンダナーヤカ・ヴィマラによって、ルーナ・ヴァサヒー寺は1230年デージャパーラによって建てられた。
　　¶新潮美，世界美1（アーブー），南アジア（アーブー［山］）〔写（ジャイナ教寺院内部）〕

アマラーヴァティー　Amarāvati
アーンドラ州グントゥール県。仏教遺跡。古にはダーニヤカタカと呼ばれ、前3世紀頃から13世紀まで仏教信仰の中心として栄えた。
　　¶アジア歴1〔写〕，新潮美，世界考古，世界美1，世遺事1（アマラーヴァティ）〔写〕，評論社世（アマラーバチ），仏教考古，南アジア，山川世

アムリトサル　Amritsar
パンジャーブ州の宗教都市。シク教の総本山ダルバール・サーヒブ（ハルマンディル、通称黄金寺院）がある。1577年の建立。その西方にある要塞は第10代教主ゴーヴィンド・シングによる建設。
　　¶南アジア〔写（黄金寺院）〕

アヨーディヤー　Ayodhya
ウッタル・プラデーシュ州南東部のファイザーバード市の東約6km。ヒンドゥー教七大聖地の一つ。前6世紀頃に栄えた16大国の一つコーサラ王国の首都にあたる。前3世紀の大仏塔の遺構マニ・パールバットや、ラーマに捧げられた寺院ハヌマーン・ガリーがある。
　　¶アジア歴1（アヨードヤー）〔写〕，南アジア

アライ・ダルワザ　Alai Darwaza
デリー。1305〜10年、アイバクが創建したクトゥブ・モスクの第2次拡張の際に設けられた南門。
　　世界遺産（デリーのクトゥブ・ミナールとその建造物群　1993）
　　¶文化史蹟10〔写〕

アライ・ミナール　Alai Minar
デリー。クトゥブ・モスクの第2次拡張による北中庭の中心に位置。アラーッ・ディーンが着工したが、基部の建設で中断。1315年に放棄された。
　　世界遺産（デリーのクトゥブ・ミナールとその建造物群　1993）
　　¶文化史蹟10 p158（アライ・ミナレット）〔写〕

アラムギールプル　Alamgirpur

デリー北東45km、ジャムナ川支流ヒンドン川の左岸3kmに位置。インダス文明東限の遺跡。約4kmに及ぶ文化層堆積は4期に大別され、最下層のⅠ期がインダス文明にあたる。

¶世界考古

アリカメードゥ　Arikamedu

タミル・ナードゥ州のプドゥチェーリ南郊。ローマ帝国の交易の跡を示す前1世紀～後2世紀の遺跡。ローマ本土から到来したアレッツォ土器、葡萄酒用のアンフォラ形土器、ティベリウス帝（在位14-37）貨幣とともに回転文土器が出土。

¶新潮美, 世界考古〔写（土器片）〕, 南アジア

アルナーチャラ寺院

ティルヴァンナーマライにある。ヒンドゥー教寺院。計9つのゴープラムをもつ広大な寺院。

¶新潮美（ティルヴァンナーマライ）

アンベール城

ジャイプールにある。16世紀、アンベールのマハラジャ（王族）が建造した、高い城壁で囲まれた宮殿。

¶空城と要塞〔写〕

イェレシュワラム　Yelleshwaram

アンドラ・プラデシュ州ナルゴンダ地区。先史～中世の遺跡。Ⅰ期は南インド巨石文化。Ⅱ期は赤色磨研土器を伴う初期歴史時代で、寺院址と沐浴場が明らかにされた。Ⅲ期にもストゥーパを含む寺院址がある。

¶世界考古

五つのラータ（岩石寺院）　Five Rathas

マハーバリプラムの海岸沿い。7世紀頃の営造。「五つのラータ」「五つの堂」と呼ばれる岩彫りの寺院群。サハデーヴァ、ドラウパディー、アルジュナ、ビーマ、ダルマラージャの各ラータ（車の意）が並ぶ。

¶宗教建築（マッマーラプラムのパンチャ・ラタ（5つのラタ））〔写〕, 東洋仏教 Ⅰ-p73～74〔写〕, 文化史蹟5〔写〕

イティマッド・アッ・ダウラの廟
Mausoleum of Itimad ad Daula

アーグラにある。ムガル朝第4代ジャハーンギール帝の妃ヌール・ジャハーンが父ミルザー・ギヤース・ベグと母のために建てた廟。1622～28年建造。

¶文化史蹟10〔写〕

イブラヒム・ラウザ

カルナータカ州、ビジャプールにある。アーディル・シャー朝の6代イブラヒム2世（在位1580-1627）の墓。妻たち、母、息子たちと娘を併葬。

¶宗教建築〔写/図〕

イルトゥートゥミシュの廟
Mausoleum of Iltutmish

デリーにある。13世紀前半。プランは1辺約13mの正方形。

¶文化史蹟10 p159〔写〕

インドの山岳鉄道群
Mountain Railways of India

インドの山岳部を走る。3つの山岳輸送鉄道から構成される世界遺産。ダージリン・ヒマラヤ鉄道は1881年に開通した世界最古の山岳鉄道。ニルギリ山岳鉄道は1908年開通の蒸気機関車鉄道。カルカ・シムラ鉄道は1903年に開通。

世界遺産（インドの山岳鉄道群　1999, 2005, 2008）

¶世遺事, 成世遺下〔写〕, 世遺百（インドの山岳鉄道）〔写〕, ビジ世遺（ダージリン・ヒマラヤ鉄道）〔写〕

インドラ・サバー寺院

エローラにある。右手の建物はジャイナ教の24人の不死の聖人の1人の4部からなる像のある礼拝堂。9世紀半ばジャイナ教による建築。

世界遺産（エローラ石窟群　1983）

¶世界遺産 p280〔写/図〕

ヴァイシャーリー　Vaiśālī

ビハール州ムザファプル県のバサルに比定。釈迦の時代の16大国の一つであるリッチャビー族の都である商業都市。砦跡の南西に270mの地点からストゥーパ跡が発見された。

¶アジア歴1, 新潮美, 世界考古（ヴァイシャーリー）, 大遺跡8〔写〕, 仏教考古〔写〕, 南アジア

ヴァダックンナータ寺院

ケーララ州トリチュールにある。後期チェーラ朝の11世紀に造営されたヒンドゥー教寺院。木造架構の傾斜屋根をかける独特のスタイル。

¶宗教建築（トリチュールのヴァダックンナータ寺院）〔写/図〕

ヴァーラーナシー　Vārāṇasī

ガンジス川中流。ヒンドゥー教の代表的聖地。古名をカーシー（国）。近郊のサールナートには仏教遺跡がある。

¶アジア歴1, 旺文社世（ベナレス）, 角川世（バナーラス）, 世遺地（ヴァラナシ（ベナレス））, 世歴事8（ベナレス）, 山川世

ヴィシュヴァナータ寺

カジュラーホにある。カンダーリヤ・マハーデーヴァ寺とほとんど同じプラン。規模はやや小さく奥行きは約27m。11世紀。

世界遺産（カジュラーホの建造物群　1986）

¶大遺跡8 p157〔写〕

ヴィシュワナート寺院

ヴァーラーナシーにある。シヴァ神を祀る。ムガール帝国に破壊されたが、1776年に再建。

¶世遺地 p121

ヴィッタラ寺院

カルナータカ州ハンピ（ヴィジャヤナガラ）にある。ヴィジャヤナガラ朝のヒンドゥー寺院。ヴィシュヌ派に属す。碑文に見える王の名から16世紀の建立とされる。

[世界遺産]（ハンピの建造物群　1986）

¶宗教建築（ハンピのヴィッタラ寺院）〔写/図〕, 世遺地 p122

ウィリアム要塞

コルカタにある。1702年、土豪の反乱に際し構築。イギリスのインド支配の拠点となった。

¶世歴大2

ヴィルパクシャ神殿

ハンピにある。ヴィルパクシャ神の偶像を安置する神殿。塔の高さは120フィート、複合柱を階段状に重ねてつくられている。

¶世界遺跡 p270〔写〕

ウダイギリ　Udaigiri

マディヤプラデーシュ州サーンチーの北東約8km、ヴィディシャー郊外。ヒンドゥー教最古の石窟。約20窟からなる。第6窟外壁に401年の開窟を示す銘がある。

¶新潮美, 世界考古

ウダイプールの宮殿

ラージャスターン州ウダイプールにある。16世紀から18世紀、歴代のマハラジャによって新築、増築された宮殿。

¶遺建12〔写/図〕, 空大宮殿〔写〕

ウダヤギリ　Udayagiri

オリッサ州プーリー県。石窟寺院群。破壊が激しいものを除き、大小18窟を数える。前1世紀頃オリッサ地方を治めたチェティ王国のマハーメガヴァーハナ朝のカーラヴェーラ王らの庇護によってジャイナ教の石窟寺院として発展。

¶新潮美（ウダヤギリとカンダギリ）, 大遺跡8〔写〕, 仏教考古, 南アジア, 南アジア（カンダギリ・ウダヤギリ）

ウッジャイン　Ujjain

インドール地方。マディヤプラデーシュ州の古都。発掘の結果、防衛用の保塁、またガンガー（ガンジス）川流域特有の彩文灰陶や磨研黒陶の破片が出土した。

¶アジア歴1, 新潮美, 世界考古〔図〕, 世界美1

ウトヌール　Utnur

カルナータカ州ライチュールの南東37km。アッシュ・マウンドを伴う南インドの新石器時代の代表的遺跡。新石器時代に属するI期から中世以降のV期まで。

¶世界考古

ヴリンダーヴァン　Vrindavan

ウッタル・プラデーシュ州西端。ヒンドゥー教の聖地。ヒンドゥー教のヴィシュヌの第8番目の化身とされるクリシュナ神がこの地に現れ、数々の徳を施したとされる説話で有名。最大の寺院はゴーヴィンド・デーオで、16世紀末に建立。

¶角川世, 南アジア

エカムバレスバラ寺院

Temple of Ekambaresvara

コンジヴェラムにある。12世紀。旧カーンチープラムに所在。ゴープラムに特色あるヒンドゥー寺院。

¶文化史蹟5〔写〕

エレファンタ石窟群　Elephanta Caves

ムンバイ湾の東の小島のエレファンタ島にある。6〜8世紀に造られた石窟寺院。エレファンタ島の岩山の頂上付近に、合わせて7つそびえたつ。三面のシヴァ神の胸像など高さ5mほどの巨大な彫刻がある。

[世界遺産]（エレファンタ石窟群　1987）

¶アジア歴1（エレファンタ）〔写〕, 新潮美（エレファンタ）, 世遺事, 成世遺下（エレファンタ石窟）〔写〕, 世遺百（エレファンタ石窟）〔写〕, 世界遺跡 p280（石窟寺院〔エレファンタ〕）〔写〕, 世界考古（エレファンタ）, 世界美1（エレファンタ）〔写〕, 大遺跡8（エレファンタ島）, ビジ世遺（エレファンタ石窟）〔写〕, 平凡社世（エレファンタ石窟）, 南アジア（エレファンタ〔島〕）, ユネ世遺5（エレファンタ島の石窟寺院群）〔写〕

エローラ石窟群　Ellora Caves

マハーラーシュトラ州アウランガーバードの北西約25km。仏教、ヒンドゥー教、ジャイナ教の聖地。合計34の石窟寺院がある。仏教窟には仏像が描かれ、ヒンドゥー教窟には神々の彫刻があり、異なる宗教と芸術が併存する。

[世界遺産]（エローラ石窟群　1983）

¶アジア歴1（エローラ）〔写p402, 口絵〕, 旺文社世（エローラ）, 角川世（エローラ石窟）, 古代遺跡 p155（エローラの石窟）〔写〕, 宗教建築（エローラ仏教石窟群）〔写/図〕, 新潮美（エローラ）〔写p317〕, 世遺事, 成世遺下（エローラ石窟）〔写〕, 世遺地（エローラ）, 世遺百（エローラ石窟）〔写〕, 世界考古（エローラ）〔図〕, 世界美1（エローラ）, 世歴事2（エローラ石窟）〔写〕, 世歴大3（エローラ石窟）〔写〕, 大遺跡8（エローラ）〔写/図〕, 東洋仏教I-p8〜13,75〜76（エローラ石窟）〔写〕, ビジ世遺（エローラ石窟）〔写〕, 評論社世（エローラ石

窟），仏教考古（エローラ石窟寺院），文化史蹟5（エローラの石窟）〔写p141,143〜163/図p141〕，平凡社世（エローラ石窟），南アジア（エローラ）〔写/図〕，山川世（エローラ），ユネ世遺5（エローラーの石窟寺院群）〔写〕

黄金寺院　Golden Temple
パンジャーブ州アムリトサルにある。シク教の総本山。ダルバール・サーヒブあるいはハリ・マンディル（神の寺院）と呼ばれる。1802年に屋根が金箔で覆われてからはゴールデン・テンプルと通称されるようになった。

¶角川世，宗教建築（ハリ・マンディル（黄金寺院））〔写〕，歴史建築〔写/図〕

海岸寺院　Shore Temple
マドラスの郊外マハーバリプラムにある。海岸の砂丘の上に立つ寺院で「海岸寺院」の名がある。シヴァ寺院。8世紀のはじめの頃の築造といわれる。

¶古代遺跡 p174〔写〕，世界遺跡 p280〔写〕，大遺跡8 p141〔写〕，東洋仏教 I -p71〜72〔写〕，文化史蹟5〔写〕

カイラーサナータ寺院〔エローラ〕
Kailasanatha Temple
マハーラーシュトラ州エローラにある。ラーシュトラクータ朝のクリシュナ1世（756-773）がエローラの中心に造営。

世界遺産（エローラ石窟群　1983）

¶宗教建築（エローラのカイラーサ寺院）〔写/図〕，世界遺跡 p280（カイラーサナータ岩石寺院）〔写/図〕，大遺跡8（エローラーカイラーサ寺）〔写/図〕，東洋仏教 p75〔写〕，文化史蹟5〔写〕

カイラーサナータ寺院〔カーンチープラム〕
Kailasanatha Temple
タミルナードゥ州カーンチープラムにある。ナラシンハヴァルマー2世ラージャシンハ（700-728）によって、建造された寺院。シヴァ神を祀る。

¶宗教建築（カーンチープラムのカイラーサナータ寺院）〔写/図〕

カウシャーンビー　Kauśāmbī
ウッタルプラデーシュ州アラーハーバドの西方にある古都。現在はコーサム（Kosam）という。おそらく前1千年紀の最初の数世紀に創建。発掘の結果、城塞が明らかにされた。城壁内では人家の跡や仏教僧院跡も発掘。

¶アジア歴2，新潮美，世界考古〔図〕，世界美1，大遺跡8〔写/図〕，南アジア

ガウル　Gaur
西ベンガル州コルカタ北方約310km。都市遺跡。7世紀にマガダ王国からベンガルが独立し、その首都となったときに始まる。今あるのは16世紀

のもので、バーラー・ソーナー・モスクほかフィーローズ・ミーナールなど。

¶アジア歴2，南アジア

カシア　Kasia
ウッタルプラデシュ州北東部。マッラ族の都といわれる。ストゥーパ、長さ7mの涅槃像を祀る仏殿を中心とした僧院址がある。

¶世界考古

カジュラーホ　Khajurāho
中部、マディヤプラデーシュ州北端（ジャンシーの東南東約175km）。10〜12世紀頃繁栄したチャンデーラ朝の首都。かつて85ヶ所あった寺院はイスラム教徒によって破壊され、現在では20ヶ所ほどが残る。建造物群が世界遺産に登録。

世界遺産（カジュラーホの建造物群　1986）

¶アジア歴2〔写〕，角川世（カジュラーホー），新潮美〔図p627〕，世遺事（カジュラホの建造物群），成世遺下（カジュラーホの建造物）〔写〕，世遺百（カジュラーホの建造物群）〔写〕，世界考古（カジュラホ），世界美1，世歴大4〔図〕，大遺跡8〔写/図〕，ビジ世遺（カジュラーホの建造物群）〔写〕，文化史蹟5（カジュラホ）〔写〕，南アジア（カジュラーホー），山川世，ユネ世遺5（カジュラーホの寺院群）〔写〕

カピラ城　Kapilavastu
インドとネパールの国境付近。釈迦の故城。所在地は、インドのピプラハワーの僧院遺跡、ネパールのティラウラコットの城跡の2説ある。

¶旺文社世（カピラ），角川世，仏教考古（カピラヴァストゥ）〔写（口絵）〕

カムカッティのモスク
ガウルにある。煉瓦造り。15世紀イスラム化したベンガル地方に発展した建築様式の典型的なもの。

¶世界遺跡 p270〔写〕

カーリー寺院　Temple of Kali
カルカッタにある。シャクティ派の総本山。1809年頃築。

¶文化史蹟5〔写〕

カーリーバンガン　Kalibangan
ラージャスターン州北部ガンガナガル地区。インダス文明都市期の都市遺跡。東に市街、西に城塞を配置する。

¶新潮美（カリバンガン），世界考古（カリバンガン）〔図〕，大遺跡8〔写/図〕，南アジア

カリンガ　Kaliṅga
オリッサ海岸地方の古称。この地方の中心はブバネーシュワルの東郊シシュパルガルと思われ、前3世紀から後4世紀までの遺跡がある。

¶アジア歴2, 南アジア

カールリー　Kārlī
マハーラーシュトラ州。仏教窟院。前期石窟のうち最も大規模なチャイティヤ窟は2世紀初頭に造られたと推定。

¶角川世（カールレー窟院），新潮美（カールラー），世界美2, 世歴大4（カールリーの窟院），大遺跡8〔写〕，仏教考古（カルラー石窟），南アジア（カールレー）

カレンプディ　Karempudi
アンドラプラデシュ州のグントゥール地区。前期旧石器時代の遺跡。礫石器，ハンド・アックス，クリーヴァーなどの石器が発見された。

¶世界考古

カンダギリ　Khandagiri
オリッサ州プーリー県。石窟寺院群。大小様々の15窟の石窟から成る。前1世紀頃，オリッサ地方を治めたチェティ王国のマハーメガヴァーハナ朝のカーラヴェーラ王らの庇護によってジャイナ教の石窟寺院として発展した。

¶新潮美（ウダヤギリとカンダギリ），仏教考古，南アジア（カンダギリ・ウダヤギリ）

カンダーリヤ・マハーデーヴァ寺
Temple of Kandarya-mahadeva
マディヤプラデシュ州，カジュラーホ。ヴィディヤーダラ王（在位1017-29頃）によって建立された，ヒンドゥー教シヴァ派の寺で，リンガを祀る。合計900体近くにもおよぶ外壁と内壁の神像やミトゥナ像がみられる。

世界遺産（カジュラーホの建造物群　1986）

¶遺建5（カンダーリャーマハーデーブ寺院）〔写／図〕，宗教建築（カジュラーホのカンダーリヤ・マハーデーヴァ寺院本殿・拝殿）〔写／図カンダーリヤ〕，大遺跡8 p152〔写／図〕，文化史蹟5（カンダーリヤ・マハーデーブ寺院）〔写p96,126〜135/図p96〕

カンチェンジュンガ国立公園
Khangchendzonga National Park
ネパール東部のプレジュン郡とインドのシッキム州との国境にあるシッキム・ヒマラヤの中心をなす山群の主峰。世界で3番目に高い標高8586mのカンチェンゾンガを含む山群と周辺地域。自然景観・生物多様性の自然的価値と，先住民シッキム・レプチャ族の信仰の対象という文化的価値を持つ。

世界遺産（カンチェンゾンガ国立公園　2016）

¶世遺事

カーンチープラム　Kanchipuram
タミル・ナードゥ州。ヒンドゥー教の七大聖地の一つ。古くはパッラヴァ朝の都として栄えた。多数のヒンドゥー教寺院がある。

¶アジア歴2〔写〕，角川世，新潮美，世界考古，南アジア

カンヘーリー　Kanherī
西部，ボンベイの北方，サルセット島のボーリブリ駅の東約8km。仏教石窟寺院。

¶新潮美

ギッダルール　Giddalur
タミル・ナドゥ州北部のクルヌール。前期旧石器時代の遺跡。石器には，礫石器，アブヴィユー＝アシュール型のハンド・アックス，クリーヴァー，ルヴァロワ型の剝片などがみられる。

¶世界考古

ギャースッ・ディーン・トゥグルクの廟
Mausoleum of Ghiyas ud din Tughlaq
デリー。都城トゥグルカバードの小城砦の中にある。1321〜24年築。トゥグルク朝の初代スルターンの廟。プランは1辺約18.5mの正方形。

¶文化史蹟10 p160〔写〕

ギルンド　Gilund
ギルンド村近郊。バナース文化に属する遺跡。東西2つの遺丘よりなり，東は歴史時代，西がバナース文化に属する。

¶世界考古

クシナガラ　Kuśinagara
北部，ウッタルプラデーシュ州ゴラクプールの東約55km，カシアーの南西3km。仏陀入滅の聖地。仏典に現れる16大国のマッラ族の首都。ニルヴァーナ・チャイティヤと呼ばれる仏堂や涅槃堂がある。

¶アジア歴3, 旺文社世，角川世，新潮美，大遺跡8（クシーナガラ）〔写〕，評論社世，仏教考古（クシーナガラ）〔写（口絵）〕，南アジア（クシーナガル）〔写〕，山川世

クトゥブ・ミナール　Qutb Mīnār
デリー。インド国内に現存する最古のイスラム建築遺構。高さ72m。13世紀初頭，クトゥブッ・ディーン・アイバクが，クトゥブ・モスクとともに，デリー平原の都城内に建設した。周辺の建造物群と合わせて世界遺産に登録された。

世界遺産（デリーのクトゥブ・ミナールとその建造物群　1993）

¶世歴大6（クトゥブ＝ミーナール），文化史蹟10（クトゥブ・ミナレット）〔写〕

クトゥブ・モスク　Qutb Mosque
デリー。デリー平原の都城内に建設。12世紀末以降。最古の部分はクトゥブッ・ディーン・アイバクによる。

世界遺産（デリーのクトゥブ・ミナールとその建造物群　1993）

¶新潮美，文化史蹟10〔写〕，南アジア〔写〕

インド　34

アジア

クムラハール
ビハール州パトナー駅の西方7kmほど。幾層にもわたって、前3世紀のマウリヤ朝期を中心とした木造遺構や僧院址、仏塔などがある。

¶ 大遺跡8 p50〔写〕

クリアナ　Kuliana
オリッサ州のマユルバンジ。旧石器時代の遺跡。1948年にD.センによって調査され、礫石器、ハンド・アックスが発見された。

¶ 世界考古

クルキハール　Kurkihar
東部、ビハール州のビハールシャリフとガヤーの中間。仏教僧院址。遺跡丘から約150体の像、水晶小塔、陶器などが出土。全体としてはパーラ朝に属する。

¶ 新潮美

グワーリオール　Gwalior
マディヤプラデーシュ州の北端近く。中・北部から西南のマールワー、グジャラート地方に通ずる交通の要衝として、古くから城塞の築かれたところ。

¶ 新潮美

グンゲリア　Gungeria
マドヤ・プラデシュのバラガード地区。インド埋蔵銅器文化に属する遺跡。424点におよぶ銅製品と、様式化された牛頭を表わす100点近い銀製装飾板を発見。

¶ 世界考古

グントゥパッリ　Guṇṭupalli
東南部、アーンドラプラデーシュ州エロールの北方約45km。仏教石窟寺院址。

¶ 新潮美

ケーシャヴァ寺　Keśava
カルナータカ州ソームナートプル。ホイサラ朝が発展させた中間型のヒンドゥー教寺院。叙事詩《マハーバーラタ》に取材する浮彫が重要。

¶ 南アジア（ソームナートプル〔ケーシャヴァ寺〕）

ケシュタ・ラーヤ寺院（ジョル・バーングラ寺院）
西ベンガル州、ビシュヌプル（ヴィシュヌプル）。マッラ朝の寺院。外見上は2つのバーングラが並んでいるが中央に聖室をおく正方形の集中式プランをしている。

¶ 宗教建築（ビシュヌプルのケシュタ・ラーヤ寺院（ジョル・バーングラ寺院））〔写/図〕

ゴアの教会群と修道院群
Churches and Convents of Goa
ゴア州ムンバイ（ボンベイ）の南約400km。ゴア

は、1510年、ポルトガル軍が占領し、以後アジアの貿易拠点となった。多数のキリスト教の建物がつくられた。ボム・ジェズ・バシリカ聖堂にはフランシスコ・ザビエルの遺体を安置。

世界遺産（ゴアの教会群と修道院群　1986）

¶ 世遺事（ゴアの教会と修道院）、成世遺下（ゴアの聖堂と修道院）〔写〕、世遺百（ゴアの教会堂と修道院）〔写〕、ビジ世遺（ゴアの聖堂と修道院）〔写〕、南アジア（ゴア[州]）、ユネ世遺5（ゴアの聖堂と修道院）〔写〕

コナーラクの太陽神寺院
Sun Temple, Konârak
オリッサ州のベンガル湾付近の村コナーラク。太陽信仰を司るスーリヤ神のヒンドゥー教寺院跡。本殿は倒壊して消失。現存する拝殿は高さが約40mあり、本殿は60m以上の高さを持っていたと推測される。本殿、拝殿、舞踏殿の残存する外壁には、男女交合像（ミトゥナ像）などの大小の彫刻が一面に施されている。

世界遺産（コナーラクの太陽神寺院　1984）

¶ アジア歴3（コナラク）〔スーリヤ祠堂の装飾）〕、宗教建築（コナーラクのスーリヤ寺院本殿跡・拝殿・舞踏殿）〔写/図〕、新潮美（コナーラク）〔写p782（出土像）〕、世遺事，成世遺下〔写〕、世遺百〔写〕、世界遺跡　p280（スールヤ祠堂）〔写〕、世界考古（コーナーラク）、世界美2（コナーラク）、大遺跡8 p159（スーリヤ寺）〔写/図〕、ビジ世遺〔写〕、文化史蹟5（スーリヤ寺院）〔写p94,97〜113/図p94〕、南アジア（コナーラク）〔写〕、ユネ世遺5（コナーラクのスーリヤ寺院）〔写〕

ゴール・グンバズ　Gol Gumbaz
カルナータカ州北部ビジャープル。ビジャープル王国第7代王ムハンマド・アーディル・シャーの墓廟。約180m四方の基壇の上にそびえ、半球形のドームで覆われている。

¶ 新潮美（ビジャープル）、文化史蹟10（ゴル・グンバッズ）〔写〕、南アジア（ビジャープル〔ゴール・グンバズ〕）

ゴルコンダ　Golconda
アーンドラプラデーシュ州ハイデラバードの西10km。もとヒンドゥー王ワランガルの居城跡。インドではゴルクンダーという。

¶ 新潮美

コーンダーネー　Kondāne
マハーラーシュトラ州プーナの西北約80km。前1世紀後半の開掘とされる仏教石窟寺院。

¶ 新潮美

コーンディヴテー　Kondivte
ボンベイ北郊アーンデーリー駅の東約5km。前1〜7世紀頃の開掘とされる仏教石窟寺院。

¶ 新潮美

サヌール　Sanur

タミルナードゥ州チングレプット地区マドラスの南72km。南インド巨石文化に属する遺跡。5例の巨石遺構が発掘され、3個は粗い大石塊を積んだドルメン状の墓であった。

¶世界考古

サバルマティ河谷　Sabarmati

グジャラート平原。砂礫層に多数の前期旧石器時代の石器を包含する。河谷からはマイクロリスも出土した。

¶世界考古

サヘート（祇園精舎）　Saheth

ウッタルプラデシュ州、サーヘート。祇樹給孤独園精舎の略。二大精舎の一つで舎衛国にあった僧院。コーサラ国の王子ジェータ（祇陀太子）と富裕な商人スダッタ（アナータピンディカ／給孤独）の寄進により建立。遺跡からは、多数の僧院、仏塔、祠堂、井戸などを発掘。

¶角川世（祇園精舎　ぎおんしょうじゃ）、宗教建築（サーヘートのジェータヴァナ寺院）〔写〕、新潮美（祇園精舎　ぎおんしょうじゃ）、大遺跡8（サーヘート＝マーヘート一祇園精舎址　ぎおんしょうじゃあと）、東洋仏教 I -p22～23（祇園精舎（サヘト））〔写〕、評論社世（祇園精舎　ぎおんしょうじゃ）

サヘート・マヘート　Saheth-Maheth

ウッタルプラデーシュ州のゴンダ・バフライチ地方。古代インドのコーサラ国の都、舎衛城（シュラーヴァスティー）と祇園精舎（ジェータヴァナ）の古地。祇園精舎跡のサヘートからは、数多くの僧院跡などを発見。サヘートから北東に約45mの舎衛城跡マヘートに煉瓦積みの建物跡がある。

¶世界考古（サヘート＝マヘート）、大遺跡8（サーヘート＝マーヘート）〔写/図〕、仏教考古

サールナート　Sārnath

ベナレスの北約7kmの地点。カーシー国にあった園林で、ブッダが悟りをひらいた後、初めて説法（初転法輪）を行った場所。鹿野園の名で親しまれている。仏教の四大聖地の一つとして寺院も建立されたが、13世紀頃イスラーム教徒の侵入により廃墟となった。仏殿・僧房・小塔等の遺構群がある。

¶アジア歴4〔写〕、旺文社世、角川世、古代遺跡 p172（サルナートの遺跡とダメーク塔）〔写〕、新潮美、図解考古（サルナート遺跡）〔写〕、世界考古（アショーカ王柱の獅子柱頭）〕、大遺跡8〔写〕、東洋仏教 I -p24～25（サルナート）〔写〕、評論社世（サルナート）、仏教考古（サールナート, ダメーク塔）〔写p164, 口絵〕、平凡社世、南アジア〔写〕、南アジア（鹿野苑　ろくやおん）、山川世

サンカーシャ　Saṃkāśya

ウッタルプラデシュ州のファルカバード地方のサンキッサの地に比定。ブッダの八大霊廟の一つ。ストゥーパ跡とアショーカ王柱の柱頭が発見されている。

¶仏教考古

サンガナカッル　Sanganakallu

カルナータカ州ベラリー。南インドの新石器文化のうち最古の様相を示す遺跡。主として石英製の細石器がみられた。

¶世界考古

サーンチー　Sāñcī

サーンチー。前3世紀にマウリア朝の3代目アショカ王が建造したとされる仏教遺跡。3つの仏塔（ストゥーパ）と僧院や祠堂などが残る。

世界遺産（サーンチーの仏教建造物群　1989）

¶アジア歴4〔写〕、角川世、新潮美〔写p327（ガルダ）/図p773）、図解考古（サーンチー遺跡）〔写〕、世彩事（サーンチーの仏教遺跡）、成世遺下（サーンチーの仏教建造物）〔写〕、世彩百（サーンチー仏教遺跡）〔写〕、世界考古（図）、世界美2〔写〕、世歴事4〔写〕、世歴大8〔写〕、大遺跡8〔写/図〕、東洋仏教 I -p33～41,52～53（サンチー）〔写/図〕、ビジ世遺（サーンチーの仏教建造物）〔写〕、仏教考古〔写（口絵）〕、文化史蹟5〔写p63,65～75/図p62～63〕、平凡社世（サンチー）、南アジア〔写〕、山川世、ユネ世遺5（サーンチーの仏教遺跡）〔写〕

サーンチーのストゥーパ

サーンチーに近い丘の上。第1～第3の3基の仏塔が建つ。第1塔は、覆鉢式で最も規模の大きい遺構（基檀直径が約37m）。前3世紀に創建され、以降2度にわたる拡張を経ている。

世界遺産（サーンチーの仏教建造物群　1989）

¶旺文社世〔写〕、古代遺跡 p163～171（サンチーの塔）〔写〕、宗教建築（サーンチー第1仏塔）〔写/図〕、東西文化 p118（サーンチーの塔）〔写〕、歴史建築（大ストゥーパ）〔写/図〕

ジーヴァカ園　Jīvakāmravana

霊鷲山に向かう道筋にある。マガダ国の王の侍医ジーヴァカがブッダに寄進したマンゴー園。野石積みの講堂跡や付属施設の遺構を確認。

¶仏教考古

シカンドラー　Sikandrā

北部、ウッタルプラデーシュ州アーグラの北8km。ムガル朝のアクバル帝の廟所。

¶新潮美

シシュパールガル　Sisupalgarh

オディシャー州ブバネーシュワル東南東の郊外2.4km。初期歴史時代の都市遺跡。ダウリのア

ショーカ王碑文にあるトーサリーまたカーラヴェーラ王のハーティグンパー碑文にあるカリンガナガラに比定されている。

¶世界考古、大遺跡8〔写/図〕，南アジア（シシュパルガル）

シッタンナヴァーシャル　Sittannavasal

プッドゥコッタイの町の近くにある。1窟だがジャイナ教の石窟寺院がある。初期パッラヴァ朝時代（7世紀）に開鑿、壁画をはじめ大部分は9世紀のものとみられる。

¶新潮美、南アジア

ジャイプールのジャンタル・マンタル
The Jantar Mantar, Jaipur

ラジャスタン州の州都ジャイプールのマハラジャの居城「シティ・パレス」の一角にある。18世紀初めに建造された天体観測所。インドにおける最重要の歴史的天文台。

世界遺産（ジャイプールにあるジャンタール・マンタール 2010）

¶遺建8（ジャイプル天文台）〔写/図〕，世遺事、成世遺下（ジャイプルのジャンタール・マンタール）〔写〕，世遺百（ジャンタール・マンタール）〔写〕

ジャオラの水牛

ジャオラにある。長さ3.79mもある巨大な水牛の岩面画。

¶大遺跡1 p24（「水牛」（ジャオラ））〔写〕

シャトルンジャヤの山岳寺院都市

グジャラート州パーリターナの近くのシャトルンジャヤ山。中世から最も神聖視されてジャイナ教の最大の巡礼地となった。山頂に920におよぶ堂塔が建ち並ぶ。

¶宗教建築〔写/図〕

ジャーマ・マスジド〔アハマダーバード〕

グジャラート州アハマダーバードにある。1423年建設の金曜モスク。ヒンドゥーの技法を用いながら、イスラム的な空間概念等を取り入れた。

¶宗教建築（アハマダーバードのジャーマ・マスジド）〔写/図〕

ジャマー・マスジド〔デリー〕　Jama Masjid

都城シャージャハーナバード（今日のデリー）の市街地にある。ムガル朝第5代のシャー・ジャハーン帝が建てた大モスク。1656年頃完成。

¶文化史蹟10〔写〕

シュラーヴァスティー（舎衛城）
Śrāvastī

ウッタルプラデーシュ州ゴンダ・バフライチ地方サーヘート＝マーヘート。プラセナジート王が治めたコーサラ国の都。舎衛城として漢訳仏典に現れる。マーヘート村の塁壁で囲まれたエ

リアが王城跡。

¶アジア歴4（シュラーヴァスティー），新潮美（舎衛城 しゃえじょう），仏教考古（シュラーヴァスティー），平凡社世（舎衛城 しゃえじょう），南アジア（シュラーヴァスティー）

シュラヴァナ・ベラゴラ　Sravana Belagola

カルナータカ州。ジャイナ教の聖地。チャンドラギリと呼ばれる岩山には、初代祖師アーディナータの息子であるゴーマテーシュヴァラの巨大な丸彫立像（高さ17.5m）がある。7世紀以降とされる碑文を多く発見。

¶南アジア

シュリンゲーリ　Sringeri

カルナータカ州チクマガロール地方。ヒンドゥーの聖地。シュリンガギリともいわれる。不二一元論を唱えた哲学者シャンカラを奉ずる人々の伝統の総本山、シュリンゲーリ僧院がある。

¶南アジア

ジュンナール　Junnār

西部、マハーラーシュトラ州プーナとナーシクのほぼ中間。トゥルジャー、シヴネーリー、マーンモーディ、レーニヤードリの4つの丘に前1～後3世紀の約150の仏教石窟群がある。

¶新潮美

ジョーゲーシュヴァリー　Jogeshvari

ボンベイ北郊。未完のヒンドゥー教石窟。広間の南・東・西にベランダ、前室、前庭などを設け、インド最大級の規模を誇る。

¶世界考古

ジョードプル　Jodhpur

ラージャスターン州中西部の古都。町は1459年にラーオ・ジョーダ王により建設された。東西にのびる比高130mの切り立った岩丘上に城がそびえ、登城路にはかつての栄光を伝えるファテ・ポール（勝利の門）が並ぶ。

¶南アジア

ジョルウェ　Jorwe

マハーラーシュトラ州アフマドナガル地区。北西デカン一帯に特徴的な金石併用文化であるジョルウェの標準遺跡。

¶世界考古〔写（注口土器ネワーサ出土）〕

シルサ　Sirsa

サトレジ川の上流ナラガル河岸。前期旧石器時代の遺跡。ソアン系礫石器文化に属する遺跡。

¶世界考古

シングラウリ　Singrauli

ミルザプール地区のシングラウリ。旧石器時代の遺跡群。基本的には、礫岩層、砂礫層、赤色ないし黄色粘土層で、石器はこの砂礫層に包含される。

¶世界考古

スリナガル　Srinagar

ジャンムー・カシミール州。19世紀のハリーパルバットの城塞や前2世紀創建のシャンカラチャリヤ寺院、アワンチプル寺院跡がある。

　　¶アジア歴5（スリーナガル），世界考古，東西文化 p54〜55〔写〕

スールコータダー　Surkotada

グジャラート州カッチ県サーンタルプルの南西約30km。サウラーシュトラ地方に明らかとなったインダス文明期の都市遺跡の一つ。やや西に傾いた東西に長い長方形をなす都市は、西側の城塞部と東側の市街地に等分に区分けされる。

　　¶世界考古（スルコタダ）〔図〕，大遺跡8〔写/図〕，南アジア

聖アウグスティヌスの塔

ゴア旧市。モンテ・サントに名高いアウグスティヌス派僧院の高い塔がある。

　　¶世界遺跡 p270〔写〕

ソームナート　Somnath

グジャラート州ジュナーガル区。古遺跡。ソームナート・パータンともいい、別名プラバース・パータン。5つの丘が1956年以降数次にわたって発掘され、5期が明らかとなった。

　　¶角川世，世界考古，南アジア

ソーンプル　Sonepur

ビハール州ガヤー地区ベラ駅の西方5km。赤色黒縁土器および北方黒色磨研土器の遺跡。年代はⅠ期が前700年以前、Ⅲ期は紀元前後まで下る。

　　¶世界考古〔写（土偶）〕

大チョーラ朝寺院群
Great Living Chola Temples

タミルナードゥ州、タンジャヴール。11〜12世紀に造られた寺院群。リハディーシュワラ寺院、ブリハディーシュワラ寺院、アイラヴァテスヴァラ寺院の3つから構成。チョーラ朝における優れたヒンドゥー教の建物とされる。

　　世界遺産（大チョーラ朝寺院群　1987, 2004）

　　¶宗教建築（タンジャヴールのブリハディーシュヴァラ寺院とチョーラ期の大規模寺院）〔写/図〕，世遺事（チョーラ朝の現存する大寺院群），成世遺下（大チョーラ朝寺院）〔写〕，世遺百（大チョーラ朝の寺院）〔写〕，南アジア（チョーラ朝）

ダイマーバード　Daimabad

マハーラーシュトラ州アフマドナガル地区。初期金石併用文化の遺跡。高さ6mの遺丘をなし、3期に分かれる。

　　¶世界考古

ダウラターバード　Daulatabad

マハーラーシュトラ州中央部アウランガーバード市の西北西約13km。旧都。いまは小村。1327年にトゥグルク朝のムハンマド・ビン・トゥグルク王がここに遷都。現存する岩丘上の城塞と麓の廃都はほぼ当時のもの。

　　¶南アジア

タージ・マハル　Taj Mahal

ウッタル・プラデッシュ州アグラ市のヤムナ川の川岸。1632〜54年、ムガール帝国第5代のシャー・ジャハーンが、他界した妃ムムターズ・マハルのために建てた霊廟。外観はペルシア風、内部はインド風の造りで、イスラム建築における最高傑作の一つとされる。

　　世界遺産（タージ・マハル　1983）

　　¶アジア歴6〔写（口絵）〕，遺建4〔写/図〕，旺文社世世〔写〕，角川世，宗教建築〔写/図〕，新潮美，世遺事，成世遺下〔写〕，世遺百〔写〕，世界美1（アーグラ〔タージ・マハル〕）〔写〕，世歴事5〔写〕，世歴大12〔写〕，空大聖堂〔写〕，東西文化 p227〜228（タージ−マハールの廟），ビジ世遺〔写〕，評論社世（タージ−マハール），文化史蹟10（タージ・マハール）〔写〕，平凡社世，南アジア〔写〕，山川世，ユネ世遺5（タージ・マハル廟）〔写〕，歴史建築〔写/図〕

ダシャ・アヴァターラ寺

マディヤプラデーシュ州デーオガル。グプタ時代の石積寺院。初期ヒンドゥー教の重要な遺跡。

　　¶新潮美（デーオガル〔ダシャ・アヴァターラ（十権化）寺〕）〔写p134〕，南アジア（デーオガル〔十化身堂〕）

ダーダー・ハリールの階段井戸

グジャラート州、アハマダーバード。マフムード・シャー王が、乳母ダーダー（またはバイ）・ハリールの廟とモスクの傍らに建造した階段井戸。

　　¶宗教建築〔写/図〕

タムルク　Tamluk

西ベンガル州南部の歴史的港市。古名タームラリプティ。前3世紀のマウリヤ朝から12世紀まで、ガンガー川流域の門戸として栄えた。周辺からは1〜3世紀のローマの遺物が出土。

　　¶世界考古，南アジア

ダメーク大塔　Dhamekh stūpa

ベナレスの北約7kmの地点。鹿野園の名で親しまれている初転法輪の地サールナートにある。塔の基壇は円形で径約36m、塔身は2段、円筒状。

　　¶古代遺跡 p172（サルナートの遺跡とダメーク塔）〔写〕，大遺跡8 p73（ダメーク仏塔）〔写〕，東西文化 p119〔写〕，東洋仏教 Ⅰ-p42〜43（サルナート　ダメーク大塔）〔写〕，仏教考古（サールナート，ダメーク塔）〔写p164, 口絵〕

ダモー　Damoh

マドヤプラデシュ州。旧石器時代の遺跡。多数の前期旧石器から細石器を中心とする時代までの遺物が出土。

¶世界考古

ダリアラ　Dhaliara

サトレジ川上流。前期旧石器時代の遺跡。チョッパー・タイプの石器が多く、ソアン文化の影響を強く受けたもの。

¶世界考古

ダルマラージカー仏塔跡

サールナート。前3世紀、アショーカ王による創建という。玄奘の記録によれば高さ100尺余りであったという。

¶大遺跡8 p72〔写〕

チェーンナケーシャヴァ寺院

カルナータカ州、ベールール。1117年、ホイサラ王、ヴィシュヌ・ヴァルダナ（在位1108-42）が建立したヒンドゥー教ヴィシュヌ派寺院。ホイサラ最大級の伽藍。

¶宗教建築（ベールールのチェーンナケーシャヴァ寺院）〔写/図〕

チトール　Chitor

ラージャスターン州のチャンバル川上流。旧石器時代の遺跡。礫石器、ハンド・アックス、小型の剝片石器、細石器など、前期旧石器から細石器中心の時代にわたる遺物がみられる。

世界遺産（ラージャスターンの丘陵要塞群　2013）

¶アジア歴6、角川世、世界考古

チャトラパティ・シヴァージー・ターミナス駅（旧名ヴィクトリア・ターミナス）
Chhatrapati Shivaji Terminus (formerly Victoria Terminus)

ムンバイ。1888年に完成したインド最大乗降客数の駅。ビクトリア・ゴシック建築様式とインドの伝統的な建築様式が融合した豪華な建築物。インド鉄道創業の際には、第一号の列車がこの駅から発車した。

世界遺産（チャトラパティ・シヴァージー・ターミナス駅（旧名ヴィクトリア・ターミナス）　2004）

¶世遺事（チャトラパティ・シヴァジ・ターミナス駅〈旧ヴィクトリア・ターミナス駅〉）、成世遺下（チャトラパティ・シヴァージー駅）〔写〕、世遺百（チャトラパティ・シヴァージー・ターミナス駅（旧名ヴィクトリア・ターミナス駅））〔写〕

チャンダ　Chanda

デカン高原。旧石器時代の遺跡。出土した礫石器とペブル・ハンド・アックスは、ハンド・アックスが礫石器から発生したとする説を有力とした。

¶世界考古

チャンドラケトゥガル　Chandraketugarh

ベンガル地方。初期歴史時代にはじまる広壮な遺跡。時代は6期に分かれ、I期はマウリヤ朝以前。VI期はパーラ朝期に属する。

¶世界考古

チャンドリ　Chandoli

マハーラーシュトラ州プーナ地区。金石併用文化の遺跡。文化層堆積は約1mで、ジョルウェ文化相に属する。年代は前1200年頃。

¶世界考古

チャンパネル・パヴァガドゥ考古学公園
Champaner-Pavagadh Archaeological Park

グジャラート州中央部のパンチ・マハル郡。先史時代の遺跡が残る、8世紀頃のチャウハン朝の首都。ヒンドゥー教の聖地の一つ、カーリーカマタ寺院がある。大部分の遺跡は未発掘。

世界遺産（チャンパネール−パーヴァガドゥ遺跡公園　2004）

¶世遺事、成世遺下（チャンパネル・パヴァガド遺跡公園）〔写〕、世遺百（チャンパネール・パーヴァガドゥ遺跡公園）〔写〕

中部インド岩面画群　ちゅうぶいんどがんめんがぐん

マハデオ丘陵、ヴィンドヤ山中など。岩壁に描かれた一群の絵画群。多くは4〜10世紀のもの。

¶世界考古

ティー・ナラシプル　T. Narasipur

カルナータカ州南部のカーヴェリ川上流左岸。新石器〜巨石文化の遺跡。

¶世界考古

デーヴニモーリ　Devnimori

グジャラート州サバルカンタ地区、アーメダーバード北北東約70km。初期歴史時代の仏教寺院址。僧院址と仏塔からなり、巨大な仏塔には、2段の基壇がみられる。

¶世界考古

デーオガル　Deogarh

ウッタル・プラデーシュ州の村。俗に〈十化身堂〉と呼ばれる石積寺院があることで知られる。東の山上には9〜12世紀の30以上のジャイナ教寺院がある。

¶南アジア

テクワダ　Tekhwada

デカンのマハーラーシュトラ州北部ギルナー河畔、バハルの対岸。先史遺跡。甕棺葬3例と墓壙1が発掘されており、土器のいくつかには文字に類似した刻文がみられる。

¶世界考古

テリ遺跡群　Teri

タミル・ナドゥ州のテネヴェリ。細石器を主とする遺跡群。石器には小型の剝片と細石器がみられる。
　　¶世界考古

デリーのクトゥブ・ミナールと周辺の遺跡群
Qutb Minar and its Monuments, Delhi

デリーの南。クトゥブ・ミナールは13世紀初頭、トルコ系軍人クトゥブッディーン・アイバクが建てた石塔。赤砂岩でできており、高さ72.5mある。イスラム教によるインドの支配を象徴したもの。周辺の建造物群も世界遺産に登録。
　　世界遺産(デリーのクトゥブ・ミナールとその建造物群　1993)
　　¶世遺事, 成世歴下(デリーのクトゥブ・ミナール)〔写〕, 世遺百(デリーのクトゥブ・ミナールと関連建造物)〔写〕, ビジ世遺(デリーのクトゥブ・ミナール)〔写〕, ユネ世遺5(デリーの最初のモスクとクトゥブ・ミナール)〔写〕

デルワーラ寺院群　でるわーらじいんぐん

ラージャスターン州、アーブー山。10〜13世紀のソランキー朝のもとで建てられたジャイナ教の寺院群。5つの寺院が並ぶ。
　　¶宗教建築(アーブー山のデルワーラ寺院群(ディルワーダ寺院群))〔写/図〕

ドゥルガー寺院

カルナータカ州アイホーレ。7世紀末、チャルキヤ朝の大寺院。前方後円形で建てられた初期のヒンドゥー寺院の代表。
　　¶宗教建築(アイホーレのドゥルガー寺院)〔写/図〕, 大遺跡8 p136(ドゥルガ寺)〔写〕

ドーラーヴィラー　Dholāvirā

グジャラート州カッチ地方のカディール島に位置。インダス文明の都市遺跡。前3千年頃にはすでに村が形成され、都市衰退後も前1500年頃まで人々が住みつづけた。
　　¶南アジア

ナヴダートリ　Navdatoli

マドヤ・プラデシュ州インドールの南。ナルマダ中流域の金石併用文化の遺跡。
　　¶世界考古

ナーガパッティナム　Nagapattinam

マドラスの南約280km。貿易港。多数の青銅製仏像が出土。
　　¶世界考古

ナーガールジュナコンダ
Nāgārjunakoṇḍa

アーンドラプデーシュ州を流れるクリシュナ川右岸。仏教遺跡群。3世紀中葉以降から4世紀前半の各王の時代に主に整備された。30以上もの仏教遺跡が散在。
　　¶アジア歴7(ナーガールジュニコンダ), 角川世, 新潮美, 世界考古〔図〕, 大遺跡8(ナーガールジュナ・コンダ)〔写/図〕, 仏教考古, 南アジア〔写(浮彫)〕

ナーグダ　Nagda

マドヤ・プラデシュ州ウッジャイン地区。インド中・西部に特徴的な金石併用〜初期歴史時代の遺跡。文化層堆積は3期。
　　¶世界考古

ナーシク　Nasik

マハーラーシュトラ州北西部の都市。ワーラーナシーと並ぶヒンドゥー教の聖地。旧市には多くのヴィシュヌ寺院が点在。南西約1kmの地に計24個からなる一群の仏教石窟(前1世紀−後2世紀)が現存。
　　¶アジア歴7, 新潮美, 世界考古, 大遺跡8〔写〕, 南アジア

ナタラージャ寺院

タミルナードゥ州中部のチダムバラム。ナタラージャを本尊とするシヴァ寺院。建物は、10〜17世紀にかけて建造。
　　¶新潮美(チダムバラム)

ナーランダー　Nālandā

ビハール州ブッダガヤの北東。仏教遺跡。ナーランダ・マハーヴィハーラ(僧院)は、前3世紀から13世紀にかけて運営された修道的・教育的機関。世界最古の大学の一つで、玄奘も留学した。敷地内にはストゥーパ、本堂、僧坊などがある。
　　世界遺産(ビハール州ナーランダ・マハーヴィハーラ(ナーランダ大学)の遺跡　2016)
　　¶アジア歴7〔写〕, 角川世(ナーランダー〈那爛陀〉), 古代遺跡 p173(ナーランダ遺跡)〔写〕, 世遺事(ビハール州ナーランダにあるナーランダ・マハーヴィハーラ(ナーランダ大学)の考古学遺跡), 世界考古, 世歴事6〔写/図〕, 大遺跡8〔写〕, 東洋仏教 I-p26〜27(ナーランダ)〔写〕, 評論社世, 仏教考古, 平凡社世, 南アジア〔写〕, 山川世

ナーランダー寺院　Nālandā Sangharama

ナーランダーにある。5〜12世紀にかけてインドの大乗仏教、密教をリードした学問寺の中心的存在であった寺院。中心部(東西約250m、南北約600m)には、巨大な5棟の祠堂と11棟の僧院(ヴィハーラ)遺跡が残る。
　　世界遺産(ビハール州ナーランダ・マハーヴィハーラ(ナーランダ大学)の遺跡　2016)
　　¶旺文社世(ナーランダ僧院), 宗教建築〔写/図〕, 世歴大14(那爛陀僧院)〔写〕, 文化史蹟5(ナーランダー僧院)〔写〕

ナンディヤール　Nandyal

アーンドラ・プラデーシュ州。ヒンドゥー教巡礼都市。古代ローマの金貨が大量に発見されたことで知られる。15世紀のシヴァ寺院がある。

¶南アジア

ネワーサ　Nevasa

マハーラーシュトラ州アフマドナガル地区。前期旧石器時代から歴史時代にいたる遺跡。

¶世界考古〔図（合わせ口甕棺葬）〕

バイクンタペルマル寺院
Temple of Vaikunthaperumal

カーンチープラムにある。8世紀。ナンディヴァルマン王（717-779）によって建てられた寺院。南型の寺院建築で本殿上には何層もの屋根をピラミッド状に積む。

¶文化史蹟5〔写〕

バイラート　Bairat

ラージャスターン州都ジャイプルの北北東83km。前3世紀の仏教遺跡。煉瓦積ストゥーパの基礎のみが残り、マウリヤ朝特有の研磨を施した石製傘蓋の断片が出土。

¶世界考古

バガトラヴ　Bhagatrav

グジャラート州南部ブローチ地区キム河口。インダス文明波及の南限を示す遺跡。インダス文明期であるⅠ期と中世のⅡ期の編年を得た。

¶世界考古

バーガルプル　Bhagalpur

ビハール州東端部の古都。西郊約7kmのチャンパーナガラは、前600年頃北インドに栄えた16大国の一つアンガ国の首都チャンパの遺址。今も残る遺丘の周辺には仏教時代の遺物が散乱する。

¶南アジア

バーグ　Bagh

マディヤ・プラデーシュ州インドールの西約150km。仏教石窟寺院。全部で9窟あり、すべてが5〜6世紀のヴィハーラ窟（僧院）。

¶新潮美, 南アジア

バージャー　Bhājā

バージャー村近くの小山。22窟から成る窟院群。最初期の石窟寺院の例とされる。間口8m、奥行き16.5mのチャイティヤ窟は前2世紀のもの。

¶新潮美〔写p126（インドラ）〕, 世界美4, 大遺跡8〔写〕, 仏教考古, 南アジア

ハスティナープラ　Hastināpura

デリー北東。古都。発掘調査で5期の文化層が発見された。前1200年以前から3世紀頃まで続いたが、その後11世紀まで無人。15世紀にまた無人

となり、以後廃墟となった。

¶古遺地〔図〕, 新潮美, 世界考古, 世界美4, 南アジア

バーダーミ　Badami

カルナータカ州北部の村落。かつてはヴァーターピと呼ばれて前期西チャールキヤ朝の都として栄えた。南の丘に4つの石窟があり、第4窟がジャイナ教窟、他はヒンドゥー教窟。北の丘には3基の石積寺院がある。

¶アジア歴7, 新潮美〔写p14（彫刻）〕, 世界考古（バーダーミー）, 大遺跡8〔写〕, 南アジア

パータリプトラ　Pātaliputra

ビハール州の州都パトナの古名。大規模な発掘はされていないが、前600年頃から後1600年頃の5つの文化層の存在が判明している。

¶アジア歴7〔写〕, 旺文社世, 角川世, 新潮美（パトナー）〔写〕, 世界考古（パトナ）, 世歴事7（パトナ）, 世歴大15, 大遺跡8（パトナー）〔写〕, 評論社世, 仏教考古, 平凡社世, 南アジア, 山川世

パッタダカルの建造物群
Group of Monuments at Pattadakal

デカン高原のバーダーミーの近郊にある古都。チャールキヤ朝の首都の一つ。6〜8世紀のチャルキヤ王朝の寺院群。8つのヒンドゥー教寺院が残り、北方型と南方型の2つの異なる様式が混在。最古の寺院群はグプタ時代の建築の影響を残す。

世界遺産 (パッタダカルの建造物群　1987)

¶世遺事, 成世遺下（パッタダカルの建造物）〔写〕, 世遺百〔写〕, 世界美4（パッタダカル）, 大遺跡8（パッタダカル）〔写〕, ビジ世遺〔写〕, ユネ世遺5（パッタダカルの寺院群）〔写〕

ハッルール　Hallur

カルナータカ州ダールワール地区ヒレケルール。南インドの新石器時代遺跡。白色彩文のある赤色黒縁土器と鉄器が出現。

¶世界考古

バドリーナート　Badrinath

ウッタラーカンド州。ヒンドゥー教の聖地。ヴィシュヌ神を祀る四大神領の一つ。バドリーナート寺院が、アラクナンダー川沿いの標高3110mに建つ。

¶南アジア

バナーワリー遺跡　Banawali

ハリヤーナー州ファテハーバード県。インダス文明前後の遺跡。南北400m、東西400m、高さ10mを測る。大別3期に及ぶ文化編年が確認されている。

¶南アジア

バハダラバード　Bahadarabad
ウッタル・プラデシュ州サハランプル地区、ハルドワールの西13km。埋蔵銅器文化に属する遺跡。赭色土器に比定し得る土器と、棒状斧・平斧などを含む多数の銅器が発見された。

　　¶世界考古

バハル　Bahal
ジャルガオン近郊ギルナ河畔。デカン北西部の金石併用文化～初期歴史時代の遺跡。上層に赤色磨研土器が現れる。

　　¶世界考古

バラーバル　Barabar
ビハール州のガヤー北方25km。石窟群。バラーバル丘に4つの石窟、隣接するナーガールジュニに3つの石窟がある。インド最古の石窟として知られている。

　　¶新潮美、南アジア

バリアルプル　Bariarpur
ヤムナ川支流ケン川の中流域。前期旧石器時代の遺跡。礫石器・ハンド・アックス・クリーヴァーなどが出土。

　　¶世界考古

ハリドワール　Haridwar
ウッタラーカンド州。ヒンドゥー教の一大聖地。ハルドワールともいう。古代起源の聖地として有名。廃墟と化した砦と3つのヒンドゥー寺院がある。

　　¶南アジア

パリハーサプラ　Parihāsapura
現在のパラスポール村の近く。カシミールの王ラリターディティヤ・ムクターピーダ（在位725-756）の建設した古都。都城には仏教とヒンドゥー教関係の建築物が残る。

　　¶世界考古，世界美4

パールシュヴァナータ寺
カジュラーホ。東部の諸寺院を代表するジャイナ教寺院。10世紀。

　　世界遺産（カジュラーホの建造物群　1986）

　　¶大遺跡8 p157〔写〕

バールフット　Bhārhut
バールフット村。仏教遺跡。ストゥーパ址がある。サーンチーと並び称されるシュンガ朝期のものだが塔は現存しない。基壇部の直径約20m。

　　¶アジア歴7（バールハット）、新潮美、図解考
　　古（バールフト）、世界考古（バールフト）、世
　　歴事7（バールハット）〔写〕〔浮彫〕、仏教考古、
　　南アジア（バルフット）〔写p737〕〔浮彫〕

ハールワン　Harwan
スリナガル北東約12kmの丘陵端。仏教寺院址。

ほぼ3世紀から6世紀にあてられている。

　　¶世界考古

ハレービード　Halebīd
カルナータカ州。11～14世紀のホイサラ朝の首都ドワーラサムドラにあたる。寺院群のうち、翼廊で結ばれたホイサレーシュヴァラ寺（1141年）とケーダーレーシュヴァラ寺（1219年）は重要。

　　¶世界美4

ハワ・マハル（風の宮殿）
ジャイプール。1799年、マハラジャ（大王）のサワイ・プラタップ・シンの命で、建築家ラル・チャンド・ウスタにより建築。窓に施された石の格子状のスクリーンが特徴的。

　　¶空大宮殿〔写〕

ハンディヴリ　Khandivli
ボンベイ市郊外。旧石器時代の遺跡。インドにおいて初めて、前期旧石器、中・後期旧石器、細石器が層位的に裏づけられた遺跡。

　　¶世界考古

パーンドゥ・ラージャール・ディビ
Pandu Rajar Dibi
西ベンガル州バンドワーン地区のアジョイ川南岸。金石併用文化の代表的遺跡。4期のうちⅡ～ⅢA期が、彩文赤色土器、赤色黒縁土器、細石刃、青銅器などを特徴とする。

　　¶世界考古

ハンピの建造物群
Group of Monuments at Hampi
ハンピ。廃墟は9平方マイルに渡る。ヴィジャヤナガル王家は1336年に始まり、200年以上にわたってイスラムの侵略者を防いだ。

　　世界遺産（ハンピの建造物群　1986）

　　¶世遺事，成世遺下（ハンピの建造物）〔写〕，
　　世遺地（ハンピ），世遺百〔写〕，世界遺跡
　　p270（ハンピ）〔写〕，ビジ世遺〔写〕，ユネ世
　　遺5（ハンピの都市遺跡）〔写〕

ビアス河谷　Beas
サトレジ川上流のビアス河谷とその支流のバンガンガ河谷の河岸段丘上の遺跡群。1955年に、ギュラー、デーラ、ダリアラ、カングラの4遺跡からソアン型の旧石器を発見。

　　¶世界考古

ピクリハル　Piklihal
カルナータカ州ライチュールの西95km、ムドガル・フォートの南4km。南インドの新石器～歴史時代の遺跡。最下層は新石器下層文化。

　　¶世界考古

ビサウリー　Bisauli
ウッタル・プラデシュ州バダウン地区。埋蔵銅

器文化に属する遺跡。2点の大の字形銅器と銛・平斧各1点などを発見。

¶世界考古

ピタルコーラー　Pitalkhora

マハーラーシュトラ州アウランガーバードの西北約80km。仏教遺跡。山峡に開窟され、北岸に9窟、南岸に4窟。碑文から前1世紀初頭から開削が始まったと考えられ、6〜7世紀まで利用されていたとする。

¶新潮美, 大遺跡8〔写〕, 仏教考古（ピタルコーラ）

ピプラハワー　Piprāhwā

ウッタル・プラデシュ州バスティ県。レンガ造りの塔跡がある。仏教遺跡。石室が検出され、なかに5個の舎利壺が置かれていた。のちの調査でさらに2個の舎利壺を検出。

¶世界考古（ピプラーフワー）, 仏教考古〔写〕

ビルバンプール　Birbhanpur

西ベンガル州のブルドワン。細石器文化の遺跡。数千個にのぼる細石器を発見。

¶世界考古

ビンベットカのロック・シェルター群
Rock Shelters of Bhimbetka

ヴィンディアン山脈のマディヤ・プラデーシュ。デカン高原北部のビンディア山脈における山麓に位置するロック・シェルター（岩窟）。5つの岩塊におよそ400のロックシェルターがあり、内部には狩猟や採取など人々の生活が描かれている。

世界遺産（ビンベットカのロック・シェルター群 2003）

¶新潮美（ビーマーベトカの岩窟群）, 世遺事（ビムベトカの岩窟群）, 成世遺下（ビンベトカの洞窟）〔写〕, 世遺百（ビンベットカ岩窟）, 世界考古（ビームベトカ）, 大遺跡1 p25（ビーマーベトカ）〔写〕, ビジ世遺（ビンベトカの洞窟群）

ファテガル　Fategarh

ウッタル・プラデシュ州ファルカーバード地区。インドの埋蔵銅器文化に属する遺跡。触角状有柄剣、大の字形銅器、有鉤剣あるいは槍先と思われるものが出土。

¶世界考古

ファテープル・シークリー
Fatehpur Sīkrī

アーグラー近く。廃都城。1571年、第3代ムガール帝国のアクバル帝がシークリー村に都を造営、1585年にラーホールに都が移され廃都となった。建物はそのまま残され、イスラム建築とインドの伝統技術であるアクバル式の複合体。

世界遺産（ファテープル・シークリー　1986）

¶アジア歴8（ファテプール・シークリー）, 角川世, 新潮美, 世遺事（ファテープル・シクリ）, 成世遺下〔写〕, 世遺百〔写〕, 世界美4, 世歴事7（ファトプル・シークリー）〔写〕, ビジ世遺〔写〕, 南アジア（ファテブル・シークリー）〔写〕, 山川世, ユネ世遺5（ファテブル・シークリーの都）〔写〕, 歴史建築（ファテープル・スィークリー）〔写/図〕

フィランギーの岩陰

フィランギー山。132ヵ所の岩陰に壁画が描かれている。

¶大遺跡1 p25〔写〕

フィロズのミナレット

ガウル。ミナレットは3層からなり、各層は12面の多角形。周囲は円形で高さは84フィートある。1488年、マリク・インディルによって建造された。

¶世界遺産 p270〔写〕

ブッダガヤ　Buddhgaya

ビハール州ガヤ市の南約8km。ボードガヤー。ブッダが「正覚」（悟り）を得たといわれる聖地。前3世紀に寺院が創建され、その後グプタ時代に再建された。これが大菩提（マハーボーディ）寺で、大塔は19世紀末に大改修され、保存されている。

世界遺産（ブッダガヤの大菩提寺 2002）

¶アジア歴8（ブッダガヤー）〔写〕, 旺文社世, 角川世（ガヤー）, 新潮美（ボードガヤー）, 世界考古（ボドガヤー）, 世界美5（ボードガヤー）, 世歴事8（ボード・ガヤー）, 大遺跡8（ボード＝ガヤー）〔写〕, 東洋仏教 I -p28〜29〔写〕, 評論社世（ブダガヤ（仏陀伽耶）, 仏教考古（ブッダガヤー）〔写p349, 口絵〕, 平凡社世（ブッダガヤー）, 南アジア（ボードガヤー）〔写〕, 山川世（ボードガヤー）

ブッダガヤの大菩提寺
Mahabodhi Temple Complex at Bodh Gaya

ビハール州。釈迦が悟りを開いたとされる場所に建つ大菩提寺。5〜6世紀頃建てられたが、後にイスラム勢力によって破壊され、1880年代に再建された。仏教の保護を推進したアショーカ王の寄贈と伝わる石の台座（金剛宝座）などが残る。

世界遺産（ブッダガヤの大菩提寺　2002）

¶古代遺跡 p154（ブッダガヤの大精舎）〔写〕, 宗教建築（ボードガヤーのボーディガラ・マハーボーディ寺院）〔写/図〕, ブッダガヤのマハーボーディ寺院の建造物群）, 成世遺下（ブッダガヤのマハーボーディ寺院）〔写〕, 世遺百, 世界遺跡 p280（大精舎）〔写〕, 大遺跡8 p70（大精舎 だいしょうじゃ）〔写〕, ビジ世遺（ブッダガヤのマハーボーディー寺院群）〔写〕

ブバネーシュワル　Bhubaneswar

オディシャー州の州都。宗教都市。南方に林立する大小様々の数百のヒンドゥー教寺院が有名。主要なものは8〜13世紀の造営で、インドの北型建築を代表する。

　¶新潮美、大遺跡8〔写〕、南アジア〔写p700/図p334〕

フマユーン廟　Humayun's Tomb

ニューデリーの南東約5kmのデリーにある。1556年に死去したムガル帝国の第2代皇帝フマユーンを偲び、妃であるハージ・ベグムが9年の歳月をかけて完成させた霊廟。庭園の中に霊廟が置かれる構造が、後のタージ・マハルに影響を与えた。

　世界遺産（デリーのフマユーン廟　1993）

　¶新潮美（フマユーン廟）、世遺事 p160（デリーのフマユーン廟）、成世遺下（デリーのフマユーン廟）〔写〕、世遺百（デリーのフマユーン廟）〔写〕、ビジ世遺（デリーのフマユーン廟）〔写〕、文化史蹟10（フマユーンの廟）〔写〕、南アジア p701（フマユーン廟墓）〔写〕、ユネ世遺5（デリーのフマユーン廟）〔写〕

プラカシュ　Prakash

マハーラーシュトラ州北端。高さ21mの大遺丘。金石併用文化の遺跡。4期に分かれ、Ⅰ期が金石併用機に属する。Ⅳ期は6世紀以降。

　¶世界考古

プラーナ・キラ　Purana Qila

デリー市内。古城址。口碑では「マハーバーラタ」のインドラプラシュタにあたるとされてきた。彩文灰色土器の時代からムガル朝期にいたる編年が知られた。

　¶世界考古

ブラフマギリ　Brahmagiri

カルナータカ州チタルドラグ地区モラカールムルの近郊。南インド巨石文化の代表的な遺跡。低い丘陵部の住居址と、それに隣接する平野部中央の巨石墳墓群に分かれる。第Ⅰ期は前2千年紀初頭〜1千年紀初頭、Ⅱ期は前3世紀に始まる巨石文化、第Ⅲ期は後1世紀中葉以降の初期歴史時代。

　¶アジア歴8、古遺地（ブラーフマギリ）〔図〕、新潮美、世界考古

プリー　Puri

オディシャー州東部のベンガル湾。宗教都市。ヒンドゥー教の四大聖地の一つ。ジャガンナート寺院の所在地。同寺院は11世紀後半の建造。

　¶アジア歴8（プーリー）、新潮美、南アジア

ブリハディーシュヴァラ寺院

インド南東部、タミルナードゥ州チェンナイ（マドラス）の南西約290km。チョーラ王ラージャ

ラージャ1世が新都タンジョール（現タンジャヴール）に建造した、当時世界最大のヒンドゥー教寺院。995〜1010年の建造。

　世界遺産（大チョーラ朝寺院群　1987, 2004）

　¶宗教建築（タンジャヴールのブリハディーシュヴァラ寺院とチョーラ期の大規模寺院）〔写/図〕、新潮美（タンジャーヴール〔ブリハディーシュヴァラ寺〕）、ビジ世遺（タンジャヴールのブリハディーシュヴァラ寺院）〔写〕、南アジア（タンジャーヴール〔寺院〕）、ユネ世遺5（タンジャーヴールのブリハディーシュワラ寺院）〔写〕

ブルザホム　Burzahom

スリナガルの北北東24km。新石器〜初期歴史時代の編年を示す遺跡。大きく5期に分かれ、最初の2期が新石器時代。Ⅲ期はメンヒルによるストーン・サークルを特徴とする巨石文化。Ⅳ期は紀元前後、Ⅴ期は後3〜4世紀。

　¶世界考古〔写（遺物）〕

ベースナガル　Besnagar

ヴィディシャーの北西にある遺跡。マウリヤ時代にまで遡る彫刻群が発見された。ストゥーパ跡、ヴィシュヌ神に捧げられた寺院跡、ヘリオドロスが前2世紀末期に建てた石柱が残る。

　¶世界美5

ベードサー　Bedsa

デカン高原の西端部プーナ地方。石窟群。完成されたものは祠堂窟と僧院窟を1窟ずつで、最小規模の窟群。

　¶新潮美、大遺跡8〔写〕

ホイサレーシュヴァラ寺院

ハレビッド。ホイサラ朝で最大規模の寺院。精密な彫刻を施す。

　¶世界遺跡 p280〔写/図〕

ボーディガラ（菩提祠）

ビハール州、ボードガヤー（ブッダガヤー）。釈迦の成道地に、前2世紀頃に成立したボーディガラ（菩提祠）。菩提樹の下に金剛宝座を設け、欄楯で囲った聖域。

　¶宗教建築（ボードガヤーのボーディガラ・マハーボーディ寺院）〔写/図〕

ボム・イエズスの会堂

ゴア。イエズス会教会。教会の聖器室は聖フランシスコ・ザヴィエルの遺体を収める。

　¶世界遺跡 p270〔写〕

ポルカラム　Porkalam

ケララ州トリチュール地区タラパッリのクンナムクラム村北方5km。南インド巨石文化に属する遺跡。径4m余のストーン・サークル中に巨大な花崗岩の蓋石を置いた墳墓を発見。

　¶世界考古

マスキ　Maski
カルナータカ州ライチュール地区。金石併用〜初期歴史時代の遺跡。
　¶世界考古

マッリカールジュナ寺
パッタダカル。石積寺院。740年頃建造された典型的な南型ヒンドゥー教寺院。
　¶大遺跡8 p138〔写〕

マトゥラー　Mathurā
ウッタルプラデーシュ州西部。古都。2〜3世紀にクシャーン朝のインド支配の重要拠点。マート村のクシャーン時代の一寺院からクシャーンの王族たちの巨大な石像を発見。
　¶アジア歴8〔写〕, 旺文社世, 角川世, 世界考古, 世界美5, 仏教考古, 南アジア, 山川世

マハーデオ・ヒル　Mahadeo Hills
中部の山地。五十数箇所の岩壁画遺跡。
　¶新潮美

マハーバリプラム　Mahābalipuram
マドラスの南方約60km。4〜10世紀頃（パッラヴァ朝）のヒンドゥー教遺跡。マーマッラプラムともいう。7世紀前半から8世紀初頭の多くの寺院が残っている。ラタと呼ばれる神祠群、摩崖彫刻、石窟寺院や石積寺院も現存。

世界遺産（マハーバリプラムの建造物群　1984）

　¶アジア歴8（マーマッラプラム）, 新潮美〔写p1064（マハーバリプラムの建造物群）, 世遺事（マハーバリプラムの建造物群）, 成世遺下（マハーバリプラムの建造物）〔写〕, 世遺百（マハーバリプラムの建造物群）〔写〕, 世界考古, 世界美5〔写〕, 大遺跡8〔写〕, ビジ世遺（マハーバリプラムの建造物群）〔写〕, 南アジア（マーマッラプラム）〔図p334〕, ユネ世遺5（マハーバリプラムの建築と彫刻群）〔写〕

マヘーシュワル　Maheshwar
ナルマダ川北岸、ナヴダートリの対岸。旧石器〜歴史時代にわたる遺跡。河床には中期最新世に属するアブヴィーユ＝アシュール型の握斧およびクリーヴァーを発見。
　¶世界考古

マールターンド　Mārtānd
北端、カシュミールの州都スリナガルの東南62km、アナントナーグの町から約8km。小高い台地にたつヒンドゥー教スーリヤ寺院の遺構。
　¶新潮美

マン・シンⅠ世の宮殿
アンベール。アンベールのマハラジャーの17世紀の宮殿。庭はインドの不思議の中に数えられている。
　¶世界遺跡 p282〔写〕

ミティラー　Mithilā
現在のパトナの北東のジャナクプール。古城跡。ヴリジ族に属するヴィデーハ国の都。近世のティルフートの首都。最盛期は初期ウパニシャッド時代のジャナカ王のとき。
　¶アジア歴8

ミーナークシー寺院　Temple of Meenakshi
タミルナードゥ州、マドゥライ。ヒンドゥー教寺院。現在見られる伽藍は、17世紀中期のティルマライ・ナーヤカ王による大規模な増改築を経たもの。ミーナークシー女神とスンダレシュヴァラ神（シヴァ神）を夫婦として合祠。
　¶アジア歴8（マドゥライ〔大寺〕）, 宗教建築（マドゥライのミーナークシー・スンダレシュヴァラ寺院）〔写/図〕, 新潮美（マドゥライ〔大寺〕）, 世界美5（マドゥライ〔ミーナークシー・スンダレシュヴァラ〕）, 世遺事8（マドゥライ〔寺院〕）〔写〕, 文化史蹟5（ミナクシ寺院）〔写〕, 南アジア〔写〕

ムクテーシュヴァル寺院
Temple of Muktesvara
オリッサ州ブヴァネーシュヴァル。975年頃、オリッサ建築中期を代表する寺院。オリッサでは内部に彫刻をもつ唯一の例。シカラは10.5m。
　¶宗教建築（ブバネシュヴァルのムクテシュヴァラ寺院本殿・拝殿）〔写/図〕, 大遺跡8 p160（ムクテーシュワル寺）〔写〕, 文化史蹟5〔写〕

メーガム　Mehgam
ナルマダ河口北岸。小規模なインダス文明後期の遺跡。粘土貼の墓擴中から、頸部の長い壺、平皿、鉢、高坏などを得た。紅玉髄や陶製ビーズも出土。
　¶世界考古

モーティ・マスジド〔アーグラ〕
Moti Masjid, Agra
アーグラの王城（俗称レッド・フォート）。シャー・ジャハーン帝が建てた王族専用のモスク。その美しさから「真珠のモスク」と呼ばれる。建設は1646〜53年。
　¶文化史蹟10〔写〕

モーティ・マスジド〔デリー〕
Moti Masjid, Delhi
デリーの王城内。造営者は第6代皇帝アウラングゼーブ。1662年頃の建造。モーティ・マスジドは「真珠のモスク」という意味。
　¶文化史蹟10〔写〕

モーデーラー　Modherā
グジャラート州の町。11世紀に建立された太陽神スーリヤを祀った壮大な寺院遺跡がある。
　¶世界美6

ラウリヤー・ナンダンガル
Lauriya Nandangarh

ビハール州北西ベティヤの北22kmにある遺跡。原形を完全に残した唯一のアショーカ王柱遺例が有名。近くの3列15個のマウンド群は、マウリヤ期前後とされる。

¶新潮美, 世界考古

ラカジュワルの岩陰

ラカジュワル。壁や天井に彩画が描かれている。

¶大遺跡1 p24〔写〕

ラクシュマーナ寺院　Lakshmana

カジュラホ。10世紀。ヒンドゥー教ヴィシュヌ派を代表する大きな寺院。954年にダンガ王によって建てられたもの。北型の寺院建築。

世界遺産 (カジュラーホの建造物群　1986)

¶大遺跡8 p157 (ラクシュマナ寺)〔写p133, 157〕, 文化史蹟5〔写〕

ラクシュミーデーヴィー寺院

カルナータカ州ドッダガッダヴァッリ。富豪・クッラハナ・ラータフとその妻サハジャーデーヴィーによって建立されたホイサラ朝の寺院。

¶宗教建築 (ドッダガッダヴァッリのラクシュミーデーヴィー寺院)〔写/図〕

ラージガート　Rajghat

ウッタル・プラデシュ州ベナーレス市北郊ガンジス河畔。初期歴史時代以降の編年を示す指標的遺跡。Ⅰ期は、推定前800〜前200。Ⅱ期は前2世紀から紀元前後。Ⅲ期は紀元前後〜3世紀、Ⅳ期は4〜7世紀、Ⅴ期は9〜12世紀Ⅵ期は12〜17世紀に相当。

¶世界考古

ラージプル・パルス　Rajpur Parsu

ウッタル・プラデシュ州ビジノール地区。埋蔵銅器文化に属する遺跡。平斧、棒状斧、銛を出土。

¶世界考古

ラージャグリハ　Rājagrha

パトナー市の南東約100kmの古都。漢訳仏典では王舎城、現在のラージギル (Rājgir)。ビンビサーラ王の時代 (前6−前5世紀) はマガダ国の首都。ストゥーパ跡や僧院跡が発掘。マニヤール・マトの名で知られる円形祠堂がある。ジャイナ教の聖地でもある。

¶アジア歴9, 旺文社世 (王舎城 おうしゃじょう), 角川世, 新潮美 (ラージュギル), 世界考古 (ラージギル), 世界美6, 世歴事9, 大遺跡8 (ラージギル)〔写/図〕, 評論社世, 仏教考古 (ラージギル)〔写 (口絵)〕, 南アジア, 山川世

ラジャスタン地方の丘陵城塞群
Hill Forts of Rajasthan

ラジャスタン州の北西部。8〜18世紀の間に築かれた6つの城砦群。この地におけるラージプート諸王国の栄華を誇る。インドとイスラムの折衷様式で造られており、建築や文化、芸術の交流がうかがえる。

世界遺産 (ラージャスターンの丘陵要塞群　2013)

¶世遺事, 成世遺下 (ラジャスタンの砦)〔写〕, 世遺百 (ラジャスタンの丘陵城塞)〔写〕

ラージャラーニー寺院
Temple of Rajarani

オリッサ州ブヴァネーシュヴァルの町外れの畑の中。1100年頃。オリッサ建築第3期を代表する。シカラ (高塔) が特徴的で、シカラ全体が小シカラをもり上げた形に造られている。

¶文化史蹟5〔写〕

ラド・カーン寺

アイホーレ。ヒンドゥー教の石積寺院。高い基壇上に東面して構築。広間に吹抜の列柱張り出し玄関を設けている。

¶大遺跡8 p136〔写〕

ラトナギリ　Ratnagiri

オリッサ州カタックの西南約65km。仏教遺跡。5〜12世紀の遺構を確認。丘上の南側にある大ストゥーパ (仏塔) は覆鉢部の直径14m。北側には2つの大きな僧院、6つの祠堂などがある。

¶新潮美, 世界考古, 大遺跡8〔写〕

ラーナクプルのアーディナータ寺院 (ダルナ・ヴィハーラ)

ラージャスタン州。1439年に建造された、ジャイナ教の寺院。本殿の中央にジャイナ教初代の祖師アーディナータの四面像が祀られている。

¶宗教建築〔写/図〕, 世界美6 (ラーナクプル)

ラニ・キ・ヴァヴ グジャラート・パタンの女王の階段井戸
Rani-ki-Vav (the Queen's Stepwell) at Patan, Gujarat

グジャラート州パタン。11世紀に造られたサラワティ川の川岸の地下構造物。地下水資源を利用した高度な貯水システムで、7階建てになっている。階段の壁面には美しいレリーフで飾られ、その数は1500を超える。

世界遺産 (ラニ・キ・ヴァヴ グジャラート・パタンの女王の階段井戸　2014)

¶世遺事 (グジャラート州のパタンにあるラニ・キ・ヴァヴ (王妃の階段井戸))

ラリトプール　Lalitpur

ウッタル・プラデシュ州ジャンシ。旧石器時代の遺跡。珪岩でつくられた多数のハンド・アックス、クリーヴァーが出土。アシュール型のかなり発展した段階を示すものが多い。

¶世界考古

ランガナータ寺院

ティルチラパッリ市、カーヴェーリ川のシュリーランガムと呼ばれる中州に建つ。ヒンドゥー教ヴィシュヌ派のシュリー・ヴァイシュナヴァ派総本山。創建は10世紀、13〜18世紀にかけて増改築。

¶宗教建築（シュリーランガムのランガナータ寺院）〔写/図〕，新潮美（シュリーランガム〔ヴィシュヌ寺院〕）

ラングナージ　Langnaj

アーメダバードの北北西約21km。細石器を出土する遺跡。最下層（Ⅰ期）は土器を含まぬ細石器の層で、Ⅱ期は細石器に加えて、小量ながら黒色・赤色の無文土器および赤色黒縁土器が出土し、Ⅲ期には銅製ナイフや鉄鏃があり、他の高文化との接触があった。

¶世界考古

ラングプル　Rangpur

アーメダバードの南西136km。グジャラートにおけるインダス文明前後の編年を示す遺跡。時代は3期に大別され、Ⅰ期は細石器、Ⅱ期はインダス文明の波及、Ⅲ期は輝赤色土器が特徴。

¶世界考古

ラング・マハル　Rang Mahal

ラージャスタン州ガガル平原。クシャーン時代の集落跡が発掘され、住居跡と一つの寺院跡を発見した。

¶世界美6

霊鷲山グリドラクータ　りょうじゅせんぐりどらくーた

ラージギル。ラージギルの地は5つの山に囲まれ、東北にある峰の一つがグリダラクータ＝霊鷲山の名で仏教徒に親しまれている。頂上に煉瓦を積んだ遺構があり、釈尊が説法をした伝説がある。

¶大遺跡8 p49〔写〕，文化史蹟5（霊鷲山（ラージギル））〔写〕

リンガラージャ寺院　Temple of Lingaraja

オリッサ州ブヴァネーシュヴァル。11世紀。当地最大の北型石積寺院。境内には主建築を模した60余の小祠堂がある。

¶大遺跡8 p160（リンガラージャ寺）〔写〕，文

化史蹟5〔写〕

ル・コルビュジエの建築作品―近代化運動への顕著な貢献

The Architectural Work of Le Corbusier, an Outstanding Contribution to the Modern Movement

フランス、スイス、ベルギー、ドイツ、インド、アルゼンチン、日本の7ヶ国にある17件の建築物群が世界遺産登録。フランスで主に活躍した建築家・都市計画家のル・コルビュジエ（1887-1965）が手がけた建築物。インドでは、チャンディーガルが構成資産となっている。

世界遺産（ル・コルビュジエの建築作品―近代建築運動への顕著な貢献― 2016）

¶世遺事

ルーパル　Rupar

パンジャブ州チャンディガルの北西40km。インダス文明末期〜後インダス文明期の文化様相を示す遺跡。遺丘は高さ約15m、文化層は6期に分かれる。

¶世界考古

レッド・フォートの建築物群

Red Fort Complex

ニュー・デリー。17世紀中頃、ムガル帝国の第5代皇帝シャー・ジャハーンが築いた居城。城門と城塞に赤砂岩が含まれたことが名前の由来。隣接するサリンガル・フォートも世界遺産に登録された。

世界遺産（レッド・フォートの建造物群 2007）

¶世遺事，成世遺下（レッド・フォート）〔写〕，世遺百（赤い城）〔写〕

ロジディ　Rojdi

ラージコトの南54km、バダール川左岸。インダス文明の波及をみたサウラーシュトラ半島の遺跡。

¶世界考古

ロータル　Lothal

グジャラート州。都市遺跡。前2500〜前1000年にハラッパー文化圏内で発達した古い都市の遺構を発掘。

¶角川世，新潮美，世界考古〔写/図〕，世界美6，大遺跡8〔写/図〕，南アジア

インドネシア

アイルプラー　Airpurah

スマトラ島南部のパセマ高原にある遺跡。1934年、H.W.フォンクが小川の岸で浮彫のある石を

発見した。この地域の巨石記念物の年代を推定する重要な資料。

¶世界考古

ウル・チャンコ洞穴　Ulu Chanko

スマトラ島中部ジャンビ地方。石灰岩洞穴。中石器時代かと思われる黒曜石製の剥片石器群を発見。

　　¶世界考古

ウルン・ダヌ・バトゥール寺院

バリ島北東部。ヒンズー教寺院。バトゥール湖の守護神を祀る。もとはバトゥール山の麓にあったが1926年の噴火で移築。

　世界遺産（バリ州の文化的景観：トリ・ヒタ・カラナ哲学に基づくスバック灌漑システム　2012）

　　¶歴史建築〔写/図〕

カルムパン　Kalumpang

スラウェシ（セレベス）島中部の西流するカラマ川の河口より93km上流。新石器時代の遺跡。幾何学文を線刻した土器片とともに磨製の方角石斧、などの遺物が出土した。この遺跡の文化をカルムパン文化とよぶ。

　　¶世界考古〔図（土器片）〕

ガンドン　Ngandong

ジャワ島中部のソロ川の左岸、トリニールの下流10km。川から上の段丘から2万に及ぶ上部洪積世の動物化石が発見された。その内にはソロ人の頭蓋が含まれた。

　　¶世界考古

巨石記念物（ダロダロ）　きょせききねんぶつ★

バウォマタルオ村（ニアス島）。ダロダロとよばれ、下界を象徴する。1881年にラオウォ王を記念してつくられた。

　　¶大遺跡1　p129〔写〕

ギリマヌク　Gilimanuk

バリ島西部ギリマヌク湾。金属器時代初期の遺跡。墓と居住の跡が発見され墓は一次葬・二次葬の両者があり、81体の人骨が出土した。

　　¶世界考古

グア・ラワ　Gua Lawa

ジャワ島東部のポノロゴに近いサンプンの南約1.5km。サンプン文化の標準遺跡。

　　¶世界考古

ケンデン・レンブ　Kendeng Lembu

グレンモアの南8km。新石器時代の遺跡。層は歴史時代の遺物を出す第1層と、新石器時代の土器・石器を含む第2層に分かれる。

　　¶世界考古

ゴドン・ソンゴ　Gedong Songo

中部ジャワ北部の山岳地にあるウンガラン山。山肌に、それぞれ1棟ないし数棟からなるヒンドゥー教の小チャンディのコンプレックスが9グループ遺存（現存は6グループ）。

¶大遺跡12〔写〕

サエンティス貝塚　Saentis

スマトラ島北部東岸地方。片面加工で卵形のスマトラリスと短斧のほか、石杵や石臼があり、貝のうちには孔をあけたものやスクレーバーとして利用されたものがあった。

　　¶世界考古

サンギラン初期人類遺跡
Sangiran Early Man Site

ジャワ島の中部ジャワ州を流れるソロ川上流のサンギラン。原人類の頭蓋骨や大腿骨などの化石が発掘された場所。150万年前の住居跡も見つかり、人類の進化の過程を調査するための貴重な遺跡として評価された。

　世界遺産（サンギラン初期人類遺跡　1996）

　　¶世遺事, 成世遺下〔写〕, 世遺百〔写〕, ビジ世遺〔写〕, ユネ世遺13（人類化石出土のサンギラン遺跡）〔写〕

ジャンビ　Jambi

スマトラ島の南東部、バレンバンの北西方。ジャンビ（バタン・ハリ）川下流南岸の遺跡。ムアラ・ジャンビには仏寺（11-12世紀）、奥地からは大乗仏教の尊像が発見されている。

　　¶新潮美

タナ・ロット寺院

バリ島。16世紀に建てられたヒンズー教の寺院。パゴダ式屋根をもつ。

　　¶空大聖堂〔写〕

タンジュン・アラの古墳の彩画

パセマ（スマトラ島）。巨石で築かれた石室の壁画に多彩で円形などが描かれている。

　　¶大遺跡1　p128〔写〕

タンジュンガラ　Tanjungara

スマトラ島南部のパセマ高原のパゲララム北西約2km。村付近に多くの巨石記念物がある。人面を彫った石、「石臼」、基盤式ドルメンなど。組合わせ式石棺の内面には壁画があった。

　　¶世界考古

チャベンゲ　Tjabenge

スラウェシ（セレベス）島南西部。付近のベル村の河岸段丘から、中部洪積世後半と考えられる剥片石器群を化石動物などとともに発見。

　　¶世界考古

チャンディ・カラサン　Candi Kalasan

プランバナンにある。仏教祠堂遺構。チャンディ・カリベニンともいう。778年の銘があるカラサン碑文に、この堂を多羅女神に奉進したとある。現在のものは9世紀頃のもの。

　世界遺産（プランバナン寺院遺跡群　1991）

インドネシア 48

¶アジア歴2（カラサン），古代遺跡 p96，110〔写〕，新潮美（カラサン，チャンディ），世歴事6〔写〕，大遺跡12〔写/図〕，東洋仏教 II-p54～56〔写〕

チャンディ・サリ　Candi Sari
ジャワ島中部。仏教建造物（チャンディ）遺構。ヴィハーラ（僧院）形式の9世紀の長方形重層の建物。

¶古代遺跡 p109（チャンディーサリの祠堂）〔写〕，新潮美（サリ，チャンディ），大遺跡12〔写/図〕，東洋仏教 II-p57～58〔写〕，仏教考古（チャンディ〔チャンディ・サリ〕）

チャンディ・シヴァ
プランバナンにある。チャンディ・ロロ・ジョングランの主堂。基底部の一辺34m。角塔状の身舎の上に5段の段台ピラミッド状の尖塔を屋蓋とする。

¶大遺跡12 p30〔写〕

チャンディ・ジャゴ　Candi Jago
トゥンパンにある。シンゴサリ王朝の第4代の王ヴィシュヌヴァルダーナ（在位1248-68）を仏教徒として葬った墓廟祠。

¶新潮美（ジャゴ，チャンディ），大遺跡12〔写〕

チャンディ・スクウ　Chandi Skuh
ラウ山の西斜面。主堂は安山岩の切石を段逃げ状に積み上げ，頭部を切り取ったピラミッド型。底部の一辺の長さは約15m。

¶大遺跡12〔写/図〕

チャンディ・セウ　Candi Sewu
プランバナンにある。祠堂と僧房より成る。長方形の広大な寺域の中に数多くの小祠堂があり，それぞれ房室がそなえられている。

¶東洋仏教 II-p59～60〔写〕

チャンディ・パオン　Candi Pawon
ボロブドゥールの東方約1.7km。小祠堂。ボロブドゥールと同じ頃の築造と考えられている。「ジャワの宝石」と呼ばれる。

¶大遺跡12 p25〔写〕，東洋仏教 II-p62,73～74〔写〕

チャンディ・ビマ
ディエン高原。石造のチャンディ。上部は，独特の人面像をいれた龕をもつ層を段台状に5層積み上げて造形。

¶大遺跡12 p41〔写〕

チャンディ・プラオサン　Candi Plaosan
プランバナンにある。本来ヴィハラ（僧房）を主体としたものであるが，祠堂ともなっている。南北2つの寺域に分かれている。856年に竣工。

世界遺産（プランバナン寺院遺跡群　1991）

¶新潮美（プラオサン・チャンディ），大遺跡12〔写/図〕，東洋仏教 II-p52～53〔写〕，仏教考古（チャンディ〔チャンディ・プラオサン〕）

チャンディ・ベラハン　Candi Belahan
ペナングンガン山。霊水沐浴場。クディリ王朝の英主エルランガ王（1049没）の埋葬モニュメントでもある。

¶大遺跡12〔写〕

チャンディ・ムンドゥ　Candi Mendut
ボロブドゥールの東3km。築造はボロブドゥールと同じ年代と考えられている。身舎は方形のプラン。

¶古代遺跡 p109（ムンドゥット祠堂）〔写〕，新潮美（ムンドゥット，チャンディ），大遺跡12 p24〔写〕，東洋仏教 II-p61～62,64～65（チャンディームンドゥット）〔写〕

チャンディ・ロロ・ジョングラン
Candi Loro Jonggrang
プランバナンにある。チャンディ・プランバナンとも。ヒンドゥー教寺院。9世紀中頃建造。方形のプランで，無数の彫刻群は中部ジャワ美術を代表する。

世界遺産（プランバナン寺院遺跡群　1991）

¶古代遺跡 p108（ロロ・ジョングラン中央祠堂）〔写〕，宗教建築（チャンディ・プランバナン（別称チャンディ・ロロ・ジョングラン））〔写/図〕，世界美5（プランバナン〔ロロ・ジョングラン〕），世歴事6（チャンディ・プランバナン）〔写〕，大遺跡12（ロロ・ジョングラン）〔写/図〕，東洋仏教 II-p75～81（ロロ-ジョングラン）〔写〕，評論社世

チルボン　Cirebon
西ジャワ州。16世紀に建国されたイスラム港市国家。現在，カノマン，カスプハン，カチルボナンの3つの王宮が残る。

¶東南アジア

ディエン高原　Dieng Plateau
ジャワ島中部，ジョクジャカルタの北西約120km。標高2060mのカルデラで，2km四方にわたってヒンドゥー教・仏教時代最初期（7世紀後半～8世紀頃）のヒンドゥー教のシヴァ神を祀る祠堂の遺構群が点在。

¶宗教建築（ディエン高原の遺構群）〔図〕，新潮美，世界考古，大遺跡12〔写〕，東南アジア〔写〕

ティルタヤサ遺跡　Tirtayasa site
ジャワ島。バンテン遺跡群の一つをなす遺跡。離宮跡。バンテン王国第6代のティルタヤサ大王（在位1651-82）によって建設された。離宮としての使用は1678～82年。出土した陶磁片の半数は日本の肥前陶磁。

¶東ア考古

トリニール　Trinil
ジャワ島中部のソロ川中流。ピテカントロプス・エレクトゥスの頭蓋などが発見された村。
¶世界考古

パカウマン　Pakauman
ジャワ島東部ベスキ地方。石棺・石像・ドルメンなどがある遺跡。人骨片、家畜の歯、土器などのほか、磁器も発見された。
¶世界考古

パセマ高原　Pasemah
スマトラ島のバリサンとグメイ山脈の間。多くの巨石記念物が存在する。メンヒル、アリニュマン、「石桶」、「石臼」、台状墓、箱式石棺墓、ドルメン、石像など。
¶世界考古〔写（壁画）〕

バダ　Bada
スラウェシ（セレベス島）中部。石甕、石人、「石臼」など、多くの巨石記念物が存在する地域。
¶世界考古〔図（石人）〕

バタク族の石棺
トバ湖（スマトラ島）。約400年前の王の石棺。
¶大遺跡1 p128〔写〕

バトゥ・エジャヤ　Batu Edjaja
スラウェシ（セレベス島）南西部の南岸のバンタエン付近。洞穴遺跡。トアレ文化の石器類に加えて土器片、磨製石斧、骨甕、オーストラリアのムドク尖頭器に似た骨製尖頭器が出土。
¶世界考古

パナタラン　Panataran
ジャワ島。ヒンドゥー教の寺院群。造営期間は250年。不規則なプランをもつ遺構は、シヴァ神に捧げられている。
¶新潮美（パナタラン, チャンディ）, 世界美4

バリ州の文化的景観：トリ・ヒタ・カラナの哲学を表現したスバック・システム
Cultural Landscape of Bali Province： the Subak System as a Manifestation of the Tri Hita Karana Philosophy
バリ島。バリ島の1万9500haにもわたる地域。寺院群と5つの棚田で構成される。9世紀から伝わる共同灌漑システム（スバック）は、バリとインドの交流の中で生まれた概念である「トリ・ヒタ・カラナ」（自然と人間の共存を理想とするもの）を基にしている。この手法は現在でも受け継がれている。
　世界遺産（バリの文化的景観：トリ・ヒタ・カラナ哲学に基づくスバック灌漑システム　2012）
　¶世遺事, 成世遺下（バリ州の文化的景観）〔写〕, 世遺百（バリ州の文化的景観：トリ・ヒタ・カラナ哲学に基づくスバック灌漑システム）

〔写〕

バンテン遺跡群　Banten sites
バンテン州。ジャワ島のバンテン王国に関わる遺跡群。バンテン・ラーマ遺跡、バンテン・ギラン遺跡、ティルタヤサ遺跡などよりなる。
¶東ア考古

プナングンガン　Pĕnanggungang
ジャワ島東部。マハーメール（大須弥山）として神聖視されてきた霊山。
¶新潮美

プラ・ブサキ
バリ州カランガスム県。伝説によると、8世紀頃、ヒンドゥー教を奉じる聖者がジャワからバリへ渡来し、アグン山の裾野にプラ・ブサキを創建したという。バリ・ヒンドゥーの総本山。
¶宗教建築〔写/図〕

プランバナン　Prambanan
ジャワ島。9世紀後期のヒンドゥー・仏教の遺跡群。主な遺跡は、ロロ＝ジョングラン、チャンディ＝プラオサン、チャンディ＝サディワンの3遺跡。仏教の特徴的な装飾が施された箇所も見られる。
　世界遺産（プランバナン寺院遺跡群　1991）
　¶オ西洋美（インドネシアの美術〔プランバナン〕）〔写〕, 角川世（プランバナン遺跡群）, 世遺事（プランバナン寺院遺跡群）, 成世遺下（プランバナン寺院遺跡）〔写〕, 世遺百（プランバナン寺院群）〔写〕, 世界考古〔写〕, 世界美5, 世歴大17, 東南アジア〔写〕, ビジ世遺（プランバナン寺院遺跡群）〔写〕, ユネ世遺6（プランバナンのヒンドゥー教寺院群）〔写〕

ブルン洞穴
スラウェシ（セレベス）島。トアレ文化の洞穴遺跡。左手を壁画にあてて顔料を塗った陰画を発見。隣接する同名の洞穴から石器類、骨製尖頭器、有文の土器片などが出土。
¶世界考古

ペタン　Petang
バリ島のデンパサル付近の村。小型で凝灰岩製の刳抜式石棺を発見。青銅製の装身具や石斧・鍬を伴った屈葬の遺骸が葬られていた。
¶世界考古

ボロブドゥール　Borobudur
ジャワ州マグラン県。8～9世紀にかけて築かれた世界最大の仏教遺跡。5層の方壇と3層の円壇が積まれ、その上には仏塔がある。世界三大仏教遺跡の一つ。
　世界遺産（ボロブドゥル寺院遺跡群　1991）
　¶アジア歴8〔写〕, 遺建7（ボロブドゥル遺跡）〔写/図〕, 旺文社世〔写〕, オ西洋美（インドネ

ウズベキスタン 50

シアの美術〔ボロブドゥール〕）〔写〕，角川世，古代遺跡 p97〜108，口絵（ボロブドール）〔写〕，宗教建築〔写/図〕，新潮美（ボロブドゥル）〔図〕，世遺事（ボロブドール寺院遺跡群），成世遺下（ボロブドゥル寺院遺跡）〔写〕，世遺地，世遺百（ボロブドゥール寺院群）〔写〕，世界考古（ボロブドゥル）〔写〕，世界美5，世遺事8（ボロブドゥル）〔写/図〕，世歴大18〔写〕，空古代遺跡〔写〕，大遺跡12〔写/図〕，東西文化 p90〜91,196〜198（ボロブドール）〔写〕，東南アジア（ボロブドゥル）〔写/図〕，東洋仏教 Ⅱ-p39〜50,63,66〜72（ボロブドール）〔写〕，ビジ世遺（ボロブドゥル寺院遺跡）〔写〕，評論社世（ボロブドール），仏教考古（ボロブドゥール遺跡）〔写〕，平凡社世（ボロブドール），山川世，ユネ世遺6（ボロブドゥールの仏教寺院群）〔写〕，歴史建築（ボロブドゥール寺院）〔写/図〕

ムスジデ・アグン
デマックにある会衆モスク。伝統的な木造モスク。1474年の築。
¶宗教建築〔写/図〕

ウズベキスタン

アイルタム　Ajrtam
テルメズ。クシャーン時代の都城址。美しい楽人のフリーズが出土したことで知られる。
¶宗教建築〔写/図〕，新潮美，世界考古

アク・タム　Ak-Tam
フェルガナ市の南方9km。前1千年紀後半の墓地。墓壙が一つで、円形のクルガンと、複数の墓壙が横1列に並んだ長方形のクルガンの2種類がある。
¶世界考古

アク・テペ　Ak-tepe
タシュケント市。キョシクの遺跡。日干し煉瓦造の2階建で、残存部分は底辺約50mの正方形、高さ21.5m。
¶世界考古（アク・テペ(1)），大遺跡7 p72〔写〕

アシュカル・テペ　Ashkal-tepe
ダリヴェルジンの北東6km。青銅器時代の集落址。多数の彩文土器を発見。
¶世界考古

アフシケント　Afsikent
ナマンガン市の郊外。都城遺跡。フェルガナ最大の都城址で、前3世紀から蒙古軍の攻撃で廃墟になるまで繁栄した。

メロロ　Melolo
ワインガプの南東63kmのメロロ河口。甕棺墓地。粗製の甕を棺とし、頭骨や大きな四肢骨のみを入れた洗骨葬。年代は、新石器時代から金属器時代初期のどこかに位置する。
¶世界考古〔図〕

レバッ・チベドゥ遺跡　Lebak Cibedug site
西ジャワ州レバッ県ハリムン山国立公園内。石積基壇遺構の巨石記念物。主壇であるピラミッド状遺構を含め、石積遺構、列石、メンヒルがシンメトリーな構造で配置されている。時代および構築者は不明。
¶東ア考古〔写〕

ワノサリ　Wanosari
ジャワ島中部のジョクジャカルタの東南東約30km。箱式石棺に35体以上の遺骸が重なって納められていた。鉄斧、鉄鎌、鉄剣、ガラス玉、土器などの副葬品も発見。
¶世界考古

¶大遺跡7〔写/図〕

アブドゥル・アズィズ・ハーン・マドラサ
Abdul Aziz Khan Madrasah
ブハラにある。ウズベク族のシェイバニ・ハーン朝の建築。1652年。中庭を囲んで2層アーケード状のフジュラ（住居）を設ける。
世界遺産（ブハラ歴史地区　1993）
¶文化史蹟10〔写〕

アブラ＝アタ　Arab-ata
サマルカンド州西部のティム村。イスラームの廟。
¶新潮美

アフラシアブ　Afrasiab
サマルカンドの北部。廃墟。モンゴルに破壊されるまでは旧サマルカンドがあった。北部が最も古く、前6世紀にはすでに存在していた。
世界遺産（サマルカンド—文化交差路　2001）
¶角川世（アフラシアブ遺跡），古代遺跡 p72（アフラシャブの遺跡）〔写〕，新潮美，世界考古〔図〕，大遺跡7〔写/図〕，中央ユ（アフラシアブ遺跡）〔写（宮殿の壁画）〕，東西文化 p42〜45（アフラシャブの遺跡）〔写〕，東洋仏教 Ⅰ-p77〜79（アフラシャブ）〔写〕

アマン・クタン　Aman-Kutan

サマルカンド南方45km。中期旧石器時代の遺跡。石灰岩の洞穴に文化層がある。炉址が検出され、破砕・炭化した動物骨と石器が出土した。

¶世界考古

アヤズ・カラ　Ayaz-kala

アム・ダリヤ下流右岸。2〜4世紀の城塞址群。古代の運河の末端にあり、戦略的要地であった。

¶世界考古〔写〕

アルク・テペ

フェルガナ。日干し煉瓦によって築かれた砦。3〜4世紀の造。

¶大遺跡7 p72〔写〕

イスマーイールの廟　Mausoleum of Ismail

ブハラにある。中央アジアに現存する最古のイスラム建築。サーマーン朝第2代君主イスマーイールが建てた自廟。

世界遺産（ブハラ歴史地区　1993）

¶新潮美（イスマーイール・サーマニ廟）, 東西文化 p229（サーマーニ王の廟）〔写〕, 文化史蹟10〔写〕

イチャン・カラ　Itchan Kala

ウルゲンチの南西30km。17世紀、ヒヴァ・ハン国の都が置かれたオアシス。二重の城壁に囲まれており、その内側の城壁と内部のことを「イチャン・カラ」と呼ぶ。宮殿やモスクなどの建造物も多数残る。

世界遺産（イチャン・カラ　1990）

¶世遺事, 成世遺下〔写〕, 世遺百〔写〕, 中央ユ〔写〕, ビジ世遺〔写〕, ユネ世遺4（ヒヴァのイチャン・カラ）〔写〕

ヴァラフシャ　Varakhsha

ブハラ市西方約40km。城塞ワラフシャとも呼ばれる。7〜8世紀のブハラの支配者の宮殿址がある。

¶新潮美, 世界考古〔図〕, 大遺跡7〔写/図〕

エイラタン　Ejlatan

シル・ダリヤ上流のフェルガナ盆地北東部。前1千年紀前半のゴロディシチェ。城壁に囲まれた東西に長い長方形のプランで、面積は200ha。

¶世界考古

カヴァト7号遺跡　Kavat 7

アム・ダリヤがアラル海に注ぐデルタ上。ケルチェミナール文化の遺跡。32m×19.5mの大型の住居址を発見。

¶世界考古

カウンダ1号遺跡　Kaunda

アム・ダリヤ下流右岸。青銅器時代の集落址。面積250m×150m。年代は前10〜9世紀。

¶世界考古

カフィル・カラ　Kafir-kala

サマルカンド南方。6〜8世紀のゴロディシチェ。城塞があった。日干し煉瓦の2階建て建物が発掘された。

¶世界考古〔図〕

カラ・テペ　Kara Tepe

テルメズ。中央アジア唯一の石窟寺院。2世紀頃造られ、古代テルメズにおける仏教信仰の中心的拠点として存在していた。

¶宗教建築〔写/図〕, 新潮美, 世界考古（カラ・テペ(2)）〔写〕, 仏教考古

カラン・モスクのミナレット　Minaret of Kalan Mosque

ブハラにある。カラハーン朝時代の代表的遺構。1127年築。アルスラン・ハーンが首都に建てた大モスクに付属する。下端直径約9m、高さ46m。

世界遺産（ブハラ歴史地区　1993）

¶新潮美（カリヤンの塔）, 中央ユ（カラーン・ミナレット）〔写〕, 文化史蹟10 p143〔写〕

カンピラク長城　Kanpirak

ブハラ・オアシス。遊牧民の侵入から守るための長城。土塁が所々に残っている。

¶世界考古

ギャウル・カラ　Gyaur-kala

アム・ダリヤ下流右岸。ゴロディシチェ。住居、壁画があった広間、柱礎、土偶などが発見された。

¶世界考古（ギャウル・カラ(2)）

ギリシア神殿址〔アフラシアブ〕

アフラシアブ遺跡。アフラシアブの最も古いシタデルのなかの高所にあるギリシャ神殿址。前4世紀。

¶大遺跡7（アフラシアブ—ギリシア神殿址）〔写〕

クヴァ　Kuva

フェルガナ盆地南東部。10世紀のアラブ史料にすでにみえている都市。7〜8世紀の仏教寺院址が発見されたことで知られる。

¶宗教建築（クワ）〔写（塑像）/図〕, 新潮美, 世界考古〔写〕

クチュク・テペ　Kuchuk-tepe

スルハンダリンスカヤ地方ムズラバッド村。前1千年紀の農耕集落遺跡。

¶世界考古

グール・イ・アミール　Gur-i Amir

サマルカンド。ティムールが建設した、廟とマドラサからなる複合的な施設。愛孫を弔うために建てたが、ティムール自身をはじめ、一族もここに葬られた。

ウズベキスタン

アジア

【世界遺産】(サマルカンド―文化交差路　2001)

¶角川世（グリ・エミール廟），宗教建築（グーレ・ミール）〔写/図〕，新潮美（グール＝エミール）〔図p1042〕，中央ユ（グーリ・アミール廟）〔写〕，東西文化 p231（グルーエミル廟）〔写〕，文化史蹟10〔写〕

クワのシャフリスタン

フェルガナ盆地の東南部。クワは7～10世紀の都城址が現在明らかにされている。市民の住んでいたシャフリスタン（市街区）で城壁に囲まれていた。

¶大遺跡7 p71〔写〕

コイ・クリルガン・カラ　Koi-krylgan-kala

ホレズム地方。1951～57年にS.P.トルストフなどにより発掘された遺跡。前4～3世紀と後1～4世紀の2時期に分かれる。

¶新潮美（コイ＝クルイルガン＝カラ），世界考古

コクチャ3号遺跡　Kokcha

カラカルパクスタン共和国，アム・ダリヤ下流右岸。コクチャ山脈南東にあるタザバギヤブ文化の墓地。100以上の墓があり，素掘の土壙に1～2人が葬られた。

¶世界考古

サパッリ・テペ　Sapalli Tepe

ギッサール山脈の南西斜面。青銅器時代の農耕民の遺跡。青銅製の武器や装身具，印章，製粉用の石器，小麦とキビの粒などが発見された。

¶世界考古〔図〕

サマルカンド　Samarkand

タシケントの南西およそ270km。前6世紀からある中央アジア最古の都市。14世紀にはティムール帝国の首都が置かれた。高等教育施設（マドラサ）や霊廟，モスクなどの建築物が現存。

【世界遺産】(サマルカンド―文化交差路　2001)

¶アジア歴4〔写〕，旺文社世，角川世，古代オリ，世遺事（サマルカンド―文明の十字路），成世遺下（文化交差路サマルカンド）〔写〕，世遺地，世遺百（文化交差路サマルカンド）〔写〕，世界考古，世歴大8〔写〕，中央ユ（図1880年頃）〕，東西文化 p40（サマルカンドの史跡）〔写〕，ビジ世遺（文化交差路サマルカンド）〔写〕，評論社世，平凡社世，山川世，ロシア

ザマン・ババ　Zaman-Baba

ブハラ西方ザラフシャン川下流域。青銅器文化初期（前2千年紀前半）の遺跡。土器，青銅製の鏡・刀子，燧石製の鏃，首飾玉があった。

¶世界考古

サーマーン廟

ブハラにある。サーマーン朝第4代ナスル2世（在位914-943）の時代の建築。イスラムの墓建築，キャノビー墓の初出例。

¶宗教建築〔写/図〕

ザラウトサイ　Zarautsai

南部，ギッサル山脈中。新石器時代初期の岩壁画がある。

¶新潮美，世界考古（ザラウト・サイ）

シャーヒ・ズィンダ　Shāh-i Zinda

サマルカンド市街の北郊。11～15世紀のマザール（廟）を主とした建築群。元来最奥右手（東側）にあるクサム・イブン・アッバースの廟をさしたが，現在では，廟の奥手や参道沿いに建っている20以上の建物も含めてこの名で呼ばれる。

【世界遺産】(サマルカンド―文化交差路　2001)

¶角川世（シャーヒ・ジンダ），新潮美（シャーヒ＝ジンダ），中央ユ〔写〕，東西文化 p231～232（シャーイージンダ廟群）〔写〕，文化史蹟10（シャー・イ・ジンダ霊廟群）〔写〕

シャフリサブス歴史地区
Historic Centre of Shakhrisyabz

カシュカダヤ地方。かつてのソグディアナの古都。中央アジアの主要都市だった地域。ティムール朝の創始者ティムール生誕地に近いことから，豪華な建物が造られた。アク・サライ宮やコック・グムバド・モスクなどが現存。

【世界遺産】(シャフリサブス歴史地区　2000)

¶世遺事（シャフリサーブスの歴史地区），成世遺下〔写〕，世遺百（シャフリサブス歴史中心地区）〔写〕，中央ユ（シャフリサブズ），ビジ世遺（シャフリサブスの歴史地区）〔写〕

ジャンバス・カラ　Dzhanbas-kala

カラカルパクスタン共和国，アム・ダリヤ下流の右岸。前4～後1世紀のゴロディシチェ。中央の通路の突当たりには火の神殿があった。

¶世界考古〔図〕

シリン・サイ　Shirin-sai

タシュケント州南部，シル・ダリヤ河岸のベカバード付近。1～4世紀の古墳。素掘の墓壙に1体が埋葬され，多くは土器を伴っていた。

¶世界考古

ゾロアスター神殿〔ヴァラフシャ〕

ヴァラフシャ遺跡。王宮の建物の西南にあるゾロアスター教の祠堂。6～7世紀。

¶大遺跡7（ヴァラフシャ―ゾロアスター神殿）〔写〕

タシュ・ハウリ宮殿　Tash Hauli Palace

ヒヴァ。18世紀以降，ヒヴァ汗国の首都として栄えたヒヴァ市内のイチャン・カラ（内城）の中に位置する宮殿。3つの中庭をもつ。

¶文化史蹟10〔写〕

ダリヴェルジン　Dal'verzin

フェルガナ地方。チュスト文化の遺跡。3時期に分けられる。馬銜の鋳型、鉄製ナイフ、鉄の鉱滓も発見。

　¶宗教建築（ダルヴェルジン・テペ）〔写（仏頭，供養者像）〕，新潮美（ダリヴェルジン＝テペ），世界考古

タリ・バルズー　Tali-Barzu

サマルカンドの南方約6km。ゴロディシチェ。プランは正方形で、面積約5ha。アラブ史料にみえるリーウダードと推定。

　¶世界考古

チャル・バルク複合体

ブハラにある。シャイバーニー朝（1500-99）のジュバイリー家が、修道院、マドラサ、モスクからなる建築を寄進。

　¶宗教建築〔写／図〕

テシク・カラ　Teshik-kala

カラカルパクスタン共和国、アム・ダリヤ下流右岸。ベルクト・カラの旧オアシスにある7～8世紀のキョシク遺跡。土器・織物・装身具・貨幣などが発見された。

　¶世界考古〔図〕

テシク・タシュ　Teshik-Tash

バイスン・タウ山西斜面。ムスティエ文化期の洞穴遺跡。ネアンデルタール人の特徴をもつ、少年の埋葬骨が発見された。

　¶世界考古〔図（石器）〕

テルメズ　Termez

アム・ダリヤ。都市。カラ・テペ、ファヤズ・テペなどの仏教遺跡のほか、11～12世紀のテルメズの支配者の宮殿、手工業地区も発掘された。

　¶新潮美，世界考古

トク・カラ　Tok-kala

アム・ダリヤ下流ヌクースの北西14km。ゴロディシチェ。前4～3世紀にホラズムの北方防禦のためにつくられた都城。墓地からアラバスター製や土製の7～8世紀の箱形オスアリが多数発見された。

　¶世界考古

トプラク・カラ　Toprak-kala

カラカルパクスタン共和国のアム・ダリヤの右岸に位置。3～4世紀のホレズム王の都城址。宮殿内の部屋に壁画がある。土器、武器、皮や木で書かれた文書が発見された。

　¶アジア歴7，新潮美，世界考古〔図〕，世歴事6〔写／図〕

ナヴァーイー劇場

Alisher Navoiy nomidagi O'zbek davlat akademik opera va balet Katta teatri

タシュケントの中心部に位置。正式名ナヴァーイー記念国立オペラ・バレエ・アカデミー大劇場。モスクワのレーニン廟の設計で知られるA.シチュセフによる建築。1947年完成。

　¶中央ユ〔写〕

拝火教神殿〔アフラシアブ〕　はいかきょうしんでん★

アフラシアブ遺跡。宮殿の近くで発見された拝火教神殿内の祈禱所跡と考えられている遺跡。8世紀。

　世界遺産（サマルカンド―文化交差路　2001）

　¶大遺跡7（アフラシアブ―拝火教神殿）〔写〕

パイケンド　Paikend

ブハラの南西約35km。中世都市。付近には防衛のための城塞が配置されていた。

　¶世界考古

バザル・カラ　Bazar-Kala

アム・ダリヤ下流右岸。ゴロディシチェ。住居や工房の遺構があり、多数の土器や人像オスアリ、土偶などを発見。

　¶世界考古

ハラシュケット遺跡　Kharashket site

シルダリア河支流セイフン河流域。城郭遺跡。城内最高部を一辺に偏在させ、囲郭する形で城壁を複数めぐらせており、さらにその城壁の外方には城外の居住区（ラバット）が設けられている。

　¶東ア考古

バラルイク＝テペ　Balalyk-tepe

テルメズ西北約30km。5～6世紀の貴族の邸宅跡。

　¶新潮美，世界考古〔写（西壁壁画）〕

ハルチャヤン　Khalchayan

デナウ東方にある村。前1世紀の宮殿址がある。日干し煉瓦造で、1階建の小さなもの（35m×26m）。

　¶新潮美，世界考古

ヒヴァ　Khiva

ホラズム州。16世紀半ば、ヒヴァ汗国の首都。イチャン＝カラという内城に宮殿やイスラム建築がある。

　¶アジア歴8，新潮美，東西文化 p50～51（ヒワ）〔写〕

ビビ・ハーヌム・モスク

Bibi Khanum Mosque

サマルカンド。ティムールが建てた愛妃ビビ・

エルサレム　54

ハーヌムを記念する大規模なモスク。1398～
1405年。チャハル・イーワーン形式で、全体の
広さは約140×100m。

世界遺産 (サマルカンドー文化交差路　2001)

　¶角川世（ビビ・ハヌム・モスク），新潮美（ビ
　ビ＝ハヌイム），中央ユ（ビビ・ハヌム・モス
　ク）〔写〕，文化史蹟10 p149〔写〕

ファヤズ・テペ

テルメズ。前1世紀末、大きな仏教センターの
跡。建物は僧院と塔院それに居住空間の3つに
分かれる。

　¶宗教建築〔写/図〕，新潮美（ファヤーズ＝テ
　ペ），世界考古（ファヤズ・テペ）〔写(仏頭)〕

フェルガナ　Fergana

フェルガナ盆地。漢代の書にみえる大苑国。盆
地の南東部のクワでは7～10世紀の都城址や、7
～8世紀の仏教寺院址も発掘。

　¶大遺跡7〔写〕

ブハラ歴史地区

Historic Centre of Bukhara

ブハラ州タシケントの南西約450km。2千年以上
前から、シルクロードの拠点として栄えてきた
町。16世紀後半にはブハラ・ハーンの首都が置
かれた。モスクや城壁、墓などが残る。

　世界遺産 (ブハラ歴史地区　1993)

　¶新潮美（ブハラ），世遺事（ブハラの歴史地区），
　成世遺下〔写〕，世遺百（ブハラ歴史中心地区）
　〔写〕，世界考古（ブハラ）〔図〕，中央ユ（ブハ
　ラ）〔写p191,217/図〕，東西文化 p52～53（ブ
　ハラ）〔写〕，ビジ世遺（ブハラの歴史地区）
　〔写〕，ユネ世遺4（ブハラの歴史地区）〔写〕，
　ロシア（ブハラ）

ベルクト・カラ　Berkut-kala

アム・ダリヤ下流右岸。6～8世紀のキョシク。面
積1haの城塞と面積約5haの集落地区とからなる。

　¶世界考古

マスジッド・イ・ボランド　Masjid-i Boland

ブハラにある。16世紀の建造。名は「壮大なモ
スク」の意。木造のターラル（前面柱廊）をもつ。

世界遺産 (ブハラ歴史地区　1993)

　¶文化史蹟10 p145〔写〕

ミズダフカン　Mizdakhkan

カラカルパクスタン共和国ホジェイリ市南方3～
4km。ゴロディシチェ。中世初期から15世紀ま
で存続しギャウル・カラと呼ばれる城塞のある
丘と墓地のあるもう一つの丘がある。

　¶世界考古

ミーリ・アラブ・マドラサ

Miri Arab madrasasi

ブハラ市内中心部。1536/37年に完成。名称は
建造者であるミーリ・アラブの名に因んでいる。

世界遺産 (ブハラ歴史地区　1993)

　¶角川世，中央ユ〔写〕

ムンチャク・テペ　Munchak-tepe

シル・ダリヤ河岸のベコバード付近。ゴロディ
シチェ。北東部に多数の部屋からなる城塞（キョ
シク）があり、陶窯や金属細工場などを発見。3
世紀に起こり、13世紀にモンゴルに滅ぼされる
まで存在した都城の跡。

　¶世界考古（ムンチャク・テペ(1)）

ルーミーの廟

サマルカンド。ウルグ－ベグが造営したルーミー
の廟。

　¶東西文化 p231〔写〕

レギスタンのマドラサ

サマルカンド。1420年、ティムールの孫ウルグ・
ベクが開いたイスラム教の神学校。

世界遺産 (サマルカンドー文化交差路　2001)

　¶世遺地 p126

レギスタン広場　Registon maydoni

サマルカンド。「砂地」という意味の、3つのマ
ドラサに囲まれている広場。

世界遺産 (サマルカンドー文化交差路　2001)

　¶新潮美（レギスタン），世遺地 p127，中央ユ
　〔写〕，文化史蹟10〔写〕，歴史建築〔写/図〕

エルサレム

アル＝アクサ・モスク　El-Aqsa Mosque

ハラム＝アッシャリーフの南西端。8世紀のカリ
フたちが建立。14列280本の円柱からなる。現在
のモスクは1345～1350年の再建。

世界遺産 (エルサレムの旧市街とその城壁群　1981)

　¶角川世（アクサー・モスク），世界美1（エルサ

　レム〔アル＝アクサ・モスク〕），世歴大1（アク
　サー＝モスク）

岩のドーム　Dome of the Rock

「神殿の丘」と呼ばれる聖域にある。現存する最
古のイスラム建築。聖なる岩の露頭を覆って建
てられた八角堂。

世界遺産（エルサレムの旧市街とその城壁群　1981）

¶アジア歴3（クッバ・アッサフラ）〔写〕，旺文社世〔写〕，角川世，宗教建築〔写/図〕，新潮美，世遺地 p25，世界美1（岩のドーム）），世歴事3（クッバトッ・サフラ）〔写〕，世歴大2〔写p42,44〕，空大聖堂〔写〕，文化史蹟10 p28〔写〕，山川世，歴史建築〔写/図〕

エルサレムの旧市街とその城壁群
Old City of Jerusalem and its Walls

ヨルダン川西方の山中、岩盤上。ヨルダン川近くの都市で、世界三大宗教の聖地。ユダヤ教の「嘆きの壁」、キリスト教の「聖墳墓記念聖堂」、イスラム教の「岩のドーム」が一堂に会する。

世界遺産（エルサレムの旧市街とその城壁群　1981）

¶アジア歴1（イェルサレム）〔写〕，旺文社世（イェルサレム），角川世（エルサレム），古代オリ（エルサレム），新潮美（エルサレム），世遺事（エルサレムの旧市街とその城壁），成世遺下（エルサレムの旧市街と城壁）〔写〕，世遺地（エルサレム），世遺百（エルサレム旧市街とその城壁）〔写〕，世界考古（イェルサレム），世界美1（エルサレム），世歴事1（イェルサレム）〔図〕，世歴大1（イェルサレム）〔写〕，大遺跡3（エルサレム）〔写/図〕，大英オリ（エルサレム）〔写〕，ビジ世遺（エルサレムの旧市街と城壁）〔写〕，評論社世（イェルサレム），平凡社世（エルサレム），山川世（イェルサレム），

ユネ世遺3（聖都エルサレム）〔写〕

昇天記念聖堂　しょうてんきねんせいどう
東郊のオリーブ山にある。キリストの昇天の際に残されたという足跡を記念して建てられた集中式プランの聖堂。

世界遺産（エルサレムの旧市街とその城壁群　1981）

¶新潮美

聖墳墓教会　せいふんぼきょうかい/Church of the Holy Sepulchre
キリストの墓とされる場所に建つ。キリストの死（ゴルゴタ丘上の十字架刑）、墳墓からの復活、十字架の再発見を記念して、コーンスタンティーヌス大帝とその母后ヘレナの発願により建設された聖堂と伝わる。

世界遺産（エルサレムの旧市街とその城壁群　1981）

¶古代オリ，宗教建築（イェルサレムの聖墳墓教会）〔図〕，新潮美（聖墳墓記念聖堂　せいふんぼきねんせいどう），世遺地 p24，世界美1（エルサレム〔聖墳墓記念聖堂〕），歴史建築〔写/図〕

嘆きの壁　なげきのかべ★
エルサレム旧市街南東部。ヘロデ大王の神殿の西壁の一部。70年のローマ軍のエルサレム占領の際、破壊をまぬがれた部分。正統派のユダヤ教徒は壁の前で神殿の崩壊を嘆いた。

世界遺産（エルサレムの旧市街とその城壁群　1981）

¶遺建6〔写/図〕，世遺地 p25

オマーン

アフラージュ、オマーンの灌漑システム
Aflaj Irrigation Systems of Oman

ダヒリヤ、シャルキーヤ・バティナ地方。古代から活用されてきた農業及び家庭用の灌漑システム。ファラジ（複数形アフラージュ）と呼ばれ、国内およそ3千ヶ所で稼働する。そのうち最古の5つが世界遺産に登録された。

世界遺産（アフラージュ、オマーンの灌漑システム　2006）

¶世遺事（オマーンのアフラジ灌漑施設），成世遺下（アフラジ灌漑施設）〔写〕，世遺百（アファラージ：オマーンの灌漑システム）〔写〕

バット、アル・フトゥムとアル・アインの考古学遺跡
Archaeological Sites of Bat, Al-Khutm and Al-Ayn

バットと周辺のアル・フトゥム、アル・アインに点在。前2500年より前から存在する銅山がある古代遺跡群。メソポタミアと貿易がさかんであったマガン国やその民族に関する住居跡や墓

地などが見つかっている。

世界遺産（バット、アル・フトゥム、アル・アインの古代遺跡群　1988）

¶世遺事，成世遺下（バット、アル・フトゥム、アル・アイン）〔写〕，世遺百（バット、アル・フトゥム、アル・アインの考古遺跡）〔写〕，ビジ世遺（バット、アル・フトゥム、アル・アインの遺跡）〔写〕，ユネ世遺3（バット、アル・フトゥム、アル・アインの考古遺跡）〔写〕

バフラ城塞　Bahla Fort
首都マスカットの南西208kmアフダル山地山麓の砂漠にある。城塞都市。7世紀以降、シルクロードの拠点として繁栄する一方、ペルシア人や遊牧民の侵攻を防ぐために整備された。

世界遺産（バハラ城塞　1987）

¶世遺事，成世遺下（バフラ城）〔写〕，世遺百（バハラ城塞）〔写〕，ビジ世遺〔写〕，ユネ世遺3（バフラの砦）〔写〕

フランキンセンスの地
Land of Frankincense
　ドファール地方のシスル、サラーラ、ホール・ルーリ、ワジ・ダウカ。前2世紀頃から乳香貿易が栄えた場所。フランキンセンスと呼ばれる樹木から高価な香料（乳香）が採取され、古くはクレオパトラも愛用した。

　世界遺産（フランキンセンスの国土　2000）
　　¶世遺事, 成世遺下（乳香の土地）〔写〕, 世遺百（乳香の道）〔写〕, ビジ世遺（乳香の交易路フランキンセンス・トレイル）〔写〕

カザフスタン

アイシャ＝ビビ　Aisha-bibi
　ジャンブル付近ゴロヴァチョフカ村。11～12世紀のイスラームの廟。
　　¶新潮美

イッシク遺跡　Esík
　アルマトゥから東へ約50km。天山山脈の支脈ザイリスキー・アラタウの北裾に並ぶ古墳群。その中で中規模の古墳の被葬者は「黄金人間」と呼ばれ、金製の衣装と装身具・武器を身につけていた。
　　¶新潮美（イッシク・クルガン）, 中央ユ〔写（黄金人間）〕

オトラル　Otrar
　シル川中流域右岸。オアシス都市であったが、現在は廃墟。考古学調査で4～6世紀の陶器片の出土が報告されており、8世紀初頭には町の体裁を整えていたと考えられる。
　　¶アジア歴2, 中央ユ

カラタウ　Karatau
　大カラタウ区・小カラタウ区。旧石器時代の遺跡群。シェル文化～アシュール文化期の石器も発見されている。
　　¶世界考古

サライチク　Saráychiq
　アトゥラウ州マハンベト地区内。都市遺跡で、創建はモンゴル帝国時代の13世紀後半に遡る。ジョチ・ウルス（金張汗国）右翼の都サライに対する副都の役割を果たした。
　　¶中央ユ

ジェトウイ・アサル　Dzhety-asar
　クジル・オルダ州、アラル海東岸のシル・ダリヤ右岸。前1千年紀半ばから後6～7世紀の約20のゴロディシチェ群。
　　¶世界考古

シルクロード：長安・天山回廊の道路網
Silk Roads: the Routes Network of Chang'an-Tianshan Corridor
　ヨーロッパと中国を結ぶシルクロードのうち、中国、カザフスタン、キルギスの3ヵ国にまたがる約5千kmの部分。世界遺産として登録。前2世紀から後1世紀頃に各都市を結ぶ通商路として形成され、16世紀まで幹線道として活用された。宮殿跡や交易拠点、石窟寺院など33の構成資産からなる。
　　世界遺産（シルクロード：長安―天山回廊の交易路網　2014）
　　　¶世遺事, 世界考古（シルク・ロード）

タギスケン　Tagisken
　アラル海東岸にある高地。古代遊牧民の墓地がある。北は前9～8世紀の首長の霊廟建築、南は前7～5世紀のクルガン群。
　　¶新潮美, 世界考古〔図〕

タムガリの考古学的景観とペトログラフ
Petroglyphs within the Archaeological Land-scape of Tamgaly
　アルマトイ州のタムガリ峡谷。タムガリ山を含む9平方kmの山岳地帯に、前14世紀頃から20世紀初頭までに描かれた岩絵群がある。総数約5千点に及び、岩線刻画、あるいはペトログラフ（岩絵文字）と考えられているが全容は未解明。
　　世界遺産（タムガリの考古的景観にある岩絵群　2004）
　　　¶世遺事, 成世遺下（タムガリの岩絵）〔写〕, 世遺百（タムガリの考古的景観にある岩絵群）

チリクタ　Chirikta
　ザイサン湖南方。遊牧民の古墳群。51のクルガンがある。
　　¶新潮美, 世界考古

ナルイム　Narym
　東カザフ州ブフタルミンスク区。中期旧石器時代の遺跡。
　　¶世界考古

ババ・アタ　Baba-ata
　カラ・タウ山脈の北麓。ゴロディシチェ。城壁に囲まれたシャフリスタンの中に城塞があった。
　　¶世界考古

バビシュ・ムッラ　Babish-mulla
アラル海東方、チリク・ラバト北方40km。ゴロ
ディシチェと墓廟があり、マッサゲタイの一種
族アパシアカイのものとされる。
　　　¶世界考古

バランドゥイ　Balandy
チリク・ラバトの東方約40km。ゴロディシチェ
と2基の墓廟がある。マッサゲタイの一種族アパ
シアカイのものといわれる。
　　　¶世界考古

ホンジャ・アフメッド・ヤサウイ廟
Mausoleum of Khoja Ahmed Yasawi
トルキスタン（旧ヤス）。12世紀に没したヤサウ
イ教団（イスラム教の一派）の教祖ホンジャ・ア
フメッド・ヤサウイの霊廟。周囲にモスクや修
行場が建てられて教団の活動の中心地となった。

世界遺産（ホンジャ・アフメッド・ヤサウイ廟 2003）
　¶宗教建築（アフマド・ヤサウィー廟）〔写/図〕、
　世遺事（コジャ・アフメド・ヤサウィ廟）、成世
　遺下（ホジャ・アフマッド・ヤサウィ廟）〔写〕、
　世遺百（ホジャ・アフマド・ヤサウイー廟）、中
　央ユ（ヤサヴィー）〔写〕、ビジ世遺（ホジャ・
　アフマド・ヤサウィ廟）〔写〕

カタール

アル・ズバラ考古遺跡
Al Zubarah Archaeological Site
アッ・シャマール地域のマディナ・アッシュ・
シャマルの小さな漁村アル・ズバラにある。ク
ウェート商人が建設した城壁で囲まれた港町。
18世紀後半から19世紀初頭に交易拠点、真珠生
産地として繁栄。1811年に破壊され20世紀には

放棄。宮殿やモスク、運河、城壁、墓地などは
砂に覆われ、一部を発掘。

世界遺産（アル・ズバラ考古遺跡 2013）
　¶世遺事（アル・ズバラ考古学遺跡）、成世遺下
　（アル・ズバラフ考古学的地区）〔写〕、世遺百
　（アル・ズバラの考古遺跡）

韓　国

哀公寺跡　あいこうじあと
慶尚北道慶州市孝峴洞。三重石塔を中心とする
孝峴洞廃寺跡が哀公寺跡と推測されている。6世
紀以降の王陵と関わりを持つ寺院。
　　　¶東ア考古

朝島遺跡　あさじまいせき
釜山広域市影島区東三洞下里。櫛目文土器（新
石器）・原三国（弁韓）時代の貝塚遺跡。
　　　¶東ア考古, 東ア考古（朝島遺跡　ちょうとうい
　　　せき）〔図（出土遺物）〕

安仁里遺跡　あんじんりいせき
江原道江陵市江東面安仁里。原三国（三韓）時代
の集落遺跡。住居跡は平面呂字形のものと凸字
形のものがある。
　　　¶東ア考古〔図〕

安東新世洞の7層塼塔　あんとうしんせいどうの
7そうせんとう★
慶尚北道安東市新世洞。統一新羅時代の塔。基
壇4面に八部衆と四天王の浮彫り板石をはめ込
む。高さ16.4m。
　　　¶大遺跡10 p147（7層塼塔 安東新世洞）〔写〕

安東東部洞の5層塼塔　あんとうとうぶどうの5
そうせんとう★
慶尚北道安東市東部洞。統一新羅時代の塔。現
在は5層塔だが、元は7層であったと推定。塔身
各層には龕室がある。高さ8.35m。
　　　¶大遺跡10 p147（5層塼塔 安東東部洞）〔写〕、
　　　東洋仏教 Ⅲ-p26（東部洞（安東）塼塔）〔写〕

院北里遺跡　いんほくりいせき
忠清南道論山市城東面。無文土器（青銅器）時代
から原三国（三韓）時代を経て、三国時代百済や
高麗時代以後に及ぶ遺跡。
　　　¶東ア考古

烏耳島遺跡　うじどういせき
京畿道始興郡子面正往6里。櫛目文土器（新石
器）時代の貝塚遺跡。遺物は土器片と石斧・石
鏃・骨鏃など。
　　　¶東ア考古

烏石里遺跡　うせきりいせき
忠清南道舒川郡舒川邑烏石里の丘陵。無文土器
（青銅器）時代の住居跡、原三国～三国時代百済
前期の土壙墓などからなる複合遺跡。

韓国 58

アジア

烏竹軒 うちくけん
江原道江陵市内竹軒洞。李朝中期の儒学者李珥（栗谷）（1536-84）の生家。
¶新潮美（江陵—烏竹軒 こうりょう—うちくけん）

蔚山細竹里遺跡 うつさんさいちくりいせき
慶尚南道蔚山市南区黄城洞。櫛目文土器（新石器）時代の貝塚遺跡。基底部からは複数の貯蔵穴が検出された。
¶東ア考古〔写〕

蔚山新岩里遺跡 うつさんしんがんりいせき
慶尚南道蔚州郡西生面新岩里。櫛目文土器（新石器）時代の遺物包含層。隆起文土器が出土するⅠ地区と、太線沈線文が主体を占めるⅡ地区がある。
¶東ア考古

蔚山兵営城跡 うつさんへいえいじょうあと
蔚山広域市中区東洞・西洞・南外洞一帯。李朝（朝鮮）時代の石築城跡。倭寇に対して陸地から防衛する目的で築造された関防城。
¶東ア考古

鬱陵島〔遺跡〕 うつりょうとう
慶尚北道鬱陵郡。統一新羅時代から高麗時代初期に至る小型の横口式石室を主体部とする一種の積石塚や三国時代以前の支石墓などが発見された。
¶東ア考古〔図（遺跡分布図）〕

雲鶴里古墳群 うんかくりこふんぐん
全羅北道井邑郡永元面雲鶴里54林。3基の円墳からなる。4世紀末～5世紀中頃の築造と推定。採集された帯金具は透彫龍文の細部を線刻で表現し、百済古墳では類例がない。
¶東ア考古〔図（金銅製帯飾金具）〕

雲山摩崖仏 うんざんまがいぶつ
忠清南道瑞山郡雲山面竜賢里の山中。百済末期（7世紀前半）の摩崖仏。
¶新潮美

雲井里遺跡 うんせいりいせき
全羅北道任実郡雲井里。櫛目文土器（新石器）時代の遺物包含層。
¶東ア考古

雲垈里窯跡 うんたいりかまあと
全羅南道高興郡雲垈里一帯。蛇の目高台青磁碗や黒磁盤口瓶などが確認された9～10世紀頃の土築窯。
¶東ア考古

栄州磨崖三尊像 えいしゅうまがいさんぞんぞう★
慶州北道栄州市郊外。岩壁に彫刻されており、阿弥陀三尊と推定。統一新羅直後の作。
¶大遺跡10 p137〔写〕

瀛仙洞遺跡 えいせんどういせき
釜山広域市影島区瀛仙洞。櫛目文土器（新石器）時代の貝塚遺跡。丸底の隆起文土器と押引文土器が出土。
¶新潮美（瀛仙洞貝塚 えいせんどうかいづか），世界考古（瀛仙洞貝塚 えいせんどうかいづか），東ア考古

盈倉里遺跡 えいそうりいせき
慶尚南道陜川郡盈倉里。無文土器（青銅器）時代の円形粘土帯土器段階の集落。統一新羅時代の火葬墓などを検出。
¶東ア考古

永登洞遺跡 えいとうどういせき
全羅北道益山市永登洞。無文土器（青銅器）時代の住居跡23軒と、原三国（馬韓）時代の方形周溝墓4基が発掘されている複合遺跡。
¶東ア考古〔図〕

英陵 えいりょう
京畿道驪州郡。李朝（朝鮮）時代の世宗・昭憲王后の陵墓。
¶東ア考古

益山〔遺跡〕 えきざん
全羅北道益山郡金馬面。三国時代百済の遺跡群。益山王宮跡、王宮里廃寺跡、帝釈寺跡、弥勒寺跡、益山双陵などからなる。
¶東ア考古

益山双陵 えきざんそうりょう
全羅北道益山市八峰面石旺里。三国時代百済の古墳。大王墓と小王墓の2基が近接して築かれる。
¶世界考古（益山石旺里双陵 えきざんせきおうりそうりょう），東ア考古〔図（大王墓木棺）〕

駅三洞遺跡 えきさんどういせき
ソウル特別市江南区駅三洞。無文土器（青銅器）時代の集落遺跡。竪穴住居跡が検出され、無文土器と磨製石器を出土。
¶世界考古（駅三洞 えきさんどう）〔図（土器）〕，東ア考古

益山弥勒寺跡の塔と四隅の石像 えきざんみろくじあとのとうとよすみのせきぞう★
全羅北道益山郡金馬面。統一新羅の初期に完成されたとされる伽藍配置をもつ寺院。
¶古代遺跡 p16〔写〕

円寂山烽燧台　えんじゃくさんほうすいだい

慶尚南道梁山市上北面石渓里山20・21番地、元暁山。「渭川烽燧台」とも呼ぶ。烽燧台跡、石積みで築かれた2間の倉庫跡も確認された。

　　¶東ア考古〔図〕

烟台島遺跡　えんだいとういせき

慶尚南道統営郡山陽面煙谷里。櫛目文土器（新石器）時代の貝塚遺跡。遺物は櫛目文土器時代前期の土器と隆起文土器が主体で、石器は黒曜石製の石器が多い。

　　¶東ア考古

淵陽里遺跡　えんようりいせき

京畿道驪州郡驪州邑淵陽里。原三国（馬韓）時代の集落遺跡。竪穴住居跡7軒、鉄器生産関連の遺構2基などの遺構や、無文土器・灰陶質（瓦質）土器・鉄器などの遺物が検出された。

　　¶東ア考古

王宮面の石塔　おうきゅうめんのせきとう★

全羅北道益山郡王宮面。5層石塔。総高7.6m。1965年の解体修理で新羅統一時代の末期ともみなされる舎利容器その他の遺宝が発見された。

　　¶東洋仏教　Ⅲ-p24〔写〕

王宮里遺跡　おうきゅうりいせき

全羅北道益山郡王宮面王宮里。7世紀前半から統一新羅時代末頃までの遺構が確認されている城郭遺跡。武王代の建物、寺院、五重石塔、統一新羅時代の瓦窯跡も確認された。

　　¶東ア考古〔図〕

王女福蘭胎室　おうじょふくらんたいしつ

江原道原州市。成宗17年（1486）に出生した王女福蘭の胎室。石製合子や陶磁器が出土。

　　¶東ア考古

於宿墓　おしゅくぼ

慶尚北道栄豊郡順興面邑内里。三国時代の古墳。径16mの円墳、片袖式横穴式石室。玄室玄門の扉石の内側に「乙卯年於宿知述干」という銘文が線刻されている。

　　¶東ア考古

遠願寺跡　おんがんじあと

慶尚北道慶州市外東邑毛火里。四天王寺創建に関わった明朗系の神印宗密教寺院。

　　¶世界考古（遠願寺　えんがんじ）、東ア考古

遠願寺址の3層石塔　おんがんじしの3そうせきとう★

慶尚北道月城郡外東面四聖山の山麓。寺跡には、東西に3層石塔と石灯を残す。十二支像をもつ、慶州付近では唯一の例。8世紀末以降の製作と推定。

　　¶大遺跡10 p149（3層石塔　遠願寺址）〔写〕

海印寺　かいいんじ

慶尚南道陝川郡の伽倻山。802年創建。現在の建物は再建されたもの。1237〜1248年につくられた高麗大蔵経板は8万点からなる。これを保存するため、15世紀には湿度管理と風通しの良い板庫が造られた。韓国三大寺の一つ。

　　|世界遺産|（八萬大蔵経の納められた伽倻山海印寺　1995）

　　¶アジア歴2、角川世、韓国朝鮮（海印寺　ヘインじ）、新潮美、世遺事（八萬大蔵経のある伽倻山海印寺）、成ば遺下（伽倻山海印寺）〔写〕、世遺百（八萬大蔵経の納められた伽倻山海印寺はちまんだいぞうきょうのおさめられたカヤサンヘインサ）〔写〕、ビジ世遺（八万大蔵経の納められた伽倻山海印寺）〔写〕、評論社世、ユネ世遺4（八萬大蔵経版木収蔵の海印寺）〔写〕

海雲台佐洞・中洞遺跡　かいうんだいさどう・ちゅうどういせき

釜山広域市海雲台区佐洞933番地・中洞59番地。7枚の地層のうち、第Ⅱ層が後期旧石器時代の遺物包含層で、佐洞遺跡からはおよそ300点余りの泥岩ホルンフェルス・石英でつくられた石器が出土。

　　¶東ア考古

界火島遺跡　かいかとういせき

全羅北道扶安郡幸安面界火里。櫛目文土器（新石器）時代の遺物包含層。硅岩系玉髄製玉斧の出土から宗教的な性格が強い遺跡と考えられる。

　　¶東ア考古

檜巌寺跡　かいげんじあと

京畿道楊州郡檜泉邑檜岩里。高麗〜李朝（朝鮮）時代の寺院跡。天宝山南麓に残る寺跡では、谷合を8段の階段状に平坦地を造成。8段目の建物跡から出土した青色鉛釉瓦や、各所の建物跡から出土する「孝寧正統丙辰」と「天順五年」銘の軒丸瓦は注目される。

　　¶東ア考古〔写〕

会津土城　かいしんどじょう

全羅南道羅州市多侍面新楓里。包谷式土城で、城周約2400m。6世紀後半以前に築城、統一新羅時代に修築されたと考えられている。

　　¶東ア考古〔図〕

開泰寺跡　かいたいじあと

忠清南道論山郡連山面天護里一帯。高麗の太祖王建が国家統一を成し遂げた記念に建てた寺。金堂跡・中門跡、石積み跡や礎石・瓦などが広範囲に散在。

　　¶東ア考古〔写（石仏像群）〕

槐亭洞遺跡　かいていどういせき

忠清南道大田市槐亭洞。無文土器（青銅器）時代前期の埋葬跡。韓国の無文土器時代の細形銅剣文化のなかでは、古い一群。

¶新潮美，世界考古（槐亭洞　かいていどう）〔図
（遺物）〕，東ア考古

海美邑城　かいみゆうじょう
忠清南道瑞山市。李朝（朝鮮）時代の邑城の遺跡。
官衙の大門や客舎などの遺構や陶磁器・瓦塼などの遺物が検出された。

¶東ア考古〔図〕

加音丁洞遺跡　かおんていどういせき
慶尚南道昌原市加音丁洞山15番地一帯。貝塚と
古墳が分布。三国時代加耶の木槨墳9基、竪穴系
横口式石室墳3基、甕棺墓2基、小型石槨墓6基など、20基の遺構を発掘。貝塚分布地域は5ヵ所。

¶東ア考古〔図〕

佳橋里窯跡　かきょうりかまあと
忠清南道公州市寺谷面佳橋里。丘陵地南東斜面
に築かれた統一新羅時代末期の土器窯跡。窯跡
と灰原などの遺構と多数の土器を検出。

¶東ア考古

下巨里古墳群　かきょりこふんぐん
京畿道驪州郡驪州邑下巨里。三国時代の古墳群。
横穴式・横口式石室を主とし、小型石槨もある。
高麗時代の土壙墓・石槨墓、李朝（朝鮮）時代の
土壙墓・灰槨墓も発見。

¶東ア考古

郭支貝塚　かくしかいづか
済州道北済州郡涯月里郭支里。原三国（耽羅）時
代を中心とする貝塚。土器を大量に包含する文
化層や貝層が認められた。

¶東ア考古〔写〕

鶴川里古墳群　かくせんりこふんぐん
浦項市興海邑鶴川里。稜線の斜面に形成された
古墳群。石棺墓・木槨墓・石槨墓・甕棺墓など
多様な埋葬施設を数百基確認。

¶東ア考古

鶴東里窯跡　かくとうりかまあと
京畿道広州市広州邑鶴東里。17世紀の第2段階の
官窯として重要。

¶東ア考古

峨嵯山山城　がささんさんじょう
ソウル特別市広津区・中浪区から京畿道九里市。
堡塁群と山城などの軍事施設群の総称。7世紀か
ら9世紀頃までの存続期間を想定。

¶東ア考古

花山里窯跡群　かさんりかまあとぐん
慶尚北道慶州市川北面花山里。統一新羅時代の
土器窯跡群。16ヵ所に上る窯跡群を確認。三国
時代新羅より統一新羅時代における慶州地域最
大の窯業地帯。

¶東ア考古

華山里古墳群　かざんりこふんぐん
慶尚南道蔚州郡温山面華山里山42・43番地一帯。
6～7世紀に築造された古墳群。遺構は竪穴式石
槨墳・竪穴系横口式石室墳・横口式石室墳・横
穴式石室墳・火葬墓など。

¶東ア考古

華山里城跡　かざんりじょうあと
慶尚南道蔚州郡温山面華山里195・196番地。
包谷式山城で最初の築造時期は統一新羅時代の7
～8世紀と推定される。統一新羅時代の土器とと
もに、高麗時代の磁器・土器などが多量に出土。

¶東ア考古〔図〕

鵝洲洞古墳群　がしゅうどうこふんぐん
慶尚南道巨済市鵝洲洞746番地一帯。遺物は土器
以外に、鉄器類・紡錘車・装身具などが出土。巨
済島の三国時代古墳文化を知る唯一の遺跡。

¶東ア考古

佳川洞古墳群　かせんどうこふんぐん
大邱広域市寿城区佳川洞。5～6世紀代の古墳群
で、竪穴式石槨200基、横穴式石室7基が確認さ
れた。

¶東ア考古

化川洞廃寺跡　かせんどうはいじあと
慶尚北道英陽郡英陽邑化川洞。統一新羅時代の
寺院跡。現存する三重石塔のそばで金堂とされ
る建物跡の基壇の一部が検出された。

¶東ア考古

荷川里遺跡　かせんりいせき
忠清北道忠州市東良面荷川里。原三国（三韓）時
代の集落遺跡。出土遺物には硬質無文土器や叩
き目文土器などの土器類、鉄鍬・鉄鎌・鉄刀子
などの鉄器類、漁網錘・砥石など。

¶東ア考古

佳村里遺跡　かそんりいせき
慶尚南道梁山市勿禁面佳村里145番地一帯。三
国時代加耶の5～6世紀の製鉄遺跡。住居跡2軒
と長方形竪穴遺構3基、多数の円形竪穴遺構が確
認された。ほぼ完形に復元できるフイゴの羽口
が出土。

¶東ア考古

下垈遺跡　かだいいせき
蔚山広域市蔚州区熊村面大垈里。原三国（三韓）
～三国時代の墳墓群。2世紀中葉～5世紀前半の
木槨（棺）墓81基、甕棺墓8基などが発掘調査さ
れた。

¶東ア考古

葛項寺跡　かっこうじあと
慶尚北道金陵郡南面梧鳳里。統一新羅時代から
李朝（朝鮮）時代まで存続した寺院。東塔は統一
新羅時代のものとして唯一銘文があり、石塔編

年の基準資料として著名。

¶東ア考古

月山里古墳群〔密陽市〕　がっさんりこふんぐん
慶尚南道密陽市府北面月山里。三国時代加耶の木槨墓8基、竪穴式石槨墓5基、横穴式石室墳1基などが確認された。

¶東ア考古

葛洞遺跡　かつどういせき
全羅北道完州郡伊西面盤橋里葛洞。無文土器（青銅器）時代の墳墓遺跡。墳墓内部からの青銅器鋳型の出土はきわめてまれ。

¶東ア考古

花田里遺跡　かでんりいせき
江原道横城郡甲川面花田里。無文土器（青銅器）時代から李朝（朝鮮）時代の複合遺跡。大部分の住居跡から作業台と見られる板石や砂利が多数出土した石器製作と関連した遺跡。

¶東ア考古

下道里　かどうり
京畿道江華郡松海面下道里。北方式支石墓の遺跡。朝鮮における支石墓研究の最初期に調査されたものの一つ。

¶世界考古

佳塔里廃寺跡　かとうりはいじあと
忠清南道扶余郡扶余邑佳塔里の錦城山南麓。南廃寺跡と北廃寺跡の2ヵ所ある。三国時代百済の金銅如来立像、瓦類、鴟尾片、箱形塼片などが出土。

¶東ア考古

加屯地遺跡　かとんちいせき
江原道江陵市沙川面坊洞里加屯地。櫛目文土器（新石器）時代の遺物包含層。

¶東ア考古

柯坪里遺跡　かへいりいせき
江原道襄陽郡巽陽面柯坪里。砂丘地帯に所在する、櫛目文土器（新石器）時代と原三国（三韓）時代の集落遺跡。

¶東ア考古〔図〕

下鳳里遺跡　かほうりいせき
忠清南道公州市長岐面下鳳里。原三国（馬韓）時代の墳墓群。短頸壺や鍛造鉄斧などが出土。

¶東ア考古

架浦洞遺跡　かほどういせき
慶尚南道馬山市架浦洞。馬山湾に面した丘陵の急斜面に立地する祭祀に関わる埋納遺跡。

¶東ア考古

華明洞古墳群　かめいどうこふんぐん
釜山広域市北区華明洞山300番地一帯。三国時代

の古墳群。初期竪穴式石室墓で古式陶質土器、鋳造鉄斧・刀子・鎌・斧などの鉄器が出土。

¶東ア考古

加耶〔古墳〕　かや
慶尚南・北道の洛東江流域一帯。最上層古墳群は、金海の大成洞古墳群、咸安の道項里古墳群、高霊の池山洞古墳群、昌寧の校村・桂城古墳群、固城の松鶴洞古墳群、陝川の玉田古墳群、星州の星山洞古墳群など。展望のよい丘陵上や、丘陵末端の傾斜地に築造。

¶東ア考古

伽椰山　かやさん
小白山脈中の山。古代伽椰（加羅）国の建国神話の舞台。南麓には802年建立になる名刹海印寺がある。

¶韓国朝鮮

可楽洞2号墳　からくどう2ごうふん
ソウル特別市松坡区可楽洞。三国時代百済前期の方形封土墳。長12×15m、高2.2m。全面に割石が葺かれる。

¶東ア考古

可楽洞遺跡　からくどういせき
ソウル特別市松坡区可楽洞。無文土器（青銅器）時代の集落遺跡。平面長方形の竪穴住居跡で、無文土器や磨製石器などが遺物。

¶世界考古（可楽洞　からくどう），東ア考古

可楽洞古墳群　からくどうこふんぐん
ソウル特別市松坡区可楽洞。三国時代の古墳群。方台形の封土墳、円形墳丘を持つ横穴式石室墳。6世紀後半以降の新羅古墳とされる。

¶東ア考古

咸安〔遺跡〕　かんあん
慶尚南道咸安郡。先史時代以来の遺跡の密集地。城山山城は周囲約1.4kmの石築の城壁を備えた、阿羅国の拠点であったが、滅亡後は新羅によって利用された。城山山城の北側には末伊山古墳群が分布する。

¶東ア考古

咸安〔古墳群〕　かんあん
慶尚南道咸安郡伽倻面。5～6世紀の頃築造された、三国時代加耶諸国の一つ阿羅国の古墳群。古墳群はさらに、北から蓬山、伽倻里、末山里、道項里、新音里の5つの支群に分かれる。末伊山古墳群とも呼ばれる。

¶世界考古（咸安古墳群　かんあんこふんぐん），大遺跡10（咸安古墳　かんあんこふん）〔写〕，東ア考古〔図（末山里古墳群鳥瞰図）〕

雁鴨池　がんおうち
慶尚北道慶州市仁旺洞。統一新羅時代の王宮付属の園池。『三国史記』にみられる。池畔北東に

は築山があり、巫山十二峰にたとえられる。調露2年（680）銘のある宝相華文塼が出土。

¶世界考古、大遺跡10〔写〕、東ア考古〔写〕

感恩寺　かんおんじ
慶尚北道慶州市陽北面龍当里。三国を統一した文武王（661-681）が倭寇の侵略を阻止するために建立したと伝えられる。伽藍配置は南北の中軸線上に中門・金堂・講堂が配置され、中門から派出する回廊が講堂の左右に接している。

¶韓国朝鮮（感恩寺址 カムンじし）〔写p255〕、古代遺跡 p19（感恩寺跡）〔写〕、新潮美（感恩寺址 かんおんじし）、世界考古（感恩寺 かんのんじ）、大遺跡10〔写/図〕、東洋仏教 Ⅲ-p10（感恩寺跡）〔写〕、東ア考古（感恩寺跡 かんおんじあと）〔図〕、仏教考古（感恩寺 かんおんじ（カムオンサ））

感恩寺跡の石塔　かんおんじあとのせきとう★
慶尚北道月城郡陽北面。東西両塔とも2重基壇上に立ち、同じ型式をもつ。3層の塔身。露盤までの高さはそれぞれ約10.3m。

¶大遺跡10 p131（3層石塔 感恩寺）〔写〕、東洋仏教 Ⅲ-p30〔写〕

韓国の歴史村：河回と良洞　かんこくのれきしむら：はふぇとやんどん★
慶尚北道の安東市河回村と慶州市良洞村。14世紀から15世紀にかけて作られた歴史的氏族集落。河回と良洞は村の名前。森林に囲まれた山々と河川が流れる農耕地に面しており、心身によい影響を与えるという思想から形成された。氏族長の邸宅や木造家屋、茅葺の家などが残り、その美しい景観は17世紀から18世紀の詩人たちが讃えた。

[世界遺産]（韓国の歴史的集落群：河回と良洞　2010）

¶世遺事、成世遺下（歴史的集落群、河回と良洞）〔写〕、世遺百（韓国の歴史的集落：河回と良洞）〔写〕

甘山寺址　かんざんじし
慶尚北道月城郡内東面薪渓里、仏国寺と同じ吐含山の麓。新羅統一時代の聖徳王18年（719）に甘山荘を仏寺とした。講堂跡に礎石が残るのみ。

¶新潮美

館山里遺跡　かんさんりいせき
忠清南道保寧市周浦面館山里。主な遺構は無文土器（青銅器）時代前期の竪穴住居跡と同時期と見られる墳墓、李朝（朝鮮）時代の竪穴住居跡など。

¶東ア考古〔図〕

岩寺洞遺跡　がんじどういせき
ソウル特別市江東区。西海岸中部地方の櫛目文土器（新石器）時代の代表的な集落遺跡。10数基以上の竪穴住居跡が重複した状態で検出。

¶韓国朝鮮（岩寺洞遺跡 アムサドンいせき）、新

潮美、図解考古（岩寺里遺跡 がんじりいせき）〔写〕〔図〕、世界考古（岩寺洞 がんじどう）〔写（土器）〕、東ア考古

灌燭寺石仏　かんしょくじせきぶつ
忠清南道論山郡恩津面。高麗時代の大石仏。

¶新潮美

莞島〔遺跡〕　かんとう
全羅南道莞島郡。無文土器（青銅器）時代の支石墓、統一新羅時代末期の将島清海鎮遺跡がある。

¶東ア考古

雁洞古墳　がんどうこふん
全羅南道高興郡浦頭面吉頭里雁洞。三国時代百済の古墳。直径約34m、高さ約5mの円墳。「長宜子孫」銘内行花文鏡で後漢鏡に属する銅鏡が出土。

¶東ア考古

岩南洞遺跡　がんなんどういせき
釜山広域市西区岩南洞。櫛目文土器（新石器）時代の貝塚遺跡。

¶世界考古（岩南洞貝塚 がんなんどうかいづか）、東ア考古

缸波頭里城跡　かんはとうりじょうあと
済州道北済州郡涯月邑古城里。三別抄の乱の最後の拠点とした缸波頭里城の遺跡。済州島の城郭の中で最大規模を誇る。

¶東ア考古〔写（土塁）〕

関門城　かんもんじょう
慶尚北道慶州市外東邑毛火里と慶尚南道蔚山市農所邑。長さ約12kmの長城（遮断城）。『三国史記』『三国遺事』に記された「毛伐郡城」「蚊火関門」と呼ばれたもの。

¶世界考古、東ア考古

漢陽（漢城）　かんよう（かんじょう）
ソウル。李朝（朝鮮王国）の首都。太祖以来、景福宮・昌徳宮・昌慶宮・慶熙宮・徳寿宮の5つの宮殿が造営された。

¶宗教建築（漢陽城と景福宮）〔写/図〕、東ア考古（漢陽（漢城）〔遺跡〕）

窺岩面廃寺跡　きがんめんはいじあと
忠清南道扶余郡窺岩面外里。外里寺跡・外里遺跡とも呼ぶ。三国時代百済の瓦類と文様塼などが出土し、周辺では金銅観音菩薩立像も採集された。

¶東ア考古

亀山城跡　きさんじょうあと
慶尚南道鎮海市自隠洞。亀山の8合目付近をめぐる鉢巻式石築山城。6世紀後半に新羅によって築城され、高麗時代まで使用された。

¶東ア考古

亀山洞古墳　きさんどうこふん
慶尚南道金海市。6世紀に築造された古墳。埋葬施設は横穴式石室。
　¶東ア考古〔図〕

義城鶴尾里古墳群　ぎじょうかくびりこふんぐん
慶尚北道義城郡金城面鶴尾里。1号墳は円墳で、横穴式石室を主体部として持ち、大型の青銅鈴3点などが出土。2号墳は、円墳で外護列石を持つ。3号墳は、円墳で列石をめぐらす。築造年代は5世紀後葉から6世紀前葉頃と考えられる。
　¶東ア考古〔写〕

義城古墳群　ぎじょうこふんぐん
慶尚北道義城郡。眉川流域に展開する古墳群の総称。封土があるものだけで200基近く、その直径が20mを超えるものもあり、加耶の小国・召文国の中心の古墳群と目される。
　¶世界考古，東ア考古

義城石塔　ぎじょうせきとう
慶尚北道義城郡金城面塔里。残存高さ9.65mの5層石塔。基壇形式は単層基壇。初層の木塔形式と2層以上の塼塔形式が混同された独特な形態。
　¶東洋仏教 Ⅲ-p27（塔里洞（義城）の石塔）〔写〕，仏教考古（義城石塔　ぎじょうせきとう（ウィソンソクタプ））

亀旨路墳墓群　きしろふんぼぐん
慶尚南道金海市北部洞。原三国（弁韓）～三国時代前期の墳墓群遺跡。木棺墓14基、木槨墓38基、甕棺墓4基、石槨墓1基が発掘調査された。
　¶東ア考古

客舎門　きゃくしゃもん
江原道江陵市内竜岡洞。江陵府客舎の正門。
　¶新潮美（江陵─客舎門　こうりょう─きゃくしゃもん）

旧衙里遺跡　きゅうがりいせき
忠清南道扶余郡扶余邑旧衙里。木塔の心礎と「天王寺」銘文字瓦などが出土。
　¶東ア考古

九岩洞遺跡　きゅうがんどういせき
大田広域市儒城区九岩洞。三国～李朝（朝鮮）時代の複合遺跡。炭窯、竪穴住居跡、土壙墓が検出された。
　¶東ア考古

休岩里遺跡　きゅうがんりいせき
忠清南道瑞山市海美面休岩里。無文土器（青銅器）時代の集落遺跡。竪穴住居跡の床面中央に楕円形のくぼみと、その中に2つの柱孔を持つ「松菊里型」が初めて発見された。休岩里と龍岩里を合わせて「海美遺跡」とも総称される。
　¶東ア考古

九宜洞遺跡　きゅうぎどういせき
ソウル特別市広津区。5世紀第Ⅳ四半期に高句麗が南下し、百済の王都・漢城を陥落させて、6世紀中頃に百済・新羅の北上までの間に置かれた防御施設の一つ。
　¶東ア考古

牛山里9号窯跡　ぎゅうさんり9ごうかまあと
京畿道広州市退村面牛山里。「壬寅」銘（1482年）白磁陰刻墓誌が出土した15世紀後半～16世紀初頭に活動した最初期の官窯。
　¶東ア考古

九政洞遺跡　きゅうせいどういせき
慶尚北道慶州市九政洞。無文土器（青銅器）時代の墳墓遺跡。漢式の銅三角鏃が出土。
　¶東ア考古

九政洞古墳群　きゅうせいどうこふんぐん
慶尚北道慶州市政来洞。三国時代新羅の古墳群。三国時代新羅初期の陶質土器が共伴したことで、3世紀末から4世紀初めの頃の築造とされる。
　¶東ア考古

九政洞方墳　きゅうせいどうほうふん
慶尚北道慶州市九政洞。統一新羅時代の方墳。獣首人身の十二支像を彫刻した腰石（外護列石）が墳丘裾部分にめぐる。
　¶大遺跡10（九政洞方形墳　きゅうせいどうほうけいふん）〔写〕，東ア考古〔写〕

九政里遺跡　きゅうせいりいせき
慶尚北道慶州郡内東面九政里。赤土層の中で直径80cmの範囲から1群の遺物が出土。銅剣、銅矛、環頭の鉄刀、鉄鍬、石斧など。
　¶図解考古〔写（青銅）〕，世界考古（九政里　きゅうせいり）

九政里方形墳　きゅうせいりほうけいふん
慶尚北道慶州市九政里。8世紀の新羅の石室墳。十二支神像を浮彫した嵌石をもつ護石が墳裾にめぐる。
　¶古代遺跡 p6（九政里の古墳　きゅうせいりのこふん）〔写〕，世界考古

宮南池　きゅうなんち
忠清南道扶余郡扶余邑東南里。百済後期の王宮の別宮の苑池と考えられている。百済の五部制度を裏づける木簡が出土。
　¶大遺跡10〔写〕，東ア考古

旧坪里遺跡　きゅうへいりいせき
慶尚南道泗川郡西浦面旧坪里。櫛目文土器（新石器）時代の貝塚遺跡。退化沈線文土器と二重口縁土器が出土。
　¶東ア考古

韓国 64

牛峰里遺跡　ぎゅうほうりいせき
慶尚南道蔚山市温山面牛峰里。櫛目文土器（新石器）時代の遺物包含層。
¶東ア考古

九朗窟遺跡　きゅうろうくついせき
忠清北道丹陽郡佳谷面麗川里。長さ140mの石灰岩洞穴。成人男性の足や手の骨5点が発見されており、現代型新人と考えられている。
¶東ア考古

漁隠洞遺跡　ぎょいんどういせき
慶尚北道永川郡琴湖面漁隠洞。無文土器（青銅器）時代の遺跡。漢式鏡3面、仿製鏡12面、青銅製馬、青銅製鹿頭など、各種遺物が互いに密接した状態で発見された。
¶世界考古（漁隠洞　ぎょいんどう），東ア考古〔写（漢鏡と仿製鏡）〕

橋項里遺跡　きょうこうりいせき
江原道江陵市注文津邑橋項里。原三国（三韓）時代の集落遺跡。出土遺物は硬質無文土器が主体を占める。
¶東ア考古

玉石里遺跡　ぎょくせきりいせき
京畿道坡州郡月籠面徳隠里。無文土器（青銅器）時代の支石墓群。一種の住居跡と推測される竪穴状遺構が検出され、櫛目文土器（新石器）の土器と磨製石鏃を出土。
¶世界考古（玉石里　ぎょくせきり），東ア考古

曲川遺跡　きょくせんいせき
全羅南道順天市松光面牛山里曲川邑。第Ⅰ区と第Ⅲ区において中石器時代の、第Ⅲ区において後期旧石器時代・中期旧石器時代の文化層を確認。
¶東ア考古

玉田古墳群　ぎょくでんこふんぐん
慶尚南道陜川郡双冊面城山里。三国時代の古墳群。墳丘を持つ高塚古墳を26基確認。『日本書紀』に見られる加耶諸国のうちの多羅国と考えられている。
¶東ア考古〔写〕

巨済島〔遺跡〕　きょさいとう
慶尚南道巨済郡。櫛目文土器（新石器）時代～無文土器（青銅器）時代の遺跡がある。「裳四里」銘平瓦が出土したことにより、新羅時代の裳郡がここに当たることを示す。
¶東ア考古

居昌古墳　きょしょうこふん
慶尚南道居昌郡大下面屯馬里。高麗中期（12-13世紀）の壁画古墳。
¶新潮美

巨津里遺跡　きょしんりいせき
江原道高城郡巨津面巨津里。無文土器（青銅器）時代の遺物散布地。磨製石剣や磨製石鏃・磨製石斧・石包丁・石製紡錘車など。
¶世界考古（巨津里　きょしんり），東ア考古

玉果遺跡　ぎょっかいせき
全羅南道谷城郡玉果面舟山里・立面宋田里。舟山里遺跡と、宋田里遺跡に分かれる。
¶東ア考古

巨林里遺跡　きょりんりいせき
慶尚南道巨済市屯徳面巨林里。高麗時代の官衙遺跡。出土遺物の平瓦の中に「裳四里」銘が刻まれていることから、景徳王代に巨済郡に改名される以前の裳郡と関連することがうかがえる。
¶東ア考古

金海遺跡　きんかいいせき★
慶尚南道金海市鳳凰洞の鳳凰台と呼ばれる丘陵。無文土器時代（青銅器時代）から三国時代にわたる遺跡。無文土器時代には、支石墓、箱式石棺墓、甕棺墓からなる墓地が営まれた。
¶韓国朝鮮（金海〔金海遺跡〕　キメ），世歴事3（金海　きんかい）〔出土品〕，東ア考古（金海〔遺跡〕　きんかい）〔写〕

金海会峴洞遺跡　きんかいかいけんどういせき
慶尚南道金海市鳳凰洞。鳳凰台と呼ばれる丘陵にある、無文土器（青銅器）時代から三国時代加耶・新羅にわたる遺跡。原三国（弁韓）時代では住居が営まれ、貝塚が形成された。
¶東ア考古

金海貝塚　きんかいかいづか
慶尚南道金海邑会峴里。大正9年の発掘で貝層中に赤色素焼、灰色素焼、および新羅焼の土器片が多量に出土。鉄滓もでて、鉄器時代の段階にはいった状態をしめした。
¶角川世，図解考古〔写〕，世界考古〔図〕，世歴大6，大遺跡10（釜山の伽耶遺跡—金海貝塚）〔写〕，評論社世

金海ファジョン2地区古墳群　きんかいふぁじょん2ちくこふんぐん
慶尚南道金海市三渓洞ファジョン部落山38-7一帯。三国時代の古墳群。木槨墳、竪穴式石槨墳がある。ほかに無文土器時代の住居跡や支石墓、三国時代の墓、李朝時代の墓、住居等も発見。
¶東ア考古

金鶴洞古墳群　きんかくどうこふんぐん
忠清南道公州市金鶴洞。6世紀を中心とする三国時代百済の古墳群。
¶東ア考古

金冠塚　きんかんづか
慶尚北道慶州市路西洞。古新羅時代の古墳。慶

州市街の南方平地に高大な封土をならべた古墳群中の1基。

¶アジア歴3〔写（金冠）〕，角川世，韓国朝鮮，新潮美，図解考古（金冠塚古墳　きんかんづかこふん）〔写（金冠）〕，世界考古，世歴大6，東ア考古〔写（金冠）〕，評論社世

欣岩里遺跡　きんがんりいせき
京畿道驪州郡占東面欣岩里。無文土器（青銅器）時代前期の竪穴住居跡が検出された。孔列文と二重口縁短斜線文が施文された無文土器が出土した。

¶世界考古（欣岩里　きんがんり），東ア考古〔図〕

金谷栗里遺跡　きんこくりつりいせき
釜山広域市北区金谷洞栗里。櫛目文土器（新石器）時代の岩陰・貝塚遺跡。

¶東ア考古

金沙里窯跡　きんさりかまあと
京畿道広州市南終面金沙里。遺物には細かい砂を当て，直立高台をなす白磁や青花の鉢・碗・皿・祭器片，鉢形匣鉢・円形陶枕などがある。18世紀前半の唯一の官窯。

¶東ア考古

金山寺　きんざんじ
全羅北道金堤郡水流面。後百済国の甄萱の建立と伝える。新羅末から高麗時代の石像物が多く残る。建物は壬辰の乱（文禄の役）で消失，のちに再建。

¶新潮美

金尺里古墳群　きんしゃくりこふんぐん
慶州盆地西方の慶州市金尺里。三国時代新羅の古墳群。円墳・双円墳（瓢形墳）約50基が分布する。積石木槨墳の三大分布地域の一つ。

¶東西文化　p268～269（慶北月城郡金尺里の古墳群）〔写〕，東ア考古〔写〕

金城山城跡　きんじょうさんじょうあと
全羅南道潭陽郡龍面道林里。包谷式山城跡。高麗時代末期の禑王6年（1380）以前には築造され，李朝（朝鮮）時代末期の高宗12年（1875）まで存続といわれる。

¶東ア考古

金丈台遺跡　きんじょうだいいせき
慶尚北道慶州市錫杖洞。西川沿いの金丈台にある岩刻画遺跡。無文土器（青銅器）時代中期から末期に刻まれたと推定。

¶東ア考古

金丈里瓦窯跡群　きんじょうりかわらがまあとぐん
慶尚北道慶州市見谷面金丈三里。水田地域に位置する瓦窯跡群。時期は8世紀～10世紀前半，供

給先は慶州の王宮と寺院で，官窯とされる。

¶東ア考古

金井山城跡　きんせいさんじょうあと
釜山広域市金井区金城洞。李朝（朝鮮）時代の包谷式山城。外郭線の周長は約17kmで，韓国の山城の中では最大規模の巨大城郭。

¶東ア考古

金坡里遺跡　きんぱりいせき
京畿道坡州市坡平面金坡里山5-1，158-3番地。玄武岩丘陵の南側端部に立地する遺跡。前期旧石器時代の所産の可能性がある。

¶東ア考古

金坪遺跡〔順天市〕　きんへいいせき
全羅南道順天市松光面新坪里金平邑。後期旧石器時代の遺物が出土。石器は彫器・尖頭器・使用痕のある剥片など。

¶東ア考古（金坪遺跡（1））

金坪遺跡〔宝城郡〕　きんへいいせき
全羅南道宝城郡尺嶺里金坪。無文土器（青銅器）の住居跡，原三国（馬韓）時代の貝塚と住居跡が発掘された遺跡。

¶東ア考古（金坪遺跡（2））

金庾信墓　きんゆしんぼ
慶尚北道慶州市忠孝洞。7世紀末の古墳。新羅の半島統一に勲功があった金庾信の墓。

¶世界考古

金鈴塚　きんれいづか
慶尚北道慶州市路東洞。三国時代新羅の積石木槨封土墳。腰佩に伴う金の小鈴が出土。

¶韓国朝鮮，新潮美，図解考古（金鈴塚古墳（2）慶北金鈴塚　きんれいづかこふん）〔写〕，世界考古〔図〕，東ア考古〔写（金冠）〕

銀鈴塚　ぎんれいづか
慶尚北道慶州市路西洞。三国時代新羅の積石木槨封土墳。2つの円墳が結合した双円墳で出土遺物から北墳を銀鈴塚と名づけた。

¶世界考古，東ア考古

百済の遺跡　くだらのいせき
ソウル。王都の候補地として，風納洞土城や夢村土城が併存する。二聖山には，包谷式の二聖山城があり，南方の南漢山にも山城がある。また，南側で台地から低丘陵にかけて古墳群が知られる。漢城時代の古墳は石村洞・可楽洞・芳荑洞一帯で築造された。6世紀前葉には，宋山里古墳群で，武寧王陵・宋山里6号墳などの中国南朝系塼室墳が築造された。

¶大遺跡10（ソウルの百済遺跡）〔写〕，東ア考古（百済〔遺跡〕　くだら）〔図（漢城時代の百済の遺跡群）〕

韓国

百済武寧王陵　くだらぶねいおうりょう★
忠清南道公州市宋山里。規模は東北19m、南北21m、高さ約7.5mの南北に長い楕円形の墳丘。墓室は塼で築かれており、羨道と玄室から成る。王は525年8月に本陵に葬られた。
¶東洋仏教 Ⅲ-p79～80〔写〕

百済歴史地域　くだられきしちいき★
西部。前18年から後660年まで続いた百済王朝の遺跡。475年から660年までの王陵、城、城壁など8つの遺跡から構成され、百済王朝独自の文化や宗教を表す。
世界遺産（百済歴史地域 2015）
¶世遺事（百済の歴史地区群）

屈山寺跡　くつざんじあと
江原道江陵市邱井面鶴山里。統一新羅時代から高麗時代にかけての寺院跡。崛山寺・掘山寺など種々の呼称が知られる。
¶東ア考古

掘仏寺　くつぶつじ
慶尚北道慶州市東川洞の小金剛山の南麓。『三国遺事』に景徳王（在位742-765）代の創建とある寺院跡。景徳王が地中で仏の声があるのを聞き、そこを掘らせると大石が出てきたので、4面に仏像を彫り、寺を創建したと伝える。現地に残る四面仏は8世紀中頃の製作とされる。
¶大遺跡10〔写〕、東ア考古（掘沸寺跡　くつぶつじあと）

掘仏寺跡の四面仏　くつぶつじあとのしめんぶつ★
慶尚北道慶州市東川洞。『三国遺事』によれば新羅の景徳王のとき土中から掘り出したもので寺の名称は、これにもとづく。高さ3.6m余の不整方形自然岩の各面に仏像が彫刻されている。
¶大遺跡10 p133（四面石仏 掘仏寺）〔写〕、東洋仏教 Ⅲ-p70～71〔写〕

クム窟遺跡
忠清北道丹陽郡島潭邑クム窟。南漢江をすぐ目の前に望む石灰岩洞穴で7枚の文化層がある。
¶東ア考古

錦城山　くむそんさん
全羅南道羅州の鎮山。現在も韓国におけるシャマニズムの一大中心地。上室祠、中室祠、下室祠、国祭祠、禰祖堂の5祠堂からなる錦城山祠がある。
¶韓国朝鮮

軍威石窟　ぐんいせっくつ★
慶尚北道軍威郡缶渓面南山洞。中国系統の石窟の形式を伝える。平地から20mほど高いところに浅い窟が営まれ、中央に阿弥陀如来像を安置する。高さ約2.27m。

¶古代遺跡 p23（缶渓（ふけい）面の石窟と仏像）〔写〕、新潮美（軍威三尊石窟 ぐんいさんぞんせっくつ）、大遺跡10 p138〔写/図〕、東洋仏教 Ⅲ-p44～51〔写〕

郡谷里遺跡　ぐんこくりいせき
全羅南道海南郡松旨面郡谷里。無文土器（青銅器）時代～原三国（馬韓）時代の集落遺跡。
¶東ア考古〔図（出土遺物）〕

軍守里廃寺　ぐんしゅりはいじ
忠清南道扶余郡扶余邑軍守里。百済の寺址。南方基壇の中央から金銅仏像および石仏像が出土し、地下1.8mのところから塔址を発見。
¶新潮美（扶余一軍守里寺址 ふよーぐんしゅりじし）、図解考古〔写/図〕、世界考古、大遺跡10〔写/図〕、東洋仏教 Ⅲ-p1～2（軍守里廃寺跡）〔写〕、東ア考古（軍守里廃寺跡 ぐんしゅりはいじあと）、仏教考古

軍守里廃寺跡の塔跡　ぐんしゅりはいじあとのとうあと★
忠清南道扶余郡扶余邑軍守里。木造の塔の跡。1辺約14m。
¶東洋仏教 Ⅲ-p17〔写〕

景山里古墳群　けいざんりこふんぐん
慶尚南道宜寧郡富林面景山里。三国時代の横穴式石室1基と竪穴式石槨43基、高麗～李朝（朝鮮）時代の墳墓10基などが検出された。
¶東ア考古〔写〕

慶州98号墳　けいしゅう98ごうふん
慶尚北道慶州市皇南洞。三国時代新羅の古墳。2つの円墳が南北につらなった瓢形墳。南北の全長120m。
¶世界考古

慶州古新羅王墓　けいしゅうこしらぎおうぼ★
慶尚北道慶州市。旧慶州邑の南郊に大小150余基の古墳群がある。また、市の四方の山裾に統一新羅時代の国王貴族の墳墓が点在。
¶遺跡100〔写〕

慶州南郊の古墳群　けいしゅうなんこうのこふんぐん★
慶尚北道慶州市街地の南寄り。三国時代の古墳。金冠塚・瑞鳳塚・金鈴塚、飾履塚、天馬塚等、学史上にも著名な古墳を含む。
¶古代遺跡 p8, 口絵〔写〕、世界考古（慶州邑南古墳群 けいしゅうゆうなんこふんぐん）〔図〕、東西文化 p270～275〔写〕

慶州の遺跡　けいしゅうのいせき
慶尚北道慶州市。無文土器（青銅器）時代から統一新羅時代にかけての遺跡群。また、新羅の都址でその遺跡が多数存在する。

¶アジア歴3(慶州 けいしゅう)〔写〕，韓国朝鮮(慶州〔遺跡〕キョンジュ)，図解考古〔写/図〕，世界考古(慶州 けいしゅう)，世歴事3(慶州 けいしゅう)〔写/図〕，東ア考古(慶州〔遺跡〕 けいしゅう)〔図(慶州の遺跡群)〕

慶州の古墳　けいしゅうのこふん★
慶尚北道慶州市、慶州盆地やその周辺部。数千を越える古墳群が知られる。5、6世紀の頃、慶州の古墳は最盛期を迎え、積石木槨墳でほとんどが円墳。
　　¶大遺跡10〔写〕

慶州歴史地域　けいしゅうれきしちいき★
慶尚北道慶州市の市内及び郊外に分布。3〜10世紀にかけて、新羅王国の首都・金城が置かれた地域。南山、月城、大陵苑、皇龍寺、山城の5つの地区からなる。仏像、レリーフ、仏塔など多数の遺跡が残る。
　　世界遺産 (慶州歴史地域　2000)
　　¶アジア歴3(慶州 けいしゅう)〔写〕，韓国朝鮮(慶州 キョンジュ)，新潮美(慶州 けいしゅう)，世歴事(慶州の歴史地域)，成世遺下(慶州歴史地域)〔写〕，世歴百〔写〕，世歴事3(慶州 けいしゅう)〔写/図〕，ビジ世遺(慶州の歴史地区)〔写〕

景西洞窯跡　けいせいどうかまあと
仁川直轄市西区景西洞。高麗時代初期の窯跡。高麗青磁の成立に先行する一種の先駆的青磁。
　　¶東ア考古

鶏足山城　けいそくさんじょう
大田広域市大徳区長洞。百済と新羅の国境線の山城として有名で板石を積み上げた城周約1千mの石築山城。
　　¶東ア考古

敬天寺石塔　けいてんじせきとう
京畿道開豊郡光徳面。もと敬天寺址にあった高麗時代の石塔。
　　¶新潮美

景福宮　けいふくきゅう
ソウル特別市鍾路区。李朝の都漢城は、李朝太祖李成桂が即位して3年後の1394年に開城から遷都。李朝時代に漢陽に建てられた唯一の正宮。高麗朝までの宮闕形式を継承して他の規範になった。
　　¶アジア歴3〔写〕，角川世，韓国朝鮮 p295〔図p299〕，宗教建築(漢陽城と景福宮)〔写/図〕，新潮美，東ア考古，評論社世，山川世

慶北月城郡内南面安心里の支石墓　けいほくげつじょうぐんないなんめんあんしんりのしせきぼ★
慶尚北道月城郡内南面安心里。長さ60cmぐらいのものが多い。低い台地に数基の支石墓が散在する。
　　¶東西文化 p260〜261〔写〕

鶏龍山麓窯跡群　けいりゅうさんろくかまあとぐん
忠清南道公州市鶴峯里。鶏龍山麓東の稜線に沿って散在する窯跡。李朝(朝鮮)時代初期の象嵌・印花粉青が出土。
　　¶東ア考古〔写(鉄砂粉青片)〕

鶏林　けいりん
慶尚北道慶州市校洞。古木の森林池で、新羅王族の金氏の降誕伝説を伝える。
　　¶大遺跡10〔写〕

鶏林路14号墳　けいりんろ14ごうふん
慶尚北道慶州市皇南洞。6世紀後半の三国時代新羅の古墳。遺物に装飾宝剣および鞍橋についていた金装鬼面装飾鋲具が出土。
　　¶東ア考古

華厳寺　けごんじ
全羅南道求礼郡馬山面。華厳宗の寺。山号は智異山。新羅真興王5年(544)僧烟起の創建、景徳女王13年(754)の再興と伝える大寺。
　　¶アジア歴3〔写〕，角川世，韓国朝鮮(華厳寺 ファオムじ)，新潮美

華厳寺の3層石塔　けごんじの3そうせきとう★
全羅南道求礼郡馬山面。統一新羅時代の塔。下部基壇の上に、中央に比丘像、4隅に獅子像が配され蓋石上の3層石塔を支えている。高さ5.5m。
　　¶大遺跡10 p149(3層石塔 華厳寺)〔写〕

月渓1号墳　げっけい1ごうふん
全羅南道霊光郡法聖面月山里。前方後円形古墳。全長39m内外。
　　¶東ア考古〔写〕

月山里遺跡　げつざんりいせき
慶尚北道慶州市内南面月山里山117-1番地一帯。無文土器(青銅器)時代の住居跡、三国時代の古墳、三国時代および高麗・李朝(朝鮮)時代の炭窯などが確認された遺跡。
　　¶東ア考古

月山里古墳群〔南原市〕　げつざんりこふんぐん
全羅北道南原市阿英面月山里。三国時代百済の古墳群。高霊を中心とする大加耶系墓制との深い関係を示す。
　　¶東ア考古

月出山祭祀遺跡　げつしゅつさんさいしいせき
全羅南道の霊厳郡と康津郡の境。月出山・天皇峰の山頂にある祭祀遺跡。高麗時代の土器などが出土。
　　¶東ア考古

韓国

アジア

月城跡　げつじょうあと
慶尚北道慶州市仁旺洞。半月城、新月城とも呼ばれる。新羅歴代の王が宮城としたところ。面積は6万坪余り。「在城」銘瓦が出土。

|世界遺産|（慶州歴史地域　2000）

¶新潮美（慶州―月城 けいしゅう―げつじょう），世界考古（慶州月城 けいしゅうげつじょう），大遺跡10（半月城 はんげつじょう）〔写〕，東ア考古〔写〕

月松里造山古墳　げっしょうりぞうざんこふん
全羅南道海南郡縣山面月松里。6世紀の三国時代の古墳。円墳墳丘内のほぼ中央に、横穴式石室が造られる。

¶東ア考古

月城路古墳群　げつじょうろこふんぐん
慶尚北道慶州市皇吾洞・仁旺洞。三国時代新羅の古墳群。時期は4世紀末葉から6世紀後半。4世紀末葉から5世紀中葉にかけての高句麗・加耶・倭系の文物やローマン・グラスが出土。

¶東ア考古

月精橋跡　げっせいきょうあと
慶尚北道慶州市仁旺洞。三国時代新羅から統一新羅時代の橋脚遺跡。『三国史記』新羅本紀では月浄橋・春陽橋と見える。

¶東ア考古〔写〕

月精寺　げっせいじ
江原道平昌郡珍富面の五台山中。新羅善徳女王13年（644）創立。高麗の忠烈王33年（1307）再興。高麗時代の八角九重石塔は、国宝に指定されている。

¶アジア歴3〔写〕，韓国朝鮮（月精寺 ウォルチョンジ），新潮美

月精寺の石塔　げっせいじのせきとう★
江原道平昌郡珍富面。八角九層の石塔。全高15.15m。1970年解体工事で鍍金如来仏、舎利瓶・鏡等が発見された。

¶古代遺跡 p21〔写〕

月田古墳　げつでんこふん
全羅南道潭陽郡古西面声月里。前方後円形墳で全長38m、円部直径約18m。

¶東ア考古

月田洞遺跡　げつでんどういせき
光州広域市光山区月田洞。三国時代の集落遺跡。土器製作関連遺構と推定。

¶東ア考古

月坪遺跡　げっぺいいせき
全羅南道順天市外西面月岩里月坪。後期旧石器を含む褐色粘土層から水晶や流紋岩でつくられた細石刃石核・有茎尖頭器・掻器・削器・鋸歯縁石器・彫器・ドリルなどが出土した遺跡。

¶東ア考古〔図（有茎尖頭器と細石刃石核）〕

掛陵　けりょう
慶尚北道月城郡外東面掛陵里。統一新羅の墳墓。王陵の一つで、兆域・腰石施設の整備されているもの。38代の元聖王陵とも推定。

¶古代遺跡 p29〔写〕，新潮美，世界考古，大遺跡10〔写〕，東西文化 p278〔写〕，東ア考古〔写〕

剣丹山城　けんたんさんじょう
全羅南道順天面海龍面星山里。山頂部の周囲に城壁をめぐらせた鉢巻式石城。

¶東ア考古

検丹里遺跡　けんたんりいせき
慶尚南道蔚山市蔚州区熊村面。無文土器（青銅器）時代を中心とする環濠集落遺跡。環濠・住居跡・竪穴遺構・墳墓などが検出された。

¶東ア考古

縣洞遺跡　けんどういせき
慶尚南道馬山市縣洞。無文土器（青銅器）時代の竪穴住居跡、原三国（弁韓）時代の貝塚、三国時代の竪穴住居跡や古墳などが検出された複合遺跡。

¶東ア考古

元当里遺跡　げんとうりいせき
京畿道漣川郡南面元当2里701-4号。表土から玄武岩の基盤まで12枚の層位が認められた。

¶東ア考古

江華島〔遺跡〕　こうかとう
仁川直轄市江華郡。櫛目文土器（新石器）時代に始まり、顕著な遺跡は無文土器（青銅器）時代の支石墓において認められる。高麗時代の城壁が部分的に随所に残る。

¶東ア考古

交河里遺跡　こうがりいせき
京畿道坡州郡交河面交河里。10余基の支石墓が分布する。無文土器（青銅器）時代前期の長方形の住居跡は韓国初の住居跡の調査例。

¶世界考古（交河里 こうがり），東ア考古

後谷里窯跡　こうごくりかまあと
全羅南道昇州郡松光面後谷里。白磁窯1基・工房跡・灰原を検出した、17世紀後半の地方白磁窯。

¶東ア考古

皇吾洞1・33号墳　こうごどう1・33ごうふん
慶尚北道慶州市皇吾洞。三国時代新羅の古墳。1号墳は、積石木槨墳で南・北槨からなる。33号墳は一墳丘内に東槨（単槨）、西槨（主・副槨）がある。

¶東ア考古

皇吾洞34号墳　こうごどう34ごうふん
慶尚北道慶州市皇吾洞。三国時代新羅の古墳。5世紀後葉より6世紀前葉頃。
¶東ア考古

皇吾洞37号墳　こうごどう37ごうふん
慶尚北道慶州市皇吾洞。三国時代新羅の古墳。5世紀後半頃。
¶東ア考古

公山城跡　こうさんじょうあと
忠清南道公州市。三国時代百済中期の国都であった熊津城の中核的な山城跡。百済時代の掘立柱建物・礎石建物・貯蔵穴、統一新羅時代の礎石建物や李朝時代の礎石建物などの遺構群、土塁・瓦塼・鉄器などの遺物が検出された。
¶世界考古（公州公山城　こうしゅうこうさんじょう），大遺跡10（公山城　こうさんじょう）〔写/図〕，東ア考古〔写〕

高山里遺跡　こうざんりいせき
済州道北済州郡翰京面高山里。櫛目文土器（新石器）時代の包含層遺跡。遺物のほとんどは石器で、すべて打製で3千余点が出土。
¶東ア考古

鰲山里遺跡　ごうさんりいせき
江原道襄陽郡巽陽面鰲山里。櫛目文土器（新石器）時代の集落遺跡。雙湖と呼ばれる自然湖の周辺の砂丘上の立地。住居跡の形態が竪穴ではなく、地上式。
¶東ア考古

公州六号墳　こうしゅうろくごうふん★
忠清南道公州市宋山里。公州宋山里の六号墳は1933年に発見。奥や側面の塼壁には漆喰を塗り、玄武（亀）・青龍・鳳凰の図が描かれている。
¶古代遺跡　p.2〔写〕

隍城洞遺跡　こうじょうどういせき
慶尚北道慶州市。鉄器生産関連の遺跡。無文土器（青銅器）時代から三国時代の遺構を検出。
¶東ア考古

隍城洞遺跡群　こうじょうどういせきぐん
慶尚北道慶州市隍城洞。原三国（辰韓）時代から統一新羅時代にわたる集落・墳墓・製鉄遺跡群。
¶東ア考古

壺杅塚　こうづか
慶尚北道慶州市路西洞。三国時代新羅の積石木槨封土墳。2つの円墳が結合した双円墳の南墳。木芯漆塗りの鬼面、蓋に蓮華文様を鋳出した把手付き虎子などが出土。
¶韓国朝鮮（壺杅塚　ホウづか），新潮美，図解考古〔写（漆面）/図（壺杅）〕，世界考古，東ア考古〔写（銅壺）〕

黄石里遺跡　こうせきりいせき
忠清北道堤川郡清風面黄石里。南漢江辺の沖積台地上に位置する無文土器（青銅器）時代の支石墓群遺跡。13号支石墓から韓国初のほぼ完全な状態で人骨が発見された。
¶世界考古（黄石里支石墓群　こうせきりしせきぼぐん），東ア考古

高仙寺跡　こうせんじあと
慶尚北道慶州市暗谷洞。統一新羅時代の寺院跡。統一新羅時代初期以降の瓦類、金銅製釈迦如来立像・金銅製門扉金具・滑石製容器・土製小塔などが出土。
¶東洋仏教　Ⅲ-p11〔写〕，東ア考古〔図〕，仏教考古（高仙寺　こうせんじ（ゴソンサ））

黄桑洞古墳群　こうそうどうこふんぐん
慶尚北道亀尾氏黄桑洞。1・2号墳は円墳で、3号墳は小型墳。築造時期は5世紀後半、三国時代の木槨墳・竪穴式石槨墳・横穴式石室墳が確認された。
¶東ア考古

高竹洞遺跡　こうちくどういせき
全羅北道南原市高竹洞山61。無文土器（青銅器）時代前期の住居跡と三国・高麗時代の墳墓などが検出された。
¶東ア考古

校洞遺跡　こうどういせき
江原道春川市。鳳儀山の東側緩傾斜面の長く伸びた丘陵の北側斜面に立地。標高150mの地点に位置する櫛目文土器（新石器）時代の洞穴遺跡。
¶世界考古（校洞　こうどう），東ア考古

校洞里遺跡　こうどうりいせき
慶尚南道蔚山広域市蔚州郡三南面校洞里山47-4番地一帯。無文土器（青銅器）時代住居跡2基と三国時代古墳76基、李朝（朝鮮）時代民墓3基を発掘。
¶東ア考古

興徳王陵　こうとくおうりょう
慶尚北道慶州市安康邑六通里。統一新羅時代に当たる、新羅第42代興徳王の陵。『三国遺事』『三国史記』にみえる。
¶東ア考古〔写〕

皇南大塚　こうなんおおつか
慶尚北道慶州市皇南洞。三国時代新羅の古墳群で最大の積石木槨墳。南・北2つの円墳からなる長径120mの双円墳で南・北墳の底径80m、高さは南墳22.2m、北墳22.9m。
¶新潮美（皇南大塚　こうなんたいづか），大遺跡10（慶州の古墳—皇南大塚）〔写〕，東ア考古〔写〕

韓国　　　　　　　　　70

アジア

皇南洞151号墳　こうなんどう151ごうふん
慶尚北道慶州市皇南洞。三国時代新羅の古墳。横口式石室墳、石室の時期は6世紀後半。
¶東ア考古

皇福寺　こうふくじ
慶尚北道慶州市九黄洞の狼山北東端麓。統一新羅初期の寺院址。1928年勢勢丑三により金堂跡が検出された。
¶アジア歴3, 世界考古, 東ア考古（皇福寺跡　こうふくじあと）

高敞、和順、江華の支石墓群跡　こうへい（コチャン）、わじゅん（ファスン）、こうか（クアンファ）のしせきぼぐんあと★
全羅北道高敞郡、全羅南道和順郡、仁川広域市江華郡。前7〜前3世紀の巨石墓跡（ドルメン）。韓国西部の広範囲に残り、759基の支石墓が世界遺産として登録される。密集した巨石文化としては世界的にも珍しい。
世界遺産（高敞、和順、江華の支石墓群跡　2000）
¶世遺事（高敞、和順、江華の支石墓）, 成世遺下（高敞、和順、江華の支石墓跡）〔写〕, 世遺百（高敞、和順、江華の支石墓史跡）〔写〕, ビジ世遺（高敞、和順、江華の支石墓跡）〔写〕

江門洞遺跡　こうもんどういせき
江原道利陵市江門洞。原三国（三韓）時代の集落遺跡。硬質無文土器の甕・壺・鉢、土製と木製の紡錘車などが出土。
¶東ア考古

孝養山遺跡　こうようざんいせき
京畿道利川市扶鉢邑山村里孝養山。土城の下層から三国時代百済初期の住居跡1軒と掘立柱の柱穴が検出された。統一新羅〜高麗時代の築造と推定。
¶東ア考古

皇龍寺　こうりゅうじ
慶尚北道慶州市。新羅の代表的な護国伽藍。真興王の代から、善徳女王までの4代、94年にわたって建立され、新羅・高麗両王朝にわたって崇仰された。
¶アジア歴3（皇竜寺）, 角川世（皇竜寺）, 韓国朝鮮（皇竜寺址 ファンヨンじ）, 新潮美（皇竜寺址 こうりゅうじし）, 世界考古, 大遺跡10〔写/図〕, 東洋仏教 Ⅲ-p4〜5（皇竜寺跡）〔写〕, 東ア考古（皇龍寺 こうりゅうじあと）, 仏教考古（皇龍寺 こうりゅうじ（ファンヨンサ））

皇竜寺跡の塔跡　こうりゅうじあとのとうあと★
慶尚北道慶州市九黄洞。9層の木塔であった。舎利孔にあった金銅舎利函には咸通13年（872）重修の時の「刹柱本記」が刻されていた。
¶東洋仏教 Ⅲ-p18〔写〕

興輪寺跡　こうりんじあと
慶尚北道慶州市沙正洞。三国時代新羅の最古の寺院。『三国史記』や『三国遺事』の記録から、法興王が14年（527）に造り真興王5年（544）に完工したと考えられている。
¶東ア考古

高霊古墳群　こうれいこふんぐん
慶尚北道高霊郡高霊面。洛東江の支流大伽川、安川流域の月山洞、本館洞、池山洞、古衙洞に分布。百数十基からなる池山洞古墳群は円墳群。
¶韓国朝鮮（高霊古墳群 コリョンこふんぐん）, 新潮美, 世界考古, 東ア考古（高霊〔古墳群〕こうれい）〔写〕

江楼里遺跡　こうろうりいせき
慶尚南道山清郡丹城面江楼里。櫛目文土器（新石器）時代の遺物包含層。
¶東ア考古

古衙洞壁画古墳　こがどうへきがこふん
慶尚北道高霊郡高霊邑古衙洞。三国時代加耶の古墳で、加耶地域の古墳の中で唯一の壁画古墳。円墳で内部主体は横穴式石室。
¶大遺跡10（高霊古衙洞 こうれいこがどう）〔写〕, 東ア考古〔写〕

古康洞遺跡　ここうどういせき
京畿道富川市梧亭区古康洞山93-1。無文土器（青銅器）時代前期の住居跡と、祭祀遺構と考えられる積石環溝、三国時代の墳墓などが確認された。
¶東ア考古

梧谷里古墳群　ごこくりこふんぐん
慶尚南道咸安郡漆原面梧谷里山25番地一帯。4世紀を中心とする三国時代加耶の古墳群。15基の古墳中、12基は木槨墳、3基は竪穴式石槨墳。
¶東ア考古

固城遺跡　こじょういせき
慶尚南道固城郡固城邑東外洞。原三国（弁韓）〜三国時代前期の集落遺跡。標高40mの低丘陵の斜面に貝塚を形成。
¶東ア考古

固城の遺跡　こじょうのいせき
慶尚南道固城郡。先史時代以来の遺跡の密集地。『魏志』の韓伝に見える弁辰古資弥凍国がここに当たり固城東外里貝塚は古資弥凍国の拠点集落であったと考えられる。
¶東ア考古（固城〔遺跡〕こじょう）

梧津里遺跡　ごしんりいせき
慶尚北道清道郡雲門面梧津里。櫛目文土器（新石器）時代の岩陰遺跡。最下層からは朝鮮半島で出土例が少ない、器面に粗雑な文様もしくは粗い条痕状の調整痕が見られる土器が出土。

¶東ア考古

五台山　ごだいさん
江原道江陵市の西方約40km。金剛山と並ぶ名山で、仏教の霊地。峰上に菩薩を祀る。麓に月精寺がある。
　　¶アジア歴3，平凡社世（五台山　ごだいさん，オテサン）

古南里遺跡　こなんりいせき
忠清南道泰安郡古南面古南里（安眠島）。泰安半島に位置する先史時代の遺跡。櫛目文土器（新石器）と、無文土器（青銅器）の2つの時代の文化層が確認された。櫛目文土器時代の遺物には錦江式土器が出土。
　　¶東ア考古

五倫台古墳群　ごりんだいこふんぐん
釜山広域市金井区仙洞。竪穴式石槨墓29基、甕棺墓1基を検出。釜山地域の三国時代研究に必須の遺跡。
　　¶東ア考古〔写（土器）〕

古礼里遺跡　これいりいせき
慶尚南道密陽市丹場面古礼里田380-15番地一帯。後期旧石器時代の遺跡。出土遺物はクレステッドフレイク（稜付剥片）・打面再生剥片・接合資料などの石刃技法関連資料が豊富。
　　¶東ア考古〔図〕

金剛寺　こんごうじ
扶余郡恩山面琴公里の月美峰の山麓に所在。規模は東西約170m、南北約150mの方形区域。伽藍創建時期は出土した瓦当文様から判断すれば、百済扶余時代の6世紀頃と推定される。
　　¶新潮美（金剛寺址　こんごうじし），東ア考古（金剛寺跡　こんごうじあと），仏教考古（金剛寺　こんごうじ（クムガンサ））

西穴寺跡　さいけつじあと
忠清南道公州市熊津洞の望月山東側斜面の中腹。石窟の傾斜面を整地して造営した寺院跡。小仏堂の基壇と思われる建物跡が検出された。
　　¶東ア考古

済州島〔遺跡〕　さいしゅうとう
済州道。済州島は朝鮮半島最大の島。旧石器時代のビルレッモッ洞窟、櫛目文土器（新石器）時代の高山里遺跡、無文土器（青銅器）時代の上慕里遺跡、三陽洞遺跡、原三国（三韓）時代の郭支里遺跡、龍潭洞遺跡、統一新羅時代の龍潭洞の祭祀遺跡、高麗時代三別抄関連の缸波頭里城跡や長城の石塁などがある。
　　¶東ア考古

済州島山地港遺跡　さいしゅうとうさんちこういせき
済州道済州市健入洞山地港。東側海岸の岩壁から鏡や貨幣を含む一括遺物が発見された。
　　¶世界考古（済州島山地港　さいしゅうとうさんちこう），東ア考古

沙月里遺跡　さげつりいせき
慶尚南道山清郡丹城面沙月里124。無文土器（青銅器）時代中期の松菊里型住居跡が主な遺構。
　　¶東ア考古

佐耳山烽燧台　さじさんほうすいだい
慶尚南道固城郡下一面松川里山52-1番地。急な山の頂上部で、岩盤を削って東～西方向に長方形の烽燧施設と付属建物を造成した沿辺烽燧。
　　¶東ア考古〔図〕

三郎寺跡　さぶろうじあと
慶尚北道慶州市城乾洞。三国時代新羅～統一新羅時代の瓦が出土。新羅の初期寺院の一つ。
　　¶東ア考古

三嘉古墳群　さんかこふんぐん
慶尚南道陝川郡三嘉面良田里山76番地一帯。三国時代加耶の古墳群。竪穴式・横穴式・横口式の遺構がある。
　　¶東ア考古〔図〕

三山里古墳　さんざんりこふん
慶尚南道金海市亀山洞63～64番地。金首露王妃陵の後方の土堤に接してある2基の古墳のうちの1基。
　　¶東ア考古

山水里窯跡群　さんすいりかまあとぐん
忠清北道鎮川郡徳山面山水里。三国時代百済の土器窯跡群。出土土器には長卵形短頸壺・鉢・深鉢形土器といった三龍里窯跡群出土土器と共通するもの以外に、蓋坏のような新たな器種がある。
　　¶東ア考古

山達島遺跡　さんたつとういせき
慶尚南道巨済郡山達島。櫛目文土器（新石器）時代の貝塚遺跡。
　　¶東ア考古

三年山城　さんねんさんじょう
忠清北道報恩郡報恩邑。烏頂山に築かれた城周約1680mの包谷式の石築山城で、烏頂山城ともいわれる。『三国史記』に記録がある。
　　¶大遺跡10〔写〕，東ア考古〔写（石塁）〕

三別抄〔遺跡〕　さんべつしょう
済州島・巨済島。高麗時代の反乱軍、三別抄の珍島における拠点が龍蔵城跡。済州島における拠点として築かれたのが、缸波頭里城、長城。
　　¶東ア考古

韓国　　　　　　　　　　　　　　　72

アジア

三龍里窯跡群　さんりゅうりかまあとぐん
忠清北道鎮川郡梨月面三龍里。原三国（馬韓）時代から三国時代百済にかけての土器窯跡群。
¶東ア考古

三郎城跡　さんろうじょうあと
仁川広域市江華郡吉祥面温水里。鼎足山に所在する高麗〜李朝（朝鮮）時代の山城。別名「鼎足山城」。江華島南方の防衛拠点として築造・整備されたとされる。
¶東ア考古

茲山洞古墳群　じさんどうこふんぐん
慶尚南道馬山市茲山洞山49番地一帯。5世紀後半から6世紀初頭にかけて築造された三国時代加耶の古墳。
¶東ア考古

茸長寺跡3層蓮台上の石像　じじょうじあとさんそうれんだいじょうのせきぞう★
慶尚北道月城郡内南面。統一新羅時代。茸長寺跡のそばにある。3層蓮台の上に坐する石仏。総高4.65m。
¶大遺跡10（南山―石仏坐像（茸長寺址））〔写〕，東洋仏教　Ⅲ-p73（南山茸長寺跡3層蓮台上の石像）〔写〕

茸長寺跡の石塔　じじょうじあとのせきとう★
慶尚北道月城郡内南面。統一新羅時代。茸長渓の上の巌頭の一角に建つ高さ4.5mの石塔。ここに『三国遺事』に記されている茸長寺があったと思われる。
¶大遺跡10（南山―3層石塔（茸長寺址）〔写p109,160〕，東洋仏教　Ⅲ-p32〔写〕

茸長寺跡の磨崖仏　じじょうじあとのまがいぶつ★
慶尚北道月城郡内南面、茸長渓の近くの寺跡に残る。釈迦像と思われ、高さ約1m。
¶古代遺跡　p25（慶州南山茸長渓の磨崖仏）〔写〕，大遺跡10（南山―磨崖石仏坐像（茸長寺址））〔写〕，東洋仏教　Ⅲ-p66〜67（南山茸長寺跡の磨崖仏）〔写〕

芝制洞遺跡　しせいどういせき
京畿道平澤市芝制洞山44。無文土器（青銅器）時代前期を主とした遺構群が検出された。堆積層から櫛目文土器片が数多く出土。
¶東ア考古

漆谷3宅地遺跡　しっこく3たくちいせき
大邱広域市北区国優洞（3区域）から、鳩岩洞（2区域）。無文土器（青銅器）時代と統一新羅時代の複合遺跡。2区域全体が柵列と、その外側をめぐる溝によって、東・西にほぼ方形に区画された空間配置を示す。
¶東ア考古

漆枝里古墳群　しっしりこふんぐん
忠清南道舒川郡庇仁面漆枝里。三国時代百済後期の扶余時代に盛行した、平斜天井の横穴式石室や横口式石槨などが検出された。
¶東ア考古

四天王寺　してんのうじ
慶尚北道慶州市。新羅による三国の統一（668年）後に、唐が攻撃した際（675年）に護国のために伽藍を創建したことに始まる。南北の伽藍中軸線上に南大門・中門・金堂・講堂が配され、中門から派出する回廊が講堂を囲む。
¶新潮美（四天王寺址　してんのうじし），世界考古（四天王寺（2）），東洋仏教　Ⅲ-p6（四天王寺跡）〔写〕，東ア考古（四天王寺跡　してんのうじあと）〔図〕，仏教考古（四天王寺　してんのうじ（サチョンワンサ））

四天王寺跡の西塔跡　してんのうじあとのさいとうあと★
慶尚北道慶州市排盤洞。心礎は1辺約1.18m。
¶東洋仏教　Ⅲ-p19〔写〕

枝洞2号墳　しどう2ごうふん
慶尚北道安東郡臨東面枝洞。外護列石を持つ円墳で6世紀後半頃の築造と推定。「出」字模様の立飾を持つ金銅冠が出土。
¶東ア考古〔写（金銅冠）〕

矢島遺跡　しとういせき
京畿道富川郡北島面矢島里。櫛目文土器（新石器）時代の貝塚遺跡。野外炉跡を2基検出。出土遺物は土器が大半。
¶世界考古（矢島貝塚　しとうかいづか），東ア考古

紫微山城　しびさんじょう
全羅南道羅州市潘南面大安里。三国時代百済の山城。小型鉢巻式山城。
¶東ア考古

下花渓里遺跡　しもかけいりいせき
江原道洪川郡北方面下花渓里1里サドン。中石器時代または後期旧石器時代末期の細石刃石器群が集中的に出土した遺跡。
¶東ア考古

柿木洞古墳　しもくどうこふん
忠清南道公州市新官洞。6世紀の三国時代百済の古墳。合掌形天井を持つ横穴式石室の典型例。
¶東ア考古〔写〕

杓山1号墳　しゃくさん1ごうふん
全羅南道咸平郡鶴橋面馬山里。前方後円形古墳。10数基で構成される古墳群の盟主墳。
¶東ア考古

若木古墳　じゃくぼくこふん
慶尚北道漆谷郡若木面。直径約21mの円墳で、5世紀中葉頃の築造とされる。
　　　¶東ア考古〔写〕

舎堂洞窯跡　しゃどうどうかまあと
ソウル特別市銅雀区舎堂洞。統一新羅時代の土器窯跡。漢江流域における最初の土器窯跡調査例。
　　　¶東ア考古

舎羅里130号墳　しゃらり130ごうふん
慶尚北道慶州市西面舎羅里。原三国（辰韓）時代の大型木棺墓。装身具類、仿製鏡が副葬され、東南隅には細形銅剣が突き立てられていた。
　　　¶東ア考古〔図〕

舎羅里遺跡　しゃらりいせき
慶尚北道慶州市西面舎羅里。無文土器（青銅器）時代の竪穴住居跡、原三国（辰韓）時代の木棺墓、三国時代新羅の木槨墓などが検出された墳墓遺跡。
　　　¶東ア考古

舟月里遺跡　しゅうげつりいせき
京畿道坡州市積城面舟月里。三国時代百済初期の集落遺跡。竪穴住居跡9軒のほか、10数基の小型竪穴墓などの遺構と、土器・鉄器などの遺物が多数検出された。
　　　¶東ア考古〔図（ハンドアックス）〕

舟月里・佳月里遺跡　しゅうげつり・かげつりいせき
京畿道坡州郡積城面舟月里山309、310-8番地、佳月里山95-6番地。ハンドアックスを特徴とする前期・中期旧石器時代の遺跡である。
　　　¶東ア考古

修徳寺　しゅうとくじ
忠清南道礼山郡徳山面。百済法王1年（599）智明大師の創設。大雄殿は木造で韓国に現存する最古の建物として国宝に指定。
　　　¶韓国朝鮮（修徳寺 スドクジ）, 新潮美

終南山烽燧台　しゅうなんざんほうすいだい
慶尚南道密陽市三南里。鎮海市熊川天城堡に始まり、金海を経て密陽栢山烽燧台から受信した信号を密陽推火山烽燧台に伝達する内地烽燧。
　　　¶東ア考古

十二東波島海底遺跡　じゅうにとうはとうかいていせき
全羅北道群山市沃島面煙島里。高麗時代初期の海底遺跡。木造船の船体の破片、陶磁器8千点余り、石製碇・碇網と推定される綱・鉄製釜・青銅製匙などが引き揚げられた。
　　　¶東ア考古〔図〕

舟尾寺跡　しゅうびじあと
忠清南道公州市舟尾洞の舟尾山西側斜面。統一新羅時代に創建されたと推測される寺院。
　　　¶東ア考古

寿民洞　じゅみんどう
釜山市東萊区寿民洞。無文土器時代終末期から三国時代への過渡期の遺跡。かつての楽民洞で貝塚を発見。付近で無文土器を使った合わせ口甕棺、三国時代形成期の土器が出土。製鉄関係遺構も検出。
　　　¶世界考古

順興壁画古墳　じゅんこうへきがこふん
慶尚北道栄豊郡順興面邑内里。三国時代の古墳。西壁に建物・柳の木、南壁に旗旒のつく矛を持つ力士像が描かれる。
　　　¶東ア考古

松鶴洞古墳群　しょうかくどうこふんぐん
慶尚南道固城郡松鶴里473-5番地一帯。三国時代の小加耶地域の古墳群。出土遺物には在地系の小加耶系土器と、隣接する新羅・百済地域の土器、日本の須恵器が混在する。
　　　¶東ア考古〔図（1号墳）〕

松鶴里古墳群　しょうかくりこふんぐん
忠清南道公州市灘山面松鶴里。横穴式石室2基、横口式石槨6基、高麗時代の石槨墓1基、李朝（朝鮮）時代の土壙木棺墓1基が検出された。
　　　¶東ア考古

松菊里遺跡　しょうぎくりいせき
忠清南道扶余郡草村面松菊里。無文土器（青銅器）時代の大規模集落遺跡。箱式石棺墓から、遼寧式銅剣が磨製石器・石鏃や、碧玉製管玉・天河石製勾玉と伴出した。
　　　¶世界考古（扶余松菊里 ふよしょうきくり）, 東ア考古

昌慶宮　しょうけいきゅう
ソウル。15世紀初めの世宗代に寿康宮として造営。後、昌慶宮と改称。1909年、日本が動物園などの文化施設を設置、一般にも開放され昌慶苑と称した。現在、動物園等は移設、復原整備され名称も昌慶宮に戻されている。
　　　¶アジア歴4, 韓国朝鮮 p295（昌慶苑）, 新潮美

浄恵寺跡の石塔　じょうけいじあとのせきとう★
慶尚北道月城郡安康邑玉山里。新羅の数多い石塔の中でも特殊な形式を示している。13層塔の形式を示す。
　　　¶アジア歴4（浄恵寺 じょうけいじ）〔写〕, 大遺跡10（13層石塔 浄恵寺址）〔写〕, 東洋仏教Ⅲ-p33〔写〕

昌原南山遺跡　しょうげんなんざんいせき
慶尚南道昌原市。無文土器（青銅器）時代から原

韓国

アジア

三国（弁韓）時代にかけての集落遺跡。赤色無文土器・灰陶質（瓦質）土器・鹿角装鉄刀子・骨鏃・獣骨・卜骨など多数の遺物を出土。
¶東ア考古

松広寺　しょうこうじ
全羅南道昇州郡松光面。新羅末期、慧隣国師の創建と伝える。天下三宝にあげられるほど僧侶・堂舎数の多い寺院。
¶アジア歴4, 韓国朝鮮（松広寺 ソングァンじ）, 新潮美

獐項里廃寺址　しょうこうりはいじ
慶尚北道月城郡陽北面。寺院の名称や創建等は不明。東西に2つの5層石塔と、金堂址内に巨大な台座石を残すのみ。西塔は8世紀前半の製作と推定。
¶大遺跡10 p148〔写〕

上谷里瓦窯跡　じょうこくりがようあと
慶尚南道昌原郡内西面上谷里。李朝（朝鮮）時代の瓦窯跡。地下式登窯で、丸・平瓦が出土。
¶東ア考古

城山古墳　じょうざんこふん
大邱広域市達城郡花園邑城山里。花園城山洞古墳群に属する。直径25m、高さ5mの円墳で築造時期は5世紀後半頃と推定される。
¶東ア考古〔写〕

上詩里遺跡　じょうしりいせき
忠清北道丹陽郡梅浦邑上詩里。岩陰遺跡。5層から出土した人骨2個体分（成人男性）は「上詩旧人」と呼ばれ、韓国で最初に発見された古代型新人。
¶東ア考古

松節洞墳墓群　しょうせつどうふんぼぐん
忠清北道清州市松節洞。原三国～三国時代の墳墓16基、高麗～朝鮮時代の墳墓7基、朝鮮時代の住居跡4軒、土器窯跡などが調査された複合遺跡。
¶東ア考古

障川寺跡　しょうせんじあと
蔚山広域市蔚州郡斗東面。統一新羅時代に創建され、高麗・李朝（朝鮮）時代まで存続した寺院跡。統一新羅時代の蓮華文台座・仏像・屋蓋・燈籠などが出土。
¶東ア考古

将相里古墳群　しょうそうりこふんぐん
全羅北道沃溝郡羅浦面将相里。横穴式石室の構造などをもとに6世紀後半の年代が与えられた古墳。
¶東ア考古

上村里遺跡　じょうそんりいせき
慶尚南道晋州市大坪面上村里。櫛目文土器（新

石器）時代の集落遺跡。住居跡の中から甕棺と見られる埋設土器が検出され内部からは人骨の骨片が出土。火葬した成人骨も出土。
¶東ア考古

場垈里古墳群　じょうたいりこふんぐん
忠清南道錦山郡秋富面場垈里。三国時代新羅の古墳群。三国時代の横口式石室28基と、無文土器（青銅器）時代の小型石室墓1基のほか、無文土器や磨製石包丁・石鎌・石斧なども検出された。
¶東ア考古

松竹里遺跡　しょうちくりいせき
慶尚北道金陵郡亀城面松竹里。櫛目文土器（新石器）時代～早朝（朝鮮）時代にかけての遺跡。中心は櫛目文土器～無文土器（青銅器）時代の集落・墓地。
¶東ア考古

松田里遺跡　しょうでんりいせき
江原道襄陽郡巽陽面松田里。櫛目文土器（新石器）時代の遺物包含層。
¶東ア考古

上洞遺跡　じょうどういせき
大邱広域市寿城区城上洞。支石墓遺跡。無文土器（青銅器）時代前・中期の竪穴住居跡と墳墓、統一新羅・李朝（朝鮮）時代の住居跡などを検出。
¶東ア考古

城東洞遺跡　じょうとうどういせき★
慶州。殿堂跡6棟をはじめ、長廊跡、門跡などの建物跡の遺構を検出。統一新羅時代に属するもの。
¶東西文化 p113～114〔写〕

昌徳宮　しょうとくきゅう
ソウルの北方にあるソウル五大王宮の一つ。王朝初期の1405年、第3代朝鮮王の太宗により創建された離宮。文禄の役で焼失。光海君時代の1610年代に再建。韓国併合まで長く王宮として使用した。広大な回遊式庭園である秘苑は、韓国庭園の代表。
|世界遺産|（昌徳宮　1997）
¶アジア歴4〔写〕, 韓国朝鮮 p295, 新潮美, 世遺事（昌徳宮 チャンドクン）, 成世遺下〔写〕, 世遺百（昌徳宮 チャンドックン）〔写〕, ビジ世遺〔写〕

召南里遺跡　しょうなんりいせき
慶尚南道山清郡丹城面召南里。櫛目文土器（新石器）～原三国（三韓）時代の集落遺跡。原三国時代の住居跡が主体を占める。
¶東ア考古

城南里古墳群　じょうなんりこふんぐん
全羅北道益山市朗山面城南里。百済後期に盛行した板石で組んだ平斜天井の玄室と、片袖式の羨道を有する横穴式石室などが検出された。

¶東ア考古

昌寧〔遺跡〕　しょうねい

慶尚南道昌寧郡。先史時代以来の遺跡の密集地。校洞・桂城里古墳群、石築の火旺山城と牧馬山城が知られる。

¶東ア考古〔写〕

昌寧桂城古墳群　しょうねいけいじょうこふんぐん

慶尚南道昌寧郡舎里と明里一帯。三国時代の古墳群。「大干」の銘文が刻まれた土器が出土。6～7世紀の昌寧地域の代表的な古墳群。

¶東ア考古〔図〕

昌寧校洞古墳群　しょうねいこうどうこふんぐん

慶尚南道昌寧郡昌寧邑校洞一帯。5世紀を中心とする古墳群。すべて竪穴系横口式石室墳。

¶東ア考古

昌寧古墳群　しょうねいこふんぐん

慶尚南道昌寧郡昌寧邑。牧馬山の山麓の丘陵地に分布し、170基以上ある。特に、松峴洞と校洞に濃密に分布。大部分は長方形の横口式石室。

¶世界考古

上舞龍里遺跡　じょうむりゅうりいせき

江原道楊口郡楊口邑上舞龍里。破虜湖水没地域にある遺跡。中期旧石器時代の石器は、ハンドアックス・チョッパー・尖頭器など石英を主体とするものを436点確認。

¶東ア考古

昭明遺跡　しょうめいいせき

全羅南道咸平郡孫仏面竹岩里。無文土器（青銅器）時代から三国時代の集落跡。「竹岩里遺跡」ともいう。無文土器時代の8軒の竪穴住居跡、原三国（馬韓）～三国時代の竪穴住居跡183軒のほか、円形古墳跡、土器製作関連遺構などがある。

¶東ア考古

昌林寺跡　しょうりんじあと

慶尚北道慶州市南山鮑谷山。南山仏跡の一つで、8世紀代に創建される。

¶東ア考古

定林寺跡　じょうりんじあと

忠清南道扶余郡扶余邑東南里。主要伽藍は一塔式に属する。寺院跡から三国時代百済末期から高麗時代に至る屋根瓦が出土する。

¶韓国朝鮮（定林寺址 チョンニムじし）、新潮美（扶余―定林寺址 ふよ―じょうりんじし）、大遺跡10（定林寺 じょうりんじ）〔写/図〕、東洋仏教 Ⅲ-p3〔写〕、東ア考古〔写〕、仏教考古（定林寺跡 じょうりんじあと（ジョンリムサジ））

定林寺塔　じょうりんじとう★

忠清南道扶余郡。百済を代表する石塔の一つ。5層で、総高10.10m。大唐平済塔といわれる。

¶大遺跡10 p73（定林寺址・5層石塔）〔写〕、東西文化 p203～205〔写〕、東洋仏教 Ⅲ-p20（定林寺跡の石塔）〔写〕

松林寺の5層塼塔　しょうりんじのごそうせんとう★

大邱市の北約20km、洛東江上流に位置。統一新羅時代の塔。塔身、屋蓋部は、方形と長方形の無紋塼を積み重ねて構築。高さ16.2m。

¶大遺跡10 p147（5層塼塔 松林寺）〔写〕

上林里遺跡　じょうりんりいせき

全羅北道完州郡伊西面上林里。青銅器の埋納遺跡で、中国式銅剣26本が出土した。

¶東ア考古

祥林里窯跡　しょうりんりかまあと

京畿道広州市都尺面祥林里。老谷川と祥林川の周辺に散在する15ヵ所の窯跡を確認した17世紀の第3段階の官窯。

¶東ア考古

上老大島山登遺跡　じょうろうだいとうさんといせき

慶尚南道統営郡欲知面上里。櫛目文土器（新石器）時代の貝塚遺跡。太線沈線文土器が主に出土。

¶東ア考古

上老大島上里遺跡　じょうろうだいとうじょうりいせき

慶尚南道統営郡欲知面上里。櫛目文土器（新石器）時代の貝塚遺跡。櫛目文土器時代中期の太線沈線文土器、中石器時代の不整形細石器も出土。

¶東ア考古

小鹿島　しょうろくとう

全羅南道高興郡錦山面の小鹿島。1934年土木工事中に、多鈕細文鏡が磨製石斧1と磨製石鏃6を伴って発見された。

¶世界考古

小魯里遺跡　しょうろりいせき

忠清北道清原郡玉山面小魯面156-1。中期～後期旧石器時代に至る3枚の文化層と最終間氷期に形成されたものと見られる泥炭層が確認された。2地層上部では石器製作跡が検出され、2地層下部はチョッパー・石核などの石器が出土した。

¶東ア考古

飾履塚　しょくりづか

慶尚北道慶州邑路東里。古墳。木室のまわりを石積みで覆い、上に高い封土をくわえた構造をもつ。金銅飾履は最も顕著な遺物。

韓国

¶新潮美, 図解考古〔写〕, 世界考古

助村洞古墳群　じょそんどうこふんぐん
全羅北道群山市助村洞。3世紀中頃の周溝墓、4世紀中頃～5世紀初頭の土壙木棺墓、5世紀初頭の竪穴式石槨、6世紀末～7世紀初頭の横口式石槨など多様な墓制が調査された。
¶東ア考古

新羅〔遺跡〕　しらぎ
慶州。各時期の代表的な古墳は慶州盆地に集中。原三国（辰韓）時代の慶州地域では、慶州型木槨墓が現れる。三国時代新羅の5世紀に積石木槨墳が築造され6世紀になると、慶州151号墳、龍江洞古墳などの古墳がある。
¶世界考古, 東ア考古〔写（慶州盆地の新羅古墳群）〕

四老洞遺跡　しろうどういせき
京畿道九里市四老洞。無文土器（青銅器）時代の墳墓遺跡。
¶東ア考古

四老里　しろうり
京畿道楊州郡九里邑四老里の丘陵地帯。北斜面で、扁平な割石を積んで四壁とした石室墓を調査。無文土器時代に属す。
¶世界考古

城山貝塚　しろやまかいづか
慶尚南道昌原市外洞。城山と呼ばれる低丘陵の傾斜面に形成された無文土器（青銅器）時代末期～三国時代の集落遺跡（貝塚）と、頂上部に形成された城跡。
¶東ア考古〔図（土器）〕

城山山城　しろやまさんじょう
慶尚南道咸安郡伽倻邑。広井里の鳥南山（別名城山、標高139m）の山頂部に築かれた山城。東門の内側に築かれた貯水施設において116点、6世紀第3四半期頃の木簡が出土。
¶東ア考古〔写〕

新燕里9号墳　しんえんり9ごうふん
全羅南道霊巌面始終面新燕里。4～5世紀の三国時代の古墳。新燕里古墳群の1基。方形で、周溝を有する。
¶東ア考古

仁旺洞古墳群　じんおうどうこふんぐん
慶尚北道慶州市仁旺洞。三国時代新羅の古墳群。積石木槨墳・竪穴式石室墓・木槨墳・土壙墳・甕棺墓が多数発掘されている。
¶東ア考古

新基洞古墳群　しんきどうこふんぐん
忠清南道公州市新基洞。三国時代百済の横穴式石室4基と、高麗時代の石槨墓13基を発掘。

¶東ア考古

新興里古墳群　しんこうりこふんぐん
慶尚北道尚州市咸昌邑新興里。三国時代の古墳群。出土遺物は陶質土器と鉄製武器・馬具類が中心で、高句麗との関係を示すものがあり注目される。
¶東ア考古

深谷里遺跡　しんこくりいせき
江原道溟州郡江東面深谷里。段丘上部のシルト－粘土層から100点余りの脈石英・砂岩製の石器が出土した。
¶東ア考古

晋州古墳群　しんしゅうこふんぐん
慶尚南道晋州市の北東方。玉峯および水精峯の2つの丘陵上にある古墳群。水精峯の山頂にある円墳は、両袖の割石積の横穴式石室をもつ。
¶世界考古

新昌洞遺跡　しんしょうどういせき
光州広域市光山区新昌洞。原三国（馬韓）時代の集落・墳墓遺跡。甕棺墓群、低湿地・環濠・水路・土器焼成遺構・墳墓群などが調査された。
¶世界考古（新昌里　しんしょうり）、東ア考古〔図（木製品）〕

仁川景西洞窯址　じんせんけいせいどうようし
仁川市西串景西洞。高麗初期（10世紀頃）の青磁の窯址。
¶新潮美

神仙寺跡　しんせんじあと
慶尚北道慶州市乾川邑松仙里の断石山。寺院跡。上人巌または僧侖巌と呼ばれる巨岩は、三方をコの字形に囲み、石窟状を呈している。壁面に仏などの浮彫がある。周囲からは瓦が出土。
¶大遺跡10（断石山神仙寺　だんせきさんしんせんじ）〔写/図〕、東ア考古

辰泉洞遺跡　しんせんどういせき
大邱広域市達西区辰泉洞470-29番地。無文土器（青銅器）時代の岩刻画が刻まれた立石とともに、それを取り巻く基壇と5基の石棺が確認された。
¶東ア考古〔写〕

新村里9号墳　しんそんり9ごうふん
全羅南道羅州市潘南面。潘南古墳群を代表し、甕棺を内部主体とする古墳。栄山江流域の首長墓。

新垈里山城　しんたいりさんじょう
慶尚北道慶州市陽南面新垈里と慶尚南道蔚山市農所邑。山頂付近に築かれた城周約1800mの鉢巻式石城。築城時期は7世紀後半～8世紀初め。
¶東ア考古

神堂里　しんどうり
慶尚北道月城郡川北面神堂里付近。古くから遺物の散布地として知られている。採集される土器は赤褐色の無文土器。石器はいずれも磨製。

¶ 世界考古

新徳1号墳　しんとく1ごうふん
全羅南道咸平郡月也面礼徳里。前方後円形古墳。横穴式石室墳。

¶ 東ア考古〔写〕

神福寺跡　しんぷくじあと
江原道江陵市内谷洞。高麗時代の石造菩薩坐像と三重石塔が現地に残っている寺院跡。

¶ 東ア考古

壬仏里遺跡　じんぶつりいせき
慶尚南道居昌郡南上面壬仏里。旧石器時代の開地遺跡。泥岩製の細石刃石核1点を含む細石核ブランク・細石刃・スポール・削器・搔器など10数点が出土。

¶ 東ア考古

神文王陵の袖石の彫刻　しんもんおうりょうのそでいしのちょうこく★
慶尚北道慶州市の内東面。神文王(在位681-692)の陵。南に当る袖石の一つには「門」の1字の彫刻がある。

¶ 古代遺跡 p27〔写〕

新龍里窯跡　しんりゅうりかまあと
全羅北道益山市金馬面新龍里。6世紀の三国時代百済の土器窯跡。百済土器を生産した窯跡の数少ない調査例。

¶ 東ア考古〔図〕

神勒寺　しんろくじ
京畿道驪州郡北内面の鳳尾山。新羅の創建の寺院。6層の塼、極楽殿、祖師堂が残る。

¶ アジア歴5

推火山烽燧台　すいかざんほうすいだい
慶尚南道密陽市密陽邑校洞山6-16番地一帯。三国時代から李朝(朝鮮)時代にかけて使用されたものと推定される。推火山城内に位置している。烽燧施設と、付属建物跡2棟が確認された。

¶ 東ア考古〔図〕

水佳里遺跡　すいかりいせき
慶尚南道金海郡長有面水佳里。櫛目文土器(新石器)時代中期の貝塚遺跡。南海岸櫛目文土器時代中期以降の土器変遷を把握することができ、中期以降の土器編年の基準となる遺跡。

¶ 東ア考古

水原の華城　すいげんのかじょう★
ソウルの南郊外の京畿道水原市。李氏朝鮮時代の城塞遺跡。18世紀末、第22代の朝鮮王・正祖が新たな王都とするために築いたとされる。東西南北に配置された4つの楼門(蒼竜門・八竜門・華西門・長安門)をもつ城壁は全長5kmを超える。

世界遺産 (華城　1997)

¶ 韓国朝鮮(水原城 スウォンじょう)〔図〕、世遺事、成世遺下〔写〕、世遺百(華城 ファソン)〔写〕、東ア考古(水原城跡 すいげんじょうあと)、ビジ世遺〔写〕

水谷2洞古墳群　すいこく2どうこふんぐん
慶尚北道安東郡臨東水谷2洞。主に5世紀代の9基からなる古墳群。1号墳は積石石槨とも呼ぶべき特異な形態。

¶ 東ア考古

瑞山磨崖仏　ずいざんまがいぶつ
忠清南道瑞山市雲山面龍賢里。伽倻山渓谷の絶壁の東南端に三尊仏像が彫られている。中央に2.8mの如来立像、左に菩薩立像、右に半跏思惟像。

¶ 古代遺跡 p22(瑞山の磨崖仏)〔写〕、大遺跡 10(瑞山 ずいさん)〔写〕、東ア考古

水石洞遺跡　すいせきどういせき
京畿道漢金市水石洞。無文土器(青銅器)時代の集落遺跡。竪穴住居跡5軒を検出した。

¶ 世界考古(水石里 すいせきり)、東ア考古

水村里遺跡　すいそんりいせき
忠清南道公州市儀堂面水村里。無文土器(青銅器)時代から李朝(朝鮮)時代にまたがる遺跡群。無文土器時代の竪穴住居跡1件・土壙墓1基、三国時代百済と統一新羅時代の石室墓12基、百済時代と高麗・李朝時代の土壙墓5基が発見された。

¶ 東ア考古

瑞鳳塚　ずいほうづか
慶尚北道慶州市路西洞。金冠塚の西に接している、三国時代新羅の双円墳。木槨・木棺内で金製の冠・腰佩・指輪、ガラス器などが出土。

¶ 新潮美、図解考古〔写(金冠)〕、世界考古、東ア考古

垂楊介遺跡　すいようかいいせき
忠清北道丹陽郡赤城面艾谷里垂楊介の南漢江岸。韓国では最も広く発掘された旧石器時代遺跡。50ヶ所以上の石器製作跡(遺物集中区)が発見されている。

¶ 東ア考古〔写〕

崇福寺跡　すうふくじあと
慶尚北道月城郡外東面。三重石塔2基が東西に残っている。亀趺は1石で2匹の亀を表現した珍しいもの。

¶ 世界考古(崇福寺(2) すうふくじ)、東ア考古

韓国　　　　　　　　　　　　　　　　　78

アジア

清海鎮遺跡　せいかいちんいせき
全羅南道莞島郡莞島邑長佐里の将島。総延長890mの城壁がめぐり城郭を形成。統一新羅時代の9世紀の土器が多く出土。
¶東ア考古〔図〕

西兄山城跡　せいけいさんじょうあと
慶尚北道慶州市西岳洞。西兄山の南西中腹に築かれた古代新羅の鉢巻式山城跡。外郭線の周長は約2.9kmの規模、城壁は完全に崩壊。
¶東ア考古

聖興山城　せいこうさんじょう
忠清南道扶余郡林川里から郡司里にかけて築く。百済の東城王23年（501）8月に築造と伝わる。周囲約600mの小規模な山城。
¶大遺跡10〔写〕

星山洞古墳群　せいざんどうこふんぐん
慶尚北道星州郡星州邑星山洞905-1。三国時代加耶の古墳群。星山加耶の中心的な古墳群で、築造年代の中心は、おおよそ5世紀中葉。
¶東ア考古〔写〕

西三洞壁画墓　せいさんどうへきがほ
慶尚北道安東郡禄転面西三洞。高麗時代の壁画墓。石棺内面に漆喰を塗って、四壁に四神図と天井に星宿図を描いていた。12世紀初葉の築造。
¶東ア考古

星州古墳群　せいしゅうこふんぐん
慶尚北道星州郡内。5・6世紀頃に築造された古墳。星州面星山洞にある古墳群は著名。
¶世界考古

聖住寺跡　せいじゅうじあと
忠清南道保寧市聖住里。統一新羅時代末期に成立した九山禅門の一つ。聖住寺朗慧和尚白月葆光塔碑は、統一新羅時代に崔致遠がつくった4つの碑文の一つ。
¶東ア考古〔写〕，仏教考古（烏含寺（聖住寺）うがんじ（オハムサ）（ソンジュサ））

政生洞窯跡　せいせいどうかまあと
大田広域市政生洞。白磁窯1基・工房跡・灰原を検出した。16世紀後半頃の窯とされる。
¶東ア考古

菁堤碑　せいていひ
慶尚北道永川市琴湖面道南洞。三国時代新羅の築堤に関する石碑。2基あり、6世紀前半の建立。
¶東ア考古〔写〕

清堂洞遺跡　せいどうどういせき
忠清北道天安市清堂洞。無文土器（青銅器）時代の住居跡や、原三国（馬韓）時代の墳墓が調査された複合遺跡。

¶東ア考古

聖徳王陵　せいとくおうりょう
慶尚北道慶州市朝陽洞。統一新羅時代に当たる新羅第33代聖徳王の陵。平面円形、直径約17mをなす墳丘の裾に護石がめぐらされている。
¶大遺跡10〔写〕，東ア考古〔写〕

聖徳王陵の十二支像　せいとくおうりょうのじゅうにしぞう★
慶尚北道慶州市道只洞。聖徳王（在位702-737）陵の墳丘の腰石の外に立つ十二支像の丸彫り。
¶古代遺跡　p28〔写〕

西屯洞遺跡　せいとんどういせき
京畿道水原市西屯洞。無文土器（青銅器）～原三国（三韓）時代の集落遺跡。無文土器時代の住居跡4軒と、原三国時代の住居跡3軒が発掘調査された。
¶東ア考古

青馬山城跡　せいばさんじょうあと
忠清南道扶余邑龍井里。包谷式山城。外郭線の周長は9.277kmに及び、百済の泗沘都城時代に築造された山城では最大級の規模を持つ。
¶東ア考古〔図（排水口実測図）〕

清平寺　せいへいじ
江原道春城郡北山面。新羅統一時代の創建、高麗時代に栄えた。1558年に高僧普雨が再興。当時の回転門が残る。
¶新潮美

青里遺跡　せいりいせき
慶尚北道尚州市青里面一帯。無文土器（青銅器）時代から近代に至る複合遺跡。
¶東ア考古

赤城碑　せきじょうひ
忠清北道丹陽郡丹陽邑下坊里の赤城山城内。三国時代新羅の石碑。新羅の真興王が記念に立てた碑。内容は真興王が赤城経営の方針を新羅領内に宣言したもので、年代は545年前後から551年前後頃。
¶東ア考古〔写〕，東ア考古（丹陽赤城碑　たんようせきじょうひ）

石壮里遺跡　せきそうりいせき
忠清南道公州市石壮里。旧石器時代の代表的な遺跡。石器の種類は豊富で、チョッパー、チョッピング・スクレーパー、尖頭器、細石核などの石器のほかに、石槌などの石器製作具も含まれる。
¶韓国朝鮮（石壮里遺跡　ソクチャンニいせき），世界考古（石壮里　せきそうり）〔図（石器）〕，東ア考古

石村洞4号墳　せきそんどう4ごうふん
ソウル特別市松坡区。石村洞古墳群に属する三

国時代百済前期の方壇階段式積石塚。

¶大遺跡10（ソウルの百済遺跡—石村洞4号墳）〔写〕，東ア考古〔写〕

石村洞古墳群　せきそんどうこふんぐん

ソウル特別市松坡区石村洞。三国時代百済前期の古墳群。封土墳である「土塚」が23基，積石塚である「石塚」66基が確認された。

¶東ア考古

石帳里遺跡　せきちょうりいせき

忠清北道鎮川郡徳山面石帳里。三国時代百済の鉄・鉄器生産遺跡。製鉄から鉄器生産に至る工程が明確にされた遺跡として重要。

¶東ア考古〔写〕

石塔洞（安東）の積石式塔　せきとうどうあんとうのつみいししきとう★

慶尚北道。最下段の1辺は，西南側で約13.6m。全体の高さは約5.5m。

¶東西文化 p208（北後面の積石塔）〔写〕，東洋仏教 Ⅲ-p41〜42〔写〕

石塔洞（義城）の積石式塔　せきとうどうぎじょうのつみいししきとう★

慶尚北道。積石式の3層石塔。初層の1辺の長さは12m。全体の高さ約5.5m。2段目の中央各面の龕に仏像が安置されている。

¶東西文化 p208（安平面の積石塔）〔写〕，東洋仏教 Ⅲ-p36〜40〔写〕

石窟庵　せっくつあん

慶尚北道慶州市。統一新羅時代の景徳王10年（751）に仏国寺の付属石窟として創建。吐含山の山上にあり，阿弥陀如来座像を配置する。石窟を主拝殿とする寺院建造物があり，全体を石仏寺と呼ぶが，一般には石窟庵と呼ばれる。

世界遺産（石窟庵と仏国寺 1995）

¶アジア歴5〔写/図〕，角川世，韓国朝鮮〔写p254/図〕，新潮美，図解文化〔写〕，世遺事（石窟庵と仏国寺），成世遺下（石窟庵と仏国寺）〔写〕，世遺百（石窟庵，仏国寺 ソックラム，プルグクサ）〔写〕，世界考古〔図〕，世歴大11，大遺跡10〔写/図〕，東洋仏教 Ⅲ-p43〜44〔写〕，東ア考古，ビジ世遺（石窟庵と仏国寺）〔写〕，山川世，ユネ世遺4（石窟庵と仏国寺）〔写〕

石窟庵の石塔　せっくつあんのせきとう★

慶尚北道慶州市進峴洞。石窟庵の近く，2壇の基壇の上に建つ。3層石塔。

¶東洋仏教 Ⅲ-p33〔写〕

雪城山城跡　せつじょうさんじょうあと

京畿道利川市長湖院邑。古代の包谷式山城。三国時代から高麗時代の土器や瓦片が出土。

¶東ア考古

雪峰山城跡　せっぽうさんじょうあと

京畿道利川市。古代の包谷式山城。城門2ヵ所，建築跡6ヵ所，将台，井戸があり，石弾や鉄製品，「咸通」銘硯（865年）も出土。

¶東ア考古

千軍洞廃寺跡　せんぐんどうはいじあと

慶尚北道慶州市千軍二洞。統一新羅時代の寺院跡。東西に2つの三重石塔が残る。

¶世界考古（千軍洞廃寺 せんぐんどうはいじ），東洋仏教 Ⅲ-p12〔写〕，東ア考古〔写〕

千軍洞廃寺跡の石塔　せんぐんどうはいじあとのせきとう★

慶尚北道慶州市千軍洞。東塔と西塔とが復原されている。西塔は高さ約4.4m。

¶東洋仏教 Ⅲ-p31〔写〕

千軍洞避幕遺跡　せんぐんどうひまくいせき

慶尚北道慶州市千軍洞。複合遺跡。ka〜da地区では，5〜6世紀を中心年代とする古墳群・民墓・無文土器散布地が確認され，na地区では，古墳群・住居跡・製鉄跡・炭窯が確認された。

¶東ア考古

禅源寺跡　ぜんげんじあと

仁川広域市江華郡仙源面智山里。高麗時代の寺院跡。1245年（46？）創建。現在，海印寺にある八万大蔵経が以前に保管されていたといわれる寺院。

¶東ア考古〔写〕

全谷里遺跡　ぜんこくりいせき

京畿河漣川郡全谷面全谷里。旧石器時代の代表的遺跡。東アジアでは最初で，確実な両面加工のハンド・アックス伝統の旧石器文化といわれている。

¶韓国朝鮮（全谷里遺跡 チョンゴンニいせき），東ア考古

川上里遺跡　せんじょうりいせき

蔚山広域市蔚州郡凡西面川上里644番地一帯。無文土器（青銅器）時代と三国時代新羅の住居遺跡。5世紀代の新羅土器である硬質の高坏・坩・壺，軟質の瓶・甕や砥石などが出土。

¶東ア考古

瞻星台　せんせいだい

慶尚北道慶州市仁旺洞。新羅の故都・慶州盆地のやや南寄りの所に立つ石造物。7世紀前半の三国時代新羅善徳王時代の築造と伝えられる。

¶アジア歴5〔写〕，韓国朝鮮〔写〕，古代遺跡p15〔写〕，新潮美，世界考古，大遺跡10〔写〕，東ア考古〔写〕

川前里遺跡　せんぜんりいせき

慶尚南道蔚州郡斗東面川前里。岩刻画遺跡。彫

刻は、無文土器（青銅器）時代文化の所産と考えられ、岩壁の下面にある銘文は、三国時代新羅から統一新羅時代にかけてのものとされる。

¶東ア考古〔写〕

仙地寺跡　せんちじあと
慶尚南道金海市酒村面仙地里。寺院跡。高麗時代から李朝（朝鮮）時代の瓦や土器・陶磁器などが出土し、そのなかに「仙地寺」「面（回？）養」銘瓦などがあった。

¶東ア考古

蓴池里遺跡　せんちりいせき
慶尚南道梁山郡下北面蓴池里山47・49・55番地一帯。6世紀前後の土城で鉢巻式山城。

¶東ア考古

蓴池里古墳群　せんちりこふんぐん
慶尚北道清道郡雲門面蓴池里。清道地域の6世紀中葉以降における横穴式石室墳の構造を知ることのできる古墳群。

¶東ア考古

泉田里　せんでんり
江原道春城郡新北面泉田里。支石墓、積石塚、古墳などを中心とした遺跡。積石塚の中には統一新羅時代のものもみられる。

¶世界考古

仙桃山　せんとうさん
慶州盆地の西方。西兄山城がある。鉢巻式の山城であったが城壁はほぼ残存せず。城壁内、大きな岩壁に磨崖石仏像がある。

¶大遺跡10〔写〕

仙桃山磨崖三尊像　せんとうさんまがいさんぞんぞう★
慶州盆地の西方の仙桃山頂から少し下った東側。大岩面に彫られた阿弥陀三尊像。統一新羅時代の作。

¶大遺跡10 p137〔写〕

仙東里窯跡　せんとうりかまあと
京畿道広州市草月面仙東里。17世紀の官窯であり、主窯と従属窯の双方が明らかにされた例。

¶東ア考古

禅房寺跡　ぜんぼうじあと
慶尚北道慶州市拝洞。慶州南山の西麓にある寺跡。三尊石仏は、三国時代新羅の丸彫像として貴重。

¶東ア考古

禅林院跡　ぜんりんいんあと
江原道襄陽郡西面黄耳里。寺院跡。統一新羅時代の哀荘王5年（804）に創建された。

¶東ア考古

双渓寺　そうけいじ
慶尚南道河東郡花開面。智異山花開谷は、新羅三法和尚の蘭若の跡と伝え、恵能大師の頂骨を奉安した場所といわれる。新羅の真鑑国師慧昭が玉泉寺を創建。

¶アジア歴5

曹渓寺　そうけいじ
ソウル特別市鍾路区。大韓仏教曹渓宗の総本山。1910年、全国の僧侶の義捐金で覚皇寺を創建。1938年現位置に移築。1954年、曹渓寺と改称。

¶韓国朝鮮（曹渓寺 チョゲじ）

宋山里6号墳　そうざんり6ごうふん
忠清南道公州市宋山里。宋山里古墳群のうちの王陵と推測されている塼築封土墳。「梁官瓦為師矣」の線刻をもつ蓮華文塼があった。

¶世界考古（宋山里壁画墳 そうざんりへきがふん），東西文化 p262〜263〔写〕，東ア考古

宋山里古墳群　そうざんりこふんぐん
忠清南道公州市。三国時代百済中期の古墳群。百済中期熊津時代の王陵を含む陵墓域に当たる。

¶新潮美（公州―宋山里古墳群 こうしゅう―そうざんりこふんぐん），世界考古〔写〕，大遺跡10（宋山里古墳 そうざんりこふん）〔写〕，東ア考古〔写〕

双清里遺跡　そうせいりいせき
忠清北道清原郡江外面双清里。三国時代と櫛目文土器（新石器）時代の住居跡が検出された集落遺跡。農耕と関連がある遺物が出土。

¶東ア考古

双村洞遺跡　そうそんどういせき
光州広域市西区双村洞。原三国（馬韓）時代の集落遺跡を含む複合遺跡。原三国〜三国時代初期の住居跡、三国時代の周溝墓、土壙墓、高麗時代および李朝（朝鮮）時代の石室墓、木棺墓、灰槨墓などが発掘調査された。

¶東ア考古

草村里古墳群　そうそんりこふんぐん
全羅北道南原市二白面草村里。三国時代百済の古墳群。埋葬施設の大部分は横穴式石室。

¶東ア考古

草堂洞古墳群　そうどうどうこふんぐん
江原道江陵市草堂洞。三国時代新羅の古墳群。5世紀末頃の山字形金銅製冠が出土。

¶東ア考古

早洞里遺跡　そうどうりいせき
忠清北道忠州市早洞里。櫛目文土器（新石器）時代から無文土器（青銅器）時代にまたがる集落遺跡。遺物は、朝鮮半島中西部地方に特徴的な土器と、南部地方の特徴を示す土器が混在。

¶東ア考古

造塔里古墳群　ぞうとうりこふんぐん
慶尚北道安東郡一直面造塔里。三国時代の古墳群。5基の墳丘墓、100基程度の遺構が確認されており、埋葬施設は竪穴式石槨と横口式石室が主体。
　　　¶東ア考古

宗廟　そうびょう
ソウルの鐘路区廟洞。1394年に造られた李氏朝鮮の祖先の霊廟。1592年の文禄の役で焼失したが、1608年に再建された。歴代の王と王妃を祀る正殿や、功臣を祀る功臣堂などがある。現在も毎年5月に儒教の大祭が行われる。
　[世界遺産]〔宗廟　1995〕
　　　¶世遺事（宗廟 チョンミョ），成世遺下〔写〕，
　　　世遺百（宗廟 チョンミョ）〔写〕，ビジ世遺
　　　〔写〕，ユネ世遺4〔写〕

草芙里遺跡　そうふりいせき
京畿道龍仁郡慕賢面草芙里。無文土器（青銅器）時代の遺跡。細形銅剣の鋳笵（鋳型）3枚が重なった状態で出土した。
　　　¶世界考古（草芙里 そうふり），東ア考古

双峰寺　そうほうじ
全羅南道和順郡梨陽面。新羅統一時代の創建。本殿の大雄殿は木造3層の仏塔形式。
　　　¶新潮美

草浦里遺跡　そうほりいせき
全羅南道咸平郡羅山面草浦里。無文土器（青銅器）時代の墳墓遺跡。墓壙内の底面から天河石製飾玉1対、把頭飾付細形銅剣2および多鈕細文鏡3が出土。
　　　¶東ア考古

ソウル〔遺跡〕
ソウル特別市。李氏朝鮮（朝鮮王朝）の太祖李成桂が、1394年に当地、王都を定め、都城を築き、王宮を営んだ。漢江の河岸では、江東区岩寺洞に櫛目文土器（新石器）時代の集落遺跡、無文土器（青銅器）時代は松坡区の可楽洞、江南区の駅三洞、江東区の明逸洞、城東区の鷹峰洞などの丘陵地で集落遺跡、原三国（三韓）時代では風納土城がある。李朝時代は、王宮・羅城・城門のほか、南漢山城や幸州山城などの遺跡がよく知られる。
　　　¶東ア考古

素素里遺跡　そそりいせき
忠清南道唐津郡合徳邑素里。遺構は明らかでない。初期鉄器文化の青銅武器と鉄製工具の組合せを見る上で、良好な一括資料のある遺跡。
　　　¶東ア考古

蒜谷洞遺跡　そんこくどういせき
慶尚北道慶州市蒜谷洞・川北面勿川里。遺構は住居跡（無文土器時代）、炭窯・土器窯跡および関連施設（三国時代新羅）、瓦窯跡および石室墓（統一新羅時代）など。
　　　¶東ア考古

俗離山　そんにさん
忠清北道報恩郡と慶尚北道尚州市の境にある山。名利法住寺の所在地としても知られる。古来、信仰の山として、また深山幽谷の景勝地として、多くの国王や名僧、文人が訪れた。
　　　¶韓国朝鮮

泰安摩崖仏　たいあんまがいぶつ
忠清南道瑞山郡泰安面東門里。百済末期（7世紀前半）の摩崖仏。泰山半島の先端丘陵上、巨岩の壁面に彫られている。中央に菩薩立像、左右に如来立像。
　　　¶新潮美，大遺跡10（泰安 たいあん）〔写〕

大安里古墳群　だいあんりこふんぐん
全羅南道羅州市潘南面大安里一帯。三国時代の古墳群。最大の墳丘を持つ9号墳は東西44.3m、高さ8.4mの方形墳丘。
　　　¶東ア考古

大王岩（新羅文武王海底王陵）　だいおういわ
（しらぎぶんぶおうかいていおうりょう）★
慶尚北道月城郡陽岩面奉吉里の海岸の近く。大王岩といわれる、長さ数10mの岩の小島。新羅30代の文武王（在位661-681）が葬られている。岩山の間の窪みが墓室で石棺が水中にある。『三国史記』に火葬し、東海の大石の上に葬るように遺言した記事がある。
　　　¶古代遺跡 p26（大王岩）〔写〕，大遺跡10（大
　　　王岩）〔写〕，東洋仏教 III-p75〜78（新羅文武
　　　王海底王陵）〔写〕

大口面窯跡　たいこうめんかまあと
全羅南道康津郡大口面。高麗時代の陶磁器窯跡。高麗時代の全期間を通じて、各種の青磁が網羅的に操業された遺跡。
　　　¶東ア考古

大興里遺跡　だいこうりいせき
忠清南道天安市城南面大興里山66-3。無文土器（青銅器）時代中期の住居跡5軒と貯蔵穴29基が検出された。貯蔵穴の数が住居跡に比べて多い。
　　　¶東ア考古

大谷里遺跡　だいこくりいせき
全羅南道和順郡道谷面大谷里。無文土器（青銅器）時代の墳墓遺跡。青銅器一括遺物の代表例。
　　　¶東ア考古

大谷里道弄遺跡　だいこくりどうろういせき
全羅南道昇州郡松光面大谷里587。無文土器（青

韓国　　　　　　　　　　　　　　　82

アジア

銅器）時代中期から原三国（三韓）・三国時代の
大規模集落跡。
　　　¶東ア考古〔図〕

大谷里トロン遺跡　　だいこくりとろんいせき
　全羅南道順天市大谷里。櫛目文土器（新石器）時
代の遺物包含層。朝鮮半島南部地方の末期の土
器が出土。
　　　¶東ア考古

帝釈寺跡　　たいしゃくじあと
　全羅北道益山市王宮面王宮里。『観世音應験記』
では百済の武広王（武王）が枳慕蜜地に遷都後、
帝釈精舎を創建し、貞観13年（639）に焼失した
と記す。三国時代百済末期と統一新羅時代の瓦、
高麗時代の「帝釈寺」銘文字瓦が出土。
　　　¶東ア考古

大心里古墳群　　だいしんりこふんぐん
　慶尚北道醴泉郡醴泉邑大心里。三国時代の古墳
群。4世紀半ば〜5世紀後半と推定される陶質土
器が採集されている。
　　　¶東ア考古

大成洞古墳群　　たいせいどうこふんぐん
　慶尚南道金海市大成洞。原三国（弁韓）時代から
三国時代にかけての古墳群。遺構の中心となる
のは土壙木槨墓で出土遺物で注目されるのは、外
来系文物。
　　　¶東ア考古〔写〕

大川里遺跡　　たいせんりいせき
　忠清北道沃川郡沃川邑大川里。櫛目文土器（新
石器）時代の遺跡。竪穴住居跡跡床面では炉跡
と柱穴群が検出された。各種の炭化穀物が出土。
　　　¶東ア考古

大山里古墳群　　だいせんりこふんぐん
　忠清南道瑞山郡大山面明智里。三国時代百済の
古墳群。土壙墓を内部主体とする百済古墳の初
期の調査例。
　　　¶東ア考古

大竹里遺跡　　だいちくりいせき
　忠清南道瑞山市大山里大竹里。櫛目文土器（新
石器）時代の貝塚遺跡。
　　　¶東ア考古

大通寺跡　　だいつうじあと
　忠清南道公州市班竹洞。『三国遺事』では、聖王
5年（527）に梁の武帝のために創建したと記す。
創建年代がわかる百済寺院の中では最古の寺院。
　　　¶新潮美（公州一大通寺址　こうしゅう一だいつう
　　　　じし），東ア考古〔写（幢竿支柱）〕，仏教考古
　　　　（大通寺　だいつうじ（テトンサ）

大田遺跡　　たいでんいせき
　全羅南道和順郡南面泗洙里山15番地大田邑。3枚

の旧石器時代文化層が確認されている遺跡。
　　　¶東ア考古

大坪里漁隠1地区遺跡　　たいへいぎょいん1ちく
　いせき
　慶尚南道晋州市大坪里。無文土器（青銅器）時代
の集落遺跡。出土遺物には無文土器、磨製石器
のほか、イネ・アワなどの穀物遺体。
　　　¶東ア考古〔図〕

太平洞窯跡　　たいへいどうかまあと
　慶尚南道鎮海市太平洞。李朝（朝鮮）時代の陶磁
器窯跡。登窯跡と灰原の一部が検出された。
　　　¶東ア考古

大坪里玉房遺跡　　たいへいりぎょくぼういせき
　慶尚南道晋州市大坪面大坪里。土器（青銅器）時
代前期から中期を主とし、三国時代の遺構も検
出された。無文土器時代の遺構には、竪穴住居
跡・環濠・墳墓・耕作地など。
　　　¶東ア考古

大坪里古墳群　　たいへいりこふんぐん
　慶尚南道馬山市鎮北面大坪里。原三国（弁韓）時
代・三国時代の住居跡・貝塚などの生活遺跡と
古墳からなる複合遺跡。
　　　¶東ア考古

大鳳洞支石墓群　　たいほうどうしせきぼぐん
　慶尚北道大邱市南区大鳳洞。南方式支石墓群。
時期は前2〜前1世紀。
　　　¶世界考古〔図〕

大也里遺跡　　だいやりいせき
　慶尚南道居昌郡南下面大也里。無文土器（青銅
器）時代中期の住居跡と支石墓、櫛目文土器（新
石器）時代の小型竪穴、三国時代加耶の住居跡が
調査された。
　　　¶東ア考古

大里3号墳　　だいり3ごうふん
　慶尚北道義城郡大里。墳丘の直径は約20mで、積
石木槨（主槨）と木槨（副槨）が平行に配置されて
いる。築造時期は5世紀後半。
　　　¶東ア考古〔写〕

多大浦遺跡　　ただいほいせき
　釜山広域市西区多大洞。櫛目文土器（新石器）時
代の貝塚遺跡。
　　　¶東ア考古

達城墳墓群　　たつじょうふんぼぐん
　大邱広域市中区達城洞。原三国（三韓）〜三国時
代の墳墓群。副葬品として硬質短頸壺・鉄斧・
鉄鎌などが出土。
　　　¶東ア考古

達西面古墳群　たっせいめんこふんぐん

大邱市の西郊。87基ある古墳群。いずれも円墳。明確な羨道をもたない平面長方形の石室がある。古新羅または任那のものとされる。

　¶新潮美，図解考古〔図〕，世界考古

多芳里遺跡　たほうりいせき

慶尚南道梁山市多芳里。原三国（三韓）時代の貝塚遺跡。防御的性格を持つ濠の内側に柱穴群が検出され、高床建造物と推定されている。

　¶東ア考古

丹月洞古墳群　たんげつどうこふんぐん

忠清北道忠州市丹月洞。統一新羅時代の古墳群。7基の横穴式石室がある。追葬・夫婦合葬・3人以上の家族葬などが指摘される。

　¶東ア考古

断俗寺　だんぞくじ

慶尚南道晋州郡智異山の東麓。新羅時代にあった寺。礎砌断碑が残る。新羅、景徳王の11年（763）大奈麻李純が、世を避けて山に入って創立したという。李氏朝鮮の後半に廃寺となった。

　¶アジア歴6

炭筏里窯跡　たんばつりかまあと

京畿道広州市広州邑炭筏里。白磁や白胎青磁の碗・皿などが出土するほか、わずかに匣鉢がある。1606年〜12年頃の官窯とされる。

　¶東ア考古

地境里遺跡　ちきょうりいせき

江原道襄陽郡県南面地境里。櫛目文土器（新石器）時代の集落遺跡。住居跡10軒と野外炉3基が検出された。出土遺物には漁網錘・石鏃・石皿・磨石など。土器は時期幅を持つ。

　¶東ア考古

竹山里遺跡　ちくさんりいせき

全羅南道宝城郡文徳面竹山里。櫛目文土器（新石器）時代の遺物包含層。櫛目文土器時代の土器と無文土器（青銅器）時代の土器が出土。

　¶東ア考古

竹内里遺跡　ちくないりいせき

全羅南道順天市黄田竹内里田26-2番地。地層は5mの厚さで9枚に分離された中期旧石器時代〜後期旧石器時代の多層遺跡。

　¶東ア考古〔図（石器）〕

竹幕洞祭祀遺跡　ちくまくどうさいしいせき

全羅北道扶安郡辺山面格浦里竹幕洞山35-17番地。韓国で初めて確認された祭祀遺跡。三国時代以来、海の祭祀が行われてきた。倭や加耶と関連する遺物が多く出土。

　¶東ア考古〔図（石製模造品（上）と馬具類（下））〕

池山洞44号墳　ちさんどう44ごうふん

慶尚北道高霊郡高霊邑。王族級の古墳。東西径27m、南北径25mと、やや楕円形を呈する5世紀後葉の時期。

　¶東ア考古〔図〕

池山洞45号墳　ちさんどう45ごうふん

慶尚北道高霊郡高霊邑。池山洞古墳群中の大型古墳。南北径23m、東西径22m。周囲に11基の小石槨が規則的に配置され、これらは殉葬墓である。6世紀前葉の築造。

　¶東ア考古

池山洞古墳群　ちさんどうこふんぐん

慶尚北道高霊郡高霊邑西部。三国時代加耶の古墳群。大加耶の最高支配者集団の墳墓と考えられる。築造の中心年代は5〜6世紀前半。

　¶大遺跡10（池山洞古墳　ちさんどうこふん）〔写〕，東ア考古〔写〕

池山洞大伽耶歴史館敷地遺跡　ちさんどうだいかやれきしかんしきちいせき

慶尚北道高霊郡高霊邑池山里山112-3番地。三国時代の古墳11基、統一新羅時代の建物跡付属遺構、李朝（朝鮮）時代の建物跡、近世の炭窯などが検出された。

　¶東ア考古

池辺洞遺跡　ちへんどういせき

江原道江陵市池辺洞。櫛目文土器（新石器）時代の遺物包含層。土器は中期以降のものが大部分を占める。「之」字文と、押引文土器が出土して注目される。

　¶東ア考古

茶雲洞遺跡　ちゃうんどういせき

蔚山広域市中区茶雲洞。無文土器（青銅器）時代前期の集落および原三国（三韓）〜三国時代の墳墓群。

　¶東ア考古

チャラボン古墳

全羅南道霊巌郡始終面泰澗里。前方後円形古墳。全長35.6m、円形部中央において竪穴式石室が確認された。

　¶東ア考古〔図〕

チャンネ遺跡

忠清北道忠州市東良面沙器里チャンネ。南漢江岸にある開地遺跡。5千余点の後期旧石器時代の石器が出土した。テント式の住居が復元され、夏季の住居と考えられている。

　¶東ア考古

中原高句麗碑　ちゅうげんこうくりひ

忠清北道忠州市可金面龍田里立石村。三国時代高句麗の石碑。高さ約203cm、幅55cmの方柱状の花崗岩。5世紀末の文咨明王代のもの。

韓国　　　　　　　　　84

¶東ア考古

忠孝洞窯跡　ちゅうこうどうかまあと
　全羅南道光州直轄市忠孝洞。1号窯は全長20.6m、
最大幅1.3m、傾斜13度をなす土築無段単室窯。
1420～1510年。粉青から白磁への展開を示す。
　　　¶東ア考古

忠孝洞古墳群　ちゅうこうどうこふんぐん
　慶尚北道慶州市忠孝洞。7世紀代を中心に営造さ
れた古墳群。玄室の平面形は方形に近く、羨道
は片袖式、両袖式両方の付き方をする。玄室天
井は比較的高い。
　　　¶東ア考古〔図〕

中山里遺跡　ちゅうざんりいせき
　蔚山広域市農所面中山里。原三国(三韓)・三国
時代の墳墓群。後2世紀中葉～7世紀前半の木棺
墓・木槨墓・竪穴式石槨墓・横口式石室墓・横
穴式石室墳・甕棺墓など約600基を調査。
　　　¶東ア考古〔図〕

中島遺跡　ちゅうとういせき
　江原道春川市中島。無文土器(青銅器)時代～三
国時代初期の遺跡。無文土器時代の支石墓と、原
三国(三韓)～三国時代初期の住居跡2軒、積石
塚1基が発掘調査された。
　　　¶東ア考古〔図〕

チュンナン遺跡
　全羅南道咸平郡咸平邑長年里。無文土器(青銅
器)時代に至る複合遺跡。無文土器時代に3軒の松菊里型住居跡のほか、支石墓が
ある。三国時代4世紀代に100余軒以上の大規模
集落を形成。
　　　¶東ア考古

長院里遺跡　ちょういんりいせき
　忠清南道公州市正安面長院里。櫛目文土器(新石
器)時代から李朝(朝鮮)時代の複合遺跡。200以上
の遺構群と豊富な遺物を検出。原三国時代の周
溝墓と李朝時代末期の墳墓は重要。
　　　¶東ア考古

長蝦里石塔　ちょうかりせきとう★
　忠清南道扶余邑扶余邑長蝦里。3層の石塔。隅柱
に木塔の名残をとどめる。
　　　¶東洋仏教 Ⅲ-p21〔写〕

長巌鎮城跡　ちょうがんちんじょうあと
　忠清南道舒川郡長項邑長岩里。高麗時代から李
朝(朝鮮)時代にわたる鎮城跡。周囲約640mの
石築の城壁と、城門・雉各2ヵ所が確認された。
　　　¶東ア考古

長興里遺跡　ちょうこうりいせき
　江原道鉄原郡東松邑長興4里。後期旧石器時代を
中心とした開地遺跡。中石器時代への過渡期の

所産として評価されている。
　　　¶東ア考古

長鼓山古墳　ちょうこさんこふん
　全羅南道咸平郡咸平邑長年里。前方後円形古墳。
全長66m、方形部の前面と、円形部の北東側に
周溝痕跡を確認。墳丘上において円筒形土器片
も採集。
　　　¶東ア考古〔写(横穴式石室)〕

長鼓村1・2号墳　ちょうこそん1・2ごうふん
　光州広域市光山区月桂洞。三国時代の古墳。1
号墳は全長45.3mの前方後円形の墳丘、盾形周
濠。2号墳は盾形周濠、全長34.5m、前方後円形
の墳丘。
　　　¶東ア考古

長鼓峰古墳　ちょうこほうこふん
　全羅南道海南郡北日面方山里。朝鮮半島最南端、
最大の前方後円形古墳。「新芳古墳」ともいう。
　　　¶東ア考古

長山里遺跡　ちょうざんりいせき
　忠清南道天安市修身面長山里。複合遺跡。原三
国(三韓)時代の住居跡11軒、水田と水路、三国
時代以降の石槨墓4基、高麗～李朝(朝鮮)時代
の土壙墓25基が発掘調査された。
　　　¶東ア考古

朝鮮王朝の陵墓群　ちょうせんおうちょうのりょ
うほぐん★
　ソウル首都圏、京畿道、江原道に分布。1392年
から1910年にかけて繁栄した朝鮮王朝の王墓。
そのうち、1408年から1966年に造られた18の地
域に点在する40の王墓が登録された。風水と儒
教思想に基づき、独特の様式で造られたことが
特徴。
　[世界遺産](朝鮮王朝の王墓群　2009)
　　　¶世遺事、成世遺下(朝鮮王朝の王墓群)〔写〕,
　　　世遺百(朝鮮王朝の王墓)

長川里遺跡　ちょうせんりいせき
　全羅南道霊岩郡西湖面長川里。無文土器(青銅
器)時代の集落遺跡。住居域と墓域からなる小
規模集落と、磨製石器・細形銅剣の併存の様相
がわかる。
　　　¶東ア考古

朝陽洞遺跡　ちょうようどういせき
　慶尚北道慶州市朝陽洞。原三国(辰韓)～三国時
代の墳墓群。木棺墓26基、木槨墓13基、甕棺墓
20基、石槨墓8基が発掘調査された。造営年代は
前1世紀前半代が上限。
　　　¶東ア考古

長林里古墳群　ちょうりんりこふんぐん
　慶尚北道義城郡丹村面長林里。三国時代5～6世
紀頃の古墳群。100余基の古墳が分布するが盗掘

による破壊が甚だしい。一墳丘内にいくつもの石槨が営まれた多槨墳。

¶東ア考古

苧浦里B古墳群　ちょこりBこふんぐん
慶尚南道陝川郡鳳山面苧浦里。三国時代の古墳群。4世紀代の土壙墓23基、甕棺墓1基を検出した。

¶東ア考古

楮石里古墳群　ちょせきりこふんぐん
忠清南道扶余邑楮石里。竪穴式塼槨・竪穴式石槨・竪穴式石槨（甕棺墓）・横口式石槨などの墓制を確認。5世紀頃を中心とした年代を推定。

¶東ア考古

苧浦里古墳群　ちょほりこふんぐん
慶尚南道陝川郡鳳山面苧浦里一帯。大規模な古墳群。無文土器（青銅器）時代の住居跡・支石墓、李朝（朝鮮）時代の民墓なども存在。

¶東ア考古〔図〕

チョムマル龍窟遺跡
忠清北道堤川市松鶴面浦田里チョムマル。石灰岩洞穴。7枚の地層の中で、III層は第3氷期に形成された前期旧石器時代文化層。IV層は第3間氷期の層で人の顔が刻まれた毛サイの前脚骨が出土。

¶東ア考古

智異山　ちいさん
小白山脈中の主峰。金剛山、漢拏山とともに三神山の一つ。山麓には華厳寺、双渓寺、実相寺など多数の寺院が建立されている。

¶アジア歴6，韓国朝鮮（智異山　チリさん）

チングヌル遺跡
全羅北道鎮安郡程川面慕程里チングヌル。全羅北道で最初に発見された旧石器時代の遺跡で、後期旧石器時代の石刃製作が主流をなしていた段階に属する。狩猟キャンプに関連する石器製作所と推定できる。

¶東ア考古〔図（石刃石核とナイフ形石器）〕

珍山里窯跡　ちんざんりかまあと
全羅南道海南郡山二面珍山里。陶磁器窯跡。山二面には高麗時代の青磁窯跡群が集中分布する。出土遺物は青磁碗を主体とするが、鉄絵の長鼓・梅瓶なども含まれていた。

¶東ア考古

陳田寺跡　ちんでんじあと
江原道襄陽郡降峴面屯田里。寺院跡。朝鮮半島における禅宗発祥の地とされ、宗祖道義国師が統一新羅時代の9世紀の中頃に開創した。

¶東ア考古〔写〕

珍島〔遺跡〕　ちんとう
全羅南道珍島郡。珍島の歴史は、櫛目文土器（新石器）時代に始まるが、顕著な遺跡に無文土器（青銅器）時代の支石墓がある。高麗時代、裵仲孫の拠点の龍蔵城跡、龍蔵寺跡や南桃石城などの遺跡が知られる。

¶東ア考古

通度寺　つうどじ
慶尚南道梁山郡下北面霊鷲山。曹渓宗の寺。韓国三大寺刹の一つ。新羅の善徳女王（在位632-646）の頃創始された。

¶アジア歴6，角川世，韓国朝鮮（通度寺　トンドじ），新潮美

亭岩里瓦窯跡　ていがんりがようあと
忠清南道扶余郡場岩面亭岩里。A・B・C・D地区からなる大窯跡群。6世紀中頃～7世紀前半に瓦が生産され、そのほかに土器を生産した瓦陶兼業窯がある。生産・交通・運搬距離まで考慮して築かれた最適地の窯跡。

¶東ア考古

亭岩里古墳群　ていがんりこふんぐん
忠清南道扶余郡場岩面亭岩里。古墳群は、板石や割石で組んだ平斜天井と平天井の横穴式石室、トンネル形天井の横穴式石室、横口式石槨などで構成されている。

¶東ア考古

艇止山遺跡　ていしざんいせき
忠清南道公州市錦城洞山2-1番地。5世紀末～6世紀初頭、475年頃から、竪穴住居群が展開し、6世紀前半には独特の構造の瓦葺き建物がつくられた。6世紀中頃以降には横口式石室や甕棺墓が、統一新羅時代には火葬墓が、高麗時代には土壙墓がそれぞれ築造された。武寧王と王妃の殯を行った場所ではないかと推定されている。

¶東ア考古

天官寺跡　てんかんじあと
慶尚北道慶州市校洞。寺院跡。八角形石塔1基、建物8棟、井戸3基などの遺構が検出されたが、伽藍配置はやや不規則。三国時代新羅～高麗時代の金銅仏像、軒瓦・鴟尾・鬼瓦・「天」銘瓦・陶硯・土器・鉄製壺鐙・滑石製容器などが出土。

¶東ア考古

天柱寺跡　てんちゅうじあと
慶尚北道慶州市仁旺洞。雁鴨池の西側が候補地。付近で「天柱」銘瓦が出土、雁鴨池で出土している古式の瓦の中には、天柱寺関連のものが含まれている可能性がある。

¶東ア考古

天皇山窯址　てんのうざんようし
慶尚南道蔚州郡上北面梨川里の天皇山の山頂近く。李朝前期（15-16世紀頃）の窯址。

¶新潮美

天馬塚　てんまづか
慶尚北道慶州市皇南洞。三国時代新羅の古墳。皇南洞155号墳に当たる。積石木槨墳である。年代は5世紀末から6世紀初。
¶韓国朝鮮（天馬塚　チョンマづか），新潮美，世界考古，東ア考古〔写〕

天龍寺跡　てんりゅうじあと
慶尚北道慶州市内南面茸長里。西暦800年頃の3重石塔・石槽・石臼など多くの遺構と遺物が現存する。1塔・1金堂で、当初の塔は木塔だった可能性がある。
¶東ア考古

統営城跡　とうえいじょうあと
慶尚南道統営市文化洞・中央洞・太平洞・北新洞一帯。李朝（朝鮮）時代の石築城跡。粛宗4年（1678）に築造された慶尚道水軍統制使営である。
¶東ア考古

東海神廟跡　とうかいしんびょうあと
江原道襄陽郡襄陽邑造山里。高麗時代の祭祀遺跡。正殿跡で、建物基壇や石塀の石列が検出され、高麗時代から李朝（朝鮮）時代にまたがる瓦や青磁・白磁などが出土。
¶東ア考古

唐加遺跡　とうかいせき
全羅南道羅州市金川面新加里唐加。地層は上から9枚に分かれ、2層に無文土器（青銅器）～歴史時代の遺構、旧石器時代の遺物は、5層（第3文化層）と7層（第2文化層）、8層（第1文化層）に認められる。
¶東ア考古

堂下山遺跡　どうかさんいせき
全羅南道咸平郡咸平邑長年里堂下山。層位は6地層から構成されており、第1文化層が中期旧石器時代、第2文化層が後期旧石器時代末期とされる。
¶東ア考古

桐華寺　とうかじ
慶尚北道大邱市道鶴洞。仏寺。山号を八公山という。新羅、恵恭王の7年（772）、心志王師によって、現在の所に伽藍が建てられた。現在の木造建築物は、みな李朝末期の再建になったもの。
¶アジア歴7（桐華寺　どうかじ）〔写〕，新潮美

桃花里遺跡　とうかりいせき
江原道襄陽郡巽浦面桃花里。採集された石器の総数は4千点余りにも達し、種類も多様である。性格・時期ともに判然としていない。
¶東ア考古

堂下里遺跡　どうかりいせき
京畿道華城郡峰潭面堂下里。3・4世紀を中心と

する三国時代百済の集落遺跡。
¶東ア考古

東九陵　とうきゅうりょう
京畿道九里市。李朝（朝鮮）時代の陵墓群。太祖8年（1408）の太祖の健元陵に始まり、9陵17位の王と后妃の陵墓からなっている。個々の陵墓は、いずれも小型の円墳。
¶東ア考古〔写〕

道渓洞古墳群　どうけいどうこふんぐん
慶尚南道昌原市渓洞。原三国（弁韓）時代・三国時代の古墳群。三国時代の土壙墓からは瓦質土器、鉄器、各種玉類などが出土。三国時代の土壙墓・石槨墓からは陶質土器・軟質土器・鉄器などが出土した。
¶東ア考古

道項里岩刻画古墳　どうこうりがんこくがこふん
慶尚南道伽耶邑道項里道洞田763-2番地。道項里古墳群内に所在する。5世紀の築造と推定される三国時代加耶の古墳である道項里34号墳の封土内から、無文土器（青銅器）時代の岩刻画が発見された。
¶東ア考古〔図〕

道項里古墳群　どうこうりこふんぐん
慶尚南道咸安郡伽椰邑道項里と、末山里一帯。その当時の支配者の墳墓であると考えられる。古墳群は原三国（弁韓）時代から三国時代加耶にかけて継続的に築造されており、4～5世紀に該当するものが多い。
¶東ア考古

豆谷里古墳群　とうこくりこふんぐん
忠清南道扶余郡林川面豆谷里。古墳群は横穴式石室と土壙木簡墓が混在しながら分布。横穴式石室は、三国時代百済後期の扶余時代に盛行した様式。
¶東ア考古

東三洞貝塚　とうさんどうかいづか
釜山市の影島。櫛目文土器（新石器）時代の貝塚遺跡。櫛目文土器時代の全時期にかけて形成。貝はカキが多く、動物骨は鹿、猪、タイ、サメなど。
¶韓国朝鮮（東三洞遺跡　トンサムドンいせき），新潮美，図解考古〔写（土器）〕，世界考古，東ア考古（東三洞遺跡　とうさんどういせき）

斗井里遺跡　とうせいりいせき
忠清南道天安市斗井洞。丘陵上にある遺跡。1963年の調査で四隅が丸い長方形の住居跡と溝を検出。98年度には三国時代百済の住居跡、土壙墓ほかや李朝（朝鮮）時代の竪穴遺構、百済時代の封土墳、甕棺墓や李朝時代の土壙墓などを調査。造営時期は、封土墳は3世紀後半に、その他の百済の遺跡は3～4世紀前半と推測。

¶東ア考古

東川洞遺跡　とうせんどういせき

大邱広域市北区鳩岩洞および東川洞。Ⅱ地区では三国時代の土壙墓・竪穴住居跡が、Ⅲ地区では三国時代の大規模な集落跡が検出された。5世紀後半から6世紀前半にかけての遺跡。

　　¶東ア考古

東村里遺跡　とうそんりいせき

全羅南道宝城郡鳥城面東村里丘陵一帯。無文土器（青銅器）時代の遺跡。支石墓2基と円形住居跡1軒が確認された。

　　¶東ア考古

東大門〔ソウル〕　とうだいもん★

ソウル。李氏朝鮮時代の城門。正称は興仁之門。韓国の重要文化財にあたる宝物1号に指定。

　　¶韓国朝鮮 p295（東大門・南大門），新潮美（ソウル―東大門）

堂丁里遺跡　どうちょうりいせき

忠清南道舒川郡鐘川面堂丁里。複合遺跡。無文土器（青銅器）時代の住居跡18軒と、原三国（馬韓）時代の方形周溝墓23基が確認された。築造年代は、後3世紀後半～4世紀前半頃。

　　¶東ア考古〔図〕

冬徳里遺跡　とうとくりいせき

江原道江陵市連谷面冬徳里。原三国（三韓）時代の集落遺跡。住居跡1軒と高床建物と推定される柱穴群が発掘調査された。

　　¶東ア考古

東南里廃寺　とうなんりはいじ

忠清南道扶余郡扶余邑東南里。寺院址。百済国都の中心に営まれた寺院の一つ。北方基壇（講堂）・中央基壇（金堂）などの建築遺構が検出された。

　　¶新潮美（扶余―東南里寺址 ふよ―とうなんりじし），世界考古〔図〕，東ア考古（東南里廃寺跡 とうなんりはいじあと）

道馬里1号窯跡　どうばり1ごうかまあと

京畿道広州市退村面道馬里。「天」「地」「玄」「黄」などが刻まれた高台片のほか、「乙丑八月」（1505年）銘棒形片が出土。15世紀末～16世紀初頭頃の官窯。

　　¶東ア考古

東平県城跡　とうへいけんじょうあと

釜山広域市釜山鎮区堂甘洞。高麗時代の県城跡。堂甘洞城跡が比定されている。高麗時代初めに土築城として築造され、李朝（朝鮮）時代初め（1530年）以前まで使用された。

東方堂瓦窯跡　とうほうどうがようあと

慶尚北道慶州市東方洞。李朝（朝鮮）時代の瓦窯跡。瓦窯は地下式登窯で、全部で9基からなる。乾隆年間（1736-95）に操業された。

　　¶東ア考古

東莱貝塚　とうらいかいづか

釜山の東方、慶尚南道東莱寿安洞。海岸に沿う低地性の貝塚。石器時代の末、金石併用時代の段階に属する。付近から甕棺群が発見された。

　　¶図解考古〔写（甕棺）〕

徳山里竹山遺跡　とくさんりちくさんいせき

全羅南道順天市松光面徳山里竹山邑。後期旧石器時代の石器類およそ200点が発見された。遺跡の年代は1万5千年BP以降。

　　¶東ア考古

徳寿宮　とくじゅきゅう

ソウル。王朝の王室の別宮として長く慶雲宮とよばれた。1907年高宗の長寿を祈願して徳寿宮と改称。

　　¶アジア歴7，韓国朝鮮 p295，新潮美

徳川洞古墳群　とくせんどうこふんぐん

釜山広域市北区徳川洞山50番地。6世紀の三国時代の古墳群。9基の竪穴式石槨墳を除いて、残りは竪穴系横口式石室墳である。遺物は土器類が大部分。

　　¶東ア考古

独立門　どくりつもん★

ソウル市義州路（現、統一路）。1897年パリの凱旋門に倣い、独立協会が建てた。独立協会は初期は高級官僚中心の団体であったが、ソウルに独立門、独立館、独立公園を建設するための募金運動を展開して自主独立思想を広めた。

　　¶韓国朝鮮 p409〔写〕

禿魯峰洞窟遺跡　とくろほうどうくついせき

忠清北道清原郡文義面蘆峴里禿魯峰。洞窟は第15窟・処女窟・興洙窟・新窟・第2窟・第9窟など多数調査。第2窟は7層から炉跡と炭、石器、動物骨が発見された。形成時期は、中期更新世の温暖な時期。

　　¶東ア考古

吐月洞遺跡　とげつどういせき

慶尚南道昌原市吐月洞959。無文土器（青銅器）時代前期の二重環濠と祭祀遺跡とみられる積石遺構・溝状の竪穴などが検出された。環濠内部から弥生時代中期の高坏片が混在して出土。

　　¶東ア考古

突山松島遺跡　とつざんまつしまいせき

全羅南道麗川市突山邑郡内里。櫛目文土器（新石器）時代の貝塚遺跡。遺跡の年代は土器から見ると、早期から末期までの長期にわたるが、中

韓国　　　　88

アジア

屯山遺跡〔大田広域市西区〕　とんさんいせき
大田広域市西区屯山洞674-7番地。石器は礫層と褐色粘土層から出土。礫層出土品は中期旧石器時代、粘土層出土品は後期旧石器時代。
　　¶東ア考古（屯山遺跡(1)）

屯山遺跡〔大田広域市中区〕　とんさんいせき
大田広域市中区屯山洞。櫛目文土器（新石器）時代の集落遺跡。櫛目文土器時代の竪穴遺構と、無文土器（青銅器）時代の遺構が検出された。
　　¶東ア考古（屯山遺跡(2)）

屯山洞遺跡　とんさんどういせき
大田広域市西区屯山洞674-1。旧石器時代から無文土器（青銅器）時代にまたがる複合遺跡。無文土器時代前期の住居跡から、可楽洞式土器系の二重口縁短斜線文土器が出土。
　　¶東ア考古

苍山里古墳　とんさんりこふん
全羅北道完州郡鳳洞邑苍山里。三国時代百済後期の横穴式石室古墳。直径約10mの円墳と考えられる。玄室が陵山里型で7世紀代の築造と推定。
　　¶東ア考古

屯内遺跡　とんないいせき
江原道横城郡屯内面屯坊内里。原三国（三韓）時代の集落遺跡。8軒の住居跡が検出された。後1～2世紀頃と推定。
　　¶東ア考古

屯馬里灰槨墓　とんまりはいかくぼ
慶尚南道居昌郡南下面屯馬里。李朝（朝鮮）時代後期の灰槨墓。南北長さ2.8m、東西幅約1.38mの墓壙を掘り、中央に木棺を石灰で包むようにして埋葬。
　　¶東ア考古

屯馬里壁画墓　とんまりへきがぼ
慶尚南道居昌郡南下面屯馬里。高麗時代の壁画墓。東・西両石室の内面に奏楽天女群像を描いていた。被葬者は成人男性。
　　¶東ア考古

内谷洞窯跡　ないこくどうかまあと
慶尚北道高霊郡高霊邑内谷里。三国時代加耶の土器窯跡。採集品に甕・蓋・坏・高坏・鉢があり、若干の軟質土器も含まれる。
　　¶東ア考古

内村里古墳群　ないそんりこふんぐん
慶尚南道晋州市大坪面内村里641番地。三国時代の古墳群。15基の古墳が調査され埋葬施設はいずれも石棺。出土遺物は土器が多数を占め、鉄器類も出土。土器の中でも有蓋高坏は、固城地域的な特徴を有する。
　　¶東ア考古

内洞貝塚　ないどうかいづか
慶尚南道昌原市内洞261-1番地。三国時代加耶の貝塚遺跡。近くに位置する三東洞古墳群と関係する生活遺跡と推定される。出土遺物が城山貝塚の上部貝層出土のものと類似。
　　¶東ア考古

南海神祀跡　なんかいしんしあと
全羅南道霊厳郡始終面沃野里南海浦。高麗時代の祭祀遺跡。2段に造成された上段が祭祀の場所で、内部はさらに2段になり、廟堂のある上段と参列するための下段からなる。出土遺物には、陶磁器粉青沙器と丸・平瓦などがある。
　　¶東ア考古

南漢山城　なんかんさんじょう
京畿道広州市、河南市、城南市に広がる南漢山にある。1392～1910年に続いた朝鮮王朝が、有事の際の指令所として作った山城。特に15世紀以降は清王朝からの攻撃に備える場所であった。中国や日本からの軍事技術と、西洋からの火器にも対応した築城技術が融合された。
　　世界遺産（南漢山城　2014）
　　¶アジア歴7（南漢山　なんかんさん），韓国朝鮮（南漢山　ナマンさん），世遺事（南漢山城　ナムハンサンソン）

南山〔慶州市〕　なんざん
慶尚北道慶州市の南。真平王時代頃から寺院が造営され、8世紀前後、全山で盛んに造仏された。100以上の寺址、70以上の磨崖仏・石仏が発見されており、古墳もある。
　　¶韓国朝鮮（南山　ナムさん），大遺跡10〔写〕

南山〔ソウル市〕　なんざん
ソウル。ソウルの南側の城壁をなし、王朝時代にはのろし台なども置かれた。標高265m。別名木覓山。
　　¶韓国朝鮮 p295

南山遺跡　なんざんいせき
慶尚南道昌原市。無文土器（青銅器）～原三国（弁韓）時代の環濠集落遺跡。
　　¶東ア考古

南山三陵渓の石仏坐像　なんざんさんりょうけいのせきぶつざぞう★
慶尚北道慶州市の南山の三陵渓谷。統一新羅の作。高さ1.4mの釈迦如来坐像と高さ2.5mの如来坐像がある。
　　¶大遺跡10（南山―石仏坐像（三陵））〔写〕

南山三陵渓の線彫仏像　なんざんさんりょうけいのせんぼりぶつぞう★

慶尚北道慶州市南山の三陵渓谷。巨岩壁2区にそれぞれ三尊仏が線彫されている。右の三尊像の本尊は坐像で2.4m、左の本尊は立像で2.7m。

¶大遺跡10(南山—磨崖線刻三尊仏(三陵))〔写〕、東洋仏教 Ⅲ-p72〔写〕

南山三陵渓の磨崖仏　なんざんさんりょうけいのまがいぶつ★

慶尚北道慶州市排盤洞。釈迦像で高さは約5.2m。頭部はほとんど丸彫。

¶東洋仏教 Ⅲ-p64～65〔写〕

南山城跡　なんざんじょうあと

慶尚北道慶州市。山城跡。工事分担などを記した南山新城碑も見つかっている。石築の城壁の一部が遺存。別名を「南山新城」とも呼ぶ。

¶世界考古(南山城 なんざんじょう)、東ア考古

南山塔谷の仏岩彫刻　なんざんとうこくのぶつがんちょうこく★

慶尚北道慶州市排盤洞。23体の彫刻群からなる。北面には塔の彫刻があり、2塔のうち、東にあるのは9層の塔、西にあるのは7層の塔。東面には如来像・菩薩像・僧形の姿などが刻されている。

¶大遺跡10(南山—塔像(塔谷北面))〔写〕、大遺跡10(南山—石像群(塔谷東面))〔写〕、大遺跡10(南山—石仏群(塔谷南面))〔写〕、東洋仏教 Ⅲ-p34～35(南山塔谷の仏岩)〔写〕、東洋仏教 Ⅲ-p68～69〔写〕

南山の七仏庵　なんざんのしちぶつあん

慶尚北道慶州市南山洞。三尊仏の磨崖仏とその前面の角石4面に半肉彫された四仏があり七仏とする。元はここに覆堂があったと推定される。

¶古代遺跡 p24(慶州南山の七仏庵の磨崖仏)〔写〕、大遺跡10(南山—七仏庵)〔写〕、東洋仏教 Ⅲ-p54～60(南山七仏庵の磨崖仏)〔写〕、東ア考古(七仏庵 しちぶつあん)〔写〕

南山の神仙庵　なんざんのしんせんあん★

慶尚北道慶州市南山洞。七仏庵から急な坂を登った絶壁にある磨崖仏。かつては神仙庵という小庵があった。8世紀の作。

¶大遺跡10(南山—神仙庵)〔写〕、東洋仏教 Ⅲ-p53(南山七仏庵(神仙庵)の磨崖仏)〔写〕

南山の仏跡　なんざんのぶっせき

慶尚北道慶州市。全山で寺跡150、石仏110、石塔100余りが確認された。南山は「慶州歴史地域」の一つとして、世界文化遺産に指定。

世界遺産 慶州歴史地域　2000

¶古代遺跡 p20(慶州南山の仏跡)〔写〕、新潮美(慶州—南山仏跡 けいしゅう—なんざんぶっせき)、世界考古(南山仏蹟 なんざんぶっせき)、東ア考古(慶州南山仏跡群 けいしゅうな

んざんぶっせきぐん)、仏教考古(南山仏跡群 なんざんぶっせきぐん(ナムサンブルチョグン))

南山拝洞の三体石仏　なんざんはいどうのさんたいせきぶつ★

慶尚北道慶州市南山の西麓拝洞。統一新羅の作。南向きに立つ三体石仏。本尊は高さ約2.7m。

¶大遺跡10(南山—三体石仏(拝洞))〔写〕

南山白雲渓の磨崖仏　なんざんはくうんけいのまがいぶつ★

慶尚北道月城郡内南面白雲里。岩壁は幅約16m、高さ約7m。磨崖仏は半肉彫された釈迦如来の立像。像の高さ約4.7m。

¶東洋仏教 Ⅲ-p61〔写〕

南山仏谷の小石窟と仏像　なんざんぶつこくのしょうせっくつとぶつぞう★

慶尚北道慶州市仁旺洞。石龕に仏坐像が彫刻されている。龕室の高さ1.7m、仏像は高さ約1.4m。

¶大遺跡10(南山—石仏坐像(仏谷))〔写〕、東洋仏教 Ⅲ-p52〔写〕

南山弥勒谷伝菩提寺跡石仏　なんざんみろくこくでんほだいじあとせきぶつ★

慶尚北道慶州市南山東麓。伝菩提寺跡の本堂後ろに南面して石造如来坐像がある。丸彫りで蓮台の上に結跏趺坐する。像高約2.24m。

¶大遺跡10(南山—菩提寺釈迦如来像)〔写〕、東洋仏教 Ⅲ-p74〔写〕

南山薬水渓の磨崖仏　なんざんやくすいけいのまがいぶつ★

慶尚北道慶州市排盤洞。南山の磨崖仏中、最も雄大なもの。頭部は失われているが、現在肩部から裾まで約28mを測る。釈迦立像。

¶東洋仏教 Ⅲ-p62～63〔写〕

南山里古墳群　なんざんりこふんぐん

忠清南道公州市灘川面南山里。三国時代百済の古墳群。無文土器(青銅器)時代の土壙墓・甕棺墓も調査した。3・4世紀頃の錦江流域に特有の土器や、鉄鋌が出土。

¶東ア考古

南城里遺跡　なんじょうりいせき

忠清南道牙山市新昌面南城里。無文土器(青銅器)時代の墳墓遺跡。年代は前3世紀頃多鈕鏡・異形銅器のような儀器・装身具・武器・工具など豊富な出土遺物は、司祭者的首長墓の様相を示す。

¶東ア考古〔図(盾形銅器)〕

南大門　なんだいもん

ソウル。李氏朝鮮時代の城門。正称は崇礼門。韓国の重要文化財にあたる宝物1号に指定。

韓国

¶韓国朝鮮 p295（東大門・南大門），新潮美（ソウル―南大門）

二聖山城　にせいさんじょう
京畿道河南市春宮洞。三国時代新羅から統一新羅時代にかけて営まれた山城。城周約1925mの包谷式山城で、城壁は加工した石材を積み上げた石築。築城時期は553年の新羅真興王のソウル地域進出以後。

¶東ア考古〔図〕

入室里遺跡　にゅうしつりいせき
慶尚北道慶州郊外東邑入室里。無文土器（青銅器）時代の墳墓遺跡。出土遺物は多種多量に及び、北方系の青銅器を主体としつつも、楽浪郡の漢文化との接触がうかがえる。前1世紀頃の司祭者的首長墓と推測される。

¶図解考古〔写（銅剣銅矛と小銅鐸）〕，世界考古（入室里 にゅうしつり）〔図（出土品）〕，東ア考古

仁容寺跡　にんようじあと
慶尚北道慶州市南山王井谷。寺院跡。仁旺洞寺跡がその遺跡と比定。『三国遺事』によれば674〜694年頃の創建。現地には双塔の石塔材・礎石などが残っており、瓦は少なくとも8世紀前半代のもの。

¶東ア考古

農所里遺跡　のうしょりいせき
慶尚南道金海郡酒村面農所里。櫛目文土器（新石器）時代の貝塚遺跡。全部で4層より構成され各層位の出土遺物に時間的な差はない。土器の胎土分析から稲のプラント・オパールが検出された。

¶東ア考古

ノレ島遺跡
全羅北道群山市ノレ島。櫛目文土器（新石器）時代の貝塚遺跡。「歌島遺跡」ともいう。この島では櫛目文土器時代〜三国時代までの貝塚が全部で6ヵ所に分布。

¶東ア考古

梅龍里古墳群　ばいりゅうりこふんぐん
京畿道驪州郡驪州邑上里・梅龍里一帯。三国時代の古墳群。上里所在の古墳はT字形石室で、ヨンガンコル所在の古墳は、平面長方形の横口式石室である。6世紀半ば以降の新羅系石室と見る説が有力。

¶東ア考古

白雲洞書院　はくうんどうしょいん★
慶尚北道栄豊郡所在。朝鮮最初の書院。1543年、周世鵬が朱子学者安裕を祀るために建立。1550年、初の賜額書院となった。

¶角川世

白石洞遺跡　はくせきどういせき
忠清南道天安市白石洞山31-1。無文土器（青銅器）時代前期の大規模な集落遺跡。

¶東ア考古

栢栗寺跡　はくりつじあと
慶尚北道慶州市東川洞。寺院跡。『三国遺事』の記録から、692年以前にあったこと。現在の建物は李朝（朝鮮）時代のもので、統一新羅時代のものでは、石塔の屋蓋石や仏像台座、磨崖三重塔がある。

¶東ア考古

パゴダ公園
ソウル。かつては王朝の古宮内に位置し、王朝王室の護寺であった円覚寺の跡地。現在は大理石13層塔（パゴダ）や亀碑石などを残す。パゴダの名称はこの塔にちなむ。

¶韓国朝鮮 p295，新潮美（ソウル―パゴダ公園）

発翰洞遺跡　はっかんどういせき
江原道東海市発翰洞286-12番地。標高348.1mの山の西斜面の丘陵一帯（標高10〜25m）に広がる。出土石器は石英を主体にした削器・掻器・ドリルなどの小型石器など。

¶東ア考古

八達洞遺跡　はったつどういせき
大邱広域市北区八達洞。無文土器（青銅器）〜三国時代の集落および墳墓群の遺跡。原三国〜三国時代の土壙墓、横口式石室墓、竪穴式石槨墓、無文土器時代の住居跡などを発見。

¶東ア考古

馬場里遺跡　ばばりいせき
京畿道加平郡北面馬場里。原三国（三韓）時代の集落遺跡。住居跡は隅丸長方形を呈し、住居跡隅に川原石で造られた炉跡が検出された。

馬老山城　ばろうさんじょう
全羅南道光陽市光陽邑龍江里。三国時代百済から統一新羅時代にかけての山城。越州窯青磁碗や「馬老官」銘瓦などの貴重な遺物が出土。

¶東ア考古

盤亀台遺跡　ばんきだいいせき
慶尚南道蔚州郡彦陽面大谷里。太和江上流に当たる盤亀台の岩刻画遺跡。ダムの西岸に面した岩壁の北面で、東西の長さ8m、高さ2.1mの範囲に多数の動物などが彫刻されている。

¶世界考古（盤亀台 ばんきだい），東ア考古

盤橋里遺跡　ばんきょうりいせき
全羅北道完州郡伊西面盤橋里田510。無文土器（青銅器）時代中・後期の遺跡である。土壙墓の中に木棺を使用した痕跡が見られる。

¶東ア考古

磐渓洞遺跡　はんけいどういせき
慶尚南道昌原市磐渓洞山55-4番地。鉄器時代住居、6世紀の中心年代の竪穴式石槨墓、李朝（朝鮮）時代の瓦窯跡などが発掘された。
¶東ア考古

盤諸里遺跡　ばんしょりいせき
京畿道安城市元谷面盤諸里。無文土器（青銅器）時代の高地性集落遺跡。標高94〜95mの狭い山頂部を取り囲む直径約38mの環濠と、その内側に2列の柵列が検出された。
¶東ア考古

樊川里5号窯跡　はんせんり5ごうかまあと
京畿道広州市中部面上樊川里。韓国国内としては初めて絶対年代のわかる窯構造・工房跡・灰原を確認した16世紀中葉頃の官窯。
¶東ア考古〔写（鉄砂祭器片）〕

晩村洞遺跡　ばんそんどういせき
大邱広域市寿城区晩村洞。無文土器（青銅器）時代の遺跡。青銅器の一括遺物が出土。
¶世界考古（晩村洞　ばんそんどう），東ア考古

万東廟　ばんとうびょう
忠清北道槐山郡青川面華陽洞。明の万暦帝と崇禎帝を祀る廟。宋時烈の遺志を継ぎ、権尚夏が1703年に造営。
¶アジア歴7

潘南面古墳群　ばんなんめんこふんぐん
全羅南道羅州郡潘南面の新村里・徳山里・大安里の一帯に分布。古墳群。すべて盛土で方墳が多く、円墳や瓢形墳もままあり、周濠をめぐらすものも数基ある。
¶新潮美，図解考古〔写/図〕，世界考古，東ア考古（潘南古墳群　ばんなんこふんぐん）〔図〕

秘苑　ひえん★
ソウル。昌徳宮の背後に広がる庭園。
¶韓国朝鮮 p295

庇仁石塔　ひじんせきとう★
忠清南道舒川郡庇仁面城北里。総高約6m。5層の石塔。
¶東洋仏教　Ⅲ-p21〔写〕

美坪洞陽地遺跡　びへいどうようちいせき
全羅南道麗水市美坪洞陽地。無文土器（青銅器）〜三国時代の遺跡。土器窯跡は半地下式で焼成室・燃焼室・炊口から構成される。
¶東ア考古

飛鳳里遺跡　ひほうりいせき
慶尚南道昌寧市釜谷面飛鳳里。櫛目文土器（新石器）時代の遺跡。朝鮮半島で初めて発見された櫛目文土器時代の本格的な低湿地遺跡。
¶東ア考古

苗沙里窯跡　びょうさりかまあと
慶尚南道咸安郡伽倻邑苗沙里上長命1416番地。三国時代加耶の土器窯跡。窯跡は山稜斜面の自然傾斜を利用した楕円形の登窯で、築造時期は4世紀。
¶東ア考古

表井里古墳群　ひょうせいりこふんぐん
忠清南道論山市連山面表井里。三国時代百済の横穴式石室・横口式石槨・竪穴式石槨・甕棺などが発見された。
¶東ア考古

ピルレッモツ遺跡
済州道北済州郡涯月邑於音2里。1973年に発見され、韓国で最初に調査された洞窟遺跡で、溶岩洞窟内に形成されている。
¶東ア考古

府院洞遺跡　ふいんどういせき
慶尚南道金海市の市街地南西側。原三国（弁韓）〜三国時代の集落遺跡。出土土器は灰青色土器と赤褐色土器、赤褐色軟質土器の中には、日本列島の土師器および土師器系土器と推定されるものが少数含まれている。
¶大遺跡10（釜山の伽耶遺跡—府院洞遺跡）〔写〕，東ア考古〔図（出土遺物）〕

風納洞土城　ふうのうどうどじょう
ソウル市城東区風納洞。百済初期から文周王1年（475）にわたる国都としての漢山城をここにあてる説がある。土城は平地に築かれ規模が大きい。無文土器時代から三国時代にわたって、約5世紀間の遺物を出土。
¶新潮美，世界考古，大遺跡10（ソウルの百済遺跡—風納洞土城）〔写〕，東ア考古（風納土城　ふうのうどじょう）〔写〕

伏岩里古墳群　ふくがんりこふんぐん
全羅南道羅州市多侍面伏岩里。4〜7世紀の三国時代の古墳群。平面梯形の周溝を有し、古式の専用甕棺を埋葬施設に用いる低墳丘墓群の上に、高い墳丘を持つ4基の墳墓が造られた。
¶東ア考古〔写〕

福泉洞古墳群　ふくせんどうこふんぐん
釜山広域市東莱区福泉洞。原三国時代から三国時代にかけての大古墳群。4〜5世紀は大型古墳が多く、釜山地域の支配階層の古墳群と目される。
¶大遺跡10（釜山の伽耶遺跡—福泉洞古墳群）〔写〕，東ア考古〔写〕

富山城跡　ふさんじょうあと
慶尚北道慶州市乾川邑西方。朱砂山を中心として、3つの谷を取り込んだ古代新羅の包谷式山城。

韓国　　　　　　　　　　　　　92

アジア

周長約7.5kmの大規模城郭。
　　¶大遺跡10（富山城　ふさんじょう）〔写〕，東ア
　　考古

富城山城跡　ふじょうさんじょうあと
　忠清南道瑞山市地谷面山城里。楕円形の鉢巻式
　山城。三国時代百済と統一新羅時代の瓦や土器
　などが採集された。初築年代は熊津時代以後。
　　¶東ア考古

浮石寺　ふせきじ
　慶尚北道栄州市浮石面。華厳宗の寺。山号は太
　白山。新羅文武王16年（676）義湘国師により創
　建された名刹。無量寿殿は13世紀後半頃の建立。
　　¶アジア歴8〔写〕，韓国朝鮮（浮石寺　プソク
　　じ），新潮美，大遺跡10〔写〕

浮石寺祖師堂　ふせきじそしどう
　慶尚北道栄州市浮石面。桂心包式の建物。寺内
　の無量寿殿とともに韓国最古の木造建築。
　　¶新潮美（浮石寺―祖師堂　ふせきじ―そしどう）

浮石寺無量寿殿　ふせきじむりょうじゅでん★
　栄豊郡浮石面北枝里。山地伽藍の名刹である浮
　石寺の正殿。桁行5間，梁行3間の建物。13世紀
　頃（李朝）。
　　¶宗教建築〔写/図〕，新潮美（浮石寺―無量寿
　　殿　ふせきじ―むりょうじゅでん），大遺跡10
　　p134（無量寿殿　浮石寺）〔写〕

扶蘇山城　ふそさんじょう
　忠清南道扶余郡扶余邑。三国時代百済泗沘期
　（538-660）の王城。公州大通寺（527年創建）跡
　出土の「大通」銘瓦と同文の瓦が出土。
　　¶世界考古，大遺跡10〔写p57,68～71〕，東ア
　　考古〔図〕

扶蘇山城　軍倉址　ふそさんじょう　ぐんそうあと
　忠清南道扶余郡扶余邑双北里。扶蘇山の頂上近
　く。李朝時代の焼米が出ていた。現在，軍倉の
　跡が再現されている。
　　¶大遺跡10〔写〕

扶蘇山城の泗沘楼　ふそざんじょうのしひろう★
　扶蘇山西峰の送月台。扶蘇山に建つ泗沘楼。
　1919年に、林川面の邑内にあった昔の楼亭。
　　¶大遺跡10〔写〕

扶蘇山廃寺跡　ふそさんはいじあと
　忠清南道扶余郡扶余邑旧衙里。「西腹寺跡」とも
　呼ぶ。扶蘇山西斜面の発掘で中門、塔、金堂の
　伽藍配置をもつ百済時代の西腹寺を確認。7世紀
　前半に創建された王室の祈願寺跡と推測される。
　　¶大遺跡10（扶蘇山城―西腹寺址　扶蘇山）〔写〕，
　　東ア考古

富長里遺跡　ふちょうりいせき
　忠清南道瑞山市音岩面富長里。無文土器（青銅

器）時代・三国時代百済・李朝（朝鮮）時代の複
合遺跡。
　　¶東ア考古

武珍城　ぶちんじょう
　光州広域市北区清風洞、光州市街地。壮元峰（標
　高386m）に築かれた包谷式山城。8世紀後半の武
　珍都督城に関連する城。
　　¶東ア考古

普通谷古墳群　ふつうだにこふんぐん
　忠清南道公州市玉龍洞・巣鶴洞普通谷。6・7世
　紀を中心とする三国時代百済の古墳群。横穴式
　石室。
　　¶東ア考古

勿禁遺跡　ぶつきんいせき
　慶尚南道梁山市勿禁面。佳村里遺跡と凡魚里遺
　跡とを合わせた遺跡の総称。製鉄と関連する遺
　構を多数確認している。
　　¶東ア考古〔図〕

物傑里廃寺跡　ぶつけつりはいじあと
　江原道洪川郡乃村面物傑里。統一新羅時代末な
　いし高麗時代初めの寺院跡。現存する三重石塔
　から北側で、3間×3間の金堂跡が確認された。
　　¶東ア考古

伏賢洞古墳群　ふっけんどうこふんぐん
　慶尚北道の大邱広域市北区伏賢洞。5～6世紀代
　を通して営まれた三国時代の古墳群。大邱地域
　の盟主として達西古墳群の被葬者集団の、下
　位集団中の一つの古墳群。
　　¶東ア考古

仏国寺　ぶっこくじ
　慶州の東側の吐含山の西南側麓。新羅統一時代
　創建の寺。境内には多宝塔、釈迦塔などの石造
　物が残る。現在の建物は17世紀以降の再建。
　　[世界遺産]（石窟庵と仏国寺　1995）
　　¶アジア歴8〔写〕，旺文社世〔写〕，角川世，韓
　　国朝鮮（仏国寺　プルグクじ）〔写p255〕，古代
　　遺跡　p18〔写〕，新潮美，世遺事（石窟庵と仏
　　国寺），成世遺下（石窟庵と仏国寺）〔写〕，世
　　遺百（石窟庵、仏国寺　ソックラム、プルグク
　　サ）〔写〕，世界考古，大遺跡10〔写/図〕，東
　　洋仏教　Ⅲ-p13～15〔写〕，東ア考古（佛国寺）
　　〔写（釈迦塔）〕，ビジ世遺（石窟庵と仏国寺）
　　〔写〕，仏教考古（仏国寺　ぶっこくじ（プルクッ
　　クサ）），山川世，ユネ世遺4（石窟庵と仏国寺）
　　〔写〕

仏国寺釈迦塔　ぶっこくじしゃかとう★
　慶尚北道慶州市進峴洞にある仏国寺の大雄殿の
　前方。2基の石塔が配されているうちの1基。新
　羅の典型的な三層石塔の形式。8世紀中頃。
　　[世界遺産]（石窟庵と仏国寺　1995）

¶宗教建築(仏国寺多宝塔・釈迦塔)〔写/図〕,
大遺跡10 p145(釈迦塔 仏国寺)〔写〕, 東洋
仏教 Ⅲ-p28〔写〕

仏国寺多宝塔　ぶっこくじたほうとう★
慶尚北道慶州市進峴洞にある仏国寺大雄殿の前
方。2基の石塔のうちの一基。木造建築を模した
複雑な形態の異形石塔。8世紀中頃。

世界遺産(石窟庵と仏国寺 1995)

¶古代遺跡 p19〔写〕, 宗教建築(仏国寺多宝
塔・釈迦塔)〔写/図〕, 大遺跡10 p145(多宝塔
仏国寺)〔写〕, 東西文化 p207〔写〕, 東洋仏
教 Ⅲ-p29〔写〕

武寧王陵　ぶねいおうりょう
忠清南道公州市。三国時代百済の武寧王と王妃
の陵墓。玄室には西側に王妃、東側に王の木棺
がともに南枕に安置されていた。

¶韓国朝鮮(武寧王陵 ムニョンおうりょう)
〔写〕, 古代遺跡 p12〔写〕, 新潮美, 世界考
古, 大遺跡10(宋山里古墳―武寧王陵)〔写〕,
東西文化 p264~265〔写〕, 東ア考古

普門洞夫婦塚　ふもんどうめおとづか
慶尚北道慶州市普門洞。普門洞古墳群中の北の
一群に属し、丘陵中腹に立地する6世紀後半の三
国時代新羅の瓢形墳。

¶東ア考古

扶余の遺跡　ふよのいせき
忠清南道の錦江下流に面した町。百済時代後期の
都城址がある。660年までの120年間首都であっ
た。錦江の東岸に面した丘陵に扶蘇山城がある。
軍守里廃寺址、定林寺址、東南里廃寺址などの
仏教址、東3kmに陵山里古墳群がある。

¶新潮美(扶余 ふよ), 世界考古(扶余 ふよ),
東ア考古(扶余〔遺跡〕 ふよ)〔図〕

扶余東・西羅城　ふよひがし・にしらじょう
忠清南道扶余郡扶余邑。扶蘇山城から東西に築
かれた羅城。発掘調査などにより、確実なもの
は扶蘇山城から東に延び、そして南下する東羅
城(北羅城を含む)しかないと考えられるように
なった。

¶大遺跡10(扶蘇山城―羅城址)〔写〕, 東ア考古

武烈王陵　ぶれつおうりょう
慶尚北道慶州市西岳洞。統一新羅時代第29代太
宗武烈王の陵墓。661年没。周囲約112m、高さ
約13mの円墳状をなす。

¶韓国朝鮮(武烈王陵 ムヨルおうりょう), 新潮
美, 世界考古 大遺跡10〔写〕, 東ア
考古

武烈王陵背後丘陵の古墳群　ぶれつおうりょう
はいごきゅうりょうのこふんぐん★
慶尚北道慶州市。武烈王陵の背後の丘陵背梁に
並ぶ古墳群。おそらく横穴式石室。

¶古代遺跡 p11〔写〕

不老洞古墳群　ふろうどうこふんぐん
大邱広域市東区不老洞。200余基からなる、5世
紀後半を中心とする古墳群。

¶東ア考古

文岩里遺跡　ぶんがんりいせき
江原道高城郡竹旺面文岩里。櫛目文土器(新石
器)時代の集落遺跡。東海岸地方において最も
古い遺跡であり、隆起文土器の使用期間や、早
期の生活相などを知る上で貴重な資料を提供し
ている。

¶東ア考古

芬皇寺　ふんこうじ
慶尚北道慶州市九黄洞。伽藍は善徳女王治世
(634年)時代に創建。残存している当時の遺構
は3層だけ残されている模塼石塔の一部と幢竿
支柱。

¶アジア歴8, 角川世, 韓国朝鮮(芬皇寺 プナ
ンジ)〔写p255〕, 新潮美(芬皇寺址 ふんこう
じ), 世界考古, 大遺跡10〔写〕, 東ア考古
(芬皇寺跡 ふんこうじあと)〔写(石塔)〕, 仏教
考古(芬皇寺 ふんこうじ(ブンファンサ))

芬皇寺の塼塔　ふんこうじのせんとう★
慶尚北道慶州市九黄洞。寺は善徳王3年(634)に
創建、塔も同じ頃のものとみなされる。安山岩
質の石材を、塼のように加工して積み上げた塔。

¶大遺跡10 p117(芬皇寺石塔)〔写〕, 東西文
化 p206~207(芬皇寺塼塔)〔写〕, 東洋仏教
Ⅲ-p25〔写〕

文廟〔江陵〕　ぶんびょう
江原道江陵市内校洞里。李朝初期(15世紀前半)
に建てられた郷校付属の文廟の主殿。

¶新潮美(江陵―文廟 こうりょう―ぶんびょう)

文廟大成殿　ぶんびょうたいせいでん★
ソウル市鐘路明倫洞。文廟(成均館)の造営は、
漢城遷都にともなう造営がほぼ一段落した太祖
6年(1397)に開始、翌年完成。再建は、宣祖35
年(1602)にまず大成殿から行われた。

¶宗教建築〔写/図〕

平山里遺跡　へいざんりいせき
慶尚南道梁山市熊上邑平山里。無文土器(青銅
器)~原三国(三韓)時代の集落遺跡。住居群南
側からは原三国時代の環濠が検出された。

¶東ア考古〔図〕

屏山里遺跡　へいさんりいせき
京畿道楊平郡江上面屛山4里。3枚の文化層が確
認され第3文化層は中期旧石器時代の遅い時期、
第2文化層は中期旧石器の非常に遅い時期／後期
旧石器時代、第1文化層は最終氷期の最晩期とさ
れる。採集品中に砂岩と石英製のハンドアック

韓国

アジア

ス2点がある。
¶東ア考古

屏城洞古墳群 へいじょうどうこふんぐん
慶尚北道尚州市屏城洞・軒新洞。三国時代の古墳群。出土遺物は陶質土器が中心で、義城様式とされてきた土器が目立つ。
¶東ア考古

平章里遺跡 へいしょうりいせき
全羅北道益山郡王宮面平章里。無文土器（青銅器）時代の一括遺物出土遺跡。細形の銅剣2本・銅戈1本と中細形銅矛1本が、中国の銅鏡1面と共伴した珍しい例。
¶東ア考古

坪里 へいり
慶尚北道慶州市坪里。細形銅剣などを出土した遺跡。九政里遺跡や入室里遺跡などと類似した遺構・遺物の組合わせであったと考えられる。
¶世界考古

碧骨堤遺跡 へきこつていいせき
全羅北道金堤郡扶梁面。浦橋里から月昇里にかけて築かれた長さ約3kmの堤防の遺跡。
¶東ア考古

芳荑洞古墳群 ほういどうこふんぐん
ソウル特別市松坡区芳荑洞。三国時代の古墳群。漢城期の王都周辺で調査された横穴式石室中心の古墳群。出土土器は新羅土器。
¶東ア考古

帽岩洞遺跡 ほうがんどういせき
慶尚北道金泉市帽岩洞。原三国（三韓）〜三国時代初期の住居跡および竪穴、三国時代の石槨および石室、高麗時代〜李朝（朝鮮）時代の墳墓などが検出された。
¶東ア考古

芳基里遺跡 ほうきりいせき
蔚山広域市蔚州郡三南面芳基里。無文土器（青銅器）時代前期の環濠集落遺跡。
¶東ア考古

鳳渓里遺跡〔泗川市〕 ほうけいりいせき
慶尚南道泗川市昆明面鳳渓里46-6番地一帯。三国時代加耶の住居跡と、無文土器（青銅器）時代の粘土帯土器を焼成した土器窯跡、高麗・李朝（朝鮮）時代の墳墓が確認された。
¶東ア考古（鳳渓里遺跡（2））

鳳渓里遺跡〔陜川郡〕 ほうけいりいせき
慶尚南道陜川郡鳳山面鳳渓里。櫛目文土器（新石器）時代の集落遺跡。黄江の中流域に形成された砂丘の沖積台地に位置し、陜川ダムの建設によって水没。
¶東ア考古（鳳渓里遺跡（1））

芳山洞窯跡 ほうざんどうかまあと
京畿道始興市芳山洞。高麗時代の陶磁器窯跡。出土遺物には、大量の青磁と少量の白磁・土器のほか、各種の窯道具がある。操業期間は、9世紀後半から10世紀後半頃まで。
¶東ア考古

法住寺 ほうじゅうじ
忠清北道報恩郡俗離山。寺伝によると新羅真興王（在位540-576）創立、聖徳王が重修。統一新羅時代の石造物を残すが、建物は朝鮮王朝時代のもの。
¶アジア歴8〔写〕，韓国朝鮮（法住寺 ポプチュじ），新潮美〔写〕，東洋仏教 Ⅲ-p16〔写〕

法住寺の双獅子石灯 ほうじゅうじのそうししせきとう★
忠清北道報恩郡俗離面。8世紀中頃の作。向かい合う2匹の獅子を竿石とした特異な形態の石灯。高さ3.3m。
¶大遺跡10 p149（双獅子石灯 法住寺）〔写〕

法住寺の木塔 ほうじゅうじのもくとう★
忠清北道報恩郡俗離面。木造塔。李氏朝鮮時代後期のもので5層塔。
¶東西文化 p203（恵南法住寺の木塔）〔写〕

法住寺捌相殿 ほうじゅうじべっそうでん★
報恩郡俗離面外俗里。李朝1626年築の建物。法住寺は、新羅真興王14年（553）、義信祖師が創建した法相宗の寺院。
¶宗教建築〔写/図〕

望星里窯跡群 ほうせいりかまあとぐん
慶尚北道慶州市内南面望星里。三国時代新羅後期の新羅土器および瓦窯跡群。地上式の平窯と推定される遺構が確認され、「儀鳳四年皆土」銘（後679年）の文字瓦が多数採集されている。瓦窯の時期は6世紀後半より7世紀末まで。
¶東ア考古

鮑石亭跡 ほうせきていあと
慶尚北道慶州市排洞。統一新羅時代の庭園跡。遺構の形状から、いわゆる流觴曲水の宴遊が行われたところと考えられる。
¶新潮美（鮑石亭址 ほうせきていし），世界考古（鮑石亭 ほうせきてい），東ア考古

法泉里古墳群 ほうせんりこふんぐん
江原道原州市富論面法泉里。三国時代百済の古墳群。
¶東ア考古

茅村里古墳群 ほうそんりこふんぐん
忠清南道論山市陽村面茅村里。三国時代百済の横穴式石室、竪穴式石槨、甕棺、高麗時代の横口式石槨1基が調査された。出土遺物としては金

銅製耳飾・三足土器片・坏身などが注目される。

¶東ア考古

鳳停寺極楽殿　ほうていじごくらくでん★

安東郡西後面台庄洞。朝鮮に現存する最古の木造建築。12世紀（高麗）。他の柱心包系建築とは区別される最も古い要素をもった遺構。

¶宗教建築〔写/図〕，新潮美（鳳停寺 ほうていじ）

芳洞里古墳群　ほうどうりこふんぐん

江原道春川市西面芳洞里。三国時代の古墳群。2基の横穴式石室墳。

¶東ア考古

望徳寺　ほうとくじ

慶州四天王寺跡の南方の近距離に所在。伽藍創建は神文王治世（684年）。四天王寺と共に、鎮護国家のために建てられた護国伽藍。中心部に金堂跡と礎石が残存。

¶新潮美（望徳寺址 ほうとくじし），世界考古，東洋仏教 Ⅲ-p6（望徳寺跡）〔写〕，東ア考古（望徳寺跡 ほうとくじあと），仏教考古（望徳寺 ほうとくじ（マントクサ））

望徳寺跡の西塔跡　ほうとくじあとのさいとうあと★

慶尚北道慶州市排盤洞。心礎は、八角形をなす。1辺約66cm。

¶東洋仏教 Ⅲ-p19〔写〕

坊内里遺跡　ほうないりいせき

江陵市溟州郡連谷面坊内里。無文土器（青銅器）時代前期から高麗時代にわたる複合遺跡。

¶東ア考古〔図〕

鳳坪碑　ほうへいひ

慶尚北道蔚珍郡竹辺面鳳坪2里。三国時代新羅の石碑。楷書体に移る過渡期の書体の刻字がある。

¶東ア考古

忘憂洞遺跡　ぼうゆうどういせき

ソウル特別市中浪区忘憂洞。無文土器（青銅器）時代の遺跡。半月形石包丁・柱状挟入石斧・磨製石鏃・石製剣把頭飾などが採集されている。

¶世界考古（忘憂洞 ぼうゆうどう），東ア考古

鳳林寺跡　ほうりんじあと

慶尚南道昌原市鳳林洞、昌原市街地北。九山禅門の一つとして有名で建物・石塔・池・排水路などが検出された。

¶東ア考古

朴翊墓　ぼくいくぼ

慶尚南道密陽市清道面古法里山134番地。朝鮮時代初期の壁画墓。石室の壁画は主に四君子と4人1組の人物、1組の馬引きと馬、祭礼用具などの生活風俗画が描かれていたが、損傷がひどい状態であった。

¶東ア考古〔写（壁画）〕

北漢山　ほくかんざん★

ソウル市内の北部。東麓中間部に1711年に築かれた北漢山城があり、城壁が残っている。朝鮮王朝時代から首都ソウルの北辺の守り。

¶韓国朝鮮（北漢山 プッカンさん），大遺跡10（ソウルの百済遺跡—北漢山）〔写〕

北村里遺跡　ほくそんりいせき

済州道北済州郡朝天邑北村里。櫛目文土器（新石器）時代の岩陰・貝塚遺跡。

¶東ア考古

北亭遺跡　ほくていいせき

釜山広域市江西区江東洞。櫛目文土器（新石器）時代の貝塚遺跡。洛東江下流域に形成された三角洲内の標高6〜7mに位置する。

¶東ア考古

牧島遺跡　ぼくとういせき

慶尚南道河東郡河東邑牧島里。櫛目文土器（新石器）時代の貝塚遺跡。無文様土器が多く出土。内湾に位置することからも注目される遺跡。

¶東ア考古

浦月里遺跡　ほげつりいせき

江原道襄陽郡襄陽邑浦月里。無文土器（青銅器）時代の集落遺跡。遺物は無文土器・丹塗磨研土器などが確認されている。

¶東ア考古

本館洞古墳群　ほんかんどうこふんぐん

慶尚北道高霊郡高霊邑本館洞。三国時代加耶の古墳群。築造の中心年代は5世紀後半。

¶東ア考古

梵魚寺　ぼんぎょじ

釜山市東莱区青竜洞。835年（新羅興徳王10）の創建。現在の伽藍は1613年高僧妙全和尚の再建。創建時の遺構としては、大雄殿前方下壇の左右に並ぶ石塔、石灯がある。

¶韓国朝鮮（梵魚寺 ポモジ），新潮美

凡魚里遺跡　ぼんぎょりいせき

慶尚南道梁山市勿禁面凡魚里1106・1107番地。統一新羅時代の7〜8世紀の製鉄遺跡。製鉄作業と関連する24基の竪穴遺構と、同時代の井戸が2ヵ所、採掘した鉄鉱石を破砕・選鉱した施設と推定される敷石溝状遺構3基が調査された。

¶東ア考古

凡方里遺跡　ほんぼうりいせき

釜山広域市江西区凡方洞。櫛目文土器（新石器）時代の貝塚遺跡。早期〜前期の土器が層位的に確認できることから、編年の基準となる。石器組成の変化も認められ注目される。

韓国

アジア

¶東ア考古〔写（結合式釣針）〕

末圪里古墳　まつぎつりこふん
慶尚南道居昌郡馬利面末圪里。1号墳と2号墳は竪穴式石槨、3号墳は土壙墓。時期は1号墳が5世紀中葉、2号墳が5世紀後葉。

¶東ア考古

麻田里遺跡　までんりいせき
忠清南道論山市錬武邑麻田里。無文土器（青銅器）時代の集落遺跡。無文土器時代の住居・墳墓・生産域からなる集落景観を考えるうえで重要な遺跡。

¶東ア考古

万家村古墳群　まんかそんこふんぐん
全羅南道咸平郡月也面礼徳里。原三国（馬韓）時代の古墳群。遺物は各種の土器のほかに玉類・鉄鋌・環頭刀が出土した。

¶東ア考古〔図〕

万樹里古墳群　まんじゅりこふんぐん
全羅南道麗厳郡始終面万樹里始面。6～7基からなり3基が調査されている古墳群。

¶東ア考古

渼沙洞遺跡　みさどういせき
京畿道河南市渼沙洞。櫛目文土器（新石器）時代から高麗時代にかけての集落遺跡。

¶東ア考古〔図〕

渼沙里　みさり
京畿道広州市西渼沙里。漢江南岸の沖積砂丘台地に位置する櫛目文土器時代の遺跡。

¶世界考古

味鄒王陵地区古墳群　みすうおうりょうちくこ
ふんぐん
慶尚北道慶州市皇南洞。三国時代新羅の古墳群。新羅墓制の多様性や葬送儀礼・信仰、ローマ文化圏との交流などを示す遺構・遺物が発見される。

¶東ア考古

密陽沙村遺跡　みつようしゃそんいせき
慶尚南道密陽市丹場面美村里642番地。三国時代新羅の製鉄遺跡。遺跡一帯に製錬操業後の鉄滓・炉壁の廃棄場が広がっていることがわかった。操業期間は6世紀前半から7世紀前半の約100年間。

¶東ア考古

任那の古墳　みまなのこふん
慶尚北道高霊・星州・大邱、慶尚南道咸安・咸寧・固城・金海・昌寧の各地。任那は370年代の成立。加羅諸国の中心地であったと考えられる地方に、他と違う特色をもつ石室墳が分布し、任那の古墳と推定される。

¶図解考古〔写〕

弥勒山城　みろくさんじょう
全羅北道益山市金馬面新龍里。弥勒山に築かれた包谷式山城。高麗時代から李朝（朝鮮）時代の瓦や土器などが出土。

¶東ア考古

弥勒寺　みろくじ
全羅北道益山市金馬面箕陽里弥勒山。百済の代表的な大伽藍。益山地域に半世紀をかけて国力を総結集して創建された。跡地には、堂塔礎石、幢竿支柱、西側に石塔の一部などが残存。

¶アジア歴8〔写〕，大遺跡10〔写/図〕，東洋仏教 Ⅲ-p6～9（弥勒寺跡）〔写〕，東ア考古（弥勒寺跡　みろくじあと），仏教考古（弥勒寺　みろくじ（ミルクサ））

弥勒寺石塔　みろくじせきとう★
全羅北道益山郡金馬面。もと9層から成ったと思われる。東側は6層の姿を残す。

¶新潮美（弥勒寺址石塔　みろくじしせきとう），大遺跡10 p86（石人・西塔 弥勒寺），東西文化 p206～207〔写〕，東洋仏教 Ⅲ-p22～23（弥勒寺跡の石塔）〔写〕

閔哀王陵　みんあいおうりょう
慶尚北道慶州郡内南面望星1里。統一新羅時代にあたる、新羅第44代閔哀王の陵と伝えられてきた墳墓。上限は8世紀後半と推定。

¶東ア考古

無為寺極楽殿　むいじごくらくでん
全羅南道康津郡城内面。李朝初期の建造。後仏壁に建造当時の壁画があり、阿弥陀三尊や白衣観音が描かれている。

¶新潮美

無去洞玉峴遺跡　むこどうぎょくけんいせき
蔚山広域市南区無去洞。旧石器時代から李朝（朝鮮）時代にまたがる複合遺跡。無文土器（青銅器）時代の水田遺構が検出された。

¶東ア考古

鏊蔵寺跡　むぞうじあと
慶尚北道慶州市暗谷洞。統一新羅時代の寺院跡。瓦は8世紀代のものが採集されている。

¶東ア考古

夢村土城　むそんどじょう
ソウル特別市松坡区芳荑洞。三国時代百済漢城期（？ －475）の王城の一つ。3世紀後半から475年の漢城陥落まで続いたと考えられている。

¶大遺跡10（ソウルの百済遺跡―夢村土城）〔写〕，東ア考古

汶陽里古墳群　むんようりこふんぐん
大邱広域市達城郡汶陽里。4～6世紀代の古墳群。一つの墳丘に大きさの類似した2基の竪穴式石槨を配置する構造が特徴的。

¶東ア考古

明活山城跡　めいかつさんじょうあと
慶尚北道慶州市。慶州盆地の東の守りとして築かれた割石積みの山城跡。

¶古代遺跡　p32（慶州普門里の明活山城 けいしゅうふもんりのめいかつさんじょう）〔写〕，世界考古（明活山城 めいかつさんじょう），東ア考古

明花洞古墳　めいかどうこふん
光州広域市光山区明花洞。6世紀前半の三国時代の古墳。全長23m、後円部径18m、前方部幅24mの前方後円形の墳丘を持つ。

¶東ア考古〔写〕

鳴梧里グンギルガ遺跡　めいごりぐんぎるがいせき★
忠清北道清原郡忠州市東良面鳴梧里442・3番。石器の種類にはハンドアックス・単面器・両面器・石核・ピック・クリーバー・削器・掻器・鋸歯縁石器・ノッチなど。

¶東ア考古

木川土城　もくせんどじょう
忠清南道天原郡木川面。城周約700mの土城。出土遺物は統一新羅時代のものであるが築造時期は三国時代百済と推測されている。

¶東ア考古〔図〕

文殊山城跡　もんじゅさんじょうあと
京畿道金浦市月串面。李朝（朝鮮）時代の包谷式山城。粛宗20年（1694）江華島と首都漢陽（ソウル）を守る城として築城された。

¶東ア考古

楠渓里遺跡　ゆうけいりいせき
京畿道漣川郡南面楠渓里265（1次）・116-1（2次）番地。全部で5枚の地層からなる。石器は集中的には出ておらず、各層から石英や石英脈岩製のハンドアックス・チョッパー・削器・石核と剥片などが出土。

¶東ア考古

熊津洞古墳　群　ゆうしんどうこふんぐん
忠清南道公州市熊津洞。三国時代百済の横穴式石室、横口式石槨、竪穴式石槨、甕棺、高麗時代の石槨墓、李朝（朝鮮）時代の石槨墓が検出された。

¶東ア考古〔写（横穴式石室）〕

熊南面　ゆうなんめん
慶尚南道昌原郡熊南面外洞里。無文土器時代の磨製石器を主とする一括遺物を発見。支石墓の主体部であった位置から出土したと思われる。

¶世界考古

熊浦里古墳群　ゆうほりこふんぐん
全羅北道益山市熊浦面熊浦里。横穴式石室とともにこの地域では初めて竪穴式石槨と横口式石槨が見つかった。

¶東ア考古〔図〕

欲知島遺跡　よくちとういせき
慶尚南道統営郡欲知面東港里。櫛目文土器（新石器）時代の貝塚遺跡。中期に属する太線沈線土器が出土する。

¶東ア考古

沃野里古墳群　よくやりこふんぐん
全羅南道霊巌郡始終面沃野里。4世紀を中心とする三国時代の古墳群。6号墳4号甕棺を除く甕棺は、いずれも専用甕棺としては古式に属するもの。

¶東ア考古

余草里窯跡　よそうりかまあと
慶尚南道昌寧郡昌寧邑余草里ソムマ村。4世紀に築造された三国時代加耶の土器窯跡。窯は山裾傾斜面を横に掘り込んで構築された地下式登窯。

¶東ア考古〔図〕

余方里遺跡　よほうりいせき
全羅北道群山市聖山面余方里。原三国（馬韓）時代の集落遺跡。3世紀代を中心とする時期。

¶東ア考古

余方里古墳群　よほうりこふんぐん
全羅北道群山市聖山面余方里。三国時代百済の竪穴式石槨、横穴式石室、甕棺、高麗・李朝（朝鮮）時代の石槨墓と土壙木棺墓が検出された。

¶東ア考古

洛山洞古墳群　らくさんどうこふんぐん
慶尚北道善山郡海平面洛山洞。三国時代の古墳群。遺物は陶質土器が中心で、年代は3世紀後半から6世紀にかけてと考えられる。

¶東ア考古

洛水里遺跡　らくすいりいせき
全羅南道順天市松光面洛水里。原三国（馬韓）〜三国時代前期の集落遺跡。後3〜4世紀代に造営されたものと推定されている。

¶東ア考古

楽民洞貝塚　らくみんどうかいづか
釜山広域市東莱区楽民洞・寿安洞。原三国（三韓）〜三国時代の貝塚を伴う集落遺跡。山陰系土師器の二重口縁壺が出土。

¶東ア考古〔図（出土遺物）〕

羅亭里古墳群　らていりこふんぐん
慶尚北道慶州市甘浦邑羅亭里。三国時代の古墳、高麗時代の墳墓が検出された。

韓国

¶東ア考古

羅福里遺跡　らふくりいせき
忠清南道扶余郡窺岩面羅福里。先史時代の遺跡。
無文土器（青銅器）時代を中心とする集落・墳墓
遺跡。
　　　¶世界考古（羅福里　らふくり），東ア考古

栗洞古墳群　りつどうこふんぐん
慶尚北道慶州市栗洞。三国時代新羅の古墳群。
石槨墓の時期は、5世紀後半〜7世紀前半。
　　　¶東ア考古

龍院里古墳群　りゅういんりこふんぐん
忠清南道天安市城南龍院里。白雲山の南西斜面
に立地する。古墳群の造営時期は、4世紀中頃〜
5世紀初頭頃の期間が想定される。
　　　¶東ア考古〔図（壺）〕

龍淵里瓦窯跡　りゅうえんりがようあと
全羅南道潭陽郡龍面龍淵里。李朝（朝鮮）時代の
瓦窯跡。峡谷をはさんで向かい側に当たり、標
高400m地点に立地する龍湫寺の専用瓦窯と考え
られる。
　　　¶東ア考古

龍渓里窯跡　りゅうけいりかまあと
全羅北道高敞郡雅山龍渓里。高麗時代前期の陶
磁器窯跡。
　　　¶東ア考古

龍江洞苑池遺跡　りゅうこうどうえんちいせき
慶尚北道慶州市龍江洞。統一新羅時代の苑池遺
跡。統一新羅時代前期の8世紀に造営されたもの
と推測されている。
　　　¶東ア考古〔図〕

龍江洞古墳群　りゅうこうどうこふんぐん
慶尚北道慶州市龍江洞。統一新羅時代の古墳群。
龍江洞古墳群1、龍江洞古墳群2、龍江洞石室墳
からなる。7世紀末から8世紀前半の時期。
　　　¶東ア考古〔写（土俑）〕

柳谷里古墳群　りゅうこくりこふんぐん
慶尚北道尚州市洛東面柳谷里山。6世紀を中心と
する古墳群。三国時代の古墳群の中で竪穴式横
口式石室墳1基、竪穴式石槨墳4基と、李朝時代
民墓1基が確認された。
　　　¶東ア考古

龍湖洞遺跡　りゅうこどういせき
忠清南道大田広域市大徳区龍湖洞山。丘陵上に
位置し4枚の文化層が確認された。第1文化層（後
期旧石器時代末）から第4文化層（中期旧石器時
代前葉）で構成。
　　　¶東ア考古

龍山里遺跡　りゅうざんりいせき
全羅南道咸平郡海保面所在。無文土器（青銅器）
時代から三国時代にかけての遺跡。無文土器時
代の石棺墓、石蓋土壙墓、原三国（馬韓）時代の
住居跡、土壙墓などが確認された。
　　　¶東ア考古

龍仁水枝遺跡　りゅうじんすいしいせき
京畿道龍仁市水枝邑豊徳川里。4〜5世紀を中心
とする三国時代百済の集落遺跡。百済前期の王
都である漢城周辺に位置する集落の様相の一端
を明らかにするとともに、漢城期百済における
鉄器の様相を知るための重要な資料を提供した
遺跡。
　　　¶東ア考古

柳川里窯跡　りゅうせんりかまあと
全羅北道扶安郡保安面柳川里。高麗時代の陶磁
器窯跡。窯跡は40ヵ所余りあるといわれる。12
世紀中頃から後半のものが多い。
　　　¶東ア考古

龍蔵城跡　りゅうぞうじょうあと
全羅南道珍島郡郡内面龍蔵里と古君面碧波里・
五柳里・柳橋里一帯。高麗時代三別抄の城郭遺
跡。まず寺院が建てられ、三別抄が入ってきて
から城郭に取り込まれたと考えられている。
　　　¶東ア考古

龍潭洞古墳群　りゅうたんどうこふんぐん
忠清南道清州市上党区龍潭洞。統一新羅時代の
横口式石槨が密集した状態で発掘された。高麗
時代の石槨墓や李朝（朝鮮）時代の土壙木棺墓も
調査。
　　　¶東ア考古

龍田里遺跡　りゅうでんりいせき
慶尚北道永川市古鏡面龍田1里。原三国（辰韓）
時代の墳墓遺跡。遺構は低丘陵の平坦な風化岩
盤を掘って埋葬された木棺墓と推測。
　　　¶東ア考古

笠店里古墳群　りゅうてんりこふんぐん
全羅北道益山市熊浦面笠店里。1号墳から金剛製
の冠帽、立飾・飾履、金剛製鞍金具をはじめと
する馬具などが出土。
　　　¶東ア考古

龍頭里古墳　りゅうとうりこふん
全羅南道海南郡三山面昌里。前方後円形古墳。
方形部は円形部と比べて低く長方形を呈する。
現状で全長40m。
　　　¶東ア考古

梁山〔遺跡〕　りょうざん
慶尚南道梁山郡・梁山市。梁山川流域に位置す
る、先史時代以来の遺跡の密集地。
　　　¶東ア考古

梁山貝塚　りょうざんかいづか
慶尚南道梁山郡梁山面多芳里と南部洞にまたがる。規模の大きな貝塚。出土遺物は骨角牙器・貝器が多く、石器・金属器は比較的少ない。すでに金属器を多用していた時代に構成された。
¶ 世界考古

梁山金鳥塚　りょうざんきんちょうづか
慶尚南道梁山市北亭洞山。三国時代の古墳。横口式石室墳内部から純金製の鳥足1組が発見され金鳥塚と命名された。5世紀末から6世紀初めに推定。
¶ 東ア考古〔写（金製耳飾・鳥）〕

梁山夫婦塚　りょうざんふうふづか
慶尚南道梁山市北亭洞山。三国時代の古墳。梁山里古墳群のうち北側の北亭里古墳群に属する超大型墳。石室内部に夫婦と思われる男女合葬の人骨を確認。
¶ 新潮美（梁山夫婦塚　りょうざんめおとづか）、図解考古（梁山夫婦塚　りょうざんみょうとづか）〔写/図〕、世界考古（梁山夫婦塚　りょうざんめおとづか）〔図〕、東ア考古〔図（石室）〕

陵山里古墳群　りょうざんりこふんぐん
忠清南道扶余郡扶余邑陵山里。三国時代百済の古墳群。6世紀後半から7世紀前半にかけて築造され、当時の王陵が含まれると推定されている。
¶ 韓国朝鮮（陵山里古墳群　ヌンサンニこふんぐん）、古代遺跡 p13〔扶余陵山里古墳〕〔写〕、新潮美（扶余―陵山里王陵群 ふよ―りょうざんりおうりょうぐん）、世界考古、大遺跡10（陵山里古墳 りょうざんりこふん）〔写/図〕、東西文化 p266～267〔扶余 陵山里古墳群〕〔写〕、東ア考古

陵山里壁画古墳　りょうざんりへきがこふん
忠清南道扶余郡扶余邑陵山里。陵山里古墳群を構成する、三国時代百済後期の壁画古墳。第2墳（伝・百済王陵東下塚）と呼ばれた。6世紀後半から7世紀前半の頃に築造されたと推測。
¶ 世界考古（陵山里壁画墳　りょうざんりへきがふん）、大遺跡10（陵山里古墳―東下塚古墳）〔写〕、東ア考古

陵寺跡　りょうじあと
忠清南道扶余郡扶余邑陵山里。三国時代百済の寺院跡。発掘で中門・木塔・金堂・講堂が南北一直線上に並ぶ、一塔一金堂式の伽藍配置や、講堂の背景に工房群があったことなどがわかった。
¶ 東ア考古

良将里遺跡　りょうしょうりいせき
全羅南道務安郡夢灘面良将里。無文土器（青銅器）～高麗時代の複合遺跡。
¶ 東ア考古

領津里1号墳　りょうしんり1ごうふん
江原道江陵市連谷面領嶺津里。三国時代の古墳。金銅製耳飾・鉄刀子・鉄製金具が出土。
¶ 東ア考古

領津里遺跡　りょうしんりいせき
江原道江陵市連谷面領津里。櫛目文土器（新石器）時代の遺物包含層。採集遺物には土器や石器が認められる。
¶ 東ア考古

良田洞遺跡　りょうでんどういせき
慶尚北道高霊郡開津面良田洞。岩刻画遺跡。彫刻は同心円文・特異な方形文などが主体。無文土器（青銅器）時代文化の所産とされる。
¶ 東ア考古

良洞里遺跡　りょうどうりいせき
慶尚南道金海市酒村面良洞里。原三国（弁韓）～三国時代の墓群。楽浪郡との関係を示す資料や倭関連資料も出土。
¶ 世界考古（金海良洞里 きんかいりょうどうり）、東ア考古〔写〕

臨瀛館跡　りんえいかんあと
江原道江陵市龍岡洞。地方官衙の客舎跡。高麗時代末期の客舎門が現存。行廊、回廊、中大庁、煙道などの遺構を検出。
¶ 東ア考古

臨海殿　りんかいでん
慶尚北道慶州市仁旺洞。新羅の文武王（661-681）が、半島統一の記念に営造した離宮跡。銘をもつ文字瓦が多数発見され美しい宝相華文の塼や華麗な唐草文や瑞鳥神獣文の瓦も採集。
¶ 新潮美（臨海殿址 りんかいでんし）、世界考古

臨海殿・雁鴨池　りんかいでん・がんおうち★
慶州。宮城のあった月城の北にある苑池。『三国史記』の文武王14年（674）2月の条に現れる。
¶ 古代遺跡 p14〔写〕

輪外里古墳群　りんがいりこふんぐん
慶尚南道咸安郡法守面輪外里。三国時代伽耶の古墳群。3～4世紀の築造。
¶ 東ア考古

麟角寺跡　りんかくじあと
慶尚北道軍威郡古老面華北里の山中。寺院跡。出土瓦などから統一新羅時代末期に創建されたものと考えられている。
¶ 東ア考古

林堂古墳群　りんどうこふんぐん
慶尚北道慶山市林堂洞と造永洞・押梁面夫迪里にかけて所在。三国時代加耶の古墳群。埋葬施設は木棺墓・木槨墓・竪穴式石室墓・甕棺墓・

韓国

横口式石室墓・横穴式石室墓など多様な墓制を確認。
　¶東ア考古

林堂洞遺跡　りんどうどういせき
慶尚北道慶山市林堂洞・造永洞一帯の丘陵上に分布。複合遺跡。原三国（三韓）時代～三国時代・李朝（朝鮮）時代の墳墓、原三国時代の環濠集落、三国時代の土城などからなる。
　¶東ア考古〔図〕

礼安里古墳群　れいあんりこふんぐん
慶尚南道金海市大東面礼安里。三国時代の古墳群。計215基の遺構を検出。基層民である農民墓とされる。
　¶東ア考古〔図〕

礼山　れいさん
礼山郡鳳山面花田里。松林の台地の土中から百済の四面四仏を発見。高さ約3mの方柱状の蠟石系の岩の各面に四方仏を刻む。
　¶大遺跡10〔写〕

礼樹里古墳群　れいじゅりこふんぐん
慶尚南道泗川郡正東面山。5世紀末から6世紀初頭の三国時代加耶の古墳群。竪穴式石槨墳と推定される遺構6基と甕棺墓1基を確認。
　¶東ア考古

冷水里石室墳　れいすいりせきしつふん
慶尚北道浦項市神光面冷水里。6世紀代の古墳。直径27m、高さ6mほどの墳丘を持った大型の円墳。横穴式石室を主体とする。
　¶東ア考古

蓮岩洞遺跡　れんがんどういせき
蔚山広域市北区蓮岩洞。無文土器（青銅器）時代中期の集落遺跡。竪穴住居跡の形態に蓮岩洞型住居跡と命名された。
　¶東ア考古

蓮華里遺跡　れんげりいせき
忠清南道扶余郡草村面蓮華里。無文土器（青銅器）時代の墳墓遺跡。平面長方形の竪穴式石室。
　¶世界考古（蓮華里　れんげり）、東ア考古

老隠洞遺跡　ろういんどういせき
全羅南道大田広域市儒城区老隠洞山。更新世古土壌層中から旧石器が発見された。第1文化層の遺物中で特徴的なものは、細石刃石核・細石刃・彫器。
　¶東ア考古

狼山の遺構　ろうざんのいこう★
慶州の南東方約4km。狼山という独立した低い

丘陵の麓の台地上に陵旨塔といわれているものがある。韓国政府によって復原されている。
　¶古代遺跡　p31〔写〕

老圃洞遺跡　ろうほどういせき
釜山広域市金井区老圃洞の丘陵斜面上。無文土器（青銅器）時代の住居跡と原三国（三韓）時代の墳墓群を確認。墳墓はおおむね後3世紀代に造営されたものと推定。
　¶東ア考古

勒田里窯跡　ろくでんりかまあと
忠清南道保寧市嵋山面勒田里。白磁窯1基・水簸施設・灰原を検出。3室をなす土築無段連室窯。19世紀後半の地方窯。
　¶東ア考古

勒島遺跡　ろくとういせき
慶尚南道泗川市勒島洞。勒島は、多島海の中の一つの小島である。島全体が遺跡という様相を呈する。弥生時代中期併行期の無文土器（青銅器）時代後期を主とし、原三国（三韓）時代にまたがる。
　¶東ア考古〔図〕

路西洞古墳群　ろさいどうこふんぐん★
慶尚北道慶州市路西洞。三国時代新羅（5-6世紀）の古墳群。金冠塚、瑞鳳塚など。
　¶大遺跡10（慶州の古墳―路西洞古墳群）〔写〕

蘆辺洞古墳群　ろへんどうこふんぐん
大邱広域市寿城区蘆辺洞。琴湖江南岸の低丘陵地帯に数百基が築造され、大部分が三国時代の中・小型竪穴式石槨墓。
　¶東ア考古

蘆辺洞社稷壇跡　ろへんどうしゃしょくだんあと
大邱広域市寿城区蘆辺洞。李朝（朝鮮）時代の社稷壇の遺跡。基壇の上に築かれた壇は南北5.5m、東西5.2mの規模。
　¶東ア考古

和谷里窯跡　わこくりかまあと
京畿道安城市和谷里。発掘調査で白磁窯1基と灰原を検出。3室をなす土築有段連室窯。17世紀後半の地方白磁窯。
　¶東ア考古

和順大谷里　わじゅんだいこくり
全羅南道和順郡道谷面大谷里。細形銅剣、多鈕細文鏡、八頭銅鈴などが一括出土した。朝鮮半島における代表的青銅器文化の遺跡。
　¶世界考古

カンボジア

アンコール　Angkor
シエムレアプ州シエムレアプ郡。アンコール朝の200平方kmにわたる遺跡群。9世紀頃から歴代の王が建設を行い、アンコール朝で最も繁栄したが、タイのアユタヤ朝の侵略によって壊滅した。アンコール・ワットで有名。

世界遺産（アンコール　1992）

¶新潮美, 世遺事, 成世遺下〔写〕, 世遺百〔写〕, 世界美1〔写〕, 大遺跡12（アンコール遺跡）〔写/図〕, 東南アジア〔写/図〕, ビジ世遺〔写〕, 仏教考古（アンコール遺跡群）, ユネ世遺6（アンコールの遺跡群）〔写〕

アンコール・トム　Angkor Thom
シエムレアプ州シエムレアプ郡。アンコール遺跡群の一つ。13世紀初頭にジャヤバルマン7世により建立。城壁に囲まれ、中央にバイヨン寺院がある。

世界遺産（アンコール　1992）

¶アジア歴1〔写/図〕, 旺文社世, オ西洋美, 角川世, 古代遺跡 p78,80〔写〕, 新潮美, 世遺地（アンコール・ワット＆アンコール・トム）, 世界考古〔図〕, 世歴事1〔写（タ・プロームの石柱）〕, 世歴大1〔写〕, 大遺跡12〔写/図〕, 東西文化 p79,86～89（アンコール・トム（プラサット－スウル－プラット））〔写〕, 東洋仏教 Ⅱ-p8～11〔写/図〕, 評論社世, 文化史蹟6〔写p69～124/図p70,71〕, 平凡社世

アンコール・トム南大門
シエムレアプ州シエムレアプ郡、アンコール・トムにある。12世紀末、ジャヤヴァルマン7世により造営された王都にあった5つの大門のなかの一つ。

¶大遺跡12 p68〔写〕

アンコールボレイ遺跡　Angkor Borei site
タケオ州。環濠都市遺跡。城壁周囲の長さは約6km、城壁内部の面積は300ha以上。

¶東ア考古

アンコール・ワット　Angkor Wat
シエムレアプ州シエムレアプ郡。アンコール遺跡群の一つの石造寺院遺跡。12世紀、クメール王朝のスールヤバルマン2世治下に建立。三重の回廊の上に5つの祠堂が建つ。創建当初はヒンドゥー教寺院だったが、仏像を祀った形跡もみられる。

世界遺産（アンコール　1992）

¶アジア歴1〔写〕, 遺建3（アンコール－ワット）〔写/図〕, 旺文社世〔写〕, オ西洋美〔写〕, 角川世, 古代遺跡 p92〔写〕, 宗教建築〔写/

図〕, 新潮美〔写p38/図p71〕, 世遺地（アンコール・ワット＆アンコール・トム）, 世界遺跡 p278〔写/図〕, 世界考古〔図〕, 世歴事1〔写〕, 世歴大1〔写〕, 空古代遺跡〔写〕, 大遺跡12〔写/図〕, 東南アジア〔写/図〕, 東洋仏教 Ⅱ-p1～7,19～20〔写/図〕, 評論社世, 文化史蹟6〔写p18,21～68/図p19〕, 平凡社世, 山川世, 歴史建築〔写/図〕

ウドン　Odongk
コンポンスプー地方ウドン郡。17世紀前半～19世紀中葉のカンボジアの王都。アン・ドゥオン王の王宮跡が遺構として残る。南にはチャンリエチエ以来の歴代諸王の仏塔が林立する聖山がある。

¶アジア歴1（ウドーン）, 東南アジア, 山川世

サムロンセン貝塚　Somrong Sen
トンレ・サップ川の支流、ストルン・キニト川の右岸。東南アジア新石器時代の代表的な貝塚。構成はシジミ、タニシなどの淡水産貝類。

¶アジア歴4（サムロンセン）, 世界考古〔写（石器と土器）〕

サンボール・プレイ・クック
コンポン・トム州。サンボール・プレイ・クック寺院群はプレ・アンコール期に属する最大規模の現存遺構。南・北・中央の大きく3つのグループよりなる。

¶宗教建築〔図〕, 新潮美（サンボール）

スラ・スラン
アンコール周辺。王が沐浴したといわれる東西700m、南北300mの聖池。12世紀末の建立。

¶大遺跡12 p86〔写〕, 文化史蹟6〔写p130,142～143〕

象のテラス　ぞうのてらす★
アンコール・トム。旧王宮のすぐ前にある高さ3mの露台テラス。12世紀末もしくは13世紀の初めの建造。

¶大遺跡12（ピメアナカス－象のテラス）〔写〕

タ・ケウ　Ta Keu
アンコール周辺。大寺院。ピラミッド型の石壇を設け祠堂をそなえる。ジャヤヴァルマン5世の時代から、その後のスールヤヴァルマン1世の時代にかけて、11世紀初頭に行なわれた建築。

¶古代遺跡 p94〔写〕, 大遺跡12 p85〔写〕, 東洋仏教 Ⅱ-p38〔写〕, 文化史蹟6 p130（タ・ケオ）〔写〕

カンボジア　　　　　　　　　　　　102

アジア

タ・ソム
アンコール周辺。仏教寺院。プラ・カーンと同じジャヤヴァルマン7世の建てたもの。12世紀後半のバイヨン様式に相当する。

世界遺産（アンコール　1992）
¶文化史蹟6〔写p11,129,138～139〕

タニ窯跡群　Tani kiln sites
ルンタエック村タニ。クメール陶器の窯跡群。9～11世紀と想定された灰釉陶の盤口瓶や合子・瓦が検出されている。

¶東ア考古

タ・プローム
アンコール周辺。ジャヤヴァルマン7世の建立。バイヨン様式の仏教寺院。12世紀後半に完成されたと推定。東西1km、南北600mにもおよぶ。

世界遺産（アンコール　1992）
¶古代遺跡　p79（タ・プローム）〔写〕、世界遺跡p278〔写/図〕、大遺跡12 p88〔写〕、東洋仏教 Ⅱ-p16,17（タープローム寺院）〔写〕、文化史蹟6〔写p16,130,133～137〕

トムマノンとチャウ・サイ・テヴォダ
アンコール・トムの勝利の門を出て東へ500mほど。2つの小さな仏教寺院遺跡。どの王による建立かは不明。11世紀末頃からのアンコール・ワット様式の建造物。

¶文化史蹟6 p130〔写〕

ネアック・ボアン
アンコール周辺。12世紀末、ジャヤヴァルマン7世によって建立された寺院。

¶大遺跡12 p87〔写/図〕、文化史蹟6〔写p129,147～148〕

バイヨン　Bayon
シエムレアプ州シエムレアプ郡、アンコール・トムの中央部に位置。ピラミッド型の大寺院。中央祠堂の高さは45m。ジャヤヴァルマン7世治下の建造。

世界遺産（アンコール　1992）
¶古代遺跡　p82～84（バイロン）〔写〕、宗教建築〔写/図〕、新潮美（バーヨン）、世界遺跡p278（バヤン）〔写〕、空大聖堂〔写〕、大遺跡12 p71（バイヨン寺院）〔写/図〕、東洋仏教 Ⅱ-p12～14,21～27（バイヨン寺院）〔写〕、復原遺跡（バイヨン—アンコール・トム）〔写/図〕、文化史蹟6〔写p78～110/図p73〕

バクセイ・チャンクラン
アンコール周辺。小さなピラミッド形式の寺院。948年にラージェーンドラヴァルマン2世が造営。

¶大遺跡12 p83（バクセイ・チャンクロン）〔写〕、文化史蹟6 p128〔写〕

バコン　Bakong
アンコール周辺。シェム・レアプから国道6号線を東へ約13km。都城ハリハラーラヤの中心寺院。ピラミッド型寺院で中央祠堂は881年、インドラヴァルマン1世の建立。バラモン教に属す。

世界遺産（アンコール　1992）
¶新潮美、大遺跡12 p81（バコン寺院）〔写〕、文化史蹟6〔写p131,166～168〕

バプーオン寺院
バイヨン北西のアンコール・トム。ヒンドゥー教の祠堂が中心に建つ。11世紀の中頃、ウダヤーディチャヴァルマン2世によって創建。

¶古代遺跡　p85（バープーオン）〔写（彫刻）〕、大遺跡12 p68〔写〕、東西文化 p79,88〔写〕

バンテアイ・クディ
アンコール周辺。12世紀末、ジャヤヴァルマン7世が建立した仏教寺院。「僧房の砦」の意味。

¶大遺跡12 p86〔写〕、東洋仏教 Ⅱ-p15～17（バンティヤイ—クデイ）〔写〕、文化史蹟6（バンテアイ・クディ）〔写p130,145〕

バンテアイ・サムレ
アンコール周辺。12世紀中葉（1160年もしくは1170年頃）の建立。経蔵、回廊、中央祠堂が配置されている。

¶大遺跡12 p86〔写〕、文化史蹟6 p131〔写〕

バンテアイ・スレイ　Banteay Srei
シエムレアプ州、バンテアイ・スレイ郡。アンコールの遺跡群を構成する寺院。10世紀後半、ラジェンドラヴァルマン2世の治世最晩年に、王家に仕えるバラモンであるヤジュナヴァラーハという人物によって建立した私寺。

¶角川世、古代遺跡　p86～91（バンティヤイ・スレイ）〔写〕、宗教建築（バンテアイ・スライ）〔写/図〕、新潮美、世界遺跡 p278（バンティ・スレイ）〔写〕、大遺跡12〔写/図〕、東洋仏教Ⅱ-p27～32（バンティヤイ—スレイ）〔写〕、文化史蹟6〔写p126,127,154～165/図p127〕

東メボン　ひがしめぼん★
アンコール周辺。シヴァ神寺院。952年にラージェンドラヴァルマン2世によって建立。

¶大遺跡12 p85〔写〕、文化史蹟6〔写p129,147〕

ピミャナカス宮殿
アンコール・トムにある。王宮のほぼ中央に位置する。3層で高さ約12m。

¶大遺跡12 p69（ピメアナカス）〔写〕、東西文化 p89〔写〕

プノム・クレン　Phnom Kulen
アンコール・トムの東北約29kmにある丘。825年頃ジャヤヴァルマン2世が丘上に居城とシヴァ＝リンガ寺院を建てた。煉瓦造の塔堂遺構などが

103 北朝鮮

ある。建物の装飾はクレン様式。
　　¶新潮美

プノン・バケン
アンコール周辺。ヤショヴァルマン1世により、900年頃に建立。第1次アンコール都城の中心寺院。
　　¶新潮美（プノム・バケン），大遺跡12 p83〔写〕，文化史蹟6 p128〔写〕

プノンペンの旧王宮
Old Royal Palace, Phnom Penh
プノンペン。メコン河に面して建つ。屋根やテラス、柱頭は彫刻で飾られ、カンボジア建築の粋といえる。
　　¶空大宮殿（プノンペンの王宮）〔写〕，文化史蹟6 p171（旧王宮〔プノンペン〕）〔写〕

プラ・カーン
アンコール周辺。1191年に完成した大僧院。ジャヤヴァルマン7世の建立。
　　¶文化史蹟6〔写p128,140〜141〕

プラ・コー
アンコール周辺。インドラヴァルマン1世が、両親に捧げる寺院として建立したもの。ヒンドゥー寺院で、6つの祠堂が3つずつ2列にならぶ形式をとる。
　　¶文化史蹟6 p131〔写〕

プラサット・クラヴァン
アンコール周辺。5基の祠堂をもつ小寺院。921年、ハルシャヴァルマン1世により建立。
　　¶大遺跡12 p83〔写〕，文化史蹟6（プラーサート・クラヴァン）〔写p130,150〕

プリヤ・コー
アンコール周辺。ヒンドゥー寺院。879年にインドラヴァルマン1世が両親の菩提をとむらうために建立した。
　　¶大遺跡12 p81〔写〕

プリヤ・パリライの祠堂
アンコール・トムの中。下は砂岩、上は煉瓦で築かれている。12世紀前半頃の築造と考えられている。
　　¶東洋仏教 Ⅱ-p35,37〔写〕

プレア・ヴィヘア寺院
Temple of Preah Vihear
カンボジア平野の高原の端。ヒンドゥー教寺院。

アジア

9世紀末から建築が始まった。断崖絶壁に位置し周囲の自然と一体化していることなどから、代表的なクメール建築の一つといわれる。
　世界遺産（プレア・ヴィヘア寺院　2008）
　　¶宗教建築（プレア・ヴィヒーア）〔写〕，世遺事（プレア・ヴィヒア寺院），成世遺下（プレア・ヴィヒア寺院）〔写〕，世遺百（プレア・ヴィヒア寺院）

プレ・ループ
アンコール周辺。ラージェンドラヴァルマン2世が961年に建立。ピラミッド型のシヴァ神寺院。
　　¶古代遺跡 p94（プレループ），大遺跡12 p84〔写/図〕，東洋仏教 Ⅱ-p33〜36〔写〕，文化史蹟6（プレ・ルプ）〔写p16,129,148〕

ペンの塔　Tower of Penh
プノンペン市の中央にある丘に建つ。仏塔。プノンペンは14世紀後半頃ペンと呼ばれる一女性によって、この聖なる丘（プノン）を中心につくられたという伝説がある。
　　¶文化史蹟6 p170〔写〕

ムル・プレイ　Mle Prei
北東部にある町とその周辺の地域名。新石器時代から鉄器時代にわたる遺跡が多数ある。オ・ヤクでは遺物は土器片、青銅製腕輪、叩石、骨片などしかないが、オ・ピー・カンは遺物が豊富。オ・ナリでは磨製石斧、鎌形石器、砥石、鉄器を採集。
　　¶世界考古

癩王のテラス　らいおうのてらす
アンコール・トム。高さ6mのテラス上に癩王といわれる彫像が鎮座している。12世紀末か13世紀初めの建築。現在、像は複製が置かれており、オリジナルのはプノンペン国立博物館蔵。
　　¶大遺跡12（ピメアナカス―癩王のテラス）〔写〕

ロリュオス遺跡群　Roluos
シエム・レアップ東13km。初期王都ハリハラーラヤヤ内に建立された3つのヒンドゥー寺院。中心となるバコン、建立が最も早いプレア・コー、人口湖の中央に建てられたロレイからなる。
　　¶新潮美（ロルオス）

ロレイ
アンコール周辺。9世紀の末にヤショーヴァルマン王の建造になる遺跡。4基の祠堂が残存。
　　¶文化史蹟6 p131〔写〕

北朝鮮

油坂遺跡　あぶらざかいせき
咸鏡北道清津市松坪区域農圃洞。櫛目文土器（新

石器）時代の貝塚遺跡。「農圃洞遺跡」ともいう。

北朝鮮　104

アジア

石器・土器・骨角器・土製品が出土。

¶図解考古（油坂遺跡 あぶらさかいせき）〔写（土器）〕，東ア考古

安岳1号墳　あんがく1ごうふん

黄海南道安岳郡五局里。三国時代高句麗の壁画古墳。墓室は単室、天井は平行・隅三角持送り。北壁に城郭図、南壁から東壁に出行図、西壁に狩猟図と行列図がある。

世界遺産（高句麗古墳群　2004）

¶東ア考古

安岳2号墳　あんがく2ごうふん

黄海南道安岳郡五局里。三国時代高句麗の壁画古墳。単室墓。

世界遺産（高句麗古墳群　2004）

¶東ア考古

安岳3号墳　あんがく3ごうふん

黄海南道安岳郡五局里。三国時代高句麗の壁画古墳。横穴式の墓室。

世界遺産（高句麗古墳群　2004）

¶韓国朝鮮（安岳3号墳 アナクさんごうふん）〔写p505/図p9〕，新潮美，世界考古〔図〕，大遺跡10〔写/図〕，東ア考古〔写（壁画）〕

安鶴宮　あんかくきゅう

平壌特別市の市街地から東北約7km。三国時代高句麗の宮殿遺跡。高句麗の王都が国内城から平壌に遷り、大同江の北岸に営まれた最初の王城。

¶世界考古，大遺跡10〔写〕，東ア考古〔図〕

渭原龍淵洞遺跡　いげんりゅうえんどういせき

慈江道渭原郡龍淵洞。明刀銭、青銅や鉄製の武器類・農具類など戦国時代後期の燕の製品が出土した遺跡。

¶図解考古（渭原遺跡 いげんいせき），世界考古（渭原龍淵洞 いげんりゅうえんどう）〔図（遺物）〕，東ア考古〔写（銅器・鉄器）〕

殷栗支石墓群　いんりつしせきぼぐん

黄海南道殷栗郡北部面雲山里。北方式（卓子形）支石墓群。北丘陵上にある支石墓は朝鮮最大のもの。

¶世界考古

雲山里　うんざんり

黄海南道殷栗郡北部面。支石墓遺跡。南北に相対する小丘の頂きに大支石墓が1基ずつある。またこの一帯は、銅剣を模した磨製石剣や土器などの散布地でもある。

¶世界考古

雲城里遺跡　うんじょうりいせき

黄海南道殷栗郡雲城里カマルリ村。一帯には櫛目文土器（新石器）・無文土器（青銅器）時代などの遺跡や土城、塼積み井戸、百数十基の各種墳墓などが分布。

¶世界考古（雲城里 うんじょうり），東ア考古

雲城里土城　うんじょうりどじょう

黄海南道殷栗郡雲城里。楽浪郡時代の平面方形の土城跡。土城内と濠内から土器類・瓦塼類・鉄刀・鉄鏃・鉄鎌・鉄鋤先などが出土。

¶東ア考古

永興邑遺跡　えいこうゆういせき

咸鏡南道永興郡永興邑。無文土器（青銅器）時代の集落遺跡。竪穴住居跡。

¶世界考古（永興邑 えいこうゆう）〔図（鋳型）〕，東ア考古

永明寺跡　えいみょうじあと

平壌特別市牡丹峰区域。三国時代高句麗の寺院跡。

¶東ア考古

猿岩洞遺跡　えんがんどういせき

平壌特別市楽浪区域猿岩洞。無文土器（青銅器）時代の集落遺跡。竪穴住居跡2軒、朝鮮ゴマの形をした無文土器の壺・甕や、各種の磨製石器などが出土した。

¶世界考古（猿岩里 えんがんり），東ア考古

円山里窯跡群　えんざんりかまあとぐん

黄海南道峰泉郡円山里。初期高麗青磁の窯跡群。2号窯より、淳化3年と4年の銘文のある青磁高坏が出土。

¶東ア考古〔図〕

円峰　えんぽう

咸鏡北道茂山郡茂山邑。新石器時代～初期鉄器時代の文化層がある。遺物は櫛目文土器、黒曜石の打製石器など。

¶世界考古

円峰山　えんぽうさん

咸鏡北道慶源郡鳳山里円峰山。無文土器文化の遺跡。一つの墓で5～8体分の骨が出土。

¶世界考古

王盱墓　おうくぼ

平壌特別市楽浪区域土城洞（旧・大同江面石巌里）。石巌里古墳群205号墳。楽浪郡時代の木槨墳。「五官掾王盱印」および「王盱印信」と陰刻された両面木印を、1棺内から発見。

¶新潮美（石巌里古墳群—王盱墓 せきがんりこふんぐん—おうくぼ），図解考古〔写（木槨と木印）〕，世界考古〔写〕，東ア考古〔写（木棺）〕

王建陵　おうけんりょう

開城市開豊郡海仙理。高麗の建国者・太祖王建（943年没）の王陵。「顕陵」と呼ばれる。円墳で横穴式石室、玄室の壁面に四神図と松竹梅図が描かれている。

¶東ア考古〔写〕

王光墓　おうこうぼ
平壌特別市楽浪区域貞柏洞。楽浪古墳群中の1木槨墓。貞柏里127号墳。竪穴式墓坑内に木槨室を築き、墳丘を盛ったもの。
　　¶新潮美, 図解考古〔写〕, 世界考古〔図〕, 東ア考古〔図(木槨)〕

王根墓　おうこんぼ
平壌特別市楽浪区域土城洞。楽浪郡時代の大型木槨墳で竪穴式方形木槨。
　　¶世界考古〔写(出土の杏葉)〕, 東ア考古

於乙洞土城　おおつどうどじょう
平安南道温泉郡城峴里。楽浪郡時代の方形土城跡。「城峴里土城」ともいう。城内から建物跡塼敷・石敷施設が検出された。
　　¶東ア考古

温陽里遺跡　おんようりいせき
もと平安南道寧遠郡温和面。明刀銭と布銭が数百枚重なり合って銹着して出土した遺跡。
　　¶世界考古(温陽里 おんようり), 東ア考古

開国寺　かいこくじ
開城の南東にあたる保定門外。高麗の太祖王建が開国を記念し建立した律宗寺院。7層の石塔が寺跡に残るが、京城旧景福宮内に移建された。
　　¶アジア歴2〔写〕

開城の歴史的建造物と遺跡　かいじょうのれきしてきけんぞうぶつといせき
開城市。918年から1392年に栄えた高麗王朝の旧都。天文・気象観測所や教育施設、城壁など12の文化財で構成される。高麗における仏教から儒教への変遷を文化的、政治的に伝える。
　世界遺産(開城の歴史的建造物と遺跡　2013)
　　¶韓国朝鮮(開城 ケソン), 新潮美(開城 かいじょう), 図解考古(高麗の遺跡 こうらいのいせき)〔写〕, 世遺事(開城の史跡群), 成世遺下(開城の歴史的建造物)〔写〕, 世遺百(開城の歴史建造物と史跡)〔図〕, 世界考古(開城 かいじょう), 世歴事2(開城 かいじょう), 東ア考古(開城〔遺跡〕　かいじょう)〔写〕

海象遺跡　かいぞういせき
黄海北道平山郡礼城里(旧海象里)。礼成川の支流である海象江河岸にある石灰岩洞窟。
　　¶東ア考古

会寧五洞遺跡　かいねいごどういせき
咸鏡北道会寧邑五洞。無文土器(青銅器)時代を中心とする大規模な集落遺跡。住居跡4軒と、不完全なもの4軒の住居跡と、石器製作所と思われる作業場の跡が検出され、5千点余りの遺物が出土。

¶世界考古(会寧五洞 かいねいごどう)〔図〕, 東ア考古

鎧馬塚　がいばづか
平壌特別市三石区域魯山洞。三国時代高句麗の壁画古墳。内部主体は、両袖式単室の横穴式石室。側壁の漆喰は四神図の一部が確認できる。
　　¶新潮美, 世界考古(鎧馬塚 がいまづか), 東ア考古

貨泉洞遺跡　かせんどういせき
平壌特別市勝湖区貨泉洞。旧石器時代の遺跡。
　　¶東ア考古

葛峴里　かつけんり
黄海北道銀波郡葛峴里下石洞。楽浪郡設置(前108)前後の木槨墓とされる。
　　¶世界考古, 東ア考古(葛峴里遺跡　かっけんりいせき)

葛城里甲墳　かつじょうりこうふん
平安南道温泉郡城峴里。楽浪郡時代の木槨墳。墳丘は方台形を呈し、墳丘下には竪穴式木槨を構築する。
　　¶世界考古, 東ア考古

龕神塚　がんしんづか
南浦市臥牛島区域新寧里。三国時代高句麗の壁画古墳。花上里古墳群と呼ばれた古墳群中最大のもの。前室と後室からなり前室の西の龕に墓主の男性、東の龕に女性の肖像が描かれる。
　　¶世界考古, 東ア考古〔図(前室見取図)〕

休岩洞　きゅうがんどう
平壌市北区域美林里休岩洞。コマ形土器の遺跡。コマ形土器文化の末期とみられる。
　　¶世界考古

弓山貝塚　きゅうざんかいづか
平安南道温泉郡雲下里。櫛目文土器(新石器)時代の貝塚遺跡。住居跡5軒と多くの遺物、特にスイギュウの骨が出土。
　　¶世界考古〔図〕, 東ア考古(弓山遺跡　きゅうざんいせき)

恭愍王玄陵　きょうみんおうげんりょう
開城市。高麗末期(14世紀後半)に恭愍王が亡くなった妃のために造営した。長方形の3段につくる。
　　¶世界考古(恭愍王玄陵)

恭愍王陵　きょうみんおうりょう
開城市開豊郡。高麗時代末期の恭愍王(1374年没)と同王妃の陵墓。王の正陵から約65cm離れて妃の玄陵が並ぶ。
　　¶東ア考古〔写〕

北朝鮮 106

アジア

許山　きょさん
平壌市東大院区域東大院洞。銅製品のみで構成される車馬具と銅剣および銅壺が、木槨墳らしい遺構から伴出した遺跡。
　　¶世界考古

金灘里遺跡　きんなんりいせき
平壌特別市寺洞区域金灘里。集落遺跡。櫛目文土器(新石器)時代と無文土器(青銅器)時代の遺物が出土。
　　¶世界考古(金灘里　きんだんり)〔図(土器)〕、東ア考古

屈浦里遺跡　くっぽりいせき
咸鏡北道雄基郡屈浦里西浦項。旧石器時代から櫛目文土器(新石器)時代、無文土器(青銅器)時代に至る文化層が確認された遺跡。
　　¶韓国朝鮮(屈浦里遺跡　クルポリいせき)、世界考古(屈浦里　くっぽり)、東ア考古

元五里廃寺跡　げんごりはいじあと
平安南道平原郡徳山面元五里。万徳山西麓にある三国時代高句麗の寺院跡。
　　¶東ア考古

元帥台遺跡　げんすいだいいせき
咸鏡北道清津市鏡城郡。櫛目文土器(新石器)時代の貝塚遺跡。表土下に貝殻を含む含有層がある。出土石器の大部分は黒曜石製の打製。土器は鉢・壺・皿、ほか多数の石器、貝輪、マンシュウクルミが出土。
　　¶世界考古(元帥台貝塚　げんすいだいかいづか)、東ア考古

興旺寺址　こうおうじし
開城市の東南約8kmの鳳東面興旺里。高麗文宗(在位1046-93)のときに興され、寺跡には粘板岩の塔材破片が散在。
　　¶新潮美(開城一興旺寺址　かいじょう一こうおうじし)

公貴里遺跡　こうきりいせき
慈江道江界市公貴里。鴨緑江の中・上流域と、松花江流域の無文土器(青銅器)時代前期の標準的な遺跡。竪穴住居跡を発掘。
　　¶世界考古(公貴里　こうきり)〔図〕、東ア考古

高句麗古墳群　こうくりこふんぐん★
平壌市、南浦市、平安南道、黄海南道に広く分布。高句麗王朝後期の王と王族、貴族の墳墓。水山里古墳、安岳1号墳、安岳3号墳、江西三墓、徳興里壁画古墳など古墳63基が世界遺産登録された。うち16基に残る壁画は、4〜5世紀頃の風俗・文化を伝える。
　　世界遺産(高句麗古墳群　2004)
　　¶アジア歴3(高句麗〔墳墓〕こうくり)、韓国朝鮮(高句麗〔高句麗古墳群〕)、世遺事、成世

遺下〔写〕、世遺百、世界考古(高句麗〔古墳〕こうくり)

高山洞遺跡　こうざんどういせき
平壌特別市大城区域高山洞。三国時代高句麗の井戸の遺跡。瓦・塼、青銅製銜などの馬具、砥石などが出土。
　　¶東ア考古〔図〕

高山里1号墳　こうざんり1ごうふん
平壌特別市大城区域高山洞。高山里古墳群中の一つ。三国時代高句麗の壁画古墳。
　　¶東ア考古

高山里9号墳　こうざんり9ごうふん
平壌特別市大城区域高山洞。三国時代高句麗の壁画古墳。
　　¶東ア考古

高常賢墓　こうじょうけんぼ
平壌特別市楽浪区域貞柏洞。楽浪郡時代の木槨墳。「貞柏洞2号墳」ともいう。地下に竪穴式方形木槨が残存。
　　¶新潮美、東ア考古

江上里遺跡　こうじょうりいせき
咸鏡南道新浦市江上里。櫛目文土器(新石器)時代の遺物包含層。朝鮮半島東北地方では珍しく丸底土器が出土。
　　¶東ア考古

江西三墓　こうせいさんぼ
南浦直轄市江西区域三墓里。三国時代高句麗の壁画古墳群。方形の封土墳で、玄室の四壁には四神図と、天井には文様が見られる。6世紀末ないし7世紀初め頃の築造。
　　¶新潮美(江西三墓古墳　こうせいさんぼんりこふん)〔写p635(壁画)〕、図解考古(三墓里古墳　さんぼりこふん)〔写/図〕、世界考古(三墓里古墳群　さんぼりこふんぐん)、大遺跡10(江西3墓　こうせいさんぼ)〔写/図〕、東ア考古〔図〕

黄龍山城　こうりゅうさんじょう
旧平安南道にあたる南浦市龍岡郡。包谷式の山城。石築の城壁が6.6kmにわたる。出土瓦には、高句麗のほかに、高麗のものもある。
　　¶大遺跡10〔写〕

孤山里遺跡　こさんりいせき
黄海北道載寧郡孤山里。山裾に位置する土壙墓。
　　¶東ア考古

黒橋里遺跡　こっきょうりいせき
黄海北道黄州郡黒橋駅東方約5kmの台地上。楽浪時代の木槨群の副葬品が出土。築造時期は前1世紀。
　　¶図解考古(黒橋面遺跡　こっきょうめんいせき)〔写(銅利器と銅製品)〕、世界考古(黒橋里

こっきょうり)，東ア考古

黒狗峯遺跡　こっくほういせき
咸鏡北道会寧郡。櫛目文土器（新石器）時代の遺物包含層。出土遺物からは農耕の痕跡が強く見られる。
¶世界考古（黒狗峯　こっくほう），東ア考古

湖南里四神塚　こなんりししんづか
平壌特別市三石区域南京。三国時代高句麗の壁画古墳。玄室の壁面に四神図像のみが描かれる。被葬者は「陽崗上好王」という諡の陽原王と考えられる。
¶東ア考古

湖南里南京遺跡　こなんりなんきょういせき
平壌特別市三石区域湖南里南京。櫛目文土器（新石器）時代から無文土器（青銅器）時代を経て，原三国（古朝鮮）時代にかけての集落遺跡。住居跡で出土したイネは，現在のところ朝鮮半島における北限の資料。
¶東ア考古

梧梅里寺洞遺跡　ごばいりじどういせき
咸鏡南道新浦市梧梅里。渤海時代の寺院跡。寺と刻書した瓦片や石仏の頭部・金銅仏などが出土。
¶東ア考古

コムンモル遺跡
平壌特別市祥原郡コムンモル（黒隅里）。石灰岩の洞窟遺跡。朝鮮半島で初めて発見された旧石器と獣骨化石の共存例。
¶角川世，韓国朝鮮，世界考古（黒隅里　こくぐうり），東ア考古

梧野里墳墓群　ごやりふんぼぐん
平壌特別市楽浪区域貞柏洞。楽浪郡時代の墳墓群。副葬品には画文帯神獣鏡・漆器・木馬・馬車明器・木製人形などがある。
¶世界考古（梧野里古墳群　ごやりこふんぐん），東ア考古

金剛山　こんごうさん
太伯山脈中の名山。古くから仏教の聖地とされ，長安寺、神渓寺など数多くの寺院が山中に建立されている。
¶アジア歴3，韓国朝鮮（金剛山　クムガンさん）

彩篋塚　さいきょうづか
平壌特別市楽浪区域南寺里。楽浪郡時代の木室墳「南井里116号墳」ともいう。木室は前室と後室からなり，前室壁面に騎馬図や人物図などの壁画が描かれている。
¶角川世，新潮美，図解考古〔写（彩篋）〕，世界考古，東ア考古〔図（木室）〕，評論社世

細竹里遺跡　さいちくりいせき
平安北道寧辺郡細竹里の清川江河岸沖積地。無

文土器（青銅器）～原三国（古朝鮮）時代の集落遺跡。文化層と27軒の住居跡が発掘調査された。
¶世界考古（細竹里　さいちくり），東ア考古

沙器里1号窯跡　さぎり1ごうかまあと
黄海南道ケイル郡沙器里。6基の青磁窯跡のうちの一つ。象嵌青磁と窯道具が出土、14世紀末頃と推定。
¶東ア考古

釈王寺　しゃくおうじ
咸鏡南道安辺郡文山面の雪峰山麓。李成桂即位前の創寺で、朝鮮末まで太祖の願堂として国家が保護。禅教両宗の大本山として伽藍が荘厳にされた。
¶アジア歴4〔写〕，新潮美

舟岩里　しゅうがんり
黄海北道隣山郡舟岩里。複数の住居址、支石墓、石棺墓からなる遺跡。コマ形土器片、小型壺、環状石斧、石貨などが出土。
¶世界考古

重興寺跡　じゅうこうじあと
平壌特別市牡丹峰区域仁興一洞。高麗時代の寺院跡。高句麗瓦が多量に出土。
¶東ア考古

狩猟塚　しゅりょうづか
南浦市臥牛島区域火岩里。三国時代高句麗の壁画古墳。「梅山里四神塚」「梅山里狩塚」ともいう。
¶世界考古，東ア考古

上五里廃寺　じょうごりはいじ
平壌市大城区林原洞。八角塔の基壇とその東西の金堂跡を確認。近くには東西に金堂跡が露出。一塔三金堂式と思われる。
¶東ア考古（上五里廃寺跡　じょうごりはいじあと），仏教考古（上五里廃寺　じょうごりはいじ（サンオリペイサ））

松山里　しょうざんり
黄海北道鳳山郡松山里ソルメッコル。細形銅剣、細線文鏡、鑿などの青銅製品が出土。遺構は1m×2.3mの長方形埋葬施設。
¶世界考古

将進里墳墓群　しょうしんりふんぼぐん
平壌特別市楽浪区域貞梧洞。楽浪郡時代の墳墓群。30号墳はほぼ方台形墳丘を有する同穴合葬木槨墳で45号墳は方台形墳丘を有する2号塼室墳。
¶東ア考古

成仏寺　じょうぶつじ
黄海北道黄州郡の旧州南面。高麗時代の寺。
¶新潮美

北朝鮮　　　　　　　　　　108

アジア

松坪洞遺跡　しょうへいどういせき
咸鏡北道雄基郡雄基面。櫛目文土器（新石器）時代の貝塚遺跡。黒曜石製石器が多く見られる。
¶東ア考古

昭明県治址　しょうめいけんちし★
黄海道信川郡北部面。いわゆる信川土城を比定。
¶図解考古（楽浪郡県治址―（3）昭明県治址　らくろうぐんけんちし）〔写/図〕，世界考古（昭明県治址）

上里遺跡　じょうりいせき
平安南道大同郡龍岳面上里。銅剣、小銅鐸のほかに、鉄製兵器をふくむ初期金属文化の遺物の組みあわせが出土。楽浪前期の代表的な遺物群。小規模の木槨墓であろうと推測されている。
¶図解考古〔写〕

勝利山遺跡　しょうりさんいせき
平安南道徳川郡勝利山。朝鮮半島で最初に化石人骨が報告された石灰岩洞穴。
¶東ア考古

所羅里土城　しょらりどじょう
咸鏡南道金野郡セドン里。楽浪郡時代の土城跡。龍興江下流域の小丘陵上に位置し、周囲には木槨墳も存在する。
¶世界考古，東ア考古

新岩里遺跡　しんがんりいせき
平安北道龍川郡新岩里。櫛目文土器（新石器）時代から無文土器（青銅器）時代に移る過渡期的時期の遺跡。
¶世界考古（新岩里　しんがんり），東ア考古

深貴里　しんきり
慈江道時中郡深貴里の禿魯江右岸。1957〜58年に高句麗古墳群と無文土器文化期の住居址3を調査。
¶世界考古

心源寺　しんげんじ
黄海北道黄州郡の旧亀洛面。高麗末期〜李朝初期（14世紀末）の寺。
¶新潮美

新興洞　しんこうどう
黄海北道鳳山郡鳳山邑の丘陵上。コマ形土器の遺跡。長方形居住址は、壁際に柱穴、中央に炉がある。
¶世界考古

神宗陽陵　しんそうようりょう
開城市開豊郡古南里。高麗第20代神宗（1204年没）の王陵。小型の円墳で前面に石人像2体、石碑1基が残る。
¶東ア考古

真坡里（戊辰里遺跡）　しんぱり
平安南道中和郡真坡里。コマ形土器の遺跡。戊辰里遺跡とも呼ばれる。
¶世界考古（真坡里　しんぱり）

真坡里1号墳　しんぱり1ごうふん
平壌特別市力浦区域龍山里。真坡里古墳群中の三国時代高句麗の壁画古墳。壁画は、飛雲文・忍冬華文を地文にした四神図が中心。
¶大遺跡10 p30〔写〕，東ア考古〔図（北壁壁画模写図）〕

真坡里4号墳　しんぱり4ごうふん
平壌特別市力浦区域龍山里。真坡里古墳群の一つに含まれる三国時代高句麗の壁画古墳。壁には下部に四神、上部に2〜3体の鳥や龍に乗った仙人・月象が描かれ、南壁には朱雀と松がある。
¶東ア考古

真坡里古墳群　しんぱりこふんぐん
平安南道中和郡真坡里。高句麗時代の古墳群。最東端の第1号墳と最北端の第4号墳のみが壁画を有する。
¶新潮美，世界考古

水駅洞　すいえきどう
黄海南道戴寧郡富徳里水駅洞。土壙墓を発見。遺物は2m×1mくらいの区画内から一括して出土。
¶世界考古

水山里古墳　すいさんりこふん
南浦市江西茎水山里。三国時代高句麗の壁画古墳。「修山里」ともいう。後室後壁に家居と墓主夫婦図像が描かれる。
¶東ア考古

水落岩洞古墳　すいらくがんどうこふん
開城の付近、旧京畿道開豊郡青郊面。高麗初期（10-11世紀）の古墳。
¶新潮美

青海土城　せいかいどじょう
咸鏡南道北青郡荷湖里。渤海時代の土城。渤海五京の一つである南京跡の有力候補地。平面形は周囲2132mで、東西約730m、南北約330mの東西に長い長方形に復元されている。
¶大遺跡10〔写〕，東ア考古〔図〕

西海里　せいかいり
慈江道慈城郡。高句麗時代の積石塚とされる2つの古墳群中の数基が発掘調査された。
¶世界考古

清岩洞土城跡　せいがんどうどじょうあと
平壌特別市大城区域清岩里。三国時代高句麗の土城跡。周囲約5kmにわたって土築の城壁が見られた。土城跡内には清岩洞廃寺跡がある。

¶東ア考古

清岩里廃寺　せいがんりはいじ

平壌市大聖区域清岩里。高句麗時代の寺院址。八角建物を中心に、東・西・北に殿舎を配し、南に門を開く伽藍配置。

　　¶韓国朝鮮（清岩洞廃寺 チョンアムトンはいじ）、図解考古（清岩里廃寺 せいがんりはいじ）〔図〕、世界考古、東ア考古（清岩洞廃寺跡 せいがんどうはいじあと）、仏教考古（清岩里廃寺 せいがんりはいじ（チョンアムリペイサ））

清湖里　せいこり

平壌市大聖区域清湖洞。大同江岸の沖積地に包含層がある。切目石錘と打製石斧が出土。

　　¶世界考古

青山里土城　せいざんりどじょう

黄海南道信川郡青山里。楽浪・帯方郡時代の土城跡。「信川土城」ともいう。土城の周辺には木槨墳や塼室墳が分布し、細形銅剣が出土。

　　¶東ア考古

西浦項貝塚　せいほこうかいづか

咸鏡北道雄基郡屈浦里、西浦項洞。新石器〜青銅器時代の貝塚。犬・猪・鹿・鯨などの骨、カキ・ハマグリなどの貝、種々の魚骨も出土。

　　¶世界考古

石巌里9号墳　せきがんり9ごうふん

平壌特別市楽浪区域土城洞。楽浪郡時代の大型木槨墳。「大同江面9号墳」ともいう。方台形を呈し、墳丘下に竪穴式方形木槨を構築する。築造時期は後1世紀。

　　¶新潮美（石巌里古墳群―9号墳 せきがんりこふんぐん―きゅうごうふん）、図解考古（石巌里9号墳 せきがんりくごうふん）〔図〕、世界考古（石巌里9号墳 せきがんりきゅうごうふん）〔写（遺物出土状況）〕、東ア考古

石巌里20号墳（丁墳）　せきがんり20ごうふん

平壌特別市楽浪区域土城洞。楽浪郡時代の木槨墳。出土した漆器には「舞陰家比五十六」（漆盤）、「陽氏大吉」（漆盂）などの銘文がある。築造年代は後2世紀頃。

　　¶東ア考古

石巌里52号墳（戊墳）　せきがんり52ごうふん

平壌特別市楽浪区域土城洞。楽浪郡時代の木槨墳。出土の亀鈕銅印には「王雲」銘がある。築造時期は前1世紀。

　　¶東ア考古

石巌里194号墳（丙墳）　せきがんり194ごうふん

平壌特別市楽浪区域土城洞。楽浪郡時代の大型木槨墳。円形を呈し、墳丘下に一辺3.6mの竪穴式方形木槨を構築する。築造時期は後1世紀。

　　¶世界考古（石巌里194号墳 せきがんりひゃくきゅうじゅうよんごうふん）、東ア考古

石巌里200号墳（乙墳）　せきがんり200ごうふん

平壌特別市楽浪区域土城洞。楽浪郡時代の大型木槨墳。円形を呈し、墳丘下に一辺4.94mの竪穴式方形木槨を構築する。築造時期は後1世紀。

　　¶東ア考古

石巌里墳墓群　せきがんりふんぼぐん

平壌特別市楽浪区域土城洞。楽浪郡時代の墳墓群。

　　¶新潮美（石巌里古墳群 せきがんりこふんぐん）、世界考古（石巌里 せきがんり）、東ア考古

石山里　せきざんり

平安北道定州郡石山里。タンド山斜面にある遺跡。口縁を粘土帯で厚くした土器・高坏などの無文土器などが出土。

　　¶世界考古

石泉山　せきせんざん

平安南道龍岡郡後山里。石泉山東麓に分布する墳墓群。高句麗時代の積石塚もみられるが、北方式支石墓での群集地として著名。

　　¶世界考古

石灘里遺跡　せきだんりいせき

黄海北道松林市石灘里。無文土器（青銅器）時代の代表的集落遺跡。遺跡の範囲は10万平方mにわたることと、100余軒の住居跡が確認されている。

　　¶韓国朝鮮（石灘里遺跡 ソクタンニいせき）、世界考古（石灘里 せきだんり）、東ア考古

石橋里　せっきょうり

黄海南道龍淵郡石橋里。コマ形土器の遺跡。土器は甕形・壺形で、磨研したものもある。

　　¶世界考古

泉谷里　せんこくり

黄海北道瑞興郡泉谷里の瑞興江上流。採土中に、石棺墓内から細形銅剣1、結紐形剣把頭飾1が磨製石鏃6〜7本を伴って発見。

　　¶世界考古

千里長城　せんりちょうじょう

朝鮮半島北部。契丹族や女真族など北方遊牧民族の侵入に備えて築かれた長城。現在も、西は平安北道新義州市の鴨緑江河口付近から、東は咸鏡南道定平郡の海岸部まで630kmにわたる遺構が残存。

　　¶東ア考古

双楹塚　そうえいづか

南浦市龍岡郡龍岡邑。三国時代高句麗の壁画古墳。石室は正方形の前室と後室からなり、通路

北朝鮮

に2本の精巧な八角石柱がある。

¶新潮美, 世界考古, 東ア考古〔図(石室)〕

双鶴里遺跡　そうかくりいせき

平安北道龍川郡双鶴里。櫛目文土器(新石器)時代の遺物包含層。出土土器は壺形が多く, 雷文・隆帯文が主体的に施文される。

¶世界考古(双鶴里 そうかくり), 東ア考古

双浦洞遺跡　そうほどういせき

咸鏡北道鶴城面城津里双浦洞。櫛目文土器(新石器)時代の貝塚遺跡。咸鏡北道では珍しく三部位施文土器が出土。

¶東ア考古

大安里1号墳　だいあんり1ごうふん

南浦市大安区域恩徳洞。三国時代高句麗の壁画古墳。石室は長方形前室と, 正方形の後室からなり, 後室の八角形天井は石造の肘木などで木造建築を模した特異な構造。

¶東ア考古

大峴洞遺跡　たいけんどういせき

平壌特別市力浦区域大峴洞。洞窟遺跡。化石人骨「力浦人」の出土地として知られる。

¶東ア考古

大興山城跡　たいこうさんじょうあと

開城直轄市朴淵里。高麗時代の包谷式山城。高麗時代に首都開城の防衛のため, 開城の北24kmに築城された。

¶東ア考古

大城山城　だいじょうさんじょう

平壌特別市。三国時代高句麗の山城。全長は7218mになり, 城内の総面積は2723平方kmあって, 朝鮮における山城中, 最大規模の一つ。

¶世界考古, 大遺跡10〔写〕, 東ア考古(大城山城 たいじょうさんじょう)

台城里1号墳　だいじょうり1ごうふん

南浦市江西区域台城里。三国時代高句麗の壁画古墳。方台形の墳丘に半地下式の石室がある。

¶東ア考古

台城里2号墳　だいじょうり2ごうふん

南浦市江西区域台城里。三国時代高句麗の壁画古墳。東・西壁のそれぞれに小さな龕がつく長方形石室で, 西龕の南壁には女性の肖像画の一部がある。

¶東ア考古

台城里遺跡群　だいじょうりいせきぐん

平安南道江西郡台城里。先史時代から高句麗時代に及ぶ遺跡群。墓や無文土器時代の住居址を発見。

¶世界考古

台城里墳墓群　だいじょうりふんぼぐん

南浦市大安台城里。無文土器(青銅器)時代～三国時代高句麗の墳墓群。土壙墓(木槨墓)の中心年代は後1世紀代と推定。1・2号石室墓は, いずれも高句麗時代の壁画古墳で4世紀後葉～5世紀前葉の築造。

¶東ア考古

大同江橋遺跡　だいどうこうきょういせき

平壌特別市大城区域清湖洞の大同江右岸。三国時代高句麗の木製橋脚遺跡。遺構が比較的よく残り, 橋脚の取り付け部の構造が明らかにされた。

¶東ア考古〔写〕

大寧江長城　だいねいこうちょうじょう

朝鮮半島西北部。契丹族や女真族など北方遊牧民族の侵入に備えて築かれた長城の一つ。平安北道の大寧江とその支流の昌城江の東岸一帯にわたって, 約120kmの長さで確認された。

¶東ア考古

太白山城　たいはくさんじょう

黄海北道平山郡山城里。石築の城壁が, 2425mにわたる。現存する城壁は, 李朝時代の改築時に拡張したものといわれる。城壁には, 雉が5ヵ所ある。

¶大遺跡10〔写/図〕

帯方郡遺跡　たいほうぐんいせき

黄海北道鳳山郡文井面。帯方郡は, 朝鮮半島中部西岸に遼東の太守, 公孫康が後漢末に設置。帯方郡やその治所の位置は諸説ある(漢江下流域説, ソウル付近説ほか)。一般的には北朝鮮の黄海北道鳳山郡にある智塔里土城(唐土城)が帯方郡治址とされ, この北方約4kmに, 帯方太守の張撫夷墓がある。土城周辺には古墳群がある。

¶図解考古〔図(張撫夷墓)〕, 世界考古(帯方郡遺跡群 たいほうぐんいせきぐん), 東ア考古(帯方郡 〔遺跡〕)

帯方郡治址　たいほうぐんちし

黄海北道鳳山郡文井面。瑞興川右岸の沖積地に立地する智塔里土城(唐土城)が有力候補地。平面台形をした土塁は, 総延長が2kmを超える。

¶図解考古(帯方郡遺跡(1)唐土城 たいほうぐんいせき), 図解考古(楽浪郡県治址―(4)帯方郡治址 らくろうぐんけんちし)〔写/図〕, 世界考古, 東ア考古(帯方郡治跡 たいほうぐんちあと)

大宝山里古墳　だいほうさんりこふん

平安南道大同郡旧大宝山里。三国時代高句麗の石室封土墳。単室の壁画古墳と伝えられる。

¶東ア考古

帯方大守張撫夷墓　たいほうたいしゅちょうぶいぼ

黄海北道鳳山郡文井面。西晋時代の古墳。墓主

は張撫夷（字は使君）といい、帯方大守であった。

¶ 図解考古（帯方郡遺跡 (3) 帯方太守張撫夷墓 たいほうぐんいせき）〔図〕, 世界考古, 東ア考古（帯方太守張撫夷墓）

智塔里遺跡　ちとうりいせき
黄海道鳳山郡智塔里。櫛目文土器（新石器）時代の集落遺跡。遺物は土器と石器が主体。

¶ 韓国朝鮮（智塔里遺跡 チタムニいせき）, 新潮美, 世界考古（智塔里 ちとうり）〔図〕, 東ア考古

仲岩里　ちゅうがんり
慈江道江界市。1935年、約250枚の明刀銭が出土。その後、1952年にも明刀銭が近辺で偶然出土。

¶ 世界考古

長城里遺跡　ちょうじょうりいせき
平安北道中江郡長城里。櫛目文土器（新石器）時代の遺物包含層。櫛目文土器時代から原三国（古朝鮮）時代までの遺物が混在して出土している。遺物は土器が主体で石器は少数。

¶ 世界考古（長城里 ちょうじょうり）, 東ア考古

長徳里遺跡　ちょうとくりいせき
咸鏡北道花台郡長徳里。2個体以上分のマンモスの骨を発掘。沼沢地に落込んで自然死したものと考えられている。時期はヴィルム氷期。

¶ 東ア考古

長梅里廃寺跡　ちょうばいりはいじあと
平壌特別市楽浪区域猿岩洞。かつて長梅里と呼ばれた地に瓦が散布。その平瓦の刻印から三国時代高句麗の寺院跡とわかる。

¶ 東ア考古

チョンチョンアム遺跡
平壌特別市祥原郡祥原邑風谷。石灰岩洞窟。6枚の地層が発見され、上部の4枚の層から動物骨化石が出土した。遺跡の年代は中部更新世中期。

¶ 東ア考古

沈村里　ちんそんり
黄海北道黄州郡。1958年に住居址と槨の現れた支石墓の発掘調査、59年には支石墓群も調査された。

¶ 世界考古

通川邑　つうせんゆう
江原道通川郡通川邑、鉢巻山の山腹。遺物散布地。1915年に鎔范が採集された。ほかに無文土器、磨製石鏃、庖丁などを採集。嶺東の日本海側で銅器を鋳造した例として重要。

¶ 世界考古

定宗安陵　ていそうあんりょう
開城市開豊郡古南里。高麗第3代定宗（949年没）の王陵。山の傾斜面にそって3段からなる。石室

の四壁と天井には、漆喰を塗った上に壁画が描かれていた。

¶ 東ア考古

貞栢洞墳墓群　ていはくどうふんぼぐん
平壌特別市楽浪区域貞栢洞。楽浪郡時代の墳墓群。調査された墳墓には単葬木槨墓・併穴合葬木槨墓・同穴合葬木槨墓・塼室墓などがあり、楽浪郡の全時期にわたって造営された。

¶ 東ア考古

定陵寺　ていりょうじ
平壌市から約20km離れた平壌市力浦区域戊辰里王陵洞。寺跡の北方150mの地点には高句麗の始祖東明王陵がある。定陵寺は、陵を護る祈願寺刹としての陵寺であったと推定される。

¶ 大遺跡10〔写〕, 東ア考古（定陵寺跡 ていりょうじあと）〔写〕, 仏教考古（定陵寺 じょうりょうじ（ジョンルンサ））〔図〕

天王地神塚　てんのうちしんづか
平安南道順川市北倉里所在。三国時代高句麗の壁画古墳。石室は横長の前室とその両端の側室からなり、後室は八角形天井の8面に1体ずつ神仙・瑞禽獣などが描かれた。

¶ 新潮美, 世界考古, 東ア考古

潼関鎮遺跡　どうかんちんいせき
咸鏡北道穏城郡江岸里。現在では江岸里遺跡と呼ばれる。朝鮮半島で初めて旧石器時代人類の痕跡が発見された遺跡として著名。中部更新世末もしくは上部更新世に属する。

¶ 東ア考古

潼関里　どうかんり
咸鏡北道鍾城郡潼関里。櫛目文土器・無文土器を出す遺跡。北丘陵の第1黄土層ではハイエナ、マンモスなどの化石と旧石器時代とみられる黒曜石製打製石器・骨角器が出土。

¶ 世界考古

堂山遺跡　どうざんいせき
平安北道定州郡大山里。櫛目文土器（新石器）時代の貝塚遺跡。遺跡は出土遺物から2時期に区分される。

¶ 東ア考古

道済里墳墓群　どうせいりふんぼぐん
平壌特別市楽浪区域南寺里。南寺里墳墓群にほぼ該当する。墳墓は南北約30m、東西約32mの墳丘を有しており、楽浪古墳の中では大型。豊富な副葬品が出土した。築造年代は後3世紀。

¶ 東ア考古

東明王陵　とうめいおうりょう
平安南道。高句麗時代の石室封土墳で、真坡里古墳群中にある最南端にある第10号墳をさす。

¶ 世界考古, 大遺跡10〔写/図〕

北朝鮮

アジア

都館里　とかんり
平安北道球場郡都館里。遺構は箱式石棺。中国先秦時代の銭貨の朝鮮への流入とその経路を考える契機となった最初の遺跡。
¶世界考古

土城里遺跡　どじょうりいせき
平安北道中江郡土城里。集落遺跡。櫛目文土器（新石器）時代から原三国（古朝鮮）時代までの長期間にわたって形成されている。
¶世界考古（土城里　どじょうり），東ア考古

土城里廃寺跡　どじょうりはいじあと
黄海北道鳳山郡土城里。三国時代高句麗の寺院跡。八角形塔跡を中心に三金堂がめぐる伽藍配置をとっていたものと推定される。
¶東ア考古

徳花里1号墳　とっかり1ごうふん
平安南道大同郡徳花里。三国時代高句麗の壁画古墳。壁に大きく四神を描き、北壁のみは下の玄武、上に男女の群像がある。天井は六角形文様を地文に日象・月象・雲文・蓮華文などを描く。
¶東ア考古

徳花里2号墳　とっかり2ごうふん
平安南道大同郡徳花里所在。三国時代高句麗の壁画古墳。四神図を主題とし、北壁上半には人物群像があり、天井は六角形文様を地文として日象・月象・星座・雲文・蓮華文を配する。
¶東ア考古

徳興里古墳　とっこうりこふん
平安南道大安市徳興里。三国時代高句麗の壁画古墳。築造が永楽18年（408）。前室には、被葬者の公的な場面を描く。玄室の壁画は、被葬者の私的な生活図が中心。
¶韓国朝鮮（徳興里古墳　トクンニこふん），新潮美（徳興里古墳　とくこうりこふん），大遺跡10〔写〕，東ア考古〔図（壁画）〕

内里1号墳　ないり1ごうふん
平壌特別市三石区域長水院洞。三国時代高句麗の壁画古墳。単室墓。壁画は四神を主題として青龍・玄武が認められ、天井部には忍冬唐草文・山岳樹木・日象・月象・蓮華文・環文がある。
¶東ア考古

南京里1号墳　なんきょうり1ごうふん
平壌特別市三石区域長水院洞。南京里古墳群の中で最大の墳丘を持つ、三国時代高句麗の古墳。壁画や構造の詳細は不明。
¶東ア考古

南井里119号墳　なんせいり119ごうふん
平壌特別市楽浪区域南寺里。墳丘は一辺約8m、高さ約3mの方台形を呈し、主体部は両袖式横穴式石室である。副葬品として耳杯・盤・案など

の漆器片、土器片・五鉄銭・大泉五十などが出土した。築造時期は後4世紀、楽浪郡末期〜滅亡後にかけての墳墓。
¶東ア考古〔図〕

南大門　なんだいもん
開城。開城の城郭の正門。1391〜1393年に建設。
世界遺産（開城の歴史的建造物と遺跡　2013）
¶新潮美（開城―南大門　かいじょう―なんだいもん）

粘蟬県治址　ねんていけんちし
平安南道龍岡郡海雲面。漢代の城址。於乙洞土城を比定する。土壁は、北面に約6mの高さを留める。
¶アジア歴7，図解考古（楽浪郡県治址―（2）粘蟬県治址　たいほうぐんいせき）〔写/図〕，世界考古

粘蟬県碑　ねんていけんぴ
平安南道温泉郡旧海雲面。花崗岩製の石碑。「粘蟬神祠碑」とも呼ばれる。元和2年（85）4月戊午に楽浪郡粘蟬県の長が、県の官史と協議し神祠を立てて、碑石に辞を刻んだもの。
¶韓国朝鮮，東ア考古

農圃貝塚　のうほかいづか
咸鏡北道清津市。標高30mの丘陵斜面にある遺跡。土器は深鉢・壺・埦・鉢・皿形など変化に富む。石器の大多数は黒曜石製のスクレーパーなど。
¶世界考古

八清里古墳　はっせいりこふん
平安南道大同郡八清里。三国時代高句麗の壁画古墳。
¶東ア考古

盤弓里遺跡　ばんきゅうりいせき
平安北道塩州郡塩州邑盤弓里。櫛目文土器（新石器）時代の集落遺跡。中国の小珠山下層や後窪上層に類似する土器が出土。
¶東ア考古

半月洞貝塚　はんげつどうかいづか
黄海南道銀泉郡鶴月里。西海岸では稀な櫛目文土器のほか、石斧、骨錐などが採集された貝塚。
¶世界考古

反川里　はんせんり
旧平安南道大同郡大宝面。1927年頃、細形銅剣1、白銅質多鈕細文鏡2、銅製尖頭器片1が出土。完形に近い多鈕細文鏡の最初の発見例。
¶世界考古

晩達里遺跡　ばんたつりいせき
平壌特別市勝湖区晩達里。石灰岩洞穴遺跡。朝鮮半島北部における報告された唯一の細石刃文化遺跡。

¶東ア考古

美松里遺跡　びしょうりいせき
平安北道義州郡美松里。櫛目文土器（新石器）時代から無文土器（青銅器）時代にかけての遺跡。下層から出土した櫛目文土器に之字文があり、中国東北地方との関連性を示す。

¶世界考古（美松里 びしょうり）〔図（土器, 銅斧）〕, 東ア考古

美林洞　びりんどう
平壌市寺洞区域の大同江岸にある遺跡。上のA層では灰色硬質土器、鉄器が出土し、B層では口縁を折返した土器などが出土。

¶世界考古

福隅里墳墓群　ふくぐうりふんぼぐん
黄海南道信川郡福隅里。帯方郡末期～滅亡後の紀年銘塼が採集されている墳墓群。

¶東ア考古

伏獅里　ふくしり
黄海南道安岳郡。高句麗時代の壁画古墳1基、甕棺墓が共存する土壙墓群を発見。ほかに住居址、塼墓も調査。

¶世界考古

伏獅里古墳　ふくしりこふん
黄海南道安岳郡伏獅里。三国時代高句麗の壁画古墳。天井の星座は数が多く、文字も記されて貴重。

¶東ア考古

普賢寺　ふけんじ
平安北道寧辺郡北薪峴面妙高山。北朝鮮第一の大きな寺として知られる。朝鮮三十一本山の一つ。木造の諸堂は、いずれも李朝後期の1765年以降の再建。九重石塔は1044年の造立。

¶アジア歴8

夫租薉君墓　ふそわいくんぼ
平壌特別市楽浪区域貞柏洞。楽浪郡時代の木槨墓。「貞柏洞1号墳」ともいう。築造時期は前1世紀。

¶世界考古, 東ア考古〔図（副葬品）〕

仏日寺址　ぶつにちじし
開城東郊の旧京畿道長湍郡津西面景陵里。高麗光宗（在位949-975）のときに創立。東西に付属施設をもつ一塔式の伽藍配置。

¶新潮美（開城―仏日寺址 かいじょう―ぶつにちじし）, 東ア考古（佛日寺跡 ぶつじつじあと）〔図〕

平壌〔遺跡〕　へいじょう
平壌一帯。旧石器時代は前期の祥原郡コンムモル遺跡が著名。無文土器（青銅器）時代には支石墓や箱式石棺墓が著しい。4世紀前半には高句麗

が平壌城を増築。

¶東ア考古

平壌駅前壁画古墳　へいじょうえきまえへきがこふん
平壌特別市中区域蓮花洞。三国時代高句麗の壁画古墳。

¶東ア考古

平壌城　へいじょうじょう
平壌特別市。三国時代高句麗の都城遺跡。城壁に組み込まれた城石に文字が刻まれた刻字城石が見つかっている。

¶世界考古（高句麗〔都城〕 こうくり）, 大遺跡10〔写p19,42,43/図p43〕, 東ア考古

平川里廃寺跡　へいせんりはいじあと
平壌特別市平川区域平川洞。瓦類とともに金銅半跏思惟像が出土した。三国時代高句麗の寺院が存在したものと推定される。

¶東ア考古

法堂坊古墳　ほうどうぼうこふん
開城の付近、旧京畿道長湍郡津西面。高麗初期の壁画古墳。

¶新潮美

豊龍里　ほうりゅうり
慈江道時中郡豊龍里。箱式石棺墓の遺跡。中から土器、碧玉製管玉、紅瑪瑙製平玉、青銅釦、磨製石鏃片、有孔球形石器が出土。

¶世界考古

墨房里　ぼくぼうり
平安南道价川郡墨房里。積石塚や支石墓が群在する遺跡。北方式支石墓、南方式支石墓、基壇積石塚、積石塚よりなる。支石墓終末期の典型的な遺跡。

¶世界考古

麻永里古墳　まえいりこふん
平安南道温泉郡麻永里。三国時代高句麗の石室封土墳。

¶東ア考古

満月台　まんげつだい
開城市。松岳山南麓の高台にある。殿堂・門廊などの基壇や礎石がよく遺存。

世界遺産（開城の歴史的建造物と遺跡 2013）

¶アジア歴8, 新潮美（開城―満月台 かいじょう―まんげつだい）, 世界考古, 東ア考古〔写〕

夢金浦貝塚　むきんほかいづか
黄海南道龍淵郡夢金浦里の海岸近くの砂丘。A～Hの貝塚がある。櫛目文土器は文様は大部分が綾杉文。石鏃・石斧・管玉・石剣片などと、時期の下る鉄鏃・鉄斧・鉄滓も採集。

北朝鮮　　　　114

アジア

¶世界考古

明宗智陵　めいそうちりょう
旧京畿道長湍郡長道面杜梅里智陵洞、現開城地区。高麗第19代明宗（1197年没）の王陵。陵前に、李朝（朝鮮）時代に建てられた石碑「高麗明宗智陵」と石人1対がある。
　　¶東ア考古

茂山虎谷遺跡　もざんとらのたにいせき
咸鏡北道茂山郡茂山邑。朝鮮半島北東部を代表する先史時代遺跡の一つ。櫛目文土器（新石器）時代から原三国時代（鉄器時代初期）にわたる竪穴住居跡51基と、無文土器（青銅器）時代の箱式石棺墓2基が検出された。
　　¶韓国朝鮮（茂山虎谷遺跡　ムサンホゴクいせき）、世界考古（茂山虎谷　もざんここく）〔図〕、東ア考古

薬水里古墳　やくすいりこふん
南浦市江西区域薬水里。内容豊富な三国時代高句麗の壁画古墳。金製垂飾付耳飾などが出土。
　　¶東ア考古〔図（前室行列図模写図）〕

雄基貝塚　ゆうきかいづか
咸鏡北道雄基の西、竜水湖東岸。松坪洞貝塚とも。新石器時代の遺跡。竪穴住居址や仰臥伸展葬の墓などを確認。
　　¶新潮美、図解考古〔写〕

養洞里墳墓群　ようどうりふんぼぐん
黄海北道銀波郡養洞里。塼築墳2基（3・5号墳）が調査された。後3世紀代に築造された帯方郡の墳墓と推定される。
　　¶東ア考古

ヨンチャコル古墳群　よんちゃこるこふんぐん★
咸鏡北道清津市富居里。渤海時代の古墳群。
　　¶東ア考古

楽浪漢墓　らくろうかんぼ
平壌を中心とし平安南道および黄海道にまたがって分布。中国の前漢から三国時代にわたり営まれた墳墓。代表的なものに、前漢末から後漢中期の石厳里9号墳、後漢の王旴墓、王光墓、彩篋塚などがある。
　　¶図解考古

楽浪郡治址　らくろうぐんちし
平壌市の南郊、大洞江の南岸。土城里土城を漢の楽浪郡治址とする。城址は東西約700m、南北約600m、土壁の痕跡をとどめる。
　　¶図解考古（楽浪郡県治址─(1)楽浪郡治址　らくろうぐんけんちし）〔写/図〕、世界考古

楽浪郡の遺跡　らくろうぐんのいせき
平安南道から黄海北道。平壌の旧市街地から大同江をはさんで対岸の平壌特別市楽浪区域土城

洞一帯に比定される。郡県の治址と古墳群が主たる遺跡。
　　¶アジア歴9（楽浪郡〔遺跡〕　らくろうぐん）〔写〕、新潮美（楽浪郡　らくろうぐん）、世界考古（楽浪郡　らくろう）〔図〕、東ア考古（楽浪郡〔遺跡〕　らくろうぐん）〔写（楽浪墓群）〕

羅津遺跡　らしんいせき
咸鏡北道羅津市羅津洞。櫛目文土器（新石器）時代の貝塚遺跡。出土土器の文様は、これまでに朝鮮半島では見られないもの。
　　¶世界考古（羅津貝塚　らしんかいづか）、東ア考古

羅津草島　らしんそうとう
咸鏡北道羅津湾の大草島の海岸にある遺跡。包含層中に、貝層、住居址に伴うとみられる石囲炉8、柱穴がある。半屈身葬2体を含め14体分の人骨も出土。
　　¶世界考古

梨花洞遺跡　りかどういせき
咸興直轄市会上区域梨花洞。無文土器（青銅器）時代の墳墓遺跡。出土遺物の鉄斧は、中国・戦国時代の鋳造品の影響を受けたもの。
　　¶世界考古（梨花洞　りかどう）、東ア考古

梨川里　りせんり
平安北道東倉郡梨川里。約50枚の明刀銭を発見。中国中原の文物の出土は、朝鮮への流入の時期と経路を示唆。
　　¶世界考古

龍淵里遺跡　りゅうえんりいせき
平安北道龍川郡龍淵里。櫛目文土器（新石器）時代の集落遺跡。長方形の住居跡が3軒検出された。
　　¶世界考古（龍淵里　りゅうえんり）、東ア考古

龍崗大墓　りゅうこうたいぼ
南浦市龍崗郡龍崗邑。三国時代高句麗の壁画古墳。
　　¶東ア考古

龍興里　りゅうこうり
平安南道价川郡（旧・中通面龍興里）。1939年耕作中に一括遺物が発見された。遺構や出土状態は不明。銅剣・青銅刀子を含む点で重要。
　　¶世界考古

龍谷里洞穴　りゅうこくりどうけつ
平壌市祥原郡龍谷里。前期旧石器時代の洞穴遺跡。炉跡が第2文化層から3基、第3文化層から5基、第4文化層から4基検出されている。10人分の人骨が発見され「龍谷人」と命名されている。
　　¶東ア考古

龍水里貝塚　りゅうすいりかいづか
　咸鏡北道雄基郡雄基邑の龍水湖南西岸。貝塚。貝層は2ヵ所あり、カキが最多。櫛目文土器、無文土器、彩色土器、石斧などを採集。貝層下で多数の埋葬人骨が出土。
　　¶世界考古

龍塘浦貝塚　りゅうとうほかいづか
　黄海南道海州市。炉址のような遺構の周囲で櫛目文土器が出土、石器は磨製石鏃、石鍬、鞍形すりうすなど。
　　¶世界考古

龍磻里貝塚　りゅうはんりかいづか
　平安南道温泉郡。表土下にカキ、ハマグリを主とする貝層がある。弓山貝塚とほぼ同時期。
　　¶世界考古

龍坪里　りゅうへいり
　咸鏡北道漁郎郡の長淵湖畔にある遺跡。表土下に厚さ40〜50cmの包含層がある。石器は斜刃片刃石斧、刃部に溝のある鑿形石斧など。土器は櫛目文土器。
　　¶世界考古

遼東城塚　りょうとうじょうづか
　平安南道順川市龍鳳里の大同江畔。三国時代高句麗の壁画古墳。前室の羨道間に「遼東城」の文字を有する城郭図がある。西側室には四神図と帳房が残存。

¶世界考古, 東ア考古〔図(石室平面図)〕

臨屯郡治址　りんとんぐんちし★
　平咸鏡南道江原郡順寧面。本宮土城をさす。
　　¶図解考古(楽浪郡県治址—(5)臨屯郡治址 らくろうぐんけんちし)〔写/図〕

霊通寺跡　れいつうじあと
　開城市龍興洞。寺院跡。高麗時代初期に創建。南から中門・石塔3基・普光院・重閣院などの遺構が南北一直線上に検出された。
　　¶東ア考古〔図〕

蓮華塚　れんがづか
　南浦市江西区域台城里。三国時代高句麗の壁画古墳。当初は「肝城里古墳」と呼ばれた。壁画は多く剝落しているが、天井石に描かれた大きな蓮華文からこの名がある。
　　¶東ア考古

籠吾里山城跡　ろうごりさんじょうあと
　平安北道泰川郡龍祥里。三国時代高句麗の山城。石築の城壁残高は4〜6m、総長は2020m。5ヵ所の門跡が残る。
　　¶東ア考古

魯南里遺跡　ろなんりいせき
　慈江道時中郡魯南里。無文土器(青銅器)〜三国時代高句麗の集落跡と古墳群。南坡洞遺跡と間坪遺跡などからなる。
　　¶東ア考古

アジア

キルギス

アク・ベシム　Ak Beshim
　フルンゼ、天山山脈の北麓を流れるチュー川流域。都城址。オアシス都市スイアブに比定。住居跡や2つの仏教寺院跡ほかを発見。
　　¶宗教建築〔写(菩薩頭部)/図〕, 新潮美, 世界考古

アラヴァン　Aravan
　フェルガナ盆地南東部、オシュの北西方の村および川の名。川の右岸に岩壁画がある。牡馬・牝馬1頭ずつのシルエットが刻まれている。前1千年紀後半のもの。
　　¶世界考古

アラムイシク　Alamyshik
　シル・ダリヤ上流ナリン西方の天山山脈中。古墳群。125のクルガンのうち、一部は前5〜6世紀のもの。
　　¶世界考古

オン・アルチャ　On-Archa
　チャニ・シャニスク州。前期旧石器時代の遺跡。シェール文化〜アシュール文化期の礫器等を発見。
　　¶世界考古

カプチガイ　Kapchigaj
　アライスク山脈のカプチガイ山斜面。旧石器時代の遺跡。円錐形石核、プリズム形石核、石刃が出土。
　　¶世界考古

ケンコル　Kenkol
　タラス川とケンコル川との合流点。約100基の古墳群。後2〜4世紀に比定される。1938年、A.N.ベルンシュタムによって発見された。
　　¶世界考古

サイマルイ・タシュ　Sajmaly Tash
　ジャラル・アバドの東約60km、フェルガナ山脈。

岩壁画遺跡。谷にある玄武岩の粉破礫面に、動物文や人物、幾何学文が刻まれている。

¶世界考古〔写(壁画)〕

サルイグ　Saryg

フルンゼの東方約50km、トクマク。大きな都城址が残っている。テペからは、唐代の瑞鳥四神鏡が発見された。

¶世界考古

ジェルゲタル　Dzhergetal

天山山脈、遊牧民の古墳群。フェルガナ川の右岸にあり、クルガン墓がある。

¶世界考古

シュラバシャート　Shurabashat

フェルガナ盆地の東。ゴロディシチェ。全盛期は前3〜1世紀。多種多様な彩文土器が発見された。

¶世界考古〔図(彩文土器)〕

シルクロード：長安・天山回廊の道路網
Silk Roads: the Routes Network of Chang'an-Tianshan Corridor

ヨーロッパと中国を結ぶシルクロードのうち、中国、カザフスタン、キルギスの3ヵ国にまたがる約5千kmの部分。世界遺産として登録。前2世紀から後1世紀頃に各都市を結ぶ通商路として形成され、16世紀まで幹線道として活用された。宮殿跡や交易拠点、石窟寺院など33の構成資産からなる。

世界遺産(シルクロード：長安─天山回廊の交易路網　2014)

¶世遺事, 世界考古(シルク・ロード)

シルダク・ベク　Shirdak-bek

天山山脈中のフェルガナ山脈。ゴロディシチェ。遊牧民が天幕を張るために内部は空地となっている。

¶世界考古

スイアブ　Suyab

トクマク南西10kmにあるアク・ベシムに比定する説がある。天山山脈の西部北麓にあるソグド人の商業都市、のち、西突厥の王庭。王宮址のほか仏教寺院址、キリスト教会址が検出され

ている。

¶アジア歴5, 世界考古

スライマン・トォーの聖山
Sulaiman-Too Sacred Mountain

オシュ州オシュ市。前3千年の岩画が描かれた洞窟群、古代の道、中世に再建されたモスクなどがある。イスラム教徒、それ以前の宗教にとっても重要な巡礼地とされ、中央アジアでは最も完全な形で残る聖山。

世界遺産(スライマン─トー聖山　2009)

¶世遺事, 成世遺下(聖山スレイマン・トー)
〔写〕, 世遺百(聖山スレイマン・トー)

ソコロフカ　Sokolovka

イシク湖北東岸のブルジェヴァリスク南東の天山山脈。前2〜後2世紀の古墳群。約17基のクルガンの中に木槨墳がある。

¶世界考古

突厥の石人　とっけつのせきじん★

首都フルンゼから東のトクマク一帯。西突厥が支配した地域に広く分布する石人像。突厥人が戦場で殺した敵の武将の像という説や、病死した部族を追悼するためという説などある。

¶大遺跡7 p70〔写〕

バラーサーグーン　Balāsāghūn

チュー川流域。9〜13世紀、カルルク、カラハン朝、カラキタイ朝(西遼)の中心都市。9世紀初の中国史料では裴羅将軍城。チュー川流域のブラナ遺跡がこれに当たると思われる。

¶中央ユ

フルンゼ　Frunze

アラメディ河畔にある都市。チュー渓谷中に散在する遺跡から、数々の仏教遺物を発見。遺跡は、ドズル、サリグ、アク・ベシム、スイアブなど。

¶大遺跡7〔写〕

マルハマト　Markhamat

オシュ付近。ゴロディシチェ。プランは長方形。南西隅には城塞があった。

¶世界考古

サウジアラビア

アル・ヒジュル古代遺跡（マダイン・サーレハ）
Archaeological Site of Al-Hijr (MadÂin SÂlih)

アル・ウラの北東22km。現存するナバテア文明

最大の古代都市遺跡。前3〜前2世紀頃のリヤーン人のナバテア文明以前の碑文のほか、岩絵や装飾された外壁が保存された墓石群、神殿、用水路や貯水槽などの遺跡が良好な状態で残る。

世界遺産(アル─ヒジュル古代遺跡(マダイン・サーレハ)　2008)

¶世遺事（アル・ヒジュルの考古学遺跡（マダイン・サーレハ）），成世遺下（アル・ヒジル考古遺跡）〔写〕，世遺百（アル・ヒジル（マダイン・サーレハ）考古遺跡）〔写〕

カーバ　Ka ‘ba
メッカ。イスラームの神殿。石造，方形の建物で「神の館」ともいう。

¶アジア歴2〔写〕，遺建6（メッカのカーバ神殿）〔写/図〕，旺文社世（カーバ神殿）〔写〕，角川世，宗教建築（カーバ神殿）〔写/図〕，新潮美，世歴事2〔写〕，評論社世，文化史蹟10（カアバ神殿）〔写p21〜23/図p16〕，平凡社世，山川世（カーバ神殿）

サウジアラビアのハーイル地方の岩絵
Rock Art in the Hail Region of Saudi Arabia
中北部、ハーイル地方の北部国境州に残る。中東で最大規模の岩絵群。中期完新世の時代から進行した砂漠化により、環境や人類の居住様式変化を示している。

世界遺産（サウジアラビアのハイール地方のロック・アート　2015）
¶世遺事

ザムザム　Zamzam
メッカ。聖モスクの中庭の地下にある聖なる泉の名。カーバへの巡礼者はこの泉の水を飲む。また大部分の巡礼者は布を泉の水にひたし、死後、埋葬の際にはその布にくるまって葬られた。
¶世歴大8

ジェッダ歴史地区：メッカへの玄関口
Historic Jeddah, the Gate to Makkah
聖地メッカの西約70kmほどに位置。メッカへの物資の経路として、また紅海経由で到着したイスラム教徒巡礼者のための玄関口として発展。古代から伝わる港やモスク、スーク（市場）、19世紀後半の商人たちが建設した塔状家屋がある。

世界遺産（ジェッダ歴史地区：メッカへの玄関口　2014）
¶世遺事（歴史都市ジェッダ、メッカへの門）

タイマ　Tayma
アラビア半島北西部。オアシス。南北アラビア

をつなぐ隊商ルート上の要衝。青銅器時代以来の住居を確認。オアシスの中と周辺にいくつかの大きな建築物と巨大な市壁の遺構が残っている。
¶古代オリ（テマ），大英オリ

ディルイーヤのトライフ
At-Turaif District in ad-Dir’iyah
リヤドの北西20km。サウード王朝の首都であった地域。15世紀に都市が建設され、アラビア半島中央部特有のナジド建築様式を今に残す。数々の宮殿跡や、ディルイーヤのオアシスのほとりの都市地区も世界遺産に含まれる。

世界遺産（ディルイーヤのトライフ　2010）
¶世遺事（ディライーヤのツライフ地区），成世遺下（ディライーヤのトライフ）〔写〕，世遺百（ア・ディルイーヤのア・トライフ地区）〔写〕

ヒラー山
メッカの郊外にある山。マホメットがアッラーの啓示をうけてイスラム教を創始したといわれる地。
¶評論社世（ヒラ山）

メッカ　Makka
ヒジャーズ地方の都市。イスラム教最大の聖地。ムハンマドの生地。カーバ神殿の擁する宗教都市として栄えた。
¶アジア歴9，旺文社世，角川世，新潮美，世遺地，空大聖堂〔写〕，評論社世，平凡社世，山川世

メディナ　al-Madīna
ヒジャーズ地方の都市。ヤスリブメッカとともにイスラムの2聖都。ムハンマドが622年にメッカから移住。ムハンマドの墓廟（預言者のモスク）がある。
¶アジア歴9，旺文社世，角川世，新潮美，評論社世（メジナ），平凡社世，山川世

預言者モスク　Prophet Mosque
メディナ。預言者モスク（マスジド・アン・ナビー）は、マホメット自身が教友たちと力を合わせて自宅の一画に創設した礼拝所を起源とするもの。内部にはマホメットの廟がある。
¶文化史蹟10 p27〔写〕

シリア

アイン・ダラ　Ain Dara
アレッポ（ハラブ）の北西約67kmに位置。アラム人の都市遺跡。城壁のほか、約29×35mの神殿がテル（アクロポリス）の北部から発見された。
¶古代オリ〔写（レリーフ）〕，大英オリ

アパメア　Apamea
オロンテス川東岸。ヘレニズム時代の都市。現在名カラート・アル・ムディク（Qalaat al-Mudiq）。1930年よりベルギー隊が発掘。
¶古代オリ，新潮美（アパメイア）

シリア　　　　　　　　　　118

アブ・フレイラ　Abu Hureyra

ユーフラテス河畔。新石器時代遺跡。続旧石器時代（1期）と先土器新石器時代B期（2A-B期）、土器新石器時代（2C期）、銅石器時代以降（3期）の集落を発見。
　¶古代オリ

アルスランタシュ　Arslan Tash

トルコとの国境付近で、ユーフラテス川東部約30kmに位置。古代名ハダトゥ（Hadātu）。新アッシリア時代の遺物や遺構を発見。城壁内にはイシュタル神殿址、王宮址など。
　¶古代オリ，新潮美（アルスラン・タッシュ）〔写p25（浮彫）〕，世界考古（アルスラン・タシュ），大英オリ（アルスラン・タシュ）〔図〕

アルワド　Arvad

タルトゥースの沖合い2.5kmにある島に建設された（現代のルワド）。フェニキア都市。発掘は行なわれておらず、ローマ時代の遺跡が見えるのみ。後にペルシア王はこの島に宮殿を構えた。
　¶古代オリ，大英オリ

アレッポ　Aleppo

北部、トルコ国境に近い内陸高原。シリア第2の都市で、世界最古の都市の一つ。肥沃な大地に恵まれ、前2千年前後から地中海とメソポタミアを結ぶ交易中継地、軍事的要衝として栄えてきた。様々な王朝や国の支配を経て、イスラムの支配下に入った。残存しているアレッポ城はアラブ式の城塞である。

> 世界遺産 （古都アレッポ　1986）

　¶新潮美，世遺事（古代都市アレッポ），成世遺下（古都アレッポ）〔写〕，世遺百（古代都市アレッポ）〔写〕，世界考古，ビジ世遺（古都アレッポ）〔写〕，文化史蹟10〔写〕，ユネ世遺3（アレッポの旧市街）〔写〕

アレッポ城　Aleppo Citadel

アレッポ。起源は古代まで遡るが、現状に近い形が整ったのはアイユーブ朝治下の12世紀末ないし13世紀初頭。現存する建造物はマムルーク朝末期、16世紀初頭の修築にかかるもの。

> 世界遺産 （古都アレッポ　1986）

　¶空城と要塞〔写〕，文化史蹟10 p32〔写〕

ウガリト　Ugarit

ラタキアの北方約11kmの地中海沿岸。フェニキアの都市遺跡。
　¶アジア歴1，アジア歴9（ラース・シャムラ），角川世，古遺地（ラス・シャムラ）〔図〕，古代オリ〔図（文字表）〕，新潮美，世界考古，世界美1〔写（出土品）〕，大遺跡3（ウガリット）〔写/図〕，大英オリ〔図p24,69〕，評論社世（ウガリット王国），平凡社世，山川世

海の城　うみのしろ★

シドン。海岸から約91m離れた岩の多い島に建てられ、その間を狭い橋でつながれている。十字軍により1228年につくられたもの。
　¶世界遺跡　p284〔写〕

ウルキシュ　Urkish

ハブル盆地。古代都市。発掘で古代のウルキシュであったことを確認。フリ人の都市。
　¶古代オリ

エブラ　Ebla

アレッポの南南西約55km。初期・中期青銅器時代に栄えた古代都市。現代名はテル・マルディフ（Tell Mardikh）。高く残存する防壁によって囲まれ、そのほぼ中央には遺丘（テル）がある。
　¶角川世，古代オリ〔写（粘土板文書）〕，新潮美，世界考古（マルディフ，テル），空古代遺跡〔写〕，大遺跡3〔写/図〕，大英オリ〔写〕，山川世

エマル　Emar

現在のメスケネ（Meskene）。古くはエブラ文書（前24世紀）に言及された都市。盗掘によるものを含め、前13世紀から12世紀初めにかけての粘土板文書が約1100点出土。
　¶古代オリ，大英オリ，山川世

カスル・イブン・ワルダーン　Qasr Ibn Wardân

北西部のアレッポ南方約100km。キリスト教聖堂、宮殿および兵舎からなる廃墟。
　¶新潮美

カスル・エル＝ヘイル　Qasr al-Hayr

ダマスクスとパルミュラの間に位置。2つに分かれたイスラムの宮殿遺跡の総称。西側のカスル・エル＝ヘイル・エル＝ガルビは、727年に建てられた。東側のカスル・エル＝ヘイル・エッ＝シャルキは729年の建造。
　¶世界美1

カスル・エル＝ヘイル・エッ＝シャルキ

パルミュラの東北約90km。ウマイヤ朝のカリフ、ヒシャームが728〜729年頃建てた、建物、庭園、ミナレット。
　¶新潮美（カスル・エル＝ヘイル(2)）

カスル・エル＝ヘイル・エル・ガルビ

パルミュラの西南西約60km。ウマイヤ朝のカリフ、ヒシャームが724〜727年に建てた宮殿、宿泊所、庭園、水路がある。
　¶新潮美（カスル・エル＝ヘイル(1)）

カデシュ　Kadesh

ホムス市の南、オロンテス川沿い。現在のテル・ネビ・メンド遺跡。新石器時代からビザンティ

ン時代までの層位を確認。
¶古代オリ, 大英オリ〔写〕

カトナ　Qatna

オロンテス川上流東方、現在のテル・ミシュリフェ。カナーン人の都市遺跡。前3千年紀にはすでに重要な交易中継地であった。後期青銅器時代の宮殿を発掘。ニンエガラの神殿からは、この女神の装身具目録など、前15世紀の粘土板文書が出土。
¶古遺地〔図〕, 古代オリ, 世界考古（クァトナ）, 大英オリ

カラアト・セマン　Qal'at Seman

アレッポの西。キリスト教遺跡。聖シメオン教会として知られる。柱上行者聖シメオン（大）（389-459頃）の柱を記念する巡礼地として栄え、5世紀後半に柱を囲んで教会堂がつくられた。
世界遺産（シリア北部の古代村落群　2011）
¶古代オリ〔写〕, 宗教建築（聖シメオン教会）〔写/図〕, 新潮美（カラト・セマーン修道院）, 世界美2（カラト・セマーン）〔写〕, 空大聖堂（聖シメオン聖堂）〔写〕

カリフ・アル・ワリードのモスク
Mosque of Caliph al Walid

ダマスクス。705〜15年、ウマイヤ朝第6代のカリフ、アル・ワリードが建てたモスク。規模は東西158×南北100mに及ぶ。
世界遺産（古都ダマスクス　1979）
¶文化史蹟10〔写〕

カルブ・ロゼ　Qalb Loze

アレッポ西方の丘陵地帯。6世紀中頃の聖堂が残る。身廊部は巨大なアーチ3つを支える角柱の列によって三廊に分かれる。北シリアの代表的な聖堂建築。
¶新潮美

クラック・デ・シュヴァリエ
Krak des Chevaliers

レバノン山脈中のテル・カラフの町の北方18km。十字軍時代に築かれた要塞の代表例。1142〜1271年、聖ヨハネ騎士団（ホスピタル騎士団）の居城。天守教会堂、ゴシック様式のホールが残る。1271年にイスラム側の手に渡り、角塔が建設されるなどの拡張が行われ、礼拝堂はモスクとされた。
世界遺産（クラック・デ・シュヴァリエとサラディン城　2006）
¶新潮美, 世界遺跡 p284（クラック・ド・シュバリエ）〔写/図〕, 空城と要塞（クラック・デ・シュバリエ）〔写〕, 歴史建築（クラック・デ・シュバリエ）〔写/図〕

クラック・デ・シュヴァリエとサラディン城
Crac des Chevaliers and Qal'at Salah El-Din

北西部。2つの城は、十字軍時代に築かれた要塞で、要塞建築の発展と、東西文化の交流を示す。サラディン城は、1188年にアイユーブ朝のサラディンにより陥落し、サラディンの要塞と命名された。ビザンチン帝国、フランク王国、アイユーブ朝時代の諸様式が混在し、中世要塞建築の顕著な例として2城合わせて世界遺産に登録された。
世界遺産（クラック・デ・シュヴァリエとサラディン城　2006）
¶世遺事（シュバリエ城とサラ・ディーン城塞）, 成世遺下（クラック・デ・シュバリエとサラディン城）〔写〕, 世遺百（クラック・デ・シュヴァリエ、カラット・サラーフ・エルディン）〔写〕

ケルク, テル・エル＝　Kerkh, Tell el –

イドリブ県エル・ルージュ盆地の南部。巨大なテル複合体で、3つのテルよりなる。年代は先土器新石器時代Bより土器新石器時代にかかる。
¶古代オリ

サマーン　Samaan

アレッポの西30kmに位置。柱上聖人シメオン1世に由来する名称で、シメオン教会堂と4つの修道院とそれらの付属建造物全体を指して用いられている。
¶大遺跡3〔写〕

シェイク・ハマド, テル
Sheikh Hamad, Tell

東部、デル・エッ・ゾルの北に位置する遺跡。アッシリア時代にドゥル・カトリンムという名で知られた重要な町。要塞と下市を備える。中アッシリア時代、新アッシリア時代の居住層が判明。前2000〜1500年頃、初めて要塞がつくられた。
¶古代オリ（ドゥル・カトリンム）, 大英オリ〔写〕

シャガル・バザル　Chagar Bazar

ハブル川流域の盆地の遺跡。先史時代から北メソポタミア史初期にかけて、ほぼ4千年にわたる遺物を有する。最古の居住跡ピットMでサマッラ型の彩文土器が出土。
¶古代オリ（チャガル・バザル）, 新潮美, 世界考古（シャガル・バザール）〔写（土器）〕, 大英オリ〔写（土器）〕

ジャーミ・アル・カビール　Jami Al-kabir

アレッポ。アレッポの中央寺院。11世紀末に建設され、12世紀後半に大幅改築。ミナレットだけは当初のままで残る。
世界遺産（古都アレッポ　1986）
¶文化史蹟10 p31〔写〕

シリア　　　　　　　　　　120

シュバト・エンリル　Shubat-Enlil
ハブル盆地。前3〜2千年紀の遺跡。古代都市。最初のシェフナ、後にシャムシ・アダド1世の首都シュバト・エンリルとして知られた。神殿を発掘し、王宮の存在も確認。現代名はテル・レイラン（Tell Leilan）。

¶古代オリ，大英オリ（レイラン、（テル））〔図〕

シリア北部の古代村落群
Ancient Villages of Northern Syria
イドリブ県とアレッポ県にまたがる広大な石灰岩の山中。1〜7世紀に築かれ、8〜10世紀の間に放棄された40ほどの村落。住居や浴場、多神教の寺院、教会、貯水槽などが極めて良く保存されている。多神教からギリシャ正教会への変遷や、古代ローマ人の優れた農地計画を示す。

世界遺産（シリア北部の古代村落群　2011）
¶世遺事（シリア北部の古村群），成世遺下（シリア北部の古代集落）〔写〕，世遺百（シリア北部の古代村落）

ゼノビア
ユーフラテス川右岸。パルミラ女王ゼノビアの建てた城塞を、ローマ帝国皇帝ディオクレティアヌスが補強。砦は尖鋒の上に建ち、城壁と河岸で囲まれた三角形の敷地内に神殿や浴場がある。

¶空城と要塞〔写〕

タバン，テル　Taban, Tell
ハッサケ市の南約30kmに位置。都市遺跡。ミタンニ、中アッシリア、新アッシリア、ヘレニズム、およびイスラーム時代の生活層を確認。

¶古代オリ

ダマスクス　Damascus
シリアの首都ダマスカス。前3千年頃から形成された中東最古の都市の一つ。イスラーム教の代表的な聖地で、エジプトとメソポタミア、地中海地域を結ぶ交通・交易の要衝。ウマイヤ・モスク、聖パウロ聖堂、トルコ様式のアゼム宮殿などが残る。旧市街を東西に走る「まっすぐな道」は、新約聖書に登場することでも知られる。城壁は13世紀初頭にアラブ人が建て直したもの。

世界遺産（古都ダマスクス　1979）
¶アジア歴6，遺建6（ダマスカス）〔写/図〕，旺文社世，角川世，古代オリ，新潮美，世遺事（古代都市ダマスカス），成世遺下（古都ダマスカス）〔写〕，世遺百（古代都市ダマスカス）〔写〕，世界美3，ビジ世遺（古都ダマスカス）〔写〕，評価社世（ダマスカス（ダマスクス）），山川世，ユネ世遺3（ダマスカスの旧市街）〔写〕

ダマスクスの大モスク
ダマスクス。ウマイヤド・モスクとも。ウマイヤ朝カリフ・アル・ワリード1世（在位705-715）により教会をモスクへ改修。現存する世界最古のモスク。

世界遺産（古都ダマスクス　1979）
¶角川世（ウマイヤ・モスク），宗教建築〔写/図〕，新潮美3（ダマスクス〔大モスク〕），世界美3（ダマスクス〔大モスク〕），世歴大2（ウマイヤ＝モスク）

チュエラ，テル　Chuera, Tell
トルコとの国境近く。フルリ・ミタンニ時代の遺跡。中アッシリア時代、新アッシリア時代の層や、ビザンティン時代、イスラム時代の土器も発見。

¶世界考古

ツルム　Sumur
テル・カゼルに同定。地中海沿岸部の都市。古典期のシミュラ（Simyra）。出土遺物から居住開始は新石器時代に遡ることと、中期青銅器時代からローマ時代までの居住層が確認された。

¶古代オリ

ティル・バルスィプ　Til Barsip
カルケミシュの南20km。現、テル・アフマル。発掘で高い方の要塞丘で壁画のある新アッシリア宮殿が発見された。下市にあったアッシリアの大きな居住も発見。

¶古代オリ（ティル・バルシプ），新潮美（バルシップ，ティル），大英オリ〔写〕

デヴェ・フユック　Deve Hüyük
トルコとの国境、古代のカルケミシュの西。墓地遺跡。3つの時代の墓地があり、Iは前8世紀の火葬墓地。IIはアケメネス朝の軍隊が使用した前5世紀の土葬の軍用墓地。

¶大英オリ

デデリエ洞窟　Dederiyeh Cave
アフリン渓谷にある洞窟遺跡。西アジア最大級。中期旧石器にともなって多数のネアンデルタール人骨化石を発掘。

¶古代オリ〔写〕

テルカ　Terqa
マリの北約60km。現代名はテル・アシャラ（Tell Ashara）。ダガン神の神殿の所在地。初期王朝時代以降の建造物を確認。文献史料は古〜中バビロニア時代の私的文書を中心に出土。

¶古代オリ，大英オリ

ドゥアラ洞窟　Douara Cave
パルミラ（現ホムス県タドモル）の北東約20kmに位置する洞窟。IV、III層が中期旧石器時代（ムスティェ文化）、II層が続旧石器時代（幾何学ケバラ文化）に相当。

¶古代オリ，世界考古（ドゥアラ）

トゥトゥル　Tuttul
バリフ川とユーフラテス川が合流する重要な地点に位置。現代名はテル・ビア（Tell Bi'a）。ダ

ガン神の祭儀の中心地。前3千年紀の居住跡を発見。町には初期王朝時代Ⅲ期の王墓と宮殿があった。

¶古代オリ, 大英オリ（ビア,（テル））

ドゥラ・エウロポス　Dura-Europos

デイル・エッ・ゾルの南東約90kmのユーフラテス川右岸。古代都市遺跡。セレウコス朝初期の前4世紀末、軍事基地として、また隊商都市として建設された。

¶アジア歴7（ドゥラ・ユーロポス）, オリ遺跡（ドゥラ・ユーロポス）〔写/図〕, 角川世, 古代オリ, 新潮美（ドゥーラ・エウローポス）, 世界考古〔図〕, 大遺跡4〔写/図〕, 平凡社世（ドゥラ・ユーロポス遺跡）

バグーズ　Baghouz

ユーフラテス右岸のアブー・ケマルの対岸。先史時代のテルおよび青銅器時代の古墓群。多量のサマッラ型の土器片、フリント製石器などが出土。

¶世界考古

ハブバ・カビーラ　Habuba Kabira

タブカ・ダム地域の水没遺跡。水没前はユーフラテス川西岸に位置。ウルク期後期の都市遺跡。ウルクの植民都市と考えられている。

¶古代オリ〔図〕, 大英オリ（ハブバ・カビラ）〔写〕

ハマト　Hamath

現在のハマ。古代都市。遺丘の居住層は新石器時代まで遡る。ハマトの名はエブラ文書に登場する。

¶古代オリ, 世界考古（ハマトゥ）, 大英オリ（ハマ,（ハマト））

バラ, エル　El-Bara

中央部。古代城塞都市。現存する遺跡（別荘, 住居, 修道院）は5〜7世紀のもの。

¶世界美4

ハラブ　Halab

現在のアレッポ。古代都市。限定的な発掘の結果、城塞丘からは前1千年紀初期の遺構と遺物が出土、アレッポ市内南西部では初期・中期青銅器時代の居住層を確認。

¶古代オリ

ハラフ, テル　Halaf, Tell

トルコとの国境に近い高地南麓、ハブル川源流に位置。古代名グザナ（グザン）。初期農耕の遺跡。この遺跡名によってハラフ期の名がある。先ハラフ期層の痕跡があり、その後ハラフ前期から後期にかけての居住層が続く。

¶アジア歴7（ハラフ）, 古代オリ（グザナ）, 新潮美, 図解考古（ハラフ遺跡）〔写（土器）〕, 世界考古〔図〕, 大英オリ〔写（レリーフ）〕, 平

凡社世（ハラフ遺跡）

パルミラ　Palmyra

ホムス県タドモル。ローマ帝国属州時代の都市遺跡。1〜3世紀、シルクロードの隊商都市として繁栄。凱旋門、列柱付き大通り、コリント式の円柱に囲まれたベル神殿、ローマ劇場、公共浴場、墓地の谷などローマ帝国時代の遺跡がある。

世界遺産（パルミラの遺跡　1980）

¶アジア歴7, 遺跡100〔写/図〕, 旺文社世〔写〕, オリ遺跡〔写/図〕, 角川世（パルミラ）〔写（口絵）〕, 古代オリ（パルミラ／パルミュラ）〔図〕, 新潮美（パルミューラ）, 世遺事（パルミラの遺跡）, 成世遺下（パルミラ遺跡地区）〔写〕, 世遺地, 世遺百（パルミラ遺跡）〔写〕, 世界遺跡 p266（パルミュラ）〔写/図〕, 世界考古（パルミュラ）, 世界美4（パルミュラ）〔写（三神像）〕, 世酒事7, 空古代遺跡〔写〕, 大遺跡3〔写/図〕, ビジ世遺（パルミラの遺跡）, 文化史蹟2（パルミュラ）〔写〕, 平凡社世, 山川世, ユネ世遺3（古代都市パルミラ）〔写〕

パルミラの円形劇場　Theatre, Palmyra

パルミラ（現ホムス県タドモル）。市の中央部にある。劇場とは別の用途（族長の会議や宗教上の行事）に使われたことも考えられる。3世紀前半。

世界遺産（パルミラの遺跡　1980）

¶文化史蹟2（円形劇場）〔写〕

パルミラの墓地　Necropolis, Palmyra

パルミラ（現ホムス県タドモル）。パルミラの市外の広い地域に点在する石組みによる大小の塔形墓。1〜3世紀。

世界遺産（パルミラの遺跡　1980）

¶文化史蹟2（墓地〔パルミラ〕）〔写〕

パルミラの列柱付き大通り

Colonnaded Street, Palmyra

パルミラ（現ホムス県タドモル）。市の長軸に沿ってほぼ直進している。砂漠を越えてきた隊商が大門を通って進んだ。

世界遺産（パルミラの遺跡　1980）

¶文化史蹟2（列柱付き大通り（パルミュラ））

ハンマム・エト・トゥルクマン, テル

Hammām et-Turkman, Tell

バリフ川中流域に位置する遺跡。非常に厚いウバイド期の層の堆積を確認。青銅器時代前期・中期にも居住が認められる。ローマ・パルティア時代の遺構も認められる。

¶古代オリ

ファハリヤ, テル　Fakhariya, Tell

ラス・エル・アインの南、上ハブル川東岸の遺跡。前15〜14世紀のミタンニ王国の首都ワシュカンニとの同定が議論されている。1940年の発

掘では、ヘレニズム時代、ローマ時代、中世の層の下に、アラム人の居住が確認された（Ⅳ層）。

　　¶古代オリ（ファハリヤ、テル・）、世界考古（ファカリエ、テル）、大英オリ（フェヘリエ、（テル））〔写（像）〕

ブクラス　Bouqras

ユーフラテス川中流域に位置。先土器新石器から土器新石器時代にかけての集落遺跡。牧畜を主に、農耕を従とする生業を営んでいたと考えられる。

　　¶古代オリ〔図〕、世界考古（ボクラス）

ブラク，テル　Brak, Tell

ジャバル・シンジャールの北側に位置。先史時代から歴史時代にわたるテル。先史時代、ジェムデット・ナスル期、初期王朝時代、アッカド王朝時代、それ以降に分けられる。眼の神殿および眼をシンボライズした数千点に及ぶ神像を発見。

　　¶古代オリ（ブラク、テル・）、新潮美、世界考古、大英オリ〔写〕

ベイダル，テル　Beydar, Tell

ハッサケの北35kmのハブル盆地のなか。都市遺跡。円形の二重防御壁をもつ。古代名ナバダ（Nabada）。初期王朝時代第Ⅲ期の後期に年代付けられる165枚ほどの粘土板文書を発見。

　　¶古代オリ、大英オリ（ベイダル、（テル））

ベル神殿　Temple of Bel

パルミラ（現ホムス県タドモル）。バビロニア起源の大神ベルの神殿。前44年には存在。柱はコリント式。

　　世界遺産（パルミラの遺跡　1980）
　　¶宗教建築（パルミラのベール神殿）〔写/図〕、世遺地 p27（ベル大神殿）、文化史蹟2〔写〕

ボスラ　Bosra

ヨルダンとの国境近く。ローマ時代ボストラと呼ばれた。隊商都市の遺跡が世界遺産に登録されている。前1世紀、ナバタイ王国の最初の都市となる。106年にローマ帝国に征服され、ローマ劇場、浴場、列柱付き大通りがつくられ、地中海とアラビア海を結ぶ交易の拠点として繁栄した。

　　世界遺産（古代都市ボスラ　1980）
　　¶古代オリ、新潮美、世遺事（古代都市ボスラ）、成世遺下（古都ボスラ）〔写〕、世遺百（古代都市ボスラ）〔写〕、世界遺跡 p266〔写〕、大遺跡3〔写〕、大遺跡6〔写〕、ビジ世遺（古都ボスラ）〔写〕、ユネ世遺3（隊商都市ボスラ）〔写〕

ボスラの凱旋門

ボスラ。ボスラにいくつかあったうちの一つ。アーチはニッチ（壁龕）と壁柱で飾られている。

　　世界遺産（古代都市ボスラ　1980）
　　¶世界遺跡 p266（ローマの凱旋門）〔写〕

ボスラの劇場

ボスラ。2世紀中頃に建造されたが、8世紀の末に城砦に改造。

　　世界遺産（古代都市ボスラ　1980）
　　¶世界遺跡 p266（ローマの劇場）〔写〕、大遺跡6 p156（劇場）〔写〕

マリ　Mari

ユーフラテス川中流。メソポタミアの古代都市。現在のテル・ハリリ（Tell Hariri）に相当。代表的なのは前18世紀のバビロン第1王朝時代のジムリ・リム王の宮殿跡。

　　¶アジア歴8、角川世、古遺地〔図〕、古代オリ〔図〕、新潮美、世界考古、世界美5〔写（像、壁画）〕、世歴事8〔写/図〕、大遺跡4〔写/図〕、大英オリ〔図p250,487〕、平凡社世（マリ遺跡）、山川世

ムライビト，テル　Muraybit, Tell

アレッポの東86km。先土器新石器時代の遺跡。16ある包含層のうち2/3は無土器の文化層。採集された炭化種子中、穀類は大麦と一粒系小麦の野生種。

　　¶遺跡100（ムレイベト）〔写/図〕、世界考古

モザン，テル　Mozan, Tell

ハブル川流域の平野に位置する遺跡。テル・モザンと古代の都市ウルケシュとの同定が近年有力視されている。面積18haの中心遺丘と、埋葬と居住に使われた135haの外側の町とからなる。

　　¶大英オリ〔図（印影）〕

ヤブルド　Jabrud

アンティ・レバノン山脈の東斜面にあるワディ・スキフタの海抜1400m地点に位置。岩陰遺跡。ムスティエ文化からナトゥーフ文化にいたるまでの一貫した連続層序がみられ、地域色が濃厚。この地域の標準遺跡。

　　¶世界考古

ラス・イブン・ハニ　Ras Ibin Hani

ラタキアの中心部から北へ約7kmの所に位置する岬。ウガリト王の夏の王宮があったとされ、遺丘の第4層から後期青銅器時代の遺跡・遺物を発見。

　　¶古代オリ

ラタムネ　Latamne

ハマの北39km、オロンテス川中流の段丘上。アシュール文化中期に属するオープン・サイト。石器製作場兼日常生活の場という性格を有する。ミンデル＝リス間氷期に編年。

　　¶世界考古

ラッカ　Raqqa

ユーフラテス川上流。8世紀に建設された遺跡。城壁の跡、バグダード門の一部、大モスクの一

部が残る。
¶新潮美

ラマド, テル　Ramad, Tell

ダマスカス南西のカタナ付近。シリアの数少ない新石器時代の遺跡。最下層のⅠA・ⅠB期にはイェリコの先土器B文化に類似する要素が多い。Ⅱ期はこの遺跡の繁栄期。Ⅲ期の黒色磨研土器の出現は北部からの影響。

¶世界考古

ルサファ　Resafa

ユーフラテス川南方、シリア砂漠。方形城壁に囲まれた隊商都市。ビザンティン初期には聖者セルギオスとバッコスの巡礼地として栄えた。両聖者の墓所は4世紀には殉教者記念堂となり、聖堂の遺構がある。

¶古代オリ, 新潮美

シンガポール

シンガポール植物園
Singapore Botanic Gardens

シンガポールの中心部。東南アジアにおける植物研究の中心。1859年設立、イギリス植民地につくられた熱帯植物園。ランの人工交配などに

も大きな成果を上げ、20世紀のゴム栽培の拡大にも大きく貢献した。

世界遺産 (シンガポール植物園　2015)
¶世遺事

スリランカ

アダムズ・ピーク山　Adam's Peak

南西部にある山。島の守り神の1人であるサマン神の宿る山として、古くから信仰登山の対象。山頂には大きな足跡の刻まれた岩画あり、仏教徒、ヒンドゥー教徒、イスラーム教徒それぞれの宗教の聖地となっている。

¶角川世 (仏足山 ぶっそくさん), 南アジア (アダムズ・ピーク[山])

アヌラーダプラ　Anurādhapura

同名県の県都。前4世紀からおよそ1300年間続いた古代シンハラ朝の首都。スリランカの仏教発祥の聖地。ルワンウェーリセーヤ・ダーガバ (大塔)、スリマハーボディ菩提樹、イスルムニヤ寺などの仏跡が残る。

世界遺産 (聖地アヌラーダプラ　1982)
¶アジア歴1, 角川世, 新潮美, 世遺事 (聖地アヌラダプラ), 成世遺下 (聖地アヌラーダプラ)〔写〕, 世遺百 (聖地アヌラーダプラ)〔写〕, 世界考古 (アヌラダプラ), 大遺跡8〔写〕, ビジ世遺 (聖地アヌラーダプラ)〔写〕, 仏教考古〔写〕, 南アジア, ユネ世遺5 (聖地アヌラーダプラ)〔写〕

アバヤギリ　Abhayagiri

アヌラーダプラ。4世紀のはじめ法顕がおとずれ滞在した寺。前29年頃ヴァッタガーマニ・アバヤ王がジャイナ行者ギリの住房を破壊して建立。スリランカ最大級の仏塔 (ダーガバ) がある。ジェータヴァナ (ジェータヴァナーラーマ) の現在名。

世界遺産 (聖地アヌラーダプラ　1982)
¶新潮美, 新潮美 (ジェータヴァナ (2))

アバヤギリ・ダーガバ (無畏山寺の大塔)
Abhayagiri Dagoba

アヌラーダプラ。アヌラーダプラの三大仏塔の一つ。現在は基底径約106m、高さ74m。ヴァッタガーマニ王 (在位前89-77) のときのものという。

世界遺産 (聖地アヌラーダプラ　1982)
¶古代遺跡 p141 (無畏山寺のアバヤギリ塔)〔写〕, 世界遺跡 p278 (北方の塔〔アヌラーダプラ〕), 大遺跡8 p115 (アバヤギリ・ダーガバ)〔写〕, 東西文化 p124 (アバヤギリ塔)〔写〕, 東洋仏教Ⅰ-p45 (アバヤギリ塔)〔写〕, 文化史蹟5 (無畏山寺の大塔)〔写〕

アラハナ・ピリヴェナ

ポロンナールワ。キリ・ヴェヘラ仏塔を中心にした建造物群の遺構を総称して呼ぶ。12世紀。

世界遺産 (古代都市ポロンナルワ　1982)
¶大遺跡8 p114〔写〕

イッスルムニヤ　Issurumuniya

アヌラーダプラ市の南方、ティッサ池の東岸。前3世紀。石窟寺院。マヒンダ長老のもとで、出家した尊貴の家系の者500人が居住した寺。創建当時はイッサラサマナ・アーラーマとよばれた。

¶新潮美 (イスルムニヤ), 文化史蹟5〔写〕

ヴェッサギリヤ寺院跡　Vessagiriya

アヌラーダプラ。創建時の建物はもとより失われているが、遺構の跡と石窟のいくつかが残っている。石窟の天井に壁画が描かれている。10〜11世紀頃のものと考えられる。

| 世界遺産 |（聖地アヌラーダプラ　1982）

¶東洋仏教　I -p32,68〔写〕

カタラガマ　Kataragama

ドライ・ゾーンに位置。タミル人ヒンドゥー教徒とシンハラ人仏教徒の共通の聖地。かつては島の原住民、ヴェッダ族の聖地でもあった。前1世紀頃の遺跡がある。

¶南アジア

ガル・ヴィハーラ　Gal Vihāra

ポロンナールワの北外れの小高い山の岩壁。正式にはカルガル・ヴィハーラという。露出した巨岩側面に開掘された仏教寺院。巨大な涅槃像をはじめ仏弟子アーナンダ立像、仏坐像といった尊像が浮彫されている。12世紀。

| 世界遺産 |（古代都市ポロンナルワ　1982）

¶古代遺跡 p144（ガル・ヴィハラ）〔写〕、新潮美, 世界遺跡 p278〔写〕、大遺跡8 p112〔写〕、東洋仏教 I -p31（ガル－ヴィハラ）〔写〕

キャンディ　Kandy

セントラル県首都スリジャヤワルダナプラコッテの東北東約85km。15世紀から19世紀初めまで、シンハラ王朝の首都があった場所。山地に囲まれていることから、天然の要塞として機能した。仏陀の犬歯を祀る仏歯寺（ダラダー・マーリガーワ寺院）で知られる。

| 世界遺産 |（聖地キャンディ　1988）

¶アジア歴2（カンディー）〔写〕、世遺事（聖地キャンディ）、成世遺下（聖地キャンディ）〔写〕、世遺百（聖地キャンディ）〔写〕、ビジ世遺（聖地キャンディ）〔写〕、南アジア, ユネ世遺5（聖地キャンディ）〔写〕

キリ・ヴィハラ塔　Kiri Vihara

ポロナルワ。バラクマバク1世（在位1153-86）によって建てられた塔。高さ9m、12世紀の造立。

¶古代遺跡 p143（キリ僧院と塔）、東西文化 p122〔写〕、東洋仏教 I -p45〔写〕

キリ僧院

ポロナルワ。王室の保護を受けて隆昌した寺院で、バラクマバク1世（在位1153-86）によって設けられたという。12世紀造立の覆鉢形の塔がある。

¶古代遺跡 p143（キリ僧院と塔）〔写〕

ゴール旧市街とその要塞群

Old Town of Galle and its Fortifications

コロンボの南115km。14世紀頃、アラブ人の貿易として発展した都市。周囲は豊かな自然が取り巻いている。17世紀にはオランダ、18世紀末からはイギリスの植民地の拠点となり、各時代の歴史遺構も数多く残る。

| 世界遺産 |（ゴール旧市街とその要塞群　1988）

¶世遺事（ゴールの旧市街と城塞）、成世遺下（ゴール旧市街と要塞）、世遺百（ゴール旧市街とその要塞）〔写〕、ビジ世遺（ゴールの旧市街と要塞）〔写〕、南アジア（ゴール）、ユネ世遺5（ゴールの旧市街と要塞）〔写〕

サットマハール・パーサーダ

ポロンナールワ。ピラミッド形状の煉瓦造りの7段からなる塔堂。12世紀。

| 世界遺産 |（古代都市ポロンナルワ　1982）

¶大遺跡8 p114〔写〕

ジェータヴァナ・ダーガバ

アヌラーダプラ。マハーセーナ王（4世紀中葉）の創建でその子の代に完成したという、セイロン最大のストゥーパがある。

¶大遺跡8 p115〔写〕

シーギリヤ　Sigiriya

中部州のマータレーにある。5世紀後半、わずか10年ほど王都が置かれた場所。宮殿跡がシギリヤ・ロックの頂上にある。岩壁に描かれた色彩豊かなシギリヤ・レディと呼ばれる女性像が有名。

| 世界遺産 |（古代都市シギリヤ　1982）

¶アジア歴4〔写（壁画）〕、新潮美, 世遺事（古代都市シギリヤ）、成世遺下（古代都市シギリヤ）〔写〕、世遺百（古代都市シギリヤ）〔写〕、大遺跡8〔写〕、東洋仏教 I -p59〜64（シギリヤ）〔写〕、ビジ世遺（古代都市シギリヤ）〔写〕、南アジア〔写（壁画）〕、ユネ世遺5（シーギリヤの古代都市）〔写〕

シーギリヤの山砦　Fort of Sigiriya

セイロン島中央部にある巨岩。5世紀末、父王を殺して王位についたカッサパ1世が、ここを城塞として、18年間たてこもった。頂上に宮殿の遺跡がある。

| 世界遺産 |（古代都市シギリヤ　1982）

¶古代遺跡 p138,148〜151（シギリヤの岩山）〔写〕、東西文化 p82〜83（シギリヤの岩山）〔写〕、文化史蹟5〔写〕

シーギリヤの獅子の爪　Claw of Lion

シギリヤ。5世紀。シーギリヤの山砦を登っていく途中の広場に獅子の前足がある。鋭い爪が写実的に彫刻されている。

| 世界遺産 |（古代都市シギリヤ　1982）

¶古代遺跡 p138（シギリヤの岩山の入口）〔写〕、大遺跡8（シーギリヤ－獅子の両足と爪）〔写〕、東西文化 p82（シギリヤの岩山の「獅子の爪」といわれる門）〔写〕、文化史蹟5（獅子

の爪（シーギリヤ））〔写〕

ダクヌ塔　Dakunu Dagoba
アヌラーダプラの町からコロンボにゆく途中。1946年に調査。5段で段をなしていることに特色がある。

　¶古代遺跡 p139〔写〕，東洋仏教 I-p46〔写〕

ダラダーマーリガーワ寺院（仏歯寺）
中央州、キャンディ。16世紀、キャンディ王朝ウィマラ＝ダルマ＝スリヤ1世が建立した仏教寺院。

　世界遺産（聖地キャンディ　1988）

　¶遺建7（カンディー仏歯寺）〔写/図〕，宗教建築〔写/図〕

ダラダーマルワ寺院
北中央州、ポロンナルワ。ヴィジャヤバーフ1世王がブッダの歯の聖遺物を祀るため、王宮の隣に造営した寺院。仏歯は、現在キャンディのダラダーマーリガーワ寺院に安置。

　世界遺産（古代都市ポロンナルワ　1982）

　¶宗教建築（ダラダーマルワ寺院ハタダーゲー仏歯堂・ワタダーゲー仏塔）〔写/図〕

ダンブッラの黄金寺院
Golden Temple of Dambulla
マータレー県ダンブッラにある。前1世紀から後20世紀初頭まで開窟された石窟寺院。5つの洞窟からなる。最古の第1窟にあるおよそ14mの涅槃仏が有名。

　世界遺産（ダンブッラの黄金寺院　1991）

　¶世遺事，成世遺下〔写〕，世遺百〔写〕，ビジ世遺〔写〕，ユネ世遺5〔写〕

チヴァンカ祠堂
北中央州、ポロンナルワ。パラクラマン1世（在位1153-86）のとき設けられた祠堂。壁画がよく残っている。

　¶古代遺跡 p152〔写〕，東洋仏教 I-p64〜67〔写〕

トゥパラマ塔　Thuparama Dagoba
アヌラーダプラ。補修されているが、スリランカ最古の塔。デワナムピヤチッサ王（在位250-260）のときの建立。覆鉢の基底径17.7m、高さ19m。

　世界遺産（聖地アヌラーダプラ　1982）

　¶古代遺跡 p140〔写〕，新潮美（トゥーパーラーマ），東洋仏教 I-p44（トゥパラマ塔）〔写〕

ナーランダー　Nalanda
キャンディーとシギリヤのほぼ中間に位置。石積みの「ゲディゲ」と呼ばれる仏教の祠堂が建てられている。8〜10世紀頃。ヒンドゥー教石積み寺院の影響を受けたプラン。

　¶大遺跡8〔写〕

ブラゼン宮殿　Brazen Palace
アヌラーダプラ。早くからの宮殿で10世紀まで存続していたが、11世紀に及んで破壊された。

　¶東西文化 p80〔写〕

菩提樹　ぼだいじゅ★
アヌラーダプラにおける最も聖なるもの。前3世紀に、アショーカ王がセイロンへの仏教布教に息子と娘を遣わしたとき、菩提樹の親木から一枝を黄金の花瓶に入れて持ち帰ったものであるともいわれる。

　¶世界遺跡 p278〔写〕

ポロンナルワ　Polonnāruwa
北中央州、ポロンナルワ。11世紀から13世紀まで繁栄したシンハラ王朝の首都。仏教都市であると同時に、城壁で囲まれた城塞都市であった。ウェジャヤンタパーサーダ宮殿、ダラダーマルワ寺院などの遺跡がある。

　世界遺産（古代都市ポロンナルワ　1982）

　¶アジア歴8（ポロンナルワ）〔写〕，角川世，新潮美（ポロンナールワ），世遺事（古代都市ポロンナルワ），成世遺下（古代都市ポロンナルワ）〔写〕，世遺百（古代都市ポロンナルワ）〔写〕，世界考古（ポロンナールワ），大遺跡8（ポロンナルワ）〔写〕，ビジ世遺（古代都市ポロンナルワ）〔写〕，仏教考古〔写〕，南アジア〔写〕，ユネ世遺5（ポロンナルワの古代都市）〔写〕

ポロンナルワの宮廷
北中央州、ポロンナルワ。ウィヤヨ・バーン4世支配の時代、13世紀末につくられたもの。

　世界遺産（古代都市ポロンナルワ　1982）

　¶世界遺跡 p278（ポラナルーの宮廷）〔写〕

ポロンナルワの蓮の浴槽
北中央州、ポロンナルワ。花崗岩による巨大な蓮花型。12世紀、パラークラマ・バーフ1世が僧侶達のために造ったとされる沐浴場。

　世界遺産（古代都市ポロンナルワ　1982）

　¶世界遺跡 p278（ポラナルーの蓮の浴槽）〔写〕，大遺跡8 p112（蓮華池）〔写〕

マディリギリヤ　Madirigiriya
タマンカドウ地区の山林の中にある遺跡。スリランカにおける3つのワタダーゲ（円形祠堂）の一つが残る。建造年代は10世紀前半とみられる。

　¶大遺跡8〔写〕

ミヒンタレー　Mihintale
アヌラーダプラの東13km。地上300m余の丘。アショーカ王の子マヒンダが初めて仏教を伝えたところとされ、周辺にはマヒンダの住房跡や塔など遺構が多い。

¶新潮美

ミリサワチ塔　Mirisavati Pagoda
アヌラーダプラ。前1世紀頃ドウ・ツタ・ガーマ
ニ王のときに設けられたという。基底径約35m。
　　¶古代遺跡 p139〔写〕，東洋仏教 I -p46〔写〕

ラトナプラサダ　Ratnaprāsāda
アヌラーダプラ。もともとカニッタチッサ僧院
の院長のために建てられた。その後王室の公舎
的な地位を保った。
　　¶東西文化 p81〔写〕

ルワンウェリ・ダーガバ
Ruvanvalisaya Dagoba
アヌラーダプラ。アヌラーダプラの三大仏塔の
一つ。マハーヴィハーラ寺院の遺構。前2世紀の
建立。現在は高さ55mで，19世紀末に大改築さ
れたもの。
　　世界遺産（聖地アヌラーダプラ　1982）
　　　¶宗教建築（マハーヴィハーラ寺院ルワンワリ
　　　セーヤ仏塔）〔写/図〕，新潮美（ルワンウェーリ
　　　〔大塔〕），大遺跡8 p115〔写〕，東西文化
　　　p117,123（ルワンウェリ塔）〔写〕，東洋仏教
　　　I -p44（ルワンウエリ塔）〔写〕

ワタダーゲ　Vatadage
ポロンナールワ。12世紀。ニッサンカマラ王に
よって創建されたと伝えられる円形の堂がある。
　　世界遺産（古代都市ポロンナルワ　1982）
　　　¶古代遺跡 p145〜147（ヴァタダーゲ）〔写〕，
　　　宗教建築（ダラダーマルワ寺院ハタダーゲー仏
　　　歯堂・ワタダーゲー仏塔）〔写/図〕，新潮美（ワ
　　　タ＝ダー＝ゲー），大遺跡8 p112〔写〕，東洋
　　　仏教 I -p30,51,54（ヴァタダーゲ）〔写〕

タイ

アユタヤ　Ayutthaya
バンコクの北約70km，アユタヤ県にある遺跡群。
アユタヤ王朝は1351〜1767年に栄えたタイ族の
王朝。歴代の王は上座部仏教を信仰し，数々の
ワット（寺院）を建設した。ワット・プラ・シー・
サンペット，ワット・ロカヤ・スタなどの寺院
跡やバン・パイン宮殿（離宮）跡などが残る。
　　世界遺産（古都アユタヤ　1991）
　　　¶新潮美（アユタヤー），世遺事（アユタヤの歴史
　　　都市），成世遺下（古都アユタヤ）〔写〕，世遺
　　　百（歴史都市アユタヤ）〔写〕，大遺跡12〔写/
　　　図〕，東南アジア〔写/図〕，ビジ世遺（古都ア
　　　ユタヤと周辺歴史地区）〔写〕，仏教考古（アユ
　　　タヤ遺跡群），ユネ世遺6（アユタヤと周辺の歴
　　　史地区）〔写〕

ウートーン遺跡　U Thong site
中部スパンブリー県。環濠都市遺跡。ドヴァー
ラヴァティーの王都と見なされる遺跡の一つ。
　　¶東ア考古

コク・チャローエン遺跡　Kok Charoen site
中央部ロップリー県チャイバダン。新石器時代
の遺跡。約50体の埋葬人骨を発掘。
　　¶世界考古（コク・チャローエン），東ア考古

コークパノムディー遺跡
Khok Phanom Di site
タイ湾東岸のチョンブリー県。新石器時代の埋
葬・居住遺跡。総数154体の埋葬人骨（伸展葬）
が検出され，グループをなして分布。
　　¶東ア考古

サイ・ヨク遺跡　Sai Yok site
西部カンチャナブリー県。洞穴遺跡。石灰岩の
小丘に開口する大小2つの洞穴とそれをつなぐ岩
陰部分からなり，上層は新石器時代，最上層は
歴史時代の陶磁器などを含む。
　　¶世界考古（サイ・ヨク洞穴），東ア考古

シー・サッチャナーライ遺跡群
Sri Satchanalai
チャオプラヤー川の支流であるヨム川の右岸に
立地。仏教遺跡。スコータイ時代に栄えた城市。
その内部と東部のチャリエン地区に多数の仏教
寺院跡が残されている。
　　¶大遺跡12（シー・サッチャナーライ）〔写/図〕，
　　仏教考古

シーテープ　Sī Thēp
ペッチャブーン県にある史跡。現在ではパイサー
リと呼ばれる。7〜9世紀クメール朝の隆盛期に
たてられた。城壁や廃墟から仏像などが出土。
13世紀タイ族の支配下に入り，タイ古代史研究
の遺跡としても注目されている。
　　¶アジア歴4，東ア考古（シーテープ遺跡）

スコータイ　Sukhothai
バンコクの北西約400km。タイ初の独立王朝で
あるスコタイ朝（1238-1438）の都市遺跡。周辺
にカンペーン・ペットとシー・サッチャナーラ
イの2つの遺跡がある。ワット・マハータートを
はじめとした小乗仏教の寺院遺跡や第3代ラーマ
カムヘーン王の王宮遺跡が残る。
　　世界遺産（古代都市スコタイと周辺の古代都市群
　　1991）

¶新潮美、世遺事（古都スコータイと周辺の歴史地区）、成世遺下（古都スコタイ）〔写〕、世遺百（歴史都市スコータイとその周辺の歴史都市）〔写〕、大遺跡12〔写/図〕、東南アジア〔写〕、ビジ世遺（古都スコタイと周辺歴史地区）〔写〕、仏教考古（スコータイ遺跡群）、ユネ世遺6（スコータイと周辺の歴史地区）〔写〕

スピリット洞穴　Spirit

メーホンソン県。新石器時代前期（ホアビニアン）の洞窟遺跡。5つの文化層を確認、最上層を除く各層から豆類や蔬菜類とされる植物種子が出土。

¶世界考古, 東南アジア

ター・パー・デーン堂

スコータイ。アンコール朝スールヤヴァルマン2世（在位1113-1150）時代の建立。クメール建築様式。

¶大遺跡12 p148〔写〕

チャンセン遺跡　Chansen site

中央部ナコーンサワン県。環濠都市遺跡。ドヴァーラヴァティーの代表的な遺跡で、年代は前800年頃から後1100年頃まで。

¶東ア考古

ナコーン・パトム

ナコーン・パトム県の主都。古都。町の中央に黄金に輝く巨大な仏塔（プラ・チェディ）がそびえている。インドよりタイ領に入った小乗仏教の最初の拠点で、それを記念する最古の仏塔の所在地。6世紀頃まで繁栄した。

¶アジア歴7, 世界考古（ナコン・パトム）, 大遺跡12（ナコン・パトム）〔写〕, 東ア考古（ナコーンパトム遺跡）

ノントウンピーポン遺跡

Non Tung Pie Pong site

ナコンラチャシマ県ブアヤイ郡ニュウマイ村。後3世紀頃の製塩遺跡。粘土壁を持つ長方形の水槽、長方形の粘土壁と粘土壁外側に置かれた土器とからなる鹹水濾過槽、鹹水を煮詰めた炉、ボウル形の製塩土器および大量の製塩土器破片が出土。

¶東ア考古

ノンノクタ遺跡　Non Nok Tha site

コンケン県プーウイアン郡ナデイ村。前2千〜1千年の墓地遺跡。タイにおける初期金属器時代の墓地の状況がはじめて明らかにされた遺跡。いずれも仰臥伸展葬の土壙墓で、副葬品は土器が主。

¶世界考古（ノン・ノク・タ）〔写（彩文土器）〕, 東ア考古

ノーンムアンカーオ遺跡

Non Muang Kao site

東北部ナコーンラーチャシーマー県。環濠集落遺跡。2つの円形マウンドが連結して全体として方形を呈し、それを多重の環濠が取り囲む。年代は鉄器時代から初期歴史時代に当たり、前50年頃から後600年頃までと推定。

¶東ア考古

バン・カオ　Ban-Kao

カンチャナブリ県、クワエ・ノイ川左岸の段丘上に位置。新石器時代、鉄器時代の墓地。埋葬はすべて仰臥伸展葬で、土器などの副葬品を伴う。

¶世界考古〔図（土器）〕

バンチェン遺跡　Ban Chiang site

ウドンタニ県。集落と墓地の遺跡。出土した青銅器と彩文土器の年代が世界最古とされて、タイの初期金属器文化を世界に有名にした。

世界遺産 （バン・チアンの古代遺跡　1992）

¶新潮美（バーン・チェン）, 世遺事（バン・チェーン遺跡）, 成世遺下（バン・チェン遺跡）〔写〕, 世遺百（バン・チェン考古遺跡）〔写〕, 世界考古（バン・チェン）, 東南アジア（バーンチェン）〔写（彩文土器）〕, 東ア考古, ビジ世遺（バン・チェン遺跡）〔写〕, ユネ世遺6（バンチェンの考古遺跡）〔写〕

バーンチェンヒャン遺跡

Ban Chiang Hian site

東北部マハーサラカーム県。環濠集落遺跡。総面積は38ha。居住年代は前1300年から後500年に及ぶ。

¶東ア考古

バーンドンタペット遺跡

Ban Don Ta Phet site

西部カンチャナブリ県。鉄器時代の埋葬遺跡。副葬遺物は総計3千点以上出土したビーズ、ブッダを象徴する獅子形のカーネリアンペンダント、双獣頭形耳飾も出土。青銅器には薄手の鋳造容器と装身具があり、鉄器の多くは故意に折り曲げられて副葬された。

¶東ア考古

バンドンプロン遺跡　Ban Don Phlong site

ブリラム県サトゥック郡ドンプロン村。環濠集落と製鉄の遺跡。東北タイでの製鉄を具体的に知ることができた遺跡。製鉄遺構は前3世紀。

¶東ア考古

バーンナーディー遺跡　Ban Na Di site

東北部ウドーンターニー県。マウンド遺跡。直径は約350〜370m、最下層のC14年代は前1400〜1000年を示し、前700〜400年とされる第7層からは60基の伸展葬と青銅器鋳造遺構が発見された。上層は鉄器時代層。

¶東ア考古

バン・マー・カー　Ban Ma Kah
ラム・パオ地区。小さなマウンドを囲む8本の立石がある。マウンド下から長方形の基壇と柱穴を発見。立石はドヴァーラヴァティー時代と推定。
¶世界考古

ピマイ寺院
ピマイ。1108年に建立したといわれるクメール系寺院。ロップリ期（11-13世紀）の建造物として分類される。
¶大遺跡12 p160〔写〕

プラ・チェディ・チャイモンコン
アユタヤ都城外南東1km。ナレシュヴァラ王（在位1590-1605）が、1593年に建立した大ストゥーパ。
¶大遺跡12 p159〔写〕

プラ・パトム・チェディ
ナコン・パトム。原型は7～8世紀頃の建立。現在の釉薬タイルの色鮮やかな120mの大塔は19世紀半ばのもの。
¶大遺跡12 p146〔写〕

プーロン遺跡　Phu Long site
ノンカイ県。銅の採掘・製錬・鋳造の一連の行程を行っていた前1千年紀の遺跡。
¶東ア考古

ポン・チュク　P'ong Tük
ラトブリー県。ドヴァーラヴァティー時代の遺跡。北西～南東方向の道に沿い、1600mにわたって遺跡が点在。注目すべき遺物にローマの様式のランプとインドの様式の奉納板がある。
¶アジア歴8（ポントゥク），世界考古

マホーソット遺跡　Mahosot site
タイ湾東岸のプラチンブリー県。環濠都市遺跡。ドンシーマハーポー遺跡群を構成する一遺跡。
¶東ア考古

ムアンファーデースーンヤーン遺跡
Muang Fa Daed Sung Yang site
東北部カラシン県カマラサイ郡。環濠都市遺跡。遺跡の主要な年代は7世紀から11世紀、前3世紀から後2世紀とされる鉄器時代の墓葬を含む地点。
¶東ア考古

ラージャプリー　Rājapurī
ラチャブリ。古代の地名。14～15世紀に建てられた僧院が残る。付近にかつてのラージャプリーの町と推測される、ドヴァーラヴァティー時代の遺跡もある。
¶世界美6

ランプーン　Lamphun
チャオプラヤ川支流のピン川畔に位置。11世紀から13世紀にかけて栄えたモン人のハリプンジャヤ王国の都城。ワット・クックットやワット・プラ・ハリプンチャイなどの寺院がある。
¶大遺跡12〔写〕

ロップリ三祠堂
ロップリ。ロップリはアンコール時代にクメール人の拠点とシャム人土侯国があったところ。三祠堂は7層の砲弾形クメール塔堂のみがある。
¶大遺跡12 p160〔写〕

ワット・アルン
バンコク。アユタヤ朝時代以前から存在し、トンブリー朝時代に王室寺院となる。大仏塔を中心に4つの小塔が囲む。
¶歴史建築〔写/図〕

ワット・ククット
ランプーン。仏教寺院。1218年頃の建立。高さ28mの角層塔と呼ばれる一種のストゥーパ。
¶大遺跡12 p146〔写〕

ワット・シー・サワイ
スコータイ都城の南側に位置。クメール時代に建立された3塔並列様式の寺院。
世界遺産（古代都市スコタイと周辺の古代都市群 1991）
¶大遺跡12 p148〔写〕

ワット・チェディ・チェット・テーオ
シー・サッチャナーライ。ル・タイ王の副王時代の造営といわれる寺院。1347年以前の建立。
¶大遺跡12 p152〔写〕

ワット・チェート・ヨート
チェンマイ。チェディ様式の寺院。正式名称はワット・マハーボダーラーマ。1455年にティロカラート王が創建。
¶大遺跡12 p155〔写〕

ワット・チャン・ロン
シー・サッチャナーライ。大仏塔。ラーマ・カムヘン王が13世紀末に建立したという。
¶大遺跡12 p152〔写〕

ワット・プー・カオ・トン
アユタヤ都城北西1kmのバサック川畔。ビルマ（ミャンマー）のバインナウン王が1569年、アユタヤ都城を陥落させた記念に建立。典型的なモン様式のストゥーパ。
世界遺産（古都アユタヤ 1991）
¶大遺跡12 p159（プー・カオ・トン）〔写〕

ワット・プラケーオ

バンコク。王宮敷地内の仏教寺院。ラーマ1世王が、1782年のバンコク建都と同時に建立した。「エメラルド仏陀像」を安置する。

¶宗教建築（バンコクのワット・プラケーオ）〔写/図〕、歴史建築（王宮とワット・プラケーオ）〔写/図〕

ワット・プラシーサンペット

Wat phrasi Sanphet

アユタヤ。アユタヤ期に建造された大規模寺院。伽藍中央の軸線上に同規模のチェディーを3基配す。

世界遺産（古都アユタヤ　1991）

¶古代遺跡 p118〜120, 口絵（フラ・シ・サンペット寺院）〔写〕、宗教建築（アユタヤのワット・プラシーサンペット）〔写/図〕、大遺跡12 p157（ワット・プラ・シー・サンペット）〔図〕、東西文化 p188〜189（サンペット寺院）〔写〕

ワット・プラシンのヴィハーン・ラーイカム

チェンマイ都城内。ワット・プラシンの創建は14世紀中葉と伝わる。寺院内のヴィハーン・ラーイカム（金色絵図仏堂）は、ラーンナー様式のヴィハーン建築。

¶宗教建築〔写/図〕

ワット・プラシンのホ・トライ（経蔵）

チェンマイ。ワット・プラシンは1345年の建立の仏教寺院。境内にあるホ・トライ（経蔵）は、同時代の典型的な経蔵建築。

¶大遺跡12 p154〔写〕

ワット・プラタート・ドイ・ステープ

ドイ・ステープ山。1383年に建てられた仏教寺院。中庭の中央に黄金の仏舎利塔が立つ。

¶空大聖堂〔写〕

ワット・プラ・メン

ナコン・パトム。7、8世紀頃、モン人が奉じていた上座部仏教の中心寺院といわれる。

¶大遺跡12 p146〔図〕

ワット・マハー・タート〔アユタヤ〕

アユタヤ。1374年に建立。アユタヤ都城の中心寺院。14世紀から15世紀頃のタイの寺院の形式をよく示す。

世界遺産（古都アユタヤ　1991）

¶古代遺跡 p117（プラ・マハタット寺院と塔）〔写〕、大遺跡12 p158〔写〕、東西文化 p193〜194（フラ・マハタット寺院）〔写〕

ワット・マハー・タート〔スコータイ〕

スコータイ。伽藍のいくつかの建物は、初代シー・イントゥラーティット王期の建立と推測。

世界遺産（古代都市スコタイと周辺の古代都市群1991）

¶宗教建築（スコータイのワット・マハータート）〔写/図〕、大遺跡12 p148〔写p145,148/図p148〕

ワット・マハー・タート〔ロップリ〕

スコータイ。クメール様式の影響を残しながら、スコータイ様式をとり入れた寺院。13世紀末から14世紀初めの建立。

¶大遺跡12 p161〔写/図〕

ワット・ラーチャブラナ　Wat Ratchaburana

アユタヤ。塔を中心とした寺院が構成されている。ボロムラチャ2世が王位についた1424年に、2人の王子（兄）らの遺骨の灰を納めた塔をつくり、寺院を造営したという。

世界遺産（古都アユタヤ　1991）

¶古代遺跡 p113〜116（ラッチャプラナ寺院の塔）〔写〕、東西文化 p190〜193（ラッチャプラナ寺院）〔写〕

台　湾

阿美文化村　あみぶんかそん

花蓮県吉安郷。荳蘭古址とも。阿美族の400年前の里漏木舟も現存。長さ2丈余り、幅約2尺、深さ数寸、厚さ約1寸の丸木舟。

¶中国名旧4 p196

円山遺跡　えんざんいせき

台北市。新石器時代の遺跡。遺物は小山に散在し貝塚を形成、上層は円山文化に属する遺物が多く出土。土器は赤褐色の無文土器が主。

¶世界考古（円山貝塚 えんざんかいづか）、中国名旧4 p183（円山原始社会遺址 えんざんげん

ししゃかいいし）、東ア考古

海雷洞　かいらいどう

台東県長浜郷八仙洞。先土器文化の洞穴遺跡。先土器の遺物は海退後の堆積層から出土。

¶世界考古

花岡山　かこうざん

花蓮市の北東。花岡山にある新石器時代の遺跡。磨製石斧、石錘、胴径50cmに達する大型の土器などが出土。

¶世界考古

鵝鑾鼻　がらんび
屏東県恒春鎮の南端鵝鑾鼻。新石器時代の遺跡。紅陶系文化の埋葬址。
¶世界考古

鵝鑾鼻灯塔　がらんびとうとう
屏東県の最南端。灯塔（灯台）は鵝鑾鼻半島の南端から140mの海上にそびえ、清の光緒8年(1882)の築造。塔高18m、通高海抜55m。
¶中国名旧4 p188

乾元洞　かんげんどう
台東県卑南郷八仙洞。先土器文化の洞穴遺跡。遺物は礫石器、石片石器など。
¶世界考古

基隆嶼　きりゅうしょ
基隆港の東北4km。社寮島（現、和平島）にスペイン人が明の天啓6年(1626)に占拠したときに建てたサンサルバドル堡と聖堂の遺構がある。
¶中国名旧4 p185

呉鳳廟　ごほうびょう
嘉義県の県城東南10kmの中埔郷。阿里山忠王祠とも。呉鳳は阿里山の通事。乾隆34年(1769)殺された。のちに功績を記念し、殺された場所に碑を建て、嘉慶年間(1796-1820)末年に1kmほど離れた旧居の跡地に廟を創建。
¶中国名旧4 p192

墾丁遺跡　こんちょういせき
屏東県恒春鎮。新石器時代の遺跡。台湾考古学史における最初の発掘地といわれる。スレート製の組合せ式石棺が30基あまり検出された。
¶世界考古（墾丁　こんてい）、東ア考古

獅珠嶺　しきゅうれい
基隆市の市街の南方1km。光緒10年(1884)9月、フランス軍が侵攻。また、光緒21年(1895)5月、日本軍侵攻の際の激戦地。
¶中国名旧4 p186

芝山岩遺跡　しざんがんいせき
台北市。新石器時代の遺跡。台湾考古学研究の端緒が開かれた遺跡。4千〜3千年前の芝山岩文化を設定。
¶東ア考古

日月潭　じつげつたん
南投県の中部。中腹と湖畔に寺院が多く、文武廟・孔雀園・玄光寺・玄奘寺などが有名。下流の明潭（門牌潭）と水里の2つの発電所は台湾最初に出来た水力発電所。
¶中国名旧4 p192〔写〕

獅頭山　しとうざん
新竹県の南部。清の光緒年間(1875-1908)に洞穴を利用して寺院を建立。開善寺は玄奘の遺骨を安置していたと伝える。
¶中国名旧4 p189

指南宮　しなんきゅう
台北市の市街東南方の山。唐代の呂洞賓の像を安置。清の光緒7年(1881)の創建。
¶中国名旧4 p183〔写〕、中国名勝古蹟 p327〔写〕

十三行遺跡　じゅうさんぎょういせき
台北県台湾島北部沿岸の砂丘址。初期鉄器時代の遺跡。焼成が硬く格子文が施されている土器は「幾何印文陶器」と呼ばれている。
¶東ア考古

昭忠塔　しょうちゅうとう
苗栗県大湖郷。羅公廟とも。抗日救国の先烈たる羅福星(1884-1914)を記念するため、1953年に7層の昭忠塔を建て、その前方に祠を設けた。
¶中国名旧4 p190

松柏坑　しょうはくこう
南投県の西部。なかにある受天宮廟は乾隆年間(1736-95)初年の創建。
¶中国名旧4 p193

士林　しりん
台北市の市街の北方。東北に延びる渓谷沿いに妙元寺・湧泉寺などがあり、北岸の芝山巌上に清の乾隆53年(1788)創建の恵済宮が建つ。
¶中国名旧4 p184

新城　しんじょう
台北州蘇澳郡新城。新石器時代の墓地。八十数基の石棺からなる。
¶世界考古

青草湖　せいそうこ
新竹県の県城南方4km。湖畔に孔明廟・霊隠寺・法王寺・清泉寺・極楽殿・納骨塔などが並ぶ。
¶中国名旧4 p189

石門古戦場遺址　せきもんこせんじょういし
恒春半島の西側、四重渓の渓谷。清の同治13年(1874)に日本の侵略者が上陸・侵犯したため、高山族の住民は峻険な地勢を利用して激しく抵抗した。
¶中国名旧4 p189

赤嵌楼　せっかんろう
台南市の市街の南部。もとオランダ人が台湾を占領していた17世紀に築いたプロビデンシャ城。光緒5年(1879)にその跡地に文昌閣と海神廟を設けた。
¶中国名旧4 p194

ゼーランディア城　Zeelandia
台南市。安平古堡、安平城とも。オランダ東インド会社が1624年台湾の台南港口に築いた城砦。1961年鄭成功が攻略し、安平鎮と改称された。

¶旺文社世、角川世、中国名旧4 p194（安平古堡 あんへいこほ）、評論社世（ゼーランジア城）、平凡社世、山川世

掃叭石柱　そうはつせきちゅう
花蓮県瑞穂郷掃叭。厚さ3尺、高さ8mで、上端に家を建てるために穿った痕跡があり、阿美族の首領の不洞の住居であったと伝える。先史時代の遺物。

¶中国名旧4 p196

大岡山　たいこうざん
高雄県の西北部。超峰寺・竜湖庵をはじめ仏教関係の庵や堂が多く、台湾の仏教聖地の一つ。阿公店水庫がある。

¶中国名旧4 p188

台中公園　たいちゅうこうえん
台中市の市街の中央。中山公園のこと。清代末期に築いた府城の名残りである燉台もある。府城北門の城楼を移設。

¶中国名旧4 p190

台南孔子廟　たいなんこうしびょう
台南市南門路。清の康熙5年（1666）に、鄭成功の息子の鄭経とその部下陳永華によって建てられた。敷地内の中央に大成殿があり孔子を祀る。

¶中国名勝古蹟 p332〔写〕

台北旧城遺址　たいほくきゅうじょういし
台北市の中心街。清の光緒5年（1879）に着工し、同8年に完成。台湾省の省都。

¶中国名旧4 p184

太麻里　たいまり
台東県太麻里。新石器時代の遺跡。遺跡は金峯郷賓茂村に石棺2、石積遺構、太麻里郷新吉村に石棺1がある。

¶世界考古

中屯橋　ちゅうとんきょう
澎湖県の中屯嶼。清の乾隆20年（1755）に中屯嶼を中心に南北に石堤を築き、澎湖・白沙両島を結び、1937年に日本人が石橋に改めた。

¶中国名旧4 p197

潮音洞　ちょうおんどう
台東県長浜郷八仙洞。先土器文化の洞穴遺跡。長浜文化の遺跡として報告されている。

¶世界考古

鄭成功廟　ていせいこうびょう
台南市の市街の東部。延平郡王祠・開山王廟とも。民族英雄の鄭成功（1624-62）の祠廟。清代初期に開山聖王廟を建立し、光緒元年（1875）に廟宇を拡充・改修。

¶中国名旧4 p195

鉄砧山　てつちんざん
台中県の市街の西北方。光緒年間（1875-1908）に地元民が碑を建て、国姓井と命名。中腹の鄭成功を祀る国姓廟はいま忠烈祠といい、成功の大型の塑像がある。

¶中国名旧4 p190

南鯤鯓代天府　なんこんしんだいてんふ
台南県北門郷。南鯤鯓廟とも。南明の永暦15年（1661）の創建。嘉慶23年（1818）に現在地に移設。

¶中国名旧4 p195

馬公媽祖廟　ばこうほそびょう
澎湖県の県城の馬公鎮。明の万暦21年（1593）の創建と伝え、台湾・澎湖地区で最古の媽祖廟。

¶中国名旧4 p198

八卦山　はっかさん
彰化県の旧城の東。1895年8月に台湾省民が日本の侵略者を攻撃したところ。山頂に大仏寺と宝塔が建立され、その前方に高さ21.6mの大仏を安置。

¶中国名旧4 p191

八仙洞遺跡　はっせんどういせき
台東県長浜郷。旧石器時代の遺跡。10余の海食洞窟から構成される。台湾において最初に発見された旧石器時代の遺跡。

¶中国名旧4 p197（八仙洞史前遺址 はっせんどうしぜんいし）、東ア考古〔写〕

卑南遺跡　ひなんいせき
台東県。新石器時代の遺跡。片刃斧・鑿・槍・鏃のほか、様々な棒・管・玉・釧などの玉器が出土。

¶世界考古（卑南 ひなん）、東ア考古〔写（箱式石棺群）〕

仏光山　ぶっこうさん
高雄県大樹郷の東北部。台湾省における新しい仏教聖地で、雄壮荘厳な堂宇と仏像が多数ある。

¶中国名旧4 p188

鳳鼻頭遺跡　ほうびとういせき
高雄県林園郷。新石器時代の遺跡。地層の上に、大陸文化の指標である赤色土器と灰色土器が出土。

¶世界考古（鳳鼻頭 ほうびとう）、東ア考古

媽宮城　ほきゅうじょう
澎湖県の県城である馬公鎮。鄭成功がオランダ

タジキスタン　　　　　　　132

人を放逐したのち、城塁を築いた。光緒13年に築城を始め、同15年に完成。西門が残る。
　　¶中国名旧4 p198

北港媽祖廟　ほくこうほそびょう
雲林県北港鎮。朝天宮・聖廟とも。清の康熙33年（1694）に福建省の傅という人が媽姐神の像を携えて台湾に移住し、北港に廟を建てて祀った。
　　¶中国名旧4 p191

竜山寺　りゅうざんじ
台北市の市街西南部、淡水河の河畔。清の乾隆3年（1738）に着工し、同5年に完成。多数の仏像を安置する。
　　¶中国名旧4 p185〔写〕，中国名勝古蹟 p328〔写〕

良文港　りょうぶんこう
澎湖島良文港。縄蓆文土器文化の貝塚。遺物は縄蓆文を施し、紅色系で薄手の口縁の狭い土器を主体とするが彩文土器もある。
　　¶世界考古

蓮池潭　れんちたん
高雄市の市街北部。蓮花潭とも。岸辺に孔子・関羽・岳飛・鄭成功の像を安置した啓明堂がある。春秋閣は八角4層の双塔形をなし、湖上に分立。
　　¶中国名旧4 p187

鹿耳門　ろくじもん
台南市の安平港の西北、鹿耳門渓の近く。鄭成功が台湾に進攻したとき当所から上陸した。顕宮が、鄭成功が進軍したときの鹿耳門であったと伝える。
　　¶中国名旧4 p195

タジキスタン

アクベイト　Akbejt
キジルラバト村付近。遊牧民の古墳群。約100基のクルガンがある。年代は前5～4世紀とされる。
　　¶世界考古

アジナ・テペ　Ajina Tepe
クルガン・チュベの近郊。7～8世紀の寺院跡。中央アジア最大の涅槃像を発見。仏教寺院跡は北部分の塔院と南部分の僧院からなる。
　　¶宗教建築〔写/図〕，新潮美，世界考古〔図〕，大遺跡7〔写/図〕，仏教考古

アリチュール　Alichur
ヤシル・クル湖東方。サカ族の古墳群。8基のクルガンが発掘された。
　　¶世界考古

ウラ・チュベ　Ura-Tyube
ウラ・チュベ郡シャフリスタン村。ウラ・テペとも。中世初期のウスルシヤン公国の所在地。首都ブンジカトでは7世紀末の宮殿址を発掘。
　　¶世界考古

カイラク・クム　Kairak-kun
シル・ダリヤ右岸のカイラク・クム砂漠。青銅器～鉄器時代初期の遺跡。長さ20mに達する長方形の炉をもつ住居があった。
　　¶世界考古

カフィル・カラ　Kafir-kala
コルホザバードの外周部に位置。城塞都市遺跡。紀元前後からこの地を支配していたクシャーン朝期に栄えた。
　　¶大遺跡7〔写/図〕

カライ・ミール　Kalai-Mir
カフィルニガン、ナーシル・ヒスラフ。集落址。最下層からはコバディアンⅠ期に属する住居址が発掘された。
　　¶世界考古

カラ・ブラ　Kara-Bura
クルガン・チュベの南西37kmの丘陵上。後期ムスティエ文化期の遺跡。礫製のチョッピング・トゥール、尖頭器状石器、剥片石器などが出土。
　　¶世界考古

クフナ・カラ　Kukhna-kara
ワフシュ川下流域のヴォロシロヴァバード付近。クシャン時代のゴロディシチェ。ワフシュ川に沿う要害の地を占める。
　　¶世界考古

ケイコバド・シャフ　Kej-Kobad shakh
カフィルニガン川下流。前2～3世紀の都城址。内側に城壁に接して部屋があり、貨幣・陶器・テラコッタ像などが発見された。
　　¶世界考古

サラズムの遺跡
Proto-urban site of Sarazm
ソグド州のパンジケント地区。前4千～3千年末における考古遺跡。中央アジア最古の定住地の一つ。この地域における都市形成の発展が垣間見える。
　　世界遺産（サラズムの遺跡　2010）

¶世遺事（サラズムの原始の都市遺跡），成世遺下〔写〕，世遺百（サラズムの原初都市遺跡）

ゾロアスター教寺院址
ペンジケント遺跡。新旧2つのゾロアスター教（拝火教）寺院。入口が開かれた神殿址には拝火壇が設けられていた。
　　¶大遺跡7（ペンジケント―ゾロアスター教寺院址）〔写/図〕

タムドゥイ　Tamdy
アフガニスタンとの国境をなすパミール川右岸。遊牧民の18基のクルガンからなる古墳群。
　　¶世界考古

トゥートカウル　Tutkaul
ドゥシャンベ南東70km。最上層は中世の村落址で，その下は青銅器時代層。3層にわたって初期ギッサール文化の遺構が発見されている。
　　¶世界考古

トゥプ・ホナ　Tup-khona
ドゥシャンベ西方，ギッサル付近。墓地。何世紀もの間埋葬が続けられ，埋葬様式によって4つのタイプが区別される。
　　¶世界考古

ピャンジケント　Pyandghikent
ピャンジケント市の郊外。古代都市の跡。丘陵台地を利用して都城が経営され，宮殿・神殿をそなえ，丘陵の西に隣接した天険の丘陵に城塞が営まれている。
　　¶アジア歴8，古代遺跡 p70,74（ピャンジケント

の遺跡）〔写〕，新潮美（ペンジケント），世界考古（ペンジケント）〔写/壁画）〕，大遺跡7（ペンジケント）〔写/図〕，中央ユ（ペンジケント），東西文化 p46〜49（ピャンジケントの遺跡）〔写〕，東洋仏教　I-p78〜81（ピャンジケント）〔写〕

フルブク　Hulbuk
クリヤブの南西約30kmのヒシュト・テペがその廃墟。中央アジアの中世都市。フッタルともいう。荒廃がひどく，城塞と宮殿（10-12世紀）が発掘された。
　　¶世界考古

ホジ・ゴル　Khodzhi-Gor
イスファラ川盆地右岸。中期旧石器〜中石器時代の遺跡。中期旧石器はムスティエ文化期に対比。後期旧石器の遺物として，ナイフ状石器，プリズム形石核などが出土し，カプサ文化に対比。
　　¶世界考古

ムグ山城　Mug
ザラフシャン川南岸。722年にアラブに滅ぼされたソグド王ディヴァシティチの城。81片の文書が発見され，大部分はアラム文字で書かれたソドグ語の文書。また400点以上の遺物を発見。
　　¶新潮美（ムーグ山城），世界考古

ムンチャク・テペ　Munchak-tepe
カフィルニガン川下流右岸。ゴロディシチェ。プランは1辺約100mの正方形で，城壁には楼閣があった。5〜8・9世紀の文化の存在を確認。
　　¶世界考古（ムンチャク・テペ(2)）

中　国

靉河尖古城址　あいがせんこじょうし
遼寧省丹東市の靉河の河心の砂州。南北約600m，東西約500mの長方形。漢代の遼東郡西安平県の跡地。
　　¶中国名旧1 p202

阿育王寺　あいくおうじ
浙江省寧波市街東方20km，鄞県宝幢鎮にある。晋の太康3年（282）に劉薩訶が舎利塔を建てたことに始まる。現存の殿宇は清代以降の再建。中軸線に阿耨達池・天王殿・大雄宝殿・舎利殿・法堂が並ぶ。
　　¶中国名旧2 p150

阿育王塔　あいくおうとう
山西省代県。隋の仁寿元年（601）の建立。塔身は円形で束腰の台座は覆蓮弁が彫られる。

　　¶中国名旧3 p51

瑗琿城　あいぐんじょう
黒竜江省黒河市愛輝郷。愛渾・艾渾・艾滸・愛呼倫ともいう。清の康熙23年（1684）に黒竜江などを防備する将軍の居城として築いた。城壁は周長5km。
　　¶中国名旧1 p250

鞋山　あいざん
江西省湖口県の東南部，鄱陽湖。大孤山・大姑山とも。古くからの戦略要地。
　　¶中国名旧4 p90

愛晩亭　あいばんてい
湖南省長沙市の岳麓山の岳麓書院の後方，清風峡の小山。紅葉亭・愛楓亭とも。清の乾隆57年（1792）の建造。

¶中国名旧4 p19〔写〕，中国名勝古蹟 p229
〔写〕

アクアズ（阿克亜孜）岩画

新疆ウイグル自治区昭蘇県の阿克亜孜河の河谷，水面から高さ80mの斜面。仏像を彫り，蒙古語と西蔵語の題起を記す。

¶中国名旧5 p288（阿克亜孜岩画　アクアズがんが）

アクアズ（阿克亜孜）石人

新疆ウイグル自治区昭蘇県の阿克亜孜山口。突厥民族の墓に700mほど隔てて2つの石人が南北に相対する。

¶中国名旧5 p289（阿克亜孜石人　アクアズせきじん）

アクスセベル（阿克斯色伯勒）古城

新疆ウイグル自治区洛浦県の西北40km。五銖銭・開元通宝・乾元通宝と宋代の貨幣などが出土。

¶中国名旧5 p304（阿克斯色伯勒古城　アクスセベルこじょう）

亜溝摩崖石刻像　あこうまがいせっこくぞう

黒竜江省阿城県の石人山の西麓。絶壁の下部に男女の坐像が現存。金代初期のものと思われる。

¶中国名旧1 p238

アシハタ（阿什哈達）摩崖

吉林省吉林市の市街東南15kmの阿什哈達屯。明代の2つの摩崖文字碑。明代の遼東都指揮司使劉清が3回当地を訪れ、竜王廟を建立し、造船総兵官を兼任していた3回目に、改修したことを記す。

¶アジア歴1（阿什哈達磨崖碑　アシハタまがいひ），中国名旧1 p222（阿什哈達摩崖　アシハタまがい）

アスターナ墳墓群　Astana-qumugun

新疆ウイグル自治区トゥルファン市の東南約30kmの二堡および三堡郷。西晋時代から唐代までの墳墓群。墓内から紀年のある文書や墓誌が多数出土。

¶アジア歴1（アスターナ），新潮美（アスタナ），世界考古（アスターナ）〔写〕，世界考古（高昌〔アスターナ古墳群〕こうしょう）〔写（高昌出土「論語鄭玄注」）〕，大遺跡7（トルファン―アスターナ古墳）〔写〕，中国名旧5 p277（阿斯塔那―哈拉和卓古墓群　アスターナ―カラホージョこほぐん），東ア考古〔写〕

闕伯台　あつばくだい

河南省商丘県の西南1.5km。墓のような形で、土をつき固めて築いた。

¶中国名旧3 p251

阿房宮　あぼうきゅう

陝西省西安市の市街西方約7.5kmの阿房村一帯。秦の始皇帝が、現在の西安近くの土地に営んだ大宮殿。

¶アジア歴1，旺文社世，角川世，新潮美，世界考古，世歴大1〔図〕，大遺跡9（咸陽の秦宮殿―阿房宮基址址）〔写〕，中国名旧5 p161（阿房宮遺址　あぼうきゅういし），中国歴史，東ア考古（阿房宮跡　あぼうきゅうあと），評論社世，平凡社世

アラ（阿拉）溝木槨墓　あらこうもっかくぼ

新疆ウイグル自治区ウルムチ市南山区の魚児溝。出土した金製装身具の中に、民族的特徴が著しい各種の野獣金金飾牌が少なくない。

¶中国名旧5 p274（阿拉溝木槨墓）

アルカト（阿爾卡特）石人墓

新疆ウイグル自治区温泉県の阿爾卡特草原。6～7世紀の突厥民族の墓。

¶中国名旧5 p291（阿爾卡特石人墓　アルカトせきじんぼ）

アルカト（阿爾卡特）石堆

新疆ウイグル自治区温泉県の阿爾卡特草原。石堆と石陣。数世紀前後の遊牧民の墓地とされる。

¶中国名旧5 p290（阿爾卡特石堆　アルカトせきたい）

アルバジン城

黒竜江北岸。一名ヤクサ（雅克薩）。1651年ロシアのハバロフが築いた城塞。

¶評論社世

アルマリク（阿力麻里）古城

新疆ウイグル自治区霍城県の東北約45km。穴なしの金貨と銀貨、陶器、銀を象眼した碗などが出土。元代の遺跡。

¶中国名旧5 p286（阿力麻里古城　アルマリクこじょう）

晏嬰墓　あんえいぼ

山東省淄博市臨淄区の斉国故城の小城の北壁の外側。高さ10m前後で、墓前に明の万暦年間（1573-1620）の碑と、晏子の像と略歴を彫った新しい碑が建つ。

¶中国名旧3 p133

安遠廟　あんえんびょう

河北省承徳市の避暑山荘の東北方、武烈河の東南方の台地。俗に伊犂廟。清の乾隆29年（1764）の創建。新疆の伊犂の固爾扎廟を模して建てた。

¶中国名旧1 p144

匼河遺跡　あんがいせき

山西省芮城県匼河村の黄河左岸。前期旧石器時代の遺跡群。

¶世界考古（匼河　あんが）〔図〕，中国名旧3 p105（匼河遺址　あんがいし），東ア考古

安懐村 あんかいそん

安徽省南京市の中央門外の小村。湖熟文化に属する印文陶文化の遺跡がある。遺物には石器、陶器、銅器などがある。

¶世界考古

安岳千仏寨 あんがくせんぶつさい

四川省東南部、安岳県の郊外2.5km。摩崖造像。別名千仏寺。紅砂岩上500mの範囲に多数の仏龕がある。

¶新潮美

安伽墓 あんかぼ

陝西省西安市未央区大明宮郷坑底寨村の西北300m。北周大象元年(579)葬の同州薩保安伽(同年没)の墓。全長35mの地下式洞室墓で彩色石彫。天井の東西壁面に剣を持つ武人の下半身の壁画が残っている。

¶東ア考古〔図(祭祀図)〕、東ア考古(西安北周安伽墓 せいあんほくしゅうあんかぼ)

安徽南部の古村落─西逓・宏村 あんきなんぶのこそんらく─せいてい・こうそん★

安徽省黄山市の黟県、歙県、績渓など。明・清時代に建てられた徽派建築の家屋が保存されている村落。西逓村は900年以上の歴史がある。旧民家124棟、祠3棟。宏村は南宋の紹興元年(1131)に建造され始め、明・清時代の旧建築物137棟がある。

世界遺産(安徽南部の古村落─西逓・宏村 2000)

¶世遺事(安徽省南部の古民居群─西逓村と宏村)、成世遺下(安徽省の西逓村と宏村)〔写〕、世遺百(安徽省南部の古村落:西逓、宏村)〔写〕、ビジ世遺(安徽省の古村落の西逓村と宏村)〔写〕

安丘画象石墓 あんきゅうがぞうせきぼ

山東省安丘県城の南西約10km、董家荘。後漢晩期の石室墓。墓門や壁、柱の石材に神話伝説などの画象がある。

¶世界考古〔図〕

安源路礦工人倶楽部旧址 あんげんろこうこうじんクラブきゅうし

江西省萍郷市安源鎮半辺街。モスクワ劇場風で、1923年5月1日に落成。

¶中国名旧4 p68

安国寺経幢 あんこくじきょうどう

浙江省海寧県塩官鎮の西北隅にある。あわせて3本、ともに石造りで、それぞれ唐の会昌2年(842)、同4年、咸通6年(865)の建立。

¶中国名旧2 p164

安国薬王廟 あんこくやくおうびょう

河北省安国県南関。北宋の建中靖国元年(1101)の創建。明の嘉靖年間(1522-66)に再建。薬王は安国県の出身で、後漢朝の建国の功臣。医学に精通して名を馳せ、没後に廟を建てて祀られた。

¶中国名旧1 p140

安済橋(趙州橋) あんざいきょう

河北省石家荘市趙県の南方2.5kmの洨河に架かる。趙州橋、大石橋ともいう。隋代の架設。単孔アーチ石橋。

¶新潮美(安済橋)、大遺跡9(安済橋 あんざいきょう)〔写〕、中国名旧1 p110(安済橋 あんざいきょう)〔写〕、中国名勝古蹟 p146(趙州橋 ちょうしゅうきょう)〔写〕、文化史蹟17〔写〕

安市城 あんしじょう

遼寧省鞍山市海城県英城子山城に比定。高句麗の城名。645年唐の太宗が安市城を囲んだが、落城しなかった。

¶アジア歴1、角川世、世歴大1〔図(安史の乱)〕

安西王府 あんせいおうふ

陝西省西安城の北東約3km。元代の城址。創建年代は1272～73年。門址と基壇に大量の瓦塼が堆積。

¶世界考古

アンドユエ(安得悦)遺址

新疆ウイグル自治区若羌県の安得悦河の東岸。仏寺で、古い西蔵語の仏教経典も発見された。

¶中国名旧5 p296(安得悦遺址 アンドユエいし)

安平橋 あんへいきょう

福建省晋江県安海鎮。俗に五里西橋。南宋の紹興8年(1138)の架設。当時の世界最長の桁石橋として内外に名をはせた。

¶中国名旧4 p156

安豊塘遺跡 あんほうとういせき

安徽省寿県の南へ約30km離れた安豊塘。貯水池遺跡。漢代は芍陂塘という。春秋時代、楚の宰相孫叔敖が建造。淝河に注ぐ支流を堰き止めたダム型式。

¶世界考古(安豊塘 あんぽうとう)、東ア考古

安邑城跡 あんゆうじょうあと

山西省夏県の西北約7km。春秋～戦国時代前半の魏国の都城遺跡。禹王郷に大中小3つの城址があり、大城が戦国時代の魏の都城である安邑。

¶世界考古(安邑城 あんゆうじょう)、中国名旧3 p92(禹王城址 うおうじょうし)、東ア考古

安瀾橋 あんらんきょう

四川省都江堰市の二王廟の前の岷江に架かる。宋代以前に架設された西南山地の伝統的な形式の吊橋。

¶中国名旧5 p26〔写〕

中国　　136

アジア

伊尹墓　いいんぼ
河南省虞城県の西南22km、魏堌堆村の北。高さ3m、直径15mで、祠と園林あわせて面積1万平方m。
¶中国名旧3 p252

怡園　いえん
江蘇省蘇州市人民路。明朝の尚書呉寛(1435-1504)の旧宅。
¶中国名旧2 p66

威遠炮台　いえんほうだい
広東省穿鼻洋の武山の麓の南山炮台前方の巌の中央。第1次アヘン戦争期(1840-42)における虎門の海上防衛の第2の関門を形成。遺構が現存。
¶中国名旧4 p248

威遠楼　いえんろう
甘粛省隴西県の十字街の中心。俗称・鐘鼓楼。元の中統2年(1261)に着工。入母屋造りの木造の楼。
¶中国名旧5 p223

威海衛　いかいえい
山東半島東北端。明代の衛所の跡。清末には北洋艦隊の根拠地。
¶山川世

猗玕亭　いかんてい
北京市門頭溝区の潭柘寺の東院にある。緑色瓦葺きの宝形造り。
¶中国名旧1 p78

猗玕洞　いかんどう
湖北省黄石市の東郊の獅子山。飛雲洞とも。元結(723-772)が隠れて追撃の軍をかわしたことがある洞。
¶中国名旧3 p287

毓璜頂　いくこうちょう
山東省煙台市の中心部。玉皇頂ともいう。廟は元代の創建。中腹に小蓬莱という石坊がある。
¶中国名旧3 p139

韋君靖碑　いくんせいひ
四川省北山の仏湾、北山石刻。高さ1.8m、幅3m。唐代末期の社会情勢、韋君靖が造像を始めた理由が記されている。北山石刻の貴重な資料。
¶中国名旧5 p38

韋洞墓　いけいぼ
陝西省西安市長安区南里王村。唐時代の壁画墓。如意元年(692)に死亡した中宗の皇后韋氏の弟韋洞の墓。墓門上に楼閣図が描かれている。
¶新潮美、世界考古、東ア考古

威虎庁　いこちょう
黒竜江省海林県の西北45km、密林中の威虎山の山中。代々匪賊であった座山雕(張楽山)の本拠地。半地下式の建物。
¶中国名旧1 p247

韋州ラマ教式墓塔　いしゅうらまきょうしきぼとう
寧夏回族自治区同心県の東北部、韋州老城の西北隅。建立年代は元・明代とされる。
¶中国名旧5 p260(韋州喇嘛教式墓塔)

イスラム(伊斯蘭)教聖墓
福建省泉州市の東門外、聖墓村の霊山。三賢・四賢墓とも。唐の武徳年間(618-626)に泉州で布教にあたったマホメットの弟子の2人を死後当所に葬った。
¶中国名旧4 p147(伊斯蘭教聖墓　イスラムきょうせいぼ)

医聖祠　いせいし
河南省南陽市東関の温涼河の河畔。後漢代の名医張仲景を記念して創建。
¶中国名旧3 p260

彙宗寺　いそうじ
内モンゴル自治区ドロン・ソールの北方2km。旧廟、黄寺とも呼ばれるラマ廟。清の康煕帝が康煕30年(1691)に創建した。
¶アジア歴1

韋駄像　いだぞう
河北省秦皇島市の北戴河海浜の西聯峰山にある。高さ6m余りの岩の側面に韋駄天のレリーフがある。唐代以前のものと伝える。
¶中国名旧1 p165

一行遺迹　いちぎょういせき
浙江省天台県の国清寺にある。一行(673-727)は唐代の高僧。大衍暦をつくるために国清寺に滞在。
¶中国名旧2 p178

一二一烈士墓　いちにいちしれっしぼ
雲南省昆明市環城北路の雲南師範大学の東北隅。1945年12月1日の一二一惨案(事件)で亡くなった4人を葬った。一二一運動史陳列館がある。
¶中国名旧5 p115

一片雲　いっぺんうん
河北省承徳市の避暑山荘の延薫山館の東。「乾隆三十六景」の第18景。乾隆帝筆の「一片雲」という額のある楼。
¶中国名旧1 p149

怡亭銘摩崖　いていめいまがい
湖北省鄂州市の小北門外、長江の河畔。別名を観

音崖、俗称を猴子石といい、摩崖石刻のみ現存。
¶中国名旧3 p321

懿徳太子墓　いとくたいしぼ
陝西省乾県韓家堡。唐中宗の長子李重潤の墳墓。11点の大理石製哀冊と1千点余の副葬品が残る。
¶新潮美，世界考古〔図〕，大遺跡9（乾陵の陪塚—懿徳太子李重潤墓）〔写/図〕，中国名旧5 p186，東ア考古，文化史蹟17〔写〕

韋抜群墓　いばつぐんぼ
広西チワン族自治区東蘭県。中国共産党の党員の墓。
¶中国名旧4 p298

彝文摩崖　いぶんまがい
雲南省禄勧彝族苗族自治県の法宜則村の近くの紅崖峡。明代に鳳氏が家史を彫った摩崖。
¶中国名旧5 p126

漪瀾堂　いらんどう
北京市西城区、北海公園の白塔山（瓊華島）の北斜面。乾隆36年（1771）に江蘇省鎮江市の金山寺を模して建てた。
¶中国名旧1 p44

伊犁将軍府旧址　いりしょうぐんふきゅうし
新疆ウイグル自治区霍城県の恵遠城内。清の光緒10年（1884）以後の造営。
¶中国名旧5 p286

彝倫堂　いりんどう
北京市東城区安定門内成賢街の国子監の蔵書所。辟雍が建てられる（1784年）まで皇帝の講学所。
¶中国名旧1 p26

頤和園　いわえん
北京市海淀区、北京市の市街から約15kmのところ。中国最大級の宮廷庭園で、歴代の皇帝の行宮・庭園。金の貞元元年（1153）に完顔亮（海陵王）が行宮を設けたことに始まる。主要な殿宇は清代末期の様式を留める。
世界遺産（頤和園、北京の皇帝の庭園　1998）
¶アジア歴1〔写/図〕，角川世，新潮美，世遺事（北京の頤和園），成世遺下〔写〕，世遺百（頤和園：北京の夏の宮殿と皇帝庭園）〔写〕，世歴事1〔写/図〕，世歴大2〔写〕，中国名旧1 p54，中国名勝古蹟 p152〔写〕，ビジ世遺〔写〕，評論社世

頤和園の長廊　いわえんのちょうろう★
北京市の頤和園、万寿山の麓から昆明湖畔に沿い。長さは728m、あわせて273間。内部の桁と梁に蘇式彩色が8千余り描かれ、画廊ともいわれる。
世界遺産（頤和園、北京の皇帝の庭園　1998）
¶中国名旧1 p59（長廊 ちょうろう）〔写〕，中

国名勝古蹟 p153（頤和園長廊 いわえんちょうろう）〔写〕，文化史蹟17〔写〕

殷墟　いんきょ
河南省安陽市小屯村付近。殷後期（前1300−前1046）の遺跡群。殿・宗廟遺構、王陵遺構、庶民の集落跡、墓地、甲骨を埋めた穴、青銅を鋳造所、玉や甲骨を作っていた工房などが発掘されている。
世界遺産（殷墟　2006）
¶アジア歴1〔写/図〕，遺跡100〔写〕，旺文社世，角川世，宗教建築（殷墟の大型地下墓）〔図〕，新潮美（安陽〔殷墟〕 あんよう），図解考古〔写/図〕，世遺事，成世遺下〔写〕，世遺百，世界考古〔写p367/図p85〕，世歴事1〔写/図（出土品）〕，世歴大2〔写〕，大遺跡9〔写/図〕，中国名旧3 p237〔写〕，評論社世，平凡社世，山川世

隠山　いんざん
広西チワン族自治区桂林市の市街の西部。唐代以後の摩崖石刻が100余りある。
¶中国名旧4 p275

印山越王陵　いんざんえつおうりょう
浙江省紹興市の西南13kmの蘭亭鎮印山の頂上部。墓は竪穴式壙木室墓で、陵園の面積は6万平方mに及ぶ。越の勾践の父である越王の允常の王陵と考えられる。
¶東ア考古

陰山古刹　いんざんこさつ
内モンゴル自治区フフホト市の北。ラマ廟。3つの堂殿と仏教の人物、鳥獣、草花などの壁画がある。
¶中国名勝古蹟 p37〔写〕

陰湘城遺跡　いんしょうじょういせき
湖北省荊州市馬山鎮陽城村。新石器時代大渓文化から屈家嶺文化を経て、西周時代にまたがる大規模な集落遺跡。環濠の埋土中からは、木胎漆器・鍬柄、竹胎漆器、竹籠、イネを含む動植物遺体が大量に出土。
¶東ア考古

禹王宮〔巴中市〕　うおうきゅう
四川省巴中市南江県長赤鎮。清の嘉慶2年（1797）の創建で、磚と木で築いた四合院式の建物。
¶中国名旧5 p79

禹王宮〔蚌埠市〕　うおうきゅう
安徽省蚌埠市懐遠県の東南部、塗山の頂上。禹王朝・塗山祠とも。禹の治水の功績をたたえ建てられた廟。創建は唐代以前。
¶中国名旧2 p204

中国

アジア

禹王鎖蛟井　うおうさこうせい
河南省禹県、古鈞台(夏台)の左前方。大禹が蛟竜を降服させ、井戸に閉じ込めたと伝える。井戸の上に亭榭式の建物がある。
¶中国名旧3 p247

禹王城址　うおうじょうし
山西省夏県の西北7.5km、中条山の山麓。禹王郷に大中小3つの城址がある。大城は戦国時代の魏の都城である安邑、中城は秦・漢代の河東郡の中心地、小城は東周代に造営され、北魏代まで使われていた。
¶中国名旧3 p92

禹王碑　うおうひ
湖南省長沙市の岳麓山の禹碑峰にある。高さ1.7m、碑文は1行9字で9行。明代の解読によると、禹が舜から治水を命ぜられ、治水の功をあげた経緯を記すという。
¶中国名旧4 p21

于家村遺跡　うかそんいせき
遼寧省大連市旅順口区老鉄山の西北。新石器時代の集落遺跡。下層は双砣子下層文化、上層の遺物は双砣子上層文化に属する。
¶東ア考古

雨花台　うかだい
江蘇省南京市の中華門外。高さ約100m、長さ3千m余りの丘で、数世紀にわたって、民族英雄や革命の先人が美談を書き記している。
¶中国名旧2 p37

烏亀洞　うきどう
浙江省建徳県の南方5kmの上新橋にある。上層から「柳江人」と同類のホモサピエンスの右上犬歯の化石を発見。「建徳人」と命名。
¶中国名旧2 p143

禹墟　うきょ
安徽省懐遠県の塗山の南2.5km。禹会村・禹村岡とも。夏朝の禹が諸侯を集めて治水を協議したところと伝える。禹帝行祠という祠廟があった。
¶中国名旧2 p204

烏金塘遺跡　うきんとういせき
遼寧省錦西県の西約40kmの李虎氏村烏金塘。遼寧式銅剣文化の墓地。長方形竪穴式墓。
¶世界考古(烏金塘　うきんとう)、東ア考古

于謙祠　うけんし
北京市東城区西裱背胡同。明の正統14年(1449)に瓦剌モンゴル族が進攻してきた際、于謙(兵部尚書)は代宗を擁立し、首都を守りぬいたが、「謀逆罪」に問われ、天順元年(1457)に刑死。成化2年(1466)に復官を追認され、旧宅が忠節祠に改められた。
¶中国名旧1 p18

于謙墓　うけんぼ
浙江省杭州市の三台山にある。于謙(1398-1457)は浙江銭塘(現、杭州市)の出身の兵部尚書。現在ある墓は再建したもの。
¶中国名旧2 p121

于山　うざん
福建省福州市の中心。仙山とも。戦国時代に非漢族の于越氏の支族が住んでいたと伝える。万歳寺・戚公祠・大士殿・九仙観などの廟宇が現存。
¶中国名旧4 p117

于山摩崖石刻　うざんまがいせっこく
福建省福州市の于山にある。宋代から近代までの100余りの摩崖石刻からなる。
¶中国名旧4 p118

ウスト(烏素図)召　うすとしょう
内モンゴル自治区フフホト市西北10kmの大青山の南麓。5つの廟宇からなる。慶緑寺は明の万暦11年(1583)の創建で、他の4寺を監督する。
¶中国名旧1 p172(烏素図召)

烏石山　うせきざん
福建省福州市の中部。略称を烏山、別称を道山という。寺院が軒を並べ、亭榭が交錯し、三十六奇景がある。
¶中国名旧4 p118

烏石山摩崖題刻　うせきざんまがいだいこく
福建省福州市の烏石山にある。200余りの摩崖題刻が全山いたるところにある唐代の書家李陽冰が大暦7年(772)に書いた篆書の「般若台」などが有名。
¶中国名旧4 p118

烏孫〔遺跡〕　うそん
新疆ウイグル自治区の北部イリ河流域。円形の墳丘を有する土墩墓と呼ばれる墳丘墓が濃密に分布する。
¶東ア考古〔写(土墩墓)〕

雨台山楚墓　うだいさんそぼ
湖北省江陵県。春秋時代中期から戦国時代後期にかけての楚の墓郡。竪穴土壙墓。
¶東ア考古

ウチュカト(烏什喀特)古城
新疆ウイグル自治区新和県の西方約20km。亀茲国の大都市の一つ。「漢帰義羌長」銅印が出土。
¶中国名旧5 p302(烏什喀特古城　ウチュカトこじょう)

鬱孤台　うつこだい
江西省贛州市の市街西北隅の田螺嶺。唐の広徳～太暦年間(763-779)に造営。清の同治10年

(1871)に再建。

¶ 中国名旧4 p108

尉遅敬徳墓　うっちけいとくぼ
陝西省礼泉県の東北18kmの煙霞新村。尉遅敬徳
と夫人の蘇氏の合葬墓。昭陵の陪葬墓の一つ。

¶ 中国名旧5 p182

鬱林観石刻　うつりんかんせっこく
江蘇省連雲港市の花果山の鬱林観の東側の絶壁。
鬱林観は隋の開皇年間(581-600)の創建で、遺
構のみ現存。石刻は唐・宋・明・清代のもので
12ある。

¶ 中国名旧2 p61

禹廟　うびょう
浙江省紹興市の市街東南4km、禹陵の右側。夏
朝の禹を祀る。現在の廟は南朝の梁(502-557)
の初年に創建。中軸線に午門・祭庁・正殿が山
肌沿いに並び、午門の前に岣嶁亭が建つ。

¶ 中国名旧2 p169〔写〕

禹門口　うもんこう
山西省河津県の西北12km、黄河の峡谷。往時、
秦と晋を結ぶ渡口(渡し場)であった。

¶ 中国名旧3 p98

禹門山　うもんざん
貴州省遵義県。明の万暦年間(1573-1620)初期
に黎朝邦父子が沙灘寺を創建。のち、禹門寺と
改称。

¶ 中国名旧5 p94

烏尤寺　うゆうじ
四川省楽山市の市街東方1km。唐代の創建。明・
清代建立の天王殿・弥勒殿・如来殿・大雄殿が
現存。

¶ 中国名旧5 p59

ウラ(烏拉)古城
吉林省永吉県烏拉鎮の北方250m。明代の女真族
の扈倫四部の烏拉部の所在地。古城は内・中・
外の三重の城壁をめぐらし、四隅に角楼。

¶ 中国名旧1 p224(烏拉古城　ウラこじょう)

ウラスタイ(烏拉斯泰)石人墓
新疆ウイグル自治区温泉県の烏拉斯泰草原。6～
7世紀の突厥族など遊牧民の墓。

¶ 中国名旧5 p291(烏拉斯泰石人墓　ウラスタイ
せきじんぼ)

ウラノール(烏拉泊)古城
新疆ウイグル自治区ウルムチ市の市街南方10km。
唐～元代の遺跡。城内は馬や羊の骨が大量に
散乱。

¶ 中国名旧5 p274(烏拉泊古城　ウラノールこ
じょう)

禹陵　うりょう
浙江省紹興市の市街東南4km。夏朝の禹の陵墓
と伝える。かつては陵殿があった。

¶ 中国名旧2 p170

雲窩　うんか
福建省武夷山市(旧・崇安県)の武夷山の五曲の接
筍峰と六曲の仙掌峰の間。明の万暦11年(1583)
に兵部侍郎の陳省が隠棲した。

¶ 中国名旧4 p172

雲巌寺〔蘇州市〕　うんがんじ
江蘇省蘇州市の虎丘山。虎阜寺、虎丘(虎邱)寺、
武邱寺、報恩寺、東山寺ともいう。東晋咸和2年
(327)司徒王珣、弟の珉が別宅を寺とし竺法汰
の高弟道一を開山とする。

¶ 中国仏教

雲巌寺　うんがんじ
四川省江油県の竇図山。西配殿は飛天蔵殿と称
す。入母屋造、総高15.8m。

¶ 新潮美

雲巌寺塔　うんがんじとう
江蘇省蘇州市の虎邱山上にある。俗に虎丘(虎
邱)塔。五代の周の顕徳6年(959)に着工、北宋
の建隆2年(961)に完成。楼閣式を模した八角7
層の磚塔。

¶ 中国名旧2 p71〔写〕，中国名勝古蹟 p261(虎
丘塔 こきゅうとう)〔写〕，文化史蹟17〔写〕

雲巌寺二山門　うんがんじにさんもん
江蘇省蘇州市の虎丘の麓にある。唐代に建てら
れ、元の至元4年(1338)に再建。

¶ 中国名旧2 p70

雲居山　うんきょざん
福建省連江県の東方7.5km。山頂の上庵寺は唐
代の創建寺の前の絶壁に「天上雲居、人間仙境」
の8字を彫り、仙人が来たことがあると伝える。

¶ 中国名旧4 p127

雲崗五華洞　うんこうごかどう
山西省大同市の雲崗石窟群の中程。編号は第9～
13窟。五華洞の彫像は造形も多彩。

世界遺産 (雲崗石窟　2001)

¶ 中国名旧3 p26(雲岡五華洞)，中国名勝古蹟
p127(雲岡石窟第十三窟)〔写〕

雲崗西部窟群　うんこうせいぶくつぐん
山西省大同市の雲岡石窟の西端。編号は第21～
53窟および編号のない石窟からなる。多くは洛
陽遷都後の作品。

¶ 中国名旧3 p26(雲岡西部窟群)

雲崗石仏寺　うんこうせきぶつじ★
山西省大同。明朝末・清朝初期(17世紀半ば)の

中国　140

アジア

木造伽藍の寺。雲岡第6窟、第5窟に瓦葺四層楼閣が密接して建つ。

世界遺産（雲崗石窟　2001）

¶文化史蹟16（雲岡石仏寺）〔写〕

雲崗石窟　うんこうせっくつ

山西省大同市の西16kmの武周山の麓。武周川の断崖に、東西1kmにわたって造られた石窟寺院群。252窟に大小仏像5万体以上が現存。北魏（386〜534年）の沙門統である曇曜によって、460年頃から494年頃まで建築。

世界遺産（雲崗石窟　2001）

¶アジア歴1〔写p354, 口絵〕, 旺文社世〔写〕, 角川世, 宗教建築〔写/図〕, 新潮美（雲岡石窟）〔図〕, 図解考古（雲岡石窟　うんこうせっくつ）〔写〕, 世遺事, 成世遺下（雲岡石窟）〔写〕, 世界考古〔写〕, 世歴事1〔写/図〕, 世歴大2〔写〕, 大遺跡9（雲岡石窟）〔写〕, 中国仏教（雲岡石窟）, 中国名旧3 p24（雲岡石窟）〔写〕, 中国名勝古蹟 p124（雲岡石窟）〔写〕, 中国歴史（雲岡石窟）, 東ア考古（雲岡石窟）, ビジ世遺（雲岡石窟）〔写〕, 評論社世（雲崗　うんこう）, 仏教考古（雲岡石窟）〔写〕, 文化史蹟16（雲岡石窟）〔写/図〕, 平凡社世, 山川世（雲崗　うんこう）

雲崗第5・第6窟　うんこうだいごだいろくくつ

山西省大同市の雲崗石窟群の中央。2つの石窟は通じ、窟前には木造楼閣がある。

世界遺産（雲崗石窟　2001）

¶中国名旧3 p26（雲崗第5・第6窟）, 中国名勝古蹟 p127（雲岡石窟第五窟）〔写〕

雲崗東部窟群　うんこうとうぶくつぐん

山西省大同市の雲崗石窟の東端。編号は第1〜4窟洞窟内中央には方形塔柱が造られている。

¶中国名旧3 p26（雲崗東部窟群）

雲崗曇曜5窟　うんこうどんようごくつ

山西省大同市の雲崗石窟群の中程。編号は16〜20窟。雲崗で最も早く、気迫に最も富む石窟。

¶中国名旧3 p25（雲崗曇曜5窟）

雲谷寺　うんこくじ

安徽省黄山の鉢盂峰の下。南宋朝の右丞相程元鳳が勉学にいそしんだ。丞相源ともいう。いたるところに石刻がある。殿宇はすでにない。

¶中国名旧2 p263

雲居寺〔永修県〕　うんごじ

江西省永修県の雲山にある。唐の元和8年（813）の創建。伽藍は前殿・正殿・蔵紅楼の順に並ぶ。

¶中国名旧4 p91

雲居寺〔北京市〕　うんごじ

北京市房山県の南部、白楽水頭村。隋代に幽州の智泉寺の僧静琬が創建。現存するのは北塔と

その四隅の小さな石塔のみ。

¶新潮美（雲居寺(1)）, 中国名旧1 p88

雲居寺塔　うんごじとう

河北省涿県の東北隅。八角6層。2基の磚塔が南北に対峙し、南が智度寺塔、北が雲居寺塔。

¶中国名旧1〔雲居寺塔〕たくけん）, 中国名旧1 p132

雲巌寺〔江油県〕　うんごんじ

四川省江油県の竇図山にある。唐代の創建。宋代の木造の転輪経蔵がある。

¶中国名旧5 p48

雲山　うんざん

広西チワン族自治区徳保県の東北隅。中腹の一覧亭と山麓の大有亭はともに清の乾隆年間（1736-95）の建造。

¶中国名旧4 p305

雲山勝地　うんざんしょうち

河北省承徳市の避暑山荘の煙波致爽殿の後ろ。清の康熙49年（1710）築。「康熙三十六景」の第8景。階上の西側の部屋は「蓮花室」という仏堂。

¶中国名旧1 p148

雲驤閣　うんじょうかく

福建省長汀県の烏石山。清の道光18年（1838）に楼房に改築。中国工農紅軍第四軍は長汀県革命委員会を当所に設けた。

¶中国名旧4 p178

雲棲寺　うんせいじ

浙江省杭州五雲山。乾徳5年（967）呉越王銭氏が伏虎禅師大扇志逢（909-85）を開山として創建。

¶中国仏教

雲石山　うんせきざん

江西省瑞金県雲石山郷の東北。頂上に石造りの古廟があり、中央に如来像を安置。両側に20室余りからなる廂房がある。

¶中国名旧4 p111

雲接寺塔　うんせつじとう

遼寧省朝陽市の鳳凰山の雲接寺の西側。遼代の建立。高さ32m、方形13層の実心密檐磚塔。

¶中国名旧1 p215〔写〕

雲台観　うんだいかん

四川省三台県の南方約50kmの雲台山。宋代の創建。三皇観・回竜閣・長廊亭などからなる。

¶中国名旧5 p45

雲台山　うんだいさん

江蘇省連雲港市。『西遊記』に出てくる花果山と水簾洞が有名。

¶中国名旧2 p61

雲頂山　うんちょうざん
四川省金堂県の南方26km、竜泉山脈の中央。大雲頂寺があり、仏陀・菩薩・護法の壁画が現存。

¶中国名旧5 p21

雲洞巌　うんどうがん
福建省竜海県歩文郷の鶴鳴山にある。天下の名士があいついで訪れ、多数の摩崖石刻を残している。大小の石刻が150余り現存。

¶中国名旧4 p163

雲南陸軍講武堂旧址　うんなんりくぐんこうぶどうきゅうし
雲南省昆明市の翠湖西岸の承華圃にある。1909年の創立。歩兵・騎兵・砲兵・工兵の4科あった。現存する主楼は角楼の2階建。

¶中国名旧5 p115

雲峰山　うんほうざん
雲南省騰衝県の西北60km。山頂に玉皇閣と老君殿、山中に呂祖殿など、山麓に万福寺などがある。いずれも明代の創建。

¶中国名旧5 p140

雲峰寺　うんほうじ
四川省納渓県の方山の南麓。唐代に創建。大雄殿は琉璃瓦葺きの単檐入母屋造り。

¶中国名旧5 p41

雲歩橋　うんほきょう
山東省泰安市の泰山の中天門の北。渓谷に架かる単孔石橋。

¶中国名旧3 p177

雲夢漢墓　うんむかんぼ
湖北省雲夢県城南西角。前漢早期の木槨墓。長方形の板に副葬品リストを墨書した「遺策」を発見。

¶世界考古

雲門山石窟　うんもんざんせっくつ
山東省青州駝山の付近。雲峰山ともいう。窟龕は高さが5mくらいまでで5か所ある。隋唐代の開鑿。

¶アジア歴1（雲門山石窟　うんもんさんせっくつ），新潮美（益都〔雲門山石窟〕　えきと〔うんもんさんせっくつ〕），世界考古，中国仏教，中国名旧3 p135（雲門山石窟造像　うんもんざんせっくつぞうぞう）

雲門寺　うんもんじ
湖南省湘郷市の市街。石碑寺とも。中心をなすのは前殿・大雄宝殿・観音閣。

¶中国名旧4 p27

雲竜山　うんりゅうざん
江蘇省徐州市の南郊、和平路の南にある。海抜30m余り、長さ3kmで、節が9つあり、九節竜という。劉邦（前漢の高祖）が隠棲していた山。

¶中国名旧2 p58

雲竜山石仏　うんりゅうざんせきぶつ
江蘇省徐州市の雲竜山の興化寺にある。高さ10m余りの半身坐像。北魏代後期に絶壁の大巌に彫ったもの。

¶中国名旧2 p58

運粮河　うんりょうが
河北省易東南。燕の下都の東城西壁の外側と東城内にある、「運粮河」という古河道。かつての運河と思われる。

¶大遺跡9（燕の下都―運粮河）〔写〕

雲林寺　うんりんじ
山西省陽高県の西隅。現存の主要建築は大雄宝殿で、明代の創建。

¶中国名旧3 p31

雲麓宮　うんろくきゅう
湖南省長沙市の岳麓山の右峰の頂上。乾隆年間に柱間5間の殿宇と三清殿を建立。同治2年（1863）に再建。

¶中国名旧4 p20

永安寺〔閬中県〕　えいあんじ
四川省閬中県の東部の黄泥郷。大殿は元の至順4年（1333）の建立。屋根は清代。

¶新潮美，中国名旧5 p76

永安寺〔渾源県〕　えいあんじ
山西省渾源県。金代の創建で、山門・中殿・正殿と東西の廂房が現存。

¶新潮美（渾源―永安寺　こんげん―えいあんじ），中国名旧3 p32

永安州城遺址　えいあんしゅうじょういし
広西チワン族自治区蒙山県。明の成化13年（1477）の造営。太平天国革命軍が攻め落した城壁、砲台、十里長城などが現存。

¶中国名旧4 p295

永安石橋　えいあんせっきょう
遼寧省瀋陽市の西郊、裕国駅西北1kmの蒲河に架かる。清の崇徳6年（1641）に石工の任朝貴が架設した華麗な大アーチ石橋。長さ37m。

¶中国名旧1 p187

永安湃囲場殪虎詩碑　えいあんはいいじょうえいこしひ
河北省囲場県要路溝村。乾隆26年（1761）9月の建立。回族などの貴族が乾隆帝の虎退治を眺めている光景を描いた碑文を彫る。

¶中国名旧1 p156

永安莽喀詩碑　えいあんぼうかくしひ

　河北省囲場県碑亭子村。清の乾隆39年（1744）秋8月の建立。碑文は、モンゴル族の諸部が清朝の皇帝に随従して丘陵を疾駆する光景ほかを詠ずる。

　　¶中国名旧1 p157

永吉星星哨遺跡　えいきちせいせいしょういせき

　吉林省永吉県。戦国時代併行期の墳墓遺跡。西団山文化に属する。

　　¶東ア考古

栄県大仏　えいけんだいぶつ

　四川省栄県の東南の大仏寺にある。北宋の元豊8年（1085）に着工し、元祐7年（1092）に完成。絶壁に如来大仏を彫る。

　　¶中国名旧5 p39

永固陵　えいこりょう

　山西省大同市北の西寺児梁（古方山）頂上に位置。北魏の文明皇太后馮氏の陵墓。石門の門額に刻まれた蓮蕾を捧げる童子像は、北魏太和様式の浮彫りの代表作。

　　¶東ア考古

永寿寺　えいじゅじ

　山西省楡次。唐代元和12年（817）村東より移建。寺内に斉武平2年（571）在銘の石仏、道仏併修の行者とされる空王仏像がある。

　　¶中国仏教

永寿寺塔　えいじゅじとう

　江蘇省溧水県の西北の永寿寺にある。永寿寺は明の万暦36年（1608）に創建、清の乾隆元年（1736）に再建。塔は楼閣式を模した八角7層の磚塔。

　　¶中国名旧2 p58

営城子壁画墓　えいじょうしへきがぼ

　遼寧省の旧順旅・大連鉄道の営城子駅付近。2基の後漢期の磚室墓。2号墓の壁画は、葬送儀礼を行う人々の姿が表現されている。

　　¶アジア歴1（営城子 えいじょうし）、新潮美（営城子漢墓 えいじょうしかんぼ）、図解考古（営城子古墳 えいじょうしこふん）〔写（壁画）〕、世界考古、中国名旧1 p194、東ア考古〔写〕

永新聯席会議旧址　えいしんれんせきかいぎきゅうし

　江西省永新県の禾水の河畔。もと県城の商会。中国共産党永新県委員会のあったところ。

　　¶中国名旧4 p107

永祚寺　えいそじ

　山西省太原市の東南郊、郝荘村の南部。双塔寺ともいう。沙門、妙峰福登の経営により、時の慈聖李太后の援助を受けて寺塔が新建された。

　　¶新潮美（太原―永祚寺 たいげん―えいそじ）、中国仏教、中国名旧3 p20（双塔寺 そうとうじ）

永泰公主墓　えいたいこうしゅぼ

　陝西省乾県。唐中宗の第7女李仙蕙の墳墓。石製墓誌1・俑878・三彩器104・彩絵陶器81などの副葬品1300余点が残る。

　　¶古代遺跡 p60～62〔写〕、新潮美、世界考古〔図〕、大遺跡9（乾陵の陪塚―永泰公主李仙蕙墓）〔写〕、中国名旧5 p186、東西文化 p240、248～258〔写〕、東ア考古〔写〕、文化史蹟17〔写〕

永泰寺　えいたいじ

　河南省登封市の西北11kmの太室山の西麓。北魏代の創建。昆盧殿・大雄殿・皇姑楼など清代の殿宇あわせて30室余りが現存。

　　¶中国名旧3 p200

永泰寺塔　えいたいじとう

　河南省登封市、太室山の西麓の大塔溝。永泰寺は北魏創建の尼寺。寺の東北の坂下に四角多檐の磚塔が2基ある。唐代の建築様式。

　　¶新潮美

永通橋〔北京市〕　えいつうきょう

　北京市通県の通恵河。俗に八里橋という。明の正統11年（1446）に架設。3孔アーチ石橋。

　　¶大遺跡9（大運河―永通橋）〔写〕、中国名旧1 p88

永通橋〔趙県〕　えいつうきょう

　河北省石家荘市趙県の西門外の清水河に架かる。金の明昌年間（1190-95）に架設した石橋。

　　¶中国名旧1 p111

エイティガール〔艾提艾〕清真寺　えいてぃがーるせいしんじ

　新疆ウイグル自治区喀什市の解放路。新疆で最大の礼拝寺。イスラム暦846年（1426年）の創建。

　　¶中国名旧5 p306（艾提艾清真寺）〔写〕

永寧寺　えいねいじ

　河南省洛陽市。初め北魏献文帝が皇興元年（467）大同に7層の塔を建て永寧寺とし、皇室奉仏の中心とした。永熙年間（532-34）北魏の滅亡とともに、火災に遭って灰燼に帰した。

　　¶古代都城（洛陽城永寧寺）〔図〕、新潮美、世歴大3、中国仏教、東ア考古（永寧寺跡 えいねいじあと）〔図〕、仏教考古

永寧寺塔基　えいねいじとうき

　河南省洛陽市の永寧寺跡にある。日干し煉瓦を積み上げた基壇が残存。内部空間を持った木造建築であったと推定。

　　¶宗教建築（洛陽永寧寺塔遺址と嵩岳寺塔）〔写/図〕、中国名旧3 p224

143 中国

永寧陵石獣　えいねいりょうせきじゅう★

江蘇省南京市の東、甘家巷村獅子冲。陵の南約200mに石獣2基が東西に向かい合う。文帝陳蒨は天康元年（566）没。

　¶大遺跡9（南朝陵墓の石刻—陳文帝永寧陵石獣）〔写〕

瘞髪塔　えいはつとう

広東省広州市の光孝寺。唐代の高層慧能（638-713）が禅宗六祖になると、住持の法才は慧能の頭髪を菩提樹の下に埋め、その上に塔と碑を建てて記念とした（碑は現存せず）。塔は八角形で、高さ7.80m。

　¶中国名旧4　p207

営盤里　えいばんり

江西省清江県営盤里。新石器時代末期の印文陶文化の遺跡。土城址、貯蔵穴、窯址、炉址を発見。遺跡の下限は中原の戦国期並行。

　¶世界考古

永福寺塔　えいふくじとう

江西省波陽県の東部。永福寺は南朝の梁の天監元年（502）の創建。塔は北宋の天聖2年（1024）の建立。

　¶新潮美、中国名旧4　p68

英雄冢　えいゆうちょう

江蘇省蘇州市善人橋の馬崗山の山麓。1932年の上海事変で戦死した将兵の墓。

　¶中国名旧2　p84

永楽宮　えいらくきゅう

山西省永済県芮城龍泉村。もと山西省永済県永楽鎮にあった。唐代創建の大純陽万寿宮の中心部にあたるもの。元の中統3年（1262）に完成。

　¶アジア歴1、宗教建築〔図〕、新潮美、世界考古〔写（壁画）〕、世話大3、中国名旧3　p102、文化史蹟17〔写〕

永陵〔清〕　えいりょう

遼寧省新賓満族自治県永陵鎮の西北、啓運山の南麓。清朝の関外三陵の一つ。明の万暦26年（1598）に築造。清の太祖努爾哈赤の遠祖蓋特穆・曽祖父福満・祖父覚昌安・父塔克世ら、清朝の皇室の祖先が葬られている。

　¶中国名旧1　p200

永陵〔西魏〕　えいりょう

陝西省富平県留古郷何家村。西魏の文帝元宝炬（在位535-551）の陵墓。

　¶中国名旧5　p202

永陵〔明〕　えいりょう

北京市天寿山麓の長陵の東南。嘉靖帝の陵墓。明楼は完全な形に残っており、明の十三陵でいちばん保存状態がよい。

　¶中国名旧1　p84

易県道徳経幢　えきけんどうとくきょうどう

河北省易県の西南隅にある。唐の開元26年（738）に建てられ、南宋の乾道5年（1169）に移設。高さ6m、頂・身・座の3つの部分に分かれる。面に老子の『道徳経』（『老子』）81章を彫る。

　¶中国名旧1　p136

易県土城　えきけんどじょう

河北省易県の東南。戦国時代の土城。燕の下都に比定されている。

　¶図解考古〔図〕

益荘王墓　えきそうおうぼ

江西省南城県長塘街の北約200m。1557年に葬られた明代の官僚地主荘王朱厚燁と妻王氏および万氏の墓。200点余の唐俑と棺内の255点の金飾は精巧な細工。

　¶世界考古

エグメリヤンタ（埃格麦里央達）古城

新疆ウイグル自治区沙雅県の西北約40km。央達格沁古城ともいい、亀慈国の城址の一つ。

　¶中国名旧5　p303（埃格麦里央達古城　エグメリヤンタこじょう）

慧光塔　えこうとう

広東省連州市。六角9層、高さ35.84mの中空の塔。

　¶中国名旧4　p229

恵済寺　えさいじ

山西省原平県の東北15kmの練家崗村。唐代の創建。大仏殿は最古で、建築の構造や塑像に宋代の様式が残る。

　¶中国名旧3　p50

慧済寺　えさいじ

浙江省普陀県の普陀山の仏頂山にある。仏頂山寺とも。明代に僧の慧円が慧済庵を開き、清の乾隆58年（1793）寺に拡大。普陀三大寺の一つ。4殿・7宮・6楼からなる。

　¶中国名旧2　p155

エセンベジル（葉森培玫児）石人墓

新疆ウイグル自治区昭蘇県の科培雷特東山の草むら。隋～唐代の突厥民族の墓前の石人。

　¶中国名旧5　p289（葉森培玫児石人墓　エセンベジルせきじんぼ）

越王井　えつおうせい

広東省竜川県佗城鎮の正相塔の近く。中国南部ではかなり大規模な古磚井の一つ。

　¶中国名旧4　p250

粤軍陣亡烈士墓　えつぐんじんぼうれっしぼ

江蘇省南京市の莫愁湖公園。辛亥革命の際、粤（広東省）軍と張勲（1854-1923）の軍との戦闘で

戦死した将兵を記念して造営した墓地。1912年の造営。

¶中国名旧2 p37

閲江楼　えつこうろう

広東省肇慶市。明の崇禎14年（1641）の建立。現在は、葉挺独立団団部紀念館。

¶中国名旧4 p259（葉挺独立団団部紀念館　ようていどくりつだんだんぶきねんかん）

越秀山　えっしゅうざん

広東省広州市の市街の北面。明の永楽年間に建造の観音閣がある。また、前漢代初期の越王台、征和年間（前92－前89）に交州刺史の羅宏が設けたと伝える石段が現存。南麓の三元宮は東晋朝の越崗院の跡地。ほか革命記念建造物などもある。

¶中国名旧4 p201

越秀炮台　えっしゅうほうだい

広東省広州市の越秀山の最高峰の南北両麓。南北両台に分かれる。1914年6月の築造で、クルップス社製の12.5cm砲を1門ずつ装備。北台は砲座と弾薬庫の一部が現存。

¶中国名旧4 p201

越城　えつじょう

江蘇省蘇州市の西南郊外。越王勾践（？－前465）が前473年に呉に侵攻する際、臨時の屯兵所とした所。遺構は東西約100m、南北約80mの不規則な円形。

¶中国名旧2 p66

悦心殿　えつしんでん

北京市西城区、北海公園の瓊華島の西斜面。皇帝が臨時に政務の処理や大臣の接見をするのに使った。

¶中国名旧1 p44

閲馬廠　えつばしょう

湖北省武漢市の武昌の蛇山の南麓。清軍の騎兵隊の教練場だったところ。紅楼、巨像、石碑が建つ。

¶中国名旧3 p269

恵明寺　えみょうじ

河南省林県の北方12kmの申村。北宋の政和3年（1113）に恵明が創建。

¶中国名旧3 p242

延安宝塔　えんあんほうとう

陝西省延安市の延河の河畔の土山。明代の建立で、外観は清代の様式。

¶中国名旧5 p204

煙雨楼〔嘉興市〕　えんうろう

浙江省嘉興市の南湖の湖心島にある。五代（940年前後）の築造。湖畔に展望台として建てた。明の嘉靖28年（1549）に往時の煙雨楼を模して湖心に再建。

¶中国名旧2 p163〔写〕

煙雨楼〔承徳市〕　えんうろう

河北省承徳市の避暑山荘の青蓮島。浙江嘉興（現、浙江省嘉興市）の鴛鴦湖（南湖）畔にある煙雨楼を模して建てたもの。清の乾隆45年（1780）に着工し、翌年完成。

¶中国名旧1 p150〔写〕，中国名勝古蹟 p44〔写〕

燕園　えんえん

江蘇省常熟市辛峰巷の霊公殿の西側。清の乾隆年間（1736-95）の台湾知府蒋元枢の造営。五芝堂・過雲橋などの景勝もある。

¶中国名旧2 p81

円覚寺塔　えんかくじとう

山西省渾源内の県公署東。俗に小寺という。塔のみ現存。八角9檐の塼塔。金代の建立。

¶新潮美（渾源―円覚寺塔　こんげん―えんかくじとう），中国名旧3 p33（円覚寺塼塔　えかくじせんとう）

円覚洞造像　えんかくどうぞうぞう

四川省安岳県の東南2km。北面は1つの大洞と4つの大龕、南面は唐〜宋代に彫られた40の龕と1千体余りの造像からなる。

¶中国名旧5 p55

袁家山　えんかざん

河南省睢県の東南隅。袁尚書が建てた呂祖廟がある小さな土山。

¶中国名旧3 p252

沿河城　えんかじょう

北京市門頭溝区西北部の山中。明代の城砦。東西約1km、幅約250m。

¶中国名旧1 p77

燕下都44号墓　えんかと44ごうぼ★

武陽台村の西約200m。燕下都第5号地下版築遺跡内の版築面につくられた長方形竪穴壙。22体の人骨と多くの鉄製武器などが出土。

¶世界考古（燕・下都〔燕下都44号墓〕　えんかと）

燕下都遺跡　えんかといせき

河北省易県。五里河（北易水）と中易水の間に築造された燕国の都城遺跡。城壁・宮殿跡・工房跡・墓地などが知られる。

¶新潮美（燕下都 えんかと），世界考古（燕・下都 えんかと）〔図〕，大遺跡9（燕の下都 えんのかと）〔写/図〕，中国名旧1 p136（燕下都遺址 えんかといし）〔写〕，東ア考古〔図〕

煙霞洞　えんかどう

浙江省南高峰の下の煙霞嶺にある。洞壁に五代

以来釈迦牟尼像や羅漢像が彫られた。洞口には宋代初期の半円彫りの観音・勢至菩薩の立像が並ぶ。

¶中国名旧2 p121

燕喜台　えんきだい
安徽省碭山県の外。宴喜台とも。亭と池はすでになく、北宋の政和3年 (1113) の真州知事李釜の筆の碑が現存する。

¶中国名旧2 p223

燕喜亭　えんきてい
広東省連州市の東方500m。唐の貞元年間 (785-804) に建てられ、韓愈が築亭記を撰した。

¶中国名旧4 p229

園丘壇　えんきゅうだん
陝西省西安市。皇帝が天を祀る施設。「円丘」ともいう。隋代に建設され、唐代にも使用された後、唐代末期に廃絶した。

世界遺産 （天壇：北京の皇帝の廟壇　1998）

¶古代都城 (長安城南郊の園丘) 〔図〕, 中国名旧1 p52, 東ア考古 (唐長安城園丘遺跡　とうちょうあんじょうかんきゅういせき), 文化史蹟17 (天壇園丘) 〔写〕

延慶寺舎利塔　えんぎょうじしゃりとう
河南省済源県の西北2kmの延慶寺。六角7層の密檐式の磚塔。

¶中国名旧3 p229

垣曲商城遺跡　えんきょくしょうじょういせき
山西省垣曲県。殷代前期の城郭遺跡。6基の大型建築基壇が発見されている。

¶東ア考古

延慶観玉皇閣　えんけいかんぎょくこうかく
河南省開封市の市街西南隅。元代初期に建てた朝元万寿宮の斎堂。通明閣ともいう。

¶中国名旧3 p210

延慶寺大仏殿　えんけいじだいぶつでん
山西省五台県の東北27kmの善文村。金代の建造。単檐入母屋造り。軒は二手先斗栱を使用。

¶中国名旧3 p38

延慶寺塔　えんけいじとう
浙江省松陽県にある。舎利を納めるために咸平2～5年 (999-1002) に雲竜山の麓の延慶寺に建造。

¶中国名旧2 p183

円光寺石窟　えんこうじせっくつ
寧夏回族自治区南部の固原県。仏教石窟群。もと景雲寺といった。須弥山東麓に開かれ、須弥山石窟の一部。大部分は晩唐期の造像。

¶新潮美

宛山塔　えんざんとう
江蘇省無錫県の宛山にある。心のつまった塔で、不規則な形の石を積み上げ、六角5層で、各層に石製の裳階がある。嘉靖二十六年建造の石刻がある。

¶中国名旧2 p94

燕子磯　えんしき
江蘇省南京市の北郊、観音門外。巌山の東北の支脈。巌山には十二洞がある。

¶中国名旧2 p38

偃師杏園魏晋墓　えんしきょうえんぎしんぼ
河南省偃師県杏園村。曹魏・西晋墓。洛陽に住む官僚貴族墓地と推定されている。

¶東ア考古

偃師商城遺跡　えんししょうじょういせき
河南省偃師県。殷代前期の城郭遺跡。二里岡文化の全期間にわたる遺物が出土。

¶大遺跡9 (偃師商城　えんししょうじょう) 〔写/図〕, 東ア考古

袁滋題記摩崖　えんじだいきまがい
雲南省塩津県の西南20km、豆沙関の絶壁。唐の貞元10年 (794) に袁滋が当所を通ったときにそのことを記した摩崖題名。

¶中国名旧5 p136

偃師二里頭遺跡　えんしにりとういせき
河南省偃師県の洛河南岸。二里頭文化の標準遺跡。二里頭文化第2期以降急速に発展し、多数の建築基壇や道路跡、青銅器・土器・骨器などの工房跡、住居跡・墓葬などを有する。

¶世界考古 (二里頭　にりとう) 〔写 (出土の青銅爵)〕, 大遺跡9 (二里頭　にりとう) 〔写/図〕, 中国名旧3 p225 (二里頭文化遺址　にりとうぶんかいし), 東ア考古

燕州城　えんしゅうじょう
遼寧省遼陽市東30kmの城門口村の後山。高句麗が4世紀に築いた白岩城の俗称。外城と内城に分かれる。

¶中国名旧1 p211

宛城　えんじょう
河南省南陽市。漢代の南陽郡宛県城址。残っている城壁は高さ10m、幅15m。居住区北に製鉄遺跡がある。

¶世界考古

淹城遺跡　えんじょういせき
江蘇省常州市武進区湖塘郷。春秋時代の都城遺跡。内城の濠から春秋時代中期頃の青銅器と印紋硬陶・丸木舟が出土。外城内に4基の土墩墓、城郭外周1.5kmの範囲内にも大小様々な土墩墓が多数分布。

¶ 中国名旧2 p96（淹城 えんじょう），東ア考古

円照寺　えんしょうじ
山西省五台県の五台山台懐鎮の北隅の顕通寺の左。インドの宝利沙者の舎利塔がある。寺の前には石獅子1対、山門、天王殿・大仏殿・塔院・蔵経閣等がある。
¶ 中国名旧3 p43

煙水亭　えんすいてい
江西省九江市の甘棠湖にある。浸月亭とも。三国時代の呉の都督周瑜の点将台の跡地と伝える。元和11-13年（816-818）の建造。
¶ 中国名旧4 p85, 中国名勝古蹟 p236〔写〕

袁世凱墓　えんせいがいぼ
河南省安陽市の洹河の北岸。中国と西洋の様式を折衷したもので望柱に精緻な花文と図案などを彫る。
¶ 中国名旧3 p238〔写〕

煙台山　えんだいさん
福建省福州市の市街、閩江の南岸、梅塢と麦園頂の中間の藤峰。元代末期から清代初期にかけて煙燉（烽火台）を設けて警報の用に供した。
¶ 中国名旧4 p119

燕長城　えんちょうじょう★
河北省徐水県。北境に対匈奴防禦線として、造陽から遼東にいたる間に長城を築いた。
¶ 大遺跡9（長城―燕長城）〔写〕

円通寺　えんつうじ
雲南省昆明市の円通山の前方、円通街。唐代、南詔国の時代の創建。円通勝坊・八角亭・円通宝殿や水榭曲廊などからなる。
¶ 中国名旧5 p116〔写〕, 中国名勝古蹟 p292

円通寺白塔　えんつうじはくとう★
遼寧省鉄嶺、旧城内。金の大定年間（1161-89）の創建。八角13檐の塼塔。
¶ 新潮美（鉄嶺［円通寺白塔］ てつれい）

炎帝陵　えんていりょう
湖南省鄲県の西南15km。天子墳とも。炎帝（神農氏）は中国の伝説上の皇帝。陵前にかつては広大な規模の祠・坊・天使行館などがあった。
¶ 中国名旧4 p25

エンデレ　Endere
新疆ウイグル自治区ホータン地区。7、8世紀の仏教遺跡。僧坊址から壁画、ガネーシャ像を描いた板絵を発見。
¶ 新潮美

塩店宋墓　えんてんそうぼ
河南省方城県塩店荘村。徽宗宣和元年（1119）埋葬の疆氏の墓。石彫の明器が出土。
¶ 新潮美（方城宋墓 ほうじょうそうぼ），世界考古

燕墩　えんとん
北京市豊台区永定門外大街の西側。磚積みの高台。高大な方形の石碑が建つ。
¶ 中国名旧1 p75

烟墩山西周墓　えんとんざんせいしゅうぼ
江蘇省丹徒県の烟墩山。西周墓。遺物は青銅器がほとんどで鼎、大盤、角状器などが出土。
¶ 新潮美（煙墩山遺跡 えんとんさんいせき），世界考古

煙波致爽　えんはちそう
河北省承徳市。避暑山荘の寝宮の正殿。康熙49年（1710）築。「康熙三十六景」の第1景。
¶ 中国名旧1 p147

延福寺〔内モンゴル自治区〕　えんふくじ
内モンゴル自治区アルシャー左旗巴彦浩特鎮。清の乾隆25年（1760）に再興。もと阿拉善旗王府の家廟。
¶ 中国名旧1 p185

延福寺〔浙江省〕　えんぷくじ
浙江省武義県桃渓区陶村。五代の後晋の天福2年（937）の創建。中軸線に山門・天王殿・大殿・観音堂が並び、その間に池を配す。大殿は元代のもの。
¶ 新潮美, 中国名旧2 p188

衍福寺双塔　えんふくじそうとう
黒竜江省肇源県茂興大廟村。かつてあった（焼失）衍福寺の門前にあるので、衍福寺双塔という。清の太宗皇太極が当地で祭祀を行ったと伝えるので、寺と塔を建立した。
¶ 中国名旧1 p249

演武亭・演武池遺址　えんぶてい・えんぶちいし
福建省廈門市の廈門大学の同安楼一帯。演武場は鄭成功（1624-62）が演武練兵を行ったところ。演武亭はその中心をなす建物。
¶ 中国名旧4 p133

円璧城南門　えんぺきじょうなんもん★
河南省洛陽市春都路南の郵便電信局の構内。隋唐東都宮城圓璧城南壁中央の門。基壇は南北19.5m、東西が24.1mある。
¶ 古代都城（洛陽城応天門・円璧城南門）

円明園　えんめいえん
北京。清朝の園林離宮。
¶ アジア歴1〔図〕, 角川世, 新潮美, 世歴事2（圓明園 えんめいえん）〔写/図〕, 世歴大3〔写〕, 中国名旧1 p62（円明園遺址 えんめい

えんいし），評論社世，文化史蹟17（円明園遺跡）〔写〕，平凡社世，山川世

延陵季子墓碑　えんりょうきしぼひ
江蘇省鎮江市丹陽市の九里小学の構内にある。季子は春秋時代の呉王寿夢の第4子。延陵に封ぜられた。廟は3つあったが、現存するのは南廟だけで、その後ろに墓、前に碑がある。

¶中国名旧2 p113

オイタラ（沃依塔拉）烽燧
新疆ウイグル自治区烏什県の西方20kmの沃依塔拉。唐代の築造。

¶中国名旧5 p303（沃依塔拉烽燧　オイタラほうすい）

王因遺跡　おういんいせき
山東省兗州市王因村東南の徼高地。新石器時代中後期の集落遺跡。包含層の上層では899基を含む大規模な墓地と住居跡、灰坑、石器、骨角器など、土器ほか動物の骨が検出された。

¶東ア考古

王家営明清墓　おうかえいみんしんぼ
雲南省昆明市の南東20km。墓は合計6基。1～3号は沐氏一族、4・5号は郭氏一族、6号は郭氏と推定される。

¶世界考古

王家坪革命旧址　おうかひょうかくめいきゅうし
陝西省延安市の西北の王家坪村。1937-47年中国共産党の中央革命軍事委員会と八路軍総部の所在地。講堂、毛沢東・王稼祥らの旧居、会議室と彭徳懐の旧居、朱徳の旧居などがある。

¶中国名旧5 p204

王義之墓　おうぎしぼ
浙江省嵊県華堂の金庭山。王義之（321-379）は死後、金庭の瀑布山に葬られた。

¶中国名旧2 p176

王喬洞　おうきょうどう
安徽省巣湖市の市街北方5km、紫微山の麓。王子喬が修行し、仙人になったと伝える地。石刻の大仏が1体、頭部のない小仏像が728体ある。また、虎・獅子・麒麟などの石像が各所にある。

¶中国名旧2 p228

王荊公書堂　おうけいこうしょどう
安徽省銅陵県順安鎮の東南5km。大明寺のことで、王安石学堂とも。北宋代の王安石（1021-86）が青年時代に学を講じたところ。

¶中国名旧2 p198

王杰墓　おうけつぼ
江蘇省邳県張楼にある。王杰（1942-65）は中国人民解放軍済南部隊の某工兵連（中隊）の班長（小隊長）。英雄的な行為を記念し、王杰烈士陵園を造営。

¶中国名旧2 p60

王建墓　おうけんぼ
四川省成都市三洞橋。5代・前蜀の皇帝王建の陵墓。光天元年（918）に建てられ、永陵という。

¶新潮美，世界考古〔図〕，中国名旧5 p16〔写〕，文化史蹟17〔写〕

汪興祖墓　おうこうそぼ
南京市の北郊。墓主は明代太祖の武将、張徳勝の養子王興祖。出土した青花高足磁碗は元末明初時代の資料として貴重。

¶世界考古

王鏊墳　おうごうふん
江蘇省蘇州市東山の陸巷の近く。王鏊は明の正徳年間（1506-21）に文淵大学士・戸部尚書となり、詩文で知られる。

¶中国名旧2 p84

黄金塔　おうごんとう
安徽省無為県の北方5km。北宋の咸平元年（998）の創建で、高さ約30mの9層。もとは南汰寺の伽藍にあった。

¶中国名旧2 p232

王充墓　おうじゅうぼ
浙江省上虞県章鎮区浜箄の檜山にある。王充（27-97？）の墓。後漢代の唯物論哲学者。

¶中国名旧2 p175

応昌　おうしょう
内モンゴル自治区シリンゴール盟内。元代東蒙古の地名。1270年世祖が娘のためにここに城を築いた。城内に宮殿、官庁、学校、仏寺があった。現存の城跡は1辺の長さ約1300mの正方形をなし、高さ約6m、底部の厚さ約9mの城壁をめぐらす。

¶アジア歴2

王城崗遺跡　おうじょうこういせき
河南省登封市告成鎮。新石器時代の集落遺跡。河南龍山文化の城郭集落跡として知られる。

¶大遺跡9（王城崗　おうじょうこう）〔写/図〕，東ア考古〔図〕

横陣遺跡　おうじんいせき
陝西省華陰市敷水鎮横陣村。新石器時代を中心とする遺跡。仰韶文化・客省荘二期文化・戦国時代・漢代の文化層がある。

¶世界考古（横陣村　おうじんそん），東ア考古

王仁求碑　おうじんきゅうひ
雲南省安寧県の南方20km。王仁求父子墓の傍らの碑亭にある。周の聖暦元年（698）の建立。王仁求の生涯とその時代の史実を記す。

中国 148

¶中国名旧5 p125

襖神楼　おうしんろう
山西省介休市の北関の順城街。三結義廟の前の楽楼。平面が「凸」の字形、瓦と棟飾りはすべて琉璃製。
¶中国名旧3 p58

王石谷墓　おうせきこくぼ
江蘇省常熟市の市街、西門外の二条橋の西。王石谷（1632-1726）は山水画に秀で、画聖と呼ばれた。
¶中国名旧2 p81

王錫彤起義遺址　おうせきとうきぎいし
浙江省寧海県の城隍廟にある。王錫彤は外国の教会の侵略に反対し、1903年に蜂起して城隍廟に指揮部を設けた。
¶中国名旧2 p152

王船山故居　おうせんざんこきょ
湖南省衡陽県曲蘭郷の石船山。王船山（1619-92）は明末清初の思想家。晩年に当地に隠棲した。
¶中国名旧4 p27

横塘駅站　おうとうえきたん
江蘇省蘇州市の市街西南部。蘇州の郵駅のうち現存する唯一のもの。
¶中国名旧2 p66

桜桃溝花園　おうとうこうかえん
北京市海淀区の寿安山の西麓、臥仏寺の西北。野趣に富む天然の花園。もともと名勝旧跡が多かった。明の正統7年（1442）に広慧庵、成化22年（1486）に隆教寺・五華寺などの名刹を建立。
¶中国名旧1 p63

王徳墓　おうとくぼ
江蘇省南京市燕子磯の新合村の清鏡寺の前。王徳は南宋代の反金朝の名将で、紹興25年（1155）に死去。
¶中国名旧2 p38

黄檗山万福寺　おうばくさんまんぷくじ
福建省福清県の漁渓鎮の聯峰。唐の貞元5年（789）の創建。僧の隠元（1592-1673）が、崇禎10年（1637）に再興に着手。隠元は日本に渡り、京都に黄檗山万福寺を創建した。
¶中国名旧4 p129

王葆心墓　おうほうしんぼ
湖北省羅田県の東北13kmの滾石坳。地方志の研究者王葆心（1868-1944）の磚造りの墓。
¶中国名旧3 p323

王褒墓　おうほうぼ
四川省資陽県の墨池壩にある。円形。前漢代の辞賦家の墓。
¶中国名旧5 p54

王母宮石窟　おうぼきゅうせっくつ
甘粛省涇川県の西方1km、涇河と汭河の合流点。北魏の永平3年（510）の開削。100体余りの造像が現存。
¶中国名旧5 p232

王母池　おうぼち
山東省泰安市の岱宗坊の北に位置。建物は明・清代のものが多く、前後両院に分かれる。前院の正門内に王母池があり、その西側に王母泉という泉水がある。
¶中国名旧3 p174

鸚鵡洲　おうむしゅう
湖北省武漢の蛇山以南、鮎魚口以北の長江のなか。後漢代末期の禰衡が黄射の催した会合で詠じた「鸚鵡賦」にちなみ命名された。後に詩の名所となる。
¶中国名旧3 p270, 中国歴史

欧陽脩祠　おうようしゅうし
江蘇省揚州市の痩西湖畔の蜀崗の中峰。欧陽脩（1007-72）は文学者。後世の人が祠堂を建てて崇敬の念を表した。祠内に欧陽脩の石刻の画像を蔵す。
¶中国名旧2 p103

欧陽脩祠墓　おうようしゅうしぼ
河南省新鄭県の西方14kmの欧陽寺村。墓前に明・清代に改修した祠堂と石人・石獣などが並ぶ。
¶中国名旧3 p199

王湾　おうわん
河南省洛陽市の西郊外。新石器時代を中心とした遺跡。最下層の仰韶文化層で住居址、土壙墓、甕棺が発見された。
¶世界考古

於木蘭作詩碑　おもくらんさくしひ
河北省囲場県・隆化県境の碑梁の頂上。清朝の皇帝が木蘭囲場に赴く際の必経の地。清の乾隆16年（1751）の建立。
¶中国名旧1 p156

オロン・スム　Olon süme
内モンゴル自治区の達爾罕茂明安連合盟。元代のオングト部族の王府跡。百霊廟の東北に長方形の大規模な城郭跡が残る。カトリック寺院は、13世紀の末にモンテ・コルヴィノによって建てられたもの。
¶アジア歴2〔写〕, 角川世, 世界考古, 評論社世, 山川世

恩栄坊　おんえいぼう

河南省浚県の西方25km、衛賢鎮の南大街。万暦45年（1617）に建てたもので、石造。柱礎の抱敷石にレリーフを彫る。

¶中国名旧3 p233

温県盟誓遺址　おんけんめいせいいし

河南省焦作市温県の東北部、武徳鎮の西張計村。盟書7千点余りと羊骨架坑30余りを発見。春秋時代のもの。

¶中国名旧3 p228

温塘摩崖造像　おんとうまがいぞうぞう

河南省陝県の西南部の温塘村。絶壁に、唐代の造像数十体と造像龕4つがある。

¶中国名旧3 p250

温明殿址　おんめいでんし

河北省邯鄲北西約2km。後漢の建築址。千秋万歳銘の瓦当などが発見された。

¶世界考古

海員亭　かいいんてい

広東省広州市の越秀山の東斜面。1922年1月12日、香港の中国人船員5万人は賃金の引上げを要求してストライキに突入。闘争を記念して10年後に建てた。

¶中国名旧4 p202

海会寺〔太湖県〕　かいえじ

安徽省太湖県の白雲山の麓。宋代の淮西僉事幹王倫の題額がある。宋代かそれ以前の創建。きわめて軒昂壮大な仏殿が2棟ある。

¶中国名旧2 p215

海会寺〔陽城県〕　かいえじ

山西省陽城県の東方15kmの大橋村。唐の乾寧元年（894）の創建。仏殿・経堂など、あわせて柱間60間余りの建物があり、琉璃の双塔が相対す。

¶中国名旧3 p76

海会寺〔廬山〕　かいえじ

江西省九江市の廬山の南麓。明の万暦46年（1618）の創建。廬山の五大叢林の一つ。

¶中国名旧4 p82

懐遠楼　かいえんろう

吉林省長春市の満州国皇宮の勤民楼の北。1934年に建設。2階の清宴堂は宴会や「賜宴」に使われた。

¶中国名旧1 p220

垓下　がいか

安徽省霊璧県の東南部、沱河の北岸。楚王（項羽）と漢王（劉邦）の決戦場。

¶アジア歴2, 中国名旧2 p222

回回堂　かいかいどう

江蘇省揚州市の解放橋の南詰。清代中期に造営された清真寺（イスラム教寺院）とアラビア人のイスラム教布教教師・普哈丁（南宋代）の墓地を含む。園内には南宋の景炎年間と明代に布教にやって来たアラビア人宣教師の墓もある。

¶中国名旧2 p98

海角甘泉　かいかくかんせん

広東省恵来県の神泉港の東南隅。海浜の泉水で、清の乾隆年間（1736-95）碑亭を建てた。

¶中国名旧4 p235

回雁峰　かいがんほう

湖南省衡陽市。南岳（衡山）七十二峰の主峰。山上にある雁峰寺は唐の天宝元年（742）の再建。

¶中国名旧4 p27〔写〕, 中国歴史

開化寺　かいけじ

山西省高平市の東北17km、舎利山の中腹。五代の後唐代（923-936）の創建。宋代建立の大雄宝殿が現存。

¶新潮美（開化寺 かいかじ）, 中国名旧3 p77

開化寺連理塔　かいけじれんりとう

山西省太原市の市街西南17km、蒙山の麓。斉の天保2年（551）の創建。北宋代の2基の磚塔、仏殿、数体の鉄仏が現存。

¶中国名旧3 p15

海月巌　かいげつがん

福建省漳浦県から40km、梁山の東麓にある。創建は宋代。岩壁に如来のレリーフがある。景勝の題刻は60余り、明代の劉庭蕙の手になる「功徳泉」が有名。

¶中国名旧4 p165

掛月峰　かいげつほう

天津市薊県の盤山の主峰。頂上に定光舎利塔が建つ。唐代の創建。唐の智源禅師が仏舎利60片と仏牙1本を奉納したと伝える。

¶中国名旧1 p103

開元観　かいげんかん

湖北省江陵県の西門内。唐の開元年間（713-741）の創建で、山門・雷神殿・三清殿・祖師殿からなる。

¶中国名旧3 p316〔写〕, 中国名勝古蹟 p226〔写〕

開元寺　かいげんじ

河北省正定県。寺は東魏の興和2年（540）の創建。現存するのは鐘楼と磚・石塔のみ。唐代の様式を留める。

¶新潮美（易県（1）開元寺 えきけん―かいげんじ）, 中国名旧1 p112（開元寺鐘楼及塔 かいげんじしょうろうきゅうとう）

中国

開元寺〔泉州市〕　かいげんじ
福建省泉州市の西街。創建は垂拱2年（686）。大雄宝殿・甘露戒壇や東西両塔などが現存。
¶中国名旧4 p148〔写〕，中国名勝古蹟 p322〔写〕，評論社世

開元寺〔潮州市〕　かいげんじ
広東省潮州市甘露坊。唐の開元26年（738）の創建。完全な形の四合院式の建築群。
¶中国名旧4 p232

開元寺大雄宝殿　かいげんじだいゆうほうでん★
福建省泉州市。16〜17世紀。間口9間，奥行6間，二重入母屋造の木造建築。前後両面には1間通りの吹き放し回廊とりつく。
¶文化史蹟17〔写〕

開元寺鎮国塔　かいげんじちんこくとう★
福建省泉州市。開元寺大雄宝殿の東塔。高さ48m。南宋の嘉熙元〜2年（1237〜1238）に建設。
¶文化史蹟17〔写〕

開元寺の双塔　かいげんじのそうとう
福建省泉州市の開元寺の前。東塔は鎮国塔といい，唐の咸通6年（865）に建立。西塔は仁寿塔といい，五代の梁の貞明2年（916）に王審知が建てた。
¶中国名旧4 p148（双塔　そうとう）〔写〕

開元寺無梁殿　かいげんじむりょうでん
江蘇省蘇州の盤門内。明の万暦46年（1618）の創建で，細い磚を積み上げた無梁構造。
¶中国名旧2 p66

開元寺料敵塔　かいげんじりょうてきとう
河北省定南門内。開元寺はすでに滅び，塔だけが残る。北宋の咸平4年（1001）の詔によって建てられ，至和2年（1055）に完成。八角11層の楼閣式磚塔。
¶新潮美（定県〔料敵塔〕　ていけん），中国名旧1 p134（開元寺塔　かいげんじとう）〔写〕，文化史蹟17〔写〕

皆公寺北魏石造像　かいこうじほくぎせきぞうぞう
山東省広饒県の西南方の楊趙寺村。弥勒仏のレリーフで，高さ3.46m。寺はなく，石像のみ現存。
¶中国名旧3 p134

灰嘴　かいし
河南省偃師県。新石器時代の遺跡。最下層の仰韶文化層から甕棺，貯蔵穴を発見。
¶世界考古

会師広場　かいしひろば
江西省寧岡県の（礱市鎮）の竜江の河畔。紅四軍建軍広場とも。1928年4月末，朱徳・陳毅らは1万人余りを率い，毛沢東の率いる工農革命軍と会師（合流）した。
¶中国名旧4 p104

解州関帝廟　かいしゅうかんていびょう
山西省運城市解州鎮西関。当所は全国の武廟の祖にあたる。創建は隋の開皇9年（589）。厳正な配置と整った規模で，春秋楼と崇寧殿が最も精緻。
¶中国名旧3 p89

解州関帝廟　春秋楼　かいしゅうかんていびょう　しゅんじゅうろう
山西省運城市解州関帝廟の後院の北側。『春秋』を読む関羽の像を安置する。現存のものは清の同治9年（1870）の再建。
¶中国名旧3 p90（春秋楼　しゅんじゅうろう），文化史蹟17（関帝廟春秋楼）〔写〕

解州関帝廟　崇寧殿　かいしゅうかんていびょう　すうねいでん
山西省運城市，解州関帝廟にある。関羽を祀る主殿。母屋造りで，額枋に華麗な彫刻を施し，斗栱が稠密に並び，棟飾りはすべて琉璃製。
¶中国名旧3 p90（崇寧殿　すうねいでん）

諧趣園　かいしゅえん
北京市海淀区の頤和園の万寿山の東麓。清の乾隆16年（1751）に江蘇無錫の恵山の山麓にある寄暢園を模して造った。光緒年間に再建。
¶中国名旧1 p57

界首古窯趾　かいしゅこようし
安徽省界首県の東方4km。界首の陶磁器工業は隋・唐代に始まり，1千年余りの歴史を有する。
¶中国名旧2 p254

蒯祥墓　かいしょうぼ
江蘇省蘇州市香山の漁帆村。蒯祥（1377-1461）は建築家で，「蒯魯班」とあがめられた。
¶中国名旧2 p84

海神廟　かいじんびょう
浙江省海寧県塩官鎮の東部にある。清の雍正8〜9年（1730-31）に勅命で創建。光緒11年（1885）に再建。正殿と御碑，門前の石獅と石坊が現存。
¶中国名旧2 p164

海瑞墓　かいずいぼ
海南省海口市浜涯村。明代の政治家，海瑞（1514-87）の墓。
¶中国名旧4 p264

魁星巌　かいせいがん
福建省永春県の西南6km，奎峰山の麓。唐代の創建で，代々改修を重ねた。前方の上場堡は隋の開皇9年（589）に南安県の桃林場のあったところ。
¶中国名旧4 p161

151 中国

懐聖寺　かいせいじ
広東省広州市光塔路。光塔寺とも。イスラム教の伝来後、最も早く建立された清真寺（イスラム教寺院）の一つ。歴史は、1千年以上ある。
　　¶中国名旧4 p203

海清寺阿育王塔　かいせいじあいくおうとう
江蘇省連雲港市の花果山の麓、大村貯水池の湖畔にある。北宋の天聖4年（1026）の建立。八面9層で高さ35mの楼閣式を模した磚塔。
　　¶中国名旧2 p62

懐聖寺光塔　かいせいじこうとう★
広東省広州市光塔路の懐聖寺にある。光塔は、イスラム建築のミナレット。年代が最古で、非中国式デザインになるもの。
　　¶文化史蹟17〔写〕

懐聖寺礼拝殿　かいせいじれいはいでん★
広東省広州市光塔路の懐聖寺にある。外観は南向きで、中国式につくり、内部は東面。西壁にコーランの文字が書かれている。
　　¶文化史蹟17〔写〕

開善寺　かいぜんじ
河北省新城県の東北隅。通称、大寺。遼代後期（12世紀初頭）頃の建築。
　　¶新潮美

海蔵寺　かいぞうじ
甘粛省武威市の市街西北2km。晋代の創建。
　　¶中国名旧5 p234

懐素千字文碑　かいそせんじもんひ
湖南省永州市の緑天庵の旧址の近く。もとは8枚あったが、現存するのは清代に模刻した1枚のみ。
　　¶中国名旧4 p37

戒台寺　かいだいじ
北京市門頭溝区馬鞍山。唐の武徳5年（622）の創建。現存する堂宇は清代のものが多い。
　　¶中国名旧1 p77

戒壇遺址　かいだんいし
河南省登封市の西北6kmの浄蔵禅師塔の東側。唐代の高僧の一行の創建。琉璃の戒壇は遺構が現存。
　　¶中国名旧3 p200

会通河　かいつうが
山東省の臨清・東平間に開削。黄河・衛河間の大運河の一部。江南大都（北京）間の輸送のため、1289年竣工。清代では山東運河とよばれた。
　　¶アジア歴2（会通河　かいつうが）、角川世, 評論社世

会寧会師遺址　かいねいかいしいし
甘粛省会寧県。城壁、2層の城楼は清代のもの。
　　¶中国名旧5 p224

開福寺〔西安市〕　かいふくじ
陝西省西安市。貞観19年（645）華厳宗初祖杜順の墓塔として華厳寺が建てられ、明代に開福寺と改称。
　　¶中国仏教

開福寺〔長沙市〕　かいふくじ
湖南省長沙市湘春街の外側。五代の楚王の馬殷（在位907-930）が創建。現在中心をなすのは三聖殿・大雄宝殿・毘盧殿・山門。
　　¶中国名旧4 p18

開平の望楼と村落群　かいへいのぼうろうとそんらくぐん★
広東省の省都広州から南西に200km、開平の田園。高層の楼閣で著名な村落群。望楼は縦横数十kmにわたって並び、現存の高層楼閣は1833棟。明代に水害防止のため建設開始。最盛期の19世紀には華僑が西洋風の楼閣を多く建造、3千棟以上に及んだ。
　　世界遺産（開平の望楼群と村落　2007）
　　　　¶世遺事, 成世遺下（開平の碉楼と集落）〔写〕, 世遺百（開平の望楼群と村落）〔写〕

海豊紅宮　かいほうこうきゅう
広東省海豊県海城鎮。もとは孔廟。1927年海豊全県工農兵代表大会が当所で開かれた。
　　¶中国名旧4 p250

海豊紅場　かいほうこうじょう
広東省海豊紅宮の隣。もとは食糧を保管した明代の東倉。1927年海豊県人民による県ソビエト政府成立慶祝大会が開かれた。
　　¶中国名旧4 p251

開宝寺　かいほうじ
河南省開封市。北斉天保10年（559）の創建、初め独居寺といった。北宋太祖の開宝3年（970）開宝寺と改称。廃寺。
　　¶中国仏教

開宝寺塔　かいほうじとう
河南省開封市の市街東北隅。寺は消滅して、磚塔が残る。四角13檐。
　　¶中国名旧3 p211〔写〕

海宝塔　かいほうとう
寧夏回族自治区銀川市の市街の北郊。俗に北塔。楼閣式の磚塔。11層、高さ53.9m。
　　¶中国名旧5 p255〔写〕, 中国名勝古蹟 p41〔写〕

中国　　　　　　　　　　　　　　152

アジア

開明寺塔　かいみょうじとう
陝西省洋県の南壁の内側。方形13層の密檐式の磚塔。宋代の建立。寺は消滅して博塔のみが残る。
¶新潮美（開明寺塔　かいめいじとう），中国名旧5 p212

崖門　がいもん
広東省新会県の南方40km。珠江の河口の一つ。御史の徐瑨が南宋朝の君臣を記念するため碑刻したものがある。
¶中国名旧4 p239

崖門炮台　がいもんほうだい
広東省新会県。崖門は広東の海防の要地。現存するのは1842年前後の建造。
¶中国名旧4 p239

回鑾寺　かいらんじ
山西省介休市の西南20kmの興地村、綿山の山麓。山門・天王殿・大雄宝殿・瑢殿と大雄宝殿の東西の配殿が現存。かつて介休十景と綿山十景の筆頭を占めていた。
¶新潮美, 中国名旧3 p59

回竜橋　かいりゅうきょう
湖南省通道侗族自治県坪坦郷。長さ80m。架設年代は不明。両端と中央に楼閣がある。1931年改修。
¶中国名旧4 p43, 中国名勝古蹟 p218（廻竜橋）〔写〕

回竜寺　かいりゅうじ
湖北省十堰市羅家湾の小山。元代の創建。明の弘治2年（1489）に再建。興廃をくりかえすが前・中・後3殿と東西の渡り廊下が現存。
¶中国名旧3 p293

回竜塔　かいりゅうとう
湖南省永州市の瀟水の東岸。楼閣式八角形で、高さ30m余。明代中期の造営。
¶中国名旧4 p38

海竜囤　かいりゅうとん
貴州省遵義県太平郷の竜巖山の東部。播州土司の楊応竜の祖先が地形を利用し、護壁を築いた。
¶中国名旧5 p95

懐陵　かいりょう
内モンゴル自治区赤峰市バイリン右旗幸福之路の東北約25km。遼太宗耶律徳光の陵墓。懐州城近郊の遼代墓群の中で最大規模。祭殿と推測される建築基壇跡から蓮華文の礎石・鬼面などが出土。
¶東ア考古

夏允彝・夏完淳父子墓　かいんい・かかんじゅんふしぼ
上海市松江県の小昆山の北、蕩湾村。父子ともに南明の反清運動の指導者。墓は1956年に改修された。
¶中国名旧2 p29

何園　かえん
江蘇省揚州市の市街東南部。寄嘯山荘ともいう。清の乾隆年間の双槐園の跡地で、光緒年間（1875-1908）に拡張。
¶中国名旧2 p99

可園　かえん
江蘇省蘇州市の滄浪亭の前。近山林・楽園とも。宋代の滄浪亭の庭園の一部。清の乾隆32年（1767）の造営。
¶中国名旧2 p67

个園　かえん
江蘇省揚州市東関街。清代の画家石濤寿の芝園の跡地で、嘉慶・道光年間（1796-1850）に塩商人の黄応泰が改修した。
¶中国名旧2 p99

花園角二号　かえんかくにごう
江西省南昌市の八一公園と軍官教育団旧址の間。八一南昌起義（1927）のときの周恩来と朱徳の旧居。
¶中国名旧4 p53

嘉応観　かおうかん
河南省焦作市武陟県の東方13kmの廟宮村、黄河の北方4km。清の雍正年間（1723-35）初年の創建。100間余りの殿宇は清代の宮廷様式を採用。
¶中国名旧3 p231

下王岡　かおうこう
河南省淅川県の南35km。新石器時代の遺跡。仰韶文化の窯址・墓、屈家嶺文化の住居址・墓、龍山文化の土壙墓・甕棺などが5層にわたり堆積。
¶世界考古

下花園石窟　かかえんせっくつ
河北省宣化県の東南20km。北魏時代の仏教石窟寺院。本尊は仏坐像。
¶新潮美（宣化〔下花園〕　せんか）

花果山　かかざん
江蘇省連雲港市の雲台山の主峰。唐・宋・明・清代にあいついで塔や寺廟が建立された。『西遊記』の花果山のモデル。
¶中国名旧2 p61

何家村遺跡　かかそんいせき
陝西省西安市南郊の何家村。唐代の遺跡。邠王・李守礼の王府、もしくは邸宅跡の地下に埋設さ

れた2個の甕を発見。1千点以上の金銀器・宝玉器が納められていた。

¶世界考古(何家村 かかそん)〔写(遺物)〕，東ア考古

夏家店遺跡　かかてんいせき
内モンゴル自治区赤峰市の東15km、英金河北岸に東西に並ぶ小丘陵の麓。青銅器時代の遺跡。下層文化から石器・土器・骨器・銅層・卜骨、上層文化紅色と褐色の夾砂陶の土器、石器・青銅斧の石製鋳型・骨器・卜骨・青銅器などが出土。

¶新潮美(赤峰〔夏家店遺跡〕 せきほう)，世界考古(夏家店 かかてん)，東ア考古

河間邢氏墓群　かかんけいしぼぐん
河北省河間県南冬村。北魏墓群。4つの墳丘があり「四大名山」と呼ばれる。東側の1基が邢蠻の墓に比定。

¶世界考古

瓦官寺　がかんじ
江蘇省南京。東晋の興寧年間(363-65)、もと陶処であった所に僧慧力が堂塔を建て寺とした。

¶中国仏教

賈誼故宅　かぎこたく
湖南省長沙市西区太平街の太博里。間口柱間1間の祠が現存するのみ。賈誼(前200−前168)は前漢朝の傑出した政治家・文学者。

¶中国名旧4 p18

花橋　かきょう
広西チワン族自治区桂林市の小東江と霊剣江の合流点。宋代に架設して嘉熙橋といったが、元代に洪水に流され、明の景泰7年(1456)に木橋を再建。

¶中国名旧4 p276〔写〕，中国名勝古蹟 p307〔写〕

華橋新村漢墓　かきょうしんそんかんぼ
広東省広州市華橋村。前漢時代の墓地。3小丘からなり、墓群をなす。1基の土壙墓を除くほかは、すべて単人葬の木槨墓。

¶世界考古

嘉業堂　かぎょうどう
浙江省湖州市南潯鎮にある。もと劉承乾の蔵書楼で、1924年に落成。磚と木で造られた2階建て。詩萃堂・宋四史斎・求恕斎・嘉業庁・希古斎・黎光閣・抗昔居・庭園がある。

¶中国名旧2 p166

花戯楼　かぎろう
安徽省亳県の西北隅の関帝廟にある。歌台ともいう。芝居の上演に使われた建物。清の康熙年間(1662-1722)の築造で、乾隆年間に彫刻と彩色を施す。

¶中国名旧2 p249

賀金声墓　がきんせいぼ
湖南省邵東県の西南2.5km、轡山嶺の斜面。墓前碑に「清光緒癸卯(1903)春立」と彫る。賀金声(1853-1902)は義和団運動に呼応し、当地で大漢佑民滅洋軍の義旗を掲げた人物。

¶中国名旧4 p30

閣院禅林寺　かくいんぜんりんじ
河北省淶源県の西北隅。閣院寺とも。俗に大寺という。中軸線上に南から北へ天王殿・文殊殿・蔵経閣と並ぶ。

¶新潮美(閣院寺 かくいんじ)，中国名旧1 p135

鶴園　かくえん
江蘇省蘇州市韓家巷。洪鷺汀が清の光緒33年(1907)に造営。池を中心とした園。

¶中国名旧2 p67

岳王廟　がくおうびょう
浙江省杭州市の西湖畔、棲霞嶺の麓。岳飛を当地に改葬し、嘉定14年(1221)に北山の智果院を祠廟に改めた。現存するのは清代以降にあいついで再建したもの。楼は巍峨荘厳な重櫓入母屋造りで、門内は忠烈祠と啓忠祠に分かれる。

世界遺産 (杭州西湖の文化的景観　2011)

¶中国名旧2 p121〔写〕，中国名勝古蹟 p267〔写〕，文化史蹟17〔写〕

覚苑寺壁画　かくおんじへきが
四川省剣閣県の武連駅の西方1km。唐代の創建。大雄殿に釈迦の生涯を描いた壁画がある。

¶中国名旧5 p50

霍去病墓　かくきょへいぼ
陝西省興平県の茂陵の東方500m。前漢の武帝時代の武将、霍去病の墓。

¶アジア歴2(霍去病 かくきょへい)〔写(霍去病墓)〕，新潮美(茂陵—霍去病墓 もりょう—かくきょへいぼ)，世界考古，大遺跡9(茂陵・霍去病墓 もりょう・かくきょへいぼ)〔写/図〕，中国名旧5 p184〔写〕，東ア考古〔写〕

覚悟社旧址　かくごしゃきゅうし
天津市河北区宙緯路三戒里4号。青瓦葺き・木造りの小さな平屋。五四運動時代(1919)天津の愛国的・進歩的な学生組織の覚悟社の会議や学習が行われた。

¶中国名旧1 p96

鰐骨潭　がくこつたん
広東省梅州市の市街東南約15kmの鄭均峡。絶壁に巨大な石刻がある。

¶中国名旧4 p252

喀左東山嘴遺跡　かくさとうざんしいせき
遼寧省朝陽市喀左県(カラチン左翼モンゴル族

中国

自治県)。紅山文化の遺跡。円形祭壇とコの字形に配置された方形基址群がある。
¶ 大遺跡9（紅山文化の遺跡―東山嘴遺跡）〔写〕，東ア考古

喀左南洞溝遺跡 かくさなんどうこういせき
遼寧省喀左県（カラチン左翼モンゴル族自治県）大城子鎮東5km。春秋・戦国時代の墓地遺跡。土壙墓で単人仰身伸展葬で、ウシ・ブタ・イヌの頭を副葬。副葬品は、種類の豊富な青銅短剣が注目される。
¶ 東ア考古

覚山寺 かくざんじ
山西省霊丘県の東南15kmの山麓。北魏の太和7年(483)の創建、宝塔1基が残る。
¶ 中国名旧3 p32〔写〕

覚寂塔 かくじゃくとう
安徽省潜山県の天柱山の野寨風景区の山谷寺にある。唐の天宝5年(746)の建立。現存の塔は明の嘉靖43年(1564)の再建。八角7層、高さ33mの楼閣式。
¶ 中国名旧2 p219〔写〕

霍州署 かくしゅうしょ
山西省霍州市の東大街。保存状態のよい前近代の官衙の一つ。大堂は元代の建立で、切妻造り。
¶ 中国名旧3 p87

岳州窯遺址 がくしゅうよういし
湖南省湘陰県鉄罐嘴の窯頭山一帯、湘江の沿岸。青磁の名窯。窯跡から陶磁器の破片・造形・胎土・釉彩などが出土。
¶ 中国名旧4 p34

覚生寺 かくしょうじ
北京市海淀区魏公村の東部、北二環路の北側。創建は清の雍正11年(1733)。伽藍は南から北へ山門・天王殿・正殿・後殿・蔵経楼・大鐘殿・配殿などが並ぶ。
¶ 中国名旧1 p63

霍承嗣墓壁画 かくしょうしぼへきが
雲南省昭通市文淵街の旧文廟にある。市街東北10kmの後海子の山寨から出土し、現在地に移設。墓室は四面の壁に彩色画を描く。
¶ 中国名旧5 p136

霍泉 かくせん
山西省洪洞県の東北17km、霍山の山麓。現在は、海場・分水亭・碑亭からなる。分水亭の下にある鉄柱で隔てた10個の穴は、洪洞・趙城両県の分水の境界であったもので、両県の水争いを解決した名残り。
¶ 中国名旧3 p85

虢太子墓 かくたいしぼ
河南省三門峡市の市街の北方、上村嶺。「虢太子元徒戈」とある銅戈が2つ出土し、234か所の墓と4つの車馬坑を発掘。
¶ 中国名旧3 p249

角抵塚 かくていづか
吉林省集安市。三国時代高句麗の壁画古墳。玄室四壁に生活風俗図があり、特に角抵（相撲）図が特徴的。天井部には日象・月象・星宿図や唐草文がある。
世界遺産 (古代高句麗王国の首都と古墳群 2004)
¶ 新潮美，世界考古，中国名旧1 p230（角抵墓 かくていぼ），東ア考古〔写〕

学堂梁子遺跡 がくどうりょうしいせき
湖北省鄖県。前期旧石器時代の遺跡。3枚の地層から人類頭蓋骨、約300点の石器、20数種類の哺乳動物化石を発見。
¶ 東ア考古

岳飛廟 がくひびょう
河南省湯陰県の西南隅。明代初期の創建。殿廊亭台と彫刻・絵画・鋳像・塑像が豊富多彩。
¶ 中国名旧3 p241

岳飛夫人李氏墓 がくひふじんりしぼ
江西省九江県の株嶺山の西端の太陽山。墓碑に「宋岳忠武王夫人李氏之墓」と彫る。傍らに岳王祠があったが現存せず。
¶ 中国名旧4 p87

岳飛墓 がくひぼ
浙江省岳王廟の奥にある。通称を岳墳。抗金名将の岳飛(1103-41)は紹興11年(1141)に殺された。隆興元年(1163)に格式にのっとって当地に改葬された。
¶ 中国名旧2 p122〔写〕，中国名勝古蹟 p266（岳墳 がくふん）〔写〕

岳飛母姚氏墓 がくひぼようしぼ
江西省九江県の株嶺山の東北端。墓碑に「宋岳忠武王母姚太夫人之墓」と彫る。岳飛(1103-41)の母の姚氏は紹興6年(1136)春に鄂州で病死し、当所に葬られた。
¶ 中国名旧4 p87

岳武穆遺像亭 がくぶぼくいぞうてい
湖北省武漢市の蛇山の中部の頂き。略称を岳飛亭といい、六角宝形。
¶ 中国名旧3 p279

鶴壁製鉄遺跡 かくへきせいてついせき
河南省鶴壁市南東5kmの鹿楼村。製鉄遺跡。製鉄に関する遺物は戦国時代中期・後期、および漢代の層位で確認。南北約180m、東西約150mの範囲に、炉跡や焼土・遺物が密集。

¶世界考古, 東ア考古

鶴壁炭坑遺跡　かくへきたんこういせき
河南省鶴壁市。北宋晩期の炭坑遺跡。坑道は総長600mに達するものもあり、井戸や、木製轆轤、各種のかつぎ具などを発見。
¶世界考古

学歩橋　がくほきょう
河北省邯鄲市内の沁河に架かる。明の万暦45年(1617)に架け変えた。3孔アーチ石橋。
¶中国名旧1 p117

郭沫若旧居　かくまつじゃくきゅうきょ
四川省楽山市の市街東方35km、沙湾鎮の正街。3つの院落からなる小さな木造の四合院。
¶中国名旧5 p60

鶴鳴山道教造像　かくめいざんどうきょうぞう
ぞう
四川省剣閣県の郊外。道教の始祖張道陵が修行したところ。数十体の造像がある。
¶中国名旧5 p51

岳陽楼　がくようろう
湖南省岳陽市の岳陽市の西門の楼。「江南三大楼閣」の一つ。三国時代の呉の魯粛(172-217)が水軍を訓練するために築いた閲兵台と伝える。
¶新潮美, 中国名旧4 p30〔写〕, 中国名勝古蹟 p229〔写〕, 中国歴史

郭亮墓　かくりょうぼ
湖南省望城県銅官郷の文家壙。湖南省の労働運動の指導者郭亮(1901-28)の墓。1957年の再建。妻の李燦英も合葬。
¶中国名旧4 p24

岳林寺　がくりんじ
浙江省奉化県。梁の大同2年(536)聡禅師の開創、初め崇福院と称した。
¶中国仏教

岳麓山　がくろくさん
湖南省長沙市の湘江の西岸。前漢代以後の代々の旧跡があり、岳麓書院・愛晩亭・宋刻禹王碑などが有名。
¶中国名旧4 p18

岳麓書院　がくろくしょいん
湖南省長沙の岳麓山の東麓。中国旧時の著名な書院。宋の開宝9年(976)潭州太守の朱洞が創立。
¶中国名旧4 p19〔写〕, 中国歴史

花径　かけい
江西省九江市の廬山の牯嶺の西側の渓谷。「花径」の2字を彫った石を1930年に石工が発見し、当所を唐代の花径の所在地と認定。1953年に花

径公園となる。
¶中国名旧4 p74〔写〕

賈湖遺跡　かこいせき
河南省舞陽県北舞渡鎮。新石器時代遺跡。土坑内の堆積土から大量の炭化米を検出。中国における初期稲作の広がりを探求する上で重要な意味がある。
¶東ア考古

娲皇宮　かこうきゅう
河北省渉県の西北14.5km、鳳凰山中。俗に奶奶頂。鳳凰山山腹に奶奶頂の中心をなす娲皇宮がある。
¶中国名旧1 p122〔写〕

鵝湖書院　がこしょいん
江西省鉛山県鵝湖郷。呂東莱が淳熙2年(1175)に朱熹と陸九淵の観点の調整をはかろうとし両者を鵝湖に招いた。これを「鵝湖の会」といい、のちに当地に書院が設けられた。
¶中国名旧4 p95

嘉山　かざん
湖南省澧県の東方20km。孟姜山とも。山頂に望夫台、鏡石が現存し、孟姜女の遺跡と伝え、山麓に孟姜女の旧居があるという。
¶中国名旧4 p44

科山　かざん
福建省恵安県の西方。南宋の嘉熙年間(1237-40)に県令の鄭清子が絶壁に「登科山」の3字を彫る。中腹に喜雨・志霊・登雲などの亭、頂上に宋代創建の科山寺がある。
¶中国名旧4 p157

華山　かざん
陝西省華陰県の南。中国の五岳の一つ。名勝旧跡が多く、いたるところで廟宇の遺構や絶景を目にすることができる。
¶アジア歴2, 中国名旧5 p197〔写/図〕, 中国名勝古蹟 p118〔写〕

画山　がざん
広西チワン族自治区陽朔県の東北部。絶壁に清代の阮元の「清灘石壁図」などの石刻がある。
¶中国名旧4 p288

花山崖壁画　かざんがいへきが
広西チワン族自治区寧明県の明江の両岸。石灰岩の絶壁にある。1300人余りの人物を描く。
¶中国名旧4 p296

果子溝　かしこう
新疆ウイグル自治区天山山脈にあり、霍城県に属す。塔勒奇溝とも。全長28kmの峡谷で、元の太祖が木橋を架設したと伝える。

中国　　　　　　　　　　　　　　156

¶中国名旧5 p287

ガージ（蓋斯）墓

新疆ウイグル自治区哈密市の市街の東郊。聖人墓とも緑抉拝ともいう。蓋斯は唐代にアラビアから布教にやって来た1人。

¶中国名旧5 p283（蓋斯墓 ガージほ）

華清宮　かせいきゅう

陝西省臨潼県の南の驪山。唐代の離宮。

¶新潮美

華清池　かせいち

陝西省臨潼県の南、驪山の西北麓。温泉地。唐の貞観18年（644）に湯泉宮を設け、天宝6年（747）に拡張して華清宮と改称。

¶中国名旧5 p175, 中国名勝古蹟 p116〔写〕

華佗庵　かだあん

安徽省亳県にある。華佗（？ －208）は後漢の名医。故郷であったと伝える当所に建てられた。華佗の塑像を安置し、その験法を伝える。

¶中国名旧2 p249

夏台　かだい

河南省禹県の北門内。鈞台ともいい、夏代の史跡の一つ。基壇のみ現存。

¶中国名旧3 p247

華佗墓　かだぼ

江蘇省徐州市彭城路の華祖廟の傍ら。華佗（？ －208）は後漢末期の医師。中国の医学に大きく貢献し、華祖とあがめられた。明の永楽年間（1403-24）初年に、徐州知州の楊仲節がこの墓を造った。

¶中国名旧2 p59

カダリック　Kadalik

新疆ウイグル自治区ホータン地区。古ドモコ地域の遺跡群の一つの仏寺址。7世紀から8世紀後半。

¶新潮美

画中游　がちゅうゆう

北京市海淀区の頤和園の万寿山の西部。山肌沿いに建つ建築群。2階建て八角形の楼閣を中心とする。

¶中国名旧1 p58〔写〕

花庁遺跡　かちょういせき

江蘇省新沂市。大汶口文化の墓地遺跡。副葬土器には、大汶口文化と良渚文化のものが見られる。

¶世界考古（花庁村 かちょうそん），東ア考古

葛雲飛墓　かつうんひぼ

浙江省蕭山県臨浦鎮前王湾村。清の道光21年（1841）、アヘン戦争の際戦死した定海鎮総兵の葛雲飛の墓。墓はその年に造られた。

¶中国名旧2 p141

郭家村遺跡　かっかそんいせき

遼寧省大連市旅順口区郭家村。新石器時代の集落遺跡。下層文化から隅丸方形竪穴住居跡11軒と、灰坑14基のほか、生産道具と彩文を含む各種の文様を施した土器が大量に出土。

¶東ア考古

葛賢墓　かつけんぼ

江蘇省蘇州市山塘街の五人墓の傍らにある。蘇州の職人、葛賢（1568-1630）の墓。抗税闘争を繰り広げ、その責任を一身に負って投獄された。

¶中国名旧2 p67

葛洪山　かつこうざん

福建省霞浦県の南方10km。晋代の葛洪道人（283-363？）が煉丹を行ったところと伝える。麓は晋の太康3年（282）に置かれた温麻県の県治で、のちに城堡を築いたが、その旧址が現存。

¶中国名旧4 p175

葛洪煉丹竈　かつこうれんたんそう

広東省博羅県の羅浮山の東麓、沖虚古観の傍ら。葛洪が煉丹を行ったところ。東晋の咸和年間（326-334）。

¶中国名旧4 p250

葛洲壩　かっしゅうは

湖北省宜昌市の市街西方約5km。戦国時代の墓がある。三国時代には呉の西陵都督の歩隲が築城し、のちに歩闡がその城に拠った。

¶中国名旧3 p306

嘎仙洞　かつせんどう

内モンゴル自治区鄂倫春自治旗阿里河鎮の北約10km。大興安嶺の北尾根の東端。絶壁の平地から25mのところ。仙人の住いであったと伝える。岩壁に北魏の太平真君4年（443）の銘刻を発見。

¶中国名旧1 p183

嘉定孔廟　かていこうびょう

上海市嘉定区嘉定鎮南大街。創建は南宋の嘉定12年（1219）。江南の大規模な文廟の一つ。

¶中国名旧2 p26

華亭寺　かていじ

雲南省昆明市の西山の中腹。元の延祐7年（1320）に玄峰が創建。大雄宝殿に三世仏の金身塑像を安置。

¶中国名旧5 p119

樺甸西荒山屯遺跡　かでんせいこうざんとんいせき

吉林省樺甸県。戦国時代後期から前漢時代初めの頃の墳墓遺跡。石蓋土壙墓8基が確認された。火葬人骨がある。

¶東ア考古

花塔　かとう

広東省広州市の六榕寺。梁の大同3年（537）の建立。八角9層。

¶中国名旧4 p220〔写〕

河東牆　かとうしょう

寧夏回族自治区銀川市霊武県の横城から塩池県の東部まで。寧夏回族自治区の明代長城で最も長い部分。万里の長城の一部。

¶中国名旧5 p262

賈島墓　かとうぼ

四川省安岳県の南方1km、安泉山の麓。1954年に祭堂を再建。賈島（779-843）は唐代の詩人。

¶中国名旧5 p55

河南県城　かなんけんじょう

洛陽城の西郊約5km。周の王城の跡に建てられた漢河南県城。

¶世界考古

河南登封の文化財“天地之中”　かなんとうほうのぶんかざい“てんちのちゅう”★

華北平原の西部、河南省鄭州市登封市の嵩山と周辺地域。およそ40平方kmにおよぶ遺跡群。嵩山の麓に、8つの建築物を含む遺跡があり、中国で最古の宗教建造物とされる嵩山三闕銘、周公廟の観星台や日時計台、登封天文台、寺院などが含まれる。漢以降、清時代までに建てられた8ヶ所11件の歴史的建造物が世界遺産に登録されている。

世界遺産（河南登封の文化財“天地之中”　2010）

¶世遺事（「天地の中心」にある登封の史跡群），成世遺下〔写〕，世遺百

河南屯古墳群　かなんとんこふんぐん

吉林省和龍県八家子。渤海時代の古墳。長方形塼室墓。中京顕徳府（西古城）時代の王室貴族墓と推定。

¶東ア考古

画馬石　がばせき

福建省晋江県の玉髻峰の下の絶壁にある。写意画の手法で馬を描き、原始人の摩崖壁画に似る。『閩所』に唐代の詩人羅隠の作とある。

¶中国名旧4 p156

下潘汪　かばんおう

河北省磁県岳城鎮、下潘汪村南東の台地。新石器時代晩期から歴史時代にかけての遺跡。遺跡は印韶文化、龍山文化、殷文化、西周・東周文化のほかに、戦国墓、漢墓、唐墓などもある。

¶世界考古

峨眉山　がびさん

四川省峨眉の西南。最高峰は方仏頂で標高3099m、面積154平方km。天台山・五台山とともに中国仏教の三大霊場の一で、多くの寺院がある。また、5千種類以上の植物が生息し、そのうち高等植物は3200種類以上という。

世界遺産（峨眉山と楽山大仏　1996）

¶アジア歴2〔図〕，新潮美，世遺地，中国仏教（峨眉山 がびざん），中国名旧5 p65（峨嵋山）〔写/図〕，中国名勝古蹟 p207〔写〕，中国歴史

峨眉山と楽山大仏　がびさんとらくざんだいぶつ★

四川省、成都の南西約120km。中国仏教の三大霊場の一である峨眉山と、楽山市街東郊外の凌雲山の断崖にある磨崖仏の楽山大仏が合わせて世界遺産になっている。地域一帯が聖地とされたことで、自然が非常によい状態で保たれており、複合遺産として登録された。

世界遺産（峨眉山と楽山大仏　1996）

¶世遺事（楽山大仏風景名勝区を含む峨眉山風景名勝区），成世遺下〔写〕，世遺百（峨眉山、楽山大仏）〔写〕，ビジ世遺〔写〕，ユネ世遺4〔写〕

花廟　かびょう

陝西省丹鳳県の西街。清の光緒17年（1891）の創建。戯楼に彫刻を施す。

¶中国名旧5 p210

華表石　かひょうせき

広東省徳慶県回竜郷の西江の河畔。山上の「華表石」の3字は広東省の明代最大の石刻の一つ。

¶中国名旧4 p261

嘉福寺塔　かふくじとう

遼寧省義県の西南隅。遼の開泰9年（1020）の建立。八角13層の実心密檐磚塔で、高さ42.5m。

¶中国名旧1 p205

臥仏院　がぶついん

四川省安岳県の北方、八廟場の臥仏溝にある。殿宇はなく、仏像と経窟のみ現存。石刻摩崖造像が1611体。

¶中国名旧5 p55

画舫斎　がほうさい

北京市西城区、北海の東岸、築山の木立の中。水殿ともいい、かつての皇帝の行宮。

¶中国名旧1 p44

花木蘭祠　かぼくらんし

河南省虞城県の南方35km、周荘村の南。面積7200平方mで、100間余りの建物がある。

¶中国名旧3 p252

河姆渡遺跡　かぼといせき

浙江省余姚県河姆渡村北東。新石器時代の遺跡。遺構には高床式建物、幼児小型甕棺墓、木組の

井戸など長江下流域に最古の稲作農耕を行った遺跡。

¶遺跡100〔写〕，旺文社世，角川世（河姆渡文化），新潮美（河姆渡文化　かぼとぶんか），世界考古（河姆渡文化　かぼとぶんか），大遺跡9（河姆渡　かぼと）〔写〕，中国名旧2 p149（河姆渡遺址　かぼといし），東ア考古，山川世

鵝毛口　がもうこう
山西省懐仁県鵝毛口村。新石器時代初頭の遺跡。遺物は石器が主で、石鋤・石鎌など。

¶世界考古

下孟村　かもうそん
陝西省邠県。仰韶文化の遺跡。住居址、窯址、甕棺、多数の貯蔵穴がある。

¶世界考古

卡約遺跡　かやくいせき
青海省湟中県。卡約文化の標準遺跡。卡約村の東北部で生活跡が、西北部で10基の仰臥伸展葬の墓葬が確認された。

¶世界考古（卡窯，卡窯　かよう），東ア考古

華陽巌　かようがん
湖北省丹江口市の武当山の五竜宮の左側。天然の洞穴。洞内に石殿があり石彫の真武の坐像を安置。元代の様式。

¶中国名旧3 p299

嘉峪関　かよくかん
甘粛省嘉峪関市。万里の長城の西端。明の洪武5年（1372）の造営。

世界遺産（万里の長城　1987）

¶アジア歴2，角川世，大遺跡7〔写〕，大遺跡9（長城—嘉峪関）〔写〕，中国名旧5 p243〔写〕，中国名勝古蹟 p50〔写〕，中国歴史，文化史蹟17〔写〕

嘉峪関5号墓　かよくかん5ごうぼ★
甘粛省嘉峪関市東郊（甘粛省博物館に移築）。3世紀末頃。墓室は前室と後室の2室から構成。前室の壁面の塼の1枚ごとに主題の違う壁画が描かれている。

¶文化史蹟17〔写〕

嘉峪関魏晋墓　かよくかんぎしんぼ
甘粛省嘉峪関市の東約20km、漢代長城の南のゴビ。魏晋時代の塼室墓群。調査されたうちの6基から魏晋時代の彩画塼600点余りが発見された。

¶新潮美（嘉峪関彩画塼墓　かよくかんさいがせんぼ），世界考古〔写（壁画）〕，中国名旧5 p244（魏晋壁画墓　ぎしんへきがぼ），東ア考古

カライミリ（卡拉伊米里）岩画
新疆ウイグル自治区額敏県の東方約65km，卡拉伊米里渠の山腹。6〜7世紀の突厥民族の遺跡。

簡単な狩猟図がある。

¶中国名旧5 p291（卡拉伊米里岩画　カライミリがんが）

旭畓王村　からおうそん
河南省鄭州市の南西郊外。龍山文化の遺跡。泥質の黒陶・灰陶からなる鼎・鬲・甑など。

¶世界考古

嘉楽殿　からくでん
吉林省長春市の満州国皇宮の懐遠楼の東。1940年頃に完成。宮廷が大規模な宴会や「賜宴」を開いた。

¶中国名旧1 p221

カラトゥン（喀拉墩）古城
新疆ウイグル自治区于田県の北方300kmの砂漠の中。漢代から南北朝時代にかけて利用された于闐国にあった「小城数十」の一つとされる。

¶中国名旧5 p304（喀拉墩古城　カラトゥンこじょう）

カラ・ホージャ　Karakhoja
新疆ウイグル自治区トゥルファン（吐魯番）市の東南約30kmの三堡郷。中国名は高昌壁、のち高昌城と呼ばれた。前2世紀頃開発。六朝末に高昌国の都城。

¶アジア歴2（カラ・ホージョ）〔写〕，アジア歴7（トゥルファン〔カラ・ホージョ〕），世界考古，世歴事2（カラ・コージョ）〔写/図〕，東ア考古〔写〕，評論社世（カラホジャ（哈剌和卓）），平凡社世（カラ・ホージョ）

カラ・ホト　Kara Khoto
内モンゴル自治区エチナ旗達頼湖波の東南25km。西夏の黒水城、元代エチナ路の治所の遺跡。城内からはパスパ文字銅印、骨勒茂才撰『番漢合時掌中珠』などが出土。

¶アジア歴7（ハラ・ホト）〔図〕，旺文社世，角川世，新潮美（カラ・コト），世界考古（ハラ・ホト），世歴事2〔図〕，世歴大15（ハラ＝ホト），東ア考古（カラ・ホト城跡）〔写〕，評論社世（カラホト），平凡社世（カラホト），山川世

カラムドン（哈拉木登）旧城
新疆ウイグル自治区焉耆回族自治県の哈拉木登の南方約10km、海都河の北岸。内城に建物の遺構とされた台があり、地表に紅陶の破片が散乱。

¶中国名旧5 p294（哈拉木登旧城　カラムドンきゅうじょう）

賀蘭口巌画　がらんこうがんが
寧夏回族自治区賀蘭県の西部の賀蘭口。渓谷の岩壁に人頭、馬・驢馬、狩猟などを描いた300余りの図像。

¶中国名旧5 p258

臥竜寺　　がりゅうじ
　陝西省西安市。唐代の創建、初め感応福報と称しのち臥竜と改めた。明洪武20年（1387）刻の仏足跡等が保存されている。
　　¶中国仏教

賀竜指揮部旧址　　がりゅうしきぶきゅうし
　江西省南昌市子固路（現、星火路）85号。もと中華基督教聖公会の宏道堂。賀竜（1896-1969）の率いる国民革命軍第二十軍の指揮部が置かれた。
　　¶中国名旧4 p54

臥竜山千仏崖　　がりょうさんせんぶつがい
　四川省梓潼県の西方15km、臥竜山の山頂。大小あわせて368体の仏像を擁す。
　　¶中国名旧5 p45

華林寺大殿　　かりんじたいでん
　福建省福州市の市街北部、屛山の南麓。北宋の乾徳2年（964）銭氏の臣下で郡守であった鮑脩譲が建てた。現存するのは大殿のみ。
　　¶新潮美（華林寺 かりんじ）、中国名旧4 p120

華楼宮　　かろうきゅう
　山東省崂山県崂山の北部、華楼山。道士の劉志堅が元の泰定2年（1325）に創建、老君・玉皇・関帝の3殿がある。
　　¶中国名旧3 p127

韓偓墓　　かんあくぼ
　福建省南安県豊州鎮の葵山の麓。韓偓は詩人で、当地で亡くなった。墓は360平方m、塚は円瓬状をなす。五代の石翁仲・石獅・石羊などもある。
　　¶中国名旧4 p158

カンオイ（康奥依）古城
　新疆ウイグル自治区疏附県の東北約20km。哈洛依古城ともいい、唐〜宋代の遺跡。唐の開元と宋の景祐の年号のある貨幣が出土。
　　¶中国名旧5 p307（康奥依古城 カンオイこじょう）

関王廟　　かんおうびょう
　山西省定襄県の北関。旧寿聖寺に隣接。金の泰和8年（1208）の創建、入母屋造りで琉璃瓦で葺く。
　　¶中国名旧3 p38

含嘉倉　　がんかそう
　河南省洛陽市の旧城の北部。隋・唐時代の地下穀倉遺址。洛陽旧城の北側から発見された。周壁をめぐらし、内部土穴が250余りある。炭化した栗が出土。
　　¶世界考古、中国名旧3 p218

乾瓦窯　　かんがよう
　内モンゴル自治区猴頭児溝村。遼金代の陶窯。窯跡が調査され、少なくとも20〜30基はあったらしく、遼金代の陶窯のうち最大。
　　¶アジア歴2〔写（壺）〕

観河楼塔　　かんかろうとう
　甘粛省永昌県の北方1km。金川寺塔とも。六角7層の塼塔。背後に観河楼がある。
　　¶中国名旧5 p237

完顔希尹家族墓地　　かんがんきいんかぞくぼち
　吉林省舒蘭県小城子の北5kmの山。完顔希尹（？-1140）は女真文字の考案者。発掘調査で、鉄券、蠟燭、絹織物などが出土。大定17年（1177）に墓の傍らに勅命で完顔希尹神道碑を建立。
　　¶中国名旧1 p225、東ア考古（完顔希尹墓 かんがんきいんぼ）

完顔婁室墓　　かんがんろうしつぼ
　吉林省長春市三道鎮豊産村劉家炉屯の石碑嶺。金朝開国の功臣、完顔婁室の金代の墳墓。
　　¶東ア考古

漢居延塞防遺址　　かんきょえんさいぼういし
　甘粛省金塔県の北方90km。烽燧数か所につき城堡が一つずつある。候和都尉が駐留したところ。
　　¶中国名旧5 p253

涵虚堂　　かんきょどう
　北京市海淀区の頤和園の昆明湖内の南湖島。乾隆年間は3階建ての望蟾閣であった。光緒年間に平屋に改築。
　　¶中国名旧1 p62

含元殿　　がんげんでん
　陝西省西安市。含元殿は唐の長安城の大明宮の正殿。唐高宗の龍朔3年（663）に完成した建物。
　　¶大遺跡9（唐の長安城—含元殿）〔写／図〕、東ア考古（含元殿跡 がんげんでんあと）

環県塔　　かんけんとう
　甘粛省環県の北方1km、環江東岸の第2段の河岸段丘。八角5層の楼閣式の塼塔。宋代の様式。
　　¶中国名旧5 p233

鑑湖　　かんこ
　浙江省紹興市の市街南方1.5km。後漢の永和5年（140）に、山陰・会稽両県（現、紹興市）の36の水源の水を集めて湖としたもの。9千ha余りを灌漑。
　　¶中国名旧2 p170

邗溝　　かんこう
　淮水と揚子江とを連絡。春秋時代、呉が長江と淮水を結ぶ穀物輸送を目的として最初に開いた運河。
　　¶アジア歴2、旺文社世、角川世、評論社世

中国　　　　　　　　　　　160

アジア

干溝岩画　かんこうがんが
新疆ウイグル自治区霍城県の北方。古代の遊牧民族の石刻。大頭羊と山羊を描く。
¶中国名旧5 p287

桓公台　かんこうだい
山東省淄博市臨淄区の斉国故城の小城の西北部。高台に建てた宮殿の跡地。土台は南北86m、東西70m。頂部は2段。
¶中国名旧3 p132

観耕台　かんこうだい
北京市宣武区永定門大街の先農壇の太蔵殿の西南。前方にある耤田で明・清両代に旧暦の3月の一の亥の日に、皇帝みずから犂耕し、三公九卿がそれに従い、皇帝は犂耕ののち台に上がって観耕した。
¶中国名旧1 p48

含光門　がんこうもん★
陝西省西安甜水井街南口の南城壁の下に埋まる。唐長安皇城南側の3城門の一つの門跡。隋開皇2年(582)に建設、唐代にもそのまま使用された。
¶古代都城(長安城皇城含光門)〔図〕

函谷関　かんこくかん
河南省三門峡市霊宝市の東北。交通要地。中原と関中との関門をなくすため、秦が東方の守りとして置いたもの。
¶アジア歴2〔写〕, 旺文社世, 角川世, 中国歴史, 評論社世, 平凡社世(函谷関 かんこくかん, ハンクーコワン), 山川世

関索嶺　かんさくれい
貴州省関嶺布依族苗族自治県の東方22km。関羽(? －219)を祀る竜泉寺、瓊漿玉液とたたえられる馬跑泉がある。
¶中国名旧5 p103

浣紗石　かんさせき
浙江省諸曁県の苧蘿山の麓にある。石は長さ1mほどで、王羲之(321-379)筆と伝える「浣紗」の2字が彫られ、由来を記した碑碣を収める浣紗亭が建つ。
¶中国名旧2 p175

寒山寺　かんざんじ
江蘇省蘇州市、閶門外、楓橋鎮。最初の名を妙利普明塔院といい、南朝梁の天監年間(502519)に創建された。現在の寒山寺は清末に建て直されたもの。唐の貞観年間(627-649)に高僧の寒山と拾得が住持をつとめたと伝える。
¶アジア歴2〔写〕, 新潮美, 中国仏教, 中国名旧2 p67〔写〕, 中国名勝古蹟 p261〔写〕, 中国歴史

巌山寺　がんざんじ
山西省繁峙県の東南40kmの天巌山の北麓の天巌村。金の正隆3年(1158)の創建。山門・鐘楼・東西配殿・南殿・禅院がある。
¶中国名旧3 p53

岩山寺　がんさんじ
山西省繁峙県沙河鎮の東南25中国里、天巌山北麓。金・正隆3年(1158)の創建。もと霊巌院と称した。仏伝、羅刹女の故事、本生図などを描いた壁画がある。
¶新潮美

韓祠　かんし
広東省潮州市の市街東方の筆架山。韓愈を記念し、南宋の淳熙16年(1189)に建立。
¶中国名旧4 p232

カンシー(広西)東蘭第一届農民運動講習所旧址　かんしーとうらんだいいっかいのうみんうんどうこうしゅうじょきゅうし
広西チワン族自治区東蘭県武篆鎮巴学郷の列寧巌。1925年に韋抜群(1894-1932)が当所で農民運動の養成をした。
¶中国名旧4 p298(広西東蘭第一届農民運動講習所旧址)

環秀山荘　かんしゅうさんそう
江蘇省蘇州市景徳路。五代の金谷園の跡地。清代に汪氏の耕蔭義荘の一部となり、改名。
¶中国名旧2 p68

還珠洞摩崖造像　かんじゅどうまがいぞうぞう
広西チワン族自治区桂林市の漓波山の麓。千仏巌に36龕・230体余りの唐代の摩崖造像がある。
¶中国名旧4 p283

関聖寺　かんしょうじ
湖南省湘潭市平正路。晋の乾隆45年(1780)の「重建春秋閣碑記」に、「乾隆三十九年(1774)、大殿を修し」とあるが、大殿・春秋閣などが現存。
¶中国名旧4 p26

観象台　かんしょうだい
北京市東城区の建国門内立体交差橋の西南。もとの金の司天台。明・清両代には天文観測の中心であった。明の初めに破壊され天文儀器は南京に移されたが、北京遷都によって再興。明清観象台ともいう。
¶中国名旧1 p18, 文化史蹟17(北京古観象台)〔写〕

韓城文廟　かんじょうぶんびょう
陝西省韓城市の市街の東学巷。元代の創建。大殿と廡殿に重修碑が現存。
¶中国名旧5 p204

桓仁〔遺跡〕　かんじん
遼寧省桓仁市の一帯。高句麗前期の王都の所在地として推定されてきた。五女山城跡は、頂上の平坦部に井戸や池があり、また頂上縁辺の一部に石塁が残り、高句麗の瓦も出土していた。
¶東ア考古

鑑真紀念堂　がんじんきねんどう
江蘇省揚州市の市街西北約4kmの大明寺にある。1963年の鑑真円寂1200年祭の際、鑑真紀念堂の定礎式を行った。完成は1973年。
¶中国名旧2 p105〔写〕

漢人渠　かんじんきょ
新疆ウイグル自治区沙雅県。漢代の渠（用水路）。
¶中国名旧5 p303

観水法　かんすいほう
北京市海淀区の円明園の西洋楼の遠瀛観の南端。清の乾隆帝が噴水を楽しんだところ。
¶中国名旧1 p63

澗西金墓　かんせいきんぼ
河南省洛陽県七里河村。金代の塼室墓。副葬品は銅鏡・陶磁器。
¶世界考古

観星台　かんせいだい
河南省登封市の東南15kmの告成鎮。1279年頃。現存最古の天文台で、元代に建設されたもの。周公のとき日影の長さを測定したと伝えられる。
世界遺産（河南登封の文化財 “天地之中” 2010）
¶中国名旧3 p200〔写〕，中国名勝古蹟 p141〔写〕，文化史蹟17〔写〕

韓世忠墓　かんせいちゅうぼ
江蘇省蘇州市霊巌山の西南麓にある。韓世忠（1089-1151）と4人の夫人の合葬墓。
¶中国名旧2 p91

漢石人亭　かんせきじんてい
山東省曲阜市の孔廟の聖時門内、璧水橋の前。円形の石像2つからなり、左は「漢故楽安太守麃君亭長」の10字を彫り、右は胸に「府門の卒」の4字を彫り、ともに漢代のもの。
¶中国名旧3 p147〔写〕

甘泉宮　かんせんきゅう
陝西省淳化県北涼武帝村。秦の始皇帝が27年（前220）甘泉山につくった離宮。
¶アジア歴2, 新潮美, 中国名旧5 p188

巌前獅巌　がんぜんしがん
福建省武平県巌前鎮。北宋の乾徳2年（964）に泉州の僧鄭自厳（卓錫と号す）が道場を設けた。
¶中国名旧4 p179

漢台　かんだい
陝西省漢中市の市街の東南隅。劉邦が前206年に造営した宮殿の基壇と伝える。
¶中国名旧5 p211

邯鄲趙城跡　かんたんちょうじょうあと
河北省邯鄲市。戦国時代後期の趙国の都城遺跡。3城で構成される宮城域と大北城からなる。城内からは戦国から漢の時代にかけての製鉄遺跡や、石器・骨器工房跡などを発見。
¶東ア考古

邯鄲の遺跡　かんたんのいせき
河北省邯鄲市。邯鄲県城西南1kmに趙王城跡がある。本城のほかに東郭・北郭が認められる。また邯鄲の現市街地周辺にも巨大な城壁があったことが確認されている。
¶アジア歴2（邯鄲 かんたん），新潮美（邯鄲 かんたん），図解考古（邯鄲遺跡 かんたんいせき）〔写〕，世界考古（邯鄲 かんたん）〔図〕，世歴大5（邯鄲 かんたん）〔図（趙王城）〕

官地「二十四塊石」　かんち「にじゅうよんかいせき」
吉林省延辺朝鮮族自治州郭化市官地鎮東勝村。渤海の遺跡。約90平方mの範囲内に東西3列の礎石が配置され、地表には瓦・土器の破片や赤色焼土が散布。
¶東ア考古〔写〕

管仲墓　かんちゅうぼ
山東省淄博市臨淄区の牛山の北麓。斉の宰相をつとめた管仲（? －前645）の墓。
¶中国名旧3 p129

漢長城遺址　かんちょうじょういし
甘粛省西は敦煌市西方から約150km。玉門関付近が保存状態がいい。長城の内側の高いところに烽燧台がある。
¶中国名旧5 p253〔写〕

感通寺　かんつうじ
雲南省大理市の旧城南方約5km、聖応峰の麓の小山。南詔（748-937）・大理（937-1118）代の名刹。
¶中国名旧5 p129

関帝廟〔周口市〕　かんていびょう
河南省周口市の市街。創建は順治～康熙年間（1644-1722）で、中心をなすのは大殿・二殿・戯楼・春秋閣。
¶中国名旧3 p255

関帝廟〔東山県〕　かんていびょう
福建省東山県、岣嶁山の東麓。武廟とも。明の洪武22年（1389）の創建。廟の右側は黄道周（1585-1646）の生まれたところで、石斎故里という。
¶中国名旧4 p167

中国　　　　　　　　　　162

関帝廟〔陽泉市〕　かんていびょう
山西省陽泉市の市街東北10km、林里村の山腹。北宋の宣和4年(1122)の再建。正面・奥行とも柱間3間で、入母屋造り。
¶中国名旧3 p36

漢帝陵〔後漢〕　かんていりょう
河南省洛陽市周辺。後漢皇帝陵。漢魏洛陽城遺跡を中心に南・北の二大陵区に分かれて造営。
¶東ア考古

漢帝陵〔前漢〕　かんていりょう
陝西省西安市付近。前漢皇帝陵。文帝覇陵と宣帝杜陵を除き、他の9基はみな漢長安城の北面の渭水北岸の段丘沿いに所在。方形墳丘からなる墳墓分離型の巨大な複合陵墓施設。
¶東ア考古

ガンデン寺（噶丹寺／甘丹寺）
ラサ東北東40km。黄帽派ラマ教三大寺の一つ。黄帽派の本山。明の永楽7年(1409)創建。正しくはガンデン－ナンパル・キャルウェイ・リン寺。漢字表記は、甘丹寺、噶丹寺。
¶アジア歴2（噶丹）、中国名旧5 p152（甘丹寺 ガンデン），評論社世（ガンデン（噶丹）寺）

関天培墓　かんてんばいほ
江蘇省淮安県の東方。関天培(1780-1841)は広東水師提督。墓は直径30m余りの皿状の盛土で、土墳と1963年に建てた墓碑がある。
¶中国名旧2 p97（関天培墓）

雁塔　がんとう
山西省霍州市の南方2kmの台地。八角5層、上にいくほど細くなる。軒下の磚に斗栱88座を彫る。
¶中国名旧3 p87

雁蕩山　がんとうざん
浙江省の東南部、楽清県の括蒼山脈にある。北宋の太平興国元年(976)以後、寺廟亭院が相次ぎ建てられ、18古刹、16亭、10院を擁した。
¶中国名旧2 p156〔写〕

雁塔寺塔　がんとうじとう
山西省猗氏県の北端。寺は荒廃した双塔で、東塔・西塔ともに塼塔。
¶新潮美

丸都山城　がんとさんじょう
吉林省集安市。「山城子山城」とも呼ばれる三国時代高句麗中期の山城。王都の国内城を防衛する機能を持つ。周長7km。城内には礎石と赤瓦散布地や貯水池址がある。
世界遺産（古代高句麗王国の首都と古墳群 2004）
¶アジア歴2（丸都 がんと）〔写（山城子付近の古墳群）〕，図解考古（輯安遺跡—(2) 山城子山城 しゅうあんいせき）〔写〕，世界考古（山城子山

城 さんじょうしさんじょう）〔図〕，中国名旧1 p226，東ア考古〔写〕

広東会館　かんとんかいかん
天津市南開区南門内大街。天津で最大の会館・郷祠。清の光緒33年(1907)の建造。
¶中国名旧1 p96

広東東江各属行政委員公署旧址　かんとんとうこうかくぞくぎょうせいいいんこうしょきゅうし
広東省汕頭市外馬路90号。もと清代末期に丘逢甲(1864-1912)が創設した同文書院。周恩来が当所で会議を開催。
¶中国名旧4 p231

観音崖石刻　かんのんがいせっこく
四川省広元市の嘉陵江の東岸の絶壁。唐の天宝10年(751)〜大和7年(833)に彫ったもの。唐の天宝10年「釈迦牟尼仏像賛」などの題記がある。
¶中国名旧5 p49

観音橋　かんのんきょう
江西省九江市の廬山の棲賢谷。三峡橋とも。北宋の大中祥符7年(1014)の架設。長さ24.45mの単孔石橋。
¶中国名旧4 p84

観音山　かんのんざん
江蘇省揚州市の痩西湖畔の蜀崗の東峰。隋代の迷楼の跡地。山上に山門をはじめ殿宇・楼堂などがあり、観音堂に観音像を安置。大半の建物は清代以降のもの。
¶中国名旧2 p103

観音寺〔秦皇島市〕　かんのんじ
河北省秦皇島市の北戴河海浜の蓮花石公園の北にある。もと広華寺。清の乾隆60年(1795)の再建。
¶中国名旧1 p164

観音寺〔天津市薊州区〕　かんのんじ
河北省天津市薊州区（薊県）西南隅。遼代の創建とされる白塔。八角3檐遼金代の檐塔。
¶新潮美（観音寺 かんおんじ）

観音寺壁画　かんのんじへきが
四川省新津県から1km、永興場の九蓮山にある。創建は南宋代。毗盧殿の左右に12の仏像を描いた壁画がある。
¶中国名旧5 p27

観音箐　かんのんせい
雲南省永勝県の東方約8km、壺山の麓。明・清代建立の観音閣・人字閣・真武閣・摩雲亭・三聖宮などが山肌沿いに並ぶ。
¶中国名旧5 p144

観音堂〔大同市〕　かんのんどう
山西省大同市の西郊外8kmの仏字湾付近。遼の重熙年間 (1032-55) の創建。中軸線に沿って戯台 (舞台)・中門・正殿と三真殿が並ぶ。

¶中国名旧3 p27

観音堂〔長治市〕　かんのんどう
山西省長治市の市街西南5kmの梁家荘。明の万暦10年 (1582) の創建天王殿は切妻造り。鐘楼と鼓楼が両側にあり、左右の配殿がある。

¶中国名旧3 p64

観音洞　かんのんどう
山西省五台県の五台山台懐鎮の南3km、棲賢谷の断崖。元来はダライが山に向かって読経する場所。明代の創建、中院が仏殿、両側が禅堂と僧房で、香積仏殿はダライが瞑想した所。

¶中国名旧3 p47

観音洞遺跡　かんのんどういせき
貴州省黔西県。前期・中期旧石器時代の石灰岩洞穴遺跡。哺乳動物化石は中期更新後葉の特徴を持つ。

¶東ア考古

漢柏院　かんはくいん
山東省泰安市の岱廟、炳霊門の門内にある。明代の漢柏図讃碑と清の乾隆帝の漢柏詩の碑、詩文の碑刻が残る。

¶中国名旧3 p184

関馬山城　かんばさんじょう
吉林省集安市の西北35km、熱閙屯東南の渓谷。高句麗代の交通上の要衝。南北600m、東西70〜250m。

¶中国名旧1 p226

関馬墻遺跡　かんばしょういせき
吉林省集安市の北西約53km。関隘とも呼ばれる石塁。南北の二重の石塁による防御ないしは遮断が中心的な機能と考えられる。

¶東ア考古

漢覇二王城　かんはにおうじょう
河南省滎陽県の広武山。漢王が築いたのが西城で漢王城といい、楚の覇王が築いたのが東城で覇王城という。鉄製・銅製の鏃などが出土。

¶中国名旧3 p198

顔廟　がんびょう
山東省曲阜市の市街北部の陋巷街。孔子の弟子の顔回を祀る。柱間159間の建造物、歴代の碑刻55枚、松・柏・檜・槐500本余りを擁する。

¶中国名旧3 p144〔写〕

顔文姜祠　がんぶんきょうし
山東省淄博市博山区の鳳凰山の南麓、西神頭村。

後周代 (950-960) の創建、建物は明代の様式のものが多い。中庭に香亭、両側に亀趺・竜首の石碑がある。

¶中国名旧3 p129

涵碧楼　かんぺきろう
広東省潮州市の西湖公園。1922年の建造。1925年の国民革命軍の東征の際、周恩来の革命活動の拠点となる。

¶中国名旧4 p233

管鮑祠　かんぽうし
安徽省潁上県の北方0.5km。もと管子祠といい、春秋時代の管仲 (？ −前645) を祀っていたが、明の万暦6年 (1578) 再建し、鮑叔牙をも祀る。傍らに管仲の衣冠冢がある。

¶中国名旧2 p253

漢牡丹　かんぼたん
河北省柏郷県北郝村の学校の校庭にある。牡丹寺ともいった弥陀寺の旧址。清の乾隆・光緒年間と中華民国時代の牡丹保護の告諭の碑が現存。

¶中国名旧1 p125

漢明堂故址　かんめいどうこし
山東省泰安市の東北部。円形の高台。天子が政治的・宗教的行事を行ったところ。

¶中国名旧3 p173

雁門関　がんもんかん
山西省代県の県城西北20km、雁門山の中腹。交通、軍事上の要地。山西三関の一つ。唐代には現在の雁門関の西側の雁門山上に関が設けられた。元代に一時廃止。明初めに現在の内長城沿いの位置に移設された。

¶アジア歴2, 中国名旧3 p51, 中国歴史, 評論社世

韓愈墓　かんゆぼ
河南焦作市省孟県の西方5kmの韓荘村。磚と石からなる周壁をめぐらし、墓前に韓愈祠がある。

¶中国名旧3 p231

咸陽の秦宮殿　かんようのしんきゅうでん
陝西省咸陽市の東15kmの台地上。高大な建築基壇が群集しており、秦の都であった咸陽宮と考えられている。1・2・3号宮殿について発掘され、高い版築基壇上に高層建築があったことが明らかになった。

¶大遺跡9〔写/図〕

観瀾亭　かんらんてい
河北省保定市の古蓮花池園、水東楼西南の築山にある。方形宝形造。清の同治年間 (1862-74) の「蓮池十二景」の一つ。

¶中国名旧1 p129

中国

アジア

漢陵　かんりょう
陝西省咸陽市の北原（五陵原）。前漢の皇帝の陵墓。周壁と祭祀場の遺構がある。
¶中国名旧5 p180

関陵　かんりょう
湖北省当陽市の西北3km。蜀の武将関羽の陵墓。明の成化3年(1467)に廟宇を創建。牌坊・紅門・馬殿・拝殿・正殿などが現存。
¶中国名旧3 p307

寒緑軒　かんりょくけん
河北省保定市の古蓮花池園の南塘の南岸。清の同治年間(1862-74)の「蓮池十二景」の一つ。
¶中国名旧1 p130

関林　かんりん
河南省洛陽市の市街南方7km。関羽の頭を葬ったと伝える。関帝廟は明代の創建。
¶中国名旧3 p219〔写〕,中国名勝古蹟 p140〔写〕

観蓮所　かんれんじょ
河北省承徳市の避暑山荘の延薫山館の西南。「乾隆三十六景」の第14景。乾隆・嘉慶帝や后妃が蓮華を観賞した湖畔の建物。
¶中国名旧1 p151

甘露寺〔九華山〕　かんろじ
安徽省青陽県の九華山の北斜面。九華山の四大叢林の一つ。上下5層をなし、琉璃瓦葺き。
¶中国名旧2 p202

甘露寺〔鎮江市〕　かんろじ
江蘇省鎮江市の北固山の後峰にある。三国時代に呉の孫皓が甘露元年(265)に創建したが、のちに廃滅したと伝える。その後興廃を繰り返した。大殿・老君殿・観音殿・江声閣などからなる。
¶中国仏教,中国名旧2 p112

甘露寺鉄塔　かんろじてっとう
江蘇省鎮江市の北固山にある。唐の宝暦年間(825-827)の建立。基壇と第1・2層を残すのみ。新中国成立後、修復を重ね、第3・4層を復元。
¶中国名旧2 p112〔写〕

姫威墓　きいぼ
陝西省西安市郭家灘。隋代の墓。敦煌郡太守の姫威(610年没)の墓。墓門の石造門扉に守門人物の線刻画がある。
¶新潮美,世界考古

綺園　きえん
浙江省海塩県武原鎮。清の同治10年(1871)の造園で、馮家の庭園であった。
¶中国名旧2 p164

紀王城　きおうじょう
山東省鄒の南南東約10.5km。春秋時代の邾国の都城としてつくられた。西周時代から漢代にかけての土器、瓦などが城内から出土。
¶世界考古

祇園寺　ぎおんじ
安徽省青陽県の九華山の東崖の西麓。明の嘉靖年間(1522-66)の創建で、九華山で最大の規模。
¶中国名旧2 p201〔写〕,中国名勝古蹟 p246〔写〕

姫巌　きがん
福建省永泰県白雲郷。閩王の王審知(862-925)の妃が葬られていると伝える。巌上の古刹は北宋の政和年間(1111-18)の創建。
¶中国名旧4 p132

起義門　きぎもん
湖北省武漢市の武昌の起義街。武昌城の南壁の3門の一つ。
¶中国名旧3 p271

宜芸館　ぎげいかん
北京市海淀区、頤和園の玉瀾堂の後方。光緒帝の裕隆皇后の頤和園における居室。清の乾隆年間の建造。
¶中国名旧1 p60

貴県漢墓　きけんかんぼ
広西壮族自治区貴県郊外。前漢から後漢にいたる漢墓群。副葬品の大多数は陶容器と明器で、ほかに銅・鉄器や玉器がある。
¶世界考古

輝県固囲村遺跡　きけんこいそんいせき
河南省輝県の東3kmの固囲村。戦国時代中期魏国の王族墓地。供献施設としての建物「享堂」の跡が検出された。戦国時代において、最も多く鉄器が出土した墳墓。
¶世界考古(固囲村魏墓　こいそんぼ)〔図〕,東ア考古

輝県古墓　きけんこぼ
河南省輝県琉璃閣、固囲村等に散在。戦国期の古墓。琉璃閣では殷代、戦国墓、そのほか19輌の車と馬をおさめた車馬坑があった。
¶図解考古〔写〕,世界考古(輝県古墓群　きけんこぼぐん)〔図〕

帰元寺　きげんじ
湖北省武漢市の漢陽の翠微街の西端。武漢市の四大寺院の一つ。
¶中国名旧3 p271〔写〕

宜興周氏墓地　ぎこうしゅうしぼち
江蘇省宜興県周墓墩。西晋の豪族周氏の家族墓

地。6基の墓は南北1列に並び、いずれも横穴式塼室墓。

¶世界考古（宜興周氏墓 ぎこうしゅうしぼ）〔写（香炉）〕，東ア考古

紀公廟　きこうびょう

河南省鄭州市の市街西北26kmの紀公廟村。唐代以後の重修碑と紀信をたたえた碑が30余り現存。

¶中国名旧3　p195

祁山巌関諸葛亮廟　きざんがんかんしょかつりょうびょう

甘粛省礼県の漢水の源。諸葛亮の塑像と影祠扁額、碑石を擁す。

¶中国名旧5　p231

義慈恵石柱　ぎじけいせきちゅう

河北省保定市定興県の西10kmの石柱村。北斉石柱とも。「杜葛の乱」・義葬・義倉と石柱と建立経過について記した3千字余りの石柱頌が彫られている。

¶新潮美（定興石柱　ていこうせきちゅう），中国名旧1　p133

義之洞　ぎしどう

江西省九江市の廬山の帰宗寺の背後。晋代の書家王羲之（321-379）にゆかりのある旧跡。

¶中国名旧4　p85〔写〕

宜春台　ぎしゅんだい

江西省宜春市の市街の山にある。漢代に宜春侯が台を5つ築いたうち最も高く、広大なもの。明の嘉靖年間（1522-66）に再建。

¶中国名旧4　p69

宜章年関暴動旧址　ぎしょうねんかんぼうどうきゅうし

湖南省宜章関鎮。1928年、湘南（湖南省南部）初の宜章県ソビエト政府が樹立した。旧址は2階建ての4棟で、中棟に指揮部が置かれた。

¶中国名旧4　p37

キジル千仏洞

新疆ウイグル自治区拝城県。石窟寺院群。渭干河（ムザルト河）の北岸の崖に236窟が穿たれている。壁画の画題は仏伝図・本生図・仏説法図などが多い。

世界遺産（シルクロード：長安—天山回廊の交易路網2014）

¶角川世，新潮美，世界考古（キジル石窟），世界美2（キジル），大遺跡7　p51〔写〕，大遺跡9（克孜爾石窟　キジルせっくつ）〔写〕，中国名旧5　p299（克孜爾千仏洞　キジルせんぶつどう），東ア考古（キジル（克孜尓）石窟）〔写〕，仏教考古（ギジル石窟寺院），文化史蹟16（キジール千仏洞）〔写〕，平凡社世

吉祥寺　きちじょうじ

山西省繁峙県の五台山の中台の山腹。北魏代の創建といわれる。現存するものの多くは明・清代の作。

¶中国名旧3　p53

吉祥塔　きちじょうとう

福建省古田県の南部、松台山の山頂。北宋の太平興国4年（979）の創建。基壇の幅が7.7m、塔高25mの八角9層。

¶中国名旧4　p176

吉木薩爾城跡　きちぼくさつじじょうあと

新疆ウイグル自治区昌吉回族自治州。古代の城跡。俗称は「破城子」。外城は唐代初めに、内城は高昌回鶻時代に造営されたことが推測される。唐代庭州金満県・北庭都護府の遺跡とされる。

¶東ア考古〔図〕

寄暢園　きちょうえん

江蘇省無錫市の恵山の東麓にある。錫恵公園の独特の風格の庭園。元代は僧舎で、明の正徳年間（1506-21）に庭園となした。

¶中国名旧2　p93〔写〕

魏長城　ぎちょうじょう

陝西省朝元洞村から、韓城市の黄河の河畔。戦国時代の魏（前424−前225）が城壁を築き軍事上の障壁とした。

¶中国名旧5　p214

魏徴墓　ぎちょうぼ

陝西省礼泉県の九嵕山。昭陵の陪葬墓の一つ。魏徴（580-643）は太宗の重臣。

¶中国名旧5　p183

吉鴻昌墓　きつこうしょうぼ

河南省鄭州市の西郊の烈士陵園。碑首に吉鴻昌烈士の磁製の肖像をはめこんだ石碑が墓前に建つ。

¶中国名旧3　p195

吉州窯遺址　きっしゅうよういし

江西省吉安市永和鎮。永和窯ともいう。幅1km、長さ3.5kmにわたり、窯は22。唐末から五代にかけて生産。

¶中国名旧4　p97

吉林教会堂　きつりんきょうかいどう

吉林省吉林市内。ゴシック式建築のカトリック教会堂。高い尖塔とステンドグラスの飾り窓をもつ。

¶中国名勝古蹟　p20〔写〕

義帝陵　ぎていりょう

湖南省郴州市。楚の義帝（熊心）（？−前205）の墓。高さ3m、径4m。

¶中国名旧4　p36

沂南漢画像石墓　きなんかんがぞうせきほ

山東省沂南県北寨村。後漢後期の大型の画像石墓。5つの側室を伴う中軸線配置型三室式室墓。主室の天井部中央には蓮華文が彫刻される。

¶ 新潮美(沂南画像石墓　きなんがぞうせきほ)，図解考古(沂南画像石墓　きなんがぞうせきほ)〔図〕，世界考古(沂南画象石墓　きなんがぞうせきほ)〔図〕，中国名旧3 p172，東ア考古〔写〕

紀南城　きなんじょう

湖北省江陵県の北西5km。春秋時代楚国の都・郢に比定される。城壁は春秋時代後期から戦国時代初期に築造。都城と墓地は分かれ、大型墓と小型墓の区域分けがあった。

¶ 東ア考古

祈年殿　きねんでん

北京市崇文区の天壇の北半部。明の永楽18年(1420)の築造。嘉靖24年(1545)に改築。

世界遺産 (天壇：北京の皇帝の廟壇　1998)

¶ 中国名旧1 p52〔写〕，中国名勝古蹟 p155〔写〕，文化史蹟17(天壇祈年殿)〔写〕

輝発城　きはつじょう

吉林省輝南県。明代の女真扈倫四部の一つ、輝発部の所在地であった。内・中・外の3城に分かれ、周長はそれぞれ596.5m、892.3m、1884m。建築址も発見され、生活用具・武器・馬具などが検出された。

¶ 世界考古，中国名旧1 p231(輝発古城　ホイファこじょう)

棋盤山元墓　きばんざんげんぼ

安徽省安慶市東郊区迎江寺。東方棋盤山上にある元時代の塼室墓。棺前に1305年没の夫人陳氏の墓誌がある。

¶ 世界考古

棋盤千仏洞　きばんせんぶつどう

新疆ウイグル自治区葉城県の西南部、棋盤郷の西方約12kmの絶壁。中国の最西部に位置する千仏洞の一つ。西遼朝時代の開削。

¶ 中国名旧5 p308

喜峰口　きほうこう

河北省遷西県の西北80km。明・清代には長城の重要な関門の一つ。モンゴル族烏梁海部の重要な入貢路でもあった。

¶ 中国名旧1 p157

起鳳山　きほうざん

広西チワン族自治区武鳴県の東方8km。東峰の読書巌「朝陽鳴鳳」の4字、北側の太極洞「鳳」の字を彫る。

¶ 中国名旧4 p271

巍宝山　ぎほうざん

雲南省巍山彝族回族自治県の東南約10km。蒙舍詔王の細奴羅が耕作と牧畜に従い、立身出世したところ。

¶ 中国名旧5 p136

亀峰塔　きほうとう

広東省新豊江と東江の合流点から約0.5kmの亀峰山。唐代の建立。六角7層。

¶ 中国名旧4 p250

亀蒙頂　きもうちょう

山東省蒙陰・平邑両県の県境。南麓に顓臾国の遺跡があり、後人が万寿宮ともいう謁蒙祠を建てた。

¶ 中国名旧3 p192

鬼門関　きもんかん

広西チワン族自治区北流県の西方7.5km、玉林県との境界。漢朝の伏波将軍馬援が遠征で当地を経由したことを記した石碣の断片が現存する。

¶ 中国名旧4 p302

客省荘　きゃくしょうそう

陝西省西安市郊外。仰韶文化およびそれ以後の各種の遺跡。

¶ 世界考古〔写(瓦片)〕

ギャンツェ(江孜)宗山炮台

チベット自治区ギャンツェ県の市街。清の光緒30年(1904)に西蔵の愛国的軍民がイギリスの侵略軍に抵抗したところ。砲台と宗山の遺構が現存する。

¶ 中国名旧5 p157(江孜宗山炮台　ギャンツェしゅうざんほうだい)

牛王廟戯台　ぎゅうおうびょうぎだい

山西省臨汾市の市街西北25km、魏村の牛王廟。元の至元20年(1283)の建立。正殿は三王を祀り、塑像を安置。戯台は木造の亭式の舞台で、宋・金代の楽亭の様式を留める。

¶ 中国名旧3 p81

牛街清真寺　ぎゅうがいせいしんじ

北京市宣武区牛街。北京で最大・最古の清真寺。遼の統和14年(996)の創建。

¶ 中国名旧1 p47

牛角寨摩崖造像　ぎゅうかくさいまがいぞうぞう

四川省仁寿県高家郷の鷹頭巌の牛角寨。大小30余りの龕と1千体余りの造像を彫る。

¶ 中国名旧5 p64

九華山　きゅうかざん

安徽省青陽の西南。中国仏教の四大名山の一つ。主峰の十王峰は海抜1342m。

¶ 中国名旧2 p199〔写〕，中国名勝古蹟

p244〔写〕, 中国歴史

牛河梁遺跡　ぎゅうがりょういせき
遼寧省西部建平県と凌源市境界。新石器時代（紅山文化後期）の遺跡。女神廟と積石遺構、玉製品で知られる。
¶大遺跡9（紅山文化の遺跡―牛河梁遺跡）〔写〕, 東ア考古〔写〕

九疑山銘摩崖石刻　きゅうぎさんめいまがいせっこく
湖南省寧遠県の九疑山の玉琯巌。銘文は後漢代の蔡邕（132-192）の撰。現存の摩刻は宋の淳祐6年（1246）に郡守の李襲之が李挺祖に書かせたもの。
¶中国名旧4 p40

九宮山　きゅうきゅうざん
湖北省通山県の東南方。南宋の淳熙14年（1187）、道士の張道清が9つの宮観を建立。
¶中国名旧3 p333

九侯山　きゅうこうざん
福建省詔安県の東北部、から15kmのところ。頂上に観音三宝石、麓に九侯禅寺がある。五儒書室は、宋代に金陵の趙嘉客ら5人の儒者が学を講じたところと伝える。
¶中国名旧4 p167

帰有光墓　きゅうこうぼ
江蘇省昆山県金潼里にある。明代の散文家、帰有光（1506-71）の墓。広さは0.3ha余りで、塚が2つある。
¶中国名旧2 p83

牛皋墓　ぎゅうこうぼ
浙江省杭州市の棲霞嶺の紫雲洞の剣門関にある。南宋の岳飛の部将牛皋（1087-1147）の墓。
¶中国名旧2 p123

旧寨塔　きゅうさいとう
広東省順徳県大良鎮の東南3kmの太平山。明の万暦28年（1600）の創建。1944年、珠江縦隊が塔を死守して日本軍と戦った。
¶中国名旧4 p238

義勇祠　ぎゅうし
広東省広州市の北郊、石井橋の近く。アヘン戦争のとき、三元里の反英闘争で犠牲になった烈士を祀る。道光21年、牛欄崗に祠を建て、同治5年（1866）に再建。
¶中国名旧4 p204

義勇之冢　ぎゅうしちょう
広東省穿鼻洋の虎門要塞の横檔炮台の近く。横檔・永安両炮台の防衛線で犠牲になった将兵の墓。
¶中国名旧4 p247

九日山祈風石刻　きゅうじつさんきふうせっこく
福建省南安県豊州鎮の九日山。東西両峰の絶壁に宋～清代の石刻が73あり、そのなかに南宋の淳熙元年（1174）から咸淳2年（1266）にかけての祈風石刻が10ある。
¶中国名旧4 p158

旧州塔　きゅうしゅうとう
四川省宜賓市の市街西北3kmの旧州壩。北宋の大観3年（1109）の建立。各層の階高がきわめて小さい。
¶中国名旧5 p57

牛首山破金故塁　ぎゅうしゅざんはきんこるい
江蘇省南京市の中華門外。南宋の建炎4年に建康が金軍に攻略され、岳飛は牛首山に堡塁を築いて大軍を配した。
¶中国名旧2 p38

九成宮（仁寿宮）　きゅうせいきゅう
陝西省麟游県新城区に位置。隋文帝が開皇13年（593）に建設を命じた離宮が仁寿宮で、唐代の初めに九成宮と改名。現在、殿跡には方1mの礎石が46基残っている。
¶古代都城（隋仁寿宮―唐九成宮）〔図〕, 中国名旧5 p192（九成宮遺址　きゅうせいきゅういし）

九仙山　きゅうせんざん
福建省徳化県の赤水・上涌・大銘3郷の境界にある。唐の開元年間（713-741）に僧の無比が苟菜（はなじゅんさい）を栽培したことで知られる。現存する堂宇は明の万暦33年（1605）のもの。弥勒洞に開元年間に無比が彫り上げた弥勒造像がある。
¶中国名旧4 p161

牛村古城　ぎゅうそんこじょう
山西省晋南地区。春秋・戦国時代の古城址。城内北部中央に晋悼公陵といわれる版築の台があり墓でなく大建築基址であることが知られる。
¶世界考古

仇池国故址　きゅうちこくこし
甘粛省西和県の南方60kmの仇池山。百頃城とも。上殿と下殿の遺構から青銅製の戈・弩弓などが出土。
¶中国名旧5 p230

九頂塔　きゅうちょうとう
山東省歴城県柳埠村、霊鷲山の九塔寺の遺構。塔は唐代の建立。八角単層で高さ13.3m。室頂は天花の藻井で、周囲の壁に壁画が残存。
¶中国名旧3 p116

牛頭城遺址　ぎゅうとうじょういし
江西省新幹県太洋洲郷の劉埭。周囲の土造りの城壁は大半が現存。様々時期の堆積が混在し、殷

中国　168

アジア

代後期から西周前期にあたる。
　¶中国名旧4 p100

九曜石　きゅうようせき
広東省広州市教育南路の南方戯院。1千年前の庭園の跡地。広州の二大名湖の一つである西湖の所在地。
　¶中国名旧4 p204

九龍山崖墓　きゅうりゅうざんがいぼ
山東省曲阜県九龍山。前漢の大型崖墓。金銀錯・玉飾の車馬具類、宝飾品、彩画の陶器類などが出土。
　¶世界考古

九龍壁〔大同市〕　きゅうりゅうへき
山西省大同市市街の東街。明の1368～69年にかけて建設。大王府門前の照壁（目隠し塀）であった。9頭の龍を描出。
　¶中国名旧3 p27, 文化史蹟17（大同の九竜壁）〔写〕

九龍壁〔北京市〕　きゅうりゅうへき
北京市西城区、北海の北岸、天王殿の西側にある。彩色琉璃磚の影壁。清の乾隆年間（1736-95）造。壁の表裏に9匹の蛟竜のレリーフがなされている。
　¶中国名旧1 p45（九竜壁）〔写〕

九連城　きゅうれんじょう
遼寧省丹東市の市街東北12km。元代には婆娑府巡検司の役所が置かれていた。明代に九聯城と呼び、鎮江城を増築。城址・瞭望台などが現存。
　¶中国名旧1 p202

丘湾　きゅうわん
江蘇省徐州市銅山区、茅村公社檀山集の南東。龍山文化・殷・西周の文化層がある遺跡。殷代上層からは特殊な葬地を発見。社祀遺跡といわれる。
　¶世界考古

慶雲寺　きょううんじ
広東省肇慶市の鼎湖山の南麓。嶺南の有名な深山の古刹の一つ。
　¶中国名旧4 p259

恭王府　きょうおうふ
北京市西城区前海西街。清の道光帝の第6子恭忠親王奕訢（1833-98）の旧宅。嘉慶4年（1799）に嘉慶帝の弟の慶僖親王永璘に下賜され、慶王府となった。
　¶中国名旧1 p34

鞏華城　きょうかじょう
北京市昌平区沙河鎮の東部。沙河城ともいい、明の永楽年間に行宮が建てられたが、正統年間に洪水に流され、嘉靖17年（1538）に再建。城門は現存するが、行宮と城壁はない。

　¶中国名旧1 p80

教稼台　きょうかだい
陝西省武功県の東門外。磚積みの長方形のテラス。周朝の遠祖、后稷が稼（農業）を教えたところ。
　¶中国名旧5 p185

杏花楼　きょうかろう
江西省南昌市の南湖。現在の水観音亭のこと。湖心の観音亭は唐代の築造。
　¶中国名旧4 p54

共姫墓　きょうきぼ
安徽省淮北市相山淮海路の西山の中腹。皇姑墓とも。共姫は宋の共公（在位前589－前576）に嫁いだが、共公は同15年（前576）に没した。
　¶中国名旧2 p196

響琴榭　きょうきんしゃ
河北省保定市の古蓮花池園の西北隅、蓮花池の西岸にある。間口柱間3間。東・南・北の三方は吹き放ち。
　¶中国名旧1 p129

鞏県石窟　きょうけんせっくつ
河南省鞏県。北魏時代は希玄寺、唐・宋時代は浄土寺、明時代は浄土禅寺、清時代以降は石窟寺と呼ばれている石窟群。石窟数は5窟、ほかに大摩崖仏が3体、千仏龕が1、造像龕が328ある。
　¶アジア歴2〔写〕, 新潮美, 図解考古〔写〕, 世界考古〔写〕, 大遺跡9〔写〕, 中国名旧3 p209（石窟寺 せっくつじ）, 東ア考古, 文化史蹟16

鞏県宋陵　きょうけんそうりょう
河南省鞏県の西村・芝田・孝義・回郭4鎮の近く。北宋朝の7人の皇帝や皇后ほかが葬られている。墓室は塼築墓で壁画が存した。大きな陵台があり、周囲に神牆をめぐらす。
　¶世界考古, 中国名旧3 p209（宋陵 そうりょう）〔写〕

況公祠　きょうこうし
江蘇省蘇州市西美巷。明代の蘇州知府況鍾を祀る。
　¶中国名旧2 p68

鄴侯書院　ぎょうこうしょいん
湖南省衡陽市の衡山の煙霞峰の下。蔵書家として知られる唐代の李泌（722-789）の記念物。もとは端居室・明道山房といった。李泌の子の李繁が書院を開設し、宋代に集賢峰の下に移設、現在名に改称。
　¶中国名旧4 p51

夾江千仏巖　きょうこうせんぶつがん
四川省夾江県の青衣江の河畔。断崖絶壁にあわ

せて150余りの竈がある。
　¶ 中国名旧5 p63

姜寨遺跡　きょうさいいせき
陝西省西安市臨潼区内を流れる臨河の東岸。新石器時代仰韶文化の集落遺跡。面積は約5万平方mある。廟底溝・半坡後期諸類型のほか、陝西龍山文化の包含層が一部確認された。
　¶ 世界考古（姜寨　きょうさい）、大遺跡9（仰韶文化の遺跡—姜寨遺跡）〔写/図〕、東ア考古〔図（集落風景復元図）〕

堯山　ぎょうざん
広西チワン族自治区桂林市の市街の東郊。白鹿洞・白雲観・茅庵・天賜田・玉乳池の遺構と碑刻の一部が現存。
　¶ 中国名旧4 p276

義陽三関　ぎようさんかん
河南省信陽市の南部、河南・湖北両省の省境。南北を結ぶ交通の要地、南北の軍事勢力が相争う要衝。
　¶ 中国名旧3 p259

鄞山講堂　ぎょうざんこうどう
福建省漳州市街から16km、竜海県歩文郷の江東橋の畔、鄞侯山の麓。明代末期の黄道周が学を講じたところ。
　¶ 中国名旧4 p164

夾山寺　きょうざんじ
湖南省石門県の東南15kmの三板橋。唐の咸通11年（870）の創建。現存する大雄宝殿は清代の造営。
　¶ 中国名旧4 p45

堯山聖母廟　ぎょうざんせいぼびょう
陝西省蒲城県の罕見郷。唐の咸通年間（860-874）に創建。上殿・献殿・山門などは明・清代のもの。
　¶ 中国名旧5 p201

京山坪壩　きょうざんへいは
湖北省京山県宋河区坪壩公社の蘇家壠工区。曽国青銅器とされる一群の青銅器が発見された。出土状況は不明。
　¶ 世界考古

宜陽城　ぎょうじょう
河南省宜陽北西約25km。戦国時代の韓国の古城址。城壁だけが残り、城内からは陶器片、板瓦・筒瓦などが採集される。
　¶ 世界考古

仰韶　ぎょうしょう
河南省澠池県の北方8km、仰韶村の南の台地。仰韶文化から龍山文化にかけての遺跡。彩陶・灰陶・黒陶や石器、骨角器などが出土。また、籾痕や家畜の骨を発見。

　¶ 旺文社世, 角川世, 新潮美（澠池—仰韶村　べんち—ぎょうしょうそん）, 図解考古（仰韶遺跡　ぎょうしょういせき）〔写〕, 世界考古, 世歴事9（仰韶　やんしゃお）〔図〕, 中国名旧3 p250（仰韶遺址　ぎょうしょういし）, 評論社世, 山川世

鄴城遺跡　ぎょうじょういせき
河北省臨漳。曹魏、後趙、前燕、東魏、北斉の都城跡。
　¶ 図解考古（鄴都址　ぎょうとし）, 世界考古（鄴都　ぎょうと）, 世歴事2（鄴　ぎょう）, 中国名旧1 p123（鄴城遺址　ぎょうじょういし）, 東ア考古

恭城孔廟　きょうじょうこうびょう
広西チワン族自治区恭城県の西山。明の成化13年（1477）の創建。
　¶ 中国名旧4 p294

魚沼飛梁　ぎょうしょうひりょう
山西省太原市の聖母殿の前。魚沼は晋水の三泉の一つで、その上に板橋という飛梁が架かる。
　¶ 中国名旧3 p18〔写〕

夾漈草堂・夾漈墓　きょうせいそうどう・きょうせいぼ
福建省莆田県新県郷の夾漈山にある。草堂は宋代の鄭樵（1103-62）が読書と著述に従ったところ。墓は白沙にあり、墳墓は三合土で築き、清代に改修。
　¶ 中国名旧4 p144

杏壇　きょうだん
山東省曲阜市の孔廟の大成殿への参道にある。孔子の杏壇における講学を記念して壇を造って杏を植えた。
　世界遺産（曲阜の孔廟、孔林、孔府　1994）
　¶ 中国名旧3 p149〔写〕

筇竹寺　きょうちくじ
雲南省昆明市の市街西北10km余りの玉案山。中原から最初に禅宗が伝来した寺。遅くとも元代初期には存在した。現存の建物は清代。
　¶ 中国名旧5 p117, 中国名勝古蹟 p287（筇竹寺）〔写〕

享殿　きょうでん
山東省曲阜市の洙水橋の北。享堂ともいう。孔子を祀るときに香壇を設けたところ。後漢代に石造に変え、唐代に封禅の石壇に改める。
　¶ 中国名旧3 p156

仰天湖楚墓　ぎょうてんこそほ
湖南省長沙市南郊。戦国時代晩期の楚国の貴族墓。副葬品の目録を記した42片の竹簡（遺冊）は、この時代の墨書文字資料として貴重。

¶世界考古

響堂山石窟　きょうどうざんせっくつ
河北省邯鄲市峰峰鉱区。南北2つの石窟からなる。北斉代の創建。南北あわせて石窟が16、大小の仏像が1400体余りある。

　¶アジア歴2〔写/図〕，角川世，新潮美（響堂山石窟　きょうどうさんせっくつ），図解考古，世界考古（響堂山石窟　きょうどうさんせっくつ），世界美2（響堂山石窟　きょうどうさんせっくつ），世歴事3（響堂山石窟　きょうどうさんせっくつ）〔写〕，中国仏教（響堂山石窟　きょうどうさんせっくつ），中国名旧1 p117，評論社世，仏教考古，文化史蹟16〔写〕

響堂寺石窟　きょうどうじせっくつ
山西省楡社県の西南5kmの廟岑山。北魏代から唐代にかけて岩壁に仏像を彫り、堂宇などを設け、寺院を建立。千仏洞がある。

　¶中国名旧3 p56

教弩台　きょうどだい
安徽省合肥市の逍遥津公園の傍ら。明教台、曹操点将台とも。後漢代末期に曹操（155-220）が築いた。

　¶中国名旧2 p192〔写〕，中国名勝古蹟 p243〔写〕

鄴南城　ぎょうなんじょう
河北省臨漳。東魏・北斉時代の都城。濠から甲と冑が出土したが、北斉時代末期の鄴城攻防戦の遺物と見られる。

　¶東ア考古

堯廟　ぎょうびょう
山西省臨汾市の市街南方4km。陶堯（伝説上の帝王）が平陽に都城を築き、後人が祀るために創建。五鳳楼・堯井亭・広運殿・寝宮などがある。

　¶中国名旧3 p81〔写〕

仰文楼　ぎょうぶんろう
福建省漳州市の市街、中山公園。唐・宋代以来、漳州府の後楼であった。清の康熙49年（1710）に改修して仰文楼とした。

　¶中国名旧4 p162

橋陵　きょうりょう
陝西省蒲城県の金熾山。宗李旦（在位684-690、710-712）の陵墓。

　¶中国名旧5 p201

堯陵　ぎょうりょう
山西省臨汾市の市街東北35km、郭村の西隅、澇河の北側。前方の祠は唐代初期の創建。金の泰和2年（1202）の碑に、唐の太宗が堯陵に詣で自分の塑像を造ったとある。

　¶中国名旧3 p82

橋楼殿　きょうろうでん
河北省井陘県の蒼岩山。福慶寺の主要な堂宇の一つ。長さ15m、幅9mの単孔アーチ石橋の上に建つ。清代初期の建築。

　¶中国名旧1 p109，中国名勝古蹟 p144〔写〕

居延甲渠候官・第四燧　きょえんこうきょうかん・だいよんすい
甘粛省金塔県の額済納（エチナ）河流域。漢代の候官・烽燧遺跡。西域へと向かう主要交通路上に設置された烽燧・城砦。

　¶東ア考古

巨猿洞　きょえんどう
広西チワン族自治区柳城県の南方20km。巨猿の下顎骨、歯を1千個余り発見。

　¶中国名旧4 p274

御花園　ぎょかえん
北京市街中心部の故宮の坤寧宮の北側。精巧な造りの大小の建物があわせて20余り建つ、宮廷式庭園。中心をなすのは間口柱間5間で重檐の欽安殿。

　¶中国名旧1 p23

許家窯遺跡　きょかよういせき
山西省陽高県。中期旧石器時代の遺跡。9点の人類化石片、多量の石器、20種類の哺乳動物化石が出土。

　¶東ア考古

玉淵潭　ぎょくえんたん
江西省九江市の廬山。周囲の岩壁に古人の石刻が複数あり、宋代の張孝祥（1132-69）筆の「玉淵」の2字もある。北側に棲賢寺の遺構がある。廬山の五大叢林の一つ。

　¶中国名旧4 p84〔写〕

玉華宮遺址　ぎょくかきゅういし
陝西省銅川市玉華村の北方2kmの玉華山。唐の武徳7年（624）に仁智宮を創建し、貞観21年（647）に改称。現存は東宮・正宮・西宮と伝える飛雨・水簾・北泉のみ。

　¶中国名旧5 p195

玉函山石窟　ぎょくかんざんせっくつ
山東省済南市の東南約19km、玉函山仏峪寺の後方の崖腹。仏龕・摩崖仏群。

　¶アジア歴2〔写〕，新潮美，世界考古（玉函山ぎょっかんざん）

玉岊書院　ぎょくがんしょいん
広東省広州市蘿崗洞の蘿峰山の麓。南宋代の地元の文人鐘玉岊が学を講じたところ。

　¶中国名旧4 p219

中国

玉虚巖　ぎょくきょがん
湖北省丹江口市の武当山の天津橋の東方1.5km、九渡潤の北岸の断崖。玄帝が修業したところ。廟は元の泰定元年（1324）の創建。
¶中国名旧3 p296

玉虚宮　ぎょくきょきゅう
湖北省丹江口市の武当山の主峰の西北、玄岳門から約4kmのところ。老営宮ともいう。明の永楽11年（1413）に創建。
¶中国名旧3 p295

玉虚洞　ぎょくきょどう
湖北省秭帰県香渓鎮の東方2km、譚家山の山麓、香渓河の河畔。洞内に宋代の摩崖の題刻、清代の碑刻が現存。
¶中国名旧3 p309

玉皇閣〔吉林市〕　ぎょくこうかく
吉林省吉林市西北。1774年創建、1926年改築。前院と後院からなり、正殿の朶雲殿に銅製玉皇大帝坐像を祀る。
¶中国名勝古蹟 p24〔写〕

玉皇閣〔天津市〕　ぎょくこうかく
天津市天津旧城の東北角。明の宣徳2年（1427）の創建。山門・配殿・六角亭・清虚閣などからなる。
¶中国名旧1 p96

玉皇観　ぎょくこうかん
山西省長治県の南方20kmの南宋村。道教寺院。五鳳楼の琉璃製の棟飾りは完全無欠で、龍鳳・人物・草花などからなる。
¶中国名旧3 p65

玉皇頂　ぎょくこうちょう
山東省泰安市の泰山の絶頂。玉皇殿が建つ。正殿に玉皇大帝を祀る。
¶中国名旧3 p180

玉皇廟　ぎょくこうびょう
山西省晋城市の市街東方13km、府城村の后土崗。北宋の熙寧9年（1076）の創建。玉帝殿に玉皇大帝と普天星君、東殿に三元・四聖・九曜星、などの塑像を安置。
¶新潮美, 中国名旧3 p73

玉皇廟遺跡　ぎょくこうびょういせき
北京市の延慶県。春秋・戦国時代の墓地遺跡。玉皇廟・葫芦溝・西梁垯という3つの墓地で合計1万点近くの副葬品が出土。
¶東ア考古〔写〕

玉皇廟壁画墓　ぎょくこうびょうへきがぼ
遼寧省遼陽市の南東。玉皇廟で発見された後漢・三国時代の石槨墓。入口中央の柱に雲気、柱頭に山形文が朱で描かれる。
¶世界考古

玉女泉造像　ぎょくじょせんぞうぞう
四川省綿陽市の市街の西郊、西山観の麓。玉女泉の石壁と子雲亭の石壁に彫られ、20龕からなる。
¶中国名旧5 p44

玉女潭　ぎょくじょたん
陝西省麟游県の南方10kmの魚塘峡。潭は長方形で、広さ約3アール。隋の文帝は当所で宴会を楽しんだ。
¶中国名旧5 p192

曲水園　きょくすいえん
上海市青浦県青浦鎮の東南隅。清の乾隆10年（1745）の造営。園内に「三十六景」がある。
¶中国名旧2 p32

玉蟾　ぎょくせん
四川省瀘県の北方35km。山中の巌に五代～明代の摩厳造像が280体余りある。
¶中国名旧5 p40

玉泉院　ぎょくせんいん
陝西省華陰県の華山の北麓の谷口。五代の隠士の陳摶の建立。
¶中国名旧5 p198

玉泉観　ぎょくせんかん
甘粛省天水市の市街の北部、天靖山の麓。元の大徳3年（1299）の創建で、殿宇は明・清代の再建。
¶中国名旧5 p224

玉蟾岩遺跡　ぎょくせんがんいせき
湖南省道県寿雁鎮白石寨村。旧石器時代末期から新石器時代早期の洞穴遺跡。1万年前を超える可能性のある土器が出土。
¶東ア考古

玉泉山　ぎょくせんざん
北京市海淀区の頤和園の西方。西山の東麓の支脈。山麓の静明園は遼代の玉泉山行宮、金代の芙蓉殿行宮の遺構。清の順治2年（1645）に改修し、澄心園と改称、康熙31年（1692）に現在名に改称。
¶アジア歴2, 中国名旧1 p64

玉泉寺　ぎょくせんじ
湖北省当陽市の玉泉山の東麓。後漢の建安年間に普浄禅師が庵を結んだことにはじまる。棲霞寺・霊厳寺・天台山とともに天下の寺院の「四絶」と称された。
¶中国名旧3 p307〔写〕, 中国名勝古蹟 p224〔写〕

中国　172

アジア

玉泉鉄塔　ぎょくせんてっとう
湖北省当陽市の玉泉山玉泉寺の前の丘。もとの名は如来舎利塔。北宋の嘉祐6年(1061)の鋳造。塔身は八角13層で、高さは約18m。

¶中国名旧3 p308〔写〕，中国名勝古蹟 p225〔写〕

玉仏寺　ぎょくぶつじ
上海市安遠路。光緒8年(1882)にビルマから坐仏と臥仏の玉製2体の仏像を招来。金山の僧堂出身の可成和尚が創立。

¶中国仏教，中国名旧2 p16〔写〕

曲阜の孔廟、孔林、孔府　きょくふのこうびょう、こうりん、こうふ★
山東省の曲阜市。孔廟は、孔子の神霊を祀る霊堂で、前478年の創建。孔廟・孔府・孔林を合わせて「三孔」と呼び巨大建築群をなす。孔子を祀る正殿の大成殿は中国三大宮殿(中国三大宮殿建築)の一つ。孔林は、孔子とその一族の墓所で至聖林とも呼ばれる。孔府は孔子一族の住居兼役所の役割を果たした建物。

|世界遺産|(曲阜の孔廟、孔林、孔府　1994)

¶アジア歴2(曲阜 きょくふ)〔写〕，旺文社世(曲阜 きょくふ)，角川世(曲阜 きょくふ)，新潮美(曲阜 きょくふ)，世遺事(曲阜の孔子邸、孔子廟、孔子林)，成世遺下〔写〕，世遺百〔写〕，世界考古(曲阜 きょくふ)，世歴事3(曲阜 きょくふ)〔写〕，ビジ世遺〔写〕，評論社世(曲阜 きょくふ)，ユネ世遺4〔写〕

玉屏巌　ぎょくへいがん
広東省肇慶市の閬風巌と相対。七星巌の一つで、明の万暦年間(1573-1620)創建の三仙閣がある。

¶中国名旧4 p256

玉峰山　ぎょくほうざん
江蘇省昆山県の西北部。俗に馬鞍山という。山頂に華蔵寺・凌霄塔ほか、中腹(半山)に仙鶴亭・半山亭ほか、山麓に宋代の詞人劉過の墓ほかがある。

¶中国名旧2 p83

玉茗堂　ぎょくめいどう
江西省臨川市沙井巷の背後。明代の劇作家湯顕祖(1550-1617)が晩年に執筆等に使ったところ。

¶中国名旧4 p96

玉門関　ぎょくもんかん
甘粛省敦煌市の市街西北80kmのゴビ灘。漢代、甘粛省西部に置かれた関所。遺跡はスタインによって敦煌の北西方約100kmにある小方盤城がそれに当たることが判明。

¶アジア歴2，旺文社世，角川世，世歴事3〔写〕，大遺跡7〔写〕，中国名旧5 p247(玉門関故址 ぎょくもんかんこし)，中国名勝古蹟 p101〔写〕，中国歴史，評論社世，平凡社世

玉門昌馬石窟群　ぎょくもんしょうばせっくつぐん
甘粛省玉門市の市街東南約60km。仏教石窟群。

¶新潮美，中国名旧5 p246(昌馬石窟 しょうばせっくつ)

曲陽修徳寺　きょくようしゅうとくじ
河北省定県北西の曲陽県。寺院址。宋代の塼塔と明代の殿址が残存。

¶世界考古

玉瀾堂　ぎょくらんどう
北京市海淀区の頤和園の昆明湖畔。光緒帝の寝室。清の乾隆15年(1750)の建造。

¶中国名旧1 p60

渠県漢闕　きょけんかんけつ
四川省渠県の巌峰に至る路上。6つの漢闕がある。東闕に朱雀、青竜を彫る。

¶中国名旧5 p77

莒国故城　きょこくこじょう
山東省莒県。周代の莒の都城。外城の西北隅の城子口一帯に城壁が残存し、東南隅一帯に高台がある故城内では殷・周代の陶器の破片が出土。

¶中国名旧3 p171

許国石坊　きょこくせきほう
安徽省歙県にある。明代の典型的な石坊。万暦12年(1584)の築造。続に八脚牌楼という。

¶中国名旧2 p241

弧国墓地　ぎょこくぼち
陝西省宝鶏市。紙坊頭・茹家荘・竹園溝の3つの墓地遺跡。西周(商末周初～西周中期)の弧集団の墓地。

¶東ア考古

許三湾城堡故址　きょさんわんじょうほこし
甘粛省高台県の西南約30kmのゴビ灘。漢～唐代の故城。銅製の鏃、五銖銭・開元通宝など1t余り発掘。

¶中国名旧5 p242

許昌関帝廟　春秋楼　きょしょうかんていびょう　しゅんじゅうろう
河南省許昌市の関帝廟にある。重檐入母屋造りで、緑色琉璃瓦葺き。

¶中国名旧3 p244(春秋楼 しゅんじゅうろう)

許慎墓　きょしんぼ
河南省郾城県の東方10kmの許荘。高さ約4m、底径約14mの土塚。

¶中国名旧3 p248

御茶園　ぎょちゃえん
福建省武夷山市(旧・崇安県)の武夷山の四曲の

南岸、更衣台の左側。焙局とも。元代に貢茶を栽培したところ。

¶中国名旧4 p172

玉海楼 ぎょっかいろう
浙江省瑞安県の東北、金帯橋の畔にある。清の光緒14年(1888)に孫詒譲(1848-1908)が建てた蔵書楼。

¶中国名旧2 p161

曲江 きょっこう
唐の長安城の東南隅。古い池の名。もとは荒野のなかの大きな池。秦はこの一帯に離宮宜春苑を建て、漢代には上林苑に属した。隋は芙蓉園と改称した。唐の開元年間(713-741)に名勝地とした。

¶角川世(曲江 きょくこう), 古代都城(長安城芙蓉園・曲江池)〔図〕, 中国名旧5 p163(曲江池 きょっこうち), 中国歴史, 評論社世(曲江 きょくこう)

玉皇閣〔銀川市〕 ぎょっこうかく
寧夏回族自治区銀川市東街。明代の創建。

¶中国名旧5 p256

玉皇山 ぎょっこうざん
浙江省西湖と銭塘江の間。別称を玉竜山。慈雲嶺の南斜面にある石仏像は、杭州の代表的な石窟。

¶中国名旧2 p124

玉皇洞石窟 ぎょっこうどうせっくつ
湖南省大庸市の市街から10kmの楓香崗。8洞からなり、嘉慶5年(1800)の造像が多数残る。

¶中国名旧4 p46

御碑亭 ぎょひてい
江西省九江市の廬山の仙人洞の西北の錦秀峰。白鹿昇仙台とも。亭内に明の太祖(1328-98)の「周顛仙人伝」を彫った石碑(高さ4m)がある。

¶中国名旧4 p75

魚鳧城遺跡 ぎょふじょういせき
四川省温江県万春鎮魚鳧村。新石器時代の城郭(囲壁)集落遺跡。

¶東ア考古

居庸関 きょようかん
北京市昌平区。八達嶺へと向かう重要な関門。門道入口の上部には大鵬金翅鳥が、その両側にはクジラや龍などが彫刻される。中央門道の入口や内部の両壁面には2215体の仏像が刻まれ、四隅に四天王像の浮彫りがある。

¶アジア歴2〔写〕, 旺文社世, 角川世, 新潮美, 世界考古〔写〕, 世歴事3, 中国名旧1 p80, 中国名勝古蹟 p53〔写〕, 中国歴史, 東ア考古, 評論社世, 平凡社世

居庸関雲台 きょようかんうんだい
北京市昌平区、居庸関の関城。過街塔の基壇で、元の至元5年(1345)の建立。ラマ塔は元代末期から明代初期に破壊された。

¶中国名旧1 p81〔写〕, 文化史蹟17〔写〕

鉅陽城旧址 きょようじょうきゅうし
安徽省太和県。太和県城東北20kmの原牆集。楚の考烈王10年(前253)から同22年(前241)まで戦国時代の楚の臨時の都城。遺跡を確認。

¶中国名旧2 p254

虚粮冢の墓地 きょりょうちょうのぼち
河北省易県東南。燕の下都の城内西北部にある2つの墓地区のうち、北の虚粮冢墓地。13基の大型墓で戦国時代中・後期のものと思われる。

¶大遺跡9(燕の下都―虚粮冢の墓地)〔写〕

宜良 ぎりょう
雲南省宜良県の南東、巴盤江流域付近。旧石器時代の遺跡。遺物は石核・石片・スクレーパー・尖頭器など。

¶世界考古

近園 きんえん
江蘇省常州市長春巷の常州賓館にある。清の康熙7～11年(1668-72)の造営。明代の様式を引き継いで造られた庭園。

¶中国名旧2 p95

金閣寺 きんかくじ
山西省五台県の五台山南台西北の峰の側台懐鎮からは15km。五台山の著名寺院の一つ。配置は観音閣を中心とする。門前に石獅子が置かれる。

¶中国名旧3 p41, 中国名勝古蹟 p129〔写〕

金華山摩崖造像 きんかざんまがいぞうぞう
雲南省剣川県の西方1km。地元では石将軍。造像は3体あり、いずれも同じ岩に彫った。

¶中国名旧5 p133

金衙荘遺址 きんがそういし
浙江省杭州市の清泰門の北。明の隆慶年間(1567-72)は金学曾の別荘であった。

¶中国名旧2 p124

金牛山旧石器時代早期遺址 きんぎゅうざんきゅうせっきじだいそうきいし
遼寧省営口県大石橋の南8kmの丘。3か所に第4紀の堆積物があり、旧石器時代前期の遺跡を発見。打製石器、骨器、動物化石が出土。

¶中国名旧1 p210

金源乳峰太虚洞 きんげんにゅうほうたいきょどう
黒竜江省阿城県の松峰山の西南麓。洞内にはかつて、道士の曹道清が西楼からやって来て修業

したことを記した金の承安4年（1199）銘の石碑ほかが建っていた。
¶ 中国名旧1 p238

金剛台 きんこうだい
安徽省金寨県と河南省の商城・固始両県との境界。周囲30km余り、歴史的に長江・淮河間の兵家必争の地。
¶ 中国名旧2 p254

金谷遺跡 きんこくいせき
吉林省龍井市徳新郷金谷ダムの周辺。新石器〜青銅器時代の遺跡。長方形竪穴住居跡から、打製・磨製の石器と篦点文などを施した土器が検出された。
¶ 東ア考古

金谷園 きんこくえん
河南省洛陽の西北。西晋の石崇（字は季倫、249-305）の邸園。
¶ 新潮美

金谷寺 きんこくじ
福建省永定県金砂郷。創建は清の乾隆5年（1740）。1928年6月、中国共産党永定県委員会と張鼎丞が当所において福建省西部で最大規模の永定暴動を指導。
¶ 中国名旧4 p178

金鎖関 きんさかん
陝西省銅川市の神水峡にある。関中北路の関で、軍事・交通上の要衝であった。
¶ 中国名旧5 p195

金山〔鎮江市〕 きんざん
江蘇省鎮江市の市街の西北方。山肌沿いに建物が並び、絢爛華麗な建築群を形成するので、「寺の中に山がある」といわれる。
¶ 中国名旧2 p108

金山〔避暑山荘〕 きんざん
河北省承徳市の避暑山荘の澄湖の東側。「康熙三十六景」の第18景「天宇咸暢」と第12景「鏡水雲岑」がある。江蘇鎮江の金山の風物を模して造った。
¶ 中国名旧1 p151

金山寺 きんざんじ
江蘇省鎮江市の金山にある。東晋代の創建。竜游寺、天禅寺ともいう。殿宇は山肌沿いに建てられ、尾根に慈寿塔と江天一覧亭がそびえ、山頂を留玉閣と大小の観音閣が取り囲み、山腹に七峰亭・妙高台・楞伽台などが連なる。
¶ 新潮美、世歴大6、中国名旧2 p109〔写〕、中国名勝古蹟 p258〔写〕

径山寺 きんざんじ
浙江省杭州府余杭県の径山山麓。禅宗五山第一、

能仁興聖万寿禅寺。開山は牛頭宗の法欽（714-92）で、天宝の初め（742頃）に開かれた。
¶ 中国仏教

金山長城 きんざんちょうじょう
河北省灤平県巴克什営の花楼溝一帯。大金山と小金山の山中にある。明の隆慶4年（1570）の築造で、長さ50km余り。
¶ 大遺跡9 p37（金山嶺長城）〔写〕、中国名旧1 p157、中国名勝古蹟 p53〔写〕

巾山宝塔 きんざんほうとう
浙江省臨海県、巾山の東西両峰の山頂。双塔。ともに六角5層の塼塔。南宋・乾道年間（1165-73）頃の創建と推定。
¶ 新潮美

銀山宝塔 ぎんざんほうとう
北京市昌平区海子村の西南部、銀山南麓の延寿寺の跡地。金・元両代の塼塔が7基あり、「昌平八景」の一つ。
¶ 中国名旧1 p81

巾子山 きんしざん
浙江省臨海県の東南部。山頂に双塔が建ち、半江楼・仰止亭・竜興寺・多宝塔などの景勝がある。
¶ 中国名旧2 p176

金絲堂 きんしどう
山東省曲阜市の孔廟にある。金代の建立。「大成楽」の練習場となる。
¶ 中国名旧3 p151

銀雀山漢墓 ぎんじゃくざんかんぼ
山東省臨沂市の市街東南部。銀雀山に所在する前漢墓。最古、かつ最も完全な古代歴譜としての『元光元年歴譜』が出土。
¶ 新潮美、世界考古、中国名旧3 p169（銀雀山金雀山漢墓群 ぎんじゃくざんきんじゃくざんかんぼぐん）、東ア考古（銀雀山遺跡 ぎんじゃくざんいせき）

金勝村唐墓 きんしょうそんとうぼ
山西省太原市の南約15km、金勝村付近。塼室墓。いずれも彩色壁画がある。
¶ 新潮美（太原—金勝村唐墓 たいげん—きんしょうそんとうぼ）、世界考古、東ア考古（金勝村墓 きんしょうそんぼ）

金廠遼墓 きんしょうりょうぼ
遼寧省遼陽県金廠村。遼代画象石墓。墓室の板石上に宴飲図・孝子故事図を刻す。
¶ 世界考古

金人台 きんじんだい
山西省太原市の晋祠の中軸線上、会仙橋の西側。四隅に鉄太尉という鋳鉄製の人物像が1体ずつ建つ。

¶中国名旧3 p18

金水橋　きんすいきょう
北京市街中心部の故宮。外金水橋は中山公園の前方にあり、あわせて7本。内金水橋は太和門前方の広場にあり、あわせて5本。

¶中国名旧1 p25〔写〕

金銭会起義遺址　きんせんかいきぎいし
浙江省平陽県の銭倉の北山廟にある。1858年に結成し、浙江省の南部で活動した金銭会の遺址。北山廟はすでに廃滅し、遺構のみ現存。

¶中国名旧2 p162

金村韓墓　きんそんかんぼ
河南省洛陽市。戦国時代の高級貴族墓。副葬品には金象嵌の銅尺や重さと容量を記した銅の容器がある。

¶図解考古（金村古墓 きんそんこぼ）〔写/図〕，世界考古（金村 きんそん）〔図〕，東ア考古

金台観　きんだいかん
陝西省宝鶏市の駅の北方約0.5km、黄土の台地の中腹。明代に遼東道人張三豊が修行したところ。明代初期の創建。

¶中国名旧5 p190

金代石幢　きんだいせきどう
河北省盧竜県の南門内にある。俗に石塔、正しくは尊勝陀羅尼経幢という。創建年代は不明。現存の石幢は金の大定9年（1169）に着工し、同11年に完成したもの。

¶中国名旧1 p167

金太祖完顔阿骨打陵　きんたいそかんがんあこつだりょう
黒竜江省阿城市。金の太祖陵。金上京会寧府城跡、「斬将台」と俗称される小台地状の遺跡。

¶中国名旧1 p239（金太祖阿骨打御陵址 きんたいそアクダごりょうし），東ア考古

鈞台窯遺址　きんだいよういし
河南省禹県の北門内。宋代の五大名窯の一つ。鈞窯ともいう。

¶中国名旧3 p247，東ア考古（鈞窯 きんよう）〔写（花盆）〕

金柱塔　きんちゅうとう
安徽省当塗県の西方2.5km。姑渓河と長江の合流点にある。六角7層。

¶中国名旧2 p207

金頂　きんちょう
四川省峨嵋県の峨嵋山の最高峰。後漢代の創建。峨嵋山の古刹の一つ。

¶中国名旧5 p69

金殿〔武当山〕　きんでん
湖北省丹江口市の武当山の天柱峰の頂上。俗に金頂といい、明の永楽14年（1416）の建立。

¶中国名旧3 p300

金田起義旧址　きんでんきぎきゅうし
広西チワン族自治区桂平県の北方24km。太平天国革命軍の練兵場などがあった。

¶中国名旧4 p299

金土城遺址　きんどじょういし
北京市豊台区鳳凰嘴村一帯。上京の会寧府から遷都して中都と改称した。中心部に宮城がある。西南隅から東への延伸部分のみ現存。

¶中国名旧1 p75

金鳳台　きんぽうだい
河北省臨漳県三台村。三国時代の魏が築いた「三台」の一つ。南北122m、東西70m、高さ12m。

¶中国名旧1 p124

金蒲与路城跡　きんほよろじょうあと
黒竜江省克東県。金代の城郭。官衙跡、オンドルを有する住居跡などが発掘され、多くの遺物が出土。「蒲峪路印」の出土は重要。

¶東ア考古〔図〕

勤民楼　きんみんろう
吉林省長春市の満州国皇宮の緝熙楼の北。2階建ての方形圏楼。2階の東南が正殿たる勤民殿で、溥儀が外国の使節を接見したところ。

¶中国名旧1 p220

金蘭寺　きんらんじ
広東省増城県。新石器時代の貝塚。出土した土器は低温で焼かれ紅色を施した良質紅陶の彩文土器がある。

¶世界考古

金蓮映日　きんれんえいじつ
河北省承徳市の避暑山荘の延薫山館の西。「康熙三十六景」の第24景。正殿は西向き、間口柱間5間の入母屋造。

¶中国名旧1 p150

耦園　ぐうえん
江蘇省蘇州市小新橋巷。邸宅の東西に一つずつあるので、耦（偶）園という。蘇州の庭園で最良の黄石造りの築山。

¶中国名旧2 p69

遇真宮　ぐうしんきゅう
湖北省丹江口市の武当山の北麓、玄岳門から1kmのところ。永楽15年（1417）に大小あわせて柱間296間の堂宇を建て、遇真宮と命名した。

¶中国名旧3 p294

中国　　176

遇仙寺　ぐうせんじ
四川省峨嵋県の峨嵋山の仙峰寺と洗象池の間。清の同治元年（1862）に聖懐和尚が創建。
¶ 中国名旧5 p69

瞿家湾　くかわん
湖北省洪湖県の西北35km。土地革命戦争時代にちなむ旧址が20か所余り現存。
¶ 中国名旧3 p321

虞姫墓　ぐきぼ
安徽省霊璧県の東方7.5km。楚王項羽の寵姫虞美人の墓。墓前に石碑が建つ。
¶ 中国名旧2 p222

虞弘墓　ぐこうぼ
山西省太原市晋源区。隋の虞弘の墳墓。墓室内に八角形石柱5本があり4本に蓮華文の浮彫り、1本に彩絵がある。
¶ 東ア考古

虞山〔桂林市〕　ぐざん
広西チワン族自治区桂林市北極路の東。岩壁に唐代の韓雲卿の撰、韓秀実の筆、宋代の朱熹の虞帝廟碑などの石刻がある。
¶ 中国名旧4 p277

虞山〔常熟市〕　ぐざん
江蘇省常熟市の市街西北部。高さ約200m。旧跡は小雲棲寺、言子墓・仲雍墓・王石谷墓・黄公望墓・王哲墓・読書台・辛峰亭などがある。
¶ 中国名旧2 p81

九十九盤石刻　くじゅうくばんせっこく
江西省九江市の廬山の円仏殿の西側、登山道の傍らにある。絶壁に宋〜清代の題刻が99ある。
¶ 中国名旧4 p80

瞿秋白紀念碑　くしゅうはくきねんひ
福建省長汀県の西門外の羅漢嶺。瞿秋白（1899-1935）は中国共産党草創期の重要指導者の1人。
¶ 中国名旧4 p179

弘聖寺塔　ぐしょうじとう
雲南省大理市の旧城西南0.5km。高さ46m、方形16層の密檐式磚塔。
¶ 中国名旧5 p130

クズル・ガハ千仏洞
新疆ウイグル自治区庫車県。仏教文化が栄えたキジール・オアシス都市の石窟群の一つ。現在46個の石窟寺院が残る。造立年代は4〜5世紀頃。
¶ 大遺跡7 p49〔写〕，中国名旧5 p302（克孜爾尕哈千仏洞　クズルガハせんぶつどう），文化史蹟16（キジール・ガハ石窟）〔写〕

クズルガハ土塔
新疆ウイグル自治区庫車県の西方10kmの自動車道路の傍ら。仏塔の一部または漢代の烽燧の遺構。
¶ 中国名旧5 p302（克孜爾尕哈土塔　クズルガハどとう）

クズルガハ烽火台
新疆ウイグル自治区クチャ県西方10km。漢代の烽燧（のろし台）の遺跡といわれる。クチャ城の西にあり、シルクロードの天山南路上における、年代がわかっているものとしては最古の烽火台。
¶ 中国名勝古蹟 p104（烽火台 ほうかだい）〔写〕

クタガル（科達和爾）石人
新疆ウイグル自治区昭蘇県の阿赫蘇の科達和爾。7〜8世紀の突厥民族の墓に、2つの石人が500mほど隔てて南北に並ぶ。
¶ 中国名旧5 p289（科達和爾石人　クタガルせきじん）

クチャ（庫車）
新疆ウイグル自治区クチャ県。天山南路北道沿いのオアシス都市。古くキジ（亀茲）と呼ばれ、周辺渓谷に仏教石窟が多い。キジル、クムトラ、シムシム、クズルガハ、マザバハ、タイタイルなどの石窟寺院、スバシ、ドゥルドゥル・アクールなどの地上に建てられた伽藍跡がある。
¶ アジア歴3（クチャ），旺文社世（クチャ），角川世，世界考古（クチャ），大遺跡7（クチャ）〔写/図〕，東ア考古〔写〕，評論社世（クチャ），山川世（クチャ）

屈家嶺遺跡　くっかれいいせき
湖北省京山県南西30kmの屈家嶺村。仰韶文化と龍山文化の中間に当たる新石器時代屈家嶺文化の標準遺跡。
¶ 世界考古（屈家嶺　くっかれい），中国名旧3 p320（屈家嶺文化遺址　くっかれいぶんかいし），東ア考古

屈原故里　くつげんこり
湖北省秭帰県の東方30kmの屈坪。屈原（前340？ −前278？）の生誕地で屈原廟・読書洞・吟詩台・照面井などが現存。
¶ 中国名旧3 p310

屈原祠　くつげんし
湖北省秭帰県の東方1.5km、長江北岸の向家坪。清烈公祠とも。屈原の死後、神魚が遺体を故郷の秭帰に持ち帰り、県城東方5里の地に葬ったと伝える。祠は唐の元和15年（820）に創建。1978年に山門、大殿と左右の配房などを再建。
¶ 中国名旧3 p311〔写〕

屈原廟　くつげんびょう
湖北省秭帰県の屈原故里の香炉坪。屈原の邸宅の跡地と伝える。唐の元和年間（806-820）の創

建。硬山造りの民家。

¶中国名旧3 p310

屈原墓　くつげんぼ
湖南省汨羅市の烈女嶺。尾根にそびえる高大な土墳で、塚が12ある。北方約500mのところに、屈原の娘が父親を葬るために土を採掘したと伝える楚壙がある。

¶中国名旧4 p34

屈子祠　くつしし
湖南省汨羅市の玉笥山。詩人の屈原（前340－前278）を記念して漢代に創建。清の乾隆21年（1756）に現在地に移設。

¶中国名旧4 p34〔写〕，中国名勝古蹟 p226〔写〕

屈大均墓　くつだいきんぼ
広東省番禺県思賢郷。詩に秀で、「嶺南の三大家」といわれた屈大均（1630-96）の墓。

¶中国名旧4 p223

屈斗宮窯遺址　くつときゅうよういし
福建省徳化県宝美村の破寨山。宋・元代における輸出用磁器の重要産地の一つ。磁器の標本と工具を6700点余り発見。

¶中国名旧4 p161

瞿曇寺　くどんじ
青海省楽都県の南方約20kmの渓谷。明代以前の創建。柱間51間の壁画廊に大きな彩色壁画がある。

¶中国名旧5 p269

クベレイト（科培雷特）刻絵
新疆ウイグル自治区昭蘇県の撒姆塔什の南方約35km。3か所。一つは釈迦の座像、右側に西蔵語・維吾と山羊・蛤蟆などを彫る。

¶中国名旧5 p289（科培雷特刻絵 クベレイトこくかい）

クムトラ千仏洞
新疆ウイグル自治区クチャ。石窟寺院群。中国名は丁谷山千仏洞。阿奢理弐寺と考えられている。5世紀頃に開鑿が始まり、10世紀頃まで造営が続いた。

¶アジア歴3（クムトゥラ）〔写〕，角川世，新潮美（クムトゥラ），世界考古（クムトゥラ石窟），大遺跡7 p50〔写〕，大遺跡9（庫木吐喇石窟 クムトラせっくつ）〔写〕，中国名旧5 p300（庫木吐喇千仏洞 クムトラせんぶつどう），東方考古（クムトラ〔庫北吐喇〕石窟）〔写〕，仏教考古（クムトラ），文化史蹟16〔写〕

クルス（庫魯斯）石人
新疆ウイグル自治区霍城県の小瑪扎爾の東北、昆帯山の大石頭の真北の庫魯斯。女性のようにみえ、高さ85cm。

¶中国名旧5 p287（庫魯斯石人 クルスせきじん）

クルムチ（克爾木斉）石人および墓葬
新疆ウイグル自治区阿勒泰市の市街西南約12kmの克爾木斉。戦国時代から7世紀にかけての突厥民族の墓。

¶中国名旧5 p291（克爾木斉石人及墓葬 クルムチせきじんきゅうぼそう）

軍官教育団旧址　ぐんかんきょういくだんきゅうし
江西省南昌市花園角の近くにある。3つの院落と講堂・運動場がある。朱徳が中国共産党の指示にもとづき、結成した国民革命軍第三軍軍官教育団の施設址。

¶中国名旧4 p54

君山　くんざん
湖南省岳陽市の市街西南部の洞庭湖。洞庭山とも。舜の2人の妃、娥皇と女英が住んでいたという。始皇帝が南巡したときに泊まったともいう。

¶中国名旧4 p31〔写〕

君子長生館　くんしちょうせいかん
河北省保定市の古蓮花池の西側にある。清の同治年間（1862-74）の「蓮池十二景」の一つ。入母屋造。

¶中国名旧1 p129

クンダイ（昆帯）山岩画
新疆ウイグル自治区霍城県から17.5km。牛・馬・山羊など原始的な絵が彫られる。

¶中国名旧5 p287（昆帯山岩画 クンダイさんがん）

クンブム寺（塔爾寺）　くんぶむじ（たーるじ）
青海省湟中県魯沙爾鎮の西南隅。クンブム・チャンパーリン寺。塔爾寺、金瓦寺とも。創建（再興）は明の嘉靖39（1560）。格魯派の六大寺院の一つで、青海最大のラマ教寺院。

¶アジア歴3（クンブム），中国名旧5 p265（塔爾寺 タールじ），中国名勝古蹟 p80（塔爾寺 タールじ）〔写〕，評論社世（クンブム）

クンブム寺（塔爾寺）過門塔　くんぶむじ（たーるじ）かもんとう
青海省湟中県魯沙爾鎮のクンブム寺（塔爾寺）にある。清の康熙50年（1711）の建立。宗喀巴の母親が小屋がけをしたところ。

¶中国名旧5 p268（過門塔 かもんとう）

クンブム寺（塔爾寺）久間殿　くんぶむじ（たーるじ）くげんでん
青海省湟中県魯沙爾鎮のクンブム寺（塔爾寺）にある。明の天啓6年（1626）に建立し、五方如来を安置。

¶中国名旧5 p268（久間殿 くげんでん）

クンブム寺（塔爾寺）小花寺（長寿殿） くんぶむじ（たーるじ）しょうけじ（ちょうじゅでん）
青海省湟中県魯沙爾鎮のクンブム寺（塔爾寺）にある。別称を長寿殿。清の康熙56年（1717）の建立。
¶中国名旧5 p267（小花寺 しょうけじ）

クンブム寺（塔爾寺）小金瓦殿 くんぶむじ（たーるじ）しょうこんがでん
青海省湟中県魯沙爾鎮のクンブム寺（塔爾寺）にある。小金瓦寺とも。クンブム寺（塔爾寺）の護法神（家衆神）殿で、明の崇禎4年（1631）の建立。
¶中国名旧5 p267（小金瓦寺 しょうこんがじ）

クンブム寺（塔爾寺）大経堂 くんぶむじ（たーるじ）だいきょうどう
青海省湟中県魯沙爾鎮のクンブム寺（塔爾寺）にある。クンブム寺（塔爾寺）の宗教組織の最高権力機関。チベット風の平たい屋根の建物。明の万暦34年（1606）の建立。
¶中国名旧5 p266（大経堂 だいきょうどう），中国名勝古蹟 p80（大経堂〔クンブム寺〕だいきょうどう）〔写〕

クンブム寺（塔爾寺）大金瓦殿 くんぶむじ（たーるじ）だいこんがでん
青海省湟中県魯沙爾鎮のクンブム寺（塔爾寺）にある。大金瓦寺とも。クンブム寺（塔爾寺）の宝殿。漢式宮殿風の建物。
¶中国名旧5 p265（大金瓦寺 だいこんがじ）〔写〕

クンブム寺（塔爾寺）大厨房 くんぶむじ（たーるじ）だいちゅうぼう
青海省湟中県魯沙爾鎮のクンブム寺（塔爾寺）にある。清の康熙28年（1689）の建立。
¶中国名旧5 p267（大厨房 だいちゅうぼう）

クンブム寺（塔爾寺）大拉浪 くんぶむじ（たーるじ）だいらろう
青海省湟中県魯沙爾鎮のクンブム寺（塔爾寺）にある。別称を大方丈室。清の順治7年（1650）の建立。
¶中国名旧5 p268（大拉浪 だいらろう）

クンブム寺（塔爾寺）如意宝塔 くんぶむじ（たーるじ）にょいほうとう
青海省湟中県魯沙爾鎮のクンブム寺（塔爾寺）にある。清の乾隆41年（1776）の建立。釈迦牟尼の8つの大事を記念して、8基が横に並ぶ。
¶中国名旧5 p268（如意宝塔 にょいほうとう）

クンブム寺（塔爾寺）菩提塔 くんぶむじ（たーるじ）ぼだいとう
青海省湟中県魯沙爾鎮のクンブム寺（塔爾寺）にある。建立は清の康熙50（1711）年で、磚作り。仏像を1体ずつ堀った磚を10万個使用している。

¶中国名旧5 p268（菩提塔 ぼだいとう）

クンブン仏塔
チベット自治区シガツェ市のギャンツェ県ギャンツェ鎮。十万仏を意味する名で呼ばれる仏塔。持金剛尊を主尊として中心に安置し内部に多数の祠堂を持つ。伝1427年建立。
¶宗教建築（ギャンツェのクンブン仏塔）〔写/図〕

桂園 けいえん
四川省重慶市中山四路。毛沢東の使用に供した。精緻な造りの2階建て。
¶中国名旧5 p30

恵遠鐘楼 けいえんしょうろう
新疆ウイグル自治区霍城県の東南部の恵遠城。清代初期に造営した伊犁九城の一つ。旧城は乾隆28年（1763）、光緒8年（1882）新城を造営。
¶中国名旧5 p287

桂宮 けいきゅう
陝西省西安市未央区未央宮郷一帯。前漢武帝が太初4年（前101）后妃のために造営した宮殿。前漢末には皇后の隠居所とされた。
¶東ア考古〔図〕

景県封氏墓群 けいけんほうしほぐん
河北省景県南東郊。北朝渤海封氏一族の墓地。かつて「十八乱塚」と呼ばれた。
¶世界考古（景県封氏墓群 けいけんふうしほぐん），東ア考古（景県封氏墓群）

桂湖 けいこ
四川省新都県の西南隅。明代の楊升庵（1488-1559）が青少年時代に勉学にいそしんだところ。清代建立の升庵殿が現存。
¶中国名旧5 p22

渓口 けいこう
浙江省奉化県の西北部、剡渓の河畔にある古い鎮。鎮の東側に武嶺頭があり、武嶺門を築く。
¶中国名旧2 p152

鶏公山遺跡 けいこうざんいせき
湖北省荊州市。旧石器時代の遺跡。1万8千年前頃の第2層から小型剝片石器が、今から10～20万年前と推定される第5層から石器が出土。
¶東ア考古

挂甲山石刻 けいこうざんせっこく
山西省吉県の南方500mの挂甲山。山麓の岩壁に隋の開皇3年（583）に仏像を彫った。龕は火炎式で、1仏2菩薩のものが多い。
¶中国名旧3 p88

迎江寺 げいこうじ
安徽省安慶市の市街にある。長江沿岸の古刹の一つ。北宋の開宝7年（974）の創建。

¶中国名旧2 p208

嵆康亭　けいこうてい
安徽省蒙城県の東北隅の嵆山。清の乾隆31年（1766）に山上に亭を建てた。

¶中国名旧2 p251

慧光塔基　けいこうとうき
浙江省瑞安県。1966年に北宋の慶歴3年（1043）以前の仏教芸術品70と唐宋の銅銭多数が発見された。

¶世界考古

嵆康墓　けいこうぼ
安徽省渦陽県の石弓山の南麓。嵆康（224-263）は文学者・思想家・音楽家で、「竹林の七賢」の1人。のちに、当所に葬られた。

¶中国名旧2 p251

桂斎　けいさい
福建省福州市の西湖の荷亭の傍ら。林則徐（1785-1850）は西湖の浚渫で節約した資材を利用し宋代の李綱を祀る祠堂を建てるとともに、柱間3間の小屋を建て、李綱の晩年の邸宅の名を取って桂斎と命名した。

¶中国名旧4 p123

恵山　けいざん
江蘇省無錫市の西郊外。東麓に春申澗・古恵山寺や、唐・宋代の石経幢、宋代の金蓮橋、明代の寄暢園、清代の竹炉山房などの名勝旧跡がある。

¶中国名旧2 p92

景山　けいざん
北京市西城区、故宮の神武門の向い側。元代は大都城内の土丘。明の永楽14年（1416）、故宮の造営の際、残土を堆積し万歳山と命名。清の順治12年（1655）に景山と改称。

世界遺産（北京と瀋陽の明・清朝の皇宮群　1987, 2004）

　¶新潮美（北京故宮―景山 ペキンこきゅう―けいざん），中国名旧1 p35

景山五亭　けいざんごてい
北京市西城区、景山の頂上。中峰に万春亭、東西の峰に周賞亭と富覧亭、その外側の峰に観妙亭と輯芳亭がある。いずれも清の乾隆16年（1751）の建造。

¶中国名旧1 p36

慶山寺　けいさんじ
陝西省臨潼県。唐代の寺院。舎利塔は仏教故事の線刻画を施した石灰岩製の方塔。

¶東ア考古

恵山唐宋経幢　けいざんとうそうきょうどう
江蘇省無錫市の恵山寺の門前にある。唐の乾符

3年（876）に李端符の造った陀羅尼経幢と北宋の熙寧3年（1070）の普利院大白傘蓋神咒幢。

¶中国名旧2 p92

景芝鎮遺跡　けいしちんいせき
山東省安邱県。大汶口文化の墓葬遺跡。景芝鎮の南西300mのレンガ窯場内にある。

　¶新潮美（安邱〔景芝鎮遺跡〕 あんきゅう），世界考古（景芝鎮 けいしちん），東ア考古

荊州高台秦漢墓　けいしゅうこうだいしんかんぼ
湖南省荊州市江陵県。高台村にある墓地。小型墓はすべて竪穴式墓。

¶東ア考古

荊州古城　けいしゅうこじょう
湖北省江陵県。現在のいわゆる荊州古城は、明の洪武年間（1368-98）の再建で、清代初期の修復をへている。全体規模は東西3.75km、南北1.1km。

¶中国名旧3 p317, 文化史蹟17〔写〕

慶州城　けいしゅうじょう
内モンゴル自治区赤峰市バイリン左旗白塔子。契丹（遼）皇帝の聖宗・興宗・道宗3代の陵墓「慶陵」の奉陵区として、1031年に造られた土城遺跡。城壁は南北約930m、東西約1090m。大小数十の土壇がある。

　¶アジア歴3（慶州 けいしゅう）〔図〕，世歴事3（慶州 けいしゅう）〔図〕，中国名旧1 p179（遼慶州城遺址 りょうけいしゅうじょういし），中国名旧1 p180（遼上京城遺址 りょうしょうけいじょういし），東ア考古（慶州遺跡 けいしゅういせき）

景州塔　けいしゅうとう
河北省景県の西北隅。舎利塔とも。通高63m、八角13層の塔。宋代の様式を留める。

¶中国名旧1 p170

渓州銅柱　けいしゅうどうちゅう
湖南省永順県王村郷の花果山にある。もとは西水の河岸にあった。五代の後晋の天福5年（940）に楚王の馬希範と渓州刺史の彭士愁が結んだ停戦の盟約の象徴。高さ8mの八角柱。

¶中国名旧4 p46

邢州窯　けいしゅうよう
河北省臨城県・崗頭、祁村、双井村一帯および内丘県に分布。陶磁器窯。北朝から隋・唐・五代に至る窯。1980年代に発見され、84年から内丘県で28ヵ所の窯が調査された。

¶東ア考古〔写（白磁水注）〕

恵昭太子陵　けいしょうたいしりょう
陝西省臨潼県。唐憲宗の長子恵昭太子の墓。遺物の漢白玉石製の哀冊と冊文195点は唐代を代表する貴重な資料。

¶東ア考古

景真八角亭　けいしんはっかくてい
雲南省勐海県の景真山にある。傣暦の1063年(1701)の建立。基壇・亭身・頂部からなる。
　　¶中国名旧5 p147, 中国名勝古蹟 p286〔写〕

磐鐘峰　けいすいほう
河北省承徳市内、武烈河の東岸。承徳の名山の一つ。東側の断崖に清代の密教の彫像、頂上に中国で現存最古といわれる桑の老木がある。
　　¶中国名旧1 p144

慶成宮　けいせいきゅう
北京市宣武区永定門大街の先農壇付近。皇帝が親耕ののち扈従した臣僚に茶菓をふるまい、労をねぎらうのに使った。
　　¶中国名旧1 p49

涇川王家溝石窟　けいせんおうかこうせっくつ
甘粛省涇川北2kmの王家溝。北魏の石窟。東方洞・西方洞など8窟。
　　¶新潮美(涇川石窟　けいせんせっくつ), 世界考古

鶏足山　けいそくざん
雲南省賓川県の西北40km。九重巌とも。蜀漢代に小さな庵を設け、唐代に拡張。全盛時には大小あわせて100余りの堂宇を擁した。
　　¶中国名旧5 p133

荊村遺跡　けいそんいせき
山西省万泉県の東門外。荊村瓦渣斜の黄土台地上にある新石器時代遺跡。多数の穀物貯蔵庫と土器を焼いた窯址2個が発掘された。
　　¶新潮美, 図解考古〔写(土器)〕, 世界考古(荊村　けいそん)

邢台　けいだい
河北省邢台地区。10ヵ所以上の殷代遺跡を確認。買村・尹郭村・曹演荘の調査報告があり、遺構として窯址・窖穴・住居址・墓が知られる。
　　¶世界考古

瓊台書院　けいだいしょいん
海南省瓊台師範学校の構内。もと瓊崖の最高学府で、清の康熙49年(1710)の建造。
　　¶中国名旧4 p264

景泰陵　けいたいりょう
北京市海淀区の玉泉山の北麓。明の英宗朱祁鎮の弟の代宗朱祁鈺の陵墓。
　　¶中国名旧1 p64

敬亭山　けいていざん
安徽省宣城県の北方5km。別名を査山。翠雲庵・広教寺・額珠楼・太白楼などの旧跡があった。現存するのは双塔と古昭亭石坊のみ。

景徳橋　けいとくきょう
山西省晋城市の市街の西門外、沁水河。金の大定29年(1189)に着工し、明昌2年(1191)に完成。25の石を用いてアーチを築く。
　　¶中国名旧3 p73〔写〕

景徳鎮窯　けいとくちんよう
江西省東北部、景徳鎮市の陶磁器窯の総称。窯の開始は五代で、宋代には技術的に成熟し、元・明・清代に至る。湖田・湘湖・錫梅亭・黄泥頭・柳家湾など多くの窯跡がある。
　　¶東ア考古〔写(青花小碗)〕

景福閣　けいふくかく
北京市海淀区の頤和園の万寿山の東部。清の乾隆年間の建造、西太后の時代に再建。
　　¶中国名旧1 p57

桂平西山　けいへいせいざん
広西チワン族自治区桂平県の西方1km。李公祠・洗石庵・竜華寺などがある。竜華寺は清の乾隆年間(1736-95)の創建。
　　¶中国名旧4 p299

芸圃　げいほ
江蘇省蘇州市文衙弄。明代の袁祖康が造営し、明末清初に姜貞毅の手に移り、芸圃と改称。敬亭山房とも。
　　¶中国名旧2 p69

啓母闕　けいぼけつ
河南省登封市の嵩山の南麓、万歳峰の下。漢代の啓母廟の神道闕。
　　¶中国名旧3 p204

景明寺　けいめいじ
河南省洛陽市。北魏第八代宣武帝が景明年間(500-03)洛陽に建立。宣武帝は先帝とその皇后のために竜門に二大石窟を開鑿し、荘麗な景明寺を建てた。
　　¶中国仏教

鶏鳴寺　けいめいじ
江蘇省南京市の鶏鳴山の東麓。明の洪武20年(1387)に法宝寺の跡地に鶏鳴寺を建てた。南京の景勝地の一つ。
　　¶中国仏教(鶏鳴(明)寺), 中国名旧2 p39

揭陽学宮　けいようがくきゅう
広東省揭陽県榕城鎮。南宋の紹興10年(1140)に建立。周恩来が明倫堂に起居し、事務所とした。
　　¶中国名旧4 p234

景陽崗　けいようこう
山東省陽穀県の東南17.5km。『水滸伝』の英雄武松が虎を仕留めたところ。丘陵に武松廟を建

てて塑像を安置。
　¶中国名旧3 p191

慶陽寺溝石窟　けいようじこうせっくつ
甘粛省慶陽南75kmの寺溝にある。蒲河東岸の紅砂岩の断崖に、西向きに南北110mにわたって開かれている。大小窟龕280余。北魏より隋唐にかけて造営。
　¶世界考古

経略台真武閣　けいりゃくだいしんぶかく
広西チワン族自治区容県の東部の人民公園。現存の真武閣は明の万暦元年(1573)の建造で、3層の木造の楼閣。
　¶中国名旧4 p301〔写〕

繫竜洲　けいりゅうしゅう
広西チワン族自治区梧州市の市街から7里(3.5km)の西江のなか。明代に文昌閣を設け、清の康熙年間(1662-1722)に再建。
　¶中国名旧4 p295

恵陵　けいりょう
陝西省蒲城県の三合村。唐の睿宗(在位684-690、710-712)の長子李憲の陵墓。
　¶中国名旧5 p201

慶陵　けいりょう
内モンゴル自治区赤峰市バイリン左翼。3基の遼代陵墓の総称。東陵は聖宗耶律隆緒(1031没)の永慶陵、中陵は興宗耶律宗真(1055没)の永興陵、西陵は道宗耶律洪基(1101没)の永福陵にあたる。
　¶アジア歴3〔写/図〕、旺文社世、角川世、新潮美、図解考古、世界考古〔図〕、東ア考古〔写(東陵墓室)〕、評論社世、平凡社世、山川世

迥竜橋　けいりょうきょう
福建省福州市閩安鎮の邢港。飛鑾橋・沈公橋とも。五代の架設で、幅4.8m、長さ66m。花崗岩製。
　¶中国名旧4 p120

桂林王城　けいりんおうじょう
広西チワン族自治区桂林市の市街の中心部。明代の靖江王府。
　¶中国名旧4 p277

華厳寺〔崂山県〕　けごんじ
山東省崂山県崂山の東部、那羅延山(華厳山ともいう)の山麓。崂山で現存唯一の仏教寺院。山門の上に周囲に回廊をめぐらした蔵経閣がある。
　¶中国名旧3 p126

華厳寺〔西安市〕　けごんじ
陝西省西安市。唐代、貞観14年(640)華厳宗初祖杜順が寂し、長安南郊、樊川の北原に龕蔵された。そこへ墓塔として19年に創建。

　¶中国仏教(華厳寺(西安))、中国名旧5 p171

華厳寺〔大同市〕　けごんじ
山西省大同市。上下の二寺がある。唐代の創建とされる。
　¶アジア歴3〔写〕、新潮美、中国仏教(華厳寺(大同))、中国名旧3 p27、文化史蹟17〔写〕

華厳寺大雄宝殿　けごんじだいゆうほうでん
山西省大同市の上華厳寺内の西北隅。遼の清寧8年(1062)に建てられ、のち金の天眷3年(1140)に再興。間口9間、53.5m、奥行5間、26.4mの大建築。
　¶中国名旧3 p28、中国名勝古蹟 p123(上寺大雄宝殿 じょうじだいゆうほうでん)〔写〕、文化史蹟17(上華厳寺大雄宝殿)〔写〕

華厳寺薄伽教蔵殿　けごんじばぎゃきょうぞうでん
山西省大同市の華厳寺内。経典を蔵するための建物の旧名。遼の重熙7年(1038)の建設。
　¶中国名旧3 p28、文化史蹟17(下華厳寺薄伽教蔵殿)〔写〕

華厳寺壁蔵　けごんじへきぞう
山西省大同市の華厳寺薄伽教蔵殿内。壁蔵は重層の軒を持つ楼閣式。欄干の羽目板には透し彫りの幾何学文37種が刻される。
　¶中国名旧3 p29

華厳塔　けごんとう
上海市金山県松隠鎮の東北。元代に松隠禅院が創建、明の洪武13年(1380)に着工し、4年後に完成。磚と木で出来た方形7層の塔。
　¶中国名旧2 p32

華厳洞造像　けごんどうぞうぞう
四川省安岳県の東南50kmほどの赤雲郷にある。華厳寺内の岩壁に洞を穿ち、正面に華厳三聖像を彫る。
　¶中国名旧5 p56

化城寺　けじょうじ
安徽省青陽県の九華山の中心に位置。九華山の開山寺として知られる。しばしば戦火に見舞われ、蔵経楼が明の宣徳年間のもので、他は清代の再建。
　¶中国名旧2 p200

ゲズ(蓋茨)河畔古駅舎遺址　げずかはんこえきしゃいし
新疆ウイグル自治区タシュクルガン・タジク自治県の蓋茨河畔の上蓋茨村。石積みの建物で、すでに倒壊。
　¶中国名旧5 p309(蓋茨河畔古駅舎遺址)

花置寺造像　けちじぞうぞう
四川省邛崍県の西北7km、花置寺の跡地の前。7

龕からなり、最も大きいのは釈迦の立像。

¶中国名旧5 p27

月巌 げつがん

湖南省道県の西方20km。歴代の摩崖題刻が40余りある。北宋代の哲学者周敦頤（1017-73）が若いときに勉学にいそしんだところと伝える。

¶中国名旧4 p41

月色江声 げっしょくこうせい

河北省承徳市の避暑山荘の水心榭の北。康熙42年（1703）の建造。湖に臨む柱間3間の門殿。

¶中国名旧1 p149

月壇 げったん

北京市西城区阜成門外南礼士路の西側。明の嘉靖9年（1530）の築造。明・清両代に夜明の神（月）を祀ったところ。

¶中国名旧1 p36

闕里坊 けつりぼう

山東省曲阜市の市街、孔廟の東側の闕里街。4柱3門式の木坊で、緑色の瓦で葺き、斗栱に彩色を施す。元代の建造。

¶中国名旧3 p145

下天竺法鏡寺 げてんじくほうきょうじ

浙江省杭州市。三論の吉蔵と同門で天台智顗の法友、真観（538-611）が開皇15年（595）に創建。

¶中国仏教

化度寺 けどじ

陝西省西安市。僕射の高熲によって長安（西安）に創建された三階教の根本道場。もと、真寂寺。大暦年間（766-79）以降、衰亡。

¶中国仏教

玄岳門 げんがくもん

湖北省丹江口市の武当山の山麓。治世玄岳坊のこと。明の嘉靖31年（1552）の建立。

¶中国名旧3 p294

弦歌台 げんかだい

河南省淮陽県の西南隅の外側。孔子が拘留されて断食したところ。2つの門と間口柱間7間の正殿が現存。

¶中国名旧3 p256

巌関 げんかん

広西チワン族自治区興安県の西方7.5km。城壁は明の崇禎11年（1683）、関門は清の咸豊元年（1851）のもの。

¶中国名旧4 p291

原起寺 げんきじ

山西省潞城県の東北22km、鳳凰山の山麓。唐の天宝6年（747）の創建。磚積みで装飾のある周壁

の中に、琉璃瓦葺き、入母屋造りの仏殿がある。

¶中国名旧3 p69

懸空寺 けんくうじ

山西省渾源県の城南方5km、恒山の山麓、金竜口の西側の絶壁。「空中楼閣」とも呼ばれる廟堂。建物は6世紀の北魏の時代に、道教の道士たちの手でたてられたもの。

¶世遺地 p113, 中国名旧3 p33〔写〕, 中国名勝古蹟 p133〔写〕

懸空石 けんくうせき

天津市薊県の盤山の上方寺の雌嶢峰にある。十数mの大きさで、宙に浮いているようにみえる。三国時代の関羽と張飛の伝説の地。

¶中国名旧1 p104

元君廟遺跡 げんくんびょういせき

陝西省華県。仰韶文化半坡類型の墓地。土壙墓と石槨墓がある。

¶世界考古（元君廟 げんくんびょう），東ア考古〔写〕

元好問墓 げんこうもんぼ

山西省忻州市の市街東南7.5km、韓巌村の傍ら。墳丘がそびえ、石積みの周壁がめぐり、翁仲と石獣が並ぶ。

¶中国名旧3 p38

懸谷山摩崖造像 けんこくざんまがいぞうぞう

河南省焦作市沁陽市の西北45km、懸谷山の貞谷寺の東北の絶壁。洞窟2つと仏龕6つからなる。洞壁全面に小さな仏龕を彫る。

¶中国名旧3 p231

元次山碑 げんじさんひ

河南省魯山県の文廟にある。顔真卿（709-785）が大暦7年（772）に元次山のためにかいた墓碑。

¶中国名旧3 p215

言子墓 げんしぼ

江蘇省常熟市の虞山の東麓にある。言子（前506 − 前443）は孔子の72人の弟子の1人。墓は山肌沿いに造られ、下から上まで石段が通じている。

¶中国名旧2 p82

建章宮 けんしょうきゅう

陝西省西安市長安城。漢の長安城。武帝の太初元年（前104）柏梁台が焼けたのち、その厭勝（まじない）のために建てられたと伝える大宮殿。

¶新潮美（長安城（漢）―建章宮 ちょうあんじょう（かん）―けんしょうきゅう）〔図〕，中国名旧5 p163（建章宮遺址 けんしょうきゅういし）

玄奘故里 げんじょうこり

河南省洛陽市偃師県緱氏鎮。現在の大殿は清の光緒30年（1904）に改修したもの。

¶中国名旧3 p224

建初寺　けんしょじ
江蘇省南京市。天子寺ともいう。三国時代、呉の孫権が支配していた建業に、来遊した康僧会が赤烏10年 (247) 小屋を建てて仏像を置いた。江南で初めての仏寺。
¶中国仏教

見心斎　けんしんさい
北京市海淀区の香山公園の北門内。明の嘉靖年間の創建。庭園の池の西側にある間口柱間3間の水榭が見心斎。
¶中国名旧1 p66

肩水金関遺址　けんすいきんかんいし
甘粛省金塔県の北方107km。1万1千枚余りの漢代の簡が出土。印章・硯、銅製の刀・剣・生活用具、毛・皮革製の衣類と漁網、食糧、麻紙なども出土。
¶中国名旧5 p246

肩水侯官遺址　けんすいこうかんいし
甘粛省金塔県の北方105km、黒河の右岸から2kmのゴビ灘。漢代の簡と絹製の文物を発見。漢代の肩水侯官の所在地とされる。
¶中国名旧5 p246

肩水都尉府遺址　けんすいといふいし
甘粛省金塔県の北方100kmの黒河東岸のゴビ灘。漢代の簡を発見。漢代の肩水都尉府の所在地とされる。
¶中国名旧5 p246

元帥林　げんすいりん
遼寧省撫順市の大夥房水庫の近く。張作霖 (1875-1928) の陵墓。
¶中国名旧1 p199

乾清宮　けんせいきゅう
北京市、故宮の内廷の中心。明の永楽18年 (1420) に完成し、清の嘉慶3年 (1798) に改築。清の康熙帝以前は皇帝が住み政務を処理したところ。
世界遺産(北京と瀋陽の明・清朝の皇宮群　1987, 2004)
¶新潮美 (北京故宮一乾清宮　ペキンこきゅう一けんせいきゅう)、中国名旧1 p22、中国名勝古蹟 p151〔写〕、文化史蹟17 (乾清宮　故宮)〔写〕

元大都城跡　げんだいとじょうあと
北京市。元世祖の至元4年 (1267) に造営が始められ、至元11年に宮城、13年に大城が完成した。東西の城壁は、その南部分が明・清代北京城の東西の城壁と一致。皇城の内部は太液池を中心に、宮城・隆福宮・興聖宮の3ヵ所の建築群から構成される。

¶東ア考古

剣池　けんち
浙江省徳清県の莫干山の藺山の渓谷にある。干将・莫邪夫妻が剣を鍛えたところと伝える。周囲に摩崖の題刻が多い。
¶中国名旧2 p168

玄中寺　げんちゅうじ
山西省交城県の西北10kmの石壁山。一説に、北魏時代曇鸞が開創。宋代、興廃を繰り返し、元代に律寺であったのが禅院となり永寧寺と改称、近年旧名に復した。
¶世歴大6、中国仏教、中国名旧3 p61〔写〕、中国名勝古蹟 p132〔写〕

顕通寺　けんつうじ
山西省五台県の五台山の台懐鎮の北側。五台山五大禅処の一つ。北魏孝文帝の時代に拡張、敷地面積は8万平方m、あわせて柱間400間余りの建物があり、中軸線上に7棟の異なった建物が並ぶ。
¶中国名旧3 p39〔写〕

元通寺塔　げんつうじとう
甘粛省民楽県の北方25km。20体の銅製の菩薩像を収める。
¶中国名旧5 p240

献殿　けんでん
山西省太原市の晋祠の魚沼飛梁の前。聖母を祀り、供物を献ずるところで金の大定8年 (1168) の創建。
¶中国名旧3 p18

黿頭渚　げんとうしょ
江蘇省無錫市の西南部、太湖畔の充山 (南犢山) の西端にある。1918年に造園をはじめ、横雲小築・鄭園・退廬などをあいついで造営。
¶中国名旧2 p93

元土城遺址　けんどじょういし
北京市街の北3km、海淀・朝陽両区。元の大都城の北面の城壁の遺跡。最高のところで6m、長さ12km。
¶中国名旧1 p93

権妃墓　けんひぼ
山東省棗荘市嶧城区娘娘墳村の西部。俗に娘娘墳といい、高さ7m。
¶中国名旧3 p166

原武温穆王壁画墓　げんぶおんぼくおうへきがぼ
河南省鄭州市二十里舗の瓦屋孫村の東南。墓は地下7mのところにあり、磚をアーチ形に積み上げて築く。
¶中国名旧3 p195

中国

アジア

建福宮　けんふくきゅう
　四川省都江堰市の青城山の麓、丈人峰の下にある。五岳丈人の寧封子が修行したところ。
　¶中国名旧5 p24

厳復墓　げんふくぼ
　福建省福州市の郊外、陽岐村。清の宣統2年（1910）、本人が生前に築いたもの。厳復（1853-1921）は、天津水師学堂の総教習・総弁、資政院議員を歴任し、辛亥革命（1911）後は北京大学校長。
　¶中国名旧4 p120

玄武青石殿　げんぶせいせきでん
　陝西省合陽県王村郷の西北、大浴河の東岸。陝西省に数少ない青石の建造物。明の万暦4～32年（1576-1604）の建立。
　¶中国名旧5 p203

建武僰人懸棺　けんぶほくじんけんかん
　四川省興文県の建文郷の蘇麻湾にある。絶壁にあり、長方形の岩穴にはめこんだものもある。
　¶中国名旧5 p59

元謀猿人化石遺址　げんぼうえんじんかせきいし
　雲南省元謀県の東南約7kmの大那烏村。元謀猿（原）人の上部中央の門歯の化石を2つ発見。
　¶中国名旧5 p129

元妙観〔江陵県〕　げんみょうかん
　湖北省江陵県。唐の貞観9年（635）の創建。前院の玉皇閣と後院の三天門と玄武殿が現存。
　¶中国名旧3 p317

元妙観〔莆田県〕　げんみょうかん
　福建省莆田県内。道観。建築の細部に日本の大仏様（天竺様）に類する様式がみえる。
　¶新潮美

玄妙観　げんみょうかん
　江蘇省蘇州市観前街。晋の咸寧年間（275-280）の創建。三清殿は南宋の淳熙6年（1179）の再建で、趙伯驌の設計。
　¶新潮美（円妙観 えんみょうかん）、中国名旧2 p69

乾明寺　けんみょうじ
　河南省許昌県襄城県の南方1.5km、首山の西北隅。後唐の清泰元年（934）の創建。大雄殿・元神殿・知客房など50間余りが現存。
　¶中国名旧3 p215

乾明寺塔　けんみょうじとう
　河南省鄢陵県の西北、乾明寺。六角13層の楼閣式磚塔。
　¶中国名旧3 p246

剣門関　けんもんかん
　四川省剣閣県の北方25kmの剣門山。かつての蜀道の要害。登山口に石碑がある。
　¶中国名旧5 p51

元祐宮　げんゆうきゅう
　湖北省鍾祥県の南部。明の嘉靖28～37年（1549-58）に造営。万寿宮は清代初期に明代の大殿の跡地に建てた。
　¶中国名旧3 p319

乾隆行宮　けんりゅうあんぐう
　江蘇省徐州市の和平路44号。清の乾隆帝が乾隆22年（1757）に南巡した際の臨時の宮苑。
　¶中国名旧2 p59

乾隆花園　けんりゅうかえん
　北京市街中心部の故宮の外東路、寧寿宮の西側。清の乾隆年間後期に、乾隆帝が太上皇宮たる寧寿宮を建てた際、老後の休養のために造ったもの。故宮の庭園として有名。
　¶中国名旧1 p24

乾隆小花園　けんりゅうしょうかえん
　北京市、北海の北岸。清の乾隆23年（1758）に造成。園内には、太湖石で築いた築山が多くあり、亭台楼閣、そり橋、水榭（水辺の亭）と調和する。
　¶中国名勝古蹟 p159〔写〕

乾陵　けんりょう
　陝西省乾県北。唐の第3代・高宗帝陵である乾陵（683年完成）は684年に高宗を埋葬後、706年に皇后である則天武后を合葬した。
　¶古代遺跡 p57～59〔写〕、宗教建築（太宗昭陵と高宗則天乾陵）〔図〕、新潮美、世界考古〔図〕、大遺跡9〔写/図〕、中国名旧5 p185〔写〕、中国名勝古蹟 p110〔写〕、東西文化 p242～247〔写〕、東ア考古〔写〕、文化史蹟17〔写〕

建陵　けんりょう
　陝西省礼泉県の東北15kmの武将山。唐の粛宗李亨（在位756-762）の陵墓。
　¶中国名旧5 p181

献陵　けんりょう
　陝西省三原県の東方25km。唐の高祖李淵（在位618-626）の陵墓。
　¶世界考古、中国名旧5 p187

顕陵　けんりょう
　湖北省鍾祥県の東北7.5kmの松林山。嘉靖19年（1540）に造営。大門外に「官員人等至此下馬」の石碑が2つ建つ。
　¶中国名旧3 p319

中国

賢令山摩崖石刻　けんれいざんまがいせっこく
広東省陽山県の北方の賢令山。韓愈の筆跡がある。広東省の傑出した宋代の石刻。
　¶中国名旧4 p229

原鹿故城　げんろくこじょう
安徽省阜南県西南部の谷河の南岸。俗に阮城。方形をなし、面積は約56ha。宋の襄公が斉・楚と同盟を結んだところ。城壁の土台と堀はいまなお確認でき、城内に古井戸が多数ある。
　¶中国名旧2 p254

元和殿　げんわでん
湖北省丹江口市の武当山の山麓、玄岳門から2kmのところ。明の永楽11～16年 (1413-18) に創建。嘉靖31年 (1552) に大改修を行った。
　¶中国名旧3 p295

古阿井　こあせい
山東省陽穀県の東北部、阿城鎮。現存するのは光緒5年 (1879) に再建した八角の石亭。
　¶中国名旧3 p191

古猗園　こいえん
上海市嘉定県南翔鎮。明の嘉靖年間 (1522-66) に地元出身の閔士籍が造営。補闕亭は、1931年の九一八事変 (柳条湖事件) で、東北が敵の手中に落ちたことを忘れないよう、東北隅を欠いて建てた方形の亭。
　¶中国名旧2 p26〔写〕

広安白塔　こうあんはくとう
四川省広安県の渠江の礬子灘。建立は宋の嘉泰～開禧年間 (1201-07)。高さ35m。
　¶中国名旧5 p75

高頤墓　こういぼ
四川省雅安県姚橋村。漢墓。建安14年 (209) に没した益州太守の高頤の墓。
　¶世界考古, 中国名旧5 p79 (高頤墓闕及石刻
　こういぼけつきゅうせっこく)

貢院井　こういんせい
江西省南昌市の八一公園にある。清朝の貢院で、乾隆9年 (1744) に院内に井戸を掘ったところ、明の万暦9年 (1581) 銘の石碑が出土した。
　¶中国名旧4 p61

紅雲崖　こううんがい
四川省通江県沙溪郷。中国工農紅軍第四方面軍が石刻のスローガン「赤化全川」を残している。1933年、30人余りの農民に彫らせた。
　¶中国名旧5 p79

光栄亭　こうえいてい
福建省上杭県才溪郷。磚と木からなる小さな亭閣。
　¶中国名旧4 p177

後英房住居跡　こうえいぼうじゅうきょあと
北京市西直門内、後英房胡同西北。明・清代北京城の城壁の基壇下から発掘された元の邸宅跡。元朝官吏の邸宅跡と推測される。鉄製ストーブなど遺物が出土。
　¶世界考古 (後英房住居址 こうえいぼうじゅう
　きょし), 東ア考古〔図〕

香界寺　こうかいじ
北京市石景山区の平坡山中、竜王堂の西北。「西山八大処」の第6処。元代の創建 (一説に唐代)。
　¶中国名旧1 p79

後海塘　こうかいとう
浙江省寧波市鎮海区の巾子山と兪範の間。はじめ唐の乾寧4年 (897) に築かれ、清の乾隆13～15年 (1748～50) に石積みの堤防とした。
　¶中国名旧2 p147

広開土王碑 (好太王碑)　こうかいどおうひ
吉林省。高句麗第20代の長寿王が414年に第19代の広開土王を記念して建てたもの。永楽太王碑・好太王碑ともいう。
　[世界遺産] (古代高句麗王国の首都と古墳群　2004)
　¶アジア歴3 (好太王 こうたいおう)〔写〕, アジア歴4 (輯安 しゅうあん), 角川世 (好太王碑こうかいどおうひ), 韓国朝鮮 (広開土王碑 クァンゲトおうひ)〔写〕, 新潮美 (好太王碑 こうたいおうひ), 図解考古 (輯安遺跡—(3) 広開土王碑 しゅうあんいせき)〔写〕, 図解考古 (広開土王碑 こうかいどおうひ)〔写〕, 世界考古 (広開土王碑 こうかいどおうひ)〔図〕, 世歴大7 (広開土王 こうかいどおう)〔図〕, 世歴大7 (好太王碑文 こうたいおうひぶん), 中国名旧1 p226 (広開土王碑)〔写〕, 東ア考古 (広開土王碑), 平凡社世 (広開土王 こうかいどおう), 山川世 (広開土王 こうかいどおう)

宏覚寺塔　こうかくじとう
江蘇省南京市の牛首山。高さ約25m。唐の大暦9年 (774) に建立したが、現存するのは明代のもの。南京市で現存最大の塔。
　¶中国名旧2 p40

黄鶴楼　こうかくろう
湖北省武漢市武昌。黄武2年 (223) の建立。木造を模す。
　¶新潮美, 中国名旧3 p278〔写〕, 中国歴史

光岳楼　こうがくろう
山東省聊城市の旧城の中心。基壇は磚・石造りで、楼は柱間5間で4階建て。屋根は十字棟の入母屋。
　¶中国名旧3 p188

黄花崗七十二烈士墓　こうかこうしちじゅうにれっしぼ

広東省広州市先烈路。辛亥年3月29日（1911年4月27日）広州武装蜂起で死んだ喩培倫（1886-1911）ら72人の遺骸を黄花崗に葬った。1918年に荘厳雄大な墓園を造営。

　　¶中国名旧4 p204

交河故城　こうがこじょう

新疆ウイグル自治区トルファン市の市街西方約10kmのヤール湖郷。ヤーン＝ホト。『漢書』にみえる都市遺跡。台地は川に削られて独立した軍艦形になり、崖の高さは30mにも達す天然の要塞。

　　¶古代遺跡 p51〜53〔写〕、新潮美（ヤーン＝ホト）、世界考古（交河城 こうがじょう）、空古代遺跡〔写〕、大遺跡7（トルファン一交河故城）〔写〕、中国名旧5 p278〔写〕、中国名勝古蹟 p67〔写〕、東ア考古（交河城 こうがじょう）〔写〕

黄河古象化石出土地　こうがこぞうかせきしゅつどち

甘粛省合水県の西北8km、馬蓮河の西岸。黄褐色の砂と砂を含む粘土の中からの全身の骨格を発掘。

　　¶中国名旧5 p234

侯家荘遺跡　こうかそういせき

河南省安陽市小屯。殷代の王陵遺跡。大型墓13基、祭祀坑や小型墓約1400基が発見された。

　　¶図解考古〔写〕、世界考古（侯家荘殷墓 こうかそういんぼ）〔写p503/図p360〕、東ア考古〔写〕

紅河ハニ族の棚田群の文化的景観　こうがはにぞくのたなだぐんのぶんかてきけいかん★

雲南省紅河ハニ（哈尼）族イ族自治県元陽県の紅河が流れる南岸。棚田と周囲の自然を含む景観が世界遺産に登録された。166平方kmの広さをもつ棚田は、およそ1300年間ハニ族によって整備されてきたもの。

　世界遺産（紅河ハニ棚田群の文化的景観　2013）

　　¶世遺事、成世遺下（紅河ハニ族の棚田の文化的景観）〔写〕、世遺百（紅河ハニ族の棚田の文化的景観）

香巌寺〔清徐県〕　こうがんじ

山西省清徐県の西方2km、東馬峪村の香巌山の中腹。金の明昌元年（1190）の創建で、東・西・中の3殿は金代の石造の仏殿。

　　¶中国名旧3 p23

香巌寺〔柳林県〕　こうがんじ

山西省柳林県。旧離石県の唐朝八大寺廟の一つ。各殿に明代の琉璃瓦が多数残る。

　　¶中国名旧3 p64

香岩寺　こうがんじ

遼寧省鞍山市の千山の南部。千山五大禅林の一つ。前後の正殿とその左右の配殿からなる。

　　¶中国名旧1 p197

黄岩秀嶺水庫古墓　こうがんしゅうれいすいこぼ

浙江省台州市黄岩区。後漢末から南朝宋代までの墓56基と窯跡2基を発見。後漢は4基あり、甬道をもった長方形塼築墓。

　　¶世界考古

紅岩村　こうがんそん

四川省重慶市の化竜橋、嘉陵江の西岸。中国共産党の中央南方局と八路軍の重慶弁事処の旧址。

　　¶中国名旧5 p30

黄巌洞　こうがんどう

広東省封開県の東北約60km、獅子山の麓。旧石器時代後期から新石器時代前期にかけての石器と人類の頭骸骨などを発見。

　　¶中国名旧4 p261

紅巌碑　こうがんひ

貴州省関嶺布依族苗族自治県の南方10km、曬甲山。山頂の絶壁に幅10m、高さ6mで、あわせて40字余りが彫られている。

　　¶中国名旧5 p103

康煕平定ガルダン（噶爾丹）紀功碑　こうきへいていガルダンきこうひ

内モンゴル自治区フフホト市の旧城の席力図召と小召。清の康煕帝が厄魯特モンゴル族の噶爾丹（1645-92）の反乱を平定したのち、その成功を記念して康煕42年（1703）に建てた自筆の石碑。

　　¶中国名旧1 p173（康煕平定噶爾丹紀功碑）

皇穹宇　こうきゅうう

北京市崇文区の天壇の圜丘壇の北側。圜丘壇で祀る神の位牌を安置した。明の嘉靖9年（1530）の築造時には泰神殿といった。同17年（1538）11月に現在名に改称。

　世界遺産（天壇：北京の皇帝の廟壇　1998）

　　¶中国名旧1 p52〔写〕、文化史蹟17（天壇皇穹宇）〔写〕

興教寺　こうきょうじ

陝西省西安市の南約30kmの少陵原の高台にある。玄奘、基、円測の墓処。寺のその後の消長は知られないが三塔ともに現存。

　　¶中国仏教、中国名旧5 p172〔写〕

興教寺玄奘塔　こうきょうじげんじょうとう

陝西省西安市の南約30kmの少陵原の高台にある。麟徳元年（664）に示寂した玄奘法師の墓塔。総章2年（669）に建設、のち大和2年（828）に改修。高21mの塼塔で楼閣式。

¶新潮美, 中国名勝古蹟 p115 (唐の三蔵墓塔とうのさんぞうぼとう) 〔写〕, 文化史蹟17〔写〕

鴻慶寺石窟　こうぎょうじせっくつ

河南省義馬市鉱区の石仏村。仏教石窟。北魏代から唐代にかけて開削。

¶新潮美 (鴻慶寺石窟　こうけいじせっくつ), 中国名旧3 p249

甲渠侯官遺址　こうきょこうかんいし

内モンゴル自治区額済納旗の中心地から南へ24km、納林河と伊肯河の間のゴビ灘。漢代の居延都尉の西部防衛線であった甲渠塞の首長の官衙の遺構。版築の方形の砦。

¶中国名旧1 p186

高句麗古墳群　こうくりこふんぐん★

吉林省集安市一帯。高句麗後期の古墳群。王墓は14基、貴族墓26基を数える。長寿王墓とされる将軍塚をはじめ、将軍塚、大王陵などの石塚や舞踊塚、四神塚などの盛土塚で壁画のある古墳を含む。

世界遺産 (古代高句麗王国の首都と古墳群　2004)

¶アジア歴3 (高句麗〔墳墓〕　こうくり) 〔図 (舞踊塚 舞踊・牛車)〕, アジア歴4 (輯安〔高句麗古墳群〕　しゅうあん), 図解考古 (輯安遺跡─ (4)高句麗古墳群　しゅうあんいせき) 〔写〕, 世界考古 (高句麗〔古墳〕　こうくり)

紅軍強渡大渡河遺址　こうぐんきょうとだいとがいし

四川省石棉県西部の安順郷。中国工農紅軍の長征の旧跡。紅軍指揮所・沙湾渡口・水東門炮台など。

¶中国名旧5 p80

紅軍標語碑林　こうぐんひょうごひりん

四川省広元市の皇沢寺の傍ら。紅四方面軍が1933～35年に川陝革命根拠地内の当地に残した100余りの標語。

¶中国名旧5 p50

興慶宮　こうけいきゅう

陝西省西安市、春明門を入ってすぐ北の興慶坊内。唐代、「南内」とも称した。玄宗が太子の時に住んでいたところ。興慶宮址の平面は長方形で、南北が1250m、東西が1080m。

¶古代都城 (長安城興慶宮) 〔図〕, 新潮美 (長安城 (唐)─興慶宮　ちょうあんじょう (とう)─こうけいきゅう) 〔図〕, 世界考古, 中国名旧5 p163 (興慶宮遺址　こうけいきゅういし) 〔写〕, 東ア考古 (興慶宮跡　こうけいきゅうあと)

広恵寺華塔　こうけいじかとう

河北省正定県の生民街の東側。多宝塔とも。唐の貞元年間の創建。高さ40.5m。

¶新潮美 (花塔 かとう), 中国名旧1 p113

洪慶村秦漢墓　こうけいそんしんかんぼ

陝西省西安市長安区洪慶村。秦墓は2基あり、竪穴土洞墓と土洞甕棺葬。墓群の大部分は漢代。

¶世界考古

向警予墓　こうけいよぼ

湖北省武漢市の亀山の西部。台座の正面に鄧小平筆の「向警予烈士墓」の6字を彫る。

¶中国名旧3 p273

孝敬陵　こうけいりょう

河南省洛陽市偃師県濠沱村の西南、景山の麓。唐の太子李弘の陵墓。陵墓は配置が厳正で、高さ50m。

¶中国名旧3 p224

興京老城　こうけいろうじょう

遼寧省新賓満族自治県永陵鎮の東、老城里に内城城址がある。清のヌルハチが居城としたヘトゥ・アラで、太宗時代に興京と改称、現在は興京老城と呼ぶ。

¶アジア歴3, 旺文社世, 角川世 (ヘトゥ・アラ)

光化寺　こうけじ

山西省太谷県の西南7kmの白城鎮。隆興寺ともいう。唐の貞観13年 (639) に創建。泰定3年 (1326) に再建。大雄宝殿は、正面柱間5間、奥行柱間4間の単檐入母屋造。

¶新潮美 (太谷〔光化寺〕　たいこく), 中国名旧3 p55

広元千仏崖　こうげんせんぶつがい

四川省北部の広元県の北約4km。四川省最大の規模を誇る石窟群。400余の窟龕が嘉陵江東岸の断崖に13層にわたり開鑿されている。

¶新潮美, 世界考古, 中国名旧5 p49 (広元千仏崖摩崖造像　こうげんせんぶつがいまがいぞうぞう)

興賢塔　こうけんとう

四川省邛崍県の東南25km、観音場の丁字口にある。清の道光8年 (1828) 建立の字庫。六角形の塔。

¶中国名旧5 p27

後岡遺跡　こうこういせき

河南省安陽市洹河南岸。新石器時代仰韶 (＝後岡1期) 文化、河南龍山 (＝後岡2期) 文化、青銅器時代の殷文化の3つの異なる時代の地層が、初めて上下で重なる状態で確認された遺跡。

¶新潮美 (安陽〔後岡遺跡〕　あんよう (こうこういせき)), 図解考古 〔写/図〕, 世界考古 (後岡　こうこう), 東ア考古

溝溝崖　こうこうがい

北京市昌平区の西北部。明・清代には瑞峰庵・斗

中国　　　　　　　　　　　　　188

アジア

姥宮・娘娘廟・玉虚観など大小の廟宇が72あったが、現存するものは少ない。

　¶中国名旧1 p81

昂昂渓遺跡　こうこうけいいせき

黒竜江省斉斉哈爾（チチハル）の南南西。松嫩平原の嫩江左岸の砂丘中にある。石器・土器・骨器のほかに墓5が発見された。

　¶アジア歴3（昂昂渓 こうこうけい），図解考古（昂昂渓遺跡 こうこういせき）〔写（土器・骨角器）〕，世界考古（昂昂渓 こうこうけい）〔図（石器）〕，中国名旧1 p240（昂昂渓細石器文化遺址 こうこうけいさいせっきぶんかいし），東ア考古

光孝寺　こうこうじ

広東省広州市光孝路。広東省で最も古い建物の一つ。初めは前漢の南越王の趙建徳の邸宅。大雄宝殿・六祖殿・伽藍殿・天王殿・睡仏殿・瘞髪塔・法幢・大悲幢や東西の鉄塔などがある。

　¶新潮美，中国仏教，中国名旧4 p206

閘口白塔　こうこうはくとう

浙江省杭州市、西湖の閘口。灰色大理石造八角9層の塼塔。

　¶新潮美

高皇廟　こうこうびょう

江蘇省徐州市の北、微山湖の南東岸。台形遺跡。黒陶、卵殻黒陶があり、典型的龍山文化に属する。

　¶世界考古

黄興墓　こうこうぼ

湖南省長沙市の岳麓山にある。黄興（1874-1916）は辛亥革命の指導者。長沙で国葬を行われ岳麓山に葬った。

　¶中国名旧4 p21

黄公望墓　こうこうぼうぼ

江蘇省常熟市の虞山の小雲棲寺の東南にある。元代の四大画家、黄公望（1269-1354）の墓。

　¶中国名旧2 p82

黄国故城　こうこくこじょう

河南省潢川県の西北6kmの隆古集の近く。春秋時代から漢代にかけての陶器の破片が点在。

　¶中国名旧3 p259

興国寺塔　こうこくじとう

河南省尉氏県の南方0.5km、興国寺の旧址。北宋代の建立。六角8層の楼閣式塼塔。

　¶中国名旧3 p214

洪谷寺塔　こうこくじとう

河南省安陽市林州市林慮山。洪谷寺の旧址にある、7層の密檐塼塔。

　¶中国名旧3 p243

香厳寺　こうごんじ

河南省淅川県の南方40km、竜山嶺の南部。唐代の創建。石牌坊・韋駄殿・碍月軒・大雄宝殿などが並ぶ。

　¶中国名旧3 p262

広済橋　こうさいきょう

広東省潮州市の市街の東部。湘子橋とも。中国の有名な前近代の橋梁の一つ。

　¶中国名旧4 p232, 中国名勝古蹟 p315〔写〕

広済寺〔五台県〕　こうさいじ

山西省五台県の西街。元の至正年間（1341-67）の創建。中央に弥陀殿があり、後方が大雄宝殿。

　¶新潮美（広済寺(3)），中国名旧3 p39

広済寺〔錦州市〕　こうさいじ

遼寧省錦州市古塔区。大仏寺とも。創建は遼代、清の道光9年（1829）に再建。

　¶中国名旧1 p204〔写〕

広済寺〔天津市〕　こうさいじ

天津市宝坻区。大殿は寄棟造。木造細部に遼代建築の特色がみられる。

　¶新潮美（広済寺(1)）

広済寺〔蕪湖市〕　こうさいじ

安徽省蕪湖市の赭山の西南麓。唐の乾寧年間（894-897）の創建。山肌沿いに殿宇が連なり、三段に分かれる。

　¶中国名旧2 p197

広済寺〔北京市〕　こうさいじ

北京市西城区阜成門内大街の東端。金代の中都（北京）北郊の西劉村寺で、明の天順元年（1457）に再建し、弘慈広済寺と改称。

　¶中国仏教，中国名旧1 p36

康済寺塔　こうさいじとう

寧夏回族自治区同心県の東北部の韋州老城。六角13層の楼閣式塼塔。

　¶中国名旧5 p260

高座寺　こうざじ

江蘇省南京、聚宝山。晋の永嘉年中（307-13）西域僧帛尸梨蜜多羅がこの地に至った。彼は呪術、梵唄に優れ世人は高座と称した。成帝はその風を慕い寂後に墓塔を建て僧関右は一宇を建て高座寺と称した。

　¶中国仏教

黄山　こうざん

安徽省黄山市郊外。黄山は、1千m以上の峰々が連なる連山で、最高峰は蓮花峰（1860m）。一帯は、浸食や地殻変動による72の峰が連立し独特の景観をつくっている。李白や杜甫をはじめ歴代の多くの文人墨客が集まり、古代から著名な

景勝地とされてきた。

世界遺産（黄山　1990）

¶アジア歴3, 新潮美, 世遺事, 成世遺下〔写〕,
世遺百〔写〕, 中国名旧2 p255〔写/図〕, 中
国名勝古蹟 p248〔写〕, ビジ世遺〔写〕, ユネ
世遺4〔写〕

恒山　こうざん

山西省渾源県。道教の聖山。

¶アジア歴3, 世遺地

紅山　こうざん

新疆ウイグル自治区ウルムチ市の市街の中心部,
烏魯木斉河の東岸にある。山頂に9層の鎮竜塔が
そびえる。

¶中国名旧5 p275〔写〕

衡山　こうざん

湖南省の中部。もと南岳、中国の五岳の一つ。歴
代の帝王によって南岳として祀られ、文物や旧
跡、歴代の碑石がきわめて多い。

¶アジア歴3, 中国名旧4 p48〔図〕, 中国名勝
古蹟 p230〔写〕

香山〔北京市〕　こうざん

北京市海淀区の東南部。北京西郊の西山の山嶺
の一つ。金代以後、歴代の皇帝が離宮や別院を
造り、行幸の場とした。

¶中国名旧1 p65

香山〔燿県〕　こうざん

陝西省燿県の西北約45km。中腹に奇峰洞は仏教
の聖地。寺院の建立は前秦代に始まった。

¶中国名旧5 p196

紅山遺跡　こうざんいせき

内モンゴル自治区赤峰市。新石器時代と青銅器
時代の遺跡。赤峰第一期文化の住地と第二期文
化の住地・墓地が確認された。

¶世界考古（紅山　こうざん）〔写（紅山の彩陶）〕,
東ア考古〔写〕

香山寺〔宝豊県〕　こうざんじ

河南省宝豊県の東方約15km、大竜山。大悲観音
大士塔のみ現存。碑刻が林立。

¶中国名旧3 p215

香山寺〔北京市〕　こうざんじ

北京市海淀区の香山公園内の蟾蜍峰の北。金の
大定26年（1186）の創建。香山に数ある寺の首位
を占め、「静宜園二十八景」の一つ。

¶中国名旧1 p65

香山の多宝塔　こうざんのたほうとう

北京市西北郊外。香山は清朝の離宮の一つ。宗
鏡大昭の廟の西側に立つ。7層の琉璃塔で高さ
10m。煉瓦と石で築いた八角形の塔身の下に木

造の廊下を造る清代の形式。

¶中国名勝古蹟　p159（香山瑠璃塔　こうざんるり
とう）〔写〕, 文化史蹟17〔写〕

黄寺　こうじ

北京市。北京城の北辺の安定門外に黄寺が2つあ
り東西に並ぶ。東方の東黄寺はもと普静禅林と
称した。北京西黄寺は清浄化城ともいう。東黄
寺は義和団の乱や文化大革命の際に破壊され、現
存せず。

¶アジア歴3（黄寺（2)）〔写〕, 新潮美

黄絲橋古城　こうしきょうこじょう

湖南省鳳凰県から25kmの阿拉営鎮。唐代の造
営。のちに清軍の駐屯地となった。城内には苗
族と漢族の民家が数十戸現存。

¶中国名旧4 p47

孔子故宅　こうしこたく

山東省曲阜市の孔廟の東路の承聖門内。孔子が
住んでいたと伝え、「孔宅故井」の石碑が建つ。

世界遺産（曲阜の孔廟、孔林、孔府　1994）

¶中国名旧3 p151

高爾山城跡　こうじさんじょうあと

遼寧省撫順市。高句麗の山城。北関山城とも呼
ばれた。将軍峰を境として東城と西城に区分さ
れ、両城に環状をなす城壁がとりつき複雑な平
面構造をとる。

¶大遺跡10（高爾山城　こうじさんじょう）〔写〕,
中国名旧1 p198（高爾山山城　こうじさんさん
じょう）, 東ア考古〔図〕

皇史宬　こうしせい

北京市東城区南池子大街の南端東側。表章庫と
もいい、明の嘉靖13年（1534）の建造。中国で最
も完全な形で保存されている皇室の文書館。

¶中国名旧1 p18

**鴿子洞旧石器文化遺址　こうしどうきゅうせっ
きぶんかいし**

遼寧省カラチン左翼モンゴル族自治県瓦房村の
西南、唐山の絶壁。旧石器時代の洞穴遺跡。300
点余りの打製石器、篝火の灰、更新世後期の動
物化石などが発見された。

¶中国名旧1 p217

黄泗浦　こうしほ

江蘇省沙洲県の東部にある。鑑真（688-763）が
唐の天宝12年（753）に日本に向って6度目の船出
をしたところ。

¶中国名旧2 p84

孔子墓　こうしぼ

山東省曲阜市の孔林の享殿の背後。墓前に「大
成至聖文宣王墓」と彫った明の正統8年（1443）
建立の石碑が建つ。

中国

¶中国名旧3 p156〔写〕，中国名勝古蹟 p179
〔写〕

紅四方面軍総指揮部旧址　こうしほうめんぐんそうしきぶきゅうし
安徽省六安県蘇家埠鎮の東方2kmの朱大院。1932年、徐向前(1901-1990)総指揮が紅四方面軍総部とともに駐屯して総指揮部を設けた。
¶中国名旧2 p245

紅四方面軍烈士墓　こうしほうめんぐんれっしぼ
四川省通江県沙渓郷王坪。1933年の四川軍閥の攻撃によって、紅四方面軍の王坪にあった総病院入院中に犠牲になった烈士を記念し造営。
¶中国名旧5 p79

香積寺　こうしゃくじ
陝西省西安市の南約17kmの神禾原。香積寺跡に唐代建立の大小2基の磚塔が残る。
¶新潮美(香積寺塔 こうじゃくじとう)，中国名旧5 p172〔写〕

後周皇陵　こうしゅうこうりょう
河南省新鄭県の北方18kmの郭店村。嵩陵・慶陵・順陵・懿陵からなる。陵の前に明・清代の祭文の石碑が40余り並ぶ。
¶中国名旧3 p199

広州古海蝕崖遺址　こうしゅうこかいしょくがいいし
広東省広州市の南郊、七星崗。広州における海退を明示する遺跡。広州一帯が7千～1万年前は浅い海で、海域が50km余り後退したことを示す。
¶中国名旧4 p209

広州公社旧址　こうしゅうコミューンきゅうし
広東省広州市起義(蜂起)路の広州市公安局の構内。広州ソビエト政府の旧址は、大門、執務棟、拘留所が現存。
¶中国名旧4 p209

広宗寺　こうしゅうじ
山西省五台県の五台山台懐鎮の北側、営坊村の山裾。明の正徳年間初年、遷中相章敏が建立。銅瓦で葺かれることから、俗に銅瓦殿ともいう。
¶中国名旧3 p44

杭州西湖の文化的景観　こうしゅうせいこのぶんかてきけいかん★
浙江省の省都杭州市内の西。杭州は、古くから貿易港として栄えた古都。市内にある西湖と三方の丘は、唐代から詩人や学者、芸術家たちの想像力を刺激した。西湖の自然の島の孤山、西湖を分ける堤の蘇堤・白堤・楊公堤、人工島の小瀛州・湖心亭・阮公墩、分けられた湖の外湖・西里湖・北里湖・南湖・岳湖をまとめて「一山、三堤、三島、五湖」と称す。

世界遺産(杭州西湖の文化的景観　2011)
¶アジア歴3(杭州 こうしゅう)〔写〕(西湖岸の放鶴亭)〕，アジア歴5(西湖 さいこ)，世遺事，成世遺下〔写〕，世遺百〔写〕，中国名旧2 p127(西湖 せいこ)〔写〕，中国名勝古蹟(杭州西湖)

洪秀全教学私塾旧址　こうしゅうぜんきょうがくしじゅくきゅうし
広東省花県新華郷蓮花塘村。もと李漢生公祠で、洪秀全は私塾で講学にあたっていた。
¶中国名旧4 p221

洪秀全故居　こうしゅうぜんこきょ
広東省花県。1部屋しかない泥壁の小さな建物。洪秀全が幼少年時代を過した。
¶中国名旧4 p221

絳州大堂　こうしゅうたいどう
山西省絳県。唐代の建立で、もともと絳州の役所の正堂。前近代の官衙の代表的な遺構。
¶中国名旧3 p94

広州の遺跡　こうしゅうのいせき
広東省。古墓が集団をなして発見されている。前漢から明にわたる各時代の墓が500以上も発掘され、数万点の遺物が出土。
¶アジア歴3(広州〔遺跡〕)〔写〕，新潮美(広州 こうしゅう)

広州農民運動講習所旧址　こうしゅうのうみんうんどうこうしゅうじょきゅうし
広東省広州市中山四路。1924年の創立。旧址はもと学宮。
¶中国名旧4 p209

甲秀楼　こうしゅうろう
貴州省貴陽市の南明塘。明の万暦年間(1573-1620)楼を建てる。3層で、高さ約20m。
¶中国名旧5 p89〔写〕，中国名勝古蹟 p294〔写〕

坑儒谷　こうじゅこく
陝西省臨潼県の西南10kmの洪慶村。秦の始皇帝が儒生を生き埋めにしたところと伝える。唐代建立の儒生の石像の断片が残る。
¶中国名旧5 p175

庚戌広州新軍起義烈士墓　こうじゅつこうしゅうしんぐんきぎれっしぼ
広東省広州市先烈路。方柱形のコンクリート製の碑が建ち、その後ろに円丘形の墓壙がある。
¶中国名旧4 p209

公主堡　こうしゅほ
新疆ウイグル自治区タシュクルガン・タジク自治県達不達郷の南方10km。堡壁があり、堡内に

住居址が13ある。
¶中国名旧5 p309

寇準墓　こうじゅんぼ
陝西省渭南市官底郷左家村。高さ4m、南北15m、東西8m。寇準（961-1023）は北宋代の政治家。
¶中国名旧5 p196

広潤霊雨祠　こうじゅんれいうし
北京市海淀区の頤和園の昆明湖の南湖島。もとは竜王廟で、宮廷の雨乞いの場。
¶中国名旧1 p61

交城　こうじょう
山西省交城県の西部。中期旧石器時代の遺跡群。多数の旧石器が出土。
¶世界考古

崗上遺跡　こうじょういせき
遼寧省大連市甘井子区後牧城駅村。円丘上に所在する積石塚。墳墓の築造年代には、出土した遼寧式銅剣などの青銅器から西周時代後期〜春秋時代前期。
¶東ア考古

広勝下寺前殿　こうしょうかじぜんでん★
山西省趙城県。1475年。間口5間、奥行3間、切妻造の小規模な建築。内部の構架に特異なものがある。
¶文化史蹟17〔写〕

興聖教寺塔　こうしょうきょうじとう
上海市松江県の東部。松江方塔とも。寺は五代の後漢の乾祐2年（949）の創建。塔の建立は宋の熙寧〜元祐年間（1068〜94）。
¶中国名旧2 p29〔写〕，文化史蹟17〔写〕

広勝下寺　こうしょうげじ
山西省洪洞県の東北17km、霍山の山麓。山門・前殿・後殿・掾殿などからなる。前殿内には架構に大きな梁を施し、「人」字形の形状を呈す。
¶中国名旧3 p86

高昌故城　こうしょうこじょう
新疆ウイグル自治区トルファン市の市街東方約40km、阿斯塔那村の東部と哈拉和卓村の南部。5世紀末、蘭州の人麴嘉氏が樹立した高昌国の王城。交河城の衰退後、高昌壁が高昌城として発展。内城と外城とより成る。日乾煉瓦積みの城壁の残欠や建築遺址が残っている。
¶アジア歴3（高昌 こうしょう），角川世（高昌 こうしょう），古代遺跡 p54〔写〕，世界考古（高昌 こうしょう）〔写（高昌出土「論語鄭玄注」）〕，世歴大7（高昌 こうしょう），大遺跡7（トルファン—高昌故城）〔写〕，中国名旧5 p279〔写〕，中国名勝古蹟 p68〔写〕，文化史蹟17（高昌古城）〔写〕

高昌故城の仏龕　こうしょうこじょうのぶつがん★
トルファン。故城の中の平地寺院。日干し煉瓦で重層の仏龕を造りだし、窟院方式をとっている。
¶大遺跡7（トルファン—仏龕 高昌故城）〔写〕

広勝寺　こうしょうじ
山西省洪洞県の東北17km、霍山の南麓、霍泉の水源。後漢の建和元年（147）の創建。上下両寺と水神廟の3つからなる。
¶新潮美，中国名旧3 p85

広勝上寺　こうしょうじょうじ
山西省洪洞県の東北17km、霍山の山頂。山門・飛虹塔・弥陀殿・大雄宝殿・毘盧殿・観音殿・地蔵殿と廂房・渡り廊下などからなる。漢代の創建。
¶中国名旧3 p85

広勝上寺後殿　こうしょうじょうじこうでん★
山西省趙城県。1497年。寺の最後部に位置。間口5間、奥行4間、寄棟造。
¶文化史蹟17〔写〕

広勝上寺飛虹塔　こうしょうじょうじひこうとう
山西省洪洞東北17km、霍山の山頂。広勝上寺の山門内にある。漢代に着工、現存の飛虹塔は1527年の再建。八角形で、13層造り、高さは約47m。
¶中国名勝古蹟 p131〔写〕，文化史蹟17〔写〕

藁城甄氏墓群　こうじょうしんしぼぐん
河北省藁城県北蘇郷南東。ほぼ5平方kmの範囲に36の墳丘がつらなる。漢代から唐代まで多数の人物を輩出した名族、無極甄氏の墓地。
¶世界考古

孔尚任墓　こうしょうじんぼ
山東省曲阜市の孔林の東北隅、環林路の外側。孔尚任は、清初の詩人・戯曲家。墓前の石碑は清の雍正13年（1735）の建立。
¶中国名旧3 p157

岡上村　こうじょうそん
山東省滕県。大汶口文化の遺跡。下層から良質磨研の黒陶片、石庖丁など龍山文化系の遺物が出土。
¶世界考古

広饒南宋大殿　こうじょうなんそうたいでん
山東省広饒県の西北隅。南宋の建炎2年（1128）の創建。宋代の様式を留め、山東省の木造建築で古いものの一つ。
¶中国名旧3 p134

後召廟遼石窟寺　こうしょうびょうりょうせっくつじ
内モンゴル自治区バイリン左旗林東鎮の西南約

中国　192

25kmの渓谷。南向きの絶壁に石窟があり、その前に大殿がある。中窟・南窟・北窟からなる。

　¶ 中国名旧1 p180

皇娘娘台遺跡　こうじょじょだいいせき
甘粛省武威県。新石器時代晩期から青銅器時代早期、斉家文化の遺跡。住居跡、墓葬、貯蔵穴が発見された。

　¶ 世界考古（皇娘娘台 こうじょうじょうだい），東ア考古

広仁王廟　こうじんおうびょう
山西省芮城県の北方4km、竜泉村の土丘。広仁王という水神を祀る。木造の正殿は唐の大和5年（831）の建立。

　¶ 中国名旧3 p105

拱宸橋　こうしんきょう
浙江省杭州市。京杭運河を跨ぐアーチ橋。明の崇禎4年（1631年）架橋。

　¶ 大遺跡9（大運河—拱宸橋）〔写〕

江心寺　こうしんじ
浙江省温州市の江心嶼にある。唐の咸通年間（860-874）の創建。元代・明代に興亡・増改築をくりかえす。

　¶ 中国名旧2 p156

功臣塔　こうしんとう
浙江省臨安県の功臣山にある。四角5層の磚塔。唐代の遺風を留める。銭鏐（呉越の建国者、852-932）が後梁の貞明元年（915）に建てた。

　¶ 中国名旧2 p145

黄石崖造像　こうせきがいぞうぞう
山東省済南市の東南部、螺絲頂山の主峰の西側の黄石崖。山沿いに岩壁と天然の洞窟の中に分布し、大小あわせて19の仏龕と85体の仏陀と菩薩のレリーフがある。

　¶ 中国名旧3 p109

猴石山遺址　こうせきざんいし
吉林省吉林市の北郊、孤家子の北2kmの山。1万8千平方mにわたっておよそ100の住居址が点在。東北方500mに墓地があり、戦国時代中期のものと認定。

　¶ 中国名旧1 p223

紅石頭泉岩画　こうせきとうせんがんが
新疆ウイグル自治区裕厥県の西南約50km。6〜7世紀の突厥民族の遺跡。放牧図を彫る。

　¶ 中国名旧5 p291

興善寺　こうぜんじ
陝西省西安市。大興善寺ともいう。隋の文帝は開皇2年（582）北斉の陟岵寺を城内に移建して開創、隋国大統とし、国中の僧寺を統領した。

　¶ 中国仏教

孝泉鎮宋墓　こうせんちんそうぼ
四川省徳陽県孝泉鎮。宋墓。一つの四耳陶罐中に、80kgの崇寧通宝とともに117点の銀器が一括発見された。

　¶ 世界考古

黄宗羲墓　こうそうぎぼ
浙江省余姚市の化安山。明末清初の思想家・歴史家である黄宗羲（1610-95）の墓。

　¶ 中国名旧2 p149

功曹闕　こうそうけつ
山東省平邑県。後漢の章和元年（87）の建立。灰青石造りの4層。

　¶ 中国名旧3 p171

皇蔵峪　こうぞうよく
安徽省蕭県の東南22.5kmの山中。瑞雲寺があり北宋の瑞拱2年（989）の創建。殿宇は山肌沿いに配される。

　¶ 中国名旧2 p223

交泰殿　こうたいでん
北京市街中心部の故宮の内庭、乾清宮と坤寧宮との間。明代の建造、清の嘉慶3年（1798）に改築。乾隆13年（1748）から皇帝権を象徴する25本の宝璽を保管。

　世界遺産（北京と瀋陽の明・清朝の皇宮群　1987, 2004）

　¶ 中国名旧1 p23, 文化史蹟17（交泰殿 故宮）〔写〕

皇沢寺　こうたくじ
四川省広元県の地名。嘉陵江流域西岸に石窟6、壁龕28からなる石窟群があり、唐代のものとされている。東岸には広元千仏崖がある。

　¶ 世界美2, 中国名旧5 p49

皇沢寺摩崖造像　こうたくじまがいぞうぞう
四川省広元市の皇沢寺の背後。南北朝時代から宋代にいたる34の石窟と摩崖。

　¶ 中国名旧5 p50

郊壇窯　こうだんよう
杭州。南宋時代の官窯の一つで青磁を焼いた。杭州南郊約4kmの烏亀山の南麓に窯址を発見。

　¶ アジア歴3

黄竹嶺　こうちくれい
江西省永豊県竜岡郷から15kmの君埠郷。1930年12月3日、毛沢東と朱徳は当所で竜岡戦役の指揮を取った。

　¶ 中国名旧4 p99

洪椿坪　こうちんへい

四川省峨嵋山の峨嵋山にある。明代に楚山の性一禅師が創建。殿宇と精緻な渡り廊下がある。

¶中国名旧5 p68

黄庭観　こうていかん

湖南省衡陽市南岳大廟から約1km、衡山の集賢峰の下。晋代の魏夫人を祀り、魏閣といった。現存する正殿・過殿・左廂房は清代のもの。

¶中国名旧4 p49

黄庭堅墓　こうていけんぼ

江西省修水県坑口郷。宋代の江西詩派の始祖である黄庭堅（1045-1105）の墓。修水県双井の出身。

¶中国名旧4 p91

皇帝岡漢墓　こうていこうかんぼ

広東省広州市西区西村元江馬路。窯跡と、古代墓群中に漢墓を数基発見した。

¶世界考古

考亭書院　こうていしょいん

福建省建陽県考亭村。南宋の理学者朱熹（1130-1200）が住み、学を講じたところ。

¶中国名旧4 p169

黄泥頭古瓷窯遺址　こうでいとうこしよういし

江西省景徳鎮市の市街東方7.5km、黄泥頭小学の背後の山。景徳鎮の五代〜北宋代の最も代表的な古窯址。

¶中国名旧4 p66

黄帝廟　こうていびょう

陝西省黄陵県の橋山の麓。中央に過亭があり、代々の皇帝の祭祀の碑文を彫った明・清代建立の石碑を70枚余りを収蔵する建物。

¶中国名旧5 p206〔写〕

黄帝陵　こうていりょう

陝西省黄陵県から北へ1kmもない橋山の頂き。伝説上の黄帝の墓。祭祀用の亭が建つ。後方に黄帝の衣冠冢がある。

¶中国名旧5 p206, 中国名勝古蹟 p111〔写〕, 中国歴史

昊天宮　こうてんきゅう

陝西省府谷県の孤山堡の北方約1km。俗称七星廟、別称無梁殿。北宋代の楊継業と豪族の娘の折賽花（余賽花）が当所で結婚したと伝える。

¶中国名旧5 p208

江天寺　こうてんじ

江蘇省鎮江の西北金山。開創は、東晋元帝または明帝の時と伝えられ、沢心寺と称し、梁の武帝が天監4年（505）水陸大斎を設けたという。

¶中国仏教

岡杜　こうと

河南省鄭州市北西郊の第16文物区にある岡杜一帯。戦国時代の韓国の墓地（48基）遺跡。竪穴式墓壙、洞室墓の形式がある。

¶世界考古

紅塔　こうとう

江西省景徳鎮市の旧浮梁の西面。六角7層。唐の太和六年（832）の建造。

¶中国名旧4 p66

峒崆巌　こうどうがん

広東省陽春県の西方4km。洞内には元〜清代の摩崖石刻もある。

¶中国名旧4 p241

鼇頭磯　ごうとうき

山東省臨清市の汶河の分岐点。明の嘉靖年間（1522-66）に建立。周囲に楼閣を配し、南面に姫垣を築き、東面の前後相通ずる門の通路の上に建つのが観音閣。

¶中国名旧3 p189

江東橋　こうとうきょう

福建省漳州市街の東方16km、竜海県の北渓の下流。虎渡橋ともいう。南宋の嘉定年間（1208-24）に木橋を架設。淳祐2年（1242）に石梁に改めた。

¶中国名旧4 p164

崆峒山　こうどうざん

甘粛省平涼市の市街西方30km。秦・漢代に廟宇の建立が始まる。山上は道教寺院が林立。最高峰に香山寺がある。

¶中国名旧5 p231

孝堂山　こうどうさん

山東省肥城県西南孝里舗にある小丘陵。漢代画像石の祠堂のあることで有名。丘陵の頂に墳丘があり、その前面に石造の祠堂をおいた少なくとも後漢中期以前のもの。

¶図解考古〔写/図〕

孝堂山石祠　こうどうざんせきし

山東省肥城県孝里舗。後漢代の石祠堂。孝堂山郭氏墓石祠とも呼ばれる。切妻式屋根で住宅建築を模す。西暦1世紀の造営で、中国現存最古の地上の建造物とされる。

¶アジア歴3（孝堂山祠堂　こうどうさんしどう）〔写/図〕, 新潮美（孝堂山石祠　こうどうさんせきし）, 世界考古〔写（拓本）〕, 中国名旧3 p119（孝堂山郭氏墓石祠　こうどうざんかくしぼせきし）

高塔寺塔　こうとうじとう

湖北省黄岡市黄梅県の東北隅。弥陀寺塔とも。北宋の天禧4年（1020）の創建。木造を模した八

角13層の密檐磚塔。

¶ 新潮美（弥陀塔 みだとう），中国名旧3
p327

敖東城　ごうとうじょう
吉林省延辺朝鮮族自治州敦化市。渤海から金代
の平山城。外城何壁に甕城の痕跡が残る。

¶ 中国名旧1 p232，東ア考古

黄道婆墓　こうどうばぼ
上海市上海県東湾村。江南の紡織技術に多大な
功績を残した黄道婆（1245？ －？）の祠。1956
年に改修し、1981年に造り直した。

¶ 中国名旧2 p24

香頭墳　こうとうふん
広東省台山県の黄牛拉車山。南宋代の義士伍隆
起の墳墓。

¶ 中国名旧4 p241

藕塘烈士塔　ごうとうれっしとう
安徽省定遠県藕塘鎮にある。抗日戦争中、抗日
民主根拠地を樹立。当地で中華民族の解放事業
に貴い生命を献げた先烈を記念し、1964年に紀
念塔を建てた。

¶ 中国名旧2 p226

江都漢墓　こうとかんぼ
江蘇省江都県鳳凰河にある。前漢後期〜新にか
けての漢代木槨墓。単身葬、夫婦合葬墓を確認。

¶ 世界考古

広徳寺〔遂寧市〕　こうとくじ
四川省遂寧市西禅郷の臥竜山の麓。四川省の名
刹。唐の建中元年（780）の創建。

¶ 中国名旧5 p51

広徳寺〔襄陽県〕　こうとくじ
湖北省襄陽県の西方約13km。五塔寺とも。漢・
唐代以来の古刹で明の景泰年間（1450-57）に再
興され、広徳寺と改称。大殿とその背後の多宝
仏塔が現存。

¶ 新潮美（五塔寺（4） ごとうじ），中国名旧3
p290

后土廟〔介休市〕　こうどびょう
山西省介休市。殿堂の多くは明・清代のもの。5
つの院落からなり、后殿と東西の廊房などがあ
り、合理的な構造で、屋根には重檐を多用。

¶ 中国名旧3 p59

広仁寺〔五台山〕　こうにんじ
山西省五台県の五台山台懐鎮の北隅、羅睺寺の
東側。清代の建物で、伽藍配置が整い、山門・天
王殿・鐘楼・鼓楼・中殿・後大殿・配殿が揃う。

¶ 中国名旧3 p46

広仁寺〔西安市〕　こうにんじ
陝西省西安市の市街の西北隅。清の康熙44年
（1705）の創健。西安地区の西蔵仏教格魯派（黄
教）の唯一の寺院。

¶ 中国名旧5 p164

**工農革命軍第一軍第一師師部旧址　こうのうか
くめいぐんだいいちぐんだいいっししぶきゅうし**
江西省修水県の旧商会ビルにある。1927年9月
下旬、工（労）農革命軍第一軍第一師の師部（本
部）が置かれた。

¶ 中国名旧4 p91

紅梅閣　こうばいかく
江蘇省常州市の紅梅公園にある。高さ17mの木
造で、上下両層とも重檐。北宋の大中祥符年間
（1008-16）の築造。現存するのは清代のもの。

¶ 中国名旧2 p95

侯馬喬村　こうばきょうそん
山西省晋南地区の侯馬市喬村付近の澮河北岸の
台地上。墓地。戦国時代中期頃に属する大墓に
奴隷の殉葬を伴うものが2基ある。

¶ 世界考古

**侯馬東周盟誓遺址　こうばとうしゅうめいせい
いし**
山西省侯馬市東郊。晋国の古城より約25kmの地
にある、盟誓を入れた抗（壙）。盟書は1千余件
あり、石圭、玉器の廃物などに朱書されたもの。

¶ 世界考古

合肥孔子廟　ごうひこうしびょう
安徽省合肥市孔子廟内。元代の金銀器を出土し
た遺跡。銀壺の底部には「至順癸酉」（1333年）
の紀年が刻されている。

¶ 世界考古

黄陂盤竜城　こうひばんりゅうじょう
湖北省の東部、武漢の北約5km、黄陂県の県境。
殷（商）代の遺跡。

¶ 新潮美

孔廟〔曲阜市〕　こうびょう
山東省曲阜市の市街。孔子を祀る霊堂。前478年
の創建。漢代以後、歴代の皇帝が改修・拡張を
重ねて大規模な建築群を形成。

〔世界遺産〕（曲阜の孔廟、孔林、孔府 1994）
¶ アジア歴3（孔子廟〔曲阜〕 こうしびょう），
宗教建築（曲阜孔廟）〔写/図〕，中国名旧3
p146〔写〕，中国名勝古蹟 p180〔写〕

孔廟〔北京市〕　こうびょう
北京市東城区安定門内の成賢街。元・明・清3代
に孔子を祀ったところ。元の大徳6年（1302）の
創建、明の永楽9年（1411）の再建。

¶ 中国名旧1 p19

孔廟奎文閣　こうびょうけいぶんかく★

山東省曲阜県。孔廟の主要な建築。宋の天禧2年（1018）創建。明の弘治13年（1500）改修。間口7間、二重寄棟造。現在の建物は清代の再建。

世界遺産 （曲阜の孔廟、孔林、孔府　1994）

¶中国名旧3 p148, 文化史蹟17〔写〕

孔廟大成殿　こうびょうたいせいでん★

山東省曲阜県。1504年。孔子の旧地である曲阜につくられた孔廟。

世界遺産 （曲阜の孔廟、孔林、孔府　1994）

¶中国名旧3 p149（大成殿　たいせいでん）〔写〕, 文化史蹟17〔写〕

黄賓虹故居　こうひんこうこきょ

安徽省歙県西潭渡村。黄賓虹（1865-1955）は有名な山水画家。故居は磚と木からなり、正屋は間口柱間3間。ほかに辺屋・書斎・厨房、小さな庭がある。

¶中国名旧2 p242

孔府　こうふ

山東省曲阜市の孔廟にある。歴代の衍聖公の役所と邸宅。9つの院落からなり、あわせて463室を有する。

世界遺産 （曲阜の孔廟、孔林、孔府　1994）

¶中国名旧3 p152〔写〕, 中国名勝古蹟 p178〔写〕

興復河遺跡　こうふくがいせき

山東省西部。県城の南18km、興復河北岸にある殷（商）代後期の遺跡。

¶新潮美（長清―興復河遺跡　ちょうせい―こうふくがいせき）

宏福寺　こうふくじ

貴州省貴陽市の黔霊山の頂上。開山の祖師赤松和尚の創建。正殿10棟からなる。

¶中国名旧5 p89〔写〕, 中国名勝古蹟 p298〔写〕

洪福寺　こうふくじ

山西省長治県の南方10km李坊村。創建は北宋の太平興国5年（980）中軸線上に山門・天王殿・眼光菩薩殿・羅漢殿・大仏殿が並ぶ。

¶中国名旧3 p65

興福寺塔　こうふくじとう

湖北省武漢市の洪山の東端の山麓にあったが、1963年の春、洪山の西南麓に移して復元。無影塔ともいい、八角4層、重檐楼閣式の石塔。

¶新潮美, 中国名旧3 p275

光福塔　こうふくとう

江蘇省蘇州市光福の塔山。虎山寺塔とも。磚と木からなる方形7層で高さ20m余りの塔。

広武城　こうぶじょう

山西省山陰県の県境、雁門関（代県）の下。新旧両城に分かれる。東西南の3面にのみ城門を設ける。

¶中国名旧3 p35

孔府西学院　こうふせいがくいん

山東省曲阜市の孔府の西路にある。忠恕堂・安懐堂・南北花庁・東花庁・学屋などが並ぶ。

¶中国名旧3 p155

孔府大門　こうふだいもん

山東省曲阜市の孔廟にある。明代中葉の建立。間口柱間3間で南向き。

世界遺産 （曲阜の孔廟、孔林、孔府　1994）

¶中国名旧3 p152

宏仏塔　こうぶつとう

寧夏回族自治区賀蘭県の東北部の潘昶郷。八角3層の中空密檐磚塔。明代以前。

¶中国名旧5 p258

光武陵　こうぶりょう

河南省洛陽市孟津県鉄謝村の近く。周長1400m、高さ20mの高大な土冢。

¶中国名旧3 p223〔写〕

高芬軒　こうふんけん

河北省保定市の古蓮花池の北側、灑然亭の東。清の同治11年（1872）以前は2階建ての楼閣。「蓮池十二景」の一つであったが、8か国連合軍（1900年）に破壊され、現状のものに改められた。

¶中国名旧1 p130

興文塔　こうぶんとう

湖北省五峰土家族自治県の南門外、稲場の拗山。清の同治8年（1869）の建立。六角7層で、高さ30m余り。

¶中国名旧3 p313

興平文廟大成殿　こうへいぶんびょうたいせいでん

陝西省興平県、東街の文化館。木造入母屋造りで、明代の建立とされる。

¶中国名旧5 p183

孔望山摩崖　こうぼうさんまがい

江蘇省連雲港市（海州）孔望山。孔望山の南麓西端の岩の露頭に幅17m、高さ8mの範囲で105体の図像が彫刻されている。後漢後期のものと推測する説が有力。

¶新潮美, 大遺跡9（孔望山摩崖造像 こうぼうざんまがいぞうぞう）〔写/図〕, 中国名旧2 p62（孔望山漢代摩崖画像 こうぼうざんかんだいまがいがぞう）

中国　196

アジア

合浦漢墓　ごうほかんぼ
広西壮族自治区合浦県の東南約2km、望牛嶺の頂上。前漢末の木槨墓。1971年調査、径40m、高さ5mの封土がある。
¶新潮美, 世界考古〔図(魁)〕

濠濮澗　ごうぼくかん
北京市西城区、北海の東岸にある。清の乾隆22年（1757）に造った水榭。
¶中国名旧1 p44

後牧城駅　こうぼくじょうえき
遼寧省甘泉子区後牧城駅村。戦国時代の遺跡。丘頂の全面に周囲を石垣に囲まれた墓地があり、中に10基の石墓がつくられていた。
¶世界考古

黄埔軍校旧址　こうほぐんこうきゅうし
広東省黄埔の長州島。1924年創設。校門、孫中山記念碑などが現存。
¶中国名旧4 p210

皇甫謐墓　こうほひつぼ
甘粛省霊台県の西北5kmの張鰲坡。針灸学の発展に貢献した皇甫謐（215-282）の墓。
¶中国名旧5 p231

黄堡窯　こうほよう
陝西省銅川市黄堡鎮。長さ3〜6m程度の平面が馬蹄形の饅頭窯で、工房跡も発見された。唐三彩の窯の一つ。
¶東ア考古

侯馬遺跡　こうまいせき
山西省侯馬市西北郊外。春秋時代晋国の都城遺跡。晋国が三分されて韓・魏・趙が独立するまで置かれた最後の都城である新田に比定。
¶中国名旧3 p84（侯馬晋国遺址　こうばしんこくいし）, 東ア考古

高明寺　こうめいじ
浙江省天台県の天台山の国清寺から約8km。唐の天祐年間（904-907）の創建。天台宗の開祖智者大師（538-597）の道場の一つ。周辺に奇岩怪石と名士の題刻が多い。
¶中国名旧2 p178

紅門宮　こうもんきゅう
山東省泰安市の泰山の王母池の西北方。西北方の懸崖に赤い石が2つあり、門の扉のような形をしている前方に3つの石坊が建つ。
¶中国名旧3 p175〔写〕

皋陶祠　こうようし
安徽省六安県の皋陶墓の東方14m。皋陶（咎繇）は顓頊の子で、舜の臣。死後、その徳を慕って祠が建てられた。

衡陽楚墓　こうようそぼ
湖南省衡陽市郊。100余の戦国時代墓群。すべて長方形竪穴土壙墓。
¶世界考古

蛟洋文昌閣　こうようぶんしょうかく
福建省上杭県蛟洋郷。清の乾隆19年（1754）の建立で、高さ32m。
¶中国名旧4 p177

皋陶墓　こうようぼ
安徽省六安県の東方6km。皋陶（咎繇）は顓頊の子で、舜の臣。六（現、六安県）が封地であったので、死後に当所に葬られたと伝える。
¶中国名旧2 p246

鉤弋夫人墓　こうよくふじんぼ
陝西省淳化県鉄王郷大圪塔村の西北、甘泉宮の南にある。漢の昭帝（在位前87－前74）の母親の墓。
¶中国名旧5 p188

膠萊運河　こうらいうんが
山東半島。元の至元17年（1280）、江南から北京へ至る海運路の短縮を企図し開削を始めたが未完に終わった。
¶アジア歴3

高麗寺　こうらいじ
浙江省杭州市。慧因寺ともいう。五代の天成2年（927）呉越王銭鏐が創建、慧因禅院と称した。
¶中国仏教

高麗城山城遺址　こうらいじょうさんじょういし
遼寧省蓋県の市街東北7.5km、青石関堡高麗城村の東山。高句麗の建安城のこと。山城は6世紀か、それよりやや早い時期に築造されたもの。
¶中国名旧1 p210

興隆遺跡　こうりゅういせき
河北省興隆県寿王墳地区の山村で発見。鉄器鋳造遺跡。戦国時代の燕の遺跡と推定。
¶図解考古〔写(鋳型（鋤と鍬)）〕, 世界考古（興隆　こうりゅう）〔写（斧の鋳型）〕

黄竜寺〔松潘県〕　こうりゅうじ
四川省松潘県の北方35kmの黄竜鎮。明代の創建。前・中両寺はすでになく、後寺のみ現存。
¶中国名旧5 p81（黄竜寺　おうりゅうじ）, 中国名勝古蹟 p200〔写〕

黄竜寺〔廬山〕　こうりゅうじ
江西省九江市の廬山の玉屏峰の西麓。明代の創建。間口柱間3間の大殿が現存。
¶中国名旧4 p82

興隆寺　こうりゅうじ
黒竜江省寧安県渤海鎮の西南部。南大廟ともいい、康煕初年の創建。基壇と礎石の一部は現存。石仏寺ともいう。
¶ 中国名旧1 p244

興隆寺塔　こうりゅうじとう
山東省滋陽県の北門内。寺は失われ、八角7層の塼のみが残る。北宋・嘉祐～熙寧（1056～77）頃の創立。
¶ 新潮美

黄竜洞　こうりゅうどう
浙江省杭州市の西湖の北山、棲霞嶺の北麓。南宋の淳祐年間（1241-52）に、江西省の黄竜山の高僧慧開が庵を建てて法を説いたと伝える。
¶ 中国名旧2 p124

興隆塔　こうりゅうとう
山東省兗州県の東北隅、興隆寺の跡地。八角15層、高さ54mの楼閣式の塼塔。
¶ 中国名旧3 p164

黄竜府　こうりゅうふ
吉林省農安県。農安古城にある。遼代の軍事上の重鎮。金の収国元年（1115）、金の太祖阿骨打が完顔婁室に黄竜府の攻略を命じた。
¶ 中国名旧1 p221

公劉墓　こうりゅうぼ
陝西省彬県の土陵村の東。后稷の曾孫の墓。
¶ 中国名旧5 p189

興隆窪遺跡　こうりゅうわいせき
内モンゴル自治区赤峰市。7千～8千年前の興隆窪文化の標準遺跡。長軸約170mの楕円形環濠集落。方形竪穴住居が東西方向に複数並列するという特徴が中国で初めて判明。
¶ 東ア考古〔写〕

孝陵〔清〕　こうりょう
河北省遵化県の東陵。清の世祖愛新覚羅福臨（順治帝）の陵墓。東陵の最初の陵墓で、その中心をなす。
¶ 中国名旧1 p159

孝陵〔北周〕　こうりょう
陝西省咸陽市底張鎮陳馬村。北周時代の武帝宇文邕と、武徳皇后阿史那氏の合葬墓。門内西壁の近くから「大周高祖武皇帝孝陵」の篆書体の文字を刻んだ陵誌蓋と誌石が発見された。
¶ 東ア考古（北周武帝孝陵 ほくしゅうぶていこうりょう）

孝陵〔明〕　こうりょう
江蘇省南京市の東郊、鍾山の南麓。明の太祖朱元璋（1328-98/在位1368-98）の陵墓。洪武16年

（1383）に完成。
¶ 中国名旧2 p54（明孝陵 みんこうりょう）

高梁橋　こうりょうきょう
北京市海淀区西直門外の高梁河に架かる。元代に高梁閘の上に架設されたアーチ橋。
¶ 中国名旧1 p67

黄陵廟　こうりょうびょう
湖北省西陵峡の黄牛峡の黄牛山の麓。別称を黄牛霊応廟。中心をなす禹王殿は明の万暦46年（1618）の建立。
¶ 中国名旧3 p340

黄梁夢　こうりょうむ
河北省邯鄲市の市街北方10km。呂翁祠とも。祠の創建年代は不明。敷地は1万3千平方m余り。盧生殿の北壁に黄粱夢の故事が描かれている。
¶ 中国名旧1 p118

闔閭墓　こうりょぼ
江蘇省蘇州市の虎丘の麓にある。闔閭（？ －前496）は春秋時代後期の呉の国君。
¶ 中国名旧2 p71

孔林　こうりん
山東省曲阜市の市街北方1.5km。至聖林とも。2400年来、孔子の後裔や一族でここに葬られた者が多い。東周代の墓地に孔子・孔鯉・孔伋（子思）の墓がある。

世界遺産（曲阜の孔廟、孔林、孔府　1994）
¶ 中国名旧3 p155, 中国名勝古蹟 p178〔写〕

孔令貽墓　こうれいいぼ
山東省曲阜市の孔林の東北寄り、環林路の東側。孔子の76代目の子孫の墓。墓前に雲龍の文様を彫った石造りの供物台・香炉・拝壇などがある。
¶ 中国名旧3 p157

広霊石窟　こうれいせっくつ
山西省北東部の広霊県。仏教石窟。直峪口の壺流河河岸に30窟余がある。5世紀後半の北魏時代の開鑿。
¶ 新潮美

高蠡暴動烈士紀念塔　こうれいぼうどうれっしきねんとう
河北省高陽県の南方15kmの北辛荘。1932年の高陽・蠡両県の農民暴動の際、当地で壮烈な死を遂げた17人の烈士を記念して建てた。
¶ 中国名旧1 p140

句漏洞　こうろうどう
広西チワン族自治区句漏山脈の主峰の麓。洞前に唐代以後の摩崖碑碣が100余りある。
¶ 中国名旧4 p302

香炉山　こうろざん
貴州省凱里市の市街西方15km。兵営・寺院・南天門の遺構や苗族蜂起の物語や民間伝承にまつわる遺跡もある。
¶中国名旧5 p107

後窪遺跡　こうわいせき
遼寧省東溝県馬家店鎮三家子村後窪屯。新石器時代の集落遺跡。2つの文化層（上・下）に分けられ、石包丁は上層文化で初出。
¶東ア考

悟穎塔　ごえいとう
河南省汝南県の南関外。無影塔ともいう。六角9層の楼閣式磚塔。
¶中国名旧3 p257

呉越王銭氏墓　ごえつおうせんしぼ
浙江省杭州市。後梁時代の907年に呉越王に任じられた銭鏐一族の墓。副葬品に多量の越州窯青磁・玉器・金銀器・象牙製品がある。
¶東ア考

呉樾墓　ごえつぼ
安徽省安慶市の市街西門外。呉樾（1878-1905）は清代の革命家。光復会の会員。
¶中国名旧2 p209

五盔墳　ごかいふん
吉林省集安市。三国時代高句麗の古墳群。5つの盔、つまり冑のような形をした古墳が5基並んでいる。
¶世界考古（五盔墳（五塊墳）），東ア考

五盔墳五号墓　ごかいふんごごうぼ
吉林省集安市東方の洞溝盆地の中央。洞溝古墓群の墓の一つ。高句麗朝後期の王族墓。大型の花崗岩で地中に築く。
¶中国名旧1 p228

古格王国遺址　こかくおうこくいし
チベット自治区札達県札布譲区の象泉河の河畔の土山。10世紀から17世紀まで続いたチベットの地方政権古格王国の遺跡。18万平方mの広さがあり、数百の建物・仏塔・洞窟の建築群がある。周辺から鉄製の甲冑・馬甲・盾・鏃が出土。
¶大遺跡9（古格王国　こかくおうこく）〔写/図〕，中国名旧5 p159（古格王国遺址　グゲおうこくいし）

呉家村遺跡　ごかそんいせき
遼寧省大連市長海県広鹿島。新石器時代の遺跡。小珠山中層文化に属するが、多少遅れる可能性があるという。
¶東ア考

呼家楼　こかろう
北京市東郊、朝陽門外。同地の北京機械学校校庭で、1957年に3876個の刀銭と布銭が出土した。刀銭は明刀銭と甘丹（邯鄲）刀銭の2種。
¶世界考古

虎丘　こきゅう
江蘇省蘇州市の閶門外3.5km、山塘街。海涌山とも。春秋時代の末期、呉王夫差（？－前473）が父親の闔閭（？－前496）を葬ったところ。
¶新潮美，中国名旧2 p70

午汲趙城　ごきゅうちょうじょう
河北省武安西北6kmの午汲村北0.5km。春秋・戦国時代の城址。城壁の四隅と各壁に1ヵ所の城門址がよく残っている。
¶世界考古

胡橋大墓　こきょうたいぼ
江蘇省鎮江市丹陽市の東北約17km、胡橋の水経山南麓にある。南斉高帝の次兄の始安貞王蕭道生（495没）夫婦の修安陵とされる。
¶新潮美（丹陽─胡橋大墓　たんよう─こきょうたいぼ）

顧郷屯遺跡　こきょうとんいせき
黒竜江省ハルビン市温泉河河畔。多量の哺乳動物化石を伴う旧石器時代遺跡。地質年代は後期更新世。
¶図解考古〔写〕，世界考古（顧郷屯　こきょうとん），東ア考

胡玉垓墓　こぎょくがいぼ
四川省威遠県の東門外の東堡山。墓塔は高さ6m、3層の覆印型で、石積み。烈士と夫人の胡良任を葬る。
¶中国名旧5 p53

古琴台　こきんだい
湖北省武漢市の亀山の尾部、月湖の湖畔。中心をなす建物は入母屋造りで、「高山流水」の扁額を掲げる。
¶中国名旧3 p273〔写〕，中国名勝古蹟 p233（古琴臺）〔写〕

国恩寺　こくおんじ
広東省新興県の南方12km、竜山の麓。慧能が旧居を改めて寺にしたので禅宗祖庭ともいう。開元元年（713）に慧能が報恩塔を建立。
¶中国名旧4 p260

黒山石刻画像　こくざんせっこくがぞう
甘粛省嘉峪関市の市街西北約20km。峡谷の絶壁に、153の石刻が1kmにわたって散らばる。
¶中国名旧5 p244

中国

国子監　こくしかん
北京市東城区安定門内成賢街。元・明・清3代の最高学府。元の大徳10年(1306)に開設。建物はみな南向きで、中軸線上に集賢門・太学門・辟雍・彝倫堂・敬一亭の順に並ぶ。
　¶中国名旧1 p26

黒城　こくじょう
内モンゴル自治区額済納旗達頼庫布の東南35km、納林河東岸の河岸三角州。西夏の古都黒水城と伝える。現存する城壁は高さ9m、周囲約2km。
　¶中国名旧1 p186

黒水国漢墓群　こくすいこくかんぼぐん
甘粛省張掖市の市街西北15km。黒水鍋漢墓群ともいい地表に漢代の子母磚・灰色陶片・縄文陶片が露出。
　¶中国名旧5 p238〔写〕

黒水国城堡遺址　こくすいこくじょうほいし
甘粛省張掖市の黒水国漢墓群の中。黒水鍋城堡遺址ともいい、地表に瓦や磁器の断片、石製の臼などが露出。
　¶中国名旧5 p238

国清寺　こくせいじ
天台山中仏瀧峯の南麓。智顗の遺旨を受けて、晋王広が翌598年に完成した寺。初めは天台山寺、晋王が即位(煬帝)する605年、智顗の瑞夢の因縁によって国清寺と名づけられた。
　¶角川世、新潮美、中国仏教、中国名旧2 p177、仏教考古

国内城　こくないじょう
吉林省集安市。三国時代高句麗中期の都城。城壁は石築で、東西に長い長方形を呈する。団結路・勝利路と呼ばれる東西道路、北門・南門に通じる朝陽街は、高句麗以来の街路と見られる。
　¶中国名旧1 p227、東ア考古

極楽寺　ごくらくじ
黒竜江省ハルビン市南崗区東大直街5号。臨済宗の44代目の弟子が1924年に建てたもの。黒竜江省最大の仏教寺院。
　¶中国名旧1 p235

黒竜潭〔昆明市〕　こくりゅうたん
雲南省昆明市の竜泉山麓の黒竜潭公園にある。漢代には益州郡の黒水祠。唐・宋代に道教寺院を創建、元代に竜泉観と命名。上下両観が現存。下観の黒竜宮は明の景泰5年(1454)の創建。
　¶中国名旧5 p117

黒竜潭〔北京市〕　こくりゅうたん
北京市海淀区温泉の北側の山腹。柱間33間の回廊をめぐらし、後方に黒竜王廟が山肌沿いに東向きに建つ。
　¶中国名旧1 p67

黒竜潭〔麗江市〕　こくりゅうたん
雲南省麗江市、象山のふもとにある淵。清の乾隆2年(1737)に少数民族・納西(ナシ)族がここに玉泉竜王廟を建てた。潭の中には得月楼が建っており、潭のほとりには、法雲閣がある。
　¶中国名旧5 p142〔写〕、中国名勝古蹟 p285（麗江黒竜潭　れいこうこくりゅうたん）〔写〕

谷林堂　こくりんどう
江蘇省揚州市の痩西湖の平山堂の北。蘇軾(東坡)(1036-1101)が揚州の官であったとき、欧陽脩を記念して建てた。
　¶中国名旧2 p103

浯渓　ごけい
湖南省祁陽県の西南約2km、湘江の西岸。唐代の詩人元結(723-772)は当地の河畔に居を構えた。題名の刻石も多く、中国でも珍しい露天の詩海碑林を形成。
　¶中国名旧4 p39

虎渓巌　こけいがん
福建省廈門市の市街の東北隅、玉屏山の北斜面。明の万暦年間(1573-1620)に林懋時が稜層洞ともいう稜層石室を設け題刻を彫った。虎渓寺は明・清代に改修を重ね規模を拡大。
　¶中国名旧4 p134

呉敬梓故宅　ごけいしこたく
安徽省全椒県襄河鎮の北方。呉敬梓(1701-54)は小説『儒林外史』の著者。探花第ともいう。咸豊年間(1851-61)に戦火で焼失、門前の旗竿の鼓形の土台、邁園の石刻の一部だけが残った。
　¶中国名旧2 p226

詰経精舎　こけいせいしゃ
杭州西湖の孤山。清代の書院。阮元・王昶・孫星衍・兪樾らが前後してここで講学した。光緒年間(1875-1908)初年に求志書院に併合された。
　¶中国歴史

古滎冶鉄遺址　こけいやてついし
河南省鄭州市の市街西北20km。製鉄用の大高炉を2つ発見。付近から鋳造用の型や鉄器が大量に出土。
　¶中国名旧3 p196

固原遺跡群　こげんいせきぐん
寧夏回族自治区。戦国秦長城の内側に位置し、古来よりの交通の要衝であった固原の遺跡群。新石器時代から清時代に至る豊富な遺跡群。
　¶東ア考古〔図(北周・隋・唐墳墓分布図)〕

五公祠　ごこうし
海南省海口市と瓊山県府城鎮との間。蘇軾、蘇轍、海南島に左遷された唐代の李徳裕、宋代の

李綱・趙鼎・胡銓・李光を祀る。

¶中国名旧4 p264

古后土祠　こごうどし
山西省万栄県の西南40km、黄河東岸の廟前村。2層の楼閣式の山門、戯台が3つ、献亭、后土大殿をはじめ、鐘楼・鼓楼・配殿・廊屋などが現存。

¶新潮美（后土祠(2)），中国名旧3 p98

護国巌　ごごくがん
四川省納渓県の永寧河の東岸。字は1m四方で、286字からなる碑文を彫る。

¶中国名旧5 p41

護国寺　ごごくじ
北京城の西四牌楼の東北方。金代初期に崇国寺と号したが、元・至元21年（1284）に再興。2基の舎利塔は1基のみ現存。

¶新潮美

五国城　ごこくじょう
黒竜江省ハルビン市依蘭県。遼金時代に当地に置かれた城名。北宋の徽宗、欽宗らを捕えた金の太宗は、1130年、2帝とその一族を五国城に移して幽閉した。

¶アジア歴3

五国頭城遺址　ごこくとうじょういし
黒竜江省依蘭県の北。「松花江の門戸」といわれる。生女真人が10世紀頃形成していた五大部族の越里吉部の根拠地。

¶中国名旧1 p248

五個廟石窟　ごこびょうせっくつ
甘粛省粛北モンゴル族自治県の北方12km。北魏代の開削。維摩詰像の壁画がある。

¶中国名旧5 p252

古祭台　こさいだい
新疆ウイグル自治区トルファン県城西。仏教遺跡。交河故城の中央にあり、5基の盛り土のある正方形建築。中心は高くそびえる円塔。

¶中国名勝古蹟 p102〔写〕

鼓山　こざん
福建省福州市の東郊、閩江の北岸。石鼓とも。山中に名刹の涌泉寺があり、東側は摩崖が密集し石鼓都会としてたたえられる。

¶中国名旧4 p121

壺山水神堂　こざんすいじんどう
山西省広霊県の南方の壺山。大士庵と豊水神祠を併せた呼び名。創建年代は不詳。現在の建物は明・清代のもの。

¶中国名旧3 p31

孤山鉄塔　こざんてっとう
陝西省府谷県の孤山堡の南の屏山。明代の建立。鉄鋳の仏像を配す。

¶中国名旧5 p208

鼓山摩崖題刻　こざんまがいだいこく
福建省福州市の鼓山にある。岩壁に400余りの題刻が彫られている。有名なものに宋代の蔡襄・李綱・趙汝愚・朱熹、現代の郭沫若の題刻がある。

¶中国名旧4 p121

伍子胥墓　ごししょぼ
江蘇省蘇州市胥口の西部の伍相国祠。伍子胥（？－前484）は春秋時代・呉の政治家。墓は盛土の高さが1m余り、軽石を積み上げる。

¶中国名旧2 p85

五指石　ごしせき
広東省平遠県差干区の西北。境界地帯の名勝。山麓に明代建造の書屋がある。

¶中国名旧4 p253

葫市摩崖造像　こしまがいぞうぞう
貴州省赤水県の赤水河の葫市灘右岸の岩壁。仏陀・菩薩・大士が寺院の遺構の岩壁に彫られている。

¶中国名旧5 p96

伍奢冢　ごしゃちょう
安徽省利辛県の西北20km。かつては古廟と石碑があった。伍奢（？－前522）は伍子胥の父親で、春秋時代後期の楚の大夫。もう一つの伍奢冢は阜陽県城の東岳廟の後ろにある。

¶中国名旧2 p253

五十家子塔　ごじゅうかしとう
内モンゴル自治区敖漢旗五十家子村の西。金代の建立。八角13層の中空密檐磚塔で、高さ約41m。

¶中国名旧1 p178

梧州中山紀念堂　ごしゅうちゅうざんきねんどう
広西チワン族自治区梧州市の市街の東北隅、北山の山頂。孫中山が視察したことのある北山に1928年に紀念堂を建立。

¶中国名旧4 p295

湖熟鎮　こじゅくちん
江蘇省南部の江寧県。湖熟文化分布圏の中央に位置してこの文化を担った遺跡。湖熟文化は前1千年前後に相当するとされる。

¶世界考古

古蕭窯遺址　こしゅくよういし
安徽省蕭県の東南15kmの白土寨。白土寨窯址。窯は唐代に設けられ、日用・仏用・建築用の彩色の磁器を産す。10余りの窯趾を確認でき、磁器の破片が地中で1.5〜2mの層をなす。

¶中国名旧2 p223

呉朱然墓　ごしゅぜんぼ

馬鞍山市雨山郷。三国時代呉の左大司馬右軍師朱然の墓。140点余りの漆器・青磁器・土器・木器・銅器と6千点以上の銅銭が出土。「犀皮黄口羽觴觴」は最古の犀皮漆器の実物。

　　¶東ア考古

護珠塔　ごじゅとう

上海市松江県の天馬山の中峰。宋の元豊2年(1079)に円智教寺の後方に建立。八角7層の塔。

　　¶中国名旧2 p29

呉城遺跡　ごじょういせき

江西省清江県の南西35kmの呉城村。殷(商)代中期～西周初期の遺跡。遺跡の範囲は4平方kmに及ぶ。青銅器・石器・陶器・原始磁器・玉器・石笵など500余件を得ている。

　　¶新潮美,世界考古(呉城　ごじょう)

古城会議旧址　こじょうかいぎきゅうし

江西省寧岡県古城郷。1927年10月3日、毛沢東が前敵委員会拡大会議(古城会議)を開いた。

　　¶中国名旧4 p104

古城巌　こじょうがん

安徽省休寧県の東方3km。頂上に汪王故宮がある。『徽州府志』によると、隋代末期に汪華という者が山上に城を築いて蜂起し、国号を呉とした。のちに忠烈廟が建てられ、汪王故宮とも呼ばれた。

　　¶中国名旧2 p239

五丈原　ごじょうげん

陝西省宝鶏市岐山県の南方約20km。行軍布陣の地。三国時代の古戦場。234年諸葛亮が司馬懿と相対したところ。北端に諸葛武侯祠がある。

　　¶アジア歴3,中国名旧5 p191

古聖寺　こしょうじ

四川省合川県草街郷の鳳凰山。明代の創建。上下両院に分かれ、4つの殿字からなる。

　　¶中国名旧5 p34

呉城商代遺址　ごじょうしょうだいいし

江西省清江県山前郷。住居址、竪穴と穴蔵、窯跡、墓を発掘し、青銅器・陶器・原始磁器などが出土。

　　¶中国名旧4 p70

古青蓮寺　こしょうれんじ

山西省晋城市東南17km、寺南荘の北側の硤石山の中腹。青蓮寺と1寺をなしていた北斉の天保年間(550-559)に慧遠が道場を創建。寺の前にあるラマ塔は明代の建立。

　　¶中国名旧3 p73

古譙楼　こしょうろう

福建省莆田市の鼓楼の前にある。北宋の太平興国8年(983)に建立。現存するのは清の康熙36年(1697)のもの。

　　¶中国名旧4 p141

顧渚山　こしょざん

浙江省長興県の西北20km余り、太湖の西岸。当地で産する紫筍茶は「天下第二」とたたえられた。陸羽が茶園を設けていたと伝える。

　　¶中国名旧2 p168

五女山城　ごじょさんじょう

遼寧省桓仁県の市街東北7kmの五女山。三国時代高句麗前期の山城。城壁(墻)の構築時期は高句麗前期と報告されているが、5世紀代に築造された可能性もある。

　　¶中国名旧1 p201(五女山山城　ごじょさんさんじょう),東ア考古〔写〕

伍仁橋　ごじんきょう

河北省安国県伍仁橋村。明の万歴28年(1600)に架設。貴妃橋とも。

　　¶中国名旧1 p140

悟真寺　ごしんじ

陝西省藍田県の東方約10kmの天順山。上下両院に分かれる。上寺は悟真峪の西端の絶壁、下寺は悟真峪の外の藍水の南岸に位置。

　　¶中国名旧5 p177

虎神槍記碑　こしんそうきひ

河北省囲場県駱駝頭村。乾隆17年(1752)の建立。乾隆帝が秋猟を行った際、虎神槍(銃)で虎を仕留めた経緯を記した「虎神槍記」を彫る。

　　¶中国名旧1 p155

湖心亭　こしんてい

浙江省杭州市の西湖にある。別名を清喜閣という。明の嘉靖31年(1552)に建てられ、現在のものは1953年の再建。

　　世界遺産(杭州西湖の文化的景観　2011)
　　¶中国名旧2 p129

古吹台　こすいだい

河南省開封市の市街東南3km。春秋時代に晋の楽師師曠が音楽を演奏したところ。梁の孝王が吹台を設けた。

　　¶中国名旧3 p211〔写〕

五仙観　ごせんかん

広東省広州市恵福西路の坡山。広州の別名である羊城・穂城の由来を伝える旧跡。大殿は明代の木造建築の一つ。

　　¶中国名旧4 p211

中国　202

アジア

五泉山金剛殿　ごせんざんこんごうでん
甘粛省蘭州市の南郊。五泉山上には寺院が多く、崇慶寺が中心的建築物。その金剛殿は山上に現存する最古の建物で1372年の建立。
　¶中国名勝古蹟　p83〔写〕

古宣州瓷窯遺址　こせんしゅうじよういし
安徽省繁昌県の南方1km。北宋代初期に開かれ、金軍の進攻で南宋軍が敗退するまで栄えた。
　¶中国名旧2　p198

姑嫂塔　こそうとう
福建省石獅市の市街東南5km。万寿宝塔・関鎖塔とも。南宋の紹興年間(1131-62)の建立。高さ21.65m、5層の楼閣式。
　¶中国名旧4　p155

古代高句麗王国の首都群と古墳群　こだいこうくりおうこくのしゅとぐんとこふんぐん★
東北地方、渾江流域の遼寧省桓仁県と鴨緑江流域の吉林省集安市に分布。高句麗王国前〜中期の遺跡。五女山城、国内城、丸都山城など40を越える多くの遺跡が残されている。古墳群は、14が王陵で、残りの26が貴族の墓。
　世界遺産(古代高句麗王国の首都と古墳群　2004)
　¶世遺事, 成世遺下(古代高句麗王国の首都と古墳)〔写〕, 世遺百(古代高句麗王国の首都と古墳)

五台山　ごだいさん
山西省の東北部の五台県、山脈の主峰五山を指す。世界五大仏教聖地の一つで、中国の四大仏教名山の第一。古くから神仙道の霊地だったらしいが、仏教普及以降は文殊菩薩の住地、清涼山として信仰を集めた。山中には53の寺院が密集し、千余年前からの仏教建築の発展過程を示す。
　世界遺産(五台山　2009)
　¶アジア歴3〔写〕, 角川世, 宗教建築(五台山と仏光寺大殿)〔図〕, 新潮美(五台山 ごだいせん), 世遺事, 成世遺下〔写〕, 世遺百〔写〕, 世歴大7, 中国名旧3 p39, 中国名勝古蹟 p128(五台山 ごだいざん)〔写〕, 中国歴史, 評論社世, 平凡社世(五台山 ごだいさん, ウータイシャン)

古地下道　こちかどう
安徽省亳県にある。地下5尺〜1丈の深さに数百mにわたって延びる。磚造りで、幅2〜4尺、高さ4〜6尺。
　¶中国名旧2　p250

古長城説碑　こちょうじょうせつひ
河北省囲場県岱尹上村の岱尹梁の北。清の乾隆17年(1752)9月の建立。乾隆帝はこの年木蘭囲場で古長城の旧址を発見、モンゴル族とエヴェンキ族の老人を探し求め、旧址を調査してこの碑文を記した。
　¶中国名旧1　p156

蝴蝶泉　こちょうせん
雲南省大理市の旧城北方20km、蒼山の雲弄峰の麓。幅7〜10mで、大理石の欄干をめぐらす。
　¶中国名旧5　p130

呉鎮墓　ごちんぼ
浙江省嘉善県の花園弄の梅花園にある。呉鎮(1280-1354)は元代の画家。墓は周囲を栗石で固めた土墳。
　¶中国名旧2　p164

五亭橋　ごていきょう
江蘇省揚州市の痩西湖の蓮性寺の傍ら。蓮花橋ともいう。乾隆22年(1757)に架設。橋上に亭が5つ、下に翼が4つあり、12個の大きな青石が大小様々の橋脚を形成。
　¶中国名旧2　p102

庫狄迴洛墓　こてきかいらくぼ
山西省寿陽県西南。北斉順陽郡の王、庫狄迴洛と、夫人斛律昭男・妾尉氏の合葬墓。単室塼室墓。
　¶東ア考古

古田会議会址　こでんかいぎかいし
福建省上杭県古田鎮の彩眉嶺の筆架山の麓。1929年12月、中国工農紅軍第四軍の党の第9回代表大会(古田会議)が開かれた。
　¶中国名旧4　p177

壺天閣　こてんかく
山東省泰安市の泰山の柏洞の北。閣は明代のもの西側に倚山亭、北側に元君殿がある。
　¶中国名旧3　p176

湖田古瓷窯遺址　こでんこしよういし
江西省景徳鎮市湖田村。五代から宋・元代を経て明代中期にいたる遺物が分布。
　¶中国名旧4　p66〔写〕

虎頭関帝廟　ことうかんていびょう
黒竜江省虎林県虎頭区、烏蘇里江の左岸。清の雍正年間の創建。大廟の正殿は関羽を中心に7つの塑像が並ぶ。
　¶中国名旧1　p243

五塔寺(慈燈寺)　ごとうじ
内モンゴル自治区フフホトの旧城(帰化城)平康里の南。寺名は慈燈寺。金剛宝座は寺の最後部にあり、北京の五塔寺金剛宝座に近似。清の雍正5年(1727)の建設。
　¶新潮美(五塔寺(2))

五当召　ごとうしょう
内モンゴル自治区包頭市の市街東北約70kmの五当溝。漢語で広覚寺ともいう。清の康煕年間の創建。廟宇はチベット式。内モンゴル現存唯一

の完全な形のラマ教寺院。

¶中国名旧1 p177, 中国名勝古蹟 p38（五当召ウーダンジャオ）〔写〕, 文化史蹟17（ウタン召）〔写〕

虎頭梁遺跡　ことうりょういせき
河北省陽原県虎頭梁村。後期旧石器時代の遺跡。動物化石および石器群が多数出土した。

¶東ア考古

五道嶺溝門遺跡　ごどうれいこうもんいせき
吉林省集安市。戦国時代末から前漢時代の頃の墳墓遺跡。階段状積石塚。

¶東ア考古

古徳禅寺　ことくぜんじ
湖北省武漢市の漢口の解放大道の東端。清の光緒3年（1877）創建。大雄宝殿はビルマのアーナンダ寺の形式を模す。

¶中国名旧3 p276

狐突廟　ことつびょう
山西省清徐県の西方3km、西馬峪村の馬鞍山の麓。文公が冤罪で死んだ狐突を悼んで建てた。正殿は元の至元26年（1289）の再建。

¶中国名旧3 p24

五屯寺　ごとんじ
青海省同仁県隆務鎮の東北6km。西蔵仏教の寺院。建物は西蔵様式と漢様式が結合した建築群。

¶中国名旧5 p270

古南塔　こなんとう
江西省吉安市古南鎮の四竜橋の西。俗に馬纓塔。9層。三国時代の建立とも伝えるが、形式から元代のものと思われる。

¶中国名旧4 p98

古南門　こなんもん
広西チワン族自治区桂林市の榕湖の北岸。唐代の古城の南門と伝える。

¶中国名旧4 p279〔写〕

五人墓　ごにんぼ
江蘇省蘇州市山塘街の虎丘付近。明代の義士、顔佩韋・楊念如・馬杰・沈揚・周文元を葬る。

¶中国名旧2 p72

古拝経台　こはいきょうだい
安徽省青陽県内、九華山。唐代の創建、清代の再建の寺廟。重檐で屋根の四隅が反り檐になっている。

¶中国名勝古蹟 p244〔写〕

五福寺塔　ごふくじとう
江蘇省南通市の東濠河の傍ら。五福寺は清の嘉慶年間に再建。塔は磚と木からなり、楼閣を模

した八角5層。

¶中国名旧2 p64

古仏舎利塔　こぶっしゃりとう
天津市薊県の盤山の天成寺の大殿の西側。遼の天慶年間の再建。八角13層の密檐塔。

¶中国名旧1 p103

五仏頂　ごぶつちょう
遼寧省鞍山市の千山の西北隅。千山第2の高峰。かつて石仏が5つあったが、のちに破壊され、造り直した。

¶中国名旧1 p196

古仏堂　こぶつどう
山西省長治県の北方5km、東呈村の左側。南軒と前後両殿が元代、他は明・清代のもの。殿内は化粧屋根裏形式を採用。

¶中国名旧3 p65

五峰園　ごほうえん
江蘇省蘇州市閶門西街。明代の画家文伯仁（1502-75）の造営。

¶中国名旧2 p72

五峰書院　ごほうしょいん
浙江省永康県の東方23kmの寿山。天然の石窟を利用し、支柱を建てた。宋代の開設。羅漢堂・学易斎・三賢堂などの旧跡がある。

¶中国名旧2 p187

護法明公徳運碑摩崖　ごほうめいこうとくうんひまがい
雲南省楚雄県の市街西方約20km、薇渓山の断崖。大理国の段正興の大宝10年（1158）に高量成をたたえるために彫った。

¶中国名旧5 p128

五鳳楼　ごほうろう
雲南省麗江納西族自治県の黒竜潭の湖畔。高さ17mの木造。楼内の天井板に太極図・竜鳳呈祥図などを描く。明の万暦29年（1601）に建立。

¶中国名旧5 p143

古北口長城　こほくこうちょうじょう
北京市密雲県の東北部。明の洪武11年（1378）に古北口城を築き、営城と命名。周囲2km余り。

¶中国名旧1 p87

古墓溝墓地　こぼこうぼち
新疆ウイグル自治区若羌県の羅布泊の西北約70km、孔雀河の河谷の北岸。副葬品は木器・草篭・羊角や木彫りの女人像など。

¶中国名旧5 p296

五堡古墓群　ごほこぼぐん
新疆ウイグル自治区哈密市五堡郷。原始社会後

中国　　　　　　　　　　　　　　204

期の氏族コミューンの墓地。ミイラが身に着けていた毛布と毛帯は、彩色の毛織物。
　　¶中国名旧5 p284

古木蘭院石塔　　こもくらんいんせきとう
江蘇省揚州市の市街西部。石塔寺石塔ともいう。唐の開成5年(840)に西門外に建立。六面5層の石塔。
　　¶中国名旧2 p99

午門　　ごもん
北京市街中心部の故宮の正門。明の永楽18年(1420)の創建。清の順治4年(1647)に改築。高さ8m。
[世界遺産](北京と瀋陽の明・清朝の皇宮群　1987, 2004)
　　¶中国名旧1 p24, 中国名勝古蹟 p150〔写〕, 文化史蹟17(午門 故宮)〔写〕

虎門銷煙池　　こもんしょうえんち
広東省東莞県太平鎮の入口。19世紀の30年代、アヘンを銷溶(溶解)するため、池をつくり、底に石板を敷き、壁に板を打ちつけ、水路を引いた。
　　¶中国名旧4 p246

虎門要塞　　こもんようさい
広東省穿鼻洋。アヘン戦争で砲台を築き、大砲を配備した。
　　¶中国名旧4 p247

五羊山　　ごようざん
広東省広州市の越秀山の木殻崗。頂上に高さ11mの五羊石像がそびえる。
　　¶中国名旧4 p201

胡里山炮台　　こりさんほうだい
福建省廈門市の市街の東南部、胡里社の海浜。福建水師提督の彭楚漢が清の光緒17年(1891)に砲台の設置を奏上し、同22年に竣工。
　　¶中国名旧4 p134

五里牌楚墓　　ごりはいそぼ
湖南省長沙の東郊。戦国時代の楚墓。墓道を有する長方竪穴式の墓坑内に、白膏泥で覆われた木棺槨がある。
　　¶世界考古

五竜宮　　ごりゅうきゅう
湖北省丹江口市の武当山の天柱峰の北側、玉虚宮の西方15km。正しくは興聖五竜宮。唐の貞観年間(627-649)に建てたと伝える。
　　¶中国名旧3 p299

古隆中　　こりゅうちゅう
湖北省襄樊市の襄陽城の西方15km、隆中山の東部。三国時代の諸葛亮の旧居。
　　¶中国名旧3 p288〔写〕, 中国名勝古蹟 p234

〔写〕

五竜亭　　ごりゅうてい
北京市西城区、北海北岸の西部。明の万暦30年(1602)の建造。中央に亭が5つ並んでいる。
　　¶中国名旧1 p45

五竜廟　　ごりゅうびょう
山西省芮城県、北3.5kmの竜泉東北の東岡上。正殿、東西の配房、楽楼からなる。正殿内部に唐代の石碑がある。
　　¶新潮美(芮城―五竜廟 ぜいじょう―ごりゅうびょう)

庫倫旗1号遼墓　　こりんき1ごうりょうぼ
内モンゴル自治区通遼市。庫倫旗奈林稿蘇木の前勿力布格村に所在する遼代の墳墓。1号墓の壁画の題材は極めて豊富で、出行図・帰来図に加え花卉図が見られる。
　　¶世界考古, 東ア考古

コルラ(庫爾勒)旧城
新疆ウイグル自治区庫爾勒市。玉子干旧城、羊達克沁旧城、狭爾乱旦3つからなる。
　　¶中国名旧5 p292(庫爾勒旧城 コルラきゅうじょう)

古蓮花池　　これんかち
河北省保定市の中心部。汝南王張柔(1190-1268)が開削。雪香園と名づけ、蓮の花が咲き誇るので蓮花池ともいった。清代には行宮となった。
　　¶中国名旧1 p128

鼓楼〔西安市〕　　ころう
陝西省西安市西大街の北側。明の洪武13年(1380)の建立。重檐3層の木造。
　　¶中国名旧5 p164, 中国名勝古蹟 p112(西安鼓楼 せいあんころう)〔写〕

鼓楼〔張掖市〕　　ころう
甘粛省張掖市の市街の中心。明の正徳2年(1507)の建立。銅鐘を吊す。
　　¶中国名旧5 p239

鼓楼〔通道侗族自治県〕　　ころう
湖南省通道侗族自治県坪陽郷。方形2層の木造の重檐入母屋造。侗族独特の建築様式。
　　¶中国名旧4 p43

鼓楼〔天津市〕　　ころう
天津市薊県の十字街の北。明の嘉靖28年(1549)の創建。基壇は磚造りの城台。
　　¶中国名旧1 p100

鼓楼〔南京市〕　　ころう
江蘇省南京市の人民広場の西。明の洪武15年(1382)の築造。

¶中国名旧2 p40

鼓楼〔北京市〕　ころう
北京市東城区地安門外大街。明の永楽18年（1420）の建造、清の嘉慶5年（1800）に改修。明・清両代に時報の太鼓を打ち鳴らしたところ。
　¶中国名旧1 p26〔写〕，文化史蹟17（北京の鼓楼と鐘楼）〔写〕

鼓楼〔霍州市〕　ころう
山西省霍州市。明の万暦11年（1583）の建立。楼閣は木造の2階建て周囲の回廊に草花・禽獣などの彫刻を施す。
　¶中国名旧3 p87（霍州鼓楼 かくしゅうころう）

葫蘆山摩崖石刻　ころさんまがいせっこく
広東省潮州市の西湖。山麓と斜面の岩壁に点在し、あわせて200余り。
　¶中国名旧4 p233，東ア考古（寿県蔡侯墓 じゅけんさいこうぼ）

混元峰摩崖題刻　こんげんほうまがいだいこく
浙江省青田県の大鶴山にある。唐代以来の摩崖題刻が多数ある。
　¶中国名旧2 p183

金剛座舎利宝塔　こんごうざしゃりほうとう
内モンゴル自治区フフホト市の旧城（帰化城）の五塔寺街。俗に五塔という。清の雍正年間（1723-35）に慈灯寺（俗に五灯寺という）の塔として建立。
　¶中国名旧1 p173，中国名勝古蹟 p35〔写〕

金剛塔　こんごうとう
雲南省昆明市の市街東方10km余りの官渡街にある。明の天順2年（1458）の創建。塔頂に青銅製の宝蓋と宝瓶がある。
　¶中国名旧5 p117

坤柔聖母廟　こんじゅうせいぼびょう
山西省吉県の東北8km、謝悉村の土壁。宋の天聖元年（1023）の創建。殿内は減柱法を採用し、4本の身舎柱を両側の部屋に移す。
　¶中国名旧3 p89

金像寺石刻　こんぞうじせっこく
四川省夾江県の西北5kmの千仏山にある。摩岩の造像。明の成化年間（1465-87）の開削。
　¶中国名旧5 p63

金頂寺廃址　こんちょうじはいし
新疆ウイグル自治区伊寧市の市街東北3.6km。固爾扎店、維吾爾語では孔塔巴。明末清初に創建したと伝える喇嘛廟。
　¶中国名旧5 p285

金殿〔昆明市〕　こんでん
雲南省昆明市東北郊の鳴鳳山上。別名を銅瓦寺と

いう。明の万暦年間に創建、清の康熙9年（1671）に再建。全て銅で鋳造された建築。
　¶中国名旧5 p118，文化史蹟17〔写〕

金灯寺　こんとうじ
山西省平順県の東北65km、林慮山の山頂。関帝廟・鐘楼・鼓楼・聚仙楼、大仏殿があり、中腹の北側の絶壁に大小14の石窟がある。
　¶中国名旧3 p69

金洞寺　こんどうじ
山西省忻州市の市街西北20kmの西呼延村。正殿は宋代、天王殿と観音殿は明代のもの。正殿は単檐入母屋造り。
　¶中国名旧3 p38

金灯寺石窟　こんとうじせっくつ
山西省平順県の東北65kmの絶壁。最大の石窟は水陸殿・水羅殿という。四方の壁に山水河のレリーフを施す。
　¶中国名旧3 p69

坤寧宮　こんねいきゅう
北京市街中心部の故宮の内廷の北端。明の永楽18年（1420）に落成、清の順治12年（1655）に改築。明代には皇后の居室、清代に祭神の場に改められた。
　世界遺産（北京と瀋陽の明・清朝の皇宮群　1987, 2004）
　¶中国名旧1 p23，文化史蹟17（坤寧宮東暖閣故宮）〔写〕

昆明湖　こんめいこ
北京市の頤和園内。頤和園の中心的存在。天然湖を清の乾隆帝のとき清漪園を造成した際に現在の規模に広げた。南湖島上には、月波楼などの建物がある。
　世界遺産（頤和園、北京の皇帝の庭園　1998）
　¶中国名旧1 p55，中国名勝古蹟 p153〔写〕

昆明池　こんめいち
豊水の東岸に遺跡がある。漢の武帝のとき、雲南省昆明付近にいた滇国を攻略するため、昆明にある滇池に見立てて、長安城の南西の上林苑中に池を掘り、船を集めて水戦の訓練をした。この池を昆明池と呼んだ。
　¶世界考古

崑崙関　こんろんかん
広西チワン族自治区邕寧・賓陽両県の県境の崑崙山。1939年、中国軍と日本軍が戦った。紀念塔と烈士墓がある。
　¶中国名旧4 p306

西黄寺　さいおうじ
北京市朝陽区の安定門外西北の黄寺路。清の順治9年（1652）の創建。ダライ・パンチェン両ラ

マが北京にやって来たときの宿舎。

¶ アジア歴3（黄寺（2）こうじ）〔写〕，新潮美（黄寺 こうじ），中国仏教（西黄寺 せいこうじ），中国名旧1 p73〔写〕

西崖寺 さいがいじ

四川省梓潼県の西方2kmの長卿山。殿宇はすでになく、岩壁に龕が3つある。

¶ 中国名旧5 p45

蔡鍔墓 さいがくぼ

湖南省長沙市の岳麓山の白鶴泉の上方にある。蔡鍔（1882-1916）は清末明初の軍人。1916年に日本で病没し、翌年、当所に葬られた。

¶ 中国名旧4 p21

蔡家岡蔡国墓 さいかこうさいこくぼ

安徽省淮南市八公山区。戦国時代初頭の墓。趙家狐堆と総称される単独丘陵上の200m離れた2つの頂部が墓。

¶ 世界考古（蔡家岡 さいかこう），東ア考古

斎宮 さいぐう

北京市崇文区の天壇の西天門の南側。祭祀の際、皇帝が斎戒・宿泊した。正殿は磚と石で造られた無梁殿。

¶ 中国名旧1 p53

才渓郷調査会会址 さいけいきょうちょうさかいかいし

福建省上杭県才渓郷。2つの院落からなる平屋。1929年9月に才渓区工会（労働組合）の事務所となった。

¶ 中国名旧4 p177

蔡侯祠 さいこうし

湖南省耒陽市の市街の東南部。蔡倫（？ −121）の故宅と伝える。現存は清代のもの。磚と木で築いた四合院様式。

¶ 中国名旧4 p28

蔡侯墓 さいこうぼ

安徽省寿県西門内北部。春秋時代、蔡昭侯の墓。前5世紀前半。地下3.35m、方形の墓坑（8.41×7.10m）。

¶ アジア歴4〔写（出土品）〕，新潮美（寿県—蔡侯墓 じゅけん—さいこうぼ），図解考古〔写（蔡侯壺）〕，世界考古

蔡国故城 さいこくこじょう

河南省上蔡県の城関一帯。城内の高台から春秋時代の陶器や破片や丸瓦・板瓦が出土。

¶ 中国名旧3 p258

載酒堂 さいしゅどう

海南省儋県の東方40km余り、中和鎮の東坡書院。地元の人士と蘇軾との交歓の場。

¶ 中国名旧4 p265

蔡襄祠 さいじょうし

福建省泉州市の洛陽橋の南詰。蔡忠恵公祠のこと。北宋の仁宗（在位1022-63）の末年の創建で、蔡襄（1012-67）を祀る。

¶ 中国名旧4 p154

西城の城壁 さいじょうのじょうへき★

河北省易東南。燕の下都の西城。西壁の門と街道、東南部の居住区だけが残存。

¶ 大遺跡9（燕の下都—西城の城壁）〔写〕

蔡襄墓 さいじょうぼ

福建省仙游県楓亭鎮の錦嶺。蔡襄（1012-67）は仙游県の出身で、開封・福州・泉州などの郡守を歴任。その書は宋代の四大名家に数えられている。

¶ 中国名旧4 p146

采石磯 さいせきき

安徽省馬鞍山の市街西南7km、翠螺山の麓。「長江三磯」の一つ。賞詠亭・広済寺・金牛洞などの旧跡がある。

¶ 中国名旧2 p206

賽典赤＝贍思丁紀念冢 さいてんち＝せんしていきねんちょう

雲南省昆明市民航路の五里多小学にある。賽典赤＝贍思丁（サイド・エジャル）はブハラ出身のイスラム教徒。元代に行政官として雲南の開発に尽力した人物。紀年の石積み高塚があり、1917年に改修した。

¶ 中国名旧5 p118

済寧鉄塔 さいねいてっとう

山東省済寧市の鉄塔寺にある。北斉の皇建元年（560）に創建、塔頂は金メッキの宝瓶塔刹。木造を模す。

¶ 中国名旧3 p163

崔府君廟 さいふくんびょう

山西省陵川県の西方15kmの礼義鎮。府君は唐の貞観年間に進士となり、潞州に功徳を施したので、廟を建てて祀った。創建は唐代。

¶ 中国名旧3 p76

西明寺 さいみょうじ

陝西省西安市南郊白廟村附近。唐代の名刹の一つ。唐長安城延康坊の西南に位置する。発掘により、殿跡、回廊、庭院などが整然と配置され、井戸、排水溝などの施設が完備されていたことを確認。

¶ 角川世，古代都城（長安城西明寺）〔図〕，東ア考古（西明寺跡 せいめいじあと）

査海遺跡 さかいいせき

遼寧省阜新モンゴル族自治県沙拉郷査海村西南約

2.5km。新石器時代中期前段階の集落遺跡。之字形文筒形缶をはじめとする大量の土器・石器・玉器が出土。

¶東ア考古

沙角炮台　さかくほうだい
広東省穿鼻洋の虎門港の東側の沙角山。虎門の海上防衛の第1の関門をなしていた。清の道光15年（1835）に仏山で鋳造した3tの大砲が1門現存。

¶中国名旧4 p247

左公山楚墓　さかこうざんそぼ
湖南省長沙市南郊。戦国時代後期の木槨墓。墓壙と木槨の間が白色粘土で充填されており、有機物の遺存状態がよい。

¶世界考古, 東ア考古

沙鍋屯洞穴　さかとんどうけつ
遼寧省葫蘆島市。新石器時代の洞窟遺跡。堆積層の厚さ2.2mの小規模なもので最下層の細石器文化と彩陶に代表される層は紅山文化に、上層の墓葬、骨器と装飾品は夏家店上層文化に相当し、中原の春秋時代初期に当たる。

¶世界考古, 東ア考古

沙基惨案烈士紀念碑　さきさんあんれっしきねんひ
広東省広州市六二三路。1925年沙基の東橋の反帝事件を記念する橋詰に石碑を建立。

¶中国名旧4 p211

サキャ寺（薩迦寺）
チベット自治区シガツェ市サキャ県の奔波山の近く。紅帽派ラマ教の大寺。1071年の創建。サキャ派の本山。

¶中国名旧5 p158（薩迦寺），評論社世（薩迦寺）

鎖金村　さきんそん
江蘇省南京市の北郊2km。湖熟文化の遺跡。出土物には石材とその半製品が堆積。

¶世界考古

左権墓　さけんぼ
河北省邯鄲市の晋冀魯豫烈士陵園にある。左権（1906-42）は第一軍団参謀長などを歴任し、軍功をあげた人物。碑楼には、周恩来筆の追悼文を彫った墓碑が立つ。

¶中国名旧1 p120

沙岡　さこう
香港新界地の西海岸、沙岡。新石器時代晩期の遺跡。遺物は敲石、片刃石斧、印文軟陶と印文硬陶、ダブルF文の土器など。

¶世界考古

左江の花山岩画の文化的景観　さこうのかざんがんがのぶんかてきけいかん★
広西チワン族自治区の竜州県左江の支流、明江の右岸にある花山岩画風景区。前5世紀頃の人々の文化を、急峻な崖に描いた画花山岩絵。また、周辺の山や川などの景観。

世界遺産（左江花山のロック・アートの文化的景観 2016）

¶世遺事

鎖江楼宝塔　さこうろうほうとう
江西省九江市の市街の東北部、長江沿いの小山。明の万暦13年（1585）に建造という。磚と石で築き、六角錐の7層で高さ約35m。

¶中国名旧4 p86

沙湖橋楚墓　さこきょうそぼ
湖南省長沙北郊。戦国時代の墓群。副葬品は陶器と中心に、青銅器、漆器、ガラスなど。

¶世界考古

渣滓洞　さしどう
四川省重慶市の歌楽山の麓。中美合作所集中営旧址。炭鉱の廃坑。1939年に国民党が監獄に改め、1943年に中美合作所の第二看守所とした。

¶中国名旧5 p32

沙州故城遺址　さしゅうこじょういし
甘粛省敦煌市の市街西方の党河の西岸。敦煌故城遺址のこと。後秦代（384-417）建立の白馬塔がある。

¶中国名旧5 p247〔写〕

沙洲壩旧址群　さしゅうはきゅうしぐん
江西省瑞金県の西南4km。1933年4月から1934年7月まで、中央工農民主政府があった。中央工農民主政府総弁公庁、毛沢東・張聞天・謝覚哉の旧居などを見学可。

¶中国名旧4 p112

左忠毅公祠　さちゅうきこうし
安徽省桐城県の北大街にある。左公祠とも。前後2つの院落からなり、前は100平方mの雄大な大殿、後ろは住居で敞椒堂。左忠毅（1575-1625）は明の官史。後人が祠をつくって祀った。

¶中国名旧2 p210

察吾呼墓群　さつごこぼぐん
新疆維吾爾（ウイグル）自治区和静県。青銅器時代から初期鉄器時代にかけての大規模墳墓群。隣接する1〜5号墓地に700基の墓葬を発見。

¶東ア考古

サブヤン寺（札不譲寺）
チベット自治区札達県。古格王国遺跡の中腹にある寺廟の跡。見事な仏像図と人物図と人物動物図が描かれている。

¶大遺跡9（古格王国―札不讓寺）〔写〕

サムイェー寺（桑伊寺）

チベット自治区扎囊県の雅魯蔵布江の北岸。唐の大暦14年（779）の創建。周壁の長さ1008mで、1008基の仏塔がそびえる。

¶中国名旧5 p154（桑伊寺 サムイェージ）

沙面　さめん

広東省広州市の珠江の河畔。アヘン戦争のとき、広州城防衛の重要拠点となった。鉄製の大砲が一門ずつ出土。

¶中国名旧4 p211

鎖陽城城堡遺址　さようじょうじょうほいし

甘粛省安西県の東南約40kmのゴビ灘。円形の住居址がある。城内から開元通宝や唐代の瓦・磚などが出土。

¶中国名旧5 p251

査里巴古墳群　さりはこふんぐん

吉林省永吉県烏拉街村。渤海時代の古墳群。1号墓は土壙竪穴墓で2号墓は竪穴式石室墓。

¶東ア考古

サルトゥン（薩爾墩）旧城

新疆ウイグル自治区焉耆回族自治県の六十戸の西北2km。焉耆・危須両国の遺跡。

¶中国名旧5 p294（薩爾墩旧城 サルトゥンきゅうじょう）

三一八烈士墓　さんいちはちれっしぼ

北京市海淀区の円明園遺址の西南隅。1926年に三一八事件で犠牲になった47人の抗日愛国烈士のために、1929年に建立。

¶中国名旧1 p67

三会寺　さんえじ

福建省仙游県の西方5km、竜山の麓。創建は隋の大業年間（605-617）。現存する堂宇は明代末期から清代初期にかけてのもの。

¶中国名旧4 p146

三燕文化墓地　さんえんぶんかぼち

遼寧省の朝陽市・北票市・錦州市周辺。三燕とは、341年に鮮卑系の部族である慕容氏が拠点の遼西に興した前燕と、その後裔である後燕と北燕を合わせた呼び方。その墓地の代表例は朝陽王子墳山墓地（前期）、朝陽田草溝墓地・喇嘛洞墓地（中期）、馮素沸墓（後期）。

¶東ア考古

山海関　さんかいかん

河北省秦皇島市東北。明の洪武14年（1381）に長城を築いた際に設置。東北と華北の喉元にあたり、古くから兵家必争の地。城壁の一部が完全な形で残る。

世界遺産（万里の長城　1987）

¶アジア歴4〔写〕，旺文社世，角川世，世歴事4，中国名旧9（長城―山海関）〔写〕，中国名旧1 p162，中国名勝古蹟 p54〔写〕，中国歴史，評論社世，文化史蹟17〔写〕，山川世

三河集　さんかしゅう

安徽省肥西県の南部。古くから軍事上の重鎮で、2千年前の呉楚戦争の古戦場。

¶中国名旧2 p194

三河壩戦役烈士紀念碑　さんかはせんえきれっしきねんひ

広東省大埔県三河壩。水陸の交通の要地。周囲に塹壕が現存。

¶中国名旧4 p253

サンガファトゥ寺（桑噶方托寺）

チベット自治区洛扎県。1077年に創建。トーチカ風の殿宇。

¶中国名旧5 p156（桑噶方托寺 サンガファトゥジ）

三巌寺　さんがんじ

浙江省麗水県の西北約1km。3つの巌に寄りかかるように建つ。雨崖に唐代の李邕（678-747）筆の題字が彫られている。

¶中国名旧2 p180

三官甸子遺跡　さんがんでんしいせき

遼寧省凌源県凌北郷三官甸子西北。新石器時代の遺跡。積石で囲う半地下式隅円方形住居跡と土壙石棺墓がある。

¶東ア考古

三元塔　さんげんとう

広東省徳慶県徳城鎮の東方4kmの白沙山。明の万暦27年（1599）の建立で、八角9層の磚塔。

¶中国名旧4 p261

三元洞　さんげんどう

雲南省文山県の西方約3km。清の道光年間に道士が隠棲していたと伝え、光緒年間に亭台楼閣を設けた。

¶中国名旧5 p146

三元里抗英烈士紀念碑　さんげんりこうえいれっしきねんひ

広東省広州市の北郊、三元里村の入口。1950年アヘン戦争の1841年の闘争で犠牲になった烈士を記念し、紀念碑を建立。

¶中国名旧4 p211

三元里人民抗英闘争紀念館　さんげんりじんみんこうえいとうそうきねんかん

広東省広州市の北郊、三元里村のはずれ。もとは三元廟で、アヘン戦争のさなか、農民の韋紹光と村内の大衆が廟に集まった。

¶中国名旧4 p212

三江閘　さんこうこう

浙江省杭州湾の南岸、紹興市の市街北方15km。山陰・会稽・粛山3県の田畑の冠水の排出と海水の逆流を防止するため、明の嘉靖16年（1536）に設置。

¶中国名旧2 p171

山口鎮　さんこうちん

安徽省懐寧県の東部。古くからの軍事上の要衝。唐・宋代以後、長江を上下する船の停泊地。

¶中国名旧2 p212

三国合肥新城遺址　さんごくごうひしんじょういし

安徽省合肥市の市街西方15km、鶏鳴山の東麓。三国時代、魏の青竜元年（233）に揚州都督の満寵が孫権の呉の軍を防ぐために築いた。

¶中国名旧2 p192

山谷寺　さんこくじ

安徽省潜山県の天柱山の野寨風景区。乾元禅寺・三祖寺とも。南朝の梁代（502-557）に宝志禅寺が開山、創建。立化亭・宝公祠・錫杖井・卓錫泉がある。

¶中国名旧2 p218

三山庵　さんざんあん

北京市石景山区の翠微・平坡・盧師3山の中間にある。俗に麻家庵という。「西山八大処」の第3処。創建年代は不詳。清の乾隆年間に改修。

¶中国名旧1 p79、中国名勝古蹟 p123（山西華厳寺　さんせいけごんじ）〔写〕

三山会館　さんざんかいかん

上海市南市の半淞園路。1927年労働者糾察隊の滬南総部が置かれたところ。1910年に上海にいる福建省出身の果物商人の同業組合会館として建てられたもの。

¶中国名旧2 p17

サンジ（昌吉）古城

新疆ウイグル自治区昌吉市の市街東方約1km。城内から蓮花文のある、地面に敷く方形の磚が出土。

¶中国名旧5 p282（昌吉古城　サンジこじょう）

三士冢　さんしちょう

山東省淄博市臨淄区の南門外。春秋時代の孫捷・田開疆・古冶子の三勇士の墓と伝える。

¶中国名旧3 p129

三室塚　さんしつづか

吉林省集安市。洞溝古墓群の墓の一つ。5世紀末葉の高句麗の貴族墓。名は、玄室が3室あることによる。壁面のほとんど全面に壁画を描く。

¶新潮美、図解考古〔写/図〕、世界考古、中国名旧1 p230（三室墓　さんしつぼ）、東ア考古〔図（石室）〕

サンジュ（桑株）岩画　さんじゅがんが

新疆ウイグル自治区皮山県桑株鎮の南方25km。狩猟図が彫られる。

¶中国名旧5 p304（桑株岩画　サンジュがんが）

三将軍墓　さんしょうぐんぼ

広西チワン族自治区興安県の霊渠の南岸。堤防の築造を監督した張・劉・李の3将軍の墓。

¶中国名旧4 p293

三条石福聚興機器廠旧址　さんじょうせきふくじゅこうききしょうきゅうし

天津市天津旧城の北、子牙河河畔の三条石地区。福聚興機器廠は1926年の創業。形削盤・揚水機など20種余りの機器をつくった。現存する唯一の三条石機械製造業の遺跡。

¶中国名旧1 p97

山神峪千仏洞　さんしんよくせんぶつどう

山西省交口県の西方20kmの山神峪村。西側の絶壁に洞穴を穿ち、洞内の石壁に仏像を彫る。石窟の前に元代創建の寺院がある。

¶中国名旧3 p63

三清閣　さんせいかく

雲南省昆明市の西山の羅漢崖にある。12の殿閣と一つの石坊からなる建築群で、元代の梁王の避暑宮。

¶中国名旧5 p119

三清宮　さんせいきゅう

江西省徳興県の少華山の南側、亀背石の上。宋の乾道6年（1170）の創建、明の景泰年間（1450-57）に再興。正殿に元始天尊・霊宝道君・太上老君の像を安置。

¶中国名旧4 p94

三星堆遺跡　さんせいたいいせき

四川省広漢市。商周時代の巴蜀文化の遺跡。総面積12平方km、2基の祭祀坑では、通高2.6mの大型立人像を特異な造形の大型神面、57体もの人頭像、神樹や尊・武器・祭祀具などの青銅器、金杖、大小の各種玉器、67本の象牙など合計700点余りが出土。

¶旺文社世、東ア考古、山川世

三清殿〔莆田市〕　さんせいでん

福建省莆田市の兼済河の河畔。唐の貞観2年（628）創建の玄妙観のうち唯一残る堂宇。

¶中国名旧4 p142

三清殿〔永楽宮〕　さんせいでん

山西省芮城県の永楽宮。無極殿ともいい、殿内は壁一面に壁画が描かれる。

中国　210

¶中国名旧3 p103

三絶碑　さんぜつひ
湖南省郴州市の蘇仙嶺公園の白鹿洞の近くの岩壁。秦観の「踏莎行」の摩崖石刻。南宋の咸淳2年（1266）に彫られた。

¶中国名旧4 p36

山陝会館〔郟県〕　さんせんかいかん
河南省郟県の西北隅の外側。碑と木からなる前殿・後殿・舞楼・鐘楼が現存。

¶中国名旧3 p216

山陝会館〔社旗県〕　さんせんかいかん
河南省社旗県。清の乾隆47年（1782）に山西・陝西両省の商人が建てたもの。

¶中国名旧3 p262

山陝会館〔聊城市〕　さんせんかいかん
山東省聊城市東関の古運河の西岸。乾隆8年（1743）に山西・陝西両省の商人が建てたもので、160室余りからなり、棟や梁に彩色を施す。

¶中国名旧3 p189

山陝甘会館　さんせんかんかいかん
河南省開封市徐府街の中央の北側。山西・陝西・甘粛3省出身者の集会所。石彫・木彫・琉璃製品は清代彫刻の逸品。

¶中国名旧3 p212

三仙洞　さんせんどう
新疆ウイグル自治区喀什市の市街北方18km、伯什克然木河南岸の絶壁。開削年代は後漢代末期から三国時代にかけてで、中国の最西部に残っている最古の洞窟。

¶中国名旧5 p307

三蔵塔　さんぞうとう
江蘇省南京市の覆舟山の山頂にある。1942年に発見された玄奘の頭頂骨を改葬するために建てた。木造を模した磚造り。

¶中国名旧2 p54〔写〕

三蘇祠　さんそし
四川省眉山県の西南隅。蘇洵（1009-66）、蘇軾（東坡。1036-1101）、蘇轍（1039-1112）の3人を祀る。

¶中国名旧5 p64〔写〕，中国名勝古蹟 p214〔写〕

山咀子古墳群　さんそしこふんぐん
黒竜江省海林県。渤海時代の古墳群。埋葬施設は竪穴式石室（槨）で、石室（石槨）封土墳と呼ばれる。

¶東ア考古

三蘇墳　さんそふん
河南省郟県の西北22km、小峨眉山の麓。墳園の

中央に3つの墓があり蘇洵、蘇軾、蘇轍のもの。

¶中国名旧3 p216

三村桃花園　さんそんとうかえん
江西省南昌市の潮王州の桃花村。清代から桃園として知られた。

¶中国名旧4 p55

三堂　さんどう
山東省曲阜市の孔府の二堂の後方。もと退庁といい、衍聖公が家事を処理したところ。

世界遺産（曲阜の孔廟、孔林、孔府　1994）

¶中国名旧3 p154

三道壕西漢村落遺址　さんどうごうせいかんそんらくいし
遼寧省遼陽市三道壕村、太子河西岸の沖積平野。前漢代の村落遺跡。住居址が6つ、磚窯跡が7つ、井戸が11本、穴窯、石敷道路などを発見。

¶世界考古（三道壕　さんどうごう），中国名旧1 p212

三堂村遺跡　さんどうそんいせき
遼寧省瓦房店市長興島。新石器時代の集落遺跡。口縁部に突帯文、胴部に泥条文を縦に施した筒型罐と骨製漁労具や石包丁が出土。

¶東ア考古

三二九広州起義指揮部旧址　さんにきゅうこうしゅうきぎしきぶきゅうし
広東省広州市越華路小東営5号。磚造りの民家。辛亥革命での指揮部。

¶中国名旧4 p212

三盤山漢墓　さんばんさんかんぼ
河北省定県。3基ある。漢代の哀王劉昌と唐王劉昆侈と一族の墓に比定。

¶新潮美（定県〔三盤山漢墓〕　ていけん）

山彪鎮　さんびょうちん
河南省北部、汲県城西20km。春秋時代後期後半の晋末期の貴族の墓。副葬品は青銅製の楽器、青銅容器、武器、工具、車馬具など。周囲に車馬坑と小型長方形竪穴墓7がある。

¶世界考古〔図〕

サンフ（薩爾滸）山
遼寧省撫順市の大夥房水庫の東南隅、渾河の南岸。明代末期、明朝と後金（清朝の前身）とのサルフの大戦が行われたところ。

¶中国名旧1 p199（薩爾滸山　サンフさん）

三平寺　さんへいじ
福建省平和県の九層巌の峡谷。唐の宝暦3年（827）に僧の義中が創建し、清代末期に再興。

¶中国名旧4 p166

中国

三峰寺塔　さんほうじとう
福建省長楽県の西部、南山の山頂にある。三峰寺はなく、塔のみ現存。八角7層、高さ27.4mの木造を模した楼閣式の石塔。

¶中国名旧4 p129

三門峡虢国墓　さんもんきょうかくこくぼ
河南省三門峡市。西周時代後期の虢国の墓地。18基の墓と4基の車馬坑など合計2万点以上の遺物が出土。

¶東ア考古

三門峡漕運遺跡　さんもんきょうそううんいせき
河南省陝県の黄河三門峡にある。漢〜唐の水運遺跡。切り立った硬い岩壁を穿ち、桟道や運河が開かれている。

¶世界考古

三陽寺塔　さんようじとう
陝西省高陵県の東南約1.5kmの高陵中学。八角13層、高さ53mの密檐磚塔。

¶中国名旧5 p174

山陽城　さんようじょう
河南省焦作市の市街東南4km、牆村の北側。土を搗き固めた城壁で、遺構が現存し、北側に献帝の墓がある。

¶中国名旧3 p227

三里橋　さんりきょう
河南省陝県の南東、三里橋村にある。仰韶文化と龍山文化の遺跡。仰韶文化層からは窯址と土壙墓が出土。

¶世界考古

爨竜顔碑　さんりゅうがんひ
雲南省陸良県の南方14kmの貞元堡にある。南朝の宋の大明2年（458）に建立。爨氏の家系と爨竜顔の祖父以来の3代の官歴を記す。また元嘉9年（432）に爨竜顔が益州の趙広の蜂起の平定に加わった経過に言及。

¶中国名旧5 p138

三陵屯墓群　さんりょうとんぼぐん
黒竜江省寧安市。「三霊墳」とも呼ぶ。1〜3号墓を中心に、東西123×南北121mを城壁が囲んでいる。

¶東ア考古〔図〕

三霊屯　さんれいとん
吉林省旧寧安県の牡丹江北岸台地。新石器時代の遺跡。厚手粗製の無文土器のほか、磨製・打製石斧、石包丁、石錘などの遺物が散在。狩猟・漁撈・農業を行っていたことがわかる。

¶世界考古

三霊墳　さんれいふん
黒竜江省寧安県三霊。渤海国の墳墓の一つ。南北20m、東西14m。北向きで、玄室と羨道からなる。

¶中国名旧1 p245

三湾改編旧址　さんわんかいへんきゅうし
江西省寧岡県鄷市鎮から30km、九竜山の麓にある。1927年9月、毛沢東は当地で三湾改編を行った。

¶中国名旧4 p114

シアタイ（下台）故城
新疆ウイグル自治区昭蘇県の下台山口の北方20km、特克斯河の河畔。唐代の遺跡。琉璃瓦の破片が散乱。

¶中国名旧5 p289（下台故城　シアタイこじょう）

シアタイ（下台）石人
新疆ウイグル自治区昭蘇県下台村。突厥など遊牧民族の墓前の線刻像。

¶中国名旧5 p289（下台石人　シアタイせきじん）

シアタイ（下台）村石刻
新疆ウイグル自治区昭蘇県の下台村の南方、下台山口の河川の合流点。『コーラン』の文句を彫る。清代の建立。

¶中国名旧5 p290（下台村石刻　シアタイそんせっこく）

シアンバオバオ（香保保）古墓群
新疆ウイグル自治区タシュクルガン・タジク自治県の北方3kmの帕米爾高原。春秋・戦国時代の羌人か塞克族の墓地。

¶中国名旧5 p309（香保保古墓群　シアンバオバオこぼぐん）

シイティヤ（錫依提牙）古城
新疆ウイグル自治区葉城県葉依克村の東南。10世紀の造営。喀喇汗朝の可汗城。

¶中国名旧5 p309（錫依提牙古城　シイティヤこじょう）

試院　しいん
福建省長汀県の兆徴路。代々、汀州府の府試（科挙）の会場であった。朱子祠と竜山書院がある。1932年福建省ソビエト政府を樹立、当所に事務所を設置。

¶中国名旧4 p179

慈雲閣　じうんかく
河北省保定市定興県の十字街にある。もと大悲閣ともいう。元の大徳年間（1297-1307）に旧大悲閣が戦火で焼失。大徳10年に再建。

¶中国名旧1 p133

中国　212

アジア

慈雲寺　じうんじ
山西省天鎮県。唐代の創建。毘盧殿は明代の建立。
¶中国名旧3 p31

子雲亭　しうんてい
四川省郫県の西南11km、子雲墳（揚雄墓）の近く。前漢代の揚雄（前53－後18）を記念して建造。
¶中国名旧5 p23

支雲塔　しうんとう
江蘇省南通市の狼山にある。楼閣を模した四角5層の木塔。北宋の太平興国年間（976-984）の建立で、明の成化18年に再建。
¶中国名旧2 p65

資延寺造像　しえんじぞうぞう
浙江省杭州市の慈雲嶺の南の岩壁にある。壁龕の中央に円彫りで跏坐式の阿陀・観音・勢至の3菩薩像がある。唐代晩期の様式を引き継ぐ。資延寺はいまは廃滅。
¶中国名旧2 p126

賜恩巌　しおんがん
福建省泉州市の清源山の左峰。「高山仰止」の4大字を彫った石室は唐代の欧陽詹が勉学にいそしんだところと伝える。明・清代の摩崖石刻も数多くある。
¶中国名旧4 p150

慈恩寺　じおんじ
陝西省西安市。唐太宗の貞観22年（648）皇太子治が母文徳皇后のために無漏寺の故址に創建。塔は大雁塔といわれ現在も西安市内の著名な旧跡。
¶アジア歴4〔写〕，角川世，図解考古，世界考古〔写（大雁塔）〕，世歴大8，中国仏教（大慈恩寺　だいじおんじ），評論社世

洱海公園　じかいこうえん
雲南省大理市下関の東北2kmの団山。南詔朝（748-937）の王室の養鹿場であったと伝える。
¶中国名旧5 p131

史家遺跡　しかいせき
陝西省渭南市史家村。新石器時代仰韶文化の墓地遺跡。
¶東ア考古

史可法祠墓　しかほうしぼ
江蘇省揚州市の広儲門外、揚州博物館にある。史可法（1601-45）は明代末期の反金名将。遺体がみつからぬためその衣冠を当所に葬った。乾隆37年（1772）に祠堂を建立。
¶中国名旧2 p100

司諫第　しかんだい
安徽省歙県汁口村。明代初期の築造で、進士汪

善の邸宅。間口柱間3間の前庁のみ現存。
¶中国名旧2 p242

識字嶺楚墓　しきじれいそぼ
湖南省長沙の南東郊。戦国時代の楚墓。34基の竪穴式墓坑があり、墓形は3形式に分けられる。鼎・敦・壺の土器セットを副葬品にもつ例が多い。
¶世界考古

慈禧陵　じきりょう★
河北省承徳市郊外。1908年。東陵にある。西太后を埋葬。墓室はことごとく金箔を施され、和璽彩色を駆使した豪華なつくり。
世界遺産（明・清朝の皇帝陵墓群　2000,03,04）
¶文化史蹟17（清の慈禧陵）〔写〕

紫金庵　しきんあん
江蘇省蘇州市の洞庭東山の西塢。唐代初期の創建。大殿の左右両壁に16体の羅漢像と観音像がある。
¶中国名旧2 p87

紫金山天文台　しきんざんてんもんだい
江蘇省南京市の鍾山の西峰。中国を代表する総合天文台。1934年の開設。明代に北京観象台でつくられた銅製の簡儀と渾儀、および圭表石台がここに移されて残っている。
¶中国名旧2 p40，文化史蹟17（南京紫金山天文台）〔写〕

紫禁城　しきんじょう
首都北京の中心部。明の成祖・永楽帝が14年をかけ1420年に完成。明と清の皇帝が24代にわたって居城とした。
世界遺産（北京と瀋陽の明・清朝の皇宮群　1987,2004）
¶アジア歴4〔写/図〕，遺建1〔写/図〕，旺文社世〔写〕，角川世，新潮美（北京故宮─紫禁城ペキンこきゅう─しきんじょう），新潮（北京故宮　ペキンこきゅう）〔写〕，世界美5（北京〔北京故宮〕）〔写〕，世歴事4〔写/図〕，世歴大8〔写/図〕，空大宮殿（紫禁城（故宮））〔写〕，中国名旧1 p20（故宮　こきゅう）〔図〕，中国名勝古蹟 p148（故宮（紫禁城）こきゅう（しきんじょう））〔写〕，ビジ世遺（故宮）〔写〕，評論社世，文化史蹟17（故宮）〔写p17～34,15/図p15〕，平凡社世，山川世，ユネ世遺4（故宮）〔写〕，歴史建築〔写/図〕

紫禁城の角楼　しきんじょうのかくろう★
北京市。紫禁城の城壁四隅にある。下層は四方に妻を見せ、上層は十字脊形式の屋根をもつ特異な構成。
世界遺産（北京と瀋陽の明・清朝の皇宮群　1987,2004）
¶中国名勝古蹟 p151（角楼　かくろう）〔写〕，文化史蹟17（紫禁城の角楼　故宮）〔写〕

司空山　しくうざん

安徽省岳西県の西方約40km。司空原とも。南宋の景炎2年 (1277)、反元朝の兵を挙げた地。張将軍 (徳興) の洗馬池と刀槍桐が現存。太平天国革命では、陳玉成が練兵を行った。また、大量の題刻が残る。

¶ 中国名旧2 p215

シクチュン (錫克沁) 千仏洞

新疆ウイグル自治区焉耆回族自治県の西南約30km。七格星明屋ともいい、90余りの建物に精美な壁画と塑像がある。

¶ 中国名旧5 p294 (錫克沁千仏洞 シクチュンせんぶつどう)

史君墓　しくんぼ

陝西省西安市未央区大明宮郷井上村。北周大象元年 (579) 涼州薩保史君の墳墓。墓室の奥に石槨、その南壁の上方にソグド文と漢文で書いた墓誌銘が刻む。

¶ 東ア考古 (西安北周史君墓 せいあんほくしゅうしくんぼ)

芝径雲堤　しけいうんてい

河北省承徳市の避暑山荘の万壑松風の北。杭州西湖の蘇堤の形式をまねて、康熙42年 (1703) 築造。「康熙三十六景」の第2景。曲りくねった3本の長堤からなる。

¶ 中国名旧1 p149, 中国名勝古蹟 p42 〔写〕

紫荊関　しけいかん

河北省易県の西40kmの紫荊嶺。内長城の重要な関門の一つ。居庸関と倒馬関の間に位置し、両者とあわせて内三関という。

¶ 中国名旧1 p136

紫荊山北　しけいざんきた

河南省鄭州市。殷代中期の製造所址遺跡。鄭州二里岡上層期に並行する青銅器製造所址と、二里岡下層期に並行する骨器製作所址がある。

¶ 世界考古

磁県賈璧窯　じけんこへきよう

河北省磁県北賈璧村。隋代の窯。製品はすべて青磁で、碗や台鉢が多い。安陽付近で多数発見されている隋代墓出土の青磁はこの窯のもの。

¶ 世界考古

四賢祠　しけんし

広西チワン族自治区興安県の霊渠。霊済廟とも。秦朝の郡監の史禄、漢朝の伏波将軍の馬援、唐朝の観察使の李渤と防御使の魚孟威を祀った。

¶ 中国名旧4 p293

史堅如墓　しけんじょぼ

広東省広州市の黄花崗公園。史堅如 (1879-1900) は孫中山の興中会に参加。1978年、当所に改葬。漢白玉石の全身立像、大理石の台座、墓

門も移設。

¶ 中国名旧4 p205

寺岡遺址　じこういし

河南省平頂山市賈荘の西北隅。仰韶期・竜山期から殷～漢代の遺物が出土。大汶口文化後期の墓を発見。

¶ 中国名旧3 p215

慈光閣　じこうかく

安徽省黄山の南部、朱砂峰の麓にある。もと朱砂庵といったが、明の嘉靖年間 (1522-66) に玄陽道士が住む。一部の建物が現存。

¶ 中国名旧2 p262〔写〕, 中国名勝古蹟 p251〔写〕

寺溝石窟　じこうせっくつ

甘粛省西峰市の市街西南25kmの寺溝川、蒲河と茹河の合流点の東岸。北魏～唐時代の仏教石窟群。

¶ 新潮美, 中国名旧5 p232 (北石窟寺 ほくせっくつじ)

始皇帝陵　しこうていりょう

陝西省西安市の東の郊外35km、驪山の北麓。秦の始皇帝の陵墓。築造には37～38年の歳月と1日に70万人の労働力を要したという。墳丘は東西345m×南北350m、76mの高さを持つ截頭方錐形。陵墓の東側1.5kmに位置する兵馬俑坑からは陶俑陶馬8千点ほかが見つかった。

世界遺産 (秦の始皇陵　1987)

¶ 遺跡100 (秦始皇帝陵・兵馬俑坑) 〔写〕, 宗教建築〔写/図〕, 新潮美, 図解考古 (始皇陵 しこうりょう) 〔写〕, 世遺事 (秦の始皇帝陵), 成世遺下 (秦の始皇帝陵と兵馬俑坑) 〔写〕, 世遺百 (秦の始皇帝陵) 〔写〕, 世界考古 (始皇陵 しこうりょう) 〔図〕, 世界美3〔写p370〕, 中国名旧5 p176 (秦始皇陵 しんしこうりょう) 〔写〕, 中国歴史, 東ア考古 (図), ビジ世遺 (秦の始皇帝陵と兵馬俑坑) 〔写〕, 文化史蹟17 (秦始皇帝陵) 〔写p159～161/図p158〕, ユネ世遺4 (始皇帝陵と兵馬俑坑) 〔写〕

芝山　しざん

福建省漳州市の市街の西北方。唐代以来、開元寺などが相次ぎ創建されたが、荒廃。甘露・威鎮・日華の3亭のみ現存。

¶ 中国名旧4 p162

尼山孔子廟　じざんこうしびょう

山東省曲阜市の市街東南30km、尼山の東麓。柱間69間の殿堂からなり、5つの院落に分かれる。

¶ 中国名旧3 p157

獅子巌　ししがん

広東省曲江県馬壩鎮の西南2km。山中の鍾乳洞から馬骸人の頭骸骨の化石とサーベルタイガーなどの化石を発見。

¶中国名旧4 p225

獅子山　ししざん
雲南省武定県の西南約2km。山中の正続寺は元の至大4年(1311)の創建。明の永楽元年(1403)に恵帝が逃亡してきて僧になったと伝える。

¶中国名旧5 p129

獅子山漢墓　ししざんかんぼ
江蘇省徐州東郊の獅子山西麓。5基の俑坑を確認。いずれも素掘りの竪穴。出土した兵馬俑は全部で2300体余り。

¶大遺跡9〔写〕

慈氏塔〔岳陽市〕　じしとう
湖南省岳陽市の市街の西南、洞庭湖の湖畔。唐の開元年間(713-741)の建立。現存する塔は宋代の再建と思われる。八角7層。

¶中国名旧4 p33

慈氏塔〔敦煌市〕　じしとう
甘粛省敦煌の莫高窟(千仏洞)の東南約10kmの三危山の山中。慈氏は弥勒の別称。現在は道教の老君堂となっている。八角1層、高さ5.5m。土築の外周に木構造を用いる。北宋初期の建築。

¶新潮美

泗洲塔〔西湖〕　ししゅうとう
広東省恵州市の西湖の西山。西湖で最も古い建造物。泗州の大聖僧伽を記念して唐代に建立。

¶中国名旧4 p245

泗洲塔〔唐河県〕　ししゅうとう
河南省唐河県の市街東方の菩提寺。八角12層の木造を模した磚と石からなる中空の塔。

¶中国名旧3 p262

四十里堡旧城　しじゅうりほきゅうじょう
新疆ウイグル自治区焉耆回族自治県四十里堡郷の西南。漢代の尉犁国の都城の遺構。

¶中国名旧5 p294

資寿寺　しじゅじ
山西省霊石県の東方10kmの蘇渓村。唐代の創建、配置が厳正で、塑像と壁画を蔵する。

¶中国名旧3 p60

慈寿寺塔　じじゅじとう
北京市海淀区八里荘の慈寿寺。慈寿寺は明の万暦帝の母親慈聖皇太后が万暦4年(1577)に創建。寺は清の光緒年間に廃滅。八角13層、高さ約50mの密檐磚塔。

¶新潮美, 中国名旧1 p67

慈寿塔　じじゅとう
江蘇省鎮江市の金山の尾根にある。記録によると、唐代の建立。現在の塔は清の光緒26年(1900)に建てたもので、楼閣式を模した八角7層の磚と木からなる塔。

¶中国名旧2 p109

紫霄宮　ししょうきゅう
湖北省丹江口市の武当山の復真観から7.5km、天柱峰の東北の展旗峰の下。明の永楽11年(1413)の創建。間口柱間5間の重檐入母屋造。

世界遺産(武当山の古代建築物群　1994)

¶中国名旧3 p297〔写〕, 中国名勝古蹟 p223〔写〕

資聖寺　ししょうじ
山西省高平市の西南20kmの大周纂村。構造に宋代の様式を留め、最大の正殿は元代に改修、東西の配殿は明代のもの。南殿の獣・力士等の棟飾りは三彩の琉璃製。

¶新潮美(高平(5)資聖寺 こうへい しせいじ), 中国名旧3 p78

慈勝寺　じしょうじ
河南省焦作市温県の西北部、大呉村。五代の創建で、大雄殿と天王殿の殿内の壁画は芸術性が高い。

¶中国名旧3 p228

慈相寺　じしょうじ
山西省晋中市平遥県の東北15kmの冀郭村。宋代末期に焼失。金の天会年間(1123-37)、旧址に再建。現存する大殿と後方の高塔は宋・金代のもの。

¶中国名旧3 p56

子胥渡　ししょど
浙江省建徳県の七里滝の西岸。伍子胥(？ －前485)が呉国に逃げる際、当所で富春江を渡ったと伝える。嶺に南宋の紹興9年(1139)増築の伍子胥別廟がある。

¶中国名旧2 p143

獅子林　ししりん
江蘇省蘇州市園林路。蘇州の四大名園の一つ。獅子林は獅子寺の背後にある花園。

¶中国名旧2 p72〔写〕

獅子窩琉璃塔　ししわるりとう
山西省五台県の五台山台懐鎮の西南10kmの山裾。明代の万暦14年(1586)の創建。前に石獅子1対を配し、中に琉璃塔、後方に仏殿・配殿・禅堂があった。

¶中国名旧3 p46

四神塚　ししんづか
吉林省輯安の北東約2km、如山南麓にある。高句麗後期(6世紀末－7世紀前半)の壁画古墳。

¶新潮美(通溝―四神塚 つうこう―ししんづか)

地震碑林　じしんひりん
四川省西昌市の瀘山の光福寺にある。西昌市と冤寧・甘洛・寧南各県で発生した地震について記した石碑が100枚余りある。
¶中国名旧5 p84

四世宮保坊　しせいきゅうほぼう
山東省桓台県の南門外。明の万暦47年（1619）の建造。磚と石で築き、奥行3.32m、高さ15m。
¶中国名旧3 p133

慈清寺　じせいじ
遼寧省鉄嶺市の竜首山の北峰の頂上。三清観ともいう。明の弘治年間（1488-1505）かそれよりやや前の創建。
¶中国名旧1 p214

至聖林坊　しせいりんぼう
山東省曲阜市の孔林の大門。明の永楽22年（1424）の建立で、4柱3間の木坊。
¶中国名旧3 p156〔写〕

慈善寺石窟　じぜんじせっくつ
陝西省麟游県の西南約2.5km。2つの洞窟とも5つの摩崖仏龕からなる。唐の永徽4年（653）の開削。
¶中国名旧5 p193

柿荘宋墓　しそうそうぼ
河北省井陘柿荘および北狐台。古くは観音院、永安院、金代に栢林禅院と称した。寺は衰退し、白塔のみ残る。八角檐の遼金式の塼塔。
¶世界考古〔図〕

施耐庵墓　したいあんぼ
江蘇省興化県施家前橋の東。施耐庵は元末明初の小説家で、『水滸伝』の作者。興化の出身で、死後当所に葬られた。
¶中国名旧2 p107

支提寺　しだいじ
福建省寧徳県の支提山の西斜面。北宋の開宝4年（971）に呉越王の王銭俶が創建。全盛期には1千人近くの僧侶を擁していた。明代の鉄鋳の天冠の仏像を1千体安置。
¶中国名旧4 p174

子弾庫楚墓　しだんこそぼ
湖南省長沙市城南東。戦国中期の楚墓。帛画、陶器、漆・木・竹器、絹・麻織物などが出土。被葬者は40歳前後の男性。
¶世界考古

七王墳　しちおうふん
北京市海淀区北安河。清の道光帝の第7子醇親王奕譞（1840-90）の墓地。
¶中国名旧1 p67

七家峪村　しちかよくそん
山東省鄒県城北東約25km。西周時代後期の青銅器を発見。壁を紅色に塗った長方形竪穴墓2つから人骨と副葬品の青銅器23個も出土。
¶世界考古

七級浮屠塔　しちきゅうふととう
黒竜江省ハルビン市南崗区の極楽寺の東院。臨済宗の44代目の弟子の建立で八角7層の楼閣式磚塔。煉瓦造りの地蔵殿に連なる。
¶中国名旧1 p236〔写〕

紫竹院　しちくいん
北京市海淀区の白石橋の近く。元代に玉泉山の水を引いて湖が造られ、その北岸に明代になり、万寿寺の下院。
¶中国名旧1 p67

七孔橋跡　しちこうきょうあと
黒竜江省寧安市。渤海時代の橋脚跡。牡丹江には、江西・上官・牛場・下官・勝利といった5ヵ所に橋が架かっていたことを示す石造橋脚基礎部の遺構が確認される。
¶東ア考古

七星巌　しちせいがん
広西チワン族自治区普陀山の西斜面。題刻の詩文が100ほどあり、隋の開皇10年（590）の曇遷の「棲霞洞」の榜書などが貴重。
¶中国名旧4 p284

七宝塔　しちほうとう
山西省平順県の西北23km、大雲寺の前。後周の顕徳元年（954）の建立で、硬い青石で築いたもの。
¶中国名旧3 p70

七門堰　しちもんえん
安徽省舒城県の西南方。古代に造られた水利施設。羹頡侯劉信が、漢の高祖7年（前200）に七門嶺の麓で堰を築く。劉信・劉馥・劉顕の事績を記念し、堰口に三劉祠が設けられ、その功績と人徳をしのぶ石碑が建てられた。
¶中国名旧2 p247

師趙村遺跡　しちょうそんいせき
甘粛省天水市の西7kmの太京郷。新石器時代の集落遺跡。文化内容は第1期から第7期まで分かれ、第1期は新発見の文化であるため師趙村一期文化と命名された。
¶東ア考古

七里坪　しちりへい
湖北省紅安県の北方25km、大別山の南麓。大革命（1924-27）にまつわる40余りの旧址を擁す地。
¶中国名旧3 p325

中国

七里舗〔新石器時代〕　しちりほ
河南省陝県の南西約3.5kmにある遺跡。新石器時代の遺跡。黄河東岸の台地上にあって、3地点からなり、それぞれ仰韶文化と周、龍山文化と周、殷文化層がある。
¶世界考古（七里舗（1））

七里舗〔殷代〕　しちりほ
河南省陝県の南西約3.5kmにある遺跡。殷代早期の遺跡。殷代灰坑43、灰溝3、焼坑1、墓葬8の諸遺構を確認。二里頭期に属すると考えられている。
¶世界考古（七里舗（2））

漆園旧址　しつえんきゅうし
安徽省蒙城県の渦河の北方1.5km。漆園故城とも。渦河の北岸の故城に裏通りが残り、南岸に漆園街と荘子祠がある。
¶中国名旧2 p252

執失奉節墓　しっしつほうせつぼ
陝西省西安市長安区郭杜鎮。初唐の壁画墓。執失奉節は突厥の酋長の子で、唐朝に仕えた。658年埋葬。壁画は剝落し、墓室北壁の舞女図のみ残存。
¶新潮美（執失奉節墓　しっしつほうせつぼ）、世界考古

実勝寺　じっしょうじ
遼寧省瀋陽市和平区皇寺路。正式名称は竜華浄土実勝寺。皇寺・黄寺とも。ラマ教寺院。清の崇徳3年（1638）起工、2年後に落成。
¶アジア歴3（黄寺　こうじ）〔写〕、新潮美（蓮華浄土実勝寺　れんげじょうどじっしょうじ）、中国名旧1 p188

叱石　しっせき
広東省新会県杜阮鎮。山腹のなかに叱石寺があり、天日寺ともいう。近代創建の黄公輔祠が現存。
¶中国名旧4 p239

十方普覚寺　じっぽうふかくじ
北京市海淀区の西山北部、寿安山の南麓。唐の貞観年間の創建。初め兜率寺と称した。元代英宗の至治元年（1321）の鋳造の臥仏像があるので俗称を臥仏寺という。
¶中国仏教（臥仏寺　がぶつじ）、中国名旧1 p68〔写〕、中国名勝古蹟 p156（十方普覚寺　じゅっぽうふかくじ）〔写〕

十方仏塔　じっぽうぶっとう
湖北省黄梅県の五祖寺にある。北宋の宣和3年（1121）の建立。青色の砂岩を積み上げた八角7層の塔。
¶中国名旧3 p327

軹道　しどう
陝西省西安市の市街の灞水の西岸の大通り。秦

代の亭。漢の劉邦に由縁がある。
¶中国名旧5 p164

二堂　じどう
山東省曲阜市の孔府大堂の後方。衍聖公が典章や礼儀を公表したり裁決を下したりしたところ。石碑が7つ立つ。
世界遺産（曲阜の孔廟、孔林、孔府　1994）
¶中国名旧3 p153

梓潼漢闕　しとうかんけつ
四川省梓潼県の近辺。李業闕・賈公闕・楊公闕・辺孝先闕の4つ。
¶中国名旧5 p45

史道洛墓　しどうらくぼ
寧夏回族自治区固原県南郊郷小馬荘村。唐の左親衛（皇太子の護衛官）で顕慶3年（658）葬の史道洛（655年没）とその妻、康氏（646年没）の合葬墓。
¶東ア考古〔図〕

司徒廟　しとびょう
江蘇省蘇州市光福。後漢の司徒鄧禹（2-58）が隠棲したところ。
¶中国名旧2 p85

司馬金龍墓　しばきんりゅうぼ
山西省大同市南東約6km石家寨村。北魏の瑯琊郡王司馬金龍夫婦の合葬墓。前・後室の天井はいずれもいわゆる「四角攢尖」の構造。
¶新潮美（司馬金竜墓）、世界考古、東ア考古

司馬光家人卦石刻　しばこうかじんかせっこく
浙江省杭州市の南屛山の岩壁にある。北宋の司馬光（1019-86）の書と伝え、隷書で12行、1行17字で、字の径は5寸。
¶中国名旧2 p126

司馬光墓および祖塋　しばこうほおよびそえい
山西省夏県の北方15kmの鳴条崗。司馬光（1019-86）は夏県涑水の出身の進士。墳園は3万平方m。祖塋は祖先の墓地のことで、司馬光の先祖は当所に仮埋葬した者が多い。
¶中国名旧3 p92（司馬光墓及祖塋　しばこうほきゅうそえい）

司馬遷祠　しばせんし
陝西省韓城市芝川鎮の南原。晋の永嘉3年（309）の創建。4層の高台。
¶中国名旧5 p204

四盤磨村　しばんまそん
河南省安陽県小屯村の西約1km。1950年、殷墟調査として発掘。墓、住居址関係遺構、灰坑などを確認。習字骨片が出土。
¶世界考古

慈悲庵　じひあん

北京市宣武区の陶然亭公園。旧称を慈悲院とい
い、元代の創建。

¶中国名旧1　p50

四平山石塚　しへいざんいしづか

遼寧省大連市の営城子四平山。龍山文化の古墓
群。黄龍尾屯の南方丘陵に位置し、割石を積ん
で築いた長方形の平面形を有する積石塚を、尾
根にそって階段状に連続して結合したものから
なる。

¶新潮美（四平山遺跡　しへいざんいせき），図解
考古〔写〕，世界考古（四平山　しへいざん）

紫壁山　しへきさん

広西チワン族自治区靖西県の南方10km。中腹に
「紫壁樵歌」という摩崖石刻がある。

¶中国名旧4　p305

四望亭　しぼうてい

江蘇省揚州市西門街にある。もと江都県学の文
奎楼。明の嘉靖38年（1559）に建てた。太平天国
軍が亭頂に瞭望台を設置。

¶中国名旧2　p100

四方炮台遺址　しほうほうだいいし

広東省広州市の越秀山の翻竜崗の頂上。アヘン
戦争の重要な遺跡の一つ。清代初期に設置。

¶中国名旧4　p202

シムシム　Simsim

新疆ウイグル自治区庫車県。仏教遺跡。漢字表
記は森木塞姆。6世紀から8世紀頃の千仏洞と仏
寺址がある。

¶新潮美

シムシム（森木塞姆）千仏洞

新疆ウイグル自治区庫車県の東北約40km。開削
年代は3世紀頃で、壁画は大半が南北朝時代に描
かれた。

¶中国名旧5　p300（森木塞姆千仏洞　シムシムせ
んぶつどう）

四明公所旧址　しめいこうしょきゅうし

上海市人民路。清の嘉慶2年（1797）に上海にい
る寧波出身の商人と手工業者の同業組合が建て
た。会議や祭祀に使用。

¶中国名旧2　p17

四面雲山　しめんうんざん

河北省承徳市の避暑山荘西北部の峰の頂上。皇
帝が重陽節（旧暦9月9日）に登った。「康熙三十
六景」の第9景。

¶中国名旧1　p152

釈迦多宝如来仏塔　しゃかたほうにょらいぶっ
とう

湖北省黄梅県の五祖寺にある。宣和3年（1121）
の建立。灰色無地の砂岩で築いた八角5層の塔。

¶中国名旧3　p328

沙鍋屯遺跡　しゃかとんいせき

遼寧省錦県沙鍋屯停車場の南南東1.2km。洞窟
遺跡。石灰岩の山麓にある洞窟で、長さ6m、幅
2.2～2.5m。人工遺物・獣骨・人骨を包含。

¶図解考古〔図〕

釈迦如来舎利塔　しゃかにょらいしゃりとう

内モンゴル自治区バイリン右旗の遼慶州遺址の
西北隅。通称を白塔子。八角7層の楼閣式磚塔。
高さ49.98m。遼の重熙18年（1049）の建立。

¶中国名旧1　p179

釈迦文化堂　しゃかもんぶつどう

福建省莆田市の広化寺の東側。建立は南宋の乾
道元年（1165）以前。八角5層、高さ36mの楼閣
式石塔。

¶中国名旧4　p143

炙魚橋　しゃぎょきょう

江蘇省蘇州市胥口にある。専諸（刺客）が呉王僚
（在位前526－前515）を刺殺したと伝える地。

¶中国名旧2　p85

寂鑑寺石屋　じゃくかんじせきおく

江蘇省蘇州市の天池山。大型の仏龕が2つ、石殿
が1つ、あわせて3つの石屋がある。

¶中国名旧2　p85

錫山　しゃくざん

江蘇省無錫市の恵山。山頂に竜光塔と竜光寺、山
麓に竜光洞、中腹に晴雲亭・観瀾亭などがある。

¶中国名旧2　p92

賜児山雲泉寺　しゃくじさんうんせんじ

河北省張家口市の市街西方1.5kmの賜児山。雲
泉寺は東麓にあり、明の洪武26年（1393）の創建。
山中には蟲雲亭・万松亭・烽火台遺跡などもある。

¶中国名旧1　p142

錫晋斎　しゃくしんさい

北京市西城区前海西街の恭王府の西路の最北端。
もと慶頤堂。正房。晋代の陸機（261-303）の『平
復帖』を収蔵。

¶中国名旧1　p35

芍陂　しゃくひ

安徽省寿県の南方30km。古代に施工された淮河
流域の水利施設。安豊塘ともいう。

¶中国名旧2　p246

中国　　　　　　　　　　　　　　　　218

アジア

奢香墳　しゃこうふん
貴州省大方県の近くの霧篭坡の上にある。子孫が奢香を祀るために造営。
　¶中国名旧5 p99

社稷壇　しゃしょくだん
北京市天安門の西隣、中山公園の中心。方形で、漢白玉石造り。明の永楽19年(1421)の築造。明・清両代の皇帝が社(土地の神)と稷(五穀の神)を祀って豊作を祈願したところ。
　¶中国名旧1 p39

沙井遺跡　しゃせいいせき
甘粛省民勤県(鎮蕃県)北境、南山河流域。先史遺跡。甘粛6期の沙井期の名はここからでた。漢代の塼築家屋址、もっと時代のくだる墩址のほか、沙井期の遺跡として六湖屯の城寨址および墓地が発見されている。
　¶図解考古〔写〕

シャフロク(夏合勒克)封建荘園　しゃふろくうけんしょうえん
新疆ウイグル自治区墨玉県夏合勒克郷。新中国成立以前の封建農奴主買買提力汗和加の荘園の跡地。
　¶中国名旧5 p304(夏合勒克封建荘園　シャフロクほうけんしょうえん)

ジャライノール　Djarai-nor
マンチュリーの南方にある炭坑。第四紀中期の化石動物群、旧石器時代遺物が出土。骨角器の多いこと、またそのシベリアとの類似について重要な遺跡である。
　¶図解考古(ジャライ・ノール遺跡), 世界考古

ジャライノール(札賚諾爾)鮮卑墓
内モンゴル自治区フルンボイル市ジャライノール区。後漢末の鮮卑族墓群。副葬品は、手捏ねの粗陶、オルドス式銅牌など。
　¶世界考古(札賚諾爾鮮卑墓　ジャライノールせんぴぼ)

シャラ・オッソン・ゴル遺跡
Sjara-osson-gol
オルドスの東南隅で黄河に合流するシャラーオッソン-ゴル河。シャオーチャオーパン付近の深さ65mの峡谷の第四紀砂層中より旧石器時代の遺物を発見。中国の黄土形成期、第四紀中期のものと考えられる。
　¶図解考古, 世界考古(シャラ・オッソ・ゴル)

舎利塔〔贛州市〕　しゃりとう
江西省贛州市の市街。塔下寺塔・慈雲塔とも。六角9層、高さ42m。北宋の天聖元年の建立。
　¶中国名旧4 p108

舎利塔〔棲霞山〕　しゃりとう
江蘇省南京市の棲霞山の中峰の西麓。隋の仁寿元年(601)の建立であるが、南唐代(937-975)の再建。
　¶中国名旧2 p43〔写〕

舎利塔〔武安県〕　しゃりとう
河北省武安県の東門内にある。八角13層、高さ40mの塼塔。第11層まで登ることができる。
　¶中国名旧1 p125

舎利塔〔法興寺〕　しゃりとう
山西省長子県の法興寺。砂岩の薄板で築き、平面は「回」の字形の正方形をなし、アーチ形の石板の出入口がある。重檐の楼閣式の塔。
　¶中国名旧3 p67

舎利塔遺址─舎利函　しゃりとういし─しゃりかん
黒竜江省寧安県の渤海上京竜泉府故城遺址の東側。台座址から舎利函が出土。小さな琉璃の瓶があり、石英のたぐいの砂粒が5つはいっていた。
　¶中国名旧1 p245

舎利宝塔　しゃりほうとう
湖北省浠水県の北方30km、大霊山の山麓。北宋の元豊7年(1084)の建立。灰色の砂岩を積み上げた六角5層の塔。
　¶中国名旧3 p326

シャルー寺(夏魯寺)
チベット自治区シガツェ市の東南部。北宋の元祐2年(1087)創建。元代の壁画と八思巴文字の文告を蔵す。
　¶中国名旧5 p156(夏魯寺　シャルーじ)

上海魯迅故居　しゃんはいろじんこきょ
上海市山陰路大陸新村9号。魯迅(1881-1936)が53歳から56歳まで住んだ。赤煉瓦造りの3階建て。
　¶中国名旧2 p19

輯安遺跡　しゅうあんいせき
吉林省集安市。高句麗中期の王都の遺跡。3世紀頃、高句麗がこの地に都を移して以来、長寿王が平壌に移る427年まで都城があった。輯安県城、山城子山城、広開土王碑などがあり、高句麗古墳群には、将軍塚、大王陵などの石塚や舞踊塚、四神塚などの盛土塚で壁画のある古墳を含む。

　世界遺産(古代高句麗王国の首都と古墳群　2004)
　¶アジア歴4(輯安　しゅうあん), 図解考古〔写〕, 世界考古(輯安、集安　しゅうあん)〔図〕, 東ア考古(集安〔遺跡〕　しゅうあん)〔図〕

十王亭　じゅうおうてい
遼寧省瀋陽市、瀋陽故宮の東路。大政殿前方の

東西両側に対称に並ぶ青瓦葺き紅色柱の10棟の方亭。ヌルハチが八旗の将軍用に建設。

世界遺産(北京と瀋陽の明・清朝の皇宮群 1987, 2004)

¶中国名勝古蹟 p31(大政殿と十王亭 たいせいでんとじゅうおうてい)〔写〕

周恩来故居　しゅうおんらいこきょ
江蘇省淮安県の中央。周恩来(1896-1976)は当所で生まれ、幼年時代を過した。東西2つの小院からなる。

¶中国名旧2 p97

周恩来青年時代在津読書和革命活動旧址　しゅうおんらいせいねんじだいざいしんどくしょかくめいかつどうきゅうし
天津市南開区四馬路の南開学校東楼にある。1904年の建造。周恩来は東楼の東四教室で授業を受け、理化教室で社会活動をくりひろげた。

¶中国名旧1 p97

習家池　しゅうかち
湖北省襄樊市の襄陽城の南方5km。高陽池館とも。古代の個人の庭園。

¶中国名旧3 p289

秋霞圃　しゅうかほ
上海市嘉定県嘉定鎮東大街。明代の庭園。清の雍正4年(1726)に城隍廟の後園に改められた。

¶中国名旧2 p27

緝煕楼　しゅうきろう
吉林省長春市の満州国皇宮の内廷の西院。2階建ての建物。2階の西側が溥儀の寝室・書斎など。

¶中国名旧1 p220

秋瑾紀念碑　しゅうきんきねんひ
浙江省紹興市軒亭口にある。辛亥革命勝利後に建立。1907年、秋瑾(1877-1907)が刑死した地。

¶中国名旧2 p171

秋瑾故居　しゅうきんこきょ
浙江省紹興市和南暢堂22号にある。秋瑾(1877-1907)の一家が居を構えた。木造・南向きの旧式民家。

¶中国名旧2 p171

秋瑾墓　しゅうきんぼ
浙江省杭州の西冷橋の東詰。民主主義革命の烈士秋瑾(1877-1907)の墓。辛亥革命後、当地に葬った。

¶中国名旧2 p126

周原遺跡　しゅうげんいせき
陝西省岐山と扶風両県の北部。西周王朝が成立する以前の都城遺跡。大規模な版築建築基壇と西周時期の甲骨文、青銅器貯蔵穴が発見された。

¶新潮美(周原 しゅうげん)、大遺跡9(周原 しゅうげん)〔写/図〕、中国名旧5 p215(周原 しゅうげん)、東ア考古〔写(折尊)〕

周鎬京遺址　しゅうこうけいいし
陝西省西安市長安区普渡村一帯。西周朝の都城の遺構。住居址・土穴・青銅器・車馬坑などの遺物を発見。

¶中国名旧5 p173

周公祠　しゅうこうし
天津市の南郊、小站鎮西南約1kmの会館村。小站米を育成した周盛伝を祀る。

¶中国名旧1 p97

周公測景台　しゅうこうそくけいだい
河南省登封市の告成鎮の周公祠の前。現存は唐の開元11年(723)の造営。石積みで、高さ9.46m。

¶中国名旧3 p201

周口店の北京原人遺跡　しゅうこうてんのぺきんげんじんいせき★
北京市房山区の周口店村龍骨山に位置。遺跡は2.4平方kmにわたる。1923年スウェーデンの地質学者が人類のものと思われる歯の化石を発見。その後の調査で1929年中国の考古学者が完全な頭蓋骨を発見し、これが北京原人(シナントロプス・ペキネシス)と名付けられた。70万年前から20万年前のものと推定される。

世界遺産(周口店の北京原人遺跡 1987)

¶アジア歴4(周口店 しゅうこうてん)、遺跡100(周口店洞窟群)〔写/図〕、旺文社世(周口店 しゅうこうてん)、古代遺跡 p35(周口店竜骨山と山頂洞人)〔写〕、図解考古(周口店洞窟 しゅうこうてんどうくつ)〔写/図〕、世遺事、成世遺下〔写〕、世遺百〔写〕、世界考古(周口店 しゅうこうてん)〔写〕、世歴大9(周口店 しゅうこうてん)〔写〕、大遺跡9(周口店 しゅうこうてん)〔写〕、中国名旧1 p89(中国猿人遺址 ちゅうごくえんじんいし)、東ア考古(周口店遺跡 しゅうこうてんいせき)〔写〕、ビジ世遺〔写〕、評論社世(周口店 しゅうこうてん)、平凡社世(周口店 しゅうこうてん)、ユネ世遺4(北京原人化石出土の周口店遺跡)〔写〕

周公廟〔岐山県〕　しゅうこうびょう
陝西省岐山県の北方7.5km。唐代の創建で、山門・廡廊・戯台・献殿・寝殿などからなる。

¶中国名旧5 p192

周公廟〔曲阜市〕　しゅうこうびょう
山東省曲阜市の市街北方1km、漢代の宮殿の跡地。元聖廟ともいい、廟内に宋～清代の碑刻が少なからず現存。

¶中国名旧3 p158

中国

周公廟〔洛陽市〕　しゅうこうびょう
河南省洛陽市の旧城の西関外、定鼎南路の東側。中心は前殿と定鼎堂で、ともに両側に廂房がある。
¶中国名旧3 p219

十笏園　じゅうこつえん
山東省濰坊市胡家牌坊街。丁家花園ともいい、明末清初は縉紳の邸宅。清の光緒11年（1885）に丁善宝が私邸の花園に改めた。
¶中国名旧3 p134

獅雄古塔　しゆうことう
広東省五華県の東方約4km。明の万暦40年（1612）の建立。外観は塔頂とあわせて10層。
¶中国名旧4 p254

秀山　しゅうざん
雲南省通海県の南隅。南宋の開禧元年（1205）に大理国の国主の段氏が啓梓宮を建立。明・清代建立の万寿台・湧金寺などが現存。
¶中国名旧5 p139

十三御碑亭　じゅうさんぎょひてい
山東省曲阜市の孔廟にある。金・元・清代の帝王が唐・宋代以来の祭礼・修廟の石碑を保護するために建てた。
世界遺産（曲阜の孔廟、孔林、孔府　1994）
¶中国名旧3 p148

十七孔橋　じゅうしちこうきょう
北京市。頤和園昆明湖の南湖の竜王廟島と湖東岸を結ぶ、17の連続アーチからなる石造橋。
世界遺産（頤和園、北京の皇帝の庭園　1998）
¶中国名旧1〔写〕，文化史蹟17（十七孔橋　頤和園）〔写〕

秋収起義第三団部旧址　しゅうしゅうきぎだいさんだんだんぶきゅうし
江西省銅鼓県の南部の蕭家祠。3つの院落からなる大祠堂。1927年9月上旬、毛沢東が秋収起義（蜂起）を発動・指揮したところ。
¶中国名旧4 p70

秋収起義文家市会師旧址　しゅうしゅうきぎぶんかしかいしきゅうし
湖南省瀏県の東南部、江西省との隣接地帯。1927年、毛沢東は工農革命軍を組織、湖南・江西両省の省境地帯で秋収起義（蜂起）を起し、蜂起した部隊が当地に集結した。もと清の道光21年（1841）開設の文華書院。
¶中国名旧4 p25

周処廟　しゅうしょびょう
江蘇省宜興県の東廟巷にある。晋の恵帝（在位290-306）の時代に創建。周処（240-299）は死後に平西将軍に追封され、周孝侯と呼ばれた。現存する門庁・享堂・廊屋などは清代末期のもの。

¶中国名旧2 p114

痩西湖　しゅうせいこ
江蘇省揚州市の西郊。沼沢地であったが、代々開削をすすめ、造園技術を駆使し、様々な建物を造った。
¶中国名旧2 p100〔写〕

集善橋　しゅうぜんきょう
江蘇省昆山県趙家村。南北方向の3スパンの石橋。清の乾隆52年（1787）の架設。
¶中国名旧2 p84

十大政綱石刻　じゅうだいせいこうせっこく
四川省剣閣県順城街の城壁の石壁。長さ11.4m、10条145字を字体工整な楷書で陽刻。
¶中国名旧5 p51

秀道者塔　しゅうどうじゃとう
上海市松江県の佘山。宋の太平興国年間（976-984）の建立。秀という道者が塔の建立に参与し、塔が完成すると焼身自殺したことから命名。
¶中国名旧2 p30

十二橋烈士墓　じゅうにきょうれっしぼ
四川省成都市の文化公園内。30人余りの共産党員・進歩人士・愛国青年学生の墓。
¶中国名旧5 p16

十二台営子墓　じゅうにだいえいしぼ
遼寧省朝陽市西南郊、十二台営子村。青銅器時代の墳墓。副葬品はほとんど青銅器。
¶新潮美（朝陽〔十二台営子村の墓〕　ちょうよう），世界考古（十二台営子　じゅうにだいえいし）〔写（多鈕細文鏡）〕，東ア考古

十二連城　じゅうにれんじょう
内モンゴル自治区準格爾旗十二連城村。漢代に城があった。隋・唐代に勝州楡林郡が置かれ、内外2城を築き、明代初期に東勝右衛が置かれた。
¶中国名旧1 p184

周の王城　しゅうのおうじょう
河南省洛陽市。周の初め、成王が城郭都市を築いた。城壁の現高は2m。城内に東周時代の文化層が厚く堆積。
¶世界考古〔図〕，中国歴史（王城　おうじょう）

十八先生墓　じゅうはちせんせいぼ
貴州省安竜県の北関馬場。祠内に数十枚にのぼる名士の碑刻と摩崖、大量の歴史資料が現存。
¶中国名旧5 p106

十八站旧石器時代文化遺址　じゅうはちたんきゅうせっきじだいぶんかいし
黒竜江省呼瑪県十八站。旧石器時代の遺跡。スクレイパー・ポイント・ビュランなどの石器が

1千点余り出土。
¶ 中国名旧1 p250

集美鰲園　しゅうびごうえん
福建省厦門市集美鎮の潯江の河岸。1950年に集美鎮の解放を記念して着工、4年の歳月をかけて竣工。愛国華僑の陳嘉庚(1874-1961)の墓がある。
¶ 中国名旧4 p136

秋風亭　しゅうふうてい
湖北省巴東県の高台。太平興国3年(978)に建立。重檐宝形造り。
¶ 中国名旧3 p336

秋風楼　しゅうふうろう
山西省万栄県の后土祠の東隅。漢の武帝の「秋風辞」の碑がある。下部に高大な基壇があり、東西両面に扁額を彫り、東に「瞻魯」、西に「望秦」とある。
¶ 中国名旧3 p99

秀峰　しゅうほう
江西省九江市の廬山の南麓。碑刻が林立する。秀峰寺は、廬山の五大叢林の筆頭。伽藍の背後に中主読書台、その上に宋代の米芾筆の碑刻がある。
¶ 中国名旧4 p83〔写〕

十六尊者像　じゅうろくそんじゃぞう
広西チワン族自治区桂林市の隠山の華蓋庵。石刻画。五代の僧の貫休の作であるが、現存するのは清の乾隆年間の再刻。
¶ 中国名旧4 p276

朱悦燫墓　しゅえつれんぼ
四川省成都市北方5km、鳳凰山の南麓。朱元璋の第11子蜀王朱椿の長子の墓。
¶ 中国名旧5 p16

朱開溝遺跡　しゅかいこういせき
内モンゴル自治区伊克昭盟伊金霍洛旗納林塔郷朱開溝村。新石器時代の龍山文化から初期青銅器時代の遺跡。北方系と中原系両方の特徴を持つ青銅器が出現。
¶ 東ア考古

朱家寨遺跡　しゅかさいいせき
青海省湟中県、西寧河北岸の河岸平野。彩陶遺跡。住地遺跡や墓地を発掘。副葬品には馬廠式の彩陶、粗陶の甕、特殊な形の槌斧、鍬、鋸などがある。
¶ 新潮美、図解考古〔写(土器)〕、世界考古
　(朱家寨　しゅかさい)

朱家集楚墓　しゅかしゅうそぼ
安徽省寿県の南東郊。封土があり、長方形竪穴土壙を墓室とする。副葬品は1千件以上で、楚王

畬章剣などが有名。被葬者は楚幽王と推定。
¶ 世界考古

朱華塔　しゅかとう
江西省興国県横石村。明の嘉靖29年(1550)の建立。7層。
¶ 中国名旧4 p109

珠璣巷　しゅきこう
広東省南雄県の北方約7km。南門の傍らに石塔があり台座に「至正庚寅孟冬」(1350年末)の年号があり、年代の判明している広東省内唯一の元代石塔。
¶ 中国名旧4 p228

朱貴祠　しゅきし
浙江省寧波市慈城鎮の西門外、大宝山の南麓。清の道光22年(1842)、イギリス軍と闘った金華協副将の朱貴父子と同時に戦死した将兵たちを記念して建てた祠。
¶ 中国名旧2 p148

朱熹墓　しゅきぼ
福建省建陽県黄坑郷後塘村(もと唐石大林石といった)。朱熹は南宋の慶元6年(1200)3月に建陽県の考亭村で没し、夫人の劉氏とともに当所に合葬された。
¶ 中国名旧4 p169

宿城　しゅくじょう
江蘇省連雲港市の東南部。唐の太宗李世民(在位626-649)が東征のときに城を築いて一宿したのに由来すると伝える。
¶ 中国名旧2 p63

祝聖寺　しゅくしょうじ
湖南省衡陽市南岳鎮の東街、南岳大廟から250mのところ。唐代の創建。現存するのは清の康熙53年(1714)の再建。
¶ 中国名旧4 p49

祝聖寺塔　しゅくせいじとう
江西省信豊県、民主街祝聖寺の西。六角9層の塼塔。南宋・紹興年間(1131-62)初期の建築とされる。
¶ 新潮美

菽荘花園　しゅくそうかえん
福建省厦門市の鼓浪嶼の日光巖の南麓。台湾の豪商の林爾嘉が、1913年秋に造営。厦門の名園。
¶ 中国名旧4 p135〔写〕、中国名勝古蹟 p323〔写〕

祝融峰　しゅくゆうほう
湖南省衡陽市の衡山の七十二峰の最高峰。祝融氏を葬ったと伝える。頂上の祝融殿は明の万暦年間に開元祠として創建された。

¶中国名旧4 p50〔写〕

寿県遺跡　じゅけんいせき
安徽省寿県。493年、蔡がここに遷都。楚も前223年まで、ここを都とした。O.カールベックが1922年頃から漢式よりも古い多数の銅器を集めた。

¶図解考古〔写（遺物）〕，世界考古（寿県 じゅけん）〔図〕

寿皇殿　じゅこうでん
北京市西城区、景山の北麓。乾隆14年（1749）の建造。清朝の皇室の祖先の影像を祀った。

¶中国名旧1 p36

寿山将軍祠　じゅざんしょうぐんし
黒竜江省チチハル市の竜沙公園。寿山（1860-1900）は黒竜江将軍としてロシア軍と戦い、殉職した人物。山門・前殿・後殿と東西の廂房からなる。

¶中国名旧1 p241

洙泗書院　しゅししょいん
山東省曲阜市の市街東北4km。元の至元年間（1264-94）に講堂の跡地に建て、赤い周壁をめぐらし、正殿の大成殿は間口柱間3間。

¶中国名旧3 p158

朱執信墓　しゅしつしんぼ
広東省広州市先烈路の駟馬崗。辛亥革命の広州蜂起に加わった朱執信（1885-1920）の墓。

¶中国名旧4 p212

孺子亭　じゅしてい
江西省南昌市の西湖の南岸。高士亭とも。南唐（937-975）代に孺子台を設け、明の嘉靖年間（1522-66）に徐樟が孺子亭を建てて祖先の徐穉を祀った。

¶中国名旧4 p55

朱氏牌楼　しゅしはいろう
山西省原平県の西方18kmの陽武村。石坊は2座で、村外の路傍に簡略な彫りの付属の坊がある。基壇に4体の力士が彫られ、周囲に欄干がめぐる。

¶中国名旧3 p51

寿州窯遺址　じゅしゅうよういし
安徽省淮南市。三国時代から隋・唐代にかけて寿州にあった民窯の遺構。

¶中国名旧2 p194

寿聖寺塔　じゅしょうじとう
北宋の明道2年（1033）に建立。六角9層の楼閣式磚塔。

¶中国名旧3 p255

修定寺塔　しゅじょうじとう
河南省安陽市の西北35km、清涼山の南麓。唐代

の建立で、方形単層。外壁のレリーフ磚と内部の磚は精巧雅致な磚彫。

¶中国名旧3 p240

酒泉　しゅせん
甘粛省酒泉県城の東約半kmの酒泉公園内。霍去病の伝説が残る泉。1911年に建てられた「西漢酒泉勝蹟」と刻んだ石碑がある。

¶中国名勝古蹟 p76〔写〕

殊像寺〔五台山〕　しゅぞうじ
山西省五台県の五台山の台懐鎮楊林街の西南。五台山五大禅処の一つ。寺内に文殊像を安置。山門と天王殿が前に、配殿と回廊が付属する。

¶中国名旧3 p41

殊像寺〔承徳市〕　じゅぞうじ
河北省承徳市内、避暑山荘の北。清の乾隆39年（1774）の創建。漢族の寺院様式。

¶中国名旧1 p145

朱荘製鉄遺跡　しゅそうせいてついせき
河北省邢台県の朱荘より綦村一帯。北宋の製鉄遺跡。錬鉄炉と鉄渣を検出。この地では北宋以前から精錬が営まれ、仁宗皇祐5年に冶官が置かれた。

¶世界考古

朱檀墓　しゅたんぼ
山東省鄒県の北東15km、曲阜との県境に近い九竜山南麓。明代の魯荒王朱檀（1370-89）の墓。明の太祖朱元璋の第10子。400点を超す副葬品がよい状態で発見された。

¶新潮美，世界考古，東ア考古（魯荒王朱檀墓 ろこうおうしゅたんぼ）

朱池　しゅち
浙江省徳徳県の東方8km。漢朝の会稽太守朱買臣（？－前115）が硯を洗うために掘った池と伝える。東岸に南宋の紹興9年（1139）に拡張した朱太守祠が建つ。

¶中国名旧2 p143

出河店　しゅっかてん
吉林省内の古地名。遼金合戦の古戦場。遼、天慶4年（1114）反遼の兵をあげた金の太祖が出河店において遼軍10万と会戦して、これを壊滅させた。

¶アジア歴4

熟渓橋　じゅっけいきょう
浙江省武義県壺山鎮の熟渓に架かる。南宋の開禧3年（1207）に架設。橋上の亭閣は重檐入母屋造りで、鳥獣人物のレリーフを施す。

¶中国名旧2 p188

朱徳故居　しゅとくこきょ
四川省儀隴県の馬鞍郷の近く。朱徳（1886-

1976) が生まれた倉庫。
　　¶中国名旧5 p77

寿峰寺　じゅほうじ
河北省豊潤県の南約10km、車軸山。遼代の寺。
　　¶新潮美

須弥山石窟　しゅみせんせっくつ
寧夏回族自治区固原県の西北55km、須弥山の東麓。北魏〜唐代に130余りの石窟を開削。大仏楼、子孫宮、円光寺、桃花洞などと呼ばれる5つの地区に分かれ、2kmにわたる。
　　¶中国名旧5 p261

須弥福寿廟　しゅみふくじゅびょう
河北省承徳市の避暑山荘の北側。外八廟の一つ。チベット自治区シガツェに現存するラマ廟タシルンポ寺を模して1780年に建設されたもの。漢族とチベット族の特徴を折衷した独特の様式。
　[世界遺産]（承徳の避暑山荘と外八廟　1994）
　　¶中国名旧1 p145（須弥福寿之廟　しゅみふく
　　じゅしびょう）〔写〕、中国名勝古蹟 p47（須
　　彌福寿の廟　しゅみふくじゅのびょう）〔写〕、
　　文化史蹟17〔写〕

朱友壎墓　しゅゆうけんぼ
四川省成都市東方12km、正覚山の麓。大門・前庭・二門・正庭・正殿・中庭・後殿などからなる。
　　¶中国名旧5 p17

朱祐檳墓　しゅゆうひんぼ
江西省南城県から17km、外源村の北。朱祐檳（1479-1539）は憲宗の第4子。朱祐檳の棺から金簪1対と玉帯、妻の彭氏の棺から金鳳釵などが出土。
　　¶中国名旧4 p96

淳安唐代銅礦遺址　じゅんあんとうだいどうこういし
浙江省淳安県の銅官山の海抜600〜700mのところ。あわせて4つの坑道を発見。山麓に鉱滓が大量に堆積。
　　¶中国名旧2 p147

遵義会議会址　じゅんぎかいぎかいし
貴州省遵義市老城子尹路。黔軍第二師師長の柏輝章の官邸で、磚と木で築いた曲尺形の洋館。
　　¶中国名旧5 p93

濬県古墓　しゅんけんこぼ
河南省北部、浚県より東35kmの辛村東部。1932年から33年にかけて、西周時代の墳墓80余基が調査され、多数の遺物を出土。13基の車馬坑の存在が注目される。大型墓は南北方向につくられた長方形竪穴木槨墓。
　　¶新潮美（濬県〔辛村遺跡〕　しゅんけん）、図解
　　考古〔図〕、世界考古（辛村衛墓　しんそんえい

ほ）

荀子墓　じゅんしぼ
山東省蒼山県の蘭陵の東南1.5km。墓は高さ3.9m。墓前に清の道光21年（1841）の補建荀子墓碑が現存。
　　¶中国名旧3 p170

春秋閣　しゅんじゅうかく
湖北省沙市市の中山公園。清の嘉慶年間（1796-1820）に金竜寺の境内に設けられた戯楼。1931年に現在地に移設。
　　¶中国名旧3 p314〔写〕

春秋祠　しゅんじゅうし
四川省叙永県の四大街にある。清の光緒26年（1900）の建立。楽楼・走楼・大庁・正殿・三官殿などが並ぶ。
　　¶中国名旧5 p41

春申君墓　しゅんしんくんぼ
安徽省淮南市頼山集。黄歇墓とも。春申君（？-前238）は戦国時代の楚の政治家で「戦国の四君子」と称された。
　　¶中国名旧2 p194

殉馬坑　じゅんばこう
山東省淄博市臨淄区河崖頭村の西部、斉故城の東北部。「甲」字形の石郭墓の東・北・西の三面に連なり、全長約210m、幅5m。
　　¶中国名旧3 p133

舜廟　しゅんびょう
湖南省寧遠県の九疑山の舜源峰の下。舜は中国の上古代の氏族の首長（前2250年）と伝える。明の洪武4年（1371）の創建。
　　¶中国名旧4 p41

純陽宮　じゅんようきゅう
山西省太原市の五一広場の西北隅。明の万暦年間（1573-16）の創建。
　　¶中国名旧3 p16

純陽殿〔永楽宮〕　じゅんようでん
山西省芮城県の永楽宮三清殿の北隅。混成殿・呂祖殿ともいい、呂洞賓を祀る。周囲の壁と来迎壁に呂洞賓の神化譚に材を取った「純陽帝君仙游顕化図」を描く。
　　¶中国名旧3 p104

純陽殿〔峨嵋山〕　じゅんようでん
四川省峨嵋県の峨嵋山にある。明の万暦13年（1585）の創建。弥勒菩薩を祀る。
　　¶中国名旧5 p66

順陵〔武周〕　じゅんりょう
陝西省咸陽市の市街東北18km、陳家村の南。武周期の女帝則天武后（623-705）の母親楊氏の墓。

人物・羊・馬・独角獣などの石像がある。
¶世界考古, 中国名旧5 p180

順陵〔李璟墓〕　じゅんりょう
江蘇省南京市江寧区、東善鎮の北西、祖堂山。李璟の陵墓。961年の建造。墓室は前・中・後3室からなり、全長21.90m。
¶文化史蹟17（李璟墓　りえいぼ）〔写〕

松筠庵　しょういんあん
北京市宣武区達智橋。明の嘉靖年間の楊椒山（継盛）（1516-55）の旧居。清の乾隆52年（1787）に祠堂となる。
¶中国名旧1 p48

招隠寺　しょういんじ
江蘇省鎮江市の市街南方3kmの招隠山にある。東晋代から南朝の宋代にかけて隠士の戴顒の娘が住いを仏寺とした。昭明読書台と増華閣がある。山上に虎跑・鹿跑両泉と虎泉亭がある。
¶中国名旧2 p109

小雲棲寺　しょううんせいじ
江蘇省常熟市の虞山の西麓にある。清の康熙年間（1662-1722）の創建。白雲棲禅院・松泉寺ともいう。
¶中国名旧2 p81

小営子遺跡　しょうえいしいせき
吉林省延吉市小営郷小営村。青銅器時代の遺跡。石棺群は小単位に分かれ、子供も含め男女合葬が見られる。
¶図解考古〔写〕, 世界考古（小営子　しょうえいし）, 東ア考古

定慧寺　じょうえじ
江蘇省鎮江市の焦山にある。後漢の興平年間（194-195）に創建され普済寺と称した。清康熙42年（1703）に定慧寺と号す。中軸線に天王殿・大雄宝殿・蔵経楼が並ぶ。
¶中国仏教, 中国名旧2 p110

蔣琬墓　しょうえんぼ
四川省綿陽市の西山観の頂上。蔣琬（？ -241）は蜀漢の名臣。墓は清の道光29年（1849）に再建。
¶中国名旧5 p44

承恩寺　しょうおんじ
湖北省穀城県の東南約45kmの万銅山（永安山ともいう）。隋の大業年間（605-617）の創建。明の永楽21年（1423）に再興。山門・天王殿・大雄宝殿・天仏殿・鐘楼などがある。
¶中国名旧3 p292

章懐太子墓　しょうかいたいしぼ
陝西省乾県。唐高宗の皇太子であった李賢の墳墓。景雲2年（711）に章懐太子の身分で妃の房氏と合葬された。覆斗形の方墳で後甬道北端から雍王の墓誌1点、後室前端から章懐太子の墓誌1点が出土。
¶新潮美, 世界考古〔図〕, 大遺跡9（乾陵の陪塚—章懐太子李賢墓）〔写〕, 中国名旧5 p186, 東ア考古

焼鍋営子燕長城址　しょうかえいしえんちょうじょうし
遼寧省建平県張家湾村の南山から蛤蟆溝の脳北山にかけて約7km。前3世紀に戦国時代の燕の築いた長城の一部。城壁は幅2～2.5m、残高0.5～1.5m。
¶中国名旧1 p216

松鶴斎　しょうかくさい
河北省承徳市の避暑山荘の正宮の東側。清の乾隆14年（1749）の建立。清の聖憲皇太后（乾隆帝の母）と嬪妃の居室。「乾隆三十六景」の第3景。
¶中国名旧1 p147

昭覚寺　しょうかくじ
四川省成都市北方5km。唐の貞観年間（627-649）の創建。
¶中国名旧5 p17

正覚寺〔黄梅県〕　しょうがくじ
湖北省黄梅県の西方15kmの西山（破額山）。四祖寺、慈覚寺ともいい甲利の一。唐代、武徳年間（618-26）に禅宗第四祖道信が開創。
¶中国仏教, 中国名旧3 p328（四祖寺　しそじ）

正覚寺〔長治県〕　しょうがくじ
山西省長治県の北方20kmの看寺村。仏典の「正覚彼岸に登上す」に由来する名称。創建は唐の大和年間（827-835）で、現存する建物は後殿が最も古い。
¶中国名旧3 p66

静覚寺　じょうかくじ
河北省玉田県蛮子営村。建物の構造が斬新で、独特の様式。門殿は無梁殿で単檐入母屋造。
¶中国名旧1 p158

正覚寺塔　しょうがくじとう
四川省彭県の北方20kmの北塔壩にある。北宋の天聖元年（1023）に着工し、同4年に完成。方形13層の磚塔。
¶中国名旧5 p23

湘鄂川黔省革命委員会旧址　しょうがくせんきんしょうかくめいいいんかいきゅうし
湖南省永順県の東北39kmの塔臥鎮。1934年当所に湘（湖南省）鄂（湖北省）川（四川省）黔（貴州省）省革命委員会が結成された。省委員会、省政府、兵工廠・病院などが完全な形で保存されている。

¶中国名旧4 p47

小華山　しょうかざん
陝西省白水県の西南約20km。山中に洞穴が多数あり、廟を設けて塑像を安置。断崖絶壁に桟道を設けている。
¶中国名旧5 p202

少華山〔華県〕　しょうかざん
陝西省華県の東南5km。もとは道教の宗教活動の場であった。今は周壁の遺構の断片が残るのみ。
¶中国名旧5 p197

少華山〔徳興県〕　しょうかざん
江西省徳興県阪大郷。三清（玉清元始天尊・上清霊宝道君・太清太上老君）を祀るので三清山ともいう。江南における道教の聖地の一つ。
¶中国名旧4 p94

章華寺　しょうかじ
湖北省沙市市の市街東北隅の太師淵。楚の霊王6年（前535）造営の章華台の遺構。元の泰定年間（1324-28）に寺を創建。
¶中国名旧3 p314

証果寺　しょうかじ
北京市石景山区の盧師山の中腹にある。隋代の創建で、天順年間に現在名に改称。
¶中国名旧1 p80

勝果寺塔　しょうかじとう
河南省焦作市修武県の西南隅。宋の紹聖中（1094-98）の創建。八角9層、楼閣式の磚塔。
¶新潮美, 中国名旧3 p228

章華台　しょうかだい
安徽省亳県の東南38km、乾渓溝の傍ら。春秋時代に楚の霊王が築いた。かつては、台上に霊王廟があった。
¶中国名旧2 p250

章家渡　しょうかど
安徽省涇県の南方25km。青弋江上流の重要な渡し場。
¶中国名旧2 p234

肖家楼　しょうかろう
河北省滄南西約16kmの肖家楼村北西。戦国時代遺跡。刀銭と陶器が出土。
¶世界考古

昭関　しょうかん
安徽省含山県の北方7.5km、小峴山の西部。古くから南北交通の要衝。宋代の隆興年間に張浚（1097-1164）が築城して敵を防いだ。
¶中国名旧2 p230

昭関石塔　しょうかんせきとう
江蘇省鎮江市の西部、雲台山の北麓の五十三坡にある。元末明初の頃建てられたラマ塔で、「昭関」の2字が彫られている。瓶塔ともいう。石造り。
¶中国名旧2 p110

小雁塔　しょうがんとう
陝西省西安市の市街南方約1kmの薦福寺。唐の景竜元年（707）建設の塔。密檐式の磚構造建築。平面は正方形。もとは15層あったが現在は13層が残る。
¶大遺跡9（唐の長安城―小雁塔）〔写〕, 中国名旧5 p165〔写〕, 中国名勝古蹟 p113〔写〕, 中国歴史

小亀山崖洞墓　しょうきざんがいどうぼ
江蘇省徐州市銅山区小亀山。前漢中期の崖洞墓。現在の徐州市に都した漢の楚王国の王室ないしは親族の墓である可能性が強い。
¶世界考古

小九華山　しょうきゅうかざん
安徽省績渓県の東方37.5km。断崖絶壁の上の平坦地に九華山（青陽県）の地蔵王が修行したと伝える地蔵殿がある。
¶中国名旧2 p244

上京2号寺跡　じょうきょう2ごうじあと
黒竜江省寧安市。渤海の上京にある寺院跡。清代末期に建立された興隆寺が遺跡上に建ち、現地では南大廟とも呼ばれる。
¶東ア考古

勝境関　しょうきょうかん
雲南省富源県の東方8km、雲南・貴州両省の省境。俗に界関といい、明の景泰年間（1450-57）建立。
¶中国名旧5 p137

上京府林東窯跡　じょうきょうふりんとうかまあと
内モンゴル自治区赤峰市。遼の上京臨潢府故城の皇城内にある。焼造期間は比較的短く、主に白磁と黒釉を焼き、緑釉陶器も少量焼いている。
¶東ア考古（遼上京府林東窯跡　りょうじょうきょうふりんとうかまあと）

小喬墓　しょうきょうぼ
湖南省岳陽市の岳陽楼の東北隅、岳陽市第一中学の背後。小喬像を安置した小さな廟は破壊され、現存するのは墓のみ。
¶中国名旧4 p31

勝棋楼　しょうきろう
江蘇省南京市の莫愁湖公園にある。間口柱間5間の2階建てで、明の洪武年間（1368-98）初年の建造、清の同治10年（1871）の再建。

¶中国名旧2 p52

小金山　しょうきんざん
江蘇省揚州市の痩西湖。もと長春嶺という。六朝時代に庭園を造ったと伝えるが、現存する建物や築山などは大半が清代のもの。
¶中国名旧2 p101

松郡九峰　しょうぐんきゅうほう
上海市松江県西北部の田畑にそびえる一群の小山。元・明代以降、九峰上に寺廟や亭台、麓に庭園を設け、十景を選定。
¶中国名旧2 p30

昭君故里　しょうくんこり
湖北省興山県の南郊の宝坪村。王昭君が生まれ育った地。付近に昭君寨・昭君井・妃台山・昭君台・梳妝台・珍珠潭・望月楼などが現存。
¶中国名旧3 p311

将軍塚　しょうぐんづか
吉林省集安市。高句麗時代の典型的な段築式の方形積石塚。広開土王陵とする説や長寿王陵説もある。
[世界遺産]（古代高句麗王国の首都と古墳群 2004）
¶韓国朝鮮〔図〕、図解考古（将軍塚古墳 しょうぐんづかこふん）〔写/図〕、世界考古〔図〕、大遺跡10〔写〕、中国名旧1 p228（将軍墳 しょうぐんふん）〔写〕、東ア考古〔写〕

昭君井　しょうくんせい
湖北省興山県の昭君故里の近く。楠木井ともいい、王昭君が水を汲んだところと伝える。
¶中国名旧3 p312

昭君台　しょうくんだい
湖北省興山県の昭君故里と相対する妃台山。王昭君が幼時に柴を拾い歩いたところ。漢代に昭君祠、唐代に昭君院、宋代に昭君故里碑を設ける。
¶中国名旧3 p312

昭君墓　しょうくんぼ
内モンゴル自治区フフホト市。王昭君の墓。青冢ともいう。墳墓は高さ33m。墓前と頂部にそれぞれ亭を建てる。
¶中国名旧1 p173〔写〕、中国名勝古蹟 p36〔写〕、中国歴史

上京会寧府遺址　じょうけいかいねいふいし
黒竜江省阿城市の南約2km。金代の都城跡。「白城子」とも俗称する。南北両城と皇城からなり、皇城は天会2年（1124）の築造。城内から「上京路勾当公事雲号之印」銅印、「上京警巡院」款銅鏡などの遺物が出土。
¶アジア歴4（上京会寧府 じょうけいかいねいふ）、アジア歴7（白城 はくじょう）、世界考古（上京会寧府 じょうけいかいねいふ）、世歴事7

（白城 はくじょう）、中国名旧1 p239〔図〕、東ア考古（金上京会寧府城跡 きんじょうけいかいねいふじょうあと）〔図〕

昭慶律寺　しょうけいりつじ
浙江省杭州市。天福元年（936）呉越王銭氏の創建で僧永智が開山、初め菩提院と称した。
¶中国仏教

上京竜泉府故城遺址　しょうけいりょうせんふこじょういし
黒竜江省寧安県東京城。渤海の首府。規格と規模はともに唐都長安にならい、外城・内城・宮城（紫禁城）に分かれる。
¶中国名旧1 p245

上京臨潢府城跡　じょうけいりんこうふじょうあと
内モンゴル自治区赤峰市バイリン左旗の林東の南。遼代の五京の一つである上京臨潢府の城跡。皇城内では、東南一帯に官署・邸宅・寺廟・工房などと推測される多くの建築跡が確認された。
¶アジア歴4（上京臨潢府 じょうけいりんこうふ）〔写/図〕、新潮美（林東〔上京臨潢府城の跡〕 りんとう）、世界考古（上京臨潢府 じょうけいりんこうふ）、東ア考古（遼上京臨潢府城跡 りょうじょうけいりんこうふじょうあと）〔図〕

承啓楼　しょうけいろう
福建省永定県高頭村。福建省の現存最古・最大の円形土楼。清の康熙年間（1662-1722）の建造。
¶中国名旧4 p178

祥謙陵園　しょうけんりょうえん
福建省福州市街から20km、閩侯県の枕峰山。林祥謙（1889-1923）は二七大ストライキの指導者の1人。1963年に当所に陵園を新設して改葬。
¶中国名旧4 p130

焼溝　しょうこう
河南省洛陽市北西郊外約3km、邙山南麓。戦国時代から後漢時代末期にいたる墓地。邙山のなだらかな斜面につくられた数条の深溝の一つが焼溝区。
¶世界考古〔図（壼）〕

小洪海石人　しょうこうかいせきじん
新疆ウイグル自治区昭蘇県の東南5kmの草原。隋〜唐代の突厥民族の墓前の石人。
¶中国名旧5 p290

焼溝漢墓　しょうこうかんぼ
河南省洛陽市北西郊外約3km、焼溝村。総面積は27万平方mに及び、漢墓は1千基以上。大部分は地下式土洞墓で、空心塼や小塼で構築した塼室墓も含まれる。
¶東ア考古（洛陽焼溝漢墓 らくようしょうこうかんぼ）〔図〕

紹興古墓　しょうこうこぼ

浙江省紹興市。漢から隋・唐にかけての墓が無数に分布。多数の銅鏡を発見。後漢末以降の銅鏡にはこの地方の特色がみられる。

¶図解考古〔写〕，世界考古

松江清真寺　しょうこうせいしんじ

上海市松江県松江鎮。真教寺とも。上海最古のイスラム教寺院。

¶中国名旧2 p30

閏江双橋　しょうこうそうきょう

安徽省祁門県の東方の閏江に架かる。平政橋・仁済橋の2つの橋。明代に架設。

¶中国名旧2 p241

承光殿　しょうこうでん

北京市西城区の団城の中央。現在の方殿は康熙29年（1690）に改築したもの。東西にそれぞれ間口柱間7間の配殿、後方に間口柱間15間の敬躋堂。

¶中国名旧1 p37

定光塔　じょうこうとう

福建省福州市の于山の西麓。俗に白塔という。八角7層、高さ41mの磚塔。唐の天祐元年（904）の建立。

¶中国名旧4 p118

松江唐経幢　しょうこうとうきょうどう

上海市松江県松江鎮中山中路の雷鋒小学。唐の大中13年（859）の創建。高さ9.3mの八角21層。

¶中国名旧2 p30

省港罷工委員会旧址　しょうこうひこういいんかいきゅうし

広東省広州市東堤東園横路。1925年の大ストライキの根拠地。門楼と周壁が残存。

¶中国名旧4 p213

城隍廟〔三原県〕　じょうこうびょう

陝西省三原県の東渠街。明の洪武8年（1375）の創建。方形宝形造りの鐘鼓楼、独特の庭園建築、寝宮など。

¶中国名旧5 p188, 中国名勝古蹟 p111（三原県・城隍廟　さんげんけん・じょうこうびょう）〔写〕

城隍廟〔西安市〕　じょうこうびょう

陝西省西安市西大街の北側にある。明の宣徳8年（1433）の創建だが、清の雍正元年（1723）建立の大殿のみ現存。

¶中国名旧5 p165

城隍廟〔蘇州市〕　じょうこうびょう

江蘇省蘇州市景徳路。元代末期に戦火で焼かれ、明の洪武3年（1370）に雍熙寺の跡地に再建。

¶中国名旧2 p73

城隍廟〔鄭州市〕　じょうこうびょう

河南省鄭州市の東大街の北側。明代初年の創建、山門・前殿・楽楼・大殿・寝宮などからなる。

¶中国名旧3 p196

松江明刻照壁　しょうこうみんこくしょうへき

上海市松江県の東部、旧松江府城隍廟の大門の前。明の洪武3年（1370）の建立。巨大な壁面に怪獣を中心として、鹿角・獅尾・牛蹄・竜鱗、その傍らには揺銭樹・霊芝などを彫る。

¶中国名旧2 p31

小昊陵　しょうこうりょう

山東省曲阜市の市街東方4km、旧県村の東北。陵園は8.5haを占め、13室の建物がある。陵墓は表面に石板を積み重ねているので、俗に万石山という。

¶中国名旧3 p158

紹興魯迅故居　しょうこうろじんこきょ

浙江省紹興市東昌坊周家新台門内。魯迅が生まれてから南京に出る（1899）までと1910年から12年にかけて帰郷した際に住んだ。

¶中国名旧2 p171

松谷庵　しょうこくあん

安徽省黄山の北部、畳障峰の下にある。宋の宝祐年間（1253-58）は道士の張尹甫の隠棲所。明の宣徳年間に再建。

¶中国名旧2 p263

相国寺　しょうこくじ

河南省開封市の市街。魏の公子信陵君の邸宅。蔵経閣と大雄宝殿はともに重檐入母屋造りで黄色琉璃瓦葺き。

¶アジア歴5（相国寺　そうこくじ），中国名旧3 p212〔写〕

定国寺　じょうこくじ

河南省彰徳。東魏時代に高歓が爾朱栄追討の戦勝を記念して創建。廃絶したが定国寺碑がある。

¶中国仏教

小黒石溝石槨墓　しょうこくせきこうせっかくぼ

内モンゴル自治区寧城県小黒石溝村。墓地遺跡。石槨木棺墓から副葬品が出土。大量の礼器と武器を含む。

¶東ア考古〔写（銅方鼎）〕

小孤山　しょうこざん

安徽省宿松県の東南60kmの長江のなか。元の天暦年間（1328-30）に「海門第一関」と記した鉄柱を建てた。中腹の啓秀寺は俗に小姑廟といわれ、唐代の創建。啓秀寺の周囲に景勝、古い建物、石刻などの旧跡がある。

¶中国名旧2 p214

中国

アジア

浄居寺　じょうごじ
河南省光山県の西南22kmの浄居山。梵天寺ともいい、明・清代の36枚の碑刻が現存。
¶中国名旧3 p260

城後村　じょうごそん
遼寧省綏中後村。金代居住址。耕耘・収穫の鉄製の道具、鉄器、陶片300余点、多数の宋銭が出土。
¶世界考古

鐘鼓楼〔永昌県〕　しょうころう
甘粛省永昌県の中央の十字路。声教楼ともいい、明の万暦15年（1587）の建立。
¶中国名旧5 p238

鐘鼓楼〔南昌市〕　しょうころう
江西省南昌市の東湖の西岸、広済橋の南。もと岑楼といい、築造年代は不明。南唐朝寄進の巨鐘が吊されていた。清代初期に再建。
¶中国名旧4 p56

縄金塔　じょうこんとう
江西省南昌市猪市街の近く。唐の天祐年間（904-907）の建立。現存するのは同治7年（1868）に改修したもの八角7層、高さ59m。
¶中国名旧4 p56

縄金塔寺　じょうこんとうじ
江西省南昌市の縄金塔の下。別称を塔下寺。唐の天祐年間（904-907）の創建。大千仏を安置。
¶中国名旧4 p56

畳彩山　じょうさいざん
広西チワン族自治区桂林市の市街の北部。山上には宋代の摩崖造像などがある。
¶中国名旧4 p279

焦山　しょうざん
江蘇省鎮江市の東北部、長江のなか。古刹の定慧寺は仏教の聖地として知られる。宝墨軒は六朝時代から清代に至る260枚余りの碑刻を集める。西山の摩崖の石刻は唐・宋代以来200人余りの名士の題名がある。
¶中国名旧2 p110

韶山　しょうざん
湖南省湘潭県の西方40km、湘郷市・湘潭県・寧郷県の境界。山麓に毛沢東の故居、1925年に開設した農民夜校の旧址などがある。
¶中国名旧4 p26

象山王氏墓地　しょうざんおうしぼち
江蘇省南京市北郊。幕府山にある、東晋の尚書左僕射王彬一族の墓地。出土したローマ系のカットグラス盃と、金剛石指輪は南海のルートで伝来したもの。
¶東ア考古〔図〕

焦山抗英炮台遺址　しょうざんこうえいほうだいいし
江蘇省鎮江市の焦山の東麓。アヘン戦争の勃発後、清朝政府設置した砲台。
¶中国名旧2 p111

湘山寺〔炎陵県〕　しょうざんじ
湖南省株洲市炎陵県（旧・酃県）。明の万暦45年（1617）の創建。現存する建物は清代のものと思われる。
¶中国名旧4 p25

湘山寺〔遵義市〕　しょうざんじ
貴州省遵義市の城壁の近く。元の大徳年間（1297-1307）に創建。前・中・後の3殿と廂房・回廊からなる。
¶中国名旧5 p93

湘山寺〔全州県〕　しょうざんじ
広西チワン族自治区全州県の西方1km。唐の咸通2年（861）の創建で、のちに廃滅。石彫、無量寿仏塔、飛来石などがある。
¶中国名旧4 p294

象山東晋墓　しょうざんとうしんぼ
南京市新民門外。東晋の王氏の墓地。副葬品は陶器を中心とする器物や明器。
¶世界考古

焦山碑刻　しょうざんひこく
江蘇省鎮江市の焦山にある。南朝代から清代に至る263枚の碑刻がある。
¶中国名旧2 p111

相山廟　しょうざんびょう
安徽省淮北市の相山の南麓。晋の太康5年（284）の創建。宋・元・明・清各代の修廟碑が多数現存。
¶中国名旧2 p196

鍾山陸游題名石刻　しょうざんりくゆうだいめいせっこく
江蘇省南京市の鍾山の南麓。定林庵遺址付近の絶壁にある。北宋代の政治家王安石（1021-86）が晩年に隠棲。
¶中国名旧2 p41

城子崖　じょうしがい
山東省章丘市（旧歴城県）龍山鎮。新石器時代龍山文化の代表的な遺跡。遺跡の下層から多数出土した黒陶は、彩陶とともに新石器時代を特徴づける土器として注目された。
¶旺文社世、角川世、世界考古〔図（土器）〕、世歴事4〔写〕、世歴大9〔図（土器）、大遺跡9〔写〕、中国名旧3 p119（城子崖遺址　じょうしがいいし）、東ア考古（城子崖遺跡　じょうしがいいせき）〔図〕、評論社世、平凡社世（城子崖遺跡　じょうしがいいせき）、山川世

娘子関　じょうしかん

山西省平定県の東北45km。長城の関所で、太宗の妹の平陽公主が娘子軍を率いて防備を固めたと伝わる。

¶アジア歴9（娘子関 ろうしかん），中国名旧3
　p36〔写〕

城子後山城遺址　じょうしこうさんじょういし

黒竜江省寧安県の鏡泊湖瀑布の東北約3km、牡丹江～鏡泊湖観光道路の北2kmの山頂。東夏国の古城。周長は約3km。

¶中国名旧1 p246

城子山山城　じょうしさんさんじょう

吉林省延吉市の東、城子山。山頂の平坦地に築いた石城。東夏国の南京。

¶中国名旧1 p232

城子山山城遺址　じょうしざんさんじょういし

遼寧省西豊県涼泉鎮の南7.5kmの城子山。城子山西斜面の周囲の尾根に直方体の切石で高さ約5mの城壁を築く。高句麗の扶余城に比定。

¶中国名旧1 p214

浄慈寺　じょうじじ

浙江省杭州市の南屏山の慧日峰の下。禅宗五山の第四。五代の後周の顕徳元年（954）の創建。前・中・後の3殿からなり、中央の大雄宝殿は1960年の再建。

¶中国仏教（浄慈寺 じんずじ），中国名旧2
　p126

少室闕　しょうしつけつ

河南省登封市の嵩山の少室山の山麓、邢家鋪村。漢代の少室山廟の神道闕。

¶中国名旧3 p204

漳州文廟碑刻　しょうしゅうぶんびょうひこく

福建省漳州市の文廟。多数の碑刻を有していたが、現存するのは2つのみ。1つは清の康熙8年（1669）の修建碑。もう1つは1924年の重修漳州学宮碑。

¶中国名旧4 p163

小珠山遺跡　しょうしゅざんいせき

遼寧省大連市、広鹿島呉家村。遼東半島で最古の新石器時代遺跡。自然遺物の出土が豊富。

¶東ア考古

昌珠寺　しょうじゅじ

チベット自治区乃東県の南部。7世紀創建。壁画と塑像が多い。

¶中国名旧5 p153

聖寿寺〔宝頂山〕　しょうじゅじ

四川省大足県の宝頂山にある。宝頂山石刻と関係がある。宋代の創建。

¶中国名旧5 p36

聖寿寺〔霊空山〕　しょうじゅじ

山西省沁源県の西北18km、霊空山の峡谷。5つの院落からなり、たがいに通じあうとともに、それぞれ山門を有して独自の配置をなす仏殿院の左右に先師菩薩院・経蔵院などが並ぶ。

¶中国名旧3 p72

聖寿寺舎利塔　しょうじゅじしゃりとう

山西省芮城県の北方500m。八角13層、高さ48mで、塔身は中空で、第13層まで登ることができる宋代の壁画の一部が残る。

¶中国名旧3 p105

聖寿寺塔　しょうじゅじとう

河南省睢県の西南17.5km、闇荘村の西北隅。宋代の建立。六角9層の密檐磚塔。高さ22m。

¶中国名旧3 p252

紫陽書院　しようしょいん

福建省武夷山市（旧・崇安県）の武夷山の五曲、隠屏峰の麓。朱熹が南宋の淳熙10年（1183）から学を講じたところ。

¶中国名旧4 p172

襄城画象石墓　じょうじょうがぞうせきぼ

河南省許昌市襄城県の東南約9kmの茨溝。墓の中室北壁に永建7年（132）の朱書銘があり、出土品から後漢の順帝の時の年号と断定。

¶世界考古

小商橋　しょうしょうきょう

河南省臨穎・郾城両県の県境、穎河に架かる。赤い色の3孔アーチ石橋。

¶中国名旧3 p264

小昭寺　しょうしょうじ

チベット自治区ラサ市の市街。7世紀中葉に文成公主（？　－689）が創建。西蔵様式で再建。

¶中国名旧5 p149

正相塔　しょうしょうとう

広東省竜川県佗城鎮の南方1km。唐の開元3年（715）の建立。

¶中国名旧4 p250

勝象宝塔　しょうしょうほうとう

湖北省武漢市の首義公園内。元の至正3年（1343）建立。石造ラマ塔。大菩提仏塔は五輪塔ともいう。

¶新潮美（勝像宝塔 しょうぞうほうとう），中国
　名旧3 p278

上定林寺塔　じょうじょうりんじとう

江蘇省江寧県の方山。南宋の乾道19年（1173）に南京の定林寺を廃し、再興して上定林寺と命名。高さ約13mの八角7層の磚塔。

中国　　　　　　　　　　　　　　230

アジア

¶中国名旧2 p57

城牆碯子山城遺址　じょうしょうろうしさんじょういし

黒竜江省寧安県の鏡泊湖の中部西岸、高山の嶺。渤海の山城の遺跡。周長2kmほど。

　¶中国名旧1 p246

尚書第　しょうしょだい

福建省泰寧県の勝利二街福堂巷。明代の天啓年間（1621-27）に兵部尚書をつとめた李春燁の邸宅。

　¶中国名旧4 p141

精進寺塔　しょうじんじとう

陝西省澄城県の東街。方形9層の中空の塔。五代の建立。

　¶中国名旧5 p203

聖水寺〔杭州市〕　しょうすいじ

浙江省杭州、呉山南西雲居山。宋代元祐年間（1086-94）に仏印了元が雲居庵を開創し、後に中峰明本は近接の地に聖水寺を創建。明代洪武24年（1391）両寺を合わせた。廃寺。

　¶中国仏教

聖水寺〔内江市〕　しょうすいじ

四川省内江市の市街西方5km、沱江の河畔。唐の咸通年間（860-874）に創建。明・清代建立の5つの大殿がある。

　¶中国名旧5 p52

聖水寺〔羅源県〕　しょうすいじ

福建省羅源県の南方300m、蓮花山の麓。北宋の紹聖3年（1096）の創建。壁には詩文の題刻がきわめて多い。

　¶中国名旧4 p128

上清宮〔崂山〕　じょうせいきゅう

山東省崂山県崂山の東南部、太清宮の西北。もとは山中にあり、崂山廟といったが、漢代に鄭康成が現在地に移したと伝える。

　¶中国名旧3 p126

上清宮〔貴渓県〕　じょうせいきゅう

江西省貴渓県上清鎮の東端。もと伝籙壇。代々張天師が宗教活動をしてきたところ。太上老君を祀る。永嘉年間（307-313）創建。

　¶中国名旧4 p92

上清宮〔青城山〕　じょうせいきゅう

四川省都江堰市の青城山の尾根、高台山の南斜面にある。晋代の創建。大殿に李老君像を安置。

　¶中国名旧5 p24

小西天　しょうせいてん

山西省隰県の西北1km、鳳凰山にある。明の崇禎7年（1634）の建立。下院は無量殿と左右の廂

房、上院は左右に文殊・普賢両殿、大雄宝殿からなる。

　¶中国名旧3 p88

韶石山　しょうせきざん

広東省韶関市街の北方40km、曲江県の北部。新石器時代の遺跡がある。

　¶中国名旧4 p225

昇仙太子碑　しょうせんたいしひ

河南省洛陽市偃師県府店の緱山の昇仙観の旧址。亀趺座に建ち、碑首に盤竜を彫る。碑文は1行66字で33行。

　¶中国名旧3 p225

小仙壇青瓷（磁）窯遺址　しょうせんだんせいじよういし

浙江省上虞県の西南部、上浦の小仙壇。後漢代の青磁窯の遺跡。

　¶中国名旧2 p175

上禅堂　じょうぜんどう

安徽省青陽県の九華山にある。清の康熙年間（1662-1722）に玉琳国師の弟子の宗衍が拡張。

　¶中国名旧2 p201

昇仙坊　しょうせんぼう

山東省泰安市の泰山の南天門の下、登山道の十八盤の中間。この坊をくぐると得道して仙人になるといわれていた。2柱1間の石造り。

　¶中国名旧3 p178

焦荘戸地道戦遺址　しょうそうこちどうせんいし

北京市順義県焦荘戸。日中戦争時代、焦荘戸の住民が敵を攻撃するために村内に掘った地下道。地下道の幹線を見学客に公開している。

　¶中国名旧1 p87

小荘石窟　しょうそうせっくつ

河南省鶴壁市の市街西北10km、小荘村西部の巫山の洞溝。絶壁に5群に分けて開削され、石窟と仏龕、仏像、護法師、題記がある。

　¶中国名旧3 p232

浄蔵禅師塔　じょうぞうぜんじとう

河南省登封市の西北6km、会善寺の山門の西側の斜面。唐の天宝5年（746）の建立。浄蔵禅師（同年没）の墓塔。八角形、単層重檐の塔。

　世界遺産（河南登封の文化財“天地之中”　2010）

　¶新潮美（会善寺 えぜんじとう）, 中国名旧3 p201〔写〕

小滄浪　しょうそうろう

山東省済南市の大明湖の西北岸。清の乾隆57年（1792）、鉄公祠創建の際に造営。長廊をめぐらし、水路を掘って湖水を園内に引き入れ、湖畔に小滄浪亭が建つ。

¶中国名旧3 p114

上村嶺虢国墓　じょうそんれいかくこくぼ
河南省三門峡市上村嶺地区。西周時代後期の宣王朝から春秋時代初期にかけての虢国の墓地。虢太子の銘のある戈が出土した。
　　¶世界考古〔写(尹小叔鼎)〕、東ア考古

章太炎墓　しょうたいえんぼ
浙江省杭州市南天竺の演福寺の旧址。章太炎(1869-1936)は民主主義革命の革命家・思想家、有名な文学者・歴史学者・言語学者。
　　¶中国名旧2 p126

昭通後海子東晋墓　しょうつうごかいしとうしんぼ
雲南省昭通北東約9km。封土は楕円形で、墓室は正方形。東晋太光10年代(386-394)に没した建寧郡ほか3郡の太守の霍承嗣の墓。
　　¶世界考古

招堤　しょうてい
貴州省安竜県の北門外。清の康熙33年(1694)築造。石で築き、長さ300m余り。
　　¶中国名旧5 p106

上帝廟　じょうていびょう
遼寧省蓋県の西大街の北側。玄貞廟ともいう。明の洪武15年(1382)の創建。現存するのは大殿だけ。
　　¶中国名旧1 p210

小田渓戦国墓　しょうでんけいせんごくぼ
四川省涪陵地区、烏江河岸段丘上の小田渓。戦国墓。戦国時代後半の巴蜀文化の伝統を強くもったこの地の豪族のものと推測。
　　¶世界考古

承天寺〔荊州市〕　しょうてんじ
湖北省荊州市江陵県。開創は東晋永和年間(345-56)。南朝を通して随一の寺といわれ、隋の煬帝も殿閣を増営した。
　　¶中国仏教

承天寺〔泉州市〕　しょうてんじ
福建省泉州市承天巷。月台寺とも。南唐の保大末年(957)から中興初年(958)にかけて寺を創建。福建省南部の有名寺院の一つ。
　　¶中国名旧4 p149

聖天寺　しょうてんじ
山西省沁水県の東方30km、東郡村の北側。晋代の創建。山門・中殿・後大殿と東西の配殿などがある。中殿内の壁画は明代のもので、釈迦・菩薩・脇侍などを描く。
　　¶中国名旧3 p80

上天竺法喜寺　じょうてんじくほうきじ
浙江省杭州市。呉越の天福4年(939)一宇を建立し観音を安置した。初め天竺看経院と称し、禅僧が住した。
　　¶中国仏教

承天寺塔　しょうてんじとう
寧夏回族自治区銀川市の旧城の西南隅。俗に西塔。八角11層の楼閣式磚塔。
　　¶中国名旧5 p256〔写〕

敞天石洞　しょうてんせきどう
広東省肇慶市の七星巌の東湖の北岸。洞内に平地があり、唐代に石洞廟という神祠を設けた。
　　¶中国名旧4 p258

小天地　しょうてんち
江西省九江市の廬山の牯嶺鎮の東北1km。朱元璋(1328-98)が陳友諒と鄱陽湖で大規模な戦闘をしたときに馬に水を飲ませたところと伝える。
　　¶中国名旧4 p76

上天峰　じょうてんほう
江西省南昌市街の北方40km、新建県大塘郷。俗に上天嶺。山頂に大石頭、山中に石室・石床・石巷などがあり、名士が多くの題詠を残している。
　　¶中国名旧4 p64

上都　じょうと
内モンゴル自治区察哈爾盟ドロン・ノール北西。元の首都大都に対する副都。1256年クビライが築く。外城は1辺約1.4kmの矩形。
　　¶アジア歴4〔図〕、旺文社世、角川世、世界考古〔図(土器)〕、山川世

上都遺跡　じょうといせき
内モンゴル自治区シュルンホフ旗。フビライが即位後しばらく都とした上都の廃墟。城は外城と内城からなり、さらにその西と北に禁苑がある。至正18(1358)年、同23(1363)年紅巾軍の攻撃を受け、元の滅亡とともに廃墟化した。

世界遺産〔上都(ザナドゥ)の遺跡　2012〕

　　¶図解考古〔写/図〕、世建事、成世遺下(元の上都)〔写〕、世遺百(上都史跡)、中国名旧1 p183(元上都城遺址 げんじょうとじょういし)、東ア考古(元上都城跡 げんじょうとじょうあと)〔図〕、評論社世(上都開平府 じょうとかいへいふ)

松堂　しょうどう
北京市海淀区の香山にある。清の乾隆14年(1749)の創建。乾隆帝が将兵を招宴するのに使った。
　　¶中国名旧1 p68

聖塔院寺塔　しょうとういんじとう
河北省易県の西南2.5kmの荊軻山中。荊軻塔と

中国　　　　　　　　　　　232

アジア

も。八角13層、高さ24mの磚・石塔。もとは遼代創建の聖塔院寺の塔であった。
　¶新潮美〔易県(2)聖塔院塔　えきけん　せいとういんとう〕，中国名旧1 p137

抄道溝　しょうどうこう
河北省青龍県王厰郷にある村。狭い村の階段式耕地で、楕円形坑から羊首曲柄剣など草原青銅文化に属する北方遊牧民族の遺物を発見。
　¶世界考古

城頭山遺跡　じょうとうざんいせき
湖南省澧県車溪郷南岳村。新石器時代の城郭(囲壁)集落遺跡。城壁下からは大溪文化前期よりも古い水田遺構が確認された。
　¶東ア考古〔図〕

小湯山温泉　しょうとうざんおんせん
北京市昌平区東部の小湯山の南麓。明代に禁苑となり、清の康熙54年(1715)に湯泉行宮を設け、湯元に浴場を設けた。
　¶中国名旧1 p82

上党門　じょうとうもん
山西省長治市の市街西南隅。かつての上党郡署の大門。隋の開皇年間(581-600)の造営。
　¶中国名旧3 p64

承徳製銅遺跡　しょうとくせいどういせき
河北省承徳。漢代の製銅遺跡。採鉱抗・選鉱場が山上に、精錬場は麓の河岸に4ヵ所発見。
　¶世界考古

常徳楚墓　じょうとくそぼ
湖南省常徳市南東の沅江西岸徳山鎮の丘陵地帯。戦国時代墓群。春秋期より秦漢期にいたる間の3時期に分類される。
　¶世界考古

承徳の避暑山荘と外八廟　しょうとくのひしょさんそうとがい(そと)はちびょう★
北京の北東約250km、河北省の承徳市北部の山間地。避暑山荘は、清朝の皇帝たちの離宮。承徳離宮とも熱河行宮とも呼ばれた。避暑山荘の城壁外側にあるチベット仏教の寺院群「外八廟」は、ポタラ宮を模した普陀宗乗之廟や須弥福寿之廟が知られる。合わせて世界遺産に登録された。
　世界遺産(承徳の避暑山荘と外八廟　1994)
　¶世遺事, 成世遺下〔写〕、世遺百〔写〕、ビジ世遺〔写〕、ユネ世遺4〔写〕

昌図后托拉山遺跡　しょうとこうたくらざんいせき
吉林省昌図県長発郷翟家村。戦国時代から前漢時代初めの頃の墳墓遺跡。細身の遼寧式銅剣・T字形剣柄・剣把頭・中国式銅剣などが出土。
　¶東ア考古

浄土寺　じょうどじ
山西省応県の東北隅。金の天会2年(1124)の創建。主殿の大雄宝殿は大定24年(1184)の再建。
　¶新潮美, 中国名旧3 p34

小屯遺跡　しょうとんいせき
河南省安陽市北西洹河南岸の小屯村。殷墟の中心。版築で基壇を固めた建築址、住居址と墓坑を検出。石玉の加工場、骨器・銅器の製造所があった。
　世界遺産(殷墟　2006)
　¶図解考古〔図〕, 東ア考古(安陽小屯遺跡　あんようしょうとんいせき)

小南海原始洞穴　しょうなんかいげんしどうけつ
河南省安陽市の市街西南15km、北楼頂山の東麓。旧石器時代後期の洞穴遺跡。大半の石器は直接打法によるチャートの剥片石器。洞頂が陥没し、堆積が5層に分かれ、第1層以外に遺物と動物の化石のあることを確認。
　¶世界考古(小南海　しょうなんかい)〔図(石器)〕, 中国名旧3 p239

小南海大士寺　しょうなんかいだいしじ
河南省汝南県の南関外の南湖。明代の創建。前・後両殿があり、3本のアーチ橋が結ぶ。
　¶中国名旧3 p258

小南山遺跡　しょうなんざんいせき
黒竜江省饒河県饒河鎮南端部。新石器時代の集落遺跡。炉跡のほか砂を混ぜた粗末な紅陶罐と鉢が出土。
　¶世界考古(小南山　しょうなんざん), 東ア考古

漳南書院　しょうなんしょいん
今の河北省肥郷にあった。中国旧時の著名な書院。清の康熙19年(1680)于成竜がここに義学を建て、のち郝文燦が拡張、この名に改めた。
　¶中国歴史

昭仁寺　しょうにんじ
陝西省長武県の東街の北。唐の貞観年間(627-649)に太宗が創建。大雄宝殿の架構が特殊な構造。
　¶中国名旧5 p190

小白嶺　しょうはくれい
浙江省寧波市街東方27.5km、鄞県にある。唐代に高僧心鏡禅師が塔を建てた話が伝わる。現在の磚塔は後世のもので、鎮蟒蛇塔という。
　¶中国名旧2 p151

上馬石遺跡　じょうばせきいせき
遼寧省大連市長海県大長山島東南部。新石器～青銅器時代の遺跡。磨臼・磨棒・石包丁・圧印文筒形罐・刻線文筒形罐が出土するなど、小珠山下層文化の集落遺跡と見られる。

¶東ア考古

上馬石貝塚　じょうばせきかいづか
遼寧省大連市長海県、黄海に点在する長山群島の大長山島中部の丘陵南斜面。先史時代貝塚。海浜に近い丘陵の末端にあるカキを主とした貝塚。東西約150m、南北約100mの範囲に分布。中層が貝塚の主体で、黒色磨研土器、白色ネフライトの舟形槌斧など出土。
　　¶図解考古（上馬石貝塚　しょうばせきかいづか）〔写（土器）〕、世界考古

上馬村　じょうばそん
山西省晋南地区の侯馬市の南、澮河の南0.5kmにある村。西周後期〜戦国時代中期の墓（14基）がある。13号墓は中型墓で、長方形竪穴木槨墓。
　　¶世界考古

小盤谷　しょうばんこく
江蘇省揚州市大樹巷。清の乾隆・嘉慶年間（1736-1820）造営の小庭園。
　　¶中国名旧2 p104

昭廟　しょうびょう
北京市海淀区の香山公園の見心斎の南。清の乾隆45年（1780）に北京に「祝釐」にやって来るチベットの班禅額爾徳尼をもてなすために建立。
　　¶中国名旧1 p66

小仏湾　しょうぶつわん
四川省大足県の宝頂山の聖寿寺の傍らにある。宝頂山の主要な石刻の一つ。大仏湾の石刻と関係がある。
　　¶中国名旧5 p36

常平関帝廟　じょうへいかんていびょう
山西省運城市の市街南方25kmの常平村。関羽（？　−219）は解州常平里の出身。地元民が旧居に祠を建てて祀った。創建は隋代で、金代にはじめて廟となる。
　　¶中国名旧3 p91

昇平社学旧址　しょうへいしゃがくきゅうし
広東省広州市郊外の石井郷。1842年の闘争の総指揮部。旧址は祠堂式の建物。
　　¶中国名旧4 p213

施洋墓　しようぼ
湖北省武漢市の洪山の南麓。竹山県出身の弁護士の墓。
　　¶中国名旧3 p275

招宝山　しょうほうざん
浙江省寧波市鎮海区城関鎮の東北1.5km。山上にかつて宝陀寺と、明の嘉靖39年（1560）に倭寇を防ぐために築いた威遠城があった。堂宇と城壁の遺構がある。
　　¶中国名旧2 p148

上方山〔蘇州市〕　じょうほうざん
江蘇省蘇州市の西南部、石湖畔。楞伽山とも。東麓に范文穆公（范成大）祠・普陀岩・潮音寺（石仏寺）などの名勝旧跡がある。
　　¶中国名旧2 p73

上方山〔北京市〕　じょうほうざん
北京市房山県の南部。隋・唐代に仏教の聖地となり、広大な房山仏教区の一部をなす。兜率寺を中心とする「七十二庵」などの旧跡が点在。
　　¶中国名旧1 p89

上封寺　しょうほうじ
湖南省衡陽市の衡山の祝融峰の下。もと光天観。隋の大業年間（605-617）に仏寺に変わった。現存するのは後殿のみ。
　　¶中国名旧4 p49

城父故城址　じょうほこじょうし
安徽省亳県の東南35kmの城父集。春秋時代の古城の遺跡。1辺が約3kmの方形で、城壁の遺構が確認できる。
　　¶中国名旧2 p250

資陽摩崖仏　しようまがいぶつ
四川省中部の資陽県周辺。仏龕群。無年記の造像銘のほか、唐の開成4年（839）をはじめ晩唐期造像の仏龕10がある。
　　¶新潮美

浄明寺塔　じょうみょうじとう
陝西省漢中市の東関。宋代の塼塔。
　　¶新潮美, 中国名旧5 p211

照面井　しょうめんせい
湖北省秭帰県の屈原故里の香炉坪の東面、伏虎山の西斜面。屈原ゆかりの井戸。「照面井」の3字を彫った清の咸豊10年（1860）の石碑がある。
　　¶中国名旧3 p310

聖祐廟　しょうゆうびょう
新疆ウイグル自治区昭蘇県の西北約2km。前殿・大殿・後殿と東西の配殿・楼からなる。
　　¶中国名旧5 p290

焦裕禄烈士墓　しょうゆうろくれっしぼ
河南省蘭考県の北部の川の堤防。コンクリート造りの土台に漢白玉石で築き、透彫りを施した欄干をめぐらす。
　　¶中国名旧3 p214

聖容寺　しょうようじ
甘粛省民勤県の西南隅。明の成化13年（1477）の創建。大殿・中殿・蔵経閣は明代のもの。
　　¶中国名旧5 p237〔写〕

中国

アジア

邵雍祠　しょうようし
河南省輝県の蘇門山の山麓の百泉村。門楼・撃壌亭・拝殿・大殿・廂房などからなる四合院。
¶中国名旧3 p237

聖容寺塔　しょうようじとう
甘粛省永昌県の北方約5kmの北海子。方形7層の中空磚塔。様式は唐代。
¶中国名旧5 p238

襄陽城　じょうようじょう
湖北省襄樊市の市街、漢水の南岸。兵家必争の地。全城の輪郭が残り北壁は保存状態が最もよい。
¶中国名旧3 p289

襄陽城の夫人城　じょうようじょうのふじんじょう
湖北省襄樊市の襄陽城の西北角。東晋朝の梁州刺史朱序(？-393)の母親が築いた城壁部分を夫人城と呼んだ。明代初期に子城として拡張。
¶中国名旧3 p290（夫人城　ふじんじょう）

逍遥津　しょうようしん
安徽省合肥市の市街の東北隅。かつては肥水の渡し場であった。小島と湖心亭があり、小島に張遼の衣冠塚がある。
¶中国名旧2 p193

饒陽店古塔　じょうようてんことう
河北省故城県の饒陽店村の東隅。唐代の創建と伝え。八角7層で、磚・木造。
¶中国名旧1 p170

蔣翊武就義処紀念碑　しょうよくぶしゅうぎしょきねんひ
広西チワン族自治区桂林市翊武路。蔣翊武(1885-1913)は民主主義革命家。孫中山が殺害された場所に紀念碑を建立。
¶中国名旧4 p280

常楽寺　じょうらくじ
河南省武安県。寺の背後の鼓山には北響堂石窟がある。創建は北斉世宗高澄が父高歓の没後、避暑宮であった地に埋葬して仏寺とした。
¶中国仏教

小蘭東漢墓　しょうらんとうかんぼ
江西省南昌県小蘭村の傍ら。三国時代の古墓。一号墓は羨道・前室・中庭・耳室・後室からなる。
¶中国名旧4 p65

鍾離古城址　しょうりこじょうし
安徽省鳳陽県の臨淮鎮東方1.5km。春秋時代の鍾離子国の城址。
¶中国名旧2 p227

少陵　しょうりょう
陝西省西安市長安区司馬村の東。前漢の宣帝(在位前74－前49)の許后の墓。
¶中国名旧5 p173

昭陵〔清〕　しょうりょう
遼寧省瀋陽市の市街地の北部。北陵とも。清の太宗皇太極と孝端文皇后博爾済吉特氏の陵墓。順治8年(1651)に完成。
[世界遺産] (明・清朝の皇帝陵墓群　2000,03,04)
¶新潮美、中国名旧1 p188、中国名勝古蹟 p26〔写〕、文化史観17（清の北陵）〔写〕

昭陵〔唐〕　しょうりょう
陝西省咸陽市礼泉県の東北、九嵕山。唐太宗および文徳皇后の陵墓。唐の太宗の陵墓。妃の文徳皇后のためにつくった陵へ自らも葬られた。陵の東西に並べられていた「昭陵六駿」(6頭の名馬の浮彫)は名高い。
[世界遺産] (明・清朝の皇帝陵墓群　2000,03,04)
¶アジア歴4〔写/図〕、宗教建築(太宗昭陵と高宗郎則天乾陵)〔図〕、新潮美、図解考古〔写〕、世界考古〔写(浮彫)〕、世歴大10、大遺跡9(昭陵と陪塚　しょうりょうとばいちょう)〔写〕、中国名旧5 p181〔写〕

上林湖青瓷窯址　じょうりんこせいじようし
浙江省慈渓県竜南区上林湖にある。青磁窯の旧址。出土品の大半は日用品。唐代から焼き始め、最盛期は五代～北宋代。
¶中国名旧2 p150

少林寺〔登封市〕　しょうりんじ
河南省登封市の西北、少室山の北、五乳峰の麓。北魏太和20年(496)孝文帝が天竺僧仏陀禅師のために創建。禅宗達磨の面壁9年、慧可断臂の伝承がある。
[世界遺産] (河南登封の文化財 "天地之中" 2010)
¶アジア歴4、角川世、新潮美、大遺跡9〔写〕、中国仏教、中国名旧3 p202〔写〕、中国名勝古蹟 p139〔写/図〕、中国歴史、評論社世

少林寺〔薊県〕　しょうりんじ
天津市薊県の盤山のダムの北にあった。多宝塔1基を残すのみ。塔は清の順治9年(1652)に落成。高さ約30mの13層の磚塔。
¶中国名旧1 p102

上林寺　しょうりんじ
広東省湛江市の東南郊の南柳村。清の雍正年間(1723-35)の創建。後、湛江人民抗法(仏)闘争旧址と改称。
¶中国名旧4 p243

定林寺〔高平県〕　じょうりんじ
山西省高平市の大粮山。山門・雷音殿・三仏殿・

七仏殿の院落が並ぶ。雷音殿の前のテラスに八角形の経幢が2つそびえる。

¶新潮美(高平(3)定林寺 こうへい じょうりんじ)，中国名旧3 p78

定林寺〔浮来山〕 じょうりんじ
山東省莒県の西方の浮来山。前・中・後の3つの院落に分かれ大仏殿・校経楼・三教堂などがある。

¶中国名旧3 p171

小嶺製鉄遺跡 しょうれいせいてついせき
黒竜江省阿城県小嶺付近。金代の製鉄遺跡。鉄滓・木炭・鉄鉱石が散布する遺跡は、小嶺地区の五道嶺を中心に各地点に存在。

¶世界考古, 中国名旧1 p239(小嶺地区冶鉄遺址 しょうれいちくやてついし)

青蓮寺 しょうれんじ
山西省晋城市の市街東南17.5km、秀麗な硤石山。摩崖に東魏の武定元年(543)の題記がある。天王殿・蔵経楼・釈迦殿などがある。

¶新潮美(晋城一(3)青蓮寺 しんじょう)，中国名旧3 p74〔写(石塔)〕

小連城 しょうれんじょう
広西チワン族自治区竜州県の西方5km。中仏戦争(1883-85)ののち、清朝の将領の蘇元春が砲台を築き兵営を設けた。

¶中国名旧4 p297

小蓮荘 しょうれんそう
浙江省湖州市南潯鎮南柵。清の光緒年間に地元の豪商劉鏞が造営した庭園。

¶中国名旧2 p167

鐘楼〔吉安市〕 しょうろう
江西省吉安市の市街の東南、革命烈士公園。もと吉青原台。北宋の政和年間(1111-18)に太守の程祈が建造。明の宣徳年間(1426-35)に巨鐘を吊して鐘楼と改称。

¶中国名旧4 p98

鐘楼〔広州市〕 しょうろう
広東省広州市文明路。1905年に造営。広場は第一次国内革命戦争(1924-27)のときに革命団体が集会と活動に利用。

¶中国名旧4 p213

鐘楼〔西安市〕 しょうろう
陝西省西安市の西大街の広済街口。明の洪武17年(1384)に建立。万暦13年(1585)に市街区の移動に伴い移築。基壇は35.5m四方の方形。塼造の基台の上に三重屋根、重層の木楼が建つ。

¶中国名旧5 p166〔写〕，文化史蹟17(西安鐘楼)〔写〕

鐘楼〔北京市〕 しょうろう
北京市東城区地安門外大街、鼓楼の北。元代の

万寧寺の中心をなした建物の跡地。明の永楽18年(1420)の創建、清の乾隆10年(1745)に再建。楼内にかつては永楽年間鋳造の大鉄鐘があった。

¶中国名旧1 p27，文化史蹟17(北京の鼓楼と鐘楼)〔写〕

舒王台 じょおうだい
安徽省潜山県。舒台とも。高さ30m余り、面積数ha。宋代の王安石が勉学にいそしんだところ。

¶中国名旧2 p216

徐家匯天主堂 じょかかいてんしゅどう
上海市漕溪北路。清の光緒32年(1906)創建のバシリカ式聖堂。

¶中国名旧2 p19

徐霞客墓 じょかかくぼ
江蘇省江陰県馬鎮人民公社にある。徐霞客(1586-1641)は旅行家兼地理学者。近くに旧居があり、元代末期から明代にかけての詩文の石刻などが現存。

¶中国名旧2 p114

諸葛嶺 しょかつれい
湖南省東安県の紫溪の東南隅の尾根。諸葛亮が駐屯したと伝え、「漢営古跡」の4字を彫った岩がある。

¶中国名旧4 p40

峙峪 じょく
山西省朔県峙峪村の黒駝山東山麓。後期旧石器時代の遺跡。人類後頭骨、哺乳動物化石、石器類、装飾品、焼骨などを発見。

¶世界考古

稷益廟 しょくえきびょう
山西省新絳県の西南20kmの陽王村。后稷と伯益を祀る。山門、献亭、舞台、廂房が規則正しく並ぶ。正殿と舞台は明代のもの。

¶中国名旧3 p95

稷王廟 しょくおうびょう
山西省万栄県の西北8km、稷王山の麓の太趙村。大殿は間口柱間6間、奥行母屋桁間6スパンの単檐寄棟造り。架構は元代の様式を保つ。

¶中国名旧3 p99

蜀の桟道 しょくのさんどう
四川省広元市の朝天鎮の南方、嘉陵江の明月峡と清風峡の東岸の絶壁。古代の蜀道の遺構。雲閣とも。

¶中国名旧5 p50(桟道 さんどう)

徐光啓墓 じょこうけいぼ
上海市徐家匯南丹路の南丹公園。徐光啓(1562-1633)は明代の科学者。墓地は1957年に改修。

¶中国名旧2 p19

中国　　　　　　　　　　　　　　236

アジア

徐錫麟墓　じょしゃくりんぼ
浙江省杭州市南天竺の演福寺の旧址。徐錫麟（1873-1907）は民主主義革命の烈士。辛亥革命後、杭州市の孤山に葬られ、1981年に当地に改葬。
　　¶中国名勝2 p127

徐州画象石墓　じょしゅうがぞうせきぼ
江蘇省徐州地区に分布。後漢時代の画象石墓。画象石の主な主題は、楼閣房屋、楽舞、農耕、紡織、青龍・白虎・朱雀、奇禽異獣などで、故事は少ない。
　　¶世界考古〔図〕

徐州前漢楚王墓群　じょしゅうぜんかんそおうぼぐん
江蘇省徐州市。前漢前期の楚の立国から前漢後期の滅亡に至るまでの8代の楚王墓およびその陪葬墓。
　　¶東ア考古

初祖庵　しょそあん
河南省登封市の嵩山の少林寺の西北、五乳峰の下。大殿は河南省の現存する木造建築の傑作の一つ。
　　¶中国名旧3 p203〔写〕

徐達墓　じょたつぼ
江蘇省南京市太平門外板倉村。徐達（1332-85）は字を天徳といい、濠州の出身。碑文は明の太祖朱元璋（1328-98）の親撰。
　　¶中国名勝2 p41

稷下の学宮　しょっかのがっきゅう
斉国の首都〔臨淄〕の稷門の近く。戦国時代の学宮で、「稷下の学宮」と呼ばれた。学宮は桓公のときに創立され、宣王の時代に最盛期に達した。
　　¶中国歴史

席力図召　しりとしょう
内モンゴル自治区フフホト市の旧城（帰化城）の石頭巷。万暦年間に席力図1世の呼図克図（活仏）希体図噶が順義王の尊崇を得て以来、隆盛。清代初期から殿宇の増築が相次ぎ、現在の規模になった。
　　¶中国名旧1 p174〔写〕, 中国名勝古蹟 p34
　　（席力図召　シリトジャオ）〔写〕

席力図召　大経堂　しりとしょう　だいきょうどう
内モンゴル自治区フフホト市席力図召の中心的建物。前廊、経堂、仏殿の3部分から成り、チベット式構造を採用。ラマ僧が読経する場所。
　　¶中国名勝古蹟 p34（大経堂　だいきょうどう）〔写〕

シルクロード：長安・天山回廊の道路網
Silk Roads: the Routes Network of Chang'an-Tianshan Corridor
ヨーロッパと中国を結ぶシルクロードのうち、中国、カザフスタン、キルギスの3ヵ国にまたがる約5千kmの部分。世界遺産として登録。前2世紀から後1世紀頃に各都市を結ぶ通商路として形成され、16世紀まで幹線道として活用された。宮殿跡や交易拠点、石窟寺院など33の構成資産からなる。

| 世界遺産 | （シルクロード：長安―天山回廊の交易路網 2014） |

　　¶世遺事, 世界考古（シルク・ロード）

詩礼堂　しれいどう
山東省曲阜市の孔廟にある。後人が詩と礼の学習所として建てた。緑と朱の瓦で葺き、斗栱に彩色を施す。
　　¶中国名旧3 p151

四烈士墓　しれっしぼ
広東省広州市広州起義烈士陵園。四烈士とは辛亥革命以前に孫中山の指導する革命運動に加わった温生才・林冠慈・陳敬岳・鐘明光。
　　¶中国名旧4 p208

寺窪山遺跡　じわさんいせき
甘粛省臨洮県。寺窪文化の標準遺跡。馬家窯文化の包含層、馬家窯文化の集落跡と寺窪文化の墓葬7基が確認されている。
　　¶図解考古〔写〕, 世界考古（寺窪山　じわさん）, 東ア考古

新安碑園　しんあんひえん
安徽省歙県の練江南岸。園林式の碑林で、宋～清代の名士の書の碑刻200枚余りを収蔵・展示。
　　¶中国名勝2 p242

清怡賢親王墓　しんいけんしんのうぼ
河北省涞水県東営房村の西1km。十三王爺墳とも。怡賢親王は清の康熙帝の第13子。雍正8年（1730）に病死。当地に陵墓が造られた。
　　¶中国名旧1 p132

縉雲山　しんうんさん
四川省重慶市西北約60km。南朝の宋の景平元年（423）の創建の縉雲寺がある。
　　¶中国名旧5 p31

真慧寺　しんえじ
湖北省黄梅県の東方12kmの東山（馮茂山）。大中東山寺、五祖寺ともいい甲刹の一。唐代に禅宗の五祖弘忍（601-674）が開創。
　　¶中国仏教, 中国名旧3 p327（五祖寺　ごそじ）

沈園　しんえん
浙江省紹興市木蓮橋洋河弄。古くは沈家の別荘。

南宋代に名園として知られるようになった。
¶中国名旧2 p171

秦王寨　しんおうさい
河南省鄭州市広武県の黄土台地の端部。仰韶文化の遺跡。仰韶式の彩陶を含む多数の遺物を収集。
¶世界考古

燊海古塩井　しんかいこえんせい
四川省自貢市の大安塩廠の長堰塘。衝撃式頓鑽鑿井法で開鑿した1kmをこえる中国初の井戸。
¶中国名旧5 p39

辛亥灤州革命先烈紀念塔　しんがいらんしゅうかくめいせんれつきねんとう
北京市海淀区温泉の南斜面にある。1911年（辛亥革命）に武装蜂起した清軍第二十鎮の犠牲者のために1936年に建立。八角7層の石塔。
¶中国名旧1 p69

新開流文化遺址　しんかいりゅうぶんかいし
黒竜江省密山県の大・小興凱湖の間、新開流の湖崗。5千〜6千年前の遺跡。新石器時代の墓を33、漁窖を10発見。
¶中国名旧1 p243

真覚寺　しんかくじ
北京市海淀区の長河の北岸。明の永楽年間の創建。明の成化9年（1473）建立の金剛宝座塔があるので、俗に五塔寺という。
¶中国名旧1 p69〔写〕

神楽署　しんがくしょ
北京市崇文区の天壇の西天門外南側。祭祀・奏楽の担当者を養成したところ。明の永楽18年（1420）に建てられた。
¶中国名旧1 p53

辛稼軒紀念祠　しんかけんきねんし
山東省済南市の大明湖の南岸。1961年の創建、祠は民家風の造りで、2つの院落からなり、南向き。
¶中国名旧3 p115

秦家溝村　しんかこうそん
陝西省宝鶏市陽平鎮南東約2.5kmの秦家溝村。春秋末〜戦国初期の墓。墓はいずれも長方形竪穴式で二層台をもつ。
¶世界考古

新干商代大墓　しんかんしょうだいたいぼ
江西省新干県。呉城文化（殷系の地方文化）の遺構。出土した青銅器は基本的に殷文化中央の形態を踏まえつつも、器形や文様には濃厚な地方的特色が認められる。
¶東ア考古

秦魏家　しんぎか
甘粛省永靖県。斉家文化の墓地。黄河上流の斉家文化のものとしては、最も規模が大きい墓地。
¶世界考古

辛棄疾墓　しんきしつぼ
江西省鉛山県の北。辛棄疾（1140-1207）は南宋の詞人、政治家。墓碑と墓梛が残る。
¶中国名旧4 p95

人境廬　じんきょうろ
広東省梅州市の市街東方3km。清代末期の詩人黄遵憲（1848-1905）の別荘。
¶中国名旧4 p252

新金后元台遺跡　しんきんこうげんだいいせき
遼寧省新金県。戦国時代から前漢時代の頃の墳墓遺跡。戦国時代の銅戈・銅矛・銅剣や、前漢時代の五銖銭・貨泉などが発見された。
¶東ア考古

慎公祠　しんこうし
江西省井岡山市の茅坪郷。旧式の祠堂で、もとは謝氏慎公祠。1928年5月22日、中国共産党湖南・江西省堺地区第1回代表大会が開かれた。
¶中国名旧4 p106

清公主府　しんこうしゅふ
内モンゴル自治区フフホト市の北郊。5つの院からなる。清の順治帝の第4女靜宜公主、多爾袞の娘の孫娘和碩格格、康熙帝の第6女恪靖公主の邸宅と順次なった。
¶中国名旧1 p175

神垕鎮　しんこうちん
河南省禹県の西南30km。鈞都ともいい、清代に華麗な戯楼を建てた。
¶中国名旧3 p247

晋侯墓地　しんこうぼち
山西省曲沃県北趙村。晋国の王族墓地。天馬〜曲村晋文化遺跡の中心部に位置する。
¶東ア考古

神山　しんざん
安徽省蕪湖市の市街。『蕪湖県志』に楚の干将が剣を鍛えたところと伝える。
¶中国名旧2 p197

神山寺　しんざんじ
安徽省全椒県の西方15kmの神山にある。唐の大暦年間（766-779）の創建。傍らに神仙洞がある。
¶中国名旧2 p226

真山墓地　しんざんぼち
江蘇省蘇州市。春秋から漢時代にかけての墓群。最も規模が大きく、最古であるD9墓は竪穴壙墓

で副葬品12573点が出土した。

¶東ア考古

晋祠　しんし

山西省太原市の西南25km、懸甕山麓。晋水の源流にある祠。唐叔虞・晋王(前11世紀初頭)の祠堂。北魏以前よりあった。主殿である聖母殿は北宋・天聖年間の建造。

¶宗教建築(太原晋祠)〔写/図〕，新潮美，中国名旧3 p16〔図〕，中国名勝古蹟 p121〔写〕，中国歴史

新四軍軍部旧址〔涇県雲嶺〕　しんしぐんぐんぶきゅうし

安徽省涇県の西方25kmの雲嶺にある。1938年7月から41年1月まで、新四軍本部が置かれた。

¶中国名旧2 p234

新四軍軍部旧址〔南昌市〕　しんしぐんぐんぶきゅうし

江西省南昌市の都司前街の友竹花園78号。中国共産党は長征の際、游撃隊を新四軍に改編し、1938年1月に軍部を当所に置いた。

¶中国名旧4 p57

新四軍平江通訊処旧址　しんしぐんへいこうつうしんしょきゅうし

湖南省平江県の東南40km余りの嘉義鎮。1938年1月に当地で新四軍平江通訊処が発足。1977年に復元、原状どおりに展示する。

¶中国名旧4 p35

沈子国古城址　しんしこくこじょうし

安徽省臨泉県の西側。沈は春秋時代の小国。城址は高地に位置し、城壁がそびえ、南北約1.5km、東西約1km。南岸の老丘堆は墓地と伝える。

¶中国名旧2 p254

晋祠聖母殿　しんしせいぼでん

山西省太原市の晋祠にある。北宋の天聖年間(1023-1031)の建立。正面7間・側面6間、二重入母屋造の屋根をもつ。吹き放し廊は、中国の現存最古の木造建築の一つ。

¶中国名旧3 p17(聖母殿 せいぼでん)，文化史蹟17〔写〕

進士題名碑　しんしだいめいひ

北京市東城区安定門内の成賢街の孔廟内。各回の進士の名を記した石碑。元代3枚・明代77枚・清代118枚、あわせて198枚。呉苑が崇聖祠から発掘したもの。

¶中国名旧1 p19

泌秋亭　しんしゅうてい

北京市西城区前海西街の恭王府の萃錦園の東南部。流杯亭ともいい、六角宝形造り。萃錦園の主要な景勝の一つ。

¶中国名旧1 p35

仁寿殿　じんじゅでん

北京市海淀区の頤和園の東宮門内。西太后と光緒帝が政務を処理するのに使った。光緒年間に再建した際、現在名に改称。

¶中国名旧1 p56

仁寿摩崖仏　じんじゅまがいぶつ

四川省楽山専区仁寿県の東北3km、石矩山中腹の望崖台。20数龕の仏龕群。

¶新潮美

秦城遺址　しんじょういし

広西チワン族自治区興安県の西南20km。秦軍が五嶺に駐屯したときに築いたと伝える。

¶中国名旧4 p292

新城大捷旧址　しんじょうたいしょうきゅうし

江西省寧岡県の北方15kmの新城郷。新城は清代の永寧県の県城。城壁は三国時代の築造。

¶中国名旧4 p105

針織廠画象石墓　しんしょくしょうがぞうせきぼ

河南省唐河県。メリヤス工場で1971年に発見された石造墓で、後漢初期に比定。墓主の生前の様子を写した図がある。

¶世界考古

秦嶼土堡　しんしょどほ

福建省福鼎県秦嶼鎮の太姥山の麓。明の嘉靖17年(1538)の築造。東南沿海部における抗倭の重要根拠地。

¶中国名旧4 p175

振成楼　しんせいろう★

福建省永定県豊盛郷。客家の巨大集合住宅である環形土楼で、振成楼の名で呼ばれているもの。直径52m、壁厚は1m。

世界遺産(福建の土楼　2008)

¶文化史蹟17(客家の住宅 振成楼)〔写〕

真仙巌　しんせんがん

広西チワン族自治区融水苗族自治県の南方5km。北宋の大観年間(1107-10)の張荘の「清遠軍」碑、南宋の紹興年間(1131-62)の張孝祥の碑などがある。

¶中国名旧4 p274

神仙洞　しんせんどう

安徽省黄山の東北部、軒轅峰にある。石窟。かつて観音大士の像を安置していたので大士洞ともいう。

¶中国名旧2 p262

秦長城　しんちょうじょう★

内モンゴル自治区固陽県。昭襄王(前325-前

中国

299) の時代、匈奴の南下を防ぐため長城を築き始める。内蒙古固陽県の長城は始皇帝の時代の築造。

¶ 大遺跡9（長城—秦長城）〔写〕

秦長城遺址　しんちょうじょういし
甘粛省臨洮県の東方23kmの堯甸長城坂。黄土の版築で南北方向に築き、残高は1m前後。

¶ 中国名旧5 p254

神通寺　じんつうじ
山東省済南東南の柳埠、泰山。符秦の竺僧朗が隠士張忠と交わり、張忠の去ったのち庵を結び朗公谷山寺と呼ばれた。寺の西南方には千仏崖があり在銘は貞観18年ほか。

¶ 新潮美, 中国仏教

神通寺四門塔　じんつうじしもんとう★
山東省歴城県柳埠村の青竜山の麓、神通寺の遺構の東側。544年。塔の遺構としては嵩岳寺に次いで古く、石塔としては現存最古のもの。単層、方形の仏塔。

¶ 中国名旧3 p116（四門塔　しもんとう）〔写〕, 文化史蹟17〔写〕

新鄭古墓　しんていこほ
河南省新鄭県の城内南街。古墓。1923年に多数の銅器が出土。人骨も出土したといわれ、方形の墓室があったと考えられる。春秋期のものとする立鶴蟠螭文大壺の繁縟な様式が注目される。

¶ 図解考古〔写〕, 世界考古

寝殿　しんでん
山東省曲阜市の孔廟にある。孔廟三大殿の一つ。もと孔子の夫人の丌官氏を祀ったことろ。

世界遺産（曲阜の孔廟、孔林、孔府　1994）

¶ 中国名旧3 p150

辛店遺跡　しんてんいせき
甘粛省臨洮県辛店村。辛店文化の標準遺跡。25体分の人骨とそれに伴う副葬土器が発掘されている。

¶ 図解考古〔写〕, 世界考古（辛店　しんてん）, 東ア考古

秦二世泰山石刻　しんにせいたいざんせっこく
山東省泰安市、泰山南麓の岱廟にある。秦二世の元年（前209）の詔書を丞相の李斯に篆字で書かせて彫ったもの。二世石刻は中国で発見された最古の文字石刻の一つ。

¶ 中国名旧3 p184

真如寺　しんにょじ
上海市嘉定県真如鎮。元の延祐7年（1320）の創建。現存の正殿は間口・奥行とも柱間3間。

¶ 新潮美, 中国名旧2 p27〔写〕

晋寧摩崖造像　しんねいまがいぞうぞう
雲南省晋寧県の西南5kmにある。俗に石将軍、巨大な岩壁に多聞天王像を彫る。南詔国末期から大理国にかけて（唐代末期〜宋代）のもの。

¶ 中国名旧5 p124

神農祠　しんのうし
陝西省渭河南岸の峪家村。正殿・鐘亭・魁星亭と東西の廡殿がある。

¶ 中国名旧5 p190

清の西陵　しんのせいりょう
河北省易県の西15km、永寧山の山麓。清朝の皇室の陵墓群の一つ。帝陵が泰陵（雍正帝）・昌陵（嘉慶帝）・慕陵（道光帝）・崇陵（光緒帝）の4つ、后陵が泰東陵・昌西陵・慕東陵の3つ。他合わせて14の陵墓に76人を葬る。

世界遺産（明・清朝の皇帝陵墓群　2000,03,04）

¶ 中国名旧1 p137（清西陵　しんせいりょう）, 中国名勝古蹟 p168〔写〕

清の東陵　しんのとうりょう
河北省遵化県の馬蘭峪。清朝の皇室の陵墓群。孝陵（順治帝）・景陵（康熙帝）・裕陵（乾隆帝）・定陵（咸豊帝）・慧陵（同治帝）の5つの帝陵、后陵が4つ、妃園寝が5つ、公主陵が1つある。

世界遺産（明・清朝の皇帝陵墓群　2000,03,04）

¶ 中国名旧1 p159（清東陵　しんとうりょう）, 中国名勝古蹟 p167〔写〕

振風塔　しんぷうとう
安徽省安慶市の迎江寺にある。明の隆慶4年（1570）の建立。磚と石からなる八角7層の楼閣塔。

¶ 中国名旧2 p208

沈府君闕　しんふくんけつ
四川省渠県月光郷燕家村。双闕。西闕は正面に「漢新豊令交趾都尉沈府君神道」と彫る。年代は後漢の延光年間（122-125）。

¶ アジア歴6〔写〕, 中国名旧5 p78

沈府君墓　しんふくんぼ
四川省渠県光郷燕家村。後漢の沈氏の墓。闕の形式、彫刻の手法などから安帝末期の延光年間（122-125）頃の建造と推定。

¶ 世界考古

清北京城跡　しんぺきんじょうあと
北京市。清の都城跡。城壁あるいは建造物は、基本的に明代の築造。総面積は25.4平方km。

¶ 東ア考古〔図〕

神宝寺　じんほうじ
山東省長清県。廃寺。北魏孝明帝の正光初年（520）明沙門、一説に法定禅師が留錫して一字を建て静黙寺と称した。

¶ 中国仏教

神武門　じんむもん
北京市街中心部の故宮の北門。明の永楽18年
(1420)の建造、清の康熙年間に改築。高さ10m
余りの城壁上に建つ。
　　¶ 中国名旧1 p25〔写〕

新明楼　しんめいろう
陝西省楡林県の南大街。建立は明代。重檐3層の
入母屋造り。
　　¶ 中国名旧5 p207

人面石刻　じんめんせっこく
吉林省集安市の北方山腹。高句麗の方形積石墓
の前にある。墓の左側に立つ石に高句麗の人物
像の石刻がされている。墓は4世紀頃の様式。
　　¶ 中国名旧1 p227

信陽漢墓　しんようかんぼ
河南省信陽県西北の遊河鎮から西北約2.5kmの王
墳窪塼墓と県北約300mの擂鼓台塼墓とをさす。
王墳窪の墳墓は地下約3mで、塼築の一部に達す。
擂鼓台の墳墓は地下約1mで、塼築に達し、南北に
2つの墓室が発見された。遺物はすべて後漢代。
　　¶ 図解考古〔写〕

瀋陽故宮　しんようこきゅう
遼寧省瀋陽市の旧城の中心部。清朝の最初の皇
宮。後金の天命10年(1625)に着工、崇徳元年
(1636)に完成。乾隆・嘉慶年間に増築。敷地は
6万平方m。
　　世界遺産 (北京と瀋陽の明・清朝の皇宮群　1987,
　　2004)
　　¶ 新潮美, 中国名旧1 p189〔図〕, 中国名勝古
　　蹟 p30〔写〕, 文化史蹟17〔写〕

新楽遺跡　しんらくいせき
遼寧省瀋陽市北陵地区新開河両岸。新石器時代
の遺跡。2つの文化層が確認され、下層をもって
新石器時代の新楽文化の標準遺跡となった。上
層は青銅器時代に属する。
　　¶ 中国名旧1 p193(新楽新石器時代遺址 しんら
　　くしんせっきじだいいし), 東ア考古

尋淮洲烈士墓碑　じんわいしゅうれっしぼひ
安徽省茂林村、奎山の飛熊塔下の革命烈士墓の
前。尋淮洲(1908-34)は中国工農紅軍第七軍団
の軍団長。1934年、国民党軍との戦闘で負傷し、
茂林村付近で亡くなった。1938年碑を建てた。
　　¶ 中国名旧2 p236

瑞雲塔　ずいうんとう
福建省福清県の東南部の小孤山。瑞雲寺とその
石塔は万暦34年(1606)に着工、10年の歳月をか
けて完成。石塔のみ現存。八角7層、高さ30m余。
　　¶ 中国名旧4 p129

瑞雲峰　ずいうんほう
江蘇省蘇州市の第十中学の構内。北宋代の花石
綱の名残りで、江南の庭園における湖石の名峰
の一つ。
　　¶ 中国名旧2 p73

綏遠城将軍衙署旧址　すいえんじょうしょうぐんがしょきゅうし
内モンゴル自治区フフホト市の新城。清の雍正
年間に西北の防備を固めるために、満州八旗の
駐屯地として新城を築いた。乾隆4年(1739)に
完成。
　　¶ 中国名旧1 p175

酔翁亭　すいおうてい
安徽省滁州市の琅邪山にある。欧陽脩が北宋の
慶暦6年(1046)に醸泉の傍らに建てさせた。
　　¶ 中国名旧2 p224〔写〕

水絵図遺址　すいかいずいし
江蘇省如皋県如城鎮の東北部、如皋公園にある。
明代は冒一貫の別荘で、明滅亡後、文学者の冒
辟疆(1611-93)が隠棲した。
　　¶ 中国名旧2 p65

翠華山　すいかざん
陝西省西安市の終南山の支峰。漢の武帝が太乙
神を祀ったので、太乙山ともいう。漢の元封2年
(前109)創建の太乙宮の遺構がある。
　　¶ 中国名旧5 p165

瑞巌　ずいがん
福建省福清県から10km。巌上にある瑞巌寺は宣
和4年(1122)の創建。元代に岩山の形態を利用
して彫り上げた弥勒造像がある。
　　¶ 中国名旧4 p130

水観音　すいかんのん
四川省新邛県西0.5kmにある遺跡。文化層は4層
に分かれ、3・4層からは陶器片などの遺物と墓
を発見。
　　¶ 世界考古

水峡口石窟　すいきょうこうせっくつ
甘粛省安西県の南約40km、踏実河の南北両岸。
小規模な仏教石窟。
　　¶ 新潮美

水鏡荘　すいきょうそう
湖北省南漳県の南門外1km。山腹の絶壁にある
石室。
　　¶ 中国名旧3 p291

水月宮　すいげつきゅう
広東省肇慶市の石室巌の南麓。明の万暦年間
(1573-1620)の創建。
　　¶ 中国名旧4 p257

随県曾侯墓　ずいけんそうこうぼ
湖北省随州市随県の西北約3km、擂鼓墩。春秋時代末期曾国の古墳。
　¶新潮美

翠湖　すいこ
雲南省昆明市の市街の西北隅にある。清代初期に呉三桂（1612-78）が平西王に封ぜられて雲南に割拠したときに、西半部を埋め立てて王府を造営した。
　¶中国名旧5 p118

垂虹橋　すいこうきょう
江蘇省呉江県松陵鎮にある。北宋の慶暦8年（1048）の架橋。元の泰定2年（1325）に白石の石橋に改めた。
　¶中国名旧2 p92

崇興寺双塔　すいこうじそうとう
遼寧省北鎮県の東北隅。遼代の創建。2つの塔は43m隔てて東西に相対、ともに八角13層の実心密檐磚塔。
　¶中国名旧1 p206〔写〕

水口塔　すいこうとう
江西省寧都県の南、文明門外の最初の橋の左側。明の万暦20年（1592）の建立で、八角9層。
　¶中国名旧4 p110

瑞光塔　ずいこうとう
江蘇省蘇州市の盤門内にある。三国時代の呉の孫権が康居国出身の僧性康のために赤烏4年（241）に創建、同10年に13層の宝塔を建立。
　¶新潮美（瑞光寺塔 ずいこうじとう），中国名旧2 p74

睡虎地11号墓　すいこち11ごうぼ
湖北省雲夢県睡虎地。秦漢墓地にある統一秦時代の二重棺槨の竪穴式墓。約1150枚の竹簡が出土、青銅器と土器は考古学編年の基準。
　¶東ア考古

睡虎地秦墓　すいこちしんぼ
湖北省雲夢西の睡虎地。秦代の墓群。墓は東周時代文化層を貫いてつくられた竪穴式土壙木槨木棺墓で、すべて墓道がない。
　¶新潮美（雲夢睡虎地 うんぽうすいこち），世界考古，東ア考古（雲夢秦墓 うんむしんぼ）

水寨大山　すいさんだいさん
福建省東山関鎮の鎮署の後ろにある。別称を九仙山、俗称を九仙頂。戚継光と鄭成功が駐留したところ。
　¶中国名旧4 p168

圖山塔　すいざんとう
江蘇省丹徒県の圖山にある。もと報恩塔。明の

崇禎元年（1628）の建立で、八角7層。
　¶中国名旧2 p113

崇寿寺塔　すいじゅじとう
遼寧省開原県の西南隅。金の正隆元年（1156）の建立。金の上京の都僧録宣微弘理大師行広を埋葬した塔。
　¶中国名旧1 p214

水心樹　すいしんしゃ
河北省承徳市の避暑山荘の東宮の北。宮殿と湖水を結ぶ重要な通路。清の康熙48年（1709）の建造。「乾隆三十六景」の第8景。
　¶中国名旧1 p148〔写〕，中国名勝古蹟 p43〔写〕

水神廟　すいじんびょう
山西省洪洞県の東北17kmの霍山の水源。明応王殿は元の延祐6年（1319）の再建。四面の壁に祈雨・降雨図と歴史上のエピソードを描く。
　¶中国名旧3 p86〔写〕

水西大磚塔　すいせいだいせんとう
安徽省涇県の西方1km。水西塔とも。宋の大観2年（1108）の建立で、六面7層の磚塔。宋代の石刻36枚をはめこむ。
　¶中国名旧2 p235

酔石館　すいせきかん
江西省九江市の廬山の南麓、虎爪巌の下。五柳館・帰去来館とも。晋代の陶淵明（365-427）が酔遊したところとして知られる。
　¶中国名旧4 p79

水泉石窟　すいせんせっくつ
河南省洛陽市偃師県の西南30km、水泉村の南の万安山の絶壁。深さ6.5m、高さ約12mの洞窟。左右両壁の全面に400余りの仏龕を彫る。
　¶中国名旧3 p225

瑞像巌　ずいぞうがん
福建省泉州市の清源山の左峰にある。瑞像（釈迦の像）があるので瑞像巌という。山肌の岩を彫り上げた立像。北宋の元祐2年（1087）の作。
　¶中国名旧4 p150

隋大興城　ずいたいこうじょう
陝西省西安市。582年、隋の文帝が漢の長安城の東南20里にある龍首原の南に新都を造営させ、大興城と名づけた。唐朝は隋を滅ぼしたのち、そのまま都として、長安城と改めた。
　¶古代都城（隋大興城・唐長安城）〔図〕，東ア考古

水田畈　すいでんはん
浙江省杭州市の北。良渚文化の遺跡。文化層は2層からなり、下層は良渚文化に属す。

中国　　　　　　　　　　　　242

¶世界考古

水洞溝　すいどうこう
寧夏回族自治区霊武県を流れる水洞溝河畔にある遺跡。浸蝕された高さ25mの崖面で地表下12mの位置に厚さ約50cmの文化層を発掘。
　　¶世界考古, 中国名旧5 p259（水洞溝遺址 すいどうこういし）

水東楼　すいとうろう
河北省保定市の古蓮花池園の東部にある。清の同治年間（1862-74）の「蓮池十二景」の一つ。
　　¶中国名旧1 p129

綏徳画象石墓　すいとくがぞうせきぼ
陝西省綏徳県。後漢時代の画象石墓。技法は多く陽刻で、画象を影絵のように残す。
　　¶世界考古〔図〕

水寧寺造像　すいねいじぞうぞう
四川省巴中市の竜骨山。水寧寺は廃寺。あわせて11龕・126体の造像を45mにわたって彫る。
　　¶中国名旧5 p78

酔白池　すいはくち
上海市松江県松江鎮の西南。清の順治年間（1644-61）に工部主事の顧大申が造営。
　　¶中国名旧2 p31

スイハナ（雛哈納）墓碑
黒竜江省寧安県渤海鎮の西南部、興隆寺（南大廟）の前院にある。清の康熙23年（1684）に黒竜江将軍薩布素が父のために建てたもの。
　　¶中国名旧1 p244（雛哈納墓碑 スイハナほひ）

翠微寺　すいびじ
安徽省黄山の翠微峰の下。唐の中和3年（883）の創建。焦村から松谷庵に至る中間の休憩所。
　　¶中国名旧2 p263

翠微亭　すいびてい
浙江省杭州市の霊隠寺の前の飛来峰の中腹。南宋の抗金名将韓世忠（1089-1151）が岳飛を記念して建てた。近年再建。
　　¶中国名旧2 p140

睡仏閣　すいぶつかく
広東省広州市の光孝寺。風幡堂とも。唐の神竜年間（705-707）の創建。
　　¶中国名旧4 p207

水府廟　すいふびょう
湖南省邵陽市中河街、資水と邵水の合流点。明の万暦年間（1573-1620）の創建。水府は河神と伝え、『宝慶府志』には蕭英佑侯（蕭天任）を祀るとある。
　　¶中国名旧4 p29

水芳岩秀　すいほうがんしゅう
河北省承徳市の避暑山荘の延薫山館の北。楽寿堂とも。「康熙三十六景」の第5景。康熙帝は書斎として使った。
　　¶中国名旧1 p150

錘峰落照　すいほうらくしょう
河北省承徳市の避暑山荘南部の丘。方形の亭。「康熙三十六景」の第12景。
　　¶中国名旧1 p152

隋煬帝陵　ずいようだいりょう
江蘇省揚州市の北部の雷塘。隋の煬帝楊広（在位604-618）は、大業14年に殺され、呉公台の麓に葬られ、唐の武徳5年（622）に江都総管の陳棱が現在地に改葬。
　　¶中国名旧2 p104

翠螺山　すいらざん
安徽省馬鞍山市の市街西南7km。長江と牛渚河に面し、荷包山・宝積石などに連なる。海抜131m、周囲5km。
　　¶中国名旧2 p207

水陸庵　すいりくあん
陝西省藍田県の東方10km。もと旧悟真寺の大殿で、庵内の大殿は明代の建造。
　　¶中国名旧5 p178〔写〕

水簾洞　すいれんどう
江蘇省連雲港市の花果山の山頂。洞外の岩壁に題刻がある。『西遊記』では孫悟空のすみかとなっている。
　　¶中国名旧2 p61

水簾洞石窟　すいれんどうせっくつ
甘粛省武山県の東北約25kmの魯班郷。アーチ型の洞窟があり、洞外に菩薩殿、老君閣、四聖宮がある。殿外の岩壁に千仏を描いた北魏代の壁画が残る。
　　¶中国名旧5 p229

崇安県漢城　すうあんけんかんじょう
福建省武夷山市（旧・崇安県）城村。漢代の城址。丘陵上に東西約500m、・南北約800mの不整形の長方形を呈する。
　　¶世界考古

嵩岳寺塔　すうがくじとう
河南省登封市の嵩岳寺にある。初期密檐式塔の現存最古例。北魏正光元年（520）のもの。平面は十二角形で、内部は八角形。
　　〔世界遺産〕（河南登封の文化財 "天地之中"　2010）
　　¶宗教建築（洛陽永寧寺塔遺址と嵩岳寺塔）〔写/図〕, 新潮美, 中国名旧3 p205〔写〕, 文化史蹟17〔写〕

崇禧塔　すうきとう
広東省肇慶市の市街の東部、西江の河畔。明の万暦10年（1582）9月に着工、同13年4月に完成。
¶中国名旧4 p258

崇教興福寺方塔　すうきょうこうふくじほうとう
江蘇省常熟市の市街、大東門内。寺は南宋の建炎4年（1130）の創建で、塔のみ現存。9層で、高さは60m余り。
¶中国名旧2 p81

崇慶寺　すうけいじ
山西省長子県の東南22.5km、紫雲山の山麓。創建は北宋の大中祥符9年（1016）で、天王殿、臥仏殿と三大士殿、地蔵殿、千仏殿がある。
¶中国名旧3 p66

嵩興寺塔　すうこうじとう
遼寧省北鎮県の東北隅。双塔。両塔ともに遼代（12世紀）頃の建築で八角13檐の塼塔。
¶新潮美

嵩山　すうざん
河南省登封市の最北部。別名嵩高山、太室山。五岳の一つに数えられている。神聖な山として祀られ、特に唐の則天武后は「神岳」と称して尊崇し、中岳廟、法王寺、嵩岳寺など多くの寺廟がある。
¶アジア歴5、角川世、新潮美、中国名旧3 p202

嵩山三闕　すうざんさんけつ
河南省登封市付近。後漢時代の3つの石闕。
世界遺産（河南登封の文化財 "天地之中"　2010）
¶新潮美

崇寿寺　すうじゅじ
山西省晋城市の市街北方18km、部村の東端。北魏代の創建で、山門内に天王殿、釈迦殿、配殿、雷音殿がある。
¶中国名旧3 p74

崇聖寺　すうしょうじ
福建省福州侯官県、雪峰山。峰寺ともいう。雪峰義存が乾符2年（875）応天雪峰寺の寺額を賜い、時の閩王王審知は伽藍造営に助力。太平興国3年（978）崇聖寺となる。
¶中国仏教

崇聖寺三塔　すうしょうじさんとう
雲南省大理市の旧城西北1km。崇聖寺は廃滅。3つの塼塔がある。
¶大遺跡9（大理三塔 だいりさんとう）〔写〕、中国名旧5 p131〔写〕

崇聖祠　すうせいし
北京市東城区安定門内の成賢街の孔廟内。孔子以前の人物の位牌を祀る。明の嘉靖9年（1530）の創建。
¶中国名旧1 p19

崇政殿　すうせいでん
遼寧省瀋陽市の瀋陽故宮の中路前院の中央にある。通称を正殿。後金の天聡6年（1632）以前の建造。太宗皇太極が要務を処理し、外国の使臣や各民族の代表と会見したところ。
世界遺産（北京と瀋陽の明・清朝の皇宮群　1987, 2004）
¶新潮美（瀋陽故宮—崇政殿 しんようこきゅう—すうせいでん）、中国名旧1 p191

崇善寺　すうぜんじ
山西省太原市の市街の東南隅。唐代の創建で洪武14年（1381）、太祖の第3子朱棡が母親の高皇后を供養するために大工事を行い拡張。
¶新潮美（太原—崇善寺 たいげん—すうぜんじ）、中国名旧3 p19〔写〕、中国名勝古蹟 p130〔写〕

崧沢古文化遺址　すうたくこぶんかいし
上海市青浦県崧沢村。発見は1958年。3つの文化層からなる。上海で発見された最古の文化層。
¶世界考古（崧沢 すうたく）、中国名旧2 p32

崇妃園寝　すうひえんしん
河北省易県の崇陵の東側。光緒帝の崇妃・珍妃・瑾妃の墓。1912～15年に造営。
¶中国名旧1 p139

崇福宮　すうふくきゅう
河南省登封市の北2.3km。道観。漢の万歳観、唐の太乙観が北宋に崇福宮となった。西北角にある泛觴亭の故跡は、中国に現存する曲水の最古の遺跡。
¶新潮美

崇福寺〔九峰山〕　すうふくじ
江西省上高県から35kmの九峰山。唐の昭宗（在位888-904）の創建。曹洞宗の大寺院。
¶中国名旧4 p72

崇福寺〔朔県〕　すうふくじ
山西省朔県の東街の東側。唐の麟徳2年（665）の創建。山門と観音・弥陀・地蔵・文殊の諸仏殿、蔵経閣など。
¶新潮美、中国名旧3 p35

崇福寺〔福州市〕　すうふくじ
福建省福州市の市街から8km、北嶺の麓。北宋の太平興国2年（977）の創建。明代末期から清代初期にかけて再興。現存する殿宇の多くは光緒年間（1895-1908）の再建。
¶中国名旧4 p122

崇福寺 観音殿　すうふくじ かんのんでん

山西省朔県の崇福寺。金代の建立。架構に「人」の字形の大型挿首を使っている。

¶中国名旧3 p36（観音殿 かんのんでん）

崇福寺 弥陀殿　すうふくじ みだでん

山西省朔県の崇福寺にある。金の皇統3年（1143）の建立。殿内は釈迦などの壁画を描く。

¶中国名旧3 p35（弥陀殿 みだでん）

崇武城　すうぶじょう

福建省恵安県の東南部の崇武半島。明の洪武20年（1387）江夏侯の周徳興が海岸を支配し、千戸所を設けたときに、倭寇の侵入を防ぐため造営。城郭はほぼ完全な状態で現存。

¶中国名旧4 p158

崇文塔〔贛江東岸〕　すうぶんとう

江西省万安県から15km、羅塘湾南方3kmの贛江の東岸。耐火煉瓦造りの八角9層。明の成化年間（1465-87）の建立。

¶中国名旧4 p108

崇文塔〔永楽店〕　すうぶんとう

陝西省涇陽県の南部の永楽店。八角13層。明の万暦19年（1591）に李世達（李漸庵）の提唱で建立にかかり、毎年1層ずつ築いたという。

¶中国名旧5 p187

崇法寺塔　すうほうじとう

河南省永城県の東北隅の外側、崇法寺の旧址。紹聖年間（1094-98）の建立。八角9層の楼閣式磚塔。

¶中国名旧3 p253

崇明寺　すうみょうじ

山西省高平市の東南15km、聖仏山の東麓。北宋の開宝年間（968-976）の創建山門・鐘楼・鼓楼・中仏殿・後殿と東殿が現存。

¶新潮美（高平(4)崇明寺 こうへい すうめいじ）、中国名旧3 p78

崇妙保聖堅牢塔　すうみょうほうしょうけんろうとう

福建省福州市の市街、烏石山の東麓。俗称を烏塔。五代の閩の永隆3年（941）に閩王の王延曦が建立。計画では9層であったが、現存するのは八角7層、高さ35m。

¶中国名旧4 p123

嵩陽書院　すうようしょいん

河南省登封市の北の太室山（嵩山の東峰）の麓。中国旧時の著名な書院。もとの名は嵩陽寺で、北魏の太和8年（484）に創建された。

世界遺産（河南登封の文化財 "天地之中" 2010）

¶中国名旧3 p207、中国歴史

鄒容墓　すうようぼ

上海市上海県華涇鎮の西部。鄒容（1885-1905）は近代の民主主義革命家。1921年に墓を造り碑を建てた。

¶中国名旧2 p24

崇陵〔清西陵〕　すうりょう

河北省易県の泰陵の東北5km。清の宣統元年（1909）から1915年にかけて造営。光緒帝と孝定皇后を合葬。

¶中国名旧1 p139

崇陵〔唐〕　すうりょう

陝西省涇陽県雲陽鎮の北方約10kmの嵯峨山。唐の徳宗李适（在位779-805）の陵墓。

¶中国名旧5 p187

スノー（斯諾）墓

北京市海淀区の北京大学の構内、未名湖畔。花神廟の跡地。アメリカの新聞記者エドガー＝スノー（1905-72）の墓。遺志に基づき遺骨の一部を1973年に当地に埋葬。

¶中国名旧1 p69（斯諾墓 スノーぼ）

スバシ故城

新疆ウイグル自治区クチャ東北。魏晋時代の仏寺の跡。川の両岸に東西に分かれて位置する。正方形の囲壁の一部が残るほか、高塔の遺跡もある。

¶大遺跡7 p49〔写〕、中国名勝古蹟 p103〔写〕

スバシ仏寺（蘇巴什仏寺）

新疆ウイグル自治区庫車県の東方23km、確爾達格山の南麓。漢字表記は、蘇巴什。漢〜唐代の貨幣、泥塑仏像、古代民族語で記した木簡や紙片が出土。後漢代には存在し、唐代に最盛期を迎えた亀茲国の有名寺院の一つ。

¶新潮美（スバシ）、中国名旧5 p300（蘇巴什仏寺 スバシュぶつじ）

スルタンマジャ（蘇勒坦麻扎）

新疆ウイグル自治区阿図什市。喀喇汗朝の創始者の沙土克（? －955?）の陵墓。

¶中国名旧5 p308（蘇勒坦麻扎（墓）スルタンマジャ）

西安華覚巷清真寺　せいあんかかくこうせいしんじ★

陝西省西安市。創建の古さ、規模の大きさから、周辺でも特別の地位を築き、清真大寺とも呼ばれる。明の洪武25年（1392）創建。

¶宗教建築〔写/図〕、中国名旧5 p168（清真寺 せいしんじ）〔写〕、中国名勝古蹟 p109（清真大寺 せいしんだいじ）〔写〕

西安華覚巷清真寺 省心楼　せいあんかかくこうせいしんじ しょうしんろう★

陝西省西安市華覚巷。17世紀〜18世紀。境内のほぼ中央、中軸線上に立つ八角三重屋根、重層の木造建築。イスラム教モスクのミナレットに相当。建築様式は純中国式。

　¶文化史蹟17(清真寺省心楼)〔写〕

西安華覚巷清真寺 礼拝堂　せいあんかかくこうせいしんじ れいはいどう★

陝西省西安市華覚巷。清真寺はイスラム教寺院。漢式建築様式の明代のものを清代に改修したものとおもわれる。

　¶文化史蹟17(清真寺礼拝堂)〔写〕

静安寺　せいあんじ

上海市南京西路。呉の赤烏年間(238-251)の創建。南宋の嘉定9年(1216)に蘆浦沸井浜に移転。現存するのは光緒年間(1875-1908)後期のもの。

　¶中国名旧2 p20

西安事変旧址　せいあんじへんきゅうし

陝西省西安市。張学良公館と楊虎城公館の止園からなる。1982年に張学良公館に西安事変記念館を開設。

　¶中国名旧5 p166

西安城壁　せいあんじょうへき

陝西省西安市。現存の城壁は唐代の長安城の基礎の上に、明初の1374から4年がかりで拡大建設されたもの。周囲の長さ約12km、高さ12m、頂上面の幅12〜14m。

　¶大遺跡9(唐の長安城―西安明代城壁)〔写〕、中国名旧5 p166(西安城牆 せいあんじょうしょう)、中国名勝古蹟 p99(西安城墻 せいあんじょうしょう)、文化史蹟17〔写〕

西安隋唐墓　せいあんずいとうぼ

陝西省西安市。皇帝陵をはじめ大規模な墳墓が多く、墓誌によって墓主のわかる例が多い。最も有名なのは李靜訓墓で、竪穴土壙墓中に石槨と青龍図と朱雀図を描いた石棺が置かれる。

　¶東ア考古

西安碑林　せいあんひりん

陝西省西安市三学街。北宋の元祐2年(1087)に設けた碑石の収蔵地。1千枚余りの碑石を蔵する。

　¶中国名旧5 p167〔写〕、中国名勝古蹟 p114〔写〕

清晏舫　せいあんぼう

北京市海淀区の頤和園の万寿山西麓の湖畔。水上建造物。現存のものは、光緒19年(1893)に欧米の観光船を模して再建されたもの。2階建の石造建築。

　世界遺産(頤和園、北京の皇帝の庭園　1998)

　¶中国名旧1 p58、文化史蹟17(石舫 頤和園)

〔写〕

西渭橋　せいいきょう

陝西省西安市の澧河が渭河に注ぐところ。漢の建元3年(前138)の架設。便橋・便門橋とも。

　¶中国名旧5 p167

西陰村遺跡　せいいんそんいせき

山西省夏県。仰韶遺跡。土器その他の遺物は各層から出土。頭のない子供の人骨1体が砂土層を掘り込んで埋められていた。

　¶図解考古〔図〕、世界考古(西陰村 せいいんそん)

靖宇陵園　せいうりょうえん

吉林省通化市の渾江東岸の丘。楊靖宇を記念し、1954年に着工し、57年に完成。霊堂の後ろが陵墓。

　¶中国名旧1 p225

斉雲山　せいうんざん

安徽省休寧県の西方15km。唐の元和4年(809)に石門寺、宋の宝慶2年(1226)に佑聖真武祠を創建。明の嘉靖帝に、山号の額を下賜されて以来、寺観が林立し、仏・道両教の聖地となった。

　¶中国名旧2 p239

青雲塔　せいうんとう

湖北省黄岡県黄州鎮の南方1.5km、長江河畔の鉢盂峰。明の万暦2年(1574)の建立。楼閣式の八角7層の石塔。

　¶中国名旧3 p323

青雲譜　せいうんふ

江西省南昌市の市街の南方、定山橋の近く。東晋の大興4年(321)の創建。許遜の浄明真境であった。

　¶中国名旧4 p57〔写〕

西園〔蘇州市〕　せいえん

江蘇省蘇州市の閶門外留園路。留園と東西に相対する。現在は戒幢律寺とその西側の花園の総称で、完全な形の仏教建築。戒幢律寺は江南の名刹の一つ。

　¶中国名旧2 p74〔写〕、中国名勝古蹟 p257〔写〕、文化史蹟17〔写〕

西園〔痩西湖〕　せいえん

江蘇省揚州市の痩西湖の平山堂の西。もと芳圃といい、清の乾隆16年(1751)の造営。乾隆の御碑亭と天下第五泉もある。

　¶中国名旧2 p101

清遠東周墓　せいえんとうしゅうぼ

広東省清遠県馬頭岡村。春秋期相当の墓。青銅器、石器、印文硬陶の出土がある。

　¶世界考古

中国

アジア

清遠楼 せいえんろう
河北省張家口市宣化区の城内中央。明の成化18年(1482)の建立。高さ17mの3階建。
¶中国名旧1 p143

声遠楼 せいえんろう
山東省済寧市鉄塔寺街。宋代の創建で、高さ3.5mの磚積みの基壇に建ち、2層で高さ17m。
¶中国名旧3 p163

西王村 せいおうそん
山西省芮城県風陵渡の北東1.5km。仰韶文化の遺跡。仰韶、龍山、明・清代の文化層からなる。
¶世界考古

清音閣 せいおんかく
四川省峨眉山の牛心嶺の下。黒竜江と白竜江が合流するところにある。二本の橋の下を水が清らかな音を立て流れるところから名付けられた。
¶中国名勝古蹟 p206〔写〕

西夏王陵 せいかおうりょう
寧夏回族自治区銀川市の西約25kmにある賀蘭山。「昊王墳」と俗称される西夏時代の陵墓群。西夏文字・漢字を合わせて3300点近い碑文の断片が発見された。
¶中国名旧5 p257, 東ア考古〔写〕

西岳廟 せいがくびょう
陝西省華陰県の華山の麓から5kmの岳鎮の東端。漢の武帝(在位前141-前87)のときの創建。碑石が多い。
¶中国名旧5 p198

西夏侯 せいかこう
山東省曲阜県。大汶口文化の遺跡。埋葬人骨の上顎側門歯の抜歯と頭骨の人工変形が注目される。
¶世界考古

西夏興慶府城跡 せいかこうけいふじょうあと
寧夏回族自治区銀川市。西夏時代の都城跡。天禧4年(1020)に李徳明が宮殿を造営して都城に定め、西夏桓宗の天慶12年(1205)中興府と改められる。
¶東ア考古

棲霞寺 せいかじ
江蘇省南京市の棲霞山の中峰の西麓。南斉の永明元年(483)か同7年の創建で、隠士の明僧紹が自宅を改造。
¶新潮美, 世歴大11〔写〕, 中国仏教, 中国名旧2 p42

棲霞寺舎利塔 せいかじしゃりとう
江蘇省南京市の東北、棲霞山棲霞寺の裏。隋の文帝が舎利を埋葬した所で、創建は隋の文帝の仁寿元年(601)。今の塔は10世紀の南唐時代に再建されたもの。
¶中国名勝古蹟 p254〔写〕

清河鎮漢城 せいかちんかんじょう
北京市北郊。漢代の城址。陶器片や瓦磚類が発見され、磚積の基礎や住居の炉がある。
¶世界考古

斉家坪遺跡 せいかへいいせき
甘粛省東郷自治県(寧定県)、洮河西岸。1924年アンデルソンが発掘。斉家期の名はこの遺跡によって始められた。黄土溝の断面に文化層、竪穴がみえる住地遺跡。
¶図解考古〔写〕, 世界考古(斉家坪 せいかへい)

清河門遼墓 せいがもんりょうぼ
遼寧省義県清河門区。遼代の墳墓。墓葬出土の各種遺物から遼代後期に営まれたとされている。
¶世界考古(清河門遼墓 せいかもんりょうぼ)〔図〕, 東ア考古

西関寨 せいかんさい
安徽省潜山県の天柱山の主峰風景区。南宋代末期の農民指導者の劉源が反元朝の大本営を設置。敗死後、天柱山の百花巌に葬られ、「劉大王之墓」という墓碑が建てられた。山寨の石壁に劉源の自題の石刻がある。
¶中国名旧2 p218

棲巌寺塔 せいがんじとう
山西省永済県の西南20km、中条山の頂上。仁寿2年建立の舎利塔の銘碑と26基の磚塔のみ現存。宋代の舎利塔を除いて、他はいずれも禅師の基塔。
¶中国名旧3 p101

西漢壁画墓 せいかんへきがぼ
河南省洛陽市の王城公園。年代は西漢(前漢)代中期。前後両室に方相氏、星宿図、吉祥などを描く壁画がある。
¶中国名旧3 p219

井幹楼 せいかんろう
陝西省西安市長安城。漢の長安城。建章宮内の高楼。
¶新潮美(長安城(漢)—井幹楼 ちょうあんじょう(かん)—せいかんろう)〔図〕

清暉園 せいきえん
広東省順徳県大良鎮。清代の広東四大名園。清の嘉慶5年(1800)造営。
¶中国名旧4 p238〔写〕, 中国名勝古蹟 p312〔写〕

西峡頌摩崖 せいきょうしょうまがい
甘粛省成県の西方10km、魚鼈峡の天井山の麓。後漢の建寧4年(171)の開削。「五瑞図」を彫る。

¶中国名旧5 p230

青玉峡　せいぎょくきょう
江西省九江市の廬山の南麓にある。竜潭の周囲に歴代の文人の石刻が多数みられ、宋代の書家米芾の「青玉峡」と「第一山」が貴重。
¶中国名旧4 p83

聖経山摩崖石刻　せいけいざんまがいせっこく
山東省文登県の西方25km。山頂に長さ16m、高さ6mの岩があり、『老子道徳経』6千字余りが彫られている。
¶中国名旧3 p144

清源山　せいげんざん
福建省泉州市の市街北方8km余り。北山とも。歴代の名士の題刻がきわめて多い。親筆の「君恩山重」の4大字の摩崖石刻は保存状態がよい。
¶中国名旧4 p149

青原山　せいげんざん
江西省吉安市の市街の東南15km。青原山静居寺は唐の開元29年（741）創建。ほかに、青原山祖関・七祖塔五笑亭などがある。
¶中国名旧4 p98

西湖〔恵州市〕　せいこ
広東省恵州市の市街の西部。蘇軾が造営を援助した蘇堤・西新橋・東新橋などが現存。
¶中国名旧4 p244

西湖〔潮州市〕　せいこ
広東省潮州市の市街の西北部。南宋の嘉泰年間（1201-04）に開削。橋道を設け、代々、亭台楼閣を増設。
¶中国名旧4 p233〔写〕

西湖〔福州市〕　せいこ
福建省福州市の市街西北隅。晋の太康3年（282）、郡守の厳高が開削し、灌漑に供した。五代の閩代（909-945）に湖畔に水晶宮が建てられた。
¶中国名旧4 p123

靖江王墓群　せいこうおうぼぐん
広西チワン族自治区桂林市の堯山の西南麓。王墓が11、王室墓が100余りある。
¶中国名旧4 p277

霽虹橋　せいこうきょう
雲南省永平県巌洞郷と保山県平坡郷の間の瀾滄江。古い渡し場で、80km余りの博南古道が現存。
¶中国名旧5 p135

井岡山　せいこうさん
江西・湖南両省の省境、羅霄山脈の万洋山の北部。1927年10月、毛沢東が全国初の農村革命根拠地を樹立した。天険の要害を利用し、五大哨所を設け、紅軍病院・兵器工場・各部隊の駐屯地などを開設した。
¶アジア歴5（井崗山　せいこうざん），中国名旧4 p101

井口宋墓　せいこうそうぼ
四川省重慶市郊外井口鎮。長方形の合わせ屋根の石室墓で、夫婦合葬墓。壁には精巧な彫刻が施される。
¶世界考古

青岡岔　せいこうた
甘粛省蘭州市青岡岔村。甘粛仰韶文化半山期の遺跡。住居址、貯蔵穴、窯址、墓が発見された。
¶世界考古

西侯度遺址　せいこうたくいし
山西省芮城県の西北部、中条山の南斜面、西侯度村の背後。赤土の下の砂礫層から、石器と動物の化石をはじめ、焼痕のある骨や切痕のある鹿の角などが出土。
¶中国名旧3 p105

斉国王墓　せいこくおうぼ
黒竜江省阿城市巨源郷城子村。金の貴族墓。成人男女合葬の竪穴土壙の石槨木棺墓で出土遺物100数点の大部分が絹織物などの衣類品。
¶東ア考古

聖姑廟　せいこびょう
山西省高平市の西北20kmの上董峰村。創建は元の至元21年（1284）。三教殿内の壁面に壁画の断片が残る。仙女を描き、豊潤な顔つき、華麗な衣服。
¶新潮美（高平（6）聖姑廟　こうへい　せいこびょう），中国名旧3 p78

西塞山　せいさいざん
湖北省黄石市の東の長江南岸。険しい峰が高く突き出し、長江が鎮をまくように流れている地。六朝時代の長江防衛の有名な要塞だった。
¶中国名旧3 p287（西塞山　せいそくざん），中国歴史

西山　せいざん
雲南省昆明市の市街西南15km。滇池の西岸にそびえる。音楽家聶耳（1912-35）の墓や華亭寺・太華寺・三清閣・竜門など、名勝旧跡がある。
¶中国名旧5 p118

西山遺跡　せいざんいせき
河南省鄭州市古滎鎮孫荘村西部。新石器時代仰韶文化秦王寨類型の城郭集落。城郭内では200基以上の住居跡と143基の土壙墓・甕棺墓が検出された。
¶東ア考古

中国　　248

アジア

西山観摩崖　せいざんかんまがい
四川省成都の東北方100km、綿陽県西山。道教の石刻造像群。
¶ 新潮美

青山寺　せいざんじ
山東省嘉祥県の西南7.5km。北宋の宣和年間（1119-25）の創建。恵済公殿の両側に享殿・白玉宮・客庁などを配す。
¶ 中国名旧3　p164

西山八大処　せいざんはちだいしょ
北京市石景山区東北部、西山の支脈の東麓。翠微・平坡・盧師3山にある8つの寺廟。長安寺・霊光寺・三山庵・大悲寺・竜王堂・香界寺・宝珠洞・証果寺のこと。
¶ 中国名旧1　p78

西山万寿宮　せいざんばんじゅきゅう
江西省西山にある。南昌市の晋代創建の許仙祠にはじまる。政和6年（1116）に徽宗が崇福宮にならって建て直させ、「玉隆万寿宮」の扁額を下賜。現存するのは正殿のみ。
¶ 中国名旧4　p64

西山碑　せいざんひ
四川省万県市の流杯池にある。碑文は天然の岩壁に径10cmほどの行書で陰刻。
¶ 中国名旧5　p71

西山坪遺跡　せいざんへいいせき
甘粛省天水県の西15kmの太京郷旬子村、耤河。新石器時代前期から後期までの集落遺跡。住居跡3、貯蔵穴22、墓4が検出された。
¶ 東ア考古

西山摩崖造像　せいざんまがいぞうぞう
広西チワン族自治区桂林市の市街の西郊。摩崖造像200体余りが現存。多くは唐代のもの。
¶ 中国名旧4　p280

西山龍門　せいざんりゅうもん
雲南省昆明市の西山の羅漢崖の岩壁。断崖を掘削し、滇を見下ろすように造られている。乾隆46年（1781）開削に着手。咸豊3年（1853）に完成。石門には「龍門」の2字が掲げられている。
¶ 中国名旧5　p120（竜門　りゅうもん）〔写〕，中国名勝古蹟　p289（竜門　りゅうもん）〔写〕

西資巖　せいしがん
福建省石獅市の市街20kmの卓望山。大石仏寺とも。南宋の紹興18年（1148）の創建。境内の崖に立仏を5体彫る。
¶ 中国名旧4　p155

青芝山　せいしざん
福建省連江県の南方約10km。青芝寺は明の万暦

年間（1573-1620）の創建。山中には数十か所の石刻が現存。
¶ 中国名旧4　p128

西寺塔　せいじとう
雲南省昆明市東寺街の南部。方形13層の中空の密檐磚塔。
¶ 中国名旧5　p121

聖時門　せいじもん
山東省曲阜市の孔廟の2番目の門。明代の建立で、屋根は緑色の琉璃瓦で葺かれ、軒がそり上り往時の城堡の形をしている。
世界遺産（曲阜の孔廟、孔林、孔府　1994）
¶ 中国名旧3　p147

西什庫教堂　せいじゅうこきょうどう
北京市西城区西什庫。北京最大のカトリックの聖堂。
¶ 中国名旧1　p37

鄭州小双橋遺跡　せいしゅうしょうそうきょういせき
河南省鄭州市。二里岡上層期後半前後の遺跡。東西約800m、南北約1800mの規模を有す。殷王室との密接な関係を示す遺物が発見されている。
¶ 東ア考古

星宿橋　せいしゅくきょう
雲南省禄豊県の西。禄邑江に架かる。明の万暦43年（1615）の架設で、道光12年（1832）に再建。7孔のアーチ石橋。
¶ 中国名旧5　p128

西朱封遺跡　せいしゅふういせき
山東省臨朐県西朱封村。新石器時代龍山文化の墓地遺跡。現存する総面積は約10万平方m。
¶ 東ア考古

芯城古魏城　ぜいじょうこぎじょう
山西省南部、芯城県北5km。古城址で、古魏国都城と称す。城門にある永楽宮新址の下には春秋時代末期～戦国時代初期の墓がある。
¶ 世界考古

西樵山　せいしょうざん
広東省南海県の官山圩の近く。白雲洞は、明の嘉靖年間の創建。中腹にある雲泉仙館は明代の玉楼書院。
¶ 世界考古，中国名旧4　p237

青城山　せいじょうざん
四川省都江堰市の西南約15km。蜀の名山で、晋代以後、山中に道教寺院が林立。道教発祥地の一つ。
世界遺産（青城山と都江堰水利（灌漑）施設　2000）
¶ 中国名旧5　p24〔写〕，中国名勝古蹟　p204

〔写〕

青城山天師洞　せいじょうさんてんしどう★
四川省都江堰市。天師洞は常道観と黄帝祠の俗称。隋・大業年間に創建。現存遺構は清代末から中華民国時代にかけての建造。
　　¶宗教建築〔写/図〕

青城山と都江堰の灌漑施設　せいじょうさんととこうえんのかんがいしせつ★
四川省都江堰市。都江堰は水利施設で、前3世紀頃の建設。青城山は、都江堰の西にある道教の名山で、標高1600mの老霄頂を中心に38の古い道宮・道観（道教の寺院）と庭園が点在している。
[世界遺産]（青城山と都江堰水利（灌漑）施設　2000）
　　¶世遺事, 成世遺下（青城山と都江堰）〔写〕,
　　世遺百（青城山、都江堰灌漑施設）〔写〕, ビジ
　　世遺（青城山と都江堰）〔写〕

清浄寺　せいじょうじ
福建省泉州市通淮大街。創建は北宋の大中祥符2年（1009）。大門・奉天壇・明善堂などが現存。中国の現存最古のイスラム教寺院の一つ。
　　¶新潮美, 中国名旧4 p151〔写〕

清浄寺大門　せいじょうじだいもん★
福建省泉州市通淮大街。14世紀。清浄寺は、イスラム教寺院。大門は、モスクの正門で、間口4.5m、高さ20m。
　　¶文化史蹟17〔写〕

斉城西垣排水道口　せいじょうせいえんはいすいどうこう
山東省淄博市臨淄区の斉国故城の大城の西壁北部。大石を積み上げて築く2千年以上前のもので、世界の同時代の古城の排水システムでも他にあまり例をみない。
　　¶中国名旧3 p132

清真観　せいしんかん
陝西省扶風県の東北5kmの任魯村。玉清殿は元代の建立。元の中統元～5年（1260-64）に宋代の遺構に建立。
　　¶中国名旧5 p193

清真古寺　せいしんこじ
山西省太原市解放南路の東側。唐の貞元年間（785-805）の創建で殿内はアラビア風の装飾を施す。
　　¶中国名旧3 p20

静心斎　せいしんさい
北京市西城区、北海の北岸、天王殿の東隣にある。旧名を鏡清斎といい、清の乾隆23年（1758）の建造で、1913年に静心斎と改称。北洋軍閥政府の外交部が外国の賓客を招宴するのに使った。
　　¶中国名旧1 p44

清真寺〔チチハル市〕　せいしんじ
黒竜江省チチハル市建華区。清の康熙23年（1684）の創建。東寺は大殿と窯殿が現存。
　　¶中国名旧1 p240

清真寺〔焦作市〕　せいしんじ
河南省焦作市沁陽市の自治街。創建は明代で、河南省に現存する規模が最大で保存状態が最良のイスラム教建築。
　　¶中国名旧3 p232

清真寺〔福州市〕　せいしんじ
福建省福州市の安泰橋の下。元の至正年間（1341-68）に清真寺（モスク）となった。福州市で唯一のイスラム教寺院。
　　¶中国名旧4 p124

清真先賢古墓　せいしんせんけんこぼ
広東省広州市桂花崗。イスラム教の布教師阿布＝宛葛素の墓と伝える。
　　¶中国名旧4 p214

清真大寺〔天津市〕　せいしんだいじ
天津市天津旧城の西北角。清の康熙42年（1703）の創建。中国の宮殿建築風のイスラム教寺院（モスク）。
　　¶中国名旧1 p98〔写〕

清真大寺〔同心県〕　せいしんだいじ
寧夏回族自治区同心県。礼拝殿と喚醒楼は漢族とイスラム教の建築様式を融合。明代の万暦年間（1573-1620）の創建。
　　¶中国名旧5 p261〔写〕

清水河　せいすいが
内モンゴル自治区平地泉の清水河県。晩期旧石器時代の遺跡群。石英岩の打製石器を大量に発見。
　　¶世界考古

清水巌　せいすいがん
福建省安渓県の蓬莱山にある。北宋の元豊6年（1083）に清水祖師が創建。堂宇は山肌沿いに建つ。後方にそびえる宋代建立の真空塔は清水祖師の遺骨を埋めたところ。
　　¶中国名旧4 p160

聖水嵒　せいすいがん
山東省乳山県の東北、小昆嵛山の南端の峡谷。群山に取り囲まれ、東南隅に小径が通じており、貞祐2年（1214）の玉虚観碑が現存。
　　¶中国名旧3 p143

聖跡殿　せいせきでん
山東省曲阜市の孔廟にある。明の万暦20年（1592）建立。「聖跡図」の石刻120枚を蔵す。中国最古の絵巻風の石刻。
　　¶中国名旧3 p150

靖節祠　せいせつし

安徽省東至県東流鎮にある。陶公祠とも。陶潜の清廉高潔さを懐しんで祠が建てられた。祠は明の万暦元年（1573）に創建、清の順治2年（1645）の再建。

¶中国名旧2 p219

西禅寺　せいぜんじ

福建省福州市の西郊、怡山。長慶寺とも。清代末期の福州五大禅寺の一つ。

¶中国仏教（西禅寺　さいぜんじ），中国名旧4 p124

聖僧庵壁画　せいそうあんへきが

安徽省歙県七里頭村。聖僧庵は前後2つの院落からなる間口柱間3間の草庵。壁面に明代の黄柱の手になる渡海羅漢が6幅、松樹図と側坐観音図が各1幅ある。

¶中国名旧2 p243

世祖皇帝平雲南碑　せいそこうていへいうんなんひ

雲南省大理市の旧城の三月街の傍ら。忽必烈（在位1260-94）が雲南に親征し、大理を滅ぼして雲南行中書省を設置した経緯を記す。

¶中国名旧5 p131

西村元墓　せいそんげんぼ

陝西省西安の南東約6km。曲江池西村にある元時代の塼室墓。墓誌によれば1266年1月、夫人劉氏を合葬したという。

¶世界考古

西岔溝墓地　せいたこうぼち

遼寧省西豊県西岔溝。漢代併行期の墳墓。副葬品は武器・馬具・道具・器皿・装身具などを含め13800点余が出土。

¶世界考古（西岔溝古墓　せいたこうぼ），東ア考古

西団山遺跡　せいだんざんいせき

吉林省吉林市船暗区歓喜郷吉興村。青銅器時代の石棺墓墓地。石棺墓49基・灰坑1基が確認され西団山文化の標準遺跡となった。

¶世界考古（西団山　せいだんざん），東ア考古〔図〕

斉長城　せいちょうじょう★

山東省済南市長清区。斉が楚の侵攻を防ぐため南境に長城を築いた。前5世紀後半には既に存在。

¶大遺跡9（長城—斉長城）〔写〕

清鎮・平壩漢墓　せいちんへいはかんぼ

貴州省清鎮県と平壩県。前漢末から後漢時代全般にわたり、土壙墓・磚室墓・石室墓などからなる漢墓群。南方式土器や前漢末の紀年銘漆器が出土。

¶世界考古

青藤書屋　せいとうしょおく

浙江省紹興市観巷大乗弄。もと榴花書屋。明代の文学者・書画家徐渭（1521-93）の邸宅。

¶中国名旧2 p172

済瀆廟　せいとくびょう

河南省済源県の西北2kmの廟街。宋代初期建立の入母屋造りの寝宮が明代の清源洞府門と竜亭、元代の構造の臨淵門は貴重な古代建築。

¶新潮美（済源—済瀆廟　さいげん—さいとくびょう），中国名旧3 p229

成都清真寺　せいとせいしんじ

四川省成都市鼓楼南街。現存のもので中心をなすのは礼拝殿。棟木に「乾隆7年」（1742）などの字が見える。

¶中国名旧5 p18

成都船棺葬　せいとせんかんそう

四川省成都市。戦国時代蜀国の王族の墓地。竪穴墓壙に、クスノキの丸太材を半裁した船型棺が17基確認されている。

¶東ア考古〔図〕

清寧宮　せいねいきゅう

遼寧省瀋陽市の瀋陽故宮の中路後院の中央にある。旧称を正宮という。後金の天命10年（1625）以前の建造。城堡風建築群。

世界遺産（北京と瀋陽の明・清朝の皇宮群　1987, 2004）

¶新潮美（瀋陽故宮—清寧宮　しんようこきゅう—せいねいきゅう），中国名旧1 p191

聖パウロ寺院　せいぱうろじいん★

マカオ。1638年の建設。ダイナミックな重層式円柱群をもつ豊かなポルトガル風バロック様式。1830年代、火災によって西正面のみを残して破壊された。

¶世界遺産 p270〔写〕

政平磚塔　せいへいせんとう

甘粛省寧県の南方30km。方形7層の楼閣式の磚塔。唐代の様式。

¶中国名旧5 p234

清平洞　せいへいどう

雲南省施甸県の南方20kmの姚関鎮。明の万暦11〜16年（1583-88）に永昌参将の鄧子竜が駐兵。洞内に挂弓石・囲棋石盤などの遺跡がある。

¶中国名旧5 p140

靖辺営遺址　せいへんえいいし

黒竜江省依蘭県の東15kmの松花江南岸。清の光緒年間（1875-1908）に中国人民がロシア軍の侵略と戦った要塞。

¶中国名旧1 p249

西炮台　せいほうだい
遼寧省営口市の西郊。清代に東北沿海の重要な要塞であった。光緒8年(1882)の築造。3つの砲座があった。

¶中国名旧1 p209

西北岡殷墓群　せいほくこういんぼぐん
河南省安陽市の西北約2km、西北約5km、洹河北岸の侯家荘の北。殷代後期の12基の大墓と1千余基の小墓が発見されている。

¶新潮美(安陽―西北岡殷墓群　あんよう―せいほくこういんぼぐん)

聖母廟　せいぼびょう
山西省汾陽県の西北2kmの田村。后土聖母を祀る。唐代の創建で、大殿内は北・東・西の三面に壁画が描かれる。

¶新潮美(后土祠(1))、中国名旧3 p63

西陽宮　せいようきゅう
江西省永豊県沙渓郷。造営年代は不明。3層の大楼閣。宋代の欧陽脩が読書や講学をしたと伝える。

¶中国名旧4 p100

青羊宮　せいようきゅう
四川省成都市の市街の西隅。殿宇は清代のもので、中心は霊祖楼・八卦亭・無極など。

¶中国名旧5 p18

正陽門　せいようもん
北京市天安門広場の南側。俗称を前門といい、明・清両代の北京の内城の正門。城楼は明の永楽19年(1421)の建造。

¶中国名旧1 p28

西洋楼　せいようろう
北京市海淀区の円明三園の東北部。長春園の北端にある。ヨーロッパ風の宮殿で、清の乾隆24年(1759)に完工。

¶中国名旧1 p62〔写〕

西来寺〔楽都県〕　せいらいじ
青海省楽都県の東関。明の万暦34年(1606)の創建。過庁と廂房は硬山造りの木造。

¶中国名旧5 p269

西来寺〔張掖市〕　せいらいじ
甘粛省張掖市の市街の西南隅。観音殿は明代のもの。頂部は円形の藻井。

¶中国名旧5 p239

青竜寺〔西安〕　せいりゅうじ
陝西省西安市南郊の鉄炉廟村の北高地。唐代長安城の著名な寺院の一つ。唐長安城の新昌坊の東南隅に位置する。寺院跡西部の2つの院跡および中部北門の跡のみが発掘調査されている。日本の空海をはじめ円仁などがここで密教を学んだ。

¶アジア歴5、角川世、古代都城(長安城青龍寺)〔図〕、新潮美(青竜寺(1))、世界考古(青龍寺)、大遺跡9 p147(青龍寺址)〔写〕、中国仏教、中国名旧5 p168(青竜寺遺址)、東ア考古(青龍寺跡 せいりゅうじあと)、仏教考古(青龍寺)

青竜寺〔稷山県〕　せいりゅうじ
山西省稷山県の西方4km、馬村の西側。南の前院と北の後院からなり、前院の諸殿は清代建築であるが、後院に元・明の古建築がある。

¶新潮美(青竜寺(2) せいりゅうじ)、中国名旧3 p97

青龍泉　せいりゅうせん
湖北省鄖県。新石器時代の遺跡。仰韶・屈家嶺・龍山の3種の文化層が層序をなす。主要な石器は磨製石器。

¶世界考古

青竜塔　せいりゅうとう
上海市青浦県の旧青浦鎮から約1kmの古青竜鎮。宋の慶暦年間(1041-48)に再建。かつては磚と木で出来た八角7層の塔であった。

¶中国名旧2 p32〔写〕

西梁山　せいりょうざん
安徽省和県の南方30km。前方に怒呉閣・竜王宮、後方に普光庵がある。晋の永和3年(347)筆の王羲之(321-379)の「振衣濯足」という摩崖の石刻や明の万暦36年(1608)以後の「洪水至此」の石刻が7か所ある。

¶中国名旧2 p230

清涼寺〔五台山〕　せいりょうじ
山西省五台県の五台山の中台、清涼谷。北魏の孝文帝(在位471-499)の創建。開成4年(839)には日本の円仁も本寺を巡礼したことが『行記』に見えている。

¶中国仏教(清涼寺 しょうりょうじ)

清涼寺〔南京市〕　せいりょうじ
江蘇省南京市。五代十国の呉代(902-937)の興教寺。李後主(李煜)(在位961-975)が利用していた。

¶中国名旧2 p43

西林塔〔松江県〕　せいりんとう
上海市松江県松江鎮中山西路西塔弄。もとは慶雲橋にあった。明の洪武20年(1387)に再建。磚と木で出来た八角7層の塔。

¶中国名旧2 p31

西林塔〔廬山〕　せいりんとう
江西省九江市の廬山の東林寺の西側。唐代千仏

中国　252

塔とも。唐の開元年間（713-741）の建立。六角7層。

　¶中国名旧4 p81〔写〕

西冷印社社址　せいれいいんしゃしゃし
浙江省杭州市の孤山にある。西冷印社は金石篆刻研究の有名な学術団体。構内に柏堂、竹閣、観楽楼、厳経塔などがある。

　¶中国名旧2 p131

青蓮岡　せいれんこう
江蘇省淮安県。青蓮岡文化の標準遺跡。新石器時代の文化層がある。

　¶世界考古

惜陰亭　せきいんてい
安徽省樅陽県。晋代の陶侃を記念して建てた。亭はなく、現存するのは遺構のみ。

　¶中国名旧2 p211

石泓寺石窟　せきおうじせっくつ
陝西省西安北方の鄜県。開創の年代は不明。窟壁に彫刻されている観音像や小仏群に後世の補修はあるが原型は唐時代と推定。

　¶新潮美（石泓寺石窟 せっこうじせっくつ），中国仏教，中国名旧5 p178（石泓寺 せきおうじ）

石花山　せきかざん
広東省台山県の東北郊。山中に「含輝四照」など古い石刻がある。

　¶中国名旧4 p241

石牛古洞　せきぎゅうこどう
安徽省潜山県の北方7.5km。牛が眠っているような形の巌。唐・宋代以来、遊覧者が岩壁に大量の題名石刻を残し、280余りが現存。

　¶中国名旧2 p219

石宮寺　せききゅうじ
陝西省子長県安定鎮の北、鐘山の南麓。岩壁の上にある石窟で、8本の方形の石柱で窟頂を支える。

　¶中国名旧5 p206

戚継光父子総督坊　せきけいこうふしそうとくぼう
山東省蓬莱県、戚家の祠堂の南側。明の嘉靖44年（1565）に朝廷が建てたもの。3間の柱間をもつ石造牌楼。

　¶中国名旧3 p141

石固遺址　せきこいし
河南省長葛県老石固村の東南0.5kmの台地。住居址と墓からなる。底層は裴李崗文化、上層は仰韶文化に属する。

　¶中国名旧3 p246

戚公祠　せきこうし
福建省福州市の于山の白塔寺の東側。戚継光（1528-87）は明代の傑出した軍事家。福州の官紳はその功を記念する石碑を建てた。現存する祠堂は1918年に再建したもの。

　¶中国名旧4 p118

石鼓山　せきこざん
湖南省衡陽市の北門外。唐代に李寛が廬を設けて勉学にいそしみ、宋代に書院を設け「石鼓書院」という扁額を下賜。

　¶中国名旧4 p27

石金剛　せきこんごう
河北省南皮県の城関の東北隅にある。2体の石像。興化寺の遺構。現在、収められている亭は間口柱間4間の長方形。

　¶中国名旧1 p169

石斎　せきさい
福建省東山県の東山島の東門嶼。2つの岩洞からなる。雲山石室は明朝の武英殿大学士の黄道周（1585-1646）が少年時代に勉学にいそしんだところ。

　¶中国名旧4 p168

石寨山滇王墓　せきさいざんてんおうぼ
雲南省昆明市晋寧区上蒜鎮。700基以上の墓群。6号墓から副葬品の中に「滇王之印」の4文字を陰刻した蛇紐の金印があり、滇の王族墓地であることが判明した。

　¶新潮美（石寨山遺跡 せきさいざんいせき），世界考古（石寨山古墓 せきさいざんこぼ）〔写（銅俑）〕，大遺跡9（石寨山漢墓 せきさいざんかんぼ）〔写〕，中国名旧5 p124（石寨山古墓群遺址 せきさいざんこぼぐんいし），東ア考古

赤山約農会旧址　せきざんやくのうかいきゅうし
広東省海豊県海城鎮の東部、竜山の麓。もと霊雨庵。1922年彭湃が当所で赤山約農会を結成。

　¶中国名旧4 p251

石室（聖心大教堂）　せきしつ
広東省広州市一徳路。聖心大教堂のこと。光緒14年（1888）に完成。尖塔を特色とする中国最大のゴシック式の聖堂。

　¶中国名旧4 p214（石室）

石室巌〔莆田市〕　せきしつがん
福建省莆田市の市街西方2kmにある。伏虎巌とも。唐の大中6年（852）に妙応禅師が巌上に寺を建立。

　¶中国名旧4 p142

石室巌〔肇慶市〕　せきしつがん
広東省肇慶市の玉屏巌と東西に相対。七星巌の一つで、巌下の石室洞に唐代以来の摩崖石刻が

270余りある。

¶中国名旧4 p256

石筍山石刻造像　せきじゅんさんせっこくぞう

四川省邛峡県の西北約25kmの大同郷の石筍山。絶壁に彫られ、33の龕と窟、1千体余りからなる。

¶中国名旧5 p28

戚城　せきじょう

河南省濮陽市の市街北方5km。春秋時代は衛の重要な城邑。仰韶文化期の紅陶の鉢、龍山文化期の陶製の碗などが出土。

¶中国名旧3 p243

石鐘山石窟　せきしょうざんせっくつ

雲南省剣川県の西南25km。剣川石窟とも。石鐘寺区・獅子関区・沙登村区からなり、あわせて17窟。

¶世界考古（剣川石窟　けんせんせっくつ），中国名旧5 p134，中国名勝古蹟 p285〔写〕

石城子古城　せきじょうしこじょう

新疆ウイグル自治区奇台県の南方50kmの山中。漢代様式の雲文瓦当・平瓦・丸瓦などが出土。漢代の古城。

¶中国名旧5 p283

積翠証明龕　せきすいしょうみょうがん

山東省長清県の霊巖寺の裏山の頂上。唐代に開削されたもので、北壁に高さ約5mの釈迦牟尼の影像を配す。

¶中国名旧3 p122

赤石暴動旧址　せきせきほうどうきゅうし

福建省武夷山市（旧・崇安県）の南方7km、赤石鎮の渡し場。1942年6月の赤石暴動を起こしたところ。

¶中国名旧4 p170

淅川　せきせん

河南省淅川県。新石器時代の遺跡。住居址、墓、窯址、貯蔵穴などを発見。

¶世界考古

石像生　せきぞうせい

北京市天寿山麓の十三陵の墓道の両側に並ぶ。宣徳10年（1435）に長陵と献陵を造営する際、彫造したもの。

¶中国名旧1 p83〔写〕

石柱観　せきちゅうかん

湖北省建始県の西方45kmの望坪山。明の嘉靖年間（1522-66）の建立。前堂と後堂からなる。

¶中国名旧3 p335

石篆山石刻　せきてんざんせっこく

四川省大足県の西南27km。儒・仏・道3教の造像からなり、子母殿と千仏崖がある。

世界遺産（大足石刻　1999）

¶中国名旧5 p35

石塔〔石塔寺〕　せきとう

四川省邛峡県の西方45kmの石塔寺にある。13層の石塔。基壇は二重の須弥壇。

¶中国名旧5 p28

石塔〔竜山〕　せきとう

遼寧省錦西市の市街の東北50km、砂鍋屯村の東の竜山。金の泰和6年（1206）建立の六角5層石塔。高さ4.69m。各面の中央に尖頭アーチ形の仏龕がある。

¶中国名旧1 p207

石塔寺　せきとうじ

福建省福州、烏石山。貞元15年（799）創建。初め貞元無垢浄光塔といった。永隆3年（941）王延義が重建し堅牢塔と名づけた。寺僧は絶えて、塔のみが伝存した。

¶中国仏教

石頭城〔タシュクルガン・タジク自治県〕　せきとうじょう

新疆ウイグル自治区タシュクルガン・タジク自治県の近く。城内の仏寺の遺構から、サンスクリット語の貝葉経が出土。

¶中国名旧5 p310

石頭城〔南京市〕　せきとうじょう

江蘇省南京市の市街西部。石城址。三国時代の呉はここに建都し、楚の金陵邑の旧址を利用して有名な「石頭城」を修築した。南北に約3千mにわたって連なり、城壁の土台の遺構は赤褐色を呈す。

¶中国名旧2 p44，中国歴史

石灯塔　せきとうとう

黒竜江省寧安県渤海鎮の西南部、興隆寺（南大廟）にある。石灯幢・石浮屠ともいい、完全な形で残っている渤海の唯一の大型石彫。

¶中国名旧1 p244

石場溝古墳群　せきばこうこふんぐん

黒竜江省牡丹江市樺林公社石場溝村。渤海時代の古墳群。石築単室封土墳16基、双室墓2基を発掘。

¶東ア考古

石馬寺　せきばじ

山西省昔陽県の西南15kmの石馬村。石刻像と宗教建築が合体した仏教寺院。北魏の永熙3年（534）の創建大仏殿（元代）・観音閣（明代）・子孫殿・東南窟廊・鐘楼・鼓楼などがある。

¶中国名旧3 p55

石仏巌　せきぶつがん
福建省石獅市の市街西南16km。南天禅寺のこと。境内の岩壁に石仏があり、南宋の嘉定9年（1216）に彫られたもの。
¶中国名旧4 p155

石仏山遺跡　せきぶつざんいせき
遼寧省東溝県馬家店郷馬家店村石仏山屯。新石器時代の集落遺跡。検出された遺構は住居跡1軒と土坑2基。
¶東ア考古

石仏寺　せきぶつじ
浙江省紹興市の市街西北20kmの下方橋鎮にある。霊鷲禅院とも。高さ15m余りの弥勒石仏がある。隋代に採石の工匠が彫り上げ、唐代に寺を建てて覆ったと伝える。岩壁には名士の摩崖題刻が多い。
¶中国名旧2 p172

石屏秀山　せきへいしゅうざん
雲南省石屏県の西方10km、宝秀鎮の南。唐代に傣族が寺院を建てたと伝える。明の洪武年間（1368-98）に真覚寺を創建。
¶中国名旧5 p144

石壁　せきへき
江蘇省蘇州市光福の蟠螭山にある。名士の題詠の石刻が多い。石壁精舎は明の嘉靖年間（1522-66）の創建。
¶中国名旧2 p86

石壁（シェク・ピク）　せきへき
香港の大嶼島（爛頭島）石壁。英語名はシェク・ピク。新石器時代晩期の遺跡。幾何学文を刻んだ岩刻画が数ヶ所発見された。
¶世界考古（石壁　せきへき）

赤壁　せきへき
湖北省。建安13年（208）10月、劉備・孫権の連合軍が曹操軍を撃ち破った地。長江沿岸の蒲圻で2千余件の刀・戈など三国時代の遺物が出土しており、「赤壁」は蒲圻にあったということが有力となっている。
¶新潮美, 中国名旧3 p332（赤壁之戦遺址　せきへきしせんいし）, 中国歴史

赤壁摩崖　せきへきまがい
湖北省蒲圻県の赤壁磯の岩壁。様々な文字・印記・詩賦・画像などを彫る。「赤壁」を彫った題榜が4つある。
¶中国名旧3 p333

赤峰　せきほう
内モンゴル自治区赤峰市。第一期文化の遺物は、彩陶、粗陶など。第二期文化は、時代と性質の

まったく異なる2種の青銅器時代文化。
¶世界考古

石宝寨　せきほうさい
四川省忠県の東部の北岸。寨門、寨身の層楼、寨頂の古刹の3つの部分からなる。
¶中国名旧5 p72, 中国名勝古蹟 p274〔写〕

石棚山　せきほうざん
江蘇省連雲港市の市街西南6km。奇岩怪石が林立し、棲鳳崖・鳳洞などの名勝がある。
¶中国名旧2 p63

石棚山石棚　せきほうざんせきほう
遼寧省蓋県浮渡河北岸の石棚山。新石器時代後期から青銅器時代前期の墳墓。6枚の大きな石板で築かれる。
¶中国名旧1 p210

石房子　せきほうし
内モンゴル自治区バイリン左旗の遼祖州城遺址の西北隅。花崗岩の大きな石板で造られた建造物。1千年余りの歴史があり、遼の太祖の陸墓の祭祀と関係する可能性が高い。
¶中国名旧1 p181

石包城城堡遺址　せきほうじょうじょうほいし
甘粛省粛北モンゴル族自治県の東方150km。城壁は石積みで、1辺約100mの方形を呈し、完全な形で残る。
¶中国名旧5 p252

赤峰大営子1号墓　せきほうだいえいし1ごうぼ
内モンゴル自治区赤峰市大営子村。3基の遼代墓の1基で、故駙馬贈衛国王蕭屈列と奥哥公主の合葬墓。蕭屈列の墓誌が置かれる。
¶東ア考古〔図〕

赤峰大営子遼墓　せきほうだいえいしりょうぼ
内モンゴル自治区赤峰市紅山区大営子。遼の太祖の女、質古の婿、蕭屈列の墓。墓室は、前室・中室・後室と側室2を有する塼築。
¶世界考古（大営子遼墓　だいえいしりょうぼ）〔図〕

析木城金塔　せきぼくじょうきんとう
遼寧省海城市析木城の西北2.5kmの羊角峪西山。遼代の建立。高さ31.5m、八角13層の実心密檐塼塔。
¶中国名旧1 p198

析木城石棚　せきぼくじょうせきほう
遼寧省海城市の市街東南29kmの姑嫂石村。新石器時代後期から青銅器時代前期にかけての支石墓。2つあり、姑石・嫂石といったが、現存するのは姑石のみ。
¶中国名旧1 p198

石門〔天水市〕　せきもん

甘粛省天水市北道鎮の東南50km、隴南の山間部。2つの峰が門のようにそびえる。俗に臥虎台。主峰に真武祠・王母祠などがある。

¶中国名旧5 p224

石門〔梁河郷〕　せきもん

四川省高県の南方4kmの梁河郷。街道の両側に大きな石がそびえる。前漢朝の武帝が唐蒙を派遣して開削させたと伝える。

¶中国名旧5 p58

石門山石刻　せきもんざんせっこく

四川省大足県の東方21kmの聖府洞にある。龕窟、儒・仏・道3教のあわせて1千体余りの石刻造像。

世界遺産（大足石刻 1999）

¶中国名旧5 p35

石門大仏　せきもんだいぶつ

四川省江津県の石門場の近くの大仏寺にある。明代に開削されたとされる大仏。

¶中国名旧5 p33

石門洞摩崖石刻　せきもんどうまがいせっこく

浙江省青田県の括蒼山中、石門洞にある。南朝の宋（420-479）以後、代々の題刻が揃う。

¶中国名旧2 p183

石榴花塔　せきりゅうかとう

湖北省武漢市の亀山の南麓の漢陽公園。六角3層の青石造り。

¶中国名旧3 p274

石龍頭　せきりゅうとう

湖北省大冶県石龍頭。石灰岩洞穴。旧石器時代前期に属する石器類と多くの哺乳動物化石が出土。

¶世界考古

石家河遺跡群　せっかかいせきぐん

湖北省天門市天河鎮。8平方kmの範囲内で30ヵ所余りの遺跡群からなる大規模集落群。遺跡群は主に、新石器時代の屈家嶺文化から石家河文化にかけてのもの。

¶世界考古（石家河 せっかか）、東ア考古〔図〕

薛家崗新石器文化遺址　せっかこうしんせっきぶんかいし

安徽省潜山県の南方7.5km。石器、陶器、玉器などが1千点近く出土。透彫りを含めて装飾を施した60個余りの陶球も出土。薛家崗文化と呼ばれる。

¶中国名旧2 p216

石家荘市荘村　せっかそうしそうそん

河北省石家荘市の市荘村南郊と大興街にある。戦国時代の趙国の村落址。出土品には鉄製農工具、石器、貝器、陶器片など。

¶世界考古

石渠閣　せっきょかく

未央宮の北にあった。漢代朝廷の書物を蔵したところ。「漢書」儒林伝等を見ると、多くの学者が、しばしばここで経典を論議している。

¶アジア歴5

石空寺石窟　せっくうじせっくつ

寧夏回族自治区中寧県の西北部の双竜山。仏教石窟。石空寺窟（万仏寺）、睡仏洞、百子観音洞、霊光洞の4窟があり、石空寺窟は、高さ25m、奥行約7m、正面に3仏龕を穿ち、五尊像を安置する。

¶新潮美, 中国名旧5 p260

石鼓書院　せっこしょいん

湖南省衡陽県の北の石鼓山。中国旧時の著名な書院。唐の元和年間（806-820）李寛がここに庵を建てて読書した。宋の至道3年（997）李士真が書院を創立。

¶中国歴史

薛城　せつじょう

山東省滕の南約17kmの滕県平原地区。西周時代（薛国）から隋代まで続いた城址で、戦国時代に大規模な修築が行なわれたと伝わる。

¶世界考古, 中国名旧3 p166（薛国故城 せっこくじょう）

薛仁貴寒窰　せつじんきかんよう

山西省河津県の東方10kmの修村。薛仁貴の妻の柳氏の寒窰の遺構。その南にある洞窟は、白袍洞といい、薛夫妻の塑像を安置。

¶中国名旧3 p98

拙政園　せっせいえん

江蘇省蘇州市の婁門内。蘇州の四大名園の一つ。初めは唐代の詩人陸亀蒙の邸宅で、明の嘉靖年間（1522-66）に王献臣が買い取って庭園に改めた。典型的な江南の庭園。

¶新潮美, 中国名旧2 p75〔写〕, 中国名勝古蹟 p257〔写〕, 文化史蹟17〔写〕

淅川下寺楚墓　せつせんかじそぼ

河南省淅川県下寺。春秋時代中・後期の楚国の貴族墓群。大・中型墓9基、小型墓15基、車馬坑5基が発見された。

¶東ア考古

雪竇寺　せっちょうじ

浙江省奉化県の西北にある雪竇山中。禅宗五山十刹の十刹五位の資聖寺に当たる。智覚と明覚の2覚堂がある。

¶中国仏教

雪竇山　せっとうざん

浙江省奉化県渓口鎮の西北。「禅宗十刹」の一つ

である唐代創建の雪竇寺の旧址がある。

¶中国名旧2 p152

節兵義墳　せつへいぎふん
広東省穿鼻洋の虎門の白草山の西麓、沙角炮台の背後。イギリス軍と戦った沙角炮台の600人余りの将兵、地元の大衆の墓。

¶中国名旧4 p247

雪峰枯木庵　せっぽうこぼくあん
福建省雪峰寺の近く。義存祖師（822-908）が入山したときに住んだところと伝える。枯木の中空となった幹に10人ほどが入れる。

¶中国名旧4 p131

雪峰寺　せっぽうじ
福建省南安県洪瀬鎮の楊梅山の麓。南宋の淳祐3年（1243）に天錫和尚が庵を建てた。代々改修と拡充を重ね、現存するのは現代風の楼閣。

¶中国名旧4 p159

雪峰崇聖禅寺　せっぽうすうしょうぜんじ
福建省福州市街から77km、閩侯県の雪峰。略称を雪峰寺。僧の義存（822-908）が唐の咸通11年（870）に入山。6年後に完成。

¶中国名旧4 p131

セラ寺
チベット自治区ラサ市の市街北郊の山麓。漢字表記は、色拉寺。チベット仏教ゲルク派の大寺。1419年の創建。永楽版チベット大蔵経がある。

¶角川世（セラ寺（色拉寺））、世歴事5〔写〕、中国名旧5 p149（色拉寺 セラじ）〔写〕、中国名勝古蹟 p95〔写〕

善因寺　ぜんいんじ
ドロンノールの北郊2km。1727年、ジャンジャフトクト第2世のとき、雍正帝から「善因」の額を賜った寺。本殿のほかに5官倉がある。

¶アジア歴5

鮮于庭誨墓　せんうていかいぼ
陝西省西安市西郊南何村の北西約100m。唐代の塼室墓。墓主の鮮于庭誨は開元11年（723）没。

¶世界考古

瞻園　せんえん
江蘇省南京市の夫子廟の西、瞻園路にある。朱元璋（明の太祖）が皇帝を称する前の呉王府。

¶中国名旧2 p44

銭王祠　せんおうし
浙江省杭州市の清波門の北にある。武粛王銭鏐・文穆王元瓘・忠献王弘佐・忠遜王弘倧・忠懿王弘俶を祀る。熙寧10年（1077）の創建。

¶中国名旧2 p133

仙翁廟　せんおうびょう
山西省高平市の西北10kmの伯方村。仙翁殿は呂洞賓を祀る。切妻造り。竜鳳・草花・力士など、琉璃の棟飾りがそろう。

¶中国名旧3 p79

前海桟橋　ぜんかいさんばし
山東省青島市の南部、青島湾。清の光緒17年（1891）の築造。防波堤に回瀾閣という民族色に富む2階建ての八角亭がある。

¶中国名旧3 p123

仙霞関　せんかかん
浙江省江山県保安鎮の西南方。福建省に通じる要害の地。関門は6つある。

¶中国名旧2 p189

仙鶴寺　せんかくじ
江蘇省揚州市汶河路の東側。イスラム教の開祖マホメットの16世の裔普哈丁が南宋代に揚州で布教をしたときに創建し、明の洪武年間（1368-98）に再建。

¶中国名旧2 p104

宣化遼墓　せんかりょうぼ
河北省張家口市宣化区下八里村。遼代博墓。遼の検校国子監祭酒兼監察御史であった張世卿の墓。頂部にある彩色の星象図は重要資料。

¶新潮美（宣化〔遼代の壁画墓〕 せんか）、世界考古、中国名旧1 p143

仙巌山　せんがんざん
浙江省瑞安県の大羅山の南麓。中国道教の第二十六福地。唐・宋代の摩崖石刻が多く、寺院や亭台が錯綜。

¶中国名旧2 p161

銭寛夫婦墓　せんかんふうふぼ
浙江省臨安県の明堂山の南麓にある。銭寛夫妻は呉越王銭鏐（852-932）の親。墓は高さ約7m、面積0.1haの塚。金・銀・銅・磁・玉・漆器が大量に出土。

¶中国名旧2 p145

センギム＝アギス　Semgim-aghiz
新疆ウイグル自治区トルファン市の市街東北約40km。仏教遺跡。中国名は勝金口。12の仏寺址があり、日干し煉瓦造の祠堂と僧房からなる。側壁に龕を彫り座禅窟とした寺址もある。年代は7～8世紀。

¶アジア歴5、新潮美、中国名旧5 p280（勝金口千仏洞 センギムせんぶつどう）

善化寺　ぜんげじ
山西省大同市の市街の南部。唐の開元年間の創建。山門と三聖殿は金代、大雄宝殿は遼代の遺構。

¶新潮美（善化寺 ぜんかじ）、中国名旧3 p29

善化寺三聖殿　ぜんげじさんしょうでん
山西省大同市の善化寺内。間口5間、奥行4間、単層寄棟造の建物。金の天会6年（1128）以降に建てられたものと考えられる。
¶中国名旧3 p30, 文化史蹟17〔写〕

善化寺山門　ぜんげじさんもん
山西省大同市の善化寺の天王殿。天会・皇統年間（1123-48）の創建。建築構造は宋代の様式。
¶中国名旧3 p31

善化寺大雄宝殿　ぜんげじだいゆうほうでん
山西省大同市の善化寺内の後方。11世紀末頃。間口7間、奥行5間、単層寄棟造の堂々たる建築。天井の中央間部分は闘八藻井。
¶中国名旧3 p30, 文化史蹟17〔写〕

善化寺普賢閣　ぜんげじふげんかく
山西省大同市の善化寺内の西側。11世紀末頃。善化寺の遼時代の遺構。塼積みの低い基壇上に立ち、重層で縁・高欄をめぐらした楼閣。
¶中国名旧3 p30〔写〕, 文化史蹟17〔写〕

銭元瓘墓石刻星象図　せんげんかんぼせっこくせいしょうず
浙江省杭州市の孔廟にある。五代の呉越王銭元瓘（在位932-941）の墓の玄室天井の石刻。星象は陰刻で、中央に北極星、周囲に二十八宿を彫る。
¶中国名旧2 p133

銭江海塘　せんこうかいとう
浙江省杭州湾の南北両岸にある。銭江の潮汐の害を防ぐために築いた。現存するのは清代のもの。
¶中国名旧2 p165

戦国長城遺跡　せんごくちょうじょういせき
河南省・湖北省（楚の長城）ほか。前5世紀末、春秋時代から戦国時代に移るとき、諸侯が自分の領土に城壁を構え敵の侵攻を防いだ。楚の国が前7世紀に築き、後に、斉、魏、秦、燕、趙などの国も城壁を築いた。
¶中国名勝古蹟 p49〔写（斉の長城）〕

戦国糧倉遺址　せんごくりょうそういし
江西省新幹県界埠郷の贛江西岸の台地。古城・住居・食糧倉庫・陶窯・墓などの遺構がひろがる。縦溝から完形の戦国時代の鉄斧が出土。
¶中国名旧4 p100

泉護村遺跡　せんごそんいせき
陝西省華県柳子鎮。新石器時代仰韶文化と客省荘二期文化の遺跡。第一期文化は、陝西省の仰韶文化廟底溝類型の標準遺跡として泉護村類型とも呼ばれる。
¶東ア考古

千歳衢　せんざいく
貴州省大方県の西南20km。明の嘉靖24年（1545）に貴州宣慰使の安万銓が中腹に桟道を穿ち、翌年完成。旅行者がその便利さをたたえ、千歳衢と命名した。
¶中国名旧5 p99

前嘴石窟　ぜんさいせっくつ
河南省淇県の西北18km、前嘴村の東部。丘陵の麓にある洞窟の後壁に1仏2弟子2菩薩を伴う龕を穿っている。
¶中国名旧3 p234

千山　せんざん
遼寧省鞍山市の東20km、遼陽市の東南30km。積翠山・千朶蓮花山ともいう。東北地区の三大名山の一つ。山中は奇峰だけでなく、遼・金代以来の名勝旧跡が多い。
¶中国名旧1 p195, 中国名勝古蹟 p25〔写〕

船山学社旧址　せんざんがくしゃきゅうし
湖南省長沙市中山東路にある。1914年に王船山を記念し、船山学社を開設。3つの院落からなる平屋の四合院。
¶中国名旧4 p22

銭山漾　せんざんよう
浙江省湖州市（呉興）の南7km。良渚文化の遺跡。最下層は良渚文化の堆積層、上層は青銅器と幾何学印文硬陶を伴出する金石併用期の文化層。
¶世界考古

仙字潭摩崖石刻　せんじたんまがいせっこく
福建省漳州市華安県の汰渓の中流の絶壁にある。漢族以外の民族の象形文字の石刻。
¶中国名旧4 p166

千秋関　せんしゅうかん
安徽省寧国県の東南60km。地勢が険しく、代々兵家必争の地。
¶中国名旧2 p237

泉州府学　せんしゅうふがく
福建省泉州市の三教鋪。南宋の紹興7年（1137）に改修し、左側を府学、右側を孔廟とした。福建省で最大の孔廟。
¶中国名旧4 p152

前掌大遺跡　ぜんしょうだいいせき
山東省滕州市官橋鎮前掌大村。商周時代の墓地遺跡。商周時代の土壙墓約100基、車馬坑5基、ウマ・ウシ・イヌ・人の殉葬坑が検出された。
¶東ア考古〔図〕

前上房　ぜんじょうぼう
山東省曲阜市の孔府。内宅の最初の院落の正庁。
世界遺産（曲阜の孔廟、孔林、孔府　1994）

中国

¶ 中国名旧3 p154

扇子崖 せんすがい
山東省泰安市の泰山西路の長寿橋の西。底部に
天勝寨の遺構があり寨内には米臼窩・演武場・
張旗石などの遺構が現存。

¶ 中国名旧3 p181

陝西大寺大殿 せんせいだいじたいでん
新疆ウイグル自治区ウルムチ市和平南路の永和
正巷。清の乾隆〜嘉慶年間 (1736-1820) に創建
した清真寺。

¶ 中国名旧5 p276

千像寺 せんぞうじ
天津市薊県の盤山陵園の東、清の乾隆帝の行宮
静寄山荘の北。唐代の創建で、大きな岩に線刻
の仏像が数十現存する。

¶ 中国名旧1 p102

洗象池 せんぞうち
四川省峨嵋県の峨嵋山。十六角形の池。殿内に
観音・地蔵・大勢至の像を安置。

¶ 中国名旧5 p69

冉荘地道戦遺址 ぜんそうちどうせんいし
河北省清苑県の南15kmの冉荘村。もと全長
15km余りの地下道。軍用と民用に分かれ、戦
闘や人間・物資の隠蔽に利用した。1945年1月ま
で村と村を結ぶ戦闘用地下道になった。

¶ 中国名旧1 p141

仙都 せんと
浙江省縉雲県の東方8km。道教の第二十九洞天。

¶ 中国名旧2 p181

銭塘江大橋 せんとうこうだいきょう
浙江省杭州市の六和塔の近く。1934年8月8日に
着工し、1937年9月26日に竣工。橋梁専門家・茅
以昇が設計を担当した最初の鉄道・道路併用の
2層橋。

¶ 中国名旧2 p134

仙堂寺 せんどうじ
山西省襄垣県の東北25km、仙堂山の中腹。山門・
三仏殿・禅院と東西の配殿が現存。琉璃の棟瓦
と殿内の仏像は明代のもの。

¶ 中国名旧3 p68

千唐誌斎 せんとうしさい
河南省新安県新安県鉄門鎮。磚造りの洞窟住居
を造り、3つの中庭と15の部屋の壁に墓誌をはめ
込む。

¶ 中国名旧3 p226

前当舗 ぜんとうほ
遼寧省新民の南東、大民屯区。金・元代の村落

址。遺物は鉄器、陶磁器、貨幣、装身具など計
1021点。

¶ 世界考古

銭塘六井 せんとうろくせい
浙江省杭州市の市街。唐の大暦年間 (766-779)、
杭州刺史の李泌 (722-789) が西湖と結ぶ井戸を6
つ掘った。井戸はすでに隠滅し、相国井の遺構
のみ現存。

¶ 中国名旧2 p134

仙人崖 せんにんがい
甘粛省天水市北道鎮の東南40km。東庵・西庵・
南庵・宝蓋山などが点在。明代建立の蓮花寺が
ある。

¶ 中国名旧5 p224

仙人台 せんにんだい
遼寧省鞍山市の千山の東南部。千山第1の高峰。
東斜面に菩薩像のレリーフ、北斜面に清の光緒年
間の余慕涛筆の「仙人台」の3字が彫られている。

¶ 中国名旧1 p196

仙人塔 せんにんとう
安徽省寧国県の東方50kmの南沖にある。断崖
絶壁の上に建ち、六角7層で高さ26m。唐の貞観
(627-649) の時に建てたと伝わる。

¶ 中国名旧2 p237

仙人洞 せんにんどう
江西省九江市の廬山の牯嶺の西北。円形の洞口
の上に「仙人洞」の3字を彫る。唐代に呂洞賓が
修行して登仙したところと伝える。

¶ 中国名旧4 p74〔写〕

仙人洞遺跡 せんにんどういせき
江西省万年県大源郷。旧石器時代末期から新石
器時代前期の洞穴遺跡。プラント・オパール分
析によるイネ資料が検出された。

¶ 世界考古 (仙人洞 せんじんどう)、東ア考古

先農壇 せんのうだん
北京市宣武区永定門大街の西側。先農神を祀る
建造物。明の嘉靖年間の築造。

¶ 中国名旧1 p48

洗馬池 せんばち
江西省南昌市勝利路の中央。漢の高祖5年 (前
202) に灌嬰が予章郡を平定した時、馬に水を飲
ませていた場所。砂州の中の池。

¶ 中国名旧4 p57

薦福寺 せんぷくじ
陝西省西安市。大薦寺ともいう。唐代則天武后
が文明元年 (684) 高宗追福のために創建。景竜
元年 (707) に率銭が建てた小雁塔がある。

¶ 中国仏教

薦福寺小雁塔　せんぷくじしょうがんとう
陝西省西安市、永寧門外西南1.7km。景竜元年(707)の建築。当初は15層であったが、明の嘉靖34年(1555)の地震で最上部2層が倒壊し、現在は13層まで残る。平面は正方形で密檐式。

¶新潮美, 文化史蹟17〔写〕

千仏院摩崖造像　せんぶついんまがいぞうぞう
陝西省麟游県の西南約20kmの百尺崖にある。岩壁に仏龕・仏陀・菩薩・天王・力士・羅漢などを彫る。唐代初期の開削。

¶中国名旧5 p193

千仏崖　せんぶつがい
山西省霍州市の南方7.5km、郭荘村の山腹。唐代から彫り始め、最後のものは明の正徳5年(1501)。

¶中国名旧3 p88

千仏崖造像　せんぶつがいぞうぞう
山東省歴城県柳埠村、竜虎塔の西方の白虎山の絶壁。大小あわせて100余りの石窟と211体の仏像がある。

¶中国名旧3 p117

千仏巌　せんぶつがん
江蘇省南京市の棲霞山の棲霞寺の無量殿の背後の崖。南斉代(479-502)の明仲璋が像を彫ったと伝える。294の仏龕にあわせて515体の仏像がある。

¶アジア歴5(棲霞山石窟 せいかさんせっくつ), 中国名旧2 p42

千仏山　せんぶつざん
山東省済南市の市街南方2.5km。舜耕山ともいう。隋の開皇年間(581-600)に全山の岩壁に仏像を彫った。

¶新潮美(済南 さいなん), 中国名旧3 p113〔写〕, 中国名勝古蹟 p172〔写〕

仙仏寺石窟　せんぶつじせっくつ
湖北省来鳳県の酉水河の河畔の仏潭巌。絶壁の中部に大きな石窟が3つ並び、大石仏、菩薩を彫る。

¶中国名旧3 p337

千仏鉄塔　せんぶつてっとう
陝西省咸陽市の市街から15kmの北杜郷。方形10層の鉄鋳の中空塔、各層の外壁に多数の鉄仏を鋳込む。

¶中国名旧5 p181

千仏殿　せんぶつでん
山東省長清県の霊巌寺にある。唐代の創建。単檐寄棟造りで、彩色を施した斗栱がすっきりしており、軒が深く、礎石が古朴。周囲の壁に木彫りの仏像を多数配す。

¶中国名旧3 p121

千仏塔〔梅州市〕　せんぶつとう
広東省梅州市の東山嶺。銑鉄で鋳造し、外壁に千仏のレリーフを施す。南漢の大宝8年(965)の建立。

¶中国名旧4 p252

千仏塔〔陸良県〕　せんぶつとう
雲南省陸良県の大覚寺にある。元代の建立。

¶中国名旧5 p138

千仏洞〔営里村〕　せんぶつどう
山西省郷寧県の東方5km、営里村の絶壁。壁面中に仏龕と仏像を彫る。造像の様式からみると隋・唐代のもの。

¶中国名旧3 p89

千仏陶塔　せんぶつとうとう
福建省福州市の鼓山の涌泉寺。2塔からなり、東を荘厳劫千仏宝塔、西を賢劫千仏宝塔という。北宋の元豊5年(1082)に焼成。

¶中国名旧4 p122

仙峰寺　せんほうじ
四川省峨嵋県の峨嵋山にある。別称を仙峰禅院。明の万暦40年(1612)に本炯和尚が創建。殿宇は清代末期。

¶中国名旧5 p68

仙游観　せんゆうかん
陝西省麟游県の北方約0.5km。道教の赤脚仙が游んだところ。大殿の梁と桁が現存。

¶中国名旧5 p193

旋螺殿　せんらでん
四川省南渓県の西方32kmの石牛山。明の万暦24年(1596)の建立。外観は3層にみえるが、実際には2層。

¶中国名旧5 p58

銭鏐墓　せんりゅうぼ
浙江省臨安県の太廟山にある。銭鏐(852-932)は五代十国の呉越の初代君主。

¶中国名旧2 p145

宣霊王廟　せんれいおうびょう
甘粛省隴南市徽県の西門外、鳳凰山の山頂。宋代にはじまる廟。大殿は3間×3間、単檐、入母屋造。元代の建築と推定。

¶新潮美

草鞋山遺跡　そうあいざんいせき
江蘇省蘇州市唯亭鎮。新石器時代遺跡。馬家浜期・東周時代の水田遺構が確認された。

¶東ア考古

草庵　そうあん

福建省晋江県の万山峰（万石山・華表山とも）の
蘇内村。現在は単檐入母屋の石造り。碑には隋
代の十八碩儒が勉学に勤しんだところとある。
庵内の岩壁に元代初期のマニ教の神像のレリー
フがあり、中国では少ないマニ教の遺跡。

¶ 中国名旧4 p156

贈衛国王墓　ぞうえいこくおうぼ

内モンゴル自治区赤峰市紅山区大営子西北。遼
代の墳墓群中の1基。金銀器・瑪瑙器、「官」「新
官」の款を有する白磁、銀鞍・鉄馬鐙など2162
点が確認されている。

¶ 東ア考古

藻咏庁　そうえいちょう

河北省保定市の古蓮花池の南側にある。もとは
2階建ての楼閣。清の同治年間（1862-74）の「蓮
池十二景」のうちの一つ。光緒28年（1902）に庁
に改築。

¶ 中国名旧1 p129

棗園革命旧址　そうえんかくめいきゅうし

陝西省延安市の市街西北10km。1940〜42年、44
〜47年に中国共産党の中央書記処が置かれてい
た。小講堂、作戦研究室・休息室・機要弁公室
の置かれていた平屋がある。

¶ 中国名旧5 p205

壮悔堂　そうかいどう

河南省商丘県の劉家寓首南街の東側。明代末期
の才子侯方域が勉学にいそしんだところ。侯氏
の旧宅。

¶ 中国名旧3 p251

曾家岩五十号　そうかがんごじゅうごう

四川省重慶市中山四路にある。周恩来と南方局
が城内における主要な事務所とした建物。

¶ 中国名旧5 p30

曹娥孝女廟　そうがこうじょびょう

浙江省上虞県の曹娥江の河畔。後漢の曹娥は孝
女といわれた。元嘉元年（151）に南岸に葬ると
ともに碑を建てた。廟は宋代の創建であるが、現
在の廟宇は清代のもの。

¶ 中国名旧2 p175

蒼岩山　そうがんざん

河北省井陘県の東北部。山上に隋の煬帝の長女
南陽公主が出家したと伝える福慶寺が建つ。一
説に隋の文帝の娘妙陽公主の修業の地ともいう。

¶ 中国名旧1 p108, 中国名勝古蹟 p144〔写〕

曹魏故城　そうぎこじょう

河南省許昌県古城村。内城は皇城で、宮殿の遺
構がわかり、磚や瓦の破片がある。

¶ 中国名旧3 p245

宋教仁墓　そうきょうじんぼ

上海市共和新路の閘北公園。宋教仁（1882-
1913）は民主主義革命家。1924年に墓地を造り、
宋公園と命名。

¶ 中国名旧2 p20

蔵経殿　ぞうきょうでん

湖南省衡陽市の衡山の祥光峰の下。南朝の陳の
光大2年（568）の創建。現存は1931年の再建。南
岳の四絶の一つ。

¶ 中国名旧4 p49

曹鄴読書巌　そうぎょうどくしょがん

広西チワン族自治区陽朔県天鵝山の麓。「曹鄴読
書巌」と大きく彫り、唐代の曹鄴が勉学にいそ
しんだところと伝える。

¶ 中国名旧4 p289

双玉蘭堂　そうぎょくらんどう

甘粛省天水市北道鎮の東南20km、甘泉郷の南街。
もと甘泉寺といい、現存するのは側院のみ。

¶ 中国名旧5 p225

曹渓寺　そうけいじ

雲南省安寧県の5kmの螳螂川の西岸にある。伽
藍は、山門、鐘楼、鼓楼、大雄宝殿、後殿と渡
り廊下などからなる。

¶ 中国名旧5 p125

双桂堂　そうけいどう

四川省梁平県の西南約10km。清の順治18年
（1661）の創建で、柱間300間余りの建物がある。

¶ 中国名旧5 p71

宋璟碑　そうけいひ

河北省沙河県東戸村。顔真卿が政治家の宋璟
（663-737）のために筆をとった墓道碑。

¶ 中国名旧1 p127

宋慶齢墓　そうけいれいぼ

上海市虹橋路の万国公墓の宋家の墓地にある。
宋慶齢（1890-1981）は、中華人民共和国名誉国
家主席などをつとめた。

¶ 中国名旧2 p20

蒼頡廟　そうけつびょう

陝西省白水県の東方約25km。黄帝の時代に文
字を考案した蒼頡の墓地と伝え、のちに廟を建
てた。

¶ 中国名旧5 p202

蒼頡墓　そうけつぼ

陝西省白水県の蒼頡廟の背後にある。円形の塚。

¶ 中国名旧5 p203

滄源崖画　そうげんがいが

雲南省滄源佤族自治県の丁来・永徳など。3千年

前の新石器時代後期に当地にいた民族の中国最古の崖壁画。

¶中国名旧5 p140

曽侯乙墓　そうこういつぼ

湖北省随県市。戦国時代前期の曽国君主乙の墓。出土品の銘文から、墓葬年代は前433年頃と思われる。

¶東ア考古

荘山　そうざん

広東省電白県電城鎮の北方1km。明代の創建の荘山寺がある。上龕に金色の仏像が並ぶ。

¶中国名旧4 p243

蒼山の画像石墓　そうざんのがぞうせきぼ

山東省蒼山前村の台地。南朝・劉宋初期の画像石墓。画題は車馬出行図、四神図など。

¶新潮美（蒼山 そうざん）

曹子建墓碑　そうしけんぼひ

山東省東阿県の南方20km、魚山の西麓の曹植墓の北側。墓碑は隋の開皇13年（593）の建立。碑文は1行43字で22行。

¶中国名旧3 p190

宋慈墓　そうじぼ

福建省建陽県崇雒郷昌茂街の西北斜面の山林。墓前から「慈字恵父宋公之墓」という碣の断片を発見。宋慈（1186-1249）は南宋代の法医学者。

¶中国名旧4 p170

卡若遺跡　そうじゃくいせき

チベット自治区昌都県卡若村西部。新石器時代の遺跡。竪穴住居跡28基が検出されている。

¶中国名旧5 p160（卡若遺址 カルオいし），東ア考古

荘周故里〔清蓮寺村〕　そうしゅうこり

河南省商丘市民権県の東北30km、順河集の東方1.5kmの清蓮寺村。荘周の故里と伝える邸宅。

¶中国名旧3 p254

荘周故里〔蒙城県〕　そうしゅうこり

安徽省亳州市蒙城県の東門外。北宋代の蒙城県令の王競が元豊元年（1078）に荘子祠を建てた。祠はすでになく、蘇軾の「荘子祠記」の碑がある。

¶中国名旧2 p252

滄州鉄獅子　そうしゅうてつじし

河北省滄州市の旧滄州城内にある。滄州古城は獅子城ともいう。獅身の高さ3.8m、重量は約40t。古代中国最大の鋳鉄物。

¶中国名旧1 p168

漱珠崗　そうじゅこう

広東省広州市小港路五鳳村。広州の道士李明徹

が清の道光4年（1824）に創建した純陽観がある。

¶中国名旧4 p215

草廠坡北朝墓　そうしょうはほくちょうぼ

陝西省西安南郊約1.5kmの草廠坡村の南西。北朝初期の墓。墓門の左右にある壁龕から多数の副葬土偶を発見。

¶世界考古

曾水源墓　そうすいげんぼ

江蘇省南京市の睦寡婦山の北面。磚で築かれる。曾水源は太平天国革命軍の天官右丞相。

¶中国名旧2 p44

双清亭　そうせいてい

湖南省邵陽市の市街の北部、双清公園。宋代の建造という。六角重檐の木造。

¶中国名旧4 p29

双清別墅　そうせいべっしょ

北京市海淀区の香山公園内、香山寺の下方にある。「園中の園」といわれる。毛沢東はここで中華人民共和国の建国のための大規模な準備工作を行った。

¶中国名旧1 p66

挿箭嶺　そうぜんれい

河北省邯鄲市の市街西北約2km。矩形の丘陵。戦国時代の趙の武霊王が「胡服騎射」して士卒を訓練したところと伝える。

¶中国名旧1 p120

曹操宗族墓群　そうそうそうぞくぼぐん

安徽省亳県の南郊。俗に曹家孤堆。曹騰、曹褒、曹嵩、曹熾、曹胤らの墓。銀縷玉衣と300個余りの字磚が出土。磚に記された年代は延熹7年（164）から建寧3年（170）。

¶中国名旧2 p250

叢台　そうだい

河北省邯鄲市内。戦国時代に趙の武霊王が軍事操練と歌舞の観閲のために築造。

¶中国名旧1 p121

双砣子遺跡　そうだしいせき

遼寧省大連市甘井子市区営城子郷後牧城駅村。新石器～青銅器時代の集落遺跡。年代は前2400～1300年頃。

¶世界考古（双砣子 そうたし），東ア考古

曹頂墓　そうちょうぼ

江蘇省南通市の南郊、城山路の傍ら。曹頂は明の嘉靖年間（1522-66）の抗倭英雄。もとは土墳で、1921年に石積みに改めた。

¶中国名旧2 p64

中国　　　　262

アジア

双塔〔敬亭山〕　そうとう
安徽省宜城県の敬亭山の南麓にある。東西に相対し、ともに高さ20m余り、四角7層。塔内に蘇軾の石刻をはめこむ。北宋の紹聖3年 (1096) の建立。
　　¶中国名旧2 p233

双塔庵塔　そうとうあんとう
河北省易県。東塔は八角13檐の塼塔で梁代後期の建築。西塔は八角3檐の上にラマ塔形を戴く塼塔で元代初期の建築。
　　¶新潮美 (易県 (3) 双塔庵塔 えきけん そうとうあんとう)

双塔交影　そうとうこうえい
山西省臨猗県の北隅。隋・唐代の建立で、方形7層。毎年7月に月光のもとで影が1つになるので「双塔交影」という。
　　¶中国名旧3 p100

草堂寺　そうどうじ
陝西省鄠邑区 (旧・戸県) 東南、圭峰山の北麓。唐の大中9年 (855) の建立。鳩摩羅什の舎利塔が貴重。
　　¶中国仏教, 中国名旧5 p178

双塔寺造像塔　そうとうじぞうぞうとう
甘粛省華池県の東方60kmの王台村。寺院が廃滅し、3体の仏陀の石像の残骸と寺院の遺構が現存。宋代様式の石像塔。
　　¶中国名旧5 p233

双塔寺双塔　そうとうじそうとう
江蘇省蘇州市の市街東南部、定慧寺巷。呉県の王文罕兄弟が2人で建てたもので、それぞれ舎利塔・功徳舎利塔という。
　　¶中国名旧2 p76

双塔寺塔〔蘇州市〕　そうとうじとう
江蘇省蘇州市定慧寺の路北。北宋、太平公告7年 (982) の創建。
　　¶新潮美

双塔寺塔〔北京市〕　そうとうじとう
北京市長安街の北側。高僧の墓塔。金代末期 (13世紀初期) に建てられた小型の塼築檐塔。
　　¶新潮美

双塔凌雲　そうとうりょううん
浙江省建徳県の東方36kmの三江口。2基の塔が富春江を隔てて建つ。南峰塔、北峰塔といい、隋代末期から唐代初期にかけての創建。
　　¶中国名旧2 p144

双塔嶺双塔　そうとうれいそうとう
遼寧省綏中県双塔嶺。遼の乾統年間 (1101-10) の建立。東塔は高さ約24m、八角9層の密檐塼塔。

西塔は高さ約10m、六角7層の実心密檐塼塔。
　　¶中国名旧1 p209

宋徳方墓　そうとくほうぼ
山西省芮城県の峨眉山上。永楽宮の元代重建の主要人物の墓志墓。
　　¶新潮美 (芮城—宋徳方・潘徳冲墓 ぜいじょう—そうとくほう・ばんとくちゅうぼ)

双乳山済北王陵　そうにゅうざんせいほくおうりょう
山東省長清から南西へ約15km離れた帰徳鎮双乳山。前漢時代中期の済北王の陵。地上に方墳を持つ大型の竪穴木槨墓。
　　¶東ア考古

甑皮巌遺址　そうひがんいし
広西チワン族自治区桂林市の市街南方9km。石器・骨角器・大量の動物の骨と歯が出土。7千〜8千年前の新石器時代の遺跡。
　　¶中国名旧4 p281

象鼻山　ぞうびさん
広西チワン族自治区桂林市の桃花江 (陽江) と灘江の合流点。洞の内外に歴代の石刻が50余りある。
　　¶中国名旧4 p281〔写〕

曾廟　そうびょう
山東省嘉祥県の南方20km、南武山の南麓。孔子の弟子の曾参を祀っていた。門外に3つの石坊が建ち、中央に「宗聖廟」、左に「三省自治」、右に「道伝一貫」と記す。
　　¶中国名旧3 p164

双房遺跡　そうぼういせき
遼寧省新金県。春秋時代併行期の墳墓遺跡。6号墓より遼寧式銅剣1・滑石製銅斧鋳型2が出土。
　　¶東ア考古

双峰寨　そうほうさい
広東省仁化県の西南19km。18世紀末葉の造営。1928年農民組合の幹部と農民自衛軍がたてこもり、武装勢力と闘争。
　　¶中国名旧4 p227

双鳳亭　そうほうてい
湖北省黄陂県の東方の魯台山。北宋代の理学者程顥 (1032-85)・程頤 (1033-1107) 兄弟を記念して建てたもの。
　　¶中国名旧3 p286〔写〕, 中国名勝古蹟 p219〔写〕

宋六陵　そうりくりょう
浙江省紹興市の市街東方18kmの宝山にある。南宋朝の高宗、孝宗、光宗、寧宗、理宗、度宗の陵墓。

¶中国名旧2 p172

双竜橋　そうりゅうきょう
雲南省建水県の瀘江河と塌衝河の合流点。北側の3孔は清の乾隆年間、道光9年（1839）に残りを築いた。石造りで、全長147.8m。
¶中国名旧5 p145

双林寺　そうりんじ
山西省晋中市平遥県の西南7kmの橋頭村の北側。北魏代の初頭の創建。現存の建物と塑像はほとんど明代の作。
¶中国名旧3 p57

滄浪嶼　そうろうしょ
河北省承徳市の避暑山荘の楽寿堂の西北。「乾隆三十六景」の第12景。前庭と池からなり、正殿は間口柱間3間。
¶中国名旧1 p151

滄浪亭　そうろうてい
江蘇省蘇州市の三元坊の近く。江南に現存する最古の庭園の一つ。
¶新潮美, 中国名旧2 p76

祖越寺　そえつじ
遼寧省鞍山市の千山の無量観の西閣の下方。千山五大禅林の一つ。現存している間口柱間3間の大殿は、石刻のある摩崖によりそう。
¶中国名旧1 p197

蘇翁圃　そおうほ
江西省南昌市の八一公園の百花洲。宋代に蘇雲卿が野菜をつくっていたところ。
¶中国名旧4 p61

楚紀南故城　そきなんこじょう
湖北省江陵県の北方5km。春秋・戦国時代の楚の都城。丸瓦・板瓦などの建築材料や東周代の遺物が出土。
¶中国名旧3 p317

捉月台　そくげつだい
安徽省馬鞍山市の采石磯にある。別称を聯璧台という。酒に酔った李白（701-762）が月を捉えようとして川に落ちたと伝える。
¶中国名旧2 p207

則天水母廟　そくてんすいぼびょう
山西省文水県の東北約5km、南徐村北郊。宋代創建の廟。
¶新潮美

則天廟　そくてんびょう
山西省文水県の北方5km、南徐村の東側。山門上に楽楼がある。東西の廂房相対し、奥に則天聖母殿がある。創建は唐代。

¶中国名旧3 p62

蘇君墓　そくんぼ
陝西省咸陽市の北東約17km。順陵の南西約0.5kmにある唐代の塼室墓。墓主の諱・経歴、埋葬年代は不明。陶俑や壁画から7世紀後半の造営と推定。
¶世界考古

蘇公塔　そこうとう
新疆ウイグル自治区トルファン市の市街東南6km。イスラム暦1181年（1779）に建てたもので、額敏塔ともいう。
¶中国名旧5 p280〔写〕, 中国名勝古蹟 p65〔写〕

蘇思勗墓　そしきょくぼ
陝西省西安市東郊。唐代の塼室墓。墓主の蘇思勗は天宝4年（745）没。壁画は甬道東・西壁に男女の侍者、墓室の東壁に舞楽ほか各所にある。
¶新潮美, 世界考古

祖氏石坊　そしせきほう
遼寧省興城県の南大街。南のは明代の前鋒総兵祖大寿の石坊で、崇禎4年（1631）に建立。北のは明代の援剿総兵祖大楽の石坊で、崇禎11年（1638）の建立。
¶中国名旧1 p208

祖師殿　そしでん
湖南省永順県の老司城の東南1kmの山腹。現存最古の土家族の建築群。五代の後晋の天福5年（940）の建立。
¶中国名旧4 p47

祖州城跡　そしゅうじょうあと
内モンゴル自治区赤峰市バイリン左旗哈達英格郷石房子村。遼代の城跡。内外両城に分かれ、周囲約2km、城壁の残高は約6m。
¶世界考古（祖州城 そしゅうじょう）〔図〕, 中国名旧1 p181（遼祖州城遺址 りょうそしゅうじょういし）, 東ア考古〔図〕

蘇州の古典庭園　そしゅうのこてんていえん★
江蘇省の東部、蘇州市に点在。9つの庭園の総称。前6世紀頃に建造されはじめ、16〜18世紀に最盛期を迎えた。蘇州四大名園とされている滄浪亭、獅子林、拙政園、留園を含む。蘇州最大の拙政園と留園は、北京の頤和園、承徳の避暑山荘（ともに世界遺産）とともに、中国四大名園といわれている。
世界遺産（蘇州古典園林　1997, 2000）
¶世遺事, 成世遺下〔写〕, 世遺百（蘇州古典園林）〔写〕, ビジ世遺〔写〕

楚昭王墓　そしょうおうぼ
湖北省当陽市の東南35kmの磨盤山。昭山ともいい、西周代から春秋時代にかけての遺物がある。

¶ 中国名旧3 p309

梳妆楼　そしょうろう
河北省邯鄲市西北郊外。版築の土台のみ現存。
青銅器・鉄器・貨幣なども出土。
　　¶ 中国名旧1 p121

蘇仙嶺　そせんれい
湖南省郴州市の市街東方2.5km。山頂に唐代に
創建し、清代に改修した蘇仙観がある。1938年
夏、張学良が蘇仙観の東北隅の部屋に半年幽閉
された。
　　¶ 中国名旧4 p36

蘇埠屯殷墓　そふとんいんぼ
山東省益都県の北方約20kmの蘇埠屯。1930～31
年に墓の副葬品とみられる銅器が15件以上出土。
1965～66年に殷代晩期の墓4を発掘。
　　¶ 新潮美（益都〔蘇埠屯遺跡〕　えきと〔そふとん
　　いせき〕）、世界考古

蘇武墓　そぶぼ
陝西省武功県の北方1.5kmの武功郷竜門村。高
さ約4m、南北約30m、東西20m。蘇武（？ －前60）
の墓。
　　¶ 中国名旧5 p185

楚陽台　そようだい
四川省巫山県の高都山にある。楚の頃襄王が巫山
の神女と密会したところ。高唐観の旧址が現存。
　　¶ 中国名旧5 p74

祖陵〔明〕　そりょう
江蘇省泗洪県の洪沢湖畔。明の太祖朱元璋は洪
武20年（1387）に高祖父・曾祖父・祖父・父を当
所に葬った。
　　¶ 中国名旧2 p98（明祖陵 みんそりょう）

祖陵〔遼〕　そりょう
内モンゴル自治区バイリン左旗の遼祖州城遺址
の西北2km、環状の渓谷。遼の太祖耶律阿保機
の陵墓。享殿の遺構、石造りの翁仲や経幢など
の遺物が残る。
　　¶ 中国名旧1 p181（遼太祖陵 りょうたいそりょ
　　う），東ア考古

蘇禄王墓　そろくおうぼ
山東省徳州市の北部。墓碑に「蘇禄国恭定王墓」
とあり、墓道の両側に翁仲や動物の石像が整然
と並ぶ。
　　¶ 中国名旧3 p167

孫旗屯　そんきとん
河南省洛陽市西郊。仰韶文化の遺跡。4千平方m
が調査され、多数の灰坑を発見。
　　¶ 世界考古

孫叔敖祠　そんしゅくごうし
安徽省寿県の南方30km。孫公祠とも。春秋時代
の楚の宰相孫叔敖（前6世紀）が芍陂を修築した
ことを記念して建立。北宋代かそれ以前のもの。
間口柱間3間の大殿と3間半の碑庫、碑碣13枚が
ある。
　　¶ 中国名旧2 p247

孫叔敖墓　そんしゅくごうぼ
湖北省沙市市の中山公園の東北隈。清の乾隆22
年（1757）の「楚令尹孫叔敖」という石碑が建つ。
　　¶ 中国名旧3 p314

尊勝寺　そんしょうじ
山西省五台県の東北20km、西峽村の山中。五台
山南門の巨刹。唐代の創建、寺の前の影壁は磚
の彫刻が精巧。
　　¶ 中国名旧3 p47

尊勝陀羅尼経幢　そんしょうだらにきょうどう
河北省固安県王竜村にある。金の天輔年間
（1117-23）の建立。9層高さ約7m。第1層に八角
形の柱体に陀羅尼経と再建の経過や年代など。
　　¶ 中国名旧1 p168

孫中山行館　そんちゅうさんあんかん
北京市東城区地安門東大街の北側。孫中山が
1924年に北京に来てから死去するまで住んで
いた。
　　¶ 中国名旧1 p29

孫中山故居　そんちゅうさんこきょ
上海市香山路7号。孫中山（孫文。1866-1925）は
1920年に入居。旧居の展示は生前の模様を再現。
　　¶ 中国名旧2 p20

孫中山臨時大総統弁公原址　そんちゅうさんり
んじだいそうとうべんこうげんし
江蘇省南京市長江路292号。平屋の洋館。1912
年1月1日に孫中山の臨時大総統の就任宣誓式が
行われた。辛亥革命の重要な革命旧址の一つ。
　　¶ 中国名旧2 p45

大安寺〔千山〕　だいあんじ
遼寧省鞍山市の千山の東南部。明代の創建、清
代に改修。「石洞蔵雲」は枷藍の北側の山頂にあ
る羅漢洞。
　　¶ 中国名旧1 p197

大安寺〔南昌市〕　だいあんじ
江西省南昌市徳勝門内の予章後街。初めは東寺
といったが、後漢代末期に西域僧の安世高が住
し、大安寺と改称。
　　¶ 中国名旧4 p58

大雲院　だいうんいん
山西省平順県の西北23kmの竜耳山。後晋の天福

3年 (938) の創建。山門・天王殿・後殿と両廡は清代、大仏殿は五代のもの。殿内に仏教説話の壁画がある。

¶中国名旧3 p70

大運河 だいうんが
北京から浙江省へと流れる大運河。前5世紀前から建設され、後7世紀には中国内陸部の主な交通システムに整備された。国民への食糧の供給や、軍事物資の輸送にも活用され、現在でもその役割を果たしている。

世界遺産 (中国大運河 2014)

¶アジア歴6、角川世、世遺事 (京杭大運河)、世歴大12〔写/図〕、大遺跡9〔写/図〕、平凡社世

載雲山 たいうんざん
福建省徳化県の中部にある。中腹の載雲寺は後梁の開平2年 (908) の創建。ほか、雷撃石旗杆・六朝聖僧墓などがある。

¶中国名旧4 p161

大雲寺 だいうんじ
山西省臨汾市の市街の西南隅。創建は唐の貞観年間 (627-649)。山門・献亭・中殿・方塔・蔵経閣などからなる。

¶中国名旧3 p82

大雲寺塔 だいうんじとう
山西省臨汾市の市街の西南隅。北宋頃の創建。第1〜5層が四角、第6層が八角の塼塔。

¶新潮美

堆雲洞 たいうんどう
山西省夏県の西方23km、稷王山の麓の上牛村。堂宇と庭園が相連なる道教寺院建築群「堆雲洞図」の石刻がある。

¶中国名旧3 p93

大雲洞 だいうんどう
広東省連州市の西郊。洞の内外に宋代〜中華民国期の石刻がある。

¶中国名旧4 p230

太液池〔漢〕 たいえきち
今の西安市の西北、漢の長安未央宮の西南、建章宮以北。蓬莱池ともいい、元封元年 (前110) に掘られた。池は建章宮とつながっていて、皇室の庭園であった。遺址は今の太液池苗圃がある所にある。

¶中国歴史

太液池〔元・明・清〕 たいえきち
北京市。故宮・景山以西の北海・中南海にあった。

¶中国歴史

太液池〔唐〕 たいえきち
陝西省西安市の東北。唐の長安城の北、大明宮麟徳殿の東にあった。

¶中国歴史

大慧寺 だいえじ
北京市海淀区大柳樹村。明の正徳8年 (1513) の創建。現存するのは重檐寄棟造りの大悲宝殿のみ。

¶中国名旧1 p70〔写〕

タイエルパ寺 (扎耶巴寺)
チベット自治区ラサ市の市街東北約50km。7世紀中葉に創建。十数か所の山崗が現存。

¶中国名旧5 p149 (扎耶巴寺 タイエルパじ)

退翁亭 たいおうてい
北京市海淀区の桜桃溝花園の隆教寺の西側の高台。清代初期の学者孫承沢が著作の場として建てた。

¶中国名旧1 p63

太王陵 たいおうりょう
吉林省集安市。三国時代高句麗の古墳。方壇階段式積石塚。

¶世界考古, 中国名旧1 p230, 東ア考古

太学遺跡 たいがくいせき
河南省偃師市、漢魏洛陽故城南郊の開陽門外。漢代に創られた儒教を学ぶ大学で、国子学堂とも呼ばれた。

¶東ア考古

大鶴山 だいかくざん
浙江省青田県の北隅。道教の第三十六洞天。山中に唐代以来の摩崖石刻が多数残る。

¶中国名旧2 p183

大覚寺〔乳源県〕 だいがくじ
広東省乳源瑶族自治県から6km。雲門寺ともいう。五代同光元年 (923) 雲門宗の祖文偃が開いた。大宝元年、同7年の文偃に対する碑文が現存。

¶中国仏教, 中国名旧4 p229 (雲門寺 うんもんじ)

大覚寺〔北京市〕 だいかくじ
北京市海淀区の西郊、暘台山の麓。遼の咸雍4年 (1068) の創建。中軸線上に山門、天王殿、大殿、無量寿殿、竜王堂などが並ぶ。

¶中国名旧1 p70

大覚寺〔臨安県〕 だいがくじ
浙江省臨安県の西、天目山。元代至元29年 (1292) 雪巌祖欽の弟子臨済宗楊岐派の高峰原妙が開創。

¶中国仏教

中国　　266

大何荘　だいかそう
甘粛省永靖県。斉家文化の遺跡。床に白灰を塗った方形竪穴式の住居址1、居住面6、自然礫を円形に配列したストーン・サークル5ほかを発見。
¶世界考古

大河村遺址　だいかそんいし
河南省鄭州市の市街地北方12km、大河村の西南1km。墓・炉址・住居址などの遺跡と遺物が大量出土。仰韶文化と龍山文化にまたがる新石器時代の遺跡。
¶中国名旧3 p197

大臥舗金墓　だいがほきんぼ
遼寧省錦西県大臥舗。2基の金代画象石墓。ともに八角単室石築で石門を有する。
¶世界考古

大岩嘴楚墓　だいがんしそほ
湖北省松滋市南西の大岩嘴。27基の戦国時代墓。長方形竪穴土坑内に築かれている。
¶世界考古

大観聖作之碑　たいかんせいさくしひ
河北省石家荘市趙県。北宋の大観元年(1107)に趙州の文廟に建立。宋代の学校と科挙の制度を研究する貴重な資料。
¶中国名旧1 p111

大関岔河崖墓　だいかんたかがいぼ
雲南省大関県岔河鎮。後漢の崖墓。夫婦合葬墓で、棺内と棺頭部分に副葬品を置く。
¶世界考古

大雁塔　だいがんとう
陝西省西安市の市街南方4kmの慈恩寺にある。唐代、玄奘がインドより将来した経像を収めるために創建。長安4年(704)に改築され10層となる。8世紀初頭に7層64mに改修。正方形平面の楼閣式塼塔。
¶古代遺跡 p34〔写〕、新潮美(慈恩寺大雁塔 じおんじだいがんとう)、大遺跡9 p117,132(慈恩寺大雁塔)、中国名旧5 p168〔写〕、中国名勝古蹟 p112〔写〕、中国歴史、東西文化 p199～201〔写〕、文化史蹟17(慈恩寺大雁塔)〔写〕

大観楼〔高安県〕　たいかんろう
江西省高安県の北部。明の万暦年間(1573-1620)中期の創建。のべ柱間31間、面積600平方mの建物が現存。
¶中国名旧4 p72

大観楼〔昆明市〕　たいかんろう
雲南省昆明市の市街西方4kmの大観公園。巡撫の王継文が建てた。現存は同治8年(1869)に再建したもの。

¶中国名旧5 p121〔写〕，中国名勝古蹟 p286(大観楼 だいかんろう)〔写〕

太暉観　たいきかん
湖北省江陵県の西方1km余り。明の洪武26年(1393)建立。高大な楼閣は荊楚第一。
¶中国名旧3 p318

大境門　だいきょうもん
河北省張家口市。明代の長城の関門。明の将軍徐達(1332-85)が洪武元年(1368)に軍隊を督励して長城を補修し、築いた。
¶中国名旧1 p143

大戯楼　だいぎろう
北京市海淀区の頤和園の徳和園にある。清の光緒17年(1891)築。有名な役者が西太后のためにここで京劇を演じた。
¶中国名旧1 p56〔写〕

大金得勝陀頌碑　だいきんとくしょうだしょうひ
吉林省扶余市徐家店郷の石碑崴子村の東北2km。略して得勝陀頌碑または得勝陀碑などともいう。全高3.2m。遼の天慶4年(1114)に金の太祖阿骨打が当地で遼討伐の宣誓を行い、結果、遼軍を大破。金の大定25年(1185)、世宗がここに記念碑を建立。女真語の研究上貴重な資料。
¶アジア歴6、中国名旧1 p231、東ア考古(大金得勝陀頌碑 たいきんとくしょうだしょうひ)

大渓　だいけい
四川省巫山県。大渓文化の標準遺跡。多数の墓が発見。埋葬には仰臥伸展葬、屈葬、俯身葬がある。
¶世界考古

太華寺　たいけじ
雲南省昆明市の西山の太華山の麓。元代に玄鑑和尚が創建。殿前に重厚な図案のレリーフを施した大理石の欄干が2組並ぶ。
¶中国名旧5 p119

太原北斉徐穎墓　たいげんほくせいじょえいぼ
山西省太原市王家峰村。北斉武平2年(571)武安王徐穎の墳墓。「徐顕秀墓」ともいう。326平方mの壁画が残っており、北朝古墳壁画墓最大。
¶東ア考古

大崗遺跡　たいこういせき
遼寧省東溝県馬家店郷雙山西村興台屯。新石器時代の集落遺跡。遺構は、住居跡1軒と土坑1基。
¶東ア考古

大虹橋　だいこうきょう
江蘇省揚州市の痩西湖に架かる。明代末期の架設で、もとは木橋。乾隆年間(1736-95)にアーチ石橋に改めた。
¶中国名旧2 p101

大高玄殿　だいこうげんでん
北京市西城区景山前街。明の嘉靖21年(1542)の創建で、中華民国以後もたびたび改修を重ねた。明・清両代の皇室の道教の寺院。
¶ 中国名旧1 p37

戴興寺　たいこうじ
陝西省楡林県の東部の駝峰山。明の成化年間(1465-87)の創建。架構は明代の様式。
¶ 中国名旧5 p207

大興善寺　だいこうぜんじ
陝西省西安市。隋の文帝が、新城を営むと同時に国寺として造営した寺院。文帝代には一大仏教センターとしての役割を担った。
¶ 中国仏教, 中国名旧5 p169〔写〕

太昊陵　たいこうりょう
河南省淮陽県の北方1.5km。陵墓を中軸線に午朝門・玉帯橋・道儀門・顕仁殿・太始門などが並ぶ。
¶ 中国名旧3 p256

大沽口炮台　だいここうほうだい
天津市市街地の東南60km、海河の河口。明代に築造され、清の咸豊8年(1858)に改修。大砲台が5つあり、各砲台に大砲を3つずつ据えた。
¶ 中国名旧1 p98

大故城　だいこじょう
新疆ウイグル自治区庫車県の東南約60kmの草湖ゴビの中。漢代の屯田校尉城と伝える。
¶ 中国名旧5 p301

太湖烽燧墩　たいこほうすいとん
江蘇省無錫市から蘇州市まで連なる。呉は春秋時代後期に越の進攻を防ぐため、烽燧墩(台)を築いた。外側は土で築き、円錐体、頂部は平坦で、高さ5～6m。
¶ 中国名旧2 p116

太歳殿　たいさいでん
北京市宣武区永定門大街の先農壇の東北部。明の嘉靖11年(1532)の建立。太歳神を祀ったところ。
¶ 中国名旧1 p48

泰山　たいざん
山東省中部、魯中山地の西端部を占める。標高1533mの玉皇頂を主峰とし、周長約80kmが世界遺産の登録範囲になっている。道教の聖地である五岳の一つで、岱宗とも呼ばれる。また、秦の始皇帝や前漢の武帝らが天地を祀る儀式「封禅」を執り行なうなど、古くから多様な信仰や儀式の対象となった。
世界遺産 (泰山　1987)
¶ アジア歴6, 旺文社世, 角川世, 宗教建築(泰山と俗廟), 新潮美, 世遺事, 成世遺下〔写〕, 世遺百〔写〕, 中国仏教(泰(太)山 たいざん), 中国名旧3 p173〔写〕, 中国名勝古蹟 p175〔写〕, ビジ世遺〔写〕, 評論社世(泰山(岱山)), 山川世, ユネ世遺4〔写〕

大散関　だいさんかん
陝西省宝鶏県の南部の大散嶺。散関とも。四川と陝西を隔てる秦嶺山脈にある関所。
¶ 角川世, 中国名旧5 p190, 評論社世

泰山経石峪　たいざんきょうせきよく★
山東省泰山市の泰山。巨大な一枚岩に金剛般若経1043字が刻まれている。北斉・6世紀頃の作と見られる。
世界遺産 (泰山　1987)
¶ 中国名旧3 p176(経石峪 きょうせきよく), 文化史蹟17〔写〕

太山寺　たいざんじ
山西省太原市の市街西南23km、風峪溝の北。唐の景雲元年(710)の創建で、山門、鐘楼と鼓楼、廂房と回廊が並ぶ。
¶ 中国名旧3 p20

泰山中天門　たいざんちゅうてんもん★
山東省泰山市の泰山。泰山中腹で最高の地点。伏虎神を祀る廟の傍にある石門。
世界遺産 (泰山　1987)
¶ 中国名旧3 p177(中天門 ちゅうてんもん), 文化史蹟17〔写〕

大寺　だいじ
湖北省鄖県の西約10km。新石器時代の遺跡。仰韶・屈家嶺・龍山・春秋時代の4文化層が堆積。
¶ 世界考古

大士閣　だいしかく
広西チワン族自治区山口郷永安村。四牌楼とも。明の万暦4年(1756)の建造。
¶ 中国名旧4 p303

大慈閣　だいじかく
河北省保定市の中心部。三重檐入母屋造。元代の創建。乾隆年間に焼失して再建、真覚禅寺と改称。
¶ 中国名旧1 p131

太子巌　たいしがん
湖北省丹江口市の武当山の展旗峰の中腹、紫霄宮の背後。天然の石穴を拡張した洞窟。殿内に太子(真武帝)像を安置。
¶ 中国名旧3 p297

大司空村　だいしくうそん
河南省安陽市北西郊、小屯村の北東に淮水を挟んで位置。殷墟遺跡の一つ。村の南東部に墓、車

馬坑、骨器製作所址、灰坑、版築基址などの諸遺構がある。

¶世界考古〔図〕

大慈寺　だいじじ
四川省成都市東風路。唐代の創建。成都を代表する古刹。

¶中国名旧5 p18

大嘴子遺跡　だいししいせき
遼寧省大連市大連湾鎮政府所在地。新石器時代の遺跡。上層文化に属する3号住居跡から短粒型炭化米とキビ（一説にコウリャン）の炭化物の入った壺が複数出土。

¶東ア考古

太室闕　たいしつけつ
河南省登封市の嵩山の中岳廟の前方500m。漢代の太室山廟の神道闕。

¶中国名旧3 p204

大士殿　だいしでん
福建省福州市の于山の山頂。観音閣とも。宋代の嘉福院の跡地。清の康熙52年（1713）に万寿亭を建て、乾隆2年（1737）に大士殿に改築。

¶中国名旧4 p117

大若巌　たいじゃくがん
浙江省永嘉県の西北60kmにある。真誥巌とも。道教の天下第十二福地。山中にある陶公洞に北宋代、道教寺院を創建。

¶中国名旧2 p156

邰集屯遺跡　たいしゅうとんいせき
遼寧省葫蘆島市邰集屯鎮一帯。4つの土城遺跡。前・後4期のうち、第1期が遼西地域の青銅器時代前期、第2期が魏営子文化類型から戦国時代中期、第4期は遼代に属する。第3期では、戦国時代後期～漢代の土器・瓦当・陶量・文字陶・鉄器・貨幣などが出土。

¶東ア考古〔写〕

大朱屯古墳群　だいしゅとんこふんぐん
黒竜江省。渤海時代の古墳群。石室封土墳で、石室を石積みする。

¶東ア考古

大舜廟　だいしゅんびょう
浙江省紹興市の双江渓。舜皇廟とも。虞舜（伝説上の皇帝）を祀る。清の咸豊年間（1851-61）の創建。

¶中国名旧2 p172

台城　だいじょう
江蘇省南京市の乾河の北岸。三国時代の呉の後苑城で、東晋の成帝のときに改修され、南朝にかけて中央政府と宮殿の所在地であった。

¶中国名旧2 p45

大召　だいしょう
内モンゴル自治区フフホト市の旧城（帰化城）。モンゴル語では「伊克召」、漢語では無量寺。万暦8年（1580）に落成。明代に建てられた大殿と銀製の仏像が完全な形で残る。

¶中国名旧1 p175、中国名勝古蹟 p39（大召ダージャオ）〔写〕

大正覚寺　だいしょうがくじ
北京市西直門外。元代の創建。五塔寺の名でも呼ばれる。憲宗が成化9年（1473）五層方台を基檀とした上に五塔を総白大理石で築造した。

¶新潮美（五塔寺(1)　ごとうじ）〔写〕、中国仏教

大正覚寺金剛宝座塔　だいしょうがくじこんごうほうざとう★
北京市西直門外。明の成化9年（1474）の建設。その後、清の乾隆年間に修理。インドのボード・ガヤーのマハーボデイ・ヴィハーラを模したもの。

¶文化史蹟17〔写〕

大城山　だいじょうざん
河北省唐山市。龍山文化の遺跡。白灰面、人骨、土器、石器などを発見。

¶世界考古

大昭寺　だいしょうじ
チベット自治区ラサ市の八角街。チベット語ではトゥルナン寺、通称、チョカン（ジョカン）寺。パルコルと呼ばれる巡礼道に囲まれた中にある。7世紀中葉の創建。ラサで一番の名刹。西向きの4階建てで金色の屋根に覆われている。

世界遺産（ラサのポタラ宮歴史地区　1994, 2000, 2001）

¶世遺地 p119（チョカン（大昭）寺）、中国名旧5 p149〔写〕、中国歴史, 評論社世（ジョカン）

大乗寺　だいじょうじ
黒竜江省斉斉哈爾駅の近く。大仏寺ともいい、2つの大殿と大きな門楼がある。1943年の創建。

¶中国名旧1 p241

大城子古墳群　だいじょうしこふんぐん
黒竜江省東寧県。渤海時代の古墳群。綏芬河上流に位置、4基を発掘。

¶東ア考古

大城子塔　だいじょうしとう
遼寧省カラチン左翼モンゴル族自治県の大城子鎮中学の構内。遼代の建立。高さ30m、八角9層の中空密檐磚塔。四面に仏像を彫る。

¶中国名旧1 p217

中国

大聖寺塔〔信豊県〕　だいしょうじとう
江西省信豊県の孝義坊の背後。発見された木像の銘に「大聖寺」とある。塔座はなく、六角9層で、高さ50m。
¶中国名旧4 p111

大聖寺塔（双城塔）　だいしょうじとう
湖北省紅安県の七里坪、柳林河の河畔の双城の旧址。双城塔ともいう。元代末期建立。六角13層の磚塔。
¶中国名旧3 p325（大聖寺塔 だいしょうじとう）

大鐘亭　だいしょうてい
江蘇省南京市の鼓楼の東北方。明代は鐘楼であったが、清の康熙年間初年に倒壊。
¶中国名旧2 p45〔写〕

大勝塔　たいしょうとう
江西省九江市の能仁寺の大雄宝殿の東南。能仁寺は東晋代の創建。唐の大暦年間（766-779）に再興の際、大勝塔を建立。
¶中国名旧4 p87

岱祠楼　たいしろう
陝西省大荔県大寨子村の東端の台地。東岳戯楼とも。入母屋造り。
¶中国名旧5 p200

大辛荘　だいしんそう
山東省済南市の北東約4kmの大辛荘。3千haに及ぶ範囲の殷代の文化層。石器・陶器・骨角器・蚌器・金属類など豊富な遺物を得た。
¶世界考古

戴縉夫婦墓　たいしんふうふぼ
広東省広州市東山の梅花村。明代の墓。戴縉の遺体は腐敗せず、妻の周氏の遺体も腐乱後乾燥して残っていた。戴縉は1510年（正徳5）没。
¶世界考古

台西遺跡　たいせいいせき
河北省藁城県の西約12kmの台西村。殷（商）代中〜後期の遺跡。殷墟文化早期を中心とする。遺物には鉄の残渣、漆器、原始瓷器（施釉陶器）や陶文など。
¶新潮美, 世界考古（台西 だいせい）

太清宮〔崂山〕　たいせいきゅう
山東省崂山県崂山の東南部、蟠桃峰の麓、崂山湾。創建は漢の建元元年（前140）。三宮殿・三清殿・三皇殿の3つの院落が現存。
¶中国名旧3 p125

太清宮〔鹿邑県〕　たいせいきゅう
河南省鹿邑県の東方5km。老子の故郷。後漢の延熹8年（165）の創建。
¶中国名旧3 p255

大成国王府遺址　たいせいこくおうふいし
広西チワン族自治区桂平県の中心小学。石段と石獅子1対が現存。
¶中国名旧4 p299

大政殿　たいせいでん
遼寧省瀋陽市の瀋陽故宮の東路にあり、その中心をなす。清の太祖が建てた。八角重檐の亭形建築。
世界遺産（北京と瀋陽の明・清朝の皇宮群　1987, 2004）
¶新潮美（瀋陽故宮—大政殿 しんようこきゅう—たいせいでん）, 中国名旧1 p191〔写〕, 中国名勝古蹟 p31（大政殿と十王亭 たいせいでんとじゅうおうてい）〔写〕

大成門　たいせいもん
山東省曲阜市の孔廟の7つめの門。明代の建立石彫の須弥壇の基檀に建ち、黄瓦葺きで軒がそり上り、斗栱に彩色を施す。
世界遺産（曲阜の孔廟、孔林、孔府　1994）
¶中国名旧3 p148

大石橋　だいせききょう
黒竜江省寧安県の鶏陵山の山麓の大きな谷に架かる。清代に遼寧・吉林に通ずる要路だった。後金の天聡8年（1634）に架設された単孔アーチ石橋で、長さ25m。
¶中国名旧1 p246

大善寺塔　だいぜんじとう
浙江省紹興市の市街にある。高さ約40m、六角7層の磚塔。梁の天監3年（504）の創建。
¶中国名旧2 p173

大像山石窟　だいぞうさんせっくつ
甘粛省甘谷県の西南1km。高さ30mの大仏がある。窟内の碑文によると、宋の嘉祐3年（1058）の開削。
¶中国名旧5 p228

台蔵塔　だいぞうとう
新疆ウイグル自治区トルファン市阿斯塔那村。高昌国時代（531-640）の方塔。
¶中国名旧5 p280

大足石刻　だいそくせっこく
四川省重慶市大足県内。北山、宝頂山、南山、石篆山、石門山などの山腹の断崖に75の石窟が造られ、5万体以上の石像と合計10万点以上に及ぶ石碑文が残されている。唐代の末年（9世紀末）に開削を開始した。
世界遺産（大足石刻　1999）
¶新潮美（大足石窟 だいそくせっくつ）, 世遺事, 成世遺下〔写〕, 世遺百〔写〕, 世界考古, 中国名勝古蹟 p211〔写〕, ビジ世遺〔写〕

中国　　270

アジア

大中門　たいちゅうもん
山東省曲阜市の孔廟の4つめの門。間口は柱間5間で、緑色琉璃瓦葺き。ともに元の至順2年（1331）の建造。
世界遺産（曲阜の孔廟、孔林、孔府　1994）
¶中国名旧3 p147

大地湾遺跡　だいちわんいせき
甘粛省天水市秦安県の東北40kmの邵店村。新石器時代の遺跡。住居跡・灰坑・土壙墓・窯跡・溝が検出され、大地湾第一期文化・仰韶文化・馬家窯文化の遺存が検出された。
¶大遺跡9（仰韶文化の遺跡―大地湾遺跡）〔写〕，中国名旧5 p228（大地湾遺址　だいちわんいし），東ア考古

大通師範学堂旧址　だいつうしはんがくどうきゅうし
浙江省紹興市勝利路189号。古くは貢院、清代は官倉であったところに、徐錫麟（1873-1907）・陶成章（1878-1912）らが1905年9月に開設。背後に徐錫麟烈士を記念した徐公祠がある。
¶中国名旧2 p173

大旬子遺跡　だいてんしいせき
内モンゴル自治区赤峰市敖漢旗の東南、大旬子村。青銅器時代夏家店下層文化の城塞、住居跡と大規模な墓地遺跡。
¶東ア考古

大顛祖師塔　だいてんそしとう
広東省汕頭市潮陽区銅盂村の霊山寺の背後。舌鏡塔とも。唐の長慶4年（824）に亡くなった霊山寺の住持大顛を葬る。
¶中国名旧4 p235

大天池　だいてんち
江西省九江市の廬山の天池山、御碑帝の西方。山上にある四角い池。傍らにある長亭は東晋代に慧持（337-412）の建てた天池寺の旧址。
¶中国名旧4 p75

大都　だいと
北京市。元朝首都の都城址。1267年フビライが築かせた。大邸宅址、庶民住居址、和義門甕城城門址、福寿興元観址などの建築址を発掘。
¶世界考古〔図〕

泰塔　たいとう
陝西省旬邑県の北街。旬邑塔ともいい、磚と石で築いた八角7層の塔。
¶中国名旧5 p189

大堂　だいどう
山東省曲阜市の孔府の二門内。間口柱間5間で、飛檐や鴟尾で飾り、斗栱や梁柱に彩色を施す。
世界遺産（曲阜の孔廟、孔林、孔府　1994）

¶中国名旧3 p153

大塔院寺　だいとういんじ
山西省五台山の台懐鎮の南部。南の中央に塼築の大ラマ塔がある。明の永楽5年（1407）重修、万暦7～10年（1579～82）再建。
¶新潮美

大藤峡　だいとうきょう
広西チワン族自治区桂平県の西北部。明代には農民蜂起の中心地であった。岩壁に大きく「勅賜永通峡」と彫られている。
¶中国名旧4 p300

戴東原墓　たいとうげんぼ
安徽省屯渓市の市街南方7km、幾山にある。戴東原とは戴震（1724-77）のことで、皖（安徽）派を代表する哲学者・経学者・考証学者。墓前に碑が建つ。
¶中国名旧2 p238

大唐中興頌摩崖石刻　だいとうちゅうこうしょうまがいせっこく
湖南省祁陽県の浯渓。唐代の元結（723-772）は当地で「大唐中興頌」を撰し、書家の顔真卿に楷書で書いてもらい、岩壁に彫った。
¶中国名旧4 p40

大同平城　だいどうへいじょう
山西省大同市の北郊。北魏の旧都。現在の大同城の北に張出している小城の南西角のあたりに、双闕の跡らしい1対の土壇を発見。
¶世界考古

大同北魏宋紹祖墓　だいどうほくぎそうしょうそぼ
山西省大同市の東3.5km、雁北師範学院構内。北魏幽州刺史・敦煌公宋紹祖夫婦の合葬墓。墓室の平面は方形に近く、天井はいわゆる「四角攢尖」の構造。年代は477年。
¶東ア考古〔図〕

大渡河橋　だいとがきょう
貴州省大方県の東方35kmの大渡河に架かる。明の万暦年間（1573-1620）に架設。アーチ石橋。
¶中国名旧5 p100

大墩子遺跡　だいとんしいせき
江蘇省邳県。北辛文化・大汶口文化の遺跡。副葬品の多くは土器で、鼎・盆・鉢・豆・壺など一部に彩陶。
¶世界考古（大墩子　だいとんし），東ア考古

大南山　だいなんざん
広東省潮陽・普寧・恵来3件の県境。彭湃が革命根拠地を築く。岩に彫った革命スローガンが残っている。

¶中国名旧4 p262

泰寧寺塔　たいねいじとう
河北省易県。泰寧山の麓にある八角13檐の塼塔。梁代後期の建築。寺の旧称は浄覚寺。
　¶新潮美（易県（4）泰寧寺塔 えきけん　たいねいじとう）

太白巌　たいはくがん
四川省万県市の市街西方1kmの西山。唐代に李白（701-762）が勉学にいそしんだところ。
　¶中国名旧5 p71

太白故里　たいはくこり
四川省江油県の西南約15kmの青蓮場。唐代の詩人李白の故郷。
　¶中国名旧5 p46

太白祠　たいはくし
四川省江油県の太白故里にある。3つの殿宇と2つの院落は、清の乾隆42年（1777）の再建。
　¶中国名旧5 p47

大柏地戦闘旧址　たいはくちせんとうきゅうし
江西省瑞金県の北方30kmの大柏地・杏坑村一帯。1929年2月10〜11日、毛沢東・朱徳・陳毅が紅四軍を部署・指揮し、劉士毅の部隊を殲滅した地。
　¶中国名旧4 p112

太白洞　たいはくどう
四川省江油県武都鎮の北方2km、涪江の北岸。洞壁に歴代の題刻がある。
　¶中国名旧5 p46

泰伯墓　たいはくぼ
江蘇省無錫県梅村人民公社の鴻山。泰伯は周の太王の長子で、江南に退き、呉の国君となる。傍らに明代の墓碑、清代築造の享堂がある。
　¶中国名旧2 p94

太白楼〔済寧市〕　たいはくろう
山東省済寧市の南部、旧城の城壁の上。軒のそり上がった入母屋造りで、2階建て、高さ20m。階上内壁に万暦年間（1573-1620）に李漢章の彫った肖像画、外壁に金〜清代の40枚余りの碑碣をはめこむ。
　¶中国名旧3 p163

太白楼〔采石磯〕　たいはくろう
安徽省馬鞍山市の采石磯にある。謫仙楼・青蓮祠とも。唐代の李白（701-762）を記念して建てられた楼閣。
　¶中国名旧2 p206〔写〕, 中国名勝古蹟 p242〔写〕

太白楼〔歙県〕　たいはくろう
安徽省歙県の練江の南岸にある。李白が当所で酒を飲み、詩を詠じた。太白楼は唐代に建てら

れ、その後、興廃を繰り返し、現在は前後2つの院落からなる。
　¶中国名旧2 p242

大波那銅棺墓　だいはなどうかんぼ
雲南省祥雲南東30kmの雲南駅壩子。長方形竪穴の墓坑に木槨を築き、切妻屋根形の銅棺を納める。戦国末から前漢初めの年代に比定。
　¶世界考古〔図〕

大范荘　だいはんそう
山東省臨沂県大范荘村。大汶口文化の遺跡。墓はすべて単独の長方形土壙墓。
　¶世界考古

大悲院　だいひいん
天津市河北区天緯路26号。仏教寺院。新旧両廟に分かれ、旧廟は清の康熙8年（1669）の再建。新廟は1940年の創建。
　¶中国名旧1 p98

大悲閣　だいひかく
河北省正定県の隆興寺の中心をなす堂宇の一つ。仏香閣・天寧閣とも。開宝4年（971）の建立。銅鋳の大悲菩薩像を安置。
　¶中国名旧1 p114

大伾山　だいひさん
河南省浚県の東南。黎山ともいう。道教と仏教の寺院、亭台楼閣が100余り、石彫の題記が300余りある。
　¶中国名旧3 p233

大悲寺　だいひじ
北京市石景山区の平坡山の中腹。「西山八大処」の第4処。創建は元代。
　¶中国名旧1 p79

大悲幢　だいひどう
広東省広州市の光孝寺。唐の宝暦2年（826）の建立で、高さ2.19m。幢身の八面に楷書で右から左へ「大悲呪」を彫る。
　¶中国名旧4 p207

太廟　たいびょう
北京市天安門の東側。明・清両朝の皇室の祖廟で、明の永楽18年（1420）の創建。
　¶中国名旧1 p29

岱廟〔泰安市〕　たいびょう
山東省泰安市、泰山の南麓。岱廟（下廟）は、もと東岳廟。岱岳観と共に泰山三廟とされた。創建は前漢・武帝期（前141-87）とされる。
　世界遺産（泰山　1987）
　¶宗教建築（泰山と岱廟）〔写/図〕, 新潮美, 中国名旧3 p182

中国　　　　　　　　　　　　　　　　　272

岱廟〔冶底村〕　だいびょう

山西省晋城市の市街西南13kmの冶底村。岱山（泰山）を祀る東岳廟。北宋の元豊3年（1080）の創建。出入口の枠と敷居は青石製。

¶ **新潮美**（晋城―(4)岱廟　しんじょう），**中国名旧3** p75

岱廟天貺殿　だいびょうてんきょうでん

山東省泰安市、泰山南麓の岱廟にある。伽藍の最北に位置。峻極殿で、宋のときの天貺殿（1009年創建）にあたる。清代の再建。

¶ **中国名旧3** p182（天貺殿　てんきょうでん）〔写〕，**文化史蹟17**〔写〕

岱廟碑刻　たいびょうひこく

山東省泰安市、泰山南麓の岱廟にある。歴代の碑碣151基からなる。

¶ **中国名旧3** p183〔写〕

太符観　たいふかん

山西省汾陽県の東北15kmの上閘村。道教寺院。東西の配殿はともに柱間5間の切妻造り前面に吹き放つ廊が付く奥に昊天大帝殿がある。

¶ **中国名旧3** p63

太武山　たいぶさん

福建省竜海県の東南部の海浜にある。太姥山とも。台湾海峡を航行する船が標識とする延寿塔がある。宋代以後、文人墨客が多数の詩詞の石刻を残した。

¶ **中国名旧4** p164

大仏寺〔張掖市〕　だいぶつじ

甘粛省張掖市の市内。別称を宏仁寺、俗称を臥仏寺といい、永安元年（1098）の創建。

¶ **中国名旧5** p239

大仏寺〔土堂村〕　だいぶつじ

山西省太原市の西北20kmの土堂村。漢代に土山が崩壊し、洞穴が生じた洞内の土丘の形が仏像に似ており仏教の浄土の因縁によるとし寺を建てたという。北斉代（550-577）の創建。

¶ **中国名旧3** p21

大仏寺〔南明山〕　だいぶつじ

浙江省新昌県西南部の南明山にある。大殿内部の絶壁に弥勒仏1体を彫る。南朝の斉の永明4年（486）梁の天監15年（516）にかけて彫った。

¶ **中国名旧2** p176

大仏寺〔彬県〕　だいぶつじ

陝西省彬県の西方12km。山沿いの岩壁に窟を穿ち像を彫る。保存状態のいい石窟寺院。

¶ **中国名旧5** p189

大仏寺造像　だいぶつじぞうぞう

山東省歴城県の西南方、青銅山の南斜面の断崖。

唐代に彫ったもので、高さ9.05m。石窟の前に50平方mほどのテラス、その上に石製の供卓や香炉などがある。

¶ **中国名旧3** p117

大仏洞石窟　だいぶつどうせっくつ

山東省済南市の東南約28km。歴山大仏寺荘にあり、青銅山南面中腹にひらかれた仏教石窟。

¶ **新潮美**

大仏頭造像　だいぶっとうぞうぞう

山東省済南市街の北方3.5km、歴城山の仏慧山の北斜面。山腹に石窟をうがち、岩に高さ7.8m、幅5.35mの仏頭、東壁に方形の密檐塔を2基彫る。

¶ **中国名旧3** p117

大汶口　だいぶんこう

山東省寧陽県堡頭村と泰安市大汶口鎮一帯。大汶口文化の最初の発見地。新石器時代後期の遺跡。1959年の第1次調査で、大汶河の南岸から大汶口文化中・後期の氏族共同墓地が発掘された。墓地・住居址・穴蔵などからなる。

¶ **世界考古**，大遺跡9（大汶口　だいもんこう）〔写〕，**中国名旧3** p184（大汶口遺址　だいぶんこういし）

太平巌　たいへいがん

福建省。乾隆年間（1736-95）ほかの石刻がある。巨石の「太平石笑」の前面で鄭成功（1624-62）が読書を楽しんだと伝える。背後に太平巌寺がある。

¶ **中国名旧4** p136

太平宮　たいへいきゅう

山東省崂山県崂山の東部、上苑山の北麓、仰口湾岸。宋の太祖が勅命で建てた道場で、金の明昌年間（1190-96）に改修。正殿を三清殿、配殿を三宮殿と真武殿という。

¶ **中国名旧3** p127

太平橋　たいへいきょう

安徽省歙県徽城鎮の西。大型のアーチ式石橋。南宋の端平元年（1234）の架設、当所は木造りであったが、明の弘治年間（1488-1505）に石造りに改めた。

¶ **中国名旧2** p243

太平軍樅陽会議旧址　たいへいぐんしょうようかいぎきゅうし

安徽省樅陽県の北方1km、月月湖畔。望竜庵のこと。清の康煕年間（1662-1722）の創建で、仏殿と経房からなる。太平天国革命の際（1851-64）指導者が、軍事会議を開いた。

¶ **中国名旧2** p211

太平寺宋塔　たいへいじそうとう

陝西省岐山県の西街。八角8層の楼閣式磚塔。北宋の元祐3年（1088）の建立。

¶中国名旧5 p192

太平荘　たいへいそう
陝西省華県泉護村遺跡の南。新石器時代の墓。成年の女性を被葬者とする土壙墓。

　　¶世界考古〔図(尊)〕

太平天国護王府　たいへいてんごくごおうふ
江蘇省常州市局前街の毛塚弄の入口にある。現存するのは間口柱間7間の「回」の字形の建物と、その石畳の中庭のみ。

　　¶中国名旧2 p95

太平天国侍王府　たいへいてんごくじおうふ
浙江省金華市の市街にある。太平天国の侍王李世賢(1834-65)が千戸所の跡地に殿宇を建て、侍王府とした。

　　¶中国名旧2 p185

太平天国戴王府　たいへいてんごくだいおうふ
江蘇省金壇県の県直街の東側にある。前庁は長方形を呈し、後庁は2層の楼房で柱間3間。付属の建物はすでにない。

　　¶中国名旧2 p96

太平天国忠王府　たいへいてんごくちゅうおうふ
江蘇省蘇州市の婁門内。太平天国軍が太平天国の庚申10年4月23日(1860年6月2日)に蘇州を奪回したのち、拙政園に造営。

　　¶中国名旧2 p77

太平天国天王府遺址　たいへいてんごくてんおうふいし
江蘇省南京市長江路292号。太平天国軍は1853年に南京を攻略、清朝の両江総督衙門を天朝の宮殿とし、天王府と命名。

　　¶中国名旧2 p46

太平天国壁画　たいへいてんごくへきが
安徽省績渓県の旺川村の曹氏の支祠(九思堂)にある。7面からなり、中心をなす「攻城勝利図」は1860年に太平天国軍が旌徳県の県城を攻撃した際、旺川に宿営したときの様子を描いたもの。

　　¶中国名旧2 p244

太平天国輔王府　たいへいてんごくほおうふ
江蘇省宜興県の和平街にある。清の咸豊年間以前は史進士の邸宅。太平天国軍が宜興県城を攻略すると、輔王楊輔清の府第(役所と邸宅)とした。

　　¶中国名旧2 p115

太平天国烈士墓　たいへいてんごくれっしぼ
上海市川沙県高橋鎮西北1.5kmの屯糧巷。太平軍の戦士を葬る。1954年調査がなされ、墓地を整理し、「太平天国烈士墓」の碑を建立。

　　¶中国名旧2 p28

太平塔　たいへいとう
安徽省潜山県の北方1.5km。舒州太平慧勲宗仏鑑禅師の道場にして、晋の咸和(326-334)の創建。宋の崇寧3年(1104)に再建。

　　¶中国名旧2 p216

太平塘摩崖　たいへいとうまがい
湖北省利川市の市街北方1kmの絶壁。高さ5m、幅4.8mの切石に「太平塘」の3字を楷書で陰刻。

　　¶中国名旧3 p337

大宝光塔　だいほうこうとう
江西省贛県の宝華山寺。宝華玉石塔とも。7層で、高さ1丈余り唐の穆宗(在位820-824)のときに大覚禅師が創建。現存の塔は北宋の元豊年間(1078-85)の再建。

　　¶中国名旧4 p109

大葆台遺跡　たいほうだいいせき
北京市豊台区黄土崗。前漢後期の王墓。約100枚出土した五銖銭は武帝～宣帝期のもので、前漢元帝期の広陽王夫妻墓と推定されている。

　　¶大遺跡9(大葆台漢墓　だいほだいかんぼ)〔写/図〕、東ア考古

大方盤城　たいほうばんじょう
甘粛省敦煌市の市街西北60kmのゴビ灘。漢代の造営。土墩の遺構がある。

　　¶中国名旧5 p248, 中国名勝古蹟 p100(大方盤城　だいほうばんじょう)〔写〕

タイポ・カウ
香港の新界地大埔坳。中国語名、大埔坳。新石器時代晩期の遺跡。直径2.7mの範囲に10個の石塊を円形に配置した小規模なストーン・サークル。

　　¶世界考古(大埔坳　だいほよう)

太姥山　たいぼさん
福建省福鼎県。国興寺は唐代の創建。玉湖庵は朱熹(1130-1200)の草堂の旧址と伝える。白雲山は明代末期の抗清英雄黄大燉が殉国したところを伝える。

　　¶中国名旧4 p175

大明寺〔済源県〕　だいみょうじ
河南省済源県の南方6kmの駅城鎮。山門・前仏殿・中仏殿・後仏殿と左右の配殿などがある。

　　¶新潮美(済源―大明寺　さいげん―だいめいじ)、中国名旧3 p229

大明塔　だいみょうとう
内モンゴル自治区寧城県の遼中京城の旧址にある。八角13層、磚造りの密檐塔で、高さ74m。遼代中期の創建で、感聖寺の仏舎利塔であったと伝える。

　　¶中国名旧1 p178

中国　　274

アジア

大夢山　だいむざん
福建省福州市の西湖の湖畔。山頂に大夢山亭が建つ。西南麓に元代末期の平章事（宰相）陳友定の西陂園の遺構である平章池などの旧跡、南に明代の薛家池館の遺構ほかがある。
　　¶中国名旧4 p123

大明宮　だいめいきゅう
陝西省西安市。唐の宮殿で唐長安城太極宮の東北に設けられた。貞観8年（634）に創建。
　　¶古代都城（長安城大明宮）〔図〕，新潮美（長安城（唐）─大明宮　ちょうあんじょう（とう）─だいめいきゅう）〔図〕，世界考古〔写/図〕，大遺跡9（唐の長安城─大明宮）〔写/図p134,164〕，中国名旧5 p169（大明宮遺址　たいめいきゅういし）〔写〕，東ア考古

大明宮　含元殿　だいめいきゅう　がんげんでん★
陝西省西安駅から1kmのところ。唐長安城大明宮の正殿。龍朔2年（662）に建築。唐代末年に廃棄。全面発掘が行われており、殿堂、両閣、飛廊、大台、殿前の広場と龍尾道とで構成される建築群を確認。
　　¶古代都城（長安城大明宮含元殿）〔図〕

大明宮　含耀門　だいめいきゅう　がんようもん★
陝西省西安市長安城大明宮。大明宮含元殿の東から宮廷に出入りする主要な宮門の一つ。含元殿の東側の第二宮内隔壁の中部に位置する。
　　¶古代都城（長安城大明宮　内重門・玄武門・重玄門・含耀門）

大明宮　翰林院　だいめいきゅう　かんりんいん★
陝西省西安市の長安城大明宮右銀台門北方の西夾城内。内廷の祭祀の場所。翰林院南側の一部分で、5基の建物跡と塼敷きの通路などを発見した。
　　¶古代都城（長安城大明宮　清思殿・三清殿・翰林院）

大明宮　玄武門　だいめいきゅう　げんぶもん★
陝西省西安市長安城大明宮北面の正門。北城壁中部のやや西寄りに位置する。門道の両側の楼閣は残存していないが建物基礎の跡が残っている。
　　¶古代都城（長安城大明宮　内重門・玄武門・重玄門・含耀門）

大明宮　三清殿　だいめいきゅう　さんせいでん★
陝西省西安市の長安城大明宮の北城壁青霄門内の東側。三清殿は唐宮廷内にあって道教を祀るための建物。高い基壇をもつ建物跡。
　　¶古代都城（長安城大明宮　清思殿・三清殿・翰林院）

大明宮　重玄門　だいめいきゅう　じゅうげんもん★
陝西省西安市長安城大明宮の玄武門の正北156mの夾城。門道1条からなり、門道の幅は5.2m、両側に礎石と壁下の漆食が残っている。
　　¶古代都城（長安城大明宮　内重門・玄武門・重玄門・含耀門）

大明宮　清思殿　だいめいきゅう　せいしでん★
陝西省西安市の長安城大明宮左銀台門内の西北280m。大明宮内の日常生活の場としての宮殿。殿跡には、基壇と階段部分のみ残る。
　　¶古代都城（長安城大明宮　清思殿・三清殿・翰林院）

大明宮　内重門　だいめいきゅう　ないじゅうもん★
陝西省西安市長安城大明宮の玄武門の南20m。玄武門と相対する三間平屋の穿堂式（通り抜け用）の門跡。
　　¶古代都城（長安城大明宮　内重門・玄武門・重玄門・含耀門）

大明宮　麟徳殿　だいめいきゅう　りんとくでん★
陝西省西安市龍首北路東段。大明宮太液池の真西の高地にある。皇帝は常にここに近臣や外国からの使節を招宴し、舞台観賞を行った。殿堂はすでに壊れ、基壇だけが残る。
　　¶古代都城〔図〕

大明湖　たいめいこ
山東省済南市。湖畔に、亭台楼閣・水榭長廊が建てられている。
　　¶中国名旧3 p113〔写〕，中国名勝古蹟 p171（大明湖　だいめいこ）〔写〕

大明寺〔揚州市〕　だいめいじ
江蘇省揚州市の市街西北約4km、蜀崗の中峰。現在は法浄寺。南朝の宋の大明年間（457-464）の創建。現存の殿宇は清の同治年間の再建。大明寺で律を講じていた鑑真の下へ普照、栄叡が投じて東渡を請うた。
　　¶中国仏教（大明寺　だいみょうじ），中国名旧2 p104

大邑地主荘園　だいゆうじぬししょうえん
四川省大邑県安仁鎮場口。大地主の劉文彩の邸宅で、1928〜42年に築造。
　　¶中国名旧5 p29

大窯青瓷（磁）窯址　だいようせいじようし
浙江省竜泉県の南方45km。1962年に大窯の高際頭村から拗頭村に至る渓谷沿いの5kmの斜面で53の窯跡を発見。
　　¶中国名旧2 p183

大窯村石器製造場　だいようそんせっきせいぞうじょう
内モンゴル自治区フフホト市の東北33km、保合少人民公社大窯村の南山。長期にわたって石材を採取し石器を作っていた遺跡。人類の大腿骨や石片なども出土し、旧石器時代の前期から後

期にかけてのものとみなされ、大窯文化と命名された。

¶中国名旧1 p176

大賚店　だいらいてん
河南省浚県大賚店の南門外。仰韶・龍山文化から殷代にわたる遺跡。龍山文化を中心とする。文化層は、最下層（彩陶）、中層（黒陶）、上層（灰陶）の3層からなる。

¶新潮美（濬県〔大賚店〕しゅんけん）、世界考古、中国名旧3 p233（大賚店遺址　だいらいてんいし）

黛螺頂　だいらちょう
山西省五台県の五台山台懐鎮の東の向山の山頂。牌楼と石獅子がある。乾隆帝が黛螺頂に登ったときの題詩の石碑がある。

¶中国名旧3 p46

大理国経幢　だいりこくきょうどん
雲南省昆明市拓東路にある。八角7層、高さ8.30mの石幢。

¶中国名旧5 p122

泰陵〔清西陵〕　たいりょう
河北省易県の清西陵の中心。雍正帝・孝敬皇后・敦粛皇貴妃の陵墓。乾隆2年（1737）に竣工。

¶中国名旧1 p138

泰陵〔唐〕　たいりょう
陝西省蒲城県の金粟山。唐の玄宗李隆基（在位712-756）の陵墓。

¶中国名旧5 p201

太和宮　たいわきゅう
湖北省丹江口市の武当山の天柱峰の中腹、紫金城の南天門外。明の永楽14年（1416）の建立。正殿に「大岳太和宮」の額を掲げる。

¶中国名旧3 p299

太和城遺址　たいわじょういし
雲南省大理市下関の北方8km、太和村の西の斜面。南詔朝（748-937）の初期の都城。

¶中国名旧5 p132

太和殿　たいわでん
北京の故宮。俗に金鑾殿といい、故宮の「三大殿」の一つ。明の永楽18年（1420）に完成。現存するのは康熙34年（1695）に再建したもの。

[世界遺産]（北京と瀋陽の明・清朝の皇宮群　1987, 2004）

¶新潮美（北京故宮—太和殿　ペキンこきゅう—たいわでん）、中国名旧1 p20〔写〕、中国歴史、文化史蹟17（太和殿　故宮）〔写〕

太和門　たいわもん★
北京市。太和殿の前庭に入る正門。一重基壇

の上に立つ二重入母屋造の建物。清の光緒15年（1889）の再建。

[世界遺産]（北京と瀋陽の明・清朝の皇宮群　1987, 2004）

¶文化史蹟17（太和門　故宮）〔写〕

タクダルゴン（達扎路恭）紀功碑
チベット自治区ラサ市の布達拉宮前方。吐蕃王の赤松徳賛と大将の達扎路恭が唐の広徳元年（763）に長安を攻略したことを記念して建立。

¶中国名旧5 p150（達扎路恭紀功碑　タクダルゴンきこうひ）

托林寺　たくりんじ
チベット自治区札達県。11世紀初頭創建した阿里地区の最古の寺院。

¶中国名旧5 p159

蛇骨塔　だこつとう
雲南省大理市下関の北方3kmの羊皮村にある。南詔代（748-937）の建立で、現存するのは塔身の下段のみ。

¶中国名旧5 p133

打虎亭漢墓　だこていかんぼ
河南省新密市（密県）の西方約6km、綏水の南岸の台地。2基の後漢墓。東西に2つの高大な塚が土山のようにそびえる。画像石刻が豊富。1号墓が画像石墓、2号墓が壁画墓。墓主は漢の河南密県の弘農大守張伯雅、2号墓はその親族と推測。

¶新潮美（密県〔打虎亭画像石墓〕みっけん）、世界考古（密県画象石墓　みっけんがぞうせきぼ）、大遺跡9〔写/図〕、中国名旧3 p209

打虎亭漢墓1号墓　だこていかんぼ1ごうぼ
河南省新密市（密県）打虎亭。墓室は塼・石混造で、甬道、（導入部）前・中・後3墓室と3耳室よりなる。彩色画が描かれている。

¶文化史蹟17（密県打虎亭2号墓）〔写〕

打虎亭漢墓2号墓　だこていかんぼ2ごうぼ
河南省新密市（密県）打虎亭。墓室は塼・石混造のヴォールト構造。墓門や墓室の壁面には人物・文様などが浮彫されている。

¶文化史蹟17（密県打虎亭1号墓）〔写〕

駝山石窟　だざんせっくつ
山東省青州東南。雲門山と相対して大小6ヶ所の窟龕がある。隋代・唐初の開鑿。

¶アジア歴6（駝山石窟　ださんせっくつ）、新潮美（益都〔駝山石窟〕えきと〔だざんせっくつ）、世界考古、中国仏教、中国名旧3 p135（駝山石窟造像　ださんせっくつぞうぞう）

タシトル（塔什吐爾）古堡
新疆ウイグル自治区トクスン県の西方約50kmの阿拉溝の入口。唐代の城堡の遺構。唐代の契約

文書が出土。

¶中国名旧5 p281（塔什吐爾古堡 タシトルこ堡）

タシュトゥン（塔什頓）古城

新疆ウイグル自治区沙雅県の西北35km。亀茲国か唐朝の安西都護府の属城の一つ。

¶中国名旧5 p303（塔什頓古城 タシュトゥンこじょう）

タシルンポ寺

チベット自治区シガツェ市の西南ニマダオ山の南斜面。明の正統12年（1447）創建。黄帽派学問寺で、歴代パンチェンラマの坐林寺院でもある。

¶アジア歴6（タシルンポ）〔図〕，世歴事5〔図〕，中国名旧5 p156（扎什倫布寺 タシルンポじ）〔写〕，中国名勝古蹟 p86〔写〕，評論社世（タシルンポ（札什倫布）寺）

ダーダンミヂュウ宮

チベット自治区ラサ市。第14代ダライのダンゾン・ギャムツォが20世紀中葉に建設。俗に新宮という。2層、陸屋根建築。

¶中国名勝古蹟 p92〔写〕

岔道城　たどうじょう

北京市八達嶺の西約1.5km。明の嘉靖30年（1551）の築造。関溝はここで二又に分かれる。

¶中国名旧1 p92

多福寺　たふくじ

山西省太原市の市街西北24km。唐の貞元2年（786）の創建。明代の山門・鐘楼・大雄宝殿・文殊閣・蔵経楼と東西の垛殿、塑像と壁画などが現存。

¶中国名旧3 p21

多宝琉璃塔　たほうるりとう

北京市海淀区の頤和園の万寿山の北斜面。清の乾隆年間に清漪園の一部として建立。

¶中国名旧1 p58〔写〕

陀羅尼経幢　だらにきょうどう

福建省南安県豊州郷の桃源宮。北宋の天聖3年（1025）の創建で、八角7層、高さ約7mの石幢。

¶中国名旧4 p159

タルチ（塔勒奇）古城

新疆ウイグル自治区霍城県。清代初期に造営した伊犁九城の一つ。

¶中国名旧5 p287（塔勒奇古城 タルチこじょう）

達摩面壁洞　だるまめんぺきどう

河南省登封市の嵩山の少林寺の西北、五乳峰。達摩が10年間、壁に面して坐禅したところ。双柱単孔の石坊がある。

¶中国名旧3 p204

丹霞山　たんかざん

広東省仁化県の南方8km。広東省の四大名山。清代初期の澹帰和尚の墓、六角形の骨塔がある。

¶中国名旧4 p227

檀公城旧址　だんこうじょうきゅうし

安徽省蒙城県の北方20km。北冢檀城・檀城とも。内部に北冢山があり、その周囲に縦横7kmの三重の城壁をめぐらしていた。内城の外郭が確認できる。魯王故里がある。

¶中国名旧2 p252

湛山寺　たんざんじ

山東省青島市の東部、湛山の西南、太平山の東麓。青島市街で唯一の仏教寺院。創建は1933年。蔵経楼に経典6千冊余りと古い仏像を蔵す。

¶中国名旧3 p123

譚嗣同墓　たんしどうぼ

湖南省瀏陽県の郊外の牛石郷。譚嗣同（1865-98）は瀏陽県の出身で、清代末期の改良派の政治家・思想家。

¶中国名旧4 p25

潭柘寺　たんしゃじ

北京市門頭溝区の群峰が輪をなす潭柘山の山腹。晋代の創建。現存する堂宇は明・清両代のもの。

¶中国名旧1 p77

団城　だんじょう

北京市西城区、北海公園の南にある小円城。金代に御苑の一部となり、元代に団城の基礎が出来上がった。

世界遺産（北京と瀋陽の明・清朝の皇宮群　1987, 2004）

¶新潮美（北京故宮―団城 ペキンこきゅう―だんじょう），中国名旧1 p37

団城演武庁　だんじょうえんぶちょう

北京市海淀区紅旗村。俗称を小団城。清の乾隆年間の創建。演武庁の円形の城砦で、外周に堀と排水溝をめぐらす。

¶中国名旧1 p71

澹台滅明墓　たんだいめつめいぼ

江西省南昌市の第二中学にある。澹台滅明（前512-？）は孔子の弟子。武城（現、山東省貴県）・陳留（現、河南省開封県）・予章（現、南昌市）の3か所に墓が現存する。

¶中国名旧4 p58

ダンダンウィルク　Dandān-uiliq

ホータンの北東約100kmのタクラマカン砂漠。古代扜弥国の遺跡。寺院跡から桑蚕伝来に関する王妃の奉納額が発見されたことで有名。

¶角川世（ダンダンウイリク），新潮美（ダンダン＝オイリック），仏教考古

段徳昌墓　だんとくしょうぼ
湖北省鶴峰県の八峰山。湘鄂西革命根拠地の創設者の1人の墓。
¶中国名旧3 p336

澹泊敬誠　たんぱくけいせい
河北省承徳市。避暑山荘の正殿。康熙49年（1710）の建立。乾隆19年（1754）の総楠（樟）造りに改めたので、楠木殿ともいう。
¶中国名旧1 p147

談判大楼旧址　だんぱんだいろうきゅうし
江西省萍郷市の安源鉱区の高山。もともと炭鉱の事務所。1922年9月安源炭鉱と株萍線の労働者がストライキを行った際、敵の戒厳司令部が設けられた。
¶中国名旧4 p68

譚綸墓　たんりんぼ
江西省宜黄県の南。青石造り。譚綸（1520-77）は倭寇を撃退した名将。
¶中国名旧4 p97

智慧海　ちえかい
北京市海淀区の頤和園の万寿山の山頂。仏殿。壁面にはめこまれた1千体余りの琉璃の仏像が有名。
¶中国名旧1 p59

チェルグドゥク（且爾乞都克）古城
新疆ウイグル自治区若羌県の東南6kmのゴビ。仏教寺院の遺構。インドのグプタ王朝時代に書写したサンスクリット語の貝葉経など、4世紀前後のものが出土。
¶中国名旧5 p297（且爾乞都克古城　チェルグドゥクこじょう）

智果寺　ちかじ
陝西省洋県の西方約15km。明の永楽（1403-24）、正統（1436-49）、万暦（1573-1620）年間に皇后が下賜した経典を蔵する。
¶中国名旧5 p213

築衛城遺址　ちくえいじょういし
江西省清江県大橋郷の南方3km、大姑山の北斜面の丘。東周代の土城の下に、東西410m、南北360m。上層は殷・周文化、中層と下層は新石器時代後期に属する。
¶中国名旧4 p71

竹王城　ちくおうじょう
貴州省福泉県から23kmの楊老駅にある。古城の遺構のあることは確認されたが、年代は不明。
¶中国名旧5 p110

竹海　ちくかい
四川省長寧県の南方20km。明の嘉靖・正徳両年

間の重修記碑と明代の数十体の摩崖造像が現存。
¶中国名旧5 p58

竹林寺　ちくりんじ
山西省五台県の五台山台懐鎮の西南6kmの竹林寺村の西。唐代の高僧法照が竹林に寺を創建。配置と基礎ははっきりとわかり、漢白玉石碑と高塔が残る。
¶中国名旧3 p44

智化寺　ちげじ
北京市東城区、禄米倉の東端北側。明代初期に司礼監の太監（宦官）王振が正統8年（1443）に家廟（氏寺）として創建。「土木の変」のため王振一族は誅されたが元順元年（1457）に「精忠祠」が建てられた。
¶中国名旧1 p29

智者大師塔院　ちしゃだいしとういん
浙江省天台県の天台山の仏隴真覚寺にある。天台宗の開祖の智顗（538-597）の塔院。大殿に大師の肉身塔を安置。高さ約7m、六角2層の青石造り。塔院は隋の開皇17年（597）の建立、現存するものは明代の再建。
¶中国名旧2 p178

知春亭　ちしゅんてい
北京市海淀区の頤和園の昆明湖東岸。玉瀾堂の前の小島にある。重檐宝形造り。
¶中国名旧1 p61〔写〕

智城碑　ちじょうひ
広西チワン族自治区上林県の東方20km。武周の万歳通天2年（697）の建立。
¶中国名旧4 p272

池神廟　ちしんびょう
山西省運城市の市街南方2kmの土壁。唐の大暦年間（766-779）に神が瑞塩を下賜したとして廟を建てて祀った。現存の建物は明の嘉靖14年のもの。
¶中国名旧3 p91

地壇　ちだん
北京市東城区、安定門外路の東側。方沢壇ともいい、明の嘉靖9年（1530）の創建。明・清両代に皇地祇神を祀ったところ。
¶中国名旧1 p30

智度寺塔　ちどじとう★
河北省涿県の東北隅。2基の磚塔が南北に対峙するうち、南にある塔。北に雲居寺塔がある。
¶新潮美（涿県〔智度寺塔〕　たくけん）

チャムバリン寺（絳巴林寺）
チベット自治区昌都県の瀾滄江の上流。昌都寺ともいい、明の正統2年（1437）創建。

¶中国名旧5 p160（絳巴林寺 チャムパリンじ）

中衛高廟　ちゅうえいこうびょう
寧夏回族自治区中衛県の北面。創建は明の正統
年間（1436-49）以前。大雄宝殿、高廟、南天門な
どがある。
¶中国名旧5 p260

中会寺　ちゅうえじ
遼寧省鞍山市の千山の大安寺の北。千山五大禅
林の一つ。正殿・前殿・禅堂・水亭・後閣など
からなる。
¶中国名旧1 p197

中央軍委旧址　ちゅうおうぐんいきゅうし
江西省瑞金県の4kmの烏石壠。もともとは祠堂。
朱徳・周恩来らが起居・執務し、第4次反「包囲
討伐」を指揮した。
¶中国名旧4 p113

**中央紅軍総部駐地旧址　ちゅうおうこうぐんそ
うぶちゅうちきゅうし**
雲南省尋甸回族彝族自治県丹桂村。1935年4月
末、当地の民家で毛沢東・周恩来らが金沙江渡
河作戦の指揮をとった。
¶中国名旧5 p138

**中央工農民主政府旧址　ちゅうおうこうのうみ
んしゅせいふきゅうし**
江西省瑞金県の葉坪村。もと謝氏の祠堂。1931
年11月に中国共産党ソビエト区第1回代表大会
と中華ソビエト第1回全国工農兵代表大会が開か
れた。
¶中国名旧4 p114

**中央農民運動講習所旧址　ちゅうおうのうみん
うんどうこうしゅうじょきゅうし**
湖北省武漢市の武昌の鲶巷の広大な院落。もと
清代末期に張之洞（1837-1909）の開設した北路
学堂の校舎。
¶中国名旧3 p280

中崖　ちゅうがい
四川省青神県の岷江の東岸。第五羅漢の諾巨那
尊者の道場と伝え、唐代の創建。
¶中国名旧5 p63

中岳廟　ちゅうがくびょう
河南省登封市の嵩山の黄蓋峰の下。秦代の創建。
河南省で最大規模の寺廟建築。
世界遺産（河南登封の文化財 "天地之中" 2010）
¶新潮美、中国名旧3 p205〔写〕

**中華全国総工会旧址　ちゅうかぜんこくそうこ
うかいきゅうし**
広東省広州市越秀南路93号。1927年、中国共産
党の中華全国総工会の広州事務所。

¶中国名旧4 p215

中華門　ちゅうかもん
江蘇省南京市の市街南部、聚宝山の北方。明の
洪武年間（1368-98）に再建したもので、南北約
128m、東西118.5m。
¶中国名旧2 p47

**中共湘鄂贛省委旧址　ちゅうきょうしょうがく
こうしょういきゅうし**
江西省万載県仙源鎮の陳家屋。1932年、中国共
産党湘（湖南）鄂（湖北）贛（江西）省委員会の機
関が当所に移転。旧址は原状のまま保存。
¶中国名旧4 p70

**中共湘区委員会旧址　ちゅうきょうしょうくい
いんかいきゅうし**
湖南省長沙市の小呉門外の清水塘22号。1921年
の冬から1923年4月にかけて、毛沢東と楊開慧が
起居した。
¶中国名旧4 p23

**中共湘贛省委旧址　ちゅうきょうしょうこうしょ
ういきゅうし**
江西省永新県の（禾川鎮）民主街の蕭家祠。中国
共産党の湘贛省委員会の旧址。王震・蕭克らも
起居した。
¶中国名旧4 p107

**中共中央鄂予皖分局旧址　ちゅうきょうちゅう
おうがくよかんぶんきょくきゅうし**
河南省新県。政府航空局の旧址が現存。
¶中国名旧3 p260

**中共中央負責人遵義寓所　ちゅうきょうちゅう
おうふせきにんじゅんぎぐうしょ**
貴州省遵義市新城。1930年代の2階建ての洋館。
¶中国名旧5 p94

**中共閩浙贛省委旧址　ちゅうきょうびんせつこ
うしょういきゅうし**
江西省横峰県葛源鎮楓樹塢村。大型の民家。閩浙
贛省の革命の中心地。
¶中国名旧4 p94

沖虚古観　ちゅうきょこかん
広東省博羅県の羅浮山の東麓、朱明洞の南。東
晋の咸和年間（326-334）の創建。葛洪が設けた4
つの庵のうちの南庵。
¶中国名旧4 p249

**中国共産党広東区委員会旧址　ちゅうごくきょ
うさんとうかんとんくいいんかいきゅうし**
広東省広州市文明路194・196・198・200号。粤
区委員会旧址・両広区委員会旧址とも。中共広
東区委員会の事務所。
¶中国名旧4 p215

中国

中国共産党第一次全国代表大会会址　ちゅうごくきょうさんとうだいいちじぜんこくだいひょうたいかいかいし
浙江省嘉興市の南湖にある。1921年7月、中国共産党第1回全国代表大会は、上海から嘉興の南湖に浮かべた船上に場を移し続開された。湖心島の東南岸に模造の革命記念船を保留。

　¶中国名旧2 p163

中国工農紅軍第七軍軍部旧址　ちゅうごくこうのうこうぐんだいしちぐんぐんぶきゅうし
広西チワン族自治区百色市の市街。1929年当地で中国工農紅軍第七軍を結成した。

　¶中国名旧4 p304

中国工農紅軍第八軍司令部旧址　ちゅうごくこうのうこうぐんだいはちぐんしれいぶきゅうし
広西チワン族自治区竜州県新街。1930年中国共産党の広西の組織は新墟地広場で大衆大会を開催。

　¶中国名旧4 p297

中国工農紅軍第四軍軍部旧址　ちゅうごくこうのうこうぐんだいよんぐんぐんぶきゅうし
江西省寧岡県の砻市鎮の竜江河畔の後街。もともと中薬店の店舗。1928年4月、中国工農紅軍第四軍が結成されると、その軍部が置かれた。

　¶中国名旧4 p105

中山王舋墓　ちゅうざんおうさくぼ
河北省平山県。戦国時代の中山国の王墓のうち、城外王陵区にある1号大墓で中山王舋の墓とされる。3層の階段状をした方墳。

　¶宗教建築（中山王墓）〔図〕、大遺跡9（中山王国—中山王舋墓）〔写/図〕

中山王陵〔中山簡王墓〕　ちゅうざんおうりょう
河北省定眑北荘。後漢前期の中山簡王墓と推定。高さ約20mの墳丘が築かれる。埋葬施設は傾斜墓道・前庭・羨道および玄室からなり、典型的な回廊型室墓に属する。

　¶東ア考古〔写（銅鼎）〕

中山紀念堂　ちゅうざんきねんどう
広東省広州市の越秀山の南麓。民主主義革命家孫中山（1866-1925）を記念して造営。鉄筋コンクリート造りの宮殿式の建物。

　¶中国名旧4 p216, 中国名勝古蹟 p312〔写〕

中山故居　ちゅうざんこきょ
広東省中山市翠亭村。孫中山の生家。中国と西洋の様式を結びつけた2階建て。

　¶中国名旧4 p236

中山堂　ちゅうざんどう
北京市天安門の西隣、中山公園の社稷壇の北側。かつては社稷殿。明の洪熙元年（1425）の創建。

1925年に孫中山（孫文）の棺を一時安置したことがある。

　¶中国名旧1 p38

中山門　ちゅうざんもん
江蘇省南京市中山東路の東端。市街地から東郊の景勝地に出る大門。1927年に造営。

　¶中国名旧2 p47

中山陵　ちゅうざんりょう
江蘇省南京市の東郊。孫中山（1866-1925）の陵墓で、1929年春に完成、6月に北京から遺体を移して安置。

　¶角川世, 中国名旧2 p47〔写〕, 中国名勝古蹟 p252〔写〕, 評論社世

中南海　ちゅうなんかい
北京市西城区、故宮の西隣。三海（北海・中海・南海）の一つ。清代に皇宮の庭園となる。

　¶中国名旧1 p39

中尼友誼橋　ちゅうにゆうぎきょう
チベット自治区聶拉木県の樟木口付近、ネパールとの国境の川。東西に横断する鉄筋コンクリート橋。

　¶中国名旧5 p158

中美合作所集中営旧址　ちゅうびがっさくじょしゅうちゅうえいきゅうし
四川省重慶市沙坪壩区の歌楽山の麓。1943年にアメリカと国民党政権が開設した中美特種技術合作所の跡地。

　¶中国名旧5 p31

中廟　ちゅうびょう
安徽省巣湖市の巣湖北岸。巣湖中廟、忠廟、聖妃廟、聖姥廟とも。唐代の創建。たびたび改修を重ね、現存の殿閣は清代後期のもの。

　¶中国名旧2 p229

沖佑万年宮　ちゅうゆうばんねんきゅう
福建省武夷山市（旧・崇安県）の武夷山の九曲渓の入口、大王峰の麓。武夷宮とも。唐の天宝年間（742-756）の創建。道教の中心地の一つ。

　¶中国名旧4 p171

仲雍墓　ちゅうようぼ
江蘇省常熟市の虞山の東麓にある。仲雍は周の太王の次子。虞山での最古の旧跡の一つ。

　¶中国名旧2 p81

忠烈祠　ちゅうれつし
湖南省衡陽市の衡山にある。抗日戦で戦没した将兵を記念し、中山陵を模して1942年に造営。

　¶中国名旧4 p51

中国

アジア

中和殿 ちゅうわでん
北京市街中心部の故宮の大和殿の北側。故宮の「三大殿」の一つ。明の永楽18年(1420)に完成。
¶中国名旧1 p22

チュホイ(曲恵)古城
新疆ウイグル自治区和碩県曲恵郷の西北250m。漢代の危須国の故地と伝え、城壁の土台が残存。
¶中国名旧5 p295(曲恵古城 チュホイこじょう)

長安寺 ちょうあんじ
北京市石景山区の翠微山西南隅の平地。別名を善応寺。「西山八大処」の第1処。明の弘治17年(1504)の創建。
¶中国名旧1 p79

長安城〔漢〕 ちょうあんじょう
陝西省西安市から北西へ3km離れた平原地帯。前漢時代の都城。前202年に漢の高祖から始まる。長楽宮・未央宮や建章宮や桂宮、昆明池などを確認。宮城・皇城・外郭城からなる。
¶新潮美〔図〕, 世界考古(長安城〔前漢の長安城〕)〔図〕, 世歴事6(長安 ちょうあん)〔図〕, 中国名旧5 p162(漢長安城遺址 かんちょうあんじょういし), 東ア考古(漢長安城 かんちょうあんじょう)

長安城〔唐〕 ちょうあんじょう
陝西省西安市。隋の大興城を修建して建設された。宮城・皇城・外郭城からなる。
¶アジア歴6(長安 ちょうあん)〔図(唐の長安城坊図)〕, 古代都城(隋大興城・唐長安城)〔図〕, 新潮美〔図〕, 世界考古(長安城〔隋唐の長安城〕)〔図〕, 世歴事6(長安 ちょうあん)〔図〕, 大遺跡9(唐の長安城 とうのちょうあんじょう)〔写/図p132～135,164～165〕, 東ア考古(唐長安城 とうちょうあんじょう)

長安城安定坊 ちょうあんじょうあんていぼう★
陝西省西安市、唐長安城光化門内の東側に位置。坊内には大小の十字街が分布する。発掘の結果、安定坊大十字街の幅は20m。小十字街東西街幅は6m、南北街幅は5m。
¶古代都城〔図〕

長安城外漢代建築址 ちょうあんじょうがいかんだいけんちくし
陝西省西安市西郊約1.5kmの大土門村北。礼制建築址など。1.5kmの範囲に14の建築址がある。各建物は中心建築、土壁・門・角建物、周濠からなる。
¶世界考古

長安城朱雀街と側溝・西市 ちょうあんじょうすざくがいとそっこう・せいし★
陝西省西安市、朱雀街は長安城内の南北方向の中大街。朱雀街は城内で最大規模の道路で、幅は約150～155m。保存が比較的に良好な路面の両側には側溝が残る。溝の幅は約3m。西市の平面はほぼ正方形を呈し、東西、南北とも幅は約1050m。
¶古代都城〔図〕

朝雲墓 ちょううんぼ
広東省恵州市の西湖の孤山。朝雲は蘇軾の妾となり、北宋の紹聖3年(1096)に病死。のちに僧が亭を建てて墓を覆い、六如亭と命名。
¶中国名旧4 p245

張横渠墓祠 ちょうおうきょぼし
陝西省鄠県の大振村の迷糊嶺の下。北宋代の哲学者の祠。正殿・献殿・過庭・後殿からなる。
¶中国名旧5 p195

張家営子遼墓 ちょうかえいしりょうぼ
遼寧省建平県張家営子。墓道壁に契丹の服装の人物壁画がある。銀皿に刻された契丹文字が慶陵の哀冊のものとは異なるとして注目を集めた。
¶世界考古

張家嘴 ちょうかし
甘粛省永靖県河東郷張家嘴村。辛店文化の遺跡。斉家文化層の上に辛店文化層がある。
¶世界考古

張家坡 ちょうかは
陝西省西安市郊豊西地区。西周時代の居住址と墓地との遺跡。居住址は前期は竪穴式。後期の住居は円形の半竪穴式。墓は約140基が密集してつくられていた。
¶世界考古

張家坡墓地 ちょうかはぼち
陝西省西安市長安区長家坡村。澧鎬という西周時代の都城の中の墓地遺跡。700余基の墓の多くは竪穴式土壙木棺(槨)墓で、規模によって大・中・小に分けられる。
¶東ア考古〔写〕

趙家堡 ちょうかほ
福建省漳浦県から35km、湖西郷趙家村。俗に趙家城。趙範が明の万暦年間(1573-1620)に城堡を築いた。ほぼ完全な形の城堡建築群を形成。
¶中国名旧4 p165

張家湾軍事会議旧址 ちょうかわんぐんじかいぎきゅうし
江西省萍郷市の安源鉱区の東端。土豪の建てた磚と木からなる2階建ての建築。1927年9月、毛沢東が東北端の部屋で秋収蜂起の計画を討議した。
¶中国名旧4 p69

張桓侯祠 ちょうかんこうし
四川省閬中県の西街。清代のもので、大門・敵万楼・左右牌坊・大殿などからなる。

¶中国名旧5 p76

張桓侯廟　ちょうかんこうびょう
四川省雲陽県の飛鳳山の麓。三国時代の蜀の名将張飛（？　－221）を祀る。蜀（221-263）の末年の創建。

¶中国名旧5 p73、中国名勝古蹟 p215（張飛廟ちょうひびょう）〔写〕

趙邯鄲故城　ちょうかんたんこじょう
河北省邯鄲市。趙の都城。漢代の5大都市の一つ。邯鄲故城は趙王城と大北城からなる。東・西・北の3城に分かれ、「品」字形をなす。

¶中国名旧1 p121

張九齢墓　ちょうきゅうれいぼ
広東省韶関市曲江区北郊羅源洞山麓。唐代の博室墓。張九齢（670-740）は韶州（曲江）の出身で丞相となった。玄室・羨道・耳室よりなる。墓誌銘や息子の張拯の款を付した陶硯などが出土。

¶世界考古, 中国名旧4 p226

釣魚城　ちょうぎょじょう
四川省合川県の東方5kmの釣魚山にある。南宋の淳祐2年（1242）築造。内城と外城、7つの城門が現存。

¶中国名旧5 p34

張居正墓　ちょうきょせいぼ
湖北省沙市市の西北部、張家台。万暦41年（1613）の石碑がある。

¶中国名旧3 p315

釣魚台〔痩西湖〕　ちょうぎょだい
江蘇省揚州市の痩西湖の小金山の西。湖中に突き出た短い突堤の西端に位置する。方形で、瓦葺きの重檐宝形造り。

¶中国名旧2 p101

釣魚台〔宝鶏県〕　ちょうぎょだい
陝西省宝鶏県の南方約15km、磻渓河畔の伐魚堡の南。山の間にある大きな岩で、姜太公（太公望）が魚釣りをしたところ。

¶中国名旧5 p191

釣魚台〔北京市〕　ちょうぎょだい
北京市海淀区阜成門外。金の章宗完顔環が魚釣りを楽しんだところと伝える。清の乾隆年間に人工湖をつくり、さらに行宮を設けた。

¶中国名旧1 p71

長慶寺塔　ちょうけいじとう
安徽省歙県、練江南岸の西干山にある。北宋の重和2年（1119）の創建。現在の塔は7層の心の詰まった方形の楼閣式で、基壇は5層の石座、塔身は磚造り。

¶中国名旧2 p243

張経墓　ちょうけいぼ
福建省福州市の西郊、原厝村の黄店山。張経（1492-1555）は倭寇への抵抗で知られる武将。墓は白石造りで、麓から中腹まで13層の広大なテラスがある。

¶中国名旧4 p124

張憲墓　ちょうけんぼ
浙江省杭州市の棲霞嶺の西、東山衙口にある。張憲（？　－1142）は南宋の抗金将領で岳飛の部将。

¶中国名旧2 p134

張騫墓　ちょうけんぼ
陝西省城固県の西方4km、黎何村の西。清の乾隆・光緒年間に建てた数枚の墓碑が並ぶ。

¶中国名旧5 p212

趙杲観　ちょうこうかん
山西省代県の西南23km、天台山の溝掌里。北魏の太延年間（435-440）の創建。南部は大仏殿・古南洞と3つの石室からなり、北部は観音閣で、内部に天然の石洞がある。

¶中国名旧3 p52

長岡郷調査会会址　ちょうこうきょうちょうさかいかいし
江西省興国県から4km、長岡郷の列寧小学。1933年、毛沢東が『郷ソビエト工作の模範（一）―長岡郷』を執筆した。

¶中国名旧4 p110

張衡墓　ちょうこうぼ
河南省南陽県石橋鎮の西。後漢代の科学者・文学者の墓。

¶中国名旧3 p261

重光門　ちょうこうもん
山東省曲阜市の孔府の大堂の前。明の弘治16年（1503）の建立。4本の円柱が石鼓の上に建ち、前後に木彫りの花の蕾を垂らし、彩色を施した屋根を支えている。

世界遺産（曲阜の孔廟、孔林、孔府　1994）

¶中国名旧3 p153

趙固魏墓　ちょうこぎぼ
河南省輝県西15km。趙固鎮付近の墓地。1号墓出土の銅壺の器形からみて、ほぼ春秋時代後期後半に比定。

¶世界考古

張宰相墓　ちょうさいしょうぼ
安徽省桐城県の北部、竜眠山にある。大宰相墓と小宰相墓からなる。大宰相とは張英（1637-1708）のこと。小宰相とは張英の子の廷玉。

¶中国名旧2 p210

中国　282

アジア

長沙楚墓　ちょうさそぼ
湖南省長沙市。楚の墓群。春秋時代後期～戦国時代後期に当たる。合計2121基はいずれも中～小型墓で、埋葬施設を持たない無槨無棺墓が大半を占める。
¶図解考古（長沙古墓　ちょうさこぼ）〔写/図〕，世界考古（長沙　ちょうさ）〔図〕，東ア考古

張士誠母曹氏墓　ちょうしせいのははそうしぼ
江蘇省蘇州市南郊盤門外。元末期の墓。哀冊によれば、元末群雄の1人、張士誠（1321-67）の父母の墓。金銀装身具、玉帯などが出土。
¶世界考古

趙充国墓　ちょうじゅうこくぼ
甘粛省清水県の西北1km、牛頭河北岸の台地。天水の出身趙充国（前137-前52）の墓。
¶中国名旧5 p228

趙州陀羅尼経幢　ちょうしゅうだらにきょうどう
河北省石家荘市趙県。俗に石塔という。北宋の景祐5年（1038）に建立。高さ18mの7層。
¶中国名旧1 p111〔写〕

長春観　ちょうしゅんかん
湖北省武漢市の蛇山の尾部、武昌の大東門外。元代に邱処機を祀るために創建した。武漢の道教の聖地。
¶中国名旧3 p279

長春宮　ちょうしゅんきゅう★
北京市。嬪妃の生活する寝宮。前殿・後殿・東西廊式の中庭式配置をとる。現在の建物は清の康熙22年（1683）の再建。
世界遺産（北京と瀋陽の明・清朝の皇宮群　1987, 2004）
¶文化史蹟17（長春宮　故宮）〔写〕

長辛店二七革命遺址　ちょうしんてんにしちかくめいいし
北京市豊台区長辛店鎮。中華民国初年の建造。1921年に当所に工人（労働者）労働補習学校が開設された。1976年に改修、展示を行う。
¶中国名旧1 p75

長生殿　ちょうせいでん
陝西省西安市の東。唐の華清宮に属し驪山（会昌山）上にあった斎殿（潔斎の殿）。
¶新潮美

張盛墓　ちょうせいぼ
河南省安陽市予北紗廠。隋代の墓。征虜将軍中散大夫張盛（502-594）とその妻を合葬する。
¶新潮美

長川1号墳　ちょうせん1ごうふん
吉林省集安市長川。高句麗貴族の墓。5世紀後半

頃の壁画古墳。石室封土墓が2つあり、東側のものが1号墓。
¶中国名旧 p227（長川一号墓　ちょうせんいちごうぼ）、東ア考古〔図（前室北壁壁画模写）〕

朝宗橋　ちょうそうきょう
北京市昌平区沙河鎮の北部。俗に沙河橋といい、明の嘉靖19年（1540）に架設。7つのアーチをもつ石橋。
¶中国名旧1 p82

張蒼水墓　ちょうそうすいぼ
浙江省杭州市の南屏山にある。墓主の張煌言（1620-64）は号を蒼水といい、蜂起して清朝に抵抗した。
¶中国名旧2 p134

長台関楚墓　ちょうだいかんそぼ
河南省信陽市、淮河北岸長台関付近。春秋末期の木槨墓。2基を発見。多量の銅器、木器、漆器などがほぼ完形で出土。1号墓は長さ15m、幅12m、深さ約10mの竪穴墓であった。
¶アジア歴5（信陽　しんよう），新潮美（信陽―長台関楚墓　しんよう―ちょうだいかんそぼ），図解考古（信陽春秋墓　しんようしゅんじゅうぼ）〔写〕，世界考古〔写p709,715〕

張翀摩崖　ちょうちゅうまがい
貴州省都匀市の市街の東北隅、紅葉山の左側の岩壁。幅0.75m、長さ1.51mで、4行、あわせて28字。
¶中国名旧5 p109

趙長城　ちょうちょうじょう★
河南省林県。趙の武霊王（前325-前299）の時代、北境に対匈奴防禦用として長城を築いた。
¶大遺跡9（長城―趙長城）〔写〕

朝天宮　ちょうてんきゅう
江蘇省南京市の水西門内。呉王の夫差（？ -前473）が冶城を築いたと伝え、明の洪武年間（1368-98）に朝天宮に改めた。
¶中国名旧2 p48

吊桶環遺跡　ちょうとうかんいせき
江西省万年県大源郷。旧石器時代末期から新石器時代前期の洞穴（岩棚）遺跡。旧石器時代末期の野生イネの存在と利用、土器出現期以降の栽培イネの存在が報告された。
¶東ア考古

張同之夫婦墓　ちょうどうしふうふぼ
江蘇省江浦県黄悦嶺。南宋期。寧宗の慶元元年（1195）の張同之葬埋銘と同5年の夫人章氏付葬埋銘とを出土。
¶世界考古

中国

長坂坡　ちょうはんは
湖北省当陽市の東北。三国時代の有名な戦場。
『三国志』の「趙子竜、単騎にて主を救う」に書
かれる。
¶中国名旧3 p309

趙文楷墓　ちょうぶんかいぼ
安徽省太湖県の人形山にある。趙文楷は清の官
吏。道光23年（1843）に故郷に移され、妻と合葬
され、墓前に碑を建てた。
¶中国名旧2 p215

趙宝溝遺跡　ちょうほうこういせき
内モンゴル自治区赤峰市敖漢旗新恵鎮趙宝溝村。
新石器時代趙宝溝文化を代表する集落遺跡。住
居跡17、炉跡1、灰坑5、積石遺構が発見された。
¶東ア考古

重陽宮　ちょうようきゅう
陝西省戸県の西方10km。王重陽の旧宅の跡地に
道宮を創建。清代建立の四合院が一つ現存。
¶中国名旧5 p179

張養浩墓　ちょうようこうぼ
山東省歴城県北園張荘村の東部。墓前に明・清
代の石碑が4つ、石獅が1対並ぶ。
¶中国名旧3 p117

長陽人遺址　ちょうようじんいし
湖北省長陽土家族自治県の西南45km、趙家堰の
鍾家湾の付近、関老山の南斜面。洞口は高さ約
2m、幅約6m。人類の上顎骨と歯、古脊椎動物の
化石が発見された。
¶中国名旧3 p313

重陽殿　ちょうようでん
山西省芮城県の永楽宮の奥。七真殿・襲明殿と
もいい、王重陽とその弟子である七真人を祀る。
殿内の壁面に王重陽の神話伝説を材に取った壁
画が描かる。
¶中国名旧3 p104

朝陽塔　ちょうようとう
遼寧省朝陽県、県城内。遼代末期頃の2基の塼塔。
¶新潮美（朝陽〔朝陽塔〕　ちょうよう）

長楽宮　ちょうらくきゅう
陝西省西安市。漢の長楽城。秦代の興楽宮を漢
の高祖の5年（前202）に改修と拡張を行い、長楽
宮と改称。漢の高祖は高租7年に櫟陽から長安に
遷都し、当所に移った。
¶新潮美（長楽城（漢）―長楽宮 ちょうあんじょ
う（かん）―ちょうらくきゅう）〔図〕，中国名
旧5 p162（長楽宮遺址 ちょうらくきゅういし），
中国歴史

張楽行故居　ちょうらくこうこきょ
安徽省渦陽県の老張家村。捻軍の指導者張楽行
（1811-63）が生まれ育ったところ。活動の初期
に各路の旗主が集まって会議を開いた。故居は
4室が現存。
¶中国名旧2 p251

長陵〔漢〕　ちょうりょう
陝西省咸陽市の市街東方約20km。漢の高祖劉邦
（在位206―前194）の陵墓。
¶中国名旧5 p180

長陵〔北魏〕　ちょうりょう
河南省洛陽市孟津県官庄村の北東。北魏の孝文
帝の陵墓。高さ35m、直径45mの大塚。
¶世界考古（北魏長陵 ほくぎちょうりょう）

長陵〔明〕　ちょうりょう
北京市昌平区、天寿山主峰の南麓に位置。天寿
山麓に造られた13代の皇帝陵「十三陵」のうち最初
に建造された。1409〜13年の建造。後の宣徳10
年（1435）、第5代宣徳帝が大規模に改修。
世界遺産（明・清朝の皇帝陵墓群　2000,03,04）
¶宗教建築（明の十三陵・長陵）〔写/図〕，中国
名旧1 p83，中国名勝古蹟 p163〔写〕

重竜山北崖　ちょうりょうさんほくがい
四川省資中県の重竜山の麓。絶壁に90余りの龕
と1千体余りの造像がある。
¶中国名旧5 p54

張良廟　ちょうりょうびょう
陝西省留壩県廟台子鎮の西。前漢の張良が晩年
に隠棲したところ。殿宇も遺品も明・清代。
¶中国名旧5 p214

張良墓　ちょうりょうぼ
河南省蘭考県の西南6km、曹辛荘駅の南側。高
さ10m。周囲に柏の老木が茂る。
¶中国名旧3 p214

長陵稜恩殿　ちょうりょうりょうおんでん★
北京市昌平区。15世紀。長陵の建築群の中心的
建物。間口9間、66.75m、奥行5間、29.31m。中
国に現存する最大の木造建築。
世界遺産（明・清朝の皇帝陵墓群　2000,03,04）
¶文化史蹟17〔写〕

兆麟将軍墓　ちょうりんしょうぐんぼ
黒竜江省ハルビン市道里区の松花江畔の兆麟公
園。李兆麟（1908-46）の墓と墓塔。1946年3月9
日にハルビン市で国民党の特務に殺害された。
道里公園で告別式が行われ、同公園を兆麟公園
と改称。
¶中国名旧1 p237

中国　　　　　　　　　　　　284

聴鸝館　　ちょうれいかん
北京市海淀区の頤和園の万寿山の南斜面。清の乾隆年間に建てられ、光緒年間に改築。
¶中国名旧1 p58

チョカトチュン（卓果特沁）古城
新疆ウイグル自治区輪台県の東南約20km。城内に黒い装飾を施した赤底の陶器の破片が散乱。漢代の屯田校尉址。
¶中国名旧5 p293（卓果特沁古城 チョカトチュンこじょう）

褚邱　　ちょきゅう
河南省輝西15kmの褚邱村の北。殷代の灰坑と戦国時代から漢代にかけての墓地。
¶世界考古

陟岵寺　　ちょくこじ
河南省登封市。北周武帝の廃仏後、少林寺跡に建てられた寺。隋の開皇2年（582）西安に移建、大興善寺と改められた。
¶中国仏教

儲秀宮　　ちょしゅうきゅう
北京市街中心部の故宮の内廷、西六宮内。明の永楽18年（1420）に落成し、清の順治12年（1655）に改築。光緒10年（1884）から西太后の居室となった。
¶中国名旧1 p23

チョンギェー　　ḥPhyoṅ-rgyas
チベット自治区チョンギェー。チベットの諸文献に、この地域に、吐蕃諸王とその先祖にあたる伝説的歴王の墳墓が存在すると書かれていることから調査がされた。結果、多数の王墓・石柱碑などを発見。
¶アジア歴6（チョンゲー）

鎮海寺　　ちんかいじ
山西省五台県の五台山台懐鎮の南方5kmの山裾。清代の創建で、山門・鐘楼・鼓楼・天王殿・大仏殿・宣教殿・左右配殿等がある。
¶中国名旧3 p44

鎮海塔〔海寧県〕　　ちんかいとう
浙江省海寧県塩官鎮の東南の堤防にある。もと占鼇塔。明の万暦40年（1612）の創建。六面7層の磚塔で、高さ15丈（50m）。
¶中国名旧2 p166

鎮海塔〔霊武県〕　　ちんかいとう
寧夏回族自治区霊武県の東南約2.5km。八角11層の楼閣式磚塔。元代の建立。
¶中国名旧5 p259

鎮海楼　　ちんかいろう
広東省広州市の越秀山の山頂。明の洪武13年（1380）の建造。高さ28mで、5層からなる。1928年の改修の際、木造から鉄筋コンクリート造りに改めた。
¶中国名旧4 p201〔写〕

陳家祠　　ちんかし
広東省広州市中山八路。陳氏書院ともいい、清の光緒16年（1890）に着工し、同20年に落成。
¶中国名旧4 p216

陳化成墓　　ちんかせいぼ
福建省廈門市の郊外、金榜山の麓。陳化成（1776-1842）は清代の愛国将領。1843年、当所に葬った。
¶中国名旧4 p136

陳家大山　　ちんかだいざん
湖南省長沙市北東郊。戦国期より宋代にいたる各期の墓がある。戦国期の楚墓が多い。
¶世界考古

チンギス・カン長城
モンゴル・ヘンティ県〜ロシア領内〜中国・内モンゴル自治区フルンボイル市まで。全長約600kmの長城遺跡。11〜12世紀、契丹（遼）が北方民族の進入を防ぐために築いた。
¶東ア考古〔写〕

チンギスカン陵
内モンゴル自治区伊金霍洛旗阿騰席連鎮の東南15km。チンギスカンの棺と伝える八白室を清代初期に当地に移した。チンギスカン夫婦と孫の貴由汗夫婦の棺を安置。
¶中国名旧1 p184（成吉思汗陵 チンギスカンりょう）

陳橋駅　　ちんきょうえき
河南省封丘県の東南部、陳橋鎮。趙匡胤がクーデターを起こしたところ。宋太祖黄袍加身殿は五代の頃の東岳廟。
¶中国名旧3 p236

陳玉成墓　　ちんぎょくせいぼ
河南省延津県の西教場。陳玉成が葬られたところに、太平天国英雄陳玉成墓碑を建て、八角亭を設けて保護した。
¶中国名旧3 p237

陳元光墓　　ちんげんこうぼ
福建省漳州市浦南郷の石鼓山。陳元光（657-711）は漳州郡初代の刺史。貞元2年（786）に当所に改葬。
¶中国名旧4 p163

陳元竜故宅　　ちんげんりゅうこたく
浙江省海寧県塩官鎮堰瓦坎にある。陳元竜（1652-1736）は清の文淵閣大学士。双清草堂と筠香館の遺構が確認できる。

¶中国名旧2 p166

陳洪綬墓　ちんこうじゅぼ
浙江省紹興市南池郷の横棚嶺にある。陳洪綬（1595-1652）は明末清初の画家。墓は清の乾隆60年（1795）に造られた。

¶中国名旧2 p173

鎮崗塔　ちんこうとう
北京市豊台区雲崗村。金代の建立。高さ18m、磚造りの八角実心華塔。

¶中国名旧1 p76

鎮江東晋画象磚墓　ちんこうとうしんがぞうせんぼ
江蘇省鎮江市南郊の池山山麓。東晋墓。墓は小磚で築く磚室墓。墓壁には一定の間隔をおいて画象磚を配す。

¶世界考古

陳国故城　ちんこくこじょう
河南省淮陽県。楚の都城。城壁は幅20m余り、高さ5m余り。

¶中国名旧3 p256

鎮国寺　ちんこくじ
山西省晋中市平遥県の北方15kmの郝洞村。五代の北漢の天会7年（963）の創建。前院の北端は万仏殿。後院の東は観音殿、西は地蔵殿、正面は三仏楼。三仏楼に明代の壁画が残る。

¶新潮美, 中国名旧3 p57

鎮国寺塔　ちんこくじとう
江蘇省高郵県の西部の西門湾。西塔ともいう。唐の僖宗（在位873-888）の時代に9層の塔として建てたが、光緒32年（1906）に7層に改修。磚造りで方形。

¶中国名旧2 p107

鎮朔楼　ちんさくろう
河北省張家口市宣化区。俗に鼓楼という。明の正統年間（1436-49）の建立。2階建てで高さ15mの重檐入母屋造。

¶中国名旧1 p144

鎮山宝塔　ちんざんほうとう
広東省新会県の圭峰山の南麓。広東省に現存する唯一のラマ塔。

¶中国名旧4 p240

珍珠城　ちんじゅじょう
広西チワン族自治区合浦県の東南38km。白竜城とも。明の洪武年間（1368-98）の造営。

¶中国名旧4 p303

珍珠泉　ちんじゅせん
湖北省当陽市の玉泉山玉泉寺の左側、翠寒山の

下。俗に金竜池という。蜀の関羽の死後にその霊が現れたところと伝える。「漢雲長（関羽）顕聖処」と彫った明の万暦年間建立の方形の碑が建つ。

¶中国名旧3 p308

陳渉呉広起義旧址　ちんしょうごこうきぎきゅうし
安徽省宿県蘄県集の東北4km、大沢郷渉故台。台は覆斗形で、長さ67.6m、幅65.5m、面積4427.8平方m。明の万暦14年（1586）、清の道光29年（1849）、光緒年間、中華民国時代の石碑がある。

¶中国名旧2 p221

陳勝墓　ちんしょうぼ
河南省永城県の芒碭山の西南麓。墓前に郭沫若筆の墓碑が建つ。

¶中国名旧3 p254

陳子昂読書台　ちんすごうどくしょだい
四川省射洪県金華鎮の金華山。玉京観の背後にあり、宋代に拾遺亭を築いた。

¶中国名旧5 p52

青島桟橋　ちんたおさんばし
山東省の青島湾中。清の光緒17年（1891）に最初に建設され、1931年に改造拡張された。堤上に2層八角の、廻瀾閣という建物があり青島十景の第一景。

¶中国名勝古蹟 p185〔写〕

陳独秀墓　ちんどくしゅうぼ
安徽省安慶市の市街の北門外。陳独秀（1879-1942）は安徽懐寧の出身の革命家。

¶中国名旧2 p209

陳白沙祠　ちんはくさし
広東省江門市の郊外の白沙村。明の万暦12年（1584）創建。陳白沙（1428-1500）の塑像を安置。

¶中国名旧4 p238

陳白沙釣魚台故址　ちんはくさちょうぎょだいこし
広東省江門市の長堤の釣魚台の入口。明代の学者陳白沙（1428-1500）が築いたもの。魚釣りをしたところ。

¶中国名旧4 p239

陳白沙墓　ちんはくさぼ
広東省新会県盧村の早帽峰。明代の著名な学者の墓。

¶中国名旧4 p240

珍妃井　ちんひせい
北京市街中心部の故宮の外東路。1900年に西太后が宦官に命じて珍妃をこの井戸に投げこんで

溺死させたという伝説がある。

¶中国名旧1 p24

鎮北台　ちんほくだい

陝西省楡林県の北方約7.5km。明代の長城の烽火台の一つ。

¶中国名旧5 p208

陳友諒墓　ちんゆうりょうぼ

湖北省武漢市の蛇山の南麓。陳友諒（1320-63）河陽県出身の漁民の墓。

¶中国名旧3 p279

鎮淮楼　ちんわいろう

江蘇省淮安県の中央。南宋代に都統司の酒楼として建てられ、現存するのは清の光緒7年（1881）の再建。

¶中国名旧2 p97

通恵河　つうけいが

北京市。元代クビライの命により開削された運河。大都城内の内港から通州までの約50kmを閘門式でつなぐ。1292年着工、翌年完成。

¶アジア歴6, 角川世, 評論社世

通江摩崖仏　つうこうまがいぶつ

四川省通江県。仏龕群。

¶新潮美

通済堰　つうさいえん

浙江省麗水県碧湖区堰頭村にある。南朝の梁の天監年間（502-519）の築造。22.5kmに達する導水路がある。傍らに詹南二司馬廟がある。

¶中国名旧2 p180

通済橋　つうさいきょう

浙江省金華市の市街の西南隅。元の大徳4年（1300）に着工し、元統2年（1334）に完成。長さ327m、幅8m、高さ15m。現在のものは清の嘉慶16年（1811）の架設。

¶中国名旧2 p185

通天巌　つうてんがん

江西省贛州市の市街西北10km。至る所に造像と題刻があり、題刻97・石龕279・石刻造像348を擁する。

¶中国名旧4 p109

ツェタンビウタポ（沢当比烏扎普）

チベット自治区乃東県沢当鎮の貢布山にある。猿の像（自然に生じたと伝える）がある。ボン教徒の聖地。

¶中国名旧5 p153（沢当比烏扎普　ツェタンビウタポ）

ツルプ寺（楚布寺）

チベット自治区堆竜徳慶県。南宋の淳熙14年

（1187）に創建。

¶中国名旧5 p155（楚布寺　ツルブじ）

丁家閘壁画墓　ていかこうへきがぼ

甘粛省酒泉市の市街西方約3kmのゴビ灘。五胡十六国時代の大型壁画墓。

¶中国名旧5 p245

鄭家窪子墓　ていかわしぼ

遼寧省瀋陽市西南部鄭家窪子一帯。青銅器時代の墳墓。3つの地点に分けられ、うち2万平方mに達する第3地点は沼沢近くの高地に14基の墓が南北両区に分布する。

¶世界考古（鄭家窪子　ていかあいし），東ア考古〔写〕

泥河湾　でいがわん

河北省陽原県泥河湾村。洪積世前期に比定される遺跡。ナウマン象の頭骨化石とともに石英岩の礫石を用いた石器が出土。中国最古の石器である。

¶世界考古

鄭韓故城　ていかんこじょう

河南省新鄭県の城関の近く、双泊河と黄水の合流点。春秋・戦国時代の鄭と韓の都城。現在も主城と外郭城の部分が残存。大量の銘文をもつ銅戈、銅矛などの兵器が出土。東城から青銅製の兵器が180点余り出土。

¶世界考古（鄭韓古城），中国名旧3 p199

程橋　ていきょう

江蘇省六合県程橋鎮。春秋時代後期の呉国の貴族墓。ほぼ正方形に近い竪穴墓壙内に木槨をつくる合葬墓で、副葬品は青銅器容器・楽器・武器・工具・車馬具。

¶世界考古

貞恵公主墓　ていけいこうしゅぼ

吉林省延辺朝鮮族自治州敦化市。六頂山墓群にある。渤海の第3代王大欽茂の2女、貞恵公主の墓である。

¶世界考古，東ア考古〔写（墓誌）〕

汀渓窯遺址　ていけいよういし

福建省同安県から約7.5km、汀渓の傍ら。宋代の磁器作坊の遺構。多数の遺物が地上に露出。

¶中国名旧4 p138

定県塔基　ていけんとうき

河北省定県。県城内で発見された2基の塔。静志寺真身舎利塔塔基（北宋太平興国2年墨書題記、977年）と浄衆寺舎利塔塔基（北宋至道元年、995年）を発見。

¶新潮美（定県〔静志寺真身舎利塔塔基, 浄衆院舎利塔塔基〕ていけん），世界考古

287　　中国

アジア

定県43号漢墓　ていけんよんじゅうさんごうかんぼ
河北省北陵頭村。後漢の大型墓。直径約40m、高さ12mの封土をもち、墓室は東・西耳室、前室、中室、双後室からなる塼築多室墓で、全長27m。中山穆王劉暢のものと推定。
　¶世界考古

貞孝公主墓　ていこうこうしゅぼ
吉林省延辺朝鮮族自治州和龍県。龍頭山墓群にある。渤海第3代王大欽茂の4女、貞孝公主の墓。
　¶東ア考古〔図〕

鄭公塔　ていこうとう
湖北省広済県の東北35km、太白湖の湖畔。唐代初期に鄭という官吏が建てたと伝える。磚造り。
　¶中国名旧3 p329

鄭国渠　ていこくきょ
陝西省涇陽県。戦国時代の秦で造られた大灌漑用水路。渭水の北側の荒れ地に涇水から水路を引いた。中国古代の国家的水利事業の代表例。
　¶アジア歴6、角川世、評論社世

鄭国渠首　ていこくきょしゅ
陝西省涇陽県の西北約25km、涇河の東岸。前246年に秦が開削した渠首（取水口）。
　¶中国名旧5 p187

丁氏祠堂　ていししどう
福建省晋江県陳埭郷。磚と石で築く。明代の創建イスラム教徒の祠堂。丁氏はもともとアラビア人で元朝から明朝に交代した際、当地に移住した。
　¶中国名旧4 p156

デイシブ（底失卜）站故城
黒竜江省双城県の拉林河の河畔、花園村。周長2km。明の永楽7年（1409）設置の海西東水陸城站の第一站。
　¶中国名旧1 p240（底失卜站故城 デイシブたんこじょう）

程氏明代住宅　ていしみんだいじゅうたく
安徽省屯渓市柏樹街にある。間口柱間5間の2階建てで、5スパンの梁に図案と彩色を施し、色彩に明代の様式が濃厚。明代末期の築造。
　¶中国名旧2 p238

鄭州空塼墓　ていしゅうくうせんぼ
河南省鄭州市一帯。空塼で築かれた墓。岡杜付近で15基発見、二里岡で2基を発掘、南関の隴海馬路東段で1基を発掘（前漢中〜晩期）、新通橋付近で1基発掘（前漢晩期〜後漢初期）。
　¶世界考古〔図（画象）〕

鄭州上街　ていしゅうじょうがい
河南省鄭州。殷代早期（二里頭期）に属する遺跡。住居址、窖穴、墓葬を確認。
　¶世界考古

鄭州商城遺跡　ていしゅうしょうじょういせき
河南省鄭州市。殷代前期最大の城郭遺跡。二里岡文化の初期に版築で築造され、二里岡期を通じて使用された。初代湯王が都した「亳」とする説が有力。
　¶大遺跡9（鄭州商城 ていしゅうしょうじょう）〔写/図〕、中国名旧3 p197（鄭州商代遺址 ていしゅうしょうだいいし）、東ア考古〔図〕

鄭州人民公園　ていしゅうじんみんこうえん
河南省鄭州市の市区近傍。殷代遺跡。殷代の墓、灰坑、公園西部製陶場址を発見。3時期に分けられ下層は二里岡期下層に、中層は同上層、上層は殷墟期（殷代晩期）に近い。
　¶世界考古

鄭州南関漢墓　ていしゅうなんかんかんぼ
河南省鄭州市南関。前漢後期の墓。159号墓は空心塼を組立てて構築する塼室で、壁面の塼にはスタンプの文様を施す。
　¶世界考古

定襄郡成楽県治址　ていじょうぐんせいらくけんちし
内モンゴル自治区和林格爾北10km。都城址で、漢代の定襄郡治および成楽県所在地にあたり、隋〜明まで使用された。城内は3区の南区が漢代の成楽城址にあたり、蕨手文瓦当や灰陶が出土した。
　¶世界考古

鄭仁泰墓　ていじんたいぼ
陝西省礼泉県烟霞公社馬寨村南西約300m。唐代の塼室墓。現存の封土は高さ約11m、径約19mで、その前面に石虎と石羊各3体を配する。
　¶新潮美、世界考古

鄭成功墓　ていせいこうぼ
福建省南安県水頭鎮の近く、康店の復船山。鄭成功（1624-62）は明末清初にオランダの侵略を撃退した民族英雄。墓は三合土と糖水灰で築き、墓碑は石造り、墓道は石敷。
　¶中国名旧4 p159

丁村遺跡　ていそんいせき
山西省臨汾市襄汾県丁村。前期〜後期旧石器時代の遺跡群。人類の歯化石、哺乳動物化石と旧石器を発見し、ピックや球形石器が中国で初めて認定される。年代は7〜8万年前。
　¶図解考古〔写/図〕、世界考古（丁村 ていそん）、中国名旧3 p83（丁村遺址 ていそんいし）、東ア考古〔図（石器）〕

中国　　288

アジア

丁村民居　　ていそんみんきょ
山西省臨汾市襄汾県丁村。明・清両代の住宅の院落が20余り。部材は人物・草花・飛禽走獣・戯曲・歴史物語などの木彫・磚彫・石彫。
¶中国名旧3 p83

定東陵　　ていとうりょう
河北省遵化県の孝陵の西側。清の咸豊帝の皇后である孝貞顕皇后〔東太后〕と側妃の孝欽慈禧皇后〔西太后〕の陵墓。
¶中国名旧1 p160

鄭文英墓　　ていぶんえいぼ
江蘇省淮陰県王営鎮の東方。鄭文英は琉球国の使者で、清の乾隆58年(1793)に中国を訪れ、北京に赴く途中で病死し、当地に葬られた。
¶中国名旧2 p97

丁房闕　　ていぼうけつ
四川省忠県の土主廟の前にある。漢代の双闕。人物・車馬・獣類などのレリーフを施す。
¶中国名旧5 p72

程陽永済橋　　ていようえいさいきょう
広西チワン族自治区三江侗族自治県の北方20kmの程陽村。1916年に架設。木造で廊屋式の構造をなす。
¶中国名旧4 p275〔写〕

程陽の風雨橋　　ていようのふううきょう
広西チワン族自治区三江県馬安村の林渓河。1916年の架橋。一名、永済橋ともいう。橋上には長廊式の通路がつき、各橋脚上には、それぞれ侗族独特の楼亭がある。
¶中国名勝古蹟 p306〔写〕

定陵〔宗李顕墓〕　　ていりょう
陝西省富平県の鳳凰山。宗李顕(在位683-684、705-710)の陵墓。
¶中国名旧5 p202

定陵〔明〕　　ていりょう
北京市昌平区天寿山。明の13陵の中の一つ。神宗万暦皇帝朱翊鈞と、2人の皇后(孝端・孝靖)を合葬した陵墓。生前の万暦12年(1584)に着工し、万暦48年(1620)に埋葬。
世界遺産(明・清朝の皇帝陵墓群　2000,03,04)
¶世界考古〔写〕、中国名旧1 p84、中国名勝古蹟 p164〔写〕、東ア考古

定陵地下宮殿　　ていりょうちかきゅうでん
北京市昌平区の定陵。明の十三陵中、発掘された唯一のもの。定陵自体の主要部分で、地下27mの所に造営。面積1195平方m。5つの玄室からなり、万暦帝と孝端・孝靖両皇后の棺や金冠、玉製品などの副葬品がを安置する。
世界遺産(明・清朝の皇帝陵墓群　2000,03,04)

¶中国名旧1 p85(地下宮殿　ちかきゅうでん)、中国名勝古蹟 p164(地下宮殿　ちかきゅうでん)〔写〕、文化史蹟17〔写〕

定陵方城明楼　　ていりょうほうじょうめいろう★
北京市昌平区の定陵。17世紀初め。定陵の建築は焼失して、現在、方城明楼のみが残る。
世界遺産(明・清朝の皇帝陵墓群　2000,03,04)
¶文化史蹟17〔写〕

テジク(鉄吉克)遺址
新疆ウイグル自治区新和県の西部。唐代の遺跡。地元で柯尤克達格という。
¶中国名旧5 p302(鉄吉克遺址　テジクいし)

鉄影壁　　てつえいへき
北京市西城区、北海の北岸にある。元代の造。高さ1.89m、幅3.56m。表裏に雲文や奇獣を彫り、色と手触りが鉄に似ているので、鉄影壁という。
¶中国名旧1 p45

鉄旗杆　　てっきかん
河南省潢川県の南城、小南海の湖畔。清の嘉慶14年(1809)の建造。
¶中国名旧3 p260

鉄経幢　　てっきょうどう
湖南省常徳市の浜湖公園。もとは徳山の山麓、乾明寺の旧址の左側にあった。北宋代のものと考えられる。木造を模して銑鉄で鋳造したものはあまり例がない。
¶中国名旧4 p44

鉄犀〔洣水河畔〕　　てっさい
湖南省茶陵関鎮の洣水の河畔にある。坐臥状のサイで、亜共晶白銑で3つの部分に分けて鋳造。かつては亭が建っていたという。
¶中国名旧4 p26

鉄犀〔鉄牛村〕　　てっさい
河南省開封市の東北部、鉄牛村。明の正統11年(1446)に巡撫の于謙が鋳造。
¶中国名旧3 p213

鉄山園　　てつざんえん
山東省曲阜市の孔府の背後にある花園。清の嘉慶年間(1796-1820)に拡張、大きな鉄鉱石を点景として配したことが名の由来。
¶中国名旧3 p155

鉄山摩崖石刻　　てつざんまがいせっこく
山東省鄒県の西北部、鉄山の南斜面。巨大な岩壁に彫る。字体の内容・位置によって、金剛経文、「石頌」の大字とその頌文、傍石の題名の3つに分かれる。
¶中国名旧3 p160

鉄生溝製鉄遺跡　てっせいこうせいてついせき

河南省鞏県の南西29kmの鉄生溝村。2万平方m
の規模を持つ漢代の製鉄遺跡。製鉄炉8基、鍛冶
炉1基、脱炭炉1基、炒鋼炉1基、陶製鋳型窯11基
などが検出されている。漢代河南郡の第三官営
工房であったと考えられている。

¶世界考古（鞏県鉄生溝 きょうけんてっせいこ
う）、中国名旧3 p210（鉄生溝冶鉄遺址 てっせ
いこうやてついし）、東ア考古

鉄仏寺〔湖州市〕　てつぶつじ

浙江省湖州市の市街西部。鉄観音院とも。宋代
の創建、のちに廃滅。現在の建物は明の洪武2年
（1369）の移築。北宋の乾興年間鋳造の鉄観音を
安置する。

¶中国名旧2 p167

鉄仏寺〔衡山〕　てつぶつじ

湖南省衡陽市の衡山の鄴侯書院の近く。現在は
正殿と柱間3間の雑屋しかないが、かつて明代鋳
造と伝える鉄仏を安置していた寺。

¶中国名旧4 p51

鉄門関　てつもんかん

新疆ウイグル自治区庫爾勒市の市街の北部。晋
代に関城を設置。俗に哈満溝。

¶中国名旧5 p293

鉄門鎮漢墓　てつもんちんかんぼ

河南省新安県鉄門鎮。漢墓群。第1期は前漢初
期。第2期は前漢中期。第3期は前漢後期〜新。

¶世界考古

鉄鈴関　てつれいかん

江蘇省蘇州市の閶門外、楓橋鎮。倭寇の侵犯を
防ぐために、巡撫御史の尚維持が明の嘉靖36年
（1557）に設置。楓橋敵楼とも。

¶中国名旧2 p77

デルゲ（徳格）印経院　でるげいんきょういん

四川省徳格県。数十棟の西蔵式建物からなる。
清の雍正10年（1732）に創建。

¶中国名旧5 p83（徳格印経院）

天安門　てんあんもん

北京市街中心部。明・清両期の皇城の正門。創
建は明の永楽15年（1417）。五四運動・一二九愛
国学生運動などの重大事件は、いずれも天安門
を舞台にしている。

¶世歴大13〔写〕、中国名旧1 p31〔写〕、平凡
社世

天一閣　てんいっかく

浙江省寧波市の市街西部。明の嘉靖40〜45年
（1561-66）に兵部侍郎范欽（1506-85）が建てた蔵
書楼。間口柱間6間の木造2階建て。

¶角川世（天一閣 てんいつかく）、中国名旧2

p148

点易洞　てんえきどう

四川省涪陵市の鉤深堂の西。清代に文学者で書
家の石彦括が洞壁に彫った「伊洛淵源」の4字は
判読可能。

¶中国名旧5 p70

天乙真慶宮　てんおつしんけいきゅう

湖北省丹江口市の武当山の南巌の前面、紫霄
巌の絶壁。南巌の石殿のことで、元の延祐元年
（1314）の創建。

¶中国名旧3 p298

天涯海角　てんがいかいかく

海南省三亜市の市街西方24km。海岸に位置する
前近代の関所。清の雍正11年（1733）に崖州知事
の程哲らが題刻を彫った。

¶中国名旧4 p266

天廻山崖墓　てんかいさんがいぼ

四川省成都市北門外約10km。天廻山にある崖
墓。発見された鳳凰文環頭の刀子に「光和七年
（184）廣漢工官……」の銘がある。

¶新潮美（成都—天廻山崖墓 せいと—てんかいざ
んがいぼ）、世界考古〔図〕

天界寺　てんかいじ

福建省廈門市の獅山、万石巌の西方の酔仙巌。清
の乾隆年間（1736-95）に月松和尚が托鉢で資金
を集めて再興。

¶中国名旧4 p137

天花宮　てんかきゅう

江西省九江市の南門湖と甘棠湖の間の長堤の南
端。娘娘廟とも。同治9年（1870）の創建という。
中心をなす娘娘亭は六角3層、高さ12mの木造。

¶中国名旧4 p85

天下第一江山石刻　てんかだいいちこうざんせっ
こく

江蘇省鎮江市の甘露寺の長廊の東壁。梁の武帝
が北固山の雄大な景色をたたえて山門に彫り、
山門が壊れると、淮東総管の呉琚が擘窠で石に
彫ったが、清の康熙年間にまた損壊し、鎮江通
判の程康荘がふたたび彫った。

¶中国名旧2 p112

天下第一関　てんかだいいっかん

河北省秦皇島市の市街地の東方15kmの山海関
区。明代の長城の東部における重要な関門。洪
武14年（1381）の築造。

¶中国名旧1 p162〔写〕

天后宮〔泉州市〕　てんこうきゅう

福建省泉州市の南門。海の守り神を祀った宮で、
海上交易が盛んになるにつれ船乗り達の信仰を
集めた。慶元2（1196）年に建てられて以来何度

中国　　　　　　　　　　　　　　　290

か改修した。
　　¶中国名旧4 p152

天后宮〔天津市〕　てんこうきゅう
天津市天津旧城の東北角。天妃宮・娘娘宮とも。創建は元代初期。大殿・配殿・鐘楼・鼓楼・山門・旗竿などが現存。
　　¶中国名旧1 p99

天后宮門楼牌坊　てんこうきゅうもんろうはいぼう
湖南省芷江侗族自治県。天后宮の建物のうち、門楼と牌坊が残存。ともに貴州省産の青石製。
　　¶中国名旧4 p43

田弘墓　でんこうぼ
寧夏回族自治区固原県西郊郷大堡村。北周建徳4年(575)葬の柱国大将軍田弘(同年没)とその妻の合葬墓。東ローマの金貨計5点が出土。
　　¶東ア考古

田坑窯　でんこうよう
福建省南端部の平和県南錫鎮田坑。漳州窯群の一つ。日本で「交趾焼」「交趾三彩」と呼ばれる型物の三彩生産地。年代の一端を16世紀中頃とする意見がある。
　　¶東ア考古

天子岡　てんしこう
浙江省桐廬県富春江の南岸にある。白鶴峰・烏石山とも。山頂は後漢代の孝子孫鍾が母親を葬ったところ。麓に呂純陽祠・朱買臣廟・天香寺・仙人洞や宋代の摩崖石刻などがある。
　　¶中国名旧2 p142

天師洞　てんしどう
四川省都江堰市の青城山の中腹にある。天師の塑像を祀り、絶壁沿いに回廊が続く。現在の殿宇は清代末期のもの。
　　¶中国名旧5 p25

天師府　てんしふ
江西省貴渓県上清鎮。歴代の張天師の住居。「嗣漢天師府」は歴代王朝の改修と拡充によってのべ柱間500間余りの建物を擁す。
　　¶中国名旧4 p92

天子墳　てんしふん
湖南省衡陽市の酃湖の蒋家山にある。大型の漢代墓。長さ13m、幅11m。
　　¶中国名旧4 p27

田州塔　でんしゅうとう
寧夏回族自治区平羅県の南部。六角8層の楼閣式磚塔。清の乾隆48年(1783)に改修。
　　¶中国名旧5 p258

天寿寺塔　てんじゅじとう
安徽省広徳県の東大街にある。高さ約45m、基壇の周囲18m。宋代の磚塔で、六円7層。天寿寺は唐の天祐年間(904-907)の創建で、塔は宋の崇寧元年(1102)に建てられた。寺はすでにない。
　　¶中国名旧2 p233

点春堂　てんしゅんどう
上海市南市の豫園の東北部。太平天国の乱に呼応した上海小刀会が1853年に武装蜂起を行い、当所に公署を設けた。
　　¶中国名旧2 p23

点将台　てんしょうだい
江西省星子県。呉の周瑜が水軍の操練で点将し、指揮したところと伝える。現存の建物は清代の改修。
　　¶中国名旧4 p90〔写〕

天心閣　てんしんかく
湖南省長沙市の旧城の東南隅。建造年代は不詳。太平天国の西王蕭朝貴は当地で戦死。1938年大火で瓦礫と化し、1983年に復元。
　　¶中国名旧4 p23

天津橋　てんしんきょう
湖北省丹江口市の武当山の復真観から25kmの九渡澗。明の永楽11年(1413)の架設。3孔アーチ橋。
　　¶中国名旧3 p296

点翠洲　てんすいしゅう
広東省恵州市の西湖の平湖。北宋の治平年間(1064-67)即風亭を建立。辛亥革命の馬鞍の戦いの犠牲者を記念し、1913年に留丹亭を建立。
　　¶中国名旧4 p244

天生営　てんせいえい
雲南省弥渡県の南方約80km、磨刀箐の背後の山にある。清代に農民政権をうちたてた蜂起軍が駐屯したときの営舎の礎石、塹壕、トーチカなどが残る。
　　¶中国名旧5 p135

天盛号石橋　てんせいごうせっきょう
遼寧省凌源県天盛号村の東の滲津河に架かる。金の大定10年(1170)架設。単孔アーチ石橋。
　　¶中国名旧1 p216

天成寺　てんせいじ
天津市薊県の盤山の蓮花嶺の北。福善寺とも。唐代の創建。伽藍は上層に大殿・配殿などがあり、下層に江山一覧閣と游廊がある。
　　¶中国名旧1 p102

天尊閣　てんそんかく
天津市寧河県豊台鎮。木造の楼閣。文献による

と、清の康熙年間に大改修がなされた。

　　¶中国名旧1 p104

天台庵　てんだいあん
山西省平順県の北方25km、王曲村の入口の壇形の弧山。仏殿は間口・奥行とも柱間3間屋根は本瓦葺きで琉璃の棟飾りを施した入母屋造り。

　　¶中国名旧3 p70

天台山　てんだいさん
浙江省天台の北。中国仏教天台宗の発祥地。三国時代にはすでに仏教寺院があり、南朝陳の太建7年(575)智顗がここで法を伝え、天台宗を開創した。

　　¶アジア歴6, 角川世, 新潮美, 中国名旧2 p177, 中国歴史, 評論社世, 仏教考古, 山川世

天台寺　てんだいじ
安徽省青陽県の九華山の天台峰の捧日亭の北。明代の創建で、清の光緒年間に改修。上下5層をなし、万仏楼・地蔵殿などがある。

　　¶中国名旧2 p202

天壇　てんだん
北京。明の永楽18年(1420)の築造。北京を代表する明・清時代の壇廟建築物。明・清両代に皇帝が天を祭り豊作を祈った。天壇というのは圜丘・祈穀両壇の総称。敷地面積は、約273万平方mに及ぶ。

　　[世界遺産](天壇：北京の皇帝の廟壇　1998)

　　　¶アジア歴6, 新潮美〔図〕, 世遺事(北京の天壇), 成世遺下〔写〕, 世遺地, 世遺百(天壇：北京の皇帝祭壇)〔写〕, 世界美5(北京〔天壇〕)〔写〕, 中国名旧1 p51, 中国名勝古蹟 p154〔写〕, ビジ世遺〔写〕, 平凡社世, 歴史建築〔写/図〕

天柱山　てんちゅうざん
安徽省潜山県。皖山ともいう。漢の武帝が天柱を祀った祭台の遺構が現存。

　　¶中国名旧2 p216

天中万寿塔　てんちゅうまんじゅとう
福建省仙游県楓亭鎮の塔斗山。摘斗塔ともいう。北宋の嘉祐4年(1059)の洛陽の万安橋の架設で余った石で建造したとする。四角5層、高さ10m。

　　¶中国名旧4 p146

天梯山石窟　てんていざんせっくつ
甘粛省武威県南東50km、張義堡。涼州石窟に相当。第1・4窟は北魏、第7・8窟は北朝末か隋、その他は唐代。尊像は主に塑像(石胎)で、まれに石彫がある。

　　¶アジア歴6, 世界考古

天堂山　てんどうざん
湖北省羅田県の東方75km。天道砦の遺構が有名。

　　¶中国名旧3 p323

天童寺　てんどうじ
浙江省鄞県の太白山の麓にある。五山の第三の天童景徳寺。唐の開元20年(732)に僧法璇がはじめて寺を建て、至徳2年(757)に僧宗弼らが現在地に新しい寺を建立。現存するのは清代のもの。

　　¶中国仏教, 中国名旧2 p151

天寧寺〔海塩県〕　てんねいじ
浙江省海塩県。八角7層の塼身木檐塔(天寧寺塔)は元・至元3年(1337)の建築。

　　¶新潮美(天寧寺(3))

天寧寺〔金華市〕　てんねいじ
浙江省金華市の市街。北宋の大中祥符年間(1008-16)の創建。大殿は単檐入母屋造りで、間口、奥行きともに柱間3間。古建築の貴重な実例。

　　¶新潮美(天寧寺(2)), 中国名旧2 p185

天寧寺〔交城県〕　てんねいじ
山西省交城県の北方3km。唐の貞観6年(632)の創建、千仏閣に元代の鉄鋳の仏像を3体安置。

　　¶中国名旧3 p61

天寧寺〔常州市〕　てんねいじ
江蘇省常州市。唐の天復年間(901-904)の創建。現存するのは大雄宝殿・金剛殿・普賢殿・文殊殿・観音殿・羅漢堂などで、いずれも清代のもの。

　　¶中国名旧2 p96

天寧寺〔南通市〕　てんねいじ
江蘇省南通市中学堂街。明代の仏教建築。唐代に創建されたが宣徳5(1430)年に再建。山門、天王殿のほか、八角5層からなる光孝塔などがある。

　　¶中国名旧2 p64

天寧寺〔北京市〕　てんねいじ
北京市宣武区広安門外。北魏の孝文帝択跋宏の創建。明代初期に再建。現存の堂宇は清代に改築したもの。

　　¶新潮美(天寧寺(1)), 中国仏教, 中国名旧1 p49〔写〕

天寧寺〔揚州市〕　てんねいじ
江蘇省揚州市の市街北部。もと晋朝の太傅謝安(320-385)の別荘で、のちに僧舎を建てて司空寺とした。明の洪武年間に再建。山門・天王殿・大雄宝殿・万仏楼・両廂楼房・方丈楼などが現存。

　　¶中国名旧2 p105

天寧寺三聖帝　てんねいじさんしょうてい
河南省焦作市沁陽市の天寧寺にある。三聖塔とも。天寧寺は俗に塔寺という。塔は、金の大定

11年（1171）の創建で、方形の密檐磚塔。
　　¶新潮美（沁陽―天寧寺　しんよう―てんねいじ），
　　中国名旧3 p232

天寧寺双塔　てんねいじそうとう
山西省平定県の南関の城壁。宋の熙寧年間
（1068-77）に建ち、塔は八角4層の楼閣式。
　　¶中国名旧3 p37

天寧寺塔　てんねいじとう
河南省安陽市の城内西北隅。八角5層の楼閣式の
磚塔。
　　¶中国名旧3 p239〔写〕，文化史蹟17〔写〕

天寧寺木塔　てんねいじもくとう
河北省正定県、隆興寺の西。創建は唐の咸通元
年（860）。八角9層。1966年の地震で倒壊。
　　¶中国名旧1 p113

天然塔　てんねんとう
湖北省宜昌市の市街東方7km。晋代の郭璞（276-
324）の建立、八角7層で、高さ約42m。
　　¶中国名旧3 p306

天妃宮碑　てんひきゅうひ
江蘇省南京市興中門建寧路。明の永楽14年
（1416）の建立。高さ3.8m、幅1.5m。
　　¶中国名旧2 p48

天宝宮　てんほうきゅう
河南省許昌県の西北25km。呂祖大殿は緑色琉璃
瓦葺きで、軒下に七彩の重昂の斗栱を配す。
　　¶中国名旧3 p245

天保城　てんほうじょう
江蘇省南京市の紫金山。太平天国が天京（南京
市）を都とした（1853年）のち、巨石を積み上げ
て築いたもの。
　　¶中国名旧2 p48

天封塔　てんほうとう
浙江省寧波市の市街の南隅。唐の天冊万歳（695）
から万歳登封年間（695-696）の創建。高さ18m
で、六角7層。現存するのは元の至順元年（1330）
の磚造りの塔身。
　　¶中国名旧2 p148

天馬・曲村遺跡　てんま・きょくそんいせき
山西省翼城・曲沃両県。西周から春秋時代にか
けての晋国の都城遺跡。ほぼ中心部に晋国侯墓
がある。
　　¶東ア考古

天馬山戚継光文字摩崖　てんまさんせきけいこ
うもじまがい
河北省撫寧県白家堡子。天馬山山腹の岩壁に戚
継光（？－1587）筆の「天馬行空」ほか16字が

彫られている。
　　¶中国名旧1 p168

天門寺　てんもんじ
安徽省蕭県の東南20km、天門山の麓。元の至正
年間（1341-70）の創建。抗日戦争中に破壊され、
新中国成立後、20室余りを修復。
　　¶中国名旧2 p223

天龍山石窟　てんりゅうざんせっくつ
山西省太原市の南西17km。東魏頃から唐代の造
営。石窟は24。左峰と右峰に分かれる。
　　¶アジア歴6（天竜山石窟）〔写p472, 口絵〕，新
　　潮美（天竜山石窟），図解考古〔写〕，世界考古
　　〔写〕，世界美4（天竜山石窟），世歴事6（天龍
　　山石窟　てんりゅうさんせっくつ）〔写/図〕，世
　　歴大13〔写〕，中国仏教（天竜山石窟），中国名
　　旧3 p22（天竜山石窟），評論社世（天竜山石
　　窟），文化史蹟16〔写〕

転輪蔵　てんりんぞう
北京市海淀区の頤和園の万寿山の南斜面。皇帝
などが礼拝・読経したところ。亭内の木塔を軸
とし回転させることができる建造物。
　　¶中国名旧1 p59

陶庵留碧　とうあんりゅうへき
上海市嘉定県の上海科技大学内にある。西林庵
の旧址。清軍に敗れた漢族の黄淳耀は西林庵で
自害。淳耀の字を陶庵といったので、のちに「陶
庵留碧」と呼んだ。
　　¶中国名旧2 p27

東渭橋遺址　とういきょういし
陝西省高陵県の白家嘴。唐の開元9年（721）の大
修記碑が出土。鉄・石・木製の杭の遺物も出土。
　　¶中国名旧5 p174

唐一岑墓　とういっしんぼ
上海市崇明県蟠竜鎮。明の嘉靖33年（1554）に倭
寇との戦いで亡くなった知県の唐一岑の墓。初
めは平洋沙の旧城の西南に葬られたが、清代初
期に蟠竜鎮に改葬。
　　¶中国名旧2 p34

塔院寺　とういんじ
山西省五台県の五台山の顕通寺の南側。五台山
五大禅処の一つ。寺内には大雄宝殿、蔵経閣、舎
利塔がある。
　　¶中国名旧3 p40

湯陰石窟　とういんせっくつ
河南省の北部、湯陰県の西30km。北魏末期（6世
紀初頭）の仏教石窟。
　　¶新潮美

唐寅墓　とういんぼ
江蘇省蘇州市横塘鎮の東北約1kmの王家村。画家の唐寅（1470-1523）の墓。山水・人物・花鳥画に秀でた。
　　¶中国名旧2 p77

トゥイン（土垠）烽燧
新疆ウイグル自治区若羌県の羅布泊の北岸。漢代の烽燧の遺構。
　　¶中国名旧5 p297（土垠烽燧　トゥインほうすい）

塔営子古城址　とうえいしこじょうし
遼寧省繞陽河西岸の塔営子村。俗に土城子。遼の太平3年（1023）の築造。遼・金・元3代の懿州故城の旧址。
　　¶中国名旧1 p211

鄧演達墓　とうえんたつぼ
江蘇省南京市の東郊、霊谷寺の東。鄧演達（1895-1931）は、蔣介石の軍事独裁統治に反対し、1931年8月に上海で逮捕された人物。11月に南京で殺された。
　　¶中国名旧2 p48

陶淵明祠　とうえんめいし
江西省沙河街の東北隅の蔡家洼。陶靖節祠とも。もと九江県馬回嶺郷の面陽山にあった。磚と木で築いた2棟からなる古祠建築。
　　¶中国名旧4 p88

陶淵明墓　とうえんめいぼ
江西省九江県馬回嶺郷の面陽山。磚と石で築いた長方形のドーム。陶淵明（365？－427）は晋代の傑出した詩人。
　　¶中国名旧4 p88

滕王閣　とうおうかく
江西省南昌市沿江路の贛江沿い。唐の顕慶4年（659）、滕王李元嬰が洪州都督になったときに造営。
　　¶新潮美, 中国名旧4 p58

唐王城〔庫車県〕　とうおうじょう
新疆ウイグル自治区庫車県の東南約80km。亀茲国の遺跡。
　　¶中国名旧5 p301

唐王城〔焉耆回族自治県〕　とうおうじょう
新疆ウイグル自治区焉耆回族自治県の錫克沁の西北約2.5km。唐代の屯戍の遺構。陶製の紡車、鉄製の斧、陶器の出土した地層から細かい小麦粉などが出土。
　　¶中国名旧5 p294

唐汪川　とうおうせん
甘粛省東郷自治県唐汪川山神。唐汪文化の標準遺跡。土器・骨鏃・打製石庖丁が出土。
　　¶世界考古

湯王廟　とうおうびょう
山西省沁水県の東方23km、端氏村の東。俗に大廟といい、中心をなすのは山門・正殿・献殿と左右の配殿。
　　¶中国名旧3 p81

桃温万戸府故城　とうおんばんこふこじょう
黒竜江省湯原県香蘭鎮の湯旺河大橋の南1km。桃温万戸府は元朝が松花江の下流に水達達路を設けて女真族の各部を支配したうちの一つ。
　　¶中国名旧1 p249

唐崖土司城遺址　とうがいどしじょういし
湖北省咸豊県の西北30kmの尖山。明の天啓年間（1621-27）に築いたもので、4柱3間の石牌坊が現存。
　　¶中国名旧3 p337

東岳石村　とうがくせきそん
山東省平度県東岳石村南東淄陽河北岸台地上。龍山文化期の遺跡の上につくられた戦国時代斉国の墓地遺跡。戦国時代の初期と晩期に分けられる。
　　¶世界考古

東岳廟〔蒲県〕　とうがくびょう
山西省蒲県の東方2km、柏山の山頂。回廊をはじめ、60余りの建物がある。金の泰和5年（1205）にはすでにあった。東岳行宮大殿は延祐5年（1318）の再建。
　　¶中国名旧3 p88

東岳廟〔新郷市〕　とうがくびょう
河南省新郷市の東関。五代の後唐の清泰2年（935）の創建、大殿・拝殿・門楼などは清代。
　　¶中国名旧3 p235

東岳廟〔晋城市〕　とうがくびょう
山西省晋城市の市街東北18kmの高都鎮。金の大定年間（1161-89）の創建。斉天大帝を安置する大斉殿は間口柱間3間の単檐切妻造り。
　　¶新潮美（晋城―(1) 東岳廟　しんじょう）, 中国名旧3 p75

東岳廟〔西安市〕　とうがくびょう
陝西省西安市の東門内の北端。北宋の政和6年（1116）の創建。
　　¶中国名旧5 p170

東岳廟〔北京市〕　とうがくびょう
北京市朝陽区朝陽門外大街。道教の張道陵一派（正一教）の華北最大の道観。元の至治2年（1322）に創建。
　　¶中国名旧1 p74

中国 294

アジア

東岳廟〔万栄県〕 とうがくびょう
山西省万栄県解店鎮（県城）の東南隅。唐の貞観年間（627-649）にはすでにあり、飛雲楼・午門・献殿・享亭・東岳大帝殿・閻王殿などが現存する。
¶中国名旧3 p99

桃花源 とうかげん
湖南省桃源県の西南15km。唐代から仏教と道教の寺院が建てられはじめた。清の光緒18年（1892）に淵明祠を再興。桃源佳致碑・桃花観・躡風亭・探月亭などの旧跡、歴代の詩人の題詠と碑刻などがある。
¶中国名旧4 p44

東華池塔 とうかちとう
甘粛省華池県の東北約60kmの東華池の山腹。八角7層の楼閣式磚塔で、宋代の様式。
¶中国名旧5 p233

湯和墓 とうかぼ
安徽省蚌埠市の東郊、曹山。湯和（1326-95）は元代末期に朱元璋に従って挙兵、軍功をたてた。墓室はアーチ構造で、高さ3.6m、幅3.96m、面積約40平方m。
¶中国名旧2 p204

董家林の古城壁 とうかりんのこじょうへき
北京市房山県。北壁は約850mあり、南壁を除く3壁には濠がめぐらされている。造営は殷時代末期まで遡る可能性がある。
¶大遺跡9（西周の遺跡—董家林の古城壁）〔写〕

東巌 とうがん
四川省中県の東塘湾の下、沱江の河畔。洞外左側の造壁に釈迦牟尼像がある。
¶中国名旧5 p54

東関橋 とうかんきょう
福建省永春県東平郷の湖洋渓。通仙橋とも。南宋の紹興15年（1145）に架設し、代々改修。西詰に重修東関橋序碑と「古通仙橋」の扁額が現存。
¶中国名旧4 p160

東乾溝 とうかんこう
河南省洛陽市の西郊東乾溝村。殷代早期の遺構と遺物が出土。相対的な時代は河南龍山晩期と二里岡期との間。
¶世界考古

東巌山 とうがんさん
福建省莆田市の市街の西北隅。宋・元代の磨崖石刻が多数ある。また、北宋の淳化元年（990）創建の報恩東巌教寺と八角3層の石塔がある。
¶中国名旧4 p142

潼関十二連城 とうがんじゅうにれんじょう
陝西省潼関県の東方約3kmの禁溝の両岸。唐〜清代に潼関の安全を確保するため、方形の土造りの台を12築いた。
¶中国名旧5 p200, 中国歴史（潼関 どうかん）

東関清真大寺 とうかんせいしんだいじ
青海省西寧市東関の東大街路の南側。中国の西北地区におけるイスラム教の教育センター。最高学府。
¶中国名旧5 p265

銅官窯遺址 どうかんよういし
湖南省望城県銅官鎮の至書堂、湘江の港湾、石渚湖の両岸。唐代の窯跡。釉下彩器が大量に出土。
¶中国名旧4 p24

東御座 とうぎょざ
山東省泰安市の岱廟にある。もと迎賓堂といい、皇帝が泰山で祭祀を行う際の行宮。
¶中国名旧3 p184

淘金坑漢墓 とうきんこうかんぼ
広東省広州市北東。前漢前半の南越国に属する墓。中・下級官吏の墓地と考えられる。
¶世界考古

トゥグルク・ティムール廟
新疆ウイグル自治区霍城県の北方45kmの麻扎村。元代の造営。チンギスハンの7世の孫のトゥグルク・ティムールとその妻を葬る廟。
¶中国名旧5 p288（吐虎魯克帖木耳汗麻扎（墓）トフルクティムルハンマジャル）〔写〕

桐君山 とうくんざん
浙江省桐廬県の富春江と天目渓の合流点にある。浮玉山・峨帽一角とも。桐君廟・睢陽公廟（唐代の張巡廟）・競秀閣などがあり、川べりの摩崖に先人の題刻が多い。
¶中国名旧2 p142

桃渓寺 とうけいじ
貴州省遵義市の市街西方5km。殿宇は正殿・前殿と左右の廂房からなる四合院。
¶中国名旧5 p94

同慶寺 どうけいじ
湖南省寧郷県の西、大潙山南麓。唐代大中年間（848-60）李景譲の請いにより百丈懐海の法を嗣いだ潙山霊祐の開創。山内に霊祐にちなむ伝承の名跡が多い。
¶中国仏教

東京城〔清〕 とうけいじょう
遼寧省遼陽市の太子河東方2.5kmの新城村。新城ともいう。清の太祖ヌルハチが、遼陽に遷都する際、後金の天命7年（1622）に築いた。城壁は3km。8つあった城門のうち、南面の天裕門のみ現存。

¶中国名旧1 p212

東京城〔渤海〕　とうけいじょう

黒竜江省寧安市。渤海の5京あった都のうち、上京龍泉府に比定。忽汗城とも呼ばれる。東西4km強、南北4km弱の長方形の区域を画して外城をつくる。6つの宮殿跡と寺院跡などを発掘。

¶アジア歴7〔写〕、旺文社世、図解考古（東京城遺跡　とうきょうじょういせき）〔図〕、世界考古〔図〕、世歴事6〔写（出土品、石燈）〕、東ア考古、評論社世（上京龍泉府　じょうけいりゅうせんふ）、平凡社世

闘鶏台　とうけいだい

陝西省宝鶏県闘鶏台。新石器時代ならびに戦国時代から漢代の遺跡。層序は第1層彩陶を含む仰韶文化、第2層秦以前の瓦鬲墓、第3層無彩陶の新石器文化、第4層秦漢代の墓。

¶新潮美（宝鶏　ほうけい）、図解考古（闘鶏台遺跡　とうけいだいいせき）〔図（出土品）〕、世界考古

東京陵　とうけいりょう

遼寧省遼陽市の東京城の東北1kmの地。清の太祖努爾哈赤が後金の天命9年（1624）に景祖・顕祖をはじめ、皇伯・皇弟・皇子の陵墓を当地に改葬。覚昌安（景祖）と塔克世（顕祖）らの陵墓は順治11年（1654）にふたたび赫図阿拉に改葬された。

¶中国名旧1 p212

鄧県画博墓　とうけんがせんぼ

河南省南陽市鄧州市学荘村。南朝5世紀頃の彩画博墓。

¶新潮美、世界考古（鄧県彩色画象博墓　とうけんさいしきがぞうせんぼ）

東湖〔紹興市〕　とうこ

浙江省紹興市の市街東方約3km。漢代から採石を始めたが、まもなく湖になった。石橋が9つあり、舟の通れる陶公・仙桃両洞もある。湖畔は香積亭・飲淥亭・聴漱亭などがある。

¶中国名旧2 p173

東湖〔臨海県〕　とうこ

浙江省臨海県の東部。北宋の熙寧4年（1071）に干拓を行い、湖とした。湖上に湖心亭・湖山寺・忠逸祠などが建つ。

¶中国名旧2 p177

韜光　とうこう

浙江省杭州市の霊隠寺の西北の巣枸塢にある。唐代の高僧韜光が庵を建てて法を説いたと伝える。韜庵・敝庁・誦芬閣・呂洞賓煉丹台などが現存。

¶中国名旧2 p134

湯坑温泉　とうこうおんせん

広東省豊順県。1910年に周壁をめぐらし、「澡身浴徳」の4字を彫った。

¶中国名旧4 p254

洞溝古墓群　どうこうこぼぐん

吉林省集安市の洞溝河の河畔。高句麗代の古墓。規模が大きく、1万近くある。規模の大きなものは太王陵・将軍墳・千秋墓など。

¶中国名旧1 p228

塔崗山　とうこうざん

福建省漳浦県の西北、竜首山の支脈。山頂の7層の石塔は虎鎮塔といい、清の康熙32年（1693）の建立。傍らに蔭峰閣という寺がある。

¶中国名旧4 p175

導公寺　どうこうじ

寿春（安徽省寿県）。南朝宋の武帝（劉裕）が羅什門下の僧導のために建立した寺。東山寺とも称される。

¶中国仏教

東皋書舎　とうこうしょしゃ

福建省漳浦県の東方1km。明代の黄道周（1585-1646）が学を講じたところ。

¶中国名旧4 p166

陶江石塔　とうこうせきとう

福建省閩侯県尚幹鎮の塔林山。俗に安塔。八角7層、高さ約10mの石塔。

¶中国名旧4 p131

洞溝第十二号墓　どうこうだいじゅうにごうぼ

吉林省集安市の洞溝古墳群の中部。馬槽冢ともいう。5世紀の高句麗貴族墓。壁画は洞溝古墓群で最も精彩に富む人物・風俗画の一つ。

¶中国名旧1 p229

陶行知就学処　とうこうちしゅうがくしょ

安徽省歙県にある。崇一学堂のこと。清の光緒年間（1875-1908）にイギリス人の唐俊賢の創立したミッションスクール。

¶中国名旧1 p243

塔虎城　とうこじょう

吉林省前ゴルロス・モンゴル族自治県上台子の北。他虎城・塔呼城とも。遼の重熙8年（1039）に州城が置かれた。方形を呈し、周長5181m。

¶中国名旧1 p231

唐賽児起義遺址　とうさいじきぎいし

山東省青州市の西南部の卸石棚寨。地勢によって東西南北の4つに分かれ、東寨付近から石臼などの遺物が出土。

¶中国名旧3 p136

東西鉄塔　とうざいてっとう

広東省広州市の光孝寺。1対の鉄塔で四角7層。

中国

アジア

東鉄塔は大宝10年（967）に建立。西鉄塔は東鉄塔よりも4年早い。第1～3層がある。
¶中国名旧4 p207

東山 とうざん
貴州省貴陽市の東門外。棲霞山とも。摩崖と碑刻が多数現存。
¶中国名旧5 p91

洞山 どうざん
江西省宜豊県同安鎮から5kmの同安郷。中国の五大禅宗の一つ、曹洞宗の発祥の地。唐の大中年間（847-860）に良价が普利寺を創建。
¶中国名旧4 p72

唐山賈各荘遺跡 とうざんかかくそういせき
河北省唐山市駅から北東約4km。戦国～後漢時代の墓地遺跡。戦国時代の幼児甕棺6基、成人木棺木槨墓22基、前漢時代の木棺墓8基、後漢時代の塼室墓3基などが出土。
¶図解考古（唐山古墓 とうざんこぼ）〔図（狩獵文銅壺）〕、世界考古（唐山賈各荘 とうざんこかくそう）、東ア考古

東山雕花楼 とうざんちょうかろう
江蘇省蘇州市の洞庭東山、東山の光明村。もと金氏の邸宅で、1922年に着工し、3年の歳月と187kgの金を費やして完成。
¶中国名旧2 p87

東山宝塔 とうざんほうとう
湖北省荆門市の市街東方1kmの東山。隋の開皇13年（593）の創建。八角7層。
¶中国名旧3 p316

東山嶺 とうざんれい
海南省万寧県の東方1.5km。天然の洞穴だったが、のちに室を設け、壁に明代の刻石がある。
¶中国名旧4 p265

陶寺遺跡 とうじいせき
山西省臨汾市襄汾県陶寺村南。約300万平方mの範囲にわたって分布する陶寺文化（中原龍山文化陶寺類型）の標準遺跡。また廟底溝二期文化、戦国・漢・金・元各時代の文化遺存も含んでいる。
¶東ア考古

堂子街太平天国壁画 どうしがいたいへいてんごくへきが
江蘇省南京市漢西門堂子街74号。太平天国の東王楊秀清（？－1856）の役所であったところ。5つの院落からなる。
¶中国名旧2 p49

禱尼山大仏 とうじさんだいぶつ
四川省資陽県の河東場、禱尼山の騎竜坳にある。胡坐し合掌する弥勒仏。唐の文明元年（684）の

開削。
¶中国名旧5 p55

童子寺燃灯塔 どうじじねんとうとう
山西省太原市の市街西南20km、竜山の山上。中国最古の燃灯石塔。童子寺は、北斉の天保7年（556）の創建。
¶中国名旧3 p22

塔子城遺址 とうしじょういし
黒竜江省チチハル市泰来県内、嫩江の支流綽爾河の河畔。漢族とモンゴル族との交易の際の物資集散地。黒竜江省最大の遼代の古城。
¶中国名旧1 p241

董氏磚彫墓 とうしせんちょうぼ
山西省侯馬市。金代の木造を模した磚彫墓。1号墓（董玘堅墓）は、平面が方形で墓頂は八角形の格子天井。
¶世界考古（董玘堅墓 とうきけんぼ）、中国名旧3 p84

東寺塔 とうじとう
雲南省昆明市書林街。唐代南詔国の弄棟節度使の王嵯顛の創建。密檐式の中空磚塔。
¶中国名旧5 p123

董氏墓村明墓 とうしぼそんみんぼ
北京市西郊、青龍橋の西方。1号墓は明の熹宗の妃の墓。2号墓は明の万暦帝の7人の内妃を合葬した墓。
¶世界考古

銅雀台 どうじゃくだい
河北省臨漳県三台村。三国時代の魏が築いた「三台」の一つ。南北60m、東西20m、高さ5m。
¶アジア歴7〔写〕、中国名旧1 p123

冬笋壩古墓 とうじゅんはこぼ
四川省巴県冬笋壩。前4世紀より前漢後期にいたる間。船棺葬墓、狭長坑墓、長方坑、方坑墓、磚室墓がある。
¶世界考古

滕城 とうじょう
山東省滕南西7km。西周時代から漢代にかけての滕国の都城址。二重城郭からなり、外郭城壁は北東角の小部分だけが残存。
¶世界考古

洞霄宮 どうしょうきゅう
浙江省臨安建汪家埠の大滌山（余杭県）の中峰。唐の弘道元年（683）に天柱観を建立。かつて中国の道教の中心をなした。
¶中国名旧2 p146

党城城堡遺址　とうじょうじょうほいし
　甘粛省粛北モンゴル族自治県の東南2km。城壁
が現存。垂帳文と弦文のある灰陶の破片が露出、
太平通宝や石臼も出土。
　¶中国名旧5 p252

桃渚城　とうしょじょう
　浙江省臨海県の東方60kmの芙蓉峰にある。明の
正統8年（1443）に倭寇の襲撃を迎え撃つために
築城。
　¶中国名旧2 p177

洞真観　どうしんかん
　山東省済南市五峰山の南斜面にある。金の貞祐
年間（1213-17）の創建。明・清代の碑碣が数十
枚あるが、最も貴重なのは「崔先生像讃」。
　¶中国名旧3 p120

銅人原　どうじんげん
　陝西省西安市の市街東南10km。漢長安城の東門
外の南寄りにあたり、前漢代の墓地。地元では
八角琉璃井と呼ぶ。
　¶中国名旧5 p170

竇図山　とうずさん
　四川省江油県の涪江の東岸。峰の下にある雲巌
寺は唐代の創建。
　¶中国名旧5 p48

陶成章墓　とうせいしょうぼ
　浙江省杭州市南天竺の演福寺の旧址にある。陶
成章（1878-1912）は民主主義革命家で、光復会
の指導者。
　¶中国名旧2 p135

東征烈士墓　とうせいれっぽ
　広東省長州島の黄埔軍校旧址の西南部。多数の
共産党員・共産主義青年団員と革命的な教師・
学生を葬った墓。
　¶中国名旧4 p210

銅石巌　どうせきがん
　広東省陽春県の北方40kmの銅石山。洞壁に北宋
代以後の石刻が多くある。
　¶中国名旧4 p242

鄧石如故居　とうせきじょこきょ
　安徽省懐寧県の東北60km、大竜山の麓の白麟坂。
俗に鄧家大屋。鄧石如（1743-1805）は書と篆刻の
大家。24室からなり、大広間・書斎・居室が完
備し、晩年の隠居所。
　¶中国名旧2 p213

湯泉　とうせん
　河北省遵化県湯泉村。唐の太宗が東征の際当地
を訪れ、遼の蕭太后が梳妝楼を建て、清の康熙
帝が臨幸したと伝える。

　¶中国名旧1 p160

唐単于都護府城遺址　とうぜんうとごふじょういし
　内モンゴル自治区和林格爾県上土城村の北。不
規則の五角形をなし、周囲約8km、東門とその
甕城の遺構がわかる。
　¶中国名旧1 p182

東漸寺　とうぜんじ
　湖北省黄梅県。東禅寺、蓮花寺ともいう。無名
の慧能が弘忍から山内の碓房で衣鉢の伝授を受
け禅宗の六祖となった伝説の故地。
　¶中国仏教

東禅寺　とうぜんじ
　福建省福州白馬山。開創は古く梁の大同5年
（539）といわれる。私版の大蔵経東禅寺版で知
られる。
　¶中国仏教

陶然亭公園　とうぜんていこうえん
　北京市宣武区の西南隅。遼代は京都の郊外にあ
たり、元代になって寺廟が建てられ、明・清両
代に窯廠を開設。1952年に全面的に整備。
　¶中国名旧1 p49

銅川塔　どうせんとう
　陝西省銅川市の印台山の麓。六角7層の木造を模
した密檐式磚塔。
　¶中国名旧5 p196

東荘村　とうそうそん
　山西省芮城県。仰韶文化の遺跡。住居址、貯蔵
穴、窯址、土壙墓、甕棺を発見。
　¶世界考古

董存瑞烈士陵園　とうぞんずいれっしりょうえん
　河北省隆化県の西北部。董存瑞（1929-48）は隆
化県城解放の戦闘において壮烈な死を遂げた。
1950年に全国戦闘英雄に追認。陵園は1954年に
造られたもの。
　¶中国名旧1 p157

東大杖子墓地　とうだいじょうしぼち
　遼寧省建昌碱廠郷東大杖子村。戦国時代の集団
墓地。54基の墓はすべて竪穴式木槨（木棺）墓で
あり、副葬品は主に燕国と東北系の青銅器。
　¶東ア考古

竇太夫祠　とうたいふし
　山西省太原市の市街西北20kmの上蘭村、汾河の
峡谷の左側。烈石神祠ともいう。元の至正3年
（1343）再建の山門、献亭、大殿などが現存。
　¶中国名旧3 p22

東太堡漢墓　とうたいほかんぼ
　山西省太原市南東約5km。前漢代の墓。清河太

后（代王恭の后か妃）のもので、年代は前1世紀初めの武帝ないし昭帝の頃。

¶世界考古

鄧仲元墓　とうちゅうげんぼ

広東省広州市の黄花崗公園。鄧仲元（1885-1922）は辛亥革命後、広東革命政府の陸軍司令などを歴任。鄧仲元が殉難したところに建っていた銅像も、当所に移設。

¶中国名旧4 p205

透雕石牌楼　とうちょうせきはいろう

河北省霊寿県の北関西街。明の崇禎14年（1641）の建立。5楼4柱3重檐式。細青石で透彫りを施す。

¶中国名旧1 p110

唐朝墩古城　とうちょうとんこじょう

新疆ウイグル自治区奇台県の西北郊。唐代の蒲類県城の遺構。アラビア語表記の貨幣などが出土。

¶中国名旧5 p283

銅亭　どうてい

山東省泰安市の岱廟にある。木造を模して鋳銅製の部材を組み立てたもの。中国に現存する数少ない銅亭の一つ。

¶中国名旧3 p183

鄧廷楨墓　とうていていぼ

江蘇省南京市の仙鶴門外、霊山の麓。鄧廷楨（1776-1846）は江寧県の出身の官僚。

¶中国名旧2 p49

藤店1号墓　とうてんいちごうぼ

湖北省江陵県藤店公社で出土。戦国楚墓。長方形竪穴土壙の木槨墓。

¶世界考古

唐塔　とうとう

山西省五台県の仏光寺の東側の山麓と西北の塔坪里。7基あり、うち4基が唐塔。志遠和尚塔は会昌4年（844）の創建。主壇は八角形、大徳方便和尚塔は貞元11年（795）の創建。平面は六角形。

¶中国名旧3 p47

東塔〔桂平県〕　とうとう

広西チワン族自治区桂平県の東方4km。明代の9層八角形の磚塔。

¶中国名旧4 p300

東塔〔桂陽県〕　とうとう

湖南省桂陽県の東部の鹿頭山。鹿峰塔とも。明の嘉靖10年（1531）に着工、万暦元年（1573）に完成。八角7層で、高さ約25m。

¶中国名旧4 p37

東洞　とうどう

浙江省平陽県の南雁蕩山にある。数百人もはいることのできる石窟の会文書院がある。

¶中国名旧2 p162

撞道口　とうどうこう

北京市懐柔県黄花城の西北方。長城上の要衝。

¶中国名旧1 p87

同徳殿　どうとくでん

吉林省長春市の満州国皇宮の内廷の東院。1936年に落成した宮殿。溥儀の政務処理用の居室として建てたが、盗聴器を恐れて使用しなかった。

¶中国名旧1 p221

東南城角角楼　とうなんじょうかくかくろう

北京市建国門の南側。明・清両代の北京城の内城の東南角（隅）にある防御用建造物。旧城の角楼で唯一の現存。

¶中国名旧1 p93〔写〕

潼南大仏　とうなんだいぶつ

四川省潼南県の西方約1kmの大仏寺にある。高さ約27mの坐像。

¶中国名旧5 p34

東坡亭　とうばてい

広西チワン族自治区合浦県廉州鎮。蘇東坡（1036-1101）が住んだところ。蘇文忠公図像など10余りの碑刻がある。

¶中国名旧4 p304

唐蕃会盟碑　とうばんかいめいひ

チベット自治区ラサ市の大昭寺の前にある。甥舅和盟碑・長慶会盟碑とも。唐の長慶3年吐蕃王の赤祖徳賛が唐朝との最後の会盟を記念して建立。

¶アジア歴7〔写〕，中国名旧5 p150

統万城　とうばんじょう

陝西省靖辺県の北方約50km、楡林県の県城西方120km。城壁と城内の鐘楼・鼓楼の遺構がある古城址。

¶アジア歴7（統万城　とうまんじょう），中国名旧5 p215

韜奮故居　とうふんこきょ

上海市重慶南路万宜坊54号。新聞記者・政論家・出版人であった鄒韜奮（1895-1944）が1930年から1936年にかけて住んでいた。

¶中国名旧2 p22

同文門　どうぶんもん

山東省曲阜市の孔廟の5つめの門。両側に塀を配さず、孤立する。院落内に明の4帝の建てた亀趺竜首の4つの御碑が並ぶ。

〔世界遺産〕（曲阜の孔廟、孔林、孔府　1994）

¶中国名旧3 p148

東方朔墓　とうほうさくぼ
山東省陵県神頭鎮の西南。墓園は墳墓と祀祠からなる。東側に秦・漢代の高大な墳墓がある。
　　¶中国名旧3 p168

鄧坊牌坊　とうぼうはいぼう
江西省臨川県。磚と石で築き、4柱3間3層。明代の建造。
　　¶中国名旧4 p96

東舗村金墓　とうほそんきんぼ
山西省垣曲県東舗村。金代彫塼墓。出土の墓誌銘から、第5代世宗の大定23年(1183)の張氏墓といえる。
　　¶世界考古

トゥムシュク　Tumshuk
新疆ウイグル自治区西域北道のマラルバシとアクスの間に位置。1906年にトゥクズ・サライ寺跡、1913年トゥムシュク・ターグ山上寺跡の仏教遺跡が発掘された。
　　¶新潮美(トゥムシュック),図解考古(トゥムシュク遺跡),世界考古,仏教考古

東門石坊　とうもんせきぼう
福建省仙游県の東門外。清の道光5年(1825)に着工し、30年がかりで完成。3間5楼で、高さ約5丈。
　　¶中国名旧4 p146

東門楼　とうもんろう
広西チワン族自治区柳州市の柳江沿いの曙光路。明の洪武12年(1379)の建造。
　　¶中国名旧4 p272〔写〕

唐揚州城　とうようしゅうじょう
江蘇省揚州市。唐代南方の重要都市。隋開皇9年(590)に呉州から揚州と改称した。子城と羅城からなる。
　　¶東ア考古

唐蘭城鎮遺址　とうらんじょうちんいし
新疆ウイグル自治区民豊県の安迪爾牧場の西南25km。唐代の造営。宝石をはめた指輪と金製の耳杯が出土。
　　¶中国名旧5 p305

東流山　とうりゅうざん
安徽省涇県の南方35km。皖南事変(安徽省南部事変)の激戦地の一つ。
　　¶中国名旧2 p236

唐陵　とうりょう
河北省隆堯県の南方15km、王伊村の北部。建初陵ともいう。唐の玄宗李隆基の8代前の宣簡公李熙と7代前の懿王李天錫の陵墓。

¶中国名旧1 p126

湯陵　とうりょう
安徽省亳県の北門外1km、渦河の北岸。湯王墓とも。商(殷)の湯王の衣冠塚と伝える。清代の書家梁巘筆の碑がある。
　　¶中国名旧2 p250

東梁山　とうりょうざん
安徽省当塗県の西南15km。博望山・望夫山とも。長江に臨んでそびえ、清代に砲台と城塁を築いた。
　　¶中国名旧2 p208

銅緑山古鉱井　どうりょくざんここうせい
湖北省黄石市(大冶)銅緑山。春秋・戦国時代の銅鉱採掘用の坑道遺跡。戦国期坑道からは、鉄斧・鉄鑽・鉄鍬など鉄製品が多く出土。
　　¶世界考古

銅緑山古礦冶遺址　どうりょくざんここうやいし
湖北省大冶県の西方3km。40万tに及ぶ鉱滓が堆積、資源が豊富で長期にわたって利用された大規模な製銅基地である。
　　¶中国名旧3 p288

塔林　とうりん
河南省登封市の嵩山の少林寺の西部。歴代の僧侶の墓地。磚と石からなる墓塔が220余りある。
　　¶中国名旧3 p203〔写〕

東林寺　とうりんじ
江西省九江市の廬山の西北麓。浄土宗(蓮宗)の発祥地。慧遠が東晋の太元11年(386)頃に創建、白蓮社を結び、浄土教の根本道場となった。宋代には禅寺となる。江西省重点文物に指定を受けて伽藍が復興した。
　　¶中国仏教,中国名旧4 p80〔写〕

東林寺千手観音　とうりんじせんじゅかんのん
四川省内江市の東門外の河街にある。東林寺は、南宋の紹興11年(1141)の創建。背後の巌に千手観音坐像が彫られている。宋代のもので高さ10m。
　　¶中国名旧5 p52

東林書院　とうりんしょいん
江蘇省無錫。中国旧時の著名な書院。北宋の理学者楊時が講学した所で、のちにその地を書院とした。
　　¶アジア歴7,旺文社世,角川世,中国歴史

ドゥルドゥル＝アクール　Duldur-aqur
新疆ウイグル自治区庫車県。仏寺址。
　　¶新潮美

トゥルファン(吐魯番)
ウイグル自治区吐魯番県、タリム盆地。古来西域北道の要衝。交河城、東南に高昌城の都城址

があり、アスターナ古墓群がある。

¶ 世界考古(トゥルファン)，大遺跡7(トルファン)〔写〕

銅嶺榴花　どうれいりゅうか
広東省東莞県莞城鎮の東方7km。頂上に榴花塔がある。反元朝の英雄熊飛の故郷。

¶ 中国名旧4 p248

堂楼　どうろう
山東省曲阜市の孔府の前上房の後方にある。前院に前堂楼・前東楼・前西楼、後院に後堂楼・後東楼・後西楼があり、いずれも2階建て。

世界遺産(曲阜の孔廟、孔林、孔府　1994)

¶ 中国名旧3 p154

土王城遺址　どおうじょういし
湖北省鶴峰県の溇水の南岸、八峰山の絶壁の洞穴。井戸・竈・石椅子・石柱などが現存。

¶ 中国名旧3 p336

都嶠山　ときょうざん
広西チワン族自治区容県の南方10km。南山とも。南洞の太極巌は洞壁に太極図が描かれている。

¶ 中国名旧4 p301

徳慶学宮大成殿　とくけいがくきゅうたいせいでん
広東省徳慶県徳城鎮。北宋の大中祥符4年(1011)の建造。

¶ 中国名旧4 p261

独秀峰　どくしゅうほう
広西チワン族自治区桂林市の市街の中心。平地に突き出ている孤峰。允升門、小謝亭の遺構。代々の石刻が108枚ある。

¶ 中国名旧4 p282〔写〕

徳寿宮遺址　とくじゅきゅういし
浙江省杭州市の望仙橋の東にある。秦檜(1090-1155)の私邸。秦檜の死後、高宗趙構が改築し、紹興32年(1162)に移った。築山の一部が現存。

¶ 中国名旧2 p135

得趣書室　とくしゅしょしつ
広東省海豊県海城鎮。もと彭湃の書斎。1925年中共海陸豊地区委員会事務所が置かれた。

¶ 中国名旧4 p251

独松関　どくしょうかん
浙江省安吉県の独松嶺にある。古くから兵家必争の地。隋代末期の農民戦争をはじめ、太平天国革命(1851-64)まで当地一帯で戦闘が行われた。

¶ 中国名旧2 p169

徳勝門　とくしょうもん★
北京市。明清北京城の北西城壁の城門。

¶ 文化史蹟17(北京徳勝門)〔写〕

徳勝門箭楼　とくしょうもんせんろう
北京市西城区の北部。明の正統4年(1439)の建造。乾隆年間に再建。北京の内城の9門のうち現存唯一の初期箭楼。

¶ 中国名旧1 p40

読書台　どくしょだい
江蘇省常熟市の虞山の東南部の書台公園にある。明代に修復した方亭。亭内正面の壁に3枚の碑石をはめこむ。

¶ 中国名旧2 p82

読書洞　どくしょどう
湖北省秭帰県の屈原故里の響鼓渓の左岸、香炉坪から約1.5km。屈原が少年時代に読書をしたところと伝える。

¶ 中国名旧3 p310

独石仔遺址　どくせきしいし
広東省陽春県陂面鎮の鹿村崗の西南1.5km。人類の頭骸骨の化石、打製石器、虎・豹・河馬などの化石を発見。

¶ 中国名旧4 p242

独峰書院　どくほうしょいん
浙江省縉雲県の東方9km。仙都草堂とも。南宋の嘉定年間(1208-24)の創立、清の同治12年(1873)に改築。

¶ 中国名旧2 p182

徳陽孔廟　とくようこうびょう
四川省徳陽市の市街の東隅。南宋の開禧2年(1206)の創建。彫りは精緻を極める。

¶ 中国名旧5 p42

独楽寺　どくらくじ
天津市薊州区の西門内。大仏寺とも。中国内の木造最大といわれる大伽藍で著名。創建は唐代。山門と観音閣はともに遼の統和2年(984)の再建。

¶ アジア歴7〔写〕，新潮美，中国仏教，中国名旧1 p100〔写〕，中国名勝古蹟 p168〔写〕

独楽寺観音閣　どくらくじかんのんかく★
天津市薊州区の独楽寺にある。唐代に創建、のちの遼の統和2年(984)に再建。外観は二重、内部は三層(うち一層は暗層)で入母屋造の屋根をいただく。

¶ 文化史蹟17〔写〕

独楽寺仏塔　どくらくじぶっとう
天津市薊州区の独楽寺の南方380mの所に位置。遼代の仏塔。清寧4年(1058)に奉納された約170点の遺物が上層塔室から出土した。

¶東ア考古

徳和園　とくわえん
北京市海淀区の頤和園の東宮門内。光緒年間の建造。頤楽殿と大戯楼からなる。
¶中国名旧1 p56

杜鵑城遺址　とけんじょういし
四川省郫県の北方500m。古代の蜀王杜寧の都城の跡地。
¶中国名旧5 p23

都江堰　とこうえん
四川省都江堰市の西方の岷江。中国古代の有名な水利工事施設。前3世紀の中葉、戦国時代の秦朝の蜀郡太守李冰とその息子が都江堰を築き、江水を分流させた。
世界遺産（青城山と都江堰水利（灌漑）施設　2000）
¶アジア歴7, 大遺跡9〔写/図〕, 中国名旧5 p25, 中国名勝古蹟 p202〔写〕

杜公祠　とこうし
陝西省西安市街の南方12km。明の嘉靖5年（1526）、杜甫を記念するために創建した祠。
¶中国名旧5 p173〔写〕

吐谷渾伏俟城　とこくこんふくしじょう
青海省共和県石乃亥郷。吐谷渾の都城。方形の城址。
¶中国名旧5 p271

土司遺跡群　どしいせきぐん
南西部、湖南省湘西トゥチャの永順老司城遺跡、湖北省恩施トゥチャ族ミャオ族自治州の唐崖土司城遺跡、貴州省遵義市の播州海竜屯。南方の多くの民族が集まり、暮らしていた地区に分布。「土司」とは中華王朝が13世紀～20世紀初に少数民族のリーダーに与えた官職。
世界遺産（土司の遺跡群　2015）
¶世遺事

土司衙門・土司祠堂　どしがもん・どししどう
広西チワン族自治区忻城県の建設街。中国封建時代の政治制度「土司制度」の実物資料。土司衙門は明代（清代に再建）、土司祠堂は清代の建造。
¶中国名旧4 p274

都城隍廟大殿　とじょうこうびょうたいでん
北京市西城区復興門内成方街。都城の城隍神を祀る廟。元の至元4年（1267）の創建。
¶中国名旧1 p40

徳化窯　とっかよう
福建省（晋江地区）徳化県。宋代から清代の陶磁器窯。180ヵ所余りに及ぶ。青白磁・白磁を中心に白磁鉄彩・黒釉磁がある。
¶東ア考古

吐蕃歴代ツェンポ（賛普）墓　とばんれきだいツェンポぼ
チベット自治区窮結県の向いの木惹山。吐蕃朝（7-9世紀）の歴代の賛普（王）の墓。
¶中国名旧5 p153（吐蕃歴代賛普墓）

トプ（托浦）古城
新疆ウイグル自治区新和県の西北約30km。亀茲国か唐朝の安西都護府の属城の一つ。
¶中国名旧5 p302（托浦古城　トプこじょう）

トフラクエコンム（托呼拉克埃肯木）千仏洞
新疆ウイグル自治区新和県の西方42km。隋～唐代の遺跡。唐の天宝年間（742-756）の文書の断片が出土。
¶中国名旧5 p302（托呼拉克埃肯木千仏洞　トフラクエコンムせんぶつどう）

杜文秀墓　とぶんしゅうぼ
雲南省大理市の旧城東南約5kmの下兌村。永書府出身の回族、杜文秀（1823-72）の墓。大理石の墓碑が建つ。
¶中国名旧5 p133

斗母宮　とぼきゅう
山東省泰安市の泰山の万仙楼の北、登山道の東側。前・中・後の3つの院落からなり、それぞれ間口柱間3間の大殿がある。
¶中国名旧3 p176〔写〕

杜甫故里　とほこり
河南省鞏県の旧城東方1kmの南窯湾。磚造りの窯洞（洞穴の住居）。
¶中国名旧3 p210〔写〕

トホシャライ（托和沙頼）古城
新疆ウイグル自治区巴楚県の東方約60km、托和沙頼塔格北山の南麓。唐王城ともいい、宋代の貨幣、木製と陶製の容器などが出土。
¶中国名旧5 p308（托和沙頼古城　トホシャライこじょう）

杜甫草堂〔成県〕　とほそうどう
甘粛省隴南市成県の東南4kmの鳳凰山の麓、飛竜峡の入口の右側。大門内の左右に廂房、大殿があり、かつては杜甫の塑像を蔵していた。
¶中国名旧5 p230

杜甫草堂〔成都市〕　とほそうどう
四川省成都市の西郊、浣花渓の河畔。唐の粛宗の乾元2年（759）、杜甫は陝西・甘粛から成都に落ちのびた。4年近く住んだ草堂。
¶中国名旧5 p18〔写〕, 中国名勝古蹟 p213〔写〕, 中国歴史

杜甫墓〔平江県〕　とほぼ
湖南省平江県小田（唐代の昌江県の中心地）の近

アジア

郊。墓碑に「唐左拾遺工部員外郎杜文貞公墓」とある。近くには杜姓の住民が多い。杜甫墓は耒陽市にもある。

¶中国名旧4 p35

杜甫墓〔耒陽市〕　とほぼ

湖南省耒陽市のもとの杜陵書院（現、耒陽市第一中学）にある。墓碑に「唐工部杜公之墓」とある衣冠塚。杜甫墓は平江県にもある。

¶中国名旧4 p29

ドム（徳木）吐蕃摩崖石刻

チベット自治区ニンチー県徳木地方、本日山の北麓。青い岩壁に、碑座、碑文を彫る。

¶中国名旧5 p159（徳木吐蕃摩崖石刻　ドムとばんまがいせっこく）

度門寺　どもんじ

湖北省当陽市、楞伽峰。禅宗の北宗神秀が儀鳳年間（676-78）に荊州玉泉寺の東に庵を結び度門蘭若と名付けたのに始まる。明の万暦年間（1573-1619）、無跡禅師正誨が再興した。

¶中国仏教

トユク石窟

新疆ウイグル自治区鄯善県。造営は六朝代より唐代にわたる。東・西両区に分かれる。壁画があり、漢字やウイグル文字の銘記もみられる。

¶新潮美（トユク），世界考古，中央文（千仏洞せんぶつどう），中国名旧5 p281（土峪溝千仏洞　トヨクせんぶつどう）

トュングスバシュ（通古斯巴什）古城

新疆ウイグル自治区新和県の西南約40km。旧亀茲国一帯の古城址。唐の大暦年間（766-779）の文書の断片が出土。

¶中国名旧5 p302（通古斯巴什古城　トュングスバシュこじょう）

都蘭熱水郷吐蕃墓群　とらんねっすいきょうとばんぼぐん

青海省都蘭県熱水郷。吐蕃（チベット）時期の墓群および吐蕃（チベット）貴族の墓群。

¶東ア考古（都蘭熱水郷吐蕃墓群　とらんねっすいきょうとばんぼぐん）

杜陵　とりょう

陝西省西安市長安区東伍村の北。前漢の宣帝劉詢（在位前74−前49）の陵墓。祭祀の碑石がある。

¶中国名旧5 p173

杜林橋　とりんきょう

河北省滄州市杜林村。登瀛橋とも。3孔アーチ石橋。全長66m。黒竜港河に東西方向に架かる。

¶中国名旧1 p169

トルクト（特勒克脱）刻石

新疆ウイグル自治区霍城県瑪扎爾村の西北約

15km。岩にアラビア語が彫られる。

¶中国名旧5 p288（特勒克脱刻石　トルクトこくせき）

トルクト（特勒克脱）石人

新疆ウイグル自治区霍城県瑪扎爾村の西北約15km。7〜8世紀の突厥など遊牧民族の古墓群に2つある。

¶中国名旧5 p288（特勒克脱石人　トルクトせきじん）

ドルジェダク寺（多吉扎寺）

チベット自治区貢嘎県の雅魯蔵布江の北岸。16世紀の末葉に創建。寧瑪派の重要寺院の一つ。

¶中国名旧5 p154（多吉扎寺　ドルジェダクじ）

トルファンウズ（吐魯番于孜）旧城

新疆ウイグル自治区伊寧県吐魯番于孜郷の近く。大・小2城からなる。唐代の陶灯と陶杯、アラビア語を彫った元代の銅銭を発見。

¶中国名旧5 p286（吐魯番于孜旧城　トルファンウズきゅうじょう）

屯渓西周墓　とんけいせいしゅうぼ

安徽省休寧県屯渓市西方約5km。西周墓。副葬品には陶器が多く、印文陶のほか、特に茶色の釉陶が多数ある。

¶世界考古

曇華寺　どんげじ

雲南省昆明市の市街東方3km、金馬山の麓。もと明朝の光禄大夫の施石橋の別墅であったが、寺院に改めた。

¶中国名旧5 p123

敦煌懸泉置　とんこうけんせんち

甘粛省敦煌市五墩郷。西域へと向かう主要交通路上に設置された交通に関わる施設。漢代の塢・馬厩・建物と付属施設、および魏晋時代の烽燧などを確認。

¶東ア考古

敦煌晋墓　とんこうしんぼ

敦煌南東戈壁上。仏爺廟から新店台にかけて万に近い古墓が分布する。出土の陶罐のうちに升平13年（369）の年紀をもつものがある。

¶世界考古

侗寨鼓楼　とんさいころう

貴州省黎平・榕江・従江・天柱諸県の侗族の集住する村落にある。少数民族侗族の集落によくある宝塔形の建物。有名な鼓楼に、黎平県の紀堂鼓楼と従江県の増衝鼓楼がある。清代中葉の建築で、現在も完全な形で残る。

¶中国名旧5 p110, 中国名勝古蹟 p299（黔東の鼓楼　けんとうのころう）〔写〕

トンスー（東四）清真寺　とんすーせいしんじ

北京市東城区東四南大街。法明寺ともいい、元の至正6年（1356）の創建。明の正統12年（1447）にイスラム教徒陳友が再建。明代建築の特徴がきわだつとともに、アラビア建築の様式も具わる。

¶中国名旧1 p32（東四清真寺）

曇石山遺跡　どんせきざんいせき

福建省閩侯県恒心郷の曇石山。印文陶文化の遺跡。

¶新潮美，世界考古（曇石山 どんせきざん）

内園　ないえん

上海市南市の豫園の一部。清の康熙48年（1709）の造営。中国の造園技術の粋を集める。

¶中国名旧2 p23

内宅門　ないたくもん

山東省曲阜市の孔府の三堂の後方。役所と内宅を仕切る門。

世界遺産（曲阜の孔廟、孔林、孔府　1994）

¶中国名旧3 p154

内長城敵台　ないちょうじょうてきだい

北京市門頭溝区西北部の山地。明の隆慶5年（1571）から万暦2年（1574）にかけて築造。もと15か所あった。

¶中国名旧1 p78

ナルタン寺（那当寺）

チベット自治区シガツェ市の西南部。南宋の紹興23年（1153）創建。

¶中国名旧5 p157（那当寺 ナルタンじ）

南越王墓　なんえつおうぼ

広東省広州市の北郊象崗山。南越王第2代、越胡（眛）とその婦人達の墳墓。主体部は地下式の板石石室墓。副葬品は中原や南・西アジアの影響を受けたものが見られる。

¶大遺跡9〔写/図〕，中国名旧4 p217，東ア考古〔図〕

南海神廟　なんかいしんびょう

広東省広州市黄埔区廟頭村。隋の開皇年間（581-600）に南海神を祀って創建。唐代の韓愈撰・陳諫筆の石刻が現存。

¶中国名旧4 p217

南海峪洞穴　なんかいよくどうけつ

山西省垣曲の北西約30km。中期旧石器時代の洞穴遺跡。スクレーパーやポイントが、焼痕のある獣骨、哺乳動物の骨とともに出土。

¶世界考古

南岳大廟　なんがくだいびょう

湖南省衡陽市南岳鎮。中国の五岳廟の一つで全体の配置が完全な古建築群。総面積は9万8千平方

m。

¶中国名旧4 p48，中国名勝古蹟 p230（南嶽大廟 なんがくだいびょう）〔写〕

南巌〔修水県〕　なんがん

江西省修水県の南。中腹に亭に黄庭堅（1045-1105）の石刻が100枚余りとその石刻像がある。

¶中国名旧4 p91

南巌〔武当山〕　なんがん

湖北省丹江口市の武当山の紫霄宮の西方約2.5kmのところ。唐・宋代から道士が修業し、元代道観（道教寺院）が建てられた。

¶中国名旧3 p298〔写〕

南関外　なんかんがい

河南省鄭州旧城の南関南東部一帯。殷代遺跡。水溝・墓のほか、特に鋳銅関係の遺物が豊富に出土。

¶世界考古

南巌石龕　なんがんせきがん

江西省弋陽県の南方3km、南巌の麓。大小あわせて29の石龕と10ほどの摩崖石刻が岩壁に半円状に並ぶ。

¶中国名旧4 p95

南龕造像　なんがんぞうぞう

四川省巴中市の化成山。雲屏石・山門石・仏爺湾にあわせて140龕余り、2千体余りの造像がある。

¶中国名旧5 p78

南雁蕩山　なんがんとうざん

浙江省平陽県の西北50km。会文書院・報国寺・托雲亭・鳴王亭などがある。

¶中国名旧2 p162

南吉祥寺　なんきちじょうじ

山西省陵川県の西方20kmの平川村。前後2つの院落からなり、山門（天王殿）・中殿・後殿と左右の配殿・渡り廊下がある。

¶中国名旧3 p77

南響堂山石窟　なんきょうどうざんせっくつ

河北省邯鄲市峰峰鉱区西紙坊の鼓山の南麓、滏陽河の北岸。華厳洞、般若洞、空洞、阿弥陀洞、釈迦洞、力士洞、千仏洞がある。

¶中国名旧1 p118

南京長江大橋　なんきんちょうこうたいきょう

江蘇省南京市の下関と浦口の間の長江に架かる。鉄道・道路両用の2層式鉄橋。1960年の初頭に着工し、68年末に竣工・開通。

¶中国名旧2 p50

南京六朝墓　なんきんりくちょうぼ

江蘇省。南京の古墓85％以上が六朝時代の墓に

中国　　　　　　　　　　　　　　　　　　　　　　304

属するといわれる。最も多い墓は竪穴式土壙墓。
副葬品は陶製の明器類が中心。
¶世界考古

南宮碑　なんぐうひ
河北省現在は南宮県の県庁の構内にある。もと
は南宮県の県城の文廟にあった。清の光緒12年
(1886)の建立。桐城派の張裕釗の撰で、科挙制
度を攻撃している。
¶中国名旧1 p126

南渓山　なんけいざん
広西チワン族自治区桂林市の市街、南将軍橋の
近く。絶壁や洞壁に唐代以後の題刻が100近く
残る。
¶中国名旧4 p282

南渓書院　なんけいしょいん
福建省竜渓県の外、水南村の公山の麓。朱松
(1097-1143)が退職後に邸宅とし、南宋の建炎4
年(1130)に朱熹が生まれた。後に朱松・朱熹父
子を祀り、理ない筆の「南渓書院」の額を下賜さ
れた。
¶中国名旧4 p139

南京析津府城跡　なんけいせきしんふじょうあと
北京市の西南郊。遼の五京の一つ。唐代幽州城
に拠って築かれている。
¶東ア考古

南華寺　なんけじ
広東省韶関市曲江県区。梁天藍元年(502)イ
ンド僧智薬三蔵が宝林寺と名づく一字を建立。
唐代儀鳳元年(676)慧能が入った。宋代開宝3年
(970)南華寺と改称。
¶中国仏教、中国名旧4 p225(南華禅寺　なんけ
ぜんじ)

南湖〔嘉興市〕　なんこ
浙江省嘉興市にある。革命記念地で、1921年7
月、中国共産党第1回代表大会が上海から会場を
移して開かれた。
¶中国名旧2 p163

南湖〔蒙自県〕　なんこ
雲南省蒙自県の南隅にある。明代に開削。隆慶4
年(1570)に湖上の瀛洲島に瀛洲亭を建てた。光
緒15年(1889)に再建。
¶中国名旧5 p145

南公園　なんこうえん
福建省福州市の市街の東南部。清代初期の靖南
王耿精忠(?　-1682)の別荘。
¶中国名旧4 p125

南崗ニコライ教堂　なんこうにこらいきょうどう
黒竜江省ハルビン市南崗区大直街。俗に喇麻
台という。ギリシャ正教の教会。清の光緒25年

(1899)に竣工。
¶中国名旧1 p237(南崗尼古拉教堂)、中国名勝
古蹟 p14(哈爾浜東方正教会堂)〔写〕

南孔廟　なんこうびょう
浙江省衢州市の市街。孔瑞友は宝祐3年(1255)
に城北の菱塘に孔子家廟を設けた。明の正徳15
年(1520)に現在地に再建。
¶中国名旧2 p188

南山広化寺　なんざんこうけじ
福建省莆田市の市街南方3km、鳳凰山(南山)の
麓。南朝の陳の永定2年(558)に金仙院として創
建。現存の建物は清の光緒年間(1875-1908)に
原状どおりに再建したもの。
¶中国名旧4 p143

南山根遺跡　なんざんこんいせき
内モンゴル自治区赤峰市寧城県。青銅器時代の
集落遺跡と墓地。夏家店下層文化と夏家店上層
文化の集落遺跡が確認された。年代は西周時代
後期から春秋時代前期。
¶世界考古(南山根　なんざんこん)、東ア考古

南山寺〔漳州市〕　なんざんじ
福建省漳州市の市街の南郊。福建省南部の名利。
唐の開元年間(713-741)の創建。
¶中国名旧4 p163

南山寺〔五台山〕　なんざんじ
山西省五台県の五台山台懐鎮の南方3kmの山裾。
祐国寺・極楽寺・善徳堂の総称。元の元貞2年
(1296)の創建、門前の影璧の彫刻、門内の鐘楼
の構造は精緻。
¶中国名旧3 p42

南山寺〔貴県〕　なんざんじ
広西チワン族自治区貴県の南山公園。北宋代の
創建。洞穴を利用して建ち、洞内には葛洪煉丹
旧址と流米洞遺跡もある。
¶中国名旧4 p300

南山積雪亭　なんざんせきせつてい
河北省承徳市の避暑山荘西北部の起伏のある丘
陵。二重柱宝形造りの亭で、内部には康熙帝親
筆、「南山積雪」の4個の大文字が掲げてある。
¶中国名勝古蹟 p43〔写〕

南山石刻　なんざんせっこく
四川省大足県の南方2km。道教の造像で、玉皇
観にある。
世界遺産(大足石刻　1999)
¶中国名旧5 p35

南山摩崖石刻　なんざんまがいせっこく
広東省南山の麓。唐～清代の70余りの石刻が連
なる。

¶中国名旧4 p226

南山裡　なんざんり
遼寧省大連市老鉄山の西麓。後漢の塼築墓群。
墓室はいずれも塼築方形で穹窿形天井をもつ。

¶世界考古

南市街古瓷窯遺址　なんしがいこしよういし
江西省景徳鎮市柳家湾の西方1kmの南市街村。
古いものは五代までさかのぼり、新しいものは
元代初期まで下る。

¶中国名旧4 p67

南寺唐塔　なんじとうとう
陝西省蒲城県の西南隅。唐の貞観元年（627）の
建立。方形11層、高さ39m。

¶中国名旧5 p201

南昌火車站東晋墓　なんしょうかしゃてんとう
しんぼ
江西省南昌市。東晋墓。3号墓は、東晋永和8年
（352）没の雷陔とその妻の合葬墓。5号墓のみ西
晋時代末から東晋時代初め、その他は東晋時代
のもの。

¶東ア考古〔図（漆平盤）〕

南翔寺経幢　なんしょうじきょうどう
上海市嘉定県南翔鎮の古猗園にある。以前は廃
寺となった南翔寺にあった。乾符2年（875）に
竣工。

¶中国名旧2 p26

南翔寺磚塔　なんしょうじせんとう
上海市嘉定県南翔鎮大街。南翔寺の伽藍は早く
から廃滅し、現存するのは門前の東西に相対す
る双塔のみ。八角7層の磚塔。

¶中国名旧2 p28

南詔鉄柱　なんしょうてっちゅう
雲南省弥渡県の西南約6kmの鉄柱廟。天尊柱と
もいう。柱頂はなく、柱身は5つに分けて鋳造し
たものをつなぐ。

¶中国名旧5 p135

南庄頭遺跡　なんしょうとういせき
河北省徐水県。新石器時代遺跡。C14によれば
前8560〜7750年頃とされる。出土した約40点の
土器片は夾砂陶。また磨臼・石棒などの石器や
骨角器、家畜骨、野生動物骨が出土。

¶東ア考古

南詔徳化碑　なんしょうとくかひ
雲南省大理市の太和城遺址にある。正面の碑文
は南詔朝の初期の歴史と唐朝との関係を記し、天
宝戦争（安史の乱）の原因と経過について詳述。

¶中国名旧5 p132

南菁書院　なんせいしょいん
江蘇省江陰県。清代の書院。光緒10年（1884）江
蘇学政の黄体芳が創立。

¶中国歴史

南石窟寺　なんせっくつじ
甘粛省涇川県の北方約20km、涇河の東岸。北魏
朝の涇川刺史の奚康生が開削。仏陀像、脇侍菩
薩と交脚菩薩の像を蔵す。

¶中国名旧5 p232

南禅寺大殿　なんぜんじたいでん
山西省五台県李家荘の南禅寺にある。現存する
中国最古の木造建築。建中3年（782）の建造。入
母屋造の仏殿。

世界遺産 （五台山　2009）

¶世界考古（南禅寺大仏殿　なんぜんじだいぶつ
でん）、大遺跡9（仏光寺と南禅寺―五台山南禅
寺大殿）〔写〕、中国名旧3 p48〔写〕、文化史
蹟17〔写〕

南台寺　なんだいじ
湖南省衡陽市の衡山の擲鉢峰の下。梁の天監中
（502-519）の創建という。現存する建物は清の
光緒28-32年（1902-06）の再建。

¶中国名旧4 p50

南大寺　なんだいじ
山東省済南市礼拝寺街。元代の創建。巻棚・前
殿・後殿からなり、後殿の窓と扉の格子や連子に
はアラビア文字を組み合わせた文様を施し、イ
スラム教の様式を醸し出している。

¶中国名旧3 p115

南朝蕭績墓石刻　なんちょうしょうせきぼせっ
こく
江蘇省鎮江市句容市石獅子村の東南。蕭績は梁
の武帝蕭衍の第4子で、中大通元年（529）に死亡。
墓前に石獣と石柱が1対ずつ残る。

¶中国名旧2 p114

南朝蕭憺墓石刻　なんちょうしょうたんぼせっ
こく
江蘇省南京市棲霞区甘家巷の西南。蕭憺（478-
522）は梁の武帝蕭衍の第11子。始興忠武王に封
ぜられた。

¶中国名旧2 p51

南朝陵墓の石刻　なんちょうりょうぼのせっこく
江蘇省南京市の周辺。南朝諸王朝のうち、宋・
斉・梁・陳四王朝の歴代帝王と王公は墓前に巨
大な石刻造像を設けた。通常は墓前に石獣・石
柱・石碑各2基の3種6基を設ける。

¶大遺跡9〔写〕

南天門　なんてんもん
山東省泰安市の泰山の登山道の終着点。元の中

統5年（1264）に建てたもので、門上に摩空閣がある。

¶ 中国名旧3 p178〔写〕

南塔　なんとう
江西省永新県の南。茅塔ともいう。高さ5丈で9層。三国時代の建立と伝えられるが、北宋の慶暦年間（1041-48）の建立と推定。

¶ 中国名旧4 p107

南堂　なんどう
北京市宣武区宣武門内大街東路の北側。現在のものは光緒30年（1904）の再建。北京で最古のカトリックの聖堂。

¶ 中国名旧1 p50

南唐二陵　なんとうにりょう
江蘇省南京市江寧区、東善鎮の北西、祖堂山。初代の烈宗李昇の欽陵と2代元宗李璟の順陵。木造建築の内部構造をかたどったもの。

¶ 世界考古, 中国名旧2 p57（南唐両陵 なんとうりょうりょう）, 文化史蹟17（李璟墓 りえいぼ）〔写〕

南普陀寺　なんふだじ
福建省廈門市の五老山の麓。唐代の創建。清の康熙年間（1662-1722）に靖海将軍の施琅が再興。

¶ 中国仏教, 中国名旧4 p137

南北宅子　なんぼくたくし
甘粛省天水市の市街。明代の挙人の胡来縉の旧宅。

¶ 中国名旧5 p225

南浦亭　なんぽてい
江西省南昌市沿江路の撫河橋の近く。滕王閣（659年）とほぼ同時期の築造。客人の送迎・休息の用に供された。後、官員の接待に使われる館駅に改められた。

¶ 中国名旧4 p59〔写〕

南明山　なんめいざん
浙江省麗水県の南方1.5km。石梁という岩に名士の題刻が多数彫られている。宋代創建の仁寿寺や、山頂の雲閣崖に米芾筆と伝える「南明山」の3字が彫られるなど名勝がある。

¶ 中国名旧2 p181

南陽画象石墓　なんようがぞうせきぼ
河南省南陽市。漢代の画象石墓が集中。画象は歴史故事、神話伝説の類が多い。特に、馮君孺久墓は、被葬者や年代などが確定でき重要。

¶ 世界考古〔図〕, 大遺跡9（南陽漢墓 なんようかんぼ）〔写/図〕, 中国名旧3 p261（南陽漢画像館 なんようかんがぞうかん）

南陽公主祠　なんようこうしゅし
河北省井陘県の蒼岩山にある。福慶寺の主要な

堂宇の一つ。祠内に仏龕が3つあり、公主の塑像を安置。

¶ 中国名旧1 p109

南陽製鉄遺跡　なんようせいてついせき
河南省南陽市。漢代の製鉄遺跡。漢の鉄官が所在した南陽郡宛県城内にある。原材料の鋳鉄塊や鉄滓類などの遺物がある。

¶ 世界考古

ニエアル（聶耳）墓
雲南省昆明市の西山の太華寺と三世閣の間の斜面。昆明生まれの音楽家の墓。7つの花壇は7音階を象徴。

¶ 中国名旧5 p120（聶耳墓 ニエアルぼ）

ニェタン寺
チベット自治区曲水県。11世紀中葉創建。霊塔仏殿がある。

¶ 中国名旧5 p155（聶塘寺 ニェタンじ）

二王家　におうちょう
山東省淄博市臨淄区鄭家溝の南、鼎足山。春秋時代の斉の桓公と景公の墓と伝える。2つの家は東西に並び、山を墳墓にしたもの。

¶ 中国名旧3 p130

二王廟　におうびょう
四川省都江堰市の岷江東岸の玉塁山の麓にある。廟内の石壁に李冰と後世の治水の経験や格言を彫った碑刻をはめこむ。

¶ 中国名旧5 p25〔写〕, 中国名勝古蹟 p203〔写〕

月身宝殿　にくしんほうでん
安徽省青陽県の九華山の神光嶺にある。俗に肉身塔。周囲に回廊と石柱をめぐらし、重檐で斗栱を使い、棟や梁に装飾を施す。

¶ 中国名旧2 p200〔写〕

西古城　にしこじょう
吉林省延辺朝鮮族自治州和龍県。渤海中京（742頃－755）説が有力だが、瓦の多くは9世紀代のため、再検討が必要とされる。東西640×南北720mの城壁がめぐる。

¶ 東ア考古

西千仏洞　にしせんぶつどう
甘粛省敦煌市。莫高窟の西方約40km、党河の北岸絶壁にある。19窟が現存。北魏・隋・唐・五代に造営。

¶ 新潮美（敦煌─西千仏洞 とんこう─にしせんぶつどう）, 中国名旧5 p249（西千仏洞 さいせんぶつどう）

二七会議会址　にしちかいぎかいし
江西省吉安県の南部の陂頭。梁家の宗祠。1930年2月6日、毛沢東が合同会議を開いたところ。

¶中国名旧4 p99

二仙観　にせんかん
山西省晋城市の市街東南12.5km、太行山の中峰の麓。宋の大観元年(1107)から政和7年(1117)にかけて創建。正殿の木造の天宮壁蔵は彫りが精緻。

　　¶新潮美(晋城―(2)二仙観 しんじょう)、中国名旧3 p76

二仙宮　にせんきゅう
山西省高平市の南方14km、西里門村の二仙嶺。山門・中殿・後大殿と東西の渡り廊下・配殿が現存。中殿が最も古く、単檐入母屋造りで、礎石は覆盆蓮弁式。

　　¶新潮美(高平(1)二仙宮 こうへい にせんぐう)、中国名旧3 p79

二祖庵　にそあん
河南省登封市の嵩山の少林寺の西南4km、鉢盂峰。大殿と磚碣が数個あり、殿前にある4つの井戸は慧可が卓錫したと伝わる。

　　¶中国名旧3 p203

日厳寺　にちごんじ
長安の朱雀門街の東第四街の音竜坊内にあった。隋の仁寿元年(601)、煬帝が皇太子のとき、邸宅を造営するために求めた資材を施入して建立した寺。貞観6年(632)に廃される。

　　¶中国仏教

日光巌　にっこうがん
福建省厦門市の鼓浪嶼の最高峰。別称を晃巌、俗称を竜頭山。山麓に日光寺がある。鄭成功(1624-62)が水軍の訓練をしたことがあり、当時の山寨の遺構が現存石刻、題詩もある。

　　¶中国名旧4 p134〔写〕、中国名勝古蹟 p323(日光岩)〔写〕

日渉園　にっしょうえん
江蘇省泰州市中路。明の万暦年間(1573-1620)に太僕の陳応芳の邸宅の庭園として造られた。江蘇省北部で最も古い庭園の一つ。

　　¶中国名旧2 p106

日僧栄叡大師紀念碑　にっそうようえいだいしきねんひ
広東省肇慶市の鼎湖山の中腹。1963年に鑑真(688-763)の入寂1200年を記念して建立。

　　¶中国名旧4 p258

日壇　にったん
北京市朝陽区の朝陽門外の東南。朝日壇とも。明の嘉靖9年(1530)に築造。明・清両代に大明の神を祀ったところ。

　　¶中国名旧1 p75

二程墓　にていぼ
河南省洛陽市伊川県の西方1.5km。北宋代の理学の創始者、程顥(1032-85)・程頤(1033-1107)兄弟と父親の程珦の墓地。

　　¶中国名旧3 p226

二妃墓　にひぼ
湖南省岳陽市の君山。湘妃墓とも。二妃はともに堯の娘で、舜の妻。当所に葬られたと伝える。墓は清の光緒7年(1881)に両江総督兼兵部右侍郎の彭玉麟が建てたもの。

　　¶中国名旧4 p31〔写〕

二ヤ(尼雅)遺跡
新疆ウイグル自治区民豊県。都市遺跡。遺跡は砂漠に埋没し、東西10km、南北5kmの範囲に散在する。中国本土と西域、西アジアとの交流を探れる文物が数多く出土。

　　¶アジア歴7(尼雅 ニヤ)、角川世(ニヤ〈尼雅〉)、新潮美(ニヤ)、図解考古(ニヤ遺跡)〔写〕、世界考古(ニヤ)、大道跡7(ニヤ)〔写〕、中央ユ〔写〕、中国名旧5 p305(尼雅遺址 ニヤいし)、東ア考古、平凡社世(ニヤ遺跡)

二ヤ東漢墓　にやとうかんぼ
新疆ウイグル自治区民豊県。尼雅遺址の墓地。東漢(後漢)代の夫婦合葬墓。

　　¶中国名旧5 p305(民豊東漢墓 ニヤとうかんぼ)

入崖口有作詩碑　にゅうがいこうゆうさくしひ
河北省囲場県の東廟宮山の崖の上。清の乾隆16年(1751)秋の建立。南面が漢語で、乾隆帝の五言古詩「崖口に入りて作有り」。清朝が毎年秋獮を催す理由ほかを詠じている。

　　¶中国名旧1 p156

二酉洞　にゆうどう
四川省酉陽土家族苗族自治県の南方、翠屏山の麓。歴代の文人墨客が多数の題詠を残している。

　　¶中国名旧5 p71

乳洞　にゅうどう
広西チワン族自治区茅坪村の竜蟠山。清の康熙年間(1662-1722)の6体の観音像がある。

　　¶中国名旧4 p292

二蘭虎溝匈奴墓　にらんここうきょうどぼ
内モンゴル自治区ウランチャブ(烏蘭察布)市集寧区。二蘭虎溝の古墓群。後漢時代の匈奴の墓とされる。

　　¶世界考古

二里岡　にりこう
河南省鄭州市。岡西半部に龍山期層と殷代層が、東半部に戦国墓が確認された。

　　¶図解考古(鄭州二里岡遺跡 ていしゅうにりこう

いせき）〔写/図〕，世界考古〔図（土器の比較）〕

二郎廟　にろうびょう
陝西省丹鳳県の西方約12km。金の大安3年（1211）の創建。
　　¶中国名旧5 p210

ニングター（寧古塔）城遺址
黒竜江省新旧両城があり、旧城は海林県旧街にある。清朝の皇族の遠い祖先に6人の兄弟がいて、当地に住んでいたと伝える。内城は1辺171mの方形で、周長は684m。
　　¶中国名旧1 p247（寧古塔城遺址　ニングターじょういし）

寧遠衛城　ねいえんえいじょう
遼寧省山海関（河北省）外の綏中・錦西両県の間。現在の興城県城のこと。明の宣徳5年（1430）の広寧前屯・広寧中屯の2衛を置き、外壁を築いた。
　　¶中国名旧1 p208

寧王朱権墓　ねいおうしゅけんぼ
江西省新建県の西山、潢源村の西方500mにある。朱権（1378-1448）は明の太祖朱元璋の第16子。60歳のときにこの墓を造った。全長31.7m。
　　¶中国名旧4 p65

寧王府　ねいおうふ
江西省南昌市星火路。明朝の寧献王朱権が南昌に封ぜられたときに造営。現存するのは頭門のみ。
　　¶中国名旧4 p60

寧海橋　ねいかいきょう
福建省莆田県から15kmの橋兜村。元の元統2年（1334）からの350年間に6回流され、6回再建した。現存するのは1700年代の宋代の様式を引き継いだ石梁式のもの。
　　¶中国名旧4 p145

寧夏固原北魏漆棺墓　ねいかこげんほくぎしつかんぼ
寧夏回民自治区固原の西2.5km。北魏時代の塼室墓。埋葬施設は墓道・羨道・墓室で構成。男性被葬者の漆棺に彩色の絵が描かれている。年代は、5世紀末と推定。
　　¶東ア考古

寧夏戦国秦長城　ねいかせんごくしんちょうじょう
甘粛省，寧夏回族自治区。長城の周辺、隘路や山頂に烽燧の遺構がある。
　　¶中国名旧5 p262

寧郷　ねいごう
湖南省寧郷。殷代晩期相当の銅器が出土、収集されている。四羊方尊、人面方鼎、獣面文提梁卣など。

世界考古

寧都起義指揮部旧址　ねいときぎしきぶきゅうし
江西省寧都県の梅江の河畔。もとキリスト教の教会。1931年12月14日、国民党の第二十六路軍が、寧都起義（蜂起）を行い、当日の夜、この建物の階上で蜂起が宣布された。
　　¶中国名旧4 p110

寧武関　ねいぶかん
山西省寧武県。内側の長城の重要な関。関城は、明代の景泰元年（1450）の築造。
　　¶中国名旧3 p54

熱河八大チベット寺院　ねっかはちだいちべっとじいん★
熱河避暑山荘の北方。8つのチベット寺院の総称。外八廟ともいう。

【世界遺産】（承徳の避暑山荘と外八廟　1994）
　　¶アジア歴7（八大ラマ寺　はちだいラマじ），角川世

捻軍起義旧址　ねんぐんきぎきゅうし
安徽省渦陽県にある。かつては雉河集の山西会館。清の咸豊5年（1855）8月に雉河会議を開いた。会館は破壊されたが、1962年に捻軍史料陳列室を新設。
　　¶中国名旧2 p251

燃燈仏舎利塔　ねんとうぶつしゃりとう
北京市。遼代の塼塔。もと佑勝教寺の境内にあったが寺は廃寺。
　　¶新潮美

農安遼塔　のうあんりょうとう
吉林省農安県の農安古城にある。遼の聖宗時代（983-1030）の建立。高さ33m余り、八角13層の実心塼塔。塔上の雌室から2体の銅仏ほかを発見。
　　¶中国名旧1 p222

能仁寺〔九江市〕　のうにんじ
江西省九江市の東部。承天院とも。梁武帝の時代に創建。唐の大暦年間（766-779）に白雲禅師が再興。現存の建物は清の同治9年（1870）のものが多い。
　　¶中国仏教（能仁寺（九江）），中国名旧4 p86

能仁寺〔蘇州市〕　のうにんじ
江蘇省蘇州市。雪竇重顕の弟子雲門宗が開山。明代能仁寺と改称。
　　¶中国仏教（能仁寺（蘇州））

能仁寺〔南京市〕　のうにんじ
江蘇省南京市江寧区。劉宋元嘉年間（424-53）文帝の創建。政和年間（1111-17）能仁寺と改称。
　　¶中国仏教（能仁寺（江寧））

ノムハン（諾木洪）

青海省都蘭県諾木洪。牧畜と農業を営む集落址。遺構は前後2時期に大別され前期の陶器には彩陶があるが、後期にはない。

¶世界考古（諾木洪 ノムハン）

ノルブリンカ

チベット自治区ラサ市ポタラ宮の西約1km。ダライラマ7世（1708-57）のときに造営。歴代のダライラマの夏宮となる。

世界遺産（ラサのポタラ宮歴史地区 1994, 2000, 2001）

¶中国名旧5 p151（羅布林卡 ノルブリンカ）

ノルブリンカの湖心宮

チベット自治区ラサ市ポタラ宮の西約1km。ダライラマの夏の離宮であったノルブリンカの建物。湖心宮は中国本土の造園芸術形式を取り入れ、第8世ダライが建造。

世界遺産（ラサのポタラ宮歴史地区 1994, 2000, 2001）

¶中国名勝古蹟 p93（ノルブ・リンカ湖心宮）〔写〕

馬鞍山　ばあんざん

広西チワン族自治区柳州市の市街の南部。宋～清代の石刻が100余りある。

¶中国名旧4 p273

梅庵　ばいあん

広東省肇慶市の市街西方2kmの梅庵崗。五代の創建。祖師殿は宋代の木造建築の様式。

¶中国名旧4 p259

排雲殿　はいうんでん

北京市海淀区の頤和園の万寿山の正面。西太后の誕生日を祝う祝典を行ったところ。黄色琉璃瓦葺き。

¶中国名旧1 p59〔写〕

梅園　ばいえん

江蘇省無錫市の西南部、滸山にある。もと清代末期の進士徐殿一の小桃園。1912年に栄氏が入手し、梅の木を数千本植えた。

¶中国名旧2 p94

梅堰　ばいえん

江蘇省呉江県梅堰鎮の北東。新石器時代の遺跡。上層には多量の黒陶と紅陶、長方形の有段石斧、骨角器が共存し、良渚文化に属し、下層は青蓮岡文化で、紅陶と少量の灰陶が出ている。

¶世界考古

梅花山　ばいかざん

江蘇省南京市の明孝陵の墓道にある。三国時代の呉の孫権（182-252）が夫人とともに葬られている。

裴家堡金墓　はいかほきんぼ

山西省絳県裴家堡。金代の墓。木造建築にならった塼墓で、副葬品として「大金国」と墨書された地券断簡と陶器が出土。

¶世界考古

梅関　ばいかん

広東省南雄県から24kmのところ。漢の元鼎5年（前112）に関城を築いた。大庾嶺とも。

¶中国名旧4 p228

拝寺口双塔　はいじこうそうとう

寧夏回族自治区銀川市の市街西北45km、賀蘭山の拝寺口。東塔は八角13層の密檐塼塔、西塔も八角14層の密檐塼塔。ともに西夏代の建立。

¶中国名旧5 p257

拝寺口方塔　はいじこうほうとう

寧夏回族自治区銀川市の市街の西北方、賀蘭山の拝寺口から10kmの渓谷。方形11層の密檐塼塔。建立年代は明代とされる。

¶中国名旧5 p258

貝子廟　ばいしびょう

内モンゴル自治区錫林浩特市の市街。巴拉吉日道爾吉貝子と巴拉朱爾徳布1世活仏が建てたラマ廟。清の乾隆8年（1743）の創建。

¶中国名旧1 p182

梅城　ばいじょう

浙江省建徳県の東方35km。もとの厳州府治。唐代の中和年間（881-885）の築造。

¶中国名旧2 p144

拝将台〔閲馬廠〕　はいしょうだい

湖北省武漢市の閲馬廠の南端。赤色の水磨石の大きな碑がある。

¶中国名旧3 p270

拝将台〔漢中市〕　はいしょうだい

陝西省漢中市の市街の南。劉邦が韓信を拝して将と為したときに設けた壇。

¶中国名旧5 p212

ハイヌク（海努克）古城

新疆ウイグル自治区察布査爾錫伯自治県海努克郷の東北約6km。元～明代の古城。アラビア語表記の穴なし銅銭、玉石の印章、元・明代の磁器の破片が出土。

¶中国名旧5 p288（海努克古城 ハイヌクこじょう）

拝風台　はいふうだい

湖北省蒲圻県の赤壁遺址の南屏山の頂上。諸葛亮が東風を祀った七星壇の遺構。

中国　　　　　　　　　　310

¶ 中国名旧3 p333

裴李崗　はいりこう
河南省新鄭県裴李崗。新石器時代前期の遺跡。1977年の調査で長方形土坑墓群を発掘。西部の高地は墓で、東へ居住区が広がる。新たに墓82基と貯蔵庫12個を発掘している。
¶ 大遺跡9〔写〕，中国名旧3 p199（裴李崗遺址 はいりこういし）

馬援墓　ばえんぼ
陝西省扶風県の西方約3.5kmの伏波村。高さ約10m、直径10m。馬援（前14－後49）は茂陵の出身。
¶ 中国名旧5 p193

覇王祠　はおうし
安徽省和県の烏江鎮東南1kmの鳳凰山にある。項王祠・項王廟・項羽廟とも。項羽（前232－前202）が前202年に自刎したところ。後人が祠を建てて祀った。唐代かそれ以前の創建。
¶ 中国名旧2 p231

覇王朝山城跡　はおうちょうさんじょうあと
吉林省集安県財源郷覇王朝村。高句麗朝が交通上の要衝に設けた城堡。大部分が険しい自然地形を利用し、一部石築の城壁を設ける。周長1260m。
¶ 中国名旧1 p230（覇王朝山城 はおうちょうさんじょう），東ア考古

覇王墓　はおうぼ
安徽省和県の覇王祠の後方にある。項王墓ともいい、項羽の墓。衣冠塚で、青石積み・楕円形の陵墓。
¶ 中国名旧2 p231

馬家浜　ばかひん
浙江省嘉興県。馬家浜文化の遺跡。粗質の灰陶・紅陶・黒陶・良質の紅陶・灰陶と紅色スリップを施す土器が出土。
¶ 新潮美（馬家浜文化 ばかほうぶんか），世界考古

馬家窯　ばかよう
甘粛省臨洮県の南方10kmの洮河西岸。彩陶遺跡。1924年にアンデルソンが発掘し、馬家窯期の名は、この遺跡によって命名された。
¶ 新潮美（馬家窯文化 ばかようぶんか），図解考古（馬家窯遺跡 ばかよういせき）〔写（土器と土製品）〕，世界考古，中国名旧5 p223（馬家窯遺址 ばかよういし）

馬家湾　ばかわん
甘粛省臨夏県馬家湾村。甘粛仰韶文化馬廠期の遺跡。土器は良質紅陶、粗質紅陶、良質灰陶がある。
¶ 世界考古

灞橋　はきょう
陝西省西安市の市街東方10kmの灞水にある。春秋時代、架設。銷魂橋とも。
¶ 中国名旧5 p170

馬橋古文化遺址　ばきょうこぶんかいし
上海市上海県馬橋鎮東兪塘村。3つの相異なる文化層から形成される。1960年にこの遺跡が発見され、上海一帯の歴史が約2000年余り遡ることとなった。
¶ 中国名旧2 p24

白衣観　はくいかん
湖南省通道侗族自治県播陽郷。清の乾隆24年（1759）の創建で、八角5層、高さ18mの木造。侗族建築の傑作。
¶ 中国名旧4 p43

白衣寺塔　はくいじとう
甘粛省蘭州市。明の崇禎4年（1631）の建立。八角13層の磚塔。
¶ 中国名旧5 p218

白雲観〔北京市〕　はくうんかん
北京市宣武区広安門外浜河路。道教の全真派の道教寺院。唐の開元27年（739）の創建。現在の建物は清代に再建したもの。
¶ アジア歴7，角川世，新潮美，中国名旧1 p50

白雲観〔蘭州市〕　はくうんかん
甘粛省蘭州市。清の道光19年（1839）に創建、呂洞賓を祀る。
¶ 中国名旧5 p218

白雲山〔広州市〕　はくうんざん
広東省広州市の北郊。明代の歌姫張二喬の墓、清代の黒旗軍の劉永福（1837-1917）筆の「虎」の碑刻などがある。
¶ 中国名旧4 p217

白雲山〔江西省〕　はくうんざん
江西省泰和・吉安・興国3県の県境にある。頂上に古い廟があある。階下は石造り、階上は木板で部屋を区切る。1931年5月16日、毛沢東と朱徳が第2次反「包囲討伐」の緒戦の指揮をとった。
¶ 中国名旧4 p114

白雲山〔長順県〕　はくうんざん
貴州省長順県広順鎮の東方20km。羅永庵は、退位して西南に逃れた明の建文帝（在位1398-1402）が住したと伝える。
¶ 中国名旧5 p109

白雲山廟　はくうんさんびょう
陝西省佳県の東方5kmの白雲山。53の廟宇が折り重なって雲に連なる明・清代の建築群。
¶ 中国名旧5 p209

アジア

中国

白雲寺〔輝県〕　はくうんじ
河南省輝県の西方25km、太行山の山麓。大殿は明代末期の建立。他の殿宇は清代のものが多い。
¶中国名旧3 p236

白雲寺〔肇慶市〕　はくうんじ
広東省肇慶市の鼎湖山の西南隅。禅宗六祖の慧能の弟子の智常が創建。
¶中国名旧4 p259

白雲寺〔民権県〕　はくうんじ
河南省民権県の西南20kmの白雲寺村。唐の貞観年間（627-649）の建立で、仏殿・廊房・楼閣・僧舎など800間余り。
¶中国名旧3 p254

白雲寺大仏　はくうんじだいぶつ
四川省隆昌県油房郷の油房山の南斜面。山頂近くの大仏殿の背後の岩壁に仏像を彫る。明の正徳年間（1506-21）。
¶中国名旧5 p53

白雲洞　はくうんどう
福建省福州市の鼓山の西北隅にある。幅約16m、深さ5mで、壁で囲って仏堂・僧房となす。
¶中国名旧4 p122

白溢寨　はくえきさい
湖北省五峰土家族自治県の西方30kmの玉屏山にある。白魚砦とも。上方の古砦は山石を積み上げたもの。嘉慶元年（1796）、長楽・長陽一帯の白蓮教の首領らが軍を率いて当所にたてこもった。現在、砦内に蔵軍洞、崖下に砦洞などがある。
¶中国名旧3 p313

白崖寨　はくがいさい
安徽省宿松県の東北30km。白崖山の山上に大石を積み上げて築いたもの。元代末期に呉士傑が築いたと伝える。寨壁と寨門が現存。
¶中国名旧2 p214

白家村古墳　はくかそんこふん
陝西省臨潼県。新石器時代老官台文化の遺跡。住居跡2基、土壙墓28基、甕棺墓8基、灰坑49基が検出され、土壙墓の近くから3基の獣骨坑も見つかっている。
¶東ア考古

白巌　はくがん
福建省閩清県の西南30km。山中に白巌寺がある。南宋代の朱熹の摩崖題刻や洞内に明代の翰林院学士黄文煥の読書所がある。
¶中国名旧4 p132

白居易墓　はくきょいぼ
河南省洛陽市の龍門の香山（東山）の琵琶峰。墓前に「唐少傅白公之墓」碑が建つ。

¶中国名旧3 p223〔写〕

白公館　はくこうかん
四川省重慶市の歌楽山の麓。中美合作所集中営旧址。四川軍閥の白駒の香山別墅。
¶中国名旧5 p31

白居寺　はくこじ
チベット自治区ギャンツェ県の市街。15世紀初頭に創建。八角塔という1427年建立の仏塔がある。
¶中国名旧5 p157〔写〕

白沙漢墓　はくさかんぼ
河南省禹県北西約30km。白沙鎮にある漢代を中心とする古代墓群。副葬品は鉄の鼎・釜が珍しい。
¶世界考古

白沙古井　はくさこせい
湖南省長沙市の天心閣の下、白沙街の東隅。明・清代の石刻の記志がある。
¶中国名旧4 p23

白沙古戦場遺址　はくさこせんじょういし
福建省晋江県安海鎮から7km、東石郷。清朝に抵抗した鄭成功が基地とした。陳魁琪が戦死し、その祀宮が現存。屯兵城の遺構と馬に水を飲ませた石製の水槽が現存し、刀・戟・砲などがしばしば出土。
¶中国名旧4 p156

白沙宋墓　はくさそうぼ
河南省禹県白沙鎮。宋の地主、趙氏の墓。唐代に完成した宮殿化した墓室・地宮の形式を受け継ぐもの。迫出積みで天井を架けた塼造墓室。
¶アジア歴7〔写〕、宗教建築（白沙1号墓）〔図〕、新潮美（白沙鎮　はくさちん）、世界考古〔写（壁画）〕

白沙大橋　はくさだいきょう
浙江省建徳県の新安江に架かる。青石造りの橋。架設は1960年。
¶中国名旧2 p144

柏子塔　はくしとう
湖北省麻城市の市街東北10kmの九竜山。唐の徳宗（在位779-805）に建立したと伝える。木造を模した重檐楼閣式の六角7層の塼塔。
¶中国名旧3 p324

白舎窯遺址　はくしゃよういし
江西省南豊県白舎鎮の西南の赤い土丘。大小の窯跡が2kmにわたって並ぶ。地表に磁器の破片が大量に散乱。
¶中国名旧4 p97

中国　312

アジア

莫愁湖　ばくしゅうこ
江蘇省南京市の水西門外。明代初期に湖上に勝棋楼が設けられて以降、各亭などが建てられた。「金陵（南京）第一の名湖」といわれた。
¶中国名旧2 p51

曝書亭　ばくしょてい
浙江省嘉興市王店鎮にある。清の康熙35年（1696）に考証学者朱彝尊（1629-1709）が建てた。晩年に文集を編んだところ。
¶中国名旧2 p163

白水寺　はくすいじ
湖北省棗陽県の南方20kmの獅子山。後漢の光武帝劉秀の郷里と伝える地にあり、かつてこの寺は光武帝を祀っていた。現存の建物は明・清代のもの。
¶中国名旧3 p292

白水城跡　はくすいじょうあと
新疆維吾爾自治区。城内では手づくねの紅陶・褐陶、また突帯や刺突文を持った灰陶の土器片が採集される。築造の時期は、南北朝時代以降、唐あるいは唐成立直前。
¶東ア考古

白石山　はくせきざん
広西チワン族自治区桂平県の東南35km。道教の第二十一洞天。山麓の寿聖寺は、石坊、三宝殿がある。
¶中国名旧4 p300

麦積山石窟　ばくせきざんせっくつ
甘粛省天水市の東南。194の石窟、磨崖仏があり、北魏に始まり、明・清に至る各時代に造営、補修が行われた。
¶アジア歴7〔写〕，旺文社世，角川世，新潮美，図解考古〔写〕，世界考古〔写〕，世界美4，世歴事9 p677〔写〕，世歴大15〔写〕，大遺跡7（麦積山）〔写〕，中国仏教，中国名旧5 p226〔写〕，中国名勝古蹟 p85（麦積山 ばくせきざん）〔写〕，東ア考古（麦積山石窟 ばくせきざんせっくつ）〔写〕，評論社世（麦積山 ばくせきざん），仏教考古，文化史蹟16〔写/図〕，平凡社世

白草坡西周墓　はくそうはせいしゅうぼ
甘粛省霊台北西15km。西周時代前期の墓。長方形竪穴墓で副葬品は青銅器が最も多い。
¶世界考古

薄太后塔　はくたいこうとう
陝西省礼泉県の薄太后村の傍らの香積寺。方形7層の楼閣式の磚塔。
¶中国名旧5 p183

白胎寺　はくたいじ
山西省新絳県の西北方20km、光馬村の西側。法蔵閣・樑殿・釈迦殿・後大殿や配殿などが現存。唐・宋代以来の石碑、唐代の9層の造像幢などもある。
¶中国名旧3 p95

白帝城　はくていじょう
四川省重慶市奉節県。公孫述の創建と伝える。呉の劉備が当地で没した。城壁の遺構が残る。現存する廟宇は清の康熙年間以後のもの。
¶中国名旧5 p73〔写〕，中国名勝古蹟 p215〔写〕，中国歴史

白塔〔杭州市〕　はくとう
浙江省杭州市の銭塘江畔の開口に建つ。漢白玉石造りの八面9層。五代の呉越末期の建築様式。
¶中国名旧2 p135

白塔〔赤峰市〕　はくとう
内モンゴル自治区赤峰市バイリン左旗の白塔子にある。かつての昭烏達連盟白塔子、遼の慶州城址内に建つ白塔。八角7層の塼築層塔。
¶新潮美（白塔—(1)昭烏達連盟白塔子の白塔 はくとう）

白塔〔大姚県〕　はくとう
雲南省大姚県の西方0.5kmの文筆峰。磐錘塔ともいう。中空の磚塔。
¶中国名旧5 p129

白塔〔鶴鳴山〕　はくとう
四川省南充市の東郊の鶴鳴山。北宋の建隆年間（960-963）の建立。塔頂は鉄鋳。高さ39.56m。
¶中国名旧5 p75

白塔〔天津市〕　はくとう
天津市薊県、独楽寺の南方100m。観音寺白塔ともいう。遼代の建立。八角形で、高さ30.6m。下部は密檐式、上部はラマ塔式。
¶中国名旧1 p101

白塔〔普慈寺〕　はくとう
山西省太谷県の西南隅の普慈寺（白塔寺）にある。北宋の元祐5年（1090）に建てた。八角7層、各層に軒を出し、高欄をめぐらせる。外観は白色の楼閣式。
¶新潮美（太谷〔白塔〕 たいこく），中国名旧3 p56

白塔〔北海公園〕　はくとう
北京市西城区、北海公園の瓊華島の山頂。高さ35.9mのラマ塔。清の順治8年（1651）に元代の広寒殿の跡地に白塔を建立。2回の再建。1960～70年代に改修。
¶中国名旧1 p43，文化史蹟17（北海公園と白塔）〔写〕

白塔〔遼陽市〕　はくとう

遼寧省遼陽市の白塔公園。金の大定年間(1161-89)の創建。金の世宗完顔雍が母親の貞懿皇后李氏のために建てた。

¶新潮美(白塔―(2)遼陽白塔　はくとう)，中国名旧1　p213

白塔山　はくとうざん

甘粛省蘭州市。山頂に白塔がそびえる。白塔は元代に建立。

¶中国名旧5　p218〔写〕，中国名勝古蹟　p82〔写〕

白塔峪塔　はくとうよくとう

遼寧省興城県の西北14kmの小山。俗に玲瓏塔。遼の大安8年(1092)建立の八角13層の実心密檐磚塔で，高さ43m。

¶中国名旧1　p209

白馬寺　はくばじ

洛陽市。中国仏経創建伝承のある寺院。「中国第一古刹」の尊称で呼ばれる。今日の白馬寺伽藍は清・康熙52年(1713)の修復によって整えられたもの。

¶アジア歴7，宗教建築(白馬寺伽藍)〔写/図〕，中国仏教，中国名旧3　p219〔写〕，中国名勝古蹟　p136(河南白馬寺　かなんはくばじ)〔写〕，仏教考古

白馬寺〔青海省〕　はくばじ

青海省西寧市の東。金剛崖の岸壁に存在。チベット僧ラチン・グンバラオサイ大師の亡くなった場所。

¶中国名勝古蹟　p78(青海白馬寺　せいかいはくばじ)〔写〕

白馬寺塔　はくばじとう★

河南省洛陽市，白馬寺の東南。斉雲塔と呼ばれる方形13層の磚塔。金の大定15年(1175)の建造。

¶文化史蹟17〔写〕

白仏山石窟造像　はくぶつざんせっくつぞうぞう

山東省東平県の西4km，焦村北部の白仏山。3つの石窟からなる。中央大仏洞，西側は唐窟で，小仏洞，東窟は東廊ともいい，12体の円彫立像がある。

¶中国名旧3　p185

白楊溝仏寺　はくようこうぶつじ

新疆ウイグル自治区哈密市の市街西方約50km，柳樹泉農場の付近。主殿は坐仏像の唐代から西州回鶻にかけての様式。

¶中国名旧5　p284

白羊寨　はくようさい

湖北省興山県の西北23km。明代末期の農民蜂起の指導者李来亭が清軍に対する闘争を続けた

遺跡。

¶中国名旧3　p312

白竜寺　はくりゅうじ

湖北省天門県皂市鎮の五華山。堂宇は重檐入母屋造り，彫刻などは明代の様式。

¶中国名旧3　p321

白竜洞　はくりゅうどう

四川省峨嵋県の峨嵋山の山麓。明代の創建。殿宇は清代のもの。

¶中国名旧5　p67

白竜洞石達開詩刻　はくりゅうどうせきたつかいしこく

広西チワン族自治区宜山県の北門外。石達開(1831-63)がつくった。詩が岩壁に彫られる。

¶中国名旧4　p298

柏林寺　はくりんじ

北京市東城区の東北隅。元の至正7年(1347)の創建。漢語訳大蔵経の現存唯一の版木が現存。

¶中国名旧1　p32

柏林寺塔　はくりんじとう

河北省石家荘市の旧趙県県城内。漢代末期の創建の柏林寺の堂塔の一つであった。現存するのはこの塔のみ。元の天暦3年(1330)の建造。

¶新潮美(柏林寺　はくりんじ)，中国名旧1　p112

柏露会議会址　はくろかいぎかいし

江西省寧岡県の東北45kmの柏露郷。もとは2階建ての店舗。1929年4月1日，毛沢東の主宰で前敵委員会・特別委員会・軍委員会と地方の党組織の責任者の合同会議が開かれた。

¶中国名旧4　p105

白鹿原　はくろくげん

陝西省西安市の市街東南約10km。かつて覇陵・薄太后墓・滕公家があった。

¶中国名旧5　p170

白鹿洞　はくろくどう

福建省廈門市の市街の東北隅，玉屏山の南面。大観楼・衛山亭をはじめ仏殿僧舎がそびえる。明代末期の紅夷撃退の摩崖石刻がある。

¶中国名旧4　p137

白鹿洞書院　はくろくどうしょいん

江西省廬山の五老峰の東南。中国旧時の著名な書院。唐の李渤が建てた白鹿洞に始まる。

¶アジア歴7，中国名旧4　p81，中国歴史，評論：社世

白露山　はくろざん

浙江省蘭渓市の市街西北15km、黄店村にある。

玉帯山・玉泉山・白露峰とも。山中の白露寺は
北宋の皇祐年間（1049-54）の創建。

¶中国名旧2 p185

白鷺洲〔吉安市〕　はくろしゅう
江西省吉安市の市街東部の贛江。南宋の淳祐年
間（1241-52）に吉安太守の江万里が、講学にやっ
て来た程大中と邵雍・周敦頤ら6君子のために祠
と書院を設けた。現存するのは遺構のみ。

¶中国名旧4 p98

白鷺洲〔南京市〕　はくろしゅう
江蘇省南京市中華門内の東側。明朝の中山王徐達
（1332-85）の東花園。跡地に白鷺洲公園を開設。

¶中国名旧2 p52

馬哈只墓碑　ばごうしぼひ
雲南省晋寧県昆陽鎮の月山の西斜面にある。明
の永楽3年（1405）に航海家の鄭和（1371-1435）
が父の馬哈只のために建立。

¶中国名旧5 p124

馬江昭忠祠　ばこうしょうちゅうし
福建省福州市馬尾港の馬限山の麓。中仏戦争
（1884-85）の馬江海戦で戦死した烈士を記念し、
光緒12年（1886）に創建。

¶中国名旧4 p125

琶洲塔　はしゅうとう
広東省広州市の市街東南部の琶洲。海鰲塔とも。
明の万暦25年（1597）の建立。

¶中国名旧4 p218

馬廠沿遺跡　ばしょうえんいせき
甘粛省楽都県（碾伯県）、大寧河と大通河の合流
点のすぐ南。彩陶遺跡。馬廠期の名はこの遺跡
からとられた。馬廠式の細頸双耳壺、鉢ほかを
採集した。

¶図解考古〔写（土器）〕，世界考古（馬廠沿 ば
しょうえん）

馬廠溝西周墓　ばしょうこうせいしゅうぼ
遼寧省凌源県海島営子村馬廠溝。西周墓。西周
時代前期の16点の青銅器が出土。

¶新潮美（凌源西周墓 りょうげんせいしゅうぼ），
世界考古

馬城子遺跡　ばじょうしいせき
遼寧省本渓満族自治県。新石器時代後期の生活
跡と、前期青銅器時代の墓地が検出された洞穴
遺跡。この馬城子遺跡青銅器文化遺存は、馬城
子文化と呼ばれている。

¶東ア考古

破城子古戦場　はじょうしこせんじょう
新疆ウイグル自治区和碩県の南山。建物の遺構
と古墓が密集し、陶器の破片や古銭が散乱。

¶中国名旧5 p296

八一公園　はちいちこうえん
江西省南昌市長征路の中央。もと湖浜公園。
1927年8月1日革命軍が激戦を展開したところで、
八一公園と改称した。

¶中国名旧4 p60

八一南昌起義総指揮部旧址　はちいちなんしょ
うきぎそうしきぶきゅうし
江西省南昌市の洗馬池にある。もと江西大旅社
（ホテル）。1927年7月下旬、起義（蜂起）部隊が
会議を開いた。1957年に南昌八一起義紀念館を
開設。

¶中国名旧4 p58

八雲塔　はちうんとう
陝西省周至県の西南隅にある。唐代の建立。11
層、高さ42mの楼閣式の碑塔。

¶中国名旧5 p179

八詠楼　はちえいろう
浙江省金華市の市街南隅、婺江の北岸。南朝の斉
の隆昌元年（494）完成。宋・元代以後、改築を
繰り返し、現存するのは清代のもの。

¶中国名旧2 p185

八字橋　はちじきょう
浙江省紹興市の市街。梁式（桁橋）の石橋で、南宋
の宝祐4年（1256）架設の題記がある。高さ5m、
長さ45m、幅3.2m。

¶中国名旧2 p173

八七会議会址　はちしちかいぎかいし
湖北省武漢市の漢口の鄱陽街。3階建てのビル。
中国共産党が1927年緊急会議を開催した。

¶中国名旧3 p284

八十壋遺跡　はちじゅっとういせき
湖南省澧県夢渓鎮五福村。新石器時代彭頭山文
化の遺跡。灰坑3基・溝1条・住居跡、城壁と環
濠が検出され、稲の遺存体が出土。

¶東ア考古

八女投江紀念地　はちじょとうこうきねんち
黒竜江省林口県刁翎人民公社の烏斯渾河の西岸。
東北抗日聯軍の第五軍婦女団（女性連隊）の8人
が降伏よりも死を選び、烏斯渾河に身を投じた地。

¶中国名旧1 p242

八大関　はちだいかん
山東省青島市の東部。山海関・正陽関・嘉峪関・
武勝関・紫荊関・寧武関・居庸関・韶関という
縦横に交錯する8本の道がある。地勢に応じて80
余りの別荘式の建物が配される。

¶中国名旧3 p124

315　　中国

八大山人故居　はちだいさんじんこきょ
江西省南昌城の南、青雲譜。17世紀清代初期の画家、八大山人の故居だった場所。古い歴史があり、創建は前漢時代である。
¶中国名勝古蹟 p240〔写〕

巴中摩崖仏　はちゅうまがいぶつ
四川省巴中市周辺の山岳地帯。仏龕群。
¶新潮美

馬超祠墓　ばちょうしぼ
陝西省勉県の武侯祠の東方500m。蜀漢の名将馬超（176-222）の墓。
¶中国名旧5 p214

八里崗遺跡　はちりこういせき
河南省鄧州市白荘村北。新石器時代仰韶文化〜漢時代の遺跡。仰韶文化の複室住居跡と二次合葬墓が主要な発掘成果。
¶東ア考古

八里城　はちりじょう
黒竜江省肇東県四站。周長が8里（4km）あるので八里城という。金・元両代に東北地区の辺境の軍事的要衝であった肇州城と思われる。
¶世界考古, 中国名旧1 p249

八連城　はちれんじょう
吉林省延辺朝鮮族自治州琿春市図們江左岸地域。「半拉城」とも呼ばれた。渤海東京（785-794）の遺跡とする説が有力。
¶世界考古（半拉城 はんらじょう）〔図〕, 東ア考古〔図〕

八棱観塔　はちろうかんとう
遼寧省朝陽市の市街西45kmの塔営子村の北山。遼代の建立。高さ34.4m、八角13層の密檐磚塔。
¶中国名旧1 p215

八路軍桂林弁事処旧址　はちろぐんけいりんべんじしょきゅうし
広西チワン族自治区桂林市中山北路98号。磚と木で築いた2階建て。1938年設置。
¶中国名旧4 p283

八路軍駐京弁事処旧址　はちろぐんちゅうきょうべんじしょきゅうし
江蘇省南京市青雲巷41号。八路軍が国民党支配地区における団結抗戦のために設置した連絡所。
¶中国名旧2 p52

八路軍駐武漢弁事処旧址　はちろぐんちゅうぶかんべんじしょきゅうし
湖北省武漢市の漢口の長春街。当時の周恩来・鄧穎超・董必武・葉剣英らの執務室、無電室、会議室を復元。
¶中国名旧3 p284

八路軍駐蘭弁事処旧址　はちろぐんちゅうらんべんじしょきょうし
甘粛省蘭州市互助巷2号。磚と木で築いた旧式の平屋。1937年に設置。
¶中国名旧5 p219

八卦営墓碑　はっかえいぼぐん
甘粛省民楽県の東南15km。色付きの絵を描いた車・牛など木器、陶器、青銅製品が出土。墓主は漢代の官吏と将兵が多い。
¶中国名旧5 p240

八角楼　はっかくろう
江西省井岡山市の茅坪郷の慎公祠の背後。井岡山闘争の時代、毛沢東が起居・執務した。
¶中国名旧4 p106

八角廊漢墓　はっかくろうかんぼ★
河北省定県。前漢・綏和元年（前8）没の中山孝王劉興の墓と推定。
¶新潮美（定県〔八角廊漢墓〕 ていけん）

白家荘　はっかそう
河南省鄭州市。殷代中期（二里岡期）文化に属する遺跡。城墻、建築基壇、半地下式住居、水溝、中型墓を含む。
¶世界考古

八境台　はっきょうだい
江西省贛州市の市街北部、章水・貢水と贛江の合流点。北宋代の造営。現存するのは1934年のもので、磚と木で築く。
¶中国名旧4 p109

莫高窟　ばっこうくつ
敦煌の東南25km。シルクロードの要衝にある仏教遺跡。西千仏洞、安西楡林窟、水峡口窟をはじめとした合計735の石窟（石室）と2415体の仏塑像や壁画が現存。現存する最古の石窟は4世紀末から5世紀初めの造営。

|世界遺産|（莫高窟　1987）

¶アジア歴7（敦煌〔敦煌石窟〕 とんこう）〔写（漢簡・経典・石窟）〕, 遺跡100（敦煌）〔写（莫高窟）〕, 旺文社世, 角川世（敦煌の石窟 とんこうのせっくつ）, 古代遺跡 p40〜44（敦煌莫高窟）〔写〕, 新潮美（敦煌―莫高窟 とんこう―ばっこうくつ）, 図解考古（敦煌千仏洞 とんこうせんぶつどう）〔写〕, 世遺典, 成世遺下（敦煌莫高窟）〔写〕, 世遺百〔写〕, 世界考古（敦煌石窟 とんこうせっくつ）〔図〕, 世歴大14（敦煌千仏洞 とんこうせんぶつどう）〔写〕, 大遺跡7（敦煌）〔写〕, 大遺跡9（敦煌莫高窟 とんこうばっこうくつ）〔写〕, 中国仏教（敦煌石窟 とんこうせっくつ）, 中国名旧5 p248〔写〕, 中国名勝古蹟 p72〜74（莫高窟 ばくこうくつ）〔写〕, 中国歴史（敦煌石窟 とんこうせっくつ）, 東ア考古（敦煌莫高窟 とんこ

うばっこうくつ）〔写〕，ビジ世遺（敦煌の莫高窟）〔写〕，評論社世（千仏洞 せんぶつどう），仏教考古（敦煌石窟 とんこうせっくつ）〔写〕，文化史蹟16（敦煌莫高窟）〔写／図〕，文化史蹟17（敦煌莫高窟）〔写〕，平凡社世（敦煌千仏洞 とんこうせんぶつどう），山川世，ユネ世遺4（敦煌の莫高窟）〔写〕

八達嶺　はったつれい
北京市西北部の延慶県に位置。山の尾根の名，長城として有名。南は南口・昌平・北京に，北は延慶・永寧に，西は沙城・宣化・張家口に，それぞれ通じている。

世界遺産（万里の長城　1987）

　¶アジア歴7，大遺跡9（長城―八達嶺長城）〔写〕，中国名旧1 p85（長城―八達嶺 ちょうじょう―はったつれい）〔写〕，中国名勝古蹟 p54〔写〕，中国歴史，文化史蹟17（八達嶺 万里の長城）〔写〕

八宝山　はっぽうざん
湖北省江陵県の西北8km。8つの峻嶺からなり多数の古墓があり，楚墓が最も多い。

　¶中国名旧3 p318

八宝山革命公墓　はっぽうざんかくめいこうぼ
北京市海淀区復興門外，八宝山の南麓。新中国成立後，明代創建の護国寺の基礎に造営。大殿には朱徳・董必武・彭徳懐らの遺骨を安置。

　¶中国名旧1 p72

馬蹄寺石窟　ばていじせっくつ
甘粛省粛南裕固族自治県の馬蹄河の西岸。唐～西夏時代の仏教石窟群。

　¶新潮美，世界考古，中国名旧5 p241

巴巴寺　ははじ
四川省閬中県の盤竜山の麓。イスラム教の特色をそなえた建築群。

　¶中国名旧5 p76

馬胖鼓楼　ばはんころう
広西チワン族自治区三江侗族自治県の北方25km。9層で高さ13m，軒下に侗族特有の図案を描く。

　¶中国名旧4 p275

馬炮営起義会議旧址　ばほうえいきぎかいぎきゅうし
安徽省安慶市の市街の東北隅，楊家塘の葉氏会館にある。もともとは各地から安慶に科挙を受けに来る者の宿舎。

　¶中国名旧2 p209

ハミ（哈密）王墓
新疆ウイグル自治区哈密市回城郷の沙棗井。俗に王墳。3つの陵墓。向いに建つ清真寺は哈密市一帯で最大のイスラム教寺院。

　¶中国名旧5 p284（哈密王墓 ハミおうぼ）

バヤンタトマジャ（巴顔達特麻扎）
新疆ウイグル自治区洛浦県の東北約3km。明代（15世紀頃）の戦死者の墳墓。

　¶中国名旧5 p304（巴顔達特麻扎（墓）バヤンタトマジャ）

婆羅門塔　ばらもんとう
福建省同安県から約1km，大輪山の梵天寺の鐘楼の後ろ。北宋の元祐年間（1086-93）に西安橋の鎮護のために建立した4塔の一つ。高さ4.5mの石塔。1957年に現在地に移設。

　¶中国名旧4 p139

バラワステ　Balawaste
新疆ウイグル自治区ホータン地区。仏教遺跡。6～8世紀頃の製作とみられる壁画を伴う仏寺址群。毘盧遮那仏像の顔面表現はホータン画の一つのタイプを示す。

　¶新潮美

馬蘭嘴　ばらんし
広西壮族自治区東興県江山公社馬蘭基村。新石器時代の貝塚。打製石器が多く，カキなどを採集する尖頭器，石錘などがある。

　¶世界考古

巴里坤烽燧　ばりくるほうすい
新疆ウイグル自治区巴里坤哈薩克自治県。約20の烽燧墩台が並ぶ。唐代から清代まで利用された。

　¶中国名旧5 p285（巴里坤烽燧 バリクルほうすい）

灞陵橋〔渭源県〕　はりょうきょう
甘粛省渭源県の南門外100mの清源河。明の洪武年間（1368-98）に架設した。

　¶中国名旧5 p223

灞陵橋〔許昌市〕　はりょうきょう
河南省許昌市の市街西方4km，石梁河に架かる。関羽が曹操と袂を分ったところ。青石造りの欄干に盤竜を彫り，2枚の碑碣をはめこむ。

　¶中国名旧3 p244

巴林石橋　ばりんせっきょう
内モンゴル自治区，シラ・ムレン（潢水）に架かる。白大理石の橋。遼代は潢水石橋といい，当時の旅行記にも載せられた。現在の橋は清代に架せられたもの。

　¶アジア歴7

万安県漢墓　ばんあんけんかんぼ
河北省万安県，張家口市懐安県。長城の南を東流する西洋河と南洋河の合流点にあたる北沙城，および南洋河の支流である南塘河にそった懐安の2つの古墳群。

¶図解考古〔写〕

万安北沙城漢墓　ばんあんほくさじょうかんぼ
河北省万安県。北沙城付近にある漢墓群。いずれも方墳。
　　¶世界考古

万印楼　ばんいんろう
山東省濰坊市増福堂街の陳介祺の旧居の東北隅。磚と木による民家風の2階建ての小楼。
　　¶中国名旧3 p134

万壑松風　ばんえいしょうふう
河北省承徳市の避暑山荘の松鶴斎の北。清の康熙47年（1708）の建造。「康熙三十六景」の第6景。
　　¶中国名旧1 p148

万角嘴（マン・コク・ツイ）　ばんかくし
香港大嶼島（爛頭島）の東部。新石器時代晩期の遺跡。マン・コク・ツイとも呼ばれる。中原の戦国期に並行するものと思われる。
　　¶世界考古（万角嘴）

板橋古墓群　はんきょうこぼぐん
河南省泌陽県板橋村。漢代～宋代の遺跡。漢墓は23で、小磚で築く磚室の合葬墓。陶器や陶明器を中心とする副葬品が残されている。
　　¶世界考古

范鴻泰墓　はんこうたいぼ
広東省広州市の黄花崗公園の太和崗。范鴻泰はベトナムの愛国青年。先烈路の二望崗に葬られ、1958年に当所に改葬。
　　¶中国名旧4 p205

范公亭　はんこうてい
山東省青州市の市街西門外、陽河の河畔。六角の木造りで、赤い柱に灰色の瓦、背後に明代に建てた三賢祠がある。
　　¶中国名旧3 p136

盤江鉄索橋　ばんこうてっさくきょう
貴州省関嶺布依族苗族自治県と晴隆県との県境、北盤江の渡河点。明の崇禎4年（1631）に貴州監司の朱家民が架設を提唱。
　　¶中国名旧5 p111

盤谷寺〔済源県〕　ばんこくじ
河南省済源県の北方15km。斉の建元元年（479）の創建。山門、後仏殿、明代の磚塔などがある。
　　¶中国名旧3 p230

盤谷寺〔盤山〕　ばんこくじ
天津市薊県の盤山の万松寺の東。清代初期の智朴和尚の創建。日中戦争の戦火で焼失。
　　¶中国名旧1 p103

万古長春坊　ばんこちょうしゅんぼう
山東省曲阜市の市街の北方、孔林に向う神道（墓道）。明の万暦22年（1594）建造の6柱5間の石坊。
　　¶中国名旧3 p156

盤山　ばんざん
天津市薊県の西北12km。徐無山・四正山・盤竜山とも。歴史的には「京東第一山」とたたえられ、中国の十五大名山の一つ。
　　¶中国名旧1 p101

半山遺跡　はんざんいせき
甘粛省東郷自治県（寧定県）、洮河流域。彩陶遺跡。遺跡は洮河から高さ約400mの準平原上にあり、半山の周辺に墳墓群が散在している。
　　¶新潮美（半山文化 はんざんぶんか），図解考古〔写〕，世界考古（半山 はんざん）〔写〕

潘山郷元墓　はんざんきょうげんぼ
福建省南安県潘山郷。元の火葬墓。墓室は長方形で墓壁の外面を石板、内面を磚で築く。
　　¶世界考古

半山寺〔黄山〕　はんざんじ
安徽省黄山の南部。現在の殿宇は1957年の再建で、劉伯承（1892-1986）筆の扁額を掲げる。傍らに「空中聞天鶏」の摩崖石刻がある。
　　¶中国名旧2 p262

半山寺〔南京市〕　はんざんじ
江蘇省南京市の中山門の北、白塘。北宋代の王安石（1021-86）の旧居。
　　¶中国名旧2 p53

半山亭　はんざんてい
湖南省衡陽市の南岳鎮と祝融峰の間。南朝の斉・梁代（479-557）の建造。玄都観ともいう。
　　¶中国名旧4 p50

板子磯　ばんしき
安徽省繁昌県の西北25km、荻港の下流。鵲起磯とも。南宋代に金朝に対抗する拠点となり、砲台や土塁を築いた。
　　¶中国名旧2 p198

潘氏墓　はんしぼ
上海市盧湾区。明の潘氏一族の墓3つの墓がある。潘恵夫婦墓、潘允徴夫婦墓、潘允修夫婦墓。
　　¶世界考古

泛舟禅師塔　はんしゅうぜんじとう
山西省運城市の市街西北5km、寺北曲村の報国寺の遺構。古塔のみ現存。唐代に報国寺の泛舟禅師の円寂ののち祀るために建てた唐代の円塔の典型。
　　¶中国名旧3 p92

中国　318

アジア

万樹園　ばんじゅえん
河北省承徳市の避暑山荘の平地の東北部。「乾隆三十六景」の第2景。康熙・乾隆帝らが各民族の王公貴族を接見するのに使った。
¶中国名旧1 p151

万寿宮　ばんじゅきゅう
江西省南昌市翠花街の西側、棋盤街の東側。鉄柱宮とも。東晋代の道士の許遜（許真君）を祀るために創建。
¶中国名旧4 p61

万寿塔　ばんじゅとう
上海市青浦県青浦鎮の南方。清の乾隆8年（1743）創建。磚と木で出来た方形7層の塔。
¶中国名旧2 p33

万松関　ばんしょうかん
福建省漳州市街から15km、竜海県歩文郷の堆雲嶺。明の崇禎2年（1629）に郡主の施邦耀が造営。高さ20m、直方体の花崗岩を積み上げた。
¶中国名旧4 p164

万象山　ばんしょうざん
浙江省麗水県の西南隅。宋代や明・清代に楼が建てられたが、現存するのは剰洞天楼のみ。
¶中国名旧2 p181

万松寺　ばんしょうじ
天津市薊県の盤山の天成寺の北方。唐代の名将李靖（571-649）の創建と伝える。2基の古塔のみ現存。
¶中国名旧1 p102

万松老人塔　ばんしょうろうじんとう
北京市西城区磚（塼）塔胡同の東端。耶律楚材の師と称した万松野老という僧を死後に葬ったと伝える。7層の密檐塔。
¶新潮美，中国名旧1 p40

范粋墓　はんすいぼ
河南省安陽県洪屯西北岡。北斉代の范粋の墓。墓室は方形の洞室墓で、墓道をもち、副葬品は70余点にのぼる。
¶世界考古

ハンス＝シンペ墓
山東省臨沂市の臨沂革命烈士陵園。ハンス＝シンペ（1897-1941）は、ドイツ共産党員。中国の民族解放戦争に身を投じた。1950年に当所に改葬。
¶中国名旧3 p170（漢斯＝希伯墓　ハンス＝シンペぼ）

万石巌　ばんせきがん
福建省厦門市の東郊の獅山にある。万石蓮寺・毗連中巌・鷗鵠巌とも。明代の創建で、清の康熙年間（1662-1722）の再建。万石の中に精巧な

堂宇がそびえる。
¶中国名旧4 p138〔写〕

万仙楼　ばんせんろう
山東省泰安市の泰山の紅門宮の北。登山路にまたがって建つ間口柱間3間の楼で、黄色琉璃瓦葺き。
¶中国名旧3 p175

范増墓　はんぞうぼ
江蘇省徐州市乾隆行宮背後の土山。范増（前277－前204）は秦の軍事家。のちに項羽（前232－前202）の策士となった。
¶中国名旧2 p59

潘達微墓　はんたつびぼ
広東省広州市の黄花崗七十二烈士墓の傍ら。墓前に方柱の墓碑が建つ。潘達微は同盟会に参加し、広州武装蜂起で殉難した烈士の遺骸を収容し、黄花崗に葬った。
¶中国名旧4 p205

万忠墓　ばんちゅうぼ
遼寧省大連市旅順口区の白玉山の東麓。甲午中日戦争（1894～95年の日清戦争）の犠牲者を葬ったところ。
¶中国名旧1 p195〔写〕

繁塔　はんとう
河南省開封市の東南部。北宋の太平興国2年（977）の建立で、開封市に現存する最古の建造物。六角形の楼閣式磚塔。
¶中国名旧3 p213（繁塔　はとう）〔写〕，中国名勝古蹟 p141〔写〕

半塔集　はんとうしゅう
安徽省来安県の東北30km。抗日戦争中半塔防衛戦が闘われた。烈士陵園・英雄紀念碑・半塔防衛戦歴史資料陳列館が設けられ、碑文は張雲逸（当時の新四軍参謀長。1892-1974）の撰。
¶中国名旧2 p226

潘徳冲墓　ばんとくちゅうぼ
山西省芮城県の峨眉山北麓。永楽宮の元代重建の主要人物の磚室墓。
¶新潮美（芮城―宋徳方・潘徳冲墓 ぜいじょう―そうとくほう・ばんとくちゅうぼ）

盤南村　ばんなんそん
山西省平陸県。仰韶文化から龍山文化にかけての遺跡。
¶世界考古

万年橋　ばんねんきょう
江西省南城県の盱江に架かる。明代に架設。19孔のアーチ石橋。
¶中国名旧4 p97

万年寺　ばんねんじ

四川省の峨嵋山にある。峨嵋山の主要な寺院の一つ。東晋代に創建。

¶中国名旧5 p68〔写〕，中国名勝古蹟 p206（万年寺 まんねんじ）〔写〕

半坡遺跡　はんぱいせき

陝西省西安市東の半坡村。新石器時代仰韶文化の集落遺跡。前・後2期に分けられ前期はのちに仰韶文化の半坡類型と命名された。

¶アジア歴7〔写〕，角川世，古遺地（半坡 パンポー）〔図〕，新潮美，図解考古〔写（土器）〕，世界考古（半坡 はんぱ），世歴大16〔写〕，大遺跡9（仰韶文化の遺跡—半坡遺跡）〔写/図〕，中国名旧5 p171（半坡遺址 はんぱいし），東ア考古〔写〕，評論社世（半坡村 はんぴそん）

樊妃冢　はんひちょう

湖北省江陵県の東北約3km。九里冢ともいい，春秋時代の楚の荘王の夫人の冢。

¶中国名旧3 p319

樊敏闕碑　はんびんけつひ

四川省蘆山県から2kmの沫東郷にある。後漢の建安10年（205）の建立。前に天禄・辟邪の2石獣が並ぶ。頂部は寄棟。

¶中国名旧5 p80

万部華厳経塔　ばんぶけごんきょうとう

内モンゴル自治区フフホト市の東郊の白塔村。俗に白塔という。遼の聖宗の時代の創建。八角7層，楼閣式の磚・木塔で，残高43m。

¶新潮美（万部華厳経塔 まんぶけごんきょうとう），中国名旧1 p176〔写〕，中国名勝古蹟 p36（万部華厳経塔 まんぶけごんきょうどう）〔写〕

万仏閣　ばんぶつかく

山西省五台県の五台山台懐鎮の塔院寺の東南隅。かつては塔院寺の属廟で，明代の創建。万仏閣は入母屋造り。竜王殿は建物全体に装飾が施される。

¶中国名旧3 p46

万仏寺址　ばんぶつじし

四川省成都市西門外の万仏橋付近。仏教寺院址。梁・北周・隋・唐の石彫造像などが出土。大部分は破損。

¶新潮美（成都—万仏寺址 せいと—ばんぶつじし），世界考古（成都万仏寺 せいとばんぶつじ）

万仏石塔　ばんぶつせきとう

江蘇省蘇州市西涇村にある。元の大徳10年（1306）の建立。高さ8m余りの四角柱。

¶中国名旧2 p88

万仏塔　ばんぶつとう

安徽省蒙城県。挿花塔，俗に蒙城磚塔とも。塔内に1万体近い仏像がはめ込まれている。構造の特徴に宋代の様式が多くみられる。

¶新潮美，中国名旧2 p253〔写〕

万仏堂石窟　ばんぶつどうせっくつ

遼寧省義県の西北の万仏堂村の南，大凌河北岸の断崖。石窟は東西両区にあり，西区はあわせて9窟で，北魏の太和23年（499）の築造。東区の7窟は，北魏の景明3年（502）に築いた私窟。

¶アジア歴2（義県万仏堂 ぎけんばんぶつどう）〔写/図〕，新潮美（義県「万仏堂石窟」 ぎけん），中国名旧1 p205〔写〕，評論社世（義県万仏堂 ぎけんまんぶつどう）

半壁山　はんぺきざん

湖北省陽新県の東方25kmの長江南岸。太平天国革命軍が清軍の進撃を阻止した戦場。清軍の将領の題詞が現存。

¶中国名旧3 p334

万密斎墓　ばんみつさいぼ

湖北省羅田県の東北12kmの広家崗。医学者万全（1495-1575）の墓。

¶中国名旧3 p323

盤門　ばんもん

江蘇省蘇州市の市街西南部。伍子胥（？ —前522）が春秋時代の呉王闔閭元年（前514）に築城した際，築造。

¶中国名旧2 p77

万里橋〔成都市〕　ばんりきょう

四川省成都市南部，錦江に架かる。7孔のアーチ石橋。

¶中国名旧5 p19〔写〕

万里橋〔霊渠〕　ばんりきょう

広西チワン族自治区興安県の霊渠。唐代に李渤が架設したとある。単孔アーチ石橋。

¶中国名旧4 p293〔写〕

万里の長城　ばんりのちょうじょう

河北省，北京市，山西省，陝西省など17の省，自治区にまたがる。中国本土の北辺に築かれた長大な城壁。春秋時代に斉・燕・趙・魏などの諸国が国境に築いたもので，秦の始皇帝が匈奴の侵入を防ぐために燕・趙の長城を用いて万里の長城とした。全長約8851km，秦・漢時代のものも含めると2万1千km以上の世界で最も長い防御施設。

世界遺産（万里の長城　1987）

¶アジア歴6（長城 ちょうじょう）〔写/図〕，遺建8〔写/図〕，旺文社世〔写〕，角川世（長城 ちょうじょう），古遺地〔図〕，古代遺跡 p56（万里長城）〔写〕，新潮美（長城 ちょうじょ

中国　320

う），世遺事，成世遺下〔写〕，世遺百〔写〕，世歴事7（萬里の長城）〔写〕，空城と要塞〔写〕，大遺跡9（長城　ちょうじょう）〔写/図〕，中国名勝古蹟 p48〔写〕，中国歴史，東西文化 p104～105（万里長城）〔写〕，ビジ世遺〔写〕，評論社世，平凡社世，山川世，ユネ世遺4〔写〕，歴史建築〔写/図〕

盤龍城遺跡　ばんりゅうじょういせき
湖北省武漢市黄陂区。二里岡上層期の城郭を中心とした殷代前期の遺跡。城郭内では、北東部に東西約60m、南北約100mの大型建築基壇が存在する。
¶世界考古（盤龍城　ばんりゅうじょう），中国名旧3 p286（盤竜古城　はんりょうこじょう），東ア考古

盤竜山　ばんりょうざん
陝西省米脂県の北方約100m。斜面に明の嘉靖年間（1522-66）真武廟を創建。李自成は、真武廟を行宮に改めた。
¶中国名旧5 p209

攀竜書院　はんりょうしょいん
江西省井岡山市の茅坪郷の西部。泥と木で築いた3階建ての建物。中国共産党の井岡山前敵委員会の執務室などに利用された。
¶中国名旧4 p106

范蠡墓　はんれいぼ
安徽省渦陽県の東南15km。越の大夫范蠡の墓とされる。墓地も湖北・山東・安徽3省に6つもある。清代の乾隆年間に墓前に石碑を建立。土冢のみ存す。
¶中国名旧2 p251

飛雲楼　ひうんろう
山西省万栄県東岳廟の山門内。平面は方形、屋根は十字形の入母屋。3層に見えるが、実際は5層。中国の楼閣式建築の代表作。
¶中国名旧3 p100〔写〕

飛英塔　ひえいとう
浙江省湖州市の市街地。唐の中和4年（884）から乾寧元年（894）にかけての創建。内外両塔からなる。現存のものは、内塔が、紹興24～25年（1154～55）、外塔が端平年間（1234～36）初年の再建。
¶中国名旧2 p167

蜚英塔　ひえいとう
江西省南昌県武渓街の北方3km、麻丘宝塔小学の傍ら。明の天啓元年（1621）の建造。楼閣式の六角7層で、高さ約30m。
¶中国名旧4 p66

飛霞洞　ひかどう
広東省北部の飛来寺の上流4km。飛霞洞に大規模な仙観がある。

¶中国名旧4 p223

飛鵝嶺　ひがれい
広東省恵州市の西湖の南湖の北部。孫中山と周恩来が当所で戦闘の指揮をとった。塹壕や機関銃の掩体などが現存。
¶中国名旧4 p246

彼岸寺石幢　ひがんじせきどう
河南省郟県の第2中学。北宋代の建立で、台座は八角形の海池。
¶中国名旧3 p248

比干墓廟　ひかんぼびょう
河南省汲県の北方7.5km。周は武王によって造られ、北魏の孝文帝のときに廟を設けたとある。拝殿・大殿・廂房などを擁し、宋～清代の碑刻が64枚ある。
¶中国名旧3 p235

郿県李村　びけんりそん
陝西省郿県車站郷東、より東約1kmにある村。李家村とも。1955年に農民が村北の斜面で草取り中に偶然、青銅器などを発見。
¶世界考古

飛虹橋　ひこうきょう
湖北省黄梅県の五祖寺にある。長方形の青石で築いたアーチ橋。
¶中国名旧3 p328

飛虹塔　ひこうとう
山西省洪洞県の広勝上寺。漢代の建立だが、現存の物は明代の再建。八角13層の巧妙な設計で中国の琉璃塔の代表作。
¶中国名旧3 p86〔写〕

微山島　びざんとう
山東省微山県の南方、微山湖の中央。漢代の墓が多く、精美な画像石刻が大量出土している。
¶中国名旧3 p167

貔子窩遺跡　ひしかいせき
遼寧省大連市、遼東半島の南岸、貔子窩の東北15km。石器時代遺跡。碧流河の河口に近く、岬状に突出した高麗寨と呼ばれる台地と、その前方にある長さ約100mの単砣子島とに遺跡がある。
¶新潮美，図解考古〔写（土器）〕，世界考古（貔子窩　ひしか）

湄州媽祖廟　びしゅうまそびょう
福建省莆田県の湄州島。海神の林黙を祀る。北宋の雍熙4年（987）の創建。
¶中国名旧4 p145

ビシュバリク　Bishbalïq
新疆ウイグル自治区ジムサル（吉木薩爾）県。東部天山山脈の北麓にある周囲約4.5kmの城の旧

名。北庭古城と呼ばれる。突厥時代の可汗浮図城、唐の庭州金満県を経て、702〜790年に唐が西域支配のために設置していた北庭都護府の跡といわれる。

¶アジア歴3（金満 きんまん），アジア歴8（ビシバリク），旺文社世，角川世，世歴事7，中央ユ，中国名旧5 p282（北庭故城 ほくていこじょう），評論社世（ビシバリク），山川世

避暑山荘　ひしょさんそう
河北省承徳市の市街地の北。承徳離宮、熱河行宮とも呼ばれる。清の康熙帝42年（1703）に着工、第6代皇帝乾隆帝55年（1790）に完成。中国の現存最大の皇帝の別荘。

[世界遺産]（承徳の避暑山荘と外八廟　1994）

¶新潮美（熱河避暑山荘 ねっかひしょさんそう），世歴事7（熱河 ねっか）〔写〕，中国名旧1 p146，中国名勝古蹟 p43〔写〕，評論社世（熱河離宮 ねっかりきゅう），文化史蹟17〔写〕

飛泉寺　ひせんじ
陝西省白水県の洛河の西岸。明代の創建。俗に観音寺。

¶中国名旧5 p203

美岱召　びだいしょう
内モンゴル自治区包頭市東河区の東方約50km。明の万暦3年（1575）に完成した城寺。清朝から福化城と命名された。邁達里廟・邁大力廟・美岱召ともいった。城砦・寺廟・邸宅の機能を兼備したもの。

¶中国名旧1 p177

美岱村北魏墓　びたいそんほくぎぼ
内モンゴル自治区美岱村南約3kmの大山南斜面。北魏時代の墓。磚築墓からオルドス式の銅鍑、動物文牌などと漢式の銅虎符、鐎斗などを発見。

¶世界考古

皮蓬　ひほう
安徽省黄山の東部にある。樹皮で葺いた家があり、明末清初に雪荘和尚が30年間住みついた。のちに塔を建てて記念したと伝えるが、現存せず。

¶中国名旧2 p259

秘密寺　ひみつじ
山西省五台県の五台山台懐鎮の西南38kmの維屏山の秘密巌。唐代の創建で、前院は天王殿、東西の付属建築、正殿からなる中院は配殿と正殿があり、後院は北閣のみ残る。

¶中国名旧3 p45

百歳宮　ひゃくさいきゅう
安徽省青陽県の九華山の摩空嶺にある。万年禅寺とも。上下5層の楼閣が曲折しつつ相通じ、5千人がはいれる。

¶中国名旧2 p200

百獅坊・百寿坊　ひゃくししぼう・ひゃくじゅぼう
山東省単県。清の乾隆43年（1778）に贈文林郎張蒲の妻の朱氏が建てたもので、夾柱に彫りの精緻な石獅が100個彫られている。

¶中国名旧3 p188

百寿巌　ひゃくじゅがん
広西チワン族自治区永福県寿城郷。南宋の紹定2年（1229）に史渭が「寿」という字を彫り、その字のなかに「寿」という字を100彫り、百寿図と命名した摩崖石刻がある。

¶中国名旧4 p291

百丈飛濤　ひゃくじょうひとう
広東省広州市の従化温泉の流渓河西岸の渓谷。頂部に「百丈飛濤瀉漏天」の摩崖石刻がある。

¶中国名旧4 p222

百草溝　ひゃくそうこう
吉林省汪清の北方15kmの図們江上流。新石器時代末の遺跡群。新貨閭北山では12基の箱式石棺を検出。

¶世界考古

百塔寺　ひゃくとうじ
陝西省西安、終南山北麓の梗梓谷口。三階教の開祖信行がこの地に葬られて以後、三階教の法孫の墓塔が建立された。大暦年間（766-79）頃には百塔の名で呼ばれた。

¶中国仏教

一百零八塔　ひゃくはちとう
寧夏回族自治区青銅峡市青銅峡の峡口山。元代の建立。中国で唯一の大規模な三角形の塔群。総数108。

¶中国名旧5 p259

白利寺　びゃくりじ
四川省甘孜県の西方10km。清代創建のラマ教寺院。西蔵式の方形3層の楼閣。

¶中国名旧5 p83

百霊廟　ひゃくれいびょう
内モンゴル自治区達爾罕茂明安聯合旗百霊廟鎮。清の康熙42〜45年（1703-06）の創建。広福寺といい、俗に貝勒廟ともいう。

¶中国名旧1 p182

百花洲〔西湖〕　ひゃっかしゅう
広東省惠州市の西湖の明月湾の近く。明の正徳年間（1506-21）、甘公亮が落霞榭を建て、その旧址に光緒6年（1880）に鏡芙軒を建てた。

¶中国名旧4 p245

百花洲〔南昌市〕　ひゃっかしゅう
江西省南昌市の状元橋と三道橋の間の東湖一帯。南宋の紹興年間（1131-62）に予章節度使の張澄

中国　322

が講武亭を建てて水軍を訓練した。
　　¶ 中国名旧4 p61, 中国名勝古蹟 p237 (百花州
　　ひゃくかしゅう) 〔写〕

百家村　ひゃっかそん
　河北省邯鄲市西方約5km。村の西方に戦国時代
から漢代にかけての墓地がある。戦国墓49は長
方形竪穴墓壙。
　　¶ 世界考古

白虎湾古瓷窯遺址　びゃっこわんこしよういし
　江西省景徳鎮市の東方9km, 湘湖から1kmのと
ころ。五代～宋代初期の古窯址の密集地、北宋
代・南宋代の遺物の堆積地をあわせて1万平方m
に達す。
　　¶ 中国名旧4 p67

憑玉祥墓　ひょうぎょくしょうほ
　山東省泰安市の泰山の西麓。墓は泰山の花崗岩
で築き、大衆橋と相対す。
　　¶ 中国名旧3 p181

馮君孺久墓　ひょうくんじゅきゅうほ
　河南省唐河県。墓主の馮君は鬱平郡の大尹を務
め、始建国天鳳5年 (紀元18年) に葬られた。門
以外すべて磚で構築。
　　¶ 大遺跡9 〔写/図〕

馮子材墓　ひょうしざいほ
　広西チワン族自治区欽州市の市街地東方10km。
1905年の造営。馮子材 (1818-1903) は清朝末期
の将領。
　　¶ 中国名旧4 p303

馮如墓　ひょうじょほ
　広東省広州市の黄花崗公園。馮如 (1883-1912)
は中国の最初の飛行士。墓碑は高さ約4mの方
塔形。
　　¶ 中国名旧4 p205

冰井　ひょうせい
　広西チワン族自治区梧州市第二中学。井戸の東
側に掲げ、宋代に州守の任通が双井碑を建立。
　　¶ 中国名旧4 p295

冰井台　ひょうせいだい
　河北省臨漳県三台村。三国時代の魏が築いた「三
台」の一つ。高さ26m余りで、台上に3つの氷室
を設けた。
　　¶ 中国名旧1 p124

廟底溝遺跡　びょうていこういせき
　河南省陝県東南の廟底溝村。新石器時代仰韶文
化と前期龍山文化の遺跡。仰韶文化の実年代は
前3900年、前期龍山文化は前2780年。
　　¶ 新潮美, 世界考古 (廟底溝 びょうていこう),
　　東ア考古

屏風山　びょうぶざん
　広西チワン族自治区陽朔県の陽朔公園。「仰之弥
高」と「上窮碧落」の摩崖石刻がある。
　　¶ 中国名旧4 p289

飛来寺　ひらいじ
　広東省北部の飛来峡の後方。峡山古寺ともいい、
南朝の梁の武帝 (在位502-549) のときに僧の貞
俊と瑞靄が創建。
　　¶ 中国名旧4 p222

飛来石　ひらいせき
　広西チワン族自治区興安県の霊渠の秦堤。明の
洪武29年 (1396) の厳震直の「修渠記」などの石
刻がある。
　　¶ 中国名旧4 p293

飛来殿　ひらいでん
　四川省峨嵋県の飛来崗にある。屋根は入母屋造
りで、明・清代のもの。
　　¶ 中国名旧5 p69

飛来峰石刻　ひらいほうせきこく
　浙江省杭州市の霊隠寺前の飛来峰。岩の洞窟や
絶壁に、五代・宋代・元代の石刻仏像が380余り
ある。最大の弥勒仏像は咸平3年 (1000) の作で、
宋代の造像の代表作。
　　¶ 新潮美 (霊隠寺―飛来峰 りんにんじ―ひらいほ
　　う), 中国名旧2 p139 (飛来峰造像 ひらいほう
　　ぞうぞう) 〔写〕, 中国名勝古蹟 p265 〔写〕

ピラン (皮朗) 古城
　新疆ウイグル自治区庫車県の近く。唐朝の安西
都護府の治所、亀玆国の伊羅盧城の遺構。
　　¶ 中国名旧5 p301 (皮朗古城 ピランこじょう)

毘盧寺　びるじ
　河北省石家荘市郊外の上京村。唐の天宝年間
(742-756) の創建。釈迦殿と毘盧殿のみ現存。
　　¶ 中国名旧1 p108

毘盧塔　びるとう
　湖北省黄梅県の四祖寺の西側の斜面。慈雲塔・
真身塔とも。唐の永徽2年 (651) 建立。
　　¶ 中国名旧3 p328

毗盧洞造像　びるどうぞうぞう
　四川省安岳県の石羊場の近くにある。毗盧洞・幽
居洞・千仏洞・観音洞などからなる。造像年代
は宋代とされる。
　　¶ 中国名旧5 p56

閔園　びんえん
　安徽省青陽県の九華山の天台峰の北。中閔園と
も。天台峰への必経の地で、面積約30平方km。
　　¶ 中国名旧2 p201

閩王王審知墓　びんおうおうしんちぼ

福建省福州市の市街の北方、戦坂郷の蓮花峰の頭頂山。墓はもと鳳池山にあったが、後周の長興3年（932）に当所に改葬。3層の墳台と翁仲・石獣などが現存。

¶中国名旧4 p125

閩王徳政碑　びんおうとくせいひ

福建省福州市慶城寺路の閩王祠。王審知（862-925）は五代のときに閩王に封じられた。当所はもともとその邸宅で、後晋の開運3年（946）に廟に改められた。

¶中国名旧4 p125

彬県大仏寺石窟　ひんけんだいぶつじせっくつ

陝西省彬（邠）県の北西10km。紅砂岩山腹に北面して開かれている石窟寺院。「邠州志」に慶寿寺と称し、初唐の貞観2年（628）に造営されたという。

¶新潮美（彬県石窟　ひんけんせっくつ），世界考古

邠県塔　ひんけんとう

陝西省彬県の紫微山の麓。八角7層、中空の楼閣式の磚塔。

¶中国名旧5 p189

閩江金山塔　びんこうきんざんとう

福建省福州の市街西方8kmの閩江西港。宋～元代の建造。八角7層、高さ10m弱の石塔。現存の金山塔寺は1934年の建立。

¶中国名旧4 p126

ファルハード＝ベーグ＝ヤイラキ

Farhād-bēg-yailaki

新疆ウイグル自治区ホータン地区。仏教遺跡。十数箇所の仏寺址を発掘。第12号寺址には訶梨帝母像など6世紀から7世紀のすぐれた壁画がある。

¶新潮美

普安寺　ふあんじ

山東省淄川。寺内にある喇嘛塔に明代景泰4年（1453）重建の銘文が現存。開山は慈恩大師基に就いた恵沼と推定されている。

¶中国仏教

武夷山　ぶいさん

福建省と江西省とが接する国家風景名勝区。黄崗山（標高2158m）を中心とする山脈。渓谷が多く名勝として古来知られ、磨崖仏や詩碑なども多く残る。沖佑万年宮（武夷宮）の旧址、朱熹が学を講じた紫陽書院の旧址、歴代の摩崖題刻などがある。

世界遺産（武夷山　1999）

¶アジア歴8, 世遺事, 成世遺下〔写〕, 世遺百〔写〕, 中国名旧4 p170, 中国名勝古蹟 p320〔写〕, ビジ世遺〔写〕

武威磨嘴子漢墓　ぶいまししかんぼ

甘粛省武威南15kmの祁連山麓雑木河西岸台地上。漢代の墓葬区域。墓門と墓頂の形態で3式に編年され、前漢末から後漢末。士大夫階級のものであることを確認。

¶新潮美（武威〔磨咀子の漢墓〕），世界考古

武威雷台漢墓　ぶいらいだいかんぼ

甘粛省武威市の市街の北門外1kmの雷台湖。後漢後期の大型磚室墓。墓道・甬道・前室・中室・後室からなる大規模な磚室墓。車馬行列を表わす銅明器は他に例をみない。

¶新潮美（武威〔雷台の磚郭墓〕　ぶい），世界考古〔写（銅製騎馬武士俑）〕, 大遺跡9（雷台漢墓　らいだいかんぼ）〔写〕, 中国名旧5 p236（雷台　らいだい）〔写〕

馮煥闕　ふうかんけつ

四川省渠県の北部、土渓郷趙家坪。建光元年（121）かその翌年の建立とされる。

¶中国名旧5 p77

楓橋　ふうきょう

江蘇省蘇州市の閶門外5kmの楓橋鎮に架かる。唐代の架設。清の咸豊10年（1860）に破壊され、現在の単孔アーチ石橋は同治6年（1867）に架設したもの。

¶中国名旧2 p78

楓橋小天竺　ふうきょうしょうてんじく

浙江省諸曁県の東方25kmの楓橋鎮にある。もと明代の在野の名士駱驂の別荘。清代に改修。

¶中国名旧2 p176

風穴寺　ふうけつじ

河南省臨汝県の東北9kmの風穴山。北魏代の創建。唐の開元年間建立の七祖塔、金代建立の中仏殿。

¶新潮美（白雲寺　はくうんじ），中国名旧3 p217

毛二（風月無辺）石刻　ふうげつむへんせっこく

山東省泰安市の泰山の万仙楼の北。清の光緒25年（1899）に済南の名士劉廷桂の彫ったもの。

¶中国名旧3 p175〔写〕

風采楼　ふうさいろう

広東省韶関市の市街。緑色瓦葺きの重檐で、高さ21m。

¶中国名旧4 p225

封山印　ふうざんいん

湖南省岳陽市の君山の竜口の東側の岩壁にある。始皇帝が君山の湘水神が災いをなさぬよう岩壁にいくつかの大印を陰刻したと伝える。2つの印が現存し「永封」「封山」と判読可。

¶中国名旧4 p33

中国　　　　　　　　　　　324

アジア

夫子廟　ふうしびょう
江蘇省南京市の中華門内、秦淮河北岸の貢院街。孔廟の俗称。現存の建物は清の同治8年（1869）の再建。
¶中国名旧2 p53

澧西車馬坑　ふうせいしゃばこう
陝西省西安市長安区の澧河西岸の客省荘の近く。西周朝の都城、豊京の遺構にある奴隷主の墓の殉葬墓。
¶中国名旧5 p174

馮素弗墓　ふうそふつぼ
遼寧省北票市西官営子。2基の北燕墓。鎏鏤三尊仏座像の山形金製飾の発見は重要。北燕王の馮素弗（415年没）、2号墓は彼の夫人に比定。
¶新潮美（北票〔馮素弗墓〕ほくひょう〔ふうそふつぼ〕）、世界考古、東ア考古（馮素沸墓ひょうそふつぼ）〔図〕

封凍碑　ふうとうひ
河北省正定県。風動碑とも。唐の永泰2年（766）に唐の成徳軍節度使の李宝臣が建てたもの。
¶中国名旧1 p113

風陵渡　ふうりょうど
山西省芮城県の西南端。山西・陝西・河南3省を結ぶ交通の要衝。
¶中国名旧3 p106

普会寺　ふえじ
内モンゴル自治区達爾罕茂明安聯合旗烏蘭図格人民公社。モンゴル語で錫拉木倫召。俗に召河廟という。清の康熙42年（1703）の創建。
¶中国名旧1 p182

孚王府　ふおうふ
北京市東城区朝陽門内大街。清の康熙帝の第13子怡親王允祥の邸宅であったが、同治3年（1864）に孚群王奕譓の邸宅となった。数少ないかなり完全な形の王府の一つ。
¶中国名旧1 p32

普恩寺　ふおんじ
山西省大同市。唐代開元年間（713-41）に開元寺として創建。五代の後晋の初め普恩寺と改めた。
¶中国仏教

普覚寺　ふがくじ
江蘇省南京市の南、牛首山。梁代の天監年間（502-519）の創建。大小2基の塼塔があり、小には皇祐2年（1050）の撰文が記されている。
¶中国仏教

富河溝門　ふがこうもん
内モンゴル自治区赤峰市バイリン左旗富河鎮。新石器時代の遺跡。範囲は東西300m、南北200mに及ぶ。昭盟地区細石器文化の第一類型に属する。
¶世界考古

武関　ぶかん
陝西省丹鳳県の東方40kmの渓谷。秦の四塞。高台に旧址がある。
¶中国名旧5 p210

武官村殷墓　ぶかんそんいんぼ
河南省安陽市の西北、小屯と洹河をはさんで西北。村の北約1kmにある殷代後期の大墓を発掘。一群の殉葬坑も発掘され、人馬の殉葬が注目を集めた。大墓は地下に墓室を営み、南北に墓道を付す。王陵と推定。
¶新潮美（安陽―武官村大墓 あんよう―ぶかんそんたいぼ）、図解考古（武官村遺跡 ぶかんそんいせき）〔図〕、世界考古〔図〕

武漢長江大橋　ぶかんちょうこうだいきょう
湖北省武漢市の武昌の蛇山と漢陽の亀山の間。長江に架設された最初の鉄道・道路両用橋。
¶中国名旧3 p284

浮丘山の千仏洞　ふきゅうざんのせんぶつどう
河南省鶴壁市の浮丘山の西北端。洞の内外に唐〜明代の960体余りの仏像が彫られている。
¶中国名旧3 p234（千仏洞 せんぶつどう）

普救寺　ふきゅうじ
山西省永済県の西北12kmの土丘。周の武則天（在位684-705）のときの創建で伝奇小説『会真記』にも登場。『西廂記』も当寺に材を取った。
¶中国名旧3 p101

普救寺塔　ふきゅうじとう
山西省永済県の東約3km、花園村。四角13層の塼塔。五大〜北宋初期頃の建築。寺は廃寺。
¶新潮美

伏羲廟　ふくぎびょう
甘粛省天水市の西関。俗に人祖廟。明の弘治3年（1490）の創建。
¶中国名旧5 p227

伏虎寺　ふくこじ
四川省峨嵋県の峨嵋山の報国寺の西方1km。唐代の創建。峨嵋山の大寺院の一つ。
¶中国名旧5 p66

福厳寺　ふくごんじ
湖南省衡陽市の衡山の磨鏡台から約0.5km、擲鉢峰の中。南朝の陳の光大元年（567）の創建。現存建物は清の同治9年（1870）再建。
¶中国名旧4 p50

覆舟山　ふくしゅうざん
江蘇省南京市の太平門の西側。小九華山とも。

六朝時代は軍事上の要地であり、帝王の遊楽地でもあった。

¶中国名旧2 p53

福勝寺　ふくしょうじ
山西省新絳県の西北17kmの光村。唐の貞観年間（627-649）に勅命で創建。山門・天王殿・弥陀殿・後大殿の4つの院落、両側に廂房や配殿を配す。

¶中国名旧3 p96

福勝寺塔　ふくしょうじとう
河南省南陽市鄧州市の福勝寺。北宋の天聖年間（1023-32）の建立で、八角7層の楼閣式磚塔。

¶中国名旧3 p262

復真観　ふくしんかん
湖北省丹江口市の武当山の天柱峰の東北、玄岳門から約15kmのところ。通称、太子坡。明の永楽12年（1414）の創建。ほぼ創建時の規模を留める。

¶中国名旧3 p296

蝠殿　ふくでん
北京市西城区前海西街の恭王府の萃錦園の北端中央。蝠庁、蝠房子ともいう。外観が蝙蝠の両翼に似ているので蝠殿という。

¶中国名旧1 p35

㳇波山　ふくはさん
広西チワン族自治区桂林市の東㳇波門外、灘江の河畔。山中には清代の遺物、大鉄鐘、千人鍋がある。

¶中国名旧4 p283

伏竜観　ふくりゅうかん
四川省都江堰市の都江堰の離堆の北端にある。3殿は清代のもので、楼閣亭台が稠密な配置をなす。

¶中国名旧5 p26

福陵　ふくりょう
遼寧省瀋陽市の東北11kmの丘陵。東陵ともいい、清の太祖努爾哈赤と皇后葉赫那拉氏の陵墓。

世界遺産（明・清朝の皇帝陵墓群　2000,03,04）

¶新潮美 p28, 中国名旧1 p193〔写〕, 中国名勝古蹟 p28〔写〕

福臨堡遺跡　ふくりんほいせき
陝西省宝鶏市西郊。新石器時代仰韶文化の集落跡。墓はすべて土壙墓。人物像や石祖（石製男根）などの宗教性のある遺物も多く出土。

¶世界考古（福臨堡 ふくりんほ）, 東ア考古

普慶寺石塔　ふけいじせきとう
浙江省臨安県の径山（余杭県）の麓にある。六角7層。元の至治3年（1323）の題記がある。

¶中国名旧2 p146

普化寺　ふけじ
山西省五台県の五台山台懐鎮の東隅の山麓。創建年代は不詳。天王殿・大雄宝殿・三大士殿・玉皇閣および両脇の渡り楼廊がある。

¶中国名旧3 p44

普賢寺　ふげんじ
江西省南昌市普賢寺街。東晋の隆安4年（400）に武昌の熊鳴鵠の邸宅として建てられ、禅居寺といった。南唐の保大2年（944）に普賢寺と改称。

¶中国名旧4 p62

武彦村　ぶげんそん
山西省原平県北東7km。大量の戦国時代の青銅貨幣を発見。貨幣は明刀銭と直刀銭、布銭（尖足布）で、戦国時代の燕・趙・魏の諸国で鋳造されたもの。

¶世界考古

苻堅墓　ふけんぼ
陝西省彬県の西南15kmの水国鎮の西。王の苻堅（338-385。在位357-385）の陵墓。

¶中国名旧5 p190

普光寺　ふこうじ
湖南省大庸市。明の永楽11年（1413）の創建。全体の配置と建築技術に元・明・清各代の様式が反映されている。

¶中国名旧4 p46

武侯祠〔成都市〕　ぶこうし
四川省成都市の南郊。十六国の成漢の李雄（在位304-334）が武侯諸葛亮を記念して創建。

¶中国名旧5 p19〔写〕

武侯祠〔南陽市〕　ぶこうし
河南省南陽市の市街の西方、臥竜崗。祠内には碑刻が多い。

¶中国名旧3 p261

武侯祠〔勉県〕　ぶこうし
陝西省勉県の旧城の東方500m、新城の西方3km。殿廊・游廊・房舎などあわせて柱間70間余りの建物。

¶中国名旧5 p213

武功塔　ぶこうとう
陝西省武功県にある。八角7層の楼閣式磚塔で、北宋代の建立。

¶中国名旧5 p185

婦好墓　ふこうぼ
河南省安陽市小屯村西北。商代の中型墓。墓主は武丁の妻「婦好」、廟号「妣辛」であると推定されている。出土遺物は殷墟第2期の基準資料として広く利用される。

¶新潮美（安陽─婦好墓 あんよう─ふこうぼ）,

世界考古〔図〕，大遺跡9（殷墟—殷墟婦好墓）
〔写〕，東ア考古

武侯墓　ぶこうぼ
陝西省勉県の定軍山の麓。三国時代の蜀漢の丞
相諸葛亮（181-234）を葬り、山を墳とした。
¶中国名旧5 p213

蕪湖魏晋墓　ぶこぎしんぼ
安徽省蕪湖市郊外の赭山。三国魏～東晋時代の
古墳群。内部はいずれも塼築で長方形プラン。
¶新潮美

蕪湖古墓　ぶここぼ
安徽省蕪湖市郊外。後漢から三国時代の古墓。
平面長方形でかまぼこ形天井の塼室墓。副葬品
として、緑釉陶器類、青磁類、銅器、漆器があった。
¶図解考古〔写〕，世界考古

普済橋　ふさいきょう
上海市青浦県金沢鎮。南宋の咸淳元年（1265）に
架設。弧形の単孔アーチ石橋。
¶中国名旧2 p33

普済寺　ふさいじ
浙江省普陀県の普陀山の白華頂の南、霊鷲峰の麓
にある。前寺ともいう。普陀三大寺の一つ。北
宋の元豊3年（1080）の創建。現在の大殿は清の
雍正9年（1731）に勅命で再建したもの。大規模
で、殿宇が9、楼閣が12、堂屋が16現存。
¶中国仏教，中国名旧2 p154

府山　ふざん
浙江省紹興市の市街西隅。種山・臥竜山とも。
主峰の前に望海亭という唐代の石柱の亭が建ち、
下に春秋時代の越国の大夫文種の墓と唐・宋代
の摩崖の題刻がある。
¶中国名旧2 p174

浮山　ふざん
安徽省樅陽県の東北30km。南朝の梁代（502-
557）にすでに寺院が建てられた。歴代の墨客や
僧が大量の摩崖石刻を残し483に達する。
¶中国名旧2 p211

武氏祠　ぶしし
山東省嘉祥県の武翟山。後漢代の豪族、武氏一
族の墳墓の祠堂。12世紀には画象や標題銘文が
金石学者に注目されていた。
¶アジア歴8〔写〕，新潮美，図解考古〔図（画像
石の拓本）〕，世界考古〔図（升鼎図）〕，中国
名旧3 p165

武氏墓群石刻　ぶしぼぐんせっこく
山東省嘉祥県の武氏祠。石闕・石獅・墓碑・画
像などからなる。宋代の欧陽脩・趙明誠らが著
録に収めている。

¶中国名旧3 p165

不二門　ふじもん
湖南省永順県の南方1.5km、猛峒河の河畔。岩壁
に歴代の文人の題詠や詞詩を100余り彫り、明・
清代の様式の地蔵庵・嵩山堂・水府閣などがある。
¶中国名旧4 p47

武昌起義軍政府旧址　ぶしょうきぎぐんせいふきゅうし
湖北省武漢市の閲馬廠の北端。紅楼ともいい、磚
と木で造られ、2階建て。
¶中国名旧3 p269〔写〕

不招寨　ふしょうさい
河南省澠池県不招寨。龍山文化の遺跡。縄蓆文
をめぐらす鬲形などの粗質灰陶が多数出土。土
器のほか各種の石斧、石庖丁、石鎌、骨針など
の骨角器、貝庖丁などが出土。
¶新潮美（澠池—不招寨 べんちー ふしょうさい），
図解考古（不招寨遺跡 ふしょうさいいせき）
〔写（土器）〕，世界考古

普照寺〔泰山〕　ふしょうじ
山東省泰安市の泰山の南麓。六朝代（220-581）
の創建と伝える古刹。東院は清幽な禅舎中院は
3つの院落からなる。
¶中国名旧3 p181

普照寺〔臨淄〕　ふしょうじ
山東省淄博市臨淄区。唐代には開元寺であった
と伝えられる。唐代宝暦2年（826）の尊勝陀羅尼
幢や明代正統7年（1442）建立の八角一三層の石
塔がある。
¶中国仏教

普浄寺　ふじょうじ
山西省臨汾市襄汾県史壁村。山門は切妻造り。
菩薩殿は来迎柱を建て、来迎壁を設けている。
大雄殿は切妻造りであったが、のちに硬山に改
めた。
¶中国名旧3 p84

溥仁寺　ふじんじ
河北省承徳市内、武烈河の東岸、磬錘峰の麓。清
の康熙52年（1713）の創建で、承徳の「外八廟」
で最古の寺院。
¶中国名旧1 p152

凫荘　ふそう
江蘇省揚州市の痩西湖の蓮性寺白塔の北、五亭
橋の東南。築山と亭台廊閣が造られ、建物の多
くは湖面に臨む。
¶中国名旧2 p102

扶疏亭　ふそてい
安徽省宿州市の北側の城壁にある。蘇軾（東坡）
が宿州の知事に贈った絵と詩を知事が石に彫り、

亭を建てて覆い、扶疏亭と名づけた。

¶ 中国名旧2 p221

扶蘇墓　ふそぼ

陝西省綏徳県の疏属山の山頂にある。長方形で、「秦長子扶蘇墓」という墓碑が建つ。

¶ 中国名旧5 p209

普陀山〔桂林市〕　ふださん

広西チワン族自治区桂林市、七星公園の中心。普陀門内に護碑亭を設け、唐代の書家の顔真卿の碑、宋代の李彦粥の碑、明代の包裕など貴重な碑刻を収蔵。

¶ 中国名旧4 p284

普陀山〔普陀県〕　ふださん

浙江省普陀県に属する舟山群島の小島。最高峰は海抜291.3mの仏頂山で、中国仏教の四大名山の一つ。代々、寺院の創建が相つぎ、新中国成立前には寺院と庵堂あわせて218あった。

¶ 角川世、中国名旧2 p153〔写〕、中国名勝古蹟 p270〔写〕、中国歴史

普陀宗乗之廟　ふだそうじょうしびょう

河北省承徳市。外八廟の一つ。清の乾隆36年（1771）に創建。ラサのポタラ宮を模して建てられ、小ポタラ宮ともいう。

世界遺産 （承徳の避暑山荘と外八廟　1994）

¶ 宗教建築（承徳外八廟・普陀宗乗之廟）〔写/図〕、中国名旧1 p153〔写〕、中国名勝古蹟 p44（普陀宗乗の廟　ふだしゅうじょうのびょう）〔写〕

補陀洛迦山　ふだらくかざん

浙江省定海県東海の島。梅岑山、補陀山ともいう。三大霊山の一、また九華山の地蔵を含め四大を数える。観音信仰の霊場。

¶ 新潮美（補陀落山　ふだらくせん）、中国仏教

仏牙舎利塔　ぶつがしゃりとう

北京市、西山八大処の第二処霊光寺の旧跡にある。『遼史・道宗紀』によれば、遼の道宗咸雍7年（1071）に、仏牙舎利を唐代に建てられた霊光寺の招仙塔に安置された。現存の塔は、旧塔跡に再建されたもので、高さ51m、八角13層。

¶ 中国名勝古蹟 p161〔写〕

仏宮寺釈迦塔　ぶつぐうじしゃかとう

山西省応県の仏宮寺。俗称を応県の木塔という。1056年の建立。世界最古かつ最大の木造仏塔。

¶ アジア歴8（仏宮寺　ぶっきゅうじ）、新潮美（仏宮寺塔　ぶつぐうじとう）、中国名旧3 p34〔写〕、中国名勝古蹟 p130〔写〕、文化史蹟17〔写〕

福建会館　ふっけんかいかん

山東省煙台市の中心部。清の光緒10年（1884）に

着工。大門・戯楼・山門・大殿と左右の廊下が中軸線上に左右対称に配される。

¶ 中国名旧3 p139

福建の土楼　ふっけんのどろう★

福建省の南西部、永定県、南靖県、華安県に分布。客家の伝統的集合住宅。外側は土壁で覆われ、窓も少なく入り口は通常一つ。地震、火災、獣や外敵の襲来に備えて宋・元代から建造。五鳳楼、凹字型、半円型、八卦型などの種類があるが、円楼と方楼が多い。

世界遺産 （福建の土楼　2008）

¶ 世遺事（福建土楼）、成世遺下〔写〕、世遺百

福建洛陽橋　ふっけんらくようきょう

福建省泉州市の東10km。洛陽江にかかっている橋。北宋の皇祐5年（1053）に初めてかけられた。中国の沿海地方で大きな川にかけた石橋としては第1号。

¶ 中国名勝古蹟 p320〔写〕

仏光崖　ぶっこうがい

山東省青州市の西南部の仰天山。東向き、高さ20mで、赤褐色をなす崖下に浅い陰刻の仏像がある。

¶ 中国名旧3 p136

仏香閣　ぶっこうかく

北京市海淀区の頤和園の万寿山の正面。八角、3階建て、四重櫓で、高さ41m。全園の中心をなし、頤和園のシンボル。光緒年間に再建。

世界遺産 （頤和園、北京の皇帝の庭園　1998）

¶ 中国名旧1 p59〔写〕、文化史蹟17（仏香閣　頤和園）〔写〕

仏光寺〔五台県〕　ぶっこうじ

山西省五台県の東北32kmの仏光山の麓。伽藍は五台山の斜面に沿って配置。正面の唐代の大殿は東側の一段高い台地上にある。

¶ 新潮美、大遺跡9（仏光寺と南禅寺　ぶっこうじとなんぜんじ）〔写〕、中国名旧3 p49、中国名勝古蹟 p129（山西仏光寺　さんせいぶっこうじ）〔写〕、文化史蹟17〔写〕

仏光寺〔潜山県〕　ぶっこうじ

安徽省潜山県の天柱山の馬祖風景区。別称馬祖庵。唐代に僧の馬祖道一が修業した。清の同治年間に再建。

¶ 中国名旧2 p218

仏光寺祖師塔　ぶっこうじそしとう

山西省五台県の仏光寺内の東大殿の南側。仏光寺の創建に功のあった開祖の禅師の塔。

¶ 中国名旧3 p50（祖師塔〔仏光寺〕　そしとう）

仏光寺大殿　ぶっこうじだいでん★

山西省五台県、仏光山中腹に位置。西面するた

中国　　328

めに東大殿とも呼ばれる。創建は北魏・孝文帝期(471-499)。現存するのは唐・大中11年(857)のもの。

¶ 宗教建築(五台山と仏光寺大殿)〔図〕、世界考古(仏光寺大仏殿　ぶっこうじだいぶつでん)、大遺跡9(仏光寺と南禅寺—五台山仏光寺東大殿)〔写〕、中国名旧3 p49(東大殿〔仏光寺〕とうたいでん)〔写〕、文化史蹟17〔写〕

仏光寺文殊殿　　ぶっこうじもんじゅでん
山西省五台県の仏光寺の前院の北側。金の天会15年(1137)の再建。間口7間、奥行4間、切妻造の建物。

¶ 中国名旧3 p49(仏光寺 もんじゅでん)、文化史蹟17〔写〕

仏溝摩崖造像　　ぶっこうまがいぞうぞう
河南省方城県寺門村の東南8km、桐柏山の中腹。南北2つの巨石に龕を32、仏像を138体彫る。

¶ 中国名旧3 p261

仏山祖廟　　ぶつざんそびょう
広東省仏山市の市街。北宋の元豊年間(1078-85)の創建。北帝を祀る神廟。

¶ 中国名旧4 p236〔写〕、中国名勝古蹟 p313〔写〕

仏図寺　　ぶっとじ
安徽省太湖県の北方15km。晋代の仏図澄創建といわれる。

¶ 中国名旧2 p215

佛爺廟墓群　　ぶつやびょうほぐん
甘粛省敦煌市。西晋・五胡十六国・唐時代の墳墓群。門楼および墓室の前壁と四隅には、一つの塼に1幅の絵を描くタイプの画像塼が嵌め込まれていた。

¶ 東ア考古

武当山の古代建築物群　　ぶとうざんのこだいけんちくぶつぐん★
湖北省西北部の丹江口市郊外の武当山。道教の聖地で、武当拳術の発祥の地。太和山とも呼ばれる。72峰からなる山には、紫霄宮、元和観など多くの元・明時代の道教建築が点在。古建築群のほか、7400点以上の貴重な文物が残る。

世界遺産(武当山の古代建築物群　1994)

¶ 世遺事(武当山の古代建造物)〔写〕、成世遺下(武当山の古代建造物)〔写〕、世遺百(武当山の古代建造物群)〔写〕、中国名旧3 p294(武当山 ぶとうざん)、中国名勝古蹟 p223(武当山 ぶとうざん)〔写〕、ビジ世遺(武当山の古代建造物)〔写〕、ユネ世遺4(武当山の道教寺院群)〔写〕

武当山廟　　ぶとうさんびょう
寧夏回族自治区平羅県の大武口西北約2kmの武当山。山門・鐘楼・鼓楼・過殿・塔・後殿など

からなる。清代以前に創建。

¶ 中国名旧5 p258

普彤寺塔　　ふとうじとう
河北省南宮県。もと南宮故城の普彤寺内にあった。後漢の永平10年(67)の創建。八角8層の磚塔。

¶ 中国名旧1 p127

普渡寺　　ふどじ
北京市東城区南池子の南端東側。康熙33年(1694)瑪哈噶喇廟となり、乾隆40年(1775)に改修、翌年普渡寺と改称。

¶ 中国名旧1 p32

普渡村西周墓　　ふとそんせいしゅうぼ
陝西省西安市長安区斗門鎮。西周時代の墓を3基調査。一群の銅器を出す古墓の第1号墓は長方形の竪坑で長さ2.7m、深さ1.6m。第2号墓は第1号墓の東北に接して、竪坑の長さ2.8m、深さ1.65m。

¶ 図解考古(長安普渡村古墓 ちょうあんふとそんこぼ)〔写〕、世界考古〔写(長由盉)〕

阜南　　ふなん
安徽省西部の県。阜南県朱砦区の月児河(運河)から、1957年に青銅器8点が出土。出土地点は墓と思われる。殷代後期のもの。

¶ 世界考古

普寧寺　　ふねいじ
河北省承徳市の避暑山荘の北側。大仏寺ともいう。清の乾隆20年(1755)の創建。漢族とチベット族の寺院様式を折衷する。

¶ 中国名旧1 p153〔写〕、中国名勝古蹟 p46〔写〕

扶風召陳村遺址　　ふふうしょうちんそんいし
陝西省扶風県召陳村。村の北側、5千平方mをこす大遺跡。住居址があり、時期が少し異なる15個の建築址を確認。

¶ 新潮美(周原—扶風召陳村遺址 しゅうげん—ふふうしょうちんそんいし)、大遺跡9(周原—召陳村西周建築遺址)〔写/図〕

扶風斉家村　　ふふうせいかそん
陝西省扶風県斉家村。1958年頃からたびたび青銅器が出土している地。

¶ 世界考古

扶峰山　　ふほうざん
貴州省貴陽市の市街の東門外。中央に建つ扶峰寺は清代初期の創建。嘉慶年間(1796-1820)に倉聖楼と字冢楼を建立。

¶ 中国名旧5 p91

プユ(蒲与)路故城
黒竜江省克東県金城屯。城内から金代の文物が

大量出土。特に「蒲裕路印」は、蒲与路城の比定に手がかりをもたらした。

¶ 中国名旧1 p241(蒲与路故城 プユロこじょう)

芙蓉園　ふようえん★
陝西省西安市、唐長安城の東南隅に位置。もとは荒野のなかの大きな池で曲江といった。秦はこの一帯に離宮宜春苑を建て、漢代には上林苑に属した。隋は芙蓉園と改称した。唐の開元年間(713-741)に名勝地とした。

¶ 古代都城(長安城芙蓉園・曲江池)〔図〕

武陽橋　ぶようきょう
江西省瑞金県から15kmの武陽鎮。綿江に架かる木橋。1934年10月、紅軍が日本軍と戦うために北上(長征)するとき、架設した。

¶ 中国名旧4 p113

舞踊塚　ぶようづか
吉林省集安市。三国時代高句麗の墳墓。舞踊図などの壁画が著名。

世界遺産(古代高句麗王国の首都と古墳群 2004)

¶ 角川世、韓国朝鮮〔写p153(狩猟図)〕、新潮美, 世界考古〔写(壁画)〕、中国名旧1 p229(舞踊墓 ぶようぼ)、東ア考古〔写(狩猟図)〕

芙蓉楼　ふようろう
湖南省黔陽県黔城鎮。唐代の詩人王昌齢(698?－756?)を記念して建てた。

¶ 中国名旧4 p42

扶余東南廃寺　ふよとうなんはいじ
扶蘇山を北にした百済末期の国都の中心地帯にある。出土した多量の瓦片その他によって百済時代の建造物であることがわかり、軍守里廃寺址の伽藍配置との比較によって寺址であることもあきらかになった。

¶ 図解考古〔写/図〕

普楽寺　ふらくじ
河北省承徳市の安遠廟の南、避暑山荘の東北方の高台。俗に円亭子という。清の乾隆31年(1766)の創建。四隅と4面の中央にそれぞれ琉璃製のラマ塔が建つ。

¶ 中国名旧1 p154〔写〕, 中国名勝古蹟 p45〔写〕

普利寺塔　ふりじとう
河北省臨城県の城関の東北部にある。万仏塔とも。創建は北宋の皇祐3年(1051)。方形9層8檐。

¶ 中国名旧1 p127

ブルシャン(不爾項)石刻
新疆ウイグル自治区葉城県の東南50km余り、川の西岸。仏寺の遺構とされる。

¶ 中国名旧5 p309(不爾項石刻 ブルシャンせっこく)

ブルヘンハタ(布爾很哈達)岩画
内モンゴル自治区烏拉特後旗の達里蓋溝の北約2km。斜面に野生動物・騎馬人物・星図などを描いた画が多く残る。

¶ 中国名旧1 p185(布爾很哈達岩画 ブルヘンハタがんが)

文淵閣　ぶんえんかく
北京市、紫禁城内の外朝東部、文華殿一郭の北部にある。宮廷用『四庫全書』の蔵書閣。外観2層、内部3層、切妻屋根、黄釉瑠璃瓦。清の乾隆39年の建築。

世界遺産(北京と瀋陽の明・清朝の皇宮群 1987, 2004)

¶ アジア歴8〔写〕, 新潮美(北京故宮―文淵閣 ペキンこきゅう―ぶんえんかく)

分家祠　ぶんかし
江西省吉田県富田郷。文天祥(1236-82)の祖族の祠堂。

¶ 中国名旧4 p99

文家屯貝塚　ぶんかとんかいづか
遼寧省大連市甘井区文家村。新石器時代後期前半の貝塚遺跡。包含層と礫石状板石、炉跡らしい焼土を確認している。

¶ 世界考古, 東ア考古(文家屯遺跡 ぶんかとんいせき)

聞喜清原城　ぶんきせいげんじょう
山西省晋南地区の聞喜県北東17.5kmにある大馬村北。遺物には、龍山文化、東周時代、漢代のものがある。城が建築されたのは東周時代の晋国で、「水経注」の清原城と思われる。

¶ 世界考古

文君井　ぶんくんせい
四川省邛崍県にある。司馬相如(前179－前117)と卓文君が臨邛酒肆を開設したときの旧跡。

¶ 中国名旧5 p28

文光塔　ぶんこうとう
広東省汕頭市潮陽区棉城鎮の中心。南宋の紹興元年(1131)の創建。破壊され、明の崇禎8年(1635)に再建。八角7層の中空の塔。

¶ 中国名旧4 p234

文溯閣　ぶんさくかく
遼寧省瀋陽市の瀋陽故宮の西路にある。清の乾隆47年(1782)に『四庫全書』保管用に建てられた。皇帝が盛京(瀋陽)に巡幸した際、読書や観劇にも使った。

世界遺産(北京と瀋陽の明・清朝の皇宮群 1987, 2004)

¶ 新潮美(瀋陽故宮―文溯閣 しんようこきゅう―ぶんそうかく), 中国名旧1 p192

文昌閣〔貴陽市〕 ぶんしょうかく
貴州省貴陽市の東門の月城。明の万暦37年 (1609) の建立。九角3層の宝塔形の建物。
¶ 中国名旧5 p92

文昌閣〔揚州市〕 ぶんしょうかく
江蘇省揚州市の市街北部。万暦13年 (1585) の築造だが、現存するのは清代末期の再建。八角3層の木造で、基壇に建つ。
¶ 中国名旧2 p106

文昌宮 ぶんしょうきゅう
四川省梓潼県の七曲山にある。晋代の張亜子の祀廟と伝え、殿内にその塑像がある。
¶ 中国名旧5 p46

文昌塔〔祁陽県〕 ぶんしょうとう
湖南省祁陽県の東方1.5kmの丘。明の万暦元年 (1573) の建立。清の乾隆11年 (1746) に再建。7層で、高さ約26m。
¶ 中国名旧4 p40

文昌塔〔新幹県〕 ぶんしょうとう
江西省新幹県の北方4km。八角7層、高さ約35m。傍らの竜安寺に、明の弘治元年 (1488) 2月の石碑と、清の道光15年 (1835) の再建時の石碑がある。
¶ 中国名旧4 p100

文津閣 ぶんしんかく
河北省承徳市の避暑山荘の平地の西部。乾隆39年 (1774) の建造。3階建ての磚・木造。
¶ 中国名旧1 p152

分水嶺遺跡 ぶんすいれいいせき★
山西省長治県北、城外の10mほどの台地にある。戦国時代の墓地。ほとんどが、やや南北に長い長方形竪穴土壙墓。
¶ 新潮美 (長治 ちょうじ)，世界考古 (長治 ちょうじ)

文成公主廟 ぶんせいこうしゅびょう
青海省玉樹県結古鎮の南方25km。西蔵風の屋根の平坦な3階建て。文成公主 (太宗の養女。？－689) の像を彫ってそれを保護するため廟宇を建てたと伝える。
¶ 中国名旧5 p271

文星塔 ぶんせいとう
江西省弋陽県の西南2km、信江南岸の小紅石山。明の天啓年間 (1621-27) の建立。八角7層。
¶ 中国名旧4 p95

粉竹楼 ふんちくろう
四川省江油県の太白故里の大華山の籠にある。李白の妹の月園の旧居。
¶ 中国名旧5 p47

文通塔 ぶんつうとう
江蘇省淮安県の西北。隋の仁寿2年 (602) の築造。もとは木塔で、現存の磚塔は北宋の太平興国9年 (984) に再建され、改修を重ねる。
¶ 中国名旧2 p98

文天祥祠〔江心嶼〕 ぶんてんしょうし
浙江省温州市の江心嶼の江心寺の東にある。文天祥 (1236-83) はモンゴル軍から逃げる途中、海路をとって温州に寄った。祠は明の成化18年 (1482) の創建。
¶ 中国名旧2 p156

文天祥祠〔北京市〕 ぶんてんしょうし
北京市東城区府学胡同。文天祥 (1236-83) は南宋の忠臣。明の洪武9年 (1376) に府学の左側に祠を建てて記念。
¶ 中国名旧1 p33

文塔 ぶんとう
広東省三水県河口鎮の東方1km、魁崗の頂上。雁塔とも。八角9層。
¶ 中国名旧4 p237

文登漢墓 ぶんとうかんぼ
山東省文登県西約25kmの石羊村。前漢墓。遺物は、彩画漆器、彩画壺、文字のある壺などが出土。5基の墓が東西に並ぶ。
¶ 世界考古

文筆峰 ぶんぴつほう
湖北省京山県新市鎮の東端の山川壇。清の光緒8年 (1882) の建立。六角7層の塔。
¶ 中国名旧3 p320

文廟〔ウルムチ市〕 ぶんびょう
新疆ウイグル自治区ウルムチ市前進路の入口。万寿宮、昭忠祠、上帝廟と改称したが、1944年以後に文廟とし、孔子を祀った。
¶ 中国名旧5 p276

文廟〔ハルビン市〕 ぶんびょう
黒竜江省ハルビン市南崗区東大直街。1926年の創建。擬古風の建物で、3つの院落からなる。
¶ 中国名旧1 p237

文廟〔安渓県〕 ぶんびょう
福建省泉州市安渓県。北宋の咸平4年 (1001) の創建。現存する廟宇は清代の宮殿風のもの。
¶ 中国名旧4 p160

文廟〔安順市〕 ぶんびょう
貴州省安順市の市街東部、黌学街にある。面積約6千平方m。明の洪武年間 (1368-98) の創建。
¶ 中国名旧5 p100

文廟〔永州零陵〕 ぶんびょう
湖南省永州市東門嶺。清の乾隆40年 (1775) の創建。現存する大成殿は磚と木で築いた重簷入母屋造。
　　¶ 中国名旧4 p38

文廟〔岳陽市〕 ぶんびょう
湖南省岳陽市。中心をなす大成殿は重簷入母屋造。宋の慶暦6年 (1046) に創建。明・清両代に改修されたが部材の一部は創建時のもの。
　　¶ 中国名旧4 p33

文廟〔楽陵市〕 ぶんびょう
山東省徳州市楽陵市。明の洪武2年 (1369) の創建で、間口柱間5間の正殿が現存。
　　¶ 中国名旧3 p168

文廟〔建水県〕 ぶんびょう
雲南省紅河ハニ族イ族自治州建水県の文廟北街。元の泰定2年 (1325) の創建。廟の正殿は明の弘治年間 (1488-1505) の再建。
　　¶ 中国名旧5 p145

文廟〔資中県〕 ぶんびょう
四川省内江市資中県の北関外。清の道光9年 (1829) の創建。崇聖祠・大成殿・鐘楼などが現存。
　　¶ 中国名旧5 p54

文廟〔蘇州市〕 ぶんびょう
江蘇省蘇州市人民路。北宋の景祐元年 (1034) の建立。現存する建物は清の同治3年 (1864) に再建。
　　¶ 中国名旧2 p78

文廟〔天津市〕 ぶんびょう
天津市天津旧城の東門内。孔廟ともいう。天津市内最大の建築群。大殿は明の正統元年 (1436) の創建。
　　¶ 中国名旧1 p99

文廟〔寧遠県〕 ぶんびょう
湖南省永州市寧遠県関鎮。北宋の乾徳3年 (965) の創建。現存するのは光緒8年 (1882) に完成したもの。
　　¶ 中国名旧4 p41

文廟〔武威市〕 ぶんびょう
甘粛省武威市の市街の東南隅。明の正統2年 (1437) の創建。東西2つの建築群からなる。
　　¶ 中国名旧5 p235〔写〕, 中国名勝古蹟 p77
　　　(武威の文廟 ぶいのぶんびょう)〔写〕

文廟〔聞喜県〕 ぶんびょう
山西省運城市聞喜県。柱間200間余りの建物が現存。宋代の司馬光撰・筆の宣聖廟碑、明代の孔子の線刻石像など100枚余りの碑碣がある。

　　¶ 中国名旧3 p93

文廟〔平遥県〕 ぶんびょう
山西省晋中市平遥県の雲路街の北側。3組の建築が組み合わさったもので、中軸線に文廟、左に東学、右に西学がある。
　　¶ 中国名旧3 p58

文廟〔豊城県〕 ぶんびょう
江西省豊城県中学にある。南宋の紹興13年 (1143) の創建。現存するのは大成殿のみ。
　　¶ 中国名旧4 p71

文廟〔萍郷市〕 ぶんびょう
江西省萍郷市の市街にある。唐の武徳年間 (618-626) に創建。清の順治10年 (1653) に現在地に再建。伝統的な宮殿式の建築群。
　　¶ 中国名旧4 p69

文廟〔襄城県〕 ぶんびょう
河南省許昌市襄城県の西北隅。明代の創建。壁面は3組の彩釉方磚のレリーフからなる。
　　¶ 中国名旧3 p216

文廟大成殿 ぶんびょうたいせいでん
河南省平頂山市郟県城関鎮南街。歴代の儒学の学府。緑色琉璃瓦葺きの単簷入母屋造り。
　　¶ 中国名旧3 p217

文廟大殿 ぶんびょうたいでん
河南省南陽市内郷県。元の大徳8年 (1304) の創建、単簷入母屋造り。
　　¶ 中国名旧3 p263

文風塔 ぶんふうとう
湖北省荊門市鍾祥市の東方1kmの竜山。唐の広明元年 (880) の建立。円形の磚塔。
　　¶ 中国名旧3 p320

文峰山摩崖石刻 ぶんほうざんまがいせっこく
山東省掖県の東南5km。石刻は突き出た巌の側面に彫ったものが多く、山麓から頂上まで34か所に点在。
　　¶ 中国名旧3 p143

文峰塔 ぶんぽうとう
江蘇省揚州市の南門外。明の万暦10年 (1582) の建立で、楼閣式を模した磚と木からなる八角7層の塔。
　　¶ 中国名旧2 p106

文游台 ぶんゆうだい
江蘇省高郵県の東北部、泰山廟の背後の東山。北宋代の築造で、現存するのは清の嘉慶19年 (1841) の再建。「蘇軾画像」をはじめ、阮元らの詩文と書の石刻、王定国らの題字がある。
　　¶ 中国名旧2 p107

中国

汾陽別墅　ふんようべっしょ
浙江省杭州市の西裏湖の西岸。清代の宋端甫が造った。西湖の池館。
¶中国名旧2 p135

文瀾閣　ぶんらんかく
浙江省杭州市の孤山の南麓。『四庫全書』の書写本7部のうち一つを保管した。乾隆47年建造。
¶中国名旧2 p135〔写〕

平安竹篙寨石洞　へいあんちくこうさいせきどう
江西省雩都県平安村。雩都・興国・寧都県境地区の中心をなす要害。1928年8月、雩北特区革命委員会が当所に保管所を開設した。
¶中国名旧4 p110

平遠楼　へいえんろう
江蘇省揚州市の痩西湖の平山堂の東南。3階建て・板葺きの入母屋造りの楼。清代末期の建物であるが、改修を重ね、保存状態がよい。
¶中国名旧2 p103

米家崖　べいかがい
陝西省西安市の東郊、滻河の西岸。新石器時代の遺跡。仰韶文化の窯址・貯蔵穴、龍山文化の住居址がある。
¶世界考古

平型関　へいけいかん
山西省繁峙県の東北部にあり、霊丘県に隣接。現存の関城は明の正徳6年（1511）の築造。関門は東面し、ヴォールト状をなす。
¶中国名旧3 p54

米元章墓　べいげんしょうぼ
江蘇省鎮江市の黄鶴山。米芾（1051-1107）は字を元章といい、宋代の四大書家の1人。遺志により当地に葬られた。
¶中国名旧2 p111

平江起義旧址　へいこうきぎきゅうし
湖南省平江県の東北郊外。もとの天岳書院で、1867年の建造。1928年、彭徳懐（1898-1974）の率いる国民革命軍独立第一師第一団の第一営（大隊）が当所に駐屯した。
¶中国名旧4 p35

米公祠〔無為県〕　べいこうし
安徽省無為県、図書館の構内にある。宋の崇寧年間（1102-06）に書画家の米芾が自分の持っている古書や絵を収蔵するために建てた。墨池・投硯亭・拝石がある。
¶中国名旧2 p232

米公祠〔襄樊市〕　べいこうし
湖北省襄樊市の樊城の西南隅。米芾（1051-1107）は北宋代の書画家。清の康熙22年（1683）

に米氏の故郷に残っていた碑を手に入れて創建。現存するのは同治4年（1865）の再建。
¶中国名旧3 p290

平山堂　へいざんどう
江蘇省揚州市の痩西湖畔の蜀崗の中峰、大明寺の西側。北宋代の文学者の欧陽脩が揚州太守の任にあった際、慶暦8年（1048）に建てた。現存の堂屋は清の同治年間の再建。
¶中国名旧2 p102

兵馬俑坑　へいばようこう
陝西省臨潼県の秦始皇陵の東1.5kmに位置する。1974年に農民の井戸掘削の際、発見された。発掘された兵馬俑坑は3つあり、坑内には陶俑陶馬8千点、青銅器4万余点が見つかった。
世界遺産（秦の始皇陵　1987）
¶旺文社世〔兵馬俑　へいばよう〕，大遺跡9（始皇帝兵馬俑坑　しこうていへいばようこう）〔写/図〕，中国名旧5 p177（秦始皇陵兵馬俑叢葬坑　しんしこうりょうへいばようそうそうこう），山川世（秦兵馬俑坑　しんへいばようこう）

平望古城　へいぼうこじょう
山西省晋南地区侯馬市北西方。牛村古城の北西角を破壊してつくられた戦国時代の魏国の古城址。南東角の城壁が残る。
¶世界考古

平遥古城　へいようこじょう★
山西省晋中市平遥県の県都平遥。西周時代に築城。城壁は前8世紀に築かれ、明代に全面改修。全長6.4km。城内には、明・清の時代の街路や楼閣、役所、民家などが残る。
世界遺産（古都平遥　1997）
¶世遺事，成世遺下（古都平遥）〔写〕，世遺百〔写〕，ビジ世遺（古都平遥）〔写〕

平遥城牆　へいようじょうしょう
山西省晋中市平遥県。明の洪武3年（1370）の構造。山西省に現存する県城の城壁の中で最大最古。
¶中国名旧3 p58

平陽府君闕　へいようふくんけつ
四川省綿陽市の市街東北4km。後漢代の双闕。
¶中国名旧5 p44

平陸壁画墓　へいりくへきがぼ
山西省南西端、平陸県棗園村。壁画墓。墓は塼築で東向、プランは南に耳室を伴う長方形。年代は王莽時代か後漢初期。
¶新潮美，世界考古

炳霊寺石窟　へいれいじせっくつ
甘粛省永靖県の西方約50km、黄河北岸の積石山。黄河の上流で、紅砂岩の崖にきざまれている。第

80洞窟外には北魏延昌2年（513）曹子元の造像がある。
> ¶アジア歴8〔写（口絵）〕、新潮美、図解考古、世界考古、世歴事9 p685〔写〕、大遺跡7（炳霊寺）〔写〕、中国仏教、中国名旧5 p220〔写〕、中国名勝古蹟 p84〔写〕、文化史蹟16〔写/図〕

平糧台遺跡　へいろうだいいせき
河南省淮陽県大朱荘。新石器時代龍山文化期の城郭集落遺跡。城郭内からは住居跡・土器窯・土壙墓・甕棺墓が確認される。
> ¶大遺跡9（平糧台 へいりょうだい）〔写〕、中国名旧3 p256（平糧台古城遺址 へいりょうだいこじょういし）、東ア考古

碧雲寺　へきうんじ
北京市海淀区の香山の東麓。五塔寺とも。元の至元26年（1289）の創建。清の乾隆13年（1748）に羅漢堂と金剛宝座塔を増築。
> ¶アジア歴8、新潮美（五塔寺(3) ごとうじ）、中国仏教、中国名旧1 p72〔写〕、中国名勝古蹟 p158〔写〕

碧雲寺牌坊　へきうんじはいぼう★
北京西山の東麓。1748年。碧雲寺伽藍後方の金剛宝座塔の前に立っている。大理石造で、間口3間、34m、高さ10m余。
> ¶文化史蹟17〔写〕

碧霞元君祠　へきかげんくんし
山東省泰安市の泰山の頂上の南面。宋の大中祥符年間（1008-16）の創建の大規模な建築群山門内に間口柱間5間の正殿がある。瓦、鴟吻、軒先の鈴はいずれも鋳銅製。
> ¶中国名旧3 p178

碧沙岡　へきさこう
河南省鄭州市の西十里舗村の南東。殷代末期の窯址2、春秋戦国時代の墓145基などが出土。墓は3時期に分期が可能で、早期は春秋から戦国時代早期に相当。
> ¶世界考古

碧山寺　へきざんじ
山西省五台県の五台山台懐鎮の東北2kmの北台山麓。五台山最大の十方禅処。北魏代の創建、方丈・禅堂・客舎・香積が両翼に並び、中央には前後に2つの院落を置く。
> ¶中国名旧3 p43

辟支塔　へきしとう
山東省長清県の霊巌寺にある。唐の天宝12年（753）の建立。基壇は石造りで、八角9層、高さ54m。
> ¶中国名旧3 p121

碧水寺　へきすいじ
四川省綿陽市の市街北方1km。滴水寺ともいい、寺内に唐代の立像が1体ある。
> ¶中国名旧5 p44

辟雍　へきよう
北京市東城区安定門内成賢街の国子監の中心にある。清の乾隆49年（1784）の建造。宝形造りの方形の建物。清代に皇帝がやって来て講義を行った。
> ¶中国名旧1 p26

辟雍碑　へきようひ
河南省洛陽市偃師県の西南の東大郊村。晋の咸寧4年（275）に建立。1行55字で30行。
> ¶中国名旧3 p226

碧落洞　へきらくどう
広東省英徳県の南方7.5km。東壁と西壁にあわせて60余りの石刻がある。
> ¶中国名旧4 p226

碧蓮峰　へきれんほう
広西チワン族自治区陽朔県の傍ら。摩崖石刻が20余りある。
> ¶中国名旧4 p289〔写〕

北京城　ぺきんじょう
北京市。明代初頭（1417年）に主要部が完成し、明代後期（1553年）に南側の突出部（外城）を付加して現在の姿となった。
> ¶アジア歴8（北京 ペキン）〔写/図〕、宗教建築〔図〕、新潮美（北京）、新潮美（北京 ペキン）、世界考古（北京 ペキン）〔写〕、文化史蹟17〔写〕

北京大学紅楼　ぺきんだいがくこうろう
北京市東城区沙灘北街。北京大学の旧教舎の一つ。竣工は1918年8月。1階の東南隅にある部屋が李大釗の部屋で、毛沢東もこの部屋で働いた。
> ¶中国名旧1 p33

北京と瀋陽の明・清王朝の皇宮　ぺきんとしんようのみん・しんおうちょうのこうぐう★
北京市中央部の東城区、天安門の北側。北京の紫禁城（故宮）は、明の成祖・永楽帝が14年をかけ1420年に完成。明と清の皇帝が24代にわたって居城とした。宮殿建築として世界最大規模。太和殿は、現存する中国最大の木造建築物。瀋陽の故宮は、後金の皇帝であったヌルハチ（清の太祖）が着工、第2代皇帝ホンタイジ（太宗）の代1636年に完成。

世界遺産（北京と瀋陽の明・清朝の皇宮群　1987, 2004）
> ¶世遺事、成世遺下（北京と瀋陽の故宮）〔写〕、世遺百（北京と瀋陽の明・清朝の皇宮）〔写〕

北京の鼓楼と鐘楼　ぺきんのころうとしょうろう★

北京市。城内北よりの鼓楼と鐘楼。城の中軸線が貫通している。

¶文化史蹟17〔写〕

ベゼクリク千仏洞

新疆ウイグル自治区トルファン市の市街東北約50km。石窟寺院。番号が振られている石窟は64ある。高昌国時代、7世紀頃の開鑿といわれ、9～10世紀にはウイグル族によって造営された。

¶アジア歴8（ベゼクリク），角川世〔写（口絵）〕，古代遺跡 p38（ベゼクリクの石窟）〔写〕，新潮美（ベゼクリク），大遺跡7（トルファン―ベゼクリク千仏洞）〔写〕，中央ユ（千仏洞 せんぶつどう）〔写〕，中国名旧5 p280（柏孜克里克千仏洞 ベゼクリクせんぶつどう），中国名勝古蹟 p69（ボズクリク石窟）〔写〕，仏教考古（ベゼクリク石窟寺院），文化史蹟16（ベゼクリク石窟群）〔写〕

ベチューン（白求恩）戦地医院旧址

河北省河間県の北32.5kmの屯荘。ベチューン医師（1889-1939）が斉会戦役で設けた野戦病院の旧址。

¶中国名旧1 p169（白求恩戦地医院旧址 ベチューンせんちいいんきゅうし）

紅鱒漁場古墳群　べにますぎょじょうこふんぐん

黒竜江省寧安市。東京城の西方6.5kmに位置する渤海時代の古墳群。

¶東ア考古

汴河　べんが

黄河と淮水を連絡。隋の煬帝の650年に開かれた運河の一つ。隋代には通済渠または御河、唐代には広済渠ともいわれた。

¶評論社世

卞和洞　べんかどう

安徽省懐遠県の荊山。抱璞巌・抱玉巌とも。春秋時代の楚の卞和が玉を採取したところと伝える。上方に玉坑・鳳凰池など名勝旧跡が多い。

¶中国名旧2 p205

偏関　へんかん

山西省偏関県。五代から宋代まで偏頭砦が置かれ、元代に関に改める。現在の関城は明代の洪武23年（1390）の改築。

¶中国名旧3 p54

偏臉城　へんけんじょう

吉林省梨樹県。金代の韓州の所在地。正隆5年（1160）、契丹族が韓州を攻略し、当城を占拠した。

¶中国名旧1 p225

辺靖楼　へんせいろう

山西省代県。明の洪武7年（1374）の建造、基壇が高くそびえ、アーチ形の通路が南北に通じている。

¶中国名旧3 p52

方以智墓　ほういちぼ

安徽省樅陽県の浮山の麓。墓主の方以智（1611-71）は「明季四公子」といわれた人物。

¶中国名旧2 p212

法雨寺　ほううじ

浙江省普陀県の普陀山の白華頂の左側、光熙峰の麓。後寺ともいう。普陀三大寺の一つ。明の万暦8年（1580）の創建。伽藍は6つの基壇に分かれ、山門を入ると順に高くなっていく。

¶中国名旧2 p154

宝雲閣　ほううんかく

北京市海淀区の頤和園の万寿山。清の乾隆20年（1755）創建の銅鋳の仏殿。

¶中国名旧1 p57

宝雲寺　ほううんじ

浙江省寧波。宋代開宝5年（972）天台宗一六祖義通のために漕使顧万徹が故宅を仏寺とした。明代には天下講寺十刹の一つに数えられた。

¶中国仏教

法雲寺　ほううんじ

山西省長治県の南方12kmの西八義村。唐代の創建で、前殿は宋代、後殿は明代のものでともに元代の様式を留め、廂房と配殿はいずれも明代のもの。

¶中国名旧3 p66

鳳凰山〔杭州市〕　ほうおうざん

浙江省杭州市の市街東南部。唐代以来、建州の役所が置かれ、五代の呉越が国都として、南宋朝が都城とした。

¶中国名旧2 p136

鳳凰山〔西充県〕　ほうおうざん

四川省西充県の東南約15km。明代末期の農民蜂起の指導者張献忠（1606-46）が処刑されたところで、射箭・挿旗・扎営・練兵などの遺構がある。

¶中国名旧5 p76

鳳凰山〔朝陽市〕　ほうおうざん

遼寧省朝陽市の東部。東晋の咸康7年（341）に前燕の慕容皝が都とし、竜城を築いた。中峰には上・中・下の3つの寺がある。

¶中国名旧1 p215

鳳凰山漢墓　ほうおうざんかんぼ

湖北省江陵の楚紀南城南城壁内側にある鳳凰山南麓。前漢初期の墓群。副葬品は漆器、木製俑・

車馬・舟、石製六博具、陶容器、骨器、竹笥、織物など900余点。珍しい亀盾や竹・木簡も多数出土。

¶世界考古

鳳凰山高句麗山城　ほうおうざんこうくりさんじょう

遼寧省鳳城満族自治県、鳳凰山と高句麗山の間。烏骨城のこと。城壁は全長15〜16km。

¶中国名旧1 p204

鳳凰山排衙石題刻　ほうおうざんはいがせきだいこく

浙江省杭州市の鳳凰山の山頂。呉越王銭鏐（在位907-932）の七言詩を8つ彫る。

¶中国名旧2 p136

鳳凰山麓革命旧址　ほうおうさんろくかくめいきゅうし

陝西省延安市の鳳凰山の麓。中国共産党中央が1937年1月から1938年11月まで中国革命を指導した。毛沢東と朱徳の旧居がある。

¶中国名旧5 p205

法王寺　ほうおうじ

四川省合江県の九支場の竜桂山。創建は乾隆3年（1738）。山門・関聖殿・万寿亭・天王殿・大雄殿・蔵経楼が並ぶ。

¶中国名旧5 p41

鳳凰寺　ほうおうじ

浙江省杭州市中山中路。もと真教寺、俗に礼拝寺という。中国現存のイスラム教四大古寺の一つ。唐代の創建で、元の延祐年間（1314-20）に阿老丁が再建。現在の大殿は元代のもの。

¶新潮美, 中国名旧2 p136

法王寺塔　ほうおうじとう

河南省登封市の嵩山の玉柱峰の下。唐代の方形・高さ40mの密檐磚塔。

¶中国名旧3 p206〔写〕

鳳凰亭　ほうおうてい

広東省増城県の東南部の鳳凰山。北宋の熙寧8年（1075）に鳳凰台を築いたと伝える。後、再建し鳳凰亭と改称した。

¶中国名旧4 p224

鳳凰塔　ほうおうとう

広東省潮州市の市街東南1km。涸渓塔とも。明の万暦13年（1585）に着工し、同15年に完成。八角7層の中空の塔。

¶中国名旧4 p234

法王廟　ほうおうびょう

山西省稷山県の西南4kmの南陽村。元代に再建。正殿は正しくは法王殿といい、切妻造りで、前面に歩廊がある。舞庭は元代の楽楼の様式を踏襲する。

¶中国名旧3 p97

鳳凰楼　ほうおうろう

遼寧省瀋陽市の瀋陽故宮の中路後院にある。清寧宮の門楼。後金の天聡9年（1635）に完成。かつては盛京城内最高の建物。

世界遺産（北京と瀋陽の明・清朝の皇宮群　1987, 2004）

¶中国名旧1 p192〔写〕

報恩寺〔寿県〕　ほうおんじ

安徽省寿県の東北隅。崇教禅院・東禅院・東禅寺とも。唐の貞観年間（627-649）に玄奘（602-664）が勅命で創建。現存の殿宇は清代のもので、山門・仏殿門・大雄宝殿・禅堂・客堂などがある。

¶中国名旧2 p247

報恩寺〔南京市〕　ほうおんじ

江蘇省南京市聚賓門外。南朝時代の大長干寺跡と伝えられる。明の永楽帝により再建がされ、宣徳3年（1428）にほぼ完成した。太平天国の乱で全焼した。

¶新潮美

報恩寺〔平武県〕　ほうおんじ

四川省平武県にある。創建は明の正統5年（1440）。大雄殿と万仏閣に明代の壁画がある。

¶中国名旧5 p48

報恩寺塔　ほうおんじとう

江西省吉安市永豊県の西門外。明の洪武2年（1369）の建立。四角9層。

¶中国名旧4 p100

法海寺〔呉県〕　ほうかいじ

江蘇省蘇州市東山の法海塢。東側に青泉と白泉があり、隋の莫釐将軍の将兵が水を汲んだところと伝える。

¶中国名旧2 p88

法海寺〔北京市〕　ほうかいじ

北京市石景山区の模式村。明の正統4年（1439）に創建。改修されているが、明代初期の様式を留める。

¶中国名旧1 p80

望海楼教堂　ぼうかいろうきょうどう

天津市海河北岸の獅子林橋の傍ら。清の同治8年（1869）にフランスのカトリック教会が建立。現存するのは光緒30年（1904）に建てたもの。

¶中国名旧1 p99

放鶴亭〔雲竜山〕　ほうかくてい

江蘇省徐州市の雲竜山の山頂にある。宋代の文人張天驥が建てたもの。

¶中国名旧2 p58

中国　　　　　　　　　　　　　　　336

アジア

放鶴亭〔西湖〕　ほうかくてい
浙江省杭州市の孤山の北麓にある。元代に宋代の隠逸詩人林和靖を記念して建てたもの。

世界遺産（杭州西湖の文化的景観　2011）

¶中国名旧2 p131

彭家珍祠　ほうかちんし
四川省金堂県鎮。彭大将軍祠ともいい、1938年に創建の平屋。

¶中国名旧5 p22

茅家嶺　ぼうかれい
江西省上饒市の南郊。1942年5月25日の茅家嶺暴動で知られる。1955年に烈士陵園と烈士紀念碑を造営。

¶中国名旧4 p93

方巌　ほうがん
浙江省永康県の東方25km。頂部は平坦地で、峰門・広慈寺・金鼓堂・唐樟などの名勝旧跡がある。広慈寺は唐の大中4年（850）の創建。

¶中国名旧2 p187

宝慶寺華塔　ほうきょうじけとう
陝西省西安市の南門内、書院門街の北側。唐の太和（827-835）・開成（836-840）年間に五色の碑で建立した華塔を五代の初年に寺内に移設。

¶中国名旧5 p171

法行寺塔　ほうぎょうじとう
河南省臨汝県の東北隅の法行寺の旧址。平面は方形、上部は八角形を呈し、持ち送りの軒が9層。

¶中国名旧3 p217

宝鶏古墳　ほうけいこほ
陝西省宝鶏県（旧鳳翔府）より15kmの闘鶏台載家溝。農民が耕作中に一群の青銅器を発見。後漢時代以降の墓のようだが、出土した青銅器は殷代末期から西周時代初期の特徴をもつ。墓と遺物の年代が合致せず、出土地に誤りがある可能性もある。

¶図解考古（鳳鶏古墓）〔写（卣）〕，世界考古

宝慶寺浮彫　ほうけいじうきぼり
陝西省西安。唐の長安城の宝慶寺（俗称、花塔寺）にあった石造浮彫群。

¶新潮美

房彦謙墓　ほうげんけんほ
山東省済南市街の東方18km、歴城県西部の采石村の東北部。墓前に書家の欧陽詢筆の「唐故徐州都督房公碑」と唐代の虎と羊の石像がある。

¶中国名旧3 p118

法源寺　ほうげんじ
北京市宣武区法源寺後街。北京の現存最古の名刹。万歳通天元年（696）に落成、清の雍正12年

（1734）に現在名に改称するとともに、律宗に改宗。

¶中国名旧1 p50

豊鎬遺跡　ほうこういせき
陝西省西安市西郊外。西周時代の都城遺跡。総面積は10平方km。前11世紀〜前771年に存続した西周王朝の政治・経済・文化の中心であった。

¶東ア考古

方広巌　ほうこうがん
福建省永泰県の葛嶺山の中腹にある。俗に一片瓦。北宋の慶暦年間（1041-48）に仏亭を設け明代中葉に拡張して寺とした。万暦19年（1591）に近くに天泉閣を建立。

¶中国名旧4 p132

包公祠　ほうこうし
安徽省合肥市の包河公園の香花墩。北宋代の包拯（999-1062）を祀り、明の弘治年間（1488-1505）の創建。

¶中国名旧2 p193〔写〕，中国名勝古蹟 p242〔写〕

宝光寺　ほうこうじ
四川省新都県の北部。後漢代の創建。入口・窓・軒・斗栱に精美な彫刻を施す。

¶中国名旧5 p22

方広寺　ほうこうじ
湖南省衡陽市の衡山の蓮花峰の下。南朝の梁の天監2年（503）の創建。南岳の四絶の一つ。

¶中国名旧4 p49

法興寺　ほうこうじ
山西省長子県の東南15kmの慈林山。中軸線上に舎利塔・円覚殿・後殿が並ぶ。円覚殿は切妻造りで、青石の小さな八角柱に纏枝花文、前面の青石の壁に動物と蓮花の図案を彫る。

¶新潮美，中国名旧3 p67

宝光寺羅漢堂　ほうこうじらかんどう
四川省新都県の宝光寺にある。清の咸豊元年（1851）建立。清代の塑像群がある。

¶中国名旧5 p23（羅漢堂 らかんどう）

望江亭　ほうこうてい
広東省恵州市の中山公園の高地。清の同治11年（1872）の建立。1952年国民革命軍の第2次東征軍は、この亭を議長団席とした。

¶中国名旧4 p246

望江楼　ほうこうろう
四川省成都市東方2km、錦江の南岸。崇麗閣（望江楼）・濯錦楼・吟詩楼などがそびえる。いずれも清代末期以後。

¶中国名旧5 p20

保国寺 ほうこくじ
浙江省寧波市余姚市洪塘の北方、霊山の山中。中軸線に天王殿・大雄宝殿・観音堂・蔵経楼、その両側に僧房・客堂・鐘楼・鼓楼などを配し、山肌沿いに起伏する伽藍配置。
¶新潮美, 中国名旧2 p149(保国寺 ほこくじ)

報国寺〔峨嵋山〕 ほうこくじ
四川省峨嵋県の峨嵋山の山麓、登山口。明の万暦年間(1573-1620)の創建。各殿に仏像を安置。
¶中国名旧5 p66

報国寺〔北京市〕 ほうこくじ
北京市宣武区広安門内大街の北側。創建は遼代。明代初期に廃滅。成化2年(1466)に再興、清の乾隆19年(1754)に改修。大報国慈仁寺と改称。
¶中国名旧1 p51

奉国寺 ほうこくじ
遼寧省義県の東街路の北。高さ8m余りの7体の仏像を安置しているので七仏寺・大仏寺ともいう。大雄宝殿は遼の開泰9年(1020)の建立。
¶アジア歴8〔写〕, 中国名旧1 p206

保国寺大雄宝殿 ほうこくじだいゆうほうでん★
浙江省寧波市余姚市の保国寺にある。北宋の大中祥符6年(1013)の建立。間口5間、奥行5間、二重入母屋造。江南地方では現存最古の木造建築。
¶文化史蹟17〔写〕

宝巌寺大殿 ほうごんじたいでん
福建省邵武市新建路。唐の大順元年(890)の創建。現存するのは大殿のみ。重檐入母屋造りで、明の嘉靖12年(1533)の再建。
¶中国名旧4 p169

茅山 ぼうざん
江蘇省鎮江市句容市と常州市金壇区の境。句容山もしくは。前漢の元帝の時代に、茅盈・茅固・茅衷の兄弟がやって来て修業したので茅山(茅君山)という。前漢代以来、道教の中心地。
¶中国仏教, 中国名旧2 p116

方山 ほうざん
山西省大同市の北約20kmにある山。山上に北魏孝文帝の寿陵、文明太后を葬った永固陵がある。永固陵の南に陵を祀る永固堂跡がある。
¶世界考古

望山1号墓 ほうざん1ごうほ
湖北省江陵県望山(紀南城北西)。戦国時代中期の楚の墓。副葬品の中には越王勾践剣・竹簡・漆絵木彫屏など優れた楚の文物がある。
¶東ア考古

宝山石窟 ほうざんせっくつ
河南省彰徳の西、宝山。光統律師の弟子道憑が

魏の武定4年(546)に開いた。石窟は二窟あり、寺域の南を大留窟また硃砂洞、北を大住窟また響堂洞という。
¶中国仏教

望山楚墓 ほうざんそぼ
湖北省江陵県望山(紀南城北西)。大型戦国墓2基を調査。1号墓は二重槨単棺、2号墓は二重槨二重棺(内・外棺)の構造。
¶世界考古〔写(屏)〕

宝山遼墓群 ほうざんりょうぼぐん
内モンゴル自治区赤峰市阿魯科爾沁旗天山鎮。遼代の墳墓群。長方形状の囲墻の中に、大型・中型の塼築の墓葬が10数基発見されている。
¶東ア考古

牟二黒荘園 ほうじこくしょうえん
山東省棲霞県の北方2.5kmの古鎮都。完全な形で残っている大規模な地主の邸宅の一つ。400余りの部屋を擁し、老爺楼・少爺楼・少姐楼・玩鳥庁・客庁などがあった。
¶中国名旧3 p142

望児山 ほうじさん
遼寧省蓋県の西南部、熊岳温泉療養院の北。山上にチベットのラマ塔様式の小さな塼塔がある。明代末期か清代初期の建立。
¶中国名旧1 p211

方志敏烈士墓 ほうしびんれっしぼ
江西省南昌の市街北方10km、梅嶺の麓。1979年8月の造営。方志敏(1900-35)は贛(江西省)東北革命根拠地と紅十軍の創始者の1人。
¶中国名旧4 p62

封氏墓群 ほうしぼぐん
河北省景県の東南7.5km。封家墳・十八乱冢とも。北魏代の上層封建貴族封氏が造った族系墓群。
¶新潮美(封氏墓 ふうしぼ), 中国名旧1 p170

宝積山 ほうしゃくざん
広西チワン族自治区桂林市中山北路。岩壁に宋代の李師中・呂願中・張自明、明代の玉庵らの詩の石刻がある。動物の化石、打製石器などを発見。
¶中国名旧4 p284

褒斜道石門 ほうしゃどうせきもん
陝西省褒城県の北3km。褒斜道の斜谷口七盤山の絶壁に掘られた漢代の石門付近の摩崖に漢魏の石刻がある。
¶世界考古

宝珠洞 ほうじゅどう
北京市石景山区の平坡山の山頂にある。「西山八大処」の第7処。正殿と左右の配殿からなり、正殿の後ろの岩穴を宝珠洞という。

中国　　　　　　　　　　　　　　　338

アジア

¶中国名旧1 p80

放生橋　ほうじょうきょう
上海市青浦県朱家角鎮の東。漕港に架かる上海地区最大のアーチ石橋。明の隆慶5年(1571)に寺僧の性潮が資金を募って架設。

¶中国名旧2 p33

奉聖寺　ほうしょうじ
山西省太原市の西南郊、晋祠の南側。もと唐代の武将遅敬徳の別荘で、いまは遺構のみ現存。舎利生生塔は隋の開皇年間(581-600)の建立。

¶中国名旧3 p23

宝相寺塔　ほうしょうじとう
山東省汶上県の西北隅。八角15層の楼閣式の磚塔で、塔刹が円形の葫蘆形をなし、琉璃製で金色に輝く。

¶中国名旧3 p164

宝成寺麻曷葛剌造像　ほうじょうじまかからぞうぞう
浙江省杭州市の紫陽山の麓の岩壁。大黒天(麻曷葛剌)と左側に文殊菩薩、右側に普賢菩薩を刻む。元の至治2年(1322)の造像題記がある。

¶中国名旧2 p136

房身村晋墓　ほうしんそんしんぼ
遼寧省北票県房身村の丘陵上。晋代の鮮卑墓。金器・銅器・鉄器・土器などを副葬。そのうち、冠飾は鮮卑族の「歩揺冠」に比定。

¶世界考古

澧水橋碑　ほうすいきょうひ
河北省南和県の北2kmの東韓村。隋の開皇11年(591)造。もとは東岳祠内にあった。隋代の澧水河氾濫にともなう橋の架設について刻む。

¶中国名旧1 p127

鳳雛庵　ほうすうあん
湖北省蒲圻県の赤壁遺址の金鸞山の中腹。三国時代に龐統(179-214)が隠棲したと伝える。

¶中国名旧3 p333

鳳雛村建築遺址(宗廟)　ほうすうそんけんちくいし
陝西省岐山県鳳雛村。周初頭とされる宮室建築の跡。周氏の故地に位置し、王家の祖先神を祀る廟である宗廟であったと考えられている。

¶宗教建築(雍城宗廟)〔図〕、新潮美(周原一岐山鳳雛村建築遺址　しゅうげん一ぎざんほうすうそんけんちくいし)、大遺跡9(周原一鳳雛の甲組宮室　しゅうげん一ほうすうのこうそきゅうしつ)〔写/図〕

澧西　ほうせい
陝西省西安市の澧河の西岸。西周時代の都城で

ある鎬京がつくられた重要な地区。特に客省荘では客省荘第2期文化と称せられる陝西龍山文化が明らかになった。

¶世界考古〔図〕

奉仙観　ほうせんかん
河南省済源県の西北1km。唐の垂拱元年(685)の創建。山門・玉皇殿・三清大殿など。

¶中国名旧3 p230

褒禅山　ほうぜんざん
安徽省含山県の北方7.5km。唐の貞観年間(627-649)に慧褒禅師が麓に庵を結んでいた。麓の慧空禅院(華陽寺)は明代の鄭和(1371-1435)の創建。

¶中国名旧2 p230

法相巌　ほうそうがん
湖南省武岡県の資江の南岸。鍾乳洞が多い。洞外の磨崖に南宋の開禧3年(1207)に彫られた金剛経の40字の偈語のほか洞口や岩壁に明・清代の石刻が多い。

¶中国名旧4 p30

宝宋斎　ほうそうさい
安徽省滁州市の琅邪山の酔翁亭にある。蘇軾筆の「酔翁亭記」の碑刻を保護するために、明の太僕寺少卿の馮若愚が天啓2年(1622)に建てた。

¶中国名旧2 p225

望叢祠　ほうそうし
四川省郫県の南郊。古代の蜀の望帝杜宇と叢帝開明を祀る。宋代の創建。

¶中国名旧5 p23

宝相寺旭華の閣　ほうそうじきょっかのかく
北京市海淀区の香山。清の乾隆27年(1762)に中峰庵の跡地に創建。無梁殿。

¶中国名旧1 p73(宝相寺旭華之閣)

茅村漢画像石墓　ほうそんかんがぞうせきぼ
江蘇省徐州市銅山区、茅村。墓は全長14m、幅6.9m。現存最大規模の後漢代の画像石墓。

¶中国名旧2 p60

炮台遺址　ほうだいいし
浙江省平湖県乍浦鎮一帯の沿岸の山間にある。軍事上の要衝。志山・天后宮・宮沙嘴・独山などの砲台趾が現存。

¶中国名旧2 p164

宝帯橋　ほうたいきょう
江蘇省蘇州市東南7km。長橋とも。唐の元和元年(806)に架設された。53孔の半円アーチ石橋。

¶中国名旧2 p89〔写〕、中国名勝古蹟 p259〔写〕

宝頂円覚洞　ほうちょうえんかくどう

四川省大足県の宝頂山の大仏湾の南巌にある。大きな巌に開削したもので、精密な設計と精美な彫刻で知られる。

¶中国名旧5 p37

宝頂経目塔　ほうちょうきょうもくとう

四川省大足県の宝頂山の小仏湾の石刻院にある。方形3層の楼閣式の石塔。

¶中国名旧5 p37

宝頂山千手観音像　ほうちょうざんせんじゅかんのんぞう

四川省大足県の宝頂山の大仏湾の南崖の東端にある。1千本余りの手が岩壁に彫られている。

¶中国名旧5 p36（千手観音像〔宝頂山〕　せんじゅかんのんぞう）

宝頂山の摩崖造像　ほうちょうざんのまがいぞうぞう

四川省大足東北15km、宝頂山にある。南宋の紹興年間（1131-1162）から清代まで開削が続けられたといわれる。巨大な彫刻が約30ほどあり、経文をテーマにしたと見られる群像も多い。

世界遺産（大足石刻　1999）

¶中国名旧5 p35（宝頂山　ほうちょうざん）〔写〕、中国名勝古蹟 p211〔写〕

宝頂倒塔　ほうちょうとうとう

四川省大足県の宝頂山の聖寿寺から0.5kmの丘にある。八角の楼閣式の石塔。

¶中国名旧5 p37

宝通禅寺　ほうつうぜんじ

湖北省武漢市の洪山の南麓。武漢市の四大寺院の一つ。

¶中国名旧3 p274

泖塔　ほうとう

上海市青浦県沈巷鎮西南の泖口。泖河中の小洲にそびえる。唐の乾符年間（874-879）に僧如海が湖心に建立。

¶中国名旧2 p34

包頭漢墓　ほうとうかんぼ

内モンゴル自治区包頭市西郊。漢代の古城の南西方に墓地がある。木槨墓は前漢後期に属し、いずれも夫婦合葬。塼室墓は後漢時代。夫婦合葬から家族墓に移行する段階のもの。

¶世界考古

宝塔山　ほうとうざん

広西チワン族自治区桂林市の小東江の河畔。山頂に宝塔の寿仏塔がある明代の建立。

¶中国名旧4 p285

芒碭山　ほうとうざん

河南省永城県の北方30km。劉邦が蛇を斬って蜂起したところ歴代の梁王の陵墓が造営されていた。

¶中国名旧3 p253

彭頭山遺跡　ほうとうざんいせき

湖南省澧県。新石器時代の遺跡。それまで知られていた河姆渡文化よりも古い段階の稲作遺跡として、注目される。

¶東ア考古

宝堂寺　ほうどうじ

内モンゴル自治区東勝の東約40km、準格爾旗の西部。俗に準格爾召・西召。清代の創建。

¶中国名旧1 p184

龐統祠墓　ほうとうしぼ

四川省徳陽市羅江鎮の白馬関の傍ら。劉備の策士の墓。

¶中国名旧5 p42

望都壁画墓　ほうとへきがぼ

河北省望都県所薬村の東部。約30m隔てて東西に相対する漢代の塼室墓。東側は後漢の太原太守劉公の墓で、西側は後漢の宦官浮陽侯孫程の墓。

¶アジア歴8（望都漢墓　ほうとかんぼ），新潮美（望都漢墓　ほうとかんぼ），図解考古〔写〕，世界考古〔写（壁画）〕，中国名旧1 p141

酆都名山　ほうとめいざん

四川省酆都県の東北隅にある。豊都名山・平都山ともいい、大雄殿・天子殿などがある。

¶中国名旧5 p70〔写〕

宝墩遺跡　ほうとんいせき

四川省新津見龍馬郷宝墩村。新石器時代の城郭（囲壁）集落遺跡。「龍馬古城」とも呼ばれる。

¶東ア考古〔図〕

宝寧寺　ほうねいじ

山西省右玉県の城関。明代の成化年間（1465-87）の創建、中殿は、正面柱間7間の単層切妻造り。

¶中国名旧3 p35

彭湃故居　ほうはいこきょ

広東省海豊県海城鎮の東方の竜舌埔。彭湃（1896-1929）の生家。

¶中国名旧4 p251

望波嶺遺跡　ぼうはれいいせき

吉林省集安市。石積みの城壁。丘陵上の平坦地には石築の建物跡があった。王八脖子関隘ともいう。

¶東ア考古

中国

アジア

方飯亭 ほうはんてい
広東省海豊県の北方1kmの五坡嶺。反元朝の英雄文天祥が食事中に捕えられた。明・清代の碑が現存。
¶中国名旧4 p251

抱冰堂 ほうひょうどう
湖北省武漢市の蛇山の南麓。清の光緒33年(1907)、湖広総督の張之洞の部下が記念のために建てた。
¶中国名旧3 p279

宝峰寺石亭 ほうほうじせきてい
江西省靖安県の石門山。宝峰寺の創建年代は不詳。石亭の梁の記銘から北宋の元豊8年(1085)の建造とわかる。
¶中国名旧4 p72

宝梵寺壁画 ほうぼんじへきが
四川省蓬渓県回竜郷。宋代の創建。壁画は仏教説話に材を取る。
¶中国名旧5 p52

法門寺 ほうもんじ
陝西省扶風県。後漢の桓帝、霊帝年間(147-188)頃の創建。唐代に歴代皇帝から崇敬を受けた。寺の宝塔の真下の地下宮殿より指骨舎利及び唐の帝室が舎利を送迎したときの供養品が発見された。
¶角川世, 中国名旧5 p194, 東ア考古, 仏教考古

豊陽塔 ほうようとう
陝西省山陽県の西、花竜山の麓。六角6層の磚塔。山陽県はもと豊陽県といったのでこの名がある。
¶中国名旧5 p210

蓬莱閣 ほうらいかく
山東省蓬莱県の北方、丹崖山の山頂。宋の嘉祐年間(1056-63)に建てられた15mの重檐八角。南側に並ぶ三清殿・呂祖殿・天后宮・竜王宮と渾然一体となり、総称される。
¶中国名旧3 p141〔写〕, 中国名勝古蹟 p183〔写〕

蓬莱水城 ほうらいすいじょう
山東省蓬莱県の北、丹崖山の東麓。明代の初期につくられた重要な海防都市。渤海に突出して蓬莱閣がそびえ、磚積みの水城が築かれている。
¶中国名旧3 p140（水城 すいじょう）〔写〕, 中国名勝古蹟 p185（水城 すいじょう）〔写〕, 文化史蹟17〔写〕

豊楽亭 ほうらくてい
安徽省滁州市の豊山の麓。滁州知事の欧陽脩(1007-72)が、慶暦6年(1046)に建てた亭内に蘇軾筆の豊楽亭記碑が建つ。

¶中国名旧2 p224

宝輪院古墓 ほうりんいんこぼ
四川省昭化県宝輪院。戦国末期から前漢初期にかけての特徴的な船棺葬墓が9基ある。副葬品に、地方独特な遺物のほか外来品が出土。
¶世界考古〔図p618,1019〕

鳳林寺 ほうりんじ
浙江省杭州市。泰亭山また葛嶺ともいう。唐代の牛頭宗、径山法欽の弟子鳥窠道林が松の樹上に坐禅したという故地に建てられた。
¶中国仏教

宝輪寺舎利塔 ほうりんじしゃりとう
河南省陝県の旧城の東南隅、宝輪寺の旧址。金の大定17年(1177)の建立。方形13層。
¶中国名旧3 p251〔写〕

歩雲山寺 ほうんざんじ
江西省井岡山市の茅坪郷の近く。相山寺とも。明代の創建1927年10月、毛沢東が起居した。
¶中国名旧4 p106

慕恩堂 ぼおんどう
山東省曲阜市の孔府の東路。間口柱間5間で、72代の衍聖公孔憲培と夫人の于氏を祀る。
¶中国名旧3 p155

北陰陽営遺跡 ほくいんようえいいせき
江蘇省南京市。新石器時代の遺跡。寧鎮地区を代表とする新石器文化の遺跡として北陰陽営文化の標準遺跡。
¶世界考古（北陰陽営 ほくいんようえい）〔図（石器）〕, 東ア考古

北園壁画墓 ほくえんへきがぼ
遼寧省遼陽県、西北郊の北園にある。後漢頃の壁画墓。高句麗壁画の先駆といえる。
¶新潮美（遼陽―北園壁画墓 りょうよう―ほくえんへきがぼ）

北岳廟 ほくがくびょう
河北省曲陽県。旧称を北岳安天王聖帝廟、略称を北岳真君廟という。北魏の宣武帝のときの創建。北岳（山西省東北部の恒山）を祀る。
¶中国名旧1 p142〔写〕

北吉祥寺 ほくきちじょうじ
山西省陵川県の西方15km、礼義鎮の西隅。唐の大暦5年(770)の創建。天王殿と中殿が最も古く、後大殿とその廂房は元代のもの。
¶中国名旧3 p77

北響堂山石窟 ほくきょうどうざんせっくつ
河北省邯鄲市峰峰鉱区和村の西方、鼓山の山腹。大業洞・刻経洞・二仏洞・釈迦洞・嘉靖洞・大仏洞など9洞からなる。

¶中国名旧1 p118

北山院石刻　ほくざんいんせっこく
四川省綿陽市の市街東方32km、魏城鎮から2km。山肌に大仏が1体彫られている。
　　　¶中国名旧5 p44

北山寺　ほくざんじ
青海省西寧市の市街の北方、湟水北岸の北山。壁画と藻井が残り、唐代末期〜元代のものとされる。
　　　¶中国名旧5 p265

北山石塔　ほくざんせきとう
広東省陽江県の東北250mの北山。南宋の宝祐年間（1253-58）の建立。花崗岩造りで、7層。
　　　¶中国名旧4 p243

北山石刻　ほくざんせっこく
四川省大足県の西北2kmの北山にある。唐代末期に韋君靖が永昌塞を築き、景福元年（892）に造像を彫り始め、紹興年間（1131-62）まで続けられたもの。
　　　世界遺産（大足石刻　1999）
　　　¶中国名旧5 p37

北山多宝塔　ほくざんたほうとう
四川省北山の白塔寺の前にある。北塔とも。南宋の紹興年間（1131-62）の建立。高さ30m余り。
　　　¶中国名旧5 p38（多宝塔〔北山〕　たほうとう）

北寺宋塔　ほくじそうとう
陝西省蒲城県の北街。方形13層の密檐式の磚塔。北宋の紹聖3年（1096）の創建。
　　　¶中国名旧5 p201

北寺塔　ほくじとう
江蘇省蘇州市の市街北部、平門内。旧称を報恩寺という。北寺は三国時代の呉の赤烏年間（238-251）の創建で、塔は梁代の建立。現存の塔は、南宋の紹興年間のもの。
　　　¶新潮美（報恩寺塔　ほうおんじとう），中国名旧2 p79〔写〕

北沙城漢墓群　ほくしゃじょうかんぼぐん
河北省北西部の懐安四屯塔坂。北沙城にある前漢末期（前1世紀）頃の古墳群。
　　　¶新潮美

北首嶺遺跡　ほくしゅれいいせき
陝西省宝鶏市内を流れる金陵河の西岸。新石器時代の集落遺跡。年代は今から約7千〜5800年前頃という。仰韶文化の住居址、窯址、墓のほかに、漢墓、唐墓を発見。
　　　¶世界考古（北首嶺　ほくしゅれい），中国名旧5 p190（北首嶺新石器時代遺址　ほくしゅれいしんせっきじだいいし），東ア考古

北辛　ほくしん
山東省滕県東南約25km。黄河下流域で大汶口文化に先立つ最古の文化。土器には黄褐色粗質陶と紅褐色良質陶がある。
　　　¶大遺跡9〔写〕

北辛荘　ほくしんそう
河南省安陽県の小屯村西3km。殷代の骨器製作所址。長方形半地下式住居と原料の骨を入れた杭があり、半成品、完成品、製骨工具の青銅製鋸・刀・鉆、砥石などが出土。
　　　¶世界考古

北辛堡　ほくしんほう
河北省懐来東25km。戦国時代前期の燕国の墓地。葬法に北方系文化の影響がみられる。
　　　¶世界考古

北泉寺　ほくせんじ
河南省確山県の西北9km、秀・楽両山の間。北斉代（550-577）の創建、古塔・石碑・奇石が林立。
　　　¶中国名旧3 p257

北荘漢墓　ほくそうかんぼ
河北省定県北荘。後漢中山国王の墓。墳丘は付近で最も大きい。92年に没した中山簡王劉焉の墓に比定。
　　　¶新潮美（定県〔中山簡王劉焉の墓〕　ていけん），世界考古

北戴河海浜　ほくだいがかいひん
河北省秦皇島市の市街地の西南15km。2千年余り前の漢代にすでに舟着場であった。明代に金山衛が設置され、清の光緒24年（1898）に避暑地として正式に開放された。
　　　¶中国名旧1 p163

北大古墳群　ほくだいこふんぐん
吉林省和龍県八家子鎮。渤海時代の古墳群。海蘭江の北岸の丘陵および丘陵斜面に立地する。墳墓は「石築単室封土墓」。王都に関わる支配階層、官僚層の墓群。
　　　¶東ア考古

ボグダチュン（博格達沁）古城
新疆ウイグル自治区焉耆回族自治県の西南約12km。漢代の五銖銭、唐代の貨幣、ペルシアの銀貨や金銀製の装身具などが出土。
　　　¶中国名旧5 p295（博格達沁古城　ボグダチュンこじょう）

北鎮廟　ほくちんびょう
遼寧省北鎮県の西2.5kmの斜面。医巫閭山の山神の廟。金代の創建、現存する廟宇は明・清代の建立。
　　　¶新潮美，中国名旧1 p207

中国

アジア

北庭高昌回鶻仏寺　ほくていこうしょうウイグルぶつじ
新疆ウイグル自治区吉木薩爾県の北庭故城の西郊。高昌朝 (513-640) の王室寺院。
¶中国名旧5 p282

木梯寺石窟　ぼくていじせっくつ
甘粛省武山県の35kmの石渭山。18の龕窟、4つの殿堂、80体余りの塑像壁画が現存。
¶中国名旧5 p229

北庭都護府　ほくていとごふ
新疆ウイグル自治区吉木薩爾県。中国、唐代の辺防機関としての6都護府の一つ。長安2年 (702年) に庭州の金満県、ビシバリクに設けられた。ジムサの町の北20kmの護堡子に廃跡がある。
¶アジア歴8

北塔〔朝陽市〕　ほくとう
遼寧省朝陽市北塔街。唐代の創建で、遼代に改修。高さ41.8m、方形13層の中空密檐磚塔。
¶中国名旧1 p216

北塔〔邵陽市〕　ほくとう
湖南省邵陽市の資水の北岸。明の万暦元年 (1573) の建立。八角7層、高さ26m。
¶中国名旧4 p30

北伐誓師大会会場遺址　ほくばつせいしたいかいじょういし
広東省広州起義烈士陵園の前。北伐誓師大会は1926年東較場 (現在の広州起義烈士陵園の正門前) で開かれた。
¶中国名旧4 p218

北舞渡山陝会館彩牌楼　ほくぶどさんせんかいかんさいはいろう
河南省舞陽県の北方25kmの北舞渡鎮。道光5年 (1825) に山西省の食糧商人が共同で建てた。
¶中国名旧3 p249

北邙山　ほくぼうさん
河南省洛陽市の北方、丘陵の総称。古くから洛陽攻防の陣地となった。歴代多数の陵墓がつくられ、墓中から漢魏以来の遺物が発掘されている。
¶アジア歴8

木門寺　ぼくもんじ
四川省安岳県石鼓郷。天王殿・観音殿・祖師殿・石塔亭は明・清代のもの。
¶中国名旧5 p56

牧羊城　ぼくようじょう
遼寧省大連市旅順口区南西の老鉄山北西麓。先史時代の遺跡の上に築かれた戦国時代〜漢代の古城址。漢代の沓氏県に比定。
¶新潮美,世界考古

北洋水師提督署　ほくようすいしていとくしょ
山東省威海市の劉公島。清代風の木磚構造。水師公所・製造局・鉄埠頭・大通りなどの遺構がある。
¶中国名旧3 p140

穆陵関斉長城遺址　ぼくりょうかんせいちょうじいし
山東省臨沂市沂水県の北方50km。東は光光山、西は太嶽頂まで、長さ約45kmの斉国の築いた長城の一部。
¶中国名旧3 p172

木竜洞石塔　ぼくりょうどうせきとう
広西チワン族自治区桂林市の木竜洞の外。大きな岩を彫り上げたもので、高さは4.3m。
¶中国名旧4 p285

法華塔　ほけとう
上海市嘉定県嘉定鎮の練祁塘の南岸。南宋の開禧年間 (1205-07) の建立。磚と木でできた方形7層の塔。
¶中国名旧2 p28

菩薩頂　ぼさつちょう
山西省五台県の五台山の顕通寺の北側、霊鷲峰上。五台山五大禅処の一つ。北魏代 (420-534) の創建。
¶中国名旧3 p40

ホージャ・アパク墓
新疆ウイグル自治区喀什市の東北部。17世紀の造営。昔のウイグル族白山派のホージャ・アパク一家の陵墓だといわれている。
¶宗教建築 (アッパ・ホジャ廟複合体)〔写/図〕, 中国名旧5 p306 (阿帕克和卓麻札 (墓) アパクホージョマジャル)〔写〕, 中国名勝古蹟 p70〔写〕, 文化史蹟17 (アパク・ホージャのマザール (墓))〔写〕

保俶塔　ほしゅくとう
浙江省杭州市の宝石山にある。保叔塔とも。北宋の開宝年間 (968-976) に建立。清の乾隆54年 (1789) に塔の下から呉延爽の造塔記碑の破片が出土。現存の磚塔は1933年のもので、六面7層。
¶新潮美,中国名旧2 p137〔写〕

ボシュトフラク (伯什托胡拉克) 古城遺址
新疆ウイグル自治区于田県の博斯堂草灘の西南約10km。唐代の賈耽の『道里記』にいう蘭城守捉か古抃弥城と伝える。
¶中国名旧5 p305 (伯什胡拉克古城遺址 ボシュトフラクこじょういし)

蒲松齢故居　ほしょうれいこきょ
山東省淄博市淄川区蒲家荘。2つの院落からなり、西側に側院がある。青磚と黒瓦で、地元の

民家の様式。

¶中国名旧3 p131

保聖寺　ほせいじ

江蘇省蘇州市の東南方の用直鎮。寺内の経幢に唐・大中8年（854）創立。かつてあった大殿の塑壁彫刻が重視され保存されている。天王殿は宋代の建築。

¶新潮美

保聖寺天王殿　ほせいじてんのうでん

江蘇省蘇州市用直鎮の保聖寺にある。寺で最も古い木造建築で熙寧6年（1073）頃の建築。殿内の礎石は覆盆形で、宋代のもの。

¶中国名旧2 p88（保聖寺天王殿　ほうしょうじてんのうでん）

菩提寺　ぼだいじ

河南省鎮平県の北方13km、杏花山の東麓。唐代の創建。

¶中国名旧3 p263

ポタラ宮

チベット自治区ラサ市。宮堡式建築群。ダライラマ5世（1617-82）のときに白宮殿を造営。のちに赤宮殿を造営。歴代のダライラマの冬宮。13層の主楼は高さ117.2m、東西360m。

世界遺産（ラサのポタラ宮歴史地区　1994, 2000, 2001）

¶旺文社世（ポタラ宮殿）、宗教建築〔写/図〕、大遺跡9（布達拉宮　ポタラきゅう）〔写/図〕、中国名旧5 p151（布達拉宮　ポタラきゅう）〔写〕、中国名勝古蹟 p89〔写〕、評論社世（ポタラ宮殿）、文化史蹟17〔写〕、平凡社世、山川世、ユネ世遺4（ラサのポタラ宮）〔写〕、歴史建築〔写/図〕

ポタラ宮ダソンゲゴー廊

チベット自治区ラサ。17世紀以降。ポタラ宮へ通ずる唯一の通路。内部は満面の彫刻と極彩色によって装飾されている。

世界遺産（ラサのポタラ宮歴史地区　1994, 2000, 2001）

¶文化史蹟17〔写〕

ポタラ宮西日光殿　ぽたらきゅうにしにっこうでん★

チベット自治区ラサ。17世紀以降。歴代のダライ・ラマが居住したところ。ここには寝殿、経堂、謁見の間などがある。

世界遺産（ラサのポタラ宮歴史地区　1994, 2000, 2001）

¶文化史蹟17〔写〕

ポタラ宮日光殿　ぽたらきゅうにっこうでん★

チベット自治区ラサ市。ラサは昔から日光城の名があった。ダライの寝宮は、終日日光が照ら

しているので日光殿という。歴代ダライの冬の宮殿。

世界遺産（ラサのポタラ宮歴史地区　1994, 2000, 2001）

¶中国名勝古蹟 p91〔写〕

ホータン（和田, 和闐）

Khōtan

新疆ウイグル自治区。漢字表記は和田、和闐。付近一帯はホータン王国の中心地で考古学的調査によれば、1〜8ないし9世紀まで存続。最も重要な遺構は4〜7世紀頃のラワク寺院跡。ダンダン・ウィリクの遺跡からは壁画や板絵を発見。

¶アジア歴8（ホータン）、新潮美（ホータン）、世界美5（ホータン）、世懐事8（ホータン）〔写〕、中央ユ（ホータン（和田））

北海公園　ほっかいこうえん

北京市西城区の故宮と景山の西北方。歴代帝王の宮苑。10世紀に遼朝の支配者が庭園を造営したことにはじまる。1925年に公園として公開。

¶中国名旧1 p41（北海　ほっかい）、中国名勝古蹟 p160〔写〕、文化史蹟17（北海公園と白塔）〔写〕

法華寺石窟　ほっけじせっくつ

雲南省安寧県の東方5km、小桃花村の背後の岩壁。法華寺は廃滅。大理国時代の開削で、あわせて25窟からなる。

¶中国名旧5 p125

渤泥国王墓　ぼつでいこくおうぼ

江蘇省南京市の安德門外にある。永楽6年に没した、渤泥国の麻那惹加那国王を葬る。

¶中国名旧2 p54

慕田峪長城　ぼでんよくちょうじょう

北京市懐柔県。万里の長城の中で訪問できる地点のうち、北京市内部分の一つ。北斉の長城跡に新たに作られた長城。

¶大遺跡9（長城—慕田峪長城）〔写〕

ホトアラ（赫図阿拉）老城

遼寧省新賓満族自治県永陵鎮の東。清の太祖努爾哈赤による後金朝樹立後の最初の都城。明の万暦31年（1603）に築造。

¶中国名旧1 p200（赫図阿拉老城　ホトアラろうじょう）

墓塔林　ぼとうりん

山東省長清県の霊巖寺の西側にある。唐代から清代にいたる霊巖寺の住職の167基の墓塔が並ぶ。最も古い慧崇塔は唐の天宝年間（742-755）の建立。

¶中国名旧3 p121

中国　　344

ホフホト清真大寺　ほふほとせいしんだいじ
内モンゴル自治区フフホト市の旧城（帰化城）の
北門外。清の乾隆年間に新疆から移住した回族
が創建。1933年に望月楼を新設。

¶中国名旧1 p176（呼和浩特清真大寺 ホフホト
せいしんだいじ）〔写〕

ポム（坡姆）古城
新疆ウイグル自治区昭蘇県下台村の西南42km。
城壁と濠が現存。地上に紅陶の破片が散乱。

¶中国名旧5 p290（坡姆古城 ポムこじょう）

慕陵　ぼりょう
河北省易県の泰陵の西5km、西陵の最も西。道
光12～16年（1832-36）に造営。道光帝と孝穆・孝
慎・孝全の3后を葬る。

¶中国名旧1 p138

ホリンゴール（和林格爾）壁画墓
内モンゴル自治区和林格爾（ホリンゴール）県新
店子郷から西へ2.5km離れた紅河北岸の台地上。
後漢時代後期の壁画墓。磚積みの多室墓。甬道
から後室まで全面に46組以上の彩色壁画が描か
れている。

¶新潮美（和林格爾─新店子壁画墓 ホリンゴール
─しんてんしへきがぼ）、世界考古（和林格爾
画墓 ホリンゴールへきがぼ）、大遺跡9（和林格
爾漢墓 ホリンゴールかんぼ）〔写/図〕、中国名
旧1 p182（和林格爾漢墓壁画 ホリンゴルかんぼ
へきが）、東ア考古（和林格爾壁画墓 ホリン
ゴールへきがぼ）〔図〕

ボルタラ（博楽）故城
新疆ウイグル自治区博楽市の市街西方5km。唐
代の双河都督府の所在地。地表に唐～宋代の陶・
磁器の破片が大量に散乱。

¶中国名旧5 p290（博楽故城 ボルタラこじょう）

ホロ（霍拉）山廃寺
新疆ウイグル自治区焉耆回族自治県の霍拉山の
峡谷の入口。廃寺の遺構が18ある。木彫りの仏
像などを発見。

¶中国名旧5 p295（霍拉山廃寺 ホロさんはいじ）

保和殿　ほわでん
北京市街中心部の故宮の中和殿の北側。故宮の
「三大殿」の一つ。明の永楽18年（1420）に完成、
乾隆年間に改修。

¶中国名旧1 p22

本覚寺塔　ほんかくじとう
江西省吉安県永和市上街の西側。八角9層、高さ
25m。宋代のもの。寺はない。

¶中国名旧4 p99

梵天講寺　ぼんてんこうじ
浙江省杭州市、鳳凰山東山麓。北宋代、乾徳年

間（963-68）呉越王銭氏が開創。清の康熙・乾隆
の代に蓮社祖統を伝えた省庵実賢が住して衆を
化導した。

¶中国仏教

梵天寺経幢　ぼんてんじきょうどう
浙江省杭州市、鳳凰山の南麓。2本あり、高さは
15.67m、幢身の題記に、乾徳三円（921年）呉越
国王銭俶建とある。

¶中国名旧2 p137

馬王堆1号墓　まおうたい1ごうほ
湖南省長沙市東郊。馬王堆漢墓の3基のうちの一
つ。前2世紀前半。軑侯利蒼夫人が葬られていた。
墓は階段状墓道をもつ土杭木槨墓。

¶文化史蹟17〔写（副葬品）〕

馬王堆3号墓　まおうたい3ごうほ
湖南省長沙市東郊外。馬王堆漢墓の3基のうちの
一つ。被葬者は軑侯利蒼の息子。前漢の文帝12
年（前168年）頃の埋葬。前2世紀初頭の約30年間
に書写された帛書が出土。

¶東ア考古

馬王堆漢墓　まおうたいかんほ
湖南省長沙市の市街東郊の五里牌。前漢代初期
の軑侯の家族の墓。高さ10m余り、直径30m前後
の馬鞍形の土丘。2号墓は、長沙丞相・軑侯利蒼
（前196年没）、1号墓はその妻、3号墓はその子。

¶遺跡100〔写〕、旺文社世（馬王堆漢墓 まおう
たいかんぼ）、角川世（馬王堆遺跡）、古代遺跡
p36（馬王堆古墳）〔写〕、新潮美（長沙─馬王
堆漢墓 ちょうさ─ばおうたい）、世界考古
〔図〕、大遺跡9〔写/図〕、中国名旧4 p23（馬
王堆漢墓 ばおうたいかんぼ）、平凡社世（馬王
堆古墳 ばおうたいこふん）、山川世

摩訶庵　まかあん
北京市海淀区八里荘。明の嘉靖25年（1546）の
創建。

¶中国名旧1 p73

マカオ歴史地区
澳門特別行政区のギアの丘など3つの小高い丘に
分布する。マカオは16世紀半ばから1999年12月
まで、ポルトガルの統治下にあった。日明貿易
の中継地点、またカトリック布教の拠点として4
世紀半にわたり繁栄。ポルトガルと中国の建築
様式が融合した建造物が多く残る。

世界遺産（マカオ歴史地区　2005）

¶世遺事（澳門の歴史地区）、成世遺下〔写〕、世
遺百（マカオ歴史中心地区）〔写〕

磨河旧城　まかきゅうじょう
新疆ウイグル自治区伊寧市の市街北方58km。唐
～元代の遺跡。アラビア語を彫った13世紀前後
の瑪瑙の玉が出土。

¶中国名旧5 p286

麻浩崖墓　まこうがいぼ
四川省楽山市の東郊1kmの麻浩湾にある。後漢代の崖墓。

¶中国名旧5 p61, 文化史蹟17(楽山麻浩の摩崖墓)〔写〕

マジャボハ(瑪扎伯哈)千仏洞
新疆ウイグル自治区庫車県の東北約30km、瑪扎伯哈村の西南の山の中腹。隋〜唐代の開削。第1窟のドームに法を説く仏陀と白鹿の図が描かれる。

¶中国名旧5 p301(瑪扎伯哈千仏洞 マジャボハせんぶつどう)

磨針井　ましんせい
湖北省丹江口市の武当山の登山道、玄岳門から約10kmの路傍。緊密な配置の小規模な道教寺院。中心をなす建物は柱間3間。

¶中国名旧3 p295

馬滴達塔基墓　まてきたつとうきぼ
吉林省延辺朝鮮族自治州琿春市。渤海時代の古墳。玄室内で金銅製釘・鉄門鼻が遺存した。

¶東ア考古

麻塘僰人懸棺　まとうほくじんけんかん
四川省珙県の洛表場の麻塘僰にある。棺は長方形の木製で、副葬品は、麻と竹の加工品が多い。

¶中国名旧5 p58

マナス(瑪納斯)古城
新疆ウイグル自治区石河子市の市街の近く。土で築いた城壁。唐代の遺跡。

¶中国名旧5 p283(瑪納斯古城 マナスこじょう)

摩尼殿　まにでん
河北省正定県の隆興寺にある。北宋の皇祐4年(1052)の創建。重檐入母屋造り。

¶中国名旧1 p114〔写〕

マフムード＝カシュガリー陵墓
新疆ウイグル自治区疏附県烏帕爾郷。11世紀、カシュガル出身で世界最初のチュルク語辞典を著した、マフムード＝カシュガリーの墓。

¶中国名旧5 p308(馬合木徳＝喀什噶里陵墓 マハムード＝カシュガリーりょうぼ)

マリクワト(瑪利克瓦特)古城
新疆ウイグル自治区ホータン市街南方25kmの玉竜喀什河の西岸。地元では什斯比爾。高大な土堆と建造物の礎石が大量にあり、陶器の穴蔵などもみられる。

¶中国名旧5 p303(瑪利克瓦特古城 マリクワトこじょう)

曼閣仏寺　まんかくぶつじ
雲南省景洪県の瀾滄江の北岸。清代創建の小乗仏教の寺院。大殿の殿内の内壁に仏教説話に材を取った絵を描く。

¶中国名旧5 p146

万固寺　まんこじ
山西省永済県の西南13km、中条山の中腹。山肌沿いに建ち、大雄宝殿が、薬師洞、禅院と僧房彫刻を施した周壁をめぐらした中に釈迦塔がそびえる。

¶中国名旧3 p102

万歳寺　まんさいじ
福建省福州、九仙山。瑯邪王、王審知が後唐の天祐元年(904)に創建の七層の塔がある。報恩定光塔と呼ばれる。

¶中国仏教

満州国皇宮　まんしゅうこくこうきゅう
吉林省長春市の東北隅。清朝最後の皇帝である愛新覚羅溥儀の宮殿。

¶中国名旧1 p219(偽満州国皇宮 ぎまんしゅうこくこうきゅう), 中国名勝古蹟 p17('満州国'皇宮)〔写〕

万寿宝塔　まんじゅほうとう
湖北省沙市市の南部、荊江大堤の象鼻磯。嘉靖27年(1548)に着工し、同31年に竣工。八角7層。

¶中国名旧3 p315〔写〕

満城漢墓　まんじょうかんぼ
河北省満城県陵山。前漢、前113年に埋葬された中山靖王劉勝(1号墓)と、その妻(2号墓)の崖墓。副葬品が豪華奢侈で地下宮殿を形成。墓主の2組の完全な形の金縷玉衣の発見は有名。

¶角川世, 新潮美〔写p390(金縷玉衣)〕, 世界考古〔図〕, 大遺跡9〔写/図〕, 中国名旧1 p131, 東ア考古〔図〕

マンチタ(莽吉塔站)故城
黒竜江省撫遠県の白山の頂上。周長は925m、残高は0.6〜2m。俗に城子山山城という。明代の城站。

¶中国名旧1 p248(莽吉塔站故城 マンチタたんこじょう)

万発撥子遺跡　まんぱつばつしいせき
吉林省通化市金廠鎮躍進村。三国時代高句麗を中心とする遺跡。西部は主に生活居住区で、東部では大量の墓が発見される。高句麗とその先祖の遺跡として注目される。

¶東ア考古〔写〕

曼飛竜塔　まんひりゅうとう
雲南省景洪県曼飛竜村の背後の山。大小9つの塔からなる。傣暦の565年(1203)に築いた小乗仏教の建造物。

¶中国名旧5 p146〔写〕

万仏堂　まんぶつどう
北京市房山区坨里の雲蒙山の南麓。明代の無梁建築。文殊・普賢両菩薩の法会を描いた唐代の石彫のレリーフがある。
　　¶中国名旧1 p90

未央宮　みおうきゅう
陝西省西安市の北西3kmの漢長安城の南西。漢の長安城西南部の西安門内にあった宮殿の名。漢の高祖の7年（前200）に完成。前漢時代の皇帝の住居。
　　¶世界考古，中国名旧5 p162（未央宮遺址 びおうきゅういし），中国歴史（未央宮 びおうきゅう），東ア考古

弥陀巌　みだがん
福建省泉州市の清源山の右峰。山肌沿いに台と亭が築かれており，訪れた歴代の文人が残した摩崖石刻がある。亭内に阿弥陀仏の石刻立像が1体あるため弥陀巌。
　　¶中国名旧4 p150

密印寺　みついんじ
湖南省寧郷県の西部の大潙山にある。唐代の創建。大殿と東西の配殿をはじめ，蔵経閣・山門などが現存。
　　¶中国仏教，中国名旧4 p24

明恵大師石塔　みょうえだいしせきとう
山西省沁順県の東北35kmの紅霓村。裏面に明恵大師のエピソードを記した後唐の長興3年（929）の刻記をはめこむ。方形の単檐宝形造り。
　　¶中国名旧3 p70〔写〕

妙応寺白塔　みょうおうじはくとう
北京市西城区阜成門内大街の北側。元の至元8年（1271）の建立。至元16年（1279），塔の前に大規模な寺院を創建し，大聖寿万安寺と命名。
　　¶新潮美（白塔―(3)妙応寺白塔 はくとう），中国名旧1 p46〔写〕，文化史蹟17〔写〕

妙楽寺塔　みょうらくじとう
河南省焦作市武陟県の西南8km。河南省現存最大の五代の磚塔。四角13層の持ち送り式の密檐磚塔。
　　¶中国名旧3 p231

ミーラン（米蘭）　Miran
新疆ウイグル自治区若羌県の東方約40km。都城跡。都善国の王城の扜泥城が置かれたともいわれる。その後，チベット勢力（吐蕃）の西域侵略の軍事基地となこ。1907～14年にかけて15余の城跡，仏教寺院跡などが発掘調査された。
　　¶アジア歴8（ミーラーン），角川世（ミーラン），新潮美（ミーラン），世界考古（ミーラーン），世歴事8（ミーラーン），大遺跡7（ミーラン）

〔写〕，中央ユ（ミーラン遺跡），中国名旧5 p297（米蘭古城 ミーランこじょう），東ア考古（ミーラン（米蘭）遺跡），仏教考古（ミラーン）

明栄定王墓　みんえいていおうぼ
湖南省常徳市の徳山。明の栄定王朱翊鈏（1555-1612）とその2人の妃（李氏と楊氏）を葬る。
　　¶中国名旧4 p44

明慶王墓　みんけいおうぼ
寧夏回族自治区同心県。韋州周新荘と韋州仁荘で1基ずつ発見されている。明に朱元璋の第15子が慶王に封ぜられ，韋州に領地を与えられ，子孫が王位と領地を世襲。
　　¶中国名旧5 p261

明皇陵　みんこうりょう
安徽省鳳陽県の西南8km。明の太祖朱元璋（1328-98）の父母の陵墓。のちに朱元璋の3人の兄とその妻，2人の甥の墳墓を移す。洪武2年に着工し，同11年に竣工。皇城・磚城・土城からなる。
　　¶中国名旧2 p227

明故宮遺址　みんこきゅういし
江蘇省南京市の市街地東部。明代初期に前湖（燕雀湖）を埋め立てて造営。
　　¶中国名旧2 p55

明虎賁将軍王興墓　みんこふんしょうぐんおうこうぼ
広東省広州市の越秀公園。王興（1615-59）は明代末期に農民を率いて蜂起，永暦帝から虎賁将軍の印を授けられた。広州市の河南の南箕村に葬られたが，1954年に現在地に改葬。
　　¶中国名旧4 p202

明紹武君臣冢　みんしょうぶくんしんちょう
広東省広州市の越秀公園。紹武帝・蘇観生・梁朝鐘ら15人の君臣は，広州の流花橋の近くに葬られた。1955年に現在地に改葬。
　　¶中国名旧4 p202

明・清王朝の陵墓群　みん・しんおうちょうのりょうぼぐん
湖北省，河北省，北京市，江蘇省，遼寧省にまたがる。皇帝陵墓群。明朝の皇帝・朱元璋（1328-1398）以来，明と後金，清の25人の皇帝および皇后，妃たちらの陵墓がある。明孝陵（江蘇省南京市），明十三陵（北京市），盛京三陵（清昭陵・清福陵・清永陵（遼寧省瀋陽市）），清東陵（河北省遵化），清西陵（河北省易県），明顕陵（湖北省鍾祥）からなる。

　世界遺産 （明・清朝の皇帝陵墓群　2000.03.04）

　　¶世遺事，成世遺下（明・清朝の皇帝陵墓）〔写〕，世遺百（明・清朝の皇帝陵墓）〔写〕，中国名旧1 p47（歴代帝王廟 れきだいていおう

びょう），ビジ世遺（明、清朝の皇家陵墓）〔写〕

明代監獄　みんだいかんごく
山西省洪洞県。周壁を二重にめぐらし、門が2つある。洞窟式の牢、井戸や水槽などもある。中国の現存最古の監獄。
　　¶中国名旧3　p87

明中都城　みんちゅうとじょう
安徽省鳳陽県の西北隅。明の太祖朱元璋は洪武2年（1369）に詔を発し、京師の制のように城池宮闕を配置。造営は6年にも及んだ。外・中・内の3城からなる。西華門と午門の残骸と城壁970mが現存。
　　¶中国名旧2　p228

明長城遺址　みんちょうじょういし
甘粛省嘉峪関市の嘉峪関から河北省秦皇島市の山海関。甘粛省内の約1千kmは全て黄土をつき固めて築く。高さ10m。
　　¶中国名旧5　p254

ミンドルリン寺（敏珠林寺）
チベット自治区扎嚢県の雅魯蔵布江の南岸。17世紀中葉に創建。寧瑪派の重要寺院の一つ。
　　¶中国名旧5　p154（敏珠林寺　ミンドルリンじ）

明の十三陵　みんのじゅうさんりょう
北京市昌平区の天寿山麓の約40平方kmの円形の小盆地。明朝の13人の皇帝の陵墓。建物の配置と様式は基本的には同じで、前方後円形をなす。
　世界遺産（明・清朝の皇帝陵墓群　2000,03,04）
　　¶アジア歴8（明十三陵）〔写（口絵）〕，新潮美（十三陵　じゅうさんりょう），世界考古（明十三陵　みんじゅうさんりょう），中国名旧1　p82（明十三陵　みんじゅうさんりょう）〔図〕，中国名勝古蹟　p163〔写〕，文化史蹟17〔写〕

明の十三陵の牌坊　みんのじゅうさんりょうのはいぼう
北京市昌平区の天寿山麓。十三陵の神道の最先端に建つ石造の牌坊。嘉靖19年（1540）造。十三陵全体の正門に相当するもので、間口5間6柱11楼式。
　世界遺産（明・清朝の皇帝陵墓群　2000,03,04）
　　¶中国名旧1　p83（石牌坊　せきはいぼう）〔写〕，文化史蹟17（明十三陵の牌坊）〔写〕

明八王陵　みんはちおうりょう
湖北省武漢市江夏区、竜泉山（霊泉山）の天馬峰の下。明の朱元璋の第6子である楚王朱楨の後、荘王・憲王・康王・靖王・端王・愍王・恭王が葬られ、八王陵を形成した。現在は、5つの陵園と6つの碑亭の旧址が確認できる。
　　¶中国名旧3　p286

無為寺塔　むいじとう
江西省安遠県の西門外の旧大興寺の後ろ。北宋の紹聖4年（1097）の建立。六角9層、高さ50m。
　　¶新潮美（無為塔），中国名旧4　p111

無影山漢墓　むえいざんかんぼ
山東省済南市北郊無影山南麓。漢代墓群。22基以上ある。11号墓は灰陶の車馬など注目すべき副葬品があった。年代は前漢代前半。
　　¶世界考古

無垢浄光舎利仏塔　むくじょうこうしゃりぶっとう
遼寧省瀋陽市西方の塔湾の丘上に建つ。塼塔。八角13檐の遼・金系檐塔。
　　¶新潮美

夢山罕王峰　むざんかんおうほう
江西省新建県石埠郷の夢山にある。罕王祠の所在地。罕王は劉護といい、左副江南諸軍事をつとめたと伝える。
　　¶中国名旧4　p65

夢山石室　むざんせきしつ
江西省新建県石埠郷の夢山。明代に木造を模して整えられた石室。
　　¶中国名旧4　p65

無暑清涼　むしょせいりょう
河北省承徳市の避暑山荘の如意洲。門殿。「康熙三十六景」の第3景。
　　¶中国名旧1　p149

牟頭婁塚　むとうろづか
吉林省集安市、下魚羊頭にある。三国時代高句麗の複室墳。中国では「冉牟塚」と呼んでいる。前室後壁に壁画漆喰を塗り、77行・10字以上文字が墨書されている。
　　¶韓国朝鮮（牟頭婁塚　むとうるづか），世界考古（牟頭婁塚　むとうろうづか），東ア考古

無量観　むりょうかん
遼寧省鞍山市の千山の東北部。無梁観とも。道教の寺院で、清の康熙6年（1667）に道士の劉大琳が創建。
　　¶中国名旧1　p196

無量殿　むりょうでん
江蘇省南京市の棲霞山の舎利塔の東。俗称を三聖殿、別称を大仏閣という。明仲璋が南斉の永明2年（484）に棲霞山の西崖に無量殿を建てた。
　　¶中国名旧2　p42

ムルトゥック（木頭溝）　Murtuk
新疆ウイグル自治区吐魯番県、ベゼクリクの北、数km。窟寺群と仏寺址。唐草文に仏・菩薩を配す天井画や唐風表現は7、8世紀の造窟を推定さ

せる。絹絵の残欠も発見。

　¶新潮美（ムルトゥック）

莫勒恰河岩刻画　むるはかがんこくが
新疆ウイグル自治区且末県の崑崙山脈の中、莫勒恰河の東岸。人物と動物の絵を1千余り陰刻。1千年前後前のものとされる。

　¶中国名旧5 p298

明王台　めいおうだい
安徽省亳県の北関。弥勒教の首領韓林児の宮殿の跡地。

　¶中国名旧2 p250

明霞洞　めいかどう
山東省嶗山県崂山の南部、昆崙山（玄武峰ともいう）の中腹。金の大定2年（1162）の開削で、東側の巌に「天半朱霞」の題刻が現存。

　¶中国名旧3 p127

明渓新寨題名記摩崖石刻　めいけいしんさいだいめいきまがいせっこく
湖南省沅陵県の北部、明渓口郷の酉水の河畔の岩壁にある。俗に紅字碑。北宋の嘉祐2年（1057）に雷簡夫らが渓州刺史の彭仕義と戦った経緯を記す。

　¶中国名旧4 p42

銘功路西側　めいこうろにしがわ
河南省鄭州市区西端を通る銘功路の西側。殷代遺跡。窯址、住居址、灰坑、墓が検出され、この地区が製陶工房の一中心地であったと推定。年代は二里岡期の下層ないし上層期。

　¶世界考古

鳴水橋　めいすいきょう
江西省清江県樟樹鎮の南方25kmの閣皂山。宋の政和元年（1111）の架設のアーチ石橋。

　¶中国名旧4 p71

明仙村石窟　めいせんそんせっくつ
山西省太原市の西南20km、明仙村の東北。山崖上にある隋代頃の仏教石窟。

　¶新潮美

明堂　めいどう
陝西省西安市、今日の西安城のほぼ真西に位置。明堂は皇帝が政教を宣明する正殿。遺構は円形土台上に建ち、外側を正方形の宮壁と円形水溝で二重に囲む。

　¶宗教建築（長安城南郊外・明堂）〔図〕

明徳門　めいとくもん★
陝西省西安市楊家村の南。唐長安城外郭城の正門遺跡。隋の開皇2年（582）に建設、唐の永徽5年（654）に改修された。

　¶古代都城（長安城明徳門）〔図〕

明福寺塔　めいふくじとう
河南省滑県の東南隅の明福寺の旧址。北宋代初年の建立。八角7層の密檐塔。

　¶中国名旧3 p243

瑪瑙寺　めのうじ
浙江省杭州市。後晋の開運2年（945）呉越王銭氏の創建。孤山寺と称した。同寺に葬られた智円の墓所が北山の瑪瑙坡に移され孤山寺は瑪瑙寺と称されるに至った。

　¶中国仏教

馬鳴寺　めみょうじ
山東省楽安県。正光4年（523）に寂した根法師の創建といわれる。根法師の下には多数の学徒が集まり、義学を講じ禅念道を修めたと伝える。

　¶中国仏教

蒙巌　もうがん
湖南省宜章県の東部の旧養正書院にある。登山口に径1尺の「天巧」の2字が彫られている。古人の石刻がきわめて多い。

　¶中国名旧4 p37

孟姜女廟　もうきょうじょびょう
河北省秦皇島市山海関区。孟姜女が長城に泣く話にまつわる廟。前殿に泥塑の孟姜女像を安置。

　¶中国名旧1 p165

蒙山　もうざん
四川省名山県の東方7km。李冰が治水を行い、司馬相如（前179－前117）が金鶏関駅道を開削し、唐代以後、仏教と道教の寺院があいついで建立された。

　¶中国名旧5 p80

網師園　もうしえん
江蘇省蘇州市葑門十全街。南宋の史正志の万巻堂の跡地。清の乾隆年間（1736-95）に宋宗元が再建し、命名。

　¶新潮美, 中国名旧2 p79〔写〕, 中国名勝古蹟 p256〔写〕

孟荘遺跡　もうそういせき
河南省輝県市。新石器時代前期から戦国時代にかけての遺跡。中心をなす城郭遺構は台形で面積約12万7千平方mを測る。

　¶東ア考古

毛沢東故居　もうたくとうこきょ
湖南省湘潭県韶山沖。毛沢東（1893-1976）は1925年に帰郷して農民運動をくりひろげた。1929年に国民党に没収され、取り壊されたが、1950年に復元。

　¶中国名旧4 p26

中国

孟知祥墓　もうちしょうぼ
四川省成都市北方7km、磨盤山の麓。五代十国の後蜀の国主孟知祥(874-934)の陵墓。
¶中国名旧5 p21

蒙恬墓　もうてんぼ
陝西省綏徳県の大理河の北岸。高さ20m余り。蒙恬(？－前210)は秦の名将。
¶中国名旧5 p209

孟廟　もうびょう
山東省鄒県の南関。代々孟子を祀ってきたところ。長方形を呈し、5つの院落からなり、柱間64間の殿宇を擁する。
¶中国名旧3 p161〔写〕

孟府　もうふ
山東省鄒県の南関、孟廟の西隣。4つの院落からなり、柱間116間の建物を擁する。大門は黒漆塗りで、左右に昂首蹲踞する獅子の石像がある。
¶中国名旧3 p162〔写〕

孟母林　もうほりん
山東省曲阜市の市街南方、凫村東部の馬鞍山。林中に赤い周壁をめぐらした間口柱間3間の享殿背後に孟母の墓がある。
¶中国名旧3 p159

孟林　もうりん
山東省鄒県の東北12.5km、四基山の西麓。参道からアーチ橋を渡ると、石敷きの道が享殿の大門まで通じている。享殿は間口柱間5間で、その背後に孟子の墓がある。
¶中国名旧3 p162

孟連宣撫司署　もうれんせんぶししょ
雲南省孟連傣族拉祜族佤族自治県。傣族の世襲土司の刀氏の衙門で、明の永楽4年(1406)に建立。
¶中国名旧5 p139

木塔　もくとう
甘粛省張掖市の第一中学。隋の開皇2年(582)の創建。磚と木で築いた八角9層の楼閣式。
¶中国名旧5 p239〔写〕

木棉庵碑刻　もくめんあんひこく
福建省竜海県木棉村の九竜嶺の下。明代の抗倭名将の兪大猷(1540-80)の手になる「宋鄭虎臣誅賈似道処此」という石碑がある。現存するのは清の乾隆年間に建てたもの。
¶中国名旧4 p165

木蘭囲場　もくらんいじょう
河北省囲場県。清朝の皇室の狩猟場。康熙20年(1681)の開設で、定期的に秋獮を行った。
¶中国名旧1 p155

木蘭記碑　もくらんきひ
河北省囲場県の伊遜河の西岸。清の嘉慶12年(1807)の建立。碑文は嘉慶帝の直筆で、木蘭囲場の開設と演習としての狩猟の経過、秋獮の盛況ぶりを記す。
¶中国名旧1 p156

木蘭陂　もくらんは
福建省陂頭村の木蘭山の麓。前近代の大型水利施設の一つ。元豊6年(1083)に竣工。
¶中国名旧4 p144〔写〕，中国名勝古蹟 p319(木蘭陂　もくらんひ)〔写〕

モラナエシディン・マザール
新疆ウイグル自治区庫車県。イスラム建築の廟。エシディン(額什丁)は宋の理宗(在位1224-64)のときに初めてイスラム教の布教に来た人物。
¶中国名旧5 p301(黙拉納額什丁麻扎(墓)　モラナエディンシュマジャル)

茂陵　もりょう
陝西省興平県南位郷策村。「五陵原」の一つ。漢の武帝の陵。在位54年のあいだに、53年の歳月をかけて自分の墓をつくった。
¶新潮美，世界考古，大遺跡9(茂陵・霍去病墓もりょう・かくきょへいぼ)〔写/図〕，中国名旧5 p183，中国歴史，東ア考古〔図〕

モンゴル文天文図石刻　もんごるぶんてんもんずせっこく
内モンゴル自治区フフホト市の金剛座舎利宝塔の後方の影壁に彫られている。直径144.5cm。中国現存唯一のモンゴル語による天文図の石刻。
¶中国名旧1 p173(蒙古文天文図石刻)

文殊院　もんじゅいん
四川省成都市文殊院街。柱間190間余りの殿堂房舎が並ぶ。北朝時代の創建。
¶中国名旧5 p21

文殊山石窟　もんじゅさんせっくつ
甘粛省粛南裕固族自治県の文殊山。10余りの窟龕が現存。北魏代の支提窟。
¶新潮美，世界考古，中国名旧5 p242

文殊山石窟千仏洞　もんじゅさんせっくつせんぶつどう
甘粛省粛南裕固族自治県の文殊山の前山。文殊山石窟の一つ。北魏代の支提窟。
¶中国名旧5 p242

文明寺塔　もんみょうじとう
河南省許昌市の市街の東南隅。明の万暦42年(1614)の創建で、八角13層の楼閣式磚塔。
¶中国名旧3 p245

アジア

野雲溝古遺址　やうんこうこいし
新疆ウイグル自治区庫爾勒市の西部、庫爾楚の西。地上に赤色や赤色の陶器の破片が散乱し、漢代のものと伝える。
¶中国名旧5 p293

薬王山　やくおうざん
チベット自治区ラサ市の布達拉宮の右側。17世紀末山上に門巴扎倉（医薬院）を建立。サファイアの薬王像を安置する。
¶中国名旧5 p152

薬王山石刻　やくおうざんせっこく
陝西省耀県の東方1.5km。隋・唐代の石窟が7つ、北魏〜唐代の造像碑が多数ある。
¶中国名旧5 p196

薬王廟　やくおうびょう
内モンゴル自治区三眼井郷。青銅器時代の遺跡。住居址と大量の遺物が発見。土器・石器・骨器・貝器・卜骨などが出土。中原の龍山文化晩期の一変種。
¶世界考古

薬師崖石刻　やくしがいせっこく
四川省大邑県の西方15km。後崖石刻とも。明代の様式を留める。
¶中国名旧5 p29

櫟陽城　やくようじょう
陝西省臨潼県櫟陽鎮北東約15km、石川河西岸沿いの平原。秦の都邑（前383−前350）で、前漢代末まで続いた城址。城壁、街道址、陶水道址などが残る。
¶世界考古

野店　やてん
山東省鄒南12kmの龍河付近の台地。山東新石器時代晩期の大汶口類型の遺跡。第2層から15基（動物の墓1基を含む）の墓が重複し切合って検出。
¶世界考古

ヤトクゼ（耶特克孜）古墓群
新疆ウイグル自治区鄯善県連木沁区窮苦力郷。高昌国（531-640）から唐代にかけての墓地。
¶中国名旧5 p281（耶特克孜古墓群　ヤトクゼこぼぐん）

耶律羽之一族墓　やりつうしいちぞくぼ
内モンゴル自治区東南部。朝克図山の周囲から遼朝皇族・貴族墓が10ヵ所発見されている。副葬品には豪華な金銀器・陶磁器、多量の絹織物があり、完全な衣服も多い。
¶東ア考古

耶律楚材墓　やりつそざいぼ
北京市海淀区の頤和園の昆明湖の東岸。古くから北京西郊の旧跡として知られた。現存するのは光緒年間に改修されたもの。享堂と玄室は原状のまま。
¶中国名旧1 p60

ヤールホト墳墓群　Yarkhoto-muqun
新疆ウイグル自治区トルファン市。都市に伴う墓地遺跡。2千基に及ぶ竪穴土壙墓と、方錐形横穴式封土墳とが累々と築かれている。
¶中国名旧5 p281（雅爾湖千仏洞　ヤールホトせんぶつどう），東ア考古

友誼関　ゆうぎかん
広西チワン族自治区憑祥市の市街西南18km。鶏陵関・界首関・大南関・鎮夷関とも。明の洪武年間（1368-98）に造営。中国・ベトナム間の要路。
¶中国名旧4 p296

幽居寺塔　ゆうきょじとう
河北省霊寿県の西北山地、から55kmの沙子洞村。幽居寺は北斉の天保8年（557）の創建。早く廃滅し、方塔・碑・幢・石仏のみ現存。
¶中国名旧1 p110

祐国寺鉄塔　ゆうこくじてっとう★
河南省開封北門内。寺は廃され、塔のみがのこっている。北宋の皇祐元年（1049）に仁宗の詔によって再建されたもの。八角13層、楼閣式の塼塔。全高は約57m。
¶中国名勝古蹟 p142（鉄塔　てっとう）〔写〕，文化史蹟17〔写〕

佑順寺　ゆうじゅんじ
遼寧省朝陽市南塔街。清の康熙46年（1707）に竣工。大規模なラマ廟。
¶中国名旧1 p216

熊成基墓　ゆうせいきぼ
江蘇省揚州市の痩西湖畔の蜀崗の中峰の万松嶺。熊成基（1887-1910）は辛亥革命の烈士。盛土の墓で、前に墓碑がある。
¶中国名旧2 p103

幽棲寺　ゆうせいじ
江蘇省南京市の南、祖堂山。開創は劉宋大明3年（459）。山中に牛頭禅の祖法融の修道接化にちなむ伝承を伝える、祖洞、虎爪穴、献花巌等の遺跡がある。
¶中国仏教

游仙寺　ゆうせんじ
山西省高平市の南方10km、游仙山の山麓。北宋の淳化年間（990-994）の創建。寺全体が宋・金代の木造建築の傑作。
¶新潮美（高平（2）游仙寺　こうへい　ゆうせん

じ），中国名旧3 p79

雄鎮関　ゆうちんかん
広東省南澳県の古老山と金山の間の窪地。明の万暦48年（1620）造営。関門が現存。
¶中国名旧4 p231

佑民寺　ゆうみんじ
江西省南昌市の八一公園の北門の向い。南朝の梁の天監年間（502-519）の創建。江西省の有名寺院の一つ。
¶中国名旧4 p62

佑民寺鐘楼　ゆうみんじしょうろう
江西省南昌市の佑民寺の右側。1929年の築造。南唐朝の大将林仁肇が乾徳5年（967）に鋳た銅鐘を吊す。
¶中国名旧4 p63

羑里城遺址　ゆうりじょういし
河南省湯陰県の北方4km。中国最古の監獄の跡地の一つ。城下に龍山文化から殷代にいたる遺跡がある。
¶中国名旧3 p242

裕陵　ゆうりょう
河北省遵化県の孝陵の西側にある。清の高宗愛新覚羅弘暦（乾隆帝）の陵墓。
| 世界遺産 |（明・清朝の皇帝陵墓群　2000,03,04）
¶中国名旧1 p159, 中国名勝古蹟 p167〔写〕

喩嘉言墓　ゆかげんぼ
江西省南昌市十字街の東側、東壇巷の北側、孺子墓近く。喩嘉言は明朝の寧王の後裔。清代初期の医学界の代表的人物。雍正年間（1723-35）に当所に葬られた。
¶中国名旧4 p62

涌泉寺　ゆせんじ
福建省福州市の鼓山の中腹、白雲峰の麓。五代の梁の開平2年（908）に創建。天啓7年（1627）に再建清代末期における福州の五大禅寺の一つ。
¶中国名旧4 p121

喩大将軍祠　ゆだいしょうぐんし
四川省内江市中央路19号。黄花崗七十二烈士の1人の祠。
¶中国名旧5 p53

ユフス＝ハス＝ハジフマジャルの墓
新疆ウイグル自治区喀什市の第十二小学の構内。維吾爾族の詩人・学者・思想家の墓。
¶中国名旧5 p307（玉素甫＝哈斯＝哈吉甫麻扎（墓）ユフス＝ハス＝ハジフマジャル）

楡林窟　ゆりんくつ
甘粛省安西県の南方約70km。万仏峡とも。唐代

の開削。1千平方m余りの壁画と100体余りの彩色塑像を擁す。
¶新潮美（楡林窟石窟　ゆりんくつせっくつ），大遺跡9〔写〕, 中国名旧5 p251

余蔭山房　よいんさんぼう
広東省番禺県南村鎮。広東省の清代四大名園の一つ。清の同治3年（1864）造営。
¶中国名旧4 p223

鷹角亭　ようかくてい
河北省秦皇島市の北戴河海浜の東北端。「北戴河海浜二十四景」の一つ。大きな岩が海岸に直立し、その岩の上に立つ亭。
¶中国名旧1 p164〔写〕

楊家祠堂　ようかしどう
山西省代県の東方20kmの鹿蹄澗村。代州（現、代県）は宋朝の武将楊業（？－986）の故郷で地元の人々が祀った。元代に祠が建てられた。現存する建物と塑像は大半が明・清代のもの。
¶中国名旧3 p52

楊家城　ようかじょう
陝西省神木県の東北20km余りにある。唐代の麟州城の旧址。城壁の遺構が現存。
¶中国名旧5 p208

楊家嶺革命旧址　ようかれいかくめいきゅうし
陝西省延安市の市街西北約3kmの楊家嶺村。1938年～40年、1942年－43年、中国共産党中央は中国革命を指導した。ドーム式の中央大講堂がある。
¶中国名旧5 p205

楊家湾漢墓　ようかわんかんぼ
陝西省咸陽市東約25kmの楊家湾村。前漢時代の大墓。陪葬坑で、彩画陶俑が大量に出土した。
¶新潮美（咸陽―楊家湾漢墓　かんよう―ようかわんかんぼ），世界考古, 東ア考古（楊家湾墓　ようかわんぼ）

楊家湾楚墓　ようかわんそぼ
湖南省長沙市北郊の楊家湾。第6号墓が特に著名。時代は戦国時代末から前漢代初期に相当。被葬者は年齢30歳前後の女性。副葬品は計215点。
¶世界考古

陽関〔四川省〕　ようかん
今の四川省重慶市の東の石洞関。古代の巴国の3つの関所の1つ。
¶中国歴史

陽関〔甘粛省〕　ようかん
甘粛省敦煌西南の古董灘。シルク・ロードにおける漢代の有名な要害の関所。漢以来、この関は玉門関とともに西域に通ずる重要な門戸。

中国　352

¶アジア歴9，角川世，古代遺跡 p50（陽関の
跡）〔写〕，大遺跡7〔写〕，中国名旧5 p250
（陽関故址　ようかんこし）〔写〕，中国歴史，
評論社世

アジア

姚官荘　ようかんそう
山東省濰坊市の南10km。龍山文化の遺跡。多数
の貯蔵穴を発見。
¶世界考古

楊亀山墓　ようきざんぼ
福建省将楽県の南方3km，烏石山の麓。楊亀山
（1053-1135）は将楽の竜池村の出身の進士。
¶中国名旧4 p140

楊岐寺　ようきじ
江西省萍郷市の楊岐山にある。普通禅寺とも。
唐代の創建。現在の堂宇は清の道光年間（1821-
50）の再建。
¶中国名旧4 p69

楊貴妃墓　ようきひぼ
陝西省興平県の馬嵬坡。至徳2年（757）に玄宗は
当所に改葬した。面積3千平方mの陵園。
¶中国名旧5 p184〔写〕

陽高漢墓　ようこうかんぼ
山西省陽高県の南東約40km，古城堡にある。漢
代の古墓群。竪穴木槨墓と洞室木槨墓がある。
内に夫婦の木棺を置いた周囲に，漆器・銅器・陶
器など高価な副葬品が置かれていた。前漢後期
に属する。
¶図解考古（陽高県漢墓　ようこうけんかんぼ）
〔写〕，世界考古

楊公闕　ようこうけつ
四川省夾江県の双碑村。二楊闕ともいい，とも
に5つの石からなる。
¶中国名旧5 p63

陽高天橋　ようこうてんきょう
山西省陽高県の天橋村北東250m。戦国時代貨幣
が出土貨幣（1万3千枚）はすべて布銭で，尖足布
と方足布の2種があり，多いものは趙・韓・魏・
燕・東周の布銭。
¶世界考古

楊再興墓　ようさいこうぼ
河南省臨穎県の南方12kmの商橋村。墓前の祠に
楊再興の略歴や事績を記した明・清代の石碑が
数枚ある。
¶中国名旧3 p248

遥参亭　ようさんてい
山東省泰安市の岱廟にある。朱塗りの垣をめぐ
らす。門前に遥参の石坊が建つ。
¶中国名旧3 p182

楊粲墓　ようさんぼ
貴州省遵義市街の東南約10km。播州の楊氏の墓
地。南宋の淳祐年間（1241-52）の造営。
¶中国名旧5 p95

羊山遼墓群　ようざんりょうほぐん
内モンゴル自治区赤峰市敖漢旗四家子鎮の閂杖
子村。遼代の墳墓群。遼代の塼築の壁画墓3基を
発掘。2号墓出土の劉祜墓誌・石経幢をはじめ，
壁画の顔料が残された陶磁器片など数多くの注
目すべき遺物が出土。
¶東ア考古

楊士奇墓　ようしきぼ
江西省泰和県の杏嶺北山。楊士奇（1365-1444）
は成祖・仁宗・宣宗・英宗に仕えた人物。
¶中国名旧4 p107

羊子山遺跡　ようしざんいせき
四川省成都市の北郊，駟馬橋にある小丘。人工
の土丘。回字状の郭壁に囲まれた土壇が3段に積
重なったもの。年代は西周晩期ないし春秋前期
から戦国末期の間。
¶新潮美（成都—羊子山遺跡　せいと—ようしざん
いせき），世界考古（羊子山　ようしざん）〔図〕

揚州古運河　ようしゅうこううんが★
江蘇省揚州市。最古の運河の一つ。現在揚州市
内を流れる古運河は隋の煬帝の改修。
世界遺産（中国大運河　2014）
¶大遺跡9 p147,149（大運河—揚州古運河）〔写〕

揚州唐城遺址　ようしゅうとうじょういし
江蘇省揚州市の市街西北3kmの蜀崗。春秋時代
の呉王夫差（？—前473）がはじめて邗城を築く。
唐代以前に蜀崗に築いた夯土と版築の城壁や塼
積みの城壁の遺構，唐代の城壁用の塼や瓦当な
どが出土。
¶中国名旧2 p106

耀州窯　ようしゅうよう
陝西省銅川市にあった窯。窯址は黄堡鎮・陳炉
鎮・上店・立地坡などにわたる。唐代後期に始
まったといわれ，唐・五代の製品は黒釉陶器と
黄釉・白釉陶器。
¶世界考古

雍城　ようじょう
陝西省鳳翔の南郊。春秋時代前期（前677年）～
戦国時代前期（前383年）にかけての秦の都城址。
西部の「凌陰」から青銅製の建築用金具が発見
された。
¶大遺跡9〔写/図〕，東ア考古（雍城跡　よう
じょうあと）

楊升菴祠　ようしょうあんし
雲南省昆明市の市街西方15kmの高嶢林。明の万

暦年間 (1573-1620) に楊升菴を記念するために旧居の碧嶢精舎を祠に改め、清の康熙年間 (1662-1722) に改修。

¶中国名旧5 p123

楊升庵殿　ようしょうあんでん
四川省新都県の桂湖にある。清代に地元民が湖上に殿を建てて楊慎 (1488-1559) を祀る。

¶中国名旧5 p22

陽城遺址　ようじょういし
河南省登封市告成鎮の東北隅。春秋時代の鄭と戦国時代の韓の西面の軍事上の要衝の一つ。城壁は大半が残存し、春秋・戦国時代の板瓦・筒瓦・陶器などの断片が大量に現存。

¶中国名旧3 p208, 中国歴史 (陽城 ようじょう)

養心殿　ようしんでん
北京市街中心部の故宮の乾清宮西南の塀の外。明代に建てられ、清の雍正年間に改築。皇帝の日常政務の処理に使った。

¶中国名旧1 p23

楊仙逸烈士墓　ようせんいつれっしぼ
広東省広州市の黄花崗公園。アーチ形の墓門の上に鉄製の飛行機の模型をのせ、航空事業に生涯を捧げた烈士を象徴。楊仙逸は同盟会に加入し、航空用の人材を大量に育成した。1923年死亡。

¶中国名旧4 p206

羊草溝古墳群　ようそうこうこふんぐん
黒竜江省海林市。渤海時代の古墳群。1基から鉄製銙帯が出土。

¶東ア考古

姚存天祚巌題名石刻　ようぞんてんそがんだいめいせっこく
江蘇省南通市の狼山の東北斜面にある。縦・横とも80cmで、5行に分かれ、字体は北魏代に似ている。

¶中国名旧2 p65

陽台宮　ようだいきゅう
河南省済源県の西南45km、天壇山 (王屋山) の南麓。唐の道士司馬承禎が修業して真人となったところ。大羅三清殿は河南省の現存最大規模の明代の寺院建築。

¶中国名旧3 p230

葉池　ようち
上海市嘉定県嘉定鎮清河路。清の順治2年 (1645)、清軍に敗れた進士の侯峒曾は、自宅の背後の葉池に身を投じた。1962年に記念碑を建立。

¶中国名旧2 p28

葉挺指揮部旧址　ようていしきぶきゅうし
江西省南昌市の百花洲の東湖の傍ら、第二中学の構内。もと南昌心遠中学の校舎の一部南昌蜂起のときに葉挺の指揮する第十一軍の指揮部が設けられた。

¶中国名旧4 p63

羊頭山石窟　ようとうざんせっくつ
山西省高平市の東北18km、高平・長治・長子3県の境界。山中の石窟と摩崖の仏龕が、大きいものが20余り、小さいものが80点存し、方形をなすものが多い。

¶中国名旧3 p80

羊頭窪遺跡　ようとうわいせき
遼寧省大連市旅順口区、遼東半島の鳩湾北。貝塚。遼東新石器の盛期初期とみられるが、中原の殷周に相当する時期。石器、骨角牙器、石庖丁、骨製釣針などが出土。

¶図解考古〔写/図〕, 世界考古 (羊頭窪 ようとうわ)

楊万里墓　ようばんりぼ
江西省吉水県黄橋郷。楊万里 (1127-1206) は当地の出身で南宋代の詩人。

¶中国名旧4 p99

葉坪旧址群　ようへいきゅうしぐん
江西省瑞金県の東北5kmの葉坪村。第2次国内革命戦争 (1927-37) 時代の中央工農民主政府の所在地。

¶中国名旧4 p113

葉茂台遼墓群　ようもだいりょうぼぐん
遼寧省法庫県。遼代の墳墓群。

¶東ア考古

揚雄墓　ようゆうぼ
四川省郫県の西南11km、三元場の近く。前漢代の文学者揚雄 (前53－後18) の墓。

¶中国名旧5 p23

陽陵陪葬坑　ようりょうばいそうこう
陝西省咸陽市。前漢前期の景帝陽陵 (前141年に埋葬) に付設された陪葬坑。彩絵陶俑、青銅礼兵器などが出土。

¶東ア考古

楊郎遺跡　ようろういせき
寧夏回族自治区固原県楊郎郷馬荘。東周時代、北方系青銅器文化の墓地。1列の竪穴土壙墓を除くすべてが竪穴墓道を持つ土洞墓。

¶東ア考古

雍和宮　ようわきゅう
北京市東城区。雍正帝の親王時代の府邸であったが、即位後まもなくチベット僧に譲渡し、半

中国　　　　　　　　　　　　　　　354

分を寺院、半分を離宮として用いた。乾隆9年
(1744)、正式にチベット密教寺院に改めた。北
京に残る最大規模のチベット密教寺院でパンチェ
ン・ラマの正式の居所。

¶ 宗教建築〔写/図〕，新潮美，世遺地（ラマ寺
院），中国名旧1 p34〔写〕，中国名勝古蹟
p157〔写〕

雍和宮の閣道　　ようわきゅうのかくどう★

北京市安定門内。1723～1735年。雍和宮伽藍最
後部にある中心的建築の万福閣と、その東西に併
列された永康閣・延寧閣とを連絡する空中廊下。

¶ 文化史蹟17〔写〕

楊湾廟正殿　　ようわんびょうせいでん

江蘇省蘇州市の洞庭東山、楊湾の黄家山の麓。楊
湾廟の創建は唐の貞観2年 (628)。正殿は軒轅宮
とも。現存するのは元の至元4年 (1338) の再建。

¶ 中国名旧2 p90

豫園　　よえん

上海市南市区の旧城の東北。明の嘉靖38年
(1559) に造られ、万暦5年 (1577) 以降に拡張。
江南の名園の一つ。

¶ 中国名旧2 p22（予園　よえん）〔写〕，文化史
蹟17〔写〕

豫園仰山堂　　よえんぎょうさんどう★

上海市南市区の旧城の東北。19世紀後半。豫園
の水面に臨んで建つ仰山堂。

¶ 文化史蹟17〔写〕

余家牌坊　　よかはいぼう

湖南省澧県東渓郷。節孝坊で、清の道光23年
(1843) の建造。

¶ 中国名旧4 p45

翼江亭　　よくこうてい

湖北省蒲圻県の赤壁山。近代に建てたもので、琉
璃瓦葺きの六角宝形造り。

¶ 中国名旧3 p333

沃公墓　　よくこうぼ

安徽省天長県の東門外の邱家湾。沃都司墓とも。
沃公こと沃田は明の嘉清32年 (1553) に倭寇の侵
攻を撃破するが戦死。地元民がその功績と人徳
をしのんで墓と祠を建てた。

¶ 中国名旧2 p225

浴日亭　　よくじつてい

広東省黄木湾の水ぎわの章丘崗。広州知府の留
筠が彫った蘇軾の詩の石碑が現存。

¶ 中国名旧4 p218

予譲橋　　よじょうきょう

山西省太原市の市街西南24kmの赤橋村。砂岩で
築いたもので、腰羽目板付きの欄干を配す。

¶ 中国名旧3 p23

ヨトカン（約特干）遺跡　　Yotkan-yizhi

新疆ウイグル自治区ホータン市。3～8世紀の于
闐国の遺跡。土塼あるいは粘土積み、内部は木
材で構成された寺院跡をはじめ、多くの住居跡・
建築跡を発見。

¶ 新潮美（ヨトカン），中国名旧5 p303（約特干
遺址 ヨトカンいし），東ア考古（ホータン・
ヨートカン遺跡）〔写〕

餘姚窯　　ようよう

浙江省餘姚県。陶窯。窯址は上林湖とよぶ湖の
周囲におびただしく発見。中唐頃から五代を経
て北宋の初期まで焼造を続けた窯と考えられて
いる。

¶ 世界考古

ヨンボラカン（雍布拉崗）

チベット自治区乃東県の東南部、雅隆河東岸の
山頂。前1世紀の造営。西蔵の最初の宮殿。

¶ 中国名旧5 p153（雍布拉崗 ヨンボラカン）

雷音寺　　らいおんじ

四川省峨嵋県の峨嵋山の伏虎寺西方2km。明代
には観音堂といったが、光緒10年 (1884) に改称。

¶ 中国名旧5 p66

雷池　　らいち

安徽省望江県の東方10km。雷港とも。東晋代
(317-420) に大雷戍が設けられ、長江防備の要地。

¶ 中国名旧2 p213

雷峰塔〔諸曁県〕　　らいほうとう

浙江省諸曁県楓橋鎮鐘英山の上。四角7層、北宋・
元祐7年 (1092) の建築。

¶ 新潮美（雷峰塔(2)）

雷峰塔〔西湖〕　　らいほうとう

浙江省杭州の西湖の浄慈寺前の雷峰の上にあっ
た。古塔の名。北宋の太祖の開宝8年 (975) 呉越
の国王銭俶が建てた。完成時の塔は7層。1924
年、完全に倒壊したが遺址はある。

¶ 新潮美（雷峰塔(1)），中国歴史（雷峰塔(2)）

雷峰陵園　　らいほうりょうえん

遼寧省撫順市望花区。1964年に竣工し、雷峰
(1940-62) の遺体を葬った。

¶ 中国名旧1 p200〔写〕

羅家谷遺址　　らかこくいし

浙江省桐郷県の西方9km、古運河の東側にある。
新石器時代の遺跡。7千年前の馬家浜文化に属す。

¶ 中国名旧2 p166

羅漢院遺址　　らかんいんいし

江蘇省蘇州市双塔巷（旧、定慧寺巷）。唐の咸通2
年 (861) の創建で、北宋の太平興国7年 (982) に

磚塔を増築した。一般に双塔寺と呼ばれる。
¶中国名旧2 p80

羅漢寺　らかんじ
四川省重慶市の小什字の近く。宋代の創建。門内の通路の西側にある石壁は古仏巌という。
¶中国名旧5 p33

羅漢堂遺跡　らかんどういせき
青海省の黄河上流、貴徳県の西約20km。半山文化の遺跡。土器を焼いた窯と思われるものが2基発見された。
¶新潮美, 図解考古〔写(土器と骨角器)〕, 世界考古(羅漢堂　らかんどう)

楽山巌墓　らくざんがんぼ
四川省楽山市の郊外。後漢代から南北朝時代に四川省一帯ではやった墓葬。
¶中国名旧5 p61〔写〕

楽山大仏　らくざんだいぶつ
四川省楽山市の岷江・青衣江・大渡河の合流点。唐代の713〜803年、崖をくり抜いて建立された弥勒仏の座像。高さ71m、肩幅28mの世界最大の磨崖仏。
世界遺産(峨眉山と楽山大仏　1996)
¶アジア歴9(楽山　らくざん), 新潮美(楽山　らくざん), 大遺跡9〔写〕, 中国名旧5 p62〔写〕, 中国名勝古蹟 p205〔写〕, 文化史蹟17(楽山摩崖仏)〔写〕

楽至臥像　らくしがぞう
四川省楽至県の回瀾場の臥仏寺にある。釈迦牟尼涅槃像ともいい、臥仏は山腹の絶壁に彫られる。
¶中国名旧5 p56

楽寿堂　らくじゅどう
北京市の頤和園にある。昆明湖に臨む大殿。西太后が居住した。内部の造作や家具は、高級な透かし彫りを駆使した豪華なもの。
世界遺産(頤和園、北京の皇帝の庭園　1998)
¶中国名旧1 p56, 文化史蹟17(楽寿堂　頤和園)〔写〕

洛荘漢墓　らくそうかんぼ
山東省章丘市棗園鎮洛荘村西。陪葬坑から出土した「呂大官印」「呂内史印」の封泥題銘によって、前漢時代呂国の王侯墓と推定される。
¶東ア考古

駱駝城故址　らくだじょうこし
甘粛省高台県の西南22kmのゴビ灘。漢〜唐代の故城。城内の建造物はないが、シルクロードの遺物とされる。
¶中国名旧5 p243

洛達廟　らくたつびょう
河南省鄭州市の西約15km。殷代前期(二里頭期)に属する遺跡。竪穴・窯跡・墓を含む。鄭州のほかの殷代文化とは異なる遺物が出土し鄭州洛達廟文化と呼ばれる。
¶世界考古

落筆洞　らくひつどう
海南省三亜市の市街西方10km。石灰岩の洞穴。洞壁に訪れた人の題詠、地上に伝説中の巨人の足跡もある。
¶中国名旧4 p267

駱賓王墓　らくひんのうぼ
浙江省義烏県の東方15kmの楓塘にある。墓前の石碑は明の崇禎13年(1640)の再建。駱賓王は義烏の文学者。
¶中国名旧2 p187

落鳳山　らくほうざん
浙江省建徳県の新安江の河畔。俗に平山。唐の永徽4年(653)に農民蜂起の女性指導者陳碩真(？ －653)が犠牲になったところ。
¶中国名旧2 p145

落鳳坡　らくほうは
四川省徳陽市羅江鎮の白馬関。龐統(179-214)を祀った場。
¶中国名旧5 p42

洛陽澗西区小型漢墓　らくようかんせいくこがたかんぼ
河南省洛陽市の澗河以西の地区。1955年に洛潼道路の南北両側で多数の古代墓を発見。すべて小型で未成年者を葬ったもの。瓦棺・塼棺には成人葬もある。
¶世界考古

洛陽橋　らくようきょう
福建省泉州市の市街東方10km、恵安県との境界の洛陽江に架かる。もと万安橋。嘉祐4年(1059)に完成。もとは中国の有名な桁石橋であった。1932年に鉄筋コンクリートによる橋面の補強など改修工事が行われている。
¶新潮美, 中国名旧4 p153〔写〕

洛陽刑徒墓地　らくようけいとぼち
河南省洛陽市。後漢の洛陽城南郊につくられた刑徒の墓地。1964年522基の墓を調査。棺には刑徒の部属、獄名、姓名、死亡年月日などを刻する塼をいれる。
¶世界考古

洛陽城〔漢魏〕　らくようじょう
河南省洛陽市の市街東15km。漢・魏・西晋・北魏の都城。宮城・内城および郭城からなる。
¶世界考古(漢魏洛陽城　かんぎらくようじょう)

〔図〕，中国名旧3 p218（漢魏洛陽故城 かんぎらくようこじょう）〔写〕，東ア考古（漢魏洛陽城 かんぎらくようじょう）〔図〕

洛陽城〔隋唐〕 らくようじょう
河南省洛陽市。唐代洛陽東都里坊跡は、1953～54年の発見。合わせて109の坊と3つの市がある。隋代は、煬帝の命で大業元年（605）に造営開始、翌年完成。長寿2年（693）に外郭城の城壁を高め、乾封2年（667）皇城西南隅に上陽宮を増築。
　¶古代都城（隋唐洛陽城）〔図〕，世界考古（隋唐洛陽城 ずいとうらくようじょう）〔図〕，大遺跡9 p165（洛陽城）〔写〕，東ア考古（隋唐洛陽城 ずいとうらくようじょう）

洛陽城永通門 らくようじょうえいつうもん★
洛陽郊外李楼郷賀村の南約100m。隋唐洛陽城の外郭城東城壁の南城門の跡。基壇があるが、未発掘。門道は3条ある。
　¶古代都城〔図〕

洛陽城応天門 らくようじょうおうてんもん★
河南省洛陽市都城博物館と洛陽日報新聞社の間。隋唐東都城宮城の南西正門。遺址は基台、門道、隔壁、東西両闕、東西飛廊と東西隅楼閣から構成される。
　¶古代都城（洛陽城応天門・円璧城南門）

洛陽城含嘉倉 らくようじょうがんかそう★
河南省洛陽市、園璧城と曜儀城の東に位置。隋唐東都洛陽城内にある国家の大型穀物倉庫の跡。建設は隋の煬帝大業年間（605-618）に始まった。総面積は43万平方m。
　¶古代都城（隋唐東都洛陽城含嘉倉）〔図〕

洛陽城皇城右掖門 らくようじょうこうじょううえきもん★
河南省洛陽市西工区玻璃厂南路の南側。隋唐洛陽城皇城の南城壁西側の城門跡。基台、門道、隔壁と門扉施設が残存。
　¶古代都城〔図〕

洛陽城上陽宮園林 らくようじょうじょうようきゅうえんりん★
隋唐洛陽城皇城の西南隅に位置。園林跡の発掘面積は1649平方m。遺跡は池、廊房、釣殿と築山からなる。池の両岸に廊房の基壇跡を発見。
　¶古代都城〔図〕

洛陽城宣仁門 らくようじょうせんじんもん★
河南省洛陽市老城区の南北大街と東西大街の十字路の西側に位置。隋唐洛陽城の東城の東門の跡。前期の城門は隋唐時代に使用、後期の城門は五代から北宋の間に中央の門道だけ使われた。
　¶古代都城〔図〕

洛陽上陽宮跡 らくようじょうようきゅうあと
陝西省洛陽市。池・廊房・釣殿・築山からなる

庭園。長方形塼、方形塼、各種の瓦、鴟尾などが出土。
　¶東ア考古

洛陽中州路遺跡 らくようちゅうしゅうろいせき
河南省洛陽市中州路西工段。春秋・戦国時代の墓地遺跡。中州路建設中の1954・55年に、漢代の河南県城址の地区で各種の遺跡を調査。陶器の形式区分は、中原地域における春秋・戦国時代墓制の編年の基礎となっている。
　¶世界考古（中州路 ちゅうしゅうろ）〔図（銅飾品）〕、東ア考古

洛陽東関殉人墓 らくようとうかんじゅんじんぼ
河南省洛陽市東関。後漢末の墓。犬と10人の殉葬が発見された。
　¶世界考古

洛陽の遺跡 らくようのいせき
河南省。新石器時代以後の遺跡が多くみられる。西周時代には、大きな城壁都市がつくられ、東周・後漢・魏・晋・北魏の時代には都が置かれた。隋唐代には、隋唐洛陽城が築かれた。調査で宮城、内城、外城などが認められている。城外には戦国時代以来の墓地などの遺跡が多数ある。
　¶新潮美（洛陽 らくよう）〔図〕，図解考古（洛陽遺跡 らくよういせき）〔図〕，世界考古（洛陽 らくよう）〔図〕

洛陽壁画墓 らくようへきがぼ
河南省洛陽市の旧城北西約1kmの地点。前漢後期の塼室墓。洛陽市の王城公園に移して復原。合葬墓。
　¶世界考古

楽楼 らくろう
陝西省澄城県の西街。入母屋造り。傍らに金の明昌3年（1192）鋳の鉄鐘がある。
　¶中国名旧5 p203

羅睺寺 らごじ
山西省五台県の五台山懐鎮の顕通寺の東隅。ラマ廟。五台山五大禅処の一つ。唐代の創建で天王殿・文殊殿・大仏殿・蔵経閣・配殿・回廊・禅院が残る。
　¶中国名旧3 p41

羅湖窯遺址 らこよういし
江西省豊城県曲江鎮の羅湖。洪州窯ともいう。窯跡は赤土の丘陵地帯に分布。東晋から唐代にわたる青磁窯。
　¶中国名旧4 p71

ラサ曲貢遺跡 らさきょっこういせき
チベット自治区ラサ市北郊約5kmの曲貢村。新石器～青銅器時代の遺跡。石器が最も多く、次に土器・骨器・小型銅器のほか、動物骨も大量に出土。

¶東ア考古（拉薩曲貢遺跡）

ラサのポタラ宮の歴史的遺産群

チベット自治区ラサ市。標高3700mの紅山の上にある宮殿。敷面地積41万平方m、最も大きな建物は13階建てで高さ115m、約1千の部屋があり、チベット最大の建造物。7世紀にソンツェンガンポ王が建造し、その後ダライ・ラマの居城となった。チベットの政治と宗教の中心地。

世界遺産（ラサのポタラ宮歴史地区 1994, 2000, 2001）

¶アジア歴9（ラサ），世遺事，成世遺下（ラサのポタラ宮歴史地区）〔写〕，世遺地（ラサ），世遺百（ラサのポタラ宮歴史地区）〔写〕，ビジ世遺（ラサのポタラ宮歴史地区）〔写〕

羅州城　らしゅうじょう

湖北省黄崗市蘄春県漕河鎮。不定形な方形を呈し、総面積は15万平方km、漢代の県城の中では最も規模が小さい。

¶東ア考古

羅什塔　らじゅうとう

甘粛省武威市の市街の北大街。唐代の建立か再建。八角12層の中空の磚塔。

¶中国名旧5 p237〔写〕

拉梢寺石窟　らしょうじせっくつ

甘粛省武山県の水簾洞石窟の北側。絶壁に3体の仏像のレリーフがある。北周の武成元年（559）の墨書の題記がある。

¶中国名旧5 p229

羅盛教故居　らせいきょうこきょ

湖南省新化県の東北60kmの桐梓村。羅盛教（1931-52）は中国人民志願軍（義勇軍）の戦士。旧居は3部屋からなる木造。

¶中国名旧4 p42

羅星塔　らせいとう

福建省福州市の市街東南21km、馬尾港の羅星山。俗に磨心塔。宋代に柳七娘が建立。天啓年間（1621-27）に再建。八角7層、高さ31.5mの石塔。

¶中国名旧4 p126

洛迦山　らっかさん

浙江省普陀県の蓮花洋、千歩沙から6kmの海上。補怛羅迦山・布怛落迦山ともいう。かつて庵堂が4つあったが、現存するのは一つのみ。

¶中国名旧2 p155

ラデン（熱振）寺

チベット自治区林周県の北部。北宋の嘉祐元年（1056）に創建。

¶中国名旧5 p154（熱振寺 ラデンじ）

羅抜山　らばつさん

福建省沙県から30kmのところ。明の正統13年（1448）の鄧茂七（？ −1449）らの農民蜂起の本拠地で、遺構が現存。

¶中国名旧4 p139

羅浮山　らふさん

広東省博羅県の東江の河畔。東晋の咸和年間（326-334）、葛洪が都虚・孤青・白鶴・酥醪4庵を創建。1945年には、広東省軍政委員会などの拠点であった。

¶中国名旧4 p249

ラプチュク（拉布楚克）古城

新疆ウイグル自治区哈密市の市街西方50kmの四堡。唐代の伊州の納職県の県治の遺構。

¶中国名旧5 p285（拉布楚克古城 ラプチュクこじょう）

ラプラン寺（拉卜楞寺）

甘粛省夏河県の西方1km。清の康熙48年（1709）の創建で、西蔵の格魯派仏教（黄教）の六大寺院の一つ。学問寺として発展した。

¶角川世（ラプラン寺），世歴事9（ラプラン寺）〔写〕，中国名旧5 p221（拉卜楞寺 ラプランじ）〔写〕

ラプラン寺の扎倉

甘粛省夏河県のラプラン寺にある。チベット語で「学院」を意味する。寺内に6つある。仏殿には自宗の仏像を安置する。

¶中国名旧5 p222（扎倉〔拉卜楞寺〕 タツァン〔ラプランじ〕）

ラプラン寺の囊欠

甘粛省夏河県のラプラン寺にある。「活仏公署」。活仏の住宅兼事務所。

¶中国名旧5 p222（囊欠〔拉卜楞寺〕 ナンチェン〔ラプランじ〕）

羅炳輝墓　らへいきぼ

山東省臨沂市の臨沂革命烈士陵園。墓石は高さ11mの四角柱で、勲章を象ったブロンズがある。

¶中国名旧3 p170

羅坊会議会址　らぼうかいぎかいし

江西省新余市羅坊郷陳家閣。1庁2間からなる店舗。1930年10月、毛沢東が紅一方面軍総前敵委員会と江西省行政委員会の合同会議（羅坊会議）を開催した。

¶中国名旧4 p70

喇嘛洞墓地　らまどうぼち

遼寧省北票市。五胡十六国の一つである後3～4世紀の前燕の墓地遺跡。馬具・馬冑は、朝鮮半島や日本にも類例が見られ、関連が注目される。

¶東ア考古

ラワク Rawak
新疆ウイグル自治区ホータン地区。仏教の僧院址。
¶新潮美

蘭陰山 らんいんざん
浙江省蘭渓市の市街西方3km。山中に元の大徳年間(1297-1307)創建の蘭陰寺、明の武宗の筆と伝える「蘭陰深処」の4字の摩崖石刻がある。
¶中国名旧2 p186

蘭州黄河鉄橋 らんしゅうこうがてっきょう
甘粛省蘭州市の白塔山の麓。黄河上流の最初の鉄橋で、清の光緒33年(1907)に建設された。鉄橋がかかるまでは、浮き橋があった。
¶中国名旧5 p217(黄河鉄橋 こうがてっきょう)、中国名勝古蹟 p190〔写〕

蘭亭 らんてい
浙江省紹興市郊外の蘭渚山の麓。三角形の碑亭。碑に「鵝池」の2字が刻されている。東晋の永和9年(353)、王羲之はここの曲水に觴を流しながら、酒を飲み、興に乗じて「蘭亭序」を書いた。
¶中国名旧2 p174、中国歴史

蘭亭碑亭 らんていひてい
北京市天安門の西隣、中山公園の唐花塢の西側。1917年に円明園から蘭亭碑と碑亭の石柱を移設。碑亭は1971年の初めに旧来の石柱を使って再建したもの。
¶中国名旧1 p38

藍田猿人遺址 らんでんえんじんいし
陝西省藍田県の陳家窩村と公王嶺。猿人の下顎骨と頭骸骨の化石を発見。様々な石器を伴出。
¶中国名旧5 p178

藍田寺坡村 らんでんじはそん
陝西省藍田県。寺坡村の北の溝中より、西周時代後期の青銅器16件が出土。
¶新潮美(藍田 らんでん)、世界考古

蘭茂墓 らんぼうぼ
雲南省嵩明県の南方12km、楊林鎮の南。蘭茂(1397-1476)の墓。石積み・東向きの円形土冢。
¶中国名旧5 p126

ランマ島遺跡 Lamma
香港ランマ島(舶遼州)にある。南鴉島ともいう。
¶図解考古〔図(銅剣と銅斧)〕、世界考古(南鴉島 なんあとう)

蘭陵王碑 らんりょうおうひ
河北省磁県劉荘村の東部にある。蘭陵忠武王高粛碑・蘭陵忠武王高長恭碑ともいう。北側に蘭陵王墓がある。
¶中国名旧1 p124

吏隠亭 りいんてい
江西省南昌市の西湖の西南。梅仙亭とも。明の万暦35年(1607)に前漢代の南昌尉の梅福を記念して築造。
¶中国名旧4 p63

李家圩地主荘園 りかうじしゅそうえん
安徽省霍丘県の西方40km。大地主の李夢庚の封建的城砦、安徽省最大の地主の邸宅であった。
¶中国名旧2 p246

李家溝遺跡 りかこういせき
陝西省銅川市黄堡鎮。新石器時代仰韶文化の遺跡。文化遺存は3期に分けられる。
¶東ア考古

李家山遺跡 りかざんいせき
雲南省南方、星雲湖に臨む山頂部。滇人の共同墓地。滇族は湖沼の沖積平野の水稲農耕に生産基盤をおき、それに臨む丘陵に墓地を造営。
¶世界考古(李家山古墓 りかざんこぼ)、東ア考古

李家村 りかそん
陝西省西郷県。新石器時代の遺跡。住居址、貯蔵穴、窯址、土壙墓、甕棺を発見。器形は中原の仰韶文化と密接な関係を示す。
¶世界考古

李業闕 りぎょうけつ
四川省梓潼県の南門外の李節士祠にある。現存する漢代の闕で最も古い。
¶中国名旧5 p46

六安 りくあん
安徽省中部の県。六安県陳小荘で、一つの窖から戦国時代後期の楚国の黄金貨幣である郢爰の大小の塊が7点出土。古代貨幣史研究上重要な資料。
¶世界考古

陸羽泉 りくうせん
江西省上饒市の広教寺にある。陸羽(? -804)は、茶神ともいわれる。陸羽が当地で茶をつくり、泉水の品評を行っていた。
¶中国名旧4 p93

六合堅固大宅頌碑 りくごうけんごだいたくしょうひ
広西チワン族自治区上林県の東方15km。唐の永淳元年(682)の建立。楷書で381字。
¶中国名旧4 p272

陸象山墓 りくしょうざんぼ
江西省金渓県陸坊郷官橋村。陸象山(1139-93)は南宋代の哲学者・教育家。
¶中国名旧4 p96

六勝塔　りくしょうとう
福建省石獅市石湖村の金釵山。俗に石湖塔。北宋の政和年間（1111～18）に建立し、元の至元2～5年（1336～39）に再建。八角5層、高さ31m。
¶新潮美，中国名旧4 p155

六庁　りくちょう
山東省曲阜市の孔府の大堂の両側の廂房。孔府の行政管理機関が置かれていた。
世界遺産（曲阜の孔廟、孔林、孔府　1994）
¶中国名旧3 p153

六頂山墓群　りくちょうさんぼぐん
吉林省延辺朝鮮族自治州敦化市。渤海の古墳群。王健群は珍陵を渤海第2代王の大武芸に比定。
¶中国名旧1 p233（六頂山渤海墓群　ろくちょうざんぼっかいぼぐん），東ア考古〔図〕

六洞山　りくどうざん
浙江省蘭渓市の市街東方7km。山頂に北宋の太平興国8年（983）創建の棲真寺がある。
¶中国名旧2 p186

六府屯　りくふとん
甘粛省民勤県沙井。墓葬区の東にある土城に囲まれた遺跡。沙井遺跡の中に含まれる。調査したJ.G.アンダーソンは沙井墓葬区の住居地とみている。
¶世界考古

六連嶺　りくれんれい
海南省万寧県の東北60km。1927年以来、革命根拠地となる。1957年六連嶺烈士紀念碑を建立。
¶中国名旧4 p265

李賢墓　りけんぼ
寧夏回族自治区固原県西郊郷深溝村南0.5kmの丘陵地。北周天和4年（569）葬の原州刺史李賢（同年没）と、妻呉輝（西魏大統13年〔547〕没）の合葬墓。
¶東ア考古〔図（「銀製鍍金胡瓶」立面図と胴部文様展開図）〕

李綱祠　りこうし
福建省邵武市の市街、九曲の五曲にある。李忠定公祠のこと。南宋の淳熙13年（1186）の創建。宋朝の丞相をつとめた李綱（邵武の出身。1083-1140）を祀る。
¶中国名旧4 p169

李広墓　りこうぼ
甘粛省天水市の市街南方1km、南山の麓の石馬坪。李広の衣冠塚。
¶中国名旧5 p227

李綱墓　りこうぼ
福建省閩侯県中房郷湖里村の大嘉山の南麓。李

綱（1083-1140）は南宋の宰相。紹興10年（1140）に当所に葬られた。
¶中国名旧4 p131

李皇甫塔　りこうほとう
河北省淶水県李皇甫村の東南約2km。金の大定年間（1162-89）の創建。八角13層の塔。
¶中国名旧1 p132

驪山　りざん
陝西省臨潼県。秦嶺山脈の山。「関中八景」の一つ。
¶中国名旧5 p177，中国歴史，評論社世

李贄故居　りしこきょ
福建省泉州市の南門の万寿路159号。李贄（1527-1602）は泉州の出身で、明代の思想家。永楽19年（1421）から当地で青少年時代を過ごした。
¶中国名旧4 p154

李自成墓　りじせいぼ
湖北省通山県の九宮山の麓、牛跡嶺。明代末期の農民蜂起の指導者の墓。
¶中国名旧3 p334

李時珍墓　りじちんぼ
湖北省蘄春県蘄州鎮の東門外、雨湖の湖畔。医学者李時珍（1518-93）の墓。
¶中国名旧3 p327

李寿墓　りじゅぼ
陝西省三原県陵前人民公社。淮安靖王李寿（577-630）の墓。石槨内側に舞伎、楽伎、男女侍者などを陰刻。333点の副葬品が残存。隋代の特徴を受継ぐ初唐の墓葬。
¶新潮美，世界考古

漓渚漢墓　りしょかんぼ
浙江省紹興県漓渚鎮。漢墓。竪穴土壙墓22基、竪穴塼槨墓9基からなり、大型の土壙墓1基が含まれる。前漢中期から後漢末年にまで及ぶ。
¶世界考古

李静訓墓　りせいくんぼ
陝西省西安市の西郊玉祥門外。隋墓。竪穴土壙墓中に石槨・石棺を置き、槨の南側に墓誌がある。石棺には青龍・朱雀の図があり、内側の四壁には壁画がみられた。李静訓は周皇太后に養われ、副葬品がきわめて豪華で豊富。
¶新潮美，世界考古

李靖墓　りせいぼ
陝西省礼泉県の東北25km、九嵕山の麓。3つの冢。昭陵の陪葬墓の一つ。
¶中国名旧5 p183

中国 360

李晟墓　りせいぼ
陝西省高陵県白家村の渭水橋の北詰の東寄り。明・清代の3つの修墓碑と明代の1対の石獅が墓前に現存。
¶中国名旧5 p174

李成梁石坊　りせいりょうせきぼう
遼寧省北鎮県の鼓楼の前。李成梁の功績をたたえるために、明の万暦8年（1580）に建立。
¶中国名旧1 p207

李勣墓　りせきぼ
陝西省礼泉県の東北約18kmの煙霞新村。李勣（594-669）の墓。墓碑は、昭陵の陪葬墓の墓碑で最も大きい。
¶大遺跡9（昭陵と陪塚—李勣墓）〔写〕，中国名旧5 p182

李爽墓　りそうぼ
陝西省羊頭鎮村の曲江池遺址南岸。唐代の磚室墓。甬道の東・西壁、墓室の四壁に人物像を描く。早く盗掘にあったため、陶磁器が副葬品の大半を占めるが、ほかに小銅鏡、ガラス杯も出土。
¶新潮美，世界考古

李大釗故居　りたいしょうこきょ
河北省楽亭県の東南16kmの大黒坨村。李大釗（1889-1927）は中国共産党の創立者の1人。冀東（河北省東部）の典型的な民家。1881年に建てたもの。
¶中国名旧1 p158

李大釗墓　りたいしょうぼ
北京市海淀区の万安公墓にある。李大釗は張作霖に処刑されてから、妙光閣浙寺に安置されていたが、1933年に北京の共産党地下組織がここに埋葬した。
¶中国名旧1 p73

李卓吾墓　りたくごぼ
北京市通県の北方の大悲村。李卓吾（1527-1602）は思想家・文学者。1954年に現在地に改葬。
¶中国名旧1 p88

李塔　りとう
上海市松江県李塔匯鎮。かつて延寿院内にあった。唐の太宗の第13子曹王李明が蘇州刺史の任にあったときに建立。
¶中国名旧2 p31

李白衣冠冢　りはくいかんちょう
安徽省馬鞍山市の翠螺山の麓。基壇は高さ約2mの青石造りで、「唐大詩人李白衣冠冢」と彫った大理石の石碑が建つ。
¶中国名旧2 p207

李白衣冠墓　りはくいかんぼ
四川省江油県の李白故里の名賢祠にある。清の同治8年（1869）に造営。
¶中国名旧5 p47

李白墓　りはくぼ
安徽省当塗県青山。李白（701-762）は唐の上元2年（761）に当塗来遊を行い、翌年亡くなった。李白の親友の子范伝正が元和年間（806-820）末年に当所に改葬、碑文を撰した。
¶中国名旧2 p208，中国歴史

李文忠墓　りぶんちゅうぼ
江蘇省南京市の太平門外2km。李文忠（1339-84）は朱元璋（明の太祖。1328-98）の甥。
¶中国名旧2 p55

李昺墓　りへいぼ
陝西省咸陽市の市街東方20kmの北原。塚の前に並ぶ獅子・馬・麒麟などは、唐代初期の貴重な石刻。
¶中国名旧5 p181

利瑪竇墓　りまとうぼ
北京市西城区阜成門外馬尾溝。イタリア人のイエズス会宣教師であった利瑪竇（マテオ＝リッチ）（1552-1610）の墓。万暦帝の命で当地に葬られた。
¶中国名旧1 p46

李密墓　りみつぼ
陝西省洛南県永豊鎮の西北約5km、秦嶺の南麓。隋代末期の農民蜂起の指導者の1人李密（582-618）の墓。
¶中国名旧5 p210

竜隠巌摩崖石刻　りゅういんがんまがいせっこく
広西チワン族自治区桂林市の七星山の瑶光峰の麓。石刻が多く宋代のものが半分以上。元祐党籍碑が有名。洞口にあった釈迦寺は桂林の四大名刹の一つ。
¶中国名旧4 p287

竜隠洞　りゅういんどう
広西チワン族自治区桂林市の七星山の瑶光峰の麓。洞の内外に、唐の乾寧元年（894）の張浚と劉崇亀などの唐～宋代の石刻がある。
¶中国名旧4 p287

劉永福故居　りゅうえいふくこきょ
広西チワン族自治区欽州市。劉永福がベトナムでの抗払活動から凱旋後に建立した邸宅。
¶中国名旧4 p303

留園　りゅうえん
江蘇省蘇州市の閶門外にある。蘇州の四大名園の一つ。面積は3.4haほどで、東・西・中央・北

の4部に分かれる。清代の典型的な庭園の一つ。

¶新潮美, 中国名旧2 p80〔写〕, 文化史蹟17〔写〕

竜王潭　りゅうおうたん

チベット自治区ラサ市の布達拉宮の背後。または名を竜王塘あるいは竜王堂という。池の中の小島に竜王宮がある。ポタラ宮を建てたとき、ここから土をとり、後に水がたまって潭（淵）になった。ラサの名園の一つ。

¶中国名旧5 p152（竜王堂 りゅうおうどう）, 中国名勝古蹟 p92〔写〕

竜王堂　りゅうおうどう

北京市石景山区の平坡山中、大悲寺の西北。竜泉庵とも。「西山八大処」の第5処。清の康熙11年（1672）の創建。

¶中国名旧1 p79

竜華　りゅうか

上海市上海県竜華鎮一帯。市街に隣接する風景区。竜華塔と竜華寺は三国時代の呉の赤烏年間（238-251）の創建と伝える。

¶中国名旧2 p25〔写〕

竜崖石刻　りゅうがいせっこく

四川省仁寿県の楊柳郷の竜崖後山。竜崖後山に宋代の龕が10余りあり、その中央に臥竜を彫る。

¶中国名旧5 p65

流花湖　りゅうかこ

広東省広州市人民北路。1957〜59年に人造湖を開削し、越秀西湖と命名したが、流花湖と改称。

¶中国名旧4 p219

竜華双塔　りゅうかそうとう

福建省仙游県の七里山の東南麓。北宋の大観年間（1107-10）に東の塔、後に西側にもう一つ建て、竜華双塔と総称した。ともに八角5層、高さ30m余りの石塔。

¶中国名旧4 p147

劉家坪　りゅうかへい

甘粛省蘭州の東11kmの黄河北岸。新石器時代の墓地。白道清坪と呼ばれる黄土台地が溝によって区切られ、いずれも仰韶期の遺跡で、徐家坪では製陶用の窯、劉家坪では多数の墓を検出。

¶世界考古

劉過墓　りゅうかぼ

江蘇省昆山県の馬鞍山（玉峰山）の東麓にある。劉過（1154-1206）は南宋代の豪放派の詞人。

¶中国名旧2 p83

竜巌紅四軍司令部旧址　りゅうがんこうしぐんしれいぶきゅうし

福建省竜巌市の中山公園の傍ら。碑と木からな

る方形の2層の建物。中国工農紅軍第四軍は1929年に当所に司令部を設置。

¶中国名旧4 p176

劉錡祠　りゅうきし

安徽省阜陽県の西北隅。劉太尉祠・劉公祠とも。南宋の名将劉錡（1098-1162）が順昌（現、阜陽県）で金軍を大破したのを記念して建立。

¶中国名旧2 p249

柳毅井〔君山〕　りゅうきせい

湖南省岳陽市の君山の竜口、竜舌山の尾部。橘井ともいう。唐代の李朝威の『柳毅伝』に由来する故事にまつわる井戸。

¶中国名旧4 p32, 中国名勝古蹟 p226〔写〕

柳毅井〔呉県〕　りゅうきせい

江蘇省蘇州市東山の東北、翁巷村。『柳毅伝書』にまつわる遺跡と伝える。

¶中国名旧2 p90

劉基墓　りゅうきぼ

浙江省文成県南田区の西北部の夏山にある。劉基（1311-75）は浙江青田（現、文成県）の出身。墓前に「明開国太師劉文成之墓」という石碑が建つ。

¶中国名旧2 p161

龍虬荘遺跡　りゅうきゅうそういせき

江蘇省高郵市。新石器時代遺跡。墓葬からは保存状況の良好な計497個体の人骨が検出された。

¶東ア考古

竜橋　りゅうきょう

陝西省三原県の南北両城の間の清河に架かる。多孔式のアーチ石橋。明の万暦19〜31年（1591〜1603）に架設。

¶中国名旧5 p188

竜源口橋　りゅうげんこうきょう

江西省永新県の南部、七渓嶺（井岡山市）の麓。弧形の単孔石橋。清の道光17年（1837）の架設。1928年、竜源口戦闘（七渓嶺戦闘）の行われたところ。

¶中国名旧4 p107

竜港　りゅうこう

湖北省陽新県の西南60km。土地革命（1927-37）の革命旧址が30余り現存。

¶中国名旧3 p334

龍口貝塚　りゅうこうかいづか

山東省黄県龍口。貝塚。直径15m、高さ3mくらいの小丘が砂浜上に数基点在。貝層は一部に1mから30cmにおよぶものがある。

¶図解考古

中国　　362

竜江橋　りゅうこうきょう
福建省福清県の東南部の海口鎮。竜江の河口にまたがる。北宋の政和3年(1113)に架設。梁式の石橋。
¶中国名旧4 p130

柳公権墓　りゅうこうけんぼ
陝西省耀県の阿子郷馬吉村。華原出身の書家柳公権の墓。墓前に畢元筆の隷書が刻まれた墓碑がある。
¶中国名旧5 p196

柳侯祠　りゅうこうし
広西チワン族自治区柳州市の柳侯公園。唐代の文学者の柳宗元(773-819)を記念し、長慶元年(821)に創建。
¶中国名旧4 p273〔写〕

隆興寺　りゅうこうじ
河北省正定県にある。隋の開皇6年(586)の創建。銅鋳の大仏で知られ、大仏寺ともいう。南北に長い伽藍配置で、全体に宋代の頃の状況が伝わっている。
¶新潮美, 中国名旧1 p113, 文化史蹟17〔写〕

竜興寺〔沅陵県〕　りゅうこうじ
湖南省沅陵県の西北部の斜面にある。唐の貞元2年(628)の創建。大雄宝殿は元末明初の建立。
¶中国名旧4 p42

竜興寺〔正定県〕　りゅうこうじ
河北省正定県。隋開皇6年(586)に竜蔵寺として創建された。宋代開宝4年(971)に現地へ移建。竜興寺は、唐代に各地に建立された官立寺院で、当寺はそのうちの最古。
¶中国仏教

竜興寺〔鳳陽県〕　りゅうこうじ
安徽省鳳陽県の城北、鳳凰山の日精峰の下。中国の古刹の一つ。20室余りの殿閣、「竜興古刹」の牌坊、「皆大歓喜」の牌額、明代鋳造の大銅鑊と銅鐘、明代の万暦年間の詩牌がある。
¶中国名旧2 p228

龍興寺遺跡　りゅうこうじいせき
山東省青州市。仏教寺院遺跡。寺跡の中軸線北部に「王」字形平面の仏殿跡が検出され、さらにその後ろ7mの所で仏像の穴蔵が発見された。
¶東ア考古

竜興寺経幢　りゅうこうじきょうどう
浙江省杭州市風起路にある。唐の開成2年(837)の建立。
¶中国名旧2 p137

竜興寺石塔　りゅうこうじせきとう
広東省新会第一中学。木造を模し、八角6層。隋代の建立で、広東省の現存最古の石塔。
¶中国名旧4 p240

隆興寺転輪蔵殿　りゅうこうじてんりんぞうでん★
河北省正定県の隆興寺にある。転輪蔵殿は2階建ての楼閣。11世紀頃の建造。初層の中央に、直径約7mの八角形の転輪蔵が置かれており、この経蔵全体を回転できるようにつくられている。
¶文化史蹟17〔写〕

竜江書院　りゅうこうしょいん
江西省寧江県の(酆市鎮)の竜江の河畔。清の道光13年(1833)に開設。中心をなしたのは3階建ての後院で、文星閣という。1927年10月、当所に軍官(将校)教導隊が開設された。
¶中国名旧4 p106

柳江人化石出土地址　りゅうこうじんかせきしゅつどし
広西チワン族自治区柳江県の新興農場の通天巌。完全な形の人類の頭骸骨と一部の体骨と肢骨の化石を発見。
¶中国名旧4 p274

竜鵠山道教造像　りゅうこくざんどうきょうぞうぞう
四川省丹稜県の北方5km。山腹に並ぶ数十の龕。唐の開元年間(713-741)に開削。
¶中国名旧5 p64

竜虎山　りゅうこざん
江西省貴渓県の西南部。もと山中の巌に竜虎観があり、道教の正一派の最重要の道教寺院であったが、いまは遺構のみ。
¶アジア歴9, 中国名旧4 p92

竜居寺壁画　りゅうこじへきが
四川省広漢県の南方8kmにある。明の正統12年(1447)の建立で、仏教説話に材を取った壁画がある。
¶中国名旧5 p43

竜虎殿　りゅうこでん
山西省芮城県の永楽宮の大門。無極門ともいい、寄棟造りで、両側に壁を設けた脇門がある。高大な基壇は「凹」の字形をなす。
¶中国名旧3 p104

竜虎塔　りゅうことう
山東省歴城県柳埠村、四門塔の西北の白虎山の麓。塔は方形をなし、高さ10.8m。石積み・3段の須弥壇の基壇は覆蓮・獅子・伎楽などのレリーフを施す。
¶中国名旧3 p118〔写〕, 中国名勝古蹟 p182〔写〕

363　中国

流沙教堂　りゅうさきょうどう
広東省普寧県流沙鎮。八一南昌峰起（1927年）の
南下部隊の指揮部が会議を開いたところ。
¶中国名旧4 p235

竜沙亭　りゅうさてい
江西省南昌市徳昌門外の竜崗、北壇の長江沿い。
唐代は清風亭といい、明の万暦年間（1573-1620）
に移転して再建。
¶中国名旧4 p63

竜山寺　りゅうざんじ
福建省晋江県安海鎮。別称を天竺寺。隋の皇泰
年間（618-619）の創建、清の康熙23年（1684）に
山門・華表・殿堂門・鐘楼・鼓楼を建立。
¶中国名旧4 p157

竜山石窟　りゅうざんせっくつ
山西省太原市の市街西南20km、竜山の山頂。太
宗の6年（1234）造営。廟宇は廃滅し、8つの石窟
のみ現存。
¶アジア歴9〔写〕，中国名旧3 p23

竜子祠泉　りゅうししせん
山西省臨汾市の市街西南18km、姑射山の山麓。
祠は唐代の創建清代に改修した山門・過殿・中
殿・後殿が現存。
¶中国名旧3 p82

柳子鎮　りゅうしちん
陝西省華県柳子鎮。新石器時代の遺跡の泉護村
では、仰韶文化と龍山文化の住居址ほかを発見。
安家堡では、墓地で仰韶文化の墓20を発見。南
台地と元君廟では、仰韶文化と龍山文化の住居
址ほかを発見した。
¶世界考古

柳子廟　りゅうしびょう
湖南省永州市の瀟水の西岸。唐代の文学者柳宗
元を記念して創建。現存するのは清の光緒3年
（1877）のもの。
¶中国名旧4 p39〔写〕

竜州花山壁画　りゅうしゅうかざんへきが
広西チワン族自治区竜州県の東北30km。人物像
が最も多く、全体で230余りの画像がある。
¶中国名旧4 p297

竜首崖　りゅうしゅがい
江西省九江市の廬山の大天池の側門外数百mに
ある。文殊洞堂屋のような形で天池寺の僧が起
居していたと伝える。外壁に「文殊古洞」の4字
を彫る。
¶中国名旧4 p76〔写〕

龍首原漢墓　りゅうしゅげんかんぼ
陝西省西安市北方の漢長安城の東南隅。前漢時

代の墳墓。竪穴式と地下式土洞墓がある。
¶東ア考古

柳樹溝岩刻　りゅうじゅこうがんこく
新疆ウイグル自治区巴里坤哈薩克自治県の西方
約50km。花崗岩の絶壁に山羊・高輪車・太陽な
どが彫られる。
¶中国名旧5 p285

竜首山　りゅうしゅざん
遼寧省鉄嶺市の市街東部。北峰の頂上に明代の
慈清寺と古楼が建ち、陶然亭、滴翠亭、洗心亭、
稲香亭がある。いずれも中華民国時代のもの。
¶中国名旧1 p213

竜首山塔　りゅうしゅさんとう★
遼寧省鉄嶺市、竜首山の慈清寺。明の弘治2年
（1489）の創建。八角9檐の塼塔。
¶新潮美（鉄嶺〔竜首山塔〕 てつれい）

劉少奇故居　りゅうしょうきこきょ
湖南省寧郷県花明楼郷の炭子沖。土と木で築かれ
る。劉少奇（1898-1969）は革命活動に従い1961
年に帰郷して調査を行った際、当所で1週間起居
した。
¶中国名旧4 p24

瀏城橋楚墓　りゅうじょうきょうそぼ
湖南省長沙市の東郊、瀏城橋。春秋時代晩期の
墓。262点の副葬品のうち、青銅器と漆器だけで
160余点を数え、種類は武器類が多い。
¶世界考古

隆昌寺無梁殿　りゅうしょうじむりょうでん
江蘇省鎮江市句容市の宝華山にある。明の万暦
33年（1605）の建立。塼造りで、木材は1片も使
わない。古銅殿の左右両側に、ともに楼閣式の
無梁殿がある。
¶新潮美（隆昌寺〔無梁殿〕）、中国名旧2 p114

聊城鉄塔　りゅうじょうてっとう
山東省聊城市東関の隆興寺の跡地。13層で、高
さ15.8m。腰部に力士・竜鳳などの精美なレリー
フを施し、下方の四角に琴腿式の石座がある。
¶中国名旧3 p189

竜瑞宮記摩崖石刻　りゅうずいきゅうきまがい
せっこく
浙江省紹興市の宛委山の麓の飛来石にある。唐
代の賀知章（659-744）の書。道院竜瑞宮山の所
在について記す。
¶中国名旧2 p174

竜泉寺〔五台山〕　りゅうせんじ
山西省五台県の五台山台懐鎮の南方5km、九竜
崗の山裾。宋代の創建、影壁・石段・牌坊と3つ
の院落が現存。

アジア

中国　　　　　　　　　　*364*

¶中国名旧3 p42〔写〕

竜泉寺〔鞍山市〕　りゅうせんじ
遼寧省鞍山市の千山の北側の渓谷の中部。千山の五大禅林で最大の仏教寺院。後堂は明の嘉靖37年（1558）、金剛殿・禅堂などはそれ以前の建立。

¶中国名旧1 p197

竜泉寺〔長治県〕　りゅうせんじ
山西省長治県の南方2kmの南王荘村。唐代の創建、山門・前殿・後殿と東西の配殿からなる。

¶中国名旧3 p66

竜泉寺石窟　りゅうせんじせっくつ
山西省太原市の西南15km、太山の東南の山崖。唐代の仏教石窟。

¶新潮美

竜泉書院　りゅうせんしょいん
湖北省荊門市の西門外、蒙山の麓。乾隆19年（1754）の建立。育徳堂・啓秀門などを有す。

¶中国名旧3 p316

劉荘　りゅうそう
浙江省杭州市の西湖丁家山の前の隠秀橋の西にある。水竹居とも。清代末期の劉学詢の別荘。

¶中国名旧2 p138

竜蔵寺碑　りゅうぞうじひ
河北省正定県の隆興寺の大悲閣の東南にある。高さ2.1m、碑文は1行50字で30行。隋の恒州刺史王孝僊が勅命に従い開皇6年（586）11月5日に建てた。

¶中国名旧1 p115

隆宗門　りゅうそうもん
北京市街中心部の故宮の保和殿の西北。皇帝の居室に近接する重要な禁門。東西方向で、間口は柱間3間。

¶中国名旧1 p24

龍潭〔吉林市〕　りゅうたん
吉林省吉林市の龍潭山高句麗山城の西北隅の低地にある。水牢とも。泉水を利用して造った貯水池。

¶中国名旧1 p224（竜潭）

龍潭〔靖西県〕　りゅうたん
広西チワン族自治区靖西県の東北3.5km。皇華亭内に高さ6尺・幅3尺の「鵝」の字を彫った碑が建つ。

¶中国名旧4 p306（竜潭）

龍潭山城　りゅうたんさんじょう
吉林省吉林市。高句麗の山城。城壁は主として土石混築で、一部に版築土塁が認められる。城壁の高さは残存状態の良好な部分では10mに及ぶ。

¶大遺跡10〔写〕，中国名旧1 p223（竜潭山高句麗山城 りゅうたんざんこうくりさんじょう），東ア考古（龍潭山城跡 りゅうたんさんじょうあと）〔写〕

龍潭山城の旱牢　りゅうたんさんじょうのかんろう
吉林省吉林市の龍潭山高句麗山城の西南隅の高台、南天門の下にある。岩の上に花崗岩で築く。物資の貯蔵庫と思われる。

¶大遺跡10（龍潭山城―倉庫址）〔写〕，中国名旧1 p224（旱牢 かんろう）

竜譚洞和県猿人遺址　りゅうたんどうかけんえんじんいし
安徽省和県の北方15km、汪家山の北斜面。カンブリア紀の鍾乳洞の堆積。完全な形の旧石器時代人の頭蓋骨、上臼歯、左下顎骨を発見。同時に粗製の角器と骨器、焼痕のある骨、灰なども発見。地質年代は中更新世。

¶中国名旧2 p231

劉知遠墓　りゅうちえんぼ
河南省禹県の西北30kmの柏嘴山の麓。五代の後漢朝の創始者の墓。

¶中国名旧3 p248

竜亭　りゅうてい
河南省開封市の市街西北隅。宋代の皇宮の後御園の一部。琉璃瓦葺き。

¶中国名旧3 p213（竜亭 りょうてい）〔写〕，中国名勝古蹟 p143〔写〕

竜洞山　りゅうどうざん
山東省歴城県の東南部。竜洞の壁面に高さ4m余りの石刻の造像がある。竜洞の下に寿聖院の遺構がある。

¶中国名旧3 p118

竜頭山塔　りゅうとうざんとう
江西省泰和県の東、竜頭山の頂上。もとは左右に2つの塔が相対していたが左塔はない。右塔は万暦39年（1611）の建立。

¶中国名旧4 p108

龍頭山墓群　りゅうとうさんぼぐん
吉林省延辺朝鮮族自治州和龍県龍海。渤海の古墳群。10基の墳墓を確認。西古城に居住した渤海王族の墓群とする説がある。

¶東ア考古

竜洞寺石窟　りゅうどうじせっくつ
山東省済南市の東南17km、竜洞寺。仏教石窟。

¶新潮美

竜洞石刻　りゅうどうせっこく
江蘇省連雲港市の市街南方2km、孔望山の麓。竜洞の内外に、宋・元・明・清代の石刻が24彫ら

れている。

¶中国名旧2 p62

竜徳塔　りゅうとくとう
浙江省浦江県の東部の竜峰山にある。竜峰塔とも。北宋の天禧元年(1017)の建立。当時の題記のある磚がある。現存の塔は六角7層で、形式が古く、基壇は切石造り。

¶中国名旧2 p187

竜脳橋　りゅうのうきょう
四川省瀘県の大田場の九曲河にある。造形が雄大な石彫橋で、明代の架設。

¶中国名旧5 p40

竜尾山塔　りゅうびさんとう★
遼寧省鉄嶺、竜尾山上。金代末期の創建。六角9檐の磚塔。

¶新潮美(鉄嶺〔竜尾山塔〕　てつれい)

龍尾道　りゅうびどう
陝西省西安市。唐の長安大明宮正殿の含元殿に正面から上る通路。中央に幅25.5mの1条、左右に幅4.5mずつの各1条、計3条の磚敷道。

¶世界考古

劉平国治関亭誦石刻　りゅうへいこくちかんていしょうせっこく
新疆ウイグル自治区拝城県の東北約150km、博扎克拉格溝口。隷書の漢字を101個陰刻。

¶中国名旧5 p299

竜鳳門　りゅうほうもん
北京市天寿山麓の十三陵の墓道の石像生の北。欞星門とも。3つの門の間を背の低い赤壁でつなぐ。

¶中国名旧1 p83

竜門寺　りゅうもんじ
山西省平順県の西北65km、竜門山の中腹。北斉の天保年間(550-559)の創建。東西の禅堂や経舎などが独自の区画をなす。

¶中国名旧3 p71

龍門石窟　りゅうもんせっくつ
河南省洛陽市の南14km、伊水の両岸の龍門山(西山)と香山(東山)の岩肌。北魏〜初唐時代の仏教石窟群。

世界遺産(龍門石窟　2000)

¶アジア歴9(竜門石窟)〔写〕、旺文社世(竜門石窟)〔写〕、角川世(竜門石窟)、古代遺跡p45〜49(竜門の石窟)〔写〕、新潮美(竜門石窟)〔写〕、図解考古〔写〕、世遺事、成世遺下〔写〕、世遺百〔写〕、世界考古〔写〕、世界美6(竜門石窟)〔写〕、世歴百〔写〕、世歴事9〔写〕、世歴大20(竜門石窟)〔写〕、大遺跡9〔写/図〕、中国仏教(竜門石窟)、中国名旧3 p220(竜門石窟)、中国

名勝古蹟 p135(竜門石窟　りゅうもんせっくつ)〔写〕、中国歴史(竜門石窟)、東ア考古、ビジ世遺〔写〕、評論社世(竜門)、仏教考古、文化史蹟16〔写/図〕、平凡社世(竜門石窟)、山川世(竜門　りゅうもん)

龍門石窟―看経寺洞　りゅうもんせっくつ―かんぎょうじどう
河南省洛陽市の龍門山の香山(東山)にある。武周の時代の開削。壁の下方に29体の羅漢のレリーフがある。

世界遺産(龍門石窟　2000)

¶新潮美(竜門石窟―看経寺洞)、中国名旧3 p223(看経寺　かんぎょうじ)

龍門石窟―古陽洞　りゅうもんせっくつ―こようどう
河南省洛陽市の龍門山(西山)の南部。龍門石窟で最も古い。壁面に3列に仏龕を彫り豊富多彩な図案の装飾を施す。

世界遺産(龍門石窟　2000)

¶新潮美(竜門石窟―古陽洞)、中国名旧3 p220(古陽洞　こようどう)〔写〕、文化史蹟16(古陽洞)〔写〕

龍門石窟―獅子洞　りゅうもんせっくつ―ししどう
河南省洛陽市の南14km、龍門石窟。北魏〜初唐時代の仏教石窟群、龍門石窟の第10洞。

世界遺産(龍門石窟　2000)

¶古代遺跡 p48(竜門石窟獅子洞)〔写〕、新潮美(竜門石窟―獅子洞)

龍門石窟―石仏洞　りゅうもんせっくつ―せきぶつどう★
河南省洛陽市の南約13kmの地。龍門石窟の西山の石窟群中の石仏洞は九洞もしくは永隆洞ともいう。主室は左右5.8m、奥行6.65mの方形。本像阿弥陀仏がある。

世界遺産(龍門石窟　2000)

¶古代遺跡 p45(竜門石窟石仏洞)〔写〕

龍門石窟―潜渓寺　りゅうもんせっくつ―せんけいじ★
河南省洛陽市の龍門山(西山)の北端。唐代初期の開削で、1仏・2弟子・2菩薩・2天王を彫る。

¶中国名旧3 p221(潜渓寺　せんけいじ)

龍門石窟の塔彫刻　りゅうもんせっくつのとうちょうこく★
河南省洛陽市龍門石窟群。獅子洞の外の南の壁に塔が浮彫りされている。5層の塔で、総高約2.36m。

¶東西文化 p202〔写〕

中国　　366

龍門石窟―万仏洞　りゅうもんせっくつ―ばんぶつどう
河南省洛陽市の龍門山（西山）の南部にある。洞内の東西両壁に1万5千体の仏像を彫る。

［世界遺産］（龍門石窟　2000）

¶古代遺跡 p45,49（竜門石窟万仏洞）〔写〕，新潮美（竜門石窟―万仏洞），中国名旧 p222（万仏洞　まんぶつどう），文化史蹟16（万仏洞）〔写〕

龍門石窟―賓陽洞　りゅうもんせっくつ―ひんようどう
河南省洛陽市の龍門山（西山）の北部。両壁に1仏2菩薩，頂部に蓮華宝蓋と10の伎楽・供養・天人を彫る。

［世界遺産］（龍門石窟　2000）

¶新潮美（竜門石窟―賓陽洞），中国名旧3 p221（賓陽洞　ひんようどう），文化史蹟16（賓陽中洞）〔写〕

龍門石窟―奉先寺洞　りゅうもんせっくつ―ほうせんじどう
河南省洛陽市の龍門山（西山）の南端。龍門石窟で最大の露天の仏龕。盧舎那仏・弟子・菩薩・天王・力士など9体の彫像がある。

［世界遺産］（龍門石窟　2000）

¶新潮美（竜門石窟―奉先寺洞），中国名旧3 p222（奉先寺 ほうせんじ）〔写〕，中国名勝古蹟 p135（奉先寺 ほうせんじ）〔写〕，文化史蹟16（奉先寺洞）〔写〕

龍門石窟―薬方洞　りゅうもんせっくつ―やくほうどう
河南省洛陽市の龍門山（西山）の北部。龍門石窟の大洞窟では唯一の北斉代。

［世界遺産］（龍門石窟　2000）

¶新潮美（竜門石窟―薬方洞），中国名旧3 p221（薬方洞 やくほうどう）

龍門石窟―蓮華洞　りゅうもんせっくつ―れんげどう
河南省洛陽龍門。北魏～初唐時代の仏教石窟群，龍門石窟の第13洞。

［世界遺産］（龍門石窟　2000）

¶古代遺跡 p48（竜門石窟蓮花洞）〔写〕，新潮美（竜門石窟―蓮華洞），中国名旧3 p221（蓮花洞 れんかどう）〔写〕，文化史蹟16（蓮華洞）〔写〕

劉林遺跡　りゅうりんいせき
江蘇抄邳県。大汶口文化の墓地遺跡。198基の墓を検出。主な副葬品は土器で，彩陶の一部には仰韶文化廟底溝類型の影響を受けたものが見られる。

¶世界考古（劉林 りゅうりん）〔図（土器）〕，東ア考古

柳浪聞鶯　りゅうろうぶんおう
浙江省杭州市の西湖の東南岸。南宋代の御花園。南隅にある旬山樵舎は清代の文人陳兆崙（1700-71）の旧宅。

［世界遺産］（杭州西湖の文化的景観　2011）

¶中国名旧2 p128

柳湾墓地　りゅうわんぼち
青海省楽都県の東方17km。3500～4500年以前の原始社会後期における部族の共同墓地。出土文物は4万点。

¶中国名旧5 p270

凌雲寺　りょううんじ
四川省楽山市の凌雲山の棲鸞峰。創建は唐代。

¶中国名旧5 p62

凌雲塔　りょううんとう
湖南省沅江県の東南，万子湖の砂州。嘉慶2年（1797）に竣工。八角7層。

¶中国名旧4 p45

凌家灘遺跡　りょうかたんいせき
安徽省含山県銅閘鎮。新石器時代の集落跡。土壙墓で構成される墓地・住居跡・祭壇・祭祀坑などが検出された。

¶東ア考古

廖紀墓　りょうきほ
河北省阜城県西碼頭村の北西約1km。プランは十字形で，全長約3.5m。明代の最高支配階級に属する廖紀と妻郭氏・李氏の合葬墓。

¶世界考古

良郷多宝仏塔　りょうきょうたほうぶっとう
北京市房山県の良郷城東北方の燎石崗。俗に良郷塔という。遼代の建立。高さ36m，八角5層の中空楼閣塔。

¶中国名旧1 p90

霊巌寺〔略陽県〕　りょうげんじ
陝西省略陽県の南方約3km，嘉陵江の河畔。天然の岩穴。唐の開元年間（713-741）の創建で，前洞に建物がある。

¶中国名旧5 p214

陵口　りょうこう
江蘇省鎮江市丹陽市陵口鎮の東南隅にある。南朝の斉・梁両朝の陵墓の入口。

¶中国名旧2 p114

霊光寺〔梅州市〕　りょうこうじ
広東省梅州市の市街東南30km，陰那山の麓。正しくは聖寿寺。唐の咸通年間（860-873）に高僧の潘了拳が茅寮を建て，死後に創建。

¶中国名旧4 p252

梁公林　りょうこうりん

山東省曲阜市の市街東方13km、防山の北。孔子の両親を合葬したところ。石積みの周壁をめぐる。

¶中国名旧3 p159

梁国王陵　りょうこくおうりょう

河南省永城県から北東へ30kmの芒碭山。梁の王陵。梁の孝王以降、計8代にわたって歴代の梁王がここに陵墓を築いた。大型の陵墓施設が8ヵ所に計14基築造された。

¶東ア考古

竜虎石刻　りょうこせっこく

吉林省延辺朝鮮族自治州琿春市、涼水河東屯の東3.5kmの山腹。高さ1.40m、幅1.38m。花崗岩上に建ち、篆字で「竜虎」の2字を陰刻。「呉大澂書」と彫る。

¶中国名旧1 p233

霊巌寺〔都江堰市〕　りょうごんじ

四川省都江堰市の西方5km、霊巌山の七星巌の麓。唐代の創建。経典を彫った唐代の石碑を数百枚蔵す。

¶中国名旧5 p27

楞厳寺〔営口市〕　りょうごんじ

遼寧省営口市新華区民主街。1931年の創建。中心をなす大雄殿は間口柱間5間の大木架構造。

¶中国名旧1 p209

楞厳寺〔湛江市〕　りょうごんじ

広東省湛江市の湖光巌。宋代に僧の孫琮が創建したと伝える。

¶中国名旧4 p243

竜沙公園　りょうさこうえん

黒竜江省チチハル市。光緒23年（1897）に黒竜江将軍の程德全（1860-1930）が建造した公園。1916年に現名称に改称。

¶中国名旧1 p241

梁山　りょうざん

山東省梁山県の南部。『水滸伝』の梁山泊は、山麓の沢の名称。山上と周辺に『水滸伝』ゆかりの旧跡がある。「梁山七器」と呼ばれる殷・西周時代の青銅器が発見された。

¶新潮美, 新潮美, 中国名旧3 p187

霊山寺〔洛陽市〕　りょうざんじ

河南省洛陽市宜陽県の西方8km、鳳凰山の北麓。明・清代の僧侶の墓塔が10余り並ぶ。

¶中国名旧3 p227〔写〕

梁山壁画墓　りょうざんへきがぼ

山東省梁山県九區後銀山の山腹。全長は6.7m前室と後室からなる長方形のプラン。壁には彩色

壁画を描いてある。壁画の内容から、この墓は劉建の墓で後漢初頭の成立と推定。

¶世界考古

梁侍中墓　りょうじちゅうのはか

江蘇省南京の東北約12km、神巷村の西。墓の主は普通4年（523）に没した蕭景。墓の東南方向に墓道があり、その両側に1対の石彫辟邪獣、その南に西側の石柱がのこっている。

¶図解考古〔写〕

良渚遺跡群　りょうしょいせきぐん

浙江省杭州市余杭区良渚鎮の一帯。良渚文化の遺跡。代表的な遺跡は、良渚鎮の棋盤墳・荀山・長明橋遺跡。1959年に黒色土器と石器が山東龍山文化と異なることから良渚文化と名付けられた。

¶大遺跡9（良渚文化の遺跡）〔写〕, 中国名旧2 p141（良渚遺跡　りょうしょいせき）, 東ア考古

竜祥観　りょうしょうかん

山西省平順県の西北40kmの王曲村。創建は金の大定3年（1163）で、現存の山門は柱間3間の切妻造りで、本柱を並べる。

¶中国名旧3 p71

両城鎮遺跡　りょうじょうちんいせき

山東省日照市両城鎮。新石器時代龍山文化の集落遺跡。

¶図解考古〔写（土器）〕, 世界考古（両城鎮りょうじょうちん）, 東ア考古

猟嶼銃城　りょうしょじゅうじょう

広東省南澳県の深澳湾の猟嶼。明の天啓3年（1623）の造営。

¶中国名旧4 p232

良渚鎮　りょうしょちん

浙江省杭州市の北西方。良渚文化の標準遺跡。上層は印文陶が出ており、新石器時代末期から漢代にわたる文化層、中層から玉器と良質土器など、下層から黒陶と粗質土器が出ている。

¶世界考古〔写（壺）〕

竜脊石　りょうせきせき

四川省雲陽県の張桓侯廟の前の長江の河心。長江上流の渇水位を示す水文題刻遺跡。

¶中国名旧5 p73

霊山寺〔汕頭市〕　りょうぜんじ

広東省汕頭市潮陽区銅盂村の霊山の斜面。貞元7年（791）に創建。

¶中国仏教（霊山寺（広東省）れいざんじ）, 中国名旧4 p234

霊泉寺石窟　りょうせんじせっくつ

河南省安陽県の西南25kmの宝山。北峰にある大住聖窟は隋の開皇9年（589）の開削で、当所の石窟造像の傑作。

¶中国名旧3 p241

梁村塔　りょうそんとう
山東省高唐県の北方の梁村。木造を模した八角13層の楼閣式の塔。

¶中国名旧3 p190

廖仲愷・何香凝墓　りょうちゅうがい・かこうぎょうぼ
江蘇省南京市の明孝陵の西。廖仲愷(1877-1925)は清末代の革命家。夫人の何香凝(1879-1972)も辛亥革命に身を投じ、没後は夫と合葬された。

¶中国名旧2 p55

遼中京大定府城跡　りょうちゅうけいたいていふじょうあと
内モンゴル自治区赤峰市寧城県、老哈河北岸。遼代中期に新たに造営された中京大定府の城跡。外城・内城・宮城の三重構造を示す。外城は東西4200m、南北3500m。

¶アジア歴6(中京大定府 ちゅうけいだいていふ)、世界考古(中京大定府 ちゅうけいだいていふ)、中国名旧1 p178(遼中京城遺址 りょうちゅうけいじょういし)、東ア考古

遼陳国公主墓　りょうちんこくこうしゅぼ
内モンゴル自治区東南部の遼西山北側の山麓丘陵。遼朝の最盛期に造営された、公主と夫君蕭紹矩(駙馬)の合葬墓。造営年代は墓誌から、1018年(遼・開泰7年)に合葬されたことが判明。

¶東ア考古〔写〕

梁南康簡王簫績墓墓前石刻　りょうなんこうかんおうしょうせきぼぼぜんせっこく★
江蘇省鎮江市句容県石獅村。水田中に石獣2頭、石柱2本が残されている。墓主の簫績は大通3年(529)に没。

¶大遺跡9(南朝陵墓の石刻—梁南康簡王簫績墓墓前石刻)〔写〕

竜蟠磯　りょうはんき
湖北省鄂州市の北門外の長江。蟠竜石ともいい、巌上の竜蟠寺は観音閣ともいう。

¶中国名旧3 p322

陵陽河遺址　りょうようがいし
山東省莒県の東南10km。大汶口文化後期に属する原始文化遺跡。8個の象形文字のある陶尊が出土。

¶中国名旧3 p172

遼陽の遺跡　りょうようのいせき
遼寧省中部。秦漢代には遼東郡が置かれ、城跡は太子河北岸にあった。東胡族の墳墓が発見されている。三道壕に前漢代の村落遺跡や小児甕棺群がある。後漢から晋にかけての壁画古墳が、北園、三道壕、瓦窯子、南林子、棒台子、上王

家村などで発見された。

¶アジア歴9(遼陽 りょうよう)、新潮美(遼陽 りょうよう)、図解考古(遼陽遺跡 りょうよういせき)〔写〕、世界考古(遼陽 りょうよう)、世歴事9(遼陽〔漢墓〕 りょうよう)〔図(石槨墳)〕

遼陽壁画墓群　りょうようへきがぼぐん
遼寧省遼陽市棒台子・三道壕・北園一帯。後漢代から魏・晋代にかけての壁画墓を多数発見。いずれも四角錐形の高大な封土を伴い、墓室は南芬頁岩の石板で築かれていた。

¶中国名旧1 p213

緑影壁　りょくえいへき
湖北省襄樊市の襄陽城の東南隅。明の襄王宋瞻墻が造営した王府の門前の影壁として造られた。高さ約7m、幅25m、厚さ1.6m。

¶中国名旧3 p290〔写〕、中国名勝古蹟 p232〔写〕

緑繞亭　りょくぎょうてい
安徽省歙県の18.5kmの渓南村。明代初期の築造、景泰7年(1456)の再建。安徽省現存の数少ない明代の過街亭。

¶中国名旧2 p244

緑珠井　りょくじゅせい
広西チワン族自治区緑蘿村。清の康熙48年(1709)祠を創建。井戸は現存せず、遺構のみ。

¶中国名旧4 p302

李峪村　りょくそん
山西省渾源県李峪村。1923年、暴風雨で崩壊した断崖に開いた窟内から多数の銅器が出土。地下の墓室の一部が露出したことによる。器形や図文が既知の周器や漢器とはちがうことから、いわゆる秦銅器として注目される。

¶新潮美(渾源—李峪村春秋墓 こんげん—りょくそんしゅんじゅうぼ)、図解考古(李峪村遺跡 りょくそんいせき)〔写(鼎と匜)〕、世界考古

呂祖堂　りょそどう
天津市紅橋区如意庵大街何家胡同18号。清代に呂洞賓の塑像を祀った道教寺院。康熙58年(1719)の創建。

¶中国名旧1 p100

呂村万仏洞　りょそんまんぶつどう
陝西省黄陵県の西方42.5kmの呂村。洞壁と石柱の周囲に仏陀・菩薩・羅漢などのレリーフを施す。

¶中国名旧5 p207

呂府　りょふ
浙江省紹興市の市街。明の嘉靖年間(1522-66)に礼部尚書をつとめた呂本の邸宅。

¶中国名旧2 p174

李和墓　りわぼ

陝西省双盛村の東。隋代の墓。全長44.15m。墓室内の赤褐色の枠内に墨で樹木と築山を描き、過洞入口の両側には男女の単身立像を描いた壁画が残存。

¶世界考古

臨漪亭　りんいてい

河北省保定市の古蓮花池の中央にある。水中亭・水心亭とも。2階建てで、高さ12m余りの重檐八角宝形造。

¶中国名旧1 p128

臨沂金雀山漢墓　りんききんじゃくさんかんぼ

山東省臨沂県の南にある丘陵上。中・小型の前漢墓が群集。金雀山9号墓は、前2世紀後半、武帝代の竪穴木槨墓。棺の上に帛画を広げてあった。

¶大遺跡9〔写/図〕

臨江楼　りんこうろう

福建省上杭県。1929年9月に中国工農紅軍第四軍が上杭県城を攻略すると、毛沢東は当所に移った。

¶中国名旧4 p178

臨済寺　りんざいじ

河北省正定県。古くは臨済院。滹沱河に臨んだ地にありこの名がある。東魏興和2年（540）の創建。

¶新潮美, 中国仏教

臨済寺澄霊塔　りんざいじちょうれいとう

河北省正定県。青塔とも。当寺は臨済宗発祥の地。寺は廃滅したが金の大定年間に塔のみ再建。八角9層の密檐磚塔。

¶中国名旧1 p116

臨淄古城　りんしこじょう

山東省淄博市臨淄区の西部から北部。斉の都城址。城壁は東西約3.5km、南北約4km。西南隅に現在、営丘城と呼ばれる方約2.5kmの小城がつく。

¶アジア歴9（臨淄 りんし）, 図解考古（臨淄遺跡 りんしいせき）〔図〕, 世界考古（臨淄 りんし）〔図〕, 世界事9（臨淄 りんし）, 中国名旧3 p131（臨淄斉国故城 りんしせいこくこじょう）, 平凡社世（臨淄 りんし）

臨汝窯　りんじょよう

河南省汝州帝北西部の臨汝鎮。陶磁器窯。厳和店・軋花溝・下任村・東溝・陳溝・崗窯・石板河・桃木溝・陳家庄・蜈蚣山などに窯跡が分布する。

¶東ア考古

臨清舎利宝塔　りんせいしゃりほうとう

山東省臨清市の西北部、大運河の北岸。高さ約60mで、磚と木からなる八角楼閣式の塔。

¶中国名旧3 p190

臨清清真寺　りんせいせいしんじ

山東省臨清市の西部、衛運河東岸の先鋒橋の畔。柱間80間余りの建物が現存正殿は軒が深く、インドのモスクの様式を呈す。

¶中国名旧3 p190

林泉寺　りんせんじ

山西省原平県の西南15km、水油溝村の北。創建は宋代、2層の蔵経閣が建つ。古塔があり、仰覆蓮華・人物・草花の彫刻が施されている。

¶中国名旧3 p51

林則徐祠堂　りんそくじょしどう

福建省福州市澳門路。大門に「林文忠公祠堂」という扁額を掲げる。祠庁は周壁をめぐらし、林則徐の遺像を安置する。

¶中国名旧4 p126

林則徐墓　りんそくじょぼ

福建省福州市の北郊の馬鞍村、金獅山の麓。林則徐（1785-1850）は清代の民族英雄。墓は道光6年（1826）に林則徐が父母のために造ったもので、林則徐夫婦と弟夫婦を合葬。

¶中国名旧4 p127

輪台古城　りんだいこじょう

新疆ウイグル自治区輪台県の東юж約20km。食糧倉庫が発見された。漢代の侖頭国の都城と伝える。

¶中国名旧5 p293

輪台戍楼　りんだいじゅろう

新疆ウイグル自治区輪台県の西南方の拉伊蘇の近く。唐代の屯田の遺跡。

¶中国名旧5 p293

林東塔　りんとうとう

内モンゴル自治区バイリン左旗の遼上京城遺址の近く。2本の磚塔。北塔は密檐式の塔身の下部が約6mだけ残る。南塔の残高は約20m。八角7層の密檐塔。

¶中国名旧1 p180〔写〕

麟徳殿跡　りんとくでんあと

陝西省西安市、太液池の西の高台上にある。宮殿跡。唐の貞観8年（634）に築いた大明宮内西部に位置する建物。宴会と外国使節の接見に用いられた。南北130m、東西約80mの土壇の上に前・中・後の3殿が連なる。

¶大遺跡9（唐の長安城―麟徳殿）〔写/図p135, 164〕, 東ア考古

麟游石窟　りんゆうせっくつ

陝西省麟游県の西から西南にかけての丘陵地帯。唐代の仏教石窟、摩崖仏群。

中国　　　　　　　　　　　　　　　370

¶新潮美

林陽寺　りんようじ
福建省福州市の北峰山区、市街から19kmのところ。林洋寺とも。930年代の創建という。清の光緒年間(1875-1908)に涌泉寺の住職の古月禅師が資金を募って再建し、林陽寺と命名。
　¶中国名旧4 p127

林慮山の千仏洞　りんりょざんのせんぶつどう
河南省安陽市林州市林慮山の洪谷の北側の絶壁。洞内の正面に1仏2弟子の摩崖石刻がある。
　¶中国名旧3 p242(千仏洞 せんぶつどう)

ルクチュン(魯克沁)古墓地　るくちゅんこぼち
新疆ウイグル自治区鄯善県魯克沁鎮の北方。高昌国(531-640)から唐代にかけての墓群。大量の文物と漢語の墓誌が出土。
　¶中国名旧5 p281(魯克沁古墓地)

瑠璃河燕遺址　るりがえんいし
北京市房山区瑠璃河鎮の北。西周時代の燕国の墓地跡。
　¶大遺跡9(西周の遺跡—瑠璃河燕遺址)〔写〕

琉璃閣　るりかく
河南省輝県県城の南東約1km。明代の建築文昌館のある一帯。殷〜春秋戦国時代の古墓群や住居跡などが遺されている。
　¶世界考古〔図〕

琉璃河遺跡　るりこういせき
北京市房山区琉璃河の北。西周時代燕国の都城と墓地の遺跡。城の東西は850m。墓地では300余基の墓と30基ほどの車馬坑を調査。
　¶中国名旧1 p91(琉璃河商周遺址 るりがしょうしゅういせき)、東ア考古〔写〕

琉璃廠　るりしょう
北京市宣武区和平門外。元・明両代に琉璃窯廠(琉璃製品を焼く工場)が設けられていたので琉璃廠という。乾隆年間には既に骨董・書画・古画・碑帖や文房四宝の集散地となった。
　¶中国名旧1 p51

霊隠寺　れいいんじ
浙江省杭州市の西湖の西北、霊隠山(武林山)の麓。中国仏教の禅宗十刹の一つ。禅宗五山の第四。東晋の咸和元年(326)インド僧の慧理が寺を建て、名を「霊隠」とした。北山景徳霊隠寺といい、また雲林寺、雲林禅寺とも。現存する建物は19世紀のもの。
　¶新潮美(霊隠寺 りんにんじ)、中国仏教(霊隠寺 れいいんじ, りんにんじ)、中国名旧2 p138〔写〕、中国名勝古蹟 p264〔写〕、中国歴史

蠡園　れいえん
江蘇省無錫市の西南部、五里湖畔にある。1927年開園の旧蠡園と1930年開園の漁荘からなる。千歩の長廊は壁に蘇軾(東坡)・米芾・王陽明の書の磚刻をはめこむ。
　¶中国名旧2 p94

霊巌山　れいがんざん
江蘇省蘇州市街から15kmにある。呉王夫差と西施にまつわる旧跡と伝承がきわめて多い。西南麓に韓世忠墓がある。
　¶中国名旧2 p90

霊巌寺〔済南市〕　れいがんじ
山東省済南市長清区の東南部、泰山の北西方の方山の麓。天下四絶の一つとされる。開創は北魏正光年間(520-25)僧法定の建立。文帝の勅で伽藍が修造された。
　¶新潮美(霊巌寺(1))、中国仏教、中国名旧3 p120(霊巌寺 りょうがんじ)

霊巌寺〔蘇州市〕　れいがんじ
江蘇省蘇州市霊巌山の山頂にある。崇報寺とも。浄土宗の有名な道場の一つ。
　¶中国名旧2 p91

霊渠　れいきょ
広西チワン族自治区興安県。古代の水利施設。秦の始皇帝が史禄に命じて前223−前214年に開削。
　¶中国名旧4 p292

霊源寺　れいげんじ
江蘇省蘇州市、東山の碧螺峰の麓にある。創建は南朝の梁の天監元年(502)。現存する建物は明代のもの。
　¶中国名旧2 p91

麗江旧市街　れいこうきゅうしがい★
雲南省麗江市。雲貴高原にある都市。8世紀頃から東巴文化を持つ納西(ナシ)族が居住。現在の旧市街は、宋代末期の1126年に建設。城壁はなく、市街に水路をめぐらす。瓦葺きの木造民家や、道教と仏教の仏像、少数民族の壁画が残る。
　[世界遺産](麗江旧市街　1997)
　¶世遺事(麗江古城)、成世遺下(古都麗江)〔写〕、世遺百〔写〕、ビジ世遺(古都麗江)〔写〕

霊光寺〔西山八大処〕　れいこうじ
北京市石景山区の翠微山の東麓。「西山八大処」の第2処。唐の大暦年間の創建。
　¶中国名旧1 p79

霊光殿　れいこうでん
山東省曲阜市郊外。漢の魯国宮殿。魯城は東周時代の城郭を、漢代まで継承したもので、版築の城壁と門址とをとどめる。建物の周囲を取巻く塼敷の舗装面と礎石の一部を検出。

¶世界考古, 大遺跡9（西周の遺跡―霊光殿址）
〔写〕

麗江壁画　れいこうへきが
雲南省麗江納西族自治県のと白沙・竜泉・雪松・芝山・崖脚・漾西など10か所余り。明・清代建立の仏教と道教の寺院の内壁に描かれている。当地の土司の木氏が描かせた。
¶中国名旧5 p143

霊谷寺　れいこくじ
江蘇省南京市の中山陵の東側。もと開善寺といい、鍾山南麓の独竜阜にあった。明孝陵を造営するため、寺と塔を当所に移し、霊谷寺と改称した。
¶新潮美, 中国仏教, 中国名旧2 p56

霊谷寺無梁殿　れいこくじむりょうでん
江蘇省南京市の霊谷公園。霊谷寺に現存する殿宇。明の洪武年間（1368-98）の建造。二重入母屋造で、木造建築の形式にならった塼積の建築。
¶中国名旧2 p56（無梁殿 むりょうでん）, 文化史蹟17〔写〕

霊谷塔　れいこくとう
江蘇省南京市の霊谷寺の背後にある。1929年に建てた革命紀念塔。八角9層、高さ60m余りの鉄筋コンクリート造り。
¶中国名旧2 p56

擂鼓墩　れいことん
湖北省随州市随県。戦国時代前期の曾国の君主曾侯乙の墓の所在地。
¶中国名旧3 p293

霊済塔　れいさいとう
湖北省武漢市の洪山の宝通禅寺の後方、山頂の近く。元代の建立で、八角7層。
¶中国名旧3 p275

霊山寺〔煙台市〕　れいざんじ
山東省煙台市莱州市。北魏太和元年（477）王茂春、劉虎子等200人が各家眷属の招福を願って塔を建立したと記録される。
¶中国仏教（霊山寺（山東省））

霊山寺〔信陽市〕　れいざんじ
河南省信陽市羅山県の西南45km、朱堂山の南。唐代の創建。
¶中国名旧3 p260

霊寿城跡　れいじゅじょうあと
河南省平山県三汲郷。戦国時代の都城遺跡。中山国後半期の国都に比定。範囲は東西4km、南北約4.5km。
¶大遺跡9（中山王国―霊寿故城）〔写/図〕, 東ア考古

霊潤橋　れいじゅんきょう
湖北省黄梅県の四祖寺の巌泉渓。元の至正10年（1350）の架設で、単孔アーチ石橋。
¶中国名旧3 p329

麗城遺址　れいじょういし
江西省豊城県の東南25km。周囲3km。北面の城堡は原状を留める。城壁の外に護城河（濠）の遺構もある。
¶中国名旧4 p71

荔枝湾　れいしわん
広東省広州市の市街の西部。荔枝と密接なつながりのある地。五代のときに昌華苑を造営。
¶中国名旧4 p220

霊井　れいせい
河南省許昌市霊井。細石器を出土する遺跡。石器類は礫器、剥片石器、細石器の3種に分けられ、細石器が特に多い。年代は旧石器時代後期末から中石器時代への過渡的段階。
¶世界考古

欞星門　れいせいもん
山東省曲阜市の孔廟の大門。竜頭の闌周を12枚掲げ、朱塗りの扉が6枚、大きな石柱が4本あり、頂端に四大天将像を彫る。
$\boxed{\text{世界遺産}}$（曲阜の孔廟、孔林、孔府　1994）
¶中国名旧3 p146〔写〕

麗正門　れいせいもん
河北省承徳市。避暑山荘の正門。清の乾隆19年（1754）築。「乾隆三十六景」の第1景。
¶中国名旧1 p147

霊泉寺　れいせんじ
河南省彰徳の西、宝山。宝山寺とも。道憑が魏武定4年（546）開創。寺域中、灰身塔は貞観6年（632）の霊裕、ほか慧休等の多数がある。
¶中国仏教

霊台　れいだい
河南省洛陽市偃師県大郊村の近く、漢魏洛陽故城（洛陽市）の南郊。中国最初の天文観測台の一つで、1900年余り前のもの。方形の高台がある。
¶中国名旧3 p226

霊通巌　れいつうがん
福建省平和県の西南部。頂上に巨石に覆われた寺がある。「擎天」の2字を彫った石刻は、明代の進士張挙中の筆。
¶中国名旧4 p167

嶺南第一楼　れいなんだいいちろう
広東省広州市恵福西路の坡山の山頂。明の洪武7年（1374）の建造。鐘は広東省の現存最大の銅鐘。

中国　　372

アジア

¶中国名旧4 p220

霊宝張湾漢墓　れいほうちょうわんかんぼ
河南省三門峡市霊宝市張湾。古墳群。発掘された4基は塼築多室墓で、後漢の末期の楊姓の豪族墓。
¶新潮美

霊宝塔　れいほうとう
四川省楽山市の東部の凌雲山にある。宋代の建立、方形13層の中空・密檐の塼塔。
¶中国名旧5 p62

歴下亭　れきかてい
山東省済南市の大明湖の小島。古歴亭ともいう。現在の八角、重檐の亭は清代に建てたもので、乾隆帝の「歴下亭」の木額を掲げる。
¶中国名旧3 p115

レプン寺
チベット自治区ラサ市西郊5km、ゲンペリ山の斜面。レボン寺、デープン寺とも。黄帽派ラマ教の大寺院。15世紀初めツォンカパの高弟によって創建された。西蔵地区最大の寺院で、三大寺という。
¶アジア歴9(レボン)〔写〕、世歴事9(レボン寺)〔写〕、中国名旧5 p150(哲蚌寺 デープンじ)〔写〕、中国名勝古蹟 p87〔写〕、評論社世(レボン寺)

蓮花山　れんかざん
広東省番禺県の東部、獅子洋の西岸。主峰にそびえる蓮花塔は明の万暦40年(1612)の建立。北側の山頂に康熙3年(1664)造営の蓮花城がある。
¶中国名旧4 p224

蓮花塘　れんかとう
江西省景徳鎮市の市街北部。宋代以後、代々、学宮が設けられ、清の道光年間(1821-50)に紹文書院が開設された。
¶中国名旧4 p67

蓮花峰〔南安市〕　れんかほう
福建省南安市豊州鎮桃源村にある。俗に石亭山という。蓮花の下方にある亭風の石造の寺は明の正徳元年(1506)の創建。清の同治5年(1866)建立の棲禅小閣、民国時代建立の曹洞祖師堂、唐朝の欧陽詹の読書処の旧址がある。
¶中国名旧4 p159

蓮花峰〔汕頭市〕　れんかほう
広東省汕頭市潮陽区海門集鎮の近く。斜面に様々な書体の摩崖石刻が数十ある文天祥が剣で彫ったと伝える「終南」の2字が有名。
¶中国名旧4 p235

蓮渓寺　れんけいじ
湖北省武漢市の武昌の大東門外7.5kmの竜山。明

代の再建。武漢市の四大寺院の一つ。
¶中国名旧3 p285

蓮華洞石窟〔済源市〕　れんげどうせっくつ
河南省済源市の東南約10km、万仏山。仏教石窟。入口左右に力士を浮彫し、高さ約1mの石造三尊仏を置く。唐代以前の造像。
¶新潮美(済源―蓮華洞石窟　さいげん―れんげどうせっくつ)

蓮華洞石窟〔済南市〕　れんげどうせっくつ
山東省済南市五峰山西部の絶壁にある。東魏から隋代にかけて彫られた。石窟は高さ3mで、洞外にアーチ形の門を設ける。
¶新潮美(長清―蓮華洞石窟　ちょうせい―れんげどうせっくつ)、中国名旧3 p120(蓮花洞石刻造像　れんかどうせっこくぞうぞう)

漱江書院　れんこうしょいん
江西省興国県。旧式の書院。1929年5月、毛沢東が革命委員会の結成を指導した。
¶中国名旧4 p110

連珠塔　れんじゅとう
湖北省恩施市の市街東方1km、清江の峡口の上、五峰山の山頂。清の道光11年(1831)に着工、7層、高さ30m余りの石塔。
¶中国名旧3 p335

蓮性寺白塔　れんしょうじはくとう
江蘇省揚州市の痩西湖の湖畔。清の乾隆年間(1736-95)の建立。塼を積み上げたもので、ラマ塔の1種。
¶中国名旧2 p102

煉丹台　れんたんだい
安徽省潜山県の天柱山の良薬風景区。上煉丹(台)とも。後漢代末期に左慈が焼薬煉丹したところと伝える。
¶中国名旧2 p218

婁叡墓　ろうえいぼ
山西省太原市南郊。北斉東安王婁叡(570年没)の墳墓。墳丘は方形、単室塼室墓。墓道・羨道・墓室全体に壁画が描かれている。
¶新潮美, 東ア考古

棱恩殿　ろうえんでん
北京市天寿山麓の長陵の2つめの院落。長陵の享殿。黄瓦に赤壁の重檐寄棟造り。
¶中国名旧1 p84〔写〕

老屋閣　ろうおくかく
安徽省歙県の西方18.5kmの渓南村。俗称を老屋角、別称を呉息之住宅。明代中期の築造。明代の代表的な住宅。
¶中国名旧2 p244

狼牙山烈士塔　ろうがさんれっしとう
河北省易県の西南40kmの狼牙山。1941年に狼牙山の牛角壺一帯で日本軍と戦った烈士を記念して翌年に建てられた塔。1958年に狼牙山の棋盤陀に再建。五角5層の塔。
¶中国名旧1 p139

老河深遺跡　ろうがしんいせき
吉林省楡樹市大坡鎮老河深村の南約500m。上層は渤海の墓地下層は集落遺跡、中層は129基の竪穴式土壙墓や石壙墓からなる。
¶東ア考古

楼観台　ろうかんだい
陝西省周至県の東南20km、秦嶺の麓。老子が『道徳経』を講じた。説経台・煉丹炉・呂祖洞などが現存。
¶中国名旧5 p179〔写〕

老君岩　ろうくんがん
福建省泉州市の清源山の右峰、羽仙巌の羅山と武山の麓。宋代には道教寺院が集中していたが、現存するのは老君造像のみ。宋代の道教の大型石刻の傑作。
¶中国名旧4 p150〔写〕, 中国名勝古蹟 p321（老君岩石像 ろうくんがんせきぞう）〔写〕

老君台　ろうくんだい
河南省鹿邑県の東北隅。磚を積み上げたもので、老子が飛昇したところと伝える。
¶中国名旧3 p255

弄崗自然保護区　ろうこうしぜんほごく
広西チワン族自治区竜州県の東北30km。古脊椎動物の化石や石器・貝器などが出土。
¶中国名旧4 p297

老虎山遺跡　ろうこざんいせき
内モンゴル自治区涼城県老虎山の南坂に立地。新石器時代の集落遺跡。龍山文化前期の性質を有するが、石垣と発達した突帯文や袋足器も注目される。
¶東ア考古

老虎山東晋墓　ろうこざんとうしんぼ
江蘇省南京市下関駅の東約3km。東晋の貴族顔氏一族の墓群。副葬品には、陶器の三足硯・耳杯、青磁の鶏首壺・唾壺、銅器の弩機・燋斗など。
¶世界考古

嶗山　ろうざん
山東省山東半島の西南部、青島市の東郊、嶗山県。宋・元代以後、仏教と道教の寺院が建てられ、道教の名山となる。
¶中国名旧3 p125〔写〕, 中国名勝古蹟 p182〔写〕

狼山　ろうざん
江蘇省南通市の南郊。東と西に他四山があり、五山・狼五山と総称する。紫琅山とも。山上には広教寺や、幻公塔、撫台李公平倭碑などの旧跡や文物がある。断崖や絶壁には石刻が多い。
¶中国名旧2 p64

臘山　ろうざん
山東省梁山県の北部。仏教と道教の寺院の殿宇が山肌沿いに並ぶ。北麓に清の雍正年間に建てた鎮会庁や戯楼がある。
¶中国名旧3 p187

老山遺跡　ろうざんいせき
北京市から西へ約18km。前漢時代の大型王侯墓。埋葬施設は、竪穴墓壙の中央に角材で構築された回廊型室。
¶東ア考古

婁山関　ろうざんかん
貴州省遵義県の大婁山。婁関・太平関ともいい、毛沢東（1893-1976）の詠じた碑がある。
¶中国名旧5 p96

臘子口戦役遺址　ろうしこうせんえきいし
甘粛省迭部県の西北約120kmの迭（畳）山。古くから天険とよばれ、甘粛・四川間の隘路。
¶中国名旧5 p222

老司城　ろうしじょう
湖南省永順県の東方15km。旧司城とも。土家族の歴代の王の治所。
¶中国名旧4 p47

陋室　ろうしつ
安徽省和県にある。唐代の詩人劉禹錫が和州刺史のときに建てた陋室（自宅）で、清の乾隆年間（1736-95）に和州知事の宋思仁が再建。
¶中国名旧2 p232

楼上遺跡　ろうじょういせき
遼寧省大連市甘井子区後牧城駅村の円丘上。積石塚。10基の埋葬主体部を確認。築造年代は、春秋時代中〜後期と併行する前6〜5世紀と推定。
¶東ア考古

浪井　ろうせい
江西省九江市の市街の北部、長江沿。灌嬰井・瑞井とも。前漢の名将灌嬰が高祖6年（前201）に開削、のちにふさがれた。後漢の建安年間（196-220）に孫権が灌嬰井を掘りあてた。
¶中国名旧4 p87

隴西院　ろうせいいん
四川省江油県の太白故里にある。李白の旧宅で影壁が残る。
¶中国名旧5 p47〔写〕

老西開教堂　ろうせいかいきょうどう
天津市和平区近江道独山路、旧墻子河外の老西開。フランス教堂とも。カトリックの聖堂。1914年創建の教区聖堂と1917年創建の大聖堂からなる。
¶中国名旧1 p100

閬中大仏　ろうちゅうだいぶつ
四川省閬中県の大像山。絶壁に彫られた弥勒仏の坐像。仏身の背に小仏像を1千体余り彫る。
¶中国名旧5 p76

老鉄山　ろうてつざん
遼寧省大連市。老鉄山の尾根筋に積石塚が点在。副葬土器は褐色細砂質の小型磨研土器が主。
¶世界考古

良馬寺　ろうばじ
陝西省洋県の西方20km、龐家店村。中統2年(1261)の創建。
¶中国名旧5 p213

老万荘金代壁画墓群　ろうばんそうきんだいへきがほぐん
河南省焦作市の西北郊、老万荘村の西部、向陽山の斜面。木造を模した磚造りの金代の壁画墓で、彩色を施した木棺を蔵す。
¶中国名旧3 p227

妻妃墓　ろうひほ
江西省南昌市沿江路華光廟8号の門前。妻妃は明の朱権の孫にあたる寧王朱宸濠(？－1520)の妻。夫の宋宸濠が反乱に失敗すると、妻妃も贛江に身を投じた。
¶中国名旧4 p63

老姆台　ろうぼだい
河北省易東南。燕の下都の東城北壁の外側にある。建築址で南北に約110m、東西に約90m、高さ約12m。
¶大遺跡9(燕の下都—老姆台)〔写〕

琅邪山　ろうやさん
安徽省滁州市の市街西南5km。山中に古建築、唐・宋代以来の摩崖や碑刻をはじめ、名勝旧跡がある。寺院や道教寺院が点在。
¶アジア歴9, 中国名旧2 p224

琅邪寺　ろうやじ
安徽省滁州市の琅邪山中にある。別名を開化寺、開化律寺。唐の大暦年間(766-779)創建。伽藍に大雄宝殿・蔵経楼など。また、唐・宋・明・清代の摩崖と碑刻が点在。
¶中国名旧2 p224

琅邪台　ろうやだい
山東省膠南県の夏河城の東南5km。土台は3層で、高さ3丈。当時の台は崩れ、小さな山丘のよ

うな形をしている。
¶中国名旧3 p129

楼蘭　ろうらん
ロブ・ノール北岸。漢代にシルクロードの要衝として栄えたオアシス都市。1900年遺跡が発見され、木簡・文書をはじめ多くの遺物を出土した。寺院群の跡、ガンダーラ式の仏像や仏画などを発見。
¶アジア歴9, 遺跡100〔写〕, 旺文社世, 角川世, 新潮美(楼蘭), 世界考古(クロライナ), 大遺跡7〔写/図〕, 中国名旧5 p298(楼蘭古城遺址 ろうらんこじょういし), 東ア考古(ローラン(楼蘭)遺跡), 評論社世, 平凡社世, 山川世

老和山　ろうわざん
浙江省杭州市。良渚文化の遺跡。上層は幾何学印文陶を伴う文化層、下層は良渚文化。
¶世界考古

潞王墳　ろおうふん
河南省北部、新郷県内。殷代の遺跡。遺物は、殷上層では石器、骨角器、陶器、卜骨などで下層は陶鬲・盆の文様に古いものがみられる。
¶世界考古

蘆関　ろかん
陝西省延安市安塞区の北方約70km、土門山の谷。東西両側の絶壁の上にそれぞれ城址があり、秦～清代に兵を留めて防備を固めた。
¶中国名旧5 p206

潞簡王墓　ろかんおうほ
河南省新郷市の市街北方15km、鳳凰山の南麓。東西両墓に分かれ、東が潞簡王、西が次妃趙氏の墓。墓前に二竜戯珠を主体とする石牌坊がある。
¶中国名旧3 p235

六一紀念亭　ろくいちきねんてい
湖北省武漢市の珞珈山の西部、武漢大学の構内。1948年に建立。六角宝形造り。
¶中国名旧3 p285

鹿渓山　ろくけいざん
湖北省遠安県の西北7.5km。雲門山とも。山上の招仙崖は梁代(502-557)に陸法和が隠棲していたところ。山麓の鹿苑寺は清の道光10年(1830)の創建。
¶中国名旧3 p306

麓山寺　ろくさんじ
湖南省長沙市の岳麓山の中腹。晋の泰始4年(268)の創建。後殿は観音閣といい、1955年に改修。
¶中国名旧4 p20

六祖殿　ろくそでん

広東省広州市の光孝寺。北宋の大中祥符年間（1008-16）に禅宗六祖の慧能（638-713）を記念して建立。前方にある精緻な木造の伽藍殿は明代の様式を留める。

¶中国名旧4 p206

禄豊古猿化石遺址　ろくほうこえんかせきいし

雲南省禄豊県の西北約7kmの石灰壩村。古生物の化石を大量に発見。地質年代は800万年前の上新世前期。

¶中国名旧5 p128

鹿門山　ろくもんざん

湖北省襄陽県の東南20km。山頂の万寿寺は宋代に全盛期を迎え、柱間500間余りを擁した。明の嘉靖4年（1525）に龐・孟・皮の3人を祀った三高祠は、清代後期の建物が現存。

¶中国名旧3 p291

六榕寺　ろくようじ

広東省広州市朝陽北路。梁代大同3年（537）梁武帝の血縁、曇裕法師が舎利塔を建立。紹聖年間、蘇東坡が寺内に六本の榕樹があることにちなみ六榕の額を書した。

¶新潮美，中国仏教，中国名旧4 p220

六郎碑　ろくろうひ

河北省唐県の倒馬関城西3kmの馬圏山中。宋朝の将軍楊延昭（六郎）が三関を死守した功績を記念して、明の正徳15年（1520）に建立。

¶中国名旧1 p135

六和塔　ろくわとう

浙江省杭州市の南部、銭塘江畔の月輪山に建つ。六合塔とも。北宋の開宝3年（970）に呉越王の銭俶が建立。現存の磚造りの塔身は南宋の紹興23年（1153）の再建で、塔刹は明代、各層の木造りの回廊は清の光緒25年（1899）のもの。

¶新潮美（六和塔　りくわとう），中国名旧2 p140〔写〕，中国名勝古蹟 p262（六和塔　りくわとう）〔写〕

盧溝橋　ろこうきょう

北京市市街西南約15km、豊台区の永定河に架かる。北京の現存最古の連続アーチ橋。架設は金の大定29年（1189）。清の康熙37年（1698）に再架設。1937年の盧溝橋事変で有名。

¶アジア歴9，中国名旧1 p76〔写〕，中国名勝古蹟 p147〔写〕

魯国故城　ろこくこじょう

山東省曲阜県。春秋・戦国時代の魯国の都城遺跡。西周時代から漢代までの遺構が残る。

¶大遺跡9（西周の遺跡—魯国故城）〔写/図〕，中国名旧3 p159，東ア考古（曲阜魯城跡　きょくふろじょうあと）

廬山　ろざん

江西省九江市の南部。廬山は、鄱陽湖畔にそびえる長さ約25km、幅10kmの連山。4世紀から宗教が盛んで、寺院や廟などが最盛時で500ヶ所余りあった。391年に名僧慧遠が東林寺を建立し中国仏教浄土宗の中心となった。山頂には現在でも仏教、道教、イスラム教、カトリックの寺院、廟、教会などがある。

世界遺産（廬山国立公園　1996）

¶アジア歴9，旺文社世，新潮美〔図〕，世遺事（廬山国立公園），成世遺下（廬山国立公園）〔写〕，世遺百（廬山国立公園）〔写〕，世歴事9〔写〕，世歴大20，中国仏教，中国名旧4 p73〔図〕，中国名勝古蹟 p239〔写〕，ビジ世遺（廬山国立公園）〔写〕，評論社世，平凡社世（廬山　ろざん、ルーシャン），ユネ世遺4（廬山国立公園）〔写〕

瀘山　ろざん

四川省西昌市の市街南方5km、邛海の西岸。唐代以前から寺院が建てられた。現存するのは光福寺・蒙段祠・隠渓寺など。

¶中国名旧5 p84

魯粛墓〔岳陽市〕　ろしゅくぼ

湖南省岳陽市西門の東側、岳陽楼から300mのところ。高大な墓。周囲に石造りの欄干をめぐらす。魯粛（172-217）は『三国志』に伝がある人物。

¶中国名旧4 p34

魯粛墓〔武漢市〕　ろしゅくぼ

湖北省武漢市の亀山南側の中腹。衣冠塚。

¶中国名旧3 p272

魯迅故居　ろじんこきょ

北京市西城区阜成門内西三条胡同21号。魯迅が1924年5月から1926年8月まで過ごした小さな四合院。

¶中国名旧1 p47

魯迅墓　ろじんぼ

上海市虹口区の虹口公園の中央にある。魯迅（1881-1936）は1927年10月に上海に移った。虹口は魯迅が上海での闘いの10年間を住み、活動したところ。

¶中国名旧2 p24〔写〕

盧宅　ろたく

浙江省東陽県の南門外2.5kmの盧宅村。永楽19年（1421）以来、清代中葉まで大家族の典型的な集住地。盧氏の宗祠、祠内にある粛雍堂は明の景泰7年（1456）に着工、天順6年（1462）に完成。

¶中国名旧2 p187

ロタ（洛扎）摩崖石刻

チベット自治区洛扎県。2か所にある。吐蕃朝（7-9世紀）の賛普（王）と得鄔窮一族の締結した、

得鄔窮家の既得権益を保証した盟文誓詞。
¶ 中国名旧5 p156（洛扎摩崖石刻 ロタまがい
せっこく）

六角楼　ろっかくろう
安徽省黄山市の市街の郊外。明の万暦年間
（1573-1620）に築造、崇禎4年（1631）に再建。琉
璃瓦葺きの宮殿式楼閣。
¶ 中国名旧2 p238

瀘定橋　ろていきょう
四川省瀘定県の西方の大渡河に架かる。13本の
鉄鎖からなり、清の康熙44年（1705）から5年を
費して架設。
¶ 中国名旧5 p82

蘆笛巌　ろてきがん
広西チワン族自治区桂林市の市街から6kmの光
明山。雄大な洞穴で、鍾乳石の形成する景勝が
ある。唐代の筆蹟が約70ほど遺されている。
¶ 中国名旧4 p287

魯班亭　ろばんてい
湖北省黄梅県の四祖寺の西北方、破額山の中
腹。唐代の建立。木造を模した六角宝形の石造
りの亭。
¶ 中国名旧3 p329

魯壁　ろへき
山東省曲阜市の孔廟にある。秦の始皇帝が焚書
をしたとき後裔孔鮒が『論語』など儒家の経典
の簡冊を埋め込み、難を免れたところ。
¶ 中国名旧3 p151

蘆苞祖廟　ろほうそびょう
広東省三水県蘆苞鎮。南宋の嘉定年間（1208-24）

創建。現存するのは北帝・観音2廟のみ。
¶ 中国名旧4 p237

**淮海戦役烈士紀念塔　わいかいせんえきれっし
きねんとう**
江蘇省徐州市の鳳凰山の東麓。淮海戦役で犠牲
になった烈士を記念して建立。1960年に着工、
65年に竣工。
¶ 中国名旧2 p60

淮瀆廟　わいとくびょう
河南省桐柏県の東関。後漢の延熹6年（163）の創
建。前殿・大殿・後殿と東西の配殿がある。
¶ 中国名旧3 p263

薈福寺　わいふくじ
内モンゴル自治区バイリン右旗大板鎮の東端。俗
に東大廟という。清の康熙45年（1706）に康熙帝
の次女栄憲公主が建てた。
¶ 中国名旧1 p179

和義門　わぎもん
北京市。元の大都の城門址。残存部の総高約
22m、門洞（通路）の奥行9.92m、幅4.62m。
¶ 世界考古

倭子墳　わしふん
江蘇省南通市の南郊、城山路の傍ら。高さ10m
余りの土墳。
¶ 中国名旧2 p65

湾漳北朝墓　わんしょうほくちょうぼ
河北省磁県南西2.5km、漳陽河南岸に立地。北斉
の陵墓。被葬者は、560年に亡くなった北斉文宣
帝高洋の武寧陵説が有力。
¶ 東ア考古

トルクメニスタン

アウチン・デペ　Auchin Depe
ムルガブ・デルタ地方。村落遺跡。ナマーズガ
VI文化ムルガブ地方型の古い時期を表わす遺跡
とされる。
¶ 世界考古

アク・テペ　Ak-tepe
アシュハバード南西3.6km。原始農耕文化の遺
跡。アナウ文化に属する。
¶ 世界考古（アク・テペ(2)）

アナウ　Anau
アシュハバードの東12km。北丘、南丘、アナウ・
テペ（19世紀に廃棄）の3遺跡からなる。華麗な
彩文土器の発見は、中国やイランの彩文土器文

化の研究に大きな刺激を与えた。
¶ アジア歴1〔写（土器）〕，図解考古（アナウ遺
跡）〔写（土器と土偶）〕，世界考古〔図（土
器）〕，世歴事1〔写〕，評論社世

アラヴァリ・デペ　Aravali Depe
ムルガブ・デルタにある。ヤズ文化の遺跡。高
さ10mの砦を中心にした集落址で、集落全体の
大きさは7haに達する。
¶ 世界考古

アルティン・デペ　Altyn Depe
メアナ村付近にあるテペ。発達した青銅器文化
をもつ、この地方の中心的な都市と考えられて
いる。

¶新潮美（アナウ文化〔アルトゥィン＝テペ〕），
新潮美（アルトゥィン＝テペ），世界考古

イザト・クリ　Izat-Kuli
ミスリアン平野。古拙ダヒスタン文化期の遺跡。
五角形の城塞を中心に遺跡は50haに達する。
　¶世界考古

エリケン・テペ　El'ken-tepe
アシュハバードの南東。青銅器時代後期からパ
ルティア時代にかけての遺跡。
　¶世界考古

エルク・カラ
メルヴ遺跡。前6世紀頃に造営された日干し煉瓦
の円形城壁都市。
　世界遺産（国立歴史文化公園"古代メルフ"　1999）
　¶大遺跡7（メルヴ―エルク・カラ）〔写〕

カラ・デペ　Kara Depe
アルトゥイクの北4km。テペ。ナマーズガⅠ～
Ⅲ期の遺構・遺物が発見されている。
　¶世界考古

カラルイ・グイル　Kalaly-gyr
タシャウズ州、アム・ダリヤ下流の左岸。前5～
4世紀のゴロディシチェ。長方形に城壁がめぐら
され、西側城壁の中央から北寄りに宮殿建築が
あった。
　¶世界考古

キズカラ
メルヴ遺跡の西端。巨大な城壁をもつ建物。大
小のキズカラがあり、6世紀の日干し煉瓦で築か
れている。
　世界遺産（国立歴史文化公園"古代メルフ"　1999）
　¶大遺跡7（メルヴ―キズカラ）〔写〕

ギャウル・カラ〔アム・ダリヤ〕　Gyaur-kala
アム・ダリヤ左岸。前1～後1世紀のゴロディシ
チェ。
　¶世界考古（ギャウル・カラ（3））

キュゼリ・グイル　Kyuzeli-gyr
タシャウズ州、アム・ダリヤ下流の左岸。前6～
5世紀のゴロディシチェ。城壁は日干し煉瓦造で
外側に矢狭間があけられていた。
　¶世界考古

クニヤ・ウアズ　Kunya-Uaz
アム・ダリヤ下流の左岸、カラルイ・グイル北方
9km。1～4世紀のゴロディシチェ。シャープー
ル1世（3世紀半ば）の貨幣が発見された。
　¶世界考古

クフナ・ウルゲンチ　Kunya-Urgench
アム・ダリア川の南側。中央アジアの旧都市。

12～13世紀初めにシルクロード最大の都市とし
て栄えた。モスクや要塞といった建築物のほか、
美術工芸品などが残る。
　世界遺産（クニヤ―ウルゲンチ　2005）
　¶アジア歴1（ウルゲンチ）〔図（ミニアチュー
　ル）〕，世遺事，成世遺下〔写〕，世遺百，世
　界考古（ウルゲンチ）

グヤウル・カラ　Gyaur-kala
メルヴ遺跡にある。古代マルギアナの都市跡。
パルティア時代の城壁に囲まれている。1～2世
紀の仏教寺院址がある。
　世界遺産（国立歴史文化公園"古代メルフ"　1999）
　¶世界考古（ギャウル・カラ（1）），大遺跡7（メ
　ルヴ―グヤウル・カラ）〔写〕

ゲオクシュル遺跡群　Geoksyur
ゲオクシュル・オアシス。ナマーズガ文化の遺
跡。古テジェン川のデルタ地帯で農耕を行なっ
ていた。
　¶世界考古

サンジャル廟
メルヴ遺跡。11～12世紀のセルジュク王朝のス
ルタン・サンジャルの墓廟。
　世界遺産（国立歴史文化公園"古代メルフ"　1999）
　¶大遺跡7（メルヴ―サンジャル廟）〔写〕

ジェイトゥン　Dzhejtun
アシュハバードの北々西30km。数十軒の建築址
が明らかにされ、ジェイトゥン文化のタイプ・
サイトとなっているテペ。
　¶世界考古

ジェベル　Dzhebel
クラスノヴォツク州ジェベル駅付近。中期旧石
器時代の遺跡。クラスノヴォツク半島の遺跡群
の一つ。
　¶世界考古

スルタン・カラ
メルヴ遺跡。11～12世紀のセルジュク時代にス
ルタン・サンジャルが築いた。堅固な城廓都市。
　世界遺産（国立歴史文化公園"古代メルフ"　1999）
　¶大遺跡7（メルヴ―スルタン・カラ）〔写〕

タヒルバイ　Takhirbaj
ムルガブ・デルタ地方。ナマーズガⅥ文化ムル
ガブ地方型の代表的な遺跡。
　¶世界考古

ダム・ダム・チェシュメ 2
Dam-Dam-Cheshme 2
大バルハン山の東斜面。洞穴遺跡。9層に分かれ
る。土器は2～4（上）層に伴う。
　¶世界考古

ネパール　　　　　　　　　　　378

アジア

チョパン・デペ　Chopan Depe
アシュハバードの北西約50km。径約180m、高さ約5mのテペ。7層よりなり、第1～2層がチョパンⅡ、3～4層がⅠB、5～7層がⅠAに分類。
¶世界考古

ナマーズガ・デペ　Namazga Depe
アシュハバード南東約130km。100haにも及ぶ広大な遺跡。ナマーズガ文化のタイプ・サイト。
¶新潮美（アナウ文化〔ナマズガ＝テペ〕）、世界考古

ニサ　Nisa
アシュハバードの西方18km。2つのゴロディシチェ。旧ニサにはパルティア王の居城があり、新ニサは一般の都市で、堅固な城壁で囲まれていた。
¶古代オリ（ニサー）、世界考古〔写/図〕、大遺跡7〔写/図〕

ニサのパルティア時代の要塞群
　Parthian Fortresses of Nisa
アハル州のバギール村の近く。前3世紀半ばから後3世紀まで続いたパルティア王国の都市遺跡。新旧2つのニサがあり、旧ニサには城壁と40以上の塔が、新ニサには市街地跡がある。
世界遺産（ニッサのパルティア要塞群　2007）
¶世遺事、成世遺下（ニサのパルティア時代の要塞）〔写〕、世遺百（ニサのパルティア要塞）

拝火神殿　はいかしんでん★
ニサ遺跡。煉瓦で築いた円形神殿で王宮の西隅にある。ゾロアスター教の神殿址と考えられている。
¶大遺跡7（ニサ―拝火神殿）〔写〕

ホスロフ・カラ　Khosrov-kala
カラシュト駅付近。ゴロディシチェ。丘の上に六角形の城壁に囲まれた城塞があり、その西方に20～30m離れて城壁に囲まれたシャフリスタンがある。起源は7～5世紀。
¶世界考古

マダウ・テペ　Madau-tepe
キジル・アトレクの北約60kmのマダウ村。ミスリアン平野における古拙ダヒスタン文化期の代表的遺跡。中央の13mの高さの城塞のまわりに集落が形成され、文化層は6.5mに達す。
¶世界考古

メルヴ　Merv
マルギアナ地方。カラクム砂漠にある旧都市。現在、仏教遺跡の最西端。城跡や仏塔、城壁など多数の遺跡が残る。
世界遺産（国立歴史文化公園 “古代メルフ”　1999）
¶アジア歴9、宗教建築（メルウ）〔写/図〕、新潮美、世遺事（「古都メルブ」州立歴史文化公園）、成世遺下（古代メルヴ国立歴史文化公園）〔写〕、世遺百（国立歴史文化公園 “古代メルフ”）〔写〕、世界考古〔写/図〕、大遺跡7〔写/図〕、中央ユ、ビジ世遺（古代メルブ国立歴史文化公園）〔写〕

ヤズ・デペ　Yaz Depe
ムルガブ・デルタ。ヤズⅠ文化の標準遺跡。基壇の上の城砦とそのまわりの居住地からなり、ヤズⅠ～Ⅲの3層に分かれる。ヤズⅠ文化は前900～前650、ヤズⅡ、ヤズⅢは、それぞれ前650～前450、前450～前350。
¶世界考古

ネパール

カトマンズ渓谷　Kathmandu Valley
カトマンズ市、バクタプル（バドガオン）市、ラリトプル（パタン）市にまたがる盆地の一帯。標高1350mにある。寺院、仏舎利塔、沐浴場などの建造物が現存。ヒンドゥー教のパシュパティナート寺院などが知られる。
世界遺産（カトマンズの谷　1979）
¶世遺事、成世遺下（カトマンズの盆地）〔写〕、世遺百〔写〕、世歴大4（カトマンズ）〔写p331～332〕、ビジ世遺（カトマンズの谷）〔写〕、ユネ世遺5（カトマンズの谷）〔写〕

カピラ城　Kapilavastu
インドとネパールの国境付近。釈迦の故城。所在地は、インドのピプラハワーの僧院遺跡、ネ

パールのティラウラコットの城跡の2説ある。
¶旺文社世（カピラ）、角川世、仏教考古（カピラヴァストゥ）〔写（口絵）〕

ジャナクプル　Janakpur
ジャナクプル県ダヌカー（ダヌシャー）郡の中心。ヒンドゥー教の聖地で、「ラーマーヤナ」の叙事詩中のラーマ王子の妃シーターの誕生の地、その父ジャナカ王の王城の地といわれる。
¶南アジア

スワヤンブーナート仏塔
カトマンズ。ネパールの仏教徒にとって最大の聖地である寺院、スワヤンブーナートの仏塔。総高は33mほど。

|世界遺産|（カトマンズの谷　1979）

　¶宗教建築〔写/図〕

チュシャ・バハ

　カトマンズ。バハは仏教僧院の形式。中庭を囲む形式の2～3階建ての建物。1652年修復の記録がある。建物全体が一つのマンダラとなっている。

　¶宗教建築〔写/図〕

ティラウラ・コット　Tilaura Kot

　ハンビニー州タウリハワーの北西約3.2km。城塞遺跡。南北に主軸を有する長方形状を呈するもので、周囲には堀と煉瓦の壁がめぐらされている。

　¶世界考古

パシュパティナート寺院　Paśupatināth

　カトマンズ市東郊。ネパール最大のヒンドゥー教寺院。本尊は金色の屋根をもつ2層の塔内のシヴァ・リンガ。現在の建物は17世紀末のもの。

　|世界遺産|（カトマンズの谷　1979）

　¶南アジア

パタン王宮

　パタン。マッラ王朝から17世紀初めに独立したパタンの王宮。中庭を囲む形式の2～4階建ての建物と塔からなる複合建築。

　|世界遺産|（カトマンズの谷　1979）

　¶宗教建築〔写/図〕

ボードナート寺院　Bodhnath

　カトマンズ市東北東の郊外。ネパール仏教特有の目を描いた大仏塔を中心とする。創建年代については5世紀説から13世紀説まである。

　|世界遺産|（カトマンズの谷　1979）

　¶南アジア〔

ボードナート塔　Bodhnāth stüpa

　カトマンズの東方。ネパールの仏塔の典型といわれ、ネパール最古の仏塔。起源はマウルヤ朝期のアショーカ王の時代に遡れると推定。

　|世界遺産|（カトマンズの谷　1979）

　¶仏教考古

ルンビニー　Lumbini

　ヒマラヤ山麓のタライ高原。前623年に釈迦族の王妃マーヤーがブッダを出産したとされる場所。6世紀にはマーヤーデビ寺院が建設された。仏教徒の巡礼地。

　|世界遺産|（仏陀の生誕地ルンビニ　1997）

　¶アジア歴9（ルンビニ），角川世，世遺事（釈迦誕生地ルンビニー），成世遺下（仏陀の生誕地ルンビニ）〔写〕，世遺百（仏陀の生誕地ルンビニ）〔写〕，世界考古，大遺跡8〔写〕，東洋仏教　I -p20～21〔写〕，ビジ世遺（仏陀の生誕地ルンビニ）〔写〕，仏教考古〔写（口絵）〕，南アジア

パキスタン

アソタ　Asota

　マルダン北方。ストーン・サークル。高さ3mの片石を18本立て、直径約14m。

　¶世界考古

アムリ　Amri

　モヘンジョ・ダロの下流約160km、インダス川右岸近く。シンド地方に特徴的な先ハラッパー文化の一つであるアムリ文化の標準遺跡。建物の多くは日干し煉瓦と石を組合せたもの。

　¶新潮美，世界考古〔写/図（土器）〕

アンジラ　Anjira

　スラーブの南南東26km。バルチスタンのカラート地方の先史文化を代表する遺跡。文化層堆積は6m余で、5期に大別される。

　¶世界考古

ウシュカル　Ushkar

　スリナガル西北西約50km。古代のフシュカプラすなわちクシャンのフヴィシュカ建設の都市跡に同定。十字形基壇の石造ストゥーパ跡とその

周壁を発掘。

　¶世界考古

ウデグラム　Udegram

　スワート地方。都市および山城の遺跡。都市址は最下層はマウリヤ期、最上層はササン侵入期。山城は7～10世紀。山麓の居住址は、前4～後3世紀頃。

　¶世界考古，大遺跡8（ウデーグラーム）〔写〕

エディット・シャフル　Edith Shahr

　ラス・ベラ地区のベラ北方16km、ポラリ川をはさんで位置する。遺跡は数十の小遺丘よりなる。A文化複合の時代は後期クッリ文化、すなわちインダス文明並行であろうとされる。

　¶世界考古

ガージー・シャー　Ghazi Shah

　マンチャール湖西方の高地。シンド地方に起こった南バルチスタン初期農耕村落文化に属する遺跡。遺丘の大きさは底部で約170m×160m。

　¶世界考古

カシミール・スマスト　Kashmir Smast

シャーバーズ・ガリ北方、標高1200mの山岳中。9世紀のヒンドゥー教寺院址。広いテラスを中心にした平地の建物群と自然洞穴内の建物とで構成。

　　¶世界考古

カニシカ塔　Kaniṣhka's stūpa

跡地はペシャワール郊外のシャー・ジー・キ・デリーに比定。クシャン朝第3代カニシカ王が首都プルシャプラに建立した仏塔。20世紀初頭に発掘された。基壇は特異な十字形基壇。

　　¶新潮美（カニシュカ大塔）、東西文化 p146〜147（カニシカ大塔）〔写〕、仏教考古

カフィール・コト　Kafir Kot

クラム川がインダス川に合流する地点南方のキサール丘陵。9〜10世紀のヒンドゥー教寺院をもった大城塞遺跡。

　　¶世界考古

カーラワーン寺院址

タキシラ。仏教寺院址。塔から舎利容器とともにサカのアゼス王134年銘のプラークリット刻文銅板が出土。

　　¶世界考古

キリ・グール・ムハンマド
Kili Ghul Muhammad

クエタから約3km。バルチスタンにおける最初期の農耕村落遺跡。遺物はチャート・碧玉・玉髄製の石刃や磨皿・磨石・骨角器などで、土器・金属器はない。

　　¶世界考古〔図（遺物）〕

クナーラ寺院の仏塔

タキシラのシルカップの南の丘陵上。方形の基壇がよくのこされている。1辺21mぐらい、基壇を含めて総高約8m。

　　¶東西文化〔写〕

ケチ・ベーグ　Kechi Beg

クエタの南部。バルチスタンのクエタ地方初期の文化であるケチ・ベーグ文化の標準遺跡。

　　¶世界考古

コート・ディジー　Kot Diji

シンド地方ハイルプルの南24km。先史遺跡。インダス文明都市期の文化とこれに先立つ文化との地層より成る。自然層上に16層あり、下の13層がコート・ディジー文化と命名された。

　　¶新潮美（コト・ディジ）、世界考古（コト・ディジ）〔写（彩文土器）〕、大遺跡8〔写〕、南アジア

サライ・コラ　Sarai Khola

タキシラのビール・マウンドの南西2km。先史遺跡。轆轤を用いない赤色磨研土器や、種々の磨製石器・骨器を特徴とする新石器文化。

　　¶世界考古, 大遺跡8（サラーイ・コーラー）〔写〕

サーリ・バロール　Sahri-Bahlol

ペシャワール北東約50km。ガンダーラ仏教寺院などの遺跡。出土品はガンダーラの片岩彫刻類を主とする。

　　¶世界考古

サンガオ洞穴　Sanghao

サンガオ近くのポルコ・ダラ。旧石器時代の洞穴遺跡。遺物はインドの中期石器時代の「フレーク・ブレード文化」の特徴を示す。

　　¶世界考古

シアー・ダンプ　Siah Damb

カラート地方。先史文化の遺跡。

　　¶世界考古

シクリ　Sikri

ペシャーワル盆地のジャマル・ガリの北東。クシャン朝の仏教寺院址。ストゥーパの舎利奉安室の竪坑が井戸とよばれて残る。

　　¶世界考古

シャー・ジー・キ・デリー
Shāh-jī-ki-Dherī

ペシャワールのガンジ門外。クシャン朝のカニシカ王が建立したカニシカ大塔の発見場所。

　　¶世界考古（シャー・ジ・キ・デリー）, 仏教考古

シャーバーズ・ガリ　Shābāz-Garhi

ペシャワールの東北東65kmの地点。フランス人学者のフーシェは玄奘が伝える跋廬沙城跡であると比定。大きな石2つに刻まれたアショーカ王の摩崖法勅が発見されている。

　　¶世界考古, 仏教考古, 南アジア（シャハバーズ・ガリー）

ジャハーンギールの廟
Mausoleum of Jahangir

ラホール。ムガル朝の第4代皇帝を祀る廟。1627〜34年頃造。1辺約77mの方形基壇の上に建てられている。

　　¶文化史蹟10〔写〕

シャーヒー・トゥンプ　Shahi Tump

マクラン地方のケージ河谷左岸、トゥルバットの西約6.5km。先史遺跡。屈葬の人骨には、内部に動物骨や食物を容れた胴の張った壺や、底が小さく口縁部の開いた深鉢などの、土器類が副葬された。

　　¶世界考古〔写（彩文土器）〕

ジャマル・ガリ　Jamal Garhi

ガンダーラ平野の中心部近く。山岳寺院址。中心の主ストゥーパ（仏塔）は円形基壇。南方の奉

献塔区は、周壁に祠堂が並び、中庭に奉献ストゥーパが集合している。

¶新潮美（ジャマール＝ガリー），大遺跡8〔写〕

ジャリルプル　Jalilpur
ハラッパーの南西74km。インダス文明盛期以前の、パンジャブ地方における文化様相を2期にわたって示す遺跡。

¶世界考古

シャンカルダール塔
シャンカルダール。塔は高さ約13m。2層から構成されている。円筒形の伏鉢もなる。

¶古代遺跡 p208,213〔写〕，東西文化 p148〜151〔写〕

ジュカル　Jhukar
南部インダス川下流右岸、モヘンジョ＝ダロ西方約10km。後ハラッパー文化の遺跡。

¶新潮美

ジュデイルジョ・ダロ　Judeirjo-daro
カッチ平原のジャコバーバードの北西29km。インダス文明の遺跡。遺物は淡黄色〜ピンク色のスリップをかけた無文土器や、刻文・押圧文土器、緑色を帯びた灰色土器。

¶世界考古

シルカップ　Sirkap
タキシラの都市遺跡。前2世紀頃に移され、後1世頃まで続いた。高い石積みの市壁を巡らす計画都市。

世界遺産（タキシラ　1980）

¶古代遺跡 p215（タキシラのシルカップ遺跡）〔写〕，大遺跡8 p42〔写〕，東西文化 p74〜75〔写〕

シルカップ小塔
タキシラの都市遺跡シルカップに残る。切石状の石材で円筒形に積み、上部は円頂形。

世界遺産（タキシラ　1980）

¶大遺跡8 p42（シルカップのストゥーパ）〔写〕，東西文化 p164〔写〕

シルスク　Syrsukhv
タキシラ。古代都市遺跡。後1世紀以後のもの。城壁の一部がよく残っている。

世界遺産（タキシラ　1980）

¶大遺跡8 p42（シルスーフ）〔写〕，東西文化 p76〜77〔写〕

スール・ジャンガル　Sur Jangal
バルチスタンのローラレー地区ドゥキの北西17km。先史遺跡。遺丘は東西径約40m、高さ5m弱。文化層は3期に大別され、中心時期は、ラナ・グンダイⅢa〜Ⅲb期。

¶世界考古

スワート仏教寺院群　Swat
北西辺境州。クシャン朝から8世紀まで仏教の聖地。仏教寺院は多くミンゴーラ中心に集まり、ブトカラとパンルが重要。

¶世界考古

ソトカーゲン・ドール　Sotkagen-dor
マクラン海岸から約48km。インダス文明の西限に位置する遺跡。火葬人骨と思われる灰のつまった大きな壺を発見。

¶世界考古

ソトカ・コー　Sotka Koh
マクラン海岸部のパスニの北14km、シャディ・カウル河畔。インダス文明の遺跡。対西アジア交易の拠点の一つ。

¶世界考古

タキシラ　Taxila
イスラマバードの北西40km、パキスタンとの国境。前6世紀から後6世紀の都市遺跡。3つの時代の都市遺跡と仏教伽藍遺跡から構成される。ガンダーラ文化の中心地として評価される。

世界遺産（タキシラ　1980）

¶アジア歴6（タクシラ）〔写〕，角川世，古遺地〔図〕，新潮美，世遺事，成世遺下〔写〕，世遺百〔写〕，世界考古〔図〕，世界美3，世歴事5〔写/図〕，大遺跡8〔写/図〕，東西文化 p72〜79〔写〕，ビジ世遺〔写〕，仏教考古，平凡社世（タクシラ），南アジア，山川世（タクシラ），ユネ世遺5（タキシラの都市遺跡）〔写〕

タッタの文化財
Historical Monuments at Makli, Thatta

シンド州カラチの東約100km。タッタはサンマー朝、アルグン朝、タルハーン朝の首都。14〜18世紀頃最も栄えた。青いタイルのモスクやイスラム世界最大の墓地などがある。

世界遺産（タッターの文化財　1981）

¶世遺事（タッタ、マクリの丘の歴史的記念物群），成世遺下（タッタの歴史的建造物），世遺百（タッタとマクリの文化財）〔写〕，ビジ世遺（タッタの歴史的建造物）〔写〕，ユネ世遺5（タッタの歴史的建造物）〔写〕

ダバル・コト　Dabar Kot
バルチスタン地方のデラ・ガジ・ハーンとクエタ両市のほぼ中間。先史遺跡。規模はバルチスタン最大。東西460m、南北410m、高さ約30m。遺物はさらに広い範囲に散乱。

¶世界考古

タフティ・バヒ寺院
北西辺境州、タフティ・バヒ。2〜4世紀。クシャーナ朝期に建立した山岳寺院の遺跡。僧院、

主塔院、奉献塔区、講堂などが一体化した伽藍が残る。

世界遺産（タフティーバヒーの仏教遺跡群とサライーバロールの近隣都市遺跡群　1980）

¶宗教建築（タフティ・バーイ寺院）〔写/図〕，新潮美（タフト＝イ＝バーヒー），世界考古（タフティ・バイ），大遺跡8（タフティ・バーヒー）〔写/図〕，仏教考古（タフティ・バーイー），南アジア（タフテ・バヒー）

タフティ・バヒの塔

タフティ・バヒにある。典型的な山上の寺院。仏塔を中心として僧院が配在されている。僧院に囲まれて塔が建つ。

世界遺産（タフティーバヒーの仏教遺跡群とサライーバロールの近隣都市遺跡群　1980）

¶古代遺跡 p212（タクティーバヒの塔）〔写〕，東西文化 p154～157（タクティーバヒの塔）〔写〕

タフティ・バヒの仏教遺跡群とサリ・バロールの近隣都市遺跡群

Buddhist Ruins of Takht-i-Bahi and Neighbouring City Remains at Sahr-i-Bahlol

ノースウエスト・フロンティア州首都イスラマーバードの北西約150km。1～2世紀頃に作られた仏教寺院遺跡と都市遺跡。仏教寺院は丘の上にあり、侵略を免れたことから、現在の保存状態が良い。近くの都市遺跡では、家屋の土台部分が残り、どちらも文化的価値が認められた。

世界遺産（タフティーバヒーの仏教遺跡群とサライーバロールの近隣都市遺跡群　1980）

¶世遺事（タクティ・バヒーの仏教遺跡と近隣のサハリ・バハロルの都市遺跡），成世遺下（タフティ・バヒとサハリ・バハロールの遺跡）〔写〕，世遺百（タフティ・バヒの仏教遺構、その近隣サリ・バロルの都市遺構）〔写〕，ビジ世遺（タフティ・バヒーの仏教遺跡とサリ・バロール近隣の都市遺跡）〔写〕，ユネ世遺5（タフティ・バーヒーの仏教遺跡とサリ・バロールの歴史的都市）〔写〕

ダルマラージカの寺院と塔

タキシラ。寺院の中心は高塚のように立つ仏塔。塔は円形の基壇をもつ。

世界遺産（タキシラ　1980）

¶古代遺跡 p214〔写〕，東西文化 p158～161，163（ダルマラージカ）〔写〕

タレリ　Thareli

ガンダーラ地方、マルダンの北北東約15kmのチナ・タンガイ（泉の谷）。山岳寺院。谷の入り口から尾根上に4地区に分けられる2つの塔院と100余りの僧房跡が発掘された。石彫が多く出土。

¶新潮美（タレリー），世界考古，大遺跡8〔写〕，仏教考古

ダンブ・サダート　Damb Sadaat

クエタの南方13km。バルチスタンの初期農耕村落文化であるクエタ文化の代表的遺跡。別名ミアン・グンダイ。

¶世界考古，大遺跡8〔写〕

チャウキャンディ　Chaukandi

タッタにある。ネクロポリス（死者の街）。「チャウキャンディ」とは濃密に彫刻された赤砂岩の墓碑の意。

世界遺産（タッターの文化財　1981）

¶宗教建築〔写/図〕，文化史蹟10 p151（墓石群）〔写〕

チャナカ・デリー　Chanaka Dheri

シャーバーズ・ガリ北郊。宮殿遺跡。調査したフーシェは宋雲および玄奘が伝えたスダーナ太子本生譚の白象伽藍にあてた。3つの大建築物からなる。

¶世界考古

チャールサダ　Charsadda

スワート川とカーブル川の合流地点。ペウケラオーティス、プシュカラーヴァティに同定される都市遺跡群。バラ・ヒッサールとシャイハーン・デリーの2遺跡がある。

¶新潮美, 世界考古

チャンフ・ダロ遺跡　Chanhu-daro

モヘンジョ・ダロの南方130km。インダス文明の都市遺跡。ハラッパー文化とそれにつづくジュカル文化、ジャンガル文化の3層がある。

¶アジア歴6（チャンフー・ダロ），新潮美（チャンフ＝ダロ），図解考古〔写〕，世界考古（チャンフー・ダロ）〔写（土器）〕，平凡社世，南アジア（チャンフ・ダロー）

ティマルガラ　Timargarha

北西辺境州のディール。1964・65年に発掘されたガンダーラ墓葬文化の大遺跡。

¶世界考古

トガウ　Togau

カラート北西約20km、トガウの東0.8km。トガウ土器の標準遺跡。バルチスタンからマクランを覆う広い分布範囲をもつ。

¶世界考古〔図（土器文様の変遷）〕

ニンドワリ　Nindowari

南バルチスタン、ワドの南南西約70km、クド川右岸。バルチスタンの初期農耕村落文化の一つ。遺物はクッリ文化の土器や土偶、ナール文化の多色土器など。

¶世界考古

ハティヤール

タキシラ。かつてのシルカップ都市遺跡の範囲

の南西端を占める。住居址が調査された。

¶大遺跡8 p42〔写〕

バードジャーヒ・マスジド
Badshahi Masjid

ラホール。名は「皇帝の寺院」の意。ムガル朝の第6代皇帝アウラングゼーブがラホールの城下に建てたモスク。1674年の建造。

¶中国名旧1 p179（遼慶陵 りょうけいりょう），文化史蹟10〔写〕

ハラッパー　Harappa

パンジャーブ州ムルターン北東約140km。インダス文明都市期を代表する都市遺跡。東の城塞と西の市街とから成る。城塞は東西幅200m，南北400m。ほぼ平行四辺形を呈する。

¶アジア歴7〔写/図〕，旺文社世，オ西洋美（インダス川流域の美術〔モヘンジョ＝ダロとハラッパ〕），古遺地〔図〕，新潮美，図解考古（ハラッパー遺跡）〔写〕，世界考古〔図〕，世歴大15〔図〕，大遺跡8〔写/図〕，評論社世（ハラッパ），平凡社世，南アジア，山川世

バンディ・ワヒ　Pandi Wahi

キルタール丘陵山麓の低地に位置。南バルチスタン初期農耕村落文化に属する遺跡。彩文赤色土器，ハラッパー土器が出土。

¶世界考古

バンボール　Bambhore

カラーチー市東方約65km。港湾都市遺跡。I期はスキト・パルティア期（前1-後2世紀），II期はヒンドゥー・サーサーン期（2-7世紀），III期が初期～中期イスラーム期とされる。

¶世界考古，南アジア

バンボールのモスク址

バンボール。都市遺跡。727年頃に建設されたモスクの遺構がある。

¶文化史蹟10 p151（発掘されたモスク〔バンボール〕）〔写〕

ピラク　Pirak

カッチ平原北部，シビの南11km。先史遺跡。最下層はおそらく初期農耕村落の跡と思われる。

¶世界考古

ビール・マウンド

タキシラ。都市遺跡。前500～前200年代で，マウリヤ朝期に最盛期をむかえる。

世界遺産（タキシラ　1980）

¶大遺跡8 p42〔写〕

ファイズ・ムハンマド　Faiz Muhammad

クエタ南南東約25km。クエタ文化に属す，前3千年紀初頭～2千年紀中葉にかけての先史遺跡。

¶世界考古

フォート・サンデマン　Fort Sandeman

スライマーン山脈の西にある都市。同市近郊，ゾブ川沿岸にペリアノ・グンダイ，カウダニー，モーグル・グンダイ，トール・デライ等の先史遺跡が多い。

¶世界考古

フォート・マンロー　Fort Munro

スライマーン山脈の南東部山麓。要塞で，近郊から青銅製の短剣が出土。この短剣はイランからのある種の民族の到来を物語る。

¶世界考古

ブトカラ　But-Kara

ミンゴラ郊外にある仏塔。仏塔を中心に奉献塔が約200基並ぶ。大塔は直径17.4mの円形。舎利箱の納められた前3世紀頃の仏塔を核とする。

¶新潮美，世界考古，大遺跡8〔写/図〕，東西文化 p165～168（ブトーカラ）〔写〕，仏教考古

ペリアノ・グンダイ　Periano Ghundai

フォート・サンデマンの西6km，ゾブ川右岸。バルチスタンの初期農耕村落文化であるゾブ文化の主要遺跡。彩文や器形にはインダス文明やナール文化などとの関連を示すものがある。

¶世界考古

マニキャーラ　Manikyala

ラワルピンディの南東，約30kmにある村。付近にマハルと呼ばれる丘状遺跡と約15基のストゥーパとそれに伴うヴィハーラ跡がある。8世紀まで使われた。

¶新潮美（マニキヤーラ），世界考古

ミルザ・イサ・ハーン廟
Mausoleum of Mirza Isa Khan

タッタの郊外「マクリの丘」にある。1644年築。中心にドームを据えた全体的なプランはイスラム的，楣式構法で組み立てている点はヒンドゥー的。

¶文化史蹟10 p151〔写〕

ミールプール・ハース　Mirpur-khas

シンド州ハイダラーバードの東方約63km。5～10世紀の仏教寺院址。カフー・ジョー・ダローとも呼ばれる。付近からは奉献陶板やイスラーム銅貨が出土している。

¶世界考古（ミールブル・カース），南アジア

ミンゴーラ　Mingoora

スワートの主要な町。玄奘の瞢掲釐城はこの地。仏教寺院址が市の南方に分布。3～4世紀のストゥーパや8世紀の摩崖仏がある。

¶世界考古

ムールターン　Mūltān

ラホールの西南320km，インダス川の支流チェナーブ川の左岸。前4世紀から後16世紀まで連続

した文化層が明らかになった。ルクン＝イ＝アラム廟墓が有名。

¶新潮美

メハサンダ　Mekhasanda
ガンダーラのシャーバーズガリから東北にほぼ1km丘陵の北端にある。仏教遺跡。玄奘の『大唐西域記』の弾多落迦山。成立は「盛期クシャン（150-250）の終末を遡らない」頃。

¶新潮美, 世界考古, 仏教考古

メヒ　Mehi
ジャラワーン地方ジェブリの南2.4km。南バルチスタンの初期農耕村落文化であるクッリ文化に属する主要遺跡。文化層は2期に大別でき、上層の文化はクッリよりやや遅れる前2千年紀後半のもの。

¶世界考古

メヘルガル　Mehrgarh
カッチー平原北部、ボーラーン峠の麓。巨大先史遺跡。居住はⅠ期の無土器新石器からⅦ期のハラッパー文化と同時期までの長期間にわたる。

¶大遺跡8（メヘルガルフ）〔写〕, 南アジア

モーグル・グンダイ　Moghul Ghun-dai
フォート・サンデマンの南西14.5km、ゾブ川左岸。バルチスタンの初期農耕村落文化であるゾブ文化に属する遺跡。ラナ・グンダイⅢC期を中心とする土器および典型的な土偶が出土。

¶世界考古〔図（土器片）〕

モヘンジョ・ダロ　Mohenjo-daro
シンド州ラールカナの南36km。前2300〜前1800年頃にインダス川流域に栄えたインダス文明の遺跡。1922年に発見された。西には神官階級の居住地、東には庶民の居住地があり、綿密な都市計画があったことがうかがえる。他にも大沐浴場や集会所なども残る。

世界遺産（モヘンジョダロの遺跡群　1980）

¶アジア歴9（モヘンジョ・ダロ遺跡）, 遺跡100（モエンジョ=ダロ）, 旺文社世〔写〕, オ西洋美（インダス川流域の美術〔モヘンジョ=ダロとハラッパ〕）〔写〕, 角川世（インダス文明〔モヘンジョ・ダロ〕）, 古遺地（モヘンジョ=ダーロ）〔図〕, 古代遺跡 p209〜211, 口絵（モエンジョ=ダロの遺跡）〔写〕, 新潮美, 世遺事（モヘンジョダロの考古学遺跡）, 成世遺下（モヘンジョダーロの遺跡）〔写〕, 世遺地（モエンジョ・ダロ）, 世遺百（モヘンジョダロ考古遺構）〔写〕, 世界考古 p71/図p1104）, 世界美6, 世歴大19〔写〕, 空古代遺跡〔写〕, 大遺跡8（モエンジョ=ダーロ）〔写/図〕, 東西文化 p38（モエンジョダロ）〔写〕, ビジ世遺（モヘンジョダーロの遺跡）〔写〕, 評論社世, 復原遺跡（モヘンジョダロ）〔写/図〕, 平凡社世, 南アジア, 山川世（モエンジョ・ダーロ）, ユ

ネ世遺5（モヘンジョ=ダーロの考古遺跡）〔写〕

モヘンジョ・ダロの仏塔
モエンジョダロ北西部の最も高いところ。仏塔の痕がある。2世紀頃のもの。

世界遺産（モヘンジョダロの遺跡群　1980）

¶東西文化 p169〜171（モエンジョダロの仏塔）〔写〕

モーラ・モラドゥ僧院
Mohra Moradu Monastery

タキシラ。4〜5世紀頃。ガンダーラの原野に崩れかけた仏塔や僧院が残る。仏塔の形は、方形の基壇が発達し、インド本土の古塔よりも進んだ形を示している。

¶文化史蹟5〔写〕

モーラー・モラードウの仏塔
タキシラ。山間にある塔。高さ5mに近い大きいもので、基壇は高く7個の相輪をそなえている。

¶東西文化 p152〜153,163〔写〕

ラス・ベラ　Las Bela
カラチ北方にひろがる平原。バルチスタン初期農耕村諸落文化以降の編年を明らかにした遺跡。

¶世界考古

ラナ・グンダイ　Rana Ghundai
ローラレーの北東約17km、ダルガイ村の南。バルチスタンの初期農耕村落文化であるゾブ文化に属する主要遺跡。遺丘の規模は径約100m、高さ約10m。9層にわたる文化層堆積は5期に大別される。

¶世界考古〔図（土器）〕

ラーニガット　Rānigat
マハバン山脈の西南にのびた脊稜上。辺りから発見された片岩の仏像や浮彫などから、仏教寺院跡と考えられている。

¶仏教考古

ラホールの城塞とシャリマール庭園
Fort and Shalamar Gardens in Lahore

パンジャブ州。1573年、ムガール帝国第3代皇帝アクバルがラホールの城塞を建て始め、歴代の王が増改築を繰り返した。6万人が一斉に礼拝可能なモスクがある。シャーラマール庭園はペルシア様式で、第5代皇帝シャー・ジャハーンが保養地として建設したもの。

世界遺産（ラホールの城塞とシャーリマール庭園　1981）

¶世遺事, 成世遺下（ラホール城とシャリマール庭園）〔写〕, 世遺百（ラホール城、シャーラマール庭園）〔写〕, 世歴事9（ラーホール）〔写〕, ビジ世遺〔写〕, 南アジア（ラーホール）, ユネ世遺5（ラホール城とシャーラマール庭園）〔写〕

ルクン・イ・アラムの廟
Mausoleum of Rukn-i Alam
ムルタン。ルクン・イ・アラム（世界の柱）と呼ばれる聖者を祀るもの。1321～24年頃、トゥグルグ朝初代のギャースッ・ディーンによって建てられたという。

¶文化史蹟10 p152〔写〕

ロータス城塞　Rohtas Fort
ラワールピンディの南東約80km、カハーン川岸のパンジャーブ州ジェラム。1541年、スール朝の創始者であるシェール・シャーによって建築された城塞。4kmを超える城壁があり、初期イスラム軍事建造物として評価される。

世界遺産（ロータス城塞　1997）
¶世遺事（ロータス要塞），成世遺下（ロータス城）〔写〕，世遺百〔写〕，ビジ世遺〔写〕

ロフリ　Rohri
サッカルの対岸。シンド地方の主要な石器時代の遺跡。ブレード・インダストリーに属する遺物を多数発見。

¶世界考古

ローリヤーン・タンガイ　Loriyan Tangai
スワート地方南部。一辺10mほどの仏塔の方形基壇を発掘し仏菩薩像などの彫刻や奉献塔を発見。仏塔は2世紀頃の創建とされる。

¶世界考古, 仏教考古

パレスチナ国

アイ　Ai
エルサレム北北西約16kmのエト・テルに比定。「旧約聖書」創世記・ヨシュア記などに記述されている古代パレスチナの町。発掘の結果、前期青銅器時代第Ⅰ期から居住が始まり、鉄器時代第Ⅰ期頃から小規模な町が営まれたことなどが明らかにされた。

¶世界考古

アブ・エル＝アライク　Abu El-alaiq
イェリコの南約2km。南北2つの小遺跡丘があり、ヘレニズム時代からローマ時代にかけての宮殿遺構が明らかにされた。

¶大遺跡3〔写/図〕

イエス生誕の地：ベツレヘムの聖誕教会と巡礼路
Birthplace of Jesus： Church of the Nativity and the Pilgrimage Route, Bethlehem
ベツレヘム県。2世紀以後、イエスの生誕地とされる場所に生誕教会が建てられ、ここが巡礼の最終目的地となった。鐘楼、ひな壇式庭園なども世界遺産に登録されたが、教会の維持・補修が進まないことから、危機遺産にも登録された。

世界遺産（イエス生誕の地：ベツレヘムの聖誕教会と巡礼路　2012）
¶世遺事（イエスの生誕地：ベツレヘムの聖誕教会と巡礼の道），成世遺下（ベツレヘムの聖誕聖堂と巡礼路）〔写〕，世遺百（イエス生誕の地：ベツレヘムの聖誕教会堂と巡礼路）〔写〕

イェリコ　Jericho
死海の北方9km。エリコ、ジェリコとも。オアシスにある町。テル・アッスルターン（テル・エッ・スルタン）の遺丘が古代の遺跡にあたる。中石器

時代から青銅器時代にいたる連続的な居住が認められる。

¶アジア歴4（ジェリコ）〔写〕，旺文社世，オリ遺跡〔写〕，角川世，古遺地〔図〕，古代オリ（エリコ）〔写p572/図p385〕，新潮美, 世界考古〔写〕，世歴大1（イェリコ遺跡）〔写〕，大遺跡1（エリコ）〔写/図〕，大遺跡3（エリコ）〔写〕，大英オリ（エリコ）〔写p103,345,360,402〕，評論社世（ジェリコ），平凡社世（イェリコ遺跡），山川世

キルベット・クムラン　Khirbet Qumran
死海の西岸。ユダヤ教の一派エッセネが生活していた跡。南北約100m、東西約80mの敷地内に塔、水路や貯水槽、倉庫、写経室などが配置されていた。1947年に近くの洞窟で死海文書が発見された。

¶世界考古（ヒルベト・クムラン），大遺跡3〔写/図〕

クムラン洞窟
ヨルダン川西岸。死海文書が発見された洞窟。

¶遺跡100〔写〕

サマリア　Samaria
ナブルスの北西10km、現在のセバスティエ（サバスティーヤ）に遺跡がある。前9世紀イスラエル王オムリが都市を建設。前30年頃ヘロデ大王がサマリア市を再建。遺跡のあるセバスティエの発掘で鉄器時代からローマ時代までの建造物の遺構が確認された。

¶古代オリ, 新潮美, 世界考古, 大遺跡3〔写/図〕，大英オリ〔写〕

シケム　Shechem
現在のナブルスの東、テル・バラータ（テル・ア

ル・バラタ）と同定。前第2～1千年紀の町。銅石器時代以降の住居跡を発見。一時北王国イスラエルの首都。

¶古代オリ, 大遺跡3〔写〕

アジア

パレスチナ：オリーブとワインの地—エルサレム南部バティールの文化的景観

エルサレム南部バティール村。バティールはヨルダン川西岸地区の中央高原に位置する村。涸れ川とおよそ2千年前からある段々畑が広がり、現在もオリーブや葡萄を生産。構成要素は灌漑システムや、要塞、家屋など。

世界遺産（パレスチナ：オリーブとワインの地—エルサレム南部バティールの文化的景観　2014）

¶世遺事（オリーブとワインの地パレスチナ—エルサレム南部のバティール村の文化的景観）

ヒルバ・アル・マフジャル

Khirbat Al-mafjar

イェリコ（エリコ／ジェリコ）近郊。別名カスル・ヒシャーム（ヒシャーム宮殿）。ウマイヤ朝のカリフ、ヒシャームがヨルダン川のほとりに営んだ大規模な離宮跡。724～43年の建造。

¶新潮美（ヒルバト・アル＝マフジャール）、世界遺跡 p282（キルベト・アル・マフジャル）〔写〕, 文化史蹟10〔写〕

ファルア, テル・エル（北）　Far'ah, Tell el

ナブルス（古代のシケム）の北東9.5km。古代のティルツァに同定。「旧約聖書」ヨシュア記の伝えるテルザに比定。居住は新石器時代に始まり、前600年頃放棄されたと思われる。

¶世界考古（ファラー、テル（1）), 大英オリ（ファルア、（テル・エル））

ベツレヘム　Bethlehem

エルサレムの南。キリスト教の聖地。古来ダビデ王の故郷として、またメシア出現の地として伝えられてきた。イエス・キリストの生誕地として、誕生したと伝えられる洞窟の上に聖誕教会が建築された。

世界遺産（イエス生誕の地：ベツレヘムの聖誕教会と巡礼路　2012）

¶旺文社世, 新潮美, 世歴事8, 世歴大17, 平凡社世, 山川世

ベテル　Bethel

現代のベイティン。エルサレムの北約17kmの聖所。初期青銅器時代以降の遺物を確認。

¶古代オリ

ヘブロン　Hebron

エルサレムの南南東30kmに位置する町。古名はキルヤト・アルバ。族長たちの葬られたマクベラの洞窟があり、ユダヤ教、イスラーム教共通の聖所となっている。

¶古代オリ

ヘロディウム　Herodium

ベツレヘムの南東約5km、ユダの荒野と丘陵地帯との境界線。丘の上にある竪穴式城砦。ユダヤ王ヘロデが建設。ふもとに宮殿や記念堂などの遺構が残る。

¶大遺跡3〔写/図〕

バーレーン

アイン・ウンム・エ・スジュール

Ain Umm es-Sujur

バーレーン本島東北部。古代遺跡。バハレーン砦第II期に並行するバールバール文化の神殿址と思われる。

¶古代オリ

カルアト・アル＝バフレーン—古代の港とディルムンの首都

Qal'at al-Bahrain—Ancient Harbour and Capital of Dilmun

バーレーン本島の北海岸。先史人の丘状の居住地。古くは前26～前24世紀頃から前8世紀初頭まで続いたディルムン文明の首都であり、その一方で17世紀にはポルトガルによって要塞が築かれた。多様な様式の建造物が一つの遺跡に集中することは世界的にも珍しい。

世界遺産（カルアト・アル—バフレーン—古代の港と

ディルムンの首都　2005）

¶古代オリ（バハレーン砦）, 世遺事（バーレーン要塞—古代の港湾とディルムン文明の首都—）, 成世遺下（カラット・アル・バーレーン）〔写〕, 世遺百（カラット・アル・バーレン：古代の港とディルムンの首都）, 大英オリ（バハレーン〔カルアト・バハレーン（バハレーン砦）]）

島の経済を表す真珠産業遺産

Pearling, testimony of an island economy

ムハッラク島ムハーラク市。2世紀頃から、バーレーンにおける真珠採りが開始。やがて養殖技術が進み、18世紀から20世紀初頭にかけては真珠による貿易が盛んであった。ほどなく産業は衰退するが、海洋資源を活用しての産業は高く評価され、商人の店舗から真珠棚、モスクなどが世界遺産に登録された。

世界遺産（島の経済を表す真珠産業遺産　2012）

¶世遺事（真珠採り、島の経済の証し）, 成世遺

下（真珠採取、島嶼経済の証言）〔写〕，世遺百

ディルムン　Dilmun
ペルシャ湾のバーレーン島。ギルガメシュ叙事詩にうたわれた真珠の島。初期ディルムン文化は前3000年～前1750年頃まで続いた。

¶世界考古，山川世

バールバール神殿　Bārbār temples
バールバール村の東南に位置。神殿遺跡。楕円形・方形の基壇をもった構築物。

¶古代オリ〔図〕

バングラデシュ

バゲルハートの歴史的モスク都市
Historic Mosque City of Bagerhat
クルナ州バゲラート県のバイラブ川南岸の小都市。イスラーム遺跡。モスクやタダルガー（霊廟）など約50の建造物があり、ほとんどが、ハーン・ジャハーン・アリーとその従者による建築。サイト・グンバド・モスクはハーン・ジャハーン様式を特徴とする。

[世界遺産]（バゲルハットのモスク都市　1985）

¶世遺事（バゲラートのモスク都市）〔写〕，成世遺下〔写〕，世遺百（バゲルハットの歴史的モスク都市）〔写〕，ビジ世遺〔写〕，ユネ世遺5（バゲルハートのイスラーム都市遺跡）〔写〕

パハールプル　Pahārpur
ラージシャーヒー県。パーラ王朝の第2代ダルマパーラ王（770-810頃）が建立したソーマプラ僧伽藍跡。囲壁の四辺に177もの僧房が設けられ、内庭の中央に塔院が設けられた。

[世界遺産]（パハルプールの仏教寺院遺跡群　1985）

¶宗教建築（パハールプルのソーマプラ・ヴィ

ハーラ寺院）〔写/図〕，新潮美（パハルプル），世遺事（パハルプールの仏教寺院遺跡），成世遺下（パハールプールの仏教寺院遺跡）〔写〕，世遺百（パハールプールの仏教寺院遺構）〔写〕，世界考古（パハルプル），大遺跡8（パハルプル）〔写〕，ビジ世遺（パハールプールの仏教寺院遺跡）〔写〕，仏教考古，南アジア，ユネ世遺5（パハールプルの仏教寺院遺跡）〔写〕

マイナマティ　Mainamati
ダカの南東、クミッラの南西8kmの丘陵地帯。仏教遺跡群。時代は7世紀半ばのカドガ朝、8世紀のデーヴァ朝、10～11世紀のチャンドラ朝におよぶ。

¶世界考古，南アジア

マハースターン　Mahāsthān
ラージシャーヒー州ボグラ地区にある遺跡。古くはプンドラナガラとよばれ、マウリヤ時代（前4–前2世紀）に遡る。ヴィシュヌ神を祀った寺院とストゥーパの基壇を含むグプタ時代の遺構（4-6世紀）が発掘された。

¶世界考古（マハスタン），世界美5

フィリピン

アビオグ洞穴
パラワン島西岸ケソン地区、リプウン岬。中国元代の陶磁器を出土する洞穴遺跡。タボン洞穴群の最晩期に相当する。

¶世界考古

カバルワン　Cabalwan
カリンガ・アバヤオ州リワン地区。洪積世中期ないし後期の遺跡。ゾウやサイの化石骨が存する。

¶世界考古

カラタガン　Calatagan
ルソン島西岸バタンガス州のカラタガン半島。15世紀頃の墓地遺跡。中国陶磁、タイ陶磁、安南陶磁とともに現地製の土器が出土。

¶世界考古

カラナイ洞穴　Kalanai
マスバテ島の北部西岸カラナイ地区。鉄器時代の洞穴遺跡。出土の土器はサヒュイン・カラナイ土器として東南アジア全体の鉄器時代の土器文化の標準遺跡。

¶世界考古〔図（土器と文様）〕

クラマン高原遺跡　Kulaman
ミンダナオ島南西部コトバト州。クラマン高原にある金属器時代後期の遺跡。1964年カニトン洞穴とフェネフェ洞穴の発掘が行なわれた。

¶世界考古

グリ洞穴　Guri cave
パラワン島西海岸ケソン地区リプウーン岬。洞穴遺跡。初期金属器時代の甕棺葬遺構。

¶世界考古, 東ア考古

サンタ・アナ　Santa Ana
マニラ市内。宋代の中国陶磁器を出土する墓地遺跡。中国陶磁器が出土。

¶世界考古

セミノホ岩陰　Seminoho
ミンダナオ島南西部コトバト州レバック地区。金属器時代の岩陰遺跡。出土遺物は石灰岩製で円筒形および方形の石甕とその蓋。

¶世界考古

タボン洞穴　Tabon
パラワン島西岸ケソン地区リプウン岬。旧石器時代後期から金属器時代にわたる洞穴遺跡。多数の剥片石器が出土し5つのインダストリーに分類。

¶世界考古〔図（剥片石器）〕

ドゥヨン洞穴　Duyon
パラワン島西岸ケソン地区イワイグ。後期旧石器時代から金属器時代にわたる洞穴遺跡。小さな洞穴遺跡であるが、3時期の文化層が報告されている。

¶世界考古

ニイベット・ドゥルドゥク洞穴
Ngipet Duldug
パラワン島西岸、ケソン地区リプウン岬。新石器時代後期の甕棺葬の洞穴遺跡。タボン洞穴群の一つ。

¶世界考古

バガッグ貝塚　Bagag shell midden
ルソン島北東部。ラロ貝塚郡に属す径100m、深さ3mの貝塚。有文黒色土器群、方角石斧が出土さらに貝層下シルト層中からは、無文赤色土器群が検出された。

¶東ア考古

バセイ川流域洞穴群　Basey
サマル島南西部、バセイ川流域。後期洪積世から20世紀にわたる洞穴群遺跡。粗製の剥片石器、金属器、中国陶磁器などが報告された。

¶世界考古

バトゥンガン洞穴　Batungan
マスバテ島の中西部マンダオン地区。新石器時代から明代の陶磁器を含む時代にわたる洞穴群遺跡。

¶世界考古

ビガン歴史地区　Historic City of Vigan
イロコス・スル州。1572年にスペイン領となり経済拠点として栄えた。旧市街には、スペイン風の白壁の家屋が並ぶ。スペイン情緒あふれる町並みやスペイン統治以前の中国やフィリピン独自の建築様式が融合した歴史的な建造物群が特徴。

世界遺産（古都ビガン　1999）

¶世界事（ヴィガンの歴史都市），成世遺下〔写〕，世遺百（ヴィガン歴史都市）〔写〕，ビジ世遺（ビガンの歴史地区）〔写〕

フィリピン・コルディリェーラの棚田群
Rice Terraces of the Philippine Cordilleras
コルディリェラ山脈の東側斜面のイフガオ州のバナウエ、マヨマヨ、キアンガン、フンドゥアン。ルソン島の棚田群の景観は「天国への階段」とも呼ばれ、バナウエの谷を覆う棚田の泥壁や石垣をつなぎ合わせると長さ2万km。代々稲作を行うことで維持し、発展してきた。約2千年前から棚田がつくられてきたといわれる。

世界遺産（フィリピン・コルディリェーラの棚田群　1995）

¶世界事（フィリピンのコルディリェラ山脈の棚田群），成世遺下（コルディレラの棚田）〔写〕，世遺百（フィリピン・コルディリェーラの棚田）〔写〕，ビジ世遺（コルディレラの棚田）〔写〕，ユネ世遺13（コルディリェーラ山脈の棚田）〔写〕

フィリピンのバロック様式の教会群
Baroque Churches of the Philippines
ルソン島のマニラ、パオアイ、サンタ・マリア、それに、パナイ島のイロイロ。スペイン植民地時代の教会群。世界遺産に登録された4つの聖堂のうち、最古はサン・アグスティン聖堂（マニラ）。他、サン・アグスティン聖堂（パオアイ）、ヌエストラ・セニョーラ・デ・ラ・アスンシオン聖堂（サンタ・マリア）、サント・トマス・デ・ビリャヌエバ聖堂（ミアガオ）が残る。

世界遺産（フィリピンのバロック様式教会群　1993）

¶世界事，成世遺下（フィリピンのバロック様式聖堂）〔写〕，世遺百（フィリピンのバロック様式教会堂）〔写〕，ビジ世遺（フィリピンのバロック様式聖堂）〔写〕，ユネ世遺6（フィリピンのバロック様式の聖堂群）〔写〕

ボロボック岩陰　Bolobok
サンガサンガ島。新石器時代の岩陰遺跡。奥行46m、幅44mで、3つの文化層が報告されている。

¶世界考古

マガピット貝塚　Magapit shell midden
ルソン島北東部。ラロ貝塚郡に属する貝塚群。出土した赤色スリップと刺穴中心の施文土器の特徴から台湾・オセアニアとの先史文化の交流が議論されている。

¶東ア考古

マヌングル洞穴　Manunggul
パラワン島西岸ケソン地区リプウン岬。新石器時代から金属器時代にわたる洞穴遺跡。出土し

た甕の一つは、蓋に「死者の舟」を装飾にもつ特異なもので、タボン洞穴群土器複合のうち最も卓越したもの。

¶世界考古〔図(土器)〕

ラロ貝塚群 Lal-lo shell middens
ルソン島北東部カガヤン川下流域の河口。約3千

年前から今日まで形成され続けている東南アジア最大規模の貝塚群。貝層中から炉跡、柱穴、黒色土器・陶磁器・ガラスビーズなどを副葬する伸展葬土壙墓群と、その上層の甕棺墓群などの遺構が確認されている。

¶世界考古(ラロ貝塚)、東ア考古〔図〕

ブルネイ

イスタナ・ヌルル・イマン
バンダル・スリ・ブガワン近郊。世界的大富豪

の1人であるハサナル・ボルキア国王が建てた近代的な宮殿。部屋数は1788室。1984年の建築。

¶空大宮殿〔写〕

ベトナム

ヴェト・ケ Viet-Khe
ハイフォンのハン河畔。ドンソン文化の遺跡。地下1.5〜2mのところから5基の木の幹でつくった棺が発見された。墓の年代は前4世紀ないし前3世紀頃。

¶世界考古

オケオ Oc-Eo
アンザン省。メコン川下流域の都市遺跡。古代国家扶南の海港とされる。年代は1世紀頃〜7世紀。

¶アジア歴2、旺文社世(オケオ遺跡)、角川世、新潮美(オクエオ)、世界考古〔写(出土品)〕、世歴大3、東南アジア、東ア考古(オケオ遺跡)〔写〕、仏教考古(オケオ遺跡)、山川世

ケオ・ファイ遺跡 Keo Phay site
北部のバクソン山地。中石器時代、または初期新石器時代の洞穴遺跡。バクソン文化よりホアビン文化に近い様相を示す。

¶世界考古(ケオ・ファイ洞穴)、東ア考古

ゴーカム遺跡 Go Cam site
中部クァンナム省ズイスエン県。チャーキュウ遺跡から南東に約4kmの地点にある遺跡。同遺跡最下層と同種の布目瓦を大量に発見。それらに混じり「黄神使者章」と印面が復元された封泥など、多様な漢系遺物が出土。

¶東ア考古

コーロア遺跡 Co Loa site
北部ハノイ市ドンアイン県。三重の土塁と環濠に囲まれた大規模城郭遺跡。内城は方形で全長1650m、中城は不整形で全長約6500m、外城は不整形で全長約8000m。

¶東ア考古〔図〕

サオ・ドン遺跡 Sao Dong site
ホアビン省。石灰岩地帯にある洞穴遺跡で、ホアビン文化の代表的遺跡の一つ。遺物は1千点以上の石器で、礫器と剥片類、局部磨製石斧・石製容器がある。

¶世界考古(サオ・ドン洞穴)、東ア考古

サーフィン遺跡 Sa Huynh site
クァンガイ省ドゥックフォー県。海岸砂丘上に位置する、甕棺墓を主体とする埋葬遺跡。サーフィン文化の標準遺跡。

¶世界考古(サヒュイン)、東ア考古〔写(耳飾)〕

スアン・ロク Xuân-Lôc
サイゴンの東80km。いわゆる「巨石文化」の遺跡。幅2m、長さ4.5m、高さ1.5mの石棺。

¶世界考古

ゾクチュア遺跡 Doc Chua site
ドンナイ省、ベ川右岸。集落と墓地の遺跡。前1千年紀後半のベトナム南部における初期金属器時代の重要な遺跡。

¶東ア考古

ゾンカーヴォ遺跡 Giong Ca Vo site
ホーチミン市。ドンナイ川・サイゴン川河口付近に位置する埋葬遺跡。発掘総面積225平方mから、339基の甕棺墓と10基の伸展葬が発見された。前2〜後1世紀。

¶東ア考古〔写(双獣頭形耳飾)〕

ダイラン遺跡 Dai Lang site
中部山地ラムドン省ダイラン。墳丘墓地遺跡。地面に掘った長方形の墓壙に陶磁器を敷き、遺体を安置埋葬していた。大半は15世紀を中心と

するチャンパ陶磁であった。

¶東ア考古

ダ・ブート貝塚　Da-But
タン・ホア省。新石器時代の貝塚。水田に囲まれ、小丘をなす。十数体の屈葬人骨と断片的な人骨が発掘。

¶世界考古

チャーキュウ遺跡　Tra Kieu site
クァンナム省ズイスエン県。チャンパの国都シンハープラ、中国史書に登場する林邑の都典冲に比定される遺跡。方形に遺跡を取り囲む土塁が現存している。遺物の内容は国際的。

¶東ア考古〔図〕

チャンアン景観遺跡群
Trang An Landscape Complex
ニンビン省の内陸部の紅河（ホン河）デルタの南岸。タワーカルストと呼ばれる石灰岩カルストの峰々が渓谷とともに広がる。地上に隆起し、「ベトナムの桂林」「陸のハロン湾」と称される。タムコック・ビックドン洞窟ほか無数の洞窟からは約3万年前の人類が生活した考古学的な遺物や壁画も発掘されている。

世界遺産 (チャン・アン複合景観　2014)

¶世遺事

チャンパー　Champa
中部。2世紀末頃建国された王国。7世紀以降16世紀中頃まで、煉瓦造の宗教建築が次々と造営された。ミーソン遺跡群、クアンナム遺跡群など。

¶東南アジア

チャンパーの祠塔
ファンランにある。チャンパー独特のカラン様式といわれるヒンドゥー諸神の寺院。

¶ 大遺跡12 p162（チャンパの祠塔）〔写〕

チュウダウ窯跡群　Chu Dau kiln sites
ハイズォン省ナムタイン県タイタン社。陶磁器窯跡群。出土した陶磁器は、染付の瓶・碗・皿・馬上坏・合子など多様で、色絵片が出土。年代は15～17世紀頃。輸出用の陶磁器生産地の一つ。

¶東ア考古

亭榜亭（ディン・ディンバン）　ていぼうてい★
バックニン省ティエンソン県。ベトナムの木造建築遺構である亭建築。1736年築。黎朝末期の16世紀に多くの質の高い亭がつくられた。

¶宗教建築〔写/図〕

天福寺　てんぷくじ★
ハータイー省コックオァイ県霊域タイー山の麓。12世紀初に毘尼多流支派の密教僧、除道行が開基した古刹。17世紀初めまでに現在の伽藍が整えられた。

¶宗教建築〔写/図〕

ドー山　Do
ハノイの南約140km。旧石器時代の遺跡。シェル型ハンド・アックス、チョッピング・トゥールなどが出土した。

¶世界考古

ドンヅオン遺跡　Dong-duong
クァンナム・ダナン省タンビン県ビンディン村。仏教寺院遺跡。伽藍は東西1300mを測る大規模なもの。875年にチャンパ王国のインドラヴァルマン王による創建。

¶宗教建築（ドンジュオン・コンプレックス）〔写/図〕、新潮美（ドーンジュオン）、仏教考古

ドンソン遺跡
インドシナ北部清化（タンホア）城の北4km。インドシナ青銅器文化を物語る重要な遺物を出土。青銅利器の中には、中国戦国時代の流れを汲むものがある。

¶アジア歴7（ドンソン文化）〔写（銅剣）〕、図解考古（東山遺跡　ドンソンいせき）〔写（青銅容器と人像）〕、世界考古（ドンソン）〔図〕、世歴事6（ドンソン）〔写（青銅器）〕、評論社世（ドンソン（東山））〔写（青銅器）〕、平凡社世

バウ・チョ貝塚　Bau Tro
ドン・ホイ港近く。新石器時代の貝塚。出土した石器には石刃、剥片製のスクレーパーなどでインドシナにおいては発見例の少ない石器。

¶世界考古〔写（石器）〕

バクソン山地　Bac-Son
ハノイの北東約100km。石灰岩山地で約50ヵ所の岩陰および洞穴遺跡がある。

¶世界考古

バ・サ洞穴　Ba-Xa
ハノイ北東のバクソン山地。新石器時代の洞穴遺跡。方角石斧、有肩石斧、石鑿、イモガイ製の玦状耳飾などが出土。

¶世界考古

ハノイのタンロン皇城の中心区域
Central Sector of the Imperial Citadel of Thang Long—Hanoi
ハノイのバーディン地区。タンロン城は、7世紀に中国が築いた支配拠点の跡に、大越国の独立を機に、11世紀になって李朝により創建。李・陳朝期の考古学的遺構と黎朝期以降の地上遺構を含む皇城中枢部の遺跡を発掘。東アジアと東南・南アジアの文化が融合され、特有の文化を形成した。

世界遺産 (ハノイ―タンロン王城遺跡中心地区　2010)

¶世遺事, 成世遺下（ハノイのタンロン王城遺跡

中心地区）〔写〕，世遺百（ハノイ：タンロン皇城遺跡中心地区）

ハンゴン大型石室墓
Hang Gon megalithic tomb
南部ドンナイ省ロンカイン県。大型石室墓。花崗岩の板石5枚を組み合わせた石室。
¶東ア考古〔写〕

ハンラオ洞穴　Hang-Rao
クアンビン省。新石器時代の洞穴遺跡。最上層には10cmの厚さの灰層があり、その下に3枚の混礫土層と3枚の礫層が層をなしている。
¶世界考古

ビンイエン遺跡　Binh Yen site
クァンナム省クエソン県。サーフィン文化期の埋葬遺跡。検出された7基の甕棺墓のうち、最下層の7号甕棺から前漢の日光鏡が出土。
¶東ア考古〔図〕

ファットジェム大聖堂
ニンビン省キムソン（ファットジェム）。1899年築。ベトナム人神父チャンルック（陳六）の構想により建設、ベトナムの伝統的意匠・構法に基づいて建造されたカトリック聖堂。
¶宗教建築〔写/図〕

フエの建造物群
Complex of Hué Monuments
ダナンの北西100kmにある小都市の古都フエ。ベトナム最後の王朝グエン（阮）朝の首都。碁盤の目状の旧市街に、紫禁城を4分の3に縮小して模した王宮や、歴代皇帝の帝陵、ホンチェン殿、ティエンムー寺などが残存。
世界遺産（フエの建造物群　1993）
¶アジア歴8（フエ）、世遺事（フエの建築物群）、成世遺下（フエの建造物）〔写〕、世遺百〔写〕、東南アジア（フエ）〔写〕、ビジ世遺〔写〕、ユネ世遺6（フエの歴史的建造物群）〔写〕

フエの皇帝陵
チュアティエン省、フエ市近郊。フエの陵墓群は7つの皇帝陵を中心として30基を上回る陵墓から構成。各殿舎はベトナム中部独特の登り梁を用いた架構形式。
世界遺産（フエの建造物群　1993）
¶宗教建築〔写〕

フォ・ビン・ザー洞穴　Pho-Binh-Gia
ハノイ北東のバクソン山地に位置。インドシナにおいて最初に調査された新石器時代前期の遺跡。下部新石器に属する人骨が7体あった。
¶世界考古

ホイアン　Hoi An
トゥーボン川の河口にあるクアンナム・ダナン

省の港町。16世紀末、グエン朝の貿易奨励策により朱印船など外国船の入港が活発となり、17世紀には大貿易港となって日本人町・中国人町が形成。現在の町並みは18世紀後半以降のもの。
世界遺産（古都ホイアン　1999）
¶世遺事（古都ホイアン）、成世遺下（古都ホイアン）〔写〕、世遺百（古代都市ホイアン）〔写〕、東南アジア、ビジ世遺（古都ホイ・アン）〔写〕

ホイアン日本町遺跡
Hoian Japan sity site
クァンナム省ホイアン。日本人町の遺跡。19世紀初頭以来の木造町家群が並ぶ。旧市街地の西側で17世紀の溝状遺構から中国陶磁器や肥前磁器・ベトナム陶器などが大量に出土。
¶東ア考古

ホー王朝の城塞
Citadel of the Ho Dynasty
タインホア省ヴィン・ロック郡ヴィン・ロン村及びヴィン・ティエン村。風水の法則にのっとって建設されている。14世紀末以降にベトナムで新儒教（朱子学）が普及したことと、周辺の東アジアへと伝播していった様子が示される。建築郡は、東南アジアにおける都城の新様式として傑出した代表例。
世界遺産（ホー王朝の城塞　2011）
¶世遺事（胡（ホー）朝の城塞）、成世遺下〔写〕、世遺百

ポー・クローン・ガライ　Po Klaung Garai
ファンラン。チャンパの祠塔。現存のものは、13世紀末〜14世紀初め、チャンパーのバーンドゥランガ王朝のジャヤシンハバルマン3世によって建てられた。
¶アジア歴8、大遺跡12 p162（ポ・クラウン・ガライ祠塔）〔写〕

ポー・ナガル
ニャチャン。チャンパー時代の聖地。バカヴァティー女神を祀るヒンドゥー寺院の塔堂群がある。
¶新潮美

ポ・ナガール寺院
ニャチャン。チャンパ独特の石造建築カラン様式。現存するのは13世紀建立のもの。
¶大遺跡12 p163〔写〕

ミースェン窯跡群　My Xuyen kiln site
トァティエン・フエ省フォンディエン県フォンホア社ミースェン地区。陶器窯跡群。窯跡の年代は16〜18世紀頃と考えられている。
¶東ア考古

ミーソン　My Son
トラキエウの西方15km。ヒンドゥー教シヴァ信仰の聖地。古代チャンパ王国の都市で古代遺跡。

マレーシア　392

4世紀末に創建のリンガ寺院にはじまり、13世紀までに建てられた寺堂の遺構・遺跡が大小67ヶ所ある。

[世界遺産]（ミーソン聖域　1999）

¶アジア歴8（ミソン）〔写〕，角川世（ミィソン），宗教建築（ミソン）〔写/図〕，新潮美，世遺事（聖地ミーソン），成世遺下（ミーソン聖域）〔写〕，世遺百（ミーソン聖域）〔写〕，世界美5（ミソン），東南アジア，東ア考古（ミーソン遺跡）〔写〕，ビジ世遺（ミー・ソン聖域）〔写〕

ランヴァク遺跡　Lang Vac site

ゲアン省。ドンソン文化期の遺跡。300を越える墓葬が発掘され、この時期における代表的遺跡の一つに数えられる。

¶東ア考古

¶東ア考古

ルイラウ（ルンケー）遺跡
Luy Lau（Lung Khe）site

バックニン省トゥアンタイン県。城跡。方形にめぐる城壁（土塁）と環濠を伴う遺跡。後漢時代末から三国時代初頭にかけて、交趾郡太守として勢威をふるった士燮の本拠地であった可能性が高い。

¶東ア考古

ロンザオ遺跡　Long Giao site

ドンナイ省スアンロック県。青銅器埋納遺跡。古火山の火口付近に銅戈が一括埋納されていた。前3世紀から後1世紀頃とされる。

¶東ア考古〔写（埋納青銅戈）〕

マレーシア

カンポン・スンガイ・ラン
Kampong Sungai Lang

マレー半島のセランゴール州、クアラ・ランガト地方。マウンドの基部の中央に丸木舟の底部とされるものがあり、その上に銅鼓を鼓面を下にして置かれていた墓。

¶世界考古〔図〕

グア・ケパー　Gua Kepah

マレー半島のウェルスレイ州。貝塚。貝層はほとんどハマグリからなっており、多数の二次葬の埋葬が発見されている。

¶世界考古

グアチャ遺跡　Gua Cha site

ケランタン州ネンギリ川の左岸。岩陰遺跡。下層のホアビン文化と上層の新石器時代の墓葬に分けられる。

¶世界考古（グア・チャ）〔写（新石器時代の伸展葬）〕，東ア考古

グア・マドゥ遺跡　Gua Madu site

ケランタン州。岩陰と小洞穴からなる遺跡。新石器時代の遺物は小洞穴に多い。

¶世界考古（グア・マドゥ），東ア考古

グア・ムサン遺跡　Gua Musang site

ケランタン州。新石器時代の洞穴遺跡。遺物は少数のホアビン文化の石器のほか、新石器時代の磨製石斧など。

¶世界考古（グア・ムサン），東ア考古

クアラ・トレンガヌ遺跡
Kuala Trengganu site

トレンガヌ。初期鉄器時代の遺跡。大小2個の銅鼓が発見された。

¶世界考古（クアラ・トレンガヌ），東ア考古

コタ・タンバン遺跡　Kota Tampan site

ペラーク州。旧石器時代の遺跡。片刃の礫器を主体とする石器群が検出された。

¶世界考古（コタ・タンパン），東ア考古

サントゥボン製鉄遺跡　Santubong

サントゥボン地方。製鉄遺跡。大量の鉄滓、坩堝が出土するが、熔鉱は野外の炉を用いて行なわれ、永続的なものは築かれていない。

¶世界考古

ジョホール・ラマ　Johore Lama

マレー半島の南端、ジョホール。城塞址。遺物は中国との貿易の隆盛を示す明代の陶磁器類と土着の印文土器がある。

¶世界考古

スンカイ　Sungkai

マレー半島のペラク州。石棺墓群。箱式石棺の周囲から、鉄器、土器片が発見。

¶世界考古

スンゲイ・ジャオン　Sungei Jaong

ボルネオのサラワク州西部、サラワク川デルタ。サントゥボン地方製鉄遺跡の中の一つ。鉄滓、坩堝などの製鉄関係の遺物が出土。

¶世界考古

タンジョン・クボール　Tanjong Kubor

サラクワ州西部サラワク河口の岬。墓地と思われる遺跡。開元通宝、ガラスビーズ・腕輪、多数の土器・磁気片などを発見。

¶世界考古

タンジョン・ブンガ　Tanjong Bunga

マレー半島の南端。新石器時代の遺跡。遺物に
円筒石斧、方角石斧様の石斧、コリングスが細
石器と考えた石英の剝片がある。

　　　¶世界考古

ニア洞穴

サラワク州北部に位置。石灰岩洞穴遺跡群の総
称。4万年前～数百年前までの文化層や遺物を
発見。

　　　¶世界考古〔写〕，東南アジア

ブキット・テンク・レンブ

Bukit Tengku Lembu

マレー半島のペルリス州。遺跡は岩陰と、入口
を2つ有する洞穴部からなる。遺物にはホアビン
文化の礫器、新石器時代の磨製石斧、石製の輪、
種々の形態の土器のほか、黒色磨研の土器片が
ある。

　　　¶世界考古

マラッカとジョージタウン、マラッカ海峡の古都群

Melaka and George Town, historic cities of
the Straits of Malacca

マラッカ州ムラカ、ペナン島ジョージタウン。

東西間の貿易・文化交流を通じ、500年以上にわ
たって発展を遂げてきた交易都市。町にはイギ
リス東インド会社のコーンウォリス要塞をはじ
め、イギリス植民地時代の様々な建物が残存。

世界遺産 （マラッカとジョージタウン、マラッカ海峡
の古都群　2008）

　　　¶世遺事（ムラカとジョージタウン、マラッカ海
　　　峡の歴史都市群）、成世遺下（ムラカとジョー
　　　ジ・タウン、マラッカ海峡の歴史都市）〔写〕，
　　　世遺百（マラッカ海峡の歴史都市：マラッカ、
　　　ジョージタウン）

レンゴン渓谷の考古遺跡

Archaeological Heritage of the Lenggong Val-
ley

ペラ州。コア・タンパン遺跡、ジャワ遺跡、ケ
バラ・カジャ遺跡、グア・ハリマウ遺跡の4つの
考古学遺跡。アフリカ大陸以外で最も古い初期
人類遺跡。

世界遺産 （レンゴン渓谷の考古遺跡　2012）

　　　¶世遺事（レンゴン渓谷の考古遺産），成世遺下
　　　〔写〕，世遺百

ミャンマー

アヴァの城壁址

アヴァにある。町の北東部に宮殿があった。14
世紀から19世紀にかけて、中断しながらも都と
して栄えた。

　　　¶大遺跡12 p129〔写〕

アーナンダ寺院　Ananda

バガン（パガン）にある。チャンスィッター王
（治世1084-1113）によって建立された仏教寺院。
四方対称形の平面を有し、四方に前室が突出し
て十字形になっている。シカラ状の塔を戴く。

　　　¶アジア歴1（アーナンダ）〔写〕，古代遺跡
　　　p129,130（アーナンダ）〔写〕，宗教建築（バガ
　　　ンのアーナンダ寺院）〔写/図〕，大遺跡12 p110
　　　〔写/図〕

アベーヤダナー寺院

ミンカバー村の南郊。チャンシッター王の妃に
より、1090年頃に建立。モン様式寺院の特徴を
もつ。

　　　¶大遺跡12 p114〔写/図〕

アラカン　Arakan：Rakhine

ベンガル湾とアラカン（ヤカイン）山脈の間の細
長い海岸地域。1785年にコンバウン朝に滅ぼさ
れるまでアラカン王国が存在。大規模な長円形
の城郭址が残る。

　　　¶東南アジア

イエナンヤウン　Yenangyoung

イラワディ川左岸。石器時代の遺跡。1893年の
調査以来、年代について諸説唱えられている。

　　　¶世界考古

ウー・ベイン橋

アマラプーラの南にひろがるタウンダマン湖に
ある。19世紀中頃、パガン王の大臣ウー・ベ
インにより架けられた橋。

　　　¶大遺跡12 p128〔写〕

キン・バ　Khin-bha

カラガンゴン村にある。舎利室を有するマウン
ドで、仏塔の址舎利室の中からは銀製の円筒形
ストゥーパ、金・銀の仏像など数百点が出土。

　　　¶世界考古

ミャンマー

クトゥドー・パゴダ

マンダレーにある。ミンドン王が、1857年、第5回仏典結集を記念して建てたもの。中心塔を小仏塔群がとりまく。

¶大遺跡12 p126〔写〕

サット・ビンニュ・パゴダ

バガン（パガン）にある。1144年の建設。パガンの塔の中で最も高い。四角いプランをもつ。

¶世界遺跡 p278〔写〕

シエジゴン寺院の塔

バガン（パガン）にある。高い基壇をそなえ、各中央に階段があり回廊がある。1196年建立。

¶東西文化 p182〔写〕

シェンニエ寺院

バガン（パガン）にある。仏殿の後方に塔があるという東アジア全体の伽藍配置の最も単純かつ定型的な一形態をとっている。

¶古代遺跡 p133,134（シエンニエ寺院）〔写〕，東西文化 p178,181〔写〕

シュエサンドー・パゴダ

バガン（パガン）にある。鐘形のパゴダ。アノーヤター王がタトン遠征で持ち帰った仏陀の聖髪を祀ると伝わる。

¶大遺跡12 p109〔写〕

シュエジーゴン・パゴダ

バガン（パガン）にある。鐘形の覆鉢部をもつ「ビルマ」型パゴダの原型。1089年頃完成。

¶大遺跡12 p109〔写〕

シュエダゴン・パゴダ

ヤンゴンにある。ビルマ様式仏塔の典型。前5世紀、この地からインドに赴いた商人によってもたらされた8本の仏髪を奉納するために建てられたのが起源とされる。

¶アジア歴4（シュウェダゴン・パゴダ）〔写〕，角川世（シュエーダゴン・パゴダ），古代遺跡 p122（シュウエダゴン塔）〔写〕，宗教建築〔写/図〕，新潮美（シュウェダゴン・パゴダ），世遺地（シュエダゴン），大遺跡12 p122〔写/図〕，東西文化 p186～189（シュウエダゴン塔）〔写〕，仏教考古（シュエンダゴン・パゴダ）

シュエターリャウン像

ペグーの西郊にある。長さ約55m、高さ約16mの最大の寝釈迦像。994年、モンのミガディパ王が建立。1818年、灌木の茂みから発見された。

¶大遺跡12 p130〔写〕

シュエモードー・パゴダ

ペグーにある。シュエダゴン、シュエサンドー（プローム）と並び、3大パゴダに数えられる。1954年に114m余の高さに再建された。

¶大遺跡12 p130〔写〕

シュリークシェートラ遺跡

Sri Ksetra site

バゴー管区ピー郡。大規模な城郭都市遺跡。タイエーキッタヤー遺跡とも呼ばれる。玄奘の『大唐西域記』に「室利差咀羅」と記された。

世界遺産（ピュー古代都市群 2014）

¶大遺跡12（シュリ・クシェトラ）〔写〕，東ア考古，仏教考古（シュリー・クシェトラ遺跡）〔写p215〕

シュリ・クシェトラの城壁址

シュリ・クシェトラにある。面積13平方km、楕円形の都市を囲む城壁。大型煉瓦造り。

¶大遺跡12 p125〔写〕

シンビンターリャウン堂

バガン（パガン）にある。シュエサンドー・パゴダの境内にある。丸天井をもつ煉瓦造りの建造物で、長さ21mの横臥仏を祀る。

¶大遺跡12 p110〔写〕

スーラーマニ寺院

バガン（パガン）にある。1183年、ナラパティシートゥー王が紅玉を発見した場所に建てたと伝わる。2層の高楼。

¶大遺跡12 p116〔写〕

スーレー・パゴダ

ラングーンにある。東にあるボータタウン・パゴダとともに2千年以上の歴史を伝える。聖髪1本を祀るという。

¶大遺跡12 p132〔写〕

ソーミンヂー僧院

バガン（パガン）にある。僧院の煉瓦造り遺構が残る。

¶大遺跡12 p116〔写〕

タッピンニュ寺院

バガンの城壁内にある。1144年、アラウンシートゥー王が建立。61m余の高さをもつ、パガン一の重層楼。

¶古代遺跡 p131（タッビニュ寺）〔写〕，大遺跡12 p116〔写/図〕

チャイプン・パゴダ

ペグー南郊のパヤートンズー村。1476年、ダンマゼーディー王が建立。

¶大遺跡12 p130〔写〕

チャウトーヂー寺院

アマラブーラにある。1847年にパガン王により建立された寺院。パガンのアーナンダ寺院を模す。

¶大遺跡12 p128〔写〕

ナガヨン寺院

バガン（パガン）にある。チャンシッター王の建造。パガン寺院建築の初期のモン様式に属す。

¶大遺跡12 p112〔写/図〕

ナッフラウン・チャウン

バガン（パガン）にある。かつての宮殿の近くに位置する。現存する唯一のヒンドゥー教寺院の遺跡で、11世紀の建立。

¶大遺跡12 p103〔写〕

ナンダミンニャ寺院

ミナントゥ村の北方に位置。13世紀半ばに建立された小型寺院。

¶大遺跡12 p119〔写〕

ナンパヤの塔

バガン（パガン）にある。伝説によると、幽閉されていたMon KingのManuhaの居館として用いられたといわれている。

¶古代遺跡 p132〔写〕

パガン　Pagan

バガン（パガン）にある。ビルマ人が9世紀頃に首都として建設。シュウェジゴン、シュウェサンドー、アーナンダ塔などの仏塔・寺院が残る。

¶アジア歴7〔写〕, 旺文社世, オ西洋美（ビルマ美術）〔写（シュヴェー・ジーゴン仏塔）〕, 宗教建築（パガン宗教遺跡群）〔写/図〕, 新潮美〔写p415（パヤントンズー寺のキンナラ）〕, 世界考古, 大遺跡12〔写/図〕, 東西文化 p84～85〔写〕, 東南アジア〔写〕, 仏教考古（パガン遺跡群）

パガンの塔

バガン（パガン）にある。大小およそ5千～6千ぐらい数えられ、3つの形式がある。

¶古代遺跡 p123～125,135,136〔写〕, 世界遺跡 p278（パゴダの一例）〔写〕, 東西文化 p171～185〔写〕

パダ・リン洞穴　Padah-lin

シャン州南部、ニャウンジャト付近。新石器時代初期のホアビン文化の洞穴遺跡。壁面には赭土で描かれた、太陽・人の手・野牛・鹿などの絵がみられる。

¶世界考古

パヤーマー・パゴダ

シュリ・クシェトラにある。長円錐形のパゴダ。籾入りの強化した煉瓦でできている。

¶大遺跡12 p125〔写〕

ハリン遺跡　Halin site

ザガイン管区シュエボー郡ハリンヂー村。大規模都城遺跡。エーヤーワディー川流域に分布するピュー（驃）の遺跡でレンガ積みの城壁。存続年代は、2～9世紀。

世界遺産（ピュー古代都市群　2014）

¶東ア考古

ピュー王朝の古代都市群
Pyu Ancient Cities

サガイン地方、マグウェ地方、バゴー地方。3つの古代都市「ハリン」「ベイタノー」「スリ・クシュトラ」。いずれも煉瓦造りの城壁で囲まれた城塞都市。前200年頃から後9世紀にかけて栄えたピュー王国の遺跡。

世界遺産（ピュー古代都市群　2014）

¶世遺事

フナマドー・ナッの祠

ポパ山にある。マハーギーリの妹フナマドー・ナッを祀る。

¶大遺跡12 p120〔写〕

ブパヤ・パゴダ（塔）

バガン（パガン）にある。形が南瓜（ブパヤ）に似る。バガン（パガン）における初期の時代に、諸王によって建設され、3世紀頃のものと思われる。

¶世界遺跡 p278〔写〕, 大遺跡12 p102（ブー・パヤー（パゴダ））〔写〕

フマウザ　Hmawza

ピイー（プロム）の東10km。ピュー王国の首都跡。オールド・プロムとも呼ばれる。直径約4kmの不整円形の城壁の内外に多数の仏塔・寺院の廃墟が散在。5～11世紀の遺物を発見。

¶世界考古

プローム　Prome

イワディ川下流。5～9世紀に栄えたピュー族の都。古代プローム（タエキッタヤ）の遺跡が、東南8kmのプローム村にある。

¶アジア歴8, 新潮美, 世歴事8〔写〕

ベイタノー遺跡　Beikthano site

マグェー管区タウンドゥインジー郡。ピュー初期の城郭都市遺跡。不整方形のレンガ積み城壁によって囲まれ、存続年代は1世紀後半から7世紀。

世界遺産（ピュー古代都市群　2014）

¶世界考古（ベイターノ）, 東ア考古, 仏教考古

ベーベー寺院

シュリ・クシェトラにある。7世紀頃の建立。ビルマに現存する最古の寺院建造物と思われる。パガンの小型寺院の祖型とされる。

¶大遺跡12 p124〔写〕

ポーウィン・タウン窟院

モンユワにある。窟内は仏像が祀られ、壁画で埋められている。インワ（ニャウンヤン）時代（17-18世紀前半）の作品。

¶大遺跡12 p120〔写〕

ポパ山

パガンの南にある海抜1500mの死火山。山腹に屹立する。岩山（小ポパ）の頂上にマハーギーリ・ナットとその眷属を祀る祠、堂塔がならぶ。

¶大遺跡12 p120〔写〕

ボーボーヂー・パゴダ

シュリ・クシェトラにある。高さ約47mの円筒形パゴダ。7世紀頃の建造。

¶大遺跡12 p124〔写〕

マハー・アウンミェー・ボンザン僧院

アヴァの王宮址の北東。バヂドー王の正妃ナンマドー・メーヌが、彼女の導師のために1818年に建てたもの。

¶大遺跡12 p129〔写〕

マハーゼーディー仏塔

バゴー（旧ペグー）にある。タウングー朝の第3代バインナウン王が1560年ペグーに建てた仏塔。仏歯が祀られた。

¶角川世

マハーボーディ寺院

パガンの城壁内にある。1215年、ナンダウンミャ王が、インドのボードガヤーの大精舎を模して建てた。

¶大遺跡12 p119〔写〕

マンダレー　Mandalay

エーヤーワディ川左岸。仏教遺跡。王宮を中心として環濠と城壁をめぐらした都城跡で、東北に仏教の聖地とされるマンダレー・ヒルが横たわる。その周辺に多数の仏教寺院が営まれている。

¶新潮美（マンダレイ），世歴事8〔写〕，大遺跡12〔写/図〕，仏教考古（マンダレー遺跡群）

ミンガラゼディの塔

パガン（パガン）にある。ミンガラゼディの寺院は塔を中心としており、1284年の建設。100m四方ぐらいの障屏があり、各四隅に小塔が立っている。

¶古代遺跡 p126～129〔写〕，東西文化 p172～177〔写〕

ミングォン・パゴダ

マンダレー市の北11km。ボウドーパヤ王の未完のパゴダ。1795年建設開始、152mの高さにするつもりであったが、王の死により50mの高さに終わった。

¶世遺地（ミングォン）

レーミエッナー寺院

シュリ・クシェトラにある。構造がパガンの大型寺院の祖型とされる。柱礎各面の石版の浮彫り仏座像は、7世紀頃の作と推定。

¶大遺跡12 p125〔写〕

ンガチュエナダウン・パゴダ

パガン（パガン）にある。10世紀のタウントゥーヂー王の建立と伝わるが、11世紀から12世紀初期のものとされる。「ピュー」型パゴダ。

¶大遺跡12 p102〔写〕

モンゴル

アウラガ遺跡　Avraga site

ヘンティ県デリゲルハーン郡のアラシャン・オハ山の南麓。南北500m、東西1200mの範囲に建物跡が見られる。12世紀末から13世紀初頭を中心に、15世紀後半まで機能していた。

¶東ア考古〔図〕

アラシャン・ハダ遺跡　Arashaan-khad site

ヘンティ県バトシレート郡のビンデル山東裾。「ラシャン・ハダ」とも呼ばれる。花崗岩の巨岩が点在し、その側面の至る所に岩壁画と墨書痕が見られる。後期旧石器・中石器・新石器各時代の遺物が多数出土、青銅器時代の板石墓も存在。

¶東ア考古〔図（遺物）〕

イフ・ハイラント遺跡　Ikh-khairant site

ヘンティ県デリゲルハーン郡バヤンウラン山東麓のイフ・ハイラント谷とその扇状地一帯。開地遺跡。中期旧石器・新石器時代の遺物、青銅器時代の板石墓群ほかがある。

¶東ア考古〔図（旧石器）〕

ウグルクチン遺跡　Öglögchiin site

ヘンティ県バトシレート郡ウグルクチン河谷の北斜面。城郭遺跡。11～12世紀、契丹の北方進出の最前線基地とされる。

¶東ア考古

ウラン・エレグ遺跡　Ulaan-ereg site

ドルノト県ホロンブイル郡。契丹（遼）時代の墓地遺跡。地下約4mに石積墓室が造られる。

¶東ア考古

ウンドル・ドブ遺跡　Öndör-dov site

中央（トゥブ）県バガノール炭鉱の南。不整方形土城遺跡。匈奴時代の陶器類が出土。

¶東ア考古

エルデニ・ジョー　Erdeni Joo
ハンガイ・アイマクの地名。オゴデイ・ハンが1235年に築いたカラコルムの遺跡。1585年にその上にラマ寺院が建てられた。

世界遺産 （オルホン渓谷文化的景観　2004）
　　¶アジア歴1，東西文化 p98〜101（エルデニージュウ寺）〔写〕

オヴォート　Ovoot
チョイバルサン西方9kmのオヴォート山。新石器時代の遺跡。東西に長軸をもつ8.2m×6.4mの大きさの竪穴住居址を発見。
　　¶世界考古

オーシギーン・ウブルⅠ遺跡
Uushgiin Ⅰ site
フブスグル県ムルン市から西へ約20kmオラーン・オーシグ山。「オラーン・オーシグⅠ遺跡」ともいう。ヘレクスル（周囲に石囲いを伴う円形の積石塚）と鹿石（鹿の図案が刻まれた立石）が併存する遺跡。
　　¶東ア考古〔図〕

オツォン・マニト　Otson-Man't
南ゴビ・アイマク。前期旧石器時代終末期の遺跡。アシュール・ムスティエ期と称されている。
　　¶世界考古

オルホンⅠ遺跡　Orkhon No.1 site
ウブルハンガイ県ハルホリン郡。ルヴァロワ技術を有するムステリアン石器群。
　　¶東ア考古

オルホン渓谷の文化的景観
Orkhon Valley Cultural Landscape
ウランバートルの南西360km、モンゴルの中央部。オルホン渓谷は北アジアの遊牧民族国家が本拠地とした土地で、石器時代からモンゴル帝国の時代までの考古学遺跡が残る。カラ・バルガスン遺跡、突厥の遺跡に残る石碑、モンゴル帝国最初の首都カラコルムの遺跡などの史跡がある。

世界遺産 （オルホン渓谷文化的景観　2004）
　　¶世遺事，成世遺下（オルホン渓谷）〔写〕，世遺百

オルホン碑
オルホン川上流域、コショ・ツァイダム湖の南。突厥の石碑。突厥第2帝国3代目のビルゲ可汗（735年建立）と、その弟キュル・テギンのためのもの（732年建立）とがある。

世界遺産 （オルホン渓谷文化的景観　2004）
　　¶アジア歴7（突厥碑文　とっけつひぶん），旺文社世（オルホン碑文　オルホンひぶん），世界考古，山川世（オルホン碑文　オルホンひぶん）

カラコルム　Karakhorum
オルホン川右岸のホジルトの北約53km。城壁をもった宮城址があり、その中央土壇は万安宮の跡とされる。遺物には仏教的色彩をもつものが多く、陶器には磁州窯など中国各地の窯で焼かれたものが出土。

　　¶アジア歴2〔図〕，旺文社世，角川世，新潮美，世界考古，世歴事2〔図〕，世歴大4〔図〕，東ア考古（カラコルム遺跡）〔図〕，評論社世，山川世

カラコルムの宮殿跡
ホジルトの北方約54kmの地。13世紀の頃のモンゴル帝国初期の宮殿のあったところ。廃墟には、方形の礎石群と花崗岩の亀趺だけが残されている。

　　¶古代遺跡 p64,66，口絵〔写〕，東西文化 p92〜101（カラコルムの宮殿の跡）〔写〕

カラ・バルガスン　Khara-Balghasun
カラコルム遺跡の北約30km、オルホン川西岸。東ウルグル王国の首都遺跡。イスラム史料のオルド・バリクにあたる。

　　¶アジア歴7（ハラ・バルガスン），角川世，世界考古（ハラ・バルガスン），世歴事2（カラバルガスン）〔写（碑文）〕，山川世

グレート・ブルカン・カルドゥン山と周辺の聖なる景観
Great Burkhan Khaldun Mountain and its surrounding sacred landscape
トゥブ県ムングンモリト郡とヘンティー県ウムヌデルゲル郡、ヘンティー山脈の中央部。万年雪の山は古来、山岳信仰の聖地とされる。ボルハン（ブルガン）とはモンゴル語で、「神」「仏」、ハルドゥン（カルドゥン）とは「山」「丘」を意味する。またチンギス・ハーンが葬られたとの言い伝えがあり、存命中に山岳信仰の対象として指定した四聖山の一つ。

世界遺産 （大ボルハン・ハルドゥン山とその周辺の聖なる景観　2015）
　　¶世遺事

慶寧寺　けいねいじ
ウランバートル北西、旧トシェト・ハン部内。ラマ教の名寺。雍正5年（1727）クーロンの初代チェブツン・ダンパ・フトクトの故居に建立、乾隆1年（1736）完成。蒙古名は、アムル・バヤスフラントゥ・ヒトゥ。
　　¶アジア歴3

セルベン・ハールガ遺跡
Serven-khaalga site
ヘンティ県バヤンホタグ郡ゴルバン・セルベン山。花崗岩に彫られた女真文字と漢字の2面の碑石がある。
　　¶東ア考古〔写（漢字碑）〕

モンゴル

チンギス・カン長城
Chinggisiin-kherem wall

モンゴル・ヘンティ県～ロシア領内～中国・内モンゴル自治区フルンボイル市まで。全長約600kmの長城遺跡。11～12世紀、契丹（遼）が北方民族の進入を防ぐために築いた。

　¶ 東ア考古〔写〕

ドイティン・バルガス遺跡
Doityn-balgas site

アルハンガイ県ホトント郡ドイト山頂。モンゴル帝国第2代皇帝ウゲデイ（オゴダイ）によって築かれた春の離宮に比定できる。

　¶ 東ア考古〔図〕

ノイン・ウラ　Noin-Ula

ウランバートル北方。匈奴王侯の古墳群（前1～後1世紀）。小さい墳丘の下に木槨墓室と木棺がある。

　¶ アジア歴7〔図〕，旺文社世，角川世，新潮美，図解考古（ノイン・ウラ遺跡）〔写/図〕，世界考古〔写（毛氈）〕，世歴事7〔写（出土品）〕，世歴大15（ノイン＝ウラ古墳　ノイン＝ウラこふん），東ア考古（ノイン・ウラ遺跡），評論社世，平凡社世，山川世

バイ・バリック　Bay-baliq

セレンゲ川流域。ウイグルの造営した城郭。2代目カガンが757年につくらせた。

　¶ アジア歴7

ハルホル・ハン遺跡　Kharkhur-khan site

アルハンガイ県エルデネマンダル郡のハヌイ川東岸。レンガ壁に囲まれた方形城郭と、その周囲に広がる都市遺構からなる。

　¶ 東ア考古

バルン・ショルヴォグ　Barun-Shorvog

バルン・ショルヴォグ湖岸。新石器時代の遺跡。第1地点は前4千年紀、第2地点は前3千年紀終末～2千年紀初頭に位置づけられている。

　¶ 世界考古

ヘレ・ウール山

ハルヒン・ゴル川の盆地。後期旧石器～中石器時代の遺跡。ゴビ型石核、スキー状スポール、荒屋型彫器、エンド・スクレーパー、シベリア型スクレブロ、ヴェルホレンスカヤ山型のナイフなどが出土。

　¶ 世界考古

ホイト・ツェンヘリン・アゴイ遺跡
Khoit-tsenkheriin-agui site

ホブト県マンハン郡北西部。石灰岩洞窟遺跡。年代は後期旧石器時代を下らない。

　¶ 東ア考古

ホジルト付近の配石墓

ホジルトの近く。突厥の時代の墓といわれている配石遺構。100基内外を数える。最も基本的なものは、サークルを描くように配石し、外径は約50mや約30mまで、およそ18基ある。

　¶ 古代遺跡 p65（モンゴルの配石墓）〔写〕，東西文化 p233～239〔写〕

ホスティン・ボラグ遺跡
Khustyn-bulag site

中央（トゥブ）県ムングンモリット郡ズーン・バイダラグ川北側。頁岩製のルヴァロワ技術で製作された尖頭器・石刃が出土。

　¶ 東ア考古

メルヒン・トルゴイ遺跡
Melkhin-tolgoi site

ウブルハンガイ県ハルホリン郡。長方形土城。出土品には11～14世紀の土器・陶磁器類がある。

　¶ 東ア考古〔図〕

モイルティン・アム遺跡　Moiltyn-am site

ウブルハンガイ県ハルホリン郡。5枚の文化層からなる旧石器時代の遺跡。ルヴァロワ技術を持つ中期旧石器時代のムステリアン石器群。

　¶ 世界考古（モリトゥイン・アム），東ア考古

モリン・トルゴイ遺跡　Morin-tolgoi site

トゥープ県アルタンブルラク郡。青銅器時代と匈奴時代の墳墓遺跡。青銅器時代の墳墓は、平面方形の石槨墓。匈奴時代の墳墓は、平面形でいうと北半部が半円形であるのに対して、南半部が方形の範囲に低く積石を行っている。

　¶ 東ア考古

モンゴル・アルタイ山系の岩絵群
Petroglyphic Complexes of the Mongolian Altai

バヤンオルギー県ウラーン・ホス郡とツインガル郡。モンゴル・アルタイ山脈の3つの場所におびただしい数の壁画や墓石が残る。最古の図像は、前1万1千年から同6千年当時、渓谷が大型動物を狩猟する人びとの居住の場であった様子を示す。最晩期は、スキタイ、匈奴の時代に描かれたもの。

　世界遺産 （モンゴル・アルタイ山系の岩絵群　2011）

　¶ 世遺事（モンゴル・アルタイ山脈の岩壁画群），成世遺下（アルタイ山脈の岩絵群）〔写〕，世遺百（モンゴル・アルタイ山系の岩絵）〔写〕

ヤマト・ヌル湖　Yamato-nur

東部アイマク、ヤマト・ヌル湖にある。新石器時代の遺跡。2地点ある。土器を伴出しない石器群が出土。前4千年紀に比定。

　¶ 世界考古

ヨルダン

アイン・ガザル　Ain Ghazal

アンマン近郊。新石器時代の大型集落遺跡。先土器新石器時代B期からヤルムーク文化期にいたる集落を発掘。

¶遺跡100〔写〕，古代オリ〔写p628（土偶）〕，大英オリ〔写（人物像）〕

アムラ城　Quseir Amra

アズラク地方。クサイル・アムラ。8世紀初めに建設されたイスラム最高指導者（カリフ）の離宮。カリフの享楽的な生活のために建てられたといわれる。ローマ式の浴室や井戸、あるいはフレスコ技法の壁画が残る。

世界遺産（アムラ城　1985）

¶新潮美（クサイル・アムラ），世遺事（アムラ城塞），成世遺下〔写〕，世遺百（アムラ城（カスル・アムラ））〔写〕，世界美2（クサイル・アムラ），ビジ世遺〔写〕，ユネ世遺3（砂漠の宮殿クセイル・アムラ）〔写〕

アル・ダイル（修道院）

ペトラ。ペトラ最大の岩窟建造物。ビザンチン時代の修道士が教会として使っていた。

¶世遺地 p26

アルテミス神殿　Temple of Artemis

ジェラシュ。市の守護女神アルテミスの神殿。コリント式列柱。2世紀中頃。

¶文化史蹟2〔写〕

アンマン　Amman

アンマン。旧約時代にラバート・アムモンの名のもとに知られていた古い都市。ローマ時代の遺跡として野外劇場、オデオン、ニンファエアム、ヘラクレス神殿、フォルムなどがある。

¶オリ遺跡〔写〕

ウマイリ, テル・エル　'Umayri, Tell el

アンマンの南約15km。アンモン人居住跡を提示する遺跡。前3千年紀中葉から後1世紀までの各層位からなる遺構を確認。

¶大英オリ（ウマイリ，（テル・エル））〔写〕

ウム・エル・ラサス（キャストロ・メファ）
Um er-Rasas (Kastrom Mefa'a)

マダバの南東30km。3世紀末から9世紀までに作られた遺跡。当初はローマ軍駐留地であったが、5世紀に町となった。保存状態の良いモザイク画や、僧の柱上修行が行われた四角柱の塔が現存。

世界遺産（ウム・エル−ラサス（キャストロ・メファ）2004）

¶世遺事（ウム・エル・ラサス〈カストロン・メファー〉），成世遺下（ウム・エル・ラサス）〔写〕，世遺百（ウム・アル・ラサス（カストゥルム・メファア））〔写〕

エル・ディル

ペトラ。僧院。巨大な2階建ての神殿。140フィートの高さがあり、その室はペトラ唯一の祭壇をもつ部屋。

¶世界遺跡 p266〔写〕

ガッスル, テレイラト　Ghassul, Teleilat

死海の北東、ヨルダン渓谷の南端に位置。複数の低い丘の複合体。新石器時代後期と銅石器時代に属する。レヴァント南部の銅石器時代後期は、その名にちなんでガッスル期と称される。

¶新潮美（ガッシュール，テレイラット），大英オリ（ガッスル，テレイラト）〔写（壁画）〕

キルベット・タンヌル　Khirbet Tannur

南部にある。ナバタエア人の神殿址。祭神はアタルガティスとゼウス＝ハダット。

¶新潮美

サルディエ, テル・エッ
Sa'idiyeh, Tell es

ヨルダン川の東約2kmに位置。大きな遺丘。東西2つの部分からなる。低い方の西丘では多数の墓を発掘。ほとんどが前12世紀のもの。高い方の丘では独特の大階段が発見された。前12世紀の町の一部。

¶大英オリ（サルディエ，（テル・エッ））〔写（出土品）〕

ジェラシュ　Jerash

アンマンの北方約40kmに位置。都市遺跡。古代名ゲラサ（Gerasa）。全長3.5kmの周壁で囲まれた市街には、列柱道路や広場、ゼウス神殿やアルテミス神殿、円形劇場などがある。

¶アジア歴4，オリ遺跡〔写/図〕，古代オリ〔写〕，新潮美，世界遺跡 p266〔写/図〕，世界考古，世界美3，大遺跡3〔写/図〕，大遺跡6〔写/図〕，文化史蹟2〔写〕

ジェラシュの泉水殿　Nymphaeum, Jerash

ジェラシュの南大四面門とアルテミス神殿の間。2世紀後半。泉水の上の社。コリント式の列柱をもち、2階建てで壁龕がある。

¶文化史蹟2（泉水殿）〔写〕

ジェラシュの南の劇場
South Theatre, Jerash

ジェラシュ。ジェラシュの梨形の広場の西側にある南の劇場。1～3世紀。

¶文化史蹟2（劇場（ジェラシュ））〔写〕

ジェラシュの列柱付き大通り
Colonnaded Street, Jerash
ジェラシュ。ジェラシュの古代の市街のアルテミス神殿と梨形の広場をつなぐ大通り。列柱はイオニア式で本来約500本あった。1〜3世紀。
¶文化史蹟2 p168（列柱付大通り）〔写〕

ジェラシュのローマ人のフォルム
ジェラシュ。ジェラシュの南門の内側。楕円形のフォルムが建つ。イオニア風の列柱と舗装された床がある。
¶世界遺跡 p266（ローマ人のフォールム）〔写〕

シック　Sîk
ペトラ。市街に至る唯一の通路でシックと呼ばれる狭い岩の裂け目。2世紀以後はローマ軍が戦車を通すため舗装した。
¶文化史蹟2（シック（ペトラ））〔写〕

デイル・アラ, テル　Deir Alla, Tell
ヨルダン渓谷東部に位置。面積4haの遺跡丘。仮説として聖書のスコトまたはペヌエルと同定されている。最初の居住層は中期青銅器時代のもの。
¶大英オリ（デイル・アラ、（テル））〔写〕

ハドリアヌスの凱旋門
ジェラシュ、南門の外にある。128〜129年の冬に、ハドリアヌスがゲラサを訪れたことを記念して建てられたものと推定。
¶大遺跡6 p153〔写〕

バーブ・エッ・ドラ　Bab edh-Dhra
死海沿岸。古代都市および墓地。塔を付設した城壁のある前期青銅器時代の遺跡。
¶世界考古

ファラオの宝物庫　Pharaoh's Treasury
ペトラ。前1〜後2世紀、バラ色の砂岩の崖を削り、そこに彫り抜いた神殿風正面をもつ霊廟。高さ約30m。
¶文化史蹟2〔写〕

ブサイラ　Busayra
死海の南東25kmに位置。聖書にエドムの都市として出てくるボツラに同定。三方を峡谷に囲まれた自然の要塞。前7世紀の城壁のある行政センターを発見。
¶大英オリ〔写〕

ベイダ　Beidha
南部の山岳台地に位置。先土器新石器文化B中期の小型集落遺跡。レヴァント南部の先土器新

石器文化を代表する遺跡の一つ。
¶古代オリ〔図〕, 世界考古, 大英オリ

ヘシュバン　Hesban
アンマンの南西20km。旧約聖書にヘシュボンとして言及。初期鉄器時代からオスマントルコ時代まで19の居住層が確認されている。
¶古代オリ, 大英オリ（ヘスバン）

ペトラ　Petra
アンマンの南。前2世紀頃、遊牧民ナバタイ人の隊商都市として繁栄した古都。断崖絶壁の道の先にある岩山を掘った場所にあり、2〜3世紀につくられた神殿や円形劇場が現存する。
〔世界遺産〕（ペトラ　1985）
¶アジア歴8, 遺建11（岩の都ペトラ）〔写/図〕, オリ遺跡〔写〕, 古代オリ, 新潮美, 世遺事, 成世遺下〔写〕, 世遺地, 世遺百〔写〕, 世界遺跡 p266〔写/図〕, 世界考古, 世界美5〔写〕, 空古代遺跡〔写〕, 大遺跡3〔写〕, ビジ世遺〔写〕, 文化史蹟2〔写〕, ユネ世遺3（隊商都市ペトラ）〔写〕, 歴史建築〔写/図〕

ムシャッタの宮殿　Mshatta
東部。イスラム宮殿の遺跡。8世紀前半、ウマイヤ朝時代の砂漠の宮殿の一つ。
¶新潮美

ヨルダン川の対岸の洗礼の地、ベタニア（アル・マグタス）
Baptism Site"Bethany Beyond the Jordan"(Al-Maghtas)
バルカ県の南シュナ地区。イエスが洗礼を受けたといわれる場所。貯水システムや水場、教会群などが残り、現在も重要な聖地とされる。
〔世界遺産〕（洗礼の地"ヨルダン川対岸のベタニア"（アル・マグタス）　2015）
¶世遺事

ワディ・ドバイ　Wadi Dobai
アンマンの南東約80km。キャンプ・サイト。石器インダストリーが確認された。
¶世界考古

ワディ・ラム保護区
Wadi Rum Protected Area
南部の7万4千haにわたるこの保護地域。文化と自然の高い価値が認められ、世界遺産に登録。砂漠における多様な景観がある一方、岩面彫刻や碑文などが残る。
〔世界遺産〕（ワディ・ラム保護地域　2011）
¶世遺事, 成世遺下〔写〕, 世遺百（ワディ・ラム保護地域）〔写〕

ラオス

サン・コン・ファン　San Kong Phan
フア・パン州。「巨石文化」の遺跡。メンヒル、円板石、地下式横穴からなっている。
¶世界考古

ジャール平原　Plain of Jars
シエンクワーン県の高原。高原上に多数の大型の石壺群が点在。ジャールはフランス語で〈壺〉を意味する。石壺は埋葬用棺で、地下にも石蓋土壙墓、骨壺が埋設されている。
¶東南アジア, 東ア考古（ジャール平原石壺群）

タート・ルアン
ヴィエンチャン。ラオスを代表するタート（仏塔）。現在見られるものは、ジェッターティラージャ王により1566年に建造開始。高さ約35m。
¶宗教建築（ヴィエンチャンのタート・ルアン）〔写/図〕

チャンパサック県の文化的景観にあるワット・プーと関連古代遺産群
Vat Phou and Associated Ancient Settlements within the Champasak Cultural Landscape
チャンパサック県を流れるメコン川の西岸のワット・プー地域を中心に展開。ワット・プーを中心とした遺跡群。チャンパサック一帯は、ヒンズー教における自然と人間の関係を象徴する、5世紀から15世紀の文化的景観を保持。
世界遺産（チャンパサック県の文化的景観にあるワット・プーと関連古代遺産群　2001）
¶世遺事（チャムパサックのワット・プーと関連古代集落群の文化的景観），成世遺下（チャンパサックのワット・プー寺院）〔写〕，世遺百（チャンパーサック県のワット・プーと関連考古遺産）〔写〕，ビジ世遺（チャンパサックのワット・プー寺院と関連古代遺産）〔写〕

バン・アン　Ban Ang
チャンニン州の同名の村の近く。「巨石文化」の遺跡。北西・北東・南西の3群からなる石甕群と一つの洞穴からなる。
¶世界考古

ルアン・プラバン　Luang Prabang
王都ルアン・プラバンを中心とする地域。多くの磨製石斧と青銅斧などを採集。また、磨製石斧、青銅斧、釣針、青銅製鑿などを収集。
世界遺産（ルアン・パバンの町　1995）
¶世遺事（ルアン・プラバンの町），成世遺下〔写〕，世遺百（ルアン・パバーンの町）〔写〕，世界考古，東南アジア（ルアンパバーン）〔写〕，ビジ世遺〔写〕，ユネ世遺13（古都ルアン・プラバン）〔写〕

ワット・プー　Wat Phu
チャンパサック。ヒンドゥー教寺院の遺跡群。主要な建物は、10世紀後半～12世紀後半の建設と推測。主祠堂内陣は7～8世紀まで遡る可能性が高い。
世界遺産（チャンパサック県の文化的景観にあるワット・プーと関連古代遺産群　2001）
¶宗教建築（ラオスのワット・プー）〔写/図〕，東南アジア〔写〕

レバノン

アドルン　Adlun
シドンとティルス間の海岸道路沿い。海岸から500mにある石灰岩の崖に開く遺跡群。1958年にズモフェン岩陰が、1963年にベゼズ洞穴が調査された。
¶世界考古

アブ・ハルカ　Abu Halka
トリポリ南西。岩陰遺跡。中期から後期旧石器時代への移行期の特徴を示す層と後期旧石器第Ⅲ期の層が主要。
¶世界考古

アンジャル　Anjar
ベカー地方。8世紀初め、アル・ワリード1世によって建てられた城塞都市。城壁の内部にはモスクや公共浴場の跡が残る。
世界遺産（アンジャル　1984）
¶新潮美（アンジャール），世遺事，成世遺下〔写〕，世遺百〔写〕，ビジ世遺〔写〕，ユネ世遺3（イスラーム都市アンジャル）〔写〕

イルカタ　Irqata
北部の遺跡テル・アルカにあたるといわれる。アマルナ文書に名が現れる。
¶古代オリ

カディーシャ渓谷（聖なる谷）と神の杉の森（ホルシュ・アルゼ・ラップ）

Ouadi Qadisha (the Holy Valley) and the Forest of the Cedars of God (Horsh Arz el-Rab)

カディーシャ渓谷。初期キリスト教の修道僧が修行した場所。近くにレバノン杉が自生し、紀元前にはフェニキア人が船をつくって海へ乗り出し、また抽出した樹脂を交易品として貿易を行った。

世界遺産 (カディーシャ渓谷（聖なる谷）と神のスギの森（ホルシュ・アルツ・エル－ラーブ）　1998)

¶世遺事、成世遺下（カディーシャ渓谷と神の杉の森）〔写〕、世遺百（カディーシャ渓谷（聖なる谷）、神のスギの森（ホルシュ・アルゼル・ラブ））〔写〕、ビジ世遺（カディーシャ渓谷と神の杉の森）〔写〕

カミド・エッ・ロズ　Kamid el-Loz

ベカー渓谷最大のテルの一つ。前2千年紀のエジプト文書に言及されるクミディと同定。1969年に4枚の楔形文字粘土板が発見されたことにより確認された。

¶大英オリ

クサール・アキル　Ksar Akil

ベイルートの北東6kmの涸谷アンテリアス沿いの海抜80m。200万個のフリントと100万の動物骨片が採集された岩陰。

¶世界考古

クミディ　Kumidi

現在のカミド・エル・ローズ。前2千年紀中葉にエジプトの支配下に入り、属州ウピの州都となった。後期青銅器時代の層からは前14世紀の粘土板文書7点が出土。

¶古代オリ

ケウエ洞窟　Keoue Cave

トリポリ近郊の海岸から約10kmの地点。中期旧石器時代の洞窟遺跡。石器群が4層にわたって出土。ムスティエ文化後期に分類される。

¶古代オリ、世界考古（ケウエ洞穴）

サレプタ　Sarepta

シドンの南約13kmにある遺跡。現題名はサラファンド（Sarafand）。後期青銅器時代末期から鉄器時代にかけての製鉄、製陶などの痕跡がある。

¶古代オリ

シドン　Sidon

ティルスの北方35km。フェニキアの代表的都市。現代名はサイダ（Saidā）。前4千年紀後半には居住の跡が認められる。エシュムン神殿跡を発掘し、碑文や彫像などを発見。

¶古代オリ、新潮美（シードーン）、世界考古、世界美3、世歴事4

ティルス　Tyre

ベイルートの南南西約70km。古代都市遺跡。現代名はスール（シュール）。前2750年に創設されたフェニキア人の都市。後に、ビザンチン帝国や十字軍の支配下。凱旋門や公共浴場、劇場、道路、競馬場などの遺構や貨幣など多数発見。

世界遺産 (ティール　1984)

¶アジア歴6、旺文社世、オリ遺跡（ティロス）〔写〕、角川世、古代オリ、新潮美、世遺事（ティール）、成世遺下（ティール）〔写〕、世遺百（ティール）〔写〕、世界遺跡 p268〔写〕、世界考古、大遺跡3〔写〕、大英オリ、ビジ世遺（ティール）〔写〕、文化史蹟2（テュロス）〔写〕、山川世、ユネ世遺3（フェニキア都市ティルス）〔写〕

ティルスの公共浴場　Roman Bath, Tyros

ティルス。1～3世紀の公共浴場遺構。最初の2部屋の四隅には噴気孔があり、二重の床下を通して燃焼室から熱い蒸気が送られた。

世界遺産 (ティール　1984)

¶文化史蹟2 p160（公共浴場）〔写〕

バッコス神殿　Temple of Bacchus

バールベック。2世紀中頃。広大な人工の盛り土の上にユピテル神殿と並んで築かれた。正面に8本の柱を置く周柱式神殿。

世界遺産 (バールベック　1984)

¶世界遺跡 p266（バッカスの神殿）〔写〕、大遺跡6 p154〔写/図〕、文化史蹟2（バックス神殿（バアルベック））〔写〕

バールベック　Baalbek

バアルベック。ベカと呼ばれる肥沃な農耕地帯の中心地。ローマ帝国時代の宗教都市遺跡。1～3世紀にかけて造られた3つの神殿から構成される。中東三大遺跡の一つ。ローマ時代にはヘリオポリス（太陽神の市）とも呼ばれた。

世界遺産 (バールベック　1984)

¶アジア歴7（バーラバック）、オリ遺跡〔写〕、角川世、古代オリ（バアルベック）、新潮美〔図p179〕、世遺事（バールベック）、成世遺下〔写〕、世遺百〔写〕、世界考古（バールベク）〔図〕、世界美4〔写〕、世歴事8（ヘリオポリス(2)）〔写〕、大遺跡3〔写/図〕、大遺跡6〔写/図〕、ビジ世遺〔写〕、文化史蹟2（バアルベック）〔写〕、平凡社世（ヘリオポリス）、ユネ世遺3（聖地バールベック）〔写〕

ビブロス　Byblos

地中海沿岸の寒村のジュバイルにある。前3千年頃から、フェニキア人が住み始めたとされる古代都市遺跡。12世紀には、ローマ帝国支配下の要塞都市と化した。そのため、紀元前の神殿や石棺が残るかたわら、十字軍が建設した要塞などの多様な遺跡がある。

世界遺産(ビブロス 1984)

¶オリ遺跡〔写〕，角川世（ビュブロス），古遺
地〔図〕，古代エジ（ビブロス／ジュベイル），
古代オリ，新潮美（ビュブロス），世遺事，成
世遺下〔写〕，世遺百〔写〕，世界考古，大英
エジ（ビブロス（グブラ、ジュベイル）），大英
オリ〔写〕，ビジ世遺〔写〕，評論社世，文化
史蹟2（ビュブロス）〔写〕，ユネ世遺3（フェニ
キア都市ビブロス）〔写〕

フランク族の城

ビブロス。ビブロスはユーグ・ド・ランブリアッ
クに1109年に占領され、城は征服後、間もなく
できた。

¶世界遺跡 p284〔写〕

ベルータ　Beruta

現代名ベイルート。ローマ時代のベリトゥス
（Berytus）。1993～96年に大規模な市街地発掘
が行われている。

¶古代オリ

ユピテル神殿　Temple of Jupiter

バールベック。2世紀中頃。広大な人工の盛り土
の上にバックス神殿と並んで築かれた。ローマ
帝政期の最も巨大な神殿。

世界遺産(バールベック 1984)

¶大遺跡6 p154〔写/図〕，文化史蹟2〔写〕

オセアニア

アメリカ合衆国領北マリアナ諸島

タガ・ハウス
テニアン島南西岸のサンホセ。タガ・ストーン

と呼ばれる巨大な石柱が残る遺跡。
¶遺跡100〔写/図〕

イギリス領ポリネシア

ピトケアン　Pitcairn
ガンビア諸島の東にある孤島。イギリスの軍艦バウンティ号反乱者の住みついた島。1971年、石斧製作址とサツマイモ貯蔵竪穴の発掘で、後1350年以前に人が住んでいたことが判明した。
¶世界考古（ピトカーン島）

ヘンダーソン島　Henderson Island
ピトケアン島の北約160km。1100年から1450年まで人が住んでいたと考えられている。洞穴の下層の遺物から、最初マルケサスから人が到着し、後に土地の材料を用いたものと推定。
世界遺産（ヘンダーソン島〔自然遺産〕　1988）
¶世界考古

オーストラリア

インガラディ岩陰
ノーザン・テリトリーのヴィクトリア川の近くにある遺跡。下層（6800-4900B.P.）は、主に石核や剥片が中心。
¶世界考古

ウィランドラ湖群地域
Willandra Lakes Region
ニューサウスウェールズ州。約1万5千年前、乾燥湖となった砂漠地帯。4万年から3万年前頃のものとされる人類の骨、先住民アボリジニの石器・貝塚、人類最古の火葬場が発掘された。
世界遺産（ウィランドラ湖群地域　1981）
¶世遺事, 成世遺下〔写〕, 世遺百〔写〕, ビジ世遺〔写〕, ユネ世遺6（ウィランドラ湖地域）〔写〕

ウルルーカタ・ジュタ国立公園
Uluru-Kata Tjuta National Park
北部準州。世界最大の一枚岩エアーズロックとドーム型の奇岩群オルガ山がある国立公園。エアーズロックは先住民族アボリジニの聖地で神話や生活を描いた壁画が残る。

世界遺産（ウルルーカタ・ジュタ国立公園　1987, 1994）
¶オセアニア（ウルル）〔写〕, 世遺事, 成世遺下（ウルル、カタ・ジュター国立公園）〔写〕, 世遺地（ウルル）, 世遺百〔写〕, ビジ世遺（ウルル、カタ・ジュター国立公園）〔写〕, ユネ世遺6〔写〕

エアーズ・ロック　Ayers Rock
アリス・スプリングスから南西約350km。小山のような珪岩の巨石。多数の洞穴があり、中の岩の表面には彩色のある岩面画が多くみられる。
世界遺産（ウルルーカタ・ジュタ国立公園　1987, 1994）
¶世界考古〔図（壁画）〕

王立展示館とカールトン庭園
Royal Exhibition Building and Carlton Gardens
ヴィクトリア州のメルボルン市の中心部。1880年と1888年、メルボルンの万国博覧会のために建設。ビザンチン様式、ロマネスク様式、ルネサンス様式などを組み合わせた建築物。

[世界遺産]（王立展示館とカールトン庭園　2004）

　¶世遺事，成世遺下〔写〕，世遺百（王立展示館，カールトン庭園）〔写〕

オーストラリアの囚人遺跡群
Australian Convict Sites
　ニュー・サウス・ウェールズ、タスマニア、西オーストラリアノーフォーク島の各州に点在。18世紀から19世紀にイギリスが建設した収容所。囚人遺跡の中から11施設が世界遺産に登録された。

[世界遺産]（オーストラリア囚人遺跡群　2010）

　¶世遺事，成世遺下（囚人遺跡群）〔写〕，世遺百（オーストラリア囚人収容施設）〔写〕

オビリ・ロック
　カカドゥ公園。多くの岩面画が遺存。「メイン・ギャラリー」と呼ばれる大きな岩陰には、フリーズのように多くの魚などの形象が描かれている。

[世界遺産]（カカドゥ国立公園　1981, 1987, 1992）

　¶大遺跡1（巨石記念物―オビリ・ロック）〔写〕

カカドゥ国立公園　Kakadu National Park
　ダーウィンの東220km。熱帯性気候の広大な自然公園。先史時代から、先住民族カグゥドゥ族（アボリジニ）の居住地域。内陸部の岩場には生活の様子や神話の世界などを描いた岩面画が残る。

[世界遺産]（カカドゥ国立公園　1981, 1987, 1992）

　¶遺跡100（カカドゥの岩面画）〔写/図〕，世遺事，成世遺下〔写〕，世遺百〔写〕，大遺跡1（巨石記念物―カカドゥ国立公園）〔写〕，ビジ世遺〔写〕，ユネ世遺6〔写〕

カッディー・スプリングス
　ニューサウスウェールズ州の北部中央。更新世以降に絶滅した動物骨が大量に発掘された遺跡。

　¶遺跡100〔写〕

クーナルダ洞穴　Koonalda
　ヌラーバー平野、海岸から23km内陸。石灰岩洞穴。年代は、約2万年前で軟らかい石灰岩の壁面に、指による直線状の印刻が無数にある。

　¶世界考古

グリーン渓谷　Green Gully
　メルボルン。D.J.マルヴェーニーが調査した遺跡。

　¶世界考古

ケニフ洞穴　Kenniff
　クイーンズランド。洞穴遺跡。オーストラリア南部の、ほとんどの石器のタイプが出土した。

　¶世界考古

ザ・トゥームズ洞穴　The Tombs
　クイーンズランド。洞穴内と外の2ヵ所の発掘により出土した遺物は、多量の剥片、少量のハンマー・ストーン、きわめて小さな細石器など。

　¶世界考古

シドニー・オペラハウス
Sydney Opera House
　ニュー・サウス・ウェールズ州サーキュラー埠頭。建築家ヨルン・ウッツオンの設計で1973年に完成。建物をシェル構造にデザインした、20世紀を代表する近代建築物。

[世界遺産]（シドニー・オペラハウス　2007）

　¶遺建8（シドニーオペラハウス）〔写/図〕，オセアニア（シドニー〔オペラ・ハウス〕），世遺事（シドニーのオペラ・ハウス），成世遺下（シドニーのオペラ・ハウス）〔写〕，世遺百〔写〕，歴史建築〔写/図〕

シドニー・ハーバー・ブリッジ
　シドニー南岸のドーズポイントと北岸のミルソンズポイントをつなぐ。シングル・アーチ型の橋。この型の橋では1932年の完成時点で世界最長だった。

　¶オセアニア（シドニー〔ハーバー・ブリッジ〕）

タスマニア原生地域　Tasmanian Wilderness
　タスマニア島。内陸部に点在する峡谷で40以上の洞窟が発見された。3万1千年前から住んでいたタスマニア・アボリジニの住居跡、岩壁画などの遺跡が残る。

[世界遺産]（タスマニア原生地域　1982, 1989）

　¶世遺事，成世遺下〔写〕，世遺百〔写〕，ビジ世遺〔写〕，ユネ世遺6（タスマニア原生地帯）〔写〕

タルガイ　Talgai
　クイーンズランドのダーリング・ダウンズ。オーストラリアで最も古い頭蓋骨の一つが偶然発見された。約1万年前と判明。

　¶世界考古

デヴォン・ダウンズ　Devon Downs
　マーレー川下流にある遺跡。ここを標準遺跡として3つの文化を設定。下層からピリ文化、ムドク文化、マランディアン文化と続く。

　¶世界考古

マンゴ湖
　ニュー・サウス・ウェールズ州。礫核とスクレーパーを主体とする石器文化の遺跡。

[世界遺産]（ウィランドラ湖群地域　1981）

　¶遺跡100（マンゴー湖）〔写〕

サモア

ヴァイレレ Vailele
ウポル島北岸、アピアの東方5km。遺跡。住居址や土器が発見され、初めてサモアにおいても土器の製作と使用があったことが証明された。
¶世界考古

マラエ・プレメレイ
サヴァイイ島（西サモア諸島）。巨大なマラエ（祭祀場）。上部は長径60m、短径50mの方形、高さは15m。
¶大遺跡1 p123〔写〕

ムリファヌア Mulifanua
ウポル島西岸のムリファヌア港内。ラピタ土器

出土の遺跡。土器層は1.5〜2mの海底にある厚さ1mのサンゴ層下にある。サモアの先史時代は少なくとも前800年頃にまで遡ることになった。
¶世界考古

ルアトゥアヌウ Luatuanu'u
ウポル島。ルウトゥアの海岸から約5km内陸の稜線上に築かれた砦址。長さ700m。
¶世界考古

ロトファガ Lotofaga
ウポル島南東部。海岸遺跡。住居址、炉址などとともに自然遺物の堆積層がある。
¶世界考古

ソロモン諸島

アヌタ島 Anuta
アヌタ島。無文土器・釣針・貝斧などが出土、下

層の2文化層と上層との間に砂層があり、アヌタには前後2回の人の移住があったと推定。
¶世界考古

トンガ

ハモンガマウイ Haamongaamaui
トンガ・タプ島コロンガ。巨大な3つの石からなる構築物。材質はサンゴの礫岩。伝承では18世

紀初頭のトゥイタトゥイ酋長が建造。
¶世遺地 p98（ハ・アモンガ・ア・マウイ），世界考古，大遺跡1 p123（ハァアモンガ・ア・マウイ）〔写〕

ニュージーランド

オルアランギ Oruarangi
ハウラキ平野。クラシック・マオリ期の代表的な遺跡。犬の下顎骨を使った組合わせ釣針の針先は当地の特徴。
¶世界考古

ダニーデン鉄道駅
ダニーデン。ニュージーランド人鉄道建築家ジョージ・トループが、フランドル風ルネサンス様式で設計した。1906年に開設。
¶歴史建築〔写/図〕

トンガリロ国立公園
Tongariro National Park
北島の中央部に広がる。ルアペフ山、ナウルホエ山、トンガリロ山の火山三峰が含まれ、マオリ族の信仰の中心地。

世界遺産（トンガリロ国立公園 1990, 1993）

¶オセアニア，世遺事，成世遺下〔写〕，世遺百〔写〕，ビジ世遺〔写〕，ユネ世遺6〔写〕

パ遺構
北島および南島北部。「パ」と呼ばれるマオリ人が残した城砦遺跡。

¶ 遺跡100〔写〕

ラタナ教会

フンガヌイ郊外。先住民マオリのなかの指導者の一人、ラタナ（1870-1939）が1925年に建てた教会。マオリ復興運動から取り残された貧しい教育のない人々の間に、多くの信奉者を見いだした。

¶ オセアニア

ワイラウ・バー　Wairau Bar

ニュージーランド南島。アーケイック期の早期を代表する遺跡。29の墓が発見され、モアの卵を含む豊富な副葬品が出土。

¶ 世界考古

バヌアツ

フェレス洞窟

レレパ島（ニューヘブリデス諸島）。数百点の彩画や刻画がある。主題は人物、魚、鳥、図形など。

世界遺産（首長ロイ・マタの地　2008）

¶ 大遺跡1 p125〔写〕

ロイマタ酋長の領地

Chief Roi Mata's Domain
エファテ島、レレパ島、アートック島。部族間

の紛争を解決した首長ロイ・マタに関連する史跡群。エファテ島の住居、ロイ・マタが死んだ場所とされるレレパ島のフェレス洞窟、アルトク島にある埋葬の地が世界遺産に登録された。

世界遺産（首長ロイ・マタの地　2008）

¶ 世遺事，成世遺下（酋長ロイ・マタの領地）〔写〕，世遺百（ロイ・マタ首長の領地）〔写〕

パプアニューギニア

アイボムの巨石記念物

チャンブリ（ニューギニア島）。チャンブリ湖地方の伝承に登場するワンダンとバンバンをかたどり立てられたメンヒル。

¶ 大遺跡1 p125〔写〕

イナケブ洞窟壁画

キタヴァ島（トロブリアンド諸島）。鍾乳洞に描かれている壁画。銛が突きささった魚の彩画が多い。

¶ 大遺跡1 p125〔写〕

カフィアヴァナ　Kafiavana

パプアニューギニアの中央部。農耕の発生と関連して重要と思われる豚（4500年以上前）の骨が出土。

¶ 世界考古

キオワ岩陰　Kiowa

パプアニューギニアの内陸部。初期文化層Aから、礫器と剝片、中期文化層Bから、下層より出土した遺物に加え、アックス・アッズ、ウェステッド・ブレードなどが出土。

¶ 世界考古

クックの初期農耕遺跡

Kuk Early Agricultural Site
ニューギニア島のハイランド地方南部、クク湿

地。ニューギニア島最古の農耕地。7千～1万年前から耕作が行われていたことが判明。約6500年前に植物を栽培、農業へと発展させたことを示す植物化石などが保存されている。

世界遺産（クックの初期農耕遺跡　2008）

¶ 世遺事（クックの初期農業遺跡），成世遺下（ククの古代農業遺跡）〔写〕，世遺百（クックの初期農耕史跡）

コシペ　Kosipe

中央地区。1964・67年J.P.ホワイトらが調査した遺跡。

¶ 世界考古

ユク岩陰　Yuku

高原にある遺跡。最下部の文化層Aからは、礫器、剝片、スクレーパーウェステッド・ブレードが出土。

¶ 世界考古

ワギ渓谷　Wahgi

マウント・ハーゲン近く。研磨されたアックス・アッズ、木製品が出土。木製品の中には、垣根の柱、掘棒、櫂状のシャベルなどがあった。

¶ 世界考古

パラオ

ロックアイランドの南部の干潟
Rock Islands Southern Lagoon

コロール州。石灰岩の大小の島々と周囲のサンゴ礁からなる。前3100年から前2500年に人が住んでいたとされ、洞窟や岩絵、墓などの遺跡がある。

世界遺産（南ラグーンのロックアイランド群 2012）

¶世遺事, 成世遺下（ロックアイランド）〔写〕, 世遺百（南ラグーンのロックアイランド）

フィジー

シガトカ Sigatoka
ヴィティ・レヴ島の南西海岸。砂丘遺跡の総称。最下層の第1層（前500年頃）からはラピタ土器が出土。

¶世界考古

ダクニバの岩面刻画
ヴァヌア・レヴ島（フィジー諸島）。丸い石に刻まれている。小さい幾何学的図形。

¶大遺跡1 p125〔写〕

レブカ歴史的港町
Levuka Historical Port Town

オヴァラウ島の東南部のロマイヴィティ州の州都。19世紀の植民地都市。1874年フィジーの最初の首都となる。コロニアル風の役所や税関、教会、会社、商店など、木造の建築が並ぶ。

世界遺産（レブカ歴史的港町 2013）

¶世遺事（レヴカの歴史的な港町）, 成世遺下（レブカ歴史的港湾都市）〔写〕, 世遺百（レヴカの歴史的な港町）

フランス領ポリネシア

アーラフラフ・マラエ Arahurahu Marae
タヒチ島パエア地区。典型的なタヒチ島のマラエ。何千個の丸く加工された石で築かれたアフ（聖壇）と石垣に囲まれた内庭がある。

¶世界考古〔写〕, 大遺跡1 p121（マラエ・アラフラフ）〔写〕

エイアオネの岩陰彩画遺跡
ヒヴァ・オア島。岩陰で62点の彩画を発見。影絵風の人物、鮫、鯨、カヌー、図形などが褐色で描かれている。

¶大遺跡1 p118〔写〕

エイアオネの人面浮彫
ヒヴァ・オア島（マルキーズ諸島）。典型的なマルキーズ人面の特徴を示している。

¶大遺跡1 p119（人面浮彫（エイアオネ））〔写〕

オプノフ渓谷 Opunohu
モーレア島。宗教・住居・農業関係の遺跡400余が発見された。

¶世界考古

タプタプアテア・マラエ
Taputapuatea Marae

ライアテア島オポア。宗教遺跡。アフ（聖壇）と前方には敷石の内庭がある。アフの中に2段のアフをもつ古いマラエが埋められ、外側のアフは未完成。

¶世界考古〔写〕

ハアトゥアトゥア Ha'atuatua
マルケサス諸島のヌクヒヴァ島南東部。砂丘遺跡。早期から歴史時代にわたる。

¶世界考古

ハナペテオ洞穴 Hanapeteo
マルケサス諸島のヒヴァ・オア島北岸。洞穴遺跡。150本余の釣針が出土。

¶世界考古

ハネ Hane
マルケサス諸島のウアフカ島南部ハネ湾頭。砂丘遺跡。土器片を出土する最下層から歴史時代の最上層まで、後300〜1800年までの7層ある3層から2千本近くの釣針、100本以上の完形石斧を発見。

¶世界考古

フアヒネ島のマラエ
フアヒネ島。1千年頃の宗教的構造物。サンゴの板石で囲った聖壇（アフ）を持つ。
¶遺跡100〔写〕

マウピティ　Maupiti
マウピティ島の環礁にあるテティアレ島。副葬品を伴う墓地。人骨は俯臥伸展葬が多く、平均2本の石斧と鯨歯製垂飾1個がカツオ釣針とともに副葬されていた。これにより初めて考古学上からソサエティ諸島とニュージーランドの先史文化の密接な関連を立証。
¶世界考古

マエヴァ　Maeva
フアヒネ・ヌイ島の北東部。島の酋長らが全員この村に住居を構え、それぞれに自分たちの祖先神を祀るマラエを築いた、ポリネシアでただ一つの場所。
¶世界考古

マラエ・アエハウタイ
ボラ・ボラ島（ソシエテ諸島）。石造の祭祀場。アフの中央部にサンゴ石でつくられた部屋が残る。
¶大遺跡1 p122〔写〕

マラエ・オ・マヒネ（オプノフ）
モーレア島（ソシエテ諸島）。トヒヴェア山の中腹の栗林のなかにあるマラエ（祭祀場）。
¶大遺跡1 p121〔写〕

マラエ・タイアハパ
ボラ・ボラ島（ソシエテ諸島）。1400年頃にウナテアという女首長によってつくられたと伝えられるマラエ（祭祀場）。
¶大遺跡1 p123〔写〕

メアエ・オイポナと石像（プアマウ）
ヒヴァ・オア島（マルキーズ諸島）。プアマウ最大のメアエ・オイポナと、その上に立つ石像ティキ。
¶大遺跡1 p119〔写〕

モロティリ　Morotiri
ラパ・イティ島の東約75km。数個の岩礁。航海の安全を祈ったマラエがある。
¶世界考古〔写〕

モロンゴ・ウタ　Morongo Uta
ラパ・イティ島にある。砦部落址。砦の中央には塔状の見張台があり、集落址、稜線上の砦の近くに掘られた防禦用の深溝、炉址、井戸なども発見。砦は約200年前のもの。
¶世界考古〔写〕

ラパ・イティ島　Rapa Iti
アウストラル諸島の南東。旧名オパロ島。ラパ島とも呼ばれる。20余の砦部落があった。海岸洞穴遺跡では200年以前に遡るものが無かった。
¶世界考古

マーシャル諸島

ビキニ環礁核実験場
Bikini Atoll Nuclear Test Site
ミクロネシアのマーシャル諸島、ラリック列島。1946年から1958年にわたり核実験が行われた海。実験で水底に沈んだ船、水爆実験ブラボーによる巨大なクレーターなどが残る。

世界遺産（ビキニ環礁核実験場　2010）
¶世遺事（ビキニ環礁核実験地），成世遺下〔写〕，世遺百

ミクロネシア連邦

ナンドーワス
ポンペイ島（ポナペ島）。ナン・マドール遺跡にある。世界最大の宗教建造物の一つ。神殿や王墓が築かれている。

世界遺産（ナン・マドール：東ミクロネシアの儀式の中心地　2016）
¶世遺地

ナン・バレムエトの環状列石
キティ（ポナペ島）。広大な丘に散在する環状列石の一つ。長径15.5m、短径12.9m。
¶大遺跡1 p127〔写〕

ミクロネシア連邦　　　　　　　　410

ナン・マドール：東ミクロネシアの祭祀センター

Nan Madol： Ceremonial Centre of Eastern Micronesia

ミクロネシアの東部、ポンペイ州マタラニウム、ポンペイ島南東部のテムエン島南麓。シャウテレウル朝の儀式に関する11〜15世紀巨大建造物の遺跡群。石の宮殿、寺院、墓所や居住地域が残る。

[世界遺産]（ナン・マドール：東ミクロネシアの儀式の中心地　2016）

¶オセアニア（ナン・マドール）〔写〕，角川世（ナンマドール），世遺事，世界考古（ナンマトール），大遺跡1 p126,133（ナン・マトール）〔写/図〕

ヌクオロ島　Nukuoro

カロリン諸島内。釣針が大量に発見されたほか、貝斧、装身具などが出土。年代は後1300年。

¶世界考古

レレ遺跡

カロリン諸島コスラエ（クサイエ島）の小島レレ。ナン・マドールによく似た石造構築物遺跡。大小の玄武岩柱やサンゴ石塊を規則正しく積み上げた。

¶世界考古（レレ），大遺跡1 p133〔写〕

ヨーロッパ

アイスランド

シンクヴェトリル国立公園
Þingvellir National Park
　レイキャビクから北東へ49km。930年、世界最古の民主議会「アルシング」が開催された場所。以降、国会議事堂ができる1798年まで立法活動が続いた。公園内の遺跡は、アルシングの仕切り

席の断片や18〜19世紀の農耕遺跡、シングヴェトリル教会など。

　世界遺産（シングヴェトリル国立公園　2004）
　　¶世遺事, 成世遺上〔写〕, 世遺地（シンクヴェトリル）, 世遺百〔写〕

アイルランド

カローキール
　スライゴ州。前2500〜2000年頃の羨道墳群。
　　¶古遺地〔図〕

スケリッグ・マイケル　Sceilg Mhichíl
　スケリッグ諸島のスケリッグ・マイケル島。7世紀初頭に聖フィオナンが修道院を開き、10〜11世紀には聖ミカエルを祀る聖堂を建造。石積みの僧房や礼拝堂が残る。遺物からアイルランドの初期キリスト教徒の修行生活が推察できる。
　　世界遺産（シュケリッグ・ヴィヒル　1996）
　　　¶世遺事, 成世遺上〔写〕, 世遺百（スケリッグ・マイケル修道院）〔写〕, ビジ世遺〔写〕, ユネ世遺13（スケリッグ・マイケル島の修道院）〔写〕

聖フィナン僧院　せいふぃなんそういん★
　スケリッグ・マイケル島にある。ローマ帝国の範囲外にある土地を求めて旅した、初期キリスト教信者によって建設されたもの。6つの「ミツバチの巣」型の石室があり屋根を重複する石材で覆っている。
　　世界遺産（シュケリッグ・ヴィヒル　1996）
　　　¶世界遺跡 p276〔写〕

ダウス　Dowth
　ミース州ブルー・ナ・ボーニャの遺跡群に含まれる。前3千年紀の羨道墳。
　　世界遺産（ブルー・ナ・ボーニャ ボイン渓谷の遺跡群　1993）
　　　¶古遺地〔図〕

タラの丘　Tara
　ミース州ナヴァンの12km南方の丘陵。前300〜後500年頃の王宮跡。
　　¶古遺地（ターラ）〔図〕

ダン・エンガス
　アラン諸島のイシュモニア島にある。古代ケルト人が築いた砦か神殿とされる。断崖の上に半円形の石壁が残る。
　　¶空城と要塞〔写〕

トリニティ・カレッジ
　ダブリンにある。イングランド女王エリザベス1世が1592年に創設した大学。アイルランド最古。
　　¶歴史建築〔写/図〕

ニューグレンジ　Newgrange
　ミース州ブルー・ナ・ボーニャ遺跡群に含まれる。前3千年紀の羨道墳。
　　世界遺産（ブルー・ナ・ボーニャ ボイン渓谷の遺跡群　1993）
　　　¶古遺地〔図〕, 世遺地, 歴史建築〔写/図〕

ノウス　Knowth
　ミース州ブルー・ナ・ボーニャ遺跡群に含まれる。羨道墳、鉄器時代ノルマン人の集落跡。前3千年紀。
　　世界遺産（ブルー・ナ・ボーニャ ボイン渓谷の遺跡群　1993）
　　　¶古遺地〔図〕

アルバニア　　　　　　　　412

ブルー・ナ・ボーニャ ボイン渓谷の遺跡群
Brú na Bóinne—Archaeological Ensemble of
the Bend of the Boyne

ダブリンの北西約40km、ボイン川の屈曲部の渓
谷の丘陵部。新石器時代の3つの大型石室墓と散
在する40基以上の古墳からなる遺跡群。ニュー
グレンジ、ノウス、ダウスの大型石室墓は前3千
年頃に築かれ、一度も補修されていない。

　世界遺産（ブルー・ナ・ボーニャ ボイン渓谷の遺跡
　　群　1993）

　　¶世遺事（ベンド・オブ・ボインのブルー・ナ・
　　　ボーニャ考古学遺跡群），成世遺上（ボイン渓谷
　　　の遺跡）〔写〕，世遺百（ボイン渓谷のブル・
　　　ナ・ボーニャ遺跡群），ビジ世遺（ボイン渓谷の
　　　遺跡）〔写〕，ユネ世遺8（ボイン渓谷の考古遺

跡群）〔写〕

モナスターボイス　Monasterboice
ラウス州の地名。古くから修道院があった場所。
2つの聖堂、円塔、2つの墓石、1つの日時計など
からなり、5～12世紀のものと推定される遺構が
現存。

　　¶新潮美, 世界美6

ロック・オブ・カシェル
ティペラリー州。かつてアイルランドの主都ムン
スターがあり、岩の上に、要塞や宮殿、僧院
が建てられた。1169年、ドナル王は教会の外装
一切を寄進、13世紀になってようやく完成。

　　¶世界遺跡 p276（カシャルの岩）〔写〕, 歴史建
　　　築（ロック・オブ・キャシェル）〔写/図〕

アルバニア

ブトリント　Butrint
サランドラ地方のブトリント。古代ギリシャの
植民都市。古代ギリシャ、ローマ帝国、ビザン
チン帝国などの時代の遺跡が現存。

　世界遺産（ブトリント　1992, 1999）

　　¶世遺事, 成世遺上〔写〕, 世遺百〔写〕, ビジ
　　　世遺〔写〕, ユネ世遺9（ブトリントの考古遺
　　　跡）〔写〕

ベラットとギロカストラの歴史地区
Historic Centres of Berat and Gjirokastra
中央部と南部。ギロカストラは家や壁が石造り

で石の街とも呼ばれ、市場やモスク、ギロカス
トラ城が残る。ベラットにはオスマン帝国時代
の町並みが保存されている。

　世界遺産（ベラットとギロカストラの歴史地区　2005,
　　2008）

　　¶世遺事（ベラットとギロカストラの歴史地区群），
　　　成世遺上（ベラチとギロカストラの歴史地区）
　　　〔写〕, 世遺百（ベラットとジロカストラの歴史
　　　中心地区）

アルメニア

アリン＝ベルド　Arin-berd
首都エレヴァン付近。ウラルトゥの城塞址。
　　¶新潮美

エチミアツィンの大聖堂と教会群及びズヴァ
ルトノツの古代遺跡
Cathedral and Churches of Echmiatsin and
the Archaeological Site of Zvartnots

アルマヴィル・マルツ地方。エチミアツィンは
4世紀初めアルメニア教会の中心地となり、総大
主教の司教座が置かれる。アルメニア風の中央
ドームや十字廊型の教会が5～7世紀に発達。

　世界遺産（エチミアツィンの大聖堂と教会群及びズ
　　ヴァルトノツの古代遺跡　2000）

　　¶世遺事（エチミアジンの聖堂と教会群およびス
　　　ヴァルトノツの考古学遺跡），成世遺上（エチミ

アツィンとズヴァルトゥノツ）〔写〕, 世遺百
（エチミアジンの大聖堂と教会堂、ズヴァルトノ
ツ考古遺跡）〔写〕, ビジ世遺（エチミアツィン
の大聖堂、聖堂とズヴァルトゥノツの遺跡）
〔写〕, ロシア（エチミアジン）

エレルイクのバシリカ
西部、アニペンザ村付近。5世紀のキリスト教の
バシリカ。
　　¶新潮美

ガルニ　Garni
エレヴァンの東方27km。古代アルメニアの城塞
と都市。前2世紀につくられたアルメニア王の夏
の居所。
　　¶新潮美

カルミル＝ブルル　Karmir-Blur

エレヴァンの西郊。ウラルトゥの城塞址。

¶古遺地（カルミル＝ブルール）〔図〕，新潮美〔写p163（出土品）〕，世界考古（カルミル・ブルール）

ゲハルト修道院とアザート川上流域

Monastery of Geghard and the Upper Azat Valley

コタイク地方のゴフ村の近く。ゲハルト修道院は4世紀渓谷の岩壁に囲まれて建設された。13世紀には石灰岩をくり抜いた、洞窟聖堂が築かれた。

世界遺産（ゲハルト修道院とアザート川上流域　2000）

¶世遺事（ゲルハト修道院とアザト渓谷の上流），成世遺上〔写〕，世遺百（ゲハルト修道院，アザート渓谷上流域）〔写〕，ビジ世遺（ゲハルトの修道院とアザート川上流域）〔写〕

サタニ・ダル　Satani-Dar

エレヴァンの西北西約60km、アルティン山麓。

旧石器時代の遺跡。アブヴィーユ文化後半とアシュール文化後半の文化層が発見されている。

¶世界考古

ズヴァルトノツ　Zvartnots

エチミアズィン付近。キリスト教聖堂の遺跡。

¶新潮美

ドヴィン　Dvin

エレヴァンの南方35km。4〜13世紀の都市遺跡。

¶新潮美

ハフパットとサナヒンの修道院

Monasteries of Haghpat and Sanahin

トゥマニヤン地方。聖堂、鐘楼、食堂、図書室を備えた複合施設。10〜13世紀のアルメニアのビザンチン美術とこの地域の伝統様式が融合した宗教建築物。

世界遺産（ハフパットとサナヒンの修道院群　1996, 2000）

¶世遺事，成世遺上〔写〕，世遺百（ハフパット修道院，サナーヒン修道院）〔写〕，ビジ世遺〔写〕，ユネ世遺13（アフパトの修道院）〔写〕

アンドラ

マデリウ・ペラフィタ・クラーロル渓谷

Madriu-Perafita-Claror Valley

ピレネー山脈のなかにあるマデリウ、ペラフィタ、クラーロルの一連の3つの渓谷からなる。住居、特に夏季の定住集落や段々畑、牧草地、山小屋、石造りの道や鉄の精錬所跡などが点在。700年以上にわたる伝統的な生活の文化的景観

を保つ。

世界遺産（マデリウ－ペラフィタ－クラーロル渓谷　2004）

¶世遺事（マドリュウ・ペラフィタ・クラロー渓谷），成世遺上（マドリウ・ペラフィタ・クラロ渓谷）〔写〕，世遺百（マデリウ・ペラフィタ・クラロー渓谷）

イギリス

アイアンブリッジ峡谷　Ironbridge Gorge

イングランド、バーミンガムの郊外コールブルックデール。1779年完成の世界初の鉄橋アイアンブリッジが架けられた地。総重量400t、全長60m。1981年に開通。産業革命発祥の地コールブルックディルには溶鉱炉や鋳造工場、労働者の住居などが保存されている。

世界遺産（アイアンブリッジ峡谷　1986）

¶世遺事，成世遺上（アイアンブリッジの谷）〔写〕，世遺百〔写〕，ビジ世遺〔写〕，ユネ世遺8（アイアンブリッジ渓谷）〔写〕

アイレスフォード　Aylesford

イングランド、メイドストーンの北西約3km。鉄

器時代（ラ・テーヌ後期）の火葬集団墓地。南東イングランドの鉄器時代の標準遺跡。

¶世界考古

アッラス　Arras

イングランド、ヨークシャー。鉄器時代の墳墓遺跡で、アッラス文化の標準遺跡。90余の墓が発見されている。

¶世界考古

アフィントンの白馬

イングランド、バークシャー州南部アフィントン。長さ110m、石灰岩の丘陵地帯に描かれた地上絵。抽象化された線の白馬で、約3千年前には

存在していたという測定結果が出ている。

¶大遺跡1 p23(「白い馬」(アッフィントン))〔写〕

イーリー大聖堂　Ely Cathedral

イングランド、イーリーにある。7世紀のサクソン朝時代に聖エセルドレダが創建した修道院・尼僧院に起源。現在の大聖堂は、11～16世紀の様々な建築様式が混ざり合う。

¶新潮美(イーリ大聖堂),世界美1(イーリー〔大聖堂〕)〔写〕,空大聖堂(イーリーのトリニティー大聖堂)〔写〕

イングルビー　Ingleby

イングランド、ダービーシャー。ヴァイキング時代の墓址群。径6～14m、高さ45～150cmほどの円形の低いマウンドを有し、全部で60基残る。

¶世界考古

ヴァレ・クルキス僧院

ウェールズ、デンビーシア。1201年シトー派の古記録には1月28日建設とある。廃墟と化している。

¶世界遺跡 p276〔写〕

ウィンザー城　Windsor Castle

イングランド、バークシャー。11世紀にウィリアム1世が建設、その後増改築を経る。中心となるラウンド・タワーはノルマン時代の小丘の上に立つ。

¶新潮美,文化史蹟13〔写〕

ウィンチェスター大聖堂

Winchester Cathedral

イングランド、ウィンチェスター。サクソン人の建てた聖堂の跡に、ノルマン人が大聖堂を再建。1079年に着工、1100年に塔とともに建物のほとんどが倒壊。クリプト(地下祭室)と翼廊の部分を残す。

¶世界美1(ウィンチェスター〔大聖堂〕)〔写〕

ウェストミンスター宮殿、ウェストミンスター大寺院及び聖マーガレット教会

Palace of Westminster and Westminster Abbey including Saint Margaret's Church

ロンドンの中心部、テムズ河畔のウエストミンスター周辺。ウェストミンスター宮殿は11世紀半ばに建造され、1529年以来国会議事堂として使用。高さ約96mの時計塔ビッグ・ベンが有名。隣接するウェストミンスター大寺院は王家や貴族などの霊廟で、歴代国王の戴冠式場。聖マーガレット教会は11世紀半ばの創建、1523年再建。

世界遺産(ウェストミンスター宮殿、ウェストミンスター大寺院及び聖マーガレット教会　1987)

¶遺建9(ロンドンの国会議事堂)〔写/図〕,世遺事(ウエストミンスター・パレスとウエストミンスター寺院(含む聖マーガレット教会)),成世遺上(ウェストミンスター宮殿とその周辺)

〔写〕,世遺百(ウェストミンスター宮殿、ウェストミンスター大会堂、セント・マーガレット聖堂)〔写〕,世歴事1(ウェストミンスター)〔写〕,ビジ世遺(ウェストミンスター宮殿と修道院およびセント・マーガレット聖堂)〔写〕,ユネ世遺8(ウエストミンスター宮殿、ウエストミンスター・アビー、セント・マーガレット聖堂)〔写〕

ウェストミンスター寺院

Westminster Abbey

ロンドン、ウェストミンスター。イングランド国教会の教会。ゴシック様式の大聖堂。11世紀以来、イングランド王室戴冠式が行われている。

世界遺産(ウェストミンスター宮殿、ウェストミンスター大寺院及び聖マーガレット教会　1987)

¶遺建5(ウェストミンスター大聖堂)〔写/図〕,旺文社世〔写〕,角川世(ウェストミンスター・アベイ),新潮美(ウェストミンスター・アベイ),世界美6(ロンドン〔ウェストミンスター・アベイ〕)〔写〕,世歴大2〔写〕,評論社世(ウエストミンスター寺院),平凡社世,山川世(ウェストミンスター・アビィ),歴史建築(ウェストミンスター寺院)〔写/図〕

ウェストミンスター・ホール

Westminster Hall

ロンドン、ウェストミンスター宮殿。イギリス国会議事堂の西側、玄関ポーチの北に接する中世の代表的ホール。

世界遺産(ウェストミンスター宮殿、ウェストミンスター大寺院及び聖マーガレット教会　1987)

¶新潮美

ウェルズ大聖堂　Wells Cathedral

イングランド南西部サマセット州。創建は909年、新しい大聖堂が着工されたのは1176～1240年。初めて尖頭アーチが建物全体に使用された。

¶新潮美,世界美1(ウェルズ〔大聖堂〕)〔写〕

ウェルラミウム　Verulamium

イングランド南東部、セント・オーバンズ近郊。ローマ時代の植民都市。凱旋門のある周壁や、劇場などが残る。

¶世界考古

ウォークウォース城　Warkworth Castle

イングランド、ノーザンバーランド。12～13世紀。石積み法や塔の壁面にみえるアロウ・ループなどに完成期城郭の特色がうかがえる。

¶文化史蹟13〔写〕

ウースター大聖堂　Worcester Cathedral

イングランド、バーミンガムの西南50kmの町ウースター。ゴシックの大聖堂。イギリス式(1218)と垂直式(14世紀)。

¶新潮美

ウッドヘンジ　Woodhenge

イングランド南部ウェセックス州ウィルツ。祭祀遺跡。径75mの環状の土塁の内側に底面の平坦な周溝を発見。

¶世界考古

エーヴベリー　Avebury

イングランド、ウィルトシャー。前3000〜1800年頃。保存のよい事で有名な先史時代遺跡。環状列石、土手をめぐらした住居地、通廊型石室墳、墳丘墓などがある。

世界遺産(ストーンヘンジ、エーヴベリーと関連する遺跡群　1986)

¶古遺地(アヴェベリー地区)〔図〕、世界考古(アヴェベリー)〔図〕

エクセター大聖堂　Exeter Cathedral

イングランド、デヴォンシャーの州都エクセター。1270年頃から14世紀中期の建造。大聖堂は装飾式ゴシック、袖廊、塔はノルマン様式。

¶新潮美(エクセター〔大聖堂〕)

エディンバラ城　Edinburgh Castle

スコットランド、エディンバラ。岩山の先端部分に築かれている。現存している築城建造物は14〜15、16世紀のもの。

世界遺産(エディンバラの旧市街と新市街　1995)

¶遺産2〔写/図〕、文化史蹟13(エジンバラ城)〔写〕、歴史建築〔写/図〕

エディンバラの旧市街と新市街
Old and New Towns of Edinburgh

スコットランド、エディンバラ。スコットランド王国のかつての首都。旧市街はエディンバラ城を中心に、中世の面影が色濃く残る。北側の新市街は18世紀後半から都市計画に基づいて建設された碁盤目状の市街で、新古典主義様式の町並みが広がる。

世界遺産(エディンバラの旧市街と新市街　1995)

¶世遺事、成世遺上〔写〕、世遺百(エディンバラ:旧市街、新市街)〔写〕、世界美1(エディンバラ)、世歴事1(エディンバラ)、ビジ世遺〔写〕、ユネ世遺13〔写〕

オークニー諸島の新石器時代遺跡中心地
Heart of Neolithic Orkney

スコットランド、オークニー諸島。約4千〜5千年前の新石器時代の遺跡。スカラブレー遺跡、直径35mの円墳メイズホウ、環状列石リングオブブロッガーとストーンズオブステネス、石組みの住居跡、道具類などが残る。

世界遺産(オークニー諸島の新石器時代遺跡中心地 1999)

¶世遺事(新石器時代の遺跡の宝庫オークニー)、成世遺上(オークニー諸島の新石器時代遺跡)〔写〕、世遺百〔写〕、大遺跡1(オークニー)

〔写/図〕、ビジ世遺(オークニー諸島の新石器時代遺跡の中心地)〔写〕

河港都市グリニッジ　Maritime Greenwich

ロンドン、テムズ川の南河畔。16世紀前半、ヘンリー8世が造船所を建設。以来19世紀末まで海洋都市として発展。1675年にグリニッジ天文台が創立され、ここを通る子午線が本初子午線とされた。

世界遺産(河港都市グリニッジ　1997)

¶世遺事(グリニッジ海事)、成世遺上(海事都市グリニッジ)〔写〕、世遺百〔写〕、ビジ世遺(海事都市グリニッジ)〔写〕

カーナボン城　Caernavon Castle

ウェールズ、カーナボンにある。13〜14世紀。建築はエドワード1世による。エドワード式城郭の代表的なものの一つで、城郭と宮殿の両要素を備えている。

世界遺産(グウィネズのエドワード1世の城群と市壁群　1986)

¶文化史蹟13〔写〕

カーリスブルックス城
Carisbrooke Castle

イングランド、ハンプシャー南岸のワイト島にある。11世紀に最初の封建城郭(モットー形式)が建てられ、12世紀には輪状キープ(シェル・キープ)が設けられた。

¶文化史蹟13〔写〕

カンタベリー大聖堂　Canterbury Cathedral

イングランド、カンタベリーにある。イギリス国教会の総本山で、イギリス最初のゴシック様式の大聖堂。597年頃ローマ教皇によって派遣された修道士アウグスティヌスの創建。現在の聖堂は1070〜1089年の建造。

世界遺産(カンタベリー大聖堂、聖オーガスティン大修道院及び聖マーティン教会　1988)

¶旺文社世知(カンタベリ大聖堂)〔写〕、角川世、新潮美、世界美2(カンタベリー〔大聖堂〕)〔写〕、世歴大5(カンタベリ寺院)〔図〕、評論社世(カンタベリー本寺)、文化史蹟12〔写〕、山川世(カンタベリ大聖堂)、歴史建築〔写/図〕

カンタベリー大聖堂、聖オーガスティン修道院、聖マーチン教会
Canterbury Cathedral, St Augustine's Abbey, and St Martin's Church

イングランド、カンタベリーにある。イギリス国教会の総本山・カンタベリー大聖堂と近くにある聖オーガスティン大修道院、聖マーティン教会が合わせて世界遺産に登録された。聖オーガスティン大修道院はアウグスティヌスが建立、16世紀前半に閉鎖。聖マーティン教会はアウグスティヌス派遣以前のもので、建物の一部にローマ時代の煉瓦を使用。「母なる聖堂」とも。

世界遺産(カンタベリー大聖堂、聖オーガスティン大修道院及び聖マーティン教会　1988)

¶世遺事, 成世遺上(カンタベリーの聖堂と修道院)〔写〕, 世遺百(カンタベリー大聖堂、セント・オーガスティン大修道院、セント・マーティン聖堂)〔写〕, ビジ世遺(カンタベリー大聖堂、セント・オーガスティン修道院とセント・マーティン聖堂)〔写〕, ユネ世遺8(カンタベリーの大聖堂、セント・オーガスティン修道院跡、セント・マーティン聖堂)〔写〕

キュー王立植物園
Royal Botanic Gardens, Kew

イングランド、サリー州リッチモンドのテムズ川南河岸。1759年、オーガスタ皇后によって宮殿に併設の庭園として開設。2万5千種以上もの植物を栽培。コレクションは長期間にわたって拡充されてきた。76棟の温室があり、パームハウスは建築学的にも重要。

世界遺産(キュー王立植物園　2003)

¶世遺事(王立植物園キュー・ガーデン), 成世遺上〔写〕, 世遺百〔写〕, ビジ世遺〔写〕

キングズ・カレッジ礼拝堂
King's College Chapel

イングランド、ケンブリッジ大学内にある。大学のキングズ・カレッジ付属の礼拝堂(チャペル、1446-1515)。

¶新潮美〔写p827〕

グウィネズのエドワード1世の城群と市壁群
Castles and Town Walls of King Edward in Gwynedd

ウェールズ、グウィネズ県。ウェールズを併合したエドワード1世が建てた城群が残る。コンウィ城(1287年)、カーナーヴォン城(1330年)、ハーレフ城(1289年)、ボーマリス城(1295年建築開始)がある。

世界遺産(グウィネズのエドワード1世の城群と市壁群　1986)

¶世遺事(グウィネズ地方のエドワード1世ゆかりの城郭と市壁), 成世遺上(グウィネズのエドワード1世の城郭)〔写〕, 世遺百(グウィネズのエドワード1世の城郭と市壁)〔写〕, ビジ世遺(グウィネズのエドワード1世の城郭)〔写〕, ユネ世遺8(グイネズのエドワード王の城郭群)〔写〕

グッドリッチ城　Goodrich Castle

ハーフォードシャー。14世紀初期の隅塔や12世紀のノルマン式四辺形キープがある。

¶文化史蹟13〔写〕

グラストンベリー　Glastonbury

イングランド、サマーセットシャー。前3～2世紀から6世紀頃にかけての杭上集落址。鉄器類・漁具・農具などを発見。

¶世界考古

グラストンベリー修道院

イングランド西部、グラストンベリー。アーサー王とグイネヴィア王妃の墓があったとされる修道院。

¶復原遺跡〔写/図〕

グリムズ・グレイブス　Grimes Graves

イングランド。前2500～1400年頃。フリント採掘地。

¶遺跡100(グライムズ・グレイブズ)〔写〕, 古遺地〔図〕

クレスウェル・クレイグス

イングランド。先史時代の洞窟住居跡。年代は前4万年～前8千年頃。クレスウェル文化の狩猟民が居住。

¶古遺地〔図〕

グロスター大聖堂
Cathedral of Gloucester

イングランド、グロスター。ロマネスク建築(ノーマン様式)。起源は古いが、1022年にベネディクト会となり、修道院聖堂として1089年に着工、12世紀の半ば過ぎに一応完成。

¶新潮美〔写p46,754〕, 文化史蹟12〔写p132, 172～177/図p132〕

ケイルンパップル

スコットランド。前2000～1500年頃。環状列石と青銅器時代の石積墳。

¶古遺地〔図〕

ケニルワース城　Kenilworth Castle

イングランド、ウォーリックシャーの州都、ウォーリックの町近く。12世紀に構築された名城。革命戦争のとき壊され、現在も建物の残がいが残る。

¶文化史蹟13〔写〕

ケルフィリー城

ウェールズ、カーディフから12km。1271年に完成した城塞。ピサの斜塔より傾いた塔がある。

¶空城と要塞〔写〕

ケンジントン宮　Kensington Palace

ロンドンのケンジントン公園にある。元来ノッティンガム伯の居館であったが、1689年ウィリアム3世が購入して以来王宮。外観は17世紀の建築家クリストファー・レンによる増改築をほぼそのまま残す。

¶文化史蹟15〔写〕

ゴーズ・フォー

ウェールズのディフェード州プレズリー山地。巨石遺跡。16個の石が2m間隔で並び、楕円形の環になっている。

¶世遺地

コニスバラ城　Conisbrough Castle

イングランド、ヨークシャー。12〜13世紀。濠で囲まれたドン川を見下ろす丘の上に建つ。イングランドで唯一の形式のキープをもつ。

¶ 文化史蹟13（ケニスバラー城）〔写〕

コニスバラ城のキープ

Keep, Conisborough Castle

イングランド、ヨークシャー。6つの控え壁に支えられた円筒形のキープ。4階からなり、巨大な扶壁によって強化されている。12世紀。

¶ 文化史蹟13（キープ ケニスバラー城）〔写〕

ゴーハムの洞窟遺跡群

Gorham's Cave Complex

海外領土のジブラルタル半島突端にある。石灰岩の断崖に穿たれた4つの洞窟。10万年以上前のネアンデルタール人の住居跡を示す遺物が見られる。鳥や海洋生物の狩猟の跡、抽象的な壁画などは、ネアンデルタール人の文化的伝統を示す。

世界遺産（ゴーハムの洞窟群　2016）
¶ 世遺事

コーフの城

イングランド、ドーシット。ノルマン人征服者によって建てられた。最も古くつくられた本丸は、ヘンリー1世統治の頃のものと推定。

¶ 世界遺跡　p284〔写〕

コンウォールと西デヴォンの鉱山景観

Cornwall and West Devon Mining Landscape

コンウォール州とデヴォン州。18〜19世紀前半にかけて銅と錫の鉱山が急速に発展し、鉱山景観が形成された。坑道や蒸気機関小屋、小自作農地、港湾、鋳造所、新市街と、付随する副次的な産業が一体となって発展。イギリスの産業革命に多大な貢献をした。

世界遺産（コーンウォールとウェストデヴォンの鉱山景観　2006）
¶ 世遺事, 成世遺上（コーンウォールと西デヴォンの鉱山風景）〔写〕, 世遺百（コーンウォールとウェスト・デヴォンの鉱山景観）〔写〕

サットン・フー　Sutton Hoo

イングランド東部サフォーク州。1939年、サクソン人の貴族の伝統である土葬のための舟葬墓（舟形墓）が発見された遺跡。墓は625年頃のもので被葬者は、東アングリアを治めたレドワルド王である可能性が大きい。

¶ 新潮美, 世界考古, 世界美2

サマセット・レベルズ

イングランド南西部。泥炭の層から伐採した木材で舗装された先史時代の木道が発見された。

¶ 遺跡100〔写〕

ジェドブルー僧院

ロクスブルグシア、スコットランド。1138年オーガスティン派の人々によって建立。ノルマン式内陣の円筒形角柱が、2階建てで立ち並ぶ。

¶ 世界遺跡　p276〔写〕

ジャールショフ　Jarlshof

スコットランド、シェトランド島南端部。新石器時代後期から中世にわたる集落遺跡。鉄器時代の円形住居、ヴァイキング時代の円形の塔状家屋、中世の防禦施設をもつ館跡も残る。

¶ 世界考古

シルバリー・ヒル　Silbury Hill

イングランド南部マールボロの西郊約8.8km。高塚で、人工丘としてはヨーロッパ最大。

¶ 世界考古

スウォンズクーム　Swanscombe

ロンドンの東約30km。テムズ川下流域にある前期旧石器時代の遺跡。中部礫層の上半から人骨が出土。

¶ 世界考古

スカラ・ブレー　Skara Brae

スコットランド東北端にあるオークニー諸島の主島ポモナ島西海岸にある。新石器時代の集落址。前二千年頃に位置づけられる。

世界遺産（オークニー諸島の新石器時代遺跡中心地　1999）
¶ 遺跡100（スカラ・ブレ）〔写〕, 古遺地（スカラ・ブラエ）〔図〕, 世界考古〔図〕, 大遺跡1（オークニー―スカラ・ブレー）〔写/図〕

スター・カー　Star Carr

イングランド、ヨークシャーのスカーバラ南方8km。中石器時代の遺跡。多くの動物相を含む自然遺物が出土。ニュー・アーケオロジーなどの原点になる。

¶ 世界考古〔図（石器, 骨角器）〕

スタッドリー王立公園

Studley Royal Park

イングランド、ノース・ヨークシャー県、リポン。王立公園は18世紀に造られた。典型的なイギリス式庭園で、約2.6平方kmのありのままの広大な自然の中に池や川を配する。ファウンティンズ修道院は園内にあり、12世紀前半の創建。ノルマン・ロマネスク様式の本堂や塔の廃墟が残る。

世界遺産（ファウンティンズ修道院遺跡群を含むスタッドリー王立公園　1986）
¶ 世遺事（ファウンティンズ修道院跡を含むスタッドリー王立公園）, 成世遺上〔写〕, 世遺百（ファウンテンズ修道院廃墟を含むスタッドリー王立公園）〔写〕, ビジ世遺（スタッドリー王立公園とファウンティンズ修道院遺跡群）〔写〕, ユネ世遺8（スタッドリー王立公園とファウンティ

イギリス　　　　　　　　　418

ンズ修道院の廃墟〔写〕

スターリング城　Stirling Castle
スコットランド、スターリング。険しい半島状丘陵上に築かれている。部分的に中世初期に属すが、ほとんど後世のもので、古い部分は15・16世紀に属す。
　¶文化史蹟13〔写〕, 歴史建築〔写/図〕

スターリング城のゲート・ウェイ
Gateway, Stirling Castle
スコットランド、スターリング。15世紀。ゲート・ウェイの塔。矢狭間（アロウ・ループ）に、非常に型式化した後期城郭の特色がうかがえる。
　¶文化史蹟13（ゲート・ウェイ スターリング城）〔写〕

ストークセイの城
イングランド、シュロプシア。北の塔は1270年から1280年の間にできた最も古い部分。ジョン・ド・ヴェルドンの次の所有者のローレンス・ド・ルドゥローは、強固な城構えの塔を南端に建てた。
　¶世界遺跡 p284〔写/図〕

ストーンヘンジ　Stonehenge
イングランドのウィルトシャーのソールズベリー平原。ヨーロッパで最も有名な巨石文化遺跡。新石器時代～青銅器時代にあたる。外側に直径約100mの周堀とその内外に低い土堤があり、中央部の直径30mの範囲内に2重の環状列石群と2重の馬蹄形列石群がある。
　世界遺産（ストーンヘンジ、エーヴベリーと関連する遺跡群　1986）
　¶遺建10〔写/図〕, 遺跡100〔写〕, 旺文社世、角川世〔写〕, 古遺地（ストーンヘンジ地区）〔図〕, 新潮美〔写p456〕, 世遺地, 世界考古〔写〕, 世界美3〔写〕, 空古代遺跡〔写〕, 大遺跡1〔写/図〕, 評論社世, 山川世, 歴史建築〔写/図〕

ストーンヘンジ、エーヴベリーと関連する遺跡群
Stonehenge, Avebury and Associated Sites
イングランドのソールズベリーの南ウィルトシャーの平原。ストーンサークルで有名な巨石遺跡。著名なストーンヘンジのほか、その北方のエーヴベリーにも前2600年頃の建造と思われる同様の巨石遺跡があり、周辺には墓地や祭祀場などの古代遺跡が散在。
　世界遺産（ストーンヘンジ、エーヴベリーと関連する遺跡群　1986）
　¶世遺事, 成世界上（ストーンヘンジ、エーヴベリーと関連遺跡）〔写〕, 世遺百（ストーンヘンジ、エーヴベリー、その関連遺跡）〔写〕, ビジ世遺（ストーンヘンジ、エーヴベリーと関連遺跡）〔写〕, ユネ世遺8（ストーンヘンジ、エーヴベリーの巨石遺跡）〔写〕

聖デイヴィッド大聖堂
St David's Cathedral
ウェールズ、セント・デイヴィッズにある。ウェールズ聖公会の聖堂。聖デイヴィッドは、ウェールズの守護聖人。現在の大聖堂は1181年に着工。
　¶世遺地 p71（聖ダビドの聖堂）

セント・オーバンス大聖堂
St Albans Cathedral
ロンドン北方20km。セント・オーバンスのノルマン式大聖堂で、1116年献堂。
　¶新潮美

セント・キルダ　St Kilda
スコットランドの北方の沖合185kmの大西洋上の島々。諸島最大のヒルタ島で、堅固な建造物や耕地跡、ハイランド地方特有の伝統的な石造家屋などを含む2千年以上前の遺跡が発見された。
　世界遺産（セント・キルダ　1986, 2004, 2005）
　¶世遺事, 成世界上（セント・キルダ諸島）〔写〕, 世遺百〔写〕, ユネ世遺8（セント・キルダ群島）〔写〕

セント・ジェームズ宮　St James's Palace
ロンドン。ヘンリー8世が営造した宮殿。1698年ホワイトホール宮の焼失とともに国王の公式の王宮となった。
　¶文化史蹟15〔写〕

セント・スティーヴン聖堂
St Stephen's, Walbrook
ロンドン。シティ（旧市）のウォルブルックにあるレン設計の教区聖堂。
　¶新潮美

セント・デーヴィッズ　Saint David's
ウェールズ、セント・デーヴィッズ。ウェールズの大巡礼地。聖デイヴィッドによって建てられた聖堂があり、2回巡礼するとローマに1回巡礼したのと同等とされた。
　¶世遺地

セント・ポール大聖堂
St Paul's Cathedral
ロンドン。シティ（旧市）にある英国教会の大聖堂。
　¶新潮美, 世界美6（ロンドン〔セント・ポール大聖堂〕）, 歴史建築〔写/図〕

セント・マイケルズ・マウント城
St Michael's Mount
コーンウォール州のマウント湾の海岸、海中に孤立した小島にある。495年にこの島でセント・マイケルの幻影が現われたことから、聖地となった。15世紀以降城が造られ、17世紀には城館が加えられた。

¶文化史蹟13〔写〕

ソールズベリー大聖堂
Salisbury Cathedral
ソールズベリー。ゴシック様式の聖母大聖堂。1220年に起工、1258年にほぼ完成。正称はセント・メアリー大聖堂。
¶新潮美〔写p720〕, 世界美3(ソールズベリー〔大聖堂〕)〔写〕

ソルテア   Saltaire
イングランド、西ヨークシャーのブラッドフォード地域のシップリーの近くを流れるエア川の河畔。19世紀後半の産業集落。事業家タイタス・ソルト卿が理想的な産業集落を造りあげようとしたもので、綿織物工場を中心に労働者の住宅、集会所、教会、公園、学校などが計画的に造られた。
[世界遺産](ソルテア　2001)
¶世遺事, 成世遺上〔写〕, 世遺百〔写〕, ビジ世遺〔写〕

ダーウェント峡谷の工場群
Derwent Valley Mills
ダービーシャー県クロムフォードを流れるダウエント川の渓谷に残る工場群。産業革命期の1769年にリチャード・アークライトが発明した水力紡績機の技術を初めて導入したクロムフォードの工場群が起源。農村の景観に工業設備群が組み込まれ、労働者の住居も建てられ、独特の産業景観が生み出された。
[世界遺産](ダーウェント峡谷の工場群　2001)
¶世遺事(ダウエント渓谷の工場群), 成世遺上(ダーウェント谷の工場)〔写〕, 世遺百(ダーウェント峡谷の紡績工場群), ビジ世遺〔写〕

ダラム城と大聖堂
Durham Castle and Cathedral
イングランド地方北部、ダラム県のダラム市。ダラム城は1072年ウィリアム1世によって築かれ、のちにダラム司教に譲渡された。大聖堂は代表的なノルマン・ロマネスク様式で、ゴシック建築の先駆けとなった。合わせて世界遺産に登録。
[世界遺産](ダラム城と大聖堂　1986)
¶世遺事, 成世遺上〔写〕, 世遺百(ダラムの城と大聖堂)〔写〕, ビジ世遺〔写〕, ユネ世遺8〔写〕

ダラム大聖堂
ダラム州。10世紀末、聖カスバートの遺品安置のため創設された教会に由来。1093年ノルマン人によって築かれ、1133年頃完成。ノルマン・ロマネスク様式。三廊式のラテン十字形平面。
¶新潮美(ダラム〔大聖堂〕), 世界美3(ダラム〔大聖堂〕)

チェダー・ゴージ
イングランド。前2万～1万年頃の先史時代洞窟住居跡。
¶古遺地〔図〕

チチェスター大聖堂   Chichester Cathedral
イングランド、チチェスター。ノルマン様式の大聖堂。
¶新潮美

チャツワース宮   Chatsworth House
ダービシャー。現在の建物は初代デヴォンシャー公が、1687年から1706年にかけて建立したもの。広い庭園や猟場も付属。
¶文化史蹟15〔写〕

中世オックスフォード大学の学寮
イングランド、オックスフォード。現存する中世の大学の建築。1379年にウィンチェスター司教ウィッケムのウイリアムによって創立された学寮。
¶宗教建築〔写/図〕

ティンターン僧院
イングランド、モンムースシア。ティンターンは、ワイ渓谷にある丘で、深い森に囲まれたところにある。残存する遺跡は13世紀以降のもの。僧院のはじめは更に早く1130年頃。
¶世界遺跡 p276〔写〕

デインベリー
ハンプシャー州。前550年頃～前100年くらいまでの濠と土塁をめぐらせた大規模集落。
¶遺跡100〔写/図〕

ドーヴァー城のキープ
Keep, Dover Castle
ケント。12世紀。いわゆる「四辺形キープ」の好例。部分的に一段と初期的な素朴で力強い構造が残っている。
¶文化史蹟13(キープ ドーヴァー城)〔写〕

ドーヴァー城のコンステーブルス・タワー
Constable's Tower, Dover Castle
ケント。13世紀。「王室の城」で、各時代の一流の武人が王の城代コンステーブルとして、その守備を命じられた。
¶文化史蹟13(コンステーブルス・タワー ドーヴァー城)〔写〕

ドリブルー僧院
ベルヴィックシア、スコットランド。プレモンストラテジィア派の人々により創建。教会と回廊の一部、基部、破風作りの残片が残るのみ。
¶世界遺跡 p276〔写〕

イギリス

ヨーロッパ

ニューステッド　Newstead
スコットランド、メルローズ近郊。トウィード川岸にあるローマ帝国の砦址。

¶世界考古

ニュー・ラナーク　New Lanark
スコットランド中南部、クライド川の渓谷。スコットランド様式の建造物が今なお景観として残る小都市。1785年、社会主義者ロバート・オーウェンがイギリス最大の紡績工場を設立。当時の石造りの重厚な工場建造物、水車、倉庫、労働者住宅などが残る。

世界遺産（ニュー・ラナーク　2001）

¶世遺事, 成世遺上〔写〕, 世遺百〔写〕, ビジ世遺〔写〕

ノリッジ大聖堂　Norwich Cathedral
イングランド、ノーフォーク州ケンブリッジの北東約100kmの町ノリッジ。ノルマン様式の大聖堂。

¶新潮美

バークロディアード・イ・ゴーズ
Barclodiad Y Gawres
ウェールズ、アングルシー島。前2500〜2000年頃の羨道墳。

¶古遺地〔図〕

バース市街　City of Bath
イングランド、バース。温泉が湧き、地名が風呂（Bath）の語源となった。1世紀にローマ人が支配下におき、大浴場や神殿を建造。5世紀に廃墟となったが、18世紀には上流階級の温泉保養地・社交場として利用され、ロイヤル・クレッセントなどジョージアン様式の建物が残る町並みが保存されている。

世界遺産（バース市街　1987）

¶世遺事, 成世遺上〔写〕, 世遺百〔写〕, ビジ世遺〔写〕, ユネ世遺8（バースの市街）〔写〕

バッキンガム宮殿　Buckingham Palace
ロンドン。18世紀初めバッキンガム公が造営。1762年ジョージ3世が購入し、1825年建築家ナッシュが改造。ヴィクトリア女王の時代以来ロンドンの王宮。

¶新潮美, 世歴大15〔写〕, 文化史蹟15（バッキンガム宮）〔写〕, 平凡社世

ハドリアヌスの長城　Hadrian Wall
イングランドのカンブリア、ノーサンバーランド、タイン・アンド・ウェア各県。1世紀半ば、皇帝ハドリアヌスが建造を命じた防壁。126年に西海岸ボウネスと東海岸ウォールズエンドを結ぶ全長約120kmの長城が完成した。

世界遺産（ローマ帝国の国境線　1987, 2005, 2008）

¶大遺跡6〔写/図〕, ビジ世遺〔写〕, ユネ世遺8〔写〕

ハーレック城　Harlech Castle
ウェールズ、メリオニーズ。エドワード式城郭に属し、同心円的なグランド・プランの代表的なものの一つ。1283年に起工され7年間を費やして完成。

¶文化史蹟13〔写〕

ハンプトン・コート宮殿
Hampton Court Palace
ロンドンの西南郊外。片面がゴシック様式、反対側が古典様式の宮殿。ウルジー枢機卿が邸宅として1514年起工、後に王宮となる。

¶遺建12（ハンプトンコート宮殿）〔写/図〕, 新潮美, 世界美4（ハンプトン・コート）, 空大宮殿〔写〕, 文化史蹟15（ハンプトンコート宮）〔写〕, 歴史建築（ハンプトンコート宮殿）〔写/図〕

ハンプトン・コート宮殿のファウンティン・コート
Fountain Court, Hampton Court Palace
ロンドン郊外。17世紀。クリストファー・レンの設計になるハンプトン・コート宮殿の中庭。中央に噴水、まわりは回廊をめぐらしてある。

¶文化史蹟15（ファウンティン・コート ハンプトン・コート宮）〔写〕

ピーターバラ大聖堂
Peterborough Cathedral
イングランド、ケンブリッジシャー。ベネディクト会修道院の聖堂として1117〜93に建造されたノルマン様式の建築。

¶新潮美

ビンドン僧院
イングランド、ドーセット。朽ちた壁と基部が残る。初期シトー派僧院の本来のオリジナルな設計をそのままに伝えている。

¶世界遺跡 p276〔写〕

ファウンテンズ修道院　Fountains Abbey
イングランド、ノース・ヨークシャー州リポン近郊。1132年創設のシトー会修道院。翼廊、身廊、回廊「九祭壇の礼拝堂」が現存。イギリスにおける初期ゴシック建築の代表作。

世界遺産（ファウンティンズ修道院遺跡群を含むスタッドリー王立公園　1986）

¶世界遺跡 p276（ファウンテン僧院）〔写/図〕, 世界美4

フォース橋　The Forth Bridge
スコットランド、エディンバラ近郊のフォース湾（川）。ジョン・ファウラーとベンジャミン・ベーカーの設計により1890年に完成した鉄道橋。全長2529m。従来の錬鉄に代わり鋼を使用し、初めて複数カンチレバー形式を採用したトラス橋。

世界遺産（フォース橋　2015）

¶世遺事

ブライン・エル・ヘン・ボブル
Bryn yr Hen Bobl
　ウェールズ、アングルシー島。前2500〜2000年頃の集落址、台状遺構、羨道墳。
　　¶古遺地〔図〕

ブライン・セリ・ドゥ　Bryn Celli Dhu
　ウェールズ、アングルシー島。前1800年頃の環状列石と羨道墳。
　　¶古遺地〔図〕

ブレナヴォンの産業景観
Blaenavon Industrial Landscape
　ウェールズ地方のカーディフの北東40km。18世紀末〜19世紀、鉄鉱石と石炭の主要産地として繁栄。石炭や鉄鉱石の鉱床、採掘現場、労働者の住居、鉄道など、炭坑や鉱山の生活に関わるあらゆるものが、当時のまま保存されている。
　　世界遺産（ブレナヴォン産業用地　2000）
　　　¶世遺事，成世遺上〔写〕，世遺百（ブレナヴォン産業景観），ビジ世遺〔写〕

ブレナム宮殿　Blenheim Palace
　イングランド、オックスフォードシャー県ウッドストック。1704年、ブレンハイムの戦いで軍功のあった初代マールバラ公爵ジョン・チャーチルに、アン女王が下賜した宮殿。1705年に着工、1722年に完成。18世紀のイギリス建築様式を代表する。
　　世界遺産（ブレナム宮殿　1987）
　　　¶新潮美（ブレニム宮），世遺事，成世遺上〔写〕，世遺百〔写〕，空大宮殿〔写〕，ビジ世遺〔写〕，文化史蹟15（ブレニム宮）〔写〕，ユネ世遺8〔写〕

ペヴェンシー城のゲート・ハウス
Gatehouse, Pevensey Castle
　サセックス。13世紀。「サクソン海岸の城砦」といわれたものの一つ。アンデリィアのローマ城砦の囲郭を外郭として利用し築かれた中世城郭。
　　¶文化史蹟13（ゲート・ハウス　ペヴェンシー城）〔写〕

ヘティ・ペグラーズ・タンプ
Hetty Pegler's Tump
　イングランド、グロスタシャー。前3千年頃の通廊型石室墳。
　　¶古遺地〔図〕

ペンブルック城　Pembroke Castle
　ウェールズ地方、ペンブルック州南西部。巨大な円形キープを持つことで知られている。城は11世紀に始まる。
　　¶文化史蹟13〔写〕

ホウリルード宮　Holyrood House
　エディンバラ。1128年の造営と伝えられるが、その後16〜17世紀の改修を経て現在の形になった。女王メアリ・ステュアートの居城として有名。
　　¶文化史蹟15〔写〕

ポーチェスター城　Portchester Castle
　ハンプシャー。「サクソン海岸の城砦」といわれる一連のローマの城砦の一つ。ポルトゥス・アドゥルニィの囲郭を利用して築かれた中世城郭。
　　¶文化史蹟13〔写〕

ポーチェスター城外壁
Rampart, Portchester Castle
　イングランドの東南海岸、ハンプシャー州。3世紀。「サクソン海岸の城砦」といわれる一連のローマの城砦のうちの一つ。ポーチェスター城は、3世紀に築かれた城砦の外郭をそのまま利用。
　　¶文化史蹟4　p178（ポーチェスター城の外壁）〔写〕

ポーチェスター城のキープ
Keep, Portchester Castle
　ハンプシャー。12世紀に築かれた典型的な四辺形キープ。ローマ城砦囲郭の北西隅を占めている。
　　¶文化史蹟13（キープ　ポーチェスター城）〔写〕

ボーディアム城　Bodiam Castle
　サセックス。現在残る城は1385年に国王リチャード2世の命により、この地方の領主、サー・エドワード・デリングルジーによって構築された。
　　¶文化史蹟13〔写〕

ポントカサステ水路橋と運河
Pontcysyllte Aqueduct and Canal
　ウェールズ地方のデンビーシャー県を流れるディー川の渓谷。19世紀初頭に土木技師トーマス・テルフォードが建造。全長18km。地理的条件を克服するため、産業革命期の技術を駆使した土木技術の先駆的傑作。
　　世界遺産（ポントカサステ水路橋と水路　2009）
　　　¶世遺事，成世遺上（ポントカサステ水道橋と運河）〔写〕，世遺百（ポントカサステ水路橋と水路）〔写〕

マエス・ホーウェ　Maes Hawe
　オークニー諸島。メイズ・ハウとも。前2200〜1800年頃の羨道墳。
　　世界遺産（オークニー諸島の新石器時代遺跡中心地　1999）
　　　¶古遺地〔図〕

メイドン・キャッスル　Maiden Castle
　イングランド、ドーセット州。前400〜後100年頃の丘陵要塞。

¶古遺地〔図〕

メルローズ修道院　Melrose Abbey
スコットランド南部の町メルローズ近郊。修道院の遺跡。1136年、スコットランド国王デイヴィッド1世によって建てられたシトー会修道院。
¶世界遺跡 p276（メルローズ僧院）〔写〕, 世界美6

モウサ　Mousa
シェトランド諸島。前300〜後400年頃の砦。
¶古遺地〔図〕

モートン塔　ランベス宮
Morton's Tower, Lambeth Palace
ロンドン。1490年頃。カンタベリー大司教（大主教）のロンドンでの居館であったランベス宮の正面入り口で、大司教モートンが建造したもの。
¶文化史蹟15〔写〕

ヨーク・ミンスター
イングランド、ノース・ヨークシャー。イギリス中世の最大規模の大聖堂。内陣のヴォールトは14世紀のステンドグラスが多数残る。
¶新潮美（ヨーク〔ヨーク・ミンスター〕), 歴史建築〔写/図〕

ラ・ウーグ・ビー
ジャージー島。前2500年の羨道墳。
¶古遺地〔図〕

ラリングストーン　Lullingstone
ケント県ダートフォード近郊の地名。1世紀に建造されたローマの別荘の遺構が発見された。350年頃、建物の一部はキリスト教の礼拝堂に改造されている。
¶世界考古（リューリングストン), 世界美6

ランベス宮　Lambeth Palace
ロンドン。カンタベリー大司教ラングトンが、13世紀初めに造営したのに始まる。カンタベリー大司教のロンドンでの居館。
¶文化史蹟15〔写〕

リヴァプール—海商都市
Liverpool—Maritime Mercantile City
イングランド北西部。18〜19世紀にかけて世界で最も重要な交易地の一つとして発展した都市。歴史的中心である6つのエリアが世界遺産に登録され、セント・ジョーンズ・ホールをはじめ、重要な商業施設、民間および公共の建築物などが数多く含まれる。
|世界遺産|（リヴァプール—海商都市 2004）
¶世遺事, 成世遺上（海商都市リヴァプール）〔写〕, 世遺百（海商都市リヴァプール）〔写〕, 世歴大20（リヴァプール）

リストーメル城　Restormel Castle
コーンウォール。サーキュラー・シェル・キープと呼ばれる環状円形の濠、土塁、外壁をもつ城。城の構築はおおよそ1100年頃。
¶文化史蹟13（レストルメール城）〔写p19,22〕

リッチフィールド大聖堂
Lichfield Cathedral
スタッフォードシャー。セント・チャッド大聖堂。堂の内外と参事会室は13世紀前期の初期イギリス式。
¶新潮美

リトル・ウッドベリー　Little Woodbury
イングランド南部ウィルトシャーのソールズベリー南郊。鉄器時代の農園跡。径120mの範囲に、住居、穀類の乾燥小屋、穀物倉などが配置され、非常時に備えたと考えられる周溝も検出。
¶世界考古

リンカン大聖堂　Lincoln Cathedral
リンカン。イギリス最大のゴシック大聖堂。初期イギリス式の典型を示す。1073年、ノルマン人の司教レミギウスによって創建。
¶新潮美〔写p840〕, 世界美6（リンカン〔大聖堂〕）〔写〕

レヴォーズ僧院
イングランド、ヨークシャー。シトー教団に属する僧院。1131年に建立。
¶世界遺跡 p276〔写/図〕

ロイヤル・パヴィリオン　Royal Pavilion
ブライトン。王室の海浜離宮として1784年ホランドによって着工、1817年ナッシュが現在の形に再建、1822年完成。インドの宮殿をモデルにしたもの。
¶新潮美, 文化史蹟15〔写〕

ロクセター　Wroxeter
イングランド西部のシュルーズベリー南。ローマ時代のウィロコニウム・コルノウィオルムがあった。ハドリアヌス帝時代に建てられた神殿がある。
¶世界考古

ロチェスター大聖堂　Rochester Cathedral
ケント州、ロンドンの東40km。優れたノルマン様式の西正面入口および身廊部、初期イギリス式の内陣と袖廊（1227頃）、垂直式の西正面大窓（15世紀）が組み合わされている。
¶新潮美

ローマ帝国の国境界線
Frontiers of the Roman Empire
イングランド北部、ドイツのリーメス、スコットランド中央部。ハドリアヌスの長城は全長約

423 イタリア

120km。北方民族の襲撃に備え、ローマ皇帝ハドリアヌスが築かせた。122年着工、126年完成。2005年ドイツのリーメス（全長550km）、2008年スコットランドのアントニヌスの長城（全長60km）が世界遺産に拡大登録。

世界遺産 (ローマ帝国の国境線　1987, 2005, 2008)

¶世遺事, 成世遺上（ローマ帝国の国境線）〔写〕, 世遺百（ローマ帝国の国境線）〔写〕

ロンディニウム　Londinium

ロンドン市の前身をなす都市。中央広場、バシリカ、ミトラ神殿、要塞、城門、城壁、上下水道などの遺構がある。

¶世界考古

ロンドン塔　Tower of London

ロンドン市内のシティにある。1066年にテムズ川河畔に簡素な木造の砦を築いたのに由来。

1078年頃ウィリアム1世が要塞と王宮を兼ねた「ホワイト・タワー」を建て、19世紀半ばに現在の姿となった。15世紀後半からは牢獄や処刑場としても使われた。

世界遺産 (ロンドン塔　1988)

¶遺建1〔写/図〕, 旺文社世, 角川世, 世遺事, 成世遺上〔写〕, 世遺百〔写〕, 世歴事9〔写/図〕, 世歴大20, 空城と要塞〔写〕, ビジ世遺〔写〕, 評論社世, 復原遺跡〔写/図〕, 文化史蹟13〔写p34～37/図p18〕, 平凡社世, 山川世, ユネ世遺8〔写〕, 歴史建築〔写/図〕

ワーリック城　Warwick Castle

ワーリック。イギリスの地方領主の典型的な城。14世紀、17・18世紀に増改築され、現在も城門、城壁、塔、居城などの建物を残す。

¶文化史蹟13〔写〕

イタリア

アウグスターナ宮殿　Domus Augustana

ローマ、パラティーノの丘の上。「諸皇帝（アウグスターナ）の宮殿」と呼ばれる。歴代のローマ皇帝の宮殿の総称。

¶新潮美（ドムス・アウグスティアーナ）, 大遺跡6 p23〔写〕, 文化史蹟4〔写〕

アウグストゥス帝凱旋門

トリノの西方約80kmにあるスーザ。スーザは、ガリアへの出発点として軍事上重要であった古代ローマの都市。凱旋門は前8年の建造。

¶新潮美（スーザ〔アウグストゥス帝凱旋門〕）

アウグストゥス帝の霊廟
Mausoleum of Augustus

ローマにある。前28年～23年に建設。アウグストゥス帝が生前に、自己とその一族の墓所としてつくった。帝の遺灰が納められた。

¶新潮美（アウグストゥスの廟）, 大遺跡6 p47（アウグストゥスの霊廟）〔写/図〕, 文化史蹟4〔写〕

アウグストゥスのフォルム
Forum Augustum

ローマのフォーロ・ロマーノの北。皇帝フォルム（広場）の一つ。

¶新潮美, 世界考古（フォルム・アウグストゥ
ム）

アウレリアヌスの城壁

ローマにある。煉瓦積みの城壁。270年頃にアウレリアヌス（在位270-275）が建設した。全長19km。

¶大遺跡6 p42〔写〕

アエミリウス橋　Pons Aemilius

ローマにある。前179年。アエミリウス・レピドゥスらがつくったローマ最古の石造の橋。

¶文化史蹟4〔写〕

アクイレイアの遺跡地域と総主教聖堂バシリカ
Archaeological Area and the Patriarchal Basilica of Aquileia

トリエステの西約50km。アクイレイアは前181年建設された植民都市で古代ローマ最大の都市の一つ。バシリカは4世紀の建築物の廃墟の上に11世紀に建設されたロマネスク様式の教会。

世界遺産 (アクイレイアの遺跡地域と総主教聖堂バシリカ　1998)

¶新潮美（アクイレイア）, 世遺事（アクイレリアの考古学地域とバシリカ総主教聖堂）, 成世遺上（アクイレイアの遺跡とバシリカ総主教聖堂）〔写〕, 世遺百（アクイレイアの遺跡地域と総主教のバシリカ）, 世界美1（アクイレイア）, ビジ世遺（アクイレイアの遺跡とバシリカ総主教聖堂）〔写〕

アクイレイアの聖堂（バジーリカ）

アクイレイア。4世紀初頭、テオドロス総大司教が創建した聖堂。11世紀にロマネスク様式によって再建。

世界遺産 (アクイレイアの遺跡地域と総主教聖堂バシリカ　1998)

¶世界美1（アクイレイア〔聖堂（バジーリカ）〕）

ヨーロッパ

〔写〕

アグリジェント Agrigento
シチリア島アグリジェント。古代ギリシャ名はアクラガス（Akragas）。前6世紀にギリシャ人が建設した植民市。「神殿の谷」には、ヘラ、コンコルディア、ヘラクレス、ゼウス、ディオスクロイ、ヘファイストスと6つの神殿が東から順にならんでいる。

世界遺産（アグリジェントの遺跡地域 1997）

¶新潮美、世遺事（アグリジェントの考古学地域）、成世遺上（アグリジェントの遺跡）〔写〕、世遺百（アグリジェント考古地域）〔写〕、世界考古（アクラガス）、世界美1、大遺跡5 p79（アグリジェント「神殿の谷」）〔写〕、ビジ世遺（アグリジェントの遺跡）〔写〕、文化史蹟3（アクラガス）〔写〕

アグリジェントの地下の神々の神域
Sanctuary of Chthonic Deitiel, Acragas
シチリア島アグリジェント。古代の人々が集まり地下の神々を崇めた。時代はアーケイク期に遡る。

¶文化史蹟3（地下の神々の神域）〔写〕

アッシジ、サン・フランチェスコ聖堂と関連遺跡群
Assisi, the Basilica of San Francesco and Other Franciscan Sites
ペルージャの東南約25km、スパシオ山の麓の丘。アッシジは、中世イタリアの聖人の聖フランチェスコの生誕地。1226年の没後、遺骸を祀る聖堂として弟子エリアスが2年後に聖堂を起工した。関連遺跡群と合わせて世界遺産に登録。

世界遺産（アッシージ、聖フランチェスコ聖堂と関連遺跡群 2000）

¶新潮美（アッシージ）、世遺事（アッシジの聖フランチェスコのバシリカとその他の遺跡群）、成世遺上（アッシジのサン・フランチェスコ聖堂）〔写〕、世遺百（アッシージ：サン・フランチェスコ聖堂、フランチェスコ修道会史蹟）〔写〕、ビジ世遺（アッシジのサン・フランチェスコ聖堂と関連建造物）〔写〕

アッシジのサン・フランチェスコ聖堂
Basilica di San Francesco, Assisi
アッシジにある。イタリア初期ゴシック建築。1228年に起工、1253年の献堂。上層の聖堂はラテン十字形プランのバシリカ式建築。13世紀末から14世紀初頭にかけて描かれたジョットの連作『聖フランシスコ』は、ルネサンス美術の先駆をなす重要な作品。

世界遺産（アッシージ、聖フランチェスコ聖堂と関連遺跡群 2000）

¶遺建11（アッシジのサン−フランチェスコ教会）〔写/図〕、宗教建築（アッシジのサン・フランチェスコ聖堂とサンタ・マリア・デッリ・アンジェリ聖堂）〔写/図〕、新潮美（アッシージ）、世界美1（アッシージ〔サン・フランチェスコ聖堂〕）〔写〕、歴史建築（聖フランチェスコ聖堂）〔写/図〕

アッダウラの洞窟
シチリア島。前1万年頃の岩壁線刻画をもつ洞窟。

¶古遺地〔図〕

アッピア街道 Via Appia Antica
ローマとカプアを結び、のちイタリア半島東南端のブルンディシウムまで延長された。前3世紀のはじめから、次第に石で舗装された。一部に古代の舗石が残る。

¶角川世、新潮美（アッピア旧街道）、世界考古、大遺跡6 p52〔写/図〕、評論社世、文化史蹟4〔写〕、平凡社世、山川世

アポロ神殿 Temple of Apollo
クマエ。前5世紀前後に最も栄えたギリシャ植民市クマエのアポロ神殿の遺構。

¶文化史蹟4〔写〕

アマルフィ海岸 Costiera Amalfitana
ソレント半島南岸の海岸。ソレントからサレルノに至るまでの海岸線。市街地はヨーロッパ、ビザンツ、イスラムなどの様式が混在した町並み。

世界遺産（アマルフィ海岸 1997）

¶世遺事（アマルフィターナ海岸）、成世遺上〔写〕、世遺百〔写〕、ビジ世遺〔写〕

アラ・パキス・アウグスタエ（平和記念祭壇）
Reliefs of Ara Pacis Augustae
ローマにある。前1世紀、皇帝アウグストゥスの凱旋を感謝して平和の女神のために「アルスの野」に設けた祭壇。落慶供養は前9年であった。

¶新潮美（アーラ・パーキス）、大遺跡6 p46（アラ・パキス・アウグスタエ）〔写/図〕、文化史蹟4〔写〕

アリウス派洗礼堂
Battistero degli Ariani
ラヴェンナ。6世紀初頭の創建と推定され、テオドリクスにより建設された。建物は正教徒洗礼堂に倣っている。

¶世界美6（ラヴェンナ〔アリウス派洗礼堂〕）、文化史蹟11〔写〕

アルプス山脈周辺の先史時代の杭上住居群
Prehistoric Pile dwellings around the Alps
アルプス山脈周辺の6カ国に点在。前5千年〜前500年間にかけてつくられた111の小規模な遺跡群。湖や川、湿地沿いに杭上住居跡あるいは高床式住居跡が残る。新石器・青銅器時代の先史生活や、自然環境との共存の様子を示す。

世界遺産（アルプス山系の先史時代杭上住居跡群

2011)

¶世遺事, 成世遺上〔写〕, 世遺百（アルプス山系の先史時代杭上住居跡）

アルベロベッロのトゥルッリ

The Trulli of Alberobello

プーリア州バーリ県。古代住居遺跡群。家屋は漆喰を塗った白い建物部分に、灰色の円錐形の屋根をかぶせた構造。

世界遺産（アルベロベッロのトゥルッリ　1996）

¶世遺事, 成世遺上〔写〕, 世遺百〔写〕, ビジ世遺〔写〕, ユネ世遺13〔写〕

アレネ・カンディデ　Arene Candide

サヴォナ南西約20kmのフィナレ・リグレの近く。洞穴遺跡。後期旧石器時代から鉄器時代にいたる文化層を確認。

¶世界考古

アンゲル・ルイユ

サルディニア島。前2500〜2000年頃の岩窟墓。砂岩でできた平らな高台の、深い谷を見下ろす断崖の上にある。

¶古遺地〔図〕, 大遺跡1 p46（岩窟墓）〔写〕

アントニヌス帝とファウスティナの神殿

Temple of Antoninus and Faustina

ローマのフォロ・ロマーノ。141年、アントニヌス・ピウス帝が亡くなった皇后ファウスティナのために建てた神殿。161年に帝自身も元老院により合祀された。

世界遺産（ローマ歴史地区、教皇領とサン・パオロ・フォーリ・レ・ムーラ大聖堂　1980, 1990）

¶大遺跡6 p16（アントニヌスとファウスティナの神殿）〔写〕, 文化史蹟4〔写〕

イタリアのロンゴバルド族：権勢の足跡（568-774年）

Longobards in Italy. Places of the power (568-774 A.D.)

5州6県7都市にまたがって分布。ロンゴバルド族の要塞、教会、修道院などの7つの建築群。古代ローマ・カトリック・ビザンチン・北方ゲルマン各文化の融合した建築様式。

世界遺産（イタリアのロンゴバルド族：権勢の足跡（568-774年）　2011）

¶世遺事（イタリアのロンゴバルド族 権力の場所（568〜774年）, 成世遺上（イタリアのロンゴバルト族―権勢の足跡）〔写〕, 世遺百〔写〕

イル・ジェズ聖堂

ローマにある。イエズス会本部。平面や外観の形式、空間構成は後の多くの聖堂に模倣された。1567〜84年建造。

¶宗教建築〔写/図〕, 新潮美, 世界美6（ローマ〔イル・ジェズー聖堂〕）

インスラ（絵画の家）

オスティアにある。2世紀。オスティアのいわば高級マンションで、様々な題材の絵画があった。

¶大遺跡6 p95〔写〕

インスラ（ディアナの家）

オスティアにある。2世紀中頃の一般市民の住居。標準的なインスラという形式で数階建て、多くの間口をもつ。

¶大遺跡6 p94〔写〕

ヴァルヴィシオーロ修道院

ラティーナ県セルモネータ。イタリアで最も著名なゴシック期のシトー会修道院の一つ。聖堂と大僧院からなる。

¶世界美3（セルモネータ〔ヴァルヴィシオーロ修道院〕）

ヴァルカモニカの岩絵群

Rock Drawings in Valcamonica

ロンバルディア州ブレシア県ミラノの北東約100km。前3千年紀後期〜2千年紀の岩壁線刻画。約2400箇所、13万点以上におよぶ壁画群。主題は青銅器時代の古代人の日常生活や狩猟・戦争の場面、前1500年頃の集落の地図まで多岐にわたる。

世界遺産（ヴァルカモニカの岩絵群　1979）

¶古遺地（ヴァル・カモニカ）〔図〕, 新潮美（カモニカ渓谷）, 世遺事（ヴァルカモニカの岩石画）, 成世遺上（ヴァルカモニカの岩絵）〔写〕, 世遺百（ヴァルカモニカの岩絵）〔写〕, ユネ世遺10（カモニカ渓谷の岩石画）〔写〕

ヴァル・ディ・ノートの後期バロック様式の町（シチリア島南東部）

Late Baroque Towns of the Val di Noto (South-Eastern Sicily)

シチリア州のカターニア県、ラグーサ県、シラクーサ県の各都市。ヴァル・ディ・ノート渓谷にある8つの都市は、1693年にエトナ山周辺で起きた大地震による街の全壊から、都市計画による驚異的な復興をし、後期バロック様式で統一された建物を再建した。

世界遺産（ヴァル・ディ・ノートの後期バロック様式の町々（シチリア島南東部）　2002）

¶世遺事（ノート渓谷（シチリア島南東部）の後期バロック都市群）, 成世遺上（ヴァル・ディ・ノートのバロック様式の町）〔写〕, 世遺百〔写〕, ビジ世遺（ヴァル・ディ・ノートの後期バロック地区）〔写〕

ヴィア・ノヴァ（新しい道）　Via Nova

ローマにある。パラティーノ丘とフォルム・ロマーノの間にある道。前4世紀のはじめにケルト人がローマを襲った時、この道で神霊が一市民に敵襲を予言した。

イタリア　　　　　　　426

¶文化史蹟4〔写〕

ヴィア・ラティーナのカタコンベ
Via Latina

ローマにある。1955年に発見されたカタコンベ。12の墓室を飾る4世紀の壁画が特徴。

¶新潮美、世界美1（カタコンベ〔ラティーナ街道のカタコンベ〕）、大遺跡6 p49〔写〕

ヴィコ・デル・ルパナーレ
Vico Del Lupanare

ポンペイ。ポンペイの主要街路の一つアボンダンツァ大路から北へアウグスターリ街へ抜ける路地。

世界遺産（ポンペイ、エルコラーノ及びトッレ・アヌンツィアータの遺跡地域　1997）

¶文化史蹟4〔写〕

ヴィチェンツァの市街とベネトのパッラーディオのヴィラ
City of Vicenza and the Palladian Villas of the Veneto

イタリア北部ヴェネト州の県都ヴィチェンツァ。16世紀に活躍した建築家アンドレア・パッラーディオとその弟子達が設計した建造物。パラッツォ・デッラ・ラジォーネ、ヴィラ・カプラ、オリンピコ劇場などが点在。

世界遺産（ヴィチェンツァ市街とヴェネト地方のパッラーディオ様式の邸宅群　1994, 1996）

¶世遺事、成世遺上（ヴィチェンツァ市街と郊外の邸宅）〔写〕、世遺百（ヴィチェンツァ市街、ヴェネト地方のパッラーディオ様式の邸宅）〔写〕、世界美1（ヴィチェンツァ）、ビジ世遺（ヴィチェンツァ市街とパラーディオ様式の邸宅）〔写〕、ユネ世遺10（パッラーディオの街ヴィチェンツァ）〔写〕

ヴィッラ・アドリアーナ（ティヴォリ）
Villa Adriana（Tivoli）

ティヴォリの南西6km。2世紀のローマ皇帝ハドリアヌスの別荘。ハドリアヌス帝が旅したギリシャやアレクサンドリアなどの景観を再現したもの。

世界遺産（ヴィッラ・アドリアーナ（ティヴォリ）1999）

¶新潮美（ハドリアーヌス帝の別荘）、世遺事（ティヴォリのヴィッラ・アドリアーナ）、成世遺上（ティヴォリのハドリアヌス帝別荘）〔写〕、世遺百〔写〕、世界遺跡 p282（ハドリアヌスの離宮）〔写/図〕、世界美3（ティーヴォリ〔ハドリアヌス帝の別荘〕）〔写〕、空大宮殿（ハドリアヌス別荘）〔写〕、大遺跡6（ヴィラ・アドリアーナ）〔写/図〕、ビジ世遺（ティヴォリのハドリアヌス帝別荘）〔写〕、復原遺跡集（ハドリアヌスのヴィラ）〔写/図〕、文化史蹟4（ハドリアヌスのヴィラ）〔写p97,98/図p111,208〕

ヴィッラ・スタビアーノ　Villa Stabiana

カステラマーレ・ディ・スタビア。スタビアのヴィラ。モザイクの床や名高い「花を摘む少女」（フローラ）が見つかった。

¶文化史蹟4（ヴィラ・スタビアーノ）〔写〕

ヴィッラ・ディ・オプロンティス
Villa Di Oplontis

トッレ・アヌンツィアータ。ヴェスヴィオ火山の噴火で埋もれたオプロンティスにあった別荘。ネロ帝の2度目の夫人ポッパエア・サビーナの家族のものと考えられている。

世界遺産（ポンペイ、エルコラーノ及びトッレ・アヌンツィアータの遺跡地域　1997）

¶大遺跡6（ヴィラ・ディ・オプロンティス）〔写〕

ヴィッラノーヴァ　Villanova

ボローニャの西約7km。墓地遺跡。鉄器時代ヴィッラノーヴァ文化の標準遺跡。

¶世界考古

ヴィッラ・バルバロ　Villa Barbaro

トレヴィーゾ県マゼル。パッラーディオが手がけた建築。1555年ダニエーレとマルカントーニオのバルバロ兄弟のために建てられた。

¶世界美5（マゼル〔ヴィッラ・バルバロ〕）〔写〕

ヴィッラ・ファルネジーナ
Villa Farnesina

ローマのテーヴェレ川西岸。シエナの銀行家アゴスティーノ・キージの注文で、1505年バルダッサーレ・ペルッツィが着工。16世紀最初の都市近郊型ヴィッラ（夏の小別荘）。

¶新潮美（ヴィルラ・ファルネジーナ）、世界美6（ローマ〔ヴィッラ・ファルネジーナ〕）〔写〕、文化史蹟14（ファルネジーナ荘）〔写〕

ヴィッラ・マダーマ　Villa Madama

ローマにある。ラファエロの手がけた建築。1510年代末頃、ジュリアーノ・デ・メディチによって注文された。

¶新潮美（ヴィルラ・マダマ）、世界美6（ローマ〔ヴィッラ・マダマ〕）〔写〕、文化史蹟15（ヴィラ・マダマ）〔写〕

ヴィッラ・ランテ　Villa Lante

ヴィテルボ県バニャイア。1477年に枢機卿リアーリオが構想し、建築家ジャーコモ・バロッツィ・ダ・ヴィニョーラが設計と施工を担当。1566年に着工、1578年に完成。

¶世界美4（バニャイア〔ヴィッラ・ランテ〕）

ヴィッラ・レアーレ〔ミラノ〕
Villa Reale, Milano

ミラノにある。1790〜96年ベルジョイオーゾのルドヴィーコ・バルビアーノ侯のために建てられた新古典主義建築。

¶世界美5（ミラーノ〔ヴィラ・レアーレ〕）

ヴィッラ・レアーレ〔モンツァ〕
Villa Reale, Monza
ミラノ県モンツァ。女帝マリア・テレジアの命により、フェルディナンド大公の夏の離宮と迎賓館を兼ねて建築された。

¶世界美6（モンツァ〔ヴィッラ・レアーレ（王のヴィッラ）〕）

ヴィッラ・ロマーナ・デル・カサーレ
Villa Romana del Casale
ピアッツァ・アルメリーナの郊外6km。3〜4世紀に造られた貴族の別荘の跡。50以上の部屋の床に豪華なモザイク装飾がある。

世界遺産（ヴィッラ・ロマーナ・デル・カサーレ 1997）

¶角川世（ピアッツァ・アルメリーナ〔ウィラ〕）、新潮美（ピアッツァ・アルメリーナ〔ヴィルラ・カサーレ〕）、世遺事（ヴィッラ・ロマーナ・デル・カザーレ）、成世遺上（ヴィラ・ロマーナ・デルカザーレ）〔写〕、世遺百（ヴィッラ・ロマーナ・デル・カザーレ）、大遺跡6（ピアッツァ・アルメリーナ〔カザーレのヴィラ〕）〔写〕、ビジ世遺（ヴィラ・ロマーナ・デル・カサーレ）〔写〕

ヴィッラ・ロマーナの回廊
Peristylium of Roman Villa
カステラマーレ・ディ・スタビアの北西、バラノの丘の上。ローマ時代のヴィラの回廊。

¶文化史蹟4（ヴィラ・ロマーナの回廊）〔写〕

ヴェイイ　Veii
イゾラ・ファルネーゼ付近。北エトルリアの都市国家。前6世紀頃全盛期。ミネルヴァ神殿址や壁画のあるカンパーナの墓などを発掘。

¶古遺地〔図〕、世界考古

ウェスタ神殿〔ティヴォリ〕
Tempio di Vesta a Tivoli
ティヴォリ。10本のコリント式柱頭の柱をもつ。共和政末期の建造といわれる。

¶新潮美（ティヴォリのウェスタ神殿）、文化史蹟4（ウェスタの神殿（ティヴォリ））〔写〕

ウェスタ神殿〔フォロ・ロマーノ〕
Aedes Vesta
ローマのフォロ・ロマーノの東端、カストルとポルクスの神殿そば。女神ウェスタを祀る円形神殿。

¶新潮美

ウェスタの巫女の家　House of Vestals
ローマのフォロ・ロマーノ。前6世紀建設のウェスタ神殿に隣接。ウェスタ女神に仕える6人の巫女（聖処女）たちの住居。焼けて1世紀に再建。

世界遺産（ローマ歴史地区、教皇領とサン・パオロ・フォーリ・レ・ムーラ大聖堂　1980, 1990）

¶大遺跡6 p18〔写〕、文化史蹟4（聖処女の家）〔写〕

ウェスタ女神の神殿〔フォルム・ボアリウム〕
Temple of Vesta
ローマ、古くフォルム・ボアリウムと呼ばれていた辺り。コリント式の20本の柱で囲まれた円形神殿。フォロ・ロマーノのウェスタ神殿に似ているため、こう呼ばれているが、祭神は不明。前2世紀末頃。

¶大遺跡6 p44（ウェスタ神殿）〔写〕、文化史蹟4〔写〕

ウェッティの家　Casa dei Vettii
ポンペイ。ポンペイの遺跡中、最も豪著で保存状態の良い家。前2世紀前半に建てられた家を、後1世紀中頃、ポンペイの富商ウェッティウスが購入して建て直した。壁画や彫刻などが発掘当時のまま残され、屋根や庭園も昔の規模に復元されている。

世界遺産（ポンペイ、エルコラーノ及びトッレ・アヌンツィアータの遺跡地域　1997）

¶新潮美（ヴェッティイの家）、大遺跡6 p74（ウェッティーの家）〔写/図〕、文化史蹟4〔写〕

ヴェトゥローニア　Vetulonia
トスカーナ州、グロッセート県カスティリオーネ・デッラ・ペスカイア。エトルリア北部では、最古の最も繁栄したエトルリア都市の遺跡。

¶世界美1

ウェヌスの家　Casa Della Venere
ポンペイ。前1世紀〜後1世紀。海を渡るアフロディーテ（ウェヌス）の壁画があることから名付けられた大きな家。

世界遺産（ポンペイ、エルコラーノ及びトッレ・アヌンツィアータの遺跡地域　1997）

¶文化史蹟4〔写〕

ヴェネツィア宮殿　Palazzo Venezia
ローマにある。1455年、ヴェネツィア出身の枢機卿ピエトロ・バルボ（後のパウルス2世）の意を受けてアルベルティが設計。ローマにおける最初の代表的ルネッサンス建築。

¶世界美6（ローマ〔パラッツォ・ヴェネーツィア〕）〔写/図〕、文化史蹟14〔写〕

ヴェネツィアとその潟
Venice and its Lagoon
ヴェネト州ヴェネツィア。約120の小島の上に造られた水の都。176の運河と約400もの橋が島を結ぶ。サン・マルコ大聖堂、ドゥカーレ宮殿などがある。

世界遺産（ヴェネツィアとその潟　1987）

イタリア 428

¶新潮美（ヴェネツィア）、世遺事，成世遺上〔写〕，世遺百〔写〕，世界美1（ヴェネーツィア），ビジ世遺〔写〕，ユネ世遺10〔写〕

ヴェーリア　Velia
カンパーニア州、サレルノ県アシェア。古代都市。発掘によって、2つの中心部を有することが明らかになった。神殿はアクロポリスの1基を発見。
¶世界美1

ヴェローナ市街　City of Verona
ヴェネチアの西約120kmのアディジェ川沿い。前89年に建設されたローマの大都市。ローマ時代の円形闘技場（アレーナ）、13～14世紀の古城カステルヴェッキオ（ヴェッキオ城）や、サン・ゼノ・マッジョーレ聖堂などロマネスク様式の聖堂が残る。
世界遺産（ヴェローナ市　2000）
¶新潮美（ヴェローナ），世遺事（ヴェローナの市街），成世遺上〔写〕，世遺百〔写〕，世界美1（ヴェローナ），大遺跡6（ヴェローナ）〔写〕，ビジ世遺〔写〕

ヴェローナの円形闘技場
ヴェローナにある。1世紀末。44段のスタンドがあり、約2万2千人収容できた。
世界遺産（ヴェローナ市　2000）
¶大遺跡6 p91（円形闘技場）〔写〕

ヴォルテッラ　Volterra
トスカーナ地方。前4世紀頃に栄えた北エトルリアの都市国家。壁は7km以上ある。発掘で数十の墓や神殿址を発見。
¶世界考古

ヴルチ　Vulci
ラーツィオ地方の町。同地のイスキア・ディ・カストロから金石併用時代の窯型墓が出土。都市は、現在でも部分的に残る前4世紀の城壁によって囲まれている。
¶世界考古，世界美1

ウルビーノの歴史地区
Historic Centre of Urbino
マルケ州の県都ウルビーノ。中世ルネサンスの芸術都市。パラッツォ・ドゥカーレ（ドゥカーレ宮殿）は中庭のある宮殿で15世紀の建造。
世界遺産（ウルビーノ歴史地区　1998）
¶世遺事，成世遺上（ウルビーノ歴史地区）〔写〕，世遺百（ウルビーノ歴史中心地区）〔写〕，世界美1（ウルビーノ），ビジ世遺〔写〕

エウマキアの建物
ポンペイ。アウグストゥス時代にウェスタ神殿の女司祭エウマキアが、市民広場の東側に建てて寄贈した建物。

世界遺産（ポンペイ、エルコラーノ及びトッレ・アヌンツィアータの遺跡地域　1997）
¶大遺跡6 p73〔写〕

エウリュサケスの墓　Tomb of Eurysaces
ローマのマジョーレ門近く。マルクス・ウェルギリウス・エウリュサケスの墓。共和政末期ないし帝政初期の実業家で、パン屋として成功した。
¶文化史蹟4〔写〕

エステ　Este
パドヴァの南西約30kmにある町。古代にはアテステとよばれ、エステ文化の中心地。19世紀後半にエステ近郊の墓を発掘。ベンヴェヌーティ出土のバケツが有名。
¶世界考古

エステンセ城　Castello Estense
フェッラーラ。14世紀。ルネッサンス文化の一中心であったフェッラーラの領主エステ家の居城。
世界遺産（フェッラーラ：ルネサンス期の市街とポー川デルタ地帯　1995, 1999）
¶文化史蹟14（カステロ・エステンセ）〔写〕

エトルスキの墳墓　Etruscan Necropolis
チェルヴェテリ。カエレ市（現チェルヴェテリ）の墓域の一部。前7世紀から3世紀にいたる各時代の様式の墓がある。
世界遺産（チェルヴェテリとタルキニアのエトルリア古代都市群　2004）
¶文化史蹟4〔写〕

エパガトスの倉庫
オスティアにある。2世紀中頃。荷揚げ物資用の大倉庫。
¶大遺跡6 p98〔写〕

エーリチェ　Erice
シチーリア島トラーパニ県。城壁で囲まれた古代都市エリュクスがあった。ヴィーナスに捧げられた神域は、古代シチーリアで最も有名な聖地。
¶世界美1

エリーチェの城
シチリア島エリーチェ。石灰岩の断崖の頂上にある中世の城。古い城のある部分は30年前まで刑務所として使われていた。
¶世界遺跡 p284（城）〔写〕

オスティア　Ostia
オスティアにある。古代ローマの都市遺跡。前4世紀に建設されたローマ市の外港。現在、町全体が遺跡として保存されている。
¶角川世，新潮美，世界考古，世界美1〔写/図〕，世歴事2〔写/図〕，大遺跡6〔写/図〕，文化史蹟4〔写〕，山川世

オスティア「壺の家」
House of Dolii, Ostia
オスティアにある。穀物やオリーヴ油などを貯蔵する壺が多数見られる。オスティアには貯蔵庫の廃墟が多い。
¶ 文化史蹟4(「壺の家」)〔写〕

オスティアの劇場　Theatre, Ostia
オスティアにある。おそらくアウグストゥス帝の時代につくられ、3世紀のはじめに拡大。収容人員は2700人前後。
¶ 文化史蹟4(劇場)〔写〕

オスティアの魚屋
オスティアにある。2世紀。床モザイクの魚の絵から察すると魚屋の店。
¶ 大遺跡6 p98(魚屋)〔写〕

オスティアの商業組合広場
オスティアにある。2世紀。物資搬入港であったオスティアにあった広場。地中海世界各地から商人が様々な特産品をもち込んだ。
¶ 大遺跡6 p92(商業組合広場)〔写〕

オスティア「挽き臼の家」
House of Mills, Ostia
オスティアにある。粉を挽く臼や粉をこねる器がある。この家の東側の通りは「挽き臼の通り」と呼ばれる。
¶ 文化史蹟4(「挽き臼の家」)〔写〕

オスペダーレ・デリ・インノチェンティ
Ospedale degli Innocenti
フィレンツェのアンヌンツィアータ広場の東側。ブルネレスキ設計の捨子保育院で、最初のルネサンス建築として知られている。
¶ 新潮美

オスペダーレ・マッジョーレ
Ospedale Maggiore
ミラノにある。カ・グランダともよばれた施療院。建設は1456年にフィラレーテの設計図によって、ミラーノ公フランチェスコ・スフォルツァが決定。同院は第二次大戦時まで機能していた。
¶ 世界美5(ミラーノ〔オスペダーレ・マッジョーレ〕)〔写〕, 文化史蹟14(オスペダーレ・マジョーレ)〔写〕

オニサンティ聖堂　Chiesa di Ognissanti
フィレンツェのアルノ川沿い。由緒ある聖堂。聖堂正面入り口上にルネットのテラコッタ「聖母戴冠と諸聖」がある。
¶ 文化史蹟14〔写〕

オラトリオ・ディ・サン・フィリッポ・ネーリ
ローマにある。オラトリオ会本部の一画を占める。オラトリオ。フランチェスコ・ボッロミー

ニ(1599-1667)の作。ローマにおいて初めて実現した聖堂の湾曲ファサードをもつ。
¶ 宗教建築(ローマのオラトリオ・ディ・サン・フィリッポ・ネーリ)〔写/図〕

オルヴィエート大聖堂　Duomo di Orvieto
オルヴィエートにある。ロマネスク・ゴシック様式のバシリカで、1290年にフラ・ベヴィニャーテが着工。
¶ 新潮美(オルヴィエート〔大聖堂〕), 世界美1(オルヴィエート〔大聖堂〕)

オルガンの泉　Fountain of Organ
ティボリ、ヴィラ・デステの庭園の泉。1550年建造。古代ローマの水圧による演奏を復活させたことからの名。
¶ 文化史蹟15〔写〕

オルサンミケーレ聖堂
Chiesa di Orsanmichele
フィレンツェにある。1337年から1404年にかけて建てられた。フィレンツェの技芸組合の礼拝堂。
¶ 新潮美

オルチャ渓谷　Val d'Orcia
シエナの南東部のトスカーナ・アミアータ山とチェトーナ山に囲まれた海抜450mの農業後背地。14〜15世紀から土壌改良を重ねて造られた農耕田園地帯。なだらかな丘陵にルネサンス期の町並みが点在し、葡萄畑、オリーブ畑などが広がる。
[世界遺産] (オルチャ渓谷　2004)
¶ 世遺事, 成世遺上〔写〕, 世遺百〔写〕

海神夫妻のモザイクの家　かいじんふさいのもざいくのいえ★
エルコラーノ。海神ポセイドンとその妃を表すガラス製モザイクが食堂の壁面を飾っている。
[世界遺産] (ポンペイ、エルコラーノ及びトッレ・アヌンツィアータの遺跡地域　1997)
¶ 大遺跡6 p81〔写〕, 文化史蹟4〔写〕

カステッロ・ディ・リパリ
Castello di Lipari
リパリ島。城塞遺跡。残っている最古のものは、城砦を囲んでいた壁の一部で後13世紀ぐらいと考えられる。
¶ 古遺地〔図〕

カステル・サンテリア聖堂
Basilica di Castel Sant'Elia
ヴィテルボ近郊ネピ。三廊式バシリカ聖堂。
¶ 新潮美

カステルセプリオ　Castelseprio
ロンバルディーア地方、ミラノ北方27km。古代

イタリア

以来の城塞の廃墟。
　¶新潮美

カステルッチオ　Castelluccio
シチリア島の南東部シラクサの近く。初期青銅器時代の遺跡。数百の崖を切った墓がある。
　¶古遺地〔図〕，世界考古

カステル・ヌオーヴォ　Castel Nuovo
ナポリにある。13世紀末にアンジュー家のシャルル1世により、城塞居城として建てられた。マスキオ・アンジョイーノ（アンジュー家の櫓）ともよばれた。
　世界遺産（ナポリ歴史地区　1995）
　　¶世界美4（ナーポリ〔カステル・ヌオーヴォ〕〔写〕，文化史蹟13〔写〕

カステルロ・スフォルツェスコ
Castello Sforzesco
ミラノにある。かつてヴィスコンティ家の居城であったときに破壊され、1450年以降スフォルツァ家に帰してから大増改築された。
　¶文化史蹟14〔写〕

カストルとポルクスの神殿
Temple of Castor and Pollux
ローマにある。ユピテルの子カストルとポルクスを祀った神殿。この伝説とゆかりのある、ポストゥミウスという者により前484年に奉献されたという。
　¶文化史蹟4〔写〕

カゼルタ王宮
カゼルタ。ブルボン家のナポリ王カルロ7世（スペイン王カルロス3世）の命を受け、ヴァンヴィテッリが設計した王宮。
　世界遺産（カゼルタの18世紀の王宮と公園、ヴァンヴィテッリの水道橋とサン・レウチョ邸宅群　1997）
　　¶世界美1（カゼルタ〔王宮〕）〔写〕，空大宮殿〔写〕

カゼルタの18世紀の王宮と公園、ヴァンヴィテッリの水道橋とサン・レウチョ邸宅群
18th-Century Royal Palace at Caserta with the Park, the Aqueduct of Vanvitelli, and the San Leucio Complex
カゼルタ県の県都カゼルタ。ブルボン家のカルロ7世が建築家ヴァンヴィテッリに建築させた宮殿と庭園、水道橋、絹工場からなる。
　世界遺産（カゼルタの18世紀の王宮と公園、ヴァンヴィテッリの水道橋とサン・レウチョ邸宅群　1997）
　　¶世遺事（カゼルタの18世紀王宮と公園、ヴァンヴィテッリの水道橋とサン・レウチョ邸宅），成世遺上（カゼルタの王宮とその関連施設）〔写〕，世遺百（カゼルタの18世紀の王宮と公園、ヴァンヴィテッリの水道橋、サン・レウチョの建造

物）〔写〕，ビジ世遺（カゼルタの王宮と庭園、ヴァンヴィテッリの水道橋とサン・レウチョ）〔写〕

ガッラ・プラチーディア廟堂
Mausoleo di Galla Placidia
ラヴェンナの町の西北部。西ローマ皇帝コーンスタンティウス3世（在位421）の妃ガッラ・プラチーディアの廟堂。
　世界遺産（ラヴェンナの初期キリスト教建築物群　1996）
　　¶新潮美（ガルラ・プラッチーディアの廟堂），世界美6（ラヴェンナ〔ガッラ・プラチーディア霊廟〕）

カ・ドーロ　Ca' d'Oro
ヴェネツィア。「黄金の邸」を意味するヴェネツィアの後期ゴシック建築の傑作。1424〜37年に建てられた。
　世界遺産（ヴェネツィアとその潟　1987）
　　¶新潮美，世界美1（ヴェネーツィア〔カ・ドーロ〕）〔写〕，文化史蹟14〔写〕

カノッサ城　Castle of Canossa
エミリア州、アペニン山中。1077年初め「カノッサの屈辱」事件の舞台。現在は10〜15世紀の城壁、城門の跡が残っている。
　¶文化史蹟13〔写p114,194〕

カピトリーノ丘と元老院
Capitoline Hill and Senator's Palace
ローマにある。ローマの7つの丘のうち、最も枢要な、古代ローマの宗教的、軍事的心臓部。1536年、ミケランジェロがこれをルネッサンス的偉容に造り変えた。元老院は、13世紀の再建。
　¶文化史蹟14〔写〕

カピトリーノのユーピテル神殿
Tempio di Giove del Capitolino
ローマのカピトリーノの丘にある。カピトリウムとも。古代ローマの王政時代に着工、共和政時代の最初期（前509）に完成。ユーピテル、ユーノー、ミネルヴァの三神を祀る。
　¶新潮美

カピトリーノ広場　Piazza del Campidoglio
ローマ、カピトリーノ丘にある。ローマ有数の広場。最初の整備計画はミケランジェロによる。
　¶世界美6（ローマ〔カンピドーリオ広場〕）〔写〕，文化史蹟14〔写〕

カピトル神殿　Capitolium
オスティアにある。市民にとって最も重要な神殿で、ユピテル、ユーノー、ミネルヴァの3神を祀っていた。2世紀前半の建立。
　¶大遺跡6　p92〔写〕，文化史蹟4（カピトリウム）〔写〕

カプアの大円形闘技場
Amphitheatre Campano, Capua
カンパニア平原。1世紀。コロッセウムに次ぐ、帝国内第2の大闘技場、楕円形の大径167m、小径137m。層の観覧席に屋根裏があり、高さ46mを有した。

¶文化史蹟4（大円形闘技場（カプア））〔写〕

カプラローラのファルネーゼ宮殿
ヴィテルボの郊外。1559年、アレッサンドロ・ファルネーゼ枢機卿が夏の館として、ヴィニョーラの設計で建築。イタリア・ルネサンス様式。

¶空大宮殿〔写〕

カラカラ浴場　Terme di Caracalla
ローマにある。206年セプティミウス・セウェルス帝が着工、216年カラカラ帝の時に落成。537年ゴート族が城門外で水道を断つまで使用されていた。

世界遺産（ローマ歴史地区、教皇領とサン・パオロ・フォーリ・レ・ムーラ大聖堂　1980, 1990）

¶古代遺跡 p219〔写〕, 新潮美（カラカラ帝の浴場）, 世界考古〔図〕, 大遺跡6 p32〔写〕, 文化史蹟4（カラカラ帝の大浴場）〔写p67〜69, 209/図p209〕

カラーレス　Carales
カリアリ。自治都市。フェニキア時代の貯水池、ヘレニズム時代の墓地、ローマ時代の円形闘技場、などが発見されている。

¶世界考古

ガルラ・プラチディアの廟
Mausoleum of Galla Placidia
ラヴェンナ。425〜450年頃。イタリアの初期キリスト教建築の流れを汲む、簡素な煉瓦造りの小廟。もとは聖ラウレンティウスに捧げられた帝室廟墓であったとも考えられる。

¶文化史蹟11〔写〕

カンネ　Canne
バルレッタ市内の地名。多数のローマ遺跡のほか、初期キリスト教時代の建物、城壁、中世の城跡が残されている。

¶世界美2

キアラヴァッレ修道院聖堂
ミラノ県キアラヴァッレ。1172年に建立され、1221年ミラノの大司教エンリーコにより献堂。最も早いゴシック建築の一つ。

¶世界美2（キアラヴァッレ・ミラネーゼ〔修道院聖堂〕）

キージ礼拝堂　Cappella Chigi
ローマにある。ラファエロが友人の銀行家アゴスティーノ・キージの依頼で設計したサンタ・マリーア・デル・ポーポロ聖堂内の礼拝堂（チャ

ペル、1513-16）。

¶新潮美

共和政時代の神殿
Temple of Republican Date
ローマにある。ローマ共和政時代のものと思われる4つの神殿址。何の神殿かは不明。

¶文化史蹟4〔写〕

クィンツァーノ　Quinzano
ヴェロナの西3km。前期旧石器時代より後期旧石器時代を経て新石器時代にいたる各時代の文化層がある遺跡。

¶世界考古

グナーティア　Gnathia
南部、バーリとブリンディシの中間。古代都市遺跡。前4〜前2世紀にはアープーリア地方の製陶の中心地だった。

¶新潮美

クーマ　Cuma
現在のポッツオーリ市。古代都市。古代ギリシャ名キュメ、キュマイ。アクロポリスの発掘で「シビュラ（巫女）の洞窟」が出土。通称「ゼウス神殿」と「アポロン神殿」も発掘。

¶新潮美, 世界考古（キュマイ）, 世界美2

グリマルディ　Grimaldi
フランス国境近く。旧石器時代の洞穴群。12の主要な洞穴・岩陰がある。

¶世界考古〔図（石器と埋葬例）〕

クレスピ・ダッダ　Crespi d'Adda
ロンバルディア州のトレッツォ・スッラッダの周辺を流れるアッダ川が流れる渓谷。19〜20世紀初頭、企業家クレスピが造った企業都市。紡績工場と道を隔て労働者用の家、学校、病院、教会等が建つ。

世界遺産（クレスピ・ダッダ　1995）

¶世遺事, 成世遺上〔写〕, 世遺百〔写〕, ビジ世遺〔写〕, ユネ世遺13（クレスピ・ダッダの企業都市）〔写〕

クレモナ大聖堂　Duomo di Cremona
クレモナ県クレモナ。1107年、旧サンタ・マリーア大聖堂跡に建設開始。1117年の地震で破壊後、再建されて1190年に完成。

¶世界美2（クレモーナ〔大聖堂〕）

クロアーカ・マクシマ　Cloaca Maxima
ローマ市内。古代ローマの大下水溝。

¶新潮美

ケレス神殿（アテナ神殿）　Temple of Ceres
パエストゥム。前6世紀末。アテナ神殿とも呼ばれる。太く、短い柱身はアーケイクな手法を

示す。

¶ 文化史蹟3（ケレス神殿）〔写〕

コーサ　Cosa
ローマの北西約139km。エトルリアの古代都市。最盛期は前2世紀と推定。ローマ植民市時代の城壁が、市門と塔とともに出土。

¶ 新潮美（コサ）、世界美2

コモディルラのカタコンベ
Catacombe di Commodilla
ローマの東南郊、オスティア街道沿い。3世紀頃のカタコンベ。4世紀中頃～7世紀頃の重要な壁画が残る。

¶ 新潮美

ゴーラ・デル・センティノ
マルケ州を流れるエシノ川の支流。前2千年紀の洞窟、村落、墓地の遺跡。

¶ 古遺地〔図〕

コルトナ　Cortona
トスカーナ地方の町。町の周辺約2kmにわたって前6～5世紀の壁が残る。町の博物館に前5世紀後半製作の青銅製シャンデリアなどがある。

¶ 世界考古

コロッセウム　Colosseum
ローマにある。ローマ世界最大のアンフィテアートルム（円形闘技場）。70～72年にローマ皇帝チッス・フラウィウス・ウェスパシアヌスが起工、80年チッス帝のときに完成。

世界遺産（ローマ歴史地区、教皇領とサン・パオロ・フオーリ・レ・ムーラ大聖堂　1980, 1990）

¶ 旺文社世〔写〕、オ西洋美〔写p432,1254〕、角川世、古代遺跡 p221〔写〕、新潮美（コロッセーウム）、図解考古（コロセウム）、世界考古〔図〕、世界美2〔写p247〕、世歴事4〔図〕、世歴大7〔写〕、空古代遺跡（ローマのコロセウム）〔写〕、大遺跡6 p26（コロッセオ）〔写〕、評論社世、復原遺跡〔写/図〕、文化史蹟4（フラウィイ円形闘技場（コロッセウム））〔写〕、平凡社世、山川世、歴史建築（コロッセオ）〔写/図〕

コンコルド神殿（アクラガス）
Temple of Concord, Acragas
シチリア島の南岸セリヌス。前5世紀、ドーリア式建築が最頂点に達した時期のもの。材料は石灰質砂岩。

¶ 文化史蹟3〔写〕

コンスタンティヌス帝の凱旋門
Arch of Constantine
ローマ、コロッセウムの脇にある。315年、コンスタンティヌスのために元老院と国民の名で捧げられた門。

世界遺産（ローマ歴史地区、教皇領とサン・パオロ・フオーリ・レ・ムーラ大聖堂　1980, 1990）

¶ オ西洋美（コンスタンティヌス凱旋門）〔写〕、古代遺跡 p218〔写〕、新潮美（コーンスタンティーヌス帝凱旋門）〔写p260〕、大遺跡6 p43（コンスタンティヌスの凱旋門）〔写〕、文化史蹟4〔写〕

サヴィニャーノ・スル・パナロ
Savignano sur Panaro
モーデナ地方。旧石器時代後期の遺跡。

¶ 新潮美

サヴォイア王家の王宮群
Residences of the Royal House of Savoy
ピエモンテ州トリノ。16世紀末、建築家ユヴァッラらが手がけた建物群。カステッロ広場に面した王宮とその庭園、マダーマ宮殿、カリニャーノ宮殿、ヴァレンティーノ城、リヴォリ城、モンカリエッリ城、カッチャ宮殿など。

世界遺産（サヴォイア王家の王宮群　1997）

¶ 世遺事（サヴォイア王家王宮）、成姫遺上（サヴォイア家の王宮と邸宅）〔写〕、世遺百（サヴォイア王家の邸館）〔写〕、ビジ世遺（サヴォイア王家の王宮と邸宅）〔写〕

サクラ・シンドネ礼拝堂
トリーノ県。グアリーノ・グアリーニの手になるヨーロッパ屈指のバロック建築。1668年に建設を開始し、1694年に完成。

¶ 宗教建築（トリノのサクラ・シンドネ礼拝堂）〔写/図〕、世界美4（トリーノ〔サンタ・シンドネ礼拝堂〕）〔写〕

サトゥルヌスの神殿　Temple of Saturn
ローマにある。前497年。種まきの神、農業の神であるサトゥルヌスの神殿。

¶ 文化史蹟4〔写〕

サムニウム人の家
エルコラーノ。前2世紀に建造された、エルコラーノの最も古い家。後1世紀中頃に増築。

世界遺産（ポンペイ、エルコラーノ及びトッレ・アヌンツィアータの遺跡地域　1997）

¶ 大遺跡6 p84〔写〕

サン・ヴィターレ聖堂
Basilica di San Vitale
ラヴェンナ。530年前後に建設開始。547年、大司教マクシミアーヌス（在位546-556）のときに献堂。八角形プランで、構造はマルテュリウム（殉教者記念堂）に近い。

世界遺産（ラヴェンナの初期キリスト教建築物群　1996）

¶ 旺文社世、新潮美（サン・ヴィターレ聖堂（ラヴェンナ））、世界考古〔図〕、世界美6（ラ

ヴェンナ〔サン・ヴィターレ聖堂〕），世歴事4
（サン・ヴィタレ聖堂）〔写（モザイク）〕，文化
史蹟11〔写〕，平凡社世，山川世

サン・ヴィチェンツォ・アル・ヴォルトゥロ修道院

モリーゼ地方の山間部カンポバッソの近郷。創
建は8世紀。

¶新潮美

サン・ヴィンチェンツォ聖堂

ロンバルディーア州コーモ県の町。創建はおそ
らく初期キリスト教時代に遡る。1007年同聖堂
の建立を望んだミラーノの大司教アリベルトゥ
ス・ディンティミアヌスにより献堂された。

¶世界美1（ガッリアーノ〔サン・ヴィンチェン
ツォ聖堂〕）

サン・カタルド聖堂

パレルモ。マルトラーナ聖堂に隣接した聖堂。
1160年以前に建設。長堂式プラン。

世界遺産（アラブ−ノルマン様式のパレルモおよび
チェファルとモンレアーレの大聖堂 2015）

¶世界美4（パレルモ〔サン・カタルド聖堂〕）
〔写/図〕

サン・カリストのカタコンベ

Catacomba di San Callisto
ローマのアッピア旧街道。2世紀中頃〜3世紀。
初めてのキリスト教徒専用墓地と考えられ、ロー
マでも最も広いカタコンベ。

¶新潮美（サン・カルリストのカタコンベ），新潮
美（カタコンベ〔サン・カルリスト〕），世界美1
（カタコンベ〔サン・カッリストのカタコン
ベ〕），大遺跡6 p49〔写〕，文化史蹟4（聖カリ
ストのカタコンベ）〔写〕

サン・ガルガーノ修道院 San Galgano

トスカーナ州シエナ県キウズディーノ。シトー
会修道院の遺構。創設は12世紀。ゴシック様式。

¶新潮美，世界美2〔写〕

サン・カルロ・アッレ・クアットロ・フォンターネ聖堂

ローマにある。修道院に付属する聖堂。フラン
チェスコ・ボッロミーニによって実現された最
初の重要な建築。1634年の設計。

¶新潮美（サン・カルロ・アルレ・クアットロ・
フォンターネ聖堂），世界美6（ローマ〔サン・
カルロ・アッレ・クアットロ・フォンターネ聖
堂〕）

サンクタ・マリーア・フォリス・ポルタス聖堂

カステルセプリオ。7世紀に遡る建物が現在まで
破壊されずに残っている。壁画『キリストの幼
年時代』は、初期中世絵画の傑作。

¶世界美1（カステルセプリオ〔サンクタ・マリー

ア・フォリス・ポルタス聖堂〕）〔写〕

サン・クレメンテ聖堂

Chiesa di San Clemente
ローマのコロッセウムの東寄り。1世紀の古代
ローマ家屋、2世紀末のミトラス教神殿の上層
に、4世紀にバシリカを建設。1108年、教皇パス
カリス2世が聖堂を再建。

¶新潮美（サン・クレメンテ聖堂（ローマの））

サン・クレメンテ聖堂地下のミトラス教神殿

ローマにある。サン・クレメンテ聖堂地下にミ
トラエウム（ミトラス神礼拝所）がある。ミトラ
ス神が牛屠りを行った洞窟を暗示する神殿内の
奥の祭壇には牛屠りの図像が配されている。ミ
トラエウムとなったのは3世紀頃。

¶宗教建築〔写〕，大遺跡6 p50（ミトラエウム
（サン・クレメンテ教会））〔写〕

サン・ザッカリア聖堂

Chiesa di San Zaccaria
ヴェネツィア。1458〜1515年。アントニオ・ガ
ンベルロによって建造開始、マウロ・コドゥッ
チが完成。

¶文化史蹟14〔写〕

サン・ジミニャーノの歴史地区

Historic Centre of San Gimignano
トスカーナ州のシエナ県。フランチジェーナ街
道とピサーナ街道の合流地点に位置するローマ
巡礼の中継地。12世紀から13世紀に貴族たちが
塔を建設。72本あった塔は14本が現存。

世界遺産（サン・ジミニャーノ歴史地区 1990）

¶世遺事，成世遺上（サン・ジミニャーノ歴史地
区）〔写〕，世遺百（サン・ジミニャーノ歴史中
心地区）〔写〕，ビジ世遺〔写〕，文化史蹟13
（サン・ジミニャーノ）〔写p63,113〕，ユネ世遺
10〔写〕

サン・ジョヴァンニ・イン・ラテラーノ聖堂

Basilica di San Giovanni in Laterano
ローマにある。コンスタンティヌス大帝の創建。
現在の東ファサードはパッラーディオ主義によ
る巨大な単一オーダーからなるアレッサンドロ・
ガリレイの作。

世界遺産（ローマ歴史地区、教皇領とサン・パオロ・
フォーリ・レ・ムーラ大聖堂 1980, 1990）

¶新潮美，世界美6（ローマ〔サン・ジョヴァン
ニ・イン・ラテラーノ大聖堂〕）〔写〕

サン・ジョヴァンニ洗礼堂

Battistero di San Giovanni
フィレンツェにある。サンタ・マリーア・デル・
フィオーレ大聖堂の西正面の広場にある、同大
聖堂付属の洗礼堂。

世界遺産（フィレンツェ歴史地区 1982）

¶遺建7（フィレンツェ洗礼堂）〔写/図〕，新潮美

イタリア　434

（サン・ジョヴァンニ洗礼堂（フィレンツェの）），
世界美4（フィレンツェ〔サン・ジョヴァンニ洗
礼堂〕），歴史建築（大聖堂と洗礼堂）〔写/図〕

サン・ジョヴァンニ・デッリ・エレミーティ聖堂

Chiesa di San Giovanni degli Eremiti

パレルモ。1132年ルッジェーロ2世が建立した聖堂。身廊部は前後に2ベイ（径間）の単廊式。

世界遺産（アラブ－ノルマン様式のパレルモおよびチェファルとモンレアーレの大聖堂　2015）

¶世界美4（パレルモ〔サン・ジョヴァンニ・デッリ・エレミーティ聖堂〕）〔写〕

サン・ジョルジョ・マッジョーレ聖堂

Basilica di San Giorgio Maggiore

ヴェネツィア、サン・ジョルジョ島。ベネディクト会修道院の聖堂。建築家アンドレーア・パッラーディオが1565年に建造開始、1610年にスカモッツィが完成。

¶世界美1（ヴェネーツィア〔サン・ジョルジョ・マッジョーレ聖堂〕），文化史蹟14（サン・ジョルジョ・マジョーレ聖堂）〔写〕

サン・ゼーノ教会

The basilica of San Zeno

ヴェローナ。12世紀。ロマネスク教会。入口は、著名なブロンズ扉をもち、左右の側壁が大理石の浮き彫りで飾られている。

世界遺産（ヴェローナ市　2000）

¶世界美1（ヴェローナ〔サン・ゼーノ聖堂〕），文化史蹟12〔写p36～45,117/図p117〕

サン・セバスティアーノのカタコンベ

Catacomba di San Sebastiano

ローマのアッピア旧街道にある。2世紀の造営。カタコンベ（カタクムバ）は元来、アッピア街道沿いのサン・セバスティアーノ墓室のことだったが、一般名称と化した。

¶世界美1（カタコンベ〔サン・セバスティアーノのカタコンベ〕）〔写〕，大遺跡6 p50〔写〕

サンタ・カーサ聖所記念堂

Santuario della Santa Casa

ロレート。1468年に着工、1世紀をかけ、多くの建築家の手で完成された。初期の荘厳で重厚なゴシック様式に、ルネサンス様式が重なっている。

¶世界美6（ロレート〔サンタ・カーサ聖所記念堂〕）

サンタ・クローチェ聖堂

Basilica di Santa Croce

フィレンツェにある。1295年からアルノルフォ・ディ・カンビオがフランシスコ会のために建設したゴシック聖堂。T字形プラン。

世界遺産（フィレンツェ歴史地区　1982）

¶新潮美（サンタ・クローチェ聖堂（フィレンツェの）），世界美4（フィレンツェ〔サンタ・クローチェ聖堂〕），文化史蹟14〔写〕

サンタ・コスタンツァ霊廟

ローマの北西部、ヴィア・ノメンターナ沿い。コンスタンティヌス大帝の娘か孫のコンスタンティアにちなむもの。350年の建設。13世紀には聖コンスタンティア教会となった。

¶新潮美（サンタ・コスタンツァ廟堂），大遺跡6 p48〔写〕

サンタ・サビーナ聖堂

Basilica Sanctae Sabinae

ローマにある。バシリカの建設は、教皇ケレスティヌス1世（在位423-432）時代に始められたとされる。824年教皇エウゲニウス2世により改修、16世紀まで改変が続けられた。

¶宗教建築（ローマのサンタ・サビーナ聖堂）〔写/図〕，新潮美，世界美6（ローマ〔サンタ・サビーナ聖堂〕）〔写/図〕

サンタ・スザンナ聖堂

Chiesa di Santa Susanna

ローマにある。初期バロック教会堂。古い教会堂だといわれるが、1597～1603年にカルロ・マデルナにより改装。

¶新潮美（サンタ・スザンナ聖堂（ローマの））

サンタッボンディオ聖堂

Basilica di Sant'Abbondio

コーモ県。ベネディクト会修道士により1063年に建設が始められ、1095年に献堂。翼廊のない五廊式のプラン。

¶世界美2（コーモ〔サンタッボンディオ聖堂〕）

サン・タニェーゼ聖堂

Basilica di Sant'Agnese

ローマのピアッツァ・ナヴォーナ。バロック教会堂。カルロ・ライナルディにより1652年起工、1666年頃完成、装飾は17世紀末までかかった。

¶新潮美（サン・タニェーゼ聖堂（ローマの））

サン・タニェーゼ・フオリ・レ・ムーラ聖堂

Basilica di Sant'Agnese fuori le Mura

ローマの城壁外。三廊のバシリカ式聖堂。教皇シュンマクス、ホノリウス1世を従えた聖女アグネスを表すビザンティン風のモザイクが残る。

¶新潮美

サンタ・フォースカ聖堂

Chiesa di Santa Fosca

アドリア海トルチェッロ島。おそらく11世紀に改築。変則的な六角形に、ギリシャ十字を内接させた、ビザンティン風の集中式平面をもつ。

¶世界美4（トルチェッロ〔サンタ・フォースカ聖堂〕）〔写〕

サンタ・プデンツィアーナ聖堂

Basilica di Santa Pudenziana
ローマのヴィミナーレ丘とエスクィリーノ丘の間。もとローマの元老院議員プデンスの住宅と伝えられるが、4世紀末にバシリカが建てられた。創建当初（4世紀末－5世紀初）のモザイクが残る。

¶新潮美

サン・タポリナーレ・イン・クラッセ聖堂

Basilica di Sant'Apollinare in Classe
ラヴェンナ。6世紀半ばの建造。大司教マクシミアヌスによって建てられたもの。バシリカ・プランの聖堂。

世界遺産(ラヴェンナの初期キリスト教建築物群 1996)

¶新潮美(サン・タポリナーレ・イン・クラッセ聖堂)，世界美6(ラヴェンナ〔サンタポッリナーレ・イン・クラッセ聖堂〕)，文化史蹟11〔写〕

サン・タポリナーレ・ヌオーヴォ聖堂

Basilica di Sant'apollinare Nuovo
ラヴェンナ。東ゴート王テオドリクスが宮廷附属聖堂として490年頃に建立した三廊バシリカ式建築。長大なモザイクの壁はラヴェンナにおけるモザイク技術と様式の変化の過程の一面を物語る。

世界遺産(ラヴェンナの初期キリスト教建築物群 1996)

¶新潮美(サン・タポリナーレ・ヌオーヴォ聖堂（ラヴェンナの）)〔写p403（モザイク）〕，世界美6(ラヴェンナ〔サンタポッリナーレ・ヌオーヴォ聖堂〕)，文化史蹟11〔写〕

サンタ・マリーア・アッスンタ大聖堂

Basilica di Santa Maria Assunta
アドリア海トルチェッロ島。639年、総督イザッチョの命により献堂。三廊式の長堂式プラン。9～11世紀に改築。

¶世界美4(トルチェッロ〔サンタ・マリーア・アッスンタ大聖堂〕)

サンタ・マリーア・アンティークァ聖堂

Chiesa di Santa Maria Antiqua
ローマ、フォロ・ロマーノの一部。おそらく古代の図書館を改築し、6世紀に創建された聖堂。

¶新潮美

サンタ・マリーア・イン・ヴァッレ祈禱堂

Oratorio di Santa Maria in Valle
ウーディネ県チヴィダーレ・デル・フリウーリ。別名ランゴバルドのテンピエット（小神殿）。8世紀。堂内はストゥッコによる華麗な縁飾りのある名高い聖女たちの像で装飾されている。

¶世界美3(チヴィダーレ・デル・フリウーリ〔サンタ・マリーア・イン・ヴァッレ祈禱堂〕)〔写〕

サンタ・マリーア・イン・ヴァルリチェルラ聖堂

Santa Maria in Vallicella
ローマにある。ルネサンス末期の教会堂。マルティーノ・ロンギにより1575～1605年に建造された。

¶新潮美

サンタ・マリーア・イン・カンピテルリ聖堂

Santa Maria in Campitelli
ローマにある。バロック教会堂。カルロ・ライナルディによる。1663～67年建造。

¶新潮美

サンタ・マリーア・イン・コスメディン聖堂

Basilica di Santa Maria in Cosmedin
ローマにある。初期キリスト教時代のバシリカ式聖堂。

¶新潮美

サンタ・マリーア・グロリオーサ・デイ・フラーリ聖堂

Basilica di Santa Maria Gloriosa dei Frari
ヴェネツィア。フランシスコ会所属のラテン十字形プランのゴシック式聖堂。1340～1443年に建立。

¶世界美1(ヴェネーツィア〔サンタ・マリーア・グロリオーサ・デイ・フラーリ〕)〔写〕

サンタ・マリーア修道院

クーネオ県スタッファルダ。シトー会修道院。1135年サルッツォ侯マンフレード1世の命により創建。13～14世紀のゴシック期の回廊とこれに付随する参事会室、ロマネスク期の聖堂ほかが現存。

¶世界美3(スタッファルダ〔サンタ・マリーア修道院〕)〔写〕

サンタ・マリーア・デッリ・アンジェリ聖堂

Basilica di Santa Maria degli Angeli
アッシジ。フランシスコ会の聖堂。ポルツィウンコラ礼拝堂を覆って建てられた。1569～1679年の建造。

世界遺産(アッシージ、聖フランチェスコ聖堂と関連遺跡群 2000)

¶宗教建築(アッシジのサン・フランチェスコ聖堂とサンタ・マリア・デッリ・アンジェリ聖堂)〔写/図〕

サンタ・マリーア・デル・カルミネ聖堂

Basilica di Santa Maria del Carmine
フィレンツェのアルノ川左岸地区。カルメル会の聖堂。1422年に献堂式。

世界遺産(フィレンツェ歴史地区 1982)

¶新潮美

イタリア　　　　　　　　　436

ヨーロッパ

サンタ・マリーア・デル・フィオーレ大聖堂
Cattedrale di Santa Maria del Fiore
フィレンツェにある。1296年建設開始。1418年
の設計競技で勝ったブルネッレスキのドームは、
聖堂のゴシック様式の本体に調和よく接合する。
聖堂脇には、ジョットが設計した鐘塔が建つ。

世界遺産(フィレンツェ歴史地区　1982)
　　¶旺文社世(サンターマリア大聖堂)、新潮美,
　　世界美4(フィレンツェ〔サンタ・マリーア・
　　デル・フィオーレ大聖堂〕)〔写〕, 空大聖堂
　　(フィレンツェの大聖堂)〔写〕, 文化史蹟14
　　(フィレンツェ大聖堂)〔写p26~31/図p20〕, 平
　　凡社世(サンタ・マリア・デル・フィオーレ大聖
　　堂), 歴史建築(大聖堂と洗礼堂)〔写/図〕

サンタ・マリーア・デル・ポーポロ聖堂
Basilica di Santa Maria del Popolo
ローマのポーポロ広場の北側。ルネサンス様式
の聖堂。11世紀の創建。ラファエルロ設計のキー
ジ家礼拝堂がある。
　　¶新潮美

サンタ・マリーア・デルラ・ヴィットーリア聖堂
Chiesa di Santa Maria della Vittoria
ローマにある。バロック教会堂。カルロ・マデル
ナにより1605~08年建造。正面はジョヴァン・
バッティスタ・ソリア(1581-1651)により1636
年完成。
　　¶新潮美

サンタ・マリーア・デルラ・サルーテ聖堂
Basilica di Santa Maria della Salute
ヴェネツィアにある。バロック教会堂。バルダッ
サーレ・ロンゲーナにより1631~56年に建造。
　　¶新潮美

サンタ・マリーア・デルラ・パーチェ聖堂
Chiesa di Santa Maria della Pace
ローマにある。ルネサンスからバロックにかけ
ての教会堂。1480年建立。
　　¶新潮美

サンタ・マリア・デレ・グラツィエ聖堂
Chiesa di Santa Maria Delle Grazie
ミラノにある。本堂は15世紀後半の建立。内陣
は1492~97年にブラマンテが改造完成。集中式
会堂形式を採用。

世界遺産(レオナルド・ダ・ヴィンチの「最後の晩餐」
があるサンタ・マリア・デッレ・グラツィエ教会と
ドメニコ会修道院　1980)
　　¶世界美5(ミラーノ〔サンタ・マリーア・デッ
　　レ・グラーツィエ聖堂〕)〔写〕, 文化史蹟14
　　〔写〕

サンタ・マリーア・ノヴェッラ聖堂
Basilica di Santa Maria Novella
フィレンツェにある。10世紀に建造された小聖
堂のあった場所に、ドミニコ会のためにゴシック
様式で1278年に建造開始。ラテン十字形プラン。

世界遺産(フィレンツェ歴史地区　1982)
　　¶新潮美(サンタ・マリーア・ノヴェルラ聖堂
　　(フィレンツェの))〔写p255(壁画)〕, 世界美4
　　(フィレンツェ〔サンタ・マリーア・ノヴェッラ
　　聖堂〕), 文化史蹟14(サンタ・マリア・ノヴェ
　　ルラ聖堂)〔写〕

サンタ・マーリア・プレッソ・サン・サーティロ聖堂
Chiesa di Santa Maria presso San Satiro
ミラノにある。ブラマンテにより1478年に着手。
唯一、鐘塔が9世紀のロンバルディーア地方のロ
マネスク形式の原型をとどめている。
　　¶世界美5(ミラーノ〔サンタ・マーリア・プレッ
　　ソ・サン・サーティロ聖堂〕)

サンタ・マリア・マッジョーレ聖堂
Basilica di Santa Maria Maggiore
ローマにある。ローマで最初に聖母マリアに捧げ
られた聖堂。教皇シクトゥス3世(在位432-440)
による造営。

世界遺産(ローマ歴史地区、教皇領とサン・パオロ・
フォーリ・レ・ムーラ大聖堂　1980, 1990)
　　¶宗教建築(ローマのサンタ・マリア・マッ
　　ジョーレ聖堂)〔写/図〕, 新潮美(サンタ・マ
　　リーア・マッジョーレ聖堂(ローマの)), 世界
　　美6(ローマ〔サンタ・マリーア・マッジョーレ
　　聖堂〕)

サンタンジェロ・イン・フォルミス聖堂
Basilica di Sant'Angelo in Formis
カゼルタ県カプア、町から数km離れた農村部。
1073年、当時モンテ・カッシーノ修道院の有能
な院長であったデシデーリオが、10世紀の遺構
を再建したもの。
　　¶新潮美(サン・タンジェロ・イン・フォルミス
　　聖堂), 世界美2(カープア〔サンタンジェロ・
　　イン・フォルミス聖堂〕), 文化史蹟12(サン・
　　タンジェロ・イン・フォルミス教会)〔写〕

サン・タンジェロ城　Castel Sant'Angelo
ローマのテーヴェレ川畔。中世~ルネサンス期の
城塞。元来は古代ローマのハドリアヌス帝の廟。

世界遺産(ローマ歴史地区、教皇領とサン・パオロ・
フォーリ・レ・ムーラ大聖堂　1980, 1990)
　　¶新潮美, 空城と要塞(サンタンジェロ城)
　　〔写〕, 大遺跡6 p47(カステル・サン・タン
　　ジェロ(ハドリアヌスの霊廟))〔写〕, 文化史
　　蹟4(ハドリアヌス帝の霊廟(サン・タンジェロ
　　城))〔写〕

サンタンティモの聖堂

シエナ県モンタルチーノ近郊。12世紀にフランスのシトー会建築の影響を受けて建立。ロンバルディーア地方にみられるロマネスク様式の鐘塔をもつ。

¶世界美2(サンタンティモ〔聖堂〕)

サンタントーニオ聖堂

Basilica di Sant'Antonio

パードヴァ県。別名イル・サント聖堂(Il Santo)。1232年に着工、1307年頃完了。ラテン十字形のプランに基づき、ロマネスクからゴシック期への過渡的な様式を示している。

¶世界美4(パードヴァ〔サンタントーニオ聖堂〕)〔写/図〕

サンタンドレーア・アル・クイリナーレ聖堂

Chiesa di Sant'Andrea al Quirinale

ローマにある。ジャン・ロレンツォ・ベルニーニの設計。1658年に着工、1670年に完成。プランは長軸が横になる楕円形。

¶新潮美(サン・タンドレーア・アル・クイリナーレ聖堂), 世界美6(ローマ〔サンタンドレーア・アル・クイリナーレ聖堂〕)

サンタンドレーア聖堂

Basilica di Sant'Andrea

バルディーア州マントヴァ。1470年、レオン・バッティスタ・アルベルティの設計。1494年に一応完成。ドームは1763年、フィリッポ・ユヴァーラの設計による。

世界遺産(マントヴァとサッビオネータ　2008)

¶世界美5(マントヴァ〔サンタンドレーア聖堂〕)〔写〕

サン・タンドレーア・デルラ・ヴァルレ聖堂

Basilica di Sant'Andrea della Valle

ローマにある。バロック教会堂。1591年オリヴィエリ神父の発起で、ジャーコモ・デルラ・ポルタの設計で起工。

¶新潮美

サン・タンブロージョ聖堂

Basilica di Sant'ambrogio

ミラノにある。初期キリスト教時代の4世紀末にミラノの司教聖アンブロシウスによって創建された聖堂。ロンバルディーア地方の代表的なロマネスク建築。カロリング朝に建て替えられたが、現在の姿は12世紀に完成。

¶新潮美(サン・タンブロージョ聖堂(ミラノの)), 世界美5(ミラーノ〔サンタンブロージョ聖堂〕)〔写〕, 文化史蹟12〔写p28～35,117/図p117〕

サン・ティーヴォ聖堂

Chiesa di Sant'Ivo alla Sapienza

ローマにある。一般にフランチェスコ・ボッロ

ミーニの代表作とされる建物。1642年着工。

¶新潮美, 世界美6(ローマ〔サンティーヴォ・アッラ・サピエンツァ聖堂〕)

サンティ・コスマ・エ・ダミアーノ聖堂

Basilica di Santi Cosma e Damiano

ローマのフォーロ・ロマーノの近く。初期キリスト教の聖堂。テンプルム・サクラエ・ウルビスという名の神殿を、527年にキリスト教聖堂に改めたもの。

¶新潮美

サンティッシマ・アンヌンツィアータ聖堂

Basilica di Santissima Annunziata

フィレンツェにある。マリアの奉仕者修道会が祈祷所として1250年に建立。1444年以降、改築。長方形プランをもつ単身廊の両側に小礼拝堂を配す。

¶世界美4(フィレンツェ〔サンティッシマ・アンヌンツィアータ聖堂〕)

サンティ・マルチェッリーノ・エ・ピエトロのカタコンベ

Catacomba dei Santi Marcellino e Pietro

カジリーナ街道にある。2世紀後半に始まるカタコンベ。

¶世界美1(カタコンベ〔サンティ・マルチェッリーノ・エ・ピエトロのカタコンベ〕)

サント・ステーファノ・ロトンド

Santo Stefano Rotondo

ローマにある。初期キリスト教時代の聖堂。

¶新潮美

サント・スピリト聖堂

Basilica di Santo Spirito

フィレンツェにある。1436年以降起工。ブルネレスキの設計。初期キリスト教時代の単純なバシリカ式会堂形式を復活させている。

¶文化史蹟14〔写〕

サン・ニコーラ聖堂

Basilica di San Nicola

バーリ。1087年着工、1139年完成(1197年献堂)。プーリア地方におけるロマネスク美術の典型的な作例。

¶新潮美(バーリ〔サン・ニコラ聖堂〕), 世界美4(バーリ〔サン・ニコラ聖堂〕)

サン・パオロ・フオリ・レ・ムーラ聖堂

Basilica di San Paolo fuori le Mura

ローマにある。コンスタンティヌス大帝により聖パウロの墓所がバシリカに改築。堂内は80本の円柱で区分される五身廊と翼廊からなる。

世界遺産(ローマ歴史地区、教皇領とサン・パオロ・フオーリ・レ・ムーラ大聖堂　1980, 1990)

¶新潮美, 世界美6(ローマ〔サン・パーオロ・フ

オーリ・レ・ムーラ〕）〔写〕

サン・バッシアーノ聖堂
Basilica di San Bassiano
　ミラノ県ローディ・ヴェッキオにある。ロマネスク様式。身廊中央部のヴォールト、アプシスに架かる半ドーム、窓の隅切りには14世紀初頭の見事なフレスコ画が描かれている。
　　¶世界美6（ローディ・ヴェッキオ〔サン・バッシアーノ聖堂〕）

サン・ピエトロ・アル・モンテ聖堂と付属の
サン・ベネデット祈禱堂
　ロンバルディーア州コーモ県チヴァーテ。ランゴバルド起源（772年）と伝えられる聖堂。現在の聖堂は11世紀に再建されたもの。祈禱堂は、聖堂と同様の構造をもち、コーモ地方の建築様式に従っている。
　　¶新潮美（チヴァーテ〔サン・ピエトロ・アル・モンテ聖堂およびサン・ベネデット小聖堂〕）、世界美3（チヴァーテ〔サン・ピエトロ・アル・モンテ聖堂と付属のサン・ベネデット祈禱堂〕）

サン・ピエトロ・イン・ヴィンコリ聖堂
Basilica di San Pietro in Vincoli
　ローマにある。またの名をバシリカ・エウドシアーナ。442年、ヴァレンティウス4世の妃エウドシアが建立。ミケランジェロによるユリウス2世の墳墓がある。
　　¶文化史蹟14〔写〕

サン・ピエトロ・イン・チエル・ドーロ聖堂
Basilica di San Pietro in Ciel d'Oro
　パヴィーア県。ランゴバルド時代の聖堂跡に建てられ、1132年に献堂式が行われた。18世紀末には廃墟化、19世紀末に再建、聖堂として使用。
　　¶世界美4（パヴィーア〔サン・ピエトロ・イン・チエル・ドーロ聖堂〕）〔写〕

サン・ピエトロ・イン・モントリオ聖堂
Chiesa di San Pietro in Montorio
　ローマにある。9世紀の建造。中庭にブラマンテによる有名なテンピエット（円堂形式の記念礼拝堂）がある。15世紀の建立になる聖堂本体のファサードは、アンドレーア・ブレーニョ派の作とされる。
　　¶世界美6（ローマ〔サン・ピエトロ・イン・モントーリオ聖堂〕）

サン・ピエトロ・イン・モントリオ聖堂のテ
ンピエット
Tempietto of San Pietro in Montorio
　ローマにある。聖堂の中庭にあるブラマンテの小神殿。1502年頃着工。聖ペテロ磔刑の現地を刻印するもの。
　　¶文化史蹟14〔写〕

サン・フェデーレ聖堂
Basilica di San Fedele
　コーモ県。起源は12世紀に遡る。身廊と翼廊の交差部には、外側を高い八角形の屋根で覆われたドームが架かる。
　　¶世界美2（コーモ〔サン・フェデーレ聖堂〕）

サン・フランチェスコ聖堂
Basilica di San Francesco
　ボローニャ。1236～63年マルコ・ダ・ブレーシャにより、フランシスコ会の修道士にのために建てられた聖堂。
　　¶世界美5（ボローニャ〔サン・フランチェスコ聖堂〕）〔写〕

サン・プロコロ聖堂　Chiesa di San Procolo
　北部のティロル地方のナトゥルノ村。8世紀末の作とされる天使、聖パウロ伝、動物などの壁画がある。
　　¶新潮美（ナトゥルノ〔サン・プロコロ聖堂〕）

サン・ペトローニオ聖堂
Basilica di San Petronio
　ボローニャ。創建は1390年に遡るが、たびたび中断され、17世紀に完成。バシリカ式のプランをもつ内部は身廊と両側廊とに分かれる。
　　¶世界美5（ボローニャ〔サン・ペトローニオ聖堂〕）〔写〕

サン・マルコ修道院　Convento dl San Marco
　フィレンツェにある。はじめ、シルヴェストロ派の修道院であったが、1430年にドメニコ派の修道院となる。画僧フラ・アンジェリコが一連の壁画を描いた。
　　¶新潮美（サン・マルコ修道院（フィレンツェの））、文化史蹟14〔写〕

サン・マルコ大聖堂　Basilica di San Marco
　ヴェネツィア。最初は総督ジョヴァンニ・パルテチパーツィオの時代にバシリカ形式で造られ、9世紀に完成したが、976年の火災で大半が焼失。ヴェーネト＝ビザンティン様式の聖堂として1063～94年に再建立。

　世界遺産（ヴェネツィアとその潟　1987）
　　¶遺跡3〔写/図〕、旺文社世〔写〕、新潮美（サン・マルコ大聖堂（ヴェネツィアの））〔写p996（円蓋）〕、世界美1（ヴェネーツィア〔サン・マルコ大聖堂〕）〔写/図〕、世歴事4（サン・マルコ聖堂）、世歴大8（サン＝マルコ聖堂）〔図〕、文化史蹟11〔写〕、平凡社世（サン・マルコ聖堂）、山川世、歴史建築〔写/図〕

サン・マルコ図書館　Libreria Marciana
　ヴェネツィア。著名な古典学者であった枢機卿ベッサリオンからヴェネツィア共和国に寄贈された貴重なギリシャ・ラテン語写本の収集を収めるために、1537年に建築家ヤーコポ・サンソ

ヴィーノに設計が委嘱された建物。

¶世界美1（ヴェネーツィア〔サン・マルコ図書館〕）〔写〕

サン・マルコ広場　Square of San Marco

ヴェネツィア。16世紀。ヴェネツィア共和国の、政治上の中心広場であり、また市民のための広場でもあった。

世界遺産（ヴェネツィアとその潟　1987）

¶文化史蹟14〔写〕

サン・マルコ広場の時計台　Tower of Clock

ヴェネツィア。1496〜99年建造。時計台はマウロ・コドゥッチの設計、翼部はロンバルドの設計（1506年）といわれる。

世界遺産（ヴェネツィアとその潟　1987）

¶文化史蹟14〔写〕

サン・マルティーノ修道院

Certosa di San Martino

ナポリにある。アンジュー家のシャルル1世の意向により1325〜68年に建設。16世紀末に、大規模に再整備と増築がされた。現在、サン・マルティーノ国立博物館として使用。

¶世界美4（ナーポリ〔サン・マルティーノ修道院〕）〔写〕

サン・マルティーノ大聖堂

Duomo di San Martino

ルッカ県。ピーサ地方のロマネスク様式の建築。13〜14世紀に建立。平面プランはラテン十字形。堂内は15世紀にゴシック様式に改装。

¶世界美6（ルッカ〔サン・マルティーノ大聖堂〕）

サン・ミケーレ聖堂〔ヴェネツィア〕

Chiesa di San Michele

ヴェネツィア。1469〜78年。マウロ・コドゥッチによる修道院聖堂。三廊式バシリカで、外部は白大理石の壁面。

¶文化史蹟14〔写〕

サン・ミケーレ聖堂〔パヴィーア〕

Basilica di San Michele

パヴィーア県。ランゴバルド時代の旧聖堂跡に12世紀に建てられた。国王や皇帝の戴冠式が行われた場所。

¶世界美4（パヴィーア〔サン・ミケーレ聖堂〕）〔写〕

サン・ミニアート・アル・モンテ聖堂

Basilica di San Miniato al Monte

フィレンツェにある。ロマネスク建築。壁面は、白と緑の2色の大理石を幾何学的に構成して覆う外装仕上げ。内部は11世紀、初期キリスト教時代に造られた、翼廊のない三廊式バシリカ聖堂の形式。

¶新潮美〔写p15〕，世界美4（フィレンツェ〔サ

ン・ミニアート・アル・モンテ聖堂〕）〔写〕，文化史蹟14〔写〕

サン・ロレンツォ聖堂〔トリノ〕

Basilica di San Lorenzo, Torino

トリノ。グァリーノ・グァリーニの設計により1668〜87年に建造されたバロック教会堂。

¶新潮美（サン・ロレンツォ聖堂（トリノの）），世界美4（トリーノ〔サン・ロレンツォ聖堂〕）〔写〕

サン・ロレンツォ聖堂〔ナポリ〕

Basilica di San Lorenzo, Napoli

ナポリにある。アンジュー王朝のシャルル1世（在位1266-1285）の援助を受けて、フランシスコ修道会により旧聖堂跡に建立された聖堂。

¶世界美4（ナーポリ〔サン・ロレンツォ聖堂〕）

サン・ロレンツォ聖堂〔フィレンツェ〕

Basilica di San Lorenzo, Firenze

フィレンツェにある。1419年ブルネッレスキの設計により、メディチ家のために着手された。1447〜70年にアントーニオ・マネッティが完成した。ラテン十字形プランの三廊式。

¶新潮美（サン・ロレンツォ聖堂（フィレンツェの）），世界美4（フィレンツェ〔サン・ロレンツォ聖堂〕），文化史蹟14〔写〕

サン・ロレンツォ聖堂〔ミラノ〕

Basilica di San Lorenzo, Milano

ミラノにある。ローマ末期の4世紀末から5世紀初頭に建立された集中式の聖堂。1574〜88年バッシが再建。

¶新潮美（サン・ロレンツォ・マッジョーレ聖堂（ミラノの）），世界美5（ミラーノ〔サン・ロレンツォ聖堂〕）〔写〕

サン・ロレンツォ・フオリ・レ・ムーラ聖堂

Basilica di San Lorenzo fuori le Mura

ローマの東部城壁外。聖堂で、名称は「城壁外の聖ラウレンティウス」の意。

¶新潮美

シエナ大聖堂　Duomo di Siena

トスカーナ州シエナ。イタリア初期ゴシックを代表する聖堂。1380年頃完成。正式には、サンタ・マリーア・アッスンタ大聖堂。

世界遺産（シエナ歴史地区　1995）

¶新潮美，世界美3（シエーナ〔大聖堂〕）〔写〕

シエナ歴史地区　Historic Centre of Siena

トスカーナ州シエナ。中世都市。カンポ広場を中心にシエナ大聖堂、ロマネスク様式・ゴシック様式のプップリコ宮など建ち並ぶ。

世界遺産（シエナ歴史地区　1995）

¶世遺事（シエナの歴史地区），成世遺上〔写〕，世遺百（シエナ歴史中心地区）〔写〕，世界美3

ヨーロッパ

（シエーナ），ビジ世遺（シエナの歴史地区）
〔写〕，ユネ世遺13（シエナの歴史地区）〔写〕

ジェノヴァ：レ・ストラーデ・ヌオーヴェとパラッツィ・デイ・ロッリ制度
Genoa： Le Strade Nuove and the system of the Palazzi dei Rolli

リグーリア州、ジェノバの歴史地区。ジェノヴァ共和国の富裕な貴族が建てた、「新しい道」（レ・ストラーデ・ヌオーヴェ）沿いの建築。通りに迎賓館目録（ロッリ）に登録されたルネサンス・バロック様式の宮殿が並ぶ。

世界遺産（ジェノヴァ：レ・ストラーデ・ヌオーヴェとパラッツィ・デイ・ロッリ制度 2006）

¶世遺事（ジェノバ：新道とロッリの館群），成世遺上（ジェノヴァ歴史地区）〔写〕，世遺百（ジェノヴァのレ・ストラーデ・ヌオーヴェおよびパラッツィ・デイ・ロッリ制度）

7賢人の浴場　しちけんじんのよくじょう★
オスティアにある。3世紀の公衆浴場。右手裏の建物の壁に、タレス、ソロンなどの人物画が残っているのが名称の由来。

¶大遺跡6 p93〔写〕

シニョリーア広場　Piazza della Signoria
ペルージャ県グッビオ。広場の中心に、ガッタポーネが14世紀前半に建てた市庁舎パラッツォ・デイ・コンソリがある。向かい側正面には、かつての裁判所の建物がある。

¶世界美2（グッビオ〔シニョリーア広場〕）〔写〕

シーバリ　Sibari
カラブリア州。古代ギリシャ植民都市。ギリシャ名シュバリス（Sybaris）、ラテン名シバリス（Sybaris）。出土した劇場や浴場などはほぼローマ時代のもの。

¶世界美3

四面門　しめんもん/Arch of Janus Quadrifrons
ローマにある。4世紀初め。古代の「牛の広場」の東端に位置し、四方向にアーチを有する門。

¶文化史蹟4〔写〕

シラクーザ　Siracusa
シチリア島。古代名シュラクサイ。古代シチリアの重要な都市。アポロンもしくはアルテミスに捧げられた神殿、のちにビザンティン時代に大聖堂に改造されたアテナ神殿、劇場などの遺構がある。

世界遺産（シラクーザとパンタリカの岩壁墓地遺跡 2005）

¶世界考古（シュラクーサイ），世界美3〔写〕，世歴事5（シラクサ），世歴大10（シラクサ）〔写〕，大遺跡5 p80（シュラクサイ）〔写〕

シラクーザとパンタリカの岩壁墓地遺跡
Syracuse and the Rocky Necropolis of Pantalica

現在のシラクーサ州の州都にある。古代ギリシャのシラクーザ（シュラクサイ）の都市遺跡と、パンタリカの墓地遺跡。合わせて世界遺産に登録された。

世界遺産（シラクーサとパンタリカの岩壁墓地遺跡 2005）

¶世遺事（シラクーサとパンタリカの岩の墓），成世遺上（シラクーサとパンタリカの岩の墳墓）〔写〕，世遺百（シラクーザ、パンタリカの岩壁墓地）

シラクーザのアテナ神殿
Temple of Athena, Syracuse

シチリア島のシラクーザにある。前480～460年頃、カルタゴとの戦いに勝った時、ゲロンによって建てられたといわれるドーリア式神殿。

世界遺産（シラクーサとパンタリカの岩壁墓地遺跡 2005）

¶文化史蹟3（アテナ神殿）〔写〕

シラクーザの劇場　Theatre, Syracuse
シチリア島のシラクーザにある。前5世紀の初め、僭主ヒエロン1世の時に起工。

世界遺産（シラクーサとパンタリカの岩壁墓地遺跡 2005）

¶文化史蹟3（劇場（シラクサ））〔写〕

スカラ座　Teatro alla Scala
ミラノにある。ピエルマリーニの設計により1775～78年に建てられた劇場。客席は建立当時の姿を保つ。

¶世界美5（ミラーノ〔スカーラ座〕）〔写〕

スカーラ・デル・ボヴォロ
Scala del Bovolo

ヴェネツィア。1490年頃。パラッツォ・ミネルリの階段室。ジョヴァンニ・カディによる建築。回り階段を開放的なアーケードで囲んだ構成。

¶文化史蹟14〔写〕

スカリジェロ城　Castel Scaligero
ガルダ湖の南岸、突出した岬の先端。14世紀にベロナの名門スカリジェロ家が造った城。北イタリア風の構造様式をもつ。

¶文化史蹟13〔写〕

スクオーラ・ディ・サン・マルコ
Scuola di San Marco

ヴェネツィア。1485～95年。スクオーラとは、様々な団体の集会場のこと。マウロ・コドゥッチ、ロンバルド親子その他の作家によってつくられた。

¶文化史蹟14〔写〕

イタリア

スクロヴェーニ礼拝堂
Cappella degli Scrovegni

パードヴァ県。エンリコ・スクロヴェーニが父の罪業消滅のため、ローマ時代の闘技場（アレーナ）の跡地に建立した。1305年に献堂式。アレーナ礼拝堂とも呼ばれる。

¶ 新潮美〔写p403,406,690（壁画）〕, 世界美4（パードヴァ〔スクロヴェーニ礼拝堂〕）

スタビアエ　Stabiae

ナポリ県の都市。現在名カステッランマーレ・ディ・スタービア。79年のヴェスヴィオ山噴火によって、埋没した古代都市。墓からの出土品が数多く発見されている。帝政時代に展開した邸宅群は総延長1kmにも及ぶ。

¶ 新潮美, 世界美3

ステンティネロ　Stentinello

シチリア島の南東部シラクサの近郊。ステンティネロ文化はこの遺跡を標準遺跡とした初期新石器文化。塀で囲まれた卵形の村落遺跡。

¶ 世界考古

ストゥピニージ宮殿

ニケリーノ。ピエモンテ王国を築いたヴィットーリオ・アメーデオ2世の狩猟用の別荘。設計はフィリッポ・ユヴァーラ。1729～66年にかけて建築。

世界遺産（サヴォイア王家の王宮群　1997）

¶ 世界美3（ストゥピニージ〔狩猟用のヴィッラ〕）〔写〕, 空大宮殿〔写〕

スピーナ　Spina

エミーリア・ロマーニャ州コマッキオ近く。古代エトルリア都市。ネクロポリスからは大量のギリシャ陶器などが出土。

¶ 新潮美, 世界美3

スペイン広場

ローマにある。付近にあったスペイン大使館にちなんで命名された。1717年に建築家F.サンクティスが設計した階段がある。

¶ 遺建12〔写/図〕

スペルガの聖堂　Basilica di Superga

トリーノ県トリーノ市近郊スペルガ。修道院および付属聖堂。「ラ・スペルガ」とも呼ばれる。1717年に着工し、1731年完成。

¶ 世界美4（トリーノ〔スペルガの聖堂〕）〔写〕

スペルロンガ　Sperlonga

南部、ローマの南東約75km。古代名スペールンカ。ティレニア海に面した洞窟の名。ティベリウス帝の別荘だった。

¶ 新潮美

正教徒洗礼堂　Battistero degli Ortodossi

ラヴェンナ。ウルシアーナ聖堂跡に建立された現在の大聖堂（18世紀）と並んで現存する洗礼堂。5世紀前半の建立。ネオン洗礼堂ともいう。

世界遺産（ラヴェンナの初期キリスト教建築物群　1996）

¶ 宗教建築（ラヴェンナの清教徒洗礼堂）〔写/図〕, 新潮美（正統派洗礼堂（ラヴェンナの）せいとうはせんれいどう）, 世界美6（ラヴェンナ〔正教徒洗礼堂〕）, 文化史蹟11〔写〕

セジェスタ　Segesta

現在のカラタフィミの近く。古代都市。前5世紀～前4世紀の墓、碑文、聖域、城壁の一部や、前5世紀に遡る神殿、前3世紀に属す神殿がある。

¶ 新潮美, 世界考古（セゲスタ）, 世界美3, 大遺跡5 p79〔写〕

セジェスタの神殿　Temple, Segesta

シチリア島、セジェスタ。前420～前410年、ドーリア式の周翼式神殿。未完成のまま工事が放棄されたと思われる。

¶ 文化史蹟3（神殿（セゲスタ））〔写〕

セッラ・ダルト　Serra d'Alto

マテラの北3km。新石器時代の住居址群。この遺跡出土の彩文土器はセッラ・ダルト土器と呼ばれる。

¶ 世界考古

セピーノ　Sepino

モリーゼ州カンポバッソ県の町。古代名サエピヌム（Saepinum）。4世紀に建造された市壁に囲まれている。バシリカ、公共のアウラ、神殿と畜場や個人住居の跡もある。

¶ 世界美3

セプティミウス・セウェルス帝の凱旋門
Arch of Septimius Severus

ローマにある。203年。セプティミウス・セウェルス帝の凱旋門。帝の東方辺境における戦勝を記念するもの。

¶ 新潮美（セプティミウス・セウェールス帝凱旋門）, 文化史蹟4〔写〕

セリヌンテ　Selinunte

シチーリア島南西岸。古代都市。古代ギリシャ名セリヌス（Selinus）。前7世紀に遡る最古の遺構を含むアクロポリスにはいくつかの名高い神殿跡がみられる。

¶ 新潮美, 世界考古（セリヌス）, 世界美3, 世歴事5（セリヌス）, 大遺跡5〔写〕

セリヌンテのアクロポリスの廃墟と神殿C

シチリア島セリヌンテ。セリヌンテのアクロポリスには前6世紀頃、デメテル信仰の中心地として4つの大神殿と複数の小神殿があった。

ヨーロッパ

イタリア　　　　　　　　　442

¶世界遺跡 p274（アクロポリスの廃墟と神殿C）〔写〕

セリヌンテの神殿　Temple, Selinus
シチリア島の南岸西端に近いセリヌンテ。前5世紀中頃の7つのギリシャ神殿がある。

¶文化史蹟3 p151（神殿E、F、G址）〔写〕

セルウィウスの城壁
ローマのテルミニ駅の右正面。前6〜4世紀。セルウィウス＝トゥリウス王（在位前6世紀前半）の手になるとされる。

¶大遺跡6 p42〔写〕

ソラーロの祈禱堂
ミラノ県。聖アンブロシウスと聖カタリナに捧げられた小さな家族用祈禱堂。ビラーゴ家のために1365年頃建築。堂内壁画のフレスコ画連作で知られる。

¶世界美3（ソラーロ〔祈禱堂〕）

ソルント　Solunto
シチリア島。フェニキア起源の古代都市。ヘレニズム・ローマ時代の都市の一部が出土。広場や劇場、オデイオン、祭壇なども明らかにされている。

¶世界美3

大司教館礼拝堂　Archiepiscopal Chapel
ラヴェンナ。494〜519年頃。サン・タンドレア小礼拝堂とも呼ばれる。東ゴート王テオドリクスの支配時代に大司教ペトルス2世による建設。

¶文化史蹟11〔写〕

大泉水の家　Casa Della Fontana Grande
ポンペイ。前1世紀〜後1世紀。華麗な泉水盤がある家。モザイクで飾られた噴泉は、特にアウグストゥス帝以降に流行するようになったもの。

[世界遺産]（ポンペイ、エルコラーノ及びトッレ・アヌンツィアータの遺跡地域　1997）

¶大遺跡6 p75〔写〕、文化史蹟4〔写〕

タオルミナ　Taormina
シチリアの東海岸。ギリシャ植民都市タウロメニオンの現代名。前8世紀に遡るネクロポリスがある。

¶世界考古

タプソス　Thapsos
マニシ半島の突端。タプソス文化の標準遺跡。共同埋葬地とみなされる数百基の切石積石室を有する墳墓が発見。

¶世界考古

タブラーリウム　Tabularium
ローマにある。カピトリーノの丘（古代名カピトーリウム）に前78年に建てられた公文書保存館。

¶新潮美

ため息の橋　Bridge of Sigh
ヴェネツィア。1600年頃コンティノによってつくられた。監獄に護送される囚人が、ここで青空を見上げたことから名が付いたという。

¶文化史蹟14〔写〕

タラント　Taranto
イオニア海。短期間のセルラ・ダルト類似の新石器時代遺跡と中期青銅器時代から前8世紀頃までの遺跡がある。

¶世界考古

タルクィニア　Tarquinia
トスカーナ地方。エトルリア時代およびローマ時代の古代都市（古代名タルクイニイ）。モンテロッツィの丘には多数の墓がある。150基の壁画装飾墓の最古は前6〜前5世紀に属す。前4世紀もしくは前3世紀建造の大神殿の基礎や前5〜前4世紀の城壁が残る。

[世界遺産]（チェルヴェテリとタルキニアのエトルリア古代都市群　2004）

¶遺跡100、角川世（タルクイニア）、古遺地〔図〕、新潮美（タルクイーニア）、世界考古、世界美3（タルクイニア）〔写（壁画）〕

チェファル大聖堂　Duomo di Cefalù
シチリア島、チェファルにある。1131年ルッジェーロ2世の意志で建設開始。15世紀に現在の姿を整えた。建物はシチリア独特のロマネスク風混合様式を示す。翼廊を有する三廊式。

[世界遺産]（アラブ–ノルマン様式のパレルモおよびチェファルとモンレアーレの大聖堂　2015）

¶新潮美（チェファルー大聖堂）、世界美3（チェファルー〔大聖堂〕）、文化史蹟11（サン・ピエトロ大聖堂）〔写〕

チェルヴェテリ　Cerveteri
ラツィオ地方、古都は現在の町の東。エトルリア最大の都市国家の一つ。ラテン語でカエレ。前7〜6世紀に最盛期を迎え、前450年頃から衰退。バンディタッチアの墓地は死者の町として名高い。コリントス陶器やアッティカ陶器も数多く発見されている。

[世界遺産]（チェルヴェテリとタルキニアのエトルリア古代都市群　2004）

¶古遺地（カエーレ＝チェルヴェテリ）〔図〕、新潮美（チェルヴェーテリ）〔写p193（陶棺）〕、世遺地（チェルベーテリ）、世界考古〔写（墓地）〕、世界美3（チェルヴェーテリ）〔写/図〕

チェルヴェテリとタルクィニアのエトルリア墳墓群
Etruscan Necropolises of Cerveteri and Tarquinia
ティレニア海に面するラツィオ州のチェルヴェ

テリ、タルクニニアに分布。大規模なエトルリア時代の墳墓。それぞれ前9〜前1世紀のエトルリア人のものといわれる。

[世界遺産]（チェルヴェテリとタルキニアのエトルリア古代都市群 2004）

¶世遺事、成世遺上（チェルヴェテリとタルクィニアの墳墓）〔写〕，世遺百（チェルヴェテリとタルクィニアのエトルリア墓地）

チェルトーサ修道院〔パヴィーア〕

Certosa di Pavia

パヴィーア県にある。領主ジャン・ガレアッツォ・ヴィスコンティの霊廟を兼ねた礼拝堂として、またカルトジオ会修道院として建てられた。1396年着工。

¶新潮美（チェルトーサ修道院（パヴィーアの）），世界美4（パヴィーア〔チェルトーザ・ディ・パヴィーア〕）〔写〕

チェントゥーリペ　Centuripe

シチリア島のエトナ火山の西南。古代都市の遺跡。

¶新潮美

チルコ・マッシモ　Circo Massimo

ローマにある。パラティーノの丘のふもとにあるキルクス（大競技場）。

¶新潮美

チルチェオ山遺跡　Circeo

チルチェオ山南麓。32の洞穴群。そのうち7洞穴が中期旧石器時代から後期旧石器時代の文化層をもつ。

¶世界考古〔図〕

テアトロ・オリンピコ　Teatro Olimpico

ヴィチェンツァ。1579〜80年パッラーディオにより建造。劇場とそれに付属する施設。

[世界遺産]（ヴィチェンツァ市街とヴェネト地方のパッラーディオ様式の邸宅群 1994, 1996）

¶世界美1（ヴィチェンツァ〔テアトロ・オリンピコ〕）

ティヴォリのエステ家別荘

Villa d'Este, Tivoli

ティヴォリ。16世紀中頃、建築家ピッロ・リゴリオが設計した邸宅や庭園。多くの噴水がある、後期ルネサンス期の代表的な庭園。

[世界遺産]（ティヴォリのエステ家別荘 2001）

¶世遺事（ティヴォリのヴィッラ・デステ），成世遺上〔写〕，世遺百〔写〕，ビジ世遺〔写〕，文化史蹟15（ヴィラ・デステ）〔写〕

ディオクレティアヌスの浴場

Thermae Diocletianus

ローマにある。ヴィミナリス・コッリスの北東部に建つ浴場。298年に着工、305〜306年に完成。

¶新潮美（ディオクレーティアーヌス帝の浴場），世界考古、大遺跡6 p35〔写〕，文化史蹟4（ディオクレティアヌス浴場）〔写〕

ティトゥス帝凱旋門　Arch of Titus

ローマのフォロ・ロマーノを抜けパラティーノに曲がる道のところ。フォーロ・ロマーノの南東部ウィア・サクラ（「聖道」の意）にティトゥス帝の栄誉をたたえて元老院とローマ市民が建てた凱旋門。

[世界遺産]（ローマ歴史地区、教皇領とサン・パオロ・フォーリ・レ・ムーラ大聖堂 1980, 1990）

¶新潮美、大遺跡6 p19（ティトゥスの凱旋門）〔写〕，文化史蹟4（ティトゥス帝の凱旋門）〔写〕

テオドリクス王の宮殿

So-called Palace of theodoric

ラヴェンナ。493年から526年までイタリアを支配した東ゴート王の宮殿の跡とされている。現存は、7〜8世紀のものと考えられる。

¶文化史蹟11〔写〕

テオドリクスの廟　Mausoleo di Teodrico

ラヴェンナ。東ゴート時代の建造物で、テオドリクス王在命中の526年前後に息女が建立。方形の石灰石を用いた多角形の雄壮な建物。

¶世界美6（ラヴェンナ〔テオドリクスの霊廟〕），文化史蹟11〔写〕

テラマーレ　Terramare

北イタリアのポー川流域を中心に分布。先史時代から初期歴史時代におよぶ集落址。1881年パルマ州のフォンタネラトで発見されたものは、550m×330mの菱形をなし、街路は市街の中央部で直交していた。

¶図解考古〔図（フォンタラネト）〕

デル・モンテ城　Castel del Monte

プーリア地方、アンドリア。城の遺構は、中世の最も壮重で広大な建造の一つ。1240〜50年神聖ローマ皇帝フリードリヒ2世によって、夏の離宮と狩猟のための城として造営された。古代ギリシャや古代ローマ、イスラム、ゴシックの各様式が融合する。

[世界遺産]（デル・モンテ城 1996）

¶新潮美（カステル・デル・モンテ），世遺事（カステル・デル・モンテ），成世遺上〔写〕，世遺百（カステル・デル・モンテ），世界美1（カステル・デル・モンテ）〔写〕，空城と要塞（デル・モンテ城）〔写〕，ビジ世遺〔写〕，ユネ世遺13（カステル・デル・モンテ）〔写〕

テレフォスの浮き彫りの家

エルコラーノ。前1世紀末〜後1世紀。エルコラーノで2番目に大きな家。ヘラクレスの息子テレフォスの大理石製浅浮き彫りが発見された。

[世界遺産]（ポンペイ、エルコラーノ及びトッレ・アヌ

イタリア　444

ンツィアータの遺跡地域　1997)
¶大遺跡6 p81〔写〕

テンピオ・マラテスティアーノ
Tempio Malatestiano

フォルリ県リーミニ。かつてはサン・フランチェスコ聖堂とよばれ、領主マラテスタ家歴代の聖堂であった。1450年、シジスモンド・マラテスタが領主となったことを記念して改築。
¶世界美6(リーミニ〔テンピオ・マラテスティアーノ〕)

トスカーナ地方のメディチ家の別荘と庭園群
Medici Villas and Gardens in Tuscany

フィレンツェ市、周辺のフィレンツェ県、ルッカ県、ピストイア県の田園地帯に点在。15〜17世紀メディチ家が建築した12の別荘と2つの庭園。周辺の環境と調和したイタリア・ルネサンス芸術の原型をよく残す。

世界遺産(トスカナ地方のメディチ家の別荘と庭園群 2013)
¶世遺事(トスカーナ地方のメディチ家の館群と庭園群)、成世遺上(メディチ家の別荘と庭園)〔写〕、世遺百(トスカーナのメディチ家のヴィッラと庭園)

ドミティアヌスの競技場
ローマ、パラティーノの東端。1世紀末。長さ145mの競技場。ドミティアヌスの手による。
¶大遺跡6 p24〔写〕

ドミティッラのカタコンベ
Catacomba di Domitilla

アルデアティーナ街道にある。元来はフラウィウスという異教徒の家の墓所。3世紀、地下にカタコンベがつくられた。
¶新潮美(ドミティラのカタコンベ)、世界美1(カタコンベ〔ドミティッラのカタコンベ〕)〔写〕、大遺跡6 p50〔写〕

ドムス・アウレア　Domus Aurea
ローマにある。ローマ帝国第5代皇帝ネロが建設した大宮殿。「黄金宮殿」と呼ばれる。
¶新潮美

トラーニ大聖堂　Cattedrale di Trani
トラーニ市にある。11〜13世紀に建造された、ロマネスク様式の聖堂。バリザーノ・ダ・トラーニ作の貴重な扉口(12世紀後半)もみられる。
¶世界美4(トラーニ〔大聖堂〕)

トラヤヌス帝凱旋記念柱　Colonna Traiana
ローマにある。113年5月18日に落成。トラヤヌス帝の再度のダキア遠征からの凱旋を記念して元老院と国民との創意で建てられた大理石の円柱。
¶オ西洋美(トラヤヌス記念柱)〔写〕、新潮美(トラーヤーヌス帝記念円柱)、世界考古(トラ

ヤヌスの円柱)〔写〕、大遺跡6 p41(トラヤヌスの記念柱)〔写〕、文化史蹟4〔写〕

トラヤヌス帝凱旋門　Arco di Traiano
ベネヴェント。ベネヴェント(古代名ベネウェントゥム)とブリンティシ(古代名ブルンディシウム)を結ぶ、トラーヤーヌス街道の完成(108/109年)を記念して着工、114年に完成した凱旋門。
¶新潮美(トラーヤーヌス帝凱旋門)、大遺跡6 p104(トラヤヌスの門)〔写〕

トラヤヌス帝の市場　Market of Trajan
ローマにある。110年頃。半円を囲む3階建ての市場。帝政期に市民に生活必需品を配布する際に使われた。
¶大遺跡6 p39(トラヤヌスの市場)〔写/図〕、文化史蹟4〔写〕

トラヤヌス帝の広場　Foro di Traiano
ローマ、フォルム・ロマーヌムの北東に位置。諸皇帝フォルムの中で最大・最後のもの。トラヤヌスがダマスカスの設計家アポロドロスに命じて造らせた。フォルム・トライアーニ、フォルム・ウルピウムともいう。
¶新潮美(トラーヤーヌス帝のフォルム)、世界考古(フォルム・トライアーニ)、大遺跡6 p38(トラヤヌスの広場)〔写/図〕

トルレ・イン・ピエトラ　Torre in Pietra
ローマの南26km。旧石器時代の遺跡。下層は下部洪積世、上層は最終間氷期。
¶世界考古

トレヴィの噴泉　Fontana di Trevi
ローマにある。バロック様式の噴泉。1735〜62年にニッコロ・サルヴィが建造。
¶新潮美

ナクソス　Naxos
シチリア。古代ギリシャ都市。ナッソ(Nasso)ともいう。前404〜前403年ディオニュシオス1世によって廃墟化。新石器時代と初期鉄器時代の遺物が出土。前600年頃と前525年頃に建設の2つの神殿を含む聖域がある。
¶世界美4

ナポリ大聖堂　Duomo di Napoli
ナポリにある。1294〜1323年に、5世紀に建造されたステファーニア大聖堂跡に建設された。ルネサンス期のカラーファ礼拝堂と、1608〜37年に建立されたサン・ジェンナーロ礼拝堂を有す。

世界遺産(ナポリ歴史地区 1995)
¶世界美4(ナーポリ〔大聖堂〕)

ナポリ歴史地区
Historic Centre of Naples

カンパーニア州ナポリ。サンタ・ルチア港の突

堤に作られた要塞。12世紀のデッローヴォ城（卵城）、14世紀のナポリ大聖堂、サン・マルティーノ修道院、サン・カルロ劇場、王宮など数多くの建造物が残る。

世界遺産（ナポリ歴史地区　1995）
¶ 新潮美（ナポリ），世遺事（ナポリ歴史地区），成世遺上〔写〕，世遺百（ナポリ歴史中心地区）〔写〕，世界美4（ナーポリ），ビジ世遺（ナポリの歴史地区）〔写〕，ユネ世遺13（ナポリの歴史地区）〔写〕

ニンファ
ローマ近郊のポンティナの沼沢地。13世紀、ガエターニ家の本拠として繁栄した町。マラリアにより衰亡。城壁や住居の跡が残る。
¶ 世界遺産 p270〔写〕

ヌラゲ　Nuraghe
サルディニア島内各所にある。石を円形に積んでつくった塔。
¶ 世界考古〔写〕，大遺跡1 p46（ヌラーゲ（バルミニ））〔写〕，大遺跡1 p46（ヌラーゲ〔ローサ〕）〔写〕

ネアポリス　Neapolis
ナポリの古代名。2つの劇場、ディオスクロイの神殿、浴場施設などが残る。
¶ 世界考古（ネアポリス（1））

ネプトゥーヌス浴場　Baths of Neptune
オスティアにある。市のメイン・ストリートに接した浴場。五賢帝時代のモザイクが見られる。
¶ 大遺跡6 p99（ネプトゥヌスの浴場）〔写〕，文化史蹟4〔写〕

ネルウァ帝のフォルム　Forum of Nerva
ローマにある。ウェスパシアヌス帝が着工し、ドミティアヌス帝がうけつぎ、ネルウァ帝が完成したもの。
¶ 文化史蹟4〔写〕

ノヴィラーラ　Novilara
マルケ州ペーザロ・ウルビーノ県。古代集落の所在地。鉄器時代の重要な墓地遺跡が出土した。
¶ 世界美4

ノルキア　Norchia
ラーツィオ州ヴィテルボ県。古代遺跡。凝灰岩の渓谷にエトルリア時代の墓地が展開している。
¶ 世界美4

バイア　Baia
カンパーニア地方。古代都市。メルクリウス神殿、ウェヌス神殿、ディアナ神殿が現存。発掘でバイア湾に沿って展開する浴場施設の全体が明らかとなった。
¶ 世界美4

バイアエの大公共浴場
Great Baths, Baiae
バイアエ。前1世紀。バイアエは古代に温泉療養地として名高かった。大浴場や温泉療養施設も代々の帝王によって大々的に造営された。
¶ 文化史蹟4（大公共浴場（バイアエ））〔写〕

パヴィアのカルトゥジア会修道院
パヴィアにある。隠修修道会であるカルトゥジア会修道院の建築。1396年ヴィスコンティ家の霊廟として創建され、工期は16世紀まで続いた。
¶ 宗教建築〔写/図〕

ハウスラブヨッホ
南チロル自治省ボルツァーノ県セナレス地域。氷河の中から、新石器時代後期の凍結したミイラが発見された地。アイスマンと呼ばれる。
¶ 遺跡100〔写（ミイラ）/図〕

パエストゥム　Paestum
サレルノ県カパッチョ。古代ギリシャ植民都市。古代ギリシャ名はポセイドニア（Poseidonia）。3つの大規模な神殿群を含むギリシャ時代の遺跡がある。市壁外のネクロポリスから、ルカニア人の墓壁画と陶器など重要な遺品が出土。

世界遺産（パエストゥムとヴェリアの古代遺跡群を含むチレントとディアノ渓谷国立公園とパドゥーラのカルトゥジオ修道院　1998）
¶ 新潮美，世界考古，世界美4〔写〕，空古代遺跡〔写〕，大遺跡5〔写〕

パエストゥムとヴェリアの古代遺跡群を含むチレントとディアノ渓谷国立公園とパドゥーラのカルトゥジオ修道院
Cilento and Vallo di Diano National Park with the Archeological sites of Paestum and Velia, and the Certosa di Padula
カンパーニア州のサレルノ県南部のほぼ全域。先史時代から中世を通じて交易、政治、文化面で大きな変遷を遂げた地域。古代遺跡と中世の修道院が保全されている。

世界遺産（パエストゥムとヴェリアの古代遺跡群を含むチレントとディアノ渓谷国立公園とパドゥーラのカルトゥジオ修道院　1998）
¶ 世遺事（ペストゥムとヴェリアの考古学遺跡とパドゥーラの僧院があるチレント・ディアーナ渓谷国立公園），成世遺上（チレント・ディアノ渓谷国立公園）〔写〕，世遺百（パエストゥム、ヴェリア古代遺跡群、パドゥーラのカルトゥジオ修道院を含むチレントとヴァッロ・ディ・ディアーノ国立公園），ビジ世遺（チレント・ディアノ渓谷国立公園の遺跡と修道院）〔写〕

パエストゥムの神殿
サレルノ県カパッチョ。古代ギリシャの植民都市として繁栄したパエストゥムにある神殿。ドー

リア式神殿，ヘラ神殿など。

世界遺産(パエストゥムとヴェリアの古代遺跡群を含むチレントとディアノ渓谷国立公園とパドゥーラのカルトゥジオ修道院 1998)

¶遺建11（パエストゥムの神殿）〔写/図〕

バシリカ・パッラーディアーナ
ヴィチェンツァにある。正式名はパラッツォ・デッラ・ラジョーネ。500人会議のための大広間をもつ市議会議場。15世紀の建物が崩壊後，新設計で1617年に完成。

世界遺産(ヴィチェンツァ市街とヴェネト地方のパッラーディオ様式の邸宅群 1994, 1996)

¶世界美1（ヴィチェンツァ〔バジーリカ〕）

パッツィ家礼拝堂 Cappella dei Pazzi
フィレンツェにある。1430年頃，アンドレーア・デイ・パッツィのためにブルネッレスキが設計。1459〜61年に完成。

世界遺産(フィレンツェ歴史地区 1982)

¶新潮美，世界美4（フィレンツェ〔パッツィ家礼拝堂〕）〔写〕，文化史蹟14〔写〕

パドヴァの植物園（オルト・ボタニコ）
Botanical Garden (Orto Botanico), Padua
ヴェネト州パドヴァにある。大学付属の植物園としては世界最古のもの。1545年に造園。建築家のアンドレア・モロニが設計。

世界遺産(パドヴァの植物園（オルト・ボタニコ）1997)

¶世遺事，成世遺上（パドヴァの植物園）〔写〕，世遺百，ビジ世遺〔写〕

ハドリアヌス帝廟 Hadrianus
ローマのテヴェレ川右岸。ローマ皇帝ハドリアヌスの廟として2世紀につくられた。屋根上に天使の像がある。

¶世界考古

パラッツィナ・ディ・ストゥピニジ
Palazzina dl Stupinigi
トリノにある。1729〜33年。フィリッポ・ジュヴァラがヴィットリオ・アメデオ2世のためにトリノ郊外に建てた狩猟用宮殿。

¶文化史蹟15〔写〕

パラッツォ・ヴェッキオ Palazzo Vecchio
フィレンツェにある。大組合の代表が構成する最高政務官のために，1299〜1314年アルノルフォ・ディ・カンビオが建立。その後，何回も増築がなされた。パラッツォ・デラ・シニョリアとも。

世界遺産(フィレンツェ歴史地区 1982)

¶新潮美，世界美4（フィレンツェ〔パラッツォ・ヴェッキオ〕）〔写〕，文化史蹟14（パラッツォ・ヴェッキオ（シニョリア宮））〔写〕

パラッツォ・ヴェンドラミン・カレルジ
Palazzo Vendramin Calergi
ヴェネツィアにある。1509年。ヴェネツィアのパラッツォ建築の中で，ルネッサンス様式を示す例。マウロ・コドゥッチとピエトロ・ロンバルドが設計に参加。

¶新潮美（パラッツォ・ヴェンドラミン），文化史蹟14〔写〕

パラッツォ・オデスジャルキ
Palazzo Odescalchi
ローマにある。代表的なバロック邸宅建築。

¶新潮美

パラッツォ・カリニャーノ
Palazzo Carignano
トリノにある。サヴォイア＝カリニャーノ家のエマヌエーレ・フィリベルト公の委嘱。グアリーノ・グアリーニの設計。工事は1679年に開始，1685年に完成。

¶世界美4（トリーノ〔パラッツォ・カリニャーノ〕）〔写〕

パラッツォ・キエリカーティ
Palazzo Chiericati
ヴィチェンツァにある。1550年ジローラモ・キエリカーティがパッラーディオに設計を依頼した貴族住宅。

世界遺産(ヴィチェンツァ市街とヴェネト地方のパッラーディオ様式の邸宅群 1994, 1996)

¶新潮美，世界美1（ヴィチェンツァ〔パラッツォ・キエリカーティ〕）〔写〕

パラッツォ・グリマーニ Palazzo Grimani
ヴェネツィアにある。ミケーレ・サンミケーリが1550年頃に建てたもの。最上階はサンミケーリの死後ジャコモ・デ・ジョルジによって完成された。

¶文化史蹟14〔写〕

パラッツォ・コルネル・カ・グランデ
Palazzo Corner Ca'grande
ヴェネツィアにある。1537年。ヤコポ・サンソヴィーノによって建てられたルネッサンス様式の代表的な建築。入り口の部分にアーチを3つ連ねる。

¶文化史蹟14〔写〕

パラッツォ・コロンナ・バルベリーニ
Palazzo Colonna-Barberini
ローマの東郊のパレストリーナにある。バルベリーニ家の邸宅。

¶新潮美

パラッツォ・スキファノイア
Palazzo Schifanoia
フェッラーラにある。当初は，1385年にエステ

家宮廷の娯楽場を兼ねる宴会場として建造された。1466〜93年ロッセッティが改築。平面プランは方形。

世界遺産（フェッラーラ：ルネサンス期の市街とポー川デルタ地帯 1995, 1999）

¶世界美5（フェッラーラ〔パラッツォ・スキファノイア〕）〔写〕，文化史蹟14（パラッツォ・ディ・スキファノイア）〔写〕

パラッツォ・ストロッツィ
Palazzo Strozzi
フィレンツェにある。フィレンツェの有力な一族で豪商のフィリッポ・ストロッツィのために，1489年にベネデット・ダ・マイアーノが着手。1504年完成。

¶新潮美，世界美4（フィレンツェ〔パラッツォ・ストロッツィ〕），文化史蹟14〔写〕

パラッツォ・スパーダ・アルラ・レゴラ
Palazzo Spada alla Regola
ローマのテーヴェレ河畔，ポンテ・シストのたもとに建つ。ルネサンス〜バロック期の邸館。

¶新潮美

パラッツォ・デイ・ディアマンティ
Palazzo dei Diamanti
フェッラーラにある。1492年領主シジスモンド・デステのためにロッセッティにより着手され，1575年頃完成。建物の外装は形の統一された切石積み。

世界遺産（フェッラーラ：ルネサンス期の市街とポー川デルタ地帯 1995, 1999）

¶世界美5（フェッラーラ〔パラッツォ・デイ・ディアマンティ〕）

パラッツォ・デイ・プリオーリ
Palazzo dei Priori
ウンブリア州ペルージャにある。1290年頃に建てられた政庁舎。ゴシック様式で建設され，14世紀に拡張工事。フェレンツェ風の立方体のパラッツォ建築。

¶世界美5（ペルージャ〔パラッツォ・デイ・プリオーリ〕）

パラッツォ・デッリ・ウッフィーツィ
Palazzo degli Uffizi
フィレンツェにある。コージモ1世の依頼でヴァザーリが設計，1560年に着工，20年後にアルフォンソ・パリージとブオンタレンティが完成させた。

¶世界美4（フィレンツェ〔パラッツォ・デッリ・ウッフィーツィ〕）

パラッツォ・デラ・カンチェッレリア
Palazzo Della Cancelleria
ローマにある。1486年から98年にかけて，枢機卿リアーリオの住居として建造。初期ルネッサンスの最も気品のあるパラッツォ。

¶新潮美（カンチェッレリーア，パラッツォ・デラ），文化史蹟14〔写〕

パラッツォ・デル・テ　Palazzo del Tè
マントヴァにある。1524ないし25年頃〜35年マントヴァ西方の湖水の小島にジューリオ・ロマーノにより建築されたパラッツォ。

世界遺産（マントヴァとサッビオネータ 2008）

¶新潮美，世界美5（マントヴァ〔パラッツォ・デル・テ〕），文化史蹟15〔写〕

パラッツォ・デル・バルジェルロ（国立バルジェルロ美術館）
Palazzo del Bargello
フィレンツェにある。宮内にもと監獄があり，中庭に，1502年から1782年まで，囚人処刑台があった。

¶文化史蹟14〔写〕

パラッツォ・ドゥカーレ〔ヴェネツィア〕
Palazzo Ducale
ヴェネツィアにある。ヴェネツィア共和国時代のヴェネツィア総督の公邸。9世紀に建造されたのが最初だが，現在の建物は14世紀および15世紀初頭のもの。

世界遺産（ヴェネツィアとその潟 1987）

¶新潮美，世界美1（ヴェネーツィア〔パラッツォ・ドゥカーレ〕）〔写〕，文化史蹟14〔写〕，歴史建築（ドゥカーレ宮殿）〔写/図〕

パラッツォ・ドゥカーレ〔ウルビーノ〕
Palazzo Ducale, Urbino
マルケ州ウルビーノにある。1455年頃，領主フェデリーコ・ダ・モンテフェルトの命で建設開始。完成までおよそ100年を要した。

世界遺産（ウルビーノ歴史地区 1998）

¶世界美1（ウルビーノ〔パラッツォ・ドゥカーレ〕）〔写〕

パラッツォ・ドーリア・パンフィリ
Palazzo Doria Pamphili
ローマにある。バロックの邸宅。

¶新潮美

パラッツォ・バルベリーニ
Palazzo Barberini
ローマにある。1625〜32年。バロック盛期の教皇ウルバヌス8世が家族のために建てさせた宮殿。

¶新潮美，文化史蹟15〔写〕

パラッツォ・ピッティ　Palazzo Pitti
フィレンツェにある。1457年以降，豪商ルーカ・ピッティのためにつくられた。後，メディチ家のエレオノーラ・ダ・トレードが1549年に購入，増築した。

世界遺産（フィレンツェ歴史地区 1982）

イタリア　448

¶新潮美, 世界美4 (フィレンツェ〔パラッツォ・
ピッティ〕)〔写〕, 文化史蹟14〔写〕, 文化史
蹟15〔写〕

パラッツォ・ファルネーゼ〔カプラローラ〕
Palazzo Farnese
ローマの北西50kmカプラローラにある。ファル
ネーゼ家の邸宅。アントーニオ・ダ・サンガッ
ロとペルッツィにより1520年代に起工。

¶新潮美 (パラッツォ・ファルネーゼ(2)), 世界
美2 (カプラローラ〔パラッツォ・ファルネー
ゼ〕)〔写〕

パラッツォ・ファルネーゼ〔ローマ〕
Palazzo Farnese
ローマにある。枢機卿アレッサンドロ・ファル
ネーゼ (のちの教皇パウルス3世) の邸宅。1511
年、アントーニオ・ダ・サンガッロが設計し、ミ
ケランジェロが工事を引き継ぎ1589に完成。

¶新潮美 (パラッツォ・ファルネーゼ(1)), 世界
美2 (サンガッロ・イル・ジョーヴァネ, アン
トーニオ・ダ〔パラッツォ・ファルネーゼ〕)
〔写〕, 世界美6 (ローマ〔パラッツォ・ファ
ルネーゼ〕), 文化史蹟14〔写〕

パラッツォ・ペーザロ　Palazzo Pesaro
ヴェネツィア。大運河に面するバロックの邸宅。

¶新潮美

パラッツォ・メディチ＝リッカルディ
Palazzo Medici-Riccardi
フィレンツェにある。コージモ・デ・メディチ (イ
ル・ヴェッキオ) のためにミケロッツォが1444〜
59年に建てた邸宅。メーディチ家の最古の壮大
な宮殿。

¶新潮美〔写p15〕, 世界美4 (フィレンツェ〔パ
ラッツォ・メーディチ＝リッカルディ〕), 文化
史蹟14 (パラッツォ・メディチ)〔写〕

パラッツォ・ルチェッライ
Palazzo Rucellai
フィレンツェにある。ジョヴァンニ・ルチェッ
ライのために、レオン・バッティスタ・アルベル
ティが設計。1446〜51年頃、ベルナルド・ロッ
セッリーノによって建てられた。

¶新潮美 (パラッツォ・ルッチェルライ), 世界美
4 (フィレンツェ〔パラッツォ・ルチェッライ〕)

パラティーナ礼拝堂　Cappella Palatina
パレルモ。かつてのイスラム宮殿の跡に、ノルマ
ン王朝が建設した王宮の付属礼拝堂。ルッジェー
ロ2世が建造。1140年献堂。

〔世界遺産〕(アラブ−ノルマン様式のパレルモおよび
チェファルとモンレアーレの大聖堂　2015)

¶新潮美 (パレルモの宮廷礼拝堂), 世界美4 (パ
レルモ〔パラティーナ礼拝堂〕)〔写〕

パラティーノの丘　Palatino
ローマにある。"ローマ七丘"の一つ。フォーロ・
ロマーノをはさんで、カピトリーノの丘と対峙
する。最初のローマ人の小屋はここにあった。

¶新潮美, 世界考古 (パラティヌス丘), 世歴事
7 (パラティヌス), 大遺跡6 (パラティーノ)
〔写/図〕

パルマの洗礼堂
パルマ。大聖堂に隣接する1196年着工の洗礼堂。
建築家、彫刻家アンテーラミの代表作。

¶新潮美 (パルマ〔洗礼堂〕), 世界美4 (パルマ
〔洗礼堂〕)〔写〕

パルマの大聖堂
パルマ。ポー川流域地方における代表的ロマネ
スク建築の一つ。大部分が12世紀前半の建立。
ラテン十字形プラン。

¶世界美4 (パルマ〔大聖堂〕)

バルーミニのス・ヌラージ
Su Nuraxi di Barumini
カリアリ県バルーミニ。前2世紀後半、バルーミ
ニ村で造られた石造りの要塞化した家屋 (ヌラー
ジ)。塔や防壁、武器庫や井戸などからなる。

〔世界遺産〕(スー・ヌラージ・ディ・バルーミニ　1997)

¶古遺地 (バルミニ)〔図〕, 世遺事, 成世遺上
(バルーミニのスー・ヌラクシ)〔写〕, 世遺百
(バルミーニのス・ヌラージ), ビジ世遺 (バ
ルーミニのスー・ヌラクシ)〔写〕

バレストリーナ　Praeneste
ローマ県のサッコ川沿岸、パレストリーナ。エ
トルリア文化圏にあったラテン人の遺跡。古代
名プラエネステ。ローマ共和政時代の都市の中
心に大規模な建築複合体があり、遺構として残っ
ている。

¶新潮美, 世界美4, 大遺跡6〔写〕

パレルモのアラブ・ノルマン様式の建造物群
とチェファル大聖堂とモンレアーレ大聖堂
Arab-Norman Palermo and the Cathedral
Churches of Cefalú and Monreale
シチリア島パレルモ。シチリア王国の主都であっ
たパレルモのノルマン・シチリア王国時代 (1130-
1194) の歴史的建造物群。2つの宮殿、3つの教
会、大聖堂、橋、チェファルとモンレアーレ両
市にある大聖堂からなる。

〔世界遺産〕(アラブ−ノルマン様式のパレルモおよび
チェファルとモンレアーレの大聖堂　2015)

¶世遺事

パレルモの大聖堂
シチリア島パレルモ。かつてバシリカのあった
跡地に、1185年大司教グアルティエーロ・オッ
ファミーリオが建設した大聖堂。その後何世紀
にもわたり改修が繰り返された。

世界遺産(アラブ−ノルマン様式のパレルモおよび
チェファルとモンレアーレの大聖堂 2015)

¶世界美4(パレルモ〔大聖堂〕)

パンタリカ　Pantalica
シチリア島パレルモ。前13～8世紀の大集落群お
よび岩窟墓。壁に刻まれた5千以上の墓が残る。
前13世紀から前7世紀にかけてのもの。

世界遺産(シラクーザとパンタリカの岩壁墓地遺跡
2005)

¶古遺地〔図〕，大遺跡1〔写〕

パンテオン　Pantheon
ローマにある。アグリッパによって前27年ロー
マに建てられた最初のパンテオン。現存の建物
はハドリアヌスによって建てられた神殿。

世界遺産(ローマ歴史地区，教皇領とサン・パオロ・
フオーリ・レ・ムーラ大聖堂 1980, 1990)

¶角川世，宗教建築(ローマのパンテオン)
〔図〕，新潮美(パンテオン(ローマの))〔図
p1631〕，図解考古〔図〕，世界考古〔写〕，大
遺跡6 p44〔写〕，評論社世，文化史蹟4(パン
テオン(万霊殿))〔写p77,209/図p209〕，平凡
社世

ピアチェンツァ大聖堂　Duomo di Piacenza
エミーリア地方のピアチェンツァ。12世紀末完
成されたロンバルディーア・ロマネスク様式の
建築。

¶新潮美

ピアッツァ・アルメリーナ
Piazza Armerina
ジェラの北方約40kmにある小さな町。南西約
5kmにローマ帝政期の豪壮な館がある。1～5世
紀の出土品を確認。

¶世界考古

ピエトラッボンダンテ　Pietrabbondante
カンポバッソ県の町。サムニテス人の大規模な
集落跡がある。多角形石積み(オプス・ポリゴナ
レ)の扶壁によってテラス状に造られている。

¶世界美4

ピエモンテとロンバルディアのサクリ・モン
ティ
Sacri Monti of Piedmont and Lombardy
ピエモンテ州とロンバルディア州の山上に点在。
山上の9ヵ所のキリスト教の聖域。16世紀後半か
ら17世紀の建築的特色がみられる教会群がある。

世界遺産(ピエモンテとロンバルディアのサクリ・モ
ンティ 2003)

¶世遺事(ピエモント州都ロンバルディア州の聖
山群)，成世遺上(イタリア北西部のサクリ・モ
ンティ)〔写〕，世遺百(ピエモンテとロンバル
ディアのサクロ・モンテ群)，ビジ世遺〔写〕

ピエモンテの葡萄畑の景観：ランゲ・ロエロ・
モンフェッラート
Vineyard Landscape of Piedmont： Langhe-
Roero and Monferrato
ピエモンテ州の南部のアレッサンドリア県、ア
スティ県、クーネオ県。5つのワイン生産地と城
からなる葡萄畑の景観。

世界遺産(ピエモンテの葡萄畑景観：ランゲ・ロエロ・
モンフェッラート 2014)

¶世遺事

ピエンツァ市街の歴史地区
Historic Centre of the City of Pienza
シエナ県ピエンツァ。ローマ教皇ピウス2世が建
築家ベルナルド・ロッセルリーノに設計させた
町。ルネサンス期の町並みが残り大聖堂、ピッ
コローミニ宮殿などが建ち並ぶ。

世界遺産(ピエンツァ市街の歴史地区 1996)

¶世遺事，成世遺上(ピエンツァ歴史地区)
〔写〕，世遺百(ピエンツァ歴史中心地区)
〔写〕，世界美4(ピエンツァ)，ビジ世遺(ピエ
ンツァの歴史地区)〔写〕，ユネ世遺13(ピエン
ツァの歴史地区)〔写〕

ピエンツァの大聖堂およびパラッツォ・ピッ
コローミニ
シエナ県ピエンツァ。教皇ピウス2世の都市計画
の一部として建設。司教館、パラッツォ・プレ
トーリオ、パラッツォ・ピッコローミニおよび
大聖堂に囲まれた中央広場の建設工事は、1460
～64年に行われた。

世界遺産(ピエンツァ市街の歴史地区 1996)

¶世界美4(ピエンツァ〔大聖堂およびパラッ
ツォ・ピッコローミニ〕)

秘儀荘　Villa dei Misteri
ポンペイの町から少し離れた北西部。「秘儀の
絵」で有名。前60年頃に建て直されたときに描
かれた。後1世紀に増築し大邸宅となった。

世界遺産(ポンペイ、エルコラーノ及びトッレ・アヌ
ンツィアータの遺跡地域 1997)

¶新潮美，大遺跡6 p76〔写〕

ピサ洗礼堂　Battistero di Pisa
ピサ。ドゥオモ広場の大聖堂正面。12世紀中頃、
建築家ディオティサルヴィによって着工、14世紀
に完成。円形のプランで、独特な二重殻ドーム。

世界遺産(ピサのドゥオモ広場 1987)

¶世界美4(ピーサ〔洗礼堂〕)

ピサ大聖堂　Cattedrale di Pisa
ピサ。1063年にブスケートの指揮で建設開始。
大規模なラテン十字形プラン。

世界遺産(ピサのドゥオモ広場 1987)

¶旺文社世，世界美4(ピーサ〔大聖堂〕)，世歴

イタリア

大16（ピサ聖堂 ピサせいどう）〔写〕，評論社
世（ピサ本寺），文化史蹟12〔写p52〜59,118/
図p118〕，平凡社世（ピサ聖堂），山川世

ピサのカンポサント　Camposanto di Pisa
ピサ。ドゥオモ広場の北側に建てられた墓所。古
代の墓地を囲むようにして長方形の柱廊が巡る。

世界遺産（ピサのドゥオモ広場　1987）

¶新潮美（カンポサント），世界美4（ピーサ〔カ
ンポサント〕）

ピサの斜塔　Campanile di Pisa
ピサ。1173年8月に建造開始。4階まで建てられ
たところで、地盤の急激な沈下によって大きく傾
き、工事は1世紀中断。1275年、建築を再開した。

世界遺産（ピサのドゥオモ広場　1987）

¶世界美4（ピーサ〔鐘塔〕）

ピサのドゥオモ広場
Piazza del Duomo, Pisa
ピサ。大聖堂（ドゥオモ）、洗礼堂、墓所、鐘楼
（ピサの斜塔）からなるドゥオモ広場は奇跡の広
場とも呼ばれる。

世界遺産（ピサのドゥオモ広場　1987）

¶遺建7（ピサの「奇跡の園」）〔写/図〕，新潮美
（ピサ），世遺事，成世遺上〔写〕，世遺百
〔写〕，世界美4（ピーサ），空大聖堂
〔写〕，ビジ世遺，ユネ世遺10〔写〕，歴
史建築（奇跡の広場）〔写/図〕

ピルジ　Pyrgi
ラツィオ地方の遺跡。エトルスク時代、カエレ
の外港。前5世紀初頭の神殿を発掘。

¶新潮美

ファウヌスの家
ポンペイにある。ポンペイで最大の華麗な邸宅。
踊るファウヌスのブロンズの小像が出土した。

世界遺産（ポンペイ、エルコラーノ及びトッレ・アヌ
ンツィアータの遺跡地域　1997）

¶大遺跡6 p75〔写/図〕

ファルファのベネディクト会修道院
リエーティ県。5世紀前半に聖ロレンツォ・シー
ロによって建立。現在の建物は、ルネサンス期
にほぼ全面的に改築されているが、もとは中世
期のもの。

¶世界美4（ファルファ〔ベネディクト会修道院〕）

フィレンツェ歴史地区
Historic Centre of Florence
フィレンツェにある。15〜16世紀、ルネサンス
の中心地となった都市。「屋根のない美術館」と
称されるほど貴重な建築物や芸術作品が残る。

世界遺産（フィレンツェ歴史地区　1982）

¶新潮美（フィレンツェ），世遺事（フィレンツェ

の歴史地区），成世遺上〔写〕，世遺百（フィレ
ンツェ歴史中心地区）〔写〕，世界美4（フィレ
ンツェ），ビジ世遺（フィレンツェの歴史地区）
〔写〕，平凡社世（フィレンツェ），ユネ世遺10
（フィレンツェの歴史地区）〔写〕

フェッラーラ大聖堂
フェッラーラ県。1135年ロンバルディーア地方
の石工組合により着工、13世紀末に側面の尖塔ほ
かが追加され完成した。1712年から枢機卿ルッ
フォの命により改築が行われた。

世界遺産（フェッラーラ：ルネサンス期の市街とポー
川デルタ地帯　1995, 1999）

¶世界美5（フェッラーラ〔大聖堂〕）〔写〕

フェッラーラ：ルネサンス期の市街とポー川
デルタ地帯
Ferrara, City of the Renaissance, and its Po
Delta
エミリア・ロマーニャ州フェラーラ県。14世紀
前半にエステ家が町を整備、15〜16世紀に文学・
芸術の中心地として発展した都市。エステ城、ス
キファノイア宮、ムニチパーレ宮殿、ディアマ
ンティ館などルネサンス期の建造物が残る。

世界遺産（フェッラーラ：ルネサンス期の市街とポー
川デルタ地帯　1995, 1999）

¶世遺事（フェラーラ：ルネッサンス都市と
ポー・デルタ），成世遺上（フェラーラとポー川
デルタ地帯）〔写〕，世遺百（フェッラーラ：ル
ネッサンス期の市街、ポー川デルタ地帯）
〔写〕，世界美5（フェッラーラ），ビジ世遺（ル
ネサンス期のフェラーラ市街とポー川デルタ地
帯）〔写〕，ユネ世遺13（ルネサンス都市フェッ
ラーラ）〔写〕

フェーニス城
ダオスタ州フェーニス。11世紀の城を14世紀前
半にアオスタ渓谷のシャラン王家が現在の形に
改修。当時の軍事建築物の典型的な例。

¶世界美5（フェーニス〔フェーニス城〕）〔写〕

フォッサノーヴァ修道院聖堂
ラティーナ県。イタリアにおけるシトー会のゴ
シック建築の重要な作例。1187年着工。1208年
教皇インノケンティウス3世によって献堂された。

¶世界美5（フォッサノーヴァ〔修道院聖堂〕）

フォルトゥーナ・プリミゲニアの神域
パレストリーナ。女神フォルトゥーナ信仰の発
祥の地ともいわれる神域。奉納品や碑文を発掘。
前2世紀後半〜前1世紀半ば。

¶宗教建築〔写〕，大遺跡6 p88（フォルトゥー
ナ・プリミゲニアの聖所）〔写〕

フォルム・ロマーヌム　Forum Romanum
ローマにある。ローマの中心部にある古代ロー
マ時代の遺跡。前6世紀から3世紀まで、古代ロー

マの政治・経済・商業の中心地として栄えた。

[世界遺産]（ローマ歴史地区、教皇領とサン・パオロ・フォーリ・レ・ムーラ大聖堂　1980, 1990）

¶遺建2（フォロロマーノ）〔写/図〕，オ西洋美（フォルム）〔写〕，角川世（フォルム・ロマヌム），古代遺跡 p221（フォルム・ロマーノ）〔写〕，新潮美（フォーロ・ロマーノ）〔図〕，図解考古（フォールム）〔図〕，世界考古〔図〕，世界美5（フォルム）〔写/図〕，世歴事7（フォルム），世歴大16（フォルム＝ロマヌム）〔写〕，大遺跡6（フォロ・ロマーノ）〔写/図〕，評論社世（フォルム－ロマヌム），復原遺跡（フォルム）〔写/図〕，文化史蹟4〔写p38～40,45/図 p19〕

フォンターナ・マッジョーレ

Fontana Maggiore

ペルージャの中心にある。ニコラ・ピサーノが子や弟子たちとともに、1278年につくった大噴水。

¶新潮美（フォンターナ・マッジョーレ（ペルージアの））

プッブリコ宮（シエナ市庁舎）

Palazzo Pubblico

シエナのカンポ広場に面して建つ。1289～1342年に造営された宮殿。現在はシエナの市庁舎。扇形のプランをもつ。

[世界遺産]（シエナ歴史地区　1995）

¶新潮美（シエナ公会堂），世界美3（シエーナ〔パラッツォ・プッブリコ〕）

フラーウィウス宮のバシリカ

Basilica del Palazzo dei Flavi

ローマ、パラティーノの丘の中央部。ドミティアーヌス帝（在位81-96）が建築家ラビーリウスに建てさせたドミティアーヌス宮殿のバシリカ。

¶新潮美

プラエネステ門（ポルタ・マッジョーレ）

Porta Praenestina, Porta Maggiore

ローマにある。現在ではポルタ・マッジョーレ（大門）と呼ばれている。1世紀半ば、クラウディウス帝が敷設した水道の受け入れ門として建設された。

[世界遺産]（ローマ歴史地区、教皇領とサン・パオロ・フォーリ・レ・ムーラ大聖堂　1980, 1990）

¶大遺跡6 p42（アウレリアヌスの城壁（ポルタ・マッジョーレ））〔写〕，文化史蹟4（プラエネステ門（マジョーレ門））〔写〕

フラミニア街道

ローマからアドリア海側のアリミヌムまで。ローマの代表的街道。前220年執政官フラミニウスによって開かれた。

¶世界考古

プリシッラのカタコンベ

Catacomba di Priscilla

サラーリア街道にある。採石場が2世紀末頃、墓地に改造された。カタコンベを装飾した初期（2世紀）の壁画があることで有名。

¶新潮美（プリシルラのカタコンベ）〔写p247（オーラーンス）〕，世界考古，世界美1（カタコンベ〔プリシッラのカタコンベ〕），文化史蹟4（プリスキラのカタコンベ）〔写〕

ブロイオン　Broion

ヴィチェンツァの南西約20km。洞穴遺跡。旧石器時代の文化層が連続して発見。ムスティエ文化、後期旧石器時代、グラヴェット文化、ロマネッリ文化の文化層がある。

¶世界考古

ベッキオ城　Castel Vecchio

ベローナ。1354年スカリジェオ家のコングランデ2世が築いた城塞。城はほぼ方形の建物と附属の建物からできている。

¶文化史蹟13〔写〕

ベネヴェント　Benevento

カンパーニア地方の町。前3世紀中頃にローマ支配下に入り、中世まで内陸交通路の要。トラヤヌス帝凱旋門、城塞、劇場、イシス神殿などが残る。

¶新潮美，大遺跡6〔写〕

ベルヴェルデ

チェトナ州のベルヴェルデ。前3千～1千年紀初期の洞窟および岩穴。

¶古遺地〔図〕

ヘルクラネウム　Herculaneum

現在のエルコラーノ。古代のヘルクラネウムの遺跡。東西大路デクマヌスと南北路カルドによって整然と矩形の坊が区画されていた。

[世界遺産]（ポンペイ、エルコラーノ及びトッレ・アヌンツィアータの遺跡地域　1997）

¶角川世，新潮美（ヘルクラーネウム），世界考古，世界美5〔写〕，大遺跡6（エルコラーノ）〔写/図〕，文化史蹟4〔写〕，平凡社世

ヘルクラネウムの食料品店

Thermolium, Herclaneum

エルコラーノ。前1世紀～後1世紀。デクマヌス・インフェリオル（下町通り）とカルドⅤの角の大きな店。大きな住居や貯蔵室もある。

[世界遺産]（ポンペイ、エルコラーノ及びトッレ・アヌンツィアータの遺跡地域　1997）

¶大遺跡6 p85（食糧品店）〔写〕，文化史蹟4 p168（食料品店）〔写〕

ヘルクラネウムのタベルナ

エルコラーノ。家屋の一部（角口）に設けられた

穀類販売店。

世界遺産（ポンペイ、エルコラーノ及びトッレ・アヌンツィアータの遺跡地域　1997）

¶ 大遺跡6 p85（タベルナ）〔写〕

ヘルクラネウムの木製仕切り戸の家
Atrium, House of Wooden Partition, Herclaneum

エルコラーノ。前1世紀〜後1世紀。ポンペイ、ヘルクラネウムを通じて最もよく保存された私人の家。左右各6曲の木の仕切り扉が木炭化しながらも蝶番いもそのままに残っている。

世界遺産（ポンペイ、エルコラーノ及びトッレ・アヌンツィアータの遺跡地域　1997）

¶ 大遺跡6 p84（木製間仕切りの家）〔写〕, 文化史蹟4 p163（木製仕切り戸の家）〔写〕

ボスコレアーレ　Boscoreale
ポンペイの北方約5km、ヴェスヴィオ山麓に位置。豪華な装飾壁面を有するローマ共和政末期から帝政初期にかけての田園別荘を発見。後50年頃の所有者名によってファンニウス・シニストル荘と呼ばれる。

¶ 新潮美, 世界考古

ホスティリウス王の元老院
Curia Hostilia

ローマにある。元老院の議事堂。伝説によれば前7世紀にトゥルス・ホスティリウス王がつくったという。

¶ 文化史蹟4〔写〕

ポセイドン神殿（ヘラ神殿II）
Temple of Hera II

パエストゥム。前460年頃。ポセイドン神殿は通称。柱は太く短く重い感じがするが、細部は十分に発達して、古典期の確かな技法を示す。

¶ 世界遺跡 p274（ポセイドンの神殿）〔写〕, 大遺跡5 p80（ポセイドン神殿）〔写〕, 文化史蹟3（ヘラ神殿II）〔写〕

ポッツォーリ　Pozzuoli
ナポリの西に位置する都市。サモスが前528年頃に建設した植民市。ローマ人による征服後、プテオリという植民都市となる。ギリシャ時代のアクロポリスに神殿跡。テラスには浴場、スタディオン、2つの円形闘技場がある。

¶ 新潮美（ポッツォーリ）, 世界美5（ポッツォーリ）, 大遺跡6〔写〕

ポッツォーリの円形闘技場
Amphitheatre,Pozzuoli

ポッツォーリにある。1世紀後半ウェスパシアヌスの治世にローマのコロッセオをモデルにして建造。

¶ 大遺跡6 p90（円形闘技場）〔写〕, 文化史蹟4（大円形闘技場（プテオリ））〔写〕

ポプローニア　Populonia
リヴォルノ県ピオンビーノにある町。古代エトルリア都市の一つ。鉱滓や炉が出土し、銅の製錬が周辺で行われていたことを証明。副葬品を伴う大型墓が複数ある。

¶ 世界美5

ボボリ庭園　Giardino di Boboli
フィレンツェにある。パラッツォ・ピッティの背後にあるメディチ家の大庭園。

¶ 新潮美

ポーポロ広場　Piazza del Popolo
ローマにある。現在の広場は、1816〜22年のジュゼッペ・ヴァラディエルの整備事業による。1589年に移設されたエジプトのオベリスクがある。

¶ 世界美6（ローマ〔ポーポロ広場〕）

ボマルツォの庭園　Villa Orsini, Bomarzo
ヴィテルボに近いボマルツォ。ヴィラ・オルシーニの庭園。

¶ 新潮美

ボルサーリの門
ヴェローナ。市内にはローマ時代の門が西に南に2基残っており、その西の門。1世紀末の建造。

世界遺産（ヴェローナ市　2000）

¶ 大遺跡6 p91〔写〕

ポルタ・ピンチァーナ　Porta Pinciana
ローマにある。アウレーリウスの城壁にある古代ローマの門。

¶ 新潮美

ポルタ・マッジォーレ　Porta Maggiore
ローマにある。東の城門をなすローマ時代の門。

¶ 新潮美

ポルティクス・アエミリア
Porticus Aemilia

ローマにある。前193年に建てられた大規模な市場のホール。

¶ 新潮美

ポルトヴェーネレ、チンクエ・テッレと諸島（パルマリア、ティーノ、ティネット）
Portovenere, Cinque Terre, and the Islands (Palmaria, Tino and Tinetto)

リグーリア州のラ・スペツィア県の半島の突端部。ポルトヴェーネレとチンクエ・テッレの間のリグーリア海沿岸地帯。険しい斜面に葡萄の段々畑が営まれ、小集落が点在する伝統と奇勝に富んだ景観。

世界遺産（ポルトヴェーネレ、チンクエ・テッレ及び小島群（パルマリア、ティーノ及びティネット島）1997）

¶世遺事，成世遺上（ポルトヴェーネレとその周辺）〔写〕，世遺百（ポルトヴェネレ，チンクエ・テッレ，周辺小島群（パルマリア島，ティーノ島，ティネット島））〔写〕，ビジ世遺（ポルトヴェーネレ，チンクエ・テッレと小島群）〔写〕

ポルトゥヌス神殿　Tempio di Portuno

ローマのフォルム・ボアーリウムにある。前2世紀末につくられたイオニア式の擬似周柱式小神殿。河港の神ポルトゥヌスに捧げられた。かつては，フォルトゥーナ・ヴィリーレ神殿と呼ばれていた。

¶新潮美（フォルトゥーナ・ヴィリーレ神殿），文化史蹟4（男性による幸福の女神の神殿）〔写〕

ポンテ・ヴェッキオ　Ponte Vecchio

フィレンツェのアルノ川にかかる。ローマ時代以来の最古の橋。現在の橋は1345年にジョットの弟子タッデオ・グッディによって再建されたもの。

世界遺産（フィレンツェ歴史地区　1982）

¶新潮美，文化史蹟14〔写〕

ポンテ・ミルヴィオ

ローマのフラーミニア街道のテーヴェレ川にかかる。前220年に完成。この橋で，コンスタンティヌス大帝はマクセンティウス帝に勝利した。

¶新潮美

ポンペイ　Pompei

カンパーニア地方，ナポリの南東約23km。古代都市の遺跡。ローマ時代に栄えたが79年の，ベスビオ山噴火によって埋没。発掘によって，城壁・神殿・円形劇場・壁画などが発見され，ギリシャ・ヘレニズムの影響を受けた文化の様子が明らかにされた。

世界遺産（ポンペイ、エルコラーノ及びトッレ・アヌンツィアータの遺跡地域　1997）

¶遺跡100〔写〕，旺文社世，オ西洋美〔写〕，角川世，古代遺跡 p222～226〔写〕，新潮美〔写〕，図解考古（ポンペイ遺跡）〔図〕，成世遺上（ポンペイと周辺の遺跡）〔写〕，世界考古〔図〕，世界美5〔写/図〕，世歴事8〔写/図〕，世遺大18〔写〕，空古代遺跡〔写〕，大遺跡6〔写/図〕，評論社世，復原遺跡〔写/図〕，文化史蹟4〔写/図〕，平凡社世，山川世，歴史建築〔写/図〕

ポンペイ、エルコラーノ及びトッレ・アヌンツィアータの遺跡地域

Archaeological Areas of Pompei, Herculaneum and Torre Annunziata

ポンペイ，エルコラーノ市，トッレ・アヌンツィアータ。79年のヴェスヴィオ山噴火によって埋没したローマ都市。18世紀頃から発掘が進み，ポンペイの遺跡，保存状態のよいエルコラーノ遺跡，トッレ・アヌンツィアータの「ヴィッラ・

ディ・オプロンティス」の壁画などが出現した。合わせて世界遺産に登録された。

世界遺産（ポンペイ、エルコラーノ及びトッレ・アヌンツィアータの遺跡地域　1997）

¶世遺事（ポンペイ、ヘルクラネウム、トッレ・アヌンツィアータの考古学地域），世遺百（ポンペイ、ヘルクラネウム、トッレ・アヌンツィアータの遺跡地域）〔写〕，ビジ世遺（ポンペイ、エルコラーノ、トッレ・アヌンツィアータの遺跡）〔写〕

ポンペイの居酒屋

ポンペイ。アッボンダンツァ（豊かさ）通りの居酒屋。カウンターの脇の壁に絵が描かれていた。

世界遺産（ポンペイ、エルコラーノ及びトッレ・アヌンツィアータの遺跡地域　1997）

¶大遺跡6 p72（居酒屋（テルモポリウム））〔写〕

ポンペイの円形闘技場

Amphitheatre, Pompeii

ポンペイ。前80年頃。市東南隅にある最古の円形闘技場。オデオンと同じく2人奉行C・Q・ウァルグスとM・ポルキウスによってつくられた。

世界遺産（ポンペイ、エルコラーノ及びトッレ・アヌンツィアータの遺跡地域　1997）

¶大遺跡6 p71（円形闘技場）〔写〕，文化史蹟4（円形闘技場）〔写〕

ポンペイのオデオン　Odeion, Pompeii

ポンペイの南東隅にある音楽堂。前80～前75年、富裕な2人奉行クィンクティウス・ウァルグスおよびマルクス・ポルキウスによって建てられた。

世界遺産（ポンペイ、エルコラーノ及びトッレ・アヌンツィアータの遺跡地域　1997）

¶古代遺跡 p226（オデオン）〔写〕，文化史蹟4（オデオン）〔写〕

ポンペイの剣闘士の営舎

Gladiators' Barracks, Pompeii

ポンペイ。大劇場の観衆のための憩いの場所や雨天の避難所として設けられたが、のちネロの時代に剣闘士の営舎に変えられた。

世界遺産（ポンペイ、エルコラーノ及びトッレ・アヌンツィアータの遺跡地域　1997）

¶大遺跡6 p71（剣闘士の営舎）〔写〕，文化史蹟4（方形回廊と剣闘士宿舎）〔写〕

ポンペイの公共泉水

Well in a Street, Pompeii

ポンペイ。町のあちこちの路上に道行く人のため泉水が設置されていた。蛇口から絶えず下の水槽に流れ出た。

世界遺産（ポンペイ、エルコラーノ及びトッレ・アヌンツィアータの遺跡地域　1997）

¶大遺跡6 p73（公共泉水）〔写〕，文化史蹟4 p128（公共用泉水）〔写〕

イタリア　454

ヨーロッパ

ポンペイの製パン所
Pistrinum, Bakery with Flour Mills and Oven, Pompeii

ポンペイ。前1世紀～後1世紀。町の各所に残る製パン所のうち、西北隅（第6区第3坊）のヴィア・コンソラーレとヴィコロ・ディ・モデストに挟まれた店。

世界遺産（ポンペイ、エルコラーノ及びトッレ・アヌンツィアータの遺跡地域　1997）

¶ 文化史蹟4 p129（製パン所）〔写〕

ポンペイのバシリカ
ポンペイ。ポンペイのものは、最も古いものとされている。中央広間があり、側廊がある。柱はコリント式円柱。

世界遺産（ポンペイ、エルコラーノ及びトッレ・アヌンツィアータの遺跡地域　1997）

¶ 古代遺跡 p222（バシリカ）〔写〕

ポンペイのパン製造店
ポンペイ。ポピディウス・プリスクスが経営するパン製造店。小麦をひく石臼が4台あった。

世界遺産（ポンペイ、エルコラーノ及びトッレ・アヌンツィアータの遺跡地域　1997）

¶ 大遺跡6 p72（パン製造店）〔写〕

ポンペイのフォルム　Forum, Pompeii
ポンペイ。市の南西隅にある市民広場。もと三方を2層の回廊に囲まれていた。周囲に公共施設が建ち並んだ。

世界遺産（ポンペイ、エルコラーノ及びトッレ・アヌンツィアータの遺跡地域　1997）

¶ 大遺跡6 p71（市民広場）〔写〕，文化史蹟4（フォルム）〔写〕

ポンペイのフォルム浴場
Men's Tepidarium in Baths at Forum, Pompeii

ポンペイ。前1世紀～後1世紀。男性用温気浴室。小さな男柱のある側壁、微温の蒸気を出す炭火釜も残る。

世界遺産（ポンペイ、エルコラーノ及びトッレ・アヌンツィアータの遺跡地域　1997）

¶ 文化史蹟4（フォルム浴場）〔写〕

ポンペイの葡萄酒醸造所
Brewery of Wine, Pompeii

ポンペイ。前1世紀～後1世紀。フォルム・ボアーリウム（牛の広場）の西寄りに見つかった2つの小屋。葡萄圧搾器などがあった。

世界遺産（ポンペイ、エルコラーノ及びトッレ・アヌンツィアータの遺跡地域　1997）

¶ 文化史蹟4（葡萄酒醸造所）〔写〕

ポンペイのワイン製造所（秘儀荘）
ポンペイ。秘儀荘のワイン製造室。復元された葡萄圧縮機が置かれている。

世界遺産（ポンペイ、エルコラーノ及びトッレ・アヌンツィアータの遺跡地域　1997）

¶ 大遺跡6 p72（ワイン製造所（秘儀荘））〔写〕

ポンポーサのベネディクト会修道院
コディゴーロ市の集落。8世紀後半に建立。三廊式で、内側が半円形で外側が多角形のアプシスをもつ。11世紀にアトリウムの脇に鐘塔が付加された。

¶ 世界美5（ポンポーサ〔ベネディクト会修道院〕）

マクセンティウスとコンスタンティヌスのバシリカ
Basilica of Constantine

ローマのフォロ・ロマーノ南東端。4世紀。マクセンティウス帝が着工。コンスタンティヌス帝が完成させた。高さ35m、建坪は約5900平方m。

世界遺産（ローマ歴史地区、教皇領とサン・パオロ・フォーリ・レ・ムーラ大聖堂　1980, 1990）

¶ 新潮美 p17（マクセンティウスのバシリカ），大遺跡6 p17〔写〕，文化史蹟4（コンスタンティヌス帝のバシリカ）〔写〕

マテーラの洞窟住居と岩窟教会公園
The Sassi and the Park of the Rupestrian Churches of Matera

ナポリの東250kmにあるバジリカータ州の県都。グラヴィナ渓谷西岸の凝灰岩の岩壁に築かれた街。1270年に建築された石造りのドゥオモ（大聖堂）や、岩窟教会がある。

世界遺産（マテーラの洞窟住居と岩窟教会公園　1993）

¶ 古遺地（マテラ）〔図〕，世遺事（マテーラの岩穴住居と岩窟教会群の公園），成世遺上（マテーラの洞窟住居と岩窟聖堂公園）〔写〕，世遺百（マテーラの岩山サッシと岩窟教会堂公園）〔写〕，ビジ世遺（マテーラの洞窟住居）〔写〕，ユネ世遺10（マテーラの洞窟住居）〔写〕

マールクス・アウレーリウス帝騎馬像
Statua equestre di Marco Aurelio

ローマにある。カピトリーノの丘（カンピドリオ）の広場に立つ古代ローマの青銅騎馬像。

¶ 新潮美

マルクス・アウレリウス帝の凱旋記念柱
Column of Marcus Aurelius

ローマにある。トラヤヌス帝の記念柱に倣い、元老院がマルクス・アウレリウス帝の北方蛮族に対する勝利を顕彰するために、176年頃着工。193年頃に完成。

¶ 新潮美（マールクス・アウレーリウス帝記念円柱），大遺跡6 p41（マルクス＝アウレリウスの

記念柱）〔写〕，文化史蹟4〔写〕

マルケルス劇場　Theatre of Marcellus

ローマにある。カエサルが着工し、アウグストゥス帝が前13～11年頃に完成させた。座席数1万3500。

¶新潮美〔写p1633（復元模型）〕，大遺跡6 p29〔写〕，文化史蹟4〔写〕

マルシリアーナ・ダルベーニャ

Marsiliana d'Arbegna

グロッセート県マンチャーノにある町。おそらくカレトラ（Caletra）とよばれていたエトルリア都市。トラヴァーチン製の薄い石板を周囲に積み上げた井戸型墓からなる有名な墓地を有する。

¶世界美5

マルツァボット　Marzabotto

ボローニャ県の村。エトルリア都市ミサ（Misa）の遺跡がある。最盛期は前6世紀～前5世紀。

¶新潮美, 世界美5

マルツィア門　Porta Marzia

ペルージャの要塞（ロッカ・パオリーナ）の正面にある「マールスの門」。前2世紀のエトルスクの門が、16世紀要塞の入口に組み入れられた。

¶新潮美

マルトラーナ聖堂　La Martorana

パレルモ。サンタ・マーリア・デッランミラーリオ聖堂とも呼ばれる。1143年ルッジェーロ2世の海軍提督ジョルジョ・ディ・アンティオーキアが建設。

[世界遺産]（アラブ－ノルマン様式のパレルモおよびチェファルとモンレアーレの大聖堂　2015）

¶新潮美（マルトラーナ, ラ（パレルモの）），世界美4（パレルモ〔マルトラーナ聖堂〕）

マンタ城

クーネオ県サルッツォ近郊のマンタ。1416年以降サルッツォのトンマーゾ3世の庶子ヴァレラーノによって邸館に改造され、15世紀前半の宮廷美術の代表的な作例とされる。

¶世界美5（マンタ〔マンタ城〕）

マントヴァとサッピオネータ

Mantua and Sabbioneta

ロンバルディア地方のポー渓谷。14～17世紀にこの地を支配した、ゴンザガ家の影響の元で建造された都市。ルネサンス期の都市計画と建築を代表する町。

[世界遺産]（マントヴァとサッビオネータ　2008）

¶世遺事, 成世遺上（マントヴァとサビオネータ）〔写〕，世遺百（マントヴァ、サッビオネータ）〔写〕

ミネルウァ・メディカ神殿

Tempio di Minerva Medica

ローマ市の東端近く。250年頃、おそらくリキニウスの庭園のニュンファエウムとして建てられた円堂。

¶新潮美

ミラノ聖堂　Duomo di Milano

ミラノにある。1386年着工、1813年完成。北方ゴシック様式の影響が強い。表面を小塔、尖塔、2千体以上の彫像などで装飾。

¶遺建5（ミラノ大聖堂）〔写/図〕，世界美5（ミラーノ〔大聖堂〕）〔写〕，世歴大18〔写〕，評論社世（ミラノ大寺）、平凡社世

ミルウィウス橋　Pons Milvius

ローマにある。前3世紀頃。フラミニア街道のはじめ近くにある古い橋。前3世紀頃に造られたと推測される。

¶文化史蹟4〔写〕

メタポント　Metaponto

マテーラ県ベルナルダ。古代ギリシャの植民都市メタポンティオン（Metapontion）の遺跡がある。前7世紀中頃アカイア人が建設した都市。ギリシャ時代の城壁の輪郭と規則的な街割りが判明している。

¶世界美6

メディチ礼拝堂　Cappella Medicea

フィレンツェにある。メディチ家出身の教皇レオ10世と甥の枢機卿ジューリオ・デ・メディチ（のちの教皇クレメンス7世）の命により、ミケランジェロがつくったメディチ家の礼拝堂。

[世界遺産]（フィレンツェ歴史地区　1982）

¶オ西洋美（ミケランジェロ・ブオナローティ〔メディチ礼拝堂〕）、新潮美

メルクリウスの神殿（浴場跡）

So-called "Temple of Mercury"

バイアエにある。前1世紀。巨大な浴場の跡。円屋根をいただく数ヶ所の浴室の遺構はローマの神の社殿に擬せられている。

¶文化史蹟4〔写〕

モザイクのアトリウムの家

エルコラーノにある。玄関やアトリウムが幾何学模様の白黒のモザイクで舗装されている家。

[世界遺産]（ポンペイ、エルコラーノ及びトッレ・アヌンツィアータの遺跡地域　1997）

¶大遺跡6 p84〔写〕

モーツィア　Mozia

現在のサン・パンターレオ島に位置。古代カルタゴ都市。ギリシャ名モテュエ（Mothye）。前5世紀の城壁が出土。前8～前6世紀に使用されたネクロポリスからはカルタゴとギリシャの副葬

イタリア

品が出土した。

¶世界考古（モティヤ），世界美6

モデナ大聖堂　Duomo di Modena

モデナ県。建設は1099年6月ランフランコの指揮下で始まり，1184年7月に大聖堂として献堂。1319年に「ギルランディーナの塔」と呼ばれる鐘塔の頂上部を構築。

世界遺産（モデナの大聖堂，トッレ・チヴィカ及びグランデ広場　1997）

¶宗教建築〔写/図〕，新潮美（モーデナ〔大聖堂〕），世界美6（モーデナ〔大聖堂〕）〔写〕

モデナの大聖堂、トッレ・チヴィカ及びグランデ広場
Cathedral, Torre Civica and Piazza Grande, Modena

モデナ県の県都モデナ。12世紀建立のロマネスク様式の聖堂。隣にそびえるトッレ・チヴィカ（市民の塔）は白大理石の鐘楼。付随するグランデ広場は中世キリスト教都市における信者と市民の共同体的営みの中心地。

世界遺産（モデナの大聖堂，トッレ・チヴィカ及びグランデ広場　1997）

¶世遺事（モデナの大聖堂，市民の塔，グランデ広場），成世遺上（モデナの大聖堂，市民の塔とグランデ広場）〔写〕，世遺百（モデナ大聖堂，トッレ・チヴィカ，ピアッツァ・グランデ）〔写〕，ビジ世遺（モデナの大聖堂，市民の塔とグランデ広場）〔写〕

モルガンティーナ　Morgantina

エンナ県アイドーネにある遺跡。アクロポリスから城壁を伴う初期のギリシャ人住居跡が出土。前4世紀に再建された都市に属するものとしては，段差をもつ矩形アゴラがある。

¶世界美6（モルガンティーナ（またはモルガンツィア））

モンツァ大聖堂

ミラノ県。洗礼者ヨハネに奉献された聖堂。6〜7世紀にランゴバルド王国の王妃テオドリンダが建立，13〜14世紀ロンバルディーア風ゴシック様式により再建。

¶世界美6（モンツァ〔大聖堂〕）

モンテ・カッシーノ修道院
Monte Cassino Abbey

ナポリ北西45kmの小山にある。529年頃，ベネディクトゥスによって創設。キリスト教的学問の中心となった。

¶旺文社世（モンテーカシノ修道院），角川世，新潮美（モンテ・カッシーノ），評論社世（モンテーカッシーノ），平凡社世（モンテ・カッシーノ），山川世

モンテ・ダッコッディ　Monte d'Accoddi

サルデーニャ島サッサリー県にある遺跡。ヌラーゲ文化に先行する巨石文化の遺構を発見。前2千年紀中頃（金石併用時代）に属する。

¶世界美6

モンテレオーネ・ディ・スポレート
Monteleone di Spoleto

ペルージャ県。1902年に発掘された墳墓遺跡によって知られる。副葬品は，アッティカの壺，ブロンズ製の戦車など。

¶世界美6

モンレアーレ大聖堂
Cathedral of Monreale

パレルモ県モンレアーレ。12世紀の第3四半世紀に，ノルマン人ギョーム2世の命により建立された聖堂。ビザンティン建築の例に倣い，モザイク装飾が全面に施されている。

世界遺産（アラブ−ノルマン様式のパレルモおよびチェファルとモンレアーレの大聖堂　2015）

¶遺建11〔写/図〕，新潮美，世界美6（モンレアーレ〔大聖堂〕）〔写/図〕，文化史蹟11〔写〕

ユーノ・ラキニア神殿

シチリア島のアクラガス。神殿D，通称ユーノ・ラキニア神殿。前450年頃の建立と推定。柱列の細部には古典期のはじまりがみられる。

¶文化史蹟3（神殿D（ユーノ・ラキニア神殿））〔写〕

ユピテルとガニメーデースのアパート
Insula of Jupiter and Ganymede

オスティアにある。「壁画の通り」に面して並ぶ3軒の3階建てないし4階建てのアパート。

¶文化史蹟4〔写〕

ユリウス二世の廟墓

ローマのサン・ピエトロ・イン・ヴィンコリ聖堂。教皇ユリウス2世のためにミケランジェロがつくった廟墓。

¶新潮美

ラヴェンナの初期キリスト教建築物群
Early Christian Monuments of Ravenna

ラヴェンナ市内。5〜6世紀に建設された正教徒洗礼堂（ネオン洗礼堂），ガッラ・プラチディア霊廟，サン・ヴィターレ聖堂，アリアーニ洗礼堂などが世界遺産に登録。

世界遺産（ラヴェンナの初期キリスト教建築物群　1996）

¶新潮美（ラヴェンナ），世遺事（ラヴェンナの初期キリスト教記念物），成世遺上（ラヴェンナの初期キリスト教建造物）〔写〕，世遺百（ラヴェンナの初期キリスト教建造物）〔写〕，世界美6（ラヴェンナ），ビジ世遺（ラヴェンナの初期キ

リスト教建造物）〔写〕，ユネ世遺13（ラヴェンナの初期キリスト教建造物群）〔写〕

ラウレンツィアーナ図書館
Biblioteca Laurenziana

フィレンツェにある。1524年に教皇クレメンス7世がミケランジェロに注文した図書館。

¶世界美4（フィレンツェ〔ラウレンツィアーナ図書館〕）

ラテラーノ洗礼堂　Battistero Lateranense

ローマの東南部。サン・ジョヴァンニ洗礼堂ともいう。サン・ジョヴァンニ・イン・ラテラーノ聖堂に付属。

世界遺産（ローマ歴史地区、教皇領とサン・パオロ・フォーリ・レ・ムーラ大聖堂　1980, 1990）

¶新潮美

ラピス・ニゲル　Lapis niger

ローマ、フォルム・ロマヌムの元老院議事堂の前に位置。黒大理石で装飾された舗床部分をさす。発掘によって、角錐台の石碑が発見され、最古のラテン語碑文が刻まれていた。

¶世界美6

リアルト橋　Bridge of Rialto

ヴェネツィア。1588〜92年。ヴェネツィアの大運河にかかる白大理石のアーチ橋。アントニオ・ダ・ポンテによる。

世界遺産（ヴェネツィアとその潟　1987）

¶文化史蹟14〔写〕

リーウィアの家

ローマのパラティーノの中央やや西。1世紀。アウグストゥスの家、元首公邸であったらしい邸宅。

¶新潮美、大遺跡6 p25（リーウィアの家）〔写〕

リーウィアの別荘　Villa di Livia

ローマ北郊、プリーマ・ポルタ。初代ローマ皇帝アウグストゥスの妃リーウィアの別荘。

¶新潮美

リナルドーネ　Rinaldone

ボルセナ湖の南東、ヴィテルボの北15km。銅器文化の遺跡。12体の人骨が岩を掘った墓に合葬されていた。リナルドーネ文化の標準遺跡。

¶世界考古

リパリ　Lipari

シチリア島の北岸約32kmにある火山島。新石器時代からギリシャ・ローマ時代にいたる遺跡がある。カステラロ・ヴェッキオ遺跡を発掘。

¶世界考古

ルーヴォ・ディ・プーリアの大聖堂

バーリ県ルーヴォ・ディ・プーリアにある。ロマネスク建築。12世紀末の創建と思われ、13世紀に完成。雄壮な十字形断面のピアを用いた石造建築。

¶世界美6（ルーヴォ・ディ・プーリア〔大聖堂〕）

ルーニ　Luni

ラ・スペーツィア県オルトノーボ。古代都市の遺跡。全体は軍事都市の形態を有し、広場に面して公共建築とローマのカピトリウムのような宗教建築が立ち並んでいた。

¶世界美6

レヴァンツォ　Levanzo

シチリア島の西岸の島レヴァンツォ。旧石器時代後期の洞窟壁画遺跡。マドレーヌ期に属する。

¶新潮美

レオナルド・ダ・ヴィンチの「最後の晩餐」があるサンタ・マリア・デッレ・グラツィエ教会とドメニコ会修道院
Church and Dominican Convent of Santa Maria delle Grazie with "The Last Supper" by Leonardo da Vinci

ミラノ市街。サンタ・マリア・デッレ・グラツィエ教会は15世紀末に完成したゴシック式の教会。隣接するドメニコ会修道院食堂の壁にレオナルド・ダ・ヴィンチが描いた「最後の晩餐」がある。

世界遺産（レオナルド・ダ・ヴィンチの「最後の晩餐画」があるサンタ・マリア・デッレ・グラツィエ教会とドメニコ会修道院　1980）

¶世遺事（レオナルド・ダ・ヴィンチ画「最後の晩餐」があるサンタ・マリア・デレ・グラツィエ教会とドメニコ派修道院）、成世遺上（ミラノのドメニコ会修道院と『最後の晩餐』）〔写〕、世遺百（レオナルド・ダ・ヴィンチの「最後の晩餐」があるサンタ・マリア・デッレ・グラツィエ聖堂とドメニコ会修道院）〔写〕、ビジ世遺（レオナルド・ダ・ヴィンチの《最後の晩餐》があるミラノの修道院と聖堂）〔写〕、ユネ世遺10（ミラノのドメニコ会修道院と「最後の晩餐」）〔写〕

レーティッシュ鉄道アルブラ線とベルニナ線の景観群
Rhaetian Railway in the Albula/Bernina Landscapes

ヒンターライン地方のトゥージスとエンガディン地方のサン・モリッツの67kmを結ぶ。スイスアルプスを横断する山岳鉄道。アルブラ線は全長67km、1904年開通。ベルニナ線は全長61km、1910年開通。一般的なレールを使った鉄道でアルプス最高地点を走る技術が以後の鉄道計画のモデルになった。

世界遺産（レーティッシュ鉄道アルブラ線・ベルニナ線と周辺の景観　2008）

¶世遺事，成世遺上（レーティッシュ鉄道）〔写〕、世遺百（レーティッシュ鉄道アルブラ線・ベルニナ線および周辺景観）

ウクライナ　　　　　458

ヨーロッパ

レメデツロ　Remedello

ロンバルディアのポー川。新石器時代末期から初期青銅器時代にかけての遺跡。「かえり」のある有茎石鏃、ビーズ、ボタンなどが出土。

¶世界考古

ロクリ　Locri

レッジョ・ディ・カラブリア県カラブリア。都市遺跡。前7〜前3世紀に栄えたギリシャ植民都市の一つ。古代名ロクロイ・エピゼピュリオイ。市街地は、長方形をなし、城壁の一部（前4－前3世紀）、劇場も出土。

¶新潮美（ロクリー），世界美6

ローストルム　Rostrum

ローマのフォロ・ロマーノにある。演壇あるいは舞台。前338年にアンティウムで捕獲した船の舳先（ロストルム）で装飾。現在は基礎の痕跡のみ残る。

¶新潮美

ロゼッレ　Roselle

グロッセートから約9kmの丘上。古代エトルリアの都市。延長3kmに及ぶエトルリア時代の城壁は往時の繁栄を伝えている。

¶世界美6

ロッカジニバルダ城

ラツィオ。ルネサンス風の宮殿城郭。1530年代の初めに枢機卿アレッサンドロ・チェザリーニによって着工。

¶世界遺跡 p284〔写〕

ローマ歴史地区、教皇領とサンパオロ・フォーリ・レ・ムーラ大聖堂

Historic Centre of Rome, the Properties of the Holy See in that City Enjoying Extraterritorial Rights and San Paolo Fuori le Mura

ローマ市のアウレリアヌスの城壁内にほぼ位置。フォルム・ロマーヌム（フォロ・ロマーノ）やコロッセオなどのローマ帝国の遺跡、サンタンジェロ城やファルネーゼ宮殿などの中世の建築物が残る。サン・パオロ・フォーリ・レ・ムーラ聖堂は4世紀末、教皇領の聖パウロの墓の上に建てられた。

[世界遺産]（ローマ歴史地区、教皇領とサン・パオロ・フォーリ・レ・ムーラ大聖堂　1980，1990）

¶新潮美（ローマ），世歴事（ローマの歴史地区、教皇領とサンパオロ・フォーリ・レ・ムーラ大聖堂），成世遺上（ローマ歴史地区）〔写〕，世遺百（ローマ歴史中心地区／教皇領、サン・パオロ・フォーリ・レ・ムーラ大聖堂）〔写〕，世界考古（ローマ）〔図〕，世界美6（ローマ）〔写/図〕，世歴事9（ローマ市）〔図〕，世歴大20（ローマ）〔写〕，大遺跡6（ローマ）〔写/図〕，ビジ世遺（ローマの歴史地区）〔写〕，ユネ世遺10（ローマの歴史地区）〔写〕

ロムルス神殿　Temple of Romulus

ローマのフォロ・ロマーノ。円筒形の神殿。マクセンティウス帝が若くして307年に死んだ皇子ロムルスに捧げた神殿とされる。

[世界遺産]（ローマ歴史地区、教皇領とサン・パオロ・フォーリ・レ・ムーラ大聖堂　1980，1990）

¶大遺跡6 p19〔写〕，文化史蹟4（ロムルスの神殿）〔写〕

ウクライナ

アレクサンドロポリ　Aleksandropol'

南部。前4世紀末〜前3世紀のスキタイの王墓（クルガン）。出土品に典型的なスキタイ後期文化の特徴がみられる。

¶世界考古

アンテステーリオス石室墓　Anthesterios

黒海北部のクリミア半島東端、ケルチ付近。1877年に発見された前1〜後1世紀の墳墓。

¶新潮美

ウラディミロフカ　Vladimirovka

トリポリエの南約250km。後期旧石器時代から新石器時代にかけての遺跡。3ヵ所ある遺跡の一つは8文化層に分かれ、下層からはマンモスの骨が出土。

¶世界考古

オルビア　Olbia

ドニエプル川と南ブグ川との合流点。前6世紀に成立したギリシャの植民市。城壁に囲まれた市街が現存し、その中央にはアゴラがある。

¶世界考古

ガイマノヴァ塚　Gaimanova

ザポロジエ州、ドニェプル川左岸のバルキ村。前4世紀のスキタイ王族の墓。

¶新潮美 〔写p761（銀製杯）〕

カメンスク　Kamensk

ドニエプロペトロフスクの南西約130kmのドニエプル川左岸。スキタイの集落遺跡（前5世紀末

－前2世紀初め）。住居は半地下式または掘立小屋を主としていた。

¶世界考古

キイク・コーバ　Kiik-Koba

クリミア半島、シンフェロポリ東25km。旧石器時代の洞穴遺跡。人骨が出土しており、プリミティブ・ネアンデルタール人とされている。

¶世界考古

キエフの聖ソフィア大聖堂と関連する修道院建築物群、キエフ・ペチェールスカヤ大修道院

Kiev：Saint-Sophia Cathedral and Related Monastic Buildings, Kiev-Pechersk Lavra

首都キエフ。キエフ公国の都として栄えた10世紀末、ギリシャ正教が国教となり、ビザンチン様式の教会や修道院の建築が開始。聖ソフィア大聖堂は1037年創建。ペチェールスカヤ大修道院は修道士の住んでいた洞窟の上に建てられ、地下の通路に墳墓や礼拝堂がある。

世界遺産（キエフ：聖ソフィア大聖堂と関連する修道院建築物群、キエフ－ペチェールスカヤ大修道院 1990）

¶新潮美（キーエフ），世遺事（キエフの聖ソフィア大聖院群，キエフ・ペチェールスカヤ大修道院），成世遺上（キエフの大聖堂とペチェルスカヤ大修道院）〔写〕，世遺百（キエフ：聖ソフィア大聖堂、関連修道院建築、キエフ・ペチェールスカヤ大修道院）〔写〕，ビジ世遺（キエフの聖ソフィア大聖堂とペチェルスカヤ大修道院）〔写〕，文化史蹟11（ソフィア大聖堂）〔写〕，ユネ世遺9（キエフの聖ソフィア大聖堂とペチェルスカヤ大修道院）〔写〕，ロシア（教会堂〔聖ソフィア大聖堂〕）

クリ＝オバ　Kul'-Oba

黒海北部のクリミア半島、ケルチ付近。1830年に発見された前4～前3世紀のスキタイのクルガン（高塚）。

¶新潮美〔写p1021（金製婦板）〕，世界考古

コロミーシチナ　Kolomijshchina

キエフ近くのドニエプル川。トリポリエ文化の代表的集落址。コロミーシチナⅠ・Ⅱと呼ばれる2つの遺跡があり、T.S.パセクにより1934・38年に調査された。

¶世界考古〔図（遺物）〕

シャン・コーバ　Shan-Koba

クリミア半島、セヴァストポリの東約30km。洞穴遺跡。中石器時代を中心にした6層の文化層がある。

¶世界考古

シュトルーヴェの測地弧

Struve Geodetic Arc

ノルウェーのハンメルフェストから黒海まで10ヵ国、2820km以上にわたる265地点の三角測量点群。天文学者フリードリッヒ・ゲオルグ・ヴィルヘルム・フォン・シュトゥルーヴェが1816～55年に設置。初めて子午線の長さを正確に測定した。地球の正確な形状と大きさの証明に大きく貢献したことから世界遺産に登録。

世界遺産（シュトゥルーヴェの三角点アーチ観測地点群 2005）

¶世遺事，成世遺上〔写〕，世遺百

シューレン　Syuren'

クリミア半島、セヴァストポリの東北東約30km。後期旧石器時代のシューレンⅠと中石器時代のシューレンⅡの2つの遺跡。

¶世界考古

スタロセリエ　Starosel'e

クリミア半島、セヴァストポリ北東35km。中期旧石器時代の岩陰遺跡。ムスティエ文化後期の遺跡で幼児の頭蓋骨が発見。

¶世界考古

ゾロトイ・クルガン　Zolotoi Kurgan

黒海北部クリミア半島東端、ケルチの西方。前4世紀初めのクルガン（高塚）。

¶新潮美

ソロハ・クルガン　Solokha Kurgan

ザポロジエ州のポリシャヤ・ズナメンカ村の東南。前4世紀のスキタイのクルガン（高塚）。

¶新潮美

タウリカ・ヘルソネソスの古代都市とそのホーラ

Ancient City of Tauric Chersonese and its Chora

クリミア半島、セヴァストポリ市近郊。ヘルソネスは、前5世紀にドリス人が半島南西部に築いた植民都市。遺跡は都市の遺構とホラと呼ばれる区画された農耕地からなる。公共建築物群と住居群、初期キリスト教の遺跡、石器時代や青銅器時代の村落の遺構、水利施設、ワイン畑などが残る。

世界遺産（古代都市「タウリカのヘルソネソス」とそのホーラ 2013）

¶世遺事（タウリカ・ケルソネソスの古代都市とそのホラ），成世遺上（クリミア半島の古代都市とチョラ）〔写〕，世遺百（タウリカ半島の古代都市とチョーラ）〔写〕

チェルトムルイク・クルガン

Chertomlyk Kurgan

ドネプロペトロフスク州ニコポリの北西。前4世紀のスキタイのクルガン（高塚）。

ウクライナ 460

¶新潮美

ツァールスキイ・クルガン
Tsarskii Kurgan

黒海北部のクリミア半島東端、ケルチ。前4世紀初めのクルガン（高塚）。

¶新潮美

デメトラ石室墓　Demetra

黒海北部のクリミア半島東端、ケルチ。1世紀のギリシャ人の墳墓。

¶新潮美

トルスタヤ・クルガン　Tolstaya Kurgan

ドネプロペトロフスク州オルジョニキゼ付近。前4世紀のスキタイ王のクルガン（高塚）。

¶新潮美〔写p761（首飾り）〕

ニコポリ古墳群　Nikopol'

ニコポリ周辺。スキタイの首長の古墳（クルガン）群。前4〜前3世紀のスキタイ風の遺宝が発見されている。

¶世界考古

ネアポリス　Neapolis

クリミア半島、シンフェロポリ。スキタイの都城址。スキタイ貴族の墓地、堅固な城壁や塔が明らかにされた。

¶アジア歴5（シンフェロポリ）〔写（ネアポリス）〕、新潮美（ネアーポリス（スキタイの））、世界考古（ネアポリス（2））

パンティカパイオン　Pantikapaion

ケルチ半島。ミレトス系のギリシャ植民市。前5世紀にはボスポロス王国を形成。「スキタイの王陵」と呼ばれるものは高さ17m、周囲250mの墳丘を石で築いている。

¶世界考古

ブコヴィナ・ダルマチア府主教の邸宅
Residence of Bukovinian and Dalmatian Metropolitans

チェルニウツィー市内を流れるプルト川とその支流の間の高台。1864年〜1882年にチェコ人建築家ヨセフ・ハラフカの設計により建築。神学校、修道院、庭園、公園などを含む都市住居群。

世界遺産（ブコヴィナ・ダルマティアの主教座施設 2011）

¶世遺事, 成世遺上（ブコヴィナとダルマティアの主教座施設）〔写〕, 世遺百（ブコヴィナ・ダルマティア府主教座宮殿）〔写〕

プシュカリ　Pushkari

デスナ川の西岸。後期旧石器時代を中心にした遺跡群。8遺跡いずれもオープン・サイト。プシュカリⅡ〜Ⅵ・Ⅷは、後期旧石器文化の遺跡。プシュカリⅠはパヴロフ文化に属する。

¶世界考古〔図〕

ヘルソネソス　Khersonesos

クリミア半島南端近く。ギリシャ植民市。発掘調査により、付近には、クレロスと呼ばれる農地と屋敷跡を多く発見。集団墓地も確認。

世界遺産（古代都市「タウリカのヘルソネソス」とそのホーラ 2013）

¶世界考古

ベレザン島　Berezan

黒海北部、南ブグ河口付近の島。ギリシャ植民市としてリオン（通商拠点）が建設され、前6世紀に繁栄。前7世紀の集落址、住居址、墳墓を発掘。

¶世界考古

ポーランドとウクライナのカルパチア地方の木造教会群
Wooden Churches of the Slovak part of the Carpathian Mountain Area

ポーランドの南部とウクライナの西部地域にまたがる。16〜19世紀に東方正教会とギリシャ正教会のコミュニティによって建設された16棟の木造の教会。木材を水平に組み上げた独特の方式で建造。内部は3室の単廊式平面。イコンで覆われた木製の壁と内部の多色装飾が特徴的。

世界遺産（ポーランド、ウクライナのカルパチア地方の木造教会 2013）

¶世遺事, 成世遺上（カルパティア地方の木造聖堂）〔写〕, 世遺百（ポーランドとウクライナのカルパチア地方のツェールクヴァ）

マリューポル　Mariupol

アゾフ海沿岸のジダーノフ付近。新石器時代の墓地。小児の墓数基を含む122基の墓からなる。墓域では多くのフリント製品、骨角や貝製の装身具を発見。広範な交渉が推察される。

¶世界考古

ミハイロフカ　Mikhajlovka

ドニエプル下流域のカホフカ湖の南。青銅器時代を中心にした集落遺跡。3層があり、それぞれに住居址を発見。クルガン文化の代表的な集落遺跡。

¶世界考古（ミハイロフカ（1））

ムルザク・コーバ　Murzak Koba

クリミア半島南端近く。中石器文化の洞穴遺跡。台形をはじめとする細石器、ビュラン、スクレーパー、二次加工のある石刃などが主要な石器。家畜化された犬が出土。

¶世界考古

メジリチ　Mezhirich

キエフの南東145km。後期旧石器時代後葉の集落址。マンモスの種々の骨を使った住居がほぼ原形のまま発掘された。

¶古遺地〔図〕，世界考古，大遺跡1〔写/図〕

メジン　Mezin
チェルニゴフ州デスナ川右岸の村。後期旧石器時代のオープン・サイト。住居址、石器、骨角器、マンモス牙の細工品が発掘された。

¶新潮美（メジノ），世界考古〔図〕

モロドヴァ　Molodova
ドニエストル川の南岸の第2段丘上。旧石器時代の遺跡群。ムスティエ文化の住居址がある。モロドヴァⅠ～Ⅴがあるが、Ⅱ・Ⅳは後期旧石器時代の遺跡。

¶世界考古〔図〕

リヴィフ歴史地区
L'viv—the Ensemble of the Historic Centre
リヴィフ州の州都リヴィフ。13世紀半ばにガリチア公ダニール・ロマノビッチによって建設され、行政・宗教・商業の中心地として繁栄。リノック広場を中心とした旧市街には、17～18世紀の建造物が多く、中世の都市の姿を残す。

世界遺産（リヴィフ歴史地区　1998）

¶世遺事（リヴィフの歴史地区），成世遺上（リヴォフ歴史地区）〔写〕，世遺百（リヴィフ歴史中心地区）〔写〕，東欧（リビウ），ビジ世遺（リヴォフの歴史地区）〔写〕

ヨーロッパ

エストニア

シュトルーヴェの測地弧
Struve Geodetic Arc
ノルウェーのハンメルフェストから黒海まで10ヵ国、2820km以上にわたる265地点の三角測量点群。天文学者フリードリッヒ・ゲオルグ・ヴィルヘルム・フォン・シュトゥルーヴェが1816～55年に設置。初めて子午線の長さを正確に測定した。地球の正確な形状と大きさの証明に大きく貢献したことから世界遺産に登録。

世界遺産（シュトゥルーヴェの三角点アーチ観測地点群　2005）

¶世遺事，成世遺上〔写〕，世遺百

タリン歴史地区（旧市街）
Historic Centre (Old Town) of Tallinn
エストニアの首都タリン。13世紀、デンマーク人によって建設され、ハンザ同盟の都市として繁栄。トーンペア城、聖ニコラウス聖堂、ギルドホール、市庁舎など13～18世紀の古い建築物が残る。

世界遺産（タリン歴史地区（旧市街）　1997）

¶世遺事（ターリンの歴史地区（旧市街）），成世遺上（タリン歴史地区）〔写〕，世遺百（タリン歴史中心地区（旧市街））〔写〕，ビジ世遺（タリンの歴史地区）〔写〕，ロシア（タリン）

オーストリア

アルプス山脈周辺の先史時代の杭上住居群
Prehistoric Pile dwellings around the Alps
アルプス山脈周辺の6ヵ国に点在。前5千年～前500年頃にかけてつくられた111の小規模な遺跡群。湖や川、湿地沿いに杭上住居跡あるいは高床式住居跡が残る。新石器・青銅器時代の先史生活や、自然環境との共存の様子を示す。

世界遺産（アルプス山系の先史時代杭上住居跡群　2011）

¶世遺事，成世遺上〔写〕，世遺百（アルプス山系の先史時代杭上住居群）

ヴァッハウ渓谷の文化的景観
Wachau Cultural Landscape
ドナウ渓谷の一帯であるヴァッハウ地方。ドナウ川沿いの景勝地。山々、葡萄畑、中世の面影が残る町並み、渓谷の両岸に点在する修道院や城郭が調和する文化的景観。バロック様式のデュ

ルンシュタイン修道院も有名。

世界遺産（ヴァッハウ渓谷の文化的景観　2000）

¶世遺事（ワッハウの文化的景観），成世遺上（ヴァッハウ渓谷）〔写〕，世遺百〔写〕，ビジ世遺〔写〕

ヴィレンドルフ　Willendorf
クレムスとメルクの間のヴィレンドルフ近くのドナウ川沿い。オープン・サイト群。旧石器時代の遺跡7つが発見されている。「ヴィレンドルフのヴィーナス」が2体出土。

¶世界考古〔図（遺物）〕

ウィーン歴史地区
Historic Centre of Vienna
ウィーンの真ん中の直径1km程度の旧市街地が中心。ウィーンの旧市街地区と19世紀の建造物群を含めた地域からなる。ホーフブルク宮殿、

オーストリア　　　　　462

聖シュテファン大聖堂、ウィーン総合病院など、中世、バロック、近代の様々な建築様式の建造物がみられる。

|世界遺産|（ウィーン歴史地区　2001）

　¶新潮美（ウィーン），世遺事（ウィーンの歴史地区），成世遺上〔写〕，世遺百（ウィーン歴史中心地区）〔写〕，世界美1（ウィーン），東欧（ウィーン），ビジ世遺（ウィーンの歴史地区）〔写〕

カールスキルヒェ　Karlskirche
ウィーン。バロック聖堂。フィッシャー・フォン・エルラハの設計で1716〜22年に建造、その子ヨーゼフ・エマヌエルの手で変更を加えられ完成。

　¶新潮美（カールスキルヒェ（ウィーンの））

カルヌントゥム　Carnuntum
ハインブルク近郊のドナウ川右岸。古代ローマ都市。現在名ペトロネル。ケルト人族長の居城（1-3世紀）が発見されている。

　¶世界考古，大遺跡6〔写/図〕

カルヌントゥムの円形競技場
カルヌントゥム。2〜3世紀。一般市民用のもので130×110m。1万3千人を収容。

　¶大遺跡6　p149（円形競技場）〔写〕

カルヌントゥムの軍団宿営地
カルヌントゥム。2〜3世紀。ローマの軍団の宿営地（カストルム）の跡。

　¶大遺跡6　p149（軍団宿営地）〔写〕

グラーツ市歴史地区とエッゲンベルグ城
City of Graz—Historic Centre and Schloss Eggenberg
グラーツ。丘陵に12世紀の城跡があり、麓に旧市街が発達。16世紀のルネサンス様式の宮殿、16世紀創設の大学などの建造物が残る。グラーツ歴史地区の3km西に17世紀オーストリアの政治家エッゲンベルグ公の城がある。

　|世界遺産|（グラーツ市歴史地区とエッゲンベルグ城　1999, 2010）

　¶世遺事（グラーツの市街—歴史地区とエッゲンベルク城），成世遺上（グラーツ歴史地区とエッゲンベルク城）〔写〕，世遺百（グラーツ市街：歴史中心地区、エッゲンベルク城）〔写〕，ビジ世遺（グラーツの歴史地区）〔写〕

クロスターノイブルク　Klosterneuburg
ウィーンの北郊外。1106年に辺境伯レオポルト3世により開かれた。修道院聖堂にニコラ・ド・ヴェルダンのエマーユの祭壇がある。

　¶角川世（クロスターノイブルク修道院），新潮美

ザルツカンマーグートの文化的景観：ハルシュタット、ダッハシュタイン
Hallstatt-Dachstein/Salzkammergut Cultural Landscape
ザルツブルクの南東に広がるダッハシュタイン山がそびえるアルプスの湖水地方に展開。76の湖とアルプスの山々と氷河がつくった風景地。岩塩の採掘地でもある。ハルシュタットの町にはゴシック様式の聖ミカエル礼拝堂などが残る。

　|世界遺産|（ハルシュタット—ダッハシュタイン・ザルツカンマーグートの文化的景観　1997）

　¶世遺事（ザルツカン・マーグート地方のハルシュタットとダッハシュタインの文化的景観），成世遺上（ハルシュタットとダッハシュタイン）〔写〕，世遺百〔写〕，ビジ世遺（ザルツカンマーグートのハルシュタットとダッハシュタインの文化的景観）〔写〕

ザルツブルク市街の歴史地区
Historic Centre of the City of Salzburg
ザルツァッハ川の左岸の旧市街（ツェントラル）一帯。ベネディクト会の聖ペーター僧院教会やザルツブルク大聖堂、フランチェスコ会修道院聖堂、レジデンツ（宮殿）などの歴史的な建造物が集中。

　|世界遺産|（ザルツブルク市街の歴史地区　1996）

　¶新潮美（ザルツブルク），世遺事，成世遺上（ザルツブルク歴史地区）〔写〕，世遺百（ザルツブルク歴史中心地区）〔写〕，ビジ世遺〔写〕，ユネ世遺13（ザルツブルクの歴史地区）〔写〕

シェーンブルン宮殿　Schloss Schönbrunn
ウィーンの南西部。ハプスブルク家の夏の離宮。レオポルト1世が1695年にバロック様式の建築家に住居の設計を依頼。完成は18世紀半ばでロココ様式の建築家による。

　|世界遺産|（シェーンブルン宮殿と庭園群　1996）

　¶旺文社世〔写〕，角川世，新潮美（シェーンブルン宮），世界美1（ウィーン〔シェーンブルン宮殿〕）〔写〕，世歴大8，文化史辭15（シェーンブルン宮）〔写p87〜92/図p86〕，平凡社世（シェーンブルン宮），山川世，歴史建築〔写/図〕

シェーンブルン宮殿と庭園
Palace and Gardens of Schönbrunn
ウィーンの南西部。ウィーン風ロココ様式の宮殿であるシェーンブルン宮殿とバロック様式の庭園が合わせて世界遺産に登録された。1752年の建造当初は動物園（現存する世界最古）で、その後、改造を加えながら完成した。

　|世界遺産|（シェーンブルン宮殿と庭園群　1996）

　¶世遺事（シェーンブルン宮殿と庭園群），成世遺上〔写〕，世遺百〔写〕，ビジ世遺〔写〕，ユネ世遺13〔写〕

シュテファン大聖堂　Stephansdom

ウィーン。ザンクト・シュテファン大聖堂ともいう。ゴシック様式による大聖堂。13世紀前半ロマネスク様式によって建設、工事は19世紀まで続き、北塔部は未完。

[世界遺産]（ウィーン歴史地区　2001）

　　¶遺建5（聖シュテファン大聖堂）〔写/図〕，新潮美（シュテファン大聖堂（ウィーンの）），世界美1（ウィーン〔シュテファン大聖堂〕）〔写，歴史建築〔写/図〕

ゼメリング鉄道　Semmering Railway

ニーダエステライヒ州。1848～1854年に建設された、初めてアルプス山脈を越えた山岳鉄道。鉄道技術者カール・リッター・フォン・ゲーガが設計。

[世界遺産]（ゼメリング鉄道　1998）

　　¶世遺事（センメリング鉄道），成世遺上（ゼンメリング鉄道）〔写〕，世遺百〔写〕，ビジ世遺（ゼンメリング鉄道）〔写〕

ハイデンライヒシュタイン城
Burg Heidenreichstein

北部、チェコスロバキアとの国境近く。13世紀に造られた城塞城館。正面には城門、はね橋がよく保存されている。

　　¶文化史蹟13〔写〕

ハイリゲンクロイツ修道院
Stift Heiligenkreuz

ウィーン近郊ヴィーナー・ヴァルト（ウィーンの森）。シトー会修道院。12世紀中頃の創建。リブ・ヴォールトを架した三廊式で、翼廊はない。

　　¶世界美4

ハルシュタット　Hallstatt

ザルツブルク東南東約50km。湖岸の遺跡。ラ・テーヌ文化に先行するハルシュタット文化（前8世紀後半－前5世紀前半）の標準遺跡。青銅器時代の岩塩の採掘場であり、鉄器時代の多数の墳墓も発見。

　　¶旺文社世（ハルシュタット文化），角川世（ハルシュタット文化），大遺跡1〔写〕，評論社世（ハルシュタット文化），山川世（ハルシュタット文化）

フェルテー湖　／ノイジードラー湖の文化的景観
Fertö/Neusiedlersee Cultural Landscape

ハンガリーの北西部のジョール・モション・ショプロン県、オーストリアの東部のブルゲンラント州に広がる。ヨーロッパ最大の塩水湖一帯。葡萄畑が広がる田園風景と18～19世紀の宮殿などがある独特の景観。

[世界遺産]（フェルテー湖　／ノイジードラー湖の文化的景観　2001）

　　¶世遺事（フェルトゥー・ノイジードラーゼーの文化的景観），成世遺上（フェルテ（ノイジードル）湖），世遺百，東欧（ブルゲンラント），ビジ世遺（フェルテ（ノイジードル）湖の文化的景観）〔写〕

ベルヴェデーレ宮　Belvedere Palace

ウィーン。1714～1723年、建築家ヨーハン・ルーカス・フォン・ヒルデブラントが建造した宮殿。

[世界遺産]（ウィーン歴史地区　2001）

　　¶遺建4（ベルベデーレ宮殿）〔写/図〕，文化史蹟15〔写〕，文化史蹟15（上ベルヴェデーレ宮）〔写〕

ホーエンザルツブルク城
Festung Hohensalzburg

ザルツブルクのメンヒスベルク山上。11～17世紀。城壁は本丸にあたる宮殿部の左翼につながり、右翼は鐘楼円塔がかためている。

　　¶文化史蹟13〔写〕

マグダレンスベルク　Magdalensberg

南部、グラーソの西南西約40km。古代ローマ時代の遺跡。マールス・ラートビウス神殿とされる建物、カピトーリウムなどが出土。

　　¶新潮美

ミュールバッハ　Mühlbach

ミュールバッハ＝ビショフショーフェン地域。銅の採掘が青銅器時代に盛んに行なわれていた。遺跡は数地点で確認。

　　¶世界考古

ミラベル宮殿

ザルツブルク。1606年の建造。ヨハン＝ツッカリの設計。

[世界遺産]（ザルツブルク市街の歴史地区　1996）

　　¶遺建12〔写/図〕

メルク修道院　Melk Cloister

ニーダーエスターライヒ州。15～17世紀の荒廃期を経たのち、1702～49年、大改修が行われた。バロック建築の傑作。

[世界遺産]（ヴァッハウ渓谷の文化的景観　2000）

　　¶遺建3〔写/図〕，角川世，新潮美（メルクの修道院），世界美6（メルク〔大修道院〕），空大聖堂〔写〕，文化史蹟15〔写〕

オランダ

アムステルダムのシンゲル運河の内側にある17世紀の環状運河地域
Seventeenth-century canal ring area of Amsterdam inside the Singelgracht

北ホラント州、アムステルダムの運河地区。16世紀末～17世紀初めにかけて都市計画に基づいて建設された町並みがあり、旧市街を囲む同心円の運河網が特徴的。湿地を埋め立てて都市を拡張した。切妻造りの建物や記念碑的建物が建ち並ぶ。

世界遺産(アムステルダムのシンゲル運河内の17世紀の環状運河地区 2010)

¶世遺事, 成世遺上(アムステルダムの17世紀の環状運河地区)〔写〕, 世遺百(アムステルダムのシンゲル運河内の17世紀の環状運河地域)〔写〕

アムステルダムのディフェンス・ライン
Defence Line of Amsterdam

アムステルダムの市街を取り巻く周囲135kmに及ぶ。1883～1920年に建設された防衛施設。市街を取り囲む全長135kmの環状の堤防に、大砲を持つ45の砦を築く。有事には運河や水門によって堤防の外側を水で満たし、敵を防ぐ。水を防衛の砦とする軍事防衛線は世界で唯一。

世界遺産(アムステルダムのディフェンス・ライン 1996)

¶世遺事(アムステルダムの防塞), 成世遺上〔写〕, 世遺百(アムステルダムの防衛線)〔写〕, ビジ世遺〔写〕, ユネ世遺13(アムステルダムの防衛線の要塞)〔写〕

アンロ　Anlo

ドレンテ地方のヒース地帯。新石器時代初めから青銅器時代末の長期にわたる集落址および墓址。ヨーロッパの初期金属時代における家畜飼養の跡がある。

¶世界考古

Ir.D.F.ヴァウダヘマール(D.F.ヴァウダ蒸気水揚げポンプ場)
Ir.D.F. Woudagemaal(D.F. Wouda Steam Pumping Station)

フリースラント州のアイセル湖に面したレマーにある。技師D.F.ヴァウダの設計で、1920年に開設。フリースラント州の余剰水を揚水するために建設され、かつては干拓も行っていた。現在も稼働する唯一の蒸気式揚水場。

世界遺産(Ir.D.F.ヴァウダヘマール(D.F.ヴァウダ蒸気水揚げポンプ場) 1998)

¶世遺事(Ir.D.F.ウォーダヘマール(D.F.ウォーダ蒸気揚水ポンプ場)), 成世遺上(D.F.ウォーダ蒸気揚げポンプ場)〔写〕, 世遺百(Ir.D.F.ヴァウダヘマール(D.F.ヴァウダ技師の蒸気式ポンプ場))〔写〕, ビジ世遺(D・F・ウォーダ蒸気水揚げポンプ場)〔写〕

キンデルダイク・エルスハウトの風車群
Mill Network at Kinderdijk-Elshout

ロッテルダムの郊外。キンデルダイク・エルスハウト地区には1740年頃に造られた19基の巨大な風車が並ぶ。保存状態は良好で、7～8月の毎週土曜日には風車が稼働。

世界遺産(キンデルダイク-エルスハウトの風車群 1997)

¶世遺事, 成世遺上(キンデルダイク・エルスハウトの風車)〔写〕, 世遺百〔写〕, ビジ世遺〔写〕

スホクランドとその周辺
Schokland and Surroundings

フレフォランド州。かつて半島だったスホクランドは海からの浸食を受け、15世紀までに島となった。マンモスの骨など氷河期の化石や、旧石器時代の居住跡、石器、農工具などが発掘されている。

世界遺産(スホクラントとその周辺 1995)

¶世遺事, 成世遺上(スホクラントとその周辺)〔写〕, 世遺百(スホクラントとその周辺)〔写〕, ビジ世遺(スホクラントと周辺の干拓地)〔写〕, ユネ世遺13(スホクラントと周辺の干拓地)〔写〕

ドゥロールフマーケライ・デ・ベームステル(ベームステル干拓地)
Droogmakerij de Beemster(Beemster Polder)

北ホラント州のプルメレンドの近郊のベームステルにある。1607～12年にかけて干拓されたオランダ最古の干拓地。オランダ東インド会社の海外展開時の食糧確保のため農地に造成。農場や道路、運河、堤防、風車、居住地などが残る。

世界遺産(ドゥロールフマーケライ・デ・ベームステル(ベームステル干拓地) 1999)

¶世遺事(ドローフマカライ・デ・ベームステル(ベームステル干拓地)), 成世遺上(ベームステル干拓地)〔写〕, 世遺百〔写〕, ビジ世遺(ベームステル干拓地)〔写〕

トターフート＝ハルヴェ・メイル

トターフートの小村とハルヴェ・メイル、ヴェルドゥヴェン、北ブラバントとの間。前1600～1100年頃、青銅器時代墳墓群。

¶古遺地〔図〕

ハーグ宮殿（ビネンホフ）

デン・ハーグ。1234年にホラント伯になったウィレム2世が領内の囲い地に「ホーフ（宮廷）」を設けた。この内城の部分が今日ハーグ宮殿とも呼ばれる「ビネンホフ」である。

¶ 遺建2（ハーグ宮殿）〔写/図〕

ファン・ネレ工場　Van Nellefabriek

南ホラント州のロッテルダム。1920年代に建設された工場群。1990年代までコーヒー、紅茶、煙草を生産。「理想の工場」として近代主義・機能主義の象徴とされ、社員食堂や図書館を併設するなど、快適な労働環境を生み出した。

世界遺産（ファンネレ工場　2014）

¶ 世遺事

ヘットロー宮殿

アペルドールン。のちにイングランド王となる総督ウィレム3世が17世紀に建造。オランダ王室の夏の離宮として使われた。

¶ 歴史建築〔写/図〕

リートフェルト設計のシュレーテル邸

Rietveld Schröderhuis（Rietveld Schröder House）

ユトレヒト州の州都ユトレヒト。シュローダー邸とも。トゥルース・シュレーテル夫人のため、建築家ヘリット・トマス・リートフェルトが設計。1924年建築。建築近代運動の代表作の一つ。

世界遺産（リートフェルト設計のシュレーテル邸　2000）

¶ 世遺事（リートフェルト・シュレーダー邸），成世遺上（リートフェルトのシュレーダー邸）〔写〕，世遺百（リートフェルト設計のシュレーダー邸）〔写〕，ビジ世遺（リートフェルトのシュレーダー邸）〔写〕

レイクホルト＝シント・ゲルトゥオイド

マストリヒトの南南東7kmにあるマース川の中央テラス。前4500〜2500年頃、新石器時代のフリント鉱山。

¶ 古遺地〔図〕

キプロス

アフロディテの岩

キプロス島。女神アフロディテの生誕の地といわれている場所。

¶ 世遺地

エンコミ　Enkomi

キプロス島東岸。青銅器時代の都市遺跡。エンゴミともいう。市街は切石積の祠堂を中心に、碁盤目状に区画。

¶ 世界考古

キプロス島　Kypros

地中海東部。最初の定住が認められるのは新石器時代で、以後、青銅器時代、初期鉄器時代を通じて繁栄した。全期を通じて、多数の土偶が製作された。

¶ 世界考古

サラミスのギムナジウム

サラミス（現ファマグスタ付近）。柱は、ほとんどビザンツ時代のものであるが、古代ギリシャ建築の一部も再度利用されている。

¶ 世界遺跡 p274（ギムナジウム）〔写〕

聖ヒラリオンの城

キレニア。城は非常に厳重な防砦となっている。岩の突出部にジョン王子の塔として知られる塔がある。

¶ 世界遺跡 p284〔写/図〕

トロードス地方の壁画聖堂

Painted Churches in the Troodos Region

トロードス山脈。11〜16世紀にギリシャ正教の聖堂や修道院が建設され、内部の天井や壁面にビザンチン様式のフレスコ画のイコンが残されている。

世界遺産（トロードス地方の壁画教会群　1985, 2001）

¶ 世遺事（トロードス地方の壁画教会群），成世遺下〔写〕，世遺百（トロードス地方の壁画教会堂群），ビジ世遺〔写〕，ユネ世遺9（トロオドス地方の壁画聖堂）〔写〕

パフォス　Paphos

現在のパフォスから東16km。古代ローマ時代から東ローマ帝国時代にかけての都市遺跡。円形劇場、城壁、波止場などがある。

世界遺産（パフォス　1980）

¶ 世遺事，成世遺下〔写〕，世遺百〔写〕，ビジ世遺〔写〕，ユネ世遺9（パフォスの考古遺跡）〔写〕

ヒロキティア　Choirokoitia

キプロス島の南岸、ラルナカ地方を流れるマロニ川西岸丘陵の急斜面。新石器時代の集落遺跡。古代の集落の防御壁やトロスと呼ばれる環状家屋と墳墓があり、石器具が出土。

世界遺産（キロキティア　1998）

¶ 世遺事，成世遺下〔写〕，世遺百（キロキティ

ア)，世界考古（キロキティア），ビジ世遺〔写〕

モザイクの家

パフォス。3世紀末における裕福なローマ人の家。14室からなる部屋は、神話の主題をもつ高価なモザイクで飾られていた。

世界遺産（パフォス　1980）
¶世界遺跡 p274〔写〕

ギリシャ

アイガイの考古学遺跡（現在名ヴェルギナ）
Archaeological Site of Aigai (modern name Vergina)

ピエリア山の山麓のヴェルギナにある。古代マケドニアの首都だった地域で、モザイクの装飾のある宮殿跡や前11世紀以降の300以上の古墳群が発見された。

世界遺産（エゲの古代遺跡（現在名ヴェルギナ）1996）
¶古代ギリ p144（ヴェルギナ）〔写/図〕，新潮美（ヴェルギナ），世遺事，成世遺上（アイガイの遺跡）〔写〕，世遺百（アイガイ（現在名ヴェルギナ）考古遺跡），大遺跡5（ヴェルギナ）〔写/図〕，ビジ世遺（ヴェルギナの遺跡）〔写〕，ユネ世遺13（ヴェルギナの考古遺跡）〔写〕

アイギナ　Aigina

サロニコス湾内の島。現名エギナ。前7世紀にギリシャで最初の鋳造貨幣を発行した。アファイア神殿は前6世紀の神殿。
¶角川世，新潮美（アイギーナ島），世界考古，大遺跡5（アイギナ島）〔写〕，平凡社世，山川世

アカデメイア　Akademeia

アテネ郊外のアカデモス神殿内。プラトンが建てた学園。前386年に設立。後529年、異教の中心との理由で閉鎖されるまで続いた。
¶旺文社世，角川世，評論社世（アカデミア），平凡社世，山川世

アギア・ソフィア聖堂　Agia Sophia

テサロニキ。8世紀初めのビザンティン聖堂。円蓋十字形式の初期の作。
¶新潮美（アギア・ソフィア聖堂（テサロニキの））

アギイ・アナルギリ聖堂
Church of Aghii Anarghiri

カストリア。1018年。外観はこの地方に多い切妻屋根と煉瓦装飾で構成された壁体。奥行の短いバシリカ式聖堂。
¶文化史蹟11〔写〕

アギイ・アポストリ聖堂〔アテネ〕
Church of Aghii Apostori

アテネ。古代アゴラの一角で発掘、復原されたもの。四葉形のプランの中心に円蓋を組み上げる。1千年頃。
¶文化史蹟11〔写〕

アギイ・アポストリ聖堂〔テサロニキ〕
Church of Agii Apostoli

テサロニキ。ビザンティン聖堂。ドーデカ・アポストリ聖堂ともいう。
¶新潮美（アギイ・アポストリ聖堂（テサロニキの））

アギオス・エレフテリオス聖堂
Church of Agios Eleftherios

アテネ市内。12世紀。ミクリ・ミトロポリス（小府主教座聖堂）やパナギア・ゴルゴエピクウス聖堂とも呼ばれている。典型的なギリシャ十字式建築を元にした構成。
¶新潮美，文化史蹟11（パナギア・ゴルゴエピクウス聖堂）〔写〕

アギオス・ゲオルギオス聖堂
Church of Agios Georgios

テサロニキ。テサロニキ諸聖堂のうち最初期のもの。大円蓋を戴く円堂形式で、「ロトンダ」とも呼ばれる。
¶新潮美

アギオス・ディミトリオス聖堂
Church of Agios Dimitrios

テサロニキ。市の守護聖人聖ディミトリオスの殉教記念堂として知られる。本格的な五廊バシリカ式建築。創建は5世紀の末頃。6世紀の前半に焼失、再建。
¶新潮美，文化史蹟11〔写〕

アギオス・ニコラオス・オ・オルファノス聖堂
Church of St. Nikolaos Orphanos

テサロニキ。1310～1320年。建物は外観が単純な切妻式、内部はナルテックスと左右の側堂とが内陣を三方から囲む形式。
¶新潮美，文化史蹟11（オルファノス聖堂）〔写〕

467　　　ギリシャ

アグリッパの音楽堂

アテネのアゴラの中央広場。ローマの将軍アグリッパが前15年頃に寄贈。約1千人収容。

¶古代ギリ p77

アクロコリント　Acrocorinth

コリント。古代コリントのアクロポリス。前7世紀から丘のまわりを要塞で固めた。

¶文化史蹟3〔写〕

アスクレピオス神殿

エピダウロス。前370年頃に建築されたドーリス式神殿。テオドトスが設計。

¶古代ギリ p120〔写〕，大遺跡5 p149〔写〕

アスクレピオスの神域〔アテネ〕

アテネのアクロポリス南麓。前420年、テレマコスという市民がエピダウロスから医神アスクレピオスをアテネに勧請した。

¶古代ギリ p81〔写〕，大遺跡5 p92（アスクレビエイオン）〔写〕

アスプロチャリコ　Asprochaliko

プレヴェザの北約35km。旧石器時代の遺跡。ロウロス川にのぞむ岩陰遺跡。

¶世界考古〔図（石器）〕

アッタロスのストア

アテネのアゴラの東側。青年期にアテネで学んだペルガモン王アッタロス2世が前150年頃にアテネに寄進したもの。復元され、アゴラ博物館となっている。

¶古代ギリ p76〔写〕

アテーナー・アレアー神殿

Temple of Athena Alea

アルカディア地方の都市テゲアのアレアー。前350年頃建てられたドーリス式神殿。

¶新潮美

アテナ・ニケ神殿　Temple of Athena Nike

アテネ。前427年から前424年の建築。前後に4本ずつの円柱を配したイオニア式神殿。

¶古代ギリ p58，新潮美（アテーナー・ニーケー神殿），大遺跡5 p93〔写〕，文化史蹟3〔写〕

アテナ・プロナイアの神域

デルフォイ。主神域であるアポロンの神域の1kmほど南東に位置し、デルフィに詣でる人々がまず訪れる前神域の役割を果たしていた。

世界遺産（デルフィの古代遺跡　1987）

¶古代ギリ p132〔写/図〕，大遺跡5 p76（アテナ・プロナイア）〔写〕

アテネ人による神殿

デロス島。前417年に奉納。ドーリス式神殿。

¶古代ギリ p210〔写〕

アテネ人の宝庫　Treasury of Athenians

デルフォイ。前490～485年頃、マラトンの戦いを記念して、アテネ人がデルフォイに献納した。今世紀初めに復原された。

世界遺産（デルフィの古代遺跡　1987）

¶古代ギリ p138，大遺跡5 p76〔写〕，文化史蹟3 p95〔写〕

アテネのアクロポリス　Acropolis, Athens

アテネ。ギリシャには多数「アクロポリス」が建設されたが、単にアクロポリスという場合、アテネのものをさす。東西約300m、南北約150mの丘で、前6世紀後半以降、神殿が建設された。パルテノン神殿やエレクティオン神殿など貴重な遺跡が残る。

世界遺産（アテネのアクロポリス　1987）

¶遺建9（アクロポリス）〔写/図〕，オ西洋美（アクロポリス）〔写〕，角川世（アクロポリス），古代ギリ p54（アクロポリスの遺跡）〔写/図〕，古代遺跡 p229（アクロポリス）〔写〕，新潮美（アクロポリス（アテーナイの））〔図〕，世遺事，成址遺上〔写〕，世遺百〔写〕，世界遺跡 p274（アクロポリス）〔写〕，世界考古（アクロポリス）〔図〕，世界美1（アテナイ〔アクロポリス〕）〔写〕，世歴大1（アクロポリス〔アテナイのアクロポリス〕）〔写/図p113〕，空古代遺跡〔写〕，大遺跡5（アクロポリス（アテネ））〔写/図〕，ビジ世遺〔写〕，復原遺跡（アクロポリス）〔写/図〕，文化史蹟3（アクロポリス）〔写p22,23,54～55/図p16〕，平凡社世（アクロポリス〔アテナイのアクロポリス〕）〔写〕，山川世（アクロポリス），ユネ世遺9〔写〕，歴史建築（アクロポリス）〔写/図〕

アテネのアゴラ　Agora, Athens

アテネ。アクロポリスの麓、西北に続くアゴラ。都市国家アテネの市民生活を象徴した中央広場。

世界遺産（アテネのアクロポリス　1987）

¶古代ギリ p63（アゴラの遺跡）〔写/図〕，世界考古（アゴラ），世界美1（アテナイ〔アゴラ〕），大遺跡5（アゴラ（アテネ））〔写/図〕，復原遺跡（アゴラ）〔写/図〕，文化史蹟3（アゴラ）〔写p179〕

アテネのアゴラ（ローマ時代）

Agora, Athens

アテネのプラカ地区。前1世紀後半にカエサルとアウグストゥスの手によって建設された。東西に111m、南北に98mほどの規模のアゴラ。

¶古代ギリ p78（ローマ時代のアゴラ）〔写〕

アテネのアゴラの境界石

アテネ。アゴラの中心たる広場と道の境界に建てられた、前6世紀末頃のものと考えられている高さ約1mの境界石。

¶古代ギリ p68（アゴラの境界石）

ギリシャ　　　　　　　　　　　468

アテネの泉場
アテネのアゴラの南東端。前520年代に建造されたと推定。左右に2つの水槽を配した長方形の建物。
　¶古代ギリ p66（南東の泉場）〔写〕

アテネのトロス
アテネ。円形の建物。50人の当番評議員が常駐する詰所（プリュタニコン）。
　¶古代ギリ p71（トロス）〔写〕，大遺跡5 p97（トロス）〔写〕

アテネの評議会場
アテネのアゴラの西側。500人評議会の議場の跡。東西に並ぶ新旧2つの評議会議の遺構を確認。
　¶古代ギリ p68（評議会場）〔写〕

アテネのプロピュライア
Propylaea, Athens
アテネ。前437～前432年にムネシクレスによって設計された。
　¶オ西洋美（プロピュライア），古代ギリ p57（プロピュライア）〔写〕，新潮美（プロピュライア），世界美5（プロピュライア）〔写〕，大遺跡5 p92（プロピュライア）〔写〕，文化史蹟3（プロピュライア）〔写〕

アテネの民衆裁判所
アテネのアゴラにある。裁判所だったといわれている遺構が2つある。アゴラの北東端の正方形のかなり大規模な建物の遺構から判決の際に投じられた青銅製の投票用具が出土。
　¶古代ギリ p74（民衆裁判所）

アテネの牢獄
アテネのアゴラの南西端。前5世紀半ば頃。長い廊下をはさんでいくつもの小部屋が連なった、おそらく牢獄の跡とされる建物。
　¶古代ギリ p73（牢獄）〔写〕

アトス山　Mount Athos
ハルキディキ半島の突端。ギリシャ正教の聖地。イヴィロン修道院、ヴァトペディウ修道院、メギスティス・ラヴラ修道院など大小20の修道院や別院、隠修院などが点在。
　|世界遺産|（アトス山　1988）
　¶遺建11（聖山アトス）〔写/図〕，角川世（アトス），宗教建築（アスト山の修道院群）〔写/図〕，新潮美，世遺事，成世遺上〔写〕，世遺百〔写〕，世界考古，世界美1，東欧（アトス［山〕），ビジ世遺〔写〕，山川世（アトス），ユネ世遺9（聖山アトス）〔写〕

アトレウスの宝庫　Treasury of Atreus
ミケーネ。トロス式地下墳墓。高さ15m、ギリシャ本土で最大のもの。前1250年頃（または前

14世紀初期）の建造と推定。
　¶古代ギリ p44〔写〕，新潮美，世遺地 p41，世界考古〔図〕，世界美1〔写〕，大遺跡5 p40〔写〕

アナクトロン
サモトラケ。秘儀の第一段階の儀式ミュエシスが執り行われたと考えられる場所。現在目にすることができる遺構はローマ帝政初期のもの。
　¶古代ギリ p199〔写〕

アヒロピイトス聖堂　Akhiropiitos
テサロニキ。アギア・パラスケヴィ聖堂ともいう。現存する東地中海域のバシリカ式聖堂のうち最も初期のものの一つ。
　¶新潮美（アヒロピイトス聖堂（テサロニキの））

アファイア神殿　Temple of Aphaea
エギナ島。前510～500年頃。石灰質凝灰岩のドーリア式神殿。神室内は2層の柱列となり、小屋梁を支えていた。
　¶新潮美（アファイアー神殿）〔図p397〕，大遺跡5 p72〔写〕，文化史蹟3〔写〕

アフロディテとキュベレの神域
ペラ。小さな神殿の跡ほかが残る。前3世紀初頭の建造と推定。
　¶古代ギリ p174〔写〕

アポロ・エピクリウスの神殿
バサエ。灰色の石灰岩で構築されている。内部の柱の1本に、コリント様式の柱頭が初めて使われている。
　¶世界遺跡 p274〔写〕

アポロン神殿〔コリントス〕
Temple of Apollo, Corinth
コリントス。前540年頃。ドリス式神殿。ギリシャ最古の神殿の一つ。
　¶大遺跡5 p68〔写〕，文化史蹟3（アポロン神殿（コリント））〔写〕

アポロン神殿〔デルフイ〕
Temple of Apollo, Delphi
デルフイ。現在残っているのは、前329年に完成した15本×6本の周柱式の重厚なドーリス式神殿で、3代目の神殿。
　|世界遺産|（デルフィの古代遺跡　1987）
　¶古代ギリ p140〔写〕，宗教建築（デルフォイのアポロン神殿）〔写/図〕，世遺地 p42，大遺跡5 p74〔写〕，文化史蹟3 p93〔写〕

アポロンの神域〔デルフイ〕
デルフイ。主神域。東西に128m、南北に183mの城壁に囲まれている。
　|世界遺産|（デルフィの古代遺跡　1987）

¶古代ギリ p135〔アポロンの神域〕〔図〕

アポロン・パトロオス神殿

アテネのアゴラの北西。前4世紀後半に建立された、小さなアポロン・パトロオス（父祖神アポロン）神殿。

¶古代ギリ p75〔写（像）〕，大遺跡5 p96〔写〕

アポロン・マレアタスの神域

エピダウロス。エピダウロスのいわば発祥の地にあたる重要な遺跡。

¶古代ギリ p121

アムニソス　Amnisos

クレタ島北岸。古代都市クノッソスの外港。中期ミノス時代と推定される邸宅跡やおそらく女神エイレイテュイアの信仰の本拠地であったと思われる聖なる洞窟がある。

¶世界美1，大遺跡5〔アムニッソス〕〔写〕

アルカディア門　Arcadian Gate

メッセネ（現メッシナ）。前4世紀。アルカディアのメガロポリスに通じる門。内門と外門を備え、内門上の楣石は現在倒れているが、巨大な一本石。

¶文化史蹟3〔写〕

アルカネス　Arkhanes

クレタ島。ミノス時代中・後期の遺跡。穹窿墓（トロス）の発掘で出土した多数の工芸装飾品により知られる。

¶世界考古

アルギッサ　Argissa

ラリサの西約4.5km。新石器時代～青銅器時代の遺跡。マグーラと呼ばれる、テルと同様の丘を形成。

¶世界考古

アルゴス　Argos

ペロポネソス半島東北部のアルゴリス地方。ローマ時代に改造された劇場、アスピスの丘にあるアテナ神殿、近郊でヘラ神殿遺跡が発掘された。

¶世歴事1，大遺跡5〔写/図〕

アルゴスの劇場　Theatre, Argos

アルゴス。前4世紀末。町はずれのラリッサ山の岩の斜面を削って造られた。かつては約90段の観覧席をもち、約2万人を収容。

¶大遺跡5 p147（劇場）〔写〕，文化史蹟3（劇場（アルゴス））〔写〕

アルシノエイオン

サモトラケ。アルシノエ2世がリュシマコスの王妃だった時期（前280年代）に寄進した建造物。ギリシャで最大の円形堂。

¶古代ギリ p199〔写〕

アルテミス神殿〔エピダウロス〕

エピダウロス。前4世紀のアルテミス神殿の基礎部が残る。

¶古代ギリ p120〔写〕，大遺跡5 p148〔写〕

アルテミス神殿〔コルフ島〕

コルフ島。ドーリス式で、ギリシャ彫刻史上初めてペディメント（破風）彫刻の主題に神話のエピソードを取り上げている点で重要。

¶世界美2（コルフ島〔アルテミス神殿〕）

アルテミス神殿〔デロス島〕

デロス島。イオニア式神殿。ミケーネ時代まで遡る。

¶古代ギリ p210

アルハネス　Archanes

イラクリオンの南東約15kmに位置する村。クノッソス王宮の水源と見られ、夏の離宮と呼ばれる建物の一部が発見されている。村の北西部のフルニと言う小高い丘では前3千年期以降の墓地を発掘。

¶大遺跡5〔写〕

アレイオス・パゴスの丘　Areios Pagos

アテネ。アレイオス・パゴス評議会の牙城として、アテネの国政上重要な機能を担った。

¶古代ギリ p82, 世界美1（アテナイ〔アレイオス・パゴス、プニュクスの丘〕）

アレス神殿

アテネのアゴラの中央広場。前1世紀末頃に建てられた。前5世紀にアゴラ以外の場所に建てられていた大理石製のドーリス式神殿を解体して移設したもの。

¶古代ギリ p77，大遺跡5 p96〔写〕

イアリュソス

ロドス島。ロドス3都市の一つ。フィレリモス山の頂に、アクロポリスの遺跡がある。

¶古代ギリ p227〔写〕

イヴィロン修道院　Monastery of Iviron

アトス山。創建10世紀末。アタナシオスの弟子のイベリア人ヨアネスが10世紀末に開いた。アトス山でも屈指の大修道院。

世界遺産（アトス山　1988）

¶新潮美, 文化史蹟11〔写〕

イシス神殿〔デロス島〕

デロス島。ドーリス式神殿。前135年にアテネ人がイシス女神に寄進。

¶古代ギリ p213〔写〕

イシスの神域〔ディオン〕

ディオン。エジプトの女神イシスを祀る神域。後2世紀末頃に現在残る神殿が建立されたと考え

ギリシャ　　　　　　　　　470

られている。
　　¶古代ギリ p187〔写〕

イストモス　Isthomos
コリントス地峡、現在運河のサロニカ湾口の南
側。海神ポセイドーンを祀る聖地。
　　¶新潮美

イソパタの王墓　いそぱたのおうぼ★
クレタ島。第2宮殿時代の石室墓をもつ高台墳。
すべて整然とした切石積。
　　¶世界考古

イダ山洞穴群
クレタ島。ミノス中期文化の祭祀遺跡。最も重
要なのはファエストス近くのカマレス陶器を出
土することで著名なカマレス洞穴。
　　¶世界考古, 大遺跡5（イダイオン・アントロン）
　　〔写〕

イトメ山（メッセネ）　Ithohe（Messene）
カラマタの北西約15km。エパミノンダスの指導
で建設されたメッセネは、イトメ山を中心に城
壁を築いた。劇場、スタディオン、アルテミス
神殿、アゴラをつくっている。
　　¶大遺跡5〔写〕

ヴァシリキ　Vasiliki
クレタ島東部、グルニアの南東。ミノス時代前
期の宮殿遺跡。クレタ宮殿建築様式としては初
期のもの。
　　¶世界考古

ヴァトペディウ修道院
Monastery of Vatopedi
北東部の聖地アトス山の半島東北岸。10世紀末
に創建された修道院。
　　世界遺産（アトス山　1988）
　　¶新潮美

ヴァルラアム修道院　Monastery of Varlaam
メテオーラ。1544年。イオアニナのネクタリオ
スとテオファニス兄弟によって創設。アギオス・
パントン礼拝堂内には16世紀中頃に製作された、
聖障と壁画が残る。
　　¶文化史蹟11〔写〕

ヴェルギナの王宮
ヴェルギナ。メインの宮殿が104.5m×88.5mと
いう規模。前4世紀末頃もしくは前4世紀後半に
造営されたとする見方が有力。
　　¶古代ギリ p161（王宮）〔写〕

ヴェルギナの王墓
ヴェルギナ。マケドニア式墳墓。ヴェルギナ博
物館が王墓を覆っていた大墳丘をそのまま復元
する形でつくられている。

　　¶古代ギリ p156（主墓）〔写/図〕

ヴェルギナの劇場
ヴェルギナ。4世紀後半の劇場。フィリポス2世
の暗殺の場と考えられている。
　　¶古代ギリ p162（劇場）〔写〕

ヴェルギナの小円墳群
ヴェルギナ。初期鉄器時代。数百基にも及ぶトゥ
ムルス墓。
　　¶古代ギリ p163（小円墳群）

エウクレイアの神域
ヴェルギナ。女神エウクレイアを祀る小神殿の
遺構が見つかった。古都アイガイのアゴラに位
置していたと推定。
　　¶古代ギリ p160〔写〕

エウトレシス　Eutresis
ボエオティア島のコリント湾より約10km離れた
丘陵頂部。遺跡。最下層には住居址を含む新石
器時代の文化層。最上層にはギリシャ時代末期
とビザンティン帝国時代の遺構がある。
　　¶世界考古

エウリュディケの墓
ヴェルギナ。現存しているなかで最古のものと
推定されるマケドニア式墳墓。主室で金箔を張っ
た大理石製の玉座を発見。
　　¶古代ギリ p159

エゴスティナ
コリント湾の奥。前5世紀～4世紀の、巨大な岩
石を用いて切り積み仕上げで造られた軍事建造
物と城壁。
　　¶空城と要塞〔写〕

エピダウロス　Epidauros
アルゴリダ県首都アテネの南西約60km。ギリ
シャ神話の名医アスクレピオスの信仰の中心地。
劇場、浴場、闘技場、アスクレピオス神殿など
が建設された。
　　世界遺産（アスクレピオスの聖地エピダウロス
　　1988）
　　¶角川世, 古代ギリ p113〔写/図〕, 新潮美,
　　世遺事（エピダウロスのアスクレピオスの聖
　　地）, 成世遺上（エピダウロスのアスクレピオス
　　神殿）〔写〕, 世遺百（アスクレピオスの聖地エ
　　ピダウロス）〔写〕, 世界考古, 世界美1〔写〕,
　　大遺跡5〔写/図〕, ビジ世遺（エピダウロスの
　　遺跡）〔写〕, 評論社世, ユネ世遺9（エピダウ
　　ロスの考古遺跡）〔写〕

エピダウロスの円形堂
エピダウロス。トロス（円形堂）の遺構。中心部
の基礎は、迷路状の3重の同心円構造からなる。
　　世界遺産（アスクレピオスの聖地エピダウロス

1988）

¶古代ギリ p121（円形堂）

エピダウロスの劇場　Theatre, Epidauros
エピダウロス。前4世紀に建造後、前2世紀に拡張。ギリシャの古代の劇場で最も保存状態がよい。1万4千人を収容。設計はポリュクレイトス。

世界遺産（アスクレピオスの聖地エピダウロス　1988）

¶古代ギリ p118（劇場）〔写/図〕、大遺跡5 p148（劇場）〔写〕、文化史蹟3（劇場（エピダウロス））〔写〕

エピダウロスのプロピュライア
エピダウロス。神域への正門玄関。前330年代に構築された門。

世界遺産（アスクレピオスの聖地エピダウロス　1988）

¶古代ギリ p121（プロピュライア）、大遺跡5 p148〔写〕

エレウシス　Eleusis
アッティカ西部に広がるトリア平野の沿岸。遺跡には、青銅器時代中期からの遺構が確認され、エレウシスの秘儀場はペイシストラトスの時代に城壁で囲まれた。4世紀末には廃墟と化した。

¶角川世、古代ギリ p91〔写/図〕、新潮美（エレウシース）、世界考古、世界美1、世歴事2、大遺跡5〔写〕、山川世

エレウシスの小プロピュライア
エレウシス。前1世紀に築かれた。エレウシスの聖域への入り口。

¶古代ギリ p96（小プロピュライア）〔写〕、大遺跡5 p101（小プロピュライア）〔写〕

エレウシスの城壁
エレウシス。聖域のまわりにめぐらされた城壁。城壁が屈曲する部分には堅固な塔が配された。

¶古代ギリ p97（城壁）〔写〕、大遺跡5 p101（エレウシス聖域の城壁）〔写〕

エレウシスの大プロピュライア
Greater Propylaea, Eleusis
エレウシス。先史時代からの住居址、エレウシスのプロピュライア（前門）。アントニヌス・ピウス帝のもとに造営。

¶古代ギリ p96（大プロピュライア）〔写〕、文化史蹟3（大プロピュライア）〔写〕

エレウシスの広場
エレウシス。白い大理石を敷き詰めたローマ時代の広場。

¶古代ギリ p95（ローマ時代の広場）〔写〕

エレクテイオン　Erechtheion
アテネ。前406年完成のイオニア式神殿。様々な神を合祀。女性像の柱の並ぶ柱廊がある。

¶旺文社世（エレクティオン）〔写〕、オ西洋美、角川世、古代ギリ p61〔写〕、新潮美〔写p324（カリアティード）〕、世界考古、評論社世（エレクチオン）、文化史蹟3（エレクテウス神殿）〔写〕、山川世

エレトリア　Eretria
エウボイア島。古代都市の遺跡。

¶新潮美、世歴事2

オシオス・ダヴィド礼拝堂　Osios David
北部のテサロニキ（サロニカ）の山の手。5世紀後半の小聖堂。

¶新潮美

オシオス・ルカス修道院
Monasteries of Hosios Lukas
ボイオティア地方のヘリコン山の山裾。古代都市スティリの近郊にある。広大な中庭には、浄福者ルカスに献堂されたカトリコンと、テオトコスに捧げられた聖堂が隣接して建っている。11世紀前半のモザイク装飾がよい状態で残されている。

世界遺産（ダフニ修道院群、オシオス・ルカス修道院群及びヒオス島のネア・モニ修道院群　1990）

¶新潮美（オシオス・ルーカス修道院）〔写p34/図p397〕、世界美1、文化史蹟11〔写〕

オチャキ・マグーラ　Otzaki Magoula
テッサリア地方のラリサ。新石器時代の遺跡。先セスクロ文化からセスクロ文化にいたる文化層がある。

¶世界考古

オリュントス　Olynthos
北ギリシアのカルキディケ半島西部。古典期ギリシャ都市址。丘上の北側にヒッポダモス式の碁盤目状の町並みが発見された。建築物は白や黒の小石を敷きつめたモザイクで飾られていた。

¶角川世、世界考古、世界美1、大遺跡5〔写/図〕、評論社世

オリュンピエイオン　Olympieion
アテネ。前174～後132年。ギリシャ本土最大の神殿。ローマのハドリアヌス帝の時に完成。コリント式の柱15本を残すのみ。

¶角川世、古代ギリ p85〔写〕、新潮美、大遺跡5（ゼウス・オリュンピエイオン）〔写〕、文化史蹟3（オリュンピア・ゼウス神殿（オリュンピエイオン））〔写〕

オリンピアの競技場
ペロポネソス半島。スタディオン。現在残るのは、前4世紀中頃までに完成された第3期のもの。

世界遺産（オリンピアの古代遺跡　1989）

¶古代ギリ p108（競技場）〔写〕、大遺跡5

ギリシャ　472

p113（スタディオン）〔写〕

オリンピアの古代遺跡
Archaeological Site of Olympia
　ペロポネソス半島。古代ギリシャの都市遺跡。スタディオン、ヘラ神殿、ゼウス神殿、プリュタネイオン、ギムナシオン、レオニダイオンなど古代オリンピックにまつわる遺構がある。

　世界遺産（オリンピアの古代遺跡　1989）
　　¶角川世（オリュンピア），古代ギリ p99（オリュンピア）〔写/図〕，新潮美（オリュンピア），図解考古（オリンピア遺跡），世遺事（オリンピアの考古学遺跡），成世遺上（オリンピアの遺跡）〔写〕，世遺地（オリンピア），世遺百（オリンピア考古遺跡）〔写〕，世界考古（オリュンピア）〔図〕，世界美1（オリュンピア）〔写/図〕，大遺跡5（オリュンピア）〔写/図〕，ビジ世遺（オリンピアの遺跡）〔写〕，評論社世（オリンピア（オリュンピア）），文化史蹟3 p82（オリュンピア）〔図〕，平凡社世（オリュンピア），山川世（オリュンピア），ユネ世遺9（オリンピアの考古遺跡）〔写〕

オリンピアの聖域
　ペロポネソス半島。神域は西と南が塀に、北は丘に、東は反響廊と呼ばれる全長98mの列柱廊（前4世紀後半）によって囲われる。内側にゼウス神殿、ヘラ神殿、ペロプスの墓等が残存する。

　世界遺産（オリンピアの古代遺跡　1989）
　　¶宗教建築〔図〕，大遺跡5 p111（オリュンピアの聖域）〔写〕

オリンピアのパレストラ
Palaestra, Olympia
　ペロポネソス半島。前3世紀。ボクシング、レスリングのような力技の選手たちが競技の前に練習をするための施設の遺構。

　世界遺産（オリンピアの古代遺跡　1989）
　　¶世遺地 p43（パレストラ），文化史蹟3 p111（パレストラ）〔写〕

オルコメノス　Orchomenos
　ボイオティア地方のコパイス湖北西岸の丘陵の麓。前3千年紀の新石器時代から前4世紀にいたる遺跡。ギリシャ本土のミュケナイの城塞都市の最北端の例。

　　¶旺文社世，古遺地（オルコメノスとグラ）〔図〕，新潮美，図解考古（オルコメノス遺跡），世界考古，世歴事2，平凡社世，山川世

カイロネイア　Chaironeia
　ボイオティア地方の最北端に位置。ポリス。アクロポリスの城壁の址、小さな劇場、前338年の戦いに因むライオン像、マケドニア軍戦没者墓などが残る。

　　¶大遺跡5〔写〕

カスタリアの泉
　デルフイ。ファイドリアデスの岩壁の裂け目から湧き出す聖なる水。巡礼者たちが神域に入る前に身を浄めた。

　世界遺産（デルフィの古代遺跡　1987）
　　¶古代ギリ p135, 世遺地 p42, 大遺跡5 p77〔写〕

カストリツァ　Kastritsa
　プレヴェザの北約70km。後期旧石器時代の洞穴遺跡。バックド・ブレードを中心としたグラヴェット文化的な特徴を示す。

　　¶世界考古

風の塔　Tower of Winds
　アテネ。前50年頃。マケドニアのキュルロスの人アンドロニコスが建てた。八角形の建物の屋上に青銅のトリトン像が立っており、その手に持つ棒が風の方向を指すようになっていたという。

　　¶古代ギリ p79, 文化史蹟3〔写〕

カニア　Khania
　クレタ島北西部。ミノス文明の遺跡。大規模な宮殿址が確認された。

　　¶世界考古

カマレス　Kamares
　クレタ島のイダ山腹にある洞窟。ミノス時代（前2千年紀）の陶器が多数発見されたことにちなみ、同じ時期の同種の陶器を総称して、「カマレス陶器」とよぶ。

　　¶世界考古（カマレス洞穴），世界美2

カミラリの墓
　ハギア・トリアダ（ファイストス）の南約9.6km。トロス墓。カミラリには3基の墓がありⅠ墓は内径7.65mの大型。500近くの遺体、1千個を超える陶杯があった。前2700〜1700年頃。

　　¶古遺地〔図〕，世界考古（カミラリ）

カメイロス　Kameiros
　ロードス島北東岸。古代都市。発掘の結果アクロポリスでは、幾何学文様時代に起源を有し、前4世紀に再建されたアテナ・カメイラス神殿ほかが明らかにされた。

　　¶古代ギリ p228（カミロス）〔写〕，新潮美，世界美2，大遺跡5 p71（カメイロス遺跡）〔写〕

カラコネロの磨崖レリーフ
　ロードス市南の郊外。丘陵地の東端にあたるカラコネロの墓域。ディオニュソス祭儀に関わると考えられる人物像のレリーフが刻まれている。

　　¶古代ギリ p226〔写〕

騎士団長の宮殿　きしだんちょうのきゅうでん★
　ロードス島。城塞都市のなかの要塞。ロードス騎士団が14世紀に建造した。1856年に爆発事故

473　　ギリシャ

で崩壊し、20世紀初頭に修復。

世界遺産 (ロードス島の中世都市　1988)

¶歴史建築〔写/図〕

キュベレの神域

ヴェルギナ。前4世紀遡る神殿の上に建てられた
ヘレニズム時代の神殿の基礎部が残っている。

¶古代ギリ p161

クセロポタムウ修道院
Monastery of Xeropotamou

アトス山。創建10世紀。ダフニの舟着き場から、
首長修道院カリエスに至る途上にある修道院。

世界遺産 (アトス山　1988)

¶文化史蹟11〔写〕

クノッソス　Knossos

クレタ島。ミノス文明第一の遺跡。A.J.エバン
ズの長年にわたる発掘で、宮殿や住居などが発
見され、エーゲ世界を支配したミノス文明の姿が
明らかにされた。宮殿の一部は復原されている。

¶遺跡100〔写/図〕、旺文社世〔写〕、角川世、
古遺地〔図〕、古代ギリ p16〔写/図〕、新潮
美、図解考古 (クノッソス遺跡)〔写〕、世遺
地、世界考古〔図〕、世界美2〔写p150,151,
197,243/図〕、世歴大6、大遺跡5〔写/図〕、
評論社世、平凡社世、山川世

クノッソス宮殿　Palace of Knossos

クレタ島。宮殿遺構。現存の遺構は、前1700年
の頃の倒壊後に再建されたもの。ミノタウロス
にまつわる伝説の舞台となった「迷宮」(ラビリ
ントス)はこの宮殿と考えられている。

¶遺建1〔写/図〕、古代ギリ p26〔写/図〕、復
原遺跡〔写/図〕、文化史蹟3〔写p132～135/
図p205〕

グラ　Gla

ボイオティア地方のコパイス湖北西岸の丘陵の
麓。前13世紀の砦。

¶古遺地 (オルコメノスとグラ)〔図〕

グリゴリウ修道院　Monastery of Grigoriou

アトス山。創建14世紀。シナイ山の聖グリゴリ
オスの手で創設。1761年の火災の後、ほぼ全面
的に再建。

世界遺産 (アトス山　1988)

¶文化史蹟11〔写〕

グルニア　Gournia

クレタ島。古代都市。ミノス時代の居住遺跡に
富む。後期ミノス時代第3期に属すラルナックス
(棺)が有名。

¶古遺地 (グールニア)〔図〕、図解考古 (グルニ
ア遺跡)、世界考古、世界美2、大遺跡5 p32
(グールニア)〔写〕

クレオパトラの家　House of Cleopatra

デロス島。前2世紀。アテネ人ディオスクリデス
の家。彼とその妻クレオパトラの彫像が立って
いる。

世界遺産 (デロス島　1990)

¶文化史蹟3〔写〕

ケフィソス川の橋

エレウシス市街の手前。ローマ時代の橋。ゲフュ
リスモスという神事が行われていた。

¶古代ギリ p94〔写〕

ケラメイコス　Kerameikos

アテネ。古典期のアテネ中心市の北西端にあた
る。陶工の工房が集中しており「陶工区」の意。
城壁外は、亜ミケーネ期からアテネ市民の墓域
として利用された。

¶古代ギリ p86〔写/図〕、新潮美〔写p30(墓
碑)〕、世界考古〔図〕、大遺跡5〔写〕

ケラメイコス墓地　Kerameikos Cemetery

アテネ。太古からの死者の町ケラメイコスの墓
地。前394年のコリント戦争で22歳で戦死した騎
士デクシレオスの墓碑は墓石彫刻の傑作。

¶文化史蹟3〔写〕

古アテナ神殿　こあてなしんでん★

アテネ。前6世紀の末に建設。発掘者の名をとっ
て「デルプフェルトの神殿」とも呼ばれている。
礎石が残る。

¶古代ギリ p56〔写〕

コス島　Kos

ドデカニス諸島のひとつ。医学の父ヒポクラテ
スの誕生の地として知られる。有名な遺跡はア
スクレピエイオン。ヒポクラテスの直系の医者
が医学的に治療を施したともいわれる。

¶大遺跡5〔写/図〕

コリントス　Korinthos

コリントス。前7～6世紀に最盛期を迎えた都市
国家。現在残っている遺跡のうち、アポロン神
殿を除いて(ローマ期に再建)、ほとんどすべて
がローマ時代に建設されたもの。

¶新潮美、世界考古、世界美2、世歴事4、世歴
大7、大遺跡5〔写/図〕

コリントの商家　Shop, Corinth

コリント。前1世紀後半。ローマ人が経営してい
た17軒の商店の中でも、特に大きく、中心的な
位置を占めていたと思われるもの。

¶文化史蹟3(商家)〔写〕

ゴルテュス　Gortys

アルカディア地方アツィコロス村近郊。中心部
にペロポネソス特有の塔をもつ、城塞化された
二重構造の城壁を発見。前4世紀のアスクレピオ

ヨーロッパ

ス神殿跡もある。

¶世界美2

ゴルテュン　Gortyn

クレタ島のメッサラ平野。古代ギリシャの都市。遺物は新石器時代に遡る。ミノス期のものとしては小宮殿の遺構がある。アポロン・ピュティオス神殿（前7–前6世紀頃）、ローマ帝政期の煉瓦造の劇場や建築物も残る。

¶新潮美（ゴルテューン）、世界美2

コルフの旧市街　Old Town of Corfu

イオニア諸島のコルフ島の旧市街。城砦都市で、16世紀ヴェネツィア時代に建造された新旧2つの城砦がある。建物の多くは18〜19世紀建造の新古典様式。

世界遺産（コルフ旧市街　2007）

¶世遺事、成世遺上（コルフ旧市街）〔写〕、世遺百（コルフ旧市街）〔写〕

コンモス　Kommos

クレタ島、南岸の砂浜。ファイストスの、後にはゴルテュンの外港として栄えた地の遺跡。

¶大遺跡5〔写〕

ザクロ　Zakro

クレタ島東端。カトー（カト）・ザクロとも。青銅器時代の遺跡。後期ミノス第Ⅰ期に属する宮殿が発見された。宮殿は前1450年頃破壊され放棄。

¶古遺地（カトー・ザクロ）〔図〕、新潮美、世界考古、大遺跡5 p32（ザクロス王宮）〔写〕

サモス島のピタゴリオンとヘラ神殿
Pythagoreion and Heraion of Samos

エーゲ海東南部のサモス島。前6世紀後半に栄えたポリスの遺跡群。ピュタゴリオンには僭主ポリュクラテスの宮殿跡など、古代ギリシャ・古代ローマ時代の建造物がある。サモス島はヘラ信仰の中心地で、現在はヘラ神殿の石柱が残る。

世界遺産（サモス島のピュタゴリオンとヘラ神殿　1992）

¶世遺事、成世遺上〔写〕、世遺百（サモス島のピュタゴリオンとヘラ神殿）、世界考古（サモス島）、世界美2（サモス）、ビジ世遺〔写〕、ユネ世遺9〔写〕

サモトラケ　Samothrake

エーゲ海北部。古代の熱狂的な秘儀と「サモトラケのニケ」で名高い島。現在見ることができる遺構は、前4世紀以降のものがほとんど。

¶古代ギリ p191〔写/図〕、世界美2

サモトラケの円形遺構

サモトラケ。劇場のような構造の円形遺構。前5世紀後半に遡ると推定。

¶古代ギリ p203（円形遺構）〔写〕

サモトラケのストア

サモトラケ。前3世紀前半に建造。神域内で最大の建造物。

¶古代ギリ p202（ストア）

サントリーニ　Santorini

エーゲ海のキュクラデス諸島に属す島。別名ティラ、古代名はテラ。前1550年頃の大噴火で島の中央部が吹き飛ばされ、都市が埋もれた。南端の村アクロティリはエーゲ海のポンペイと呼ばれ、遺跡が発掘されている。

¶遺跡100（アクロティリ）〔写〕、角川世（テラ）、新潮美、世界考古（テラ島）、世界美2、大遺跡5（テラ（サントリニ島））〔写〕

シキュオン　Sikyon

コリントの北西。古代都市。前660〜前570年に最盛期を迎えた。アクロポリスからは、前3世紀のギュムナシオンほか、アゴラでは、前3世紀のブレウテリオンほかの遺構がある。

¶世界美3、世歴事4

獅子門　ししもん/Lion Gate

ミケーネ。前1250年頃に、おそらくアガメムノンがつくったと思われるミケーネ砦の表玄関の獅子門。高さ3.2m。

世界遺産（ミケーネとティリンスの古代遺跡群　1999）

¶古代ギリ p38（ライオン門）〔写〕、新潮美、世遺始 p40、大遺跡5 p39〔写〕、文化史蹟3（獅子門（ミケーネ）

漆喰画の館　しっくいがのやかた★

ペラ。ドーリス式柱廊を持つ前3世紀末の邸宅。壁に立体的な漆喰画が施されていた。

¶古代ギリ p173〔写〕

シフノス人の宝庫

デルフォイ。アポローン聖域にギリシャの各都市が建てた宝庫の一つで、前525年頃にシフノス島から奉献されたもの。

世界遺産（デルフィの古代遺跡　1987）

¶古代ギリ p137〔写〕、新潮美（シフノス人宝庫）

シモノス・ペトラ修道院
Monastery of Simonos Petra

アトス山。創建は14世紀。浄福者シモノスの創建といわれる。アトス山の修道院の内でも、特に峻険な地勢を利用して建てられている。

世界遺産（アトス山　1988）

¶文化史蹟11〔写〕

12神の祭壇　じゅうにしんのさいだん

アテネのアゴラの北側。前522/1年に奉納されたと伝えられる。南西部分の基壇と奉納像の台座が残る。

¶古代ギリ p67（一二神の祭壇）〔写〕，大遺跡5 p96〔写〕

ストア・バシレイオス（王の列柱館）

アテネのアゴラの北西端。前6世紀末頃に建造された。主として祭祀に関することを司るバシレイオス（王）と呼ばれる高位の役人が詰めていた役所。

¶古代ギリ p69

ストア・ポイキレ（彩画館）

アテネのアゴラの北端。前475～460年頃に建造された、戦争画や戦利品が展示されていた美術ギャラリーのような施設。

¶古代ギリ p71〔写〕

スニオン　Sounion

アッティカ。塔を備えたアクロポリスの上、海を見下ろす眺めのよい場所にポセイドンの聖域があり、神殿がそびえていた。内陸に入った所には女神アテナの聖域がある。

¶古代ギリ p88〔写〕，新潮美（スーニオン），世界考古（スーニオン），世界美3，大遺跡5〔写〕

スパルタ　Sparta

ペロポネソス半島南部。古代都市。ミュケナイ時代の居住跡と、ドーリス人の占住に関係すると思われる遺跡、前3世紀と推定される市壁、アクロポリスに古代末期およびビザンティン時代の遺跡、女神アテナ・カルキオイコスの聖域がある。アルテミス・オルティアの聖域は前10世紀。

¶旺文社世，角川世，世界美3，世歴事5〔写〕，大遺跡5〔写/図〕，評論社世，平凡社世，山川世

スパルタの劇場　Theatre, Sparta

古代都市スパルタ。前200年頃。丘の西北端の斜面を利用して造られた劇場。ナビス時代の舞台の礎石とローマ帝政初期に改造された座席の一部が残るのみ。

¶文化史蹟3（劇場（スパルタ））〔写〕

聖パヴルウ修道院　Monastery of St. Paul

アトス山。創建14世紀前。アトス山の内でも、最も厳しい自然条件の下に建てられた修道院。

世界遺産（アトス山　1988）

¶文化史蹟11〔写〕

聖パンテレイモノス修道院

Monastery of St. Pantaleimon

アトス山。創建12世紀。ロシア正教会に属する。屋上十字架基部の装飾は独特のスラヴ風。

世界遺産（アトス山　1988）

¶文化史蹟11〔写〕

ゼウス・オリュンピオスの神域

ディオンにある。中心的な神域だったと推定。

¶古代ギリ p188

ゼウス神殿〔オリンピア〕

Temple of Zeus, Olympia

オリンピア。ペロポネソス半島最大の神殿。前470～前456年頃、エーリス出身の建築家リボンによって建てられたドーリス式周柱堂。

¶古代ギリ p109〔写〕，古代遺跡 p228,231（オリンピア・ゼウス神殿）〔写〕，新潮美（オリンピアのゼウス神殿），大遺跡5 p108〔写〕

ゼウス神殿〔ネメア〕

Temple of Zeus, Nemea

ネメア。前4世紀中頃。ネメアはペロポネソス半島北東部の静かな小盆地で、ヘラクレスの伝説がある。高さ10mの柱が3本立ち残る。

¶文化史蹟3（ゼウス神殿（ネメア））〔写〕

ゼウスのストア

アテネのアゴラの北西。前420年代に建造。ゼウス・エレウテリオス（自由のゼウス）に捧げられたもの。

¶古代ギリ p73，大遺跡5 p96（ゼウス・エレウテリオスのストア）〔写〕

セスクロ　Sesklo

テッサリア地方のヴォロス付近。新石器時代の遺跡。最下層では、住居が不規則に配置され集落の周囲には囲壁がない。

¶角川世，新潮美，世界考古，大遺跡1〔写〕

タソス島　Thasos

エーゲ海最北部。後5～6世紀に属するバシリカ建築の遺構に富む。島の北端に位置するタソス市では、古代の都市計画の遺構や大規模な市壁の跡が明らかにされている。

¶世界美3，世歴事5（タソス）

タナグラ　Tanagra

ボイオティア地方。古代都市。広大な古代墓地から多数の墓碑とともに、大量の彩色テラコッタ製小像が出土。最古のものは前6世紀に遡る。

¶世界美3

ダフニ修道院　Monastery of Daphni

アテネ市の西の郊外。アポロンの神域の跡に5～6世紀頃創設。現在の建物は1080年頃再建されたもの。

世界遺産（ダフニ修道院群、オシオス・ルカス修道院群及びヒオス島のネア・モニ修道院群　1990）

¶新潮美，世界美3，文化史蹟11〔写〕

ダフニ修道院、オシオス・ルカス修道院、ヒオス島のネア・モニ修道院

Monasteries of Daphni, Hosios Loukas and Nea Moni of Chios

ダフニ修道院はアテネの西郊、オシオス・ルカ

ギリシャ　　　　　　　　　476

ス修道院はアテネの北西約110km、ネア・モニ
修道院はエーゲ海東部ヒオス島にある。東ロー
マ帝国時代に建設されたギリシャ正教会修道院。
ギリシャで、11世紀のモザイク画が残っている
のはこの3修道院のみ。

世界遺産(ダフニ修道院群、オシオス・ルカス修道院
群及びヒオス島のネア・モニ修道院群　1990)

¶世遺事(ダフニの修道院、オシオス・ルカス修
道院とヒオス島のネアモニ修道院)、成世遺上
(ダフニ、オシオス・ルカス、ネア・モニ修道
院)〔写〕、世遺百、ビジ世遺〔写〕、ユネ世
遺9(ビザンティン中期の修道院)〔写〕

ダロンの神域
ペラ。前4世紀の神域。ダロンの名を刻した奉納
碑文を発見。
¶古代ギリ p175

ディオニュシウ修道院
Monastery of Dionysiou
アトス山。創建1366年頃。浄福者ディオニュシ
オスによって創建されたと伝えられる。食堂内
の東壁を飾る「最後の審判」は1547年の作とさ
れる。
世界遺産(アトス山　1988)
¶文化史蹟11〔写〕

ディオニュソス劇場　Theatre of Dionysus
アテネのアクロポリス南麓。前6世紀。円形で、
座席1万7千ほどと推測。
¶古代ギリ p79〔写/図〕、大遺跡5 p92〔写〕、
文化史蹟3〔写〕

ディオニュソスの館〔ディオン〕
ディオン。後2世紀末頃の大邸宅。ディオニュソ
スの勝利の場面を描いた床モザイクがある。
¶古代ギリ p186〔写〕

ディオニュソスの館〔ペラ〕
ペラ。前4世紀末のマケドニア貴族の館。宴会場
の床には、「豹に乗るディオニュソス神」ほかの
モザイク画がある。
¶古代ギリ p171〔写/図〕

ディオン　Dion
オリュンポス山北東麓に位置。古代マケドニア
の聖地。古代アゴラおよび中央道路、劇場、浴
場、デメテル神殿、スタディオン、城壁などを
発掘。
¶古代ギリ p179〔写/図〕、大遺跡5〔写/図〕

ディオンの劇場
ディオン。ヘレニズム時代。フィリポス5世の治
世に建造。
¶古代ギリ p188(劇場)〔写〕

ディオンの城壁
ディオン。前4世紀末頃建造。ほぼ正方形の都市
域を囲む跡が残る。6つの門と塔や給水設備の遺
構がある。
¶古代ギリ p184(城壁)、大遺跡5 p144(城壁
の石組み)〔写〕

ディオンの大公衆浴場
ディオン。セウェルス朝の時代(後193-235)に
建造。4千平方m以上の大規模な施設。
¶古代ギリ p185(大公衆浴場)〔写〕

ディオンの大バシリカ
ディオン。初期キリスト教時代。ディオンの主
教座教会だったと考えられている。
¶古代ギリ p186(大バシリカ)〔写〕

ディオンの墓域
ディオン。前5世紀半ばから後5世紀初頭に至る
までの墓域が点在。
¶古代ギリ p188(墓域)〔写〕

ディピュロン　Dipylon
アテネ市の西北、ケラメイコス地区に建ってい
た城門。付近の古代墓地から大量に出土した幾
何学文様式の陶器は、ディピュロン陶器と総称
されている。
¶世界美3、大遺跡5 p98〔写〕

ディミニ　Dimini
ヴォロスから西へ5km足らずの小高い丘。前
3300〜3000年頃の新石器時代の防塞居住地。
¶角川世、古遺地〔図〕、新潮美、大遺跡1〔写/
図〕

ティリンス　Tiryns
アルゴリス地方。古代都市。青銅器時代初頭にす
でに重要な都市となっていた。1884年シュリー
マンとデルプフェルトの指揮下で行われた考古
学的発掘によって、初期ヘラディック時代(前
2500年頃)に始まる都市的発展の種々の段階が
明らかにされた。
世界遺産(ミケーネとティリンスの古代遺跡群
1999)
¶旺文社世、角川世、古遺地(ティリュンス)
〔図〕、新潮美(ティーリュンス)、図解考古
(ティリンス遺跡)〔写/図〕、世界考古(ティ
リュンス)、世界美3(ティリュンス)、大遺跡5
(ティリュンス)〔写〕、平凡社世、山川世

テゲア　Tegea
ペロポネソス半島中部アルカディア地方の南西
に位置。古代都市。アテナ・アレアの神殿は前
350年に再建。後5世紀にキリスト教のバシリカ
に改造された。劇場やアゴラ、デメテルとコレ
の聖域なども残る。
¶新潮美、世界美4

477　ギリシャ

テッサロニキの初期キリスト教とビザンチン様式の建造物群
Paleochristian and Byzantine Monuments of Thessalonika

テッサロニキ県。前4世紀に建設された古代マケドニアの最重要都市の一つ。古代ローマの建造物、ビザンチン時代のモザイクやフレスコ壁画、トルコ支配下でのモスクなどの遺構がある。

世界遺産 (テッサロニーキの初期キリスト教とビザンチン様式の建造物群　1988)

¶世遺事 (テッサロニキの初期キリスト教徒とビザンチン様式の建造物群)、成世遺上 (テッサロニキの歴史的建造物)〔写〕、世遺百 (テッサロニキの初期キリスト教およびビザンティン様式の建造物)〔写〕、世界考古 (テサロニキ)、東欧 (テッサロニキ)、ビジ世遺 (テッサロニキの初期キリスト教とビザンティン様式の建造物)〔写〕、ユネ世遺9 (テッサロニキの歴史的建造物)〔写〕

テッサロニキの「聖母のバシリカ」
テッサロニキにある。アケイロポイエスト聖堂、通称「聖母のバシリカ」。典型的なバシリカ式聖堂の一つ。5世紀中頃の作品と推定。

¶宗教建築〔写/図〕

テーベ　Thebai
ボイオーティア地方。古代ギリシャの都市。ミュケナイ時代の王宮址が残る。

¶旺文社世、新潮美 (テーバイ)、世歴事6 (テーベ (ギリシアの))、評論社世 (テーバイ)、山川世 (テーベ (2))

デメテルとコレ (ペルセフォネ) の神域
ペラ。小さな円形の神域。穀物の女神デメテルをたたえるテスモフォリア祭が開催されていたと思われる。

世界遺産 (デルフィの古代遺跡　1987)

¶古代ギリ　p175

デメテルの神域
ディオン。前6世紀に遡る神域。デメテルにまつわる奉納品などを発見。

¶古代ギリ　p187

テメノス
サモトラケ。「踊る少女たちの聖所」とも呼ばれる。秘儀に関わる何らかの儀式が営まれていたと考えられている。

¶古代ギリ　p200

テュリッソス　Tylissos
クレタ島、イラクリオンから南西に14km離れた村。ミノス諸期にまたがる3軒の大邸宅を発掘。

¶大遺跡5　p32〔写〕

デルヴェニの古代墳墓
マケドニア地方デルヴェニ。前4世紀末の浮き彫りに鍍金を施した大型のクラーテールほかを発掘。

¶新潮美 (デルヴェニ〔古代墳墓〕)〔写p438 (クラーテール)〕

デルフィのギュムナシオン
デルフィ。前4世紀に建造。ローマ時代に改修された。運動競技の練習場や文化活動の場として機能していた。

世界遺産 (デルフィの古代遺跡　1987)

¶古代ギリ　p134 (ギュムナシオン)〔写/図〕

デルフィの劇場
デルフィ。神域の最高所を占める。前4世紀に建造、前2世紀半ばに修復。

世界遺産 (デルフィの古代遺跡　1987)

¶古代ギリ　p141 (劇場)〔写〕、大遺跡5　p77〔写〕

デルフィの古代遺跡
Archaeological Site of Delphi

コリントス湾を望むパルナッソス山中。古代ギリシャの聖域。前4世紀のドーリア式のアポロン神殿、宝庫、野外劇場などが発掘された。

世界遺産 (デルフィの古代遺跡　1987)

¶遺建7 (デルフォイの聖域)〔写/図〕、旺文社世 (デルフィ)、角川世 (デルフォイ)、古代ギリ p122 (デルフォイ)〔写/図〕、新潮美 (デルフォイ)、図解考古 (デルフィ遺跡)〔写〕、世遺事 (デルフォイの考古学遺跡)、成世遺上 (デルフォイの遺跡)〔写〕、世遺地 (デルフィ)〔写〕、世遺百 (デルフィ考古遺跡)〔写〕、世界考古 (デルフォイ)〔図〕、世界美4 (デルフォイ)〔写p48、91/図〕、世歴事6 (デルフォイ)、世歴大13 (デルフォイ)〔写〕、大遺跡5 (デルフォイ)〔写/図〕、ビジ世遺 (デルフォイの遺跡)〔写〕、評論社世 (デルフォイ (デルフィ) の神託)、文化史蹟3 (デルフォイの神域)〔図p183〕、平凡社世 (デルフォイ)、山川世 (デルフォイ)、ユネ世遺9 (デルフィの考古遺跡)〔写〕

デルフィのスタディオン
デルフィ。前5世紀に造造された馬蹄形の競技場。

世界遺産 (デルフィの古代遺跡　1987)

¶古代ギリ　p142 (スタディオン)〔写〕、大遺跡5　p77 (スタディオン)〔写〕

デルフィのトロス　Tholos, Delphi
デルフィ。前4世紀。アポロンの神域の東の神域マルマリアにあるアテナ・プロナイアの円形の建物。ドーリア式列柱が残っている。

¶文化史蹟3 (トロス (デルフォイ))〔写〕

ヨーロッパ

ギリシャ　　　　　　　　　　　　478

テルミ　Thermi
レスボス島。青銅器時代の集落遺跡。1929～33
年、前期青銅器時代と後期青銅器時代の集落が
明らかとなった。
¶世界考古

テルモス　Thermos
アエトリア。アポロン神域址などのある遺跡。
前10～9世紀の住居址群と前625年頃のドリス式
アポロン神殿址。
¶新潮美, 世界考古

テレステリオン　Telesterium
エレウシス。前5世紀。エレウシスの秘儀の行
われたところ。大規模な54mの正方形の建物で
あった。
¶古代ギリ p96〔写〕, 宗教建築（エレウシスの
テレステリオン）〔図〕, 新潮美（テレステーリ
オン）, 大遺跡5 p102〔写〕, 文化史蹟3〔写
p70/図p20〕

デロス人による神殿
デロス島。アポロン神殿。前4世紀末に完成。
¶古代ギリ p210, 大遺跡5 p118（アポロン神
殿）〔写〕

デロス島　Delos
エーゲ海中部、キクラデス諸島の中央部の島首
都アテネの南東約160km。前5～2世紀のアポロ
ン神殿を中心とする古代宗教の聖地と政治の中
心地。ドーリア様式建築の遺跡が数多く残る。
〈世界遺産〉（デロス島　1990）
¶角川世（デロス）, 古代ギリ p204（デロス）
〔写/図〕, 新潮美（デーロス島）, 世遺事（デロ
ス）, 成世遺上〔写〕, 世遺百〔写〕, 世界考古,
世歴事6（デロス）, 空古代遺跡〔写〕, 大遺跡
5〔写/図〕, ビジ世遺〔写〕, 山川世, ユネ世
遺9〔写〕

デロス島のアゴラ　Agora, Delos
デロス島。デロスのアゴラ。デロスは、前2世紀
半ば以降、国際都市として栄え、公共施設がつ
くられ始めた。
〈世界遺産〉（デロス島　1990）
¶文化史蹟3（アゴラ（デロス島））〔写〕

デロス島の劇場　Theatre, Delos
デロス島。約5千人ほどの観客を収容した。前2
世紀半ば以降。
〈世界遺産〉（デロス島　1990）
¶文化史蹟3（劇場（デロス島））〔写〕

デロス島の神殿遺蹟
Ruins of Temples, Delos
デロス島。デロス島はアポロンとアルテミスの
誕生地。アルテミスの祭殿とアポロン神殿が建

てられた。
〈世界遺産〉（デロス島　1990）
¶文化史蹟3（神殿遺蹟（デロス島））〔写〕

デロス島の聖道　Processional Way, Delos
デロス島。前7世紀。島の西海岸にある聖池に通
じる聖道。ナクソスの大理石でつくられた獅子
像が並ぶ。
〈世界遺産〉（デロス島　1990）
¶文化史蹟3（聖道（デロス島））〔写〕

デンドラ　Dendra
アルゴリス地方の村落。ミュケナイ時代中・後
期の遺跡がある。
¶世界考古

ドドナ　Dōdona
北西部、エーペイロス地方の山中。エペイロス
地方にあった聖地で、ゼウスの神託所。鉛板が
多数出土。
¶角川世, 新潮美（ドードーナ）

ネア・ニコメデイア　Nea Nikomedeia
テッサリア。新石器文化初頭の集落址。ギリシャ
の遺跡では珍しい彩文土器が出土。
¶世界考古

ネオリオン
サモトラケ。前3世紀前半の建造。3段櫂船の展
示ホール。
¶古代ギリ p202

ネストル王宮　Nestor
現在のピュロスの北17kmにあるアノ・エングリ
アノスと呼ばれる丘。ミケーネ時代のピュロス
王国のネストルの王宮址。多数の粘土板（線文
字B文書）を出土。メガロン式構造を持つ。
¶大遺跡5〔写〕

ネメア　Nemea
アルゴリス地方の渓谷の名。アルカイック時代
にはゼウス信仰の聖地。ゼウス神殿の遺構やパ
ライストラ、劇場、スタディオンの遺跡が残る。
¶新潮美, 世界美4

ハギア・トリアダ　Hagia Triada
クレタ島中部ファイストス近郊の遺跡。ミノス
期の住居遺構や続新石器時代の遺跡を発見。中
期および後期ミノス時代に遡る大邸宅を中心に
した家屋群の遺構は特に重要。
¶古遺地（ファイストスとアギア・トリアダ）
〔図〕, 新潮美, 世界考古, 世界美4〔写〕, 大
遺跡5（アギア・トリアダ）〔写〕

バッサイ　Bassai
ペロポネソス半島のアルカディア地方。アポロ
ン・エピクリオス神殿がある地。これに先行す

る神殿の遺構も発見されている。

世界遺産(バッサイのアポロ・エピクリオス神殿 1986)

¶新潮美(バーッサイ)，大遺跡5〔写〕

バッサイのアポロ・エピクリオス神殿
Temple of Apollo Epicurius at Bassae

ペロポネソス半島のアルカディア地方。バッサイ山中にある，前420年頃に建てられた神殿。ピガレイアの住民がアポロン神に奉納したもの。古代ギリシャの建築様式とドーリア様式が融合した神殿。

世界遺産(バッサイのアポロ・エピクリオス神殿 1986)

¶世遺事(バッセのアポロ・エピクリオス神殿)，成世遺上(バッサイのアポロン・エピクリオス神殿)〔写〕，世遺百(バッサエのアポロン・エピクリオス神殿)，大遺跡5(アポロン神殿)〔写〕，ビジ世遺(バッサイのアポロン・エピクリオス神殿)〔写〕，文化史蹟3(アポロン神殿)〔写〕，ユネ世遺9(バッサイのアポロ・エピクリオス神殿)〔写〕

パトモス島の "神学者" 聖ヨハネ修道院と黙示録の洞窟の歴史地区 (コーラ)
The Historic Centre (Chorá) with the Monastery of Saint John the Theologian and the Cave of the Apocalypse on the Island of Pátmos

ドデカニサ諸島パトモス島。ローマ時代の流刑地。島に流された聖ヨハネが島内の洞窟 "黙示録の洞窟" で神の啓示を受け，福音書と黙示録を著したとされる。聖ヨハネ修道院は，その洞窟のある丘の上に11世紀に建立された。東方正教会の巡礼地となっている。

世界遺産(パトモス島の "神学者" 聖ヨハネ修道院と黙示録の洞窟の歴史地区(コーラ) 1999)

¶世遺事(パトモス島の聖ヨハネ修道院のある歴史地区(ホラ)と聖ヨハネ黙示録の洞窟)，成世遺上(パトモス島の聖ヨハネ修道院)〔写〕，世遺百("神学者" 聖ヨハネ修道院と黙示録の洞窟を含むパトモス島の歴史中心地区(コーラ))〔写〕，ビジ世遺(パトモス島の聖ヨハネ修道院と黙示録の洞窟)〔写〕，歴史建築(聖ヨハネ修道院)〔写/図〕

ハドリアヌスの門 Hadrian's Arch

アテネ。132年の凱旋門。上層にコリント式の柱。門の高さ13m，厚さ2.3m。

¶古代ギリ p85〔写〕，文化史蹟3(ハドリアヌス帝の門)〔写〕

パナギア・ハルキオン Panagia Chalkion

北部のテサロニキ(サロニカ)。ビザンティン聖堂。

¶新潮美

パライカストロ Palaikastro

クレタ島東端ザクロの北に位置する遺跡。ミノス時代の居住跡が発見された。付近からはゼウス・ディクタイオスの神域の遺跡も発見。

¶新潮美，世界美4

パルテノン Parthenon

アテネのアクロポリスにある。守護女神アテーナーの神殿。前447年フェイディアスを総監督に着工。

世界遺産(アテネのアクロポリス 1987)

¶旺文社世〔写〕，オ西洋美〔写p330/図p330〕，角川世，古代ギリ p59〔写〕，古代遺跡 p232〔写〕，宗教建築(パルテノン神殿)〔写/図〕，新潮美(パルテノーン)，図解考古，世界考古〔図〕，世界美5(フェイディアス〔パルテノンの装飾〕)，世歴事7，世歴大15〔写〕，評論社世，文化史蹟3(パルテノン神殿)〔写p21，24～43/図p19〕，平凡社世，山川世

パンアテナイア大通り

アテネのアゴラ。中央のやや東寄りを斜めに貫く道の跡。先史時代に遡ると考えられている。

¶古代ギリ p67〔写〕

パンアテナイア競技場

アテネ。前330年頃，リュクルゴスによって建設された競技場。

¶古代ギリ p86〔写〕

反響列柱館 はんきょうれっちゅうかん★

オリュンピア。前4世紀の後半建設。名は，中で人が叫ぶと7回以上もこだまが返ってきたことに由来。彩画館ともいう。

¶古代ギリ p109，大遺跡5 p112(反響廊)〔写〕

パンタナッサ修道院
Monastery of Pantanassa

ミストラ。1430年頃。彫刻と絵画的装飾の調和がよく，数多いミストラのビザンツ様式寺院の内でも最も優雅なものとされる。

¶文化史蹟3 p121〔写〕

パントクラトロス修道院
Monastery of Pantokratoros

アトス山。創建14世紀。周囲を城壁のような壁に囲まれ，壁の内側は内庭，中央に中央礼拝堂，その他の礼拝堂，食堂等が置かれている。

世界遺産(アトス山 1988)

¶文化史蹟11〔写〕

パンドロセイオン Pandroseion

アテネ。アクロポリス上で尊崇されていたパンドロソスの聖域。

¶新潮美

ギリシャ　　　　　　　　　　　　　　480

ヨーロッパ

ヒエロン
サモトラケ。5本のドーリス式円柱が復元されている。秘儀の儀式エポプテイアが行われた神域の中心的な神殿。
¶古代ギリ p201〔写〕

ピツァ　Pitsa
コリントス湾近くの村。この村にそびえるマヴロ・ヴノ山の洞窟から、古代のニュンフェ信仰を証明する一群の奉献物が発見された。
¶世界美4

ピュロス　Pylos
アノー・エングリアノスの丘陵地帯。前13世紀、ミュケナイ時代の宮殿址。
¶旺文社世, 角川世, 古遺地〔図〕, 新潮美, 世界考古, 文化史蹟3(ピュロス宮殿)〔写〕, 山川世(ピュロス〔地名〕)

ピラエウス　Piraeus
アテナイの南西約10kmの小半島。古代の港町。半島の東側のムニヒアの丘に新石器時代の住居址がある。現在確認できる遺構は、ムニヒアおよびゼアの2軍港、ゼア港脇の小劇場などがある。
¶世界考古

ヒランダリウ修道院　Moni Chilandariou
アトス山の修道院群の一つ。1197年創建のセルビア系修道院。カトリコンは1299年頃の建築。
世界遺産(アトス山　1988)
¶新潮美

ファイストス　Phaistos
クレタ島。古代都市。新石器時代より人が住み、青銅器時代にミノス文明の中心地の一つになった。ミノス時代に属す旧宮殿と新宮殿の遺構を発掘。
¶角川世(フェストス), 古遺地(ファイストスとアギア・トリアダ)〔図〕, 新潮美, 世界考古(ファエストス), 世界美4〔写(陶器)〕, 大遺跡5〔写〕

ファイストス宮殿　Palace of Phaistos
クレタ島。前17～16世紀。低い丘のはずれに建ち、東方と西方にはメッサラ平野、後方にはイダ山脈を望む。階段や壁面に精巧な切り石建築が残る。
¶大遺跡5(ファイストス王宮)〔写〕, 文化史蹟3〔写〕

ファレロン　Phaleron
アッティカ海岸の広い湾のなかに位置。古代ギリシャ時代のアテナイの港。発掘によって、前8～前7世紀の墓地が明らかにされた。
¶世界美4

フィガリア　Phigalia
アルカディア地方の古代都市。前146年ローマに征服される。城壁の跡といくつかの神殿の遺構を発見。1千mを超す山頂にあるアポロン・エピクリオス神殿跡が名高い。
¶世界美4

フィケルラ　Fikellura
ロードス島の地名。古代都市カメイロス近郊に位置する。この地のアルカイック期の墓地から出土した一群の陶器は、フィケルラ陶器とよばれ、同種の様式を示す陶器にも採用される呼称。
¶世界美4

フィリッピの考古学遺跡
Archaeological Site of Philippi
カヴァラ県の県都カヴァラ市。ヨーロッパとアジアを繋ぐ古代のエグナティア街道上にある城壁都市の遺構。城壁、門、劇場や葬祭殿などがみられる。
世界遺産(フィリピの古代遺跡　2016)
¶新潮美(フィリッピー), 世遺事

フィロパポスの記念碑
アテネのムーサの丘の頂。コマゲネス朝の血を引くフィロパポスという人物の巨大な墓(後116年頃没)。
¶古代ギリ p84〔写〕

プトレマイオン〔サモトラケ〕
サモトラケ。プトレマイオス2世が前280年代後半に寄進したプロピュロン(門)がある。
¶古代ギリ p202

プトレマイオン〔ロードス島〕
ロードス島。全体が岩盤の露頭を削って造られている墓。「プトレマイオン」、あるいは「プトレマイオス王の墓」という通称で呼ばれる。
¶古代ギリ p227〔写〕

プニュックス　Phyx
アテネ。アレオパゴスの丘に向かいあう丘。北斜面でクレイステネス以来のアテナイ市の民会議場を発掘。
¶古代ギリ p82(プニュックス(民会場))〔写/図〕, 世界考古, 世界美1(アテナイ〔アレイオス・パゴス、プニュクスの丘〕)

ブラウローン　Brauron
アッティカ半島の東海岸。アルテミス・ブラウローニアー(人身御供を要求するアルテミス)の聖地。初期鉄器時代までには、アルテミス女神を祀る神域となった。
¶古代ギリ p89(ブラウロン)〔写〕, 新潮美

プリニアス　Prinias
クレタ島イダ山の麓。後期ミノス時代の名残を

とどめるプロト幾何学文様式時代の居住跡を発見。2つのメガロン式神殿の遺構も発見された。

¶新潮美, 世界美5

ベッラの墳墓
ヴェルギナ。3基ある。前3世紀のもの。土地の所有者の名を冠する。

¶古代ギリ p164

ヘファイスティア　Hephaistia
レムノス島。古代都市。幾何学文様式時代から古典期の墓地（前9 – 前6世紀）、奉納品収蔵庫、ギリシャ・ビザンティン時代の住居、劇場が出土。

¶世界美5

ヘファイストス神殿　Hephaisteion
アテネのアゴラの西側。ヘファイステイオン。コロノス・アゴライオスの丘に建つ。ヘファイストスとアテナを祀るドーリス式神殿。

¶オ西洋美（ヘファイステイオン）, 古代ギリ p72〔写〕, 新潮美（ヘーファイステイオン）, 大遺跡5 p97（ヘパイステイオン）〔写〕

ペラ　Pella
テッサロニキの西40kmほど。ペラはマケドニアのアルケラオス王（在位前413 – 前399）が都を置いた所。美しいモザイクに床を飾られた貴族の館が見つかっている。

¶古代ギリ p165〔写/図〕, 新潮美, 大遺跡5〔写〕

ペラコラ　Perachora
コリントス湾とリヴァドストロ湾を分ける岬に位置。古代にはペイライオン（Peiraion）やペライア（Peraia）とよばれた。初期ヘラディック時代に遡る居住跡を発見。歴史時代には女神ヘラの聖域で名高い地となる。

¶世界美5

ヘラ神殿〔アグリジェント〕
アグリジェントにある。前470年頃のドーリス式神殿。柱は計34本。

¶大遺跡5 p79〔写〕

ヘラ神殿〔オリュンピア〕
オリュンピアのクロノスの丘の南西麓。ヘーライオー、ヘーライオンとも。ギリシャ本土最古のドーリス式神殿の一つ。神室の奥にはゼウス神とヘラ女神の像が、入ってすぐ右側にはヘルメス神の像が祀られていた。

¶古代ギリ p105〔写〕, 新潮美（ヘーライオン）, 大遺跡5 p110〔写〕

ペラのアゴラ
ペラ。ペラの都市生活の中心地。カッサンドロスによる都市計画と同時に設計されたと推定。

¶古代ギリ p173（アゴラ）〔写〕

ペラの王宮
ペラ。マケドニア王国の王宮跡遺構の中で最も古い南側の部分は、前4世紀後半のフィリポス2世の治世のものと推定。

¶古代ギリ p176（王宮）〔写〕

ペラの墓域
ペラ。ペラの遺跡では、前5世紀末から前2世紀末までの時期すべてにわたる墓域を確認。

¶古代ギリ p175（墓域）〔写〕

ペリクレスの音楽堂
アテネのアクロポリス南麓。前5世紀にペリクレスによって建造された音楽堂。

¶古代ギリ p79

ペリステリア　Peristeria
キパリシアの東に位置。1960年以降、大小3基のトロス墓を発見。ミケーネ時代の王墓と目される。

¶大遺跡5〔写〕

ペリブレプトス修道院聖堂
Church of Peribleptos Monastery
ミストラス。14世紀末。2本の円柱を含む方形十字形プラン。内部にはパレオロゴス朝時代の見事な壁画を有する。

¶新潮美（ペリブレプトス修道院）, 文化史蹟11〔写〕

ヘレネの略奪の館
ペラ。前4世紀末の貴族の館。宴会場の床に「テセウスによるヘレネの略奪」のモザイク画がある。

¶古代ギリ p172〔写/図〕

ヘロデス・アッティコス音楽堂
Odeon of Herodes Atticus
アテネ。161年頃。アテネの大富豪で、雄弁家のヘロデス・アッティコス（後101-177）が建造。直径80m、5千人を収容する。

¶古代ギリ p81（ヘロデス・アッティコスの音楽堂）〔写〕, 大遺跡5 p93〔写〕, 文化史蹟3（ヘロデス・アッティコス奏楽堂）〔写〕

ポセイドン神殿　Temple of Poseidon
スニオン岬。ドーリア式神殿。前440年頃、アテネの最盛期ペリクレスの時代。

¶古代ギリ p89〔写〕, 新潮美（スーニオン〔ポセイドーンの聖域〕）, 大遺跡5 p102〔写〕, 文化史蹟3〔写〕

ポセイドンの列柱館
デロス島。前3世紀末に建てられた交易品の取引所。

¶古代ギリ p211〔写〕

ギリシャ　　　　　　　　　　　482

ポリオクニ　Poliokhni

レムノス島の東岸。初期青銅器時代の遺跡。陶器の形式変遷を基に6段階区分が、青・黒・緑・赤・黄・褐色の色分けで提唱されている。

¶世界考古

ポロス石の神殿

デロス島。前6世紀の建造になるイオニア式の神殿。

¶古代ギリ p210

マラトン　Marathon

アテネ市内から約40km北東に拡がるマラトン平野。ミケーネ時代以前からの遺跡が残っている。ペルシア戦争の古戦場として歴史にその名をとどめる。

¶新潮美（マラトーン），世界美5，大遺跡5〔写〕

マリア　Mallia

クレタ島。イラクリオン（旧名カンディア）の東に位置する遺跡。ミノス時代の宮殿と居住地区の遺構を発見。

¶古遺地〔図〕，新潮美，世界考古，世界美5，大遺跡5〔写〕

ミケーネ　Mycenae/Mykenai

ペロポネソス半島東部。ミュケナイとも。古代ギリシャの都市。伝説上の創設者はペルセウス。前1400年頃クレタ・ミュケナイ文明の中心地として最盛期を迎えた。シュリーマンは、豪華な副葬品に満ちた数基の王墓「アトレウス家の墓」を発見した。

世界遺産（ミケーネとティリンスの古代遺跡群1999）

¶遺跡100（ミケナイ）〔写〕，角川世，古遺地（ミュケナイ）〔図〕，古代ギリ p32〔写/図〕，新潮美（ミュケーナイ），世遺地，世界考古（ミュケナイ），世界美5（ミュケナイ）〔写/図〕，空古代遺跡（ミュケナイ）〔写〕，大遺跡5〔写/図〕，平凡社世（ミュケナイ），山川世

ミケーネ宮殿

ミケーネ。ミケーネ文明が繁栄していた最後の段階の宮殿が残っている。基壇の上に設けられたメガロンを中心に構成。

世界遺産（ミケーネとティリンスの古代遺跡群1999）

¶古代ギリ p41（宮殿主体部）〔写〕，文化史蹟3 p182〔写〕

ミケーネ城外の都市域

ミケーネ。アクロポリスの周囲約30haほどの範囲に広がる都市域。キクロペス様式のテラスを基礎とする大型家屋の遺構が調査されている。

世界遺産（ミケーネとティリンスの古代遺跡群1999）

¶古代ギリ p43（城外の都市域）

ミケーネとティリンスの古代遺跡群

Archaeological Sites of Mycenae and Tiryns

ミケーネはアテネから131km、ティリンスはアルゴスから8km。前16〜前12世紀頃に栄えたミケーネ文明の遺跡。ミケーネはシュリーマンが発掘した円形墳墓、ティリンスはキクロポス（サイクロプ）式の城壁や宮殿などの遺構がある。合わせて世界遺産に登録された。

世界遺産（ミケーネとティリンスの古代遺跡群1999）

¶世遺事（ミケーネとティリンスの考古学遺跡），成世遺上（ミュケナイとティリュンスの遺跡）〔写〕，世遺百（ミュケナイとティリンスの考古遺跡），ビジ世遺（ミュケナイとティリュンスの遺跡）〔写〕

ミケーネの円形墓地A　Grave Circle A

ミケーネにある。前16世紀。獅子門を入ってすぐ右側、城砦に沿ってある墓地。この内にある竪穴墓からシュリーマンが財宝を発見した。

世界遺産（ミケーネとティリンスの古代遺跡群1999）

¶古代ギリ p39（円形墓域A）〔写〕，世遺地 p41（円形墓A），世界考古（グレーヴ・サークルA）〔図〕，大遺跡5 p40（円形墳墓A）〔写〕，文化史蹟3（円形墓地A）〔写〕

ミケーネの円形墓地B　Grave Circle B

ミケーネ城外130m。円形の王族の墓地。「クリテムネストラの墓」と呼ばれる穹窿墓の補修中に偶然発見された。

世界遺産（ミケーネとティリンスの古代遺跡群1999）

¶世界考古（グレーヴ・サークルB）

ミケーネの穀物倉庫

ミケーネにある。地階部分から炭化した穀物が出土した建物。

世界遺産（ミケーネとティリンスの古代遺跡群1999）

¶古代ギリ p38（穀物倉），大遺跡5 p40（衛兵部屋（穀物倉庫））〔写〕

ミケーネの祭祀センター

ミケーネにある。前13世紀。「神殿」と呼ばれる施設や「フレスコ画の部屋」を中心とする建物がある。

世界遺産（ミケーネとティリンスの古代遺跡群1999）

¶古代ギリ p40（祭祀センター）〔写（テラコッタ像）〕

ミケーネの城壁

ミケーネにある。アクロポリスを囲む城壁。厚さが平均6m、総延長は約900m。

[世界遺産]（ミケーネとティリンスの古代遺跡群　1999）

¶古代ギリ p36（キクロペス様式の城壁）〔写〕

ミケーネの先史時代の墓域

ミケーネにある。アクロポリスの西側斜面は、中期青銅器時代から広く墓域として使われていた。「アイギストスの墓」と「クリュタイムネストラの墓」として知られる大型のトロス墓がある。

[世界遺産]（ミケーネとティリンスの古代遺跡群　1999）

¶古代ギリ p42（先史時代の墓域）〔図〕

ミケーネの地下貯水槽

ミケーネにある。岩盤の亀裂を利用した地下貯水槽。城外からパイプで水が引かれていた。

[世界遺産]（ミケーネとティリンスの古代遺跡群　1999）

¶古代ギリ p41（地下貯水槽）〔写〕，大遺跡5 p39（地下貯水槽）〔写〕

ミストラ遺跡

Archaeological Site of Mystras

ペロポネソス半島にあるスパルタの西郊外。13世紀初頭、十字軍が築いた城塞都市の遺跡。パンダナサ修道院、オデトリア教会、聖ディミトリオス大聖堂がある。

[世界遺産]（ミストラ遺跡　1989）

¶新潮美（ミストラス），世遺事（ミストラの考古学遺跡），成世遺上（ミストラの遺跡）〔写〕，世遺百（ミストラ考古遺跡）〔写〕，ビジ世遺（ミストラ），文化史蹟11（ミストラスの中世市街跡）〔写〕，ユネ世遺9（ミストラの中世都市）〔写〕

メガロポリス　Megalopolis

アルカディア地方。古代ギリシャ都市。前223年にスパルタの攻撃を受けて破壊された。市壁の痕跡、劇場、アゴラ、諸神殿の遺構が残る。

¶世界美6（メガロポリス（1）），大遺跡5〔写〕

メガロポリスの劇場　Theatre, Megalopolis

古代都市メガロポリス。前370〜前362年。アルフェイオス川の支流ヘリッソン川の南岸にあたる地に建設された劇場。ギリシャ最大のものだったといわれる。

¶大遺跡5 p147（劇場）〔写〕，文化史蹟3（劇場（メガロポリス））〔写〕

メギスティ・ラヴラ修道院

Monastery of Megistis Lavras

アトス山。アトス山の修道院群のなかでも主座の格式を与えられている。中央礼拝堂はアトスに残る最古の建築の一つで936年頃のもの。

[世界遺産]（アトス山　1988）

¶新潮美，文化史蹟11〔写〕

メテオラ　Meteora

トリカラ県。カラバカ市近郊にそびえる岩塊群とその頂に築かれたキリスト教（ギリシャ正教）の修道院群。12世紀以来数多く建立された。アトス山の修道院を手本としている。

[世界遺産]（メテオラ　1988）

¶宗教建築（メテオラの修道院群）〔写/図〕，新潮美，世遺事，成世遺上〔写〕，世遺百〔写〕，世界美6，ビジ世遺〔写〕，文化史蹟11（メテオーラの修道院群）〔写〕，ユネ世遺9（メテオラの修道院群）〔写〕

メネライオン　Menelaion

スパルタ近郊エウロタス河畔。ヘロオン（英雄廟）の一つ。メネラオスとその妻ヘレネが植物神として祀られていた。

¶世界美6，大遺跡5 p62〔写〕

メロス　Melos

エーゲ海のキュクラデス諸島。ミノス時代の考古学的遺跡に富む。ルーヴル美術館に保管されている「ミロのヴィーナス」は、1820年ここから発見された。

¶世界美6

モクロス　Mochlos

クレタ島東海岸のミラベロ湾の近くに位置する小島。初期および中期ミノス時代に遡る住居遺跡とミノス時代の岩室墓、ギリシャ・ローマ時代およびビザンティン時代の建築遺構もみられる。

¶世界考古（モクロス島），世界美6，大遺跡5 p32〔写〕

ユゼの墓

ヴェルギナ。前4世紀末頃の墓。発掘者の名前を冠している。

¶古代ギリ p164

ラウラ修道院　Megiste Lavra

アトス山。963年にニケフォロス2世の援助で修道士アナスタシオスが建てたギリシャ正教の修道院。多数の写本・文書、美術作品を伝えている。

[世界遺産]（アトス山　1988）

¶角川世

ラウレイオン　Laureion

アテナイの南東。古代ギリシャの銀の鉱山。前6〜前2世紀の間採掘。最盛期は前5世紀。

¶旺文社世（ラウレイオン銀山），角川世，大遺跡5〔写〕，評論社世，平凡社世，山川世（ラウリオン）

ラトー　Lato

グラス村近郊に位置。古代都市。アルカイック期の定住跡を確認。2つの丘にそれぞれアクロポリスがそびえていた。前2〜前1世紀頃に衰微した。

ギリシャ　484

¶世界美6

ラムヌス　Rhamnus

アッティカ東海岸、マラトーンの北約14km。古代ギリシャ、アッティカ地上のアイアンティス族のデーモス（区）。聖域には前6世紀のイン・アンティース神殿と前430年のネメシス神殿が残っている。

¶新潮美（ラムヌース），世界美6，大遺跡5〔写〕

リュコスラ　Lykosoura

メガロポリスの近郊に位置する遺跡。古代に地下の女神デスポイナの聖域があることで有名であった。前2世紀のものと思われるドーリス式の神殿の遺跡を発掘。

¶世界美6

リュシクラテスの記念碑
Monument of Lysicrates

アテネ。前334年にアカマンティス部族が少年合唱の部で優勝した際、出資者リュシクラテスが建立。

¶古代ギリ p85（リュシクラテスの合唱隊優勝記念碑）〔写〕，文化史蹟3〔写〕

リンドス　Lindos

ロードス島東海岸のほぼ中央。岩山を城塞化したアクロポリスを中心に広がる。アクロポリスから現在の村を隔てた西側には、アルコクラテイオンと呼ばれる墓がある。

¶古代ギリ p228〔写〕，新潮美，世界考古，世界美6

レヴカス島　Levukas

イオニア諸島の一つ。W.デルプフェルトはオデュッセイのいたイタカをこのレヴカス島に当て、島の東岸、キロスピリアの洞穴を発掘し、その確信を深めた。33の墓よりなる青銅器時代の墓地。

¶世界考古

レオニダイオン　Leonidaion

オリュンピア。80×74mの長方形の大建築。前4世紀後半の富裕者による建造。イオニア式の列柱を外側にめぐらし、中央に広い泉水つき庭園をもったホテル。

¶文化史蹟3 p111〔写〕

レフカディア　Lefkadia

レフカディア村。付近の田園地帯に4基のマケドニア墓が点在する。「大墳墓」はマケドニア墓の中で最大で、3世紀初頭に年代付けられる。

¶大遺跡5〔写〕

レベナ　Lebena

クレタ島南岸。古代都市。ミノス時代の定住跡が明らかにされ、住宅遺構と円形墓地、葬祭儀式を執行するための場所が発見された。

¶世界美6

レムノス　Lemnos

サモトラケ島の南方に位置。東岸にあるポリオクニで、新石器時代に遡る大規模な都市の遺跡を発見。ヘファイスティアの発掘では、カベイロイ密儀を行う聖所（カベイリオン）の遺跡を発見した。

¶世界美6

レルナ　Lerna

アルゴス市から南へ約10km。古代都市。現代名ミリ（Miloi）。新石器時代からローマ時代までにわたる居住跡が発見された。

¶古遺地〔図〕，世界考古，世界美6

ロードス島　Rhodes

アナトリア半島沿岸。先史時代から文化の痕跡が認められる。ドリス人が渡ってから活発な活動が展開された。イアリュソスにおいてミュケナイおよびアーケイック時代の墳墓、前6〜3世紀の神殿址、カメイロスにおいて神殿、住居址（前6〜後6世紀）などが発掘された。

¶アジア歴9（ロードス），古代ギリ p215（ロドス）図/図，新潮美（ロードス島），世界考古，世界美6（ロドス島），大遺跡5（ロドス島）〔写〕

ロードス島のアクロポリス
Acropolis, Rhodes

アナトリア半島沿岸ロードス島。古代のアクロポリスの遺跡は、スミス山の上に広がっている。アポロン・ピュティオス神殿がある。

¶古代ギリ p224（アクロポリス）〔写〕

ロードス島の中世都市
Medieval City of Rhodes

アナトリア半島沿岸ロードス島。中世に聖地エルサレムの守護軍のヨハネ騎士団が城塞化した都市。宮殿や騎士団長の館などの建物が残る。

世界遺産（ロードス島の中世都市　1988）

¶世遺事（ロードスの中世都市），成世遺上〔写〕，世遺百（ロドス島の中世都市）〔写〕，ビジ世遺〔写〕，ユネ世遺9（ロードスの中世都市）〔写〕

ロメオスの墓

ヴェルギナ。マケドニア式墳墓。ロメオスが発見した墳墓で、被葬者は不明。前3世紀初頭のもの。

¶古代ギリ p159〔写〕

クロアチア

ヴチェドール　Vučedol

ドナウ川沿岸ヴコヴァルの東5km。ヴチェドール文化の標準遺跡。9層に分かれ、最下層は新石器時代のスタルチェヴォ文化の遺物を含む。

¶世界考古

クラピナ　Krapina

ザグレブの北25km、ドナウ川の支流クラピナ川右岸。岩陰遺跡。ムスティエ文化の遺物と人骨が出土している。少なくとも13体の老若男女のネアンデルタール人骨が発見されている。

¶世界考古

サローナエ　Salonae

スプリット北郊のソーリン。古代の町。遺構の宮殿は、3世紀末における代表的なローマ建築。

¶世界考古〔図〕

シベニクの聖ヤコブ大聖堂

The Cathedral of St James in Šibenik

ダルマティア地方の沿岸部。1431年建築家ジョルジョ・オルシーニが建造を始め、後継者が引き継ぎ100年かけて完成した。ゴシック様式とルネサンス様式が融合した鐘塔や装飾が特徴。

世界遺産 (シベニクの聖ヤコブ大聖堂　2000)

¶世遺事，成世遺上〔写〕，世遺百〔写〕，ビジ世遺〔写〕

スタリ・グラド平原　Stari Grad Plain

ダルマティア地方、アドリア海のフヴァル島の西部のスタリ・グラドと東部のイェルサの間に展開する肥沃な大平原。肥沃な土地で、葡萄とオリーブの栽培のために利用されてきた。前4年頃に作られた石造りの区画や、16世紀に要塞化された宮殿トゥヴルダリがある。

世界遺産 (スターリ・グラード平原　2008)

¶世遺事，成世遺上〔写〕，世遺百 (スターリ・グラード平原)

ステチェツィの中世の墓碑群

Stećci Medieval Tombstones Graveyards

ボスニア王国の領域。12〜16世紀にかけて作られた巨大墓碑。幾何学図形などの装飾が刻まれている。ヨーロッパ南東部に7万点以上あり、30件が世界遺産に登録された。

世界遺産 (中世墓碑ステチュツイの墓所群　2016)

¶世遺事

スプリットの史跡群とディオクレティアヌス宮殿

Historical Complex of Split with the Palace of Diocletian

アドリア海に面した町スプリット。宮殿は3世紀末から4世紀初頭にローマ皇帝のディオクレティアヌスが建設した離宮。中世に教会などが建ち、宮殿跡を中心に発展した。

世界遺産 (スプリットの史跡群とディオクレティアヌス宮殿　1979)

¶世遺事 (ディオクレティアヌス宮殿などのスプリット史跡群)，成世遺上 (スプリットのディオクレティアヌス宮殿)〔写〕，世遺百 (ディオクレティアヌス宮殿を含むスプリットの史跡)〔写〕，世界美3 (スプリット)，大遺跡6 (スプリット)〔写/図〕，ビジ世遺 (スプリットの史跡群とディオクレティアヌス宮殿)〔写〕，ユネ世遺9 (スプリトのディオクレティアヌスの宮殿と歴史的建造物)〔写〕

ディオクレティアヌス宮殿

Palace of Diocletian

スプリット。ローマ帝政末期の最大の建物の一つ。300年頃完成。現代の都市スプリットの中心部は、この宮殿の城壁内にある。

世界遺産 (スプリットの史跡群とディオクレティアヌス宮殿　1979)

¶オ西洋美 (ディオクレティアヌス帝の宮殿)，世界遺跡 p282 (ディオクレティアヌスの宮殿)〔写/図〕，世界美3 (スプリト〔ディオクレティアヌス帝の宮殿〕)〔写〕，大遺跡6 (ディオクレティアヌスの宮殿)〔写/図〕

ドゥブロヴニク旧市街

Old City of Dubrovnik

ドブロブニク・ネレトヴァ郡。中世の要塞に囲まれた港町。12〜18世紀の建造物が残り、クネズ宮殿 (旧総督邸)、ロマネスク様式のフランシスコ会修道院、スポンツァ宮殿などが有名。

世界遺産 (ドゥブロヴニク旧市街　1979, 1994)

¶遺建6 (ドゥブロブニーク)〔写/図〕，世遺事 (ドブロブニクの旧市街)，成世遺上〔写〕，世遺百〔写〕，空城と要塞 (ドゥブロブニク)〔写〕，東欧 (ドゥブロブニク)〔写〕，ビジ世遺 (ドゥブロヴニクの旧市街)〔写〕，ユネ世遺9 (ドゥブロヴニクの旧市街)〔写〕

トロギールの歴史都市

Historic City of Trogir

トロギール。前4世紀ギリシャの植民都市だった港町。中世には周囲に城壁が造られた。ロマネスク、ゴシック、ルネサンス、バロックといっ

た様々な時代の建物が残る。

世界遺産(古都トロギール 1997)

¶世遺事, 成世遺上(古都トロギール)〔写〕, 世遺百(歴史都市トロギール)〔写〕, ビジ世遺(古都トロギール)〔写〕

ポレッチの歴史地区のエウフラシウス聖堂建築物

Episcopal Complex of the Euphrasian Basilica in the Historic Centre of Poreč
ポレッチ。4世紀に礼拝堂が建設され、6世紀に司教エウフラシウスが改築。中央アプシスと勝利門のモザイクは保存状態が良好。

世界遺産(ポレッチ歴史地区のエウフラシウス聖堂建築群 1997)

¶新潮美(ポレチ), 世遺事, 成世遺上(ポレチュ歴史地区のエウフラシウス聖堂)〔写〕, 世遺百(ポレチ歴史中心地区のエウフラシウス聖堂と司教関連建築), ビジ世遺(ポレチュの歴史地区にあるエウフラシウス聖堂建造物群)〔写〕, 歴史建築(エウフラシウス聖堂)〔写/図〕

コソボ

グラチャニツァ修道院　Cračanica

プリシュティナ近郊グラチャニツァ。14世紀初頭セルビア王ミルティンによって建立され、聖母マリアに献堂された。5つのドームに覆われたギリシャ十字形プラン。

世界遺産(コソヴォの中世建造物群 2004, 2006)

¶新潮美, 世界美2(グラチャニツァ〔修道院聖堂〕), 文化史蹟11(グラチャニツァの修道院聖堂)〔写p155,167〕

コソヴォの中世建造物群

Medieval Monuments in Kosovo
コソヴォ・メトヒヤ自治州。セルビア正教会のデチャニ修道院、ペーチュ修道院総主教邸、リェヴィシャの生神女教会(聖母教会)、聖使徒教会。ビザンチンと中世西ヨーロッパの様式が融合したビザンチン・ロマネスク建築様式。

世界遺産(コソヴォの中世建造物群 2004, 2006)

¶世遺事(コソヴォの中世の記念物群), 成世遺上(コソヴォの中世建築)〔写〕, 世遺百(コソヴォの中世建造物)

デチャニ修道院

Monastery Church, Dečani
ペーチの南に位置。セルビア正教会の修道院。1327〜35年の間に建設。

世界遺産(コソヴォの中世建造物群 2004, 2006)

¶新潮美, 文化史蹟11(デチャニの修道院聖堂)〔写〕

ペチ主教座聖堂　Patriachate Church

ペチ。14世紀。並行して接する3棟の聖堂と、1棟の小礼拝堂からなる、一種の珍しい複合建築。各棟は長大な共通のナルテックスによって結びつけられている。

世界遺産(コソヴォの中世建造物群 2004, 2006)

¶新潮美(ペチ総主教座聖堂 ペチそうしゅきょうざせいどう), 文化史蹟11〔写〕

サンマリノ

サンマリノの歴史地区とティターノ山

San Marino Historic Centre and Mount Titano
サンマリノ市。サンマリノはティターノ山の山頂と斜面に築かれた町。城壁や砦などの防御施設、14、16世紀の修道院、18世紀のティターノ劇場、19世紀の新古典主義建築のバシリカ聖堂やプップリコ宮殿などが残る。

世界遺産(サンマリノ歴史地区とティターノ山 2008)

¶世遺事, 成世遺上(サンマリノ歴史地区とティターノ山)〔写〕, 世遺百(サンマリノ歴史中心地区とティターノ山)〔写〕

ジョージア

アッパー・スヴァネティ　Upper Svaneti

メスティヤ地方首都トビリシの北西約260km。山麓一帯にグルジア(ジョージア)先住民のスヴ

ァン人が暮らす地域。11〜13世紀に建てられた独特の防御塔や、グルジア正教会の聖堂や要塞化した建造物が残る。

世界遺産（アッパー・スヴァネティ　1996）

¶世遺事（アッパー・スヴァネチ），成世遺上〔写〕，世遺百，ビジ世遺〔写〕，ユネ世遺13〔写〕

ウプリスツィヘ　Uplistsikhe

ゴリの東方10km、クラ川の左岸のウプリスツィヘ村。前1千年紀前半に興ったとみられる洞窟都市。古代グルジア（ジョージア）の木造建築を模した跡がある。

¶新潮美

オディシ　Odishi

オディシ村。新石器時代後半の遺跡。

¶世界考古

クムルドのキリスト教聖堂

アハルカラキ（トビリシの西方）の西16kmのクムルド村。964年建立のキリスト教聖堂。ラテン十字形プラン。

¶新潮美（クムルド〔キリスト教聖堂〕）

ジュヴァリ　Dzhvari

首都トビリシ北方のムツへタ付近。キリスト教聖堂。

¶新潮美

ダヴィド・ガレジャ　David Garedzha

トビリシの東南60km。洞窟修道院。10〜13世紀につくられたが、最古のものは6世紀前半に遡る。

¶新潮美

テトラミツァ　Tetramitsa

クタイシに近いリオン川右岸。低いテル状をなし、ガンチアジ、グアジク、マチャール遺跡などと一連の遺跡で、オディシ遺跡に後続する時期のものと考えられている。

¶世界考古

トリアレティ　Trialeti

トビリシの西方約120km。中期青銅器時代（前2千年紀中頃）の墳墓群が主。宝石細工の黄金の杯や、銀製のバケツ形容器などは有名。

¶新潮美（トリアレティ・クルガン），世界考古

バグラティ大聖堂とゲラティ修道院
Bagrati Cathedral and Gelati Monastery

西部の古都クタイシのウキメリオニの丘の上。中世キリスト教の遺構。10〜11世紀の聖堂と12〜17世紀の修道院。修道院にはモザイク画と壁画が残っている。

世界遺産（バグラティ大聖堂とゲラティ修道院　1994）

¶世遺事（バグラチ大聖堂とゲラチ修道院），成世遺上〔写〕，世遺百（バグラティ大聖堂、ゲラティ修道院），ビジ世遺（バグラチ大聖堂とゲラチ修道院）〔写〕，ユネ世遺3〔写〕

ボルニシのバシリカ

トビリシ西南のボルニシ村。5世紀後半に建てられたバシリカ。三廊式、ヴォールト天井、切妻屋根が覆う。

¶新潮美（ボルニシ〔バシリカ〕）

ムツヘタの文化財群
Historical Monuments of Mtskheta

ムツヘータ。5世紀頃建造のジュヴァリ教会や、古い様式を残すスヴェティツホヴェリ教会などがある、中世のコーカサス地方を代表する宗教的建造物群。

世界遺産（ムツヘタの文化財群　1994）

¶世遺事（ムツヘータの歴史的建造物群），成世遺上（ムツヘータの歴史的建造物）〔写〕，世遺百（ムツヘタの文化財）〔写〕，ビジ世遺（ムツヘタ）〔写〕，ユネ世遺3（ムツヘタの歴史地区）〔写〕

ルチャシェン　Lchashen

セヴァン地区。長く湖底に没していた、巨石建造の城塞、集落、クルガンなどが湖岸に現れたことから調査。大部分は青銅器時代盛期に属する。

¶新潮美

スイス

アウグスタ・ラウリコールム
Augusta Rauricorum

バーゼル州バーゼルの北12km。ローマ市民植民市。約700×400mの長方形をなし、52のインスラ（集合住宅）をもっていた。

¶大遺跡6〔写/図〕

アウグスタ・ラウリコールムの劇場

アウグスタ・ラウリコールム。1世紀。建設には3段階あり、劇場、円形劇場、大劇場と順次拡大されていった。

¶大遺跡6 p142（劇場）〔写〕

ヨーロッパ

スイス

アルプス山脈周辺の先史時代の杭上住居群
Prehistoric Pile dwellings around the Alps
アルプス山脈周辺の6カ国に点在。前5千年～前500年頃にかけてつくられた111の小規模な遺跡群。湖や川、湿地沿いに杭上住居跡あるいは高床式住居跡が残る。新石器・青銅器時代の先史生活や、自然環境との共存の様子を示す。

　　[世界遺産]（アルプス山系の先史時代杭上住居跡群　2011）

　　　¶世遺事, 成世遺上〔写〕, 世遺百（アルプス山系の先史時代杭上住居跡）

エーグル城　Château de Aigle
レマン湖の東端。12世紀になってサボイ家がこの地に城を造り支配したが、15世紀にベルン人のものとなり、現在残るような城に改築された。

　　　¶文化史蹟13〔写〕

ケスレルロッホ　Kesslerloch
シャフハウゼン地方。旧石器時代後期文化の遺跡。

　　　¶新潮美

ゲーテアヌム　Goetheanum
バーゼル近郊ドルナッハの丘。ドイツの神秘思想家ルードルフ・シュタイナーによって建てられた精神科学の殿堂。第1ゲーテアヌムは、1920年に開館。現在の建物は、1922年に第1が焼失した後に建てられた第2ゲーテアヌム。

　　　¶新潮美

ザンクト・ガレン修道院
Kloster Sankt Gallen
ザンクト・ガレンにある。720年創設のベネディクト会修道院。9世紀建造のロマネスク様式の教会と修道院は、地下聖堂だけが残り、現在のバロック様式の大聖堂と修道院は、1766年に完成したもの。

　　[世界遺産]（ザンクト・ガレンの修道院　1983）

　　　¶角川世, 新潮美, 世遺事, 成世遺上〔写〕, 世遺百, 世歴事4（サン・ガレン修道院）, 世遺大8（サン＝ガレン修道院）, ビジ世遺〔写〕, 平凡社世, 山川世, ユネ世遺7（ザンクト・ガレンの修道院）〔写〕, 歴史建築〔写/図〕

シヨン　Chillon
レマン湖の東端。防禦の要地として9世紀頃から城があった地に建つ城。城の東側、半円筒状の塔は、1250年以後のサヴォア伯の建造にかかるもの。

　　　¶文化史蹟13〔写〕

バーゼル市庁舎
バーゼル。16世紀建造のゴシック様式の建物。壁の壁画は19世紀のもの。

　　　¶遺建9〔写/図〕

ベリンツォーナ旧市街にある3つの城、要塞及び城壁
Three Castles, Defensive Wall and Ramparts of the Market-Town of Bellinzone
ティチーノ州の州都ベリンゾーナ。カステル・グランデ、カステーロ・ディ・モンテベーロ、カステーロ・ディ・サッソ・コルバーロの3つの城塞と防衛施設が世界遺産に登録。3つの城は古代都市を護るために築かれた。4世紀半ば以来、次々と替わる町の支配者の要求に基づいて城や防壁、土塁が整備されてきた。

　　[世界遺産]（ベリンツォーナ旧市街にある3つの城、要塞及び城壁　2000）

　　　¶世遺事（市場町ベリンゾーナの3つの城、防壁、土塁）, 成世遺上（ベリンツォーナ旧市街の城と要塞）〔写〕, 世遺百（市場町ベッリンゾーナの三つの城塞、防壁、土塁）〔写〕, ビジ世遺（ベリンツォーナの旧市街にある3つの城、城壁と要塞）〔写〕

ベルン旧市街　Old City of Berne
ベルン。19世紀以来のスイス連邦の首都。1191年、ツェーリンゲン家のベルトルト5世によって建設された。中世から近代に至る様々な建造物が残る。12世紀末に造られた時計塔やゴシック様式の聖ヴィンセンツ大聖堂、16世紀半ばに造られた11の噴水など。

　　[世界遺産]（ベルン旧市街　1983）

　　　¶世遺事（ベルンの旧市街）, 成世遺上〔写〕, 世遺百〔写〕, ビジ世遺（ベルンの旧市街）〔写〕, ユネ世遺7（ベルンの旧市街）〔写〕

ミュスタイルのベネディクト会 聖ヨハネ修道院
Benedictine Convent of St John at Müstair
グラウビュンデン州ミュスタイル。8世紀頃おそらくカール大帝の発願によって当地にベネディクト会修道院が建立された。聖堂は大規模なフレスコ画連作で装飾され、カロリング朝の美術の最も際立った遺例の一つ。

　　[世界遺産]（ミュスタイルのベネディクト会 聖ヨハネ修道院　1983）

　　　¶新潮美（ミュンスターのザンクト・ヨーハン聖堂）, 世遺事（ミュスタイアの聖ヨハン大聖堂）, 成世遺上（ミュスタイアのザンクト・ヨハン修道院）〔写〕, 世遺百（ミュスタイルのベネディクト会ザンクト・ヨハン修道院）, 世界美5（ミュスタイル〔ザンクト・ヨーハン聖堂〕）, ビジ世遺（ミュスタイアのザンクト・ヨハン修道院）〔写〕, 山川世（ミュシュタイア）, ユネ世遺7（ミュシュタイルの修道院）〔写〕

ミュンジンゲン　Münsingen
ベルン近郊。ラ・テーヌ文化初期から中期にかけての墓址。200基にのぼる土壙墓群が丘陵の屋根上に広がり、北側が最も古く南側が新しい。

　　　¶世界考古

ラヴォー地区の葡萄畑
Lavaux, Vineyard Terraces

ラヴォー地域、シヨン城からジュネーブ湖の北岸沿いからローザンヌの東の郊外までの約30kmに展開。葡萄畑が広がるスイス屈指のワイン産地。ローマ時代にワイン生産が始まり、11世紀に組織的生産が開始、14世紀には現在のような石壁で区切られた段々畑が築かれた。

世界遺産（ラヴォー地区の葡萄畑 2007）

¶世遺事（ラヴォーのブドウの段々畑），成世遺上（ラヴォーのブドウ畑）〔写〕，世遺百（ラヴォー地区のブドウ畑）〔写〕

ラ・ショー・ド・フォン／ル・ロクル、時計製造の町
La Chaux-de-Fonds/Le Locle, watchmaking town planning

ジュウ渓谷、ヌーシャテル州のショー・ド・フォンとル・ロクルにある。17世紀頃から現在まで繁栄を続けている時計産業の中心地。住居や工房が混在する街路が並行し、工場生産への移行にも適応した。ラ・ショー・ド・フォンはル・コルビュジェの故郷としても有名。

世界遺産（ラ・ショー―ド―フォン／ル・ロクル、時計製造の町 2009）

¶世遺事（ラ・ショー・ド・フォン／ル・ロックル、時計製造の計画都市），成世遺上（時計製造都市ラ・ショー＝ド＝フォン／ル・ロックル）〔写〕，世遺百（時計製造業の街並み：ラ・ショー・ド・フォン、ル・ロクル）

ラ・テーヌ遺跡　La Tène
ヌーシャテル湖東岸の洲の上にある。ラ・テーヌ文化（鉄器時代）の標準遺跡。19世紀以来豊富な鉄器類が出土。

¶世界考古（ラ・テーヌ文化）

ル・コルビュジエの建築作品―近代化運動への顕著な貢献
The Architectural Work of Le Corbusier, an Outstanding Contribution to the Modern Movement

フランス、スイス、ベルギー、ドイツ、インド、アルゼンチン、日本の7ヶ国にある17件の建築物群が世界遺産登録。フランスで主に活躍した建築家・都市計画家のル・コルビュジエ（1887-1965）が手がけた建築物。スイスでは、レマン湖畔の小さな家とイムーブル・クラルテが構成資産となっている。

世界遺産（ル・コルビュジエの建築作品―近代建築運動への顕著な貢献― 2016）

¶世遺事

レーティッシュ鉄道アルブラ線とベルニナ線の景観群
Rhaetian Railway in the Albula/Bernina Landscapes

ヒンターライン地方のトゥージスとエンガディン地方のサン・モリッツの67kmを結ぶ。スイスアルプスを横断する山岳鉄道。アルブラ線は全長67km、1904年開通。ベルニナ線は全長61km、1910年開通。一般的なレールを使った鉄道でアルプス最高地点を走る技術が以後の鉄道計画のモデルになった。

世界遺産（レーティシュ鉄道アルブラ線・ベルニナ線と周辺の景観 2008）

¶世遺事，成世遺上（レーティッシュ鉄道）〔写〕，世遺百（レーティシュ鉄道アルブラ線・ベルニナ線および周辺景観）

スウェーデン

ヴァイキングの墓
ゴトランド島にある。舟形墳墓。

¶世遺地 p64

ヴァーサ博物館〔戦艦ヴァーサ号〕
ストックホルムにある。17世紀に沈没、後に海中から引き上げられた王室の軍艦ヴァーサ号が展示されている。

¶歴史建築〔写/図〕

ヴァールベリのグリメトン・ラジオ無線局
Grimeton Radio Station, Varberg

ヴァールベリ。1992〜24年に建てられたラジオ放送局。127mのアンテナ鉄塔などが残る。1996年に使用中止となったが、現在でも稼働できる

ほど保存状態は良好。

世界遺産（グリメトン・ラジオ無線局、ヴァールベリ 2004）

¶世遺事（ヴァルベリのグリメトン無線通信所），成世遺上（ヴァールベリの無線通信所）〔写〕，世遺百（ヴァールベリ無線局）

ヴェステルビエルス　Västerbjers
ゴットランド島東海岸。新石器時代中期の墓址。1932〜35年に80基にのぼる墓壙が発掘調査された。

¶世界考古

エドスヴィケン　Edsviken
ストックホルム北郊。ヴァイキング時代の農園

跡。農園の建物と家畜小屋、鋳造施設などがある。

¶世界考古

エーランド島南部の農業景観
Agricultural Landscape of Southern öland
エーランド島。約5千年前から過酷な環境で脈々と受け継がれてきた農業文化を示す風景が評価され、世界遺産に登録された。16〜18世紀の水車など多様な農業文化を見られる。

世界遺産(エーランド島南部の農業景観 2000)
¶世遺事、成世遺上〔写〕、世遺百、ビジ世遺〔写〕

エンゲルスベリの製鉄所
Engelsberg Ironworks
ファーガシュッタ地方のエンゲルスベリ。6世紀末には製鉄技術が広まっており、16世紀末には製鉄所が操業を開始。20世紀初頭に閉鎖。水車を利用した当時最新鋭の溶鉱炉や鍛冶工場、工場主の邸宅など50余りの建物が当時のまま残る。

世界遺産(エンゲルスベリの製鉄所 1993)
¶世遺事(エンゲルスベルクの製鉄所)、成世遺上(エンゲルスバーリの製鉄所)〔写〕、世遺百、ビジ世遺(エンゲルスバーリの製鉄所)〔写〕、ユネ世遺7(エンゲルスバリの製鉄所)〔写〕

カールスクローナの軍港
Naval Port of Karlskrona
ブレーキンゲ県の県都カールスクルーナ。17世紀半ばにバルト海沿岸の支配を確立したスウェーデンが、列強に対抗するために建設。1750年には国内最大の人口規模を持つ都市に発展。軍港と街が一体化した、典型的な計画的海軍都市。

世界遺産(カールスクルーナの軍港 1998)
¶世遺事(カールスクルーナの軍港)、成世遺上(カールスクローナの海軍港)〔写〕、世遺百〔写〕、ビジ世遺(カールスクローナの海軍港)〔写〕

キヴィク Kivik
スコーネ地方。青銅器時代中頃に属する高塚墳。墓室に通ずる羨道の両側壁は人物の列、馬車を駆る人物、太陽・斧などのシンボリックな図像が線刻されている。

¶世界考古

ゴトランド
ゴトランド島。葬式に関わる古代北欧神話の中心地であった。島の北海岸にあるクリンスレムには舟の形をかたどって置かれた石の墳墓がある。前1500年頃のもので、島に350基ほどある舟形墳墓の一つ。

¶世遺地

シュトルーヴェの測地弧
Struve Geodetic Arc
ノルウェーのハンメルフェストから黒海まで10ヵ国、2820km以上にわたる265地点の三角測量点群。天文学者フリードリッヒ・ゲオルグ・ヴィルヘルム・フォン・シュトゥルーヴェが1816〜55年に設置。初めて子午線の長さを正確に測定した。地球の正確な形状と大きさの証明に大きく貢献したことから世界遺産に登録。

世界遺産(シュトゥルーヴェの三角点アーチ観測地点群 2005)
¶世遺事、成世遺上〔写〕、世遺百

スクーグシュルコゴーデン
Skogskyrkogården
ストックホルム南部のエンシュデ。グンナー・アスプルンドとシグード・ローレンツの設計による森林墓地。1917〜20年に建設。半円形の墓地、木造の礼拝堂、立方体の火葬場と併設の礼拝堂などが残る。

世界遺産(スクーグシュルコゴーデン 1994)
¶世遺事(スコースキュアコゴーデン)、成世遺上(スクーグスシュルコゴーデン)〔写〕、世遺百、ビジ世遺(スクーグスシュルコゴーデン)〔写〕、ユネ世遺7(スコーグスシルコゴーデンの森林墓地)〔写〕

ストックホルム市庁舎
キュングスホルメン島。ナショナル・ロマンティシズム様式の建物。

¶遺建9〔写/図〕

タヌムの線刻画群 Rock Carvings in Tanum
オスロ湾に面したストレムスタート南部の小さな村。前1千〜前500年頃の青銅器時代の岩壁彫刻。先史時代のヨーロッパの人々の生活や信仰を知るうえで重要な資料。

世界遺産(タヌムの線刻画群 1994)
¶世遺事(ターヌムの岩石刻画)、成世遺上(ターヌムの岩絵)〔写〕、世遺百(タヌムの線刻画)、大遺跡1 p23(「船、人物、動物など」(タヌム))〔写〕、ビジ世遺(ターヌムの岩絵)〔写〕、ユネ世遺7(タヌムの岩面画)〔写〕

ドロットニングホルムの王領地
Royal Domain of Drottningholm
ストックホルムの西郊、ローベン島の水辺にある。スウェーデン王室の宮殿であるドロットニングホルム宮殿は、1700年完成のバロック様式で「北欧のヴェルサイユ」と称される。庭園には1776年に建てられた宮廷劇場がある。現国王一家の住居。

世界遺産(ドロットニングホルムの王領地 1991)
¶世遺事、成世遺上(ドロットニングホルム王領地)〔写〕、世遺百〔写〕、ビジ世遺〔写〕、ユネ世遺7(ドロットニングホルムの王宮)〔写〕

ハンザ同盟の都市ヴィスビー
Hanseatic Town of Visby

ゴトランド島。ヴィスビーは中世初期まではバイキングの拠点だったが、13〜14世紀の間にはハンザ同盟の重要な中心都市の一つとなった。市街は13世紀に建設された全長約3.5kmの城壁で囲まれ、200あまりの倉庫や裕福な商人の住居が残る。

世界遺産（ハンザ同盟都市ヴィスビュー　1995）

¶世遺事，成世遺上（ハンザ同盟都市ヴィスビー）〔写〕，世遺百（ハンザ同盟都市ヴィスビー）〔写〕，ビジ世遺（ハンザ同盟都市ヴィスビー）〔写〕，ユネ世遺13（ハンザ同盟都市ヴィースビー）〔写〕

ビルカ　Birka
メーラレン湖の湖岸。ヴァイキングの都市跡。900年頃に比定されるのろしの跡、男性衣類の断片などが出土。

¶角川世，世界考古

ビルカとホーヴゴーデン
Birka and Hovgården

ビルカはメーラレン湖のビョルゲー島北西端、ホーヴゴーデンはアデルスユー島にある。バイキングの都市遺跡。合わせて世界遺産に登録。ビルカの墳墓に副葬された渡来品からはバイキングの交易がわかる。ホーヴゴーデンには、スウェーデン最古のキリスト教集会所やスウェーデン王族ゆかりの墳墓がある。

世界遺産（ビルカとホーヴゴーデン　1993）

¶世遺事，成世遺上〔写〕，世遺百（ビルカ、ホーヴゴーデン），ビジ世遺〔写〕，ユネ世遺7（ビルカとホブゴーデンの遺跡）〔写〕

ファールンの大銅山地域
Mining Area of the Great Copper Mountain in Falun

ダーラナ地方の中心都市ファールン。13世紀頃から銅の生産地として栄えた町。中世には世界最大規模の銅生産地であった。1992年に閉山、住民が残した産業用地や採掘坑などが残る。

世界遺産（ファールンの大銅山地域　2001）

¶角川世（ファールン），世遺事（ファールンの大銅山の採鉱地域），成世遺上〔写〕，世遺百，ビジ世遺〔写〕

ヘリエー　Helgö
メーラル湖、リッレー島。4世紀から11世紀にわたる遺跡。中心は7〜8世紀。手工業跡および工房などの建造物跡がある。

¶角川世

ヘルシングランドの装飾農場家屋群
Decorated Farmhouses of Hälsingland

ノールランドの地方の1つヘルシングランド地方。18〜19世紀に造られた7つの木造農家群。亜麻栽培や森林開発で富を築いた農家が建てたもので、豪華な内装が特徴。家屋の壁や天井に、絵が直接描かれている。

世界遺産（ヘルシングランドの装飾農場家屋群　2012）

¶世遺事（ヘルシングランド地方の装飾農家群），成世遺上（ヘルシングランドの装飾農場家屋）〔写〕，世遺百（ヘルシングランドの装飾農場家屋）

ラポニア地域　Laponian Area
スカンジナビア半島北部。伝統的なトナカイの遊牧を営むラップ人（サーメ人）たちの居住地域。先住民ラップ人の北極圏で家畜を放牧して生きる稀少な伝統文化や、ラップ地方の雄大な自然とその景観から、世界遺産の複合遺産に登録された。

世界遺産（ラポニアン・エリア　1996）

¶世遺事（ラップ人地域），成世遺上（サーメ人地域）〔写〕，世遺百〔写〕，ビジ世遺（ラップ人地域）〔写〕，ユネ世遺13（サーメ人地域）〔写〕

ルーレオーのガンメルスタードの教会街
Church Village of Gammelstad, Luleå

スカンジナビア北部、ボスニア湾の奥に開けた中心都市ルーレオ。15世紀初頭に建造された石造教会を中心に、424軒の平屋の木造家屋が並ぶ。シュルクスタードと呼ばれる家屋は遠隔地の礼拝者専用の宿泊施設として利用される。

世界遺産（ルーレオーのガンメルスタードの教会街　1996）

¶世遺事（ルーレオのガンメルスタードの教会の町），成世遺上（ガンメルスタードの聖堂村）〔写〕，世遺百（ルーレオーのガンメルスタードの教会村），ビジ世遺（ガンメルスタードの聖堂村）〔写〕，ユネ世遺13（ガンメルスタードの聖堂村）〔写〕

スペイン

アタプエルカの遺跡
Archaeological Site of Atapuerca

カスティーリャ・イ・レオン自治州ブルゴス県ア

タプエルカ村の石灰岩台地。洞穴遺跡群。更新世中期の人類化石が豊富に発見された。シマ・デ・ロス・ウエソス遺跡からは40〜20万年前の

人骨32体を発見。また、グラン・ドリーナの遺跡からは、約80万年前の人類の化石を発見。

世界遺産（アタプエルカの古代遺跡　2000）

¶世遺事（アタプエルカ考古学遺跡），成世遺上〔写〕，世遺百（アタプエルカ考古遺跡），ビジ世遺〔写〕

アビラ大聖堂

アビラ。1157年フランス出身と思われる建築家フリュシェルによって着手、14世紀に大部分が完成。壮大な扉口は1779年に付け加えられた。

世界遺産（アービラの旧市街と塁壁の外の教会群　1985）

¶世界美1（アビラ〔大聖堂〕）

アビラの旧市街と城壁外の聖堂
Old Town of Ávila with its Extra-Muros Churches

アビラ県。中世の面影を残す要塞都市。旧市街は11世紀末に建設された多角形の城壁で囲まれ、ゴシック様式の大聖堂や聖テレサ修道院などがある。城壁外の教会はサン・ビンセント教会をはじめ、15世紀に建設されたロマネスク様式の建造物が多い。

世界遺産（アービラの旧市街と塁壁の外の教会群　1985）

¶新潮美（アビラ），スペ・ポル（アビラ），世遺事（アヴィラの旧市街と塁壁外の教会群），成世遺上（アビラ旧市街と城壁外の聖堂）〔写〕，世遺百（アビラ旧市街とその市壁外の教会堂）〔写〕，世界美1（アビラ）〔写〕，ビジ世遺〔写〕，ユネ世遺10〔写〕

アラゴンのムデハル様式建築
Mudejar Architecture of Aragon

アラゴン自治州のテルエル県やサラゴサ県。12〜17世紀にキリスト教とイスラム教の建築様式が融合したムデハル様式の建造物が多数建設された。テルエルとサラゴサに残る10のムデハル様式の中世の建築物が世界遺産に登録。

世界遺産（アラゴン州のムデハル様式建造物　1986，2001）

¶世遺事（アラゴン地方のムデハル様式建築），成世遺上（アラゴンのムデハル様式建造物）〔写〕，世遺百〔写〕，ビジ世遺（アラゴンのムデハル様式建造物）〔写〕，ユネ世遺10（テルエルのムデハル様式建築）〔写〕

アラニャ，クエバ・デ・ラ
Cueva de la Araña

バレンシア県。中石器時代の岩陰彩画遺跡。

¶新潮美

アランフエスの文化的景観
Aranjuez Cultural Landscape

アランフエス。フェリペ2世時代からの王領地。王家の夏の離宮と庭園がある。離宮は1561年フェリペ2世によって建設開始、完成はカルロス3世治世の18世紀後半。入り組んだ水路が幾何学的にデザインされた文化的景観には、多様な要素が織り交ぜられている。

世界遺産（アランフエスの文化的景観　2001）

¶スペ・ポル（アランフエス），世遺事，成世遺上（アランフエス）〔写〕，世遺百（アランフエスの文化的景観），ビジ世遺（アランフエスの文化的景観）〔写〕

アルカサール　Alcazar

セビーリヤ。ヒラルダの塔の南にある宮殿。起源はイスラム時代まで遡る。いわゆる「ムデーハル様式」の典型例。

世界遺産（セビージャの大聖堂、アルカサルとインディアス古文書館　1987）

¶文化史蹟10〔写〕

アルカラ・デ・エナレスの大学と歴史地区
University and Historic Precinct of Alcalá de Henares

マドリッドの東約30km。15世紀末から16世紀初頭、シスネロス枢機卿が世界初の大学都市を計画。1499年にサン・イルデフォンソ学院が創設、1508年に大学が開講。大学はマドリードに移転したが、4階建てのパティオ・マヨル、哲学者のパティオ、講堂などが見られる。

世界遺産（アルカラ・デ・エナレスの大学と歴史地区　1998）

¶スペ・ポル（アルカラ・デ・エナレス），世遺事，成世遺上（アルカラ・デ・エナレス）〔写〕，世遺百〔写〕，ビジ世遺〔写〕

アルタミラ洞窟　Altamira

カンタブリア山脈北斜面。旧石器時代後期の洞窟絵画が最初に発見（1879年）されたことで有名な洞窟。野牛、シカ、イノシシ、ウマ、トナカイなどの動物壁画が残る。オーリニャック期およびマドレーヌ期にわたるもの。

世界遺産（アルタミラ洞窟と北スペインの旧石器時代の洞窟画　1985, 2008）

¶旺文社世〔写〕，オ西洋美（アルタミラ）〔写〕，角川世（アルタミラの洞窟），新潮美（アルタミラ）〔写p1008〕，図解考古〔図（壁画）〕，スペ・ポル（アルタミラ），世界考古（アルタミラ），世歴大1（アルタミラ）〔写〕，大遺跡1 p14〔写/図〕，ビジ世遺〔写〕，評論社世，平凡社世（アルタミラ），山川世（アルタミラ），ユネ世遺10〔写〕

アルタミラ洞窟とスペイン北部の旧石器時代の洞窟芸術
Cave of Altamira and Paleolithic Cave Art of Northern Spain

カンタブリア自治州、アストゥリアス自治州、バスク自治州に展開。スペインの旧石器時代の洞窟壁画。旧石器時代絵画の最初の発見例として

著名なアルタミラ洞窟に加え、2008年に、エル＝カスリチョ洞窟など同様の洞窟壁画のある17カ所の洞窟が追加登録された。

世界遺産（アルタミラ洞窟と北スペインの旧石器時代の洞窟画 1985, 2008）

¶世遺事, 成世遺上（アルタミラ洞窟と旧石器時代の洞窟画）〔写〕, 世遺百（アルタミラ洞窟、スペイン北部の旧石器時代の洞窟美術）

アルハンブラ宮殿　Alhambra

グラナダ。最後のイスラーム王国であるナスル朝の宮殿。多彩なスタッコ細工・彩釉タイルの装飾が施される。王宮、カルロス5世宮殿、アルカサバ、ヘネラリフェから構成。

世界遺産（グラナダのアルハンブラ、ヘネラリーフェ、アルバイシン地区 1984, 1994）

¶アジア歴1（アルハンブラ）〔写〕, 遺建2（アルハンブラ）〔写/図〕, 旺文社世〔写〕, オ西洋美〔写〕, 角川世, 新潮美（アルハンブラ）, スペ・ポル（アルハンブラ）〔写〕, 世界美2（グラナダ〔アルハンブラ〕）〔写〕, 世歴事1（アルハンブラ）〔写〕, 世歴大1〔写p243〜246,255〕, 空大宮殿〔写〕, 評論社世, 文化史蹟10（アルハンブラ）〔写p88〜95/図p71〕, 平凡社世（アルハンブラ）, 山川世, 歴史建築〔写/図〕

アルペラ　Alpera

アルバセテ県。中石器時代の岩陰彩画遺跡。

¶新潮美

アルモドバル城

コルドバから西へ24km。アラブ人が8世紀に建設。1362年、カスティーリャ王ペドロ1世が修復を始め、銃眼のある二重防壁や主塔を整備。

¶空城と要塞〔写〕

アンテケラのドルメン遺跡

Antequera Dolmens Site

アンダルシア州マラガ県。ドルメンとは先史時代の巨石遺跡。現存する中ではスペイン最大のメンガのドルメンとヴィエラのドルメン、およびエル・ロメラルの円形墳の3つの巨石記念物と、ペーニャ・デ・ロス・エナモラドスとエル・トルサルの2つの岩山が世界遺産に登録された。

世界遺産（アンテケラのドルメン遺跡 2016）

¶世遺事

アントニ・ガウディの作品群

Works of Antoni Gaudí

カタルーニャ自治州のバルセロナとサンタ・コロマ・デ・セルヴェロに分布。19世紀末から20世紀初めにかけて活躍した建築家、アントニ・ガウディの建物や施設。バルセロナ近郊にあるサグラダ・ファミリア、グエル公園、グエル邸などの7件が世界遺産に登録された。

世界遺産（アントニ・ガウディの作品群 1984, 2005）

¶世遺事, 成世遺上（アントニオ・ガウディの建築）〔写〕, 世遺百（アントニ・ガウディの作品）〔写〕, ビジ世遺（バルセロナのグエル公園、グエル邸とカサ・ミラ）〔写〕, ユネ世遺10（バルセローナのグエル公園、グエル邸、カサ・ミラ）〔写〕

イタリカ　Itálica

セビリャ市の北西。古代都市。現在名はサンティポンセ。4万人収容の円形劇場、浴場、広場を中心に造られた公共建築群等の数と質と規模から紀元後も栄えたことがわかる。

¶スペ・ポル

イビサ島　Ibiza

バレアレス諸島。イビザ市はカルタゴ人が建設。フェニキアやカルタゴの考古学遺跡や、スペイン（アラゴン）領時代の要塞など、各時代の建造物が多く残る。

世界遺産（イビサ、生物多様性と文化 1999）

¶新潮美（イビーサ）, 世遺事（イビサの生物多様性と文化）, 成世遺上〔写〕, 世遺百（イビサ：生物多様性および文化）〔写〕, ビジ世遺〔写〕

イベリア半島地中海沿岸の岩絵

Rock Art of the Mediterranean Basin on the Iberian Peninsula

東部のアンダルシア、アラゴン、カスティーリャ・ラ・マンチャ、カタルーニャ、ヴァレンシア、ムルシアの各自治州。700以上の先史時代末期（新石器時代）の岩壁画の遺跡が分布。製作時期は前1万〜前3500年頃と推定。顔料などで彩色されたものが多いが、線刻画もある。

世界遺産（イベリア半島の地中海入り江のロック・アート 1998）

¶世遺事（イベリア半島の地中海沿岸の岩壁画）, 成世遺上〔写〕, 世遺百（イベリア半島の地中海沿岸の岩絵）, ビジ世遺〔写〕

イルーニアの橋　Kunia Bridge

トレスプエンテス。前2〜1世紀。閑静な田園の中にあるローマ時代の橋。整ったアーチが並ぶ。

¶文化史蹟4 p183〔写〕

ウベダとバエーサのルネサンス様式の記念碑的建造物群

Renaissance Monumental Ensembles of Úbeda and Baeza

アンダルシア自治州のハエン県のウベダとバエーサ。9世紀のムーア時代と13世紀のレコンキスタ後に都市を形成。16世紀に発展し、当時一流の建築家が宮殿、聖堂、広場などを設計・建設。ウベダの城門やバエーサのアーチは、ムーア人の建設した城塞都市の名残り。

世界遺産（ウベダとバエーサのルネサンス様式の記念碑的建造物群 2003）

¶世遺事（ウベダとバエサのルネサンス様式の

記念物群），成世遺上（ウベダとバエサのルネッサンス様式建造物）〔写〕，世遺百（ウベーダとバエーサのルネッサンス様式の記念建造物），ビジ世遺（ウベダとバエサのルネサンス様式建造物）〔写〕

ウルラストレ　Ullastret
地中海岸。前600～200年頃の集落址。
¶古遺地〔図〕

エル・アルガー
アルメリア地方。前1700～1000年、集落址と墳墓。
¶古遺地（ロス・ミヤレスとエル・アルガー）〔図〕

エル・エスコリアル修道院と旧王室
Monastery and Site of the Escurial
マドリード西北西40km。正称サン・ロレンソ・デ・エル・エスコリアール王室修道院。王宮と修道院、博物館、図書館が一体となった複合施設。1563年起工、1584年完成。聖堂地下にはスペイン王家の墓所がある。
世界遺産（マドリードのエル・エスコリアル修道院とその遺跡　1984）
¶遺建4（エスコリアル）〔写/図〕，オ西洋美（エスコリアル）〔写〕，角川世，新潮美（エル・エスコリアール修道院），スペ・ポル（エル・エスコリアル）〔写〕，世遺事（マドリッドのエル・エスコリアル修道院と旧王室），成世遺上（マドリードのエル・エスコリアル修道院）〔写〕，世遺百（マドリード郊外エル・エスコリアルの修道院と史跡），世界美1（エル・エスコリアル）〔写〕，空大宮殿（エル・エスコリアルの修道院・旧王宮）〔写〕，ビジ世遺（マドリードのエル・エスコリアル修道院）〔写〕，平凡社世（エスコリアル宮殿），山川世（エル・エスコリアル宮殿），ユネ世遺10（エル・エスコリアールの修道院・旧王宮）〔写〕，歴史建築（エル・エスコリアル）〔写/図〕

エル・ガルセル　El Garcel
アルメリア地方。新石器時代の集落址。前4500～3千年に年代付けられる。
¶世界考古

エルチェの椰子園　Palmeral of Elche
ヴァレンシア自治州ヴァレンシアの南約140km。前1千年頃、フェニキア人とカルタゴ人によりナツメヤシが渡来。8世紀の後ウマイヤ朝時代、アラビア人が都市の緑化と装飾のため、先進的な灌漑施設を導入し造園。ヨーロッパ大陸におけるアラブ式農法が残る唯一の例証。
世界遺産（エルチェの椰子園　2000）
¶新潮美（エルチェ），世遺事，成世遺上（エルチェのヤシ園）〔写〕，世遺百〔写〕，ビジ世遺（エルチェのヤシ園）〔写〕

エル・パルパチョ　El Parpalló
バレンシア県。旧石器時代後期の遺跡。
¶新潮美

エンポリオン　Emporion
ロサス湾の沿岸部。ギリシャ人が前6世紀前半に建てた町。墓地、神殿、住宅、初期キリスト教会等の遺構と彫刻作品、陶器、モザイク等が発見されている。
¶新潮美（エンポリアイ），スペ・ポル，世界考古

オビエド歴史地区とアストゥリアス王国の建造物群
Monuments of Oviedo and the Kingdom of the Asturias
アストゥリアス自治州オビエド市。オビエドはアストゥリアス王国の首都で、10世紀までアストゥリアス美術を発展させてきた。サン・ミーゲル・デ・リーリョ聖堂、サンタ・マリア・デル・ナランコ聖堂、サンタ・クリスティーナ・デ・レーナ聖堂は、9世紀に建設された代表的な建築物。
世界遺産（オビエド歴史地区とアストゥリアス王国の建造物群　1985, 1998）
¶新潮美（オビエード），スペ・ポル（オビエド），世遺事（オヴィエドとアストゥリアス王国の記念物），成世遺上（オビエドとアストゥリアス王国の建造物）〔写〕，世遺百（オビエドとアストゥリアス王国の建造物）〔写〕，ビジ世遺（オビエドとアストゥリアス王国の歴史的建造物）〔写〕，ユネ世遺10（アストゥリアス王国の聖堂建築）〔写〕

オリバナス岩陰
テルエル県レバント地方。岩陰彩画遺跡。自然主義的な鹿や狩人などの絵がある。
¶大遺跡1（レバント―オリバナス岩陰）〔写〕

カサ・ミラ　Casa Milá
バルセローナのパセオ・グラシア。ガウディが1905～10年に建てたアパート建築。
世界遺産（アントニ・ガウディの作品群　1984, 2005）
¶新潮美

カスティリョ　Castillo
サンタンデル地方のカスティリョ山麓。旧石器～新石器時代の洞穴遺跡。動物像、多彩色で描かれた動物絵画がある。
¶新潮美（カスティリョ山），世界考古

カセレスの旧市街　Old Town of Cáceres
エストレマドゥーラ自治州カセレス県カセレス。前25年、ローマ人により建設された町。ローマ時代の城壁に囲まれた旧市街にはゴシック様式やルネサンス様式の貴族の邸宅、僧院や宮殿が

残る。

世界遺産（カーセレスの旧市街　1986）

¶世遺事，成世遺上（カセレス旧市街）〔写〕，
世遺百（カセレス旧市街）〔写〕，ビジ世遺
〔写〕，ユネ世遺10〔写〕

ガデス　Gades

アンダルシア地方。港町。フェニキア時代のネ
クロポリスが発見されている。

¶世界考古

カルタゴ・ノーヴァ　Carthago Nova

ムルシア地方。地中海沿岸都市。イベリア半島
のカルタゴ領の首都としてハスドゥルバルによっ
て建設された。

¶世界考古

カルトゥジオ会修道院（グラナダの）

Cartuja

グラナダ。カルトゥジオ会（1084創設）四大修道
院の一つ（1519建造）。

¶新潮美

カルロス5世宮殿

グラナダ、アルハンブラ宮殿の敷地内。ルネサン
ス様式。1526年に、カルロス5世が建造を開始。
資金不足で未完となった。

¶空大宮殿〔写〕

クエト・デ・ラ・ミーナ　Cueto de la Mina

ヒホンの南西20kmのポサダ近郊。洞穴遺跡。後
期旧石器時代の多くの文化層が発見されている。

¶世界考古

クエンカの歴史的要塞都市

Historic Walled Town of Cuenca

カスティーリャ・ラ・マンチャ自治州クエンカ
県クエンカ。ムーア人がコルドバの防衛基地と
して建設した中世の要塞都市。スペイン初のゴ
シック様式の大聖堂や、断崖絶壁の上にせり出
して見える「宙づりの家」などの歴史的建造物
がある。

世界遺産（歴史的城壁都市クエンカ　1996）

¶新潮美（クエンカ），スペ・ポル（クエンカ），
世遺事，成世遺上（歴史的城壁都市クエンカ）
〔写〕，世遺百（歴史的城壁都市クエンカ）
〔写〕，ビジ世遺（歴史的城塞都市クエンカ）
〔写〕，ユネ世遺13（要塞都市クエンカ）〔写〕

グッゲンハイム美術館

ビルバオにある。1997年開館。建築家フランク・
O.ゲーリーの作品。曲線の断片の連なり、石灰
岩のブロック、建物の中に日光を取り入れるガ
ラスの壁の組み合わせという外観。

¶歴史建築〔写/図〕

グラナダのアルハンブラ、ヘネラリーフェ、ア
ルバイシン

Alhambra, Generalife and Albayzín, Granada

アンダルシア自治州の都市グラナダ。アルハン
ブラ宮殿は13世紀創建。14世紀、アルハンブラ
宮殿の敷地外に夏の離宮としてヘネラリーフェ
を建造。噴水や水路を配したイスラム式庭園の
傑作。グラナダ旧市街で最も古いアルバイシン
地区はイスラム教徒の居住区。アラブ風に漆喰
で塗られた白壁の家が密集する。合わせて世界
遺産に登録された。

世界遺産（グラナダのアルハンブラ、ヘネラリーフェ、
アルバイシン地区　1984，1994）

¶アジア歴3（グラナダ）〔写〕，新潮美（グラナ
ダ），世遺事，成世遺上（グラナダの宮殿とア
ルバイシン地区）〔写〕，世遺百（グラナダのア
ルハンブラ、ヘネラリーフェ、アルバイシン地
区）〔写〕，世界美2（グラナダ），ビジ世遺（グ
ラナダのアルハンブラ宮殿、ヘネラリーフェ離
宮とアルバイシン地区）〔写〕，ユネ世遺10（グ
ラナダのアルハンブラ宮殿、ヘネラリーフェ離
宮、アルバイシン地区）〔写〕

ケルト期の復元住居（ガリシア）

モンテ・テクラ、セブレロ。前1千年紀後半のケ
ルト人住居の復元。初期鉄器時代のグループ「ケ
ルティック・グループ」の中心地域であるガリ
シア地方のもの。

¶大遺跡1 p54〔写〕

コア渓谷とシエガ・ヴェルデの先史時代の岩
壁画

Prehistoric Rock Art Sites in the Côa Valley
and Siega Verde

ポルトガルの北東部、ドゥーロ川の上流域およ
びスペインの西部のサラマンカ県。前2万2千〜
1万年頃の旧石器時代前期以降の岩壁画群。ポル
トガルのコア渓谷では22ヵ所に214の岩壁画が点
在。スペインのシエガ・ヴェルデ遺跡には旧石
器時代の彫刻がある。

世界遺産（コア渓谷とシエガ・ヴェルデの先史時代の
ロックアート遺跡群　1998，2010）

¶世遺事，成世遺上（コア渓谷とシエガ・ヴェル
デの岩絵）〔写〕，世遺百（コア渓谷とシエガ・
ヴェルデの先史時代の岩絵史跡），ビジ世遺（コ
ア渓谷の先史時代の岩絵）〔写〕

コアニャの住居址

コアニャ。ケルト期の住居址。コアニャは、前
1千年紀の「ケルティック・グループ」の中心地
域の一つ。

¶大遺跡1 p56（住居址（コアニャ））〔写〕

コカ城　Castle Coca

コカ。14世紀にセビリャの大司教アルフォンソ・
デ・フォンセカの命によって築かれたもの。材
料は全てレンガ。

スペイン 496

¶ 文化史蹟13〔写〕

コグール　Cogul
レリダ県。中石器時代のレバント美術遺跡。宗教儀礼を表す彩画や牛、鹿などの彩画も見られる。
　　¶ スペ・ポル

コシナ　Cocina
ジュカール河口より30km、北岸。後期旧石器〜中石器時代の洞穴遺跡。
　　¶ 世界考古

コルドバのメスキータ（聖マリア大聖堂）
Mezquita de Córdoba
コルドバ。モスク。スペインのイスラム建築の傑作。アブド・アッラフマーン1世により786年に着工、3年後にヒシャーム1世が完成させた。
　　世界遺産（コルドバ歴史地区　1984, 1994）
　　¶ アジア歴3（コルドバの大モスク）〔写〕、遺建6（コルドバの大モスク）〔写/図〕、角川世（コルドバの大モスク）、宗教建築（メスキータ）〔写/図〕、新潮美（コルドバの大モスク）、スペ・ポル（メスキータ）、世界美2（コルドバ〔モスク〕）、空大聖堂（コルドバのメスキータ）〔写〕、文化史蹟10（メスキータ）〔写p86〜87/図p70〕

コルドバの歴史地区
Historic Centre of Cordoba
コルドバ県の県都コルドバ市。756年、後ウマイヤ朝の首都となった。785年頃創建のメスキータは、スペインの代表的なイスラム建築。ローマ帝国時代の橋と保塁、イスラム式庭園をもつ14世紀のムデハル様式のアルカサル、14世紀のシナゴーグなども残る。
　　世界遺産（コルドバ歴史地区　1984, 1994）
　　¶ スペ・ポル（コルドバ）、世遺事、成世遺上（コルドバ歴史地区）〔写〕、世遺百（コルドバ歴史中心地区）〔写〕、世界美2（コルドバ）、ビジ世遺〔写〕、文化史蹟10（コルドバ）〔写〕、ユネ世遺10〔写〕

サグラダ・ファミリア教会
Sagrada Familia
バルセロナ。建築家アントニ・ガウディによるネオ・ゴシック様式の教会堂建築。1882年着工、2026年に完成予定。
　　世界遺産（アントニ・ガウディの作品群　1984, 2005）
　　¶ 遺建4（サグラダーファミリア聖堂）〔写/図〕、新潮美（サグラダ・ファミリア聖堂）、スペ・ポル〔写p66〕、歴史建築〔写/図〕

サグント城　Castle of Sagunt
サグントの7つの丘陵の尾根沿いに建つ。ローマ支配下の5世紀より、レコンキスタ時代に至るまでの長期にわたり、改築修復がなされた。

サラマンカの旧市街
Old City of Salamanca
カスティーリャ＝レオン自治州サラマンカ県首都マドリードの西約180km。1218年にスペイン最古の大学サラマンカ大学が設立、16世紀末までヨーロッパ学術発展の中心の一つとなった。旧市街にはほかにも、美しい廻廊を持つロマネスク様式（一部ゴシック様式）の旧大聖堂（12-13世紀）、18世紀まで増築された新大聖堂（16-18世紀）、貴族の邸宅「貝殻の家」（16世紀）など歴史的建造物が多く残る。
　　世界遺産（サラマンカ旧市街　1988）
　　¶ 新潮美（サラマンカ）、スペ・ポル（サラマンカ）、世遺事（古都サラマンカ）、成世遺上（サラマンカ旧市街）〔写〕、世遺百（サラマンカ旧市街）〔写〕、ビジ世遺〔写〕、ユネ世遺10〔写〕

サン・アントニオ・デ・ラ・フロリーダ聖堂
San Antonio de la Florida
マドリード市内。小聖堂。ゴヤの壁画『パドヴァの聖アントニウスの奇跡』（中央クーポラ）と『天使たちによる三位一体の礼拝』（内陣）で有名。
　　¶ 新潮美

サン・イシドロ教会
レオン。1063年に献堂。現在、当時のナルテックス（地階）が残る。柱頭はスペイン最古のロマネスク彫刻。
　　¶ 新潮美（レオン〔サン・イシドロ聖堂〕）、スペ・ポル（レオン〔サン・イシドロ教会〕）

サン・クリストバル・デ・ラ・ラグナ
San Cristóbal de La Laguna
カナリア諸島のテネリフェ島の北東にある町。1497年にコンキスタドールのアロンソ・フェルナンデス・デ・ルーゴによって建設された都市。スペインが新世界に築いた最初の非要塞型都市で、アメリカ大陸の多くの植民都市建設のモデルとなった。
　　世界遺産（サン・クリストバル・デ・ラ・ラグナ　1999）
　　¶ 世遺事（サン・クリストバル・デ・ラ・ラグナ）、成世遺上〔写〕、世遺百、ビジ世遺〔写〕

サン・クレメンテ聖堂
レリダ県タウール。三廊式三アプシス、列柱は左右3本ずつという小建築だが、壁画が有名。
　　¶ 新潮美（タウール〔サン・クレメンテ聖堂〕）

サンタ・マリア修道院〔リポール〕
ヘローナ県リポール。中世カタルーニャ文化の拠点の一つで、歴代のバルセロナ伯の墓所。創建は6世紀、以来増改築を重ねながら、11世紀に全盛期を迎えた。
　　¶ 新潮美（リポール〔サンタ・マリーア修道院聖

堂〕）, 世界美6（リポール〔サンタ・マリア修道院〕）

サンタ・マリア聖堂〔タウール〕

レリダ県タウール。三廊式三アプシス、列柱は左右3本ずつという小建築だが、壁画が有名。
¶ 新潮美（タウール〔サンタ・マリーア聖堂〕）

サンタ・マリア大聖堂〔セオ・デ・ウルジェル〕

レリダ県セオ・デ・ウルジェル。11世紀中頃に着工、1175年完成。翼廊はかなり長く、平面プランはラテン十字形をなす。
¶ 世界美3（セオ・デ・ウルジェル〔大聖堂〕）

サンタ・マリア大聖堂〔タラーサ〕

カタルーニャ地方、バルセローナ西北方のタラーサ。タラーサは、400年以来の司教座所在地。大聖堂は450年創立。
¶ 新潮美（タラーサ〔サンタ・マリーア大聖堂〕）

サンタ・マリア・デ・グアダルーペ王立修道院
Royal Monastery of Santa María de Guadalupe

エストレマドゥーラ自治州カセレス県のグアダルーペ。1320年にヒル・コルデロという羊飼いが小さな聖堂を築いたとされる。14世紀に聖堂が増築され王家の聖地となった。1389年、聖アウグスチノ修道会により修道院が建設された。
〔世界遺産〕（サンタ・マリア・デ・グアダルーペ王立修道院 1993）
¶ 世遺事（サンタ・マリア・デ・グアダルーペの王立修道院）, 成世遺上（サンタ・マリア・デ・グアダルーペ修道院）〔写〕, 世遺百, ビジ世遺〔写〕, ユネ世遺10（グアダルーペの王立修道院）〔写〕

サンタ・マリーア・デ・ナランコ
Santa María de Naranco

オビエード県オビエード西北郊外。アストゥリアス王朝の建築の代表例の一つ。ラミロ1世（在位842-850）の離宮として建てられ、王の在世中に聖堂に改修。
¶ 新潮美

サンタ・マリア・デ・レグラ大聖堂

レオン。レオン大聖堂とも。スペイン・ゴシック様式の優れた例。エンリケが出身地ランスの大聖堂を手本に設計。13世紀に建設が始まり最終的な完成は15世紀。サンティアゴ・デ・コンポステーラの巡礼路途上に位置。
¶ 新潮美（レオン〔サンタ・マリア・デ・レグラ大聖堂〕）, スペ・ポル（レオン〔大聖堂〕）, 世界美6（レオン〔大聖堂〕）〔写〕

サンタ・マリーア・ラ・ブランカ
Santa Maria la Blanca

トレド。1180年の創建当初はユダヤ教のシナゴーグであったが、13世紀に改築。1405年以降、

キリスト教の教会堂になった。ムデーハル様式の宗教建築の典型。
〔世界遺産〕（古都トレド 1986）
¶ 文化史蹟10〔写〕

サンティアゴ・デ・コンポステーラ（旧市街）
Santiago de Compostela（Old Town）

ガリシア自治州。9世紀に聖ヤコブ（サンティアゴ）の遺骸が発見された。中世ヨーロッパ三大聖地の一つとして繁栄し、巡礼路が発達した。12世紀建立のロマネスク様式の大聖堂をはじめ、修道院、聖堂、大学など中世からの建物が多く残る。
〔世界遺産〕（サンティアゴ・デ・コンポステーラ（旧市街） 1985）
¶ 角川世（サンティアゴ・デ・コンポステーラ）, 新潮美（サンティアーゴ・デ・コンポステーラ）, スペ・ポル（サンティアゴ・デ・コンポステラ）〔図〕, 世遺事, 成世遺上（サンティアゴ・デ・コンポステラ旧市街）〔写〕, 世遺地（サンティアゴ・デ・コンポステーラ）, 世遺百（サンティアーゴ・デ・コンポステラ旧市街）〔写〕, 世界美2（サンティアーゴ・デ・コンポステーラ）, 世歴事4（サンティアゴ・デ・コンポステラ）, ビジ世遺〔写〕, 平凡社世（サンティアゴ・デ・コンポステラ）, 山川世（サンティアゴ・デ・コンポステラ）, ユネ世遺10（サンティアゴ・デ・コンポステーラ）〔写〕

サンティアゴ・デ・コンポステーラ大聖堂
Cathedral of Santiago-de-compostela

サンティアゴ・デ・コンポステーラ。大ヤコブの墓の上に建てられている。813年、司教テオドミーロの手で最初の小聖堂が建立された。現在の建物は1078年に司教ディエーゴ・パラエスによって着工。
〔世界遺産〕（サンティアゴ・デ・コンポステーラ（旧市街） 1985）
¶ 遺建11（サンチアゴ−デ−コンポステラ大聖堂）〔写/図〕, 宗教建築〔写/図〕, 世界美2（サンティアゴ・デ・コンポステーラ〔大聖堂〕）〔写〕, 文化史蹟12（サンティアーゴ・デ・コンポステーラ大聖堂）〔写p114〜117/図p117〕, 歴史建築〔写/図〕

サンティアゴ・デ・コンポステーラへの巡礼道：フランス人の道とスペイン北部の巡礼路群
Santiago de Compostela（Old Town）

北部。ガリシア州のサンティアゴ・デ・コンポステーラには聖ヤコブの棺があり、エルサレム、ローマと並ぶキリスト教徒の最も重要な巡礼地。この聖地に至るスペイン国内の複数の巡礼路が世界遺産に登録されている。「アラゴンの道」「ナバラの道」などが主要な巡礼路。
〔世界遺産〕（サンティアゴ・デ・コンポステーラの巡礼

路：カミーノ・フランセスとスペイン北部の巡礼路群　1993,2015）

¶オ西洋美（巡礼路教会　じゅんれいろきょうかい）〔写〕，世遺事，成世遺上（サンティアゴ・デ・コンポステラ巡礼道）〔写〕，世遺百（サンティアーゴ・デ・コンポステーラ巡礼路）〔写〕，ビジ世遺（サンティアゴ・デ・コンポステーラの巡礼道）〔写〕，ユネ世遺10（サンティアゴ・デ・コンポステーラの巡礼路）〔写〕

サントゥリャーノ聖堂　Santullano
オビエード郊外。サン・フリアン・デ・ロス・プラードス聖堂の別称。812〜842年頃建てられた三廊式バジリカ。

¶新潮美

サン・フワン・デ・ドゥエーロ修道院
The Abbey of San Juan de Duerro

ソーリア。12〜13世紀。ロマネスク建築の旧修道院。廃墟化した回廊は、イスラム文化とキリスト教文化が相接していた当時のスペイン状況を如実に示す。

¶文化史蹟12〔写〕

サン・ペドロ聖堂
アルバセテ県。カタルーニャ・ロマネスク第2期の様式の変形例。かつてベネディクト会に属した。

¶新潮美（ローダ）

サン・ペドロ・デ・ナーベ聖堂
San Pedro de Nave

カンピリョ・デ・アレナスにある。7世紀末の西ゴート時代のキリスト教聖堂。ダム建設に伴い解体され、現在地に移動、再建された。

¶宗教建築（サン・ペドロ・デ・ラ・ナーベ聖堂）〔写/図〕，新潮美

サン・ペドロ・デ・ローダ
San Pedro de Roda

ヘローナ県、フィゲーラス東北方、海を見下ろす高地。旧ベネディクト会修道院。聖堂は1022年の奉献。

¶新潮美

サン・ミゲル聖堂〔エスカラーダ〕
北部レオン県。913年建立されたモサラベ様式の代表例の一つ。三廊式の聖堂。

¶新潮美（エスカラーダ〔サン・ミゲール聖堂〕）

サン・ミゲル聖堂〔タラーサ〕
カタルーニャ地方、バルセローナ西北方のタラーサ。タラーサは、400年以来の司教座所在地。聖堂は、初期の西ゴート時代の姿をよく保存する5世紀の建物。

¶新潮美（タラーサ〔サン・ミゲル聖堂〕）

サン・ミジャン・ユソとサン・ミジャン・スソの修道院群
San Millán Yuso and Suso Monasteries

ラ・リオハ自治州サン・ミリャン・デ・ラ・コゴヤの丘の上。聖ミジャンゆかりの2つの修道院。ユソ修道院は1367年にエドワード黒太子により破壊され1504年に再建開始、18世紀に完成した後期ゴシック様式の建物。上方のスソ修道院は10世紀創建のロマネスク様式の教会。

世界遺産（サン・ミジャン・ユソとサン・ミジャン・スソの修道院群　1997）

¶世遺事（聖ミリャン・ジュソ修道院とスソ修道院），成世遺上（サン・ミジャンにあるふたつの修道院）〔写〕，世遺百（サン・ミジャン・ユソ修道院、サン・ミジャン・スソ修道院），ビジ世遺（サン・ミリャン・ジュソ修道院とサン・ミリャン・スソ修道院）〔写〕

シビル, クエバ・デル　Cueva del Civil
カステリョン県のバルトルタ渓谷。中石器時代の岩陰彩画遺跡。

¶新潮美

水銀関連遺産：アルマデンとイドリア
Heritage of Mercury. Almadén and Idrija

スペインのアルマデンとスロベニアのイドリアにある。世界最大の水銀鉱山だった地。アルマデンは古代から、イドリアは1490年に水銀の生産を開始。鉱山の竪坑や地上の水銀関連施設をはじめ、城砦・教会・住居など中世以来の町並みが残り、資料館などに水銀精錬に関連した遺物を展示。

世界遺産（水銀関連遺産：アルマデンとイドリア　2012）

¶スペ・ボル（アルマデン），世遺事（水銀の遺産、アルマデン鉱山とイドリャ鉱山），成世遺上（水銀の遺産アルマデンとイドリア）〔写〕，世遺百（水銀関連遺産：アルマデン、イドリア）

セゴビアの旧市街とローマ水道
Old Town of Segovia and its Aqueduct

セゴビア。古代ローマ時代から存在し、中世にはカスティーリャ王国の主要都市として繁栄。旧市街には11〜12世紀の教会、16〜18世紀に建設されたゴシック様式のセゴビア大聖堂などがある。ローマ水道橋は1世紀頃の建造。

世界遺産（セゴビア旧市街とローマ水道橋　1985）

¶新潮美（セゴビア），スペ・ボル（セゴビア），世遺事，成世遺上（セゴビア旧市街と水道橋）〔写〕，世遺百（セゴビア旧市街とその水道橋）〔写〕，大遺跡6（セゴビア）〔写〕，ビジ世遺（セゴビアの旧市街と水道橋）〔写〕，ユネ世遺10（セゴビアの旧市街と水道橋）〔写〕

セゴビアの水道橋
セゴビア。後10年頃に建造された2層をなすアーチの水道橋。800mにわたり現存。

世界遺産(セゴビア旧市街とローマ水道橋　1985)

¶大遺跡6 p132(水道橋)〔写〕, 文化史蹟4 p180(水道橋)〔写〕

セビージャの大聖堂、アルカサルとインディアス古文書館
Cathedral, Alcázar and Archivo de Indias in Seville

セビリア(セビージャ)。大聖堂は15世紀初めから100年をかけてつくられた後期ゴシック様式の建築物。隣接するアルカサルはスペイン王室の宮殿で、14世紀にペドロ1世がイスラム時代の宮殿の跡地に建設。インディアス古文書館は、16世紀に商品取引所として建てられたルネサンス様式の建物。スペイン帝国の世界交易の歴史を物語る資料が残る。

世界遺産(セビージャの大聖堂、アルカサルとインディアス古文書館　1987)

¶世遺事(セビリア大聖堂、アルカサル、インディアス古文書館), 成世遺上(セビーリャの大聖堂とその周辺)〔写〕, 世遺百(セビージャ(セビリヤ)の大聖堂、アルカサル、インディアス古文書館)〔写〕, ビジ世遺(セビーリャの大聖堂、アルカサルとインディアス古文書館)〔写〕, ユネ世遺10(セビーリャの大聖堂、アルカサル、インディアス古文書館)〔写〕

セビージャ大聖堂　Sevilla Cathedral

セビリア(セビージャ)。12世紀のムワッヒド朝のモスクを、13世紀キリスト教徒が建て替えた聖堂。ゴシック様式を主として、ルネサンス、バロック様式が混在。

世界遺産(セビージャの大聖堂、アルカサルとインディアス古文書館　1987)

¶新潮美(セビーリャ), スペ・ポル(セビリャ), 空大聖堂(セビリアのサンタ・マリア大聖堂)〔写〕

戦没者の谷　Valle de los Caídos

マドリードから北西へ58km、グアダラマの山間部。スペイン内乱の戦死者を弔うために建立された納骨堂の通称。「死者の谷」とも呼ばれる。1958年に完成。

¶スペ・ポル

タラゴナの円形闘技場　Amphitheater

タラゴナ市の中心地より北東へ5km。コスタ・ブラバ(荒々しい海岸)と呼ばれる海岸に造られた円形闘技場。ローマ人のスペイン征服によって造られたローマ史跡。

¶文化史蹟4 p183(円形闘技場)〔写〕

タラゴナの遺跡群
Archaeological Ensemble of Tárraco

カタルーニャ自治州バルセロナの西南西およそ80km。旧称タラコ。アウグゥストゥス帝時代の前27年、ローマ属州ヒスパニア・タラコネンシス

の首都となり、イベリア半島で最も繁栄。8世紀にはアラブの侵入により市街の大部分が破壊。1世紀建造の円形劇場、ラス・ファレラス水道橋、スキピオの塔(墳墓碑)、バラーの凱旋門など古代ローマ時代の遺跡が多く残る。

世界遺産(タラゴーナの遺跡群　2000)

¶新潮美(タラゴーナ), スペ・ポル(タラゴナ), 世遺事(タラコの考古遺跡群), 成世遺上(タラゴナの遺跡)〔写〕, 世遺百(タラコ遺跡)〔写〕, ビジ世遺(タラゴナの遺跡)〔写〕

デスペーニャペロス　Despeñaperros

南部。ハエンに近いイベロ族の聖地。その洞窟と神殿址から前6世紀からローマ時代末期に及ぶ2千体近い奉納ブロンズ小品を発見。

¶新潮美

トラムンタナ山地の文化的景観
Cultural Landscape of the Serra de Tramuntana

トラムンタナ山地。農業には不向きな地形と気候であったが、数千年にわたる農業によって地形がつくり変えられ、封建制度に由来する農耕単位をめぐる水利設備のネットワークを生んだ。用水路や石造り構造物や農場が特徴的な景観。

世界遺産(トラムンタナ山脈の文化的景観　2011)

¶世遺事, 成世遺上〔写〕, 世遺百(トラムンターナ山脈の文化的景観)〔写〕

トラルバ　Torralba

マドリードの北東約130km。前期旧石器時代の遺跡。動物の解体の具体的な過程を示す良好な遺物が発見される。

¶世界考古

トレド　Toledo

カスティーリャ・ラ・マンチャ自治州の州都。6世紀に西ゴート王国の首都となり、8世紀以後イスラム教徒が支配。1085年にカスティーリャ王国に占領されて後は政治、文化の中心として発展。旧市街には、大聖堂、アルカサル、モスクなど、イスラム教・ユダヤ教・キリスト教の文化が入り混じった中世の建築物が残る。

世界遺産(古都トレド　1986)

¶アジア歴7, 旺文社世, 角川世, 新潮美(トレード), スペ・ポル, 世遺事(古都トレド), 成世遺上(古都トレド)〔写〕, 世遺百(歴史都市トレド)〔写〕, 世界美4, 世歴大14〔写/図〕, ビジ世遺(古都トレド)〔写〕, 評論社世, 山川世(トレド〔スペイン〕), ユネ世遺10(トレドの旧市街)〔写〕

トレド大聖堂

トレド。かつての大モスク跡に建設された長さ120m、幅60mの五廊式聖堂。13世紀前半に建設開始。1493年、本堂の工事完了。

¶世界美4(トレド〔大聖堂〕)

ヌマンシアの遺蹟　Ruins, Numancia

ヌマンシア。前2〜1世紀。スペインに現存するローマ遺跡の一つ。ヌマンシアは、前2世紀頃からのスペイン西部経営の拠点であった。

¶ 文化史蹟4 p182〔写〕

バルセロナのカタルーニャ音楽堂とサン・パウ病院

Palau de la Música Catalana and Hospital de Sant Pau, Barcelona

カタルーニャ自治州バルセロナの市街。アール・ヌーヴォーの建築家ドメネク・イ・モンタネルの名作。1908年に完成した鉄筋建築の音楽堂は、モザイクで飾られたファサードやステンドグラスのコンサートホールなど、内外がカタルーニャ地方の伝統工芸の技法でふんだんに装飾される。サン・パウ病院は1930年に完成。現在も病院として使用。

世界遺産 (バルセロナのカタルーニャ音楽堂とサン・パウ病院　1997)

¶ 世遺事, 成世遺上 (カタルーニャ音楽堂とサン・パウ病院)〔写〕, 世遺百, ビジ世遺〔写〕

バルトルタ　Valltorta

カステリョン県。中石器時代の岩陰彩画遺跡がある渓谷。

¶ 新潮美

バルパリョ　Parpalló

ガンディアの西10km。洞穴遺跡。後期旧石器時代の代表的遺跡。

¶ 世界考古〔図（遺物）〕

バレンシアのラ・ロンハ・デ・ラ・セダ

La Lonja de la Seda de Valencia

バレンシア自治州バレンシア県首都マドリードの東約320km。1482〜1533年にかけ、絹の商品取引所（スペイン語でラ・ロンハ・デ・ラ・セダ）として建設。分厚い壁、塔、銃眼を持つ重厚な石造のゴシック建築で、フランボワイヤン様式の傑作。大広間の柱と放射線蒼穹は絹糸が先端で広がる様を表す。

世界遺産 (バレンシアのラ・ロンハ・デ・ラ・セダ 1996)

¶ 世遺事 (ヴァレンシアのロンハ・デ・ラ・セダ), 成世遺上〔写〕, 世遺百, ビジ世遺〔写〕, ユネ世遺13〔写〕

ビスカヤ橋　Vizcaya Bridge

バスク自治州ヴィスカヤ県ビルバオ市郊外を流れるイバイサバル川の河口。建築家アルベルト・デ・パラシオの設計で1893年に完成・開通。軽量のねじり鉄鋼ロープを使用し、重いゴンドラを吊ることに成功した、世界最古の運搬橋。全長160m、高さ45m。

世界遺産 (ビスカヤ橋　2006)

¶ 世遺事 (ヴィスカヤ橋), 成世遺上〔写〕, 世遺百〔写〕

ヒラルダの塔　Tower of Giralda

セビーリヤ。1171〜72年築。アル・ムワッヒド朝時代の大モスクに付属するミナレットの遺構。地上約60mまでの角塔が当初のもの。

¶ 新潮美, 文化史蹟10〔写〕

ピレネー地方—ペルデュ山

Pyrénées—Mont Perdu

フランス・スペインにまたがる標高3352mの山。スペイン側にはヨーロッパ最大かつ最深の2つの渓谷があり、フランス側には3つの巨大な圏谷がある。また、スペイン側の段々畑やフランス側の牧場など、ヨーロッパの伝統的な農業牧畜生活様式を反映した農業景観が今も残る。

世界遺産 (ピレネー山脈—ペルデュ山　1997, 1999)

¶ 世遺事 (ピレネー地方—ペルデュー山), 成世遺上 (ピレネーのペルデュ山), 世遺百 (ピレネー山脈：ペルデュ山), ビジ世遺 (ピレネーのペルデュ山 (ペルディド山))〔写〕

プエルタ・デル・ソル (太陽の門)

Puerta del Sol

トレド。14世紀初頭。市門の一つ。通称「太陽の門」。比較的単純な形式だが頑丈で、一部にイスラム様式の影響が濃く出ている。

世界遺産 (古都トレド　1986)

¶ 文化史蹟10 p99〔写〕

ブルゴス大聖堂　Burgos Cathedral

カスティーリャ・イ・レオン自治州。正称サンタマリア大聖堂。1221年フェルナンド3世とマウリーシオ司教により、ロマネスク様式の大聖堂を取り壊して建築開始。1230年献堂。ヨーロッパにおける最大のゴシック建造物の一つ。

世界遺産 (ブルゴス大聖堂　1984)

¶ 新潮美 (ブルゴス〔サンタ・マリーア大聖堂〕), スペ・ポル (ブルゴス〔大聖堂〕), 成世遺上〔写〕, 世遺百〔写〕, 世界美5 (ブルゴス〔大聖堂〕)〔写〕, ビジ世遺〔写〕, 平凡社世 (ブルゴス聖堂), ユネ世遺10 (ブルゴスの大聖堂)〔写〕

ヘラクレスの塔　Tower of Hercules

ガリシア自治州のアルタブロ湾の西端の岬。現在も使用されている最古の灯台。1世紀後半にローマ人がアレクサンドリアの大灯台をモデルに、ブリガンティウムの塔という名で建造。高さ57mの岩盤上に建ち、高さ55mの石造り。

世界遺産 (ヘラクレスの塔　2009)

¶ 世遺事, 成世遺上 (エルクレスの塔)〔写〕, 世遺百〔写〕

ボイ渓谷のカタルーニャ・ロマネスク教会群 Catalan Romanesque Churches of the Vall de Boí

カタルーニャ自治州レリダ県ピレネー地区ヴァル・デ・ボイ。中世のキリスト教建築物が数多く残る。11～14世紀には銀の一大産地として繁栄、村ごとにロマネスク様式の教会を建立した。タウル村のサント・クリメント教会、サンタ・マリア教会など9つの教会が世界遺産に登録されている。

世界遺産（ボイ渓谷のカタルーニャ風ロマネスク様式教会群　2000）

¶世遺事, 成世遺上（ボイ渓谷のロマネスク様式聖堂）〔写〕, 世遺百（ボイ渓谷のカタルーニャ・ロマネスク様式教会群）, ビジ世遺（ボイ渓谷のカタルーニャ風ロマネスク様式聖堂）〔写〕

ポブレー修道院 Poblet Monastery

タラゴナ県コンカ・デ・バルベラ郡ビンボディ町。1151年、バルセロナ伯ラモンゲール4世がカタルーニャ地方最初のシトー会修道院として設立。バロック様式の入口とロマネスク様式の聖堂を持つ。アラゴン国王の墓所でもある。

世界遺産（ポブレー修道院　1991）

¶スペ・ポル（ポブレー〔修道院〕）, 世遺事（ポブレット修道院）, 成世遺上〔写〕, 世遺百〔写〕, ビジ世遺, ユネ世遺10（ポブレーの修道院）〔写〕

マディーナ・アッザフラー Madīnat al-Zahrā'

コルドバ郊外。アブド・アッラフマーン3世が建設した宮廷都市。980年には行政機能を失い、荒廃の一途をたどった。

¶角川世

マヨール広場

カスティーリャ・レオン州サラマンカ。18世紀にスペイン王フェリペ5世の命で造営。バロック様式の建物で囲まれた、サラマンカの中心広場。

世界遺産（サラマンカ旧市街　1988）

¶遺建6（サラマンカのマヨール広場）〔写/図〕

ミナテダ Minateda

アルバセテ県。中石器時代のレバント美術遺跡。

¶新潮美

メリダ Mérida

エストレマドゥーラ自治州のグアディアナ川の北岸。古代名エーメリタ・アウグスタ。前25年、ローマ退役軍人の植民市として建設。ローマ帝国時代の遺構が数多く残る。後1世紀頃のトラヤヌス帝凱旋門、ローマ劇場、円形闘技場、ディアナ神殿、ミラグラス水道橋などがある。

世界遺産（メリダの遺跡群　1993）

¶新潮美, スペ・ポル, 世遺事（メリダの考古学

遺跡群）, 成世遺上（メリダの遺跡）〔写〕, 世遺百（メリダ考古遺跡群）〔写〕, 世界考古, 空古代遺跡〔写〕, 大遺跡6〔写〕, ビジ世遺（メリダの遺跡）〔写〕, ユネ世遺10（メリダの考古遺跡）〔写〕

メリダの劇場 Theater

メリダ。碑文によれば、前27年にアグリッパによって建造。円形劇場で収容人員5500。高さ21m。

世界遺産（メリダの遺跡群　1993）

¶大遺跡6 p128（劇場）〔写〕, 文化史蹟4 p182（劇場）〔写〕

メリダの水道橋

メリダ。前1～後1世紀の水道橋。延長11km。橋脚が27基現存。

世界遺産（メリダの遺跡群　1993）

¶大遺跡6 p129（水道橋）〔写〕

モタ城 Castle Mota

メディナ・デル・カンポ。城は13世紀に始まるが、現在の建物は15世紀になって造られたもの。レンガで築かれた城塞。

¶文化史蹟13〔写〕

モレリャ・ラ・ベリャ Morella la Vella

カステリョン県。中石器時代のレバント美術遺跡。

¶新潮美

モンセラート

バルセロナ近郊。キリスト教の聖地。黒い聖母の修道院といわれ、聖母マリアの彫像をおさめるベネディクト会の修道院がある。

¶世遺地

ラ・グランハ宮殿 La Granja

セゴビア県レアル・シティオ・デ・サン・イルデフォンソにある。スペイン王フェリペ5世（在位1700-46）がつくった離宮。15世紀以来国王の狩猟地であったバルサインの松林の近くにある。

¶スペ・ポル（ラ・グランハ）

ラス・メドゥラス Las Médulas

カスティーリャ・イ・レオン自治州とガリシア自治州の中間にある。古代ローマ帝国の金鉱跡。ローマ皇帝アウグストゥス帝の時代に、ルイナ・モンティウムという水圧を利用した金鉱開発を開始。3世紀にローマ人は撤退、当時の採掘や選鉱や水路の跡はそのまま残る。

世界遺産（ラス・メドゥラス　1997）

¶世遺事, 成世遺上〔写〕, 世遺百, ビジ世遺〔写〕

ラ・ピレタ La Pileta

マラガ県。旧石器時代後期の洞窟壁画遺跡。

¶新潮美

スロバキア　　502

リセウ大劇場　Gran Teatre del Liceu

バルセロナ。世界有数のオペラ劇場。バルセロナの新興ブルジョアジーの社交場として1847年に落成。

　　¶ スペ・ポル

リポル・サン・フアン修道院

カタルーニャ地方ヘロナ（ジローナ）県の町。現在は遺構のみだが、修道院は6世紀にはあったとされる。12～13世紀にはカタルーニャ・ロマネスクのファサードや多彩色の壁画「十字架上のキリスト像」が完成した。

　　¶ スペ・ポル（リポル〔リポル・サン・フアン修道院〕）

ルーゴのローマ時代の城壁
Roman Walls of Lugo

ガリシア自治州ルーゴ県ルーゴ市。2世紀後半、ケルト人の集落をローマ人が占領し、重要な軍事拠点として発展。263～276年に建設された、一周2131mにおよぶ城壁全体が残る。

　　世界遺産（ルーゴのローマの城壁群　2000）

　　¶ スペ・ポル（ルーゴ）、世遺事，成世遺上（ルーゴのローマ城壁）〔写〕、世遺百（ルーゴのローマ市壁）、ビジ世遺（ルーゴのローマ城壁）〔写〕

レスタニー旧修道院
The Ancient Abbey of L'estany

バルセロナ北方、ヴィックに近い山岳地帯。12～14世紀。サンタ・マリーア修道院とも。聖堂の南側に隣接した回廊が見事で1辺が10m足らずの方形のプラン。

　　¶ 文化史蹟12〔写〕

レバント　Levant

レバント地方。岩面画が広く分布している。いずれも岩陰の壁に描かれた彩画で、赤または黒の単色画。約70の遺跡を確認。

　　¶ 大遺跡1〔写/図〕

レミヒア, クエバ　Cueva Remigia

カステリョン県。中石器時代の岩陰彩画遺跡。10人ばかりの男が頭上に弓をかかげた絵がある。

　　¶ 新潮美，大遺跡1（レバント―レミヒア岩陰）〔写/図〕

ロス・ミリャレス　Los Millares

アルメリア地方。塞砦集落址・墓址。金属器時代初頭にイベリア半島にひろがったミリャレス文化の標準遺跡。

　　¶ 古遺地（ロス・ミヤレスとエル・アルガー）〔図〕、世界考古〔図〕

スロバキア

ヴルコリニェツ　Vlkolínec

スロバキア中部、ニーズケー・タトリ山地の北端首都ブラチスラヴァの北東約190km。ニーズケー・タトリ山中にある小さな集落。中世以降のスラブの伝統的な木造建築物が、ほぼ完全形で残る。現在も人々が生活する。

　　世界遺産（ヴルコリニェツ　1993）

　　¶ 世遺事，成世遺上〔写〕、世遺百〔写〕、ビジ世遺〔写〕、ユネ世遺9（ブルコリニェツの伝統的集落）〔写〕

カルパチア山地のスロバキア地域の木造教会群
Wooden Churches of the Slovak part of the Carpathian Mountain Area

プレショフ、ジリナ、バンスカー・ビストリッツァ、コシツェの4つの州にまたがる。16～18世紀に建てられたカトリック教会（2棟）、プロテスタント教会（3棟）、ギリシャ正教会（3棟）の木造建築群。3つの宗派の施設が共存することは世界的にも稀少。

　　世界遺産（カルパチア山地のスロバキア地域の木造教会群　2008）

　　¶ 世遺事（カルパチア山脈地域のスロヴァキア側

の木造教会群）、成世遺上（カルパティア山脈の木造聖堂）〔写〕、世遺百（カルパチア山地のスロバキア領の木造教会堂）

バルデヨフ市街保全地区
Bardejov Town Conservation Reserve

プレフ地方。要塞都市。ハンガリーとポーランドとの交易で栄えた。1247年の聖エギディウス聖堂、1505年のタウン・ホール、また18世紀のユダヤ教の礼拝堂など多数の建造物が残る。

　　世界遺産（バルデヨフ市街保護区　2000）

　　¶ 世遺事，成世遺上（バルデヨフ市街の保護区）〔写〕、世遺百（バルデヨフ街並み保護区）〔写〕、ビジ世遺（バルデヨフ市街の保護区）〔写〕

バンスカー・シュティアヴニツァ歴史都市と近隣の工業建築物群
Historic Town of Banská Štiavnica and the Technical Monuments in its Vicinity

バンスカー・シュティアヴニッツァ。1867～1918年の間、金・銀・銅の採掘およびその精錬で栄えた町。1627年には採掘が開始され、19世紀に衰退した。鉱業遺跡のほか、シュティアヴニッツァ新城、聖カタリーナ聖堂などの建築物が残る。

世界遺産(バンスカー・シュティアヴニツァ歴史都市と近隣の工業建築物群 1993)

¶世遺事(バンスカー・シュティアヴニッツァの歴史地区と周辺の技術的な遺跡),成世遺上(バンスカ・シュティアヴニツァ)〔写〕,世遺百(バンスカー・シュチャヴニツァ歴史都市と近隣の鉱業遺産)〔写〕,ビジ世遺(バンスカ・シュティアヴニツァ)〔写〕,ユネ世遺9(バンスカー・スチアフニツァの鉱山都市)〔写〕

レヴォチャ歴史地区、スピシュスキー城及びその関連する文化財
Levoča, Spišský Hrad and its Associated Cultural Monuments
ブラニスコ山麓。スロバキア東部にある中世の

城。12世紀にロマネスク様式で建築され、その後宮殿や聖堂、礼拝堂が次々に造られた。1780年の火災後に廃墟となったが、20世紀に再建され、現在城郭の一部は博物館となった。

世界遺産(レヴォチャ歴史地区、スピシュスキー城及びその関連する文化財 1993, 2009)

¶世遺事(レヴォチャ、スピシュスキー・ヒラットと周辺の文化財),成世遺上(レヴォチャとスピシュスキー城)〔写〕,世遺百(レヴォチャ:スピシュスキー城、その関連文化財)〔写〕,ビジ世遺(スピシュスキー城と関連文化財)〔写〕,ユネ世遺9(スピシュ城と周辺の歴史的建造物)〔写〕

スロベニア

アルプス山脈周辺の先史時代の杭上住居群
Prehistoric Pile dwellings around the Alps
アルプス山脈周辺の6カ国に点在。前5千年～前500年頃にかけてつくられた111の小規模な遺跡群。湖や川、湿地沿いに杭上住居跡あるいは高床式住居跡が残る。新石器・青銅器時代の先史生活や、自然環境との共存の様子を示す。

世界遺産(アルプス山系の先史時代杭上住居跡群 2011)

¶世遺事,成世遺上〔写〕,世遺百(アルプス山系の先史時代杭上住居跡)

ヴァーチェ　Vače
オーストリアに近い所。後期青銅器時代～初期鉄器時代の遺跡。1882年に弓と一緒に発見された青銅製のバケツは有名。

¶世界考古

シェムペテル　Šempeter
ツェリエ近郊の村。ローマ時代の墓地遺跡があ

る。1～3世紀の墓碑が残る。

¶世界美3

水銀関連遺産：アルマデンとイドリア
Heritage of Mercury. Almadén and Idrija
スペインのアルマデンとスロベニアのイドリアにある。世界最大の水銀鉱山だった地。アルマデンは古代から、イドリアは1490年に水銀の生産を開始。鉱山の竪坑や地上の水銀関連施設をはじめ、城砦・教会・住居など中世以来の町並みが残り、資料館などに水銀精錬に関連した遺物を展示。

世界遺産(水銀関連遺産：アルマデンとイドリア 2012)

¶世遺事(水銀の遺産、アルマデン鉱山とイドリャ鉱山),成世遺上(水銀の遺産アルマデンとイドリア)〔写〕,世遺百(水銀関連遺産：アルマデン、イドリア)

セルビア

ヴィンチャ　Vinča
ベオグラードの付近。新石器時代の遺跡で、テルのような丘をなす。ヴィンチャ文化の標準遺跡。

¶世界考古

ガムジグラード・ロムリアーナ、ガレリウスの宮殿
Gamzigrad-Romuliana, Palace of Galerius
東部。ローマ皇帝ガレリウス(250頃－311)が死

後埋葬された場所。城壁内部にバシリカ跡、寺院跡、共同浴場跡、床面がモザイク装飾の宮殿の遺跡などがある。

世界遺産(ガムジグラード－ロムリアーナ、ガレリウスの宮殿 2007)

¶世遺事(ガムジグラード・ロムリアナ、ガレリウス宮殿),成世遺上(ガムジグラード・ロムリアナ)〔写〕,世遺百(ガムジグラード(古名ロムリアーナ)のガレリウスの宮殿)〔写〕

チェコ　504

ジチャ修道院　Žiča

ベオグラードの南約180km。中世セルビアの代表的修道院の一つ。

¶新潮美

スタリ・ラスとソポチャニ
Stari Ras and Sopoćani

スタリ・ラス、ソポチャニ。スタリ・ラスはセルビア王国の最初の首都。王宮跡と推測される要塞の一部と礼拝堂が残る。ソポチャニにあるセルビア正教会の修道院に、13世紀のビザンチン美術のフレスコ画が残る。

世界遺産 (スタリ・ラスとソポチャニ　1979)

¶世遺事, 成世遺上〔写〕, 世遺百 (スタリ・ラス、ソポチャニ), ビジ世遺〔写〕, ユネ世遺9 (スタリ・ラスの遺跡とソポチャニの修道院)〔写〕

ステチェツィの中世の墓碑群
Stećci Medieval Tombstones Graveyards

ボスニア王国の領域。12～16世紀にかけて作られた巨大墓碑。幾何学図形などの装飾が刻まれている。ヨーロッパ南東部に7万点以上あり、30件が世界遺産に登録された。

世界遺産 (中世墓碑ステチツイの墓所群　2016)

¶世遺事

ストゥデニツァ修道院
Studenica Monastery

ベオグラードの南約240kmの山中。セルビア王国の創始者シュテファン・ネマンニャ王によって開かれた大修道院。ロマネスク様式とビザンチン様式が融合したラシュカ派様式。聖母 (12世紀)、王 (14世紀)、聖ニコラ (12世紀) の3聖堂と、塔 (13世紀)、僧房などが残る。

世界遺産 (ストゥデニツァ修道院　1986)

¶新潮美, 世遺事 (ストゥデニカ修道院), 成世遺上〔写〕, 世遺百, ビジ世遺〔写〕, 文化史蹟11〔写〕, ユネ世遺9 (ストゥデニツァの修道

ソポチャニ修道院　Sopoćani

ノヴィ・パザールの西16kmに位置。聖三位一体聖堂。1260年頃ステファン・ウロシュ1世により建立。内部のフレスコ画による装飾は1263～68年に完成。

世界遺産 (スタリ・ラスとソポチャニ　1979)

¶新潮美, 世界美3 (ソポチャニ)〔写 (壁画)〕, 文化史蹟11 (ソポチャニの修道院聖堂)〔写〕

チェレ・クーラ (髑髏塔)　Ćele-Kula

ニーシュ。1809年、蜂起に失敗したセルビア人の頭蓋骨952個を塗り固めて造った塔。

¶東欧 (ニーシュ)〔写〕

ブバーニュ　Bubanj

モラヴァ地方。新石器時代～青銅器時代の遺跡。ブバーニュ文化の標準遺跡。Ⅰ層の土器は褐色や黒色をしていて、つやのあるものがある。Ⅱ層では土器は厚手化する。

¶世界考古

ミレシェヴァ修道院　Mileševa

プリエポリエ近郊。1235年頃、セルビア王ヴラディスラフによって建立。聖堂内部には13世紀の連作フレスコ画が残る。

¶新潮美, 世界美5 (ミレシェヴォ〔修道院〕)

ラヴァニツァ修道院　Ravanica

パラチン付近。1375～77に創設。堂内の壁画はコンスタンティンの作。

¶新潮美

レペンスキ・ヴィル　Lepenski Vir

ベオグラードの東約90km。中石器時代から新石器時代初頭のスタルチェヴォ文化にいたる遺跡。3期の家屋址が多数残り、獲得経済から生産経済への移行が明確にわかる。

¶世界考古

チェコ

オロモウツの聖三位一体柱
Holy Trinity Column in Olomouc

北モラビア地方のオロモウツ旧市街の広場。18世紀初めに建造された記念碑。1618～1648年の三十年戦争で、スウェーデンからの占領から町が解放されたことを記念したもの。35mの高さがあり、頂上に金箔の三位一体の像がある。

世界遺産 (オロモウツの聖三位一体柱　2000)

¶世遺事 (オロモウツの聖三位一体の塔), 成世遺上 (オロモウツの聖三位一体碑)〔写〕, 世遺

百〔写〕, ビジ世遺 (オロモウツの聖三位一体碑)〔写〕

カルルシュテイン　Karlštejn

プラハ南西20km。1348～67年ボヘミア王カレル4世によって建てられた城。何世紀にもわたって改築された。

¶世界美2

カレル橋

プラハ。旧市街と小地区を結び、1741年まではヴ

ルタヴァ川に唯一かかっていた橋。長さ520m、砂岩ブロック造り。旧市街側橋塔はゴシック様式。

世界遺産（プラハ歴史地区　1992）

¶歴史建築〔写/図〕

旧新シナゴーグ　きゅうしんしなごーぐ★

プラハ。1270年頃に建造のヨーロッパに現存する最古のシナゴーグ。付近に別のシナゴーグが建造されるまでは「新シナゴーグ」と呼ばれていた（のちに取り壊し）。

世界遺産（プラハ歴史地区　1992）

¶宗教建築（プラハの旧新シナゴーグ）〔写/図〕、歴史建築〔写/図〕

クトナー・ホラ：聖バルバラ教会とセドレツの聖母マリア大聖堂のある歴史都市

Kutná Hora: Historical Town Centre with the Church of St Barbara and the Cathedral of Our Lady at Sedlec

プラハの東約65km。13世紀から銀山で発展し、14世紀には多数の建造物が建てられるほど栄えた。フス戦争や三十年戦争により銀山は荒廃、町も衰退した。後期ゴシック様式の聖バルバラ教会などが残る。

世界遺産（クトナー・ホラ：聖バルバラ教会とセドレツの聖母マリア大聖堂のある歴史都市　1995）

¶世遺事（クトナ・ホラ　聖バーバラ教会とセドリックの聖母マリア聖堂を含む歴史地区）、成世遺上（歴史都市クトナー・ホラ）〔写〕、世遺百（聖バルボラ聖堂のあるクトナー・ホラ歴史中心地区、セドレツの聖母マリア大聖堂）〔写〕、東欧（クトナー・ホラ）〔図（16世紀）〕、ビジ世遺（クトナー・ホラの歴史地区）〔写〕、ユネ世遺13（クトナー・ホラの歴史地区）〔写〕

クロミェルジーシュの庭園群と城

Gardens and Castle at Kroměříž

南モラヴィア地方クロミェルジーシュ。フジビ山脈の麓のモラヴァ川にある町。1497年に建てられたクロミェルジーシュ宮殿は、後期ゴシック様式とルネサンス様式（一部）、正面の庭園はバロック様式で造られた。再建されたものが現存。

世界遺産（クロミェルジーシュの庭園群と城　1998）

¶世遺事（クロメルジーシュの庭園と城）、成世遺上（クロミェ二ジーシュの庭園と城）〔写〕、世遺百（クロムニェジーシュの庭園群と城館）、ビジ世遺（クロムニェジーシュの庭園と城）〔写〕

ザーヴィスト　Závistí

プラハから18km離れたズブラスラヴの近く。前450〜200年頃、ケルト人の都市遺跡。

¶古遺地〔図〕

スタラノーバ教会堂

プラハ。現在も使用されているユダヤ教会堂（シ

ナゴーグ）ではヨーロッパ最古。ゴシック様式の建築。

世界遺産（プラハ歴史地区　1992）

¶遺建3〔写/図〕

ゼレナー・ホラのネポムークの聖ヨハネ巡礼教会

Pilgrimage Church of St John of Nepomuk at Zelená Hora

プラハ南東のモラビア高地。ベネディクト派のカトリック教会。現在の建物は18世紀に再建されたもの。中央の礼拝堂にある五角形の星形ドームと三角形の窓は、「53」歳で殉教した聖人、ヤン・ネポムツキーにちなんだものといわれる。

世界遺産（ゼレナー・ホラのネポムークの聖ヨハネ巡礼教会　1994）

¶世遺事（ゼレナホラ地方のネポムクの巡礼教会）、成世遺上（ゼレナー・ホラの巡礼聖堂）〔写〕、世遺百（ゼレナー・ホラのネポムークの聖ヨハネ巡礼聖堂）〔写〕、ビジ世遺（ゼレナー・ホラの巡礼聖堂）〔写〕、ユネ世遺7（ゼレナー・ホラの巡礼聖堂）〔写〕

チェスキー・クルムロフ歴史地区

Historic Centre of Český Krumlov

ボヘミア州チェスキー・クルムロフ。13世紀後半から町と城が建てられた町。手工業と商業で発展し、16世紀以降はルネサンス様式の建築物が多く現存。チェスキー・クルムロフ城や聖ヴィート聖堂などが現存。

世界遺産（チェスキー・クルムロフ歴史地区　1992）

¶世遺事（チェルキー・クルムロフの歴史地区）、成世遺上〔写〕、世遺百（チェスキー・クルムロフ歴史中心地区）〔写〕、ビジ世遺（チェスキー・クルムロフの歴史地区）〔写〕、ユネ世遺7（チェスキー・クルムロフの歴史地区）〔写〕

テルチの歴史地区

Historic Centre of Telč

テルチ。12世紀から集落が形成され、14世紀半ばから町や城が建設された。1530年の火災で多くの建築物が失われたが、ルネサンス様式やバロック様式で再建された。

世界遺産（テルチ歴史地区　1992）

¶世遺事、成世遺上（テルチ歴史地区）〔写〕、世遺百（テルチ歴史中心地区）、ビジ世遺〔写〕、ユネ世遺7〔写〕

トジェビーチのユダヤ人街とプロコピウス聖堂

Jewish Quarter and St Procopius' Basilica in Třebíč

ヴィソチナ州。古くからユダヤ人町やユダヤ人墓地、そしてプロコピウス聖堂があった。ユダヤ教徒とキリスト教徒の共存が、独特の文化と景観を発展させてきたことで評価された。

デンマーク　506

|世界遺産|（トジェビーチのユダヤ人街とプロコピウス聖堂　2003）
　¶世遺事（トルシェビチのユダヤ人街と聖プロコピウス大聖堂），成世遺上（トシェビチのユダヤ人地区と聖堂）〔写〕，世遺百（トジェビーチのユダヤ人街区と聖プロコピウス聖堂），ビジ世遺（トシェビチのユダヤ人地区と聖プロコピウス聖堂）〔写〕

ドルニ・ヴェストニース　Dolni Vestonice

ブルノの南35km。後期旧石器時代のオープン・サイト。住居址の炉から粘土像を2千点以上発見。
　¶新潮美（ドリニ・ヴィエストニツェ），世界考古〔図（出土の粘土像など）〕

ビラニイ　Bylany

プラハの東南東60km。新石器時代の集落址。帯文土器を伴う住居址を発見。
　¶世界考古

プシェドモスティ　Předmosti

ブルノの北東約70km。後期旧石器時代のオープン・サイト。500頭を越えるマンモスを発掘。特殊な形で埋葬された人骨を発見。
　¶新潮美（プルシェドモスティ），世界考古〔図（女性像）〕，東欧（プシェドモスチ）

プラハ城

プラハ。歴代王の居城。9世紀に建造され，11世紀木造から石造につくりかえられた。
　|世界遺産|（プラハ歴史地区　1992）
　¶遺建1（フラッチャニ城）〔写/図〕

プラハ歴史地区

Historic Centre of Prague

プラハ。6世紀後半に集落がつくられたことから始まる町。中世以降は屈指の都市として栄えた。プラハ城や聖ヴィート大聖堂，聖ニコラス教会やカレル橋など，ロマネスクやゴシックなど多数の建築様式の建物が現存。
　|世界遺産|（プラハ歴史地区　1992）
　¶新潮美（プラハ），世遺事（プラハの歴史地区），成世遺上〔写〕，世遺百（プラハ歴史中心地区）〔写〕，東欧（プラハ）〔図〕，ビジ世遺（プラハの歴史地区）〔写〕，ユネ世遺7（プラハの歴史地区）〔写〕

ブルノのトゥーゲントハット邸

Tugendhat Villa in Brno

都市ブルノの近郊。1930年，ドイツの建築家ミース・ファン・デル・ローエのデザインで建設された邸宅。旧チェコスロバキア時代における機能主義的建築のなかでも重要視されている。
　|世界遺産|（ブルノのツゲンドハット邸　2001）
　¶世遺事，成世遺上（ブルノのトゥーゲントハート邸）〔写〕，世遺百，ビジ世遺（ブルノのトゥーゲントハート邸）〔写〕

ホラショヴィツェの歴史地区

Holašovice Historical Village Reservation

南部の町ホラショヴィツェ。中央ヨーロッパの伝統的な集落が残る村。1292年にボヘミア王ヴァーツラフ2世が，村と施設などを修道院に寄進したため，1848年まで修道院の資産の一部であった。18～19世紀の固有の建造物が多く保存。
　|世界遺産|（ホラショヴィツェの歴史地区　1998）
　¶世遺事（ホラソヴィツェの歴史的集落），成世遺上（ホラショヴィツェの歴史的集落）〔写〕，世遺百（ホラショヴィツェ歴史的集落保存地区），ビジ世遺（ホラショヴィツェの歴史的集落保存地区）〔写〕

リトミシュル城　Litomyšl Castle

東ボヘミア地方のリトミシュル。1568～1582年，スペイン出身の妃のために領主のプラティスラフが建てた。当時，この地方では珍しかったルネサンス様式で，柱廊付きの城郭。
　|世界遺産|（リトミシュル城　1999）
　¶世遺事，成世遺上〔写〕，世遺百，ビジ世遺

レドニツェとヴァルチツェの文化的景観

Lednice-Valtice Cultural Landscape

南東部の都市レドニツェとヴァルチツェ。17～20世紀にかけてリヒテンシュタイン公爵家によって整備された景観。200平方kmの範囲に，城や庭園，聖堂など多数の建築物がある。
　|世界遺産|（レドニツェ－ヴァルティツェの文化的景観　1996）
　¶世遺事，成世遺上（レドニツェとヴァルチツェ）〔写〕，世遺百（レドニツェとヴァルティシェの文化的景観）〔写〕，ビジ世遺〔写〕，ユネ世遺13（レドニツェ＝ヴァルチツェの文化的景観）〔写〕

デンマーク

イェリング墳墓群、ルーン文字石碑群と教会

Jelling Mounds, Runic Stones and Church

ヴァイレ県ヴァイレ市の北西10km。10世紀頃、ハーラル王の王宮があった場所。2つの墳墓と2個のルーン石、そして教会が残る。現存する墳丘としてはデンマーク最大規模。

世界遺産(イェリング墳墓群、ルーン文字石碑群と教会 1994)

¶世遺事(イェリング墳丘、ルーン文字石碑と教会)、成世遺上(イェリング墳墓、ルーン文字石碑と聖堂)〔写〕、世遺百(イェリング墳墓：ルーン文字石碑、教会堂)、ビジ世遺(イェリング墳墓、ルーン文字石碑と聖堂)〔写〕、ユネ世遺7(イェリングの土塁と石碑と聖堂)〔写〕

エグトフェド　Egtved

ユトランド半島東部。青銅器時代前期の墳丘墓。若い婦人の遺骸が極めて保存の良い状態で発見された。火葬にした小児の骨も同時に発見。

¶世界考古

エルテベレ期貝塚群

ユトランド半島北部、リム湾。前4500年頃の貝塚。円礫で囲った炉、土器の破片などがみつかる。

¶遺跡100〔写〕

クリスチャンフィールド、モラヴィア教会の入植地

Christiansfeld, a Moravian Church Settlement

南ユトランドのコルディング。モラヴィア教会の入植地として1773年に建設された町。町は中央広場を中心とする。モラヴィア教会の先駆的な平等主義を反映する、黄色の煉瓦に赤瓦の屋根で造られた1～2階建ての均一で装飾がない建物が特徴的。

世界遺産(モラヴィア教会の入植地 クリスチャンフェルド 2015)

¶世遺事

クロンボー城　Kronborg Castle

エルシノアの町。16世紀に完成した城。北欧ルネサンスの傑作とされる。北海とバルト海の間を通過する船から通行税を徴収する役割を担った。シェークスピアの『ハムレット』の城のモデル。

世界遺産(クロンボー城 2000)

¶世遺事，成世遺上〔写〕、世遺百〔写〕、ビジ世遺〔写〕

グンデストラップ　Gundestrup

北ユトランドのオールス近郊。泥炭層遺跡。表層から前ローマ鉄器時代(前100)に属する銀製の大鉢が発見された。

¶世界考古

コペンハーゲン証券取引所

コペンハーゲン。クリスチャン4世(在位1588-1648)が建造。竜がからみ合う形をした尖塔がある。

¶遺建9〔写/図〕

シェラン島北部のパル・フォルス式狩猟の景観

The par force hunting landscape in North Zealand

ユトランド半島東部、コペンハーゲンの北東約30km。旧王室の狩猟用の2つの森と、森をつなぐ道の跡、「鹿公園」を中心に王室や貴族が狩猟の途中で立ち寄った城や狩猟小屋などを含む狩猟景観。

世界遺産(シェラン島北部のパル・フォルス狩猟景観 2015)

¶世遺事

ダーネヴィアケ　Danevirke

ユトランド半島。デンマーク王国の南部国境の安全を確保するため、ユトランド半島基部に構築された防御用土塁。全長数十kmに及ぶ。

¶角川世

トルンド　Tollund

オーフスの西30km。泥炭層遺跡。鉄器時代先ローマ期の完全な死体が着衣のまま発見された。

¶世界考古

トレレボール　Trelleborg

シェラン島西海岸。ヴァイキング時代の要塞跡。墓から多数の女性人骨が発見された。

¶角川世(トレレボー遺跡)、古遺地(トレルボー)〔図〕、世界考古〔図〕

ヨルトスプリング　Hjortspring

アルス島。泥炭層中の祭祀遺跡。前200年に年代付けられる先ローマ鉄器時代の奉納品の堆積を発見。

¶世界考古

リンホルム・ホイエ

オールボーからフィヨルドを横切った対岸の丘の上。北欧最大級のバイキングの墳墓遺跡。舟形墳墓など700近い墓が残る。後500～900年頃。

¶古遺地〔図〕、世遺地(リンホルムの丘)

ロスキレ大聖堂　Roskilde Cathedral

シェラン島にあるロスキレ県の県都ロスキレ。12～13世紀に建てられた聖堂。レンガ造りではスカンジナビア最古のもので、ゴシック様式とロマネスク様式が混在。15世紀以降は王室の墓所となった。

世界遺産(ロスキレ大聖堂 1995)

¶世遺事，成世遺上〔写〕、世遺百〔写〕、ビジ世遺〔写〕、ユネ世遺13(ロスキレの大聖堂)〔写〕

ドイツ

アイスレーベンとヴィッテンベルクにあるルターの記念建造物群
Luther Memorials in Eisleben and Wittenberg

ザクセンアンハルト州アイスレーベンおよびヴィッテンベルク。宗教改革者のマルティン・ルターの記念建造物。アイスレーベンはルターの生没地で生家などが残る。ヴィッテンベルクは宗教改革の中心地で「95か条の意見書」を掲げた教会が現存。

世界遺産（アイスレーベンとヴィッテンベルクにあるルターの記念建造物群　1996）

¶世遺事（アイスレーベンおよびヴィッテンベルクにあるルター記念碑），成世遺上（アイスレーベンとヴィッテンベルクにあるルター記念建造物），世遺百（アイスレーベンとヴィッテンベルクにあるルターの記念建造物），ビジ世遺（アイスレーベンとヴィッテンベルクのルター記念建造物）〔写〕，ユネ世遺13（アイスレーベンとヴィッテンベルクのルター記念建造物群）〔写〕

アイヒビュール　Aichbühl
フェーダー湖岸。新石器時代・初期鉄器時代の遺跡。遺跡からは杭上住居の一種と考えられる住居址24を発見。

¶世界考古

アウグスタ・トレヴェロールム
Augusta Treverorum

トリールの古代名。ガリアのトレウェリー族の中心都市で、クラウディウス帝のときローマ植民市。4世紀と思われるポルタ・ニグラのほか、大聖堂、バシリカ、浴場など帝政末期の建築および絵画資料が多く残る。

¶世界考古，大遺跡6　p148〔写〕

アーヘン大聖堂　Aachen Cathedral
ノルトライン・ヴェストファーレン州。805年にフランク王国カール大帝の宮廷付属教会として建造された大聖堂。1414年にゴシック様式の内陣部が増築された。10世紀から16世紀まで神聖ローマ帝国皇帝の戴冠式が行われた。

世界遺産（アーヘン大聖堂　1978）

¶遺建11（アーヘンの宮廷礼拝堂）〔写/図〕，宗教建築（アーヘンの宮廷礼拝堂（現大聖堂））〔写/図〕，新潮美，世遺事，成世遺上〔写〕，世遺地（アーヘン），世遺美1（アーヘン）〔写/図〕，世歴大1（アーヘン聖堂）〔写〕，ビジ世遺〔写〕，平凡社世（アーヘン聖堂），ユネ世遺7（アーヘンの大聖堂）〔写〕

アマリエンブルク（ニュンフェンブルク宮）
Amalienburg, Nymphenburg Palace

ミュンヘンのニュンフェンブルク宮の庭園内。ロココ様式のパヴィリオン。1734〜39年、キュヴィイエによって建てられたニュンフェンブルク庭園内の小狩猟館。

¶新潮美（アマーリエンブルク），文化史蹟15〔写〕

アルトハイム　Altheim
バイエルン州ランズフト近郊。新石器時代末ないし純銅時代の集落址。アルトハイム文化の標式的遺跡。

¶世界考古

アルフェルトのファグス工場
Fagus Factory in Alfeld

ライネ川沿いの町アルフェルト。1911年〜1925年に建築された10棟の工場。靴の製造から発送、流通まで工程のすべてを担う。巨大なガラスを全面に使用しており、その芸術性が高く評価された。現在でも靴を製造し、一部は博物館になっている。

世界遺産（アルフェルトのファグス工場　2011）

¶世遺事，成世遺上〔写〕，世遺百

アルプス山脈周辺の先史時代の杭上住居群
Prehistoric Pile dwellings around the Alps

アルプス山脈周辺の6カ国に点在。前5千年〜前500年頃にかけてつくられた111の小規模な遺跡群。湖や川、湿地沿いに杭上住居跡あるいは高床式住居跡が残る。新石器・青銅器時代の先史生活や、自然環境との共存の様子を示す。

世界遺産（アルプス山系の先史時代杭上住居跡群　2011）

¶世遺事，成世遺上〔写〕，世遺百（アルプス山系の先史時代杭上住居跡）

イルゼン　Ilsen
イェナの南30km。洞穴遺跡。後期旧石器時代のセレタ文化のドイツにおける代表的な遺跡。

¶世界考古

ヴァイマールとデッサウのバウハウスとその関連遺産群
Bauhaus and its Sites in Weimar and Dessau

テューリンゲン州ヴァイマール、ザクセン州のデッサウ。1919年設立の総合造形学校。建築、工芸、美術を学ぶ場であった。後にヴァイマールからデッサウ、さらにベルリンに移転し1933年に廃校。バウハウスで創作された作品は世界の建築やアートに影響を与えた。

世界遺産（ヴァイマールとデッサウのバウハウスとその関連遺産群　1996）

¶旺文社世（バウハウス），新潮美（バウハウス），世遺事（ワイマールおよびデッサウにあるバウハウスおよび関連遺産群），成世遺上（ヴァイマールとデッサウのバウハウス），世遺百（ヴァイマールとデッサウのバウハウス関連遺産），世界美4（バウハウス）〔写〕，ビジ世遺（ワイマールとデッサウのバウハウスと関連遺産），山川世（バウハウス），ユネ世遺13（ヴァイマールとデッサウのバウハウス関連遺産）〔写〕

ヴァルトブルク城　Wartburg Castle

テューリンゲン州のアイゼナッハ。11世紀創建の後期ロマネスク様式の城。ルターが『新約聖書』を翻訳したと伝わる「ルターの間」で知られるほか、ワーグナーが歌劇『タンホイザー』の舞台とした。ドイツ文化の歴史や芸術の舞台として評価された。

世界遺産（ヴァルトブルク城　1999）

¶角川世（ヴァルトブルク），新潮美（ヴァルトブルク），世遺事，成世遺上〔写〕，世遺百〔写〕，世歴事1（ヴァルトブルク）〔写〕，ビジ世遺〔写〕，山川世（ヴァルトブルク）

ヴィースの巡礼教会

Pilgrimage Church of Wies

シュタインガーデンの中心部からはずれたヴィース。1745～54年に建築されたロココ様式の教会。建築家ドミニクス・ツィンマーマンの最高傑作。フレスコ画家ヨハン・バプティスト・ツィンマーマンによる天井画や祭壇が著名。

世界遺産（ヴィースの巡礼教会　1983）

¶宗教建築（ヴィース巡礼聖堂）〔写/図〕，世遺事，成世遺上（ヴィース巡礼聖堂）〔写〕，世遺百（ヴィースの巡礼教会堂），ビジ世遺（ヴィースの巡礼聖堂）〔写〕，ユネ世遺7（ヴィースの巡礼聖堂）〔写〕

ヴィルヘルムスヘーエ城公園

Bergpark Wilhelmshöhe

ヘッセン州のカッセル市。1689年から作られ、19世紀まで拡張された丘陵地の斜面にある公園。噴水や渓流など水を利用したデザインになっており、点在する池にも水の供給がある。頂上には高さ40mのヘラクレス像がそびえ立つ。

世界遺産（ヴィルヘルムスヘーエ城公園　2013）

¶世遺事（ヴィルヘルムスヘーエ公園），成世遺上（ベルクパルク・ヴィルヘルムスヘーエ）〔写〕，世遺百（ヴィルヘルムスヘーエ公園）〔写〕，文化史蹟15（ヴィルヘルムスヘーエ）〔写〕

ヴェアラ

プファルツ地方。920年以後にザクセン朝初代の国王ハインリヒ1世が建設。一連の10世紀帝国城砦の代表例。

¶文化史蹟13　p129〔図〕

ヴォルムス大聖堂

Dom Sankt Peter zu Worms

ヴォルムス。正式名はザンクト・ペーター大聖堂（Sankt Peter）。現在の建物は12～13世紀にさかのぼり、二重内陣式で、翼廊をもった三廊式の構造をもつ。

¶新潮美，世界美1（ヴォルムス〔大聖堂〕）〔写〕

ヴュルツブルク司教館

Würzburg Residence

バイエルン州フランクフルト・アム・マインの南東約100km。ドイツ・ロココ様式の傑作。領主司教、シェーンボルン家のヨハン・フィリップ・フランツとフリードリヒ・カールの兄弟が司教館（大司教の住む宮殿）として1720年から1744年にかけて建造。

世界遺産（ヴュルツブルク司教館、その庭園群と広場　1981）

¶新潮美（ヴュルツブルク宮），文化史蹟15（ヴュルツブルク宮）〔写p110～119/図p86〕，ユネ世遺7（ヴュルツブルクの司教館）〔写〕，歴史建築〔写/図〕

ヴュルツブルクの司教館、庭園と広場

Würzburg Residence with the Court Gardens and Residence Square

中央部ヴュルツブルク。大司教ヨハン＝フィリップ＝フランツのバロック様式の司教館（大司教の宮殿）と、その東側と南側に広がる庭園で、合わせて世界遺産に登録された。

世界遺産（ヴュルツブルク司教館、その庭園群と広場　1981）

¶世遺事，成世遺上〔写〕，世遺百（庭園とレジデンツ広場を含むヴュルツブルク司教館）〔写〕，ビジ世遺〔写〕

ヴュルツブルクの砲台

Battery, Würzburg

ヴュルツブルク。マーリエンベルク南斜面の中腹にある砲台。

¶文化史蹟13（砲台　ヴュルツブルク）〔写〕

ウルム大聖堂　Ulmer Münster

バーデン・ヴュルテンベルク州のウルム。ゴシック建築の聖堂。1377年より1890年まで造営が続いた。

¶角川世，新潮美

エクステルンシュタイネ

デトモルトにあるトイトブルグの森。森の丘陵は、チュートン人の英雄神話の本拠地であったが、のちにキリスト教の巡礼地となった。砂岩の大岩には浅彫のレリーフが彫られ、岩窟礼拝堂が設けられた。

ドイツ　510

¶世遺地

エッセン大聖堂

ノルトライン＝ヴェストファーレン州エッセン。旧ザンクト・トリニテート修道院聖堂。二重内陣式のロマネスク建築。

¶新潮美（エッセン〔大聖堂〕）

エッセンのツォルフェライン炭坑業遺産群
Zollverein Coal Mine Industrial Complex in Essen

ルール地方の中心をなす工業都市エッセン。ノルトライン＝ウェストファーレン州の工業都市。1847年、ツォルフェライン炭鉱として関税同盟が組まれ、石炭の採掘が始まった。ドイツ最大の石炭産出量があった一方で、最新の技術が駆使された。建築物としても評価される。

世界遺産（エッセンのツォルフェライン炭坑業遺産群　2001）

¶世遺事（エッセンの関税同盟炭坑の産業遺跡），成世遺上（エッセンのツォルフェライン炭鉱遺産）〔写〕，世遺百（エッセンのツォルフェライン炭坑業遺産），ビジ世遺（エッセンのツォルフェライン炭坑遺産群）〔写〕

エーブラッハの修道院聖堂

南部、バイエルン州エーブラッハ。1200年起工の三廊式バシリカ。

¶新潮美（エーブラッハ〔修道院聖堂〕）

エラーベク　Ellerbeck

キール。新石器文化の遺跡。海面下3mにある。石器、骨角器、土器、動植物の遺体も多くある。

¶世界考古

エーリングスドルフ　Ehringsdorf

ヴァイマールの近く。中期旧石器時代の遺跡。この遺跡を標準遺跡としてヴァイマール文化を設定。

¶世界考古

エルツ城　Burg Eltz

ラインランド・プファルツ州。モーゼル古城群に属す城。帝国城砦としてのエルツ城は、12世紀に始める。16世紀にかけて現在の姿が形成された。

¶文化史蹟13〔写〕

オットーボイレン修道院聖堂
Klosterkirche, Ottobeuren

南部のシュヴァーベン。バロック聖堂。1737年ペーター・フォークトが着手。

¶新潮美

キール運河

バルト海のキール湾とエルベ川を結ぶ。全長96kmの運河。1885年より10年の歳月を経て完成。第一次世界大戦前改修され、戦後は各国に解放。

¶世歴事3, 評論社世

クヴェートリンブルクの聖堂参事会教会、城と旧市街
Collegiate Church, Castle and Old Town of Quedlinburg

ザクセンアンハルト州ハルツ地方クヴェートリンブルク。10世紀頃、東フランク王国の首都だった都市。商業都市として繁栄した。12世紀に築かれた聖セルヴァティウス教会や、中世の家屋が1200軒以上現存。

世界遺産（クヴェートリンブルクの聖堂参事会教会、城と旧市街　1994）

¶世遺事（クヴェートリンブルクの教会と城郭と旧市街），成世遺上（クヴェトリンブルクの修道院と城、旧市街）〔写〕，世遺百（クヴェートリンブルクの聖堂参事会教会堂、城郭、旧市街），ビジ世遺（クヴェトリンブルクの修道院聖堂、城と旧市街）〔写〕，ユネ世遺7（クヴェートリンブルクの旧市街）〔写〕

クエールフルト城砦

ザクセン。9世紀から近代初頭に至る城砦構造の発展を示す城。

¶文化史蹟13 p129〔図〕

クライン・アスペルグレ　Klein Aspergle

ヴェルテンベルクのルートヴィヒスブルク。ラ・テーヌ文化初期の墓址。エトルリアの青銅製容器や前450年頃に年代付けられるアッティカから輸入したと考えられる坏が出土している。

¶世界考古

グリュックスブルク城　Glücksburg

ユトランド半島のデンマークとの国境近く。1587年、北ヨーロッパ風のルネッサンス様式に造られた城館。六角形の塔4つにかこまれた直線的な建物。

¶文化史蹟13〔写〕

ゲナスドルフ

ケルンの南約50km。後期旧石器時代の遺跡。動物や人間の刻線画が多数ある。

¶遺跡100〔写/図〕

ケルン大聖堂　Cologne Cathedral

ケルン。ザンクト・ペーター大聖堂の通称。1248年～1880年にかけて築かれた大聖堂。ゴシック様式で設計されており、157mの高さを誇る建築物として当時は世界一だったとされる。

世界遺産（ケルン大聖堂　1996）

¶遺産3〔写/図〕，旺文社世〔写〕，角川世，宗教建築（ケルン大聖堂完成工事）〔写〕，新潮美，世遺集（ケルンの大聖堂），成世遺上〔写〕，世遺百〔写〕，世界美2（ケルン〔大聖堂〕），世歴大6（ケルン寺院）〔図〕，ビジ世遺〔写〕，評

論社世（ケルン大寺），平凡社世（ケルン聖堂），
山川世，ユネ世遺13（ケルンの大聖堂）〔写〕，
歴史建築〔写/図〕

ゲルンハウゼン

フランクフルトの東北キンツィヒ河の中州。低
地城砦で、土着貴族の城砦に由来。1170年にフ
リードリヒ1世が入手して新しく帝国城砦を建設。

　¶ 文化史蹟13 p129〔図〕

ケルン・リンデンタール遺跡

Köln Lindenthal

コローニュの西部。新石器時代ダニューブ文化
の農耕遺跡。ヨーロッパにおいて古代農村の成立
過程を推すことのできるめずらしい遺跡の一つ。

　¶ 図解考古，世界考古（ケルン・リンデンター
ル）〔図〕

古典主義の都ヴァイマール

Classical Weimar

中東部のヴァイマール。ドイツ中部の都市。
1776年にゲーテとシラーが活躍したことでドイ
ツ文化の拠点として繁栄した。多くの芸術家や
学者が集まり、彼らの住居や聖堂など関連する
建築物が現存。

　世界遺産（古典主義の都ヴァイマール　1998）

　¶ 世遺事（クラシカル・ワイマール），成世遺上
〔写〕，世遺百〔写〕，ビジ世遺（古典主義の都
ワイマール）〔写〕

コルヴァイ修道院聖堂

Klosterkirche von Corvey

ノルトライン＝ヴェストファーレン州の町ヘク
スター近郊。カロリング朝時代のベネディクト
会修道院聖堂。

　世界遺産（コルヴァイのカロリング朝ヴェストヴェル
クとキウィタス　2014）

　¶ 新潮美

コルヴァイのカロリング朝ヴェストヴェルク
とキウィタス

Carolingian Westwork and Civitas Corvey

ヴェーザー河畔のコルヴァイにある。修道院と
建造物群。キウィタス修道院は822～855年の建
造。ヴェストヴェルクは、現存する唯一のカロ
リング朝の建造物。

　世界遺産（コルヴァイのカロリング朝ヴェストヴェル
クとキウィタス　2014）

　¶ 世遺事（コルヴァイ修道院聖堂とカロリング朝
のベストヴェルク）

ゴールトベルク　Goldberg

ヴェルテンベルク州。新石器時代末から鉄器時
代にわたる集落址。

　¶ 世界考古

コローニア・アグリッピネンシス

Colonia Agrippinensis

ケルン。ケルンKölnの前身。ローマ時代の遺構
としては、城壁、城門、離宮、円形劇場、公衆
浴場、水道など。

　¶ 世界考古

ザルツギッター・レーベンシュテット

Saltzgitter-Lebenstedt

ブラウンシュヴァイヒ南西約20km。中期旧石器
時代のオープン・サイト。クー・ド・ポワン、ル
ヴァロワ技法による剥片が出土。

　¶ 世界考古

ザンクト・ヨーハン＝ネポムク聖堂

Sankt Johann-Nepomukkirche

ミュンヘン。アザム兄弟設計のバロック聖堂。

　¶ 新潮美

サンスーシ宮殿　Sanssouci Palace

ポツダム。フリードリヒ大王（在位1740-86）の
離宮。1745～47年建造のロココ建築。

　世界遺産（ポツダムとベルリンの宮殿群と公園群
1990, 1992, 1999）

　¶ 遺建12〔写/図〕，旺文社世，角川世，新潮美
（サンスーシ宮），世ประ大8〔写〕，空大宮殿
〔写〕，評論社世（サン－スーシ宮殿），文化
史蹟15（サンスーシ宮）〔写〕，平凡社世（サ
ン・スーシ宮殿），山川世

シェレンベルク門　Schernbergtor

ヴュルツブルク。1482年。城砦マーリエンベル
クの内城の入り口。名は建設者、司教ルドルフ
（1466-95）を記念したもの。

　¶ 文化史蹟13〔写〕

シトー会修道院聖堂〔コーリン〕

ウッカーマルク州コーリン。1257年ブランデン
ブルク辺境伯ヨーハン1世が寄進。とくに西正面
はドイツ初期ゴシック煉瓦建築の典型。

　¶ 新潮美（コーリン〔シトー会修道院聖堂〕）

シャルロッテンブルク宮　Charlottenburg

ベルリン西郊のシャルロッテンブルク。プロイ
センの王宮。

　¶ 新潮美

シュテルモール　Stellmoor

アーレンスブルクの近く。旧・中石器時代の遺
跡。石器は有柄の尖頭器が特徴的。

　¶ 世界考古

シュトラールズントとヴィスマルの歴史地区

Historic Centres of Stralsund and Wismar

バルチック海岸のメクレンブルク・フォアポン
メルン州。14～15世紀においてハンザ同盟の中
心だった都市。その後、スウェーデンなどの支

ドイツ　　　　　　　　　512

配下に置かれた。ゴシック式のレンガ建築の発展経緯が残る。

世界遺産（シュトラールズント及びヴィスマルの歴史地区　2002）

¶世遺事, 成世遺上（シュトラールズントとヴィスマール）〔写〕, 世遺百（シュトラールズントとヴィスマールの歴史中心地区）, ビジ世遺（シュトラールズントとヴィスマールの歴史地区）〔写〕

シュパイヘルシュダッドとチリハウスのあるコントールハウス地区
Speicherstadt and Kontorhaus District with Chilehaus

ハンブルクの旧市街。15の巨大な倉庫ブロックからなる倉庫街、シュパイヒャーシュタット地区とチリハウスを中心とするオフィスビル。倉庫群、オフィス群ともに19世紀後半から20世紀初頭にかけ急発展した国際貿易の影響を受けた。

世界遺産（ハンブルクの倉庫街とチリハウスを含む商館街　2015）

¶世遺事

シュパイヤー大聖堂　Speyer Cathedral
シュパイヤー市。ロマネスク様式の宗教建築としては世界最大規模の大聖堂。1025～31年頃着工、1061年完成。コンラート2世からハインリヒ4世にいたるザーリア朝の神聖ローマ帝国皇帝によって建設された。皇帝の墓所としての機能もある。

世界遺産（シュパイヤー大聖堂　1981）

¶角川世（シュパイアー大聖堂）, 宗教建築（シュパイアー大聖堂）〔写/図〕, 新潮美, 世遺事（シュパイアー大聖堂）, 成世遺上〔写〕, 世遺百〔写〕, 世界美3（シュパイヤー〔大聖堂〕）〔写〕, ビジ世遺〔写〕, 平凡社世（シュパイアー聖堂）, ユネ世遺7（シュパイアの大聖堂）〔写〕

シュピタル外門　Äuberes Spitaltor
ローテンブルク。シュピタル地区の南口城門、帝国都市のデインケルスビュールへ通じる。16世紀、宗教戦争に備え要塞化した。

¶文化史蹟13〔写〕

シュピタル内門　Inneres Spitaltor
ローテンブルク。シュピタル地区の門。名称は1281年にこの地域に建設された施療院（シュピタル）に由来する。

¶文化史蹟13〔写〕

ツヴィンガー祝祭場　The Zwinger
ドレスデン。1711～22年。バロック時代に流行した祝典、行列の場所。

¶文化史蹟15〔写〕

ディッカー塔　Dicker Turm
ハイデルベルク。建設者はルードヴィヒ5世

（1508-44）。仏軍の2度の占領（1688-89、1693）で破壊され、残骸として残る。

¶文化史蹟13〔写〕

デッサウ・ヴェルリッツの庭園王国
Garden Kingdom of Dessau-Wörlitz

デッサウとヴェルリッツに広がる。1764～1805年に造られた庭園地帯。ヨーロッパ初の英国式庭園で、その景観に調和するようにドイツ古典様式の建築物も造られた。

世界遺産（デッサウ・ヴェルリッツの庭園王国　2000）

¶世遺事, 成世遺上（デッサウ・ヴェルリッツの庭園）〔写〕, 世遺百, ビジ世遺（デッサウ・ヴェルリッツの庭園）〔写〕

トリーア大聖堂　Trierer Dom
トリーア。4世紀に建立された司教座聖堂。1017～47年に改築、13世紀には、ゴシック様式のリープフラウエンキルヒェ（聖母聖堂）が建設された。

世界遺産（トリーアのローマ遺跡群、聖ペテロ大聖堂及び聖母マリア教会　1986）

¶世界美4（トリーア〔大聖堂〕）

トリーアのローマ遺跡群、聖ペテロ大聖堂及び聖母マリア教会
Roman Monuments, Cathedral of St Peter and Church of Our Lady in Trier

ラインラント＝プファルツ州の都市。ルクセンブルク国境近くにある古代ローマの遺跡。円形劇場やバルバラ浴場が残る。一方、聖ペテロ大聖堂や聖母マリア教会など11～13世紀に再建された建造物も現存。

世界遺産（トリーアのローマ遺跡群、聖ペテロ大聖堂及び聖母マリア教会　1986）

¶新潮美（トリーア）, 世遺事（トリーアのローマ遺跡、聖ペテロ大聖堂、聖母教会）, 成世遺上（トリーアのローマ遺跡、大聖堂と聖母聖堂）〔写〕, 世遺百（トリーアのローマ建造物、ザンクト・ペーター大聖堂、ザンクト・マリア聖堂）〔写〕, 世界美4（トリーア）, 大遺跡6（トリア）〔写〕, ビジ世遺（トーリアのローマ遺跡、大聖堂と聖母聖堂）〔写〕, ユネ世遺7（トリーアのローマ遺跡と大聖堂と聖母マリア聖堂）〔写〕

トリフェルス
プファルツ地方。一群のシュタウフェル朝のプファルツ地方帝国城砦群のなかで、岩上の名城。11世紀に起源、1081年以後サリ王家の手に移った。

¶文化史蹟13 p129〔図〕

トルガウのハルテンフェルス城礼拝堂
トルガウ。プロテスタントの選帝侯ヨハン・フリードリヒによって、1543～44年に造営された。ルター派の聖堂建築の中でも最初期の遺構。

¶宗教建築〔写/図〕

ドレスデンのエルベ渓谷

ザクセン州の州都ドレスデンを中心に、エルベ川流域に展開。かつてザクセン選帝侯国の首都で、美しい都市といわれた。都市に溶け込んだ渓谷などの自然や産業遺産、建造物などの価値から2004年に世界遺産に登録された。しかし、橋の架橋が景観を損ねたと判断され、2009年に登録抹消となった。

¶世遺事

ナウムブルク大聖堂

ハレ県ナウムブルク。13世紀前半、二重内陣式の大聖堂。

¶新潮美（ナウムブルク）

ニュンフェンブルク宮
Nymphenburg Palace

ミュンヘン。1664〜1728年。バイエルン国ヴィッテルスバッハ王家の離宮。イタリア風に立方体的塊状をなした中央5層の建物とその左右に4つの建物が並ぶ。

¶文化史蹟15〔写p120〜133/図p210〕

ネルドリンゲンの城壁廻廊
Corridor of Rampart, Nördlingen

ネルドリンゲン。東北部城壁内側の廻廊。1327年の築城令による14世紀の城壁。約4kmの円周を描く。

¶文化史蹟13（城壁廻廊　ネルドリンゲン）〔写〕

ネルドリンゲンの貯水塔
Water Tower, Nördlingen

ネルドリンゲン。城壁南西部の上貯水塔、ないし水車塔。ここからエーガ河上流が市中に入る。

¶文化史蹟13（貯水塔　ネルドリンゲン）〔写〕

ノイシュヴァンシュタイン城
Schloβ Neuschwanstein

シュヴァンゼー（白鳥湖）湖岸の山の上。1869〜91年にバイエルン王ルートヴィ2世が建造。劇場設計士のクリスチャン・ヤンクが設計を手がけた。

¶空大宮殿〔写〕，文化史蹟13〔写〕，歴史建築〔写/図〕

ノワエシウム　Novaesium

ノイスの南方約3km。古代ローマの軍事基地。アウグストゥス時代に第16軍団によって創設。

¶世界考古

ハイデルベルク城　Schloß Heidelberg

ハイデルベルク市。12世紀から17世紀にかけて建造された堅牢なゴシック様式の城。宮中伯ヴィッテルスバッハ家の居城だった。

¶遺建2〔写/図〕，新潮美，歴史建築〔写/図〕

ハイデン塔　Heidenturm

ニュルンベルク。国王城砦区域の東端に位置する。12世紀末のハインリヒ6世の時代に属する、現存国王城砦の最古の部分。

¶文化史蹟13〔写〕

バイロイト辺境伯のオペラハウス
Margravial Opera House Bayreuth

バイエルン州の北東部。1745〜50年、フリードリヒ3世とその妻ビルヘルミーネが建築させたもの。バロック建築の傑作であり、500人収容できる独立した劇場として貴重。

[世界遺産]（バイロイト辺境伯のオペラハウス　2012）

¶世遺事（バイロイト辺境伯オペラ・ハウス），成世遺上（バイロイトのマルクグレーフリシェス・オペラハウス）〔写〕，世遺百

パゴーデンブルク館　ニュンフェンブルク宮
Pagodenburg, Nymphenburg

ミュンヘンのニュンフェンブルク宮にある。1716年。ニュンフェンブルク宮殿敷地内にある小城。1階はデルフト製の青と白のタイル装飾、2階はシノワズリの室内装飾がされている。

¶文化史蹟15〔写〕

パーダボルン大聖堂

西部、ノルトライン＝ヴェストファーレン州パーダボルン。現在の大聖堂はロマネスク様式により1009年に起工。

¶新潮美（パーダボルン〔聖堂〕）

ハンザ同盟都市リューベック
Hanseatic City of Lübeck

ドイツ北東部、シュレスヴィヒ＝ホルシュタイン州ハンブルクの北東約60km。ドイツ北部に位置する都市で、およそ400年ハンザ同盟の盟主として繁栄。14〜15世紀には商業・軍事・政治においても力を握ったが、17世紀に同盟の勢力が弱まるとともに、リューベックも衰退した。

[世界遺産]（ハンザ同盟都市リューベック　1987）

¶新潮美（リューベック），世遺事（ハンザ同盟の都市リューベック），成世遺上〔写〕，世遺百〔写〕，世歴大20（リューベック）〔図（リューベックの市門）〕，ビジ世遺〔写〕，ユネ世遺7〔写〕

バンベルク聖堂

バイエルン州バンベルク。1012年に建てられたが焼失、1237年再建した。後期ロマネスク様式からゴシック様式への建築様式の移行がみられる。

[世界遺産]（バンベルクの町　1993）

¶平凡社世

バンベルクの町　Town of Bamberg

バイエルン州フランクフルト・アム・マインの東約160km。900年頃に始まったバイエルン州の

都市。1012年に建造され、1237年に再建された大聖堂や騎士像などが残る。18世紀の町並みがそのまま伝わる。

[世界遺産] (バンベルクの町 1993)

¶新潮美 (バンベルク), 世遺事, 成世遺上 (バンベルク) 〔写〕, 世遺百〔写〕, ビジ世遺〔写〕, ユネ世遺7 (バンベルクの旧市街)〔写〕

ヒルデスハイムの聖マリア大聖堂と聖ミカエル教会
St Mary's Cathedral and St Michael's Church at Hildesheim

ドイツ中央部、ニーダーザクセン州ハノーヴァーの南東約30km。聖マリア大聖堂は、1000年頃〜1061年に旧大聖堂を改築して建造。聖ミカエル教会は1010〜33年創建。1230年頃に製作された身廊の天井画が著名。

[世界遺産] (ヒルデスハイムの聖マリア大聖堂と聖ミカエル教会 1985)

¶世遺事 (ヒルデスハイムの聖マリア大聖堂と聖ミヒャエル教会), 成世遺上 (ヒルデスハイムにあるふたつの聖堂) 〔写〕, 世遺百 (ヒルデスハイムのザンクト・マリア大聖堂とザンクト・ミヒャエル聖堂), ビジ世遺 (ヒルデスハイムのザンクト・マリア大聖堂とザンクト・ミヒャエル聖堂) 〔写〕, ユネ世遺7 (ヒルデスハイムの大聖堂と聖ミヒャエル聖堂)〔写〕

フィアツェーンハイリゲン巡礼聖堂
Wallfahrtskirche Vierzehnheiligen

バイエルン州コーブルク。「14聖人巡礼聖堂」の意。15世紀にキリストと14聖人が羊飼の前に姿を現したとされる場所に、1743〜72年建造された聖所記念堂。

¶新潮美 (フィアツェーンハイリゲン聖堂), 世界美2 (コーブルク〔フィアツェーンハイリゲン巡礼聖堂〕)

フェストナ塔　Vestnerturm

ニュルンベルク。12世紀後半。旧市域北部の丘の城砦地区のほぼ中央に聳える。その円形に因んでジンヴェル塔とも呼ばれる。

¶文化史蹟13〔写〕

フェルクリンゲン製鉄所
Völklingen Ironworks

ザール地方のザールラント州。1873年に造られた広さ6haの製鉄所。1890年にはドイツ最大規模となり、西ヨーロッパを中心に鉄を供給した。1986年に閉鎖し、現在は博物館として見学できる。

[世界遺産] (フェルクリンゲン製鉄所 1994)

¶世遺事, 成世遺上〔写〕, 世遺百, ビジ世遺〔写〕, ユネ世遺7 (フェルクリンゲンの製鉄所)〔写〕

フォーゲルヘルト　Vogelherd

ウルムの北東25km。旧石器時代の洞穴遺跡。後期アシュール文化、ムスティエ文化、オーリニャック文化、マドレーヌ文化の層を発見。

¶世界考古

フライブルク大聖堂

バーデン＝ヴュルテンベルク州。13世紀にツェーリンガー家のベルトルト公の発願によって建設開始。最も古い中心部は2基の側塔を有する翼廊からなる。

¶世界美5 (フライブルク〔大聖堂〕)

フラウエン・キルヒェ

ドレスデン。1722〜43年の建築。第二次世界大戦で倒壊し、2005年に再建完了。多層の階上廊、一体の内部空間等にプロテスタントの特質を示す。

¶宗教建築 (ドレスデンのフラウエン・キルヒェ)〔写/図〕

ブラウンシュヴァイク大聖堂
Dom zu Braunschweig

北部、ニーダーザクセン州ブラウンシュヴァイク県。1173年ハインリヒ獅子公 (1129-95) により起工、1227年守護聖人、聖母マリアと聖ブラシウスの大聖堂として献堂された。

¶新潮美

フリードリヒ宮　Friedrichsbau

ハイデルベルク。1603〜7年。原形はヨーハン・ショッホの作で、1903年に修復。

¶文化史蹟13〔写〕

ブリュールのアウグストゥスブルク城と別邸ファルケンルスト
Castles of Augustusburg and Falkenlust at Brühl

ブリュールにある。アウグストゥスブルク城はドイツ・ロココ様式の宮殿。1725〜28年にケルンのクレメンス・アウグスト大司教が建造。別邸ファルケンルストは狩猟の際に使用した建物で、1729〜40年に建造。

[世界遺産] (ブリュールのアウグストゥスブルク城と別邸ファルケンルスト 1984)

¶新潮美 (ブリュール宮), 世遺事 (ブリュールのアウグストスブルク城とファルケンルスト城), 成世遺上 (ブリュールのアウグストゥスブルク宮殿) 〔写〕, 世遺百, ビジ世遺 (ブリュールのアウグストゥスブルク宮殿と別邸ファルケンルスト) 〔写〕, ユネ世遺7 (ブリュールのアウグストゥスブルク宮殿と別邸ファルケンルスト) 〔写〕

フルダ修道院

ヘッセン州フルダ河畔の修道院。744年ボニファティウスの指示で建てられ、9世紀から西欧の教育・学問・文化・修道の一大中心地となった。

¶角川世, 世歴事8, 評論社世, 山川世

ブレーメン市庁舎
ブレーメン。ヴェーザー・ルネサンス様式のレンガ造りファサードをもつ。建築家リューダー・フォン・ベントハイムが、1595年から1612年にかけて全面的に改修した。

世界遺産（ブレーメンのマルクト広場の市庁舎とローラント像　2004）

¶歴史建築〔写/図〕

ブレーメンのマルクト広場の市庁舎とローラント像
Town Hall and Roland on the Marketplace of Bremen
ブレーメン。中世において、ブレーメンはハンザ同盟の都市として繁栄。市庁舎は15世紀にゴシック様式で建造、17世紀にはヴェーザー・ルネサンス様式に改築された。ローラント像は1404年に建てられ、高さ5.5mある。

世界遺産（ブレーメンのマルクト広場の市庁舎とローラント像　2004）

¶世遺事（ブレーメンのマルクト広場にある市庁舎とローランド像）, 成世遺上（ブレーメンのマルクト広場）〔写〕, 世遺百〔写〕

ヘゼビュー　Haithabu
シュライ湾南岸。ヴァイキング交易地の遺跡。デンマーク人、ザクセン人、オボトリト人（スラヴ人）の境界地に成立。800年頃（史料初出808年）居住開始。

¶角川世

ベルリンの新シナゴーグ
ベルリン。ネオ・ビザンチン・スタイルのユダヤ教教会堂。1866年完成。ベルリン空爆でほぼ壊滅し、ドイツ統一後部分的に修復。

¶空大聖堂〔写〕

ベルリンのムゼウムスインゼル（博物館島）
Museumsinsel（Museum Island）, Berlin
シュプレー川の中州のミッテ地区。シュプレー川中州という島で、1824年〜1930年に建造された5つの博物館から構成される。フリードリヒ・ヴィルヘルム3世が収集した古代から近代までの貴重なコレクションが収蔵。

世界遺産（ベルリンのムゼウムスインゼル（博物館島）1999）

¶世遺事（ベルリンのムゼウムスインゼル（美術館島）), 成世遺上（ベルリンの博物館島）〔写〕, 世遺百〔写〕, 世界美5（ベルリン）, ビジ世遺（ベルリンの博物館島）〔写〕

ベルリンのモダニズムの集合住宅
Berlin Modernism Housing Estates
ベルリン。1910〜1933年に建てられた6つの集合住宅。低所得者層の生活環境改善を目的に設計されたもので、浴室、調理場、柱廊などがある。衛生的で快適な造りになっており、後の公共住宅設計に影響を与えた。

世界遺産（ベルリンの近代集合住宅群　2008）

¶世遺事, 成世遺上（ベルリンのモダニズム建築）〔写〕, 世遺百（ベルリンのモダニズム集合住宅）

ホイネブルク　Heuneburg
リートリンゲン近郊。ハルシュタット期の高城の大遺跡。遺構は5時期にわたり第2期（前6世紀）からギリシャの影響が認められる。近くに同時期の墳墓群がある。

¶古遺地〔図〕, 世界考古〔図〕

ホーエンシュヴァンガウ城
Schloß Hohenschwangau
バイエルン州。近代の城砦宮殿。1809年のナポレオン侵入により荒廃、初代バイエルン王マキシミリアン2世が買い取り、新営。

¶文化史蹟13〔写〕

ポツダムとベルリンの宮殿と庭園
Palaces and Parks of Potsdam and Berlin
ポツダムとベルリン。18世紀〜19世紀の宮殿や公園が残る。なかでも1747年にロココ様式で建造されたサンスーシ宮殿や、ポツダム会談が行われたツェツィーリエンホーフ宮殿が有名。

世界遺産（ポツダムとベルリンの宮殿群と公園群　1990, 1992, 1999）

¶世遺事（ポツダムとベルリンの公園と宮殿）, 成世遺上〔写〕, 世遺百（ポツダムとベルリンの宮殿および公園）〔写〕, ビジ世遺〔写〕, ユネ世遺7〔写〕

ポルタ・ニグラ　Porta Nigra
トリア。古代ローマの石造りの城門。町の南北線道路（カルド）の北端にある。4世紀初め。

¶新潮美, 大遺跡6 p148〔写〕

ポンメルスフェルデン宮
Pommersfelden Palace
ポンメルスフェルデン。1711〜18年。マインツ大司教ロタル・フランツ・フォン・シェーンボルンが当時最大の建築家たちに造らせた宮殿。

¶文化史蹟15〔写〕

マインツ大聖堂
ラインラント＝プファルツ州。正式名ザンクト・マルティン・ウント・ザンクト・シュテファン大聖堂（Sankt Martin und Sankt Stephan）。10世紀に最初の建物が火災により焼失。11世紀以降改修が進められ、13世紀に西側内陣が設けられ、ライン地方特有の二重内陣式の大聖堂が完成をみた。

¶角川世（マインツ聖堂）, 世界美5（マインツ〔大聖堂〕)〔写〕

ドイツ　516

ヨーロッパ

マウエルン　Mauern
レーゲンスブルク西郊の洞穴群中。洞穴遺跡。3層の文化層がある。最上層はグラヴェット文化的な後期旧石器文化。中層はムスティエ文化の発展したもの。下層はアルトミュール文化の標準遺跡。中央ヨーロッパの中期旧石器文化の代表的遺跡。
¶世界考古〔図(石器)〕

マウエルンのヴァインベルクヘーレン遺跡
フランキッシ・ユーラの南斜面。前4万～1万5千年頃、旧石器時代洞窟住居址。
¶古遺地〔図〕

マウルブロンの修道院群
Maulbronn Monastery Complex
南ドイツのシュツットガルトの北西約25kmにあるマウルブロン。1147年から建設が始まったとされる修道院群。要塞の壁に囲まれ、全体的な建造物の保存状態が良い。排水路や灌漑用水路などの水管理システムも緻密に整備された。
世界遺産(マウルブロンの修道院群　1993)
¶世遺事、成世遺上(マウルブロン修道院)〔写〕、世遺百(マウルブロン修道院)、ビジ世遺〔写〕、ユネ世遺7(マウルブロンの修道院)〔写〕

マーククレーベルク　Markkleeberg
ライプチヒ南郊。中期旧石器時代の重要な遺跡。時期は最終間氷期。遺物は調整のないプラットフォームをもつ石核から剥離された剥片が多く、片面加工の尖頭器が特徴的。
¶世界考古

マリア・ラーハ修道院聖堂
Abteikirche Maria Laach
ラインラント州のコブレンツ西方ラーハ湖畔。ベネディクト会修道院の聖堂。
¶新潮美

マルクスブルク　Marksburg
ブラウバハ市の南方山頂。13世紀以来の面影を伝えるライン右岸の名城。城主は1283年、エッペンシュタイン伯家からカッツェンエルンボーゲン伯家へ移った。19世紀にはナッサウ太公の居城となった。
¶文化史蹟13〔写〕

ミュンツェンベルク城　Burg Münzenberg
ミュンツェンベルク。中世には中部ドイツの強力な城塞の一つであった。廃墟となり、建物の一部と2つの塔が残る。
¶文化史蹟13〔写〕

ムスカウアー公園／ムジャコフスキ公園
Muskauer Park/Park Mużakowski
ドイツの北東部とポーランドの西部、ラウジッツ・ナイセ川が流れる国境に広がる。ヘルマン・フォン・ピュックラー＝ムスカウ王子が1815～44年に造った公園。新たな景観設計の手法で、周辺の農地景観と一体化している。
世界遺産(ムスカウアー公園／ムジャコフスキ公園　2004)
¶世遺事(ムスカウ公園／ムザコフスキー公園)、成世遺上(ムスカウア(ムジャコフスキ)公園)〔写〕、世遺百

ライヒェナウ修道院島
Monastic Island of Reichenau
フライブルク地方にあるボーデン湖に浮かぶ島。コンスタンツ湖に浮かぶ島。724年に島で初めてベネディクト会修道院が創建された。その後も9～11世紀にかけて聖マリア修道院、聖ペテロ・パウロ修道院が作られ修道院文化の中心地となった。
世界遺産(僧院の島ライヒェナウ　2000)
¶新潮美(ライヒェナウ)、世遺事、成世遺上(修道院の島ライヒェナウ)〔写〕、世遺百(僧院の島ライヒェナウ)〔写〕、ビジ世遺(修道院の島ライヒェナウ)〔写〕

ライン渓谷中流上部
Upper Middle Rhine Valley
西部。全長65kmのライン渓谷中部。中世から物資の輸送経路として重要視されてきた。ラインシュタイン城、ライヒェンシュタイン城を始めとした城や、古い町並み、修道院なども現存。
世界遺産(ライン渓谷中流上部　2002)
¶世遺事(ライン川上中流域の渓谷)、成世遺上(中部ライン渓谷)〔写〕、世遺百〔写〕、ビジ世遺(中部ライン渓谷)〔写〕

ランメルスベルク鉱山、古都ゴスラーとハルツ地方北部の水利管理システム
Mines of Rammelsberg, Historic Town of Goslar and Upper Harz Water Management System
中央部の古都ゴスラー。ゴスラーはハルツ山麓の都市で、ランメルスベルク鉱山はその南東にある。11世紀初めには採掘された銀で貨幣が造られ、神聖ローマ帝国の拠点となった。中世の建築物に加えて、鉱業などに使用する水利システムが評価された。
世界遺産(ランメルスベルク鉱山と古都ゴスラーとオーバーハルツ水利管理システム　1992, 2010)
¶世遺事、成世遺上(ランメルスベルク鉱山と古都ゴスラー)〔写〕、世遺百(ランメルスベルク鉱山、歴史都市ゴスラー、ハルツ上部の水利システム)〔写〕、ビジ世遺(ランメルスベルク鉱山と古都ゴスラー)〔写〕、ユネ世遺7(ランメルスベルク鉱山とゴスラルの歴史地区)〔写〕

リューベックの聖霊施療院

リューベック。前身の施設は1227年頃に創建、現存遺構は1284年以前に場所を移して再建されたもの。長大な病室と三廊2ベイの礼拝堂とからなる。

¶宗教建築〔写/図〕

リンブルクの大聖堂

ヘッセン州リンブルク。1200年代ロマネスクからゴシックへの過渡期の作例がみられる。内部には当地方を治めていたコンラート・クルツボルト伯爵の墓碑がある。

¶新潮美

ル・コルビュジエの建築作品―近代化運動への顕著な貢献

The Architectural Work of Le Corbusier, an Outstanding Contribution to the Modern Movement

フランス、スイス、ベルギー、ドイツ、インド、アルゼンチン、日本の7ヶ国にある17件の建築物群が世界遺産登録。フランスで主に活躍した建築家・都市計画家のル・コルビュジエ(1887-1965)が手がけた建築物。ドイツでは、ヴァイセンホーフ・ジードルングの住宅が構成資産となっている。

世界遺産(ル・コルビュジエの建築作品―近代建築運動への顕著な貢献― 2016)

¶世遺事

レーゲンスブルクの旧市街とシュタットアムホーフ

Old town of Regensburg with Stadtamhof

ミュンヘンの北、約100km、ドナウ河畔。2千年の歴史を表す建造物がある。1135～46年に建てられた石橋シュタイナーネ橋は、ドイツに現存する最古の橋。1275～1869年に築かれた大聖堂はゴシック様式も現存する。

世界遺産(レーゲンスブルクの旧市街とシュタットアムホーフ 2006)

¶新潮美(レーゲンスブルク)、世遺事(レーゲンスブルク旧市街とシュタトアンホフ)、成世遺上(レーゲンスブルク旧市街)〔写〕、世遺百(レーゲンスブルク旧市街、シュタットアムホーフ)〔写〕

レーダー外門　Äuberes Rödertor

ローテンブルク。12～16世紀。市の東口城門。12世紀中頃以後にシュタウフェル家が建設。

アーチ、堡塁は1615年に補強されたもの。

¶文化史蹟13〔写〕

レッセン　Rössen

メルセブルク近郊。新石器時代末期の墓址。レッセン文化の標準遺跡。火葬墓で、土壙を部分的に板石で覆い、低い墳丘を形成することが特徴的。副葬品としてレッセン式土器が豊富に出土。

¶世界考古

レープジンゲン門　Löpsingen Tor

ネルドリンゲン。帝国都市ネルドリンゲン市の東北口の門。1592年、築城家ヴォルフガング・ヴァルベルガーの作。

¶文化史蹟13〔写〕

ロイビンゲン　Leubingen

ザクセンのエルベ川上流沿岸。青銅器時代初期の砦址・墓址。木造施設の内部に、土器、鏃・斧・鑿などの青銅製品、金製品があった。

¶世界考古

ローマ帝国の国境界線

Frontiers of the Roman Empire

イングランド北部、ドイツのリーメス、スコットランド中央部。ハドリアヌスの長城は全長約120km。北方民族の襲撃に備え、ローマ皇帝ハドリアヌスが築かせた。122年着工、126年完成。2005年ドイツのリーメス(全長550km)、2008年スコットランドのアントニヌスの長城(全長60km)が世界遺産に拡大登録。

世界遺産(ローマ帝国の国境線 1987, 2005, 2008)

¶世遺事、成世遺上(ローマ帝国の国境線)〔写〕、世遺百(ローマ帝国の国境線)〔写〕

ロルシュの修道院とアルテンミュンスター

Abbey and Altenmünster of Lorsch

ヘッセン州の町ロルシュ。764年に建てられた修道院。修業の場として、ヨーロッパ各地から多くの巡礼者が訪れる。8世紀末～9世紀初頭に造られた王の門が知られる。なお、アルテンミュンスターとは「古い司教や大司教が使用するイス聖堂」のこと。

世界遺産(ロルシュの王立修道院とアルテンミュンスター 1991)

¶新潮美(ロルシュ〔ベネディクト会修道院のトールハレ〕)、世遺事、成世遺上(ロルシュ修道院)〔写〕、世遺百、ビジ世遺(ロルシュの修道院)〔写〕、ユネ世遺7(ロルシュの旧修道院)〔写〕

トルコ

アイザノイ　Aizanoi

西部の内陸。古代都市の遺跡。

¶新潮美

トルコ

アジェムホユック　Acemhöyük
アクサライの北西18kmに位置。アッシリア商業植民地時代の遺跡。金石併用時代、前期青銅器時代の住居址を確認。最盛期は前2400年紀第1四半期のアッシリア商業植民地時代。
¶古代オリ

アスクレピエイオン
ペルガモン。ヘレニズム時代にここにアスクレピオスを祀る神域がつくられた。当時の最先端の医療技術を集めた総合療養センターとして4世紀まで繁栄を誇った。
世界遺産(ペルガモンとその重層的な文化的景観 2014)
¶古代ギリ　p247〔写〕

アスクレピエイオンの浴室
ペルガモン。丸天井造りの地下室はポンプ室になっている。泉から湧き出る水は、浴室の石の浴槽に到達する。
世界遺産(ペルガモンとその重層的な文化的景観 2014)
¶世界遺跡　p268〔写〕

アスクレピオス神殿
ペルガモン。アスクレピエイオンにある。2世紀半ばに建造された円形ドーム状の建物。
世界遺産(ペルガモンとその重層的な文化的景観 2014)
¶古代ギリ　p251

アスペンドス　Aspendos
南西岸近く。パンフィリアの古代都市の遺跡。ローマ時代の劇場のカヴェア(巨大階段席)が良好な保存状態で残る。
¶新潮美、空古代遺跡〔写〕、大遺跡3〔写/図〕

アッソス　Assos
西部の村ベフラムカレの近郊に位置。レスボス島メティムナの住民が建設した都市。前4世紀の市壁内部に、劇場(前3世紀)、アテナ神殿(前530年)などがある。
¶大遺跡5〔写/図〕

アッタルスの館
ペルガモン。ローマのコンスルのアッタルスという人物の邸宅。
世界遺産(ペルガモンとその重層的な文化的景観 2014)
¶古代ギリ　p246

アテナ神殿〔アッソス〕
アッソス(現バハラム)。ドーリヤ風の柱頭をもつ。アッソスはアテナ女神を捨て、キリスト教徒になった最初のギリシャ植民市の一つ。
¶世界遺跡　p268(アテナの神殿)〔写〕、大遺跡5　p153〔写〕

アテナ神殿〔ペルガモン〕
ペルガモン。ペルガモンの最古の遺構。前4世紀に遡るドーリス式の神殿の2段の基壇が残っている。
世界遺産(ペルガモンとその重層的な文化的景観 2014)
¶古代ギリ　p242〔写〕

アニの考古学遺跡
Archaeological Site of Ani
東アナトリアのカルス県。シルクロードの要衝として栄えた都市の遺跡。キリスト教、イスラム教の影響を受けた宗教的・軍事的建造物などが残る。
世界遺産(アニの古代遺跡　2016)
¶新潮美(アニ)、世遺事

アニの大聖堂
ケマー。中世アルメニアの教会堂(988-1000)。ブラインド・アーチを多用した外観などに、この地方の教会建築の特徴がみられる。
¶宗教建築〔写/図〕

アフロディーシアス　Aphrodisias
マイアンドロス(現名ビュユク・メンデレス)川の支流の一つに臨む。古代都市の遺跡。
¶新潮美

アポロン神殿　Temple of Apollo, Didyma
ディデュマにある。20mに及ぶイオニア式の列柱が並ぶ巨大な神殿。前300年頃、セレウコス1世によって再建。
¶新潮美(ディデュマイオン)、大遺跡5　p159〔写〕、文化史蹟3(アポロン神殿(ディデュマ))〔写〕

アヤソフィア　Aya Sofya
イスタンブールにある。532年のニカの反乱で焼失した4世紀以来の建物を皇帝ユスティニアヌスが再建。地上より円蓋頂まで55m余。アギア・ソフィア、ハギアソフィア、聖ソフィア聖堂ともいう。
世界遺産(イスタンブール歴史地域　1985)
¶遺建3(ハギアーソフィア大聖堂)〔写/図〕、旺文社世(セントーソフィア聖堂)、オ西洋美(ビザンティン美術)〔写/図〕、角川世(ハギア・ソフィア聖堂)、古代オリ(ハギア・ソフィア)〔写〕、宗教建築(コンスタンティノープルのハギア・ソフィア(アヤソフィア博物館))〔写/図〕、新潮美(ハギア・ソフィア大聖堂(コンスタンティノポリス))〔写p276〕、世遺地(サンタ・ソフィア)、世界考古(ハギア・ソフィア大聖堂)〔写/図〕、世界美2(コンスタンティノポリス〔ハギア・ソフィア大聖堂〕)〔写〕、世歴大1(アヤ＝ソフィア)、世歴大8(サン＝ソフィ

ア寺院)〔写〕，空大聖堂(アヤ・ソフィア)
〔写〕，評論社世(聖ソフィア寺院)，文化史蹟
11(アギア・ソフィア)〔写〕，平凡社世(ア
ヤ・ソフィア)，山川世(聖ソフィア聖堂)，歴
史建築〔写/図〕

アラジャ・ホユック　Alaca Hüyük
ボアズキョイの北北東25km。ヒッタイト時代の
都市遺跡。周壁で囲まれた大規模な都市址を発
掘。下層からは，初期青銅器時代の墓地と遺宝
を発見。またⅢ層とほぼ同時代に属する13の墓
が地表下約7mのところに営まれていた。
　¶アジア歴1(アラカ・ヒュユック)，古遺地(ア
　ラジャ・フユック)〔図〕，古代オリ〔写p323,
　401〕，新潮美，世界考古(アラジャ・ヒュユッ
　ク)，大遺跡4(アラジャホユック)〔写/図〕，大
　英オリ(アラジャ・フユック)〔写〕

アラーッディン・モスク　Alaeddin Mosque
コニアにある。1155年頃，スルタン・クルチ・
アルスラーン2世によって創設されたというモス
ク。当時の遺構として確認できるのは中庭にた
つ2基の墓塔のみ。
　¶文化史蹟10〔写〕

アラハン修道院　Alahan Manastin
アナトリア半島中部の地中海岸寄りの山中にあ
る。5〜6世紀の修道院の大遺構で，土地ではコ
ジャ・カレシ(古い城)と呼ぶ。
　¶新潮美

アララハ　Alalakh
アムク平野，シリアとの国境近く。古代都市遺
跡。現在のテル・アチャナにあたる。前2千年紀
のシリア北部にあった王都。多数の粘土板文書
が発見され，前18〜17世紀のものと，前15世紀
のものとに分けられる。
　¶アジア歴1(アララク)，古代オリ，新潮美(ア
　チャナ，テル)，世界考古(アッチャナ，テル)，
　大英オリ〔写p93,447/図p165〕

アリシャル　Alişar
アンカラの東約200kmに位置する遺跡。古代名
アンクワ。Ⅲ層出土の彩文土器は今日ではアリ
シャルⅢ式土器とよばれ，前期青銅器時代の特
徴的彩文土器とされる。
　¶アジア歴1，古代オリ，新潮美(アリシャー
　ル・フユック)，世界考古(アリシャル・ヒュユ
　ク)，世歴大1

アルサメイア　Arsameia
アンティ＝タウロス山脈中にある。コンマーゲー
ネー王国の王廟遺跡。
　¶新潮美

アルスラン・テペ　Arslan-Tepe
マラティヤにある。後期銅石器時代からローマ・
ビザンツ時代にいたる7つの文化層を確認。前8

世紀に年代付けられる高さ3mの王立像は有名。
　¶古代オリ(メリド)，世界考古(アルスランテ
　ペ)，大遺跡4(アスランテペ)〔写〕，大英オ
　リ(アルスランテペ(マラティヤ))〔写(壁画)〕

アルテミス神殿〔エフェソス〕　Artemision
エフェソスにある。サルディス，マグネーシア
と並んで古来小アジアのアルテミス信仰の中心
地であった。
　¶新潮美(アルテミス神殿(エフェソスの))

アル・ミナ　Al Mina
オロンテス川が地中海に注ぐ地点にある遺跡。
確認された10層の文化は，前8世紀から後13世紀
までのもの。のちにはギリシャ人によってボシ
ディウム(ポシディオン)の名で知られた。
　¶世界考古

アレクサンドリア・トロアス
チャナッカレ。アレクサンダー大王によって計
画されたが，実際の建造は，アンティゴノスによ
る。ローマ時代に繁栄した都市となった。劇場，
門，アーチ，ローマの水道の廃墟がみられる。
　¶世界遺産 p268〔写〕

アンキラ　Ancyra
首都アンカラの古代名。ローマ時代の城壁，神
殿，公衆浴場，競技場，水道などが現存する。
　¶世界考古

アンティオキア　Antiochia
現アンタキア。前300年ディアドコイの1人セレ
ウコス1世創設による都市。セレウコス朝の首
都，文化・公益の中心地。市域はのち2度拡大さ
れ全域が共通の市壁で囲まれた(全長18kmの大
部分が現存)〔。
　¶アジア歴1〔写〕，古代オリ(アンティオキア
　(オロンテス河畔の))，世界考古，世界美1，
　世歴事1

アンティオキアの城壁
アンティオキアにある。最初，紀元前何世紀か
に建てられ，ビザンツの皇帝により修復，十字
軍により高くされた。方形の塔のある地点がま
だ残存している。
　¶世界遺産 p268(城壁)〔写/図〕

イヴリス　İvriz
コンヤの東南東約150km、タウルス山脈北側の
山麓。新ヒッタイトの岩壁浮彫の所在地。天候
神タルフンザに礼拝するトゥワナ国のワルバラ
ワ王の像。
　¶古代オリ，大遺跡4(イヴリズ)〔写〕

イェシル・ジャーミ　Yesil Cami
ブルサにある。1413〜21年，メフメット1世が
建てたモスク。方形の広間を前後に2室ドーム
で覆う。

¶文化史蹟10 p54〔写〕

イェシル・チュルベ Yesil Turbe

ブルサにある。15世紀前半、ムラード2世によって建てられたメフメット1世の廟。角塔状の壁体の上にドームを架す形式。

¶文化史蹟10 p54〔写〕

イキズテペ İkiztepe

クズルウルマック河河口の近くにある遺跡。第Ⅲ層（銅石器時代）、第Ⅱ層（前期青銅器時代）、第Ⅰ層（前期ヒッタイト時代）を確認。

¶古代オリ

イスタンブール歴史地区
Historic Areas of Istanbul

イスタンブール。ローマ帝国、ビザンチン帝国、オスマン帝国の首都として栄えた都市。ヴァレンス水道橋、テオドシウスの城壁、アヤ・ソフィア大聖堂、世界最大であるモスクのブルー・モスク（スルタン・アフメト・モスク）などの遺跡が点在。

世界遺産（イスタンブール歴史地域 1985）

¶アジア歴1（イスタンブル）、世遺事（イスタンブールの歴史地区）、成世遺下〔写〕、世遺百〔写〕、世界考古（コンスタンティノポリス）、世界美2（コンスタンティノポリス）〔図〕、世歴事4（コンスタンティノープル）〔写/図〕、東欧（イスタンブール）、ビジ世遺（イスタンブールの歴史地区）〔写〕、ユネ世遺3（イスタンブールの歴史地区）〔写〕

イッソス Issos

キリキアの東端。古戦場。前333年マケドニア王アレクサンドロスとアケメネス朝ペルシャのダレイオス3世が闘った。

¶世界考古

イナンドゥック İnandik

アンカラの北東109km。ヒッタイト古王国時代の遺跡。古代名はハンハナ。発掘調査により5建築層が確認された。

¶古代オリ〔写（土器）〕

インジェ・ミナーレ・マドラサ
Ince Minareli Madrasah

コニアにある。13世紀中葉に属するマドラサ（学院）。セルジューク朝の大臣ファルフルツ・ディーン・サーヒブ・アターが提供した基金によって建設された。

¶文化史蹟10〔写〕

ウル・ブルン Ulu Burun

南部の海岸線沿い、カスの南東約8kmに位置。前14世紀後半の難破船である商船を発掘。発掘されたものでは最古の航海船。遺物には少なくとも7つの文化圏が反映している。

¶大英オリ〔写p85,180,300,382〕

エウメネス2世の城門

ペルガモンにある。エウメネス2世が築いた都市ペルガモンのエントランス。

世界遺産（ペルガモンとその重層的な文化的景観 2014）

¶古代ギリ p246

エスキヤパル Eskiyapar

ボアズキョイの北東21kmにある遺跡。前期青銅器時代からビザンティン時代までの文化層の存在が確認された。ヒッタイト時代では城壁で囲まれた大規模な都城址を発掘。

¶古代オリ

エデッサ Edessa

ウルファに位置。ヘレニズム起源の都市。「ニムルドの玉座」と呼ばれるテラスがあり、2～3世紀以降のモザイクが出土。

¶世界考古

エフェソス Ephesus

イズミル県のセルチュク近郊。古代ギリシャの都市遺跡。七不思議の一つとギリシャ人が伝えるアルテミスの大神殿跡がある。

世界遺産（エフェソス 2015）

¶アジア歴1〔写（柱礎）〕、角川世、古代オリ、新潮美、世遺事、世遺地、世界遺跡 p274〔写/図〕、世界考古、世界美1〔写（柱礎）〕、世歴事2〔写（神像・柱楚）〕、大遺跡5〔写/図〕、評論社世、平凡社世、歴史建築〔写/図〕

エフェソスの大理石通り
Marble Street, Ephesus

エフェソス。3世紀初め。エーゲ海に面したエフェソスの史蹟。大劇場とアゴラの間を、大理石通りが走る。「クレテス通り」と呼ばれる。

¶文化史蹟3（大理石通り（エフェソス））〔写〕

エフラトン・プナル Eflâtun pinar

コンヤの西約60km。ヒッタイト帝国時代（前13世紀末）の泉の聖所址。巨大な切り石を積み上げて築かれた一対の基壇状モニュメントが、人工池の北壁と南壁に向い合わせに設置されている。

¶古代オリ

オシュクの大聖堂

オシュク。グルジア王ダヴィッド3世とその兄弟バグラト・バグラティオニによって創建された聖堂（960-980？）。

¶宗教建築〔写/図〕

オルタキョイ Ortaköy

オルタキョイ村の南西2.5kmに位置。ヒッタイト帝国時代の遺跡。古代名シャピヌワ（Šapinuwa）。前13世紀頃の帝国時代の火災を受けた王宮を確認。

¶古代オリ

カッパドキア　Cappadocia
アナトリア高原のほぼ中央部に位置する地域。6～13世紀にギョレメ、ウフララを中心に無数の洞窟修道院が造られた。

`世界遺産`（ギョレメ国立公園とカッパドキアの岩窟群 1985）

　¶角川世、古代オリ、宗教建築（カッパドキアの修道院群）〔写/図〕、新潮美、成世遺下〔写〕、世界考古、平凡社世

カハリエ・ジャミイ　Kahriye Camii
イスタンブール。元来は「コーラ修道院」と呼ばれた。創建は6世紀ないし7世紀に遡る説が有力。11世紀末から12世紀はじめにかけて再建。14世紀に大々的に改修。

　¶宗教建築（コーラ修道院（カーリエ・ジャーミー））〔写/図〕、新潮美（カハリエ・ジャミィ）、文化史蹟11〔写〕

カマン・カレホユック
アンカラの南東約100km。アンカラ―カイセリ旧街道沿に位置する径280m、高さ16mの遺丘。発掘調査で4文化層が検出されている。

　¶古代オリ

カライン　Karain
アンタリヤの北西27km、サム山脈中の海抜650m。洞穴遺跡。多数の粗製剥片石器とともにハンド・アックスが報告されている。

　¶世界考古

カラテペ　Karatepe
アダナ平原北部の東側に広がる山地に隣接。前1千年紀前半の城塞遺跡。城壁、ビート・ヒラニ形式の王宮、城門付近では様々なレリーフが刻まれたオーソスタットが出土。

　¶古遺地〔図〕、古代オリ、新潮美（カラテペ）、世界考古、世界美2、大英オリ（カラテペとドムズテペ）

カラベル
イズミールの東約30kmに位置する遺跡。ヒッタイト時代の岩壁浮彫り像が残る。ヒッタイト象形文字の銘文は、最近の研究ではミラ王タルカシュナワのものとされる。

　¶古代オリ

カラホユック（コンヤ）
Karahöyük (Konya)
アンカラの南約260km、コンヤの南9kmに位置。東西約600m、高さ20mの遺丘。最下建築層は前3千年紀前半に年代付けられる。アッシリア商業植民地時代の先住民族の住居址がある。

　¶古代オリ、世界考古（カラ・ヒュユク）、世界美2（カラ・ヒュユク）、大遺跡4（コンヤ・カラ

ホユック）〔写〕

カルケミシュ　Carchemish
ユーフラテス川右岸、現在のジェラブルス。前15世紀からヒッタイト領南部の中心。前1200年に滅亡後アラム人の通商都市。遺跡は混合文化圏の中心として考古学上重要。

　¶アジア歴2、角川世、古代オリ、新潮美（カルガミシュ）、世界考古、世歴事2、大英オリ〔写p130〕、平凡社世、山川世

カンリディヴァネの岩窟墓　Rock-cut Tomb
カンリディヴァネ、キリキア地方西部海岸近く。1～3世紀、岩山の墓。墓室正面には武人の像や、食事用の寝台に横臥して飲食する人物像の浮き彫りがある。

　¶文化史蹟2 p182（岩窟墓）〔写〕

ギャヴルカレシ　Gavurkalesi
アンカラの南西60kmに位置。自然丘とその周辺に形成された遺跡。ヒッタイト時代、フリュギア時代、ローマ時代の居住を確認。

　¶古代オリ

キュルテペ　Kültepe
カイセリ市の北東約20km。古代都市遺跡。古代のカネシュ。居住区からは楔形文字文書が多数見つかっている。文書が出土した第2層は前1910年頃から前1830年頃の期間にあたる。

　¶アジア歴2（カネシュ）、古遺地〔図〕、古代オリ〔カニシュ〕〔図p769〕、新潮美（カッパドキア〔キュルテペ〕）、新潮美、世界考古、世界美2、大遺跡4〔写/図〕、大英オリ（カネシュ）、山川世（カネシュ）

ギョレメ　Göreme
カッパドキア地方ユルギュップ近郊の地名。聖ヒエロニムスの記述にあるコラマと考えられ、重要な一群の岩窟聖堂が有名。最も広大なトカル・キリッセ聖堂は十字形プラン。

　¶世界美2

ギョレメ国立公園とカッパドキアの岩窟群
Göreme National Park and the Rock Sites of Cappadocia
ネヴシェヒル地方にあるアナトリア高原にある。6世紀頃、きのこ状の巨大岩に築かれたキリスト教の洞窟聖堂や洞窟修道院。内部はフレスコ画が描かれている。

`世界遺産`（ギョレメ国立公園とカッパドキアの岩窟群 1985）

　¶世遺事、世遺百（ギョレメ国立公園、カッパドキアの岩窟史跡）〔写〕、ビジ世遺（カッパドキアのギョレメ国立公園と岩窟群）〔写〕、ユネ世遺3（カッパドキアの遺跡とギョレメ国立公園）〔写〕

クサントス・レトーン　Xanthos-Letoon

ムーラ地方、地中海沿岸のアンタリア近郊にある。リュキア人の古代都市遺跡。劇場、教会、葬祭塔、神殿などローマ時代の遺構がある。

世界遺産 （クサントス-レトーン　1988）

¶ 新潮美（クサントス），世遺事，成世遺下（クサントスとレトーン）〔写〕，世遺百〔写〕，ビジ世遺（クサントスとレトーン）〔写〕，ユネ世遺3（ザンソスとレトーン）〔写〕

クシャクル　Kuşakli

アナトリア東部の都市シヴァスの南50km、丘陵上に位置。ヒッタイト帝国時代の遺跡。アクロポリスから出土の前13世紀の粘土板により、クシャクルが帝国時代の都市シャリシャ（Šarišša）であることが判明。

¶ 古代オリ

クスラ　Kusura

アフヨンの南西50km。金石併用時代後期から前2千年紀初頭にかけて居住。

¶ 世界考古

クルドゥ　Kurdu

アンタキヤの北東約30km。「シリア＝ヒッタイト調査」の一環として、1938年に発掘された。

¶ 世界考古

ゲミレル島　Gemiler Adasi

フェティエ近郊の東西1kmほどの小島。島全体がビザンティン時代の遺跡で、4つの聖堂、聖堂をつなぐヴォールト廊下、多数の住居・墳墓が残り、海岸には港湾施設が続いている。

¶ 古代オリ

ゲリドンヤ　Gelidonya

アナトリア半島の最南端に当たる岬。前1200年頃に年代付けられる難破船が発見され、1960年に発掘された。海底において完遂された最初の難破船発掘。

¶ 大英オリ〔写〕

ゲリュ・ダー　Göllü Dağ

現在のニーデの北60kmに位置する標高2000mの死火山。新ヒッタイト時代の都市と宮殿の遺跡。新ヒッタイト国家トゥワナの最も偉大な王ワルパラワスによって建設された。

¶ 大英オリ〔写〕

ケルケネス・ダー　Kerkenes Dağ

中央部付近、低い山の頂上に位置。鉄器時代中期の都市。ヘレニズム時代より前では、アナトリア高原最大の遺跡。ヒッタイトの聖山ダハと同一とされる。

¶ 大英オリ〔写〕

コルジュテペ　Korucutepe

エラズーの東30km。径190m、高さ16mの遺丘。初期青銅器時代〜初期鉄器時代、およびセルジューク時代までの文化層を確認。

¶ 古代オリ

ゴルディオン　Gordion

ポラトルの北西19km、サカリヤ川（古代名サンガリウス川）の左岸に位置。フリュギア王国の都。宮墓址は、フリュギア王国時代の保存状態が良好な宮殿址や城門、城壁が確認されている。墳墓群には、ミダス王のものと言われる大墳墓ほかがある。

¶ 古遺地〔図〕，古代オリ〔写p485,780〕，新潮美，世界考古，大遺跡4〔写/図〕，大英オリ〔写p307,402〕，文化史蹟2〔写〕

ゴルディオンの古墳　Old Mound, Goldion

ゴルディオンの東数kmのところにある台地上。前8〜6世紀。フリュギア時代の古墳群のうち最大のもの。円錐形に近い円墳。フリュギアのミダス王のものとされる。

¶ 文化史蹟2 p63（古墳（ゴルディオン））〔写〕

コンスタンティヌス・ポルフィロゲニトゥスの宮殿

コンスタンティノープル。ビザンツの皇帝の巨大の宮殿がわずかに残存する10世紀の初頭、コンスタンティヌス・ポルフィロゲニトゥス7世統治の頃のものであろう。

¶ 世界遺跡 p282〔写〕

コンマゲーネ　Kommagene

アナトリア高原南東部の古代の地名。ユーフラテス川沿岸のアルサメイア（現ゲルゲル）と、ニュンファイオス川沿岸のアルサメイア（現エスキ・カータ）のその辺りに遺跡がみられる。ネムルット・ダウで発見された巨大な祭祀所「ヒエロテシオン」が重要。

¶ 世界美2

サクチャギョズ　Sakçagözü

イスラヒエの北東30km。今日ジョバ・ホユックとして知られる遺丘がある村の名前。新ヒッタイト時代に、丘の頂上に約50×70mの要塞が建てられた。浮き彫りのある城門やビート・ヒラニと呼ばれるタイプの建物があった。

¶ 世界考古（サクチェギョジュ），大英オリ

サフランボルの市街　City of Safranbolu

黒海沿岸地方西部の山間の盆地にある。14〜17世紀のオスマン帝国時代、シルクロードの中継地だった町。1322年建造のモスクや大浴場、オスマン・トルコ様式の家屋が残る。

世界遺産 （サフランボル市街　1994）

¶ 世遺事，成世遺下〔写〕，世遺百（サフランボル市街）〔写〕，ビジ世遺〔写〕，ユネ世遺3

（サフランボルの旧市街）〔写〕

サルディス　Sardis
現在のサルトの近くに遺跡がある。古代のリディアの首都。前6世紀前半に繁栄が頂点に達した。町の北「千の丘」を意味するビン・テペに多数の墳墓がある。
¶アジア歴4，角川世，古遺跡〔図〕，古代オリ，新潮美，世界考古，世界美2，大遺跡5〔写〕，大英オリ〔写〕，山川世

シデ　Side
パンフュリアの海岸平野。港湾都市。前7世紀後半に設立と伝わる。遺跡は列柱付き大通り、城門、アゴラ、劇場、複数の浴場が残っている。
¶新潮美（シーデー），大遺跡3〔写/図〕

ジャン・ハサン　Can Hasan
トロス山脈の北斜面のカラマンの北東13km。磨研土器、彩文土器が出土した遺跡。
¶世界考古

ジュダイデー，テル　Judaideh, Tel
アンタキヤの東北約37km、レイハンリ南東約1.5km。隅丸方形を呈する大きなテル。この地方の最古の文化層の段階から数千年の間居住されていたとされる。
¶世界考古

ジンジルリ　Zinjirli（Zencerli, Zincerli）
シリアとの国境に近いイスラヒエ平野に位置。古代都市サムアルの現在名。円形の都市で、中央には古い遺丘の頂上に建てられた要塞があった。
¶新潮美（ズィンジルリ），世界考古（サマアル），大英オリ〔図〕

スベルデ　Suberde
セイディシェヒルの町の南東11km。現地でゲリュクリュクといわれる村。表層は8世紀からイスラム期中層と下層が先史時代に属する。
¶世界考古

スルタン・アフメットの泉
Fountain of Sultan Ahmet
イスタンブール。公共給水塔か無料水飲場と呼ぶべき建物。一種の慈善事業としてアフメット3世がトプカプ宮殿の城壁のすぐ外側に建てたもの。1728年築。
世界遺産（イスタンブール歴史地域　1985）
¶文化史蹟10 p62〔写〕

スレイマニイェ・キュリイェ
イスタンブール。スレイマン1世（在位1520-66）によって建てられたキュリイェ複合都市施設。単一の計画としてはオスマン朝最大のもの。
¶宗教建築（スュレイマニイェ・キュリイェ）〔写/図〕

スレイマニエ・モスク　Suleimaniye Mosque
イスタンブール。オスマン朝トルコが極盛時代にスレイマン1世が建てたモスク。1550～57年の築。4基のミナレットが回廊の各隅部にそびえ立つ。
世界遺産（イスタンブール歴史地域　1985）
¶旺文社世（スレイマン−モスク），角川世，新潮美（スレイマン一世のモスク），評論社世（スレイマン寺），文化史蹟10〔写〕，山川世

聖母マリアの家
エフェソス。キリストの死後、聖母マリアは余生をエフェソスで過ごした。家は古くから巡礼者が訪れる礼拝堂になっている。
世界遺産（エフェソス　2015）
¶世遺地 p32

聖ヨハネ大聖堂
セルチュク近郊。エフェソスのローマ時代の建築物。この地で没した聖ヨハネの墓のある小さな聖堂跡に後6世紀に建造された。現在は壁、円柱、床が残り、聖ヨハネの墓所がある。
世界遺産（エフェソス　2015）
¶空大聖堂（エフェソスの聖ヨハネ大聖堂）〔写〕

ゼウグマ　Zeugma
現在のビレジクの10kmほど上流。ヘレニズム時代からローマ時代にかけての双子都市の遺跡。右岸のセレウキア、左岸のアパメアからなる。
¶古代オリ

セラピス神殿
ペルガモン。エジプトのセラピス神を祀る神殿。2世紀前半の建造。
世界遺産（ペルガモンとその重層的な文化的景観2014）
¶古代ギリ p246〔写/図〕

セリミエ・モスクと複合施設群
Selimiye Mosque and its Social Complex
マルマラ地方のエディルネ県の県都エディルネの中央部の丘の上。大きいドームと4本のミナレットを持つ。16世紀のオスマン帝国の建築家スィナンの設計。マドラサ市場、時計棟、中庭、図書館などを含む複合施設（キュリイェ）。
世界遺産（セリミエ・モスクと複合施設群　2011）
¶角川世（セリミエ・モスク），新潮美（セリム二世のモスク），世遺事（セリミエ・モスクとその社会的複合施設），成世遺下（セリミエ・モスクと複合施設）〔写〕，世遺百（セリミエ・モスクとその複合施設）〔写〕

ソリの列柱付き大通り
Colonnaded Street, Soli
現メルシン。2世紀。貿易港として栄えたソリ（現メルシン）の通り。港から町まで北西に約

ヨーロッパ

トルコ

ヨーロッパ

450mの長いコリント式列柱付き大通りがのびていた。

¶文化史蹟2（列柱付き大通り（ソリ））〔写〕

タバラ・アル・アクラド　Tabara al Akrad
アンタキヤ北東約40km。遺跡。浅いトレンチBでは、ヒルベット・ケラク土器の文化層、深いトレンチAでは初期鉄時代から後期金石併用期の文化の7層遺跡。

¶世界考古

タルスス　Tarsus
キリキア地方タルススにある遺跡。現地名ギョズリュクレ（ゲズリュクレ）。新石器時代、前期青銅器時代から後期青銅器時代に至る文化層を確認。

¶古代オリ、世界考古、大英オリ（タルソス）

チャタル・フユック　Çatal Hüyük
コンヤの南東約40km。新石器時代の遺跡。コンヤ平原の2つの遺丘。前8千年にトルコの中央アナトリアで栄えた新石器時代の集落跡で、世界で最古の集落の一つとされる。

世界遺産（チャタルホユックの新石器時代遺跡　2012）

¶遺跡100〔写/図〕、古遺地〔図〕、古代オリ〔写（地母神像）〕、新潮美、世遺事（チャタルヒュックの新石器時代の遺跡）、成世遺下（チャタルホユックの新石器時代の遺跡）〔写〕、世遺百（チャタルヒュックの新石器時代史跡）〔写〕、世界考古（チャタル・ヒュユク）〔図〕、大英オリ（チャタルホユック）〔図〕

チャタル・フユック・ウェスト
コニヤ南東40km。径400m、高さ7.5mのテルで、発達した彩文土器をもつ。I期はメソポタミアのハッスーナ最末期に、II期はハラフ期に比定。

世界遺産（チャタルホユックの新石器時代遺跡　2012）

¶世界考古（チャタル・ヒュユク〔チャタル・ヒュユク・ウェスト〕）

チャユニュ　Çayönü
ティグリス川上流に面したディヤルバキル北西約60kmのエルガニ南西5km。250m×150mの楕円形の低いテル。5つの居住址の重なりが認められた。すべてが先土器時代に属する。

¶世界考古、大英オリ（チャヨニュ）

ディヴリーイの大モスクと病院
Great Mosque and Hospital of Divriği
東部アナトリアのシバスの南東177kmの山あいにある。13世紀頃の石造りの建物。建築家アフラト・クルムシャードが建造。モスクはイスラムとアナトリアの混合様式が特徴。

世界遺産（ディヴリーイの大モスクと病院　1985）

¶世遺事（ディヴリイの大モスクと病院）、成世

遺下（ディヴリーの大モスクと施療院）〔写〕、世遺百、ビジ世遺（ディヴリーの大モスクと施療院）〔写〕、ユネ世遺3〔写〕

ディデュマ　Didyma
ミレトスの南約20kmに位置。アポロンの神域。イオニア式、ディプテロスのアポロン・ディデュマイオスの巨大な神殿（ディディュマイオン）は、ヘレニズム建築の代表的遺構。

¶世界考古、世界美3、空古代遺跡（ディディム）〔写〕、大遺跡5〔写/図〕

ディヤルバクル城塞とエヴゼル庭園の文化的景観
Diyarbakir Fortress and Hevsel Gardens Cultural Landscape
南東アナトリア地方のディヤルバクル県。ディヤルバクルは古代ローマ時代の城塞都市。城壁は長さ5.8km、銘刻と浅浮彫りで飾られる。エヴゼル庭園は都市への食料供給地として作られた。

世界遺産（ディヤルバクル城塞とエヴゼル庭園の文化的景観　2015）

¶世遺事（ディヤルバクル城壁とエヴゼルガーデンの文化的景観）

デメテル神殿〔プリエネ〕
Temple of Demeter, Priene
プリエネ市。前4世紀後半。市の最も北、アクロポリスのすぐ下にあるイオニア式神殿。地母神デメテルとその娘コレを祭った。

¶文化史蹟3〔写〕

デメテル神殿〔ペルガモン〕
ペルガモン。フィレタイロスとその弟が母ボアのために建造したもの。

世界遺産（ペルガモンとその重層的な文化的景観　2014）

¶古代ギリ p244、大遺跡5 p155〔写〕

テルメーッソス　Termessos
南西海岸近くの海抜1000m余りの山中。古代都市の遺跡。

¶新潮美、大遺跡3（テルメッソス）〔写/図〕

トゥーウ・アブディン　Tur Abdin
マシオス（またはイズラ）山の高原地帯。ビザンティン初期に単性論やネストリオス派の修道院が多く建てられ、今日も遺構が残る。デイル・ザ・ファラン修道院は530年頃の建立。

¶古代オリ

トプカプ宮殿　Topkapi Sarayi
イスタンブール。1457年、メフメット2世が着工。当初は夏の離宮であったが、スレイマン大帝の時代（1520-66）に全宮がここへ移転した。

世界遺産（イスタンブール歴史地域　1985）

¶旺文社世、角川世、新潮美（トプカプ・サライ）〔写p56（壁画）〕、空大宮殿〔写〕、文化史蹟10（トプカプ・サラーイ）〔写〕、山川世、歴史建築〔写/図〕

トプラクカレ　Toprakkale
現在のヴァン市。要塞。ウラルトゥの2番目で最後の首都であった。ルサ2世（在位前685-665頃か）による建造。
　　¶新潮美、大英オリ〔写（出土品）〕

ドムズテペ　Domuztepe
アダナ平原北部の東側に広がる山地に隣接。カラテペとともにアダナから山地へ抜けるルートを支配する位置にある。2つの町では、ドムズテペの方が古いことがわかっている。
　　¶大英オリ（カラテペとドムズテペ）

トラヤヌス神殿
ペルガモンにある。アクロポリス上市において唯一、すべてローマ人の手になる壮大な建造物。
　　世界遺産（ペルガモンとその重層的な文化的景観　2014）
　　¶古代ギリ p241〔写〕

ドルマバフチェ宮殿　Dolmabahçe Sarayi
イスタンブル。トプカプ宮殿に代わるオスマン朝の宮殿として1855年、イスタンブルのボスフォラス海峡ヨーロッパ側沿岸に建設。
　　¶角川世

トロイ　Troy
マルマラ海沿岸地域のビガ半島。都市遺跡。シュリーマンによって「プリアモスの宝」と呼ばれるものは有名。金銀・宝石の財宝が発見された。
　　世界遺産（トロイの古代遺跡　1998）
　　¶旺文社世（トロヤ）、角川世、古遺地〔図〕、古代オリ（トロイ／トロヤ）〔図〕、新潮美（トロイア）、図解考古（トロヤ遺跡）〔写/図〕、世遺事（トロイの考古学遺跡）、成世遺下（トロイの遺跡）〔写〕、世遺百（トロイ考古遺跡）〔写〕、世界遺跡 p268〔写〕、世界考古〔図〕、世界美4（トロイア）、大遺跡5（トロイア（トルコ））〔写〕、大英オリ（トロイアの遺跡）〔写〕、評論社世（トロイア（トロイ・トロヤ））、平凡社世（トロヤ）、山川世（トロヤ）

ニシビス　Nisibis
ヌサイビン。北メソポタミアの古代城市の名。アッシリア時代から中世にかけて、戦略上および商業上の要地として有名で、北方からの侵入をささえる城塞として、国家によって常に重視された。
　　¶アジア歴7

ネムルット・ダー　Nemrut Dağ
南東部にある海抜2150mの山。山頂にコマゲネ王国のアンティオコス1世（前1世紀）が築いた陵墓と祭壇がある。墳墓の麓にギリシャ神話の神と王の高さ2mの頭像が並ぶ。
　　世界遺産（ネムルット・ダー　1987）
　　¶古代オリ（ネムルト・ダー）、新潮美（ネムルト・ダウ）、世遺事（ネムルト・ダウ）、成世遺下（ネムルト・ダア）〔写/図〕、世遺百（ネムルト・ダー）〔写〕、世界美4（ネムルット・ダウ）、大遺跡4（ネムルド・ダーク）〔写〕、ビジ世遺（ネムルト・ダア）〔写〕、ユネ世遺3（ネムルト・ダーの巨大墳墓）〔写〕

ハウシュ＝クリー　Hawsh-Kurī
イランとイラクの国境近く。サ サン朝およびアケメネス朝ペルシアの軍事基地の遺跡がある。サ サン朝の城塞は、ホスロー2世（在位590-628）の時代に造られたと思われる。
　　¶世界美4

ハギア・イレーネ　Hagia Irene
イスタンブール。532年のニカの反乱で焼失した4世紀以来の建物を皇帝ユスティニアヌスが再建。1個の円蓋を頂くバシリカ式聖堂を740年頃さらに円蓋を西側に追加し、円蓋の架構法も変更。
　　¶新潮美（ハギア・イレーネ聖堂（コンスタンティノポリスの））、文化史蹟11（アギア・イレネ）〔写〕

ハギア・ソフィア大聖堂〔トラブゾン〕
東部の黒海に臨むトラブゾン。1260年以前に建造されたギリシャ十字式聖堂。
　　¶新潮美（トラブゾン〔ハギア・ソフィア大聖堂〕）

ハギイ・セルギオス・ケ・バッコス聖堂　Hagii Sergios Kai Bacchos
イスタンブール。ビザンティン聖堂。
　　¶新潮美

ハギオス・ヨアンネス・ストゥディオス聖堂　Hagios Johannes Studios
イスタンブール。ビザンティン聖堂址。
　　¶新潮美

パザルリ　Pazarli
アナトリア高原中部の遺跡。最古の層は中石器時代。その後フリュギア文明との接触によって、きわめて重要な居住区が発達した。
　　¶世界美4

ハジュラル　Hacilar
南西部に位置する遺跡。新石器時代から金石併用時代の層を確認。Ⅵ層からは多数の女性土偶が出土し、注目を集めた。
　　¶古代オリ、新潮美（ハジュラール）、世界考古、世界美4、大英オリ（ハジラル）〔写（土器）〕

ハットゥシャ　Hattusha

アンカラの東約150kmのボアズカレ（ボアズキョイ）にある。古代ヒッタイトの首都。前16世紀創建の城塞都市。王宮、神殿、城塞、約2万枚の粘土板文書などが発掘されている。

世界遺産（ハットゥシャ：ヒッタイトの首都　1986）

¶古代オリ〔写〕、世遺事（ハットシャ：ヒッタイト王国の首都）、成世遺下（ヒッタイト王国の都ハットゥシャ）〔写〕、世遺百（ヒッタイトの首都ハットゥシャ）、ビジ世遺〔写〕、ユネ世遺3（ヒッタイトの都ハットゥシャ）〔写〕

ハットゥシャの大神殿

アンカラの東約200km。ハットゥシャの下の市域にある通称「大神殿」は、付属屋を含んで全体の平面規模は南北160m、東西135mを測る。前14世紀。

¶宗教建築〔写/図〕

ハドリアヌス帝の神殿

エフェソス。五賢帝の一人ハドリアヌス帝に捧げられた神殿。

¶世遺地　p32

ハラン　Harran

現在のアルトゥンバシャク。交易の中継地および月神崇拝の中心地として重要な役割を果たした都市。イスラーム時代の試掘溝からは前3千年紀中葉の居住層を確認。

¶角川世、古代オリ、大英オリ

ハリカルナッソス　Halikarnassos

現ボドルム。小アジア西岸南部の都市。古代においてカリア地方の中心的な都市の一つ。遺跡はマウソレイオン（マウソロス王の墓）、前4世紀に遡る劇場址、中世の騎士の城（セント゠ピーター城）がある。

¶新潮美、世遺事7、大遺跡5〔写/図〕

パントクラトール修道院（ゼイレク・キリセ）

イスタンブール。コムネノス家によって一族の墓所として設立された、11～12世紀コンスタンティノープルの大規模修道院を代表する作品。3棟連続の教会堂だけ現存。

¶宗教建築〔写/図〕

ヒエラポリス・パムッカレ
Hierapolis-Pamukkale

イスタンブールの南約400kmのデニズリから北20kmにある。ローマ帝国の温泉保養地として栄えた古代遺跡。ローマ劇場、凱旋門、浴場などの遺跡が残る。

世界遺産（ヒエラポリス－パムッカレ　1988）

¶新潮美（パムッカレ）、世遺事、成世遺下（ヒエラポリスとパムッカレ）〔写〕、世遺百〔写〕、ビジ世遺（ヒエラポリスとパムッカレ）〔写〕、ユネ世遺3（ヒエラポリスとパムッカレ）〔写〕

ヒッサリク

マルマラ海沿岸地域のビガ半島。シュリーマンが、トロイのあった場所として、ヒッサリクに見当をつけ、発掘した（1871-73）。城壁や財宝などを発見。

世界遺産（トロイの古代遺跡　1998）

¶遺跡100〔写〕

ビュユク・カラタイ・マドラサ
Buyuk Karatay Madrasah

コニア。1251年、セルジューク朝治下、大臣ジェラールッ・ディーン・カラタイが提供した基金によって首都コニアの市内に建てられたマドラサ（学院）。

¶新潮美（カラタイ・マドラサ）、文化史蹟10〔写〕

ビン・ビル・キリッセ　Bin Bir Kilise

中部コンヤ東南、カラ・ダー山塊の南の荒地。中世キリスト教の遺跡。多くは8世紀から10世紀にかけてのもので、三廊式バシリカ構造をもつ。

¶新潮美

ファセリス　Phaselis

トルコ南岸リュキア。港湾都市遺跡。現存する遺跡の大部分はローマ帝政期のもの。舗装された列柱付き大通りに沿って、劇場、アゴラ、神殿などの遺構が残る。

¶大遺跡3〔写/図〕

フェティエ・ジャミイ　Fethiye Camii

イスタンブール。14世紀初め。内部にはパレオロゴス朝時代のモザイクが残る。かつての聖マリア教会を、16世紀末モスクに改造した。

¶文化史蹟11〔写〕

フラクティン　Fraktin

カイセリの南に位置する遺跡。ヒッタイト帝国期時代のレリーフが存在する。周辺部の発掘では、前期青銅器からセルジューク時代にかけての層を確認。

¶古代オリ

プリエネ　Priene

カリア地方。古代都市。発掘の結果、前4世紀中頃にミュカレ山の中腹に建造された、ヘレニズム時代の都市計画の全貌が明らかになった。

¶新潮美（プリエーネー）、世界考古〔写〕、世界美5、世遺事8〔写（復原模型）〕、大遺跡5〔写/図〕

プリエネのアゴラ　Agora, Priene

プリエネ市。イオニアの12の市の一つ、プリエネのアゴラ。列柱が残る。

¶文化史蹟3（アゴラ）〔写〕

ブルサとジュマルクズック：オスマン帝国発祥の地

Bursa and Cumalikizik: the Birth of the Ottoman Empire

マルマラ地方ブルサ県。ブルサは14世紀初頭にオスマン帝国最初の首都。モスクやマドラサ、大衆浴場、墓などが保存されている。ジュマルクズックはオスマン帝国時代からのトルコ伝統様式の家屋が残る村落。

[世界遺産]（ブルサとジュマルクズック：オスマン帝国発祥の地　2014）

¶世遺事

ブルー・モスク　The Blue Mosque

イスタンブール。スルタン・アフメト・モスク。礼拝室内部の装飾から「ブルー・モスク」と呼ばれる。スルタン・アフメット1世が建築家メフメット・アガに命じてトプカプ・サラーイ（宮殿）の近くに建てた。6基のミナレットをそなえた唯一の例。

[世界遺産]（イスタンブール歴史地域　1985）

¶角川世（スルタン・アフメト・モスク），新潮美（アフメト1世のモスク），世界美2（コンスタンティノポリス〔ブルー・モスク〕），空大聖堂（ブルーモスク）〔写〕，文化史蹟10（アフメディエ・モスク）〔写〕

ベイジェスルタン　Beycesultan

メアンデール川の上流に位置する遺跡。金石併用機から鉄器時代に至る居住址が確認された。

¶古遺地〔図〕，古代オリ，世界考古，世界美5，大英オリ〔図〕

ヘラ神殿

ペルガモン。アッタロス2世の治世に建造された小さなドーリス式神殿。

[世界遺産]（ペルガモンとその重層的な文化的景観2014）

¶古代ギリ p244

ペルガモン　Pergamon

現ベルガマ。前3〜前2世紀にアッタロス朝の首都として栄えた都市。劇場や列柱廊、ギムナジウム、ローマ時代の円形闘技場、大水道、神殿などの遺構がみられる。

[世界遺産]（ペルガモンとその重層的な文化的景観2014）

¶旺文社世，角川世，古代オリ，古代ギリ p230〔写/図〕，新潮美，世遺事（ペルガモンとその重層的な文化的景観），世界遺跡 p268〔写/図〕，世界考古，世界美5〔写/図〕，世歴事8〔写〕，大遺跡5〔写〕，評論社世，平凡社世，山川世

ペルガモンの王宮

ペルガモン。アクロポリス上市の東端。5つの王宮址が連なっている。ペルガモン王国時代に建造。

[世界遺産]（ペルガモンとその重層的な文化的景観2014）

¶古代ギリ p239（王宮）

ペルガモンの上アゴラ

ペルガモン。アクロポリス上市にある。広場の3辺をドーリス式のストアが取り囲む構造。

[世界遺産]（ペルガモンとその重層的な文化的景観2014）

¶古代ギリ p243（上アゴラ）

ペルガモンのギュムナシオン群

ペルガモン。アクロポリス中市にある。斜面に切り開かれた3段のテラスに、上・中・下3つの巨大なギュムナシオンの遺構が連なる。

[世界遺産]（ペルガモンとその重層的な文化的景観2014）

¶古代ギリ p245（ギュムナシオン群）〔写〕

ペルガモンの劇場　Theatre, Pergamum

ペルガモン。アクロポリス斜面にひろがる。アッタロス朝の初期に建造、エウメネス2世の時代に改築。

[世界遺産]（ペルガモンとその重層的な文化的景観2014）

¶古代ギリ p242（劇場）〔写〕，世界遺跡 p268（劇場）〔写〕，大遺跡5 p155（ペルガモン〔劇場〕）〔写〕，文化史蹟3（劇場（ペルガモン））〔写〕

ペルガモンの下アゴラ

ペルガモン。ペルガモンの新たな要としてエウメネス2世が建造したアゴラ。

[世界遺産]（ペルガモンとその重層的な文化的景観2014）

¶古代ギリ p246（下アゴラ）

ペルガモンの小ギュムナシオン

ペルガモン。アクロポリス中市にある。ヘレニズム時代のもの。

[世界遺産]（ペルガモンとその重層的な文化的景観2014）

¶古代ギリ p244（小ギュムナシオン）

ペルガモンの大祭壇　Pergamon Altar

ペルガモン。アクロポリス上市にある。ヘレニズム時代。長方形の土台の跡が残る。

[世界遺産]（ペルガモンとその重層的な文化的景観2014）

¶古代ギリ p243（大祭壇），新潮美

ペルガモンの大図書館

ペルガモン。ヘレニズム世界第2の規模を誇った

エウメネス2世の大図書館。

世界遺産（ペルガモンとその重層的な文化的景観 2014）
¶ 古代ギリ p241（大図書館）〔写〕

ペルガモンの武器庫
ペルガモン。アクロポリスの最北端。5棟の細長い木造の武器庫が建ち並んでいた。

世界遺産（ペルガモンとその重層的な文化的景観 2014）
¶ 古代ギリ p239（武器庫）

ペルガモンの浴場
ペルガモン。アクロポリス中市にある。現在の遺構はローマ帝政期に建造されたもの。

世界遺産（ペルガモンとその重層的な文化的景観 2014）
¶ 古代ギリ p243（浴場）

ペルゲー　Perge
南岸近く。古代都市の遺跡。
¶ 新潮美，大遺跡3（ベルゲ）〔写/図〕

ベルディビ　Beldibi
アンタリヤの西50km。岩陰遺跡。遺物包含層は7層。岩壁画も発見される。
¶ 世界考古

ベルバシ　Belbasi
アナトリア南西部のアンタリヤ湾の西。海抜300mの地点にある岩陰。1960年の調査で3つの遺物包含層が発見された。
¶ 世界考古

ヘーロオン〔トリュサ〕
ギュエルバシ付近、トリュサ。リュキアの王族の墓地（ヘーローオン）。
¶ 新潮美（トリュサのヘーローオン）

ヘーロオン〔ペルガモン〕
ペルガモン。ペルガモン王たちを祀る君主礼拝のための施設。
¶ 古代ギリ p239

ボアズキョイ　Boğazköy
アンカラの東方にある村（現在名ボアズカレ）。近郊に、古代ヒッタイト王国の首都ハットゥシャシャの遺跡がある。壮大な一大城塞都市を形成。

世界遺産（ハットゥシャ：ヒッタイトの首都　1986）
¶ アジア歴8（ボガズキョイ），遺跡100〔写〕，旺文社世（ボガズキョイ），角川世，古遺地〔図〕，新潮美，世界考古（ボガズキョイ）〔図〕，世界美5，世歴事8（ボガズ・キョイ）〔図〕，大遺跡4〔写/図〕，大英オリ（ボガズキョイ）〔写/図〕，評論社世（ボガズケイ（ボガズキョイ）），文化史蹟2 p20（ボハズキョイ）

〔図〕，平凡社世（ボガズ・キョイ），山川世

ホロズテペ　Horoztepe
ボアズキョイの北東約180kmにある遺跡。前期青銅器時代Ⅲ期の集落址と墓地を確認。
¶ 古代オリ

マイコプ　Maikop
クバ渓谷に位置。コーカサスの埋葬塚の遺跡。前2300〜2200年頃のもので、王墓と考えれている。
¶ 大英オリ

マウソレイオン　Mausoleion
現在のボドルムの近く。封侯マウソロス（在位前377/76－前353/52）の霊廟。工事は前4世紀中頃に始まり、おそらく前333年アレクサンドロス大王によって完成された。世界の七不思議の一つとみなされた。
¶ 新潮美（マウソーレイオン）〔写p44（フリーズ）〕，世界美4（ハリカルナッソス〔マウソレイオン〕）〔写/図（マウソレイオン）〕，大遺跡5 p160（マウソレウム）〔写〕

マグネシア（マイアンドロス河畔の）　Magnesia
カリア地方。古代ギリシャ都市。トラクス山の麓に位置。現在残るのは、前400年頃スパルタの将軍ティブロンがアルテミスの聖域の近くに新たに建設した都市の遺跡。それ以前の都市の痕跡は残っていない。
¶ 新潮美（マグネーシア（マイアンドロス河畔の）），世界美5

マシャット・ホユック　Maş at Höyük
アンカラの北312km。古代名タピッガ（Tapigga）。アッシリア植民地時代後半期層（Ⅴ）ほか5建築層に加え、前期青銅器、鉄器時代層も存在。
¶ 古代オリ

マラシュ　Maraş
ズィンジルリの北方約50km、シリア国境近く。アラム人の都市国家の遺跡。
¶ 新潮美

ミダスの町　Midas City
フリュギア高地に位置する町。古代の名称は不明。入口に通じる岩を削ってつくられた広い斜道の片側に彫刻群がある。2つの「玉座」と岩を彫った小規模建築物、ミダス記念碑（別名ヤズルカヤ）がある。
¶ 大英オリ

ミュリーナ　Myrina
エーゲ海東岸地方、ペルガモンの南西約37km。古代都市の跡。
¶ 新潮美

ミレトス　Miletos
イオニア地方。小アジアの古代都市。古代ギリシャのイオニアの主要都市。主としてペルシアの放火後に再建された都市に関する遺跡がある。

¶旺文社世，角川世，新潮美（ミーレートス），世界考古，世界美5，大遺跡5〔写/図〕，評論社世，平凡社世，山川世

ミレトスの劇場　Theatre, Miletus
ミレトス。前7〜6世紀のギリシャで最も開けたポリスの一つミレトスの劇場。3万人の観客を収容。

¶世界遺産 p268（劇場）〔写〕，大遺跡5 p158〔写〕，文化史蹟3（劇場（ミレトス））〔写〕

メヴレヴィー教団のテッケ
コンヤ。13世紀後半，中央アナトリアのコンヤを中心として興ったメヴレヴィー教団の総本山として建てられたテッケ（修道場）。

¶宗教建築〔写/図〕

ヤズルカヤ　Yazilikaya
ハットゥシャの聖地。ヒッタイト時代の遺跡。前13世紀の岩陰聖所がある。石灰岩の崖に浮彫のあるギャラリーが2ヵ所形成され，神像・人像が約70刻まれている。

世界遺産 （ハットゥシャ：ヒッタイトの首都　1986）

¶古遺址〔図〕，古代オリ〔図（浮彫）〕，新潮美，世界考古（ヤジリカヤ），大遺跡4〔写/図〕

ヤズルカヤの通廊　Corridor, Yazilikaya
ヤズルカヤ。前13世紀。ヤズルカヤはヒッタイト王の墓所に関係のある聖域。東・西2つの，岩壁にはさまれた通廊部には浮き彫りが残る。

世界遺産 （ハットゥシャ：ヒッタイトの首都　1986）

¶文化史蹟2（通廊（ヤズルカヤ））〔写〕

ユミュクテペ　Yümüktepe
メルシン北西3kmに位置する遺跡。高さ25mの遺丘。ユミュクテペをメルシンとも呼んでいる。新石器時代からイスラム時代にわたる33層を確認。ハラフ〜ウバイド併行期には大規模で厚い防御壁をともなった建築の一部を発見。新石器時代初期の基本的な文化は暗黒色磨剣土器によって代表される。

¶アジア歴9（メルシン），古代オリ（メルシン），新潮美（メルシン〔ユミュクテペ〕），世界考古（メルシン），大英オリ（メルシン）

ユルドゥズ宮殿　Yildiz Sarayi
イスタンブールのベシクタシュ。離宮として利用された。アブデュルハミト2世はここを居所としてドルマバフチェ宮殿から公務の場を移し，専制政治の拠点とした。

¶角川世

ラオディケア　Laodicea
デニズリの北，メアンダー川流域。ヘレニズム〜ローマ時代の都市址。アンティオコス2世治下（前261−前253）の創設。2つの劇場，スタディオン（後79），ギムナジウム，水道橋などのローマ建築址が地上に露呈。

¶世界考古

ラーギナ　Lagina
古代カリアのストラトニカイア付近。古代遺跡。19世紀末，ヘカテの神殿跡が発見された。

¶世界美6

ラブラウンダ　Labraunda
ラトモス山の斜面。古代カリアの首都。前6世紀のものと考えられる，ゼウス・ストラティオス（またはラブランデウス）神殿の遺跡を確認。他の建造物は大部分が前4世紀のもの。

¶世界美6（ラブラウンダ（ラブランダ））

リミュラ　Limyra
今日のブルニバス。古代リュキア地方の都市。城塞と劇場の遺構がみられ，石窟墓地にはアルカイック期からヘレニズム時代に至る多くの墓がある。

¶世界美6

ルーメリ・ヒサール　Rumeli Hisar
イスタンブール。1453年，コンスタンティノープル（イスタンブール）を攻略するに先立ち，メフメット2世がボスポラス海峡に面するヨーロッパ側の岸に築いた要塞。

世界遺産 （イスタンブール歴史地域　1985）

¶文化史蹟10〔写〕

ノルウェー

アウセヴィク　Ausevik
西岸のスンフィヨルド。中石器時代の極北美術遺跡。

¶新潮美

アルタの岩絵　Rock Art of Alta
スカンジナビア半島の最北端のノールカップの南西約170kmにあるアルタの近郊。前4200〜前500年頃の岩絵群。狩猟・漁労民族が描いたとされる。

ノルウェー　　　　　　　　　530

¶世界遺産（アルタのロック・アート　1985）
　¶世遺事（アルタの岩画），成世遺上〔写〕，世遺百，ビジ世遺〔写〕，ユネ世遺7（アルタの岩面画）〔写〕

ヴィンゲン　Vingen
西岸のノルドフィヨルド。中石器時代の極北美術最大の遺跡。
　¶新潮美

ヴェガオヤン─ヴェガ群島
Vegaøyan ─ The Vega Archipelago
ヘルゲランド海岸中央部の沖合に展開。1500年以上前から漁業やケワタガモの羽毛採取が営まれてきた群島。漁村や波止場、灯台、ケワタガモの飼育場や倉庫、農地などが点在。
¶世界遺産（ヴェガオヤン─ヴェガ群島　2004）
　¶世遺事，成世遺上〔写〕，世遺百（ヴェーガエヤーン（ヴェーガ群島））

ウルネスの木造聖堂　Urnes Stave Church
ノルウェー中部、ソグン・オ・フィヨーラネ県首都オスロの北西約250km。12世紀に建造されたノルウェー最古の木造建築。石材に乏しいこの地方でバイキングの建築法を用いた木造教会。
¶世界遺産（ウルネスの木造教会　1979）
　¶遺建10（スタブキルケ）〔写/図〕，世遺事（ウルネスのスターヴ教会），成世遺上〔写〕，世遺百（ウルネスの木造教会堂）〔写〕，ビジ世遺〔写〕，ユネ世遺7〔写〕

エヴェンフスの岩面画
エヴェンフス。新石器時代と青銅器時代の岩面画。多くの船のほか、魚、櫂、人物など。
¶大遺跡1 p23（「人物、動物、魚、船、図形など」（エヴェンフス））〔写〕

ゴクスタッド　Gokstad
ヴェストフォルド地方。ヴァイキング時代の舟葬。死者は多数の木製の家具・調度とともにマストの後方に葬られていた。
　¶世界考古

シュトルーヴェの測地弧
Struve Geodetic Arc
ノルウェーのハンメルフェストから黒海まで10ヵ国、2820km以上にわたる265地点の三角測量点群。天文学者フリードリッヒ・ゲオルグ・ヴィルヘルム・フォン・シュトゥルーヴェが1816〜55年に設置。初めて子午線の長さを正確に測定した。地球の正確な形状と大きさの証明に大きく貢献したことから世界遺産に登録。
¶世界遺産（シュトゥルーヴェの三角点アーチ観測地点群　2005）
　¶世遺事，成世遺上〔写〕，世遺百

チューネ　Tune
首都オスロ南方のオストフォルド地方。青銅器時代の岩面刻画遺跡。
　¶新潮美

バルダルの岩面画
バルダル。中石器時代と青銅器時代の岩面刻画。
¶大遺跡1 p22（「櫂と船など」（バルダル））〔写〕

ビョーラのトナカイ
ビョーラ。中石器時代の長さ1.8mの刻画。極北岩面画の初期様式を典型的に示す。
¶大遺跡1 p23（「馴鹿」（ビョーラ））〔写〕

ブリッゲン　Bryggen
ノルウェー南西部、ホルダラン県首都オスロの西約320km。港湾都市の旧市街。海沿いに建つ切妻屋根の色彩豊かな木造倉庫群は、ハンザ商人がノルウェーの豊富な木材を利用して建てた商館。
¶世界遺産（ブリッゲン　1979）
　¶世遺事，成世遺上（ベルゲンのブリッゲン地区）〔写〕，世遺百〔写〕，ビジ世遺（ベルゲンのブリッゲン地区）〔写〕，ユネ世遺7（ベルゲンのブリッゲン地区）〔写〕

ボルグン・スターヴ教会
ラルダール。中世から姿を変えずに残る唯一の木造教会。1150年頃の建造。
　¶歴史建築〔写/図〕

リューカン・ノトデン産業遺産地
Rjukan-Notodden Industrial Heritage Site
テレマルク県リューカン町、ノトデン市。山々や滝・渓谷の中にある水力発電所、送電線、ダム、窒素肥料の生産工場、輸送施設などの一群。合成肥料を生産するため、ノルスク・ハイドロ社が建設。
¶世界遺産（リューカンとノトデンの産業遺産群　2015）
　¶世遺事

レーロース鉱山都市とその周辺
Røros Mining Town and the Circumference
ロア川の河口にある。17世紀に開発された鉱山都市。木造住宅、農場、ハンマーが描かれた鐘楼を持つ白い聖堂など、鉱山の町独特の景観が残る。
¶世界遺産（レーロース鉱山都市とその周辺　1980, 2010）
　¶世遺事（ロロスの鉱山都市と周辺環境），成世遺上（鉱山町レーロースとその周辺）〔写〕，世遺百（レーロース鉱山都市）〔写〕，ビジ世遺（レーロース）〔写〕，ユネ世遺7（レーロースの旧鉱山街）〔写〕

バチカン市国

サン・ピエトロ大聖堂
Basilica di San Pietro
バチカン市国南東端にある。ローマ・カトリック教会の主聖堂。324年コンスタンティヌス1世が建立、15世紀ニコラウス5世が改修に着手。ブラマンテ、ラファエロ、A.サンガロを経て、ミケランジェロが設計。

世界遺産 (バチカン市国　1984)

¶ 遺建2〔写/図〕, 旺文社世〔写〕, 角川世, 宗教建築〔写/図〕, 新潮美(サン・ピエトロ(・イン・ヴァティカーノ)大聖堂), 世遺地, 世界美1(ヴァティカーノ〔サン・ピエトロ大聖堂〕)〔写〕, 世歴事4(サン・ピエトロ聖堂), 世歴大8〔写〕, 空大聖堂〔写〕, 評論社世(聖ピエトロ寺院), 文化史蹟14(写p113〜117/図p109), 平凡社世(サン・ピエトロ聖堂), 山川世(サン・ピエトロ教会), 歴史建築〔写/図〕

サン・ピエトロ広場
サン・ピエトロ大聖堂の正面にある広場。教皇アレクサンデル7世の命で、ジャン・ロレンツォ・ベルニーニが設計。1656〜1667年にかけて建設。巨大な楕円形につくられた。

世界遺産 (バチカン市国　1984)

¶ 世遺地 p52

システィナ礼拝堂　Capella Sistina
バチカン宮殿内。シクストゥス4世がG.ドルチに設計させ、1483年に完成した礼拝堂。ミケランジェロが祭壇大壁に「最後の審判」を描いた。

世界遺産 (バチカン市国　1984)

¶ 旺文社世〔写(天井画)〕, 新潮美(システィーナ礼拝堂)〔写p88,186,204〕, 世界美1(ヴァティカーノ〔システィーナ礼拝堂〕)〔写〕, 世歴大8, 文化史蹟14(システィーナ礼拝堂)〔写〕, 平凡社世, 山川世

バチカン絵画館　Vatican Picture Gallery
バチカン宮殿西側にある。ピウス6世が創設、以後歴代の教皇により絵画の傑作が数多く収められた。現在の建物は1932年ピウス11世の代、ベルトラミの設計による。

¶ 文化史蹟14(ヴァティカノ絵画館)〔写〕

バチカン宮殿　Palazzi Vaticani
サン・ピエトロ大聖堂とつながっている。ローマ教皇庁およびローマ教皇の宮殿。教皇の居城として5世紀につくられ、以後増補。教皇の恒常的な居所となったのは、グレゴリウス11世(1377年)以来。

世界遺産 (バチカン市国　1984)

¶ 新潮美(ヴァティカーノ宮殿)〔写p454〕, 世界美1(ヴァティカーノ〔ヴァティカーノ宮殿〕),

文化史蹟14(ヴァティカノ宮殿)〔写〕

バチカン市国　Vatican City
バチカン市国全域が世界遺産に登録。カトリック教会の総本山でローマ教皇が住む教皇庁。サン・ピエトロ大聖堂から伸びる回廊と広場は、17世紀ベルニーニが設計。大聖堂の建設にはラファエロやミケランジェロも携わる。

世界遺産 (バチカン市国　1984)

¶ 旺文社世(ヴァチカン), 角川世(ヴァティカン), 世遺事(ヴァチカン・シティー), 成世遺上(バチカン市国)〔写〕, 世遺百〔写〕, 世界美1(ヴァティカーノ), 世歴大2(ヴァチカン)〔写(サン=ピエトロ広場)〕, ビジ世遺(ヴァティカン市国)〔写〕, 評論社世(バチカン), 平凡社世(ヴァティカン), 山川世(ヴァチカン), 山川世(ヴァティカン市国), ユネ世遺10(ヴァティカン市国)〔写〕

バチカン図書館　Vatican Library
バチカン宮殿内。蔵書は6万部。1450年ニコラウス5世が着手、1590年シクストゥス5世の命でフォンタナが完成。

¶ 文化史蹟14(ヴァティカノ図書館)〔写〕

ベルベデーレの中庭
バチカン宮殿の中庭。1503年にブラマンテの設計に基づいて着手。教皇ユリウス2世はバチカン宮殿秘蔵の彫刻などを陳列する場とした。

¶ 世界美5(ベルヴェデーレ)

ローマ歴史地区、教皇領とサンパオロ・フォーリ・レ・ムーラ大聖堂
Historic Centre of Rome, the Properties of the Holy See in that City Enjoying Extraterritorial Rights and San Paolo Fuori le Mura
ローマ市とバチカン市国の世界遺産。ローマにはフォロ・ロマーノやコロッセオなどのローマ帝国の遺跡、サンタンジェロ城やファルネーゼ宮殿などの中世の建築物が残る。サン・パオロ・フォーリ・レ・ムーラ聖堂は4世紀末、教皇領の聖パウロの墓の上に建てられた。

世界遺産 (ローマ歴史地区、教皇領とサン・パオロ・フォーリ・レ・ムーラ大聖堂　1980, 1990)

¶ 世遺事(ローマの歴史地区、教皇領とサンパオロ・フォーリ・レ・ムーラ大聖堂), 成世遺上(ローマ歴史地区)〔写〕, 世遺百(ローマ歴史中心地区/教皇領、サン・パオロ・フォーリ・レ・ムーラ大聖堂)〔写〕, ビジ世遺(ローマの歴史地区)〔写〕, ユネ世遺10(ローマの歴史地区)〔写〕

ハンガリー

ヨーロッパ

アクインクム　Aquincum

ブダペストのペスト地区。ローマ帝国パンノニア州の都市。ドナウ川国境における最も強力な軍事基地で、遺跡は、軍営と、それを半円形に囲んだ租界、これらから2km北の市街地からなる。

¶世界考古、大遺跡6〔写〕

アクインクムの円形競技場

アクインクム。2世紀。カナバエ（商人、職人、女などの集落）に唯一残る遺跡。

¶大遺跡6 p146（円形競技場）〔写〕

イスタルロスケ　Istalloskö

ブダペストの東北東約130km。旧石器時代の遺跡。5層の文化層が発見されている洞穴遺跡。オーリニャック文化とされている石器群を出している2つの文化層が重要。

¶世界考古

ヴェールテスセッレス　Vértesszöllös

ブダペスト北西約50km。旧石器時代初頭の開地遺跡。ホモ・エレクトゥスの頭骨が1個発見されたヨーロッパ最古の遺跡として重視。

¶世界考古

エステルハージ宮殿

フェルテード。1764年、ニコラウス1世が狩猟小屋を改築して宮殿とした。フランスの影響が強いバロック様式。

¶空大宮殿〔写〕

キサポスタグ　Kisapostag

ドナウ川右岸。初期青銅器時代の火葬墓遺跡。多くの装飾品などの青銅製品が出土。

¶世界考古

コシデール　Koszider

ブダペストの南、ドナウ川沿岸。青銅器時代の遺跡。1951・57年に発掘。

¶世界考古

国会議事堂　こっかいぎじどう★

ブダペストのドナウ川沿い。シュテインドル・イムレによるネオ・ゴシック様式。ハンガリー最大の建造物。奥行は268m、高さ96m。1904年完成。

世界遺産（ドナウ河岸、ブダ城地区及びアンドラーシ通りを含むブダペスト　1987, 2002）

¶歴史建築〔写/図〕

トカイワイン産地の歴史的文化的景観

Tokaj Wine Region Historic Cultural Landscape

トカイ・ヘジャリア地方。伝統的なワイン生産を行う集落と葡萄園などからなる文化的景観。

世界遺産（トカイワイン産地の歴史的文化的景観　2002）

¶世遺事（トカイ・ワイン地方の歴史的・文化的景観）、成世遺上（トカイ・ワイン生産地域）〔写〕、世遺百（トカイ・ワイン産地の歴史的・文化的景観）〔写〕、東欧（トカイ）［図（16世紀）〕、ビジ世遺（トカイ・ワイン生産地域の文化的景観）〔写〕

ドナウ河岸、ブダ城地区及びアンドラーシ通りを含むブダペスト

Budapest, including the Banks of the Danube, the Buda Castle Quarter and Andrássy Avenue

ブダペスト。ドナウ川両岸のブダ地区とペスト地区、アンドラーシ通りからなる。ブダ城、聖堂、国会議事堂、ヨーロッパ最初の地下鉄など歴史的建築物が点在。

世界遺産（ドナウ河岸、ブダ城地区及びアンドラーシ通りを含むブダペスト　1987, 2002）

¶世遺事（ドナウ川の河岸、ブダ王宮の丘とアンドラーシ通りを含むブダペスト）、成世遺上（ブダペストのドナウ河岸）〔写〕、世遺百（ドナウ河岸、ブダ城地区、アンドラーシ通りを含むブダペスト）〔写〕、東欧（ブダペスト）〔図〕、ビジ世遺（ブダペストのドナウ河岸、ブダ城地区とアンドラーシ通り）〔写〕、ユネ世遺9（ブダペストのドナウ河岸とブダ城）〔写〕

パンノンハルマのベネディクト会修道院とその自然環境

Millenary Benedictine Abbey of Pannonhalma and its Natural Environment

トランスダヌビア地方のパンノンハルマの丘。996年建造の修道院。13世紀に建設されたクリプトを含むバシリカ式聖堂、回廊、付属図書館、植物園、バロック様式の会食堂、19世紀半ばに建てられた時計塔などからなる。

世界遺産（パンノンハルマのベネディクト会修道院とその自然環境　1996）

¶世遺事（パンノンハルマの至福千年修道院とその自然環境）、成世遺上（パンノンハルマの修道院と自然環境）〔写〕、世遺百〔写〕、ビジ世遺（パンノンハルマのベネディクト会修道院と自然環境）、ユネ世遺13（パンノンハルマのベネディクト会修道院と自然環境）〔写〕

フェルテー湖／ノイジードラー湖の文化的景観

Fertö/Neusiedlersee Cultural Landscape

ハンガリーの北西部のジョール・モション・ショプロン県、オーストリアの東部のブルゲンラント州に広がる。ヨーロッパ最大の塩水湖一帯。葡萄畑が広がる田園風景と18～19世紀の宮殿などがある独特の景観。

世界遺産（フェルテー湖／ノイジードラー湖の文化的景観 2001）

¶世遺事（フェルトゥー・ノイジードラーゼーの文化的景観），成世遺上（フェルテ（ノイジードル）湖）〔写〕，世遺百，東欧（ブルゲンラント），ビジ世遺（フェルテ（ノイジードル）湖の文化的景観）〔写〕

ブダ城

ブダペスト。モンゴル襲来（1241-42）後、国王ベーラ4世（在位1235-70）が王国防衛の一環として建てたのが最初。国王ラヨシュ1世（在位1342-82）が拡充。

世界遺産（ドナウ河岸、ブダ城地区及びアンドラーシ通りを含むブダペスト 1987, 2002）

¶東欧 p459

ペーチュ（ソピアナエ）の初期キリスト教徒の墓地

Early Christian Necropolis of Pécs (Sopianae)

バラニャ県ペーチュ市。初期キリスト教時代の地下墓地（カタコンベ）。内部に聖書に題材をとった壁画がある。

世界遺産（ペーチ（ソピアネ）にある初期キリスト教墓地遺跡 2000）

¶世遺事，成世遺上（ペーチの初期キリスト教墓地）〔写〕，世遺百（ペーチ（ソピアナエ）の初期キリスト教墓地），ビジ世遺（ペーチの初期キリスト教墓地）〔写〕

ボドログケレスズトゥール

Bodrogkeresztur

トランシルヴァニア地方に分布。銅器文化の標準遺跡。50体以上の人骨を発見。土器はドナウ第Ⅱ期の系統。

¶世界考古

ホルトバージ国立公園—プッツァ

Hortobágy National Park—the Puszta

東部、ティサ川とデブレツェン市の一帯。「プッツァ」と呼ばれる平原と湿地帯。17世紀末～19世紀に建てられた「チャールダ」と呼ばれる旅籠屋などの建造物がある。

世界遺産（ホルトバージ国立公園—プッツァ 1999）

¶世遺事（ホルトバージ国立公園—プスタ），成世遺上（ホルトバージ国立公園）〔写〕，世遺百（プスタ（大平原）のホルトバージ国立公園），東欧（ホルトバージ），ビジ世遺（ホルトバージ国立公園）〔写〕

ホローケーの古村落とその周辺地区

Old Village of Hollókő and its Surroundings

ノーグランド地方にある村ホローケー。トルコ系クマン人の末裔、パローッツ人が住む村。民家は木製瓦葺きの屋根と石灰の白壁が特徴。

世界遺産（ホローケーの古村落とその周辺地区 1987）

¶世遺事（ホッローケーの古村と周辺環境），成世遺上（ホローケーの古集落）〔写〕，世遺百（ホローケーの古村落とその周辺）〔写〕，ビジ世遺（ホローケーの古集落）〔写〕，ユネ世遺9（ホローケーの伝統的集落）〔写〕

マーチャーシュ教会

ブダペスト。正式名称は聖母教会。13世紀半ばに国王ベーラ4世がゴシック様式の教会を建てたのが最初とされる。

¶東欧 p459

フィンランド

ヴェルラの製材、板紙工場

Verla Groundwood and Board Mill

ヘルシンキの北東約160km。1882～1964年まで稼働していた製材製紙工場跡。赤レンガの建物など7つの建造物が現存。

世界遺産（ヴェルラ砕木・板紙工場 1996）

¶世遺事（ヴェルラ製材製紙工場），成世遺上〔写〕，世遺百（ヴェルラ砕木・板紙工場），ビジ世遺〔写〕，ユネ世遺13〔写〕

サンマルラハデンマキの青銅器時代の石塚墳

Bronze Age Burial Site of Sammallah-denmäki

ボスニア湾に面した港町ラウマの近くにあるサタクンタ州のラッピ町。青銅器時代の埋葬所。「教会の床」と呼ばれる花崗岩の石墓が残る。

世界遺産（サンマルラハデンマキの青銅器時代の石塚墳 1999）

¶世遺事（サンマルラハンデンマキの青銅器時代の埋葬地），成世遺上（サンマルラハデンマキの埋葬所）〔写〕，世遺百（サンマルラハデンマキの青銅器時代石塚墳史跡），ビジ世遺（サンマル

フランス　　534

ラハデンマキの青銅器時代の埋葬所）〔写〕

シュトルーヴェの測地弧
Struve Geodetic Arc

ノルウェーのハンメルフェストから黒海まで10ヵ国、2820km以上にわたる265地点の三角測量点群。天文学者フリードリッヒ・ゲオルグ・ヴィルヘルム・フォン・シュトゥルーヴェが1816〜55年に設置。初めて子午線の長さを正確に測定した。地球の正確な形状と大きさの証明に大きく貢献したことから世界遺産に登録。

世界遺産（シュトゥルーヴェの三角点アーチ観測地点群　2005）
¶世遺事，成世遺上〔写〕，世遺百

スオメンリンナ要塞
Fortress of Suomenlinna

ヘルシンキ港の沖合い。18世紀後半スウェーデンが、ロシアから防衛するために築いた要塞。ヨーロッパの要塞建築技術を伝える文化研究施設。

世界遺産（スオメンリンナの要塞群　1991）
¶世遺事，成世遺上（スオメンリンナの要塞）〔写〕，世遺百（スオメンリンナの要塞）〔写〕，ビジ世遺（スオメンリンナの要塞）〔写〕，ユネ世遺7〔写〕

テンペリアウキオ教会（岩の教会）

ヘルシンキのタイバラティ広場（寺院の丘）。スオマライネン兄弟の設計によるドーム構造の教会。1969年完成。大岩をくりぬいた中に造られている。

¶遺建4（タイバラティ教会）〔写/図〕

ペタヤヴェシの古い教会
Petäjävesi Old Church

ケスキ＝スオミ県県都ヘルシンキの北約230km。1763〜1765年に建築されたプロテスタントの木造教会。ヨーロッパの聖堂建築と北欧の木造建築の技術をあわせた教会。

世界遺産（ペタヤヴェシの古い教会　1994）
¶世遺事，成世遺上（ペタヤヴェシの聖堂）〔写〕，世遺百（ペタヤヴェシの古教会堂），ビジ世遺（ペタヤヴェシの聖堂）〔写〕，ユネ世遺7（ペタヤヴェシの聖堂）〔写〕

ラウマ旧市街　Old Rauma

ボスニア湾に面した港町。北欧最大の木造建築の街。17世紀の大火災後、18〜19世紀に再建された。木造家屋、時計塔のある旧市役所、石造りの聖十字架聖堂などがある。

世界遺産（ラウマ旧市街　1991）
¶世遺事，成世遺上（古都ラウマ）〔写〕，世遺百〔写〕，ビジ世遺（古都ラウマ）〔写〕，ユネ世遺7（ラウマの旧市街）〔写〕

フランス

アヴィニョン教皇宮殿　Palais des Papes

アヴィニョン。中世に建てられた最も広大な城館の一つ。14世紀にベネディクトゥス12世により旧宮殿が、クレメンス6世により新宮殿がそれぞれ建造され、インノケンティウス6世の時代に完成。

世界遺産（アヴィニョン歴史地区：法王庁宮殿、司教関連建造物群及びアヴィニョン橋　1995）
¶世界美1（アヴィニョン〔教皇宮殿〕）

アヴィニョン歴史地区：法王庁宮殿、司教関連建造物群及びアヴィニョン橋
Historic Centre of Avignon： Papal Palace, Episcopal Ensemble and Avignon Bridge

プロヴァンス地方ヴォークリューズ県マルセイユの北西約85km。14世紀初め、教皇庁がローマから移され、壮大な建造物が次々と建てられた。教皇庁（法王庁宮殿）、隣接するノートル・ダム・デ・ドン大聖堂、アヴィニョン橋（サン・ベネゼ橋）など。

世界遺産（アヴィニョン歴史地区：法王庁宮殿、司教

関連建造物群及びアヴィニョン橋　1995）
¶新潮美（アヴィニョン），世遺事（アヴィニョンの歴史地区：法王庁宮殿、司教建造物群とアヴィニョンの橋），成世遺上（アヴィニョン歴史地区）〔写〕，世遺百（アヴィニョン歴史中心地区：法王庁宮殿、司教関連建造物群、アヴィニョン橋）〔写〕，世界美1（アヴィニョン），ビジ世遺（アヴィニョンの歴史地区）〔写〕，文化史蹟13（アヴィニョン）〔写〕，ユネ世遺13（アヴィニョンの歴史地区）〔写〕

アシュール遺跡　Acheul

アミアン近郊のサン・タシュール。ソンム河岸の段丘より石核石器系の旧石器が出土したアシュール文化の遺跡。

¶図解考古〔写（握斧）〕

アゼ・ル・リド城
Châ Eau D'azay-le-rideau

アンドル・エ・ロアール県。1518年から、フランソワ1世の財務官だったギュ・ベルトロが造った。戦のための備えは全くされていない居館。建築様式は初期ルネッサンス。

535 フランス

世界遺産（シュリー－シュル－ロワールとシャロンヌ間のロワール渓谷　2000）

¶遺建12〔写/図〕，新潮美（アゼ＝ル＝リドーの城館），世界美6（ロワールの城館〔アゼー＝ル＝リドーの城館〕），文化史蹟13〔写〕

アネの城館　Château d'Anet

ロワール川沿い。1547年アンリ2世の寵姫ディアーヌ・ド・ポワティエのためにドロルムによって着工。

¶世界美6（ロワールの城館〔アネの城館〕）

アブヴィール遺跡　Abbeville

ソンム河の河口近く。旧石器時代の遺跡。1847年、ブーシェ・ド・ペルトが世界で初めて人工の石器を発見。

¶図解考古

アポロンの泉（ヴェルサイユ宮殿）

Pool of Apollon, Versailles Palace

パリ。ヴェルサイユの庭園内の泉。水中からテュビー作のアポロンの馬車がおどり出る。庭園の全体的な姿を構想したのは17世紀最大の造園家のアンドレ・ル・ノートル。

世界遺産（ヴェルサイユの宮殿と庭園　1979）

¶文化史蹟15〔写〕

アミアン大聖堂　Amiens Cathedral

ピカルディ地方ソンム県アミアン市。ゴシック盛期の典型的な大聖堂。建築家ロベール・ド・リュザルシュとその息子ルノーの設計により1220年着工、1288年に塔以外の主要部分がほぼ完成。西正面南北の塔は14世紀後半から15世紀初頭に完成。聖堂の内外に数々のゴシック彫刻がある。

世界遺産（アミアン大聖堂　1981）

¶旺文社世〔写〕，オ西洋美（アミアン大聖堂（ノートル＝ダム））〔写p43/図p324〕，新潮美（アミヤン），世遺事，成世遺上〔写〕，世遺百〔写〕，世界美1（アミアン〔ノートル＝ダム大聖堂〕）〔写〕，世歴大1（アミアン聖堂）〔写〕，ビジ世遺〔写〕，評論社世（アミアン本寺），文化史蹟12〔写p132,158～163/図p132〕，平凡社世（アミアン聖堂），山川世，ユネ世遺8（アミアンの大聖堂）〔写〕，歴史建築〔写/図〕

アラゴ洞窟

ピレネー・ゾリアンタル県トータベル村。更新世中期、リス氷期の初め（約30万年前）の化石人類を発掘。アラゴ人と呼ばれる。

¶遺跡100〔写〕

アルシー＝シュル＝キュール

Arcy-sur-Cure

ヨンヌ県。旧石器時代後期の遺跡。

¶新潮美，世界考古

アルデッシュ ショーヴェ・ポンダルク洞窟壁画

Decorated cave of Pont d'Arc, known as Grotte Chauvet-Pont d'Arc, Ardèche

アルデシュ県。約3万年以上前の旧石器時代後期のオーリニャック文化の装飾洞窟。世界最古級の壁画が1千点以上ある。マンモスやクマ、バイソンなど絶滅した動物を含めて14種、425体の動物画や擬人化された様々なモチーフを描く。

世界遺産（アルデッシュ ショーヴェ・ポンダルク洞窟壁画　2014）

¶世遺事（アルデシュ県のショーヴェ・ポンダルク洞窟として知られるポンダルク装飾洞窟）

アルビ大聖堂（サント＝セシール）

Cathédrale Sainte-cécile, Albi

アルビ。1282年に竣工、1480年に完成したゴシック様式の聖堂。

世界遺産（アルビ司教都市　2010）

¶オ西洋美

アルビの司教都市　Episcopal city of Albi

ミディ・ピレネー地方。ローマ時代に起源を持つ都市だが、10～11世紀に発展開始。13世紀に、異端のカタリ派に対抗したアルビ十字軍によって強大な司教都市となった。南仏ゴシック様式の大聖堂は、赤やオレンジ色のレンガを使い13世紀後半から建造。司教のための広大なベルビー宮殿、中世から続く住宅地、1050年頃建造のビュー橋などがある。

世界遺産（アルビ司教都市　2010）

¶新潮美（アルビ），世遺事，成世遺上（アルビ司教都市）〔写〕，世遺百（司教都市アルビ）〔写〕，文化史蹟13（アルビ）〔写〕

アルプス山脈周辺の先史時代の杭上住居群

Prehistoric Pile dwellings around the Alps

アルプス山脈周辺の6カ国に点在。前5千年～前500年頃にかけてつくられた111の小規模な遺跡群。湖や川、湿地沿いに杭上住居跡あるいは高床式住居跡が残る。新石器・青銅器時代の先史生活や、自然環境との共存の様子を示す。

世界遺産（アルプス山系の先史時代杭上住居跡群　2011）

¶世遺事，成世遺上〔写〕，世遺百（アルプス山系の先史時代杭上住居跡群）

アルル、ローマ遺跡とロマネスク様式建造物群

Arles, Roman and Romanesque Monuments

フランス南部、プロヴァンス地方。前2世紀末頃ローマ帝国に支配され、前1世紀にはユリウス・カエサルによって植民都市が建設され商工業が発展。ローマ帝国領内最大の円形闘技場、古代劇場、4世紀建造のコンスタンティヌス帝の公衆浴場など当時の遺跡や4世紀の頃の大建造物が残

ヨーロッパ

る。最盛期は中世初期で、7世紀建立のサン・トロフィーム教会は、12世紀にロマネスク様式に改築された。

[世界遺産]（アルル、ローマ遺跡とロマネスク様式建造物群　1981）

¶新潮美（アルル），世遺事（アルル、ローマおよびロマネスク様式のモニュメント），成世遺上（アルルのローマとロマネスクの建造物）〔写〕，世遺百（アルルのローマ遺跡およびロマネスク様式建造物）〔写〕，世界美1（アルル），ビジ世遺（アルルのローマとロマネスクの建造物）〔写〕，ユネ世遺8（アルルのローマ遺跡とロマネスク建築）〔写〕

アレラーテ　Arelate
現在のアルル。ガリア・ナルボネンシス州の町。繁栄は「ガリアの小ローマ」といわれた。城壁、フォルム、円形劇場、神殿などがある。

[世界遺産]（アルル、ローマ遺跡とロマネスク様式建造物群　1981）

¶世界考古

アングル＝シュル＝ラングラン
Angles-sur-l'Anglin
ヴィエンヌ県。旧石器時代後期の遺跡。

¶新潮美

アンジェー　野の塔と門
Tour et Porte des Champs
アンジェーのロアール河の右岸を少し入ったメーヌ河沿い。1230～41年。聖王ルイが固めた城壁の東南隅に2つの塔の間に「野の門」が開き、格子戸が下りている。

¶文化史蹟13（野の塔と門　アンジェー）〔写〕

アンジェー　町の門
La Porte de Ville, Angers
メーヌ・エ・ロアール県アンジェー。13世紀中頃、聖王ルイが築いた城壁の東北側にある中央2塔の間にひらく門。アンジェーの町に通じている。

¶文化史蹟13（町の門　アンジェー）〔写〕

アンジュー伯宮殿
Ancien Palais des Comtes D'anjou
アンジェー。12世紀中頃。以前のアンジュー家の居城を改築。現在西北壁面の一部に、メーヌ河沿いの一面のみを残している。

¶文化史蹟13〔写〕

アントルモン　Entremont
エクサン・プロヴァンス県。ケルト人の高城。前3世紀につくられ、前123年にローマ帝国によって滅ぼされた。

¶新潮美，世界考古

アンボワーズの城館　Château d'Amboise
ロワール川沿い。1492～98年ロワール河畔の小高い丘の上にシャルル8世が築造。

[世界遺産]（シュリー＝シュル＝ロワールとシャロンヌ間のロワール渓谷　2000）

¶世界美6（ロワールの城館〔アンボワーズの城館〕），文化史蹟13（アンボアーズ）〔写〕

イストゥリッツ　Isturitz
バヨンヌの南東約30km。旧石器時代の洞穴遺跡。ムスティエ文化が最下層で、最上層が後期マドレーヌ文化層。

¶新潮美（イスチュリッツ），世界考古

ヴァル＝ド＝グラース聖堂　Val-de-Grâce
パリ。ルイ14世の出生を記念して建てられた聖堂。

¶新潮美

ヴァロネ　Vallonnet
地中海岸。洞穴遺跡。洞穴内から、5個の礫器と4個の剥片を発見。

¶世界考古

ヴァンセンヌ城　王の館
Pairllon du Roi, Vincennes
パリの東。1654～61年。天守閣の南側に、ルイ14世と王妃マリー・テレーズのために建てられた。建築家ル・ヴォーの仕事。

¶文化史蹟13（王の館　ヴァンセンヌ）〔写〕

ヴァンセンヌ　天守閣　Donjon, Vincennes
セーヌ県。パリのおさえとしてヴァロア諸王が天守閣から城を築き始めた。高さ52m。革命時（1791）に破壊されたが1910年から修復された。

¶文化史蹟13（天守閣　ヴァンセンヌ）〔写〕

ヴィエンヌ　Vienne
イゼール県の都市。ローマ帝国の重要な遺跡が残る。神殿、劇場、オデイオン（音楽堂）の遺跡や浴場の遺構もある。

¶世界美1

ヴィクス　Vix
ディジョンの北西80kmのセーヌ川を望むラソワ丘頂。鉄器時代の砦。ハルシュタットD期とラ・テーヌIII期に砦として使用されている。

¶古遺地（ヴィックス）〔図〕，世界考古〔図〕

ヴェズレーの聖堂と丘
Vézelay, Church and Hill
ブルゴーニュ地方イヨンヌ県首都パリの南東約195km。丘の頂に建つサント・マドレーヌ聖堂は860年創建。11世紀、マグダラのマリアの遺骨が奉られているという伝承が広まり大改築が行われた。中世にはサンティアゴ・デ・コンポステーラの巡礼路の始点の一つとして栄えた。

537　　　　　　　　　　　　　　　　　　　　フランス

世界遺産 (ヴェズレーの教会と丘　1979)

　¶オ西洋美 (ヴェズレーのラ・マドレーヌ修道院
聖堂)，角川世 (ヴェズレー教会堂)，新潮美
(ヴェズレー〔ラ・マドレーヌ聖堂〕)，世遺事
(ヴェズレー教会と丘)，成世遺上〔写〕，世遺
百 (ヴェズレーの教会堂と丘)〔写〕，ビジ世遺
〔写〕，文化史蹟12 (ヴェズレー修道院)〔写〕，
山川世 (ヴェズレーの教会)，ユネ世遺8〔写〕

ヴェゼール渓谷の先史時代史跡群と洞窟壁画群

Prehistoric Sites and Decorated Caves of the
Vézère Valley

アキテーヌ地方ドルドーニュ県ボルドーの東約
130km。先史時代の遺跡が多く残り，壁画が描か
れた洞窟が26，集落の跡も147ある。1万7千年前
に描かれたラスコーの洞窟壁画は特に有名。付
近のレゼジー村で，1868年クロマニヨン人の骨
を発見。

世界遺産 (ヴェゼール渓谷の先史時代史跡群と洞窟壁
画群　1979)

　¶世遺事 (ヴェゼール渓谷の先史時代の遺跡群と
装飾洞窟群)，成世遺上 (ヴェゼール渓谷の洞
窟)〔写〕，世遺百 (ヴェゼール渓谷の先史時代
遺跡と壁画洞窟群)〔写〕，ビジ世遺 (ヴェゼー
ル渓谷の装飾洞窟)〔写〕，ユネ世遺8 (ヴェ
ゼール渓谷の装飾洞窟)〔写〕

ヴェゾン・ラ・ロメヌ　Vaison-la-Romaine

オランジュの北東約28km。古代ローマ名はウァ
シオ・ウォコンティオルム。列柱廊，浴場，1世
紀の劇場，豪奢な個人住宅などが出土。

　¶世界考古

ヴェルサイユ宮殿　Palais de Versailles

イヴリーヌ県ヴェルサイユにある。ルイ王朝の
大宮殿。ルイ13世の狩猟用の離宮をルイ14世が
拡張し宮殿として建設した。その後も増改築が
重ねられ，17・18世紀フランスのバロック建築・美
術の集大成とされ，後の多くの宮殿の範となった。

世界遺産 (ヴェルサイユの宮殿と庭園　1979)

　¶遺建1 (ベルサイユ宮殿)〔写/図〕，旺文社世
(ヴェルサイユ宮殿)，オ西洋美 (ヴェルサイユ
宮)〔写〕，角川世 (ヴェルサイユ宮殿)，新潮
美 (ヴェルサイユ宮)，世界美1 (ヴェルサイユ)
〔写〕，世歴事1 (ヴェルサイユ)〔図〕，世歴大
2 (ヴェルサイユ宮殿)〔写〕，空大宮殿 (ヴェル
サイユ宮殿)〔写〕，評論社世 (ベルサイユ宮
殿)，文化史蹟15 (ヴェルサイユ宮)〔写p53〜
75/図p11〕，平凡社世 (ヴェルサイユ宮殿　ヴェ
ルサイユきゅうでん)，山川世 (ヴェルサイユ宮
殿)，歴史建築 (ヴェルサイユ宮殿)〔写/図〕

ヴェルサイユ宮殿と庭園

Palace and Park of Versailles

イヴリーヌ県ヴェルサイユにある。フランス宮
廷文化の全盛時代を象徴するヴェルサイユの宮

殿と庭園が合わせて世界遺産に登録されている。
内部の豪華な彫刻や室内装飾は壮大な建造物を
引き立て，バロック様式の建築とル・ノートル
の設計になる庭園が見事に調和している。

世界遺産 (ヴェルサイユの宮殿と庭園　1979)

　¶世遺事，成世遺上 (ヴェルサイユの宮殿と庭
園)〔写〕，世遺百 (ヴェルサイユの宮殿と庭
園)〔写〕，ビジ世遺 (ヴェルサイユの宮殿と庭
園)〔写〕，ユネ世遺8〔写〕

ヴェルサイユ宮殿のオペラ

Opera, Versailles

ヴェルサイユ。1770年。ヴェルサイユ宮殿の北
翼の北端にあるオペラ劇場。1770年，皇太子 (ル
イ16世) とマリー・アントワネットの結婚を祝っ
て建築された。

世界遺産 (ヴェルサイユの宮殿と庭園　1979)

　¶文化史蹟15 (オペラ　ヴェルサイユ宮)〔写〕

ヴェルサイユ宮殿の礼拝堂

Royal Chapel, Versailles

ヴェルサイユ。1689年マンサールによって建築
開始，10年間の中断を経てロベール・ド・コッ
トにより1710年に完成。ラテン十字形のプラン
にもとづく3廊式の礼拝堂。

世界遺産 (ヴェルサイユの宮殿と庭園　1979)

　¶文化史蹟15 (礼拝堂　ヴェルサイユ宮)〔写〕

ヴォーバンの要塞群

Fortifications of Vauban

西部，北部，東部の国境沿いの12の要塞建造物
群と遺跡群からなる。ルイ14世に仕えた軍事技
師セバスチャン・ル・プレストル・ドゥ・ヴォー
バンが手がけた。稜堡式要塞をはじめ，町や平
野の城，山間部の砲台や通信施設を含む。

世界遺産 (ヴォーバンの要塞群　2008)

　¶世遺事，成世遺上〔写〕，世遺百 (ヴォーバン
の要塞)〔写〕

ヴォー＝ル＝ヴィコントの邸館

Château de Vaux-le-Vicomte

セーヌ＝エ＝マルヌ県の県都ムランの東北約
6km。17世紀の邸館 (シャトー)。

　¶新潮美

エッフェル塔　Tour Eiffel

パリ。パリで開催された万国博覧会のために，
1887年1月に着工，1889年3月に完成した鉄骨の
記念塔。

世界遺産 (パリのセーヌ河岸　1991)

　¶遺建10〔写/図〕，新潮美，世界美4 (パリ
〔エッフェル塔〕)〔写〕

エトワールの凱旋門

Arc de triomphe de l'Etoile

パリのエトワール広場 (シャルル・ド・ゴール

ヨーロッパ

フランス 538

広場）。世界最大の凱旋門。ナポレオンの戦役を記念した建築家シャルグランが設計。彫刻はリュード、エテックス、コクトーらによる。

¶新潮美, 歴史建築（凱旋門）〔写/図〕

エリーゼ宮　Palais de Élysée
パリ。1722年、建築家モレがエヴルー伯のために建てた館。後に共和国大統領官邸となる。

¶評論社世

王妃門　Porte dela Reine
エーグ・モルトにある。13世紀中頃。町の城壁には、計10の出入り口が開いている。そのうち、2基の塔を連ねる大型の門のうちの一つで、築造年代は諸門中最も古い。

¶文化史蹟13〔写〕

オー・クニスブール城
アルザス地方。1147年ホーエンシュタウフェン公によって建てられた。1479年、1519年に再建。

¶空城と要塞〔写〕

オテル・ジャック・クェール
Hôtel Jacques-Cœur
ブールジュ。後期ゴシックの邸館建築の代表例の一つ。

¶新潮美

オテル・デ・ザンヴァリッド
Hôtel des Invalides
パリのセーヌ左岸。ルイ14世が1670〜75に建築家ブリュアンに建てさせた廃兵院。戦傷者・老兵収容施設として最も古い。

¶新潮美

オテル・ド・スービーズ　Hôtel de Soubise
パリ。1705〜09に建築家ドラメールが設計した邸宅。56組の双柱で縁取られた前庭がある。

¶新潮美

オテル・ド・トゥルーズ
Hôtel de Toulouse
パリ。オテル・ド・ラ・ヴリエールをコットが1713〜19にルイ14世末子、トゥルーズ伯のために改造した邸宅。

¶新潮美

オテル・ド・ボーヴェ　Hôtel de Beauvais
パリ。アントワーヌ・ル・ポートルがルイ13世の王妃の首席女官ボーヴェ夫人のために1655年設計。

¶新潮美

オテル・ランベール　Hôtel Lambert
パリ、サン・ルイ島。バロック期の邸宅建築。

世界遺産（パリのセーヌ河岸　1991）

¶新潮美

オランジュの劇場　Theatre, Orange
オランジュ。1世紀前半。傾斜地を利用して造られた典型的なローマ劇場。壮大な装飾壁や半円形で階段状の観客席が設けられている。

世界遺産（オランジュのローマ劇場とその周辺及び"凱旋門"　1991）

¶文化史蹟4 p178（劇場）〔写〕

オランジュのローマ劇場とその周辺及び"凱旋門"
Roman Theatre and its Surroundings and the "Triumphal Arch" of Orange
プロヴァンス地方ヴォークリューズ県マルセイユの北西約105km。オランジュは、前1世紀、ローマのカエサルが建設した植民都市。ローマ劇場は、ほとんど完全な形で残り、アウグストゥス帝の大理石像がある。町の北の入口に、高さ22mの凱旋門が建つ。

世界遺産（オランジュのローマ劇場とその周辺及び"凱旋門"　1981）

¶世遺事（オランジュのローマ劇場とその周辺ならびに凱旋門）, 成世遺上（オランジュのローマ劇場と凱旋門）〔写〕, 世遺百（オランジュのローマ劇場とその周辺、"凱旋門"）〔写〕, ビジ世遺（オランジュのローマ劇場と凱旋門）〔写〕, ユネ世遺8（オランジュのローマ劇場と凱旋門）〔写〕

ガイヤール城　Château-Gaillard
北西部、ノルマンディ地方ルワンの南約40kmのレ・ザンドリー。イギリスのリチャード獅子心王が1196〜98年に建設した城塞。

¶角川世（シャトー・ガイヤール）, 新潮美, 文化史蹟13（シャトー・ガイヤール）〔写〕

カイラ・ド・マイラック　Cayla de Milhac
ナルボンヌ近郊の丘陵上。青銅器時代後期〜鉄器時代初期の集落址・墓址。最終的な居住者は、ラ・テーヌ文化中期に属す。

¶世界考古

カヴリニス　Gavrinis
西北部、ブルターニュ地方のモルビアン県南岸。巨石時代の墳墓があることで知られる無人島。

¶古遺地（ガヴリニス）〔図〕, 新潮美

カプ＝ブラン　Cap-Blanc
ドルドーニュ県。旧石器時代後期の遺跡。

¶新潮美

ガブリニの羨道墓
カルナックの東。ガブリニの古墳の細長い羨道は、夏至の太陽と一直線になる。渦巻きや斧やその他の刻印が彫られた石の平板が置かれている。

¶世遺地 p57

ガルガス　Gargas

西南部のオート＝ピレネ県。旧石器時代後期の遺跡。

¶新潮美

カルカッソンヌ　Carcassonne

オード県。前3世紀、ケルト人が建設した砦のある町。13世紀半ばにはルイ9世によってローマ時代の城壁の外側に城壁の建設が開始され、1285年完成。「シテ」と呼ばれる城壁内には、ロマネスク様式とゴシック様式が混在するサン・ナゼール聖堂やシャトー・コンタルなどが残る。

世界遺産(歴史的城塞都市カルカッソンヌ　1997)

¶角川世、新潮美、世遺事(カルカソンヌの歴史城塞都市)、成世遺上(城壁都市カルカソンヌ)〔写〕、世遺百(歴史的城塞都市カルカッソンヌ)〔写〕、空城と要塞(カルカソンヌ)〔写〕、ビジ世遺(歴史的城塞都市カルカソンヌ)〔写〕、文化史蹟13〔写p98～103,193/図p193〕

カルーゼル凱旋門

Arc de triomphe du Carrousel

パリ、カルーゼル広場。ナポレオン・ボナパルトのアウステルリッツの戦勝を記念して、ペルシエとフォンテーヌの設計により、1806～13年に建てられた凱旋門。

世界遺産(パリのセーヌ河岸　1991)

¶オ西洋美(凱旋門 がいせんもん)〔写〕、新潮美(カルーゼルの凱旋門)、世界美4(パリ〔カルーゼル凱旋門〕)〔写〕

カルナック列石　Carnac

ブルターニュ南部カルナック。前3800～2000年の列石群、羨道墳、巨石墓。

¶古遺地(カルナックとロックマリアッケ地区)〔図〕、新潮美(カルナック)〔写p1055〕、図解考古(カルナック遺跡)〔図〕、世遺地(カルナック)、世界考古(カルナック)〔写/図〕、世界美2(カルナック)〔写〕、大遺跡1(カルナック)〔写〕、平凡社世

キーナ　Quina

シャラント。旧石器時代の岩陰遺跡。ムスティエ文化の文化層はキーナ・グループの標準遺跡となっている。子供を含むネアンデルタール人骨が数多く出土。

¶世界考古

キュズール・ド・グラマ　Cuzoul-de-Gramat

ブリーヴの南約50km。中石器時代の洞穴遺跡。中石器文化の編年の基準となっている。

¶世界考古

クニャック　Cougnac

ロート県。長さ95mの主洞と23mの側洞からなる洞窟。種々の動物が赤褐色または黒の単色で描かれている。オーリニャック期に属する。

¶新潮美、大遺跡1〔写/図〕

グラヌム　Glanum

現在のサン・レミ。古代ローマのガリア・ナルボネンシスにあった都市。前2世紀のヘレニズム時代、前1世紀前半のローマ化の時代、以後270年までのローマ時代の3期にわたる遺構が残る。

¶新潮美、世界考古

グラン・トリアノン　Grand Trianon

ヴェルサイユ宮殿からやや離れ幾何学式庭園の端。1688年。ル・ノートルの設計。繁忙な政務を離れて休息するための場としてルイ14世が建てさせたもの。

世界遺産(ヴェルサイユの宮殿と庭園　1979)

¶文化史蹟15〔写〕

クリュニー修道院

マコン近郊。第1次は10世紀前半、第2は955年頃～981年、第3は1088～1130年頃。18世紀に破壊され、現在、かつての威容を伝えるものは、第3聖堂南袖廊の一部と内陣の柱頭彫刻のみ。

¶オ西洋美(クリュニー修道院聖堂)〔図〕、宗教建築(図)、新潮美(クリュニー〔修道院聖堂〕)〔図p678〕、世界美2(クリュニー〔修道院〕)、評論社世、平凡社世

コースとセヴェンヌの地中海性農牧地の文化的景観

The Causses and the Cévennes, Mediterranean Agro-pastoral Cultural Landscape

中南部、ラングドック・ルション地方のガール県、エロー県、ロゼール県とミディ・ピレネー地方のアヴェロン県に展開。フランス中央高原の3千平方kmに渡る地域。深い渓谷の山岳地帯であり、農業と牧畜システムが機能する。非集約型牧畜のロックフォールチーズで知られる。

世界遺産(コースとセヴェンヌの地中海性農牧地の文化的景観　2011)

¶世遺事(コース地方とセヴェンヌ地方の地中海農業や牧畜の文化的景観)、成世遺上(コースとセヴェンヌ地方の地中海農牧の文化的景観)〔写〕、世遺百(コース、セヴェンヌ：地中海性農耕・牧畜地の文化的景観)〔写〕

コルマールのドミニコ会聖堂

コルマール。托鉢修道会の一つであるドミニコ会(説教者兄弟会)の特質を示す遺構。1283～91年に内陣を建設、14世紀後半に外陣がつくられた。

¶宗教建築〔写/図〕

コンスタンス塔　Tour de Constance

エーグ・モルト。13世紀。ルイ9世によって建設された塔。1個の完璧な城砦で、入江の水を引いた濠で町とへだてる。

¶文化史蹟13〔写〕

コンブ・グルナール　Combe-Grenal
ドルドーニュ地方レゼジーの南東約20kmのドンム近郊。旧石器時代の洞穴遺跡。64層にわたる文化層が発見された。

¶世界考古

サラン・レ・バン大製塩所からアルケ・スナン王立製塩所までの煎熬塩生産施設
From the Great Saltworks of Salins-les-Bains to the Royal Saltworks of Arc-et-Senans, the Production of Open-pan Salt

フランシュ・コンテ地方のジュラ山脈の麓に展開。アルケ=スナン王立製塩所は、建築家クロード・ニコラ・ルドゥによって1775年に建設開始。1895年に操業停止。遅くとも中世には採塩が始まっていたサラン・レ・バン大製塩所も世界遺産に追加登録された。

世界遺産(天日製塩施設、サラン－レ－バン大製塩所からアルケースナン王立製塩所まで　1982, 2009)

¶世遺事(サラン・レ・バンの大製塩所からアルケスナンの王立製塩所までの開放式平釜製塩)、成世遺上(アルケ・スナン王立製塩所などの天日製塩所)〔写〕、世遺百、ビジ世遺(アル・ケ・スナンの王立製塩所)〔写〕、ユネ世遺8(アルク=エ=スナン王立製塩所)〔写〕

サルス城
ナルボンヌとペルピニャンの中間点。1497年フェルナンド2世の命で建造。中世の城塞から近代の要塞構造への移行課程がみられる。

¶空城と要塞〔写〕

サルペトリエール　Salpétrière
ガール橋の近く。後期旧石器文化が層位的に把握されている洞穴遺跡。

¶世界考古

サン=ヴュルフラン聖堂
ソンム県アベヴィル。フランボワイヤン式の西正面が有名。

¶新潮美(アベヴィル〔サン=ヴュルフラン聖堂〕)

サン=コランタン大聖堂
西北部、ブルターニュ地方フィニステール県カンペール。1240年頃起工、15世紀後半に完成。2つの塔はブルターニュ地方の典型的な様式。

¶新潮美(カンペール〔サン=コランタン大聖堂〕)

サン・サヴァン・シュール・ガルタンプの修道院教会
Church of Saint-savin-sur-gartempe

ポワティエ東方、ガルタンプ川に臨む。1060～1115年頃の建造。ロマネスク時代に再建された当時の壁画によって有名。これらはフレスコ画とテンペラ画の中間的な技法で複数の画家に描

かれた。建築的にも西南フランスのポワトゥー派の代表的なものの一つ。

世界遺産(サン－サヴァン・シュール・ガルタンプの修道院教会　1983)

¶オ西洋美(サン=サヴァン=シュル=ガルタンプ修道院聖堂)〔写(天井画)〕、新潮美(サン=サヴァン=シュル=ガルタンプ〔聖堂〕)、世遺事(サン・サヴァン・シュル・ガルタンプ修道院付属教会)、成世遺上(サン・サヴァン修道院聖堂)〔写〕、世遺百(サン・サヴァン・シュル・ガルタンプの修道院教会堂)、ビジ世遺(サン・サヴァン・シュール・ガルタンプの聖堂)〔写〕、文化史蹟12(サン・サヴァン・シュール・ガルタンプ教会)〔写〕、ユネ世遺8(サン=サヴァン・シュル・ガルタンプの聖堂)〔写〕

サン=ジェルヴェ=エ=サン=プロテ大聖堂
エーヌ県ソワッソン。1177年起工、内陣・身廊・側廊は13世紀。ゴシック建築の代表例の一つ。

¶新潮美(ソワッソン〔サン=ジェルヴェ=エ=サン=プロテ大聖堂〕)

サン=ジェルマン=デ=プレ聖堂
Saint-Germain-des-Prés

パリのセーヌ川左岸、サン=ジェルマン通り。6世紀にシルデベール1世の創建になる修道院の聖堂が、10世紀末に再建されたもの。

¶角川世(サン・ジェルマン・デ・プレ修道院)、新潮美、世歴大8(サン=ジェルマン=デ=プレ修道院)、山川世(サン・ジェルマン・デ・プレ修道院)

サン=ジュリアン大聖堂
サルト県ル・マン。5世紀に創始。1217～54年のアプシスはゴシックの内陣の典型。南入口はロマネスク様式。12世紀のステンドグラスが残る。

¶新潮美(ル・マン〔サン=ジュリアン大聖堂〕)

サン=ジル=デュ=ガール修道院聖堂
Ancienne Abbatiale, Saint-gilles-du-gard

ガール県サン=ジル。12世紀にクリュニーと連携したベネディクト会の修道院。3つの扉口にある彫刻は、現存するロマネスク彫刻のなかで最も美しい彫刻群の一つ。

¶オ西洋美, 新潮美(サン=ジル=デュ=ガール〔サン=ジル聖堂〕)

サン=セルナン聖堂
オート=ガロンヌ県トゥールーズ。現在の建物は、5世紀の旧聖堂の廃墟の上に11世紀に着工、14世紀に完成した。聖地サンティアーゴ・デ・コンポステーラへの巡礼路に沿って建てられている。フランス・ロマネスク建築様式。

¶新潮美(サン=セルナン聖堂(トゥールーズの))、世界美4(トゥールーズ〔サン=セルナン聖堂〕)〔写〕

サン=ソヴール大聖堂

プロヴァンス地方ブーシュ=デュ=ローヌ県。起工12世紀。内部に5世紀の洗礼堂が残る。

¶ 新潮美（エクス=アン=プロヴァンス〔サン=ソヴール大聖堂〕）

サン=テティエンヌ聖堂〔カン〕

Église Saint‑étienne, Caen

カルヴァドス県。ベネディクト会の男子修道院付属の聖堂として、11世紀に建立。ノルマンディ公ギヨームの創建。

¶ オ西洋美（カーンのサンテティエンヌ修道院），世界美2（カン〔サン=テティエンヌ聖堂〕）〔写〕

サン=テティエンヌ大聖堂〔カオール〕

南西部、ロト県カオール。1119年献堂。連続円蓋2つで単一身廊を覆うロマネスク様式。

¶ 新潮美（カオール〔サン=テティエンヌ大聖堂〕）

サン=テティエンヌ大聖堂〔サンス〕

ヨンヌ県サンス。最初期のゴシック聖堂。1168年に大部分が完成。

¶ 新潮美（サンス〔ン=テティエンヌ大聖堂〕）

サン・テミリオン地域

Jurisdiction of Saint-Emilion

ボルドー市の東北東約35kmにある村サン・テミリオン。中世の景観の残るワインの生産地。古代ローマ時代にワインの製造が始まり、12世紀半ばイングランド王領となって以降本格化。9世紀から12世紀にかけて地下の石灰岩を切り出して造ったモノリス（一枚岩）教会、サン・テミリオン修道院、円形劇場の遺跡などがある。

世界遺産（サン・テミリオン地域　1999）

¶ 世遺事（サン・テミリオン管轄区），成世遺上〔写〕，世遺百〔写〕，ビジ世遺〔写〕

サン=テューラリー旧大聖堂

ルシヨン地方、東ピレネー県。11世紀の創建。正面の南塔はロマネスク様式。

¶ 新潮美（エルヌ〔サン=テューラリー旧大聖堂〕）

サント=クロワ聖堂〔サン=プルサン=シュル=シウール〕

Saint-Pourçain-sur-Sioule

アリエ県サン=プルサン=シュル=シウール。もとベネディクト会修道院聖堂。身廊・アプシスは12～13世紀。

¶ 新潮美（サン=プルサン=シュル=シウール〔サント=クロワ聖堂〕）

サント=クロワ聖堂〔ラ・シャリテ=シュル=ロワール〕

ニエーヴル県ラ・シャリテ=シュル=ロワール。11世紀に起工、1107年に献堂。宗教戦争で荒廃

したが、ブルゴーニュ・ロマネスク建築の最も美しい例であった。

¶ 新潮美（ラ・シャリテ=シュル=ロワール〔サント=クロワ聖堂〕）

サント=シャペル　Sainte-Chapelle

パリ。ゴシック式の王宮礼拝堂。キリストの「荊冠」「聖十字架断片」などの聖遺物を祀った。聖王ルイ9世の命で、シテ島の当時の王宮の中庭に、1246～48年に建造。

世界遺産（パリのセーヌ河岸　1991）

¶ オ西洋美〔写〕，新潮美（サント=シャペル（パリの）），世界美4（パリ〔サント=シャペル〕）〔写〕

サン=ドニ修道院聖堂

Église Abbatiale, Saint-denis

パリ。聖ドニが斬首された首を手にしてここまで歩いてきた伝説の地に625年に修道院が建てられたことに始まる。後、何度も改築。ゴシック様式による最初の大建築となった。

¶ オ西洋美，角川世（サン・ドニ修道院），世界美4（パリ〔サン=ドニ修道院聖堂〕），評論社世（聖ドニ修道院）

サント=フォワ聖堂

コンク。ベネディクト会修道院の建物のうち、唯一今日まで残されている。11～12世紀のロマネスク建築の傑作の一つ。

世界遺産（フランスのサンティアゴ・デ・コンポステーラの巡礼路　1998）

¶ 世界美2（コンク〔サント=フォワ聖堂〕）

サント=マリー大聖堂〔オーシュ〕

西南部、ガスコーニュ地方ジェール県オーシュ。フランボワイヤン様式で、1489～1597年の造営。古典様式のファサードは16世紀。

¶ 新潮美（オーシュ〔サント=マリー大聖堂〕）

サン=トロフィーム聖堂〔アルル〕

アルル。プロヴァンス地方最古で、最も重要なロマネスク聖堂。11世紀末から12世紀前半に建てられた。

世界遺産（アルル、ローマ遺跡とロマネスク様式建造物群　1981）

¶ 新潮美（サン=トロフィーム聖堂（アルルの）），世界美1（アルル〔サン=トロフィーム聖堂〕）

サン=ピエール=エ=サン=ポール大聖堂

オーブ県トロワ。フランボワイヤン・ゴシック建築の傑作。13～17世紀にかけてつくられたステンドグラスが残る。

¶ 新潮美（トロワ〔サン=ピエール=エ=サン=ポール大聖堂〕）

サン=ピエール修道院聖堂〔ソリニャック〕

オート=ヴィエンヌ県ソリニャック村。単廊式

フランス　　542

でペリゴール派の建築様式の流れを汲む。

　　¶新潮美（ソリニャック〔サン＝ピエール修道院
　　聖堂〕）

サン＝ピエール聖堂〔ショーヴィニー〕

ポワトゥー地方ヴィエンヌ県。旧クリューニー会修道院に属す。起源は古いが、現在のものは1180年の奉献（身廊西部の4柱間のみが現存）。ナルテクスの西側に設けられ12世紀末に南側に移された扉口の浮き彫りはロマネスク彫刻の代表作の一つとして有名。

　　¶新潮美（ショーヴィニー〔サン＝ピエール聖
　　堂〕）

サン＝ピエール聖堂〔モザ〕

ピュイ＝ド＝ドーム県モザ。680年、聖カルミニウスの創建。ベネディクト会修道院に属していた。柱頭彫刻はオーヴェルニュ・ロマネスクの優れた作品。

　　¶新潮美（モザ〔サン＝ピエール聖堂〕）

サン＝ピエール聖堂〔モワサック〕
Église Saint-pierre, Moissac

タルン＝エ＝ガロンヌ県モワサック。7世紀に創建された修道院の聖堂。その前身の建物の跡地に再建され、1063年に献堂。13世紀後半から14世紀にゴシック様式により再建。

　　世界遺産（フランスのサンティアゴ・デ・コンポステーラの巡礼路　1998）
　　¶オ西洋美（モワサックのサン＝ピエール聖堂）
　　〔写p324,1143〕、新潮美（モワサック〔サン＝
　　ピエール聖堂〕）、世界美6（モワサック〔サン＝
　　ピエール聖堂〕）、文化史蹟12（モワサック旧修
　　道院聖堂）〔写〕）

サン＝ピエール大聖堂〔アングレーム〕

シャラント県アングレーム。1128年献堂。ラテン十字形プランで円蓋をもつ特異なロマネスク建築。19世紀にアバディが修復。

　　¶新潮美（アングレーム〔サン＝ピエール大聖
　　堂〕）

サン＝フィリベール聖堂
Église Saint-philibert, Tournus

ソーヌ＝エ＝ロワール県トゥールニュ。フランス初期ロマネスク建築の最も壮麗としたモニュメントの一つ。3つの放射状祭室をもつ周歩廊は、その形の最古の残存例の一つ。

　　¶オ西洋美（サン＝フィリベール聖堂（トゥール
　　ニュ））、新潮美（トゥルニュ〔サン＝フィリ
　　ベール聖堂〕））

サン＝フィリベール＝ド＝グランリウ聖堂
Saint-Philibert-de-Grandlieu

ロワール＝アンフェリユール県、グランリウ湖南岸近く。旧デアス修道院に属した聖堂。カロリング時代の遺構をとどめる初期ロマネスク建築。

　　¶新潮美

サン＝フォルテュナ聖堂〔シャルリウ〕

ブルゴーニュ地方の南部、ロワール県シャルリウ。1094年献堂。ナルテクス、身廊の柱間を残し、扉口彫刻が保存されている。

　　¶新潮美（シャルリウ〔サン＝フォルテュナ聖
　　堂〕）

サン＝ブノワ＝シュル＝ロワール修道院聖堂
Saint-Benoît-sur-Loire

ロワレ県。ベネディクト会の重要な修道院。11～13世紀の建造。フランス・ロマネスク期の代表的建築。旧名フルーリー修道院。

　　¶オ西洋美（写(柱頭)）、新潮美（サン＝ブノ
　　ワ＝シュル＝ロワール〔聖堂〕）、世界美2（サ
　　ン＝ブノワ＝シュル＝ロワール〔ノートル＝ダ
　　ム聖堂〕）

サン＝ベルトラン＝ド＝コマンジュの大聖堂

オート＝ガロンヌ県サン＝ベルトラン＝ド＝コマンジュ。主として14世紀に建造された南方ゴシック様式の聖堂。

　　¶新潮美（サン＝ベルトラン＝ド＝コマンジュ
　　〔旧大聖堂〕）

サン＝ポール聖堂〔イソワール〕

中南部、オーヴェルニュ地方ピュイ＝ド＝ドーム県。12世紀のロマネスク建築。三廊式プランの建物。

　　¶新潮美（イソワール〔サン＝ポール聖堂〕）

サン＝ポール墓地聖堂〔ジュアール〕

セーヌ＝エ＝マルヌ県、ラ・フェルテ＝スゥ＝ジュアールの南方のジュアール。7世紀末の墓室（地下聖堂）が当時の姿を保つ。ほか同時代の石棺が3つ残る。

　　¶新潮美（ジュアール〔サン＝ポール墓地聖堂〕）

サン・マアルタン・ド・フノヤール教会
Church of Saint-Martin　-de-fenollar

東ピレネーの山に近い僻地。12世紀初め。長さ9.50m、幅3.40mという小聖堂。祭室の壁画は、ロマネスク壁画の典型的なものの一つ。側壁にはキリストの伝記が描かれている。

　　¶文化史蹟12〔写〕

サン＝マクルー聖堂〔ルーアン〕
Église Saint-maclou, Rouen

ルーアン。1434年に起工された聖堂。フランボワイヤン式建築の代表例。

　　¶オ西洋美

サン＝マメス大聖堂

オート＝マルヌ県ラングル。1141年～96年に建造されたロマネスク過渡様式の聖堂。

　　¶新潮美（ラングル〔サン＝マメス大聖堂〕）

サン＝マルタン＝デ＝シャン聖堂（パリの）

Église Saint-martin-des-champs, Paris

パリ。1067年に献堂。1079年、フランス王フィリップ1世により、修道院としてクリュニー修道会に寄贈された。1093年以降に拡大。

¶オ西洋美

サン＝マルタン＝デュ＝カニグー

Saint-Martin-du-Canigou

東ピレネー県のカニグー山中の岩山の上にある。旧ベネディクト会修道院。1009年に献堂。

¶新潮美

サン＝ミシェル＝ド＝クシャ聖堂

Saint-Michel-de-Cuxa

東ピレネー県。旧ベネディクト会修道院聖堂。現在はシトー会が使用。974年に献堂、11世紀に拡張した。

¶新潮美

サン＝ラザール大聖堂

Cathédrale Saint-Lazare

オータン。1120年頃から建設が始められ、およそ20年間で完成。ハンセン病の守護聖人ラザロに奉献された聖堂。

¶オ西洋美（オータン大聖堂（サン＝ラザール）），新潮美（オータン〔サン＝ラザール大聖堂〕），世界美1（オータン〔サン＝ラザール大聖堂〕）〔写〕

サン＝リキエ修道院

Monastère de Saint-Riquier

サンテュラ。カロリング朝に起源をもつ修道院。

¶新潮美

サン＝レジェ聖堂〔エブルイユ〕

アリエ県エブルイユ。身廊および袖廊は11世紀末のオーヴェルニュ派のロマネスク様式。

¶新潮美（エブルイユ〔サン＝レジェ聖堂〕）

サン＝ロベール修道院聖堂

オーヴェルニュ地方オート＝ロワール県ラ・シェーズ＝ディウ村。クレメンス6世が着工、南フランスのゴシック様式で建てられた聖堂。

¶新潮美（ラ・シェーズ＝ディウ〔修道院聖堂サン＝ロベール〕）

シェール遺跡　Chelles

セーヌ・エ・マルヌ県。前期旧石器時代の遺跡。河岸段丘上の砂礫層から、フリント製のクー・ド・ポアン（握斧）が出土。

¶図解考古，世界考古（シェル）

ジェルミニー＝デ＝プレ聖堂

Église de Germigny-des-prés

ロワレ県。カール大帝の宮廷顧問であるオルレアン司教テオドゥルフによって8世紀末に建立。

カロリング朝建築の傑作。

¶オ西洋美，新潮美（ジェルミニー＝デ＝プレ〔聖堂〕），世界美3（ジェルミニー＝デ＝プレ〔聖堂〕）

シノン城　Château de Chinon

アンドル・エ・ロアール県。12世紀、イングランドの王、ヘンリー2世が新しく城を築き、息子リチャード1世がさらに城を補強した。現在はミローの城の城門の塔を残すのみ。

¶文化史蹟13〔写〕

シャボ　Chabot

ガール県。旧石器時代後期の洞窟壁画遺跡。

¶新潮美

シャーリス修道院　Châalis

パリ東北方、オワーズ県。1136年創設されたシトー会修道院。現在は廃墟。

¶新潮美

シャルトル大聖堂　Chartres Cathedral

ボース平野の小高い丘に建つ。フランス・ゴシック様式の大聖堂。最初の聖堂はローマ神殿の跡に4世紀頃建立。その後火災により数度倒壊。再建、修復が繰り返され、現存する大部分は1219年頃の再建。大聖堂内外にロマネスク、ゴシック様式の彫刻が飾られる。ステンドグラスの宝庫としても知られる。

世界遺産（シャルトル大聖堂　1979）

¶遺建5〔写/図〕，旺文社世〔写〕，オ西洋美（シャルトル大聖堂（ノートル＝ダム））〔写p488/図p324〕，角川世，宗教建築〔写/図〕，新潮美（シャルトル〔ノートル＝ダーム大聖堂〕）〔写p188,646,768,770〕，世遺事，成世遺上〔写〕，世遺地（シャルトル〔シャルトル大聖堂〕），世遺百〔写〕，世界美3（シャルトル〔大聖堂〕）〔写〕，世歴大9（シャルトル聖堂），ビジ世遺〔写〕，評論社世（シャルトル本寺），文化史蹟12〔写/図〕，平凡社世（シャルトル聖堂），山川世，ユネ世遺8（シャルトルの大聖堂）〔写〕，歴史建築〔写/図〕

シャンスラード　Chancelade

ドルドーニュ地方ペリグー。後期旧石器時代の遺跡。マドレーヌ文化の遺物が発見されている。

¶世界考古

シャンティ城　Château Chantilly

オアーズ県。現在の宮殿風の建造物は、19世紀になって改築されたもの。中世の頃ブッティエ家の城が造られたことに始まる。

¶文化史蹟13〔写〕

シャン・ド・マルス　Champ-de-Mars

パリ西部。広場の名。フランス革命中の事件や儀式の舞台となった。

フランス　　　　544

¶角川世

シャンパーニュ地方の丘陵群、家屋群、貯蔵庫群
Champagne Hillsides, Houses and Cellars
シャンパーニュ・アルデンヌ地域圏の14の構成資産からなる。シャンパーニュ地方はスパークリングワインの生産方法が開発・確立された土地。葡萄畑、地下貯蔵庫や家屋などワインの生産や流通機能を持った村や市街地が、独特な農工業景観を形成。

〔世界遺産〕（シャンパーニュの丘陵、メゾンとカーヴ 2015）
¶世遺事

シャンボール城　Château de Chambord
サントル地方ロワール＝エ＝シェール県ブーローニュ。1519～39年頃。フランソア1世が建てた城館。440室を有し、156×117mの面積をもつ。

〔世界遺産〕（シュリリー－シュル－ロワールとシャロンヌ間のロワール渓谷 2000）
¶新潮美（シャンボールの城館）、世界美6（ロワールの城館〔シャンボールの城館〕）、空大宮殿〔写〕、文化史蹟13（シャンボール）〔写〕、ユネ世遺8〔写〕

シャンモル修道院
La Chartreuse de Champmol
ブルゴーニュ地方のディジョン西郊のシャンモル。1383年ブルゴーニュ公フィリップ豪胆公（在位1363-1404）によって公家の菩提所として創設されたカルトゥジオ会修道院。

¶新潮美

シュノンソーの城館
Château de Chenonceaux
ロワール川沿い。1515～22年、王室財務官トマ・ボイエが造営。

〔世界遺産〕（シュリリー－シュル－ロワールとシャロンヌ間のロワール渓谷 2000）
¶新潮美、世界美6（ロワールの城館〔シュノンソーの城館〕）、空大宮殿（シュノンソー城）〔写〕、文化史蹟13（シュノンソー）〔写〕、歴史建築（シュノンソー城）〔写/図〕

ジュミエージュ修道院
Abbaye de Jumièges
ノルマンディ地方、セーヌ＝マリティーム県のセーヌ川右岸のジュミエージュ村。ノートル＝ダーム聖堂。廃墟。7世紀半ばのメロヴィング朝の修道院に端を発し、1037～67年にかけて再建、ノルマン建築の特徴を示す。

¶オ西洋美、角川世、新潮美（ジュミエージュ〔修道院〕）

シュリー・シュル・ロワールとシャロンヌの間のロワール渓谷
The Loire Valley between Sully-sur-Loire and Chalonnes
サントル地方とペイ・ド・ラ・ロワール地方。ロワール川流域にはルネサンス期の景観を残す城館群が点在。フランソワ1世がレオナルド・ダ・ヴィンチの設計案を採用して造ったシャンボール城、多様な建築様式が入り混じるブロワ城、アンリ2世が愛妾ディアーヌ・ド・ポワティエに贈ったシュノンソー城などがある。

〔世界遺産〕（シュリリー－シュル－ロワールとシャロンヌ間のロワール渓谷 2000）
¶世遺事、成世遺上（ロワール渓谷）〔写〕、世遺百（スリー・スル・ロワール間のロワール渓谷）〔写〕、ビジ世遺（シュリー・シュル・ロワールとシャロンヌ間のロワール渓谷）〔写〕

ショーモン・シュル・ロアール
Château de Chaumont-sur-Loire
ロワール川沿い。アンボアーズ伯ピエールと、その息子と孫とがルネッサンス様式に建てなおした城。12世紀にアンボアーズ伯がブロアをおさえるために城を建てたことに始まる。

¶世界美6（ロワールの城館〔ショーモン＝シュル＝ロワールの城館〕）、文化史蹟13〔写〕

スイヤック修道院聖堂（サント＝マリー聖堂）
Église Abbatiale, Souillac
ケルシー地方ロト県スイヤック。旧修道院のサント＝マリー聖堂は、12世紀の単廊式ラテン十字形プランの建物。ロマネスク彫刻の重要な作品が残存している。

¶オ西洋美（スイヤック修道院聖堂）、新潮美（スイヤック〔旧修道院のサント＝マリー聖堂〕）

ストラスブールの旧市街
Strasbourg—Grande île
バ・ラン県の県都ストラスブール。中世から交易都市として発展。旧市街には中世風の木造家屋が多く残る。ノートル・ダム大聖堂、1538年創立のストラスブール大学、大司教住宅のロアン邸など。

〔世界遺産〕（ストラスブールのグラン・ディル 1988）
¶世遺事、成世遺上（ストラスブール旧市街）〔写〕、世遺百（ストラスブールのグラン・ディル）〔写〕、ビジ世遺〔写〕、ユネ世遺8〔写〕

セザールの塔　Tour de César
セーヌ・エ・マルヌ県プロヴァン。12世紀。「上町」の中央に建つ、高さ45mの塔。人工小丘の上に四角形の第1層を建て、第2層以上は四隅を切り落として円塔をそえている。

¶文化史蹟13〔写〕

ソーミュール　Saumur

メーヌ・エ・ロアール県。14世紀。現在の城は14世紀にアンジュー侯ルイ1世、ルイ2世によって建てられた。四角のプランの四隅に円塔をふし、入口の張り出しをシャトレに代えるという、城砦から城館への過渡を示す。

世界遺産（シュリー=シュル=ロワールとシャロンヌ間のロワール渓谷　2000）

¶ 文化史蹟13〔写〕

ソンム川段丘　Somme

ソンム川に発達した段丘の上。多数の旧石器時代の遺跡がある。アブヴィーユ文化、アシュール文化の研究はここを中心にして発展した。

¶ 世界考古

大西洋の壁　たいせいようのかべ★

北海から大西洋沿岸。フェレ岬のトーチカ群。第二次世界大戦中、ナチス・ドイツは占領した領地を守るために、1942〜1944年にかけて北海から大西洋沿岸に至る5千kmの海岸地帯に1万5千個の沿岸防衛建造物を構築した。

¶ 空城と要塞〔写〕

中世の交易都市プロヴァン
Provins, Town of Medieval Fairs

パリの南東約80km。前1世紀頃から後4世紀頃にローマ軍によって建設。町は12世紀に造られた城壁で囲まれる。11世紀頃から「シャンパーニュの大市」が始まり、国際的な交易が行われた。町のシンボルであるセザール塔、10kmにわたる地下道、十分の一税用の倉庫、中世の商人の家などが残り、中世の交易都市の特色を伝える。

世界遺産（中世市場都市プロヴァン　2001）

¶ 世遺事、成世遺上（中世市場都市プロヴァン）〔写〕、世遺百（中世市場都市プロヴァン）〔写〕、ビジ世遺（中世市場都市プロヴァン）〔写〕

テジャ　Teyjat

ドルドーニュ県。旧石器時代後期の遺跡。

¶ 新潮美

テッラ・アマータ　Terra Amata

ニース市。前期アシュール文化の遺跡。出土した石器には、片刃・両刃の打器などがある。

¶ 世界考古

テュイルリー宮殿　Palais des Tuileries

パリ、ルーヴル宮の西側にあった。1564年、カトリーヌ・ド・メディシスが建築家P.ド・ロルムに命じて造営。1871年に焼失。現在は庭園のみ残る。

¶ 旺文社世、角川世、新潮美（テュイルリー宮）、世歴大13〔写〕、評論社世（チュイルリー宮殿）、平凡社世、山川世（テュイルリ宮殿）

ナルボンヌ門　Porte Narbonnaise

カルカッソンヌ。13世紀。市の東側での唯一の入り口、また市の正門。連結された2基のナルボンヌ塔は高さ25m。

¶ 文化史蹟13〔写〕

ナンシーのスタニスラス広場、カリエール広場、アリアンス広場
Place Stanislas, Place de la Carrière and Place d'Alliance in Nancy

北東部ロレーヌ地方。ナンシーは12世紀からロレーヌ公国の首都として繁栄。18世紀半ば、ロレーヌ公スタニスラス・レシチニスキーにより都市改造が行われ、新市街と旧市街を結ぶ3つの広場を造営。建築家のエマニュエル・エレが設計、金具工芸師のジャン・ラムールがロココ様式の装飾を行った。

世界遺産（ナンシーのスタニスラス広場、カリエール広場及びアリアンス広場　1983）

¶ 世遺事（ナンシーのスタニスラス広場、カリエール広場、アリャーンス広場）、成世遺上（ナンシーの3つの広場）〔写〕、世遺百〔写〕、ビジ世遺〔写〕、ユネ世遺8（ナンシーのスタニスラス広場、カリエール広場、ダリアンス広場）〔写〕

ニオー　Niaux

アリエージュ県の山中。長さ1400mの巨大な洞窟。壁画は旧石器時代のもので、黒色でビゾン（野牛）、山羊、馬などが力強い線で写実的に描かれている。

¶ 大遺跡1〔写〕

ニーム　Nîmes

ラングドック平野北部の都市。古代名は泉の神の名に由来するネマウスス（Nemausus）。本格的なローマ都市として建設され、直径6kmに及ぶ城壁で囲まれていた。ローマ時代の神殿「メゾン・カレ」がほぼ完全な形で残っている。ほか、アンフィテアトルム（円形闘技場）、劇場、ディアナ神殿、水道などがある。

¶ 新潮美、世界美4、大遺跡6〔写〕

ヌヴィ・ヤン・シュリア　Neuvy-en-sullias

ロワレ県のオルレアン南東東。ドルイドの中心地で、その中心祭壇があった。採石場からは奉納品と思われる一群の青銅彫刻を発見。前1世紀のローマ軍の進撃に際して埋め隠したものと思われる。

¶ 大遺跡1〔写〕

ノートルダム大聖堂〔ヴェルダン〕
Cathédrale Notre-dame, Verdum

東北部、ムーズ河畔の町ヴェルダン。ロマネスク様式ながら、カロリング朝以来の伝統を継承する建築。1144年完成。

¶ 新潮美（ヴェルダン〔ノートル＝ダーム大聖堂〕）

フランス

ノートルダム大聖堂〔エヴルー〕
Cathédrale Notre-dame, Evreux
北西部、ノルマンディ地方、ウール県の県都。12世紀の遺構もがみられるが、13世紀から17世紀の造営。
¶ 新潮美（エヴルー〔ノートル＝ダーム大聖堂〕）

ノートルダム聖堂〔オルシヴァル〕
Basilique Notre-Dame, Orcival
オーヴェルニュ地方ピュイ＝ド＝ドーム県オルシヴァル村。八角の塔をもつオーヴェルニュ派のロマネスク様式の建物。
¶ 新潮美（オルシヴァル〔ノートル＝ダーム聖堂〕）

ノートルダム大聖堂〔クータンス〕
Cathédrale Notre-dame, Coutances
マンシュ県クータンス。11世紀の旧構の上に建てられている。13世紀ノルマンディ様式の好例。
¶ 新潮美（クータンス〔ノートル＝ダーム大聖堂〕）

ノートルダム大聖堂〔クレルモン＝フェラン〕
Cathédrale Notre-dame, Clermont-Ferrant
ピュイ＝ド＝ドーム県クレルモン＝フェラン。北フランスのゴシック様式。1248年起工。19世紀に完成。
¶ 新潮美（クレルモン＝フェラン〔ノートル＝ダーム大聖堂〕）

ノートルダム大聖堂〔サンリス〕
Cathédrale Notre-dame, Senlis
オワーズ県サンリス。12〜13世紀。フランスのゴシック様式最初期の建築例。
¶ 新潮美（サンリス〔ノートル＝ダーム大聖堂〕）

ノートルダム大聖堂〔ストラスブール〕
Cathédrale Notre-dame, Strasbourg
アルザス地方の都市ストラスブール。現存の建物は1176〜1439年に建造されたゴシック建築の傑作。
世界遺産（ストラスブールのグラン・ディル 1988）
¶ 新潮美（ストラスブール〔ノートル＝ダーム大聖堂〕）〔写p179〕

ノートルダム聖堂〔モリアンヴァル〕
Abbaye Notre-Dame
オワーズ県モリアンヴァル。ベネディクト修道院に属した。11世紀後半から12世紀初めにかけての建造。1125年の周歩廊の交差リブ・ヴォールトはゴシック様式の初めとして注目される。
¶ 新潮美（モリアンヴァル〔ノートルダム聖堂〕）

ノートルダム大聖堂〔パリ〕
Cathédrale Notre-dame, Paris
パリ。初期ゴシック建築の代表作。1163年にパ

リの司教モーリス・ド・シュリーの唱導によって着工、1182年に献堂。
世界遺産（パリのセーヌ河岸 1991）
¶ 遺建3〔写/図〕、旺文社世、オ西洋美（ノートル＝ダム大聖堂（パリ））〔写〕、角川世、新潮美（ノートル＝ダーム大聖堂（パリの）、世界美4（パリ〔ノートル＝ダム大聖堂〕）〔写〕、世歴事7（ノートル・ダーム・ド・パリ）〔写〕、世歴大15（ノートルダム聖堂）〔写〕、評論社世（ノートル＝ダム寺院）、平凡社世（ノートル・ダム聖堂）、山川世、歴史建築（ノートルダム寺院）〔写/図〕

ノートルダム大聖堂〔ラン〕
Cathédrale Notre-Dame, Laon
エーヌ県ラン。1160年頃に着工、1200年頃に完成された三廊式の聖堂。ゴシック建築の最初期の代表的作例。
¶ オ西洋美（ラン大聖堂（ノートル＝ダム））、新潮美（ラン〔ノートル＝ダーム大聖堂〕）、世界美6（ラン〔ノートル＝ダム大聖堂〕）

ノートルダム大聖堂〔ロデス〕
Cathédrale Notre-Dame, Rodez
ルエルグ地方アヴェイロン県ロデス。1277年から北フランスのゴシック様式により改築を開始。1562年に西正面が古典様式で完成。
¶ 新潮美（ロデス〔ノートル＝ダーム大聖堂〕）

ノートルダム大聖堂〔ル・ピュイ〕
Cathédrale Notre-Dame, Le Puy
オート・ロワール県ル・ピュイ＝アン＝ヴレ。11〜16世紀にかけては、黒いマリア像を祀る聖地であった。サンティアゴ・デ・コンポステーラの巡礼路の出発地の一つ。
世界遺産（フランスのサンティアゴ・デ・コンポステーラの巡礼路 1998）
¶ 新潮美

ノートルダム＝デュ＝フォール聖堂〔エタンプ〕
パリの南約50km。鐘塔とシャルトルのポルターユ・ロワイヤールを思わせる南側の扉口で知られる。12世紀後半。
¶ 新潮美（エタンプ〔ノートル＝ダーム＝デュ＝フォール聖堂〕）

ノートルダム＝ド＝ナンティイ聖堂
Église Notre-Dame-de-Nantilly
メーヌ＝エ＝ロワール県、ロワール河畔。12世紀初めのロマネスク建築。15〜17世紀のタピスリーがある。
¶ 新潮美（ソミュール〔ノートル＝ダーム＝ド＝ナンティイ聖堂〕）

ノール＝パ・デュ・カレー地方の炭田地帯
Nord-Pas de Calais Mining Basin

リス平野からスカルプ・エスコー平野までに広がる一帯。120kmにわたって広がる炭田地帯は、18世紀末から20世紀にかけて開発された。採鉱坑や石炭採掘施設、運河や線路などの運輸遺産跡、従業員の住居や教会、学校など109の構成遺産から成る。保存状態は非常によく、炭鉱を中心とした都市設計の詳細を示す。

¶ 世界遺産（ノール＝パ・デュ・カレー地方の炭田地帯 2012）
¶ 世遺事（ノール・パ・ド・カレ地方の鉱山地帯），成世遺上（ノール、パ・ド・カレーの鉱山地域）〔写〕，世遺百（ノール・パ・ドゥ・カレー地方の炭田地帯）〔写〕

ノワイヨン大聖堂（ノートル＝ダム）
Cathédrale Notre-dame, Noyon

オワーズ県ノワイヨン。初期ゴシック大聖堂の一つ。周歩廊はサン＝ジェルマン＝デ＝プレ聖堂の周歩廊を想起させる。

¶ オ西洋美

ノワルラック修道院
シェール県。1136年の創立になるシトー会修道院。ロマネスク時代の原形をよくとどめる。

¶ 世界美4（ノワルラック〔修道院〕）

伯の城館　Chateau Comtal
カルカッソンヌ。城壁に内接している領主の居館。9基の塔と強固な壁からなる。大部分が12世紀前半の構築。

¶ 文化史蹟13〔写〕

バスティーユ　Bastille
パリ。14世紀にパリの東端に築かれた要塞。

¶ 世歴事7〔図〕，平凡社世，山川世

バデグール　Badegoule
レゼジーの北40km。後期旧石器時代の洞穴遺跡。前期マドレーヌ文化の標準遺跡。ラクレットなどが出土。

¶ 世界考古

パトード　Pataud
ドルドーニュ川の支流、ヴェゼール川沿いのレゼジー。岩陰遺跡。後期旧石器時代の遺跡で、プロト・マドレーヌ文化の層で人骨が、グラヴェット文化の層から女性像が出土。

¶ 世界考古

パリのセーヌ河岸
Paris, Banks of the Seine

パリの中心部を貫流するセーヌ川両岸。古代ローマ時代以後の建築物が連なる。シュリ橋からイエナ橋まで約5kmが世界遺産に登録。ノートルダム大聖堂とサント・シャペルをはじめ、ルー

ブル宮殿、エッフェル塔などが含まれる。

¶ 世界遺産（パリのセーヌ河岸 1991）
¶ 新潮美（パリ），世遺事，成世遺上〔写〕，世遺百〔写〕，ビジ世遺〔写〕，ユネ世遺8〔写〕

バレ・ビュル（泡の宮殿）
テウル・シュール・メール。建築家アンティ・ロバーグによる波のようにうねるフォルムをもつ洞窟のような住まい。1978年の建築。

¶ 空大宮殿〔写〕

パンスヴァン　Pincevent
パリ南東郊セーヌ川沿い。後期旧石器時代に営まれた集落址。マドレーヌ文化の住居址を発見。

¶ 遺跡100〔写〕，世界考古

パンテオン　Pantheon
パリ。1755〜89年サント＝ジュヌヴィエーヴ聖堂をスフロが改築。1791年にロンドレが偉人の霊廟に変更した。

¶ 宗教建築（サント・ジュヌヴィエーヴ聖堂（パンテオン））〔写/図〕，新潮美（パンテオン（パリの）），世界美4，平凡社世

ピエルフォン城　Pierrefonds
オアーズ県。城塞の記録は12世紀当時のものから残っている。1857年ナポレオン3世がビオレ・ル・デュクに命じ、現在の城を復元した。

¶ 新潮美，文化史蹟13〔写〕

ピレネー地方―ペルデュ山
Pyrénées—Mont Perdu

フランス・スペインにまたがる標高3352mの山。スペイン側にはヨーロッパ最大かつ最深の2つの渓谷があり、フランス側には3つの巨大な圏谷がある。また、スペイン側の段々畑やフランス側の牧場など、ヨーロッパの伝統的な農業牧畜生活様式を反映した農業景観が今も残る。

¶ 世界遺産（ピレネー山脈―ペルデュー山 1997, 1999）
¶ 世遺事（ピレネー地方―ペルデュー山），成世遺上（ピレネーのペルデュ山）〔写〕，世遺百（ピレネー山脈：ペルデュ山），ビジ世遺（ピレネーのペルデュ山（ペルディド山））〔写〕

フェ洞窟墓
モンターニュ・ド・コルドという丘陵にある。前3500年頃の横穴式通廊型石室墳。

¶ 古遺地〔図〕

フェラシー　Ferrassie
ドルドーニュ川の支流ヴェゼール川沿い。旧石器時代の遺跡。ムスティエ文化のフェラシー・グループの標準遺跡。

¶ 世界考古〔図（遺物）〕

フォール・ラ・ラッテ　Fort-la-latte
コート・デュ・ノール県。13〜17世紀。ブルター

フランス　　　　　548

ニュ海岸の一つの岬の先端全体を城地として、石造の建物で構築された実戦的な城塞。

¶ 文化史蹟13〔写〕

フォンテシュヴァード　Fontéchevade

アングレームの東約60km。旧石器時代の洞穴遺跡。オーリニャック文化の層の下に、ムスティエ文化の層、その下はクラクトン文化またはタヤク文化と考えられる。

¶ 世界考古

フォンテーヌブロー宮殿と庭園

Palace and Park of Fontainebleau

イル・ド・フランス地方、フォンテーヌブローの森の中。王家の狩猟場だった森に、1528年フランソワ1世により同国初の本格的なルネサンス様式で建造。内部装飾を行った画家や彫刻家はフォンテンブロー派と呼ばれる。

世界遺産（フォンテーヌブローの宮殿と庭園　1981）

¶ 遺建4（フォンテーヌブロー宮）〔写/図〕、オ西洋美（フォンテーヌブロー宮）〔写〕、角川世（フォンテーヌブロー宮殿）、新潮美（フォンテーヌブロー宮）、世遺事、成世遺上（フォンテーヌブローの宮殿と庭園）〔写〕、世遺百（フォンテーヌブローの宮殿と庭園）〔写〕、世界美5（フォンテーヌブロー）〔写〕、ビジ世遺（フォンテーヌブローの宮殿と庭園）〔写〕、文化史蹟15（フォンテーヌブロー宮）〔写〕、山川世（フォンテーヌブロー宮）、ユネ世遺8（フォンテンブロー宮殿と庭園）〔写〕

フォン・ド・ゴーム洞窟　Font de Gaume

ドルドーニュ地方。洞窟遺跡で、旧石器時代マドレーヌ文化期の壁画で有名。壁面の各所に赤・褐・黒色でバイソン、ウマ、シカ、マンモスなどが描かれ、線刻もみられる。

¶ 旺文社世（フォン−ド−ゴーム）、角川世（フォン・ド・ゴーム）、新潮美（フォン＝ドゥ＝ゴーム）、図解考古（フォン・ド・ゴーム遺跡）〔写/図〕、世界考古（フォン・ド・ゴーム）、世歴大16、評論社世（フォン−ド−ゴーム）、平凡社世、山川世（フォン・ド・ゴーム）

フォントネーのシトー会修道院

Cistercian Abbey of Fontenay

ブルゴーニュ地方コート・ドール県モンバール。1118年、聖ベルナルドゥスによって創建されたシトー会最古の修道院。20世紀、エドワード・エナードが建造当時の姿に修復。修道院の中庭の回廊を囲み、参議所、寄宿舎、写本室、鍛冶場などがある。

世界遺産（フォントネーのシトー会修道院　1981）

¶ オ西洋美（フォントネー修道院）、宗教建築〔写/図〕、新潮美（フォントネー〔シトー会修道院の聖堂）〔図p646〕、世遺事、成世遺上〔写〕、世遺百、ビジ世遺〔写〕、文化史蹟12（フォントネー修道院）〔写p74〜79,118/図

p118〕、ユネ世遺8〔写〕

プティ・トリアノン　Petit Trianon

ヴェルサイユ。ヴェルサイユ宮殿内の庭園にある離宮。18世紀なかばルイ15世のためにポンパドゥール侯爵夫人の命令で建築された。設計はガブリエル。後にマリー・アントワネットに与えられた。

世界遺産（ヴェルサイユの宮殿と庭園　1979）

¶ 文化史蹟15〔写〕

ブラッサムプイ　Brassempouy

ランド県。旧石器時代後期の遺跡。

¶ 新潮美

フランスのサンティアゴ・デ・コンポステーラの巡礼路

Routes of Santiago de Compostela in France

パリ、ヴェズレイ、ル・ピュイ、アルルにわたる。スペインのサンティアゴ・デ・コンポステーラはエルサレム、ローマと並ぶキリスト教三大聖地の一つ。11〜12世紀には年間50万人以上が巡礼した。パリ、ヴェズレイ、ル・ピュイ、アルルをそれぞれ起点とするフランス国内の主要な4つのルートが世界遺産に登録されている。巡礼路に沿ってロマネスク様式の修道院や聖堂も次々に建てられた。

世界遺産（フランスのサンティアゴ・デ・コンポステーラの巡礼路　1998）

¶ 世遺事（サンティアゴ・デ・コンポステーラへの巡礼道（フランス側））、成世遺上（サンティアゴ・デ・コンポステラ巡礼道）〔写〕、世遺百（フランスのサンティアーゴ・デ・コンポステーラ巡礼路）〔写〕、ビジ世遺（サンティアゴ・デ・コンポステーラの巡礼道）〔写〕

フールク・ネラの天守閣

Donjon de Foulques Nerra

ランジェ。994年頃。ランジェの城の本屋から庭園をへだててたっている塔。アンジュー伯フールク・ネラが建てたと伝えられる。

¶ 文化史蹟13〔写〕

ブルゴーニュ地方のブドウ畑のクリマ

Climats, terroirs of Burgundy

ブルゴーニュ地方のコート・ドール県とソーヌ・エ・ロワール県にまたがる。クリマとは葡萄畑の区画を指す。この地域には1247のクリマが広がる。ブルゴーニュのクリマは、技術的なノウハウの宝庫であり、他所にはない葡萄栽培システム。

世界遺産（ブルゴーニュのブドウ畑のクリマ　2015）

¶ 世遺事（ブルゴーニュ地方のブドウ畑の気候風土）

ブールジュ大聖堂　Bourges Cathedral

サントル地方シェール県。正称サン・テティエ

ンヌ大聖堂。現在の建物は、13世紀前半、当時すでにあったロマネスクの建物を全面的に改築し、拡張した代表的なゴシック建築の一つ。1324年に献堂。ファサードのゴシック彫刻、13世紀のステンドグラスなどが名高い。

世界遺産（ブールジュ大聖堂　1992）

¶オ西洋美（ブールジュ大聖堂（サンティティエンヌ））〔写〕，新潮美（ブールジュ〔サン＝ティエンヌ大聖堂〕），世遺事，成世遺上〔写〕，世遺百〔写〕，世界美5（ブールジュ〔サン＝ティエンヌ大聖堂〕），ビジ世遺〔写〕，平凡社世（ブールジュ聖堂），ユネ世遺8（ブールジュの大聖堂）〔写〕

ブルーの聖堂

アン県ブルー。ゴシック・フランボワイヤン様式。マルグリット・ドートリッシュが亡夫サヴォワ公フィリベール美公を悼んで建立した。1513〜32年に建設。

¶世界美5（ブルー〔聖堂〕）

フレジュス　Fréjus

南東部の都市。古代ガリアの属州ガリア・ナルボネンシスの港町フォルム・ユリイ（Forum Iulii）があった場所。9世紀にサラセン人によって破壊された。港は城壁で囲まれ、2つの城塞で守られていた。

¶世界美5

ブレー城

ボルドーにあるジロンド川河口から約50km川上。1652年に建設が始まり、1685年・1689年の工事を経て完成。城の基礎部分を地下深く掘り下げた築城方式。

¶空城と要塞〔写〕

ブロワの城館　Château de Blois

ロワール川沿い。王家の別荘として、ルネサンス期を通じて用いられた建物。

世界遺産（シュリー－シュル－ロワールとシャロンヌ間のロワール渓谷　2000）

¶新潮美，世界美6（ロワールの城館〔ブロワの城館〕），文化史蹟13（ブロア城）〔写〕

ペシュ・メルル　Pech-Merle

ロート県カブレレ村の近く。長くて大きい洞窟で、ペリゴール期およびマドレーヌ期のビゾン（野牛）、馬、牛、マンモス、手形、斑点、人物など、多くの彩画が描かれている。後期旧石器時代。

¶新潮美，大遺跡1〔写/図〕

ベルギーとフランスの鐘楼群

Belfries of Belgium and France

ベルギーのフランドル地方とワロン地方、フランスのノール・パ・ド・カレ地方とピカルディ地方。リールの市庁舎、アラスの鐘楼など、両

国合わせて56の鐘楼が世界遺産に登録。鐘楼は多くが市庁舎や大聖堂に付属し、市民社会の象徴とされた。11〜17世紀にかけて建立され、ゴシック、ルネサンス、バロックなど多様な形態がある。

世界遺産（ベルギーとフランスの鐘楼群　1999,2005）

¶世遺事，成世遺上（ベルギーとフランスの鐘楼）〔写〕，世遺百，ビジ世遺（フランドル地方とワロン地方の鐘楼）〔写〕

ベルゼ＝ラ＝ヴィルの小聖堂

ブルゴーニュ地方。クリュニー修道会に所属。聖堂内には、19世紀に発見されたきわめて貴重なフランス・ロマネスクの壁画が残る。

¶世界美5（ベルゼ＝ラ＝ヴィル〔小聖堂〕）

ベルニファル　Bernifal

ドルドーニュ県。旧石器時代後期の洞窟壁画遺跡。

¶新潮美

ペール＝ノン＝ペール　Pair-non-Pair

ジロンド県。旧石器時代の洞窟壁画遺跡。

¶新潮美

ボージャンシー　天守閣

Donjon, Beaugency

ロアレ県ロアール河右岸。11世紀。最初期の天守閣。長方形のプランで外面に張り出した支持構造をもつ。内部は5層とも荒廃。

¶文化史蹟13（天守閣　ボージャンシー）〔写〕

ボーヌの施療院　Hôtel-dieu de Beaune

ボーヌ。最も良い状態で保存されているフランス中世の病院。1443年にブルゴーニュ公国の大法官ニコラ・ロランによって創設。

¶オ西洋美

ポルターユ・ロワイヤール

Portail Royal de Chartres

シャルトル大聖堂。「王の扉口」の意で、シャルトル大聖堂の西正面入り口の呼称。

¶新潮美

ボルドー、月の港

Bordeaux, Port of the Moon

アキテーヌ地方ジロンド県の県都ボルドー。港湾都市ボルドーは三日月型の町の形状からリューヌ（月）港と呼ばれる。12世紀からワインの輸出で発展、一大商業都市となった。大円形劇場跡などローマ時代の史跡も残る。18世紀の啓蒙主義時代の都市計画による町並みが有名。

世界遺産（ボルドー、リューヌ港　2007）

¶新潮美（ボルドー），世遺事，成世遺上（ボルドー「月の港」）〔写〕，世遺百（月の港ボルドー）〔写〕

ポール・ロワイヤル修道院
Abbaye de Port-Royal

パリ南郊。1204年に創設されたシトー派修道会の女子修道院。ジャンセニスムの拠点となった。1709年閉鎖。

¶角川世，山川世

ポンティニー修道院　Abbaye, Pontigny

ブルゴーニュ地方。シトー会による第2の子院として1114年に創建。現在の聖堂は1150年に着工されたもの。

¶オ西洋美，新潮美（ポンティニー〔シトー会修道院〕）

ポン・デュ・ガール（ローマの水道橋）
Pont du Gard（Roman Aqueduct）

ニーム。前19年頃に築かれた水道橋。アグリッパが建築を命じたといわれる。水源地ユゼスから50km離れたネマウスス（現ニーム）まで水を引くために建造された導水路の一部。三層構造の石造アーチ橋で、高さ50m、全長275m。

世界遺産（ポン・デュ・ガール（ローマの水道橋）1985）

¶遺建10（ポン－デュ－ガール）〔写/図〕，旺文社世（ガール水道橋），角川世（ガール橋），新潮美（ガールの水道橋）〔写p1635〕，世遺事（ポン・デュ・ガール（ローマ水道）），成世遺上（ポン・デュ・ガール）〔写〕，世遺百（ポン・デュ・ガール（古代ローマの水道橋））〔写〕，世界考古（ガール橋），空古代遺跡（ポン・デュ・ガール）〔写〕，大遺跡6 p132（ポン・デュ・ガール）〔写〕，ビジ世遺（ポン・デュ・ガール（ローマ水道橋））〔写〕，文化史蹟4 p180（水道橋（ガール橋）〔写〕，ユネ世遺8（ポン・デュ・ガール）〔写〕

マス・ダジール　Mas d'Azil

アリエージュ県。巨大なトンネル洞窟で、旧・中石器時代の遺跡。

¶新潮美

マドレーヌ遺跡　La Madeleine

ドルドーニュ県チュルザック村。後期旧石器時代最後の岩陰遺跡。掻器（グラトアール）や刻刀（ビュラン）があるが、とくに「オウムの嘴」と呼ばれる石器が代表。

¶新潮美（ラ・マドレーヌ），図解考古〔図（石器と角銛）〕

ミディ運河　Canal du Midi

トゥールーズから発して、カルカソンヌ、ベジェを流れ、地中海沿岸のセートに至る。地中海と大西洋を結ぶ総延長360kmに及ぶ運河。1666年、ピエール・ポール・リケの指揮で建設開始。1681年完成。水門や橋、隧道などの構造物が328ある。19世紀末にミディ鉄道が開通するまで、重要な輸送ルートであった。

世界遺産（ミディ運河　1996）

¶世遺事，成世遺上〔写〕，世遺百〔写〕，ビジ世遺〔写〕，ユネ世遺13〔写〕

メゾン・カレ　Maison Carree

ニーム。前16年頃。アウグストゥス時代に建てられた神殿。コリント式円柱など、当時のヘレニスティック建築の規範に従っている。

¶新潮美，文化史蹟4 p180〔写〕

メゾン・ラフィットの城
Chateau of Maisons-laffitte

イヴリーヌ県メゾン＝ラフィット。フランソア・マンサールが17世紀中葉に建てた。フランス古典主義建築屈指の傑作。18世紀前半に銀行家のラフィットが城主だった。

¶新潮美（シャトー・ド・メゾン），文化史蹟15〔写〕

モン・サン・ミシェル　Mont-Saint-Michel

ノルマンディ地方、マンシュ県の海岸近くの小島。8世紀に最初の教会が建造され、ベネディクト派の修道院となった。10世紀半ばから増改築を繰り返し、中世の様々な建築様式が混在する。百年戦争では要塞となり、フランス革命後は一時牢獄に使用。

世界遺産（モン－サン－ミシェルとその湾　1979）

¶遺建7（モンサンミッシェル）〔写/図〕，新潮美，世界美6〔写〕，空大聖堂〔写〕，文化史蹟12（ル・モン・サン・ミシェル）〔写〕，歴史建築〔写/図〕

モン・サン・ミシェルとその湾
Mont-Saint-Michel and its Bay

ノルマンディ地方、モン・サン・ミッシェル湾。周囲約900mの小島に修道院のモン・サン・ミシェルが建つ。湾は潮の干満差が激しく、干潮時には陸続きになる。数世紀にわたり、苛酷な自然環境の中で刻まれた人々の叡智と技術を評価し、世界遺産に登録された。

世界遺産（モン－サン－ミシェルとその湾　1979）

¶世遺事（モン・サン・ミッシェルとその湾），成世遺上（モン・サン・ミッシェルとその湾）〔写〕，世遺百〔写〕，ビジ世遺〔写〕，ユネ世遺8〔写〕

モンテスパン　Montespan

オート＝ガロンヌ県。長さ2.5kmの洞窟。旧石器時代後期の遺跡。岩面刻画と粘土製動物像を発見。

¶新潮美

モンリシャール　Montrichard

ロアル・エ・シェル県シェル河のほとり。四角形天守閣は11世紀にアンジュー伯フールク・ネラが建てたといわれる。ボンムーランの会見（1188）で、フィリップ・オーギュスト王が奪った城の

一つ。

¶文化史蹟13〔写〕

ラウセル Laussel

ドルドーニュ県、レゼジーの東。旧石器時代の岩陰浮彫遺跡。浮彫にされたラウセルのヴィーナスが著名。

¶新潮美（ローセル），世界考古〔写（ラウセルのヴィーナス）〕

ラ・グレーズ La Grèze

ドルドーニュ県。旧石器時代後期の洞窟壁画遺跡。

¶新潮美

ラ・コロムビエール La Colombière

エン県。旧石器時代後期の遺跡。

¶新潮美

ラ・シャペル・オー・サン
La Chapelle-aux-Saints

コレーズ地方、ドルドーニュ川支流スールドワール川近く。洞穴遺跡。ムスティエ文化の遺物とともに埋葬されたネアンデルタール人の成人男性人骨を発見。

¶世界考古

ラ＝シャリテ＝シュル＝ロワール修道院
Prieuré de La-charité-sur-loire

ニエーヴル県ラ＝シャリテ＝シュル＝ロワール。1052年、フランスのスミュールのユーグ（聖フーゴ）により創設されたクリュニー修道会の小修道院。現存する聖堂は1107年に献堂。

¶オ西洋美

ラスコー Lascaux

ドルドーニュ地方の小村、モンティニャックの近く。1940年、土地の少年によって偶然発見された。旧石器時代の洞窟壁画。動物像は馬が最も多く、次いで牛、鹿、ビゾン（野牛）が多い。大部分がマドレーヌ期に属すると考えられる。

世界遺産（ヴェゼール渓谷の先史時代史跡群と洞窟壁画群 1979）

¶遺跡100（ラスコー洞窟）〔写〕，旺文社世（ラスコー洞窟）〔写〕，オ西洋美，角川世（ラスコー洞窟），古遺地〔図〕，新潮美，図解考古（ラスコー遺跡）〔写〕，世遺地，世界考古，世界美6，世歴大20（ラスコー洞窟）〔写（壁画）〕，大遺跡1〔写/図〕，評論社世，平凡社世（ラスコー洞窟），山川世

ラ・フェラッシー La Ferrassie

ドルドーニュ県。旧石器時代の遺跡。オーリニャックⅡ期層からは動物の線刻画を施した石塊が出土。

¶新潮美

ラ・マグドレーヌ La Magdeleine

タルン県。旧石器時代後期の遺跡。

¶新潮美

ラ・マドレーヌ〔聖堂〕 La Madeleine

パリのセーヌ右岸。ローマ神殿風の聖堂。

¶新潮美

ラ・ムート La Mouthe

ドルドーニュ県。旧石器時代後期の洞窟壁画遺跡。

¶新潮美

ランジェー城 Château de Langeais

アンドル＝エ＝ロワール県、トゥールの西南西約20km。中世末期の城。

世界遺産（シュリー－シュル－ロワールとシャロンヌ間のロワール渓谷 2000）

¶新潮美

ランジェ 天守閣 Donjon, Langeais

アンドル・エ・ロアール県。1465〜69年。ルイ11世がランジェに新たに築かせた城。西北、東西の2翼から成り、南北翼の北端に天守閣がある。一般ピエルフォン流派に属する。

¶文化史蹟13（天守閣 ランジェ）〔写〕

ランス大聖堂 Cathédrale Notre-Dame

ランス。ノートル・ダム大聖堂。13〜14世紀に建造されたゴシック様式の聖堂。盛期ゴシック建築の傑作。998〜1825年の間、歴代フランス国王が戴冠式を行った。

世界遺産（ランスのノートル－ダム大聖堂、サン－レミ旧大修道院及びト宮殿 1991）

¶旺文社世，オ西洋美（ランス大聖堂（ノートル－ダム））〔写〕，角川世，世界美6（ランス〔ノートル＝ダム大聖堂〕）〔写〕，世歴大20，空大聖堂（ランスのノートル・ダム大聖堂）〔写〕，評論社世（ランス本寺），平凡社世（ランス聖堂），山川世

ランスのノートル・ダム大聖堂、サンレミ旧修道院、トー宮殿
Cathedral of Notre-Dame, Former Abbey of Saint-Remi and Palace of Tau, Reims

シャンパーニュ・アルデンヌ地方マルヌ県。ノートル・ダム大聖堂は1211年以来1世紀に及び建設されたゴシック建築の傑作。サン・レミ旧大修道院は大司教レミギウスの墓所に11〜12世紀に修道院として創建。ロマネスク様式の本堂が残る。トー宮殿は、17世紀末に大司教の邸宅として建築。合わせて世界遺産に登録された。

世界遺産（ランスのノートル－ダム大聖堂、サン－レミ旧大修道院及びト宮殿 1991）

¶世遺事，成世遺上（ランスの大聖堂、サン・レミ修道院、トー宮殿）〔写〕，世遺百（ランスの

ノートル・ダム大聖堂、サン・レミ旧大修道院、
トーの宮殿）〔写〕、ビジ世遺（ランスのノート
ル・ダム大聖堂、サン・レミ修道院、トー宮殿）
〔写〕、ユネ世遺8（ランスの大聖堂、サン＝レ
ミ修道院、トー宮殿）〔写〕

ランブイエの宮殿　Rambouillet Palace
パリから50kmほど離れたランブイエの森。もと
は14世紀まで遡る城砦風の建築。

¶文化史蹟15〔写〕

リムイユ　Limeuil
ドルドーニュ県。旧石器時代後期の遺跡。マド
レーヌ期の線刻小石が発見された。

¶新潮美

リュクサンブール宮　Luxembourg Palace
パリ。17世紀前半、アンリ4世の妃マリ・ド・メ
ディシスがサロモン・ド・ブロッスに建てさせ
たもの。

¶新潮美, 文化史蹟15〔写p52/図p209〕

リヨン歴史地区　Historic Site of Lyons
リヨン。前1世紀、ローマ人がガリア3州の首都
として建設。旧市街と半島が世界遺産に登録さ
れている。1872年着工のフルヴィエール聖堂、
前15世建造のローマ劇場、ゴシック様式のサン・
ジャン大聖堂などがあり、大聖堂の周辺には15世
紀末から16世紀のルネサンス様式の邸宅が多い。

世界遺産（リヨン歴史地区　1998）

¶世遺事（リヨンの歴史地区）, 成世遺上〔写〕,
世遺百〔写〕, ビジ世遺（リヨンの歴史地区）
〔写〕

ル・アーヴル、オーギュスト・ペレによる再建都市
Le Havre, the City Rebuilt by Auguste Per-
ret
ノルマンディ地方。ル・アーブルは第二次世界
大戦中ノルマンディ上陸作戦により破壊。建築
家オーギュスト・ペレの都市計画により20年か
けて復興。破壊前の都市の原型を保ちつつ、現
存する歴史建造物群を保存した技術は、世界各
地の都市再興計画にも大きな影響を与えた。

世界遺産（ル・アーヴル、オーギュスト・ペレによる
再建都市　2005）

¶世遺事（オーギュスト・ペレによって再建され
た都市ル・アーヴル）, 成世遺上（再建都市ル・
アーヴル）〔写〕, 世遺百（ル・アーヴル：オー
ギュスト・ペレ再建の都市）

ルーアン大聖堂
セーヌ＝マリティーム県ルーアン（ルワン）。正
式には、ノートル＝ダム大聖堂。モネの連作「ルー
アン大聖堂」の主題となった聖堂として有名。
1250年にほぼ完成をみたゴシック建築。

¶オ西洋美（ルーアン大聖堂（ノートル＝ダム））,

新潮美（ルワン〔ノートル＝ダーム大聖堂〕）

ルーヴル宮　Louvre Palace
パリのセーヌ川右岸。セーヌ川右岸にある旧王
宮。13世紀にフィリップ2世が城塞として建造。
現在は美術館、官庁などが収められている。

世界遺産（パリのセーヌ河岸　1991）

¶旺文社世（ルーヴル宮殿）, オ西洋美（ルーヴ
ル美術館）, 角川世（ルーヴル宮殿）, 新潮美,
世歴事9〔写〕, 世歴大20〔写〕, 文化史蹟
15〔写〕, 平凡社世, 山川世

ルーヴル宮　マルサン館
Marsan's Pavilion, Louvre Palace
パリ、ルーヴル宮の北側の西端に位置。もとルイ
14世の時代に建てられ、1871年のパリ・コミュ
ーンの際に焼失。後、ルフェエルにより再建。

世界遺産（パリのセーヌ河岸　1991）

¶文化史蹟15（マルサン館　ルーヴル宮）〔写〕

ルーヴル宮　リシュリュー館
Richelieu's Pavilion, Louvre Palace
パリ、ルーヴル宮のテュルゴ館とコルベール館の
間に位置。ナポレオン3世の時代に建てられた。
ヴィスコンティとルフェエルの設計。

世界遺産（パリのセーヌ河岸　1991）

¶文化史蹟15（リシュリュー館　ルーヴル宮）〔写〕

ルカドゥール　Roucadour
ロート県。新石器時代の岩陰遺跡。シャセイA
文化に先立つ下層文化と、シャセイA・B両文化
の間に入る上層文化を発見。最下層はインプレ
スド土器を包含。

¶世界考古

ル・コルビュジエの建築作品—近代化運動への顕著な貢献
The Architectural Work of Le Corbusier, an
Outstanding Contribution to the Modern
Movement
フランス、スイス、ベルギー、ドイツ、インド、アル
ゼンチン、日本の7ヶ国にある17件の建築物群が
世界遺産登録。フランスで主に活躍した建築家・
都市計画家のル・コルビュジエ（1887-1965）が
手がけた建築物。フランスでは、ラ・ロッシュ＝
ジャンヌレ邸やロンシャンの礼拝堂など10件が
構成資産となっている。

世界遺産（ル・コルビュジエの建築作品—近代建築運
動への顕著な貢献—　2016）

¶世遺事

ル・トロネ　Le Thoronet
ヴァル県、ロルグの南西9kmの山中。シトー会
修道院。現存する建物は1160〜75年の建立でロ
マネスク建築。

¶新潮美

ルフィニャック　Rouffignac

ドルドーニュ県。旧石器時代後期の洞窟壁画遺跡。マドレーヌ期のもの。

¶新潮美

ル・ポルテル　Le portel

アリエージュ県。旧石器時代の洞窟壁画遺跡。オーリニャック期とマドレーヌ期の動物画が残る。

¶新潮美

ル・ロック＝ドゥ＝セール　Le Roc-de-Sers

シャラント県。旧石器時代後期の遺跡。

¶新潮美

レ・コンバレル　Les Combarelles

ドルドーニュ県。旧石器時代後期の遺跡。

¶新潮美

レゼジー　Les Eyzies

ドルドーニュ地方にある村。旧石器時代の洞窟美術の発見の一大中心地。

世界遺産（ヴェゼール渓谷の先史時代史跡群と洞窟壁画群　1979）

¶オ西洋美〔写〕，古遺地（レ・ゼジー地区）〔図〕，世界考古〔図〕

レ・トロワ＝フレール　Les Trois-Frères

アリエージュ県。旧石器時代後期の洞窟壁画遺跡。

¶新潮美

レモンデン　Raymonden

ドルドーニュ県。旧石器時代後期の遺跡。シャンスラード人の遺骸，マドレーヌ期の骨棒が出土。

¶新潮美

ロカマドゥール

ロート県アルズー川の峡谷斜面にある村。中世にはスペインの聖地サンティアゴ・デ・コンポステラへの通路として、黒いマリア像を信仰の対象とする巡礼地となった。村内の聖アマドゥールの遺骸を納めた地下礼拝堂とサン・ソヴール教会は、世界遺産「フランスのサンティアゴ・デ・コンポステーラの巡礼路」の一部として世界遺産に登録されている。

¶歴史建築〔写/図〕

ロクマリアケル　Locmariaquer

ブルターニュ南部。新石器時代。巨石文化の遺跡群。ドルメンやメンヒルや羨道墳などがある。

¶古遺地（カルナックとロックマリアッケ地区）〔図〕，新潮美（ロックマリヤケール），大遺跡1〔写〕

ロケペルトゥーズ　Roquepertuse

ブーシュ・デュ・ローヌ県ヴロー。ケルト系リグリ族（リグリア人）の前3〜2世紀の高城で、石彫を有する聖堂がある。

¶新潮美（ロックペルテューズ），世界考古

ロージェリー・オート　Laugerie-Haute

ドルドーニュ川の支流ヴェゼール川のほとり。岩陰遺跡。後期旧石器時代のうち特にその中葉から後半にかけての多くの文化層の堆積がみられる。

¶新潮美（ロージュリー＝オート），世界考古〔図〕

ロシュ城

アンドル＝エ＝ロワール県ロシュ。ロッシュ城とも。11世紀から15世紀にかけて建造。国王シャルル7世（在位1422-61）の居城であったことで知られる。

世界遺産（シュリー－シュル－ロワールとシャロンヌ間のロワール渓谷　2000）

¶新潮美（ロッシュ），文化史蹟13〔写〕

ロージュリー＝バス　Laugerie-Basse

ドルドーニュ県。旧石器時代後期の遺跡。呪術儀礼に用いられたとされる、"ガラガラ"が出土。

¶新潮美

ロルテ　Lorthet

オート＝ピレネ県。旧石器時代後期の遺跡。3頭のトナカイと4尾の鮭を線刻した指揮棒が出土。

¶新潮美

ロンシャンの礼拝堂（ノートルダム・デュ・オー礼拝堂）

Notre-Dame du Haut, Ronchamp

オート＝ソーヌ県ロンシャン。ル・コルビュジエが1950〜54年に建てた巡礼教会堂。

世界遺産（ル・コルビュジエの建築作品―近代建築運動への顕著な貢献―　2016）

¶遺建4（ロンシャン教会堂）〔写/図〕，新潮美（ロンシャンの聖堂）

ブルガリア

ブルガリア

アレクサンダル・ネフスキ聖堂
Hram Pametnik Aleksandâr Nevski
ソフィア。ブルガリア正教会の大聖堂。正称は
アレクサンダル・ネフスキ記念聖堂。ポメラン
ツェフの設計により建設され、1912年に完成。
¶東欧

イヴァノヴォの岩窟教会群
Rock-Hewn Churches of Ivanovo
ラズグラード地方首都ソフィアの北東約240km。
13世紀、岩をくりぬいて建てられた教会。13〜
14世紀にかけてのフレスコ画が教会に保存され
ている。
世界遺産 (イヴァノヴォの岩窟教会群　1979)
¶世遺事 (イワノヴォ岩壁修道院)、成世遺上
(イヴァーノヴォの岩窟聖堂)〔写〕、世遺百
(イヴァーノヴォの岩窟教会堂群)、ビジ世遺 (イ
ヴァーノヴォの岩窟聖堂)〔写〕、ユネ世遺9
(イヴァノヴォの岩窟聖堂群)〔写〕

ヴァルナ遺跡　Varna
ヴァルナ州。ヴァルナの近郊で発見された金石
併用時代カラノボV〜VI期 (前4000−前3500) の
墓地。
¶東欧 (バルナ)、平凡社世 (ヴァルナ)

ヴェセリノーヴォ　Veselinovo
ヤンボルの近く。新石器時代の遺跡。中期新石
器時代の遺物が主体となって出土。
¶世界考古

ヴェリコ・タルノヴォ　Veliko Tārnovo
ヴェリコ・タルノヴォ州。1965年史跡都市に
指定。タルノヴォから現在の名称に改名した。
1187年講和による第2次ブルガリア帝国成立と
ともに首都となった。
¶角川世、山川世

円形聖堂　The Round Church
プレスラフ。9〜10世紀。円形プランの内陣部に
横長のナルテックスと方形の広い前庭を組み合
わせた特殊な形式の聖堂。
¶文化史蹟11〔写p155,172〕

カザンラクのトラキヤ人墓地
Thracian Tomb of Kazanlak
バルカン山脈とスレドナゴラ山脈の狭間。前4世
紀の古墳。墓の内部に「弔いの宴」と呼ばれる
彩色壁画がある。
世界遺産 (カザンラックのトラキア人の墳墓　1979)
¶新潮美 (カザンラク〔墳墓〕)、世遺事、成世遺
上 (カザンラックのトラキア人墓地)、世
遺百 (カザンラクのトラキア人墳墓)、ビジ世
遺 (カザンラックのトラキア人墓地)〔写〕、ユ
ネ世遺9 (カザンラックのトラキア人の古墳)〔写〕

カラノーヴォ　Karanovo
ザゴーラの北西。文化層は第I層から第VII層ま
であり、最下層はスタルチェヴォ期の文化で、家
畜が飼育され農耕が行なわれていた。
¶古遺地〔図〕、世界考古

クレミコウチ　Kremikovcí
ソフィアの近郊。新石器時代の遺跡。靴型石斧
などの石斧、石器とともに、多彩色の土器が発
見されている。
¶世界考古

スヴェシュタリのトラキア人墓地
Thracian Tomb of Sveshtari
ラズグラード地方首都ソフィアの北東約310km。
前3世紀の王の墳墓。多彩色のカリアティードと
彩色された壁画が特徴。
世界遺産 (スヴェシュタリのトラキア人の墳墓
1985)
¶世遺事 (スベシュタリのトラキア人墓地)、成
世遺上〔写〕、世遺百 (スヴェシュタリのトラキ
ア人墳墓)、ビジ世遺〔写〕、ユネ世遺9 (ス
ヴェシュタリのトラキア人の古墳)〔写〕

スヴェーティ・イヴァン・アリトゥルゲトス聖堂
Church of St. John Aliturgetos
ネッセバル。14世紀。外壁に組みこんだ大小の
煉瓦が力強い装飾効果をもたらす代表的な例。
¶文化史蹟11〔写〕

スタル・ミトロポリ聖堂 (旧府主教座聖堂)
Old Metropolis
ネッセバル。ユスティニアヌス時代に建てられ
たビザンティン聖堂。10世紀頃再建された可能
性がある。
¶文化史蹟11〔写〕

ゼメン修道院　Monastery of Zemen
西南部の山中。中央礼拝堂はほとんど正方形に
近いプランで、高く伸びた鼓胴部の上に円蓋を
乗せている。堂内に地方色の強い素朴な14世紀
の壁画を伝える。
¶文化史蹟11〔写〕

ネセバルの歴史都市
Ancient City of Nessebar
東部、黒海の岩肌の半島。3千年の歴史を持つ都
市。ヘレニズム時代のアクロポリスやアポロ神

殿、11世紀のビザンチン様式の聖ステファン教会など各時代の遺跡が残る。

世界遺産(古代都市ネセバル 1983)

¶世遺事(古代都市ネセバル)、成世遺上(古都ネセバル)〔写〕、世遺百(古代都市ネセバル)〔写〕、東欧(ネセバル)、ビジ世遺(古都ネセバル)〔写〕、ユネ世遺9〔写〕

バチコボ修道院　Bačkovski manastir
プロブディフの南30kmのロドピ山脈北麓。ブルガリア正教会の修道院。1083年、帝国の高級軍人のグルジア人グロゴロス・バクリアノスが開基した。

¶東欧〔写(壁画)〕

バチョ・キロ　Bacho Kiro
バルカン山脈中。旧石器時代の洞穴遺跡。

¶世界考古

パナギューリシュテ　Panagjurište
プロヴディフ行政区。前4世紀のトラキア時代の墓地があり、貴金属製の一連の出土品が発掘された。

¶世界美4

ブレゾヴォ　Brezovo
プロヴディフ州。古代名はアブラシュラーレ(Abrasšlare)。前6〜前5世紀頃の墳丘が発見された。ギリシャ時代の遺品が出土。

¶世界美5

ボヤナ教会　Boyana Church
ヴィトシャ山地の山麓。ブルガリア正教会の教会堂。11、13、19世紀建造の3つの聖堂からなる。

世界遺産(ボヤナ教会 1979)

¶新潮美(ボイヤナ聖堂)、世遺事、成世遺上(ボヤナ聖堂)〔写〕、世遺百(ボヤナ教会堂)、

東欧、ビジ世遺(ボヤナ聖堂)〔写〕、文化史蹟11(ボイヤナの聖堂)〔写〕、ユネ世遺9(ボヤナの聖堂)〔写〕

マダラ　Madara
シュメン州の地名。新石器時代に始まり、トラキア・ローマ時代からブルガール族の時代を経て、ビザンティン時代まで及ぶ考古資料が出土。

¶世界美5

マダラの騎士像　Madara Rider
シュメンの東18kmマダラ高原の山中の岩壁に残る。地上約23mの高さに刻まれたもの。8〜9世紀頃の製作で、伝説の騎士テルヴェル・ハーンがモデルとされる。

世界遺産(マダラの騎士像 1979)

¶世遺事、成世遺上〔写〕、世遺百、ビジ世遺(マダラ騎士像)〔写〕、ユネ世遺9(マダラの騎馬像)〔写〕

メゼク　Mezek
スヴィレングラード近郊の村。トラキア文化史上きわめて重要な墳丘がある。整った切石で築かれており、ドロモス(羨道)とトロス(古代の円堂)を備え、ミュケナイの墓に類似している。

¶世界美6

リラ修道院　Rila Monastery
リラ山地の山あい。10世紀に建てられた東方正教会の修道院。創建者はブルガリアの隠修士の聖イヴァン・リルスキー。18〜19世紀の建物が多数を占める。ビザンチン様式。

世界遺産(リラ修道院 1983)

¶遺建11〔写/図〕、宗教建築(リラの修道院)〔写/図〕、世遺事、成世遺上〔写〕、世遺地、世遺百〔写〕、世界美6(リラ〔修道院〕)、東欧、ビジ世遺〔写〕、ユネ世遺9(リラの修道院)〔写〕

ベラルーシ

シュトルーヴェの測地弧
Struve Geodetic Arc

ノルウェーのハンメルフェストから黒海まで10ヵ国、2820km以上にわたる265地点の三角測量点群。天文学者フリードリッヒ・ゲオルグ・ヴィルヘルム・フォン・シュトゥルーヴェが1816〜55年に設置。初めて子午線の長さを正確に測定した。地球の正確な形状と大きさの証明に大きく貢献したことから世界遺産に登録。

世界遺産(シュトゥルーヴェの三角点アーチ観測地点群 2005)

¶世遺事、成世遺上〔写〕、世遺百

ネースヴィジのラジヴィール家の建築、住居、文化的複合体
Architectural, Residential and Cultural Complex of the Radziwill Family at Nesvizh

ミンスク州のネスビシェ地域の中心部。16世紀から1939年まで存続したラジヴィール家の居住用の城館、キリストの聖体を祀る霊廟教会など。

世界遺産(ネースヴィジのラジヴィール家の建築、住居、文化的複合体 2005)

¶世遺事(ネスヴィシェにあるラジヴィル家の建築、住居、文化の遺産群)、成世遺上(ネスヴィジにあるラジヴィール家住居)〔写〕、世遺百

ベルギー　　　　　　　　　　　　556

（ネスヴィジのラジヴィル家の建築、住居、文化的複合体）

ガ造りの塔を持ち、後にルネサンス様式、バロック様式に改築された。

ミール地方の城と関連建物群
Mir Castle Complex
コレリチ地方のグロドノ地域。15世紀末にユーリー・イリイニチ公が建造した宮殿。5つのレン

世界遺産 （ミール地方の城と関連建物群　2000）
　¶世遺事（ミール城の建築物群）, 成世遺上（ミール城の建造物）〔写〕, 世遺百（ミール地方の城と関連建築）〔写〕, ビジ世遺（ミール城の建造物群）〔写〕

ベルギー

アントウェルペン市庁舎
Hôtel de Ville, Anvers
アントウェルペン州。コルネリス・フロリスの設計で、1560年の競技設計（コンペティション）の当選作として1561〜65年に建造された。
　¶遺建9〔写/図〕, 新潮美

建築家ヴィクトール・オルタによる主な邸宅群（ブリュッセル）
Major Town Houses of the Architect Victor Hort (Brussels)
ブリュッセル市内。ブリュッセルにはアールヌーヴォーの巨匠ヴィクトル・オルタの設計による建築が多く残る。タッセル邸、ソルヴェイ邸、ファン・エートヴェルド邸、現在オルタ美術館になっているオルタ邸の4つが世界遺産に登録。いずれも質素な鉄と石のファサードの中に、複雑な鉄のインテリアを閉じこめる方式。
　世界遺産 （建築家ヴィクトール・オルタによる主な邸宅群（ブリュッセル）2000）
　¶世遺事（ブリュッセルの建築家ヴィクトール・オルタの主な邸宅建築）, 成世遺上（建築家オルタの建てたおもな邸宅）〔写〕, 世遺百（建築家ヴィクトール・オルタによる主要な邸宅（ブリュッセル））〔写〕, ビジ世遺（建築家ヴィクトル・オルタの主要な邸宅）〔写〕

ストックレー邸　Stoclet House
ブリュッセル首都圏地域。1905年、銀行家アドルフ・ストックレーが、ウィーン分離派の建築家ジョセフ・ホフマンに依頼して建てた邸宅。グスタフ・クリムトなどの芸術家が、内装・外装、家具、庭園などを装飾し、1911年完成。建物は直線的で、アール・デコの端緒となった。外観・内装とも完全な形で保存されている。
　世界遺産 （ストックレー邸　2009）
　¶世遺事, 成世遺上〔写〕, 世遺百

スピー　Spy
ナミュールの西約10km。旧石器時代の洞穴遺跡。4層の文化層がある。下部から2個のネアンデルタール人骨が確認。
　¶世界考古

スピエンヌの新石器時代の火打石の鉱山発掘地（モンス）
Neolithic Flint Mines at Spiennes (Mons)
エノー州の州都モンス。100ha余りの面積に広がる新石器時代の鉱山発掘地。古代採石場ではヨーロッパ最大かつ最古の遺跡。6千年以上も前から火打石の露天掘りが始まり、前8世紀頃まで採掘が続いた。内部には坑道や立坑がある。周辺に集落跡を集積。
　世界遺産 （スピエンヌの新石器時代の火打石の鉱山発掘地（モンス）2000）
　¶世遺事（モンスのスピエンヌの新石器時代の燧石採掘坑）, 成世遺上（スピエンヌの新石器時代の火打ち石鉱山）〔写〕, 世遺百（スピエンヌ（モンス）の新石器時代の火打石の鉱山発掘地）〔写〕, ビジ世遺（スピエンヌの新石器時代の火打ち石鉱山）〔写〕

トゥールネ　Tournai
西部。ローマ起源の都市。1世紀に遡る木造小屋（兵舎？）や堀が出土した。
　¶世界考古

トゥルネーのノートル・ダム大聖堂
Notre-Dame Cathedral in Tournai
エノー州トゥルネー。1140年に建造開始。全長134mという大規模なロマネスク様式の教会建築。ゴシック様式の原型となった。身廊や柱頭の多彩な彫刻群、袖廊の5つの塔などが有名。
　世界遺産 （トゥルネーのノートル－ダム大聖堂　2000）
　¶新潮美（トゥルネ〔ノートル＝ダーム大聖堂〕）, 世遺事, 成世遺上〔写〕, 世遺百〔写〕, ビジ世遺〔写〕

プランタン・モレトゥスの家屋・工房・博物館複合体
Plantin-Moretus House-Workshops-Museum Complex
フランドル地方アントワープ。16世紀設立の世界最古の印刷工場・出版所を博物館にしたもの。名称は創業者のクリストフ・プランタンと後継者モレトゥスに由来。15世紀以降の貴重な蔵書

や活字、現存する世界最古の印刷機などを保存。

世界遺産(プランタン−モレトゥスの家屋—工房—博物館複合体 2005)

¶世遺事(プランタン・モレトゥスの住宅、作業場、博物館)、成世遺上(プランタン・モレトゥスの印刷博物館)〔写〕、世遺百〔写〕

フランドル地方のベギン会修道院
Flemish Béguinages

フランドル(フランダース)地方。ベギン会は12世紀に始まった女子修道会。フランドル地方のブリュージュ、ゲント、ルーベンなど各地に13世紀に建てられたベギン会の建物が残る。ベギン会修道院は住居や教会だけでなく、共同体で使われる作業場なども含む複合的な建築構成。

世界遺産(フランドル地方のベギン会修道院 1998)

¶世遺事(フランドル地方のベギン会院)、成世遺上(フランドル地方のベギン修道会建造物)〔写〕、世遺百〔写〕、ビジ世遺(フランドル地方にあるベギン修道会の建造物)〔写〕

ブリュッセルのグラン・プラス
La Grand-Place, Brussels

ブリュッセル中心にある大広場。11世紀から、様々な儀式が行われてきた。1695年、フランス国王ルイ14世の砲撃により焼失、市庁舎(15世紀前半)と王の家(16世紀)が残った。主に17世紀の建築物群に囲まれる。

世界遺産(ブリュッセルのグラン−プラス 1998)

¶世遺事、成世遺上〔写〕、世遺百〔写〕、ビジ世遺〔写〕

ブルージュの歴史地区
Historic Centre of Brugge

西フランダース州の州都ブルージュ。9世紀に形成された都市。11世紀頃から次第に発達し、13〜14世紀には毛織物工業と織物取引の中心地として繁栄。マルクト広場を中心とする旧市街には当時の町並みと運河が残る。救世主大聖堂、聖母聖堂など多くの聖堂建築、カリヨンがある鐘塔、市庁舎など、ゴシック様式の建築が多い。

世界遺産(ブリュージュ歴史地区 2000)

¶世遺事、成世遺上(ブルージュ歴史地区)〔写〕、世遺百(ブルッヘ(ブリュージュ)歴史中心地区)〔写〕、世界美5(ブリュッヘ(ブリュージュ))、ビジ世遺〔写〕

ベルギーとフランスの鐘楼群
Belfries of Belgium and France

ベルギーのフランドル地方とワロン地方、フランスのノール・パ・ド・カレ地方とピカルディ地方。リールの市庁舎、アラスの鐘楼など、両国合わせて56の鐘楼が世界遺産に登録。鐘楼は多くが市庁舎や大聖堂に付属し、市民社会の象徴とされた。11〜17世紀にかけて建立され、様々な形態のゴシック、ルネサンス、バロックなど多様な形態

がある。

世界遺産(ベルギーとフランスの鐘楼群 1999, 2005)

¶世遺事、成世遺上(ベルギーとフランスの鐘楼)〔写〕、世遺百、ビジ世遺(フランドル地方とワロン地方の鐘楼)〔写〕

ラ・ルヴィエールとル・ルー(エノー州)の中央運河にかかる4機の水力式リフト、およびその周辺環境
The Four Lifts on the Canal du Centre and their Environs, La Louvière and Le Roeulx (Hainault)

エノー州の州都モンスの東十数kmのところ。中央運河に1882〜1917年に建造された4つの閘門。運河上の橋梁、付属建築物などの関係施設をも含むラ・ルヴィエール、ル・ルーの敷地全体が世界遺産に登録されている。

世界遺産(中央運河にかかる4機の水力式リフトとその周辺のラ・ルヴィエール及びル・ルー(エノー) 1998)

¶世遺事(ルヴィエールとルルー(エノー州)にあるサントル運河の4つの閘門と周辺環境)、成世遺上(ラ・ルヴィエールとル・ルーの運河)〔写〕、世遺百、ビジ世遺(ラ・ルヴィエールとル・ルーの中央運河の閘門と周辺)〔写〕

ル・コルビュジエの建築作品—近代化運動への顕著な貢献
The Architectural Work of Le Corbusier, an Outstanding Contribution to the Modern Movement

フランス、スイス、ベルギー、ドイツ、インド、アルゼンチン、日本の7ヶ国にある17件の建築物群が世界遺産登録。フランスで主に活躍した建築家・都市計画家のル・コルビュジエ(1887-1965)が手がけた建築物。ベルギーでは、ギエット邸が構成資産となっている。

世界遺産(ル・コルビュジエの建築作品—近代建築運動への顕著な貢献— 2016)

¶世遺事

ルーベンスの家

アントワープのワッパー広場にある。フランドルの画家、ペーテル・パウル・ルーベンスが1610〜40年まで、晩年の30年を過ごした家とアトリエ。家の装飾はイタリア・ルネサンスの表現形式への傾倒を反映。

¶歴史建築〔写/図〕

レムーシャンプ Remouchamps

リエージュの南。後期旧石器時代の洞穴遺跡。旧石器時代末の一種の地方文化の遺物を出土。

¶世界考古

ボスニア・ヘルツェゴビナ　　　　　558

ワロン地方の主要な鉱山遺跡群
Major Mining Sites of Wallonia
南部、ワロン地方。グラン・オルニュ、カジエの森、ボワ・デュ・リュック、ブレニー・ミーヌの4つの炭鉱跡は、19世紀前半から20世紀のベルギーの炭鉱で、最もよく保存された場所。産業と日常生活が一体化した都市計画の様相を伝える。

[世界遺産]（ワロン地方の主要な鉱山遺跡群　2012）

¶ 世遺事、成世遺上（ワロン地方の鉱山）〔写〕、世遺百（ワロン地方の主要な鉱山史跡）

ボスニア・ヘルツェゴビナ

ヴィシェグラードのメフメド・パシャ・ソコロヴィッチ橋
Mehmed Paša Sokolović Bridge in Višegrad
ドリナ川に架かる。レンガ造りの橋。オスマン帝国の宮廷建築家ミマル・シナンが設計。橋の名前は橋の建築を命じた宰相に由来。

[世界遺産]（ヴィシェグラードのメフメド・パシャ・ソコロヴィッチ橋　2007）

¶ 世遺事（ヴィシェグラードのメフメット・パシャ・ソコロヴィッチ橋）、成世遺上（メフメド・パシャ・ソコロヴィッチ橋）〔写〕、世遺百〔写〕

グラシナク　Glasinac
サライェヴォの東方。青銅器時代初頭から鉄器時代にいたる遺跡。グラシナク文化の標準遺跡。

¶ 世界考古

ステチェツィの中世の墓碑群
Stećci Medieval Tombstones Graveyards
ボスニア王国の領域。12～16世紀にかけて作られた巨大墓碑。幾何学図形などの装飾が刻まれている。ヨーロッパ南東部に7万点以上あり、30件が世界遺産に登録された。

[世界遺産]（中世墓碑ステチュツイの墓所群　2016）

¶ 世遺事

ズボルナ・ゴミラ
ボスニア・ヘルツェゴビナの遺跡。14世紀頃のブラック人の墓石。

¶ 世遺地

ツェレーナ・ペチーナ　Zelena Pecina
サラエヴォの南西約80km。岩陰遺跡。新石器時代を中心に3層の文化層がある。

¶ 世界考古

ブトミール　Butmir
サラエヴォの近く。新石器時代の遺跡。土器は非常に発達し、すぐれた遺物が出土。特徴的なものとして土偶がある。

¶ 世界考古

モスタル旧市街の古橋地域
Old Bridge Area of the Old City of Mostar
サラエヴォの南100km、ネレトヴァ川の深い渓谷にある。15～16世紀にオスマン帝国の国境の町として栄え19～20世紀のオーストリア・ハンガリー帝国時代に発展。古橋スタリ・モストと古いトルコ風の家屋群で知られる。

[世界遺産]（モスタル旧市街の古橋地区　2005）

¶ 遺建7（モスタル）〔写/図〕、世遺事、成世遺上〔写〕、世遺百（モスタル旧市街の古橋地区）〔写〕、東欧（モスタル）〔写〕

ポーランド

アウシュヴィッツ・ビルケナウ ナチスドイツの強制絶滅収容所（1940-1945）
Auschwitz Birkenau －German Nazi Concentration and Extermination Camp (1940-1945)
ポーランド南部、ビェルスコ＝ビャワ州首都ワルシャワの南約240km。第二次世界大戦中、ナチス・ドイツがユダヤ人やポーランド人などを連行した収容所。現在は博物館となり、人類の負の遺産として世界遺産に登録された。

[世界遺産]（アウシュヴィッツ・ビルケナウ ナチスド

イツの強制絶滅収容所（1940-1945）　1979）

¶ 世遺事（アウシュヴィッツ・ビルケナウのナチス・ドイツ強制・絶滅収容所（1940-1945））、成世遺上（アウシュヴィッツとビルケナウ）〔写〕、世遺百（アウシュヴィッツ・ビルケナウ：ナチス・ドイツの強制収容所（1940-1945年））〔写〕、東欧（アウシュビッツ）〔図〕、ビジ世遺（アウシュヴィッツ強制収容所）〔写〕、ユネ世遺7（アウシュヴィッツ強制収容所）〔写〕

ヴァヴェル城　WaWel Royal Castle

クラクフ。竜の住んでいたという伝説のある丘に建てられた城。アルプス山脈以北においてつくられたルネサンス様式のアーケードをもつ最初の中庭がある。

¶ 遺建1（ワウェル城）〔写/図〕

ヴィエリチカ・ボフニア王立岩塩坑

Wieliczka and Bochnia Royal Salt Mine

マウォポルスカ県。13世紀から産出を続ける世界最古の岩塩坑。坑内には岩塩層をくりぬいた礼拝堂や、無数の岩塩の彫刻がある。

世界遺産（ヴィエリチカ・ボフニア王立岩塩坑　1978, 2013）

¶ 世遺事（ヴィエリチカとボフニャの王立塩坑群），成世遺上（ヴィエリチカ岩塩坑）〔写〕，世遺百（ヴィエリチカとボフニャの王立岩塩坑）〔写〕，ビジ世遺（ヴィエリチカ岩塩坑）〔写〕，ユネ世遺7（ヴェリチカ岩塩坑）〔写〕

ヴロツワフの百周年記念ホール

Centennial Hall in Wrocław

シロンスク地方ドルヌィ・シロンクス県の県都ヴロツワフ。1911〜1913年にヴロツワフの建築家マックス・ベルクが建てた多目的ホール。後の鉄筋コンクリート建築物に影響を与えた現代技術と現代建築の先駆的作品。

世界遺産（ヴロツワフの百周年記念ホール　2006）

¶ 世遺事（ヴロツワフの百年祭記念館），成世遺上（ヴロツワフ百年会館）〔写〕，世遺百〔写〕

カルヴァリア・ゼブジトフスカ：マニエリスム様式の建築と公園の景観複合体と巡礼公園

Kalwaria Zebrzydowska: the Mannerist Architectural and Park Landscape Complex and Pilgrimage Park

マーウォポルスカ地方。エルサレムのゴルゴタの丘を模したキリスト教徒の巡礼の聖地。キリストや聖母マリア礼拝所が17世紀初めの建立当時の姿を留める。

世界遺産（カルヴァリア・ゼブジトフスカ：マニエリスム様式の建築と公園の景観複合体と巡礼公園　1999）

¶ 世遺事（カルヴァリア ゼブジドフスカ：マニエリズム建築と公園景観それに巡礼公園），成世遺上（カルヴァリア・ゼブジトフスカ）〔写〕，世遺百（カルヴァリア・ゼブジトフスカ：マニエリスム様式の建築と公園の景観複合体、および巡礼公園）〔写〕，ビジ世遺（カルヴァリア・ゼブジトフスカの景観複合体と巡礼公園）〔写〕

クションジュ城

低シレジア・ズデーテン山地の麓。13世紀、城塞として建造。北面は2つの塔を備えた中世ゴシック様式、南面はイタリア・バロック様式という2つの建築様式をあわせもつ。

¶ 空大宮殿〔写〕

グダニスクの聖マリア大聖堂

グダニスク。1343年〜1502年に建てられた後期ゴシック様式の聖堂。

¶ 空大聖堂〔写〕

クヤーヴィ巨石墓

イノヴロツワフとヴウォツクーヴェクの間にあるクヤーヴィ地方と西部ポメラニア。前2500年頃の巨石墓。

¶ 古遺地〔図〕

クラクーフ・ズヴィエルジニエチュ

Kraków-Zwierzyniec

クラクーフ郊外。旧石器時代の遺跡。セレタ文化の代表的遺跡として知られる。

¶ 世界考古

クラクフ歴史地区

Historic Centre of Kraków

クラクフ州、ポーランド王国の首都として栄えた都市。14世紀の織物会館、旧市庁舎、ポーランド最古の大学ヤゲロ大学、バベル城などがある。

世界遺産（クラクフ歴史地区　1978）

¶ 世遺事（クラクフの歴史地区），成世遺上〔写〕，世遺百（クラクフ歴史中心地区）〔写〕，東欧（クラクフ），ビジ世遺（クラクフの歴史地区）〔写〕，ユネ世遺7（クラクフの歴史地区）〔写〕

ザモシチ旧市街　Old City of Zamość

ザモシチ州の州都ザモシチ。16世紀後半、ポーランドの総司令官ヤン・ザモイスキが造った、後期ルネサンス様式の要塞都市。ザモイスキ宮殿、中央広場、レデエメル修道院などが残る。

世界遺産（ザモシチ旧市街　1992）

¶ 世遺事（ザモシチの旧市街），成世遺上〔写〕，世遺百、東欧（ザモシチ），ビジ世遺（ザモシチの旧市街）〔写〕，ユネ世遺7（ザモシチの旧市街）〔写〕

スターラとノーヴァ・スウーピア

シフィエントクシスキエ山脈の斜面および麓、約500平方kmの地域。先史時代のヨーロッパにおいて最大の製鉄中心地。鉄生産は、前2世紀から1世紀にかけての後ラ・テーヌ期に始まり、最盛期は、後1世紀〜3世紀。

¶ 古遺地〔図〕

トルニの中世都市　Medieval Town of Torun

トルン県の県都トルニ。イスラエルのチュートン騎士団が、13世紀中頃にプロイセン地方への征服と伝道のために城を築いた。旧市庁舎、聖ヨハネ聖堂などが当時の面影を留めている。

世界遺産（中世都市トルニ　1997）

¶ 世遺事（トルンの中世都市），成世遺上（中世

都市トルニ）〔写〕，世遺百（中世都市トルン）
〔写〕，東欧（トルン），ビジ世遺（中世都市ト
ルニ）〔写〕

ビスクピン　Biskupinie
グニエズノ（ズニン）付近の平坦な地方。前550
～400年頃の砦集落址。
¶遺跡100〔写/図〕，古遺地〔図〕，世界考古
（ビスクパン）〔写〕

ポーランドとウクライナのカルパチア地方の木造教会群
Wooden Churches of the Slovak part of the
Carpathian Mountain Area
ポーランドの南部とウクライナの西部地域にま
たがる。16～19世紀に東方正教会とギリシャ正
教会のコミュニティによって建設された16棟の
木造の教会。木材を水平に組み上げた独特の方
式で建造。内部は3室の単廊式平面。イコンで覆
われた木製の壁と内部の多色装飾が特徴的。
　世界遺産（ポーランド，ウクライナのカルパチア地方
　の木造教会　2013）
¶世遺事，成世遺上（カルパティア地方の木造聖
堂）〔写〕，世遺百（ポーランドとウクライナの
カルパチア地方のツェールクヴァ）

マウォポルスカ南部の木造教会群
Wooden Churches of Southern Małopolska
ビナロワ，デブノ，ムロワナなどの町にある。
15～16世紀に建造された9つの木造教会群。都
市部でみられる教会のレンガ造りを木で代替し
た。木造ゴシック様式。
　世界遺産（マーウォポルスカ南部の木造教会群
　2003）
¶世遺事，成世遺上（マウォポルスカの木造聖
堂）〔写〕，世遺百（ポーランド南部のマウォポ
ルスカの木造教会堂）〔写〕，ビジ世遺（マウォ
ポルスカ地方南部の木造聖堂群）〔写〕

マルボルクのドイツ騎士団の城
Castle of the Teutonic Order in Malbork
マルボルク。ドイツ騎士団の城塞。城塞に修道院
施設を組み込んだ独特な建築様式。1309年以降，
総長の居所となった。本来の修道院施設（1290
年頃建設）である「高城」と，主に総長が用いる
施設「中城」で構成される。
　世界遺産（マルボルクのドイツ騎士団の城　1997）
¶宗教建築（マルボルク（マリエンブルク）のドイ
ツ騎士修道会城塞）〔写/図〕，新潮美（マールボ
ルク），世遺事（マルボルクのチュートン騎士団
の城），成世遺上（マルボルクのチュートン様式
の城）〔写〕，世遺百〔写〕，空城と要塞（マル
ボルク城）〔写〕，ビジ世遺（マルボルクの
チュートン様式の城郭）〔写〕

ムスカウアー公園／ムジャコフスキ公園
Muskauer Park/Park Mużakowski
ドイツの北東部とポーランドの西部，ラウジッ
ツ・ナイセ川が流れる国境に広がる。ヘルマン・
フォン・ピュックラー＝ムスカウ王子が1815～
44年に造った公園。新たな景観設計の手法で，
周辺の農地景観と一体化している。
　世界遺産（ムスカウアー公園／ムジャコフスキ公園
　2004）
¶世遺事（ムスカウ公園／ムザコフスキー公園），
成世遺上（ムスカウア（ムジャコフスキ）公園）
〔写〕，世遺百

ヤヴォルとシフィドニツァの平和教会群
Churches of Peace in Jawor and Ś widnica
ロアー・シレジア地方のブロツワフ市近郊。ヨー
ロッパ最大の木造宗教建築物。17世紀中期頃の
宗教紛争の時期，シレジアで最大の塔をもつゴ
シック様式の寺院として建設された。
　世界遺産（ヤヴォルとシフィドニツァの平和教会群
　2001）
¶世遺事（ヤヴォルとシフィドニツァの平和教
会），成世遺上（ヤヴォルとシヴィドニツァの平
和聖堂）〔写〕，世遺百（ヤヴォルとシフィドニ
ツァの平和教会堂），ビジ世遺（ヤヴォルとシ
ヴィドニツァの平和聖堂）〔写〕

ヨルダンスミュール　Jordansmühl
南部低シレジア地方にある。新石器時代の集落・
墓地遺跡で，ヨルダンスミュール文化の標準遺
跡。ヨルダノーヴァとも呼ばれる。土器は彩文
土器が特徴的であり，刻文土器もある。
¶世界考古〔写/図〕〔遺物〕

ワルシャワの王宮　わるしゃわのおうきゅう★
ワルシャワ。ワルシャワへの遷都に際し建造が
計画された。1598～1619年にかけて設計し，そ
の後幾度も改築。第二次世界大戦で破壊され，
1971～84年にかけて再建。
¶歴史建築（王宮）〔写/図〕

ワルシャワ歴史地区
Historic Centre of Warsaw
ワルシャワ。第2次世界大戦後，17～18世紀の町
並みに復元された旧市街。旧市街広場やザムコ
ビ広場，レンガ建築の聖堂，石畳の街路など中
世の建造物が再現されている。
　世界遺産（ワルシャワ歴史地区　1980）
¶世遺事（ワルシャワの歴史地区），成世遺上
〔写〕，世遺百（ワルシャワ歴史中心地区）
〔写〕，東欧（ワルシャワ）〔図〕，ビジ世遺（
ワルシャワの歴史地区）〔写〕，ユネ世遺7（ワル
シャワの歴史地区）〔写〕

ポルトガル

アゾレス諸島のアングラ・ド・エロイズモの町の中心地区

Central Zone of the Town of Angra do Heroismo in the Azores

大西洋上、アゾレス諸島テルセイラ島南部。港湾都市。スペイン人の侵入後、大航海時代に新大陸と旧大陸の中継地として繁栄。聖フランシスコ修道院や聖サルバドル大聖堂、サン・セバスティアン要塞やブラジル山のサン・フェリペ要塞がある。

世界遺産（アゾレス諸島のアングラ・ド・エロイズモの町の中心地区　1983）

¶世遺事（アソーレス諸島のアングラ・ド・エロイズモの町の中心地区），成世遺上（アゾレス諸島のアングラ・ド・エロイズモ）〔写〕，世遺百，ビジ世遺（アゾレス諸島のアングラ・ド・エロイズモの中心地区）〔写〕，ユネ世遺10（アゾレス諸島のアングラ・ド・エロイズモ）〔写〕

アルコバサの修道院

Monastery of Alcobaça

アルコバサ。サンタ・マリア修道院とも。初期ゴシック様式によるシトー会の修道院。ベルナルドゥス・デ・クレルヴォーの寄進を受け、初代ポルトガル国王アフォンソ1世が設立。1153年着工、主要部分は1222年に完成。簡素で厳粛な建物はシトー会の精神をよく反映する。

世界遺産（アルコバッサの修道院　1989）

¶世遺事，成世遺上（アルコバッサの修道院）〔写〕，世遺百（アルコバーサ修道院）〔写〕，ビジ世遺（アルコバッサの修道院）〔写〕，ユネ世遺10〔写〕

アルト・ドウロ・ワイン生産地域

Alto Douro Wine Region

アルト・ドウロ地域。世界的に有名なポートワインの産地。2千年前から伝統的な方法でワインを生産。葡萄の段々畑、ワイン生産に関連するあらゆる施設や村落、教会、道路などが文化的景観として世界遺産に登録。

世界遺産（アルト・ドウロ・ワイン生産地域　2001）

¶世遺事（ワインの産地アルト・ドウロ地域），成世遺上（アルト・ドウロのワイン生産地域）〔写〕，世遺百（アルト・ドウロのワイン生産地域）〔写〕，ビジ世遺（アルト・ドウロのワイン生産地域）〔写〕

アルメンドレス

エヴォラ近く。前3500～前1500年につくられたクロムレック（環状列石）。95個の巨石が卵形に二重に並べられている。

世界遺産（エヴォラ歴史地区　1986）

¶世遺地（アルメンドラス）

ヴィラ・ノヴァ・ド・サン・ペドロ

Vila Nova de São Pedro

サンタレム近郊。新石器時代末～金属器時代初めの集落址。最下層はタグス文化中期に属する。ミリャレス文化の段階で稜堡を有する壁に囲まれた集落が形成される。

¶世界考古

エヴォラ歴史地区

Historic Centre of Évora

アレンテージョ地方の都市エヴォラ。標高300mの丘の上にある城壁で囲まれた町。2世紀末のディアナ神殿、12～13世紀のロマネスク様式と初期ゴシック建築が融合した大聖堂、16世紀のムーア風とゴシック様式の混じったサン・フランシスコ聖堂などが残る。

世界遺産（エヴォラ歴史地区　1986）

¶スペ・ポル（エボラ），世遺事（エヴォラの歴史地区），成世遺上〔写〕，世遺百（エヴォラ歴史中心地区）〔写〕，ビジ世遺（エヴォラの歴史地区）〔写〕，ユネ世遺10（エヴォラの歴史地区）〔写〕

エルヴァスの国境防護の町とその要塞群

Garrison Border Town of Elvas and its Fortifications

エルヴァス。世界最大の星型城塞都市及び近隣の星型要塞群。17～19世紀にかけて、近代的な築城技術を駆使して建設。城塞内には兵舎や軍事施設のほか、教会や修道院がある。アモレイラ水道橋も残る。

世界遺産（国境防備の町エルヴァスとその要塞群　2012）

¶世遺事，成世遺上（エルヴァスの国境要塞都市）〔写〕，世遺百（国境防備の町エルヴァスとその城塞）〔写〕

ギマランイス歴史地区

Historic Centre of Guimarães

サンタ・カタリナ山脈の麓ギマランイス。ポルトガル初代国王アフォンソ・エンリケスの生誕地でポルトガル最初の首都。歴史地区には中世の建造物が多く残る。ギマランイス城、サン・フランシスコ教会、ブラガンサ公爵館など。

世界遺産（ギマランイス歴史地区　2001）

¶スペ・ポル（ギマランイス），世遺事（ギマランイスの歴史地区），成世遺上〔写〕，世遺百（ギマランイス歴史中心地区），ビジ世遺（ギマランイスの歴史地区）〔写〕

ポルトガル　562

コア渓谷とシエガ・ヴェルデの先史時代の岩壁画
Prehistoric Rock Art Sites in the Côa Valley and Siega Verde

ポルトガルの北東部、ドゥーロ川の上流域およびスペインの西部のサラマンカ県。前2万2千〜1万年頃の旧石器時代前期以降の岩壁画群。ポルトガルのコア渓谷では22ヵ所に214の岩壁画が点在。スペインのシエガ・ヴェルデ遺跡には旧石器時代の彫刻がある。

│世界遺産│（コア渓谷とシエガ・ヴェルデの先史時代のロックアート遺跡群　1998, 2010）

¶ 世遺事, 成世遺上（コア渓谷とシエガ・ヴェルデの岩絵）〔写〕, 世遺百（コア渓谷とシエガ・ヴェルデの先史時代の岩絵史跡）, ビジ世遺（コア渓谷の先史時代の岩絵）〔写〕

コインブラ大学―アルタとソフィア
University of Coimbra—Alta and Sofia

コインブラ。1290年にポルトガル王ディニス1世によって創設された大学。ヨーロッパで最も古い大学の一つ。主要建築物は16〜17世紀にかけて建造。大学と都市とが共生し、大学の機能が都市の建築にも反映されている典型的な大学都市。

│世界遺産│（コインブラ大学―アルタとソフィア　2013）

¶ 世遺事, 成世遺上〔写〕, 世遺百（コインブラ大学：アルタ, ソフィア）〔写〕

コニンブリガ　Conimbriga

コインブラの南15km。古代ローマ人の集落遺跡。城壁、水道の一部、フォルム、旅籠屋、公共浴場のほか、<噴水の家>と呼ばれる民家などを発掘。

¶ スペ・ポル

サン・ジョルジェ城　Castelo Sao Jorge

リスボン。古い時代から原住民の砦があった丘に建つ。1147年にモーロ人からリスボンを奪ったアフォンソ・エンリケがこの城をリスボンの守りとして強化した時の築城が現在の城趾の基となっている。

¶ 文化史蹟13〔写〕

シントラの文化的景観
Cultural Landscape of Sintra

シントラ。シントラはかつての王室の避暑地で、12〜15世紀の宮殿がある。シントラ宮殿は14世紀にジョアン1世が夏の離宮として建造、19世紀頃まで増改築が繰り返された。ペナ宮はフェルディナンド2世が修道院を改築し、ゴシック、ムデハル、ムーア、ルネサンスの要素で装飾。ムーア人の城塞や、レガレイラ宮殿なども残る。

│世界遺産│（シントラの文化的景観　1995）

¶ スペ・ポル（シントラ）, 世遺事, 成世遺上

（シントラ）〔写〕, 世遺百〔写〕, ビジ世遺〔写〕, ユネ世遺13〔写〕

シントラ・ペナ城　Palacio da Pena

シントラ。ヘロニモーテス修道院の後に19世紀になって造られた。ポルトガル王室の夏の離宮として構築されたもの。

¶ 文化史蹟13〔写〕

トマールのキリスト教修道院
Convent of Christ in Tomar

サンタレン県のトマール。12世紀に十字軍に参加したテンプル騎士団が町を建設。12世紀末に国土回復戦争の象徴として丘の上に修道院の建設が開始、16世紀に完成。ロマネスク様式の芸術、テンプル騎士団員の象徴主義、大航海時代のゴシックおよびマヌエル様式、バロック様式に至る芸術の歴史が反映されている。付近には16世紀に再建されたエンリケ航海王子の宮殿など、12〜17世紀の建築物がある。

│世界遺産│（トマールのキリスト教修道院　1983）

¶ 新潮美（トマール）, 世遺事（トマルのキリスト教修道院）, 成世遺上（トマールのキリスト修道院）〔写〕, 世遺百（トマールのキリスト修道院）〔写〕, ビジ世遺（トマールのキリスト修道院）〔写〕, ユネ世遺10（トマールの修道院）〔写〕

バターリャの修道院　Monastery of Batalha

コスタ・デ・プラタ地方のバターリャ市。1385年にカスティーリャとの戦いに勝利したポルトガル王ジョアン1世が、戦勝を聖母マリアに感謝して戦場近くに建設。1388年着工、主要部分は1533年完成。ゴシック様式とマヌエル様式が混在。

│世界遺産│（バターリャの修道院　1983）

¶ スペ・ポル（バターリャ〔修道院〕）, 世遺事, 成世遺上（バターリャ修道院）〔写〕, 世遺百（バターリャ修道院）〔写〕, ビジ世遺〔写〕, 文化史蹟12（バターリャ修道院）〔写〕, ユネ世遺10〔写〕

ピコ島の葡萄園文化の景観
Landscape of the Pico Island Vineyard Culture

アソーレス諸島ピコ島。ピコ島では15世紀に入植したポルトガル人が葡萄栽培を開始。987haの登録地域に、密集した耕地や住居、19世紀初期の領主邸やワイン貯蔵室、教会などが残る。海まで傾斜する丘には、葡萄園を風や海水から守るための黒い石の壁が建てられている。

│世界遺産│（ピコ島のブドウ園文化の景観　2004）

¶ 世遺事, 成世遺上（ピコ島ブドウ園）, 世遺百（ピーコ島のブドウ園文化の景観）〔写〕

ファティマ　Fátima

サンタレン県。聖地。1917年以来「ファティマの聖母」が内外の信仰を集めることとなった。

1953年に広大な聖堂が完成。

¶ スペ・ポル

ブリテイロスの城砦

イベリア半島の北西部。前500～後300年頃の山城。

¶ 古遺地〔図〕

ペーナ宮殿

シントラ山脈の山頂。19世紀ロマン主義を象徴する建築。女王マリア2世の王配フェルナンド2世により、1836年に建造。

世界遺産（シントラの文化的景観 1995）

¶ 空大宮殿（ペナ宮）〔写〕，歴史建築〔写/図〕

ポルトの歴史地区、ルイス1世橋とセラ・ピラール修道院

Historic Centre of Oporto, Luiz I Bridge and Monastery of Serra do Pilar

ポルトの旧市街。ポルトは1千年以上の歴史を持つ国内第2の都市。ロマネスク様式の聖歌隊席を持つ大聖堂やサン・フランシスコ聖堂、典型的なマヌエル様式のサンタ・クララ聖堂、新古典主義派の証券取引所などが点在。ルイス1世橋はエッフェルの弟子による二階建て構造の鉄橋。

世界遺産（ポルト歴史地区、ルイス1世橋およびセラ・ド・ピラール修道院 1996）

¶ スペ・ポル（ポルト），世遺事，成世遺上（ポルト歴史地区）〔写〕，世遺百（ポルト歴史中心

地区）〔写〕，ビジ世遺（ポルトの歴史地区）〔写〕，ユネ世遺13（ポルトの歴史地区）〔写〕

ムージェ Muge

タホ河口付近。貝塚。中石器時代後半から新石器時代にかけてのもの。生活址、埋葬人骨を発見。

¶ 世界考古

リスボンのジェロニモス修道院とベレンの塔

Monastery of the Hieronymites and Tower of Belém in Lisbon

リスボン市内。ジェロニモス修道院はエンリケ航海王子が建てた礼拝堂跡に、1502年マヌエル1世が建築。後期ゴシック様式とルネッサンス様式の特徴を取り入れた、マヌエル様式の代表例。ベレンの塔は、1515～1521年に建造された河口の要塞。堅固な構えであるがマヌエル様式の装飾は優雅。

世界遺産（リスボンのジェロニモス修道院とベレンの塔 1983）

¶ 世遺事，成世遺上（リスボンの修道院とベレンの塔）〔写〕，世遺百〔写〕，ビジ世遺〔写〕，ユネ世遺10（リスボンのジェロニモスの修道院とベレンの塔）〔写〕

レイリア城 Castelo Leiria

レイリア。ポルトガル初代の王アフォンソ1世が1135年築いた王城。14世紀に改築され、さらに16世紀に現在残るような城が造られた。

¶ 文化史蹟13〔写〕

マケドニア

オフリド地域の自然遺産及び文化遺産

Natural and Cultural Heritage of the Ohrid region

オフリド。ヨーロッパ最古の湖として知られるオフリド湖の景観、周辺の聖ヨハン・カネオ聖堂などのキリスト教建築物やイコンが世界遺産に登録された。

世界遺産（オフリド地域の自然遺産及び文化遺産 1979、1980）

¶ 世遺事（オフリッド地域の自然・文化遺産），成世遺上（オフリド）〔写〕，世遺百（オフリド地方の自然遺産および文化遺産）〔写〕，東欧（オフリド）〔写〕，ビジ世遺（オフリド）〔写〕，ユネ世遺9（オフリド地方の歴史的建造物と自然）〔写〕

オフリドの聖堂

オフリド。20棟以上の聖堂が点在。聖クリメント聖堂（13世紀）、聖ヨハン・カネオ聖堂（12世紀）、聖ソフィア聖堂（11世紀）、聖ナウム修道院（10世紀）は保存状態も良好でブルガリア帝国

時代をよく伝える。

世界遺産（オフリド地域の自然遺産及び文化遺産 1979、1980）

¶ 宗教建築〔写/図（聖クリメント聖堂,聖ヨハン・カネオ聖堂）〕

スヴェータ・ソフィア大聖堂

Church of St. Sophia

オフリド。11～12世紀。三廊バシリカ式の建物。15世紀に回教徒がモスクに転用。双塔を備えた2層の玄関廊は14世紀のもの。

世界遺産（オフリド地域の自然遺産及び文化遺産 1979、1980）

¶ 新潮美，文化史蹟11〔写〕

スヴェータ・ボゴローディツァ・ペシュタンスカ聖堂

Church of Our Lady Of Pestani

オフリド湖東岸、ペシュタニの漁村の近く。14世紀頃。珍しい洞窟小聖堂。壁面と天井全面に

図像が描かれている。
¶ 文化史蹟11〔写〕

スヴェーティ・クリメント聖堂
Church of St. Clement
オフリド。1295年。ペリブレプトスの名でも知られる聖堂。パレオロゴス朝のアンドロニコス帝の娘夫妻によって建立。マケドニア共和国に残る典型的なビザンティン聖堂の作例。

世界遺産（オフリド地域の自然遺産及び文化遺産 1979、1980）

¶ 新潮美, 文化史蹟11〔写〕

スヴェーティ・パンテレイモン聖堂
Church of St. Panteleimon
スコピエ近郊ネレズィ村。1164年。アレクシオス・アンゲルスによって開かれた修道院聖堂。5組の円蓋をいただく。

¶ 文化史蹟11〔写〕

スヴェーテ・ザウム聖堂
Church of St. Zaum
オフリド湖東岸。14世紀。1361年聖母に捧げら

れた聖堂。外観、西正面の煉瓦による壁面装飾は特に美しい。

¶ 文化史蹟11〔写〕

スヴェーテ・ナウム修道院聖堂
Monastery Church of St. Naum
オフリド湖南岸。900年頃、スラヴ出身の聖人ナウムによって開かれた。当初の三葉形プランの旧堂礎石の上に現在の聖堂が建てられた。

世界遺産（オフリド地域の自然遺産及び文化遺産 1979、1980）

¶ 文化史蹟11〔写〕

トレベニシュテ　Trebenište
スコピエの南西約100km。前6世紀に発達したトレベニシュテ文化の標準遺跡。王侯の墓地がある。

¶ 世界考古

ネレズィ修道院
ヴォドノの山腹。1164年開創。現存するカトリコンはギリシャ十字式の小堂。

¶ 新潮美

マルタ

ヴァレッタの市街　City of Valletta
ヴァレッタ。1565年十字軍のヨハネ騎士団が港町を再建して、築いた城塞都市。宮殿、騎士団宿舎、聖堂、大学など中世の町並みを残す。

世界遺産（ヴァレッタ市街　1980）

¶ 世遺事, 成世遺上（ヴァレッタ市街）〔写〕, 世遺百（ヴァレッタ市街）〔写〕, 空城と要塞（ヴァレッタ）〔写〕, ビジ世遺（ヴァレッタ市街）〔写〕, ユネ世遺10（バレッタの市街）〔写〕

ジュガンティーア
マルタ。新石器時代の巨石神殿複合体。全長6m、重さ約20トンの石で建造。

世界遺産（マルタの巨石神殿群　1980, 1992）

¶ 世遺地

タルキシエン　Tarxien
ヴァレッタ南方。遺構を伴う聖域と新石器時代の火葬墓がある遺跡。周壁で囲まれたT神殿（前1600-前1500）はアプシスを伴う楕円形のいくつかの部屋からなる。

世界遺産（マルタの巨石神殿群　1980, 1992）

¶ 古遺地〔図〕, 世界考古, 世界美3（タルクシアン）, 世界美4（ハル・タルキシエン）

ハル・サフリエニ地下墳墓
Hal Saflieni Hypogeum
マルタ島東部のパオラにある。先史時代の地下墳墓。前2500年頃に建造された地下3層構造で、石室から約7千体の人骨を発見。

世界遺産（ハル・サフリエニ地下墳墓　1980）

¶ 古遺地（ハル＝サフリエニ）〔図〕, 世遺事（ハル・サフリエニの地下墳墓）, 成世遺上（ハル・サフリエニ地下墓地）, 世遺百（ハル・サフリエニ地下墓）, ビジ世遺（ハル・サフリエニ地下墓地）〔写〕, ユネ世遺10（ハル・サフリエニの地下墳墓）〔写〕

マルタの巨石神殿群
Megalithic Temples of Malta
マルタ本島とゴゾ島。人類最古の石造建築物の一つ。先史時代の神殿が30以上発見され、6つが世界遺産に登録された。

世界遺産（マルタの巨石神殿群　1980, 1992）

¶ 世遺事, 成世遺上（マルタの巨石神殿）〔写〕, 世遺百（マルタ巨石神殿群）〔写〕, 空古代遺跡（マルタ島）〔写〕, ビジ世遺（マルタの巨石神殿）〔写〕, ユネ世遺10（ゴゾ島とマルタ島の巨石神殿）〔写〕

モルドバ

シュトルーヴェの測地弧
Struve Geodetic Arc
　ノルウェーのハンメルフェストから黒海まで10ヵ国、2820km以上にわたる265地点の三角測量点群。天文学者フリードリッヒ・ゲオルグ・ヴィルヘルム・フォン・シュトゥルーヴェが1816〜55年に設置。初めて子午線の長さを正確に測定した。地球の正確な形状と大きさの証明に大きく貢献したことから世界遺産に登録。
　[世界遺産]（シュトゥルーヴェの三角点アーチ観測地点群　2005）
　　¶世遺事，成世遺上〔写〕，世遺百

モンテネグロ

クルヴェーナ・スティイェーナ
Crvena Stijena
　モンテネグロ地方。29層の層位をもつ岩陰遺跡。前期旧石器時代から青銅器時代にいたる文化層が発見されている。
　　¶世界考古

コトルの自然と文化―歴史地域
Natural and Culturo-Historical Region of Kotor
　コトル。アドリア海に面した港町。城壁に囲まれた旧市街の町並みは、カトリック教会や12世紀の聖トリフォン大聖堂、宮殿など12〜15世紀頃の姿を残す。
　[世界遺産]（コトルの自然と文化―歴史地域　1979）
　　¶世遺事，成世遺上（コトル）〔写〕，世遺百（コトル歴史地域の自然および文化）〔写〕，ビジ世遺（コトル）〔写〕，ユネ世遺9（コトル地方の歴史的建造物と自然）〔写〕

ステチェツィの中世の墓碑群
Stećci Medieval Tombstones Graveyards
　ボスニア王国の領域。12〜16世紀にかけて作られた巨大墓碑。幾何学図形などの装飾が刻まれている。ヨーロッパ南東部に7万点以上あり、30件が世界遺産に登録された。
　[世界遺産]（中世墓碑ステチュツイの墓所群　2016）
　　¶世遺事

ラトビア

シュトルーヴェの測地弧
Struve Geodetic Arc
　ノルウェーのハンメルフェストから黒海まで10ヵ国、2820km以上にわたる265地点の三角測量点群。天文学者フリードリッヒ・ゲオルグ・ヴィルヘルム・フォン・シュトゥルーヴェが1816〜55年に設置。初めて子午線の長さを正確に測定した。地球の正確な形状と大きさの証明に大きく貢献したことから世界遺産に登録。
　[世界遺産]（シュトゥルーヴェの三角点アーチ観測地点群　2005）
　　¶世遺事，成世遺上〔写〕，世遺百

リガの歴史地区　Historic Centre of Riga
　リガ。13世紀〜15世紀の中欧・東欧貿易で繁栄した都市。町並みには中世ドイツの商業都市の特徴がよくみられる。
　[世界遺産]（リガ歴史地区　1997）
　　¶世遺事，成世遺上（リガ歴史地区）〔写〕，世遺百（リガ歴史中心地区）〔写〕，ビジ世遺〔写〕，ロシア（リガ）

リトアニア

ヴィリニュスの歴史地区
Vilnius Historic Centre
　ヴィリニュス。13〜18世紀後半までリトアニア大公国の首都として栄えた町。1420年建造のゲジミナス城や1579年創立のビリニュス大学、ゴ

ルクセンブルク　566

シック様式の聖ニコライ教会や聖ペテロ・パウロ教会などがある。

世界遺産 (ヴィルニュスの歴史地区　1994)

¶世遺事, 成世遺上 (ヴィリニュス歴史地区)〔写〕, 世遺百 (ヴィルニュス歴史中心地区)〔写〕, ビジ世遺〔写〕, ユネ世遺7 (ビリニュスの歴史地区)〔写〕, ロシア (ヴィリニュス)

クルシュー砂州　Curonian Spit

リトアニアの西部のクライペダ地方とロシアの西部の飛地であるカリーニングラード地方にまたがる。先史時代から人類が居住してきた砂州。16世紀に砂丘と化すが, 植林などの方法で浸食を食い止め守り続けた文化的景観が世界遺産に登録された。

世界遺産 (クルシュー砂州　2000)

¶世遺事 (クルシュ砂州), 成世遺上〔写〕, 世遺百〔写〕, ビジ世遺

ケルナヴェ古代遺跡 (ケルナヴェ文化保護区)
Kernavė Archaeological Site (Cultural Reserve of Kernavė)

ヴィリニュス州シルヴィントス地区パジャウタ渓谷の段丘上。旧石器時代後期から中世までの要塞や防備体制のない居住集落, 丘の砦, 墓地遺跡およびその他の埋蔵遺跡などからなる遺跡群。

世界遺産 (ケルナヴェ古代遺跡 (ケルナヴェ文化保護区)　2004)

¶世遺事 (ケルナヴェ考古学遺跡〈ケルナヴェ文化保護区〉), 成世遺上 (ケルナヴェの遺跡)〔写〕, 世遺百 (ケルナヴェ考古遺跡 (ケルナヴェ文化保護区))〔写〕

シュトルーヴェの測地弧
Struve Geodetic Arc

ノルウェーのハンメルフェストから黒海まで10ヵ国, 2820km以上にわたる265地点の三角測量点群。天文学者フリードリッヒ・ゲオルグ・ヴィルヘルム・フォン・シュトゥルーヴェが1816〜55年に設置。初めて子午線の長さを正確に測定した。地球の正確な形状と大きさの証明に大きく貢献したことから世界遺産に登録。

世界遺産 (シュトゥルーヴェの三角点アーチ観測地点群　2005)

¶世遺事, 成世遺上〔写〕, 世遺百

ルクセンブルク

ルクセンブルク市の旧市街と要塞
City of Luxembourg : its Old Quarters and Fortifications

首都ルクセンブルク市の中央部。アルデンヌ家のジーゲフロイド伯爵が, 963年に城を建造。14世紀頃, ヴェンツェル2世が環状の城壁を建設, 内側に市街地を拡張。要衝の地であったため, 16世紀から1867年まで支配勢力が替わるたびに城壁に手が加えられた。旧市街には, ヴェンツェルの環状城壁の一部が残る。1621年建造の代表的ゴシック建築のノートル・ダム大聖堂や, イスパノ・モレスク様式の浮き彫りが特徴の大公宮殿などがある。

世界遺産 (ルクセンブルク市：その古い街並みと要塞群　1994)

¶世遺事 (ルクセンブルク市街, その古い町並みと要塞都市の遺構), 成世遺上 (ルクセンブルク旧市街と要塞)〔写〕, 世遺百 (ルクセンブルク市の旧市街と要塞)〔写〕, ビジ世遺 (ルクセンブルクの旧市街と要塞)〔写〕, ユネ世遺7〔写〕

ルーマニア

イズヴォアレ　Izvoare

バカウの北西約60km。新石器時代の集落址。この地域の新石器時代の編年上, きわめて重要な遺跡。

¶世界考古

ヴォロネツ修道院　Monastery of Voronet

モルドヴァ川上流の山間。現存するカトリコンは建築家ステフアンが1488年建設。外壁はフレスコ図像で覆われ, 「最後の審判」図が著名。

世界遺産 (モルドヴィア地方の教会群　1993, 2010)

¶新潮美

エレスド　Erösd

ブラショフ地方。後期新石器時代の遺跡。第5層の彩文土器は, エレスド＝ククテニ＝トリポリエ文化としてとらえられている。

¶世界考古〔写/図〕

オラシュティエ山脈のダキア人の要塞
Dacian Fortresses of the Orastie Mountains

オラシュティエ山脈。前1世紀と1世紀のローマ

人の征服に備えて、ダキア人が建設した要塞。6つの古代砦の跡。

世界遺産（オラシュチエ山脈のダキア人の要塞群 1999）

¶世遺事，成世遺上（オラシュチエ山脈のダキア要塞）〔写〕，世遺百〔写〕，ビジ世遺（オラシュチエ山脈のダキア人要塞）〔写〕

ククテニ遺跡　Cucuteni
ジャッセイの近く。壁をめぐらした高地の住居遺跡で、黒土地帯の彩文土器文化を代表するもの。

¶図解考古〔写（土器）〕

サルミゼゲトゥーザ　Sarmizegetusa
カルパチア山脈南部の奥深く。古代のダキアの首都ウルピア・トライアナ・サルミゼゲトゥサにあたる。最後の王デケバルスの時代に最大の規模となった壮大な城が発掘されている。別名、グラディステア・ムンチェルルイ。

¶古遺地（サルミゼジェトゥサ）〔図〕，世界美2

シギショアラの歴史地区
Historic Centre of Sighişoara
トランシルヴァニア地方ムレシュ県。12世紀末、ゲルマン系のザクセン人の職人や商人が建設した城塞都市。14世紀に建てられた時計の塔が残る。

世界遺産（シギショアラ歴史地区　1999）

¶世遺事，成世遺上（シギショアラ歴史地区）〔写〕，世遺百（シギショアラ歴史中心地区）〔写〕，東欧（シギショアラ）〔図（17世紀）〕，ビジ世遺〔写〕

スチェヴィッツァ修道院
Monastery of Sucevita
ボトシャニ県ラダウツイ市から約20km東。1584年創建。城壁の機能を兼ねる巨大な外壁が修道院を囲む。色彩豊かなフレスコ画が有名。

世界遺産（モルドヴィア地方の教会群　1993, 2010）

¶世遺地

タルタリア　Tartaria
トランシルヴァニア地方。新石器時代の遺跡。粘土のタブレットが出土したことで著名。

¶世界考古

チャウシェスクの宮殿
ブカレスト。1984〜89年の建造。チャウシェスク大統領はブカレストの古い市街地をとり壊し、すべての国家機関と自らの居住空間を合わせもった巨大な宮殿を建てた。

¶空大宮殿〔写〕

トランシルヴァニア地方の要塞教会群のある集落
Villages with Fortified Churches in Transylvania
トランシルヴァニア地方アルバ、ブラショフ、シビウ、ビエルタンなどにある7つの村。12〜13世紀に移住してきたドイツ人が建設。15〜17世紀にオスマン帝国の侵入に備え、教会を要塞化した。

世界遺産（トランシルヴァニア地方の要塞教会群のある集落　1993, 1999）

¶世遺事（トランシルヴァニア地方にある要塞教会のある村），成世遺上（トランシルヴァニア地方の要塞聖堂）〔写〕，世遺百（要塞教会堂を備えるトランシルヴァニア地方の集落）〔写〕，ビジ世遺（トランシルヴァニア地方の要塞聖堂のある村落）〔写〕，ユネ世遺9（ビエルタンとその要塞聖堂）〔写〕

トランシルヴァニアの木造聖堂
トランシルバニア地方。14世紀頃から木造聖堂の記録があるが、現存遺構は16世紀以降のもの。17〜18世紀を中心とした100棟以上が現存。世界遺産登録されている聖堂を含む。

世界遺産（マラムレシュ地方の木造教会群　1999）

¶宗教建築（トランシルバニアの木造聖堂）〔写/図（シゼールの聖堂、シュルデシュチ聖堂）〕

ハバセスティ　Hăbăşeşti
モルダヴィア地方のティール・フルモスの南西7.5km。新石器時代ククテニA期の遺跡。住居が円形に配列されていた。

¶世界考古

プレジュメル要塞教会
プレジュメル。最初の教会堂は13世紀のもの。城壁で囲まれたゴシック式教会堂。

¶空大聖堂〔写〕

ホレズ修道院　Monastery of Horezu
ヴルチャ県。ルーマニア正教会の修道院。1690年、ワラキア公国の君主ブルンコヴェアヌが創建。白い石造りの聖堂。

世界遺産（ホレズ修道院　1993）

¶世遺事，成世遺上〔写〕，世遺百，ビジ世遺〔写〕，ユネ世遺9（ホレズの修道院）〔写〕

マラムレシュ地方の木造教会群
Wooden Churches of Maramureş
マラムレシュ地方。建物が全て木で造られたゴシック様式の教会。1364年建造の教会が最古で、ほとんどは18〜19世紀に建てられた。

世界遺産（マラムレシュ地方の木造教会群　1999）

¶世遺事（マラムレシュの木造教会），成世遺上（マラムレシュ地方の木造聖堂）〔写〕，世遺百（マラムレシュ地方の木造教会堂群）〔写〕，ビ

ジ世遺（マラムレシュ地方の木造聖堂）〔写〕

モルドヴィア地方の教会群
Churches of Moldavia

モルダヴィア（モルドヴァ）地方。チャヴァ、モルドヴィツァ、ヴォロネツなどにある教会。建物内部と外壁に後期ビザンチン様式のフレスコ画が描かれている。

世界遺産（モルドヴィア地方の教会群　1993, 2010）
¶宗教建築（モルダビアの修道院）〔写/図（ボロ

ネッ、スチャビーツァ）〕，世遺事（モルドヴィアの教会群），成世遺上（モルドヴァ地方の聖堂）〔写〕，世遺百（モルドヴィア地方の教会堂），ビジ世遺（モルドヴィア地方の聖堂）〔写〕，ユネ世遺9（モルドバ地方の聖堂群）〔写〕

モンテオル　Monteoru

サラタ・モンテオル。青銅器時代の各時期にわたる遺跡で、大きく4時期に分けられ、第2期に大きく発展。地中海型の人種が住んでいた。
¶世界考古

ロシア

アヴァチャ湾岸遺跡群　Avacha sites

アヴァチャ湾に流れ込むアヴァチャ川、パラトゥンカ川などの流域とアヴァチャ湾岸に立地。新石器時代早期～晩期、イテリメンの遺跡を主とする。
¶東ア考古

赤の広場　Krasnaya proshchad'

モスクワ、クレムリンの北東側。名称は、古語で「美しい広場」を意味する。面積7万3千平方m。15世紀末、モスクワ大公イワン3世がクレムリンを改築した際に広場として整備された。ロシア革命時には、革命軍（赤軍）と反革命勢力（白軍）の戦闘地となった。

世界遺産（モスクワのクレムリンと赤の広場　1990）
¶角川世, ロシア〔図〕

アタルガン　Atargan

マガダンの北東オラ川近く。古コリヤーク文化の集落遺跡。12世紀頃とされるアタルガン文化の標準遺跡。
¶世界考古

アチンスク　Achinsk

チュリム川右岸のアチンスク郊外。後期旧石器時代の遺跡。石器・木炭片、マンモスの骨が出土。
¶世界考古

アフォントヴァ山

クラスノヤルスク市内、イェニセイ川左岸。後期旧石器時代の遺跡群。I～IV遺跡がある。特に層位的に遺物が発見された第II遺跡が著名。下層では、楕円形の住居址を発見。
¶アジア歴1（アフォントヴァ山遺跡）, 世界考古

アブリコソフスキー寺院址　Abrikosovskij

スラヴィヤンスク区クロウノフカ村の南西3～4kmのチャピゴー川中流域。渤海時代の仏教寺院址。寺院址には1辺8.5mの正方形の敷石による基壇があり、小さな周溝もある。

¶世界考古, 東ア考古（アブリコソバヤ寺院跡）

アルハンゲリスキー大聖堂
Cathedal of Archangel Michael

モスクワ。1509年。クレムリン内にある。イタリア人アレヴィシオ・ノーヴィの作と伝えられる。ビザンチン聖堂の名残をとどめる。
¶文化史蹟11〔写〕

アンドレエフスコエ湖

沿オビ川のチュメニ近くのアンドレエフスコエ湖南岸。新石器時代の遺跡群。第1地点は、土器を伴わない石器群で前4千年紀と推定。
¶世界考古

アンフェルツェフォII遺跡
Anfeltsevo II site

サハリン南部アニワ湾南東部のブッセ（旧遠淵）湖南岸。集落跡。五角形または六角形を呈する住居跡で、南貝塚式土器が出土。
¶東ア考古

イヴォルガ遺跡　Ivorga site

ブリヤート・ウランウデ市の南西16kmのイヴォルガ川河畔。土城跡で大型住居2軒と多数の小型住居・貯蔵穴・鍛冶跡が確認されている。
¶世界考古（イヴォルガ）, 東ア考古

イカラル　Ikaral

オノン川流域のイカラル村から0.6km。後期旧石器時代の遺跡。炉址近くから有毛サイの獣骨が発見された。
¶世界考古

イグリエン　Igr'en'

ドニエプル川下流域。中石器～新石器時代の遺跡。住居址と墓地が発見されている。
¶世界考古

イサコヴォ遺跡　Isakovo

シベリア、アンガラ川流域のブラーツク付近。1939年に2つの埋葬が発見され、イサコヴォ文化が設定された。東シベリアで確立された最初の新石器文化。

　¶アジア歴1

イシムカ遺宝　Ishimka

クラスノヤルスク地方アチンスク北方50kmのイシムカ村。1911年に発見された遺宝。

　¶新潮美

イズヴェストフ遺跡　Izvestov site

ウラジオストク市マイヘ川流域のイズヴェストフ丘。箱式石棺墓遺跡。多鈕粗文鏡・細形銅剣・細形銅矛・銅鈍・銅鑿・石斧が伴出。

　¶東ア考古〔写（青銅器）〕

イパティエフ修道院

コストロマ。モスクワ大公ボリス・ゴドゥノフの先祖チェトが聖イパティへの感謝を込め、修道院を建てたと伝わる。ロマノフ家の代々の皇帝たちが訪れた。

　¶世遺地（イパテフスキー修道院）

イヒネ　Ikhine

アルダン川右岸17m段丘上。後期旧石器時代の遺跡。楔形石核、スクレーパー、マンモス動物群などを発見。

　¶世界考古

イムチン　Imchin

サハリン州ノグリキ北西イムチン川右岸。先土器時代の遺跡。円形炉址2があり、石器製作址と考えられている。

　¶世界考古

イリスカーヤ　Il'skaya

ロストフの南約250km。旧石器時代の遺跡。クリミヤ付近に多数ある中期石器文化の代表的遺跡。

　¶世界考古

イルクーツク陸軍病院遺跡　Irkutsk

イルクーツク南部を流れるウシャコフカ川右岸。旧石器時代の遺跡。マンモスの門歯製の鳥の彫刻品、骨製尖頭器などが出土。

　¶世界考古

ヴァシーリー・ブラジェンヌイ大聖堂

Khram Vasiliya Blazhennogo

モスクワの赤の広場にある。ロシア正教会。イワン雷帝がカザンのモンゴル要塞の占領を祝って建造を命じ、1561年に完成。建築家ポスニク・ヤーコブレフによる設計といわれる。

　世界遺産（モスクワのクレムリンと赤の広場　1990）
　¶宗教建築（聖ヴァシリー・ブラジェンヌイ（佯

狂者ヴァシリー）大聖堂〕〔写/図〕，世遺地（聖ワシーリー），世界美6（モスクワ〔ヴァシーリー・ブラジェンヌイ大聖堂〕）〔写〕，歴史建築（聖ワシリー聖堂）〔写/図〕，ロシア（ヴァシーリー大聖堂）〔写〕

ヴィフヴァティンツイ　Vykhvatintzy

オデッサの北西約170km。旧石器時代の遺跡群。最も著名なのはVの洞穴遺跡で、ムスティエ文化の住居址を発見。

　¶世界考古

ヴェルホレンスカヤ山

ヴェルホレンスカヤ山の南西斜面。後期旧石器時代の遺跡。円形の炉址や石器製作址がある。

　¶世界考古〔図（石器）〕

ヴォズネセノフスコエ　Voznesenovskoe

アムール川下流、フンガリー河口より2.5kmの右岸。新石器時代以降の多層位遺跡。上層には靺鞨文化の土壙、下層にクケレヴォ初期鉄器文化の土器が含まれていた。

　¶世界考古

ヴォルゴグラード　Volgograd

ドン川下流流域のヴォルゴグラード付近。中期旧石器時代ムスティエ文化に属するオープン・サイト。分厚い、両面加工の尖頭器が特徴的。

　¶世界考古

ウオルバ　Uolba

サハ共和国ジガンスク区のウオルバ湖付近。新石器時代の遺跡。墓や住居址がある。

　¶世界考古

ウシュキ　Ushki

カムチャッカ半島中央部のウシュコフスキーの湖南岸。4地点があり、第4遺跡では、Ⅰ〜Ⅲ層が新石器、Ⅳ層が中石器、Ⅴ〜Ⅶ層が旧石器時代の層。

　¶世界考古

ウスチ・アインスコエ遺跡

Ust'Aynskoye site

アインスコエ川の西岸砂丘上。竪穴住居跡や墳墓群からなる遺跡。鈴谷式土器や石器などが採集されている。

　¶東ア考古〔写〕

ウスチ・ウダ　Ust'-Uda

イルクーツク州ウスチ・ウダ村下流2km。後期旧石器時代の遺跡。炉址の周囲からスクレブロ、石核などを発見。

　¶世界考古

ウスチ・カン洞穴

ゴルノ・アルタイ自治州チャリシ川上流。後期旧石器時代の遺跡。約300点の石器群と1500点

ロシア 570

の獣骨片が発見された。

¶世界考古

ウスチ・キャフタ　Ust'-Kyakhta

ブリヤート共和国ウスチ・キャフタ村付近。後期旧石器・中石器時代の遺跡群。石刃、搔器、石核、石核搔器などを発見。

¶世界考古

ウスチノフカ遺跡群　Ustinovka sites

沿海州南部ウスチノフカ村郊外、ゼルカリナヤ川流域。ウスチノフカ1遺跡の年代は2万〜1万5千年前、ウスチノフカⅣ遺跡は1万〜9千年前と推定。

¶東ア考古

ウスチ・ベラヤ　Ust'-Belaya

アンガラ川の支流ベラヤ河口左岸。中石器時代の多層遺跡。8〜9mの第2段丘上にある。

¶世界考古

ウズベンスカヤ教会

ソロヴェツキー諸島。16世紀建造。ソロヴェツキー修道院の建物の一部。

¶世遺地　p47

ウスペンスキー大聖堂

Cathedral of the Dormition

ウラジーミル。1185〜89年（再建）。五廊式プランや円蓋の形態など、キーエフの旧大聖堂の形式を踏襲している。東北ロシア最大の聖堂。

世界遺産（ウラジーミルとスーズダリの白い建造物群 1992）

¶文化史蹟11〔写〕

ウラジーミルとスーズダリの白い建造物群

White Monuments of Vladimir and Suzdal

黄金の環にある古都ウラジーミルとスーズダリ。ウラジーミルはウラジーミル・スーズダリ公国の首都が置かれた都市。ウスペンスキー聖堂、黄金の門、クニャーギニンスカヤ聖堂などの遺構がある。スーズダリはロシア正教の中心的な拠点でポクロフスキー修道院、クレムリン城塞などの建造物が残る。

世界遺産（ウラジーミルとスーズダリの白い建造物群 1992）

¶世遺事（ウラディミルとスズダリの白壁建築群）、成世遺上（ウラジーミルとスーズダリの白石建造物）〔写〕、世遺百（ウラジーミルとスーズダリの白壁建造物）〔写〕、ビジ世遺（ウラジーミルとスズダーリの白石建造物）〔写〕、ユネ世遺4（ウラジーミルとスズダリの歴史的建造物群）〔写〕、ロシア（ウラジーミル）、ロシア（スーズダリ）

ウラリンカ　Ulalinka

ゴルノ・アルタイスク南郊、ウラリンカ河岸。前

期旧石器時代の遺跡。タゾフ氷期〜カザンツェヴォ間氷期よりも古期であろうとされる。

¶世界考古

ウラン・カダ遺跡　Ulan-Khada

バイカル湖北西岸ウラン・カダ岬。新石器および青銅器時代の遺跡。東シベリアにおける新石器文化の諸段階を層位別にしめす点で重要。

¶アジア歴1，世界考古（ウラン・ハダ）〔図（遺物）〕

ウリスキー　Ul'skij

マイコープ付近のウリャプ村。前7〜6世紀のスキタイの古墳（クルガン）群。被葬者はスキタイの首長であったと推察。

¶新潮美（ウリスキイ・アウル）〔写p1021（杖頭飾）〕，世界考古

エカテリーナ宮　Catherine's Palace

サンクトペテルブルク南東のツァールスコエ・セローにある。ピョートル大帝が妻エカテリーナ1世のため造らせたロシア・バロック様式の宮殿。現在の建物は18世紀中頃の改築。

世界遺産（サンクト・ペテルブルグ歴史地区と関連建造物群 1990）

¶空大宮殿（エカテリーナ宮殿（夏の宮殿））〔写〕、文化史蹟15〔写〕

エリザヴェーティンスカヤ

Elizavetinskaya

クバン川右岸、クラノスダル西方17km。クバン文化前期（前6-5世紀）の代表的な遺跡。サルマタイの農耕民と手工業者の集落と考えられる。

¶世界考古

エルミタージュ美術館　Ermitage Museum

サンクト・ペテルブルグ。エルミタージュはエカテリーナ2世が、冬宮（皇居）にならんで建造させた「離宮」。今日のエルミタージュ美術館は5つの建物からなり、中心となるのは冬宮。

世界遺産（サンクト・ペテルブルグ歴史地区と関連建造物群 1990）

¶文化史蹟15〔写〕

オグラクトゥイ古墳　Oglakty

シベリア中部、ミヌシンスク北方約60km。丸太で組んだ地下式木槨墳。遺骸が石膏製仮面をつけてミイラ化して残る。

¶アジア歴2

オシノヴォエ湖　Osinovoe

アムール中流域のノヴォペトロフカ村から3km。湖岸段丘上で、新石器時代と靺鞨の住居址を発掘。出土品は、グロマトゥハ文化に属する。

¶世界考古

オシノフカ遺跡　Osinovka site
ウスリースク市近くのオシノフカ村のイリスタヤ川にオシノフカ川が注ぎ込む合流点。円盤型石核から剥片・石刃を得る後期旧石器最初頭の初頭の石器群。
¶世界考古（オシノフカ），東ア考古

オシュルコヴォ　Oshrkovo
ブリヤート共和国イヴォルギンスク区オシュルコヴォ村。多層遺跡。上層は新石器時代、下層は後期旧石器時代。
¶世界考古

オネガ湖　Onega
カレリア共和国。石器時代および青銅器時代の岩面刻画が発見された湖。
¶新潮美

オレン島墓地　Olen'
西北部、オネガ湖中の島。新石器時代の墓地。
¶新潮美

オロチャン　Orochan
オホーツク海北岸にあるアレヴィン岬（コニ半島）のつけ根。古コリヤーク文化の遺跡。骨銛は、ドーセットⅡに属し、後6〜9世紀頃と考えられている。
¶世界考古

カイスカヤ山　Kajskaya
イルクーツク郊外。カイスカヤ山斜面にある後期旧石器時代の遺跡。レス様砂層の下部に文化層があり、木炭・石片・石器・獣骨を発見。
¶世界考古

ガガリノ　Gagarino
ヴォロネジの北約100km。後期旧石器時代の遺跡。いわゆるヴィーナス像と住居址が発見されていることで著名。
¶世界考古

カザン・クレムリンの歴史遺産群と建築物群
Historic and Architectural Complex of the Kazan Kremlin
タタールスタン共和国の首都カザン市。10〜16世紀のクレムリン（城塞）の上に新たに建設された城塞都市。ブラゴヴェシェンスキー大聖堂は1554〜1562年にかけての建造。
世界遺産（カザン・クレムリンの歴史遺産群と建築物群　2000）
¶世遺事（カザン要塞の歴史的建築物群），成世遺上（カザン・クレムリンの歴史的建造物）〔写〕，世遺百（カザン・クレムリンの歴史・建築遺産）〔写〕，ビジ世遺（カザン・クレムリンの歴史的建造物群）〔写〕

カタフ岩陰　Katav
チェリヤビンスク州カタフ区のオルロフカ村から1.5km下流。後期旧石器時代の遺跡。岩陰の中央部から、2層の文化層が発見された。
¶世界考古

カタンダ　Katanda
南シベリア、アルタイ山脈中のカトゥン川上流域。パジリク文化期の積石塚群。墓地は4群に分かれ、通称「カタンダ大クルガン」が注目をひいてきた。
¶アジア歴2（カタンダ古墳），世界考古

カチャ　Kacha
シベリア、クラスノヤルスク北東。イェニセイ川左岸支流のカチャ河畔の後期旧石器時代の遺跡。
¶世界考古

カポヴァヤ洞窟　Kapovaya
バシコルトスタン共和国ベラヤ川右岸。石灰岩と白雲石の洞窟。
¶新潮美

カラゴデウアシフ　Karagodeuashkh
クラスノダル地方、クバン川左岸のクルイムスク付近。前4〜前3世紀のシンドイの王あるいは貴族のクルガン（高塚）。
¶新潮美

キジ島の木造教会　Kizhi Pogost
カレリア地方のオネガ湖に浮かぶキジ島。17〜18世紀の木造建築群が集まった島。1714年に建てられたプレオブランジェスカヤ教会は、釘が使われていないことで知られる。
世界遺産（キジ島の木造教会　1990）
¶世遺事（キジ島の木造建築），成世遺上（キジ島の木造聖堂）〔写〕，世遺百（キジ島の木造教会堂）〔写〕，空大聖堂（キジー島の聖堂）〔写〕，ビジ世遺（キジ島の木造聖堂）〔写〕，ユネ世遺4（キジー島の木造聖堂）〔写〕，ロシア（キージ［島]）〔図p181〕

救世主キリスト大聖堂　きゅうせいしゅキリストだいせいどう/Khram Khrista Spasit'el'ya
モスクワ。モスクワ総主教直轄のロシア正教会を代表する首座聖堂。1883年献堂。1931年、「ソヴィエト宮殿」建設の名目で爆破解体され、2000年8月に再建落成した。
¶ロシア〔図（19世紀）〕

キロフ　Kirov
スーチャン川流域、エカテリニンスク村。新石器時代〜初期鉄器時代頃（およそ1500－前1000）の遺跡。
¶世界考古

ヨーロッパ

ロシア 572

クッラトゥイ　Kullaty
レナ川中流域、ヤクーツクの南35km。レナ川とクッラトゥイ・ユルヤキ川の合流点にある遺跡。1945・46年、A.P.オクラドニコフが調査。
　¶世界考古

クドゥィルゲ　Kudyrge
ゴルノ＝アルタイ自治州東北部、チュルイシマン河谷の1地区。1924〜25年にルデンコが6〜8世紀のアルタイ＝トルコ族の墳墓を発掘した。
　¶新潮美

クマラ　Kumara
アムール中流域、ブラゴヴェシチェンスクの北方。クマラ村にある旧石器時代の遺跡。クマラI・II・IIIの3遺跡よりなる。
　¶世界考古

クラスキノ土城跡　Kraskino
沿海州ハサンスキー地区。渤海時代の土城跡。東・西・南城壁に一つずつ甕城を持つ門がある。隅丸の不整台形の形をした南北380m、東西300mの土城。
　¶世界考古（クラスキノ土城），東ア考古〔図（平面図）〕

クラスヌイ・ヤル　Krasnyj-Yar
東シベリア、アンガラ川上流のブラーツク湖。16〜20m段丘上にある後期旧石器時代の多層遺跡。7文化層がある。
　¶世界考古

クラスノヤロフ山城跡
Krasnoyarovsk site
沿海州地方のウスリースク市。金・東夏代に機能していたことが推測される山城。全域は面積200ha以上。
　¶東ア考古〔図〕

クルシュー砂州　Curonian Spit
リトアニアの西部のクライペダ地方とロシアの西部の飛地であるカリーニングラード地方にまたがる。先史時代から人類が居住してきた砂州。16世紀に砂丘と化すが、植林などの方法で浸食を食い止め守り続けた文化的景観が世界遺産に登録された。
　世界遺産（クルシュー砂州　2000）
　¶世遺事（クルシュー砂州），成世遺上〔写〕，世遺百〔写〕，ビジ世遺〔写〕

クルトゥク　Kultuk
カムチャッカ半島。新石器時代末の円形住居址。ウシュキ湖岸にあり、住居用の小丸太などが残存していた。
　¶世界考古

クレムリン〔モスクワ〕　Kreml'
モスクワ。「赤の広場」の西側にある城塞宮殿。
　世界遺産（モスクワのクレムリンと赤の広場　1990）
　¶遺建1〔写/図〕，旺文社世，角川世，新潮美，世界美6（モスクワ〔クレムリン〕）〔写〕，評論社世（クレムリン宮殿），平凡社世，山川世，ロシア（クレムリン〔モスクワのクレムリン〕）〔図〕

グロマトゥハ　Gromatukha
ゼヤ川支流のグロマトゥハ河口右岸。後期旧石器〜新石器時代の集落址。1961年、A.P.オクラドニコフが調査し、炉址、貯蔵穴が検出された。
　¶世界考古

ケーポイ　Kepoi
黒海北部のアゾフ海東岸から突き出したタマン半島。前6世紀後半から後4世紀まであったギリシャ植民都市。前3〜2世紀のアルテュホフ・クルガンの墳墓から、石榴石、トルコ玉、七宝などをちりばめた金製品が発見された。
　¶新潮美

ケルメス・クルガン　Kelermes Kurgans
クラスノダル地方アドゥィゲ自治州。前6世紀のスキタイのクルガン（高塚）群。
　¶新潮美，世界考古（ケルルメス）

ココレヴォ　Kokorevo
ミヌシンスク盆地北部、イェニセイ川左岸、ココレヴォ村周辺。後期旧石器時代の遺跡群。G.P.ソスノフスキーが1925年に5遺跡を発見。
　¶世界考古

コスティエンキ遺跡群　Kostenki
ドン川右岸。後期旧石器時代の遺跡群。19遺跡が発見されており、各種の石器をはじめ、住居址などの遺構や埋葬人骨が出ている。
　¶新潮美（コストョンキ遺跡），世界考古〔図〕

コストロムスカヤ　Kostromskaya
クバン川流域。最古のスキタイの古墳（クルガン）の一つ。副葬品の中でも鹿を浮彫した金製飾板はスキタイの動物意匠の中で最高のものとして著名。
　¶新潮美，世界考古

コバディアン　Kobadian
アム・ダリヤの支流カフィルニガン下流域。オアシス。主として古代バクトリア王国とクシャン朝の時代に属する2つの大きな集落址（カライ・ミールとケイ・コバド・シャフ）がある。
　¶世界考古〔図（土器）〕

コピティンスキー寺院址　Kopytinskij
沿海州スラヴィヤンスク区クロウノフカ村の南西3〜4kmのチャピゴー河岸。8〜9世紀の渤海時

代の仏教寺院址。1958・59年E.V.シャフクーノフが調査した。寺院址は正方形で、玄武岩でつくられた壁をもっている。

¶世界考古, 東ア考古（コピチンスキー寺院跡）

コピョンスキイ・チャアタス
Kopenskii chaatas

クラスノヤルスク地方ハカス自治州、エニセイ川左岸のコピュヌイ村。7〜8世紀のキルギス族貴族の墓。

¶新潮美

コルサコフカ I 遺跡　Korsakovka

沿海州ウスリースク地区コルサコフカ村。渤海時代の集落遺跡。沿海州地方で初めて土器窯が発掘された遺跡。10世紀に年代付けられている。

¶東ア考古

ゴルブノーヴォ　Gorbunovo

スヴェルドロフスク地域。新石器時代の遺跡。泥炭層遺跡であるため木製品が残っている。

¶新潮美（ゴルブノヴォ泥炭地遺跡）, 世界考古

コローメンスコエの昇天教会
Church of the Ascension, Kolomenskoye

首都モスクワの南東部。1532年イワン雷帝の誕生を祝って建てられた教会。多角錐状の木造屋根を持つ。

世界遺産（コローメンスコエの昇天教会　1994）

¶世遺事（コローメンスコエの主昇天教会）, 成世遺上（コローメンスコエのヴォズネセーニエ聖堂）〔写〕, 世遺百（コローメンスコエの昇天聖堂）〔写〕, ビジ世遺（コローメンスコエのヴォズネセーニエ聖堂）〔写〕, ユネ世遺4（コローメンスコエのヴォズネセーニエ聖堂）〔写〕

コンスタンチノフカ遺跡　Konstantinovka

沿海州。渤海時代の集落遺跡。沿海州で最も大きな集落遺跡の一つ。

¶東ア考古

コンドン　Kondon

アムール川下流域、コムソモリスクの北方エヴォロン湖近くのデヴィヤトカ河畔。石刃鏃を出土する新石器時代の遺跡。竪穴住居址があり、炉や貯蔵穴を伴う。

¶世界考古

ザイサノフカ　Zajsanovka

ザイサノフカ村付近のグラドコイ河口。後期新石器時代の遺跡。住居址は、石組の卵形または円形の大型炉址をもち、掘立小屋タイプあるいは平地住居。

¶世界考古

ザヴィヤロヴァ島　Zav'yalova

東北シベリア、マガダンの南方オホーツク海。

古コリヤーク文化に属する3地点の集落址がある小島。

¶世界考古

サカチ＝アリャン　Sakachi-Alyan

ハバロフスクから約70kmのアムール川右岸。新石器時代からの岩壁画がある。

¶新潮美, 世界考古（サカチ・アリヤン）

サライ　Sarai

アストラハン州のセリトレンノエ村。キプチャク・ハン国の都。宮殿・寺院・手工業地区・墓地などがあったが、破壊され廃墟となった。

¶アジア歴4, 旺文社世, 世界考古, 世歴事2, 評論社世（サライ（薩来）, 山川世

サルブイク　Salbyk

ハカス自治州アバカン市。タガール文化期のサラガシュ期（前4-3世紀）に属する大クルガン。

¶世界考古

サンクト・ペテルブルク歴史地区と関連建造物群
Historic Centre of Saint Petersburg and Related Groups of Monuments

サンクト・ペテルブルク。ピョートル大帝以来、歴代のロシア皇帝が建設した建造物が数多く残る。バロック様式の冬宮（現エルミタージュ美術館）、エカテリーナ宮殿など。

世界遺産（サンクト・ペテルブルク歴史地区と関連建造物群　1990）

¶世遺事（サンクト・ペテルブルクの歴史地区と記念物群）, 成世遺上（サンクト・ペテルブルク歴史地区）〔写〕, 世遺百（サンクト・ペテルブルク歴史中心地区、関連建造物）〔写〕, 中央ユ（サンクト・ペテルブルク）, ビジ世遺（サンクト・ペテルブルクの歴史地区と関連建造物）〔写〕, ユネ世遺4（サンクト・ペテルブルクと周辺の歴史地区）〔写〕, ロシア（サンクト・ペテルブルク）

サンヌイイ・ムイス　Sannyj Mys

ブリヤート共和国、ウダ川右岸、ホリンスク村の下流35kmのサンヌイイ岬。包含層は7層ある遺跡。I層は新石器、II層は中石器、III〜VII層は旧石器時代に属する。

¶世界考古

シェドロヴィドヌイ岬　Sedlovidnyj

ウスリー湾東岸、シェドロヴィドヌイ岬とユージュヌイ村との間。初期鉄器時代の貝塚。土器・魚骨・石器・骨器が出土。

¶世界考古

シェレメティエヴォ　Sheremet'evo

ハバロフスクから約150kmのウスリー川（ハバロフスク付近でアムール川に合流）右岸。新石

器時代からの岩壁画がある。
¶新潮美

シシュキノ　Shishkino
バイカル湖に近いレナ川最上流域右岸。後期旧石器時代の遺跡。上層には、鉄器時代と新石器時代の文化層がある。
¶世界考古

シニェリニコヴォⅠ山城　Sinel'nikovo
沿海州オクチャブリスキー地区シニェリニコヴォ村の西1.2km。靺鞨・渤海時代の山城。城内東側土塁の近くから、炕（オンドル）のある平地住居跡と靺鞨型の土器を出土する竪穴住居跡を検出。
¶東ア考古

シベ　Shibe
アルタイ山地中央部、ウルスル河岸。前1世紀の積石塚（クルガン）。6基からなる列の北端にあたる。木製品だけでなく、成年男子と幼児のミイラも保存されていた。
¶図解考古〔シベ古墳〕〔図〕, 世界考古

シャイガ山城　Shaiga site
沿海州南部のパルチザン区、スーチャン河流域のシケゲイエフカ村南方。金代の山城。金属精錬に関わる各種の遺物、女真文字を記す銀牌、あるいは分銅、将棋の駒など様々な興味深い遺物が出土。
¶東ア考古〔図〕

ジュクタイ洞穴　Dyuktaj
東シベリア、アルダン川支流のジュクタイ川右岸。上層から新石器・鉄器時代の遺物が出土、その下層に後期旧石器時代のスムナギン文化期のものがある。
¶世界考古

シュトルーヴェの測地弧
Struve Geodetic Arc
ノルウェーのハンメルフェストから黒海まで10ヵ国、2820km以上にわたる265地点の三角測量点群。天文学者フリードリッヒ・ゲオルグ・ヴィルヘルム・フォン・シュトルーヴェが1816〜55年に設置。初めて子午線の長さを正確に測定した。地球の正確な形状と大きさの証明に大きく貢献したことから世界遺産に登録。
世界遺産（シュトゥルーヴェの三角点アーチ観測地点群　2005）
¶世遺事, 成世遺上〔写〕, 世遺百

ジュパノヴォ遺跡　Zhupanovo site
カムチャツカ半島の先端ロバトカ岬から北東約430km。ウマの背状の狭い台地上に立地する8軒の竪穴住居跡。
¶東ア考古〔写〕

シルカ洞穴　Shilka
シルカ川のシルキンスキー・ザヴォド村近くの河岸段丘上。洞穴遺跡。新石器時代に属する多くの遺物が出土。
¶世界考古

スタラヤ・ラードガ　Staraja Ladoga
ラドガ湖から南へ10km。史料と考古学によって知られるヴァイキング時代のスウェーデン人定住地。
¶角川世

スタロドゥブスコエ　Starodubskoe
南樺太の東海岸ドリンスク地区。新石器時代の集落址（2号遺跡）。竪穴住居址53が残存。後期新石器時代で、前2千年紀末〜1千年紀。
¶世界考古

ステパノヴァ山　Stepanova
東シベリア、イルクーツク州、オカ川流域。北西部、ブラーツク人造湖岸の礫層中で珪岩製石器が発見。ヴュルムⅠ・Ⅱ亜間氷期に比定。
¶世界考古

スモーリヌイ修道院　Smolniy Monastyr'
サンクトペテルブルク。建築家フランチェスコ・ラストレリが設計。1748年に建築が開始、1835年建築家ワシリ・スタソフが内部装飾を完成させる。
世界遺産（サンクト・ペテルブルグ歴史地区と関連建造物群　1990）
¶空大聖堂〔写〕

スロストキ　Srostki
スロストキ区スロストキ村、オビ川支流カトゥニ川右岸。後期旧石器時代の遺跡。石組の炉址3がある。
¶世界考古

スンギル　Sungir
モスクワの東北東約160kmのウラディミル近く。後期旧石器時代の遺跡。コスティエンキⅠの第5層に対比できる遺物が出土し埋葬人骨もある。
¶世界考古

セドゥイフⅠ遺跡　Sedykh Ⅰ site
サハリン島南部トゥナイチャ（旧富内）湖と連結するセドゥイフ湖岸。1550個の住居跡を含む6ヵ所の遺跡群。10〜13世紀に属するオホーツク文化の土器・石器が出土。
¶東ア考古

セルゲーエフカ　Sergeevka
アムール川流域のブラゴヴェシチェンスクの北西方、50km上流。新石器時代の遺跡。セルゲーエフカ村を流れるマンニチュジュルカ川付近に28の砂丘遺跡があり、1〜4号丘を、1963・64年

に調査。

¶世界考古

セレンガ　Selenga
ブリヤート共和国イヴォルギンスク区。後期旧
石器時代の遺跡。プリズム形石核の破片、石刃、
剝片を採集。

¶世界考古

ソスノヴィ・ボル　Sosnovy-Bor
東シベリア、アンガラ川支流のベラヤ川右岸。段
丘上にある多層遺跡。8枚の文化層がある。

¶世界考古

ソフィア大聖堂　St. Sophia Cathedral
ノヴゴロト。1045〜52年。ウラジーミル大公に
より建てられた。ギリシャ十字形プランを核と
する五廊式。

世界遺産(ノヴゴロドの文化財とその周辺地区
1992)

¶文化史蹟11〔写〕

ソロヴェツキー修道院
Solovetskii Monastyr'
アルハンゲリスク州ソロヴェツキー島。15世紀
前半ゾシマとサヴァチーによって開基。1917年
の十月革命後、修道院は廃止。1923〜39年政治
犯の収容所として利用。1990年に正教会に返還。

世界遺産(ソロヴェツキー諸島の文化と歴史遺産群
1992)

¶角川世, ロシア

ソロヴェツキー諸島の文化・歴史的遺跡群
Cultural and Historic Ensemble of the
Solovetsky Islands
白海のオネガ湾口にある大小6つの島で構成され
る諸島に残る。ソロヴェツキー島は15世紀前半
にロシア正教の修道院が建ち、のちにロシア正
教の代表的な聖地となる。現存する主要な修道
院・教会はイワン4世(在位1533-1584)の代の初
めに建てられた、石造の建造物。

世界遺産(ソロヴェツキー諸島の文化と歴史遺産群
1992)

¶世遺事, 成世遺上(ソロヴェツキー諸島の建造
物)〔写〕, 世遺地(ソロヴェツキー), 世遺百
(ソロヴェツキー諸島の文化・歴史遺産)〔写〕,
ビジ世遺(ソロヴェツキー諸島の建造物群)
〔写〕, ユネ世遺4(ソロヴェツキー諸島の歴史
的建造物群)〔写〕

タドゥシ　Tadushi
シホテアリン山脈東麓、ウスチノフカ村下流4km
のタドゥシ川左岸。後期旧石器時代の遺跡。上
下2枚の文化層がある。上層は1万5千〜9千年前、
下層は2万〜1万5千年前と推測。

¶世界考古

タリツキー　Talitskij
ウラル地方ペルミ州ヴェルフネゴロドコフ区。
後期旧石器時代の遺跡。マンモス、タビネズミ
などを検出。3文化層を発掘。

¶世界考古

タリヤ　Tarya
ペトロパブロフスクの南西アヴァチャ湾内にあ
るタリヤ湾沿岸。新石器時代の遺跡群。ソルト・
レーク遺跡では数基の竪穴住居址が残存。ボガ
トゥイレフカ湾遺跡では石ランプ、黒曜石製石
鏃が出土。

¶世界考古

チェルニャチノ5遺跡　Chernyatino 5 site
沿海州南部に当たるアクチャブリスキー区域。靺
鞨および渤海時代の遺跡。横穴式石室墳や土壙
墓などが検出され、装身具の玉類のほか多数の
土器や鉄器が出土。

¶東ア考古

チェレムシュニク　Cheremushnik
東シベリア、アンガラ河口より4km上流。中石
器時代初期の遺跡。サルタン氷期に位置づけら
れる。

¶世界考古

チカエヴォ　Chikaevo
ベーリング海アナディル湾に注ぐアナディル河
岸。古コリヤーク文化の遺跡。型押文土器とと
もに、スレート製ナイフ、ポイント、台形のアッ
ズなどが発見。

¶世界考古

チャスティンスカヤ　Chastinskaya
東シベリア、レナ川上流域の支流チャヤ河口付
近左岸。旧石器時代の遺跡。第1地点でスクレブ
ロ・円盤形石器や寒冷地性軟体動物の骨が出土。

¶世界考古

チャストゥイエ　Chastye
東シベリア、アンガラ川流域ブレチ村。新石器
時代初期の遺跡。ヒン文化に属する遺物が浅い
ピットから出土。

¶世界考古

チリク・ラバト　Chirik-rabat
アラル海東岸。前4〜2世紀のゴロディシチェ。
中央部に4基のクルガンがあり、遊牧民の王の墳
墓を守るために防禦設備がつくられた。

¶世界考古〔図〕

チロヴオエ　Chirovoe
チュクチ半島のチロヴオエ湖岸。青銅器時代の
遺跡。石鏃のほかに、ナカイの角、土器などが
出土した。

¶世界考古

ロシア 576

チンギス・カン長城
Chinggisiin-kherem wall

モンゴル・ヘンティ県～ロシア領内～中国・内モンゴル自治区フルンボイル市まで。全長約600kmの長城遺跡。11～12世紀、契丹（遼）が北方民族の進入を防ぐために築いた。

¶東ア考古〔写〕

ツァリ・デヴィツァ　Tsar'-Devitsa
東シベリア、アンガラ川右岸段丘上。イルクーツク市街地の対岸に位置する遺跡。石刃、スクレーパー、ナイフ、石錐、礫器などが出土。

¶世界考古

ティグロヴァヤ　Tigrovaya
ウラディヴォストク付近のナデジンスク村。中石器時代の遺跡。片岩製の剥片、削器、幅広の剥片、ラウンド・スクレーパーなどが出土。

¶世界考古

テチューヘ　Tetyukhe
ウラディヴォストクの北東約350kmのテチューヘ河口付近。新石器時代の集落址。20数基の竪穴住居址がある。

¶世界考古

デルベントの城塞、古代都市、要塞建造物群
Citadel, Ancient City and Fortress Buildings of Derbent

デルベント。デルベントはササン朝ペルシアが483年建設した城塞都市。城壁の間に町が建設され、19世紀のアルメニア教会や8世紀のモスクなどが残っている。

世界遺産（デルベントのシタデル、古代都市、要塞建築物群　2003）

¶世遺事、成世遺上（古都デルベントとその要塞）〔写〕、世遺百（デルベントのシタデル、古代都市、要塞建造物）、ビジ世遺（古都デルベントとその要塞）〔写〕

トゥエクタ　Tuekta
アルタイ山脈中のウルスル川流域。200基近くのクルガンからなる積石塚群。

¶世界考古

冬宮　Zimniy dvorets
サンクトペテルブルク。ロシア帝国時代の宮殿。18世紀半ば、ロココ様式で建造。現在はエルミタージュ美術館の一部。

世界遺産（サンクト・ペテルブルグ歴史地区と関連建造物群　1990）

¶角川世（冬宮 とうきゅう）、世界美6（レニングラード〔冬宮〕）、歴史建築〔写/図〕

ドミトリイ聖堂　Church of St. Dmitori
ウラジーミル。1194～97年。ウラジーミル公国2代目の支配者フセヴォロドが宮廷の一隅に着手

した聖堂。プランは東端に3組のアプスを配した簡潔なギリシャ十字形。

世界遺産（ウラジーミルとスーズダリの白い建造物群　1992）

¶文化史蹟11〔写〕

ドリンスク　Dolinsk
カバルダ・バルカル共和国の首都ナリチクの南南西約4km。前2千年紀初葉の集落遺跡。遺物には壺形・浅鉢形土器、鋸歯状の刃のある打製石鎌など。

¶世界考古

トロイツェ・セルギー大修道院
Troitse-Sergiev Monastyr'

モスクワの北東71kmのザゴールスク市。ロシア正教の聖地。修道院は1340年頃修道士セルギー・ラドネシスキーが建立した木造教会が起源。16世紀にイワン4世の命で、ウスペンスキー大聖堂などの建造物が築かれていった。

世界遺産（セルギエフ・ポサドのトロイツェ・セルギー大修道院の建造物群　1993）

¶角川世（トロイツェ・セルギエフ修道院）、新潮美（トロイツェ＝セルギー大修道院）、世遺事（セルギエフ・ポサドにあるトロイツェ・セルギー大修道院の建造物群）、成世遺上（トロイツェ・セルギエフ大修道院）〔写〕、世遺地（聖セルギウス〔修道院〕）、世遺百（セルギエフ・ポサドのトロイツェ・セルギー大修道院の建築）〔写〕、ビジ世遺（トロイツェ・セルギエフ大修道院の建造物）〔写〕、ユネ世遺4（セルギエフ・ポサードのトロイツェ・セルギエフ大修道院）〔写〕

ナリチク　Nal'chik
カバルダ・バルカル共和国の主都。前3千年紀に比定される墓地がある。

¶世界考古

ネドラズメニヤ島　Nedrazumeniya
オホーツク沿岸マガダン南西20km。古コリヤーク文化の集落址がある。土器はなく、石核・石鏃・石斧などが出土。

¶世界考古

ノヴォペトロフカ　Novopetrovka
アムール中流域のアムール川とゼヤ川の合流点。石刃鏃文化の遺跡。新石器文化初期、7千～6千年前。遺物は石刃が多い。

¶世界考古〔図（石器）〕

ノヴゴロドの文化財とその周辺地区
Historic Monuments of Novgorod and Surroundings

ヴォルホフ川の岸辺にある古都ノヴゴロド。ノブゴロド公国の都でロシア最古の都市の一つ。クレムリン（城塞）の塔や、11世紀の聖ソフィア

聖堂、14世紀のスパソ・プレオブラジェーニエ聖堂（救済教会）がある。

世界遺産（ノヴゴロドの文化財とその周辺地区 1992）

　¶新潮美（ノヴゴロト）、世遺事（ノヴゴロドと周辺の歴史的建造物群）、成世遺上（ノヴゴロドと周辺の歴史的建造物群）〔写〕、世遺百（ノヴゴロドの文化財とその周辺）〔写〕、世界考古（ノヴゴロド）、世歴事7（ノヴゴロド）〔図〕、ビジ世遺（ノヴゴロドと周辺の歴史的建造物）〔写〕、ユネ世遺4（ノヴゴロドと周辺の歴史的建造物群）〔写〕、ロシア（ノヴゴロド）〔図（17世紀）〕

ノグリキ　Nogliki
オホーツク海に流れるティミ河岸のノグリキ市。新石器時代の遺跡。1〜4号遺跡がある。貝殻腹縁文・櫛目文・刻文のある土器、石斧などが出土した。

　¶世界考古

ノヴォデヴィチ女子修道院群
Ensemble of the Novodevichy Convent

モスクワ市の南西、モスクワ川の河岸。16〜17世紀にクレムリンの出城として建築された。スモレンスキー聖堂のロシア建築特有の中央の切妻屋根はイワン4世（1530-1584）の治世に建設されたもの。

世界遺産（ノヴォデヴィチ女子修道院群　2004）

　¶世遺事（ノボディチ修道院の建築物群）、成世遺上（ノボデヴィチ修道院）〔写〕、世遺百（ノヴォデヴィチ女子修道院）〔写〕

バシャダル　Bashadar
アルタイ山脈中のカラコル川左岸。パジリク文化期の積石塚群で55基のクルガンと2基の石籬とからなる。

　¶世界考古〔写（鞍橋の木製装飾品）〕

パジリク古墳群　Pazyryk
アルタイ。前5世紀頃の遺跡。主要な5基のクルガンは高さ3〜4m。墓壙内が氷漬けの状態であったことで、繊維製品や、人間や馬の遺体もミイラ化してよく残っていた。

　¶アジア歴7、遺跡100（パジリク古墳）〔写/図（埋葬遺体の入れ墨）〕、角川世（パジリク）、新潮美（パズイルイク）、世界考古〔写（馬具の飾）〕、世界美4（パズイルイク）、中央ユ、平凡社世

バダイ　Badai
アンガラ川支流のベラヤ川流域。後期旧石器時代の遺跡。3地点あり、バダイIからはスクレブロ、スクレーパー、石刃石核が出土。

　¶世界考古

ハバロフスク遺跡群　Khabarovsk
アムール中流域のハバロフスク。8ヵ所の遺跡で

新石器時代の遺跡も含んでいるが、第5・8遺跡で土器を伴わない石器群が出土。

　¶世界考古

ハリンスカヤ・ソプカ　Kharinskaya-Sopka
ハンカ湖からかなり離れた中位の山。青銅器時代の遺跡。青銅器を模倣した石器などが出土。

　¶世界考古

ビリュサ　Biryusa
クラスノヤルスクの上流45km。後期旧石器時代末期の遺跡。

　¶世界考古

フィリモシュキ　Filimoshki
フィリモシュキ村付近。前期旧石器時代の遺跡。石器は3種類あり、長円形の扁平な礫器、石核、西洋梨形の礫器。

　¶世界考古

フェジャエヴォ　Fedyaevo
アンガラ川流域のイルクーツクの下流150km。後期旧石器時代終末〜前期中石器時代初頭の遺跡。スクレーパー、彫器、石錐は存在しない。上部サルタン氷期で、バダイ・ヴェルホレンスキー文化期。

　¶世界考古

フェラポントフ修道院群
Ensemble of the Ferapontov Monastery

ヴォログダ地方。1398年創建のロシア正教の修道院と関連建造物。1490年にはレンガ造りのロジェストヴェンスキー聖堂が建てられた。

世界遺産（フェラポントフ修道院群　2000）

　¶世遺事（フェラポントフ修道院の建築物群）、成世遺上（フェラポントフ修道院）〔写〕、世遺百（フェラポントフ修道院）、ビジ世遺（フェラポントフ修道院の建造物）〔写〕

プフスン　Pkhusun
プフスン川右岸河口の5〜6m丘陵上。新石器時代の石刃鏃の遺跡。2枚の文化層があり、下層が石刃鏃の時期と考えられる。

　¶世界考古

ブレチ　Buret'
イルクーツク州のニジネ・ブレチ村。後期旧石器時代の遺跡。長い石刃製スクレーパー、尖頭器、彫器、婦人像などが出土。住居址4が検出。

　¶新潮美（ブレティ）、世界考古

ブロチカ遺跡　Bulochka site
パルチザンスキー区ナホトカ市。初期鉄器時代の集落遺跡。標高25m付近にあって東斜面を除いた三方が絶壁をなす、防御性の強い高地性集落であったと考えられる。

　¶夏ア考古

ベスチャヌイ半島

ウラジオストクのアムール湾をはさんだ対岸に位置する半島上。初期鉄器時代の遺跡。貝塚を伴う集落址で、沿海州のシデミ文化の代表的遺跡。6地点の遺跡がある。

¶世界考古

ペテルゴフ宮殿

サンクトペテルブルグ郊外、ペテルゴフ（旧ペトロドヴォレツ）。ピョートル大帝の夏の宮殿。18世紀にピョートル1世の命により建設。

世界遺産（サンクト・ペテルブルグ歴史地区と関連建造物群　1990）

¶遺建12（ペトロドゥボレツ）〔写/図〕

ペトロ・パヴロフスク要塞
Petropavlovskaya krepost'

ザーヤチー島（兎島）。1703年に造られた要塞。ピョートル1世の命により建設された。のちに政治犯を収容した監獄となった。

¶角川世、空城と要塞（ペトロパウロフスク要塞）〔写〕

ベリカチ I　Bel'kachi I

レナ川の支流アルダン川左岸のウラハン・エリゲ河口近く。多層遺跡。23枚の文化層がある。後期旧石器時代終末期（スムナギン文化）から初期鉄器時代。各層とも遺物は豊富。

¶世界考古

ペレセレンチェスキー・プンクト
Pereselencheskij Punkt

イェニセイ川右岸の第1段丘上。後期旧石器時代の遺跡。スクレブロ、小型スクレーパー、石核様石器、骨器、貝器、赭土の小塊などが出土。サルタン氷期に比定。

¶世界考古

ベロカーメンナヤ遺跡
Belokamennaia site

サハリン南部アニワ湾のコルサコフ。防御機能を持つ集落遺跡。南貝塚式土器と石器・骨片などが出土。

¶東ア考古

ボグルチャン　Bogurchan

コニ半島にある。古コリヤーク文化の遺跡。円形の竪穴住居址6を検出。後1千年頃の文化。

¶世界考古

ボクロフ・ボゴローディツァ聖堂
Church of the Protection and Intercession of the Virgin

ウラジーミル近郊。1166年。白亜の小聖堂。ネルリ河に影をおとす姿から「ネルリの白鳥」と呼ぶ。ウラジーミル建築の原型をなす。

¶文化史蹟11〔写〕

ボブコヴォ　Bobkovo

アルタイ地方、ルブツォフスキー地区、ボブコヴォ駅西3km。アレイ川左岸の段丘堆積物中の粘泥土層で1点の剥片を発見。ルヴァロワ剥片と称されている。

¶世界考古

ポリェーチェ4遺跡　Porech'e 4 site

サハリン西海岸中部のクラスノゴルスク（旧珍内）から北へ約65km、パコスナーヤ川の左岸。新石器時代初期の遺跡。無文で裏面に条痕文の施された土器が出土。

¶東ア考古

ボリシャヤ・ブリズニツァ
Bol'shaya Bliznitsa

黒海北部のアゾフ海東岸から突き出たタマン半島。前4世紀後半のシンドイ貴族のクルガン（高塚）。

¶新潮美

ボリショイ・バラノヴォ
Bol'shoi Baranovo

コリマ河口の東方約70kmの岬にある遺跡。サリチェフ湾とフトロイ湾にそれぞれ5軒、1軒のヴァリカール（盛土のチュクチ式の住居址）がある。多くの骨銛（回転式銛）、骨角器、石器、土器などが出土。

¶世界考古

ポリツェ　Pol'tse

ユダヤ人自治州クケレヴォ村北東5km。集落址。初期鉄器文化に属し、前200～後400年のポリツェ文化の代表的遺跡。竪穴住居址10は方形で炉址をもつ。

¶世界考古

ボルガルの歴史・考古遺産群
Bolgar Historical and Archaeological Complex

タタールスタン共和国の南西部のスパックス地区、ボルガ川の支流ベズドナ川の左岸。7～15世紀に繁栄したヴォルガ・ブルガール人の文明の遺跡。タタール人イスラム教徒の巡礼地でもある。

世界遺産（ブルガールの歴史的考古学的遺跡群　2014）

¶世遺事

ボル・バジン　Por-Bazhin

トゥヴァ共和国の南東部、テレ・ホル湖上の島にある。城郭址。城壁は東西211m、南北158m。ウイグルの可汗の城郭と考えられる。

¶世界考古

ボロニ湖　Bolon'

ボロニ湖にある。女真期の墓群。墓の年代は11～12世紀と推定。ウリチ族やナナイ族の間でみ

られる葬制と一致。
　¶世界考古

マイコープ　Majkop
ベラヤ川右岸の都市。1897年に豪華な副葬品を
もつ古墳（マイコープ・クルガン）を発掘。ここ
を標式遺跡としてマイコープ文化を設定。
　¶新潮美（マイコプ・クルガン），世界考古

マカロヴォ　Makarovo
レナ川流域のマカロヴォ村付近。マカロヴォⅠ
遺跡は旧石器時代あるいは中石器時代の遺跡。
約100m離れたマカロヴォⅡ遺跡は、4枚の文化
層があり、Ⅰ層は亜新石器、Ⅱ層は中石器、Ⅲ・Ⅳ
層は後期旧石器時代。
　¶世界考古

マリシェヴォ　Mal'shevo
マリシェヴォ村アムール・サナトリウム付近。後
期新石器時代で前3千～2千年紀の遺跡。土器は
器高が低い円錐形で、櫛目の型押文、撚紐文が
みられる。手斧、石鏃、ナイフ、スクレブロも
出土。
　¶世界考古

マリタ　Mal'ta
アンガラ川支流ベラヤ川の左岸、イルクーツク
付近。旧石器時代の洞窟遺跡。マルタとも。幼
児の墓や、マンモスの牙製の婦人像、動物像、装
身具が出土。
　¶アジア歴8（マルタ遺跡），新潮美，図解考古
　（マルタ遺跡）〔写（遺物）〕，世界考古，平凡社
　世（マルタ遺跡）

マルタ　Maltâ
シベリアのバイカル湖畔にある。旧石器時代後
期の遺跡。10数点のヴィーナス像などを出土。
　¶新潮美

ミヌシンスク盆地　Minusinsk basin
イェニセイ川中流域の盆地。銅石器時代―アファ
ナシェヴォ文化、青銅器時代―オクネフ文化、ア
ンドロノヴォ文化、カラスク文化、初期鉄器時
代―タガール文化、タシュティク文化がある。
　¶アジア歴8（ミヌシンスク），世界考古，東ア
　考古

ミハイロフカ　Mikhajlovka
ミハイロフカ。9～10世紀の古墳群。古代ロシア
国家の起源をめぐるノルマン説の有力な論拠と
なった。
　¶世界考古（ミハイロフカ(2)）

モスクワのクレムリンと赤の広場
Kremlin and Red Square, Moscow
モスクワ。クレムリンはレンガ造りの城壁で囲ま
れた宮殿。城塞に19の尖塔がそびえる。赤の広
場には16世紀中頃イヴァン4世が設計させたヴァ

シーリー聖堂や、レーニンの遺体が安置された
レーニン廟がある。合わせて世界遺産に登録。
　[世界遺産]（モスクワのクレムリンと赤の広場　1990）
　　¶世遺事，成世遺上〔写〕，世遺百〔写〕，ビジ
　　世遺〔写〕，ユネ世遺4〔写〕

ヤロスラヴル市街の歴史地区
Historical Centre of the City of Yaroslavl
ヤロスラブル州の州都ヤロスラブル市。16世紀
に商人達が競って建築・寄進した教会などの建
造物が残る。12世紀後半に建造されたスパース
キー修道院は、赤レンガと白いタイルが特徴の
ヤロスラウル様式。
　[世界遺産]（ヤロスラヴル市街の歴史地区　2005）
　　¶世遺事（ヤロスラブル市の歴史地区），成世遺
　　上（ヤロスラーヴリ市街の歴史地区）〔写〕，世
　　百（ヤロスラーヴリ歴史中心地区）〔写〕

ラドネシ　Radonezh
モスクワ州ゴロドク村（セルギエフ・ポサード）に
遺跡として残る。14～16世紀に栄えた中世都市。
　¶ロシア

レーニン廟　Mavzolei V.I. Lenina
モスクワの赤の広場、クレムリンの壁際。レーニ
ンの遺体を永久保存している記念堂。現在の石
造りの廟は1930年11月10日に完成公開された。
　[世界遺産]（モスクワのクレムリンと赤の広場　1990）
　　¶ロシア

レンコフカ　Lenkovka
東シベリア、アンガラ川流域。グラズコーヴォ
文化に属する代表的な埋葬遺跡。短い柄部をも
つ石製柳葉形ナイフのほか、銅・青銅製のナイ
フなどが出土。
　¶世界考古

ロシア美術館　State Russian Museum
サンクト・ペテルブルグ。イタリアの名匠ロッ
シ（1775-1849）による新古典主義建築。はじめ
は皇弟ミハイル大公の宮殿であったが、のち「ア
レクサンドル3世美術館」として一般に公開。
　[世界遺産]（サンクト・ペテルブルグ歴史地区と関連建
　造物群　1990）
　　¶文化史蹟15〔写〕

ワイダ山遺跡群　Vaida sites
東サハリン山脈中のワイダ山地とアリョル山地。
ミシュトゥキナ、ジグザグ、ムラヴェイカ、メ
ドヴェージフ・トラゲディの各洞窟、ワイダ遺
跡などを調査。動物化石骨が多量に出土。
　¶東ア考古

アフリカ

アルジェリア

アイン・ハネシュ　Ain Hanesh
コンスタンティーヌの西約100km。前期旧石器時代の遺跡。
¶世界考古

アファルー・ブー・ルンメル
Afalou-bou-Rhummel
コンスタンティーヌの西北西約130km。海岸にある中石器時代の岩陰遺跡。オラン文化の代表的遺跡で、人骨も出土している。
¶世界考古

アルジェのカスバ　Kasbah of Algiers
地中海に面した斜面にある首都アルジェの旧市街を呼ぶ。市街は起伏に富んだ地形で、急勾配の坂道、曲がりくねった細い路地、市場（スーク）などが密集して中世アラブの雰囲気を持つ。
世界遺産（アルジェのカスバ　1992）
¶世遺事, 成世遺上〔写〕, 世遺百, ビジ世遺〔写〕, ユネ世遺11〔写〕

イン・イティネン
タッシリ・ナジェールにある。岩面画の遺跡。古代ティフィナグ文字や人物、ラクダの絵が描かれている。
世界遺産（タッシリ・ナジェール　1982）
¶大遺跡1（タッシリ・ナジェール—イン・イティネン）〔写〕

ウエッド・アズフ・メレン
Oued Asouf Mellen
タッシリ・ナジェール山中。先史岩壁画遺跡。
¶新潮美

ウエッド・ジェラート　Oued Djerat
タッシリ・ナジェール山中。岩陰壁画遺跡。この調査はサハラ先史岩壁画の組織的研究の発端となった。
¶新潮美, 世界考古

カエサレア　Caesarea
アルジェーの西方約95km。フェニキア起源の港で、イオルと称した。水道橋、浴場、住宅、劇場などが残る。
¶世界考古（カエサレア（1））

カラカラの凱旋門
ジェミラ。216年、カラカラと父セプティミウス＝セウェルスおよび母ユリア＝ドムナの名誉を讃えて建設された。
世界遺産（ジェミラ　1982）
¶大遺跡6 p124〔写〕

ジェミラ　Djémila
首都アルジェの東250km。1世紀にローマ人が建設し、3世紀前半に全盛期を迎えた都市。神殿、劇場、共同浴場などのローマ帝国後期の遺跡がある。
世界遺産（ジェミラ　1982）
¶新潮美, 世遺事, 成世遺上〔写〕, 世遺百, 世界考古, 大遺跡6〔写〕, ビジ世遺〔写〕, ユネ世遺11（ジェミラの考古遺跡）〔写〕

シェルシェル　Cherchell
北岸、アルジェの西方約95km。古代都市の遺跡がある小都市。市内には劇場、浴場、邸宅、市外に水道橋、墓地などが残る。
¶新潮美

ジャバレン　Jabbaren
タッシリ・ナジェール山中。先史岩壁画遺跡。
¶新潮美

ジャーミ・アル・カビール　Jami Al-kabir
トレムセン。1082年に創建された大モスク。ズィヤーン朝時代の1236年に大幅な増築を加えられた。中世マグレブ様式を知る実例の一つ。
¶文化史蹟10〔写〕

セファール　Sefar
タッシリ・ナジェール山中。岩壁画遺跡。約1平方km内の30ヵ所以上の岩陰に数千点の彩画が描かれている。牛飼時代が多いが、以前および以後もある。
世界遺産（タッシリ・ナジェール　1982）
¶新潮美, 世界考古, 大遺跡1（タッシリ・ナジェール—セファールの岩陰）〔写〕

タッシリ・ナジェール　Tassili n'Ajjer
イリジ県、タマンラセット県にまたがる砂岩の台地。先史時代の岩壁画遺跡。気候および生活

様式の変化に伴い、岩壁画の主題や様式も変化した。女戦士、動物、狩猟の絵など様々な場面の絵が、シェルター状の窪みの壁面に描かれている。

世界遺産 (タッシリ・ナジェール　1982)

¶アフリカ (タッシリナジェール)〔写p190, 259〕, 古遺地〔図〕, 新潮美〔写p590〕, 世遺事, 成世遺上〔写〕, 世遺百, 世界考古〔写〕, 大遺跡1〔写〕, ビジ世遺〔写〕, 平凡社世 (タッシリ遺跡), ユネ世遺11〔写〕

タン・ズマイタクの岩陰

タッシリ・ナジェールにある。高さ数百mの垂直の狭い渓谷近くのウエッド (水なし川) にある岩陰に彩画が描かれている。

世界遺産 (タッシリ・ナジェール　1982)

¶大遺跡1 (タッシリ・ナジェール—タン・ズマイタクの岩陰)〔写〕

ティディケルト　Tidikelt

オランの南南東約950km。後期旧石器時代。アテール文化の大遺跡で、数十平方kmにわたり遺物が採集できる。

¶世界考古

ティディス　Tiddis

コンスタンティーヌ地方にある地名。そのすぐ近くに城門のある古代ローマの軍事都市カステッルム・ティデタノルムの広大な遺跡が発見された。

¶世界美3

ティパサ　Tipasa

シエヌア山脈の山麓の地中海沿岸にある小さな港町。7世紀にフェニキア人が建設した都市。フェニキア、ローマ、ビザンチンなどの時代の遺構が残る。ティパサ西部考古学公園、ティパサ東部考古学公園、死者記念塔が世界遺産に登録された。

世界遺産 (ティパサ　1982)

¶世遺事, 成世遺上〔写〕, 世遺百, ビジ世遺〔写〕, ユネ世遺11 (ティパサの考古遺跡)〔写〕

ティムガッド　Timgad

首都アルジェの南東約340km。後100年にトラヤヌス帝が築いた植民都市タムガディのあった場所。旧市は、ほぼ正方形のプランを示し、トラヤヌス帝の凱旋門 (2世紀) によって、その後拡張された新市街と結ばれている。劇場、共同浴場、図書館などが残る。

世界遺産 (ティムガッド　1982)

¶角川世 (タムガディ), 新潮美 (ティムガード), 世遺事, 成世遺上〔写〕, 世遺百, 世界考古 (タムガディ), 世界美3 (ティムガード), 世歴事5 (タムガディ), 大遺跡6 (ティムガド)〔写〕, ビジ世遺 (タムガディ), 山川世 (タムガディ), ユネ世遺11 (ティムガッドの考古遺跡)〔写〕

テルニフィーネ　Ternifine

マスカラの東17km。前期旧石器時代の遺跡。パリカオ遺跡とも呼ばれる。多くの動物の遺骸とともに、石器を発見した。

¶世界考古

トラヤヌス帝凱旋門

ティムガッドの東西に走る大通り (デクマヌス) の西端に位置。セウェルス朝時代 (193-235) の建造物。

世界遺産 (ティムガッド　1982)

¶大遺跡6 p122 (トラヤヌスの凱旋門)〔写〕

ヒッポ・レギウス　Hippo Regius

アンナバ (旧名ボーヌ)。都市遺跡でヌミディア王国の主要都市の一つ。大浴場、フォルム、劇場などローマ時代の遺構がある。

¶新潮美 (ヒッポー・レーギウス), 世界考古

ベニ・ハンマド要塞

Al Qal'a of Beni Hammad

中北部の高原地帯の山中。1007年にイスラム教徒がビザンチンを破って建造した都市。全長7kmの城壁が町を囲んでいた。エル・バハール宮殿やエル・メナット宮殿などの遺構がある。

世界遺産 (ベニ・ハンマド要塞　1980)

¶新潮美 (カラア・ベニ・ハンマド), 世遺事, 成世遺上 (要塞都市ベニ・ハマド)〔写〕, 世遺百 (ベニ・ハンマード要塞), ビジ世遺 (要塞都市ベニ・ハマド)〔写〕, ユネ世遺11 (要塞都市ベニ・ハマド)〔写〕

ホガール　Hoggar

サハラにある山地。アハガルともいう。多くの先史岩壁画遺跡があり、主なものにイン・ダラジュ、ヒラフォク、ティト、メヘギバト、タケシェルエトなど。

¶新潮美, 世界考古

ムザブの谷　M'Zab Valley

ガルダイア県、首都アルジェの南約450km。サハラ砂漠の涸れ谷にベルベル人の一部族、ムザブ族が築いた5つの街の建築群。防壁に守られた市街に先端が王冠状の簡素なモスクや家屋が密集。

世界遺産 (ムザブの谷　1982)

¶世遺事 (ムザブの渓谷), 成世遺上〔写〕, 世遺百, ビジ世遺〔写〕, ユネ世遺11〔写〕

メシュタ・エル・アルビ　Mechta el-Arbi

コンスタンティーヌの南約60km、アトラス山麓のすぐ近く。中石器時代の遺跡。人骨も発見。石器は小型のものが多い。ごく少数の幾何学形細石器が伴う。

¶世界考古

アンゴラ　　　　582

メルトゥテク　Mertutek
　　ホガールにある。先史岩壁画遺跡。サハラ美術
　　の彩画が多くある。
　　　　¶新潮美

ランバエシス　Lambaesis
　　オーレス山麓にある。ローマ時代の都市遺跡。
　　現在名ランベース（Lambése）。ローマの軍営の
　　遺構やユピテル神殿、アエスクラピウス神殿、セ

プティミウス・セウェルスの凱旋門、公共浴場
などがある。
　　　　¶新潮美（ランベース），世界考古，世界美6

ロクニア　Roknia
　　コンスタンティーヌの北方12km。新石器時代
　　の大墳墓群。3千を越すドルメンが発見されて
　　いる。
　　　　¶世界考古

アンゴラ

カウマ　Cauma
　　チゥンベ川右岸の段丘上にある。チトロ文化期
　　の石器を多数出土することで著名な遺跡。
　　　　¶世界考古

バイア・ファルタ　Baia Farta
　　南西部。後期アシュール文化の遺跡。遺物は、石
　　英・珪岩製のハンド・アックス、剥片クリーヴァー
　　など。
　　　　¶世界考古

ムソレクシ　Musolexi
　　コンゴ盆地の一角。後期旧石器時代の遺跡。サ
　　ンゴ文化・前期ルペンバ文化などの遺物が多数
　　出土し、石器製作址と推定。
　　　　¶世界考古

ムバラムバラ　Mbalambala
　　コンゴ盆地の一角。後期旧石器時代の遺跡。ル
　　ペンバ＝チトロ文化の遺物を多数出土。
　　　　¶世界考古

ウガンダ

カスビのブガンダ王国歴代国王の墓
　Tombs of Buganda Kings at Kasubi
　　首都カンパラの郊外5kmカスビ丘陵の斜面。13
　　〜20世紀に栄えたブガンダ王国の、19世紀以降
　　の4人の国王の王墓。木やヨシ、泥壁などで造ら
　　れた円錐形の墓。
　　世界遺産（カスビのブガンダ王国歴代国王の墓
　　2001）

¶世遺事（カスビのブガンダ王族の墓），成世遺
　上（カスビのブガンダ歴代国王の墓）〔写〕，世
　遺百（カスビのブガンダ王国の王墓）〔写〕，ビ
　ジ世遺（カスビのブガンダ歴代国王の墓）〔写〕

ヌソンゲジ　Nsongezi
　　カゲラ川左岸。岩陰遺跡。約3mの堆積の中に中
　　石器時代〜鉄器時代の文化層の存在を確認。
　　　　¶世界考古

エジプト

赤修道院　あかしゅうどういん
　　ソハグの西方、白修道院（デイル・エル＝アビア
　　ド）から北西5kmの地点。コプトの修道院。
　　　　¶新潮美

アクミム　Akhmim
　　現在のソハージュの対岸。都市遺跡。王朝時代
　　（前3100-332頃）を通じて上エジプト第9ノモス
　　（州）の州都。豊饒の神ミンに捧げられた神殿が
　　数多くあった。

¶古代エジ，古代オリ，新潮美（アクミーム），
　大英エジ（アクミム（古名イプ、ケント＝ミ
　ン））〔写（タミンの棺）〕

アコリス　Achoris
　　ナイル川東岸の遺跡。古代名はテヘネ。古王国
　　時代からビザンツ時代にかけての各時期の遺跡
　　が存在。市域700×350mを都市壁が囲む。
　　　　¶古代オリ

583　　　　　エジプト

アサシフ　Asasif
テーベのネクロポリスの南北2地域に与えられた名称。南地域には末期王朝時代の墓が6基、北地域は中王国時代と新王国時代の重要な岩窟墓を含む。

¶古代エジ〔写p159（墓碑）〕

アシュート　Asyut
カイロとアスワンのほぼ中間に位置。上エジプト第13ノモス（州）の州都。第9王朝からラメセス朝までのこの地方の有力者たちの岩窟墓ほかを発掘。

¶古代エジ〔写p129（軍隊模型）〕，古代オリ，世界考古，大英エジ（アシュート（古名ジャウティ、リコポリス））

アシュムネイン　Ashmunein
ナイル川中流西岸の町。ヘルモポリス・マグナとも。古名クムヌ。古くから上エジプト第15ノモス（州）の王朝の時代の州都で、トト信仰の中心地。中王国および新王国の神殿の跡が残る。

¶古代エジ（ヘルモポリス／エル＝アシュムネイン）〔写（ヒヒ像）〕，古代オリ，新潮美（ヘルモポリス・マグナ），世界考古（ヘルモポリス），大遺跡2〔写〕，大英エジ（ヘルモポリス・マグナ（エル＝アシュムネイン、古名クムヌ））〔写（トト神の巨像）、図〕

アズハル・モスク　El-Azhar Mosque
カイロにある。970年以降。イスラム世界における最も権威ある大学として知られる「アル・アズハル」の中核をなすモスク。

世界遺産（カイロ歴史地区　1979）

¶アジア歴1（アズハル大学）〔写〕，旺文社世（アズハル学院），新潮美，世界美1（カイロ〔アズハル・モスク〕），文化史蹟10（アル・アズハルのモスク）〔写〕

アスワン　Aswan
ナセル湖の北端。上エジプトの遺跡。町と神殿、花崗岩採石場、西岸のクッベト・エル＝ハワの岩窟墓、エレファンティネ島の町と神殿、ナイロメーターからなる。

世界遺産（アブ・シンベルからフィラエまでのヌビア遺跡群　1979）

¶古遺地（アスワンとフィラエ）〔図〕，古代エジ，古代オリ，新潮美（アスワーン），世界考古，大遺跡2〔写〕，大英エジ（アスワン（古名スウェネト、スィエネ））〔写／図〕

アダイマ　Adaima
上エジプトのナイル河西岸の遺跡。先王朝時代から第一王朝に年代付けられる共同墓地や集落跡が見つかっている。

¶古代エジ

アトリブ,テル　Atrib, Tell
現在のベンハの町の近く。都市遺跡。アハモセ2世時代の神殿、王妃タクウトの墓とプトレマイオス朝およびローマ時代の大規模な町と墓地がある。

¶古代エジ（アトリビス），古代オリ（アトリビス），古代エジ（アトリブ、テル（古名フウト＝ヘリイブ、アトリビス））

アニバ　Aniba
下ヌビアのナイル河西岸。都市と墓地の遺跡。中王国時代にエジプトの要塞として築かれ、第18王朝時代には、ワワトの行政の中心地となった。

¶古代エジ，古代オリ，大英エジ（アニバ（古名ミアム））〔写（フイの墓の壁画）〕

アビュドス　Abydos
現在のソハーグの南50kmに位置。聖地の遺跡。オシリス崇拝の中心地で、先王朝時代からキリスト教時代まで栄えた。

¶古遺地（アビドス）〔図〕，古代エジ（アビドス／エル＝アラバ／エル＝マデフーナ）〔写33,156,226〕，古代オリ〔図〕，新潮美（アビュードス），世遺地（アビドス）〔図〕，世界美1，大遺跡2（アビドス）〔写／図〕，大英エジ（アビュドス（古名アブジュウ））〔写p28,161/図〕，文化史蹟1　p61〔図〕，平凡社世，山川世

アブギグ　Abgig
ファイユームにある遺跡。かつてセンウセレト1世の巨大な石碑が建立されていた。考古学調査はまだ実施されていない。

¶古代エジ

アブ・グラブ　Abu Gurab
ナイル川西岸の、ギザとサッカラの中間に位置。第5王朝のニウセルラー王（前2445-2421）が造営した太陽神殿の遺跡。

¶古代エジ（アブ・グラブ／アブ・グロブ），古代オリ，大英エジ（アブ・グラブ（アブ・グロブ））〔写p33,160, 口絵/図p29〕

アブシール　Abusir
サッカラとアブ・グラブの中間。メンフィスのネクロポリス地域。サフラー、ニウセルラー、ネフェルイルカラーおよびネフェルエフラーによって建設された第5王朝の4基のピラミッド複合体を擁する。

¶古代エジ〔写p35,152〕，古代オリ（アブ・シール），新潮美，大遺跡2（アブ・シール）〔写〕，大英エジ〔図〕，文化史蹟1（ピラミッド群（アブー・シール））〔写〕

アブ・シンベル　Abu Simbel
アスワンの南東約250kmに位置。ラメセス2世（前1279-1213）により造営された2つの岩窟神殿の遺跡。

アフリカ

エジプト 584

|世界遺産|（アブ・シンベルからフィラエまでのヌビア
遺跡群　1979）

　¶遺建8〔ヌビアの神殿〕〔写/図〕，古遺地〔図〕，
古代エジ〔写〕，古代オリ〔写〕，古代遺跡
p235〜239〔写〕，宗教建築（アブー・シンベル
大神殿）〔写/図〕，新潮美，世界考古〔写〕，世
界美1〔写〕，世歴大1（アブシンベル神殿）
〔写〕，大遺跡2〔写/図〕，大英エジ〔写p130，
口絵/図p32〕，文化史蹟1 p156（アブー・シン
ベルの神殿）〔図〕，平凡社世（アブ・シンベル
神殿），歴史建築〔写/図〕

アブ・シンベルからフィラエまでのヌビア遺跡群
Nubian Monuments from Abu Simbel to Philae

アスワン県を流れるナイル川の土手沿いなど。
1960年代ダム湖に水没する危機にあったため、
アブ・シンベル神殿とフィラエ島の遺跡などが
移築され、世界遺産に登録された。

|世界遺産|（アブ・シンベルからフィラエまでのヌビア
遺跡群　1979）

　¶古代エジ（ヌビア），新潮美（ヌビア），世遺事
，成世遺上（アブ・シンベル、フィラエ間のヌ
ビア遺跡），世遺百〔写〕，世界考古（ヌ
ビア），大英エジ（ヌビア（古名イアム、イレム、
タ＝セティ、クシュ））〔図〕，ビジ世遺（ア
ブ・シンベルからフィラエまでのヌビア遺跡）
〔写〕，ユネ世遺11（アブ・シンベルからフィラ
エまでのヌビアの遺跡群）〔写〕

アブ・メナ　Abu Mena

アレキサンドリアの南西部ミリュート砂漠。3
世紀頃に殉教したとされる聖者メナス（285-296
頃）の墓所。キリスト教の一派、コプト教の巡
礼地。

|世界遺産|（アブ・メナ　1979）

　¶新潮美（アブ・ミナ），世遺事（アブ・ミナ），
成世遺上〔写〕，世遺百〔写〕，ビジ世遺
〔写〕，ユネ世遺11（聖都アブ・メナ）〔写〕

アブ・ロアシュ　Abu Roash

ナイル西岸、ギザの北方に位置。第4王朝ジェデ
フラー王（前2566-2558）の未完成のピラミッド
複合体の遺跡。東には古王国時代の墓地、南に
は煉瓦造りのピラミッドの遺構がある。

　¶古代エジ（アブ・ラワシュ／アブ・ロアシュ），
古代オリ（アブ・ラワシュ），世界考古（アブ・
ラワシュ），大英エジ（アブ・ロアシュ（アブ・
ラワシュ））

アマダ　Amada

ナイル川西岸の遺跡。Cグループ文化期に要塞
化した町が築かれた。トトメス3世とアメンヘテ
プ2世が神殿を建立。

　¶古代オリ

アマルナ　Amarna

カイロの南方約300km。古代エジプトの遺跡。
イクナートンの建設。出土した粘土板文書群は
アマルナ文書として有名。

　¶アジア歴6（テル・エルアマルナ），古遺地（エ
ル＝アマルナ）〔図〕，古代エジ（アマルナ／テ
ル・エル＝アマルナ）〔写p27,40〕，古代オリ
（アマルナ、テル・エル＝）〔図〕，新潮美（アマ
ルナ、エル），世界考古〔図〕，世界美1（アマル
ナ、テル・エル），大遺跡2（テル・アル＝アマ
ルナ）〔図〕，大英エジ（アマルナ、（テル）エ
ル＝（古名アケトアテン））〔写p40，口絵/図
p38〕，平凡社世（テル・エル・アマルナ），山
川世（テル・エル・アマルナ）

アマルナ・アテン大神殿

アマルナにある。前1373年頃の築。アクエンア
テンがテーベからアマルナへと都が移された当
初より建造を計画したアテン神の神殿。

　¶宗教建築〔図〕

アムラ, エル　Amrah, el

ナイル川西岸、アビュドスに近接する遺跡。先
王朝時代ナカダ文化から初期王朝時代までの墓
地が低位砂漠縁辺部に形成。少なくとも1千基を
越える墓からなる。

　¶古代オリ，新潮美，世界考古（アムラー，エ
ル）〔写（土器）〕

アムルのモスク　Mosque of Amr

カイロにある。640年以降。征服軍の指揮者アム
ル・イブン・アル・アースによって創設された
モスク。現在の建築は、18世紀末に復原再建さ
れたもの。

|世界遺産|（カイロ歴史地区　1979）

　¶新潮美（アムル・モスク），文化史蹟10〔写〕

アメン大神殿　Precinct of Amun-Re

ルクソール。カルナックの神殿複合体の中核を
なす神殿。アモン大神殿とも。前2040〜後395
年にわたって歴代の王が造営した。

　¶遺建2（アモン神殿）〔写/図〕，宗教建築（カル
ナックのアメン大神殿）〔写/図〕，大遺跡2
〔写/図〕，文化史蹟1〔写〕

アメン・ヘテプ2世の墓
Sarcophagus Chamber, Tomb of Amen-hetep II

テーベにある。王陵の谷第35号墓。玄室の天井
に星、壁には「冥界の書」の各場面を描く。

　¶文化史蹟1〔写〕

アル・ハーキムのモスク
Mosque of Al-hakim

カイロにある。990〜1012年。ファーティマの
新首都「アル・カーヒラ」（勝利の町）に建てら
れた大規模なモスク。

|世界遺産|（カイロ歴史地区　1979）
　¶文化史蹟10〔写〕

アルマント　Armant
ルクソールの南西9kmのナイル西岸。広大な墓地と大規模な先王朝時代の居住地を発掘。戦いの神モンチュの石造神殿、ブキス雄牛の墓地ブケウムもある。
　¶古代エジ, 古代オリ, 大英エジ（アルマント（古名イウヌ＝モンチュ））〔写（石碑）〕

アルミンナ　Arminna
ナイル川両岸の遺跡。Cグループ文化の墓地が形成され、新王国時代初期にヌビア総督のテティとジェフウティに言及した碑文が岩壁に刻まれた。
　¶古代オリ

アレクサンドリア　Alexandria
地中海沿岸西端の細長い半島上に位置。アレクサンドロス大王が建設したギリシャ・ローマ時代の都市。前320年までメンフィスに代わりエジプトの首都。図書館、ムーセイオン、ファロスの灯台などが残る。
　¶アジア歴1, 古代エジ, 古代オリ〔図〕, 世界考古, 世歴事1〔図〕, 大英エジ（アレクサンドリア（古名ラコテ））〔写〕

アンティノオポリス　Antinoöpolis
中エジプト、ナイル河東岸の遺跡。エル＝シェイク・イバダとも。初期の遺跡にラメセス2世の神殿。後130年に皇帝ハドリアヌスの命で建設された都市遺跡がある。
　¶古代エジ（アンティノオポリス／エル＝シェイク・イバダ）

イシス神殿　Temple of Isis
フィラエ島（アギルキア島）にある。フィラエ神殿とも。古代エジプトの女神イシスを祀る神殿。プトレマイオス朝時代に建造、古代ローマ時代に増築された。
　|世界遺産|（アブ・シンベルからフィラエまでのヌビア遺跡群　1979）
　¶古代遺跡 p240〔写〕, 大遺跡2 p154〔写〕, 文化史蹟1〔写〕

イーセーウム　Iseum
ナイル川のデルタ中央北部。ホルス神信仰の一中心地。
　¶新潮美

イプイの墓　Tomb of Ipuy
テーベ西地区のデイル・エル＝マディーナ。古代エジプトの彫刻師の墓。
　¶新潮美

イブン・トゥールーンのモスク
Mosque of Ibn Tulun
カイロにある。トゥールーン朝を創始したイブン・トゥールーンがカターイー（現在のカイロ）を建設し、その中心として設けた。
　|世界遺産|（カイロ歴史地区　1979）
　¶宗教建築〔写/図〕, 新潮美, 文化史蹟10〔写〕

ウェイナト　Uweinat
エジプト西方砂漠の遠方、南西地域。ジェベル・ウェイナトとも。先史時代の岩絵で有名な巨大な山。
　¶古代エジ（ウェイナト／ジェベル・ウェイナト）

ウセルヘトの墓〔貴族〕　Tomb of Userhet
テーベ西地区、シェイク・アブド・エル＝クルナ。第18王朝初期の墓。墓主はセティ1世に仕えた貴族。
　¶新潮美（ウセルヘトの墓（2））

ウセルヘトの墓〔書記〕　Tomb of Userhet
テーベ西地区、シェイク・アブド・エル＝クルナ。第18王朝中期の墓。墓主はアメンホテプ2世の治下の王の書記。
　¶新潮美（ウセルヘトの墓（1））

ウナス王のピラミッド
サッカラ。ウナス王（第5王朝）のピラミッド。ピラミッド本体は基辺が67m、高さ約44mあったと推定されるが現在はわずか19m。
　¶世界考古, 文化史蹟1（ウニス王のピラミッド）〔写〕

ウンム・エル＝アカブ　Umm el-Oaab
アビドスのネクロポリス地域。ティスの先王朝時代の支配者たちとその後継者である第一王朝の王たちや第二王朝の最後の2人の王が王墓の複合体を建造した。
　¶古代エジ〔写〕

エスナ　Esna
ルクソールの南50km。現存する主な遺跡は、聖魚ナイル・パーチの墓地と、雄羊の神クヌム、女神ネイト、ヘカに捧げられたギリシャ・ローマ時代の神殿。
　¶古代エジ〔写〕, 古代オリ, 大遺跡2〔写/図〕, 大英エジ（エスナ（古名イウニト、タ＝セネト、ラトポリス））〔図〕

エドフ　Edfu
上エジプト。タカの神ホルスに捧げられた大神殿がそびえ立つ。遺跡主要部には、王朝時代全体にわたる居住地と墓地の遺跡が含まれる。
　¶古遺地〔図〕, 古代エジ〔写p70,231,240〕, 古代オリ, 新潮美, 世界考古, 世界美1, 大遺跡2〔写〕, 大英エジ（エドフ（古名ジェブ、アポロノポリス・マグナ））〔写p81,523/図p80〕

エジプト　　　　　　　　　　　　　　586

アフリカ

エルカブ　Elkab

ナイル川東岸ワディ・ヒッラルの入口にある。先史時代および王朝時代の居住地、第18王朝初期の岩窟墓、初期王朝からプトレマイオス朝の頃までの神殿遺構、コプトの修道院の壁の一部で構成される遺跡。

¶古代エジ〔写（レリーフ）〕、新潮美（エル＝カブ）、世界考古（エル・カブ）、世界美1（エル＝カブ）、大英エジ（エルカブ（エル＝カブ）（古名ネケブ））〔写p82,341/図〕

エレファンティネ　Elephantine

ナイル河に浮かぶ島、アスワンの近く。上エジプト第1ノモスの州都。島の東側にある最も古い居住区は、先王朝時代に年代付けられる。

¶古代エジ、古代オリ、新潮美（エレファンティーネ）、世界考古（エレファンティン）、大遺跡2 p154（エレファンティネ島）〔写〕

王家の谷　おうけのたに/Valley of the Kings

ルクソールから西へ約5kmに位置。新王国時代の王墓地。第18王朝から第20王朝までの主な王墓地は東谷にあり、西谷には4基のみある。ツタンカーメン墓が有名。

¶遺跡100（王家の谷とツタンカーメン墓）〔写/図〕、旺文社世（王陵の谷 おうりょうのたに）、オ西洋美、角川世、古代エジ〔写p75,81,107,189,208,229,354〕、古代オリ〔図〕、宗教建築〔写/図〕、新潮美、世界考古〔図〕、世界美1、大遺跡2〔写/図〕、大英エジ（王家の谷（ビバン・エル＝ムルク））〔図p87,411〕、東西文化p218～219（王陵の谷）〔写〕、文化史蹟1（王陵の谷）〔写p109/図p106〕、平凡社世（王陵の谷 おうりょうのたに）、山川世

王のミイラの隠し場　Royal Cache

デル・エル＝バハリの第320号墓（DB320）と王家の谷のアメンヘテプ2世墓（KV35）。王のミイラが19世紀後半になって発見された2ヵ所。

¶古代オリ

王妃の谷　おうひのたに/Valley of the Queens

テーベの西岸、メディネト・ハブの北西約1kmに位置。新王国時代の何人かのファラオの王妃や王子たちを埋葬した墓地。約75基の墓がある。

¶古代エジ〔写p134,325,371〕、古代オリ、新潮美、世界考古、世界美1、大遺跡2〔写/図〕、大英エジ（王妃の谷（ビバン・エル＝ハリム））

オクシリンコス　Oxyrhynchus

バハル・ユセフ運河の西岸。エル＝バフナサとも。第26王朝の上エジプト第19ノモスの州都。プトレマイオス時代からイスラーム時代初期のギリシャ語パピルスを発見。

¶古代エジ（オクシリンコス／エル＝バフナサ）、世界美1（オクシュリンコス）

オシレイオン　Osireion

アビドス。セティ1世とメルエンプタハ王治世の宗教建築物。王家の谷にある王墓を模して建設されている。

¶古代エジ

オマリ，エル　Omari, el

ワディ・ホフの周辺に集中。下エジプトにおける先王朝時代のエル＝オマリ期の標準遺跡。いくつかの先王朝時代の居住地と墓地からなる。

¶世界考古、大英エジ

階段ピラミッド　Step Pyramid

サッカラ。ジェセル（ジョセル）王の葬祭記念物。建築家イムホテプによる。最初マスタバとして設計され、4段、6段と2度にわたる計画の変更とともに拡大された。

世界遺産（メンフィスとその墓地遺跡―ギーザからダハシュールまでのピラミッド地帯　1979）

¶古代エジ〔写〕、世界考古〔写〕、復原遺跡〔写/図〕、文化史蹟1（ジェセル王のピラミッド（階段ピラミッド））〔写〕

カイト・ベイのモスク　Tomb Mosque of Sultan Qa'it Bay

カイロにある。スルタンの廟とモスクとマスタバを一緒にした建物。1472～74年頃の建造。

¶新潮美

カイロ歴史地区　Historic Cairo

首都カイロの東南部。カイロの旧市街と、オールド・カイロが含まれる。旧市街にはアズハル大学、イブン・トゥールーンなど数百のモスクが集中。

世界遺産（カイロ歴史地区　1979）

¶アジア歴2（カイロ）〔写〕、新潮美（カイロ）、世遺事（カイロの歴史地区）、成世遺上〔写〕、世遺百〔写〕、世界美1（カイロ）、世歴大4（カイロ）〔写〕、ビジ世遺（イスラム都市カイロ）〔写〕、ユネ世遺11（イスラーム都市カイロ）〔写〕

カーウ・エル＝ケビル　Qau el-Kebir

中エジプトのナイル河東岸。第12王朝の3人の州知事のために建てられた一連の壮大な墓で知られる。

¶古代エジ（カーウ／カーウ・エル＝ケビール／アンタエオポリス）、世界美1

カゲムニの墓　Tomb of Kagemni

サッカーラの北部墓地。古代エジプトの貴族の墓。

¶新潮美

カスル・イブリム　Qasr Ibrim

ナセル湖東岸に位置。新王国時代の祀堂や碑文が残る。後6世紀後半からは単性派キリスト教が

浸透し、多くの教会や修道院が建てられた。
¶古代エジ（カスル・イブリーム），古代オリ，
大英エジ（カスル・イブリーム（古名ペデメ，プ
リミス））〔写p102（オベリスク）〕

カスル・エル＝サグハ　Qasr el-Sagha
ファイユーム低地の北部にある遺跡。住居跡や
未完成で碑文を持たない石造りの神殿がある。
¶古代エジ〔写〕，新潮美（カスル・エッ＝サガ）

カフラ王のピラミッド
ギザにある。古王国第4王朝のファラオのピラ
ミッド。完全なピラミッドコンプレックスの様
式を保存。
世界遺産（メンフィスとその墓地遺跡―ギーザからダ
ハシュールまでのピラミッド地帯　1979）
¶古代遺跡 p245〔写〕

カフーン　Kahun
ファイユームの東端にあるラフーン近く。周壁
を持つ町。西側は庶民用の簡素な住居施設，東
側は行政管理等と官吏用の大規模な住宅。
¶古代エジ，新潮美，世界美2

カラニス　Karanis
ファイユームにある。プトレマイオス朝からロー
マ支配時代にかけての代表的な都市遺跡。後3世
紀後半に最盛期。
¶古代オリ

カラノグ　Karanog
アスワンの南約60km。大規模な都市と墓地の遺
跡。宮殿や要塞がそびえ，王の像や碑文が見ら
れないという特徴がある。
¶大英エジ

カラブシャ　Kalabsha
下ヌビア，アスワンの南約50km。古代名はタル
ミス。ヌビアの神マンドゥリスに捧げたエジプ
ト王の神殿があった場所に，アウグストゥスが
神殿を建設した。
¶古代エジ，古代オリ，世界美2，大遺跡2〔写/
図〕，大英エジ（カラブシャ（古名タルミス））

カラブシャ神殿
下ヌビア，アスワンの南約50km。グレコ・ローマ
ン時代。マンドゥリスに捧げられた神殿。1970
年に，アスワン・ハイダムの南750mの地点に移
築された。
¶新潮美，大遺跡2 p156〔写/図〕

カルガ・オアシス　Kharga Oasis
ルクソールの東約175kmのリビア砂漠のオアシ
ス。中期旧石器時代（ムスティエ文化期）の居住
の跡がある。遺構の多くは，プトレマイオス朝
からコプト時代のもの。
¶古代エジ〔写p283（レリーフ）〕，古代オリ，

新潮美（カルガ，エル），世界考古（ハルガ・オ
アシス），大英エジ〔図〕

カルナック神殿　Karnak Temple
ルクソールの北東。巨大な宗教建築複合体。ア
ムン・ラー，ムト，モンチュの三神に捧げられ
た3つの主要な神殿域からなる。周壁の内側には
さらにプタハ，オペト，コンスといった神々に
捧げられた小神殿がいくつか建てられている。
¶遺跡100（カルナック神殿，ルクソール神殿）
〔写〕，旺文社世〔写〕，オ西洋美（カルナック）
〔写〕，角川世，古遺跡（カルナックとルクソー
ル）〔図〕，古代エジ（カルナク）〔写p23,32ほ
か/図p375〕，古代オリ（カルナク）〔写p782/図
p427〕，新潮美（カルナック），世界考古（カル
ナック）〔図〕，世界美2（カルナック）〔写〕，
世歴大4〔写〕，空古代遺跡（カルナク）〔写〕，
大遺跡2（カルナック神殿）〔写/図〕，大英エジ
（カルナク（古名イペト＝スット））〔写p4,420,
554,589/図p131,252〕，評論社世，復原遺跡
〔写/図〕，平凡社世，山川世（カルナック神殿）

カンティール　Qantir
エル＝カタアナ付近に位置。古代エジプトの港
湾都市ピラメセスの遺跡。最も古い時期に属す
る泥煉瓦づくりの王宮やラメセス朝時代の軍隊
の兵舎や工房が発見されている。
¶古代エジ（ペル・ラメセス／カンティール），
古代オリ，大英エジ（カンティール（古名ピラ
メセス））

ギザ　Giza
カイロの南西郊外のすぐ近く。古代墓地。第4
王朝のクフ，カフラー，メンカウラーの3大ピラ
ミッドがある。クフ王のピラミッドは現存する
最大のもの。
世界遺産（メンフィスとその墓地遺跡―ギーザからダ
ハシュールまでのピラミッド地帯　1979）
¶角川世，古遺地〔図〕，古代エジ〔写p114,183
ほか/図p113ほか〕，古代オリ（ギザ，エル＝）
〔写〕，新潮美（ギーザ，エル），世遺地（ギー
ザ），世界考古〔図〕，世界美2，世歴大5（ギ
ゼー）〔図〕，大遺跡2（ギーザ）〔写/図〕，大英
エジ〔写p144,260,455/図〕，山川世

ギザの3大ピラミッド
Giza pyramid complex
ギザにある。3基のピラミッドの通称。最大のク
フ王のピラミッド，2番目に大きいカフラー王の
ピラミッド，最小のメンカウラー王のピラミッ
ドが北東から南西に向かってほぼ一直線上に並
んでいる。
世界遺産（メンフィスとその墓地遺跡―ギーザからダ
ハシュールまでのピラミッド地帯　1979）
¶遺建8（ギーザのピラミッド）〔写/図〕，古代遺
跡 p244（ギザーのピラミッド）〔写〕，世歴事
7（ギザの大ピラミッド），空古代遺跡（ギザの

ピラミッド）〔写〕，大遺跡2 p16（ギーザの3大ピラミッド）〔写〕，東西文化 p211〜213（ギーザのピラミッド）〔写〕，文化史蹟1（ピラミッド群（ギーザ））〔写〕

ギザのスフィンクス　Great Sphinx, Gîza

ギザにある。カフラー王のピラミッド参道脇にある大スフィンクス。長さ73m、高さ最大20m。ピラミッドの石材を採石した後の岩山を彫ってつくられている。

世界遺産（メンフィスとその墓地遺跡—ギーザからダハシュールまでのピラミッド地帯　1979）

¶古代オリ（スフィンクス），古代遺跡 p245，246（スフィンクス像）〔写〕，大遺跡2 p20（大スフィンクス）〔写〕，大英エジ（スフィンクス）〔写〕，東西文化 p214〜215（ギーザのスフィンクス像）〔写〕，文化史蹟1（大スフィンクス）〔写〕

貴族の墓　きぞくのはか/Tombs of the Nobles

ルクソール。新王国時代を中心とした、砂漠の斜面にあるたくさんの貴族の岩窟墓。

¶大遺跡2〔写/図〕

ギルザ　Girza

メイドゥーム近郊。ゲルゼともいう。先王朝時代の墓地。ナカーダⅡ文化（前3300頃−前3100頃）はこの遺跡に因みゲルゼ文化とも呼ばれる。

¶新潮美

ギルフ・エル＝ケビール　Gilf el-Kebir

リビアとの国境近く。泳ぐ人の洞窟と呼ばれる先史時代の岩絵がある台地。

¶古代エジ

クーシイヤ, エル　El-Qusiya

アシュート県。ナイル河西岸に位置する遺跡。上エジプトの第14州の州都であった。古王国時代末期と中王国時代の岩窟墓がある。

¶古代エジ（クサエ／エル＝クシーヤ），世界美2

クストゥル　Qustul

アブ・シンベルの南約15kmのナイル両岸。ヌビアの支配階級の墓地。現在はナセル湖に水没。前3千年紀初頭の支配階級の墳丘墓からなる墓地を発掘。

¶古代オリ，大英エジ（バッラーナとクストゥル）

クセイル　Quseir

ワディ・ハンママートの東端の紅海沿岸に位置。『エリュトラー海案内記』のミュオス・ホルモスの港と推測される遺跡。後1〜2世紀にかけてのローマ支配時代の貯水槽や建物群を発見。

¶古代オリ

クソイス　Xois

デルタの中心。サクハとも。下エジプト第6ノモスの州都の遺跡。

¶古代エジ（クソイス／サクハ）

クッベト・エル＝ハワ　Qubbet el-Hawa

アスワンの対岸。一連の岩窟墓と急斜面の麓にある、より小さな墓のネクロポリスから構成されている遺跡。

¶古代エジ〔写〕

クヌム神殿　Temple of Khnum

エスナにある。塔門と多柱室が組み合わされたプロナオス形式。この形式はプトレマイオス朝、ローマ期のもの。

¶文化史蹟1〔写〕

クヌムホテプとニアンククヌムの墓　Tomb of Khnumhotep and Niankkhnum

サッカーラにある。マスタバ墓。墓主は第5王朝（2494頃−前2345頃）中頃の双生の兄弟、ともに王の官吏。

¶新潮美

クバン　Quban

ヌビア、ナイル川東岸の地名。第12王朝（前1991頃−前1786頃）の小城塞跡がある。

¶世界美2

クフ王のピラミッド　Khufu

ギザにある3大ピラミッドの一つ。エジプトのピラミッドのうち史上最大のものであり、高さ146m、側面227m、容積約250万立方mある。

世界遺産（メンフィスとその墓地遺跡—ギーザからダハシュールまでのピラミッド地帯　1979）

¶宗教建築〔写/図〕，新潮美（クフ〔ピラミッド〕），世界考古，大遺跡2 p18〔写〕，文化史蹟1（ク・フ王のピラミッド）〔写〕，歴史建築（大ピラミッド）〔写/図〕

クラウディアヌス山　Mons Claudianus

東方砂漠の遺跡。ローマ皇帝アウグストゥスの治世に花崗岩と閃緑岩の採掘が始まり、5世紀まで継続された。

¶古代エジ

グラブ, メディナト・エル　Ghurob, Medinet el

ファイユーム地方の南東部に位置する遺跡。先王朝時代からの墓地がある。主要遺構は新王国時代の町と墓地。

¶古代オリ

クルグス　Kurgus

ヌビアの第5急湍地域にある遺跡。トゥトモセ1世、トゥトモセ3世の両王によって巨礫岩に、エジプトの南の国境をここに定める旨の碑文が刻

まれている。

¶古代エジ, 大英エジ

グロブ　Gurob

ファイユーム地域の南東端。居住地遺跡。トゥトモセ3世が王家の後宮として建設、アメンホテプ3世の治世に繁栄したと思われるミ＝ウェルの町であるとされる。

¶大英エジ（グロブ（メディネト・エル＝グローブ, 古名ミ＝ウェル））〔図〕

クンマ　Kumma

下ヌビア第2急湍地域。要塞都市。第18王朝トトメス2世、同3世、アメンヘテプ2世らが建立したクヌム神殿があった。現在はカルトゥームに移築。

¶古代オリ

ゲベル・トゥラ　Gebel Tura

ナイル川西岸、カイロ南方約10kmに位置。古代から神殿や墳墓の建設に用いる白石灰岩の石切場として知られる。

¶世界美2

ゲベレイン　Gebelein

上エジプト南部ナイル川西岸の遺跡。初期王朝時代以降のハトホル神殿や先王朝時代から中王国時代終盤にかけての墓地が存在。

¶古代エジ（ジェベレイン）〔写p322〕, 古代オリ, 世界美2（ゲベレイン, エル）, 大英エジ（ジェベレイン（古名ペル＝ハトホル, パティリス, アフロディトポリス））

ケリア　Kelya

ワディ・ナトルンに営まれた僧院。1964年に発掘に着手。後4世紀に始まり, 6世紀には衰滅。

¶古代オリ

ケルエフの墓　Tomb of Kheruef

テーベ西地区、アサーシーフ。岩窟墓。墓主は第18王朝アメンホテプ3世、アケナトン王時代の書記で、王妃ティイの執事。

¶新潮美

ゲルゼ, エル　Gerze, el

ファイユーム入口付近のナイル川西岸。先王朝時代ナカダ文化の遺跡。ナカダ文化Ⅱ期以降に年代付けられる約300基の墓を検出。

¶古代オリ, 世界考古（ゲルゼー）

ケルタッシ神殿　Temple of Kertassi

アスワンにある。水没を逃れて当地に移転。2本のハトホル神柱のある小さなキオスクが残る。

¶文化史蹟1〔写〕

ゲルフ・フセイン　Gerf Hussein

下ヌビアのナイル川西岸。先王朝時代Aグループ文化以降、ほぼ連続的に全時代の遺跡が形成

された。ラメセス2世治世に岩窟神殿が建造された。

¶古代オリ

コーカ　Khokhah

アサシフとシェイク・アブド・エル＝クルナ間。テーベのネクロポリス地域。古王国時代のテーベの州侯たちの墓、第一中間期、第18王朝および第19王朝の私人墓がある。

¶古代エジ

コプトス　Koptos

ワディ・ハンママートの入口にある。神殿と都市の遺跡。居住地遺構は前3千年頃まで遡る。豊饒神ミンを祀る神殿の初期王朝時代の遺構から形成期以前の彫刻を発掘。

¶古代エジ（コプトス／グフト／キフト）, 古代オリ, 世界考古, 大英エジ（コプトス（キフト, 古名ケベト, ゲブトゥ））

コム・アブ・ビッロ　Kom Abu Billo

西部デルタ地帯。王朝時代およびギリシャ・ローマ時代の都市遺跡。初期プトレマイオス朝時代の神殿がある。

¶古代エジ, 大英エジ（コム・アブ・ビッロ（テレヌティス））

コム・エル＝ヒスン　Kom el-Hisn

ナウクラティスの南約12kmの西部デルタ地帯に位置。イムの町の遺跡。この地方の神、セクメト＝ハトホルに捧げられた神殿の遺構がある。

¶大英エジ（コム・エル＝ヒスン（古名イム, イマウ））

コム・オンボ　Kom Ombo

アスワンの40km北。神殿およびその関連居住地遺跡。現存する建造物遺構は少なくとも第18王朝まで遡るものと推定。

¶古代エジ〔写p143,203〕, 古代オリ, 世界考古, 世界美2, 大遺跡2〔写/図〕, 大英エジ（コム・オンボ（古名オンボス））〔写p193, 口絵/図〕

コム・オンボの神殿

コム・オンボ。現存する神殿はプトレマイオス王朝時代以降の建設。セベクとハロエリスの両神に捧げられた神殿。

¶宗教建築（コーム・オンボのセベク神とハロエリス神殿）〔写/図〕, 世界考古（コム・オンボ神殿）, 大遺跡2 p152（コム・オンボ神殿）〔写/図〕, 文化史蹟1（ハロエリスとセベクの神殿）〔写〕

コロスコ　Korosko

下ヌビアのナイル川東岸にある遺跡。約100点のエジプト語の岩壁碑文がある。交易路「コロスコ路」の起点でもある。

¶古代オリ

エジプト　　　　　　　　　　590

アフリカ

サイス　Sais
ナイル川デルタ西部。下エジプト第5ノモスの州都の遺跡。遺跡は沖積土中に埋没してほとんど未発掘。サイス出土と思われる遺物が、国の内外に散在する。

　　¶古代エジ（サイス／サ・エル＝ハジャル），古代オリ，世界考古，大英エジ（サイス（サ・エル＝ハジャル））

ザウィエト・ウンム・エル＝ラカム　Zawiyet Umm el-Rakham
マルサ・マトゥーフ近郊。地中海沿岸遺跡。ラメセス2世によって建てられた要塞がある。

　　¶古代エジ（ザウイエト・ウンム・エル＝ラカム）

ザウィエト・エル＝アリアン　Zawiyet el-Aryan
ナイル川西岸の遺跡。初期王朝時代の墓地、古王国時代の2基の未完成ピラミッド、古王国時代、新王国時代およびローマ時代の墓地がある。

　　¶古代エジ（ザウイエト・エル＝アリアン），古代オリ，新潮美（ザーウィエト・エル＝アリアーン），大英エジ（ザウイエト・エル＝アリヤン）

ザウィエト・エル＝マイティン　Zawiyet el-Mayitin
ナイル川東岸の遺跡。ザウィエト・エル＝アムワートともいう。一連の古王国時代の岩窟墓と第3王朝の終わりに年代付けられる保存状態良好の階段ピラミッドがある。

　　¶古代エジ（ザウイエト・エル＝アムワト／ザウイエト・エル＝メイティン、ザウイエト・スルタン），古代オリ，新潮美（ザーウィエト・エル＝マイティーン）

サッカラ　Saqqara
ギザより約17km南に位置。古代都市メンフィスの主要な墓地の遺跡。第1王朝時代（前3100-2890）からキリスト教時代（後395-540）まで使用された。

　世界遺産（メンフィスとその墓地遺跡—ギーザからダハシュールまでのピラミッド地帯　1979）

　　¶古遺地〔図〕，古代エジ〔写p90,91ほか／図p283,284ほか〕，古代オリ〔図p493,751〕，新潮美（サッカーラ），図解考古（サッカラ遺跡）〔図〕，世界考古〔図〕，大遺跡2〔写/図〕，大英エジ〔写/図p207,414〕，東西文化 p216～217（サッカーラのピラミッド群）〔写〕，山川世（サッカーラ）

シェイク・アブド・エル＝クルナ　Sheikh Abd el-Qurna
エル＝コーカとクルネト・ムライの間。テーベのネクロポリスの中央地域。テーベの州知事と宰相のために建てられた最古の墓は、中王国時代初期にまで遡る。

　　¶古代エジ

ジェセルカラーセネブの墓　Tomb of Djeserkarēseneb
テーベ西地区、シェイク・アブド・エル・クルナにある。古代エジプトの貴族の墓。

　　¶新潮美

ジェベル・エル＝シルシラ　Gebel el-Silsila
アスワンの北約65kmのナイル川両岸に位置。新王国時代からローマ時代にかけて東岸を中心に砂岩の採石場として使用。岩窟祠堂と石碑がある。

　　¶古代エジ，古代オリ（ゲベル・エル＝シルシラ），世界美2（ゲベル・エル＝シルシラ），大英エジ（ジェベル・エル＝シルシラ（古名ケヌウ、ケニ））〔写〕

ジェベル・ゼイト　Gebel Zeit
紅海沿岸の山岳地帯。中王国時代から新王国時代にかけての広範囲にわたる採鉱活動の遺跡がある。

　　¶古代エジ

ジェベル・チャウティ　Gebel Tjauti
ルクソールとファシュート間。古代の交通路を統括していた西方砂漠の遺跡。岩の表面に先王朝時代の巨大な絵画などが残る。

　　¶古代エジ

シュネト・エル＝ゼビブ　Shunet el-Zebib
アビドス。カーセケムウイの日乾レンガでできた葬祭周壁。王に対する葬祭信仰の主要な地としての役割を果たした。

　　¶古代エジ〔写〕

白修道院　しろしゅうどういん
ソハグの西方。シェヌートにより440年頃創立されたコプトの修道院。

　　¶新潮美

シーワ・オアシス　Siwa Oasis
カイロから約560km西。リビア砂漠中にある天然の窪地。最古の遺構は第26王朝（前664-525）の頃のもの。

　　¶古代オリ（シワ・オアシス），大英エジ（シーワ・オアシス（古名セケト＝イミト、アンモニウム））

スエズ運河　Suez Canal
スエズ地峡。紅海と地中海を結ぶ水平式運河。フランス人レセップスにより1859年から1869年にかけて建設。全長161km。

　　¶アジア歴5〔写/図〕，旺文社世，角川世，評論社世，平凡社世，山川世

ス・ネフル王のピラミッド（赤ピラミッド）　Pyramid of S-neferu, Dahshûr
ダハシュールにある。「赤ピラミッド」とも呼ば

れ、ス・ネフル王の第2のピラミッドといわれて
いる。
　　¶ 大遺跡2 p31（北ピラミッド（赤ピラミッド））
　　〔写〕，文化史蹟1〔写〕

ス・ネフル王のピラミッド（屈折ピラミッド）
ダハシュールにある。ほぼ中央部で傾斜角が54
度半から43度半に変わる。外装はトゥーラ岩石
で、保存状態が最も良い。
　　¶ 大遺跡2 p31（屈折ピラミッド）〔写〕，文化史
　　蹟1〔写〕

ス・ネフル王のピラミッド（メードーム）
Pyramid of S-neferu, Meidum
メードームにある。第4王朝。当初、正四角錐の
ピラミッドを建てようとしたが、途中で石組が
崩れ、見捨てられたものと考えられている。
　　¶ 文化史蹟1〔写〕

スペオス・アルテミドス　Speos Artemidos
ベニ・ハサンにある岩窟墓群の東約3kmに位置。
雌ライオンの女神パケト（パシュト）に捧げられ
た岩窟墓殿。ハトシェプストとトットモセ3世に
よる造営。
　　¶ 古代エジ，古代オリ，新潮美，大英エジ

スルタン・ハサンのマドラサ
カイロにある。マムルーク朝の建築。4つのマド
ラサの他に、モスク、墓廟を合わせ持つ。1356
～59年の建造。
　　¶ 宗教建築〔写/図〕

スルタン・ハサン・モスク
Sultan Hasan Mosque
カイロにある。1356～63年。モスク（礼拝所）、
マドラサ（学院）、創立者の廟を付設した、マム
ルーク朝エジプトの複合的宗教施設。
　　世界遺産（カイロ歴史地区　1979）
　　¶ 新潮美（スルタン・ハッサンのモスク），文化
　　史蹟10〔写〕

聖カトリーナ修道院地域
Saint Catherine Area
シナイ半島のムーサ山（別称シナイ山）北麓。聖
カトリーナ修道院は、ギリシャ正教修道院。モー
ゼが十戒を授けられたこの地を中心として、ユ
ダヤ教徒、キリスト教徒、イスラム教徒にとっ
て宗教的に重要な聖地が散在している。
　　世界遺産（聖カトリーナ修道院地域　2002）
　　¶ 宗教建築（シナイ山の聖カテリネ修道院）
　　〔図〕，世遺事（聖キャサリン地域），成世遺上
　　（シナイの聖エカテリニ修道院）〔写〕，世遺百
　　（聖カトリーナ修道院地域）〔写〕，ビジ世遺
　　（シナイの聖エカテリ修道院地区）〔写〕

セイラ　Seila
ファイユーム地域の入り口にある遺跡。スネフェ

ルの治世に年代付けられている小さな階段ピラ
ミッドとローマ時代の墓地がある。
　　¶ 古代エジ，古代オリ（サイラ）

セティ1世葬祭殿
Funerary Temple of Seti I
アビュドス。前1200年末。新王国時代後期の王
セティ1世のセノタフ（空墓）。本来の墓はテー
ベの王家の谷に岩窟墓として造営した。
　　¶ 宗教建築〔写/図〕，新潮美（クルナ，エル〔セ
　　ティ1世の葬祭殿〕），大遺跡2 p121,122（セ
　　ティ1世神殿）〔写〕，文化史蹟1〔写〕

セティ1世の神殿遺跡
テーベ西地区クルナ。第19王朝のラメセス2世に
よって完成。中心部は、多柱室（ヒュポステュロ
ス）、前室、豊饒の神アメンの聖船のための聖所
からなる。
　　¶ 世界美2（クルナ〔セティ1世の神殿遺跡〕）

セブア, エル　Sebua, el
下ヌビアのナイル川西岸の遺跡。Cグループ文
化に属す墓地と集落が検出されたほか、2つのエ
ジプト新王国時代の神殿が残る。
　　¶ 古代オリ

セヘル島　Sehel
ナイル河第一急湍の地域にある島。中王国時代
からプトレマイオス朝時代にわたる碑文が刻ま
れた岩がいくつもある。プトレマイオス朝時代
の「飢饉の石碑」が有名。
　　¶ 古代エジ（セヘル）〔写〕，古代オリ（サヘル
　　島）

セベンニトス　Sebennytos
中央デルタ北部にある遺跡。サマンヌードとも。
オヌリス＝シュウの神殿に関する遺物は、第30
王朝とプトレマイオス朝時代に年代付けられる。
　　¶ 古代エジ（セベンニトス／サマンヌード）

セラビト・エル＝カディム
Serabit el-Khadim
シナイ半島南西の山岳部にある遺跡。中王国時
代初期から新王国時代後期までの間、トルコ石
採鉱遠征の中心地であった「トルコ石の女主」と
して知られるハトホルの神殿がある。
　　¶ 古代エジ〔写〕，古代オリ

セラペウム　Serapeum
サッカラ。聖牛アピスの埋葬場所。ジョセルの
階段ピラミッドの北西に位置する一連の地下墳墓
からなる。少なくとも第18王朝時代に遡るもの。
　　¶ 古代エジ，古代オリ，宗教建築〔写/図〕，新
　　潮美（セラペーウム），大英エジ〔写/図〕

センネジェムの墓　Tomb of Sennedjem
テーベ西地区、デイル・エル＝マディーナにあ

アフリカ

エジプト　　　　　　　　　592

る。第19王朝の岩窟墓。墓主は、墓地の管理人。
　　　¶新潮美

センネフェルの墓　Tomb of Sennefer
テーベ西地区、シェイク・アブド・エル=クルナにある。第18王朝の岩窟墓。墓主はテーベの市長。
　　　¶新潮美

太陽神殿（ニウセルラー王）　たいようしんでん★
ギザの南方に広がる砂漠の緑地帯近く。前2250年頃、第5王朝ニウセルラー（ネウセルラー）王による建造。オベリスクの基壇が一部残存。
　　　¶宗教建築（ネウセルラー王の太陽神殿）〔写/図〕

ダクラ・オアシス　Dakhla Oasis
ルクソールの西300km。現在のバラトの村の近くにある古王国時代の町や、現在のアムハダ付近以ある第一中間期の墓地などがある。
　　　¶古代エジ，古代オリ，大英エジ〔図〕

ターサ　Tasa
アシュートに近いナイル東岸。新石器時代後期の遺跡。上エジプトにおける最古の村落文化。住居地区から離れたところに墓地がある。
　　　¶新潮美（ターサ，デイル），世界考古

タニス　Tanis
デルタ地帯北東部。末期王朝時代には、下エジプト第19ノモス（州）の州都。最も早い時期の建築は第21王朝のプスセンネス1世の治世。第21、第22王朝の王墓も発見。
　　　¶古遺地〔図〕，古代エジ（タニス／サン・エル=ハガル）〔写p121,321〕，古代オリ〔図〕，新潮美，世界考古，大英エジ（タニス（古名ジャネト、現在のサン・エル=ハジャル））〔図〕

ダバア, テル・エル　Dab‘a, Tell el
東部デルタ地帯。居住地遺跡。第1中間期～第2中間期まで数層にわたる居住の跡を確認。第19王朝までに大部分が放棄された。
　　　¶古代エジ（アヴァリス／テル・エル=ダバア），古代オリ，大英エジ（ダバア、テル・エル=（古名アヴァリス））〔図〕

ダハシュール　Dahshur
カイロから約50km。第4王朝の最初のファラオ、スネフェル王の2つのピラミッド「赤いピラミッド」「屈折ピラミッド」や中王国の諸王のピラミッド複合体がある。
　　　世界遺産（メンフィスとその墓地遺跡―ギーザからダハシュールまでのピラミッド地帯　1979）
　　　¶古代エジ〔写p63,137,211,287/図p283〕，古代オリ，新潮美，世界考古（ダフシュル），世界美3（ダハシュル），大遺跡2〔写〕，大英エジ〔写p321，口絵/図〕，文化史蹟1（ピラミッド群

（ダハシュール））〔写〕

ダマンホル　Damanhur
下エジプト第3ノモスに位置する町の遺跡。王朝期の出土遺物は大部分が末期王朝時代に属す。ギリシャ・ローマ時代にはヘルモポリス・パルヴァとよばれた。
　　　¶古代オリ

タリフ, エル　Tarif, el
テーベのネクロポリス最北端の地域。前6千年紀まで遡る狩猟採集文化の遺物はテーベ地域最古。前4千年紀の住居跡も発掘。
　　　¶古代エジ

タルカン　Tarkhan
メンフィスの南約30kmに位置するナイル河西岸の遺跡。先王朝時代末から第3王朝までの墓約2千基が1km四方に分布する広大なネクロポリス。
　　　¶古代エジ，古代オリ

ツータンカーメンの墓
Tutankhmūn's Tomb
テーベの西郊。エジプト第18王朝の王ツータンカーメンの墓。王家の谷の岩壁に掘りこまれた横穴式の墳墓。
　　　¶遺跡100（王家の谷とツタンカーメン墓）〔写/図〕，オ西洋美（ツタンカーメンの墓）〔写（ミイラ棺）〕，図解考古〔写〕，世界考古（ツタンカーメンの墓）

ディオスポリス・パルヴァ
Diospolis Parva
現代のヒウとセマイナという村の間に位置。上エジプト北方にあるナイル河西岸遺跡の総称。先王朝時代、王朝時代、そしてローマ時代の遺跡の集合体。
　　　¶古代エジ，世界考古，大英エジ（ヒウ=セマイナ地域（ディオスポリス・パルヴァ））〔図〕

デイダムス　Daydamus
コプトスからベレニケに至る道の北端近く。デディームとも。プトレマイオス朝時代の要塞。
　　　¶古代エジ（デイダムス／デディーム）

ティニス　Thinis
アビュドス近郊にあったと推定。古代都市。ティスともいう。墓地には縦溝をつけた外壁と倉庫群を伴う煉瓦製の王墓がある。
　　　¶古代エジ（ティス／ティニス），世界考古，世界美3〔写（蛇王の碑）〕，大英エジ

ティの墓　Tomb of Ti
サッカーラの北部墓地。階段形ピラミッドの北西にある石造マスタバ。墓主は第5王朝サフラー王の葬祭神官長。
　　　¶新潮美

デイル・エル＝バハリ　Deir el-Bahri

ナイル川の西岸、ルクソールの対岸。テーベの神殿や墓地からなる重要な遺跡。中王国初期からプトレマイオス朝時代に至る神殿と墓がある。

¶古代エジ〔写p190,219,248,268,269,302〕，古代オリ（デル・エル＝バハリ），新潮美，世界考古，空古代遺跡（デイル・アル＝バハリ）〔写〕，大遺跡2（デール・アル＝バハリ）〔写/図〕，大英エジ〔写p338,380,381,478,554/図〕，評論社世（デール－エル－バーリ），文化史蹟1 p107（デール・エル・バハリ）〔図〕，平凡社世（デール・エル・バハリ神殿）

デイル・エル＝バラース　Deir el-Ballas

テーベの北約45kmのナイル川西岸。居住地遺跡。2つの大きな儀式用建造物がある。

¶古代エジ，古代オリ（デル・エル＝バラス），新潮美（バッラース，エル），世界考古（バルラース），大英エジ

デイル・エル＝ベルシャ　Deir el-Bersha

現在のエル＝ミニアの南40kmのナイル川東岸。墓地の遺跡。多くは中王国時代の上エジプト第15ノモス（州）の知事たちの墓。

¶古代エジ，古代オリ（デル・エル＝ベルシャ），新潮美（ベルシャ，エル），世界考古，大英エジ〔写p190,338〕

デイル・エル＝マディーナ
Deir el-Madîna

テーベ西地区、クルナト・ムラーイの背後の谷。古代エジプト第18王朝〜第20王朝の岩窟墓、専住集落、ハトホルとマアート両女神を祀る神殿がある。

¶古代エジ（デイル・エル＝メディーナ）〔写p25,29,38,90,220,277〕，古代オリ（デル・エル＝メディーナ）〔写〕，新潮美，世界考古，大遺跡2（デール・アル＝メディーナ）〔写/図〕，大英エジ（デイル・エル＝メディーナ）〔写（口絵ほか）/図p340〕，文化史蹟1（デール・エル・メディーナ）〔写〕

デシャーシャ　Deshasha

ナイル渓谷中部の地名。約100基のマスタバおよび地下墳墓からなる古王国時代末期（前2200年頃）の墓地がある。

¶世界美4

デッル，エル　Derr, el

下ヌビアのナイル川東岸の遺跡。第19王朝ラメセス2世によって岩窟神殿が築かれた。アスワン・ハイダム建造にともないアマダ近郊に移築。

¶古代オリ

テブトゥニス　Tebtunis

ファイユームの南端にある遺跡。プトレマイオス朝時代とローマ時代に主要な行政、経済そして宗教の中心地となった。膨大な数のパピルス文書を発見。

¶古代エジ

テーベ　Thebes

現在のルクソール周辺。上エジプト第4ノモス（州）の州都。都市や神殿の遺跡は、ナイル川東岸に、西岸には中王国時代から王朝時代の末までの王や高官たちの葬祭殿や墳墓が造営された。

$\boxed{\text{世界遺産}}$ （古代都市テーベとその墓地遺跡　1979）

¶アジア歴6，旺文社世，角川世（テーベ(1)），古遺地〔図〕，古代エジ〔写p41,69ほか/図p376〕，古代オリ〔図〕，新潮美（テーベ(1)），世遺事（古代テーベとネクロポリス，成世遺上（古代都市テーベと墓地遺跡）〔写〕，世遺百（古代テーベとその墓地）〔写〕，世界考古〔図〕，世界美4〔写〕，世歴事6（テーベ（エジプトの））〔図〕，世歴大13〔写〕，大英エジ（テーベ（古名ワセト））〔写（口絵ほか）/図p344〕，ビジ世遺（古代都市テーベと墓地遺跡）〔写〕，評論社世〔写〕，平凡社世，山川世（テーベ(1)），ユネ世遺11（古代テーベとそのネクロポリス）〔写〕

デル・エル＝ゲブラウィ　Deir el-Gebrawy

中部ナイル川東岸の遺跡。上エジプト第12ノモスに位置する第6王朝の州知事一族の岩窟墓地。

¶古代オリ

テル・エル＝マスクータ　Tell el-Maskhuta

ワディ・トゥミラート付近。東部デルタにある遺跡。ヒクソス時代に初めて建設。ナイル河と紅海をつなぐ運河の管理地点としてネカウ2世の下で再建。

¶古代エジ

テル・エル＝ヤフディヤ　Tell el-Yahudiya

カイロの北東20kmに位置。東部デルタの遺跡。ヒクソスと関連した長方形の周壁を形づくる一連の巨大な土塁が特徴。

¶古代エジ

デンデラ　Dendera

現在のケナ付近。ギリシャ名テンテュラ。上エジプト第6ノモス（州）の州都の遺跡。墓地は、初期王朝時代から第一中間期に及ぶ。ハトホル神殿が中心的な存在。

¶古遺地〔図〕，古代エジ〔写p138,227〕，古代オリ，新潮美，世遺地，世界考古，世界美4，大遺跡2〔写〕，大英エジ（デンデラ（古名イウネト、タンテレ、テンティリス））〔写/図〕

デンドゥル　Dendur

ナイル川東岸の遺跡。ローマ支配時代にアウグストゥス帝により、神格化された溺死者ペティシスとパホルや、ヌビアの8柱神を祀る小神殿が建立された地。

¶古代オリ

エジプト 594

アフリカ

トゥク・エル＝カラムス　Tukh el-Qaramus
ブバスティスの北。東部デルタにある遺跡。エジプトの北東の国境を守るために軍事駐屯地として役立った。
¶古代エジ

トゥード　Tod
ナイル川東岸、アルマントの南に位置する遺跡。少なくとも古王国時代からイスラム時代までの遺構がある。1936年、いわゆる「トゥードの遺宝」が発見された。
¶古代エジ（トゥード、エル＝），古代オリ（トード），大英エジ（トゥード（古名ジェルティ、トゥフィウム））〔写（遺宝）〕

トゥナ・エル＝ジェベル　Tuna el-Gebel
現在のマラウイの町。ヘルモポリス・マグナの墓地遺跡。聖獣を埋葬するための地下墓地複合体とそれに関連したトト神の神殿がある。
¶古代エジ〔写p306（内部）〕，古代オリ（トゥナ・エル＝ゲベル），新潮美（トゥーナ・エル＝ガバル），大英エジ〔写p486（棺）/図〕

トゥーラ　Tura
下エジプト南部ナイル川東岸。良質な石灰岩の採石場として有名。先王朝時代末期から第3王朝にかけての墓地を検出。
¶古代エジ，古代オリ（トゥラ），新潮美

ドゥラ・アブ・エル＝ナガ　Dra Abu el-Naga
デイル・エル＝バハリへ向かう入り口部から、北の王家の谷へと続く涸れ谷の崖筋。テーベのネクロポリス地域。第17王朝の王墓を含む、第二中間期から末期王朝時代の墓が存在。
¶古代エジ，新潮美（ディラー・アブン＝ナガー）

トシュカ　Toshka
南部ナイル川両岸にわたる遺跡。第4王朝から中王国時代まで使われた閃緑岩の採石場や新王国時代の族長の岩窟墓などがある。
¶古代オリ

トト神殿
ルクソール西岸の山の頂上。主構造は煉瓦造り。ヒヒの姿で表されたトト神の彫像が出土し、メンチュヘテプ3世の名を記した石片が確認されている。
¶宗教建築〔写/図〕

ナウクラティス　Naukratis
デルタ地帯の西部。ギリシャ人居住地の遺跡。様々な神々を祀った神殿が建てられていた。銀貨と銅貨を鋳造していた。
¶古代エジ（ナウクラティス/コム・ジーフ），古代オリ，世界考古，大英エジ（ナウクラティス（コム・ジーフ））〔図〕

ナガ・エル＝デイル　Naga el-Deir
アクミムの南に位置する。先王朝時代から中王国時代にかけての墓地。出土品のなかには、メルウの墓から発見された第6王朝時代の「死者への書簡」を含む。
¶古代エジ，古代オリ（ナガ・エル＝デル（ナガ・エル＝ディル）），新潮美（ナガー・エッ＝デイル），大英エジ（ナグ・エル＝デイル（ナガ・エル＝デル））

ナカダ　Naqada
ルクソールの北約26kmに位置。現在のナカダ村の北約7kmにあるトゥクとエル＝バラースの先王朝時代の墓地を発掘。周壁をめぐらせた先王朝時代の町（南の町）の跡も発見。
¶古代エジ（ナガダ/ナカダ），古代オリ，世界考古，大英エジ（ナカダ（古名ヌブト、オンボス））〔写（壺）/図〕

ナクトの墓　Tomb of Nakht
王陵の谷。18王朝のトトメス4世のときの書記の墓。
¶新潮美，東西文化 p219〔写〕

ナグ・ハマディ　Nag Hammadi
アビドスの上流、上エジプトのナイル西岸。1945年に近郊で発見された13のパピルス文書写本でよく知られている。
¶古代エジ

ナブタ・プラヤ　Nabta Playa
アブ・シンベルの西方。季節湖（プラヤ）の湖畔周辺に先史時代の活動跡が発見され、前4500〜4000年頃とされる一連の巨石建造物および列石などがある。
¶古代エジ〔写〕，古代オリ

ネブアメンとイプキの墓
Tomb of Nebamen and Ipuki
テーベ西地区、シェイク・アブド・エル＝クルナ。古代エジプトの貴族の墓。第18王朝末（前1350頃）の岩窟墓。墓主はともに彫刻師。
¶新潮美

バウイト　Bawit
ダイルート・エッ＝シャリーフ近郊。4世紀に聖パコミウスの弟子聖アポロンによって創設されたコプト様式の修道院跡がある。20世紀初頭に発掘調査が行われた。
¶新潮美，世界美4

バダリ, エル　Badari, el
上エジプトのマトゥマルとカーウの間の地域。先王朝時代の墓地と、少なくともハンマミアに1ヶ所、先王朝時代初期の集落がある。出土品は、バダリ期（前5500-4000）の標準を示す。
¶古代オリ，新潮美（バダーリ，エル），世界考

古（バダーリ），大英エジ

バッラーナ　Ballana

アブ・シンベルの南約15kmのナイル両岸。ヌビアの支配階級の墓地。現在はナセル湖に水没。バッラーナ時代（あるいは「Xグループ期」、後350-700頃）の標準遺跡。

¶大英エジ（バッラーナとクストゥル）

ハトシェプスト女王葬祭殿

ルクソール。前1492年頃。ディール・アル＝バフリーに建造された第18王朝中期、ハトシェプスト女王の葬祭殿。

¶古代遺跡 p242（ハト・シェプスト女王の葬祭殿）〔写〕，宗教建築〔写/図〕，大遺跡2 p〔写/図〕，東西文化 p220（ハトーシェプスト女王の葬祭殿）〔写〕，文化史蹟1（ハト・シェプスト女王葬祭殿）〔写〕

ハトヌブ　Hatnub

現在のエル＝ミニヤの南東約65kmの東部砂漠。「エジプト・アラバスター」の採石場と、付属する季節ごとに労働者が住んだ居住地からなる。

¶古代エジ，新潮美，大英エジ

ハトホル神殿〔アブ・シンベル〕
Temple of Hathor

アブ・シンベル。第19王朝。アブ・シンベルの小神殿。建造者のラー・メス2世の4体の巨像と王妃ネフェルト・イリの2体の巨像が立つ。

¶文化史蹟1〔写〕

ハトホル神殿〔デンデラ〕
Temple of Hathor

デンデラ。後期プトレマイオス諸王とアウグストゥスによる建造。

¶新潮美（デンデラ〔ハトホル神殿〕），文化史蹟1〔写〕

ハドラ　Hadra

アレクサンドリアの西。ヘレニズム期の墓地。多数の骨壺が発見された。製作年代は前4〜前3世紀と推定。

¶世界美4

パバサの墓　Tomb of Pabasa

テーベ西地区、アサーシーフ。第26王朝時代の墓。墓主はプサメティク1世の王女ニートクリスの主任執事。

¶新潮美

ババハイト・エル＝ハジャル
Behbeit el-Hagar

北部ナイルデルタ中央部。神殿都市。第30王朝時代およびプトレマイオス朝時代に繁栄。中心は花崗岩製の巨大なイシス神殿の遺構。

¶古代エジ（ベフベイト・エル＝ハガル），大英

エジ（ババハイト・エル＝ハジャル（古名ベル・ヘビト、イセウム））

バハリヤ・オアシス　Bahariya Oasis

ナイルの西200km、リビア砂漠北東部。肥沃な低地。遺跡は主に新王国初期からローマ時代（前1550頃−後395）のもの。

¶古代エジ（バハレイヤ・オアシス），古代オリ，大英エジ

バビロン城　Babylon

カイロ市の南側に位置。城塞。ストラボンによれば、同地は3個師団が駐留するローマ軍の拠点であった。

¶古代オリ

ハプの子アメンヘテプの葬祭殿

ルクソール。父ハプの子アメンヘテプは、新王国時代の王アメンヘテプ3世の治世に活躍した建築家。高度な知識を持つ者として神格化された。前1450年頃。

¶宗教建築〔図〕

ハラゲー　Harageh

ナイル川西岸のゲルゼー。先王朝時代と第12王朝の墓が多数発見された。副葬品は土器、アラバスター・石灰岩製の石製容器、石槍、剥片石器が主。

¶世界考古

バラムン, テル・エル　Balamun, Tell el

東部デルタの北に位置。末期王朝時代からローマ支配時代にかけて営まれた古代エジプト最北端の都市遺跡。

¶古代オリ

ハワラ　Hawara

ファイユーム南東部。王家の墓地。最も重要な遺跡はアメンエムハト3世（前1855-1808）のピラミッド複合体。

¶古代エジ，古代オリ，新潮美（ハワーラ），世界考古，大遺跡2〔写〕，大英エジ〔写/図〕

ハワラのピラミッド

ハワラにある。第12王朝のアメンエムハト3世が造営したピラミッド。

¶大遺跡2 p32〔写〕

ヒエラコンポリス　Hierakonpolis

ルクソールの南約80kmに位置。居住地と墓地の遺跡。先王朝時代後期と初期王朝時代に繁栄。

¶古代エジ（ヒエラコンポリス／コム・エル＝アハマル）〔写p97,118,277〕，古代オリ，新潮美（ヒエラーコンポリス），世界考古，世界美4（ヒエラコン・ポリス），大英エジ（ヒエラコンポリス（コム・エル＝アハマル、古名ネケン））〔図〕

エジプト　596

ヒバ, エル　Hiba, el
ヘラクレオポリスの南東30km。シェションク1
世が造営した「岩山のアムン」の神殿を含む居
住地遺跡。遅くとも新王国時代に建設された。
　　¶古代エジ, 古代オリ, 大英エジ(ヒバ, エル＝
　　(古名テウジョイ, アンキロンポリス))

ヒビス　Hibis
カルガ・オアシスにある。神殿遺跡。プサムテ
ク2世により建造されはじめ, ダリウス1世, ハ
コル, および後の支配者たちにより増築された。
　　¶古代エジ〔写〕

ファイユーム　Fayum
カイロの南西約60kmのリビア砂漠中。1万2000
平方kmの広大で肥沃な窪地。後期旧石器時代か
ら後期ローマおよびキリスト教時代(前8000頃–
後641)の遺跡がある。
　　¶古代オリ, 新潮美(ファイユーム, エル), 世界
　　考古, 世界美4(ファイユーム, エル), 大英エ
　　ジ(ファイユーム地域(古名タ＝シェ, シェ＝レ
　　スィ, モエリス))〔写p133(玩具)/図〕, 平凡
　　社世

ファラス　Faras
現在のエジプトとスーダンの国境にある居住地。
中王国時代(前2055-1650)にエジプトの小規模
な要塞として建設。第18から第19王朝にエジプ
トの5つの神殿も造営。
　　¶古代エジ, 新潮美, 世界考古, 大英エジ
　　(ファラス(古名パコラス))〔写(砂岩ブロッ
　　ク)〕

ファラフラ・オアシス　Farafra Oasis
現在のアシュートの町の西約300km。西部砂漠
の中の肥沃な窪地。現在わかっている最古の遺
跡は, オアシス北部のアイン・エル＝ワディと
ワディ・アブ・ヒンニスにある居住地と墓地で,
いずれもローマ時代(前30–後395)のもの。
　　¶古代エジ, 古代オリ, 大英エジ(ファラフラ・
　　オアシス(古名タ＝イヘト))

フイの墓　Tomb of Huy
テーベ西地区のクルナト・ムラーイ。古代エジ
プトの貴族の墓。墓主は第18王朝ツタンカーメ
ン王治下のヌビア長官アメンホテプ。
　　¶新潮美

フィラエ　Philae
アスワンの南約8kmに位置する島。女神イシス
の神殿の遺跡がもとあったところ。ナセル湖の
水面下に没するのを防ぐため1970年代初めに近
くのアギルキヤ島に移された。
　　世界遺産(アブ・シンベルからフィラエまでのヌビア
　　遺跡群　1979)
　　¶遺建8(ヌビアの神殿〔フィラエ神殿〕)〔写/図〕,
　　古遺地(アスワンとフィラエ)〔図〕, 古代エ

ジ〔写p112,291〕, 古代オリ(フィラエ島), 新
潮美, 世界考古(フィラエ島)〔写〕, 世界美4,
大遺跡2〔写〕, 大英エジ〔写(口絵ほか)/図〕

フスタート　Fustat
現カイロ市街の南端地区(ナイル東岸)に相当。
エジプト最古のイスラム都市。一部は廃墟の状
態で遺存。ミスル・アル・カディーマあるいは
オールド・カイロともいう。現存建造物に「ア
ムルのモスク」がある。
　　¶新潮美, 世界考古〔写〕

プタハ神殿跡　Temple of Ptah
メンフィス。第18王朝。境内にアラバスター石
製のスフィンクスが残されている。
　　¶文化史蹟1〔写〕

プタハホテプの墓　Tomb of Ptahhotep
サッカーラ。階段形ピラミッドの西側にある石
造マスタバ。墓主は第5王朝後半(前2400頃)の
3王の葬祭神官長。
　　¶新潮美

ブト　Buto
デルタ地帯北西部。3つの丘の集まり(2つの町
と1つの神殿複合体から成る)で, 先王朝時代後
期からローマ時代まで人々の居住が行なわれた。
　　¶古代エジ(ブト／テル・エル＝ファラーイン)
　　〔写〕, 古代オリ, 世界考古, 大英エジ(ファ
　　ライーン, テル・エル＝(古名ペおよびデプ, ペル
　　＝ワジト, ブト))

ブバスティス(テル・バスタ)　Basta, Tell
カイロの北東約80km, ナイル川デルタの東部。
神殿と都市の遺跡。第4王朝からローマ時代末期
まで栄えた。遺跡の主要建造物は猫の女神バス
テトを祀る赤色花崗岩製の神殿。
　　¶古代エジ, 古代オリ(ブバスティス), 新潮美
　　(ブーバスティス), 世界考古(ブバスティス),
　　大英エジ(バスタ, テル(古名ペル＝バステト,
　　ブバスティス))〔図〕

ブヘン　Buhen
アスワンから約260km上流のナイル西岸に位置。
下ヌビアの古代エジプト遺跡。エジプトの採鉱
遠征隊の基地として古王国時代に居住地を建設。
第12王朝時代にはナイル第2急湍の北の地域を支
配する軍事要塞へと変化。
　　¶古代エジ, 古代オリ(ブーヘン), 新潮美, 世
　　界考古, 大英エジ〔写/図〕

ベイト・エル＝ワリ　Beit el-Wali
もと下ヌビアのナイル西岸に位置。岩窟神殿。
アムン＝ラーに捧げられた神殿としてラメセス2
世の治世に造営。1960年代にナセル湖の水位の
上昇から守るため45km北のニュー・カラブシャ
に移築された。
　　¶古代エジ, 古代オリ, 大英エジ〔写p156(壁

アフリカ

ベイト・カラフ　Beit Khallaf

上エジプトにある遺跡。第3王朝の共同墓地が建ち並ぶ。マスタバ墓K1はおそらくニマアトハブの墓である。

¶古代エジ, 古代オリ, 新潮美（ベイト・カッラーフ）

ペトシリスの墓　Tomb of Petosiris

トゥーナ・エル＝ガバル。家屋形の聖堂をもつ墓。墓主はヘルモポリス・マグナのトト神大司祭家の3代目当主で前300年頃没した。

¶新潮美

ベニ・ハサン　Beni Hasan

エル＝ミニアの北約23kmのナイル東岸に位置。墓地。墳墓は主として第11、第12王朝時代のもの。第6王朝まで遡る小さな墓もいくつかある。

¶古遺地〔図〕, 古代エジ〔写（レリーフ）〕, 古代オリ, 新潮美, 世界考古, 世界美5, 大遺跡2〔写/図〕, 大英エジ〔写（壁画）〕

ペピ・ナクトの墓　Tomb of Pepi-nakht

アスワンにある。古王国から中王国にかけての地方豪族の岩窟墳墓が集まっているうちの一つ。ペピ・ナクトはペピ2世の唯一の友。

¶文化史蹟1〔写〕

ヘラクレオポリス・マグナ
Herakleopolis Magna

現在のベニ・スエフの西15kmに位置する遺跡。第一中間期に第9および第10王朝の首都として最も栄えた。現存する遺構には、王朝時代のふたつの神殿やセドメント・エル＝ジェベルの墓地ほかがある。

¶古代エジ（ヘラクレオポリス／イフナスィア・エル＝メディーナ）, 古代オリ, 新潮美（ヘーラクレオポリス）, 大英エジ（ヘラクレオポリス・マグナ（イフナスィア・エル＝メディーナ、古名ヘネン＝ネスウ））〔写〕

ヘリオポリス　Heliopolis

現代のカイロの北東端。王朝時代の最も重要な崇拝中心地の一つ。最古の太陽神殿が、おそらく古王国初期にはじめて造営された場所。

¶アジア歴8, 角川世, 古代エジ（ヘリオポリス／テル・ヒスン）, 古代オリ, 新潮美（ヘーリオポリス）, 世界考古（ヘリオポリス（エジプト）), 世界美5, 世歴事8（ヘリオポリス（1）), 大英エジ（ヘリオポリス（テル・ヒスン、古名イウヌ、オン）), 山川世

ヘルワン　Helwan

サッカラの対岸。正確にはエル＝マアサラあるいはエズベト・エル＝ワルダとして知られている。初期王朝時代にメンフィスの主たるネクロポリスでキリスト教時代には修道院が建てられた。

¶古代エジ, 古代オリ, 新潮美（ヘルワーン）, 世界考古

ベレニケ　Berenike

紅海岸にあり、スーダンとの国境近くに位置。プトレマイオス2世が港の基礎を築いた。港からは、地中海沿岸やインド地域からもたらされた土器などが見つかり、セラピス神殿址なども発見。

¶古代エジ（ベレニケ／メディネト・エル＝ハラス）, 古代オリ

ホルス神殿　Temple of Horus

エドフ。プトレマイオス朝。塔門、多柱室、中庭のホルス神、生誕殿などからなる。

¶大遺跡2（エドフ＝ホルス神殿）〔写〕, 文化史蹟1〔写〕, 平凡社世（エドフ神殿）

ポルフィライテス山　Mons Porphyrites

東方砂漠の紅海丘陵に位置する遺跡。紫色をした最高品質の斑岩の産地。遺物は1～4世紀のもの。セラピス神殿をともなう要塞化された居住地、採石工人のための居住地などがある。

¶古代エジ

マアディ　Maadi

カイロから南へ5kmの地点。先王朝時代後期の居住地遺跡。農耕に関する遺物や、物品製造が専門化されていたことを示す証拠が数多くみられる。

¶古代エジ, 古代オリ, 新潮美（マアーディ）, 大英エジ

マスクータ, テル・エル　Maskhuta, tell el

現在のイスマイリアおよびスエズ運河から西に15kmの地点に位置。末期王朝時代に下エジプト第8ノモス（州）の州都がおかれていた都市遺跡。

¶大英エジ（マスクータ, テル・エル＝（古名ペル＝テム、チェクウ））〔写（ハヤブサ）/図〕

マズグーナ　Mazghuna

ダハシュールの南方4kmに位置。メンフィスのネクロポリスの最南端に位置。破壊されている中王国時代の2基のピラミッドがある。

¶古代エジ, 古代オリ

マスタバ・エル＝ファラウン
Mastabat el-Fara'un

サッカラ南部。シェプセスカフのために建てられた石造葬送記念建造物。

¶古代エジ

マダムード, エル

上エジプト、ルクソールの北西にある村。モントゥ神の神託で知られた神殿がある。ローマのアントニヌス・ピウス帝が建てたもの。

¶新潮美

エジプト　　　　　　598

マトマール　Matmar

アシュート南東のナイル東岸。金石併用時代の遺跡。バダーリ、アムラー、ゲルゼー各期の多数の墓を発見。

¶世界考古

マハスナ　Mahasna

上エジプト南部ナイル川西岸の遺跡。先王朝時代ナカダ文化の集落址と初期王朝時代から初期中王国時代に年代付けられる墓地を検出。

¶古代オリ, 世界考古

マルカタ　Malkata

現在のルクソールの対岸。アメンホテプ3世のテーベにおける王宮のまわりに発達した共同体の遺跡。前14世紀前半の頃のもの。

¶古代エジ, 古代オリ〔図p394〕, 世界考古, 世界美5, 大遺跡2〔写/図〕, 大英エジ

マルカタ南　Malqata-South

テーベ西岸のマルカタ王宮の南に位置。古くは後期旧石器時代や初期王朝時代の遺跡がある。デル・エル＝シャルウィートのローマ時代のイシス神殿とその周辺遺構が現存。

¶古代オリ

マンドリス大神殿
Great Temple of Mandlis

カラーブシャ。プトレマイオス朝。神殿中庭を囲む壁面にマンドリス神が描かれている。

¶文化史蹟1〔写〕

ミンシャト・アブ・オマール
Minshat Abu Omar

カイロの北東約150kmの東部デルタに位置。先王朝および初期王朝時代の墓地遺跡。

¶古代エジ(ミンシャト・アブ・オマル), 古代オリ(ミンシャト・アブ・オマル), 大英エジ

ミン・ナクトの墓　Tomb of Min-Nakht

テーベ西地区、デイル・エル＝マディーナ。新王国時代（前1567頃－1085頃）末期の岩窟墓。

¶新潮美

ムハンマド・アリーのモスク
Mosque of Muhammad Ali

カイロ市街の東端、モカッタムの丘の上。19世紀中葉、ムハンマド・アリーによって建てられたモスク。

世界遺産（カイロ歴史地区　1979）

¶文化史蹟10〔写〕

メイドゥム　Meidum

ファイユーム地方の近く。初期のピラミッド複合体とそれに関連する貴族たちの墓地からなる遺跡。

¶古代エジ〔写p332/図p283〕, 古代オリ(メイ
ドゥム／マイドゥーム), 新潮美(メイドゥーム), 世界考古(マイドゥム), 世界美6(メイドゥーム(マイドゥーム)), 大遺跡2(メイドゥーム(マイドゥーム))〔写〕, 大英エジ〔写/図〕

メイル　Meir

現在のアシュートの町の北西約50kmに位置。装飾をもつ中部エジプトの岩窟墓地。第6王朝および第12王朝時代のもの。クサエの知事たちやその家族の墓がある。

¶古代エジ, 古代オリ, 新潮美, 世界考古, 大英エジ

メケトラーの墓　Tomb of Meketra

テーベ西地区。古代エジプトの貴族の岩窟墓。墓主は第11王朝メントゥホテプ2世、3世の高官。

¶新潮美

メダムード　Medamud

カルナク神殿の北東5kmに位置。古代都市遺跡。ハヤブサの神モンチュの神殿の現存する神殿複合体の中核部分は第18王朝時代のもの。

¶古代エジ, 古代オリ(メダムド), 大英エジ(メダムード(古名マドゥ))

メディネト・エル＝ファイユーム
Medinet el-Fayum

ファイユーム地方の中央に位置。ワニ神ソベク崇拝の中心地だった遺跡。最古の遺構は、第12王朝時代に建てられ、ラメセス2世によって修復されたソベク神殿のもの。

¶古代エジ, 大英エジ(メディネト・エル＝ファイユーム(キマン・ファレス, 古名シェディエト、クロコディロポリス))

メディネト・ハブ　Medinet Habu

現在のルクソールのちょうど対岸。新王国から末期王朝時代にかけて造営された神殿複合体。ラー・メス3世の葬祭殿を中心とする。最古の部分は、ハトシェプストとトゥットモセ3世によって建てられた小神殿。

¶古代エジ〔写p65,331,345,359/図p336〕, 古代オリ〔図〕, 新潮美(マディーナト・ハブ), 世界考古, 世界美6, 大遺跡2(メディネット・ハブ)〔写/図〕, 大英エジ(メディネト・ハブ(古名ジャメ, ジェメ))〔図p543〕, 文化史蹟1 p108(メディーネト・ハブ)〔図〕

メディネト・マアディ　Medinet Maadi

ファイユーム地方の南西部に位置。アメンエムハト3世および4世の治世に建てられたコブラ女神、レネヌテトの神殿がある。

¶古代エジ, 新潮美(マディーナト・マーディ), 世界美6(メディネト・マディ), 大英エジ(メディネト・マアディ(古名ジャ, ナルムゥティス))〔写/図〕

メムノンの巨像　Colossi of Memnon
テーベ西岸にある同王の葬祭殿遺構の東端に位置。第18王朝、アメンホテプ3世（前1390-1352）の巨大な2体の珪質砂岩製座像。長くギリシャ神話の英雄メムノンの像といわれてきた。

¶古代エジ〔写〕，新潮美（メムノーンの巨像），世界考古，大遺跡2 p78〔写〕，大英エジ〔写〕，文化史蹟1（アメン・ヘテプ3世像（メムノンの巨像））〔写〕

メリムダ　Merimda
カイロの西北約50km。デルタの西南縁に接する低い砂漠の傾斜面に発見された新石器時代の集落遺跡群の総称。アブ・ガーリブやベニ・サラーマなど。

¶古代オリ（メリムデ文化），新潮美

メリムダ・ベニ・サラーマ
Merimda Beni Salama
カイロから北西に約60km。先王朝時代の居住地遺跡。ナイル河谷における完全な定住村落生活の最古の証拠を発見した。

¶古代エジ，大英エジ

メルサ・マトルーフ　Mersa Matruh
アレクサンドリアの西約200kmの地点に位置。地中海沿岸のエジプト港湾遺跡で、プトレマイオス朝時代の都市パラエトニウムの遺跡。

¶古代エジ，大英エジ（メルサ・マトルーフ（古名パラエトニウム））〔写（壺）〕

メルト・セゲルの神殿
労働者集合住居のあるディール・アル＝マディーナから王妃の谷へと向かう通勤路の途上の懸崖。テーベの王家の谷において岩窟墓の造営に携わった職人たちが崇拝した山の女神「メルト・セゲル」の祠。前約13～11世紀。

¶宗教建築〔図〕

メレルカの墓　Tomb of Mereruka
サッカーラの北部。第6王朝テティ王のピラミッドの北側、カゲムニの墓の西に接する石造マスタバ。墓主はテティ王の宰相で王の葬祭神官長。

¶新潮美，大遺跡2 p26（メレルカのマスタバ墳）〔写〕

メンデス　Mendes
中央デルタの東。下エジプト第16ノモス（州）の州都であったペル＝バネブジェデトの遺跡。現存する最古の建造物は古王国後期のマスタバ墳墓。

¶古代エジ（メンデス／テル・エル＝ルブア／テル・ティマイ），古代オリ，新潮美（メンデース），世界考古，大英エジ（メンデス（古名ペル＝バネブジェデト））〔写（雄羊）〕

メンナの墓　Tomb of Menna
テーベ西地区、シェイク・アブド・エル＝クルナ。第18王朝時代の岩窟墓。墓主はトトメス4世治下の耕地管理官、書記。

¶新潮美

メンフィス　Memphis
カイロの南約25km、ナイル川西岸のミート・ラヒーナ村に遺跡として存在。古代エジプト初期王朝時代（前3100頃－前2686頃）および古王国時代（前2686頃－前2181頃）の王都。

世界遺産（メンフィスとその墓地遺跡―ギーザからダハシュールまでのピラミッド地帯　1979）

¶アジア歴9，旺文社世，角川世，古代エジ〔写（ラメセス2世像）〕，古代オリ，新潮美，図解考古〔写〕，世界考古，世界美6，世歴事9，大英エジ（メンフィス（メン＝ネフェル））〔図〕，評論社世，平凡社世，山川世

メンフィスとその墓地遺跡―ギーザからダハシュールまでのピラミッド地帯
Memphis and its Necropolis―the Pyramid Fields from Giza to Dahshur
カイロ近郊のナイル川西岸。古王国時代（前2686頃－前2181頃）のピラミッド群。ギーザのクフ王、カフラー王、メンカウラー王の三大ピラミッドが有名。

世界遺産（メンフィスとその墓地遺跡―ギーザからダハシュールまでのピラミッド地帯　1979）

¶世遺事（メンフィスとそのネクロポリス／ギザからダハシュールまでのピラミッド地帯），成世遺上（ギザ、ダハシュール間のピラミッド地帯）〔写〕，世遺百（メンフィスとその墓地：ギザからダハシュールまでのピラミッド地帯）〔写〕，ビジ世遺（メンフィスと墓地遺跡、ギザからダハシュールまでのピラミッド地帯）〔写〕，ユネ世遺11（メンフィスとそのネクロポリス―ギーザからダハシュールまでのピラミッド地帯）〔写〕

モアッラ, エル　Mo'alla, el
ルクソールの南約24kmのナイル東岸。第一中間期（前2181-2055）の岩窟墓。アンクティフィの墓の壁面に記された伝記碑文は、古王国の終焉直後の重要な情報。

¶古代エジ（モアラ，エル＝）〔写（レリーフ）〕，古代オリ（モアッラ），大英エジ

モスタゲッダ　Mostagedda
アシュートの南のナイル東岸にある遺跡。先史時代からコプト時代にかけての墓と、先史時代末から先王朝時代の住居址を発見。中心はターサ期とバダーリ期。

¶世界考古

ヤフディヤ, テル・エル　Yahudiya, Tell el
東部デルタの町の遺跡。少なくとも中王国時代からローマ時代まで存在した。ラメセス3世が造営した神殿や、ユダヤの神官オニアスが建設した小規模な町などがある。

¶古代オリ（ヤフーディヤ，テル・エル＝），大英

エジ（ヤフディヤ、テル・エル＝（古名ナイタフット、レオントポリス））〔写（タイル）/図〕

ラー・ハル・アクティ神殿
Temple of Râ-har-akhti
アブ・シンベルにある。アブ・シンベル大神殿。ラー・メス2世が造営。正面に4体のラー・メス2世巨像が並ぶ。

世界遺産（アブ・シンベルからフィラエまでのヌビア遺跡群　1979）

¶宗教建築（アブー・シンベル大神殿）〔写/図〕、文化史蹟1〔写〕

ラビリント　Labyrinth
ハワラ。アメンエムハト3世ピラミッド付属の葬祭殿址。前2300年頃。

¶新潮美

ラフーン, エル　Lahun, el
カイロの南東約100km、ファイユーム地域の東端。墓地および都市の遺跡。主要な遺構として、センウスレト2世のピラミッド複合体がある。

¶古代エジ（ラフーン／エル＝ラフーン／イルラフーン）〔写p65,353〕、古代オリ、新潮美（ラフーン、エル）、世界考古（ラフン）、世界美6（ラフーン、エル）、大英エジ〔写/図〕

ラー・メス2世小神殿　Temple of Râ-mess Ⅱ
アビュドス。第2塔門、中庭、柱廊、多柱室、礼拝室、小室等からなるが、上部はほとんど崩壊。外壁にカデッシュの戦いの浮き彫りがある。

¶文化史蹟1〔写〕

ラー・メス3世葬祭殿
Funerary Temple of Râ-mess Ⅲ
テーベ（メディネト・ハブ）。第20王朝ラー・メス3世がラムセウムを模して建造。壁面や列柱に浮き彫りがある。

¶文化史蹟1〔写〕

ラメセイオンの倉庫
Store-house of Ramesseion
テーベ。ラメセイオンの境内、葬祭殿の北西に接して、多くの倉庫群がある。4層の煉瓦の穹窿。第19王朝のもの。

¶文化史蹟1〔写〕

ラメセウム　Ramesseum
ルクソールの対岸に位置。ラメセス2世（前1279-1213）の葬祭殿。主要な建物は新王国の典型的な石造神殿、聖舟の部屋と至聖所に続く連続した2つの中庭、列柱室とそれを囲む付属室からなる。

¶古代エジ〔写p353,355〕、古代オリ、新潮美（ラメッセーウム）、世界考古（ラメッセウム）、世界美6（ラメッセウム）、空古代遺跡〔写〕、大遺跡2〔写/図〕、大英エジ〔写/図〕、文化

史蹟1（ラメセイオン）〔写〕

ラーモセの墓　Tomb of Ramose
王陵の谷。18王朝のアメン－ヘテプ3世の晩年およびアメン－ヘテプ4世の初期に仕えた総理大臣の墓。壁面に葬送の図がある。

¶新潮美, 東西文化 p218～219（ラーモーゼの墓）〔写〕

リシュト, エル　Lisht, el
カイロの南約50kmのナイル西岸に位置。第12王朝初期の2人の王、アメンエムハト1世およびセンウスレト1世の2基のピラミッドの複合体を含む墓地。

¶古代エジ（リシュト）〔写〕、古代オリ（リシェト, エル＝／リシュト, エル＝）、新潮美, 世界考古, 大英エジ（リシュト、エル＝）〔写（小像）〕

リファーイ・モスク　Rifai Mosque
カイロにある。1912年の建造。中世の様式に従う。内部にヘディヴ・イスマーイールの廟がある。

世界遺産（カイロ歴史地区　1979）

¶文化史蹟10〔写〕

ルクソール　Luxor
カイロの上流約670kmのナイル川東岸。アムン・カムテフの祭儀のために捧げられたテーベの宗教遺跡の現代名。アメンホテプ3世の治世に創建された「イペト・レスィト」からなる。

¶古遺地（カルナックとルクソール）〔図〕、新潮美, 世遺地, 世界考古〔図〕、世界美6, 大遺跡2〔写/図〕、大英エジ〔写p502/図p583〕

ルクソール神殿　Luxor Temple
テーベのナイル河東岸。アメンホテプ2世によって建設が開始され、続く支配者たちによって増築がなされた記念建造物。カルナクに付属する施設であった。

¶遺跡100（カルナック神殿、ルクソール神殿）〔写〕、角川世, 古代エジ〔写p85,189,361/図p375〕、古代オリ, 大遺跡2〔写/図〕、文化史蹟1〔写〕、平凡社世, 山川世

レオントポリス　Leontopolis
中央デルタにある遺跡。テル・エル＝ムクダムの古名。プトレマイオス朝時代に下エジプト第11ノモスの州都。大規模な居住地遺跡。

¶古代エジ（レオントポリス／テル・エル＝ムクダム）、古代オリ, 大英エジ（ムクダム、テル＝エル（古名タレム, レオントポリス））

レクミラーの墓　Tomb of Rekhmire
テーベ西地区、シェイク・アブド・エル＝クルナにある。第18王朝時代中期の岩窟墓。墓主はトトメス3世やアメンホテプ2世治下の宰相。

¶新潮美

601　　　　　　　　　　　　　　エチオピア

レトポリス　Letopolis
ナイル河のロゼッタ支流の西岸に位置。アウスィムとも。下エジプト第2ノモスの州都。末期王朝時代の記念建造物をわずかに発見。
　¶古代エジ（レトポリス／アウスィム）

ワディ・アラキ　Wade Allaqi
ナイル川第1急湍の上流から南東に伸びる涸れ谷。金鉱があり、付近に採掘遠征隊が記した岩壁碑文が残る。
　¶古代オリ

ワディ・エル＝アリシュ　Wadi el-Arish
シナイ半島北部地中海沿岸の地域。周辺からは先史時代からビザンツ支配時代までの遺跡を検出。
　¶古代オリ

ワディ・エル＝フディ　Wadi el-Hudi
東方砂漠地域。中王国時代以降アメジストの採掘遠征により、メンチュホテプ4世の治世からの碑文を含む痕跡が残された。
　¶古代エジ，古代オリ

ワディ・クッバーニヤ　Wadi Qubaniya
上エジプト南部、ナイル川西岸。後期旧石器時代の遺跡。周年的生計活動が明らかにされている。
　¶古代オリ

ワディ・トゥミラート　Wadi Tumilat
デルタの端からティムサフ湖へ西東に延びた涸れ谷。先王朝時代から下エジプト、シナイ、南パレスティナを結ぶ重要な交易ルート。
　¶古代エジ

ワディ・ナトルン　Wadi Natrun
下エジプト西部デルタ。古代にはナトロン鉱床の地として知られた。6世紀半ばにはコプト総主教の居住地になった。マカリオス修道院などが残る。
　¶古代オリ

ワディ・ハンママート　Wadi Hammamat
コプトス付近のナイル河谷から紅海沿岸まで、東方砂漠を東から西へ横切る涸れ谷。シルト岩の主要な産地である「黒い山」への入り口。石切り場を取り囲む岩の表面に、古王国時代後期からローマ時代の終わりまでの400以上の碑文がある。
　¶古代エジ〔写p330（線刻画）〕，古代オリ

ワディ・マガラ　Wadi Maghara
南西シナイ。初期王朝時代以降、トルコ石採掘の中心。古王国時代の鉱夫たちの居住区跡と銅の精錬の痕跡ほかがある。
　¶古代エジ，古代オリ

アフリカ

エチオピア

アクスム　Aksum
ティグレイ州。1世紀から10世紀まで存在したアクスム王国の都址。シバの女王の浴槽、タアカ・マリヤム宮殿とデュングル宮殿、オベリスクであるエザナ王のステッレなどが残る。
　世界遺産（アクスム　1980）
　¶アフリカ（アクスム［王国］）〔写（座像）〕，世遺事，成世遺上〔写〕，世遺百〔写〕，世界考古，ビジ世遺〔写〕，ユネ世遺12（アクスムの考古遺跡）〔写〕

アワッシュ川下流域
Lower Valley of the Awash
北東部を流れるアワッシュ川の下流域。約300万年以上前の猿人アウストラロピテクス・アファレンシスの骨が発掘された。
　世界遺産（アワッシュ川下流域　1980）
　¶世遺事，成世遺上〔写〕，世遺百〔写〕，ビジ世遺〔写〕，ユネ世遺12〔写〕

オモ川下流域　Lower Valley of the Omo
ガモ・ゴファ州オモ川下流の渓谷一帯。450万年前の化石が堆積。400万年前のアウストラロピテ

クス・エチオピクスの骨、250万年前のホモ・ハビリスが使用した打製石器などが発掘された。
　世界遺産（オモ川下流域　1980）
　¶世遺事，成世遺上〔写〕，世遺百〔写〕，ビジ世遺〔写〕，ユネ世遺12〔写〕

コンソ族の文化的景観
Konso Cultural Landscape
コンソ高地。石垣を備えた段畑と、要塞化された集落からなる。
　世界遺産（コンソの文化的景観　2011）
　¶世遺事，成世遺上（コンソの文化的景観）〔写〕，世遺百（コンソの文化的景観）〔写〕

聖ガブリエル教会
ウォロ州ラリベラ。ラリベラの岩窟教会群の一つ。高さ11mの堀で囲まれている。
　世界遺産（ラリベラの岩窟教会群　1978）
　¶世遺地 p19

聖ゲオルギウス聖堂　せいげおるぎうすせいどう★
ウォロ州ラリベラ。岩窟聖堂11棟のうち、聖ゲ

オルギウスの強い要請に基づいて11番目に完成
したと伝えられる。凝灰岩の岩盤を丁寧に掘り
残したギリシャ十字形の平面形式。

世界遺産（ラリベラの岩窟教会群　1978）

¶宗教建築（ギョルギス聖堂）〔図〕，世遺地
p18（聖ゲオルギウス教会）

ティヤ　Tiya

南部諸民族州グラジェ圏の小村ソドワレダ。古
代エチオピアの遺跡群。表面に幾何学文様や戦
闘用の剣などが刻まれた石碑36基が散在。

世界遺産（ティヤ　1980）

¶世遺事，成世遺上〔写〕，世遺百〔写〕，ビジ
世遺〔写〕，ユネ世遺12（ティヤの石碑群）〔写〕

ハラール・ジュゴール、要塞歴史都市

Harar Jugol, the Fortified Historic Town

ハラリ州の砂漠とサバンナに囲まれた深い峡谷
のある高原上。13〜16世紀に建てられた城壁に
囲まれたイスラム都市。街中にモスクや霊廟が
建つ。

世界遺産（ハラール・ジャゴル要塞歴史都市　2006）

¶世遺事，成世遺上（要塞都市ハラル・ジュゴ
ル）〔写〕，世遺百（城塞歴史都市ハラール・
ジュゴル）〔写〕

ファジル・ゲビ、ゴンダール地域

Fasil Ghebbi, Gondar Region

エチオピア北西部、ゴンダール州タナ湖の北約
65km。17世紀前半から約200年ファシダラス王

の時代に繁栄した都。キリスト教を信仰した歴
代皇帝が建てた石造りの王宮跡が点在。

世界遺産（ファジル・ゲビ、ゴンダール地域　1979）

¶世遺事（ゴンダール地方のファジル・ゲビ），成
世遺上（ゴンダールの王宮と聖堂）〔写〕，世遺
百（ゴンダールのファジル・ゲビ）〔写〕，ビジ
世遺（ゴンダールの王宮と聖堂群）〔写〕，ユネ
世遺12（ファジル・ゲビ、ゴンダールの遺跡群）
〔写〕

ポーク・エピック洞穴　Porc Epic

デイレ・ダワ近郊。岩陰遺跡。約2mの堆積は下
層からスティルベイ文化、中・上層からマゴシ
文化の石器が出土。またネアンデルタール人頭
骨も発見。

¶世界考古

ラリベラの岩窟教会群

Rock-Hewn Churches, Lalibela

アムハラ州の高地。キリスト教（アビシニア正
教）教会群。13世紀、ヨルダン川両岸の凝灰岩の
岩盤を刳り貫いて造られた。

世界遺産（ラリベラの岩窟教会群　1978）

¶新潮美（ラリバラ），世遺事（ラリベラの岩の教
会），成世遺上（ラリベラの岩の聖堂）〔写〕，
世遺地（ラリベラ），世遺百（ラリベラの岩窟教
会堂群）〔写〕，世界美6（ラリベラ（ラリバ
ラ）），空大聖堂（ラリベラ）〔写〕，ビジ世遺
（ラリベラの岩の聖堂）〔写〕，ユネ世遺12（ラ
リベラの岩の聖堂群）〔写〕

ガーナ

アシャンティ族の伝統的建造物群

Asante Traditional Buildings

クマシ北東の13村、首都アクラの北約200km。ア
シャンティ族が造った建物。中庭を取り囲む
ように神殿が配置し、建物には動物や花などを
象った木彫りの装飾が施されている。

世界遺産（アシャンティの伝統的建築物群　1980）

¶世遺事（アシャンティの伝統建築物），成世遺
上（アシャンティの伝統的建造物）〔写〕，世遺
百（アシャンティの伝統的建築），ビジ世遺（ア
シャンティの伝統的建造物）〔写〕，ユネ世遺
11〔写〕

ヴォルタ、アクラ、中部、西部各州の砦と城塞

Forts and Castles, Volta, Greater Accra,
Central and Western Regions

ベナン湾沿いの海岸域。イギリスやオランダが
建造した城塞群。15世紀半ば〜18世紀後半まで
西洋の貿易商人が進出し、大砲を装備した西洋
式の城塞を建設。現存する城塞群の中には、行

政府の建物、博物館、学校などに転用されてい
るものもある。

世界遺産（ヴォルタ州、グレーター・アクラ州、セン
トラル州、ウェスタン州の城塞群　1979）

¶世遺事，成世遺上（ベナン湾沿いの要塞）
〔写〕，世遺百（ヴォルタ州、グレーター・アク
ラ州、セントラル州、ウェスタン州の城塞群），
ビジ世遺（ガーナのベナン湾沿いの要塞群）
〔写〕，ユネ世遺11（ガーナのベナン湾沿いの城
塞群）〔写〕

ヌテレソ　Ntereso

アクラの北北西360km、白ヴォルタ川の近く。石
器時代末期〜初期鉄器時代の遺跡。テラコッタ・
シガーと呼ばれる土製品がみられる。

¶世界考古

ボスンプラ　Bosumpra

アクラの北北西約130km。洞穴遺跡。アベティ
フィとも呼ばれる。層位は6層に分けられ、下の
4層が新石器時代に、上の2層が鉄器時代に比定。

¶世界考古

カーボヴェルデ

シダーデ・ヴェリャ、リベイラ・グランデの歴史地区
Cidade Velha, Historic Centre of Ribeira Grande

バルラヴェント諸島のサンチャゴ島のリベイラ・グランデ。1462年にポルトガル人が初めて到達、熱帯地方で最初にヨーロッパの植民地となる。1495年建造の教会、海賊からの襲撃に備えた城

塞跡、華麗な16世紀の大理石支柱のあるピロリー広場などが残る。

世界遺産（シダーデ・ヴェリャ、リベイラ・グランデの歴史都市 2009）

¶世遺事, 成世遺上（シダーデ・ヴェーリャのリベイラ・グランデ歴史地区）〔写〕, 世遺百（リベイラ・グランデの歴史中心地区シダーデ・ヴェーリャ）

ガボン

ロペ・オカンダの生態系と残存する文化的景観
Ecosystem and Relict Cultural Landscape of Lopé-Okanda

オゴウェ・イヴィンド州とオゴウェ・ロロ州。熱帯雨林とサバンナに隣接。絶滅危惧種指定の哺乳類が生息。ピグミー族などが居住していたた

め、鉄器時代以前の遺跡や岩絵などが保存されている。

世界遺産（ロペ－オカンダの生態系と残存する文化的景観 2007）

¶世遺事, 成世遺上（ロペ・オカンダ）〔写〕, 世遺百（ロペ・オカンダの生態系とそこに残る文化的景観）

ガンビア

クンタ・キンテ島と関連遺跡群
Kunta Kinteh Island and Related Sites

クンタ・キンテ島。西アフリカにおける奴隷貿易の拠点としてイギリスにより建設された島。1651年に建造された要塞、ポルトガル人の教会遺跡や小住居地跡がある。

世界遺産（クンタ・キンテ島と関連遺跡群 2003）

¶世遺事, 成世遺上（クンタ・キンテ島と関連遺跡）〔写〕, 世遺百（クンタ・キンテ島と関連史跡）, ビジ世遺（ジェームズ島と関連遺産）〔写〕

セネガンビアのストーン・サークル群
Stone Circles of Senegambia

ガンビアのセントラル・リバー区とセネガルのカオラック地域に分布。環状列石群。ガンビア川流域に1千以上が点在。前3世紀～後16世紀のものとみられる。

世界遺産（セネガンビアのストーン・サークル群 2006）

¶世遺事（セネガンビアの環状列石群）, 成世遺上（セネガンビアのストーン・サークル）〔写〕, 世遺百〔写〕

ケニア

オロルゲサリエ　Olorgesailie
ナイロビ南西約65km。40万年前の握斧の遺跡。

¶古遺地〔図〕, 世界考古（オロルゲサイリエ）〔写〕

カリアンドゥシ　Karianousi
ナイロビ北西方120km、東部アフリカ大地溝帯。アシュール文化期の遺跡。洪積世の湖岸沿いに季節的な氾濫によって堆積した礫層の中から石器が発見される。

コートジボワール　　　　　　　604

¶世界考古

ガンブル　Gamble
エルメンテイタ湖の南西方約20km。岩陰遺跡。
第2岩陰の第4文化層は後期ケニヤ・カプサ文化
の指標。第3文化層からは屈葬人骨が出土。
¶世界考古

ナイヴァシャ　Naivasha
ナイヴァシャ湖東岸。岩陰遺跡。多くのミクロ・
ビュランを含む非常に小型化した細石器や、よ
り精巧になった土器に特色がある。
¶世界考古

ナクル　Nakuru
ナクル湖岸。新石器時代の遺跡。赤色顔料のか
けられた屈葬の男性人骨が出土。
¶世界考古

ヌジョロ・リヴァー洞穴　Njoro River
ナクル湖の西方。新石器時代の火葬墓遺跡。火
葬used、土器・石器・装身具などの多量の副葬
品が出土。
¶世界考古

ヒラックス・ヒル　Hyrax Hill
ナクル南東約5km。高さ約50mの丘（ヒラック
ス・ヒル）の周囲にある遺跡。新石器時代の住居
址と石積みの囲いをもつ墳墓と鉄器時代のグー
ンバB文化に属する竪穴住居址群からなる。
¶世界考古

ミジケンダ族のカヤの聖なる森
Sacred Mijikenda Kaya Forests
インド洋海岸地方の平野や丘陵に200kmにわた

って広がる。16世紀、他民族に追われてミジケ
ンダの人々が住み着いた森。森林の中に円形の
防御柵を設け、石壁と木製ドアを備えた入り口
をもち、周囲には住居を配す。

世界遺産 (ミジケンダの聖なるカヤの森林　2008)
¶世遺事 (神聖なミジケンダ族のカヤ森林群)、成
世遺上 (ムジケンダ族カヤの森)〔写〕、世遺百

ムグルク　Muguruk
ムグルク河岸にある遺跡。ルペンバ文化・サン
ゴ文化・ルヴァロワ文化・マゴシ文化などの後
期旧石器時代を主とする文化層を確認。
¶世界考古

モンバサのジーザス要塞
Fort Jesus, Mombasa
海岸州の州都モンバサ。1553年〜1596年にかけ
てポルトガルが建造。イタリア人のジョバンニ・
バティスタ・カイラティが設計。ヨーロッパ様式
の要塞がヨーロッパ以外で建設された最初の例。

世界遺産 (モンバサのジーザス要塞　2011)
¶世遺事、成世遺上 (モンバサのジーザス城塞)
〔写〕、世遺百〔写〕

ラムの旧市街　Lamu Old Town
ラム島。東アフリカで最古のスワヒリ族の居住
地。珊瑚礁石灰岩とマングローブ材を使った伝
統的な建造物が多数残り、東アフリカ土着の文
化とイスラム文化が融合したスワヒリ文化の独
特の景観をなす。

世界遺産 (ラム旧市街　2001)
¶世遺事、成世遺上 (ラム旧市街)〔写〕、世遺
百 (ラム旧市街)〔写〕、ビジ世遺〔写〕

コートジボワール

グラン・バッサム歴史都市
Historic Town of Grand-Bassam
ギニア湾岸。19世紀末から20世紀初頭にかけて
フランスが建設した植民都市。旧市街にフラン
ス人が暮らした植民地様式の町並みや、アフリ

カ人の住居や伝統的な漁業の拠点が点在。

世界遺産 (グラン・バッサム歴史都市　2012)
¶世遺事 (グラン・バッサムの歴史都市)、成世
遺上 (グラン・バッサムの歴史都市)〔写〕、世
遺百

ザンビア

カランボ・フォールズ　Kalambo Falls
タンザニアとの国境、タンガニーカ湖の南東端。
石器時代と鉄器時代の遺跡。多数の連続する文
化層が発見されている。
¶古遺地 (カランボ・フォール)〔図〕、世界考古

ブロークン・ヒル　Broken Hill
中央部。中期旧石器時代末から後期旧石器時代
にかけての洞穴遺跡。ローデシア人またはブロー
クン・ヒル人と呼ばれる化石人骨を発見。
¶世界考古

ジンバブエ

イニヤンガ　Inyanga
首都ハラーレの東150km。19世紀にいたるまでの遺跡群の総称。積石による階段状遺構、道路址、水道址、砦址、墓地などが残されている。
¶新潮美，世界考古

カミ遺跡群国立記念物
Khami Ruins National Monument
マタベレランド・ノース県の南端、カミ川の近く。石造遺跡群。15世紀中葉にトルワ王国の首都だった地でイベリア半島製の銀製品、中国の磁器、ポルトガル、ドイツ、北アフリカ製の陶磁器などが出土。
　世界遺産 (カミ遺跡群国立記念物　1986)
　　¶世遺事 (カミ遺跡国立記念物)，成世遺上 (カミ遺跡) 〔写〕，世遺百 (カミ遺跡国立史跡)，ビジ世遺 (カミ遺跡) 〔写〕，ユネ世遺12 (カミ遺跡) 〔写〕

シロツワネ　Silozwane
マトボ・ヒルにある。後期石器時代の岩面画。半球形にくぼんだ岩陰に多くの形象が描かれている。
　　¶新潮美，大遺跡1 p87 〔写〕

大ジンバブエ国立記念物
Great Zimbabwe National Monument
ハラレの南約250kmに広がる。11〜18世紀にショナ族とロズウィ族が建設した石造建築遺跡。丘の上の「アクロポリス」、「谷の遺跡」と呼ばれる住居跡、楕円形の「神殿」の3つからなる。
　世界遺産 (大ジンバブエ国立記念物　1986)
　　¶アフリカ (ジンバブウェ遺跡) 〔写〕，遺跡100 (グレート・ジンバブウェ) 〔写/図〕，旺文社世 (ジンバブエ)，角川世 (ジンバブウェ遺跡)，古遺地 (ジンバブエ) 〔図〕，宗教建築 (大ジンバブウェ)，新潮美 (ジムバブウェ)，世遺事 (グレート・ジンバブエ遺跡)，成世遺上 (グレート・ジンバブエ遺跡) 〔写〕，世遺地 (大ジンバブウェ)，世遺百 (大ジンバブエ国立史跡)，世界考古 (ジンバブウェ) 〔写〕，大遺跡1 (大ジンバブウェ) 〔写/図〕，ビジ世遺 (グレート・ジンバブエ遺跡) 〔写〕，復原遺跡 (ジンバブウェ) 〔写/図〕，平凡社世 (ジンバブウェ遺跡)，山川世 (ジンバブエ遺跡)，ユネ世遺12

大ジンバブエの遺跡の丘
(大ジンバブエ遺跡) 〔写〕
ジンバブエ高原。大ジンバブウェのなかで最古の遺跡。「東の囲壁」という最も神聖な場所がある。
　世界遺産 (大ジンバブエ国立記念物　1986)
　　¶世遺地　p20 (遺跡の丘)

ニエケルク　Niekerk
南ローデシアのイニヤンガ。鉄器時代の遺跡群。積石による遺構がある。年代は17〜18世紀が主体。
　　¶世界考古

ハミ　Khami
ブラワヨの西約20km。鉄器時代の遺跡群。住居地・道路址など多くの生活に関係のある遺構が発見されている。
　　¶世界考古

バムバタ　Bambata
マトボ・ヒルにある。ブッシュマンの岩壁画遺跡。前期ウィルトン文化の標準的遺跡。
　　¶新潮美，世界考古 (バンバータ洞穴)

ホワイト・ライノ
マトボ・ヒルにある。後期石器時代の岩面画。
　　¶大遺跡1 p87 〔写〕

マトボの丘群　Matobo Hills
ブラワヨの南40km。花崗岩質の小丘群と渓谷からなる岩石地帯。洞窟や岩肌には少なくとも1万3千年前に描かれた岩絵群が残る。ヌスワトウギ、バンバータ、シロツワネ、ホワイト・ライノなどは、中石器時代のウィルトン文化に属し、ブッシュマン族によって描かれたもの。
　世界遺産 (マトボの丘群　2003)
　　¶新潮美 (マトボ・ヒル)，世遺事 (マトボ丘陵)，成世遺上 (マトボ丘陵) 〔写〕，世遺百 (マトボ丘陵)，世界考古 (マトボ・ヒル)，ビジ世遺 (マトボ丘陵) 〔写〕

ンスワトウギ　Nswatugi
マトボ・ヒルにある。ブッシュマンの岩壁画遺跡。
　　¶新潮美

スーダン

アマラ　Amara
ダル急湍南方に位置する遺跡。ナイル川を挟ん

でアマラ西とアマラ東がある。アマラ西は、上

ヌビアの行政中心地として繁栄。アマラ東には、メロエ期の町と神殿址が残る。

¶古代エジ, 古代オリ, 大英エジ〔図〕

カルトゥーム　Khartoum

ナイル川東岸の町。当地域で最初に確認された続旧石器文化は「カルトゥーム中石器文化」、新石器文化は「カルトゥーム新石器文化」の名称で呼ばれる。

¶古代オリ, 世界考古(ハルトゥーム)

カワ　Kawa

ドンゴラの対岸に位置。神殿遺跡。クシュの王たちは、重要な儀式をカワで行なった。

¶古代エジ, 古代オリ, 新潮美, 世界美2, 大英エジ〔写(青銅小像)〕

クッル, エル　Kurru, el

上ヌビアのナイル流域、ドンゴラ地方。ナパタ時代(前1000-300)の王家の共同墓地。前1000年頃からクシュ王国の王たちの墳丘墓を造営。

¶古代エジ(クッル, エル=), 大英エジ

ゲベル・バルカル　Gebel Barkal

ナイル川第4急湍の下流北岸にある遺跡。新石器時代から使用された。前2世紀にいたるまで断続的に神殿の建設や増改築が行われた。

世界遺産(ゲベル・バルカルとナパタ地域の遺跡群 2003)

¶古代エジ(ジェベル・バルカル)〔写〕, 古代オリ, 世界美2

ゲベル・バルカルとナパタ地域の遺跡群
Gebel Barkal and the Sites of the Napatan Region

東部の町カリマの近く。古代エジプト時代の遺跡群。13の神殿と3つの宮殿のほか墓所遺跡が発見されている。

世界遺産(ゲベル・バルカルとナパタ地域の遺跡群 2003)

¶世遺事(ナパタ地方のゲベル・バーカルと遺跡群), 成世遺上(ゲベル・バルカルとナパタ地区)〔写〕, 世遺百, ビジ世遺(ゲベル・バルカルのヌビア遺跡とナパタ地区)〔写〕

ケルマ　Kerma

上ヌビアのナイル第3急湍近く。前2千年紀初期の都市遺跡。第二中間期の大規模な居住地と後期ケルマ文化の墳丘墓地(王墓も含む)を含む。

¶古遺地〔図〕, 古代エジ, 古代オリ, 大英エジ〔写(土器)〕

ケルマの宗教建築

セムナの南方240km。クシュ王国の首都ケルマの遺跡。用途は宗教建築であろうと推定されているが、判然としていないものも多い。前2500～1500年頃。

¶宗教建築〔図〕

サイ島　Sai

ナイル川第2急湍上流の島。旧石器時代、ケルマ文化、新王国時代、クシュ王国ナパタ・メロエ期、Xグループ文化等の遺跡が残る。

¶古代オリ

ジェベル・ウリ　Jebel Uri

ダルフール地方、エル・ファッシャーの西北150kmの丘陵。13世紀のカネム王国の根拠地から14～15世紀のブララ族の首都といわれている遺跡。

¶新潮美(ダルフール〔ジェベル・ウリ〕)

シャハイナブ　Shaheinab

ハルトゥーム近郊。新石器時代の遺跡。半月形(リュナート)などの幾何学形細石器、尖頭器がある。

¶世界考古

セセビ　Sesebi

上ヌビアのナイル川西岸。周壁に囲まれた集落遺跡。第18王朝トトメス3世治世頃から第20王朝にかけて、建造、利用された。

¶古代エジ, 古代オリ, 大英エジ(セセビ=スドラ)〔図〕

セデインガ　Sedeinga

ソレブの神殿のわずか数km北に位置。上ヌビアの宗教遺跡で、アメンホテプ3世の神殿の廃墟からなる。

¶古代エジ, 大英エジ

セムナ　Semna

下ヌビアの第2急湍地域。センウスレト1世の治世に建設された要塞都市。新王国時代の神殿、住居、墓地の遺構も含む。

¶古遺地〔図〕, 古代エジ, 古代オリ, 大英エジ

ソレブ　Soleb

上ヌビアの第3急湍地域の遺跡。アメンホテプ3世が造営した砂岩神殿、第18王朝後期にクシュの首都となった町の遺跡などがある。

¶古代エジ, 古代オリ, 大英エジ〔図(19世紀の線画)〕

トンボス　Tombos

ナイル川第3急湍付近東岸の遺跡。エジプト第18王朝トトメス1世の石碑が出土。同王がこの地に城塞を築いたことが記されている。

¶古代オリ

ナガー　Naga

メロエーの南方約130km。ナカ(Naqa)ともいう。クシュ帝国時代の遺跡。4つの神殿、町の址、墓地などがある。

¶新潮美, 大遺跡1〔写〕

ナパタ　Napata

ナイル川流域のドンゴラ地方にあったヌビアの一区域。墓地、宮殿と思われる建物、一部が発掘されている居住地などがある。

¶古代エジ, 世界考古, 大遺跡1〔写〕, 大英エジ

ヌリ　Nuri

ナパタの北東数kmに位置。上ヌビアにあるナパタ王国の墓地。前7世紀中頃から前3世紀初めにかけてクシュの王族の埋葬地だった。

¶古代エジ, 古代オリ, 新潮美（ヌーリ）, 世界考古, 大遺跡1 p89（ヌーリ）, 大英エジ〔写〕

ミルギッサ　Mirgissa

現在のアスワンの南350km。中王国時代の要塞の遺跡。ナセル湖の下に水没。遺構は第12王朝時代の要塞1対、て墓地2ヶ所。

¶古代エジ, 古代オリ, 新潮美, 大英エジ（ミルギッサ（古名イケン?））〔図〕

ムサワラト・エス・スフラ
Musawarat Es Sufra

シェンディの南約45km、ワディ・エッ＝バナート中にある。クシュ最大の遺跡。中央神殿、ライオン神殿、住居などを発見。前3〜後1世紀。

¶新潮美（ムサゥワラット・エッ・＝スフラ）, 大

遺跡1〔写〕

メロエ島の考古学遺跡群
Archaeological Sites of the Island of Meroe

ナイル川とアトバラ川の2つの河川の間。前8〜4世紀にかけ巨大な権力を持っていたクシュ王国の中心地。ピラミッドや寺院、住居、水利施設がある。

世界遺産（メロイ島の古代遺跡群　2011）

¶遺跡100（メロエ遺跡群）〔写〕, 古遺地（メロエ）〔図〕, 古代エジ（メロエ）, 古代オリ（メロエ）, 新潮美（メロエー）, 世遺事, 成世遺上（メロエ島の考古遺跡群）〔写〕, 世遺百（メロエ島の考古遺跡）〔写〕, 世界考古（メロエ）〔写/図〕, 空古代遺跡（メロエ）〔写〕, 大遺跡1（メロエ）〔写〕, 大英エジ（メロエ）〔写（装飾品, 浮彫断片）〕, 平凡社世（メロエ）, 山川世（メロエ）

ワディ・ハルファ　Wadi Halfa

ナイル川第2急湍北方の地域。新石器時代の遺跡を多数検出。

¶古代オリ, 世界考古

ワド・ベン・ナガー　Wad Ben Naga

ナイル川の第6カタラクト（急流の浅瀬）の近く。神殿群、住居、アリーナなどがある。

¶大遺跡1〔写〕

セネガル

ゴレ島　Island of Gorée

ダカールの沖合3kmの大西洋上に浮かぶ。奴隷貿易の拠点として栄えた島。奴隷収容所や奴隷を売買した館、セネガル最古の石造のモスク、18世紀の古典主義様式のカトリックの聖堂などが残る。

世界遺産（ゴレ島　1978）

¶アフリカ（ゴレ［島］）, 角川世, 世遺事, 成世遺上〔写〕, 世遺百〔写〕, 空城と要塞（ゴレー島）〔写〕, ビジ世遺〔写〕, 山川世, ユネ世遺11〔写〕

サルーム・デルタ　Saloum Delta

ティエス州とファティック州にまたがるサルーム川、ディオンボス川、バンディアラ川の3つの川の河口によって形成。約5千平方kmにわたるデルタ地帯で218の貝塚、塚の形をした28の埋葬地が発見されている。

世界遺産（サルーム・デルタ　2011）

¶世遺事, 成世遺上〔写〕, 世遺百

サン・ルイ島　Island of Saint-Louis

セネガル川の河口。17世紀フランスの植民居留地として建設され、18世紀中期頃以後はコロニアル風に都市化した。植民地時代に整備された都市の建造物群が多数ある。

世界遺産（サン−ルイ島　2000, 2007）

¶世遺事, 成世遺上〔写〕, 世遺百, ビジ世遺〔写〕

セネガンビアのストーン・サークル群
Stone Circles of Senegambia

ガンビアのセントラル・リバー区とセネガルのカオラック地域に分布。環状列石群。ガンビア川流域に1千以上が点在。前3世紀〜後16世紀のものとみられる。

世界遺産（セネガンビアのストーン・サークル群　2006）

¶世遺事（セネガンビアの環状列石群）, 成世遺上（セネガンビアのストーン・サークル）〔写〕, 世遺百（セネガンビアのストーン・サークル群）〔写〕

バサリ地方：バサリ族、フラ族、それにベディク族の文化的景観群
Bassari Country: Bassari, Fula and Bedik Cultural Landscapes
　南東部。11世紀この地に定住を開始した3部族が、周囲の自然環境と共生した独自の文化と生活習慣を形成。

[世界遺産]（バサリ地方：バサリ族、フラ族、ベディク族の文化的景観　2012）

　¶世遺事, 成世遺上（バサリ地方の文化的景観）〔写〕, 世遺百（バサリ地方：バサリ族、フラ族、ベディク族の文化的景観）

ソマリア

グレ・ワルバイ　Gure Warbei
　南部。後期旧石器～中石器時代の岩陰遺跡。ドイ文化の標準遺跡の一つ。

　¶世界考古

ブル・エイベ　Bur Eibe
　ブル・エイベ山を中心とする数km平方の地域。多数の岩陰、オープン・サイトが点在。スティルベイ文化・マゴシ文化・ドイ文化・ウィルトン文化などの遺物や岩壁画などがある。

　¶世界考古

タンザニア

イシミラ　Isimila
　イリンガの南方の峡谷。後期アシュール文化の代表的遺跡。象、カバ、カモシカなどの化石骨も出土。石器はすべて後期アシュール期のもの。

　¶世界考古

オルドヴァイ峡谷　Olduvai Gorge
　セレンゲティ平野の南東コーナーを開析。前期石器時代の重要な遺跡。

　¶遺跡100（オルデュヴァイ峡谷）〔写/図〕, 古遺地〔図〕, 図解考古（オルドヴェイ遺跡）〔写/礫器〕, 世界考古（オルドゥヴァイ）〔図/石器〕, 平凡社世（オルドワイ遺跡）

キルワ・キシワニとソンゴ・ムナラの遺跡
Ruins of Kilwa Kisiwani and Ruins of Songo Mnara
　キルワ・キシワニ島とソンゴ・ムナラ島にある。13～16世紀、金や銀、陶磁器、奴隷などの交易拠点として発展した都市。アラビア風の町並みやイスラムの大モスク、宮殿、要塞などの建造物がみられる。

[世界遺産]（キルワ・キシワニとソンゴ・ムナラの遺跡群　1981）

　¶アフリカ（キルワ〔島〕）, 世遺事（キルワ・キシワーニとソンゴ・ムナラの遺跡）, 成世遺上〔写〕, 世遺百（キルワ・キシワニ遺構、ソンゴ・ムナラ遺構）〔写〕, ビジ世遺〔写〕, ユネ世遺12〔写〕

コンドアの岩画遺跡群
Kondoa Rock-Art Sites
　ドドマ州。洞窟岩絵群を中心とする遺跡。2千年以上にわたって描かれてきた岩絵が残る。

[世界遺産]（コンドア・ロック−アート遺跡群　1982, 2014）

　¶世遺事, 成世遺上（コンドアの岩絵）〔写〕, 世遺百（コンドアの岩絵史跡）〔写〕

ザンジバル島のストーン・タウン
Stone Town of Zanzibar
　ザンジバル島の西端。東アフリカの海岸交易都市。アラブやヨーロッパの文化の影響を受けた3階建て以上の石造りの建築物が多数残る。

[世界遺産]（ザンジバル島のストーン・タウン　2000）

　¶世遺事, 成世遺上〔写〕, 世遺百〔写〕, ビジ世遺〔写〕

ンゴロンゴロ保全地域
Ngorongoro Conservation Area
　アルーシャ州。クレーターが3つ並ぶ自然保護地域。オルドバイ渓谷で人類の遠い祖先ホモ・ハビリスの化石やライトリで360万年前の人の足跡の化石などが発見された。

[世界遺産]（ンゴロンゴロ保全地域　1978, 2010）

　¶世遺事, 成世遺上（ンゴロンゴロ自然保護区）〔写〕, 世遺百〔写〕, ユネ世遺12（ンゴロンゴロ自然保護区）〔写〕

チャド

アシミデル Asimidel
　エネディ。先史岩壁画遺跡。住居跡のある岩陰もある。
　　¶新潮美, 大遺跡1(エネディ―アシミデル)〔写〕

エネディ山地の自然と文化的景観
Ennedi Massif： Natural and Cultural Landscape
　東エネディ州と西エネディ州にまたがる。砂岩の峰々が広がる高原。風雨による浸食で独特の形をなす岩や自然のアーチと何千もの洞窟画や岩壁画がある。
　　世界遺産(エネディ山地：自然および文化的景観 2016)
　　¶新潮美(エネディ)〔写p590〕, 世遺事, 世界考古(エネディ), 大遺跡1(エネディ)〔写〕

ティベスティ Tibesti
　北部。多くの先史岩壁画遺跡がある山地。
　　¶新潮美

ハラガナ Hallagana
　エネディ。先史岩壁画遺跡。4ヵ所の岩陰遺跡がある。
　　¶新潮美

マンダ・シナ
　ファダの西方約20km。マンダ・シナと名づけられる大きな岩山の地上数十mの高所の岩陰に多くの彩画が描かれている。新石器時代。
　　¶大遺跡1(エネディ―マンダ・シナ)〔写〕

モン・ファダ Mont Fada
　エネディ地方ファダの北にある岩山。4つの岩陰に多くの彩画がある。
　　¶新潮美

チュニジア

アイン・メテルシェム Ain Meterchem
　アルジェリア国境近く、テベッサの東約40kmにある遺跡。ルヴァロワゾ・ムスティエ文化とカプサ文化の文化層がある。
　　¶世界考古

ウシュタタ Ouchtata
　チュニスの西約120km、地中海岸から7km。中石器時代の遺跡。基本的には、オラン文化の石器組成。
　　¶世界考古

ウティカ Utica
　北東部。古代都市の遺跡。カルタゴ時代の墓地、ローマ時代の住宅、劇場などが残る。
　　¶新潮美

エル・ジェム El Djem
　東部。主として3世紀頃繁栄した古代都市の遺跡。
　　¶新潮美

エル・ジェムの円形闘技場
Amphitheatre of El Jem
　マハディア県、首都チュニスの南東約170km。3世紀初頭、切石を積み上げて建造された。北アフリカ最大の闘技場。

　　世界遺産(エル・ジェムの円形闘技場　1979)
　　¶世遺事(エル・ジェムの円形劇場), 成世遺上〔写〕, 世遺百〔写〕, ビジ世遺〔写〕, ユネ世遺11〔写〕

カイルアン Kairouan
　チュニスの南約120km。7世紀にアラブ人が建設。イスラム教の聖地。城壁に囲まれた旧市街(メディナ)にある市場(スーク)が当時の姿を残す。北アフリカ最古の大モスクがある。
　　世界遺産(カイルアン　1988)
　　¶アジア歴2(カイラワーン), 角川世(カイラワーン), 新潮美(カイラワン), 世遺事, 成世遺上(ケルアン)〔写〕, 世遺百(ケルーアン)〔写〕, 世界考古, ビジ世遺(ケルアン)〔写〕, ユネ世遺11(聖都ケルアン)〔写〕

カピトル神殿
　ドゥッガにある。2世紀。3柱の女神を祀る。
　　世界遺産(ドゥッガ／トゥッガ　1997)
　　¶大遺跡6 p125〔写〕

カルタゴ遺跡
Archaeological Site of Carthage
　首都チュニス近郊の地中海沿岸。フェニキア人が前9世紀頃に建設した都市。現存する遺跡はポエニ戦争後ローマ帝国が建設した公共浴場、円

形劇場、闘技場などの施設が中心。

世界遺産(カルタゴ遺跡　1979)

¶古代オリ(カルタゴ)，新潮美(カルターゴー)，世遺事(カルタゴの考古学遺跡)，成世遺上〔写〕，世遺百〔写〕，世界考古(カルタゴ)，世歴大4(カルタゴ)〔写(モザイク)〕，大遺跡6(カルタゴ)〔写〕，ビジ世遺(カルタゴの遺跡)〔写〕，ユネ世遺11(カルタゴの考古遺跡)〔写〕

ケリビア　Kelibia
ボン岬の海岸に面す。古代ローマのクルペア(Clupea)にあたる。遺跡は、初期キリスト教時代の三廊式のバシリカとキオスク形の洗礼堂を確認。

¶世界美2

ケルクアンの古代カルタゴの町とその墓地遺跡
Punic Town of Kerkuane and its Necropolis
地中海沿岸のボン岬。破壊を免れた、フェニキア人都市の遺跡。前4世紀から前3世紀のもの。墓地群は当時の姿を保っている。

世界遺産(ケルクアンの古代カルタゴの町とその墓地遺跡　1985, 1986)

¶世遺事(ケルクアンの古代カルタゴの町とネクロポリス)，成世遺上(ケルクアンとその墓地遺跡)〔写〕，世遺百(ケルクアンの古代カルタゴの町とその墓地)，ビジ世遺(ケルクアンの古代カルタゴの町と墓地遺跡)〔写〕，ユネ世遺11(古代カルタゴ都市ケルクアンとそのネクロポリス)〔写〕

ザイトゥーナ学院
チュニス中心部。モスクに併設された学院。732年ウマイヤ朝により創設、マグリブ地方最高の学院。

¶角川世

シディ・オクバ・モスク　Sidi Oqba Mosque
カイルアン(ケルアン)にある。シディ・ウクバ・モスク、グラン・モスク(グランド・モスク)とも。北アフリカにおけるムスリムの礼拝の場として最古のもの。イスラム教第4の聖地カイルアンの創設者であるウクバ・イブン・ナーフィが670年に建設。

世界遺産(カイルアン　1988)

¶宗教建築(カイラワーンの大モスク)〔写/図〕，新潮美(カイラワン〔シディ・オクバ・モスク〕)〔写p1434〕，文化史蹟10〔写〕，歴史建築(グラン・モスク)〔写/図〕

シディ・ジン　Sidi Zin
ケフの南12km。前期旧石器時代の遺跡。アシュール文化の文化を層3層発見。

¶世界考古

シディ・マンスール　Sidi Mansour
ガフサの北東郊。石器時代の遺跡。

¶世界考古

ズィートゥーナ・モスク　Zituna Mosque
チュニスの旧市街の中心部を占めるモスク。8世紀前半まで遡る遺構。ミナレットは19世紀に改修されたが、原形を比較的忠実に保存している。

世界遺産(チュニス旧市街　1979)

¶文化史蹟10〔写〕

スース旧市街　Medina of Sousse
スース県、首都チュニスの南東約110km。前9世紀、フェニキア人が建設した都市。現在の旧市街の町並みは9世紀、イスラムのアグラブ朝が進出してきてから築かれたもので城壁や要塞、大モスクなどからなる。

世界遺産(スース旧市街　1988)

¶新潮美(スース)，世遺事(スースのメディナ)，成世遺上〔写〕，世遺百〔写〕，ビジ世遺(スースの旧市街)〔写〕，ユネ世遺11(スースの旧市街)〔写〕

スースのリバット　Ribat, Souse
スースにあるリバット(武道修道院)。8世紀末に創建されたものといわれ、現存する最古の実例。

世界遺産(スース旧市街　1988)

¶宗教建築(リバート)〔写/図〕，文化史蹟10(リバット〔スース〕)〔写〕

スベイトラ　Sbeitla
中部。古代都市の遺跡がある。

¶新潮美

チュニス旧市街　Tunis
首都チュニスの中心部。7世紀頃からアラブ人によって建設された都市。旧市街(メディナ)は14世紀頃の景観を保ち、モスクや市場(スーク)、中庭のある家がみられる。

世界遺産(チュニス旧市街　1979)

¶アジア歴6(チュニス)，新潮美(チュニス)，世遺事(チュニスのメディナ)，成世遺上〔写〕，世遺百〔写〕，ビジ世遺(チュニスの旧市街)〔写〕，ユネ世遺11(チュニスの旧市街)〔写〕

ドゥッガ　Dougga
テヴェステ(テベッサ)とカルタゴを結ぶ要路上。古代名トゥッガ。アフリカで最大規模の古代都市遺跡。ヌミディア王国時代の数少ない遺構の一つである塔状の墓や、ローマ時代の建造物が残る。

世界遺産(ドゥッガ／トゥッガ　1997)

¶新潮美，世遺事(ドゥッガ／トゥッガ)，成世遺上(ドゥッガ(トゥッガ))〔写〕，世遺百(ドゥッガ(古名トゥッガ))〔写〕，世界考古，大遺跡6〔写/図〕，ビジ世遺(ドゥッガ

（トゥッガ））〔写〕

ドゥッガの劇場
ドゥッガにある。168〜169年に富裕な原住民の寄付によって建造された。3500人を収容。

世界遺産（ドゥッガ／トゥッガ　1997）

¶大遺跡6　p125（劇場）〔写〕

ドゥッガの浴場
ドゥッガにある。2世紀。リキニウスのテルメと呼ばれる浴場。

世界遺産（ドゥッガ／トゥッガ　1997）

¶大遺跡6　p125（浴場）〔写〕

ハンマン・ダラディ　Hamman Darradj
北西部。ヌミディア王国の都市。ハドリアヌス帝の時代に植民市となる。アポロンと諸皇帝の神殿（34-35）、フォルム（広場）、城塞などがある。

¶世界美4

ブッラ・レーギア　Bulla Regia
北部。古代都市遺跡。ヌミディア王国の首都の一つ。ローマ植民市時代のフォルムや神殿、ビザンティン時代の要塞などがある。

¶新潮美

ムラビティンヌ
南部。18〜19世紀のゴルファ（武装装備を施した穀物倉）が残る。

¶空城と要塞〔写〕

メクタ　Mekta
ガフサの北15m。カプサ文化の標準遺跡。典型的カプサ文化と後期カプサ文化の2つの文化層をもつ。駝鳥の卵の殻でつくった装飾品も発見。

¶世界考古

402岩陰　よんれいにいわかげ
ガフサの西北西約50km。中石器時代の岩陰遺跡。ムラレとも呼ばれる。下・中層は典型的カプサ文化の様相、上層はカプサ新石器文化の層。

¶世界考古

レデイエフ　Redeyef
ガフサの西55km。中石器時代と新石器時代の層をもつ、2つの岩陰がある。タブル・シュド、タブル・レデイエフと呼ばれる。

¶世界考古

トーゴ

クタマク：バタマリバ人の土地
Koutammakou, the Land of the Batam-mariba
カラ地方のコウタマコウ。少数民族のバタマリバ人が現在も集落で暮らしている地域。タキヤン

タと呼ばれる家屋は泥で作られた筒状の建築物。

世界遺産（クタマク、バタマリバ人の土地　2004）

¶世遺事（バタムマリバ族の地　コウタマコウ），成世遺上（バタマリバ族の地クタマク）〔写〕，世遺百

ナイジェリア

イフェ　Ife
イフェ。イフェは13世紀から14世紀にかけて最高頂に達したヨルバ族の聖地で、その司祭かつ王であるオニの住地であった。テラコッタと青銅（実際は真鍮）が使われた彫像が多数発見されている。

¶古遺地〔図〕

オスン・オショグボの聖なる森
Osun-Osogbo Sacred Grove
オスン州オショグボ市。聖林は豊饒の女神オスンの住居とされ、彫刻や芸術作品が散在。多くは1950年代にオーストラリア人のスーザン・ヴェンゲルと彼女に協力した芸術家によって再興された。

世界遺産（オスン−オソボ聖林　2005）

¶世遺事，成世遺上〔写〕，世遺百（オシュン・オショグボの聖なる木立）

ゲジ　Geji
北部にある。岩陰彩画遺跡。牛、馬、人物の絵がある。

¶新潮美

スクルの文化的景観
Sukur Cultural Landscape
アダマワ州マダガリ地方の高原。小部族スクルが形成した集落。17世紀から20世紀初めまで独自の文化を築いてきた。宮殿、段々畑、製鉄業の遺跡がある。

世界遺産（スクルの文化的景観　1999）

¶世遺事，成世遺上（スクル）〔写〕，世遺百，ビジ世遺〔写〕

ナミビア

トゥウェイフルフォンテーン
Twyfelfontein
クネネ州。2千年以上前の岩石線画群。新石器時代の石の工芸品、ダチョウの卵で作ったビーズ、片岩のペンダントなども発見されている。

世界遺産(トゥウェイフルフォンテーン 2007)
¶世遺事(トワイフェルフォンティン),成世遺上(トワイフェルフォンテイン)〔写〕,世遺百(トゥウェイフルフォンテイン(ツウィツァウス))〔写〕

ブラントベルク　Brandberg
北部。多くの岩壁画遺跡がある山岳地帯。

¶新潮美

ホワイト・レディ　White Lady
ブラントベルク山中。マーク岩陰に描かれている白色の女性像。16世紀以降のものと考えられる。
¶新潮美

マーク岩陰　Maack
ブラントベルク山中。ブッシュマン族の岩壁画遺跡。壁画中の白色の婦人像がホワイト・レディと名付けられた。
¶新潮美(マーク),世界考古

ニジェール

アイール　Aïr
北部の山岳地帯。多くの先史岩面画遺跡がある。
¶新潮美

アガデスの歴史地区
Historic Centre of Agadez
アガデス州の州都アガデス市。15〜16世紀に発展したオアシス都市。日干し煉瓦造りの高いミナレットを含む宗教施設とスルタンの宮殿が良好に保存されている。

世界遺産(アガデス歴史地区 2013)
¶世遺事,成世遺上(アガデス)〔写〕,世遺百(アガデスの歴史中心地区)

ブルキナファソ

ロロペニの遺跡群　Ruins of Loropéni
ロロペニの北西に展開。14〜17世紀を中心に金の抽出と製錬が行われた地域で、石壁の砦の遺跡。ロビ地域にある10の砦のうち最も保存状態のよいものが世界遺産に登録。

世界遺産(ロロペニの遺跡 2009)
¶世遺事,成世遺上〔写〕,世遺百(ロロペニ遺構)

ブルンジ

ニヤルナジ　Nyarunazi
ルブル川の支流カブルガ川の右岸。石器時代の遺跡。約3千点の石器が発見された。
¶世界考古

ベナン

アボメイの王宮群
Royal Palaces of Abomey
ズー県、首都ポルトノボの北西約140km。アボメイ(ダホメ)王国は、17世紀初頭から約300年

奴隷貿易により繁栄した。12の宮殿遺跡が点在する。

　世界遺産（アボメイの王宮群　1985）

¶世遺事, 成世遺上（アボメイの王宮）〔写〕, 世遺百, ビジ世遺（アボメイの王宮）〔写〕, ユネ世遺11（アボメーの王宮）〔写〕

ボツワナ

ツォディロ　Tsodilo
セポパ、シャカウェ間を結ぶ主要道路の西の丘陵地帯。サン族が描いた4500以上の絵がカラハリ砂漠の10平方kmの地域に点在する。

　世界遺産（ツォディロ　2001）

¶新潮美（ツォディロ・ヒル）, 世遺事, 成世遺上〔写〕, 世遺百〔写〕, 大遺跡1（ツォディロ・ヒル）〔写〕, ビジ世遺〔写〕

マダガスカル

アンブヒマンガの丘の王領地
Royal Hill of Ambohimanga
首都アンタナナリボの北東21km、タナから22kmの森林に囲まれた小高い丘の上。メリナ王国が最初にマダガスカルを統一した場所。王宮跡や

要塞跡などからなる。

　世界遺産（アンブヒマンガの丘の王領地　2001）

¶世遺事（アンボヒマンガの王丘）, 成世遺上（王領の丘アンブヒマンガ）〔写〕, 世遺百, ビジ世遺〔写〕

マラウイ

チョンゴニの岩画地域
Chongoni Rock-Art Area
中央州デッザ地域の森林地帯で花崗岩の丘陵にある中央マラウィ高原。アフリカ中部で先住民の岩絵が最も密集する地域。狩猟採集民のトゥ

ワ族（ピグミー）による絵画と農耕民チェワ族の岩絵が残る。

　世界遺産（チョンゴニ・ロック－アート地域　2006）

¶世遺事, 成世遺上（チョンゴニの岩絵）〔写〕, 世遺百（チョンゴニ岩絵地域）

マ　リ

アスキア墳墓　Tomb of Askia
トンブクトゥーの東300km、ガオ。15世紀半ばから16世紀に栄えたソンガイ帝国のアスキア・モハメド王が建造。2つのモスクと付属の公共墓地などからなる。

　世界遺産（アスキア墳墓　2004）

¶世遺事（アスキアの墓）, 成世遺上（アスキアの墳墓）〔写〕, 世遺百〔写〕

アドラール・デ・ジフォラス
Adrar des Iforas
サハラ砂漠の南部。多くの岩面刻画で知られる山地。数千年前から12世紀以後まで製作された。おもな遺跡はアルリ、イブデケネ、ラトラト、イ

ジュンハン、インフリット、タロホス、インタデイニ、エススクなど。

¶アフリカ（アドラールデジフォラス）〔写（イジュハン遺跡の岩面画）〕, 新潮美〔写p590〕, 世界考古, 大遺跡1（アドラル・デ・ジフォラス）〔写〕

アルリ　Arli
アドラール・デ・ジフォラスにある。先史岩面刻画遺跡。

¶新潮美

イン・タデイニ　In Tadeïni
エス・クスから4km離れた地。アドラール・デ・

南アフリカ　　　　　　　　614

ジフォラスにあったと伝えられるスーダン・ベルベル族の首都タデメッカの所在地と思われる遺跡。付近に岩面刻画が残ることでも知られる。

¶新潮美（タデメッカ）

イン・フリット　In Frit
アドラール・デ・ジフォラスにある。先史岩面刻画遺跡。古代ティフィナグ文字や象の絵などが描かれている。

¶新潮美，大遺跡1（アドラル・デ・ジフォラス　　ーイン・フリット）〔写〕

エス・スク　Es Souk
アドラール・デ・ジフォラスにある。先史岩面刻画遺跡。また15〜16世紀の市街遺跡や墓碑がある。イスラム教徒であるソンガイ人のもの。

¶新潮美，大遺跡1（アドラル・デ・ジフォラス　　ーエス・ス）〔写〕

ジェンネ旧市街　Old Towns of Djenné
ニジェール川とバニ川の中州。14〜16世紀頃サハラ南部のニジェール川の交易ルートに栄えた商業都市。泥でできた大モスクなどが残る。

世界遺産（ジェンネ旧市街　1988）

¶アフリカ（ジェンネ），世遺事，成世遺上〔写〕，世遺百〔写〕，ビジ世遺（ジェンネの旧市街）〔写〕，ユネ世遺11（ジェンネの旧市街）〔写〕

ジェンネのモスク
ジェンネにある。ファサードと独特の建築様式をもつ巨大な日干し煉瓦造りの建物。最初のモスクは13世紀に建てられ、現在のモスクは1907年の建造。

世界遺産（ジェンネ旧市街　1988）

¶世遺産，空大聖堂〔写〕，歴史建築〔写/図〕

ジンガラベル・モスク
トンブクトゥにある。創建は14世紀まで遡るとされる。アンダルス出身の詩人で建築家であるアブー・イシャク・アッサーヘリーによって建設されたという。

世界遺産（トンブクトゥ　1988）

¶宗教建築〔写/図〕

トンブクトゥ　Timbuktu
中部にある町。マリ帝国、ソンガイ帝国時代に繁栄。「黄金の都」と呼ばれた。15世紀中頃のコーラン学校やモスクなどのイスラム施設が残る。

世界遺産（トンブクトゥ　1988）

¶アフリカ〔図〕，世遺事（トンブクトゥー），成世遺上〔写〕，世遺百，ビジ世遺〔写〕，ユネ世遺11（伝説の都市トンブクトゥ）〔写〕

バンディアガラの断崖（ドゴン人の地）
Cliff of Bandiagara（Land of the Dogons）
サハラ砂漠の南縁のサヘル（岸辺）と呼ばれる乾燥サバンナ地帯。1300年頃住み着いたドゴン人の集落が点在。断崖にへばりつくように民家や穀物倉が建てられた。

世界遺産（バンディアガラの断崖（ドゴン人の地）1989）

¶世遺事（バンディアガラの絶壁（ドゴン族の集落）），成世遺上（バンディアガラの断崖）〔写〕，世遺地（バンディアガラ），世遺百（バンディアガラの断崖（ドゴンの里）），ビジ世遺（バンディアガラの断崖（ドゴンの集落））〔写〕，ユネ世遺11（バンディアガラの断崖）〔写〕

南アフリカ

ウォンダーブームポールト
Wonderboompoort
トランスヴァール州。旧石器時代の遺跡。アシュール文化後期に比定される石器の工作場。

¶世界考古

エランズフォンテイン　Elandsfontein
ケープタウンの北西約145kmにあるサルダナ湾付近。人間の頭蓋骨を出土した遺跡。ファウアスミス文化の石器と草原性の動物の骨を伴出。

¶世界考古

オリエボームポールト　Olieboompoort
トランスヴァールにある。石器時代の岩陰遺跡。第3層からは、後期スミスフィールド文化の石器・骨器が出土。

¶世界考古

キャッスル・オブ・グッドホープ
ケープタウンにある。オランダ東インド会社が1666年から1679年にかけて建造した城塞。五角形で5つの稜堡をもつ。

¶歴史建築〔写/図〕

クラシーズ河口遺跡群
東ケープ州。5ヵ所の洞窟と岩陰遺跡。人類化石を多く発見。

¶遺跡100〔写/図〕

クロムドラーイ　Kromdraai
トランスヴァール州。石灰岩洞穴遺跡。

¶世界考古

ジャイアント・カースル

ドラケンスベルク山中にある。後期石器時代の岩面画。
　　¶大遺跡1 p87〔写〕

スタークフォンテイン　Sterkfontein

トランスヴァール州。石灰岩洞穴遺跡。動物化石、化石人骨、石器などが出土。
　　¶世界考古

スワートクランス　Swartkrans

トランスヴァール州。豊富な動物化石・人骨を出土した遺跡。後期オルドゥヴァイ文化に比定される石器群も知られる。
　　¶世界考古

タウングズ　Taungs

ケープ州、キンバーリーの北方約100km。世界で初めてアウストラロピテクスの化石が発見された記念碑的な遺跡。
　　¶世界考古

ドラケンスバーグ　Drakensberg

ドラケンスバーグ。後1500年〜19世紀。ブッシュマンの岩絵。
　　世界遺産(マロティードラケンスバーグ公園　2000、2013)
　　　　¶古遺地(ドラケンスブルグ)〔図〕

ハース洞穴　Hearth

トランスヴァール州マカパン峡谷。洞穴遺跡。人骨が出土。旧石器時代の文化を層位的に辿ることができる。
　　¶世界考古

フィッシュ・ホーク　Fish Hoek

ケープタウンの南約24km。洞穴遺跡。スキルダーガット洞穴とも呼ばれる。モーゼル・ベイ文化後期の石器を出土、スティルベイ文化期層からボスコプ型人骨を出土。
　　¶世界考古

マカパン　Makapan

トランスヴァール州、マカパン渓谷。石灰岩洞穴。マカパンスガットとも呼ばれる。アウストラロピテクスの化石や後期オルドゥヴァイ文化に比定される石器を発見。
　　¶世界考古

マプングブウェの文化的景観
Mapungubwe Cultural Landscape

リンポポ州のリンポポ川とシャシェ川の合流地点。10〜14世紀に栄えた都市遺跡。宮殿遺跡や全集落、2つの古代首都が発見され、黄金の装飾品なども出土。

世界遺産(マプングブエの文化的景観　2003)
　　　¶新潮美(マプングブウェ)、世遺事、成世遺上(マプングブウェ)〔写〕、世遺百(マプングブエの文化的景観)、世界考古(マプングブウェ)、ビジ世遺(マプングブウェの文化的景観)〔写〕

マロティ・ドラケンスバーグ公園
Maloti-Drakensberg Park

レソトの南東部のクァクハスネック県と南アフリカの南東部のクワズール・ナタール州の山岳地帯。ドラケンスバーグ山脈内の洞窟に、4千年以上も前の先住民族のサン族が描いた岩壁画が3万点以上残る。

世界遺産(マロティードラケンスバーグ公園　2000、2013)
　　　¶世遺事、成世遺上(マロティ・ドラケンスバーグ)〔写〕、世遺百(マロティ・ドラケンスバーグ)、ビジ世遺(オクララランバ(ドラケンスバーグ公園))〔写〕

南アフリカの人類化石遺跡群
Fossil Hominid Sites of South Africa

ガウテング州のスタークフォンテン渓谷の中にある洞窟群。「人類発祥の地」と呼ばれる初期人類の遺跡。アウストラロピテクス・アフリカヌスや、パラントロプス・ロブストゥスなど多数の人類化石が発見された。

世界遺産(南アフリカ人類化石遺跡群　1999、2005)
　　　¶遺跡100(南アフリカ猿人遺跡群)〔写〕、世遺事、成世遺上(南アフリカの人類化石遺跡)〔写〕、世遺百(南アフリカの人類化石史跡)、ビジ世遺(スタークフォンテン、スワートクランス、クロムドラーイ地区の人類化石遺跡)〔写〕

リフタスフェルトの文化的及び植生景観
Richtersveld Cultural and Botanical Landscape

北ケープ州の山岳部の砂漠地帯。乾燥地帯の厳しい自然に適応した多様な植物が生育する一方で、半遊牧民のナマ族が移動式住居のハル・オムスに暮らす地。

世界遺産(リフタスフェルトの文化的及び植生景観　2007)
　　　¶世遺事、成世遺上(リヒターズベルドの文化と植生の景観)〔写〕、世遺百(リフタスフェルトの文化的・植物的景観)

ロベン島　Robben Island

ケープタウンの北11kmの沖合。オランダの植民地時代の17世紀末から流刑地として使われてきた。ハンセン病患者の隔離や政治犯の強制収容所が設置された。現在は島全体を博物館として整備。

世界遺産(ロベン島　1999)
　　　¶世遺事、成世遺上〔写〕、世遺百〔写〕、ビジ世遺〔写〕

モザンビーク

モザンビーク島　Island of Mozambique
モザンビーク海峡に浮かぶ全長3kmの珊瑚礁の小島。アラブ人の貿易基地だったがポルトガルが植民地とした島。サン・アントニオ教会などのキリスト教建築物のほか、モスクやヒンドゥー教寺院もみられる。

[世界遺産]（モザンビーク島　1991）
¶世遺事, 成世遺上〔写〕, 世遺百〔写〕, ビジ世遺〔写〕, ユネ世遺12〔写〕

モーリシャス

アプラヴァシ・ガート　Aapravasi Ghat
首都のポート・ルイス地区。外国人契約労働者受入れ施設の総称。石造りの倉庫や病院など1860年代に建てられた移民局関連建造物群。

[世界遺産]（アプラヴァシ・ガート　2006）
¶世遺事（アアプラヴァシ・ガート）, 成世遺上〔写〕, 世遺百（アーブラヴァシ・ガート）

ル・モーンの文化的景観
Le Morne Cultural Landscape
モーリシャス島の南西部。ル・モーンは18〜19世紀頃に逃亡した奴隷が隠れ場所として使用していた岩山。奴隷が洞窟などにつくった集落の文化的景観が残る。

[世界遺産]（ル・モーンの文化的景観　2008）
¶世遺事, 成世遺上〔写〕, 世遺百

モーリタニア

ウワダン、シンゲッティ、ティシット及びウワラタの古い集落
Ancient Ksour of Ouadane, Chinguetti, Tichitt and Oualata
南東の内陸部。サハラ砂漠を横断する隊商の交易・宗教中心地。11〜12世紀頃築かれた。イスラムの光塔を備えたモスクがある。

[世界遺産]（ウワダン、シンゲッティ、ティシット及びウワラタの古い集落　1996）
¶世遺事（ウァダン、シンゲッティ、ティシット、ウァラタのカザール古代都市）, 成世遺上（サハラの4つの隊商都市）〔写〕, 世遺百（ウワダン、シンゲッティ、ティシット、ウワラタの古集落）, ビジ世遺（隊商都市ウワダン、シンゲティ、ティシット、ウワラタ）〔写〕, ユネ世遺13（隊商都市ウワダン、シンゲッティ、ティシット、ウワラタ）〔写〕

ティチト・ワラタ　Tichitt Walata
アタールの東南東約400km。新石器文化の集落址。やや特殊な新石器文化がみられる。
¶世界考古

モロッコ

アイット・ベン・ハドゥの集落
Ksar of Ait-Ben-Haddou
ワルザザト地方、アトラス山脈の山中。ベルベル人が造った集落。盗賊などの略奪から財産などを守るため、城壁のような高壁で囲まれている。建物は日干し煉瓦で造られ、壁には独特の模様が施されている。

[世界遺産]（アイット−ベン−ハドゥの集落　1987）
¶世遺事, 成世遺上（アイット・ベン・ハッドゥの集落）〔写〕, 世遺百（アイット・ベン・ハドゥの集落（クサール））〔写〕, ビジ世遺（アイット・ベン・ハッドゥの集落）〔写〕, ユネ世遺11（要塞村アイット・ベン・ハドゥ）〔写〕

ウアディア・カスバの門
Gate of Uadiah Kasba
ラバトにある。アル・ムワッヒド朝のアブドゥ

ル・ムウミンが建設したウアディア・カスバ（城）の門。1191年頃、ヤークブ・アル・マンスールが増築したものと考えられている。

世界遺産（ラバト：近代都市と歴史的都市が共存する首都　2012）

¶文化史蹟10〔写〕

ヴォルビリスの古代遺跡
Archaeological Site of Volubilis

メクネスの北15km。古代ローマの都市遺跡。邸宅、モザイク・タイル、油の製造所、公共浴場などがある。

世界遺産（ヴォルビリスの古代遺跡　1997）

¶新潮美（ヴォルビリス），世遺事（ヴォルビリスの考古学遺跡），成世遺上（ヴォルビリス遺跡）〔写〕，世遺百（ヴォルビリス考古遺跡）〔写〕，大遺跡6（ヴォルビリス）〔写/図〕，ビジ世遺（ヴォルビリス遺跡）〔写〕

エッサウィラのメディナ（旧名モガドール）
Medina of Essaouira (formerly Mogador)

首都ラバトの南西約400km。1765年アラウィー朝のスルターンが貿易と軍事の拠点として整備した港湾都市。フランス人建築家テオドール・クールが設計。旧市街（メディナ）は、ポルトガルやフランスの建築様式の影響を受けている。

世界遺産（エッサウィラのメディナ（旧名モガドール）2001）

¶世遺事（エッサウィラ（旧モガドール）のメディナ），成世遺上（エッサウィラ旧市街）〔写〕，世遺百（エサウィラ（旧名モガドール）のメディナ）〔写〕，ビジ世遺（エッサウィラの旧市街）〔写〕

カラウィーイーン・モスク
Karawiyin Mosque

フェスにある。9世紀中葉、カイラワーンからの移住者たちによって創建。広大な礼拝室の完成は1136年でアル・ムラービト朝治下。

世界遺産（フェス旧市街　1981）

¶文化史蹟10〔写〕

クトゥビーア・モスク　Kutubia Mosque

マラケシュにある。アル・ムワッヒド朝時代に首都に建てられた大モスク。着工は初代アブドゥル・ムウミン、3代ヤークブ・アル・マンルースの治世になって竣工。

¶文化史蹟10〔写〕

シェッラ　Shellah

ラバトにある。14世紀。一辺300mほどの宗教的城塞都市の遺跡。現存する城壁はおおむね14世紀に属し、城門は1339年の建築。

世界遺産（ラバト：近代都市と歴史的都市が共存する首都　2012）

¶文化史蹟10〔写〕

シディ・アブデルラフマン
Sidi Abderrahman

カサブランカの南西8km。地中海岸の代表的な前期旧石器時代の遺跡。

¶世界考古

ダル・エッ・ソルタン　Dar es-Soltan

ラバトの南西6km。洞穴遺跡。A〜Mの層位が確認され、A層は有史時代、B層はカプサ新石器文化の貝層、C層・J層がアテール文化の文化層。

¶世界考古

テトゥアン旧市街（旧名ティタウィン）
Medina of Tétouan (formerly known as Titawin)

ジブラルタル海峡を挟んでスペインの対岸。城壁に囲まれた旧市街には、スペイン文化の影響を受けて、アンダルシア風の白い壁の家々が密集。

世界遺産（テトゥアン旧市街（旧名ティタウィン）1997）

¶世遺事（テトゥアン（旧ティタウィン）のメディナ），成世遺上（テトゥアン旧市街）〔写〕，世遺百（テトゥアン（旧名ティタウィン）のメディナ）〔写〕，ビジ世遺（テトゥアンの旧市街）〔写〕

ハサン・モスク　Hasan Mosque

ラバトの市街東北端に廃墟の状態で残る。新首都の建設計画の一環として、第3代君主ヤークブ・アル・マンスールが着工した巨大なモスク。

世界遺産（ラバト：近代都市と歴史的都市が共存する首都　2012）

¶文化史蹟10〔写〕

ハッサン2世モスク

カサブランカにある。高さ200mのミナレット。メッカのモスクに次ぐ世界第2位の宗教建築。

¶歴史建築〔写/図〕

ハッサンの塔　Minaret of Hassan

ラバトにある。大モスクのミナレット。アルモハド朝のヤークープ・アル＝マンスール（在位1184-99）が1195〜99年頃建てた巨大な角塔。

¶新潮美

ブー・イナニア・マドラサ
Bu Inania Madrasah

フェスにある。1355年、マリーン朝第4代の君主アブー・イナンによって設立されたマドラサ（学院）。

世界遺産（フェス旧市街　1981）

¶宗教建築（ブー・イナーニヤ・マドラサ）〔写/図〕，文化史蹟10 p80〔写〕

フェズ旧市街　Medina of Fez

ラバトの東約180km。9世紀初めに築かれたモ

アフリカ

ロッコ最古のイスラム王都。この時代のカラウィーン・モスク、14世紀創立の神学校などのイスラム史跡が残る。

世界遺産 （フェス旧市街　1981）

¶新潮美（フェズ），世遺事（フェズのメディナ），成世遺上〔写〕，世遺百〔写〕，ビジ世遺（フェズの旧市街）〔写〕，ユネ世遺11（フェスの旧市街）〔写〕

マサガン（アル・ジャジーダ）のポルトガル都市
Portuguese City of Mazagan (El Jadida)
アル・ジャディーダ市内のドゥカラ・アブダにある。16世紀初期にポルトガル人によって築かれた都市。城砦に囲まれた旧市街（メディナ）はヨーロッパとモロッコの文化が融合した町並み。

世界遺産 （マサガン（アル・ジャジーダ）のポルトガル都市　2004）

¶世遺事（マサガン（アル・ジャディーダ）のポルトガル街区），成世遺上（マサガンのポルトガル街区）〔写〕，世遺百（マサガン（アル・ジャジーダ）のポルトガル都市）

マドラサ・アル・アッタリーン
Madrasah Al-attarin
フェスにある。1325年。マリーン朝建築の傑作。床と腰壁は大理石と彩柚タイルのモザイク、上部壁面と軒周りはスタッコと木の浮彫りによって装飾。

世界遺産 （フェス旧市街　1981）

¶文化史蹟10 p81〔写〕

マラケシュ旧市街　Medina of Marrakesh
マラケシュ州の州都マラケシュ。先住民のベルベル人による最初のイスラム王朝ムラービト朝の都。王宮、バイーヤ宮殿、サード朝の大廟墓群、バルアベ陵、アグダル庭園などが存在する。

世界遺産 （マラケシ旧市街　1985）

¶アジア歴8（マッラケシュ），遺建6（マラケシュ）〔写/図〕，新潮美（マラケッシュ），世遺

事（マラケシュのメディナ），成世遺上〔写〕，世遺百〔写〕，ビジ世遺（マラケシュの旧市街）〔写〕，ユネ世遺11（マラケシュの旧市街）〔写〕

メクネス　Meknes
メクネス州。モロッコの4大古都の一つ。17世紀アラウィー朝のイスマイルが都を置き、巨大な城壁、壮大な門、穀物倉庫などを造った。

世界遺産 （古都メクネス　1996）

¶新潮美，世遺事（古都メクネス），成世遺上（古都メクネス）〔写〕，世遺百（歴史都市メクネス）〔写〕，ビジ世遺（メクネスの旧市街）〔写〕，ユネ世遺13（メクネスの旧市街）〔写〕

モガドール　Mogador
マラケシュ西方約200kmのエサウィラ沖にある島。遺跡は4層まで明らかにされており、第Ⅲ層からは、ヴィラの遺構とネクロポリスを発見。

¶世界考古

ラバト〔遺跡〕　Rabat
ラバトの近郊にある。前期旧石器時代の遺跡。出土した化石人骨はラバト人とよばれている。

¶世界考古

ラバト：近代都市と歴史的都市が共存する首都
Rabat, modern capital and historic city : a shared heritage
首都ラバト。フランスの保護領だった20世紀前半、フランス人建築家アンリ・プロストが設計。王宮や議会のある行政区・商業施設・住宅などが整然と並ぶ一方、旧市街には12世紀のムワッヒド朝時代のハッサン・モスクや城壁などイスラム様式の建物が保存されている。

世界遺産 （ラバト：近代都市と歴史的都市が共存する首都　2012）

¶新潮美（ラバト），世遺事（ラバト、現代首都と歴史都市：分担する遺産），成世遺上（ラバト、現代の首都と歴史都市）〔写〕，世遺百〔写〕

リビア

アウグストゥス劇場
レプティス・マグナにある。1世紀初め。ヘレニズムの建築様式を用い、アントニヌス＝ピウスやセプティミウス＝セウェルスの時代にも増築。

世界遺産 （レプティス・マグナの古代遺跡　1982）

¶大遺跡6 p118〔写〕

ガダーミスの旧市街
Old Town of Ghadamés
首都トリポリの南西400km。先住民のトゥアレ

グ族が前8世紀頃に築いたオアシス都市。壁で囲まれた旧市街に、石灰で日干し煉瓦を塗った白い壁のイスラム風の住居が多く残る。

世界遺産 （ガダーミスの旧市街　1986）

¶世遺事（ガダミースの旧市街），成世遺上（ガダミス旧市街）〔写〕，世遺百（ガダーミス旧市街），ビジ世遺（ガダミスの旧市街）〔写〕，ユネ世遺11〔写〕

キュレネ　Cyrene

東部海岸の山中。古代ギリシャ都市遺跡。アポロンの神殿、ゼウスを祀った神殿、アゴラ（広場）、劇場、公衆浴場などが発掘された。多くはローマの植民都市となった際、ローマ建築として再建されている。

世界遺産（クーリナの古代遺跡　1982）

¶世遺事（キレーネの考古学遺跡），成世遺上（キュレーネの遺跡）〔写〕，世遺百（キュレネ考古遺跡）〔写〕，世界考古（キュレーネ），世界美2〔写〕，世歴2，ビジ世遺（キュレーネの遺跡）〔写〕，ユネ世遺11（キレーネの考古遺跡）〔写〕

ギルザ　Ghirza

トリポリタニア地方の地名。3世紀末頃ローマ人によって耕地を防衛するために築かれた軍事都市。建造物は、居住地区の遺跡と大規模な墳墓群がある。

¶世界美2

サブラータの古代遺跡
Archaeological Site of Sabratha

トリポリの西70km。古代ローマ都市の遺跡。城壁、公共広場、アントニウス・ピウス神殿、劇場などが発掘された。とくに3世紀初めに建てられた円形劇場は北アフリカ最大規模。

世界遺産（サブラータの古代遺跡　1982）

¶新潮美（サーブラタ），世遺事（サブラタの考古学遺跡），成世遺上（サブラタの遺跡）〔写〕，世遺百（サブラータ考古遺跡）〔写〕，世界考古（サブラータ），世界美2（サブラタ），ビジ世遺（サブラタの遺跡）〔写〕，ユネ世遺11（サブラタの考古遺跡）〔写〕

タドラット・アカクスの岩絵
Rock-Art Sites of Tadrart Acacus

サハラ砂漠のフェザン地方。約8千～2千年前の先史時代の岩絵がある岩面画遺跡群。大型動物、家畜、宗教的儀式の場面、音楽や舞踏の場面などが描かれている。

世界遺産（タドラット・アカクスのロック－アート遺跡群　1985）

¶世遺事（タドラート・アカクスの岩絵），成世遺上〔写〕，世遺百（タドラルト・アカークスの岩絵史跡），ビジ世遺〔写〕，ユネ世遺11（タドラート・アカクスの岩画面）〔写〕

ハウア・フテアー　Haua Fteah

キレネの東約30km。中期旧石器時代からギリシャ・ローマ時代にいたる多くの文化層がある洞穴遺跡。

¶世界考古〔図〕

ハドリアヌスの浴場

レプティス・マグナにある。ローマ世界の中でも最大規模を誇る浴場の一つ。ハドリアヌス治下の落成。

世界遺産（レプティス・マグナの古代遺跡　1982）

¶大遺跡6　p119〔写〕

レプティス・マグナ　Leptis Magna

北西部の地中海沿岸。古代ローマ都市の遺跡。2世紀末～3世紀初め、ローマ皇帝レプティス・セウェルスが多くの建造物を建設。20世紀に公共広場や凱旋門などが良好な状態で発掘された。

世界遺産（レプティス・マグナの古代遺跡　1982）

¶新潮美，世遺事（レプティス・マグナの考古学遺跡），成世遺上（レプティス・マグナの遺跡）〔写〕，世遺百（レプティス・マグナ考古遺跡）〔写〕，世界考古，世界美6〔写〕，大遺跡6〔写/図〕，ビジ世遺（レプティス・マグナの遺跡）〔写〕，ユネ世遺11（レプティス・マグナの考古遺跡）〔写〕，歴史建築〔写/図〕

レプティス・マグナのバシリカおよびフォルムの跡

レプティス・マグナにある。バシリカとフォルムの複合体。セプティミウス＝セウェルス時代に建造されたもの。

世界遺産（レプティス・マグナの古代遺跡　1982）

¶大遺跡6　p119（バシリカおよびフォルムの跡）〔写〕

ルワンダ

アストリダ　Astrida

アストリダの北西約5km、ルワブエ川の右岸。中期旧石器時代～中石器時代の遺跡。14層の堆積層のうち8・9層から人工遺物が出土。

¶世界考古

レソト

マロティ・ドラケンスバーグ公園
Maloti-Drakensberg Park

レソトの南東部のクァクハスネック県と南アフリカの南東部のクワズール・ナタール州の山岳地帯。ドラケンスバーグ山脈内の洞窟に、4千年以上前の先住民族のサン族が描いた岩壁画が3万点以上残る。

世界遺産(マロティ－ドラケンスバーグ公園　2000, 2013)

¶世遺事, 成世遺上(マロティ・ドラケンスバーグ)〔写〕, 世遺百〔写〕

北米・中米

アメリカ合衆国

アナングラ　Anangula
アナングラ島。火山灰層に挟まれた文化層を確認。出土遺物は、旧大陸の旧石器文化との類似が指摘されている。
¶世界考古

アラモ砦　Alamo
テキサス州サンアントニオ。1836年、テキサス独立戦争に際し、テキサス人の小部隊がたてこもった僧院。
¶アメリカ〔図〕

アーリントン国立墓地
Arlington National Cemetery
バージニア州アーリントン郡。国立墓地。約6万人の戦死軍人と無名戦死者および政府高官が埋葬されている。かつてのカスティス・プランテーションの一部。1864年に開設。
¶アメリカ

アルカトラズ島　Alcatraz Island
サンフランシスコ湾内の小島。面積約48平方kmの島。1933〜62年は連邦刑務所として重罪人を収容。69年、インディアンが島を占拠し、抗議活動を行ったことで知られる。
¶アメリカ（アルカタラズ［島］）, 空城と要塞（アルカトラズ）〔写〕

イオラニ宮殿　Iolani Palace
ハワイのキング街とリチャード街の区画を占める。新旧の建物がある。旧パレスは1845年にカメハメハ3世が建てた。新宮殿はカラーカウア王が1883年2月に完成させたもの。
¶世歴大1

イピウタク　Ipiutak
アラスカ北西部ポイント・ホープ。大集落遺跡。約600戸の住居址の存在を確認。年代は後300〜400年に比定。
¶世界考古

ヴィスカヤの別荘
フロリダ。大富豪の実業家ジェームス・ディアリングの避寒用の別荘。正統派ルネサンス建築とバロック建築にインスピレーションを得たイタリア風の別荘。1912年〜1916年の建造。

¶空大宮殿〔写〕

ヴェンタナ　Ventana
アリゾナ州南部。パレオ・インディアン期の遺跡。絶滅種の馬とナマケモノの一種の骨を共伴し、湿潤期に比定。
¶世界考古

ウパトキ
アリゾナ州。アリゾナの先住民族ホピ族が移住の末に定住した地。ウパトキは「高い家」の意。11〜13世紀に居住。
¶世遺地

ウルワース・ビル　Woolworth Building
ニューヨークのマンハッタン。超高層建築、高さ222.2m。実業家ウルワースの社屋として設計され、1913年に完成。
¶アメリカ

エトワ　Etowah
ジョージア州。ミシシッピ文化の大遺跡。テンプル・マウンドⅡ期に属する。川沿いに発達した大集落で、基壇を有するピラミッド状のマウンドが中央部に3つある。
¶古遺地（マウンドヴィル、カホキアとエトワー）〔図〕, 世界考古

エバ　Eva
テネシー州。古期の遺跡。貝塚を伴う。尖頭器などの石器や人骨が出土。
¶アメ古代, 世界考古（エヴァ）

エリー運河　Erie Canal
ニューヨーク州中央部を東西に走り、ハドソン川とエリー湖を結ぶ運河。オルバニーからバッファローまで全長580km、1817年に建設が始まり、25年に完成した。
¶アメリカ, 角川世（イリー運河）, 平凡社世, 山川世（イーリー運河）

エンパイア・ステート・ビル
Empire State Building
ニューヨークのマンハッタン地区。スカイスクレイパー（摩天楼）の代表的作品。1930年建設開始、翌年完成。102階、381m。約40年間世界で

最も高い建物であった。

¶アメリカ, 遺建8(エンパイアステート－ビルディング)〔写/図〕, 新潮美, 歴史建築(エンパイアステート・ビル)〔写/図〕

オニオン・ポーテージ　Onion Portage
北西アラスカのコブック川中流の河岸段丘上の遺跡。9文化期が確認された。最古の文化期はアクマク文化。

¶世界考古

ガトリン　Gatlin
アリゾナ州南部ヒラ川流域。ホホカム文化定着期(後900-1200)に比定される遺跡。墓地からは火葬人骨と銅鈴やポイントなどの副葬品が出土。

¶世界考古

カホキア墳丘群州立史跡
Cahokia Mounds State Historic Site
イリノイ州南西部、セント・ルイスの東15km。アメリカ先住民の集落遺跡。神聖な場所だったとされるモンクス・マウンドは、2段の階段状で、長さ304m、幅213mの長方形、高さは30m。

世界遺産 (カホキア墳丘群州立史跡　1982)

¶アメ古代(カホキア)〔図〕, 遺跡100(カホキア)〔写/図〕, 古遺地(マウンドヴィル、カホキアとエトワー)〔図〕, い世遺事(カホキア土塁州立史跡), 成世遺下(カホキア墳丘州立歴史公園)〔写〕, 世遺地(カホキア・マウンズ), 世遺百, 世界考古(カホキア), ビジ世遺(カホキア墳丘州立歴史公園)〔写〕, ユネ世遺1(カホキア・マウンド州立史跡)〔写〕

ガラスの家　Glass House
コネティカット州ニュー・ケーナン。フィリップ・ジョンソンが、1949年自邸敷地内につくったゲストハウス(客用の家)。四壁面全部がガラス。

¶新潮美

岩窟住居　がんくつじゅうきょ
コロラド、アリゾナ両州の州境。プエブロⅢ期の集落で、砂岩の崖の中腹に築かれたものをいう。メサ・ヴァーデのクリフ・パレス遺跡が最も著名。

¶世界考古

キャニオン・ド・シェリー
Canyon de Chelly
アリゾナ州北東端。アナサジ文化の分布域にあり、プエブロ文化各期の遺跡がある代表的遺跡は、ホワイト・ハウスと呼ばれる岩窟住居。

¶世界考古

キャンパス　Campus
アラスカ内陸部タナナ川の支流の右岸。段丘上の遺跡。キャンパス型細石核、細石刃、挟入ビュラン、有柄ポイントなどが出土。

¶世界考古

旧州議事堂　きゅうしゅうぎじどう★
ボストン。18世紀ニューイングランドの質素で独特な建築様式の典型例。1713年から1776年までイギリスの植民地政府が置かれた。独立後、マサチューセッツ州議会が建物を所有。

¶歴史建築〔写/図〕

クライスラー・ビル　Chrysler Building
ニューヨーク、マンハッタンの中心部。スカイスクレイパー(摩天楼)建築で、1930年にクライスラー社の自社ビルとして完成。319mの高さは、エンパイア・ステート・ビルが完成するまでの数ヵ月間、最高であった。

¶アメリカ

グラハム洞穴　Graham
ミズーリ州。パレオ・インディアン文化からアーケイック文化への過渡期の遺跡。

¶世界考古

グランド・クーリー・ダム
Grand Coulee Dam
ワシントン州東部のコロンビア川にある多目的ダム。1934年建設開始、1942年完成。アメリカの大ダム建設の先駆け。

¶アメリカ

グランド・セントラル・ステーション
Grand Central Station
ニューヨークの42丁目とパーク・アベニューが交差する一角。正式名称グランド・セントラル・ターミナル。1871年建設。1910年～13年改築。ボザール派の古典的様式を特徴とする。

¶アメリカ

クリオーオー洞穴　Kuliouou
ハワイ諸島オアフ島のクリオーオー。1950年K.P.エモリーにより最初の本格的な発掘が行なわれた遺跡。

¶世界考古

グレーブ・クリーク　Grave Creek
ウェスト・バージニア州。ウッドランド前期のアデナ文化のマウンド遺跡。

¶アメ古代

ケープ・クルーゼンスターン
Cape Krusenstern
アラスカ北西部コツェビュー湾。砂洲上の岬。1958～59年に多数のエスキモー集落址が確認された。

¶世界考古

コグルク　Kogruk
アラスカ北部。ブルックス山脈のアナクトゥヴク・パス周辺において最古と考えられる石器群。

¶世界考古

国会議事堂　Capitol
ワシントン。クラシカル・リバイバル（古典復興様式）の代表作。第2次英米戦争で1814年に炎上の後、再建。

　　¶アメリカ〔図（19世紀初頭）〕

ゴールデンゲート・ブリッジ
Golden Gate Bridge
サンフランシスコ。ゴールデン・ゲート海峡の入口をまたぐ道路つり橋。全長2800m余り、1937年完成以後四半世紀にわたって世界一を誇った。

　　¶アメリカ（ゴールデン・ゲート橋）、遺建8（ゴールデンゲート橋）〔写/図〕、歴史建築〔写/図〕

サーペント・マウンド
オハイオ州。マウンドは高さ366m、高さ1.5m。蛇のような形をしている。建造者や目的は諸説あり解明されていない。

　　¶世遺地

サルファー・スプリング　Sulphur Spring
アリゾナ州南東部。デザート文化の一つであるコチーズ文化の最古の時期を代表する遺跡。

　　¶世界考古

サン・アントニオ・ミッションズ
San Antonio Missions
テキサス州の南部。開拓時代の18世紀にスペイン人が建設した伝道施設。建造物にカトリックのシンボルと自然崇拝に基づく土着のデザインが融合した教会の装飾などの特徴がある。

　　世界遺産（サン・アントニオ伝道施設群　2015）
　　¶世遺事

シーグラム・ビル　Seagram Building
ニューヨーク。ミース・ファン・デル・ローエとフィリップ・ジョンソンの設計で、1956～58年に建造された高層オフィス・ビル。

　　¶新潮美

シティ＝オブ＝リフュジー
City of Refuge
ハワイ島ホオナウナウ湾の同名の岬上に設けられた国立歴史公園。建設は15世紀。かつて戦時に、老人・女・子ども・敗残兵、あるいは犯罪者をかくまう聖地であった。現在、石垣の社・首長の家などが復元されている。

　　¶世歴大8

ジプサム洞穴　Gypsum
ネヴァダ州。デザート文化初期の洞穴遺跡。絶滅種のナマケモノとラクダの獣骨と、ジプサム洞穴型と呼ばれる不規則な菱形ポイントとが共伴する。

¶世界考古

シャビケシュチエ　Shabikeshchee
ニュー・メキシコ洲北西部。集落遺跡。主要文化要素に、土器・石皿・弓矢・有溝磨製石斧・木棉布など。

　　¶世界考古

シャルバウアー　Scharbauer
テキサス州西部。パレオ・インディアン期の遺跡。3文化層が確認され、最下層はマンモスなどの絶滅動物の骨を含む。

　　¶世界考古

シャーロットヴィルのモンティセロとヴァージニア大学
Monticello and the University of Virginia in Charlottesville
バージニア州中部シャーロッツビル。第3代アメリカ大統領のトマス・ジェファーソンが、設計した邸宅と1825年に開校した大学。古代ギリシャや古代ローマの建築様式を取り入れた、古典様式の建築。

　　世界遺産（シャーロットヴィルのモンティセロとヴァージニア大学　1987）
　　¶世遺事（シャーロッツビルのモンティセロとヴァージニア大学），成世遺下（モンティセロとヴァージニア大学）〔写〕，ビジ世遺（モンティセロとヴァージニア大学）〔写〕，ユネ世遺1（シャーロッツヴィルのモンティセロとヴァージニア大学）〔写〕

自由の女神像　Statue of Liberty
ニューヨーク港の入口にあるリバティー島に立つ。アメリカの独立100周年を祝い、アメリカとフランス両国の友好のために贈呈された女神像。完成は1886年。

　　世界遺産（自由の女神像　1984）
　　¶アメリカ（自由の女神）〔図（1875,86年）〕，角川世（自由の女神），世遺事，成世遺下〔写〕，世遺百〔写〕，ビジ世遺〔写〕，ユネ世遺1〔写〕，歴史建築（自由の女神）〔写/図〕

シューブ　Shoop
ペンシルヴァニア州。パレオ・インディアン期と考えられる遺跡。

　　¶世界考古

ジョンソン・ワックス・ビル
S.C.Johnson and Son, Inc., Administration Building and Laboratory Tower
ウィスコンシン州ラシーン。フランク・ロイド・ライトの代表作の一つ。

　　¶新潮美

スネークタウン遺跡　Snaketown
アリゾナ州ヒラ川のほとりに立地。前400～後

北米・中米

アメリカ合衆国　624

1200年頃の集落址。ホホカム文化の中心。

¶古遺地〔図〕，世界考古（スネークタウン）

スワーツ　Swarts
ニュー・メキシコ州南部。モゴヨン文化Ⅴ期の集落址。アナサジ文化の強い影響の下でアパート式居住群へ移行していく過程を表わす。

¶世界考古

セントラル・パーク　Central Park
ニューヨーク市。面積3.4平方km。約10年にわたる公園建設運動が実を結び、1856年に市が土地を購入、58年にオルムステッドが建築主任となった。

¶アメリカ〔図（スケート場1877年）〕

ソロモン・R・グッゲンハイム美術館
Solomon R. Guggenheim Museum
ニューヨーク市。1939年グッゲンハイム財団による設立。建物は、1943年にフランク・ロイド・ライトが設計し1959年に完成。カタツムリを思わせる外観や階段のない螺旋状の展示場が特徴的な建築。

¶アメリカ（グッゲンハイム美術館），遺建4（グッゲンハイム美術館）〔写/図〕，オ西洋美（グッゲンハイム美術館），新潮美（グッゲンハイム美術館），世界美4（ニューヨーク〔グッゲンハイム美術館〕），歴史建築〔写/図〕

タオス・プエブロ　Taos Pueblo
ニューメキシコ州の北部、サングリ・デ・クリスト山脈西麓の渓谷にある先住民居留地。13世紀に築かれた先住民アナサジ族の集落。日干し煉瓦の一種赤褐色のアドビ煉瓦で造られた複数階の団地で、世界最古の集合住宅といわれている。

世界遺産（タオス・プエブロ　1992）

¶アメリカ（タオス），世遺事，成世遺下（タオスの先住民集落）〔写〕，世遺百，ビジ世遺（タオスの先住民集落）〔写〕，ユネ世遺1（タオスの先住民集落）〔写〕

タルス・スロープ・ヴィレッジ
Talus Slope Village
コロラド州南部。バスケット・メーカー文化Ⅱ期（前100－後500）に比定される集落遺跡。

¶世界考古

チャコ文化　Chaco Culture
ニューメキシコ州の北西部、チャコ・キャニオンを中心とする。北アメリカ先住民アナサジ族の集落遺跡。最大の集落跡プエブロ・ボニートなど大小の集落が点在、900～1150年に約2千人が定住した。

世界遺産（チャコ文化　1987）

¶世遺事，成世遺下（チャコ文化の地）〔写〕，世遺地（チャコ・キャニオン），世遺百〔写〕，ビジ世遺（チャコ文化国立歴史公園）〔写〕，ユ

ネ世遺1（チャコ・キャニオン国立歴史公園）〔写〕，歴史建築（チャコ文化国立歴史公園）〔写/図〕

デンジャー洞穴　Danger
ユタ州西部、大盆地地方中央部。洞穴遺跡。デザート文化の標式遺跡。石皿、籠、骨錐、有柄・無柄のポイント、木製品が出土している。

¶世界考古

トゥル・スプリングス　Tule Springs
ネヴァダ州。プレ・プロジェクタイル・ポイント文化期と考えられる遺跡。

¶世界考古

独立記念館　Independence Hall
フィラデルフィア市。1776年7月4日、この建物の広場で独立宣言が行われた。元々は1749年建立のペンシルベニア議事堂。コロニアル様式の建築物。

世界遺産（独立記念館　1979）

¶アメリカ〔図〕，世遺事，成世遺下〔写〕，世遺百〔写〕，ビジ世遺〔写〕，ユネ世遺1〔写〕

ヌウアヌの人物と犬の刻画
オアフ島（ハワイ諸島）。ホノルルのヌウアヌ川に沿った岩陰に遺存する刻画。

¶大遺跡1　p119（人物と犬の刻画（ヌウアヌ））〔写〕

パパハナウモクアケア
Papahānaumokuākea
北西ハワイ諸島とその周辺海域に展開。ハワイ先住民には命が生まれ死後に魂が帰る場所と信じられていた。ニホア島とモクマナマナ島にはハワイ先住民の定住地跡が残る。

世界遺産（パパハナウモクアケア　2010）

¶世遺事，成世遺下〔写〕，世遺百

ハフ遺跡
ノース・ダゴダ州ビスマークより約30km南。後1400～1600年頃。マンダン・インディアンに先行する文化の集落址。骨・石・貝殻・粘土などの遺物がある。

¶古遺地〔図〕

バンデリア国定公園
ニューメキシコ州。ネイティブアメリカンの遺跡。後1300～1600年頃の断崖および集落址。

¶古遺地（バンディリアー国定史蹟）〔図〕

ファイヴ・マイル・ラピッズ
Five Mile Rapids
オレゴン州のコロンビア川流域。古コルディエラ文化期の代表的遺跡。最下層（C-14年代は9800B.P.）からは、柳葉形ポイントなどの石器群が出土。

¶世界考古

ファーンズワース邸　Farnsworth House

イリノイ州プラノ。ミース・ファン・デル・ローエが1946年に設計、50年に完成した女医エディス・ファーンズワース博士のための週末用の住宅。

¶新潮美

プウコホラ・ヘイアウ

ハワイ島、カワイハエ地区。プウコホラ（鯨の丘）にあるヘイアウはハワイ王国の設立に直接関連する唯一の建築物。1791年頃の建造。

¶宗教建築〔写/図〕

プエブロ・ボニート　Pueblo Bonito

ニューメキシコ州のチャコ・キャニオン。地域最大のプエブロ文化の集落。後900〜1150年に居住。

¶アメ古代〔図〕，古遺地〔図〕，新潮美，世界考古，大遺跡1〔写/図〕

フォート・ロス　Fort Ross

カリフォルニア州サンフランシスコの北方。ロシア帝国の基地。主としてオットセイ捕獲のため1812年以降、大規模な基地を建設。現在はカリフォルニア州立史跡公園。

¶アメリカ〔図（1828年）〕

フォート・ロック洞穴　Fort Rock

オレゴン州南部。デザート文化と古コルディエラ文化の特徴をもつ洞穴遺跡。約9000B.P.のC-14年代に比定。

¶世界考古

フーバー・ダム　Hoover Dam

アリゾナ州とネバダ州の境のコロラド川ブラック・キャニオン。1935年に完成した重力式アーチダム。現在でもダム技術の基本となる模範的工法を確立した。

¶アメリカ，遺建10（フーバーダム）〔写/図〕

ブルックリン橋　Brooklyn Bridge

ニューヨーク市のマンハッタンとブルックリンの間に架かるつり橋。1883年竣工。吊り橋として当時世界最長で主径間486m、全長1825mであった。

¶アメリカ

フンボルト洞穴　Humboldt

ネヴァダ州西部。デザート文化に比定される洞穴遺跡。籠、サンダル、打製石器のほか、鳥や小型動物骨が出土。年代は紀元前後。

¶世界考古

ベラザノナローズ橋

Verrazano Narrows Bridge

ニューヨークのブルックリンとスタテン島を結び、ザ・ナローズの上にかかる吊り橋。1964年

11月開通、中央支間長1298mは、ハンバー橋が登場するまで17年間世界最長を誇った。

¶アメリカ

ヘル・ギャップ　Hell Gap

ワイオミング州東部。プラーノ・ポイントに特徴づけられる狩猟文化の遺跡。

¶世界考古

ボヴァティ・ポイントの記念碑的な土塁群

Monumental Earthworks of Poverty Point

ルイジアナ州ウェストキャロル郡の南端、バイユー・メコンと呼ばれる川の河畔にある。北アメリカの先住民の都市遺跡。前1500年から前700年の間に造られた。5基のマウンド、同心円状に配された6基の反楕円形の土塁などからなる。

世界遺産（ボヴァティ・ポイントの記念碑的土構造物群　2014）

¶世遺事，世界考古（ボヴァティ・ポイント）

ホット・スプリングズ　Hot Springs

アラスカ半島の中央部。大貝塚を伴う集落遺跡。中心部に温泉が湧出。5千〜4千年前から600年前まで、断続的に住み続けた集落址。

¶世界考古

ホワイトハウス　White House

ワシントンDC。合衆国大統領官邸。建築家ジェームズ・ホーバンが初代の建物をパラディオ式で設計。ハリー・S.トルーマン大統領が1945〜53年までの任期中に改修を行った。

¶アメリカ，遺建9〔写/図〕，角川世（ホワイト・ハウス），世歴大18（ホワイト＝ハウス）〔写〕，評論社世（ホワイト＝ハウス），平凡社世（ホワイト・ハウス），山川世（ホワイト・ハウス），歴史建築〔写/図〕

マウナ・ケア石斧製作址　Mauna Kea

ハワイ島マウナ・ケア山頂近く。剝片の堆積でできた小山が10余あり、つくりかけあるいは破損石斧が無数に散乱。宿泊跡である小規模の洞穴や立石のある祭祀場もある。

¶世界考古

マウンドヴィル　Moundville

アラバマ州。中期ミシシッピ文化の遺跡。上部に平坦な基壇のある方形マウンド群からなる。装飾・儀礼用の彫刻を施した銅製ペンダント、石製容器などが出土。

¶アメ古代（マウンドビル），古遺地（マウンドヴィル、カホキアとエトワー）〔図〕，世界考古

マウンド・シティ　Mound City

オハイオ州。ホープウェル文化のマウンド遺跡。

¶アメ古代〔図〕

北米・中米

ミヤワグ貝塚　Miyawagh
セント・ローレンス島西部ギャンベル付近。エスキモー文化の遺跡。大量の骨角器・石器・獣骨などを伴う多数の住居址の存在を確認。
　　¶世界考古

メサ・ヴェルデ　Mesa Verde
コロラド州の南西端。アメリカ先住民アナサジ族の遺跡。12世紀末、崖のくぼみに築かれた集合住宅。クリフ・パレスは、最も大きな遺跡で220の部屋がある。

|世界遺産|（メサ・ヴェルデ国立公園　1978）

　　¶アメ古代（メサ・ベルデ）、遺跡100〔写〕、古遺地（メサ・ヴェルデ遺跡群）〔図〕、新潮美（メーサ・ベルデ）、世遺事（メサ・ヴェルデ国立公園）、成世遺下（メサ・ヴェルデ国立公園）〔写〕、世遺百（メサ・ヴェルデ国立公園）〔写〕、世界考古（メサ・ヴァーデ）、大遺跡1（メーサ・ベルデ）〔写〕、ビジ世遺（メサ・ヴァード）〔写〕、復原遺跡（メサヴァード）〔写/図〕、ユネ世遺1（メサ・ヴァード国立公園）〔写〕

メテオール・クレーター
アリゾナ州フラグスタッフ付近。4万年ほど前にできた直径1.2kmのクレーター。ナバホ族の聖地で、火を噴く蛇の神が雷電を投げつけてクレーターをつくったという伝説がある。
　　¶世遺地

メドウクロフト　Meadowcroft
ペンシルバニア州。石期の岩陰遺跡。両面調製尖頭器や石刃状剥片が出土。
　　¶アメ古代

モドック岩陰　Modoc
イリノイ州南部。アーケイック文化期の遺跡。8mにおよぶ堆積層は3期に分けられ、前期（1万〜8千B.P.）は、ポイント、スクレーパー、骨錐などが特徴。
　　¶世界考古

落水荘
Falling Water（Edgar J. Kaufmann House）
ペンシルバニア州。建築家フランク・ロイド・ライトによる、カウフマンの別荘建築。1936年完成。滝の上に突出したテラスをもつ。
　　¶新潮美（落水荘　らくすいそう）

ラパカヒ　Lapakahi
ハワイ島北西部ユハラ地区。海岸から山腹にか

けての遺跡群。年代は後1300年まで遡る。
　　¶世界考古

ララミー砦　Fort Laramie
ワイオミング州南東部、ララミー川とノース＝プラット川の合流点。1834年に毛皮商人が砦をつくった。1849年連邦政府が買い取り軍用砦とした。
　　¶世歴大20

リーバ・ハウス
ニューヨーク市マンハッタン区。1952年完成。市内で最初のガラスカーテンウォール工法の建物。アメリカ合衆国国家歴史登録財に指定されている。
　　¶遺建10（レバーハウス）〔写/図〕

リンデンマイヤー　Lindenmeier
コロラド州北東部。フォルサム文化の代表的遺跡。絶滅種のバイソンや石器類を含む生活面を確認。
　　¶世界考古

ルイスヴィル　Lewisville
テキサス州北東部に位置する遺跡。3万8千年以上前のC-14年代が得られ、プレ・プロジェクタイル・ポイント文化期の遺跡のうち最古のものとされる。
　　¶世界考古

レーナー　Lehner
アリゾナ州南東部。ヤーノ文化の遺跡。クローヴィス・ポイント、サイド・スクレーパー、ナイフ、チョッパーなどの石器とともに、絶滅種のマンモス・馬・バイソンなどの獣骨が出土。
　　¶世界考古

連邦議会議事堂　れんぽうぎかいぎじどう★
ワシントンDC。新古典主義の建物。ジョージ・ワシントンが1793年に礎石を置き、1800年には未完成ながら、連邦議会議事堂としての使用が始まった。
　　¶歴史建築〔写/図〕

ワハウラ・ヘイアウ　Wahaula Heiau
ハワイ島プナ地区、国立公園内。ルアキニ級のハワイ最後の人身御供の行なわれたヘイアウ（祭祀場）。
　　¶世界考古

アメリカ合衆国領プエルト・リコ

カバ Capá
西部。タイノ族の宗教センター。石灰岩や花崗岩の大石で区画された広場と8つのボール・コート、神殿址、築山などの建造物が散在。
　　¶世界考古

プエルト・リコのラ・フォルタレサとサン・ファン国定史跡
La Fortaleza and San Juan National Historic Site in Puerto Rico
サン・ファンにある。16世紀にスペイン人が築いた都市。海からの敵を防いだエル・モレロ要塞や、陸からの攻撃に備えたサンクリストバル要塞、旧総督公邸ラ・フォルタレサなどが残る。
　　世界遺産（プエルト・リコのラ・フォルタレサとサン・ファン国定史跡　1983）
　　¶世遺事（プエルト・リコのラ・フォルタレサとサン・ファンの国立歴史地区），成世遺下（プエルト・リコのサン・ファン国定史跡）〔写〕，世遺百（プエルト・リコのラ・フォルタレーサとサン・ファン国定史跡）〔写〕，ビジ世遺（プエルト・リコのラ・フォルタレーサ要塞とサン・ファン歴史地区）〔写〕，ユネ世遺2（プエルト・リコのサン・ファンの歴史地区）〔写〕，ラテンア（サン・ファン）

アンティグア・バーブーダ

アンティグア海軍造船所と関連考古学遺跡群
Antigua Naval Dockyard and Related Archaeological Sites
アンティグア島の南東部。イギリス海軍の拠点となったカリブ海の造船所跡。城壁で囲まれた中にジョージアン様式の建造物が建つ。
　　世界遺産（アンティグアの海軍造船所と関連考古遺跡群　2016）
　　¶世遺事

イギリス領バミューダ諸島

バミューダ島の古都セント・ジョージと関連要塞群
Historic Town of St George and Related Fortifications, Bermuda
バミューダ諸島。セント・ジョージの町は1612年につくられた。イギリスが海外に進出した最初期の植民都市。ターカー・ハウスや18世紀のセント・ピーター教会などの石造建築、17～20世紀の海岸の要塞群が残る。
　　世界遺産（バミューダ島の古都セント・ジョージと関連要塞群　2000）
　　¶世遺事（バミューダの古都セント・ジョージと関連要塞群），成世遺下（バミューダの歴史都市セント・ジョージ）〔写〕，世遺百（バミューダ島の歴史都市セント・ジョージと関連要塞群），ビジ世遺（バミューダ諸島の歴史都市セント・ジョージと関連要塞）〔写〕

エルサルバドル

ケレパ Quelepa
エルサルバドル東部。メソアメリカ南東端の先古典期後期・古典期のセンター。前400年頃に創設。
　　¶アメ古代〔図〕

サンタ・レティシア Santa Leticia
エルサルバドル西部。メソアメリカ南東部の先古典期後期のセンター。住居跡や公共建築が出土。
　　¶アメ古代〔図（太鼓腹の像）〕

カナダ 628

タスマル　Tazumal
西部グァテマラ国境チャルチュアパ近く。マヤ古典期前期（300頃−600頃）文化の影響を示す土器が出土した遺跡。
　　　¶新潮美

チャルチュアパ　Chalchuapa
エルサルバドル西部。メソアメリカ南東部の先古典期中期・後期の大センター。
　　　¶アメ古代〔図（石彫12の拓本）〕

ホヤ・デ・セレンの古代遺跡
Joya de Cerén Archaeological Site
サン・サルバドルの北西40km。古代マヤ文明期の農村集落遺構。住居、集会場、共同浴場など日干し煉瓦でできた建物が確認された。
　　[世界遺産]（ホヤ・デ・セレンの古代遺跡　1993）
　　　¶アメ古代（ホヤ・デ・セレン）〔図〕、世遺事（ホヤ・デ・セレンの考古学遺跡）、成世遺下（ホヤ・デ・セレン遺跡地区）〔写〕、世遺百（ホヤ・デ・セレン考古遺跡）、ビジ世遺（ホヤ・デ・セレン遺跡）〔写〕、ユネ世遺2（ホヤ・デ・セレンの考古遺跡）〔写〕

カナダ

北米・中米

エンギグストシアク　Engigstciak
ユーコン州北西端。遺跡。出土遺物は、円盤状石核、スクレーパー、ポイントなど。
　　　¶世界考古

ギタンマクス・ヴィレッジ
ブリティッシュ・コロンビア州の北部。ギクサン族は、贅沢な贈り物をし合うポトラッチという儀式を行ったが、その開催場所に立てられたトーテムポールが残っている。そこはやがて様々な儀式の開催地となった。
　　　¶世遺地

グラン・プレの景観
Landscape of Grand Pré
ノバスコシア州のミナス盆地の南部に展開。17世紀、フランス系入植者アカディア人が草原に木製の水路や水門・堤防を建設し、農地を開拓。その農地の発展を示す文化的景観が世界遺産に登録。
　　[世界遺産]（グラン・プレの景観　2012）
　　　¶世遺事, 成世遺下〔写〕、世遺百〔写〕

ケベック旧市街の歴史地区
Historic District of Old Québec
ケベック州の州都ケベック。北米唯一の城塞都市。17世紀初めフランスの植民地となる。旧市街は城壁で囲まれ、旧総督邸シャトー・フロントナック、プラス・ダルムの広場、七年戦争後イギリス軍が築いた星型の砦などがある。
　　[世界遺産]（ケベック旧市街の歴史地区　1985）
　　　¶世遺事（オールド・ケベックの歴史地区）、成世遺下（ケベック歴史地区）〔写〕、世遺百〔写〕、ビジ世遺（ケベックの歴史地区）〔写〕、ユネ世遺1（ケベックの歴史地区）〔写〕

サンタンヌ・ド・ボープレ大聖堂
ケベック州。1620年に最初の廟を建造。以来改築を重ね、ゴシックとロマネスク様式混合のバシリカ聖堂は1920年代にナポレオン・プーラッサが建設。
　　　¶歴史建築〔写/図〕

CNタワー
トロント。カナダ国有鉄道により1973年から建設された電波塔。高さ553mで2007年まで世界で最も高い建築物。
　　　¶歴史建築〔写/図〕

スカン・グアイ　SGang Gwaay
アンソニー島。先住民ハイダ族の村落跡。ベイスギでつくられた住居跡、2千年前のものとされる貝塚、生活の痕跡を残す洞窟などがある。
　　[世界遺産]（スカン・グアイ　1981）
　　　¶世遺事, 成世遺下〔写〕、世遺百, ビジ世遺（スカン・グアイ（アンソニー島））〔写〕、ユネ世遺1（アンソニー島）〔写〕

スプロート・レーク
ブリティッシュ・コロンビア州。ヌートカ族の祖先が彫った岩石線画。
　　　¶世遺地

スペリオル湖
北がオンタリオ州に接する。湖の周辺に、カナダ系アメリカ・インディアンの岩石芸術作品が残されている。オジブワ族が住んでいた土地。
　　　¶世遺地（スーペリオール湖）

ピーターボロ
オンタリオ州ピーターボロ。900〜1400年までの間に、アルゴンキアン族が描いたといわれている線画。長さ55mの岩盤に900以上描かれている。
　　　¶世遺地

ヘッド・スマッシュト・イン・バッファロー・ジャンプ
Head-Smashed-In Buffalo Jump

アルバータ州の南西部、カルガリーの南東にあるポーキュパインの丘。アメリカ先住民ブラックフット族が狩猟でバッファローを追い詰めるために利用した断崖。崖下にはバッファローの骨が堆積。矢尻や鍬なども発掘された。

> 世界遺産 (ヘッド－スマッシュト－イン・バッファロー・ジャンプ　1981)

　¶世遺事, 成世遺下 (バッファロー狩りの断崖) 〔写〕, 世遺百, ビジ世遺 (バッファロー狩りの断崖)〔写〕, ユネ世遺1 (バッファロー狩りの断崖)〔写〕

ランス・オ・メドー国定史跡
L'Anse aux Meadows National Historic Site

ニューファンドランド島のグレート・ノーザン半島の突端にある。ニューファンドランド島最北端にある考古遺跡。北欧のバイキングの集落跡から溶鉱炉の跡が発見され、鉄器など数多くの道具類も出土。

> 世界遺産 (ランス・オ・メドー国定史跡　1978)

　¶世遺事 (ランゾー・メドーズ国立史跡), 成世遺下 (ランス・オ・メドウ国立歴史地区)〔写〕, 世遺百, ビジ世遺 (ランス・オ・メドウ国立歴史公園)〔写〕, ユネ世遺1 (ランス・オー・メドー国立歴史公園)〔写〕

リドー運河　Rideau Canal

オンタリオ州オタワから五大湖オンタリオ湖の湖畔のキングストンまで。全長202kmに達する運河。1832年完成。ヨーロッパの技術を採用した運河としては北アメリカ大陸では最古。

> 世界遺産 (リドー運河　2007)

　¶世遺事, 成世遺下〔写〕, 世遺百〔写〕

ルーネンバーグ旧市街
Old Town Lunenburg

ノヴァ・スコシア州州都ハリファックスの南西約70km。1753年に建設された港町。イギリス植民地時代の様子がわかる町並みで、建物もイギリスのビクトリア朝様式の木造建築が残る。

> 世界遺産 (ルーネンバーグ旧市街　1995)

　¶世遺事 (古都ルーネンバーグ), 成世遺下〔写〕, 世遺百〔写〕, ビジ世遺 (ルーネンバーグの旧市街)〔写〕, ユネ世遺13 (ルーネンバーグの旧市街)〔写〕

レッド・ベイのバスク人捕鯨基地
Red Bay Basque Whaling Station

ベルアイル海峡に面したラブラドール半島。16世紀のバスク人の捕鯨基地。波止場や住居跡、墓地、鯨油精製用のかまどのほか、水中の難破船や鯨の骨が堆積した遺物などがある。

> 世界遺産 (レッドベイのバスク人捕鯨基地　2013)

　¶世遺事 (レッド・ベイのバスク人の捕鯨基地), 成世遺下〔写〕, 世遺百

キューバ

オールド・ハバナとその要塞群
Old Havana and its Fortification System

ハバナ。オールド・ハバナには17～18世紀のスペイン・バロック様式、新古典主義、アールデコなどの建築物が並ぶ。ハバナ湾の入り江にハバナ最古のフエルサ要塞、モロ要塞、プンタ要塞、カバーニャ要塞がある。

> 世界遺産 (オールド・ハバナとその要塞群　1982)

　¶世遺事 (オールド・ハバナとその要塞システム), 成世遺下 (ハバナ旧市街と要塞)〔写〕, 世遺百 (ハバナ旧市街とその要塞システム)〔写〕, ビジ世遺 (ハバナの旧市街と要塞)〔写〕, ユネ世遺2 (ハバナの旧市街と要塞)〔写〕, ラテンア (ハバナ)

カマグエイの歴史地区
Historic Centre of Camagüey

カマグエイ州の州都カマグエイ。16世紀にスペイン人より建設された。17世紀の教会を含め、スペイン植民地時代の建築物が残っている。

> 世界遺産 (カマグエイの歴史地区　2008)

　¶世遺事, 成世遺下 (カマグエイ歴史地区)〔写〕, 世遺百 (カマグエイの歴史中心地区)

キューバ南東部のコーヒー農園発祥地の景観
Archaeological Landscape of the First Coffee Plantations in the South-East of Cuba

サンティアゴ・グアンタナモ地方シエラ・マエストラ山麓の丘。19世紀に発展したコーヒープランテーションの跡地。ハイチ伝来の手法による当時のコーヒー農園や、トロッコなどの設備が残されている。

> 世界遺産 (キューバ南東部のコーヒー農園発祥地の景観　2000)

　¶世遺事 (キューバ南東部の最初のコーヒー農園の考古学的景観), 成世遺下 (キューバ南東部コーヒー農園発祥地)〔写〕, 世遺百 (キューバ南東部のコーヒー農園発祥地の伝統景観), ビジ世遺 (キューバ南東部のコーヒー農園発祥地)〔写〕

北米・中米

グアテマラ

サンティアゴ・デ・クーバのサン・ペドロ・デ・ラ・ロカ城
San Pedro de la Roca Castle, Santiago de Cuba
　東部サンティアゴ湾に面した町。16世紀末、サンティアゴ港を防衛するため建設された要塞。砦、弾薬庫、稜堡、砲台などが入り組んだ構造。
　世界遺産 (サンティアゴ・デ・クーバのサン・ペドロ・デ・ラ・ロカ城　1997)
　¶世遺事 (サンティアゴ・デ・クーバのサン・ペドロ・ロカ要塞)，成世遺下 (サン・ペドロ・デ・ラ・ロカ城)〔写〕，世遺百 (サンティアーゴ・デ・クーバのサン・ペドロ・デ・ラ・ロカ城塞)，ビジ世遺 (サンティアゴ・デ・クーバのサン・ペドロ・デ・ラ・ロカ城塞)〔写〕

シエンフエゴスの都市歴史地区
Urban Historic Centre of Cienfuegos
　シエンフエゴス州の州都シエンフエゴス。18世紀半ば、スペイン式の城砦が造られ、後にフランス人移住者が定住して都市が形成された。新古典主義様式の建造物が築かれ、市庁舎、サン・ロレンツォ学院、フェレル宮殿などが残る。
　世界遺産 (シエンフエゴスの都市歴史地区　2005)
　¶世遺事 (シエンフエゴスの都市歴史地区)，成世遺下 (シエンフエゴス歴史地区)〔写〕，世遺百 (シエンフエゴスの都市歴史中心地区)〔写〕

トリニダードとロス・インヘニオス渓谷
Trinidad and the Valley de los Ingenios
　トリニダード。1514年スペイン人が建設した都市。18世紀末に砂糖生産繁栄、サトウキビ農園主などの屋敷、サンティシマ・トリニダード大聖堂、ラ・ポパ聖堂などスペイン植民地時代の遺構がある。ロス・インヘニオス渓谷に砂糖工場、イスナーガの塔が残る。
　世界遺産 (トリニダードとロス・インヘニオス渓谷　1988)
　¶世遺事 (トリニダードとインヘニオス渓谷)，成世遺下 (トリニダードとインヘニオスの谷)〔写〕，世遺百 (トリニダード、ロス・インヘニオス渓谷)〔写〕，ビジ世遺〔写〕，ユネ世遺2 (トリニダードとロス・インヘニオス盆地)〔写〕

ビニャーレス渓谷　Viñales Valley
　ピナール・デル・リオ市の北方50km。タバコの生産地として知られる渓谷。モゴーテと呼ばれる山で囲まれ、ヤシの木が生える農村風景が広がる。また周辺の多くの洞窟は先住民の居住地であった。
　世界遺産 (ビニャーレス渓谷　1999)
　¶世遺事 (ヴィニャーレス渓谷)，成世遺下 (ビニャーレスの谷)〔写〕，世遺百〔写〕，ビジ世遺〔写〕

グアテマラ

アグアテカ　Aguateca
　エル・ペテン県南西部。古典期の中規模の要塞都市遺跡。「マヤ低地のポンペイ」と呼ばれる。
　¶アメ古代〔写/図〕

アバフ・タカリク　Abaj Takalik
　レタルウレウ県。先古典期の石彫で有名な大センター。オルメカ美術様式とイサパ様式の石彫がある。
　¶アメ古代〔図 (石碑5)〕

アルタル・デ・サクリフィシオス
Altar de Sacrificios
　エル・ペテン県パシオン川河岸の小高い丘の上に立地。古典期の都市遺跡。古典期終末期まで居住。
　¶アメ古代，新潮美，世界考古

アンティグア・グアテマラ
Antigua Guatemala
　グアテマラ・シティの西40km。16世紀中期に建設。碁盤の目のような区画に整備された市街に、旧グアテマラ総督府、ラ・メルセー聖堂、修道院が配置され、コロニアル・バロック様式の建物が立ち並ぶ。
　世界遺産 (アンティグア・グアテマラ　1979)
　¶世遺事，成世遺下〔写〕，世遺百〔写〕，ビジ世遺〔写〕，ユネ世遺2〔写〕，ラテンア (アンティグア)

イシムチェ　Iximché
　チマルテナンゴ県。後古典期のカクチケル・マヤ人の主要都市遺跡。2対の神殿ピラミッド、I字型の球技場ほか。
　¶アメ古代〔写〕，新潮美

イツァン　Itzan
　エル・ペテン県パシオン川河岸の北。古典期の中規模の都市遺跡。中心部は、アクロポリスとピラミッドに囲まれた3つの広場からなる。
　¶アメ古代

ウタトラン　Utatlán
　エル・キチェ県。後古典期後期のキチェ・マヤ人の主要都市遺跡。ポポル・ナフ (会議所)、宮殿、神殿、球技場など。

¶アメ古代

エル・バウル　El Baúl
エスクィントラ県。先古典期後期から古典期にかけての大センター。「石碑1」には、盛装の人物像の前に碑文が彫られ、古典期後期の長期暦が記録されている。

　　¶アメ古代〔図(石碑1)〕，新潮美

エル・ポルトン　El Portón
マヤ高地北部のサラマ盆地。先古典期中期から後期のセンター。最盛期は先古典期後期で、後200年頃に放棄。

　　¶アメ古代

エル・ミラドール　El Mirador
エル・ペテン県北部の熱帯雨林。先古典期後期のマヤ低地最大の都市遺跡。「ダンタ・ピラミッド」は先スペイン期メソアメリカ最大の建造物。

　　¶アメ古代〔図〕

カミナルフユ　Kaminaljuyú
グアテマラ盆地。先古典期中期から古典期末までのマヤ高地最大の都市遺跡。アドベ製神殿ピラミッド、12の球技場、住居など。

　　¶アメ古代〔写/図〕，新潮美(カミナルフユー)，世界考古(カミナルフユー)，ラテンア(グアテマラ[市]〔カミナルフユ〕)

カンクェン　Cancuen
エル・ペテン県南西端のパシオン川上流域。古典期後期・終末期の交易都市遺跡。大きな神殿ピラミッドがないのが特徴。

　　¶アメ古代

キリグア　Quirigua
ホンジュラスのコパンの北50km、モタグア川の河畔の密林地帯。マヤ文明古典期の遺跡。ステラという石碑に従属していたコパンに勝利し、独自の文明を築いたということが記されている。

　[世界遺産](キリグアの遺跡公園と遺跡群 1981)

　　¶アメ古代〔写(記念碑2)〕，新潮美(キリグアー)，世遺事(キリグアの遺跡公園と遺跡)，成世遺下(キリグアの考古遺跡と公園)〔写〕，世遺百(キリグアの遺跡公園および考古遺構)，世界考古，世界美2(キリグアー)，ビジ世遺(キリグアの公園と遺跡)〔写〕，ユネ世遺2(キリグア遺跡公園)〔写〕

サクレウ　Zaculeu
ウェウェテナンゴ県。後古典期のマム・マヤ人の主要都市。神殿ピラミッドやI字型の球技場がある。

　　¶アメ古代〔写〕

セイバル　Seibal
エル・ペテン県。古典期の都市遺跡。先古典期中期の前900年頃に居住開始。

¶アメ古代〔図(石碑10)〕，新潮美

タヤサル　Tayasal
エル・ペテン県。後古典期・植民地時代のイツァ・マヤ人の都市遺跡。マヤ文字が刻まれた古典期の石碑も見つかっている。

　　¶アメ古代

ティカル　Tikal
ペテン州の熱帯林にある。4～8世紀に栄えたマヤ文明の巨大都市遺跡。先古典期中期から古典期終末期まで居住があった。急勾配のピラミッドや神殿などテオティワカン文化の影響を受けた建築物が密林に残る。

　[世界遺産](ティカル国立公園 1979)

　　¶アメ古代〔写〕，遺跡100〔写〕，古versa地〔図〕，新潮美，世遺事(ティカル国立公園)，成世遺下(ティカル国立公園)〔写〕，世遺百(ティカル国立公園)，世界遺跡 p272〔写〕，世界考古〔写〕，新潮美3，大遺跡13〔写/図〕，ビジ世遺(ティカル国立公園)〔写〕，文化史蹟8〔写p38～39/図p19〕，山川世，ユネ世遺2(ティカル国立公園)〔写〕，ラテンア

ティカル1号神殿
ティカルにある。「大ジャガーの神殿」とも称される。傾斜した9層のピラミッド状基壇と神殿部から構成される。

　[世界遺産](ティカル国立公園 1979)

　　¶宗教建築〔写〕，世界遺跡 p272(第Ⅰ号神殿)，大遺跡13(ティカル—1号神殿)〔写〕

ティカル2号神殿
ティカルにある。前200～後900年。ピラミッド上の神殿で3つの部屋からなる。

　[世界遺産](ティカル国立公園 1979)

　　¶大遺跡13(ティカル—2号神殿)〔写〕

ティカル3号神殿
ティカルにある。約54mの粗石の塚。かつて頂上に神殿を有した石造のピラミッド。

　[世界遺産](ティカル国立公園 1979)

　　¶世界遺跡 p272(第Ⅲ号神殿)〔写〕

ティカル第78号建造物
ティカルにある。巨大な石灰岩の階段は、38の踏み段から出来ている。80ないしそれ以上の小規模な建造物の一つ。

　[世界遺産](ティカル国立公園 1979)

　　¶世界遺跡 p272(第78号建造物)〔写〕

ティカルのピラミッド群　Pyramids, Tikal
ティカルにある。古典期マヤ文明の第一級の中心地ティカルのピラミッド。第4号神殿は高さ約65m。マヤで最高の神殿。

　[世界遺産](ティカル国立公園 1979)

コスタリカ　632

¶文化史蹟8 p39（ピラミッド群〔ティカル〕）〔写〕

ドス・ピラス　Dos Pilas
エル・ペテン県南西部のペテシュバトゥン地域。古典期の中規模の都市遺跡。8世紀に全盛を誇った。
¶アメ古代〔図〕

ナクベ　Nakbe
エル・ペテン県北部。先古典期中期・後期の都市遺跡。マヤ低地南部で先古典期中期最初のセンター。
¶アメ古代〔図〕

ナフ・トゥニッチ洞窟　Naj Tunich
エル・ペテン県。先古典期後期・古典期のマヤ低地南部の最も重要な洞窟遺跡の一つ。古典期後期に描かれた89の洞窟壁画で名高い。
¶アメ古代

ナランホ　Naranjo
エル・ペテン県。古典期の大都市遺跡。神殿ピラミッドなど112以上の大建造物がある。
¶アメ古代〔図（石碑24）〕

バルベルタ　Balberta
エスクィントラ県。先古典期後期末・古典期前期のセンター。後4世紀後半に放棄された。
¶アメ古代

ピエドラス・ネグラス　Piedras Negras
エル・ペテン県ウスマシンタ川東岸の丘陵上。古典期の都市遺跡。マヤ文字が精緻に刻まれた石碑、石板、玉座が有名。
¶アメ古代，新潮美，世界考古

ビルバオ　Bilbao
エスクィントラ県。古典期後期・終末期のコツマルワパ文化のセンター。コツマルワパ中核部を構成した。
¶アメ古代

プンタ・デ・チミノ　Punta de Chimino
エル・ペテン県南西部のペテシュバトゥン地域。古典期終末期に全盛期を誇った要塞都市遺跡。先古典期中期から古典期終末期まで居住。
¶アメ古代〔図〕

ホルムル　Holmul
エル・ペテン県。先古典期後期・古典期の都市遺跡。マヤ考古学で初めて神殿ピラミッドの層位的発掘調査が行われた。
¶アメ古代

ミシュコ・ビエホ　Mixco Viejo
チマルテナンゴ県。後古典期後期の要塞センター。2対の神殿ピラミッド、I字型の球技場、広場、住居跡がある。
¶アメ古代

ムラヤ・デ・レオン　Muralla de León
エル・ペテン県中央部。先古典期後期と後古典期の要塞センター。防御壁内に21の建造物が確認されている。
¶アメ古代

モンテ・アルト　Monte Alto
エスクィントラ県。先古典期の石彫で有名な遺跡。主要な居住時期は、先古典期後期と古典期前期。
¶アメ古代〔写（「太鼓腹の像」）〕，新潮美

ヤシュハ　Yaxhá
エル・ペテン県のヤシュハ湖北岸の丘陵上に立地。古典期の都市遺跡。後357年から793年のマヤ文字の日付が刻まれた41の石碑がある。
¶アメ古代

ラ・ヴィクトリア　La Victoria
太平洋岸、メキシコ国境に近いオコス付近。前2千年紀から前1千年紀にかけての遺跡。最下層オコス層の土器はメソアメリカ最古のものの一つ。
¶新潮美，世界考古（ラ・ビクトリア）

リオ・アスル　Río Azul
エル・ペテン県。古典期の小都市遺跡。前800年頃に居住開始。880年頃に放棄された。
¶アメ古代

ロス・タピアーレス　Los Tapiales
グアテマラ西部。石期のキャンプ跡。メソアメリカ最古の遺跡の一つ。
¶アメ古代

ワシャクトゥン　Uaxactún
エル・ペテン県。先古典期・古典期の都市遺跡。先古典期後期に高さ8mの神殿ピラミッド「建造物E-7下層」を建設。
¶アメ古代〔図（「グループE」）〕，新潮美，世界考古

コスタリカ

グアヤボ・デ・トゥリアルバ　Guayabo de Turrialba
カルタゴ県。先古典期・古典期・後古典期のセ
ンター。44のマウンド、2つの広場など。

¶アメ古代

ディキス地方の石球のあるプレ・コロンビア期の首長制集落群
Precolumbian chiefdom settlements with stone spheres of the Diquís
南部、ディキス地方。6世紀から16世紀頃の先コ

ロンブス期に栄えたディキス文化の遺跡群。塚や埋葬地、最大で直径2.57mにもおよぶ数百体の石球が発見された。
世界遺産(ディキスの石球のある先コロンブス期首長制集落群 2014)
¶世遺事

ジャマイカ

ブルーマウンテン山脈とジョン・クロウ山地
Blue and John Crow Mountains
南水部、ブルーマウンテン山脈とジョン・クロウ山脈などを含む保護区。植民地時代は逃亡したアフリカ系奴隷(マルーン)が独自のコミュニ

ティーを形成してきたことでも知られる。
世界遺産(ブルーマウンテン山脈とジョン・クロウ山地 2015)
¶世遺事(ブルー・ジョン・クロウ山脈)

セントクリストファー・ネーヴィス

ブリムストーン・ヒル要塞国立公園
Brimstone Hill Fortress National Park
セントクリストファー島南東部のブリムストン丘陵の頂上部。1690年以降、イギリスが島を他国から守るため要塞を建設。カリブ海の要塞の

中では最大級の規模を誇る。
世界遺産(ブリムストーン・ヒル要塞国立公園 1999)
¶世遺事(ブリムストンヒル要塞国立公園)、成世遺下〔写〕、世遺百、ビジ世遺〔写〕

ドミニカ共和国

サント・ドミンゴの植民都市
Colonial City of Santo Domingo
サント・ドミンゴ。新世界最初の植民都市。ゴシック様式のサンタ・マリア・ラ・メノール大聖堂、南北アメリカ最古のサント・トマス・デ・アキノ大学、オサマ要塞、コロンブス一族の居

城などスペイン植民地時代の遺産が残る。
世界遺産(サント・ドミンゴ植民都市 1990)
¶世遺事、成世遺下(植民都市サント・ドミンゴ)〔写〕、世遺百(サント・ドミンゴ植民都市)〔写〕、ビジ世遺〔写〕、ユネ世遺2〔写〕、ラテンア(サント・ドミンゴ)〔図〕

ニカラグア

アヤラ Ayala
グラナダ県。先古典期後期・古典期・後古典期のセンター。別名サン・アントニオ。前300年から16世紀まで居住。
¶アメ古代

レオン大聖堂 León Cathedral
レオン市にある。1747年から19世紀初頭にかけ、グアテマラの建築家ディエゴ・ホセ・デ・ポレ

ス・エスキベルの設計によって建設。バロックから新古典主義への移行期を表現したデザイン。
世界遺産(レオン大聖堂 2011)
¶世遺事、成世遺下〔写〕、世遺百〔写〕

レオン・ビエホの遺跡
Ruins of León Viejo
レオン市の南方30km。アメリカ大陸で最も古い

ハイチ 　　　　　634

スペイン植民都市の一つ。1524年に建設され、
1609年に地震と火山噴火で廃墟と化した。のち
に火山灰の下からスペイン植民地時代の博物館、
大聖堂、古い砦などの基礎が発見された。

[世界遺産]（レオン・ビエホ遺跡群　2000）

¶世遺事（レオン・ヴィエホの遺跡），成世遺下

（レオン・ビエホ遺跡）〔写〕，世遺百（レオン・
ビエホ遺構群），ビジ世遺〔写〕

ロス・プラセーロス　Los Placeros

マナグア湖畔。古典期後期・後古典期のセンター。
後500年〜16世紀に居住。

¶アメ古代

ハイチ

サン・スーシ城（サン・スーシ宮）

ラミエール国立歴史公園内。アンリ・クリスト
フの居城。1813年に完成。ヴェルサイユ宮殿を
モデルにしたバロック様式。

[世界遺産]（国立歴史公園―シタデル、サン・スーシ、
ラミエ　1982）

¶世界遺跡　p282〔写〕

**シタデル、サン・スーシ城、ラミエール国立
歴史公園**

National History Park—Citadel, Sans Souci,
Ramiers

ラミエール国立歴史公園内に残る。シタデルは

独立運動の指導者デサリーヌがラ・フェリエー
ル山頂に建築した要塞。サン・スーシ城はアン
リ・クリストフ（後のハイチ国王アンリ1世）が
ラミエールの丘に建造。ラミエの丘にはハイチ
の独立当初の建造物群が多く残る。

[世界遺産]（国立歴史公園―シタデル、サン・スーシ、
ラミエ　1982）

¶世遺事（シタデル、サン・スーシー、ラミエ
ール国立歴史公園），成世遺下（シタデル、サン・
スーシ宮殿、ラミエール）〔写〕，世遺百（ラミ
エール国立歴史公園：シタデル、サン・スーシ
城），ビジ世遺（国立歴史公園のシタデル、サ
ン・スーシ宮殿、ラミエール）〔写〕，ユネ世遺
2〔写〕

パナマ

セロ・マンゴテ　Cerro Mangote

パナマ湾の西のアスエロ半島基部。先土器時代
の貝塚。50m×25mの大きさをもち、堆積の厚
さは2mに達する。

¶世界考古

チリキ　Chiriquí

西部の太平洋側の地域。金属製品、テラコッタ
製の楽器、土器、宝石類が発掘された。黄金の
小像が様々な墓地から出土。

¶世界美3

パナマ運河　Panama Canal

パナマ地峡を横断して大西洋と太平洋を結ぶ運
河。閘門式運河。長さ82km。1881年にフランス
人レセップスが起工したが失敗し、1914年米国
が完成。

¶アメリカ，遺建10〔写/図〕，旺文社世，角川
世，世歴事7〔写〕，評論社世，平凡社世，山
川世，ラテンア

**パナマのカリブ海沿岸の要塞群：ポルトベロ
とサン・ロレンソ**

Fortifications on the Caribbean Side of
Panama： Portobelo-San Lorenzo

カリブ海岸。ポルトベロは1597年以降、スペイ
ン人が港を整備し、サン・クリストバル要塞を
はじめ5つの堅固な要塞を次々と築いた。サン・
ロレンソ要塞は17世紀の建造当時の姿で残され
ている。

[世界遺産]（パナマのカリブ海沿岸の要塞群：ポルトベ
ロとサン・ロレンソ　1980）

¶世遺事（パナマのカリブ海沿岸のポルトベロ―
サン・ロレンソの要塞群），成世遺下（パナマの
カリブ海沿岸の要塞），世遺百（パナマの
カリブ海沿岸の要塞：ポルトベロ、サン・ロレ
ンソ）〔写〕，ビジ世遺（パナマのカリブ海沿岸
の要塞、ポルトベロとサン・ロレンソ）〔写〕，
ユネ世遺2（パナマのカリブ海側の要塞群）
〔写〕，ラテンア（ポルトベロ）

北米・中米

パナマ・ビエホ古代遺跡とパナマの歴史地区
Archaeological Site of Panamá Viejo and
Historic District of Panamá
　　パナマ市。アメリカ大陸の太平洋岸で最初のスペイン人の植民都市。歴史地区は、道路設計に初期の様式を残し、建造物はスペイン・フランス・アメリカ原住民の諸様式の混合。

　　世界遺産（パナマ・ビエホ古代遺跡とパナマの歴史地区　1997, 2003）

　　¶世遺事（パナマ・ヴィエホの考古学遺跡とパナ

マの歴史地区）, 成世遺下（パナマ・ビエホ遺跡と歴史地区）〔写〕, 世遺百（パナマ・ビエホ考古遺跡、パナマの歴史地区）〔写〕, ビジ世遺（パナマ・ビエホ遺跡と歴史地区）〔写〕, ラテンア（パナマ［市］）

モナグリリョ　Monagrillo
　　パナマ湾に注ぐパリタ河口。楕円形の環状貝塚。粗製の片面加工の石器がみられる。

　　¶世界考古

バルバドス

ブリッジタウン歴史地区とその要塞
Historic Bridgetown and its Garrison
　　首都ブリッジタウン。17〜19世紀に建てられたイギリスの植民地都市で当時のイギリス風の古い建築物が保存されている。歴史地区と要塞が曲がりくねった道で構成されているのが特徴。

　　世界遺産（ブリッジタウン歴史地区とその要塞　2011）

　　¶世遺事（ブリッジタウンの歴史地区とその駐屯地）, 成世遺下〔写〕, 世遺百, ラテンア（ブリッジタウン）

ベリーズ

アルトゥン・ハ　Altun Há
　　北部。古典期の小都市遺跡。「緑の墓の神殿」の墓からは300点以上の翡翠製品や絵文書の破片が見つかった。

　　¶アメ古代

カラコル　Caracol
　　マヤ山地に隣接する丘陵地に立地。古典期マヤ文明の大都市遺跡。高さ43.5mの宮殿・神殿複合「カーナ基壇複合」などがある。

　　¶アメ古代

クエジョ　Cuello
　　北部。先古典期・古典期の集落遺跡。前2千年のマヤ低地最古の土器をもつ先古典期前期の農耕定住村落。

　　¶アメ古代

コルハ　Colhá
　　北部。先古典期後期から古典期終末期のマヤ低地最大のチャート製石器生産センター。

　　¶アメ古代

サンタ・リタ・コロサル
Santa Rita Corozal
　　北部。後古典期後期のマヤ文明の都市遺跡。彫刻が施された香炉、彩色された土偶や土器が有名。

　　¶アメ古代

シュナントゥニッチ　Xunantunich
　　中央西部。古典期後期・終末期の都市遺跡。別称ベンケ・ビエホ。最大の神殿ピラミッドは、高さ39mの「エル・カスティーヨ」。

　　¶アメ古代

セロス　Cerros
　　北部。先古典期後期の交易都市遺跡。波止場跡、神殿ピラミッド、3つの球技場ほか。

　　¶アメ古代

ノフムル　Nohmul
　　北部。先古典期後期・古典期の都市遺跡。先古典期後期には神殿ピラミッド、サクベ、アクロポリスが建造された。

　　¶アメ古代

ラマナイ　Lamanai
　　北部。先古典期後期からスペイン植民地時代の1650年頃まで栄えた都市遺跡。先古典期後期に3つの神殿を頂く高さ33mの神殿ピラミッドが建設された。

　　¶アメ古代

ラ・ミルパ　La Milpa
　　北西部。古典期後期の大都市遺跡。古典期前期には少なくとも5つの石碑や王墓を建設。

　　¶アメ古代

ホンジュラス　　　　　　636

ルバアントゥン　Lubaantún

南部。古典期の小都市遺跡。カカオの図像を有する土器が出土。

¶アメ古代

ホンジュラス

エル・プエンテ　El Puente

ラ・エントラーダ地域。古典期の東南マヤ低地のセンター。高さ12mの神殿ピラミッドや石碑・祭壇複合がある。

¶アメ古代〔写〕

クヤメル洞窟　Cuyamel

コロン県。先古典期前期・中期の洞窟遺跡。複数の人骨が埋葬され、前1200～前400年の土器や石器が出土。

¶アメ古代〔図（クヤメル遺跡の土器）〕

コパン　Copan

最西部コパンの丘陵地帯の渓谷。古代マヤ文明の遺跡。前1千年頃から人間が住み、7～8世紀には最盛期を迎える。祭壇Qが残るアクロポリス、72段の階段に2200以上にもぶマヤ文字が刻まれた「碑文の階段」や球戯場などがある。

世界遺産（コパンのマヤ遺跡　1980）

¶アメ古代〔写〕，角川世，古遺地〔図〕，新潮美，世遺事（コパンのマヤ遺跡）〔写〕，成世遺下（コパンのマヤ遺跡）〔写〕，世遺百（コパンのマヤ遺跡）〔写〕，世界遺跡　p272〔写/図〕，世界考古〔写（石碑）〕，大遺跡13〔写/図〕，ビジ世遺（コパンのマヤ遺跡）〔写〕，文化史蹟8〔写p30～37/図p19〕，平凡社世（コパン遺跡），ユネ世遺2（コパンのマヤ遺跡）〔写〕，ラテンア

コパンの北の広場　North Court, Copán

コパンにある。マヤ古典期。石柱や祭壇が散在する。祭壇Gは両頭の竜蛇とも呼ばれる。

¶文化史蹟8 p37（北の広場）〔写〕

コパンの球戯場　Ball Court, Copán

コパンにある。マヤ古典期。数度建造されたうちの最後（8世紀）の球戯場が確認できる。中央の細い部分は縦横26×8mの大きさでIの字形。

¶大遺跡13（コパン―球戯場）〔写〕，文化史蹟8 p35（球戯場）〔写〕

コパンの大広場

コパンにある。東西北三方を階段で囲まれた広場に石碑群が建つ。南には4号神殿がある。731年完成と推定。

¶大遺跡13（コパン―大広場）〔写〕

ジャルメラ　Yarumela

ラパス県。メソアメリカ南東部の先古典期中期・後期の大センター。現在は15の造物跡が残っている。

¶アメ古代〔写〕

セロ・パレンケ　Cerro Palenque

コルテス県。メソアメリカ南東部の古典期終末期・後古典期前期のセンター。球技場をはじめ575の建造物跡が登録されている。

¶アメ古代

ラ・シエラ　La Sierra

サンタ・バルバラ県チャメレコン川沿い。メソアメリカ南東部の古典期後期のセンター。中心部には、球技場、支配層の住居、神殿など。

¶アメ古代

ロス・イゴス　Los Higos

ラ・エントラーダ地域。古典期の東南マヤ低地のセンター。マヤ地域最東端のマヤ文字が刻まれた石碑が有名。

¶アメ古代〔写（中央広場の発掘）〕

ロス・ナランホス　Los Naranjos

ヨホア湖の北岸に立地。メソアメリカ南東部の先古典期中期・後期の大センター。前800年から後1200年まで居住。

¶アメ古代

メキシコ

赤い家　Red House

チチェン・イッツァーにある。マヤ古典期後期。角を丸くした基壇の上に立つ。伝統的なマヤ様式（プウク様式）。

世界遺産（古代都市チチェン-イッツァ　1988）

¶文化史蹟8 p95〔写〕

アカンケー　Acanceh

ユカタン州の州都メリダの南東約25km。マヤ古

代期（300頃−900頃）の遺跡。
¶新潮美

アクトパン　Actopan
イダルゴ州アクトパンにある。アグスティン会
聖堂および修道院。16世紀メキシコの聖堂建築
の要素が集約。
¶新潮美

アコルマン　Acolman
メキシコ州アコルマンにある。アグスティン会
聖堂および修道院。メキシコにおける最も初期
の聖堂建築。
¶新潮美

アスカポツァルコ　Azcapotzalco
メキシコ盆地。かつてのテスココ湖西岸。後古
典期のテパネコ王国の首都。居住面の下からコ
ヨトラテルコ土器が大量に出土。
¶アメ古代

アルタ・ビスタ・デ・チャルチウィテス
Alta Vista de Chalchihuites
サカテカス州北西部。古典期のチャルチウィテ
ス文化の中心地。建造物は太陽の運行に合わせ
て配置された。
¶アメ古代

イサパ　Izapa
チアパス州太平洋岸低地、ソコヌスコ地方。イ
サパ文化の標識遺跡。最盛期は先古典期後期と
古典期前期。
¶アメ古代〔図（石碑21）〕

イサマル　Izamal
ユカタン州。古典期の重要な都市遺跡。
¶アメ古代, 新潮美

イシュトラン・デル・リオ
Ixtlán del Río
ナヤリ州南部アワカトラン盆地。後古典期前期
のセンター。石造円形ピラミッド、祭壇、道路、
住居跡、土器の工房跡などが見つかっている。
¶アメ古代, 新潮美

イワツィオ　Ihuatzio
ミチョアカン州パツクアロ湖畔。後古典期のセ
ンター。中心部北側には、2つの方形ピラミッド
と、球技場がある。
¶アメ古代

ウシュマル　Uxmal
ユカタン州プーク地方。7～10世紀頃に繁栄し
たマヤ文明を代表する都市遺跡。「占い師のピラ
ミッド」「尼僧院」「総督の館」などは高度なマ
ヤ建築の水準を示している。
世界遺産（古代都市ウシュマル　1996）

¶アメ古代〔写〕, 古遺地（ウスマル）〔図〕, 新
潮美, 世遺事（ウシュマル古代都市）, 成世遺
下（古代都市ウシュマル）〔写〕, 世遺百（プ
レ・ヒスパニック都市ウシュマル）〔写〕, 世界
考古〔写〕, 世界美1, 大遺跡13〔写/図〕, ビ
ジ世遺（古代都市ウシュマル）〔写〕, 文化史
蹟〔写p66～80/図p48〕, 平凡社世（ウシュマ
ル遺跡）, ユネ世遺13（ウシュマルの古代都市）
〔写〕, ラテンア

エック・バラム　Ek Balam
ユカタン州。古典期の都市遺跡。先古典期中期
からスペイン植民地時代まで居住。
¶アメ古代

エツナ　Edzná
カンペチェ州。先古典期後期・古典期の都市遺
跡。マヤ低地で最大規模の水路網、および貯水
池が確認されている。
¶アメ古代〔図（水路網）〕, 新潮美（エツナー）,
世界考古（エツナー）, 大遺跡13（エッツナー）
〔写〕

エツナの5層のピラミッド
エツナ。7～10世紀。中心広場の東にある。高さ
1.6m、約60m四方の四角形の基壇。
¶大遺跡13（エッツナー——5層のピラミッド）〔写〕

エル・アルボリリョ　El Arbolillo
メキシコ市北郊。先古典期中期の遺跡。多くの
土器・土偶とともに、計62体の埋葬人骨を発見。
¶世界考古

エル・イシュテペテ　El Ixtépete
ハリスコ州グアダラハラ市西。古典期のセン
ター。30の建造物跡。
¶アメ古代

エル・タヒン　El Tajín
ベラクルス州パパントラの西9km。古典期後期
から後古典期前期まで繁栄したメソアメリカの
祭祀センター。「壁龕（へきがん）のピラミッド」、
球戯場、「円柱の館」などの建造物がある。
世界遺産（古代都市エル・タヒン　1992）

¶アメ古代〔写〕, 古遺地〔図〕, 新潮美, 世遺
事（エル・タヒン古代都市）, 成世遺下（古代都
市エル・タヒン）〔写〕, 世遺百（プレ・ヒスパ
ニック都市エル・タヒン）〔写〕, 世界考古
〔写〕, 世界美1, 大遺跡13〔写/図〕, ビジ世
遺（古代都市エル・タヒン）〔写〕, 文化史蹟8
p169（タヒン）, ユネ世遺1（エル・タヒンの古
代都市）〔写〕, ラテンア（トトナカ文化）

エル・マナティ　El Manatí
ベラクルス州南部。オルメカ文明の祭祀セン
ター。先古典期前期に様々な供物が埋納された。
¶アメ古代

メキシコ 638

オアハカ中部渓谷ヤグルとミトラの先史時代洞窟
Prehistoric Caves of Yagul and Mitla in the Central Valley of Oaxaca

オアハカ州のヤグールとミトラ。スペインによる征服以前の2つの遺跡群、先史時代の洞窟、岩陰住居からなる。

世界遺産（オアハカ中部渓谷ヤグルとミトラの先史時代洞窟　2010）

¶世遺事（オアハカの中央渓谷のヤグールとミトラの先史時代の洞窟群）、成世遺下〔写〕、世遺百（オアハカ中部渓谷のヤグルとミトラの先史時代洞窟）

オアハカの歴史地区とモンテ・アルバンの考古学遺跡
Historic Centre of Oaxaca and Archaeological Site of Monte Albán

南部。オアハカにはスペイン植民地時代のコロニアル風の町並みにサント・ドミンゴ聖堂などの建物が建つ。モンテ・アルバンは、前500年頃にサポテカ族が築いた宗教都市。100～800年のピラミッド型の神殿、宮殿、天文台、球戯場などの遺跡が残る。

世界遺産（オアハカ歴史地区とモンテ・アルバンの古代遺跡　1987）

¶世遺事、成世遺下（オアハカ歴史地区とモンテ・アルバン遺跡）〔写〕、世遺百（オアハカ歴史中心地区、モンテ・アルバンの考古遺跡）〔写〕、ビジ世遺（オアハカの歴史地区とモンテ・アルバンの遺跡）〔写〕、ユネ世遺1（オアハカの歴史地区とモンテ・アルバンの考古遺跡）〔写〕、ラテアナ（オアハカ）

オシュキントック　Oxkintok
ユカタン州州都メリダ市の南約50km。古典期の重要な都市遺跡。古典期前期の「リンテル1」の後475年のマヤ文字の碑文は、ユカタン地方で最古。

¶アメ古代

オシュトティトラン　Oxtotitlán
南部、ゲレロ州の州都チルパンシンゴの東約35km。オルメカ様式の絵が発見された洞窟。

¶新潮美

オトゥンバ　Otumba
同名の黒曜石採掘遺跡の近く。後古典期後期のアステカ都市国家の一つオトゥンバの首都。ピラミッドと広場、住居跡ほかが見つかる。

¶アメ古代

カカシュトラ　Cacaxtla
トラスカラ州。古典期終末期の中規模の要塞都市遺跡。戦闘や宗教儀礼の場面を描いた壁画で有名。

¶アメ古代〔図（「建造物B」の壁画）、大遺跡13〔写/図〕

カサス・グランデスのパキメの考古学地域
Archeological Zone of Paquimé, Casas Grandes

州都チワワの北西約270km。砂漠地帯に広がる都市遺跡。後古典期の交易センターで、14～15世紀初頭に北米との交易などで繁栄。後1200年頃に創設。

世界遺産（パキメの遺跡、カサス・グランデス　1998）

¶アメ古代（カサス・グランデス）、新潮美（カサス・グランデス）、世遺事、成世遺下（カサス・グランデスのパキメ遺跡地区）〔写〕、世遺百（カサス・グランデスのパキメ考古地区）、ビジ世遺（カサス・グランデスのパキメ遺跡地区）〔写〕

カスティーヨ〔チチェン・イッツァー〕
Castillo, Chichén Itzá

チチェン・イッツァーにある。マヤ後古典期前期。カスティーヨ（城砦）は底辺59m、高さ24m、9層からなる階段状のピラミッド。上に聖堂がある。

世界遺産（古代都市チチェン－イッツァ　1988）

¶新潮美（カスティヨ（チチェン・イッツァーの））、世界遺跡 p272（砦）〔写〕、文化史蹟8 p97

カバー　Kabah
プウク丘陵に位置。古典期終末期の都市遺跡。中心部の1平方kmの範囲にプウク様式の建築が林立。

¶アメ古代（カバフ）〔写〕、新潮美、世界考古、世界美2、大遺跡13〔写〕、文化史蹟8 p62（カバーの遺蹟群）〔写p47,62～65〕

亀の館　House of Turtles
ウシュマルにある。マヤ古典期後期。29mに10mの建物。円柱のモティーフの上に、小さな亀が配列されている。

¶文化史蹟8 p78〔写〕

カラクムル　Calakmul
カンペチェ州のカラクムル市。先古典期後期から古典期にかけて繁栄したマヤ遺跡。記念碑や祭壇、文字記録が刻まれた彫刻が確認されている。

世界遺産（カンペチェ州カラクムルの古代マヤ都市と熱帯保護林　2002, 2014）

¶アメ古代〔図〕、世遺事（カンペチェ州、カラクムルの古代マヤ都市と熱帯保護林）、成世遺下（古代マヤ都市カラクルム）〔写〕、世遺百（カンペチェ州カラクムールの古代マヤ都市）、ビジ世遺（カンペチェ地方の古代マヤ都市カラクムル）〔写〕

カラコル（天文台）　Caracol
チチェン・イッツァーにある。マヤ後古典期前

期。丸い屋根をもつカラコル（かたつむり）という建物。天体観測所ともよばれている。

世界遺産（古代都市チチェン-イッツァ　1988）

¶新潮美（カラコル），大遺跡13（チチェン・イツァー──カラコル（天文台））〔写〕，文化史蹟8 p85（カラコル）〔写〕

カリシュトラワカ　Calixtlahuaca
メヒコ州トルーカ盆地の丘陵上。後古典期のマトラトシンカ人の要塞都市遺跡。17の大建造物，防御壁，テラス，住居跡がある。

¶アメ古代

カントーナ　Cantona
プエブラ州。古典期の要塞都市遺跡。メソアメリカ最多の24の球技場があった。

¶アメ古代

カンペチェ歴史的要塞都市
Historic Fortified Town of Campeche
カンペチェ州の州都カンペチェ。1540年海賊の襲撃に対する城塞として建設された港湾都市。スペイン植民地時代の建築様式や要塞・城郭が残っている。

世界遺産（カンペチェ歴史的要塞都市　1999）

¶世遺事（カンペチェの歴史的要塞都市），成世遺下（歴史的城壁都市カンペチェ）〔写〕，世遺百〔写〕，ビジ世遺（歴史的要塞都市カンペチェ）〔写〕

ギラ・ナキツ　Guilá Naquitz
オアハカ盆地東部の崖。古期の岩陰遺跡。メソアメリカで最古のヒョウタンやカボチャの栽培の証拠が確認された。

¶アメ古代

グアダラハラのオスピシオ・カバニャス
Hospicio Cabañas, Guadalajara
ハリスコ州の州都グアダラハラ。孤児，障害者，老人などを救済する施設で，1810年に完成。病院や作業所を併設し礼拝堂は豪華な絵画で飾られていた。

世界遺産（グアダラハラのオスピシオ・カバーニャス　1997）

¶世遺事，成世遺下（グアダラハラのカバーニャス救貧院）〔写〕，世遺百（グアダラハラのオスピシオ・カバーニャス）〔写〕，ビジ世遺（グアダラハラのカバーニャス救貧院）〔写〕

グアナフアトの歴史地区と鉱山
Historic Town of Guanajuato and Adjacent Mines
メキシコ・シティの北西約270km。標高2050mの高地にある都市。1548年銀鉱の発見後、スペイン人が入植し17～18世紀の最盛期を迎える。銀の採掘でもたらされた富を使った、絢爛豪華なコロニアル建築が特徴。

世界遺産（古都グアナフアトとその銀鉱群　1988）

¶世遺事（古都グアナフアトと近隣の鉱山群），成世遺下（古都グアナフアトと近隣鉱山）〔写〕，世遺百（歴史都市グアナフアトと鉱山）〔写〕，ビジ世遺（古都グアナフアト近隣鉱山）〔写〕，ユネ世遺1〔写〕，ラテンア（グアナフアト）

クイクイルコ　Cuicuilco
メキシコ州南部。形成期後期の祭祀センターで、メキシコ中央高原にみられる最も初期の神殿の一つ。

¶アメ古代（クイクイルコ）〔写〕，新潮美，世界考古〔図〕，世界美2

クエバ・ブランカ洞窟　Cueva Blanca
オアハカ盆地東部。石期と古期の洞窟遺跡。前3300～前2800年の層位からは、動物の骨の他に、チャート製石器が大量に出土。

¶アメ古代

ククルカンの神殿
チチェン・イッツァ。蛇の神ケツァルコアトルのピラミッド。

世界遺産（古代都市チチェン-イッツァ　1988）

¶世遺地　p86

ケツァルコアトルの神殿〔テオティワカン〕
Temple of Quetzalcoatl
テオティワカンにある。古典期。6層のピラミッド。羽毛の蛇ケツァルコアトルの頭と雨の神トラロックの頭像を交互に正面に施す。

世界遺産（古代都市テオティワカン　1987）

¶新潮美，大遺跡13（テオティワカン──ケツァルコアトルのピラミッド）〔写〕，文化史蹟8 p119〔写〕

ケツァルコアトルの神殿〔トゥーラ〕
Temple of Quetzalcoatl
トゥーラにある。950～1200年頃。基底部で約38m四方、高さ10mの5層の基壇として現存。トラウィスカルパンテクトリ（金星神）の神殿とも呼ばれる。

¶大遺跡13（トゥーラ──ケツァルコアトルの神殿（ピラミッドB））〔写/図〕

ケツァルコアトルのピラミッド
ソチカルコにある。700～900年頃。変形したタルー・タブレーロ様式をもつ。下段のタルーに羽毛の蛇ほかが描かれている。

世界遺産（ソチカルコの古代遺跡地帯　1999）

¶大遺跡13　p23〔写〕

ケツァルパパロトルの宮殿
Palace of Quetzalpapalotl
テオティワカンにある。古典期。月のピラミッドの近くに復元。四角い広間を囲み、蝶の浮き

メキシコ 640

彫りモザイクの石柱回廊がある。

世界遺産（古代都市テオティワカン 1987）

¶大遺跡13（テオティワカン―ケツァルパパロトルの宮殿）〔写〕，文化史蹟8 p120〔写〕

ケレタロ州シエラ・ゴルダにあるフランシスコ会伝道施設

Franciscan Missions in the Sierra Gorda of Querétaro

ケレタロ州東部のヴェルダント渓谷。18世紀半ば、ジュニペロ・シェラ神父がフランシスコ会の布教活動のため設立。伝道施設の周辺には先住民の集落が作られ、教会を中心に固有の文化が育まれた。

世界遺産（ケレタロのシエラ・ゴルダのフランシスコ修道会伝道施設群 2003）

¶世遺事，成世遺下（ゴルダ山脈のフランシスコ会伝道施設）〔写〕，世遺百（ケレタロ州シエラ・ゴルダのフランシスコ修道会伝道施設），ビジ世遺（ケレタロのゴルダ山脈にあるフランチェスコ会伝道施設）〔写〕

ケレタロの歴史史跡地区

Historic Monuments Zone of Querétaro

ケレタロ川流域にある州都。サン・アグスティン教会、サン・フランシスコ教会、カサ・デ・ラ・コレヒドーラ、サンタ・クルス修道院などスペイン植民地時代の建造物を含む一帯が世界遺産に登録された。

世界遺産（ケレタロの歴史史跡地区 1996）

¶世遺事（ケレタロの歴史的建造物地域），成世遺下（ケレタロ歴史地区），世遺百（ケレタロ文化財地区）〔写〕，ビジ世遺（ケレタロの歴史的建造物）〔写〕，ユネ世遺13（ケレタロの歴史的建造物地区）〔写〕

コズ・ポプ Codz-pop

カバー遺跡にある。長さ45m、高さ6m、壁面全体が雨の神チャックの顔で覆われている。マヤ古典期後期。

¶大遺跡13 p63（コッツ・ポープ）〔写〕，文化史蹟8 p68〔写〕

コバー Cobá

キンタナロー州。古典期後期・終末期の大都市遺跡。「ノホッチ・ムル」と「ラ・イグレシア」と呼ばれる大神殿ピラミッドや、2つの球技場がある。

¶アメ古代〔写〕，新潮美

コフンリッチ Kohunlich

キンタナロー州南部。古典期の小都市遺跡。有名な「仮面のピラミッド」や球技場がある。

¶アメ古代

コマルカルコ Comalcalco

タバスコ州メキシコ湾岸平野。古典期前期・後期・終末期の都市遺跡。宮殿や神殿ピラミッドからなる高さ39mの「大アクロポリス」ほかが中心にある。

¶アメ古代〔写〕，新潮美，世界考古

コムチェン Komchen

ユカタン州。先古典期中期・後期の小都市遺跡。マヤ低地北部最古の土器群が出現した。

¶アメ古代

サアチラ Zaachila

オアハカ盆地南部。古典期と後古典期のサポテカ文化の中規模の都市遺跡。中心部には宮殿があり、支配層の墓が2基見つかった。

¶アメ古代〔図（土器）〕，新潮美

サイル Sayil

ユカタン州のプウク地方。古典期終末期の都市遺跡。3層のプウク様式の「大宮殿」は、最大の建造物。

¶アメ古代〔写〕，世界考古，世界美2（サイール），大遺跡13（サイール）〔写〕，文化史蹟8（サイール）〔写p47,49～53〕

サイルの宮殿 Palace, Sayil

サイル。マヤ古典期後期。サイルの代表的建造物。3層からなる。壮大で華麗なことから宮殿と呼ばれる。

¶大遺跡13 p64（宮殿（サイール））〔写〕，文化史蹟8 p52（宮殿（サイール））〔写〕

サイルのミラドール Mirador, Sayil

サイールにある。マヤ古典期後期。ミラドールと呼ばれる建物。パレンケからティカルへ続くマヤ建築の特徴である櫛飾りが屋根にある。

¶大遺跡13 p64（ミラドール）〔写〕，文化史蹟8 p49（ミラドール）〔写〕

サカテカス歴史地区

Historic Centre of Zacatecas

メキシコシティの北西約530kmのブファの丘の麓にある。メキシコ有数の鉱山都市として発展。スペイン人貴族が建てた豪華な邸宅や聖堂などスペイン植民地都市の町並みが残る。

世界遺産（サカテカス歴史地区 1993）

¶世遺事（サカテカスの歴史地区），成世遺下〔写〕，世遺百（サカテカス歴史中心地区），ビジ世遺（サカテカスの歴史地区）〔写〕，ユネ世遺1（サカテカスの歴史地区）〔写〕，ラテンア（サカテカス）

サカテンコ Zacatenco

メキシコ盆地。先古典期の中規模の農耕定住村落遺跡。

¶アメ古代，世界考古

サンタ・イサベル・イスタパン
Santa Isabel Iztapan
　メキシコ盆地。石期のマンモス屠殺跡。テスココ湖畔から、マンモスの遺体2体、黒曜石製スクレイパーなどが出土。
　¶アメ古代, 世界考古

サンタ・セシリア・アカティトラン
Santa Cecilia Acatitlán
　メキシコ市の北西約10km。後古典期の遺跡。一対の神殿を備える。
　¶新潮美

サンタ・ルイサ　Santa Luisa
　ベラクルス州北部。古期後期の貝塚遺跡。牡蠣などの魚貝類、火による調理に利用されたと考えられる砕けた砂岩などが出土。
　¶アメ古代

サンフランシスコ山地の岩絵
Rock Paintings of the Sierra de San Francisco
　バハ・カリフォルニア半島の山岳地帯にある壁画群。洞窟の壁や天井に多数の狩猟や戦闘をする人間、武器や動物が描かれている。前1100～後1300年の間のものと推定。
　世界遺産(サンフランシスコ山地の岩絵群　1993)
　　¶世遺事(サン・フランシスコ山地の岩絵), 成世遺下〔写〕, 世遺百, ビジ世遺〔写〕, ユネ世遺1(サンフランシスコ山地の洞窟壁画)〔写〕

サン・ホセ・モゴテ　San José Mogote
　オアハカ盆地北部。最古のサポテカ文化の農耕定住集落。エスピリディオン期に居住開始。
　¶アメ古代〔図(石彫3)〕

サン・ミゲルの要塞都市とヘスス・デ・ナサレノ・デ・アトトニルコの聖地
Protective town of San Miguel and the Sanctuary of Jesús de Nazareno de Atotonilco
　グアナファト州。サン・ミゲルの要塞都市は、16世紀に国王が通行する道を守るため建設。ヘスス・デ・ナサレノ・デ・アトトニルコの聖域には18世紀以降のバロック様式の教会や礼拝堂が集中する。
　世界遺産(サン・ミゲルの要塞都市とヘスス・デ・ナサレノ・デ・アトトニルコの聖地　2008)
　　¶世遺事(サン・ミゲルの保護都市とアトトニルコのナザレのイエス聖域), 成世遺下(サン・ミゲル保護都市とアトトニルコのナザレの聖域)〔写〕, 世遺百(サン・ミゲルの保護街区、ヘスス・デ・ナサレノ・デ・アトトニルコの聖域)

サン・ロレンソ　San Lorenzo
　メキシコ湾岸低地南部のベラクルス州。オルメカ文明の大センター。前1500年頃に居住開始。

オルメカ前期(前1200－前900)に栄えた。
　¶アメ古代〔図(半人半ジャガー像)〕, 新潮美, 世界考古(サン・ロレンソ＝テノチティトラン), 大遺跡1〔写〕

ジェオ・シ　Gheo-Shih
　オアハカ盆地東部。古期の開地遺跡。前5千～前3千年に初期農耕を行った狩猟採取民集団の雨季のキャンプ跡。
　¶アメ古代

ジャガーの神殿　Temple of Jaguars
　チチェン・イッツァーにある。マヤ後古典期前期。入口に太い2本の蛇の柱が立ち、内部にはトルテカ族のマヤ征服を描いた壁画がある。
　世界遺産(古代都市チチェン－イッツァ　1988)
　　¶大遺跡13(チチェン・イッツァー─ジャガーの神殿)〔写〕, 文化史蹟8 p100〔写〕

シュカレ　Xcaret
　キンタナロー州カンクン市の南80km。後古典期の小センター。別名ポレ。神殿や住居跡が復元されている。
　¶アメ古代〔写〕

シュプヒル　Xpuhil
　カンペチェ州。古典期のセンター。主要時期は後600～830年。リオ・ベック様式の「建造物1」は「宮殿・塔建築」の傑作。
　¶アメ古代

シュラパックの宮殿　Palace, Xlapak
　シュラパックにある。マヤ古典期後期。ユカタン地方に産出する石灰岩を積み重ねた宮殿。典型的なプウク様式。
　¶文化史蹟8 p58(宮殿〔シュラパック〕)〔写〕

ショチテカトル　Xochitécatl
　トラスカラ州トラスカラ盆地。死火山上に建設された先古典期中期・後期と古典期終末期のセンター。先古典期に「花のピラミッド」ほかを建設。
　¶アメ古代

セロ・デ・ラス・メサス　Cerro de las Mesas
　メキシコ湾岸低地中央部のベラクルス州中央部。先古典期後期・古典期のセンター。最盛期は古典期。神殿ピラミッド、2つの球技場がある。
　¶アメ古代

戦士の神殿　Temple of Warriors
　チチェン・イッツァーにある。マヤ後古典期前期。征服者トルテカ族がマヤ人とともに造ったもの。神殿の特徴は、トルテカ族の都トゥーラと共通するものが多い。
　世界遺産(古代都市チチェン－イッツァ　1988)
　　¶大遺跡13(チチェン・イッツァー─戦士の神殿)

〔写〕，文化史蹟8 p88〔写〕

センポアラ　Zempoala, Cempoala
メキシコ湾岸低地中央部のベラクルス州中央部。後古典期のトトナカ文化の都市遺跡。12〜16世紀に栄えた。
¶アメ古代，新潮美，世界考古，文化史蹟8 p179〔写〕

総督の館　Governor's Palace
ウシュマルにある。800〜900年頃の建造。自然の丘を利用して人工基壇をつくり、その上に建物が築かれた。
世界遺産（古代都市ウシュマル　1996）
¶宗教建築（ウシュマル・総督の館）〔写〕，大遺跡13（ウシュマル―総督の館と祭壇）〔写〕，文化史蹟8 p74,78〔写〕

ソチカルコの古代遺跡地帯
Archaeological Monuments Zone of Xochicalco
モレーロス州のクエルナバカ近郊。650〜900年頃にトルティカ文明の政治、宗教、商業の中心地として栄えた都市遺跡。「羽毛の蛇神の神殿」、球戯場、「碑石の神殿」などがある。遺構にはテオティワカンやマヤ文明、モンテ・アルバンなど、周辺文化の要素が混在。
世界遺産（ソチカルコの古代遺跡地帯　1999）
¶アメ古代（ショチカルコ）〔写（壁の石彫）/図（石碑2の四面）〕，古遺地（ソチカルコ）〔図〕，新潮美（ショチカルコ），世遺事（ソチカルコの考古学遺跡ゾーン），成世遺下（ソチカルコ歴史地区）〔写〕，世遺百（ソチカルコ考古遺跡地帯）〔写〕，世界考古（ソチカルコ），大遺跡13（ショチカルコ）〔写/図〕，ビジ世遺（ソチカルコの遺跡地区）〔写〕，文化史蹟8 p141（ショチカルコ）〔写〕，ラテンア（ショチカルコ）

太陽の神殿　たいようのしんでん★
パレンケにある。マヤ古典期。692年の建立。碑銘の神殿のほぼ東方にある3神殿のうちの一つ。一辺23mの基壇上の小基壇の上に載る建物。奥の壁面に146文字の石板があった。
世界遺産（古代都市パレンケと国立公園　1987）
¶新潮美（太陽の神殿（パレンケの）），大遺跡13（パレンケ―太陽の神殿）〔写〕，文化史蹟8 p29〔写〕

太陽のピラミッド　Pirámide del Sol
テオティワカンにある。「死者の大通り」東側に位置するピラミッドで、アメリカ大陸最大の古代建築の一つ。
世界遺産（古代都市テオティワカン　1987）
¶古代遺跡 p248,250〔写〕，新潮美

ダインス　Dainzú
オアハカ盆地。サポテカ文化の先古典期・古典期の都市遺跡。居住は先古典期中期の前600年頃に開始。
¶アメ古代，新潮美（ダインスー）

タマウリパス　Tamaulipas
タマウリパス州山岳地帯の乾燥した峡谷沿い。多くの洞穴・岩陰遺跡群。前7000〜1400年の間、採集狩猟経済から、定住農耕生活への推移が捉えられる。
¶アメ古代（タマウリパス岩陰遺跡群），世界考古

ダンサンテ　Danzante
オアハカ州モンテ・アルバン。平石に浅浮彫された石彫群。
¶新潮美

ダンザンテスの神殿
オアハカ州モンテ・アルバン。彫像のような等身大の人物像は140にもおよび、壁面の四周をめぐって、帯状装飾壁となっている。
¶世界遺跡 p272〔写〕

チアパ・デ・コルソ　Chiapa de Corzo
チアパス州グリハルバ川中流域。先古典期中期・後期の大センター。先古典期中期の前750年頃にピラミッドなど土の大建造物が建設され始めた。
¶アメ古代，新潮美（チァパ・デ・コルソ），世界考古

チカンナ　Chicanná
カンペチェ州。古典期のセンター。主要時期は後600〜830年。リオ・ベック様式の「建造物1」は、「宮殿・塔建築」。
¶アメ古代

チチェン・イッツァ　Chichen-Itza
ユカタン半島の先端部に近いサバンナの中にある。古代マヤ文明の都市。「セノーテ」と呼ばれる天然の泉を中心に発展。マヤとトルテカの文化が融合し、ピラミッド型の基壇をもつ神殿、壁画、彫像などの遺構がある。
世界遺産（古代都市チチェン−イッツァ　1988）
¶アメ古代（チチェン・イッツァ）〔写/図（サクベ網）〕，角川世（チチェン・イッツァー），古遺地（チチェン・イッツァ）〔図〕，宗教建築〔写〕，新潮美（チチェン・イッツァー），世遺事（チチェン・イッツァ古代都市），成世遺下（古代都市チチェン・イッツァ）〔写〕，世遺地（チチェン・イッツァ），世遺百（プレ・ヒスパニック都市チチェン・イッツァ）〔写〕，世界遺跡 p272〔写/図〕，世界考古（チチェン・イッツァー），世界美3（チチェン・イッツァー）〔写〕，空古代遺跡（チチェン・イッツァ）〔写〕，大遺跡13（チチェン・イッツァー）〔写/図〕，ビジ世遺（古代都市チチェン・イッツァ）〔写〕，文化史蹟8（チチェン・イッツァー）〔写p85〜107/図p83〕，平凡社世

（チチェン・イッツァ），ユネ世遺1（チチェン・イッツァの古代都市）〔写〕，ラテンア〔図p311〕，歴史建築〔写/図〕

チチェン・イッツァの球戯場
Ball Court, Chichén Itzá
チチェン・イッツァ。マヤ後古典期前期の球戯場。両側の垂直の壁にはボールを通す丸い石の輪が付けられている。

〘世界遺産〙（古代都市チチェン−イッツァ　1988）

¶ 大遺跡13（チチェン・イッツァー—球戯場）〔写〕，文化史蹟8 p104（球戯場）〔写〕

チャルカツィンゴ　Chalcatzingo
モレーロス州の東部。先古典期中期の主要センター。最盛期は前700～前500年。

¶ アメ古代〔図〕，新潮美

チュピクアロ　Chupícuaro
グアナファト州。前400～後200年頃に繁栄した遺跡。土器は黒色土器と多彩色土器の2種に大別。手づくね法による粘土製の女性像がある。

¶ 世界考古，世界美3

チョルーラ　Cholula
プエブラ州。テオティワカンに次ぐ古典期のメキシコ中央高地第2の大都市遺跡。先古典期後期に建設開始。

¶ アメ古代，古遺地（チョルラ）〔図〕，新潮美，世界考古（チョルラ），大遺跡13〔写/図〕，ラテンア（チョルラ）

チョルーラの大ピラミッド　ちょるーらのだいぴらみっど
チョルーラにある。前200～後1500年頃。人工のピラミッド。最終的な大きさは350m四方。

¶ 大遺跡13 p23〔写〕

チング　Chingú
イダルゴ州トゥーラ地域中央部。古典期の集落遺跡。テオティワカンの直接支配下にあったと考えられる。

¶ アメ古代

チンクルティク　Chinkultic
チアパス州コミタン市の南東。古典期・後古典期前期のセンター。神殿ピラミッド、球技場、住居跡など。

¶ アメ古代〔図〕，新潮美

ツィビルチャルトゥン　Dzibilchaltún
ユカタン州。古典期後期・終末期の大都市遺跡。

¶ アメ古代〔写〕，新潮美（チビルチャルトゥン），世界考古（シビルチャルトゥン）

ツィンツンツァン　Tzintzuntzan
ミチョアカン州パツクアロ湖盆地。後古典期後

期のタラスコ王国の首都。ヤカタと呼ばれる、長方形ピラミッドと円形ピラミッドを組み合わせた平面が鍵穴の形の大基壇が5つある。

¶ アメ古代〔写〕，新潮美，文化史蹟8 p179〔写〕，ラテンア

ツォンパントリ　Tzompantli
チチェン・イッツァーにある。マヤ後古典期前期。球戯場の東にある。祭壇用建造物。骸骨が壁面全面に浮き彫りされている。

〘世界遺産〙（古代都市チチェン−イッツァ　1988）

¶ 大遺跡13（チチェン・イッツァー—ツォンパントリ）〔写〕，文化史蹟8 p99〔写〕

月のピラミッド　Pyramid of the Moon
テオティワカンにある。死者の大通り北端に位置するピラミッド。100～350年頃。基底部140×150m、高さ46mほど。正面にいくつもの祭壇用のピラミッドを従えている。

〘世界遺産〙（古代都市テオティワカン　1987）

¶ 新潮美，大遺跡13（テオティワカン—月のピラミッド）〔写〕，文化史蹟8 p113〔写〕

ティエラアデントロの王の道
Camino Real de Tierra Adentro
中央部、メキシコ市と10州にまたがる。サンルイスポトシなどの鉱山で採掘した銀やヨーロッパから輸入した水銀を輸送するため、16世紀半ばから19世紀まで300年にわたり利用された交易路。「銀の道」ともいう。

〘世界遺産〙（ティエラアデントロの王の道　2010）

¶ 世遺事（カミノ・レアル・デ・ティエラ・アデントロ），成世遺下〔写〕，世遺百（ティエラ・アデントロの王の道）

ティンガニオ　Tinganio
ミチョアカン州ティンガンバト市。古典期のセンター。居住時期は、後400～600年と600～900年の2時期に区分される。

¶ アメ古代

テオティワカン　Teotihuacan
メキシコシティの北部50km。後1～7世紀に建設された都市遺跡。死者の大通りに沿って、神殿（太陽、月、ケツァルコアトルのピラミッドほか）や関連建造物が並ぶ。

〘世界遺産〙（古代都市テオティワカン　1987）

¶ アメ古代〔写/図〕，遺建7（テオティワカン遺跡）〔写/図〕，遺跡100〔写〕，旺文社世（テオティワカン文明）〔写〕，角川世，古遺地〔図p237,238〕，古代遺跡 p249（テオティワカンの遺跡）〔写〕，宗教建築〔写〕，新潮美，世遺事（テオティワカン古代都市），成世遺下（古代都市テオティワカン）〔写〕，世遺地，世遺百（プレ・ヒスパニック都市テオティワカン）〔写〕，世界考古〔写/図〕，世界美4〔写〕，世

歴大13, 空古代遺跡〔写〕, 大遺跡13〔写/
図〕, ビジ世遺（古代都市テオティワカン）
〔写〕, 復原遺跡〔写/図〕, 文化史蹟8〔写
p113～126/図p111〕, 平凡社世, 山川世, ユ
ネ世遺1（テオティワカンの古代都市）〔写〕,
ラテンア（テオティワカン文化）〔図〕

テオテナンゴ　Teotenango

メヒコ州トルーカ盆地南部。古典期終末期の中
規模の要塞都市遺跡。「蛇の神殿」、I字型の球技
場などがある。

¶アメ古代〔写〕, 新潮美, 世界考古, ラテンア

テオパンソルコ　Teopanzolco

モレーロス州。後古典期のトラウィカ人の首都
クアウナワックの地区。神殿ピラミッドなど大
小14の建造物跡がある。

¶アメ古代

テオパンテクアニトラン
Teopantecuanitlán

ゲレロ州北東部。先古典期中期の主要センター。
前1400～前500年に居住。石造ピラミッド、球技
場、半地下式の広場がある。

¶アメ古代

テキスキアク　Tequixquiac

メヒコ・シティの北約70km。多数の化石骨が
出土。リャマの仙骨を動物の顔に加工したもの
や石器を発見。年代は前6千年よりかなり古い。

¶世界考古

テスココ　Texcoco

メヒコ盆地。後古典期後期の大都市遺跡で、ア
ステカ王国の三都市同盟の一つとして栄えた。

¶アメ古代, 新潮美

テナム・プエンテ　Tenam Puente

チアパス州コミタン市の南東。古典期・後古典
期前期のセンター。神殿ピラミッド、3つの球技
場、住居跡が広がる。

¶アメ古代

テナユカ　Tenayuca

メヒコ盆地西部。後古典期のチチメカ人の都
市遺跡。神殿ピラミッドには「蛇の壁」がある。

¶アメ古代〔写〕, 新潮美, 世界考古, 世界美4,
大遺跡13〔写/図〕

テノチティトラン　Tenochtitlán

メヒコ盆地。後古典期後期アステカ王国の首
都。「大神殿」跡は、ユネスコの世界遺産「メキ
シコ・シティ歴史地区とソチミルコ」内にある。

世界遺産（メキシコ・シティ歴史地区とソチミルコ
1987）

¶アメ古代〔写〕, 遺跡100〔写〕, 旺文社世, 古
遺地〔図〕, 新潮美, 世界考古〔図〕, 大遺跡

13〔写/図〕, 山川世

テノチティトランの大神域

テノチティトランにある。1345～1521年。堤道
から続く道路が交差する所に、コアテパントリ
で囲まれた大神域がつくられている。

世界遺産（メキシコ・シティ歴史地区とソチミルコ
1987）

¶大遺跡13 p31（大神域（テノチティトラン））
〔写/図〕

テペスパン　Tepexpan

メヒコ・シティの北東約40km。1949年にH.de
テラがマンモス骨の調査中、偶然人骨を発見し
た地。

¶世界考古

テポステコ　Tepozteco

モレーロス州。後古典期（900頃－1500頃）の遺跡。

¶新潮美

テワカン谷遺跡群　Tehuacan

プエブラ州。サラド川中流の谷沿いに散在する
遺跡群。

¶世界考古

テンブレケ神父の水道橋の水利システム
Aqueduct of Padre Tembleque Hydraulic
System

メヒコ中央高原のメヒコ州オトゥンバとイダ
ルゴ州センポアラとの間の48.22km。フランシ
スコ会のテンブレケ神父が、1555年から17年か
け完成させた水道橋。水源や泉、2つの水路、分
水槽、アーケード型の水道橋、貯水池など複数
の要素からなる。

世界遺産（テンブレーケ神父の水道橋水利施設
2015）

¶世遺事

トゥーラ　Tula

イダルゴ州メキシコ市の北西。トルテカ文明の
標識遺跡。後650～850年の中心はトゥーラ・チ
コで、最盛期のトラン期（900-1150）には、新た
にトゥーラ・グランデが建設された。

¶アメ古代〔写〕, 古遺地〔図〕, 古代遺跡
p251,252（トゥーラの遺跡）〔写〕, 新潮美, 世
界考古, 世界美4, 大遺跡13〔写/図〕, 文化
史蹟8 p132〔写〕, ラテンア

トゥルム　Tulum

キンタナロー州。後古典期後期の小都市遺跡。
石造の建物が50以上建つ。「エル・カスティー
ヨ・ピラミッド」は、チチェン・イツァの建築
様式と類似する。

¶アメ古代〔写〕, 新潮美, 大遺跡13〔写〕

トニナ　Toniná

チアパス州パレンケの南の丘の山腹。古典期の都市遺跡。神殿ピラミッド、宮殿、2つの球技場ほか。

　¶アメ古代

トラクアチェロ　Tlacuachero

チアパス州太平洋岸低地。古期後期の貝塚遺跡。面積は1万8千平方m、高さは7.4m。

　¶アメ古代

トラコタルパンの歴史遺跡地帯

Historic Monuments Zone of Tlacotalpan

パパロアパン川の川沿いにある町トラコタルパン。16世紀中頃にスペイン人が河港都市として建設。スペインと西インド諸島の建築様式が融合した景観を保ち、コロンブス広場、樹木を効果的に使った色彩に富む住居、カンデラリア聖堂などが残されている。

　世界遺産（トラコタルパンの歴史遺跡地帯　1998）

　¶世遺事（トラコタルパンの歴史的建造物地域），成世遺下（トラコタルパン歴史地区）〔写〕，世遺百（トルコタルパン文化財地域），ビジ世遺（トラコバルタンの歴史的建造物群）〔写〕

トラティルコ　Tlatilco

メキシコ盆地西部。先古典期の集落遺跡。オルメカ美術様式の土器や土偶、前1200〜前950年の人骨が500体ほど出土した。

　¶アメ古代〔写〕，新潮美，世界考古〔図（土偶）〕，世界美4

トラテロルコ　Tlatelolco

メキシコ盆地。後古典期後期アステカ王国の大都市遺跡。大神殿ピラミッドや球技場もあった。

　¶アメ古代，新潮美

トラパコヤ　Tlapacoya

メキシコ・シティの南東約30km。先古典期の遺構。土を積石で覆った小さな神殿基壇が発見された。

　¶アメ古代（トラパコーヤ），新潮美，世界考古

トラランカレカ　Tlalancaleca

プエブラ州のプエブラ・トラスカラ盆地。先古典期中期から後期の都市遺跡。最盛期は前600〜前300年。

　¶アメ古代

トルキーヤ　Toluquilla

メキシコ市北東のケレタロ州シエラ・ゴルダ地域。セラノ文化の古典期・後古典期のセンター。後300〜1350年に居住。

　¶アメ古代

トレス・サポテス　Tres Zapotes

メキシコ湾岸低地南部のベラクルス州。先古典期と古典期のセンター。前1500〜後1200年に居住。40以上の石彫が見つかる。

　¶アメ古代〔図（「石碑C」）〕，世界考古

尼僧院〔ウシュマル〕　Nunnery Quadrangle

ウシュマルにある。マヤ古典期後期。魔法使いのピラミッドの西にある尼僧院。4つの建物が、約65mに45mの広場を囲んでいる。

　¶大遺跡13（ウシュマル―尼僧院）〔写〕，文化史蹟8（矩形の尼僧院）〔写〕

尼僧院西側建物〔ウシュマル〕

ウシュマルにある。9〜11世紀。尼僧院の4つの建物のうち、最後に建てられたと推測。

　¶大遺跡13（ウシュマル―尼僧院西側建物）〔写〕

尼僧院別館〔チチェン・イッツァー〕

Annex of Nunnery, Chichén Itzá

チチェン・イッツァーにある。マヤ古典期後期。尼僧院に隣接する小さいもので、チェーネス様式を示す。

　世界遺産（古代都市チチェン−イッツァ　1988）

　¶文化史蹟8〔写〕

ハイナ　Jaina

カンペチェ州北部沿岸の島（ハイナ島）。古典期の集落遺跡。前300年頃に居住開始。

　¶アメ古代，新潮美

パソ・デ・ラ・アマダ　Paso de la Amada

チアパス州太平洋岸低地。先古典期前期・中期の集落遺跡。バラ期（前1550−前1400）の土器が出土。

　¶アメ古代〔図（建造物跡）〕

バット洞穴　Bat

ニュー・メキシコ州西部。洞穴遺跡。北米最古のトウモロコシが出土。

　¶世界考古

鳩の館　はとのやかた★

ウシュマルにある。9〜11世紀。屋根飾りから鳩の館と名付けられた建物。

　¶大遺跡13（ウシュマル―鳩の館）〔写〕

バランカンチェ　Balancanché

ユカタン半島北部チチェン・イッツァーの東約5km。後古典期（900頃−1500頃）のトルテカ＝マヤ文化の遺跡。

　¶新潮美

バランカンチェーの洞窟の祭祀場

Sacred Cave, Balancanché

バランカンチェーにある。マヤ後古典期前期。深い洞窟の奥で、1959年に発見された広い祭祀場らしいもの。トルテカ族のものと考えられている。

メキシコ

世界遺産（古代都市チチェン-イッツァ 1988）
　¶文化史蹟8 p107（洞窟の祭祀場）〔写〕

ハリエサ　Jalieza
オアハカ盆地南部。古典期・後古典期の山上都市遺跡。750〜1000年に復興し、推定人口1万6000人の盆地内最大の都市に成長。
　¶アメ古代

バルセキリョ　Valsequillo
プエブラ州の南東約16km。バイソン、バク、象とされる動物が線彫されたマストドンの骨盤の破片が発見された。
　¶世界考古

パレンケ　Palenque
チアパス州チアパス山脈の中腹。古代マヤ文明の後期の都市遺跡。「碑文の神殿」の地下墓室から翡翠の仮面、パカル王（在位615-683）の遺体などを発掘。ほか宮殿や太陽の神殿などが残る。
　世界遺産（古代都市パレンケと国立公園 1987）
　¶アメ古代〔写〕，角川世，古遺地〔図〕，宗教建築〔写/図〕，新潮美，世遺事（パレンケ古代都市と国立公園），成世遺下（パレンケの国立公園と古代遺跡）〔写〕，世遺百（プレ・ヒスパニック古代都市パレンケおよびパレンケ国立公園）〔写〕，世界考古，世界美4，大遺跡13〔写/図〕，ビジ世遺（古代都市パレンケと国立公園）〔写〕，文化史蹟8〔写p20〜29/図p20〕，平凡社世（パレンケ遺跡），ユネ世遺1（パレンケの古代都市と国立公園）〔写〕，ラテンア〔図p374〕

パレンケの宮殿　Palace, Palenque
パレンケにある。マヤ古典期。3階建ての塔。多くの部屋、2つの中庭などからなる。
　世界遺産（古代都市パレンケと国立公園 1987）
　¶文化史蹟8 p27（宮殿〔パレンケ〕）〔写〕

パレンケのピラミッド
チャパス州北部。上に「碑銘の神殿」がある。基底部の墳室から石棺と人骨、副葬品を発見。碑文から633年完成と推定。
　世界遺産（古代都市パレンケと国立公園 1987）
　¶世歴事9 p679〔写/図〕

碑銘の神殿　Temple of Inscriptions
パレンケにある。マヤ古典期、7〜9世紀。パレンケ最大のピラミッド（高さ約22m）上に立つ神殿。683年に死亡したパカル王の墓を下部にもつ。3つの石板が上部神殿壁面に飾られていた。
　世界遺産（古代都市パレンケと国立公園 1987）
　¶大遺跡13（パレンケ―碑文の神殿）〔写〕，文化史蹟8 p25〔写〕

プエブラ歴史地区
Historic Centre of Puebla
マリンチェ火山の南西麓。プエブラは1531年にキリスト教のフランシスコ会の宣教団が建設した都市。整備された町並みの中央広場をはさみ、市庁舎の向かい側に建つカテドラルは、二つの鐘楼をもち門扉には歴代スペイン王の肖像が彫られている。
　世界遺産（プエブラ歴史地区 1987）
　¶世遺事（プエブラの歴史地区），成世遺下〔写〕，世遺百（プエブラ歴史中心地区），ビジ世遺（プエブラの歴史地区）〔写〕，ユネ世遺1（プエブラとチョルラの歴史地区）〔写〕，ラテンア（プエブラ）

双子神殿　ふたごしんでん★
テナユカ。1244〜1521年。神殿基壇は、正面に2つの階段をもつ。
　¶大遺跡13 p30〔写〕

ベカン　Becán
カンペチェ州。先古典期後期・古典期の要塞遺跡。リオ・ベック地方最大の都市の一つ。
　¶アメ古代

壁龕のピラミッド　へきがんのぴらみっど★
エル・タヒン。500〜600年頃。基底部で約35m四方、高さ18mの6層の神殿基壇。各層の側面の壁龕の総数と頂上部にあった神殿の壁龕と入口を加えると365となる。
　世界遺産（古代都市エル・タヒン 1992）
　¶大遺跡13（エル・タヒン―壁龕のピラミッド）〔写〕，文化史蹟8 p170（ピラミッド（タヒン））〔写〕

ホチョブ　Hochob
カムペチェ州にある遺跡。マヤ古典期後期（600頃-900頃）のチェネス様式を代表する神殿遺構が発掘された。
　¶世界美5

ボナンパック　Bonampak
チアパス州のウスマシンタ川流域。古典期の都市遺跡。アクロポリスの上に立つ宮殿の3つの部屋の壁画が世界的に有名。
　¶アメ古代，角川世，新潮美（ボナンパク），世界考古（ボナンパク），世界美5（ボナムパック）

ホヌータ　Jonuta
南部、タバスコ州東部。マヤ遺跡。
　¶新潮美

ポポカテペトル山腹の16世紀初頭の修道院群
Earliest 16th-Century Monasteries on the Slopes of Popocatepetl
ポポカテペトル山の1800m付近の山腹の町に点在。スペイン人が先住民へのキリスト教布教活

動のため建てた修道院群。野外礼拝堂、ゴシック様式のドーム型天井などが当時の先住民への伝道の様子を伝える。

世界遺産（ポポカテペトル山腹の16世紀初頭の修道院群　1994）

¶世遺事, 成世遺下（ポポカテペトル山腹の修道院）〔写〕, 世遺百（ポポカテペトル山腹の16世紀初期の修道院群）, ビジ世遺（ポポカテペトル山腹の16世紀初頭の修道院）〔写〕, ユネ世遺1（ポポカテペトル山麓の16世紀の修道院群）〔写〕

マタカパン　Matacapan
メキシコ湾岸低地南部のベラクルス州南部のトゥシュトラ山脈中。古典期の都市遺跡。先古典期前期に居住開始。

¶アメ古代

魔法使いのピラミッド
Pyramid of Magician
ウシュマルにある。マヤ古典期後期。数百年の間に梯形になった5つの神殿が積み重ねられできたもの。高さ26m。

¶大遺跡13（ウシュマルー魔法使いのピラミッド）〔写〕, 文化史蹟8 p68〔写〕

マヤパン　Mayapán
ユカタン半島北部。後古典期後期のマヤ低地北部最大の都市遺跡。城壁に防御された4.2平方kmの区域に4千以上の建造物が林立した。

¶アメ古代〔写〕, 新潮美, 世界考古, 文化史蹟8 p108〔写〕, 平凡社世

マリナルコ　Malinalco
メヒコ州マリナルコ盆地。後古典期後期のアステカ王国の地方センター。アステカ建築が良く保存されている。

¶アメ古代〔写〕, 新潮美, 世界考古, 世界美5

ミトラ　Mitla
オアハカ盆地。後古典期のサポテカ文化の中規模の都市遺跡。凝灰岩製の切石モザイクの幾何学文様で飾られた建築で有名。

世界遺産（オアハカ中部渓谷ヤグルとミトラの先史時代洞窟　2010）

¶アメ古代〔写〕, 古遺地〔図〕, 新潮美, 世界考古, 世界美5, 大遺跡13〔写/図〕, 文化史蹟8〔写p150,158〜162/図p150〕

ミトラの地下の十字形墳墓
ミトラ。600〜1500年頃。建造物の地下に、十字路の形態をした墓室が造営された。

¶大遺跡13（ミトラー地下の十字形墳墓）〔写〕

ミトラの列柱の建造物
ミトラ。後古典期。宮殿都市ミトラの建造物。列柱の建築群で華麗なモザイクで装飾されている。ミトラを代表する建築様式。

¶大遺跡13（ミトラー列柱の建造物）〔写〕, 文化史蹟8 p161（宮殿〔ミトラ〕）〔写〕

メキシコ国立自治大学（UNAM）の中央大学都市キャンパス
Central University City Campus of the Universidad Nacional Autónoma de México (UNAM)
メキシコ・シティの南部。1551年、スペイン国王フェリペ2世により創設された新大陸の最初の大学の一つ。キャンパス内に中央図書館や大学本部塔、オリンピックスタジアムや博物館、美術館などが集中する。

世界遺産（メキシコ国立自治大学（UNAM）の中央大学都市キャンパス　2007）

¶世遺事, 成世遺下（国立自治大学の中央大学都市キャンパス）〔写〕, 世遺百

メキシコシティ・メトロポリタン大聖堂
メキシコ・シティ。カトリック教会の大聖堂。16世紀に建設開始。1818年に完成。

世界遺産（メキシコ・シティ歴史地区とソチミルコ　1987）

¶遺建5（メキシコシティの聖堂）〔写/図〕, 歴史建築（メトロポリタン大聖堂）〔写/図〕

メキシコ・シティ歴史地区とソチミルコ
Historic Centre of Mexico City and Xochimilco
メキシコシティーとソチミルコ。メキシコシティーの中央広場の大聖堂の地下でアステカ帝国時代の石積みが発見され、アステカ帝国の遺構の上に建設された都市であることが判明した。水郷ソチミルコでは、チナンパ（浮き畑）と呼ばれるアステカ人の独創的な農耕法が受け継がれている。

世界遺産（メキシコ・シティ歴史地区とソチミルコ　1987）

¶世遺事（メキシコシティーの歴史地区とソチミルコ）, 成世遺下〔写〕, 世遺百（メキシコ・シティ歴史中心地区、ソチミルコ）, ビジ世遺（メキシコ・シティの歴史地区とソチミルコ）〔写〕, ユネ世遺1（メキシコ・シティの歴史地区とソチミルコ）〔写〕, ラテンア（ソチミルコ）

メリダ　Mérida
ユカタン州の州都。16世紀半ば、古代マヤ都市のあとにモンテホにより都市が建設され植民地初期の建物が残る。白壁に囲まれ「白亜の都」とも呼ばれる。

¶ラテンア

モレリア歴史地区
Historic Centre of Morelia
ミチョアカン州の州都モレリア。16世紀以降の植民時代の姿が残る旧市街。中央広場を中心に碁盤目状に道路が配され、大聖堂、サン・ニコ

メキシコ

ラス神学校（現ミチョアカン州立大学）、石造の水道橋など、壮麗なコロニアル様式を伝える遺構が残る。

[世界遺産]（モレリア歴史地区　1991）
¶世遺事（モレリアの歴史地区），成世遺下〔写〕，世遺百（モレリア歴史中心地区）〔写〕，ビジ世遺（モレリアの歴史地区）〔写〕，ユネ世遺1（モレリアの歴史地区）〔写〕

モンテ・アルバン　Monte Albán
オアハカ盆地。先古典期・古典期最大の都市遺跡。ピラミッド型の神殿、宮殿、天文台、球戯場などの遺跡が残る。
[世界遺産]（オアハカ歴史地区とモンテ・アルバンの古代遺跡　1987）
¶アメ古代〔写〕，角川世（モンテ・アリバン），古遺地〔図〕，新潮美，世界考古，世界美6〔写〕，大遺跡13〔写/図〕，文化史蹟8 p153〔写p151～157/図p150〕，ラテンア

モンテ・アルバンの球戯場
モンテ・アルバン。前200～後600年頃。中央広場の北東端にある。全体がI字形につくられている。
¶大遺跡13（モンテ・アルバン一球戯場）〔写〕

ヤグル　Yagul
オアハカ盆地。後古典期前期の山上都市遺跡。先古典期の中期に建設。
[世界遺産]（オアハカ中部渓谷ヤグルとミトラの先史時代洞窟　2010）
¶アメ古代〔写〕，新潮美（ヤグール）

ヤシュチラン　Yaxchilán
チアパス州ウスマシンタ川を見下ろす丘陵に立地。古典期の都市遺跡。
¶アメ古代〔図（リンテル8）〕，新潮美，世界考古

ヤシュナ　Yaxuná
ユカタン州。先古典期・古典期の小都市遺跡。「北のアクロポリス」から、古典期前期の王墓が2つ出土。
¶アメ古代

ラグーナ・ソペ　Laguna Zope
オアハカ州太平洋沿岸地域。先古典期の大センター。前1500年から後300年頃まで居住された。
¶アメ古代

ラグーナ・デ・ロス・セロス
Laguna de los Cerros
メキシコ湾岸低地南部のベラクルス州。先古典期と古典期の大センター。先古典期前期に居住開始。
¶アメ古代

ラ・ケマーダ　La Quemada
サカテカス州。古典期の要塞センター。居住は最盛期の後650～750年を中心とした500～900年。
¶アメ古代，古遺地（ラ・ケマダ）〔図〕，新潮美

ラス・ボカス　Las Bocas
プエブラ州イスカル・デ・マタモロス盆地南東端の丘陵の下に立地。先古典期前期の集落遺跡。オルメカ美術様式の土器や土偶が出土。
¶アメ古代，新潮美

ラナス　Ranas
メキシコ市北東のケレタロ州シエラ・ゴルダ地域。セラノ文化の古典期・後古典期前期のセンター。神殿ピラミッド、3つの球技場、住居跡など150の建造物跡がある。
¶アメ古代

ラブナー　Labná
ユカタン半島オシュクツカブ近郊。マヤ古典期後期の遺跡。碑文の刻まれた石碑や採石場跡が発見されている。「ラブナー・アーチ」と呼ばれる持ち送り式穹窿をもつ建造物もある。
¶世界美6，大遺跡13〔写〕，文化史蹟8〔写p47，54～57〕

ラブナーのアルコ　Arco, Labná
ラブナーにある。マヤ古典期後期。アルコ（アーチ）と呼ばれる建物。ゆるやかにカーブしたアーチは、プウク式の長靴形をした石でできている。
¶大遺跡13 p64（アーチ（ラブナー））〔写〕，文化史蹟8 p56（アルコ）〔写〕

ラブナーの宮殿　Palace, Labná
ラブナーにある。マヤ古典期後期。宮殿と呼ばれる大建築の一部。入り口の円柱、壁面の円柱モティーフにプウク様式がみられる。
¶文化史蹟8 p56（宮殿〔ラブナー〕）〔写〕

ラブナーのミラドール（展望台）
Mirador, Labná
ラブナーにある。9～10世紀。宮殿や広場の反対向きに建てられた。上部だけ復元。
¶大遺跡13 p64（ミラドール（展望台））〔写〕

ラ・ベンタ　La Venta
メキシコ湾岸低地南部のタバスコ州。オルメカ文明の大センター。前1700年頃に居住開始、前900～前400年に栄えた。
¶アメ古代〔写〕，新潮美，世界考古，大遺跡1〔写〕，ラテンア

ラ・モハーラ　La Mojarra
メキシコ湾岸低地南部のベラクルス州。先古典期後期の集落遺跡。アクラ川岸で発見された「石碑1」は、約400字の長い碑文と支配層の人物像が刻まれている。

¶アメ古代〔図(石碑1)〕

ラ・リベルタ　La Libertad
チアパス州グリハルバ川上流域。先古典期中期・後期の大センター。ピラミッドと広場が南北の軸に沿って規則的に配置される。
¶アメ古代

ランビティエコ　Lambityeco
オアハカ州オアハカ市とミトラの中間。サポテカ文化の遺跡。モンテ・アルバンⅢB期(500-800)に対応する。
¶新潮美

リオ・ペスケーロ　Río Pesquero
メキシコ湾岸低地南部のベラクルス州。オルメカ文明のセンター。25点の人間の顔の翡翠製仮面、数百点の翡翠製品が見つかった。
¶アメ古代

リオ・ベック　Río Bec
カンペチェ州。古典期の都市遺跡。主要時期は後600～830年。「宮殿・塔建築」が有名。
¶アメ古代

リュウゼツランの景観と古代テキーラ産業施設群
Agave Landscape and Ancient Industrial Facilities of Tequila
テキーラ火山の山麓とリオ・グランデ川の間。テキーラの原料であるリュウゼツランの栽培地や醸造所群。製造は16世紀に始まる。18世紀に建てられた始めた蒸留所は干し煉瓦造りでバロック様式の装飾。
世界遺産(リュウゼツラン景観と古代テキーラ産業施設群　2006)
¶世遺事(テキーラ(地方)のリュウゼツランの景観と古代産業設備), 成世遺下(竜舌蘭栽培景観とテキーラ工場)〔写〕, 世遺百(リュウゼツラン景観と古代テキーラ産業施設)〔写〕

ルイス・バラガン邸と仕事場
Luis Barragán House and Studio
メキシコシティ郊外のタクバヤ。1948年、建築家ルイス・バラガンが建てた自邸と仕事場。コンクリート製、3階建て。モダニズム建築とメキシコの伝統建築を融合させた独自のスタイル。
世界遺産(ルイス・バラガン邸と仕事場　2004)
¶世遺事, 成世遺下(ルイス・バラガンの邸宅)〔写〕, 世遺百

レモハーダス　Remojadas
メキシコ湾岸低地中央部のベラクルス州。先古典期後期・古典期前期のレモハーダス様式の土偶の標識遺跡。
¶アメ古代, 新潮美

ロルトゥン洞窟　Loltún
ユカタン州。先古典期後期の洞窟遺跡。男性人物像や、ユカタン半島北部で最古のマヤ文字の浅浮き彫りがある。
¶アメ古代〔図(男性人物像とマヤ文字の拓本)〕

鷲の神殿　Temple of Eagles
チチェン・イッツァーにある。マヤ後古典期前期。方形の低い基壇。4面にある階段の両側に羽毛の蛇、上の方に蛇の頭の石彫がある。
世界遺産(古代都市チチェン-イッツァ　1988)
¶文化史蹟8 p99〔写〕

北米・中米

アルゼンチン　　　　　　　　　　　*650*

南米

アルゼンチン

アヤンピティン　Ayampitín
コルドバ州の同名の州都の北西約75km。先土器時代の遺跡。アーモンド形の小型尖頭器はアヤンピティン型と呼ばれる。
　　　¶世界考古

アンパハンゴ　Ampajango
トゥクマンの西約80kmのサンタ・マリア谷沿い。遺物散布地。握斧状石器、スクレーパーなどを発見。前1万年頃と推定。
　　　¶世界考古

インティワシ洞穴
サン・ルイス州の同名の州都の北東約70km。洞穴遺跡。最下層（Ⅳ層）はアヤンピティン型式の柳葉形尖頭器が特徴。
　　　¶世界考古

ウマワカの渓谷　Quebrada de Humahuaca
フフイ州。グランデ川が形成した渓谷に植民地時代の教会や役場や独立記念碑、それ以前の時代の集落が残る。
　　　世界遺産（ケブラーダ・デ・ウマワーカ　2003）
　　　¶世遺事, 成世遺下（ウマウアカ渓谷）〔写〕,
　　　世遺百（ケブラーダ・デ・ウマウアカ）〔写〕,
　　　ビジ世遺（ウマウアカ渓谷）〔写〕

オンガミラ　Ongamira
コルドバの北北西約65km。岩陰遺跡。4文化層を確認。メンギンは最下層を前3千年と推定。
　　　¶世界考古

カパック・ニャン　アンデスの道
Qhapaq Ñan, Andean Road System
アンデス山脈一帯。インカ帝国が整備した道路網。15世紀には総延長3万kmに拡大。橋や階段、石畳、側溝などが残る。
　　　世界遺産（カパック・ニャン　アンデスの道　2014）
　　　¶世遺事（カパック・ニャン、アンデス山脈の道路網）

グアラニー人のイエズス会伝道所：サン・イグナシオ・ミニ、ノエストラ・セニョーラ・デ・ロレト、サンタ・マリア・マジョール（アルゼンチン）、サン・ミゲル・ミソオエス遺跡（ブラジル）
Jesuit Missions of the Guaranis: San Ignacio Mini, Santa Ana, Nuestra Señora de Loreto and Santa Maria Mayor (Argentina), Ruins of Sao Miguel das Missoes (Brazil)
ブラジル・アルゼンチン国境。17世紀から18世紀イエズス会が、先住民グアラニー人にキリスト教を広めるための拠点とした集落遺跡。ノエストラ・セニョーラ・デ・ロレトは現存する最古のイエズス会伝道所。
　　　世界遺産（グアラニーのイエズス会伝道施設群：サン・イグナシオ・ミニ、サンタ・アナ、ヌエストラ・セニョーラ・デ・ロレート、サンタ・マリア・ラ・マジョール（アルゼンチン）、サン・ミゲル・ダス・ミソオエス遺跡群（ブラジル）　1983, 1984）
　　　¶世遺事, 成世遺下（グアラニーのイエズス会伝道施設）〔写〕, 世遺百（グアラニーのイエズス会伝道施設：サン・イグナシオ・ミニ、サンタ・アナ、ヌエストラ・セニョーラ・デ・ロレート、サンタ・マリア・ラ・マジョール／サン・ミゲル・ダス・ミソオエス遺構）, ビジ世遺（グアラニーのイエズス会伝道施設）〔写〕, ユネ世遺2（グアラニー族のイエズス会伝道所）〔写〕

コルドバのイエズス会管区とエスタンシアス
Jesuit Block and Estancias of Córdoba
コルドバ。17世紀、イエズス会が建造したイエズス会地区と集落跡。コルドバ大学、イグレシア・コンパーニャ・デ・イエズス教会、イエズス会士居住地、エスタンシア（農牧場）など。
　　　世界遺産（コルドバのイエズス会管区とエスタンシアス　2000）
　　　¶世遺事（コルドバのイエズス会街区と領地）, 成世遺下（コルドバのイエズス会聖堂と居住区）〔写〕, 世遺百（コルドバのイエズス会管区とエスタンシア）, ビジ世遺（コルドバのイエズス会聖堂と居住区）〔写〕, ラテンア（コルドバ）

コロン劇場　Teatro Colón
ブエノスアイレス市。オペラ劇場。ミラノのス

カラ座、パリのオペラ座と並ぶ世界三大劇場の一つ。1899年に着工、1908年建築家ビクトル・メアノの手で完成。

　　¶ラテアナ〔図〕

ティルカラ　Tilcara
フフイ州ウマワカ渓谷。インカ並行期の城砦遺跡。プカラ・デ・ティルカラとも呼ばれる。ウマワカ渓谷一帯は世界文化遺産に登録。

　　¶アメ古代

リオ・ピントゥラスのクエバ・デ・ラス・マノス　Cueva de las Manos, Río Pinturas
サンタクルス州のパタゴニア地方。峡谷の両岸にある多くの手形が残された洞窟壁画。1万2千年前、狩猟民族によって描かれた。

　　世界遺産（リオ・ピントゥラスのクエバ・デ・ラス・マノス　1999）

¶アメ古代（ラス・マノス洞窟）〔写（洞窟の手形）〕，世遺事（ピントゥラス川のラス・マーノス洞窟），成世遺下（リオ・ピントゥラス渓谷の「手の洞窟」）〔写〕，世遺百，ビジ世遺（リオ・ピントゥラス渓谷の「手の洞窟」）〔写〕

ル・コルビュジエの建築作品―近代化運動への顕著な貢献
The Architectural Work of Le Corbusier, an Outstanding Contribution to the Modern Movement
フランス、スイス、ベルギー、ドイツ、インド、アルゼンチン、日本の7ヶ国にある17件の建築物群が世界遺産登録。フランスで主に活躍した建築家・都市計画家のル・コルビュジエ（1887-1965）が手がけた建築物。アルゼンチンでは、クルチェット邸が構成資産となっている。

　　世界遺産（ル・コルビュジエの建築作品―近代建築運動への顕著な貢献―　2016）

　　¶世遺事

ウルグアイ

カタラン・チコ　Catalán Chico
モンテビデオの北約500km。クアレイム川の支流カタラン・チコ川沿いで発見された先土器時代の遺跡。

　　¶世界考古

コロニア・デル・サクラメントの歴史地区
Historic Quarter of the City of Colonia del Sacramento
ラプラタ川の河口に面する港湾都市。1680年にポルトガルが貿易港として建設、1777年にスペイン領となったウルグアイ最古の町。両国の建築様式が混在した町並みとなっている。

　　世界遺産（コロニア・デル・サクラメントの歴史的街

並み　1995）

　　¶世遺事，成世遺下（コロニア・デル・サクラメント歴史地区）〔写〕，世遺百（コロニア・デル・サクラメント歴史街区）〔写〕，ビジ世遺〔写〕，ユネ世遺13〔写〕

フライ・ベントスの文化的・産業景観
Fray Bentos Industrial Landscape
リオ・ネグロ県の県都のフライ・ベントス市。1859年に創設された食肉加工工場を中心に発展した産業建築物群。工場、港湾施設、居住区、放牧施設、緑地帯などからなる。

　　世界遺産（フライ・ベントスの産業景観　2015）

　　¶世遺事

エクアドル

インガピルカ　Ingapirca
クエンカ州カニャル郡。インカ帝国の地方拠点であった遺跡。16世紀初頭に建てられたと考えられる石造建造物がそびえ立つ。

　　¶アメ古代〔写〕，新潮美

エル・インガ　El Inga
首都キト市の東。イラオ山中の遺跡。石器の製作遺跡でもあるが、明確な遺構は発見されていない。

　　¶アメ古代，世界考古

カパック・ニャン アンデスの道
Qhapaq Ñan, Andean Road System
アンデス山脈一帯。インカ帝国が整備した道路網。15世紀には総延長3万kmに拡大。橋や階段、石畳、側溝などが残る。

　　世界遺産（カパック・ニャン アンデスの道　2014）

　　¶世遺事（カパック・ニャン、アンデス山脈の道路網）

キト市街　City of Quito

キト。16世紀にスペインに征服され、キリスト教布教の拠点となる。サン・フランシスコ修道院、サント・ドミンゴ教会、ラ・コンパニーア聖堂などが残る。

世界遺産（キト市街　1978）
　¶世遺事, 成世遺下〔写〕, 世遺百〔写〕, ビジ世遺〔写〕, ユネ世遺2（キトの市街）〔写〕, ラテンア（キト）

コチャスキ　Cochasquí

ピチンチャ州グァイリャバンバ市の郊外。統合期からインカ期の遺跡。15の異なる大きさのピラミッド状基壇よりなる。
　¶アメ古代〔写〕

コトコリャオ　Cotocollao

首都キトが築かれたキト台地の北端。形成期の集落遺跡。後のペルー海岸部で卓越する鐙形土器の原型が見つかっている。
　¶アメ古代

サンタ・アナ・デ・ロス・リオス・クエンカの歴史地区

Historic Centre of Santa Ana de los Ríos de Cuenca

クエンカ市。1557年にスペイン人が建設。石畳の道、大聖堂、サン・フランシスコ教会など植民地時代の建造物が残る。

世界遺産（サンタ・アナ・デ・ロス・リオス・クエンカの歴史地区　1999）
　¶世遺事, 成世遺下（クエンカ歴史地区）〔写〕, 世遺百（サンタ・アナ・デ・ロス・リオス・クエンカ歴史中心地区）, ビジ世遺（サンタ・アナ・デ・ロス・リオス・デ・クエンカの歴史地区）

〔写〕

チョブシ洞窟　Chobshi

アスワイ州シグシグ郡。海抜2400mのアンデス山中にある洞窟。前8060～前5585年頃の人間の利用を確認。
　¶アメ古代

トメバンバ　Tomebamba

南部山地のクエンカ市中心部。かつてのインカ期の地方センター。第11代インカ王ワイナ・カパックがエクアドル南部に住むカニャリ人を攻略後、建設したといわれる。
　¶アメ古代

バルディビア　Valdivia

グアヤキル港の西約90km、太平洋岸。貝塚遺跡。アメリカ大陸で最古の土器文化（前3千年頃）であるとされる。大きさはおよそ150m×160mで、住居、炉、墓が確認された。
　¶遺跡100〔写（土器・土偶）/図（住居復元図）〕, 新潮美, ラテンア（バルディビア文化）

プカラ・デ・ルミクチョ

Pucará de Rumicucho

首都キト市。統合期の中でもインカ期にあたる城砦。自然の丘を利用し、頂上部には5段のテラスを築いている。
　¶アメ古代

レアル・アルト　Real Alto

グァヤス州サンタ・エレナ半島南部。バルディビア文化の遺跡。前2800～前2600年頃に最大発展。祭祀建造物のある長方形の広場を住居群が囲む。
　¶アメ古代〔図（住居復元図）〕

オランダ領キュラソー

港町ヴィレムスタット歴史地域、キュラソー島

Historic Area of Willemstad, Inner City and Harbour, Curaçao

キュラソー島の南東部のヴィレムスタット市。オランダ西インド会社は、1634年にキュラソー島に居留地ヴィレムスタットを建設。オランダ、スペイン、ポルトガルの建築様式が混在するカラフルな町並みが特徴的。アムステルダム要塞などの要塞をはじめ、17世紀に建造された切妻

屋根の家や、パステルカラーの商館、18世紀以降のクラサオ・バロック様式の建造物がある。

世界遺産（港町ヴィレムスタット歴史地域、キュラソー島　1997）
　¶世遺事（キュラソー島の港町ウィレムスタト市内の歴史地区）, 成世遺下（ウィレムスタット歴史地区）〔写〕, 世遺百（港町ヴィレムスタット歴史地域とキュラソー（クラサオ）島）〔写〕, ビジ世遺（オランダ領アンティルの港町ウィレムスタットの歴史地区）〔写〕, ラテンア（ウィレムスタット）

コロンビア

エル・アブラ　El Abra
首都ボゴタ近郊。岩陰遺跡。2号岩陰からは、片面加工石刃、剥片石器が出土。
¶ アメ古代

カパック・ニャン　アンデスの道
Qhapaq Ñan, Andean Road System
アンデス山脈一帯。インカ帝国が整備した道路網。15世紀には総延長3万kmに拡大。橋や階段、石畳、側溝などが残る。
世界遺産 (カパック・ニャン　アンデスの道　2014)
¶ 世遺事 (カパック・ニャン、アンデス山脈の道路網)

カルタヘナの港、要塞、建造物群
Port, Fortresses and Group of Monuments, Cartagena
カルタヘナ。サン・フェリペ要塞、サン・フェルナンド要塞、サン・ペドロ・クラベール聖堂、旧宗教裁判所など、スペイン植民地時代の要塞や建造物群が残る。
世界遺産 (カルタヘナの港、要塞群と建造物群　1984)
¶ 世遺事、成世遺下 (カルタヘナの港、要塞と建造物) 〔写〕、世遺百、ビジ世遺 (カルタヘナの港、要塞と建造物)、ユネ世遺2 (カルタヘナの港、要塞、歴史的建造物群) 〔写〕、ラテンア (カルタヘナ)

コロンビアのコーヒー産地の文化的景観
Coffee Cultural Landscape of Colombia
西部、カルダス県、リサラルダ県、バジェ・デル・カウカ県の47の自治体に展開。アンデス山脈の西側と中央部の麓にあるコーヒー生産の農業景観が世界遺産に登録された。アンティオキア州のスペイン植民地時代の建築物が残る。
世界遺産 (コロンビアのコーヒー産地の文化的景観　2011)
¶ 世遺事 (コロンビアのコーヒーの文化的景観)、成世遺下 (コロンビアのコーヒー生産の歴史的景観) 〔写〕、世遺百

サン・アグスティン遺跡公園
San Agustín Archeological Park
ウィラ県の南部のジャングル、マグダレナ川源流部のアンデス山脈の山中。6世紀から12世紀にかけてつくられた遺跡群。人物や動物の石像が残る。
世界遺産 (サン・アグスティン遺跡公園　1995)
¶ アメ古代 (サン・アグスティン) 〔写〕、古遺地 (サン・アグスティン) 〔図〕、新潮美 (サン・アグスティン)、世遺事、成世遺下 〔写〕、世遺百 〔写〕、世界考古 (サン・アグスティン)、大遺跡1 (サン・アグスティン) 〔写〕、ビジ世遺 〔写〕、文化史蹟9 p54 (サン・アグスティン遺蹟) 〔写〕、ユネ世遺13 (サン・アグスティン考古公園) 〔写〕、ラテンア (サン・アグスティン)

サンタ・クルーズ・デ・モンポスの歴史地区
Historic Centre of Santa Cruz de Mompox
カルタヘナから南へ248km、マグダレナ川の畔。1540年にスペイン人が建設した都市。サンタ・バルバラ聖堂、サン・アグスティン教会、サント・ドミンゴ教会など、コロニアル様式の建造物が残る。
世界遺産 (サンタ・クルーズ・デ・モンポスの歴史地区　1995)
¶ 世遺事、成世遺下 (サンタ・クルス・デ・モンポス歴史地区) 〔写〕、世遺百 (サンタ・クルス・デ・モンポス歴史中心地区)、ビジ世遺 (サンタ・クルス・モンポスの歴史地区) 〔写〕、ユネ世遺13 (サンタ・クルス・デ・モンポスの歴史地区) 〔写〕

サン・ニコラス　San Nicolás
北西部。先土器時代の遺跡。フリント製の不定形のスクレーパーなどが出土。
¶ 世界考古

サン・ハシント　San Jacinto
アンデス山脈西山系の麓。移動性の高い集団が乾季に利用したと想定される遺跡。年代は未補正で前4050年から前3350年。
¶ アメ古代

ティエラデントロ国立遺跡公園
National Archeological Park of Tierradentro
南部カウカ県の標高1754mにある考古学地域。北アンデスの山岳地帯にあり、6〜10世紀に先住民がつくった人物の彫像や数多くの墓室がある。
世界遺産 (ティエラデントロ国立遺跡公園　1995)
¶ 新潮美 (ティエラデントロ)、世遺事、成世遺下 〔写〕、世遺百、ビジ世遺 〔写〕、ユネ世遺13 (ティエラデントロ国立考古公園) 〔写〕

バルロベント　Barlovento
カルタヘナ市の北10km。カリブ海と内陸の干潟双方に面した貝塚。前1560〜前1030年頃。
¶ アメ古代、世界考古

プエルト・オルミーガ　Puerto Hormiga
カルタヘナ市の南。カリブ海に面した貝塚。南米でも最古の部類に入る土器が出土したことで有名。

スリナム 654

¶アメ古代, 新潮美, 世界考古(プエルト・オル
ミガ)

モミル Momíl
シヌー川下流にある遺跡。遺跡はおそらく集落

址で, 数百平方mの範囲の厚さ3mを越す包含層
から, 30万点以上の土器片, 土偶・石器・骨角器
などが出土。Ⅰは前1千年紀前半, Ⅱはその後半。
¶世界考古

スリナム

パラマリボ市街歴史地区
Historic Inner City of Paramaribo
首都パラマリボの中央部のパラマリボ地区。
1540年先住民集落にフランス人が植民、1816年
オランダ統治下となったスリナムの首都。オラ
ンダ植民地時代の旧総督府、大聖堂、砦などが

残る。

世界遺産(パラマリボ市街歴史地区 2002)
¶世界遺事(パラマリボ市街の歴史地区), 成世遺
下(パラマリボ歴史地区)〔写〕, 世遺百(パラ
マリボ歴史中央市街), ビジ世遺(パラマリボの
歴史地区)〔写〕, ラテンア(パラマリボ)

チ　リ

アフ Ahu
イースター島。石像(モアイ)の立っていた宗教
遺跡。前方に敷石のあるプラットフォームの台
座に石像を1~15立てたアフが240余ヵ所もあっ
たと報告されている。
¶世界考古〔写〕

アフ・アキヴィ
イースター島。島内のアフ(石壇)の一つ。丘を
背にモアイが立つ。
¶大遺跡1(イースター島—アフ・アキヴィ)〔写〕

アフ・ヴィナプ Ahu Vinapu
イースター島南西部ヴィナプ。宗教遺跡。後850
年から1830年の間に、早期・中期・後期の3文化
期があった。
¶世界考古〔写〕

アフ・タハイ
イースター島。島内のアフ(石壇)の一つ。倒れ
ていたモアイをアフの上に復元した。
¶大遺跡1(イースター島—アフ・タハイ)〔写〕

イースター島 Easter Island
チリ中部西岸から約3600km西の太平洋上。ポリ
ネシアの最東端にある孤立する火山島。島民は
島をラパヌイまたはテピトオテヘヌアと呼ぶ。
島内各地にモアイと呼ばれる巨大な石像がある
ことで知られる。
世界遺産(ラパ・ヌイ国立公園 1995)
¶オセアニア(イースター[島])〔写(モアイ)〕,
オ西洋美(ポリネシア美術〔イースター島〕)
〔写〕, 新潮美, 世遺地, 世界考古, 世歴大2

〔図(巨石像)〕, 大遺跡1〔写/図〕

オロンゴ Orongo
イースター島。全島共有の最も重要な祭祀場。
「鳥の儀式」の行なわれた場所。
¶世界考古〔写〕

ガッチ Ghatchi
アタカマ高地のサン・ペドロの北東約20km。遺
物散布地。現在塩湖となっているがかつては湖
であった。
¶世界考古

カパック・ニャン アンデスの道
Qhapaq Ñan, Andean Road System
アンデス山脈一帯。インカ帝国が整備した道路
網。15世紀には総延長3万kmに拡大。橋や階段、
石畳、側溝などが残る。
世界遺産(カパック・ニャン アンデスの道 2014)
¶世遺事(カパック・ニャン、アンデス山脈の道
路網)

キアニ Quiani
アリカの南4km。先土器時代の貝塚。粗雑な打
製礫器、石鉢、石皿、磨石、石錘などが使われた。
¶世界考古

セウェルの鉱山都市 Sewell Mining Town
ベルナルド・オヒギンス州、カチャポアル県マ
チャリ市。銅山で働く労働者の居住地として建
設された鉱山都市。通年利用が可能な山岳地帯
の鉱山住居としては20世紀唯一のもの。
世界遺産(シーウェル鉱山都市 2006)

南米

¶世遺事，成世遺下（鉱山都市スウェル）〔写〕，
世遺百（シーウェル鉱山都市）

タワ・タワ　Tagua Tagua
サンティアゴの南約150km。先土器時代の遺跡。
絶滅した動物の骨に伴って，二次加工のある剥
片，石核，骨製のフレーカーなどが発見。年代
は前9400。

¶アメ古代（タグワ・タグワ）〔写（魚尾形尖頭
器）〕，世界考古

タンガタ・マヌの浮彫（オロンゴ）
イースター島。1500年頃から1867年まで続いた
タンガタ・マヌ（鳥人）の儀礼に関する，石に彫
られた鳥人の図像。

¶大遺跡1（イースター島—タンガタ・マヌの浮彫
（オロンゴ））〔写〕

チロエ島の教会群　Churches of Chiloé
チリ領パタゴニアチロエ島。17〜18世紀にイエ
ズス会の教会として建設された木造建築。

世界遺産（チロエの教会群　2000）

¶世遺事，成世遺下（チロエの聖堂）〔写〕，世
遺百（チロエの教会堂群），ビジ世遺（チロエの
聖堂）〔写〕

パリ・アイケ洞窟　Palli Aike
マガリャーネス州。洞窟遺跡。ミロドン（オオナ
マケモノ）やウマなど大型絶滅動物の骨が出土。

¶アメ古代〔写〕

バルパライーソの海港都市の歴史的街並み
Historic Quarter of the Seaport City of Val-
paraíso
バルパライソ州の州都バルパライソ。南米太平
洋岸最大の貿易港。港を囲んで丘があり市街に
は急な坂道や石段が続く。16世紀のスペイン植
民都市の町並みが残る。

世界遺産（バルパライーソの海港都市の歴史的街並み
2003）

¶世遺事（海港都市バルパライソの歴史地区），
成世遺下（バルパライソ歴史地区）〔写〕，世遺
百（海港都市バルパライーソの歴史街区），ビジ
世遺（港町バルパライソの歴史地区）〔写〕，ラ
テンア（バルパライソ）

ハンバーストーンとサンタ・ラウラの硝石工場群
Humberstone and Santa Laura Saltpeter
Works
タラパカ州のイキケ（州都）の東約45kmの所に
ある。19〜20世紀に建てられた硝石工場跡。

世界遺産（ハンバーストーンとサンタ・ラウラ硝石工
場群　2005）

¶世遺事，成世遺下（ハンバーストーンとサン
タ・ラウラ）〔写〕，世遺百（ハンバーストーン
とサンタ・ラウラ硝石工場群）〔写〕

ピチャロ　Pichalo
アリカの南113kmの太平洋岸。貝塚。I〜IIIの3
時期に分けられた。I・II期は先土器時代で，III期
になると土器が現われる。

¶世界考古

フェルズ洞窟　Fell's
マガリャーネス州、マゼラン海峡近く。パレオ
インディアンの洞窟遺跡。オオナマケモノやウ
マの骨が魚尾形尖頭器とともに出土。

¶アメ古代

船形の住居跡（テペウ）　ふながたのじゅうきょ
あとてぺう★
イースター島。カヌー形の住居。草で屋根を葺
いた。長さ約45m。

¶大遺跡1（イースター島—船形の住居跡（テペ
ウ））〔写〕

モアイ　Moai
イースター島。イースター島の石像、木製像の
呼称。ラノララク山の外側斜面と旧火口内斜面
でつくられ、アフ（祭祀場）まで運んだ。アフに
立つ石像には眼が刻まれている。

世界遺産（ラパ・ヌイ国立公園　1995）

¶世界考古〔写〕，世歴大19，大遺跡1（イース
ター島—モアイ）〔写〕

モンテ・ベルデ　Monte Verde
マウジン川の支流であるチンチワピ川の畔。野
外遺跡。マストドンの骨が出土しており氷期の
遺跡である可能性が高い。

¶アメ古代〔写〕，遺跡100（モンテ・ヴェルデ）
〔写/図〕

ラノララク山　Ranoraraku
イースター島の南東部。モアイの製作場所であっ
た。未完の石像が山腹に横たわっている。

¶世界考古〔写〕

ラパ・ヌイ国立公園
Rapa Nui National Park
イースター島（公式名：パスクア島）。移住して
きたポリネシア人が建造物や彫像、10〜16世紀
には巨大石像モアイをつくった。洞窟内の壁画
や住居跡がある。

世界遺産（ラパ・ヌイ国立公園　1995）

¶世遺事，成世遺下〔写〕，世遺百〔写〕，ビジ
世遺（ラパ・ヌイ（イースター島）国立公園）
〔写〕，ユネ世遺13〔写〕

パラグアイ　　　　　656

パラグアイ

ラ・サンティシマ・トリニダード・デ・パラナとヘスス・デ・タバランゲのイエズス会伝道所
Jesuit Missions of La Santísima Trinidad de ParanÁ and Jesús de Tavarangue

アスンシオンの南東、エンカルナシオンの近く。17世紀、イエズス会がグアラニー人のキリスト教化のためレドゥシオン（インディオ教化集落）を建設。聖堂の一部や宣教師たちの住居などが残る。

> 世界遺産（ラ・サンティシマ・トリニダード・デ・パラナとヘスース・デ・タバランゲのイエズス会伝道施設群　1993）
> ¶世遺事，成世遺下（パラナ川流域のイエズス会伝道施設）〔写〕，世遺百（ラ・サンティシマ・トリニダード・デ・パラナとヘスース・デ・タバランゲのイエズス会伝道施設群），ビジ世遺（パラナ川流域のイエズス会伝道施設）〔写〕，ユネ世遺2（パラナ川北岸のイエズス会伝道所）〔写〕

ブラジル

南米

オウロ・プレート歴史都市
Historic Town of Ouro Preto

ミナス・ジェライス州。17世紀のゴールデンラッシュで金鉱採掘のため建設された都市。ポルトガル統治時代のコロニアル建築のサン・フランシスコ・ジ・アシス教会やボン・ゼズス・マトジンニョ教会などが残る。

> 世界遺産（古都オウロ・プレト　1980）
> ¶世遺事（オウロ・プレートの歴史都市），成世遺下（オウロ・プレート歴史地区）〔写〕，世遺百（歴史都市オウロ・プレト）〔写〕，ビジ世遺（オウロ・プレートの歴史地区）〔写〕，ユネ世遺2（オーロ・プレートの歴史地区）〔写〕，ラテンア（オウロ・プレト）

オリンダの歴史地区
Historic Centre of the Town of Olinda

ペルナンブコ州北東部の州都レシフェの郊外。ブラジル最初のポルトガルの植民地。16〜18世紀のコロニアル様式の建築物が残る。

> 世界遺産（オリンダ歴史地区　1982）
> ¶世遺事，成世遺下（オリンダ歴史地区）〔写〕，世遺百（オリンダ歴史中心地区）〔写〕，ビジ世遺〔写〕，ユネ世遺2〔写〕，ラテンア（オリンダ）

グアラニー人のイエズス会伝道所：サン・イグナシオ・ミニ、ノエストラ・セニョーラ・デ・ロレト、サンタ・マリア・マジョール（アルゼンチン）、サン・ミゲル・ミソオエス遺跡（ブラジル）
Jesuit Missions of the Guaranis: San Ignacio Mini, Santa Ana, Nuestra Señora de Loreto and Santa Maria Mayor (Argentina), Ruins of Sao Miguel das Missoes (Brazil)

ブラジル・アルゼンチン国境。17世紀から18世紀イエズス会が、先住民グアラニー人にキリスト教を広めるための拠点とした集落遺跡。ノエストラ・セニョーラ・デ・ロレトは現存する最古のイエズス会伝道所。

> 世界遺産（グアラニーのイエズス会伝道施設群：サン・イグナシオ・ミニ、サンタ・アナ、ヌエストラ・セニョーラ・デ・ロレート、サンタ・マリア・ラ・マジョール（アルゼンチン）、サン・ミゲル・ダス・ミソオエス遺跡群（ブラジル）　1983, 1984）
> ¶世遺事，成世遺下（グアラニーのイエズス会伝道施設）〔写〕，世遺百（グアラニーのイエズス会伝道施設：サン・イグナシオ・ミニ、サンタ・アナ、ヌエストラ・セニョーラ・デ・ロレート、サンタ・マリア・ラ・マジョール／サン・ミゲル・ダス・ミソオエス遺構），ビジ世遺（グアラニーのイエズス会伝道施設）〔写〕，ユネ世遺2（グアラニー族のイエズス会伝道所）〔写〕

ゴイアスの歴史地区
Historic Centre of the Town of Goiás

ゴイヤス州の旧州都。ゴールドラッシュでサンパウロから押し寄せたバンディランテ（開拓者）が1727年に建設した都市。聖フランシス教会や聖母マリア教会、ロサリオ教会、宮殿、街路などが当時の面影を残す。

世界遺産（ゴイアス歴史地区 2001）

¶世遺事（ゴイアスの歴史地区），成世遺下（ゴイアス歴史地区）〔写〕，世遺百（ゴイアス歴史中心地区）〔写〕，ビジ世遺〔写〕

コンゴーニャスのボン・ジェズス聖域
Sanctuary of Bom Jesus do Congonhas

ミナス・ジェライス州首都ブラジリアの南東約670km。1771年に建造されたバシリカ式のボン・ジェズス・デ・マトジーニョス聖堂や、小礼拝堂、庭園などの遺跡。

世界遺産（ボン・ジェズス・ド・コンゴーニャスの聖所 1985）

¶世遺事（コンゴーニャスのボン・ゼズス聖域），成世遺下〔写〕，世遺百（ボン・ジェズス・ド・コンゴーニャスの聖所）〔写〕，ビジ世遺〔写〕，ユネ世遺2〔写〕

サルヴァドール・デ・バイアの歴史地区
Historic Centre of Salvador de Bahia

バイア州サルヴァドール。1549年にポルトガル人が建設した都市。シダーデ・アルタ（上町）とシダーデ・バイシャ（下町）に分かれ、上町にはブラジル・バロック様式の建築物が残る。

世界遺産（サルヴァドール・デ・バイア歴史地区 1985）

¶世遺事，成世遺下（サルヴァドル・デ・バイア歴史地区）〔写〕，世遺百（サルヴァドール・デ・バイア歴史中心地区）〔写〕，ビジ世遺（サルヴァドル・デ・バイア歴史地区），ユネ世遺2（サルヴァドル・デ・バイアの歴史地区）〔写〕

サン・クリストヴァンの町のサンフランシスコ広場
São Francisco Square in the town of São Cristóvão

セルジッペ州の州都のアラカジュから25km。16〜17世紀に作られたとされる四角い形の広場。ブラジル北東部で形成された宗教建築様式の典型。

世界遺産（サンクリストヴォンの町のサンフランシスコ広場 2010）

¶世遺事，成世遺下（サン・クリストヴァンの町のサン・フランシスコ広場）〔写〕，世遺百（サン・クリストヴァンのサン・フランシスコ広場）

サンタ・ロザ　Santa Rosa

サン・パウロ州西部のクラロ盆地。先土器時代の遺跡。この地方最大の遺跡で、前8千年頃のものと推定されている。

¶世界考古

サンルイス歴史地区
Historic Centre of São Luís

マラニャン州の州都。ブラジルで唯一フランス人が建設した町。歴史地区の建物ほとんどがタイルで覆われている。

世界遺産（サン・ルイス歴史地区 1997）

¶世遺事（サンルイスの歴史地区），成世遺下（サン・ルイス歴史地区）〔写〕，世遺百（サン・ルイス歴史中心地区）〔写〕，ビジ世遺（サン・ルイスの歴史地区）〔写〕，ラテンア（サン・ルイス）

セラ・ダ・カピバラ国立公園
Serra da Capivara National Park

ピアウイ州のカピバラ山地（セラ・ダ・カピバラ）。奇岩と灌木に覆われた先史時代の遺跡。3万点もの線刻岩絵群や洞窟壁画を発見。

世界遺産（カピバラ山地国立公園 1991）

¶世遺事，成世遺下（セラ・ダ・カピヴァラ国立公園）〔写〕，世遺百（カピバラ山地国立公園），ビジ世遺（セラ・ダ・カピヴァラ国立公園）〔写〕，ユネ世遺2〔写〕

ディアマンティナの歴史地区
Historic Centre of the Town of Diamantina

ミナス・ジェライス州の都市。18世紀ダイヤモンドが発見され栄えた都市。ブラジルにおけるバロック様式の建物の保存状態がよく世界遺産に登録された。

世界遺産（ディアマンティーナ歴史地区 1999）

¶世遺事，成世遺下（ディアマンティナ歴史地区）〔写〕，世遺百（ディアマンティーナ歴史中心地区），ビジ世遺〔写〕

パンプーリャ湖の近代建築群
Pampulha Modern Ensemble

ミナスジェライス州のベロオリゾンテ市。1940年、人工湖の周囲に形成された庭園都市の建築群。建築家オスカー・ニーマイヤー、造園家ロバート・ブール・マルクスらが手がけた。

世界遺産（パンプーリャ近代建築群 2016）

¶世遺事

ブラジリア　Brasilia

首都ブラジリア。ブラジルの首都。俯瞰すると飛行機が翼を広げた形で、建築家ルシオ・コスタが設計。大聖堂、国会議事堂、大統領府などの近代建築が建つ。

世界遺産（ブラジリア 1987）

¶遺建9〔写/図〕，新潮美，世遺事，成世遺下〔写〕，世遺百〔写〕，ビジ世遺〔写〕，ユネ世遺2〔写〕，ラテンア，歴史建築〔写/図〕

ブラジリア・メトロポリターナ大聖堂

ブラジリア。ブラジリア大聖堂とも。1970年オスカー・ニーマイヤーの設計により建造。16本のコンクリート製の支柱による双曲面構造が採り入れられ、支柱の間にはステンドグラスがはめ込まれている。

世界遺産（ブラジリア 1987）

¶空大聖堂（ブラジリアのメトロポリターナ大聖

ベネズエラ　　　　　　　　　　658

堂）〔写〕

マラジョ　Marajó
アマゾン河口にある島。前1千年頃からポルトガル植民地となる。16世紀までの文化の様相が明らかにされている多様な形の土器が豊富に生産された。
　　¶世界考古（マラジョー島），世界美5

ラゴア・サンタ　Lagõa Santa
リオ・デ・ジャネイロの北約380kmの石灰岩地帯。多くの洞穴や岩陰からなる遺跡。多くの洪積世動物の化石骨とともに人骨も発見され、骨製尖頭器、多くの不定形尖頭器、スクレーパー、礫器、磨製石斧を発見。
　　¶世界考古

リオ・デ・ジャネイロ：山と海との間のカリオカの景観群
Rio de Janeiro: Carioca Landscapes between the Mountain and the Sea
リオ・デ・ジャネイロ州の州都リオ・デ・ジャネイロ市。世界三大美港の一つ。コルコバードの丘に立つキリスト像、9世紀初頭に建設された植物園などがある。
　　世界遺産（リオデジャネイロ：山と海の間のカリオッカの景観　2012）
　　¶世遺事，成世遺下（リオ・デ・ジャネイロ、山と海のカリオカの景観）〔写〕，世遺百（リオ・デ・ジャネイロ：山と海の間のカリオカの景観）〔写〕

ベネズエラ

南
米

エル・ホボ　El Jobo
カラカスの西約440kmを流れるペドレガル川沿いの段丘上。石器散布地。45の遺跡が確認され2万点を越える石器が採集された。
　　¶世界考古〔図（石器）〕

カラカスの大学都市
Ciudad Universitaria de Caracas
首都カラカス大都市圏のリベルタドール市。1945〜1960年に建築家カルロス・ラウール・ビリャヌエバらが設計した学園都市。20世紀前半のモダニズムの顕著な例。
　　世界遺産（カラカスの大学都市　2000）
　　¶世遺事，成世遺下〔写〕，世遺百，ビジ世遺〔写〕

コロとその港　Coro and its Port
ファルコン州の州都コロ。ベネズエラ最古の植民都市。スペインのムデハル様式と先住民の様式、オランダのバロック様式が融合した建造物が残る。
　　世界遺産（コロとその港　1993）

　　¶世遺事，成世遺下〔写〕，世遺百〔写〕，ビジ世遺〔写〕，ユネ世遺2〔写〕

トクヤノ　Tocuyano
メリダ山地のバルキシメト地方。類トクヤノ文化を代表する遺跡。土器は壺・鉢が主で、球状で中空の三脚付のもの、糸底付のものなどがある。
　　¶世界考古

ランチョ・ペルド　Rancho Peludo
グアヒラ半島の基部を流れるグアサレ川の岸にある遺跡。C-14測定で前2820の年代を示す土器を発見。土器は厚手・粗製の鉢・壺が主で、マニオクを調理するための皿状の土板を2例発見。
　　¶世界考古

ロス・バランコス　Los Barrancos
バランカスの町から1.5kmの川岸。前900〜後1千年にかけて発展した類バランコ文化の一つ。土器は厚手・粗製で、糸底や幅広い口唇部のついた鉢が典型。
　　¶世界考古

ペルー

アサンガロ　Azangaro
アヤクーチョ県アヤクーチョ盆地の北端。ワリ期の2次センター。ワリ遺跡に次いで大きな役割を担ったと考えられる。
　　¶アメ古代

アシア　Asia
オマス川河口近くに点在。形成期の遺跡群。魚貝類、海獣骨、栽培植物が出土。
　　¶アメ古代，新潮美，世界考古

アスコペの水道　Aqueduct of Ascope

チカマの谷。モチーカ文明の灌漑水路。長さは1.4km。溝の両側に土手を築き、15mの深さの水をたたえることができた。

　　　　¶アメ古代（アスコペ）〔写（水路）〕，文化史蹟9〔写〕

アスペロ　Aspero

スーペ谷の北端、海岸線近くに位置。形成期早期の祭祀建造物群。ワカ・デ・ロス・サクリフィシオス（「供儀の神殿」の意）とワカ・デ・ロス・イドロス（「偶像の神殿」の意）を調査。

　　　　¶アメ古代〔図（ワカ・デ・ロス・イドロス復元図）〕

アヤクチョ　Ayacucho

リマの南東約340kmにある町。1969・70年に12の遺跡を発掘。主としてピキマチャイ、ハヤマチャイ、プエンテの3つの洞穴遺跡の調査に基づき、前2万～後1500年の間の、狩猟・採集に始まり、原初農耕、定住農耕へと移る文化史が明らかにされた。

　　　　¶世界考古

アルト・サラベリ　Alto Salaverry

ラ・リベルタ県を流れるモチェ川の南東。砂漠地帯にある形成期早期の遺跡。半地下式構造物が発見されており、祭祀遺跡と考えられている。

　　　　¶アメ古代

アレキーパ市歴史地区
Historical Centre of the City of Arequipa

リマから1030km、標高2380mにあるアレキーパ。白い火山岩で造られた都市。歴史地区の中心のアルマス広場、16世紀に建造されたサンタ・カタリナ修道院などが残る。

　世界遺産（アレキーパ市歴史地区　2000）

　　　　¶世遺事（アレキパ市の歴史地区），成世遺下（アレキーパ歴史地区）〔写〕，世遺百（アレキーパ歴史中心地区）〔写〕，ビジ世遺（アレキーパの歴史地区）〔写〕，ラテンア（アレキパ）

アンコン　Ancón

アンコン湾の海岸線より内陸に200mほど入った場所。形成期早期から地方王国期のチャンカイ期に至る様々な遺跡がある。特にタンク・サイト遺跡とネクロポリスが重要。

　　　　¶アメ古代，新潮美，世界考古

インカ道　Inca Highway

クスコからマチュピチュに至る道。後古典期。インカは道路建設に力を注いだ。海岸では8m、山地では5～6mの道幅があり、要所には宿駅が建設された。

　　　　¶文化史蹟9〔写〕

インカワシ　Inkawasi

カニェーテ川中流域。インカ期のセンター。約800の部屋構造が築かれている。

　　　　¶アメ古代

インティワタナ〔ピサク〕

ピサク。1450～1532年頃。建物は、低い3段の基壇の上に建っている。半円形の建物は、通称「太陽の神殿」。宗教的、あるいは天体観測と結びついた施設と推測。

　　　　¶大遺跡13（ピサク—インティワタナ）〔写/図〕

インティワタナ〔マチュ・ピチュ〕

マチュ・ピチュ。一枚岩を加工したもの。一般に供犠や祭礼あるいは太陽の運行などの天体観測と関連していたといわれる。

　世界遺産（マチュ・ピチュの歴史保護区　1983）

　　　　¶大遺跡13（マチュ・ピチュ—インティワタナ（礼拝石））〔写〕

ウィルカワイン　Wilkawain

アンカシュ県カエホン・デ・ワイラス地方ワラス市の北東約13kmに位置。ワリ期の建築。10.7m×15.6m、高さ9.5mの3階建ての石積み建造物が中核。

　　　　¶アメ古代〔写〕

ウチュクマチャイ　Uchcumachay

フニン県。石期の岩陰遺跡。発掘の結果、7つの層に分類されている。

　　　　¶アメ古代

エスタケリーア　Estaquería

カワチ近郊。地方発展期からワリ、地方王国期にかけての遺跡。ほぼ2mおきに木の柱が立ち並ぶ。祭祀遺跡や日時計との説もある。

　　　　¶アメ古代，世界考古（ラ・エスタケリア），大遺跡1 p156（ラ・エスタケリア）〔写〕，大遺跡13 p97（ラ・エスタケリーア）〔写〕

エル・パライソ　El Paraíso

チョン川河口より内陸に2km入った場所。形成期早期の遺跡複合。別名チュキタンタ。11のマウンドを確認。

　　　　¶アメ古代，新潮美，世界考古，文化史蹟9（エル・パライソ（チュキタンタ））〔写〕

エル・プルガトリオ　El Purgatorio

北海岸ランバイェケ地方のレチェ川流域。チムー文化（12-15世紀）の大都市遺跡。範囲は1万平方km。中央の岩山を取り巻くように少なくとも25以上のピラミッドが建ち並ぶ。

　　　　¶新潮美，大遺跡13〔写/図〕

オモ　Omo

モケグア川中流域に位置。ティワナク期の遺跡群。後500年頃に集落が築かれた。

¶アメ古代〔図（ティワナク様式の祭祀建造物）〕

オリャンタイタンボ　Ollantaytambo
クスコ県。インカ期の遺跡。方形に区画され、その間には道や水路が走る。

¶アメ古代〔写〕，世界考古，大遺跡13（クスコ周辺—オリャンタイタンボ）〔写/図〕，文化史蹟9（オヤンタイタンボ）〔写〕

オンコパンパ　Honcopampa
アンカシュ県。ワリ期から地方王国期の遺跡。チュルパと呼ばれる石積み2層構造の墓が立ち並ぶ。

¶アメ古代〔写〕

ガジナソ　Gallinazo
ラ・リベルタ県ビルー川下流域北部に位置。ガジナソ文化の標識遺跡。最大規模の祭祀建造物は少なくとも25m以上の高さ。

¶アメ古代

カスティーヨ（チャビン・デ・ワンタルの新神殿）
Castillo
チャビン・デ・ワンタル。形成期中期の大神殿址。新神殿といわれる。神殿址の外側と内部には、猫神、鳥または蛇などの数多くの石彫がある。

¶大遺跡13（チャビン・デ・ワンタル—新神殿）〔写〕，文化史蹟9 p33（神殿（カスティーヨ）〔写〕

カスティーヨ・デ・トマバル
Castillo de Tomabal
ラ・リベルタ県ビルー川中流域に位置。ピラミッド状建造物。ガジナソ期に、現在目にする大型建造物が築かれた。

¶アメ古代，大遺跡13 p93（カスティーヨ（トマバル））〔写/図〕

カスティーヨ・デ・ワンカコ
Castillo de Huancaco
ラ・リベルタ県ビルー川下流域南部に位置。モチェ期の祭祀・居住建造物。祭祀構造物の南側に大小の部屋構造物が連なる。

¶アメ古代〔写〕

カチャ　Cacha
クスコの南約100km。1560年、年代記作者ガルシラーソ・デ・ラ・ベガが言及した神殿遺跡の所在地。神殿は長辺約100m、短辺約26.5mの長方形基壇からなる。

¶世界美1

カパック・ニャン アンデスの道
Qhapaq Ñan, Andean Road System
アンデス山脈一帯。インカ帝国が整備した道路網。15世紀には総延長3万kmに拡大。橋や階段、石畳、側溝などが残る。

世界遺産（カパック・ニャン アンデスの道　2014）

¶世遺事（カパック・ニャン、アンデス山脈の道路網）

カハマルカ　Cajamarca
同名州の州都。1532年スペインの征服者ピサロがインカ皇帝アタワルパと会見した歴史的場所で、皇帝が幽閉された部屋は史跡として残る。またインカ時代以前からアンデス文明の一中心地として発展した地域である。

¶ラテンア

カハマルキーヤ　Cajamarquilla
リマック川の右岸に位置。都市遺跡。アドベの建物群が林立する。

¶アメ古代〔写〕，世界考古（カハマルキリャ），世界美2，大遺跡13〔写〕

カベサス・ラルガス　Cabezas Largas
リマの南約230kmのパラカス半島。先土器時代の遺跡。出土した多数の埋葬人骨が長頭型で遺物は布裂、籠、貝、骨、石のビーズ、槍その他の木製品など。

¶世界考古

ガラガイ　Garagay
リマック川下流域に位置。形成期の祭祀遺跡。巨大な基壇がU字形に配置される。

¶アメ古代〔写（浮き彫り）〕，新潮美，世界考古，文化史蹟9 p47（ガラガイ神殿）〔写〕

ガリンド　Galindo
ラ・リベルタ県モチェ川中流域に位置。モチェ期末期の都市遺跡。基壇、広場や細かく仕切られた部屋などが認められる。

¶アメ古代

カルダル　Cardal
ルリン谷下流域。形成期の祭祀遺跡。巨大な基壇がU字形に配置される。

¶アメ古代〔写〕

ガルバンサル　Garbanzal
トゥンベス県トゥンベス市よりトゥンベス川に沿って4km南下した場所。河岸段丘上の遺跡。大量の土器が出土。

¶アメ古代，世界考古

カルユ　Qaluyu
プーノ県。形成期の祭祀遺跡。複数のテラスや半地下式広場を確認。

¶アメ古代

カワチ　Cahuachi
ナスカ川下流域に位置。ナスカ期の中核的祭祀遺跡。紀元前後から後200年ないしは300年頃まで大々的な儀礼空間として利用。その後は墓地。

¶アメ古代〔写〕, 大遺跡13〔写/図〕

キシュキ・プンク　Quishqui Puncu

サンタ川上流のカイェホン・デ・ワイラスの標高3千m。尖頭器の破損した基部が先端部に比し多く、また細かい石片がみられる点から、キャンプ・サイトでありかつ石器の再生も行なった場所とされた。

¶世界考古

ギタレーロ洞窟　Guitarrero

アンカシュ県カエホン・デ・ワイラス地方に位置。石期の居住遺跡。雨季に利用されたベースキャンプと考えられる。

¶アメ古代

グアニャペ　Guañape

ラ・リベルタ県ビルー川下流域北西部の砂漠に位置。形成期の遺跡。正式にはワカ・プリエタ・デ・グアニャペ。グアニャペ文化の名の起源ともなった標識遺跡。

¶アメ古代, 世界考古（グアニャペ）

クエラップ　Kuelap

アマソーナス県ルヤ郡。地方王国期の城砦型遺跡。チャチャポヤの遺跡と考えられている。

¶アメ古代〔写〕

クスコ市街　City of Cuzco

クスコ県の県都クスコ。11～12世紀頃に建設されたインカ帝国の首都。16世紀スペインの植民地となる。インカの様式とスペインの様式が融合した建造物が特徴。

世界遺産（クスコ市街　1983）

¶アメ古代（クスコ）〔図（インカ時代のクスコ）〕, 旺文社世（クスコ）, 角川世（クスコ）, 古遺地（クスコ）〔図〕, 宗教建築（インカの都・クスコ）〔写/図〕, 新潮美（クスコ）, 世遺事, 成世遺下〔写〕, 世遺地（クスコ）, 世遺百〔写〕, 世界考古（クスコ）〔写（インカ時代の石壁）〕, 世界美2（クスコ）〔写〕, 世歴事3（クスコ）, 世歴大6（クスコ）, 大遺跡13（クスコ）〔写/図〕, ビジ世遺〔写〕, 評論社世（クスコ）, 文化史蹟9（クスコ市）〔写p122～123,148～149〕, 平凡社世（クスコ）, 山川世（クスコ）, ユネ世遺2（クスコの市街）〔写〕, ラテンア（クスコ）

クスコ大聖堂（サント・ドミンゴ教会）

クスコ。インカ帝国時代の「太陽の神殿」の上にスペイン人が建てた教会。

世界遺産（クスコ市街　1983）

¶遺建3（クスコ大聖堂）〔写/図〕

クピスニケ　Cupisnique

チカマ川流域に位置する。遺跡の名称であり、またプレ・インカ期の前500～前400年頃に、北海岸で広まったチャビン土器の地方様式の名称。

¶世界考古, 世界美2

クラヤク　Curayacu

リマの南約50kmの海岸にある遺跡。上層からは後古典期の遺構を発見高さ50cmの完形を含め数点の土偶が出土している点に特徴がある。

¶新潮美, 世界考古

グラン・パハテン　Gran Pajatén

アンデス東斜面、リオ・アビセオ国立公園内にある。後古典期。約4haの間に分布する遺跡。基壇とともに建築を確認。円筒形建築と方形建築が認められている。

世界遺産（リオ・アビセオ国立公園　1990, 1992）

¶アメ古代, 新潮美（パハテン）, 世界考古（パハテン）, 文化史蹟9（パハテン）〔写〕

クレブラス　Culebras

クレブラス川の河口近くに位置。形成期早期の遺跡。丘陵地帯の斜面や頂上部にテラスや基壇を認める。

¶アメ古代

クワルト・デ・レスカテ　Cuarto de Rescate

カハマルカ県カハマルカ市内。インカ様式の建造物。カハマルカにおける数少ないクスコ様式の建造物。

¶アメ古代〔写〕

クントゥル・ワシ　Kuntur Wasi

カハマルカ県サン・パブロ郡に位置。形成期の祭祀遺跡。大基壇上には、数多くの神殿建築が見られる。

¶アメ古代〔写〕, 遺跡100〔写〕, 世界考古, 大遺跡13（クントゥール・ワシ）〔写〕, ラテンア

クンベマーヨ　Cumbemayo

カハマルカ県カハマルカ市近郊。クンベ山の麓に始まり、カハマルカ盆地底部に至る総延長9.1kmの古代水路。

¶アメ古代〔写（水路）〕

ケブラーダ・デ・ラ・バカ　Quebrada de la Vaca

アレキーパ県西部のチャラ市の西北西約7kmに位置。インカ期の遺跡。倉庫のほか、方形の建造物、祭祀建造物、住居などを確認。

¶アメ古代

ケンコ　Q'enqo

クスコ市の北東3km。インカ期の遺跡。半円形の広場の縁に沿って19の椅子状構造物が連なる。

¶アメ古代〔写〕, 古代遺跡（ケンコの遺跡）〔写〕, 大遺跡13（クスコ周辺―ケンコ）〔写〕, 文化史蹟9（ケンコの聖域）〔写〕

ペルー

交差した手の神殿
Temple of the Crossed Hands

コトシュ遺跡。ミト期。北壁の2つの壁龕で発見された各々一対の交差した手のレリーフから名付けられた。大きさは1辺10mの正方形。内壁に多くのニッチがある。

¶大遺跡13(コトシュ—交差した手の神殿)〔写/図〕, 文化史蹟9 p25〔写〕

コトシュ Kotosh
ワヌコ県ワヌコ市より5kmに位置。形成期の祭祀遺跡。6つの時期の建築が重なり合っている。

¶アメ古代〔写〕, 新潮美, 世界考古〔写〕, 大遺跡13〔写/図〕, 文化史蹟9(コトシュ遺蹟)〔写〕, 平凡社世(コトシュ遺跡), ラテンア

コヨール Coyor
カハマルカ盆地周辺の小高い山の頂。500〜800年頃。集団間の闘争や儀礼の時に人々が集合した場所か。

¶大遺跡13〔写〕

コリカンチャ(太陽の神殿)
Qorikancha, Coricancha

クスコ市内。インカ期の「太陽の神殿」。現在は、上にサント・ドミンゴ教会が建つ。礎石にインカ時代のものをそのまま利用している。

¶アメ古代(コリカンチャ)〔写〕, 世界考古(太陽の神殿 たいようのしんでん), 大遺跡13 p153〔写〕, ラテンア(太陽神殿)

コンチョパタ Conchopata
アヤクーチョ県アヤクーチョ市の北東約2kmに位置。ワリ期の遺跡。土器工房、D字形の祭祀建造物、王墓など。

¶アメ古代〔図(出土の壺に描かれた図像)〕

コンバーヨ Combayo
カハマルカ盆地の北に連なる山の一つにある。400〜900年頃。山際の崖に方形の穴をあけて、内部にミイラを安置した。

¶大遺跡13〔写〕

サイウィテ Saihuite
アプリマック県アバンカイ郡。インカ期の遺跡。インカ道沿いに築かれた祭祀建造物。発見された「サイウィテの石」は有名。

¶アメ古代〔図(「サイウィテの石」の復元図)〕, 文化史蹟9(サイウィテの石彫)〔写〕

サクサイワマン Sacsayhuaman
クスコ県クスコ市を見下ろす北の高台。インカ期の遺跡。巨石の石積み建造物で、長さ300m以上ある3段の基壇により構成。その目的は、城砦(要塞)や宗教施設など諸説ある。上に住居、兵舎、塔が築かれた。

世界遺産(クスコ市街 1983)

¶アメ古代(サクサワマン)〔写〕, 古代遺跡 p260〜261(サクサイワマン城塞跡)〔写〕, 新潮美(サクサワマン), 世界考古(サクサワマン), 空城と要塞〔写〕, 大遺跡13〔写〕, 文化史蹟9(サクサイワマンの城砦)〔写〕

サンタ・アポロニア Santa Apolonia
カハマルカ県カハマルカ市を一望できる小高い丘。頂上部に凝灰岩の岩盤を削った構造物が認められ、「インカの玉座」と名付けられている。

¶アメ古代

サン・ブラス San Blas
フニン県フニン市の西北西約21kmに位置。形成期から地方発展期にわたる岩塩採取跡。始まりは古期に遡る可能性もある。

¶アメ古代

サン・ホセ・デ・モロ San José de Moro
ラ・リベルタ県ヘケテペケ川の支流チャマン川右岸に位置。10haの範囲に崩れたアドベのピラミッドが集中する遺跡。

¶アメ古代

シエテ・ワカス Siete Huacas
ネペーニャ川上流に位置。形成期の祭祀遺跡。クシパンバとも呼ばれる。石壁と石壁に囲まれた空間がある。

¶アメ古代〔写〕

死者の塔 Chullpa
シュスタニ。後古典期。チュルパと呼ばれる塔型の墳墓。作り方も大きさも様々。100基以上も林立している。

¶文化史蹟9〔写〕

シパン Sipán
ランバイエケ県レケ川流域に位置。モチェⅡ〜Ⅲ期の遺跡。12基の異なる時期・階層の墓を発見。

¶アメ古代〔写〕, ラテンア

シュスタニ Sillustani
プーノ県。墓地遺跡。ティワナク期以降、地方王国期からインカ期にかけての遺跡。

¶アメ古代〔写〕, 新潮美, 大遺跡13〔写〕

シリャコト Shillacoto
リマの北東約250km、ワヌコの南端。先土器時代の神殿が発見された。石積の墓は、立派な埋葬施設をもったものとしては、アンデス地帯最古のもの。

¶アメ古代(シャコト), 世界考古

スペ渓谷のカラルの聖都
Sacred City of Caral-Supe

リマの北183kmの中央高原。南北アメリカ大陸で最も古いとされる、5千年前の都市遺跡。6つの巨大ピラミッドなどが確認されている。

世界遺産 (聖地カラル－スーペ　2009)

　¶アメ古代(カラル)〔写〕，世遺事，成世遺下
　　(宗教都市カラル＝スペ)〔写〕，世遺百(神聖
　　都市カラル・スーペ)

セチン・アルト　Sechín Alto
カスマ川の支流セチン川の南側に位置。形成期の
祭祀遺跡。高さ44mの大基壇を中心に2平方km
に広がる。石壁と円錐形アドベの異なる建築時
期を確認。

　¶アメ古代〔写〕

セロ・アレーナ　Cerro Arena
ラ・リベルタ県モチェ川下流域に位置。サリナー
ル期(形成期末期)の遺跡。2平方kmの空間に，
大小200あまりの部屋が集中する。

　¶アメ古代

セロ・セチン　Cerro Sechín
カスマ川とその支流セチン川が合流するあたり。
形成期の祭祀遺跡。円錐形のアドベを積み上げ
て築いた34m四方の建物が最古。

　¶アメ古代〔写(浮き彫り)〕，新潮美，世界考
　　古，世界美3，大遺跡1〔写〕，大遺跡13〔写/
　　図〕，文化史蹟9(セロ・セチン神殿)〔写〕

セロ・バウル　Cerro Baúl
モケグア川上流域に位置。ワリ期の都市遺跡。
高くそびえた山の上に遺構が広がる。

　¶アメ古代〔写〕

セロ・ブランコ　Cerro Blanco
ネペーニャ川下流域。形成期の祭祀遺跡。3基の
基壇より構成され，U字形の配置をとる。

　¶アメ古代〔写(浮き彫り)〕

大塔と王女の宮殿
Torreón and Palace of Princess, Machu Pic-
chu
マチュ・ピチュ。半円形の大塔には2つの美しい
梯形の窓がある。一般に「王女の宮殿」といわ
れる唯一の2階建て建物。

世界遺産 (マチュ・ピチュの歴史保護区　1983)

　¶大遺跡13(マチュ・ピチュ－大塔と王女の宮
　　殿)〔写〕，文化史蹟9 p166〔写〕

太陽の神殿　Temple of the Sun, Pachacamac
パチャカマ。後古典期。4段以上のプラットフ
ォームからなり，総面積は5千平方m。インカ10
代皇帝トパック・ユパンキの代につくられたもの。

　¶大遺跡13(パチャカマ－太陽神殿)〔写〕，文
　　化史蹟9〔写p129～133/図p189〕

タラワシ　Tarawasi
クスコ県アンタ郡リマタンボ村近郊。インカ期の
遺跡。クスコ様式の石組の2段の基壇よりなる。

　¶アメ古代

タンタマーヨ　Tantamayo
ワヌコ県ワマリーエス郡。地方王国期の遺跡。
65平方kmの範囲に81の遺跡が点在。

　¶アメ古代，大遺跡13〔写〕

タンタリカ　Tantarica
カハマルカ県コントゥマサ郡。地方王国期から
インカ期，さらにはスペイン植民地期にかけて
の遺跡。クイスマンク王国の拠点の一つと考え
られる。

　¶アメ古代〔写〕

タンプマチャイ　Tampumachay
クスコ県クスコ市近郊。インカ期の遺跡。第9
代インカ王パチャクティの私領(王宮か狩猟ロ
ッジ)。タンボマチャイ(Tambomachay)とも
いう。

　¶アメ古代〔写〕，大遺跡13(クスコ周辺－タン
　　ボ・マチャイ)〔写〕，文化史蹟9〔写〕

タンボ・コロラド　Tambo Colorado
ピスコ谷中流域に位置。インカ期の地方センター
であり，インカ道の宿駅。中央には台形の広場
が広がる。

　¶アメ古代〔写〕，新潮美，世界考古，大遺跡
　　13〔写/図〕，文化史蹟9〔写〕

チチカカ湖　Lake Titicaca
中央アンデス南部の海抜3800mの高原。中央ア
ンデス高原南部の湖。湖中のチチカカ島，太陽
の島，月の島などには，プレ・コロンビアン期
の遺跡がある。

　¶新潮美(ティティカカ)，世界美3(ティティカ
　　カ)，大遺跡13〔写〕

チバテーロス　Chivateros
チヨン川下流域に位置。石期の遺跡。

　¶アメ古代，世界考古(チバテロス)〔図(石器)〕

チャナパタ　Chanapata
クスコの北西郊外。遺跡は町を見下す丘の上に
ある。遺構としては，石積の土留壁，墓壙5を発
見。うち一つはリャマが葬られていた。

　¶新潮美，世界考古

チャビン・デ・ワンタル
Chavín de Huántar
リマの北300km，標高3150mのアンデス山脈東
斜面の小さな谷間にある。前1500年頃～前300
年頃の神殿を中心とするアンデス文明の遺跡。
アンデス山脈の谷間に石積みの神殿や主神 "ラ
ンソン"像などの遺構がある。

世界遺産 (チャビン(古代遺跡)　1985)

　¶アメ古代〔写〕，古遺地〔図〕，新潮美，世遺
　　事(チャビン(考古学遺跡))，成世遺下(チャ
　　ビン遺跡地区)〔写〕，世遺百(チャビン(考古
　　遺跡))〔写〕，世界考古，世界美3(チャビン

南
米

文化〔チャビン・デ・ワンタル〕），大遺跡13
〔写/図〕，ビジ世遺（チャビン遺跡）〔写〕，文
化史蹟9〔写p30～38/図p17〕，ユネ世遺2
（チャビンの考古遺跡）〔写〕，ラテンア

チャビン・デ・ワンタルの神殿

チャビン・デ・ワンタル。旧神殿の南側の基壇
に別の基壇が加えられ、東西の中心軸が南にず
れたとされる。新神殿の東面中央に2本の円柱を
立て入口を設ける。

¶大遺跡13（チャビン・デ・ワンタル―神殿）〔写〕

チャンキーヨ　Chankillo

カスマ川の南岸、河谷部の端に位置。形成期末
期の遺跡。障壁が築かれ、立地から判断して、城
砦遺跡と考えられる。

¶アメ古代〔写〕

チャン・チャン

Chan Chan Archaeological Zone

リマの北570kmのトルヒーヨの西郊外にある。
12～15世紀に繁栄したチムー王国の遺跡。南米
最大の古代都市とされ、日干し煉瓦の壁で囲ま
れた王の宮殿が残る。

世界遺産（チャン・チャン遺跡地帯　1986）

¶アメ古代〔写〕，遺跡100（チャンチャン）
〔写〕，古遺地〔図〕，新潮美（チャンチャン），
世遺事（チャン・チャン遺跡地域），成世遺下
（チャン・チャン遺跡地区）〔写〕，世遺百
（チャン・チャン考古遺跡地区）〔写〕，世界考
古，世界美3（チャンチャン（またはチャン・
チャン）），大遺跡13〔写/図〕，ビジ世遺
（チャンチャン遺跡地帯）〔写〕，文化史蹟9
（チャンチャン）〔写p97～107/図p95,96〕，ユ
ネ世遺2（チャンチャンの考古地区）〔写〕，ラ
テンア（チャンチャン）

チュクイート　Chucuito

プーノ県プーノ市の南約18km、チチカカ湖畔に
位置。インカ期の遺跡。インカ・ウユと呼ばれ
るクスコ様式の建築が一つだけ残っている。

¶アメ古代

チュパシガーロ　Chupacigarro

スーペ谷中流域に位置。古期末期の祭祀遺跡。円
形の半地下式広場と背後にそびえる方形の基壇。

¶アメ古代

チョケキラウ　Choquequirau

クスコ県南部アプリマック川北岸に位置。イン
カ期の遺跡。1810haにわたり農業用テラスなど
が分布。

¶アメ古代

チョトゥーナ　Chotuna

ランバイエケ県ランバイエケ川河口付近に位置。
建築複合。年代は、シカン（ランバイエケ）期に
あたる。

¶アメ古代

チョンゴヤペ　Chongoyape

ランバイエケ川の河口より65km上流。1928年に
偶然チャビン型式の金製品が発見された。

¶世界考古

チルカ　Chilca

リマの南約67km。海岸近くにある遺跡。貝塚・
住居址・墓地で、貝、魚骨、アシカの骨が出土
した。

¶世界考古

チンチェーロ　Chinchero

クスコ県ウルバンバ郡。インカ期の遺跡。第10
代のインカ王トゥパック・インカ・ユパンキの
私領（郊外の王宮）といわれる。

¶アメ古代

月の神殿　Temple of the Moon, Pachacamac

パチャカマ。俗に月の神殿といわれる。インカ
征服後に太陽の神殿とともに建てられた。太陽
神に仕える処女の館。

¶大遺跡13（パチャカマ―月の神殿）〔写〕，文
化史蹟9〔写p136/図p189〕

ティポン　Tipón

クスコ県キスピカンチス郡。インカ期の遺跡。
水路、段畑、墓、クスコ様式の石組み建造物群
が点在。

¶アメ古代

テラルマチャイ　Telarmachay

フニン県タルマ郡北端。石期から形成期の岩陰
遺跡。尖頭器など様々な石器、骨器が出土。

¶アメ古代

トゥクメ　Túcume

エル・プルガトリオと呼ばれる自然の岩山の周
囲。巨大なピラミッド型建造物が26基立ち並ぶ
遺跡。トゥクメ最大の神殿ワカ・ラルガがある。

¶アメ古代〔写〕

トゥティシュカイニョ　Tutishcainyo

ウカヤリ県プカルパ市の北西に位置。形成期の
遺跡。"早期トゥティシュカイニョ"と呼ばれる、
この地域最古の土器が出土。前2千年紀初めと
推定。

¶アメ古代〔図（土器）〕，新潮美

トゥナンマルカ　Tunanmarca

フニン県ハウハ郡、マンターロ川上流域に位置。
地方王国期の城砦型都市遺跡。約25.4haに約174
の構造物が分布する。

¶アメ古代

トケパラ　Toquepala

タクナ県のトケパラ鉱山の南東13kmに位置。石期の岩陰遺跡。ラクダ科動物とそれを狩猟する人間の姿が赤色の顔料で描かれている。

¶アメ古代〔写(壁画)〕，新潮美，世界考古〔図(壁画)〕，大遺跡1〔写〕，文化史蹟9〔写〕，ラテンア

ドス・カベサス　Dos Cabezas

ラ・リベルタ県ヘケテペケ川河口の左岸に位置。1平方kmの範囲に、ピラミッド、神殿、住居など様々な構造物が立ち並ぶ遺跡。

¶アメ古代

トマバル　Tomaval

ビルー河谷。平野部に張り出した尾根の先端に築かれている遺跡。ピラミッド状の主構造物は、35mの高さがあり、カスティーヨ(城塞)と呼ばれている。

¶大遺跡13〔写/図〕

トレス・ベンターナス洞窟群

Tres Ventanas

チルカ川の上流。古期の洞窟遺跡。凝灰岩質の3つの洞窟よりなる。

¶アメ古代

トロ・ムエルト　Toro Muerto

アレキーパ県マヘス谷に位置。11km×5kmの範囲に広がる広大な岩絵地帯。5千ほどの岩に動物、人間、幾何学文様が様々な技法で表現される。

¶アメ古代

ナスカとパルパの地上絵

Lines and Geoglyphs of Nasca and Pampas de Jumana

リマの南400km、太平洋岸から50kmの約450平方kmにわたる。前2世紀から6世紀に描かれた地上絵。数kmにも及ぶ直線や幾何学的な図形、生物や植物などが描かれている。ナスカの30を数える地上絵の大きさは、285mから30mまで大小様々で、鳥、シャチ、サル、クモ、犬、人間など多様性に富む。

世界遺産(ナスカとパルパの地上絵　1994)

¶アメ古代(ナスカの地上絵)〔写(ハチドリ)〕，遺跡100(ナスカ)〔写〕，新潮美(ナスカの地上絵)，世遺事，成世遺下(ナスカとフマナの地上絵)，世遺地(ナスカの地上絵)，世遺百(ナスカとフマナ平原の地上絵)〔写〕，大遺跡1(ナスカ)〔写/図〕，大遺跡13(ナスカ)〔写/図〕，ビジ世遺(ナスカとフマナの地上絵)〔写〕，文化史蹟9(ナスカの地上絵)〔写〕，ユネ世遺2(ナスカとフマーナ平原の地上絵)〔写〕，ラテンア(ナスカ文化)

ニャニャニケ　Ñañañique

ピウラ県チュルカーナス市のニャニャニケ山に位置。形成期から地方王国期の遺跡。年代は形成期中期(前1000 − 前800)頃。

¶アメ古代

パウカルタンボ　Paucartambo

クスコの北東部。山の斜面に、円筒形のチュルパが林立している。チュルパは、塔のような建物に遺体を安置するものでアンデス地帯の埋葬形態の一つ。

¶大遺跡13〔写〕

パカトナム　Pacatnamú

ラ・リベルタ県パカスマーヨ市近郊。都市遺跡。1平方kmに50以上ものピラミッド的建造物が立ち並ぶ。

¶アメ古代〔写〕，大遺跡13(パカトナムー)〔写/図〕

パコパンパ　Pacopampa

カハマルカ県クテルボ郡に位置。形成期の祭祀遺跡。複数のマウンドで構成。

¶アメ古代〔写(土器)〕

パシャシュ　Pashash

アンカシュ県北部に位置。レクワイ期の遺跡。高さは15m、長さは30mの「エル・カセロン」と呼ばれる基壇がある。

¶アメ古代〔図(土器)〕

バタン・グランデ　Batan Grande

北海岸、チクラーヨの東約15km。チムー文化期(12世紀以後)にこの地方の中心地であった遺跡。墳墓から大量の金製品が出土。

¶新潮美

パチェコ　Pacheco

ナスカ川下流域に位置。ワリ期の祭祀遺跡。祭祀用の広場の床下に埋まっていた大量の彩色土器破片を採取。

¶アメ古代〔写(大型鉢)〕

パチャカマ　Pachacamac

リマの南東約30km。インカ期の太陽のピラミッド、月の女神の神殿、大地の神パチャカマの神殿などの神殿群があり、その周辺を住居址が取巻いて大宗教都市を形成。

¶アメ古代(パチャカマック)〔写〕，新潮美，世界考古，大遺跡13〔写/図〕，ラテンア

パチャカマの神殿　Temple of Pachacamac

パチャカマ。太陽の神殿の近くにある。インカ征服後にも信仰の中心であったと思われる神殿。

¶文化史蹟9〔写p134,135/図p189〕

パチャマチャイ洞窟　Pachamachay

フニン県フニン郡。石期から古期、形成期にかけての洞窟遺跡。前1万年頃からの利用が認めら

南米

れる。

¶アメ古代

パニャマルカ　Pañamarca

ネペーニャ川下流域に位置。モチェ期の祭祀遺跡。自然の丘陵部の上にアドベの建造物群が築かれている。

¶アメ古代〔写〕, 新潮美, 大遺跡13〔写/図〕

パラカス　Paracas

太平洋岸にある小半島を中心とする地域。古代アンデス文明形成期から古典期にかけてのパラカス文化の墓地遺跡が多い。数百体におよぶミイラがほぼ完全な状態で発見されている。

¶ラテンア

パラモンガ　Paramonga

パティビルカ川下流。チムー期からインカ期にかけての遺跡。5段の基壇によって構成。

¶アメ古代〔写〕, 世界考古, 空城と要塞〔写〕, 大遺跡13〔写/図〕, 文化史蹟9(パラモンガの城砦)〔写〕

パリュカ　Palluca

カスマ谷の支流マトワ川南岸に位置。形成期の祭祀遺跡。中核をなすのは、基壇と広場の複合。

¶アメ古代

パロマ　Paloma

チルカ川下流域に位置。古期の遺跡。42の半地下式円形家屋と251体の埋葬を発見。

¶アメ古代〔図(住居復元図)〕

パンダンチェ　Pandanche

カハマルカ県クテルボ郡に位置。形成期の祭祀遺跡。複数の基壇により構成。

¶アメ古代

パンパ・グランデ　Pampa Grande

ランバイェケ県。モチェV期(後550-700)の遺跡。建築群の中心は、高さ55mのワカ・フォルタレッサ。

¶アメ古代〔写〕

パンパ・デ・ラス・リャマス　Pampa de las Llamas

カスマ谷を海岸線より内陸に18km入った涸れ谷に位置。「ワカA」と呼ばれる140m四方の基壇が中心の遺跡。

¶アメ古代〔図(「ワカA」の復元図)〕

ピキマチャイ洞窟　Pikimachay

アヤクーチョ県アヤクーチョ市の北。石期からインカ期の洞窟遺跡。年代は前2万3千～前1万3千年が与えられている。

¶アメ古代

ピキリャクタ　Pikillacta

クスコ県キスピカンチス郡に位置。ワリ期の都市遺跡。インカ期まで利用されたといわれる。

¶アメ古代〔写〕, 世界考古, 大遺跡13〔写〕

ピクス　Vicus

クスコの南約30km。後古典期前期の遺跡。100以上の住居・倉庫などが立ち並ぶ。

¶新潮美, 世界考古

ピサク　Pisac

クスコの北東約20kmのピサク村。背後の岩山は、階段畑・城砦・神殿・住居・倉庫・墓地などからなるインカ期の大遺跡。

¶アメ古代(ピサック)〔写〕, 新潮美, 世界考古, 大遺跡13〔写/図〕

ピスキーヨ・チコ　Pisquillo Chico

リマ県チャンカイ川中流域に位置。ワリ期からインカ期にわたる利用が認められる遺跡。アドベの大型建造物のほか住居跡が広がる。

¶アメ古代

ビラコチャの神殿

ラクチ。1450～1532年頃。長さ92m、幅25mの細長い建物。

¶大遺跡13 p142〔写/図〕

ビラコチャパンパ　Viracochapampa

ラ・リベルタ県サンチェス・カリオン郡ワマチューコ市の北約2.5kmに位置。ワリ期の地方センター。中心部には方形の広場が設けられる。

¶アメ古代

ピラミッド建築〔パカトナムー〕

パカトナムー。11～15世紀。上部が平らな基壇。複合建築をなしている。

¶大遺跡13 p106〔写〕

ピラミッド建築〔エル・プルガトリオ〕

エル・プルガトリオ。13～15世紀。アドベで築かれたピラミッドは段状構造をなし、上部には部屋状の建築がつくられていた。

¶大遺跡13(エル・プルガトリオ―ピラミッド建築)〔写〕

ビルカス・ワマン　Vilcas Huamán

アヤクーチョ県ビルカス・ワマン郡。インカ期の遺跡。中心となるのは、ウシュヌと呼ばれる4段の階段状の基壇。

¶アメ古代〔写〕, 新潮美(ビルカスワマン)

ビルカバンバ　Vilcabamba

クスコから約500kmの奥地。インカ帝国最後の都として知られる都市遺跡。1572年に陥落。

¶ラテンア

ピルル　Piruru

ワヌコ県ワマリーエス郡に位置。形成期および地方王国期の遺跡。いわゆる「コトシュ宗教伝統」に属する構造が見つかっている。
　　¶アメ古代

ヒンカモッコ　Jincamocco

アヤクーチョ県ルカナス郡カルワラッソ谷。ワリ期の2次センター。外周壁に囲まれた空間に「直行する細胞状建築」が認められている。
　　¶アメ古代

ファルファン　Farfán

ラ・リベルタ県ヘケテペケ川右岸。チムー期からインカ期の遺跡。「シウダデーラ」的遺構が確認されている。
　　¶アメ古代

プエマペ　Puémape

ラ・リベルタ県ヘケテペケ川の河口より海岸沿いに南下した砂漠地帯。形成期前期から末期の遺跡。クピスニケ前期および中期前半の墓が発見された。
　　¶アメ古代

プカラ　Pucará

プーノ県ランパ郡プカラ川の畔。形成期の祭祀遺跡。基壇の上にチリパ遺跡によく似た方形の半地下式広場が設けられた。
　　¶アメ古代, 新潮美, 世界考古

プルチューコ　Puruchuco

リマ市アテ区内。インカ期の遺跡。一帯を治めていた地方首長が居を構えた場所とされる。
　　¶アメ古代

プルレン　Purulén

サーニャ川河口付近に位置。形成期の祭祀遺跡。3段の長方形の基壇よりなる。
　　¶アメ古代〔写〕, 大遺跡13〔写〕

プンクリー　Punkurí

ネペーニャ川中流域に位置。形成期の祭祀遺跡。階段の最下段に立体的なジャガーの像が据えられている。
　　¶アメ古代〔写（ジャガー像）〕

プンプ　Pumpu

フニン県フニン湖の北西に位置。インカ期の地方センター。台形の広場は、17万1200平方mの面積を持つ。
　　¶アメ古代

ペチチェ　Pechiche

トゥンベス県トゥンベス市よりトゥンベス川を5kmほどさかのぼった右岸に位置。形成期の遺跡。大量の土器が出土。

　　¶アメ古代

ベンタニーヤス・デ・オトゥスコ
Ventanillas de Otusco

カハマルカ県カハマルカ市の北東7.5kmに位置。墓地遺跡。カハマルカ前期から中期の後100～900年頃の遺跡と考えられる。
　　¶アメ古代〔写〕

ポロ・ポロ　Poro Poro

カハマルカ県サンタ・クルス郡に位置。形成期の祭祀遺跡。ポロ・ポロ・デ・ウディマとも呼ばれる。
　　¶アメ古代

マイミ　Maymi

ペルー南海岸北部ピスコ川下流域。河岸段丘に位置する遺跡。形成期から地方王国までの利用が認められる。
　　¶アメ古代

マウカリャクタ　Maukallaqta

クスコ県パルーロ郡。インカ期の遺跡。200もの建造物を確認。
　　¶アメ古代

マチュ・ピチュ　Machu Picchu

クスコの北西約114km、標高2280mの自然の要害の地にある。インカ帝国の都市遺跡。神殿および居住区とそれを取り囲む階段畑などからなる。

| 世界遺産 |（マチュ・ピチュの歴史保護区　1983）

　　¶アメ古代〔写〕, 遺建6（マチュピチュ）〔写/図〕, 遺跡100〔写〕, 古遺地〔図〕, 古代遺跡p254～258（マチュ・ピチュ遺跡）〔写〕, 宗教建築〔写/図〕, 新潮美, 世遺事（マチュ・ピチュの歴史保護区）, 成世遺下〔写〕, 世遺地, 世遺百（マチュ・ピチュ歴史保護区）〔写〕, 世界遺跡 p272（マチゥ・ピチュ）〔写〕, 世界考古〔写〕, 世界美5, 空古代遺跡〔写〕, 大遺跡13〔写/図〕, ビジ世遺（マチュピチュ）〔写〕, 復原遺跡（マチュピクチュ）〔写/図〕, 文化史蹟9〔写p158～171/図p124〕, ユネ世遺2〔写〕, ラテンア, 歴史建築（マチュピチュ）〔写/図〕

マチュ・ピチュの正門

マチュ・ピチュ。見事な切石でつくられた門。マチュ・ピチュの唯一の入口であった。

| 世界遺産 |（マチュ・ピチュの歴史保護区　1983）

　　¶大遺跡13（マチュ・ピチュ―正門）〔写〕

マルカ・ワマチューコ　Marca Huamachuco

ラ・リベルタ県サンチェス・カリオン郡ワマチューコ市近郊に位置。地方文化期から地方王国期にかけての都市遺跡。主要な建物は後400～900年頃に建てられた。
　　¶アメ古代〔写〕, 大遺跡13（マルカワマチューコ）〔写/図〕

南米

マンチャン　Manchan

カスマ川下流域に位置。チムー期の地方センター。

　　¶アメ古代

三つの窓の神殿　みっつのまどのしんでん★

マチュピチュ。遺構は、マチュピチュの北東端にあり、朝日ののぼる方向に3つの窓が開かれている。

　[世界遺産]（マチュ・ピチュの歴史保護区　1983）

　　¶古代遺跡 p258（太陽の石と三つの窓の建物跡）〔写〕，大遺跡13（マチュ・ピチュ―三つ窓の神殿）〔写〕

ミーナ・ペルディーダ　Mina Perdida

ルリン川の下流域に位置。形成期の祭祀遺跡。U字形の基壇配置をとる。

　　¶アメ古代

ムユマルカの大塔　Torréon of Mullumarca

サクサイワマン。サクサイワマンの石積みの上に建てられた円形の塔。現在その基部だけが残る。1450～1532年頃の建造。

　[世界遺産]（クスコ市街　1983）

　　¶大遺跡13 p155（ムユマルカ）〔写〕，文化史蹟9 p144〔写〕

モチェ　Moche

トルヒヨの南。古典期のモチカ文化の中心地であった遺跡。太陽と月の2基のピラミッドで知られる。

　　¶世界考古

モヘケ　Moxeke

カスマ谷を海岸線より内陸に18km入った涸れ谷に位置。形成期の祭祀遺跡。高さ30mの隅丸方形の基壇よりなる。

　　¶アメ古代

モライ　Moray

クスコ県クスコ市の北西38kmに位置。インカ期の遺跡。階段状のテラスが同心円状に築かれた。

　　¶アメ古代〔写〕，大遺跡13（クスコ周辺―モライ）〔写〕，文化史蹟9〔写〕

モロ・デ・エテン　Morro de Eten

ランバイェケ県を流れるランバイェケ川河口付近、エテン港近くの砂漠地帯。形成期後期の遺跡。2段よりなる神殿ほかを発見。

　　¶アメ古代〔写（鐙形土器）〕

モンテ・グランデ　Monte Grande

カハマルカ県南西部ヘケテペケ川中流域に位置。形成期前期の祭祀遺跡。前期には、3段のテラスが築かれた。

　　¶アメ古代

ヤリナコチャ　Yarinacocha

ウカヤリ川に近い湖の周辺に散在する遺跡。最初の時期はトゥティシュカイニョと名付けられ、前、後の2期に区分される。次は前500年頃に始まるシャキム期で、以後は前代の系統を引きながらも退化し、独自の発展をとげ、14世紀には彩文土器に変わり、現在にいたった。

　　¶世界考古

ライソン　Layzón

カハマルカ県カハマルカ盆地。祭祀遺跡。後期ワカロマ期とライソン期の2時期にわたる利用が認められる。

　　¶アメ古代〔写〕，大遺跡13〔写/図〕

ラウリコチャ洞窟　Lauricocha

ワヌコ県南西部ドス・デ・マーヨ郡に位置。石期から形成期にかけての洞窟遺跡。葉状尖頭器が目立ち、シカの骨が多く出土。

　　¶アメ古代，世界考古（ラウリコチャ）

ラ・ガルガーダ　La Galgada

アンカシュ県に位置。形成期早期から前期にかけての祭祀遺跡。前2600～前1400年頃に利用。

　　¶アメ古代〔図（北マウンド復元図）〕

ラクチ　Raqchi

クスコ県カンチス郡。インカ期の遺跡。「ビラコチャ神殿」とも呼ばれる。

　　¶アメ古代〔写〕，大遺跡13〔写/図〕

ラ・ラグーナ・デ・ロス・コンドレス　La Laguna de los Cóndores

アマソーナス県チャチャポヤス郡に位置。墓地遺跡。チャチャポヤと呼ばれる集団が活躍した時期、インカ期、スペイン植民地時代初期にわたる利用が認められる。

　　¶アメ古代

ラス・アルダス　Las Haldas

カスマ谷の南30km、海辺の砂漠地帯。形成期早期から前期の祭祀遺跡。大型構造物は形成期前期にあたる。

　　¶アメ古代〔写〕，世界考古，大遺跡13〔写/図〕

ラ・センティネラ　La Centinela

サン・フアン川下流域。地方王国期からインカ期にかけての遺跡。住居のほか、傾斜路を備えた基壇が築かれた。

　　¶アメ古代〔写〕

ラ・パンパ　La Pampa

アンカシュ県北部コロンゴ郡に位置。形成期からインカ期の遺跡。形成期前期の遺構や遺物のほか、U字形配置をとる建物を認める。

　　¶アメ古代，世界考古

ラ・ミーナ　La Mina
ラ・リベルタ県ヘケテペケ川下流域に位置。モチェⅠ期の墓地。方形の地下式墓室。
¶アメ古代

リオ・アビセオ国立公園
Río Abiseo National Park
中西部。熱帯雨林の原生林。約8千年前のものとされるプレインカ時代のロス・ピントゥドスやグラン・パハテンなどの遺跡・遺構が発見された。
|世界遺産|(リオ・アビセオ国立公園　1990, 1992)
¶世遺事, 成世遺下〔写〕, 世遺百, ビジ世遺〔写〕, ユネ世遺2〔写〕

リマ歴史地区　Historic Centre of Lima
リマ。16世紀、スペインのフランシスコ・ピサロが建設。バロック様式とアンダルシア風の様式のサン・フランシスコ修道院やバロック様式のサン・ドロペ教会、サント・ドミンゴ教会、スペイン植民地時代の邸宅、大統領府などの建造物が残る。
|世界遺産|(リマ歴史地区　1988, 1991)
¶世遺事(リマの歴史地区), 成世遺下〔写〕, 世遺百(リマ歴史中心地区)〔写〕, ビジ世遺(リマの歴史地区)〔写〕, ユネ世遺2(リマの歴史地区)〔写〕, ラテンア(リマ)

リモンカルロ　Limoncarro
ラ・リベルタ県を流れるヘケテペケ川下流域に位置。形成期の祭祀遺跡。
¶アメ古代

ルミコルカ　Rumicolca
クスコ県キスピカンチス郡。インカ期の遺跡。クスコ様式の石積みが道を隔てて対称的に並び建つ。
¶アメ古代, 大遺跡13〔写〕

ロス・ガビラーネス　Los Gavilanes
パンパ・トレス・ピエドラスと呼ばれる砂漠地帯を西に横切った海岸線沿い。形成期早期の遺跡。大量の魚貝類や植物遺残が出土。
¶アメ古代

ロマ・ネグラ　Loma Negra
ピウラ県チュルカーナス市近郊。金製品が出土する墓地。モチェ様式のものが見つかっている。
¶アメ古代

ワイヌナー　Huaynuná
カスマ谷の北13kmの砂漠地帯。古期末期から形成期早期にかけての遺跡。自然の丘を利用した4段のテラスと階段を発見。
¶アメ古代

ワカ・カオ・ビエッホ　Huaca Cao Viejo
チカマ川河口近く。モチェ期の祭祀遺跡。巨大な基壇とその北側に広がる広場よりなる。
¶アメ古代〔写(壁面装飾)〕

ワカ・デ・ラ・ルナ　Huaca de la Luna
ラ・リベルタ県トルヒーヨ市近郊。モチェ期の遺跡。通称「月の神殿」。モチェ社会の中核地。
¶アメ古代〔写(壁面装飾)〕, 新潮美(月のワカ), 大遺跡13〔写/図〕, 文化史蹟9(ワカ・デ・ラ・ルーナ)〔写p63,67〜70〕

ワカ・デル・ソル　Huaca del sol
ラ・リベルタ県トルヒーヨ市近郊。モチェ期の遺跡。通称「太陽の神殿」。モチェ社会の中核地。
¶アメ古代, 新潮美(太陽のワカ), 大遺跡13〔写/図〕, 文化史蹟9(ワカ・デル・ソール)〔写p63,65〜69/図p63〕, ラテンア(ワカ)〔写〕

ワカ・デル・ドラゴン　Huaca del Dragón
チャンチャンの北方。後古典期。2段のピラミッド状の建物。復原されている。全体を方形の大きな壁で囲み、浮き彫りのアラベスクで飾られている。
¶アメ古代(ワカ・エル・ドラゴン)〔写(壁面装飾)〕, 大遺跡13(ワカ・エル・ドラゴン)〔写/図〕, 文化史蹟9〔写〕

ワカ・デル・プエブロ・バタン・グランデ
Huaca del Pueblo Batán Grande
ランバイエケ県バタン・グランデ村中心部に位置。シカン(ランバイエケ)期の遺跡。砒素青銅の工房跡が確認された。
¶アメ古代

ワカ・デ・ロス・レイエス
Huaca de los Reyes
ラ・リベルタ県モチェ川下流域に位置。形成期の祭祀遺跡。U字形に配置された基壇と方形の広場からなる。
¶アメ古代〔写(壁面装飾)〕, 新潮美, 世界考古, 大遺跡13 p86,117〔写/図〕

ワカ・プクリャーナ　Huaca Pucllana
リマ市ミラフローレス区の住宅地。地方発展期、リマ文化(後200-700頃)の遺跡。ワカ・フリアーナとも呼ばれる。
¶アメ古代

ワカ・プリエタ　Huaca Prieta
ラ・リベルタ県を流れるチカマ川河口。形成期早期のマウンド。擁壁、方形や円形の半地下式住居が見つかっている。
¶アメ古代〔写〕, 新潮美, 世界考古

ワカ・ラ・エスメラルダ
Huaca La Esmeralda
ラ・リベルタ県トルヒーヨ市郊外。チムー期の祭祀遺跡。65m×41mの大きさのアドベ構造物。

¶アメ古代

ワカ・ラス・ベンターナス
Huaca Las Ventanas
ランバイェケ県バタン・グランデ地域。アドベを積み上げて築かれたシカン（ランバイェケ）期のピラミッド状祭祀遺跡。
¶アメ古代

ワカ・ラ・フロリダ　Huaca La Florida
リマック川の北岸に位置。形成期の祭祀遺跡。
¶アメ古代

ワカ・ルシーア　Huaca Lucía
ランバイェケ県を流れるラ・レチェ川下流、バタン・グランデ地域に位置。形成期中期の祭祀遺跡。少なくとも長さ52m以上の基壇が確認されている。
¶アメ古代

ワカロマ　Huacaloma
カハマルカ県カハマルカ市近郊に位置。形成期の祭祀遺跡。高さ12mの2つのマウンドにより構成。
¶アメ古代〔写〕，大遺跡13〔写〕

ワカ・ロロ　Huaca Loro
ランバイェケ県バタン・グランデ地域。アドベを積み上げて築かれたシカン（ランバイェケ）期のピラミッド状祭祀遺跡。
¶アメ古代

ワヌコ・エル・ビエホ　Huánuco el Viejo
北高地南部、マラニョン川上流部の高原。イン

カの遺跡。
¶新潮美

ワヌコ・パンパ　Huánuco Pampa
ワヌコ県西部。インカ期の遺跡。地方センターとして機能した。
¶アメ古代〔写〕，大遺跡13〔写〕

ワヌコ・ビエホ　Huánuco Viejo
ワヌコの北西約65km。インカ期の遺跡。中央広場の中にインカ式の切石の建造物があり、周囲に、門・貯水池や兵営と思われる広い建物などがある。
¶世界考古

ワリ　Huari
アヤクーチョ県アヤクーチョ市の北。ワリ文化の都市遺跡で標識遺跡。半地下式広場や、埋葬用施設、D字形の建造物ほかが建てられた。
¶アメ古代〔写〕，新潮美，世界考古〔写（深鉢）〕

ワリウィルカ　Wariwillka
ワンカーヨの南にある遺跡。ワリ文化期に建造。インカ期に神託所として拡張された。
¶新潮美

ワリコト　Huaricoto
アンカシュ県カエホン・デ・ワイラス地方。形成期早期から前期、中期にかけての祭祀遺跡。最古層より、半月形の炉や、段差を持った床と炉の跡を発見。
¶アメ古代〔写〕

ボリビア

イスラ・デ・ラ・ルナ　Isla de la Luna
ボリビア西部高地ラパス県にあるチチカカ湖上の島。コアティ島ともいう。島の北部にはインカ期の遺跡イニャク・ウユ、通称「月の神殿」がある。
¶アメ古代

イスラ・デル・ソル　Isla del Sol
ボリビア西部高地ラパス県コパカバーナ半島の先約1kmにあるチチカカ湖上の島。チチカカ島ともいう。形成期からティワナク期を経てインカ期に至る利用の痕跡が認められ複数の遺跡が点在する。
¶アメ古代

インカリャクタ　Incallacta
ボリビア中部、コチャバンバ県ポコーナ市から20kmほど。インカ期の城砦遺跡。大型の講堂

「カリャンカ」の大きさは2千平方m、入口は12ヵ所。
¶アメ古代〔図（大講堂カリャンカの復元図）〕

カパック・ニャン　アンデスの道
Qhapaq Ñan, Andean Road System
アンデス山脈一帯。インカ帝国が整備した道路網。15世紀には総延長3万kmに拡大。橋や階段、石畳、側溝などが残る。
世界遺産（カパック・ニャン　アンデスの道　2014）
¶世遺事（カパック・ニャン、アンデス山脈の道路網）

カラササヤ神殿
ティアワナコ。遺跡内最大の神殿。石壁で囲まれ、北西隅に有名な「太陽の門」がある。
世界遺産（ティワナク：ティワナク文化の宗教的・政

治的中心地　2000）
　　¶大遺跡1　p142,166〔写〕

カラササヤの半地下神殿
Semi-Subterranean Temple, Kalasasaya
ティアワナコのカラササヤ神殿の東隣。ティア
ワナコ遺跡の宗教建築。中央アンデスには珍し
い半地下式の神殿だと考えられる。形成期に属
する土器片が出土。
　[世界遺産]（ティワナク：ティワナク文化の宗教的・政
治的中心地　2000）
　　¶大遺跡1（カラササヤ神殿─半地下神殿）〔写〕，
　　大遺跡13　p140（半地下式神殿（ティアワナ
　　コ））〔写〕，文化史蹟9　p88〔写〕

サマイパタの砦　Fuerte de Samaipata
サンタクルスの南西120km、オリエンタル山脈の
海抜2000mの所。エル・フエルテ遺跡とも。要
塞の遺跡の赤い砂岩の表面に幾何学模様や動物、
宗教的な図柄が彫られている。
　[世界遺産]（サマイパタの砦　1998）
　　¶アメ古代（サマイパタ），世遺事，成世遺下
　　（サマイパタ要塞）〔写〕，世遺百，ビジ世遺
　　（サマイパタの要塞）〔写〕

スクレの歴史都市　Historic City of Sucre
スクレ。1538年、スペイン人が建設した都市。
白い壁に赤い屋根の建造物が特徴。サン・フラ
ンシスコ教会やサン・ミゲール教会、サンタ・ク
ララ修道院などが残る。
　[世界遺産]（古都スクレ　1991）
　　¶世遺事，成世遺下（スクレ歴史地区）〔写〕，
　　世遺百（歴史都市スクレ），ビジ世遺（スクレの
　　歴史地区）〔写〕，ユネ世遺2〔写〕，ラテンア
　　（スクレ）

太陽の神殿　たいようのしんでん★
チチカカ島。長さ27m、幅10mの建物。部屋の
壁にインカ形式の壁龕がある。
　　¶大遺跡13　p141〔写〕

太陽の門　Puerta del Sol, Tiahuanaco
チチカカ湖盆地ティアワナコ遺跡カラササヤ地
区。典型的なティアワナコ様式。中央に創造神
ビラコチャかと思われる神像（泣く神）、左右に
走る鳥人を従えている。
　[世界遺産]（ティワナク：ティワナク文化の宗教的・政
治的中心地　2000）
　　¶新潮美，大遺跡1　p166〔写〕，大遺跡13　p138
　　（太陽の門（ティアワナコ））〔写〕，文化史蹟9
　　p80〔写〕

チキトスのイエズス会伝道施設
Jesuit Missions of the Chiquitos
サンタ・クルス県にある丘陵地帯。17〜18世紀
にイエズス会の宣教師が造った伝道用の集落群。

キリスト教改宗などのための強化集落を築き、聖
堂のほか、住居、農園、学校などの施設が建造
された。
　[世界遺産]（チキトスのイエズス会伝道施設群　1990）
　　¶世遺事，成世遺下〔写〕，世遺百，ビジ世遺
　　〔写〕，ユネ世遺2（チキトスのイエズス会伝道
　　所）〔写〕

チチカカ湖　Lake Titicaca
中央アンデス南部の海抜3800mの高原。中央ア
ンデス高原南部の湖。湖中のチチカカ島、太陽
の島、月の島などには、プレ・コロンビアン期
の遺跡がある。
　　¶新潮美（ティティカカ），世界美3（ティティカ
　　カ），大遺跡13〔写〕

チュルパ・パンパ　Chullpa Pampa
コチャバンバの西約30km。集落址。先ティアワ
ナコ文化の遺跡とされる。チチカカ湖南部にひ
ろがっていた初期土器文化の系統という考えが
強い。
　　¶世界考古

チリパ　Chiripa
ラパス県タラコ半島。形成期の祭祀遺跡。チリ
パ文化の標識遺跡。
　　¶アメ古代，新潮美，世界考古

月の神殿　つきのしんでん★
チチカカ島の東隣りの月の島。コアティ島の北
部にある。長方形の広場を囲むように北以外の
三方向に建物が建つ。
　　¶大遺跡13　p141〔写〕

月の門　Puerta de la Luna, Tiahuanaco
チチカカ湖盆地ティアワナコ遺跡。上部に簡単
な幾何学文の彫刻がある。階段文様と呼ばれ、
ティアワナコ様式の一つの特徴。
　[世界遺産]（ティワナク：ティワナク文化の宗教的・政
治的中心地　2000）
　　¶文化史蹟9　p84〔写〕

ティアワナコ　Tiahuanaco
インガヴィ州。プレ・インカ期にあたる500〜900
年に繁栄した都市遺跡。2つの巨大なピラミッド
廃墟と、カラササヤの神殿複合建築が残る。
　[世界遺産]（ティワナク：ティワナク文化の宗教的・政
治的中心地　2000）
　　¶アメ古代（ティワナク）〔写〕，古建地〔図〕，
　　新潮美，世遺事（ティアワナコ：ティアワナコ
　　文化の政治・宗教の中心地），成世遺下（ティワ
　　ナク）〔写〕，世遺地，世遺百（ティワナク文化
　　の宗教的・政治的中心地ティワナク），世
　　界考古〔図（浮彫）〕，世界美3（ティアワナコ
　　（またはティアワナク）），大遺跡1〔写〕，大遺
　　跡13〔写/図〕，ビジ世遺（ティワナク）〔写〕，
　　文化史蹟9（ティアワナコ遺跡）〔写p62,80〜

ボリビア

91〕，山川世（ティワナク），ラテンア（ティワナク文化）

ビスカチャニ　Viscachani

ラパスから南のオルロに向かう道路の約130km地点。先土器時代の遺物散布地。遺跡は前6千〜前3千年の間のものと考えられる。

¶世界考古

ポトシ市街　City of Potosí

ポトシ。16世紀、銀を精錬するために造られた鉱山都市。金銀箔を多用したサン・マルティン教会やバロック様式のサン・ロレンソ聖堂、銀の精錬所などが残る。

世界遺産（ポトシ市街　1987）

¶旺文社世（ポトシ銀山），角川世（ポトシ銀山），新潮美（ポトシ），世遺事，成世遺下〔写〕，世遺百〔写〕，ビジ世遺〔写〕，評論社世（ポトシ銀山），山川世（ポトシ銀山），ユネ世遺2（ポトシの市街）〔写〕，ラテンア（ポトシ）

ルクルマタ　Lukurmata

ラパス県チチカカ湖の南東岸。形成期からティワナク期の遺跡。小高い丘の上に遺構がある。

¶アメ古代

史跡・遺跡名索引

【あ】

アアプラヴァシ・ガート（モーリシャス）……… 616
アイ（パレスチナ国）……… 385
アイアンブリッジ峡谷（イギリス）……… 413
アイガイの遺跡（ギリシャ）……… 466
アイガイの考古学遺跡（現在名ヴェルギナ）（ギリシャ）…… 466
鼇河尖古城址（中国）……… 133
アイギナ（ギリシャ）……… 466
アイギナ島（ギリシャ）……… 466
阿育王寺（中国）……… 133
阿育王塔（中国）……… 133
璦琿城（中国）……… 133
哀公寺跡（韓国）……… 57
アイザノイ（トルコ）……… 517
鞍山（中国）……… 133
アイシャ＝ビビ（カザフスタン）……… 56
アイスレーベンとヴィッテンベルクにあるルターの記念建造物群（ドイツ）……… 508
アイット・ベン・ハドゥの集落（モロッコ）……… 616
アイ・ハヌム（アフガニスタン）……… 1
愛晩亭（中国）……… 133
アイヒビュール（ドイツ）…… 508
アイボムの巨石記念物（パプアニューギニア）……… 407
アイホーレ（インド）……… 28
アイホーレのドゥルガー寺院（インド）……… 39
アイール（ニジェール）……… 612
アイルタム（ウズベキスタン）……… 50
アイルブラー（インドネシア）……… 46
アイレスフォード（イギリス）……… 413
アイン・ウンム・エ・スジュール（バーレーン）……… 386
アイン・ガザル（ヨルダン）…… 399
アイン・サフリ（イスラエル）……… 5
アイン・ダラ（シリア）……… 117
アイン・ハネシュ（アルジェリア）……… 580
アイン・マッラー（イスラエル）……… 6
アイン・マラハ（イスラエル）……… 6
アイン・メテルシェム（チュニジア）……… 609

アヴァチャ湾岸遺跡群（ロシア）……… 568
アヴァの城壁址（ミャンマー）……… 393
アヴァリス（エジプト）……… 592
アヴィニョン（フランス）……… 534
アヴィニョン教皇宮殿（フランス）……… 534
アヴィニョン歴史地区：法王庁宮殿、司教関連建造物群及びアヴィニョン橋（フランス）……… 534
アヴィニョン橋（フランス）……… 534
アヴィラの旧市街と塁壁外の教会群（スペイン）……… 492
アヴェダット（イスラエル）……… 6
アヴェベリー（イギリス）……… 415
アウグスタ・トレウェロールム（ドイツ）……… 508
アウグスターナ宮殿（イタリア）……… 423
アウグスタ・ラウリコールム（スイス）……… 487
アウグスタ・ラウリコールムの劇場（スイス）……… 487
アウグストゥス劇場（リビア）……… 618
アウグストゥス帝凱旋門（イタリア）……… 423
アウグストゥス帝の霊廟（イタリア）……… 423
アウグストゥスのフォルム（イタリア）……… 423
アウグストゥスブルク城（ドイツ）……… 514
アウシュヴィッツ・ビルケナウ ナチスドイツの強制絶滅収容所（1940-1945）（ポーランド）……… 558
アウスィム（エジプト）……… 601
アウセヴィク（ノルウェー）……… 529
アウダット（イスラエル）……… 6
アウチン・デペ（トルクメニスタン）……… 376
アウラガ遺跡（モンゴル）……… 396
アウランガーバード（インド）……… 28
アウランガバートの石窟（インド）……… 28
アウレリアヌスの城壁（イタリア）……… 423
アエミリウス橋（イタリア）……… 423
赤い家（メキシコ）……… 636
赤い城（インド）……… 46
赤修道院（エジプト）……… 582
アガデス（ニジェール）……… 612

アガデスの歴史地区（ニジェール）……… 612
アカデミア（ギリシャ）……… 466
アカデメイア（ギリシャ）……… 466
赤の広場（ロシア）……… 568, 579
アカル・クフ（イラク）……… 16
アカル・クフのジッグラト（イラク）……… 11
アカンケー（メキシコ）……… 636
アギア・イレネ（トルコ）…… 525
アギア・ソフィア（トルコ）……… 518
アギア・ソフィア聖堂（ギリシャ）……… 466
アギア・トリアダ（ギリシャ）……… 478
アギイ・アナルギリ聖堂（ギリシャ）……… 466
アギイ・アポストリ聖堂〔アテネ〕（ギリシャ）……… 466
アギイ・アポストリ聖堂〔テサロニキ〕（ギリシャ）……… 466
アギオス・エレフテリオス聖堂（ギリシャ）……… 466
アギオス・ゲオルギオス聖堂（ギリシャ）……… 466
アギオス・ディミトリオス聖堂（ギリシャ）……… 466
アギオス・ニコラオス・オ・オルファノス聖堂（ギリシャ）……… 466
アクアズ（阿克亜孜）岩画（中国）……… 134
アクアズ（阿克亜孜）石人（中国）……… 134
アグアテカ（グアテマラ）…… 630
アクイレイア（イタリア）…… 423
アクイレイアの遺跡地域と総主教聖堂バシリカ（イタリア）……… 423
アクイレイアの聖堂（バジーリカ）（イタリア）……… 423
アクイレリアの考古学地域とバシリカ総主教聖堂（イタリア）……… 423
アクインクム（ハンガリー）……… 532
アクインクムの円形競技場（ハンガリー）……… 532
アク・クプルク（アフガニスタン）……… 1
アクサー・モスク（エルサレム）……… 54
アクスベベル（阿克斯色伯勒）古城（中国）……… 134
アクスム（エチオピア）……… 601
アクスムの考古遺跡（エチオピア）……… 601
アク・タム（ウズベキスタン）……… 50

あくて   676   史跡・遺跡名索引

アク・テペ（ウズベキスタン）
　……………………………… 50
アク・テペ（トルクメニスタン）
　……………………………… 376
アクトパン（メキシコ）…… 637
アクバルの宮殿（インド）… 28
アクバルの廟（インド）…… 28
アクベイト（タジキスタン）
　……………………………… 132
アク・ベシム（キルギス）… 115
アクミム（エジプト）……… 582
アーグラ（インド）………… 28
アクラガス（イタリア）…… 424
アーグラ城塞（インド）…… 28
アグラブ，テル（イラク）… 11
アグリジェント（イタリア）
　……………………………… 424
アグリジェント「神殿の谷」（イ
　タリア）…………………… 424
アグリジェントの遺跡（イタリ
　ア）………………………… 424
アグリジェントの考古学地域
　（イタリア）……………… 424
アグリジェントの地下の神々の
　神域（イタリア）………… 424
アグリッパの音楽堂（ギリシ
　ャ）………………………… 467
アクルの旧市街（イスラエル）
　………………………………… 6
アクロコリント（ギリシャ）
　……………………………… 467
アクロティリ（ギリシャ）… 474
アクロポリス〔アテネ〕（ギリ
　シャ）……………………… 467
アクロポリス〔ロードス島〕（ギ
　リシャ）…………………… 484
アクロポリスの廃墟と神殿Ｃ〔セ
　リヌンテ〕（イタリア）… 442
アケトアテン（エジプト）… 584
亜溝摩崖石刻像（中国）…… 134
アゴラ〔アテネ〕（ギリシャ）… 467
アゴラ〔デロス島〕（ギリシャ）
　……………………………… 478
アゴラ〔プリエネ〕（トルコ）… 526
アゴラ〔ペラ〕（ギリシャ）… 481
アゴラの境界石〔アテネ〕（ギリ
　シャ）……………………… 467
アコリス（エジプト）……… 582
アコルマン（メキシコ）…… 637
アサシフ（エジプト）……… 583
朝島遺跡（韓国）…………… 57
アサンガロ（ペルー）……… 658
アシア（ペルー）…………… 658
アジェムホユック（トルコ）
　……………………………… 518
アジナ・テペ（タジキスタン）
　……………………………… 132
ア　シハタ（阿什哈達）摩崖（中
　国）………………………… 134

アシミデル（チャド）……… 609
アジメール（インド）……… 28
アシャブ，テペ（イラン）… 19
アジャンター（インド）…… 28
アジャンター石窟群（インド）
　……………………………… 28
アシャンティ族の伝統的建造物
　群（ガーナ）……………… 602
アシュカル・テペ（ウズベキスタ
　ン）………………………… 50
アシュケロン（イスラエル）
　………………………………… 6
アシュート（エジプト）…… 583
アシュドッド（イスラエル）
　………………………………… 6
アシュドド（イスラエル）… 6
アシュムネイン（エジプト）
　……………………………… 583
アジュール（イスラエル）… 6
アシュール遺跡（フランス）
　……………………………… 534
アスカポツァルコ（メキシコ）
　……………………………… 637
アスカロン（イスラエル）… 6
アスキア墳墓（マリ）……… 613
アスクレピエイオン（ギリシ
　ャ）………………………… 467
アスクレピエイオン（トルコ）
　……………………………… 518
アスクレピエイオンの浴室（ト
　ルコ）……………………… 518
アスクレピオス神殿（ギリシ
　ャ）………………………… 467
アスクレピオス神殿（トルコ）
　……………………………… 518
アスクレピオスの神域〔アテネ〕
　（ギリシャ）……………… 467
アスクレピオスの聖地エピダウ
　ロス（ギリシャ）………… 470
アスケロン（イスラエル）… 6
アスコペ（ペルー）………… 659
アスコペの水道（ペルー）… 659
アスターナ（中国）………… 134
アスターナ墳墓群（中国）… 134
アストゥリアス王国の聖堂建築
　（スペイン）……………… 494
アスト山の修道院群（ギリシ
　ャ）………………………… 468
アストリダ（ルワンダ）…… 619
アズハル学院（エジプト）… 583
アズハル大学（エジプト）… 583
アズハル・モスク（エジプト）
　……………………………… 583
アスプロチャリコ（ギリシャ）
　……………………………… 467
アスペロ（ペルー）………… 659
アスペンドス（トルコ）…… 518
アスマル，テル（イラク）… 13
アスランテペ（トルコ）…… 519

アスワン（エジプト）……… 583
アゼ・ル・リド城（フランス）
　……………………………… 534
アソタ（パキスタン）……… 379
アゾレス諸島のアングラ・ド・エ
　ロイズモの町の中心地区（ポ
　ルトガル）………………… 561
アダイマ（エジプト）……… 583
アダブ（イラク）…………… 11
アタプエルカ考古学遺跡（スペ
　イン）……………………… 492
ア　タプエルカの遺跡（スペイ
　ン）………………………… 491
アダムズ・ピーク山（スリラン
　カ）………………………… 123
アタルガン（ロシア）……… 568
アチャナ，テル（トルコ）… 519
アーチ〔ラブナー〕（メキシコ）
　……………………………… 648
アチンスク（ロシア）……… 568
アッコ（イスラエル）……… 6
アッコ旧市街（イスラエル）
　………………………………… 6
アッシージ（イタリア）…… 424
アッシジ，サン・フランチェス
　コ聖堂と関連遺跡群（イタリ
　ア）………………………… 424
アッシージ：サン・フランチェ
　スコ聖堂，フランチェスコ修
　道会史跡（イタリア）…… 424
アッシジのサン・フランチェス
　コ聖堂（イタリア）……… 424
アッシジのサン・フランチェス
　コ聖堂とサンタ・マリア・デ
　ッリ・アンジェリ聖堂（イタリ
　ア）……………… 424, 435
アッシジの聖フランチェスコ
　のバシリカとその他の遺跡群
　（イタリア）……………… 424
アッシュール（イラク）…… 11
アッソス（トルコ）………… 518
アッダウラの洞窟（イタリア）
　……………………………… 424
アッタルスの館（トルコ）… 518
ア　ッタロスのストア（ギリシ
　ャ）………………………… 467
アッチャナ，テル（トルコ）
　……………………………… 519
閘伯台（中国）……………… 134
アッパー・スヴァネティ（ジョー
　ジア）……………………… 486
アッパ・ホジャ廟複合体（中国）
　……………………………… 342
アッピア街道（イタリア）… 424
アッピア旧街道（イタリア）
　……………………………… 424
アッラス（イギリス）……… 413
アーディチャナッルール（イン
　ド）………………………… 29

史跡・遺跡名索引　　　　　　　　　677　　　　　　　　　あふり

アディナのモスク（インド）
　　　…………………………… 29
ア・ディルイーヤのア・トライフ
　地区（サウジアラビア） …… 117
アテーナー・アレアー神殿（ギ
　リシャ） …………………… 467
アテナ神殿（イタリア） …… 440
アテナ神殿〔アッソス〕（トルコ）
　　………………………………… 518
アテナ神殿〔ペルガモン〕（トル
　コ） …………………………… 518
アテナ・ニケ神殿（ギリシャ）
　　………………………………… 467
アテナの神殿（トルコ） …… 518
アテナ・プロナイアの神域（ギ
　リシャ） …………………… 467
アテネ人による神殿（ギリシ
　ャ） …………………………… 467
アテネ人の宝庫（ギリシャ）
　　………………………………… 467
アテネのアクロポリス（ギリシ
　ャ） …………………………… 467
アテネのアゴラ（ギリシャ）
　　………………………………… 467
アテネのアゴラ（ローマ時代）（ギ
　リシャ） …………………… 467
アテネのアゴラの境界石（ギリ
　シャ） ……………………… 467
アテネの泉場（ギリシャ） …… 468
アテネのトロス（ギリシャ）
　　………………………………… 468
アテネの評議会場（ギリシャ）
　　………………………………… 468
アテネのプロピュライア（ギリ
　シャ） ……………………… 468
アテネの民衆裁判所（ギリシ
　ャ） …………………………… 468
アテネの牢獄（ギリシャ） …… 468
アトス（ギリシャ） ………… 468
アトス山（ギリシャ） ……… 468
アドラール・デ・ジフォラス（マ
　リ） …………………………… 613
アトランジケラ（インド） …… 29
アトリビス（エジプト） …… 583
アトリブ，テル（エジプト）
　　………………………………… 583
アドルン（レバノン） ……… 401
アトレウスの宝庫（ギリシャ）
　　………………………………… 468
アナウ（トルクメニスタン） … 376
アナクトロン（ギリシャ） …… 468
アナファ，テル（イスラエル）
　　…………………………………… 6
アナングラ（アメリカ合衆国）
　　………………………………… 621
アーナンダ（ミャンマー） …… 393
アーナンダ寺院（ミャンマー）
　　………………………………… 393
アニ（トルコ） ……………… 518

アニの考古学遺跡（トルコ）
　　………………………………… 518
アニの大聖堂（トルコ） …… 518
アニバ（エジプト） ………… 583
アヌタ島（ソロモン諸島） …… 406
アヌラーダプラ（スリランカ）
　　………………………………… 123
アネの城館（フランス） …… 535
アパク・ホージャのマザール
　（墓）（中国） ……………… 342
アバダ，テル（イラク） …… 11
アパダーナ（イラン） ……… 19
アパダーナ宮殿（イラン） …… 19
アパフ・タカリク（グアテマラ）
　　………………………………… 630
アハマダーバードのジャーマ・
　マスジド（インド） ………… 36
アパメア（シリア） ………… 117
アパメイア（シリア） ……… 117
アバヤギリ（スリランカ） …… 123
アバヤギリ・ダーガバ（無畏山寺
　の大塔）（スリランカ） …… 123
アバヤギリ塔（スリランカ）
　　………………………………… 123
アハール（インド） ………… 29
アビオグ洞穴（フィリピン）
　　………………………………… 387
アヒッチャトラー（インド）
　　…………………………………… 29
アビュドス（エジプト） …… 583
アビラ（スペイン） ………… 492
アビラ大聖堂（スペイン） …… 492
アビラの旧市街と城壁外の聖堂
　（スペイン） ………………… 492
アヒロビイトス聖堂（ギリシ
　ャ） …………………………… 468
アーブー（インド） ………… 29
アフ（チリ） ………………… 654
アファイア神殿（ギリシャ）
　　………………………………… 468
アフ・アキヴィ（チリ） …… 654
アファラージ：オマーンの灌漑
　システム（オマーン） ……… 55
アファルー・ブー・ルンメル（ア
　ルジェリア） ………………… 580
アフィントンの白馬（イギリ
　ス） …………………………… 413
アフ・ヴィナプ（チリ） …… 654
アブヴィール遺跡（フランス）
　　………………………………… 535
アフェク（イスラエル） ……… 6
アブ・エル＝アライク（パレスチ
　ナ国） ………………………… 385
アフォントヴァ山（ロシア）
　　………………………………… 568
アブギグ（エジプト） ……… 583
アブ・グラブ（エジプト） …… 583
アブ・グロブ（エジプト） …… 583
アブ・ゴシュ（イスラエル） …… 6

アブサラの岩陰（インド） …… 29
アーブー山（インド） ……… 29
アーブ山のデルワーラ寺院群
　（ディルワーダ寺院群）（インド）
　　…………………………………… 39
アフシケント（ウズベキスタン）
　　…………………………………… 50
アブ・シフ洞穴（イスラエル）
　　…………………………………… 6
アブジュウ（エジプト） …… 583
アブシール（エジプト） …… 583
アブ・シンベル（エジプト） ‥ 583
アブ・シンベルからフィラエ
　までのヌビア遺跡群（エジプ
　ト） …………………………… 584
アブ・シンベル神殿（エジプト）
　　………………………………… 584
アブー・シンベル大神殿（エジプ
　ト） ………………… 584, 600
アフ・タハイ（チリ） ……… 654
アブ・ツァラビーフ（イラク）
　　…………………………………… 11
アブ・ドゥラフのモスク（イラ
　ク） …………………………… 11
アブドゥル・アズィズ・ハーン・
　マドラサ（ウズベキスタン）
　　…………………………………… 50
アブドゥル・ラザクの廟（アフガ
　ニスタン） …………………… 1
アフパトの修道院（アルメニア）
　　………………………………… 413
アブ・ハルカ（レバノン） …… 401
アブ・フレイラ（シリア） …… 118
アフマド・ヤサウィー廟（カザフ
　スタン） ……………………… 57
アブ・ミナ（エジプト） …… 584
アフメディエ・モスク（トルコ）
　　………………………………… 527
アフメト1世のモスク（トルコ）
　　………………………………… 527
アブ・メナ（エジプト） …… 584
アブラ＝アタ（ウズベキスタン）
　　…………………………………… 50
アブラヴァシ・ガート（モーリ
　シャス） ……………………… 616
油坂遺跡（北朝鮮） ………… 103
アフラシアブ（ウズベキスタン）
　　…………………………………… 50
アフラシアブ―ギリシア神殿址
　（ウズベキスタン） …………… 51
アフラシアブ―拝火教神殿（ウ
　ズベキスタン） ……………… 53
アフラジ灌漑施設（オマーン）
　　…………………………………… 55
アフラシャブ（ウズベキスタン）
　　…………………………………… 50
アフラージュ、オマーンの灌漑
　システム（オマーン） ……… 55
アブ・ラワシュ（エジプト） …… 584
アプリコソバヤ寺院跡（ロシ
　ア） …………………………… 568

あふり 678 史跡・遺跡名索引

アプリコソフスキー寺院址（ロ
シア） ……………………… 568
アフール・イ・ルスタム（イラ
ン） ……………………………… 19
アブ・ロアシュ（エジプト） ‥ 584
アフロディーシアス（トルコ）
……………………………… 518
アフロディテとキュベレの神域
（ギリシャ） ………………… 468
アフロディテの岩（キプロス）
……………………………… 465
アフロディトポリス（エジプ
ト） ……………………………… 589
アベーヤダナー寺院（ミャン
マー） ………………………… 393
アーヘン（ドイツ） ………… 508
アーヘン大聖堂（ドイツ） … 508
アーヘンの宮廷礼拝堂（ドイ
ツ） ……………………………… 508
阿房宮（中国） ……………… 134
アボメイの王宮群（ベナン）
……………………………… 612
アボメーの王宮（ベナン） … 613
アポロ・エピクリウスの神殿（ギ
リシャ） ……………………… 468
アポロ神殿（イタリア） …… 424
アポロノポリス・マグナ（エジプ
ト） ……………………………… 585
アポロン神殿（トルコ） …… 518
アポロン神殿〔コリントス〕（ギ
リシャ） ……………………… 468
アポロン神殿〔デルフイ〕（ギリ
シャ） ………………………… 468
アポロン神殿〔デロス島〕（ギリ
シャ） ………………………… 478
アポロン神殿〔バッサイ〕（ギリ
シャ） ………………………… 479
アポロンの泉〔ヴェルサイユ宮殿〕
（フランス） ………………… 535
アポロンの神域〔デルフィ〕（ギ
リシャ） ……………………… 468
アポロン・パトロオス神殿（ギ
リシャ） ……………………… 469
アポロン・マレアタスの神域（ギ
リシャ） ……………………… 469
アマダ（エジプト） ………… 584
アマラ（スーダン） ………… 605
アマラーヴァティー（インド）
……………………………… 29
アマラーバチ（インド） …… 29
アマリエンブルク（ニュンフェン
ブルク宮）（ドイツ） ……… 508
アマルナ（エジプト） ……… 584
アマルナ・アテン大神殿（エジプ
ト） ……………………………… 584
アマルナ，エル（エジプト）
……………………………… 584
アマルナ，テル・エル＝（エジプ
ト） ……………………………… 584

アマルフィ海岸（イタリア）
……………………………… 424
アマルフィターナ海岸（イタリ
ア） ……………………………… 424
アマン・クタン（ウズベキスタ
ン） ……………………………… 51
アミアン大聖堂（フランス）
……………………………… 535
アミアン本寺（フランス） … 535
阿美文化村（台湾） ………… 129
アミヤン（フランス） ……… 535
アムステルダムのシンゲル運河
の内側にある17世紀の環状運
河地域（オランダ） ………… 464
アムステルダムのディフェン
ス・ライン（オランダ） …… 464
アムステルダムの防衛線の要塞
（オランダ） ………………… 464
アムッド洞窟（イスラエル）
……………………………… 6
アムニソス（ギリシャ） …… 469
アムラ，エル（エジプト） … 584
アムラ城（ヨルダン） ……… 399
アムリ（パキスタン） ……… 379
アムリトサル（インド） …… 29
アムルのモスク（エジプト）
……………………………… 584
アメン大神殿（エジプト） … 584
アメン・ヘテプ2世の墓（エジプ
ト） ……………………………… 584
アメン・ヘテプ3世像（メムノン
の巨像）（エジプト） ……… 599
アモン神殿（エジプト） …… 584
アヤクチョ（ペルー） ……… 659
アヤズ・カラ（ウズベキスタン）
……………………………… 51
アヤソフィア（トルコ） …… 518
アヤラ（ニカラグア） ……… 633
アヤンピティン（アルゼンチン）
……………………………… 650
アユタヤ（タイ） …………… 126
アユタヤ遺跡群（タイ） …… 126
アユタヤと周辺の歴史地区（タ
イ） ……………………………… 126
アユタヤの歴史都市（タイ）
……………………………… 126
アユタヤのワット・プラシーサ
ンペット（タイ） …………… 129
アヨーディヤー（インド） … 29
アヨードヤー（インド） …… 29
アライ・ダルワザ（インド）
……………………………… 29
アライ・ミナール（インド）
……………………………… 29
アライ・ミナレット（インド）
……………………………… 29
アラヴァリ・デベ（トルクメニス
タン） ………………………… 376
アラヴァン（キルギス） …… 115

アラカ・ヒュユック（トルコ）
……………………………… 519
アラカン（ミャンマー） …… 393
アラ（阿拉）溝木槨墓（中国）
……………………………… 134
アラゴ洞窟（フランス） …… 535
アラゴンのムデハル様式建築
（スペイン） ………………… 492
アラジャ・ヒュユク（トルコ）
……………………………… 519
アラジャ・フユック（トルコ）
……………………………… 519
アラジャ・ホユック（トルコ）
……………………………… 519
アラシャン・ハダ遺跡（モンゴ
ル） ……………………………… 396
アラーッディン・モスク（トル
コ） ……………………………… 519
アラド（イスラエル） ……… 6
アラニャ，クエバ・デ・ラ（スペ
イン） ………………………… 492
アーラ・パーキス（イタリア）
……………………………… 424
アラ・パキス・アウグスタエ（平
和記念祭壇）（イタリア） …… 424
アラハナ・ピリヴェナ（スリラン
カ） ……………………………… 123
アラハン修道院（トルコ） … 519
アーラフラフ・マラエ（フランス
領ポリネシア） ……………… 408
アラムイシク（キルギス） … 115
アラムギールプル（インド）
……………………………… 30
アラモ砦（アメリカ合衆国） … 621
アララク（トルコ） ………… 519
アララハ（トルコ） ………… 519
アランフエスの文化的景観（ス
ペイン） ……………………… 492
アリ・アガ（イラク） ……… 11
アリアンス広場（フランス）
……………………………… 545
アリウス派洗礼堂（イタリア）
……………………………… 424
アリー・カーブー（イラン）
……………………………… 19
アリカメードゥ（インド） … 30
アリコシュ（イラン） ……… 19
アリシャル（トルコ） ……… 519
アリシャル・ヒュユク（トルコ）
……………………………… 519
アリシャール・フユック（トル
コ） ……………………………… 519
アリチュール（タジキスタン）
……………………………… 132
アーリントン国立墓地（アメリ
カ合衆国） …………………… 621
アリン＝ベルド（アルメニア）
……………………………… 412
アル・アイン（オマーン） …… 55

史跡・遺跡名索引　　　　　　679　　　　　　あれね

アル・アイン・オアシス地域（ア
　ラブ首長国連邦）
　…………………………… 5
アル・アインの遺跡群（アラブ首
　長国連邦）…………………… 5
アル＝アクサ・モスク（エルサレ
　ム）………………………… 54
アル・アズハルのモスク（エジプ
　ト）………………………… 583
アルカサール（スペイン）… 492
アルカタラズ［島］（アメリカ合
　衆国）……………………… 621
アルカディア門（ギリシャ）
　…………………………… 469
アルカト（阿爾卡特）石人墓（中
　国）………………………… 134
アルカト（阿爾卡特）石堆（中
　国）………………………… 134
アルカトラズ島（アメリカ合衆
　国）………………………… 621
アルカネス（ギリシャ）…… 469
アルカラ・デ・エナレスの大学
　と歴史地区（スペイン）… 492
アルギッサ（ギリシャ）…… 469
アルク＝エ＝スナン王立製塩所
　（フランス）……………… 540
アルク・テペ（ウズベキスタン）
　…………………………… 51
アルケ・スナン王立製塩所など
　の天日製塩所（フランス）
　…………………………… 540
アルコ（メキシコ）………… 648
アルゴス（ギリシャ）……… 469
アルゴスの劇場（ギリシャ）
　…………………………… 469
アルコバサの修道院（ポルトガ
　ル）………………………… 561
アルサメイア（トルコ）…… 519
アルジェのカスバ（アルジェリ
　ア）………………………… 580
アルシー＝シュル＝キュール
　（フランス）……………… 535
アルシノエイオン（ギリシャ）
　…………………………… 469
アル・ジャジーダのポルトガル
　都市（モロッコ）………… 618
アル・ズバラ考古遺跡（カター
　ル）………………………… 57
アル・ズバラフ考古学的地区（カ
　タール）…………………… 57
アルスランタシュ（シリア）
　…………………………… 118
アルスラン・テペ（トルコ）
　…………………………… 519
アルタイ山脈の岩絵群（モンゴ
　ル）………………………… 398
アル・ダイル（修道院）（ヨルダ
　ン）………………………… 399
アルタクセルクセス2世の墓（イ
　ラン）……………………… 19
アルダシール王の宮殿（イラ
　ン）………………………… 19

アルタの岩絵（ノルウェー）
　…………………………… 529
アルタ・ビスタ・デ・チャルチ
　ウィテス（メキシコ）…… 637
アルダビール（イラン）…… 19
アルダビールのシェイフ・サフ
　ィール・ディーン聖殿の建築
　物群（イラン）…………… 19
アルタミラ（スペイン）…… 492
アルタミラ洞窟（スペイン）
　…………………………… 492
アルタミラ洞窟とスペイン北部
　の旧石器時代の洞窟芸術（ス
　ペイン）…………………… 492
アルタル・デ・サクリフィシオ
　ス（グアテマラ）………… 630
アルティン・デペ（トルクメニス
　タン）……………………… 376
アルデッシュ　ショーヴェ・ポ
　ンダルク洞窟壁画（フランス）
　…………………………… 535
アルテミス神殿（ヨルダン）
　…………………………… 399
アルテミス神殿［エピダウロス］
　（ギリシャ）……………… 469
アルテミス神殿［エフェソス］（ト
　ルコ）……………………… 519
アルテミス神殿［コルフ島］（ギ
　リシャ）…………………… 469
アルテミス神殿［デロス島］（ギ
　リシャ）…………………… 469
アルトウィン＝テペ（トルクメニ
　スタン）…………………… 377
アルトゥン・ハ（ベリーズ）… 635
アルト・サラベリ（ペルー）
　…………………………… 659
アルト・ドウロ・ワイン生産地
　域（ポルトガル）………… 561
アルトハイム（ドイツ）…… 508
アルナーチャラ寺院（インド）
　…………………………… 30
アルバイシン（スペイン）… 495
アル・ハーキムのモスク（エジプ
　ト）………………………… 584
アルバジン城（中国）……… 134
アルパチヤ（イラク）……… 11
アルパチヤ，テル（イラク）
　…………………………… 11
アルハネス（ギリシャ）…… 469
アルハンゲリスキー大聖堂（ロ
　シア）……………………… 568
アルハンブラ宮殿（スペイン）
　……………………… 493, 495
アルビ（フランス）………… 535
アルビ司教都市（フランス）
　…………………………… 535
アル・ヒジュル古代遺跡（マダ
　イン・サーレハ）（サウジアラビ
　ア）………………………… 116
アルビ大聖堂（サント＝セシール）
　（フランス）……………… 535

アルビの司教都市（フランス）
　…………………………… 535
アルフェルトのファグス工場
　（ドイツ）………………… 508
アルプス山脈周辺の先史時代の
　杭上住居群（イタリア）… 424
アルプス山脈周辺の先史時代の
　杭上住居群（オーストリア）
　…………………………… 461
アルプス山脈周辺の先史時代の
　杭上住居群（スイス）…… 488
アルプス山脈周辺の先史時代の
　杭上住居群（スロベニア）
　…………………………… 503
アルプス山脈周辺の先史時代の
　杭上住居群（ドイツ）…… 508
アルプス山脈周辺の先史時代の
　杭上住居群（フランス）… 535
アル・フトゥム（オマーン）… 55
アルベラ（スペイン）……… 493
アルベロベッロのトゥルッリ
　（イタリア）……………… 425
アル・マグタス（ヨルダン）… 400
アルマデン（スペイン）…… 498
アルマリク（阿力麻里）古城（中
　国）………………………… 134
アルマント（エジプト）…… 585
アル・ミナ（トルコ）……… 519
アルミンナ（エジプト）…… 585
アルメンドラス（ポルトガル）
　…………………………… 561
アルメンドレス（ポルトガル）
　…………………………… 561
アルモドバル城（スペイン）
　…………………………… 493
アルリ（マリ）……………… 613
アルル（フランス）………… 536
アルル、ローマ遺跡とロマネス
　ク様式建造物群（フランス）
　…………………………… 535
アルワド（シリア）………… 118
アレイオス・パゴスの丘（ギリ
　シャ）……………………… 469
アレキーパ市歴史地区（ペ
　ルー）……………………… 659
アレクサンダル・ネフスキ聖堂
　（ブルガリア）…………… 554
アレクサンドリア（エジプト）
　…………………………… 585
アレクサンドリア・トロアス（ト
　ルコ）……………………… 519
アレクサンドロポリ（ウクライ
　ナ）………………………… 458
アレス神殿（ギリシャ）…… 469
アレッポ（シリア）………… 118
アレッポ城（シリア）……… 118
アレッポの旧市街（シリア）
　…………………………… 118
アレネ・カンディデ（イタリア）
　…………………………… 425

あれら　　　　　　　　　　680　　　　　　　　史跡・遺跡名索引

アレラーテ（フランス）……… 536
アワッシュ川下流域（エチオピ
　ア）…………………………… 601
晏嬰墓（中国）……………… 134
安遠廟（中国）……………… 134
匼河遺跡（中国）…………… 134
安懐村（中国）……………… 135
安岳1号墳（北朝鮮）……… 104
安岳2号墳（北朝鮮）……… 104
安岳3号墳（北朝鮮）……… 104
安鶴宮（北朝鮮）…………… 104
安岳千仏寨（中国）………… 135
安伽墓（中国）……………… 135
安徽省南部の古村落：西逓、宏
　村（中国）………………… 135
安丘画像石墓（中国）……… 135
アンキラ（トルコ）………… 519
アンキロンポリス（エジプト）
　………………………………… 596
アングル＝シュル＝ラングラン
　（フランス）……………… 536
アンゲル・ルイユ（イタリア）
　………………………………… 425
安源路礦工人倶楽部旧址（中
　国）………………………… 135
安国寺経幢（中国）………… 135
安国薬王廟（中国）………… 135
アンコール（カンボジア）… 101
アンコール・トム（カンボジア）
　………………………………… 101
アンコール・トム南大門（カンボ
　ジア）……………………… 101
アンコールボレイ遺跡（カンボ
　ジア）……………………… 101
アンコール・ワット（カンボジ
　ア）………………………… 101
アンコン（ペルー）………… 659
安済橋（趙州橋）（中国）… 135
アンジェー　野の塔と門（フラン
　ス）………………………… 536
アンジェー　町の門（フランス）
　………………………………… 536
安市城（中国）……………… 135
アンジャル（レバノン）…… 401
アンシャン（イラン）………… 19
アンジュー伯宮殿（フランス）
　………………………………… 536
アンジラ（パキスタン）…… 379
安仁里遺跡（韓国）…………… 57
安西王府（中国）…………… 135
アンソニー島（カナダ）…… 628
アンタエオポリス（エジプト）
　………………………………… 586
アンティオキア（トルコ）… 519
アンティオキアの城壁（トル
　コ）………………………… 519
アンティグア（グアテマラ）
　………………………………… 630

アンティグア海軍造船所と関連
　考古学遺跡群（アンティグア・
　バーブーダ）……………… 627
アンティグア・グアテマラ（グ
　アテマラ）………………… 630
アンティノオポリス（エジプ
　ト）………………………… 585
アンテケラのドルメン遺跡（ス
　ペイン）…………………… 493
アンテステーリオス石室墓（ウ
　クライナ）………………… 458
アントウェルペン市庁舎（ベル
　ギー）……………………… 556
安東新世洞の7層塼塔（韓国）
　………………………………… 57
安東東部洞の5層塼塔（韓国）
　………………………………… 57
アントニ・ガウディの作品群（ス
　ペイン）…………………… 493
アントニヌス帝とファウスティ
　ナの神殿（イタリア）…… 425
アンドユエ（安得悦）遺址（中
　国）………………………… 135
アントルモン（フランス）… 536
アンドレエフスコエ湖（ロシ
　ア）………………………… 568
アンパハンゴ（アルゼンチン）
　………………………………… 650
アンフェルツェフォⅡ遺跡（ロ
　シア）……………………… 568
アンブヒマンガの丘の王領地
　（マダガスカル）………… 613
安平橋（中国）……………… 135
安平古堡（台湾）…………… 131
安平面の積石塔（韓国）……… 79
アンベール城（インド）……… 30
アンボアーズ（フランス）… 536
安豊塘遺跡（中国）………… 135
アンボヒマンガの王丘（マダガ
　スカル）…………………… 613
アンボワーズの城館（フラン
　ス）………………………… 536
アンマン（ヨルダン）……… 399
アンモニウム（エジプト）… 590
安邑城跡（中国）…………… 135
安陽小屯遺跡（中国）……… 232
安瀾橋（中国）……………… 135
アンロ（オランダ）………… 464

【い】

イアム（エジプト）………… 584
イアリュソス（ギリシャ）… 469
伊尹墓（中国）……………… 136
イヴァノヴォの岩窟教会群（ブ
　ルガリア）………………… 554

イヴァノヴォの岩窟聖堂群（ブ
　ルガリア）………………… 554
イヴィロン修道院（ギリシャ）
　………………………………… 469
イヴォルガ遺跡（ロシア）… 568
イウニト（エジプト）……… 585
イウヌ、オン（エジプト）… 597
イウヌ＝モンチュ（エジプト）
　………………………………… 585
イウネト（エジプト）……… 593
イウリス（トルコ）………… 519
イェシル・ジャーミ（トルコ）
　………………………………… 519
イェシル・チュルベ（トルコ）
　………………………………… 520
イエス生誕の地：ベツレヘムの
　聖誕聖堂と巡礼路（パレスチナ
　国）………………………… 385
イエナンヤウン（ミャンマー）
　………………………………… 393
イェリコ（パレスチナ国）… 385
イェリングの土塁と石碑と聖堂
　（デンマーク）…………… 507
イェリング墳墓群、ルーン文字
　石碑群と教会（デンマーク）
　………………………………… 506
イェルサレム（エルサレム）
　………………………………… 55
イェルサレムの聖墳墓教会（エ
　ルサレム）………………… 55
イェレシュワラム（インド）
　………………………………… 30
怡園（中国）………………… 136
威遠炮台（中国）…………… 136
威遠楼（中国）……………… 136
イオラニ宮殿（アメリカ合衆国）
　………………………………… 621
威海衛（中国）……………… 136
イカラル（ロシア）………… 568
猗玕亭（中国）……………… 136
猗玕洞（中国）……………… 136
イキズテペ（トルコ）……… 520
螆璜頂（中国）……………… 136
イグリエン（ロシア）……… 568
韋君靖碑（中国）…………… 136
韋洞墓（中国）……………… 136
イケン（スーダン）………… 607
渭原遺跡（北朝鮮）………… 104
渭原龍淵洞遺跡（北朝鮮）… 104
威虎庁（中国）……………… 136
イサ・イブン・ムサの宮殿（イ
　ラク）………………………… 11
居酒屋（テルモポリウム）（イタリ
　ア）………………………… 453
イサコヴォ遺跡（ロシア）… 569
イザト・クリ（トルクメニスタ
　ン）………………………… 377
イサパ（メキシコ）………… 637
イサマル（メキシコ）……… 637

史跡・遺跡名索引　　　　681　　　　いんか

イシス神殿（エジプト） ……… 585
イシス神殿〔デロス島〕（ギリシャ） ………………………… 469
イシスの神域〔ディオン〕（ギリシャ） ………………………… 469
イシミラ（タンザニア） …… 608
イシムカ遺宝（ロシア） …… 569
イシムチェ（グアテマラ） …… 630
韋州ラマ教式墓塔（中国） …… 136
イシュタル門（イラク） …… 11
イシュトラン・デル・リオ（メキシコ） ………………………… 637
イシン（イラク） …………… 11
イズヴェストフ遺跡（ロシア）
………………………………… 569
イズヴォアレ（ルーマニア）
………………………………… 566
イースター島（チリ） ……… 655
イースター島―船形の住居跡
（テベウ）（チリ） ………… 655
イスタナ・ヌルル・イマン（ブルネイ） ………………………… 389
イスタフル（イラン） ……… 19
イスタルロスケ（ハンガリー）
………………………………… 532
イスタンブール歴史地区（トルコ） ………………………… 520
イスチュリッツ（フランス）
………………………………… 536
イストゥリッツ（フランス）
………………………………… 536
イストモス（ギリシャ） …… 470
イスファハーン（イラン） …… 20
イスファハンのイマーム広場
（イラン） ………………… 19
イスファハンの金曜モスク（イラン） ………………………… 20
イスファハンのジャーメ・モスク（イラン） ………………… 20
イスファハーンのモスク（イラン） ………………………… 20
イスマイラバード（イラン）
………………………………… 20
イスマーイール・サーマニ廟（ウズベキスタン） ………… 51
イスマーイールの廟（ウズベキスタン） ………………………… 51
イスラ・デ・ラ・ルナ（ボリビア） ………………………… 670
イスラ・デル・ソル（ボリビア）
………………………………… 670
イスラム（伊斯蘭）教聖墓（中国） ………………………… 136
イスラーム都市アンジャル（レバノン） ………………………… 401
イスラーム都市カイロ（エジプト） ………………………… 586
イスルムニヤ（スリランカ）
………………………………… 123
医聖祠（中国） …………… 136

イーセーウム（エジプト） …… 585
遺跡の丘（ジンバブエ） …… 605
彙宗寺（中国） …………… 136
イソバタの王墓（ギリシャ）
………………………………… 470
イダイオン・アントロン（ギリシャ） ………………………… 470
イダ山洞穴群（ギリシャ） …… 470
韋駄像（中国） …………… 136
イタリアのロンゴバルド族：権勢の足跡（568-774年）（イタリア） ………………………… 425
イタリア北西部のサクリ・モンティ（イタリア） ………… 449
イタリカ（スペイン） ……… 493
一行遺迹（中国） ………… 136
一二一四烈士墓（中国） …… 136
市場町ベリンゾーナの3つの城、防壁、土塁（スイス） …… 488
イチャン・カラ（ウズベキスタン） ………………………… 51
イツァン（グアテマラ） …… 630
イッシク遺跡（カザフスタン）
………………………………… 56
イッシク・クルガン（カザフスタン） ………………………… 56
イッスルムニヤ（スリランカ）
………………………………… 123
イッソス（トルコ） ……… 520
五つのラータ（岩石寺院）（インド） ………………………… 30
一片雲（中国） …………… 136
イティマッド・アッ・ダウラの廟（インド） ………………… 30
怡亭銘摩崖（中国） ……… 136
懿徳太子墓（中国） ……… 137
イトメ山（メッセネ）（ギリシャ） ………………………… 470
イドリア（スロベニア） …… 503
イナケブ洞窟壁画（パプアニューギニア） ………………… 407
イナンドゥック（トルコ） …… 520
イニヤンガ（ジンバブエ） …… 605
韋抜群墓（中国） ………… 137
イパティエフ修道院（ロシア）
………………………………… 569
イパテフスキー修道院（ロシア） ………………………… 569
イピウタク（アメリカ合衆国）
………………………………… 621
イビサ：生物多様性および文化（スペイン） ………………… 493
イビサ島（スペイン） ……… 493
イヒネ（ロシア） ………… 569
イプイの墓（エジプト） …… 585
イフェ（ナイジェリア） …… 611
イブキの墓（エジプト） …… 594
イブ、ケント＝ミン（エジプト）
………………………………… 582

イフナスィア・エル＝メディーナ（エジプト） …………… 597
イフ・ハイラント遺跡（モンゴル） ………………………… 396
イブラヒム・ラウザ（インド）
………………………………… 30
イブン・トゥールーンのモスク（エジプト） ………………… 585
彝文摩崖（中国） ………… 137
イペト＝スット（エジプト）
………………………………… 587
イベリア半島地中海沿岸の岩絵（スペイン） ………………… 493
イマウ（エジプト） ……… 589
イム（エジプト） ………… 589
イムチン（ロシア） ……… 569
イラク南部の湿原：生物多様性の安全地帯とメソポタミア都市群の残存景観（イラク）
………………………………… 12
漪瀾堂（中国） …………… 137
イランのアルメニア正教の修道院建築物群（イラン） …… 20
イーリー運河（アメリカ合衆国）
………………………………… 621
伊犂将軍府旧址（中国） …… 137
イリスカーヤ（ロシア） …… 569
イーリー大聖堂（イギリス）
………………………………… 414
イーリーのトリニティー大聖堂（イギリス） ………………… 414
彝倫堂（中国） …………… 137
イルカタ（レバノン） ……… 401
イルクーツク陸軍病院遺跡（ロシア） ………………………… 569
イル・ジェズ聖堂（イタリア）
………………………………… 425
イルゼン（ドイツ） ……… 508
イルトゥートゥミシュの廟（インド） ………………………… 30
イルーニアの橋（スペイン）
………………………………… 493
イルラフーン（エジプト） …… 600
イレム（エジプト） ……… 584
頤和園（中国） …………… 137
頤和園の長廊（中国） ……… 137
イワツィオ（メキシコ） …… 637
イワノヴォ岩壁修道院（ブルガリア） ………………………… 554
岩のドーム（エルサレム） …… 54
岩の都ペトラ（ヨルダン） …… 400
イン・イティネン（アルジェリア） ………………………… 580
インカ道（ペルー） ……… 659
インカの都・クスコ（ペルー）
………………………………… 661
インガピルカ（エクアドル）
………………………………… 651
インガラディ岩陰（オーストラリア） ………………………… 404

いんか　　　　　　　　　　　　　682　　　　　　　史跡・遺跡名索引

インカリャクタ（ボリビア）
　　………………………… 670
インカワシ（ペルー）……… 659
殷墟（中国）………………… 137
殷墟の大型地下墓（中国）…… 137
殷墟婦好墓（中国）………… 325
イングルビー（イギリス）…… 414
隠山（中国）………………… 137
印山越王陵（中国）………… 137
陰山岩刻（中国）…………… 137
Ir.D.F.ヴァウダヘマール（D.F.
　ヴァウダ蒸気水揚げポンプ場）
　（オランダ）……………… 464
インジェ・ミナーレ・マドラサ
　（トルコ）………………… 520
陰湘城遺跡（中国）………… 137
インスラ（絵画の家）（イタリア）
　　………………………… 425
インスラ（ディアナの家）（イタリ
　ア）………………………… 425
イン・タデイニ（マリ）… 613
インディアス古文書館（スペイ
　ン）………………………… 499
インティワシ洞穴（アルゼンチ
　ン）………………………… 650
インティワタナ〔ピサク〕（ペ
　ルー）……………………… 659
インティワタナ〔マチュ・ピチュ〕
　（ペルー）………………… 659
インドの山岳鉄道群（インド）
　　…………………………… 30
インドラ・サバー寺院（インド）
　　…………………………… 30
イン・フリット（マリ）…… 614
院北里遺跡（韓国）………… 57
殷栗支石墓群（北朝鮮）…… 104

【う】

ヴァイキングの墓（スウェーデ
　ン）………………………… 489
ヴァイシャーリー（インド）
　　…………………………… 30
ヴァイマールとデッサウのバウ
　ハウスとその関連遺産群（ド
　イツ）……………………… 508
ヴァイレレ（サモア）…… 406
ヴァヴェル城（ポーランド）
　　………………………… 559
ヴァーサ博物館〔戦艦ヴァーサ
　号〕（スウェーデン）…… 489
ヴァージニア大学（アメリカ合衆
　国）………………………… 623
ヴァシリキ（ギリシャ）…… 470
ヴァシーリー大聖堂（ロシア）
　　………………………… 569
ヴァシーリー・ブラジェンヌイ
　大聖堂（ロシア）………… 569

ヴァタダーゲ（スリランカ）
　　………………………… 126
ヴァダックンナータ寺院（イン
　ド）………………………… 30
ウダン、シンゲッティ、ティシ
　ット、ウワラタのカザール古
　代都市（モーリタニア）…… 616
ヴァーチェ（スロベニア）… 503
ヴァチカン（バチカン市国）
　　………………………… 531
ヴァチカン市国（バチカン市国）
　　………………………… 531
ヴァチカン・シティー（バチカン
　市国）……………………… 531
ヴァッハウ渓谷の文化的景観
　（オーストリア）………… 461
ウアディア・カスバの門（モロッ
　コ）………………………… 616
ヴァティカーノ（バチカン市国）
　　………………………… 531
ヴァティカノ絵画館（バチカン市
　国）………………………… 531
ヴァティカノ宮殿（バチカン市
　国）………………………… 531
ヴァティカノ図書館（バチカン市
　国）………………………… 531
ヴァティカン市国（バチカン市
　国）………………………… 531
ヴァトペディウ修道院（ギリシ
　ャ）………………………… 470
ヴァーラーナシー（インド）
　　…………………………… 30
ヴァラフシャ（ウズベキスタン）
　　…………………………… 51
ヴァラフシャ＝ゾロアスター神
　殿（ウズベキスタン）…… 52
ヴァルヴィシオーロ修道院（イタ
　リア）……………………… 425
ヴァルカモニカの岩絵群（イタ
　リア）……………………… 425
ヴァル・ディ・ノートの後期バ
　ロック様式の町（シチリア島南
　東部）（イタリア）……… 425
ヴァル・ディ・ノートのバロッ
　ク様式の町（イタリア）… 425
ヴァル＝ド＝グラース聖堂（フ
　ランス）…………………… 536
ヴァルトブルク（ドイツ）…… 509
ヴァルトブルク城（ドイツ）
　　………………………… 509
ヴァルナ遺跡（ブルガリア）
　　………………………… 554
ヴァールベリのグリメトン・ラ
　ジオ無線局（スウェーデン）
　　………………………… 489
ヴァルベルイのグリムトン無線
　通信所（スウェーデン）… 489
ヴァルラアム修道院（ギリシ
　ャ）………………………… 470
ヴァレ・クルキス僧院（イギリ
　ス）………………………… 414

ヴァレッタの市街（マルタ）
　　………………………… 564
ヴァレンシアのロンハ・デ・ラ・
　セダ（スペイン）………… 500
ヴァロネ（フランス）…… 536
ヴァンヴィテッリの水道橋（イ
　タリア）…………………… 430
ヴァンセンヌ城 王の館（フラン
　ス）………………………… 536
ヴァンセンヌ 天守閣（フラン
　ス）………………………… 536
ヴィア・ノヴァ（新しい道）（イタ
　リア）……………………… 425
ヴィア・ラティーナのカタコン
　ベ（イタリア）…………… 426
ヴィエリチカ岩塩坑（ポーラン
　ド）………………………… 559
ヴィエリチカ・ボフニア王立岩
　塩坑（ポーランド）……… 559
ヴィエンチャンのタート・ルア
　ン（ラオス）……………… 401
ヴィエンヌ（フランス）…… 536
ヴィガン歴史都市（フィリピン）
　　………………………… 388
ヴィクス（フランス）…… 536
ヴィクトリア・ターミナス駅（イ
　ンド）……………………… 38
ヴィコ・デル・ルパナーレ（イ
　タリア）…………………… 426
ヴィシェグラードのメフメド・
　パシャ・ソコロヴィッチ橋（ボ
　スニア・ヘルツェゴビナ）… 558
ヴィシュヴァナータ寺（イン
　ド）………………………… 30
ヴィシュワナート寺院（イン
　ド）………………………… 31
ヴィスカヤ橋（スペイン）…… 500
ヴィスカヤの別荘（アメリカ合衆
　国）………………………… 621
ヴィースの巡礼教会（ドイツ）
　　………………………… 509
ヴィースの巡礼聖堂（ドイツ）
　　………………………… 509
ヴィスビー（スウェーデン）
　　………………………… 491
ヴィスマル（ドイツ）… 511
ヴィチェンツァ（イタリア）
　　………………………… 426
ヴィチェンツァ市街と郊外の邸
　宅（イタリア）…………… 426
ヴィチェンツァの市街とベネ
　トのパッラーディオのヴィラ
　（イタリア）……………… 426
ヴィックス（フランス）… 536
ヴィッタラ寺院（インド）… 31
ヴィッラ・アドリアーナ（ティ
　ヴォリ）（イタリア）… 426
ヴィッラ・スタビアーノ（イタリ
　ア）………………………… 426

ヴィッラ・ディ・オプロンティス（イタリア） ………… 426
ヴィッラノーヴァ（イタリア） ………………………… 426
ヴィッラ・バルバロ（イタリア） ………………………… 426
ヴィッラ・ファルネジーナ（イタリア） ………………… 426
ヴィッラ・マダーマ（イタリア） ………………………… 426
ヴィッラ・ランテ（イタリア） ………………………… 426
ヴィッラ・レアーレ〔ミラノ〕（イタリア） …………… 426
ヴィッラ・レアーレ〔モンツァ〕（イタリア） ………… 427
ヴィッラ・ロマーナ・デル・カサーレ（イタリア） …… 427
ヴィッラ・ロマーナの回廊（イタリア） ………………… 427
ヴィニャーレス渓谷（キューバ） ………………………… 630
ヴィフヴァティンツィ（ロシア） ………………………… 569
ヴィラ・アドリアーナ（イタリア） ……………………… 426
ヴィラ・スタビアーノ（イタリア） ……………………… 426
ヴィラ・ディ・オプロンティス（イタリア） …………… 426
ヴィラ・デステ（イタリア） … 443
ヴィラ・ノヴァ・ド・サン・ペドロ（ポルトガル） ……… 561
ヴィラ・マダマ（イタリア） … 426
ヴィラ・ロマーナ・デル・カサーレ（イタリア） ……… 427
ヴィラ・ロマーナの回廊（イタリア） …………………… 427
ウィランドラ湖群地域（オーストラリア） ……………… 404
ウィリアム要塞（インド） …… 31
ヴィリニュスの歴史地区（リトアニア） ………………… 565
ウィルカワイン（ペルー） …… 659
ヴィルニュス歴史中心地区（リトアニア） ……………… 566
ヴィルパクシャ神殿（インド） ………………………… 31
ヴィルヘルムスヘーエ城公園（ドイツ） ………………… 509
ヴィッラ・ファルネジーナ（イタリア） ………………… 426
ヴィッラ・マダマ（イタリア） ………………………… 426
ウィレムスタット歴史地区（オランダ領キュラソー） …… 652
ヴィレンドルフ（オーストリア） ………………………… 461
ヴィンゲン（ノルウェー） …… 530
ウィンザー城（イギリス） …… 414

ウィンチェスター大聖堂（イギリス） …………………… 414
ヴィンチャ（セルビア） ……… 503
ウィーン歴史地区（オーストリア） ……………………… 461
ウィーン歴史中心地区（オーストリア） ………………… 462
ヴェアラ（ドイツ） ………… 509
ヴェイイ（イタリア） ……… 427
ウェイナト（エジプト） …… 585
ウェイリ，テル・（イラク） …… 13
ヴェーガエヤーン（ヴェーガ群島）（ノルウェー） …… 530
ヴェガオヤン―ヴェガ群島（ノルウェー） ……………… 530
ウェスタ神殿〔ティヴォリ〕（イタリア） ……………… 427
ウェスタ神殿〔フォルム・ボアリウム〕（イタリア） … 427
ウェスタ神殿〔フォロ・ロマーノ〕（イタリア） ……… 427
ウェスタの巫女の家（イタリア） ………………………… 427
ウェスタ女神の神殿〔フォルム・ボアリウム〕（イタリア） … 427
ヴェステルビエルス（スウェーデン） …………………… 489
ウェストミンスター（イギリス） ………………………… 414
ウェストミンスター・アビィ（イギリス） ……………… 414
ウェストミンスター・アベイ（イギリス） ……………… 414
ウェストミンスター宮殿（イギリス） …………………… 414
ウェストミンスター宮殿、ウェストミンスター大寺院及び聖マーガレット教会（イギリス） ……………………………… 414
ウェストミンスター寺院（イギリス） …………………… 414
ウェストミンスター大聖堂（イギリス） ………………… 414
ウェストミンスター・ホール（イギリス） ……………… 414
ヴェズレー教会堂（フランス） ………………………… 537
ヴェズレー修道院（フランス） ………………………… 537
ヴェズレーの教会堂と丘（フランス） …………………… 537
ヴェズレーの聖堂と丘（フランス） ……………………… 536
ヴェズレーのラ・マドレーヌ修道院聖堂（フランス） … 537
ヴェセリノーヴォ（ブルガリア） ………………………… 554
ヴェゼール渓谷の先史時代史跡群と洞窟壁画群（フランス） …………………………… 537

ヴェゼール渓谷の装飾洞窟（フランス） ………………… 537
ヴェゼール渓谷の洞窟（フランス） ……………………… 537
ヴェゾン・ラ・ロメヌ（フランス） ……………………… 537
ヴェッサギリヤ寺院跡（スリランカ） …………………… 124
ウェッティの家（イタリア） … 427
ウエッド・アズフ・メレン（アルジェリア） …………… 580
ウエッド・ジェラート（アルジェリア） ………………… 580
ヴェトゥローニア（イタリア） ………………………… 427
ヴェト・ケ（ベトナム） …… 389
ウェヌスの家（イタリア） … 427
ヴェネツィア（イタリア） … 428
ヴェネツィア宮殿（イタリア） ………………………… 427
ヴェネツィアとその潟（イタリア） ……………………… 427
ヴェーリア（イタリア） …… 428
ヴェリコ・タルノヴォ（ブルガリア） …………………… 554
ヴェリチカ岩塩坑（ポーランド） ………………………… 559
ヴェルギナ（ギリシャ） …… 466
ヴェルギナの王宮（ギリシャ） ………………………… 470
ヴェルギナの王墓（ギリシャ） ………………………… 470
ヴェルギナの劇場（ギリシャ） ………………………… 470
ヴェルギナの考古遺跡（ギリシャ） ……………………… 466
ヴェルギナの小円墳群（ギリシャ） ……………………… 470
ヴェルサイユ（フランス） …… 537
ヴェルサイユ宮殿（フランス） ………………………… 537
ヴェルサイユ宮殿と庭園（フランス） …………………… 537
ヴェルサイユ宮殿のオペラ（フランス） ………………… 537
ヴェルサイユ宮殿の礼拝堂（フランス） ………………… 537
ウェルズ大聖堂（イギリス） … 414
ヴェールテスセッレス（ハンガリー） …………………… 532
ヴェルホレンスカヤ山（ロシア） ………………………… 569
ヴェルラの製材、板紙工場（フィンランド） …………… 533
ウェルラミウム（イギリス） … 414
ヴェローナ市街（イタリア） … 428

ヴェローナの円形闘技場（イタリア）………… 428

ヴェンタナ（アメリカ合衆国）………… 621

禹王宮〔巴市〕（中国）…… 137

禹王宮〔蚌埠市〕（中国）…… 137

禹王鎮蛟井（中国）………… 138

禹王城址（中国）………… 138

禹王碑（中国）………… 138

ウォークウォース城（イギリス）………… 414

ヴォズネセノフスコエ（ロシア）………… 569

ヴォーバンの要塞群（フランス）………… 537

ヴォー＝ル＝ヴィコントの邸館（フランス）………… 537

ヴォルゴグラード（ロシア）………… 569

ヴォルタ、アクラ、中部、西部各州の砦と城塞（ガーナ）…… 602

ヴォルタ州、グレーター・アクラ州、セントラル州、ウェスタン州の城塞群（ガーナ）…… 602

月精（ウォルチョン）寺（韓国）………… 68

ヴォルテッラ（イタリア）…… 428

ウオルバ（ロシア）………… 569

ヴォルビリス（モロッコ）…… 617

ヴォルビリスの古代遺跡（モロッコ）………… 617

ヴォルムス大聖堂（ドイツ）………… 509

ヴォロネツ修道院（ルーマニア）………… 566

ウォンダーブームポールト（南アフリカ）………… 614

ウカイル，テル（イラク）… 12

于家村遺跡（中国）………… 138

雨花台（中国）………… 138

ウガリト（シリア）………… 118

烏含寺（聖住寺）（韓国）…… 78

烏亀洞（中国）………… 138

禹墟（中国）………… 138

烏金塘遺跡（中国）………… 138

ウグルクチン遺跡（モンゴル）………… 396

于謙祠（中国）………… 138

于謙墓（中国）………… 138

于山（中国）………… 138

于山摩崖石刻（中国）………… 138

烏耳島遺跡（韓国）………… 57

ウシュカル（パキスタン）…… 379

ウシュイ（ロシア）………… 569

ウシュタタ（チュニジア）…… 609

ウシュマル（メキシコ）…… 637

ウシュマル・総督の館（メキシコ）………… 642

ウシュマルの古代都市（メキシコ）………… 637

ウースター大聖堂（イギリス）………… 414

ウスチ・アインスコエ遺跡（ロシア）………… 569

ウスチ・ウダ（ロシア）…… 569

ウスチ・カン洞穴（ロシア）………… 569

ウスチ・キャフタ（ロシア）………… 570

ウスチノフカ遺跡群（ロシア）………… 570

ウスチ・ベラヤ（ロシア）…… 570

ウスト（烏素図）召（中国）… 138

ウズペンスカヤ教会（ロシア）………… 570

ウスペンスキー大聖堂（ロシア）………… 570

ウスマル（メキシコ）…… 637

烏石山（中国）………… 138

烏石山摩崖題刻（中国）…… 138

烏石里遺跡（韓国）………… 57

ウセルヘトの墓〔貴族〕（エジプト）………… 585

ウセルヘトの墓〔書記〕（エジプト）………… 585

烏孫〔遺跡〕（中国）………… 138

ウダイギリ（インド）…… 31

雨台山楚墓（中国）………… 138

ウダイプールの宮殿（インド）………… 31

ウタトラン（グアテマラ）…… 630

ウダヤギリ（インド）…… 31

ウダヤギリとカンダギリ（インド）………… 31, 33

五当召（ウーダンジャオ）（中国）………… 203

ウタン召（中国）………… 203

ヴェドール（クロアチア）………… 485

烏竹軒（韓国）………… 58

ウチュカト（烏什喀特）古城（中国）………… 138

ウチュクマチャイ（ペルー）………… 659

鬱孤台（中国）………… 138

蔚山細竹里遺跡（韓国）…… 58

蔚山新岩里遺跡（韓国）…… 58

蔚山兵営城跡（韓国）…… 58

ウッジャイン（インド）…… 31

尉遅敬徳墓（中国）………… 139

ウッドヘンジ（イギリス）…… 415

鬱陵島〔遺跡〕（韓国）…… 58

鬱林観石刻（中国）………… 139

ウティカ（チュニジア）…… 609

ウデーグラーム（パキスタン）………… 379

ウデグラム（パキスタン）…… 379

ウトヌール（インド）…… 31

ウドン（カンボジア）…… 101

ウートーン遺跡（タイ）…… 126

ウナス王のピラミッド（エジプト）………… 585

ウニス王のピラミッド（エジプト）………… 585

ウハイディル（イラク）……… 12

ウバイド（イラク）………… 12

ウバイド，テル・アル（イラク）………… 12

ウバトキ（アメリカ合衆国）… 621

禹廟（中国）………… 139

ウプリスツィヘ（ジョージア）………… 487

ウベイディエ（イスラエル）………… 6

ウベイディヤ遺跡（イスラエル）………… 6

ウー・ベイン橋（ミャンマー）………… 393

ウベダとバエーサのルネサンス様式の記念碑的建造物群（スペイン）………… 493

ウマイヤ・モスク（シリア）………… 120

ウマイリ、テル・エル（ヨルダン）………… 399

ウマウアカ渓谷（アルゼンチン）………… 650

ウマワカの渓谷（アルゼンチン）………… 650

海の城（シリア）………… 118

ウム・エル・ラサス〈カストロン・メファー〉（ヨルダン）………… 399

ウム・エル・ラサス（キャストロ・メファ）（ヨルダン）………… 399

禹門口（中国）………… 139

禹門山（中国）………… 139

烏尤寺（中国）………… 139

ヴュルツブルク宮（ドイツ）………… 509

ヴュルツブルク司教館（ドイツ）………… 509

ヴュルツブルクの司教館、庭園と広場（ドイツ）………… 509

ヴュルツブルクの砲台（ドイツ）………… 509

ウラ（烏拉）古城（中国）…… 139

ウラジーミル（ロシア）…… 570

ウラジーミルとスーズダリの白い建造物群（ロシア）………… 570

ウラスタイ（烏拉斯泰）石人墓（中国）………… 139

ウラ・チュベ（タジキスタン）………… 132

ウラディミルとスズダリの白壁建築群（ロシア）………… 570

史跡・遺跡名索引　　　　　685　　　　　えいつ

ウラディミロフカ(ウクライナ)
　………………………… 458
ウラノール(烏拉泊)古城(中
国)………………………… 139
ウラリンカ(ロシア)……… 570
ウラン・エレグ遺跡(モンゴル)
　………………………… 396
ウラン・カダ遺跡(ロシア)
　………………………… 570
ウラン・ハダ(ロシア)…… 570
ウリスキー(ロシア)……… 570
ウリスキイ・アウル(ロシア)
　………………………… 570
禹陵(中国)………………… 139
ヴリンダーヴァン(インド)
　………………………… 31
ウル(イラク)……………… 12
ウルキシュ(シリア)……… 118
ウルク(イラク)…………… 12
ウルク遺跡(イラク)……… 12
ウルクの宮殿址(イラク)… 12
ウルクの古拙層期の神域(イラ
ク)………………………… 12
ウルグ・ベグ・ミランシャーと
　アブドゥル・ラザクの廟(ア
　フガニスタン)…………… 1
ウルゲンチ(トルクメニスタン)
　………………………… 377
ヴルコリニェツ(スロバキア)
　………………………… 502
ヴルチ(イタリア)………… 428
ウル・チャンコ洞穴(インドネシ
ア)………………………… 47
ウルネスのスターヴ教会(ノル
ウェー)…………………… 530
ウルネスの木造教会堂(ノルウ
ェー)……………………… 530
ウルネスの木造聖堂(ノルウ
ェー)……………………… 530
ウルの王墓(イラク)……… 12
ウルのジッグラト(イラク)
　………………………… 12
ウルの第三王朝期の神域と墓廟
　(イラク)………………… 12
ウルビーノの歴史地区(イタリ
ア)………………………… 428
ウル・ブルン(トルコ)…… 520
ウルム大聖堂(ドイツ)…… 509
ウルラストレ(スペイン)… 494
ウルル(オーストラリア)… 404
ウルルーカタ・ジュタ国立公園
　(オーストラリア)……… 404
ウルワース・ビル(アメリカ合衆
国)………………………… 621
ウルン・ダヌ・バトゥール寺院
　(インドネシア)………… 47
ヴロツワフの百周年記念ホール
　(ポーランド)…………… 559
ヴロツワフの百年祭記念館
　(ポーランド)…………… 559

ヴロツワフ百年会館(ポーラン
ド)………………………… 559
ウワダン、シンゲッティ、ティ
シット及びウワラタの古い集
落(モーリタニア)………… 616
ウワラタ(モーリタニア)… 616
雲窩(中国)………………… 139
雲鶴里古墳群(韓国)……… 58
雲巌寺〔蘇州市〕(中国)… 139
雲岩寺(中国)……………… 139
雲巌寺塔(中国)…………… 139
雲巌寺二山門(中国)……… 139
雲居山(中国)……………… 139
雲崗五華洞(中国)………… 139
雲崗西部窟群(中国)……… 139
雲崗石仏寺(中国)………… 139
雲崗石窟(中国)…………… 140
雲岡石窟第十三窟(中国)… 139
雲崗石窟第五窟(中国)…… 140
雲崗第5・第6窟(中国)…… 140
雲崗東部窟群(中国)……… 140
雲崗曇曜5窟(中国)……… 140
雲谷寺(中国)……………… 140
雲居寺〔永修県〕(中国)… 140
雲居寺〔北京市〕(中国)… 140
雲居寺塔(中国)…………… 140
雲巌寺〔江油県〕(中国)… 140
雲山(中国)………………… 140
雲山勝地(中国)…………… 140
雲山摩崖仏(韓国)………… 58
雲山里(北朝鮮)…………… 104
雲瓛閣(中国)……………… 140
雲城里遺跡(北朝鮮)……… 104
雲城里土城(北朝鮮)……… 104
雲棲寺(中国)……………… 140
雲井里遺跡(韓国)………… 58
雲石山(中国)……………… 140
雲接寺塔(中国)…………… 140
雲台観(中国)……………… 140
雲台山(中国)……………… 140
雲垈里窯跡(韓国)………… 58
雲頂山(中国)……………… 141
雲洞巖(中国)……………… 141
ウンドル・ドブ遺跡(モンゴル)
　………………………… 396
雲南陸軍講武堂旧址(中国)
　………………………… 141
雲峰山(中国)……………… 141
雲峰寺(中国)……………… 141
雲夢睡虎地(中国)………… 241
雲歩橋(中国)……………… 141
ウンマ(イラク)…………… 13
ウンム・アン・ナール島(アラブ
首長国連邦)……………… 5
ウンム・エッ・ズエイティナ(イ
スラエル)………………… 6

ウンム・エル＝アカブ(エジプ
ト)………………………… 585
ウンム・カタファ(イスラエル)
　………………………… 7
雲夢漢墓(中国)…………… 141
雲夢秦墓(中国)…………… 241
ウンム・ダバギヤ(イラク)
　………………………… 13
雲門山石窟(中国)………… 141
雲門山石窟造像(中国)…… 141
雲門寺〔石碑寺〕(中国)… 141
雲門寺〔大覚寺〕(中国)… 265
雲竜山(中国)……………… 141
雲竜山石仏(中国)………… 141
運粮河(中国)……………… 141
雲林寺(中国)……………… 141
雲麓宮(中国)……………… 141

【え】

エアーズ・ロック(オーストラリ
ア)………………………… 404
エアンナ神殿(イラク)…… 13
エイアオネの岩陰彩画遺跡(フ
ランス領ポリネシア)…… 408
エイアオネの人面浮彫(フラン
ス領ポリネシア)………… 408
永安寺〔関中県〕(中国)… 141
永安寺〔渾源県〕(中国)… 141
永安州城遺址(中国)……… 141
永安石橋(中国)…………… 141
永安湃圃場殲虎詩碑(中国)
　………………………… 141
永安莽喀詩碑(中国)……… 142
永吉星星哨遺跡(中国)…… 142
栄県大仏(中国)…………… 142
永興邑(北朝鮮)…………… 104
永興邑遺跡(北朝鮮)……… 104
永固陵(中国)……………… 142
栄州磨崖三尊像(韓国)…… 58
永寿寺(中国)……………… 142
永寿寺塔(中国)…………… 142
営城子(中国)……………… 142
営城子漢墓(中国)………… 142
営城子古墳(中国)………… 142
営城子壁画墓(中国)……… 142
永新聯席会議旧址(中国)… 142
瀛仙洞遺跡(韓国)………… 58
瀛仙洞貝塚(韓国)………… 58
盈倉里遺跡(韓国)………… 58
永祚寺(中国)……………… 142
永泰公主墓(中国)………… 142
永泰寺(中国)……………… 142
永泰寺塔(中国)…………… 142
永通橋〔北京市〕(中国)… 142

えいつ

永通橋〔趙県〕（中国）……… 142
エイティガール（艾提艾）清真寺
　（中国）……………………… 142
永登洞遺跡（韓国）…………… 58
永寧寺（中国）………………… 142
永寧寺跡（中国）……………… 142
永寧寺塔基（中国）…………… 142
永寧陵石獣（中国）…………… 143
瘞髪塔（中国）………………… 143
営盤里（中国）………………… 143
永福寺塔（中国）……………… 143
衛兵部屋（穀物倉庫）（ギリシャ）
　……………………………… 482
永明寺跡（北朝鮮）…………… 104
英雄冢（中国）………………… 143
永楽宮（中国）………………… 143
エイラタン（ウズベキスタン）
　………………………………… 51
英陵（韓国）…………………… 58
永陵〔清〕（中国）…………… 143
永陵〔西魏〕（中国）………… 143
永陵〔明〕（中国）…………… 143
エヴァ（アメリカ合衆国）…… 621
エヴェンフスの岩面画（ノルウェー）
　……………………………… 530
エヴォラ歴史地区（ポルトガル）
　……………………………… 561
エウクレイアの神域（ギリシャ）
　……………………………… 470
エヴゼル庭園（トルコ）……… 524
エウトレシス（ギリシャ）…… 470
エウフラシウス聖堂（クロアチア）
　……………………………… 486
エーヴベリー（イギリス）
　……………………… 415, 418
エウマキアの建物（イタリア）
　……………………………… 428
エウメネス2世の城門（トルコ）
　……………………………… 520
エウリュサケスの墓（イタリア）
　……………………………… 428
エウリュディケの墓（ギリシャ）
　……………………………… 470
円覚寺碑塔（中国）…………… 144
エカテリーナ宮（ロシア）…… 570
エカムバレスバラ寺院（インド）
　………………………………… 31
易県道徳経幢（中国）………… 143
易県土城（中国）……………… 143
益山〔遺跡〕（韓国）………… 58
益山石旺里双陵（韓国）……… 58
益山双陵（韓国）……………… 58
駅三洞遺跡（韓国）…………… 58
益山弥勒寺跡の塔と四隅の石像
　（韓国）……………………… 58
益荘王墓（中国）……………… 143
エクステルンシュタイネ（ドイツ）
　……………………………… 509

エクセター大聖堂（イギリス）
　……………………………… 415
エグトフェド（デンマーク）
　……………………………… 507
エクバタナ（イラン）………… 20
エグメリヤンタ（埃格麦里央達）
　古城（中国）………………… 143
エーグル城（スイス）………… 488
エクロン（イスラエル）……… 7
慧光塔（中国）………………… 143
エゴスティナ（ギリシャ）…… 470
恵済寺（中国）………………… 143
慧済寺（中国）………………… 143
エサギラ神殿（イラク）……… 13
エシュヌンナ（イラク）……… 13
エジンバラ城（イギリス）…… 415
エスキヤバル（トルコ）……… 520
エスコリアル宮殿（スペイン）
　……………………………… 494
エス・スク（マリ）…………… 614
エスタケリーア（ペルー）…… 659
エステ（イタリア）…………… 428
エステルハージ宮殿（ハンガリー）
　……………………………… 532
エステンセ城（イタリア）…… 428
エスナ（エジプト）…………… 585
会善寺塔（中国）……………… 230
エセンベジル（葉森培孜児）石人
　墓（中国）…………………… 143
エチミアジン（アルメニア）
　……………………………… 412
エチミアツィンとズヴァルトゥ
　ノツ（アルメニア）………… 412
エチミアツィンの大聖堂と教会
　群及びズヴァルトノツの古代
　遺跡（アルメニア）………… 412
越王井（中国）………………… 143
エック・バラム（メキシコ）… 637
粤軍陣亡烈士墓（中国）……… 143
エッゲンベルグ城（オーストリア）
　……………………………… 462
閲江楼（中国）………………… 144
エッサウィラの旧市街（モロッコ）
　……………………………… 617
エッサウィラのメディナ（旧名
　モガドール）（モロッコ）… 617
越秀山（中国）………………… 144
越秀炮台（中国）……………… 144
越城（中国）…………………… 144
悦心殿（中国）………………… 144
エッセン大聖堂（ドイツ）…… 510
エッセンの関税同盟炭坑の産業
　遺跡（ドイツ）……………… 510
エッセンのツォルフェライン炭
　坑業遺産群（ドイツ）……… 510
エッツナー（メキシコ）……… 637
エツナ（メキシコ）…………… 637

エツナの5層のピラミッド（メキシコ）
　……………………………… 637
閻馬廠（中国）………………… 144
エッフェル塔（フランス）…… 537
エディット・シャフル（パキスタン）
　……………………………… 379
エディンバラ：旧市街、新市街
　（イギリス）………………… 415
エディンバラ城（イギリス）
　……………………………… 415
エディンバラの旧市街と新市街
　（イギリス）………………… 415
エデッサ（トルコ）…………… 520
エドスヴィケン（スウェーデン）
　……………………………… 489
エドフ（エジプト）…………… 585
エドフ神殿（エジプト）……… 597
エドフーホルス神殿（エジプト）
　……………………………… 597
エトルスキの墳墓（イタリア）
　……………………………… 428
エトワ（アメリカ合衆国）…… 621
エトワールの凱旋門（フランス）
　……………………………… 537
恵南法住寺の木塔（韓国）…… 94
エネディ（チャド）…………… 609
エネディ山地の自然と文化的景
　観（チャド）………………… 609
エバ（アメリカ合衆国）……… 621
エパガトスの倉庫（イタリア）
　……………………………… 428
エピダウロス（ギリシャ）…… 470
エピダウロスのアスクレピオス
　神殿（ギリシャ）…………… 470
エピダウロスのアスクレピオス
　の聖地（ギリシャ）………… 470
エピダウロスの遺跡（ギリシャ）
　……………………………… 470
エピダウロスの円形堂（ギリシャ）
　……………………………… 470
エピダウロスの劇場（ギリシャ）
　……………………………… 471
エピダウロスの考古遺跡（ギリシャ）
　……………………………… 470
エピダウロスのプロピュライア
　（ギリシャ）………………… 471
エフェソス（トルコ）………… 520
エフェソスの聖ヨハネ大聖堂
　（トルコ）…………………… 523
エフェソスの大理石通り（トルコ）
　……………………………… 520
エブラ（シリア）……………… 118
エーブラッハの修道院聖堂（ドイツ）
　……………………………… 510
エフラトン・プナル（トルコ）
　……………………………… 520
エボラ（ポルトガル）………… 561
エマル（シリア）……………… 118
恵明寺（中国）………………… 144

エミレー（イスラエル）………… 7
エムチ・テペ（アフガニスタン）
　　…………………………………… 1
エラーベク（ドイツ）………… 510
エランズフォンテイン（南アフ
　リカ）………………………… 614
エーランド島南部の農業景観
　（スウェーデン）…………… 490
エリー運河（アメリカ合衆国）
　　………………………………… 621
エリケン・テペ（トルクメニスタ
　ン）…………………………… 377
エリコ（パレスチナ国）……… 385
エリザヴェーティンスカヤ（ロ
　シア）………………………… 570
エリーゼ宮（フランス）……… 538
エリーチェ（イタリア）……… 428
エリーチェの城（イタリア）
　　………………………………… 428
エリドゥ（イラク）…………… 13
エリドゥの神殿（イラク）…… 13
エーリングスドルフ（ドイツ）
　　………………………………… 510
エル＝アシュムネイン（エジプ
　ト）…………………………… 583
エル・アブラ（コロンビア）… 653
エル＝アマルナ（エジプト）
　　………………………………… 584
エル＝アラバ（エジプト）…… 583
エル・アルガー（スペイン）… 494
エル・アルボリリョ（メキシコ）
　　………………………………… 637
エル・イシュテペテ（メキシコ）
　　………………………………… 637
エル・インガ（エクアドル）… 651
エルヴァスの国境防護の町とそ
　の要塞群（ポルトガル）…… 561
エル・エスコリアル（スペイン）
　　………………………………… 494
エル・エスコリアル宮殿（スペイ
　ン）…………………………… 494
エル・エスコリアール修道院（ス
　ペイン）……………………… 494
エル・エスコリアル修道院と旧
　王室（スペイン）…………… 494
エルカブ（エジプト）………… 586
エル・ガルセル（スペイン）… 494
エルク・エル・アフマル（イスラ
　エル）…………………………… 7
エルク・カラ（トルクメニスタ
　ン）…………………………… 377
エル＝クシーヤ（エジプト）
　　………………………………… 588
エルクレスの塔（スペイン）… 500
エルコラーノ（イタリア）
　　…………………………… 451, 453
エルサレムの旧市街とその城壁
　群（エルサレム）…………… 55

エル＝シェイク・イバダ（エジプ
　ト）…………………………… 585
エル・ジェム（チュニジア）… 609
エル・ジェムの円形闘技場（チュ
　ニジア）……………………… 609
エル・タヒン（メキシコ）…… 637
エル・タヒン古代都市（メキシ
　コ）…………………………… 637
エルチェ（スペイン）………… 494
エルチェの椰子園（スペイン）
　　………………………………… 494
エルツ城（ドイツ）…………… 510
エル・ディル（ヨルダン）…… 399
エルデニージュウ寺（モンゴ
　ル）…………………………… 397
エルデニ・ジョー（モンゴル）
　　………………………………… 397
エルテベレ期貝塚群（デンマー
　ク）…………………………… 507
エル・バウル（グアテマラ）… 631
エル＝バフナサ（エジプト）
　　………………………………… 586
エル・パライソ（ペルー）…… 659
エル・パルパチョ（スペイン）
　　………………………………… 494
エル・ヒアム（イスラエル）… 7
エルビルの城塞（イラク）…… 13
エル・プエンテ（ホンジュラス）
　　………………………………… 636
エル・プルガトリオ（ペルー）
　　………………………………… 659
エル・プルガトリオーピラミッ
　ド建築（ペルー）…………… 666
エル・ホボ（ベネズエラ）…… 658
エル・ポルトン（グアテマラ）
　　………………………………… 631
エル＝マデフーナ（エジプト）
　　………………………………… 583
エル・マナティ（メキシコ）… 637
エルミタージュ美術館（ロシ
　ア）…………………………… 570
エル・ミラドール（グアテマラ）
　　………………………………… 631
エル＝ラフーン（エジプト）… 600
エレウシス（ギリシャ）……… 471
エレウシス聖域の城壁（ギリシ
　ャ）…………………………… 471
エレウシスの小プロピュライア
　（ギリシャ）………………… 471
エレウシスの城壁（ギリシャ）
　　………………………………… 471
エレウシスの大プロピュライア
　（ギリシャ）………………… 471
エレウシスのテレステリオン
　（ギリシャ）………………… 478
エレウシスの広場（ギリシャ）
　　………………………………… 471
エレクチオン（ギリシャ）…… 471

エレクテイオン（ギリシャ）
　　………………………………… 471
エレクテウス神殿（ギリシャ）
　　………………………………… 471
エレスド（ルーマニア）……… 566
エレトリア（ギリシャ）……… 471
エレファンタ（インド）……… 31
エレファンタ島（インド）…… 31
エレファンタ島の石窟寺院群
　（インド）…………………… 31
エレファンタ石窟群（インド）
　　………………………………… 31
エレファンティネ（エジプト）
　　………………………………… 586
エレファンティン（エジプト）
　　………………………………… 586
エレルイクのバシリカ（アルメ
　ニア）………………………… 412
エローラ（インド）…………… 31
エローラ石窟群（インド）…… 31
エローラのカイラーサ寺院（イ
　ンド）………………………… 32
延安宝塔（中国）……………… 144
煙雨楼〔嘉興市〕（中国）…… 144
煙雨楼〔承徳市〕（中国）…… 144
燕園（中国）…………………… 144
円覚寺塔（中国）……………… 144
円覚洞造像（中国）…………… 144
袁家山（中国）………………… 144
沿河城（中国）………………… 144
燕下都44号墓（中国）………… 144
燕下都遺跡（中国）…………… 144
煙霞洞（中国）………………… 144
遠願寺（韓国）………………… 59
猿岩洞遺跡（北朝鮮）………… 104
猿岩里（北朝鮮）……………… 104
エンギグストシアク（カナダ）
　　………………………………… 628
燕喜台（中国）………………… 145
燕喜亭（中国）………………… 145
圜丘壇（中国）………………… 145
延慶寺舎利塔（中国）………… 145
垣曲商城遺跡（中国）………… 145
円形遺構〔サモトラケ〕（ギリシ
　ャ）…………………………… 474
延慶観玉皇閣（中国）………… 145
円形競技場〔アクインクム〕（ハ
　ンガリー）…………………… 532
円形競技場〔カルヌントゥム〕
　（オーストリア）…………… 462
円形劇場〔エル・ジェム〕（チュ
　ニジア）……………………… 609
円形劇場〔パルミラ〕（シリア）
　　………………………………… 121
延慶寺大仏殿（中国）………… 145
延慶寺塔（中国）……………… 145
円形聖堂（ブルガリア）……… 554
円形堂（ギリシャ）…………… 471

えんけ　　　　　　　　　　　688　　　　　　　　史跡・遺跡名索引

円形闘技場〔ヴェローナ〕（イタリア）……… 428
円形闘技場〔タラゴナ〕（スペイン）………… 499
円形闘技場〔ポッツォーリ〕（イタリア）…… 452
円形闘技場〔ポンペイ〕（イタリア）………… 453
円形都市ハトラ（イラク）…… 17
円形墓域A（ギリシャ）……… 482
エン・ゲヴ（イスラエル）……… 7
エン・ゲディ（イスラエル）…… 7
エンゲルスバーリの製鉄所（スウェーデン）………………… 490
エンゲルスベリの製鉄所（スウェーデン）………………… 490
エンゲルスベルクの製鉄所（スウェーデン）………………… 490
円光寺石窟（中国）………… 145
エンコミ（キプロス）……… 465
円山遺跡（台湾）…………… 129
円山貝塚（台湾）…………… 129
円山原始社会遺址（台湾）… 129
宛山塔（中国）……………… 145
円山里窯跡群（北朝鮮）…… 104
燕子磯（中国）……………… 145
偃師杏園魏晋墓（中国）…… 145
偃師商城遺跡（中国）……… 145
袁滋題記摩崖（中国）……… 145
偃師二里頭遺跡（中国）…… 145
円寂山烽燧台（韓国）……… 59
燕州城（中国）……………… 145
宛城（中国）………………… 145
淹城遺跡（中国）…………… 145
円照寺（中国）……………… 146
煙水亭（中国）……………… 146
袁世凱墓（中国）…………… 146
煙台山（中国）……………… 146
烟台島遺跡（韓国）………… 59
燕長城（中国）……………… 146
円通寺（中国）……………… 146
円通寺白塔（中国）………… 146
炎帝陵（中国）……………… 146
エンデレ（中国）…………… 146
塩店宋墓（中国）…………… 146
燕墩（中国）………………… 146
煙墩山遺跡（中国）………… 146
烟墩山西周墓（中国）……… 105
燕の下都（中国）…………… 144
エンパイア・ステート・ビル（アメリカ合衆国）………… 621
煙波致爽（中国）…………… 146
延福寺〔内モンゴル自治区〕（中国）………………………… 146
延福寺〔浙江省〕（中国）…… 146
衍福寺双塔（中国）………… 146

演武亭・演武池遺址（中国）………………………… 146
円壁城南門（中国）………… 146
円峰（北朝鮮）……………… 104
円峰山（北朝鮮）…………… 104
エンポリアイ（スペイン）… 494
エンポリオン（スペイン）… 494
円妙観（中国）……………… 184
円明園（中国）……………… 146
淵陽里遺跡（韓国）………… 59
延陵季子墓碑（中国）……… 147

【お】

オアハカ（メキシコ）……… 638
オアハカ中部渓谷ヤグルとミトラの先史時代洞窟（メキシコ）………………………… 638
オアハカの歴史地区とモンテ・アルバンの考古学遺跡（メキシコ）……………………… 638
オイタラ（沃依塔拉）烽燧（中国）………………………… 147
オヴィエドとアストゥリアス王国の記念物（スペイン）…… 494
王因遺跡（中国）…………… 147
オウェイリ、テル（イラク）………………………… 13
オヴォート（モンゴル）…… 397
王家営明清墓（中国）……… 147
王家坪革命旧址（中国）…… 147
王義之墓（中国）…………… 147
王宮〔ワルシャワ〕（ポーランド）………………………… 560
王宮〔ヴェルギナ〕（ギリシャ）………………………… 470
王宮〔ペラ〕（ギリシャ）… 481
王宮〔ペルガモン〕（トルコ）527
王宮とワット・プラケーオ（タイ）………………………… 129
王宮面の石塔（韓国）……… 59
王宮里遺跡（韓国）………… 59
王喬洞（中国）……………… 147
王旰墓（北朝鮮）…………… 104
王荊公書堂（中国）………… 147
王杰墓（中国）……………… 147
王家の谷（エジプト）……… 586
王建墓（中国）……………… 147
王建陵（北朝鮮）…………… 104
汪興祖墓（中国）…………… 147
王整墳（中国）……………… 147
王光墓（北朝鮮）…………… 105
黄金寺院（インド）………… 32
黄金塔（中国）……………… 147
王根墓（北朝鮮）…………… 105
王舎城（インド）…………… 45

王充墓（中国）……………… 147
応昌（中国）………………… 147
王城（中国）………………… 220
王城崗遺跡（中国）………… 147
王女福蘭胎室（韓国）……… 59
横陣遺跡（中国）…………… 147
王仁求碑（中国）…………… 147
横陣村（中国）……………… 147
襖神楼（中国）……………… 148
王石谷墓（中国）…………… 148
王錫彤起義遺址（中国）…… 148
王船山故居（中国）………… 148
横塘駅站（中国）…………… 148
桜桃溝花園（中国）………… 148
王徳墓（中国）……………… 148
王のミイラの隠し場（エジプト）………………………… 586
王の館　ヴァンセンヌ（フランス）………………………… 536
黄葉山万福寺（中国）……… 148
王妃の谷（エジプト）……… 586
王妃門（フランス）………… 538
王葆心墓（中国）…………… 148
王褒墓（中国）……………… 148
王母宮石窟（中国）………… 148
王母池（中国）……………… 148
鸚鵡洲（中国）……………… 148
欧陽脩祠（中国）…………… 148
欧陽脩祠墓（中国）………… 148
王立植物園キュー・ガーデン（イギリス）………………… 416
王立展示館とカールトン庭園（オーストラリア）………… 404
黄竜寺〔松潘県〕（中国）…… 196
王領の丘アンブヒマンガ（マダガスカル）………………… 613
王陵の谷（エジプト）……… 586
オウロ・プレート歴史都市（ブラジル）………………… 656
王湾（中国）………………… 148
「橇と船など」（バルダル）（ノルウェー）………………… 530
於乙洞土城（北朝鮮）……… 105
オーギュスト・ペレによって再建された都市ル・アーヴル（フランス）………………… 552
オクエオ（ベトナム）……… 389
オクシュリンコス（エジプト）………………………… 586
オクシリンコス（エジプト）………………………… 586
オークニー（イギリス）…… 415
オークニー諸島の新石器時代遺跡中心地（イギリス）…… 415
オークニー―スカラ・ブレー（イギリス）………………… 417
オー・クニスブール城（フランス）………………………… 538

史跡・遺跡名索引　　　　　　　689　　　　　　　おろふ

オグラクトゥイ古墳（ロシア）
　………………………… 570
オクラランバ（ドラケンスバーグ
　公園）（南アフリカ）……… 615
オケオ（ベトナム）………… 389
オシオス・ダヴィド礼拝堂（ギ
　リシャ）………………… 471
オシオス・ルカス修道院（ギリ
　シャ）……………… 471, 475
オーシギーン・ウブル I 遺跡（モ
　ンゴル）………………… 397
オシノヴォエ湖（ロシア）…… 570
オシノフカ遺跡（ロシア）…… 571
オシュキントック（メキシコ）
　………………………… 638
オシュクの大聖堂（トルコ）
　………………………… 520
於宿墓（韓国）………………… 59
オシュトティトラン（メキシ
　コ）……………………… 638
オシュルコヴォ（ロシア）…… 571
オシュン・オショグボの聖なる
　木立（ナイジェリア）…… 611
オシレイオン（エジプト）…… 586
オスティア（イタリア）…… 428
オスティア「壺の家」（イタリ
　ア）……………………… 429
オスティアの劇場（イタリア）
　………………………… 429
オスティアの魚屋（イタリア）
　………………………… 429
オスティアの商業組合広場（イ
　タリア）………………… 429
オスティア「挽き臼の家」（イタ
　リア）…………………… 429
オーストラリアの囚人遺跡群
　（オーストラリア）……… 405
オスペダーレ・デリ・インノチェ
　ンティ（イタリア）……… 429
オスペダーレ・マッジョーレ（イ
　タリア）………………… 429
オスン・オショグボの聖なる森
　（ナイジェリア）………… 611
オータン大聖堂（サン＝ラザー
　ル）（フランス）………… 543
オチャキ・マグーラ（ギリシャ）
　………………………… 471
オツォン・マニト（モンゴル）
　………………………… 397
オットーボイレン修道院聖堂
　（ドイツ）……………… 510
オディシ（ジョージア）…… 487
オデオン〔ポンペイ〕（イタリア）
　………………………… 453
オテル・ジャック・クェール（フ
　ランス）………………… 538
オテル・デ・ザンヴァリッド（フ
　ランス）………………… 538
オテル・ド・スービーズ（フラン
　ス）……………………… 538

オテル・ド・トゥルーズ（フラン
　ス）……………………… 538
オテル・ド・ボーヴェ（フラン
　ス）……………………… 538
オテル・ランベール（フランス）
　………………………… 538
オトゥンバ（メキシコ）…… 638
乙女の塔（アゼルバイジャン）
　……………………………… 1
オトラル（カザフスタン）…… 56
オニオン・ポーテージ（アメリカ
　合衆国）………………… 622
オニサンティ聖堂（イタリア）
　………………………… 429
オネガ湖（ロシア）………… 571
オビエド（スペイン）……… 494
オビエド歴史地区とアストゥリ
　アス王国の建造物群（スペイ
　ン）……………………… 494
オビリ・ロック（オーストラリ
　ア）……………………… 405
オプノフ渓谷（フランス領ポリネ
　シア）…………………… 408
オフリド（マケドニア）…… 563
オフリド地域の自然遺産及び文
　化遺産（マケドニア）…… 563
オフリドの聖堂（マケドニア）
　………………………… 563
オペラ　ヴェルサイユ宮（フラン
　ス）……………………… 537
オマリ，エル（エジプト）…… 586
オマーンのアフラジ灌漑施設
　（オマーン）……………… 55
オモ（ペルー）……………… 659
オモ川下流域（エチオピア）
　………………………… 601
於木蘭作詩碑（中国）……… 148
オヤンタイタンボ（ペルー）
　………………………… 660
オラシュティエ山脈のダキア人
　の要塞（ルーマニア）…… 566
オラトリオ・ディ・サン・フィリ
　ッポ・ネーリ（イタリア）… 429
オランジュの劇場（フランス）
　………………………… 538
オランジュのローマ劇場とそ
　の周辺及び“凱旋門”（フラン
　ス）……………………… 538
オランダ領アンティルの港町
　ウィレムスタットの歴史地区
　（オランダ領キュラソー）… 652
オリエボームポールト（南アフ
　リカ）…………………… 614
オリバナス岩陰（スペイン）
　………………………… 494
オリーブとワインの地パレスチ
　ナ―エルサレム南部のバティ
　ール村の文化的景観（パレ
　スチナ国）……………… 386
オリャンタイタンボ（ペルー）
　………………………… 660

オリュントス（ギリシャ）…… 471
オリュンピア（ギリシャ）…… 472
オリュンピア・ゼウス神殿（オ
　リュンピエイオン）（ギリシャ）
　………………………… 471
オリュンピアの遺跡（ギリシ
　ャ）……………………… 472
オリュンピアの聖域（ギリシ
　ャ）……………………… 472
オリュンピアのゼウス神殿（ギ
　リシャ）………………… 475
オリュンピエイオン（ギリシ
　ャ）……………………… 471
オリンダ（ブラジル）……… 656
オリンダの歴史地区（ブラジ
　ル）……………………… 656
オリンピア（ギリシャ）…… 472
オリンピア・ゼウス神殿（ギリ
　シャ）…………………… 475
オリンピアの競技場（ギリシ
　ャ）……………………… 471
オリンピアの古代遺跡（ギリシ
　ャ）……………………… 472
オリンピアの聖域（ギリシャ）
　………………………… 472
オリンピアのパレストラ（ギリ
　シャ）…………………… 472
オルアランギ（ニュージーラン
　ド）……………………… 406
オルヴィエート大聖堂（イタリ
　ア）……………………… 429
オルガンの泉（イタリア）…… 429
オルコメノス（ギリシャ）…… 472
オルサンミケーレ聖堂（イタリ
　ア）……………………… 429
オルタキョイ（トルコ）…… 520
オルチャ渓谷（イタリア）…… 429
オルデュヴァイ峡谷（タンザニ
　ア）……………………… 608
オルドヴァイ峡谷（タンザニア）
　………………………… 608
オルドヴェイ遺跡（タンザニア）
　………………………… 608
オールド・ハバナとその要塞群
　（キューバ）……………… 629
オルドワイ遺跡（タンザニア）
　………………………… 608
オルビア（ウクライナ）…… 458
オルファノス聖堂（ギリシャ）
　………………………… 466
オルホン I 遺跡（モンゴル）
　………………………… 397
オルホン渓谷の文化的景観（モ
　ンゴル）………………… 397
オルホン碑（モンゴル）…… 397
オルムズの城砦（イラン）…… 20
オレン島墓地（ロシア）…… 571
オロチャン（ロシア）……… 571
オーロ・プレトの歴史地区（ブ
　ラジル）………………… 656

おろも

【か】

オロモウツの聖三位一体柱（チェコ）…… 504
オロモウツの聖三位一体の塔（チェコ）…… 504
オロモウツの聖三位一体碑（チェコ）…… 504
オロルゲサイリエ（ケニア）…… 603
オロルゲサリエ（ケニア）…… 603
オロンゴ（チリ）…… 654
オロン・スム（中国）…… 148
オン・アルチャ（キルギス）…… 115
恩栄坊（中国）…… 149
オンガミラ（アルゼンチン）…… 650
遠願寺跡（韓国）…… 59
遠願寺址の3層石塔（韓国）…… 59
温県盟誓遺址（中国）…… 149
オンコパンバ（ペルー）…… 660
温塘摩崖造像（中国）…… 149
オンボス〔コム・オンボ〕（エジプト）…… 589
オンボス〔ナカダ〕（エジプト）…… 594
温明殿址（中国）…… 149
温陽里遺跡（北朝鮮）…… 105

【か】

カアバ神殿（サウジアラビア）…… 117
カアベ・イェ・ザルドシュト（イラン）…… 20
海印寺（韓国）…… 59
海員亭（中国）…… 149
海雲台佐洞・中洞遺跡（韓国）…… 59
海会寺〔太湖県〕（中国）…… 149
海会寺〔陽城県〕（中国）…… 149
海会寺〔廬山〕（中国）…… 149
懐遠楼（中国）…… 149
垓下（中国）…… 149
回回堂（中国）…… 149
海角甘泉（中国）…… 149
界火島遺跡（韓国）…… 59
海岸寺院（インド）…… 32
回雁峰（中国）…… 149
開化寺（中国）…… 149
開化寺連理塔（中国）…… 149
海月巌（中国）…… 149
掛月峰（中国）…… 149
開元観（中国）…… 149
開元寺〔正定県〕（中国）…… 149
開元寺〔泉州市〕（中国）…… 150
開元寺〔潮州市〕（中国）…… 150

檜巌寺跡（韓国）…… 59
開元寺鐘楼及塔（中国）…… 149
開元寺大雄宝殿（中国）…… 150
開元寺鎮国塔（中国）…… 150
開元寺塔（中国）…… 150
開元寺の双塔（中国）…… 150
開元寺無梁殿（中国）…… 150
開元寺料敵塔（中国）…… 150
皆公寺北魏石造像（中国）…… 150
海港都市バルパライソの歴史地区（チリ）…… 655
開国寺（北朝鮮）…… 105
カイサーリーヤ（イスラエル）…… 7
灰嘴（中国）…… 150
海事都市グリニッジ（イギリス）…… 415
会師広場（中国）…… 150
解州関帝廟（中国）…… 150
解州関帝廟 春秋楼（中国）…… 150
解州関帝廟 崇寧殿（中国）…… 150
諸趣園（中国）…… 150
界首古窯址（中国）…… 150
開城（北朝鮮）…… 105
海商都市リヴァプール（イギリス）…… 422
開城の史跡群（北朝鮮）…… 105
開城の歴史的建造物と遺跡（北朝鮮）…… 105
蒯祥墓（中国）…… 150
会津土城（韓国）…… 59
海神廟（中国）…… 150
海神夫妻のモザイクの家（イタリア）…… 429
海瑞墓（中国）…… 150
カイスカヤ山（ロシア）…… 571
魁星巌（中国）…… 150
懐聖寺（中国）…… 151
海清寺阿育王塔（中国）…… 151
懐聖寺光塔（中国）…… 151
懐聖寺礼拝殿（中国）…… 151
開善寺（中国）…… 151
凱旋門〔カルーゼル広場〕（フランス）…… 539
凱旋門〔エトワール広場〕（フランス）…… 538
海象遺跡（北朝鮮）…… 105
海蔵寺（中国）…… 151
懐素千字文碑（中国）…… 151
戒台寺（中国）…… 151
開泰寺跡（韓国）…… 59
戒壇遺址（中国）…… 151
階段ピラミッド（エジプト）…… 586
会通河（中国）…… 151

槐亭洞遺跡（韓国）…… 59
カイト・ベイのモスク（エジプト）…… 586
会寧会師遺址（中国）…… 151
会寧五洞遺跡（北朝鮮）…… 105
鎧馬塚（北朝鮮）…… 105
外八廟（中国）…… 232
開福寺〔西安市〕（中国）…… 151
開福寺〔長沙市〕（中国）…… 151
開平の望楼と村落群（中国）…… 151
海豊紅宮（中国）…… 151
海豊紅場（中国）…… 151
開宝寺（中国）…… 151
開宝寺塔（中国）…… 151
海宝塔（中国）…… 151
ガイマノヴァ塚（ウクライナ）…… 458
海美邑城（韓国）…… 60
開明寺塔（中国）…… 152
崖門（中国）…… 152
崖門炮台（中国）…… 152
ガイヤール城（フランス）…… 538
海雷洞（台湾）…… 129
カイラク・クム（タジキスタン）…… 132
カイラーサナータ寺院〔エローラ〕（インド）…… 32
カイラーサナータ寺院〔カーンチープラム〕（インド）…… 32
カイラ・ド・マイラック（フランス）…… 538
カイラワーン（チュニジア）…… 609
カイラワーンの大モスク（チュニジア）…… 610
回鑾寺（中国）…… 152
回竜橋〔廻竜橋〕（中国）…… 152
回竜寺（中国）…… 152
回竜塔（中国）…… 152
海竜囤（中国）…… 152
懐陵（中国）…… 152
カイルアン（チュニジア）…… 609
カイロネイア（ギリシャ）…… 472
カイロ歴史地区（エジプト）…… 586
夏允彝・夏完淳父子墓（中国）…… 152
カーウ（エジプト）…… 586
カヴァト7号遺跡（ウズベキスタン）…… 51
カーウ・エル=ケビル（エジプト）…… 586
カウシャーンビー（インド）…… 32
ガウハル・シャード廟（アフガニスタン）…… 1
カウマ（アンゴラ）…… 582

ガウラ, テペ（イラク）……… 13
カヴリニス（フランス）…… 538
ガウル（インド）………… 32
カウンダ1号遺跡（ウズベキスタン）…… 51
カエサレア（アルジェリア）…… 580
カエサレア（イスラエル）…… 7
カエーレ＝チェルヴェテリ（イタリア）…… 442
何園（中国）…… 152
可園（中国）…… 152
个園（中国）…… 152
花園角二号（中国）…… 152
嘉応観（中国）…… 152
下王岡（中国）…… 152
加音丁洞遺跡（韓国）…… 60
下花園石窟（中国）…… 152
花果山（中国）…… 152
カカシュトラ（メキシコ）…… 638
何家村遺跡（中国）…… 152
夏家店遺跡（中国）…… 153
カカドゥ国立公園（オーストラリア）…… 405
カカドゥの岩壁画（オーストラリア）…… 405
ガガリノ（ロシア）…… 571
河間邢氏墓群（中国）…… 153
瓦官寺（中国）…… 153
買誼故宅（中国）…… 153
花橋（中国）…… 153
華橋新村漢墓（中国）…… 153
嘉業堂（中国）…… 153
佳橋里窯跡（韓国）…… 60
下巨里古墳群（韓国）…… 60
花戯楼（中国）…… 153
賀金声墓（中国）…… 153
閣院寺（中国）…… 153
閣院禅林寺（中国）…… 153
鶴園（中国）…… 153
岳王廟（中国）…… 153
覚苑寺壁画（中国）…… 153
霍去病墓（中国）…… 153
覚悟社旧址（中国）…… 153
鰐骨潭（中国）…… 153
喀左東山嘴遺跡（中国）…… 153
喀左南洞溝遺跡（中国）…… 154
覚山寺（中国）…… 154
郭支貝塚（韓国）…… 60
覚霞塔（中国）…… 154
霍州鼓楼（中国）…… 205
霍州署（中国）…… 154
岳州窯遺址（中国）…… 154
覚生寺（中国）…… 154
霍承嗣墓壁画（中国）…… 154
霍泉（中国）…… 154

鶴川里古墳群（韓国）…… 60
虢太子墓（中国）…… 154
角抵塚（中国）…… 154
角抵墓（中国）…… 154
鶴東里窯跡（韓国）…… 60
学堂梁子遺跡（中国）…… 154
岳飛廟（中国）…… 154
岳飛夫人李氏墓（中国）…… 154
岳飛墓（中国）…… 154
岳飛母姚氏墓（中国）…… 154
岳武穆遺像亭（中国）…… 154
岳墳（中国）…… 154
鶴壁製鉄遺跡（中国）…… 154
鶴壁炭坑遺跡（中国）…… 155
学歩橋（中国）…… 155
郭沫若旧居（中国）…… 155
鶴鳴山道教造像（中国）…… 155
岳陽楼（中国）…… 155
カクラク（アフガニスタン）…… 2
郭亮墓（中国）…… 155
岳林寺（中国）…… 155
角楼（中国）…… 212
岳籠山（中国）…… 155
岳麓書院（中国）…… 155
花径（中国）…… 155
カゲムニの墓（エジプト）…… 586
買湖遺跡（中国）…… 155
媧皇宮（中国）…… 155
花岡山（台湾）…… 129
河港都市グリニッジ（イギリス）…… 415
鵝湖書院（中国）…… 155
峨嵯山山城（韓国）…… 60
カサス・グランデス（メキシコ）…… 638
カサス・グランデスのパキメの考古学地域（メキシコ）…… 638
カサ・ミラ（スペイン）…… 494
嘉山（中国）…… 155
科山（中国）…… 155
華山（中国）…… 155
画山（中国）…… 155
花山崖壁画（中国）…… 155
カザン・クレムリンの歴史遺産群と建築物群（ロシア）…… 571
カザン要塞の歴史的建築物群（ロシア）…… 571
カザンラクのトラキヤ人墓地（ブルガリア）…… 554
花山里窯跡群（韓国）…… 60
華山里古墳群（韓国）…… 60
華山里城跡（韓国）…… 60
カシア（インド）…… 32
果子溝（中国）…… 155
ガージー・シャー（パキスタン）…… 379
ガジナソ（ペルー）…… 660

ガージ（蓋斯）墓（中国）…… 156
カージマインの霊廟（イラク）…… 13
カシミール・スマスト（パキスタン）…… 380
カシャルの岩（アイルランド）…… 412
鵝洲洞古墳群（韓国）…… 60
カジュラーホ（インド）…… 32
カジュラーホのカンダーリヤ・マハーデーヴァ寺院本殿・拝殿（インド）…… 33
カジュラーホの建造物群（インド）…… 32
カジュラーホの寺院群（インド）…… 32
華城（韓国）…… 77
カシレ, テル（イスラエル）…… 7
カスタリアの泉（ギリシャ）…… 472
カスティーヨ［チチェン・イッツァー］（メキシコ）…… 638
カスティーヨ（チャビン・デ・ワンタルの新神殿）（ペルー）…… 660
カスティーヨ・デ・トマバル（ペルー）…… 660
カスティーヨ・デ・ワンカコ（ペルー）…… 660
カスティリョ（スペイン）…… 494
カステッロ・ディ・リパリ（イタリア）…… 429
カステル・サン・タンジェロ（ハドリアヌスの霊廟）（イタリア）…… 436
カステル・サンテリア聖堂（イタリア）…… 429
カステルセプリオ（イタリア）…… 429
カステルッチオ（イタリア）…… 430
カステル・デル・モンテ（イタリア）…… 443
カステル・ヌオーヴォ（イタリア）…… 430
カステルロ・エステンセ（イタリア）…… 428
カステルロ・スフォルツェスコ（イタリア）…… 430
カストゥルム・メファア（ヨルダン）…… 399
カストリツァ（ギリシャ）…… 472
カストルとポルクスの神殿（イタリア）…… 430
カストロン・メファー（ヨルダン）…… 399
ガズニー（アフガニスタン）…… 2
カスビのブガンダ王国歴代国王の墓（ウガンダ）…… 582
カスリ・シーリーン（イラン）…… 20

かする   692   史跡・遺跡名索引

カスル・アムラ（ヨルダン）‥ 399
カスル＝イ・シーリーン（イラ
　ン）‥‥‥‥‥‥‥‥‥‥‥‥ 20
カスル・イブリム（エジプト）
　‥‥‥‥‥‥‥‥‥‥‥‥‥ 586
カスル・イブン・ワルダーン（シ
　リア）‥‥‥‥‥‥‥‥‥‥ 118
カスル・エッ＝サガ（エジプト）
　‥‥‥‥‥‥‥‥‥‥‥‥‥ 587
カスル・エル＝サグハ（エジプ
　ト）‥‥‥‥‥‥‥‥‥‥‥ 587
カスル・エル＝ヘイル（シリア）
　‥‥‥‥‥‥‥‥‥‥‥‥‥ 118
カスル・エル＝ヘイル・エッ＝
　シャルキ（シリア）‥‥‥‥ 118
カスル・エル＝ヘイル・エル・
　ガルビ（シリア）‥‥‥‥‥ 118
ガスレ・シーリーン（イラン）
　‥‥‥‥‥‥‥‥‥‥‥‥‥ 20
華清宮（中国）‥‥‥‥‥‥‥ 156
華清池（中国）‥‥‥‥‥‥‥ 156
風の塔（ギリシャ）‥‥‥‥‥ 472
カゼルタ王宮（イタリア）‥‥ 430
カゼルタの18世紀の王宮と公
　園、ヴァンヴィテッリの水道
　橋とサン・レウチョ邸宅群（イ
　タリア）‥‥‥‥‥‥‥‥‥ 430
カセレスの旧市街（スペイン）
　‥‥‥‥‥‥‥‥‥‥‥‥‥ 494
貨泉洞遺跡（北朝鮮）‥‥‥‥ 105
佳川洞古墳群（韓国）‥‥‥‥ 60
化川洞廃寺（韓国）‥‥‥‥‥ 60
荷川里遺跡（韓国）‥‥‥‥‥ 60
佳村里遺跡（韓国）‥‥‥‥‥ 60
華佗庵（中国）‥‥‥‥‥‥‥ 156
夏台（中国）‥‥‥‥‥‥‥‥ 156
下坌遺跡（韓国）‥‥‥‥‥‥ 60
カタコンベ〔サン・カッリストの
　カタコンベ〕（イタリア）‥‥ 433
カタコンベ〔サン・セバスティ
　アーノのカタコンベ〕（イタリ
　ア）‥‥‥‥‥‥‥‥‥‥‥ 434
カタコンベ〔サンティ・マルチェッ
　リーノ・エ・ピエトロのカタコ
　ンベ〕（イタリア）‥‥‥‥‥ 437
カタコンベ〔ドミティッラのカタ
　コンベ〕（イタリア）‥‥‥‥ 444
カタコンベ〔プリシッラのカタコ
　ンベ〕（イタリア）‥‥‥‥‥ 451
カタコンベ〔ラティーナ街道のカ
　タコンベ〕（イタリア）‥‥‥ 426
カタフ岩陰（ロシア）‥‥‥‥ 571
華佗墓（中国）‥‥‥‥‥‥‥ 156
ガダーミスの旧市街（リビア）
　‥‥‥‥‥‥‥‥‥‥‥‥‥ 618
カタラガマ（スリランカ）‥‥ 124
カタラン・チコ（ウルグアイ）
　‥‥‥‥‥‥‥‥‥‥‥‥‥ 651
カダリック（中国）‥‥‥‥‥ 156

カタルーニャ音楽堂とサン・パ
　ウ病院（スペイン）‥‥‥‥ 500
カタンダ（ロシア）‥‥‥‥‥ 571
カタンダ古墳（ロシア）‥‥‥ 571
カチャ（ペルー）‥‥‥‥‥‥ 660
カチャ（ロシア）‥‥‥‥‥‥ 571
画中游（中国）‥‥‥‥‥‥‥ 156
花庁遺跡（中国）‥‥‥‥‥‥ 156
花庁村（中国）‥‥‥‥‥‥‥ 156
葛雲飛墓（中国）‥‥‥‥‥‥ 156
郭家村遺跡（中国）‥‥‥‥‥ 156
葛賢墓（中国）‥‥‥‥‥‥‥ 156
葛峴里（北朝鮮）‥‥‥‥‥‥ 105
葛洪山（中国）‥‥‥‥‥‥‥ 156
葛項寺跡（韓国）‥‥‥‥‥‥ 60
葛洪煉丹竈（中国）‥‥‥‥‥ 156
月山里古墳群〔密陽市〕（韓国）
　‥‥‥‥‥‥‥‥‥‥‥‥‥ 61
葛洲壩（中国）‥‥‥‥‥‥‥ 156
ガッシュール，テレイラット
　（ヨルダン）‥‥‥‥‥‥‥ 399
葛城里甲墳（北朝鮮）‥‥‥‥ 105
ガッスル，テレイラト（ヨルダ
　ン）‥‥‥‥‥‥‥‥‥‥‥ 399
嘎仙洞（中国）‥‥‥‥‥‥‥ 156
ガッチ（チリ）‥‥‥‥‥‥‥ 654
カッディー・スプリングス（オー
　ストラリア）‥‥‥‥‥‥‥ 405
葛洞遺跡（韓国）‥‥‥‥‥‥ 61
カッパドキア（トルコ）‥‥‥ 521
カッパドキアの遺跡とギョレメ
　国立公園（トルコ）‥‥‥‥ 521
カッパドキアのギョレメ国立公
　園と岩石群（トルコ）‥‥‥ 521
カッパドキアの修道院群（トル
　コ）‥‥‥‥‥‥‥‥‥‥‥ 521
ガッラ・プラチーディア廟堂（イ
　タリア）‥‥‥‥‥‥‥‥‥ 430
嘉定孔廟（中国）‥‥‥‥‥‥ 156
華亭寺（中国）‥‥‥‥‥‥‥ 156
カーディシーヤ〔クーファ南〕（イ
　ラク）‥‥‥‥‥‥‥‥‥‥ 13
カディーシャ渓谷（聖なる谷）と
　神の杉の森（ホルシュ・アルゼ・
　ラップ）（レバノン）‥‥‥‥ 402
カーディシーヤ〔サーマッラー
　南〕（イラク）‥‥‥‥‥‥‥ 13
カデシュ（シリア）‥‥‥‥‥ 118
ガデス（スペイン）‥‥‥‥‥ 495
樺甸西荒山屯遺跡（中国）‥‥ 156
花田里遺跡（韓国）‥‥‥‥‥ 61
花塔〔広州市〕（中国）‥‥‥ 157
花塔〔正定県〕（中国）‥‥‥ 187
河東牆（中国）‥‥‥‥‥‥‥ 157
買島墓（中国）‥‥‥‥‥‥‥ 157
下道里（韓国）‥‥‥‥‥‥‥ 61
佳塔里廃寺跡（韓国）‥‥‥‥ 61

カトー・ザクロ（ギリシャ）‥ 474
カトナ（シリア）‥‥‥‥‥‥ 119
カトマンズ（ネパール）‥‥‥ 378
カトマンズ渓谷（ネパール）
　‥‥‥‥‥‥‥‥‥‥‥‥‥ 378
カトマンズの盆地（ネパール）
　‥‥‥‥‥‥‥‥‥‥‥‥‥ 378
ガトリン（アメリカ合衆国）‥ 622
カ・ドーロ（イタリア）‥‥‥ 430
加屯地遺跡（韓国）‥‥‥‥‥ 61
ガーナのベナン湾沿いの城塞群
　（ガーナ）‥‥‥‥‥‥‥‥ 602
カーナボン城（イギリス）‥‥ 415
河南県城（中国）‥‥‥‥‥‥ 157
河南登封の文化財 “天地之中”
　（中国）‥‥‥‥‥‥‥‥‥ 157
河南屯古墳群（中国）‥‥‥‥ 157
河南白馬寺（中国）‥‥‥‥‥ 313
カニア（ギリシャ）‥‥‥‥‥ 472
カニシカ塔（パキスタン）‥‥ 380
カニシュ（トルコ）‥‥‥‥‥ 521
カニシュカ大塔（パキスタン）
　‥‥‥‥‥‥‥‥‥‥‥‥‥ 380
カネシュ（トルコ）‥‥‥‥‥ 521
カノッサ城（イタリア）‥‥‥ 430
カーバ（サウジアラビア）‥‥ 117
カバー（メキシコ）‥‥‥‥‥ 638
カパ（アメリカ合衆国領プエルト・
　リコ）‥‥‥‥‥‥‥‥‥‥ 627
カーバ神殿（サウジアラビア）
　‥‥‥‥‥‥‥‥‥‥‥‥‥ 117
画馬石（中国）‥‥‥‥‥‥‥ 157
カパック・ニャン アンデスの
　道（アルゼンチン）‥‥‥‥ 650
カパック・ニャン アンデスの
　道（エクアドル）‥‥‥‥‥ 651
カパック・ニャン アンデスの
　道（コロンビア）‥‥‥‥‥ 653
カパック・ニャン アンデスの
　道（チリ）‥‥‥‥‥‥‥‥ 654
カパック・ニャン アンデスの
　道（ペルー）‥‥‥‥‥‥‥ 660
カパック・ニャン アンデスの
　道（ボリビア）‥‥‥‥‥‥ 670
カバーの遺蹟群（メキシコ）
　‥‥‥‥‥‥‥‥‥‥‥‥‥ 638
カバフ（メキシコ）‥‥‥‥‥ 638
カハマルカ（ペルー）‥‥‥‥ 660
カハマルキーヤ（ペルー）‥‥ 660
カハマルキリャ（ペルー）‥‥ 660
カハリエ・ジャミイ（トルコ）
　‥‥‥‥‥‥‥‥‥‥‥‥‥ 521
カバルワン（フィリピン）‥‥ 387
下潘汪（中国）‥‥‥‥‥‥‥ 157
峨眉山（中国）‥‥‥‥‥‥‥ 157
峨眉山と楽山大仏（中国）‥‥ 157
カーピシー（アフガニスタン）
　‥‥‥‥‥‥‥‥‥‥‥‥‥ 4

史跡・遺跡名索引　　693　　からて

カピトリウム(イタリア) ····· 430
カピトリーノ丘と元老院(イタリア) ········· 430
カピトリーノのユーピテル神殿(イタリア) ········· 430
カピトリーノ広場(イタリア) ··············· 430
カピトル神殿(イタリア) ····· 430
カピトル神殿(チュニジア) ··············· 609
カピバラ山地国立公園(ブラジル) ··············· 657
花廟(中国) ········· 157
華表石(中国) ········· 157
カピラ(インド) ········· 32
カピラ(ネパール) ········· 378
カピラヴァストゥ(インド) ··············· 32
カピラヴァストゥ(ネパール) ··············· 378
カピラ城(インド) ········· 32
カピラ城(ネパール) ········· 378
カファジェ(イラク) ········· 17
カプアの大円形闘技場(イタリア) ··············· 431
カフィアヴァナ(パプアニューギニア) ··············· 407
カフィル・カラ(ウズベキスタン) ··············· 51
カフィル・カラ(タジキスタン) ··············· 132
カフィール・コト(パキスタン) ··············· 380
嘉福寺塔(中国) ········· 157
カーブース墓廟(イラン) ····· 21
カフゼー洞穴(イスラエル) ··············· 7
カプチガイ(キルギス) ········· 115
臥仏院(中国) ········· 157
臥仏寺(中国) ········· 216
カプ=ブラン(フランス) ····· 538
カフラ王のピラミッド(エジプト) ··············· 587
カブラローラのファルネーゼ宮殿(イタリア) ········· 431
ガブリニの装道墓(フランス) ··············· 538
カフーン(エジプト) ········· 587
柯坪里遺跡(韓国) ········· 61
カベサス・ラルガス(ペルー) ··············· 660
カペルナウム(イスラエル) ··············· 7
カボヴァヤ洞窟(ロシア) ····· 571
画舫斎(中国) ········· 157
下鳳里遺跡(韓国) ········· 61
カホキア(アメリカ合衆国) ··· 622
カホキア土塁群州立史跡(アメリカ合衆国) ··············· 622

カホキア墳丘群州立史跡(アメリカ合衆国) ··············· 622
カホキア・マウンズ(アメリカ合衆国) ··············· 622
カホキア・マウンド州立史跡(アメリカ合衆国) ··············· 622
花木蘭祠(中国) ········· 157
河姆渡遺跡(中国) ········· 157
架浦洞遺跡(韓国) ········· 61
カマグエイの歴史地区(キューバ) ··············· 629
カマレス(ギリシャ) ········· 472
カマレス洞穴(ギリシャ) ····· 472
カマン・カレホユック(トルコ) ··············· 521
上アゴラ〔ペルガモン〕(トルコ) ··············· 527
カミ遺跡群国立記念物(ジンバブエ) ··············· 605
上華厳寺大雄宝殿(中国) ···· 181
カミド・エッ・ロズ(レバノン) ··············· 402
カミナルフユ(グアテマラ) ··············· 631
カミノ・レアル・デ・ティエラ・アデントロ(メキシコ) ····· 643
上ベルヴェデーレ宮(オーストリア) ··············· 463
カミラリの墓(ギリシャ) ····· 472
カミロス(ギリシャ) ········· 472
カムカッティのモスク(インド) ··············· 32
ガムジグラード・ロムリアーナ、ガレリウスの宮殿(セルビア) ··············· 503
華明洞古墳群(韓国) ········· 61
カメイロス(ギリシャ) ········· 472
亀の館(メキシコ) ········· 638
カメンスク(ウクライナ) ····· 458
鵝毛口(中国) ········· 158
下孟村(中国) ········· 158
カモニカ渓谷の岩石画(イタリア) ··············· 425
過門塔(中国) ········· 177
ガヤー(インド) ········· 42
加耶〔古墳〕(韓国) ········· 61
卡約遺跡(中国) ········· 158
伽椰山(韓国) ········· 61
伽倻山海印寺(韓国) ········· 59
卡密,卡窯(中国) ········· 158
華陽巌(中国) ········· 158
嘉峪関(中国) ········· 158
嘉峪関魏晋墓(中国) ········· 158
嘉峪関5号墓(中国) ········· 158
嘉峪関彩画塼墓(中国) ········· 158
カラアト・セマン(シリア) ··············· 119

カラ・ベニ・ハンマード(アルジェリア) ········· 581
カライミリ(卡拉伊米里)岩画(中国) ··············· 158
カライ・ミール(タジキスタン) ··············· 132
カライン(トルコ) ········· 521
カラウィーイーン・モスク(モロッコ) ··············· 617
旭畚王村(中国) ········· 158
ガラガイ(ペルー) ········· 660
ガラガイ神殿(ペルー) ······ 660
カラカスの大学都市(ベネズエラ) ··············· 658
カラ・カマール(アフガニスタン) ··············· 2
カラカラの凱旋門(アルジェリア) ··············· 580
カラカラ浴場(イタリア) ····· 431
嘉楽殿(中国) ········· 158
可楽洞遺跡(韓国) ········· 61
可楽洞古墳群(韓国) ········· 61
可楽洞2号墳(韓国) ········· 61
カラクムル(メキシコ) ······ 638
カラ・コージョ(中国) ······ 158
カラゴデウアシフ(ロシア) ··············· 571
カラ・コト(中国) ········· 158
カラコネロの磨崖レリーフ(ギリシャ) ··············· 472
カラコル(ベリーズ) ········· 635
カラコル(天文台)(メキシコ) ··············· 638
カラコルム(モンゴル) ······ 397
カラコルムの宮殿跡(モンゴル) ··············· 397
カラササヤ神殿(ボリビア) ··············· 670
カラササヤの半地下神殿(ボリビア) ··············· 671
カラサン(インドネシア) ······ 48
カラサン,チャンディ(インドネシア) ··············· 48
ガラスの家(アメリカ合衆国) ··············· 622
カラタイ・マドラサ(トルコ) ··············· 526
カラタウ(カザフスタン) ····· 56
カラタガン(フィリピン) ····· 387
カラット・アル・バーレーン(バーレーン) ········· 386
カラ・テペ(イラン) ········· 20
カラ・テペ(ウズベキスタン) ··············· 51
カラ・デペ(トルクメニスタン) ··············· 377
カラテペ(トルコ) ········· 521
カラテペ(トルコ) ········· 521

カラト・アル・バーレーン：古代の港とディルムンの首都（バーレーン）………… 386
カラトゥン（喀拉墩）古城（中国）………… 158
カラト・シェルカト（イラク）………… 11
カラト・セマーン修道院（シリア）………… 119
カラナイ洞穴（フィリピン）………… 387
カラニス（エジプト）………… 587
カラノーヴォ（ブルガリア）………… 554
カラノグ（エジプト）………… 587
カラ・バルガスン（モンゴル）………… 397
カラ・ヒュユク（トルコ）…… 521
カラブシャ（エジプト）………… 587
カラブシャ神殿（エジプト）………… 587
カラ・ブラ（タジキスタン）… 132
カラベル（トルコ）………… 521
カラ・ホージャ（中国）… 158
カラ・ホージョ（中国）… 158
カラ・ホト（中国）……… 158
カラ・ホト城跡（中国）… 158
カラホユック（コンヤ）（トルコ）………… 521
カラムドン（哈拉木登）旧城（中国）………… 158
カラル（ペルー）………… 663
カラルイ・グイル（トルクメニスタン）………… 377
カラールダシュト（イラン）………… 20
カラーレス（イタリア）… 431
カーラワーン寺院址（パキスタン）………… 380
賀蘭口巌画（中国）……… 158
鵝鑾鼻（台湾）………… 130
鵝鑾鼻灯塔（台湾）…… 130
カランボ・フォールズ（ザンビア）………… 604
カラン・モスクのミナレット（ウズベキスタン）………… 51
カリアンドゥシ（ケニア）…… 603
カリエール広場（フランス）………… 545
カーリー寺院（インド）… 32
カリシュトラワカ（メキシコ）………… 639
カーリスブルックス城（イギリス）………… 415
カーリーバンガン（インド）………… 32
カリフ・アル・ムタワッキルのモスク（イラク）………… 13
カリフ・アル・ワリードのモスク（シリア）………… 119

カリフの宮殿（イラク）……… 13
カリム・シャヒル（イラク）………… 14
カリヤンの塔（ウズベキスタン）………… 51
臥竜寺（中国）………… 159
賀竜指揮部旧址（中国）… 159
臥竜山千仏崖（中国）… 159
カリンガ（インド）……… 32
華林寺（中国）………… 159
華林寺大殿（中国）…… 159
ガリンド（ペルー）…… 660
カルア・シルカ（イラク）…… 11
カルアト・アル＝バフレーン―古代の港とディルムンの首都（バーレーン）………… 386
ガル・イ・モルデ・グスファン（アフガニスタン）…… 2
カルヴァリア・ゼブジトフスカ：マニエリスム様式の建築と公園の景観複合体と巡礼公園（ポーランド）………… 559
カルヴァリア・ゼブジトフスカの景観複合体と巡礼公園（ポーランド）………… 559
ガル・ヴィハーラ（スリランカ）………… 124
卞若遺址（中国）……… 261
カルガ、エル（エジプト）… 587
カルガ・オアシス（エジプト）………… 587
ガルガス（フランス）…… 539
カルカソンヌの歴史城塞都市（フランス）………… 539
カルカッソンヌ（フランス）………… 539
カルガミシュ（トルコ）… 521
ガール橋（フランス）…… 550
カルケミシュ（トルコ）… 521
ガール水道橋（フランス）… 550
カールスキルヒェ（オーストリア）………… 462
カールスクルーナの軍港（スウェーデン）………… 490
カールスクローナの軍港（スウェーデン）………… 490
カルーゼル凱旋門（フランス）………… 539
カルタゴ遺跡（チュニジア）………… 609
カルタゴ・ノーヴァ（スペイン）………… 495
カルタヘナ（コロンビア）… 653
カルタヘナの港、要塞、歴史的建造物群（コロンビア）… 653
カルダル（ペルー）…… 660
カルトゥジオ会修道院（グラナダの）（スペイン）…… 495
カルトゥーム（スーダン）…… 606

カールトン庭園（オーストラリア）………… 404
カルナク（エジプト）……… 587
カルナク神殿（エジプト）… 587
カルナック（エジプト）…… 587
カルナック遺跡（フランス）………… 539
カルナック神殿（エジプト）………… 587
カルナックのアメン大神殿（エジプト）………… 584
カルナック列石（フランス）………… 539
ガルニ（アルメニア）……… 412
カルヌントゥム（オーストリア）………… 462
カルヌントゥムの円形競技場（オーストリア）………… 462
カルヌントゥムの軍団宿営地（オーストリア）…… 462
カルパチア山地のスロバキア地域の木造教会群（スロバキア）………… 502
カルパティア山脈の木造聖堂（スロバキア）………… 502
カルパティア地方の木造聖堂（ウクライナ）………… 460
カルパティア地方の木造聖堂（ポーランド）………… 560
カルバラー（イラク）………… 14
ガルバンサル（ペルー）… 660
カルフ（イラク）………… 16
カルブ・ロゼ（シリア）… 119
カルミル＝ブルル（アルメニア）………… 413
カルムパン（インドネシア）………… 47
カルメル山の遺跡（イスラエル）………… 7
カルメル山の人類進化遺跡（イスラエル）………… 7
カルメル山の人類進化の遺跡群：ナハル・メアロット洞窟とワディ・エル・ムガラ洞窟（イスラエル）………… 7
カルメルの洞窟（イスラエル）………… 7
カルユ（ペルー）………… 660
カールラー（インド）…… 33
カルラー石窟（インド）… 33
ガルラ・プラチディアの廟（イタリア）………… 431
カールリー（インド）…… 33
カールリーの窟院（インド）………… 33
カルルシュテイン（チェコ）………… 504
カールレー（インド）…… 33
カールレー窟院（インド）…… 33

カルロス5世宮殿（スペイン） …… 495
ガレクティ（イラン） ………… 20
ガレリウスの宮殿（セルビア） …… 503
カレル橋（チェコ） …………… 504
カレンブディ（インド） ………… 33
華楼宮（中国） ……………… 159
カローキール（アイルランド） …… 411
カワ（スーダン） …………… 606
カワチ（ペルー） …………… 660
韓偓墓（中国） ……………… 159
咸安〔遺跡〕（韓国） ………… 61
咸安〔古墳群〕（韓国） ………… 61
カンオイ（康奥依）古城（中国） …… 159
雁鴨池（韓国） ……………… 61
関王廟（中国） ……………… 159
感恩寺（韓国） ……………… 62
観音寺（中国） ……………… 162
感恩寺跡の石塔（韓国） ………… 62
カンガーヴァル（イラン） ……… 20
含嘉倉（中国） ……………… 159
乾瓦窯（中国） ……………… 159
観河楼塔（中国） …………… 159
完顔希尹家族墓地（中国） ……… 159
完顔希尹墓（中国） …………… 159
完顔婁室墓（中国） …………… 159
看経寺（中国） ……………… 365
漢居延塞防遺址（中国） ………… 159
涵虚堂（中国） ……………… 159
漢魏洛陽故城（中国） ………… 355
カンクェン（グアテマラ） …… 631
岩窟記念堂（イラン） ………… 23
岩窟住居（アメリカ合衆国） … 622
岩窟墓〔アンゲル・ルイユ〕（イタリア） ………… 425
岩窟墓〔カンリディヴァネ〕（トルコ） ………… 521
含元殿（中国） ……………… 159
乾元洞（台湾） ……………… 130
環県塔（中国） ……………… 159
鑑湖（中国） ………………… 159
邗溝（中国） ………………… 159
邗溝岩画（中国） …………… 160
桓公台（中国） ……………… 160
観耕台（中国） ……………… 160
含光門（中国） ……………… 160
函谷関（中国） ……………… 160
韓国の歴史村：河回と良洞（韓国） ………… 62
関索嶺（中国） ……………… 160
浣紗石（中国） ……………… 160
寒山寺（中国） ……………… 160
巌山寺（中国） ……………… 160
岩山寺（中国） ……………… 160

甘山寺址（韓国） …………… 62
館山里遺跡（韓国） …………… 62
韓祠（中国） ………………… 160
ガンジ・ダレ（イラン） ……… 20
岩寺洞遺跡（韓国） …………… 62
カンシー（広西）東蘭第一届農民運動講習所旧址（中国） … 160
環秀山荘（中国） …………… 160
ガンジュ・ダッレ（イラン） ………… 20
還珠洞摩崖造像（中国） ……… 160
関聖寺（中国） ……………… 160
観象台（中国） ……………… 160
韓城文廟（中国） …………… 160
灌燭寺石仏（韓国） …………… 62
岩寺里遺跡（韓国） …………… 62
桓仁〔遺跡〕（中国） ………… 161
鑑真紀念堂（中国） ………… 161
漢人渠（中国） ……………… 161
龕神塚（北朝鮮） …………… 105
観水法（中国） ……………… 161
潤西金墓（中国） …………… 161
観星台（中国） ……………… 161
韓世忠墓（中国） …………… 161
漢石人亭（中国） …………… 161
甘泉宮（中国） ……………… 161
巌前獅巌（中国） …………… 161
漢台（中国） ………………… 161
カンダギリ（インド） ………… 33
カンダギリ・ウダヤギリ（インド） ………… 31, 33
カンタベリ寺院（イギリス） ………… 415
カンタベリー大聖堂（イギリス） ………… 415
カンタベリー大聖堂、聖オーガスティン修道院、聖マーチン教会（イギリス） … 415
カンタベリー本寺（イギリス） ………… 415
カンダーリヤ・マハーデーヴァ寺（インド） ………… 33
邯鄲趙城跡（中国） …………… 161
邯鄲の遺跡（中国） …………… 161
カンチェルレリーア，パラッツォ・デルラ（イタリア） … 447
カンチェンジュンガ国立公園（インド） ………… 33
官地「二十四塊石」（中国） … 161
カーンチープラム（インド） ………… 33
カーンチープラムのカイラーサナータ寺院（インド） … 32
管仲墓（中国） ……………… 161
漢長安城遺址（中国） ………… 280
漢長城遺址（中国） …………… 161
感通寺（中国） ……………… 161
カンディー（スリランカ） …… 124

関帝廟〔周口市〕（中国） …… 161
関帝廟〔東山県〕（中国） …… 161
関帝廟〔陽泉市〕（中国） …… 162
関帝廟春秋楼（中国） ………… 150
カンディー仏歯寺（スリランカ） ………… 125
漢帝陵〔後漢〕（中国） ……… 162
漢帝陵〔前漢〕（中国） ……… 162
カンティール（エジプト） …… 587
ガンデン寺（噶丹寺/甘丹寺）（中国） ………… 162
甘丹寺（中国） ……………… 162
関天培墓（中国） …………… 162
丸都（中国） ………………… 162
莞島〔遺跡〕（韓国） ………… 162
雁塔（中国） ………………… 162
雁洞古墳（韓国） …………… 62
雁蕩山（中国） ……………… 162
雁塔寺塔（中国） …………… 162
丸都山城（中国） …………… 162
カントーナ（メキシコ） …… 639
ガンドン（インドネシア） … 47
広東会館（中国） …………… 162
広東東江各属行政委員公署旧址（中国） ………… 162
岩南洞遺跡（韓国） …………… 62
岩南洞貝塚（韓国） …………… 62
カンネ（イタリア） ………… 431
カーンのサンテティエンヌ修道院（フランス） ………… 541
観音崖石刻（中国） ………… 162
観音橋（中国） ……………… 162
観音山（中国） ……………… 162
観音寺〔秦皇島市〕（中国） … 162
観音寺〔天津市薊州区〕（中国） ………… 162
観音寺壁画（中国） ………… 162
観音箐（中国） ……………… 162
観音殿（中国） ……………… 244
観音堂〔大同市〕（中国） …… 163
観音堂〔長治市〕（中国） …… 163
観音洞〔五台県〕（中国） …… 163
観音洞遺跡〔黔西県〕（中国） ………… 163
漢柏院（中国） ……………… 163
関馬山城（中国） …………… 163
関馬墻遺跡（中国） ………… 163
缸波頭里城跡（韓国） ………… 62
漢覇二王城（中国） ………… 163
カンピドーリオ広場（イタリア） ………… 430
顔廟（中国） ………………… 163
カンピラク長城（ウズベキスタン） ………… 51
ガンブル（ケニア） ………… 604
顔文姜祠（中国） …………… 163
涵碧楼（中国） ……………… 163

かんへ　　　　　　　　　　　696　　　　　　史跡・遺跡名索引

カンペチェ州、カラクムルの古代マヤ都市と熱帯林保護区（メキシコ）......638
カンペチェ歴史的要塞都市（メキシコ）......639
カンヘーリー（インド）......33
管鮑祠（中国）......163
カンポサント（イタリア）......450
漢牡丹（中国）......163
カンポン・スンガイ・ラン（マレーシア）......392
漢明堂故址（中国）......163
ガンメルスタードの聖堂村（スウェーデン）......491
雁門関（中国）......163
関門城（韓国）......62
韓愈墓（中国）......163
漢陽（漢城）（韓国）......62
咸陽の秦宮殿（中国）......163
観瀾亭（中国）......163
カンリディヴァネの岩窟墓（トルコ）......521
漢陵（中国）......164
関陵（中国）......164
寒緑軒（中国）......164
関林（中国）......164
観蓮所（中国）......164
旱牢（中国）......364
甘露寺〔九華山〕（中国）......164
甘露寺〔鎮江市〕（中国）......164
甘露寺鉄塔（中国）......164

【き】

キアニ（チリ）......654
キアラヴァッレ修道院聖堂（イタリア）......431
キイク・コーバ（ウクライナ）......459
姫威墓（中国）......164
キヴィク（スウェーデン）......490
キーエフ（ウクライナ）......459
キエフの聖ソフィア大聖堂と関連する修道院建築群、キエフ・ペチェールスカヤ大修道院（ウクライナ）......459
キエフ・ペチェールスカヤ大修道院（ウクライナ）......459
綺園（中国）......164
紀王城（中国）......164
キオワ岩陰（パプアニューギニア）......407
祇園寺（中国）......164
祇園精舎（サヘート）（インド）......35
姫巌（中国）......164

窺岩面廃寺跡（韓国）......62
起義門（中国）......164
キクロペス様式の城壁（ギリシャ）......483
宜芸館（中国）......164
貴県漢墓（中国）......164
輝県固囲村遺跡（中国）......164
輝県古墓（中国）......164
帰元寺（中国）......164
義県万仏堂（中国）......319
宜興周氏墓地（中国）......164
紀公廟（中国）......165
ギザ（エジプト）......587, 599
ギーザ、エル（エジプト）......587
ギザ、ダハシュール間のピラミッド地帯（エジプト）......599
ギザの3大ピラミッド（エジプト）......587
ギザのスフィンクス（エジプト）......588
ギザの大ピラミッド（エジプト）......587
ギザのピラミッド（エジプト）......587
キサポスタグ（ハンガリー）......532
祁山巌関諸葛亮廟（中国）......165
亀山城跡（韓国）......62
亀山洞古墳（韓国）......63
岐山鳳雛村建築遺址（中国）......338
義慈恵石柱（中国）......165
騎士団長の宮殿（ギリシャ）......472
義之洞（中国）......165
キージ島（ロシア）......571
キジ島の木造教会（ロシア）......571
キジ島の木造建築（ロシア）......571
キジ島の木造聖堂（ロシア）......571
キシュ（イラク）......14
キシュキ・ブンク（ペルー）......661
宜春台（中国）......165
義城鶴尾里古墳群（韓国）......63
義城古墳群（韓国）......63
義城石塔（韓国）......63
宜章年関暴動旧址（中国）......165
キジル（中国）......165
キジール・ガハ石窟（中国）......176
キジル石窟（中国）......165
キジル千仏洞（中国）......165
キージ礼拝堂（イタリア）......431
亀旨路墳墓群（韓国）......63
魏晋壁画墓（中国）......158

キズカラ（トルクメニスタン）......377
ギゼー（エジプト）......587
奇跡の広場（イタリア）......450
貴族の墓（エジプト）......588
北の広場〔コパン〕（ホンジュラス）......636
北ピラミッド（赤ピラミッド）（エジプト）......591
ギタレーロ洞窟（ペルー）......661
ギタンマクス・ヴィレッジ（カナダ）......628
吉祥寺（中国）......165
吉祥塔（中国）......165
吉木薩爾城跡（中国）......165
寄暢園（中国）......165
魏長城（中国）......165
魏徴墓（中国）......165
吉鴻昌墓（中国）......165
吉州窯遺址（中国）......165
ギッダルール（インド）......33
吉林教会堂（中国）......165
義帝陵（中国）......165
キト市街（エクアドル）......652
キーナ（フランス）......539
沂南画像石墓（中国）......166
沂南漢画像石墓（中国）......166
紀南城（中国）......166
祈年殿（中国）......166
輝発城（中国）......166
棋盤山元墓（中国）......166
棋盤千仏洞（中国）......166
キープ ケニスバラー城（イギリス）......417
キフト（エジプト）......589
キープ ドーヴァー城（イギリス）......419
キープ ポーチェスター城（イギリス）......421
キプロス島（キプロス）......465
喜峰口（中国）......166
起鳳山（中国）......166
巍宝山（中国）......166
亀峰塔（中国）......166
ギマランイス歴史地区（ポルトガル）......561
偽満州国皇宮（中国）......345
キマン・ファレス（エジプト）......598
ギムナジウム（キプロス）......465
亀蒙頂（中国）......166
鬼門関（中国）......166
ギャウル・カラ（ウズベキスタン）......51
ギャウル・カラ〔アム・ダリヤ〕（トルクメニスタン）......377

史跡・遺跡名索引　　697　　きょう

ギャウル・カラ〔メルヴ〕（トル
　クメニスタン）・・・・・・・ 377
ギャヴルカレシ（トルコ）・・・・ 521
客舎門（韓国）・・・・・・・・・ 63
客省荘（中国）・・・・・・・・・ 166
ギャースッ・ディーン・トゥグ
　ルクの廟（インド）・・・・・・・ 33
キャストロ・メファ（ヨルダン）
　・・・・・・・・・・・・・・・ 399
キャッスル・オブ・グッドホー
　プ（南アフリカ）・・・・・・ 614
キャニオン・ド・シェリー（ア
　メリカ合衆国）・・・・・・・ 622
ギャブ，タル・イ（イラン）・・ 20
ギャンツェ（江孜）宗山炮台（中
　国）・・・・・・・・・・・・ 166
ギャンツェのクンブン仏塔（中
　国）・・・・・・・・・・・・ 178
キャンディ（スリランカ）・・・・ 124
ギヤン，テペ（イラン）・・・・・・ 20
キャンパス（アメリカ合衆国）
　・・・・・・・・・・・・・・・ 622
旧王宮〔プノンペン〕（カンボジ
　ア）・・・・・・・・・・・・ 103
牛王廟戯台（中国）・・・・・・ 166
牛街清真寺（中国）・・・・・・ 166
牛角寨摩崖造像（中国）・・・・ 166
九華山（中国）・・・・・・・・ 166
旧衛里遺跡（韓国）・・・・・・・ 63
牛河梁遺跡（中国）・・・・・・ 167
休岩洞（北朝鮮）・・・・・・・ 105
九岩洞遺跡（韓国）・・・・・・・ 63
休岩里遺跡（韓国）・・・・・・・ 63
九疑山銘摩崖石刻（中国）・・・・ 167
球戯場〔コパン〕（ホンジュラス）
　・・・・・・・・・・・・・・・ 636
球戯場〔チチェン・イツァー〕（メ
　キシコ）・・・・・・・・・・ 643
球戯場〔モンテ・アルバン〕（メキ
　シコ）・・・・・・・・・・・ 648
九宜洞遺跡（韓国）・・・・・・・ 63
九宮山（中国）・・・・・・・・ 167
九侯山（中国）・・・・・・・・ 167
帰有光墓（中国）・・・・・・・ 167
牛皋墓（中国）・・・・・・・・ 167
旧寨塔（中国）・・・・・・・・ 167
弓山遺跡（北朝鮮）・・・・・・ 105
弓山貝塚（北朝鮮）・・・・・・ 105
牛山里9号窯跡（韓国）・・・・・ 63
義勇祠（中国）・・・・・・・・ 167
義勇之家（中国）・・・・・・・ 167
九日山祈風石刻（中国）・・・・ 167
旧州議事堂（アメリカ合衆国）
　・・・・・・・・・・・・・・・ 622
旧州塔（中国）・・・・・・・・ 167
牛首山破金故塁（中国）・・・・ 167
旧城壁都市シバーム（イエメ
　ン）・・・・・・・・・・・・・・ 5

旧新シナゴーグ（チェコ）・・・・ 505
九成宮（仁寿宮）（中国）・・・・ 167
救世主キリスト大聖堂（ロシ
　ア）・・・・・・・・・・・・ 571
九政洞遺跡（韓国）・・・・・・・ 63
九政洞古墳群（韓国）・・・・・・ 63
九政洞方壇（韓国）・・・・・・・ 63
九政里遺跡（韓国）・・・・・・・ 63
九政里の古墳（韓国）・・・・・・ 63
九政里方形墳（韓国）・・・・・・ 63
九仙山（中国）・・・・・・・・ 167
牛村古城（中国）・・・・・・・ 167
仇池国故址（中国）・・・・・・ 167
九頂塔（中国）・・・・・・・・ 167
宮殿〔サイール〕（メキシコ）・・ 640
宮殿〔シュラパック〕（メキシコ）
　・・・・・・・・・・・・・・・ 641
宮殿址〔ウルク〕（イラク）・・・・ 12
宮殿〔パレンケ〕（メキシコ）・・ 646
宮殿〔ミトラ〕（メキシコ）・・・・ 647
宮殿〔ラブナー〕（メキシコ）・・ 648
宮殿址〔クテシフォン〕（イラク）
　・・・・・・・・・・・・・・・ 15
宮殿址〔ハトラ〕（イラク）・・・・ 17
宮殿主体部〔ミケーネ〕（ギリシ
　ャ）・・・・・・・・・・・・ 482
宮殿と住居址〔スーサ〕（イラ
　ン）・・・・・・・・・・・・・・ 22
牛頭城遺址（中国）・・・・・・ 167
宮南池（韓国）・・・・・・・・・ 63
旧バームの廃墟（イラン）・・・・ 25
旧坪里遺跡（韓国）・・・・・・・ 63
牛峰里遺跡（韓国）・・・・・・・ 64
旧モガドールのメディナ（モロッ
　コ）・・・・・・・・・・・・ 617
九曜石（中国）・・・・・・・・ 168
九龍山崖墓（中国）・・・・・・ 168
九龍壁〔大同市〕（中国）・・・・ 168
九龍壁〔北京市〕（中国）・・・・ 168
九連城（中国）・・・・・・・・ 168
九朗窟遺跡（韓国）・・・・・・・ 64
丘湾（中国）・・・・・・・・・ 168
キュー王立植物園（イギリス）
　・・・・・・・・・・・・・・・ 416
キュズール・ド・グラマ（フラン
　ス）・・・・・・・・・・・・ 539
キュゼリ・グイル（トルクメニス
　タン）・・・・・・・・・・・ 377
キューバ南東部のコーヒー農園
　発祥地の景観（キューバ）
　・・・・・・・・・・・・・・・ 629
キュベレの神域（ギリシャ）
　・・・・・・・・・・・・・・・ 473
キュマイ（イタリア）・・・・・・ 431
ギュムナシオン（ギリシャ）
　・・・・・・・・・・・・・・・ 477
ギュムナシオン群〔ペルガモン〕
　（トルコ）・・・・・・・・・ 527

キュラソー島（オランダ領キュラ
　ソー）・・・・・・・・・・・ 652
キュラソー島の港町ウィレムス
　タト市内の歴史地区（オランダ
　領キュラソー）・・・・・・・ 652
キュルテペ（トルコ）・・・・・・ 521
キュレネ（リビア）・・・・・・ 619
キュレネ考古遺跡（リビア）
　・・・・・・・・・・・・・・・ 619
キュロス2世の宮殿（イラン）
　・・・・・・・・・・・・・・・ 20
漁隠洞遺跡（韓国）・・・・・・・ 64
鄴（中国）・・・・・・・・・・ 169
慶雲寺（中国）・・・・・・・・ 168
恭王府（中国）・・・・・・・・ 168
鞏華城（中国）・・・・・・・・ 168
教稼台（中国）・・・・・・・・ 168
杏花楼（中国）・・・・・・・・ 168
競技場〔オリンピア〕（ギリシャ）
　・・・・・・・・・・・・・・・ 471
共姫墓（中国）・・・・・・・・ 168
響琴榭（中国）・・・・・・・・ 168
鞏県石窟（中国）・・・・・・・ 168
鞏県宋陵（中国）・・・・・・・ 168
鞏県鉄生溝（中国）・・・・・・ 289
況公祠（中国）・・・・・・・・ 168
鄴侯書院（中国）・・・・・・・ 168
夾江千仏巌（中国）・・・・・・ 168
京杭大運河（中国）・・・・・・ 265
橋頂里遺跡（韓国）・・・・・・・ 64
姜寨遺跡（中国）・・・・・・・ 169
堯山（中国）・・・・・・・・・ 169
義陽三関（中国）・・・・・・・ 169
鄴山講堂（中国）・・・・・・・ 169
夾山寺（中国）・・・・・・・・ 169
堯山聖母廟（中国）・・・・・・ 169
京山坪壩（中国）・・・・・・・ 169
宜陽城（中国）・・・・・・・・ 169
仰留（中国）・・・・・・・・・ 169
鄴城遺跡（中国）・・・・・・・ 169
恭城孔廟（中国）・・・・・・・ 169
魚沼飛梁（中国）・・・・・・・ 169
夾漈草堂・夾漈墓（中国）・・・ 169
経石峪（中国）・・・・・・・・ 267
杏壇（中国）・・・・・・・・・ 169
筇竹寺（中国）・・・・・・・・ 169
享殿（中国）・・・・・・・・・ 169
仰天湖楚墓（中国）・・・・・・ 169
鄴都（中国）・・・・・・・・・ 169
響堂山石窟（中国）・・・・・・ 170
響堂寺石窟（中国）・・・・・・ 170
鄴都址（中国）・・・・・・・・ 169
教弩台（中国）・・・・・・・・ 170
鄴南城（中国）・・・・・・・・ 170
堯廟（中国）・・・・・・・・・ 170
仰文楼（中国）・・・・・・・・ 170

きよう　　　　　　　　　　　　　　698　　　　　　　　　史跡・遺跡名索引

恭愍王玄陵 (北朝鮮) ‥‥‥‥ 105
恭愍王陵 (北朝鮮) ‥‥‥‥‥ 105
橋陵 (中国) ‥‥‥‥‥‥‥‥‥ 170
堯陵 (中国) ‥‥‥‥‥‥‥‥‥ 170
橋楼殿 (中国) ‥‥‥‥‥‥‥‥ 170
共和政時代の神殿 (イタリア)
‥‥‥‥‥‥‥‥‥‥‥‥‥‥‥ 431
居延甲渠候官・第四燧 (中国)
‥‥‥‥‥‥‥‥‥‥‥‥‥‥‥ 170
巨猿洞 (中国) ‥‥‥‥‥‥‥‥ 170
御花園 (中国) ‥‥‥‥‥‥‥‥ 170
許家窯遺跡 (中国) ‥‥‥‥‥ 170
玉淵潭 (中国) ‥‥‥‥‥‥‥‥ 170
玉華宮遺址 (中国) ‥‥‥‥‥ 170
玉函山石窟 (中国) ‥‥‥‥‥ 170
玉邑書院 (中国) ‥‥‥‥‥‥ 170
玉虚巌 (中国) ‥‥‥‥‥‥‥‥ 171
玉虚宮 (中国) ‥‥‥‥‥‥‥‥ 171
玉虚洞 (中国) ‥‥‥‥‥‥‥‥ 171
玉皇閣 〔吉津市〕 (中国) ‥‥ 171
玉皇閣 〔天津市〕 (中国) ‥‥ 171
玉皇観 (中国) ‥‥‥‥‥‥‥‥ 171
玉皇頂 (中国) ‥‥‥‥‥‥‥‥ 171
玉皇廟 (中国) ‥‥‥‥‥‥‥‥ 171
玉皇廟遺跡 (中国) ‥‥‥‥‥ 171
玉皇廟壁画墓 (中国) ‥‥‥‥ 171
玉女泉造像 (中国) ‥‥‥‥‥ 171
玉女潭 (中国) ‥‥‥‥‥‥‥‥ 171
曲水園 (中国) ‥‥‥‥‥‥‥‥ 171
玉石里遺跡 (韓国) ‥‥‥‥‥ 64
玉蟾 (中国) ‥‥‥‥‥‥‥‥‥ 171
曲川遺跡 (韓国) ‥‥‥‥‥‥ 64
玉泉院 (中国) ‥‥‥‥‥‥‥‥ 171
玉泉観 (中国) ‥‥‥‥‥‥‥‥ 171
玉蟾岩遺跡 (中国) ‥‥‥‥‥ 171
玉泉山 (中国) ‥‥‥‥‥‥‥‥ 171
玉泉寺 (中国) ‥‥‥‥‥‥‥‥ 171
玉泉鉄塔 (中国) ‥‥‥‥‥‥ 172
玉田古墳群 (韓国) ‥‥‥‥‥ 64
曲阜 (中国) ‥‥‥‥‥‥‥‥‥ 172
曲阜孔廟 (中国) ‥‥‥‥‥‥ 194
玉仏寺 (中国) ‥‥‥‥‥‥‥‥ 172
曲阜の孔子邸、孔子廟、孔子林
　(中国) ‥‥‥‥‥‥‥‥‥‥ 172
曲阜の孔廟、孔林、孔府 (中国)
‥‥‥‥‥‥‥‥‥‥‥‥‥‥‥ 172
曲阜魯城跡 (中国) ‥‥‥‥‥ 375
玉屏巌 (中国) ‥‥‥‥‥‥‥‥ 172
玉峰山 (中国) ‥‥‥‥‥‥‥‥ 172
玉茗堂 (中国) ‥‥‥‥‥‥‥‥ 172
玉門関 (中国) ‥‥‥‥‥‥‥‥ 172
玉門関故址 (中国) ‥‥‥‥‥ 172
玉門昌馬石窟群 (中国) ‥‥‥ 172
曲陽修徳寺 (中国) ‥‥‥‥‥ 172
玉瀾堂 (中国) ‥‥‥‥‥‥‥‥ 172
渠県漢闕 (中国) ‥‥‥‥‥‥ 172

莒国故城 (中国) ‥‥‥‥‥‥ 172
許国石坊 (中国) ‥‥‥‥‥‥ 172
彊国墓地 (中国) ‥‥‥‥‥‥ 172
巨済島 〔遺跡〕 (韓国) ‥‥‥ 64
許山 (北朝鮮) ‥‥‥‥‥‥‥‥ 106
許三湾城堡故址 (中国) ‥‥‥ 172
許昌関帝廟 春秋楼 (中国)
‥‥‥‥‥‥‥‥‥‥‥‥‥‥‥ 172
居昌古墳 (韓国) ‥‥‥‥‥‥ 64
許慎墓 (中国) ‥‥‥‥‥‥‥‥ 172
巨津里 (韓国) ‥‥‥‥‥‥‥‥ 64
巨津里遺跡 (韓国) ‥‥‥‥‥ 64
巨石記念物—オビリ・ロック
　(オーストラリア) ‥‥‥‥‥ 405
巨石記念物—カカドゥ国立公園
　(オーストラリア) ‥‥‥‥‥ 405
巨石記念物 (ダロダロ) (インドネ
シア) ‥‥‥‥‥‥‥‥‥‥‥‥ 47
御茶園 (中国) ‥‥‥‥‥‥‥‥ 172
玉果遺跡 (韓国) ‥‥‥‥‥‥ 64
玉海楼 (中国) ‥‥‥‥‥‥‥‥ 173
玉函山 (中国) ‥‥‥‥‥‥‥‥ 170
曲江 (中国) ‥‥‥‥‥‥‥‥‥ 173
玉皇閣 〔銀川市〕 (中国) ‥‥ 173
玉皇山 (中国) ‥‥‥‥‥‥‥‥ 173
曲江池 (中国) ‥‥‥‥‥‥‥‥ 173
玉皇洞石窟 (中国) ‥‥‥‥‥ 173
御碑亭 (中国) ‥‥‥‥‥‥‥‥ 173
魚凫城遺跡 (中国) ‥‥‥‥‥ 173
居庸関 (中国) ‥‥‥‥‥‥‥‥ 173
居庸関雲台 (中国) ‥‥‥‥‥ 173
鉅鹿城旧址 (中国) ‥‥‥‥‥ 173
虚粮冢の墓地 (中国) ‥‥‥‥ 173
巨林里遺跡 (韓国) ‥‥‥‥‥ 64
ギョルギス聖堂 (エチオピア)
‥‥‥‥‥‥‥‥‥‥‥‥‥‥‥ 602
ギョレメ (トルコ) ‥‥‥‥‥ 521
ギョレメ国立公園とカッパドキ
アの岩窟群 (トルコ) ‥‥‥‥ 521
ギラ・ナキツ (メキシコ) ‥‥ 639
キリ・ヴィハラ塔 (スリランカ)
‥‥‥‥‥‥‥‥‥‥‥‥‥‥‥ 124
キリグア (グアテマラ) ‥‥‥ 631
キリグア遺跡公園と遺跡 (グア
テマラ) ‥‥‥‥‥‥‥‥‥‥ 631
キリ・グール・ムハンマド (パ
キスタン) ‥‥‥‥‥‥‥‥‥ 380
ギリシア神殿址 〔アフラシアブ〕
　(ウズベキスタン) ‥‥‥‥‥ 51
キリ僧院 (スリランカ) ‥‥‥ 124
ギリマヌク (インドネシア)
‥‥‥‥‥‥‥‥‥‥‥‥‥‥‥ 47
基隆嶼 (台湾) ‥‥‥‥‥‥‥ 130
宜良 (中国) ‥‥‥‥‥‥‥‥‥ 173
キール運河 (ドイツ) ‥‥‥‥ 510
ギルザ (エジプト) ‥‥‥‥‥ 588
ギルザ (リビア) ‥‥‥‥‥‥ 619

ギルド・チャイ (イラク) ‥‥ 14
ギルフ・エル＝ケビール (エジプ
ト) ‥‥‥‥‥‥‥‥‥‥‥‥ 588
キルベット・クムラン (パレスチ
ナ国) ‥‥‥‥‥‥‥‥‥‥‥ 385
キルベット・タンヌル (ヨルダ
ン) ‥‥‥‥‥‥‥‥‥‥‥‥ 399
キルベト・アル・マフジャル (パ
レスチナ国) ‥‥‥‥‥‥‥‥ 386
キルワ・キシワニとソンゴ・ムナ
ラの遺跡 (タンザニア) ‥‥‥ 608
キルワ〔島〕(タンザニア) ‥‥ 608
ギルンド (インド) ‥‥‥‥‥ 33
キレーネの考古遺跡 (リビア)
‥‥‥‥‥‥‥‥‥‥‥‥‥‥‥ 619
ギロカストラの歴史地区 (アル
バニア) ‥‥‥‥‥‥‥‥‥‥ 412
キロキティア (キプロス) ‥‥ 465
キロフ (ロシア) ‥‥‥‥‥‥ 571
近園 (中国) ‥‥‥‥‥‥‥‥‥ 173
金海遺跡 (韓国) ‥‥‥‥‥‥ 64
金海会峴洞遺跡 (韓国) ‥‥‥ 64
金海貝塚 (韓国) ‥‥‥‥‥‥ 64
金海ファジョン2地区古墳群 (韓
国) ‥‥‥‥‥‥‥‥‥‥‥‥ 64
金海良洞里 (韓国) ‥‥‥‥‥ 99
金閣寺 (中国) ‥‥‥‥‥‥‥‥ 173
金鶴洞古墳群 (韓国) ‥‥‥‥ 64
金華山摩崖造像 (中国) ‥‥‥ 173
金衛荘遺址 (中国) ‥‥‥‥‥ 173
金冠塚 (韓国) ‥‥‥‥‥‥‥‥ 64
欣岩里遺跡 (韓国) ‥‥‥‥‥ 65
金牛山旧石器時代早期遺址 (中
国) ‥‥‥‥‥‥‥‥‥‥‥‥ 173
キングズ・カレッジ礼拝堂 (イ
ギリス) ‥‥‥‥‥‥‥‥‥‥ 416
金源乳峰太虚洞 (中国) ‥‥‥ 173
金剛台 (中国) ‥‥‥‥‥‥‥‥ 174
金谷遺跡 (中国) ‥‥‥‥‥‥ 174
金谷園 (中国) ‥‥‥‥‥‥‥‥ 174
金谷寺 (中国) ‥‥‥‥‥‥‥‥ 174
金谷栗里遺跡 (韓国) ‥‥‥‥ 65
金鎖関 (中国) ‥‥‥‥‥‥‥‥ 174
金沙里窯跡 (韓国) ‥‥‥‥‥ 65
金山 〔鎮江市〕 (中国) ‥‥‥ 174
金山 〔避暑山荘〕 (中国) ‥‥ 174
金山寺 (韓国) ‥‥‥‥‥‥‥‥ 65
金山寺 (中国) ‥‥‥‥‥‥‥‥ 174
径山寺 (中国) ‥‥‥‥‥‥‥‥ 174
金山長城 (中国) ‥‥‥‥‥‥ 174
巾山宝塔 (中国) ‥‥‥‥‥‥ 174
銀山宝塔 (中国) ‥‥‥‥‥‥ 174
金山嶺長城 (中国) ‥‥‥‥‥ 174
巾子山 (中国) ‥‥‥‥‥‥‥‥ 174
金絲堂 (中国) ‥‥‥‥‥‥‥‥ 174
銀雀山遺跡 (中国) ‥‥‥‥‥ 174
銀雀山漢墓 (中国) ‥‥‥‥‥ 174

銀雀山金雀山漢墓群(中国) ‥‥‥ 174
金尺里古墳群(韓国) ‥‥‥‥‥ 65
金上京会寧府城跡(中国) ‥‥ 226
金城山城跡(韓国) ‥‥‥‥‥‥ 65
金勝村唐墓(中国) ‥‥‥‥‥ 174
金勝村墓(中国) ‥‥‥‥‥‥ 174
金丈台遺跡(韓国) ‥‥‥‥‥‥ 65
金丈里瓦窯跡群(韓国) ‥‥‥‥ 65
金廠遼墓(中国) ‥‥‥‥‥‥ 174
金人台(中国) ‥‥‥‥‥‥‥ 174
金水橋(中国) ‥‥‥‥‥‥‥ 175
金井山城跡(韓国) ‥‥‥‥‥‥ 65
金銭会起義遺址(中国) ‥‥‥ 175
金村(中国) ‥‥‥‥‥‥‥‥ 175
金村韓墓(中国) ‥‥‥‥‥‥ 175
金村古墓(中国) ‥‥‥‥‥‥ 175
金台観(中国) ‥‥‥‥‥‥‥ 175
金代石幢(中国) ‥‥‥‥‥‥ 175
金太祖阿骨打御陵址(中国)
　‥‥‥‥‥‥‥‥‥‥‥‥‥ 175
金太祖完顔阿骨打陵(中国)
　‥‥‥‥‥‥‥‥‥‥‥‥‥ 175
鈞台窯遺址(中国) ‥‥‥‥‥ 175
金灘里(北朝鮮) ‥‥‥‥‥‥ 106
金柱塔(中国) ‥‥‥‥‥‥‥ 175
金頂(中国) ‥‥‥‥‥‥‥‥ 175
キンデルダイク・エルスハウト
　の風車群(オランダ) ‥‥‥‥ 464
金殿〔武当山〕(中国) ‥‥‥‥ 175
金田起義旧址(中国) ‥‥‥‥ 175
金土城遺址(中国) ‥‥‥‥‥ 175
金灘里遺跡(北朝鮮) ‥‥‥‥ 106
キン・バ(ミャンマー) ‥‥‥‥ 393
金坡里遺跡(韓国) ‥‥‥‥‥‥ 65
金坪遺跡〔順天市〕(韓国) ‥‥ 65
金坪遺跡〔宝城郡〕(韓国) ‥‥ 65
金鳳台(中国) ‥‥‥‥‥‥‥ 175
金蒲与路城跡(中国) ‥‥‥‥ 175
金満(中国) ‥‥‥‥‥‥‥‥ 321
勤民楼(中国) ‥‥‥‥‥‥‥ 175
金庾信墓(韓国) ‥‥‥‥‥‥‥ 65
鈞窯(中国) ‥‥‥‥‥‥‥‥ 175
金蘭寺(中国) ‥‥‥‥‥‥‥ 175
金鈴塚(韓国) ‥‥‥‥‥‥‥‥ 65
銀鈴塚(韓国) ‥‥‥‥‥‥‥‥ 65
金蓮映日(中国) ‥‥‥‥‥‥ 175

【く】

グア・ケバー(マレーシア) ‥‥ 392
グアダラハラのオスピシオ・カ
　バニャス(メキシコ) ‥‥‥‥ 639
グアダルーペの王立修道院(ス
　ペイン) ‥‥‥‥‥‥‥‥‥ 497

グアチャ遺跡(マレーシア)
　‥‥‥‥‥‥‥‥‥‥‥‥‥ 392
クァトナ(シリア) ‥‥‥‥‥ 119
グアナファトの歴史地区と鉱山
　(メキシコ) ‥‥‥‥‥‥‥ 639
グァニャペ(ペルー) ‥‥‥‥ 661
グア・マドゥ遺跡(マレーシア)
　‥‥‥‥‥‥‥‥‥‥‥‥‥ 392
グア・ムサン遺跡(マレーシア)
　‥‥‥‥‥‥‥‥‥‥‥‥‥ 392
グアヤボ・デ・トゥリアルバ(コ
　スタリカ) ‥‥‥‥‥‥‥‥ 632
クアラ・トレンガヌ遺跡(マレー
　シア) ‥‥‥‥‥‥‥‥‥‥ 392
グアラニー族のイエズス会伝道
　所(アルゼンチン) ‥‥‥‥ 650
グアラニー族のイエズス会伝道
　所(ブラジル) ‥‥‥‥‥‥ 656
グア・ラワ(インドネシア) ‥‥ 47
クイクイルコ(メキシコ) ‥‥ 639
グイネズのエドワード王の城郭
　群(イギリス) ‥‥‥‥‥‥ 416
クー＝イ・フワージャ(イラン)
　‥‥‥‥‥‥‥‥‥‥‥‥‥‥ 21
クィンツァーノ(イタリア)
　‥‥‥‥‥‥‥‥‥‥‥‥‥ 431
クヴァ(ウズベキスタン) ‥‥‥ 51
グウィネズのエドワード1世の
　城群と市壁群(イギリス)
　‥‥‥‥‥‥‥‥‥‥‥‥‥ 416
クヴェートリンブルクの旧市街
　(ドイツ) ‥‥‥‥‥‥‥‥ 510
クヴェートリンブルクの教会と
　城郭と旧市街(ドイツ) ‥‥ 510
クヴェトリンブルクの修道院聖
　堂、城と旧市街(ドイツ)
　‥‥‥‥‥‥‥‥‥‥‥‥‥ 510
クヴェートリンブルクの聖堂参
　事会教会、城と旧市街(ドイ
　ツ) ‥‥‥‥‥‥‥‥‥‥‥ 510
耦園(中国) ‥‥‥‥‥‥‥‥ 175
遇真宮(中国) ‥‥‥‥‥‥‥ 175
遇仙寺(中国) ‥‥‥‥‥‥‥ 176
クエジョ(ベリーズ) ‥‥‥‥ 635
クエト・デ・ラ・ミーナ(スペイ
　ン) ‥‥‥‥‥‥‥‥‥‥‥ 495
クエバ・ブランカ洞窟(メキシ
　コ) ‥‥‥‥‥‥‥‥‥‥‥ 639
クエラップ(ペルー) ‥‥‥‥ 661
クエールフルト城砦(ドイツ)
　‥‥‥‥‥‥‥‥‥‥‥‥‥ 510
クエンカ(スペイン) ‥‥‥‥ 495
クエンカの歴史的要塞都市(ス
　ペイン) ‥‥‥‥‥‥‥‥‥ 495
瞿秋湾(中国) ‥‥‥‥‥‥‥ 176
虞姫墓(中国) ‥‥‥‥‥‥‥ 176
ククテニ遺跡(ルーマニア)
　‥‥‥‥‥‥‥‥‥‥‥‥‥ 567
ククの古代農業遺跡(パプアニ
　ューギニア) ‥‥‥‥‥‥‥ 407

ククの初期農業遺跡(パプアニ
　ューギニア) ‥‥‥‥‥‥‥ 407
ククルカンの神殿(メキシコ)
　‥‥‥‥‥‥‥‥‥‥‥‥‥ 639
矩形の尼僧院(メキシコ) ‥‥ 645
古格(グゲ)王国遺址(中国)
　‥‥‥‥‥‥‥‥‥‥‥‥‥ 198
久間殿(中国) ‥‥‥‥‥‥‥ 177
虞弘墓(中国) ‥‥‥‥‥‥‥ 176
クサイル・アムラ(ヨルダン)
　‥‥‥‥‥‥‥‥‥‥‥‥‥ 399
クサエ(エジプト) ‥‥‥‥‥ 588
グザナ(シリア) ‥‥‥‥‥‥ 121
クサール・アキル(レバノン)
　‥‥‥‥‥‥‥‥‥‥‥‥‥ 402
虞山〔桂林市〕(中国) ‥‥‥‥ 176
虞山〔常熟市〕(中国) ‥‥‥‥ 176
クサントス(トルコ) ‥‥‥‥ 522
クサントス・レトーン(トルコ)
　‥‥‥‥‥‥‥‥‥‥‥‥‥ 522
クーシイヤ, エル(エジプト)
　‥‥‥‥‥‥‥‥‥‥‥‥‥ 588
クシナガラ(インド) ‥‥‥‥‥ 33
クシーナガル(インド) ‥‥‥‥ 33
クシャクル(トルコ) ‥‥‥‥ 522
グジャラート州のパタンにある
　ラニ・キ・ヴァヴ(王妃の階段
　井戸)(インド) ‥‥‥‥‥‥ 45
クシュ(エジプト) ‥‥‥‥‥ 584
九十九盤石刻(中国) ‥‥‥‥ 176
瞿秋白紀念碑(中国) ‥‥‥‥ 176
弘聖寺塔(中国) ‥‥‥‥‥‥ 176
クションジュ城(ポーランド)
　‥‥‥‥‥‥‥‥‥‥‥‥‥ 559
クスコ市街(ペルー) ‥‥‥‥ 661
クスコ大聖堂(サント・ドミンゴ
　教会)(ペルー) ‥‥‥‥‥‥ 661
クストゥル(エジプト) ‥‥‥ 588
クスラ(トルコ) ‥‥‥‥‥‥ 522
クズル・ガハ千仏洞(中国)
　‥‥‥‥‥‥‥‥‥‥‥‥‥ 176
クズルガハ土塔(中国) ‥‥‥ 176
クズルガハ烽火台(中国) ‥‥ 176
クセイル(エジプト) ‥‥‥‥ 588
クセルクセスの門(イラン) ‥‥ 27
クセロポタムウ修道院(ギリシ
　ャ) ‥‥‥‥‥‥‥‥‥‥‥ 473
クソイス(エジプト) ‥‥‥‥ 588
クタガル(科達和爾)石人(中
　国) ‥‥‥‥‥‥‥‥‥‥‥ 176
グダニスクの聖マリア大聖堂
　(ポーランド) ‥‥‥‥‥‥ 559
クタマク：バタマリバ人の土地
　(トーゴ) ‥‥‥‥‥‥‥‥ 611
百済の遺跡(韓国) ‥‥‥‥‥‥ 65
百済の歴史地区群(韓国) ‥‥‥ 66
百済武寧王陵(韓国) ‥‥‥‥‥ 66
百済歴史地域(韓国) ‥‥‥‥‥ 66

くちや　700　史跡・遺跡名索引

クチャ（庫車）（中国）……… 176
クチュク・テペ（ウズベキスタン）…………… 51
屈家嶺遺跡（中国）……… 176
屈家嶺文化遺址（中国）……… 176
クックの初期農耕遺跡（パプアニューギニア）……… 407
屈原故里（中国）……… 176
屈原祠（中国）……… 176
グッゲンハイム美術館（スペイン）…………… 495
グッゲンハイム美術館（アメリカ合衆国）…………… 624
屈原廟（中国）……… 176
屈原墓（中国）……… 177
屈山寺跡（韓国）……… 66
屈子祠（中国）……… 177
屈折ピラミッド（エジプト）…………… 591
屈大均墓（中国）……… 177
屈斗宮窯遺址（中国）……… 177
グッドリッチ城（イギリス）…………… 416
クッパ・アッサフラ（エルサレム）…………… 55
グッパ，テル（イラク）……… 14
クッパトッ・サフラ（エルサレム）…………… 55
掘仏寺（韓国）…………… 66
掘仏寺跡の四面仏（韓国）……… 66
クッベット・エル＝ハワ（エジプト）…………… 588
屈浦里遺跡（北朝鮮）……… 106
クッラトゥイ（ロシア）……… 572
クッル，エル（スーダン）……… 606
クディシュ・サギール（イラク）…………… 14
クテシフォン（イラク）……… 14
クドゥイルゲ（ロシア）……… 572
クトゥドー・パゴダ（ミャンマー）…………… 394
クトゥビーア・モスク（モロッコ）…………… 617
クトゥブ・ミナール（インド）…………… 33, 39
クトゥブ・ミナレット（インド）…………… 33
クトゥブ・モスク（インド）…………… 33
クトナー・ホラ：聖バルバラ教会とセドレツの聖母マリア大聖堂のある歴史都市（チェコ）…………… 505
クトナー・ホラの歴史地区（チェコ）…………… 505
瞿曇寺（中国）……… 177
グナーティア（イタリア）…… 431
クナーラ寺院の仏塔（パキスタン）…………… 380

クーナルダ洞穴（オーストラリア）…………… 405
クニヤ・ウアズ（トルクメニスタン）…………… 377
クニャック（フランス）……… 539
クヌム神殿（エジプト）……… 588
クヌムホテプとニアンククヌムの墓（エジプト）……… 588
クノッソス（ギリシャ）……… 473
クノッソス宮殿（ギリシャ）…………… 473
クバン（エジプト）……… 588
クビスニケ（ペルー）……… 661
クーファ（イラク）……… 14
クフ王のピラミッド（エジプト）…………… 588
グフト（エジプト）……… 589
クフナ・ウルゲンチ（トルクメニスタン）…………… 377
クフナ・カラ（タジキスタン）…………… 132
グブラ（レバノン）……… 403
クーヘ・フワージャ（イラン）…………… 21
クベレイト（科培雷特）刻絵（中国）…………… 177
クーマ（イタリア）……… 431
クマラ（ロシア）……… 572
クミディ（レバノン）……… 402
クム窟遺跡（韓国）……… 66
錦城山（韓国）……… 66
クムトゥラ石窟（中国）……… 177
クムトラ千仏洞（中国）……… 177
クムヌ（エジプト）……… 583
クムラハール（インド）……… 34
クムラン洞窟（パレスチナ国）…………… 385
クムルドのキリスト教聖堂（ジョージア）…………… 487
クヤーヴィ巨石墓（ポーランド）…………… 559
グヤウル・カラ（トルクメニスタン）…………… 377
クヤメル洞窟（ホンジュラス）…………… 636
グラ（ギリシャ）……… 473
クライスラー・ビル（アメリカ合衆国）…………… 622
グライムズ・グレイブズ（イギリス）…………… 416
クライン・アスペルグレ（ドイツ）…………… 510
クラウディアヌス山（エジプト）…………… 588
クラクーフ・ズヴィエルジニェチュ（ポーランド）……… 559
クラクフ歴史地区（ポーランド）…………… 559

クラサオ島（オランダ領キュラソー）…………… 652
クラシカル・ワイマール（ドイツ）…………… 511
クラシーズ河口遺跡群（南アフリカ）…………… 614
グラシナク（ボスニア・ヘルツェゴビナ）…………… 558
クラスキノ土城跡（ロシア）…………… 572
グラストンベリー（イギリス）…………… 416
グラストンベリー修道院（イギリス）…………… 416
クラスヌイ・ヤル（ロシア）…………… 572
クラスノヤロフ山城跡（ロシア）…………… 572
グラチャニツァ修道院（コソボ）…………… 486
クラック・デ・シュヴァリエ（シリア）…………… 119
クラック・デ・シュヴァリエ、カラット・サラーフ・エルディン（シリア）…………… 119
クラック・デ・シュヴァリエとサラディン城（シリア）……… 119
グラーツ市歴史地区とエッゲンベルグ城（オーストリア）…………… 462
グラナダ（スペイン）…… 495
グラナダのアルハンブラ、ヘネラリーフェ、アルバイシン（スペイン）…………… 495
グラナダの宮殿とアルバイシン地区（スペイン）…… 495
グラヌム（フランス）……… 539
グラハム洞窟（アメリカ合衆国）…………… 622
クラピナ（クロアチア）…… 485
グラブ，メディナト・エル（エジプト）…………… 588
クラマン高原遺跡（フィリピン）…………… 387
クラヤク（ペルー）……… 661
グランデ広場（イタリア）…… 456
グラーン，テペ（イラン）…… 21
グラン，（テペ）（イラン）…… 21
グランド・クーリー・ダム（アメリカ合衆国）…………… 622
グランド・セントラル・ステーション（アメリカ合衆国）… 622
グラン・トリアノン（フランス）…………… 539
グラン・バッサム歴史都市（コートジボワール）…………… 604
グラン・パハテン（ペルー）…………… 661
グラン・プレの景観（カナダ）…………… 628

グラン・モスク（チュニジア）
………… 610

クリアナ（インド）………… 34

グーリ・アミール廟（ウズベキスタン）………… 52

グリ・エミール廟（ウズベキスタン）………… 52

クリオーオー洞穴（アメリカ合衆国）………… 622

クリ＝オバ（ウクライナ）…… 459

グリゴリウ修道院（ギリシャ）
………… 473

クリスチャンフィールド、モラヴィア教会の入植地（デンマーク）………… 507

グリ洞穴（フィリピン）……… 387

グリニッジ海事（イギリス）
………… 415

グリマルディ（イタリア）…… 431

クリミア半島の古代都市とチョラ（ウクライナ）………… 459

グリムズ・グレイブス（イギリス）………… 416

グリュックスブルク城（ドイツ）………… 510

クリュニー修道院（フランス）
………… 539

グリーン渓谷（オーストラリア）
………… 405

グール・イ・アミール（ウズベキスタン）………… 51

クルヴェーナ・スティイェーナ（モンテネグロ）………… 565

グール＝エミール（ウズベキスタン）………… 52

グルーエミル廟（ウズベキスタン）………… 52

クルキハール（インド）……… 34

クルグス（エジプト）………… 588

クルシュー砂州（リトアニア）
………… 566

クルシュー砂州（ロシア）…… 572

クルス（庫魯斯）石人（中国）
………… 177

グルダラの塔（アフガニスタン）
………… 2

グルダラの仏塔（アフガニスタン）………… 2

クルドゥ（トルコ）………… 522

クルトゥク（ロシア）………… 572

グルニア（ギリシャ）………… 473

クルヌブ（イスラエル）……… 7

クルムチ（克爾木斉）石人および墓葬（中国）………… 177

グレーヴ・サークルA（ギリシャ）………… 482

グレーヴ・サークルB（ギリシャ）………… 482

クレオパトラの家（ギリシャ）
………… 473

クレスウェル・クレイグス（イギリス）………… 416

クレスピ・ダッダ（イタリア）
………… 431

クレスピ・ダッダの企業都市（イタリア）………… 431

グレート・ジンバブエ遺跡（ジンバブエ）………… 605

グレート・ブルカン・カルドゥン山と周辺の聖なる景観（モンゴル）………… 397

グレーブ・クリーク（アメリカ合衆国）………… 622

クレブラス（ベルー）………… 661

クレミコウチ（ブルガリア）
………… 554

グーレ・ミール（ウズベキスタン）………… 52

クレムリン〔モスクワ〕（ロシア）………… 572, 579

クレムリン宮殿（ロシア）…… 572

クレモナ大聖堂（イタリア）
………… 431

グレ・ワルバイ（ソマリア）‥ 608

クロアーカ・マクシマ（イタリア）………… 431

クロコディロポリス（エジプト）………… 598

グロスター大聖堂（イギリス）
………… 416

クロスターノイブルク（オーストリア）………… 462

クロスターノイブルク修道院（オーストリア）………… 462

グローブ（エジプト）………… 589

グロマトゥハ（ロシア）……… 572

クロミェルジーシュの庭園群と城（チェコ）………… 505

クロムドラーイ（南アフリカ）
………… 614

クロムニェジーシュの庭園と城（チェコ）………… 505

クロメルジーシュの庭園と城（チェコ）………… 505

クロライナ（中国）………… 374

クロンボー城（デンマーク）
………… 507

クワ（ウズベキスタン）……… 51

クワのシャフリスタン（ウズベキスタン）………… 52

グワーリオール（インド）…… 34

クワルト・デ・レスカテ（ベルー）………… 661

軍威三尊石窟（韓国）………… 66

軍威石窟（韓国）………… 66

軍官教育団旧址（中国）……… 177

グンゲリア（インド）………… 34

郡谷里遺跡（韓国）………… 66

君山（中国）………… 177

君子長生館（中国）………… 177

軍守里廃寺（韓国）………… 66

軍守里廃寺跡の塔跡（韓国）
………… 66

クンダイ（昆帯）山岩画（中国）
………… 177

クンタ・キンテ島と関連遺跡群（ガンビア）………… 603

クンタ・キンテ島と関連史跡（ガンビア）………… 603

軍団宿営地〔カルヌントゥム〕（オーストリア）………… 462

グンデストラップ（デンマーク）
………… 507

グントゥパッリ（インド）…… 34

クントゥル・ワシ（ベルー）
………… 661

グンバド＝イ・カーブース（イラン）………… 21

クンブム寺（塔寺）（中国）… 177

クンブム寺（塔爾寺）過門塔（中国）………… 177

クンブム寺（塔爾寺）久間殿（中国）………… 177

クンブム寺（塔爾寺）小花寺（長寿殿）（中国）………… 177

クンブム寺（塔爾寺）小金瓦殿（中国）………… 178

クンブム寺（塔爾寺）大経堂（中国）………… 178

クンブム寺（塔爾寺）大金瓦殿（中国）………… 178

クンブム寺（塔爾寺）大厨房（中国）………… 178

クンブム寺（塔爾寺）大拉浪（中国）………… 178

クンブム寺（塔爾寺）如意宝塔（中国）………… 178

クンブム寺（塔爾寺）菩提塔（中国）………… 178

クンブン仏塔（中国）………… 178

クンベマーヨ（ベルー）……… 661

クンマ（エジプト）………… 589

【け】

桂園（中国）………… 178

恵遠鐘楼（中国）………… 178

桂宮（中国）………… 178

景県封氏墓群（中国）………… 178

桂湖（中国）………… 178

渓口（中国）………… 178

鶏公山遺跡（中国）………… 178

挂甲山石刻（中国）………… 178

迎江寺（中国）………… 178

稽康亭（中国）………… 179

慧光塔基（中国）………… 179

嵇康墓(中国) ……………… 179	慶北月城郡金尺里の古墳群(韓国) …… 65	華厳寺〔嶍山県〕(中国) …… 181
ケイコバド・シャフ(タジキスタン) ……………… 132	慶北月城郡内南面安心里の支石墓(韓国) …… 67	華厳寺〔西安市〕(中国) …… 181
桂斎(中国) ……………… 179	啓母闕(中国) ……………… 180	華厳寺〔大同市〕(中国) …… 181
恵山(中国) ……………… 179	景明寺(中国) ……………… 180	華厳寺大雄宝殿(中国) …… 181
景山(中国) ……………… 179	鶏明寺(中国) ……………… 180	華厳寺の3層石塔(韓国) …… 67
景山五亭(中国) …………… 179	鶏鳴寺(中国) ……………… 180	華厳寺薄伽教蔵殿(中国) …… 181
慶山寺(中国) ……………… 179	揭陽学官(中国) …………… 180	華厳寺壁蔵(中国) ………… 181
恵山唐宋経幢(中国) ……… 179	景陽崗(中国) ……………… 180	華厳塔(中国) ……………… 181
景山里古墳群(韓国) ……… 66	慶陽寺溝石窟(中国) ……… 181	華厳洞造像(中国) ………… 181
景芝鎮遺跡(中国) ………… 179	経略台真武閣(中国) ……… 181	ゲジ(ナイジェリア) ……… 611
慶州(韓国) ………………… 67	鶏龍山麓窯跡群(韓国) …… 67	ケーシャヴァ寺(インド) …… 34
慶州98号墳(韓国) ………… 66	繋竜洲(中国) ……………… 181	ケシュタ・ラーヤ寺院(ジョル・バーングラ寺院)(インド) …… 34
慶州金鈴塚(韓国) ………… 65	恵陵(中国) ………………… 181	
慶州月城(韓国) …………… 68	慶陵(中国) ………………… 181	化城寺(中国) ……………… 181
荊州高台秦漢墓(中国) …… 179	迴竜橋(中国) ……………… 181	ゲズ(蓋苳)河畔古駅舎遺址(中国) ……………… 181
荊州古城(中国) …………… 179	鶏林(韓国) ………………… 67	ケスレルロッホ(スイス) …… 488
慶州古新羅王墓(韓国) …… 66	桂林王城(中国) …………… 181	ゲゼル(イスラエル) ………… 7
慶州城(中国) ……………… 179	鶏林路14号墳(韓国) ……… 67	開城(ケソン)(北朝鮮) …… 105
景州塔(中国) ……………… 179	ケイルンバップル(イギリス) …………… 416	花置寺造像(中国) ………… 181
渓州銅柱(中国) …………… 179	ケウエ洞窟(レバノン) …… 402	ケチ・ベーグ(パキスタン) …… 380
慶州南郊の古墳群(韓国) …… 66	ゲオイ・テペ(イラン) …… 21	ケツァルコアトルの神殿〔テオティワカン〕(メキシコ) …… 639
慶州南山茸長渓の磨崖仏(韓国) …… 72	ゲオクシュル遺跡群(トルクメニスタン) …… 377	ケツァルコアトルの神殿〔トゥーラ〕(メキシコ) …… 639
慶州南山の七仏庵の磨崖仏(韓国) …… 89	ケオ・ファイ遺跡(ベトナム) …………… 389	ケツァルコアトルのピラミッド(メキシコ) …… 639
慶州南山の仏跡(韓国) …… 89	ケオ・ファイ洞穴(ベトナム) …………… 389	ケツァルパパロトルの宮殿(メキシコ) …… 639
慶州の遺跡(韓国) ………… 66	ゲガルト修道院とアザト渓谷の上流(アルメニア) …… 413	月巌(中国) ………………… 182
慶州の古墳(韓国) ………… 67	劇場〔アウグスタ・ラウリコールム〕(スイス) …… 487	月渓1号墳(韓国) ………… 67
慶州普門里の明活山城(韓国) …………… 97	劇場〔アルゴス〕(ギリシャ) …… 469	月山里遺跡(韓国) ………… 67
慶州邑南古墳群(韓国) …… 66	劇場〔ヴェルギナ〕(ギリシャ) …… 470	月山里古墳群〔南原市〕(韓国) …… 67
邢台窯(中国) ……………… 179	劇場〔エピダウロス〕(ギリシャ) …… 471	月出山祭祀遺跡(韓国) …… 67
慶州歴史地域(韓国) ……… 67	劇場〔オスティア〕(イタリア) …… 429	月城跡(韓国) ……………… 68
恵昭太子陵(中国) ………… 179	劇場〔オランジュ〕(フランス) …… 538	月松里造山古墳(韓国) …… 68
景真八角亭(中国) ………… 180	劇場〔ジェラシュ〕(ヨルダン) …… 400	月城路古墳群(韓国) ……… 68
磐鐘峰(中国) ……………… 180	劇場〔シラクサ〕(イタリア) …… 440	月色江声(中国) …………… 182
慶成宮(中国) ……………… 180	劇場〔スパルタ〕(ギリシャ) …… 475	月精橋跡(韓国) …………… 68
景西洞窯跡(韓国) ………… 67	劇場〔ディオン〕(ギリシャ) …… 476	月精寺(韓国) ……………… 68
涇川王家溝石窟(中国) …… 180	劇場〔デルフィ〕(ギリシャ) …… 477	月精寺の石塔(韓国) ……… 68
涇川石窟(中国) …………… 180	劇場〔デロス島〕(ギリシャ) …… 478	月壇(中国) ………………… 182
鶏足山(中国) ……………… 180	劇場〔ドゥッガ〕(チュニジア) …… 611	月田古墳(韓国) …………… 68
鶏足山城(韓国) …………… 67	劇場〔ペルガモン〕(トルコ) …… 527	月田洞遺跡(韓国) ………… 68
荊村遺跡(中国) …………… 180	劇場〔ボスラ〕(シリア) …… 122	月坪遺跡(韓国) …………… 68
邢台(中国) ………………… 180	劇場〔ミレトス〕(トルコ) …… 529	闕里坊(中国) ……………… 182
瓊台書院(中国) …………… 180	劇場〔メガロポリス〕(ギリシャ) …… 483	下天竺法鏡寺(中国) ……… 182
敬亭山(中国) ……………… 180	劇場〔メリダ〕(スペイン) …… 501	ゲーテアヌム(スイス) …… 488
敬天寺石塔(韓国) ………… 67	華厳寺(韓国) ……………… 67	ゲート・ウェイ スターリング城(イギリス) …… 418
景徳橋(中国) ……………… 180		化度寺(中国) ……………… 182
景徳鎮窯(中国) …………… 180		ゲート・ハウス ペヴェンシー城(イギリス) …… 421
慶寧寺(モンゴル) ………… 397		ゲナスドルフ(ドイツ) …… 510
景福閣(中国) ……………… 180		ケニ(エジプト) …………… 590
景福宮(韓国) ……………… 67		
桂平西山(中国) …………… 180		
芸圃(中国) ………………… 180		

史跡・遺跡名索引　　　　703　　　　けんり

ケニスバラー城（イギリス）
　…………………… 417
ケニフ洞穴（オーストラリア）
　…………………… 405
ケニルワース城（イギリス）
　…………………… 416
ケヌウ（エジプト）………… 590
ケバラー（イスラエル）…… 7
ゲハルト修道院とアザート川上
　流域（アルメニア）… 413
ケファル・ビルアム（イスラエ
　ル）…………………… 7
ケフィソス川の橋（ギリシャ）
　…………………… 473
ケープ・クルーゼンスターン（ア
　メリカ合衆国）……… 622
ゲブトゥ（エジプト）……… 589
ケブラーダ・デ・ウマウアカ（ア
　ルゼンチン）………… 650
ケブラーダ・デ・ラ・バカ（ペ
　ルー）………………… 661
ケベック旧市街の歴史地区（カ
　ナダ）………………… 628
ケベト（エジプト）………… 589
ゲベル・エル＝シルシラ（エジプ
　ト）…………………… 590
ゲベル・トゥラ（エジプト）‥ 589
ゲベル・バルカル（スーダン）
　…………………… 606
ゲベル・バルカルとナパタ地域
　の遺跡群（スーダン）…… 606
ゲベレイン（エジプト）…… 589
ゲベレイン、エル（エジプト）
　…………………… 589
ケーボイ（ロシア）………… 572
ゲミレル島（トルコ）……… 522
ゲラチ修道院（ジョージア）
　…………………… 487
ゲラティ修道院（ジョージア）
　…………………… 487
ケラメイコス（ギリシャ）…… 473
ケラメイコス墓地（ギリシャ）
　…………………… 473
ケリア（エジプト）………… 589
ゲリドンヤ（トルコ）……… 522
ケリビア（チュニジア）…… 610
ゲリュ・ダー（トルコ）…… 522
掛陵（韓国）………………… 68
ケルーアン（チュニジア）…… 609
ケルエフの墓（エジプト）…… 589
ケルクアンとその墓地遺跡（チ
　ュニジア）…………… 610
ケルクアンの古代カルタゴの
　町とその墓地遺跡（チュニジ
　ア）…………………… 610
ケルク、テル・エル＝（シリア）
　…………………… 119
ケルケネス・ダー（トルコ）
　…………………… 522
ゲルゼー（エジプト）……… 589

ゲルゼ、エル（エジプト）…… 589
ケルタッシ神殿（エジプト）
　…………………… 589
ケルト期の復元住居（ガリシア）
　（スペイン）…………… 495
ケルナヴェ古代遺跡（ケルナヴェ
　文化保護区）（リトアニア）
　…………………… 566
ケルフィリー城（イギリス）
　…………………… 416
ゲルフ・フセイン（エジプト）
　…………………… 589
ケルマ（スーダン）………… 606
ケルマの宗教建築（スーダン）
　…………………… 606
ケルメズ・デレ（イラク）…… 14
ケルン寺院（ドイツ）……… 510
ケルン大寺（ドイツ）……… 510
ケルン大聖堂（ドイツ）…… 510
ゲルンハウゼン（ドイツ）…… 511
ケルン・リンデンタール遺跡（ド
　イツ）………………… 511
ケレス神殿（アテナ神殿）（イタリ
　ア）…………………… 431
ケレタロ州シエラ・ゴルダにあ
　るフランシスコ会伝道施設
　（メキシコ）…………… 640
ケレタロの歴史史跡地区（メキ
　シコ）………………… 640
ケレタロ文化財地区（メキシ
　コ）…………………… 640
ケレパ（エルサルバドル）…… 627
ケレメス（ロシア）………… 572
ケレメス・クルガン（ロシア）
　…………………… 572
「剣をふりあげる人など」（アブ
　サラ）（インド）……… 29
玄岳門（中国）……………… 182
弦歌台（中国）……………… 182
巌関（中国）………………… 182
原起寺（中国）……………… 182
懸空寺（中国）……………… 182
懸空石（中国）……………… 182
元君廟（中国）……………… 182
元君廟遺跡（中国）………… 182
ケンコ（ペルー）…………… 661
ケンコ好問墓（中国）……… 182
懸谷山摩崖造像（中国）…… 182
ケンコの聖域（ペルー）…… 661
元五里廃寺跡（北朝鮮）…… 106
ケンコル（キルギス）……… 115
元次山碑（中国）…………… 182
言子墓（中国）……………… 182
建章宮（中国）……………… 182
玄奘故里（中国）…………… 182
元上都城跡（中国）………… 231
建初寺（中国）……………… 183
見心斎（中国）……………… 183

ケンジントン宮（イギリス）
　…………………… 416
肩水金関遺址（中国）……… 183
肩水侯官遺址（中国）……… 183
元帥台遺跡（北朝鮮）……… 106
元帥台貝塚（北朝鮮）……… 106
肩水都尉府遺址（中国）…… 183
元帥林（中国）……………… 183
乾清宮（中国）……………… 183
剣川石窟（中国）…………… 253
元大都城跡（中国）………… 183
剣丹山城（韓国）…………… 68
検丹里遺跡（韓国）………… 68
剣池（中国）………………… 183
建築家ヴィクトール・オルタに
　よる主な邸宅群（ブリュッセ
　ル）（ベルギー）……… 556
建築家オルタの建てたおもな邸
　宅（ベルギー）……… 556
玄中寺（中国）……………… 183
顕通寺（中国）……………… 183
元通寺塔（中国）…………… 183
献殿（中国）………………… 183
ケンデン・レンプ（インドネシ
　ア）…………………… 47
縣洞遺跡（韓国）…………… 68
剣闘士の営舎〔ポンペイ〕（イタ
　リア）………………… 453
竈頭渚（中国）……………… 183
黔東の鼓楼（中国）………… 302
元当里遺跡（韓国）………… 68
元土城遺址（中国）………… 183
元の上都（中国）…………… 231
権妃墓（中国）……………… 183
原武温穆王壁画墓（中国）…… 183
建福宮（中国）……………… 184
厳復墓（中国）……………… 184
玄武青石殿（中国）………… 184
建武魏人懸棺（中国）……… 184
元謀猿人化石遺址（中国）…… 184
元妙観〔莆田県〕（中国）…… 184
元妙観〔江陵県〕（中国）…… 184
玄妙観（中国）……………… 184
乾明寺（中国）……………… 184
乾明寺塔（中国）…………… 184
剣門関（中国）……………… 184
元祐宮（中国）……………… 184
乾隆行宮（中国）…………… 184
乾隆花園（中国）…………… 184
乾隆小花園（中国）………… 184
乾陵（中国）………………… 184
建陵（中国）………………… 184
献陵（中国）………………… 184
顕陵（中国）………………… 184
乾陵の陪塚—懿徳太子李重潤墓
　（中国）……………… 137

けんり　　　　　　　704　　　　史跡・遺跡名索引

乾陵の陪塚―永泰公主李仙蕙墓
　（中国）・・・・・・・・・・・・・ 142
乾陵の陪塚―章懐太子李賢墓
　（中国）・・・・・・・・・・・・・ 224
賢令山摩崖石刻（中国）・・・・・ 185
原鹿故城（中国）・・・・・・・・・ 185
元和殿（中国）・・・・・・・・・・・ 185

【こ】

コア渓谷とシエガ・ヴェルデ
　の先史時代の岩壁画（スペイ
　ン）・・・・・・・・・・・・・・・・ 495
コア渓谷とシエガ・ヴェルデの
　先史時代の岩壁画（ポルトガ
　ル）・・・・・・・・・・・・・・・・ 562
コア渓谷の先史時代の岩絵（ス
　ペイン）・・・・・・・・・・・・・ 495
コア渓谷の先史時代の岩絵（ポ
　ルトガル）・・・・・・・・・・・・ 562
ゴア［州］（インド）・・・・・・・・ 34
古阿井（中国）・・・・・・・・・・・ 185
古アテナ神殿（ギリシャ）・・・・ 473
コアニャの住居址（スペイン）
　・・・・・・・・・・・・・・・・・・ 495
ゴアの教会群と修道院群（イン
　ド）・・・・・・・・・・・・・・・・ 34
ゴアの聖堂と修道院（インド）
　・・・・・・・・・・・・・・・・・・ 34
ゴイアスの歴史地区（ブラジ
　ル）・・・・・・・・・・・・・・・・ 656
古猗園（中国）・・・・・・・・・・・ 185
コイ・クリルガン・カラ（ウズベ
　キスタン）・・・・・・・・・・・・ 52
コイ＝クルイルガン＝カラ（ウ
　ズベキスタン）・・・・・・・・・ 52
固囲村魏墓（中国）・・・・・・・・ 164
ゴイヤスの歴史地区（ブラジ
　ル）・・・・・・・・・・・・・・・・ 657
コインブラ大学―アルタとソフ
　ィア（ポルトガル）・・・・・・ 562
広安白塔（中国）・・・・・・・・・ 185
高頤墓（中国）・・・・・・・・・・・ 185
高頤墓闕及石刻（中国）・・・・・ 185
貢院井（中国）・・・・・・・・・・・ 185
紅雲崖（中国）・・・・・・・・・・・ 185
光栄亭（中国）・・・・・・・・・・・ 185
後英房住居跡（中国）・・・・・・ 185
興旺寺址（北朝鮮）・・・・・・・・ 106
香界寺（中国）・・・・・・・・・・・ 185
後海塘（中国）・・・・・・・・・・・ 185
広開土王碑（好太王碑）（中国）
　・・・・・・・・・・・・・・・・・・ 185
宏覚寺塔（中国）・・・・・・・・・ 185
黄鶴楼（中国）・・・・・・・・・・・ 185
光岳楼（中国）・・・・・・・・・・・ 185

黄花崗七十二烈士墓（中国）
　・・・・・・・・・・・・・・・・・・ 186
交河故城（中国）・・・・・・・・・ 186
黄河古象化石出土地（中国）
　・・・・・・・・・・・・・・・・・・ 186
交河城（中国）・・・・・・・・・・・ 186
侯家荘遺跡（中国）・・・・・・・・ 186
侯家荘殷墓（中国）・・・・・・・・ 186
黄河鉄橋（中国）・・・・・・・・・ 358
江華島［遺跡］（韓国）・・・・・・ 68
江華の支石墓群跡（韓国）・・・・ 70
紅河ハニ族の棚田群の文化的景
　観（中国）・・・・・・・・・・・・ 186
交河里遺跡（韓国）・・・・・・・・ 68
香厳寺［清徐県］（中国）・・・・ 186
香厳寺［柳林県］（中国）・・・・ 186
香岩寺（中国）・・・・・・・・・・・ 186
黄岩秀嶺水庫古墓（中国）・・・・ 186
紅岩村（中国）・・・・・・・・・・・ 186
黄巌洞（中国）・・・・・・・・・・・ 186
紅巌碑（中国）・・・・・・・・・・・ 186
康煕平定ガルダン（噶爾丹）紀功
　碑（中国）・・・・・・・・・・・・ 186
皇穹宇（中国）・・・・・・・・・・・ 186
興教寺（中国）・・・・・・・・・・・ 186
興教寺玄奘塔（中国）・・・・・・ 186
鴻慶寺石窟（中国）・・・・・・・・ 187
公共用泉水［ポンペイ］（イタリ
　ア）・・・・・・・・・・・・・・・・ 453
公共浴場［ティルス］（レバノン）
　・・・・・・・・・・・・・・・・・・ 402
甲渠侯官遺址（中国）・・・・・・ 187
公貴里遺跡（北朝鮮）・・・・・・ 106
高句麗［都城］（北朝鮮）・・・・ 113
高句麗古墳群（北朝鮮）・・・・・ 106
紅軍強渡大渡河遺址（中国）
　・・・・・・・・・・・・・・・・・・ 187
紅軍標語碑林（中国）・・・・・・ 187
興慶宮（中国）・・・・・・・・・・・ 187
広恵寺華塔（中国）・・・・・・・・ 187
洪慶村秦漢墓（中国）・・・・・・ 187
向警予墓（中国）・・・・・・・・・ 187
孝敬陵（中国）・・・・・・・・・・・ 187
興京老城（中国）・・・・・・・・・ 187
光化寺（中国）・・・・・・・・・・・ 187
広元千仏崖（中国）・・・・・・・・ 187
広元千仏崖摩崖造像（中国）
　・・・・・・・・・・・・・・・・・・ 187
興賢塔（中国）・・・・・・・・・・・ 187
後岡遺跡（中国）・・・・・・・・・ 187
溝溝崖（中国）・・・・・・・・・・・ 187
昂昂渓遺跡（中国）・・・・・・・・ 188
昂昂渓細石器文化遺址（中国）
　・・・・・・・・・・・・・・・・・・ 188
光孝寺（中国）・・・・・・・・・・・ 188
閘口白塔（中国）・・・・・・・・・ 188
高皇廟（中国）・・・・・・・・・・・ 188

黄興墓（中国）・・・・・・・・・・・ 188
黄公望墓（中国）・・・・・・・・・ 188
黄国故城（中国）・・・・・・・・・ 188
興国寺塔（中国）・・・・・・・・・ 188
洪谷寺塔（中国）・・・・・・・・・ 188
後谷里窯跡（韓国）・・・・・・・・ 68
皇吾洞1・33号墳（韓国）・・・・ 68
皇吾洞34号墳（韓国）・・・・・・ 69
皇吾洞37号墳（韓国）・・・・・・ 69
考古都市サーマッラー（イラ
　ク）・・・・・・・・・・・・・・・・ 14
香厳寺（中国）・・・・・・・・・・・ 188
広済橋（中国）・・・・・・・・・・・ 188
広済寺［錦州市］（中国）・・・・ 188
広済寺［五台県］（中国）・・・・ 188
広済寺［天津市］（中国）・・・・ 188
広済寺［蕪湖市］（中国）・・・・ 188
広済寺［北京市］（中国）・・・・ 188
康済寺塔（中国）・・・・・・・・・ 188
高座寺（中国）・・・・・・・・・・・ 188
交差した手の神殿（ペルー）
　・・・・・・・・・・・・・・・・・・ 662
黄山（中国）・・・・・・・・・・・・ 188
恒山（中国）・・・・・・・・・・・・ 189
紅山（中国）・・・・・・・・・・・・ 189
衡山（中国）・・・・・・・・・・・・ 189
香山［北京市］（中国）・・・・・・ 189
香山［耀県］（中国）・・・・・・・ 189
紅山遺跡（中国）・・・・・・・・・ 189
香山寺［宝豊県］（中国）・・・・ 189
香山寺［北京市］（中国）・・・・ 189
公山城（韓国）・・・・・・・・・・・ 69
公山城跡（韓国）・・・・・・・・・ 69
高山洞遺跡（北朝鮮）・・・・・・ 106
鉱山都市スウェル（チリ）・・・・ 655
香山の多宝塔（中国）・・・・・・ 189
鉱山町レーロースとその周辺
　（ノルウェー）・・・・・・・・・ 530
高山里1号墳（北朝鮮）・・・・・ 106
高山里9号墳（北朝鮮）・・・・・ 106
高山里遺跡（韓国）・・・・・・・・ 69
鰲山里遺跡（韓国）・・・・・・・・ 69
香山瑠璃塔（中国）・・・・・・・・ 189
黄絲橋古城（中国）・・・・・・・・ 189
孔子故宅（中国）・・・・・・・・・ 189
高麗山城跡（中国）・・・・・・・・ 189
黄寺（実勝寺）（中国）・・・・・・ 216
皇史宬（中国）・・・・・・・・・・・ 189
鴿子洞旧石器文化遺址（中国）
　・・・・・・・・・・・・・・・・・・ 189
孔子廟［曲阜］（中国）・・・・・・ 194
黄寺（北京市）（中国）・・・ 189, 206
黄泗浦（中国）・・・・・・・・・・・ 189
孔子墓（中国）・・・・・・・・・・・ 189
紅四方面軍総指揮部旧址（中
　国）・・・・・・・・・・・・・・・・ 190

史跡・遺跡名索引　　　705　　　こうよ

紅四方面軍烈士墓(中国) ‥‥ 190
香積寺(中国) ‥‥‥‥‥‥‥ 190
香積寺塔(中国) ‥‥‥‥‥‥ 190
広州(中国) ‥‥‥‥‥‥‥‥ 190
杭州(中国) ‥‥‥‥‥‥‥‥ 190
公州公山城(韓国) ‥‥‥‥‥ 69
後周皇陵(中国) ‥‥‥‥‥‥ 190
広州古海蝕崖遺址(中国) ‥‥ 190
広州公社旧址(中国) ‥‥‥‥ 190
杭州西湖(中国) ‥‥‥‥‥‥ 190
広宗寺(中国) ‥‥‥‥‥‥‥ 190
杭州西湖の文化的景観(中国)
　‥‥‥‥‥‥‥‥‥‥‥‥‥ 190
洪秀全教学私塾旧址(中国)
　‥‥‥‥‥‥‥‥‥‥‥‥‥ 190
洪秀全故居(中国) ‥‥‥‥‥ 190
絳州大堂(中国) ‥‥‥‥‥‥ 190
広州の遺跡(中国) ‥‥‥‥‥ 190
広州農民運動講習所旧址(中
　国) ‥‥‥‥‥‥‥‥‥‥‥ 190
甲秀楼(中国) ‥‥‥‥‥‥‥ 190
公州六号墳(韓国) ‥‥‥‥‥ 69
坑儒谷(中国) ‥‥‥‥‥‥‥ 190
庚戌広州新軍起義烈士墓(中
　国) ‥‥‥‥‥‥‥‥‥‥‥ 190
公主堡(中国) ‥‥‥‥‥‥‥ 190
寇準墓(中国) ‥‥‥‥‥‥‥ 191
広潤霊雨祠(中国) ‥‥‥‥‥ 191
交城(中国) ‥‥‥‥‥‥‥‥ 191
高昌(中国) ‥‥‥‥‥‥‥‥ 191
崗上遺跡(中国) ‥‥‥‥‥‥ 191
広勝下寺前殿(中国) ‥‥‥‥ 191
興聖教寺塔(中国) ‥‥‥‥‥ 191
広勝下寺(中国) ‥‥‥‥‥‥ 191
高常賢墓(北朝鮮) ‥‥‥‥‥ 106
高昌故城(中国) ‥‥‥‥‥‥ 191
高昌故城の仏龕(中国) ‥‥‥ 191
広勝寺(中国) ‥‥‥‥‥‥‥ 191
広勝上寺(中国) ‥‥‥‥‥‥ 191
広勝上寺後殿(中国) ‥‥‥‥ 191
広勝上寺飛虹塔(中国) ‥‥‥ 191
皇娘娘台(中国) ‥‥‥‥‥‥ 192
藁城甄氏墓群(中国) ‥‥‥‥ 191
孔尚任墓(中国) ‥‥‥‥‥‥ 191
岡上村(中国) ‥‥‥‥‥‥‥ 191
隍城洞遺跡(韓国) ‥‥‥‥‥ 69
隍城洞遺跡群(韓国) ‥‥‥‥ 69
広饒南宋大殿(中国) ‥‥‥‥ 191
後召廟遼石窟寺(中国) ‥‥‥ 191
江上里遺跡(北朝鮮) ‥‥‥‥ 106
皇娘娘台遺跡(中国) ‥‥‥‥ 192
広仁王廟(中国) ‥‥‥‥‥‥ 192
拱宸橋(中国) ‥‥‥‥‥‥‥ 192
江心寺(中国) ‥‥‥‥‥‥‥ 192
功臣塔(中国) ‥‥‥‥‥‥‥ 192
壺杆塚(韓国) ‥‥‥‥‥‥‥ 69

江西三墓(北朝鮮) ‥‥‥‥‥ 106
江西三墓里古墳(北朝鮮) ‥‥ 106
広西東蘭第一届農民運動講習所
　旧址(中国) ‥‥‥‥‥‥‥ 160
黄石崖造像(中国) ‥‥‥‥‥ 192
猴石山遺址(中国) ‥‥‥‥‥ 192
紅石頭泉岩画(中国) ‥‥‥‥ 192
黄石里遺跡(韓国) ‥‥‥‥‥ 69
黄石里支石墓群(韓国) ‥‥‥ 69
興善寺(中国) ‥‥‥‥‥‥‥ 192
高仙寺跡(韓国) ‥‥‥‥‥‥ 69
孝泉鎮宋墓(中国) ‥‥‥‥‥ 192
黄宗羲墓(中国) ‥‥‥‥‥‥ 192
功曹闕(中国) ‥‥‥‥‥‥‥ 192
黄桑洞古墳群(韓国) ‥‥‥‥ 69
皇蔵峪(中国) ‥‥‥‥‥‥‥ 192
宏村(中国) ‥‥‥‥‥‥‥‥ 135
好太王碑(中国) ‥‥‥‥‥‥ 185
交泰殿(故宮) ‥‥‥‥‥‥‥ 192
皇沢寺(中国) ‥‥‥‥‥‥‥ 192
皇沢寺摩崖造像(中国) ‥‥‥ 192
郊壇窯(中国) ‥‥‥‥‥‥‥ 192
高竹洞遺跡(韓国) ‥‥‥‥‥ 69
黄竹嶺(中国) ‥‥‥‥‥‥‥ 192
洪椿坪(中国) ‥‥‥‥‥‥‥ 193
黄庭観(中国) ‥‥‥‥‥‥‥ 193
黄庭堅墓(中国) ‥‥‥‥‥‥ 193
皇帝岡漢墓(中国) ‥‥‥‥‥ 193
考亭書院(中国) ‥‥‥‥‥‥ 193
黄泥頭古瓷窯遺址(中国) ‥‥ 193
黄帝廟(中国) ‥‥‥‥‥‥‥ 193
黄帝陵(中国) ‥‥‥‥‥‥‥ 193
昊天宮(中国) ‥‥‥‥‥‥‥ 193
江天寺(中国) ‥‥‥‥‥‥‥ 193
岡杜(中国) ‥‥‥‥‥‥‥‥ 193
校洞(韓国) ‥‥‥‥‥‥‥‥ 69
紅塔(中国) ‥‥‥‥‥‥‥‥ 193
校洞遺跡(韓国) ‥‥‥‥‥‥ 69
崆峒巌(中国) ‥‥‥‥‥‥‥ 193
鼈頭磯(中国) ‥‥‥‥‥‥‥ 193
江東橋(中国) ‥‥‥‥‥‥‥ 193
崆峒山(中国) ‥‥‥‥‥‥‥ 193
孝堂山(中国) ‥‥‥‥‥‥‥ 193
孝堂山郭氏墓石祠(中国) ‥‥ 193
孝堂山祠堂(中国) ‥‥‥‥‥ 193
孝堂山石祠(中国) ‥‥‥‥‥ 193
高塔寺塔(中国) ‥‥‥‥‥‥ 193
敖東城(中国) ‥‥‥‥‥‥‥ 194
黄道婆墓(中国) ‥‥‥‥‥‥ 194
香頭墳(中国) ‥‥‥‥‥‥‥ 194
校洞里遺跡(韓国) ‥‥‥‥‥ 69
藕塘烈士塔(中国) ‥‥‥‥‥ 194
江都漢墓(中国) ‥‥‥‥‥‥ 194
興徳王陵(韓国) ‥‥‥‥‥‥ 69
広徳寺〔遂寧市〕(中国) ‥‥ 194

広徳寺〔襄陽県〕(中国) ‥‥ 194
后土祠〔万栄県〕(中国) ‥‥ 200
后土祠〔汾陽県〕(中国) ‥‥ 251
后土廟〔介休市〕(中国) ‥‥ 194
皇南大塚(韓国) ‥‥‥‥‥‥ 69
皇南洞151号墳(韓国) ‥‥‥ 70
広仁寺〔五台山〕(中国) ‥‥ 194
広仁寺〔西安市〕(中国) ‥‥ 194
工農革命軍第一軍第一師師部旧
　址(中国) ‥‥‥‥‥‥‥‥ 194
紅梅閣(中国) ‥‥‥‥‥‥‥ 194
侯馬喬村(中国) ‥‥‥‥‥‥ 194
侯馬晋国遺址(中国) ‥‥‥‥ 196
侯馬東周盟誓遺址(中国) ‥‥ 194
合肥孔子廟(中国) ‥‥‥‥‥ 194
黄陂盤竜城(中国) ‥‥‥‥‥ 194
孔廟〔曲阜市〕(中国) ‥‥ 172, 194
孔廟〔北京市〕(中国) ‥‥‥ 194
孔廟奎文閣(中国) ‥‥‥‥‥ 195
孔廟大成殿(中国) ‥‥‥‥‥ 195
黄賓虹故居(中国) ‥‥‥‥‥ 195
孔府(中国) ‥‥‥‥‥‥ 172, 195
興復河遺跡(中国) ‥‥‥‥‥ 195
宏福寺(中国) ‥‥‥‥‥‥‥ 195
洪福寺(中国) ‥‥‥‥‥‥‥ 195
皇福寺(韓国) ‥‥‥‥‥‥‥ 70
興福寺塔(中国) ‥‥‥‥‥‥ 195
光福塔(中国) ‥‥‥‥‥‥‥ 195
広武城(中国) ‥‥‥‥‥‥‥ 195
孔府西学院(中国) ‥‥‥‥‥ 195
孔府大門(中国) ‥‥‥‥‥‥ 195
宏仏塔(中国) ‥‥‥‥‥‥‥ 195
光武陵(中国) ‥‥‥‥‥‥‥ 195
高芬軒(中国) ‥‥‥‥‥‥‥ 195
興文塔(中国) ‥‥‥‥‥‥‥ 195
興平文廟大成殿(中国) ‥‥‥ 195
高敞、和順、江華の支石墓群跡
　(韓国) ‥‥‥‥‥‥‥‥‥ 70
孔望山漢代摩崖画像(中国)
　‥‥‥‥‥‥‥‥‥‥‥‥‥ 195
孔望山摩崖(中国) ‥‥‥‥‥ 195
合浦漢墓(中国) ‥‥‥‥‥‥ 196
濠濮澗(中国) ‥‥‥‥‥‥‥ 196
後牧城駅(中国) ‥‥‥‥‥‥ 196
黄埔軍校旧址(中国) ‥‥‥‥ 196
皇甫謐墓(中国) ‥‥‥‥‥‥ 196
黄堡窯(中国) ‥‥‥‥‥‥‥ 196
侯馬遺跡(中国) ‥‥‥‥‥‥ 196
高明寺(中国) ‥‥‥‥‥‥‥ 196
紅門宮(中国) ‥‥‥‥‥‥‥ 196
江門洞遺跡(韓国) ‥‥‥‥‥ 70
孝養山遺跡(韓国) ‥‥‥‥‥ 70
皋陶祠(中国) ‥‥‥‥‥‥‥ 196
衡陽楚墓(中国) ‥‥‥‥‥‥ 196
蚊洋文昌閣(中国) ‥‥‥‥‥ 196
皋陶墓(中国) ‥‥‥‥‥‥‥ 196

鉤弋夫人墓(中国) ………… 196	故宮〔紫禁城〕(中国) …… 212	古祭台(中国) …………… 200
膠莱運河(中国) ………… 196	午汲趙城(中国) ………… 198	鼓山(中国) ……………… 200
高麗寺(中国) …………… 196	虎丘塔(中国) ………… 139	壺山水神堂(中国) ……… 200
高麗城山城遺址(中国) …… 196	胡橋大墓(中国) ………… 198	孤山鉄塔(中国) ………… 200
高麗の遺跡(北朝鮮) …… 105	顧郷屯遺跡(中国) ……… 198	鼓山摩崖題刻(中国) …… 200
興隆遺跡(中国) ………… 196	胡玉垓墓(中国) ………… 198	孤山里遺跡(北朝鮮) …… 106
黄龍山城(北朝鮮) ……… 106	古琴台(中国) …………… 198	伍子胥墓(中国) ………… 200
黄竜寺〔松潘県〕(中国) … 196	国恩寺(中国) …………… 198	五指石(中国) …………… 200
黄竜寺〔廬山〕(中国) …… 196	黒隅里(北朝鮮) ………… 107	コシデール(ハンガリー) …… 532
興隆寺(中国) …………… 197	黒山石刻画像(中国) …… 198	コシナ(スペイン) ……… 496
皇龍寺(韓国) ……………… 70	国子監(中国) …………… 199	コシペ(パプアニューギニア)
皇龍寺跡の塔跡(韓国) …… 70	黒城(中国) ……………… 199	………………………… 407
興隆寺塔(中国) ………… 197	黒水国漢墓群(中国) …… 199	葫市摩崖造像(中国) …… 200
黄竜洞(中国) …………… 197	黒水国城堡遺址(中国) …… 199	コジャ・アフメド・ヤサウィ廟
興隆塔(中国) …………… 197	ゴクスタッド(ノルウェー)	(カザフスタン) ……… 57
黄竜府(中国) …………… 197	………………………… 530	伍奢冢(中国) …………… 200
公劉墓(中国) …………… 197	国清寺(中国) …………… 199	五十家子塔(中国) ……… 200
興隆窪遺跡(中国) ……… 197	コクチャ3号遺跡(ウズベキスタ	梧州中山紀念堂(中国) …… 200
孝陵〔清〕(中国) ……… 197	ン) ………………………… 52	湖熟鎮(中国) …………… 200
孝陵〔北周〕(中国) …… 197	コク・チャローエン遺跡(タイ)	古蕭窯遺址(中国) ……… 200
孝陵〔明〕(中国) ……… 197	………………………… 126	呉朱然墓(中国) ………… 201
江陵―烏竹軒(韓国) ……… 58	国内城(中国) …………… 199	護珠塔(中国) …………… 201
江陵―客舎門(韓国) ……… 63	コークパノムディー遺跡(タ	固城遺跡(韓国) …………… 70
高梁橋(中国) …………… 197	イ) ……………………… 126	呉城遺跡(中国) ………… 201
香料の道―ネゲヴの砂漠都市群	穀物倉〔ミケーネ〕(ギリシャ)	古城会議旧址(中国) …… 201
(イスラエル) …………… 8	………………………… 482	古城巌(中国) …………… 201
黄陵廟(中国) …………… 197	極楽寺(中国) …………… 199	五丈原(中国) …………… 201
江陵―文廟(韓国) ……… 93	国立自治大学の中央大学都市キ	古聖寺(中国) …………… 201
黄梁夢(中国) …………… 197	ャンパス(メキシコ) …… 647	呉城商代遺址(中国) …… 201
闔閭墓(中国) …………… 197	国立歴史公園のシタデル、サン・	固城の遺跡(韓国) …………… 70
孔林(中国) ………… 172, 197	スーシ宮殿、ラミエール(ハ	古青蓮寺(中国) ………… 201
興輪寺跡(韓国) …………… 70	イチ) …………………… 634	古讌楼(中国) …………… 201
孔令貽墓(中国) ………… 197	国立歴史文化公園 "古代メルヴ"	顧渚山(中国) …………… 201
高霊古衙洞(韓国) …………… 70	(トルクメニスタン) ……… 378	五女山山城(中国) ……… 201
高霊古墳群(韓国) …………… 70	黒竜潭〔昆明市〕(中国) …… 199	五女山城(中国) ………… 201
広霊石窟(中国) ………… 197	黒竜潭〔北京市〕(中国) …… 199	伍仁橋(中国) …………… 201
高蠧暴動烈士紀念塔(中国)	黒竜潭〔麗江市〕(中国) …… 199	悟真寺(中国) …………… 201
………………………… 197	谷林堂(中国) …………… 199	虎神槍記碑(中国) ……… 201
句漏洞(中国) …………… 197	コグール(スペイン) …… 496	湖心亭(中国) …………… 201
江楼里遺跡(韓国) …………… 70	コグルク(アメリカ合衆国) …… 622	梧津里遺跡(韓国) …………… 70
香炉山(中国) …………… 198	浯渓(中国) ……………… 199	古吹台(中国) …………… 201
後窪遺跡(中国) ………… 198	虎渓巌(中国) …………… 199	コスティエンキ遺跡群(ロシ
悟穎塔(中国) …………… 198	呉敬梓故宅(中国) ……… 199	ア) ……………………… 572
呉越王銭氏墓(中国) …… 198	詰経精舎(中国) ………… 199	コステョンキ遺跡(ロシア)
呉樾墓(中国) …………… 198	古槃冶鉄遺址(中国) …… 199	………………………… 572
コーカ(エジプト) ……… 589	固原遺跡群(中国) ……… 199	コス島(ギリシャ) ……… 473
五盔墳(中国) …………… 198	五公祠(中国) …………… 199	コースとセヴェンヌの地中海性
五塊墳(中国) …………… 198	古康洞遺跡(韓国) …………… 70	農牧地の文化的景観(フラン
五盔墳五号墓(中国) …… 198	古后土祠(中国) ………… 200	ス) ……………………… 539
古格王国遺址(中国) …… 198	護国巌(中国) …………… 200	コストロムスカヤ(ロシア)
コカ(スペイン) ………… 495	護国寺(中国) …………… 200	………………………… 572
呉家村遺跡(中国) ……… 198	五国城(中国) …………… 200	ゴーズ・フォー(イギリス) …… 416
古衙洞壁画古墳(韓国) …… 70	五国頭城遺址(中国) …… 200	コズ・ポブ(メキシコ) …… 640
ゴーカム遺跡(ベトナム) …… 389	梧谷里古墳群(韓国) …………… 70	ゴスラー(ドイツ) ……… 516
呼家楼(中国) …………… 198	五個廟石窟(中国) ……… 200	五仙観(中国) …………… 201
虎丘(中国) ……………… 198	ココレヴォ(ロシア) …… 572	五泉山金閣殿(中国) …… 202
	コーサ(イタリア) ……… 432	古宜州瓷窯遺址(中国) …… 202

史跡・遺跡名索引　707　こふく

コソヴォの中世建造物群（コソボ） ……… 486
コソヴォの中世の記念物群（コソボ） ……… 486
5層塼塔　安東東部洞（韓国） ………… 57
5層塼塔　松林寺（韓国） ……… 75
姑嫂塔（中国） ………… 202
5層のピラミッド〔エツナ〕（メキシコ） ……… 637
五祖寺（中国） ………… 236
ゴゾ島とマルタ島の巨石神殿（マルタ） ……… 564
古代カルタゴ都市ケルクアンとそのネクロポリス（チュニジア） ……… 610
古代高句麗王国の首都群と古墳群（中国） ……… 202
五台山（韓国） ………… 71
五台山（中国） ………… 202
古代テーベとそのネクロポリス（エジプト） ……… 593
古代テーベとその墓地（エジプト） ……… 593
古代都市アレッポ（シリア） ……… 118
古代都市ウシュマル（メキシコ） ……… 637
古代都市エル・タヒン（メキシコ） ……… 637
古代都市シーギリヤ（スリランカ） ……… 124
古代都市ダマスカス（シリア） ……… 120
古代都市チチェン・イツァ（メキシコ） ……… 642
古代都市チョーガ・ザンビル（イラン） ……… 24
古代都市テオティワカン（メキシコ） ……… 643
古代都市テーベと墓地遺跡（エジプト） ……… 593
古代都市ネセバル（ブルガリア） ……… 555
古代都市パルミラ（シリア） ……… 121
古代都市パレンケと国立公園（メキシコ） ……… 646
古代都市ホイアン（ベトナム） ……… 391
古代都市ボスラ（シリア） …… 122
古代都市ポロンナルワ（スリランカ） ……… 125
古代マヤ都市カラクルム（メキシコ） ……… 638
古代メルヴ国立歴史文化公園（トルクメニスタン） ……… 378
コタ・タンパン遺跡（マレーシア） ……… 392
古地下道（中国） ………… 202

コチャスキ（エクアドル） ……… 652
古長城説碑（中国） ………… 202
蝴蝶泉（中国） ………… 202
呉鎮墓（中国） ………… 202
国会議事堂（アメリカ合衆国） ……… 623
国会議事堂（ハンガリー） …… 532
国境防備の町エルヴァスとその城塞（ポルトガル） ……… 561
黒橋面遺跡（北朝鮮） ……… 106
黒橋里遺跡（北朝鮮） ……… 106
黒狗峯遺跡（北朝鮮） ……… 107
コッツ・ポープ（メキシコ） …… 640
五亭橋（中国） ………… 202
ゴディン・テペ（イラン） …… 21
庫狄迴洛墓（中国） ………… 202
古田会議会址（中国） ……… 202
壺天閣（中国） ………… 202
湖田古瓷窯遺址（中国） ……… 202
古典主義の都ヴァイマール（ドイツ） ……… 511
古典主義の都ワイマール（ドイツ） ……… 511
古都アユタヤと周辺歴史地区（タイ） ……… 126
古都アレッポ（シリア） ……… 118
虎頭関帝廟（中国） ………… 202
五塔寺（広徳寺）（中国） …… 194
五塔寺（慈燈寺）（中国） …… 202
五塔寺（大正覚寺）（中国） …… 268
五塔寺（碧雲寺）（中国） …… 333
五当召（中国） ………… 202
虎頭梁遺跡（中国） ………… 203
五道嶺溝門遺跡（中国） ……… 203
古都グアナフアトと近隣鉱山（メキシコ） ……… 639
古徳禅寺（中国） ………… 203
コトコリャオ（エクアドル） …… 652
古都サラマンカ（スペイン） ……… 496
コトシュ（ペルー） ……… 662
古都スコタイと周辺歴史地区（タイ） ……… 127
古都ダマスカス（シリア） …… 120
狐突廟（中国） ………… 203
コート・ディジー（パキスタン） ……… 380
古都デルベントとその要塞（ロシア） ……… 576
古都トレド（スペイン） ……… 499
古都トロギール（クロアチア） ……… 486
古都ネセバル（ブルガリア） ……… 555
古都平遥（中国） ……… 332
古都ホイ・アン（ベトナム） …… 391
古都ボスラ（シリア） ……… 122

古都メクネス（モロッコ） …… 618
「古都メルブ」州立歴史文化公園（トルクメニスタン） ……… 378
古都ラウマ（フィンランド） ……… 534
ゴトランド（スウェーデン） ……… 490
コトル（モンテネグロ） ……… 565
古都ルアン・プラバン（ラオス） ……… 401
コトル地方の歴史的建造物と自然（モンテネグロ） ……… 565
古都ルーネンバーグ（カナダ） ……… 629
コトルの自然と文化－歴史地域（モンテネグロ） ……… 565
古都麗江（中国） ………… 370
五屯寺（中国） ………… 203
ゴドン・ソンゴ（インドネシア） ……… 47
コナーラク（インド） ……… 34
コナーラクのスーリヤ寺院（インド） ……… 34
コナーラクの太陽神寺院（インド） ……… 34
コナール・シヤーフ（イラン） ……… 21
古南塔（中国） ………… 203
古南門（中国） ………… 203
古南里遺跡（韓国） ……… 71
湖南里四神塚（北朝鮮） ……… 107
湖南里南京遺跡（北朝鮮） …… 107
コニスパラ城（イギリス） …… 417
コニスパラ城のキープ（イギリス） ……… 417
コニンブリガ（ポルトガル） ……… 562
五人墓（中国） ………… 203
コパー（メキシコ） ……… 640
古拝経台（中国） ………… 203
梧梅里寺洞窟遺跡（北朝鮮） …… 107
コバディアン（ロシア） ……… 572
ゴーハムの洞窟遺跡群（イギリス） ……… 417
コパン（ホンジュラス） ……… 636
コパンの北の広場（ホンジュラス） ……… 636
コパンの球技場（ホンジュラス） ……… 636
コパンの大広場（ホンジュラス） ……… 636
コパンのマヤ遺跡（ホンジュラス） ……… 636
コピチンスキー寺院跡（ロシア） ……… 573
コピティンスキー寺院址（ロシア） ……… 572
コピョンスキイ・チャアタス（ロシア） ……… 573
五福寺塔（中国） ………… 203

ゴブスタンの岩絵の文化的景観
（アゼルバイジャン） ………… 1
ゴブスタンの岩石画の文化的景
観（アゼルバイジャン） …… 1
ゴブスタンのロック・アート
と文化的景観（アゼルバイジャ
ン） ……………………… 1
古仏舎利塔（中国） ………… 203
五仏頂（中国） ……………… 203
古仏堂（中国） ……………… 203
コプトス（エジプト） ……… 589
コーフの城（イギリス） …… 417
古墳〔ゴルディオン〕（トルコ）
…………………………… 522
コフンリッチ（メキシコ） … 640
コペンハーゲン証券取引所（デ
ンマーク） ………………… 507
五峰園（中国） ……………… 203
五峰書院（中国） …………… 203
呉鳳廟（台湾） ……………… 130
護法明公徳運碑摩崖（中国）
…………………………… 203
五鳳楼（中国） ……………… 203
古北口長城（中国） ………… 203
古墓溝墓地（中国） ………… 203
五堡古墓群（中国） ………… 203
コマルカルコ（メキシコ） … 640
コム（イラン） ……………… 21
ゴム（イラン） ……………… 21
コム・アブ・ビッロ（エジプト）
…………………………… 589
コム・エル＝アハマル（エジプ
ト） ………………………… 595
コム・エル＝ヒスン（エジプト）
…………………………… 589
コム・オンボ（エジプト） … 589
コム・オンボの神殿（エジプト）
…………………………… 589
コーム・オンボのセベク神とハ
ロエリス神殿（エジプト）
…………………………… 589
コム・ジィーフ（エジプト） … 594
コムチェン（メキシコ） …… 640
コムンモル遺跡（北朝鮮） … 107
古木蘭院石塔（中国） ……… 204
コモディルラのカタコンベ（イ
タリア） …………………… 432
午門（故宮）（中国） ………… 204
虎門銷煙池（中国） ………… 204
虎門要塞（中国） …………… 204
梧野里墳墓群（北朝鮮） …… 107
五羊山（中国） ……………… 204
古陽洞（中国） ……………… 365
コヨール（ペルー） ………… 662
コーラ修道院（カーリエ・ジャー
ミー）（トルコ） …………… 521
ゴーラ・デル・センティノ（イ
タリア） …………………… 432

コリカンチャ（太陽の神殿）（ペ
ルー） ……………………… 662
胡里山炮台（中国） ………… 204
五里牌楚墓（中国） ………… 204
五竜宮（中国） ……………… 204
古隆中（中国） ……………… 204
五竜亭（中国） ……………… 204
五竜廟（中国） ……………… 204
高霊（コリョン）古墳群（韓国）
…………………………… 70
庫倫旗1号遼墓（中国） …… 204
五倫台古墳群（韓国） ……… 71
コリントス（ギリシャ） …… 473
コリントの商家（ギリシャ）
…………………………… 473
ゴール（スリランカ） ……… 124
コルヴァイ修道院聖堂（ドイ
ツ） ………………………… 511
コルヴァイのカロリング朝ヴェ
ストヴェルクとキウィタス
（ドイツ） ………………… 511
ゴール旧市街とその要塞群（ス
リランカ） ………………… 124
ゴール・グンバズ（インド）
…………………………… 34
ゴルコンダ（インド） ……… 34
コルサコフカⅠ遺跡（ロシア）
…………………………… 573
コルサバード（イラク） …… 18
コルジュテペ（トルコ） …… 522
ゴルダ山脈のフランシスコ会伝
道施設（メキシコ） ……… 640
ゴルディオン（トルコ） …… 522
ゴルディオンの古墳（トルコ）
…………………………… 522
コルディリエーラ山脈の棚田
（フィリピン） …………… 388
コルディレラの棚田（フィリピ
ン） ………………………… 388
ゴルテュス（ギリシャ） …… 473
ゴルテュン（ギリシャ） …… 474
ゴールデンゲート・ブリッジ（ア
メリカ合衆国） …………… 623
コルトナ（イタリア） ……… 432
コルドバ（アルゼンチン） … 650
コルドバ（スペイン） ……… 496
コルドバのイエズス会管区と
エスタンシアス（アルゼンチ
ン） ………………………… 650
コルドバの大モスク（スペイン）
…………………………… 496
コルドバのメスキータ（聖マリ
ア大聖堂）（スペイン） …… 496
コルドバの歴史地区（スペイ
ン） ………………………… 496
ゴールトベルク（ドイツ） … 511
ゴールの旧市街と城塞（スリラ
ンカ） ……………………… 124
コルハ（ベリーズ） ………… 635

コルフ旧市街（ギリシャ） … 474
ゴルブノーヴォ（ロシア） … 573
ゴルブノヴォ泥炭地遺跡（ロシ
ア） ………………………… 573
コルフの旧市街（ギリシャ）
…………………………… 474
コルマールのドミニコ会聖堂
（フランス） ……………… 539
コルラ（庫爾勒）旧城（中国）
…………………………… 204
古礼里遺跡（韓国） ………… 71
ゴレー島（セネガル） ……… 607
ゴレスタン宮殿（イラン） … 21
ゴレ島（セネガル） ………… 607
古蓮花池（中国） …………… 204
コーロア遺跡（ベトナム） … 389
鼓楼〔西安市〕（中国） …… 204
鼓楼〔張掖市〕（中国） …… 204
鼓楼〔通道侗族自治県〕（中国）
…………………………… 204
鼓楼〔天津市〕（中国） …… 204
鼓楼〔南京市〕（中国） …… 204
鼓楼〔北京市〕（中国） …… 205
鼓楼〔霍州市〕（中国） …… 205
コロザイン（イスラエル） … 8
葫蘆山摩崖石刻（中国） …… 205
コロスコ（エジプト） ……… 589
コロセウム（イタリア） …… 432
コロッセウム（イタリア） … 432
コロッセオ（イタリア） …… 432
コロとその港（ベネズエラ）
…………………………… 658
コローニア・アグリッピネンシ
ス（ドイツ） ……………… 511
コロニア・デル・サクラメントの
歴史地区（ウルグアイ） … 651
コロミーシチナ（ウクライナ）
…………………………… 459
コローメンスコエのヴォズネ
セーニエ聖堂（ロシア） … 573
コローメンスコエの昇天教会
（ロシア） ………………… 573
コローメンスコエの昇天聖堂
（ロシア） ………………… 573
コロン劇場（アルゼンチン）
…………………………… 650
コロンビアのコーヒー産地の文
化的景観（コロンビア） … 653
コロンビアのコーヒー生産の歴
史的景観（コロンビア） … 653
コンウォールと西デヴォンの鉱
山景観（イギリス） ……… 417
混元峰摩崖題刻（中国） …… 205
金剛座舎利宝塔（中国） …… 205
金剛山（北朝鮮） …………… 107
金剛寺（韓国） ……………… 71
金剛塔（中国） ……………… 205
コンゴーニャスのボン・ジェズ
ス聖域（ブラジル） ……… 657

史跡・遺跡名索引　709　さくは

コンコルド神殿（アクラガス）（イタリア） 432
坤柔聖母廟（中国） 205
コンスタンス塔（フランス） 539
コンスタンチノフカ遺跡（ロシア） 573
コンスタンティヌス帝の凱旋門（イタリア） 432
コンスタンティヌス帝のバシリカ（イタリア） 454
コンスタンティヌス・ポルフィロゲニトゥスの宮殿（トルコ） 522
コンスタンティノープル（トルコ） 520
コンスタンティノープルのハギア・ソフィア（アヤソフィア博物館）（トルコ） 518
コンスタンティノポリス（トルコ） 520
コンステーブルス・タワー　ドーヴァー城（イギリス） 419
金像寺石刻（中国） 205
コンソ族の文化的景観（エチオピア） 601
コーンダーネー（インド） 34
ゴンダールの王宮と聖堂群（エチオピア） 602
ゴンダールのファジル・ゲビ（エチオピア） 602
墾丁遺跡（台湾） 130
金頂寺廃址（中国） 205
コンチョパタ（ペルー） 662
墾丁（台湾） 130
コーンディヴテー（インド） 34
金殿〔昆明市〕（中国） 205
コンドアの岩絵（タンザニア） 608
コンドアの岩画遺跡群（タンザニア） 608
金灯寺（中国） 205
金洞寺（中国） 205
金灯寺石窟（中国） 205
コンドン（ロシア） 573
坤寧宮（中国） 205
坤寧宮東暖閣　故宮（中国） 205
ゴンバデ・カーブース（イラン） 21
ゴンバド・イ・カーブース（イラン） 21
コンバーヨ（ペルー） 662
コンブ・グルナール（フランス） 540
コンマゲーネ（トルコ） 522
昆明湖（中国） 205
昆明池（中国） 205

コンモス（ギリシャ） 474
コンヤ・カラホユック（トルコ） 521
崑崙関（中国） 205

【さ】

サアチラ（メキシコ） 640
サイウィテ（ペルー） 662
サイウィテの石彫（ペルー） 662
西黄寺（中国） 205
西崖寺（中国） 206
蔡鍔墓（中国） 206
蔡家崗（中国） 206
蔡家崗蔡墓（中国） 206
彩篋塚（北朝鮮） 107
斎宮（中国） 206
才渓郷調査会会址（中国） 206
西穴寺跡（韓国） 71
再建都市ル・アーヴル（フランス） 552
西湖（中国） 190
蔡侯祠（中国） 206
蔡侯墓（中国） 206
蔡国故城（中国） 206
ザイサノフカ（ロシア） 573
祭祀センター（ギリシャ） 482
済州島〔遺跡〕（韓国） 71
済州島山地港遺跡（韓国） 71
載酒堂（中国） 206
蔡襄祠（中国） 206
西城の城壁（中国） 206
蔡襄墓（中国） 206
サイス（エジプト） 590
采石磯（中国） 206
西禅寺（中国） 250
西千仏洞（中国） 306
細竹里遺跡（北朝鮮） 107
賽典赤＝贍思丁紀念家（中国） 206
サイ島（スーダン） 606
ザイトゥーナ学院（チュニジア） 610
済南（中国） 259
済寧鉄塔（中国） 206
崔府君廟（中国） 206
サイマルイ・タシュ（キルギス） 115
西明寺（中国） 206
サイ・ヨク遺跡（タイ） 126
サイ・ヨク洞穴（タイ） 126
サイラ（エジプト） 591
サイル（メキシコ） 640
サイルの宮殿（メキシコ） 640

サイルのミラドール（メキシコ） 640
ザウィエト・ウンム・エル＝ラカム（エジプト） 590
ザウイエト・エル＝アムワト（エジプト） 590
ザウイエト・エル＝アリアン（エジプト） 590
ザウイエト・エル＝アリヤン（エジプト） 590
ザウイエト・エル＝マイティン（エジプト） 590
ザウイエト・エル＝メイティン（エジプト） 590
ザウイエト・スルタン（エジプト） 590
ザーヴィスト（チェコ） 505
ザウイ・チェミ（イラク） 14
サヴィニャーノ・スル・パナロ（イタリア） 432
ザヴィヤロヴァ島（ロシア） 573
サヴォイア王家の王宮群（イタリア） 432
サヴォイア王家の邸館（イタリア） 432
サウジアラビアのハーイル地方の岩絵（サウジアラビア） 117
サ・エル＝ハジャル（エジプト） 590
サエンティス貝塚（インドネシア） 47
サオ・ドン遺跡（ベトナム） 389
サオ・ドン洞穴（ベトナム） 389
査海遺跡（中国） 206
サカヴァンド（イラン） 21
沙角炮台（中国） 207
左家公山楚墓（中国） 207
サカチ＝アリャン（ロシア） 573
サカテカス歴史地区（メキシコ） 640
サカテンコ（メキシコ） 640
沙鍋屯洞穴（中国） 207
魚屋〔オスティア〕（イタリア） 429
沙基惨案烈士紀念碑（中国） 207
サキャ寺（薩迦寺）（中国） 207
沙器里1号窯跡（北朝鮮） 107
鎖金村（中国） 207
サクサイワマン（ペルー） 662
サクサイワマンの城砦（ペルー） 662
サクサワマン（ペルー） 662
サクチェギョジュ（トルコ） 522
サクチャギョズ（トルコ） 522
サクハ（エジプト） 588

さくら　　　　　　　　　　　　　　710　　　　　　　　史跡・遺跡名索引

サクラ・シンドネ礼拝堂（イタリ
　ア）……………………… 432
サグラダ・ファミリア教会（ス
　ペイン）………………… 496
サグラダ・ファミリア聖堂（ス
　ペイン）………………… 496
サクレウ（グアテマラ）…… 631
ザクロ（ギリシャ）………… 474
ザクロス王宮（ギリシャ）… 474
サグント城（スペイン）…… 496
沙月里遺跡（韓国）………… 71
左権墓（中国）……………… 207
沙岡（中国）………………… 207
左江の花山岩画の文化的景観
　（中国）…………………… 207
鎮江楼宝塔（中国）………… 207
沙湖橋楚墓（中国）………… 207
佐耳山烽燧台（韓国）……… 71
渣滓洞（中国）……………… 207
沙州故城遺址（中国）……… 207
沙洲壩旧址群（中国）……… 207
サタニ・ダル（アルメニア）… 413
左忠毅公祠（中国）………… 207
サッカラ（エジプト）……… 590
サッカーラのピラミッド群（エ
　ジプト）…………………… 590
察吾呼墓群（中国）………… 207
サッデ・エスキャンダル（イラ
　ン）………………………… 21
サット・ビンニュ・パゴダ（ミャ
　ンマー）…………………… 394
サットマハール・パーサーダ（ス
　リランカ）………………… 124
サットン・フー（イギリス）… 417
サッビオネータ（イタリア）
　……………………………… 455
ザ・トゥームズ洞穴（オーストラ
　リア）……………………… 405
サトゥルヌスの神殿（イタリ
　ア）………………………… 432
サナアの旧市街（イエメン）… 5
サナーヒン修道院（アルメニア）
　……………………………… 413
サヌール（インド）………… 35
砂漠の宮殿クセイル・アムラ（ヨ
　ルダン）…………………… 399
サパッリ・テペ（ウズベキスタ
　ン）………………………… 52
サハラの4つの隊商都市（モーリ
　タニア）…………………… 616
サバルマティ河谷（インド）
　……………………………… 35
ザビードの歴史地区（イエメ
　ン）………………………… 5
サヒュイン（ベトナム）…… 389
サーフィン遺跡（ベトナム）
　……………………………… 389

サブヤン寺（札不譲寺）（中国）
　……………………………… 207
サブラータ（リビア）……… 619
サブラータの古代遺跡（リビ
　ア）………………………… 619
サフランボル市街（トルコ）
　……………………………… 522
サフランボルの市街（トルコ）
　……………………………… 522
三郎寺跡（韓国）…………… 71
サヘート（祇園精舎）（インド）
　……………………………… 35
サーヘートのジェータヴァナ寺
　院（インド）……………… 35
サーヘート＝マーヘート（イン
　ド）………………………… 35
サヘル島（エジプト）……… 591
サーペント・マウンド（アメリカ
　合衆国）…………………… 623
サマアル（トルコ）………… 523
サマイパタ（ボリビア）…… 671
サマイパタの砦（ボリビア）
　……………………………… 671
サマイパタの要塞（ボリビア）
　……………………………… 671
サマセット・レベルズ（イギリ
　ス）………………………… 417
サーマッラー（イラク）…… 14
サマッラ（イラク）………… 14
サーマッラの考古学都市（イラ
　ク）………………………… 14
サーマッラーの都市遺跡（イラ
　ク）………………………… 14
サーマーニ王の廟（ウズベキスタ
　ン）………………………… 51
サマラの大モスク（イラク）
　……………………………… 13
サマリア（パレスチナ国）… 385
サマルカンド（ウズベキスタン）
　……………………………… 52
サマルカンドの史跡（ウズベキス
　タン）……………………… 52
サマルカンド—文明の十字路
　（ウズベキスタン）……… 52
サマーン（シリア）………… 119
サマンヌード（エジプト）… 591
ザマン・ババ（ウズベキスタン）
　……………………………… 52
サーマーン廟（ウズベキスタン）
　……………………………… 52
サムイェー寺（桑伊寺）（中国）
　……………………………… 208
ザムザム（サウジアラビア）… 117
サムニウム人の家（イタリア）
　……………………………… 432
サムロンセン貝塚（カンボジア）
　……………………………… 101
サーメ人地域（スウェーデン）
　……………………………… 491
沙面（中国）………………… 208

ザモシチ旧市街（ポーランド）
　……………………………… 559
ザモシチの旧市街（ポーランド）
　……………………………… 559
サモス島（ギリシャ）……… 474
サモス島のピタゴリオンとヘラ
　神殿（ギリシャ）………… 474
サモトラケ（ギリシャ）…… 474
サモトラケの円形遺構（ギリシ
　ャ）………………………… 474
サモトラケのストア（ギリシ
　ャ）………………………… 474
サユーンにある白亜の王宮（イ
　エメン）…………………… 5
鎮陽城城堡遺址（中国）…… 208
サライ（ロシア）…………… 573
サライ・コラ（パキスタン）… 380
サライチク（カザフスタン）
　……………………………… 56
ザラウトサイ（ウズベキスタン）
　……………………………… 52
サラサート，テル（イラク）
　……………………………… 14
サラズムの遺跡（タジキスタン）
　……………………………… 132
サラズムの原初都市遺構（タジ
　キスタン）………………… 133
サラディン城（シリア）…… 119
サラーブ，テペ（イラン）… 21
サラマンカの旧市街（スペイ
　ン）………………………… 496
サラマンカのマヨール広場（ス
　ペイン）…………………… 501
サラミスのギムナジウム（キプ
　ロス）……………………… 465
サラン・レ・バン大製塩所から
　アルケ・スナン王立製塩所ま
　での煎熬塩生産施設（フラン
　ス）………………………… 540
サラン・レ・バンの大製塩所か
　らアルケスナンの王立製塩所
　までの開放式平釜製塩（フラ
　ンス）……………………… 540
サリ，チャンディ（インドネシ
　ア）………………………… 48
査里巴古墳群（中国）……… 208
サーリ・バロール（パキスタン）
　………………………… 380, 382
サルイグ（キルギス）……… 116
サルヴァドール・デ・バイアの
　歴史地区（ブラジル）…… 657
サルヴィスタン（イラン）… 21
サルヴィスタンのモスク（イラ
　ン）………………………… 21
サルヴェスターン（イラン）
　……………………………… 21
ザルジ（イラク）…………… 14
サルス城（フランス）……… 540
サルダール，タパ（アフガニスタ
　ン）………………………… 2

史跡・遺跡名索引　711　さんし

ザルツカンマーグートの文化的景観：ハルシュタット、ダッハシュタイン（オーストリア）………… 462
ザルツギッター・レーベンシュテット（ドイツ）………… 511
ザルツブルク市街の歴史地区（オーストリア）………… 462
サルディエ，テル・エッ（ヨルダン）………… 399
サルディス（トルコ）………… 523
サルトゥン（薩爾墩）旧城（中国）………… 208
サールナート（インド）……… 35
サルナート　ダメーク大塔（インド）………… 37
サルファー・スプリング（アメリカ合衆国）………… 623
サルブイク（ロシア）………… 573
サルペトリエール（フランス）………… 540
サルポレ・ザハーブ（イラン）……… 21
サルミゼゲトゥーザ（ルーマニア）………… 567
サルミゼジェトゥサ（ルーマニア）………… 567
サルーム・デルタ（セネガル）………… 607
サレプタ（レバノン）……… 402
サローナエ（クロアチア）…… 485
サワン，テル（イラク）…… 14
サワン，テル・エス＝（イラク）…… 14
サワン，（テル・エッ）（イラク）…… 14
サン・アグスティン（コロンビア）………… 653
サン・アグスティン遺跡公園（コロンビア）………… 653
サン・アントニオ・デ・ラ・フロリーダ聖堂（スペイン）…… 496
サン・アントニオ・ミッションズ（アメリカ合衆国）………… 623
サン・イグナシオ・ミニ（アルゼンチン）………… 650
サン・イシドロ教会（スペイン）………… 496
三一八烈士墓（中国）……… 208
サン・ヴィターレ聖堂（イタリア）………… 432
サン・ヴィチェンツォ・アル・ヴォルトゥロ修道院（イタリア）………… 433
サン・ヴィンチェンツォ聖堂（イタリア）………… 433
サン＝ヴュルフラン聖堂（フランス）………… 540
三会寺（中国）………… 208

サン・エル＝ハガル（エジプト）………… 592
サン・エル＝ハジャル（エジプト）………… 592
三燕文化墓地（中国）……… 208
山海関（中国）………… 208
サンガオ洞穴（パキスタン）………… 380
三嘉古墳群（韓国）……… 71
サンカーシャ（インド）…… 35
三河集（中国）………… 208
サン・カタルド聖堂（イタリア）………… 433
サンガナカァル（インド）…… 35
三河壩戦役烈士紀念碑（中国）………… 208
サンガファトゥ寺（桑噶方托寺）（中国）………… 208
サン・カリストのカタコンベ（イタリア）………… 433
サン・ガルガーノ修道院（イタリア）………… 433
サン・カルリストのカタコンベ（イタリア）………… 433
サン・カルロ・アッレ・クアットロ・フォンターネ聖堂（イタリア）………… 433
サン・ガレン修道院（スイス）………… 488
三巌寺（中国）………… 208
三官甸子遺跡（中国）……… 208
サンギラン初期人類遺跡（インドネシア）………… 47
サンクタ・マリーア・フォリス・ポルタス聖堂（イタリア）………… 433
ザンクト・ガレン修道院（スイス）………… 488
サンクト・ペテルブルク歴史地区と関連建造物群（ロシア）………… 573
ザンクト・ヨーハン＝ネポムク聖堂（ドイツ）………… 511
サン・クリストヴァンの町のサンフランシスコ広場（ブラジル）………… 657
サン・クリストバル・デ・ラ・ラグナ（スペイン）………… 496
サン・クレメンテ聖堂（イタリア）………… 433
サン・クレメンテ聖堂（スペイン）………… 496
サン・クレメンテ聖堂地下のミトラス教神殿（イタリア）………… 433
サンゲ・チャハマック，タペ（イラン）……… 22
三原県・城隍廟（中国）……… 227
三元塔（中国）………… 208
三元洞（中国）………… 208

三元里抗英烈士紀念碑（中国）………… 208
三元里人民抗英闘争紀念館（中国）………… 208
三江閘（中国）………… 209
山口鎮（中国）………… 209
三国合肥新城遺址（中国）…… 209
山谷寺（中国）………… 209
サン＝コランタン大聖堂（フランス）………… 540
サン・コン・ファン（ラオス）………… 401
サン・サヴァン修道院聖堂（フランス）………… 540
サン・サヴァン・シュール・ガルタンプの修道院教会（フランス）………… 540
サン・ザッカリア聖堂（イタリア）………… 433
三山庵（中国）………… 209
三山会館（中国）………… 209
三山里古墳（韓国）……… 71
サン・ジェルヴェ＝エ＝サン＝プロテ大聖堂（フランス）………… 540
サン・ジェルマン＝デ＝プレ修道院（フランス）………… 540
サン・ジェルマン＝デ＝プレ聖堂（フランス）………… 540
サンジ（昌吉）古城（中国）……… 209
三士冢（中国）………… 209
三室塚（中国）………… 209
三室墓（中国）………… 209
ザンジバル島のストーン・タウン（タンザニア）………… 608
サン・ジミニャーノの歴史地区（イタリア）………… 433
サンジャル廟（トルクメニスタン）………… 377
サンジュ（桑株）岩画（中国）………… 209
サン＝ジュリアン大聖堂（フランス）………… 540
サン・ジョヴァンニ・イン・ラテラーノ聖堂（イタリア）………… 433
サン・ジョヴァンニ洗礼堂（イタリア）………… 433
サン・ジョヴァンニ・デッリ・エレミーティ聖堂（イタリア）………… 434
三将軍墓（中国）………… 209
山城子山城（中国）………… 162
三条石福聚興機器廠旧址（中国）………… 209
サン・ジョルジェ城（ポルトガル）………… 562
サン・ジョルジョ・マッジョーレ聖堂（イタリア）………… 434
サン・ジル＝デュ＝ガール修道院聖堂（フランス）………… 540

さんし　　　　　　　　　　712　　　　　　　　史跡・遺跡名索引

山神峪千仏洞(中国) ········ 209
山水里窯跡群(韓国) ········ 71
サンスーシ宮殿(ドイツ) ···· 511
サン・スーシ城(サン・スーシ宮)
(ハイチ) ················ 634
三清閣(中国) ············· 209
三清宮(中国) ············· 209
山西華厳寺(中国) ········· 209
三星堆遺跡(中国) ········· 209
三清殿〔莆田市〕(中国) ··· 209
三清殿〔永楽宮〕(中国) ··· 209
山西仏光寺(中国) ········· 327
三絶碑(中国) ············· 210
サン・ゼーノ教会(イタリア)
·························· 434
サン・セバスティアーノのカタ
コンベ(イタリア) ········ 434
サン＝セルナン聖堂(フラン
ス) ···················· 540
山陝会館〔郊県〕(中国) ··· 210
山陝会館〔社旗県〕(中国) ·· 210
山陝会館〔聊城市〕(中国) ·· 210
山陝甘会館(中国) ········· 210
三仙洞(中国) ············· 210
3層石塔 遠願寺址(韓国) ··· 59
3層石塔 感恩寺(韓国) ····· 62
3層石塔 華厳寺(韓国) ····· 67
三蔵塔(中国) ············· 210
サン＝ソヴール大聖堂(フラン
ス) ···················· 541
三蘇祠(中国) ············· 210
山咀子古墳群(中国) ······· 210
ザンソスとレトーン(トルコ)
·························· 522
サン＝ソフィア寺院(トルコ)
·························· 518
三蘇墳(中国) ············· 210
三村桃花園(中国) ········· 210
サンタ・アナ(フィリピン) ··· 388
サンタ・アナ・デ・ロス・リオ
ス・クエンカの歴史地区(エ
クアドル) ··············· 652
サンタ・アナ・デ・ロス・リオ
ス・クエンカ歴史中心地区(エ
クアドル) ··············· 652
サンタ・アナ・デ・ロス・リオ
ス・デ・クエンカの歴史地区
(エクアドル) ············ 652
サンタ・アポロニア(ペルー)
·························· 662
サンタ・イサベル・イスタパン
(メキシコ) ·············· 641
サンタ・カーサ聖所記念堂(イ
タリア) ················· 434
サンタ・クルーズ・デ・モンポ
スの歴史地区(コロンビア)
·························· 653
サンタ・クローチェ聖堂(イタリ
ア) ···················· 434

サンタ・コスタンツァ廟堂(イ
タリア) ················· 434
サンタ・コスタンツァ霊廟(イ
タリア) ················· 434
サンタ・サビーナ聖堂(イタリ
ア) ···················· 434
サンタ・スザンナ聖堂(イタリ
ア) ···················· 434
サンタ・セシリア・アカテイト
ラン(メキシコ) ·········· 641
サンタ・ソフィア(トルコ)
·························· 518
山達島遺跡(韓国) ········· 71
サンタッボンディオ聖堂(イタ
リア) ·················· 434
サン・タニェーゼ聖堂(イタリ
ア) ···················· 434
サン・タニェーゼ・フォリ・レ・
ムーラ聖堂(イタリア) ····· 434
サンタ・フォースカ聖堂(イタリ
ア) ···················· 434
サンタ・プデンツィアーナ聖堂
(イタリア) ·············· 435
サン・タポリナーレ・イン・ク
ラッセ聖堂(イタリア) ····· 435
サン・タポリナーレ・ヌオーヴォ
聖堂(イタリア) ·········· 435
サンタ・マリーア・アッスンタ
大聖堂(イタリア) ········ 435
サンタ・マリーア・アンティー
クァ聖堂(イタリア) ······ 435
サンタ・マリーア・イン・ヴァッ
レ祈禱堂(イタリア) ······ 435
サンタ・マリーア・イン・ヴァ
ルリチェルラ聖堂(イタリア)
·························· 435
サンタ・マリーア・イン・カンピ
テルリ聖堂(イタリア) ····· 435
サンタ・マリーア・イン・コスメ
ディン聖堂(イタリア) ····· 435
サンタ・マリーア・グロリオー
サ・デイ・フラーリ聖堂(イ
タリア) ················· 435
サンタ・マリーア修道院〔スタッ
ファルダ〕(イタリア) ····· 435
サンタ・マリア修道院〔リポー
ル〕(スペイン) ·········· 496
サンタ・マリア聖堂〔タウール〕
(スペイン) ·············· 497
サンタ・マリア大聖堂〔セオ・デ・
ウルジェル〕(スペイン) ··· 497
サンタ・マリア大聖堂〔タラー
サ〕(スペイン) ·········· 497
サンタ・マリア大聖堂〔フィレ
ンツェ〕(イタリア) ······ 436
サンタ・マリア・デ・グアダルー
ペ王立修道院(スペイン)
·························· 497
サンタ・マリア・デッリ・アン
ジェリ聖堂(イタリア) ····· 435

サンタ・マリーア・デ・ナラン
コ(スペイン) ············ 497
サンタ・マリーア・デル・カル
ミネ聖堂(イタリア) ······ 435
サンタ・マリーア・デル・フィ
オーレ大聖堂(イタリア)
·························· 436
サンタ・マリーア・デル・ポー
ポロ聖堂(イタリア) ······ 436
サンタ・マリーア・デルラ・ヴィ
ットーリア聖堂(イタリア)
·························· 436
サンタ・マリーア・デルラ・サ
ルーテ聖堂(イタリア) ····· 436
サンタ・マリーア・デルラ・パー
チェ聖堂(イタリア) ······ 436
サンタ・マリア・デ・レグラ大
聖堂(スペイン) ·········· 497
サンタ・マリア・デレ・グラッツ
ィエ聖堂(イタリア) ···· 436, 457
サンタ・マリーア・ノヴェッラ
聖堂(イタリア) ·········· 436
サンタ・マーリア・プレッソ・
サン・サーティロ聖堂(イタリ
ア) ···················· 436
サンタ・マリア・マジョール(ア
ルゼンチン) ············· 650
サンタ・マリーア・マッジョーレ
聖堂(イタリア) ·········· 436
サンタ・マリーア・ラ・ブラン
カ(スペイン) ············ 497
サンタ・ラウラ(チリ) ····· 655
サンタ・リタ・コロサル(ベリー
ズ) ···················· 635
サンタ・ルイサ(メキシコ) ·· 641
サンタ・レティシア(エルサルバ
ドル) ·················· 627
サンタ・ロザ(ブラジル) ···· 657
サンタンジェロ・イン・フォル
ミス聖堂(イタリア) ······ 436
サン・タンジェロ城(イタリア)
·························· 436
サンタンティモの聖堂(イタリ
ア) ···················· 437
サンタントーニオ聖堂(イタリ
ア) ···················· 437
サンタンドレーア・アル・クイリ
ナーレ聖堂(イタリア) ····· 437
サンタンドレーア聖堂(イタリ
ア) ···················· 437
サン・タンドレーア・デルラ・ヴ
ァルレ聖堂(イタリア) ····· 437
サンタンヌ・ド・ボープレ大聖
堂(カナダ) ············· 628
サン・タンブロージョ聖堂(イ
タリア) ················· 437
サーンチー(インド) ········ 35
サンチアゴ＝デ＝コンポステラ
大聖堂(スペイン) ········ 497

史跡・遺跡名索引　　713　　さんへ

サーンチー第1仏塔（インド）
……………………… 35
サーンチーのストゥーパ（イン
ド）………………………… 35
サンチーの塔（インド）……… 35
サーンチーの仏教遺跡（イン
ド）………………………… 35
サーンチーの仏教建造物（イン
ド）………………………… 35
サーンチー仏教遺跡（インド）
……………………………… 35
サンティアゴ・デ・クーパのサ
ン・ペドロ・デ・ラ・ロカ城
（キューバ）…………… 630
サンティアゴ・デ・クーパのサ
ン・ペドロ・ロカ要塞（キュー
バ）……………………… 630
サンティアゴ・デ・コンポステー
ラ（旧市街）（スペイン）… 497
サンティアゴ・デ・コンポステー
ラ大聖堂（スペイン）…… 497
サンティアゴ・デ・コンポステー
ラへの巡礼道：フランス人の
道とスペイン北部の巡礼路群
（スペイン）…………… 497
サンティアゴ・デ・コンポステー
ラへの巡礼道（フランス側）（フ
ランス）………………… 548
サン・ティーヴォ聖堂（イタリ
ア）……………………… 437
サンティ・コスマ・エ・ダミアー
ノ聖堂（イタリア）…… 437
サンティッシマ・アンヌンツィ
アータ聖堂（イタリア）… 437
サンティ・マルチェッリーノ・
エ・ピエトロのカタコンベ（イ
タリア）………………… 437
サン＝テティエンヌ聖堂〔カン〕
（フランス）…………… 541
サン＝テティエンヌ大聖堂〔カ
オール〕（フランス）…… 541
サン＝テティエンヌ大聖堂〔サ
ンス〕（フランス）……… 541
サン＝テティエンヌ大聖堂〔ブー
ルジュ〕（フランス）…… 549
サン・テミリオン管轄区（フラン
ス）……………………… 541
サン・テミリオン地域（フラン
ス）……………………… 541
サン＝テューラリー旧大聖堂
（フランス）…………… 541
三堂（中国）……………… 210
桟道（中国）……………… 235
三道壕（中国）…………… 210
三道壕西漢村落遺址（中国）
……………………………… 210
三堂村遺跡（中国）……… 210
サントゥボン製鉄遺跡（マレー
シア）…………………… 392
サントゥリャーノ聖堂（スペイ
ン）……………………… 498

サント＝クロワ聖堂〔サン＝プ
ルサン＝シュル＝シウール〕（フ
ランス）………………… 541
サント＝クロワ聖堂〔ラ・シャ
リテ＝シュル＝ロワール〕（フラ
ンス）…………………… 541
サント＝シャペル（フランス）
……………………………… 541
サント・ジュヌヴィエーヴ聖堂
（パンテオン）（フランス）
……………………………… 547
サント・ステーファノ・ロトン
ド（イタリア）………… 437
サント・スピリト聖堂（イタリ
ア）……………………… 437
サント・ドミンゴの植民都市（ド
ミニカ共和国）………… 633
サン・ドニ修道院聖堂（フラン
ス）……………………… 541
サント＝フォワ聖堂（フラン
ス）……………………… 541
サント＝マリー大聖堂〔オーシ
ュ〕（フランス）……… 541
サントリーニ（ギリシャ）… 474
サン＝トロフィーム聖堂（アル
ル〕（フランス）……… 541
三二九広州起義指揮部旧址（中
国）……………………… 210
サン・ニコラス（コロンビア）
……………………………… 653
サン・ニコーラ聖堂（イタリア）
……………………………… 437
サンヌイイ・ムイス（ロシア）
……………………………… 573
三年山城（韓国）………… 71
サン・パウ病院（スペイン）… 500
サン・パオロ・フオリ・レ・ムー
ラ聖堂（イタリア）… 437, 458
サン・ハシント（コロンビア）
……………………………… 653
サン・パッシアーノ聖堂（イタリ
ア）……………………… 438
三盤山漢墓（中国）……… 210
サン・ピエトロ・アル・モンテ
聖堂と付属のサン・ベネデッ
ト祈禱堂（イタリア）… 438
サン・ピエトロ・イン・ヴィン
コリ聖堂（イタリア）… 438
サン・ピエトロ・イン・チェル
ドーロ聖堂（イタリア）… 438
サン・ピエトロ・イン・モント
リオ聖堂（イタリア）… 438
サン・ピエトロ・イン・モント
リオ聖堂のテンピエット（イ
タリア）………………… 438
サン・ピエトロ教会（バチカン市
国）……………………… 531
サン・ピエトロ大聖堂（バチカン
市国）…………………… 531
サン・ピエトロ大聖堂（チェファ
ルー大聖堂）（イタリア）… 442

サン・ピエトロ広場（バチカン市
国）……………………… 531
サン・ピエール＝エ＝サン＝
ポール大聖堂（フランス）
……………………………… 541
サン＝ピエール修道院聖堂〔ソ
リニャック〕（フランス）… 541
サン＝ピエール聖堂〔ショーヴィ
ニー〕（フランス）…… 542
サン＝ピエール聖堂〔モザ〕（フ
ランス）………………… 542
サン＝ピエール聖堂〔モワサッ
ク〕（フランス）……… 542
サン＝ピエール大聖堂〔アング
レーム〕（フランス）… 542
山彪鎮（中国）…………… 210
サン・フアン（アメリカ合衆国領
プエルト・リコ）……… 627
サン・ファン国定史跡（アメリカ
合衆国領プエルト・リコ）… 627
サン＝フィリベール聖堂〔トゥー
ルニュ〕（フランス）… 542
サン＝フィリベール＝ド＝グラ
ンリウ聖堂（フランス）… 542
サン・フェデーレ聖堂（イタリ
ア）……………………… 438
サン＝フォルテュナ聖堂〔シャ
ルリウ〕（フランス）… 542
サンフ（薩爾滸）山（中国）… 210
サン＝ブノワ＝シュル＝ロワー
ル修道院聖堂（フランス）
……………………………… 542
サン・ブラス（ペルー）…… 662
サンフランシスコ山地の岩絵
（メキシコ）…………… 641
サン・フランチェスコ聖堂〔ボ
ローニャ〕（イタリア）… 438
サン・フランチェスコ聖堂〔アッ
シジ〕（イタリア）…… 424
サン・プロコロ聖堂（イタリア）
……………………………… 438
サン・フワン・デ・ドゥエーロ
修道院（スペイン）…… 498
三平寺（中国）…………… 210
三別抄〔遺跡〕（韓国）……… 71
サンペット寺院（タイ）…… 129
サン・ペドロ聖堂（スペイン）
……………………………… 498
サン・ペドロ・デ・ナーベ聖堂
（スペイン）…………… 498
サン・ペドロ・デ・ラ・ロカ城
（キューバ）…………… 630
サン・ペドロ・デ・ローダ（スペ
イン）…………………… 498
サン・ペトローニオ聖堂（イタリ
ア）……………………… 438
サン・ベネデット祈禱堂（イタリ
ア）……………………… 438
サン＝ベルトラン＝ド＝コマン
ジュの大聖堂（フランス）
……………………………… 542

さんほ　714　史跡・遺跡名索引

三峰寺塔 (中国) ………… 211
サン・ホセ・デ・モロ (ペルー)
　………………………… 662
サン・ホセ・モゴテ (メキシコ)
　………………………… 641
三墓里古墳 (北朝鮮) ……… 106
三墓里古墳群 (北朝鮮) …… 106
サンボール (カンボジア) …… 101
サン=ボール聖堂 [イソワール]
　(フランス) …………… 542
サンボール・プレイ・クック (カ
　ンボジア) ……………… 101
サン=ボール墓地聖堂 [ジュアー
　ル] (フランス) ………… 542
サン・マアルタン・ド・フノヤー
　ル教会 (フランス) ……… 542
サン=マクルー聖堂 (ルーアン)
　(フランス) …………… 542
サン=マメス大聖堂 (フラン
　ス) ……………………… 542
サンマリノの歴史地区とティ
　ターノ山 (サンマリノ) …… 486
サン・マルコ修道院 (イタリア)
　………………………… 438
サン・マルコ大聖堂 (イタリア)
　………………………… 438
サン・マルコ図書館 (イタリア)
　………………………… 438
サン・マルコ広場 (イタリア)
　………………………… 439
サン・マルコ広場の時計台 (イ
　タリア) ………………… 439
サン=マルタン=デ=シャン聖
　堂 (パリの) (フランス) …… 543
サン=マルタン=デュ=カニ
　グー (フランス) ………… 543
サン・マルティーノ修道院 [ナ
　ポリ] (イタリア) ……… 439
サン・マルティーノ大聖堂 [ルッ
　カ] (イタリア) ………… 439
サンマルラハデンマキの青銅
　器時代の石塚墳 (フィンラン
　ド) ……………………… 533
サンマルラハデンマキの埋葬所
　(フィンランド) ………… 533
サン・ミゲル聖堂 [エスカラー
　ダ] (スペイン) ………… 498
サン・ミゲル聖堂 [タラーサ]
　(スペイン) …………… 498
サン・ミゲルの保護街区、ヘス
　ス・デ・ナサレノ・デ・アト
　トニルコの聖域 (メキシコ)
　………………………… 641
サン・ミゲルの保護都市とアト
　トニルコのナザレのイエス聖
　域 (メキシコ) ………… 641
サン・ミゲルの要塞都市とヘス
　ス・デ・ナサレノ・デ・アト
　トニルコの聖地 (メキシコ)
　………………………… 641

サン・ミゲル保護都市とアトト
　ニルコのナザレの聖域 (メキ
　シコ) …………………… 641
サン・ミゲル・ミソオエス遺跡
　(ブラジル) …………… 656
サン・ミケーレ聖堂 [ヴェネツィ
　ア] (イタリア) ………… 439
サン・ミケーレ聖堂 [パヴィー
　ア] (イタリア) ………… 439
サン=ミシェル=ド=クシャ聖
　堂 (フランス) ………… 543
サン・ミジャンにあるふたつの
　修道院 (スペイン) ……… 498
サン・ミジャン・ユソ修道院、
　サン・ミジャン・スソ修道院
　(スペイン) …………… 498
サン・ミジャン・ユソとサン・ミ
　ジャン・スソの修道院群 (ス
　ペイン) ………………… 498
サン・ミニアート・アル・モン
　テ聖堂 (イタリア) ……… 439
サン・ミリャン・ジュソ修道院
　とサン・ミリャン・スソ修道
　院 (スペイン) ………… 498
三門峡虢国墓 (中国) ……… 211
三門峡漕運遺跡 (中国) …… 211
三陽寺塔 (中国) …………… 211
山陽城 (中国) ……………… 211
サン=ラザール大聖堂 (フラン
　ス) ……………………… 543
サン=リキエ修道院 (フラン
　ス) ……………………… 543
三里橋 (中国) ……………… 211
霊竜顔碑 (中国) …………… 211
三龍里窯跡群 (韓国) ……… 72
三陵屯墓群 (中国) ………… 211
サンルイス歴史地区 (ブラジ
　ル) ……………………… 657
サン・ルイ島 (セネガル) …… 607
三霊屯 (中国) ……………… 211
三霊墳 (中国) ……………… 211
サン・レウチョ邸宅群 (イタリ
　ア) ……………………… 430
サン=レジェ聖堂 [エブルイユ]
　(フランス) …………… 543
サンレミ旧修道院 (フランス)
　………………………… 551
三郎城跡 (韓国) …………… 72
サン=ロベール修道院聖堂 (フ
　ランス) ………………… 543
サン・ロレンソ (パナマ) …… 634
サン・ロレンソ (メキシコ) … 641
サン・ロレンソ=テノチティト
　ラン (メキシコ) ………… 641
サン・ロレンツォ聖堂 [トリノ]
　(イタリア) …………… 439
サン・ロレンツォ聖堂 [ナポリ]
　(イタリア) …………… 439
サン・ロレンツォ聖堂 [フィレ
　ンツェ] (イタリア) …… 439

サン・ロレンツォ聖堂 [ミラノ]
　(イタリア) …………… 439
サン・ロレンツォ・フォリ・レ・
　ムーラ聖堂 (イタリア) …… 439
三湾改編旧址 (中国) ……… 211

【し】

シアタイ (下台) 故城 (中国)
　………………………… 211
シアタイ (下台) 石人 (中国)
　………………………… 211
シアタイ (下台) 村石刻 (中国)
　………………………… 211
シアー・ダンプ (パキスタン)
　………………………… 380
シアルク遺跡 (イラン) …… 22
シアルク, テペ (イラン) …… 22
シアンパオバオ (香保保) 古墓群
　(中国) ………………… 211
シイティヤ (錫依提牙) 古城 (中
　国) ……………………… 211
試院 (中国) ……………… 211
ジーヴァカ園 (インド) …… 35
シヴァキ (アフガニスタン) …… 2
シヴァキの塔 (アフガニスタン)
　…………………………… 2
ジーヴィイエ (イラン) …… 22
ジウィエ (イラン) ………… 22
ジヴィエ (イラン) ………… 22
シーウェル鉱山都市 (チリ)
　………………………… 655
慈雲閣 (中国) ……………… 211
慈雲寺 (中国) ……………… 212
子雲亭 (中国) ……………… 212
支雲塔 (中国) ……………… 212
シェイク・アブド・エル=クル
　ナ (エジプト) ………… 590
シェイク・ハマド, テル (シリ
　ア) ……………………… 119
ジェイトゥン (トルクメニスタ
　ン) ……………………… 377
シェイフ・エル・アレイニ (イ
　スラエル) ………………… 8
シェヴァキ (アフガニスタン)
　…………………………… 2
ジェオ・シ (メキシコ) …… 641
シエガ・ヴェルデ (スペイン)
　………………………… 495
シエガ・ヴェルデ (ポルトガル)
　………………………… 562
シエジゴン寺院の塔 (ミャン
　マー) …………………… 394
ジェセル王のピラミッド (階段
　ピラミッド) (エジプト) …… 586
ジェセルカラーセネブの墓 (エ
　ジプト) ………………… 590

ジェータヴァナ(スリランカ) …… 123
ジェータヴァナ・ダーガバ(ス
　リランカ) …………………… 124
ジェッダ歴史地区：メッカへの
　玄関口(サウジアラビア)
　……………………………… 117
シェッラ(モロッコ) ………… 617
シェディエト(エジプト) …… 598
シエテ・ワカス(ペルー) …… 662
ジェトゥイ・アサル(カザフスタ
　ン) ………………………… 56
ジェドブルー僧院(イギリス)
　……………………………… 417
シェドロヴィドヌイ岬(ロシ
　ア) ………………………… 573
シエナ公会堂(イタリア) …… 451
シエナ大聖堂(イタリア) …… 439
シエナ歴史地区(イタリア)
　……………………………… 439
CNタワー(カナダ) ………… 628
ジェノヴァのレ・ストラーデ・
　ヌオーヴェおよびパラッツ
　ィ・デイ・ロッリ制度(イタ
　リア) ……………………… 440
ジェノヴァ歴史地区(イタリ
　ア) ………………………… 440
ジェノバ：新道とロッリの館群
　(イタリア) ………………… 440
ジェノヴァ：レ・ストラーデ・ヌ
　オーヴェとパラッツィ・デイ・
　ロッリ制度(イタリア) …… 440
ジェブ(エジプト) ………… 585
ジェベル(トルクメニスタン)
　……………………………… 377
ジェベル・ウェイナト(エジプ
　ト) ………………………… 585
ジェベル・ウリ(スーダン) ‥ 606
ジェベル・エル＝シルシラ(エ
　ジプト) …………………… 590
ジェベル・ゼイト(エジプト)
　……………………………… 590
ジェベル・チャウティ(エジプ
　ト) ………………………… 590
ジェベル・バルカル(スーダン)
　……………………………… 606
ジェベレイン(エジプト) …… 589
ジェミラ(アルジェリア) …… 580
ジェミラの考古遺跡(アルジェリ
　ア) ………………………… 580
シェムシャラ, テル(イラク)
　……………………………… 14
ジェームズ島と関連遺産(ガン
　ビア) ……………………… 603
ジェムデト・ナスル(イラク)
　……………………………… 15
シェムペテル(スロベニア)
　……………………………… 503
ジェメ(エジプト) ………… 598
ジェメー(イスラエル) ……… 8

ジェラシュ(ヨルダン) ……… 399
ジェラシュの泉水殿(ヨルダ
　ン) ………………………… 399
ジェラシュの南の劇場(ヨルダ
　ン) ………………………… 399
ジェラシュの列柱付大通り(ヨ
　ルダン) …………………… 400
ジェラシュのローマ人のフォル
　ム(ヨルダン) ……………… 400
シェラン島北部のパル・フォ
　ルス式狩猟の景観(デンマー
　ク) ………………………… 507
ジェリコ(パレスチナ国) …… 385
シェール遺跡(フランス) …… 543
ジェルゲタル(キルギス) …… 116
シェルシェル(アルジェリア)
　……………………………… 580
ジェルティ(エジプト) …… 594
ジェルミニー＝デ＝プレ聖堂
　(フランス) ………………… 543
シェ＝レスィ(エジプト) …… 596
シェレメティエヴォ(ロシア)
　……………………………… 573
シェレンベルク門(ドイツ)
　……………………………… 511
ジェロニモス修道院(ポルトガ
　ル) ………………………… 563
資延寺造像(中国) ………… 212
シェンニエ寺院(ミャンマー)
　……………………………… 394
ジェンネ旧市街(マリ) …… 614
ジェンネのモスク(マリ) …… 614
シエンフエゴスの都市歴史地区
　(キューバ) ………………… 630
シェーンブルン宮殿(オーストリ
　ア) ………………………… 462
シェーンブルン宮殿と庭園
　(オーストリア) …………… 462
賜恩巌(中国) ……………… 212
慈恩寺(中国) ……………… 212
慈恩寺大雁塔(中国) ……… 266
洱海公園(中国) …………… 212
史家遺跡(中国) …………… 212
シガトカ(フィジー) ……… 408
史可法祠墓(中国) ………… 212
司諫第(中国) ……………… 212
シカンドラー(インド) …… 35
シギショアラの歴史地区(ルー
　マニア) …………………… 567
識字嶺楚墓(中国) ………… 212
獅珠嶺(台湾) ……………… 130
シキュオン(ギリシャ) …… 474
司教都市アルビ(フランス)
　……………………………… 535
シーギリヤ(スリランカ) …… 124
シギリヤの岩山(スリランカ)
　……………………………… 124
シーギリヤの古代都市(スリラ
　ンカ) ……………………… 124

シーギリヤの山砦(スリランカ)
　……………………………… 124
シーギリヤの獅子の爪(スリラ
　ンカ) ……………………… 124
慈禧陵(中国) ……………… 212
紫金庵(中国) ……………… 212
紫金山天文台(中国) ……… 212
紫禁城(中国) ……………… 212
紫禁城の角楼(中国) ……… 212
紫禁城の角楼 故宮(中国)
　……………………………… 212
司空山(中国) ……………… 213
シクチュン(錫克沁)千仏洞(中
　国) ………………………… 213
シクミム(イスラエル) ……… 8
シーグラム・ビル(アメリカ合衆
　国) ………………………… 623
シクリ(パキスタン) ……… 380
史君墓(中国) ……………… 213
芝径雲堤(中国) …………… 213
紫荊関(中国) ……………… 213
紫荊山北(中国) …………… 213
シケム(パレスチナ国) …… 385
磁県買璧窯(中国) ………… 213
四賢祠(中国) ……………… 213
史堅如墓(中国) …………… 213
寺岡遺址(中国) …………… 213
慈光閣(中国) ……………… 213
寺溝石窟(中国) …………… 213
始皇帝兵馬俑坑(中国) …… 332
始皇帝陵(中国) …………… 213
始皇帝陵と兵馬俑坑(中国)
　……………………………… 213
シー・サッチャナーライ遺跡群
　(タイ) ……………………… 126
芝山(中国) ………………… 213
芝山岩遺跡(台湾) ………… 130
尼山孔子廟(中国) ………… 213
茲山洞古墳群(韓国) ……… 72
獅子巌(中国) ……………… 213
獅子山(中国) ……………… 214
獅子山漢墓(中国) ………… 214
慈氏塔〔岳陽市〕(中国) …… 214
慈氏塔〔敦煌市〕(中国) …… 214
獅子の爪〔シーギリヤ〕(スリラ
　ンカ) ……………………… 124
獅子門〔ミケーネ〕(ギリシャ)
　……………………………… 474
死者の塔(ペルー) ………… 662
泗洲塔〔西湖〕(中国) ……… 214
泗洲塔〔唐河県〕(中国) …… 214
四十里堡旧城(中国) ……… 214
シシュキノ(ロシア) ……… 574
資寿寺(中国) ……………… 214
慈寿寺塔(中国) …………… 214
慈寿塔(中国) ……………… 214

ししゆ　　　　　　　　　　　　　　716　　　　　　　　　　　　史跡・遺跡名索引

シシュパールガル（インド）
　　　　　　　　　　　　　　35
紫霄宮（中国）　　　　　　214
資聖宮（中国）　　　　　　214
慈勝寺（中国）　　　　　　214
慈相寺（中国）　　　　　　214
茸長寺跡3層蓮台上の石像（韓
　国）　　　　　　　　　　72
茸長寺跡の石塔（韓国）　　72
茸長寺跡の磨崖仏（韓国）　72
子胥渡（中国）　　　　　　214
獅子林（中国）　　　　　　214
獅子窩琉璃塔（中国）　　　214
四神塚（中国）　　　　　　214
地震碑林（中国）　　　　　215
システィナ礼拝堂（バチカン市
　国）　　　　　　　　　　531
ジスル・バナト・ヤクブ（イスラ
　エル）　　　　　　　　　8
四世宮保坊（中国）　　　　215
資聖寺（中国）　　　　　　214
慈清寺（中国）　　　　　　215
芝制洞遺跡（韓国）　　　　72
至聖林坊（中国）　　　　　215
慈善寺石窟（中国）　　　　215
柿荘宋墓（中国）　　　　　215
四祖寺（中国）　　　　　　224
施耐庵墓（中国）　　　　　215
支提寺（中国）　　　　　　215
シダーデ・ヴェリャ、リベイラ・
　グランデの歴史地区（カーボ
　ヴェルデ）　　　　　　　603
シタデル（ハイチ）　　　　634
シタデル、サン・スーシ城、ラ
　ミエール国立歴史公園（ハイ
　チ）　　　　　　　　　　634
子弾庫楚墓（中国）　　　　215
七王墳（中国）　　　　　　215
七家岭村（中国）　　　　　215
七級浮屠塔（中国）　　　　215
紫竹院（中国）　　　　　　215
7賢人の浴場（イタリア）　440
七孔橋跡（中国）　　　　　215
七星巌（中国）　　　　　　215
七仏庵（韓国）　　　　　　89
七宝塔（中国）　　　　　　215
七門堰（中国）　　　　　　215
ジチャ修道院（セルビア）　504
師趙村遺跡（中国）　　　　215
七里坪（中国）　　　　　　215
七里舗〔新石器時代〕（中国）　216
七里舗〔殷代〕（中国）　　216
漆園旧址（中国）　　　　　216
シック〔ペトラ〕（ヨルダン）　400
漆喰画の館（ギリシャ）　　474
ジッグラト（イラク）　　　12

ジッグラト〔アカル・クーフ〕（イ
　ラク）　　　　　　　　　11
ジッグラト（エゲバルイミン
　ビ）（イラク）　　　　　15
ジッグラト〔チョーガ・ザンビル〕
　（イラン）　　　　　　　24
日月潭（台湾）　　　　　　130
漆谷3宅地遺跡（韓国）　　72
執失奉節墓（中国）　　　　216
実勝寺（中国）　　　　　　216
漆枝里古墳群（韓国）　　　72
叱石（中国）　　　　　　　216
シッタンナヴァーシャル（イン
　ド）　　　　　　　　　　36
シッパル（イラク）　　　　15
十方普覚寺（中国）　　　　216
十方仏塔（中国）　　　　　216
シデ（トルコ）　　　　　　523
シディ・アブデルラフマン（モ
　ロッコ）　　　　　　　　617
シディ・オクバ・モスク（チュニ
　ジア）　　　　　　　　　610
シティ＝オブ＝リフュジー（ア
　メリカ合衆国）　　　　　623
シディ・ジン（チュニジア）　610
シディ・マンスール（チュニジ
　ア）　　　　　　　　　　610
シーテープ（タイ）　　　　126
四天王寺（韓国）　　　　　72
四天王寺跡の西塔跡（韓国）
　　　　　　　　　　　　　72
軹道（中国）　　　　　　　216
二堂（中国）　　　　　　　216
枝洞2号墳（韓国）　　　　72
矢島遺跡（韓国）　　　　　72
矢島貝塚（韓国）　　　　　72
梓潼漢闕（中国）　　　　　216
獅頭山（台湾）　　　　　　130
史道洛墓（中国）　　　　　216
シトー会修道院聖堂〔コーリン〕
　（ドイツ）　　　　　　　511
シドニー・オペラハウス（オース
　トラリア）　　　　　　　405
シドニー・ハーバー・ブリッジ
　（オーストラリア）　　　405
司徒廟（中国）　　　　　　216
シドン（レバノン）　　　　402
シナイ山の聖カテリネ修道院
　（エジプト）　　　　　　591
シナイの聖エカテリニ修道院地
　区（エジプト）　　　　　591
指南宮（台湾）　　　　　　130
シニェリニコヴォⅠ山城（ロシ
　ア）　　　　　　　　　　574
シニョリア宮（イタリア）　446
シニョリーア広場（イタリア）
　　　　　　　　　　　　　440
シノン城（フランス）　　　543

司馬金竜墓（中国）　　　　216
司馬金龍墓（中国）　　　　216
司馬光家人卦石刻（中国）　216
司馬光墓および祖塋（中国）
　　　　　　　　　　　　　216
司馬遷祠（中国）　　　　　216
シバーム城塞都市（イエメン）
　　　　　　　　　　　　　5
シーバリ（イタリア）　　　440
シパン（ペルー）　　　　　662
四盤磨村（中国）　　　　　216
慈悲庵（中国）　　　　　　217
紫微山城（韓国）　　　　　72
シビル、クエバ・デル（スペイ
　ン）　　　　　　　　　　498
シビルチャルトゥン（メキシ
　コ）　　　　　　　　　　643
シフィドニツァ（ポーランド）　560
ジブサム洞穴（アメリカ合衆国）
　　　　　　　　　　　　　623
シフノス人の宝庫（ギリシャ）
　　　　　　　　　　　　　474
シベ（ロシア）　　　　　　574
四平山（中国）　　　　　　217
四平山石塚（中国）　　　　217
四平山遺跡（中国）　　　　217
紫壁山（中国）　　　　　　217
シベ古墳（ロシア）　　　　574
シベニクの聖ヤコブ大聖堂（ク
　ロアチア）　　　　　　　485
四望亭（中国）　　　　　　217
四方炮台遺址（中国）　　　217
島の経済を表す真珠産業遺産
　（バーレーン）　　　　　386
市民の塔（イタリア）　　　456
市民広場〔ポンペイ〕（イタリア）
　　　　　　　　　　　　　454
シムシム（中国）　　　　　217
シムシム（森木塞姆）千仏洞（中
　国）　　　　　　　　　　217
シムシャラ（イラク）　　　15
ジムバブウェ（ジンバブエ）
　　　　　　　　　　　　　605
四明公所旧址（中国）　　　217
四面雲山（中国）　　　　　217
四面石仏　掘仏寺（韓国）　66
四面門（イタリア）　　　　440
下アゴラ〔ペルガモン〕（トルコ）
　　　　　　　　　　　　　527
下花渓里遺跡（韓国）　　　72
下華厳寺薄伽教蔵殿（中国）
　　　　　　　　　　　　　181
柿木洞古墳（韓国）　　　　72
シモノス・ペトラ修道院（ギリ
　シャ）　　　　　　　　　474
四門塔（中国）　　　　　　239
ジャ（エジプト）　　　　　598

史跡・遺跡名索引　　717　　しやん

ジャイアント・カースル（南アフ
リカ）・・・・・・・・・・ 615
シャイガ山城（ロシア）・・・・・・ 574
シャー・イ・ジンダ霊廟群（ウ
ズベキスタン）・・・・・・ 52
ジャイプル天文台（インド）
・・・・・・・・・・・・・・・・ 36
ジャイプールのジャンタル・マ
ンタル（インド）・・・・・・ 36
ジャウティ（エジプト）・・・・・・ 583
舎衛城（インド）・・・・・・・・・ 36
ジャオラの水牛（インド）・・・・ 36
釈迦多宝如来仏塔（中国）・・ 217
釈迦誕生地ルンビニー（ネパー
ル）・・・・・・・・・・・・・・ 379
釈迦塔 仏国寺（韓国）・・・・ 93
沙鍋屯遺跡（中国）・・・・・・ 217
釈迦如来舎利塔（中国）・・・・ 217
ジャガーの神殿（メキシコ）
・・・・・・・・・・・・・・・・ 641
釈迦文化堂（中国）・・・・・・ 217
シャガル・バザル（シリア）
・・・・・・・・・・・・・・・・ 119
炙魚橋（中国）・・・・・・・・・ 217
釈王寺（北朝鮮）・・・・・・・・ 107
寂鑑寺石屋（中国）・・・・・・ 217
錫山（中国）・・・・・・・・・・ 217
杓児山1号墳（韓国）・・・・・・ 72
賜児山雲泉寺（中国）・・・・・・ 217
錫晋斎（中国）・・・・・・・・・ 217
芍陂（中国）・・・・・・・・・・ 217
若木山墳（韓国）・・・・・・・・ 73
奢香墳（中国）・・・・・・・・・ 218
ジャゴ，チャンディ（インドネシ
ア）・・・・・・・・・・・・・・ 48
シヤコト（ペルー）・・・・・・ 662
シャー・ジー・キ・デリー（パキ
スタン）・・・・・・・・・・ 380
社稷壇（中国）・・・・・・・・・ 218
沙井遺跡（中国）・・・・・・ 218
シャー・テペ（イラン）・・・・ 22
舎堂洞窟跡（韓国）・・・・・・ 73
シャトー・ガイヤール（フラン
ス）・・・・・・・・・・・・・・ 538
シャトー・ド・メゾン（フラン
ス）・・・・・・・・・・・・・・ 550
シャトルンジャヤの山岳寺院都
市（インド）・・・・・・・・ 36
ジャナクプル（ネパール）・・・・ 378
シャニダール（イラク）・・・・ 15
シャニダール洞窟（イラク）
・・・・・・・・・・・・・・・・ 15
ジャネット（エジプト）・・・・ 592
シャハイナブ（スーダン）・・・・ 606
シャーバーズ・ガリ（パキスタ
ン）・・・・・・・・・・・・・・ 380
シャハバーズ・ガリー（パキスタ
ン）・・・・・・・・・・・・・・ 380

ジャバレン（アルジェリア）
・・・・・・・・・・・・・・・・ 580
ジャハーンギールの廟（パキス
タン）・・・・・・・・・・・・ 380
シャビケシュチェ（アメリカ合衆
国）・・・・・・・・・・・・・・ 623
シャーヒ・ジンダ（ウズベキスタ
ン）・・・・・・・・・・・・・・ 52
シャーヒ・ズィンダ（ウズベキス
タン）・・・・・・・・・・・・ 52
シャーヒー・トゥンプ（パキスタ
ン）・・・・・・・・・・・・・・ 380
シャフリサブス歴史地区（ウズ
ベキスタン）・・・・・・・・ 52
シャフリ・ソフタ（イラン）
・・・・・・・・・・・・・・・・ 22
シャープール（イラク）・・・・ 15
シャープールⅠ世の宮殿（イラ
ク）・・・・・・・・・・・・・・ 15
シャフレ・ソクタ（イラン）
・・・・・・・・・・・・・・・・ 22
シャフレ・ソフタ（イラン）
・・・・・・・・・・・・・・・・ 22
シャボ（フランス）・・・・・・ 543
ジャーマ・マスジド〔アハマダー
バード〕（インド）・・・・ 36
ジャマー・マスジド〔デリー〕
（インド）・・・・・・・・・・ 36
ジャマル・ガリ（パキスタン）
・・・・・・・・・・・・・・・・ 380
シャミー（イラン）・・・・・・ 22
ジャーミ・アル・カビール（ア
ルジェリア）・・・・・・・・ 580
ジャーミ・アル・カビール（イ
ラク）・・・・・・・・・・・・ 15
ジャーミ・アル・カビール（シ
リア）・・・・・・・・・・・・ 119
ジャムダト・ナスル（イラク）
・・・・・・・・・・・・・・・・ 15
ジャームの塔（アフガニスタン）
・・・・・・・・・・・・・・・・ 2
ジャムのミナレットと考古遺跡
群（アフガニスタン）・・・・ 2
ジャメト（エジプト）・・・・・・ 598
ジャライノール（中国）・・・・ 218
ジャライノール（札賚諾爾）鮮卑
墓（中国）・・・・・・・・・・ 218
シャラ・オッソン・ゴル遺跡（中
国）・・・・・・・・・・・・・・ 218
ジャラーラバード砂丘のスト
ゥーパ群（アフガニスタン）
・・・・・・・・・・・・・・・・ 2
舎羅里130号墳（韓国）・・・・ 73
舎羅里遺跡（韓国）・・・・・・ 73
シャリ・ゴルゴラの丘（アフガニ
スタン）・・・・・・・・・・・・ 2
シャーリス修道院（フランス）
・・・・・・・・・・・・・・・・ 543
ジャリ，タル・イ（イラン）・・・・ 22

ジャリ，タレ（イラン）・・・・・・ 22
舎利塔遺址―舎利函（中国）
・・・・・・・・・・・・・・・・ 218
舎利塔〔贛州市〕（中国）・・・・ 218
舎利塔〔棲霞山〕（中国）・・・・ 218
舎利塔〔武安県〕（中国）・・・・ 218
舎利塔〔法興寺〕（中国）・・・・ 218
舎利宝塔（中国）・・・・・・・・ 218
シャリマール庭園（パキスタン）
・・・・・・・・・・・・・・・・ 384
ジャリルプル（パキスタン）
・・・・・・・・・・・・・・・・ 381
シャルー寺（夏魯寺）（中国）
・・・・・・・・・・・・・・・・ 218
ジャールショフ（イギリス）
・・・・・・・・・・・・・・・・ 417
シャルトル大聖堂（フランス）
・・・・・・・・・・・・・・・・ 543
シャルトル本寺（フランス）
・・・・・・・・・・・・・・・・ 543
シャルバウアー（アメリカ合衆
国）・・・・・・・・・・・・・・ 623
シャール・ハゴラン（イスラエ
ル）・・・・・・・・・・・・・・ 8
ジャール平原（ラオス）・・・・ 401
ジャール平原石壺群（ラオス）
・・・・・・・・・・・・・・・・ 401
シャルーヘン（イスラエル）・・・・ 8
ジャルメラ（ホンジュラス）
・・・・・・・・・・・・・・・・ 636
ジャルモ（イラク）・・・・・・ 15
シャルロッテンブルク宮（ドイ
ツ）・・・・・・・・・・・・・・ 511
シャーロットヴィルのモンティ
セロとヴァージニア大学（ア
メリカ合衆国）・・・・・・ 623
シャンカルダール塔（パキスタ
ン）・・・・・・・・・・・・・・ 381
シャン・コーバ（ウクライナ）
・・・・・・・・・・・・・・・・ 459
シャンスラード（フランス）
・・・・・・・・・・・・・・・・ 543
ジャンタール・マンタール（イ
ンド）・・・・・・・・・・・・ 36
シャンティ城（フランス）・・・・ 543
シャン・ド・マルス（フランス）
・・・・・・・・・・・・・・・・ 543
上海魯迅故居（中国）・・・・ 218
ジャン・ハサン（トルコ）・・・・ 523
ジャンバス・カラ（ウズベキスタ
ン）・・・・・・・・・・・・・・ 52
シャンパーニュ地方の丘陵群、
家屋群、貯蔵庫群（フランス）
・・・・・・・・・・・・・・・・ 544
ジャンビ（インドネシア）・・・・ 47
シャンボール（フランス）・・・・ 544
シャンボール城（フランス）
・・・・・・・・・・・・・・・・ 544
シャンモル修道院（フランス）
・・・・・・・・・・・・・・・・ 544

しゅう　　　　　　　　　　718　　　　　　史跡・遺跡名索引

ジュヴァリ（ジョージア）‥‥‥ 487
輯安遺跡（中国）‥‥‥‥‥‥ 218
シュウエダゴン塔（ミャンマー）
‥‥‥‥‥‥‥‥‥‥‥‥‥ 394
シュウェダゴン・パゴダ（ミャン
マー）‥‥‥‥‥‥‥‥‥‥ 394
十王亭（中国）‥‥‥‥‥‥‥ 218
周恩来故居（中国）‥‥‥‥‥ 219
周恩来青年時代在津読書和革命
活動旧址（中国）‥‥‥‥‥ 219
習家池（中国）‥‥‥‥‥‥‥ 219
秋霞圃（中国）‥‥‥‥‥‥‥ 219
舟岩里（北朝鮮）‥‥‥‥‥‥ 107
宗教都市カラル＝スペ（ペ
ルー）‥‥‥‥‥‥‥‥‥‥ 663
住居址（コアニャ）（スペイン）
‥‥‥‥‥‥‥‥‥‥‥‥‥ 495
紺煕楼（中国）‥‥‥‥‥‥‥ 219
秋瑾紀念碑（中国）‥‥‥‥‥ 219
秋瑾故居（中国）‥‥‥‥‥‥ 219
秋瑾墓（中国）‥‥‥‥‥‥‥ 219
舟月里遺跡（韓国）‥‥‥‥‥ 73
舟月里・佳月里遺跡（韓国）
‥‥‥‥‥‥‥‥‥‥‥‥‥ 73
周原遺跡（中国）‥‥‥‥‥‥ 219
周鎬京遺址（中国）‥‥‥‥‥ 219
周公祠（中国）‥‥‥‥‥‥‥ 219
重興寺跡（北朝鮮）‥‥‥‥‥ 107
周公測景台（中国）‥‥‥‥‥ 219
周口店洞窟群（中国）‥‥‥‥ 219
周口店の北京原人遺跡（中国）
‥‥‥‥‥‥‥‥‥‥‥‥‥ 219
周口店竜骨山と山頂洞人（中
国）‥‥‥‥‥‥‥‥‥‥‥ 219
周公廟〔岐山県〕（中国）‥‥ 219
周公廟〔曲阜市〕（中国）‥‥ 219
周公廟〔洛陽市〕（中国）‥‥ 220
十笏園（中国）‥‥‥‥‥‥‥ 220
獅雄古塔（中国）‥‥‥‥‥‥ 220
秀山（中国）‥‥‥‥‥‥‥‥ 220
十三行遺跡（台湾）‥‥‥‥‥ 130
十三御碑亭（中国）‥‥‥‥‥ 220
13層石塔　浄恵寺址（韓国）
‥‥‥‥‥‥‥‥‥‥‥‥‥ 73
十三陵（中国）‥‥‥‥‥‥‥ 347
十七孔橋〔頤和園〕（中国）‥ 220
秋収起義第三団団部旧址（中
国）‥‥‥‥‥‥‥‥‥‥‥ 220
秋収起義文家市会師旧址（中
国）‥‥‥‥‥‥‥‥‥‥‥ 220
周処廟（中国）‥‥‥‥‥‥‥ 220
囚人遺跡群（オーストラリア）
‥‥‥‥‥‥‥‥‥‥‥‥‥ 405
痩西湖（中国）‥‥‥‥‥‥‥ 220
集善橋（中国）‥‥‥‥‥‥‥ 220
十大政綱石刻（中国）‥‥‥‥ 220
酋長ロイ・マタの領地（バヌア
ツ）‥‥‥‥‥‥‥‥‥‥‥ 407

修道院の島ライヒェナウ（ドイ
ツ）‥‥‥‥‥‥‥‥‥‥‥ 516
秀道者塔（中国）‥‥‥‥‥‥ 220
修徳寺（韓国）‥‥‥‥‥‥‥ 73
終南山烽燧台（韓国）‥‥‥‥ 73
十二橋烈士墓（中国）‥‥‥‥ 220
12神の祭壇（ギリシャ）‥‥‥ 474
十二台営子（中国）‥‥‥‥‥ 220
十二台営子墓（中国）‥‥‥‥ 220
十二東波島海底遺跡（韓国）
‥‥‥‥‥‥‥‥‥‥‥‥‥ 73
十二連城（中国）‥‥‥‥‥‥ 220
周の王城（中国）‥‥‥‥‥‥ 220
自由の女神像（アメリカ合衆国）
‥‥‥‥‥‥‥‥‥‥‥‥‥ 623
十八先生墓（中国）‥‥‥‥‥ 220
十八站旧石器時代文化遺址（中
国）‥‥‥‥‥‥‥‥‥‥‥ 220
集美鼇園（中国）‥‥‥‥‥‥ 221
舟尾寺跡（韓国）‥‥‥‥‥‥ 73
秋風亭（中国）‥‥‥‥‥‥‥ 221
秋風楼（中国）‥‥‥‥‥‥‥ 221
秀峰（中国）‥‥‥‥‥‥‥‥ 221
十六尊者像（中国）‥‥‥‥‥ 221
シュエサンドー・パゴダ（ミャン
マー）‥‥‥‥‥‥‥‥‥‥ 394
シュエジーゴン・パゴダ（ミャン
マー）‥‥‥‥‥‥‥‥‥‥ 394
シュエダゴン（ミャンマー）
‥‥‥‥‥‥‥‥‥‥‥‥‥ 394
シュエダゴン・パゴダ（ミャン
マー）‥‥‥‥‥‥‥‥‥‥ 394
シュエターリャウン像（ミャン
マー）‥‥‥‥‥‥‥‥‥‥ 394
朱悦燻墓（中国）‥‥‥‥‥‥ 221
シュエモードー・パゴダ（ミャン
マー）‥‥‥‥‥‥‥‥‥‥ 394
シュエンダゴン・パゴダ（ミャン
マー）‥‥‥‥‥‥‥‥‥‥ 394
朱開溝遺跡（中国）‥‥‥‥‥ 221
朱家寨遺跡（中国）‥‥‥‥‥ 221
朱家集楚墓（中国）‥‥‥‥‥ 221
朱華塔（中国）‥‥‥‥‥‥‥ 221
ジュカル（パキスタン）‥‥‥ 381
シュカレ（メキシコ）‥‥‥‥ 641
ジュガンティーア（マルタ）
‥‥‥‥‥‥‥‥‥‥‥‥‥ 564
珠璣巷（中国）‥‥‥‥‥‥‥ 221
朱貴祠（中国）‥‥‥‥‥‥‥ 221
朱熹墓（中国）‥‥‥‥‥‥‥ 221
宿城（中国）‥‥‥‥‥‥‥‥ 221
祝聖寺（中国）‥‥‥‥‥‥‥ 221
祝聖塔（中国）‥‥‥‥‥‥‥ 221
葍荘花園（中国）‥‥‥‥‥‥ 221
ジュクタイ洞穴（ロシア）‥‥ 574
シュクパ（イスラエル）‥‥‥ 8
祝融峰（中国）‥‥‥‥‥‥‥ 221

シュケリッグ・ヴィヒル（アイル
ランド）‥‥‥‥‥‥‥‥‥ 411
寿県遺跡（中国）‥‥‥‥‥‥ 222
寿県蔡侯墓（中国）‥‥‥‥‥ 205
寿皇殿（中国）‥‥‥‥‥‥‥ 222
寿山将軍祠（中国）‥‥‥‥‥ 222
洙泗書院（中国）‥‥‥‥‥‥ 222
朱執信墓（中国）‥‥‥‥‥‥ 222
孺子亭（中国）‥‥‥‥‥‥‥ 222
朱氏牌楼（中国）‥‥‥‥‥‥ 222
寿州窯遺跡（中国）‥‥‥‥‥ 222
シューシュタルの歴史的水利施
設（イラン）‥‥‥‥‥‥‥ 22
寿聖寺塔（中国）‥‥‥‥‥‥ 222
修定寺塔（中国）‥‥‥‥‥‥ 222
シュスタニ（ペルー）‥‥‥‥ 662
酒泉（中国）‥‥‥‥‥‥‥‥ 222
殊像寺〔五台山〕（中国）‥‥ 222
殊像寺〔承徳市〕（中国）‥‥ 222
朱荘製鉄遺跡（中国）‥‥‥‥ 222
ジュダイデー，テル（トルコ）
‥‥‥‥‥‥‥‥‥‥‥‥‥ 523
シュタットアムホーフ（ドイ
ツ）‥‥‥‥‥‥‥‥‥‥‥ 517
朱檀墓（中国）‥‥‥‥‥‥‥ 222
朱池（中国）‥‥‥‥‥‥‥‥ 222
出河店（中国）‥‥‥‥‥‥‥ 222
熟渓橋（中国）‥‥‥‥‥‥‥ 222
ジュデイルジョ・ダロ（パキスタ
ン）‥‥‥‥‥‥‥‥‥‥‥ 381
シュテファン大聖堂（オーストリ
ア）‥‥‥‥‥‥‥‥‥‥‥ 463
シュテルモール（ドイツ）‥‥ 511
朱徳故居（中国）‥‥‥‥‥‥ 222
シュトラールズントとヴィスマ
ルの歴史地区（ドイツ）‥‥ 511
シュトルーヴェの測地弧（ウク
ライナ）‥‥‥‥‥‥‥‥‥ 459
シュトルーヴェの測地弧（エス
トニア）‥‥‥‥‥‥‥‥‥ 461
シュトルーヴェの測地弧（スウ
ェーデン）‥‥‥‥‥‥‥‥ 490
シュトルーヴェの測地弧（ノル
ウェー）‥‥‥‥‥‥‥‥‥ 530
シュトルーヴェの測地弧（フィ
ンランド）‥‥‥‥‥‥‥‥ 534
シュトルーヴェの測地弧（ベラ
ルーシ）‥‥‥‥‥‥‥‥‥ 555
シュトルーヴェの測地弧（モル
ドバ）‥‥‥‥‥‥‥‥‥‥ 565
シュトルーヴェの測地弧（ラト
ビア）‥‥‥‥‥‥‥‥‥‥ 565
シュトルーヴェの測地弧（リト
アニア）‥‥‥‥‥‥‥‥‥ 566
シュトルーヴェの測地弧（ロシ
ア）‥‥‥‥‥‥‥‥‥‥‥ 574
シュナントゥニッチ（ベリー
ズ）‥‥‥‥‥‥‥‥‥‥‥ 635

史跡・遺跡名索引　　　　　719　　　　　しよう

シュネト・エル＝ゼビブ（エジプト）・・・・・・・・・・ 590
シュノンソー（フランス）・・・・・ 544
シュノンソーの城館（フランス）・・・・・・・・・・ 544
シュパイアー大聖堂（ドイツ）・・・・・・・・・・ 512
シュパイヘルシュタッドとチリハウスのあるコントールハウス地区（ドイツ）・・・ 512
シュパイヤー大聖堂（ドイツ）・・・・・・・・・・ 512
シュバト・エンリル（シリア）・・・・・・・・・・ 120
ジュバノヴォ遺跡（ロシア）・・・・・・・・・・ 574
シュバリエ城とサラ・ディーン城塞（シリア）・・・ 119
シュピタル外門（ドイツ）・・ 512
シュピタル内門（ドイツ）・・ 512
シューブ（アメリカ合衆国）・・・ 623
シュプヒル（メキシコ）・・・ 641
ジュベイル（レバノン）・・・ 403
主墓〔ヴェルギナ〕（ギリシャ）・・・・・・・・・・ 470
寿峰寺（中国）・・・・・・・・・ 223
ジュマルクズック（トルコ）・・・・・・・・・・ 527
ジュミエージュ修道院（フランス）・・・・・・・・・・ 544
須弥山石窟（中国）・・・・・・ 223
須弥福寿廟（中国）・・・・・・ 223
寿民洞（韓国）・・・・・・・・・ 73
朱友塤墓（中国）・・・・・・・・ 223
朱祐檳墓（中国）・・・・・・・・ 223
シュラーヴァスティー（舎衛城）（インド）・・・・・・・・・ 36
シュラヴァナ・ベラゴラ（インド）・・・・・・・・・・ 36
シュラクサイ（イタリア）・・・・ 440
シュラバシャート（キルギス）・・・・・・・・・・ 116
シュラパックの宮殿（メキシコ）・・・・・・・・・・ 641
シュリークシェートラ遺跡（ミャンマー）・・・・・・・・・ 394
シュリ・クシェトラの城壁址（ミャンマー）・・・・・・・・・ 394
シュリー・シュル・ロワールとシャロンヌの間のロワール渓谷（フランス）・・・・・・・・・ 544
狩猟塚（北朝鮮）・・・・・・・・ 107
シュリーランガム〔ヴィシュヌ寺院〕（インド）・・・・ 46
シュリーランガムのランガナータ寺院（インド）・・・・ 46
シュリンゲーリ（インド）・・・・ 36
シュルッパク（イラク）・・・・・ 15
シューレン（ウクライナ）・・・・ 459
淳安唐代銅礦遺址（中国）・・・・ 223

遵義会議会址（中国）・・・・・・ 223
濬県古墓（中国）・・・・・・・・ 223
順興壁画古墳（韓国）・・・・・・ 73
荀子墓（中国）・・・・・・・・・ 223
春秋閣（中国）・・・・・・・・・ 223
春秋祠（中国）・・・・・・・・・ 223
春秋楼〔解州関帝廟〕（中国）・・ 150
春秋楼〔許昌関帝廟〕（中国）・・ 172
春申君墓（中国）・・・・・・・・ 223
ジュンディ・シャープール（イラン）・・・・・・・・・・ 22
ジュンナール（インド）・・・・・ 36
殉馬坑（中国）・・・・・・・・・ 223
舜廟（中国）・・・・・・・・・・ 223
純陽宮（中国）・・・・・・・・・ 223
純陽殿〔永楽宮〕（中国）・・・・ 223
純陽殿〔峨嵋山〕（中国）・・・・ 223
順陵〔武周〕（中国）・・・・・・ 223
順陵〔李璪墓〕（中国）・・・・・ 224
巡礼路教会（スペイン）・・・・・ 498
松筠庵（中国）・・・・・・・・・ 224
招隠寺（中国）・・・・・・・・・ 224
小雲棲寺（中国）・・・・・・・・ 224
小営子遺跡（中国）・・・・・・・ 224
定慧寺（中国）・・・・・・・・・ 224
小円墳群〔ヴェルギナ〕（ギリシャ）・・・・・・・・・・ 470
蔣琬墓（中国）・・・・・・・・・ 224
承恩寺（中国）・・・・・・・・・ 224
章懐太子墓（中国）・・・・・・・ 224
焼鍋営子燕長城址（中国）・・・・ 224
松鶴斎（中国）・・・・・・・・・ 224
昭覚寺（中国）・・・・・・・・・ 224
正覚寺〔楽梅県〕（中国）・・・・ 224
正覚寺〔長治県〕（中国）・・・・ 224
静覚寺（中国）・・・・・・・・・ 224
正覚寺塔（中国）・・・・・・・・ 224
湘鄂川黔省革命委員会旧址（中国）・・・・・・・・・・ 224
松鶴洞古墳群（韓国）・・・・・・ 73
松鶴里古墳群（韓国）・・・・・・ 73
商家〔コリント〕（ギリシャ）・・ 473
小華山（中国）・・・・・・・・・ 225
少華山〔華県〕（中国）・・・・・ 225
少華山〔徳興県〕（中国）・・・・ 225
章華寺（中国）・・・・・・・・・ 225
証果寺（中国）・・・・・・・・・ 225
勝果寺塔（中国）・・・・・・・・ 225
章華台（中国）・・・・・・・・・ 225
章家渡（中国）・・・・・・・・・ 225
肖家楼（中国）・・・・・・・・・ 225
昭関（中国）・・・・・・・・・・ 225
昭関石塔（中国）・・・・・・・・ 225
小雁塔（中国）・・・・・・・・・ 225
松菊里遺跡（韓国）・・・・・・・ 73

小亀山崖洞墓（中国）・・・・・・ 225
小九華山（中国）・・・・・・・・ 225
小ギュムナシオン〔ペルガモン〕（トルコ）・・・・・・・・・ 527
上京2号寺院（中国）・・・・・・ 225
勝境関（中国）・・・・・・・・・ 225
商業組合広場〔オスティア〕（イタリア）・・・・・・・・・ 429
上京府林東窯跡（中国）・・・・・ 225
小喬墓（中国）・・・・・・・・・ 225
勝棋楼（中国）・・・・・・・・・ 225
小金山（中国）・・・・・・・・・ 226
松郡九峰（中国）・・・・・・・・ 226
昭君故里（中国）・・・・・・・・ 226
将軍塚（中国）・・・・・・・・・ 226
昭君井（中国）・・・・・・・・・ 226
昭君台（中国）・・・・・・・・・ 226
将軍墳（中国）・・・・・・・・・ 226
昭君墓（中国）・・・・・・・・・ 226
昌慶苑（韓国）・・・・・・・・・ 73
上京会寧府遺址（中国）・・・・・ 226
昌慶宮（韓国）・・・・・・・・・ 73
浄恵寺（韓国）・・・・・・・・・ 73
浄恵寺跡の石塔（韓国）・・・・・ 73
昭慶律寺（中国）・・・・・・・・ 226
上京龍泉府（中国）・・・・・・・ 295
上京竜泉府故城遺址（中国）・・・・・・・・・・ 226
上京臨潢府城跡（中国）・・・・・ 226
承啓楼（中国）・・・・・・・・・ 226
小花寺（中国）・・・・・・・・・ 178
昌原南山遺跡（韓国）・・・・・・ 73
祥謙陵園（中国）・・・・・・・・ 226
焼溝（中国）・・・・・・・・・・ 226
小洪海石人（中国）・・・・・・・ 226
焼溝漢墓（中国）・・・・・・・・ 226
紹興古墓（中国）・・・・・・・・ 227
松広寺（韓国）・・・・・・・・・ 74
松江清真寺（中国）・・・・・・・ 227
闖江双橋（中国）・・・・・・・・ 227
承光殿（中国）・・・・・・・・・ 227
定光塔（中国）・・・・・・・・・ 227
松江唐経幢（中国）・・・・・・・ 227
省港罷工委員会旧址（中国）・・・・・・・・・・ 227
城隍廟〔三原県〕（中国）・・・・ 227
城隍廟〔西安市〕（中国）・・・・ 227
城隍廟〔蘇州市〕（中国）・・・・ 227
城隍廟〔鄭州市〕（中国）・・・・ 227
松江明刻照壁（中国）・・・・・・ 227
獐項里廃寺址（韓国）・・・・・・ 74
小昊陵（中国）・・・・・・・・・ 227
紹興魯迅故居（中国）・・・・・・ 227
松谷庵（中国）・・・・・・・・・ 227
相国寺（中国）・・・・・・・・・ 227
定国寺（中国）・・・・・・・・・ 227

しよう 720 史跡・遺跡名索引

小黒石溝石槨墓〔中国〕 ‥‥‥ 227
上谷里瓦窯跡〔韓国〕 ‥‥‥‥ 74
小孤山〔中国〕 ‥‥‥‥‥‥‥ 227
浄居寺〔中国〕 ‥‥‥‥‥‥‥ 228
城後村〔中国〕 ‥‥‥‥‥‥‥ 228
上五里廃寺〔北朝鮮〕 ‥‥‥‥ 107
鐘鼓楼〔永昌県〕〔中国〕 ‥‥ 228
鐘鼓楼〔南昌市〕〔中国〕 ‥‥ 228
小金瓦寺〔中国〕 ‥‥‥‥‥‥ 178
縄金塔〔中国〕 ‥‥‥‥‥‥‥ 228
縄金塔寺〔中国〕 ‥‥‥‥‥‥ 228
城砦〔オルムズ〕〔イラン〕 ‥ 20
畳彩山〔中国〕 ‥‥‥‥‥‥‥ 228
城塞都市バクー〔アゼルバイジャ
ン〕 ‥‥‥‥‥‥‥‥‥‥‥‥ 1
城塞歴史都市ハラール・ジュゴ
ル〔エチオピア〕 ‥‥‥‥‥ 602
焦山〔中国〕 ‥‥‥‥‥‥‥‥ 228
韶山〔中国〕 ‥‥‥‥‥‥‥‥ 228
象山王氏墓地〔中国〕 ‥‥‥‥ 228
焦山抗英炮台遺址〔中国〕 ‥‥ 228
城山古墳〔韓国〕 ‥‥‥‥‥‥ 74
湘山寺〔炎陵県〕〔中国〕 ‥‥ 228
湘山寺〔遵義市〕〔中国〕 ‥‥ 228
湘山寺〔全州県〕〔中国〕 ‥‥ 228
象山東晋墓〔中国〕 ‥‥‥‥‥ 228
焦山碑刻〔中国〕 ‥‥‥‥‥‥ 228
相山廟〔中国〕 ‥‥‥‥‥‥‥ 228
松山里〔北朝鮮〕 ‥‥‥‥‥‥ 107
鍾山陸游題名石刻〔中国〕 ‥‥ 228
城子崖〔中国〕 ‥‥‥‥‥‥‥ 228
娘子関〔中国〕 ‥‥‥‥‥‥‥ 229
城子後山城遺址〔中国〕 ‥‥‥ 229
城子山山城〔中国〕 ‥‥‥‥‥ 229
城子山山城遺址〔中国〕 ‥‥‥ 229
浄慈寺〔中国〕 ‥‥‥‥‥‥‥ 229
上寺大雄宝殿〔中国〕 ‥‥‥‥ 181
少室闕〔中国〕 ‥‥‥‥‥‥‥ 229
漳州文廟碑刻〔中国〕 ‥‥‥‥ 229
小珠山遺跡〔中国〕 ‥‥‥‥‥ 229
昌珠寺〔中国〕 ‥‥‥‥‥‥‥ 229
聖寿寺〔宝頂山〕〔中国〕 ‥‥ 229
聖寿寺〔霊空山〕〔中国〕 ‥‥ 229
聖寿寺舎利塔〔中国〕 ‥‥‥‥ 229
聖寿寺塔〔中国〕 ‥‥‥‥‥‥ 229
紫陽書院〔中国〕 ‥‥‥‥‥‥ 229
襄城画象石墓〔中国〕 ‥‥‥‥ 229
小商橋〔中国〕 ‥‥‥‥‥‥‥ 229
小昭寺〔中国〕 ‥‥‥‥‥‥‥ 229
正相塔〔中国〕 ‥‥‥‥‥‥‥ 229
勝象宝塔〔中国〕 ‥‥‥‥‥‥ 229
上定林寺塔〔中国〕 ‥‥‥‥‥ 229
城牆磴石山城遺址〔中国〕 ‥‥ 230
尚書第〔中国〕 ‥‥‥‥‥‥‥ 230
上詩里遺跡〔韓国〕 ‥‥‥‥‥ 74
精進寺塔〔中国〕 ‥‥‥‥‥‥ 230

将進里墳墓群〔北朝鮮〕 ‥‥‥ 107
聖水寺〔杭州市〕〔中国〕 ‥‥ 230
聖水寺〔内江市〕〔中国〕 ‥‥ 230
聖水寺〔羅源県〕〔中国〕 ‥‥ 230
上清宮〔崍山〕〔中国〕 ‥‥‥ 230
上清宮〔貴渓県〕〔中国〕 ‥‥ 230
上清宮〔青城山〕〔中国〕 ‥‥ 230
小西天〔中国〕 ‥‥‥‥‥‥‥ 230
韶石山〔中国〕 ‥‥‥‥‥‥‥ 230
松節洞墳墓群〔韓国〕 ‥‥‥‥ 74
障川寺跡〔韓国〕 ‥‥‥‥‥‥ 74
昇仙太子碑〔中国〕 ‥‥‥‥‥ 230
小仙壇青瓷〔磁〕窯遺址〔中国〕
 ‥‥‥‥‥‥‥‥‥‥‥‥‥‥ 230
上禅堂〔中国〕 ‥‥‥‥‥‥‥ 230
昇仙坊〔中国〕 ‥‥‥‥‥‥‥ 230
焦荘戸地道戦遺址〔中国〕 ‥‥ 230
小荘石窟〔中国〕 ‥‥‥‥‥‥ 230
浄蔵禅師塔〔中国〕 ‥‥‥‥‥ 230
勝像宝塔〔中国〕 ‥‥‥‥‥‥ 229
将相里古墳群〔韓国〕 ‥‥‥‥ 74
小滄浪〔中国〕 ‥‥‥‥‥‥‥ 230
上村里遺跡〔韓国〕 ‥‥‥‥‥ 74
上村嶺虢国墓〔中国〕 ‥‥‥‥ 231
章太炎墓〔中国〕 ‥‥‥‥‥‥ 231
場垈里古墳群〔韓国〕 ‥‥‥‥ 74
昭烏達連盟白塔子の白塔〔中
国〕 ‥‥‥‥‥‥‥‥‥‥‥‥ 312
松竹里遺跡〔韓国〕 ‥‥‥‥‥ 74
昭忠塔〔台湾〕 ‥‥‥‥‥‥‥ 130
召陳村西周建築遺址〔中国〕
 ‥‥‥‥‥‥‥‥‥‥‥‥‥‥ 328
昭通後海子東晋墓〔中国〕 ‥‥ 231
招堤〔中国〕 ‥‥‥‥‥‥‥‥ 231
上帝廟〔中国〕 ‥‥‥‥‥‥‥ 231
昇天記念聖堂〔エルサレム〕
 ‥‥‥‥‥‥‥‥‥‥‥‥‥‥ 55
小田渓戦国墓〔中国〕 ‥‥‥‥ 231
承天寺〔荊州市〕〔中国〕 ‥‥ 231
承天寺〔泉州市〕〔中国〕 ‥‥ 231
聖天寺〔中国〕 ‥‥‥‥‥‥‥ 231
上天竺法喜寺〔中国〕 ‥‥‥‥ 231
承天寺塔〔中国〕 ‥‥‥‥‥‥ 231
敞天石洞〔中国〕 ‥‥‥‥‥‥ 231
小天地〔中国〕 ‥‥‥‥‥‥‥ 231
上天峰〔中国〕 ‥‥‥‥‥‥‥ 231
松田里遺跡〔韓国〕 ‥‥‥‥‥ 74
上都〔中国〕 ‥‥‥‥‥‥‥‥ 231
上都遺跡〔中国〕 ‥‥‥‥‥‥ 231
松堂〔中国〕 ‥‥‥‥‥‥‥‥ 231
上洞遺跡〔韓国〕 ‥‥‥‥‥‥ 74
聖塔院寺塔〔中国〕 ‥‥‥‥‥ 231
抄道溝〔中国〕 ‥‥‥‥‥‥‥ 232
城頭山遺跡〔中国〕 ‥‥‥‥‥ 232
小湯山温泉〔中国〕 ‥‥‥‥‥ 232
城東洞遺跡〔韓国〕 ‥‥‥‥‥ 74

上党門〔中国〕 ‥‥‥‥‥‥‥ 232
上都開平府〔中国〕 ‥‥‥‥‥ 231
承徳外八廟・普陀宗乗之廟〔中
国〕 ‥‥‥‥‥‥‥‥‥‥‥‥ 327
昌徳宮〔韓国〕 ‥‥‥‥‥‥‥ 74
承徳製銅遺跡〔中国〕 ‥‥‥‥ 232
常徳楚墓〔中国〕 ‥‥‥‥‥‥ 232
承徳の避暑山荘と外八廟〔中
国〕 ‥‥‥‥‥‥‥‥‥‥‥‥ 232
昌図后托拉山遺跡〔中国〕 ‥‥ 232
浄土寺〔中国〕 ‥‥‥‥‥‥‥ 232
上都史跡〔中国〕 ‥‥‥‥‥‥ 231
小屯遺跡〔中国〕 ‥‥‥‥‥‥ 232
小南海〔中国〕 ‥‥‥‥‥‥‥ 232
小南海原始洞穴〔中国〕 ‥‥‥ 232
小南海大士寺〔中国〕 ‥‥‥‥ 232
小南山遺跡〔中国〕 ‥‥‥‥‥ 232
漳南書院〔中国〕 ‥‥‥‥‥‥ 232
召南里遺跡〔韓国〕 ‥‥‥‥‥ 74
城南里古墳群〔韓国〕 ‥‥‥‥ 74
昭仁寺〔中国〕 ‥‥‥‥‥‥‥ 232
昌寧〔遺跡〕〔韓国〕 ‥‥‥‥ 75
昌寧桂城古墳群〔韓国〕 ‥‥‥ 75
昌寧校洞古墳群〔韓国〕 ‥‥‥ 75
昌寧古墳群〔韓国〕 ‥‥‥‥‥ 75
松柏坑〔台湾〕 ‥‥‥‥‥‥‥ 130
小白嶺〔中国〕 ‥‥‥‥‥‥‥ 232
上馬石遺跡〔中国〕 ‥‥‥‥‥ 232
上馬石貝塚〔中国〕 ‥‥‥‥‥ 233
昌馬石窟〔中国〕 ‥‥‥‥‥‥ 172
上馬村〔中国〕 ‥‥‥‥‥‥‥ 233
小盤谷〔中国〕 ‥‥‥‥‥‥‥ 233
昭廟〔中国〕 ‥‥‥‥‥‥‥‥ 233
成仏寺〔北朝鮮〕 ‥‥‥‥‥‥ 107
小仏湾〔中国〕 ‥‥‥‥‥‥‥ 233
小プロピュライア〔ギリシャ〕
 ‥‥‥‥‥‥‥‥‥‥‥‥‥‥ 471
常平関帝廟〔中国〕 ‥‥‥‥‥ 233
昇平社学旧址〔中国〕 ‥‥‥‥ 233
松坪洞遺跡〔北朝鮮〕 ‥‥‥‥ 108
城壁〔アンティオキア〕〔トルコ〕
 ‥‥‥‥‥‥‥‥‥‥‥‥‥‥ 519
城壁〔エレウシス〕〔ギリシャ〕
 ‥‥‥‥‥‥‥‥‥‥‥‥‥‥ 471
城壁廻廊〔ネルドリンゲン〕〔ド
イツ〕 ‥‥‥‥‥‥‥‥‥‥ 513
城壁〔ディオン〕〔ギリシャ〕 ‥ 476
城壁都市カルカソンヌ〔フラン
ス〕 ‥‥‥‥‥‥‥‥‥‥‥ 539
城壁都市シバーム〔イエメン〕
 ‥‥‥‥‥‥‥‥‥‥‥‥‥‥ 5
城壁都市バクー〔アゼルバイジャ
ン〕 ‥‥‥‥‥‥‥‥‥‥‥‥ 1
城壁都市バクー、シャイヴァン
シャー宮殿、乙女の塔〔アゼル
バイジャン〕 ‥‥‥‥‥‥‥ 1
施洋墓〔中国〕 ‥‥‥‥‥‥‥ 233

史跡・遺跡名索引　　　　　721　　　　　しろや

招宝山 (中国)	233
上方山 〔蘇州市〕(中国)	233
上方山 〔北京市〕(中国)	233
上封寺 (中国)	233
城父故城址 (中国)	233
資陽摩崖仏 (中国)	233
浄明寺塔 (中国)	233
上舞龍里遺跡 (韓国)	75
昭明遺跡 (韓国)	75
昭明県治址 (北朝鮮)	108
照面井 (中国)	233
聖祐廟 (中国)	233
焦裕禄烈士墓 (中国)	233
聖容寺 (中国)	233
邵雍祠 (中国)	234
聖容寺塔 (中国)	234
襄陽城 (中国)	234
襄陽城の夫人城 (中国)	234
逍遥津 (中国)	234
饒陽店古塔 (中国)	234
蒋翊武就義処紀念碑 (中国)	234
常楽寺 (中国)	234
小蘭東漢墓 (中国)	234
上里遺跡 (北朝鮮)	108
鍾離古城址 (中国)	234
勝利山遺跡 (北朝鮮)	108
少陵 (中国)	234
昭陵 〔清〕(中国)	234
昭陵 〔唐〕(中国)	234
清涼寺 (中国)	251
昭陵と陪塚 (中国)	234
上林湖青瓷窯址 (中国)	234
少林寺 〔登封市〕(中国)	234
少林寺 〔薊県〕(中国)	234
上林寺 (中国)	234
定林寺 (韓国)	75
定林寺 〔高平県〕(中国)	234
定林寺 〔浮来山〕(中国)	235
昌林寺跡 (韓国)	75
定林寺跡 (韓国)	75
定林寺址・5層石塔 (韓国)	75
定林寺跡の石塔 (韓国)	75
定林寺塔 (韓国)	75
松林寺の5層塼塔 (韓国)	75
上林里遺跡 (韓国)	75
祥林里窯跡 (韓国)	75
小嶺製鉄遺跡 (中国)	235
小嶺地区冶鉄遺址 (中国)	235
青蓮寺 (中国)	235
小連城 (中国)	235
小蓮荘 (中国)	235
鐘楼 〔吉安市〕(中国)	235
鐘楼 〔広州市〕(中国)	235
鐘楼 〔西安市〕(中国)	235

鐘楼 〔北京市〕(中国)	235
上老大島山登遺跡 (韓国)	75
上老大島上里遺跡 (韓国)	75
小鹿島 (韓国)	75
小魯里遺跡 (韓国)	75
舒王台 (中国)	235
徐家匯天主堂 (中国)	235
徐霞客墓 (中国)	235
諸葛嶺 (中国)	235
ジョカン (中国)	268
峙峪 (中国)	235
稷益廟 (中国)	235
稷王廟 (中国)	235
蜀の桟道 (中国)	235
植民都市サント・ドミンゴ (ドミニカ共和国)	633
飾履塚 (韓国)	75
食料品店 (イタリア)	451
食糧品店 (イタリア)	451
ジョーゲーシュヴァリー (インド)	36
徐光啓墓 (中国)	235
ジョージタウン (マレーシア)	393
徐錫麟墓 (中国)	236
徐州画象石墓 (中国)	236
徐州前漢楚王墓群 (中国)	236
初祖庵 (中国)	236
助村洞古墳群 (韓国)	76
徐達墓 (中国)	236
ショチカルコ (メキシコ)	642
ショチテカトル (メキシコ)	641
稷下の学宮 (中国)	236
ジョードプル (インド)	36
ショトラク (アフガニスタン)	2
ショトラック遺跡 (アフガニスタン)	2
ショトル, タパ (アフガニスタン)	2
ジョホール・ラマ (マレーシア)	392
ショーモン・シュル・ロアール (フランス)	544
所羅里土城 (北朝鮮)	108
ジョルウェ (インド)	36
ジョル・バーングラ寺院 (インド)	34
ジョン (スイス)	488
ジョン・クロウ山地 (ジャマイカ)	633
ジョンソン・ワックス・ビル (アメリカ合衆国)	623
ジョンディ・シャープール (イラン)	22
定林寺 (ジョンリムサジ) 跡 (韓国)	75

定陵寺 (ジョンルンサ) (北朝鮮)	111
新羅 〔遺跡〕(韓国)	76
新羅文武王海底王陵 (韓国)	81
シラクーザ (イタリア)	440
シラクサ (イタリア)	440
シラクーザとパンタリカの岩壁墓地遺跡 (イタリア)	440
シラクーザのアテナ神殿 (イタリア)	440
シラクーザの劇場 (イタリア)	440
シリア北部の古代村落群 (シリア)	120
席力図召 (中国)	236
席力図召　大経堂 (中国)	236
シリャコト (ペルー)	662
士林 (台湾)	130
シリン・サイ (ウズベキスタン)	52
シルヴァンシャー宮殿 (アゼルバイジャン)	1
シルヴァンシャーの宮殿と乙女の塔がある城塞都市バクー (アゼルバイジャン)	1
シルカップ (パキスタン)	381
シルカップ小塔 (パキスタン)	381
シルカップのストゥーパ (パキスタン)	381
シルカ洞穴 (ロシア)	574
シルク・ロード (カザフスタン)	56
シルク・ロード (キルギス)	116
シルク・ロード (中国)	236
シルクロード：長安・天山回廊の道路網 (カザフスタン)	56
シルクロード：長安・天山回廊の道路網 (キルギス)	116
シルクロード：長安・天山回廊の道路網 (中国)	236
シルサ (インド)	36
シルスク (パキスタン)	381
シルスーフ (パキスタン)	381
シルダク・ベク (キルギス)	116
シルバリー・ヒル (イギリス)	417
詩礼堂 (中国)	236
四烈士墓 (中国)	236
「白い馬」(アッフィントン) (イギリス)	414
四老洞遺跡 (韓国)	76
四老里 (韓国)	76
白修道院 (エジプト)	590
シロツワネ (ジンバブエ)	605
城山貝塚 (韓国)	76
城山山城 (韓国)	76

しわお　　　　　　　　722　　　　　史跡・遺跡名索引

シーワ・オアシス（エジプト） ‥‥‥ 590
寺窪山遺跡（中国） ‥‥‥‥‥ 236
新安碑園（中国） ‥‥‥‥‥‥ 236
清怡賢親王墓（中国） ‥‥‥‥ 236
縉雲山（中国） ‥‥‥‥‥‥‥ 236
真慧寺（中国） ‥‥‥‥‥‥‥ 236
沈園（中国） ‥‥‥‥‥‥‥‥ 236
新燕里9号墳（韓国） ‥‥‥‥ 76
秦王墓（中国） ‥‥‥‥‥‥‥ 76
仁旺洞古墳群（韓国） ‥‥‥‥ 76
桑海古塩井（中国） ‥‥‥‥‥ 237
辛亥灤州革命先烈紀念塔（中
　国） ‥‥‥‥‥‥‥‥‥‥‥ 237
新開流文化遺址（中国） ‥‥‥ 237
真覚寺（中国） ‥‥‥‥‥‥‥ 237
“神学者”聖ヨハネ修道院と黙示
　録の洞窟を含むパトモス島の
　歴史中心地区（コーラ）（ギリシ
　ャ） ‥‥‥‥‥‥‥‥‥‥‥ 479
神楽署（中国） ‥‥‥‥‥‥‥ 237
辛稼軒紀念祠（中国） ‥‥‥‥ 237
秦家溝村（中国） ‥‥‥‥‥‥ 237
シンガポール植物園（シンガポー
　ル） ‥‥‥‥‥‥‥‥‥‥‥ 123
ジンガラベル・モスク（マリ）
　　‥‥‥‥‥‥‥‥‥‥‥‥ 614
新干商代大墓（中国） ‥‥‥‥ 237
新岩里遺跡（北朝鮮） ‥‥‥‥ 108
秦魏家（中国） ‥‥‥‥‥‥‥ 237
辛棄疾墓（中国） ‥‥‥‥‥‥ 237
新基洞古墳群（韓国） ‥‥‥‥ 76
人境廬（中国） ‥‥‥‥‥‥‥ 237
深貴里（北朝鮮） ‥‥‥‥‥‥ 108
新金后元台遺跡（中国） ‥‥‥ 237
シンクヴェトリル（アイスラン
　ド） ‥‥‥‥‥‥‥‥‥‥‥ 411
シンクヴェトリル国立公園（ア
　イスランド） ‥‥‥‥‥‥‥ 411
シングラウリ（インド） ‥‥‥ 36
シンゲッティ（モーリタニア）
　　‥‥‥‥‥‥‥‥‥‥‥‥ 616
心源寺（北朝鮮） ‥‥‥‥‥‥ 108
慎公祠（中国） ‥‥‥‥‥‥‥ 237
清公主府（中国） ‥‥‥‥‥‥ 237
神屋鎮（中国） ‥‥‥‥‥‥‥ 237
新興洞（北朝鮮） ‥‥‥‥‥‥ 108
晋侯墓地（中国） ‥‥‥‥‥‥ 237
新興里古墳群（韓国） ‥‥‥‥ 76
深谷里遺跡（韓国） ‥‥‥‥‥ 76
神山（中国） ‥‥‥‥‥‥‥‥ 237
神山寺（中国） ‥‥‥‥‥‥‥ 237
真山墓地（中国） ‥‥‥‥‥‥ 237
晋祠（中国） ‥‥‥‥‥‥‥‥ 238
新四軍軍部旧址〔涇県雲嶺〕（中
　国） ‥‥‥‥‥‥‥‥‥‥‥ 238

新四軍軍部旧址〔南昌市〕（中
　国） ‥‥‥‥‥‥‥‥‥‥‥ 238
新四軍平江通訊処旧址（中国）
　　‥‥‥‥‥‥‥‥‥‥‥‥ 238
秦始皇帝陵（中国） ‥‥‥‥‥ 213
秦始皇帝陵・兵馬俑坑（中国）
　　‥‥‥‥‥‥‥‥‥‥‥‥ 213
秦始皇陵兵馬俑叢葬坑（中国）
　　‥‥‥‥‥‥‥‥‥‥‥‥ 332
沈子国古城址（中国） ‥‥‥‥ 238
晋祠聖母殿（中国） ‥‥‥‥‥ 238
進士題名碑（中国） ‥‥‥‥‥ 238
晋州古墳群（韓国） ‥‥‥‥‥ 76
泌秋亭（中国） ‥‥‥‥‥‥‥ 238
仁寿殿（中国） ‥‥‥‥‥‥‥ 238
真珠採り、島の経済の証し（バー
　レーン） ‥‥‥‥‥‥‥‥‥ 386
仁寿摩崖仏（中国） ‥‥‥‥‥ 238
新城（台湾） ‥‥‥‥‥‥‥‥ 130
秦城遺址（中国） ‥‥‥‥‥‥ 238
新城大捷旧址（中国） ‥‥‥‥ 238
新昌洞遺跡（韓国） ‥‥‥‥‥ 76
新昌里（韓国） ‥‥‥‥‥‥‥ 76
針織厰画象石墓（中国） ‥‥‥ 238
秦嶼土堡（中国） ‥‥‥‥‥‥ 238
ジンジルリ（トルコ） ‥‥‥‥ 523
神聖都市カラル・スーペ（ペ
　ルー） ‥‥‥‥‥‥‥‥‥‥ 663
神聖なミジケンダ族のカヤ森林
　群（ケニア） ‥‥‥‥‥‥‥ 604
清西陵（中国） ‥‥‥‥‥‥‥ 239
振成楼（中国） ‥‥‥‥‥‥‥ 238
新石器時代の遺跡の宝庫オーク
　ニー（イギリス） ‥‥‥‥‥ 415
真仙巌（中国） ‥‥‥‥‥‥‥ 238
仁川景西洞窯址（韓国） ‥‥‥ 76
神仙寺跡（韓国） ‥‥‥‥‥‥ 76
神仙洞（中国） ‥‥‥‥‥‥‥ 238
辰泉洞遺跡（韓国） ‥‥‥‥‥ 76
神宗陽陵（北朝鮮） ‥‥‥‥‥ 108
辛村衛墓（中国） ‥‥‥‥‥‥ 223
新村里9号墳（韓国） ‥‥‥‥ 76
新垈里山城（韓国） ‥‥‥‥‥ 76
秦長城（中国） ‥‥‥‥‥‥‥ 238
秦長城遺址（中国） ‥‥‥‥‥ 239
神通寺（中国） ‥‥‥‥‥‥‥ 239
神通寺四門塔（中国） ‥‥‥‥ 239
新鄭古墓（中国） ‥‥‥‥‥‥ 239
寝殿（中国） ‥‥‥‥‥‥‥‥ 239
辛店（中国） ‥‥‥‥‥‥‥‥ 239
神殿D（ユーノ・ラキニア神殿）（イ
　タリア） ‥‥‥‥‥‥‥‥‥ 456
神殿E、F、G址〔セリヌンテ〕
　（イタリア） ‥‥‥‥‥‥‥ 442
辛店遺跡（中国） ‥‥‥‥‥‥ 239
神殿（カスティーヨ）（ペルー）
　　‥‥‥‥‥‥‥‥‥‥‥‥ 660

神殿〔セゲスタ〕（イタリア） ‥ 441
神殿〔チャビン・デ・ワンタル〕
　（ペルー） ‥‥‥‥‥‥‥‥ 664
神殿遺蹟〔デロス島〕（ギリシャ）
　　‥‥‥‥‥‥‥‥‥‥‥‥ 478
新店子壁画墓（中国） ‥‥‥‥ 344
神堂里（韓国） ‥‥‥‥‥‥‥ 77
清東陵（中国） ‥‥‥‥‥‥‥ 239
新徳1号墳（韓国） ‥‥‥‥‥ 77
シントラ（ポルトガル） ‥‥‥ 562
シントラの文化的景観（ポルト
　ガル） ‥‥‥‥‥‥‥‥‥‥ 562
シントラ・ペナ宮（ポルトガル）
　　‥‥‥‥‥‥‥‥‥‥‥‥ 562
秦二世泰山石刻（中国） ‥‥‥ 239
真如寺（中国） ‥‥‥‥‥‥‥ 239
晋寧摩崖造像（中国） ‥‥‥‥ 239
神農祠（中国） ‥‥‥‥‥‥‥ 239
清の慈禧陵（中国） ‥‥‥‥‥ 212
秦の始皇帝陵（中国） ‥‥‥‥ 213
秦の始皇帝陵と兵馬俑坑（中
　国） ‥‥‥‥‥‥‥‥‥‥‥ 213
清の西陵（中国） ‥‥‥‥‥‥ 239
清の東陵（中国） ‥‥‥‥‥‥ 239
清の北陵（中国） ‥‥‥‥‥‥ 234
ジンバブエ遺跡（ジンバブエ）
　　‥‥‥‥‥‥‥‥‥‥‥‥ 605
真坡里（戊辰里遺跡）（北朝鮮）
　　‥‥‥‥‥‥‥‥‥‥‥‥ 108
真坡里1号墳（北朝鮮） ‥‥‥ 108
真坡里4号墳（北朝鮮） ‥‥‥ 108
真坡里古墳群（北朝鮮） ‥‥‥ 108
シンビンターリャウン堂（ミャ
　ンマー） ‥‥‥‥‥‥‥‥‥ 394
振風塔（中国） ‥‥‥‥‥‥‥ 239
シンフェロポリ（ウクライナ）
　　‥‥‥‥‥‥‥‥‥‥‥‥ 460
神福寺跡（韓国） ‥‥‥‥‥‥ 77
沈府君闕（中国） ‥‥‥‥‥‥ 239
沈府君墓（中国） ‥‥‥‥‥‥ 239
人物と犬の刻画（ヌウアヌ）（アメ
　リカ合衆国） ‥‥‥‥‥‥‥ 624
「人物、動物、魚、船、図形など」
　（エヴェンフス）（ノルウェー）
　　‥‥‥‥‥‥‥‥‥‥‥‥ 530
壬仏里遺跡（韓国） ‥‥‥‥‥ 77
秦兵馬俑坑（中国） ‥‥‥‥‥ 332
清北京城跡（中国） ‥‥‥‥‥ 239
神宝寺（中国） ‥‥‥‥‥‥‥ 239
神武門（中国） ‥‥‥‥‥‥‥ 240
新明楼（中国） ‥‥‥‥‥‥‥ 240
人面浮彫（エイアオネ）（フランス
　領ポリネシア） ‥‥‥‥‥‥ 408
人面石刻（中国） ‥‥‥‥‥‥ 240
神文王陵の袖石の彫刻（韓国）
　　‥‥‥‥‥‥‥‥‥‥‥‥ 77
信陽漢墓（中国） ‥‥‥‥‥‥ 240
瀋陽故宮（中国） ‥‥‥‥‥‥ 240

史跡・遺跡名索引　　　　723　　　　すうり

瀋陽故宮―崇政殿(中国)　‥‥　243
瀋陽故宮―清寧宮(中国)　‥‥　250
瀋陽故宮―大政殿(中国)　‥‥　269
瀋陽故宮―文溯閣(中国)　‥‥　329
信陽春秋墓(中国)　‥‥‥‥‥　282
新楽遺跡(中国)　‥‥‥‥‥‥　240
新楽新石器時代遺址(中国)
　　　　‥‥‥‥‥‥‥‥‥‥　240
新龍里窯跡(韓国)　‥‥‥‥‥　77
人類化石出土のサンギラン遺跡
　　(インドネシア)　‥‥‥‥　47
人類の進化を示すカルメル山の
　　史跡：ナハル・メアロット/
　　ワディ・エル・ムガーラ渓谷
　　の洞窟群(イスラエル)　‥‥　7
神勒寺(韓国)　‥‥‥‥‥‥‥　77
尋淮洲烈士墓碑(中国)　‥‥‥　240

【す】

スアン・ロク(ベトナム)　‥‥　389
スイアブ(キルギス)　‥‥‥‥　116
瑞雲塔(中国)　‥‥‥‥‥‥‥　240
瑞雲峰(中国)　‥‥‥‥‥‥‥　240
水駅洞(北朝鮮)　‥‥‥‥‥‥　108
スィエネ(エジプト)　‥‥‥‥　583
綏遠城将軍衙署旧址(中国)
　　　　‥‥‥‥‥‥‥‥‥‥　240
酔翁亭(中国)　‥‥‥‥‥‥‥　240
水絵図遺址(中国)　‥‥‥‥‥　240
翠華山(中国)　‥‥‥‥‥‥‥　240
推火山烽燧台(韓国)　‥‥‥‥　77
水佳里遺跡(韓国)　‥‥‥‥‥　77
瑞巌(中国)　‥‥‥‥‥‥‥‥　240
水観音(中国)　‥‥‥‥‥‥‥　240
「水牛」(ジャオラ)(インド)
　　　　‥‥‥‥‥‥‥‥‥‥‥　36
水峡口石窟(中国)　‥‥‥‥‥　240
水鏡荘(中国)　‥‥‥‥‥‥‥　240
水銀関連遺産：アルマデンとイ
　　ドリア(スペイン)　‥‥‥　498
水銀関連遺産：アルマデンとイ
　　ドリア(スロベニア)　‥‥　503
水月宮(中国)　‥‥‥‥‥‥‥　240
水原城跡(韓国)　‥‥‥‥‥‥　77
随県曾侯墓(中国)　‥‥‥‥‥　241
水原の華城(韓国)　‥‥‥‥‥　77
翠湖(中国)　‥‥‥‥‥‥‥‥　241
垂虹橋(中国)　‥‥‥‥‥‥‥　241
崇興寺双塔(中国)　‥‥‥‥‥　241
瑞光塔(中国)　‥‥‥‥‥‥‥　241
水口塔(中国)　‥‥‥‥‥‥‥　241
瑞光塔(中国)　‥‥‥‥‥‥‥　241
水谷2洞古墳群(韓国)　‥‥‥　77
睡虎地11号墓(中国)　‥‥‥‥　241

睡虎地秦墓(中国)　‥‥‥‥‥　241
瑞山(韓国)　‥‥‥‥‥‥‥‥　77
水寨大山(中国)　‥‥‥‥‥‥　241
圓山塔(中国)　‥‥‥‥‥‥‥　241
瑞山磨崖仏(韓国)　‥‥‥‥‥　77
水山里古墳(北朝鮮)　‥‥‥‥　108
崇寿塔(中国)　‥‥‥‥‥‥‥　241
水城(中国)　‥‥‥‥‥‥‥‥　340
水心樹(中国)　‥‥‥‥‥‥‥　241
隋仁寿宮―唐九成宮(中国)
　　　　‥‥‥‥‥‥‥‥‥‥　167
水神廟(中国)　‥‥‥‥‥‥‥　241
水西大磚塔(中国)　‥‥‥‥‥　241
酔石館(中国)　‥‥‥‥‥‥‥　241
水石洞遺跡(韓国)　‥‥‥‥‥　77
水石里(韓国)　‥‥‥‥‥‥‥　77
水泉石窟(中国)　‥‥‥‥‥‥　241
瑞像巌(中国)　‥‥‥‥‥‥‥　241
水村里遺跡(韓国)　‥‥‥‥‥　77
隋大興城(中国)　‥‥‥‥‥‥　241
水田畈(中国)　‥‥‥‥‥‥‥　241
水道橋〔ガール〕(フランス)　550
水道橋〔セゴビア〕(スペイン)
　　　　‥‥‥‥‥‥‥‥‥‥　499
水道橋〔メリダ〕(スペイン)‥　501
水洞溝(中国)　‥‥‥‥‥‥‥　241
水洞溝遺址(中国)　‥‥‥‥‥　242
隋唐東都洛陽城含嘉倉(中国)
　　　　‥‥‥‥‥‥‥‥‥‥　356
ズィートゥーナ・モスク(チュニ
　　ジア)　‥‥‥‥‥‥‥‥　610
隋唐洛陽城(中国)　‥‥‥‥‥　356
水東楼(中国)　‥‥‥‥‥‥‥　242
綏徳画象石墓(中国)　‥‥‥‥　242
水寧寺造像(中国)　‥‥‥‥‥　242
酔白池(中国)　‥‥‥‥‥‥‥　242
スイハナ(雅哈納)墓碑(中国)
　　　　‥‥‥‥‥‥‥‥‥‥　242
翠微寺(中国)　‥‥‥‥‥‥‥　242
翠微亭(中国)　‥‥‥‥‥‥‥　242
睡仏閣(中国)　‥‥‥‥‥‥‥　242
水府廟(中国)　‥‥‥‥‥‥‥　242
水芳岩秀(中国)　‥‥‥‥‥‥　242
瑞鳳塚(韓国)　‥‥‥‥‥‥‥　77
錘峰落照(中国)　‥‥‥‥‥‥　242
スイヤック修道院聖堂(サント＝
　　マリー聖堂)(フランス)　‥　544
垂楊介遺跡(韓国)　‥‥‥‥‥　77
隋煬帝陵(中国)　‥‥‥‥‥‥　242
水落岩洞古墳(北朝鮮)　‥‥‥　108
翠螺山(中国)　‥‥‥‥‥‥‥　242
水陸庵(中国)　‥‥‥‥‥‥‥　242
水簾洞(中国)　‥‥‥‥‥‥‥　242
水簾洞石窟(中国)　‥‥‥‥‥　242
ズィンジルリ(トルコ)　‥‥‥　523
ズヴァルトノツ(アルメニア)
　　　　‥‥‥‥‥‥‥‥‥‥　413

崇安県漢城(中国)　‥‥‥‥‥　242
スヴェシュタリのトラキア人墓
　　地(ブルガリア)　‥‥‥‥　554
スヴェータ・ソフィア大聖堂(マ
　　ケドニア)　‥‥‥‥‥‥　563
スヴェータ・ボゴローディツァ・
　　ペシュタンスカ聖堂(マケドニ
　　ア)　‥‥‥‥‥‥‥‥‥　563
スヴェーティ・イヴァン・アリ
　　トゥルゲトス聖堂(ブルガリ
　　ア)　‥‥‥‥‥‥‥‥‥　554
スヴェーティ・クリメント聖堂
　　(マケドニア)　‥‥‥‥‥　564
スヴェーティ・パンテレイモン
　　聖堂(マケドニア)　‥‥‥　564
スヴェーティ・ザウム聖堂(マケド
　　ニア)　‥‥‥‥‥‥‥‥　564
スヴェーテ・ナウム修道院聖堂
　　(マケドニア)　‥‥‥‥‥　564
スウェネト(エジプト)　‥‥‥　583
スウェル(チリ)　‥‥‥‥‥‥　655
水原(スウォン)城(韓国)　‥‥‥　77
スウォンズクーム(イギリス)
　　　　‥‥‥‥‥‥‥‥‥‥　417
嵩岳寺塔(中国)　‥‥‥‥‥‥　242
崇禧塔(中国)　‥‥‥‥‥‥‥　243
崇教興福寺方塔(中国)　‥‥‥　243
崇慶寺(中国)　‥‥‥‥‥‥‥　243
嵩興寺塔(中国)　‥‥‥‥‥‥　243
嵩山(中国)　‥‥‥‥‥‥‥‥　243
嵩山三闕(中国)　‥‥‥‥‥‥　243
崇寿寺(中国)　‥‥‥‥‥‥‥　243
崇聖寺(中国)　‥‥‥‥‥‥‥　243
崇聖寺三塔(中国)　‥‥‥‥‥　243
崇聖祠(中国)　‥‥‥‥‥‥‥　243
崇政殿(中国)　‥‥‥‥‥‥‥　243
崇善寺(中国)　‥‥‥‥‥‥‥　243
崧沢(中国)　‥‥‥‥‥‥‥‥　243
崧沢古文化遺址(中国)　‥‥‥　243
崇寧殿(中国)　‥‥‥‥‥‥‥　150
崇妃園寝(中国)　‥‥‥‥‥‥　243
崇福宮(中国)　‥‥‥‥‥‥‥　243
崇福寺〔九峰山〕(中国)　‥‥　243
崇福寺〔朔県〕(中国)　‥‥‥　243
崇福寺〔福州市〕(中国)　‥‥　243
崇福寺跡(韓国)　‥‥‥‥‥‥　77
崇福寺　観音殿(中国)　‥‥‥　244
崇福寺　弥陀殿(中国)　‥‥‥　244
崇武城(中国)　‥‥‥‥‥‥‥　244
崇文塔〔贛江東岸〕(中国)　‥　244
崇文塔〔永寿店〕(中国)　‥‥　244
崇法寺塔(中国)　‥‥‥‥‥‥　244
崇明寺(中国)　‥‥‥‥‥‥‥　244
崇妙保聖堅牢塔(中国)　‥‥‥　244
嵩陽書院(中国)　‥‥‥‥‥‥　244
郗容墓(中国)　‥‥‥‥‥‥‥　244
崇陵〔清西陵〕(中国)　‥‥‥　244

崇陵〔唐〕（中国） ………… 244
スエズ運河（エジプト） …… 590
スオメンリンナ要塞（フィンラン
ド） …………………… 534
スカラ座（イタリア） ……… 440
スカーラ・デル・ボヴォロ（イ
タリア） ……………… 440
スカラ・ブラエ（イギリス） 417
スカラ・ブレー（イギリス） ‥ 417
スカリジェロ城（イタリア）
…………………………… 440
スカン・グアイ（カナダ） …‥ 628
スカンダル, タパ（アフガニスタ
ン） …………………………… 2
スクオーラ・ディ・サン・マル
コ（イタリア） ……… 440
スケーグシュルコゴーデン（ス
ウェーデン） ………… 490
スクル（ナイジェリア） …… 611
スクルの文化的景観（ナイジェリ
ア） …………………… 611
スクレの歴史都市（ボリビア）
…………………………… 671
スクロヴェーニ礼拝堂（イタリ
ア） …………………… 441
スケリッグ・マイケル（アイルラ
ンド） ………………… 411
スケリッグ・マイケル修道院（ア
イルランド） ………… 411
スコーグスシルコゴーデンの森
林墓地（スウェーデン） 490
スコースキュアコゴーデン（ス
ウェーデン） ………… 490
スコータイ（タイ） ………… 126
スコータイと周辺の歴史地区
（タイ） ……………… 127
スコータイのワット・マハー
タート（タイ） ……… 129
スーサ（イラン） …………… 22
スース旧市街（チュニジア）
…………………………… 610
スーズダリ（ロシア） ……… 570
スースのメディナ（チュニジア）
…………………………… 610
スースのリバット（チュニジア）
…………………………… 610
スター・カー（イギリス） …… 417
スタークフォンテイン（南アフ
リカ） ………………… 615
スタークフォンテイン, スワー
トクランス, クロムドラーイ
地区の人類化石遺跡（南アフ
リカ） ………………… 615
スタッドリー王立公園（イギリ
ス） …………………… 417
スタッドリー王立公園とファウ
ンティンズ修道院遺跡（イギ
リス） ………………… 417
スタディオン〔オリンピア〕（ギ
リシャ） ……………… 471

スタディオン〔デルフィ〕（ギリ
シャ） ………………… 477
スタニスラス広場（フランス）
…………………………… 545
スタビアエ（イタリア） …… 441
スタブキルケ（ノルウェー）
…………………………… 530
スターラとノーヴァ・スウーピ
ア（ポーランド） …… 559
スタラノーバ教会堂（チェコ）
…………………………… 505
スタラヤ・ラードガ（ロシア）
…………………………… 574
スタリ・グラド平原（クロアチ
ア） …………………… 485
スタリ・ラスとソポチャニ（セ
ルビア） ……………… 504
スターリング城（イギリス）
…………………………… 418
スターリング城のゲート・ウェ
イ（イギリス） ……… 418
スタル・ミトロポリ聖堂（旧府主
教座聖堂）（ブルガリア） 554
スタロセリエ（ウクライナ）
…………………………… 459
スタロドゥブスコエ（ロシア）
…………………………… 574
スチェヴィッツァ修道院（ルー
マニア） ……………… 567
ズッティエ洞穴（イスラエル）
……………………………… 8
ステチェツィの中世の墓碑群
（クロアチア） ……… 485
ステチェツィの中世の墓碑群
（セルビア） ………… 504
ステチェツィの中世の墓碑群
（ボスニア・ヘルツェゴビナ）
…………………………… 558
ステチェツィの中世の墓碑群
（モンテネグロ） …… 565
ステパノヴァ山（ロシア） … 574
ステンティネロ（イタリア）
…………………………… 441
ストア（ギリシャ） ………… 474
ストア・バシレイオス（王の列柱
館）（ギリシャ） …… 475
ストア・ポイキレ（彩画館）（ギリ
シャ） ………………… 475
ストゥデニカ修道院（セルビ
ア） …………………… 504
ストゥデニツァ修道院（セルビ
ア） …………………… 504
ストゥピニージ宮殿（イタリ
ア） …………………… 441
ストゥピニージ〔狩猟用のヴィッ
ラ〕（イタリア） …… 441
修徳（スドク）寺（韓国） …… 73
ストークセイの城（イギリス）
…………………………… 418
ストックホルム市庁舎（スウェー
デン） ………………… 490

ストックレー邸（ベルギー）
…………………………… 556
ストラスブールの旧市街（フラ
ンス） ………………… 544
ストラスブールのグラン・ディ
ル（フランス） ……… 544
ストーンヘンジ（イギリス）
…………………………… 418
ストーンヘンジ, エーヴベリー
と関連する遺跡群（イギリ
ス） …………………… 418
ストーンヘンジ地区（イギリ
ス） …………………… 418
スニオン（ギリシャ） ……… 475
スネークタウン遺跡（アメリカ合
衆国） ………………… 623
ス・ネフル王のピラミッド（赤
ピラミッド）（エジプト） … 590
ス・ネフル王のピラミッド（屈折
ピラミッド）（エジプト） … 591
ス・ネフル王のピラミッド（メー
ドーム）（エジプト） … 591
スノー（斯諾）墓（中国） …… 244
スバシ（中国） ……………… 244
スバシ故城（中国） ………… 244
スバシ仏寺（蘇巴什仏寺）（中国）
…………………………… 244
スパルタ（ギリシャ） ……… 475
スパルタの劇場（ギリシャ）
…………………………… 475
スピー（ベルギー） ………… 556
スピエンヌの新石器時代の火打
石の鉱山発掘地（モンス）（ベ
ルギー） ……………… 556
スピシュ城と周辺の歴史的建造
物（スロバキア） …… 503
スピシュスキー城（スロバキア）
…………………………… 503
スピシュスキー城と関連文化財
（スロバキア） ……… 503
スピーナ（イタリア） ……… 441
スピリット洞穴（タイ） …… 127
スフィンクス像（エジプト）
…………………………… 588
スプリットの史跡群とディオ
クレティアヌス宮殿（クロア
チア） ………………… 485
スプリト（クロアチア） …… 485
スプリトのディオクレティアヌ
ス宮殿（クロアチア） … 485
スフール洞穴（イスラエル）
……………………………… 8
スプロート・レーク（カナダ）
…………………………… 628
スペイタ（イスラエル） ……… 8
スベイトラ（チュニジア） … 610
スペイン広場（イタリア） … 441
スペオス・アルテミドス（エジプ
ト） …………………… 591

史跡・遺跡名索引　　725　　せいこ

スペ渓谷のカラルの聖都(ペルー) ……………… 662
スベシュタリのトラキア人墓地(ブルガリア) ……………… 554
スペリオル湖(カナダ) ………… 628
スペルガの聖堂(イタリア) ……………… 441
スベルデ(トルコ) ………… 523
スペルロンガ(イタリア) …… 441
スホクランドとその周辺(オランダ) ……………… 464
スホクラントとその周辺(オランダ) ……………… 464
ズボルナ・ゴミラ(ボスニア・ヘルツェゴビナ) ……………… 558
スモーリヌイ修道院(ロシア) ……………… 574
スュレイマニィエ・キュリイェ(トルコ) ……………… 523
スライマン・トォーの聖山(キルギス) ……………… 116
スラ・スラン(カンボジア) … 101
スーラーマニ寺院(ミャンマー) ……………… 394
スリー・スル・ロワールとシャロンヌ間のロワール渓谷(フランス) ……………… 544
スリナガル(インド) ……… 37
スーリヤ寺院(インド) …… 34
スルヴァン, タペ(イラン) ……………… 22
スールコータダー(インド) ……………… 37
スルコターダ(インド) …… 37
スール・ジャンガル(パキスタン) ……………… 381
スルターナーバード(イラン) ……………… 22
スルタン・アフメットの泉(トルコ) ……………… 523
スルタン・アフメト・モスク(トルコ) ……………… 527
スルタン・カラ(トルクメニスタン) ……………… 377
スルタン・ハサンのマドラサ(エジプト) ……………… 591
スルタン・ハサン・モスク(エジプト) ……………… 591
スルタンマジャ(蘇勒坦麻札)(中国) ……………… 244
スルフ・コタル(アフガニスタン) ……………… 2
スールヤ祠堂(インド) ……… 34
スレイマニイェ・キュリイェ(トルコ) ……………… 523
スレイマニエ・モスク(トルコ) ……………… 523
スレイマン一世のモスク(トルコ) ……………… 523
スレイマン寺(トルコ) ……… 523

スレイマン－モスク(トルコ) ……………… 523
スーレー・パゴダ(ミャンマー) ……………… 394
スロストキ(ロシア) ……… 574
スワーツ(アメリカ合衆国) … 624
スワートクランス(南アフリカ) ……………… 615
スワート仏教寺院群(パキスタン) ……………… 381
スワヤンブーナート仏塔(ネパール) ……………… 378
スンカイ(マレーシア) …… 392
スンギル(ロシア) ………… 574
スンゲイ・ジャオン(マレーシア) ……………… 392

【せ】

聖アウグスティヌスの塔(インド) ……………… 37
西安華覚巷清真寺(中国) …… 244
西安華覚巷清真寺 省心楼(中国) ……………… 245
西安華覚巷清真寺 礼拝堂(中国) ……………… 245
西安鼓楼(中国) ………… 204
静安寺(中国) ……………… 245
西安事変旧址(中国) ……… 245
西安城墻(中国) …………… 245
西安城壁(中国) …………… 245
西安鐘楼(中国) …………… 235
西安隋唐墓(中国) ………… 245
西安碑林(中国) …………… 245
清晏舫(中国) ……………… 245
西安北周安伽墓(中国) …… 135
西安北周史君墓(中国) …… 213
西渭橋(中国) ……………… 245
西陰村遺跡(中国) ………… 245
靖宇陵園(中国) …………… 245
斉雲山(中国) ……………… 245
青雲塔(中国) ……………… 245
青雲譜(中国) ……………… 245
聖エカテリニ修道院(エジプト) ……………… 591
西園〔蘇州市〕(中国) …… 245
西園〔痩西湖〕(中国) …… 245
清遠東周墓(中国) ………… 245
清遠楼(中国) ……………… 246
声遠楼(中国) ……………… 246
西王村(中国) ……………… 246
聖オーガスティン修道院(イギリス) ……………… 415
清音閣(中国) ……………… 246
清海鎮遺跡(韓国) ………… 78
青海土城(北朝鮮) ………… 108

青海白馬寺(中国) ………… 313
西海里(北朝鮮) …………… 108
西夏王陵(中国) …………… 246
西岳廟(中国) ……………… 246
西夏侯(中国) ……………… 246
西夏興慶府城跡(中国) …… 246
棲霞山石窟(中国) ………… 259
棲霞寺(中国) ……………… 246
棲霞寺舎利塔(中国) ……… 246
清河鎮漢城(中国) ………… 246
聖カテリーナ修道院地域(エジプト) ……………… 591
聖カテリネ修道院(エジプト) ……………… 591
聖カトリーナ修道院地域(エジプト) ……………… 591
聖ガブリエル教会(エチオピア) ……………… 601
斉家坪遺跡(中国) ………… 246
清河門遼墓(中国) ………… 246
聖カリストのカタコンベ(イタリア) ……………… 433
西関寨(中国) ……………… 246
棲巌寺塔(中国) …………… 246
清岩洞土城跡(北朝鮮) …… 108
清岩洞廃寺跡(北朝鮮) …… 109
西漢壁画墓(中国) ………… 246
清岩里廃寺(北朝鮮) ……… 109
井幹楼(中国) ……………… 246
清暉園(中国) ……………… 246
聖キャサリン地域(エジプト) ……………… 591
西峡頌摩崖(中国) ………… 246
正教徒洗礼堂(イタリア) … 441
青玉峡(中国) ……………… 247
西兄山城跡(韓国) ………… 78
聖経山摩崖石刻(中国) …… 247
聖ゲオルギウス教会(エチオピア) ……………… 602
聖ゲオルギウス聖堂(エチオピア) ……………… 601
清源山(中国) ……………… 247
青原山(中国) ……………… 247
西湖〔恵州市〕(中国) …… 247
西湖〔潮州市〕(中国) …… 247
西湖〔福州市〕(中国) …… 247
靖江王墓群(中国) ………… 247
霽虹橋(中国) ……………… 247
井岡山(中国) ……………… 247
井崗山(中国) ……………… 247
聖興山城(韓国) …………… 78
井口宋墓(中国) …………… 247
青岡岔(中国) ……………… 247
西侯度遺址(中国) ………… 247
斉国王墓(中国) …………… 247
聖姑廟(中国) ……………… 247
清湖里(北朝鮮) …………… 109

せいさ　　　　　　　　　　　　726　　　　　　　史跡・遺跡名索引

西塞山(中国) ……………… 247
西山(中国) ………………… 247
聖山アトス(ギリシャ) …… 468
西山遺跡(中国) …………… 247
西山観摩崖(中国) ………… 248
青山寺(中国) ……………… 248
聖山スレイマン・トー(キルギス) ……………………… 116
星山洞古墳群(韓国) ………… 78
西三峰壁画墓(韓国) ………… 78
西山八大処(中国) ………… 248
西山万寿宮(中国) ………… 248
西山碑(中国) ……………… 248
西山坪遺跡(中国) ………… 248
西山摩崖造像(中国) ……… 248
青山里土城(北朝鮮) ……… 109
西山龍門(中国) …………… 248
西資巌(中国) ……………… 248
青芝山(中国) ……………… 248
西寺塔(中国) ……………… 248
聖シメオン教会(シリア) … 119
聖シメオン聖堂(シリア) … 119
聖時門(中国) ……………… 248
西什庫教堂(中国) ………… 248
星州古墳群(韓国) …………… 78
聖住寺院(韓国) ……………… 78
鄭州小双橋遺跡(中国) …… 248
星宿橋(中国) ……………… 248
聖シュテファン大聖堂(オーストリア) …………………… 463
西朱封遺跡(中国) ………… 248
芯城古魏城(中国) ………… 248
芮城―五竜廟(中国) ……… 204
西樵山(中国) ……………… 248
青城山(中国) ……………… 248
青城山天師廟(中国) ……… 249
青城山と都江堰の灌漑施設(中国) ……………………… 249
清浄寺(中国) ……………… 249
清浄寺大門(中国) ………… 249
斉恵西垣排水道口(中国) … 249
聖書時代の遺丘群―メギッド、ハツォール、ベエル・シェバ(イスラエル) ………………… 8
聖処女の家(イタリア) …… 427
清真観(中国) ……………… 249
清真古寺(中国) …………… 249
静心斎(中国) ……………… 249
清真寺〔焦作市〕(中国) … 249
清真寺〔西安市〕(中国) … 244
清真寺〔チチハル市〕(中国) ‥ 249
清真寺〔福州市〕(中国) … 249
清真寺省心楼(中国) ……… 245
清真寺礼拝堂(中国) ……… 245
清真先賢古墓(中国) ……… 249
清真大寺〔西安市〕(中国) ‥ 244

清真大寺〔天津市〕(中国) ‥ 249
清真大寺〔同心県〕(中国) … 249
清水河(中国) ……………… 249
清水巌(中国) ……………… 249
聖水邑(中国) ……………… 249
政生洞窟跡(韓国) …………… 78
聖跡殿(中国) ……………… 249
靖節祠(中国) ……………… 250
聖セルギウス〔修道院〕(ロシア) ……………………… 576
西禅寺(中国) ……………… 250
聖僧庵壁画(中国) ………… 250
青草湖(台湾) ……………… 130
世祖皇帝平雲南碑(中国) … 250
聖ソフィア寺院(トルコ) … 518
聖ソフィア聖堂(トルコ) … 518
聖ソフィア大聖堂〔キエフ〕(ウクライナ) ………………… 459
西村元墓(中国) …………… 250
西岔溝墓地(中国) ………… 250
聖ダビドの聖堂(イギリス) ……………………… 418
西団山遺跡(中国) ………… 250
聖誕聖堂(パレスチナ国) … 385
聖地アヌラーダプラ(スリランカ) ……………………… 123
聖地キャンディ(スリランカ) ……………………… 124
聖地バールベック(レバノン) ……………………… 402
聖地ミーソン(ベトナム) … 392
斉長城(中国) ……………… 250
清鎮・平壩漢墓(中国) …… 250
西邇(中国) ………………… 135
聖デイヴィッド大聖堂(イギリス) ……………………… 418
菁堤碑(韓国) ………………… 78
聖都アブ・メナ(エジプト) … 584
聖道(デロス島)(ギリシャ) ……………………… 478
聖塔跡(バベルの塔)(イラク) ……………………… 17
青藤書屋(中国) …………… 250
清堂洞遺跡(韓国) …………… 78
正統派洗礼堂(ラヴェンナの)(イタリア) ………………… 441
聖都エルサレム(エルサレム) ……………………… 55
聖徳王陵(韓国) ……………… 78
聖徳王陵の十二支像(韓国) ……………………… 78
済瀆廟(中国) ……………… 250
聖都ケルアン(チュニジア) ……………………… 609
成都青真寺(中国) ………… 250
成都船棺葬(中国) ………… 250
聖ドニ修道院(フランス) … 541
成都万仏寺(中国) ………… 319

西屯洞遺跡(韓国) …………… 78
清寧宮(中国) ……………… 250
聖パヴルウ修道院(ギリシャ) ……………………… 475
聖パウロ寺院(中国) ……… 250
青馬山城跡(韓国) …………… 78
セイバル(グアテマラ) …… 631
聖バルバラ教会(チェコ) … 505
聖バルボラ聖堂のあるクトナー・ホラ歴史中心地区、セドレツの聖母マリア大聖堂(チェコ) ……………………… 505
製パン所〔ポンペイ〕(イタリア) ……………………… 454
聖パンテレイモノス修道院(ギリシャ) ………………… 475
聖ピエトロ寺院(バチカン市国) ……………………… 531
聖ヒラリオンの城(キプロス) ……………………… 465
聖フィナン僧院(アイルランド) ……………………… 411
聖フランチェスコ聖堂(イタリア) ……………………… 424
聖墳墓記念聖堂(エルサレム) ……………………… 55
聖墳墓教会(エルサレム) …… 55
清平寺(韓国) ………………… 78
政平磚塔(中国) …………… 250
清平洞(中国) ……………… 250
聖ペテロ大聖堂(ドイツ) … 512
靖辺営遺址(中国) ………… 250
西炮台(中国) ……………… 251
西北岡殷墓群(中国) ……… 251
西浦項貝塚(北朝鮮) ……… 109
聖母殿(中国) ……………… 238
聖母廟(中国) ……………… 251
聖母マリア教会(ドイツ) … 512
聖母マリア大聖堂(チェコ) ……………………… 505
聖母マリアの家(トルコ) … 523
聖マーガレット教会(イギリス) ……………………… 414
聖マーチン教会(イギリス) ……………………… 415
聖マリア大聖堂〔ヒルデスハイム〕(ドイツ) …………… 514
聖ミカエル教会〔ヒルデスハイム〕(ドイツ) …………… 514
聖ミリャン・ジュソ修道院とスソ修道院(スペイン) …… 498
西明寺跡(中国) …………… 206
正門〔マチュ・ピチュ〕(ペルー) ……………………… 667
西陽宮(中国) ……………… 251
青羊宮(中国) ……………… 251
正陽門(中国) ……………… 251
西洋楼(中国) ……………… 251

聖ヨハネ修道院(ギリシャ)
　　‥‥‥‥‥‥‥‥‥‥‥‥　479
聖ヨハネ大聖堂(トルコ)　‥‥　523
セイラ(エジプト)　‥‥‥‥‥　591
西来寺〔楽都県〕(中国)　‥‥　251
西来寺〔張掖市〕(中国)　‥‥　251
青里遺跡(韓国)　‥‥‥‥‥‥　78
青竜寺〔西安〕(中国)　‥‥‥　251
青竜寺〔稷山県〕(中国)　‥‥　251
青龍泉(中国)　‥‥‥‥‥‥‥　251
青竜塔(中国)　‥‥‥‥‥‥‥　251
西梁山(中国)　‥‥‥‥‥‥‥　251
清凉寺〔五台山〕(中国)　‥‥　251
清凉寺〔南京市〕(中国)　‥‥　251
西林塔〔松江県〕(中国)　‥‥　251
西林塔〔廬山〕(中国)　‥‥‥　251
西冷印社社址(中国)　‥‥‥‥　252
青蓮岡(中国)　‥‥‥‥‥‥‥　252
聖ワシリー聖堂(ロシア)　‥‥　569
セウェルの鉱山都市(チリ)
　　‥‥‥‥‥‥‥‥‥‥‥‥　654
セヴェンヌ(フランス)　‥‥‥　539
ゼウグマ(トルコ)　‥‥‥‥‥　523
ゼウス・エレウテリオスのスト
　ア(ギリシャ)　‥‥‥‥‥‥　475
ゼウス・オリュンピエイオン(ギ
　リシャ)　‥‥‥‥‥‥‥‥‥　471
ゼウス・オリュンピオスの神域
　(ギリシャ)　‥‥‥‥‥‥‥　475
ゼウス神殿〔オリンピア〕(ギリ
　シャ)　‥‥‥‥‥‥‥‥‥‥　475
ゼウス神殿〔ネメア〕(ギリシャ)
　　‥‥‥‥‥‥‥‥‥‥‥‥　475
ゼウスのストア(ギリシャ)
　　‥‥‥‥‥‥‥‥‥‥‥‥　475
惜陰亭(中国)　‥‥‥‥‥‥‥　252
石泓寺石窟(中国)　‥‥‥‥‥　252
石花山(中国)　‥‥‥‥‥‥‥　252
石巌里(北朝鮮)　‥‥‥‥‥‥　109
石巌里　9号墳(北朝鮮)　‥‥　109
石巌里　20号墳(丁墳)(北朝鮮)
　　‥‥‥‥‥‥‥‥‥‥‥‥　109
石巌里　52号墳(戊墳)(北朝鮮)
　　‥‥‥‥‥‥‥‥‥‥‥‥　109
石巌里194号墳(丙墳)(北朝鮮)
　　‥‥‥‥‥‥‥‥‥‥‥‥　109
石巌里200号墳(乙墳)(北朝鮮)
　　‥‥‥‥‥‥‥‥‥‥‥‥　109
石巌里古墳群(北朝鮮)　‥‥‥　109
石巌里古墳群―王旴墓(北朝
　鮮)　‥‥‥‥‥‥‥‥‥‥‥　104
石巌里墳墓群(北朝鮮)　‥‥‥　109
石牛古洞(中国)　‥‥‥‥‥‥　252
石宮寺(中国)　‥‥‥‥‥‥‥　252
戚継光父子総督坊(中国)　‥‥　252
石固遺址(中国)　‥‥‥‥‥‥　252
戚公祠(中国)　‥‥‥‥‥‥‥　252
石鼓山(中国)　‥‥‥‥‥‥‥　252

石金剛(中国)　‥‥‥‥‥‥‥　252
石斎(中国)　‥‥‥‥‥‥‥‥　252
石寨山遺跡(中国)　‥‥‥‥‥　252
石寨山漢墓(中国)　‥‥‥‥‥　252
石寨山古墓(中国)　‥‥‥‥‥　252
石寨山古墓群遺址(中国)　‥‥　252
石寨山滇王墓(中国)　‥‥‥‥　252
セキサバード(イラン)　‥‥‥　22
赤山約農会旧址(中国)　‥‥‥　252
石山里(北朝鮮)　‥‥‥‥‥‥　109
石室(聖心大教堂)(中国)　‥‥　252
石室巌〔莆田市〕(中国)　‥‥　252
石室巌〔肇慶市〕(中国)　‥‥　252
石笋山石刻造像(中国)　‥‥‥　253
戚城(中国)　‥‥‥‥‥‥‥‥　253
石鐘山石窟(中国)　‥‥‥‥‥　253
石城子古城(中国)　‥‥‥‥‥　253
赤城碑(韓国)　‥‥‥‥‥‥‥　78
石人・西塔　弥勒寺(韓国)　‥　96
積翠証明龕(中国)　‥‥‥‥‥　253
赤石暴動旧址(中国)　‥‥‥‥　253
浙川(中国)　‥‥‥‥‥‥‥‥　253
石泉山(北朝鮮)　‥‥‥‥‥‥　109
石像生(中国)　‥‥‥‥‥‥‥　253
石壮里遺跡(韓国)　‥‥‥‥‥　78
石村洞4号墳(韓国)　‥‥‥‥　78
石村洞古墳群(韓国)　‥‥‥‥　79
石灘里遺跡(北朝鮮)　‥‥‥‥　109
石柱観(中国)　‥‥‥‥‥‥‥　253
石帳里遺跡(韓国)　‥‥‥‥‥　79
石篆山石刻(中国)　‥‥‥‥‥　253
石塔〔石塔寺〕(中国)　‥‥‥　253
石塔〔竜山〕(中国)　‥‥‥‥　253
石塔寺(中国)　‥‥‥‥‥‥‥　253
石頭城〔タシュクルガン・タジク
　自治県〕(中国)　‥‥‥‥‥　253
石頭城〔南京市〕(中国)　‥‥　253
石灯塔(中国)　‥‥‥‥‥‥‥　253
石塔洞(安東)の積石式塔(韓
　国)　‥‥‥‥‥‥‥‥‥‥‥　79
石塔洞(義城)の積石式塔(韓
　国)　‥‥‥‥‥‥‥‥‥‥‥　79
石牌坊(中国)　‥‥‥‥‥‥‥　347
石場溝古墳群(中国)　‥‥‥‥　253
石馬寺(中国)　‥‥‥‥‥‥‥　253
石仏巌(中国)　‥‥‥‥‥‥‥　254
石仏山遺跡(中国)　‥‥‥‥‥　254
石仏寺(中国)　‥‥‥‥‥‥‥　254
石屏秀山(中国)　‥‥‥‥‥‥　254
石壁(シェク・ピク)(中国)　‥　254
石壁〔蘇州市〕(中国)　‥‥‥　254
赤壁(中国)　‥‥‥‥‥‥‥‥　254
赤壁之戦遺址(中国)　‥‥‥‥　254
赤壁摩崖(中国)　‥‥‥‥‥‥　254
赤峰(中国)　‥‥‥‥‥‥‥‥　254
石舫　頤和園(中国)　‥‥‥‥　245

石宝寨(中国)　‥‥‥‥‥‥‥　254
石棚山(中国)　‥‥‥‥‥‥‥　254
石棚山石棚(中国)　‥‥‥‥‥　254
石房子(中国)　‥‥‥‥‥‥‥　254
石包城城堡遺址(中国)　‥‥‥　254
赤峰大営子1号墓(中国)　‥‥　254
赤峰大営子遼墓(中国)　‥‥‥　254
析木城金塔(中国)　‥‥‥‥‥　254
析木城石棚(中国)　‥‥‥‥‥　254
石門〔天水市〕(中国)　‥‥‥　255
石門〔梁河郷〕(中国)　‥‥‥　255
石門古戦場遺址(台湾)　‥‥‥　130
石門山石刻(中国)　‥‥‥‥‥　255
石門大仏(中国)　‥‥‥‥‥‥　255
石門洞摩崖石刻(中国)　‥‥‥　255
石榴花塔(中国)　‥‥‥‥‥‥　255
石龍頭(中国)　‥‥‥‥‥‥‥　255
セゲスタ(イタリア)　‥‥‥‥　441
セケト=イミト(エジプト)
　　‥‥‥‥‥‥‥‥‥‥‥‥　590
セゴビア(スペイン)　‥‥‥‥　498
セゴビアの旧市街とローマ水道
　(スペイン)　‥‥‥‥‥‥‥　498
セゴビアの水道橋(スペイン)
　　‥‥‥‥‥‥‥‥‥‥‥‥　498
セザールの塔(フランス)　‥‥　544
セジェスタ(イタリア)　‥‥‥　441
セジェスタの神殿(イタリア)
　　‥‥‥‥‥‥‥‥‥‥‥‥　441
セスクロ(ギリシャ)　‥‥‥‥　475
セセビ(スーダン)　‥‥‥‥‥　606
セセビ=スドラ(スーダン)
　　‥‥‥‥‥‥‥‥‥‥‥‥　606
セチン・アルト(ペルー)　‥‥　663
石家河遺跡群(中国)　‥‥‥‥　255
薛家崗新石器文化遺址(中国)
　　‥‥‥‥‥‥‥‥‥‥‥‥　255
石家荘市荘村(中国)　‥‥‥‥　255
赤嵌楼(台湾)　‥‥‥‥‥‥‥　130
石橋里(北朝鮮)　‥‥‥‥‥‥　109
石渠閣(中国)　‥‥‥‥‥‥‥　255
石空寺石窟(中国)　‥‥‥‥‥　255
石窟庵(韓国)　‥‥‥‥‥‥‥　79
石窟庵の石塔(韓国)　‥‥‥‥　79
石窟寺(中国)　‥‥‥‥‥‥‥　168
石窟寺院〔アジャンター〕(イン
　ド)　‥‥‥‥‥‥‥‥‥‥‥　28
石窟寺院〔エレファンタ〕(イン
　ド)　‥‥‥‥‥‥‥‥‥‥‥　31
石泓寺石窟(中国)　‥‥‥‥‥　252
薛国故城(中国)　‥‥‥‥‥‥　255
石鼓書院(中国)　‥‥‥‥‥‥　255
薛城(中国)　‥‥‥‥‥‥‥‥　255
雪城山城跡(韓国)　‥‥‥‥‥　79
薛仁貴寒窯(中国)　‥‥‥‥‥　255
拙政園(中国)　‥‥‥‥‥‥‥　255
浙川下寺楚墓(中国)　‥‥‥‥　255

せつち

雪竇寺(中国) ……………… 255
雪竇山(中国) ……………… 255
節兵義墳(中国) …………… 256
雪峰枯木庵(中国) ………… 256
雪峰山城跡(韓国) ………… 79
雪峰寺(中国) ……………… 256
雪峰崇聖禅寺(中国) ……… 256
セッラ・ダルト(イタリア) ‥ 441
セティ1世神殿(エジプト) … 591
セティ1世葬祭殿(エジプト)
 ……………………………… 591
セティ1世の神殿遺跡(エジプ
 ト) ……………………… 591
セデインガ(スーダン) …… 606
セドウイフⅠ遺跡(ロシア)
 ……………………………… 574
セネガンビアの環状列石群(ガ
 ンビア) ………………… 603
セネガンビアの環状列石群(セ
 ネガル) ………………… 607
セネガンビアのストーン・サー
 クル群(ガンビア) ……… 603
セネガンビアのストーン・サー
 クル群(セネガル) ……… 607
ゼノビア(シリア) ………… 120
セパー・サーラール・モスク(イ
 ラン) …………………… 22
セビージャの大聖堂、アルカサ
 ルとインディアス古文書館
 (スペイン) ……………… 499
セビージャ大聖堂(スペイン)
 ……………………………… 499
セビーノ(イタリア) ……… 441
セビリア大聖堂、アルカサル、
 インディアス古文書館(スペ
 イン) …………………… 499
セビリアのサンタ・マリア大聖
 堂(スペイン) …………… 499
セビーリャ(スペイン) …… 499
セビーリャの大聖堂、アルカサ
 ル、インディアス古文書館(ス
 ペイン) ………………… 499
セビーリャの大聖堂とその周辺
 (スペイン) ……………… 499
セブア，エル(エジプト) …… 591
セファール(アルジェリア)
 ……………………………… 580
ゼブジトフスカ(ポーランド)
 ……………………………… 559
セプティミウス・セウェルス帝
 の凱旋門(イタリア) …… 441
セヘル島(エジプト) ……… 591
セベンニトス(エジプト) … 591
セミノホ岩陰(フィリピン)
 ……………………………… 388
セムナ(スーダン) ………… 606
ゼメリング鉄道(オーストリア)
 ……………………………… 463
ゼメン修道院(ブルガリア)
 ……………………………… 554

セラ寺(色拉寺)(中国) …… 256
セラ・ダ・カピバラ国立公園(ブ
 ラジル) ………………… 657
セラピス神殿(トルコ) …… 523
セラビト・エル＝カディム(エ
 ジプト) ………………… 591
セラ・ピラール修道院(ポルトガ
 ル) ……………………… 563
セラペウム(エジプト) …… 591
ゼーランジア城(台湾) …… 131
ゼーランディア城(台湾) … 131
セリヌス(イタリア) ……… 441
セリヌンテ(イタリア) …… 441
セリヌンテのアクロポリスの廃
 墟と神殿C(イタリア) … 441
セリヌンテの神殿(イタリア)
 ……………………………… 442
セリミエ・モスク(トルコ) … 523
セリミエ・モスクと複合施設群
 (トルコ) ………………… 523
セリム二世のモスク(トルコ)
 ……………………………… 523
セルウィウスの城壁(イタリ
 ア) ……………………… 442
セルギエフ・ポサドにあるトロ
 イツェ・セルギー大修道院の
 建造物群(ロシア) ……… 576
セルゲーエフカ(ロシア) … 574
セルベン・ハールガ遺跡(モンゴ
 ル) ……………………… 397
セレウキア(イラク) ……… 15
ゼレナホラ地方のネポムークの巡
 礼教会(チェコ) ………… 505
ゼレナー・ホラの巡礼聖堂(チェ
 コ) ……………………… 505
ゼレナー・ホラのネポムークの
 聖ヨハネ巡礼教会(チェコ)
 ……………………………… 505
セレンガ(ロシア) ………… 575
セロ・アレーナ(ペルー) … 663
セロス(ベリーズ) ………… 635
セロ・セチン(ペルー) …… 663
セロ・セチン神殿(ペルー)
 ……………………………… 663
セロ・デ・ラス・メサス(メキシ
 コ) ……………………… 641
セロ・バウル(ペルー) …… 663
セロ・パレンケ(ホンジュラス)
 ……………………………… 636
セロ・ブランコ(ペルー) … 663
セロ・マンゴテ(パナマ) … 634
ゼロール，テル(イスラエル)
 ……………………………… 8
善因寺(中国) ……………… 256
鮮于庭誨墓(中国) ………… 256
瞻園(中国) ………………… 256
銭王祠(中国) ……………… 256
仙翁廟(中国) ……………… 256

前海桟橋(中国) …………… 256
仙霞関(中国) ……………… 256
仙鶴寺(中国) ……………… 256
宣化遼墓(中国) …………… 256
仙巌山(中国) ……………… 256
銭寛夫婦墓(中国) ………… 256
センギム＝アギス(中国) … 256
勝金口千仏洞(中国) ……… 256
千軍洞廃寺跡(韓国) ……… 79
千軍洞廃寺跡の石塔(韓国)
 ……………………………… 79
千軍洞避幕遺跡(韓国) …… 79
潜渓寺(中国) ……………… 365
善化寺(中国) ……………… 256
善化寺三聖殿(中国) ……… 257
善化寺山門(中国) ………… 257
善化寺大雄宝殿(中国) …… 257
善化寺普賢閣(中国) ……… 257
銭元瓘墓石刻星象図(中国)
 ……………………………… 257
禅源寺跡(韓国) …………… 79
銭江海塘(中国) …………… 257
戦国長城遺跡(中国) ……… 257
泉谷里(北朝鮮) …………… 109
全谷里遺跡(韓国) ………… 79
戦国糧倉遺址(中国) ……… 257
泉護寺跡(中国) …………… 257
千歳衢(中国) ……………… 257
前嘴石窟(中国) …………… 257
千山(中国) ………………… 257
船山学社旧址(中国) ……… 257
銭山漾(中国) ……………… 257
先史時代の墓域(ギリシャ)
 ……………………………… 483
仙字潭摩崖石刻(中国) …… 257
戦士の神殿(メキシコ) …… 641
千秋関(中国) ……………… 257
泉州府学(中国) …………… 257
千手観音像〔宝頂山〕(中国)
 ……………………………… 339
前掌大遺跡(中国) ………… 257
前上房(中国) ……………… 257
川上里遺跡(韓国) ………… 79
泉水殿(ヨルダン) ………… 399
扇子崖(中国) ……………… 258
瞻星台(韓国) ……………… 79
陝西大寺大殿(中国) ……… 258
川前里遺跡(韓国) ………… 79
千像寺(中国) ……………… 258
洗象池(中国) ……………… 258
冉荘地道戦遺址(中国) …… 258
仙地寺跡(韓国) …………… 80
蓴池里遺跡(韓国) ………… 80
蓴池里古墳群(韓国) ……… 80
泉田里(韓国) ……………… 80
仙都(中国) ………………… 258

史跡・遺跡名索引　　　729　　　そうり

銭塘江大橋（中国） ………… 258
仙桃山（韓国） ……………… 80
仙桃山磨崖三尊像（韓国）… 80
仙堂寺（中国） ……………… 258
千唐誌斎（中国） …………… 258
前当鋪（中国） ……………… 258
仙東里窯跡（韓国） ………… 80
銭塘六井（中国） …………… 258
セント・オーバンス大聖堂（イ
　ギリス） ………………… 418
セント・キルダ（イギリス）… 418
セント・キルダ諸島（イギリス）
　………………………… 418
セント・ジェームズ宮（イギリ
　ス） ……………………… 418
セント・ジョージ（イギリス領バ
　ミューダ諸島） ………… 627
セント・スティーヴン聖堂（イ
　ギリス） ………………… 418
セントーソフィア聖堂（アヤソ
　フィア）（トルコ） ……… 518
セント・デーヴィッズ（イギリ
　ス） ……………………… 418
セント・ポール大聖堂（イギリ
　ス） ……………………… 418
セント・マイケルズ・マウント
　城（イギリス） ………… 418
セントラル・パーク（アメリカ合
　衆国） …………………… 624
仙人崖（中国） ……………… 258
仙人台（中国） ……………… 258
仙人塔（中国） ……………… 258
仙人洞〔九江市〕（中国）…… 258
仙人洞遺跡〔万年県〕（中国）
　………………………… 258
センネジェムの墓（エジプト）
　………………………… 591
センネフェルの墓（エジプト）
　………………………… 592
先農壇（中国） ……………… 258
洗馬池（中国） ……………… 258
薦福寺（中国） ……………… 258
薦福寺小雁塔（中国） ……… 259
千仏院摩崖造像（中国） …… 259
千仏崖（中国） ……………… 259
千仏崖造像（中国） ………… 259
千仏巌（中国） ……………… 259
千仏山（中国） ……………… 259
仙仏寺石窟（中国） ………… 259
千仏鉄塔（中国） …………… 259
千仏殿（中国） ……………… 259
千仏塔〔梅州市〕（中国）…… 259
千仏塔〔陸良県〕（中国）…… 259
千仏塔〔常里村〕（中国）…… 259
千仏洞〔トユク〕（中国）…… 302
千仏洞〔敦煌〕（中国）……… 315
千仏洞〔浮丘山〕（中国）…… 324
千仏洞〔ベゼクリク〕（中国）… 334

千仏洞〔林慮山〕（中国）…… 370
千仏陶塔（中国） …………… 259
センポアラ（メキシコ）…… 642
仙峰寺（中国） ……………… 259
禅房寺跡（韓国） …………… 80
戦没者の谷（スペイン）…… 499
ゼンメリング鉄道（オーストリ
　ア） ……………………… 463
仙游観（中国） ……………… 259
旋螺殿（中国） ……………… 259
千里長城（北朝鮮） ………… 109
銭鏐墓（中国） ……………… 259
禅林院跡（韓国） …………… 80
宣霊王廟（中国） …………… 259

【そ】

草鞋山遺跡（中国） ………… 259
草庵（中国） ………………… 260
僧院の島ライヒェナウ（ドイ
　ツ） ……………………… 516
贈衛国王墓（中国） ………… 260
双楹塚（北朝鮮） …………… 109
藻咏庁（中国） ……………… 260
藁園革命旧址（中国） ……… 260
壮悔堂（中国） ……………… 260
曾家岩五十号（中国） ……… 260
双鶴里遺跡（北朝鮮） ……… 110
曹娥孝女廟（中国） ………… 260
蒼岩山（中国） ……………… 260
曹魏故城（中国） …………… 260
宋教仁墓（中国） …………… 260
蔵経殿（中国） ……………… 260
曹鄴読書巌（中国） ………… 260
双玉蘭堂（中国） …………… 260
双渓寺（韓国） ……………… 80
曹渓寺（韓国） ……………… 80
曹渓寺（中国） ……………… 260
双桂堂（中国） ……………… 260
宋璟碑（中国） ……………… 260
宋慶齢墓（中国） …………… 260
蒼頡廟（中国） ……………… 260
蒼頡墓（中国） ……………… 260
滄源崖画（中国） …………… 260
曽侯乙墓（中国） …………… 261
相国寺（中国） ……………… 227
荘山（中国） ………………… 261
蒼山（中国） ………………… 261
蒼山の画像石墓（中国）…… 261
宋山里6号墳（韓国） ……… 80
宋山里古墳（韓国） ………… 80
宋山里古墳群（韓国） ……… 80
宋山里壁画墳（韓国） ……… 80
曹子建墓碑（中国） ………… 261

双獅子石灯　法住寺（韓国）
　………………………… 94
宋慈墓（中国） ……………… 261
卡若遺跡（中国） …………… 261
荘周故里〔清蓮寺村〕（中国）… 261
荘周故里〔蒙城県〕（中国）… 261
滄州鉄獅子（中国） ………… 261
漱珠崗（中国） ……………… 261
草廠坂北朝墓（中国） ……… 261
曾水源墓（中国） …………… 261
双清亭（中国） ……………… 261
双清別墅（中国） …………… 261
双清里遺跡（韓国） ………… 80
挿箭嶺（中国） ……………… 261
曹操宗族墓群（中国） ……… 261
双村洞遺跡（韓国） ………… 80
草村里古墳群（韓国） ……… 80
叢台（中国） ………………… 261
双砣子遺跡（中国） ………… 261
曹頂墓（中国） ……………… 261
双塔〔開元寺〕（中国）……… 150
双塔〔敬亭山〕（中国）……… 262
双塔庵塔（中国） …………… 262
双塔交影（中国） …………… 262
双塔寺（中国） ……………… 142
草堂寺（中国） ……………… 262
双塔寺造像塔（中国） ……… 262
双塔寺双塔（中国） ………… 262
双塔寺塔〔蘇州市〕（中国）… 262
双塔寺塔〔北京市〕（中国）… 262
草堂洞古墳群（韓国） ……… 80
早洞里遺跡（韓国） ………… 80
造塔里古墳群（韓国） ……… 81
双塔凌雲（中国） …………… 262
双塔嶺双塔（中国） ………… 262
総督の館（メキシコ） ……… 642
宋徳方墓（中国） …………… 262
双乳山済北王陵（中国）…… 262
象のテラス（カンボジア）… 101
掃叭石柱（台湾） …………… 131
甑皮巌遺址（中国） ………… 262
象鼻山（中国） ……………… 262
宗廟（韓国） ………………… 81
曾廟（中国） ………………… 262
草芙里遺跡（韓国） ………… 81
双房遺跡（中国） …………… 262
双峰寨（中国） ……………… 262
双峰寺（韓国） ……………… 81
双鳳亭（中国） ……………… 262
双浦洞遺跡（北朝鮮） ……… 110
草浦里遺跡（韓国） ………… 81
宋六陵（中国） ……………… 262
双竜橋（中国） ……………… 263
宋陵（中国） ………………… 168
双林寺（中国） ……………… 263

そうる　　　　　　　　　　　730　　　　　　　　　史跡・遺跡名索引

ソウル〔遺跡〕（韓国）········· 81
ソウルの百済遺跡（韓国）······ 65
滄浪嶼（中国）····················· 263
滄浪亭（中国）····················· 263
祖越寺（中国）····················· 263
蘇翁圃（中国）····················· 263
楚紀南故城（中国）··············· 263
捉月台（中国）····················· 263
石灘里（ソクタンニ）遺跡（北朝
　鮮）······························· 109
石壮里（ソクチャンニ）遺跡（韓
　国）································· 78
ゾクチュア遺跡（ベトナム）
　··································· 389
則天水母廟（中国）··············· 263
則天廟（中国）····················· 263
蘇君墓（中国）····················· 263
蘇公塔（中国）····················· 263
ソコロフカ（キルギス）········· 116
蘇思勗墓（中国）·················· 263
祖氏石坊（中国）·················· 263
祖師殿（中国）····················· 263
祖師塔〔仏光寺〕（中国）······· 327
蘇州古典園林（中国）············ 263
祖州城跡（中国）·················· 263
蘇州の古典庭園（中国）········· 263
楚昭王墓（中国）·················· 263
梳妝楼（中国）····················· 264
ソスノヴィ・ボル（ロシア）
　··································· 575
蘇仙嶺（中国）····················· 264
素素里遺跡（韓国）··············· 81
ソチカルコ（メキシコ）········· 642
ソチカルコの考古学遺跡ゾーン
　（メキシコ）····················· 642
ソチカルコの古代遺跡地帯（メ
　キシコ）·························· 642
ソチカルコ歴史地区（メキシコ）
　··································· 642
ソチミルコ（メキシコ）········· 647
ソトカーゲン・ドール（パキスタ
　ン）································· 381
ソトカ・コー（パキスタン）···· 381
外八廟（中国）····················· 232
ソフィア大聖堂〔キエフ〕（ロシ
　ア）································· 459
ソフィア大聖堂〔ノヴゴロト〕（ロ
　シア）······························ 575
蘇埠屯墓葬（中国）··············· 264
蘇武墓（中国）····················· 264
ソポチャニ（セルビア）········· 504
ソポチャニ修道院（セルビア）
　··································· 504
ソーミュール（フランス）······ 545
ソーミンヂー僧院（ミャンマー）
　··································· 394
ソームナート（インド）········· 37
楚陽台（中国）····················· 264

ソラーロの祈禱堂（イタリア）
　··································· 442
ソリの列柱付き大通り（トル
　コ）································· 523
祖陵〔明〕（中国）················ 264
祖陵〔遼〕（中国）················ 264
ソールズベリー大聖堂（イギリ
　ス）································· 419
ソルタニーイェ（イラン）······ 23
ソルテア（イギリス）············ 419
ソルント（イタリア）············ 442
ソレブ（スーダン）··············· 606
ゾロアスター教寺院址（タジキ
　スタン）·························· 133
ゾロアスター神殿〔ヴァラフシャ〕
　（ウズベキスタン）············ 52
ソロヴェツキー（ロシア）····· 575
ソロヴェツキー修道院（ロシ
　ア）································· 575
ソロヴェツキー諸島の建造物群
　（ロシア）························ 575
ソロヴェツキー諸島の文化・歴
　史的遺跡群（ロシア）········ 575
蘇禄王墓（中国）·················· 264
ゾロトイ・クルガン（ウクライ
　ナ）································· 459
ソロハ・クルガン（ウクライナ）
　··································· 459
ソロモン・R・グッゲンハイム美
　術館（アメリカ合衆国）····· 624
ソワン、テル＝エス（イラク）
　··································· 14
ゾンカーヴォ遺跡（ベトナム）
　··································· 389
孫旗屯（中国）····················· 264
松広（ソンガァン）寺（韓国）
　··································· 74
蒜谷洞遺跡（韓国）··············· 81
ソンゴ・ムナラの遺跡（タンザニ
　ア）································· 608
ソンゴル、テル（イラク）······ 15
孫叔敖祠（中国）·················· 264
孫叔敖墓（中国）·················· 264
聖住寺（ソンジュサ）（韓国）
　··································· 78
尊勝寺（中国）····················· 264
尊勝陀羅尼経幢（中国）········· 264
孫中山行館（中国）··············· 264
孫中山故居（中国）··············· 264
孫中山臨時大総統弁公原址（中
　国）································· 264
俗離山（韓国）····················· 81
ソーンプル（インド）············ 37
ソンム川段丘（フランス）····· 545

【た】

タアナク（イスラエル）········· 8
第Ⅰ号神殿〔ティカル〕（グアテ
　マラ）······························ 631
第Ⅲ号神殿〔ティカル〕（グアテ
　マラ）······························ 631
第78号建造物〔ティカル〕（グア
　テマラ）·························· 631
泰安（韓国）························· 81
大安寺〔千山〕（中国）·········· 264
大安寺〔南昌市〕（中国）········ 264
泰安摩崖仏（韓国）··············· 81
大安里1号墳（北朝鮮）········· 110
大安里古墳群（韓国）············ 81
大雲院（中国）····················· 264
大運河（中国）····················· 265
載雲山（中国）····················· 265
大雲寺（中国）····················· 265
大雲寺塔（中国）·················· 265
堆雲洞（中国）····················· 265
大雲洞（中国）····················· 265
大営子遼墓（中国）··············· 254
太液池〔漢〕（中国）············· 265
太液池〔元・明・清〕（中国）·· 265
太液池〔唐〕（中国）············· 265
大慧寺（中国）····················· 265
タイエルパ寺（扎耶巴寺）（中
　国）································· 265
大円形闘技場〔カプア〕（イタリ
　ア）································· 431
大円形闘技場〔プテオリ〕（イタ
　リア）······························ 452
大王岩（新羅文武王海底王陵）（韓
　国）································· 81
退翁亭（中国）····················· 265
太王陵（中国）····················· 265
太学遺跡（中国）·················· 265
大鶴山（中国）····················· 265
大覚寺〔乳源県〕（中国）········ 265
大覚寺〔北京市〕（中国）········ 265
大覚寺〔臨安県〕（中国）········ 265
大何荘（中国）····················· 266
大河村遺址（中国）··············· 266
大臥舗金墓（中国）··············· 266
大岩嘴楚墓（中国）··············· 266
大観聖作之碑（中国）············ 266
大関岑河墓（中国）··············· 266
大雁塔（中国）····················· 266
大観楼〔高安県〕（中国）········ 266
大観楼〔昆明市〕（中国）········ 266
太暉観（中国）····················· 266
大経堂〔クンブム寺〕（中国）·· 178
大経堂〔席力図召〕（中国）···· 236

史跡・遺跡名索引　　　　731　　　　たいは

大境門(中国) ……………… 266
大戯楼(中国) ……………… 266
大金得勝陀頌碑(中国) …… 266
大渓(中国) ………………… 266
太華祠(中国) ……………… 266
太原晋祠(中国) …………… 238
大峴洞遺跡(北朝鮮) ……… 110
太原北斉徐顕秀墓(中国) … 266
大崗遺跡(中国) …………… 266
大虹橋(中国) ……………… 266
大公共浴場〔バイアエ〕(イタリ
ア) ………………………… 445
大高玄殿(中国) …………… 267
大岡山(台湾) ……………… 131
大興山城跡(北朝鮮) ……… 110
戴興寺(中国) ……………… 267
大公衆浴場〔ディオン〕(ギリシ
ャ) ………………………… 476
大興善寺(中国) …………… 267
大口面窯跡(韓国) ………… 81
大興里遺跡(韓国) ………… 81
太昊陵(中国) ……………… 267
大谷里遺跡(韓国) ………… 81
大谷里道弄遺跡(韓国) …… 81
大谷里トロン遺跡(韓国) … 82
大沽口炮台(中国) ………… 267
大故城(中国) ……………… 267
太湖烽燧墩(中国) ………… 267
大金瓦寺(中国) …………… 178
大祭壇〔ペルガモン〕(トルコ)
…………………………… 527
太歳殿(中国) ……………… 267
太山(中国) ………………… 267
岱山(中国) ………………… 267
泰山(中国) ………………… 267
大散関(中国) ……………… 267
泰山経石峪(中国) ………… 267
太山寺(中国) ……………… 267
泰山中天門(中国) ………… 267
大寺(中国) ………………… 267
大慈恩寺(中国) …………… 212
大士閣(中国) ……………… 267
大慈閣(中国) ……………… 267
太子巌(中国) ……………… 267
大司教館礼拝堂(イタリア)
…………………………… 442
大司空村(中国) …………… 267
大慈寺(中国) ……………… 268
大嘴子遺跡(中国) ………… 268
太室殿(中国) ……………… 268
大士殿(中国) ……………… 268
大若巌(中国) ……………… 268
帝釈寺殿(韓国) …………… 82
邰集屯遺跡(中国) ………… 268
大朱屯古墳群(中国) ……… 268
大舜廟(中国) ……………… 268

台城(中国) ………………… 268
大召(中国) ………………… 268
大正覚寺(中国) …………… 268
大正覚寺金剛宝座塔(中国)
…………………………… 268
大城山(中国) ……………… 268
大城山城(北朝鮮) ………… 110
大昭寺(中国) ……………… 268
大乗寺(中国) ……………… 268
大城子古墳群(中国) ……… 268
大城子塔(中国) …………… 268
大聖寺塔(中国) …………… 269
大聖寺塔(双塔塔)(中国) … 269
大聖寺塔〔信豊県〕(中国) … 269
大精舎(インド) …………… 42
大鐘亭(中国) ……………… 269
大勝塔(中国) ……………… 269
隊商都市ウワダン、シンゲッ
ティ、ティシット、ウワラタ
(モーリタニア) ………… 616
隊商都市ペトラ(ヨルダン)
…………………………… 400
隊商都市ボスラ(シリア) … 122
台城里1号墳(北朝鮮) …… 110
台城里2号墳(北朝鮮) …… 110
台城里遺跡群(北朝鮮) …… 110
台城里墳墓群(北朝鮮) …… 110
岱祠楼(中国) ……………… 269
大神城〔テノチティトラン〕(メキ
シコ) ……………………… 644
大辛荘(中国) ……………… 269
大ジンバブエ遺跡(ジンバブエ)
…………………………… 605
大ジンバブエ国立記念物(ジン
バブエ) …………………… 605
大ジンバブエ国立史跡(ジンバ
ブエ) ……………………… 605
大ジンバブエの遺跡の丘(ジン
バブエ) …………………… 605
戴縉夫婦墓(中国) ………… 269
大心里古墳群(韓国) ……… 82
大ストゥーパ(インド) …… 35
大スフィンクス(エジプト)
…………………………… 588
台西(中国) ………………… 269
台西遺跡(中国) …………… 269
太清宮〔崂山〕(中国) …… 269
太清宮〔鹿邑県〕(中国) … 269
大成国王府遺址(中国) …… 269
大成殿(中国) ……………… 195
大政殿(中国) ……………… 269
大成洞古墳群(韓国) ……… 82
大成門(中国) ……………… 269
大西洋の壁(フランス) …… 545
大石橋(中国) ……………… 269
大善寺塔(中国) …………… 269
大泉水の家(イタリア) …… 442

大川里遺跡(韓国) ………… 82
大山里古墳群(韓国) ……… 82
大像山石窟(中国) ………… 269
台蔵塔(中国) ……………… 269
大足石窟(中国) …………… 269
大足石刻(中国) …………… 269
大竹里遺跡(韓国) ………… 82
台中公園(台湾) …………… 131
大厨房(中国) ……………… 178
大中門(中国) ……………… 270
大チョーラ朝寺院群(インド)
…………………………… 37
大地湾遺跡(中国) ………… 270
大通寺跡(韓国) …………… 82
大通師範学堂旧址(中国) … 270
大田遺跡(韓国) …………… 82
大旬子遺跡(中国) ………… 270
大顔祖師塔(中国) ………… 270
大天池(中国) ……………… 270
大都(中国) ………………… 270
泰塔(中国) ………………… 270
大堂(中国) ………………… 270
大塔院寺(中国) …………… 270
大藤峡(中国) ……………… 270
戴東原墓(中国) …………… 270
大同江橋遺跡(北朝鮮) …… 110
大唐中興頌摩崖石刻(中国)
…………………………… 270
大塔と王女の宮殿(ペルー)
…………………………… 663
大同の九竜壁(中国) ……… 168
大同平城(中国) …………… 270
大同北魏宋紹祖墓(中国) … 270
大渡河橋(中国) …………… 270
大図書館〔ペルガモン〕(トルコ)
…………………………… 528
大墩子遺跡(中国) ………… 270
台南孔子廟(台湾) ………… 131
大南山(中国) ……………… 270
大寧江長城(北朝鮮) ……… 110
泰寧寺塔(中国) …………… 271
太白巌(中国) ……………… 271
太白故里(中国) …………… 271
太白山城(北朝鮮) ………… 110
太白祠(中国) ……………… 271
大柏地戦闘旧址(中国) …… 271
太白洞(中国) ……………… 271
泰伯墓(中国) ……………… 271
太白楼〔済寧市〕(中国) … 271
太白楼〔采石磯〕(中国) … 271
太白楼〔歙県〕(中国) …… 271
大バシリカ〔ディオン〕(ギリシ
ャ) ………………………… 476
大波那銅棺墓(中国) ……… 271
タイパラティ教会(フィンラン
ド) ………………………… 534
大范荘(中国) ……………… 271

たいひ　　　　　　　　　　　　　732　　　　　　　　史跡・遺跡名索引

大悲院(中国) ·············· 271
大悲閣(中国) ·············· 271
大伾山(中国) ·············· 271
大悲寺(中国) ·············· 271
大悲幢(中国) ·············· 271
太廟(中国) ················ 271
岱廟〔泰安市〕(中国) ······ 271
岱廟〔治底村〕(中国) ······ 272
岱廟天貺殿(中国) ·········· 272
岱廟碑刻(中国) ············ 272
大ピラミッド(エジプト) ····· 588
大広場〔コパン〕(ホンジュラス)
·························· 636
太符観(中国) ·············· 272
太武山(中国) ·············· 272
大仏寺〔張掖市〕(中国) ····· 272
大仏寺〔土堂村〕(中国) ····· 272
大仏寺〔南明山〕(中国) ····· 272
大仏寺〔彬県〕(中国) ······ 272
大仏寺造像(中国) ·········· 272
大仏洞石窟(中国) ·········· 272
大仏頭造像(中国) ·········· 272
大プロピュライア(ギリシャ)
·························· 471
大汶口(中国) ·············· 272
太平巌(中国) ·············· 272
太平宮(中国) ·············· 272
大坪里漁隠1地区遺跡(韓国)
··························· 82
太平橋(中国) ·············· 272
太平軍樅陽会議旧址(中国)
·························· 272
太平寺宋塔(中国) ·········· 272
太平荘(中国) ·············· 273
太平天国護王府(中国) ······ 273
太平天国侍王府(中国) ······ 273
太平天国戴王府(中国) ······ 273
太平天国忠王府(中国) ······ 273
太平天国天王府遺址(中国)
·························· 273
太平天国壁画(中国) ········ 273
太平天国輔王府(中国) ······ 273
太平天国烈士墓(中国) ······ 273
太平塔(中国) ·············· 273
太平洞窟跡(韓国) ··········· 82
太平塘摩崖(中国) ·········· 273
大坪里玉房遺跡(韓国) ······· 82
大坪里古墳群(韓国) ········· 82
タ＝イヘト(エジプト) ······ 596
帯方郡遺跡(北朝鮮) ········ 110
帯方郡治址(北朝鮮) ········ 110
大宝光塔(中国) ············ 273
大宝山里古墳(北朝鮮) ······ 110
大葆台遺跡(中国) ·········· 273
帯方大守張撫夷墓(北朝鮮)
·························· 110
大鳳洞支石墓群(韓国) ······· 82

大方盤城(中国) ············ 273
タイポ・カウ(中国) ········ 273
台北旧城遺址(台湾) ········ 131
太姥山(中国) ·············· 273
大葆台漢墓(中国) ·········· 273
大埔坳(中国) ·············· 273
タイマ(サウジアラビア) ···· 117
ダイマーバード(インド) ····· 37
太麻里(台湾) ·············· 131
大明寺〔済源県〕(中国) ····· 273
大明寺〔揚州市〕(中国) ····· 274
大明塔(中国) ·············· 273
大夢山(中国) ·············· 274
大明宮(中国) ·············· 274
大明宮遺址(中国) ·········· 274
大明宮 含元殿(中国) ······· 274
大明宮 含耀門(中国) ······· 274
大明宮 翰林院(中国) ······· 274
大明宮 玄武門(中国) ······· 274
大明宮 三清殿(中国) ······· 274
大明宮 重玄門(中国) ······· 274
大明宮 清思殿(中国) ······· 274
大明宮 内重門(中国) ······· 274
大明宮 麟徳殿(中国) ······· 274
大明湖(中国) ·············· 274
大明寺〔揚州市〕(中国) ····· 274
大也里遺跡(韓国) ··········· 82
大邑地主荘園(中国) ········ 274
太陽神寺院(インド) ········· 34
太陽神殿(ニウセルラー王)(エジ
プト) ·················· 592
大窯青瓷(磁)窯址(中国) ···· 274
大窯村石器製造場(中国) ···· 274
太陽の石と三つの窓の建物跡
(ペルー) ·············· 668
太陽の神殿〔クスコ〕(ペルー)
·························· 662
太陽の神殿〔チチカカ湖〕(ボリ
ビア) ·················· 671
太陽の神殿〔パチャカマ〕(ペ
ルー) ·················· 663
太陽の神殿〔パレンケ〕(メキシ
コ) ···················· 642
太陽のピラミッド(メキシコ)
·························· 642
太陽の門(スペイン) ········ 500
太陽の門〔ティアワナコ〕(ボリ
ビア) ·················· 671
太陽のワカ(ペルー) ········ 669
大賁店(中国) ·············· 275
黛螺頂(中国) ·············· 275
大拉浪(中国) ·············· 178
ダイラン遺跡(ベトナム) ···· 389
大里3号墳(韓国) ··········· 82
大理国経幢(中国) ·········· 275
大理三塔(中国) ············ 243

大理石通り(エフェソス)(トル
コ) ···················· 520
泰陵〔清西陵〕(中国) ······· 275
泰陵〔唐〕(中国) ·········· 275
太和宮(中国) ·············· 275
太和城遺址(中国) ·········· 275
太和殿(中国) ·············· 275
太和殿 故宮(中国) ········· 275
太和門(中国) ·············· 275
太和門 故宮(中国) ········· 275
ダインス(メキシコ) ········ 642
ダヴィド・ガレジャ(ジョージ
ア) ···················· 487
ダーウェント峡谷の工場群(イ
ギリス) ················ 419
ダウエント渓谷の工場群(イギ
リス) ·················· 419
ダーウェント谷の工場(イギリ
ス) ···················· 419
ダウス(アイルランド) ······ 411
ダー＝ウ・ドゥフタル(イラン)
··························· 23
ダウラターバード(インド)
··························· 37
タウリカ半島の古代都市とチ
ョーラ(ウクライナ) ···· 459
タウリカ・ヘルソネソスの古代
都市とそのホーラ(ウクライ
ナ) ···················· 459
タウングズ(南アフリカ) ···· 615
タオス(アメリカ合衆国) ···· 624
タオスの先住民集落(アメリカ合
衆国) ·················· 624
タオス・プエブロ(アメリカ合衆
国) ···················· 624
タオルミナ(イタリア) ······ 442
タガ・ハウス(アメリカ合衆国領
北マリアナ諸島) ········ 404
タキシラ(パキスタン) ······ 381
タキシラのシルカップ遺跡(パ
キスタン) ·············· 381
タキシラの都市遺跡(パキスタ
ン) ···················· 381
タギスケン(カザフスタン)
··························· 56
ターク・イ・ブスタン(イラン)
··························· 23
ターク・イ・ブスタンの岩窟記
念堂(イラン) ··········· 23
タクシラ(パキスタン) ······ 381
タクダルゴン(達扎路恭)紀功碑
(中国) ················· 275
タクティ・バヒの塔(パキスタ
ン) ···················· 382
タクティ・バヒーの仏教遺跡と
近隣のサハリ・バハロルの都
市遺跡(パキスタン) ···· 382
タクテ・ソレイマン(イラン)
··························· 23

史跡・遺跡名索引　　　　733　　　　たます

ダクニバの岩面刻画（フィジー）・・・・・・ 408
ダクヌ塔（スリランカ）・・・・・・ 125
ダクラ・オアシス（エジプト）・・・・・・ 592
托林寺（中国）・・・・・・ 275
タグワ・タグワ（チリ）・・・・・ 655
タ・ケウ（カンボジア）・・・ 101
タ・ケオ（カンボジア）・・・ 101
ターケ・ブスターン（イラン）・・・・・・ 23
ターゲ・ボスターン（イラン）・・・・・・ 23
蛇骨塔（中国）・・・・・・ 275
打虎亭漢墓（中国）・・・・・・ 275
打虎亭漢墓1号墓（中国）・・・ 275
打虎亭漢墓2号墓（中国）・・・ 275
ターサ（エジプト）・・・・・・ 592
ターサ，デイル（エジプト）・・・・・・ 592
駝山石窟（中国）・・・・・・ 275
駝山石窟造像（中国）・・・・・・ 275
タ＝シェ（エジプト）・・・ 596
タシトル（塔什吐爾）古堡（中国）・・・・・・ 275
タージ・マハル（インド）・・・ 37
ダシャ・アヴァターラ寺（インド）・・・・・・ 37
大召（ダージャオ）（中国）・・・・・ 268
タシュトゥン（塔什噸）古城（中国）・・・・・・ 276
タシュ・ハウリ宮殿（ウズベキスタン）・・・・・・ 52
ダージリン・ヒマラヤ鉄道（インド）・・・・・・ 30
タシルンポ寺（扎什倫布寺）（中国）・・・・・・ 276
タスマニア原生地域（オーストラリア）・・・・・・ 405
タスマル（エルサルバドル）・・・ 628
タ＝セティ（エジプト）・・・・・・ 584
タ＝セネト（エジプト）・・・・・・ 585
タソス島（ギリシャ）・・・・・・ 475
タ・ソム（カンボジア）・・・ 102
多大浦遺跡（韓国）・・・・・・ 82
ダーダー・ハリールの階段井戸（インド）・・・・・・ 37
ダーダンミヂュウ宮（中国）・・・・・・ 276
扎倉［拉ト楞寺］（中国）・・・ 357
達城墳墓群（韓国）・・・・・・ 82
タッシリ遺跡（アルジェリア）・・・・・・ 581
タッシリ・ナジェール（アルジェリア）・・・・・・ 580
達西洞墳群（韓国）・・・・・・ 83
タッタとマクリの文化財（パキスタン）・・・・・・ 381

タッタの文化財（パキスタン）・・・・・・ 381
タッタの歴史的建造物（パキスタン）・・・・・・ 381
タッタ，マクリの丘の歴史的記念物群（パキスタン）・・・ 381
ダッハシュタイン（オーストリア）・・・・・・ 462
タッビニュ寺（ミャンマー）・・・・・・ 394
タッピンニュ寺院（ミャンマー）・・・・・・ 394
タデメッカ（マリ）・・・ 614
タドウシ（ロシア）・・・ 575
岔道城（中国）・・・・・・ 276
タドラット・アカクスの岩絵（リビア）・・・・・・ 619
タドラート・アカクスの岩画面（リビア）・・・・・・ 619
タドラルト・アカークスの岩絵史跡（リビア）・・・ 619
タート・ルアン（ラオス）・・・・ 401
タナグラ（ギリシャ）・・・ 475
タナ・ロット寺院（インドネシア）・・・・・・ 47
ダニエル廟（イラン）・・・ 23
タニ窯跡群（カンボジア）・・・ 102
タニス（エジプト）・・・ 592
ダニーデン鉄道駅（ニュージーランド）・・・・・・ 406
ターヌムの岩絵（スウェーデン）・・・・・・ 490
ターヌムの岩石刻画（スウェーデン）・・・・・・ 490
タヌムの岩面画（スウェーデン）・・・・・・ 490
タヌムの線刻画群（スウェーデン）・・・・・・ 490
ダーネヴィアケ（デンマーク）・・・・・・ 507
ダバア，テル・エル（エジプト）・・・・・・ 592
タパ・サルダール（アフガニスタン）・・・・・・ 2
ダハシュール（エジプト）・・・・・・ 592, 599
ター・パー・デーン堂（タイ）・・・・・・ 127
ダハーネ・ゴラーマーン（アフガニスタン）・・・・・・ 2
タバラ・アル・アクラド（トルコ）・・・・・・ 524
ダバル・コト（パキスタン）・・・ 381
タバン，テル（シリア）・・・ 120
タヒルバイ（トルクメニスタン）・・・・・・ 377
タヒン（メキシコ）・・・ 637
多福寺（中国）・・・・・・ 276
ダフシュル（エジプト）・・・ 592
タプソス（イタリア）・・・・・・ 442

タブタブアテア・マラエ（フランス領ポリネシア）・・・ 408
タフティ・スレイマン（イラン）・・・・・・ 23
タフティ・バーイー（パキスタン）・・・・・・ 382
タフティ・バーイ寺院（パキスタン）・・・・・・ 382
タフティ・バーヒー（パキスタン）・・・・・・ 382
タフティ・バヒ寺院（パキスタン）・・・・・・ 381
タフティ・バヒとサハリ・バハロールの遺跡（パキスタン）・・・・・・ 382
タフティ・バヒの塔（パキスタン）・・・・・・ 382
タフティ・バヒの仏教遺跡群とサリ・バロールの近隣都市遺跡群（パキスタン）・・・ 382
タフティ・ルスタム（アフガニスタン）・・・・・・ 3
タフテ・ソレイマーン（イラン）・・・・・・ 23
タフテ・バヒー（パキスタン）・・・・・・ 382
タフト＝イ＝バーヒー（パキスタン）・・・・・・ 382
タフト＝イ＝マーダル＝イ＝スレイマン（イラン）・・・ 23
ダ・ブート貝塚（ベトナム）・・・ 390
ダフニ，オシオス・ルカス，ネア・モニ修道院（ギリシャ）・・・ 476
ダフニ修道院（ギリシャ）・・・ 475
ダフニ修道院，オシオス・ルカス修道院，ヒオス島のネア・モニ修道院（ギリシャ）・・・ 475
タブラーリウム（イタリア）・・・・・・ 442
タブリーズの歴史的バザール複合体（イラン）・・・ 23
タ・プローム（カンボジア）・・・ 102
タブーン洞穴（イスラエル）・・・・・・ 8
タベ・ミル（イラン）・・・ 23
タベルナ［ヘルクラネウム］（イタリア）・・・・・・ 452
多宝塔［北山］（中国）・・・ 341
多宝塔 仏国寺（韓国）・・・ 93
多芳里遺跡（韓国）・・・ 83
多宝琉璃塔（中国）・・・・・・ 276
タボン洞穴（フィリピン）・・・ 388
タマウリパス（メキシコ）・・・・・・ 642
タマウリパス岩陰遺跡群（メキシコ）・・・・・・ 642
ダマスカスの旧市街（シリア）・・・・・・ 120
ダマスクス（シリア）・・・ 120
ダマスクスの大モスク（シリア）・・・・・・ 120

たまん　　　　　　　　　　　　734　　　　　　史跡・遺跡名索引

ダマンホル（エジプト）……… 592
タムガディ（アルジェリア）
　………………………………… 581
タムガリの岩絵（カザフスタン）
　……………………………………… 56
タムガリの考古学的景観とペ
　トログラフ（カザフスタン）
　……………………………………… 56
タムガリの考古的景観にある岩
　絵群（カザフスタン）……… 56
ダムガン（イラン）…………… 23
タムタマ洞穴（イラン）……… 23
ダム・ダム・チェシュメ 2（ト
　ルクメニスタン）………… 377
タムドゥイ（タジキスタン）
　…………………………………… 133
タムルク（インド）…………… 37
ため息の橋（イタリア）…… 442
ダメーク大塔（インド）……… 37
ダーメーク仏塔（インド）…… 37
ダモー（インド）……………… 38
タヤサル（グアテマラ）…… 631
タヤ，テル（イラク）………… 15
ターラ（アイルランド）…… 411
タラコ遺跡（スペイン）…… 499
タラゴナ（スペイン）……… 499
タラゴナの円形闘技場（スペイ
　ン）……………………………… 499
タラゴーナの遺跡群（スペイ
　ン）……………………………… 499
タラコの考古遺跡群（スペイ
　ン）……………………………… 499
ダラダーマーリガーワ寺院（仏
　歯寺）（スリランカ）……… 125
ダラダーマルワ寺院（スリラン
　カ）……………………………… 125
陀羅尼経幢（中国）………… 276
タラの丘（アイルランド）… 411
ダーラーブゲルド（イラン）
　……………………………………… 23
ダラブゲルド（イラン）……… 23
ダラム城と大聖堂（イギリス）
　…………………………………… 419
ダラム大聖堂（イギリス）… 419
ダラムの城と大聖堂（イギリ
　ス）……………………………… 419
タラワシ（ペルー）………… 663
タラント（イタリア）……… 442
ダリアラ（インド）…………… 38
ダリヴェルジン（ウズベキスタ
　ン）……………………………… 53
ダリヴェルジン＝テペ（ウズベ
　キスタン）…………………… 53
ターリク・ハーネ（イラン）
　……………………………………… 23
タリツキー（ロシア）……… 575
タリ・バルズー（ウズベキスタ
　ン）……………………………… 53
タリフ，エル（エジプト）… 592

タリヤ（ロシア）…………… 575
タリン（エストニア）……… 461
タリン歴史地区（旧市街）（エスト
　ニア）…………………………… 461
タル・イ・ギャブ（イラン）… 20
タル・イ・バクーン（イラン）
　……………………………………… 25
ダルヴェルジン・テペ（ウズベキ
　スタン）………………………… 53
ダル・エッ・ソルタン（モロッ
　コ）……………………………… 617
タルガイ（オーストラリア）… 405
タルカン（エジプト）……… 592
タルキシエン（マルタ）…… 564
タルクィニア（イタリア）… 442
タルクィニアのエトルリア墳墓
　群（イタリア）……………… 442
タルクシアン（マルタ）…… 564
タルスス（トルコ）………… 524
タルス・スロープ・ヴィレッジ
　（アメリカ合衆国）………… 624
タルソス（トルコ）………… 524
タルタリア（ルーマニア）… 567
タルチ（塔勒奇）古城（中国）
　…………………………………… 276
ダルベルジン・カザン（アフガニ
　スタン）………………………… 2
ダルマ，テペ（イラン）……… 23
達摩面壁洞（中国）………… 276
ダルマラージカ（パキスタン）
　…………………………………… 382
ダルマラージカの寺院と塔（パ
　キスタン）…………………… 382
ダルマラージカー仏塔跡（イン
　ド）……………………………… 38
タルミス（エジプト）……… 587
ダレイオス1世宮殿（イラン）
　……………………………………… 23
ダレイオス1世の墓（イラン）
　……………………………………… 24
タレム（エジプト）………… 600
タレリ（パキスタン）……… 382
ダロンの神殿（ギリシャ）… 476
タワ・タワ（チリ）………… 655
ダン（イスラエル）…………… 9
ダン・エンガス（アイルランド）
　…………………………………… 411
丹霞山（中国）……………… 276
タンガタ・マヌの浮彫（オロン
　ゴ）（チリ）…………………… 655
タング＝イ・サルワク（イラン）
　……………………………………… 24
丹月洞古墳群（韓国）……… 83
檀公城旧址（中国）………… 276
湛山寺（中国）……………… 276
ダンサンテ（メキシコ）…… 642
ダンザンテスの神殿（メキシ
　コ）……………………………… 642
譚嗣同墓（中国）…………… 276

タンジャヴールのブリハディー
　シュヴァラ寺院（インド）
　……………………………………… 43
潭柘寺（中国）……………… 276
タンジュン・アラの古墳の彩画
　（インドネシア）…………… 47
タンジュンガラ（インドネシア）
　……………………………………… 47
団城（中国）………………… 276
団城演武庁（中国）………… 276
タンジョン・クボール（マレーシ
　ア）……………………………… 392
タンジョン・ブンガ（マレーシ
　ア）……………………………… 393
タン・ズマイタクの岩険（アル
　ジェリア）…………………… 581
男性による幸福の女神の神殿
　（イタリア）………………… 453
断石山神仙寺（韓国）……… 76
断俗寺（韓国）……………… 83
澹台滅明墓（中国）………… 276
タンタマーヨ（ペルー）…… 663
タンタリカ（ペルー）……… 663
ダンダンウイリク（中国）… 276
ダンダンウィルク（中国）… 276
ダンダン＝オイリック（中国）
　…………………………………… 276
タンテレ（エジプト）……… 593
段徳昌墓（中国）…………… 277
澹泊敬誠（中国）…………… 277
炭筏里窯跡（韓国）………… 83
談判大楼旧址（中国）……… 277
ダンブ・サダート（パキスタン）
　…………………………………… 382
ダンブッラの黄金寺院（スリラ
　ンカ）………………………… 125
タンブマチャイ（ペルー）… 663
タンボ・コロラド（ペルー）
　…………………………………… 663
丹陽赤城碑（韓国）………… 78
譚綸墓（中国）……………… 277
タンロン皇城の中心区域（ベト
　ナム）…………………………… 390

【ち】

チアパ・デ・コルソ（メキシコ）
　…………………………………… 642
チヴァンカ祠堂（スリランカ）
　…………………………………… 125
智慧海（中国）……………… 277
チェクウ（エジプト）……… 597
チェスキー・クルムロフ歴史地
　区（チェコ）………………… 505
チェダー・ゴージ（イギリス）
　…………………………………… 419

チェファル大聖堂（イタリア）
.... 442, 448
チェヘル・ソトゥーン（イラン）
.... 24
チェルヴェテリ（イタリア）
.... 442
チェルヴェテリとタルクィニア
のエトルリア墳墓群（イタリ
ア）.................... 442
チェルヴェテリとタルクィニ
アのエトルリア墓地（イタリ
ア）.................... 443
チェルヴェテリとタルクィニア
の墳墓（イタリア）............ 443
チェルキー・クルムロフの歴史
地区（チェコ）............ 505
チェルグドゥク（且爾乞都克）古
城（中国）.................... 277
チェルトーサ修道院〔パヴィー
ア〕（イタリア）............ 443
チェルトムルイク・クルガン（ウ
クライナ）.................... 459
チェルニャチノ5遺跡（ロシア）
.... 575
チェルベーテリ（イタリア）
.... 442
チェレ・クーラ（髑髏塔）（セルビ
ア）.................... 504
チェレムシュニク（ロシア）
.... 575
チェントゥーリペ（イタリア）
.... 443
チェーンナケーシャヴァ寺院
（インド）.................... 38
チカエヴォ（ロシア）............ 575
地下宮殿（中国）............ 288
智果寺（中国）............ 277
地下水槽（ギリシャ）............ 483
地下貯水槽（ギリシャ）............ 483
地下の神々の神域（イタリア）
.... 424
地下の十字形墳墓〔ミトラ〕（メ
キシコ）.................... 647
チカンナ（メキシコ）............ 642
チキトスのイエズス会伝道施設
（ボリビア）............ 671
地境里遺跡（韓国）............ 83
築衛城遺址（中国）............ 277
竹王城（中国）............ 277
竹海（中国）.................... 277
竹山里遺跡（韓国）............ 83
竹内里遺跡（韓国）............ 83
竹幕洞祭祀遺跡（韓国）............ 83
竹林寺（中国）............ 277
智化寺（中国）............ 277
池山洞44号墳（韓国）............ 83
池山洞45号墳（韓国）............ 83
池山洞古墳（韓国）............ 83
池山洞古墳群（韓国）............ 83

池山洞大伽耶歴史館敷地遺跡
（韓国）.................... 83
智者大師塔院（中国）............ 277
知春亭（中国）............ 277
智城碑（中国）............ 277
池神廟（中国）............ 277
智塔里（チタムニ）遺跡（北朝鮮）
.... 111
チダムバラム（インド）............ 39
地壇（中国）.................... 277
チチェスター大聖堂（イギリ
ス）.................... 419
チチェン・イツァ（メキシコ）
.... 642
チチェン・イッツァー―カラコル
（天文台）（メキシコ）............ 639
チチェン・イツァの古代都市（メ
キシコ）.................... 642
チチェン・イッツァ（メキシコ）
.... 642
チチェン・イッツァ古代都市（メ
キシコ）.................... 642
チチェン・イッツァの球戯場（メ
キシコ）.................... 643
チチカカ湖（ペルー）............ 663
チチカカ湖（ボリビア）............ 671
智塔里遺跡（北朝鮮）............ 111
智度寺塔（中国）............ 277
チトール（インド）............ 38
チバテーロス（ペルー）............ 663
チビルチャルトゥン（メキシ
コ）.................... 643
池辺洞遺跡（韓国）............ 83
チャイプン・パゴダ（ミャン
マー）.................... 394
チャウキャンディ（パキスタン）
.... 382
チャウ・サイ・テヴォダ（カンボ
ジア）.................... 102
チャウシェスクの宮殿（ルーマ
ニア）.................... 567
チャウトーヂー寺院（ミャン
マー）.................... 394
茶雲洞遺跡（韓国）............ 83
チャカラク・テペ（アフガニスタ
ン）.................... 2
チャガル・バザル（シリア）
.... 119
チャーキュウ遺跡（ベトナム）
.... 390
チャコ・キャニオン（アメリカ合
衆国）.................... 624
チャコ・キャニオン国立歴史公
園（アメリカ合衆国）............ 624
チャコ文化（アメリカ合衆国）
.... 624
チャコ文化国立歴史公園（アメ
リカ合衆国）............ 624
チャコ文化の地（アメリカ合衆
国）.................... 624

チャシマ・アリ（イラン）............ 24
チャシュメ＝アリ（イラン）
.... 24
チャスティンスカヤ（ロシア）............ 575
チャストゥイエ（ロシア）............ 575
チャタル・ヒュユク（トルコ）
.... 524
チャタルヒュユクの新石器時代
の遺跡（トルコ）............ 524
チャタル・フユック（トルコ）
.... 524
チャタル・フユック・ウェスト
（トルコ）............ 524
チャタルホユック（トルコ）
.... 524
チャタルホユックの新石器時代
の遺跡（トルコ）............ 524
チャツワース宮（イギリス）
.... 419
チャトラパティ・シヴァージー
駅（インド）............ 38
チャトラパティ・シヴァージー・
ターミナス駅（旧名ヴィクトリ
ア・ターミナス）（インド）............ 38
チャナカ・デリー（パキスタン）
.... 382
チャナパタ（ペルー）............ 663
チャビン遺跡（ペルー）............ 663
チャビン・デ・ワンタル（ペ
ルー）.................... 663
チャビン・デ・ワンタル―新神
殿（ペルー）............ 660
チャビン・デ・ワンタルの神殿
（ペルー）............ 664
チャビンの考古遺跡（ペルー）
.... 663
チャベンゲ（インドネシア）
.... 47
チャムパサックのワット・プー
と関連古代集落群の文化的景
観（ラオス）............ 401
チャムパリン寺（絳巴林寺）（中
国）.................... 277
チャユニュ（トルコ）............ 524
チャヨニュ（トルコ）............ 524
チャラボン古墳（韓国）............ 83
チャルカツィンゴ（メキシコ）
.... 643
チャールサダ（パキスタン）
.... 382
チャルチュアパ（エルサルバド
ル）.................... 628
チャル・バルク複合体（ウズベキ
スタン）.................... 53
チャンアン景観遺跡群（ベトナ
ム）.................... 390
チャンキーヨ（ペルー）............ 664
チャンセン遺跡（タイ）............ 127
チャンダ（インド）............ 38
チャン・チャン（ペルー）............ 664

ちゃん　　　　　　　　　　　736　　　　　　　史跡・遺跡名索引

チャン・チャン遺跡地域（ペルー） ……………… 664
チャンディ・カラサン（インドネシア） ……………… 47
チャンディ・サリ（インドネシア） ……………… 48
チャンディーサリの祠堂（インドネシア） ……………… 48
チャンディ・シヴァ（インドネシア） ……………… 48
チャンディ・ジャゴ（インドネシア） ……………… 48
チャンディ・スクゥ（インドネシア） ……………… 48
チャンディ・セウ（インドネシア） ……………… 48
チャンディ・パオン（インドネシア） ……………… 48
チャンディ・ビマ（インドネシア） ……………… 48
チャンディ・プラオサン（インドネシア） ……………… 48
チャンディ・プランバナン（インドネシア） ……………… 48
チャンディ・ベラハン（インドネシア） ……………… 48
チャンディ・ムンドゥ（インドネシア） ……………… 48
チャンディ・ロロ・ジョングラン（インドネシア） ………… 48
昌徳宮（チャンドクン）（韓国） ……………… 74
チャンドラケトゥガル（インド） ……………… 38
チャンドリ（インド） ………… 38
チャンネ遺跡（韓国） ………… 83
チャンパー（ベトナム） …… 390
チャンパサック県の文化的景観にあるワット・プーと関連古代遺産群（ラオス） … 401
チャンパーサック県の文化的景観に囲まれたワット・プーと関連考古遺産（ラオス） 401
チャンパサックのワット・プー寺院（ラオス） …… 401
チャンパサックのワット・プー寺院と関連古代遺産（ラオス） …… 401
チャンパネル・パヴァガド遺跡公園（インド） …… 38
チャンパネル・パヴァガドゥ考古学公園（インド） ……… 38
チャンパーの祠塔（ベトナム） ……………… 390
チャンフ・ダロー（パキスタン） ……………… 382
チャンフ・ダロ遺跡（パキスタン） ……………… 382
チュイルリー宮殿（フランス） ……………… 545
中衛高廟（中国） ……… 278

中会寺（中国） ………… 278
中央軍委旧址（中国） … 278
中央紅軍総部駐地旧址（中国） ……………… 278
中央工農民主政府旧址（中国） ……………… 278
中央農民運動講習所旧址（中国） ……………… 278
中崖（中国） …………… 278
中岳廟（中国） ………… 278
中華全国総工会旧址（中国） ……………… 278
中華門（中国） ………… 278
仲岩里（北朝鮮） …… 111
中共湘鄂贛省旧址（中国） ……………… 278
中共湘区委員会旧址（中国） ……………… 278
中共湘贛省委旧址（中国） … 278
中共中央鄂予皖分局旧址（中国） ……………… 278
中共中央負責人遵義寓所（中国） ……………… 278
中共閩浙贛省委旧址（中国） ……………… 278
沖虚古観（中国） …… 278
中京大定府（中国） …… 368
中原高句麗碑（韓国） … 83
忠孝洞窯跡（韓国） … 84
忠孝洞古墳群（韓国） … 84
中国猿人遺址（中国） 219
中国共産党広東区委員会旧址（中国） ……………… 278
中国共産党第一次全国代表大会会址（中国） …… 279
中国工農紅軍第四軍軍部旧址（中国） ……………… 279
中国工農紅軍第七軍軍部旧址（中国） ……………… 279
中国工農紅軍第八軍司令部旧址（中国） ……………… 279
中山王響墓（中国） …… 279
中山王墓（中国） …… 279
中山王陵〔中山簡王墓〕（中国） ……………… 279
中山紀念堂（中国） …… 279
中山故居（中国） …… 279
中山堂（中国） ……… 279
中山門（中国） ……… 279
中山里遺跡（韓国） … 84
中山陵（中国） ……… 279
中州路（中国） ……… 356
中世オックスフォード大学の学寮（イギリス） …… 419
中世市場都市プロヴァン（フランス） ……………… 545
中世都市トルニ（ポーランド） ……………… 559

中世都市トルン（ポーランド） ……………… 559
中世の交易都市プロヴァン（フランス） ……………… 545
チュウダウ窯跡群（ベトナム） ……………… 390
中天門（中国） ……… 267
中島遺跡（韓国） …… 84
中屯橋（台湾） …… 131
中南海（中国） ……… 279
中尼友誼橋（中国） …… 279
中美合作所集中営旧址（中国） ……………… 279
中廟（中国） ……… 279
中部インド岩面画群（インド） ……………… 38
中部ライン渓谷（ドイツ） … 516
沖佑万年宮（中国） …… 279
仲雍墓（中国） ……… 279
忠烈祠（中国） ……… 279
中和殿（中国） ……… 280
チュエラ，テル（シリア） … 120
チュクイート（ペルー） … 664
チュシャ・バハ（ネパール） .. 379
チュニス（チュニジア） … 610
チュニス旧市街（チュニジア） ……………… 610
チュニスのメディナ（チュニジア） ……………… 610
チューネ（ノルウェー） … 530
チュバシガーロ（ペルー） … 664
チュピクアロ（メキシコ） … 643
チュホイ（曲恵）古城（中国） ……………… 280
チュルパ・パンパ（ボリビア） ……………… 671
チュンナン遺跡（韓国） ……… 84
長安寺（中国） ……… 280
長安城〔漢〕（中国） …… 280
長安城〔唐〕（中国） …… 280
長安城　安定坊（中国） … 280
長安城外漢代建築址（中国） ……………… 280
長安城　含元殿（中国） … 159, 274
長安城　建章宮（中国） … 182
長安城　興慶宮（中国） … 187
長安城　皇城含光門（中国） ……………… 160
長安城　朱雀街と側溝・西市（中国） ……………… 280
長安城　西安明代城壁（中国） ……………… 245
長安城　井幹楼（中国） … 246
長安城　西明寺（中国） … 206
長安城　青龍寺（中国） … 251
長安城　大明宮（中国） … 274
長安城　長楽宮（中国） … 283

史跡・遺跡名索引　　737　　ちんか

長安城南郊外・明堂 (中国)
　　　　　　　　　　　348
長安城南郊の圜丘 (中国) ‥‥ 145
長安城 明徳門 (中国) ‥‥ 348
長安普渡村古墓 (中国) ‥‥ 328
長院里遺跡 (韓国) ‥‥‥‥ 84
朝雲墓 (中国) ‥‥‥‥‥ 280
張横渠墓祠 (中国) ‥‥‥ 280
潮音洞 (台湾) ‥‥‥‥‥ 131
張家営子遼墓 (中国) ‥‥ 280
張家嘴 (中国) ‥‥‥‥‥ 280
張家坡 (中国) ‥‥‥‥‥ 280
張家坡墓地 (中国) ‥‥‥ 280
趙家堡 (中国) ‥‥‥‥‥ 280
長蝦里石塔 (韓国) ‥‥‥‥ 84
張家湾軍事会議旧址 (中国)
　　　　　　　　　　　280
張桓侯祠 (中国) ‥‥‥‥ 280
張桓侯廟 (中国) ‥‥‥‥ 281
趙邯鄲故城 (中国) ‥‥‥ 281
長巌鎮城跡 (韓国) ‥‥‥‥ 84
張九齢墓 (中国) ‥‥‥‥ 281
釣魚城 (中国) ‥‥‥‥‥ 281
張居正墓 (中国) ‥‥‥‥ 281
釣魚台〔痩西湖〕(中国) ‥ 281
釣魚台〔宝鶏県〕(中国) ‥ 281
釣魚台〔北京市〕(中国) ‥ 281
長慶寺塔 (中国) ‥‥‥‥ 281
張経墓 (中国) ‥‥‥‥‥ 281
張憲墓 (中国) ‥‥‥‥‥ 281
張騫墓 (中国) ‥‥‥‥‥ 281
趙杲観 (中国) ‥‥‥‥‥ 281
長岡郷調査会会址 (中国) ‥ 281
張衡墓 (中国) ‥‥‥‥‥ 281
重光門 (中国) ‥‥‥‥‥ 281
長興里遺跡 (韓国) ‥‥‥‥ 84
趙固魏墓 (中国) ‥‥‥‥ 281
長鼓山古墳 (韓国) ‥‥‥‥ 84
長鼓村1・2号墳 (韓国) ‥‥ 84
長鼓峰古墳 (韓国) ‥‥‥‥ 84
長沙 (中国) ‥‥‥‥‥‥ 282
張宰相墓 (中国) ‥‥‥‥ 281
長沙古墓 (中国) ‥‥‥‥ 282
長沙楚墓 (中国) ‥‥‥‥ 282
長山里遺跡 (韓国) ‥‥‥‥ 84
長治 (中国) ‥‥‥‥‥‥ 330
張士誠母曹氏墓 (中国) ‥‥ 282
趙州橋 (中国) ‥‥‥‥‥ 135
趙充国墓 (中国) ‥‥‥‥ 282
趙州陀羅尼経幢 (中国) ‥‥ 282
長春観 (中国) ‥‥‥‥‥ 282
長春宮 (中国) ‥‥‥‥‥ 282
長春宮 故宮 (中国) ‥‥‥ 282
長城 (中国) ‥‥‥‥‥‥ 319
長城里遺跡 (北朝鮮) ‥‥‥ 111

長辛店二七革命遺址 (中国)
　　　　　　　　　　　282
長生殿 (中国) ‥‥‥‥‥ 282
張盛墓 (中国) ‥‥‥‥‥ 282
長川1号墳 (中国) ‥‥‥ 282
朝鮮王朝の王墓群 (韓国) ‥‥ 84
朝鮮王朝の陵墓群 (韓国) ‥‥ 84
長川里遺跡 (韓国) ‥‥‥‥ 84
朝宗橋 (中国) ‥‥‥‥‥ 282
張蒼水墓 (中国) ‥‥‥‥ 282
長台関楚墓 (中国) ‥‥‥ 282
張獅摩崖 (中国) ‥‥‥‥ 282
趙長城 (中国) ‥‥‥‥‥ 282
朝天宮 (中国) ‥‥‥‥‥ 282
朝島遺跡 (韓国) ‥‥‥‥‥ 57
吊楠環遺跡 (中国) ‥‥‥ 282
張同之夫婦墓 (中国) ‥‥ 282
長徳里遺跡 (北朝鮮) ‥‥‥ 111
長梅里廃寺跡 (北朝鮮) ‥‥ 111
長坂坡 (中国) ‥‥‥‥‥ 283
張飛廟 (中国) ‥‥‥‥‥ 281
趙文楷墓 (中国) ‥‥‥‥ 283
趙宝溝遺跡 (中国) ‥‥‥ 283
重陽宮 (中国) ‥‥‥‥‥ 283
張養浩墓 (中国) ‥‥‥‥ 283
長陽人遺址 (中国) ‥‥‥ 283
重陽殿 (中国) ‥‥‥‥‥ 283
朝陽塔 (中国) ‥‥‥‥‥ 283
朝陽洞遺跡 (韓国) ‥‥‥‥ 84
長楽宮 (中国) ‥‥‥‥‥ 283
張楽行故居 (中国) ‥‥‥ 283
長陵〔漢〕(中国) ‥‥‥ 283
長陵〔北魏〕(中国) ‥‥‥ 283
長陵〔明〕(中国) ‥‥‥ 283
重竜山北崖 (中国) ‥‥‥ 283
張良廟 (中国) ‥‥‥‥‥ 283
張良墓 (中国) ‥‥‥‥‥ 283
長陵稜恩殿 (中国) ‥‥‥ 283
兆麟将軍墓 (中国) ‥‥‥ 283
長林里古墳群 (韓国) ‥‥‥ 84
聴鸝館 (中国) ‥‥‥‥‥ 284
長廊 (中国) ‥‥‥‥‥‥ 137
チョーガ・ザンビル (イラン)
　　　　　　　　　　　24
チョーガ・ザンビルのジッグラ
　ト (イラン) ‥‥‥‥‥ 24
チョーガ・ザンビルの神域と王
　墓 (イラン) ‥‥‥‥‥ 24
チョカトチュン (卓桌特沁) 古城
　(中国) ‥‥‥‥‥‥‥ 284
チョガ・マミ (イラク) ‥‥‥ 15
チョーガ・ミシュ (イラン)
　　　　　　　　　　　24
チョカン寺 (中国) ‥‥‥ 268
褚邱 (中国) ‥‥‥‥‥‥ 284
陟岵寺 (中国) ‥‥‥‥‥ 284

チョケキラウ (ペルー) ‥‥ 664
曹渓 (チョゲ) 寺 (韓国) ‥‥ 80
苧浦里B古墳群 (韓国) ‥‥ 85
儲秀宮 (中国) ‥‥‥‥‥ 284
貯水塔 ネルドリンゲン (ドイ
　ツ) ‥‥‥‥‥‥‥‥ 513
楮石里古墳群 (韓国) ‥‥‥ 85
チョトゥーナ (ペルー) ‥‥ 664
チョパン・デペ (トルクメニスタ
　ン) ‥‥‥‥‥‥‥‥ 378
チョブシ洞窟 (エクアドル)
　　　　　　　　　　　652
苧浦里古墳群 (韓国) ‥‥‥ 85
チョムマル龍窟遺跡 (韓国)
　　　　　　　　　　　85
チョーラ朝 (インド) ‥‥‥ 37
チョーラ朝の現存する大寺院群
　(インド) ‥‥‥‥‥‥ 37
チョルーラ (メキシコ) ‥‥ 643
チョルーラの大ピラミッド (メ
　キシコ) ‥‥‥‥‥‥ 643
清岩洞廃寺 (北朝鮮) ‥‥‥ 109
チョンギェー (中国) ‥‥‥ 284
チョンゴニの岩画地域 (マラウ
　イ) ‥‥‥‥‥‥‥‥ 613
チョンゴヤペ (ペルー) ‥‥ 664
全谷里 (チョンゴンニ) 遺跡 (韓
　国) ‥‥‥‥‥‥‥‥ 79
チョンチョンアム遺跡 (北朝
　鮮) ‥‥‥‥‥‥‥‥ 111
定林寺址 (韓国) ‥‥‥‥‥ 75
天馬 (チョンマ) 塚 (韓国) ‥ 86
宗廟 (チョンミョ) (韓国) ‥ 81
チリキ (パナマ) ‥‥‥‥ 634
チリクタ (カザフスタン) ‥‥ 56
チリク・ラバト (ロシア) ‥‥ 575
智異山 (韓国) ‥‥‥‥‥ 85
チリパ (ボリビア) ‥‥‥ 671
チリハウス (ドイツ) ‥‥‥ 512
チリカ (ペルー) ‥‥‥‥ 664
チルコ・マッシモ (イタリア)
　　　　　　　　　　　443
チルチェオ山遺跡 (イタリア)
　　　　　　　　　　　443
チルボン (インドネシア) ‥‥ 48
チレント・ディアノ渓谷国立公
　園 (イタリア) ‥‥‥‥ 445
チレント・ディアノ渓谷国立
　公園の遺跡と修道院 (イタリ
　ア) ‥‥‥‥‥‥‥‥ 445
チロヴォエ (ロシア) ‥‥‥ 575
チロエ島の教会群 (チリ) ‥ 655
チロエの教会堂群 (チリ) ‥ 655
チロエの聖堂 (チリ) ‥‥‥ 655
鎮海寺 (中国) ‥‥‥‥‥ 284
鎮海塔〔海寧県〕(中国) ‥ 284
鎮海塔〔霊武県〕(中国) ‥ 284
鎮海楼 (中国) ‥‥‥‥‥ 284

ちんか　　　　　　　　　　　　　738　　　　　　　　　史跡・遺跡名索引

陳家祠(中国) ················ 284
陳化成墓(中国) ············ 284
陳家大山(中国) ············ 284
チンギス・カン長城(中国)
　　　　　　　　　　　　　 284
チンギス・カン長城(モンゴル)
　　　　　　　　　　　　　 398
チンギス・カン長城(ロシア)
　　　　　　　　　　　　　 576
チンギスカン陵(中国) ···· 284
成吉思汗陵(中国) ·········· 284
陳橋駅(中国) ················ 284
陳玉成墓(中国) ············ 284
チング(メキシコ) ·········· 643
チングヌル遺跡(韓国) ···· 85
チンクルティク(メキシコ)
　　　　　　　　　　　　　 643
陳元光墓(中国) ············ 284
陳元竜故宅(中国) ·········· 284
陳洪綬墓(中国) ············ 285
鎮崗塔(中国) ················ 285
鎮江東晋画象塼墓(中国) ·· 285
陳国故城(中国) ············ 285
鎮国寺(中国) ················ 285
鎮国寺塔(中国) ············ 285
鎮朔楼(中国) ················ 285
鎮山宝塔(中国) ············ 285
珍山里窯跡(韓国) ·········· 85
珍珠城(中国) ················ 285
珍珠泉(中国) ················ 285
陳渉呉広起義旧址(中国) ·· 285
陳勝墓(中国) ················ 285
陳子昂読書台(中国) ········ 285
沈村里(北朝鮮) ············ 111
青島桟橋(中国) ············ 285
チンチェーロ(ペルー) ···· 664
陳田寺跡(韓国) ············ 85
珍島〔遺跡〕(韓国) ········ 85
陳独秀墓(中国) ············ 285
陳白沙祠(中国) ············ 285
陳白沙釣魚台故址(中国) ···· 285
陳白沙墓(中国) ············ 285
珍妃井(中国) ················ 285
陳文帝永寧陵石獣(中国) ···· 143
鎮北台(中国) ················ 286
陳友諒墓(中国) ············ 286
鎮淮楼(中国) ················ 286

【つ】

ツァリ・デヴィツァ(ロシア)
　　　　　　　　　　　　　 576
ツァールスキイ・クルガン(ウ
　クライナ) ················ 460

ツィビルチャルトゥン(メキシ
　コ) ······················ 643
ツィンツンツァン(メキシコ)
　　　　　　　　　　　　　 643
ツウィツァウス(ナミビア)
　　　　　　　　　　　　　 612
ツヴィンガー祝祭場(ドイツ)
　　　　　　　　　　　　　 512
通恵河(中国) ················ 286
通江摩崖仏(中国) ·········· 286
通済堰(中国) ················ 286
通済橋(中国) ················ 286
通川邑(北朝鮮) ············ 111
通天巌(中国) ················ 286
通度寺(韓国) ················ 85
通廊〔ヤズルカヤ〕(トルコ) ·· 529
ツェタンビウタポ(沢当比烏扎
　普)(中国) ················ 286
ツェレーナ・ペチーナ(ボスニ
　ア・ヘルツェゴビナ) ···· 558
ツォディロ(ボツワナ) ···· 613
ツォディロ・ヒル(ボツワナ)
　　　　　　　　　　　　　 613
ツォンパントリ(メキシコ)
　　　　　　　　　　　　　 643
月の神殿(ペルー) ·········· 664
月の神殿(ボリビア) ········ 671
月のピラミッド(メキシコ)
　　　　　　　　　　　　　 643
月の港ボルドー(フランス)
　　　　　　　　　　　　　 549
月の門(ボリビア) ·········· 671
月のワカ(ペルー) ·········· 669
ツータンカーメンの墓(エジプ
　ト) ······················ 592
「壺の家」(イタリア) ······ 429
ツルプ寺(楚布寺)(中国) ···· 286
ツルム(シリア) ············ 120

【て】

テアトロ・オリンピコ(イタリ
　ア) ······················ 443
ディアマンティナの歴史地区
　(ブラジル) ·············· 657
ティアワナコ(ボリビア) ···· 671
ティアワナコ：ティアワナコ文
　化の政治・宗教の中心地(ボ
　リビア) ·················· 671
ティヴォリのヴィッラ・アドリ
　アーナ(イタリア) ········ 426
ティヴォリのヴィッラ・デステ
　(イタリア) ·············· 443
ティヴォリのウェスタ神殿(イ
　タリア) ·················· 427
ティヴォリのエステ家別荘(イ
　タリア) ·················· 443

ティヴォリのハドリアヌス帝別
　荘(イタリア) ············ 426
ディヴリーイの大モスクと病院
　(トルコ) ················ 524
ディヴリーの大モスクと施療院
　(トルコ) ················ 524
D.F.ウォーダ蒸気水揚げポンプ
　場(オランダ) ············ 464
ティエラアデントロの王の道
　(メキシコ) ·············· 643
ティエラデントロ(コロンビア)
　　　　　　　　　　　　　 653
ティエラデントロ国立遺跡公園
　(コロンビア) ············ 653
ディエン高原(インドネシア)
　　　　　　　　　　　　　 48
ディエン高原の遺構群(インド
　ネシア) ·················· 48
庭園とレジデンツ広場を含む
　ヴュルツブルク司教館(ドイ
　ツ) ······················ 509
ディオクレティアヌス宮殿(ク
　ロアチア) ················ 485
ディオクレティアヌス宮殿を
　含むスプリトの史跡(クロア
　チア) ···················· 485
ディオクレティアヌス帝の宮殿
　(クロアチア) ············ 485
ディオクレティアヌスの宮殿
　(クロアチア) ············ 485
ディオクレティアヌスの浴場
　(イタリア) ·············· 443
ディオスポリス・パルヴァ(エ
　ジプト) ·················· 592
ディオニュシウ修道院(ギリシ
　ャ) ······················ 476
ディオニュソス劇場(ギリシ
　ャ) ······················ 476
ディオニュソスの館〔ディオン〕
　(ギリシャ) ·············· 476
ディオニュソスの館〔ペラ〕(ギ
　リシャ) ·················· 476
ディオン(ギリシャ) ········ 476
ディオンの劇場(ギリシャ)
　　　　　　　　　　　　　 476
ディオンの城壁(ギリシャ)
　　　　　　　　　　　　　 476
ディオンの大公衆浴場(ギリシ
　ャ) ······················ 476
ディオンの大バシリカ(ギリシ
　ャ) ······················ 476
ディオンの墓域(ギリシャ)
　　　　　　　　　　　　　 476
鄭家窪子(中国) ············ 286
丁家閘壁画墓(中国) ········ 286
ティカル(グアテマラ) ······ 631
ティカル1号神殿(グアテマラ)
　　　　　　　　　　　　　 631
ティカル2号神殿(グアテマラ)
　　　　　　　　　　　　　 631

史跡・遺跡名索引　　　　　　　739　　　　　　　てうえ

ティカル3号神殿(グアテマラ) 631
ティカル国立公園(グアテマラ) 631
ティカル第78号建造物(グアテマラ) 631
ティカルのピラミッド群(グアテマラ) 631
鄭家窪子墓(中国) 286
泥河湾(中国) 286
鄭韓古城(中国) 286
鄭韓故城(中国) 286
亭岩里瓦窯跡(韓国) 85
亭岩里古墳群(韓国) 85
ディキス地方の石球のあるプレ・コロンビア期の首長制集落群(コスタリカ) 633
程橋(中国) 286
ティグロヴァヤ(ロシア) 576
貞恵公主墓(中国) 286
汀渓窯遺址(中国) 286
定県塔基(中国) 286
定県43号漢墓(中国) 287
貞孝公主墓(中国) 287
定興石柱(中国) 165
鄭公塔(中国) 287
鄭国渠(中国) 287
鄭国渠首(中国) 287
綖止山遺跡(韓国) 85
丁氏祠堂(中国) 287
ティシット(モーリタニア) 616
デイシブ(底失卜)站故城(中国) 287
程氏明代住宅(中国) 287
鄭州空壕墓(中国) 287
鄭州上街(中国) 287
鄭州商城遺跡(中国) 287
鄭州商代遺址(中国) 287
鄭州人民公園(中国) 287
鄭州南関漢墓(中国) 287
鄭州二里岡遺跡(中国) 307
定襄郡成楽県治址(中国) 287
鄭仁泰墓(中国) 287
ティス(エジプト) 592
鄭成功廟(台湾) 131
鄭成功墓(中国) 287
定宗安陵(北朝鮮) 111
丁村(中国) 287
丁村遺跡(中国) 287
丁村民居(中国) 288
ティタウィン(モロッコ) 617
ティターノ山(サンマリノ) 486
デイダムス(エジプト) 592
ティチト・ワラタ(モーリタニア) 616

ディッカー塔(ドイツ) 512
ティティカカ(ペルー) 663
ティティカカ(ボリビア) 671
ティディケルト(アルジェリア) 581
ティディス(アルジェリア) 581
ティディム(トルコ) 524
ティデュマ(トルコ) 524
ティデュマイオン(トルコ) 518
ティトゥス帝凱旋門(イタリア) 443
ティトゥスの凱旋門(イタリア) 443
定東陵(中国) 288
ティー・ナラシプル(インド) 38
ティニス(エジプト) 592
ティネット島(イタリア) 453
ティーノ島(イタリア) 453
ティの墓(エジプト) 592
貞栢洞墳墓群(北朝鮮) 111
ティパサ(アルジェリア) 581
ティパサの考古遺跡(アルジェリア) 581
ディピュロン(ギリシャ) 476
鄭文英墓(中国) 288
ティベスティ(チャド) 609
丁房闕(中国) 288
亭榜亭(ディン・ディンバン)(ベトナム) 390
ティポン(ペルー) 664
ティマルガラ(パキスタン) 382
ディミニ(ギリシャ) 476
ティムガッド(アルジェリア) 581
ティムガッドの考古遺跡(アルジェリア) 581
ティムガード(アルジェリア) 581
ティムナ(イスラエル) 9
ティヤ(エチオピア) 602
ティヤの石碑群(エチオピア) 602
ディヤルバクル城塞とエヴセル庭園の文化的景観(トルコ) 524
ディヤルバクル城壁とエヴセルガーデンの文化的景観(トルコ) 524
程陽永済橋(中国) 288
程陽の風雨橋(中国) 288
ディラー・アブン=ナガー(エジプト) 594
ディライーヤのツライフ地区(サウジアラビア) 117

ディライーヤのトライフ(サウジアラビア) 117
ティラウラ・コット(ネパール) 379
デイラマーン(イラン) 24
ディリベルジン=テペ(アフガニスタン) 3
ティーリュンス(ギリシャ) 476
定陵〔宗李顕墓〕(中国) 288
定陵〔明〕(中国) 288
定陵寺(北朝鮮) 111
定陵地下宮殿(中国) 288
定陵方城明楼(中国) 288
ティリンス(ギリシャ) 476
ティール(レバノン) 402
デイル・アラ, テル(ヨルダン) 400
デイル・アル=バハリ(エジプト) 593
ディルイーヤのトライフ(サウジアラビア) 117
ティルヴァンナーマライ(インド) 30
デイル・エル=バハリ(エジプト) 593
デイル・エル=バラース(エジプト) 593
デイル・エル=ベルシャ(エジプト) 593
デイル・エル=マディーナ(エジプト) 593
デイル・エル=メディーナ(エジプト) 593
ティルカラ(アルゼンチン) 651
ティルス(レバノン) 402
ティルスの公共浴場(レバノン) 402
ティルタヤサ遺跡(インドネシア) 48
ティル・バルシブ(シリア) 120
ティル・バルスィブ(シリア) 120
ディルムン(バーレーン) 387
ディルワーダ寺院群(インド) 39
ティイロス(レバノン) 402
ティワナク(ボリビア) 671
ティワナク文化の宗教的・政治的中心地ティワナク(ボリビア) 671
ティンガニオ(メキシコ) 643
ティンターン僧院(イギリス) 419
デインベリー(イギリス) 419
デヴェ・フユック(シリア) 120

デヴォン・ダウンズ（オーストラリア） …… 405

テウジョイ（エジプト） …… 596

デーヴニモーリ（インド） …… 38

デーオガル（インド） …… 38

デーオガル〔十化身堂〕（インド） …… 37

デオーガル〔ダシャ・アヴァターラ（十権化）寺〕（インド） …… 37

テオティワカン（メキシコ） …… 643

テオティワカンの遺跡（メキシコ） …… 643

テオティワカン文明（メキシコ） …… 643

テオテナンゴ（メキシコ） …… 644

テオドリクス王の宮殿（イタリア） …… 443

テオドリクスの廟（イタリア） …… 443

テオパンソルコ（メキシコ） …… 644

テオパンテクアニトラン（メキシコ） …… 644

手紙の洞窟（イスラエル） …… 9

テキスキアク（メキシコ） …… 644

テキーラ（地方）のリュウゼツランの景観と古代産業設備（メキシコ） …… 649

テクワダ（インド） …… 38

テゲア（ギリシャ） …… 476

テサロニキ（ギリシャ） …… 477

テジク（鉄吉克）遺址（中国） …… 288

テシク・カラ（ウズベキスタン） …… 53

テシク・タシュ（ウズベキスタン） …… 53

テシフォン（イラク） …… 14

テジャ（フランス） …… 545

デシャーシャ（エジプト） …… 593

テスココ（メキシコ） …… 644

デスペーニャペロス（スペイン） …… 499

デチャニ修道院（コソボ） …… 486

デチャニの修道院聖堂（コソボ） …… 486

テチューヘ（ロシア） …… 576

鉄影壁（中国） …… 288

鉄旗杆（中国） …… 288

鉄経幢（中国） …… 288

鉄犀〔泆水河畔〕（中国） …… 288

鉄犀〔鉄牛村〕（中国） …… 288

デッサウ・ヴェルリッツの庭園（ドイツ） …… 512

デッサウ・ヴェルリッツの庭園王国（ドイツ） …… 512

テッサロニキ（ギリシャ） …… 477

テッサロニキの初期キリスト教とビザンチン様式の建造物群（ギリシャ） …… 477

テッサロニキの初期キリスト教およびビザンティン様式の建造物（ギリシャ） …… 477

テッサロニキの「聖母のバシリカ」（ギリシャ） …… 477

テッサロニキの歴史的建造物（ギリシャ） …… 477

鉄山園（中国） …… 288

鉄山摩崖石刻（中国） …… 288

鉄生溝製鉄遺跡（中国） …… 289

鉄生溝冶鉄遺址（中国） …… 289

鉄砧山（台湾） …… 131

鉄塔（中国） …… 350

鉄仏寺〔湖州市〕（中国） …… 289

鉄仏寺〔衡山〕（中国） …… 289

鉄門関（中国） …… 289

鉄門鎮漢墓（中国） …… 289

テッラ・アマータ（フランス） …… 545

デッル，エル（エジプト） …… 593

鉄鈴関（中国） …… 289

デディーム（エジプト） …… 592

デデリエ洞窟（シリア） …… 120

テトゥアン旧市街（旧名ティタウィン）（モロッコ） …… 617

テトゥアン（旧ティタウィン）のメディナ（モロッコ） …… 617

テトラミツァ（ジョージア） …… 487

テナム・プエンテ（メキシコ） …… 644

テナユカ（メキシコ） …… 644

テノチティトラン（メキシコ） …… 644

テノチティトランの大神域（メキシコ） …… 644

テーバイ（エジプト） …… 593

テーバイ（ギリシャ） …… 477

テプ（エジプト） …… 596

テプトゥニス（エジプト） …… 593

哲蚌寺（中国） …… 372

テーベ（エジプト） …… 593

テーベ（ギリシャ） …… 477

テペ・ガウラ（イラク） …… 13

テペ・シアルク（イラン） …… 22

テペ・シュトゥール（アフガニスタン） …… 2

テペスパン（メキシコ） …… 644

テペ・ヤフヤ（イラン） …… 28

テポステコ（メキシコ） …… 644

テマ（サウジアラビア） …… 117

デメテル神殿〔プリエネ〕（トルコ） …… 524

デメテル神殿〔ペルガモン〕（トルコ） …… 524

デメテルとコレ（ペルセフォネ）の神域（ギリシャ） …… 477

デメテルの神域（ギリシャ） …… 477

デメトラ石室墓（ウクライナ） …… 460

テメノス（ギリシャ） …… 477

デー・モラシ・グンダイ（アフガニスタン） …… 3

テュイルリー宮殿（フランス） …… 545

テュリッソス（ギリシャ） …… 477

テュロス（レバノン） …… 402

テラ（サントリニ島）（ギリシャ） …… 474

テラ島（ギリシャ） …… 474

テラマーレ（イタリア） …… 443

デーラマン（イラン） …… 24

テラルマチャイ（ペルー） …… 664

テリ遺跡群（インド） …… 39

デリーのクトゥブ・ミナール（インド） …… 39

デリーのクトゥブ・ミナールと周辺の遺跡群（インド） …… 39

デリーの最初のモスクとクトゥブ・ミナール（インド） …… 39

デリーのフマユーン廟（インド） …… 43

テル・アヴィヴの「白亜の町」―近代建築運動（イスラエル） …… 9

テル―アビーブのホワイト・シティ―近代化運動（イスラエル） …… 9

テルアビブ：モダニズムの白い都市（イスラエル） …… 9

テル・アラッド（イスラエル） …… 6

テル・アル＝アマルナ（エジプト） …… 584

デール・アル＝バハリ（エジプト） …… 593

デール・アル＝メディーナ（エジプト） …… 593

デルヴェニの古代墳墓（ギリシャ） …… 477

テル・エル・アマルナ（エジプト） …… 584

デル・エル＝ゲブラウィ（エジプト） …… 593

テル・エル・ダバア（エジプト） …… 592

テルエルのムデハル様式建築（スペイン） …… 492

デール・エル・バハリ（エジプト） …… 593

デール・エル・バハリ神殿（エジプト） …… 593

デル・エル＝バラス（エジプト） …… 593

史跡・遺跡名索引　　　741　　　てんま

デルーエルーバーリ（エジプト） …………… 593
テル・エル＝ファラーイン（エジプト） …………… 596
デル・エル＝ベルシャ（エジプト） …………… 593
テル・エル＝マスクータ（エジプト） …………… 593
テル・エル＝ムクダム（エジプト） …………… 600
デール・エル・メディーナ（エジプト） …………… 593
テル・エル＝ヤフディヤ（エジプト） …………… 593
テル・エル＝ルブア（エジプト） …………… 599
テルカ（シリア） …………… 120
デルゲ（徳格）印経院（中国） …………… 289
テル・サラサート（イラク） …………… 14
テルチの歴史地区（チェコ） …………… 505
テル・ティマイ（エジプト） ‥ 599
テルニフィーネ（アルジェリア） …………… 581
テル・ハルマル（イラク） ‥ 17
テル・ヒスン（エジプト） 597
デルフィ（ギリシャ） …………… 477
デルフィのギュムナシオン（ギリシャ） …………… 477
デルフィの劇場（ギリシャ） …………… 477
デルフィの古代遺跡（ギリシャ） …………… 477
デルフィのスタディオン（ギリシャ） …………… 477
デルフィのトロス（ギリシャ） …………… 477
デルフォイ（ギリシャ） ……… 477
デルフォイ（デルフィ）の神託（ギリシャ） …………… 477
デルフォイのアポロン神殿（ギリシャ） …………… 468
デルフォイの遺跡（ギリシャ） …………… 477
デルフォイの神域（ギリシャ） …………… 477
デルフォイの聖域（ギリシャ） …………… 477
テル・ベールシェバ（イスラエル） …………… 10
デルベントのシタデル、古代都市、要塞建造物（ロシア） …………… 576
デルベントの城塞、古代都市、要塞建造物群（ロシア） ……… 576
テルミ（ギリシャ） …………… 478
テルメズ（ウズベキスタン） ‥ 53
テルメーッソス（トルコ） ‥‥ 524
テルモス（ギリシャ） ……… 478

デル・モンテ城（イタリア） ‥ 443
テル・ロー（イラク） ……… 15
デルワーラ寺院群（インド） …………… 39
テレステリオン（ギリシャ） …………… 478
テレヌティス（エジプト） …… 589
テレフォスの浮き彫りの家（イタリア） …………… 443
テロー（イラク） ………… 15
デロス（ギリシャ） ……… 478
デロス人による神殿（ギリシャ） …………… 478
デロス島（ギリシャ） ……… 478
デロス島のアゴラ（ギリシャ） …………… 478
デロス島の劇場（ギリシャ） …………… 478
デロス島の神殿遺蹟（ギリシャ） …………… 478
デロス島の聖道（ギリシャ） …………… 478
テワカン谷遺跡群（メキシコ） …………… 644
天安門（中国） …………… 289
天一閣（中国） …………… 289
点易洞（中国） …………… 289
天乙真慶宮（中国） ……… 289
天涯海角（中国） ………… 289
天廻山崖墓（中国） ……… 289
天界寺（中国） …………… 289
天花宮（中国） …………… 289
天下第一江山石刻（中国） … 289
天下第一関（中国） ……… 289
天官寺跡（韓国） ………… 85
天眖殿（中国） …………… 272
天后宮〔泉州市〕（中国） … 289
天后宮〔天津市〕（中国） … 290
天后宮門楼牌坊（中国） …… 290
田弘墓（中国） …………… 290
田坑窯（中国） …………… 290
天子岡（中国） …………… 290
天師洞（中国） …………… 290
天師府（中国） …………… 290
天子墳（中国） …………… 290
デンジャー洞穴（アメリカ合衆国） …………… 624
田州塔（中国） …………… 290
天守閣 ヴァンセンヌ（フランス） …………… 536
天守閣 ボージャンシー（フランス） …………… 549
天守閣 ランジェ（フランス） …………… 551
天寿寺塔（中国） ………… 290
点春堂（中国） …………… 290
点将台（中国） …………… 290
天心閣（中国） …………… 290

天津橋（中国） …………… 290
点翠洲（中国） …………… 290
天生営（中国） …………… 290
天盛号石橋（中国） ……… 290
天成寺（中国） …………… 290
伝説の都市トンブクトゥ（マリ） …………… 614
天尊閣（中国） …………… 290
天台庵（中国） …………… 291
天台山（中国） …………… 291
天台寺（中国） …………… 291
天壇（中国） …………… 291
天壇圜丘（中国） ………… 145
天壇祈年殿（中国） ……… 166
天壇皇穹宇（中国） ……… 186
天壇：北京の皇帝祭壇（中国） …………… 291
「天地の中心」にある登封の史跡群 …………… 157
天柱山（中国） …………… 291
天柱寺跡（韓国） ………… 85
天中万寿塔（中国） ……… 291
天梯山石窟（中国） ……… 291
テンティリス（エジプト） … 593
デンデラ（エジプト） …… 593
天堂山（中国） …………… 291
天童寺（中国） …………… 291
デンドゥル（エジプト） …… 593
デンドラ（ギリシャ） …… 478
天寧寺〔海塩県〕（中国） … 291
天寧寺〔金華市〕（中国） … 291
天寧寺〔交城県〕（中国） … 291
天寧寺〔常州市〕（中国） … 291
天寧寺〔南通市〕（中国） … 291
天寧寺〔北京市〕（中国） … 291
天寧寺〔揚州市〕（中国） … 291
天寧寺三聖帝（中国） …… 291
天寧寺双塔（中国） ……… 292
天寧寺塔（中国） ………… 292
天寧寺木塔（中国） ……… 292
天然塔（中国） …………… 292
天皇山窯址（韓国） ……… 85
天王地神塚（北朝鮮） …… 111
テンピオ・マラテスティアーノ（イタリア） …………… 444
天妃宮碑（中国） ………… 292
天福寺（ベトナム） ……… 390
テンプレケ神父の水道橋の水利システム（メキシコ） …… 644
テンペリアウキオ教会（岩の教会）（フィンランド） …… 534
天宝宮（中国） …………… 292
天保城（中国） …………… 292
天封塔（中国） …………… 292
天馬・曲村遺跡（中国） …… 292

てんま　　　　　　　　　　　　　　　742　　　　　　　　　　史跡・遺跡名索引

天馬山戚繼光文字摩崖（中国）
………………………… 292
天馬塚（韓国）………… 86
天門寺（中国）………… 292
天龍山石窟（中国）…… 292
天龍寺跡（韓国）……… 86
転輪蔵（中国）………… 292

【と】

ドイティン・バルガス遺跡（モンゴル）……………… 398
ドーヴァー城のキープ（イギリス）………………… 419
ドーヴァー城のコンステーブル・タワー（イギリス）…… 419
ドゥアラ（シリア）……… 120
ドゥアラ洞窟（シリア）… 120
陶庵留碧（中国）……… 292
東渭橋遺址（中国）…… 292
唐一岑墓（中国）……… 292
ドヴィン（アルメニア）… 413
塔院寺（中国）………… 292
湯陰石窟（中国）……… 292
唐寅墓（中国）………… 293
トゥイン（土垠）烽燧（中国）
………………………… 293
トゥーウ・アブディン（トルコ）
………………………… 524
トゥウェイフルフォンテーン（ナミビア）…………… 612
塔営子古城址（中国）… 293
統営城跡（韓国）……… 86
トゥエクタ（ロシア）… 576
鄧演達墓（中国）……… 293
陶淵明祠（中国）……… 293
陶淵明墓（中国）……… 293
滕王閣（中国）………… 293
唐王城〔庫車県〕（中国）… 293
唐王城〔焉耆回族自治県〕（中国）
………………………… 293
唐汪川（中国）………… 293
湯王廟（中国）………… 293
桃温万戸府故城（中国）… 293
東海神廟跡（韓国）…… 86
唐加遺跡（韓国）……… 86
唐崖土司城遺址（中国）… 293
東岳石村（中国）……… 293
東岳廟〔蒲県〕（中国）… 293
東岳廟〔新郷市〕（中国）… 293
東岳廟〔晋城市〕（中国）… 293
東岳廟〔西安市〕（中国）… 293
東岳廟〔北京市〕（中国）… 293
東岳廟〔万栄県〕（中国）… 294
桃花源（中国）………… 294

堂下山遺跡（韓国）…… 86
桐華寺（韓国）………… 86
東華池塔（中国）……… 294
湯和墓（中国）………… 294
桃花里遺跡（韓国）…… 86
堂下里遺跡（韓国）…… 86
董家林の古城壁（中国）… 294
東巌（中国）…………… 294
潼関（中国）…………… 294
東関橋（中国）………… 294
東乾溝（中国）………… 294
東巌山（中国）………… 294
潼関十二連城（中国）… 294
東関清真大寺（中国）… 294
潼関鎮遺跡（北朝鮮）… 111
銅官窯遺址（中国）…… 294
潼関里（北朝鮮）……… 111
董妃堅墓（中国）……… 296
冬宮（ロシア）………… 576
東九陵（韓国）………… 86
東京城遺跡（中国）…… 295
東御座（中国）………… 294
淘金坑漢墓（中国）…… 294
トゥク・エル＝カラムス（エジプト）………………… 594
洞窟の祭祀場〔ランカンチェー〕（メキシコ）……… 646
トゥクメ（ペルー）…… 664
トゥグルク・ティムール廟（中国）………………… 294
桐君山（中国）………… 294
桃渓寺（中国）………… 294
同慶寺（中国）………… 294
東京城〔清〕（中国）… 294
東京城〔渤海〕（中国）… 295
闘鶏台（中国）………… 295
道渓洞古墳群（韓国）… 86
東京陵（中国）………… 295
鄧県画像墓（中国）…… 295
鄧県彩色画象塼墓（中国）… 295
東湖〔紹興県〕（中国）… 295
東湖〔臨海県〕（中国）… 295
韜光（中国）…………… 295
湯坑温泉（中国）……… 295
洞溝古墓群（中国）…… 295
塔崗山（中国）………… 295
導公寺（中国）………… 295
東皐書舎（中国）……… 295
陶江石塔（中国）……… 295
洞溝第十二号墓（中国）… 295
陶行知教学処（中国）… 295
道項里岩刻画画古墳（韓国）… 86
道項里古墳群（韓国）… 86
豆谷里古墳群（韓国）… 86
塔虎城（中国）………… 295
唐賽児起義遺址（中国）… 295

東西鉄塔（中国）……… 295
東山（中国）…………… 296
洞山（中国）…………… 296
堂山遺跡（北朝鮮）…… 111
唐山買各荘遺跡（中国）… 296
唐山古墓（中国）……… 296
東山嘴遺跡（中国）…… 154
東山雕花楼（中国）…… 296
東三洞遺跡（韓国）…… 86
東三洞貝塚（韓国）…… 86
東山宝塔（中国）……… 296
東山嶺（中国）………… 296
陶寺遺跡（中国）……… 296
堂子街太平天国壁画（中国）
………………………… 296
禱尼山大仏（中国）…… 296
童子寺燃灯塔（中国）… 296
塔子城遺址（中国）…… 296
董氏磚彫墓（中国）…… 296
東寺塔（中国）………… 296
董氏墓村明墓（中国）… 296
銅雀台（中国）………… 296
冬笋壩古墓（中国）…… 296
滕城（中国）…………… 296
洞霄宮（中国）………… 296
党城城堡遺跡（中国）… 297
桃渚城（中国）………… 297
洞真観（中国）………… 297
銅人原（中国）………… 297
寶図山（中国）………… 297
陶成章墓（中国）……… 297
斗井里遺跡（韓国）…… 86
道済里古墳墓群（北朝鮮）… 111
東征烈士墓（中国）…… 297
銅石巌（中国）………… 297
鄧石如故居（中国）…… 297
湯泉（中国）…………… 297
唐単于都護府城遺址（中国）
………………………… 297
東漸寺（中国）………… 297
東禅寺（中国）………… 297
陶然亭公園（中国）…… 297
銅川塔（中国）………… 297
東川洞遺跡（韓国）…… 87
東荘村（中国）………… 297
董存瑞烈士陵園（中国）… 297
東村里遺跡（韓国）…… 87
東大杖子墓地（中国）… 297
東大殿〔仏光寺〕（中国）… 328
寶太夫祠（中国）……… 297
東太堡漢墓（中国）…… 297
東大門〔ソウル〕（韓国）… 87
鄧仲元墓（中国）……… 298
唐長安城（中国）……… 280
唐長安城圜丘遺跡（中国）… 145
透雕石牌楼（中国）…… 298

史跡・遺跡名索引　　　　743　　　　とこう

唐朝墩古城 (中国) ………… 298
堂丁里遺跡 (韓国) ………… 87
ドゥッガ (トゥッガ) (チュニジア) ………………………… 610
ドゥッガの劇場 (チュニジア) ………………………… 611
ドゥッガの浴場 (チュニジア) ………………………… 611
銅亭 (中国) ………………… 298
トゥティシュカイニョ (ペルー) …………………… 664
鄧廷槙墓 (中国) …………… 298
藤店1号墓 (中国) ………… 298
トゥード (エジプト) ……… 594
唐塔 (中国) ………………… 298
東塔〔桂平県〕(中国) …… 298
東塔〔桂陽県〕(中国) …… 298
東洞 (中国) ………………… 298
撞녹口 (中国) ……………… 298
トゥトゥル (シリア) ……… 120
トゥード、エル= (エジプト) …………………………… 594
トゥトカウル (タジキスタン) …………………………… 133
同徳殿 (中国) ……………… 298
冬徳里遺跡 (韓国) ………… 87
唐士城 (北朝鮮) …………… 110
トゥーナ・エル=ガバル (エジプト) …………………… 594
トゥナ・エル=ゲベル (エジプト) …………………… 594
トゥナ・エル=ジェベル (エジプト) …………………… 594
東南城角角楼 (中国) ……… 298
潼南大仏 (中国) …………… 298
トゥナンマルカ (ペルー) … 664
東南里廃寺 (韓国) ………… 87
唐の三蔵墓塔 (中国) ……… 187
唐の長安城 (中国) ………… 280
唐の長安城一大明宮 (中国) …………………………… 274
東坡亭 (中国) ……………… 298
トゥーパーラーマ (スリランカ) …………………… 125
トゥパラマ塔 (スリランカ) …………………………… 125
道里1号窯跡 (韓国) ……… 87
唐蕃会盟碑 (中国) ………… 298
統万城 (中国) ……………… 298
トゥフィウム (エジプト) … 594
東部 (安岳) 塼塔 (韓国) …… 57
トゥプ・ホナ (タジキスタン) …………………………… 133
ドゥブロヴニク旧市街 (クロアチア) …………………… 485
ドゥブロブニーク (クロアチア) …………………… 485
韜奮故居 (中国) …………… 298
同文門 (中国) ……………… 298

東平県城跡 (韓国) ………… 87
東方朔墓 (中国) …………… 299
東方堂瓦窯跡 (韓国) ……… 87
鄧坊牌坊 (中国) …………… 299
東舗村金墓 (中国) ………… 299
トゥムシュク (中国) ……… 299
東明王陵 (北朝鮮) ………… 111
東門石坊 (中国) …………… 299
東門楼 (中国) ……………… 299
唐揚州城 (中国) …………… 299
ドゥヨン洞穴 (フィリピン) …………………………… 388
トゥーラ (エジプト) ……… 594
ドゥラ・アブ・エル=ナガ (エジプト) ………………… 594
東莱貝塚 (韓国) …………… 87
ドゥラ・エウロポス (シリア) …………………………… 121
トゥーラの遺跡 (メキシコ) …………………………… 644
ドゥラ・ユーロポス遺跡 (シリア) …………………… 121
トゥーラング・テペ (イラン) ………………………… 24
唐蘭城鎮遺址 (中国) ……… 299
トゥラン・テペ (イラン) … 24
塔里洞 (義城) の石塔 (韓国) …………………………… 63
東流山 (中国) ……………… 299
唐陵 (中国) ………………… 299
湯陵 (中国) ………………… 299
東梁山 (中国) ……………… 299
銅緑山古鉱井 (中国) ……… 299
銅緑山古礦冶遺址 (中国) … 299
塔林 (中国) ………………… 299
東林寺 (中国) ……………… 299
東林寺千手観音 (中国) …… 299
東林書院 (中国) …………… 299
ドゥルガ寺 (インド) ……… 39
ドゥルガー寺院 (インド) … 39
ドゥル・カトリンム (シリア) …………………………… 119
ドゥル・クリガルズ (イラク) …………………………… 16
ドゥル・シャルキン (イラク) …………………………… 18
トゥル・スプリングス (アメリカ合衆国) …………… 624
ドゥルドゥル=アクール (中国) …………………………… 299
トゥールネ (ベルギー) …… 556
トゥルネーのノートル・ダム大聖堂 (ベルギー) ………… 556
トゥルファン (吐魯番) (中国) …………………………… 299
ドゥルマン・テペ (アフガニスタン) ………………… 3
トゥルム (メキシコ) ……… 644

銅嶺榴花 (中国) …………… 300
堂楼 (中国) ………………… 300
ドゥローフマーケライ・デ・ベームステル (ベームステル干拓地) (オランダ) …………… 464
土王城遺址 (中国) ………… 300
トカイ (ハンガリー) ……… 532
トカイワイン産地の歴史的文化的景観 (ハンガリー) … 532
トカイ・ワイン生産地域 (ハンガリー) …………………… 532
トカイ・ワイン生産地域の文化的景観 (ハンガリー) … 532
トカイ・ワイン地方の歴史的・文化的景観 (ハンガリー) … 532
トガウ (パキスタン) ……… 382
都館里 (北朝鮮) …………… 112
トー宮殿 (フランス) ……… 551
都嶠山 (中国) ……………… 300
トク・カラ (ウズベキスタン) …………………………… 53
徳慶学宮大成殿 (中国) …… 300
徳山里竹山遺跡 (韓国) …… 87
独秀峰 (中国) ……………… 300
徳寿宮 (韓国) ……………… 87
徳寿宮遺址 (中国) ………… 300
得趣書室 (中国) …………… 300
独松関 (中国) ……………… 300
徳勝門 (中国) ……………… 300
徳勝門箭楼 (中国) ………… 300
読書台 (中国) ……………… 300
読書洞 (中国) ……………… 300
独石仔遺址 (中国) ………… 300
徳川洞石墳群 (韓国) ……… 87
独峰書院 (中国) …………… 300
トクヤノ (ベネズエラ) …… 658
徳陽孔廟 (中国) …………… 300
独楽寺 (中国) ……………… 300
独楽寺観音閣 (中国) ……… 300
独楽寺仏塔 (中国) ………… 300
独立記念館 (アメリカ合衆国) …………………………… 624
独立門 (韓国) ……………… 87
禿魯峰洞窟遺跡 (韓国) …… 87
徳和園 (中国) ……………… 301
徳興里 (トクンニ) 古墳 (北朝鮮) …………………… 112
時計製造業の街並み：ラ・ショー・ド・フォン、ル・ロクル (スイス) ………………… 489
時計製造都市ラ・ショー=ド=フォン／ル・ロックル (スイス) ……………………… 489
吐月洞遺跡 (韓国) ………… 87
トケパラ (ペルー) ………… 665
杜鵑城遺址 (中国) ………… 301
都江堰 (中国) ……… 249, 301
杜公祠 (中国) ……………… 301

とこく 744 史跡・遺跡名索引

吐谷渾伏俟城（中国）‥‥‥‥ 301
ドゴン人の地（マリ）‥‥‥‥ 614
ドー山（ベトナム）‥‥‥‥‥ 390
土司遺跡群（中国）‥‥‥‥‥ 301
トジェビーチのユダヤ人街とプ
　ロコピウス聖堂（チェコ）
　‥‥‥‥‥‥‥‥‥‥‥‥ 505
トシェビチのユダヤ人地区と聖
　堂（チェコ）‥‥‥‥‥‥‥ 506
土司衙門・土司祠堂（中国）
　‥‥‥‥‥‥‥‥‥‥‥‥ 301
トシュカ（エジプト）‥‥‥‥ 594
都城隍廟大殿（中国）‥‥‥‥ 301
土城里遺跡（北朝鮮）‥‥‥‥ 112
土城里廃寺跡（北朝鮮）‥‥‥ 112
トスカーナ地方のメディチ家の
　館群と庭園群（イタリア）
　‥‥‥‥‥‥‥‥‥‥‥‥ 444
トスカーナ地方のメディチ家の
　別荘と庭園群（イタリア）
　‥‥‥‥‥‥‥‥‥‥‥‥ 444
トスカーナのメディチ家のヴィ
　ッラと庭園（イタリア）‥‥ 444
ドス・カベサス（ペルー）‥‥ 665
ドス・ピラス（グアテマラ）‥ 632
トターフート＝ハルヴェ・メイ
　ル（オランダ）‥‥‥‥‥‥ 464
徳化窯（中国）‥‥‥‥‥‥‥ 301
徳花里1号墳（北朝鮮）‥‥‥ 112
徳花里2号墳（北朝鮮）‥‥‥ 112
突厥の石人（キルギス）‥‥‥ 116
突厥碑文（モンゴル）‥‥‥‥ 397
徳興里古墳（北朝鮮）‥‥‥‥ 112
突山松島遺跡（韓国）‥‥‥‥ 87
ドーッダガッダヴァッリのラク
　シュミーデーヴィー寺院（イ
　ンド）‥‥‥‥‥‥‥‥‥‥ 45
トッレ・アヌンツィアータ（イ
　タリア）‥‥‥‥‥‥‥‥‥ 453
トッレ・チヴィカ（イタリア）
　‥‥‥‥‥‥‥‥‥‥‥‥ 456
トード（エジプト）‥‥‥‥‥ 594
トト神殿（エジプト）‥‥‥‥ 594
ドドナ（ギリシャ）‥‥‥‥‥ 478
ドナウ河岸、ブダ城地区及びア
　ンドラーシ通りを含むブダペ
　スト（ハンガリー）‥‥‥‥ 532
ドナウ川の河岸、ブダ王宮の丘
　とアンドラーシ通りを含むブ
　ダペスト（ハンガリー）‥‥ 532
「馴鹿」（ビョーラ）（ノルウェー）
　‥‥‥‥‥‥‥‥‥‥‥‥ 530
トニナ（メキシコ）‥‥‥‥‥ 645
吐蕃歴代ツェンポ（賛普）墓（中
　国）‥‥‥‥‥‥‥‥‥‥‥ 301
トープ・イ・ルスタムの塔の跡
　（アフガニスタン）‥‥‥‥‥ 3
トプカプ宮殿（トルコ）‥‥‥ 524

トプカプ・サラーイ（トルコ）
　‥‥‥‥‥‥‥‥‥‥‥‥ 525
トプ（托浦）古城（中国）‥‥‥ 301
トープ・ダラーのストゥーパ（ア
　フガニスタン）‥‥‥‥‥‥‥ 3
トフラクエコンム（托呼拉克埃肯
　木）千仏洞（中国）‥‥‥‥ 301
トプラク・カラ（ウズベキスタ
　ン）‥‥‥‥‥‥‥‥‥‥‥ 53
トプラクカレ（トルコ）‥‥‥ 525
トフルクティムルハンマジャ
　ル（吐虎魯克帖木耳汗麻扎）（中
　国）‥‥‥‥‥‥‥‥‥‥‥ 294
ドブロヴニクの旧市街（クロア
　チア）‥‥‥‥‥‥‥‥‥‥ 485
杜文秀墓（中国）‥‥‥‥‥‥ 301
斗母宮（中国）‥‥‥‥‥‥‥ 301
杜甫故里（中国）‥‥‥‥‥‥ 301
トホシャライ（托和沙頼）古城
　（中国）‥‥‥‥‥‥‥‥‥ 301
杜甫草堂〔成県〕（中国）‥‥‥ 301
杜甫草堂〔成都市〕（中国）‥‥ 301
杜甫墓〔平江県〕（中国）‥‥‥ 301
杜甫墓〔耒陽市〕（中国）‥‥‥ 302
トマバル（ペルー）‥‥‥‥‥ 665
トマール（ポルトガル）‥‥‥ 562
トマールのキリスト教修道院
　（ポルトガル）‥‥‥‥‥‥ 562
トマールの修道院（ポルトガル）
　‥‥‥‥‥‥‥‥‥‥‥‥ 562
ドミティアヌスの競技場（イタ
　リア）‥‥‥‥‥‥‥‥‥‥ 444
ドミティッラのカタコンベ（イ
　タリア）‥‥‥‥‥‥‥‥‥ 444
ドミトリイ聖堂（ロシア）‥‥ 576
ドムス・アウグスティアーナ（イ
　タリア）‥‥‥‥‥‥‥‥‥ 423
ドムス・アウレア（イタリア）
　‥‥‥‥‥‥‥‥‥‥‥‥ 444
ドムズテペ（トルコ）‥‥‥‥ 525
ドム（徳木）吐蕃摩崖石刻（中
　国）‥‥‥‥‥‥‥‥‥‥‥ 302
トムマノンとチャウ・サイ・テ
　ヴォダ（カンボジア）‥‥‥ 102
トメバンバ（エクアドル）‥‥ 652
度門寺（中国）‥‥‥‥‥‥‥ 302
トユク（中国）‥‥‥‥‥‥‥ 302
トユク石窟（中国）‥‥‥‥‥ 302
トゥングスバシュ（通古斯巴什）
　古城（中国）‥‥‥‥‥‥‥ 302
土峪溝千仏洞（中国）‥‥‥‥ 302
ドーラーヴィラー（インド）
　‥‥‥‥‥‥‥‥‥‥‥‥ 39
トラクアチェロ（メキシコ）
　‥‥‥‥‥‥‥‥‥‥‥‥ 645
ドラケンスバーグ（南アフリカ）
　‥‥‥‥‥‥‥‥‥‥‥‥ 615
ドラケンスバーグ公園（レソ
　ト）‥‥‥‥‥‥‥‥‥‥‥ 620

ドラケンスバーグ公園（南アフ
　リカ）‥‥‥‥‥‥‥‥‥‥ 615
ドラケンスブルグ（南アフリカ）
　‥‥‥‥‥‥‥‥‥‥‥‥ 615
トラコタルパンの歴史遺跡地帯
　（メキシコ）‥‥‥‥‥‥‥ 645
トラティルコ（メキシコ）‥‥ 645
トラテロルコ（メキシコ）‥‥ 645
トラーニ大聖堂（イタリア）
　‥‥‥‥‥‥‥‥‥‥‥‥ 444
トラパコヤ（メキシコ）‥‥‥ 645
トラムンタナ山地の文化的景観
　（スペイン）‥‥‥‥‥‥‥ 499
トラヤヌス記念柱（イタリア）
　‥‥‥‥‥‥‥‥‥‥‥‥ 444
トラヤヌス神殿（トルコ）‥‥ 525
トラヤヌス帝凱旋記念柱（イタ
　リア）‥‥‥‥‥‥‥‥‥‥ 444
トラヤヌス帝凱旋門（アルジェリ
　ア）‥‥‥‥‥‥‥‥‥‥‥ 581
トラヤヌス帝凱旋門（イタリ
　ア）‥‥‥‥‥‥‥‥‥‥‥ 444
トラーヤーヌス帝記念円柱（イ
　タリア）‥‥‥‥‥‥‥‥‥ 444
トラヤヌス帝の市場（イタリ
　ア）‥‥‥‥‥‥‥‥‥‥‥ 444
トラヤヌス帝の広場（イタリ
　ア）‥‥‥‥‥‥‥‥‥‥‥ 444
トラーヤーヌス帝のフォルム
　（イタリア）‥‥‥‥‥‥‥ 444
トラヤヌスの市場（イタリア）
　‥‥‥‥‥‥‥‥‥‥‥‥ 444
トラヤヌスの円柱（イタリア）
　‥‥‥‥‥‥‥‥‥‥‥‥ 444
トラヤヌスの凱旋門（アルジェリ
　ア）‥‥‥‥‥‥‥‥‥‥‥ 581
トラヤヌスの記念柱（イタリ
　ア）‥‥‥‥‥‥‥‥‥‥‥ 444
トラヤヌスの広場（イタリア）
　‥‥‥‥‥‥‥‥‥‥‥‥ 444
トラヤヌスの門（イタリア）
　‥‥‥‥‥‥‥‥‥‥‥‥ 444
トラランカレカ（メキシコ）
　‥‥‥‥‥‥‥‥‥‥‥‥ 645
トラルパ（スペイン）‥‥‥‥ 499
トランシルヴァニア地方にあ
　る要塞教会のある村（ルーマ
　ニア）‥‥‥‥‥‥‥‥‥‥ 567
トランシルヴァニア地方の要
　塞教会群のある集落（ルーマ
　ニア）‥‥‥‥‥‥‥‥‥‥ 567
トランシルヴァニア地方の要塞
　聖堂（ルーマニア）‥‥‥‥ 567
トランシルヴァニアの木造聖堂
　（ルーマニア）‥‥‥‥‥‥ 567
都蘭熱水郷吐蕃墓群（中国）
　‥‥‥‥‥‥‥‥‥‥‥‥ 302
トリア（ドイツ）‥‥‥‥‥‥ 512
トリーア大聖堂（ドイツ）‥‥ 512

史跡・遺跡名索引

トリーアのローマ遺跡群、聖ペテロ大聖堂及び聖母マリア教会（ドイツ）………… 512
トリーアのローマ遺跡、聖ペテロ大聖堂、聖母教会（ドイツ）………… 512
トーリアのローマ遺跡、大聖堂と聖母聖堂（ドイツ） 512
トリーアのローマ遺跡と大聖堂と聖母マリア聖堂（ドイツ）………… 512
トリーアのローマ建造物、ザンクト・ペーター大聖堂、ザンクト・マリア聖堂（ドイツ）………… 512
トリアレティ（ジョージア）………… 487
トリアレティ・クルガン（ジョージア）………… 487
トリチュールのヴァダックンナータ寺院（インド）……… 30
砦〔チチェン・イッツァー〕（メキシコ）………… 638
ドリニ・ヴィエストニツェ（チェコ）………… 506
トリニダードとインヘニオス渓谷（キューバ）………… 630
トリニダードとロス・インヘニオス渓谷（キューバ）………… 630
トリニダードとロス・インヘニオス盆地（キューバ）………… 630
トリニティ・カレッジ（アイルランド）………… 411
トリニール（インドネシア）………… 49
トリノのサクラ・シンドネ礼拝堂（イタリア）………… 432
トリフェルス（ドイツ）………… 512
ドリブルー僧院（イギリス）………… 419
トリュサのヘーローオン（トルコ）………… 528
杜陵（中国）………… 302
杜林橋（中国）………… 302
ドリンスク（ロシア）………… 576
ドル（イスラエル）………… 9
トルガウのハルテンフェルズ城礼拝堂（ドイツ）………… 512
トルキーヤ（メキシコ）………… 645
トルクト（特勒克脱）刻石（中国）………… 302
トルクト（特勒克脱）石人（中国）………… 302
トルコタルパン文化財地域（メキシコ）………… 645
ドルジェダク寺（多吉扎寺）（中国）………… 302
トルシェビチのユダヤ人街と聖プロコピウス大聖堂（チェコ）………… 506

トルスタヤ・クルガン（ウクライナ）………… 460
ドルニ・ヴェストニース（チェコ）………… 506
トルニの中世都市（ポーランド）………… 559
トルファン（中国）………… 300
トルファンウズ（吐魯番于孜）旧城（中国）………… 302
ドルマバフチェ宮殿（トルコ）………… 525
トルレ・イン・ピエトラ（イタリア）………… 444
トルン（ポーランド）………… 559
トルンド（デンマーク）………… 507
トルンの中世都市（ポーランド）………… 559
トレヴィの噴泉（イタリア）………… 444
トレス・サポテス（メキシコ）………… 645
ドレスデンのエルベ渓谷（ドイツ）………… 513
ドレスデンのフラウエン・キルヒェ（ドイツ）………… 514
トレス・ベンターナス洞窟群（ペルー）………… 665
トレド（スペイン）………… 499
トレド大聖堂（スペイン）………… 499
トレドの旧市街（スペイン）………… 499
トレベニシュテ（マケドニア）………… 564
トレレボー遺跡（デンマーク）………… 507
トレレボール（デンマーク）………… 507
トロイ（トルコ）………… 525
トロイア（トルコ）………… 525
トロイ考古遺跡（トルコ）………… 525
トロイツェ・セルギエフ修道院（ロシア）………… 576
トロイツェ・セルギー大修道院（ロシア）………… 576
トロオドス地方の壁画聖堂（キプロス）………… 465
トロギールの歴史都市（クロアチア）………… 485
トロス〔アテネ〕（ギリシャ）……… 468
トロス（デルフォイ）（ギリシャ）………… 477
ドロットニングホルムの王宮（スウェーデン）………… 490
ドロットニングホルムの王領地（スウェーデン）………… 490
トロードス地方の壁画教会群（キプロス）………… 465
トロードス地方の壁画聖堂（キプロス）………… 465

ドローフマカライ・デ・ベームステル（ベームスター干拓地）（オランダ）………… 464
トロ・ムエルト（ペルー）……… 665
トロヤ（トルコ）………… 525
トワイフェルフォンティン（ナミビア）………… 612
トンガリロ国立公園（ニュージーランド）………… 406
屯渓西周墓（中国）………… 302
曇華寺（中国）………… 302
敦煌（中国）………… 315
敦煌懸泉置（中国）………… 302
敦煌晋墓（中国）………… 302
敦煌千仏洞（中国）………… 315
敦煌の石窟（中国）………… 315
敦煌の莫高窟（中国）………… 315
侗寨鼓楼（中国）………… 302
東三洞（トンサムドン）遺跡（韓国）………… 86
屯山遺跡〔大田広域市西区〕（韓国）………… 88
屯山遺跡〔大田広域市中区〕（韓国）………… 88
屯山洞遺跡（韓国）………… 88
芚山里古墳（韓国）………… 88
ドーンジュオン（ベトナム）………… 390
ドンジュオン・コンプレックス（ベトナム）………… 390
ドンヅオン遺跡（ベトナム）………… 390
トンスー（東四）清真寺（中国）………… 303
曇石山遺跡（中国）………… 303
ドンソン（東山）遺跡（ベトナム）………… 390
通度（トンド）寺（韓国）………… 85
屯内遺跡（中国）………… 303
トンブクトゥ（マリ）………… 614
トンボス（スーダン）………… 606
屯馬里灰梆墓（韓国）………… 88
屯馬里壁画墓（韓国）………… 88

【な】

ナイヴァシャ（ケニア）………… 604
内園（中国）………… 303
内谷洞窯跡（韓国）………… 88
内村里古墳群（韓国）………… 88
内宅門（中国）………… 303
ナイタフット、レオントポリス（エジプト）………… 599
内長城敵台（中国）………… 303
内洞貝塚（韓国）………… 88
内里1号墳（北朝鮮）………… 112

ないん　　　　　　　　　　746　　　　　　　史跡・遺跡名索引

ナーイン（イラン） ………… 27
ナヴァーイー劇場（ウズベキスタン） ………………………… 53
ナウクラティス（エジプト） ………………………………… 594
ナヴダートリ（インド） …… 39
ナウムブルク大聖堂（ドイツ） ………………………………… 513
ナガー（スーダン） ……… 606
ナガー・エッ=デイル（エジプト） …………………………… 594
ナガ・エル=デイル（エジプト） ……………………………… 594
ナカダ（エジプト） ……… 594
ナガダ（エジプト） ……… 594
ナーガパッティナム（インド） ………………………………… 39
ナガヨン寺院（ミャンマー） ………………………………… 395
ナーガールジュナコンダ（インド） ………………………… 39
ナーガールジュニコンダー（インド） ……………………… 39
ナグ・エル=デイル（エジプト） ……………………………… 594
ナクシェ・ラジャブ（イラン） ………………………………… 24
ナクシェ・ルスタム（イラン） ………………………………… 24
ナクシェ・ロスタム（イラン） ………………………………… 24
ナクシュ・イ・パフラーム（イラン） ………………………… 24
ナクシュ・イ・ラジャブ（イラン） …………………………… 24
ナクシュ・イ・ルスタム（イラン） …………………………… 24
ナクシュ・イ・ルスタム〔ダーラーブ〕（イラン） ………… 24
ナクシュ・イ・ルスタムの拝火壇（イラン） ……………… 25
ナクシュ・イ・ロスタム（イラン） …………………………… 24
ナクソス（イタリア） ……… 444
ナーグダ（インド） ……… 39
ナクトの墓（エジプト） …… 594
ナグ・ハマディ（エジプト） … 594
ナクベ（グアテマラ） …… 632
ナクル（ケニア） ………… 604
嘆きの壁（エルサレム） …… 55
ナコーン・パトム（タイ） … 127
ナザレ（イスラエル） ……… 9
ナーシク（インド） ……… 39
ナジャフ（イラク） ……… 16
ナスカ（ペルー） ………… 665
ナスカとパルパの地上絵（ペルー） ………………………… 665
ナスカとフマナの地上絵（ペルー） ………………………… 665
ナスカの地上絵（ペルー） … 665

ナタラージャ寺院（インド） ………………………………… 39
ナッフラウン・チャウン（ミャンマー） …………………… 395
ナーディ・アリー（アフガニスタン） ………………………… 3
7層塼塔 安東新世洞（韓国） ………………………………… 57
ナパタ（スーダン） ……… 607
ナパタ地域の遺跡群（スーダン） …………………………… 606
ナパタ地方のゲベル・バーカルと遺跡群（スーダン） … 606
ナハル・オレン（イスラエル） ………………………………… 9
ナハル・メアロット洞窟（イスラエル） ……………………… 7
ナブ神殿（イラク） ……… 18
ナブタ・プラヤ（エジプト） ‥ 594
ナフ・トゥニッチ洞窟（グアテマラ） ……………………… 632
ナポリ大聖堂（イタリア） … 444
ナポリ歴史地区（イタリア） ………………………………… 444
ナマーズガ・デペ（トルクメニスタン） …………………… 378
南漢（ナマン）山（韓国） …… 88
南漢山城（ナムハンサンソン）（韓国） ……………………… 88
ナーランダー（インド） …… 39
ナーランダー（スリランカ） ………………………………… 125
ナーランダー寺院（インド） ………………………………… 39
ナーランダー僧院（インド） ………………………………… 39
ナランホ（グアテマラ） …… 632
ナリチク（ロシア） ……… 576
ナルイム（カザフスタン） … 56
ナルタン寺（那当寺）（中国） ………………………………… 303
ナルボンヌ門（フランス） … 545
ナルムゥティス（エジプト） ………………………………… 598
南鴉島（中国） …………… 358
南越王墓（中国） ………… 303
南海神祀跡（韓国） ……… 88
南海神廟（中国） ………… 303
南海峪洞穴（中国） ……… 303
南岳大廟（中国） ………… 303
南嶽大廟（中国） ………… 303
南巌〔修水県〕（中国） …… 303
南巌〔武当山〕（中国） …… 303
南関外（中国） …………… 303
南漢山（韓国） …………… 88
南漢山城（韓国） ………… 88
南巌石竈（中国） ………… 303
南竈造像（中国） ………… 303
南雁蕩山（中国） ………… 303

南吉祥寺（中国） ………… 303
南響堂山石窟（中国） …… 303
南京里1号墳（北朝鮮） …… 112
南京紫金山天文台（中国） … 212
南京長江大橋（中国） …… 303
南京六朝墓（中国） ……… 303
南宮碑（中国） …………… 304
南渓山（中国） …………… 304
南渓書院（中国） ………… 304
南京析津府城跡（中国） … 304
南華寺（中国） …………… 304
南華禅寺（中国） ………… 304
南湖〔嘉興市〕（中国） …… 304
南湖〔蒙自県〕（中国） …… 304
南公園（中国） …………… 304
南崗ニコライ教堂（中国） … 304
南孔廟（中国） …………… 304
南鯤鯓代天府（台湾） …… 131
南山〔慶州市〕（韓国） …… 88
南山〔ソウル市〕（韓国） … 88
南山遺跡（韓国） ………… 88
南山広化寺（中国） ……… 304
南山根遺跡（中国） ……… 304
南山―3層石塔（茸長寺址）（韓国） ………………………… 72
南山―三体石仏（拝洞）（韓国） ……………………………… 89
南山三陵渓の石仏坐像（韓国） ……………………………… 88
南山三陵渓の線彫仏像（韓国） ……………………………… 89
南山三陵渓の磨崖仏（韓国） ………………………………… 89
南山寺〔漳州市〕（中国） … 304
南山寺〔貴県〕（中国） …… 304
南山寺〔五台山〕（中国） … 304
南山茸長寺跡3層蓮台上の石像（韓国） …………………… 72
南山茸長寺跡の磨崖仏（韓国） ……………………………… 72
南山―七仏庵（韓国） …… 89
南山七仏庵（神仙庵）の磨崖仏（韓国） …………………… 89
南山七仏庵の磨崖仏（韓国） ………………………………… 89
南山城跡（韓国） ………… 89
南山―神仙庵（韓国） …… 89
南山積雪亭（中国） ……… 304
南山―石像群（塔谷東面）（韓国） ………………………… 89
南山―石仏群（塔谷南面）（韓国） ………………………… 89
南山―石仏坐像（三陵）（韓国） …………………………… 88
南山―石仏坐像（茸長寺址）（韓国） ……………………… 72
南山―石仏坐像（仏谷）（韓国） …………………………… 89

南山石刻〔中国〕………… 304
南山塔谷の仏岩彫刻〔韓国〕
　………………………………… 89
南山─塔像〔塔谷北面〕〔韓国〕
　…………………………………… 89
南山の七仏庵〔韓国〕………… 89
南山の神仙庵〔韓国〕………… 89
南山の仏跡〔韓国〕…………… 89
南山拝洞の三体石仏〔韓国〕
　…………………………………… 89
南山白雲渓の磨崖仏〔韓国〕
　…………………………………… 89
南山仏谷の小石窟と仏像〔韓
　国〕……………………………… 89
南山仏跡群〔韓国〕…………… 89
南山─菩提寺釈迦如来像〔韓
　国〕……………………………… 89
南山─磨崖石仏坐像〔茸長寺址〕
　〔韓国〕………………………… 72
南山摩崖石刻〔韓国〕……… 304
南山─磨崖線刻三尊仏〔三陵〕
　〔韓国〕………………………… 89
南山弥勒谷伝菩提寺跡石仏〔韓
　国〕……………………………… 89
南山薬水渓の磨崖仏〔韓国〕
　…………………………………… 89
南山裡〔中国〕……………… 305
南山里古墳群〔韓国〕………… 89
南市街古瓷窯遺址〔中国〕… 305
南寺唐塔〔中国〕…………… 305
ナンシーの3つの広場〔フラン
　ス〕…………………………… 545
ナンシーのスタニスラス広場，
　カリエール広場，アリアンス
　広場〔フランス〕…………… 545
南昌火車站東晋墓〔中国〕… 305
南翔寺経幢〔中国〕………… 305
南翔寺磚塔〔中国〕………… 305
南詔鉄柱〔中国〕…………… 305
南庄頭遺跡〔中国〕………… 305
南詔徳化碑〔中国〕………… 305
南城里遺跡〔韓国〕…………… 89
南菁書院〔中国〕…………… 305
南井里119号墳〔北朝鮮〕… 112
南石窟寺〔中国〕…………… 305
南禅寺大殿〔中国〕………… 305
南禅寺大仏殿〔中国〕……… 305
南台寺〔中国〕……………… 305
南大寺〔中国〕……………… 305
南大門〔韓国〕………… 89，90
南大門〔北朝鮮〕…………… 112
ナンダミンニャ寺院〔ミャン
　マー〕………………………… 395
囊欠〔拉卜楞寺〕〔中国〕… 357
南朝蕭績墓石刻〔中国〕…… 305
南朝蕭憺墓石刻〔中国〕…… 305
南朝陵墓の石刻〔中国〕…… 305
ナンディヤール〔インド〕… 40

南天門〔中国〕……………… 305
南塔〔中国〕………………… 306
南堂〔中国〕………………… 306
南唐二陵〔中国〕…………… 306
南東の泉場〔アテネ〕〔ギリシャ〕
　………………………………… 468
南唐両陵〔中国〕…………… 306
ナンドーワス〔ミクロネシア連
　邦〕…………………………… 409
ナンナの聖塔〔ジッグラト〕〔イラ
　ク〕……………………………… 12
ナンバヤの塔〔ミャンマー〕
　………………………………… 395
ナン・パレムエトの環状列石〔ミ
　クロネシア連邦〕…………… 409
南普陀寺〔中国〕…………… 306
南北宅子〔中国〕…………… 306
南浦亭〔中国〕……………… 306
ナンマトール〔ミクロネシア連
　邦〕…………………………… 410
ナン・マドール：東ミクロネシ
　アの祭祀センター〔ミクロネシ
　ア連邦〕……………………… 410
南明山〔中国〕……………… 306
南陽画像石墓〔中国〕……… 306
南陽漢画像館〔中国〕……… 306
南陽漢墓〔中国〕…………… 306
南陽公主祠〔中国〕………… 306
南陽製鉄遺跡〔中国〕……… 306

【に】

ニア洞穴〔マレーシア〕…… 393
ニアンククヌムの墓〔エジプ
　ト〕…………………………… 588
ニイペット・ドゥルドゥク洞穴
　〔フィリピン〕……………… 388
ニエアル〔聶耳〕墓〔中国〕… 306
ニエケルク〔ジンバブエ〕… 605
ニエタン寺〔中国〕………… 306
ニオー〔フランス〕………… 545
二王冢〔中国〕……………… 306
二王廟〔中国〕……………… 306
月身宝殿〔中国〕…………… 306
ニコポリ古墳群〔ウクライナ〕
　………………………………… 460
ニサ〔トルクメニスタン〕… 378
ニサのパルティア時代の要塞群
　〔トルクメニスタン〕……… 378
ニサ─拝火神殿〔トルクメニスタ
　ン〕…………………………… 378
西古城〔中国〕……………… 306
西千仏洞〔中国〕…………… 306
二七会議会址〔中国〕……… 306
ニシビス〔トルコ〕………… 525
ニーシュ〔セルビア〕……… 504

二聖山城〔韓国〕……………… 90
二仙観〔中国〕……………… 307
二仙宮〔中国〕……………… 307
二祖庵〔中国〕……………… 307
尼僧院〔ウシュマル〕〔メキシコ〕
　………………………………… 645
尼僧院西側建物〔ウシュマル〕〔メ
　キシコ〕……………………… 645
尼僧院別館〔チチェン・イッツァー〕
　〔メキシコ〕………………… 645
日厳寺〔中国〕……………… 307
日光巌〔中国〕……………… 307
日渉園〔中国〕……………… 307
日僧栄叡大師紀念碑〔中国〕
　………………………………… 307
日壇〔中国〕………………… 307
ニップール〔イラク〕………… 16
二程墓〔中国〕……………… 307
ニネヴェ〔イラク〕…………… 16
ニネヴェの城門〔イラク〕…… 16
ニネベ〔イラク〕……………… 16
二妃墓〔中国〕……………… 307
ニーム〔フランス〕………… 545
ニムルド〔イラク〕…………… 16
ニヤ〔尼雅〕遺跡〔中国〕… 307
ニヤ東漢墓〔中国〕………… 307
民豊東漢墓〔中国〕………… 307
ニャニャニケ〔ペルー〕…… 665
ニヤルナジ〔ブルンジ〕…… 612
入崖口有作詩碑〔中国〕…… 307
乳香の交易路フランキンセン
　ス・トレイル〔オマーン〕… 56
乳香の土地〔オマーン〕……… 56
乳香の道〔オマーン〕………… 56
入室里遺跡〔韓国〕…………… 90
二酉洞〔中国〕……………… 307
乳洞〔中国〕………………… 307
ニューグレンジ〔アイルランド〕
　………………………………… 411
ニューステッド〔イギリス〕
　………………………………… 420
ニュー・ラナーク〔イギリス〕
　………………………………… 420
ニュンフェンブルク宮〔ドイ
　ツ〕…………………………… 513
如意宝塔〔中国〕…………… 178
二蘭虎溝匈奴墓〔中国〕…… 307
二里岡〔中国〕……………… 307
二里頭〔中国〕……………… 145
二里頭文化遺址〔中国〕…… 145
二郎廟〔中国〕……………… 308
ニングター〔寧古塔〕城遺址〔中
　国〕…………………………… 308
ニンドワリ〔パキスタン〕… 382
ニンファ〔イタリア〕……… 445
仁容寺跡〔韓国〕……………… 90

【ぬ】

ヌウアヌの人物と犬の刻画 (ア
　メリカ合衆国) ‥‥‥‥‥ 624
ヌヴィ・ヤン・シュリア (フラン
　ス) ‥‥‥‥‥‥‥‥‥ 545
ヌクオロ島 (ミクロネシア連邦)
　‥‥‥‥‥‥‥‥‥‥‥ 410
ヌジ (イラク) ‥‥‥‥‥‥ 16
ヌシェ・ジャン (イラン) ‥‥ 25
ヌーシェジャーン, テペ (イラ
　ン) ‥‥‥‥‥‥‥‥‥ 25
ヌジョロ・リヴァー洞穴 (ケニ
　ア) ‥‥‥‥‥‥‥‥‥ 604
ヌソンゲジ (ウガンダ) ‥‥ 582
ヌテレソ (ガーナ) ‥‥‥‥ 602
ヌビア (エジプト) ‥‥‥‥ 584
ヌビアの神殿 (エジプト) ‥‥ 584
ヌブト (エジプト) ‥‥‥‥ 594
ヌマンシアの遺蹟 (スペイン)
　‥‥‥‥‥‥‥‥‥‥‥ 500
ヌラゲ (イタリア) ‥‥‥‥ 445
ヌラーゲ [バルミニ] (イタリア)
　‥‥‥‥‥‥‥‥‥‥‥ 445
ヌラーゲ [ローザ] (イタリア)
　‥‥‥‥‥‥‥‥‥‥‥ 445
ヌリ (スーダン) ‥‥‥‥‥ 607
ヌール・エッディーン・ニーマ
　ト・アッラーの廟 (イラン)
　‥‥‥‥‥‥‥‥‥‥‥ 25
陵山里 [ヌンサンニ] 古墳群 (韓
　国) ‥‥‥‥‥‥‥‥‥ 99

【ね】

ネアック・ポアン (カンボジア)
　‥‥‥‥‥‥‥‥‥‥‥ 102
ネア・ニコメデイア (ギリシャ)
　‥‥‥‥‥‥‥‥‥‥‥ 478
ネアポリス (イタリア) ‥‥‥ 445
ネアポリス (ウクライナ) ‥‥ 460
ネア・モニ修道院 (ギリシャ)
　‥‥‥‥‥‥‥‥‥‥‥ 475
寧遠衛城 (中国) ‥‥‥‥‥ 308
寧王朱権墓 (中国) ‥‥‥‥ 308
寧王府 (中国) ‥‥‥‥‥‥ 308
寧海橋 (中国) ‥‥‥‥‥‥ 308
寧夏固原北魏漆棺墓 (中国)
　‥‥‥‥‥‥‥‥‥‥‥ 308
寧夏戦国秦長城 (中国) ‥‥ 308
寧郷 (中国) ‥‥‥‥‥‥‥ 308
寧都起義指揮部旧址 (中国)
　‥‥‥‥‥‥‥‥‥‥‥ 308
寧武関 (中国) ‥‥‥‥‥‥ 308

ネウセルラー王の太陽神殿 (エ
　ジプト) ‥‥‥‥‥‥‥ 592
ネオリオン (ギリシャ) ‥‥‥ 478
ネケブ (エジプト) ‥‥‥‥ 586
ネケン (エジプト) ‥‥‥‥ 595
ネースヴィジのラジヴィール家
　の建築, 住居, 文化的複合体
　(ベラルーシ) ‥‥‥‥‥ 555
ネストル王宮 (ギリシャ) ‥‥ 478
ネセバル (ブルガリア) ‥‥‥ 555
ネセバルの歴史都市 (ブルガリ
　ア) ‥‥‥‥‥‥‥‥‥ 554
熱河 (中国) ‥‥‥‥‥‥‥ 321
熱河八大チベット寺院 (中国)
　‥‥‥‥‥‥‥‥‥‥‥ 308
熱河避暑山荘 (中国) ‥‥‥ 321
熱河離宮 (中国) ‥‥‥‥‥ 321
ネドラズメニヤ島 (ロシア)
　‥‥‥‥‥‥‥‥‥‥‥ 576
ネブアメンとイプキの墓 (エジ
　プト) ‥‥‥‥‥‥‥‥ 594
ネプトゥーヌス浴場 (イタリ
　ア) ‥‥‥‥‥‥‥‥‥ 445
ネムリク9 (イラク) ‥‥‥‥ 16
ネムルット・ダー (トルコ)
　‥‥‥‥‥‥‥‥‥‥‥ 525
ネムルット・ダウ (トルコ)
　‥‥‥‥‥‥‥‥‥‥‥ 525
ネムルト・ダー (トルコ) ‥‥ 525
ネムルト・ダア (トルコ) ‥‥ 525
ネムルト・ダウ (トルコ) ‥‥ 525
ネムルド・ダーク (トルコ)
　‥‥‥‥‥‥‥‥‥‥‥ 525
ネムルト・ダーの巨大墳墓 (ト
　ルコ) ‥‥‥‥‥‥‥‥ 525
ネメア (ギリシャ) ‥‥‥‥ 478
ネルウァ帝のフォルム (イタリ
　ア) ‥‥‥‥‥‥‥‥‥ 445
ネルガル門 (イラク) ‥‥‥ 16
ネルドリンゲンの城壁廻廊 (ド
　イツ) ‥‥‥‥‥‥‥‥ 513
ネルドリンゲンの貯水塔 (ドイ
　ツ) ‥‥‥‥‥‥‥‥‥ 513
ネレズィ修道院 (マケドニア)
　‥‥‥‥‥‥‥‥‥‥‥ 564
ネワーサ (インド) ‥‥‥‥ 40
捻軍起義旧址 (中国) ‥‥‥ 308
粘蝉県治址 (北朝鮮) ‥‥‥ 112
燃燈仏舎利塔 (中国) ‥‥‥ 308

【の】

ノイジードル湖 (オーストリア)
　‥‥‥‥‥‥‥‥‥‥‥ 463
ノイジードル湖 (ハンガリー)
　‥‥‥‥‥‥‥‥‥‥‥ 533

ノイシュヴァンシュタイン城
　(ドイツ) ‥‥‥‥‥‥‥ 513
ノイン・ウラ (モンゴル) ‥‥ 398
ノイン＝ウラ古墳 (モンゴル)
　‥‥‥‥‥‥‥‥‥‥‥ 398
ノーヴァ・スウービア (ポーラン
　ド) ‥‥‥‥‥‥‥‥‥ 559
農安遼塔 (中国) ‥‥‥‥‥ 308
ノヴィラーラ (イタリア) ‥‥ 445
ノヴォデヴィチ女子修道院 (ロ
　シア) ‥‥‥‥‥‥‥‥ 577
ノヴォペトロフカ (ロシア)
　‥‥‥‥‥‥‥‥‥‥‥ 576
ノヴゴロド (ロシア) ‥‥‥ 577
ノヴゴロドと周辺の歴史的建造
　物 (ロシア) ‥‥‥‥‥ 577
ノヴゴロドの文化財とその周辺
　地区 (ロシア) ‥‥‥‥ 576
農所里遺跡 (韓国) ‥‥‥‥ 90
ノウス (アイルランド) ‥‥ 411
能仁寺 [九江市] (中国) ‥‥ 308
能仁寺 [江寧] (中国) ‥‥‥ 308
能仁寺 [蘇州市] (中国) ‥‥ 308
能仁寺 [南京市] (中国) ‥‥ 308
農圃貝塚 (北朝鮮) ‥‥‥‥ 112
ノエストラ・セニョーラ・デ・
　ロレト (アルゼンチン) ‥‥ 650
ノグリキ (ロシア) ‥‥‥‥ 577
野の塔と門 アンジェー (フラン
　ス) ‥‥‥‥‥‥‥‥‥ 536
ノート渓谷 (シチリア島南東部)
　の後期バロック都市群 (イタ
　リア) ‥‥‥‥‥‥‥‥ 425
ノートルダム [パリ] 寺院 (フラ
　ンス) ‥‥‥‥‥‥‥‥ 546
ノートルダム聖堂 [オルシヴァ
　ル] (フランス) ‥‥‥‥ 546
ノートルダム聖堂 [モリアンヴァ
　ル] (フランス) ‥‥‥‥ 546
ノートルダム大聖堂 [ヴェルダ
　ン] (フランス) ‥‥‥‥ 545
ノートルダム大聖堂 [エヴルー]
　(フランス) ‥‥‥‥‥‥ 546
ノートルダム大聖堂 [クータン
　ス] (フランス) ‥‥‥‥ 546
ノートルダム大聖堂 [クレルモン
　=フェラン] (フランス) ‥ 546
ノートルダム大聖堂 [サンリス]
　(フランス) ‥‥‥‥‥‥ 546
ノートルダム大聖堂 [ストラス
　ブール] (フランス) ‥‥ 546
ノートルダム大聖堂 [パリ] (フ
　ランス) ‥‥‥‥‥‥‥ 546
ノートルダム大聖堂 [ラン] (フ
　ランス) ‥‥‥‥‥‥‥ 546
ノートルダム大聖堂 [ロデス]
　(フランス) ‥‥‥‥‥‥ 546
ノートルダム大聖堂 [ル・ピュ
　イ] (フランス) ‥‥‥‥ 546

史跡・遺跡名索引　　749　　はくう

ノートルダム＝デュ＝フォール聖堂〔エタンプ〕（フランス）……546
ノートルダム＝ド＝ナンティイ聖堂（フランス）……546
ノフムル（ベリーズ）……635
ノボディチ修道院の建築物群（ロシア）……577
ノボデヴィチ修道院（ロシア）……577
ノヴォデヴィチ女子修道院群（ロシア）……577
ノムハン（諾木洪）（中国）……309
ノリッジ大聖堂（イギリス）……420
ノルキア（イタリア）……445
ノルズ・マハレ（イラン）……25
ノール＝パ・デュ・カレー地方の炭田地帯（フランス）……547
ノール・パ・ド・カレ地方の鉱山地帯（フランス）……547
ノルブリンカ（中国）……309
羅布林卡（中国）……309
ノルブリンカの湖心宮（中国）……309
ノレ島遺跡（韓国）……90
ノワイヨン大聖堂（ノートル＝ダム）（フランス）……547
ノワエシウム（ドイツ）……513
ノワルラック修道院（フランス）……547
ノントウンピーポン遺跡（タイ）……127
ノンノクタ遺跡（タイ）……127
ノーンムアンカーオ遺跡（タイ）……127

【は】

ハアトゥアトア（フランス領ポリネシア）……408
ハ・アモンガ・ア・マウイ（トンガ）……406
バアルベック（レバノン）……402
馬鞍山（中国）……309
バイア（イタリア）……445
バイアエの大公共浴場（イタリア）……445
バイア・ファルタ（アンゴラ）……582
梅庵（中国）……309
排雲殿（中国）……309
梅園（中国）……309
梅堰（中国）……309
拝火教神殿〔アフラシアブ〕（ウズベキスタン）……53
梅花山（中国）……309

拝火神殿（トルクメニスタン）……378
拝火壇（イラン）……25
裴家堡金墓（中国）……309
梅関（中国）……309
バイクリ（イラク）……16
バイクンタベルマル寺院（インド）……40
バイケンド（ウズベキスタン）……53
バ遺構（ニュージーランド）……406
拝寺口双塔（中国）……309
拝寺口方塔（中国）……309
貝子廟（中国）……309
梅城（中国）……309
拝将台〔閻馬廠〕（中国）……309
拝将台〔漢中市〕（中国）……309
バーイターヴァー（アフガニスタン）……3
ハイデルベルク城（ドイツ）……513
ハイデン塔（ドイツ）……513
ハイデンライヒシュタイン城（オーストリア）……463
ハイナ（メキシコ）……645
ハイヌク（海努克）古城（中国）……309
ハイバク（アフガニスタン）……3
ハイバクの塔（アフガニスタン）……3
バイ・バリック（モンゴル）……398
ハイファと西ガリラヤのバハイ教の聖地（イスラエル）……9
拝風台（中国）……309
バイヨン（カンボジア）……102
バイヨン寺院（カンボジア）……102
バイラート（インド）……40
ハイリゲンクロイツ修道院（オーストリア）……463
裴李崗（中国）……310
裴李崗遺址（中国）……310
梅龍里古墳群（韓国）……90
ハイル・ハネ（アフガニスタン）……3
バイロイトのマルクグレーフリシェス・オペラハウス（ドイツ）……513
バイロイト辺境伯のオペラハウス（ドイツ）……513
バイロン（カンボジア）……102
ハウア・フテアー（リビア）……619
バヴィアのカルトゥジア会修道院（イタリア）……445
バウイト（エジプト）……594
バウカルタンボ（ペルー）……665
ハウザラガーの塔（アフガニスタン）……3

ハウシュ＝クリー（トルコ）……525
ハウスラブヨッホ（イタリア）……445
バウ・チョ貝塚（ベトナム）……390
バウハウス（ドイツ）……509
パエストゥム（イタリア）……445
パエストゥムとヴェリアの古代遺跡群を含むチレントとディアノ渓谷国立公園とパドゥーラのカルトゥジオ修道院（イタリア）……445
パエストゥムの神殿（イタリア）……445
馬援墓（中国）……310
覇王祠（中国）……310
馬王堆漢墓（中国）……344
覇王朝山城跡（中国）……310
覇王墓（中国）……310
バカウマン（インドネシア）……49
バガッグ貝塚（フィリピン）……388
バカトナム（ベルー）……665
バガトラヴ（インド）……40
馬家浜（中国）……310
馬家窯（中国）……310
バーガルプル（インド）……40
馬家湾（中国）……310
バガン（ミャンマー）……395
パガン遺跡群（ミャンマー）……395
パガンのアーナンダ寺院（ミャンマー）……393
パガンの塔（ミャンマー）……395
ハギア・イレーネ聖堂（トルコ）……525
ハギア・ソフィア大聖堂〔イスタンブール〕（トルコ）……518
ハギア・ソフィア大聖堂〔トラブゾン〕（トルコ）……525
ハギア・トリアダ（ギリシャ）……478
ハギイ・セルギオス・ケ・バッコス聖堂（トルコ）……525
ハギオス・ヨアンネス・ストゥディオス聖堂（トルコ）……525
灞橋（中国）……310
馬橋古文化遺址（中国）……310
バーグ（インド）……40
バクー（アゼルバイジャン）……1
白衣観（中国）……310
白衣寺塔（中国）……310
白雲観〔北京市〕（中国）……310
白雲観〔蘭州市〕（中国）……310
白雲山〔広州市〕（中国）……310
白雲山〔江西省〕（中国）……310
白雲山〔長順県〕（中国）……310
白雲山廟（中国）……310

白雲寺(中国) ・・・・・・・・・・・・・ 323
白雲寺〔輝県〕(中国) ・・・・・・・ 311
白雲寺〔肇慶市〕(中国) ・・・・・ 311
白雲寺〔民権県〕(中国) ・・・・・ 311
白雲寺大仏(中国) ・・・・・・・・・・ 311
白雲洞(中国) ・・・・・・・・・・・・・ 311
白雲洞書院(韓国) ・・・・・・・・・ 90
白溢寨(中国) ・・・・・・・・・・・・・ 311
白崖寨(中国) ・・・・・・・・・・・・・ 311
白家村古墳(中国) ・・・・・・・・・ 311
白巌(中国) ・・・・・・・・・・・・・・ 311
ハーグ宮殿(ビネンホフ)(オラン
　ダ) ・・・・・・・・・・・・・・・・・・・ 465
白居易墓(中国) ・・・・・・・・・・・ 311
白公館(中国) ・・・・・・・・・・・・・ 311
白居寺(中国) ・・・・・・・・・・・・・ 311
白沙1号墓(中国) ・・・・・・・・・・ 311
白沙漢墓(中国) ・・・・・・・・・・・ 311
白沙古井(中国) ・・・・・・・・・・・ 311
白沙古戦場遺址(中国) ・・・・・・ 311
白沙宋墓(中国) ・・・・・・・・・・・ 311
白沙大橋(中国) ・・・・・・・・・・・ 311
白沙鎮(中国) ・・・・・・・・・・・・・ 311
柏子塔(中国) ・・・・・・・・・・・・・ 311
白舍窯遺址(中国) ・・・・・・・・・ 311
莫愁湖(中国) ・・・・・・・・・・・・・ 312
白城(中国) ・・・・・・・・・・・・・・ 226
曝書亭(中国) ・・・・・・・・・・・・・ 312
バグーズ(シリア) ・・・・・・・・・ 121
白水寺(中国) ・・・・・・・・・・・・・ 312
白水城跡(中国) ・・・・・・・・・・・ 312
バクセイ・チャンクラン(カンボ
　ジア) ・・・・・・・・・・・・・・・・・ 102
バクセイ・チャンクロン(カンボ
　ジア) ・・・・・・・・・・・・・・・・・ 102
白石山(中国) ・・・・・・・・・・・・・ 312
麦積山石窟(中国) ・・・・・・・・・ 312
白石洞遺跡(韓国) ・・・・・・・・・ 90
白草坡西周墓(中国) ・・・・・・・ 312
バクソン山地(ベトナム) ・・・・ 390
薄太后塔(中国) ・・・・・・・・・・・ 312
白胎寺(中国) ・・・・・・・・・・・・・ 312
バグダード(イラク) ・・・・・・・ 16
白帝城(中国) ・・・・・・・・・・・・・ 312
白塔〔杭州市〕(中国) ・・・・・・ 312
白塔〔赤峰市〕(中国) ・・・・・・ 312
白塔〔大姚県〕(中国) ・・・・・・ 312
白塔〔鶴鳴山〕(中国) ・・・・・・ 312
白塔〔天津市〕(中国) ・・・・・・ 312
白塔〔普慈寺〕(中国) ・・・・・・ 312
白塔〔北海公園〕(中国) ・・・・ 312
白塔〔妙応寺白塔〕(中国) ・・・ 346
白塔〔遼陽市〕(中国) ・・・・・・ 313
白塔山(中国) ・・・・・・・・・・・・・ 313
白塔峪塔(中国) ・・・・・・・・・・・ 313
伯の城館(フランス) ・・・・・・・ 547

白馬寺〔青海省〕(中国) ・・・・・ 313
白馬寺〔洛陽市〕(中国) ・・・・・ 313
白馬寺伽藍(中国) ・・・・・・・・・ 313
白馬寺塔(中国) ・・・・・・・・・・・ 313
白仏山石窟造像(中国) ・・・・・・ 313
白楊溝仏寺(中国) ・・・・・・・・・ 313
白羊寨(中国) ・・・・・・・・・・・・・ 313
バグラチ大聖堂とゲラチ修道院
　(ジョージア) ・・・・・・・・・・・ 487
バグラティ大聖堂とゲラティ修
　道院(ジョージア) ・・・・・・・・ 487
栢栗寺跡(韓国) ・・・・・・・・・・・ 90
白竜寺(中国) ・・・・・・・・・・・・・ 313
白竜洞(中国) ・・・・・・・・・・・・・ 313
白竜洞石達開詩刻(中国) ・・・・ 313
栢林寺(中国) ・・・・・・・・・・・・・ 313
柏林寺(中国) ・・・・・・・・・・・・・ 313
柏林寺塔(中国) ・・・・・・・・・・・ 313
柏露会議会址(中国) ・・・・・・・ 313
白鹿原(中国) ・・・・・・・・・・・・・ 313
白鹿洞(中国) ・・・・・・・・・・・・・ 313
白鹿洞書院(中国) ・・・・・・・・・ 313
白露山(中国) ・・・・・・・・・・・・・ 313
白鷺洲〔吉安市〕(中国) ・・・・ 314
白鷺洲〔南京市〕(中国) ・・・・ 314
バークロディアード・イ・ゴー
　ズ(イギリス) ・・・・・・・・・・・ 420
バクーン、タル・イ(イラン)
　・・・・・・・・・・・・・・・・・・・・・ 25
バクーン、タレ(イラン) ・・・・ 25
バゲラートのモスク都市(バン
　グラデシュ) ・・・・・・・・・・・・ 387
バゲルハットの歴史的モスク都
　市(バングラデシュ) ・・・・・・ 387
バゲルハートのイスラーム都市
　遺跡(バングラデシュ) ・・・・ 387
バゲルハートの歴史的モスク都
　市(バングラデシュ) ・・・・・・ 387
馬哈只墓碑(中国) ・・・・・・・・・ 314
馬江昭忠祠(中国) ・・・・・・・・・ 314
馬公媽祖廟(台湾) ・・・・・・・・・ 131
パゴダ公園(韓国) ・・・・・・・・・ 90
パゴダの一例(ミャンマー)
　・・・・・・・・・・・・・・・・・・・・・ 395
バゴーデンブルク館 ニュンフ
　ェンブルク宮(ドイツ) ・・・ 513
バコパンパ(ペルー) ・・・・・・・ 665
バコラス(エジプト) ・・・・・・・ 596
バコン(カンボジア) ・・・・・・・ 102
バコン寺院(カンボジア) ・・・・ 102
バ・サ洞穴(ベトナム) ・・・・・・ 390
バサリ地方の文化的景観(セネ
　ガル) ・・・・・・・・・・・・・・・・・ 608
バサリ地方:バサリ族、フラ族、
　それにベディク族の文化的景
　観群(セネガル) ・・・・・・・・・ 608
バサルガダイ(イラン) ・・・・・・ 25

パサルガダエ(イラン) ・・・・ 25
パサルガダエの王墓(イラン)
　・・・・・・・・・・・・・・・・・・・・・ 25
パサルガデ(イラン) ・・・・・・・ 25
パサルガディ(イラン) ・・・・・・ 25
バザル・カラ(ウズベキスタン)
　・・・・・・・・・・・・・・・・・・・・・ 53
ハザール・スム(アフガニスタ
　ン) ・・・・・・・・・・・・・・・・・・ 3
バザルリ(トルコ) ・・・・・・・ 525
バサーワル石窟(アフガニスタ
　ン) ・・・・・・・・・・・・・・・・・・ 3
ハザン洞窟(イスラエル) ・・・・ 9
ハサン・モスク(モロッコ) ・・ 617
ハサンル(イラン) ・・・・・・・・・ 25
バージャー(インド) ・・・・・・・ 40
バシャシュ(ペルー) ・・・・・・・ 665
バシャダル(ロシア) ・・・・・・・ 577
琶洲塔(中国) ・・・・・・・・・・・・・ 314
ハージュ橋(イラン) ・・・・・・・ 25
パシュパティナート寺院(ネパー
　ル) ・・・・・・・・・・・・・・・・・・ 379
ハジュラール(トルコ) ・・・・・ 525
ハジュラル(トルコ) ・・・・・・・ 525
馬廠沿(中国) ・・・・・・・・・・・・・ 314
馬廠沿遺跡(中国) ・・・・・・・・・ 314
馬廠溝西周墓(中国) ・・・・・・・ 314
馬城子遺跡(中国) ・・・・・・・・・ 314
破城子古戦場(中国) ・・・・・・・ 314
ハジラル(トルコ) ・・・・・・・・・ 525
バシリカおよびフォルムの跡
　(リビア) ・・・・・・・・・・・・・・ 619
バシリカ・パッラーディアーナ
　(イタリア) ・・・・・・・・・・・・ 446
バシリカ〔ポンペイ〕(イタリア)
　・・・・・・・・・・・・・・・・・・・・・ 454
バジリク(ロシア) ・・・・・・・・・ 577
バジリク古墳群(ロシア) ・・・・ 577
バズイルイク(ロシア) ・・・・・・ 577
バース市街(イギリス) ・・・・・・ 420
バスタ、テル(エジプト) ・・・・ 596
ハスティナープラ(インド)
　・・・・・・・・・・・・・・・・・・・・・ 40
バスティーユ(フランス) ・・・・ 547
ハース洞穴(南アフリカ) ・・・・ 615
バースの市街(イギリス) ・・・・ 420
バセイ川流域洞穴群(フィリピ
　ン) ・・・・・・・・・・・・・・・・・・ 388
パセマ高原(インドネシア)
　・・・・・・・・・・・・・・・・・・・・・ 49
バーゼル市庁舎(スイス) ・・・・ 488
ハゼル・メルド洞穴(イラク)
　・・・・・・・・・・・・・・・・・・・・・ 16
パソ・デ・ラ・アマダ(メキシ
　コ) ・・・・・・・・・・・・・・・・・・ 645
バダ(インドネシア) ・・・・・・・ 49
バダイ(ロシア) ・・・・・・・・・・・ 577

バタク族の石棺（インドネシア）
………………… 49
パーダボルン大聖堂（ドイツ）
………………… 513
バタマリバ族の地 クタマク
（トーゴ）………… 611
バーダーミ（インド）……… 40
バタムマリバ族の地 コウタマ
コウ（トーゴ）…… 611
バダーリ（エジプト）……… 594
バダリ, エル（エジプト）…… 594
パータリプトラ（インド）… 40
パターリャの修道院（ポルトガ
ル）………………… 562
パダ・リン洞穴（ミャンマー）
………………… 395
パタン王宮（ネパール）…… 379
パタン・グランデ（ペルー）
………………… 665
八一公園（中国）…………… 314
八一南昌起義総指揮部旧址（中
国）………………… 314
八雲塔（中国）……………… 314
八詠楼（中国）……………… 314
パチェコ（ペルー）………… 665
バチカン（バチカン市国）… 531
バチカン絵画館（バチカン市国）
………………… 531
バチカン宮殿（バチカン市国）
………………… 531
バチカン市国（バチカン市国）
………………… 531
バチカン図書館（バチカン市国）
………………… 531
バチコボ修道院（ブルガリア）
………………… 555
八字橋（中国）……………… 314
八七会議会址（中国）……… 314
八十壇遺跡（中国）………… 314
八女投江紀念地（中国）…… 314
八大関（中国）……………… 314
八大山人故居（中国）……… 315
八大ラマ寺（中国）………… 308
八萬大蔵経の納められた伽倻山
海印寺（韓国）…… 59
パチャカマ（ペルー）……… 665
パチャカマック（ペルー）… 665
パチャカマの神殿（ペルー）
………………… 665
パチャマチャイ洞窟（ペルー）
………………… 665
巴中摩崖仏（中国）………… 315
馬超祠墓（中国）…………… 315
バチョ・キロ（ブルガリア）… 555
八里崗遺跡（中国）………… 315
八里城（中国）……………… 315
八連城（中国）……………… 315
八棱観塔（中国）…………… 315

八路軍桂林弁事処旧址（中国）
………………… 315
八路軍駐京弁事処旧址（中国）
………………… 315
八路軍駐武漢弁事処旧址（中
国）………………… 315
八路軍駐蘭弁事処旧址（中国）
………………… 315
ハッアモンガ・ア・マウイ（ト
ンガ）……………… 406
ハツォール（イスラエル）… 8, 9
八卦営墓碑（中国）………… 315
八角楼（中国）……………… 315
八角廊漢墓（中国）………… 315
八卦山（台湾）……………… 131
バッカスの神殿（レバノン）
………………… 402
白家荘（中国）……………… 315
客家の住宅 振成楼（中国）
………………… 238
発翰洞遺跡（韓国）………… 90
八境台（中国）……………… 315
バッキンガム宮殿（イギリス）
………………… 420
バックス神殿（バアルベック）（レ
バノン）…………… 402
莫高窟（中国）……………… 315
バッコス神殿（レバノン）… 402
バーッサイ（ギリシャ）…… 479
バッサイ（ギリシャ）……… 478
バッサイのアポロ・エピクリオ
ス神殿（ギリシャ）… 479
ハッサニ・マハレ（イラン）
………………… 25
ハッサン2世モスク（モロッコ）
………………… 617
ハッサンの塔（モロッコ）… 617
ハッサンル（イラン）……… 25
ハッジ・フィルツ（イラン）
………………… 25
ハッジ・ムハンマド（イラク）
………………… 16
ハッスーナ（イラク）……… 16
ハッスーナ, テル（イラク）
………………… 16
八清里古墳（北朝鮮）……… 112
バッセのアポロ・エピクリオス
神殿（ギリシャ）…… 479
八仙洞遺跡（台湾）………… 131
八仙洞史前遺址（台湾）…… 131
ハッダ（アフガニスタン）… 3
バッタダカル（インド）…… 40
バッタダカルの建造物群（イン
ド）………………… 40
バッタダカルの寺院群（イン
ド）………………… 40
八達洞遺跡（韓国）………… 90
八達嶺（中国）……………… 316

ハッダ付近の塔（アフガニスタ
ン）………………… 3
パッツィ家礼拝堂（イタリア）
………………… 446
バット、アル・フトゥムとアル・
アインの考古学遺跡（オマー
ン）………………… 55
ハットゥシャ（トルコ）…… 526
ハットゥシャの大神殿（トル
コ）………………… 526
ハットシャ：ヒッタイト王国の
首都（トルコ）…… 526
バット洞穴（メキシコ）…… 645
バッファロー狩りの断崖（カナ
ダ）………………… 629
八宝山（中国）……………… 316
八宝山革命公墓（中国）…… 316
バッラース, エル（エジプト）
………………… 593
バッラーディオの街ヴィチェン
ツァ（イタリア）…… 426
バッラーナ（エジプト）…… 595
ハッルガム（インド）……… 40
馬蹄寺石窟（中国）………… 316
ハティヤール（パキスタン）
………………… 382
バティリス（エジプト）…… 589
バデグール（フランス）…… 547
繁塔（中国）………………… 318
パドヴァの植物園（オルト・ボタ
ニコ）（イタリア）… 446
バトゥ・エジャヤ（インドネシ
ア）………………… 49
バドゥーラのカルトゥジオ修道
院（イタリア）…… 445
バトゥンガン洞穴（フィリピン）
………………… 388
ハトシェプスト女王葬祭殿（エ
ジプト）…………… 595
バードジャーヒ・マスジド（パ
キスタン）………… 383
バトード（フランス）……… 547
パトナ（インド）…………… 40
バトナー（インド）………… 40
ハトヌブ（エジプト）……… 595
鳩の館（メキシコ）………… 645
ハトホル神殿〔アブ・シンベル〕
（エジプト）………… 595
ハトホル神殿〔デンデラ〕（エジ
プト）……………… 595
パトモス島の "神学者" 聖ヨハ
ネ修道院と黙示録の洞窟の歴
史地区（コーラ）（ギリシャ）
………………… 479
パトモス島の聖ヨハネ修道院と
黙示録の洞窟（ギリシャ）
………………… 479
ハトラ（イラク）…………… 17
ハドラ（エジプト）………… 595
ハトラの宮殿址（イラク）…… 17

ハドリアヌス帝の神殿（トルコ） …… 526
ハドリアーヌス帝の別荘（イタリア） …… 426
ハドリアヌス帝の門（ギリシャ） …… 479
ハドリアヌス帝廟（イタリア） …… 446
ハドリアヌスのヴィラ（イタリア） …… 426
ハドリアヌスの凱旋門（ヨルダン） …… 400
ハドリアヌスの長城（イギリス） …… 420
ハドリアヌスの門（ギリシャ） …… 479
ハドリアヌスの浴場（リビア） …… 619
ハドリアヌスの離宮（イタリア） …… 426
ハドリアヌス別荘（イタリア） …… 426
バドリーナート（インド） …… 40
パナギア・ゴルゴエピクウス聖堂（ギリシャ） …… 466
パナギア・ハルキオン（ギリシャ） …… 479
パナギューリシュテ（ブルガリア） …… 555
パナタラン（インドネシア） …… 49
パナタラン，チャンディ（インドネシア） …… 49
バナヒルク（イラク） …… 17
ハナペテオ洞穴（フランス領ポリネシア） …… 408
パナマ［市］（パナマ） …… 635
パナマ・ヴィエホの考古学遺跡とパナマの歴史地区（パナマ） …… 635
パナマ運河（パナマ） …… 634
パナマのカリブ海沿岸の要塞群：ポルトベロとサン・ロレンソ（パナマ） …… 634
パナマ・ビエホ古代遺跡とパナマの歴史地区（パナマ） …… 635
バナーラス（インド） …… 30
バナーワリー遺跡（インド） …… 40
バニャマルカ（ペルー） …… 666
ハネ（フランス領ポリネシア） …… 408
ハノイのタンロン皇城の中心区域（ベトナム） …… 390
パノンハルマのベネディクト会修道院と自然環境（ハンガリー） …… 532
ババ・アタ（カザフスタン） …… 56
ババサの墓（エジプト） …… 595
巴巴寺（中国） …… 316

ハバセスティ（ルーマニア） …… 567
バハダラバード（インド） …… 41
バハテン（ペルー） …… 661
ハバナ（キューバ） …… 629
ハバナ旧市街と要塞（キューバ） …… 629
バババイト・エル＝ハジャル（エジプト） …… 595
パパハナウモクアケア（アメリカ合衆国） …… 624
バハラ城塞（オマーン） …… 55
バハラームシャーの塔（アフガニスタン） …… 3
馬場里遺跡（韓国） …… 90
バハリヤ・オアシス（エジプト） …… 595
バハル（インド） …… 41
パハールプル（バングラデシュ） …… 387
パハールプルのソーマプラ・ヴィハーラ寺院（バングラデシュ） …… 387
パハールプールの仏教寺院遺跡（バングラデシュ） …… 387
バハレイヤ・オアシス（エジプト） …… 595
バハレーン砦（バーレーン） …… 386
ハバロフスク遺跡群（ロシア） …… 577
馬胖鼓楼（中国） …… 316
バビシュ・ムッラ（カザフスタン） …… 57
バビロン（イラク） …… 17
バビロン城（エジプト） …… 595
ハファジェ（イラク） …… 17
ハファジャ（イラク） …… 17
ハフ遺跡（アメリカ合衆国） …… 624
ハフィート（アラブ首長国連邦） …… 5
河回（韓国） …… 62
バーブ・エッ・ドラ（ヨルダン） …… 400
パフォス（キプロス） …… 465
パフォスの考古遺跡（キプロス） …… 465
パープーオン（カンボジア） …… 102
バプーオン寺院（カンボジア） …… 102
ハプの子アメンヘテプの葬祭殿（エジプト） …… 595
ハブバ・カビーラ（シリア） …… 121
ハフパット修道院，サナーヒン修道院（アルメニア） …… 413
ハフパットとサナヒンの修道院（アルメニア） …… 413
バフラ城塞（オマーン） …… 55

バフラの砦（オマーン） …… 55
バベルの塔（イラク） …… 17
馬炮営起義会議旧址（中国） …… 316
ハマダン（イラン） …… 20
ハマト（シリア） …… 121
ハマトゥ（シリア） …… 121
ハマ，（ハマト）（シリア） …… 121
ハミ（ジンバブエ） …… 605
ハミ（哈密）王墓（中国） …… 316
バーミヤン（アフガニスタン） …… 3
バーミヤン渓谷の文化的景観と遺跡（アフガニスタン） …… 3
バーミヤン石窟寺院（アフガニスタン） …… 3
バーミヤン盆地の文化的景観と考古学遺跡（アフガニスタン） …… 3
バミューダ島の古都セント・ジョージと関連要塞群（イギリス領バミューダ諸島） …… 627
バム（イラン） …… 25
ハム・ザルガル（アフガニスタン） …… 4
ハム・ザルガルの寺院址（アフガニスタン） …… 4
バムッカレ（トルコ） …… 526
バムとその文化的景観（イラン） …… 25
バムの廃墟（イラン） …… 25
バムバタ（ジンバブエ） …… 605
ハモンガマウイ（トンガ） …… 406
バヤーマー・パゴダ（ミャンマー） …… 395
バヤン（カンボジア） …… 102
バヤンタトマジャ（巴顔達特麻扎）（中国） …… 316
バーヨン（カンボジア） …… 102
バライカストロ（ギリシャ） …… 479
バラエストラ（ギリシャ） …… 472
バラエトニウム（エジプト） …… 599
バラ，エル（シリア） …… 121
バラカス（ペルー） …… 666
ハラガナ（チャド） …… 609
ハラゲー（エジプト） …… 595
バラーサーグーン（キルギス） …… 116
ハラシュケット遺跡（ウズベキスタン） …… 53
バラッツィ・デイ・ロッリ（イタリア） …… 440
バラッツィナ・ディ・ストゥピニジ（イタリア） …… 446
バラッツォ・ヴェッキオ（イタリア） …… 446

史跡・遺跡名索引　　　　753　　　　はるは

パラッツォ・ヴェンドラミン（イ
　タリア）………………………… 446
パラッツォ・ヴェンドラミン・
　カレルジ（イタリア）………… 446
パラッツォ・オデスジャルキ（イ
　タリア）………………………… 446
パラッツォ・カリニャーノ（イ
　タリア）………………………… 446
パラッツォ・キエリカーティ（イ
　タリア）………………………… 446
パラッツォ・グリマーニ（イタリ
　ア）……………………………… 446
パラッツォ・コルネル・カ・グ
　ランデ（イタリア）…………… 446
パラッツォ・コロンナ・バルベ
　リーニ（イタリア）…………… 446
パラッツォ・スキファノイア（イ
　タリア）………………………… 446
パラッツォ・ストロッツィ（イ
　タリア）………………………… 447
パラッツォ・スパーダ・アルラ・
　レゴラ（イタリア）…………… 447
パラッツォ・デイ・スキファノ
　イア（イタリア）……………… 447
パラッツォ・デイ・ディアマン
　ティ（イタリア）……………… 447
パラッツォ・デイ・プリオーリ
　（イタリア）…………………… 447
パラッツォ・デッリ・ウッフィー
　ツィ（イタリア）……………… 447
パラッツォ・デラ・カンチェッ
　レリア（イタリア）…………… 447
パラッツォ・デル・テ（イタリ
　ア）……………………………… 447
パラッツォ・デル・バルジェルロ
　（国立バルジェルロ美術館）（イ
　タリア）………………………… 447
パラッツォ・ドゥカーレ〔ヴェ
　ネツィア〕（イタリア）……… 447
パラッツォ・ドゥカーレ〔ウル
　ビーノ〕（イタリア）………… 447
パラッツォ・ドーリア・パンフィ
　リ（イタリア）………………… 447
パラッツォ・バルベリーニ（イ
　タリア）………………………… 447
パラッツォ・ピッティ（イタリ
　ア）……………………………… 447
パラッツォ・ファルネーゼ〔カ
　プラローラ〕（イタリア）…… 448
パラッツォ・ファルネーゼ〔ロー
　マ〕（イタリア）……………… 448
パラッツォ・プッブリコ（イタリ
　ア）……………………………… 451
パラッツォ・ベーザロ（イタリ
　ア）……………………………… 448
パラッツォ・メディチ（イタリ
　ア）……………………………… 448
パラッツォ・メディチ＝リッカ
　ルディ（イタリア）…………… 448

パラッツォ・ルチェッライ（イ
　タリア）………………………… 448
ハラッパー（パキスタン）…… 383
パラティーナ礼拝堂（イタリ
　ア）……………………………… 448
パラティヌス（イタリア）…… 448
パラティヌス丘（イタリア）
　………………………………… 448
パラティーノ（イタリア）…… 448
パラティーノの丘（イタリア）
　………………………………… 448
ハラドゥム（イラク）………… 17
パラナ川北岸のイエズス会伝道
　所（パラグアイ）……………… 656
パラナ川流域のイエズス会伝道
　施設（パラグアイ）…………… 656
バーラバック（レバノン）…… 402
バラーバル（インド）………… 41
ハラ・バルガスン（モンゴル）
　………………………………… 397
ハラブ（シリア）……………… 121
ハラフ，テル（シリア）……… 121
ハラ・ホト（中国）…………… 158
パラマリボ（スリナム）……… 654
パラマリボ市街歴史地区（スリ
　ナム）…………………………… 654
バラムン，テル・エル（エジプ
　ト）……………………………… 595
パラモンガ（ペルー）………… 666
パラモンガの城砦（ペルー）
　………………………………… 666
婆羅門塔（中国）……………… 316
バラライク＝テペ（ウズベキスタ
　ン）……………………………… 53
ハラール・ジュゴール，要塞歴
　史都市（エチオピア）………… 602
バラワステ（中国）…………… 316
バラワト（イラク）…………… 17
バラワト門（イラク）………… 17
ハラン（トルコ）……………… 526
バランカンチェ（メキシコ）
　………………………………… 645
バランカンチェーの洞窟の祭祀
　場（メキシコ）………………… 645
馬蘭嘴（中国）………………… 316
バランドゥイ（カザフスタン）
　………………………………… 57
パリ（フランス）……………… 547
パリ・アイケ洞窟（チリ）…… 655
バリアルプル（インド）……… 41
ハリエサ（メキシコ）………… 646
ハリカルナッソス（トルコ）
　………………………………… 526
巴里坤烽燧（中国）…………… 316
バリ州の文化的景観：トリ・ヒ
　タ・カラナの哲学を表現した
　スバック・システム（インドネ
　シア）…………………………… 49
ハリドワール（インド）……… 41

パリのセーヌ河岸（フランス）
　………………………………… 547
パリハーサプラ（インド）…… 41
ハリ・マンディル（黄金寺院）（イ
　ンド）…………………………… 32
ハリメジャーン（イラン）…… 25
バリュカ（ペルー）…………… 666
灞陵橋〔渭源県〕（中国）…… 316
灞陵橋〔許昌市〕（中国）…… 316
ハリン遺跡（ミャンマー）…… 395
ハリンスカヤ・ソプカ（ロシア）
　………………………………… 577
巴林石橋（中国）……………… 316
ハルガ・オアシス（エジプト）
　………………………………… 587
バルク（アフガニスタン）…… 4
ハル＝サフリエニ（マルタ）
　………………………………… 564
ハル・サフリエニ地下墳墓（マル
　タ）……………………………… 564
バルシップ，ティル（シリア）
　………………………………… 120
パールシュヴァナータ寺（イン
　ド）……………………………… 41
ハルシュタット（オーストリア）
　…………………………… 462, 463
ハルシュタットとダッハシュタ
　イン（オーストリア）………… 462
バルセキリョ（メキシコ）…… 646
バルセロナのカタルーニャ音楽
　堂とサン・パウ病院（スペイ
　ン）……………………………… 500
バルセロナのグエル公園，グ
　エル邸とカサ・ミラ（スペイ
　ン）……………………………… 493
バルダ・バルカ（イラク）…… 17
ハル・タルキシエン（マルタ）
　………………………………… 564
バルダルの岩面画（ノルウェー）
　………………………………… 530
ハルチャヤン（ウズベキスタン）
　………………………………… 53
バルディビア（エクアドル）
　………………………………… 652
パルテノン（ギリシャ）……… 479
パルテノン神殿（ギリシャ）
　………………………………… 479
バルデヨフ市街保全地区（スロ
　バキア）………………………… 502
ハルトゥーム（スーダン）…… 606
ハルトゥラ（スペイン）……… 500
バルナ（ブルガリア）………… 554
バールハット（インド）……… 41
バルパの地上絵（ペルー）…… 665
バルパライソ（チリ）………… 655
バルパライーソの海港都市の歴
　史的街並み（チリ）…………… 655
バルパライソ歴史地区（チリ）
　………………………………… 655
バルバリョ（スペイン）……… 500

バールバール神殿（バーレーン）
　　‥‥‥‥‥‥‥‥‥‥　387
哈爾浜東方正教会堂（中国）
　　‥‥‥‥‥‥‥‥‥‥　304
バルフ（アフガニスタン）　‥‥‥　4
バールフット（インド）　‥‥‥　41
バルフの城砦（アフガニスタン）
　　‥‥‥‥‥‥‥‥‥‥‥‥　4
バールベク（レバノン）　‥‥　402
バールベック（レバノン）　‥‥　402
バルベルタ（グアテマラ）　‥‥‥　632
ハルホル・ハン遺跡（モンゴル）
　　‥‥‥‥‥‥‥‥‥‥　398
パルマの洗礼堂（イタリア）
　　‥‥‥‥‥‥‥‥‥‥　448
パルマの大聖堂（イタリア）
　　‥‥‥‥‥‥‥‥‥‥　448
ハルマリア島（イタリア）　‥‥　453
ハルマル，テル（イラク）　‥‥‥　17
パルミニ（イタリア）　‥‥‥　448
パルーミニのス・ヌラージ（イ
　タリア）　‥‥‥‥‥‥‥　448
パルミュラ（シリア）　‥‥‥　121
パルミラ（シリア）　‥‥‥‥　121
パルミラ遺跡（シリア）　‥‥　121
パルミラの円形劇場（シリア）
　　‥‥‥‥‥‥‥‥‥‥　121
パルミラのベール神殿（シリ
　ア）　‥‥‥‥‥‥‥‥‥　122
パルミラの墓地（シリア）　‥‥　121
パルミラの列柱付き大通り（シ
　リア）　‥‥‥‥‥‥‥‥　121
バルラース（エジプト）　‥‥　593
バルロベント（コロンビア）
　　‥‥‥‥‥‥‥‥‥‥　653
ハールワン（インド）　‥‥‥‥　41
バルン・ショルヴォグ（モンゴ
　ル）　‥‥‥‥‥‥‥‥‥　398
パレ・ガウラ（イラク）　‥‥‥　17
パレスチナ：オリーブとワイン
　の地―エルサレム南部バテ
　ィールの文化的景観（パレス
　チナ国）　‥‥‥‥‥‥‥　386
パレストラ（ギリシャ）　‥‥‥　472
パレストリーナ（イタリア）
　　‥‥‥‥‥‥‥‥‥‥　448
ハーレック城（イギリス）　‥‥‥　420
バレッタの市街（マルタ）　‥‥　564
ハレービード（インド）　‥‥‥　41
パレ・ビュル（泡の宮殿）（フラン
　ス）　‥‥‥‥‥‥‥‥‥　547
パレルモのアラブ・ノルマン様
　式の建造物群とチェファル
　大聖堂とモンレアーレ大聖堂
　（イタリア）　‥‥‥‥‥　448
パレルモの宮廷礼拝堂（イタリ
　ア）　‥‥‥‥‥‥‥‥‥　448
パレルモの大聖堂（イタリア）
　　‥‥‥‥‥‥‥‥‥‥　448
パレンケ（メキシコ）　‥‥‥‥　646

パレンケ古代都市と国立公園
　（メキシコ）　‥‥‥‥‥　646
パレンケの宮殿（メキシコ）
　　‥‥‥‥‥‥‥‥‥‥　646
パレンケの国立公園と古代遺跡
　（メキシコ）　‥‥‥‥‥　646
パレンケの古代都市と国立公園
　（メキシコ）　‥‥‥‥‥　646
パレンケのピラミッド（メキシ
　コ）　‥‥‥‥‥‥‥‥‥　646
バレンシアのラ・ロンハ・デ・
　ラ・セダ（スペイン）　‥‥　500
バーレーン要塞―古代の港湾
　とディルムン文明の首都―
　（バーレーン）　‥‥‥‥　386
馬老山城（韓国）　‥‥‥‥‥‥　90
ハロエリスとセベクの神殿（エ
　ジプト）　‥‥‥‥‥‥‥　589
パロマ（ペルー）　‥‥‥‥‥　666
ハワ・マハル（風の宮殿）（イン
　ド）　‥‥‥‥‥‥‥‥‥‥　41
ハワラ（エジプト）　‥‥‥‥　595
ハワラのピラミッド（エジプ
　ト）　‥‥‥‥‥‥‥‥‥　595
パンアテナイア大通り（ギリシ
　ャ）　‥‥‥‥‥‥‥‥‥　479
パンアテナイア競技場（ギリシ
　ャ）　‥‥‥‥‥‥‥‥‥　479
バン・アン（ラオス）　‥‥‥　401
万安漢墓（中国）　‥‥‥‥‥　316
万安北沙城漢墓（中国）　‥‥　317
万印楼（中国）　‥‥‥‥‥‥　317
万壑松風（中国）　‥‥‥‥‥　317
バン・カオ（タイ）　‥‥‥‥　127
万角嶼（マン・コク・ツイ）（中国）
　　‥‥‥‥‥‥‥‥‥‥　317
盤亀台遺跡（韓国）　‥‥‥‥‥　90
盤弓里遺跡（北朝鮮）　‥‥‥　112
板橋古墓群（中国）　‥‥‥‥　317
盤橋里遺跡（韓国）　‥‥‥‥‥　90
反響列柱館（ギリシャ）　‥‥　479
反響廊（ギリシャ）　‥‥‥‥　479
磐渓洞遺跡（韓国）　‥‥‥‥‥　91
半月城（韓国）　‥‥‥‥‥‥‥　68
半月洞貝塚（北朝鮮）　‥‥‥　112
范鴻泰墓（中国）　‥‥‥‥‥　317
范公亭（中国）　‥‥‥‥‥‥　317
盤江鉄索橋（中国）　‥‥‥‥　317
盤谷寺〔済源県〕（中国）　‥‥　317
盤谷寺〔盤山〕（中国）　‥‥　317
バンコクのワット・プラケーオ
　（タイ）　‥‥‥‥‥‥‥　129
万古長春坊（中国）　‥‥‥‥　317
ハンゴン大型石室墓（ベトナ
　ム）　‥‥‥‥‥‥‥‥‥　391
ハンザ同盟都市ヴィースビー
　（スウェーデン）　‥‥‥　491

ハンザ同盟都市ヴィスビー（ス
　ウェーデン）　‥‥‥‥‥　491
ハンザ同盟都市リューベック
　（ドイツ）　‥‥‥‥‥‥　513
ハンザ同盟の都市ヴィスビー
　（スウェーデン）　‥‥‥　491
ハンザ同盟の都市リューベック
　（ドイツ）　‥‥‥‥‥‥　513
半山（中国）　‥‥‥‥‥‥‥　317
盤山（中国）　‥‥‥‥‥‥‥　317
半山遺跡（中国）　‥‥‥‥‥　317
潘山郷元墓（中国）　‥‥‥‥　317
半山寺〔黄山〕（中国）　‥‥　317
半山寺〔南京市〕（中国）　‥‥　317
半山亭（中国）　‥‥‥‥‥‥　317
板子磯（中国）　‥‥‥‥‥‥　317
潘氏墓（中国）　‥‥‥‥‥‥　317
泛舟禅師塔（中国）　‥‥‥‥　317
万樹園（中国）　‥‥‥‥‥‥　318
万寿宮（中国）　‥‥‥‥‥‥　318
万寿塔（中国）　‥‥‥‥‥‥　318
万松関（中国）　‥‥‥‥‥‥　318
万象山（中国）　‥‥‥‥‥‥　318
万松寺（中国）　‥‥‥‥‥‥　318
万松老人塔（中国）　‥‥‥‥　318
盤諸里遺跡（韓国）　‥‥‥‥‥　91
范粋墓（中国）　‥‥‥‥‥‥　318
パンスヴァン（フランス）　‥‥　547
バンスカー・シュティアヴニツ
　ァ歴史都市と近隣の工業建築
　物群（スロバキア）　‥‥　502
バンスカー・スチアフニツァの
　鉱山都市（スロバキア）　‥　503
ハンス＝シンペ墓（中国）　‥‥　318
パン製造店〔ポンペイ〕（イタリ
　ア）　‥‥‥‥‥‥‥‥‥　454
万石畝（中国）　‥‥‥‥‥‥　318
反川里（北朝鮮）　‥‥‥‥‥　112
樊川里5号窯跡（韓国）　‥‥‥　91
万仙楼（中国）　‥‥‥‥‥‥　318
范増墓（中国）　‥‥‥‥‥‥　318
晩村洞遺跡（韓国）　‥‥‥‥‥　91
潘達微墓（中国）　‥‥‥‥‥　318
晩達里遺跡（北朝鮮）　‥‥‥　112
パンタナッサ修道院（ギリシ
　ャ）　‥‥‥‥‥‥‥‥‥　479
パンタリカ（イタリア）　‥‥　449
パンタリカの岩壁墓地遺跡（イ
　タリア）　‥‥‥‥‥‥‥　440
パンダンチェ（ペルー）　‥‥　666
パンチェン遺跡（タイ）　‥‥　127
バーンチェンヒアン遺跡（タ
　イ）　‥‥‥‥‥‥‥‥‥　127
半地下式神殿〔ティアワナコ〕（ボ
　リビア）　‥‥‥‥‥‥‥　671
パンチャ・ラタ（5つのラタ）（イ
　ンド）　‥‥‥‥‥‥‥‥‥　30

史跡・遺跡名索引　　　　　　　755　　　　　　　　　　　　ひかん

万忠墓（中国）……………… 318
バンテアイ・クデイ（カンボジ
　ア）…………………………… 102
バンテアイ・サグン（カンボジ
　ア）…………………………… 102
バンテアイ・スライ（カンボジ
　ア）…………………………… 102
バンテアイ・スレイ（カンボジ
　ア）…………………………… 102
バンディアガラ（マリ）…… 614
バンディアガラの断崖（ドゴン
　人の地）（マリ）…………… 614
ハンディヴリ（インド）…… 41
バンティカパイオン（ウクライ
　ナ）…………………………… 460
バンティ・スレイ（カンボジア）
　………………………………… 102
バンティヤイ＝クデイ（カンボ
　ジア）………………………… 102
バンティヤイ・スレイ（カンボ
　ジア）………………………… 102
バンディリアー国定史蹟（アメ
　リカ合衆国）………………… 624
バンディ・ワヒ（パキスタン）
　………………………………… 383
パンテオン（イタリア）…… 449
パンテオン（フランス）…… 547
バンデリア国定公園（アメリカ合
　衆国）………………………… 624
バンテン遺跡群（インドネシア）
　………………………………… 49
繁塔（中国）…………………… 318
半塔集（中国）………………… 318
万東廟（韓国）………………… 91
バーンドゥ・ラージャール・ディ
　ビ（インド）………………… 41
潘徳冲墓（中国）……………… 318
パントクラトール修道院（ゼイ
　レク・キリセ）（トルコ）… 526
パントクラトロス修道院（ギリ
　シャ）………………………… 479
バンドロセイオン（ギリシャ）
　………………………………… 479
バーンドンタペット遺跡（タ
　イ）…………………………… 127
バンドンプロン遺跡（タイ）
　………………………………… 127
バーンナーディー遺跡（タイ）
　………………………………… 127
潘南古墳群（韓国）………… 91
盤南村（中国）………………… 318
潘南面古墳群（韓国）……… 91
万年橋（中国）………………… 318
万年寺（中国）………………… 319
パンノンハルマのベネディクト
　会修道院とその自然環境（ハ
　ンガリー）…………………… 532
半坡遺跡（中国）……………… 319
パンパ・グランデ（ペルー）
　………………………………… 666

ハンバーストーンとサンタ・ラ
　ウラの硝石工場群（チリ）
　………………………………… 655
バンバータ洞穴（ジンバブエ）
　………………………………… 605
バンパ・デ・ラス・リャマス（ペ
　ルー）………………………… 666
ハンピ（インド）……………… 41
半坡村（中国）………………… 319
樊妃冢（中国）………………… 319
ハンピのヴィッタラ寺院（イン
　ド）…………………………… 31
ハンピの建造物群（インド）
　………………………………… 41
ハンピの都市遺跡（インド）
　………………………………… 41
樊敏闕碑（中国）……………… 319
万部華厳経塔（中国）……… 319
万仏閣（中国）………………… 319
万仏寺址（中国）……………… 319
万仏石塔（中国）……………… 319
万仏塔（中国）………………… 319
万仏堂石窟（中国）………… 319
ハンプトン・コート宮殿（イギリ
　ス）…………………………… 420
ハンプトン・コート宮殿のファ
　ウンティン・コート（イギリ
　ス）…………………………… 420
パンプーリャ湖の近代建築群
　（ブラジル）………………… 657
バンプール（イラン）……… 25
半壁山（中国）………………… 319
バンベルク（ドイツ）……… 514
バンベルク聖堂（ドイツ）… 513
バンベルクの旧市街（ドイツ）
　………………………………… 514
バンベルクの町（ドイツ）… 513
バンボール（パキスタン）… 383
バンボールのモスク址（パキス
　タン）………………………… 383
バン・マー・カー（タイ）… 128
ハンマム・エト・トゥルクマン，
　テル（シリア）……………… 121
ハンマン・ダラディ（チュニジ
　ア）…………………………… 611
万密斎墓（中国）……………… 319
盤門（中国）…………………… 319
ハンラオ洞穴（ベトナム）… 391
半拉城（中国）………………… 315
万里橋〔成都市〕（中国）… 319
万里橋〔霊渠〕（中国）…… 319
万里の長城（中国）………… 319
盤龍城遺跡（中国）………… 320
盤竜古城（中国）……………… 320
盤竜山（中国）………………… 320
攀竜書院（中国）……………… 320
万霊殿（イタリア）………… 449
范蠡墓（中国）………………… 320

【ひ】

ビアス河谷（インド）……… 41
ビアチェンツァ大聖堂（イタリ
　ア）…………………………… 449
ピアッツァ・アルメリーナ（イ
　タリア）……………………… 449
ピアッツァ・グランデ（イタリ
　ア）…………………………… 456
ビア、（テル）（シリア）…… 121
ヒヴァ（ウズベキスタン）… 53
ヒヴァのイチャン・カラ（ウズベ
　キスタン）…………………… 51
ヒウ＝セマイナ地域（ディオス
　ポリス・パルヴァ）（エジプト）
　………………………………… 592
飛雲楼（中国）………………… 320
飛英塔（中国）………………… 320
蚩英塔（中国）………………… 320
ピエドラス・ネグラス（グアテマ
　ラ）…………………………… 632
ビエトラッボンダンテ（イタリ
　ア）…………………………… 449
ピエモンテとロンバルディア
　のサクリ・モンティ（イタリ
　ア）…………………………… 449
ピエモンテとロンバルディア
　のサクロ・モンテ群（イタリ
　ア）…………………………… 449
ピエモンテの葡萄畑の景観：ラ
　ンゲ・ロエロ・モンフェッラー
　ト（イタリア）……………… 449
ピエモント州都ロンバルディア
　州の聖山群（イタリア）…… 449
ヒエラコンポリス（エジプト）
　………………………………… 595
ヒエラポリス・パムッカレ（ト
　ルコ）………………………… 526
ビエルタンとその要塞聖堂
　（ルーマニア）……………… 567
ピエルフォン城（フランス）
　………………………………… 547
ヒエロン（ギリシャ）……… 480
秘苑（韓国）…………………… 91
ピエンツァ（イタリア）…… 449
ピエンツァ市街の歴史地区（イ
　タリア）……………………… 449
ピエンツァの大聖堂およびパラ
　ッツォ・ピッコローミニ（イ
　タリア）……………………… 449
未央宮（中国）………………… 346
東メボン（カンボジア）…… 102
飛霞洞（中国）………………… 320
飛鵝嶺（中国）………………… 320
彼岸寺石幢（中国）………… 320
比干墓廟（中国）……………… 320

ビガン歴史地区（フィリピン） …… 388
「挽き臼の家」（イタリア） …… 429
秘儀荘（イタリア） ………… 449
ビキニ環礁核実験場（マーシャル諸島） ………… 409
ピキマチャイ洞窟（ペルー） ………… 666
ピキリャクタ（ペルー） ……… 666
ビクス（ペルー） ………… 666
ピクリハル（インド） ……… 41
郿県李村（中国） ………… 320
飛虹橋（中国） ………… 320
飛虹塔（中国） ………… 320
ピコ島の葡萄園文化の景観（ポルトガル） ………… 562
ピサ（イタリア） ………… 450
ピサウリ—（インド） ……… 41
ピサク（ペルー） ………… 666
ピーサ〔鐘塔〕（イタリア） … 450
ピサ洗礼堂（イタリア） …… 449
ピサ大聖堂（イタリア） …… 449
ピサック（ペルー） ………… 666
ピサのカンポサント（イタリア） ………… 450
ピサの「奇跡の園」（イタリア） ………… 450
ピサの斜塔（イタリア） …… 450
ピサのドゥオモ広場（イタリア） ………… 450
ピサ本寺（イタリア） ……… 450
ビザンティン中期の修道院（ギリシャ） ………… 476
微山島（中国） ………… 320
貔子窩遺跡（中国） ………… 320
ビシパリク（中国） ………… 321
ビーシャープール（イラン） ………… 26
ビジャープール（インド） … 34
湄州媽祖廟（中国） ………… 320
ビシュヌプルのケシュタ・ラーヤ寺院（ジョル・バーングラ寺院）（インド） ………… 34
ビシュバリク（中国） ……… 320
美松里遺跡（北朝鮮） ……… 113
避暑山荘（中国） …… 232, 321
庇仁石塔（韓国） ………… 91
ビスカチャニ（ボリビア） … 672
ビスカヤ橋（スペイン） …… 500
ビスキーヨ・チコ（ペルー） ………… 666
ビスクパン（ポーランド） … 560
ビスクビン（ポーランド） … 560
ビストゥン（イラン） ……… 26
ビーストゥーン碑文（イラン） ………… 26
飛泉寺（中国） ………… 321
ビソトゥーン（イラン） …… 26

美岱召（中国） ………… 321
美岱村北魏墓（中国） ……… 321
ビタゴリオン（ギリシャ） … 474
ピーターバラ大聖堂（イギリス） ………… 420
ビダル・ビント・サウド（アラブ首長国連邦） ………… 5
ピーターボロ（カナダ） …… 628
ピタルコーラー（インド） … 42
ピチャロ（チリ） ………… 655
ピツァ（ギリシャ） ………… 480
ヒッサリク（トルコ） ……… 526
ヒッサール, テペ（イラン） ………… 26
ヒッタイトの都ハットゥシャ（トルコ） ………… 526
ヒッポ・レギウス（アルジェリア） ………… 581
ピッラ, テル（イラク） …… 17
ピトカーン島（イギリス領ポリネシア） ………… 404
ピトケアン（イギリス領ポリネシア） ………… 404
卑南遺跡（台湾） ………… 131
ビニャーレス渓谷（キューバ） ………… 630
ヒバ, エル（エジプト） …… 596
ビハール州ナーランダにあるナーランダ・マハーヴィハーラ（ナーランダ大学）の考古学遺跡（インド） ………… 39
ビバン・エル＝ハリム（エジプト） ………… 586
ビバン・エル＝ムルク（エジプト） ………… 586
ヒビス（エジプト） ………… 596
ビビ＝ハヌイム（ウズベキスタン） ………… 54
ビビ・ハーヌム・モスク（ウズベキスタン） ………… 53
ビビ・ハヌム・モスク（ウズベキスタン） ………… 54
ビブラハワー（インド） …… 42
ビブラーフワー（インド） … 42
ビブロス（レバノン） ……… 402
碑文の神殿（メキシコ） …… 646
美坪洞陽地遺跡（韓国） …… 91
皮蓬（中国） ………… 321
飛鳳里遺跡（韓国） ………… 91
ピマイ寺院（タイ） ………… 128
ビーマーベトカ（インド） … 42
ビーマラーン（アフガニスタン） ………… 4
秘密寺（中国） ………… 321
ピミャナカス宮殿（カンボジア） ………… 102
ビームベトカ（インド） …… 42
ビムベトカの岩窟群（インド） ………… 42

ピメアナカス（カンボジア） ………… 102
ピメアナカス―象のテラス（カンボジア） ………… 101
ピメアナカス―癩王のテラス（カンボジア） ………… 103
碑銘の神殿（メキシコ） …… 646
百花州（中国） ………… 322
百歳宮（中国） ………… 321
百獅坊・百寿坊（中国） …… 321
百寿巌（中国） ………… 321
百丈飛濤（中国） ………… 321
百草溝（中国） ………… 321
百柱の間（イラン） ………… 27
百塔寺（中国） ………… 321
一百零八塔（中国） ………… 321
白利寺（中国） ………… 321
百霊廟（中国） ………… 321
百花洲〔西湖〕（中国） …… 321
百花洲〔南昌市〕（中国） … 321
百家村（中国） ………… 322
白虎湾古瓷窯遺址（中国） … 322
ピャンジケント（タジキスタン） ………… 133
ピャンジケントの遺跡（タジキスタン） ………… 133
ピュー王朝の古代都市群（ミャンマー） ………… 395
ピュタゴリオン（ギリシャ） ………… 474
ビュブロス（レバノン） …… 403
ビュユク・カラタイ・マドラサ（トルコ） ………… 526
ピュロス（ギリシャ） ……… 480
ピュロス宮殿（ギリシャ） … 480
評議会場〔アテネ〕（ギリシャ） ………… 468
憑玉祥墓（中国） ………… 322
馮君孺久墓（中国） ………… 322
苗沙里窯跡（韓国） ………… 91
馮子材墓（中国） ………… 322
馮如墓（中国） ………… 322
冰井（中国） ………… 322
冰井台（中国） ………… 322
表井里古墳群（韓国） ……… 91
馮素沸墓（中国） ………… 324
廟底溝遺跡（中国） ………… 322
屏風山（中国） ………… 322
ビョーラのトナカイ（ノルウェー） ………… 530
飛来寺（中国） ………… 322
飛来石（中国） ………… 322
飛来殿（中国） ………… 322
飛来峰石刻（中国） ………… 322
飛来峰造像（中国） ………… 322
ピラエウス（ギリシャ） …… 480
ピラク（パキスタン） ……… 383

ビラコチャの神殿（ペルー）
.... 666
ビラコチャパンパ（ペルー）
.... 666
ヒラー山（サウジアラビア）　117
ヒラックス・ヒル（ケニア）
.... 604
ビラニイ（チェコ）......... 506
ピラミッドB〔トゥーラ〕（メキ
シコ）............... 639
ピラミッド建築〔パカトナムー〕
（ペルー）........... 666
ピラミッド建築〔エル・ブルガト
リオ〕（ペルー）...... 666
ピラミッド（タヒン）（メキシコ）
.... 646
ピラミッド群〔アブー・シール〕
（エジプト）......... 583
ピラミッド群〔ギーザ〕（エジプ
ト）............... 587
ピラミッド群〔ダハシュール〕（エ
ジプト）............ 592
ピラミッド群〔ティカル〕（グア
テマラ）............ 632
ピラメセス（エジプト）...... 587
ヒラ山（サウジアラビア）..... 117
ヒラルダの塔（スペイン）..... 500
ビラン（皮朗）古城（中国）... 322
ヒランダリウ修道院（ギリシ
ャ）............... 480
ヒリ（アラブ首長国連邦）...... 5
ヒーリー遺跡群（アラブ首長国連
邦）................. 5
ビリニュスの歴史地区（リトア
ニア）.............. 566
ビリュサ（ロシア）......... 577
美林洞（北朝鮮）......... 113
ビルカ（スウェーデン）..... 491
ビルカス・ワマン（ペルー）
.... 666
ビルカとホーヴゴーデン（スウ
ェーデン）.......... 491
ビルカバンバ（ペルー）..... 666
ビルカ、ホーヴゴーデン（スウ
ェーデン）.......... 491
ビルジ（イタリア）......... 450
毘盧寺（中国）............ 322
ヒルデスハイムにあるふたつの
聖堂（ドイツ）....... 514
ヒルデスハイムのザンクト・マ
リア大聖堂とザンクト・ミヒ
ャエル聖堂（ドイツ）... 514
ヒルデスハイムの聖マリア大
聖堂と聖ミカエル教会（ドイ
ツ）............... 514
ヒルデスハイムの大聖堂と聖ミ
ヒャエル聖堂（ドイツ）... 514
毘盧塔（中国）............ 322
毗盧洞造像（中国）......... 322

ヒルバ・アル・マフジャル（パ
レスチナ国）........ 386
ビルバオ（グアテマラ）...... 632
ヒルバト・アル＝マフジャール
（パレスチナ国）..... 386
ビルバンプール（インド）.... 42
ヒルベト・クムラン（パレスチナ
国）............... 385
ヒルベト・ケラク（イスラエル）
.... 9
ビール・マウンド（パキスタン）
.... 383
ビルル（ペルー）.......... 667
ビルレッモッ遺跡（韓国）.... 91
ピレネー山脈：ペルデュ山（ス
ペイン）............ 500
ピレネー山脈：ペルデュ山（フ
ランス）............ 547
ピレネー地方―ペルデュ山（ス
ペイン）............ 500
ピレネー地方―ペルデュ山（フ
ランス）............ 547
ヒロキティア（キプロス）..... 465
ヒワ（ウズベキスタン）..... 53
ビンイェン遺跡（ベトナム）
.... 391
閔閣（中国）............. 322
閔王審知墓（中国）........ 323
閔王徳政碑（中国）........ 323
ヒンカモッコ（ペルー）..... 667
彬県石窟（中国）......... 323
彬県大仏寺石窟（中国）..... 323
邠県塔（中国）........... 323
閔江金山塔（中国）........ 323
ピントゥーラス川のラス・マー
ノス洞窟（アルゼンチン）
.... 651
ビンドン僧院（イギリス）.... 420
ビン・ビル・キリッセ（トルコ）
.... 526
ビンベットカ岩窟（インド）
.... 42
ビンベットカのロック・シェル
ター群（インド）..... 42
ビンベトカの洞窟群（インド）
.... 42
賓陽中洞（中国）......... 366
賓陽洞（中国）........... 366

【ふ】

ファイヴ・マイル・ラピッズ（ア
メリカ合衆国）....... 624
ファイストス（ギリシャ）..... 480
ファイストス王宮（ギリシャ）
.... 480

ファイストス宮殿（ギリシャ）
.... 480
ファイズ・ムハンマド（パキスタ
ン）............... 383
ファイユーム（エジプト）.... 596
ファイユーム、エル（エジプト）
.... 596
ファウヌスの家（イタリア）
.... 450
ファウンティン・コート　ハン
プトン・コート宮（イギリス）
.... 420
ファウンテンズ修道院（イギリ
ス）............... 420
ファウンテンズ修道院廃墟を含
むスタッドリー王立公園（イ
ギリス）............ 417
ファウンテン僧院（イギリス）
.... 420
ファエストス（ギリシャ）..... 480
華厳（ファオム）寺（韓国）... 67
ファカリエ、テル（シリア）
.... 122
ファジル・ゲビ、ゴンダール地
域（エチオピア）..... 602
ファセリス（トルコ）...... 526
華城（ファソン）（韓国）..... 77
ファットジェム大聖堂（ベトナ
ム）............... 391
ファティマ（ポルトガル）.... 562
ファーティマ廟（イラン）.... 26
ファテガル（インド）...... 42
ファテープル・シークリー（イ
ンド）............. 42
ファテプール・シークリー（イ
ンド）............. 42
ファテープル・スィークリー（イ
ンド）............. 42
ファトプル・シークリー（イン
ド）............... 42
ファハリヤ、テル（シリア）
.... 121
フアヒネ島のマラエ（フランス領
ポリネシア）........ 409
ファヤズ・テペ（ウズベキスタ
ン）............... 54
ファラ（イラク）......... 15
ファラーイーン、テル・エル＝（エ
ジプト）............ 596
ファラオの宝物庫（ヨルダン）
.... 400
ファラス（エジプト）...... 596
ファラー、テル（イスラエル）
.... 9
ファラー、テル（パレスチナ国）
.... 386
ファラフラ・オアシス（エジプ
ト）............... 596
ファルア、テル・エル（北）（パレ
スチナ国）.......... 386

ふある　　　　　　　　　　　　　758　　　　　　　　　史跡・遺跡名索引

ファルア，テル・エル（南）（イス
　ラエル）………………………… 9
ファルケンルスト（ドイツ）
　……………………………… 514
ファルネジーナ荘（イタリア）
　……………………………… 426
ファルハード＝ベーグ＝ヤイラ
　キ（中国）……………………… 323
ファルファのベネディクト会修
　道院（イタリア）……………… 450
ファルファン（ペルー）……… 667
ファールン（スウェーデン）
　……………………………… 491
ファールンの大銅山地域（スウ
　ェーデン）……………………… 491
ファールンの大銅山の採鉱地域
　（スウェーデン）……………… 491
ファレロン（ギリシャ）……… 480
普安寺（中国）………………… 323
ファーンズワース邸（アメリカ合
　衆国）…………………………… 625
ファン・ネレ工場（オランダ）
　……………………………… 465
皇龍寺（ファンヨンサ）（韓国）
　……………………………… 70
皇竜（ファンヨン）寺址（韓国）
　……………………………… 70
フィアツェーンハイリゲン巡礼
　聖堂（ドイツ）………………… 514
フィガリア（ギリシャ）……… 480
フィケルラ（ギリシャ）……… 480
武夷山（中国）………………… 323
フィッシュ・ホーク（南アフリ
　カ）……………………………… 615
ブー・イナニア・マドラサ（モ
　ロッコ）………………………… 617
ブー・イナーニヤ・マドラサ（モ
　ロッコ）………………………… 617
フイの墓（エジプト）………… 596
武威の文廟（中国）…………… 331
武威磨嘴子漢墓（中国）……… 323
武威雷台漢墓（中国）………… 323
フィラエ（エジプト）………… 596
フィラエ島（エジプト）……… 596
フィランギーの岩陰（インド）
　……………………………… 42
フィリッピー（ギリシャ）…… 480
フィリッピの考古学遺跡（ギリ
　シャ）…………………………… 480
フィリピン・コルディリェーラ
　の棚田群（フィリピン）……… 388
フィリピンのバロック様式の教
　会群（フィリピン）…………… 388
フィリモシュキ（ロシア）…… 577
フィルザバード（イラン）…… 26
フィール・ハーナ（アフガニスタ
　ン）……………………………… 4
フィレンツェ（イタリア）…… 450
フィレンツェ洗礼堂（イタリ
　ア）……………………………… 433

フィレンツェ大聖堂（イタリ
　ア）……………………………… 436
フィレンツェ歴史地区（イタリ
　ア）……………………………… 450
フィロズのミナレット（イン
　ド）……………………………… 42
フィロパポスの記念碑（ギリシ
　ャ）……………………………… 480
府院洞遺跡（韓国）…………… 91
馮煥闕（中国）………………… 323
楓橋（中国）…………………… 323
楓橋小天竺（中国）…………… 323
風穴寺（中国）………………… 323
蜑二（風月無辺）石刻（中国）
　……………………………… 323
ブウコホラ・ヘイアウ（アメリカ
　合衆国）………………………… 625
風采楼（中国）………………… 323
封山印（中国）………………… 323
夫子廟（中国）………………… 324
封氏墓（中国）………………… 337
澧西車馬坑（中国）…………… 324
馮素弗墓（中国）……………… 324
封凍碑（中国）………………… 324
フウト＝ヘリイブ（エジプト）
　……………………………… 583
風納洞土城（韓国）…………… 91
風納土城（韓国）……………… 91
風陵渡（中国）………………… 324
フエ（ベトナム）……………… 391
普会寺（中国）………………… 324
フェジャエヴォ（ロシア）…… 577
フェズ（モロッコ）…………… 618
フェズ旧市街（モロッコ）…… 617
フェストス（ギリシャ）……… 480
フェストナ塔（ドイツ）……… 514
フェスの旧市街（モロッコ）
　……………………………… 618
フェズのメディナ（モロッコ）
　……………………………… 618
フェッラーラ（イタリア）…… 450
フェッラーラ大聖堂（イタリ
　ア）……………………………… 450
フェッラーラ：ルネサンス期の
　市街とポー川デルタ地帯（イ
　タリア）………………………… 450
フェティエ・ジャミイ（トルコ）
　……………………………… 526
フェ洞窟墓（フランス）……… 547
フェニキア都市ティルス（レバ
　ノン）…………………………… 402
フェニキア都市ビブロス（レバ
　ノン）…………………………… 403
フェーニス城（イタリア）…… 450
フエの建造物群（ベトナム）
　……………………………… 391
フエの皇帝陵（ベトナム）…… 391
プエブラ（メキシコ）………… 646

プエブラとチョルラの歴史地区
　（メキシコ）…………………… 646
プエブラ歴史地区（メキシコ）
　……………………………… 646
プエブロ・ボニート（アメリカ合
　衆国）…………………………… 625
フェヘリエ，（テル）（シリア）
　……………………………… 122
プエマペ（ペルー）…………… 667
フェラシー（フランス）……… 547
フェラポント修道院群（ロシ
　ア）……………………………… 577
フェラーラとポー川デルタ地帯
　（イタリア）…………………… 450
フェラーラ：ルネッサンス都市
　とポー・デルタ（イタリア）
　……………………………… 450
フェルガナ（ウズベキスタン）
　……………………………… 54
フェルクリンゲン製鉄所（ドイ
　ツ）……………………………… 514
フェルクリンゲンの製鉄所（ド
　イツ）…………………………… 514
フェルズ洞窟（チリ）………… 655
プエルタ・デル・ソル（太陽の門）
　（スペイン）…………………… 500
フェルテー湖／ノイジードラー
　湖の文化的景観（オーストリ
　ア）……………………………… 463
フェルテー湖／ノイジードラー
　湖の文化的景観（ハンガリー）
　……………………………… 533
フェルテ（ノイジードル）湖の文
　化的景観（オーストリア）
　……………………………… 463
フェルテ（ノイジードル）湖の文
　化的景観（ハンガリー）…… 533
フェルトゥー・ノイジードラー
　ゼーの文化的景観（オーストリ
　ア）……………………………… 463
フェルトゥー・ノイジードラー
　ゼーの文化的景観（ハンガ
　リー）…………………………… 533
プエルト・オルミーガ（コロンビ
　ア）……………………………… 653
プエルト・リコのサン・フアン
　の歴史地区（アメリカ合衆国領
　プエルト・リコ）……………… 627
プエルト・リコのラ・フォルタ
　レサとサン・ファン国定史跡
　（アメリカ合衆国領プエルト・リ
　コ）……………………………… 627
フェレス洞窟（バヌアツ）…… 407
孚王府（中国）………………… 324
フォーゲルヘルト（ドイツ）
　……………………………… 514
フォース橋（イギリス）……… 420
フォッサノーヴァ修道院聖堂
　（イタリア）…………………… 450
フォート・サンデマン（パキスタ
　ン）……………………………… 383

フォート・マンロー（パキスタン）	ブカラ・デ・ルミクチョ（エクアドル）	普済橋（中国） 326
383	652	普済寺（中国） 326
フォート・ロス（アメリカ合衆国）	武関（中国） 324	ブサイラ（ヨルダン） 400
625	武官村遺跡（中国） 324	フサイン・バイカラのマドラサ
フォート・ロック洞穴（アメリカ合衆国）	武官村殷墓（中国） 324	（アフガニスタン） 4
625	武官村大墓（中国） 324	府山（中国） 326
フォ・ビン・ザー洞穴（ベトナム）	武漢長江大橋（中国） 324	浮山（中国） 326
391	武器庫［ペルガモン］（トルコ）	富山城跡（韓国） 91
フォルトゥーナ・ヴィリーレ神殿（イタリア） 453	528	ブシェドモスチ（チェコ） 506
フォルトゥーナ・プリミゲニアの神域（イタリア） 450	ブキット・テンク・レンブ（マレーシア） 393	ブシェドモスティ（チェコ） 506
フォルトゥーナ・プリミゲニアの聖所（イタリア） 450	浮丘山の千仏洞（中国） 324	武氏祠（中国） 326
フォールム（イタリア） 451	普救寺（中国） 324	武氏墓群石刻（中国） 326
フォルム（イタリア） 451	普救寺塔（中国） 324	不二門（中国） 326
フォルム・アウグストゥム（イタリア） 423	伏岩里古墳群（韓国） 91	ブシュカリ（ウクライナ） 460
フォルム・トライアーニ（イタリア） 444	伏義廟（中国） 324	武昌起義軍政府旧址（中国）
フォルム［ポンペイ］（イタリア） 454	福隅里墳墓群（北朝鮮） 113	326
フォルム浴場［ポンペイ］（イタリア） 454	復原されたニネベの城門（イラク）	不招寨（中国） 326
フォルム・ロマーヌム（イタリア） 450	16	富城山城跡（韓国） 92
フォルム・ロマヌム（イタリア） 451	伏虎寺（中国） 324	普照寺〔泰山〕（中国） 326
フォルム・ロマーノ（イタリア） 451	福厳寺（中国） 324	普照寺〔臨淄〕（中国） 326
フォール・ラ・ラッテ（フランス） 547	覆舟山（中国） 324	普浄寺（中国） 326
フォーロ・ロマーノ（イタリア） 451	福勝寺（中国） 325	溥仁寺（中国） 326
フォロ・ロマーノ（イタリア） 451	福勝寺塔（中国） 325	夫人城（中国） 234
普恩寺（中国） 324	伏獅里（北朝鮮） 113	ブスタ（大平原）のホルトバージ国立公園（ハンガリー） 533
フォンターナ・マッジョーレ（イタリア） 451	伏獅里古墳（北朝鮮） 113	フスタート（エジプト） 596
フォンテシュヴァード（フランス） 548	復真観（中国） 325	ブズリシュ・ダガン（イラク）
フォンテーヌブロー（フランス） 548	福泉洞古墳群（韓国） 91	17
フォンテーヌブロー宮殿（フランス） 548	蝠殿（中国） 325	浮石寺（韓国） 92
フォンテーヌブロー宮殿と庭園（フランス） 548	洑波山（中国） 325	浮石寺祖師堂（韓国） 92
フォンドゥキスタン（アフガニスタン） 4	ブクラス（シリア） 122	浮石寺無量寿殿（韓国） 92
フォン・ド・ゴーム遺跡（フランス） 548	伏竜観（中国） 325	鬼荘（中国） 326
フォン・ド・ゴーム洞窟（フランス） 548	福陵（中国） 325	扶蘇山城（韓国） 92
フォントネーのシトー会修道院（フランス） 548	福臨堡遺跡（中国） 325	扶蘇山城 軍倉址（韓国） 92
プー・カオ・トン（タイ） 128	普慶寺石塔（中国） 325	扶蘇山城―西腹寺址 扶蘇山（韓国） 92
普覚寺（中国） 324	缶渓面の石窟と仏像（韓国）	扶蘇山城の泗沘楼（韓国） 92
富河溝門（中国） 324	66	扶蘇山城―羅城址（韓国） 93
ブカラ（ペルー） 667	普化寺（中国） 325	扶蘇山廃寺跡（韓国） 92
	普賢寺（中国） 325	扶疏亭（中国） 326
	普賢寺（北朝鮮） 113	扶蘇墓（中国） 327
	武彦村（中国） 325	夫租薉君墓（北朝鮮） 113
	符堅墓（中国） 325	ブダガヤ（仏陀伽耶）（インド）
	ブコヴィナ・ダルマチア府主教の邸宅（ウクライナ） 460	42
	ブコヴィナ・ダルマティア府主教座宮殿（ウクライナ） 460	双子神殿（メキシコ） 646
	ブコヴィナとダルマチアの主教座施設（ウクライナ） 460	普陀山〔桂林市〕（中国） 327
	普光寺（中国） 325	普陀山〔普陀県〕（中国） 327
	武侯祠［成都市］（中国） 325	普陀宗乗の廟（中国） 327
	武侯祠［南陽市］（中国） 325	ブダ城（ハンガリー） 533
	武侯祠［勉県］（中国） 325	ブダ城地区（ハンガリー） 532
	武功塔（中国） 325	普陀宗乗之廟（中国） 327
	婦好墓（中国） 325	ブタハ神殿跡（エジプト） 596
	武侯墓（中国） 326	プタハホテプの墓（エジプト）
	蕪湖魏晋墓（中国） 326	596
	蕪湖古墓（中国） 326	ブダペスト（ハンガリー） 532

ブダペストのドナウ河岸（ハンガリー） ……………… 532
ブダペストのドナウ河岸とブダ城（ハンガリー） ………… 532
ブダペストのドナウ河岸、ブダ城地区とアンドラーシ通り（ハンガリー） ……………… 532
補陀洛迦山（中国） ………… 327
補陀落山（中国） …………… 327
富長里遺跡（韓国） ………… 92
武珍城（韓国） ……………… 92
普通谷古墳群（韓国） ……… 92
仏牙舎利塔（中国） ………… 327
北漢（プッカン）山（韓国） … 95
仏宮寺（中国） ……………… 327
勿禁遺跡（韓国） …………… 92
仏宮寺釈迦塔（中国） ……… 327
仏宮寺塔（中国） …………… 327
物傑里廃寺跡（韓国） ……… 92
福建会館（中国） …………… 327
伏賢洞古墳群（韓国） ……… 92
福建土楼（中国） …………… 327
福建の土楼（中国） ………… 327
福建洛陽橋（中国） ………… 327
仏光崖（中国） ……………… 327
仏香閣（中国） ……………… 327
仏光山（台湾） ……………… 131
仏光寺〔五台県〕（中国） … 327
仏光寺〔潜山県〕（中国） … 327
仏光寺祖師塔（中国） ……… 327
仏光寺大殿（中国） ………… 327
仏光寺大仏殿（中国） ……… 328
仏光寺と南禅寺（中国） …… 327
仏光寺文殊殿（中国） ……… 328
仏溝摩崖造像（中国） ……… 328
仏国寺（韓国） ……………… 92
仏国寺釈迦塔（韓国） ……… 92
仏国寺多宝塔（韓国） ……… 93
仏山祖廟（中国） …………… 328
佛日寺跡（北朝鮮） ………… 113
仏足山（スリランカ） ……… 123
ブッダガヤ（インド） ……… 42
ブッダガヤの大精舎（インド） ……………………… 42
ブッダガヤの大菩提寺（インド） ……………………… 42
ブッダガヤのマハーボーディー寺院群（インド） ……… 42
仏陀の生誕地ルンビニ（ネパール） …………………… 379
プッツァ（ハンガリー） …… 533
仏図寺（中国） ……………… 328
仏日寺址（北朝鮮） ………… 113
ブッブリコ宮（シエナ市庁舎）（イタリア） ………… 451
佛爺廟墓群（中国） ………… 328

ブッラ・レーギア（チュニジア） ……………………… 611
プティ・トリアノン（フランス） …………………… 548
ブト（エジプト） …………… 596
武当山（中国） ……………… 328
武当山の古代建築群（中国） ……………………… 328
武当山の道教寺院群（中国） ……………………… 328
武当山廟（中国） …………… 328
普彤寺塔（中国） …………… 328
葡萄酒醸造所〔ポンペイ〕（イタリア） ……………… 454
ブトカラ（パキスタン） …… 383
普渡寺（中国） ……………… 328
普渡村西周墓（中国） ……… 328
ブトミール（ボスニア・ヘルツェゴビナ） …………… 558
ブトリント（アルバニア） … 412
ブトリントの考古遺跡（アルバニア） ………………… 412
プトレマイオン〔サモトラケ〕（ギリシャ） ………… 480
プトレマイオン〔ロードス島〕（ギリシャ） ………… 480
船形の住居跡（テペウ）（チリ） ……………………… 655
フナマドー・ナッの祠（ミャンマー） ………………… 395
阜南（中国） ………………… 328
ブナングンガン（インドネシア） ……………………… 49
芬皇（プナン）寺（韓国） … 93
フニック岩陰（イラン） …… 26
ブニュックス（民会場）（ギリシャ） ………………… 480
武寧王陵（韓国） …………… 93
普寧寺（中国） ……………… 328
「船、人物、動物など」（タヌム）（スウェーデン） … 490
ブノム・クレン（カンボジア） ……………………… 102
ブノム・バケン（カンボジア） ……………………… 103
ブノン・バケン（カンボジア） ……………………… 103
ブノンペンの旧王宮（カンボジア） …………………… 103
ブバスティス（エジプト） … 596
ブバスティス（テル・バスタ）（エジプト） ………… 596
フーバー・ダム（アメリカ合衆国） …………………… 625
ブバーニュ（セルビア） …… 504
ブバネシュヴァルのムクテシュヴァラ寺院本殿・拝殿（インド） ……………………… 44
ブバネーシュワル（インド） ……………………… 43

ブー・バヤー（パゴダ）（ミャンマー） ……………… 395
ブバヤ・パゴダ（塔）（ミャンマー） ………………… 395
ブハラ（ウズベキスタン） … 54
ブハラ歴史地区（ウズベキスタン） …………………… 54
扶風召陳村遺址（中国） …… 328
扶風斉家村（中国） ………… 328
ブフスン（ロシア） ………… 577
ブーヘン（エジプト） ……… 596
ブヘン（エジプト） ………… 596
扶峰山（中国） ……………… 328
フマウザ（ミャンマー） …… 395
フマユーン廟（インド） …… 43
普門洞夫婦塚（韓国） ……… 93
ブユ（蒲与）路故城（中国） … 328
芙蓉園（中国） ……………… 329
武陽橋（中国） ……………… 329
舞踊塚（中国） ……………… 329
舞踊墓（中国） ……………… 329
芙蓉楼（中国） ……………… 329
扶余松菊里（韓国） ………… 73
扶余東南廃寺（中国） ……… 329
扶余の遺跡（韓国） ………… 93
扶余東・西羅城（韓国） …… 93
扶余陵山里古墳（韓国） …… 99
扶余 陵山里古墳群（韓国） ……………………… 99
フライブルク大聖堂（ドイツ） ……………………… 514
フライ・ベントスの文化的・産業景観（ウルグアイ） … 651
ブライン・エル・ヘン・ボブル（イギリス） ………… 421
ブライン・セリ・ドゥ（イギリス） …………………… 421
フラウィィ円形闘技場（コロッセウム）（イタリア） … 432
フラーウィィウス宮のバシリカ（イタリア） ………… 451
フラウエン・キルヒェ（ドイツ） …………………… 514
ブラウローン（ギリシャ） … 480
ブラウロン（ギリシャ） …… 480
ブラウンシュヴァイク大聖堂（ドイツ） ……………… 514
プラエネステ門（ポルタ・マッジョーレ）（イタリア） … 451
プラオサン・チャンディ（インドネシア） …………… 48
ブラカシュ（インド） ……… 43
プラ・カーン（カンボジア） … 103
普楽寺（中国） ……………… 329
フラクティン（トルコ） …… 526
ブラク，テル（シリア） …… 122
プラ・コー（カンボジア） … 103

プラサット・クラヴァン（カンボ
　ジア）‥‥‥‥‥‥‥‥‥　103
プラサットースウループラット
　（カンボジア）‥‥‥‥‥‥　101
プラーサート・クラヴァン（カ
　ンボジア）‥‥‥‥‥‥‥‥　103
フラ・シ・サンペット寺院（タ
　イ）‥‥‥‥‥‥‥‥‥‥‥　129
ブラジリア（ブラジル）‥‥‥　657
ブラジリア・メトロポリターナ
　大聖堂（ブラジル）‥‥‥‥　657
プラゼン宮殿（スリランカ）
　‥‥‥‥‥‥‥‥‥‥‥‥‥　125
プラ・チェディ・チャイモンコ
　ン（タイ）‥‥‥‥‥‥‥‥　128
プラッサムプイ（フランス）
　‥‥‥‥‥‥‥‥‥‥‥‥‥　548
フラッチャニ城（チェコ）‥‥　506
プラーナ・キラ（インド）‥‥　43
プラハ（チェコ）‥‥‥‥‥‥　506
プラハ城（チェコ）‥‥‥‥‥　506
プラ・パトム・チェディ（タイ）
　‥‥‥‥‥‥‥‥‥‥‥‥‥　128
プラハの旧新シナゴーグ（チェ
　コ）‥‥‥‥‥‥‥‥‥‥‥　505
プラハ歴史地区（チェコ）‥‥　506
プラ・ブサキ（インドネシア）
　‥‥‥‥‥‥‥‥‥‥‥‥‥　49
プラフマギリ（インド）‥‥‥　43
フラーマハタト寺院（タイ）
　‥‥‥‥‥‥‥‥‥‥‥‥‥　129
プラ・マハタト寺院と塔（タイ）
　‥‥‥‥‥‥‥‥‥‥‥‥‥　129
フラミニア街道（イタリア）
　‥‥‥‥‥‥‥‥‥‥‥‥‥　451
フランキンセンスの地（オマー
　ン）‥‥‥‥‥‥‥‥‥‥‥　56
フランク族の城（レバノン）
　‥‥‥‥‥‥‥‥‥‥‥‥‥　403
フランスのサンティアゴ・デ・
　コンポステーラの巡礼路（フ
　ランス）‥‥‥‥‥‥‥‥‥　548
フランスの鐘楼群（ベルギー）
　‥‥‥‥‥‥‥‥‥‥‥‥‥　549
プランタン・モレトゥスの印刷
　博物館（ベルギー）‥‥‥‥　557
プランタン・モレトゥスの家
　屋・工房・博物館複合体（ベ
　ルギー）‥‥‥‥‥‥‥‥‥　556
プランタン・モレトゥスの住宅、
　作業場、博物館（ベルギー）
　‥‥‥‥‥‥‥‥‥‥‥‥‥　557
プラントベルク（ナミビア）‥　612
フランドル地方とワロン地方の
　鐘楼（フランス）‥‥‥‥‥　549
フランドル地方とワロン地方の
　鐘楼（ベルギー）‥‥‥‥‥　557
フランドル地方のベギン会院
　（ベルギー）‥‥‥‥‥‥‥　557

フランドル地方のベギン会修道
　院（ベルギー）‥‥‥‥‥‥　557
プランバナン（インドネシア）
　‥‥‥‥‥‥‥‥‥‥‥‥‥　49
プランバナン寺院遺跡（インド
　ネシア）‥‥‥‥‥‥‥‥‥　49
プランバナンのヒンドゥー教寺
　院群（インドネシア）‥‥‥　49
プランバナン〔ロロ・ジョングラ
　ン〕（インドネシア）‥‥‥　48
ブーリー（インド）‥‥‥‥‥　43
ブリー（インド）‥‥‥‥‥‥　43
プリエネ（トルコ）‥‥‥‥‥　526
プリエネのアゴラ（トルコ）
　‥‥‥‥‥‥‥‥‥‥‥‥‥　526
プリシッラのカタコンベ（イタ
　リア）‥‥‥‥‥‥‥‥‥‥　451
普利寺塔（中国）‥‥‥‥‥‥　329
プリシルラのカタコンベ（イタリ
　ア）‥‥‥‥‥‥‥‥‥‥‥　451
プリスキラのカタコンベ（イタ
　リア）‥‥‥‥‥‥‥‥‥‥　451
ブリッゲン（ノルウェー）‥‥　530
ブリッジタウン（バルバドス）
　‥‥‥‥‥‥‥‥‥‥‥‥‥　635
ブリッジタウンの歴史地区とそ
　の駐屯地（バルバドス）‥‥　635
ブリッジタウン歴史地区とその
　要塞（バルバドス）‥‥‥‥　635
ブリテイロスの城砦（ポルトガ
　ル）‥‥‥‥‥‥‥‥‥‥‥　563
フリードリヒ宮（ドイツ）‥‥　514
プリニアス（ギリシャ）‥‥‥　480
プリハディーシュヴァラ寺院
　（インド）‥‥‥‥‥‥‥‥　43
プリミス（エジプト）‥‥‥‥　587
プリムストーン・ヒル要塞国立
　公園（セントクリストファー・
　ネーヴィス）‥‥‥‥‥‥‥　633
プリヤ・コー（カンボジア）‥　103
プリヤ・パリライの祠堂（カンボ
　ジア）‥‥‥‥‥‥‥‥‥‥　103
ブリュッセルのグラン・プラス
　（ベルギー）‥‥‥‥‥‥‥　557
ブリュッセルの建築家ヴィク
　トール・オルタの主な邸宅建
　築（ベルギー）‥‥‥‥‥‥　556
ブリュッヘ（ブリュージュ）（ベル
　ギー）‥‥‥‥‥‥‥‥‥‥　557
ブリュール宮（ドイツ）‥‥‥　514
ブリュールのアウグストゥスブ
　ルク宮殿（ドイツ）‥‥‥‥　514
ブリュールのアウグストゥスブ
　ルク城と別邸ファルケンルス
　ト（ドイツ）‥‥‥‥‥‥‥　514
ブル・エイベ（ソマリア）‥‥　608
仏国（プルグク）寺（韓国）‥‥　92
フールク・ネラの天守閣（フラン
　ス）‥‥‥‥‥‥‥‥‥‥‥　548

ブルゲンラント（オーストリア）
　‥‥‥‥‥‥‥‥‥‥‥‥‥　463
ブルゲンラント（ハンガリー）
　‥‥‥‥‥‥‥‥‥‥‥‥‥　533
ブルゴス〔サンタ・マリーア大聖
　堂〕（スペイン）‥‥‥‥‥　500
ブルゴス大聖堂（スペイン）
　‥‥‥‥‥‥‥‥‥‥‥‥‥　500
ブルゴーニュ地方のブドウ畑の
　クリマ（フランス）‥‥‥‥　548
ブルコリニェツの伝統的集落
　（スロバキア）‥‥‥‥‥‥　502
ブルサとジュマルクズック：
　オスマン帝国発祥の地（トル
　コ）‥‥‥‥‥‥‥‥‥‥‥　527
ブルザホム（インド）‥‥‥‥　43
ブルシェドモスティ（チェコ）
　‥‥‥‥‥‥‥‥‥‥‥‥‥　506
ブルジカフィールのストゥーパ
　（アフガニスタン）‥‥‥‥　4
ブルシャン（不爾項）石刻（中
　国）‥‥‥‥‥‥‥‥‥‥‥　329
ブールジュ大聖堂（フランス）
　‥‥‥‥‥‥‥‥‥‥‥‥‥　548
ブルージュの歴史地区（ベル
　ギー）‥‥‥‥‥‥‥‥‥‥　557
ブルー・ジョン・クロウ山脈（ジ
　ャマイカ）‥‥‥‥‥‥‥‥　633
フルダ修道院（ドイツ）‥‥‥　514
ブルチューロ（ペルー）‥‥‥　667
ブルックリン橋（アメリカ合衆
　国）‥‥‥‥‥‥‥‥‥‥‥　625
ブルッヘ（ブリュージュ）歴史中
　心地区（ベルギー）‥‥‥‥　557
ブルー・ナ・ボーニャ ボイン
　渓谷の遺跡群（アイルランド）
　‥‥‥‥‥‥‥‥‥‥‥‥‥　412
ブルーの聖堂（フランス）‥‥　549
ブルノのトゥーゲントハット邸
　（チェコ）‥‥‥‥‥‥‥‥　506
フルブク（タジキスタン）‥‥　133
ブルヘンハタ（布爾很哈達）岩画
　（中国）‥‥‥‥‥‥‥‥‥　329
ブルーマウンテン山脈とジョ
　ン・クロウ山地（ジャマイカ）
　‥‥‥‥‥‥‥‥‥‥‥‥‥　633
ブルー・モスク（トルコ）‥‥　527
ブルレン（ペルー）‥‥‥‥‥　667
フルンゼ（キルギス）‥‥‥‥　116
ブルン洞穴（インドネシア）
　‥‥‥‥‥‥‥‥‥‥‥‥‥　49
プレア・ヴィヒア寺院（カンボジ
　ア）‥‥‥‥‥‥‥‥‥‥‥　103
プレア・ヴィヘア寺院（カンボジ
　ア）‥‥‥‥‥‥‥‥‥‥‥　103
フレジュス（フランス）‥‥‥　549
プレジュメル要塞教会（ルーマ
　ニア）‥‥‥‥‥‥‥‥‥‥　567
ブレー城（フランス）‥‥‥‥　549
プレゾヴォ（ブルガリア）‥‥　555

ふれち　　　　　　　　　　　762　　　　　　　史跡・遺跡名索引

ブレチ（ロシア） ············· 577
武烈王陵（韓国） ·············· 93
武烈王陵背後丘陵の古墳群（韓
　国） ························· 93
ブレティ（ロシア） ············· 577
ブレナヴォンの産業景観（イギ
　リス） ························ 421
ブレナム宮殿（イギリス） ····· 421
ブレニム宮（イギリス） ········ 421
プレ・ヒスパニック都市ウシュ
　マル（メキシコ） ············ 637
プレ・ヒスパニック都市エル・
　タヒン（メキシコ） ·········· 637
プレ・ヒスパニック都市チチェ
　ン・イッツァ（メキシコ） ··· 642
プレ・ヒスパニック都市テオテ
　ィワカン（メキシコ） ······· 643
プレ・ヒスパニック都市パレン
　ケおよびパレンケ国立公園
　（メキシコ） ················· 646
ブレーメン市庁舎（ドイツ）
　····························· 515
ブレーメンのマルクト広場の
　市庁舎とローラント像（ドイ
　ツ） ························· 515
プレ・ループ（カンボジア） ··· 103
プレ・ルプ（カンボジア） ····· 103
ブロア城（フランス） ·········· 549
ブロイオン（イタリア） ······· 451
ブロヴァン（フランス） ········ 545
不老洞古墳群（韓国） ··········· 93
ブロークン・ヒル（ザンビア）
　····························· 604
プロコピウス聖堂（チェコ）
　····························· 505
ブロチカ遺跡（ロシア） ········ 577
プロピュライア（ギリシャ）
　····························· 471
プロピュライア〔アテネ〕（ギリ
　シャ） ························ 468
ブローム（ミャンマー） ········ 395
ブロワの城館（フランス） ····· 549
プーロン遺跡（タイ） ·········· 128
文淵閣（中国） ················· 329
文化交差路サマルカンド（ウズ
　ベキスタン） ················· 52
分家祠（中国） ················· 329
文家屯遺跡（中国） ············· 329
文家屯貝塚（中国） ············· 329
文岩里遺跡（韓国） ············· 93
聞喜清原城（中国） ············· 329
プンクリー（ペルー） ·········· 667
文君井（中国） ················· 329
芬皇寺（韓国） ················· 93
芬皇寺跡（韓国） ·············· 93
芬皇寺址（韓国） ·············· 93
芬皇寺石塔（韓国） ············· 93
芬皇寺の磚塔（韓国） ··········· 93

文光塔（中国） ················· 329
文漵閣（中国） ················· 329
文昌閣〔貴陽市〕（中国） ······ 330
文昌閣〔揚州市〕（中国） ······ 330
文昌宮（中国） ················· 330
文昌塔〔祁陽県〕（中国） ······ 330
文昌塔〔新幹県〕（中国） ······ 330
文津閣（中国） ················· 330
分水嶺遺跡（中国） ············· 330
文成公主廟（中国） ············· 330
文星塔（中国） ················· 330
プンタ・デ・チミノ（グアテマ
　ラ） ························· 632
粉竹楼（中国） ················· 330
文通塔（中国） ················· 330
文天祥祠〔江心嶼〕（中国） ··· 330
文天祥祠〔北京市〕（中国） ··· 330
文塔（中国） ··················· 330
文登漢墓（中国） ··············· 330
文筆峰（中国） ················· 330
文廟〔ウルムチ市〕（中国） ··· 330
文廟〔ハルビン市〕（中国） ··· 330
文廟〔安渓県〕（中国） ········ 330
文廟〔安順市〕（中国） ········ 330
文廟〔永州零陵〕（中国） ······ 331
文廟〔岳陽市〕（中国） ········ 331
文廟〔楽陵市〕（中国） ········ 331
文廟〔建水県〕（中国） ········ 331
文廟〔江陵〕（韓国） ··········· 93
文廟〔資中県〕（中国） ········ 331
文廟〔蘇州市〕（中国） ········ 331
文廟〔天津市〕（中国） ········ 331
文廟〔寧遠県〕（中国） ········ 331
文廟〔武威市〕（中国） ········ 331
文廟〔聞喜県〕（中国） ········ 331
文廟〔平遥県〕（中国） ········ 331
文廟〔豊城県〕（中国） ········ 331
文廟〔萍郷市〕（中国） ········ 331
文廟〔襄城県〕（中国） ········ 331
文廟大成殿（韓国） ············· 93
文廟大成殿（中国） ············· 331
文廟大殿（中国） ··············· 331
プンプ（ペルー） ··············· 667
文風塔（中国） ················· 331
文峰山摩崖石刻（中国） ········ 331
文峰塔（中国） ················· 331
フンボルト洞穴（アメリカ合衆
　国） ························· 625
文游台（中国） ················· 331
汾陽別墅（中国） ··············· 332
文瀾閣（中国） ················· 332

【ヘ】

ペ（エジプト） ················· 596
平安竹篙寨石洞（中国） ······· 332
平遠楼（中国） ················· 332
米家崖（中国） ················· 332
平型関（中国） ················· 332
米元章墓（中国） ··············· 332
平江起義旧址（中国） ·········· 332
米公祠〔無為県〕（中国） ······ 332
米公祠〔襄樊市〕（中国） ······ 332
平山堂（中国） ················· 332
平山里遺跡（韓国） ············· 93
屏山里遺跡（韓国） ············· 93
ベイジェスルタン（トルコ）
　····························· 527
平壌〔遺跡〕（北朝鮮） ······· 113
平壌駅前壁画古墳（北朝鮮）
　····························· 113
平壌城（北朝鮮） ··············· 113
屏城洞古墳群（韓国） ··········· 94
平章里遺跡（韓国） ············· 94
平川里廃寺跡（北朝鮮） ········ 113
ペイダ（ヨルダン） ············· 400
ベイターノ（ミャンマー） ····· 395
ベイタノー遺跡（ミャンマー）
　····························· 395
ベイダル，テル（シリア） ····· 122
ベイト・エル＝ワリ（エジプト）
　····························· 596
ベイト・カッラーフ（エジプト）
　····························· 597
ベイト・カラフ（エジプト） ·· 597
ベイト・シェアリーム（イスラエ
　ル） ·························· 10
ベイト・シェアリムのネクロポ
　リス、ユダヤ人の再興を示す
　象徴（イスラエル） ·········· 10
ベイト・ミルシム（イスラエル）
　······························ 9
ベイト・ミルシム，テル（イスラ
　エル） ······················· 10
ベイト・ミルスィム、（テル）（イ
　スラエル） ··················· 10
兵馬俑（中国） ················· 332
兵馬俑坑（中国） ··············· 332
平望古城（中国） ··············· 332
平遥古城（中国） ··············· 332
平遥城牆（中国） ··············· 332
平陽府君闕（中国） ············· 332
坪里（韓国） ··················· 94
平陸壁画墓（中国） ············· 332
平糧台（中国） ················· 333
平糧台古城遺址（中国） ········ 333
炳霊寺（中国） ················· 333

炳霊寺石窟(中国) ……… 332
平糧台遺跡(中国) ……… 333
海印寺(ヘインじ)(韓国) … 59
ペヴェンシー城のゲート・ハウス(イギリス) ……… 421
ベエル・シェバ(イスラエル) ……………… 8, 10
ヘカトンピュロス(イラン) ……………… 26
ベカン(メキシコ) ……… 646
碧雲寺(中国) ……… 333
碧雲寺牌坊(中国) ……… 333
碧霞元君祠(中国) ……… 333
壁龕のピラミッド(メキシコ) ……………… 646
碧骨堤遺跡(韓国) ……… 94
碧沙岡(中国) ……… 333
碧山寺(中国) ……… 333
辟支塔(中国) ……… 333
碧水寺(中国) ……… 333
辟雍(中国) ……… 333
辟雍碑(中国) ……… 333
碧落洞(中国) ……… 333
碧蓮峰(中国) ……… 333
北京(中国) ……… 333
北京原人化石出土の周口店遺跡(中国) ……… 219
北京古観象台(中国) ……… 160
北京故宮(中国) ……… 212
北京故宮—景山(中国) … 179
北京故宮—乾清宮(中国) … 183
北京故宮—太和殿(中国) … 275
北京故宮—団城(中国) ……… 276
北京故宮—文淵閣(中国) … 329
北京城(中国) ……… 333
北京大学紅楼(中国) ……… 333
北京と瀋陽の故宮(中国) … 333
北京と瀋陽の明・清王朝の皇宮(中国) ……… 333
北京の頤和園(中国) ……… 137
北京の鼓楼と鐘楼(中国) ……………… 205, 235, 334
北京の天壇(中国) ……… 291
北京徳勝門(中国) ……… 300
ベグラーム(アフガニスタン) ……………… 4
ベグラム遺跡(アフガニスタン) ……………… 4
ヘサール、テペ・(イラン) … 26
ヘシ(イスラエル) ……… 10
ヘシ、テル・エル(イスラエル) ……………… 10
ヘシュバン(ヨルダン) ……… 400
ベシュ・メルル(フランス) … 549
ヘスィ、(テル・エル)(イスラエル) ……………… 10

ヘスス・デ・ナサレノ・デ・アトニルコの聖地(メキシコ) ……………… 641
ベスチャヌイ半島(ロシア) ……………… 578
ベストゥムとヴェリアの考古学遺跡とパドゥーラの僧院があるチレント・ディアーナ渓谷国立公園(イタリア) ……… 445
ベースナガル(インド) …… 43
ヘスバン(ヨルダン) ……… 400
ベゼクリク(中国) ……… 334
ベゼクリク石窟群(中国) …… 334
ベゼクリク石窟寺院(中国) ……………… 334
ベゼクリク千仏洞(中国) …… 334
ベゼクリクの石窟(中国) …… 334
ヘゼビュー(ドイツ) ……… 515
ベタニア(アル・マグタス)(ヨルダン) ……………… 400
ベタヤヴェシの古教会堂(フィンランド) ……………… 534
ベタヤヴェシの聖堂(フィンランド) ……………… 534
ベタヤヴェシの古い教会(フィンランド) ……………… 534
ベタン(インドネシア) … 49
ペチ主教座聖堂(コソボ) … 486
ペチ総主教座聖堂(コソボ) ……………… 486
ペーチ(ソピアナエ)の初期キリスト教墓地(ハンガリー) ……………… 533
ペチチェ(ペルー) ……… 667
ペーチの初期キリスト教墓地(ハンガリー) ……………… 533
ペーチュ(ソピアナエ)の初期キリスト教徒の墓地(ハンガリー) ……………… 533
ペチューン(白求恩)戦地医院旧址(中国) ……… 334
ベッキオ城(イタリア) …… 451
ヘッド・スマッシュト・イン・バッファロー・ジャンプ(カナダ) ……………… 629
ヘットロー宮殿(オランダ) ……………… 465
ベッラの墳墓(ギリシャ) …… 481
ベツレヘム(パレスチナ国) …… 385, 386
ベツレヘムの聖誕聖堂と巡礼路(パレスチナ国) ……… 385
ヘティ・ペグラーズ・タンプ(イギリス) ……………… 421
ベデメ(エジプト) ……… 587
ベテル(パレスチナ国) …… 386
ペテルゴフ宮殿(ロシア) …… 578
ヘトウ・アラ(中国) ……… 187
ベトグヴリン(イスラエル) ……………… 10

ベードサー(インド) ……… 43
ベト・シェアリム(イスラエル) ……………… 10
ベト・シェアン(イスラエル) ……………… 10
ベト・シャン(イスラエル) ……… 10
ペトシリスの墓(エジプト) ……………… 597
ペトラ(ヨルダン) ……… 400
ペトロドゥボレツ(ロシア) ……………… 578
ペトロ・パヴロフスク要塞(ロシア) ……………… 578
ペトロパウロフスク要塞(ロシア) ……………… 578
ペナ宮(ポルトガル) ……… 563
ペーナ宮殿(ポルトガル) …… 563
ベナレス(インド) ……… 30
ベナン湾沿いの要塞(ガーナ) ……………… 602
ベニ・ハサン(エジプト) …… 597
ベニ・ハンマド要塞(アルジェリア) ……………… 581
ベニ・ハンマード要塞(アルジェリア) ……………… 581
紅鱒漁場古墳群(中国) …… 334
ベネヴェント(イタリア) …… 451
ベネトのパッラーディオのヴィラ(イタリア) ……… 426
ヘネラリーフェ(スペイン) ……………… 495
ヘネン=ネスウ(エジプト) ……………… 597
ヘパイステイオン(ギリシャ) ……………… 481
ベヒスタン(イラン) ……… 26
ベヒストゥーン(イラン) … 26
ベヒストゥーンの碑(イラン) ……………… 26
ベヒストゥーン碑文(イラン) ……………… 26
ベピ・ナクトの墓(エジプト) ……………… 597
ヘファイスティア(ギリシャ) ……………… 481
ヘーファイステイオン(ギリシャ) ……………… 481
ヘファイストス神殿(ギリシャ) ……………… 481
ベフベイト・エル=ハガル(エジプト) ……………… 595
ヘブロン(パレスチナ国) … 386
ベーベー寺院(ミャンマー) ……………… 395
ベームステル干拓地(オランダ) ……………… 464
ベラ(ギリシャ) ……… 481
ヘーライオン(ギリシャ) …… 481
ヘラクレオポリス(エジプト) ……………… 597

へらく 764 史跡・遺跡名索引

ヘラクレオポリス・マグナ（エジプト） …… 597

ヘラクレスの塔（スペイン） …… 500

ベラコラ（ギリシャ） …… 481

ベラザノナローズ橋（アメリカ合衆国） …… 625

ヘラ神殿〔サモス島〕（ギリシャ） …… 474

ヘラ神殿Ⅱ（イタリア） …… 452

ヘラ神殿〔アグリジェント〕（ギリシャ） …… 481

ヘラ神殿〔オリュンピア〕（ギリシャ） …… 481

ヘラ神殿〔ペルガモン〕（トルコ） …… 527

ベラチとギロカストラの歴史地区（アルバニア） …… 412

ベラットとギロカストラの歴史地区（アルバニア） …… 412

ベラットとジロカストラの歴史中心地区（アルバニア） …… 412

ベラトとギロカストラの歴史地区群（アルバニア） …… 412

ベラのアゴラ（ギリシャ） …… 481

ベラの王宮（ギリシャ） …… 481

ベラの墓城（ギリシャ） …… 481

ベリアノ・グンダイ（パキスタン） …… 383

ヘリエー（スウェーデン） …… 491

ヘリオポリス（エジプト） …… 597

ヘリオポリス（レバノン） …… 402

ベリカチⅠ（ロシア） …… 578

ベリクレスの音楽堂（ギリシャ） …… 481

ベリステリア（ギリシャ） …… 481

ベリブレプトス修道院（ギリシャ） …… 481

ベリブレプトス修道院聖堂（ギリシャ） …… 481

ベリンツォーナ旧市街にある3つの城、要塞及び城壁（スイス） …… 488

ベリンツォーナ旧市街の城と要塞（スイス） …… 488

ベリンツォーナの旧市街にある3つの城、城壁と要塞（スイス） …… 488

ベルヴェデーレ（バチカン市国） …… 531

ベルヴェデーレ宮（オーストリア） …… 463

ベルヴェルデ（イタリア） …… 451

ベルガモン（トルコ） …… 527

ベルガモンとその重層的な文化的景観（トルコ） …… 527

ベルガモンの王宮（トルコ） …… 527

ベルガモンの上アゴラ（トルコ） …… 527

ベルガモンのギュムナシオン群（トルコ） …… 527

ベルガモンの劇場（トルコ） …… 527

ベルガモンの下アゴラ（トルコ） …… 527

ベルガモンの小ギュムナシオン（トルコ） …… 527

ベルガモンの大祭壇（トルコ） …… 527

ベルガモンの大図書館（トルコ） …… 527

ベルガモンの武器庫（トルコ） …… 528

ベルガモンの浴場（トルコ） …… 528

ベルギーとフランスの鐘楼群（フランス） …… 549

ベルギーとフランスの鐘楼群（ベルギー） …… 557

ヘル・ギャップ（アメリカ合衆国） …… 625

ベルクト・カラ（ウズベキスタン） …… 54

ベルクパルク・ヴィルヘルムスヘーエ（ドイツ） …… 509

ヘルクラネウム（イタリア） …… 451, 453

ヘルクラネウムの食料品店（イタリア） …… 451

ヘルクラネウムのタベルナ（イタリア） …… 451

ヘルクラネウムの木製仕切り戸の家（イタリア） …… 452

ベルゲー（トルコ） …… 528

ベルゲンのブリッゲン地区（ノルウェー） …… 530

ベルサイユ宮殿（フランス） …… 537

ペルシア庭園（イラン） …… 26

ベール・シェバ（イスラエル） …… 8

ベールシェバ, テル（イスラエル） …… 10

ベルシャ, エル（エジプト） …… 593

ペルシャ庭園（イラン） …… 26

ペルシャのカナート（イラン） …… 26

ペルシャ様式の庭園（イラン） …… 26

ヘルシングランド地方の装飾農家群（スウェーデン） …… 491

ヘルシングランドの装飾農場家屋群（スウェーデン） …… 491

ベル神殿（シリア） …… 122

ペルセポリス（イラン） …… 26

ペルセポリスの遺跡（イラン） …… 26

ペルセポリスの岩窟墓（イラン） …… 26

ペルセポリス 万国の門（イラン） …… 27

ペルセポリス 百柱の間（イラン） …… 27

ペルセポリス付近の岩窟墓群（イラン） …… 26

ベルゼ＝ラ＝ヴィルの小聖堂（フランス） …… 549

ヘルソネソス（ウクライナ） …… 460

ベルータ（レバノン） …… 403

ベル大神殿（シリア） …… 122

ベルディド山（スペイン） …… 500

ベルディド山（フランス） …… 547

ベルディビ（トルコ） …… 528

ベル＝テム（エジプト） …… 597

ベルデュ山（スペイン） …… 500

ベルデュ山（フランス） …… 547

ベルト洞穴（イラン） …… 27

ベルニファル（フランス） …… 549

ベール＝ノン＝ペール（フランス） …… 549

ベルバシ（トルコ） …… 528

ベル＝バステト（エジプト） …… 596

ベル＝ハトホル（エジプト） …… 589

ベル＝バネブジェデト（エジプト） …… 599

ベルベデーレ宮殿（オーストリア） …… 463

ベルベデーレの中庭（バチカン市国） …… 531

ベル・ヘビト（エジプト） …… 595

ヘルモポリス（エジプト） …… 583

ヘルモポリス・マグナ（エジプト） …… 583

ベル・ラメセス（エジプト） …… 587

ベルリン（ドイツ） …… 515

ベルリンの宮殿と庭園（ドイツ） …… 515

ベルリンの新シナゴーグ（ドイツ） …… 515

ベルリンの博物館島（ドイツ） …… 515

ベルリンのムゼウムスインゼル（博物館島）（ドイツ） …… 515

ベルリンのムゼウムスインゼル（美術館島）（ドイツ） …… 515

ベルリンのモダニズム建築（ドイツ） …… 515

ベルリンのモダニズム集合住宅（ドイツ） …… 515

ベルリンのモダニズムの集合住宅（ドイツ） …… 515

ベールールのチェーンナケーシャヴァ寺院（インド） …… 38

ベル＝ワジト（エジプト） …… 596

ヘルワーン（エジプト） …… 597

ヘルワン(エジプト) ……… 597
ベルン旧市街(スイス) …… 488
ヘレ・ウール山(モンゴル) ‥ 398
ベレザン島(ウクライナ) …… 460
ベレセレンチェスキー・ブンク
　ト(ロシア) ……………… 578
ベレニケ(エジプト) ……… 597
ヘレネの略奪の館(ギリシャ)
　…………………………… 481
ベレンの塔(ポルトガル) …… 563
ヘーロオン〔トリュサ〕(トルコ)
　…………………………… 528
ヘーロオン〔ペルガモン〕(トル
　コ) ……………………… 528
ベロカーメンナヤ遺跡(ロシ
　ア) ……………………… 578
ヘロディウム(パレスチナ国)
　…………………………… 386
ヘロデス・アッティコス音楽堂
　(ギリシャ) ……………… 481
ヘロデス・アッティコス奏楽堂
　(ギリシャ) ……………… 481
汴河(中国) ……………… 334
卞和洞(中国) …………… 334
偏関(中国) ……………… 334
偏臉城(中国) …………… 334
ペンジケント(タジキスタン)
　…………………………… 133
ペンジケント─ゾロアスター教
　寺院址(タジキスタン) … 133
辺靖楼(中国) …………… 334
ヘンダーソン島(イギリス領ポリ
　ネシア) ………………… 404
ベンタニーヤス・デ・オトゥス
　コ(ペルー) …………… 667
澠池─仰韶村(中国) ……… 169
ベンド・オブ・ボインのブルー
　ナ・ボーニャ考古学遺跡群(ア
　イルランド) …………… 412
ペンの塔(カンボジア) …… 103
ペンブルック城(イギリス)
　…………………………… 421

【ほ】

ボアズキョイ(トルコ) …… 528
ホイアン(ベトナム) ……… 391
ホイアン日本町遺跡(ベトナ
　ム) ……………………… 391
墓域〔ディオン〕(ギリシャ) ‥ 476
墓域〔ペラ〕(ギリシャ) …… 481
ボイ渓谷のカタルーニャ風ロマ
　ネスク様式聖堂(スペイン)
　…………………………… 501
ボイ渓谷のカタルーニャ・ロマ
　ネスク教会群(スペイン)
　…………………………… 501

ボイ渓谷のカタルーニャ・ロマ
　ネスク様式教会堂群(スペイ
　ン) ……………………… 501
ボイ渓谷のロマネスク様式聖堂
　(スペイン) ……………… 501
ホイサレーシュヴァラ寺院(イ
　ンド) …………………… 43
ホイト・ツェンヘリン・アゴイ
　遺跡(モンゴル) ………… 398
ホイネブルク(ドイツ) …… 515
輝発古城(中国) ………… 166
ボイヤナ聖堂(ブルガリア)
　…………………………… 555
ボイヤナの聖堂(ブルガリア)
　…………………………… 555
ボイン渓谷の遺跡(アイルラン
　ド) ……………………… 412
ボイン渓谷の考古遺跡群(アイ
　ルランド) ……………… 412
ボイン渓谷のブル・ナ・ボーニャ
　遺跡群(アイルランド) …… 412
ポヴァティ・ポイント(アメリカ
　合衆国) ………………… 625
ポヴァティ・ポイントの記念
　碑的な土塁群(アメリカ合衆
　国) ……………………… 625
方以智墓(中国) ………… 334
芳荑洞古墳群(韓国) …… 94
ボーウィン・タウン窟院(ミャン
　マー) …………………… 395
法雨寺(中国) …………… 334
宝雲閣(中国) …………… 334
宝雲寺(中国) …………… 334
法雲寺(中国) …………… 334
鳳凰山〔杭州市〕(中国) …… 334
鳳凰山〔西充県〕(中国) …… 334
鳳凰山〔朝陽市〕(中国) …… 334
鳳凰山漢墓(中国) ……… 334
鳳凰山高句麗山城(中国) … 335
鳳凰山排衙石題刻(中国) … 335
鳳凰山麓革命旧址(中国) … 335
法王寺(中国) …………… 335
鳳凰寺(中国) …………… 335
法王寺塔(中国) ………… 335
鳳凰亭(中国) …………… 335
鳳凰塔(中国) …………… 335
法王廟(中国) …………… 335
鳳凰楼(中国) …………… 335
報恩寺〔寿県〕(中国) …… 335
報恩寺〔南京市〕(中国) … 335
報恩寺〔平武県〕(中国) … 335
報恩寺塔〔吉安市〕(中国) … 335
報恩寺塔〔蘇州市〕(中国) … 341
法海寺〔県〕(中国) …… 335
法海寺〔北京市〕(中国) … 335
望海楼教堂(中国) ……… 335
放鶴亭〔雲竜山〕(中国) …… 335
放鶴亭〔西湖〕(中国) …… 336

烽火台(中国) …………… 176
彭家珍祠(中国) ………… 336
茅家嶺(中国) …………… 336
方巌(中国) ……………… 336
帽岩洞遺跡(韓国) ……… 94
宝慶寺華塔(中国) ……… 336
法行寺塔(中国) ………… 336
芳基里遺跡(韓国) ……… 94
宝鶏(中国) ……………… 295
方形回廊と剣闘士宿舎〔ポンペ
　イ〕(イタリア) ………… 453
宝鶏古墳(中国) ………… 336
鳳鶏古墓(中国) ………… 336
宝慶寺浮彫(中国) ……… 336
鳳渓里遺跡〔泗川市〕(韓国)
　…………………………… 94
鳳渓里遺跡〔陝川郡〕(韓国)
　…………………………… 94
房彦謙墓(中国) ………… 336
法源寺(中国) …………… 336
豊鎬遺跡(中国) ………… 336
方広巌(中国) …………… 336
包公祠(中国) …………… 336
宝光寺(中国) …………… 336
方広寺(中国) …………… 336
法興寺(中国) …………… 336
宝光寺羅漢堂(中国) …… 336
望江亭(中国) …………… 336
望江楼(中国) …………… 336
保国寺(中国) …………… 337
報国寺〔峨嵋山〕(中国) …… 337
報国寺〔北京市〕(中国) … 337
奉国寺(中国) …………… 337
保国寺大雄宝殿(中国) … 337
ホーヴゴーデン(スウェーデン)
　…………………………… 491
宝厳寺大殿(中国) ……… 337
茅山(中国) ……………… 337
方山(中国) ……………… 337
望山1号墓(中国) ……… 337
宝山石窟(中国) ………… 337
望山楚墓(中国) ………… 337
芳山洞窯跡(韓国) ……… 94
宝山遼墓群(中国) ……… 337
牟二黒荘園(中国) ……… 337
望児山(中国) …………… 337
方志敏烈士墓(中国) …… 337
封氏墓群(中国) ………… 337
宝積山(中国) …………… 337
褒斜道石門(中国) ……… 337
法住寺(韓国) …………… 94
法住寺の双獅子石灯(韓国)
　…………………………… 94
法住寺の木塔(韓国) …… 94
法住寺捌相殿(韓国) …… 94
宝珠洞(中国) …………… 337

放生橋 (中国) … 338	望都壁画墓 (中国) … 339	北山寺 (中国) … 341
奉聖寺 (中国) … 338	鄭都名山 (中国) … 339	北山石塔 (中国) … 341
宝相寺塔 (中国) … 338	宝墩遺跡 (中国) … 339	北山石刻 (中国) … 341
宝成寺麻曷葛刺造像 (中国)	坊内里遺跡 (韓国) … 95	北山多宝塔 (中国) … 341
… 338	宝寧寺 (中国) … 339	北寺宋塔 (中国) … 341
方城宋墓 (中国) … 146	彭湃故居 (中国) … 339	北寺塔 (中国) … 341
房身村晋墓 (中国) … 338	望波嶺遺跡 (中国) … 339	北沙城漢墓群 (中国) … 341
澧水橋碑 (中国) … 338	方飯亭 (中国) … 340	北周武帝孝陵 (中国) … 197
鳳雛庵 (中国) … 338	鳳鼻頭 (台湾) … 131	北首嶺 (中国) … 341
鳳雛村建築遺址 (宗廟) (中国)	鳳鼻頭遺跡 (台湾) … 131	北首嶺遺跡 (中国) … 341
… 338	抱冰堂 (中国) … 340	北首嶺新石器時代遺址 (中国)
鳳雛の甲組宮室 (中国) … 338	鳳坪碑 (韓国) … 95	… 341
壺杅 (ホウ) 塚 (韓国) … 69	宝峰寺石亭 (中国) … 340	北辛 (中国) … 341
澧西 (中国) … 338	宝梵寺壁画 (中国) … 340	北辛荘 (中国) … 341
望星里窯跡群 (韓国) … 94	法門寺 (中国) … 340	北辛堡 (中国) … 341
鮑石亭 (韓国) … 94	忘憂洞 (韓国) … 95	北石窟寺 (中国) … 213
鮑石亭跡 (韓国) … 94	忘憂洞遺跡 (韓国) … 95	北泉寺 (中国) … 341
鮑石亭址 (韓国) … 94	豊陽塔 (中国) … 340	北荘漢墓 (中国) … 341
奉仙観 (中国) … 338	蓬萊閣 (中国) … 340	北村里遺跡 (韓国) … 95
褒禅山 (中国) … 338	蓬萊水城 (中国) … 340	北戴河海浜 (中国) … 341
奉先寺 (中国) … 366	豊楽亭 (中国) … 340	北大古墳群 (中国) … 341
奉先寺洞 (中国) … 366	豊龍里 (北朝鮮) … 113	ボグダチュン (博格達沁) 古城
法泉里古墳群 (韓国) … 94	ホウリルード宮 (イギリス)	(中国) … 341
法相巌 (中国) … 338	… 421	北鎮廟 (中国) … 341
宝宋斎 (中国) … 338	宝輪院古墓 (中国) … 340	北亭遺跡 (韓国) … 95
望義祠 (中国) … 338	鳳林寺 (中国) … 340	北庭高昌回鶻仏寺 (中国) … 342
宝相寺旭華の閣 (中国) … 338	鳳林寺跡 (韓国) … 95	北庭故城 (中国) … 321
茅村漢画像石墓 (中国) … 338	宝輪寺舎利塔 (中国) … 340	木梯寺石窟 (中国) … 342
茅里村古墳群 (韓国) … 94	歩雲山寺 (中国) … 340	北庭都護府 (中国) … 342
炮台遺址 (中国) … 338	ホーエンザルツブルク城 (オー	北塔 〔朝陽市〕 (中国) … 342
砲台 ヴュルツブルク (ドイツ)	ストリア) … 463	北塔 〔邵陽市〕 (中国) … 342
… 509	ホーエンシュヴァンガウ城 (ド	牧島遺跡 (韓国) … 95
宝帯橋 (中国) … 338	イツ) … 515	北伐誓師大会会場遺址 (中国)
宝頂円覚洞 (中国) … 339	ホー王朝の城塞 (ベトナム)	… 342
宝頂経目塔 (中国) … 339	… 391	北舞渡山陝会館彩牌楼 (中国)
宝頂山 (中国) … 339	慕恩堂 (中国) … 340	… 342
宝頂山千手観音像 (中国) … 339	ボガズキョイ (トルコ) … 528	北邙山 (中国) … 342
宝頂山の摩崖造像 (中国) … 339	ボガズケイ (トルコ) … 528	墨房里 (北朝鮮) … 113
宝頂倒塔 (中国) … 339	ボガール (アルジェリア) … 581	木門寺 (中国) … 342
宝通禅寺 (中国) … 339	ポー川デルタ地帯 (イタリア)	牧羊城 (中国) … 342
鳳停寺 (韓国) … 95	… 450	北洋水師提督署 (中国) … 342
鳳停寺極楽殿 (韓国) … 95	媽宮城 (台湾) … 131	ポ・クラウン・ガライ祠塔 (ベ
泖塔 (中国) … 339	朴翊墓 (韓国) … 95	トナム) … 391
包頭漢墓 (中国) … 339	北陰陽営 (中国) … 340	ポクラス (シリア) … 122
宝塔山 (中国) … 339	北陰陽営遺跡 (中国) … 340	穆陵関斉長城遺址 (中国) … 342
芒碭山 (中国) … 339	ポーク・エピック洞穴 (エチオピ	木竜洞石塔 (中国) … 342
彭頭山遺跡 (中国) … 339	ア) … 602	ボグルチャン (ロシア) … 578
宝堂寺 (中国) … 339	北園壁画墓 (中国) … 340	ボクロフ・ボゴローディツァ聖
龐統祠墓 (中国) … 339	北岳廟 (中国) … 340	堂 (ロシア) … 578
法堂坊古墳 (北朝鮮) … 113	北漢山 (韓国) … 95	ポー・クローン・ガライ (ベトナ
芳洞里古墳群 (韓国) … 95	北吉祥寺 (中国) … 340	ム) … 391
望都漢墓 (中国) … 339	北魏長陵 (中国) … 283	浦月里遺跡 (韓国) … 95
望徳寺 (韓国) … 95	北響堂山石窟 (中国) … 340	法華塔 (中国) … 342
望徳寺跡 (韓国) … 95	北港媽祖廟 (台湾) … 132	菩薩頂 (中国) … 342
望徳寺跡の西塔跡 (韓国) … 95	北後面の積石塔 (韓国) … 79	ホジ・ゴル (タジキスタン) … 133
望徳寺址 (韓国) … 95	北山院石刻 (中国) … 341	ホージャ・アパク墓 (中国)
		… 342

史跡・遺跡名索引　767　ほるか

ホジャ・アフマド・ヤサウィ廟
（カザフスタン）………… 57
ボージャンシー　天守閣（フランス）………… 549
保俶塔（中国）………… 342
ボシュトフラク（伯什托胡拉克）
古城遺址（中国）……… 342
蒲松齢故居（中国）………… 342
ホジルト付近の配石墓（モンゴル）………… 398
ボズクリク石窟（中国）……… 334
ボスコレアーレ（イタリア）………… 452
ホスティリウス王の元老院（イタリア）………… 452
ホスティン・ボラグ遺跡（モンゴル）………… 398
ボスラ（シリア）………… 122
ボスラの凱旋門（シリア）…… 122
ボスラの劇場（シリア）……… 122
ホスロフ・カラ（トルクメニスタン）………… 378
ボスンブラ（ガーナ）……… 602
保聖寺（中国）………… 343
保聖寺天王殿（中国）………… 343
ポセイドン神殿（ギリシャ）………… 481
ポセイドン神殿（ヘラ神殿Ⅱ）（イタリア）………… 452
ポセイドン神殿（イタリア）………… 452
ポセイドンの列柱館（ギリシャ）………… 481
墓石群（チャウキャンディ）（パキスタン）………… 382
菩提寺（中国）………… 343
菩提樹（スリランカ）………… 125
菩提塔（スリランカ）………… 178
ポタラ宮（中国）………… 343
ポタラ宮ダソンゲゴー廊（中国）………… 343
ポタラ宮西日光殿（中国）……… 343
ポタラ宮日光殿（中国）………… 343
ホータン（和田，和闐）（中国）………… 343
ホータン・ヨートカン遺跡（中国）………… 354
墓地〔パルミラ〕（シリア）…… 121
ポーチェスター城（イギリス）………… 421
ポーチェスター城外壁（イギリス）………… 421
ポーチェスター城のキープ（イギリス）………… 421
胡（ホー）朝の城塞（ベトナム）………… 391
ホチョブ（メキシコ）……… 646
北海（中国）………… 343
北海公園（中国）………… 343

法華寺石窟（中国）………… 343
ポツダムとベルリンの宮殿と庭園（ドイツ）………… 515
ポツダムとベルリンの公園と宮殿（ドイツ）………… 515
ポッツォーリ（イタリア）…… 452
ポッツォーリの円形闘技場（イタリア）………… 452
浮泥国王墓（中国）………… 343
ホット・スプリングズ（アメリカ合衆国）………… 625
北方の塔〔アヌラダープラ〕（スリランカ）………… 123
ホッローケーの古村と周辺環境（ハンガリー）………… 533
ボーディアム城（イギリス）………… 421
ボーディガラ（菩提祠）（インド）………… 43
慕田峪長城（中国）………… 343
ホトアラ（赫図阿拉）老城（中国）………… 343
ホトゥ洞穴（イラン）………… 27
墓塔林（中国）………… 343
ボード・ガヤー（インド）…… 42
ボドガヤー（インド）……… 42
ポトシ（ボリビア）………… 672
ポトシ銀山（ボリビア）……… 672
ポトシ市街（ボリビア）……… 672
ポトシの市街（ボリビア）…… 672
ボードナート寺院（ネパール）………… 379
ボードナート塔（ネパール）………… 379
ボドログケレスズトゥール（ハンガリー）………… 533
ポー・ナガル（ベトナム）… 391
ポ・ナガール寺院（ベトナム）………… 391
ボナムパック（メキシコ）… 646
ボナンパク（メキシコ）…… 646
ボナンパック（メキシコ）…… 646
ホヌータ（メキシコ）……… 646
ボーヌの施療院（フランス）………… 549
ポパ山（ミャンマー）……… 396
ポハズキョイ（トルコ）…… 528
ボブコヴォ（ロシア）……… 578
ホブゴーデンの遺跡（スウェーデン）………… 491
法住（ポプチュ）寺（韓国）…… 94
ホフホト清真大寺（中国）…… 344
呼和浩特清真大寺（中国）…… 344
ポブレー修道院（スペイン）………… 501
ポブレット修道院（スペイン）………… 501
ポブレーの修道院（スペイン）………… 501

ポブローニア（イタリア）…… 452
ポポカテペトル山腹の16世紀初頭の修道院群（メキシコ）………… 646
ボーボージー・パゴダ（ミャンマー）………… 396
ボボリ庭園（イタリア）…… 452
ボーボロ広場（イタリア）…… 452
ボマルツォの庭園（イタリア）………… 452
ボム・イエズスの会堂（インド）………… 43
ボム（坡姆）古城（中国）…… 344
梵魚（ボモ）寺（韓国）……… 95
ホヤ・デ・セレン（エルサルバドル）………… 628
ホヤ・デ・セレンの古代遺跡（エルサルバドル）………… 628
ボヤナ教会（ブルガリア）…… 555
ボヤナ聖堂（ブルガリア）…… 555
ボヤナの聖堂（ブルガリア）………… 555
ホラショヴィツェの歴史地区（チェコ）………… 506
ホラソヴィツェの歴史的集落（チェコ）………… 506
ポラナルーの宮廷（スリランカ）………… 125
ポラナルーの蓮の浴槽（スリランカ）………… 125
ポーランドとウクライナのカルパチア地方のツェールクヴァ（ウクライナ）………… 460
ポーランドとウクライナのカルパチア地方のツェールクヴァ（ポーランド）………… 560
ポーランドとウクライナのカルパチア地方の木造教会群（ウクライナ）………… 460
ポーランドとウクライナのカルパチア地方の木造教会群（ポーランド）………… 560
ポーランド南部のマウォポルスカの木造教会堂（ポーランド）………… 560
ポリェーチェ4遺跡（ロシア）………… 578
ポリオクニ（ギリシャ）…… 482
ボリシャヤ・ブリズニツァ（ロシア）………… 578
ボリショイ・バラノヴォ（ロシア）………… 578
ボリツェ（ロシア）………… 578
慕陵（中国）………… 344
ホリンゴール（和林格爾）壁画墓（中国）………… 344
ホルヴィン（イラン）……… 27
ポルカラム（インド）……… 43
ボルガルの歴史・考古遺産群（ロシア）………… 578

ボルグン・スターヴ教会（ノルウェー） ……… 530

ホルサバード（イラク） ……… 18

ホルサバードのサルゴンの王宮とナブ神殿（イラク） ……… 18

ボルサーリの門（イタリア） ……… 452

ボルシッパ（イラク） ……… 18

ホルシュ・アルゼ・ラップ（レバノン） ……… 402

ホルス神殿（エジプト） ……… 597

ポルタ・ニグラ（ドイツ） …… 515

ポルタ・ピンチァーナ（イタリア） ……… 452

ポルタ・マッジョーレ（イタリア） ……… 452

ポルターユ・ロワイヤール（フランス） ……… 549

ボルタラ（博楽）故城（中国） ……… 344

ポルティクス・アエミリア（イタリア） ……… 452

ボルドー（フランス） ……… 549

ポルト（ポルトガル） ……… 563

ポルトヴェーネレ、チンクエ・テッレと諸島（パルマリア、ティーノ、ティネット）（イタリア） ……… 452

ポルトヴェーネレとその周辺（イタリア） ……… 453

ポルトゥヌス神殿（イタリア） ……… 453

ボルドー、月の港（フランス） ……… 549

ポルトの歴史地区、ルイス1世橋とセラ・ピラール修道院（ポルトガル） ……… 563

ホルトバージ（ハンガリー） ……… 533

ホルトバージ国立公園―プスタ（ハンガリー） ……… 533

ホルトバージ国立公園―プッツァ（ハンガリー） ……… 533

ポルトベロ（パナマ） ……… 634

ボルニシのバシリカ（ジョージア） ……… 487

ボル・バジン（ロシア） ……… 578

ポルフィライテス山（エジプト） ……… 597

ホルムル（グアテマラ） ……… 632

ポール・ロワイヤル修道院（フランス） ……… 550

ホレズ修道院（ルーマニア） ……… 567

ポレチ（クロアチア） ……… 486

ポレチュの歴史地区にあるエウフラシウス聖堂建造物群（クロアチア） ……… 486

ポレチュ歴史地区のエウフラシウス聖堂（クロアチア） …… 486

ポレチ歴史中心地区のエウフラシウス聖堂と司教関連建築（クロアチア） ……… 486

ポレッチの歴史地区のエウフラシウス聖堂建築物（クロアチア） ……… 486

ホローケーの古集落（ハンガリー） ……… 533

ホローケーの古村落とその周辺地区（ハンガリー） ……… 533

ホローケーの古村落とその周辺（ハンガリー） ……… 533

ホローケーの伝統的集落（ハンガリー） ……… 533

ホロ（霍拉）山魔寺（中国） …… 344

ポロス石の神殿（ギリシャ） ……… 482

ホロズテペ（トルコ） ……… 528

ボロニ湖（ロシア） ……… 578

ボロブドゥール（インドネシア） ……… 49

ボロブドゥール遺跡（インドネシア） ……… 49

ボロブドゥール寺院群（インドネシア） ……… 49

ボロブドール（インドネシア） ……… 49

ボロブドール寺院遺跡群（インドネシア） ……… 49

ボロボック岩陰（フィリピン） ……… 388

ポロ・ポロ（ペルー） ……… 667

ポロンナルワ（スリランカ） ……… 125

ポロンナルワの宮廷（スリランカ） ……… 125

ポロンナルワの古代都市（スリランカ） ……… 125

ポロンナルワの蓮の浴槽（スリランカ） ……… 125

ホワイトハウス（アメリカ合衆国） ……… 625

ホワイト・ライノ（ジンバブエ） ……… 605

ホワイト・レディ（ナミビア） ……… 612

保和殿（中国） ……… 344

本覚寺塔（中国） ……… 344

本館洞古墳群（韓国） ……… 95

梵魚寺（韓国） ……… 95

凡魚里遺跡（韓国） ……… 95

ボン・ジェズス・ド・コンゴーニャスの聖所（ブラジル） …… 657

ホンジャ・アフメッド・ヤサウイ廟（カザフスタン） …… 57

ポン・チュク（タイ） ……… 128

ポンティニー修道院（フランス） ……… 550

ポンテ・ヴェッキオ（イタリア） ……… 453

ポンテ・ミルヴィオ（イタリア） ……… 453

ポン・デュ・ガール（ローマの水道橋）（フランス） ……… 550

梵天講寺（中国） ……… 344

梵天寺経幢（中国） ……… 344

ポントゥク（タイ） ……… 128

ポントカサステ水路橋と運河（イギリス） ……… 421

ポントカサステ水路橋と水路（イギリス） ……… 421

ポンペイ（イタリア） ……… 453

ポンペイ遺跡（イタリア） …… 453

ポンペイ、エルコラーノ及びトッレ・アヌンツィアータの遺跡地域（イタリア） …… 453

ポンペイ、エルコラーノ、トッレ・アヌンツィアータの遺跡（イタリア） ……… 453

ポンペイと周辺の遺跡（イタリア） ……… 453

ポンペイの居酒屋（イタリア） ……… 453

ポンペイの円形闘技場（イタリア） ……… 453

ポンペイのオデオン（イタリア） ……… 453

ポンペイの剣闘士の営舎（イタリア） ……… 453

ポンペイの公共泉水（イタリア） ……… 453

ポンペイの製パン所（イタリア） ……… 454

ポンペイのバシリカ（イタリア） ……… 454

ポンペイのパン製造店（イタリア） ……… 454

ポンペイのフォルム（イタリア） ……… 454

ポンペイのフォルム浴場（イタリア） ……… 454

ポンペイの葡萄酒醸造所（イタリア） ……… 454

ポンペイのワイン製造所（秘儀荘）（イタリア） ……… 454

ポンペイ、ヘルクラネウム、トッレ・アヌンツィアータの遺跡地域（イタリア） ……… 453

凡方里遺跡（韓国） ……… 95

ポンポーサのベネディクト会修道院（イタリア） ……… 454

ポンメルスフェルデン宮（ドイツ） ……… 515

【ま】

マアディ（エジプト） ……… 597

マアリブ（イエメン） ……… 5

史跡・遺跡名索引　　　　　769　　　　　まとほ

マイコープ（ロシア）……… 579
マイコプ（トルコ）……… 528
マイコプ・クルガン（ロシア）
　……………………………… 579
マイドゥーム（エジプト）… 598
マイナマティ（バングラデシュ）
　……………………………… 387
マイミ（ペルー）…………… 667
マインツ聖堂（ドイツ）…… 515
マインツ大聖堂（ドイツ）… 515
マウエルン（ドイツ）……… 516
マウエルンのヴァインベルク
　ヘーレン遺跡（ドイツ）… 516
マウォポルスカ地方南部の木造
　聖堂群（ポーランド）…… 560
マウォポルスカ南部の木造教会
　群（ポーランド）………… 560
マウォポルスカの木造聖堂
　（ポーランド）…………… 560
マウカリャクタ（ペルー）… 667
マウソーレイオン（トルコ）
　……………………………… 528
マウソレイオン（トルコ）… 528
マウソレウム（トルコ）…… 528
マウナ・ケア石斧製作址（アメリ
　カ合衆国）………………… 625
マウピティ（フランス領ポリネシ
　ア）………………………… 409
マウルブロンの修道院群（ドイ
　ツ）………………………… 516
マウンドヴィル（アメリカ合衆
　国）………………………… 625
マウンド・シティ（アメリカ合衆
　国）………………………… 625
麻永里古墳（北朝鮮）……… 113
マエヴァ（フランス領ポリネシ
　ア）………………………… 409
マエス・ホーウェ（イギリス）
　……………………………… 421
馬王堆1号墓（中国）……… 344
馬王堆3号墓（中国）……… 344
馬王堆遺跡（中国）………… 344
馬王堆漢墓（中国）………… 344
摩訶庵（中国）……………… 344
澳門の歴史地区（中国）…… 344
マカオ歴史地区（中国）…… 344
磨河旧城（中国）…………… 344
マカパン（南アフリカ）…… 615
マガピット貝塚（フィリピン）
　……………………………… 388
マカロヴォ（ロシア）……… 579
マーク（ナミビア）………… 612
マーク岩陰（ナミビア）…… 612
マーククレーベルク（ドイツ）
　……………………………… 516
マクセンティウスとコンスタン
　ティヌスのバシリカ（イタリ
　ア）………………………… 454

マクセンティウスのバシリカ
　（イタリア）……………… 454
マグダレンスベルク（オーストリ
　ア）………………………… 463
マグネシア（マイアンドロス河畔
　の）（トルコ）…………… 528
麻浩崖墓（中国）…………… 345
マサガン（アル・ジャジーダ）の
　ポルトガル都市（モロッコ）
　……………………………… 618
マサガン（アル・ジャディーダ）の
　ポルトガル街区（モロッコ）
　……………………………… 618
マサガンのポルトガル街区（モ
　ロッコ）…………………… 618
マサダ（イスラエル）……… 10
マシャット・ホユック（トルコ）
　……………………………… 528
マジャボハ（瑪扎伯哈）千仏洞
　（中国）…………………… 345
マシュカン・シャピル（イラク）
　……………………………… 18
マジョーレ門（イタリア）… 451
磨針井（中国）……………… 345
マスウード3世の塔（アフガニス
　タン）……………………… 4
マスキ（インド）…………… 44
マスクータ，テル・エル（エジプ
　ト）………………………… 597
マズグーナ（エジプト）…… 597
マスジッド＝イ＝シャー（イラ
　ン）………………………… 27
マスジッド＝イ＝ジョメー（イ
　スファハンの）（イラン）… 20
マスジッド＝イ＝スレイマン
　（イラン）………………… 27
マスジッド・イ・ボランド（ウ
　ズベキスタン）…………… 54
マスジディ・シャー（イラン）
　……………………………… 27
マスジディ・ジャーミ（イラン）
　……………………………… 20
マスジド・イ・シャー（イラン）
　……………………………… 27
マスジド・イー・ジョメー（イ
　ラン）……………………… 20
マスジド・イ・ジョメー〔ヴェ
　ラーミーン〕（イラン）… 27
マスジド・イ・ジョメー〔ザワ
　レ〕（イラン）…………… 27
マスジド・イ・ジョメー〔ナー
　イン〕（イラン）………… 27
マス・ダジール（フランス）… 550
マスタバ・エル＝ファラウン（エ
　ジプト）…………………… 597
マダイン・サーレハ（サウジアラ
　ビア）……………………… 117
マダゥ・テペ（トルクメニスタ
　ン）………………………… 378
マタカパン（メキシコ）…… 647

マタッラ（イラク）………… 18
マダムード，エル（エジプト）
　……………………………… 597
マダラ（ブルガリア）……… 555
マダラの騎士像（ブルガリア）
　……………………………… 555
マダラの騎馬像（ブルガリア）
　……………………………… 555
マチュ・ピチュ（ペルー）… 667
マーチャーシュ教会（ハンガ
　リー）……………………… 533
マチュピクチュ（ペルー）… 667
マチュ・ピチュ（ペルー）… 667
マチュ・ピチュ―大塔と王女の
　宮殿（ペルー）…………… 663
マチュ・ピチュの正門（ペルー）
　……………………………… 667
マチュ・ピチュ歴史保護区（ペ
　ルー）……………………… 667
末圪里古墳（韓国）………… 96
マッサダ（イスラエル）…… 10
マッマーラプラムのパンチャ・
　ラタ（5つのラタ）（インド）
　……………………………… 30
マッラケシュ（モロッコ）… 618
マッリカールジュナ寺（イン
　ド）………………………… 44
マディーナ・アッザフラー（ス
　ペイン）…………………… 501
マディーナト・ハブ（エジプト）
　……………………………… 598
マディーナト・マーディ（エジプ
　ト）………………………… 598
マディリギリヤ（スリランカ）
　……………………………… 125
馬滴達塔基墓（中国）……… 345
マテラ（イタリア）………… 454
マテーラの岩穴住居と岩窟教会
　群の公園（イタリア）…… 454
マテーラの岩山サッシと岩窟教
　会堂公園（イタリア）…… 454
マテーラの洞窟住居（イタリ
　ア）………………………… 454
マテーラの洞窟住居と岩窟教会
　公園（イタリア）………… 454
マテーラの洞窟住居と岩窟聖堂
　公園（イタリア）………… 454
マデリウ・ペラフィタ・クラー
　ロル渓谷（アンドラ）…… 413
麻田里遺跡（韓国）………… 96
マドゥ（エジプト）………… 598
麻塘獞人懸棺（中国）……… 345
マトゥラー（インド）……… 44
マドゥライ〔大寺〕（インド）
　……………………………… 44
マドゥライのミーナークシー・
　スンダレシュヴァラ寺院（イ
　ンド）……………………… 44
マトボ丘陵（ジンバブエ）… 605

まとほ 770 史跡・遺跡名索引

マトボの丘群（ジンバブエ）
　　……………………………… 605
マトポ・ヒル（ジンバブエ）… 605
マトマール（エジプト）……… 598
マドラサ・アル・アッタリーン
　（モロッコ）…………………… 618
マドラサ・マーダル・イ・シャー
　（イラン）……………………… 27
マドリウ・ペラフィタ・クラロ
　渓谷（アンドラ）……………… 413
マドリッドのエル・エスコリ
　アル修道院と旧王室（スペイ
　ン）……………………………… 494
マドリード郊外エル・エスコリ
　アルの修道院と史跡（スペイ
　ン）……………………………… 494
マドリードのエル・エスコリア
　ル修道院（スペイン）………… 494
マドリュウ・ペラフィタ・クラ
　ロー渓谷（アンドラ）………… 413
マドレーヌ遺跡（フランス）
　　……………………………… 550
マナス（瑪納斯）古城（中国）
　　……………………………… 345
マニキャーラ（パキスタン）
　　……………………………… 383
摩尼殿（中国）………………… 345
マヌングル洞穴（フィリピン）
　　……………………………… 388
マハー・アウンミェー・ボンザ
　ン僧院（ミャンマー）………… 396
マハーヴィハーラ寺院ルワンワ
　リセーヤ仏塔（スリランカ）
　　……………………………… 126
マハースターン（バングラデシ
　ュ）…………………………… 387
マハスナ（エジプト）………… 598
マハーゼーディー仏塔（ミャン
　マー）………………………… 396
マハーデオ・ヒル（インド）
　　……………………………… 44
マハーバリプラム（インド）
　　……………………………… 44
マハーバリプラムの建造物群
　（インド）……………………… 44
マハーバリプラムの建築と彫刻
　群（インド）…………………… 44
マハーボーディ寺院（ミャン
　マー）………………………… 396
馬合木徳＝喀什噶里陵墓（中
　国）…………………………… 345
マフムード＝カシュガリ陵墓
　（中国）………………………… 345
マプングブウェ（南アフリカ）
　　……………………………… 615
マプングブウェの文化的景観
　（南アフリカ）………………… 615
マヘーシュワル（インド）…… 44
魔法使いのピラミッド（メキシ
　コ）…………………………… 647
マホーソット遺跡（タイ）…… 128

マーマッラプラム（インド）
　　……………………………… 44
マヤパン（メキシコ）………… 647
マヨール広場（スペイン）…… 501
マラエ・アエハウタイ（フランス
　領ポリネシア）………………… 409
マラエ・アラフラフ（フランス領
　ポリネシア）…………………… 408
マラエ・オ・マヒネ（オプノフ）
　（フランス領ポリネシア）…… 409
マラエ・タイアハパ（フランス領
　ポリネシア）…………………… 409
マラエ・プレメレイ（サモア）
　　……………………………… 406
マラケシュ（モロッコ）……… 618
マラケシュ旧市街（モロッコ）
　　……………………………… 618
マラケシュのメディナ（モロッ
　コ）…………………………… 618
マラケッシュ（モロッコ）…… 618
マラシュ（トルコ）…………… 528
マラジョ（ブラジル）………… 658
マラジョー島（ブラジル）…… 658
マラッカ海峡の歴史都市：マラ
　ッカ、ジョージタウン（マレー
　シア）………………………… 393
マラッカとジョージタウン、マ
　ラッカ海峡の古都群（マレー
　シア）………………………… 393
マラトン（ギリシャ）………… 482
マラムレシュ地方の木造教会群
　（ルーマニア）………………… 567
マランジャーン、テペ（アフガニ
　スタン）……………………… 4
マリ（シリア）………………… 122
マリア（ギリシャ）…………… 482
マリア・ラーハ修道院聖堂（ド
　イツ）………………………… 516
マリ遺跡（シリア）…………… 122
マリエンブルクのドイツ騎士修
　道会城塞（ポーランド）……… 560
マリクワト（瑪利克瓦特）古城（中
　国）…………………………… 345
マリシェヴォ（ロシア）……… 579
マリタ（ロシア）……………… 579
マリナルコ（メキシコ）……… 647
マーリブ（イエメン）………… 5
マリューポリ（ウクライナ）
　　……………………………… 460
マルカタ（エジプト）………… 598
マルカタ南（エジプト）……… 598
マルカ・ワマチューコ（ペルー）
　　……………………………… 667
マルカワマチューコ（ペルー）
　　……………………………… 667
マールクス・アウレーリウス帝
　記念円柱（イタリア）………… 454
マールクス・アウレーリウス帝
　騎馬像（イタリア）…………… 454

マルクス・アウレリウス帝の凱
　旋記念柱（イタリア）………… 454
マルクス＝アウレリウスの記念
　柱（イタリア）………………… 454
マルクスブルク（ドイツ）…… 516
マルクト広場（ドイツ）……… 515
マルケルス劇場（イタリア）
　　……………………………… 455
マルサン館 ルーヴル宮（フラン
　ス）…………………………… 552
マルシリアーナ・ダルベーニャ
　（イタリア）…………………… 455
マルタ（ロシア）……………… 579
マルタ遺跡（ロシア）………… 579
マルタ島（マルタ）…………… 564
マルタの巨石神殿群（マルタ）
　　……………………………… 564
マールターンド（インド）…… 44
マルツァボット（イタリア）
　　……………………………… 455
マルツィア門（イタリア）…… 455
マルディフ，テル（シリア）
　　……………………………… 118
マルトラーナ聖堂（イタリア）
　　……………………………… 455
マルトラーナ，ラ（パレルモの）
　（イタリア）…………………… 455
マルハマト（キルギス）……… 116
マールボルク（ポーランド）
　　……………………………… 560
マルボルク城（ポーランド）
　　……………………………… 560
マルボルクのチュートン騎士団
　の城（ポーランド）…………… 560
マルボルクのチュートン様式の
　城（ポーランド）……………… 560
マルボルクのドイツ騎士団の城
　（ポーランド）………………… 560
マルボルク（マリエンブルク）の
　ドイツ騎士修道会城塞（ポー
　ランド）……………………… 560
マルヤーン，タレ（イラン）
　　……………………………… 27
マールリーク（イラン）……… 27
マルリク（イラン）…………… 27
マルリク・テペ（イラン）…… 27
マレシャ（イスラエル）……… 10
マロティ・ドラケンスバーグ（南
　アフリカ）…………………… 615
マロティ・ドラケンスバーグ公
　園（レソト）…………………… 620
マロティ・ドラケンスバーグ公
　園（南アフリカ）……………… 615
曼閣仏寺（中国）……………… 345
万家村古墳群（韓国）………… 96
満月台（北朝鮮）……………… 113
マンゴ湖（オーストラリア）… 405
万固寺（中国）………………… 345
万歳寺（中国）………………… 345

史跡・遺跡名索引　771　みらん

満州国皇宮(中国) ………… 345
万寿宝塔(中国) ………… 345
万樹里古墳群(韓国) ………… 96
満城漢墓(中国) ………… 345
マン・シンⅠ世の宮殿(インド) ………… 44
マンダ・シナ(チャド) ………… 609
マンタ城(イタリア) ………… 455
マンダレー(ミャンマー) ………… 396
マンダレイ(ミャンマー) ………… 396
マンダレー遺跡群(ミャンマー) ………… 396
マンチタ(莽吉塔站)故城(中国) ………… 345
マンチャン(ペルー) ………… 668
マントヴァとサッビオネータ(イタリア) ………… 455
望徳寺(マントクサ)(韓国) ………… 95
マンドリス大神殿(エジプト) ………… 598
万年寺(中国) ………… 319
万発撥子遺跡(中国) ………… 345
曼飛竜塔(中国) ………… 345
万仏堂(中国) ………… 346
万仏洞(中国) ………… 366

【み】

ミアム(エジプト) ………… 583
ミィソン(ベトナム) ………… 392
ミ＝ウェル(エジプト) ………… 589
未央宮(中国) ………… 346
ミケナイ(ギリシャ) ………… 482
ミケーネ(ギリシャ) ………… 482
ミケーネ宮殿(ギリシャ) …… 482
ミケーネ城外の都市域(ギリシャ) ………… 482
ミケーネとティリンスの考古学遺跡(ギリシャ) ………… 482
ミケーネとティリンスの古代遺跡群(ギリシャ) ………… 482
ミケーネの円形墓地A(ギリシャ) ………… 482
ミケーネの円形墓地B(ギリシャ) ………… 482
ミケーネの王城(ギリシャ) ………… 482
ミケーネの穀物倉庫(ギリシャ) ………… 482
ミケーネの祭祀センター(ギリシャ) ………… 482
ミケーネの城壁(ギリシャ) ………… 482
ミケーネの先史時代の墓域(ギリシャ) ………… 483

ミケーネの地下貯水槽(ギリシャ) ………… 483
渼沙洞遺跡(韓国) ………… 96
渼沙里(韓国) ………… 96
ミジケンダ族のカヤの聖なる森(ケニア) ………… 604
ミシュコ・ビエホ(グアテマラ) ………… 632
味鄒王陵地区古墳群(韓国) ………… 96
ミースェン窯跡群(ベトナム) ………… 391
ミズダフカン(ウズベキスタン) ………… 54
ミストラ(ギリシャ) ………… 483
ミストラ遺跡(ギリシャ) ………… 483
ミストラ考古遺跡(ギリシャ) ………… 483
ミストラス(ギリシャ) ………… 483
ミストラスの中世市街跡(ギリシャ) ………… 483
ミストラの遺跡(ギリシャ) ………… 483
ミストラの考古学遺跡(ギリシャ) ………… 483
ミストラの中世都市(ギリシャ) ………… 483
ミーソン(ベトナム) ………… 391
ミソン(ベトナム) ………… 392
ミーソン遺跡(ベトナム) ………… 392
ミー・ソン聖域(ベトナム) … 392
ミーソン聖域(ベトナム) …… 392
弥陀巌(中国) ………… 346
弥陀寺塔(中国) ………… 194
ミダスの町(トルコ) ………… 528
弥陀殿(中国) ………… 244
密印寺(中国) ………… 346
密県画象石墓(中国) ………… 275
密県打虎亭1号墓(中国) ………… 275
密県打虎亭2号墓(中国) ………… 275
三つの窓の神殿(ペルー) …… 668
密陽沙村遺跡(韓国) ………… 96
ミディ運河(フランス) ………… 550
ミティラー(インド) ………… 44
ミトラ(メキシコ) …… 638, 647
ミトラエウム(サン・クレメンテ教会)(イタリア) ………… 433
ミトラの地下の十字形墳墓(メキシコ) ………… 647
ミトラの列柱の建造物(メキシコ) ………… 647
ミーナークシー寺院(インド) ………… 44
ミナテダ(スペイン) ………… 501
港町ヴィレムスタット歴史地域、キュラソー島(オランダ領キュラソー) ………… 652
港町バルパライソの歴史地区(チリ) ………… 655

ミーナ・ペルディーダ(ペルー) ………… 668
南アフリカの人類化石遺跡群(南アフリカ) ………… 615
南ラグーンのロックアイランド(パラオ) ………… 408
ミヌシンスク(ロシア) ………… 579
ミヌシンスク盆地(ロシア) ………… 579
ミネルゥァ・メディカ神殿(イタリア) ………… 455
ミハイロフカ(ウクライナ) ………… 460
ミハイロフカ(ロシア) ………… 579
ミヒンタレー(スリランカ) ………… 125
任那の古墳(韓国) ………… 96
ミヤワグ貝塚(アメリカ合衆国) ………… 626
ミュケナイ(ギリシャ) ……… 482
ミュケナイとティリュンスの遺跡(ギリシャ) ………… 482
ミュシュタイア(スイス) …… 488
ミュシュタイルの修道院(スイス) ………… 488
ミュスタイアのザンクト・ヨハン修道院(スイス) ………… 488
ミュスタイアの聖ヨハン大聖堂(スイス) ………… 488
ミュスタイルのベネディクト会ザンクト・ヨハン修道院(スイス) ………… 488
ミュスタイルのベネディクト会聖ヨハネ修道院(スイス) ………… 488
ミュリーナ(トルコ) ………… 528
ミュールバッハ(オーストリア) ………… 463
ミュンジンゲン(スイス) …… 488
ミュンスターのザンクト・ヨーハン聖堂(スイス) ………… 488
ミュンツェンベルク城(ドイツ) ………… 516
明恵大師石塔(中国) ………… 346
妙応寺白塔(中国) ………… 346
妙楽寺塔(中国) ………… 346
ミラドール(メキシコ) ……… 640
ミラドール(展望台)(メキシコ) ………… 648
ミラノ聖堂(イタリア) ……… 455
ミラノ大寺(イタリア) ……… 455
ミラノのドミニコ会修道院と「最後の晩餐」(イタリア) ………… 457
ミラベル宮殿(オーストリア) ………… 463
ミーラン(米蘭)(中国) ……… 346
ミーラン遺跡(中国) ………… 346
ミーラン古城(中国) ………… 346

ミーリ・アラブ・マドラサ（ウズベキスタン） …… 54
ミリサワチ塔（スリランカ） …… 126
ミルウィウス橋（イタリア） …… 455
ミルギッサ（スーダン） …… 607
弥勒寺（ミルクサ）（韓国） …… 96
ミルザ・イサ・ハーン廟（パキスタン） …… 383
ミール城の建造物群（ベラルーシ） …… 556
ミール地方の城と関連建物群（ベラルーシ） …… 556
ミールプル・カース（パキスタン） …… 383
ミールプール・ハース（パキスタン） …… 383
ミレシェヴァ修道院（セルビア） …… 504
ミーレートス（トルコ） …… 529
ミレトス（トルコ） …… 529
ミレトスの劇場（トルコ） …… 529
弥勒山城（韓国） …… 96
弥勒寺（韓国） …… 96
弥勒寺跡（韓国） …… 96
弥勒寺跡の石塔（韓国） …… 96
弥勒寺石塔（韓国） …… 96
閔王陵（韓国） …… 96
明栄定王墓（中国） …… 346
ミンガラゼディの塔（ミャンマー） …… 396
ミングォン（ミャンマー） …… 396
ミングォン・パゴダ（ミャンマー） …… 396
明慶王墓（中国） …… 346
明孝陵（中国） …… 197
明皇陵（中国） …… 346
明故宮遺址（中国） …… 346
明虎賁将軍王興墓（中国） …… 346
ミンゴーラ（パキスタン） …… 383
ミンシャト・アブ・オマール（エジプト） …… 598
民衆裁判所〔アテネ〕（ギリシャ） …… 468
明十三陵（中国） …… 347
明十三陵の牌坊（中国） …… 347
明紹武君臣冢（中国） …… 346
明・清王朝の陵墓群（中国） …… 346
明祖陵（中国） …… 264
明代監獄（中国） …… 347
明中都城（中国） …… 347
明長城遺址（中国） …… 347
ミンドルリン寺（敏珠林寺）（中国） …… 347
ミン・ナクトの墓（エジプト） …… 598

明の十三陵（中国） …… 347
明の十三陵・長陵（中国） …… 283
明の十三陵の牌坊（中国） …… 347
明八王陵（中国） …… 347

【む】

ムアンファーデースーンヤーン遺跡（タイ） …… 128
無畏山寺のアバヤギリ塔（スリランカ） …… 123
無畏山寺の大塔（スリランカ） …… 123
無為寺極楽殿（韓国） …… 96
無為寺塔（中国） …… 347
無為塔（中国） …… 347
無影山漢墓（中国） …… 347
夢金浦貝塚（北朝鮮） …… 113
ムグ山城（タジキスタン） …… 133
無垢浄光舎利仏塔（中国） …… 347
ムクダム、テル＝エル（エジプト） …… 600
ムクテーシュヴァル寺院（インド） …… 44
ムグルク（ケニア） …… 604
無去洞玉睍遺跡（韓国） …… 96
ムサゥワラット・エッ・＝スフラ（スーダン） …… 607
ムザコフスキー公園（ドイツ） …… 516
ムザコフスキー公園（ポーランド） …… 560
ムザブの渓谷（アルジェリア） …… 581
ムザブの谷（アルジェリア） …… 581
ムサワラト・エス・スフラ（スーダン） …… 607
夢山罕王峰（中国） …… 347
夢山石室（中国） …… 347
茂山虎谷（ムサンホゴク）遺跡（北朝鮮） …… 114
ムシアン、テペ（イラン） …… 27
ムージェ（ポルトガル） …… 563
ムジケンダ族カヤの森（ケニア） …… 604
ムジャコフスキ公園（ドイツ） …… 516
ムジャコフスキ公園（ポーランド） …… 560
ムシャッタの宮殿（ヨルダン） …… 400
ムシュキ、タル＝イ（イラン） …… 27
ムシュキ、タレ（イラン） …… 27
ムシュキ、テペ（イラン） …… 27
無暑清涼（中国） …… 347

ムスカウアー公園／ムジャコフスキ公園（ドイツ） …… 516
ムスカウアー公園／ムジャコフスキ公園（ポーランド） …… 560
ムスカウ公園／ムザコフスキー公園（ドイツ） …… 516
ムスカウ公園／ムザコフスキー公園（ポーランド） …… 560
ムスジデ・アグン（インドネシア） …… 50
鍪蔵寺跡（韓国） …… 96
ムソレクシ（アンゴラ） …… 582
夢村土城（韓国） …… 96
ムツヘタ（ジョージア） …… 487
ムツヘタの文化財群（ジョージア） …… 487
ムツヘタの歴史地区（ジョージア） …… 487
ムツヘータの歴史的建造物群（ジョージア） …… 487
牟頭婁塚（中国） …… 347
ムバラムバラ（アンゴラ） …… 582
ムハンマド・アリーのモスク（エジプト） …… 598
ムユマルカ（ペルー） …… 668
ムユマルカの大塔（ペルー） …… 668
ムライビト、テル（シリア） …… 122
ムラカとジョージタウン、マラッカ海峡の歴史都市群（マレーシア） …… 393
ムラビティンヌ（チュニジア） …… 611
ムラヤ・デ・レオン（グアテマラ） …… 632
ムリファヌア（サモア） …… 406
無量観（中国） …… 347
無量寿殿（韓国） …… 92
無梁殿〔霊谷寺〕（中国） …… 371
無量殿（中国） …… 347
無梁殿〔開元寺〕（中国） …… 150
ムルザク・コーバ（ウクライナ） …… 460
ムールターン（パキスタン） …… 383
ムルトゥック（中国） …… 348
ムルトゥック（木頭溝）（中国） …… 347
莫勒恰河岩刻画（中国） …… 348
ムル・プレイ（カンボジア） …… 103
ムレイベト（シリア） …… 122
ムレファート（イラク） …… 18
ムンチャク・テペ（ウズベキスタン） …… 54
ムンチャク・テペ（タジキスタン） …… 133
ムンディガク（アフガニスタン） …… 4

ムンドゥット，チャンディ（インドネシア） …………… 48
ムンドゥット祠堂（インドネシア） …………………… 48
ムンハッタ（イスラエル） ……… 10
汶陽里古墳群（韓国） ………… 96

【め】

メアエ・オイポナと石像（プアマウ）（フランス領ポリネシア） ……………………… 409
明王台（中国） …………… 348
明活山城（韓国） …………… 97
明活山城跡（韓国） ………… 97
明霞洞（中国） …………… 348
明花洞古墳（韓国） ………… 97
明渓新寨題名記摩崖石刻（中国） ……………… 348
銘功路西側（中国） ……… 348
鳴梧里グンギルガ遺跡（韓国） ……………………… 97
鳴水橋（中国） …………… 348
明仙村石窟（中国） ……… 348
明宗智陵（北朝鮮） ……… 114
メイダーン・イ・シャー（イラン） ……………………… 19
明堂（中国） ……………… 348
メイドゥム（エジプト） …… 598
明徳門（中国） …………… 348
メイドン・キャッスル（イギリス） ……………………… 421
明福寺塔（中国） ………… 348
メイマンドの文化的景観（イラン） ……………………… 28
メイル（エジプト） ……… 598
メヴレヴィー教団のテッケ（トルコ） …………………… 529
メーガム（インド） ……… 44
メガロポリス（ギリシャ） … 483
メガロポリスの劇場（ギリシャ） ……………………… 483
メキシコ国立自治大学（UNAM）の中央大学都市キャンパス（メキシコ） … 647
メキシコシティの聖堂（メキシコ） …………………… 647
メキシコシティ・メトロポリタン大聖堂（メキシコ） … 647
メキシコ・シティ歴史地区とソチミルコ（メキシコ） … 647
メギスティ・ラヴラ修道院（ギリシャ） ………………… 483
メギッド（イスラエル） … 8, 10
メギド（イスラエル） ……… 8
メクタ（チュニジア） …… 611
メクネス（モロッコ） …… 618

メクネスの旧市街（モロッコ） ……………………… 618
メケトラーの墓（エジプト） ……………………… 598
メサ・ヴァーデ（アメリカ合衆国） ………………… 626
メサ・ヴァード（アメリカ合衆国） ………………… 626
メサ・ヴァード国立公園（アメリカ合衆国） ……… 626
メサ・ヴェルデ（アメリカ合衆国） ………………… 626
メサ・ヴェルデ遺跡群（アメリカ合衆国） ………… 626
メサ・ヴェルデ国立公園（アメリカ合衆国） ……… 626
メーサ・ベルデ（アメリカ合衆国） ………………… 626
メサ・ベルデ（アメリカ合衆国） ………………… 626
メジナ（サウジアラビア） … 117
メジノ（ウクライナ） …… 461
メジュタ・エル・アルビ（アルジェリア） …………… 581
メジリチ（ウクライナ） … 460
メジン（ウクライナ） …… 461
メスキータ（スペイン） … 496
メゼク（ブルガリア） …… 555
メゾン・カレ（フランス） … 550
メゾン・ラフィットの城（フランス） ………………… 550
メタポント（イタリア） … 455
メダムード（エジプト） … 598
メダムド（エジプト） …… 598
メッカ（サウジアラビア） … 117
メッカのカーバ神殿（サウジアラビア） …………… 117
メディチ家の別荘と庭園（イタリア） ………………… 444
メディチ礼拝堂（イタリア） ……………………… 455
メディナ（サウジアラビア） … 117
メディネット・ハブ（エジプト） ……………… 598
メディネト・エル＝グローブ（エジプト） …………… 589
メディネト・エル＝ハラス（エジプト） …………… 597
メディネト・エル＝ファイユーム（エジプト） …… 598
メディネト・ハブ（エジプト） ……………… 598
メディネト・マアディ（エジプト） ……………… 598
メテオラ（ギリシャ） …… 483
メテオーラの修道院群（ギリシャ） ………………… 483
メテオール・クレーター（アメリカ合衆国） ……… 626

メドウクロフト（アメリカ合衆国） ………………… 626
メトロポリタン大聖堂（メキシコ） …………………… 647
メネライオン（ギリシャ） … 483
瑪瑙寺（中国） …………… 348
メハサンダ（パキスタン） … 384
メヒ（パキスタン） ……… 384
メフメド・パシャ・ソコロヴィッチ橋（ボスニア・ヘルツェゴビナ） …………………… 558
メヘルガル（パキスタン） … 384
メヘルガルフ（パキスタン） ……………………… 384
馬鳴寺（中国） …………… 348
メムノンの巨像（エジプト） ……………………… 599
メリダ（スペイン） ……… 501
メリダ（メキシコ） ……… 647
メリダの劇場（スペイン） … 501
メリダの考古学遺跡群（スペイン） ………………… 501
メリダの水道橋（スペイン） ……………………… 501
メリド（トルコ） ………… 519
メリムダ（エジプト） …… 599
メリムダ・ベニ・サラーマ（エジプト） …………… 599
メルウ（トルクメニスタン） … 378
メルヴ（トルクメニスタン） … 378
メルク修道院（オーストリア） ……………………… 463
メルクリウスの神殿（浴場跡）（イタリア） …………… 455
メルサ・マトルーフ（エジプト） ……………… 599
メルシン（トルコ） ……… 529
メルトゥテク（アルジェリア） ……………………… 582
メルト・セゲルの神殿（エジプト） ……………… 599
メルヒン・トルゴイ遺跡（モンゴル） …………………… 398
メルローズ修道院（イギリス） ……………………… 422
メルローズ僧院（イギリス） ……………………… 422
メルカの墓（エジプト） … 599
メルカのマスタバ墳（エジプト） ……………… 599
メロエ（スーダン） ……… 607
メローエー（スーダン） … 607
メロエ遺跡群（スーダン） … 607
メロエ島の考古学遺跡群（スーダン） ………………… 607
メロス（ギリシャ） ……… 483
メロロ（インドネシア） …… 50
メンデース（エジプト） … 599
メンデス（エジプト） …… 599

めんな　　　　　　　　　　　　　774　　　　　　　　史跡・遺跡名索引

メンナの墓 (エジプト) ······· 599
メン゠ネフェル (エジプト)
　······························· 599
メンフィス (エジプト) ······· 599
メンフィスとそのネクロポリ
　ス/ギザからダハシュールま
　でのピラミッド地帯 (エジプ
　ト) ··························· 599
メンフィスとその墓地遺跡―
　ギーザからダハシュールまで
　のピラミッド地帯 (エジプト)
　······························· 599

【も】

モアイ (チリ) ··············· 655
モアッラ (エジプト) ········· 599
モアッラ, エル (エジプト)
　······························· 599
モイルティン・アム遺跡 (モンゴ
　ル) ··························· 398
蒙巌 (中国) ················· 348
孟姜女廟 (中国) ············· 348
蒙古文天文図石刻 (中国) ···· 349
モウサ (イギリス) ··········· 422
蒙山 (中国) ················· 348
網師園 (中国) ··············· 348
孟荘遺跡 (中国) ············· 348
毛沢東故居 (中国) ··········· 348
孟知祥墓 (中国) ············· 349
蒙恬墓 (中国) ··············· 349
孟廟 (中国) ················· 349
孟府 (中国) ················· 349
孟母林 (中国) ··············· 349
孟林 (中国) ················· 349
孟連宣撫司署 (中国) ········· 349
モエリス (エジプト) ········· 596
モエンジョダロ (パキスタン)
　······························· 384
モエンジョダロの仏塔 (パキス
　タン) ······················· 384
モガドール (モロッコ) ·· 617, 618
木製仕切り戸の家 (イタリア)
　······························· 452
木製間仕切りの家 (イタリア)
　······························· 452
木川土城 (韓国) ············· 97
木塔 (中国) ················· 349
木棉庵碑刻 (中国) ··········· 349
木蘭囲場 (中国) ············· 349
木蘭記碑 (中国) ············· 349
木蘭陂 (中国) ··············· 349
モーグル・グンダイ (パキスタ
　ン) ··························· 384
モクロス (ギリシャ) ········· 483
モクロス島 (ギリシャ) ······· 483

モザイクのアトリウムの家 (イ
　タリア) ····················· 455
モザイクの家 (キプロス) ····· 466
茂山虎谷 (北朝鮮) ··········· 114
モザン, テル (シリア) ······· 122
茂山虎谷遺跡 (北朝鮮) ······· 114
モザンビーク島 (モザンビーク)
　······························· 616
モスク址 (サルヴィスタン) (イラ
　ン) ··························· 21
モスクワのクレムリンと赤の広
　場 (ロシア) ················· 579
モスタゲッダ (エジプト) ····· 599
モスタル (ボスニア・ヘルツェゴ
　ビナ) ······················· 558
モスタル旧市街の古橋地域 (ボ
　スニア・ヘルツェゴビナ) ··· 558
モタ城 (スペイン) ··········· 501
モチェ (ペルー) ············· 668
モーツィア (イタリア) ······· 455
モーティ・マスジド〔アーグラ〕
　(インド) ··················· 44
モーティ・マスジド〔デリー〕
　(インド) ··················· 44
モティヤ (イタリア) ········· 456
モデナ大聖堂 (イタリア) ····· 456
モデナの大聖堂, 市民の塔, グ
　ランデ広場 (イタリア) ····· 456
モデナの大聖堂, トッレ・チヴィ
　カ及びグランデ広場 (イタリ
　ア) ··························· 456
モーデーラー (インド) ······· 44
モドック岩窟 (アメリカ合衆国)
　······························· 626
モートン塔 ランベス宮 (イギリ
　ス) ··························· 422
モナグリリョ (パナマ) ······· 635
モナスターボイス (アイルラン
　ド) ··························· 412
モハンメド・アラブ, テル (イラ
　ク) ··························· 18
モヘケ (ペルー) ············· 668
モヘンジョ・ダロ (パキスタン)
　······························· 384
モヘンジョ・ダロ遺跡 (パキスタ
　ン) ··························· 384
モヘンジョ・ダロの仏塔 (パキス
　タン) ······················· 384
モミル (コロンビア) ········· 654
モライ (ペルー) ············· 668
モラナエシディン・マザール (中
　国) ··························· 349
モーラ・モラドゥ僧院 (パキスタ
　ン) ··························· 384
モーラー・モラードゥの仏塔 (パ
　キスタン) ··················· 384
モリトゥイン・アム (モンゴル)
　······························· 398
茂陵 (中国) ················· 349

茂陵―霍去病墓 (中国) ······· 153
モリン・トルゴイ遺跡 (モンゴ
　ル) ··························· 398
モルガンツィア (イタリア)
　······························· 456
モルガンティーナ (イタリア)
　······························· 456
モルダヴィア地方の教会堂
　(ルーマニア) ··············· 568
モルダヴィアの教会群 (ルーマ
　ニア) ······················· 568
モルダビアの修道院 (ルーマニ
　ア) ··························· 568
モルドヴァ地方の聖堂 (ルーマ
　ニア) ······················· 568
モルドヴィア地方の教会群
　(ルーマニア) ··············· 568
モルドバ地方の聖堂群 (ルーマ
　ニア) ······················· 568
モレリア歴史地区 (メキシコ)
　······························· 647
モレリャ・ラ・ベリャ (スペイ
　ン) ··························· 501
モロティリ (フランス領ポリネシ
　ア) ··························· 409
モロ・デ・エテン (ペルー) ·· 668
モロドヴァ (ウクライナ) ····· 461
モロンゴ・ウタ (フランス領ポリ
　ネシア) ····················· 409
モワサック旧修道院聖堂 (フラ
　ンス) ······················· 542
モワサックのサン゠ピエール聖
　堂 (フランス) ··············· 542
モンゴル・アルタイ山系の岩絵
　群 (モンゴル) ··············· 398
モンゴルの配石墓 (モンゴル)
　······························· 398
モンゴル文天文図石刻 (中国)
　······························· 349
モン・サン・ミシェル (フラン
　ス) ··························· 550
モン・サン・ミシェルとその湾
　(フランス) ················· 550
文殊院 (中国) ··············· 349
文殊山城跡 (韓国) ··········· 97
文殊山石窟 (中国) ··········· 349
文殊山石窟千仏洞 (中国) ····· 349
仏光寺 (中国) ··············· 328
モンスのスピエンヌの新石器時
　代の燧石採掘坑 (ベルギー)
　······························· 556
モンセラート (スペイン) ···· 501
モンツァ大聖堂 (イタリア)
　······························· 456
モンテ・アリバン (メキシコ)
　······························· 648
モンテ・アルト (グアテマラ)
　······························· 632
モンテ・アルバン (メキシコ)
　······························ 638, 648

史跡・遺跡名索引　775　ようし

モンテ・アルバンの球戯場（メキシコ） ……… 648
モンティセロとヴァージニア大学（アメリカ合衆国） ……… 623
モンテ・ヴェルデ（チリ） …… 655
モンテオル（ルーマニア） …… 568
モンテ・カッシーノ修道院（イタリア） ………………… 456
モンテ・グランデ（ペルー） …… 668
モンテスパン（フランス） …… 550
モンテ・ダッコッディ（イタリア） ………………… 456
モンテ・ベルデ（チリ） …… 655
モンテレオーネ・ディ・スポレート（イタリア） ……… 456
モンバサのジーザス城塞（ケニア） ………………… 604
モンバサのジーザス要塞（ケニア） ………………… 604
モン・ファダ（チャド） …… 609
文明寺塔（中国） ………… 349
モンリシャール（フランス） …………………… 550
モンレアーレ大聖堂（イタリア） …………… 448, 456

【や】

ヤヴォルとシヴィドニツァの平和聖堂（ポーランド） …… 560
ヤヴォルとシフィドニツァの平和教会群（ポーランド） …… 560
野雲溝古遺址（中国） ……… 350
薬王山（中国） ………… 350
薬王山石刻（中国） ……… 350
薬王廟（中国） ………… 350
薬師崖石刻（中国） ……… 350
薬水里古墳（北朝鮮） …… 114
薬方洞（中国） ………… 366
櫟陽城（中国） ………… 350
ヤグール（メキシコ） …… 648
ヤグル（メキシコ） …… 638, 648
ヤサヴィー（カザフスタン） …………………… 57
ヤシュチラン（メキシコ） … 648
ヤシュナ（メキシコ） …… 648
ヤシュハ（グアテマラ） …… 632
ヤジリカヤ（トルコ） …… 529
ヤズ・デペ（トルクメニスタン） …………………… 378
ヤズルカヤ（トルコ） …… 529
ヤズルカヤの通廊（トルコ） …………………… 529
野店（中国） ………… 350

ヤトクゼ（耶特克孜）古墓群（中国） ………… 350
ヤヒヤ，テペ（イラン） ……… 28
ヤフディヤ，テル・エル（エジプト） ………………… 599
ヤブルド（シリア） ……… 122
ヤマト・ヌル湖（モンゴル） … 398
ヤーヤ，テペ（イラン） ……… 28
耶律羽之一族墓（中国） …… 350
耶律楚材墓（中国） ……… 350
ヤリナコチャ（ペルー） …… 668
ヤリム・テペ（イラク） ……… 18
ヤリム・テペ（イラン） ……… 28
ヤールホト墳墓群（中国） … 350
ヤロスラヴル市街の歴史地区（ロシア） ………… 579
良洞（韓国） ………… 62
ヤーン＝ホト（中国） …… 186

【ゆ】

雄基貝塚（北朝鮮） ……… 114
友誼関（中国） ………… 350
幽居寺塔（中国） ……… 350
楠渓里遺跡（韓国） ……… 97
祐国寺鉄塔（中国） ……… 350
佑順寺（中国） ………… 350
熊津洞古墳群（韓国） ……… 97
熊成基墓（中国） ……… 350
幽棲寺（中国） ………… 350
游仙寺（中国） ………… 350
雄鎮関（中国） ………… 351
熊南面（韓国） ………… 97
熊浦里古墳群（韓国） ……… 97
佑民寺（中国） ………… 351
佑民寺鐘楼（中国） ……… 351
羨里城遺址（中国） ……… 351
裕陵（中国） ………… 351
喻嘉言墓（中国） ……… 351
ユク岩陰（パプアニューギニア） …………………… 407
ユゼの墓（ギリシャ） …… 483
涌泉寺（中国） ………… 351
喩大将軍祠（中国） ……… 351
ユダの荒野の洞窟遺跡（イスラエル） ………………… 10
ユダヤ低地にあるマレシャとベトグヴリンの洞窟群：洞窟の大地の小宇宙（イスラエル） …………………… 10
ユーノ・ラキニア神殿（イタリア） ………………… 456
ユピテル神殿（レバノン） …… 403
ユピテルとガニメーデースのアパート（イタリア） ……… 456

ユフス＝ハス＝ハジフマジャルの墓（中国） ……… 351
ユミュクテペ（トルコ） …… 529
ユリウス二世の廟墓（イタリア） ………………… 456
楡林窟（中国） ………… 351
楡林窟石窟（中国） ……… 351
ユルドゥズ宮殿（トルコ） …… 529

【よ】

余蔭山房（中国） ……… 351
鷹角亭（中国） ………… 351
楊家祠堂（中国） ……… 351
楊家城（中国） ………… 351
楊家嶺革命旧址（中国） …… 351
楊家湾漢墓（中国） ……… 351
楊家湾楚墓（中国） ……… 351
楊家湾墓（中国） ……… 351
陽関〔甘粛省〕（中国） …… 351
陽関〔四川省〕（中国） …… 351
姚官荘（中国） ………… 352
楊亀山墓（中国） ……… 352
楊岐寺（中国） ………… 352
楊貴妃墓（中国） ……… 352
伴狂者ヴァシリー大聖堂（ロシア） ………………… 569
陽高漢墓（中国） ……… 352
楊公闕（中国） ………… 352
陽高県漢墓（中国） ……… 352
陽高天橋（中国） ……… 352
要塞教会堂群を備えるトランシルヴァニア地方の集落（ルーマニア） ……… 567
楊再興墓（中国） ……… 352
要塞都市クエンカ（スペイン） …………………… 495
要塞都市ハラル・ジュゴル（エチオピア） ……… 602
要塞都市ベニ・ハマッド（アルジェリア） ……… 581
要塞村アイット・ベン・ハドゥ（モロッコ） ……… 616
遥参亭（中国） ………… 352
楊粲墓（中国） ………… 352
羊山達墓群（中国） ……… 352
楊士奇墓（中国） ……… 352
羊子山（中国） ………… 352
羊子山遺跡（中国） ……… 352
揚州古運河（中国） ……… 352
揚州唐城遺址（中国） …… 352
耀州窯（中国） ………… 352
陽城（中国） ………… 353
雍城（中国） ………… 352
雍城跡（中国） ………… 352

楊升菴祠 (中国) 352
楊升庵殿 (中国) 353
陽城遺址 (中国) 353
雍城宗廟 (中国) 338
養心殿 (中国) 353
楊仙逸烈士墓 (中国) 353
羊草溝古墳群 (中国) 353
姚存天祚巌題名石刻 (中国)
.... 353
陽台宮 (中国) 353
葉池 (中国) 353
葉挺指揮部旧址 (中国) 353
葉挺独立団部紀念館 (中国)
.... 144
羊頭山石窟 (中国) 353
養洞里墳墓群 (北朝鮮) 114
羊頭窟 (中国) 353
羊頭窟遺跡 (中国) 353
楊万里墓 (中国) 353
葉坪旧址群 (中国) 353
葉茂台遼墓群 (中国) 353
揚雄墓 (中国) 353
陽陵陪葬坑 (中国) 353
楊郎遺跡 (中国) 353
雍和宮 (中国) 353
雍和宮の閣道 (中国) 354
楊湾廟正殿 (中国) 354
予園 (中国) 354
豫園 (中国) 354
豫園仰山堂 (中国) 354
余家牌坊 (中国) 354
翼江亭 (中国) 354
沃公墓 (中国) 354
浴日亭 (中国) 354
浴場 〔ドゥッガ〕 (チュニジア)
.... 611
浴場 〔ベルガモン〕 (トルコ) .. 528
欲知島遺跡 (韓国) 97
ヨーク・ミンスター (イギリス)
.... 422
沃野里古墳群 (韓国) 97
預言者モスク (サウジアラビア)
.... 117
予譲橋 (中国) 354
余草里窯跡 (韓国) 97
ヨトカン (中国) 354
約特干遺址 (中国) 354
ヨトカン (約特干) 遺跡 (中国)
.... 354
余方里遺跡 (韓国) 97
余方里古墳群 (韓国) 97
餘姚窯 (中国) 354
ヨルガン・テペ (イラク) ... 16
ヨルダン川の対岸の洗礼の地、
ベタニア (アル・マグタス) (ヨ
ルダン) 400

ヨルダンスミュール (ポーラン
ド) 560
ヨルトスプリング (デンマーク)
.... 507
ヨンチャコル古墳群 (北朝鮮)
.... 114
ヨンボラカン (雍布拉岡) (中
国) 354
402岩陰 (チュニジア) 611

【ら】

癩王のテラス (カンボジア)
.... 103
雷音寺 (中国) 354
ライオン門 (ミケーネ) (ギリシ
ャ) 474
ライソン (ペルー) 668
雷台 (中国) 323
雷台漢墓 (中国) 323
雷池 (中国) 354
ライヒェナウ (ドイツ) 516
ライヒェナウ修道院島 (ドイ
ツ) 516
雷峰塔 〔諸曁県〕 (中国) 354
雷峰塔 〔西湖〕 (中国) 354
雷峰陵園 (中国) 354
ライン川上中流域の渓谷 (ドイ
ツ) 516
ライン渓谷中流上部 (ドイツ)
.... 516
ラヴァニツァ修道院 (セルビ
ア) 504
ラ・ヴィクトリア (グアテマラ)
.... 632
ラヴェンナ (イタリア) 456
ラヴェンナの初期キリスト教記
念物 (イタリア) 456
ラヴェンナの初期キリスト教建
築物群 (イタリア) 456
ラヴェンナの清教徒洗礼堂 (イ
タリア) 441
ラヴォ地区の葡萄畑 (スイ
ス) 489
ラヴォーのブドウの段々畑 (ス
イス) 489
ラ・ウーグ・ビー (イギリス)
.... 422
ラウセル (フランス) 551
ラウマ旧市街 (フィンランド)
.... 534
ラウラ修道院 (ギリシャ) ... 483
ラウリオン (ギリシャ) 483
ラウリコチャ (ペルー) 668
ラウリコチャ洞窟 (ペルー)
.... 668
ラウリヤー・ナンダンガル (イ
ンド) 45

ラウレイオン (ギリシャ) 483
ラウレイオン銀山 (ギリシャ)
.... 483
ラウレンツィアーナ図書館 (イ
タリア) 457
ラ・エスタケリア (ペルー)
.... 659
ラオスのワット・プー (ラオス)
.... 401
ラオディケア (トルコ) 529
羅家谷遺址 (中国) 354
ラガシュ (イラク) 18
ラガシュ遺跡 (イラク) 18
ラカジュワルの岩陰 (インド)
.... 45
ラ・ガルガーダ (ペルー) ... 668
羅漢院遺址 (中国) 354
羅漢寺 (中国) 355
羅漢堂 〔宝光寺〕 (中国) 336
羅漢堂遺跡 (中国) 355
ラキシュ (イスラエル) 10
ラーギナ (トルコ) 529
楽山 (中国) 355
楽山巌墓 (中国) 355
楽山大仏 (中国) 157, 355
楽山大仏風景名勝区を含む峨眉
山風景名勝区 (中国) 157
洛山洞古墳群 (韓国) 97
楽山摩崖仏 (中国) 355
楽山麻浩の摩崖墓 (中国) 345
楽至羅像 (中国) 355
楽寿堂 〔頤和園〕 (中国) 355
ラクシュマーナ寺院 (インド)
.... 45
ラクシュミーデーヴィー寺院
(インド) 45
落水荘 (アメリカ合衆国) ... 626
洛水里遺跡 (韓国) 97
洛荘漢墓 (中国) 355
駱駝城故址 (中国) 355
洛達廟 (中国) 355
ラクチ (ペルー) 668
ラグーナ・ソベ (メキシコ) .. 648
ラグーナ・デ・ロス・セロス (メ
キシコ) 648
落筆洞 (中国) 355
駱賓王墓 (中国) 355
落鳳山 (中国) 355
落鳳坡 (中国) 355
楽民洞貝塚 (韓国) 97
洛陽 (中国) 356
洛陽遺跡 (中国) 356
洛陽潤西区小型漢墓 (中国)
.... 355
洛陽橋 (中国) 355
洛陽刑徒墓地 (中国) 355
洛陽城 (中国) 356

史跡・遺跡名索引　　　777　　　らふら

洛陽城〔漢魏〕(中国) ······ 355
洛陽城〔隋唐〕(中国) ······ 356
洛陽城永通門(中国) ······ 356
洛陽城永寧寺(中国) ······ 142
洛陽城応天門(中国) ······ 356
洛陽城含嘉倉(中国) ······ 356
洛陽焼溝漢墓(中国) ······ 226
洛陽城皇城右掖門(中国) ··· 356
洛陽城上陽宮園林(中国) ··· 356
洛陽城宣仁門(中国) ······ 356
洛陽上陽宮跡(中国) ······ 356
洛陽中路遺跡(中国) ······ 356
洛陽東関殉人墓(中国) ······ 356
洛陽の遺跡(中国) ······ 356
洛陽壁画墓(中国) ······ 356
ラ・グランハ宮殿(スペイン)
　　················· 501
ラ・グレーズ(フランス) ··· 551
楽楼(中国) ·············· 356
楽浪(北朝鮮) ·············· 114
楽浪漢墓(北朝鮮) ·········· 114
楽浪郡治址(北朝鮮) ········ 114
楽浪郡の遺跡(北朝鮮) ······ 114
ラ・ケマーダ(メキシコ) ··· 648
ラゴア・サンタ(ブラジル) · 658
羅睺寺(中国) ·············· 356
ラコテ(エジプト) ·········· 585
羅湖窯遺址(中国) ·········· 356
ラ・コロンビエール(フランス)
　　················· 551
ラサ(中国) ·············· 357
ラサ曲貢遺跡(中国) ········ 356
ラサのポタラ宮(中国) ······ 343
ラサのポタラ宮の歴史的遺産群
　(中国) ················· 357
ラ・サンティシマ・トリニダー
　ド・デ・パラナとヘスス・デ・
　タバランゲのイエズス会伝道
　所(パラグアイ) ········ 656
ラ・シエラ(ホンジュラス) · 636
ラージガート(インド) ······ 45
ラージギル(インド) ········ 45
ラージプル・パルス(インド)
　　················· 45
ラージャグリハ(インド) ···· 45
ラジャスタン地方の丘陵城塞群
　(インド) ··············· 45
ラジャスタンの丘陵城塞(イン
　ド) ················· 45
ラジャスタンの砦(インド)
　　················· 45
ラージャブリー(タイ) ······ 128
ラ・シャペル・オー・サン(フラ
　ンス) ················· 551
ラージャラーニー寺院(イン
　ド) ················· 45
ラ=シャリテ=シュル=ロワー
　ル修道院(フランス) ···· 551

羅州城(中国) ·············· 357
羅什塔(中国) ·············· 357
ラシュカリ・バザール(アフガニ
　スタン) ················· 4
ラージュギル(インド) ······ 45
拉梢寺石窟(中国) ·········· 357
ラ・ショー・ド・フォン/ル・ロッ
　クル、時計製造の計画都市(ス
　イス) ················· 489
ラ・ショー・ド・フォン/ル・
　ロクル、時計製造の町(スイ
　ス) ················· 489
羅津遺跡(北朝鮮) ·········· 114
羅津貝塚(北朝鮮) ·········· 114
羅津草島(北朝鮮) ·········· 114
ラス・アル・アミヤ(イラク)
　　················· 18
ラス・アルダス(ペルー) ··· 668
ラス・イブン・ハニ(シリア)
　　················· 122
ラスコー(フランス) ········ 551
ラスコー遺跡(フランス) ···· 551
ラスコー洞窟(フランス) ···· 551
ラース・シャムラ(シリア)
　　················· 118
ラス・シャムラ(シリア) ···· 118
ラス・ベラ(パキスタン) ···· 384
ラス・ボカス(メキシコ) ···· 648
ラス・マノス洞窟(アルゼンチ
　ン) ················· 651
ラス・メドゥラス(スペイン)
　　················· 501
ラスルカン(イラン) ········ 28
羅盛教故居(中国) ·········· 357
羅星塔(中国) ·············· 357
ラ・センティネラ(ペルー)
　　················· 668
ラタナ教会(ニュージーランド)
　　················· 407
ラタムネ(シリア) ·········· 122
ラッカ(シリア) ·········· 122
洛迦山(中国) ·············· 357
ラッチャプラナ寺院(タイ)
　　················· 129
ラッチャプラナ寺院の塔(タ
　イ) ················· 129
ラップ人地域(スウェーデン)
　　················· 491
羅亭里古墳群(韓国) ········ 97
ラ・テーヌ遺跡(スイス) ··· 489
ラテラーノ洗礼堂(イタリア)
　　················· 457
ラデン(熱振)寺(中国) ······ 357
ラトー(ギリシャ) ·········· 483
ラド・カーン寺(インド) ···· 45
ラトナギリ(インド) ········ 45
ラトナプラサダ(スリランカ)
　　················· 126
ラドネシ(ロシア) ·········· 579

ラトポリス(エジプト) ······ 585
ラーナクプル(インド) ······ 45
ラーナクプルのアーディナータ
　寺院(ダルナ・ヴィハーラ)(イ
　ンド) ················· 45
ラナ・グンダイ(パキスタン)
　　················· 384
ラナス(メキシコ) ·········· 648
ラーニガット(パキスタン)
　　················· 384
ラニ・キ・ヴァヴ グジャラー
　ト・パタンの女王の階段井戸
　(インド) ··············· 45
ラノララク山(チリ) ········ 655
ラパ・イティ島(フランス領ポリ
　ネシア) ················· 409
ラパカヒ(アメリカ合衆国) · 626
羅抜山(中国) ·············· 357
ラバト(モロッコ) ·········· 618
ラバト〔遺跡〕(モロッコ) ··· 618
ラバト:近代都市と歴史的都市
　が共存する首都(モロッコ)
　　················· 618
ラバト、現代首都と歴史都市:分
　担する遺産(モロッコ) ··· 618
ラバト、現代の首都と歴史都市
　(モロッコ) ············· 618
ラパ・ヌイ(イースター島)国立
　公園(チリ) ············· 655
ラパ・ヌイ国立公園(チリ)
　　················· 655
ラー・ハル・アクティ神殿(エ
　ジプト) ················· 600
ラ・パンパ(ペルー) ········ 668
ラ・ビクトリア(グアテマラ)
　　················· 632
ラピス・ニゲル(イタリア) ·· 457
ラビリント(エジプト) ······ 600
ラ・ピレタ(スペイン) ······ 501
ラ・フェラッシー(フランス)
　　················· 551
ラ・フォルタレサ(アメリカ合衆
　国領プエルト・リコ) ···· 627
羅福里(韓国) ·············· 98
羅福里遺跡(韓国) ·········· 98
羅浮山(中国) ·············· 357
ラプチュク(拉布楚克)古城(中
　国) ················· 357
ラブナー(メキシコ) ········ 648
ラブナーのアルコ(メキシコ)
　　················· 648
ラブナーの宮殿(メキシコ)
　　················· 648
ラブナーのミラドール(展望台)
　(メキシコ) ············· 648
ラブラウンダ(トルコ) ······ 529
ラブラン寺(拉卜楞寺)(中国)
　　················· 357
ラブラン寺の扎倉(中国) ···· 357
ラブラン寺の囊欠(中国) ···· 357

らふら　　　　　　　　　　778　　　　　　　　史跡・遺跡名索引

ラブランダ（トルコ） 529
ラフン（エジプト） 600
ラフーン，エル（エジプト） 600
羅柄輝墓（中国） 357
ラ・ベンタ（メキシコ） 648
羅坊会議会址（中国） 357
ラポニア地域（スウェーデン） 491
ラーホール（パキスタン） 384
ラホール城とシャーラマール庭園（パキスタン） 384
ラホールの城塞とシャリマール庭園（パキスタン） 384
ラ・マグドレーヌ（フランス） 551
ラマ寺院（中国） 354
喇嘛洞墓地（中国） 357
ラマド，テル（シリア） 123
ラ・マドレーヌ（フランス） 550
ラ・マドレーヌ〔聖堂〕（フランス） 551
ラマナイ（ベリーズ） 635
ラミエール国立歴史公園（ハイチ） 634
ラミエール国立歴史公園：シタデル，サン・スーシ城（ハイチ） 634
ラ・ミーナ（ペルー） 669
ラ・ミルパ（ベリーズ） 635
ラム旧市街（ケニア） 604
ラ・ムート（フランス） 551
ラムヌス（ギリシャ） 484
ラムの旧市街（ケニア） 604
ラー・メス2世小神殿（エジプト） 600
ラー・メス3世葬祭殿（エジプト） 600
ラメセイオン（エジプト） 600
ラメセイオンの倉庫（エジプト） 600
ラメセウム（エジプト） 600
ラメッセウム（エジプト） 600
ラーモセの墓（エジプト） 600
ラ・モハーラ（メキシコ） 648
ラ・ラグーナ・デ・ロス・コンドレス（ペルー） 668
ララミー砦（アメリカ合衆国） 626
ラリトプール（インド） 45
ラリバラ（エチオピア） 602
ラリベラ（エチオピア） 602
ラリベラの岩窟教会群（エチオピア） 602
ラ・リベルタ（メキシコ） 649
ラリングストーン（イギリス） 422

ラ・ルヴィエールとル・ルー（エノー州）の中央運河にかかる4機の水力式リフト、およびその周辺環境（ベルギー） 557
ラ・ルヴィエールとル・ルーの運河（ベルギー） 557
ラ・ルヴィエールとル・ルーの中央運河の閘門と周辺（ベルギー） 557
ラルサ（イラク） 18
ラルマ（アフガニスタン） 4
ラロ貝塚群（フィリピン） 389
ラワク（中国） 358
蘭陰山（中国） 358
ランヴァク遺跡（ベトナム） 392
ランガナータ寺院（インド） 46
ラングナージ（インド） 46
ラングプル（インド） 46
ラング・マハル（インド） 46
ランジェー城（フランス） 551
ランジェ　天守閣（フランス） 551
蘭州黄河鉄橋（中国） 358
ランス・オ・メドー国定史跡（カナダ） 629
ランス聖堂（フランス） 551
ランス大聖堂（フランス） 551
ランスの大聖堂、サン・レミ修道院、トー宮殿（フランス） 551
ランスのノートル・ダム大聖堂（フランス） 551
ランスのノートル・ダム大聖堂、サンレミ旧修道院、トー宮殿（フランス） 551
ランス本寺（フランス） 551
ランゾー・メドーズ国立史跡（カナダ） 629
ラン大聖堂（ノートル＝ダム）（フランス） 546
ランチョ・ペルド（ベネズエラ） 658
蘭亭（中国） 358
蘭亭碑亭（中国） 358
藍田（中国） 358
藍田猿人遺址（中国） 358
藍田寺坡村（中国） 358
ランバエシス（アルジェリア） 582
ランビティエコ（メキシコ） 649
ランブイエの宮殿（フランス） 552
ランプーン（タイ） 128
ランベース（アルジェリア） 582
ランベス宮（イギリス） 422
蘭茂墓（中国） 358

ランマ島遺跡（中国） 358
ランメルスベルク鉱山、古都ゴスラーとハルツ地方北部の水利管理システム（ドイツ） 516
ランメルスベルク鉱山とゴスラルの歴史地区（ドイツ） 516
ランメルスベルク鉱山と古都ゴスラー（ドイツ） 516
ランメルスベルク鉱山、歴史都市ゴスラー、ハルツ上部の水利システム（ドイツ） 516
蘭陵王碑（中国） 358

【り】

リアルト橋（イタリア） 457
吏隠亭（中国） 358
リヴァプール―海商都市（イギリス） 422
リーウィアの家（イタリア） 457
リウィアの家（イタリア） 457
リーウィアの別荘（イタリア） 457
リヴィフ歴史地区（ウクライナ） 461
リヴィウ歴史中心地区（ウクライナ） 461
リヴォフ歴史地区（ウクライナ） 461
李璟墓（順陵 南唐二陵）（中国） 224, 306
リオ・アスル（グアテマラ） 632
リオ・アビセオ国立公園（ペルー） 669
リオ・デ・ジャネイロ：山と海との間のカリオカの景観群（ブラジル） 658
リオ・ピントゥラスのクエバ・デ・ラス・マノス（アルゼンチン） 651
リオ・ピントゥラス渓谷の「手の洞窟」（アルゼンチン） 651
リオ・ペスケーロ（メキシコ） 649
リオ・ベック（メキシコ） 649
リガ（ラトビア） 565
李家圷地主荘園（中国） 358
李家溝遺跡（中国） 358
李家山遺跡（中国） 358
李家山古墓（中国） 358
李家村（中国） 358
梨花洞（北朝鮮） 114
梨花洞遺跡（北朝鮮） 114
リガの歴史地区（ラトビア） 565
李業闕（中国） 358

史跡・遺跡名索引　　779　　りゅう

六安〔中国〕 ……… 358
陸羽泉〔中国〕 ……… 358
六合堅固大宅頜碑〔中国〕 … 358
陸象山墓〔中国〕 ……… 358
六勝塔〔中国〕 ……… 359
六庁〔中国〕 ……… 359
六頂山墓群〔中国〕 ……… 359
六洞山〔中国〕 ……… 359
六府屯〔中国〕 ……… 359
六連嶺〔中国〕 ……… 359
六和塔〔中国〕 ……… 375
李賢墓〔中国〕 ……… 359
李綱祠〔中国〕 ……… 359
李広墓〔中国〕 ……… 359
李綱墓〔中国〕 ……… 359
李皇甫塔〔中国〕 ……… 359
リコポリス〔エジプト〕 ……… 583
驪山〔中国〕 ……… 359
リシェト，エル〔エジプト〕
　 ……… 600
李贄故居〔中国〕 ……… 359
李自成墓〔中国〕 ……… 359
李時珍墓〔中国〕 ……… 359
リシュト〔エジプト〕 ……… 600
リシュト，エル〔エジプト〕
　 ……… 600
李寿墓〔中国〕 ……… 359
リシュリュー館 ルーヴル宮〔フ
　ランス〕 ……… 552
漓渚漢墓〔中国〕 ……… 359
リストーメル城〔イギリス〕
　 ……… 422
リスボンのジェロニモス修道院
　とベレンの塔〔ポルトガル〕
　 ……… 563
リスボンの修道院とベレンの塔
　〔ポルトガル〕 ……… 563
李静訓墓〔中国〕 ……… 359
李靖墓〔中国〕 ……… 359
李晟墓〔中国〕 ……… 360
李成梁石坊〔中国〕 ……… 360
リセウ大劇場〔スペイン〕 … 502
李勣墓〔中国〕 ……… 360
梨川里〔北朝鮮〕 ……… 114
李爽墓〔中国〕 ……… 360
李大釗故居〔中国〕 ……… 360
李大釗墓〔中国〕 ……… 360
李卓吾墓〔中国〕 ……… 360
リッチフィールド大聖堂〔イギ
　リス〕 ……… 422
栗洞古墳群〔韓国〕 ……… 98
李塔〔中国〕 ……… 360
リドー運河〔カナダ〕 ……… 629
リートフェルト設計のシュレー
　ダー邸〔オランダ〕 ……… 465
リートフェルト設計のシュレー
　テル邸〔オランダ〕 ……… 465

リトミシュル城〔チェコ〕 …… 506
リトル・ウッドベリー〔イギリ
　ス〕 ……… 422
リナルドーネ〔イタリア〕 …… 457
李白衣冠冢〔中国〕 ……… 360
李白衣冠墓〔中国〕 ……… 360
李白墓〔中国〕 ……… 360
リバット〔スース〕〔チュニジア〕
　 ……… 610
リバート〔スース〕〔チュニジア〕
　 ……… 610
リーバ・ハウス〔アメリカ合衆
　国〕 ……… 626
リバリ〔イタリア〕 ……… 457
リビウ〔ウクライナ〕 ……… 461
リヒターズベルドの文化と植生
　の景観〔南アフリカ〕 ……… 615
リファーイ・モスク〔エジプト〕
　 ……… 600
リフタスフェルトの文化的及び
　植生景観〔南アフリカ〕 …… 615
リフタスフェルトの文化的・植
　物的景観〔南アフリカ〕 …… 615
李文忠墓〔中国〕 ……… 360
李昺墓〔中国〕 ……… 360
リベイラ・グランデの歴史中
　心地区シダーデ・ヴェーリャ
　〔カーボヴェルデ〕 ……… 603
リポル・サン・フアン修道院〔ス
　ペイン〕 ……… 502
リマ〔ペルー〕 ……… 669
リマー，テル〔イラク〕 ……… 18
リマ，（テル・アッ）〔イラク〕
　 ……… 18
リマ，テル・エル＝〔イラク〕
　 ……… 18
利瑪竇墓〔中国〕 ……… 360
リマ歴史地区〔ペルー〕 …… 669
李密墓〔中国〕 ……… 360
リミュラ〔トルコ〕 ……… 529
リムイユ〔フランス〕 ……… 552
リモンカルロ〔ペルー〕 …… 669
竜隠巌摩崖石刻〔中国〕 …… 360
竜院洞〔中国〕 ……… 360
龍院里古墳群〔韓国〕 ……… 98
劉永福故居〔中国〕 ……… 360
留園〔中国〕 ……… 360
龍淵里〔北朝鮮〕 ……… 114
龍淵里遺跡〔北朝鮮〕 ……… 114
龍淵里瓦窯跡〔韓国〕 ……… 98
竜王潭〔中国〕 ……… 361
竜王堂〔竜王潭〕〔中国〕 …… 361
竜王堂〔竜泉庵〕〔中国〕 …… 361
竜華〔中国〕 ……… 361
竜崖石刻〔中国〕 ……… 361
流花湖〔中国〕 ……… 361
竜華双塔〔中国〕 ……… 361
劉家坪〔中国〕 ……… 361

劉過墓〔中国〕 ……… 361
竜巌紅四軍司令部旧址〔中国〕
　 ……… 361
劉錡祠〔中国〕 ……… 361
柳毅井〔君山〕〔中国〕 ……… 361
柳毅井〔呉県〕〔中国〕 ……… 361
劉基墓〔中国〕 ……… 361
龍虬荘遺跡〔中国〕 ……… 361
竜橋〔中国〕 ……… 361
龍渓里窯跡〔韓国〕 ……… 98
竜源口橋〔中国〕 ……… 361
竜港〔中国〕 ……… 361
龍口貝塚〔中国〕 ……… 361
竜江橋〔中国〕 ……… 362
柳公権墓〔中国〕 ……… 362
柳侯祠〔中国〕 ……… 362
隆興寺〔中国〕 ……… 362
竜興寺〔沅陵県〕〔中国〕 …… 362
竜興寺〔正定県〕〔中国〕 …… 362
竜興寺〔鳳陽県〕〔中国〕 …… 362
龍興寺遺跡〔中国〕 ……… 362
竜興寺経幢〔中国〕 ……… 362
竜興寺石塔〔中国〕 ……… 362
隆興寺転輪蔵殿〔中国〕 …… 362
竜江書院〔中国〕 ……… 362
柳江人化石出土地址〔中国〕
　 ……… 362
龍崗大墓〔北朝鮮〕 ……… 114
龍江洞苑池遺跡〔韓国〕 …… 98
龍江洞古墳群〔韓国〕 ……… 98
龍興里〔北朝鮮〕 ……… 114
竜鵠山道教造像〔中国〕 …… 362
柳谷里古墳群〔韓国〕 ……… 98
龍谷里洞穴〔北朝鮮〕 ……… 114
竜虎山〔中国〕 ……… 362
竜居寺壁画〔中国〕 ……… 362
竜虎殿〔中国〕 ……… 362
竜虎塔〔中国〕 ……… 362
龍湖洞遺跡〔韓国〕 ……… 98
流沙教堂〔中国〕 ……… 363
竜沙亭〔中国〕 ……… 363
竜山寺〔台湾〕 ……… 132
竜山寺〔中国〕 ……… 363
竜山石窟〔中国〕 ……… 363
龍山里遺跡〔韓国〕 ……… 98
竜子祠泉〔中国〕 ……… 363
柳子鎮〔中国〕 ……… 363
柳子廟〔中国〕 ……… 363
竜州花山壁画〔中国〕 ……… 363
竜首崖〔中国〕 ……… 363
龍頭原漢墓〔中国〕 ……… 363
柳樹溝岩刻〔中国〕 ……… 363
竜首山〔中国〕 ……… 363
竜首山塔〔中国〕 ……… 363
劉少奇故居〔中国〕 ……… 363
瀏城橋楚墓〔中国〕 ……… 363

りゅう　　　　　　　　　　　　780　　　　　　史跡・遺跡名索引

隆昌寺無梁殿(中国) ········ 363
聊城鉄塔(中国) ········ 363
龍仁水枝遺跡(韓国) ········ 98
竜瑞宮記摩崖石刻(中国) ···· 363
龍水里貝塚(北朝鮮) ···· 115
リュウゼツラン景観と古代テキーラ産業施設(メキシコ)
　········ 649
竜泉寺〔鞍山市〕(中国) ···· 364
竜泉寺〔五台山〕(中国) ···· 363
竜泉寺〔長治県〕(中国) ···· 364
竜泉寺石窟(中国) ···· 364
竜泉書院(中国) ···· 364
柳川里窯跡(韓国) ···· 98
劉荘(中国) ···· 364
竜蔵寺碑(中国) ···· 364
龍蔵城跡(韓国) ···· 98
隆宗門(中国) ···· 364
龍潭〔吉林市〕(中国) ···· 364
龍潭〔靖県〕(中国) ···· 364
竜潭山高句麗山城(中国) ···· 364
龍潭山城(中国) ···· 364
龍潭山城跡(中国) ···· 364
龍潭山城の旱牢(中国) ···· 364
竜潭洞和県猿人遺址(中国)
　········ 364
龍潭洞古墳群(韓国) ···· 98
龍潭山城―倉庫址(中国) ···· 364
劉知遠墓(中国) ···· 364
竜亭(中国) ···· 364
龍田里遺跡(韓国) ···· 98
笠店里古墳群(韓国) ···· 98
竜洞山(中国) ···· 364
竜頭山塔(中国) ···· 364
竜頭山墓群(中国) ···· 364
竜洞寺石窟(中国) ···· 364
竜洞石刻(中国) ···· 364
龍塘浦貝塚(北朝鮮) ···· 115
龍頭里古墳(韓国) ···· 98
竜徳寺(中国) ···· 365
竜脳橋(中国) ···· 365
龍磻里貝塚(北朝鮮) ···· 115
竜尾山塔(中国) ···· 365
龍尾道(中国) ···· 365
劉平国治関亭誦石刻(中国)
　········ 365
龍坪里(北朝鮮) ···· 115
竜鳳門(中国) ···· 365
竜門〔西山〕(中国) ···· 248
竜門寺(中国) ···· 365
龍門石窟(中国) ···· 365
龍門石窟―看経寺洞(中国)
　········ 365
龍門石窟―古陽洞(中国) ···· 365
龍門石窟―獅子洞(中国) ···· 365
龍門石窟―石仏洞(中国) ···· 365

龍門石窟―潜渓寺(中国) ···· 365
龍門石窟の塔彫刻(中国) ···· 365
龍門石窟―万仏洞(中国) ···· 366
龍門石窟―賓陽洞(中国) ···· 366
龍門石窟―奉先寺洞(中国)
　········ 366
龍門石窟―薬方洞(中国) ···· 366
龍門石窟―蓮華洞(中国) ···· 366
劉林(中国) ···· 366
劉林遺跡(中国) ···· 366
柳浪聞鶯(中国) ···· 366
柳湾墓地(中国) ···· 366
リューカン・ノトデン産業遺産地(ノルウェー) ···· 530
リュクサンブール宮(フランス) ···· 552
リュコスラ(ギリシャ) ···· 484
リュシクラテスの合唱隊優勝記念碑(ギリシャ) ···· 484
リュシクラテスの記念碑(ギリシャ) ···· 484
リューベック(ドイツ) ···· 513
リューベックの聖霊施療院(ドイツ) ···· 517
リューリングストン(イギリス) ···· 422
凌雲寺(中国) ···· 366
凌雲塔(中国) ···· 366
凌家灘遺跡(中国) ···· 366
廖紀墓(中国) ···· 366
良郷多宝仏塔(中国) ···· 366
遼慶州城遺址(中国) ···· 179
遼慶陵(パキスタン) ···· 383
霊巌寺〔略陽県〕(中国) ···· 366
凌源西周墓(中国) ···· 314
陵口(中国) ···· 366
霊光寺〔梅州市〕(中国) ···· 366
梁公林(中国) ···· 367
梁国王陵(中国) ···· 367
竜虎石刻(中国) ···· 367
霊巌寺〔都江堰市〕(中国) ···· 367
楞厳寺〔営口市〕(中国) ···· 367
楞厳寺〔湛江市〕(中国) ···· 367
竜沙公園(中国) ···· 367
梁山(中国) ···· 367
梁山〔遺跡〕(韓国) ···· 98
梁山貝塚(韓国) ···· 99
梁山金鳥塚(韓国) ···· 99
霊山寺〔洛陽市〕(中国) ···· 367
梁山夫婦塚(韓国) ···· 99
梁山壁画墓(中国) ···· 367
梁山夫婦塚(韓国) ···· 99
陵山里古墳(韓国) ···· 99
陵山里古墳群(韓国) ···· 99
陵山里壁画古墳(韓国) ···· 99
陵山里壁画墳(韓国) ···· 99

陵寺跡(韓国) ········ 99
梁侍中墓(中国) ···· 367
霊鷲山グリドラクータ(インド) ···· 46
良渚遺跡(中国) ···· 367
良渚遺跡群(中国) ···· 367
竜祥観(中国) ···· 367
遼上京府林東窯跡(中国) ···· 225
遼上京城遺址(中国) ···· 179
遼上京臨潢府城跡(中国) ···· 226
両城鎮(中国) ···· 367
両城鎮遺跡(中国) ···· 367
良将里遺跡(韓国) ···· 99
獵嶼銃城(中国) ···· 367
良渚鎮(中国) ···· 367
良渚文化の遺跡(中国) ···· 367
領津里1号墳(韓国) ···· 99
領津里遺跡(韓国) ···· 99
竜脊石(中国) ···· 367
霊山寺〔汕頭市〕(中国) ···· 367
霊泉寺石窟(中国) ···· 367
遼祖州城遺址(中国) ···· 263
梁村塔(中国) ···· 368
遼太祖陵(中国) ···· 264
廖仲愷・何香凝墓(中国) ···· 368
遼中京城遺址(中国) ···· 368
遼中京大定府城跡(中国) ···· 368
遼陳国公主墓(中国) ···· 368
料敵塔(中国) ···· 150
良田洞遺跡(韓国) ···· 99
遼東城址(北朝鮮) ···· 115
良洞里遺跡(韓国) ···· 99
梁南康簡王簫績墓墓前石刻(中国) ········ 368
竜蟠磯(中国) ···· 368
良文港(台湾) ···· 132
陵山里古墳―東下塚古墳(韓国) ········ 99
遼陽(中国) ···· 368
遼陽〔漢墓〕(中国) ···· 368
遼陽遺跡(中国) ···· 368
陵陽河遺址(中国) ···· 368
遼陽の遺跡(中国) ···· 368
遼陽白塔(中国) ···· 313
遼陽壁画墓群(中国) ···· 368
緑影壁(中国) ···· 368
緑繞亭(中国) ···· 368
緑珠井(中国) ···· 368
李峪村(中国) ···· 368
李峪村遺跡(中国) ···· 368
李峪村春秋墓(中国) ···· 368
呂祖堂(中国) ···· 368
呂村万仏洞(中国) ···· 368
呂府(中国) ···· 368
リヨン歴史地区(フランス)
　········ 552

リラ修道院（ブルガリア） …… 555
リラの修道院（ブルガリア）
　…………………………………… 555
李和墓（中国） ………………… 369
臨潼亭（中国） ………………… 369
臨瀛館跡（韓国） ……………… 99
臨海殿（韓国） ………………… 99
臨海殿・雁鴨池（韓国） ……… 99
臨海殿址（韓国） ……………… 99
輪外里古墳群（韓国） ………… 99
鱗角寺跡（韓国） ……………… 99
リンガラージャ寺院（インド）
　…………………………………… 46
リンカン大聖堂（イギリス）
　…………………………………… 422
臨沂金雀山漢墓（中国） ……… 369
臨江楼（中国） ………………… 369
臨済寺（中国） ………………… 369
臨済寺澄霊塔（中国） ………… 369
臨淄（中国） …………………… 369
臨淄遺跡（中国） ……………… 369
臨淄古城（中国） ……………… 369
臨淄斉国故城（中国） ………… 369
臨汝窯（中国） ………………… 369
臨清舎利宝塔（中国） ………… 369
臨清清真寺（中国） …………… 369
林泉寺（中国） ………………… 369
林則徐祠堂（中国） …………… 369
林則徐墓（中国） ……………… 369
輪台古城（中国） ……………… 369
輪台戍楼（中国） ……………… 369
リンデンマイヤー（アメリカ合衆
国） ……………………………… 626
林堂古墳群（韓国） …………… 99
林東塔（中国） ………………… 369
林堂洞遺跡（韓国） …………… 100
麟徳殿跡（中国） ……………… 369
リンドス（ギリシャ） ………… 484
臨屯郡治址（北朝鮮） ………… 115
霊隠寺（中国） ………………… 370
リンブルクの大聖堂（ドイツ）
　…………………………………… 517
リンホルムの丘（デンマーク）
　…………………………………… 507
リンホルム・ホイエ（デンマー
ク） ……………………………… 507
麟游石窟（中国） ……………… 369
林陽寺（中国） ………………… 370
林慮山の千仏洞（中国） ……… 370

【る】

ル・アーヴル、オーギュスト・
ペレによる再建都市（フラン
ス） ……………………………… 552

ルアトゥアヌウ（サモア） …… 406
ルーアン大聖堂（フランス）
　…………………………………… 552
ルアンパバーン（ラオス） …… 401
ルアン・パバーンの町（ラオス）
　…………………………………… 401
ルアン・プラバン（ラオス）
　…………………………………… 401
ルイス1世橋（ポルトガル） … 563
ルイスヴィル（アメリカ合衆国）
　…………………………………… 626
ルイス・バラガン邸と仕事場（メ
キシコ） ………………………… 649
ルイラウ（ルンケー）遺跡（ベトナ
ム） ……………………………… 392
ルヴィエールとルルー（エノー
州）にあるサントル運河の
4つの閘門と周辺環境（ベル
ギー） …………………………… 557
ルーヴォ・ディ・プーリアの大
聖堂（イタリア） ……………… 457
ルーヴル宮（フランス） ……… 552
ルーヴル宮 マルサン館（フラン
ス） ……………………………… 552
ルーヴル宮 リシュリュー館（フ
ランス） ………………………… 552
ルーヴル美術館（フランス）
　…………………………………… 552
ルカドゥール（フランス） …… 552
ルクセンブルク市の旧市街と要
塞（ルクセンブルク） ………… 566
ルクセンブルク市街、その古い
町並みと要塞都市の遺構（ル
クセンブルク） ………………… 566
ルクソール（エジプト） ……… 600
ルクソール神殿（エジプト）
　…………………………………… 600
ルクチュン（魯克沁）古墓地（中
国） ……………………………… 370
ルクルマタ（ボリビア） ……… 672
ルクン・イ・アラムの廟（パキス
タン） …………………………… 385
ルーゴ（スペイン） …………… 502
ルーゴのローマ市壁（スペイ
ン） ……………………………… 502
ルーゴのローマ時代の城壁（ス
ペイン） ………………………… 502
ルーゴのローマ城壁（スペイ
ン） ……………………………… 502
ル・コルビュジエの建築作品―
近代化運動への顕著な貢献
（アルゼンチン） ……………… 651
ル・コルビュジエの建築作品―
近代化運動への顕著な貢献
（インド） ……………………… 46
ル・コルビュジエの建築作品―
近代化運動への顕著な貢献
（スイス） ……………………… 489
ル・コルビュジエの建築作品―
近代化運動への顕著な貢献
（ドイツ） ……………………… 517

ル・コルビュジエの建築作品―
近代化運動への顕著な貢献
（フランス） …………………… 552
ル・コルビュジエの建築作品―
近代化運動への顕著な貢献
（ベルギー） …………………… 557
ルサファ（シリア） …………… 123
ルターの記念建造物群（ドイ
ツ） ……………………………… 508
ルチャシェン（ジョージア）
　…………………………………… 487
ル・トロネ（フランス） ……… 552
ルーニ（イタリア） …………… 457
ルネサンス期のフェラーラ市街
とポー川デルタ地帯（イタリ
ア） ……………………………… 450
ルネサンス都市フェッラーラ
（イタリア） …………………… 450
ルーネンバーグ旧市街（カナ
ダ） ……………………………… 629
ルバアントゥン（ベリーズ）
　…………………………………… 636
ルーバル（インド） …………… 46
ルフィニャック（フランス）
　…………………………………… 553
ルーベンスの家（ベルギー）
　…………………………………… 557
ル・ポルテル（フランス） …… 553
ルミコルカ（ペルー） ………… 669
ルーミーの廟（ウズベキスタン）
　…………………………………… 54
ルーメリ・ヒサール（トルコ）
　…………………………………… 529
ル・モン・サン・ミシェル（フラ
ンス） …………………………… 550
ル・モーンの文化的景観（モーリ
シャス） ………………………… 616
瑠璃河燕墓址（中国） ………… 370
琉璃閣（中国） ………………… 370
琉璃河商周遺址（中国） ……… 370
琉璃河遺跡（中国） …………… 370
琉璃廠（中国） ………………… 370
ルーレオーのガンメルスター
ドの教会街（スウェーデン）
　…………………………………… 491
ルーレオーのガンメルスター
ドの教会村（スウェーデン）
　…………………………………… 491
ル・ロック＝ドゥ＝セール（フ
ランス） ………………………… 553
ル・ロックル（スイス） ……… 489
ルワンウェーリ〔大塔〕（スリラ
ンカ） …………………………… 126
ルワンウェリ・ダーガバ（スリラ
ンカ） …………………………… 126
ルワンウェリ塔（スリランカ）
　…………………………………… 126
ルワン〔ノートル＝ダーム大聖堂〕
（フランス） …………………… 552
ルンビニー（ネパール） ……… 379

るんも　　　　　　　　　　　782　　　　　　　　　史跡・遺跡名索引

ルーン文字石碑群（デンマーク）
………………………… 506

【れ】

レアル・アルト（エクアドル）
………………………… 652
レイ（イラン）………… 28
礼安里古墳群（韓国）……… 100
霊隠寺（中国）………… 370
蠡園（中国）…………… 370
霊巌山（中国）………… 370
霊巌寺〔済南市〕（中国）… 370
霊巌寺〔蘇州市〕（中国）… 370
霊渠（中国）…………… 370
レイクホルト＝シント・ゲルトウォイド（オランダ）……… 465
霊源寺（中国）………… 370
麗江旧市街（中国）……… 370
麗江黒竜潭（中国）……… 199
麗江古城（中国）……… 370
霊光寺〔西山八大処〕（中国）… 370
霊光殿（中国）………… 370
麗江壁画（中国）……… 371
霊谷寺（中国）………… 371
霊谷寺無梁殿（中国）…… 371
霊谷塔（中国）………… 371
擂鼓墩（中国）………… 371
霊済塔（中国）………… 371
礼山（韓国）…………… 100
霊山寺〔煙台市〕（中国）… 371
霊山寺〔広東省〕（中国）… 367
霊山寺〔山東省〕（中国）… 371
霊山寺〔信陽市〕（中国）… 371
霊寿故城（中国）……… 371
霊寿城跡（中国）……… 371
礼樹里古墳群（韓国）…… 100
霊潤橋（中国）………… 371
麗城遺址（中国）……… 371
荔枝湾（中国）………… 371
冷水里石室墳（韓国）…… 100
霊井（中国）…………… 371
欞星門（中国）………… 371
麗正門（中国）………… 371
霊泉寺（中国）………… 371
霊台（中国）…………… 371
霊通巌（中国）………… 371
霊通寺跡（北朝鮮）…… 115
嶺南第一楼（中国）……… 371
礼拝堂　ヴェルサイユ宮（フランス）………………… 537
霊宝張済湾漢墓（中国）… 372
霊宝塔（中国）………… 372
レイラン，テル（シリア）… 120

レイリア城（ポルトガル）…… 563
レヴァンツォ（イタリア）…… 457
レヴォーズ僧院（イギリス）
………………………… 422
レヴォチャ：スピシュスキー城、その関連文化財（スロバキア）………………… 503
レヴォチャ、スピシュスキー・ヒラットと周辺の文化財（スロバキア）………………… 503
レヴォチャとスピシュスキー城（スロバキア）………… 503
レヴォチャ歴史地区、スピシュスキー城及びその関連する文化財（スロバキア）… 503
レヴカス島（ギリシャ）…… 484
レヴカの歴史的な港町（フィジー）……………………… 408
レオナルド・ダ・ヴィンチの「最後の晩餐」があるサンタ・マリア・デッレ・グラツィエ教会とドメニコ会修道院（イタリア）………………… 457
レオニダイオン（ギリシャ）
………………………… 484
レオン・ヴィエホの遺跡（ニカラグア）………………… 634
レオン大聖堂（ニカラグア）
………………………… 633
レオントポリス（エジプト）
………………………… 600
レオン・ビエホの遺跡（ニカラグア）………………… 633
歴下亭（中国）………… 372
歴史的集落群、河回と良洞（韓国）…………………… 62
歴史的城塞都市カルカソンヌ（フランス）………… 539
歴史的城塞都市カルカッソンヌ（フランス）………… 539
歴史的城塞都市クエンカ（スペイン）………………… 495
歴史的城壁都市カンペチェ（メキシコ）………………… 639
歴史的城壁都市クエンカ（スペイン）………………… 495
歴史的要塞都市カンペチェ（メキシコ）………………… 639
歴史都市アユタヤ（タイ）… 126
歴史都市オウロ・プレト（ブラジル）………………… 656
歴史都市グアナファトと鉱山（メキシコ）………… 639
歴史都市クトナー・ホラ（チェコ）……………………… 505
歴史都市ザビード（イエメン）
………………………… 5
歴史都市ジェッダ、メッカへの門（サウジアラビア）…… 117
歴史都市スクレ（ボリビア）
………………………… 671

歴史都市スコータイとその周辺の歴史都市（タイ）…… 127
歴史都市トレド（スペイン）
………………………… 499
歴史都市トロギール（クロアチア）……………………… 486
歴史都市メクネス（モロッコ）
………………………… 618
レギスタン（ウズベキスタン）
………………………… 54
レギスタンのマドラサ（ウズベキスタン）…………… 54
レギスタン広場（ウズベキスタン）…………………… 54
歴代帝王廟（中国）……… 346
レクミラーの墓（エジプト）
………………………… 600
レーゲンスブルク（ドイツ）
………………………… 517
レーゲンスブルク旧市街（ドイツ）……………………… 517
レーゲンスブルクの旧市街とシュタットアムホーフ（ドイツ）………………… 517
レ・コンバレル（フランス）… 553
レスタニー旧修道院（スペイン）…………………… 502
レ・ストラーデ・ヌオーヴェ（イタリア）………… 440
レストルメール城（イギリス）
………………………… 422
レゼジー（フランス）……… 553
レ・ゼジー地区（フランス）… 553
レーダー外門（ドイツ）… 517
レッセン（ドイツ）……… 517
列柱付き大通り〔ジェラシュ〕（ヨルダン）………… 400
列柱付き大通り〔ソリ〕（トルコ）…………………… 524
列柱付き大通り〔パルミュラ〕（シリア）………… 121
列柱の建造物〔ミトラ〕（メキシコ）…………………… 647
レッド・フォートの建築物群（インド）………………… 46
レッド・ベイのバスク人捕鯨基地（カナダ）………… 629
レデイエフ（チュニジア）… 611
レーティッシュ鉄道（イタリア）…………………… 457
レーティッシュ鉄道（スイス）
………………………… 489
レーティッシュ鉄道アルブラ線とベルニナ線の景観群（イタリア）………………… 457
レーティッシュ鉄道アルブラ線とベルニナ線の景観群（スイス）………………… 489
レーティッシュ鉄道アルブラ線・ベルニナ線および周辺景観（イタリア）………… 457

レーティッシュ鉄道アルブラ
　線・ベルニナ線および周辺景
　観(スイス) ・・・・・・・・・・・・・・・ 489
レドニツェとヴァルチツェの文
　化的景観(チェコ) ・・・・・・・・・ 506
レトポリス(エジプト) ・・・・・・・ 601
レ・トロワ＝フレール(フラン
　ス) ・・・・・・・・・・・・・・・・・・・・・ 553
レーナー(アメリカ合衆国) ・・・ 626
レーニン廟(ロシア) ・・・・・・・・・ 579
レバッ・チベドゥ遺跡(インドネ
　シア) ・・・・・・・・・・・・・・・・・・・・ 50
レバーハウス(アメリカ合衆国)
　・・・・・・・・・・・・・・・・・・・・・・・・・ 626
レバント(スペイン) ・・・・・・・・・ 502
レフカディア(ギリシャ) ・・・・・ 484
レブカ歴史的港湾都市(フィ
　ジー) ・・・・・・・・・・・・・・・・・・・・ 408
レブカ歴史的港町(フィジー)
　・・・・・・・・・・・・・・・・・・・・・・・・・ 408
レーブジンゲン門(ドイツ)
　・・・・・・・・・・・・・・・・・・・・・・・・・ 517
レプティス・マグナ(リビア)
　・・・・・・・・・・・・・・・・・・・・・・・・・ 619
レプティス・マグナの遺跡(リ
　ビア) ・・・・・・・・・・・・・・・・・・・・ 619
レプティス・マグナのバシリ
　カおよびフォルムの跡(リビ
　ア) ・・・・・・・・・・・・・・・・・・・・・・ 619
レブン寺(中国) ・・・・・・・・・・・・・ 372
レベナ(ギリシャ) ・・・・・・・・・・・ 484
レベンスキ・ヴィル(セルビア)
　・・・・・・・・・・・・・・・・・・・・・・・・・ 504
レボン(中国) ・・・・・・・・・・・・・・・ 372
レボン寺(中国) ・・・・・・・・・・・・・ 372
レーミエッナー寺院(ミャン
　マー) ・・・・・・・・・・・・・・・・・・・・ 396
レミヒア岩陰(スペイン) ・・・・・ 502
レミヒア，クエバ(スペイン)
　・・・・・・・・・・・・・・・・・・・・・・・・・ 502
レムーシャンプ(ベルギー)
　・・・・・・・・・・・・・・・・・・・・・・・・・ 557
レムノス(ギリシャ) ・・・・・・・・・ 484
レメデッロ(イタリア) ・・・・・・・ 458
レモハーダス(メキシコ) ・・・・・ 649
レモンデン(フランス) ・・・・・・・ 553
レルナ(ギリシャ) ・・・・・・・・・・・ 484
レレ(ミクロネシア連邦) ・・・・・ 410
レレ遺跡(ミクロネシア連邦)
　・・・・・・・・・・・・・・・・・・・・・・・・・ 410
レーロース(ノルウェー) ・・・・・ 530
レーロース鉱山都市(ノルウ
　ェー) ・・・・・・・・・・・・・・・・・・・・ 530
レーロース鉱山都市とその周辺
　(ノルウェー) ・・・・・・・・・・・・・ 530
レーロースの旧鉱山街(ノルウ
　ェー) ・・・・・・・・・・・・・・・・・・・・ 530
蓮花山(中国) ・・・・・・・・・・・・・・・ 372
蓮華塚(北朝鮮) ・・・・・・・・・・・・・ 115

蓮花塘(中国) ・・・・・・・・・・・・・・・ 372
蓮花洞(中国) ・・・・・・・・・・・・・・・ 366
蓮花洞石刻造像(中国) ・・・・・・・ 372
蓮花峰〔南安市〕(中国) ・・・・・ 372
蓮花峰〔汕頭市〕(中国) ・・・・・ 372
蓮岩洞遺跡(韓国) ・・・・・・・・・・・ 100
蓮渓寺(中国) ・・・・・・・・・・・・・・・ 372
蓮華浄土実勝寺(中国) ・・・・・・・ 216
蓮華池〔ポラナルー〕(スリラン
　カ) ・・・・・・・・・・・・・・・・・・・・・・ 125
蓮華洞(中国) ・・・・・・・・・・・・・・・ 366
蓮華洞石窟〔済源市〕(中国)
　・・・・・・・・・・・・・・・・・・・・・・・・・ 372
蓮華洞石窟〔済南市〕(中国)
　・・・・・・・・・・・・・・・・・・・・・・・・・ 372
蓮華里(韓国) ・・・・・・・・・・・・・・・ 100
蓮華里遺跡(韓国) ・・・・・・・・・・・ 100
漱江書院(中国) ・・・・・・・・・・・・・ 372
レンコフカ(ロシア) ・・・・・・・・・ 579
レンゴン渓谷の考古遺産(マレー
　シア) ・・・・・・・・・・・・・・・・・・・・ 393
レンゴン渓谷の考古遺跡(マレー
　シア) ・・・・・・・・・・・・・・・・・・・・ 393
連珠塔(中国) ・・・・・・・・・・・・・・・ 372
蓮性寺白塔(中国) ・・・・・・・・・・・ 372
煉丹台(中国) ・・・・・・・・・・・・・・・ 372
蓮池潭(台湾) ・・・・・・・・・・・・・・・ 132
連邦議会議事堂(アメリカ合衆
　国) ・・・・・・・・・・・・・・・・・・・・・・ 626

【ろ】

ロイビンゲン(ドイツ) ・・・・・・・ 517
ロイマタ酋長の領地(バヌア
　ツ) ・・・・・・・・・・・・・・・・・・・・・・ 407
ロイ・マタ首長の領地(バヌア
　ツ) ・・・・・・・・・・・・・・・・・・・・・・ 407
ロイヤル・パヴィリオン(イギリ
　ス) ・・・・・・・・・・・・・・・・・・・・・・ 422
老隠洞遺跡(韓国) ・・・・・・・・・・・ 100
婁叡墓(中国) ・・・・・・・・・・・・・・・ 372
棱恩殿(中国) ・・・・・・・・・・・・・・・ 372
老屋閣(中国) ・・・・・・・・・・・・・・・ 372
狼牙山烈士塔(中国) ・・・・・・・・・ 373
老河深遺跡(中国) ・・・・・・・・・・・ 373
楼観台(中国) ・・・・・・・・・・・・・・・ 373
老君岩(中国) ・・・・・・・・・・・・・・・ 373
老君岩石像(中国) ・・・・・・・・・・・ 373
老君台(中国) ・・・・・・・・・・・・・・・ 373
弄崗自然保護区(中国) ・・・・・・・ 373
牢獄〔アテネ〕(ギリシャ) ・・・・ 468
老虎山遺跡(中国) ・・・・・・・・・・・ 373
老虎山東晋墓(中国) ・・・・・・・・・ 373
籠吾里山城跡(北朝鮮) ・・・・・・・ 115
崂山(中国) ・・・・・・・・・・・・・・・・・ 373

狼山(中国) ・・・・・・・・・・・・・・・・・ 373
臘山(中国) ・・・・・・・・・・・・・・・・・ 373
老山遺跡(中国) ・・・・・・・・・・・・・ 373
娄山関(中国) ・・・・・・・・・・・・・・・ 373
狼山の遺構(韓国) ・・・・・・・・・・・ 100
娘子関(中国) ・・・・・・・・・・・・・・・ 229
臘子口戦役遺址(中国) ・・・・・・・ 373
老司城(中国) ・・・・・・・・・・・・・・・ 373
陋室(中国) ・・・・・・・・・・・・・・・・・ 373
楼上墓(中国) ・・・・・・・・・・・・・・・ 373
浪井(中国) ・・・・・・・・・・・・・・・・・ 373
隴西院(中国) ・・・・・・・・・・・・・・・ 373
老西開教堂(中国) ・・・・・・・・・・・ 374
闇中大仏(中国) ・・・・・・・・・・・・・ 374
老鉄山(中国) ・・・・・・・・・・・・・・・ 374
良馬寺(中国) ・・・・・・・・・・・・・・・ 374
老万荘金代壁画墓群(中国)
　・・・・・・・・・・・・・・・・・・・・・・・・・ 374
婁妃墓(中国) ・・・・・・・・・・・・・・・ 374
老姆台(中国) ・・・・・・・・・・・・・・・ 374
老圃洞遺跡(韓国) ・・・・・・・・・・・ 100
琅邪山(中国) ・・・・・・・・・・・・・・・ 374
琅邪寺(中国) ・・・・・・・・・・・・・・・ 374
琅琊台(中国) ・・・・・・・・・・・・・・・ 374
楼蘭(中国) ・・・・・・・・・・・・・・・・・ 374
楼蘭古城遺址(中国) ・・・・・・・・・ 374
老和山(中国) ・・・・・・・・・・・・・・・ 374
潞王墳(中国) ・・・・・・・・・・・・・・・ 374
ロカマドゥール(フランス)
　・・・・・・・・・・・・・・・・・・・・・・・・・ 553
蘆関(中国) ・・・・・・・・・・・・・・・・・ 374
潞簡王墓(中国) ・・・・・・・・・・・・・ 374
六一紀念亭(中国) ・・・・・・・・・・・ 374
鹿渓山(中国) ・・・・・・・・・・・・・・・ 374
麓山寺(中国) ・・・・・・・・・・・・・・・ 374
鹿耳門(台湾) ・・・・・・・・・・・・・・・ 132
ロクセター(イギリス) ・・・・・・・ 422
六祖殿(中国) ・・・・・・・・・・・・・・・ 375
六頂山渤海墓群(中国) ・・・・・・・ 359
勒田里窯跡(韓国) ・・・・・・・・・・・ 100
勒島遺跡(韓国) ・・・・・・・・・・・・・ 100
ロクニア(アルジェリア) ・・・・・ 582
禄豊古猿化石遺址(中国) ・・・・・ 375
ロクマリアケル(フランス)
　・・・・・・・・・・・・・・・・・・・・・・・・・ 553
鹿門山(中国) ・・・・・・・・・・・・・・・ 375
鹿野苑(インド) ・・・・・・・・・・・・・ 35
六格寺(中国) ・・・・・・・・・・・・・・・ 375
ロクリ(イタリア) ・・・・・・・・・・・ 458
六郎碑(中国) ・・・・・・・・・・・・・・・ 375
六和塔(中国) ・・・・・・・・・・・・・・・ 375
ロケベルトゥーズ(フランス)
　・・・・・・・・・・・・・・・・・・・・・・・・・ 553
魯荒王朱檀墓(中国) ・・・・・・・・・ 222
盧溝橋(中国) ・・・・・・・・・・・・・・・ 375
魯国故城(中国) ・・・・・・・・・・・・・ 375

路西洞古墳群 (韓国) ……… 100	ロック・オブ・カシェル (アイルランド) ……………… 412	ロマ・ネグラ (ペルー) ……… 669
廬山 (中国) ………………… 375	ロックペルテューズ (フランス) ……………………… 553	ローマのオラトリオ・ディ・サン・フィリッポ・ネーリ (イタリア) ………………… 429
濾山 (中国) ………………… 375	ロックマリアッケ地区 (フランス) ……………………… 553	ローマの凱旋門 (シリア) …… 122
廬山国立公園 (中国) ……… 375	ロックマリヤケール (フランス) ……………………… 553	ローマの劇場 〔ボスラ〕 (シリア) ……………………… 122
ロシア美術館 (ロシア) …… 579	ロッシュ (フランス) ……… 553	ローマのコロセウム (イタリア) ……………………… 432
ロージェリー・オート (フランス) ……………………… 553	ロップリ三祠堂 (タイ) …… 128	ローマのサンタ・サビーナ聖堂 (イタリア) …………… 434
ロジデイ (インド) ………… 46	ロッリの館群 (イタリア) … 440	ローマのサンタ・マリア・マッジョーレ聖堂 (イタリア) … 436
魯粛墓 〔岳陽市〕 (中国) … 375	濾定橋 (中国) ……………… 376	
魯粛墓 〔武漢市〕 (中国) … 375	蘆笛巌 (中国) ……………… 376	ローマのパンテオン (イタリア) ……………………… 449
ロシュ城 (フランス) ……… 553	ロードス (ギリシャ) ……… 484	
ロージュリー＝オート (フランス) ……………………… 553	ロドス (ギリシャ) ………… 484	ローマの歴史地区 (イタリア) ………………………… 458
	ロードス島 (ギリシャ) …… 484	ローマの歴史地区 (バチカン市国) ……………………… 531
ロージュリー＝バス (フランス) ……………………… 553	ロドス島 (ギリシャ) ……… 484	ローマの歴史地区、教皇領とサンパオロ・フォーリ・レ・ムーラ大聖堂 (イタリア) …… 458
魯迅故居 (中国) …………… 375	ロードス島のアクロポリス (ギリシャ) ………………… 484	
魯迅墓 (中国) ……………… 375	ロードス島の中世都市 (ギリシャ) ………………… 484	ローマの歴史地区、教皇領とサンパオロ・フォーリ・レ・ムーラ大聖堂 (バチカン市国) … 531
ロス・イゴス (ホンジュラス) ………………………… 636	ロドス島の中世都市 (ギリシャ) ………………… 484	
ロス・インヘニオス渓谷 (キューバ) ……………………… 630	ロードスの中世都市 (ギリシャ) ………………… 484	ローマ歴史地区 (イタリア) ………………………… 458
ロス・ガビラーネス (ペルー) ………………………… 669	ロトファガ (サモア) ……… 406	ローマ歴史地区 (バチカン市国) ……………………… 531
ロスキレ大聖堂 (デンマーク) ………………………… 507	魯南里遺跡 (北朝鮮) ……… 115	ローマ歴史地区、教皇領とサンパオロ・フォーリ・レ・ムーラ大聖堂 (イタリア) …… 458
	魯班亭 (中国) ……………… 376	
ロス・タピアーレス (グアテマラ) ……………………… 632	ロフリ (パキスタン) ……… 385	ローマ歴史地区、教皇領とサンパオロ・フォーリ・レ・ムーラ大聖堂 (バチカン市国) … 531
ロストルム (イタリア) …… 458	ロペ・オカンダ (ガボン) … 603	
ロス・ナランホス (ホンジュラス) ……………………… 636	ロペ・オカンダの生態系と残存する文化的景観 (ガボン)	ローマ歴史中心地区／教皇領、サン・パオロ・フォーリ・レ・ムーラ大聖堂 (イタリア)
ロス・バランコス (ベネズエラ) ………………………… 658	………………………… 603	………………………… 458
ロス・プラセーロス (ニカラグア) ……………………… 634	ロペ・オカンダの生態系とそこに残る文化的景観 (ガボン)	ローマ歴史中心地区／教皇領、サン・パオロ・フォーリ・レ・ムーラ大聖堂 (バチカン市国)
	………………………… 603	………………………… 531
ロス・ミヤレス (スペイン) ‥ 502	魯壁 (中国) ………………… 376	ロムルス神殿 (イタリア) …… 458
ロス・ミリャレス (スペイン)	ロベン島 (南アフリカ) …… 615	ロメオスの墓 (ギリシャ) …… 484
………………………… 502	蘆辺洞古墳群 (韓国) ……… 100	ローラント像 (ドイツ) …… 515
ロゼッレ (イタリア) ……… 458	蘆辺洞社稷壇跡 (韓国) …… 100	ローラン (楼蘭) 遺跡 (中国)
ローセル (フランス) ……… 551	蘆苞祖廟 (中国) …………… 376	………………………… 374
ローダ (スペイン) ………… 498	ローマ (イタリア) ………… 458	ローリヤーン・タンガイ (パキスタン) ………………… 385
蘆宅 (中国) ………………… 375	ローマ市 (イタリア) ……… 458	ロリュオス遺跡群 (カンボジア)
ロータス城 (パキスタン) … 385	ローマ時代のアゴラ 〔アテネ〕 (ギリシャ) …………… 467	………………………… 103
ロータス城塞 (パキスタン)	ローマ時代の広場 〔エレウシス〕 (ギリシャ) ………… 471	ロルオス (カンボジア) …… 103
………………………… 385	ローマ人のフォールム (ヨルダン) ……………………… 400	ロルシュ修道院 (ドイツ) … 517
ロータス要塞 (パキスタン)		ロルシュの修道院とアルテンミュンスター (ドイツ) … 517
………………………… 385	ローマ水道 〔セゴビア〕 (スペイン) ……………………… 498	
ロタ (洛П》) 摩崖石刻 (中国)	ローマ帝国の国境界線 (イギリス) ……………………… 422	ロルシュ 〔ベネディクト会修道院のトールハレ〕 (ドイツ) … 517
………………………… 375	ローマ帝国の国境界線 (ドイツ) ……………………… 517	
ロータル (インド) ………… 46	ローマ帝国の国境線 (イギリス) ……………………… 423	ロルテ (フランス) ………… 553
ロチェスター大聖堂 (イギリス) ……………………… 422	ローマ帝国の国境線 (ドイツ)	
六角楼 (中国) ……………… 376	………………………… 517	
ロッカジニバルダ城 (イタリア) ……………………… 458		
ロックアイランド (パラオ)		
………………………… 408		
ロックアイランドの南部の干潟 (パラオ) ……………… 408		

史跡・遺跡名索引　785　わるし

ロルトゥン洞窟（メキシコ）…… 649
ロレイ（カンボジア）……… 103
ロロ・ジョングラン（インドネシア）…… 48
ロロ・ジョングラン中央祠堂（インドネシア）…… 48
ローロスの鉱山都市と周辺環境（ノルウェー）…… 530
ロロペニ遺構（ブルキナファソ）…… 612
ロロペニの遺跡群（ブルキナファソ）…… 612
ロワール渓谷（フランス）…… 544
ロワールの城館〔アゼー＝ル＝リドーの城館〕（フランス）…… 535
ロワールの城館〔アネの城館〕（フランス）…… 535
ロワールの城館〔アンボワーズの城館〕（フランス）…… 536
ロワールの城館〔シャンボールの城館〕（フランス）…… 544
ロワールの城館〔シュノンソーの城館〕（フランス）…… 544
ロワールの城館〔ショーモン＝シュル＝ロワールの城館〕（フランス）…… 544
ロワールの城館〔ブロワの城館〕（フランス）…… 549
ロンザオ遺跡（ベトナム）…… 392
ロンシャン教会堂（フランス）…… 553
ロンシャンの聖堂（フランス）…… 553
ロンシャンの礼拝堂〔ノートルダム・デュ・オー礼拝堂〕（フランス）…… 553
ロンディニウム（イギリス）…… 423
ロンドン塔（イギリス）…… 423
ロンドンの国会議事堂（イギリス）…… 414

【わ】

淮海戦役烈士紀念塔（中国）…… 376
ワイダ山遺跡群（ロシア）…… 579
淮瀆廟（中国）…… 376
ワイヌナー（ペルー）…… 669
薦福寺（中国）…… 376
ワイマールおよびデッサウにあるバウハウスおよび関連遺産群（ドイツ）…… 509
ワイマールとデッサウのバウハウスと関連遺産（ドイツ）…… 509
ワイラウ・バー（ニュージーランド）…… 407

ワイン製造所（秘儀荘）〔ポンペイ〕（イタリア）…… 454
ワインの産地アルト・ドウロ地域（ポルトガル）…… 561
ワウェル城（ポーランド）…… 559
ワカ（ペルー）…… 669
ワカ・エル・ドラゴン（ペルー）…… 669
ワカ・カオ・ビエッホ（ペルー）…… 669
ワカ・デ・ラ・ルナ（ペルー）…… 669
ワカ・デル・ソール（ペルー）…… 669
ワカ・デル・ソル（ペルー）…… 669
ワカ・デル・ドラゴン（ペルー）…… 669
ワカ・デル・プエブロ・バタン・グランデ（ペルー）…… 669
ワカ・デ・ロス・レイエス（ペルー）…… 669
ワカ・プクリャーナ（ペルー）…… 669
ワカ・プリエタ（ペルー）…… 669
ワカ・ラ・エスメラルダ（ペルー）…… 669
ワカ・ラス・ベンターナス（ペルー）…… 670
ワカ・ラ・フロリダ（ペルー）…… 670
ワカ・ルシーア（ペルー）…… 670
ワカロマ（ペルー）…… 670
ワカ・ロロ（ペルー）…… 670
ワギ渓谷（パプアニューギニア）…… 407
和義門（中国）…… 376
和谷里窯跡（韓国）…… 100
鷺の神殿（メキシコ）…… 649
倭子墳（中国）…… 376
ワシャクトゥン（グアテマラ）…… 632
和順大谷里（韓国）…… 100
和順の支石墓群跡（韓国）…… 70
ワセト（エジプト）…… 593
ワタ＝ダー＝ゲー（スリランカ）…… 126
ワタダーゲ（スリランカ）…… 126
ワット・アルン（タイ）…… 128
ワット・ククット（タイ）…… 128
ワット・シー・サワイ（タイ）…… 128
ワット・チェディ・チェット・テーオ（タイ）…… 128
ワット・チェート・ヨート（タイ）…… 128
ワット・チャン・ロン（タイ）…… 128
ワット・プー（ラオス）…… 401
ワット・プー・カオ・トン（タイ）…… 128

ワット・プラケーオ（タイ）…… 129
ワット・プラシーサンペット（タイ）…… 129
ワット・プラシンのヴィハーン・ラーイカム（タイ）…… 129
ワット・プラシンのホ・トライ（経蔵）（タイ）…… 129
ワット・プラタート・ドイ・ステープ（タイ）…… 129
ワット・プラ・メン（タイ）…… 129
ワット・マハー・タート〔アユタヤ〕（タイ）…… 129
ワット・マハー・タート〔スコータイ〕（タイ）…… 129
ワット・マハー・タート〔ロッブリ〕（タイ）…… 129
ワット・ラーチャブラナ（タイ）…… 129
ワッハウの文化的景観（オーストリア）…… 461
ワディ・アラキ（エジプト）…… 601
ワディ・エル＝アリシュ（エジプト）…… 601
ワディ・エル・ティムナ（イスラエル）…… 9
ワディ・エル＝フディ（エジプト）…… 601
ワディ・エル・ムガラ洞窟（イスラエル）…… 7
ワディ・クッバーニヤ（エジプト）…… 601
ワディ・トゥミラート（エジプト）…… 601
ワディ・ドバイ（ヨルダン）…… 400
ワディ・ナトルン（エジプト）…… 601
ワディ・ハルファ（スーダン）…… 607
ワディ・ハンママート（エジプト）…… 601
ワディ・マガラ（エジプト）…… 601
ワディ・ラム保護区（ヨルダン）…… 400
ワド洞穴（イスラエル）…… 10
ワド・ベン・ナガー（スーダン）…… 607
ワヌコ・エル・ビエホ（ペルー）…… 670
ワヌコ・パンパ（ペルー）…… 670
ワヌコ・ビエホ（ペルー）…… 670
ワノサリ（インドネシア）…… 50
ワハウラ・ヘイアウ（アメリカ合衆国）…… 626
ワリ（ペルー）…… 670
ワリウィルカ（ペルー）…… 670
ワリコト（ペルー）…… 670
ワーリック城（イギリス）…… 423
ワルカ遺跡（イラク）…… 12
ワルシャワ（ポーランド）…… 560

ワルシャワの王宮（ポーランド）
.... 560
ワルシャワ歴史地区（ポーラン
ド）........................ 560
ワロン地方の鉱山（ベルギー）
.... 558
ワロン地方の主要な鉱山遺跡群
（ベルギー）................ 558
湾漳北朝墓（中国）.......... 376

【ん】

ンガチュエナダウン・パゴダ（ミ
ャンマー）................ 396
ンゴロンゴロ自然保護区（タン
ザニア）.................... 608
ンゴロンゴロ保全地域（タンザ
ニア）.................... 608
ンスワトゥギ（ジンバブエ）
.... 605

史跡・遺跡レファレンス事典 外国篇

2017 年 7 月 25 日　第 1 刷発行

発 行 者／大高利夫
編集・発行／日外アソシエーツ株式会社
　　　　　　〒140-0013 東京都品川区南大井 6-16-16 鈴中ビル大森アネックス
　　　　　　電話 (03)3763-5241(代表)　FAX(03)3764-0845
　　　　　　URL　http://www.nichigai.co.jp/
発 売 元／株式会社紀伊國屋書店
　　　　　　〒163-8636 東京都新宿区新宿 3-17-7
　　　　　　電話 (03)3354-0131(代表)
　　　　　　ホールセール部(営業)　電話 (03)6910-0519

　　　　　　電算漢字処理／日外アソシエーツ株式会社
　　　　　　印刷・製本／株式会社平河工業社

　　　　　　不許複製・禁無断転載　　　　　《中性紙三菱クリームエレガ使用》
　　　　　　<落丁・乱丁本はお取り替えいたします>
　　　　　　ISBN978-4-8169-2669-3　　　**Printed in Japan,2017**

　　　　　　本書はディジタルデータでご利用いただくことが
　　　　　　できます。詳細はお問い合わせください。

史跡・遺跡レファレンス事典

A5・1,040頁　定価（本体38,000円＋税）　2013.12刊

日本各地の史跡・遺跡がどの史跡・遺跡事典にどんな表記で載っているか、都道府県市区町村ごとに調べられる事典索引。集落跡、貝塚、古墳、城館、都城跡、旧宅、戦跡、文学遺跡など1.7万件を収録。史跡・遺跡名、よみ、所在地、概要、国史跡指定（指定年月日）、掲載事典、写真・図版の有無を記載。別名称からも引ける「史跡・遺跡名索引」（五十音順）付き。

遺跡・古墳よみかた辞典

A5・590頁　定価（本体13,500円＋税）　2014.6刊

難読の多い遺跡・古墳名のよみかたを調べる辞典。全国の主要な古墳、貝塚、集落・住居跡、都城跡、城郭、古社寺、墓所、文学遺跡など1.4万件を収録。通称・別称からも引くことができる。所在地、遺跡の年代、登場文学作品・文献名、史跡指定の有無、別称などを併記。

歴史・考古 レファレンスブック

A5・360頁　定価（本体9,200円＋税）　2014.4刊

1990〜2013年に日本国内で刊行された、歴史・考古学に関する参考図書の目録。書誌、年表、事典・辞典、索引、図鑑、カタログ、地図、年鑑など2,300点を収録、目次・内容解説も掲載。様々な角度から検索できるよう、「書名索引」「著編者名索引」「事項名索引」を完備。

考古博物館事典

A5・480頁　定価（本体13,000円＋税）　2010.1刊

考古学関連の博物館・資料館、埋蔵文化財センター、遺跡ガイダンス施設等209館を紹介した利用ガイド。全館にアンケート調査を行い、沿革、展示・収蔵、事業、出版物、周辺遺跡などの情報を掲載。外観写真、展示品写真、案内地図も掲載。巻末に「館名索引」付き。

データベースカンパニー
日外アソシエーツ

〒140-0013　東京都品川区南大井6-16-16
TEL.(03)3763-5241　FAX.(03)3764-0845　http://www.nichigai.co.jp/